中国思想政治工作年鉴

（2007年3月～2008年2月）

全国思想政治工作科学专业委员会
《中国思想政治工作年鉴》编撰委员会 编

中共中央党校出版社
2008年6月

责任编辑 崔宪涛等
封面设计 刘广通
版式设计 刘广通
责任校对 陈 薇 王惠丽

图书在版编目(CIP)数据

中国思想政治工作年鉴. 2007年3月~2008年2月/全国思想政治工作科学专业委员会,《中国思想政治工作年鉴》编撰委员会编. —北京:中共中央党校出版社,2008.6
ISBN 978-7-5035-3979-4

Ⅰ. 中… Ⅱ. ①全… ②中… Ⅲ. 政治工作—中国—2007~2008—年鉴 Ⅳ.D64-54

中国版本图书馆CIP数据核字(2008)第103226号

中共中央党校出版社出版发行
社址:北京市海淀区大有庄100号
电话:(010)62805800(办公室)(010)62805816(发行部)
邮编:100091 网址:www.dxcbs.net
新华书店经销
天津市武清区雍阳印刷厂印刷装订
2008年6月第1版 2008年6月第1次印刷
开本:787毫米×1092毫米 1/16 印张:92
字数:2800千字 印数1—3000册

ISBN 978-7-5035-3979-4

ISBN 978-7-5035-3979-4
D·1959 定价:248.00元

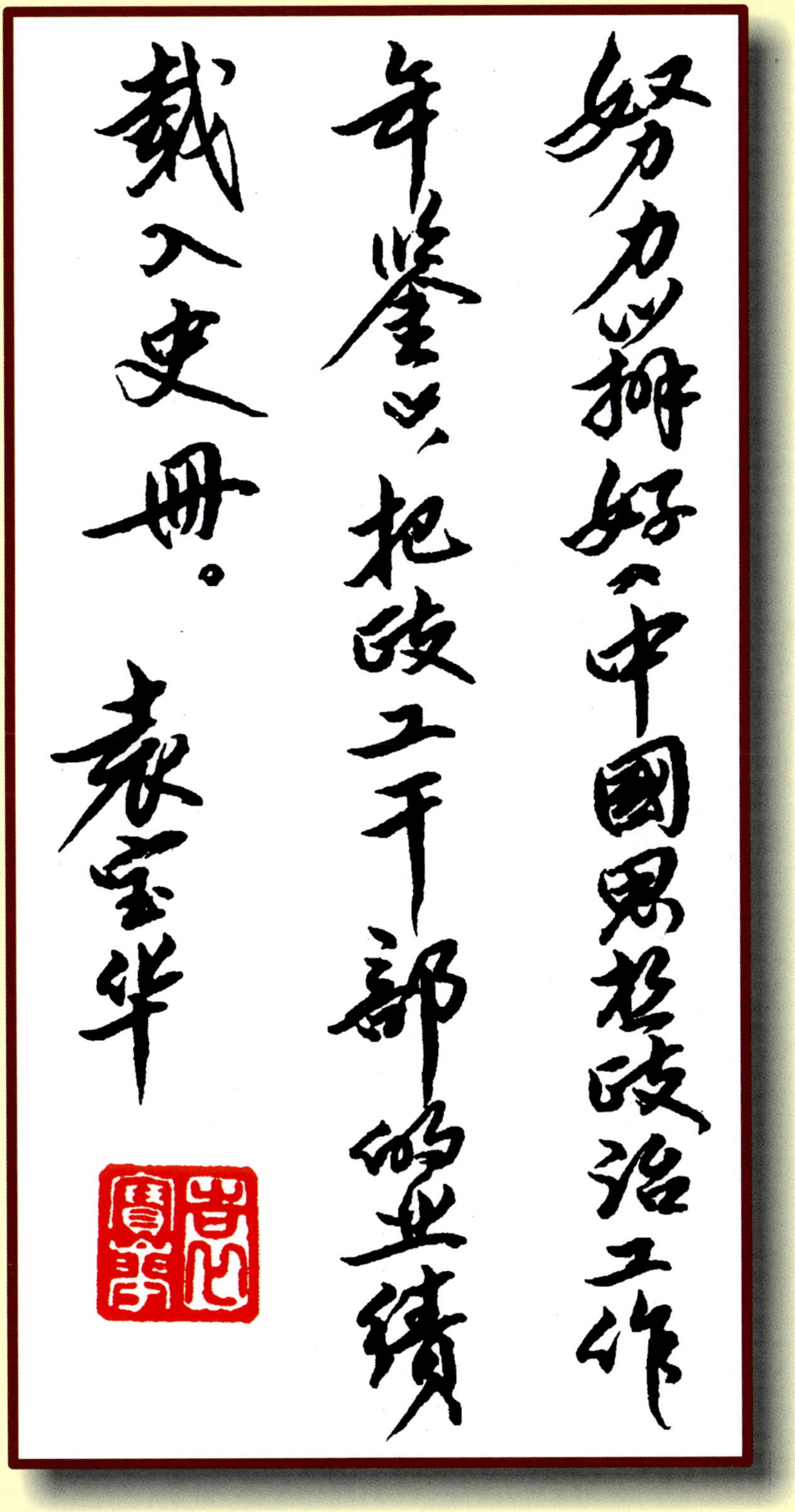

中国思想政治工作研究会原会长、原国家经委主任袁宝华为年鉴题词：努力办好《中国思想政治工作年鉴》，把政工干部的业绩载入史册。

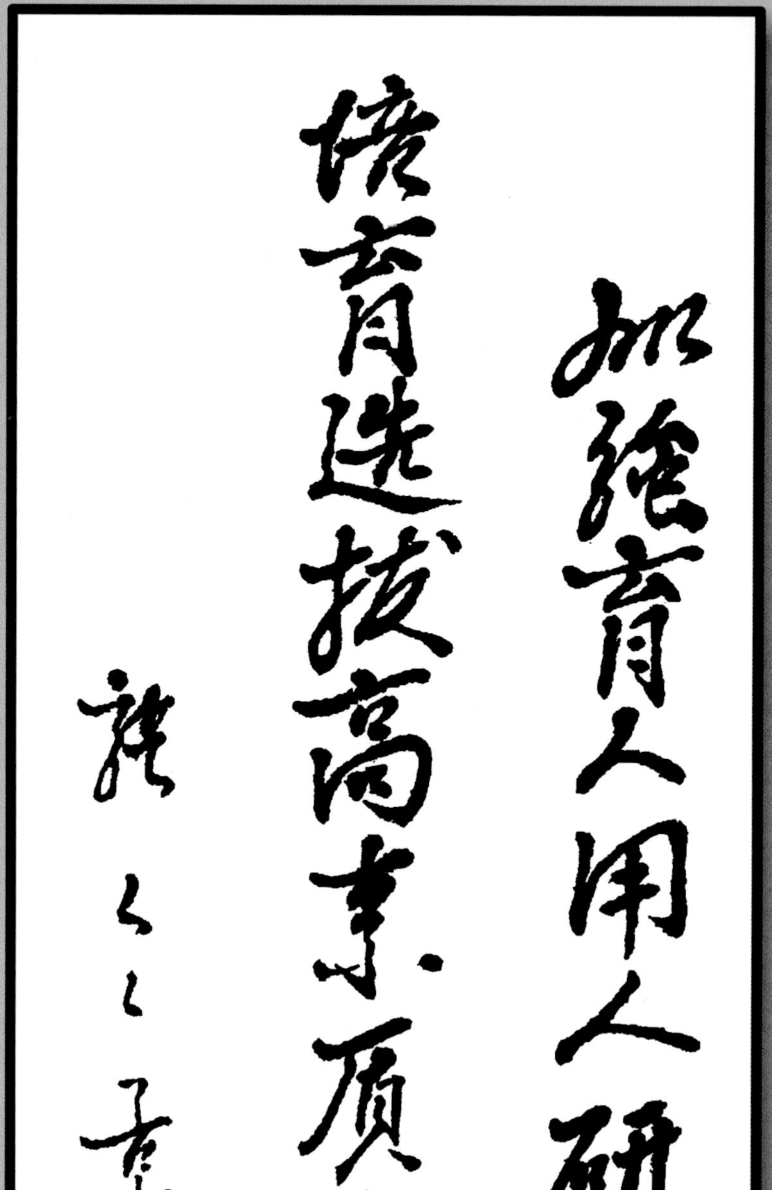

中共中央组织部原部长、全国党建研究会会长张全景为年鉴题词:加强育人用人研究 培育选拔高素质人才

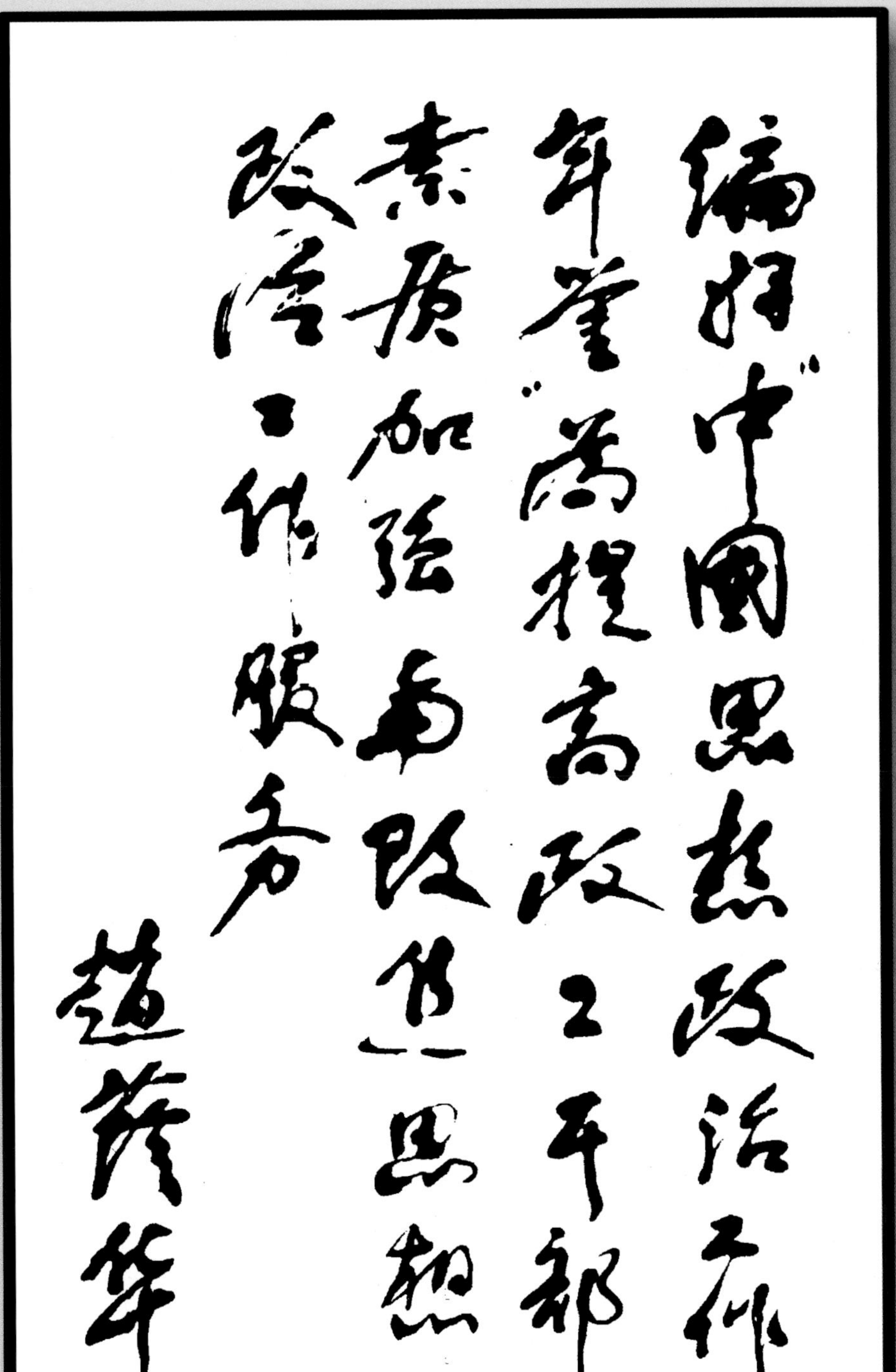

中国思想政治工作研究会原常务副会长、原国家经委副主任赵荫华为年鉴题词：编好“中国思想政治工作年鉴”为提高政工干部素质加强与改进思想政治工作服务。

1994年9月23日，时任中共中央政治局常委、书记处书记的胡锦涛同志，在中共中央党校与出席全国思想政治工作科学专业委员会第一次特约研究员会议的全体代表合影。（资料照片）

全国思想政治工作科学专业委员会第十四届年会于2007年7月26日在西宁市召开。图为参加会议的代表合影。

《中国思想政治工作年鉴》编撰委员会

《中国思想政治工作年鉴》

目　录

第一部分　政工重要文献

第二部分　政工大事记实

第三部分　学习贯彻十七大精神专辑

第四部分　政工学会专辑

第五部分　思想政治工作的不断创新

第六部分　文化建设的大发展大繁荣

第七部分　社会主义核心价值体系建设

第八部分　重大理论与热点问题探讨

第九部分　党的建设的改革创新

第十部分 组织工作和育人用人研究

第十一部分 党风与反腐倡廉建设研究

第十二部分　党政干部和学者论坛

第十三部分　高校建设与思想政治教育

第十四部分　企业政工与企业文化

第十五部分　新农村建设与思想政治教育

第一部分

政工重要文献

向中国青年群英会致信

中国青年群英会全体代表：

今天是“五四”青年节，也是中国共产主义青年团成立 85 周年纪念日。在这个全国广大团员和各族青年喜庆的日子里，共青团中央召开中国青年群英会，学习和弘扬青年英模的先进事迹和崇高精神，激励全国广大团员和各族青年为全面建设小康社会、构建社会主义和谐社会而努力奋斗，具有十分重要的意义。我代表党中央，向全国广大团员和各族青年致以节日的问候！向新中国成立以来各个时期的青年英模致以崇高的敬意！

新中国成立以来，一代又一代热血青年积极响应党和国家的号召，在各条战线上忘我工作、顽强拼搏，为社会主义革命、建设、改革事业作出了重要贡献。50 多年来，我国亿万青年中涌现出了一大批可歌可泣的英雄模范，他们有的为保卫祖国冲锋陷阵，有的为保护人民奋不顾身，有的在艰苦地方开拓创业，有的在生产建设一线勇挑重担，有的在科技领域勇攀高峰，有的在文化园地辛勤耕耘，有的在体育比赛中为国争光……共和国的发展征程上，深深烙下了青年英模奋斗的足迹；共和国的历史丰碑上，永远镌刻着青年英模闪光的名字。青年英模的奋斗实践充分表明，青年只有在党的领导下，积极投身人民创造历史的火热实践，坚持与时代同步伐、与祖国共命运、与人民齐奋斗，才能拥有壮丽的青春，才能实现人生的美好理想。

青年是祖国的未来、民族的希望。全面建设小康社会、加快推进社会主义现代化的历史任务需要青年们奋勇承担，中华民族伟大复兴的光明前景需要青年们奋力开创。希望全国广大团员和各族青年牢记党和人民的重托，自觉担负起时代的重任，以英雄模范为榜样，努力成为理想远大、信念坚定的新一代，品德高尚、意志顽强的新一代，视野开阔、知识丰富的新一代，开拓进取、艰苦创业的新一代，让青春在建设中国特色社会主义的伟大事业中焕发出更加绚丽的光彩！

胡锦涛

2007 年 5 月 4 日

在庆祝香港回归祖国10周年大会暨香港特别行政区第三届政府就职典礼上的讲话

（2007年7月1日）

胡锦涛

同胞们，朋友们：

10年前的今天，中英两国政府举行了香港交接仪式，中国政府庄严宣告对香港恢复行使主权，中华人民共和国香港特别行政区成立。香港回归祖国，实现了包括广大香港同胞在内的全国各族人民的百年夙愿，是彪炳中华民族史册的千秋功业。

10年后的今天，我们怀着喜悦的心情，在这里隆重庆祝香港回归祖国10周年。首先，我代表中央政府和全国各族人民，向全体香港市民，致以诚挚的问候！向刚刚宣誓就职的香港特别行政区第三任行政长官曾荫权先生和香港特别行政区第三届政府主要官员、行政会议成员，表示热烈的祝贺！我相信，新一届特区政府一定能够总结经验、继往开来，团结带领广大香港同胞把香港建设得更加美好。

此时此刻，我们不禁回忆起香港回归祖国的历史进程。我们要向创造性地提出“一国两制”科学构想、直接指导中英香港问题谈判和香港特别行政区基本法起草、为祖国和平统一开辟了崭新道路的邓小平先生，表示深深的怀念！向为实现香港顺利交接、平稳过渡和成功落实“一国两制”作出了历史性贡献的江泽民先生，致以崇高的敬意！

借此机会，我们还要向所有关心香港、为香港顺利回归并保持繁荣稳定作出贡献的海内外同胞和国际友人，表示衷心的感谢！

香港回归祖国以来的10年是不平凡的10年。

10年来，中央政府切实贯彻“一国两制”、“港人治港”、高度自治的方针，严格按照香港特别行政区基本法办事，坚定不移地维护香港繁荣稳定。香港继续保持原有的资本主义制度和生活方式，全面行使香港特别行政区基本法授予的行政管理权、立法权、独立的司法权和终审权，香港居民享有广泛的民主权利和自由，“港人治港”、高度自治变成了生动现实。

10年来，在中央政府和祖国内地大力支持下，董建华、曾荫权两位行政长官先后带领特别行政区政府，同广大香港同胞团结奋进，克服了亚洲金融危机冲击、非典疫情等带来的严重困难和挑战，维护了香港社会大局稳定，实现了经济复苏，香港各项事业取得长足进步。

10年来，香港同祖国内地的交流合作不断深入，经贸合作更加紧密。香港从祖国得到更为强劲的支持，也为国家同世界各国进行经济、科技、文化交流发挥了重要纽带和桥梁作用。香港同胞不仅用自己的聪明才智和辛勤劳动实现了香港的发展，也为祖国现代化建设作出了重要贡献。

10年来，香港对外交往日益扩大，继续同世界各国各地区以及有关国际组织保持和发展经济文化关系，继续保持自由港和国际金融、贸易、航运中心的地位，继续被公认为全球最自由开放的经济体和最具发展活力、营商环境最好的地区之一，香港这个国际经济大都市展现出新的勃勃生机。

今天的香港，社会保持稳定，经济更加繁荣，民主有序发展，民众安居乐业，展现出一派欣欣向荣的景象。事实无可争辩地证明，“一国两制”方针是完全正确的，香港同胞完全有智慧、有能力管理好、建设好香港，伟大的祖国始终是香港繁荣稳定的坚强后盾！

同胞们、朋友们！

在人类历史的长河中，10年只是短暂的瞬间。然而，对于我们正在从事的“一国两制”事业来说，这10年具有前无古人的开创性意义。10年来，我们在实践中获得了许多宝贵经验，其中最重要的有以下四点。

第一，坚持全面准确地理解和贯彻执行“一国两制”方针。“一国两制”方针的基本含义，就是在中华人民共和国内，国家主体坚持实行社会主义制度，香港回归祖国后设立直辖于中央人民政府的特别行政区，继续保持原有的资本主义制度，依照香港特别行政区基本法实行高度自治。无论遇到什么情况，都要全面准确地贯彻执行这一方针。“一国两制”是完整的概念。“一国”是“两制”的前提，没有“一国”就没有“两制”。“一国”和“两制”不能相互割裂，更不能相互对立。“一国”就是要维护中央依法享有的权力，维护国家主权、统一、安全。“两制”就是要保障香港特别行政区依法享有的高度自治权，支持行政长官和特别行政区政府依法施政。只有把以上两个方面都落到实处，“一国两制”的优越性才能充分发挥出来，给香港同胞带来实实在在的福祉。

第二，坚持严格按照基本法办事。香港特别行政区基本法是香港长期繁荣稳定的法律保障，是依法治港的法律基石。要维护香港特别行政区基本法在香港的最高法律地位，严格依照基本法办事。香港特别行政区的行政、立法、司法机关和社会组织，中央政府和内地各部门各地区的各级各类组织，香港居民和内地人民，都必须遵守香港特别行政区基本法，以基本法为行为准则。香港特别行政区基本法关于香港政治体制的规定，符合香港的实际情况和香港特别行政区的法律地位。只要我们遵循香港特别行政区基本法有关规定，就一定能够推动香港政治体制循序渐进地向前发展。

第三，坚持集中精力发展经济、改善民生。发展经济、改善民生是香港最重要的主题，也是广大香港同胞的共同心愿。只有经济不断发展，民生才能不断改善，社会才能保持稳定，适合香港实际情况的民主制度也才能顺利发展。香港背靠祖国，面临国家快速发展的良好机遇，具有得天独厚的有利条件。只要特别行政区政府和广大香港同胞一心一意、群策群力，充分发挥和进一步培育自身优势，加强同内地的经济合作，并积极顺应经济全球化深入发展和世界产业结构加速调整的大趋势，就一定能够实现香港经济持续平稳发展，促进民生不断改善。中央政府将切实实施并继续采取有利于促进香港经济发展的政策措施，不断拓展合作领域、提升合作层次、完善合作机制，努力使内地同香港的合作更加富有成效。

第四，坚持维护社会和谐稳定。维护社会和谐稳定是香港保持良好营商环境、发展经济、改善民生的基本要求，符合广大香港同胞的根本利益。香港社会各阶层、各界别利益多元、诉求多样，但绝大多数香港民众都坚持爱国爱港立场，在根本利益上是一致的。香港各界人士应该紧密团结起来，积极促进一切有利于香港同胞福祉和国家根本利益的事，坚决反对一切有损于香港同胞福祉和国家根本利益的事。只要香港各界人士秉持讲大局、讲团结、讲包容的社会共识，始终以香港的整体利益和长远利益为重，以国家利益为重，理性沟通，求同存异，就没有解决不了的矛盾和弥合不了的分歧，就一定能够不断促进经济社会发展，共享发展成果。

同胞们，朋友们！

“一国两制”是中华民族对人类政治文明的独特贡献。“一国两制”事业是祖国内地和香港共同发展繁荣的事业，也是中华民族伟大复兴事业的重要组成部分。把这一伟大事业继续推向前进，需要中央政府、香港特别行政区政府和广大香港同胞共同努力。在这里，我愿郑重重申，中央政府将继续坚定不移地贯彻执行“一国两制”、“港人治港”、高度自治的方针，严格按照香港特别行政区基本法办事，全力支持香港特别行政区行政长官和政府依法施政，全力支持香港发展经济、改善民生、推进民主，全力促进内地同香港在经济、教育、科技、文化、卫生、体育等领域的交流合作，积极支持香港特别行政区开展对外交往。

一句话，中央政府关于香港大政方针的宗旨，就是为了香港好、为了香港明天更好，就是为了香港同胞好、为了香港同胞明天更好。

同胞们、朋友们！

全国各族人民心系香港，香港同胞也关心祖国。当前，全国各族人民正在邓小平理论和"三个代表"重要思想指引下，深入贯彻落实科学发展观，大力推进经济建设、政治建设、文化建设、社会建设，为全面建设小康社会、加快推进社会主义现代化而团结奋斗。经过长期努力，我国发展取得了举世瞩目的伟大成就，我国各族人民的生活水平和精神面貌发生了前所未有的深刻变化，我国国际地位和国际影响显著提高。我们伟大祖国日新月异的发展，是包括香港同胞在内的全国各族人民共同奋斗的结果，也是所有中国人的骄傲。

当前，祖国内地和香港的发展都处在一个新的历史起点上。我们既面临着难得的发展机遇，也面临着严峻挑战。让我们携起手来，抓住机遇、迎接挑战，同心同德、奋发进取，共同开创事业发展的新局面。我们坚信，广大香港同胞同祖国人民心连心、肩并肩，一定能够创造香港发展的新辉煌，一定能够为实现中华民族的伟大复兴作出新贡献！

谢谢大家！

在纪念杨尚昆同志诞辰100周年座谈会上的讲话

（2007年7月20日）

胡锦涛

同志们：

今天，我们怀着崇敬的心情，在这里隆重集会，纪念杨尚昆同志诞辰100周年，缅怀他为党、国家、人民军队建立的历史功绩，学习他的优秀品质，激励全党全国各族人民把中国特色社会主义伟大事业继续推向前进。

杨尚昆同志是伟大的无产阶级革命家、政治家、军事家，坚定的马克思主义者，党、国家、人民军队的卓越领导人。他为党领导的革命、建设、改革事业贡献了毕生精力，作出了重大贡献。

青少年时代，杨尚昆同志目睹旧中国内忧外患的悲惨情景，立志寻求救国救民的真理。1925年，他开始投身反帝反封建的革命斗争，同年加入中国共产主义青年团，1926年初转为中国共产党党员，从此他就把自己的一生献给了党和人民事业。1931年初，杨尚昆同志从苏联学习回国，先后担任中华全国总工会宣传部部长和中共中央宣传部部长等职，参与工人运动和抗日救亡运动的组织领导工作。1933年初，杨尚昆同志进入中央革命根据地，随朱德、周恩来同志转战前方。1934年，杨尚昆同志担任红三军团政治委员，与彭德怀同志并肩战斗，在中央苏区反"围剿"斗争以及红军长征途中，组织实施一系列重要战役战斗，对战局的发展发挥了重要作用。在遵义会议上，杨尚昆同志坚决拥护毛泽东同志的正确主张。在同张国焘分裂主义的斗争中，他旗帜鲜明地维护党中央的正确领导。中央红军长征到达陕北后，杨尚昆同志先后在西北革命军事委员会和红军前敌总指挥部等红军领导机关工作，为红军政治工作作出了重要建树。

抗日战争全面爆发后，杨尚昆同志奔赴华北抗日前线，协助刘少奇同志，同朱德、彭德怀同志指挥的八路军主力部队一起，创建华北敌后抗日根据地。后来，他担任中共中央北方局书记，在极端困难的条件下，坚决贯彻党中央指示，积极开展华北抗日根据地的建党、建军、建政工作，有力推动了华北地区群众性抗日运动的高涨。杨尚昆同志协助八路军总部，粉碎国民党顽固派的第一次反共高潮，参加组织威震中外的百团大战。1941年初，杨尚昆同志回到延安，在中共中央机关工作。

解放战争期间，杨尚昆同志担任中共中央机关和中央军委总部机关日常事务的主要负责人。他周密细致地组织了中央机关撤离延安的疏散工作，有力配合了党中央转战陕北战略部署的实施和展开。1947年，杨尚昆同志任中共中央后方委员会秘书长兼后方支队司令，协助后方委员会书记叶剑英同志开展了卓有成效的工作。1948年，杨尚昆同志担任中共中央副秘书长、中央办公厅主任、中央军委秘书长等职，协助周恩来同志处理党中央和中央军委日常工作。辽沈、淮海、平津三大战役后，在周恩来同志领导下，杨尚昆同志具体组织安排了中央机关和解放军总部迁往北平的工作，随后又参与组织了中国人民政治协商会议和开国大典的筹备工作。

中华人民共和国成立后，杨尚昆同志继续担任中共中央副秘书长、中央办公厅主任，兼任中央军委秘书长等职。为了使中央机关迅速适应我们党掌握全国政权的新形势新任务，杨尚昆同志努力探索中央机关工作规律，加强中央机关建设，健全中央办公厅工作机构，为提高机关办事效率、保证各项任务的完成作出了显著贡献。在全面建设社会主义时期，杨尚昆同志为加强党的建设、探索中国社会主义建设道路发挥了积极作用。1962年，杨尚昆同志协助刘少奇、周恩来、陈云、邓小平同志等全面贯彻调整国民经济的“八字方针”，为争取国家财政经济状况的根本好转创造了重要条件。“文化大革命”中，杨尚昆同志蒙受冤屈，遭到迫害，被监禁12年之久。

党的十一届三中全会后，杨尚昆同志虽已年逾古稀，但焕发出极大的工作热情，先后担任党、国家、人民军队的重要领导职务，作为以邓小平同志为核心的党的第二代中央领导集体的重要成员，参与党和国家各项重大决策，满腔热忱地推进改革开放和社会主义现代化建设。在广东工作期间，他坚持党的十一届三中全会确立的路线，坚决贯彻执行党中央把工作重点转移到社会主义现代化建设上来的战略决策，参与领导广东改革开放、试办经济特区等工作，为国家实行对外开放政策提供了重要经验。在担任中央军委常务副主席兼秘书长、中央军委第一副主席期间，他先后协助邓小平、江泽民同志主持军委日常工作，高度重视加强军队党的建设，积极推动军队走中国特色精兵之路，深入研究新的历史条件下军队现代化建设的重大问题，认真组织和实施军队各方面工作，积极推进军队体制编制等方面的改革，特别是组织完成了裁军100万的重大任务，为人民军队革命化、现代化、正规化建设作出了突出贡献。在国家主席的岗位上，他深入实际调查研究，关心群众疾苦，广泛听取干部群众和各界人士意见，了解改革开放情况，指导工作，解决问题。他坚决贯彻“和平统一、一国两制”的方针，积极推进祖国统一大业。他密切关注国际形势的发展变化，参与制定对外政策，并承担繁重的外事活动，向世界各国阐明我国独立自主的和平外交政策，介绍我国改革开放和社会主义现代化建设的成就，为扩大我国国际影响、促进世界和平与人类进步事业做了大量工作，赢得了国际社会的尊敬。

1992年和1993年，杨尚昆同志先后从党和国家的领导岗位上退下来。退休后，他仍然关心改革开放和社会主义现代化建设，关心祖国统一大业，对祖国的繁荣富强和完全统一寄予殷切期望。

杨尚昆同志的一生，是光辉的一生、战斗的一生。在70多年的革命生涯中，杨尚昆同志以坚韧不拔的意志、不屈不挠的精神，书写了为党和人民不懈奋斗的壮丽人生。我们缅怀杨尚昆同志的光辉业绩，就是要学习和发扬他的高尚思想品德。

我们要学习杨尚昆同志对理想信念无比坚定，对党和人民无限忠诚。杨尚昆同志从青年时代起就决心做“新社会的催生者”。在信仰马克思主义、走上革命道路后，他始终义无反顾、坚贞不渝。不论是在严酷的战争年代，还是在和平建设年代、改革开放时期，杨尚昆同志始终坚持革命理想。即使在“文化大革命”受到错误批判和严重迫害的逆境中，他对党和人民依然充满信心。面对国际风云的剧烈变幻，他坚信共产主义是人类最美好的理想，坚信中国特色社会主义一定能够取得成功。

我们要学习杨尚昆同志勇于追求真理，善于开辟工作新局面。在革命、建设、改革的长期实践中，杨尚昆同志注重把理论与实际结合起来，自觉运用马克思主义的立场、观点、方法，自觉以中国化的马克思主义指导实际工作。杨尚昆同志坚持解放思想、实事求是，积极破除“两个凡是”的束缚，在广泛调研的基础上，提出了广东要“先走一步”、把改革开放的大文章做好的建议。杨尚昆同志注重实干，重视调查研究，积极探索适合具体情况的政策和办法，善于创造性地开展工作。

我们要学习杨尚昆同志严于律己、公道正派，始终保持共产党人的优良品质。杨尚昆同志始终把自己看作人民的一员，密切联系群众，作风民主，平易近人，关心同志，爱护干部。他遵守党的纪律，维护党的团结，顾大局，讲原则。他生活简朴，廉洁自律，始终保持和发扬党的优良传统和作风。1998年，我国一些地区遭受严重自然灾害，他把当年恢复工作后补发工资中的两万多元钱捐献出来，支援灾区群众。在生命的最后时刻，他依然惦记着受灾群众，从昏迷状态中清醒过来时仍念念不忘灾区群众。杨尚昆同志把一生奉献给党和人民，为我们树立了共产党人的光辉榜样。

同志们，我国革命、建设、改革的伟大成就，是老一代革命家带领全党全国各族人民不懈奋斗、顽强拼搏的结果。在新的历史条件下把党和人民事业继续推向前进，是我们必须承担好的庄严历史责任。我们要坚持以马克思列宁主义、毛泽东思想、邓小平理论和"三个代表"重要思想为指导，深入贯彻落实科学发展观，始终不渝地走中国特色社会主义道路，不断实现好、维护好、发展好最广大人民的根本利益，为把我国建设成为富强民主文明和谐的社会主义现代化国家而继续奋斗。

在庆祝中国人民解放军建军80周年暨全军英雄模范代表大会上的讲话

（2007年8月1日）

胡锦涛

同志们，朋友们：

今天，我们在这里隆重集会，庆祝中国人民解放军建军80周年，祝贺全军英雄模范代表大会召开。

80年前的今天，中国共产党发动了震惊中外的南昌起义。这个伟大的事件，以打响武装反抗国民党反动派第一枪的英雄壮举，以党独立领导的新型人民军队诞生的重要标志，载入了中国革命史册。“八一”这个光荣的日子，成为人民解放军的盛大节日。

80年来，在中国共产党领导下，人民解放军高举党的旗帜，高举人民的旗帜，牢记使命，英勇奋战，为中国人民解放事业，为我国社会主义建设和改革事业，为捍卫国家主权、安全、领土完整，建立了不可磨灭的历史功勋。人民解放军的80年，是紧紧同全国各族人民站在一起、全心全意为人民服务的80年，是为民族独立和尊严、社会发展和进步英勇奋斗的80年，是为维护世界和平、促进人类进步事业作出重要贡献的80年。人民解放军以威武之师、文明之师、和平之师闻名于世，赢得了党和人民的高度信赖和赞誉。

在这里，我代表党中央、国务院和中央军委，向战斗在保卫祖国、建设祖国各个岗位上的人民解放军指战员、武警部队官兵、预备役军人和广大民兵，致以节日的祝贺！向为中国革命、建设、改革事业作出重大贡献的军队离退休老同志，表示诚挚的问候！向在各个时期为人民解放军建设作出贡献的转业退伍军人、革命伤残军人和烈军属，表示亲切的慰问！向在国防科技工业战线顽强拼搏的科学家、工程技术人员和广大干部职工，致以衷心的感谢！向出席全军英雄模范代表大会的代表，致以热烈的祝贺！向长期以来关心和支持人民解放军建设的全国各族人民，致以崇高的敬意！

此时此刻，我们更加怀念敬爱的毛泽东；周恩来、刘少奇、朱德、邓小平同志和彭德怀、刘伯承、贺龙、陈毅、罗荣桓、徐向前、聂荣臻、叶剑英同志等老一辈无产阶级革命家和军事家，他们创建和培育了人民军队，为人民军队发展壮大建立了彪炳史册的功勋。我们深切缅怀人民军队成千上万的革命烈士，他们为人民革命战争胜利和人民共和国安宁强盛而英勇献身的光辉业绩，永远镌刻在人民解放军和中华民族的历史丰碑上。

同志们、朋友们！

80年前，中国还处在半殖民地半封建的黑暗境地。1927年，正当大革命蓬勃发展的时候，国民党反动派背叛革命，勾结帝国主义，血腥屠杀中国共产党人和革命群众，使轰轰烈烈的大革命惨遭失败。中国共产党人从血的教训中深刻认识到开展武装斗争、创建人民军队的极端重要性，毅然发动了南昌起义。南昌起义，连同随后党发动和领导的秋收起义、广州起义以及其他许多地区的武装起义，开启了我们党独立领导革命战争、创建人民军队、武装夺取政权的新时期，揭开了中国革命的新篇章。中国共产党从此有了自己绝对领导之下、忠实执行革命政治任务的武装力量，中国人民从此有了同自己血肉相连、全心全意为人民服务的子弟兵，中华民族从此有了实现独立解放和伟大复兴的坚强保障。

在80年的顽强奋斗中，人民解放军在以毛泽东同志、邓小平同志和江泽民同志为核心的党的三代中央领导集体以及党的十六大以来的党的中央领导集体领导下，紧紧依靠人民，为民族独立、人民解放和国家富强、人民幸福作出了重大贡献。我们的人民军队，在土地革命战争、抗日战争、解放战争长达22年艰苦卓绝的斗争中，脚踏着祖国的大地，背负着民族的希望，以无与伦比的英雄气概、超乎寻常的革命毅力、灵活机动的战略战术，不怕牺牲，浴血奋战，打败了凶恶的国内外敌人，推翻了压在中国人民头上的三座大山，为建立人民当家作主的新中国创造了根本条件。我们的人民军队，全面履行保卫祖国、保卫人民和平劳动的根本职能，英勇捍卫新生的人民政权，胜利进行抗美援朝战争和多次边境自卫防御作战，严密守卫祖国的万里边防和辽阔海疆，依法履行香港、澳门防务职责，有效震慑和打击危害国家安全和统一的各种分裂、破坏活动，为国家发展繁荣提供了可靠安全保障。我们的人民军队，自觉在国家建设大局下行动，发挥自身优势，积极承担关系国计民生的重点工程建设任务，支援地方抢险救灾，为保护人民生命财产奋不顾身、赴汤蹈火，踊跃参加社会公益事业，带头传播社会主义新思想新风尚，有力支持了国家经济社会发展。我们的人民军队，广泛开展对外军事交流，积极参加联合国维和行动和国际救灾行动，加强国际反恐军事合作，为维护世界和平发挥了重要作用。

在80年的顽强奋斗中，人民解放军从小到大、由弱变强，不断推进自身建设发展，革命化、现代化、正规化水平显著提高。人民解放军已经由过去弱小的单一军种的军队发展成为诸军兵种合成、具有一定现代化水平并开始向信息化迈进的强大军队。我们建立起完整的国防科技和国防工业体系，国防实力不断增强。人民解放军走出了一条符合我国实际的军队建设道路，创造了适应我国国情的人民战争战略战术，优化了军队体制编制，提高了后勤和装备综合保障能力，形成了反映现代军事发展规律、体现人民军队性质和优良传统的军事法规体系，培养造就了一大批高素质新型军事人才。所有这些，为人民解放军更好地履行职能使命提供了力量支持，为基本实现国防和军队现代化奠定了坚实基础。

在80年的顽强奋斗中，人民解放军培育和形成了优良革命传统。人民解放军的优良革命传统，集中起来就是听党指挥、服务人民、英勇善战。听党指挥，是党和人民对人民军队的最高政治要求，是人民解放军不可动摇的根本原则。人民军队必须具有凝聚军心的神圣军魂。人民解放军铸就的军魂，就是坚持党的绝对领导。正是由于高度自觉听党指挥，人民解放军才始终保持了坚定正确的政治方向，始终保持了强大的凝聚力和战斗力，始终保持了蓬勃旺盛的生机活力。服务人民，是人民军队一切奋斗发展的出发点和归宿，是人民解放军必须永远坚持的根本宗旨。人民军队必须具有牢不可破的依靠力量。从诞生之日起，人民解放军就始终坚持全心全意为人民服务的宗旨，完全彻底地为人民利益而奋斗，赢得了亿万人民的衷心爱戴和全力支持，形成了夺取胜利最深厚、最伟大的力量源泉。英勇善战，是人民军队的鲜明特征，是人民解放军履行职能使命的根本要求。人民军队必须具有克敌制胜的强大能力。在长期实践中，人民解放军大力发扬压倒一切敌人而不被任何敌人所压倒、征服一切困难而不被任何困难所征服的英雄气概和革命精神，既敢于胜利又善于胜利，生成和发挥了强大战斗力量，创造了一个又一个人类战争史上的奇迹。听党指挥、服务人民、英勇善战，体现了人民解放军的性质、宗旨、本色，凝聚着党和人民对军队的重托和期望，是我们总结人民解放军80年建军治军经验的基本结论。

总结历史，我们完全可以说，党和人民事业之所以能够不断从胜利走向胜利，社会主义中国之所以能够在国际风云剧烈变幻中始终站稳脚跟，一个重要原因，就是因为我们有人民解放军这样一支忠于党、忠于社会主义、忠于祖国、忠于人民的英雄军队。

同志们、朋友们！

80年来，我们党坚持把马克思主义军事理论同中国革命战争和人民军队建设实践结合起来，创造了一整套中国特色建军治军的方针原则，形成了毛泽东军事思想、邓小平新时期军队建设思想、江泽民国防和军队建设思想三大军事理论成果。毛泽东军事思想，指引我们党正确解决了在半殖民地半封建的旧中国进行新民主主义革命的历史条件下建设无产阶级新型人民军队，实行人民战争，走以农村包围城市、最后夺取全国胜利的道路，以及取得全国政权后建立现代国防的重大课题。邓小平新时期军队建设思想，指引我们党正确解决了在和平与发展成为时代主题、我国进行改革开放的历史条件下走中国特色精兵之路，建设强大的现代化正规化革命军队的重大课题。江泽民国防和军队建设思想，指引我们党正确解决了在世界新军事变革蓬勃进行、我国社会主义市场经济深入发展的历史条件下积极推进中国特色军事变革，保证人民军队打得赢、不变质的重大课题。80年来，人民军队建立的一切功勋，国防和军队建设取得的一切成就，都是同毛泽东同志、邓小平同志和江泽民同志的卓越领导才能和重大理论贡献紧紧联系在一起的。毛泽东军事思想、邓小平新时期军队建设思想、江泽民国防和军队建设思想，是马克思主义军事理论中国化的重大成果，是引领人民军队不断发展壮大的科学指南，是对马克思主义军事宝库的丰富和发展。

同志们、朋友们！

当今时代，国际形势处在复杂的变动之中，我国社会也处在深刻的变革之中。国际形势总体稳定，和平与发展仍然是时代主题，但世界并不太平。我国改革开放和社会主义现代化建设胜利推进，国家经济实力大幅提升，人民生活显著改善，全面建设小康社会取得重大进展，但改革发展和改善民生的任务依然艰巨繁重。我们面临的机遇前所未有，面对的挑战也前所未有。我们要坚持以邓小平理论和“三个代表”重要思想为指导，深入贯彻落实科学发展观，全面分析国际国内形势，增强忧患意识，做到居安思危，坚定不移地走中国特色社会主义道路，坚持以经济建设为中心，推动经济、政治、文化、社会、国防等各项事业全面发展，继续把中国特色社会主义伟大事业推向前进。

经济建设是国防建设的基本依托，国防实力是综合国力的重要体现。我们要深刻认识世界军事发展新趋势和我国发展新要求，遵循国防建设与经济建设协调发展的方针，在国家经济实力不断增强的基础上，逐步增加国防投入，不断提高国防和军队现代化水平，努力建设与国家安全和发展利益相适应的巩固国防和强大军队。这是人民解放军的历史责任，也是全国各族人民的共同事业。

我们必须坚持以毛泽东军事思想、邓小平新时期军队建设思想、江泽民国防和军队建设思想为指导，把科学发展观作为加强国防和军队建设的重要指导方针，在更高的起点上推进国防和军队现代化。新世纪新阶段，国防和军队现代化建设的发展，必须是融入国家现代化战略全局、与国家安全和发展利益相适应的发展，是注重全面建设、革命化现代化正规化相统一的发展，是坚持以人为本、推动军队建设与促进官兵全面发展相一致的发展，是走中国特色精兵之路、速度质量效益相协调的发展，一句话，必须努力实现国防和军队现代化建设又好又快发展。

人民军队的历史使命，历来同党的历史任务紧密相连，同国家安全和发展利益紧密相关。为党巩固执政地位提供重要力量保证，为维护国家发展的重要战略机遇期提供坚强安全保障，为维护国家利益提供有力战略支撑，为维护世界和平与促进共同发展发挥重要作用，是新世纪新阶段军队历史使命。切实履行好这一历史使命，是党的重托、人民的期望。人民解放军的全部工作，都要围绕有效履行这一历史使命来展开，各项建设都要围绕提高履行历史使命的能力来进行。全军同志要忠于使命、献身使命、不辱使命，把捍卫国家主权、安全、领土完整，保障国家发展利益和保护人民利益放在高于一切的位置，深入研究新形势下治军特点和规律，全面加强部队建设，抓紧做好军事斗争准备，确保能够有效应对危机、维护和平，遏制战争、打赢战争，努力创造无愧于时代的新业绩。

在前进道路上，我们必须始终把思想政治建设摆在军队各项建设的首位，作为军队的根本性和基础性建设抓紧抓好。高度重视并切实加强思想政治建设，是人民解放军80年建军治军的宝贵经验，是人民解放军的重要优势。在时代条件深刻变化、社会环境日益复杂、使命任务艰巨繁重的情况下，军队思想政治建设只能加强、不能削弱。加强军队思想政治建设，最根本的是要坚持党对军队的绝对领导、坚持全心全意为人民服务。这两条，决定着人民解放军的性质和方向，关系中国特色社会主义的兴衰成败，必须毫不动摇地坚持、始终不渝地贯彻。坚持党对军队的绝对领导，就要以党的旗帜为旗帜、以党的意志为意志，坚决贯彻党领导人民军队的根本原则和制度，坚决完成党赋予的各项任务。坚持全心全意为人民服务，就是要坚决维护人民利益，永远当人民子弟兵，永远做人民利益忠实捍卫者。要紧紧扭住铸牢军魂、恪守宗旨的根本要求，坚持不懈地用马克思主义中国化的最新成果武装全军，大力加强军队党的先进性建设和干部队伍建设，大力弘扬听党指挥、服务人民、英勇善战的优良传统，深入进行军队历史使命、理想信念、战斗精神和社会主义荣辱观教育，更好地把全军官兵的意志和力量凝聚到中国特色社会主义共同理想上来，确保军队建设的正确方向，确保军队有效履行历史使命。

在前进道路上，我们必须主动适应世界军事变革趋势，奋发有为地把中国特色军事变革推向前进。这是提高军队应对多种安全威胁、完成多样化军事任务的能力、有效履行历史使命的必然选择，是逐步缩小与国际先进军事技术水平的差距、实现军队现代化发展的必由之路。要继续实施科技强军战略，按照建设信息化军队、打赢信息化战争的要求，坚持以机械化为基础、以信息化为主导，走机械化信息化复合发展的道路。要把改革创新作为军队建设的根本动力，大力推进军事理论创新、军事技术创新、军事组织创新、军事管理创新。要加快武器装备现代化建设，加紧实施人才战略工程，把军队战斗力生成模式进一步转到依靠科技进步特别是以信息技术为主要标志的高新技术进步上来。要贯彻注重质量效益的要求，优化体系结构，坚持勤俭建军，提高整体效能。要坚持依法治军、从严治军，加强科学管理，不断提高军队正规化建设水平。要加强基层全面建设，打牢部队建设基础。要坚定地相信和依靠广大官兵，充分发挥他们的主动精神和创造活力，大力弘扬求真务实、艰苦奋斗的优良作风，以强烈的事业心和责任感推动中国特色军事变革不断迈出新的步伐。

在前进道路上，我们必须发扬光大依靠人民建设军队、建设国防的优良传统，进一步巩固同呼吸、共命运、心连心的军政军民关系。我们的军队是人民的军队，我们的国防是全民的国防。人民离不开军队，军队更离不开人民。军政一致，军民一致，军民鱼水情深、患难与共，是人民军队无往而不胜的重要保证，也是新的历史条件下推进国防和军队现代化建设的重要保证。要坚持全民办国防的方针，广泛开展全民国防教育，完善国防动员体制，加强国防后备力量建设，在全社会形成关心国防、热爱国防、建设国防、保卫国防的生动局面。要推进国防科技工业改革和发展，增强自主创新能力，加快国防科技和武器装备发展。要加强人民武装警察部队建设，更好地履行维护国家安全和社会稳定、保障人民安居乐业的职责使命。各级党委和政府要关心支持军队建设，积极配合军队搞好兵役制度改革、军人转业退伍安置制度改革、后勤保障社会化等工作，积极推进经济、科技、教育、人才等各个领域的军民融合，积极做好拥军优属等各项优抚工作。人民解放军要大力发扬拥政爱民的光荣传统，热爱人民群众，尊重地方政府，积极支持地方经济社会发展，继续在社会主义精神文明建设中走在前列，在构建社会主义和谐社会中贡献力量，以实际行动为民造福、为国兴利。要进一步巩固军政军民团结，巩固和发展军爱民、民拥军的生动局面。

同志们、朋友们！

伟大的事业铸就伟大的军队，伟大的军队培育伟大的战士。人民解放军是一个大学校、大熔炉，历来群星璀璨、英雄辈出。人民解放军千千万万的英雄模范，在烽火硝烟的战场上舍生忘死、浴血奋战，在各项工作中拼搏进取、争创一流，在弘扬新风正气中躬身实践、模范带头，用英勇顽强、无私奉献的高尚品格和先进事迹谱写了人民军队为人民的浩然之歌。他们是民族的精英、时代的先锋，是人民解放军的骄傲和光荣。

在座的英雄模范们，是人民解放军的优秀代表。党中央、国务院和中央军委决定召开这次全军英雄模范代表大会，号召全军同志和全国人民向你们学习，就是要把你们身上体现出来的高尚精神和优良品德进一步推向全军、推向全社会。希望同志们珍惜崇高荣誉，牢记历史使命，争取更大光荣。

建设中国特色社会主义伟大事业，需要广泛形成崇尚英雄模范、学习英雄模范的社会风尚。英雄模范精神越光大，我们的民族就越有力量。全军同志要率先学习英雄模范，努力为党和人民建立新的业绩，为“八一”军旗增添新的光彩。

同志们、朋友们！

我国发展已经站在新的历史起点上。我们的事业崇高而神圣，我们的责任重大而光荣，我们的未来光明而美好。我们党不久将召开第十七次全国代表大会。大会将对党和国家各项事业发展作出全面部署，也将对国防和军队现代化建设提出明确要求。全党全国各族人民要更加紧密地团结在党中央周围，坚持以马克思列宁主义、毛泽东思想、邓小平理论和“三个代表”重要思想为指导，深入贯彻落实科学发展观，继续解放思想，坚持改革开放，推动科学发展，促进社会和谐，为建设强大的现代化正规化革命军队，为实现全面建设小康社会的宏伟目标、开创中国特色社会主义事业新局面，为实现中华民族的伟大复兴而继续努力奋斗！

在全国优秀教师代表座谈会上的讲话

（2007年8月31日）

胡锦涛

各位老师，同志们：

大家好！在教师节即将来临之际，有机会同各位全国优秀教师代表见面，并听取大家的意见，我感到十分高兴。刚才，听了5位老师的发言，很受启发，很受教育。大家在教书育人的岗位上勤奋工作，作出了突出成绩，我向你们表示崇高的敬意！在这里，我代表党中央、国务院，向全国广大教师和教育工作者，致以节日的祝贺和诚挚的问候！

长期以来，全国广大教师自觉贯彻党的教育方针，认真做好本职工作，为我国教育事业发展和社会主义现代化建设作出了重要贡献，赢得了全社会广泛赞誉和普遍尊重。全国优秀教师是我国教师队伍的杰出代表。在你们身上，集中体现了人民教师胸怀祖国、热爱人民，学为人师、行为世范，默默耕耘、无私奉献的高尚精神。你们为全社会树立了光辉榜样，党和政府感谢你们，人民感谢你们！

当今世界，经济全球化深入发展，科技进步日新月异，国际竞争日趋激烈，知识越来越成为提高综合国力和国际竞争力的决定性因素，人才资源越来越成为推动经济社会发展的战略性资源，教育的基础性、先导性、全局性地位和作用更加突出。中国的未来发展，中华民族的伟大复兴，归根结底靠人才，人才培养的基础在教育。教育是提高人民思想道德素质和科学文化素质的基本途径，是发展科学技术和培养人才的基础工程。大力发展教育事业，是发挥我国人力资源优势、建设创新型国家、加快推进社会主义现代化的必然选择。

在新的时代条件下，我们必须坚持以邓小平理论和“三个代表”重要思想为指导，深入贯彻落实科学发展观，全面实施科教兴国战略和人才强国战略，继续坚持好、落实好把教育摆在优先发展的战略地位的方针，大力倡导尊师重教，大力发展教育事业，大力提高全民族素质，为全面建设小康社会、加快推进社会主义现代化、实现中华民族伟大复兴提供强大的人才和人力资源保证。

要加强对教育工作的领导，全面贯彻党的教育方针，坚持教育为社会主义现代化建设服务、为人民服务，努力办好让人民满意的教育。要全面实施素质教育，按照普及和巩固义务教育、大力发展职业教育、提高高等教育质量的要求，以更大的决心、更多的财力支持教育事业，经济社会发展规划要优先安排教育发展，财政资金要优先保障教育投入，公共资源要优先满足教育和人力资源开发需要。要坚持育人为本、德育为先，把立德树人作为教育的根本任务，加强爱国主义教育，深入开展理想信念教育，加强和改进学生思想政治工作，把社会主义核心价值体系融入国民教育体系，引导学生树立正确的世界观、人生观、价值观、荣辱观，努力培养德智体美全面发展的社会主义建设者和接班人。要把促进教育公平作为国家基本教育政策，统筹城乡、区域教育，统筹各级各类教育，统筹教育发展的规模、结构、质量，认真研究解决教育改革发展中的重大问题，不断满足人民日益增长的教育需求。要推进教育体制改革和创新，围绕构建现代国民教育体系的目标，建立健全教育管理体制、教育投入体制，改进培养模式、教育内容、教育方法，着力提高教育质量，为我国教育事业发展提供强大动力和体制保证。

教师是人类文明的传承者。推动教育事业

又好又快发展，培养高素质人才，教师是关键。没有高水平的教师队伍，就没有高质量的教育。尊重教师是重视教育的必然要求，是社会文明进步的重要标志，是尊重劳动、尊重知识、尊重人才、尊重创造的具体体现。要进一步在全社会弘扬尊师重教的良好风尚，把广大教师的积极性、主动性、创造性更好地发挥出来。

——必须高度重视和切实加强教师队伍建设。要采取有力措施，保障教师的政治地位、社会地位、职业地位，维护教师合法权益。要随着经济发展不断提高教师待遇，依法保障教师收入水平，完善教师医疗、养老、住房等社会保障。要特别重视农村教师队伍建设，千方百计帮助农村教师排忧解难。要满腔热情关心教师，努力改善教师的工作、学习、生活条件，为教师教书育人创造良好环境。

——必须吸引和鼓励优秀人才从事教育工作。要制定切实可行的政策措施，注重吸引优秀人才当教师，鼓励优秀人才长期从教、终身从教，鼓励有志青年到农村、到边远地区、到祖国最需要的地方为国家教育事业发展建功立业。要高度重视教师培养和培训，加大对师范教育支持力度，积极推进教师教育创新，提高教师整体素质和业务水平。要改革和完善教师管理制度，严格教师资格准入制度，健全教师考核评价机制，合理配置教师资源。

——必须形成尊师重教的良好社会风气。教师是神圣的职业，应该受到全党全社会的尊敬。要营造良好舆论氛围，大力宣传优秀教师先进事迹，让全社会广泛了解教师工作的重要性和特殊性，让教师成为社会上最受尊敬的职业，让尊师重教蔚然成风。

全社会尊重教师，广大教师更应该自尊自励，努力成为无愧于党和人民的人类灵魂工程师，以人民教师特有的人格魅力、学识魅力和卓有成效的工作赢得全社会的尊重。这里，我想对全国广大教师提几点希望。

一是希望广大教师爱岗敬业、关爱学生。切实承担教育者的社会责任，满怀对受教育者的真心关爱，是党和人民对广大教师的基本要求。广大教师要忠诚于人民教育事业，树立崇高的职业理想和坚定的职业信念，把全部精力和满腔真情献给教育事业，做爱岗敬业的模范。要关爱每一名学生，关心每一名学生的成长进步，以真情、真心、真诚教育和影响学生，努力成为学生的良师益友，成为学生健康成长的指导者和引路人。

二是希望广大教师刻苦钻研、严谨笃学。教师是知识的重要传播者和创造者。在当今时代知识层出不穷的条件下，要成为合格教育者，就必须不断学习、不断充实自己。广大教师要崇尚科学精神，树立终身学习理念，如饥似渴地学习新知识、新技能、新技术，拓宽知识视野，更新知识结构，不断提高教学质量和教书育人本领。要养成求真务实和严谨自律的治学态度，恪守学术道德，发扬优良学风。

三是希望广大教师勇于创新、奋发进取。教师从事的是创造性工作。教师富有创新精神，才能培养出创新人才。广大教师要踊跃投身教育创新实践，积极探索教育教学规律，更新教育观念，改革教学内容、方法、手段，注重培育学生的主动精神，鼓励学生的创造性思维，引导学生在发掘兴趣和潜能的基础上全面发展，努力培养适应社会主义现代化建设需要、具有创新精神和实践能力的一代新人。

四是希望广大教师淡泊名利、志存高远。高尚的师德，是对学生最生动、最具体、最深远的教育。广大教师要自觉坚持社会主义核心价值体系，带头实践社会主义荣辱观，不断加强师德修养，把个人理想、本职工作与祖国发展、人民幸福紧密联系在一起，树立高尚的道德情操和精神追求，甘为人梯，乐于奉献，静下心来教书，潜下心来育人，努力做受学生爱戴、让人民满意的教师。

最后，祝大家身体健康、工作顺利、阖家幸福，在今后的工作中不断创造新的业绩！

高举中国特色社会主义伟大旗帜
为夺取全面建设小康社会新胜利而奋斗

——在中国共产党第十七次全国代表大会上的报告

（2007 年 10 月 15 日）

胡锦涛

同志们：

现在，我代表第十六届中央委员会向大会作报告。

中国共产党第十七次全国代表大会，是在我国改革发展关键阶段召开的一次十分重要的大会。大会的主题是：**高举中国特色社会主义伟大旗帜，以邓小平理论和"三个代表"重要思想为指导，深入贯彻落实科学发展观，继续解放思想，坚持改革开放，推动科学发展，促进社会和谐，为夺取全面建设小康社会新胜利而奋斗。**

中国特色社会主义伟大旗帜，是当代中国发展进步的旗帜，是全党全国各族人民团结奋斗的旗帜。解放思想是发展中国特色社会主义的一大法宝，改革开放是发展中国特色社会主义的强大动力，科学发展、社会和谐是发展中国特色社会主义的基本要求，全面建设小康社会是党和国家到二〇二〇年的奋斗目标，是全国各族人民的根本利益所在。

当今世界正在发生广泛而深刻的变化，当代中国正在发生广泛而深刻的变革。机遇前所未有，挑战也前所未有，机遇大于挑战。全党必须坚定不移地高举中国特色社会主义伟大旗帜，带领人民从新的历史起点出发，抓住和用好重要战略机遇期，求真务实，锐意进取，继续全面建设小康社会、加快推进社会主义现代化，完成时代赋予的崇高使命。

一、过去五年的工作

十六大以来的五年是不平凡的五年。面对复杂多变的国际环境和艰巨繁重的改革发展任务，党带领全国各族人民，高举邓小平理论和"三个代表"重要思想伟大旗帜，战胜各种困难和风险，开创了中国特色社会主义事业新局面，开拓了马克思主义中国化新境界。

十六大确立"三个代表"重要思想的指导地位，作出全面建设小康社会的战略决策。为贯彻十六大精神，中央召开七次全会，分别就深化机构改革、完善社会主义市场经济体制、加强党的执政能力建设、制定"十一五"规划、构建社会主义和谐社会等关系全局的重大问题作出决定和部署，提出并贯彻科学发展观等重大战略思想，推动党和国家工作取得新的重大成就。

经济实力大幅提升。经济保持平稳快速发展，国内生产总值年均增长百分之十以上，经济效益明显提高，财政收入连年显著增加，物价基本稳定。社会主义新农村建设扎实推进，区域发展协调性增强。创新型国家建设进展良好，自主创新能力较大提高。能源、交通、通信等基础设施和重点工程建设成效显著。载人航天飞行成功实现。能源资源节约和生态环境保护取得新进展。"十五"计划胜利完成，"十一五"规划进展顺利。

改革开放取得重大突破。农村综合改革逐步深化，农业税、牧业税、特产税全部取消，支农惠农政策不断加强。国有资产管理体制、国有企业和金融、财税、投资、价格、科技等领域改革取得重大进展。非公有制经济进一步发展。市场体系不断健全，宏观调控继续改善，政府职能加快转变。进出口总额大幅增加，实施"走出去"战略迈出坚实步伐，开放型经济进入新阶段。

人民生活显著改善。城乡居民收入较大增加，家庭财产普遍增多。城乡居民最低生活保障制度初步建立，贫困人口基本生活得到保障。居民消费结构优化，衣食住行用水平不断提高，享有的公共服务明显增强。

民主法制建设取得新进步。政治体制改革稳步推进。人民代表大会制度、中国共产党领导的多党合作和政治协商制度、民族区域自治制度不断完善，基层民主活力增强。人权事业健康发展。爱国统一战线发展壮大。中国特色社会主义法律体系基本形成，依法治国基本方略切实贯彻。行政管理体制、司法体制改革不断深化。

文化建设开创新局面。社会主义核心价值体系建设扎实推进，马克思主义理论研究和建设工程成效明显。思想道德建设广泛开展，全社会文明程度进一步提高。文化体制改革取得重要进展，文化事业和文化产业快速发展，人民精神文化生活更加丰富。全民健身和竞技体育取得新成绩。

社会建设全面展开。各级各类教育迅速发展，农村免费义务教育全面实现。就业规模日益扩大。社会保障体系建设进一步加强。抗击非典取得重大胜利，公共卫生体系和基本医疗服务不断健全，人民健康水平不断提高。社会管理逐步完善，社会大局稳定，人民安居乐业。

国防和军队建设取得历史性成就。中国特色军事变革加速推进，裁减军队员额二十万任务顺利完成，军队革命化、现代化、正规化建设全面加强，履行新世纪新阶段历史使命能力显著提高。

港澳工作和对台工作进一步加强。香港、澳门保持繁荣稳定，与内地经贸关系更加紧密。两岸政党交流成功开启，人员往来和经济文化交流达到新水平。制定反分裂国家法，坚决维护国家主权和领土完整。

全方位外交取得重大进展。坚持独立自主的和平外交政策，各项外交工作积极开展，同各国的交流合作广泛加强，在国际事务中发挥重要建设性作用，为全面建设小康社会争取了良好国际环境。

党的建设新的伟大工程扎实推进。党的执政能力建设和先进性建设深入进行。理论创新和理论武装卓有成效。保持共产党员先进性教育活动取得重大成果。党内民主不断扩大。领导班子和干部队伍建设特别是干部教育培训取得重要进展，人才工作进一步加强，干部人事制度改革和组织制度创新不断深入。党风廉政建设和反腐败斗争成效明显。

在看到成绩的同时，也要清醒认识到，我们的工作与人民的期待还有不小差距，前进中还面临不少困难和问题，突出的是：经济增长的资源环境代价过大；城乡、区域、经济社会发展仍然不平衡；农业稳定发展和农民持续增收难度加大；劳动就业、社会保障、收入分配、教育卫生、居民住房、安全生产、司法和社会治安等方面关系群众切身利益的问题仍然较多，部分低收入群众生活比较困难；思想道德建设有待加强；党的执政能力同新形势新任务不完全适应，对改革发展稳定一些重大实际问题的调查研究不够深入；一些基层党组织软弱涣散；少数党员干部作风不正，形式主义、官僚主义问题比较突出，奢侈浪费、消极腐败现象仍然比较严重。我们要高度重视这些问题，继续认真加以解决。

总起来说，这五年，是改革开放和全面建设小康社会取得重大进展的五年，是我国综合国力大幅提升和人民得到更多实惠的五年，是我国国际地位和影响显著提高的五年，是党的创造力、凝聚力、战斗力明显增强和全党全国各族人民团结更加紧密的五年。实践充分证明，十六大和十六大以来中央作出的各项重大决策是完全正确的。

五年来的成就，是全党全国各族人民共同奋斗的结果。我代表中共中央，向全国各族人民，向各民主党派、各人民团体和各界爱国人士，向香港特别行政区同胞、澳门特别行政区同胞和台湾同胞以及广大侨胞，向一切关心和支持中国现代化建设的各国朋友，表示衷心的感谢！

二、改革开放的伟大历史进程

我们即将迎来改革开放三十周年。一九七八年，我们党召开具有重大历史意义的十一届三中全会，开启了改革开放历史新时期。从那时以来，中国共产党人和中国人民以一往无前的进取精神和波澜壮阔的创新实践，谱写了中华民族自强不息、顽强奋进新的壮丽史诗，中国人民的面貌、社会主义中国的面貌、中国共产党的面貌发生了历史性变化。

改革开放是党在新的时代条件下带领人民进行的新的伟大革命，目的就是要解放和发展社会生产力，实现国家现代化，让中国人民富裕起来，振兴伟大的中华民族；就是要推动我国社会主义制度自我完善和发展，赋予社会主义新的生机活力，建设和发展中国特色社会主义；就是要在引领当代中国发展进步中加强和改进党的建设，保持和发展党的先进性，确保党始终走在时代前列。

我们要永远铭记，改革开放伟大事业，是在以毛泽东同志为核心的党的第一代中央领导集体创立毛泽东思想，带领全党全国各族人民建立新中国、取得社会主义革命和建设伟大成就以及艰辛探索社会主义建设规律取得宝贵经验的基础上进行的。新民主主义革命的胜利，社会主义基本制度的建立，为当代中国一切发展进步奠定了根本政治前提和制度基础。

我们要永远铭记，改革开放伟大事业，是以邓小平同志为核心的党的第二代中央领导集体带领全党全国各族人民开创的。面对十年"文化大革命"造成的危难局面，党的第二代中央领导集体坚持解放思想、实事求是，以巨大的政治勇气和理论勇气，科学评价毛泽东同志和毛泽东思想，彻底否定"以阶级斗争为纲"的错误理论和实践，作出把党和国家工作中心转移到经济建设上来、实行改革开放的历史性决策，确立社会主义初级阶段基本路线，吹响走自己的路、建设中国特色社会主义的时代号角，创立邓小平理论，指引全党全国各族人民在改革开放的伟大征程上阔步前进。

我们要永远铭记，改革开放伟大事业，是以江泽民同志为核心的党的第三代中央领导集体带领全党全国各族人民继承、发展并成功推向二十一世纪的。从十三届四中全会到十六大，受命于重大历史关头的党的第三代中央领导集体，高举邓小平理论伟大旗帜，坚持改革开放、与时俱进，在国内外政治风波、经济风险等严峻考验面前，依靠党和人民，捍卫中国特色社会主义，创建社会主义市场经济新体制，开创全面开放新局面，推进党的建设新的伟大工程，创立"三个代表"重要思想，继续引领改革开放的航船沿着正确方向破浪前进。

十六大以来，我们以邓小平理论和"三个代表"重要思想为指导，顺应国内外形势发展变化，抓住重要战略机遇期，发扬求真务实、开拓进取精神，坚持理论创新和实践创新，着力推动科学发展、促进社会和谐，完善社会主义市场经济体制，在全面建设小康社会实践中坚定不移地把改革开放伟大事业继续推向前进。

新时期最鲜明的特点是改革开放。从农村到城市、从经济领域到其他各个领域，全面改革的进程势不可当地展开了；从沿海到沿江沿边，从东部到中西部，对外开放的大门毅然决然地打开了。这场历史上从未有过的大改革大开放，极大地调动了亿万人民的积极性，使我国成功实现了从高度集中的计划经济体制到充满活力的社会主义市场经济体制、从封闭半封闭到全方位开放的伟大历史转折。今天，一个面向现代化、面向世界、面向未来的社会主义中国巍然屹立在世界东方。

新时期最显著的成就是快速发展。我们党实施现代化建设“三步走”战略，带领人民艰苦奋斗，推动我国以世界上少有的速度持续快速发展起来。我国经济从一度濒于崩溃的边缘发展到总量跃至世界第四、进出口总额位居世界第三，人民生活从温饱不足发展到总体小康，农村贫困人口从两亿五千多万减少到两千多万，政治建设、文化建设、社会建设取得举世瞩目的成就。中国的发展，不仅使中国人民稳定地走上了富裕安康的广阔道路，而且为世界经济发展和人类文明进步作出了重大贡献。

新时期最突出的标志是与时俱进。我们党坚持马克思主义的思想路线，不断探索和回答什么是社会主义、怎样建设社会主义，建设什么样的党、怎样建设党，实现什么样的发展、怎样发展等重大理论和实际问题，不断推进马克思主义中国化，坚持并丰富党的基本理论、基本路线、基本纲领、基本经验。社会主义和马克思主义在中国大地上焕发出勃勃生机，给人民带来更多福祉，使中华民族大踏步赶上时代前进潮流、迎来伟大复兴的光明前景。

事实雄辩地证明，改革开放是决定当代中国命运的关键抉择，是发展中国特色社会主义、实现中华民族伟大复兴的必由之路；只有社会主义才能救中国，只有改革开放才能发展中国、发展社会主义、发展马克思主义。

改革开放作为一场新的伟大革命，不可能一帆风顺，也不可能一蹴而就。最根本的是，改革开放符合党心民心、顺应时代潮流，方向和道路是完全正确的，成效和功绩不容否定，停顿和倒退没有出路。

在改革开放的历史进程中，我们党把坚持马克思主义基本原理同推进马克思主义中国化结合起来，把坚持四项基本原则同坚持改革开放结合起来，把尊重人民首创精神同加强和改善党的领导结合起来，把坚持社会主义基本制度同发展市场经济结合起来，把推动经济基础变革同推动上层建筑改革结合起来，把发展社会生产力同提高全民族文明素质结合起来，把提高效率同促进社会公平结合起来，把坚持独立自主同参与经济全球化结合起来，把促进改革发展同保持社会稳定结合起来，把推进中国特色社会主义伟大事业同推进党的建设新的伟大工程结合起来，取得了我们这样一个十几亿人口的发展中大国摆脱贫困、加快实现现代化、巩固和发展社会主义的宝贵经验。

改革开放以来我们取得一切成绩和进步的根本原因，归结起来就是：开辟了中国特色社会主义道路，形成了中国特色社会主义理论体系。高举中国特色社会主义伟大旗帜，最根本的就是要坚持这条道路和这个理论体系。

中国特色社会主义道路，就是在中国共产党领导下，立足基本国情，以经济建设为中心，坚持四项基本原则，坚持改革开放，解放和发展社会生产力，巩固和完善社会主义制度，建设社会主义市场经济、社会主义民主政治、社会主义先进文化、社会主义和谐社会，建设富强民主文明和谐的社会主义现代化国家。中国特色社会主义道路之所以完全正确、之所以能够引领中国发展进步，关键在于我们既坚持了科学社会主义的基本原则，又根据我国实际和时代特征赋予其鲜明的中国特色。在当代中国，坚持中国特色社会主义道路，就是真正坚持社会主义。

中国特色社会主义理论体系，就是包括邓小平理论、“三个代表”重要思想以及科学发展观等重大战略思想在内的科学理论体系。这个理论体系，坚持和发展了马克思列宁主义、毛泽东思想，凝结了几代中国共产党人带领人民不懈探索实践的智慧和心血，是马克思主义中国化最新成果，是党最可宝贵的政治和精神财富，是全国各族人民团结奋斗的共同思想基础。中国特色社会主义理论体系是不断发展的开放的理论体系。《共产党宣言》发表以来近一百六十年的实践证明，马克思主义只有与本国国情相结合、与时代发展同进步、与人民群众共命运，才能焕发出强大的生命力、创造力、感召力。在当代中国，坚持中国特色社会主义理论体系，就是真正坚持马克思主义。

实践永无止境，创新永无止境。全党同志要倍加珍惜、长期坚持和不断发展党历经艰辛开创的中国特色社会主义道路和中国特色社会主义理论体系，坚持解放思想、实事求是、与时俱进，勇于变革、勇于创新，永不僵化、永不停滞，不为任何风险所惧，不被任何干扰所惑，使中国特色社会主义道路越走越宽广，让当代中国马克思主义放射出更加灿烂的真理光芒。

三、深入贯彻落实科学发展观

在新的发展阶段继续全面建设小康社会、发展中国特色社会主义，必须坚持以邓小平理论和"三个代表"重要思想为指导，深入贯彻落实科学发展观。

科学发展观，是对党的三代中央领导集体关于发展的重要思想的继承和发展，是马克思主义关于发展的世界观和方法论的集中体现，是同马克思列宁主义、毛泽东思想、邓小平理论和"三个代表"重要思想既一脉相承又与时俱进的科学理论，是我国经济社会发展的重要指导方针，是发展中国特色社会主义必须坚持和贯彻的重大战略思想。

科学发展观，是立足社会主义初级阶段基本国情，总结我国发展实践，借鉴国外发展经验，适应新的发展要求提出来的。进入新世纪新阶段，我国发展呈现一系列新的阶段性特征，主要是：经济实力显著增强，同时生产力水平总体上还不高，自主创新能力还不强，长期形成的结构性矛盾和粗放型增长方式尚未根本改变；社会主义市场经济体制初步建立，同时影响发展的体制机制障碍依然存在，改革攻坚面临深层次矛盾和问题；人民生活总体上达到小康水平，同时收入分配差距拉大趋势还未根本扭转，城乡贫困人口和低收入人口还有相当数量，统筹兼顾各方面利益难度加大；协调发展取得显著成绩，同时农业基础薄弱、农村发展滞后的局面尚未改变，缩小城乡、区域发展差距和促进经济社会协调发展任务艰巨；社会主义民主政治不断发展、依法治国基本方略扎实贯彻，同时民主法制建设与扩大人民民主和经济社会发展的要求还不完全适应，政治体制改革需要继续深化；社会主义文化更加繁荣，同时人民精神文化需求日趋旺盛，人们思想活动的独立性、选择性、多变性、差异性明显增强，对发展社会主义先进文化提出了更高要求；社会活力显著增强，同时社会结构、社会组织形式、社会利益格局发生深刻变化，社会建设和管理面临诸多新课题；对外开放日益扩大，同时面临的国际竞争日趋激烈，发达国家在经济科技上占优势的压力长期存在，可以预见和难以预见的风险增多，统筹国内发展和对外开放要求更高。

这些情况表明，经过新中国成立以来特别是改革开放以来的不懈努力，我国取得了举世瞩目的发展成就，从生产力到生产关系、从经济基础到上层建筑都发生了意义深远的重大变化，但我国仍处于并将长期处于社会主义初级阶段的基本国情没有变，人民日益增长的物质文化需要同落后的社会生产之间的矛盾这一社会主要矛盾没有变。当前我国发展的阶段性特征，是社会主义初级阶段基本国情在新世纪新阶段的具体表现。强调认清社会主义初级阶段基本国情，不是要妄自菲薄、自甘落后，也不是要脱离实际、急于求成，而是要坚持把它作为推进改革、谋划发展的根本依据。我们必须始终保持清醒头脑，立足社会主义初级阶段这个最大的实际，科学分析我国全面参与经济全球化的新机遇新挑战，全面认识工业化、信息化、城镇化、市场化、国际化深入发展的新形势新任务，深刻把握我国发展面临的新课题新矛盾，更加自觉地走科学发展道路，奋力开拓中国特色社会主义更为广阔的发展前景。

科学发展观，第一要义是发展，核心是以人为本，基本要求是全面协调可持续，根本方法是统筹兼顾。

——必须坚持把发展作为党执政兴国的第一要务。发展，对于全面建设小康社会、加快推进社会主义现代化，具有决定性意义。要牢牢扭住经济建设这个中心，坚持聚精会神搞建设、一心一意谋发展，不断解放和发展社会生产力。更好实施科教兴国战略、人才强国战略、可持续发展战略，着力把握发展规律、创新发展理念、转变发展方式、破解发展难题，提高发展质量和效益，实现又好又快发展，为发展中国特色社会主义打下坚实基础。努力实现以人为本、全面协调可持续的科学发展，实现各方面事业有机统一、社会成员团结和睦的和谐发展，实现既通过维护世界和平发展自己、又通过自身发展维护世界和平的和平发展。

——必须坚持以人为本。全心全意为人民服务是党的根本宗旨，党的一切奋斗和工作都是为了造福人民。要始终把实现好、维护好、发展好最广大人民的根本利益作为党和国家一切工作的出发点和落脚点，尊重人民主体地位，发挥人民首创精神，保障人民各项权益，走共同富裕道路，促进人的全面发展，做到发展为了人民、发展依靠人民、发展成果由人民共享。

——必须坚持全面协调可持续发展。要按照中国特色社会主义事业总体布局，全面推进经济建设、政治建设、文化建设、社会建设，促进现代化建设各个环节、各个方面相协调，促进生产关系与生产力、上层建筑与经济基础相协调。坚持生产发展、生活富裕、生态良好的文明发展道路，建设资源节约型、环境友好型社会，实现速度和结构质量效益相统一、经济发展与人口资源环境相协调，使人民在良好生态环境中生产生活，实现经济社会永续发展。

——必须坚持统筹兼顾。要正确认识和妥善处理中国特色社会主义事业中的重大关系，统筹城乡发展、区域发展、经济社会发展、人与自然和谐发展、国内发展和对外开放，统筹中央和地方关系，统筹个人利益和集体利益、局部利益和整体利益、当前利益和长远利益，充分调动各方面积极性。统筹国内国际两个大局，树立世界眼光，加强战略思维，善于从国际形势发展变化中把握发展机遇、应对风险挑战，营造良好国际环境。既要总揽全局、统筹规划，又要抓住牵动全局的主要工作、事关群众利益的突出问题，着力推进、重点突破。

深入贯彻落实科学发展观，要求我们始终坚持“一个中心、两个基本点”的基本路线。党的基本路线是党和国家的生命线，是实现科学发展的政治保证。以经济建设为中心是兴国之要，是我们党、我们国家兴旺发达和长治久安的根本要求；四项基本原则是立国之本，是我们党、我们国家生存发展的政治基石；改革开放是强国之路，是我们党、我们国家发展进步的活力源泉。要坚持把以经济建设为中心同四项基本原则、改革开放这两个基本点统一于发展中国特色社会主义的伟大实践，任何时候都决不能动摇。

深入贯彻落实科学发展观，要求我们积极构建社会主义和谐社会。社会和谐是中国特色社会主义的本质属性。科学发展和社会和谐是内在统一的。没有科学发展就没有社会和谐，没有社会和谐也难以实现科学发展。构建社会主义和谐社会是贯穿中国特色社会主义事业全过程的长期历史任务，是在发展的基础上正确处理各种社会矛盾的历史过程和社会结果。要通过发展增加社会物质财富、不断改善人民生活，又要通过发展保障社会公平正义、不断促进社会和谐。实现社会公平正义是中国共产党人的一贯主张，是发展中国特色社会主义的重大任务。要按照民主法治、公平正义、诚信友爱、充满活力、安定有序、人与自然和谐相处的总要求和共同建设、共同享有的原则，着力解决人民最关心、最直接、最现实的利益问题，努力形成全体人民各尽其能、各得其所而又和谐相处的局面，为发展提供良好社会环境。

深入贯彻落实科学发展观，要求我们继续深化改革开放。要把改革创新精神贯彻到治国理政各个环节，毫不动摇地坚持改革方向，提高改革决策的科学性，增强改革措施的协调性。

要完善社会主义市场经济体制，推进各方面体制改革创新，加快重要领域和关键环节改革步伐，全面提高开放水平，着力构建充满活力、富有效率、更加开放、有利于科学发展的体制机制，为发展中国特色社会主义提供强大动力和体制保障。要坚持把改善人民生活作为正确处理改革发展稳定关系的结合点，使改革始终得到人民拥护和支持。

深入贯彻落实科学发展观，要求我们切实加强和改进党的建设。要站在完成党执政兴国使命的高度，把提高党的执政能力、保持和发展党的先进性，体现到领导科学发展、促进社会和谐上来，落实到引领中国发展进步、更好代表和实现最广大人民的根本利益上来，使党的工作和党的建设更加符合科学发展观的要求，为科学发展提供可靠的政治和组织保障。

全党同志要全面把握科学发展观的科学内涵和精神实质，增强贯彻落实科学发展观的自觉性和坚定性，着力转变不适应不符合科学发展观的思想观念，着力解决影响和制约科学发展的突出问题，把全社会的发展积极性引导到科学发展上来，把科学发展观贯彻落实到经济社会发展各个方面。

四、实现全面建设小康社会奋斗目标的新要求

我们已经朝着十六大确立的全面建设小康社会的目标迈出了坚实步伐，今后要继续努力奋斗，确保到二〇二〇年实现全面建成小康社会的奋斗目标。

我们必须适应国内外形势的新变化，顺应各族人民过上更好生活的新期待，把握经济社会发展趋势和规律，坚持中国特色社会主义经济建设、政治建设、文化建设、社会建设的基本目标和基本政策构成的基本纲领，在十六大确立的全面建设小康社会目标的基础上对我国发展提出新的更高要求。

——增强发展协调性，努力实现经济又好又快发展。转变发展方式取得重大进展，在优化结构、提高效益、降低消耗、保护环境的基础上，实现人均国内生产总值到二〇二〇年比二〇〇〇年翻两番。社会主义市场经济体制更加完善。自主创新能力显著提高，科技进步对经济增长的贡献率大幅上升，进入创新型国家行列。居民消费率稳步提高，形成消费、投资、出口协调拉动的增长格局。城乡、区域协调互动发展机制和主体功能区布局基本形成。社会主义新农村建设取得重大进展。城镇人口比重明显增加。

——扩大社会主义民主，更好保障人民权益和社会公平正义。公民政治参与有序扩大。依法治国基本方略深入落实，全社会法制观念进一步增强，法治政府建设取得新成效。基层民主制度更加完善。政府提供基本公共服务能力显著增强。

——加强文化建设，明显提高全民族文明素质。社会主义核心价值体系深入人心，良好思想道德风尚进一步弘扬。覆盖全社会的公共文化服务体系基本建立，文化产业占国民经济比重明显提高、国际竞争力显著增强，适应人民需要的文化产品更加丰富。

——加快发展社会事业，全面改善人民生活。现代国民教育体系更加完善，终身教育体系基本形成，全民受教育程度和创新人才培养水平明显提高。社会就业更加充分。覆盖城乡居民的社会保障体系基本建立，人人享有基本生活保障。合理有序的收入分配格局基本形成，中等收入者占多数，绝对贫困现象基本消除。人人享有基本医疗卫生服务。社会管理体系更加健全。

——建设生态文明，基本形成节约能源资源和保护生态环境的产业结构、增长方式、消费模式。循环经济形成较大规模，可再生能源比重显著上升。主要污染物排放得到有效控制，生态环境质量明显改善。生态文明观念在全社会牢固树立。

到二〇二〇年全面建设小康社会目标实现之时，我们这个历史悠久的文明古国和发展中

社会主义大国，将成为工业化基本实现、综合国力显著增强、国内市场总体规模位居世界前列的国家，成为人民富裕程度普遍提高、生活质量明显改善、生态环境良好的国家，成为人民享有更加充分民主权利、具有更高文明素质和精神追求的国家，成为各方面制度更加完善、社会更加充满活力而又安定团结的国家，成为对外更加开放、更加具有亲和力、为人类文明作出更大贡献的国家。

今后五年是全面建设小康社会的关键时期。我们要坚定信心，埋头苦干，为全面建成惠及十几亿人口的更高水平的小康社会打下更加牢固的基础。

五、促进国民经济又好又快发展

实现未来经济发展目标，关键要在加快转变经济发展方式、完善社会主义市场经济体制方面取得重大进展。要大力推进经济结构战略性调整，更加注重提高自主创新能力、提高节能环保水平、提高经济整体素质和国际竞争力。要深化对社会主义市场经济规律的认识，从制度上更好发挥市场在资源配置中的基础性作用，形成有利于科学发展的宏观调控体系。

（一）提高自主创新能力，建设创新型国家。这是国家发展战略的核心，是提高综合国力的关键。要坚持走中国特色自主创新道路，把增强自主创新能力贯彻到现代化建设各个方面。认真落实国家中长期科学和技术发展规划纲要，加大对自主创新投入，着力突破制约经济社会发展的关键技术。加快建设国家创新体系，支持基础研究、前沿技术研究、社会公益性技术研究。加快建立以企业为主体、市场为导向、产学研相结合的技术创新体系，引导和支持创新要素向企业集聚，促进科技成果向现实生产力转化。深化科技管理体制改革，优化科技资源配置，完善鼓励技术创新和科技成果产业化的法制保障、政策体系、激励机制、市场环境。实施知识产权战略。充分利用国际科技资源。进一步营造鼓励创新的环境，努力造就世界一流科学家和科技领军人才，注重培养一线的创新人才，使全社会创新智慧竞相迸发、各方面创新人才大量涌现。

（二）加快转变经济发展方式，推动产业结构优化升级。这是关系国民经济全局紧迫而重大的战略任务。要坚持走中国特色新型工业化道路，坚持扩大国内需求特别是消费需求的方针，促进经济增长由主要依靠投资、出口拉动向依靠消费、投资、出口协调拉动转变，由主要依靠第二产业带动向依靠第一、第二、第三产业协同带动转变，由主要依靠增加物质资源消耗向主要依靠科技进步、劳动者素质提高、管理创新转变。发展现代产业体系，大力推进信息化与工业化融合，促进工业由大变强，振兴装备制造业，淘汰落后生产能力；提升高新技术产业，发展信息、生物、新材料、航空航天、海洋等产业；发展现代服务业，提高服务业比重和水平；加强基础产业基础设施建设，加快发展现代能源产业和综合运输体系。确保产品质量和安全。鼓励发展具有国际竞争力的大企业集团。

（三）统筹城乡发展，推进社会主义新农村建设。解决好农业、农村、农民问题，事关全面建设小康社会大局，必须始终作为全党工作的重中之重。要加强农业基础地位，走中国特色农业现代化道路，建立以工促农、以城带乡长效机制，形成城乡经济社会发展一体化新格局。坚持把发展现代农业、繁荣农村经济作为首要任务，加强农村基础设施建设，健全农村市场和农业服务体系。加大支农惠农政策力度，严格保护耕地，增加农业投入，促进农业科技进步，增强农业综合生产能力，确保国家粮食安全。加强动植物疫病防控，提高农产品质量安全水平。以促进农民增收为核心，发展乡镇企业，壮大县域经济，多渠道转移农民就业。提高扶贫开发水平。深化农村综合改革，推进农村金融体制改革和创新，改革集体林权制度。坚持农村基本经营制度，稳定和完善土地承包关系，按照依法自愿有偿原则，健全土地承包经营权流转市场，有条件的地方可以发展多种形式的适度规模经营。探索集体经济有效实现形式，发展农民专业合作组织，支持农业产业化经营和龙头企业发展。培育有文化、懂技术、会经营的新型农民，发挥亿万农民建设新农村的主体作用。

（四）加强能源资源节约和生态环境保护，增强可持续发展能力。坚持节约资源和保护环境的基本国策，关系人民群众切身利益和中华民族生存发展。必须把建设资源节约型、环境友好型社会放在工业化、现代化发展战略的突出位置，落实到每个单位、每个家庭。要完善有利于节约能源资源和保护生态环境的法律和政策，加快形成可持续发展体制机制。落实节能减排工作责任制。开发和推广节约、替代、循环利用和治理污染的先进适用技术，发展清洁能源和可再生能源，保护土地和水资源，建设科学合理的能源资源利用体系，提高能源资源利用效率。发展环保产业。加大节能环保投入，重点加强水、大气、土壤等污染防治，改善城乡人居环境。加强水利、林业、草原建设，加强荒漠化石漠化治理，促进生态修复。加强应对气候变化能力建设，为保护全球气候作出新贡献。

（五）推动区域协调发展，优化国土开发格局。缩小区域发展差距，必须注重实现基本公共服务均等化，引导生产要素跨区域合理流动。要继续实施区域发展总体战略，深入推进西部大开发，全面振兴东北地区等老工业基地，大力促进中部地区崛起，积极支持东部地区率先发展。加强国土规划，按照形成主体功能区的要求，完善区域政策，调整经济布局。遵循市场经济规律，突破行政区划界限，形成若干带动力强、联系紧密的经济圈和经济带。重大项目布局要充分考虑支持中西部发展，鼓励东部地区带动和帮助中西部地区发展。加大对革命老区、民族地区、边疆地区、贫困地区发展扶持力度。帮助资源枯竭地区实现经济转型。更好发挥经济特区、上海浦东新区、天津滨海新区在改革开放和自主创新中的重要作用。走中国特色城镇化道路，按照统筹城乡、布局合理、节约土地、功能完善、以大带小的原则，促进大中小城市和小城镇协调发展。以增强综合承载能力为重点，以特大城市为依托，形成辐射作用大的城市群，培育新的经济增长极。

（六）完善基本经济制度，健全现代市场体系。坚持和完善公有制为主体、多种所有制经济共同发展的基本经济制度，毫不动摇地巩固和发展公有制经济，毫不动摇地鼓励、支持、引导非公有制经济发展，坚持平等保护物权，形成各种所有制经济平等竞争、相互促进新格局。深化国有企业公司制股份制改革，健全现代企业制度，优化国有经济布局和结构，增强国有经济活力、控制力、影响力。深化垄断行业改革，引入竞争机制，加强政府监管和社会监督。加快建设国有资本经营预算制度。完善各类国有资产管理体制和制度。推进集体企业改革，发展多种形式的集体经济、合作经济。推进公平准入，改善融资条件，破除体制障碍，促进个体、私营经济和中小企业发展。以现代产权制度为基础，发展混合所有制经济。加快形成统一开放竞争有序的现代市场体系，发展各类生产要素市场，完善反映市场供求关系、资源稀缺程度、环境损害成本的生产要素和资源价格形成机制，规范发展行业协会和市场中介组织，健全社会信用体系。

（七）深化财税、金融等体制改革，完善宏观调控体系。围绕推进基本公共服务均等化和主体功能区建设，完善公共财政体系。深化预算制度改革，强化预算管理和监督，健全中央和地方财力与事权相匹配的体制，加快形成统一规范透明的财政转移支付制度，提高一般性转移支付规模和比例，加大公共服务领域投入。完善省以下财政体制，增强基层政府提供公共服务能力。实行有利于科学发展的财税制度，建立健全资源有偿使用制度和生态环境补偿机制。推进金融体制改革，发展各类金融市场，形成多种所有制和多种经营形式、结构合理、功能完善、高效安全的现代金融体系。提高银行业、证券业、保险业竞争力。优化资本市场结构，多渠道提高直接融资比重。加强和改进金融监管，防范和化解金融风险。完善人民币汇率形成机制，逐步实现资本项目可兑换。深化投资体制改革，健全和严格市场准入制度。完善国家规划体系。发挥国家发展规划、计划、产业政策在宏观调控中的导向作用，综合运用财政、货币政策，提高宏观调控水平。

（八）拓展对外开放广度和深度，提高开放型经济水平。坚持对外开放的基本国策，把“引进来”和“走出去”更好结合起来，扩大开放领域，优化开放结构，提高开放质量，完善内外联动、互利共赢、安全高效的开放型经济体系，形成经济全球化条件下参与国际经济合作和竞争新优势。深化沿海开放，加快内地开放，提升沿边开放，实现对内对外开放相互促进。加快转变外贸增长方式，立足以质取胜，调整进出口结构，促进加工贸易转型升级，大力发展服务贸易。创新利用外资方式，优化利用外资结构，发挥利用外资在推动自主创新、产业升级、区域协调发展等方面的积极作用。创新对外投资和合作方式，支持企业在研发、生产、销售等方面开展国际化经营，加快培育我国的跨国公司和国际知名品牌。积极开展国际能源资源互利合作。实施自由贸易区战略，加强双边多边经贸合作。采取综合措施促进国际收支基本平衡。注重防范国际经济风险。

实现国民经济又好又快发展，必将进一步增强我国经济实力，彰显社会主义市场经济的强大生机活力。

六、坚定不移发展社会主义民主政治

人民民主是社会主义的生命。发展社会主义民主政治是我们党始终不渝的奋斗目标。改革开放以来，我们积极稳妥推进政治体制改革，我国社会主义民主政治展现出更加旺盛的生命力。政治体制改革作为我国全面改革的重要组成部分，必须随着经济社会发展而不断深化，与人民政治参与积极性不断提高相适应。要坚持中国特色社会主义政治发展道路，坚持党的领导、人民当家作主、依法治国有机统一，坚持和完善人民代表大会制度、中国共产党领导的多党合作和政治协商制度、民族区域自治制度以及基层群众自治制度，不断推进社会主义政治制度自我完善和发展。

深化政治体制改革，必须坚持正确政治方向，以保证人民当家作主为根本，以增强党和国家活力、调动人民积极性为目标，扩大社会主义民主，建设社会主义法治国家，发展社会主义政治文明。要坚持党总揽全局、协调各方的领导核心作用，提高党科学执政、民主执政、依法执政水平，保证党领导人民有效治理国家；坚持国家一切权力属于人民，从各个层次、各个领域扩大公民有序政治参与，最广泛地动员和组织人民依法管理国家事务和社会事务、管理经济和文化事业；坚持依法治国基本方略，树立社会主义法治理念，实现国家各项工作法治化，保障公民合法权益；坚持社会主义政治制度的特点和优势，推进社会主义民主政治制度化、规范化、程序化，为党和国家长治久安提供政治和法律制度保障。

（一）扩大人民民主，保证人民当家作主。人民当家作主是社会主义民主政治的本质和核心。要健全民主制度，丰富民主形式，拓宽民主渠道，依法实行民主选举、民主决策、民主管理、民主监督，保障人民的知情权、参与权、表达权、监督权。支持人民代表大会依法履行职能，善于使党的主张通过法定程序成为国家意志；保障人大代表依法行使职权，密切人大代表同人民的联系，建议逐步实行城乡按相同人口比例选举人大代表；加强人大常委会制度建设，优化组成人员知识结构和年龄结构。支持人民政协围绕团结和民主两大主题履行职能，推进政治协商、民主监督、参政议政制度建设；把政治协商纳入决策程序，完善民主监督机制，提高参政议政实效；加强政协自身建设，发挥协调关系、汇聚力量、建言献策、服务大局的重要作用。坚持各民族一律平等，保证民族自治地方依法行使自治权。推进决策科学化、民主化，完善决策信息和智力支持系统，增强决策透明度和公众参与度，制定与群众利益密切相关的法律法规和公共政策原则上要公开听取意见。加强公民意识教育，树立社会主义民主法治、自由平等、公平正义理念。支持工会、共青团、妇联等人民团体依照法律和各自章程开展工作，参与社会管理和公共服务，维护群众合法权益。

（二）发展基层民主，保障人民享有更多更切实的民主权利。人民依法直接行使民主权利，管理基层公共事务和公益事业，实行自我管理、自我服务、自我教育、自我监督，对干部实行民主监督，是人民当家作主最有效、最广泛的途径，必须作为发展社会主义民主政治的基础性工程重点推进。要健全基层党组织领导的充满活力的基层群众自治机制，扩大基层群众自治范围，完善民主管理制度，把城乡社区建设成为管理有序、服务完善、文明祥和的社会生活共同体。全心全意依靠工人阶级，完善以职工代表大会为基本形式的企事业单位民主管理制度，推进厂务公开，支持职工参与管理，维护职工合法权益。深化乡镇机构改革，加强基层政权建设，完善政务公开、村务公开等制度，实现政府行政管理与基层群众自治有效衔接和良性互动。发挥社会组织在扩大群众参与、反映群众诉求方面的积极作用，增强社会自治功能。

（三）全面落实依法治国基本方略，加快建设社会主义法治国家。依法治国是社会主义民主政治的基本要求。要坚持科学立法、民主立法，完善中国特色社会主义法律体系。加强宪法和法律实施，坚持公民在法律面前一律平等，维护社会公平正义，维护社会主义法制的统一、尊严、权威。推进依法行政。深化司法体制改革，优化司法职权配置，规范司法行为，建设公正高效权威的社会主义司法制度，保证审判机关、检察机关依法独立公正地行使审判权、检察权。加强政法队伍建设，做到严格、公正、文明执法。深入开展法制宣传教育，弘扬法治精神，形成自觉学法守法用法的社会氛围。尊重和保障人权，依法保证全体社会成员平等参与、平等发展的权利。各级党组织和全体党员要自觉在宪法和法律范围内活动，带头维护宪法和法律的权威。

（四）壮大爱国统一战线，团结一切可以团结的力量。促进政党关系、民族关系、宗教关系、阶层关系、海内外同胞关系的和谐，对于增进团结、凝聚力量具有不可替代的作用。要贯彻长期共存、互相监督、肝胆相照、荣辱与共的方针，加强同民主党派合作共事，支持民主党派和无党派人士更好履行参政议政、民主监督职能，选拔和推荐更多优秀党外干部担任领导职务。牢牢把握各民族共同团结奋斗、共同繁荣发展的主题，保障少数民族合法权益，巩固和发展平等团结互助和谐的社会主义民族关系。全面贯彻党的宗教工作基本方针，发挥宗教界人士和信教群众在促进经济社会发展中的积极作用。鼓励新的社会阶层人士积极投身中国特色社会主义建设。认真贯彻党的侨务政策，支持海外侨胞、归侨侨眷关心和参与祖国现代化建设与和平统一大业。

（五）加快行政管理体制改革，建设服务型政府。行政管理体制改革是深化改革的重要环节。要抓紧制定行政管理体制改革总体方案，着力转变职能、理顺关系、优化结构、提高效能，形成权责一致、分工合理、决策科学、执行顺畅、监督有力的行政管理体制。健全政府职责体系，完善公共服务体系，推行电子政务，强化社会管理和公共服务。加快推进政企分开、政资分开、政事分开、政府与市场中介组织分开，规范行政行为，加强行政执法部门建设，减少和规范行政审批，减少政府对微观经济运行的干预。规范垂直管理部门和地方政府的关系。加大机构整合力度，探索实行职能有机统一的大部门体制，健全部门间协调配合机制。精简和规范各类议事协调机构及其办事机构,减少行政层次,降低行政成本,着力解决机构重叠、职责交叉、政出多门问题。统筹党委、政府和人大、政协机构设置,减少领导职数,严格控制编制。加快推进事业单位分类改革。

(六)完善制约和监督机制,保证人民赋予的权力始终用来为人民谋利益。确保权力正确行使,必须让权力在阳光下运行。要坚持用制度管权、管事、管人,建立健全决策权、执行权、监督权既相互制约又相互协调的权力结构和运行机制。健全组织法制和程序规则,保证国家机关按照法定权限和程序行使权力、履行职责。完善各类公开办事制度,提高政府工作透明度和公信力。重点加强对领导干部特别是主要领导干部、人财物管理使用、关键岗位的监督,健全质询、问责、经济责任审计、引咎辞职、罢免等制度。落实党内监督条例,加强民主监督,发挥好舆论监督作用,增强监督合力和实效。

社会主义愈发展,民主也愈发展。在发展中国特色社会主义的历史进程中,中国共产党人和中国人民一定能够不断发展具有强大生命力的社会主义民主政治。

七、推动社会主义文化大发展大繁荣

当今时代,文化越来越成为民族凝聚力和创造力的重要源泉、越来越成为综合国力竞争的重要因素,丰富精神文化生活越来越成为我国人民的热切愿望。要坚持社会主义先进文化前进方向,兴起社会主义文化建设新高潮,激发全民族文化创造活力,提高国家文化软实力,使人民基本文化权益得到更好保障,使社会文化生活更加丰富多彩,使人民精神风貌更加昂扬向上。

(一)建设社会主义核心价值体系,增强社会主义意识形态的吸引力和凝聚力。社会主义核心价值体系是社会主义意识形态的本质体现。要巩固马克思主义指导地位,坚持不懈地用马克思主义中国化最新成果武装全党、教育人民,用中国特色社会主义共同理想凝聚力量,用以爱国主义为核心的民族精神和以改革创新为核心的时代精神鼓舞斗志,用社会主义荣辱观引领风尚,巩固全党全国各族人民团结奋斗的共同思想基础。大力推进理论创新,不断赋予当代中国马克思主义鲜明的实践特色、民族特色、时代特色。开展中国特色社会主义理论体系宣传普及活动,推动当代中国马克思主义大众化。推进马克思主义理论研究和建设工程,深入回答重大理论和实际问题,培养造就一批马克思主义理论家特别是中青年理论家。切实把社会主义核心价值体系融入国民教育和精神文明建设全过程,转化为人民的自觉追求。积极探索用社会主义核心价值体系引领社会思潮的有效途径,主动做好意识形态工作,既尊重差异、包容多样,又有力抵制各种错误和腐朽思想的影响。繁荣发展哲学社会科学,推进学科体系、学术观点、科研方法创新,鼓励哲学社会科学界为党和人民事业发挥思想库作用,推动我国哲学社会科学优秀成果和优秀人才走向世界。

(二)建设和谐文化,培育文明风尚。和谐文化是全体人民团结进步的重要精神支撑。要积极发展新闻出版、广播影视、文学艺术事业,坚持正确导向,弘扬社会正气。重视城乡、区域文化协调发展,着力丰富农村、偏远地区、进城务工人员的精神文化生活。加强网络文化建设和管理,营造良好网络环境。大力弘扬爱国主义、集体主义、社会主义思想,以增强诚信意识为重点,加强社会公德、职业道德、家庭美德、个人品德建设,发挥道德模范榜样作用,引导人们自觉履行法定义务、社会责任、家庭责任。加强和改进思想政治工作,注重人文关怀和心理疏导,用正确方式处理人际关系。动员社会各方面共同做好青少年思想道德教育工作,为青少年健康成长创造良好社会环境。深入开展群众性精神文明创建活动,完善社会志愿服务体系,形成男女平等、尊老爱幼、互爱互助、见义勇为的社会风尚。弘扬科学精神,普及科学知识。

广泛开展全民健身运动。办好二〇〇八年奥运会、残奥会和二〇一〇年世博会。

(三)弘扬中华文化,建设中华民族共有精神家园。中华文化是中华民族生生不息、团结奋进的不竭动力。要全面认识祖国传统文化,取其精华,去其糟粕,使之与当代社会相适应、与现代文明相协调,保持民族性,体现时代性。加强中华优秀文化传统教育,运用现代科技手段开发利用民族文化丰厚资源。加强对各民族文化的挖掘和保护,重视文物和非物质文化遗产保护,做好文化典籍整理工作。加强对外文化交流,吸收各国优秀文明成果,增强中华文化国际影响力。

(四)推进文化创新,增强文化发展活力。在时代的高起点上推动文化内容形式、体制机制、传播手段创新,解放和发展文化生产力,是繁荣文化的必由之路。要坚持为人民服务、为社会主义服务的方向和百花齐放、百家争鸣的方针,贴近实际、贴近生活、贴近群众,始终把社会效益放在首位,做到经济效益与社会效益相统一。创作更多反映人民主体地位和现实生活、群众喜闻乐见的优秀精神文化产品。深化文化体制改革,完善扶持公益性文化事业、发展文化产业、鼓励文化创新的政策,营造有利于出精品、出人才、出效益的环境。坚持把发展公益性文化事业作为保障人民基本文化权益的主要途径,加大投入力度,加强社区和乡村文化设施建设。大力发展文化产业,实施重大文化产业项目带动战略,加快文化产业基地和区域性特色文化产业群建设,培育文化产业骨干企业和战略投资者,繁荣文化市场,增强国际竞争力。运用高新技术创新文化生产方式,培育新的文化业态,加快构建传输快捷、覆盖广泛的文化传播体系。设立国家荣誉制度,表彰有杰出贡献的文化工作者。

中华民族伟大复兴必然伴随着中华文化繁荣兴盛。要充分发挥人民在文化建设中的主体作用,调动广大文化工作者的积极性,更加自觉、更加主动地推动文化大发展大繁荣,在中国特色社会主义的伟大实践中进行文化创造,让人民共享文化发展成果。

八、加快推进以改善民生为重点的社会建设

社会建设与人民幸福安康息息相关。必须在经济发展的基础上,更加注重社会建设,着力保障和改善民生,推进社会体制改革,扩大公共服务,完善社会管理,促进社会公平正义,努力使全体人民学有所教、劳有所得、病有所医、老有所养、住有所居,推动建设和谐社会。

(一)优先发展教育,建设人力资源强国。教育是民族振兴的基石,教育公平是社会公平的重要基础。要全面贯彻党的教育方针,坚持育人为本、德育为先,实施素质教育,提高教育现代化水平,培养德智体美全面发展的社会主义建设者和接班人,办好人民满意的教育。优化教育结构,促进义务教育均衡发展,加快普及高中阶段教育,大力发展职业教育,提高高等教育质量。重视学前教育,关心特殊教育。更新教育观念,深化教学内容方式、考试招生制度、质量评价制度等改革,减轻中小学生课业负担,提高学生综合素质。坚持教育公益性质,加大财政对教育投入,规范教育收费,扶持贫困地区、民族地区教育,健全学生资助制度,保障经济困难家庭、进城务工人员子女平等接受义务教育。加强教师队伍建设,重点提高农村教师素质。鼓励和规范社会力量兴办教育。发展远程教育和继续教育,建设全民学习、终身学习的学习型社会。

(二)实施扩大就业的发展战略,促进以创业带动就业。就业是民生之本。要坚持实施积极的就业政策,加强政府引导,完善市场就业机制,扩大就业规模,改善就业结构。完善支持自主创业、自谋职业政策,加强就业观念教育,使更多劳动者成为创业者。健全面向全体劳动者的职业教育培训制度,加强农村富余劳动力转移就业培训。建立统一规范的人力资源市场,形成城乡劳动者平等就业的

制度。完善面向所有困难群众的就业援助制度，及时帮助零就业家庭解决就业困难。积极做好高校毕业生就业工作。规范和协调劳动关系，完善和落实国家对农民工的政策，依法维护劳动者权益。

(三)深化收入分配制度改革，增加城乡居民收入。合理的收入分配制度是社会公平的重要体现。要坚持和完善按劳分配为主体、多种分配方式并存的分配制度，健全劳动、资本、技术、管理等生产要素按贡献参与分配的制度，初次分配和再分配都要处理好效率和公平的关系，再分配更加注重公平。逐步提高居民收入在国民收入分配中的比重，提高劳动报酬在初次分配中的比重。着力提高低收入者收入，逐步提高扶贫标准和最低工资标准，建立企业职工工资正常增长机制和支付保障机制。创造条件让更多群众拥有财产性收入。保护合法收入，调节过高收入，取缔非法收入。扩大转移支付，强化税收调节，打破经营垄断，创造机会公平，整顿分配秩序，逐步扭转收入分配差距扩大趋势。

(四)加快建立覆盖城乡居民的社会保障体系，保障人民基本生活。社会保障是社会安定的重要保证。要以社会保险、社会救助、社会福利为基础，以基本养老、基本医疗、最低生活保障制度为重点，以慈善事业、商业保险为补充，加快完善社会保障体系。促进企业、机关、事业单位基本养老保险制度改革，探索建立农村养老保险制度。全面推进城镇职工基本医疗保险、城镇居民基本医疗保险、新型农村合作医疗制度建设。完善城乡居民最低生活保障制度，逐步提高保障水平。完善失业、工伤、生育保险制度。提高统筹层次，制定全国统一的社会保险关系转续办法。采取多种方式充实社会保障基金，加强基金监管，实现保值增值。健全社会救助体系。做好优抚安置工作。发扬人道主义精神，发展残疾人事业。加强老龄工作。强化防灾减灾工作。健全廉租住房制度，加快解决城市低收入家庭住房困难。

(五)建立基本医疗卫生制度，提高全民健康水平。健康是人全面发展的基础，关系千家万户幸福。要坚持公共医疗卫生的公益性质，坚持预防为主、以农村为重点、中西医并重，实行政事分开、管办分开、医药分开、营利性和非营利性分开，强化政府责任和投入，完善国民健康政策，鼓励社会参与，建设覆盖城乡居民的公共卫生服务体系、医疗服务体系、医疗保障体系、药品供应保障体系，为群众提供安全、有效、方便、价廉的医疗卫生服务。完善重大疾病防控体系，提高突发公共卫生事件应急处置能力。加强农村三级卫生服务网络和城市社区卫生服务体系建设，深化公立医院改革。建立国家基本药物制度，保证群众基本用药。扶持中医药和民族医药事业发展。加强医德医风建设，提高医疗服务质量。确保食品药品安全。坚持计划生育的基本国策，稳定低生育水平，提高出生人口素质。开展爱国卫生运动，发展妇幼卫生事业。

(六)完善社会管理，维护社会安定团结。社会稳定是人民群众的共同心愿，是改革发展的重要前提。要健全党委领导、政府负责、社会协同、公众参与的社会管理格局，健全基层社会管理体制。最大限度激发社会创造活力，最大限度增加和谐因素，最大限度减少不和谐因素。妥善处理人民内部矛盾，完善信访制度，健全党和政府主导的维护群众权益机制。重视社会组织建设和管理。加强流动人口服务和管理。坚持安全发展，强化安全生产管理和监督，有效遏制重特大安全事故。完善突发事件应急管理机制。健全社会治安防控体系，加强社会治安综合治理，深入开展平安创建活动，改革和加强城乡社区警务工作，依法防范和打击违法犯罪活动，保障人民生命财产安全。完善国家安全战略，健全国家安全体制，高度警惕和坚决防范各种分裂、渗透、颠覆活动，切实维护国家安全。

和谐社会要靠全社会共同建设。我们要紧紧依靠人民，调动一切积极因素，努力形成社会和谐人人有责、和谐社会人人共享的生动局面。

九、开创国防和军队现代化建设新局面

国防和军队建设，在中国特色社会主义事业总体布局中占有重要地位。必须站在国家安全和发展战略全局的高度，统筹经济建设和国防建设，在全面建设小康社会进程中实现富国和强军的统一。

全面履行党和人民赋予的新世纪新阶段军队历史使命，必须坚持以毛泽东军事思想、邓小平新时期军队建设思想、江泽民国防和军队建设思想为指导，把科学发展观作为国防和军队建设的重要指导方针，贯彻新时期军事战略方针，加快中国特色军事变革，做好军事斗争准备，提高军队应对多种安全威胁、完成多样化军事任务的能力，坚决维护国家主权、安全、领土完整，为维护世界和平贡献力量。

军队革命化、现代化、正规化建设是统一的整体，必须全面加强、协调推进。要始终坚持党对军队绝对领导的根本原则和人民军队的根本宗旨，深入进行军队历史使命、理想信念、战斗精神和社会主义荣辱观教育，大力弘扬听党指挥、服务人民、英勇善战的优良传统。坚持科技强军，按照建设信息化军队、打赢信息化战争的战略目标，加快机械化和信息化复合发展，积极开展信息化条件下军事训练，全面建设现代后勤，加紧培养大批高素质新型军事人才，切实转变战斗力生成模式。坚持依法治军、从严治军，完善军事法规，加强科学管理。

适应世界军事发展新趋势和我国发展新要求，推进军事理论、军事技术、军事组织、军事管理创新。调整改革军队体制编制和政策制度，逐步形成一整套既有中国特色又符合现代军队建设规律的科学的组织模式、制度安排和运作方式。调整改革国防科技工业体制和武器装备采购体制，提高武器装备研制的自主创新能力和质量效益。建立和完善军民结合、寓军于民的武器装备科研生产体系、军队人才培养体系和军队保障体系，坚持勤俭建军，走出一条中国特色军民融合式发展路子。深入研究新的历史条件下建军治军特点规律和人民战争战略战术，繁荣和发展军事科学。

增强全民国防观念，完善国防动员体系，加强国防动员建设，提高预备役部队和民兵建设质量。加强人民武装警察部队建设，更好履行维护国家安全和社会稳定、保障人民安居乐业的职责使命。坚持拥军优属、拥政爱民，积极开展军民共建，巩固军政军民团结。各级党组织、政府和人民群众要一如既往支持国防和军队建设，军队要继续为经济社会发展作贡献。

十、推进“一国两制”实践和祖国和平统一大业

香港、澳门回归祖国以来，“一国两制”实践日益丰富。“一国两制”是完全正确的，具有强大生命力。按照“一国两制”实现祖国和平统一，符合中华民族根本利益。

保持香港、澳门长期繁荣稳定是党在新形势下治国理政面临的重大课题。我们将坚定不移地贯彻“一国两制”、“港人治港”、“澳人治澳”、高度自治的方针，严格按照特别行政区基本法办事；全力支持特别行政区政府依法施政，着力发展经济、改善民生、推进民主；鼓励香港、澳门各界人士在爱国爱港、爱国爱澳旗帜下和衷共济，促进社会和睦；加强内地与香港、澳门交流合作，实现优势互补、共同发展；积极支持香港、澳门开展对外交往，坚决反对外部势力干预香港、澳门事务。香港同胞、澳门同胞完全有智慧有能力管理好、建设好香港、澳门，香港、澳门已经并将继续为国家现代化建设发挥重要作用，伟大祖国永远是香港、澳门繁荣稳定的坚强后盾。

解决台湾问题、实现祖国完全统一，是全体中华儿女的共同心愿。我们将遵循“和平统一、一国两制”的方针和现阶段发展两岸关系、推进祖国和平统一进程的八项主张，坚持一个中国原则决不动摇，争取和平统一的努力决不放弃，

贯彻寄希望于台湾人民的方针决不改变，反对“台独”分裂活动决不妥协，牢牢把握两岸关系和平发展的主题，真诚为两岸同胞谋福祉、为台海地区谋和平，维护国家主权和领土完整，维护中华民族根本利益。

坚持一个中国原则，是两岸关系和平发展的政治基础。尽管两岸尚未统一，但大陆和台湾同属一个中国的事实从未改变。中国是两岸同胞的共同家园，两岸同胞理应携手维护好、建设好我们的共同家园。台湾任何政党，只要承认两岸同属一个中国，我们都愿意同他们交流对话、协商谈判，什么问题都可以谈。我们郑重呼吁，在一个中国原则的基础上，协商正式结束两岸敌对状态，达成和平协议，构建两岸关系和平发展框架，开创两岸关系和平发展新局面。

十三亿大陆同胞和两千三百万台湾同胞是血脉相连的命运共同体。凡是对台湾同胞有利的事情，凡是对维护台海和平有利的事情，凡是对促进祖国和平统一有利的事情，我们都会尽最大努力做好。我们理解、信赖、关心台湾同胞，将继续实施和充实惠及广大台湾同胞的政策措施，依法保护台湾同胞的正当权益，支持海峡西岸和其他台商投资相对集中地区经济发展。两岸同胞要加强交往，加强经济文化交流，继续拓展领域、提高层次，推动直接“三通”，使彼此感情更融洽、合作更深化，为实现中华民族伟大复兴而共同努力。

当前，“台独”分裂势力加紧进行分裂活动，严重危害两岸关系和平发展。两岸同胞要共同反对和遏制“台独”分裂活动。中国主权和领土完整不容分割。任何涉及中国主权和领土完整的问题，必须由包括台湾同胞在内的全中国人民共同决定。我们愿以最大诚意、尽最大努力实现两岸和平统一，绝不允许任何人以任何名义任何方式把台湾从祖国分割出去。

两岸统一是中华民族走向伟大复兴的历史必然。海内外中华儿女紧密团结、共同奋斗，祖国完全统一就一定能够实现。

十一、始终不渝走和平发展道路

当今世界正处在大变革大调整之中。和平与发展仍然是时代主题，求和平、谋发展、促合作已经成为不可阻挡的时代潮流。世界多极化不可逆转，经济全球化深入发展，科技革命加速推进，全球和区域合作方兴未艾，国与国相互依存日益紧密，国际力量对比朝着有利于维护世界和平方向发展，国际形势总体稳定。

同时，世界仍然很不安宁。霸权主义和强权政治依然存在，局部冲突和热点问题此起彼伏，全球经济失衡加剧，南北差距拉大，传统安全威胁和非传统安全威胁相互交织，世界和平与发展面临诸多难题和挑战。

共同分享发展机遇，共同应对各种挑战，推进人类和平与发展的崇高事业，事关各国人民的根本利益，也是各国人民的共同心愿。我们主张，各国人民携手努力，推动建设持久和平、共同繁荣的和谐世界。为此，应该遵循联合国宪章宗旨和原则，恪守国际法和公认的国际关系准则，在国际关系中弘扬民主、和睦、协作、共赢精神。政治上相互尊重、平等协商，共同推进国际关系民主化；经济上相互合作、优势互补，共同推动经济全球化朝着均衡、普惠、共赢方向发展；文化上相互借鉴、求同存异，尊重世界多样性，共同促进人类文明繁荣进步；安全上相互信任、加强合作，坚持用和平方式而不是战争手段解决国际争端，共同维护世界和平稳定；环保上相互帮助、协力推进，共同呵护人类赖以生存的地球家园。

当代中国同世界的关系发生了历史性变化，中国的前途命运日益紧密地同世界的前途命运联系在一起。不管国际风云如何变幻，中国政府和人民都将高举和平、发展、合作旗帜，奉行独立自主的和平外交政策，维护国家主权、安全、发展利益，恪守维护世界和平、促进共同发展的外交政策宗旨。

中国将始终不渝走和平发展道路。这是中国政府和人民根据时代发展潮流和自身根本利益作出的战略抉择。中华民族是热爱和平的民族，中国始终是维护世界和平的坚定力量。我们坚持把中国人民的利益同各国人民的共同利益结合起来，秉持公道，伸张正义。我们坚持国家不分大小、强弱、贫富一律平等，尊重各国人民自主选择发展道路的权利，不干涉别国内部事务，不把自己的意志强加于人。中国致力于和平解决国际争端和热点问题，推动国际和地区安全合作，反对一切形式的恐怖主义。中国奉行防御性的国防政策，不搞军备竞赛，不对任何国家构成军事威胁。中国反对各种形式的霸权主义和强权政治，永远不称霸，永远不搞扩张。

中国将始终不渝奉行互利共赢的开放战略。我们将继续以自己的发展促进地区和世界共同发展，扩大同各方利益的汇合点，在实现本国发展的同时兼顾对方特别是发展中国家的正当关切。我们将继续按照通行的国际经贸规则，扩大市场准入，依法保护合作者权益。我们支持国际社会帮助发展中国家增强自主发展能力、改善民生，缩小南北差距。我们支持完善国际贸易和金融体制，推进贸易和投资自由化便利化，通过磋商协作妥善处理经贸摩擦。中国决不做损人利己、以邻为壑的事情。

中国坚持在和平共处五项原则的基础上同所有国家发展友好合作。我们将继续同发达国家加强战略对话，增进互信，深化合作，妥善处理分歧，推动相互关系长期稳定健康发展。我们将继续贯彻与邻为善、以邻为伴的周边外交方针，加强同周边国家的睦邻友好和务实合作，积极开展区域合作，共同营造和平稳定、平等互信、合作共赢的地区环境。我们将继续加强同广大发展中国家的团结合作，深化传统友谊，扩大务实合作，提供力所能及的援助，维护发展中国家的正当要求和共同利益。我们将继续积极参与多边事务，承担相应国际义务，发挥建设性作用，推动国际秩序朝着更加公正合理的方向发展。我们将继续开展同各国政党和政治组织的交流合作，加强人大、政协、军队、地方、民间团体对外交往，增进中国人民和各国人民的相互了解和友谊。

中国发展离不开世界，世界繁荣稳定也离不开中国。中国人民将继续同各国人民一道，为实现人类的美好理想而不懈努力。

十二、以改革创新精神全面推进党的建设新的伟大工程

中国特色社会主义事业是改革创新的事业。党要站在时代前列带领人民不断开创事业发展新局面，必须以改革创新精神加强自身建设，始终成为中国特色社会主义事业的坚强领导核心。

我们党已经成立八十六年，在全国执政五十八年，拥有七千多万党员，党的自身建设任务比过去任何时候都更为繁重。党领导的改革开放既给党注入巨大活力，也使党面临许多前所未有的新课题新考验。世情、国情、党情的发展变化，决定了以改革创新精神加强党的建设既十分重要又十分紧迫。必须把党的执政能力建设和先进性建设作为主线，坚持党要管党、从严治党，贯彻为民、务实、清廉的要求，以坚定理想信念为重点加强思想建设，以造就高素质党员、干部队伍为重点加强组织建设，以保持党同人民群众的血肉联系为重点加强作风建设，以健全民主集中制为重点加强制度建设，以完善惩治和预防腐败体系为重点加强反腐倡廉建设，使党始终成为立党为公、执政为民，求真务实、改革创新，艰苦奋斗、清正廉洁，富有活力、团结和谐的马克思主义执政党。

（一）深入学习贯彻中国特色社会主义理论体系，着力用马克思主义中国化最新成果武装全党。思想理论建设是党的根本建设，党的理论创新引领各方面创新。要按照建设学习型政党的要求，紧密结合改革开放和现代化建设的生动实践，深入学习马克思列宁主义、毛泽东思想、邓小平理论和"三个代表"重要思想，在全党开展深入学习实践科学发展观活动，坚持用发展着的马克思主义指导客观世界和主观世界的

改造，进一步把握共产党执政规律、社会主义建设规律、人类社会发展规律，提高运用科学理论分析和解决实际问题能力。加强党员、干部理想信念教育和思想道德建设，使广大党员、干部成为实践社会主义核心价值体系的模范，做共产主义远大理想和中国特色社会主义共同理想的坚定信仰者、科学发展观的忠实执行者、社会主义荣辱观的自觉实践者、社会和谐的积极促进者。

（二）继续加强党的执政能力建设，着力建设高素质领导班子。 党的执政能力建设关系党的建设和中国特色社会主义事业的全局，必须把提高领导水平和执政能力作为各级领导班子建设的核心内容抓紧抓好。要按照科学执政、民主执政、依法执政的要求，改进领导班子思想作风，提高领导干部执政本领，改善领导方式和执政方式，健全领导体制，完善地方党委领导班子配备改革后的工作机制，把各级领导班子建设成为坚定贯彻党的理论和路线方针政策、善于领导科学发展的坚强领导集体。以加强领导班子执政能力建设影响和带动全党，使党的全部工作始终符合时代要求和人民期待。

（三）积极推进党内民主建设，着力增强党的团结统一。 党内民主是增强党的创新活力、巩固党的团结统一的重要保证。要以扩大党内民主带动人民民主，以增进党内和谐促进社会和谐。尊重党员主体地位，保障党员民主权利，推进党务公开，营造党内民主讨论环境。完善党的代表大会制度，实行党的代表大会代表任期制，选择一些县（市、区）试行党代表大会常任制。完善党的地方各级全委会、常委会工作机制，发挥全委会对重大问题的决策作用。严格实行民主集中制，健全集体领导与个人分工负责相结合的制度，反对和防止个人或少数人专断。推行地方党委讨论决定重大问题和任用重要干部票决制。建立健全中央政治局向中央委员会全体会议、地方各级党委常委会向委员会全体会议定期报告工作并接受监督的制度。改革党内选举制度，改进候选人提名制度和选举方式。推广基层党组织领导班子成员由党员和群众公开推荐与上级党组织推荐相结合的办法，逐步扩大基层党组织领导班子直接选举范围，探索扩大党内基层民主多种实现形式。全党同志要坚决维护党的集中统一，自觉遵守党的政治纪律，始终同党中央保持一致，坚决维护中央权威，切实保证政令畅通。

（四）不断深化干部人事制度改革，着力造就高素质干部队伍和人才队伍。 坚持党管干部原则，坚持民主、公开、竞争、择优，形成干部选拔任用科学机制。规范干部任用提名制度，完善体现科学发展观和正确政绩观要求的干部考核评价体系，完善公开选拔、竞争上岗、差额选举办法。扩大干部工作民主，增强民主推荐、民主测评的科学性和真实性。加强干部选拔任用工作全过程监督。健全领导干部职务任期、回避、交流制度，完善公务员制度。健全干部双重管理体制。推进国有企业和事业单位人事制度改革，完善适合国有企业特点的领导人员管理办法。

坚持正确用人导向，按照德才兼备、注重实绩、群众公认原则选拔干部，提高选人用人公信度。加大培养选拔优秀年轻干部力度，鼓励年轻干部到基层和艰苦地区锻炼成长，提高年轻干部马克思主义理论素养和政治素质。重视培养选拔女干部、少数民族干部。格外关注长期在条件艰苦、工作困难地方努力工作的干部，注意从基层和生产一线选拔优秀干部充实各级党政领导机关。继续大规模培训干部，充分发挥党校、行政学院、干部学院作用，大幅度提高干部素质。全面做好离退休干部工作。贯彻尊重劳动、尊重知识、尊重人才、尊重创造的方针，坚持党管人才原则，统筹抓好以高层次人才和高技能人才为重点的各类人才队伍建设。创新人才工作体制机制，激发各类人才创造活力和创业热情，开创人才辈出、人尽其才新局面。

（五）全面巩固和发展先进性教育活动成果，着力加强基层党的建设。 先进性是马克思主义政党的生命所系、力量所在，要靠千千万万高素质党员来体现。要扎实抓好党员队伍建设这一基础工程，坚持不懈地提高党员素质。认真学习和遵守党章，增强党员意识，建立党员党性定期分析制度，拓宽党员服务群众渠道，构建党员联系和服务群众工作体系，健全让党员经常受教育、永葆先进性长效机制，使党员真正成为牢记宗旨、心系群众的先进分子。加强和改进流动党员管理，加强进城务工人员中党的工作，建立健全城乡一体党员动态管理机制。提高发展党员质量，优化党员队伍结构，及时处置不合格党员。

党的基层组织是党执政的组织基础。要落实党建工作责任制，全面推进农村、企业、城市社区和机关、学校、新社会组织等的基层党组织建设，优化组织设置，扩大组织覆盖，创新活动方式，充分发挥基层党组织推动发展、服务群众、凝聚人心、促进和谐的作用。以党的基层组织建设带动其他各类基层组织建设。在党的基层组织和党员中深入开展创先争优活动。建立健全城乡党的基层组织互帮互助机制。在全国农村普遍开展党员干部现代远程教育。建立健全党内激励、关怀、帮扶机制，关心和爱护基层干部、老党员、生活困难党员。注重解决基层组织经费保障和活动场所等问题。

(六)切实改进党的作风，着力加强反腐倡廉建设。优良的党风是凝聚党心民心的巨大力量。要坚持人民是历史创造者的历史唯物主义观点，坚持全心全意为人民服务，坚持群众路线，真诚倾听群众呼声，真实反映群众愿望，真情关心群众疾苦，多为群众办好事、办实事，做到权为民所用、情为民所系、利为民所谋。以求真务实作风推进各项工作，多干打基础、利长远的事。加强调查研究，改进学风和文风，精简会议和文件，反对形式主义、官僚主义，反对弄虚作假。倡导勤俭节约、勤俭办一切事业，反对奢侈浪费。全党同志特别是领导干部都要讲党性、重品行、作表率。深入开展党风党纪教育，积极进行批评和自我批评，使领导干部模范遵守党纪国法，继承优良传统，弘扬新风正气，以优良的党风促政风带民风。

中国共产党的性质和宗旨，决定了党同各种消极腐败现象是水火不相容的。坚决惩治和有效预防腐败，关系人心向背和党的生死存亡，是党必须始终抓好的重大政治任务。全党同志一定要充分认识反腐败斗争的长期性、复杂性、艰巨性，把反腐倡廉建设放在更加突出的位置，旗帜鲜明地反对腐败。坚持标本兼治、综合治理、惩防并举、注重预防的方针，扎实推进惩治和预防腐败体系建设，在坚决惩治腐败的同时，更加注重治本，更加注重预防，更加注重制度建设，拓展从源头上防治腐败工作领域。严格执行党风廉政建设责任制。坚持深化改革和创新体制，加强廉政文化建设，形成拒腐防变教育长效机制、反腐倡廉制度体系、权力运行监控机制。健全纪检监察派驻机构统一管理，完善巡视制度。加强领导干部廉洁自律工作，提高党员干部拒腐防变能力。坚决纠正损害群众利益的不正之风，切实解决群众反映强烈的问题。坚决查处违纪违法案件，对任何腐败分子，都必须依法严惩，决不姑息！

同志们！我们党自诞生之日起就勇敢担当起带领中国人民创造幸福生活、实现中华民族伟大复兴的历史使命。为了完成这个历史使命，一代又一代中国共产党人前赴后继，无数革命先烈献出了宝贵生命。当代中国共产党人必须继续承担好这个历史使命。我们党正在带领全国各族人民进行的改革开放和社会主义现代化建设，是新中国成立以后我国社会主义建设伟大事业的继承和发展，是近代以来中国人民争取民族独立、实现国家富强伟大事业的继承和发展。抚今追昔，我们深感肩负的使命神圣而光荣。展望未来，我们对实现推进现代化建设、完成祖国统一、维护世界和平与促进共同发展这三大历史任务充满信心。

全党同志必须清醒认识到，实现全面建设小康社会的目标还需要继续奋斗十几年，基本实现现代化还需要继续奋斗几十年，巩固和发展社会主义制度则需要几代人、十几代人甚至几十代人坚持不懈地努力奋斗。要奋斗就会有困难有风险。我们一定要居安思危、增强忧患意识，始终保持对马克思主义、对中国特色社会主义、对实现中华民族伟大复兴的坚定信念；一定要戒骄戒躁、艰苦奋斗，牢记社会主义初级阶段基本国情，为党和人民事业不懈努力；一定要刻苦学习、埋头苦干，不断创造经得起实践、人民、历史检验的业绩；一定要加强团结、顾全大局，自觉维护全党的团结统一，保持党同人民群众的血肉联系，巩固全国各族人民的大团结，加强海内外中华儿女的大团结，促进中国人民同世界各国人民的大团结，为战胜一切艰难险阻、推动党和人民事业取得新的更大胜利提供强大力量。

让我们高举中国特色社会主义伟大旗帜，更加紧密地团结在党中央周围，万众一心，开拓奋进，为夺取全面建设小康社会新胜利、谱写人民美好生活新篇章而努力奋斗！

在庆祝我国首次月球探测工程圆满成功大会上的讲话

（2007年12月12日）

胡锦涛

同志们：

今天，我们怀着无比喜悦的心情，在这里隆重集会，庆祝我国首次月球探测工程取得圆满成功。

首先，我代表党中央、国务院、中央军委，向为我国首次月球探测工程圆满成功作出突出贡献的全体科技工作者、广大干部职工和解放军指战员，向所有为我国航天事业发展作出贡献的同志们，表示热烈的祝贺和诚挚的问候！向热情关心和全力支持我国航天事业发展的全国各族人民，香港特别行政区同胞、澳门特别行政区同胞、台湾同胞以及海外侨胞，向关心我国航天事业发展的国际友人，表示衷心的感谢！

我国首次月球探测工程的成功，是继人造地球卫星、载人航天飞行取得成功之后我国航天事业发展的又一座里程碑，实现了中华民族的千年奔月梦想，开启了中国人走向深空探索宇宙奥秘的时代，标志着我国已经进入世界具有深空探测能力的国家行列。这是我国推进自主创新、建设创新型国家取得的又一标志性成果，是中华民族在攀登世界科技高峰征程上实现的又一历史性跨越，是中华民族为人类和平开发利用外层空间作出的又一重大贡献。全体中华儿女都为我们伟大祖国取得的这一辉煌成就感到骄傲和自豪！

实施月球探测工程，是党中央、国务院、中央军委着眼我国社会主义现代化建设全局，把握世界科技发展大势，为推动我国航天事业发展、促进我国科技进步和创新、提高我国综合国力作出的一项重大战略决策。工程实施以来，在党中央、国务院领导下，工程领导小组坚持以邓小平理论和“三个代表”重要思想为指导，深入贯彻落实科学发展观，精心组织工程实施，国防科学技术工业委员会同人民解放军总装备部、中国科学院、中国航天科技集团公司等承担工程任务的部门和单位团结协作、奋勇攻关，有关地方、部门和单位大力协同、密切配合，参加工程的全体同志万众一心、顽强拼搏，胜利完成了这项具有重大战略意义的光荣任务。这一重大成就，是我国改革开放29年来综合国力不断提高的重要体现，是我们在实现中华民族伟大复兴征程上谱写的壮丽篇章。事实再一次向世人昭示，自强不息、勤劳智慧的中国人民有志气、有信心、有能力攀登世界科技高峰，不断为人类文明进步作出贡献。

我国首次月球探测工程的成功实施，突破了一大批具有自主知识产权的核心技术和关键技术，取得了一系列重大科技创新成果；带动了我国基础科学和应用科学若干领域深入发展，推动了信息技术和工业技术进步，促进了众多技术学科的交叉和融合；探索出一套符合我国国情和重大科技工程要求的科学管理模式和方法，积累了新形势下组织实施重大科技工程的重要经验；培养造就了一支高素质、高水平的航天科技人才队伍。这些重大成就，为我国深入开展深空探测奠定了坚实基础，为我国航天事业发展开辟了更为广阔的领域和空间。

我国首次月球探测工程实施以来，参加工程组织实施、研制、建设、试验、科学应用的全体同志，始终坚持使命高于一切、责任重于泰山的信念，埋头苦干，无私奉献，以国家需要为第一需要，以人民利益为最高利益，顽强奋战在工程第一线；始终坚持全局一盘棋、上下一条心、各方一股劲，万众一心，众志成城，充分发挥集体智慧和力量，形成干事创业的强大合力；始终坚持科学求实的工作作风，攻坚克难，勇于超越，瞄准深空探测科学技术前沿，掌握了一大批具有自主知识产权的核心技术和关键技术；始终坚持科学管理，缜密决策，精心组织，建立科学高效的工程组织管理体系，在较短的时间内、以较少的投入，高标准、高质量、高效率地实施了工程任务。在工程实施过程中，老一代航天科技工作者率先垂范、言传身教，一大批中青年业务骨干勇挑重担、脱颖而出，为推动我国航天科技跨越式发展作出了突出贡献。同志们为祖国、为人民、为民族建立的卓越功勋，将永远记载在中华民族的光荣史册上！

我国首次月球探测工程的成功实施，进一步显示和提高了我国的经济实力、科技实力和民族凝聚力，极大地激发了全体中华儿女的爱国热情，进一步增强了全党全国各族人民全面建设小康社会、加快推进社会主义现代化的信心和决心。党的十七大坚持以邓小平理论和“三个代表”重要思想为指导，深入贯彻落实科学发展观，对我国社会主义经济建设、政治建设、文化建设、社会建设和党的建设作出了全面部署，描绘了在新的时代条件下继续全面建设小康社会、加快推进社会主义现代化的宏伟蓝图，制定了在新的历史起点上继续发展中国特色社会主义的行动纲领，为我们继续推动党和国家事业发展指明了前进方向。我国首次月球探测工程的成功，为我们认真贯彻党的十七大精神，全面完成党的十七大确定的各项任务提供了深刻的启示、积累了有益的经验。

第一，必须坚持发展是第一要义，着力推动经济社会又好又快发展。中国解决所有问题的关键在于依靠自己的发展。国家科技实力发展，必须以国家经济实力发展为基础。发展，对于提高国家科技实力和水平，对于全面建设小康社会、加快推进社会主义现代化，具有决定性意义。我国航天事业取得的成就和经验表明，只有坚持把发展作为党执政兴国的第一要务，不断取得发展的新成就，才能凝聚各方面力量不断把我国社会主义现代化事业推向前进，才能加快缩小我国与世界先进水平的差距、为人类作出应有的贡献。发展必须是全面协调可持续的发展，必须是又好又快的科学发展。我们要继续紧紧抓住和切实用好重要战略机遇期，牢牢扭住经济建设这个中心，坚持聚精会神搞建设、一心一意谋发展，更好实施科教兴国战略、人才强国战略、可持续发展战略，着力把握发展规律、创新发展理念、转变发展方式、破解发展难题，提高发展质量和效益。要抓住一批对经济社会发展全局具有重大带动作用和重要影响的重大工程项目，实现重点领域的跨越式发展，有效带动经济实力、科技实力、国防实力整体跃升。

第二，必须坚持自主创新，着力建设创新型国家。当今时代，科学技术特别是战略高技术已经成为综合国力竞争的焦点。提高自主创新能力，是国家发展战略的核心，是提高综合国力的关键。在关系国民经济命脉和国家安全的关键领域，真正的核心技术和关键技术，必须依靠自主创新。我国航天事业取得的成就和经验表明，只有坚持自力更生、艰苦奋斗，把发展的基点放在自主创新上，才能真正掌握核心技术、抢占科技制高点、在世界高技术领域占有一席之地，才能牢牢把握发展的战略主动权、切实增强国家核心竞争力。我们要坚持走中国特色自主创新道路，发挥社会主义制度能够集中力量办大事的政治优势，加快建设国家创新体系，深化科技管理体制改革，认真落实国家中长期科学和技术发展规划纲要，加快组织实施国家重大科技专项，切实把增强自主创新能力贯彻到现代化建设的各个方面。要加大对自主创新的投入，激发创新活力，增强创新动力，大力推进原始创新、集成创新和引进消化吸收再创新，着力突破制约经济社会发展的关键技术，支持基础研究、前沿技术研究、社会公益性技术研究，在关键领域和若干科技发展前沿掌握一批核心技术和拥有一批自主知识产权。要加快建立以企业为主体、市场为导向、产学研相结合的技术创新体系，加快科技成果向现实生产力转化，努力提高我国企业的国际竞争力。

第三，必须坚持实施人才强国战略，着力培养造就高素质人才队伍。国以才立，政以才治，业以才兴。人才是事业发展最可宝贵的财富。人才问题是关系党和国家事业发展的关键问题。当今世界的综合国力竞争，归根到底是人才特别是高素质创新型人才的竞争。我国航天事业取得的成就和经验表明，只有牢固树立人才资源是第一资源的观念，下大力气培养造就一支能够站在世界科技前沿、勇于开拓创新的高素质人才队伍，才能在激烈的国际竞争中掌握主动，为科技创新提供强大智慧源泉，为事业发展提供强大人才支持。我们要切实把教育摆在优先发展的地位，大力发展教育事业和科技事业，大力加强人力资源能力建设。要全面贯彻尊重劳动、尊重知识、尊重人才、尊重创造的方针，用事业凝聚人才、用实践造就人才、用机制激励人才、用法制保障人才，优化人才结构，促进人才成长，不断形成一支德才兼备、结构合理、素质优良的科技人才队伍，努力造就世界一流科学家和科技领军人才，注重培养一线的创新人才和创新团队。要真正发现好、培养好、使用好优秀人才，坚持在创新实践中识别人才、在创新活动中培育人才、在创新事业中凝聚人才，坚持以重大工程项目为平台，充分发挥老一代科技工作者的带领作用和中青年领军人才的骨干作用，特别是要为年轻人才脱颖而出、施展才干提供更大的舞台和更多的机会。要不断完善制度和政策保障，加强科技创新文化建设，营造鼓励创新的环境，形成能够极大提高创新能力和创新效率的体制机制，最大限度地激发科研人员的创新激情和活力，使各方面创新人才大量涌现。

第四，必须坚持弘扬求真务实精神，着力推动各项工作的落实。实现全面建设小康社会的奋斗目标，加快推进社会主义现代化，必须大力弘扬求真务实精神，大兴求真务实之风，扎扎实实做好每个部门、每个行业、每个岗位的工作。我国航天事业取得的成就和经验表明，只有脚踏实地、真抓实干，才能战胜一切艰难险阻，实现预定的目标。我们要科学分析和全面把握国际国内发展大势，正确认识和全面把握我国社会主义初级阶段基本国情和当前我国发展的阶段性特征，按照党的十七大提出的实现全面建设小康社会奋斗目标的新要求，扎扎实实抓好改革发展稳定各项工作。要始终尊重科学、尊重客观规律，树立正确政绩观，善于借鉴前人经验，大胆探索创新，以科学的精神、科学的理念、科学的方法、科学的机制推动工作，不断取得实实在在的成效。要坚持讲实话、出实招、办实事、务实效，把工作的着力点真正放到研究解决改革发展稳定中的重大问题上，放到研究解决群众生产生活中的紧迫问题上，把求真务实体现到各项工作中去。要牢记“两个务必”，自觉保持谦虚谨慎、不骄不躁的作风，牢固树立长期艰苦奋斗的思想，增强忧患意识，做到居安思危，做到思想上始终清醒、政治上始终坚定、作风上始终务实，不断创造经得起实践、人民、历史检验的业绩。

对未知领域的探索，是人类社会发展进步的不懈追求。首次月球探测工程，是我国开展深空探测的第一步。各有关方面要再接再厉，抓紧做好后续工程的研制，圆满完成月球探测的总体目标。我国开展深空探测，完全出于和平目的。和平开发利用外层空间是人类的共同事业，符合人类的共同利益。中国人民愿同各国人民携手共进，坚持和平开发利用外层空间的正确方向，积极参与国际空间合作，继续实现深空探测新突破，努力为促进人类科技进步、为推动人类和平与发展的崇高事业作出新的更大的贡献。

同志们！

让我们更加紧密地团结起来，全面贯彻落实党的十七大精神，高举中国特色社会主义伟大旗帜，万众一心，开拓奋进，努力在继续解放思想、坚持改革开放上迈出更大步伐，在推动科学发展、促进社会和谐上作出更大成绩，为夺取全面建设小康社会新胜利、开创中国特色社会主义事业新局面而不懈奋斗！

继续把改革开放伟大事业推向前进

（2007 年 12 月 17 日）

胡锦涛

党的十三大、十四大、十五大、十六大都对改革开放作了重要阐述，对指导改革开放发挥了重大作用。党的十七大对 29 年来我国改革开放的历史进程和宝贵经验作了大跨度的回顾总结。党内外普遍认为，这一回顾总结具有重大现实意义和深远历史意义。我们要联系党和国家工作全局、联系我们各自的工作实际和思想实际，着重领会和把握党的十七大集中论述改革开放历史进程和宝贵经验的原因和背景，着重领会和把握改革开放这场新的伟大革命的目的和性质，进一步坚定在新的历史条件下继续推进改革开放、走中国特色社会主义道路的决心和信心。

在党的十七大报告酝酿和准备阶段，中央就提出，明年是我国改革开放 30 周年，在这样一个重要历史时刻，党的十七大有必要对改革开放进行系统回顾总结。把改革开放的历史进程和宝贵经验总结好了，对于深化党的基本理论、基本路线、基本纲领、基本经验教育，使全党全国各族人民提高坚持党的十一届三中全会以来的理论和路线方针政策的自觉性和坚定性，万众一心为夺取全面建设小康社会新胜利、开创中国特色社会主义事业新局面而不懈奋斗，是十分重要的。

我们党在上世纪 70 年代末作出实行改革开放的重大决策，主要有两方面的背景。一方面，从我国自身的情况看，“文化大革命”十年内乱，使党、国家和人民遭到严重挫折和损失。邓小平同志曾经说，“文化大革命”结束时，“就整个政治局面来说，是一个混乱状态；就整个经济情况来说，实际上是处于缓慢发展和停滞状态”。我们必须通过改革开放，增强我国社会主义的生机活力，解放和发展社会生产力，改善人民生活。另一方面，从外部环境看，20 世纪 70 年代世界范围内蓬勃兴起的新科技革命推动世界经济以更快的速度向前发展，我国经济实力、科技实力与国际先进水平的差距明显拉大，面临着巨大的国际竞争压力。我们必须通过改革开放，带领人民追赶时代前进潮流。正如邓小平同志指出的：“我们要赶上时代，这是改革要达到的目的”。这就把改革的目的说得很透彻、很深刻。党的十七大把改革开放的目的概括为三句话：就是要解放和发展社会生产力，实现国家现代化，让中国人民富裕起来，振兴伟大的中华民族；就是要推动我国社会主义制度自我完善和发展，赋予社会主义新的生机活力，建设和发展中国特色社会主义；就是要在引领当代中国发展进步中加强和改进党的建设，保持和发展党的先进性，确保党始终走在时代前列。改革开放的实践充分表明，通过这场伟大革命的洗礼，中华民族大踏步赶上了时代前进潮流，社会主义中国巍然屹立在世界东方，我们党昂首阔步走在了时代前列。关于改革开放的性质，党的十七大也说得很清楚，这既是我们党领导的一场新的伟大革命，又是社会主义制度的自我完善和发展。也就是说，我们党领导的改革开放决不是要改掉社会主义制度。我们党领导的改革开放之所以实现了目的和效果的高度统一，就在于我们既坚定不移地进行改革开放，又坚定不移地坚持中国共产党领导、坚持社会主义，坚决排除各种错误思潮、错误倾向的干扰，始终沿着正确方向前进。

党的十七大鲜明地强调：改革开放是决定当代中国命运的关键抉择，是发展中国特色社会主义、实现中华民族伟大复兴的必由之路；只有社会主义才能救中国，只有改革开放才能发展中国、发展社会主义、发展马克思主义；改革开放符合党心民心、顺应时代潮流，方向和道路是完全正确的，成效和功绩不容否定，停顿和倒退没有出路；等等。对于这些重大论断，我们要认真学习、深刻领会。

这里，我想重点讲一讲党的十七大总结的我国改革开放“十个结合”的宝贵经验。党的十七大把这“十个结合”定性为我们这样一个十几亿人口的发展中大国摆脱贫困、加快实现现代化、巩固和发展社会主义的宝贵经验。这是很有政治分量和理论内涵的。“十个结合”生动阐明了我们党在改革开放实践中是如何坚持和发展马克思主义、如何坚持和发展社会主义、如何全面推进中国特色社会主义事业、如何统筹国内国际两个大局、如何加强和改善党的领导的。其中，前三条是管总的，揭示了我国改革开放取得成功的关键和根本；第四条到第七条，分别揭示了中国特色社会主义经济建设、政治建设、文化建设、社会建设的真谛；最后三条，则强调了营造良好国际环境、保持国内社会政治稳定、坚持党的领导核心地位对改革发展的保证作用。

第一个结合，把坚持马克思主义基本原理同推进马克思主义中国化结合起来，强调我国改革开放之所以成功，在于我们既没丢老祖宗、又发展老祖宗，既坚持马克思主义基本原理、又根据当代中国实践和时代发展不断推进马克思主义中国化，使马克思主义更好发挥对发展中国特色社会主义实践的指导作用，赋予当代中国马克思主义勃勃生机。

第二个结合，把坚持四项基本原则同坚持改革开放结合起来，强调我国改革开放之所以成功，在于我们既以四项基本原则保证改革开放的正确方向，又通过改革开放赋予四项基本原则新的时代内涵，教育和引导全党全国各族人民深刻认识坚持四项基本原则、坚持改革开放的辩证关系和重大意义，坚持把以经济建设为中心同四项基本原则、改革开放这两个基本点统一于发展中国特色社会主义的伟大实践，使中国特色社会主义在当今世界的深刻变动和当代中国的深刻变革中牢牢站住了、站稳了，并成为充满生机活力的社会主义。

第三个结合，把尊重人民首创精神同加强和改善党的领导结合起来，强调我国改革开放之所以成功，在于我们坚持了人民创造历史这一马克思主义的科学原理，真诚代表中国最广大人民的根本利益，紧紧依靠人民，最广泛地调动人民群众的积极性、主动性、创造性，从人民中凝聚力量、吸取智慧，不断加强和改善党的领导，使党得到人民充分信赖和拥护，始终发挥领导核心作用。

第四个结合，把坚持社会主义基本制度同发展市场经济结合起来，强调我们在深刻而广泛的变革中始终坚持社会主义基本制度，同时又在社会主义条件下发展市场经济，使经济活动遵循价值规律的要求，不断解放和发展社会生产力，增强综合国力，提高人民生活水平，更好实现经济建设这个中心任务。

第五个结合，把推动经济基础变革同推动上层建筑改革结合起来，强调我们既积极推进经济体制改革，又积极推进政治体制改革，发展社会主义民主政治，建设社会主义法治国家，保证人民当家作主，不断推动我国社会主义上层建筑与经济基础相适应，为改革开放提供制度保证和法制保障。

第六个结合，把发展社会生产力同提高全民族文明素质结合起来，强调我们既重视物的发展即社会生产力的发展，又重视人的发展即全民族文明素质的提高，大力发展社会主义文化，建设社会主义精神文明，着力培育有理想、有道德、有文化、有纪律的公民，为经济社会发展提供强大的精神动力和智力支持。

第七个结合，把提高效率同促进社会公平结合起来，强调我们既高度重视通过提高效率来促进发展，又高度重视在经济发展的基础上通过实现社会公平来促进社会和谐，坚持以人为本，以解决人民最关心、最直接、最现实的利益问题为重点，着力发展社会事业，着力完善收入分配制度，保障和改善民生，走共同富裕道路，努力形成全体人民各尽其能、各得其所而又和谐相处的局面。

第八个结合，把坚持独立自主同参与经济全球化结合起来，强调我们既高度珍惜并坚定不移地维护中国人民经过长期奋斗得来的独立自主权利，又坚持对外开放的基本国策，始终站在国际大局与国内大局相互联系的高度审视中国和世界的发展问题，思考和制定中国的发展战略，坚持独立自主的和平外交政策，坚持和平发展道路，坚持互利共赢的开放战略，推动建设持久和平、共同繁荣的和谐世界。

第九个结合，把促进改革发展同保持社会稳定结合起来，强调我们既大力推进改革发展，又正确处理改革发展稳定关系，坚持改革是动力、发展是目的、稳定是前提，坚持把改革的力度、发展的速度和社会可承受的程度统一起来，把不断改善人民生活作为处理改革发展稳定关系的重要结合点，在社会稳定中推进改革发展，通过改革发展促进社会稳定。

第十个结合，把推进中国特色社会主义伟大事业同推进党的建设新的伟大工程结合起来，强调我们既紧紧围绕推进中国特色社会主义事业来推进党的建设，又通过加强和改进党的建设来推进中国特色社会主义事业，不断提高党的执政能力、保持和发展党的先进性，不断增强党的阶级基础和扩大党的群众基础，不断提高拒腐防变和抵御风险能力，使党始终成为中国特色社会主义事业的坚强领导核心。

总之，这“十个结合”的宝贵经验，是我们党和人民经过长期实践和艰辛探索得来的，是我们党极为宝贵的精神财富，我们必须牢牢记取、坚持运用，并在新的实践中继续加以丰富和发展，毫不动摇地坚持改革方向，提高改革决策的科学性，增强改革措施的协调性，继续把改革开放伟大事业推向前进。

（此文是胡锦涛同志在新进中央委员会的委员、候补委员学习贯彻党的十七大精神研讨班开班时讲话的一部分）

共同推进人类和平与发展崇高事业

胡锦涛

新年的钟声即将敲响，2008 年就要到来了。在这个充满希望的美好时刻，我很高兴通过中国国际广播电台、中央人民广播电台和中央电视台，向全国各族人民，向香港特别行政区同胞和澳门特别行政区同胞，向台湾同胞和海外侨胞，向世界各国的朋友们，致以新年的祝福！

2007 年，世界发生了新变化，中国也取得了新进步。中国各族人民万众一心，继续推动全面建设小康社会进程。中国的综合国力进一步增强，人民生活进一步改善。中国人民加强同各国人民的交流合作，积极致力于国际热点问题的妥善解决，努力推动建设持久和平、共同繁荣的和谐世界。两个多月前，中国共产党召开了第十七次全国代表大会，描绘了在新的时代条件下继续全面建设小康社会、加快推进社会主义现代化的宏伟蓝图。中国各族人民正以自己的勤劳和智慧，为谱写美好生活新篇章进行着新的奋斗。

2008 年，对中国人民来说，是十分重要的一年。我们将隆重纪念改革开放 30 周年。1978 年开始的改革开放，是决定当代中国命运的关键抉择，使社会主义中国的面貌发生了历史性变化。我们将坚定不移地高举中国特色社会主义伟大旗帜，深入贯彻落实科学发展观，继续解放思想，坚持改革开放，发展社会主义市场经济，发展社会主义民主政治，发展社会主义先进文化，继续以改善民生为重点加强社会建设，努力使全体人民学有所教、劳有所得、病有所医、老有所养、住有所居，促进社会和谐。我们将坚持“一国两制”、“港人治港”、“澳人治澳”、高度自治的方针，同广大香港同胞、澳门同胞一道，共同维护香港、澳门长期繁荣稳定。我们将坚持“和平统一、一国两制”的基本方针，牢牢把握两岸关系和平发展的主题，始终不渝地为两岸同胞谋福祉、为台海地区谋和平，坚决维护国家主权和领土完整。

当前，国际形势总体上保持稳定，同时全球经济失衡加剧，国际安全形势更加复杂，人类面临诸多难题和挑战。共同分享发展机遇，共同应对各种挑战，推进人类和平与发展的崇高事业，是各国人民的共同愿望。借此机会，我愿重申，中国将高举和平、发展、合作旗帜，始终不渝走和平发展道路，始终不渝实施互利共赢的开放战略，继续致力于推进国际关系民主化，推动经济全球化朝着均衡、普惠、共赢方向发展，促进人类文明交流互鉴，呵护人类赖以生存的地球家园，维护世界和平稳定。

此时此刻，我们深深挂念世界各地身受战火、贫困、疾病、灾害煎熬的人们。中国人民深切同情他们的遭遇，愿尽己所能帮助他们早日摆脱困境。我们衷心希望各国人民自由、平等、和谐、幸福地生活在同一个蓝天之下，共享人类和平与发展的成果。

2008 年奥运会和残奥会将在北京举办。我们将以最大的热情、尽最大的努力，让这届奥运会和残奥会成为增进中国人民同世界各国人民相互了解和友好合作的盛会。我们热忱欢迎各国体育健儿来中国参加奥运会和残奥会，也热忱欢迎各国朋友来中国观看奥运会和残奥会。

最后，我从北京祝大家在新的一年里幸福安康！

（原文载 2008 年 1 月 1 日《人民日报》）

在纪念周恩来同志诞辰110周年座谈会上的讲话

（2008年2月29日）

胡锦涛

同志们，朋友们：

今天，我们怀着十分崇敬的心情在这里隆重集会，纪念敬爱的周恩来同志诞辰110周年，深切缅怀他为党、人民、国家和人民军队建立的丰功伟绩，学习他的革命精神和崇高品德，进一步激励全党全国各族人民全面贯彻党的十七大精神，把中国特色社会主义伟大事业继续推向前进，为实现中华民族伟大复兴而不懈奋斗。

周恩来同志是伟大的马克思主义者，伟大的无产阶级革命家、政治家、军事家、外交家，党和国家主要领导人之一，中国人民解放军主要创建人之一，中华人民共和国的开国元勋，是以毛泽东同志为核心的党的第一代中央领导集体的重要成员。周恩来同志的卓著功勋、崇高品德、光辉人格，深深铭记在全国各族人民心中，在国际上也享有很高威望。

周恩来同志出生于19世纪末年。当时的中国，遭受着列强欺凌、封建统治的双重压迫，民不聊生，国运衰微。青少年时代，他就立志"为了中华之崛起"而发愤读书，认定"有大志向的人，便想去救国，尽力社会"。经历了五四运动的洗礼，他开始积极思考、探索中国社会的出路。20世纪20年代初，他到欧洲勤工俭学，通过反复比较，确立了共产主义的信仰，在巴黎参与旅欧共产党组织的创建，成为中国共产党最早的党员之一。1924年，他回到祖国，投身中国革命的洪流，从此一直奋斗在中国政治舞台的前沿。

新民主主义革命时期，周恩来同志为我们党创建人民军队、创建革命统一战线、创建人民当家作主的新中国建立了不朽功勋。在大革命中，他出色领导了国民革命军军政工作、广东地方政权工作、震惊中外的上海工人武装起义，成为我们党最早认识武装斗争重要性和最早从事军事工作的领导人之一。大革命失败后，他领导发动举世闻名的八一南昌起义，打响了武装反抗国民党反动派的第一枪，党领导的人民军队从此诞生。党的六大以后，他作为实际主持党中央工作的领导人，在极端险恶的条件下机智勇敢地保卫党的中央机关，保护党的大批领导骨干，发展党在白区的秘密工作，支持工农武装割据。他积极探索中国革命的正确道路，明确提出"乡村中心"的思想，为推动"农村包围城市，武装夺取政权"道路的形成作出了突出贡献。在江西中央革命根据地，他同朱德同志等一起成功指挥了第四次反"围剿"斗争，创造了大兵团伏击歼灭战的新经验。红军长征途中，在具有深远历史意义的遵义会议上，他旗帜鲜明地支持毛泽东同志的正确主张，为确立毛泽东同志在红军和党中央的领导地位，为在危难中挽救红军、挽救党，发挥了重要作用。西安事变爆发后，在民族危亡的关键时刻，他根据党中央的既定方针，前往西安，在极端复杂而艰难的环境中推动西安事变和平解决，促成了国共合作、团结抗日的新局面。抗日战争中，他代表我们党长期坚持在国民党统治区工作，负责与国民党当局谈判，广泛团结社会各阶层爱国人士，坚持并发展抗日民族统一战线，同国民党顽固派进行了有勇有谋的斗争。抗日战争胜利后，为制止内战，他陪同毛泽东同志赴重庆与国民党进行和平谈判，尔后又率领我党代表团与国民党当局开展了有理有节的政治斗争。解放战争时期，他协助毛泽东同志运筹帷幄，在推动第二条战线的形成、转战陕北、指挥一系列改变中国命运的战略大决战、筹备召开新政协、主持起草《共同纲领》等工作中，作出了卓越贡献。

新中国成立后，周恩来同志先后担任政务院总理、国务院总理长达26年，为积极探索符合我国国情的社会主义建设道路，全面组织和实施社会主义各项建设事业，兢兢业业，殚精竭虑，在政治、经济、外交、国防、统战、科技、文化、教育、新闻、卫生、体育等各领域倾注了大量心血，作出了奠基性的贡献。在领导新中国的建设和发展中，他强调经济建设工作在整个国家生活中“居于首要的地位”，一个国家如果经济上不能完全独立，政治上也就不能完全独立。他强调要正确处理各种关系，做到统筹全局、全面安排、综合平衡、协调发展；强调“我们的国家不仅要有经济建设，还要有政治建设和精神建设”，建设社会主义必须全面发展；强调一定要重视环境保护，不能因发展经济而牺牲环境，不要做对不起子孙后代的事。他高度重视科学技术和知识分子在社会主义建设中的关键作用，强调实现现代化、把我国建设成为社会主义强国“关键在于实现科学技术的现代化”，“知识分子是社会主义建设事业取得胜利的不可缺少的重要力量”。他组织领导“两弹一星”大规模科技攻坚取得重大突破，极大提升了我国的综合国力和国际地位。他高度重视对外贸易和学习外国先进技术，强调“学习外国必须同独创精神相结合”。他高度重视发挥统一战线在社会主义革命和建设中的作用，经常倾听各民主党派和无党派爱国人士的意见，为坚持和完善中国共产党领导的多党合作和政治协商制度作出了重要贡献。他时时不忘祖国统一大业，为解决香港、澳门和台湾问题做了大量基础性、开拓性工作。他卓有成效地领导了党和国家的外事工作，首倡和平共处五项原则，遵照国家不分大小一律平等的原则，推动我国积极发展同各国特别是广大发展中国家的友好合作关系，使我们的朋友遍天下。他博大精深的外交思想、丰富多彩的外交实践、独具一格的外交艺术和外交风格，在国际社会为党和国家赢得了很高的声誉。

在“文化大革命”极端复杂的特殊环境下，周恩来同志忍辱负重，苦撑危局，作出了常人难以想象的努力，全力维护党和国家正常工作的运转，全力维护党的团结统一，尽一切可能减少损失。他保护了一大批党的领导骨干、民主人士和知识分子；他协助毛泽东同志粉碎了林彪反革命集团妄图夺取最高权力的阴谋，并主持中央日常工作，批判和纠正极左思潮的错误，使各方面工作有了转机；他根据毛泽东同志的决策积极促成和落实邓小平同志复出并主持中央工作，全力支持邓小平同志领导对各方面工作进行整顿；他身患绝症，仍顽强坚持工作，并同邓小平、叶剑英、李先念同志等一起，与江青反革命集团进行了坚决斗争；他在四届全国人大一次会议上重申实现四个现代化的宏伟目标，极大鼓舞了全党全国各族人民。

周恩来同志参与领导了革命和建设时期党的各项重大工作，为党的每一个重大胜利付出了大量心血。在长期实践中，他注重把马克思主义基本原理同我国具体实际结合起来，认真总结革命和建设正反两方面的经验，深入进行理论思考，深刻阐释党的理论和路线方针政策，在政治、经济、军事、外交、统一战线、文化教育和党的建设等领域都作出了理论建树，为毛泽东思想的形成和发展作出了重要贡献，也为后来改革开放时期我们党形成中国特色社会主义理论体系提供了重要思想材料。

同志们、朋友们！

周恩来同志50多年的革命生涯，同中国共产党的建立、发展、壮大，同我国新民主主义革命的胜利，同我国社会主义革命和建设的历史进程紧密联系在一起。他毫无保留地把全部精力奉献给了党和人民，直到生命的最后一息。他身上集中体现了中国共产党人的高风亮节，在中国人民心中矗立起一座不朽的丰碑。我们缅怀周恩来同志，就是要永远铭记和认真学习周恩来同志的精神，使之不断发扬光大。

周恩来同志始终信仰坚定、理想崇高，集中

表现为他对党和人民无限忠诚的精神。这是他毕生奋斗的力量源泉。周恩来同志说:“人是应该有理想的,没有理想的生活会变成盲目。”他在确立共产主义信仰之时就说过:“我认的主义一定是不变了,并且很坚决地要为他宣传奔走”。他对党的事业、对社会主义中国的光明前途、对振兴中华民族的伟大事业,始终充满必胜的信心,无论遇到什么样的艰难困苦,从不动摇。他说:“共产党人就是为不断克服困难,继续前进而存在的。畏难苟安,不是共产党人的品质。”他在确立革命理想信念的过程中,既有追求真理的强烈愿望,又有深思熟虑的理性思考;既重视对科学理论的学习和研究,又注重在实践中运用和发展科学理论;既注意学习马克思主义的先进理论,又注意吸取中华民族的文化精华,他的革命理想信念是建立在理性自觉的基础之上的,因此是坚如磐石的。他以自己的实际行动实践了“在任何艰难困苦的情况下,都要以誓死不变的精神为共产主义奋斗到底”的誓言。

周恩来同志始终热爱人民、勤政为民,集中表现为他甘当人民公仆的精神。周恩来同志始终坚持人民利益高于一切,把自己看成人民的“总服务员”,反复强调“我们的一切工作都是为了人民的”,“我们国家的干部是人民的公仆,应该和群众同甘苦,共命运”,要“永远做人民忠实的勤务员”。他心系人民,急群众之所急,忧群众之所忧。只要是关系群众安危冷暖之事,他总是关怀备至、体贴入微。逢年过节,他总是关心在生产一线的工人能不能吃上一顿饺子。他多次奔赴抗洪前线、地震现场,哪里有灾情,哪里群众有困难,他就及时出现在哪里。1973年,他重返延安时,目睹群众生活仍然贫困的情景,禁不住潸然泪下,痛心地自责对不起老区人民。1975年,大手术之后,他依然牵挂着远在千里之外的云南锡矿工人的健康。他一生勤勤恳恳、呕心沥血、任劳任怨,一天工作时间超过12个小时,有时在16个小时以上。即使在病重住院的生命最后时期,他还抱病操劳国事。他说:“死我并不怕。古人说,人活七十古来稀,我已是七十七岁多的人了,也算得上是高寿了。可是这二十几年的时间,总应该把国家建设得好点,人民的生活多改善一些,去马克思那里报到,才感到安心。现在这种状况去报到,总感到内疚、羞愧。”逝世前,他交待说:“把我的骨灰撒到江河大地去做肥料,这也是为人民服务。活着为人民服务,死后也要为人民服务。”周恩来同志真正做到了他所说的“应该像条牛一样努力奋斗”,“为人民服务而死”,为人民的事业“鞠躬尽瘁,死而后已”。“人民总理爱人民,人民总理人民爱”,人民群众用朴素的语言表达了对周恩来同志最真挚的感情。

周恩来同志始终顾全大局、光明磊落,集中表现为他高度珍视和自觉维护党的团结统一的精神。周恩来同志深知党的团结是党的生命,始终顾全大局、维护党的团结统一。他把增强党的团结、反对个人主义提到“对党、对人民、对共产主义的事业都具有决定意义”的高度,特别告诫:因为我们党是胜利的党、执政的党,尤其要警惕种种破坏和危害党的团结的行为。他坚持民主集中制,强调“特别是要在高级领导同志中间加强集体生活,开展批评和自我批评,来保证我们党的团结”。他把维护和巩固党的团结作为自己言行的准则,有利于党的团结的话和事就说、就做,不利于党的团结的话和事就不说、不做,讲党性不徇私情,讲原则不讲关系,无论在什么情况下都把个人荣辱置于身外。他坚持任人唯贤,反对任何派别思想、小团体习气、地方主义、山头主义和本位主义,从不搞小圈子、小集团,始终把党和人民的利益放在高于一切的位置,在维护党的团结统一方面堪称楷模。

周恩来同志始终实事求是、严谨细致,集中表现为他求真务实的精神。周恩来同志坚持解放思想、实事求是,坚持理论联系实际,坚持用科学的世界观和方法论指导实际工作。他一贯倡导实际工作者要学会运用辩证唯物主义的思想方法,认为“辩证唯物主义思想能够帮助我们更好地认识客观规律,更好地发挥主观能动性”，强调“单靠多读几本马列主义的书是不行的，问题在于实践”。他善于把革命胆略与求实精神结合起来，既有超人的大智大勇，处变不惊，善于化解错综复杂的矛盾，善于应对险象环生的局面，又能够极为周密和细致地考虑和处理问题。他坚持一切从实际出发，反复倡导要“讲真话，鼓真劲，做实事，收实效”，要把主观能动性和客观可能性结合起来，干劲要大，步子要稳，既要有雄心壮志，尽快赶上先进水平，又要循序渐进，不能一步登天。他高度重视对实际情况的调查研究，注重总结实践经验，考虑问题时总是力求在分析、综合、比较上多下功夫，主张“一切当从多方考虑，经过集体商决而后行”。正因为如此，在组织领导党和国家各项事业的过程中，周恩来同志既是国家建设总体蓝图的重要设计者，又是将党和国家各项重大决策创造性地付诸实施的卓越组织者，深得毛泽东同志的倚重。

周恩来同志始终虚怀若谷、戒骄戒躁，集中表现为他谦虚谨慎的精神。周恩来同志为党和人民作出了卓越贡献，但功劳越大，他越是虚怀若谷。他常说“我们每一个人，不管过去做了多少工作，现在担任什么职务，没有党和人民，就既不会有过去的成绩，也不会有今天的职务。党和人民是伟大的，我们个人是渺小的”。他为自己立下的座右铭是“活到老，学到老，改造到老”。他对党和人民事业高度负责，认为做工作“应该有临事而惧的精神。这不是后退，不是泄气，而是戒慎恐惧”。他认为“不仅要教育群众，还要向群众学习。因为领导者本身知识还不完全，经验还不够，领导地位并不能使你得到知识和经验”。他善于启发和倾听不同意见，即使是普通干部或群众讲的意见都认真考虑。他说：“一个人的认识总是有限的，要多听不同的意见，这样才利于综合。”他善于发现别人的长处，充分发挥每个同志的聪明才智，自己却从来不居功、不诿过。他平易近人、平等待人，真诚同各界人士广泛交往，从不以领导者自居。他经常说：“一个人站在领导地位，不虚心，不平易近人，自以为了不起、什么都懂，只要有这种思想并且在作风中表现出来，就危险了。”周恩来同志以其谦虚谨慎、广纳善策、平易近人、平等待人的风范，赢得了党内外由衷的信赖和爱戴，是中国共产党人谦虚谨慎、不骄不躁优良作风的最好榜样。

周恩来同志始终严以律己、廉洁奉公，集中表现为他无私奉献的精神。周恩来同志毕生严以律己、艰苦朴素，只求奉献、不思回报。他说：“对自己应该自勉自励，应该严一点，对人家应该宽一点，‘严以律己，宽以待人’”。他经常告诫领导干部要过好思想关、政治关、社会关、亲属关和生活关，始终保持共产党人的政治操守和优良作风。他对自己的工作，总是经常进行反思，自觉开展自我批评、自我总结、自我考察、自我完善，从不文过饰非。他身居高位，但从不搞特殊化，凡要求党员和群众做到的，他自己首先做到。他说：“精神生活方面，我们应该把整个身心放在共产主义事业上，以人民的疾苦为忧，以世界的前途为念。这样，我们的政治责任感就会加强，精神境界就会高尚。”“物质生活方面，我们领导干部应该知足常乐，要觉得自己的物质待遇够了，甚至于过了，觉得少一点好，人家分给我们的多了就应该居之不安。要使艰苦朴素成为我们的美德。”他睡的是普通木板床，他的衣服补了又补。他严格要求自己的亲属，给他们订立了“十条家规”，从没有利用自己的权力为自己或亲朋好友谋过半点私利。他身后没有留下任何个人财产，他和邓颖超同志一生中的全部工资积蓄都交了党费，他的骨灰撒在祖国的江河大地上。他说：“我们这一辈子和这一个时代的人多付出一点代价，是为后代更好地享受社会主义幸福”。周恩来同志一生心底无私，严以律己，廉洁奉公，是共产党人立党为公、执政为民的典范。

同志们、朋友们！

今天的中国是历史的继续和发展。我们要永远铭记老一辈革命家为创建新中国、确立社会主义基本制度、探索中国特色社会主义道路作出的历史贡献。建设富强民主文明和谐的社会主义现代化国家，是老一辈革命家的夙愿。周恩来同志生前多次代表我们党提出，要把我国建设成为一个具有现代化农业、现代化工业、现代化国防和现代化科学技术的社会主义强国，赶上和超过世界先进水平。可以告慰周恩来同志等老一辈革命家的是，在改革开放和社会主义现代化建设的历史新时期，我们继承老一辈革命家的遗志，继往开来，与时俱进，开创了中国特色社会主义伟大事业，开辟了发展中国、发展社会主义、发展马克思主义的正确道路，我国社会主义现代化建设取得了举世瞩目的成就，中华民族伟大复兴展现出光明灿烂的前景。

我们已站在新的历史起点上。我们党正在带领全国各族人民继续推进改革开放和社会主义现代化建设，我们深感肩负的使命神圣而光荣。在前进道路上，我们要全面贯彻党的十七大精神，高举中国特色社会主义伟大旗帜，坚持以邓小平理论和“三个代表”重要思想为指导，深入贯彻落实科学发展观，继续解放思想，坚持改革开放，推动科学发展，促进社会和谐，全面推进社会主义经济建设、政治建设、文化建设、社会建设和党的建设，同心同德、齐心协力，求真务实、锐意进取，把老一辈革命家孜孜以求的美好理想变成现实，为把我国建设成为富强民主文明和谐的社会主义现代化国家而不懈奋斗！

全国人民代表大会常务委员会工作报告

（2007 年 3 月 11 日）

吴邦国

各位代表：

现在，我代表十届全国人大常委会，向大会报告工作，请予审议。

过去一年的主要工作

2006 年，是深入贯彻落实科学发展观、实施“十一五”规划良好开局的一年。一年来，常委会按照十届全国人大四次会议精神，紧紧围绕党和国家工作的大局认真履行职责，各项工作取得新的成绩，为全面建设小康社会、构建社会主义和谐社会作出了新的贡献。

一、立法工作又有新进展

过去的一年，全国人大常委会立法工作取得了新的进展，共审议 24 件法律和有关法律问题决定的草案，其中 14 件已经通过，5 件提请大会审议，向实现本届立法目标迈出坚实步伐。

（一）妥善解决了一些立法难点，监督法颁布实施，物权法草案提请大会审议。监督法涉及我国政治制度和国家体制，政治性很强。制定监督法是人大立法工作的一件大事，早在六届全国人大就开始酝酿，历时 20 年。党中央高度重视监督法制定工作，多次听取专题汇报，胡锦涛总书记亲自主持召开党外人士座谈会，直接听取各民主党派中央、全国工商联负责人和无党派人士的意见，并在会上发表重要讲话。胡锦涛总书记的重要讲话深刻阐述了加强人大监督工作的重要性，全面分析了制定监督法的必要性，着重强调了工作中必须把握好的重大原则，为制定好监督法明确了方向。

本届全国人大常委会本着对党和人民高度负责的精神，在总结实践经验的基础上，广泛听取意见，经过反复研究论证，对监督法草案作了重大修改。一是明确监督法的调整范围，将人民代表大会监督法调整为人大常委会监督法；二是完善监督形式和程序，重点规范各级人大常委会最为关注、最希望规范的问题。作出这样的修改，主要有以下两点考虑：一是宪法已经明确规定全国人大和地方各级人大的监督职权及其监督形式和程序。二是宪法明确规定人大对“一府两院”经常性监督职权由人大常委会行使，而各地进行探索和希望规范的，也集中在人大常委会监督工作上。这里还需要指出的是，多年来各地为加强人大监督工作进行了有益的探索，为制定监督法提供了实践经验，作出了积极贡献。常委会通过的监督法，充分体现了坚持党的领导、人民当家作主和依法治国的有机统一，正确处理了加强人大监督工作和坚持党的领导的关系，正确处理了加强人大监督工作和支持“一府两院”依法开展工作的关系，坚持了民主集中制、集体行使职权、集体决定问题、依法按程序办事的原则，符合我国国情和人大工作实际。监督法的颁布实施，凝聚了全国人大代表、常委会组成人员、地方各级人大和专家学者的集体智慧，对于各级人大常委会依法行使监督职权，健全监督机制，加强和改进监督工作，增强监督实效，更好地发挥人民代表大会制度的特点和优势，具有重大的意义。

为贯彻实施监督法，各级人大做了大量准备工作。一是通过召开座谈会、报告会，举办学习班等形式，认真学习胡锦涛总书记重要讲话精神，从坚持走中国特色社会主义政治发展道路的高度，深入领会监督法的精神实质，为实施监督法打下坚实的思想基础。二是地方各级人大常委会按照监督法的规定，对有关地方性法规和工作文件进行全面梳理，对符合监督法规定的加以深化和细化，对与监督法规定和精神不一致的及时作出调整。三是全国人大常委会办公厅研究制定了《全国人大机关贯彻实施监督法若干意见》，明确分工，落实责任。

物权法是规范财产关系的民事基本法律，在中国特色社会主义法律体系中起支架作用。制定物权法，从法律上完善中国特色社会主义物权制度，对坚持社会主义基本经济制度、发展社会主义市场经济、维护人民群众切身利益、激发全社会创造活力具有重要意义。同时，物权法是一部政治性、政策性、专业性都很强的法律，立法难度很大，备受社会关注，从研究起草到现在历时 13 年。本届全国人大常委会高度重视物权法的立法工作，采取积极慎重的态度，投入很大精力，做了大量工作。一是多次进行审议。在九届全国人大常委会进行初次审议的基础上，本届全国人大常委会又审议了 6 次，审议次数之多，在我国立法史上是少有的。二是广泛听取意见。我们先后召开上百次座谈会和若干次论证会，直接听取全国人大代表、社会各界人士、专家学者以及中央有关部门的意见，还全文公布物权法草案，广泛征求社会各方面意见，尤其是基层群众的意见，就一部法律草案征求意见范围之广、规模之大也是少有的。三是作出重大修改。根据常委会会议审议意见和有关座谈会、论证会以及其他各方面反映的意见，依据宪法和有关法律，我们对物权法草案作了重大修改。主要集中在以下四个方面：(1)力求全面准确地体现社会主义基本经济制度，并贯穿于物权法立法工作的始终；(2)针对当前社会上对国有资产流失的关注，强化对国有资产保护；(3)全面准确地体现现阶段党在农村的基本政策，切实维护广大农民的利益；(4)重点规范现实生活中迫切需要规范的、群众最为关注的问题。我们在修改物权法草案过程中，始终强调物权法的政治方向，强调物权法的中国特色，强调一切从实际出发。常委会组成人员和列席会议的同志一致认为，修改后的物权法草案全面贯彻了党的十一届三中全会以来的方针政策，充分体现了党的主张和人民意志的统一，符合我国国情和实际，已经基本成熟。十届全国人大常委会第二十五次会议高票通过了提请大会审议的物权法草案的议案。

（二）事关经济社会发展全局的一批重要立法项目相继完成，企业破产法、修改后的义务教育法等法律颁布实施，企业所得税法草案提请大会审议。制定企业破产法，确立企业有序退出的法律制度，实现优胜劣汰，是发展社会主义市场经济的客观需要。全国人大常委会一直重视企业破产法的立法工作，1986 年曾经制定适用全民所有制企业的破产法，但由于没有解决破产企业职工安置的资金来源问题，一直难以实施。随着社会主义市场经济的发展、国有企业改革的深化和非公有制经济的发展，原来的企业破产法已经不能适应实际需要，急需重新制定一部适用所有企业、操作性强的企业破产法。本届全国人大常委会在前两届工作的基础上，认真总结经验、深入调查研究、广泛听取意见，重新起草了企业破产法草案，并经 3 次审议后通过。企业破产法就优先清偿破产企业所欠职工工资和社保资金等重大问题作了特别规定，规范了企业破产程序，维护了企业职工合法权益。

少年儿童是祖国的未来、民族的希望。他们的健康成长，不仅是亿万家庭的最大关切，也是我国社会主义现代化建设事业兴旺发达、后继有人的根本保障。针对义务教育和未成年人保护中存在的突出问题，常委会全面修订了义务教育法和未成年人保护法。义务教育法的修订，主要明确了三条：一是将义务教育经费保障机制以法律形式固定下来，明确义务教育不收学杂费，实施步骤由国务院规定；二是将促进义务教育均衡发展作为方向性要求确定下来，明确要求各级政府应当合理配置教育资源；三是将实施素质教育写入法律，进一步明确义务教育的方针和目标。修改后的义务教育法，更好地体现了教育公平原则，对保障我国义务教育健康发展意义重大。修改后的未成年人保护法，进一步强化了家庭、学校、社会、国家的保护责任，突出了未成年人的受教育权，对于保护未成年人身心健康，保障未成年人合法权益将发挥重要作用。

改革开放以来，广大农民在实践中创办了十几万个农民专业合作经济组织，但其法律地位一直不明确。常委会在充分调查研究的基础上，制定了农民专业合作社法，第一次从法律上确定农民专业合作社的市场主体地位，规范其财产制度和分配方式，对于坚持和完善农村基本经营制度，提高农民的组织化程度，促进农业产业化经营具有重要意义。

为适应我国反洗钱斗争和履行有关国际公约的实际需要，我们在充分调查研究、总结实践经验的基础上，制定了反洗钱法。为鼓励自主创新和风险投资，加强技术与资本的结合，促进专业服务机构做大做强，常委会修改了合伙企业法。修改后的银行业监督管理法，赋予了银行业监管机构相关调查权，并对行使相关调查权的条件和程序以及有关法律责任作了规定，有利于加强银行业监督管理。关于修改人民法院组织法的决定，删除了可以授权高级人民法院行使部分死刑案件核准权的规定，将死刑案件核准权统一收归最高人民法院，对于公正司法具有重要作用。

企业所得税法是一部关系经济社会发展全局的重要法律。党的十六届三中全会明确提出统一各类企业税收制度的改革目标。十届全国人大二次会议以来，共有540多位全国人大代表提出16件议案，建议制定统一的企业所得税法。本届全国人大常委会将制定企业所得税法列入五年立法规划，并推动国务院相关部门抓紧起草。国务院在深入调查研究、广泛征求意见的基础上，向全国人大常委会提出了企业所得税法草案的议案。草案的主要内容有三条：一是统一内外资企业所得税，规范税前扣除标准；二是对小企业和高新技术企业实行低税率和优惠政策；三是对原享受税收优惠的企业实行过渡措施，对经济特区、西部地区作出适当安排。十届全国人大常委会第二十五次会议经过认真审议，决定将草案提请大会审议。

制定物权法和企业所得税法是我国立法工作的大事，是本次大会的两项重要议程。考虑到这两部法律受到社会普遍关注，代表们也很关心，今年1月，我们在将法律草案和有关参阅材料送各位代表审阅听取意见的同时，组织有关单位负责人到各地向代表汇报法律草案的主要内容，为大会审议做准备。根据常委会组成人员的审议意见和代表们提出的意见，全国人大常委会和国务院又对这两部法律草案作了修改，并向大会作了说明。我们相信，经过全体代表的共同努力，一定能够把这两部法律制定好。

（三）科学立法、民主立法继续推进，立法质量进一步提高。一是在总结2005年向社会全文公布物权法草案经验的基础上，去年3月又将劳动合同法草案向社会全文公布，广泛听取各方面的意见。劳动合同法草案公布后，在社会上引起积极反响，共收到各方面意见近20万件，65％来自基层劳动者，并收到来自各省、自治区、直辖市和49个较大市人大常委会，45个中央有关部门，45家大型企业和高等院校、社会团体提出的意见。我们对各方面的意见进行综合分析和研究，梳理出意见比较集中的11个问题分别召开座谈会，认真听取中央有关部门、全国人大代表、用人单位、职工群众和专家学者的意见，并根据各方面的意见和建议，对草案作了进一步修改。就业是社会广为关注的问题。今年2月，委员长会议决定，将常委会初次审议后的就业促进法草案近期向社会全文公布征求意见。二是在立法过程中，对法律草案中涉及的重大问题和不同看法，采取慎重的态度，始终坚持正确的政治方向，坚持以人为本，坚持从我国国情和实际出发。凡需要调研的深入调研，需要协商的耐心协商，需要论证的充分论证，认真听取有关部门、基层群众和专家学者的意见，在各方面基本取得共识、条件成熟后再提请审议、表决，使制定的法律符合我国国情和实际，经得起历史检验。每次审议，常委会组成人员和列席会议的同志都以高度负责的精神，结合实际、畅所欲言，充分讨论、仔细推敲，不断完善草案。

一年来，常委会还制定了农产品质量安全法、护照法、刑法修正案(六)；作出了关于加强法制宣传教育的决议、关于授权香港特别行政区对深圳湾口岸港方口岸区实施管辖的决定；审议了突发事件应对法、劳动合同法、就业促进法、反垄断法、禁毒法等法律草案。

二、监督工作取得新成效

去年常委会监督工作有两个突出特点：一是将关系改革发展稳定全局和社会普遍关注、影响社会和谐的突出问题作为监督重点；二是综合运用听取审议专项工作报告和执法检查等多种形式开展跟踪监督。一年来，先后听取和审议了国务院、最高人民法院和最高人民检察院8个专项工作报告，检查了12部法律的实施情况。国务院、最高人民法院和最高人民检察院高度重视全国人大常委会的意见和建议，积极采取措施，认真改进工作，取得了新的成效。

围绕建设社会主义新农村开展监督工作。解决“三农”问题，建设社会主义新农村，是一项长期而艰巨的历史任务。常委会始终关注“三农”工作，在连续3年开展专题监督的基础上，去年又对农业法、土地管理法、农村土地承包法的实施情况进行了跟踪检查。针对当前“三农”工作中存在的突出问题，提出了三个方面的建议：一是在继续增加财政支持的同时，下大气力解决农村金融问题；二是把基础设施建设的重点转向农村，着力解决农村道路、沼气、饮水等迫切需要解决的问题；三是把社会事业发展的重点转向农村，着力解决农民看病、子女上学、社会保障等方面的实际困难。国务院高度重视全国人大常委会的意见和建议。在各方面共同努力下，我国粮食产量连续3年稳定增长，农民人均纯收入增幅连续3年超过6%，农村基础设施和生产生活条件不断改善，社会主义新农村建设正在扎实向前推进。

围绕建设创新型国家开展监督工作。党中央高度重视科技发展和自主创新，国务院制定了国家中长期科技发展规划纲要，去年党中央、国务院召开了全国科技大会，提出到2020年使我国进入创新型国家行列的目标。常委会检查了专利法的实施情况，听取和审议了国务院关于增强自主创新能力和加强知识产权保护等专项工作报告。针对我国科技进步对经济增长贡献率偏低、对外技术依存度过高、研发投入不足等问题，常委会组成人员提出了三方面的建议：一要整合资源。加快建立以企业为主体、市场为导向、产学研相结合的技术创新体系，实现资金和技术的良性循环，加快科技成果向现实生产力转化，不断提高科技进步对经济增长的贡献率。二要明确重点。面向国民经济主战场，坚持有所为、有所不为，抓住事关全局的战略性重大课题，集中力量，加大投入，并从政策上鼓励技术创新，努力实现重点突破和跨越发展。三要重视人才。完善培养人才、聚集人才、激励人才的机制和制度，形成优秀人才脱颖而出、人尽其才的良好环境。去年，国务院出台了鼓励自主创新的财税、金融和政府采购政策，启动了一批事关全局的国家重大科技专项。最高人民法院强化了对知识产权的司法保护。

围绕建设资源节约型、环境友好型社会开展监督工作。常委会在前几年工作基础上，加强对资源环境问题的跟踪监督。一是结合检查大气污染防治法，跟踪检查固体废物污染环境防治法、水污染防治法等环保法律的实施情况，听取和审议国务院关于当前水环境形势和水污染防治工作的报告，还通过中华环保世纪行等活动对重点地区和企业的整改情况进行跟踪采访报道。二是以推进工业节能和建筑节能为重点，检查节约能源法实施情况，听取和审议国务院关于矿产资源合理利用、保护和管理工作的报告。常委会组成人员在审议中指出，虽然国务院和地方政府采取了一系列措施，做了大量工作，但长期形成的粗放型经济增长方式和经济结构不合理的问题短期内难以根本改变，完成2006年单位国内生产总值能耗降低4%、主要污染物排放总量减少2%的任务十分困难，建设资源节约型、环境友好型社会任重道远。我们要切实转变发展思路、创新发展模式、提高发展质量，把转变经济增长方式作为战略重点，加快经济结构调整步伐，把工作重点放在提升存量上，开展以节能降耗和保护环境为中心的技术改造，发展循环经济，推动自主创新，使经济社会发展切实转入科学发展的轨道。

围绕促进公正司法开展监督工作。几年来，我们综合运用多种监督形式，推动有关方面解决超期羁押等问题，推动法院、检察院系统加强基层建设、队伍建设和内部监督工作，取得了成效。去年又检查了法官法、检察官法的实施情况，听取和审议了最高人民法院、最高人民检察院关于开展规范司法、执法行为专项整改情况的报告。一年多来，全国法院、检察院系统根据全国人大常委会的审议意见，开展了专项整改活动。一是针对人民群众反映强烈的“打官司难”、“执行难”等突出问题进行整改，不回避矛盾和问题；二是从最容易发生问题的岗位和环节入手，进行全面清理和整顿，边整边改，务求取得实效；三是重视制度建设，着眼建立长效机制；四是坚持开门整改，自觉接受人大监督和各方面的监督。常委会组成人员肯定专项整改活动取得的成效，要求最高人民法院、最高人民检察院在巩固已有成果的基础上，针对整改中反映的突出问题，进一步加强队伍建设，狠抓制度落实，坚持公开透明，强化内部监督，严格责任追究，把专项整改活动不断引向深入。

对民族区域自治法和归侨侨眷权益保护法进行执法检查，是这两部法律颁布实施以来的第一次，是去年常委会监督工作的又一重点。民族区域自治制度是我国的一项基本政治制度。民族区域自治法颁布实施20多年来，有力地促进了民族地区的经济社会发展，少数民族的民主政治权利得到保障，平等、团结、互助、和谐的社会主义民族关系不断巩固和发展。但是，由于种种原因，民族地区的经济社会发展仍然滞后，扶贫攻坚任务依然艰巨。党中央对此高度重视，胡锦涛总书记作出重要指示，要求在执法检查中注意了解人口较少民族的经济社会发展情况。执法检查组赴11个省、自治区进行检查，还对全国22个人口较少民族的情况进行专题调研。要求各地区、各部门进一步增强贯彻实施民族区域自治法的责任感和自觉性，加大对民族地区和少数民族尤其是人口较少民族的扶持力度，推动民族地区经济社会发展，把民族区域自治制度坚持好、完善好。

常委会归侨侨眷权益保护法执法检查组分赴6个省、自治区、直辖市进行检查，召开归侨侨眷、海外侨胞、归侨人大代表、侨联界政协委员和涉侨部门负责人座谈会，深入部分华侨农场、侨资企业和归侨家庭，掌握大量第一手材料。通过执法检查了解到，全国华侨农场存在两方面的突出困难：一是亏损面大，拖欠职工工资、退休金、医药费和社保资金问题突出，职工人均纯收入低于当地农民；二是大量危房亟待改造，交通、饮水、供电等基础设施欠账较多。针对这些问题，执法检查报告提出“在两年内全部清偿拖欠华侨农场职工工资、退休金、医药费和社保资金”，“用3到5年时间解决危房改造、基础设施建设和华侨农场土地权属确认问题”等建议。国务院对此高度重视，专题研究促进华侨农场改革发展问题，国务院有关部门深入调研，采取积极措施，认真落实常委会的意见和建议，取得了好的效果。

对预算和经济工作进行监督是常委会的重要职权。常委会听取和审议了中央决算报告、审计工作报告和计划执行情况的报告，审查批准了2005年中央决算，还听取和审议了国务院关于推进国有商业银行股份制改革、深化金融体制改革的报告。大家对国民经济和社会发展计划执行情况表示满意，对财政、金融和审计工作给予肯定，同时提出规范预算编制工作、完善财政转移支付制度、严格执行预算、加强审计监督、坚决遏制投资过快增长、着力加强节能降耗和环境保护工作、更加关注社会发展和民生问题等建议。去年12月，国务院向全国人大常委会提交了预算超收收入使用情况和审计查出问题整改情况的报告。

规范性文件备案审查是常委会监督工作的一项重要内容。我们认真研究处理公民、组织提出的审查建议，有重点地开展主动审查，维护国家法制的统一。常委会高度重视人民群众来信来访。2006年，共收到群众来信15万多件次，接待来访7.5万多批次。针对涉法涉诉、土地征收征用、水库移民、房屋拆迁、医疗教育、社会保障、环境保护等群众反映集中的问题，我们加大交办和督查力度，督促有关方面依法按政策处理，推动一批信访问题的解决，为化解社会矛盾、促进社会和谐发挥了积极作用。

三、代表工作迈上新台阶

常委会认真贯彻落实2005年中央9号文件精神，在支持和保证代表依法履职方面制定了一整套制度，不仅使代表的作用得到进一步发挥，也使常委会的工作保持旺盛的活力。

（一）认真办理代表议案。十届全国人大四次会议期间共收到代表提出的议案1006件，大会主席团分别交付7个专门委员会审议。有关专门委员会深入调研，采取发函、致电或直接登门、召开座谈会等方式听取代表意见。邀请议案领衔代表参加相关的法律草案的调研、起草和审议工作。未成年人保护法的修改，就充分吸收了代表提出的防止网络有害信息危害未成年人、保护农村留守儿童合法权益、加强校园安全管理等意见。1006件代表议案中，有100件涉及的10件法律已由常委会审议通过，31件涉及的7件法律草案已提请常委会审议，353件涉及的51个立法项目已列入立法规划或年度计划。其他议案，有的送交国务院研究制定行政法规；对目前尚不具备立法条件的，分别向代表作了说明。有关专门委员会关于代表议案审议结果的报告，已经常委会会议审议批准，并印发各位代表。

（二）积极办理代表建议。十届全国人大四次会议期间代表提出建议6511件，交由174个承办单位研究办理。在各方面的共同努力下，代表建议所提问题已经解决或正在解决的有1810件，占28%，已制定解决方案或列入工作计划的有3148件，占48%，比前一年均有所提高。各承办单位高度重视代表建议办理工作，主要领导亲自抓，积极与代表沟通，加强跟踪办理。最高人民法院、最高人民检察院和国家发改委等12个国务院有关部门向常委会书面报告了代表建议办理情况。水利部去年承办的194件代表建议，已经全部办理并答复代表。为解决宁夏代表团提出的宁夏中部干旱带农村饮水安全问题，水利部商有关部门做了大量工作，安排专项资金用以解决抗旱应急用水和25万人饮水安全问题，并计划用3年左右时间基本解决该地区54万农民饮水困难。还针对澳门代表团提出的解决咸潮影响澳门供水问题的建议，研究制定解决方案，并从去年9月实施枯水期遏制咸潮应急措施，确保澳门居民喝上干净水。

（三）扩大代表对常委会活动的参与。邀请列席常委会会议的代表人数由140多人增加到185人，参加执法检查和立法调研的代表人数由近400人增加到500多人。及时向列席会议的代表发送会议议程、有关文件和参阅材料，每次常委会会议前都召开列席代表座谈会，通报工作情况，介绍有关议案并听取代表对常委会工作的意见和建议。列席会议和参加活动的代表，事先认真准备，会上踊跃发言，有力地促进了常委会的工作。

（四）改进代表活动的组织和服务工作。完善代表专题调研组织服务工作，在省级人大常委会统一组织下，代表自愿组成调研小组，结合实际选择调研题目，调研的针对性和实效性明显增强，对提高代表议案和建议质量发挥了重要作用。据统计，共有1874名代表参加了专题调研，参加率达63%，比上一年高出近10个百分点，形成调研报告183篇。组织代表围绕构建社会主义和谐社会进行集中视察。还组织香港、澳门、台湾代表分别赴安徽、湖北、新疆和江苏进行视察和调研。举办了5期培训班，有400多名代表参加，就保护资源环境、建设社会主义新农村、建设创新型国家等问题进行学习研讨。各省、自治区、直辖市人大常委会机关都设立了全国人大代表联络处，代表的服务保障工作得到加强。

四、对外交往开创新局面

全国人大对外交往是国家总体外交的重要组成部分，在增进相互了解、加强政治互信、推动互利合作等方面发挥了重要作用。一年来，共接待56个国家的90个代表团，委员长会议组成人员率团出访30个国家和地区。

建立与外国议会定期交流机制，是保持对外交往连续性和稳定性、增强交往实效的重要举措。去年，中国全国人大与外国议会定期交流机制建设取得重大进展。一是在前几年与俄罗斯、美国等8个国家议会和欧洲议会建立定期交流机制的基础上，又与南非、韩国、印度、澳大利亚、埃及、巴西、智利等7个国家的议会和日本参议院相继建立不同层次的定期交流机制。目前，中国全国人大与外国议会定期交流机制基本格局已经形成。二是与俄罗斯联邦委员会和国家杜马分别召开合作委员会首次会议，与美国参众两院交流小组分别举行了新一轮会晤，与欧洲议会举行第23次定期会晤，与日本众议院举行合作委员会第二次会议，与法国、英国、加拿大等国议会的交流顺利开展。双方就共同关心的双边关系及重大国际和地区问题深入交换意见，统筹安排各层次、各领域的交流合作，深入探讨推动务实合作的途径和方式，机制交流得到深化，为国家关系发展注入新的活力，增添新的内容。

与周边国家议会的友好交往得到加强，同发展中国家议会的友好合作更加密切，立法和监督等领域的工作交流深入开展。去年9月，作为“俄罗斯年”的一项重要活动，与俄罗斯联邦委员会在哈尔滨共同举办了中俄立法机构圆桌会议，进一步明确了新形势下双方合作的重点和形式。在对外交往中，针对不同对象，采取多种方式，通过大量的事实和数据，广泛宣传我国的内外政策，深入阐述我国始终坚持走和平发展道路、推动建设和谐世界，并就台湾问题、西藏问题做深入细致的工作，增进了外国议会、政府和议员、民众对我国内外政策的理解和认同。

积极参加各国议会联盟、亚洲议会大会、亚太议会论坛、拉美议会、东盟各国议会间组织、太平洋岛国论坛议会大会等国际和地区议会组织的多边活动，共同维护广大发展中国家的权益。去年5月，我们出席在莫斯科举行的上海合作组织成员国首次议长会晤，提出议会合作要在上海合作组织框架下开展工作、重点促进各成员国在打击“三股势力”和各领域的务实合作、实行定期与不定期的灵活多样合作方式等三点建议，受到与会各方普遍赞同，对议会多边合作的发展产生积极影响。

一年来，常委会决定批准或加入我国与外国缔结的条约、协定和国际公约21件，还决定和批准任免了一批国家机关工作人员。

常委会重视加强自身建设。认真学习邓小平理论和“三个代表”重要思想，深入领会科学发展观、构建社会主义和谐社会等重大战略思想。结合常委会工作，认真组织专题讲座，不断充实法律知识和现代科学文化知识，切实提高依法履职的能力。完善新闻发布制度，办好中国人大网和“人大说法”专栏，开通全国人大常委会会议视频直播系统，进一步增加工作的透明度。常委会机关认真贯彻实施公务员法，积极开展社会主义荣辱观教育，加强干部队伍建设，巩固和扩大保持共产党员先进性教育活动成果，服务意识得到增强，工作质量有所提高。

各位代表！

本届全国人大成立以来，代表们肩负全国各族人民的重托，以对党对国家对人民高度负责的精神，恪尽职守，认真审议各项议案，积极提出议案和建议，密切联系人民群众，踊跃参加常委会活动，有力地支持了全国人大常委会的工作，为加强和改进人大工作、坚持和完善人民代表大会制度，为全面建设小康社会、构建社会主义和谐社会作出了重要贡献。

地方各级人大及其常委会在同级党委的领导下，依法履行职责，各项工作都取得显著成绩，同时在协助全国人大常委会开展执法检查、立法调研、代表服务保障和对外交往等方面做了大量工作，为共同推进社会主义民主法制建设作出了重要贡献。

全国人大各专门委员会重视自身建设，充分发挥人才荟萃、组成人员经验丰富等特点和优势，深入研究问题，相互支持配合，积极开展工作，为提高全国人大及其常委会工作质量和水平发挥了重要作用。

各位代表！

在以胡锦涛同志为总书记的党中央领导下，全国人大常委会各方面工作都取得了新的进展。这是全国人大代表、常委会组成人员、各专门委员会组成人员以及全国人大机关工作人员辛勤工作的结果，也是与国务院、最高人民法院、最高人民检察院的密切配合，与地方各级人大及其常委会和广大人民群众的大力支持分不开的。在此，我代表全国人大常委会，向大家表示衷心的感谢。

回顾过去一年的工作，我们清醒地看到，常委会工作还存在一些不足。立法工作中就一些重大问题的协调有待进一步加强，监督工作的针对性与实效性有待进一步增强，代表议案和建议的办理质量有待进一步提高，代表工作的形式与机制有待进一步完善。我们要高度重视这些问题，采取有效措施，认真加以改进。

今后一年的主要任务

新的一年，是本届全国人大及其常委会任期的最后一年，我们将迎来党的十七大的胜利召开，各项任务繁重而艰巨。全国人大常委会工作的总体要求是：以邓小平理论和“三个代表”重要思想为指导，全面落实科学发展观，认真贯彻党的十六大和十六届三中、四中、五中、六中全会精神，坚持党的领导、人民当家作主和依法治国的有机统一，坚持和完善人民代表大会制度，坚持围绕党和国家工作的大局履行职责，努力实现本届全国人大的各项目标任务，为全面建设小康社会、构建社会主义和谐社会作出新的贡献。根据这个总体要求，我们要在过去 4 年工作的基础上，再接再厉、不辱使命，把今后一年的各项工作做实做好。

一、加强社会领域立法，确保实现立法目标

本届全国人大及其常委会确定了以提高立法质量为重点、基本形成中国特色社会主义法律体系的立法目标，并制定了五年立法规划。4 年来，我们通过了宪法修正案，颁布实施了反分裂国家法，还制定和修改了 70 多件法律、法律解释和有关法律问题的决定，一批基本的、急需的、条件成熟的立法项目相继完成，立法工作取得了显著成绩。党的十六届六中全会明确提出要完善发展民主政治、保障公民权利、推进社会事业、健全社会保障、规范社会组织、加强社会管理等方面的法律法规，这对人大立法工作提出了新的要求。我们要在继续完善经济领域立法的同时，着力加强社会领域立法，为构建社会主义和谐社会提供有力的法律保障，确保实现本届全国人大立法目标。

今年计划安排审议的立法项目主要有：制定劳动合同法、就业促进法、社会保险法、劳动争议调解仲裁法、行政强制法、突发事件应对法、反垄断法、国有资产法、禁毒法、违法行为矫治法、城乡规划法、循环经济法等；修改科学技术进步法、民事诉讼法、刑事诉讼法、食品卫生法、节约能源法、律师法等。有关方面要按照任务、时间、组织、责任四落实的要求，抓紧工作，认真研究解决立法项目涉及的重大问题，保证法律草案按计划提请审议。常委会要加强组织

领导，充分发挥专门委员会的作用，严把立法质量关，保证立法工作顺利进行。要督促配套法规的制定工作，现行法律需要制定配套法规的，督促有关方面尽快制定，正在起草和审议的法律草案要同时落实起草相关配套法规，力争在法律通过后及时出台。要做好下一届五年立法规划的前期调研工作。

科学立法、民主立法是提高立法质量的内在要求，必须贯穿于立法活动的整个过程。在将法律草案书面征求意见的同时，通过专题调研和召开座谈会、论证会等形式直接听取代表和各方面的意见。对事关人民群众切身利益的重要法律草案，要向社会全文公布，广泛征求意见。对法律草案中专业性强、各方面意见分歧比较大的问题，要通过立法论证会、听证会等形式，深入研究论证。在集思广益的基础上，使制定的法律更加切实可行，充分体现人民群众的共同意愿。

我国已进入改革发展的关键时期，经济体制深刻变革，社会结构深刻变动，利益格局深刻调整，思想观念深刻变化。这种空前的社会变革，给我国发展进步带来巨大活力，也必然带来这样那样的矛盾和问题。在立法工作中，我们要始终坚持正确的政治方向，坚持以人为本，坚持从我国国情和实际出发，坚持走群众路线。要准确把握改革开放和社会主义现代化建设的客观规律，深刻认识我国经济社会发展的阶段性特征，统筹兼顾最广大人民的根本利益、现阶段群众的共同利益和不同群体的特殊利益。要着重解决现实生活中迫切需要规范的问题，妥善处理法律的稳定性和变动性、前瞻性和可操作性的关系，充分发挥法律在构建社会主义和谐社会中的规范、引导和保障作用。

二、贯彻实施监督法，增强监督工作实效

过去的4年，常委会按照围绕中心、突出重点、讲求实效的监督工作思路，为加强和改进人大监督工作进行了积极探索，先后听取和审议"一府两院"44个专项工作报告，检查21部法律的实施情况，使一些事关全局而又长期得不到解决的问题，通过人大的监督工作得以解决，保证了法律的正确实施，促进了依法行政、公正司法，维护了人民群众的合法权益。

今年是监督法实施的第一年。我们要以贯彻实施监督法为契机，进一步加强和改进监督工作，依法规范监督形式，严格执行监督程序，努力增强监督实效，把常委会监督工作提高到一个新水平。全年计划组织实施3个方面的执法检查，听取和审议9个专项工作报告。一是听取和审议国务院关于推进社会主义新农村建设情况的报告、关于节约能源和保护环境工作的报告。二是听取和审议国务院关于城乡医疗卫生体制改革和加强食品药品安全监管情况的报告、关于维护职工合法权益的报告，检查义务教育法的实施情况。三是听取和审议最高人民法院、最高人民检察院关于完善审判监督制度和检察监督制度的报告，跟踪检查法官法、检察官法执法检查报告所提建议的落实情况。四是听取和审议国务院关于侨务工作的报告、关于保护台湾同胞投资合法权益情况的报告，跟踪检查民族区域自治法执法检查报告所提建议的落实情况和相关配套法规规章制定情况。

加强预算和经济工作监督。听取和审议国务院关于2006年中央决算的报告和审计工作报告，听取和审议关于规范财政转移支付情况的报告，督促有关方面搞好预算收支平衡，保证重点支出，合理安排预算超收收入，规范转移支付，加强国债余额管理。支持审计机关依法开展审计工作，督促有关方面切实纠正和处理审计查出的问题。听取和审议国务院关于国民经济和社会发展计划执行情况的报告，加强对国民经济运行情况的跟踪和分析，促进国民经济又好又快发展。

按照监督法的有关规定，加强对行政法规、地方性法规、司法解释等规范性文件的备案审查工作，有重点地开展主动审查，切实维护国家法制的统一和尊严。进一步加强信访工作，做

好综合分析，加大对重复来信来访问题的督办力度，督促有关方面切实解决群众反映强烈的突出问题，把矛盾化解在基层、解决在当地。

常委会要更加自觉地接受人大代表和人民群众的监督。通过刊登常委会公报、召开新闻发布会、组织记者采访和网络发布等多种形式，把常委会监督工作年度计划、执法检查报告及审议意见、听取的工作报告及审议意见和“一府两院”对审议意见研究处理情况等，向人大代表通报、向社会公开，认真倾听人大代表和人民群众的意见和建议，使常委会工作在人大代表和人民群众的监督下更好地开展。

贯彻实施监督法，做好人大监督工作，最根本的就是要把坚持党的领导、人民当家作主和依法治国有机统一起来。一要坚持党的领导。中国共产党是中国特色社会主义事业的领导核心。坚持党的领导是人大工作的基本前提和根本保证。人大的各项工作都要有利于加强和改善党的领导，有利于巩固党的执政地位，有利于保证党的路线方针政策的贯彻实施。二要处理好人大与“一府两院”的关系。人大对“一府两院”进行监督是宪法和法律赋予的重要职权。人大的监督是代表国家和人民进行的具有法律效力的监督。人大行使监督权必须尽职尽责，依法按程序办事，坚持民主集中制，坚持集体行使职权、集体决定问题。人大是国家权力机关，在监督工作中不代行行政权、审判权和检察权，使各国家机关在党的统一领导下依法独立负责地履行职责、协调一致地开展工作。三要围绕中心、突出重点、讲求实效。人大监督工作必须紧紧围绕党和国家工作的大局，把关系改革发展稳定全局和社会普遍关注、影响社会和谐的突出问题作为监督重点，综合运用各种监督形式，着力推动带有普遍性、倾向性问题的解决，不断增强监督工作的针对性和实效性。

三、提高代表工作质量，充分发挥代表作用

本届全国人大常委会高度重视代表工作。这些年来，我们按照中央9号文件精神，在进一步发挥代表作用、加强全国人大常委会制度建设方面做了大量工作。到目前为止，共办理代表议案2976件、代表建议23232件，邀请代表2000多人次参加常委会会议等活动，组织代表近万人次开展集中视察和专题调研，制定了12个相关工作文件，代表服务保障工作明显加强，代表作用进一步发挥。新的一年里，我们要继续深入贯彻落实中央9号文件精神，努力提高代表工作质量，更好地发挥代表作用，推动人大各项工作取得新的进展。

进一步拓宽代表联系人民群众的渠道。支持代表积极参加原选举单位安排的活动，完善代表小组的组织活动方式，加强全国人大代表与地方各级人大代表的联系和沟通，精心组织代表集中视察和专题调研，密切代表与人民群众的联系，深入了解民情，充分反映民意，广泛集中民智。

进一步发挥代表在立法和监督工作中的作用。制定常委会立法和监督工作计划、拟定常委会会议议程，要充分考虑代表所提议案和建议。起草审议法律草案和开展执法检查，要更多地邀请提出相关议案和建议的代表参加，充分吸收代表议案和建议的内容。进一步完善代表列席常委会会议的机制，根据会议议程、结合代表意愿，邀请相关领域和熟悉情况的代表参加，尤其要邀请基层代表参加，认真吸收列席会议代表提出的意见和建议。

进一步提高代表服务保障工作水平。充分利用现代网络技术，拓宽代表知情知政渠道，为代表提供更多的信息资料。继续做好代表培训工作，认真总结代表依法履职的经验，完善发挥代表作用的保障措施。加强和改进全国人大代表联络机构的工作，为代表闭会期间活动提供周到细致的服务。

各位代表！

人大代表选举是我国社会主义民主政治建设的一件大事。根据宪法修正案关于乡级人大任期由3年改为5年的规定，从去年7月起，全

国县、乡两级人大开始同步换届选举，涉及9亿选民和3万多个县、乡政权。各地对这项工作高度重视，认真贯彻中央部署，坚持依法办事，县、乡人大换届选举工作进展顺利。今年下半年，设区的市、自治州和省、自治区、直辖市人大换届选举工作也要陆续展开。本次大会将对十一届全国人大代表选举有关事项作出决定，新一届全国人大代表选举工作将提上议事日程。做好人大代表选举工作，是各级人大及其常委会的一项重要任务。我们要坚持党的领导，充分发扬民主，严格依法办事，把模范遵守宪法和法律、密切联系群众、努力为人民服务、受到群众信赖的优秀分子选为各级人大代表，为坚持和完善人民代表大会制度、开创人大工作新局面提供坚实的组织保障。

在新的一年里，要按照我国外交工作的基本方针和总体部署，积极开展人大对外交往，以巩固和完善与外国议会定期交流机制为重点，深入开展同外国议会的交流合作，积极参与在俄罗斯举办的“中国年”活动，继续发挥在国际和地区议会组织中的作用，为和平发展营造良好的国际环境，为推动建设和谐世界作出应有的贡献。

继续加强常委会自身建设。要牢固树立党的观念、大局观念、群众观念、民主观念、法制观念，切实增强坚持和完善人民代表大会制度的坚定性和自觉性，不断提高依法履职的能力和水平。要深入开展调查研究，认真总结实践经验，广泛宣传人大工作。积极推动“五五”普法，增强全社会法制观念。继续加强与地方人大的联系，共同推动社会主义民主法制建设。常委会机关要以提高干部队伍政治和业务素质为重点，全面加强机关建设，更好地发挥集体参谋助手和服务保障作用。

各位代表，让我们紧密团结在以胡锦涛同志为总书记的党中央周围，高举邓小平理论和“三个代表”重要思想伟大旗帜，全面落实科学发展观，以饱满的政治热情、良好的精神风貌和优异的工作成绩，迎接党的十七大的胜利召开！

（此文是吴邦国同志在第十届全国人民代表大会第五次会议上所作的工作报告）

深入实施香港特别行政区基本法
把“一国两制”伟大实践推向前进

——在纪念中华人民共和国香港特别行政区基本法实施十周年座谈会上的讲话

（2007 年 6 月 6 日）

吴邦国

同志们，朋友们：

香港回归祖国已经十个年头了。今天，我们在这里隆重召开纪念中华人民共和国香港特别行政区基本法（以下简称基本法）实施十周年座谈会，回顾香港回归祖国以来的发展历程，总结基本法实施的成功经验，对于继续推进“一国两制”伟大实践，深入实施基本法，保持香港长期繁荣稳定，具有十分重要的意义。

1997 年 7 月 1 日，我国政府对香港恢复行使主权，成立中华人民共和国香港特别行政区，基本法开始正式实施。从此，香港进入了“一国两制”、“港人治港”、高度自治的历史新时期。十年来，“一国两制”方针和基本法的贯彻实施情况总体上是好的。中央政府坚定不移地贯彻落实“一国两制”、“港人治港”、高度自治的方针，严格按照基本法办事，全力支持香港特别行政区行政长官和政府依法施政，保持香港长期繁荣稳定。香港特别行政区行政长官领导特别行政区政府认真执行基本法，团结带领香港各界人士，沉着应对各种困难和挑战，妥善处理一系列重大问题，保持了香港社会大局的稳定，实现了香港经济繁荣、民主发展和社会全面进步。更为可喜的是，拥护基本法、维护基本法、遵守基本法，已经成为香港社会的普遍共识。刚才，曾荫权先生、陈佐洱同志、梁爱诗女士、许崇德教授、梁振英先生结合各自的工作和经历，作了很好的发言，大家都充分肯定了这一点。

下面，我讲三点意见。

一、充分认识基本法的重大意义

香港特别行政区基本法是全国人民代表大会以宪法为依据、以“一国两制”方针为指导制定的全国性法律，在香港特别行政区具有宪制性地位。基本法从我国国情以及香港历史与现实情况出发，创造性地回答了国家对香港恢复行使主权后采取什么方式管理香港这一重大课题，堪称史无前例的创举。实践已经证明并将继续证明，“一国两制”是做得到的、也是行得通的，基本法是一部经得起实践检验的好法律。

（一）基本法是“一国两制”方针的法律体现。上个世纪 80 年代初，邓小平同志以伟大政治家的智慧和胆略，提出了“一个国家，两种制度”的伟大构想。按照这一伟大构想，我国政府制定了对香港的一系列方针政策，概括地说，就是国家对香港恢复行使主权时，设立特别行政区，直辖于中央人民政府，除国防、外交由中央负责管理外，香港特别行政区实行高度自治；在香港特别行政区不实行社会主义制度和政策，原有的资本主义制度和生活方式不变，法律基本不变。我国是社会主义国家，社会主义制度是我国的根本制度，但为了实现祖国和平统一，在国家主体坚持实行社会主义制度的前提下，香港、澳门等个别地区回归祖国后可以实行原有的社会制度，即资本主义制度。“一国两制”伟大构想为完成祖国和平统一大业开辟了切实可行的道路，也为国际社会以和平方式解决历史遗留问题和争端提供了崭新的思路，得到包括香港同胞在内的全体中国人民的普遍拥护和国际社会的广泛好评。

以“一国两制”伟大构想和我国政府对香港的一系列方针政策为基础，1982 年 9 月，中英两国政府开始就香港前途问题举行谈判。1984 年 12 月 19 日，中英两国政府签署关于香港问题的联合声明，确定中国政府于 1997 年 7 月 1 日对香港恢复行使主权，宣布中国政府对香港的各项方针政策五十年不变，并以基本法加以规定。1985 年 4 月 10 日，六届全国人大三次会议批准中英联合声明，决定成立香港特别行政区基本法起草委员会。经过近 5 年的辛勤工作，基本法起草委员会完成了起草任务。1990 年 4 月 4 日，七届全国人大三次会议通过香港特别行政区基本法，自 1997 年 7 月 1 日起施行。基本法把“一国两制”伟大构想和国家对香港的一系列方针政策用法律的形式固定下来，为香港的平稳过渡、顺利回归和长期繁荣稳定提供了法律保障。邓小平同志对基本法给予高度评价，称它是“具有历史意义和国际意义的法律”，是“具有创造性的杰作”。

这里值得一提的是，基本法是在香港同胞的广泛参与下制定的，起草过程是很民主、很开放的。基本法起草委员会 59 名委员中，香港委员就有 23 名，同时还在香港成立了由 180 位各界人士组成的基本法咨询委员会。基本法起草过程中，曾先后两次在香港和内地全文公布法律草案，广泛征求社会各界特别是香港同胞的意见。香港社会各阶层、各界别和各团体踊跃参与讨论，提出了近 8 万份意见和建议，基本法咨询委员会向起草委员会提交了 7 册咨询报告。也就是说，基本法的每一项条文都凝聚了香港社会的广泛共识，基本法是包括香港同胞在内的全体中国人民集体智慧的结晶。

（二）基本法是依法治港的法律基石。江泽民同志指出，依法治港是依法治国的重要组成部分。这个“法”主要是指宪法和基本法。我国宪法明确规定，国家在必要时得设立特别行政区，在特别行政区内实行的制度由全国人民代表大会以法律规定。香港特别行政区基本法为我国设立的第一个特别行政区设计了一整套崭新的制度和体制。一是明确中央和香港特别行政区的关系，既体现国家主权和统一，又赋予香港特别行政区高度的自治权。二是确立香港同胞当家作主的民主权利，保障香港居民广泛的基本权利和自由。三是确定香港特别行政区实行以行政为主导的政治体制，司法独立，行政与立法既互相制衡，又互相配合。四是规定香港特别行政区的经济、教育、科学、文化、体育、宗教、劳工和社会服务等各方面的制度和政策。五是在外交权属于中央的原则下，授予香港特别行政区处理对外事务的权力。这里我要强调两点：

一是，香港特别行政区的高度自治权来源于中央的授权。我国是单一制国家。香港特别行政区的高度自治权不是香港固有的，而是由中央授予的。基本法总则第一条开宗明义规定：“香港特别行政区是中华人民共和国不可分离的部分。”第二条规定：“全国人民代表大会授权香港特别行政区依照本法的规定实行高度自治，享有行政管理权、立法权、独立的司法权和终审权。”第十二条规定：“香港特别行政区是中华人民共和国的一个享有高度自治权的地方行政区域，直辖于中央人民政府。”这些规定明确了香港特别行政区的法律地位，表明香港特别行政区处于国家的完全主权之下。中央授予香港特别行政区多少权，特别行政区就有多少权，没有明确的，根据基本法第二十条的规定，中央还可以授予，不存在所谓的“剩余权力”问题。从这个角度讲，基本法是一部授权法律。全面准确地理解这一点，对于保证“一国两制”方针和基本法的贯彻实施，正确处理中央和香港特别行政区的关系至关重要。

二是，香港特别行政区政治体制的最大特点是行政主导。在基本法起草过程中，有人提出香港特别行政区政治体制要搞“三权分立”。1987 年 4 月，邓小平同志会见基本法起草委员会委员时明确指出:"香港的制度也不能完全西化,不能照搬西方的一套。香港现在就不是实行英国的制度、美国的制度,这样也过了一个半世纪了。现在如果完全照搬,比如搞三权分立,搞英美的议会制度,并以此来判断是否民主,恐怕不适宜。"根据邓小平同志这一重要思想,基本法从香港特别行政区的法律地位和实际情况出发,确立了以行政为主导的政治体制,其中最重要的就是行政长官在特别行政区政权机构的设置和运作中处于主导地位。基本法明确规定,行政长官既是香港特别行政区的首长,也是特别行政区政府的首长,不仅要对特别行政区负责,还要对中央政府负责。对香港实行以行政为主导的政治体制,基本法作了一系列规定,这里就不一一列举了。这套政治体制既保留了香港原有政治体制中行之有效的部分,也适应了香港回归祖国后的现实需要,是实现"港人治港"、高度自治最好的政权组织形式。全面准确地把握这一点,对于保证"一国两制"方针和基本法的贯彻实施,正确处理香港特别行政区行政、立法和司法三者的关系,也是至关重要的。

(三)基本法是香港长期繁荣稳定的法律保障。胡锦涛同志指出,"一国两制"和基本法符合国家的根本利益,符合香港的根本利益,也符合各国投资者的利益,是香港长期繁荣稳定的根本保障,具有无比强大的生命力。香港回归以来的实践充分说明了这一点。在中央政府和香港特别行政区政府、祖国内地和香港社会各界人士共同努力下,香港先后克服了亚洲金融危机的冲击和非典、禽流感疫情等事件的影响,实现了经济发展、社会稳定、民生改善。特别是2003年下半年香港经济复苏以来,一直保持着较好的发展势头。2006年,香港本地生产总值再创历史新高,同比增长6.8%,货物出口同比增长10.2%,私人消费开支同比增长5.1%,失业率降到4.4%。在港交所挂牌的上市公司,由1997年的658家增加到2006年底的1173家。香港共有138家持牌银行,其中114家为外资银行,全球100家最大的银行中,有69家海外银行在港营业。尤为可喜的是,特别行政区政府财政状况明显改善,2006至2007年度财政盈余551亿港元,财政储备增至3657亿港元。香港继续保持自由港和国际大都市的特色,继续保持国际金融、贸易和航运中心的地位,继续是全球最自由开放的经济体和最具发展活力的地区之一。

回顾基本法的形成过程和成功实践,我们深深体会到,"一国两制"方针的确立和基本法的制定实施,充分体现了解放思想、实事求是、与时俱进的精神。邓小平同志提出的"一国两制"伟大构想,作为中国特色社会主义理论的重要组成部分,闪耀着辩证唯物主义和历史唯物主义的光芒,指引着实现祖国和平统一大业的前进方向。以江泽民同志为核心的第三代中央领导集体,继往开来,与时俱进,坚持"一国两制"方针,妥善处理各种复杂问题,确保了香港的平稳过渡,实现了香港的顺利交接,进行了开创性的实践,使"一国两制"从科学构想变成生动现实。以胡锦涛同志为总书记的新一届中央领导集体,求真务实,开拓进取,把按照"一国两制"方针管理好香港、澳门两个特别行政区作为新时期治国理政的重大课题,进一步丰富了"一国两制"的理论和实践。

二、准确把握基本法的精神实质

香港特别行政区基本法除序言外,共9章160条,还有3个附件,涉及方方面面,内容相当丰富,但贯穿其中的灵魂就是"一国两制"。准确把握基本法的精神实质,最核心的是要全面正确地理解"一国两制"方针,坚定不移地贯彻落实"一国两制"方针,严格按照基本法办事。这当中,最重要的是牢牢把握以下三点:

一是维护国家主权。维护国家主权,是落实"一国两制"方针、贯彻实施基本法的前提。坚持一个中国,维护国家的主权、统一和领土完整,是包括香港同胞在内的全体中国人民义不容辞的责任,是宪法和基本法明确规定的。香港特别行政区作为直辖于中央人民政府的地方行政区域，它的高度自治权是中央授予的。香港特别行政区实行资本主义制度和政策，是以坚持一个中国、国家主体实行社会主义制度为前提的。这是“一国两制”方针的根本，也是基本法的根本。基本法规定的一系列中央行使的职权、负责管理的事务，是体现国家主权所必不可少的，也是保持香港长期繁荣稳定所必不可少的。同时，对香港特别行政区自治范围内的事务，中央决不干预。支持香港发展、保持香港长期繁荣稳定，是中央坚定不移的一贯方针。

二是实行高度自治。实行“港人治港”、高度自治，是落实“一国两制”方针、贯彻实施基本法的关键。在香港实行资本主义制度，高度自治，是保持香港长期繁荣稳定的必然要求，也是宪法和基本法明确规定的。香港是一个实行与内地不同的制度和政策、享有高度自治权的特别行政区。实行“港人治港”，保障香港的高度自治权，是“一国两制”方针的应有之义，也是基本法的应有之义。香港回归十年来，广大香港同胞发扬爱国爱港精神，以主人翁的使命感和责任感积极参与香港事务的管理，保持了香港繁荣稳定。实践证明，香港同胞是完全有智慧、有能力管理好建设好香港的。同时，香港的命运与祖国的命运从来都是紧密联系在一起的，社会主义祖国始终是香港的坚强后盾。国家的强劲发展为香港实现更大发展提供了不竭动力和坚实保障。

三是保障繁荣稳定。保障繁荣稳定，是落实“一国两制”方针、贯彻实施基本法的目的。经济持续发展、民生不断改善、社会包容和谐，是香港700万同胞的最大福祉。只有社会稳定，经济繁荣发展才有保障；也只有经济繁荣发展，社会才能实现长期稳定。这里我要强调的是，中央政府始终把保持香港长期繁荣稳定作为处理涉港事务的根本出发点和落脚点。在亚洲金融危机冲击香港时，中央全力维护港币的稳定；为加强香港与内地的经济合作，促进共同繁荣，及时采取内地与香港建立更紧密经贸关系安排、开放内地居民赴港个人游、推动泛珠江三角洲经济合作等政策措施；为释疑止争，全国人大常委会及时对基本法的有关规定作出解释等等。所有这些都是出于保持香港长期繁荣稳定这一根本目的，得到了广大香港市民的衷心拥护和普遍赞誉。正如江泽民同志指出的，在实践“一国两制”的过程当中，凡是有利于香港繁荣稳定的事，就要坚决去办；凡是不利于香港繁荣稳定的事，就绝不能办。

三、继续把基本法实施好

香港特别行政区基本法的实施已经有了一个良好的开端。贯彻实施基本法是一项长期的任务，需要一代一代人的不懈努力。我们要认真总结实施基本法的成功经验，更加坚定贯彻落实“一国两制”方针的决心和信心，更加珍惜香港来之不易的良好局面，更加维护基本法的权威，进一步增强实施基本法的自觉性，把“一国两制”伟大实践不断推向前进。

一要牢固树立基本法意识。深入实施基本法，必须加强基本法的宣传教育，准确把握基本法的精神实质，提高全社会特别是公务员的基本法意识和法制观念。要通过各种形式，广泛宣传基本法知识，做到家喻户晓、深入人心，使基本法成为广大香港市民自觉遵守的行为规范，不断巩固和发展基本法贯彻实施的社会基础和舆论氛围。要把基本法教育作为公务员教育的重要内容，使他们熟悉基本法，忠于基本法，遵守基本法，自觉维护基本法。要大力加强对青少年的宣传教育，使年轻一代了解基本法的历史和内涵，成为基本法的坚定实践者和维护者。

二要严格按照基本法办事。基本法是香港法治的法律基石。香港特别行政区一切活动都必须遵循基本法，不能违反基本法。这就要求香港特别行政区行政长官和政府依照基本法施政，立法机关和司法机关依照基本法履行职责，全体香港居民依照基本法行使权利和履行义务，共同维护香港的法治。中央政府将坚定不移地贯彻“一国两制”、“港人治港”、高度自治的方针，严格按照基本法办事，一如既往地支持香港特别行政区政府依法施政，与香港各界人士一道，把香港建设得更加美好。这里要强调的是，支持香港特别行政区依照基本法的规定发展符合香港实际的民主制度，是中央的一贯立场。只要我们严格遵循基本法的规定，坚持符合香港实际情况、循序渐进的原则，理性务实探讨，广泛凝聚共识，积极创造条件，香港的民主制度就一定能够在确保香港繁荣稳定的基础上不断向前发展。

三要不断丰富基本法实践。香港回归十年来取得的有目共睹的成就，充分说明基本法是符合中国国情和香港实际的。基本法的稳定为香港的繁荣稳定提供了强有力的法律保障，实现香港的长期繁荣稳定更需要基本法的稳定作前提。同时也要看到，随着香港经济社会的发展，基本法在实施过程中难免会遇到一些新情况新问题。我们在贯彻落实“一国两制”方针和深入实施基本法的同时，需要本着实事求是、与时俱进的精神，进一步加强对基本法的研究，认真总结几次释法的经验，及时解决基本法实施中遇到的问题，不断丰富基本法的实践，把基本法贯彻好实施好。

同志们，朋友们！

香港正处于历史上最好的发展时期，祖国内地正在向全面建设小康社会迈进。展望未来，我们对香港的明天充满信心，对伟大祖国的前程充满信心。让我们在以胡锦涛同志为总书记的党中央领导下，毫不动摇地贯彻“一国两制”方针，坚定不移地实施香港特别行政区基本法，齐心协力，团结奋斗，开拓进取，共同创造香港和伟大祖国更加美好的未来！

关于社会主义初级阶段的历史任务和我国对外政策的几个问题

温家宝

一、关于社会主义初级阶段的历史任务

深刻认识我国国情和所处的历史阶段，是我们党提出科学理论和制定正确路线方针政策的基本依据，也是做好各项工作的重要前提。

我国正处在并将长期处在社会主义初级阶段。初级阶段就是不发达的阶段。这个“不发达”首先当然是指生产力的不发达。因此，我们一定要毫不动摇地坚持以经济建设为中心，大力发展生产力。但讲初级阶段，不光要讲生产力的不发达，还要讲社会主义制度的不够完善和不够成熟。邓小平同志指出，社会主义的本质，是解放生产力，发展生产力，消灭剥削，消除两极分化，最终达到共同富裕。这就告诉我们，巩固和发展社会主义，必须认识和把握好两大任务：一是解放和发展生产力，极大地增加全社会的物质财富；一是逐步实现社会公平与正义，极大地激发全社会的创造活力和促进社会和谐。上述两大任务相互联系、相互促进，是统一的整体，并且贯穿于整个社会主义历史时期一系列不同发展阶段的长久进程中。没有生产力的持久大发展，就不可能最终实现社会主义本质所要求的社会公平与正义；不随着生产力的发展而相应地逐步推进社会公平与正义，就不可能愈益充分地调动全社会的积极性和创造活力，因而也就不可能持久地实现生产力的大发展。我们贯彻落实邓小平理论和“三个代表”重要思想，贯彻落实科学发展观，构建社会主义和谐社会，都离不开对社会主义本质的科学认识和全面把握。

我国在进入社会主义的时候，就生产力发展水平而言，远远落后于发达国家。我国必须经历一个相当长的历史阶段，去实现工业化和现代化。建国以来特别是改革开放以来，我国社会生产力有了巨大发展，综合国力大幅增强，人民生活显著改善，实现了由解决温饱到总体上达到小康的历史性跨越。但是，我国人口多、底子薄，城乡发展和地区发展很不平衡，生产力不发达的状况并没有根本改变。我们在进行经济体制改革的同时，稳步推进政治体制改革，社会主义民主法制建设不断加强，人民的政治生活日趋活跃，人民在政治、经济、文化、社会等方面的权利得到了较好维护。但是，我国的社会主义市场经济体制还不够完善，民主法制还不够健全，社会不公、贪污腐败等问题仍然存在，社会主义制度还不够成熟。所以，我国今天远没有走出社会主义初级阶段，仍然是一个发展中国家。至于整个社会主义的长远发展，那就正如邓小平同志在 1992 年南方谈话中精辟指出的：巩固和发展社会主义制度，还需要一个很长的历史阶段，需要我们几代人、十几代人，甚至几十代人坚持不懈地努力奋斗，决不能掉以轻心。

在改革开放和现代化建设的进程中，我们将不断加深对什么是社会主义、怎样建设社会主义的认识，将不断丰富和发展社会主义，坚持实践是检验真理的唯一标准。为此，有两点必须非常明确：第一，对社会主义初级阶段的基本国情要有全面的、深刻的理解。在一个拥有十几亿人口的大国建设富强民主文明和谐的社会主义现代化国家，这是人类历史上前无古人的

一个创举，也是长期而又艰巨的历史任务。第二，始终坚持改革，鼓励创新。江泽民同志指出："20 多年来，我们党领导人民进行改革开放和现代化建设取得的伟大成就，都是与我们不断进行的理论创新、体制创新、科技创新等分不开的。"改革和创新，不仅要总结和发扬我们党在长期的社会主义建设和改革中积累的极其丰富、极其宝贵的经验，同时要大胆吸收和借鉴人类社会创造的一切文明成果，吸收和借鉴当今世界一切反映现代社会化生产规律的先进经营方式、管理方法。只有这样，我们的社会主义制度才能赢得同资本主义制度相比较的优势。正是从这个意义上说，社会主义是大海，海纳百川，不会枯竭。社会主义制度，从理论到实践，从不成熟到成熟，需要经历一个相当长的历史进程。因此，我们必须坚持党在社会主义初级阶段的基本路线 100 年不动摇，坚持改革和创新，使中国特色社会主义永葆蓬勃生机。

我们的各级领导干部，要有历史的、国际的眼光，要有全局的、战略的思维。只有对社会主义初级阶段的长期性和历史任务有一个全面的、深刻的认识，才会懂得我们今天为什么要实行这样的而不是别的方针政策，从而增强工作的原则性、坚定性和创造性。

二、关于我国发展战略机遇期

本世纪头 20 年，是我国必须紧紧抓住并且可以大有作为的重要战略机遇期。抓住并用好这一战略机遇期，对于实现全面建设小康社会的目标，推进中国特色社会主义事业，具有极其重大的意义。

对我国来说，历史上大的发展机遇不多。近代以来中国落后了，闭关锁国、列强侵略使中国丧失了发展机遇。新中国成立以来，我国社会主义建设取得了巨大的成就。但是，我们的某些重大失误，特别是"文化大革命"十年浩劫，又使我们丧失了一次大的发展机遇。机遇难得，稍纵即逝，有了就要牢牢抓住。改革开放 28 年，中国经济持续快速增长，这是一个奇迹。今后，中国还有没有这样的机遇期，还能有多长时间？我说有，多长时间在很大程度上取决于我们自己的内外政策和应对能力。

当前，国际形势正在发生深刻复杂的变化，出现了许多值得高度重视的新情况、新特点。但外部环境总体对我们有利，和平与发展仍是时代的主题，大的战争一时打不起来，我们争取一个较长时期的和平国际环境和良好的周边环境是完全有可能的。历史告诉我们，落后被人瞧不起，落后就要挨打。我们要抓住当前国际有利时机加快发展自己。发展是硬道理，不仅是解决国内一切问题的基础，也是增强我国外交实力的基础。国家间的竞争，基础在实力。事情有大道理，有小道理，小道理都归大道理管着。服从和服务于社会主义现代化建设这个中心，就是大道理。各条战线都要以现代化建设为大局，配合大局，从大局出发，根据自己工作的性质和特点为大局服务。

三、关于和平发展道路

中国走和平发展道路，是由中国国情决定的，是由中国文化传统决定的，是由中国适应世界发展潮流决定的，归根到底，是由中国共产党领导的社会主义国家的性质决定的，由中国实现社会主义现代化的目标决定的。和平发展道路的精髓是什么？就是争取和平的国际环境来发展自己，又以自己的发展促进世界的和平。走和平发展道路，既是外交，也是内政，因而，要统筹国内国际两个大局。

从国内来讲，就是把发展放在主要依靠自己力量的基点上，依靠扩大内需来促进发展，不断满足人民群众日益增长的物质文化需求。中国拥有世界上最多的人口，有广袤的土地和比较丰富的资源，有潜力巨大的市场，这些都是中国能够主要依靠自力更生，实现发展的重要基础。中国在发展中会遇到资源、能源、环境等瓶颈制约，但经过多年努力，我们已经找到了一条全面协调可持续的发展道路。这就是树立和落实科学发展观，建设资源节约型、环境友好型社会。同时，我们还要继续深化改革，扩大开放，不断消除影响发展的体制障碍，为现代化建设注入强大动力。讲清楚中国的发展主要靠自己，有利于从根本上消除外界认为中国发展到一定阶段就要对外掠夺和扩张的疑虑。事实上，中国发展了，不仅会对周边而且会对整个世界的发展做出越来越大的贡献。

从对外来讲，就是要高举和平、发展、合作的旗帜，奉行独立自主的和平外交政策。独立自主的和平外交政策主要是：维护国家的独立、主权、统一和领土完整；根据事情本身的是非曲直自主地、独立地判断国际问题，决定自己的立场和政策；不以意识形态和社会制度划线，不将自己的价值观强加于人，不同任何国家和国家集团结盟；不干涉别国内部事务，也不允许任何国家干涉我国内政；反对搞霸权主义和强权政治，自己也永远不称霸。在今后的对外交往中，要更好地贯彻独立自主的和平外交政策，就要在和平共处五项原则的基础上同世界各国友好相处。无论国家大小贫富强弱，一视同仁，一律以平等的态度对待；就要致力于推动国际政治经济秩序朝着公正合理的方向发展。这个新秩序的核心是平等、尊重、互利，最终目标是构建和谐世界；就要在对外经贸往来和对外文化交流中体现互利共赢、彼此尊重的原则；就要坚持防御性的国防政策，不搞军备竞赛和军事扩张。中国在鸦片战争后的100多年里饱受列强的侵略和欺侮，深知侵略和压迫给一个民族带来的苦难。我们坚持走和平发展道路，是真诚的、坚定的。

走和平发展道路，是我国必须长期坚持的战略选择，也是必须长期坚持的外交方针，决不是权宜之计。坚持这个方针，就要抓住机遇，排除干扰，专心致志，发展自己；在国际上坚持不扛旗、不当头。正是由于坚持了这个方针，我们才得以不断扩大在国际事务中的回旋余地。随着我国综合国力的增强和国际地位的提高，国际社会对我国的期待会日益增多，在这种情况下还要不要继续坚持这个方针？答案是肯定的，没有任何理由改变这个方针。当然，我们应当保持良好的精神状态，增强对外工作的主动性和进取性。我国是联合国安理会常任理事国，是许多重要国际组织的成员，要利用这些有利条件，积极发挥作用，有效维护我国的根本利益。要积极参与国际规则的制定，推动国际政治经济秩序朝着公正合理的方向发展。要积极参与经济全球化，并且本着互利共赢的原则推进国际和区域经济合作。

四、关于文化建设和文化交流

我国要受到国际社会的尊重，必须靠经济和科技实力的增强，靠人民生活富裕幸福，还要靠国民素质、民主法制、精神文明和道德力量。近些年来，我们在以经济建设为中心的同时，坚持加强政治建设、文化建设与和谐社会建设，重视对外文化交流，显示出改革开放、团结进取、平等友好、坦诚负责的国家形象。国际上对我们客观、理性、友善的评价越来越多，欢迎中国的发展、主张加强对华合作的声音越来越大，这为国内现代化建设创造了良好的环境。因此，我们要从全面建设中国特色社会主义的战略高度，重视和加强文化建设与文化交流。

要尊重文化的多样性。现在世界上有两千多个民族，人类文明随着多种民族的相互交往而不断丰富和发展。世界文化的多样性或文明的多样性，不仅过去存在，现在存在，将来也会长期存在。科学、民主、法制、自由、人权，并非资本主义所独有，而是人类在漫长的历史进程中共同追求的价值观和共同创造的文明成果。只是在不同的历史阶段、不同的国家，它的实现形式和途径各不相同，没有统一的模式，这种世界文明的多样性是不以人们主观意志为转移的客观存在。正是这种多样文化的并存、交汇和融合，促进了人类的进步。要承认世界文化的多样性，不同文化之间不应该互相歧视、敌视、排斥，而应该相互尊重、相互学习、取长补短，共同形成和谐多彩的人类文化。

中国的民主政治建设，要走自己的路。我

们从来认为，社会主义制度与民主政治不是相背离的，高度的民主、完备的法制，恰恰是社会主义制度的内在要求，是成熟的社会主义制度的重要标志。我们完全可以在社会主义条件下，建成民主和法治国家。我们要立足国情，在实践中积极探索中国特色的民主政治建设规律。当前，我们要以促进经济发展、保障公民权益、反对腐败行为、提高政府公信力和执行力、增进社会和谐为重点，扩大民主、健全法制，继续推进政治体制改革。这样做，就能使中国人民自己选择的发展道路在国际上得到更广泛的理解和认同。

要全面提高国民素质。这就要优先发展教育。必须强化政府对义务教育的保障责任，普及和巩固义务教育，大力发展职业教育，提高高等教育质量，全面提高全民族的科学文化水平。这就要大力加强思想道德建设，加快建立与社会主义市场经济体制相适应、与中华民族传统美德相承接的思想道德体系。尤其要注重诚实守信教育，推进社会诚信建设，在国际交往中树立讲信用、重承诺、言必信、行必果的良好形象。这就要加强对公民在涉外场合的文明修养教育，引导他们在境外尊重当地法律法规和民俗习惯，注意公众场合的言谈举止，当好中国文化的传播者和中国形象的展示者。随着越来越多的人走出国门，我们要加强涉外管理，打击偷渡、走私、贩毒等违法犯罪活动，建立对外人员交往的良好秩序。

要扩大对外文化交流。文化交流是沟通各国人民心灵的桥梁，也是展示国家形象的重要途径。中华文化源远流长、博大精深，对世界文明进步做出了重大贡献。中国传统文化中有许多精华，例如："和而不同"的哲学思想，"民为邦本"的民本思想，"尊师重教"的教育思想，"己所不欲，勿施于人"的社会伦理思想，等等。我们要运用各种形式和手段，包括巡演巡展、汉语教学、学术交流和互办文化年等，进一步推动中华优秀文化走出国门、走向世界，增强国际影响力。要积极实施文化走出去战略，大力发展文化产业，提高文化企业和文化产品的国际竞争力，扩大图书、影视等文化产品的出口，推动中国文化产品特别是文化精品走向世界。

要加强和改进对外宣传工作。全面、准确、及时地向外界介绍我国改革开放和现代化建设取得的成就，也不回避我国存在的问题。善于运用灵活多样的对外宣传和交往方式，尽量使用国际社会听得懂、易理解的语言和喜闻乐见的方式进行交流，增强宣传的有效性，努力引导各方面客观理性地看待中国的发展和国际作用，营造友善的国际舆论环境。

（原文载 2007 年 2 月 27 日《人民日报》）

在全国双拥模范城(县)命名暨双拥模范单位和个人表彰大会上的讲话

(2008年1月4日)

温家宝

同志们:

今天,在这里隆重召开双拥模范城(县)命名暨双拥模范单位和个人表彰大会。这是一次双拥工作的群英盛会,也是认真贯彻党的十七大精神、进一步做好双拥工作的动员大会。我代表党中央、国务院、中央军委,向被命名表彰的全国双拥模范城(县)、双拥模范单位和个人,表示热烈祝贺!向为保卫祖国、建设祖国做出巨大贡献的人民解放军和武警部队全体官兵、烈军属、革命伤残军人、转业复员退伍军人和军队离退休干部,表示亲切慰问!向关心支持国防和军队建设的各级党委、政府和各族人民群众,表示衷心感谢!

拥军优属、拥政爱民是我党我军我国人民的光荣传统和特有的政治优势,加强军政军民团结是我们党在革命战争年代形成并长期坚持的一贯思想。以毛泽东、邓小平、江泽民为核心的三代中央领导集体,都高度重视双拥工作。党的十六大以来,在以胡锦涛同志为总书记的党中央领导下,双拥工作在继承优良传统的基础上不断改革创新。广大军民在推进改革开放和现代化建设进程中,在维护国家主权、安全和统一的斗争中,在应对各种严重自然灾害的挑战中,同心协力,众志成城,创造了新业绩,夺取了新胜利,谱写了新篇章。历史和现实充分说明,双拥工作是一项带有全局性、战略性的工作,"军民团结如一人,试看天下谁能敌"永远是颠扑不破的真理。

党的十七大对做好双拥工作、加强军政军民团结提出了新的更高要求。我们要站在国家长治久安、民族兴旺发达、人民幸福安康的高度,充分认识加强军政军民团结的极端重要性,坚持不懈地做好双拥工作,为推进经济社会发展和军队现代化建设提供有力保障。

第一,始终用中国特色社会主义伟大旗帜凝聚军心民心。中国特色社会主义伟大旗帜,是当代中国发展进步的旗帜,也是凝聚亿万军民团结奋斗的共同政治基础。做好新形势下的双拥工作,必须以中国特色社会主义理论为指导,进一步增强服从服务大局的自觉性,加强军地之间的理解和支持,巩固军政军民团结。坚持把科学发展观落实到双拥实践中,形成"围绕发展抓双拥、抓好双拥促发展"的工作格局。进一步激发广大军民建设祖国、保卫祖国的政治热情,更加自觉地投身于中国特色社会主义伟大事业。

第二,紧紧围绕维护国家安全和发展加强军地团结协作。安全和发展,是国家和民族的根本利益所在。地方各级党委、政府要把关心支持国防和军队建设作为义不容辞的责任,积极配合军队搞好调整改革、教育训练、战备执勤、科研试验等任务,支持重点军事工程建设,推进经济、科技、教育、人才等领域的军民融合,为国防和军队现代化建设提供有力支撑。军队要更好地履行维护国家安全、保障人民安居乐业的职责,积极参加和支援国家建设,深入开展军民共建活动,在抢险救灾等急难险重任务中发挥重要作用,为全面建设小康社会做出新的贡献。

第三,切实把以人为本落实到双拥工作的具体实践中。双拥工作与广大军民的切身利益息息相关。要把广大军民欢迎不欢迎、满意不满意、拥护不拥护，作为衡量和检验双拥工作成效的根本标准。要立足实现和维护广大军民的根本利益开展双拥工作，使双拥成果为广大军民共享。各级党委、政府要进一步做好拥军优属工作，调整完善军队转业干部、离退休干部和退役士兵安置政策并抓好落实，妥善解决随军家属就业、军人子女入学等现实问题，解除军人后顾之忧。全军和武警部队要牢固树立人民利益至上的思想，深入开展拥政爱民活动，模范遵守国家法律法规和群众纪律，切实维护人民群众利益。

第四，坚持以改革创新精神和求真务实作风推进双拥工作。做好双拥工作必须解放思想，更新观念，在探索富有时代特色的活动方式上有新进展，在解决重点难点问题上有新突破，在完善政策制度上有新举措。通过多种形式组织社会各界积极参与双拥工作，建立完善军地联席会议等协调和工作机制，综合运用行政、经济、法律等手段解决遇到的矛盾和问题。要发扬求真务实作风，开展创建双拥模范城(县)和基层军民共建活动，落实拥军优抚安置政策和完善国防动员体系，都要注重实际，务求实效。

第五，广泛开展以爱国主义为核心的国防和双拥宣传教育。大力弘扬人民群众爱国拥军、情系国防和人民军队听党指挥、服务人民、英勇善战的优良传统。各级党委、政府要广泛宣传人民军队维护国家安全和稳定、保卫人民和平劳动的光辉业绩，使广大人民群众牢固树立“没有一个人民的军队，便没有人民的一切”的思想。军队要深入进行“爱人民、学人民、为人民”的教育，使广大官兵牢固树立“来自于人民、服务于人民”的思想，使人民军队和人民群众永远保持血肉相连、水乳交融的亲密联系。

这次会议表彰了一批全国双拥模范城(县)、双拥模范单位和个人，他们在双拥工作中做出了优异成绩。各行各业都应该向他们学习，在全社会进一步发扬拥军优属、拥政爱民的光荣传统。受到表彰的单位和个人要戒骄戒躁、再接再厉，在双拥工作中再立新功！

各级党委、政府和部队领导机关，要切实把双拥工作摆上重要议事日程，切实加强对基层双拥工作的指导，努力把双拥工作提高到一个新水平。

让我们在以胡锦涛同志为总书记的党中央领导下，高举中国特色社会主义伟大旗帜，坚持以邓小平理论和“三个代表”重要思想为指导，深入贯彻落实科学发展观，不断巩固和发展军政军民团结，为夺取全面建设小康社会新胜利而努力奋斗！

在纪念薄一波同志诞辰100周年座谈会上的讲话

（2008年1月28日）

贾庆林

同志们：

今天，我们怀着崇敬的心情在这里举行座谈会，纪念薄一波同志诞辰100周年，深切缅怀他为民族独立、人民解放和国家富强、人民幸福建立的历史功绩，追思和学习他为党和人民事业不懈奋斗的崇高风范，进一步激励全党全国人民在中国特色社会主义道路上开拓奋进。

薄一波同志是中国共产党的优秀党员，伟大的共产主义战士，杰出的无产阶级革命家，我党经济工作的卓越领导人。在八十多年的革命生涯中，他为中国革命、建设和改革事业倾注了全部心血，鞠躬尽瘁、奋斗不已，作出了重大贡献。

薄一波同志出生于山西省定襄县一个农民家庭。他的青少年时代，正值中国社会危难深重和急剧变革的时期。他受到新思想新文化的影响，在对各种社会思潮的比较中接受了马克思列宁主义。薄一波同志1925年秋加入中国共产主义青年团，同年12月转为中国共产党党员，从此把共产主义事业作为终生不渝的奋斗目标。

大革命失败后，薄一波同志长期坚持白区斗争，历任中共山西临时省委委员、顺直省委军委常委等职务。1929年后在北平、天津、唐山等地从事兵运工作。由于白区工作环境险恶，他先后四次被捕，两次入狱。在狱中，他带领同志们对敌人进行坚决斗争，保持了共产党人的崇高气节。1936年夏秋之际，经党中央批准，关押在草岚子监狱的薄一波等54位同志被营救出狱。对于薄一波等同志在草岚子监狱中的英勇斗争，毛泽东同志后来给予充分肯定和很高的评价。

薄一波同志出狱后，遵照中共中央北方局指示赴山西，组成以他为书记的中共山西公开工作委员会。他创造性地运用党的统一战线思想，成功地与国民党地方实力派阎锡山建立了特殊形式的上层统一战线，接办、改组山西牺牲救国同盟会，组建山西新军即山西青年抗敌决死队，把山西抗日救亡运动轰轰烈烈地开展了起来。抗日战争全面爆发后，他率决死队第一纵队到晋东南抗日前线，参与领导创建了太岳抗日根据地。与阎锡山上层统一战线工作的成功开展，对华北的抗日战争具有重要意义，对全国抗战也产生了积极影响。党中央和毛泽东同志关于把山西作为全国抗日战争战略支点的伟大构想由此得到实现。

1939年底，薄一波同志率领新军，在八路军的支持和配合下粉碎了阎锡山企图消灭新军的阴谋，新军各部队正式编入八路军序列。1940年后，薄一波同志任冀南、太行、太岳行政联合办事处副主任，领导太岳抗日根据地的建党、建政、建军工作。从这时起，他开始涉足根据地财政经济工作这一全新的领域。1941年起，薄一波同志先后任八路军太岳军区司令员兼政治委员、太岳纵队政治委员、晋冀鲁豫边区政府副主席、中共太行分局委员、太岳区委书记，为晋冀鲁豫抗日根据地的发展壮大建立了显著功绩。1945年，薄一波同志在延安参加党的七大，当选为中央委员。

抗日战争胜利后，薄一波同志任中共晋冀鲁豫中央局副书记兼晋冀鲁豫军区副政治委员等重要领导职务，协助邓小平同志主持晋冀鲁豫中央局日常工作。1947年夏季刘邓大军挺进中原后，他任晋冀鲁豫中央局第一副书记、代理书记，负责主持中央局工作。他正确执行党中央的方针政策，领导了晋冀鲁豫解放区的土地改革运动；结合实际贯彻党的工商业政策，推动了解放区经济的恢复和发展。

1948年5月起，薄一波同志先后任中共中央华北局第二书记、第一书记兼华北军区政治委员，主持华北局的全面工作。他提出“安定团结，发展生产”的方针，领导华北局开展了整党、建政、生产、支前和成立大党校、大军校、大党报及华北大学等项工作。1948年9月华北人民政府成立，薄一波同志兼任华北人民政府第一副主席、党组干事会书记，随后兼任平津卫戍司令部政治委员。他参与部署领导了接管北平、天津两大城市的工作，指导华北局的工作重心及时从乡村转入城市，为党中央从乡村进入城市和确定以北平为首都筹备建立新中国创造了良好的条件。对此，党中央给予高度评价。1949年3月起，薄一波同志列席中共中央书记处会议，参与党中央一些重大决策的讨论。7月，任党中央财政经济委员会副主任，参与组建中央人民政府各部委等多项工作，并当选为中央人民政府委员。

中华人民共和国成立后，薄一波同志任政务院政务委员、财政经济委员会副主任、中央人民政府财政部部长，后又担任全国编制委员会主任，仍兼任华北局第一书记。在陈云同志直接领导下，他和中财委的同志一起，精心组织了稳定物价和统一财经的重大斗争，取得了新中国成立后财经战线上第一个具有重大意义的胜利。他还担任过中央人民政府节约检查委员会主任，参与指导全国的“三反”、“五反”斗争。

1954年第一届全国人大第一次会议后，薄一波同志任国务院第三办公室主任，协助周恩来总理分管重工业口工作，先后兼任国家建设委员会主任、国家经济委员会主任。这时，国家实行第一个五年计划，薄一波同志着重抓了156项重点工程，并参与组织领导了我国原子能工业的筹建工作。1956年9月党的八大召开，他再次当选为中央委员，随即任中央政治局候补委员；11月，任国务院副总理。从这时起，薄一波同志参与对国家全局经济工作的领导。他注重从实际出发，尊重和按照客观经济规律办事。1958年“大跃进”运动开始后，他多次强调要注意综合平衡。他不赞成盲目追求建设速度、违反经济规律的一些做法，曾写信给毛泽东同志反映家乡群众生活问题和农业上的一些浮夸之风。国民经济调整时期，薄一波同志积极贯彻党中央制订的“八字方针”，工作卓有成效，受到毛泽东同志的赞扬。1963年他兼任国家计委副主任，参与制定第三个五年计划。他直接组织领导了试办“托拉斯”这一改革我国经济管理体制的重大而有益的试验，还领导了物资管理体制的改革，为探索符合中国情况的社会主义建设道路作出了不懈努力和重要贡献。

“文化大革命”中，薄一波同志遭受残酷迫害。他刚正不阿、坚持真理，同林彪、江青集团的倒行逆施进行了不屈不挠的斗争。1978年12月，党中央为他彻底平反，恢复名誉。薄一波同志在古稀之年又走上了党和国家的领导岗位。

重新工作之后，薄一波同志先后担任国务院财政经济委员会委员、国务院副总理。在党的十一届四中全会上，被增补为中央委员。他全身心地投入新时期社会主义建设的伟大事业，坚决拥护党的十一届三中全会把党和国家工作重心转移到经济建设上来的战略方针，坚决支持改革开放的一系列重大决策，坚决支持以邓小平同志为核心的党的第二代中央领导集体的工作。他积极参加调查研究，思考和总结建国以来经济工作正反两方面的经验，探寻经济改革和发展的新路子新办法。在兼任国家经济体制改革委员会第一副主任、党组书记期间，他围绕计划与市场、速度与效益、中央与地方的关系，以及财政、外贸、工业体制改革等重大课题，领导展开深入研究，进行综合改革试点，做了大量开拓性的工作。对于邓小平同志倡导创办经济特区这一新生事物，他从一开始就给予高度关注和大力支持，为探索我国社会主义新的经济体制，推进改革开放和现代化建设倾注了大量心血。

1982年至1992年，薄一波同志担任中共中央顾问委员会常务副主任，先后协助邓小平、陈云同志主持中顾委日常工作，为废除实际存在的干部领导职务终身制，建立和实行领导干部离退休制度，推进领导干部的新老合作与交替，培养选拔优秀中青年干部等，做了大量卓有成效的工作。其间，他曾经以很大精力投入全国整党指导工作；协助中央主持了全国人大六届、全国政协六届、中顾委、党的十三大换届人事安排的有关工作。他还担任中央党史领导小组副组长，对党史部门的工作提出了许多重要指导意见。他撰写的《若干重大决策与事件的回顾》、《领袖元帅与战友》等力作，得到党内外和学术界、理论界的高度评价。

党的十三届四中全会以后，薄一波同志尽管年事已高，但始终关心党和国家的工作，始终支持以江泽民同志为核心的第三代中央领导集体和以胡锦涛同志为总书记的党中央作出的一系列重大决策，始终对中国特色社会主义伟大事业充满信心。1992年党的十四大闭幕后，他从领导工作岗位上完全退了下来，将主要精力投入组织撰写尚未完成的回忆与研究性的党史著作，直到生命的最后阶段。

同志们！

薄一波同志的一生，是光辉战斗的一生，是无私奉献的一生。他为新中国的成立、社会主义建设和改革开放事业的发展，建立了不朽的历史功绩，受到广大人民群众的尊敬和爱戴。百年沧桑，英名永存，薄一波同志的光辉业绩和崇高风范，永远镌刻在党和人民心中。

今天，我们纪念薄一波同志，就要学习他始终坚持共产主义理想信念，无限忠诚于党和人民的事业。薄一波同志献身革命八十余年，无论环境多么艰苦、战斗多么频繁、情况多么险恶，始终坚守共产主义的理想和情操，坚持共产党人的气节和风骨。身陷国民党监狱、面对生死考验时，他大义凛然，用革命理想和气节教育影响战友，鼓舞斗志。受到不公正对待甚至打击和迫害时，他坚信前途是光明的，刻苦学习马列著作，并告诫亲属加倍努力奋斗，继续革命。晚年岁月中，他曾动情地说，我一生信仰马列主义、共产主义，直至生命的尽头，这个信仰是始终不渝的。坚定的信仰和炽烈的革命情怀，使他坚韧不拔、荣辱不惊，无私无畏地革命和战斗，无怨无悔地把自己的全部生命献给了党和人民。薄一波同志的光辉实践证明，树立共产主义的崇高理想并造就千百万为实现这一理想而自觉奋斗的共产党员，正是党的事业蓬勃发展、继往开来的根本保证。

我们纪念薄一波同志，就要学习他求真务实，勇于在实践中开拓工作新局面。薄一波同志不尚空谈、勤于实践，具有开创工作新局面的胆略和才干。抗日战争全面爆发前夜，在创建山西特殊形式的上层统一战线过程中，他立足于山西实际，灵活运用党的策略方针，实行了一整套符合山西特点的新政策，创造了党的统一战线工作的成功典范。解放战争后期，特别是北平、天津解放后，面临即将到来的全国胜利，主持华北局工作的薄一波同志着眼于华北广大地区已经处于相对和平环境的情况，大力推动以经济建设为中心的工作方针，适时领导了将华北局工作重心由乡村向城市的转变。改革开放新时期，他主持国家经济体制改革委员会工作后，广泛走访基层和党内外同志，听取意见和建议，领导国家体改委围绕计划与市场等重大课题展开深入研究，并在江苏常州、湖北沙市进行综合试点，为寻找适合中国特点的经济体制改革道路进行了重要的探索，积累了宝贵的经验。薄一波同志是我们党内为数不多的连续参与党的三代中央领导集体工作的老同志。求真务实、开拓创新使他始终能够与时代同步伐，为党为人民屡建功勋。

我们纪念薄一波同志，就要学习他善于结合实际进行理论思考，重视对现实和历史经验的总结。薄一波同志善于从中国实际出发，运用马克思主义基本原理，以马克思主义的立场、观点和方法，对中国革命、建设和改革的丰富实践经验进行概括和总结。他提出的许多真知灼见，至今仍闪烁着解放思想、实事求是、与时俱进的光辉。新中国建立初期，在农业和农村工作如何贯彻《共同纲领》、实现从新民主主义向社会主义过渡的重大问题上，他坚持以生产力发展作为解决问题的出发点，认为在过渡时期私人财产必须保护，党的政策应当允许单干和雇工，强迫组织起来搞合作化的思想和做法是错误的。在领导试办“托拉斯”的工作中，他冲破保守思想和习惯势力的束缚，为我国经济管理体制改革积累了经验和思想理论财富。党的十一届三中全会后，薄一波同志坚持解放思想，为阐发党中央改革开放的战略决策和党在社会主义初级阶段的基本路线，继续贡献自己的智慧和才干。他精心撰写的《若干重大决策与事件的回顾》一书是对社会主义建设的经验教训的系统回顾和深刻总结，是带有规律性的宝贵认识，值得我们好好珍视。

我们纪念薄一波同志，就要学习他严于律己、清正廉洁，永远保持共产党人的政治本色和革命精神。薄一波同志党性坚定、襟怀坦白，时时处处以身作则、率先垂范，顾大局、讲原则，坚持以模范行动影响和带动群众。他自觉与人民群众结合在一起，把人民利益作为工作的出发点和归宿，与人民群众共命运、心连心。他廉洁自律，生活简朴，始终保持劳动人民的本色。1997年，他把二十多万元稿费全部捐献给了希望工程。他生前时刻自勉：必须把党和人民赋予的权力用来为绝大多数人谋利益；必须吃苦在前、享受在后，先人后己、先公后私，自觉地将个人利益服从于党和人民的利益；必须兢兢业业、艰苦奋斗。他说，一个人的立志，需要一辈子的努力来实现。立共产主义的志，做一个共产党员，需要靠一辈子艰苦奋斗来实现。薄一波同志是这样说的，也是这样做的。他为坚持共产党人的品德操守战斗了一生，为我们树立了光辉的榜样。

同志们！当前，全党全国各族人民正在深入学习贯彻党的十七大精神。我们纪念薄一波同志，就是要继承老一辈无产阶级革命家的遗志，努力把各行各业、各个方面的工作做得更好。让我们更加紧密地团结在以胡锦涛同志为总书记的党中央周围，高举中国特色社会主义伟大旗帜，以马克思列宁主义、毛泽东思想、邓小平理论和“三个代表”重要思想为指导，深入贯彻落实科学发展观，锐意创新、开拓进取，在全面建设小康社会、实现中华民族伟大复兴的宏伟事业中，创造新的业绩，作出新的贡献！

谢谢大家。

推动学习《江泽民文选》和学习贯彻“三个代表”重要思想继续向深度和广度发展

李长春

自去年8月《江泽民文选》出版发行、中央作出《关于学习〈江泽民文选〉的决定》以来，各地区各部门按照中央的要求，组织党员、干部认真学习《江泽民文选》，取得了重要的阶段性成果。在深入学习贯彻党的十六届六中全会精神、迎接党的十七大的新形势下，各级领导干部特别是担负主要领导责任的高级干部，要深入学习《江泽民文选》，进一步深刻领会“三个代表”重要思想的时代背景、实践基础、科学内涵、精神实质、历史地位和重大意义，推动学习《江泽民文选》和学习贯彻“三个代表”重要思想继续向深度和广度发展，加深对邓小平理论的理解，加深对党的十六大以来党中央提出的科学发展观、构建社会主义和谐社会等重大战略思想的理解，为全面建设小康社会、实现中华民族的伟大复兴提供科学的理论指导和有力的思想保证。

一、进一步深刻认识学习《江泽民文选》的重大意义，把学习贯彻“三个代表”重要思想不断引向深入

胡锦涛同志在学习《江泽民文选》报告会的重要讲话中，深刻阐述了《江泽民文选》出版的重大意义，系统归纳了“三个代表”重要思想富有独创性的理论成果，对学好用好《江泽民文选》提出了明确要求。我们要深刻领会胡锦涛同志的重要讲话精神，进一步提高对深入学习《江泽民文选》重大意义的认识。

第一，深入学习《江泽民文选》，是坚持和发展马克思主义，不断推进马克思主义中国化，用发展着的马克思主义指导新的实践的必然要求。《江泽民文选》全面反映了“三个代表”重要思想孕育、形成、发展的历史轨迹，为我们正确认识和把握社会发展规律、更好地推进中国特色社会主义事业作出了新的理论概括，为我们坚持马克思主义基本原理、不断推进理论创新打开了新的理论视野。深入学习《江泽民文选》，对于我们深刻认识“三个代表”重要思想是同马克思列宁主义、毛泽东思想、邓小平理论一脉相承而又与时俱进的科学体系，深刻认识必须坚持解放思想、实事求是、与时俱进，根据新的实践继续推进马克思主义中国化，具有十分重大的意义。

第二，深入学习《江泽民文选》，是贯彻落实党的十六大以来中央一系列重大战略思想，推动全面建设小康社会、构建社会主义和谐社会的必然要求。党的十六大提出全面建设小康社会的宏伟目标，为我们在新世纪新阶段推进社会主义现代化建设指明了方向。在推进改革开放和现代化建设的实践中，党中央紧密结合新世纪新阶段国际国内形势的发展变化，提出了科学发展观、构建社会主义和谐社会、建设社会主义新农村、建设创新型国家、树立社会主义荣辱观、推动建设和谐世界、加强党的先进性建设等重大战略思想，为不断开创中国特色社会主义事业新局面提供了有力的理论指导。党的十六大以来，我们党在实践上的新创造和理论上的新发展，既充分显示了“三个代表”重要思想的重大指导作用，同时又深刻启示我们必须把学习贯彻“三个代表”重要思想不断引向深入。《江泽民文选》是我们党探索中国特色社会主义建设规律的经验总结和理论升华，充分体现了

江泽民同志围绕什么是社会主义、怎样建设社会主义这个根本问题，对建设中国特色社会主义一系列重大问题所作的前瞻性战略思考，对党和国家事业的发展具有重大而长远的指导作用。深入学习《江泽民文选》，对于我们深刻理解和全面把握党的十六大以来中央提出的一系列重大战略思想，把思想和行动统一到中央的决策部署上来，把智慧和力量凝聚到中央确定的各项任务上来，同心同德地为全面建设小康社会、构建社会主义和谐社会而奋斗，具有十分重大的意义。

第三，深入学习《江泽民文选》，是科学把握国际国内形势和发展趋势、正确应对各种风险和挑战，牢牢掌握加快我国发展主动权的必然要求。新世纪新阶段，我们面临的机遇前所未有，面对的挑战也前所未有。面对复杂多变的国际国内形势，我们党要领导人民抓住机遇、应对挑战，推进中国特色社会主义伟大事业，就必须坚持以科学理论为指导，准确判断和把握国际国内形势的发展变化，努力提高应对各种风险和挑战的能力。《江泽民文选》生动反映了以江泽民同志为核心的党的第三代中央领导集体，全面审视当今世界格局的发展变化，准确判断国际国内形势的发展趋势，深刻分析前进中的各种矛盾和问题，在极其复杂的情况下正确把握国际国内局势、妥善处理突发事件和重大问题的方针原则和宝贵经验。深入学习《江泽民文选》，对于我们始终保持清醒头脑，正确应对世界多极化、经济全球化和科学技术进步日新月异的发展趋势，正确应对经济社会发展和工业化、城镇化、市场化、国际化进程加快带来的新情况，正确应对前进中遇到的各种风险和挑战，具有十分重大的意义。

第四，深入学习《江泽民文选》，是推进党的建设新的伟大工程，使党始终站在时代前列，成为中国特色社会主义事业坚强领导核心的必然要求。党的十六大以来，党中央明确提出加强党的执政能力建设和先进性建设的重大战略任务，以此作为党的各方面建设的主线，扎实推进党的建设新的伟大工程，取得了显著成效。同时也要看到，复杂多变的国内外环境，改革开放和现代化建设的繁重任务，给党员队伍带来了深刻影响，对党的自身建设提出了重大课题，提高党的执政能力、保持和发展党的先进性既面临许多新情况新考验，又面临许多新任务新要求。《江泽民文选》集中体现了江泽民同志对我们党在长期执政的历史条件下加强自身建设的深入思考，集中体现了江泽民同志对建设什么样的党、怎样建设党这个重大现实问题的创造性回答，是马克思主义党建理论的重大发展，是在新的历史条件下加强和改进党的建设的根本指针。深入学习《江泽民文选》，对于科学判断和全面把握我们党所处的历史方位和肩负的历史使命，进一步认识和切实解决好提高党的领导水平和执政水平、提高拒腐防变和抵御风险能力这两大历史性课题，使我们党始终坚持和发展党的先进性，始终成为中国特色社会主义事业的坚强领导核心，具有十分重大的意义。

二、深入学习《江泽民文选》，全面把握“三个代表”重要思想的科学体系和丰富内容

在学习《江泽民文选》报告会上，胡锦涛同志深刻指出，“三个代表”重要思想涵盖社会主义经济建设、政治建设、文化建设、社会建设和党的建设以及国防和军队现代化建设、祖国统一、国际战略和外交工作等各个领域，涉及改革发展稳定、内政外交国防、治党治国治军等各个方面，是一个完整的科学的思想体系。根据胡锦涛同志重要讲话精神，我们学习《江泽民文选》，要重点把握以下五个方面。

(一)深入学习《江泽民文选》，要牢牢把握建设中国特色社会主义这一主题，不断深化对什么是社会主义、怎样建设社会主义的认识。

一要深刻领会发展是党执政兴国的第一要务，不断深化对科学发展的认识，努力实现经济社会又好又快发展。江泽民同志强调，马克思主义执政党必须高度重视解放和发展生产力。

离开发展，坚持党的先进性、发挥社会主义制度的优越性和实现民富国强都无从谈起。党要承担起推动中国社会进步的历史责任，必须始终紧紧抓住发展这个执政兴国的第一要务，坚持用发展的办法解决前进中的问题，聚精会神搞建设，一心一意谋发展。学习《江泽民文选》，要进一步深化对我国正处于并将长期处于社会主义初级阶段、发展生产力是我们的首要任务的认识，深化对发展的本质、发展的目的、发展的内涵和发展的要求的认识，紧紧抓住重要战略机遇期，始终坚持以发展为主题，不断创新发展观念、开拓发展思路、破解发展难题，努力实现科学发展、和谐发展、和平发展。

二要深刻领会改革开放是经济社会发展的强大动力，毫不动摇地坚持社会主义市场经济的改革方向，不断实现改革开放的新突破。党的十一届三中全会以来，我们走出了一条成功的改革开放之路。江泽民同志继承和丰富了邓小平同志关于计划和市场关系的重要思想，提出了建立社会主义市场经济体制的改革目标和实现这一目标的步骤，描绘了建立社会主义市场经济体制的蓝图和基本框架，丰富和发展了马克思主义关于社会主义建设的理论。他强调，要坚持和完善社会主义公有制为主体、多种所有制经济共同发展的基本经济制度，毫不动摇地巩固和发展公有制经济，毫不动摇地鼓励、支持和引导非公有制经济发展，使两者在社会主义现代化进程中相互促进，共同发展；坚持和完善按劳分配为主体、多种分配方式并存的分配制度；坚持国家对经济的宏观调控，保持经济平稳较快发展。学习《江泽民文选》，要深刻认识坚持改革开放、建立社会主义市场经济体制是中国走向繁荣富强的必由之路，是中国特色社会主义发展前进的成功之路，深刻认识在新的历史起点上继续推进社会主义现代化建设，说到底要靠深化改革、扩大开放。要毫不动摇地坚持改革的正确方向，坚定改革的决心和信心，提高改革决策的科学性，增强改革措施的协调性，注重改革成果的普惠性，努力在一些重要领域和关键环节实现改革的新突破，为经济社会发展提供强大动力。

三要深刻领会经济社会全面发展的思想，不断深化对中国特色社会主义事业总体布局的认识，推进社会主义经济建设、政治建设、文化建设、社会建设协调发展。江泽民同志强调，社会主义社会是以经济建设为中心的全面发展、全面进步的社会。在推进经济发展的过程中，要始终高度重视实现社会全面进步，促进人的全面发展。他根据国内外形势的发展变化和我国经济社会发展的新要求，深刻总结我们党探索社会主义建设的经验，在发展社会主义市场经济、发展社会主义民主政治、发展社会主义先进文化和促进社会全面进步等方面形成了一系列创造性的理论成果，对实践起到了重要指导和推动作用。党的十六大以来，我们党坚持以邓小平理论和“三个代表”重要思想为指导，提出了构建社会主义和谐社会的重大战略任务，使中国特色社会主义事业总体布局更加明确地由社会主义经济建设、政治建设、文化建设三位一体发展为包括社会建设在内的四位一体。学习《江泽民文选》，要不断深化对中国特色社会主义事业总体布局和社会主义现代化建设目标任务的认识，在大力推进经济建设的同时，大力推进政治、文化、社会建设，努力做到统筹城乡发展、统筹区域发展、统筹经济社会发展、统筹人与自然和谐发展、统筹国内发展和对外开放，使各方面的发展相适应，各个发展环节相协调，实现经济发展和社会全面进步。

四要深刻领会正确处理改革发展稳定关系的重要性，不断增强对经济社会发展全局的把握，为社会主义现代化建设的顺利进行提供有力保证。推进社会主义现代化建设，要把握经济社会发展全局，正确处理改革发展稳定的关系，这是江泽民同志一贯强调的重要思想。他指出，改革、发展、稳定，好比是我国现代化建设棋盘上的三着紧密关联的战略性棋子，每一着棋都下好了，相互促进，就会全局皆活；如果有一着下不好，其他两着也会陷入困境，就可能全局受挫。学习《江泽民文选》,要深刻认识改革发展稳定三者相互依存、相辅相成的关系,把改革的力度、发展的速度和社会可承受的程度统一起来,把不断改善人民生活作为处理改革发展稳定关系的重要结合点,在社会稳定中推进改革发展,通过改革发展促进社会稳定。要及时研究和解决改革发展中出现的新情况新问题,把加快改革发展的紧迫感同科学求实的精神很好地结合起来,充分考虑各方面的有利条件和可能出现的困难,既锲而不舍又积极稳妥地把改革发展推向前进。

(二)深入学习《江泽民文选》,要牢牢把握加强党的建设这一关键,不断深化对建设什么样的党、怎样建设党的认识。

一要深刻领会思想政治建设是党的建设的首要任务,坚持讲学习、讲政治、讲正气,不断提高马克思主义理论水平。江泽民同志指出,思想建设是带动其他方面建设的根本性建设。党在思想理论上的提高,是党和国家事业不断发展的思想保证。加强党的思想建设,最根本的是坚持用科学的理论武装全体党员。他强调,领导干部一定要讲学习、讲政治、讲正气,坚持正确的政治方向、政治立场、政治观点,始终保持共产党人的蓬勃朝气、昂扬锐气和浩然正气。要坚持在改造客观世界的同时努力改造主观世界,牢固树立马克思主义的世界观、人生观、价值观和正确的权力观、地位观、利益观,牢固树立为党和人民的事业不懈奋斗的信念。学习《江泽民文选》,要深刻领会思想政治建设在党的建设中的重要作用,坚持不懈地用马克思主义中国化最新成果武装头脑,把马克思主义中国化最新成果内化为坚定的政治信仰、正确的思想方法和行为准则,不断提高马克思主义理论水平。

二要深刻领会坚持党的领导这个根本原则,不断改进和完善党的领导方式和执政方式,进一步提高领导水平和执政能力。江泽民同志指出,建设中国特色社会主义,关键是加强和改善共产党的领导。这是我们的事业胜利前进的根本保证。他强调,要不断提高党的领导水平和执政能力,进一步强化执政意识,提高执政本领。按照总揽全局、协调各方的原则,进一步加强和完善党的领导体制和工作制度,改进党的领导方式和执政方式,使党的工作充满活力。学习《江泽民文选》,要深刻领会始终坚持党的领导核心地位、加强党的执政能力建设的思想,不断提高各级党组织和领导干部驾驭社会主义市场经济的能力、发展社会主义民主政治的能力、建设社会主义先进文化的能力、构建社会主义和谐社会的能力、应对国际局势和处理国际事务的能力。要按照科学执政、民主执政、依法执政的要求,坚持和健全民主集中制,改革和完善决策机制,努力掌握适应新形势新任务要求的领导方式、领导方法和领导艺术,把全心全意为人民服务的宗旨更好地体现在执政实践中。

三要深刻领会以改革的精神建设党的思想,不断增强党的创造力、凝聚力、战斗力,始终保持党的先进性。江泽民同志指出,我们党历经革命、建设和改革,已经从领导人民为夺取全国政权而奋斗的党,成为领导人民掌握全国政权并长期执政的党;已经从受到外部封锁和实行计划经济条件下领导国家建设的党,成为对外开放和发展社会主义市场经济条件下领导国家建设的党。在新的历史条件下,党要巩固自己的执政地位,实现自己的执政使命,必须用时代发展的要求审视自己,以改革的精神加强和完善自己,始终保持党的先进性。他强调,我们中国共产党是中国工人阶级的先锋队,同时是中国人民和中华民族的先锋队,是中国特色社会主义事业的领导核心。要不断增强党的阶级基础,扩大党的群众基础,增强党在全社会的影响力和凝聚力。学习《江泽民文选》,要深刻领会加强党的先进性建设的思想,把先进性建设的要求贯穿于党的建设的各个方面,更好地发挥各级党组织的领导核心和战斗堡垒作用,更好地发挥广大党员、干部的先锋模范作用。要把保持和发展党的先进性体现在治国理政上，落实在发展社会主义市场经济、社会主义民主政治、社会主义先进文化和构建社会主义和谐社会、实现最广大人民的根本利益上，使党的理论和路线方针政策顺应时代发展的潮流和我国社会发展进步的要求、反映全国各族人民的利益和愿望，使我们党始终走在时代前列。

四要深刻领会治国必先治党、治党务必从严，大力加强党的作风建设和党风廉政建设，始终保持党同人民群众的血肉联系。江泽民同志强调，治国必先治党，治党务必从严。治党始终坚强有力，治国必会正确有效。党执政的时间越长，越要抓紧自身建设，越要从严要求党员和干部。他指出，要切实解决好党在思想作风、学风、工作作风、领导作风、干部生活作风等方面存在的突出问题，始终做到“八个坚持、八个反对”。他强调，坚决反对和防止腐败是关系党和国家生死存亡的严重政治斗争。要把党风廉政建设和反腐败斗争进行到底。党内不允许有腐败分子的藏身之地。学习《江泽民文选》，要深刻领会党要管党、从严治党的基本要求，坚持不懈地抓好领导干部作风建设，坚定不移地开展党风廉政建设和反腐败斗争，大力弘扬求真务实精神，大兴求真务实之风，自觉发扬党的光荣传统和优良作风，自觉抵制各种腐朽落后思想观念的侵蚀，常修为政之德、常思贪欲之害、常怀律己之心，真正做到为民、务实、清廉。

(三)深入学习《江泽民文选》，要牢牢把握解放思想、实事求是、与时俱进这一活的灵魂，不断深化对推进马克思主义中国化的认识。

一要深刻领会与时俱进是马克思主义的理论品质，坚持把马克思主义基本原理同中国具体实际相结合，使当代中国的马克思主义具有更加鲜明的实践特色、民族特色和时代特色。江泽民同志强调，与时俱进，就是党的全部理论和工作要体现时代性，把握规律性，富于创造性。我们党要适应国际形势复杂多变、改革发展进入关键阶段的新情况，必须始终与时代发展同步伐，在思想上不断有新解放，理论上不断有新发展，实践上不断有新创造。学习《江泽民文选》，要深刻把握与时俱进是我们党保持先进性和增强创造力的决定性因素，坚持把马克思主义基本原理同中国具体实际相结合，不断作出符合我国社会发展进步要求和人民群众实践需要的新的理论概括，使当代中国的马克思主义具有更加鲜明的实践特色；坚持扎根于中国的土壤，把马克思主义真理的力量深深熔铸在民族的生命力、创造力、凝聚力之中，使当代中国的马克思主义具有更加鲜明的民族特色；坚持始终走在时代前列，敏锐把握时代特征，准确反映时代要求，使当代中国的马克思主义具有更加鲜明的时代特色，从而更好地为新的历史条件下党和人民事业的发展提供科学的理论指导。

二要深刻领会创新是我们要长期坚持的治党治国之道，坚持在实践中探索前进，大力推进理论创新、制度创新、科技创新、文化创新以及其他各方面创新。江泽民同志强调，创新是一个民族进步的灵魂，是一个国家兴旺发达的不竭动力，也是一个政党永葆生机的源泉。实践基础上的理论创新是社会发展和变革的先导，通过理论创新推动其他各方面的创新，是我们要长期坚持的治党治国之道。面对世界新科技革命的迅猛发展，面对我国经济社会发展和人民生活改善对科技进步和创新提出的新要求，要掌握发展的主动权，就必须大力实施科教兴国战略和人才强国战略，大力推进各方面的创新。学习《江泽民文选》，要深刻领会贯穿其中的创新精神和创新态度，坚持在实践中大胆探索，永不自满、永不懈怠，坚持把人民群众的伟大实践作为创新的不竭动力和源泉，使全社会的创造能量充分释放、创新成果不断涌现、创业活动蓬勃开展，努力建设创新型国家。

三要深刻领会以科学的态度对待马克思主义的重要性，把坚持和发展马克思主义统一于中国特色社会主义的伟大实践，不断开辟马克思主义中国化的新境界。江泽民同志强调，马克思主义是科学，它始终严格地以客观事实为根据，必定随着时代、实践和科学的发展而不断发展。在对待马克思主义的态度上，要做到两个“坚定不移、不能含糊”：一是必须坚持马克思主义的立场、观点、方法，坚持马克思主义的基本原理。这一点，要坚定不移，不能含糊。二是一定要贯彻解放思想、实事求是的思想路线，坚持勇于追求真理和探索真理的革命精神。这一点，也要坚定不移，不能含糊。他强调，实践没有止境，创新也没有止境。我们要突破前人，后人也必然会突破我们，这是社会前进的必然规律。学习《江泽民文选》，要学习江泽民同志正确对待马克思主义的科学态度，学习他坚持邓小平理论、在实践中继续丰富和创造性地发展马克思主义理论的科学精神，既坚定不移地坚持马克思主义基本原理，又不断根据我国实际和时代变化积极丰富和发展马克思主义，使马克思主义在中国放射出更加耀眼的真理光芒。

（四）深入学习《江泽民文选》，要牢牢把握始终坚持和代表中国最广大人民根本利益的马克思主义立场，不断深化对立党为公、执政为民的认识。

一要深刻领会人心向背是决定一个政党、一个政权兴亡的根本性因素，坚持人民在建设中国特色社会主义事业中的主体地位，始终做到发展为了人民、发展依靠人民、发展成果由人民共享。江泽民同志强调，历史和现实都表明，一个政权也好，一个政党也好，其前途命运最终取决于人心向背。我们党作为执政党，必须高度关注人心向背问题。他指出，建设中国特色社会主义事业是全国各族人民实现自己利益、创造美好生活的共同事业，是亿万人民群众广泛参与的创造性事业，必须把全心全意为人民服务作为党的根本宗旨，始终坚持人民的利益高于一切，一切为了群众，一切依靠群众。学习《江泽民文选》，要不断深化对人民群众历史主体地位的认识，充分发挥人民群众的主人翁作用，切实把以人为本的要求贯穿到我们党治国理政的各个方面，体现在经济社会发展的全过程。

二要深刻领会坚持把人民的根本利益作为出发点和归宿，实现好、维护好、发展好最广大人民的根本利益，始终做到权为民所用、情为民所系、利为民所谋。江泽民同志强调，最大多数人的利益是最紧要和最具有决定性的因素，始终关系党的执政的全局，关系国家经济政治文化发展的全局，关系全国各族人民的团结和社会安定的全局。在新的历史条件下，我们党要真正代表人民掌好权、用好权，开创党和国家各项事业的新局面，必须坚持以人民群众为本，坚持尊重社会发展规律与尊重人民历史主体地位的一致性，坚持为崇高理想奋斗与为最广大人民谋利益的一致性，坚持完成党的各项工作与实现人民利益的一致性。学习《江泽民文选》，要深刻领会为最广大人民群众谋利益是改革和建设的根本出发点，是衡量党的一切工作的最高标准，切实把人民群众的愿望和要求作为决策的根本依据，使各项决策既体现人民群众的现实利益又代表人民群众的长远利益，既反映大多数群众的普遍愿望又照顾部分群众的特殊愿望，努力实现好、维护好、发展好最广大人民的根本利益。

三要深刻领会代表群众利益必须落实到关心群众生产生活的工作中，切实解决涉及群众切身利益和实际困难的问题，努力让人民群众得到实实在在的利益。江泽民同志强调，要时刻把人民群众的安危冷暖放在心上，深怀爱民之心，恪守为民之责，善谋富民之策，多办利民之事，倾听群众呼声，关心群众疾苦，为群众办实事、办好事。在整个现代化建设中，一定要使群众得到应该得到的、看得见的物质利益，而且随着经济的发展，要使群众得到的、看得见的物质利益不断有所增加。学习《江泽民文选》，要深刻领会关心群众生产生活是坚持立党为公、执政为民的根本落脚点，切实把解决民生问题放在首位，下大力气认真解决广大人民群众最关心、最直接、最现实的利益问题，解决人民群众关注、社会各方面关切的热点问题，把中央关心困难群众的各项政策措施落到实处，让人民群众共享改革发展的成果。

四要深刻领会群众观点是基本政治观点、群众路线是根本工作路线，坚持相信群众、依靠群众、服务群众，始终与人民群众同呼吸、共命运、心连心。江泽民同志指出，真正掌握和实践好群众观点、群众路线，也就能真正掌握和实践历史唯物主义和党的思想路线，真正掌握和实践马克思主义的领导方法和工作方法。他强调，在任何时候任何情况下，与人民群众同呼吸、共命运的立场不能变，全心全意为人民服务的宗旨不能忘，坚信群众是真正英雄的历史唯物主义观点不能丢。学习《江泽民文选》，要不断深化对群众观点和群众路线的理解和把握，牢固树立全心全意为人民服务的思想和真心实意对人民负责的精神，做到心里装着群众、凡事想着群众、工作依靠群众、一切为了群众。要坚持深入基层、深入群众，特别是要到最困难地方去，到群众意见多的地方去，使各项决策和工作符合实际和群众要求，更好地带领群众投身于改革开放和社会主义现代化建设伟大实践。

（五）深入学习《江泽民文选》，要牢牢把握坚持马克思主义指导地位这个根本，不断深化对建设社会主义核心价值体系的认识。

一要深刻领会马克思主义是我们立党立国的根本指导思想，不断巩固马克思主义在意识形态领域的指导地位。马克思列宁主义、毛泽东思想、邓小平理论和“三个代表”重要思想，是我们立党立国的根本指导思想，是全党全国各族人民的共同精神支柱，也是我们战胜艰难险阻、抵御错误思想干扰的强大思想武器。江泽民同志指出，坚持先进文化的前进方向，最根本的是要坚持马克思主义的指导地位。马克思主义基本原理任何时候都要坚持，否则我们的事业就会因为没有正确的理论基础和思想灵魂而迷失方向，就会归于失败。在我国经济体制和社会结构发生深刻变化的新形势下，只有始终高扬马克思主义的旗帜，坚持用发展着的马克思主义武装头脑，才能帮助人们清醒认识人类社会发展的规律，认识经济社会发展的大势，认识社会思想的主流和支流，才能在错综复杂的社会现象中看清本质、明确方向。学习《江泽民文选》，要进一步加深对坚持马克思主义在我国意识形态领域指导地位重要意义的认识，自觉用邓小平理论和“三个代表”重要思想武装头脑，自觉用科学发展观武装头脑，不断巩固和发展全国各族人民团结奋斗的共同思想基础。

二要深刻领会建设中国特色社会主义是凝聚和激励全党全国各族人民的共同理想，不断坚定走中国特色社会主义道路的信心。在我们这样一个拥有13亿多人口、56个民族的发展中大国，必须有一个代表广大人民根本利益、凝聚和激励全党全国各族人民的共同理想。这个共同理想，就是在中国共产党领导下，建设中国特色社会主义，实现中华民族的伟大复兴。江泽民同志强调，坚持中国特色社会主义的共同理想，关系着党和国家的命运。动摇了这个共同理想，就会导致思想混乱，社会动乱，那就是国家民族的灾难。中国特色社会主义共同理想，把党在社会主义初级阶段的目标、国家的发展、民族的振兴与个人的幸福紧密联系在一起，把各阶层各群体的共同愿望有机结合在一起，集中体现了工人、农民、知识分子和其他劳动者、建设者、爱国者的利益和愿望，具有强大的感召力、亲和力。学习《江泽民文选》，要进一步加深对牢固树立中国特色社会主义共同理想的认识，引导人民群众不断增强对中国共产党领导、社会主义制度、改革开放事业、全面建设小康社会、实现民族伟大复兴的信念和信心，最大限度地在全体人民中形成思想共识，凝聚和激励广大人民群众为实现中国特色社会主义共同理想而不懈奋斗。

三要深刻领会民族精神和时代精神是我们的精神支撑，不断为推进社会主义现代化建设事业聚集强大的精神力量。民族精神和时代精神，是中国人民精神风貌的生动写照，是中华民族生命机体中不可分割的重要组成部分。江泽民同志指出，有没有高昂的民族精神，是衡量一个国家综合国力强弱的重要尺度。一个民族，没有振奋的精神和高尚的品格，不可能自立于世界民族之林。在五千多年的发展中，中华民族形成了以爱国主义为核心的民族精神；在改革开放的新时期，形成了以改革创新为核心的时代精神。民族精神和时代精神深刻揭示了中华民族自强不息、发展壮大的根本原因，揭示了中国人民与时俱进、开拓创新的力量源泉。学习《江泽民文选》，要进一步加深对大力弘扬和培育民族精神和时代精神的认识，把弘扬和培育民族精神和时代精神作为发展社会主义先进文化极为重要的任务，纳入国民教育全过程，纳入精神文明建设全过程，使全体人民始终保持昂扬向上、奋发有为的精神状态，不断增强民族自尊心、自信心、自豪感，凝聚起实现中华民族伟大复兴的强大精神力量。

四要深刻领会加强社会主义思想道德建设是发展先进文化的重要内容和中心环节，牢固树立和践行社会主义荣辱观。江泽民同志强调，要把依法治国与以德治国紧密结合起来，坚持以为人民服务为核心、以集体主义为原则，在全党全社会大力提倡社会主义思想道德和中华民族的优良传统，建立与社会主义市场经济相适应、与社会主义法律规范相协调、与中华民族传统美德相承接的社会主义思想道德体系。党的十六大以来，以胡锦涛同志为总书记的党中央坚持江泽民同志关于社会主义思想道德建设的一系列重要思想，提出以“八荣八耻”为主要内容的社会主义荣辱观，明确了社会主义市场经济条件下，应当坚持和提倡什么、反对和抵制什么，为全体社会成员判断行为对错、作出道德选择、确定价值取向提供了基本准绳。学习《江泽民文选》，要进一步加深对牢固树立和践行社会主义荣辱观的认识，在广大干部群众中广泛开展社会主义荣辱观教育，倡导爱国守法、明礼诚信、团结友善、勤俭自强、敬业奉献的基本道德规范，引导人们在遵守基本行为准则的基础上，追求更高的思想道德目标，在全社会形成知荣辱、讲正气、促和谐的良好风尚。

三、深入学习《江泽民文选》，要坚持在武装头脑、指导实践、推动工作上下功夫，不断增强学习贯彻“三个代表”重要思想的自觉性和坚定性

加强思想理论建设，用马克思主义武装全党，是我们党永葆先进性的根本保证。要按照胡锦涛同志在学习《江泽民文选》报告会上的讲话精神，坚持理论联系实际的马克思主义学风，着力在武装头脑、指导实践、推动工作上下功夫，努力把“三个代表”重要思想转化为为党和人民的事业不懈奋斗的坚定信念，转化为观察和解决问题的科学方法，转化为指导改造客观世界和主观世界的行为准则，努力做到认识上有新提高、运用上有新收获。

第一，要系统深入地学习《江泽民文选》，坚持用“三个代表”重要思想武装头脑。要把学习《江泽民文选》作为提高思想素质和理论水平的重要途径，作为提高领导水平和执政水平的重要途径。把学习江泽民同志的著作同学习马列著作、毛泽东著作、邓小平著作结合起来，同学习改革开放特别是党的十三届四中全会以来党的重要文献结合起来，同学习党的十六大以来党中央提出的一系列重大战略思想结合起来，同进一步学习和总结党的历史经验特别是新鲜经验结合起来，做到真学、常学、深学，勤于思考，善于运用，真正学通弄懂，不断增强学习贯彻“三个代表”重要思想的自觉性和坚定性。

第二，要大力弘扬理论联系实际的马克思主义学风，坚持用“三个代表”重要思想指导实践。深入学习《江泽民文选》，要坚持以我国改革开放和现代化建设的实际问题、以我们正在做的事情为中心，着眼于马克思主义理论的运用，着眼于对实际问题的理论思考，着眼于新的实践和新的发展。要始终把掌握马克思主义立场、观点、方法放在首要位置，着力培养理论思维的习惯和能力，学会用辩证唯物主义和历史唯物主义世界观和方法论观察问题、分析问题、解决问题，不断提高在

错综复杂的矛盾中抓住根本、在纷繁变幻的现象中把握规律、在不断变化的形势中把握方向的能力。要深入研究和解决改革发展稳定中的重大问题,研究和解决群众生产生活中的紧迫问题,研究和解决党的建设中存在的突出问题,在实践中不断积累新经验,形成新认识,发展新理论,不断增强工作的主动性,减少盲目性,克服片面性,体现实效性,把改革开放和现代化建设不断推向前进。

第三,要努力在取得实效上下功夫,坚持用"三个代表"重要思想推动工作。深入学习《江泽民文选》,根本目的就是要通过理论武装,更好地推进全面建设小康社会、构建社会主义和谐社会的实践,更好地推进建设中国特色社会主义的实践。要把学习贯彻同扎实推进又好又快发展结合起来。要把学习贯彻同促进社会和谐、扎实做好关心群众生产生活的工作结合起来。要把学习贯彻同扎实做好意识形态工作结合起来。要把学习贯彻同全面加强新形势下领导干部作风建设结合起来。最近,胡锦涛同志在中央纪委第七次全体会议上发表重要讲话,强调要充分认识新形势下加强领导干部作风建设的极端重要性,切实把加强领导干部作风建设放在更加突出的位置。要进一步深化对加强领导干部作风建设重要性的认识,根据新形势新任务的要求,全面加强思想作风、学风、工作作风、领导作风、干部生活作风建设,弘扬新风正气,抵制歪风邪气,着力解决突出问题,努力实现领导干部作风的进一步转变,为全面建设小康社会、构建社会主义和谐社会提供有力保障。

(此文是李长春同志 2007 年 2 月 2 日在省部级主要领导干部学习《江泽民文选》专题研讨班开班时的讲话,《求是》发表时略有删节)

全面贯彻党的十七大精神
努力开创党风廉政建设和反腐败斗争新局面

——在中国共产党第十七届中央纪律检查委员会第二次全体会议上的工作报告

（2008年1月14日）

贺国强

现在，我代表中央纪律检查委员会常务委员会向第二次全体会议作工作报告，请予审议。

这次全会是在全党全国各族人民深入学习贯彻党的十七大精神，全面推进中国特色社会主义事业的新形势下召开的。会议的主要任务是：认真学习贯彻党的十七大精神，高举中国特色社会主义伟大旗帜，以邓小平理论和“三个代表”重要思想为指导，深入贯彻落实科学发展观，进一步明确当前和今后一个时期党风廉政建设和反腐败斗争的总体要求，部署2008年党风廉政建设和反腐败工作。党中央对这次全会十分重视，中央政治局和中央政治局常委会专门审议了这个报告，胡锦涛同志将出席会议并发表重要讲话，我们一定要认真学习，深刻领会，坚决贯彻落实。

一、准确把握党的十七大对党风廉政建设和反腐败斗争的总体要求

党的十七大是在我国改革发展关键阶段召开的一次十分重要的大会。胡锦涛同志所作的报告，是我们党团结带领全国各族人民坚定不移走中国特色社会主义道路、在新的历史起点上继续发展中国特色社会主义的政治宣言和行动纲领，是马克思主义的纲领性文献。大会通过的《中国共产党章程（修正案）》体现了党的理论创新和实践发展的成果，对坚持和完善党的领导、加强和改进党的建设提出了明确要求。大会强调，坚决惩治和有效预防腐败，关系人心向背和党的生死存亡，是党必须始终抓好的重大政治任务；全党同志一定要充分认识反腐败斗争的长期性、复杂性、艰巨性，把反腐倡廉建设放在更加突出的位置，坚持标本兼治、综合治理、惩防并举、注重预防的方针，扎实推进惩治和预防腐败体系建设，旗帜鲜明地反对腐败。各级党组织要按照中央的要求，把学习贯彻党的十七大精神作为当前和今后一个时期的首要政治任务，组织党员干部认真研读党的十七大报告和党章，深刻领会党的十七大精神，把思想统一到党的十七大精神上来，把力量凝聚到实现党的十七大确定的各项任务上来。要准确把握党的十七大对反腐倡廉建设提出的新要求，推动党风廉政建设和反腐败斗争深入开展。

——高举中国特色社会主义伟大旗帜，更加坚定地贯彻执行党的路线方针政策。中国特色社会主义伟大旗帜，是当代中国发展进步的旗帜，是全党全国各族人民团结奋斗的旗帜。各级党组织和广大党员要按照党的十七大的要求，高举中国特色社会主义伟大旗帜，更加坚定不移地坚持中国特色社会主义道路，更加坚定不移地坚持用中国特色社会主义理论体系武装头脑、指导实践、推动工作，更加坚定不移地继续解放思想、坚持改革开放、推动科学发展、促进社会和谐。各级纪委要严明党的纪律尤其是政治纪律，使各级党组织和广大党员更加自觉

地坚持党的基本理论、基本路线、基本纲领、基本经验，保持全党在指导思想、路线方针政策和重大原则问题上高度一致。要自觉学习、运用党的三代中央领导集体反腐倡廉重要思想和以胡锦涛同志为总书记的党中央反腐倡廉重要论述指导反腐倡廉工作，增强高举旗帜的坚定性，始终保持党的纪律检查工作的正确政治方向。要认真总结改革开放特别是党的十六大以来反腐倡廉工作的宝贵经验，深入探索新形势下反腐倡廉建设规律，不断完善反腐倡廉基本原则、工作方针、工作格局、领导体制和工作机制，与时俱进地全面履行党章赋予的职责，使我们的工作更好地体现时代性、把握规律性、富于创造性。

——深入贯彻落实科学发展观，为促进经济社会又好又快发展和全面建设小康社会提供有力保证。科学发展观是同马克思列宁主义、毛泽东思想、邓小平理论和“三个代表”重要思想既一脉相承又与时俱进的科学理论，是我国经济社会发展的重要指导方针，是发展中国特色社会主义必须坚持和贯彻的重大战略思想，对于深入开展党风廉政建设和反腐败斗争具有重要指导作用。各级党组织和广大党员要深刻领会科学发展观的科学内涵、精神实质和根本要求，切实增强贯彻落实科学发展观的自觉性和坚定性，着力把握发展规律、创新发展理念、转变发展方式、破解发展难题，提高发展质量和效益，实现经济社会全面协调可持续发展。各级纪委要适应新的形势，更加自觉地把科学发展观的要求贯彻落实到纪律检查工作各个方面，更加自觉地把纪律检查工作放在党和国家工作全局中去谋划和部署，不断探索和拓宽服务科学发展的有效途径，促进科学发展观的贯彻落实。要认真履行监督检查职能，纠正违背科学发展观的错误行为，优化发展环境，促进中央重大决策部署的贯彻落实。要督促有关部门着力解决影响和制约科学发展的深层次矛盾和问题，认真推进行政管理体制等各项改革，完善领导班子和领导干部综合考核评价制度，健全保障科学发展的体制机制。要大力支持和保护党员干部改革创新的积极性，努力营造聚精会神搞建设、一心一意谋发展的良好氛围，促进经济社会又好又快发展，推进全面建设小康社会进程。

——切实维护人民群众的根本利益，促进和谐社会建设。全心全意为人民服务是党的根本宗旨。社会和谐是中国特色社会主义的本质属性。维护群众利益是纪律检查机关践行党的宗旨、促进社会和谐的重要职责。各级纪委要坚持立党为公、执政为民，紧紧围绕人民群众最关心、最直接、最现实的利益问题，督促有关部门推进社会体制改革，扩大公共服务，完善社会管理，促进社会公平正义，把保障和改善民生的各项政策落到实处，努力使全体人民学有所教、劳有所得、病有所医、老有所养、住有所居，推动和谐社会建设。要针对损害群众利益的突出问题，进一步加大治理力度，坚决纠正漠视群众疾苦、与民争利的行为。要配合有关部门采取切实有效措施，维护人民群众的合法权益，引导群众依法管理基层公共事务和公益事业，建立健全有效的利益协调、诉求表达、矛盾调处、权益保障的长效机制，营造注重公平、崇尚正义的社会环境。

——以保持党同人民群众的血肉联系为重点，加强党的作风建设。优良的党风是党的执政能力和先进性的重要体现，是做好党和国家工作的重要保证，是凝聚党心民心的巨大力量。各级党委和纪委要全面加强党的作风建设特别是领导干部作风建设，认真落实“八个坚持、八个反对”的要求，大力倡导八个方面良好风气，使领导干部切实做到为民、务实、清廉，不断巩固党同人民群众的血肉联系。要教育引导领导干部继承优良传统、牢记根本宗旨、心系人民群众，进一步树立群众观点和公仆意识，认真执行联系群众制度，关心群众生产生活，切实为群众办好事、办实事，做到权为民所用、情为民所系、利为民所谋。大力弘扬求真务实精神，改进学风、文风和会风，坚决纠正形式主义、官僚主义、弄虚作假和奢侈浪费行为。着力解决作风方面存在的突出问题，促使领导干部保持清正廉洁，讲党性、重品行、作表率，模范实践社会主义核心价值体系，以优良的党风促政风带民风。

——以完善惩治和预防腐败体系为重点，加强反腐倡廉建设。党的十七大第一次把反腐倡廉建设与党的思想建设、组织建设、作风建设和制度建设一起，确定为党的建设的基本任务，对于深入开展党风廉政建设和反腐败斗争、全面推进党的建设新的伟大工程，具有重大而深远的意义。全党同志一定要从巩固党的执政地位和保持党的先进性的高度，充分认识加强反腐倡廉建设的极端重要性，把反腐倡廉建设放在更加突出的位置。建立健全惩治和预防腐败体系在反腐倡廉建设中具有全局性、战略性的地位。要以改革创新的精神完善惩治和预防腐败体系，坚持与中国特色社会主义事业总体布局相适应，把反腐倡廉工作融入经济建设、政治建设、文化建设和社会建设之中；坚持与科学发展观的要求相适应，为经济社会又好又快发展提供可靠的政治保障；坚持与加强党的执政能力建设和先进性建设相适应，不断提高拒腐防变和抵御风险的能力；坚持与完善社会主义市场经济体制相适应，与经济社会各项改革同步推进、协调发展。要抓紧制订并实施《建立健全惩治和预防腐败体系2008—2012年工作规划》，坚持惩治和预防两手抓、两手都要硬，始终保持惩治腐败的强劲势头，在坚决惩治腐败的同时，更加注重治本，更加注重预防，更加注重制度建设，努力拓展从源头上防治腐败工作领域。要以改革统揽预防腐败各项工作，协调推进重要领域和关键环节的改革，努力建立比较完善的拒腐防变教育长效机制、反腐倡廉制度体系、权力运行监控机制。各级党委要把推进惩治和预防腐败体系建设作为一项重要政治任务来抓，认真执行党风廉政建设责任制，把反腐倡廉各项工作任务落到实处；各级纪委要切实履行职责，加强组织协调，进一步巩固和发展全党动手抓反腐倡廉的局面。

二、2008年主要工作任务

2008年是全面贯彻落实党的十七大精神的第一年，是改革开放30周年，也是恢复和重建党的纪律检查机关30周年，还将迎来北京奥运会，认真抓好今年的党风廉政建设和反腐败工作意义重大。我们要全面贯彻党的十七大精神，高举中国特色社会主义伟大旗帜，以邓小平理论和“三个代表”重要思想为指导，深入贯彻落实科学发展观，坚持标本兼治、综合治理、惩防并举、注重预防的方针，加强以保持党同人民群众血肉联系为重点的作风建设，加强以完善惩治和预防腐败体系为重点的反腐倡廉建设，坚持改革创新，突出工作重点，加大工作力度，狠抓任务落实，为推进全面建设小康社会提供有力保证。

（一）认真开展对党的十七大重大决策部署执行情况的监督检查，推动深入贯彻落实科学发展观

保证党的政治纲领和政治目标的顺利实现，是党的纪律检查机关的重大责任。要坚持把维护党的政治纪律放在首位，督促领导机关和党员干部坚决落实党的十七大确定的各项任务。要深入开展党的政治纪律教育，促使广大党员干部增强党性观念，始终保持正确的政治方向、政治立场和政治观点，在“举什么旗、走什么路”的问题上毫不动摇。要加强对党的政治纪律执行情况的监督检查，坚决反对任何否定党的领导和社会主义制度的言论，自觉抵制各种否定改革开放的错误思想。要严肃查处违反党的政治纪律的行为，坚决维护党的集中统一，坚决维护以胡锦涛同志为总书记的党中央的权威。

按照党的十七大的战略部署和中央经济工作会议精神，紧紧围绕转变经济发展方式和完善社会主义市场经济体制，开展对加强和改善宏观调控、推进改革开放和自主创新、优化经济结构和提高经济增长质量、加强节能减排和生态环境保护、重视改善民生和促进社会和谐等重大政策措施落实情况的监督检查。加大对违规违法行为的查处力度，坚决纠正有令不行、有禁不止的现象，确保中央政令畅通。当前，要配合有关部门重点加强对以下几个方面的监督检查：(1)加强对市场价格调控政策执行情况的检查，及时发现和坚决纠正违规行为，维护正常的市场经营秩序。(2)加强对节能减排工作落实情况的检查，健全节能减排工作监督和奖惩机制，落实节能减排工作责任制，严肃处理违反国家能源管理和环境保护法律法规的问题。(3)加强对固定资产投资政策执行情况的检查，督促落实产业政策和区域发展政策，规范新开工项目管理，防止投资过快增长。(4)加强对土地管理法律法规和节约集约用地政策执行情况的检查，从严控制新增建设用地，着力纠正违反耕地保护制度的行为。(5)加强对房地产市场调控政策执行情况的检查，严肃查处在房地产规划、开发建设、销售中以权谋私等问题，促进房地产市场健康发展。

(二)加大专项治理力度，坚决纠正损害群众利益的不正之风

配合有关部门加强监督检查，重点解决物价、生态环境保护、食品药品质量、安全生产、征地拆迁等方面群众反映强烈的问题。加强对环境污染防治政策措施落实情况的监督检查，对不认真履行环保职责、严重损害群众环境权益的地方和单位，要追究有关人员特别是领导干部的责任。健全食品药品安全监管制度，严肃处理重大质量安全事件。开展对安全生产法律法规执行情况的监督检查，进一步加大责任事故调查处理力度，坚决查处事故背后的失职渎职行为和腐败问题。严肃查处征收征用土地和矿产资源开发中的违纪违法行为。

配合有关部门强化对社保基金、住房公积金和扶贫救灾专项资金的监管，加强审计和财政监督，维护资金安全。认真治理公共服务行业侵害群众消费权益等问题。规范行业协会、市场中介组织的服务和收费行为。继续治理教育乱收费、医药购销和医疗服务中的不正之风，查处侵害农民和进城务工人员利益问题。继续做好清理规范评比达标表彰工作，纠正举办节庆活动过多过滥等问题。认真落实纠风工作责任制，加强部门和行业作风建设，做好民主评议和政风行风热线工作。

(三)继续保持查办案件工作力度，坚决惩治腐败

以查办发生在领导机关和领导干部中的案件为重点，严厉查办官商勾结、权钱交易、权色交易和严重侵害群众利益的案件。严肃查办规避招标、虚假招标的案件，非法批地批矿、低价出让土地和矿产资源或擅自变更规划获取利益的案件，在企业重组改制、产权交易、资本运营和经营管理中隐匿、私分、侵占、转移国有资产以及企业领导人员失职渎职造成国有资产流失的案件，金融领域违规授信、内幕交易、挪用保险资金、违规处置不良资产、侵占上市公司资产的案件，严重违反组织人事纪律的案件，利用司法权索贿受贿、徇私舞弊的案件，领导干部和执法人员为黑恶势力充当“保护伞”的案件。坚持在法律和纪律面前人人平等，对腐败分子绝不放过、绝不姑息。

加强和改进查办案件工作。发挥各级党委反腐败协调小组的作用，健全查办案件的协调机制，提高有效突破大案要案的能力。严格依纪依法办案，正确使用案件检查措施，加强对查办案件工作的管理和监督。综合运用组织处理和纪律处分手段，加大组织处理工作力度。加强案件审理和申诉复查工作，确保案件质量。健全来信来访实名举报办理规定，完善督办机制。正确把握政策，坚持惩前毖后、治病救人，努力取得良好的政治效果、社会效果和法纪效果。加强案件剖析，健全制度，充分发挥查办案件的治本功能。

加大治理商业贿赂工作力度。认真做好自查自纠的检查评估和问题整改，坚决纠正不正当交易行为。严肃查办重点领域和重点方面的商业贿赂案件，既要严厉惩处受贿行为，又要严厉惩处行贿行为。严禁中资企业在国(境)外的商业贿赂行为，依法查处国(境)外经济组织在我国内地的商业贿赂行为。加大改革和制度建设力度，加快推进社会信用体系建设，对失信市场主体依法实行经济处罚、降低或撤销资质、吊销证照，并将有关单位和个人的不良行为记录在案。

(四)扎实开展反腐倡廉教育，加强领导干部廉洁自律工作

要把反腐倡廉教育列入干部教育培训规划，同领导干部培养、选拔、管理、使用等结合起来，以树立正确的权力观为重点，加强对党员干部特别是领导干部的理想信念、党风党纪、廉洁从政和艰苦奋斗教育，使他们牢记党的性质和宗旨，忠诚于党和人民的事业。年轻干部要自觉加强党性修养和党内生活锻炼。要巩固和发展先进性教育活动成果，充分发挥先进典型的示范作用，进一步树立党组织和党员干部的良好形象；运用反面案例开展警示教育，增强教育的针对性和有效性。完善反腐倡廉宣传教育工作格局。制定关于加强廉政文化建设的指导性意见，深入开展面向全党全社会的廉政文化建设，形成以廉为荣、以贪为耻的良好社会风尚。

认真执行中央纪委《关于严格禁止利用职务上的便利谋取不正当利益的若干规定》。针对当前领导干部廉洁从政方面的突出问题，重点抓好以下工作：(1)深入治理领导干部违反规定收送现金、有价证券、支付凭证和收受干股，以及以赌博和交易等形式收受财物、利用婚丧嫁娶等事宜收钱敛财等问题。(2)配合有关部门制定关于党政领导干部证券投资行为的具体规定。严禁党员干部利用职务上的便利获取内幕信息进行股票交易。(3)清理纠正领导干部在住房上以权谋私的问题，严禁领导干部超标准建房、多占住房、违规购买经济适用房，坚决处理领导干部违规违法收受房屋的问题。(4)纠正和查处领导干部放任、纵容配偶、子女和身边工作人员利用其职权和职务影响经商办企业等问题。(5)治理领导干部违规插手招标投标、土地出让、产权交易、政府采购等市场交易活动谋取私利的问题。修订党员领导干部廉洁从政若干准则。

严肃组织人事工作纪律，坚决反对和纠正用人上的不正之风。教育和引导领导干部讲党性、顾大局、守纪律，克服浮躁情绪，正确对待个人职务升迁。严格执行党政领导干部选拔任用工作有关规定，加强对干部选拔任用工作全过程的监督，防止和纠正"带病上岗"、"带病提拔"等问题。认真落实中央关于地方党委换届工作的纪律要求，加强对地方人大、政府、政协领导班子换届工作的监督检查，严肃查处跑官要官、买官卖官、拉票贿选和突击提拔干部等行为，努力营造风清气正的良好环境。

大力提倡勤俭节约、艰苦奋斗作风，坚决反对和制止奢侈浪费。配合有关部门深入推进规范津贴补贴工作，开展"小金库"专项治理，规范中央和国家机关经营性资产管理。加强监督检查，坚决制止公款出国(境)旅游，严格控制党政机关修建楼堂馆所，纠正超标准超编制配备使用小汽车、违规新建和装修办公用房等行为。

围绕建设社会主义新农村，加强农村基层党风廉政建设。开展对中央支农惠农政策以及农村综合改革措施执行情况的监督检查，强化对农村集体资金、资产、资源的管理，制定和完善农村基层干部行为规范，逐步建立农村基层党风廉政建设制度体系，促进农村基层党员干部廉洁奉公、勤政为民。

加强高等学校反腐倡廉建设，健全领导班子科学民主决策机制，加强对财务、基建、采购、科研经费、校办企业的管理和监督，提高校务公开制度化和规范化水平。

(五)深化改革和创新制度，进一步推进治本抓源头工作

加强对权力运行的规范和制约，配合相关部门深入推进行政管理体制、干部人事制度、司法体制和工作机制改革。切实转变政府职能，优化组织结构，改进行政管理与服务方式，减少和规范行政审批，减少政府对微观经济运行的干预。规范干部任用提名制度，健全领导干部职务任期、回避、交流制度，完善科学的干部选拔任用和管理监督机制。优化司法职权配置，健全司法机关监督制度，规范司法行为，认真解决群众反映强烈的司法不公问题。

配合相关部门积极推进财政管理制度改革，强化预算管理和监督，推进综合预算，完善政府收支分类体系，逐步将政府非税收入全部纳入财政预算，实行“收支两条线”管理，完善国库单一账户体系，在中央和省级预算单位推行公务卡制度。深化投资体制改革，规范政府投资行为，健全政府投资项目决策责任追究制度和后评价制度，推行非经营性政府投资项目代建制。加快国有资产经营管理体制改革，推进国有资本经营预算制度建设。深化金融体制改革，加强和改进金融监管，防范金融风险，强化现金和外汇管理，落实金融账户实名制，完善反洗钱合作机制，逐步将特定非金融机构纳入统一的反洗钱监管体系。

从制度上更好地发挥市场在资源配置中的基础性作用。完善工程建设项目招标投标监督机制，强化对招标投标重点环节的监管。严格执行经营性土地和工业用地招标拍卖挂牌出让制度，规范协议出让行为。落实探矿权、采矿权招标拍卖挂牌出让制度。加强对国有产权交易的监管。扩大政府采购的范围，规范采购行为，严格实行“管采分离”。

积极发挥国家预防腐败机构的职能作用。加强对预防腐败工作的组织协调、综合规划和调查研究，推动建立预防腐败信息系统和信息共享机制，注意总结基层预防腐败工作的有效做法，加强预防腐败国际交流与合作。

（六）深入推进监督工作，促使领导干部正确行使权力

认真落实党内监督各项制度，完善制约和监督机制，重点加强对领导干部特别是主要领导干部的监督，加强对人财物管理使用、关键岗位的监督，提高监督的有效性。开展对党内监督条例实施情况的专项检查。坚持民主集中制，加强党内生活的原则性，积极开展批评和自我批评，提高民主生活会的质量。严格执行述职述廉、诫勉谈话、函询和党员领导干部报告个人有关事项等制度，实施地方党委委员、纪委委员党内询问和质询办法。继续推行对地（厅）级及以下党政主要领导干部的经济责任审计，试行对省（部）级主要领导干部的经济责任审计，加强对重点专项资金和重大投资项目的审计。

进一步加强和改进巡视工作。认真总结巡视工作经验，重视巡视成果的运用，健全巡视工作制度，制定《中国共产党巡视工作条例》，完善巡视工作领导体制和工作机制。继续做好对省（区、市）、金融机构、国有重要骨干企业的巡视，开展对中央和国家机关、国家重点工程项目的巡视试点；各省（区、市）党委要认真开展对地（市、州、盟）的巡视，并延伸到县（市、区、旗），逐步开展对所属国有企业、高等学校和直属机关的巡视。中央和国家机关可结合部门实际开展对直属单位、派出（驻）机构的巡视。

继续完善对纪检监察派驻机构的统一管理，健全对驻在部门领导班子和主要领导干部监督的措施和制度，进一步完善有关工作机制，充分发挥派驻机构的监督作用。派驻机构要认真履行职责，协助党组（党委）建立部门领导班子及其成员自我约束机制，加强对驻在部门的重大决策、重要干部任免、重大项目安排和大额度资金使用等情况的监督，进一步提高履行职责的能力和主动性。

发展党内民主，保障党员民主权利。加强对党员权利保障条例实施情况的监督检查。推进党务公开，认真总结试点经验，研究制定党务公开的有关规定。深化政务公开，认真贯彻政府信息公开条例，推行电子政务，推进行政权力公开透明运行。不断拓展公共企事业单位办事公开工作领域。完善厂务公开、村务公开，大力推行社会听证、专家咨询、新闻发布等公开形式。拓宽监督渠道，把党内监督与人大监督、政府专门机关监督、政协民主监督、司法监督、群众监督等结合起来，发挥民主党派、社会团体和新闻舆论的监督作用。

加强和改进行政监察工作，充分发挥监察机关的职能作用，紧紧围绕政府中心工作，认真开展执法监察、廉政监察和效能监察，加强对国家行政机关及其工作人员履行职责、依法行政的监督。结合行政管理体制改革，推行以行政首长为重点对象的行政问责制，试行绩效管理制度，促进行政效能的全面提高。开展对公务员法、行政许可法等法律法规执行情况的监督检查。推进行政执法责任制，加大行政执法过错责任追究力度。发挥特邀监察员监督作用。积极推广电子监察系统。加强行政服务中心的建设和管理。

(七)加强国有企业党风建设和反腐倡廉工作，促进企业健康发展

加强国有企业党风建设和反腐倡廉工作，对于推进国有企业改革和发展，增强企业核心竞争力，实现国有资产保值增值具有十分重要的作用。要坚持党对国有企业的政治领导，按照建立现代企业制度的要求，继续探索充分发挥企业党组织政治核心作用的方法和途径。进一步完善国有企业领导班子和领导干部管理体制，把坚持党管干部原则与董事会依法选择经营管理者结合起来，严把选人用人关。重视和支持企业纪检监察工作，发挥其监督保障作用。

认真抓好国有企业领导人员廉洁自律工作，重申并提出以下要求：(1)不准利用职务上的便利通过同业经营或关联交易为本人或特定关系人谋取利益。(2)不准相互为对方及其配偶、子女和其他特定关系人从事营利性经营活动提供便利条件。(3)不准在企业资产整合、引入战略投资者等过程中利用职权谋取私利。(4)不准擅自抵押、担保、委托理财。(5)不准利用企业上市或上市公司并购、重组、定向增发等过程中的内幕信息为本人或特定关系人谋取利益。(6)不准授意、指使、强令财会人员提供虚假财务报告。(7)不准违规自定薪酬、兼职取酬、滥发补贴和奖金。进一步规范职务消费行为，完善收入分配、薪酬管理等制度，研究制定科学合理的股权、期权激励和约束办法。抓紧修订国有企业领导人员廉洁从业若干规定。

进一步加强对国有企业及其领导人员的管理和监督，健全体制机制，整合企业监督力量，形成监督合力。完善“三重一大”集体决策制度，明确集体决定事项的范围和程序，试行票决和程序记录办法。试行国有企业主要负责人任期制，加强任中和离任审计。深入开展企业效能监察，强化企业风险管理，加强对经营管理者履职行为的过程监督。坚持和完善职工代表大会制度，发挥职工群众在民主决策、民主管理、民主监督中的作用。加强对境外国有资产的监管。

三、大力加强纪检监察机关自身建设

多年来，各级纪检监察机关全面履行职责，扎实开展工作，为推进党风廉政建设和反腐败斗争作出了重要贡献。实践证明，纪检监察干部队伍是一支党和人民可以完全信赖的队伍。在新的形势下，各级纪检监察机关要深入学习贯彻党的十七大精神，按照“政治坚强、公正清廉、纪律严明、业务精通、作风优良”的要求，以改革创新的精神切实加强自身建设。

(一)加强思想政治建设，始终与党中央保持高度一致

紧密联系纪检监察工作和干部思想实际，深入学习中国特色社会主义理论体系，坚定中国特色社会主义信念和推进改革发展的信心。认真学习贯彻党章，忠实履行党章赋予的职责，坚决维护党章和党的纪律，坚决维护党和人民的利益。扎实开展理想信念教育、作风教育和党规党纪教育，进一步提高纪检监察干部的思想政治素质。完善理论学习制度，将集体学习与个人自学结合起来，进一步增强自觉性，努力提高学习效果。发扬理论联系实际的马克思主义学风，弘扬求真务实精神，不断提高运用科学理论分析和解决实际问题的水平。广大纪检监察干部要讲政治、讲党性、讲大局、讲原则，增强政治鉴别力和政治敏锐性，在思想上、政治上、行动上与党中央保持高度一致，始终做党的忠诚卫士、群众的贴心人。

（二）加强纪检监察能力建设，努力提高工作水平

按照加强党的执政能力建设的要求，适应形势和任务的发展变化，不断提高适应社会主义市场经济体制和改革开放要求的能力，对领导干部特别是主要领导干部有效监督的能力，依纪依法查办案件的能力，发展党内民主、维护党员权利的能力，协助党委加强党风建设和组织协调反腐败工作的能力。要切实加强纪检监察机关领导班子建设，提高把握全局、执行政策的能力和水平，并带动纪检监察机关整体工作能力和水平的提高。要重视县级纪检监察机关建设，加强对基层纪检工作的指导。要坚持与时俱进、改革创新，把反腐倡廉工作放在更广领域、更高层次来谋划和部署。在继承优良传统的基础上，认真研究新情况，解决新问题，努力探索新形势下反腐倡廉建设的规律，不断改进工作方式和工作方法。加强组织协调，对于纪检监察机关直接抓的重点工作，要毫不放松，牢牢抓在手上；对于纪检监察机关牵头抓的工作，要发挥主抓作用，同时注意调动相关部门的积极性；对于其他部门承担的反腐倡廉工作，要加强指导、协调、检查，督促有关部门认真履行职责，抓好相关工作的落实。要深入开展调查研究，及时发现和总结基层的好做法、好经验。进一步加强和创新教育培训工作，把纪检监察业务知识和金融、财经、法律、现代科学知识作为教育培训的重要内容，改善知识结构，加强实践锻炼，拓宽工作视野，增强工作本领，努力提高纪检监察工作的专业化水平。

（三）严格教育、管理和监督，增强廉洁自律的自觉性

广大纪检监察干部处于反腐倡廉第一线，面临着腐蚀与反腐蚀的严峻考验。要加强教育，使纪检监察干部筑牢拒腐防变的思想道德防线，以更高的标准、更严的纪律要求自己，努力成为加强学习的模范、真抓实干的模范、严格自律的模范。要健全制度，进一步规范纪检监察工作程序，建立科学严密的业务流程，严格依纪依法规范执纪办案行为，坚决防止以权谋私问题的发生。要加强监督，严格执行各项工作纪律尤其是办案工作纪律和保密纪律，对不适合在纪检监察机关工作的，要坚决调离；对违纪违法的，必须严肃处理。要进一步加大纪检监察干部轮岗和交流力度。纪检监察干部要坚持原则、秉公执纪，严于律己、以身作则，切实做到对党和国家无限忠诚、对腐败分子和消极腐败现象坚决斗争、对广大干部和群众关心爱护、对自己和亲属严格要求，努力树立纪检监察干部可亲、可信、可敬的形象。

同志们，在推进中国特色社会主义伟大事业的进程中，反腐倡廉任务艰巨，纪检监察机关责任重大。让我们高举中国特色社会主义伟大旗帜，更加紧密地团结在以胡锦涛同志为总书记的党中央周围，以更加坚定的信心、更加积极的态度、更加有力的措施，努力开创党风廉政建设和反腐败斗争新局面！

继往开来与时俱进的理论和实践创新

——关于十六大以来党中央一系列重大战略思想对邓小平理论和“三个代表”重要思想的继承发展

曾庆红

邓小平理论和“三个代表”重要思想是马克思主义中国化的重要成果，十六大以来党中央提出的一系列重大战略思想是马克思主义中国化的最新成果。这个最新成果同邓小平理论和“三个代表”重要思想，既一脉相承，又与时俱进，从多方面丰富发展了邓小平理论和“三个代表”重要思想。

江泽民同志在党的十五大报告的结束语中曾经这样说过，坚持邓小平理论，在实践中继续丰富和创造性地发展这个理论，这是党中央领导集体和全党同志的庄严历史责任。在党的十六大报告中，江泽民同志进一步强调，实践没有止境，创新也没有止境。我们要突破前人，后人也必然会突破我们。这是社会前进的必然规律。他还勉励我们，要坚持马克思主义基本原理，又要谱写新的理论篇章；要发扬革命传统，又要创造新鲜经验；要善于在解放思想中统一思想，用发展着的马克思主义指导新的实践。党的十六大以来，以胡锦涛同志为总书记的党中央正是坚持这样做的。我们一方面坚持高举旗帜不动摇，一以贯之地按照党的基本理论、基本路线、基本纲领、基本经验指导新的实践；另一方面，又在团结带领全党全国各族人民全面建设小康社会、开创中国特色社会主义事业新局面的伟大实践中，面对新情况、研究新问题，总结新经验、形成新思路，在开创事业发展新局面的同时，进一步拓展了马克思主义理论的新境界，展现了马克思主义更加灿烂的真理光芒。

一、十六大以来党中央提出的一系列重大战略思想，是对当前我国经济社会发展阶段性特征的自觉认识和深刻把握

关于“十六大以来党中央提出的一系列重大战略思想”这个理论概念，是在去年以来中央召开的若干次重要会议上相继提出，并由胡锦涛同志在学习《江泽民文选》报告会上的讲话中更为完整地表述出来的，这就是：以人为本、实现科学发展、构建社会主义和谐社会、建设社会主义新农村、建设创新型国家、树立社会主义荣辱观、推动建设和谐世界、加强党的先进性建设等。应当指出，党中央提出的这一系列重大战略思想，都是为贯彻落实党的十六大提出的全面建设小康社会、开创中国特色社会主义事业新局面这个主题服务的。

党的十六大以来，在党和政府的自觉推动和全国人民的共同努力下，我国的工业化、城镇化进程明显加快。西方工业化国家在二三百年内，围绕工业化、城市化陆续出现的问题，在我国加快工业化、城镇化进程中集中凸显了；同这个进程相联系而又反映我国社会经济成分、组织形式、就业方式、利益关系和分配方式“四个多样化”的利益矛盾更为突出了；党在领导全面建设小康社会、开创中国特色社会主义事业新局面的实践中，提高领导水平和执政能力的要求更加紧迫了。胡锦涛同志在党的十六届五中全会第二次全体会议上的讲话中，从战略和全

局的高度，精辟分析了我国在全面建设小康社会、加快推进社会主义现代化新的发展阶段，经济社会发展所呈现出的十个方面的重要阶段性特征。这些阶段性特征，归结起来，就是党的十六届六中全会《决定》所指出的“四个深刻”和“两个前所未有”，即：经济体制深刻变革，社会结构深刻变动，利益格局深刻调整，思想观念深刻变化；我们面临的发展机遇前所未有，面对的挑战也前所未有。十六大以来党中央提出的一系列重大战略思想，从经济、政治、科技、文化、社会、外交、国防和党建等各个方面，自觉地把握和能动地体现了这些阶段性特征。

比如，提出贯彻落实科学发展观的重大战略思想，就反映了我们党对当前我国经济虽然总体保持平稳较快增长，经济结构在工业化进程中加速调整，但长期积累的结构性矛盾和粗放式增长方式尚未根本转变，能源、资源、环境、技术的瓶颈制约日益突出，实现可持续发展遇到的压力增大这个阶段性特征的自觉认识。提出建设社会主义新农村的重大战略思想，就反映了我们党对当前我国农业和农村经济发展进入新阶段，城镇化进程加快发展，同时农业基础薄弱的状况还没有根本改变，保持粮食增产和农民增收难度增加，解决好农业、农村、农民问题任务仍然十分艰巨这个阶段性特征的自觉认识。提出构建社会主义和谐社会的重大战略思想，就反映了我们党对我国城乡、区域经济社会发展不平衡，城乡贫困人口和低收入人口尚有相当数量，包括就业、看病、上学、收入分配、社会保障、生态环境保护、安全生产、社会治安在内的一些关系群众切身利益的问题亟待解决，统筹兼顾各方面利益的难度加大，以及人民内部矛盾处于多发时期，社会建设和管理面临一系列新课题这些阶段性特征的自觉认识。提出树立社会主义荣辱观的重大战略思想，就反映了我们党对当前我国社会主义文化更加繁荣，同时人们思想活动的独立性、选择性、多变性、差异性明显增强，对发展社会主义先进文化、加强思想道德建设提出了更高要求这个阶段性特征的自觉认识。提出推动建设和谐世界的重大战略思想，就反映了我们党对当前我国对外开放范围扩大、领域拓宽，同国际社会的联系更加紧密，同时面临的国际竞争日趋激烈，统筹国内发展和对外开放的要求更高这个阶段性特征的自觉认识。

因此，如同上个世纪80年代后期，我们只有准确把握了我国正处于并将长期处于社会主义初级阶段这个基本国情，才能真正理解邓小平理论一样；如同在本世纪初，我们只有准确把握了我国的社会历史方位和党的历史方位，才能真正理解“三个代表”重要思想一样；在当前，我们只有准确把握了我国经济社会发展的重要阶段性特征，才能真正理解党的十六大以来我们党以邓小平理论和“三个代表”重要思想为指导提出的这一系列重大战略思想，才能深刻认识为什么必须采取现在这样的科学发展、和谐发展、和平发展的重大方针政策，为什么必须坚持改革方向的坚定性、提高改革决策的科学性、增强改革措施的协调性。

二、十六大以来党中央提出的一系列重大战略思想，是对邓小平理论和“三个代表”重要思想的坚持和继承

这里说的坚持和继承，就是十六大以来党中央提出的一系列重大战略思想，同邓小平理论和“三个代表”重要思想一样，都是围绕建设中国特色社会主义这个主题来展开的，都是抓住党的建设这个关键来深化的，都是贯穿解放思想、实事求是、与时俱进这个马克思主义活的灵魂的，都是坚持始终代表中国最广大人民根本利益这个马克思主义立场的。

比如，提出树立和落实科学发展观，建设创新型国家，建设社会主义新农村等重大战略思想，既是对邓小平理论关于发展才是硬道理，要抓住机遇、加快发展；要在对内改革和对外开放中解放和发展生产力，科学技术是第一生产力；以及中国社会是不是安定，中国经济能不能发展，首先要看农村能不能发展，农民生活是不是

好起来；工业越发展，越要把农业放在第一位；真正的社会主义道路，就是逐步消灭城乡差别等重要思想的全面继承；也是对“三个代表”重要思想关于我们党要代表先进生产力的发展要求、要用发展的办法解决前进中的问题，发展要有新思路；要坚持走新型工业化道路、实施科教兴国和可持续发展战略；要推进经济结构战略性调整和经济增长方式转变，实现速度和质量、结构、效益相统一，经济发展和人口、资源、环境相协调；以及农民问题始终是我国革命、建设、改革的根本问题；全面建设小康社会的一项重大任务，就是要统筹城乡经济社会发展，建设现代农业、发展农村经济、增加农民收入等一系列重要思想观点的全面继承。

比如，提出树立社会主义荣辱观，建设社会主义和谐文化，建设社会主义核心价值体系等重大战略思想，既是对邓小平理论关于物质文明和精神文明都搞好，才是有中国特色的社会主义；我们要在建设高度物质文明的同时，提高全民族的科学文化水平和健康水平，树立崇高的革命理想和革命道德风尚，发展高尚的丰富多彩的精神文化生活，建设高度的社会主义精神文明，培养有理想、有道德、有文化、有纪律的社会主义新人；一手抓物质文明，一手抓精神文明，“两手抓，两手都要硬”，这是我国社会主义现代化建设的一个根本方针等重要思想的全面继承；也是对“三个代表”重要思想关于我们党要代表先进文化的前进方向，坚持依法治国和以德治国相结合；必须立足中国现实，继承民族优秀文化传统，吸取外国文化有益成果，建设社会主义精神文明，不断提高全民族思想道德素质和科学文化素质；要树立正确的世界观、人生观、价值观和正确的权力观、地位观、利益观，坚持自重、自省、自警、自励，讲修养、讲道德、讲廉耻这些重要观点的全面继承。

又比如，提出以人为本，构建社会主义和谐社会等重大战略思想，既是对邓小平理论关于社会主义要消灭贫穷，提高人民的生活水平；社会主义发展生产力，成果是属于人民的；社会主义的本质，是解放生产力，发展生产力，消灭剥削，消除两极分化，最终达到共同富裕；要按照统筹兼顾的原则来调节各种利益的相互关系，正确处理人民内部矛盾，调动人民群众的积极性；没有安定团结的政治环境，没有稳定的社会秩序，什么事也干不成等重要思想的全面继承；也是对“三个代表”重要思想关于我们党要始终代表中国最广大人民的根本利益，正确反映和兼顾不同方面群众的利益，让人民共享经济繁荣成果，全面建设惠及十几亿人口的更高水平的小康社会；要调动一切积极因素，加快社会主义现代化建设；要促进社会主义物质文明、精神文明、政治文明协调发展；建设中国特色社会主义，既要着眼于人民现实的物质文化生活需要，又要着眼于促进人民素质的提高，促进人的全面发展；要正确处理新形势下的人民内部矛盾；把不断改善人民生活作为处理改革发展稳定关系的重要结合点这些重要思想观点的全面继承。

由此可见，新时期以来，从邓小平理论到“三个代表”重要思想，再到十六大以来党中央提出的一系列重大战略思想，我们党在为什么发展、为谁发展、怎样发展等重大问题上的基本主张、基本观点，始终是一以贯之、一脉相承的。

三、十六大以来党中央提出的一系列重大战略思想，是对邓小平理论和“三个代表”重要思想的进一步丰富和发展

胡锦涛同志在党的十六大以后一再强调，要高举旗帜、继往开来、与时俱进，使我们党的全部理论和工作体现时代性、把握规律性、富于创造性。十六大以来党中央提出的一系列重大战略思想，在高举旗帜的前提下，体现了继往与开来的最佳结合、坚持与发展的有机统一，既坚持了新时期以来党的基本理论、基本路线、基本纲领、基本经验，又谱写了理论和实践创新的崭新篇章。

比如，十六大以来党中央提出的实现科学

发展、建设创新型国家、建设社会主义新农村等重大战略思想，从又好又快是本质、“五个统筹”是关键、改革创新是保证这三个方面，进一步发展了邓小平理论和“三个代表”重要思想关于发展的重要思想。具体而言，有三个方面的新发展：

一是提出了“两个趋向”的重要论断。党中央强调，在工业化初始阶段，农业支持工业，为工业提供积累，是带有普遍性的趋向；而在工业化达到相当程度以后，工业反哺农业、城市支持农村，实现工业与农业、城市与农村协调发展，也是带有普遍性的趋向。这就为我们党把解决好“三农”问题作为全党工作的重中之重，统筹城乡发展，走城乡良性互动的发展道路，提供了重要的理论指导。

二是提出了“两个重要战略机遇期”的重要论断。党中央强调，本世纪头20年既是我国经济社会发展的重要战略机遇期，也是我国科技事业发展的重要战略机遇期，这就为我们党把增强自主创新能力作为贯穿我国现代化建设各个方面的国家战略，作为发展科学技术的战略基点，作为调整产业结构、转变增长方式的中心环节，要通过走自主创新、重点跨越、支撑发展、引领未来的道路，为努力把我国初步建成创新型国家，为全面建设小康社会提供了重要的理论指导。

三是提出了建设资源节约型、环境友好型社会，形成可持续的生产方式和消费模式的重要思想。党中央强调，当前我国正处在工业化、城镇化加快发展时期，也是能源资源消耗强度较高的时期，经济发展和能源资源环境的矛盾越来越突出，靠大量消耗能源资源和牺牲环境来维持经济快速增长的路子再也不能走下去了。这就为我们把节约能源资源和保护生态环境作为关系我国经济社会发展全局的一个重大战略问题，通过发展循环经济，促进形成可持续的生产方式和消费模式，加快建成资源节约型和环境友好型社会，减少对国际社会能源资源的过多依赖，提供了重要的理论指导。应当明确，这些重要思想在邓小平理论和“三个代表”重要思想中也都有体现，以胡锦涛同志为总书记的党中央从十六大以后的新情况新问题出发，把这些思想表达得更明确、更系统，贯彻得更自觉、更坚定了。

再比如，十六大以来党中央提出的坚持以人为本、构建社会主义和谐社会、推动建设和谐世界等重大战略思想，从国际大局与国内大局相统一、对内政策与对外方针相结合的战略高度和长远角度，进一步发展了邓小平理论和“三个代表”重要思想关于促进社会全面发展和人的全面发展、关于中国特色社会主义事业总体布局以及关于我国独立自主的和平外交政策等方面的重要思想。

党中央提出，要坚持以人为本，就是要以实现人的全面发展为目标，把最广大人民的根本利益作为党和国家一切工作的出发点和落脚点，从实现好、维护好、发展好最广大人民的根本利益出发谋发展、促发展，做到发展为了人民、发展依靠人民、发展成果由人民共享。提出以人为本的思想，同我们党的第一代领导核心提出的全心全意为人民服务的思想是完全一致的，同我们党的第二、第三代领导核心提出的始终代表中国最广大人民根本利益的本质要求也是完全一致的。邓小平同志和江泽民同志都强调，社会主义生产的目的，就是不断满足人民群众日益增长的物质文化需要；我们搞现代化建设，既要不断改善人民生活，又要不断提高劳动者素质，要尊重知识、尊重人才，要培育“四有”新人。

党中央提出，要坚持以经济建设为中心，把构建社会主义和谐社会摆在更加突出的地位，并强调社会和谐是中国特色社会主义的本质属性，要把社会建设同经济建设、政治建设、文化建设一道，纳入中国特色社会主义事业总体布局，这也是一个极为重要的新发展。我们党从十一届六中全会到十二大、十三大、十四大、十五大，始终强调坚持社会主义物质文明、精神文明“两手抓、两手都要硬”。从党的十六大开始，强调全面建设社会主义物质文明、政治文明、精神文明。到了党的十六届六中全会，强调要建设富强民主文明和谐的社会主义现代化国家。这样一个发展过程，实质上就是对于中国特色社会主义事业总体布局从两位一体到三位一体再到四位一体的发展过程。因此，全党同志都要像党的十一届三中全会以后认真钻研社会主义经济建设那样，在继续坚持以经济建设为中心的同时，认真钻研社会主义社会建设；都要按照中央提出的要把发展社会事业和解决民生问题作为社会建设的重点，把积极扩大就业、完善社会保障体系、理顺分配关系、加快社会事业发展，作为现阶段构建社会主义和谐社会的四个重要着力点，千方百计解决好人民群众最关心、最直接、最现实的利益问题。

党中央提出，要创新社会管理体制，整合社会管理资源，提高社会管理水平，健全党委领导、政府负责、社会协同、公众参与的社会管理格局，在服务中实施管理，在管理中体现服务，这也是对传统的社会治理方式的一个重要的新发展。结合构建社会主义和谐社会，创新社会管理体制，就是要坚持在党的领导下，积极推动建立政府调控机制同社会协调机制互联、政府行政功能同社会自治功能互补、政府管理力量同社会调节力量互动的社会管理网络，形成科学有效的利益协调机制、诉求表达机制、矛盾调处机制、权益保障机制，从而最大限度地增加和谐因素、最大限度地减少不和谐因素，不断促进社会和谐。

党中央把构建和谐社会的思想运用于外交工作，提出推动建设持久和平、共同繁荣的和谐世界的重要思想，从新世纪新阶段的外交工作要始终服从服务于经济建设这一个中心，要统筹好国际国内这两个大局，要高举和平、发展和合作这三面旗帜，要总揽大国外交、周边外交、发展中国家外交和多边外交这四大外交布局，为维护并用好我国重要机遇期营造良好的国际环境、周边环境、合作环境、安全环境、舆论环境这五个环境的角度，进一步发展了邓小平理论和“三个代表”重要思想关于国际战略和对外关系的思想。推动建设和谐世界，最根本的就是把对内坚持走中国特色社会主义道路同对外坚持走和平发展道路结合起来，既争取和平的国际环境来发展自己，又以中国的发展促进世界和平，在我国快速发展进程中，向世界展示中国和平、文明、负责任大国的形象。

又比如，十六大以来党中央提出的加强党的先进性建设的重大战略思想，强调加强党的先进性建设，始终是我们党生存、发展、壮大的根本性建设，是加强和改进党的建设的长期任务和永恒课题，既反映了我们党对自身历史方位和历史使命的自觉认识和科学把握，也是对邓小平理论和“三个代表”重要思想关于保持和发展党的先进性一系列论述的重要发展。中央强调，要继续加强党在思想理论方面的先进性建设，在指导我们思想的理论基础上保持和发展党的先进性；要继续加强党在治国理政方面的先进性建设，在促进科学发展和构建社会主义和谐社会的实践中保持和发展党的先进性；要继续加强党在奋斗纲领方面的先进性建设，在树立远大理想和坚定信念上保持和发展党的先进性；要继续加强党的组织和党员队伍方面的先进性建设，在夯实组织基础和培训领导骨干上保持和发展党的先进性；要继续加强党风廉政方面的先进性建设，在作风和形象上保持和发展党的先进性；要继续加强党内制度体系方面的先进性建设，在领导体制和工作机制上保持和发展党的先进性，使我们党始终与时代发展同步伐、与人民群众共命运，成为始终站在时代前列、带领人民群众团结奋进的坚强领导核心。

总之，十六大以来党中央提出的一系列重大战略思想，既是对邓小平理论和“三个代表”重要思想的全面继承，又是进一步丰富和发展。如同我们坚持“三个代表”重要思想，就是真正坚持马克思列宁主义、毛泽东思想、邓小平理论一样，在当前和今后一个时期，我们坚持并全面贯彻十六大以来我们党以邓小平理论和“三个代表”重要思想为指导提出的一系列重大战略思想，也就是真正坚持马克思列宁主义、毛泽东思想、邓小平理论和“三个代表”重要思想，就是以实际行动高举旗帜、继往开来、与时俱进。

（此文是曾庆红同志2007年2月7日在省部级主要领导干部学习《江泽民文选》专题研讨班上的总结讲话摘要，《求是》发表时略有修改）

深入学习贯彻胡锦涛同志 6·25 重要讲话精神

曾庆红

胡锦涛同志在中央党校的重要讲话在党内外引起很大反响。大家普遍认为，这个讲话内涵丰富、思想深刻，是新时期 29 年来我们党治国理政实践经验的科学总结，是坚定不移地走中国特色社会主义伟大道路的政治宣言，是一篇反映我们党对三大规律认识和把握水平的马克思主义重要文献。我们既要从整体上把握讲话的基本精神，又要悉心领会讲话中提出的一系列重要思想观点。这里，我谈几点初步的认识和体会。

（一）深刻理解讲话关于“一个始终不渝”和“四个坚定不移”的重要思想观点，巩固全党全国各族人民团结奋斗的共同思想基础。胡锦涛同志在讲话中强调，面对新形势新任务，我们必须始终不渝地坚持以邓小平理论和“三个代表”重要思想为指导，深入贯彻落实科学发展观，坚定不移地坚持解放思想，坚定不移地推进改革开放，坚定不移地推动科学发展、促进社会和谐，坚定不移地为全面建设小康社会而奋斗。这“一个始终不渝”和“四个坚定不移”，阐明了现阶段中国发展进步的思想保证、强大动力、基本要求和奋斗目标，阐明了全党全国各族人民团结奋斗的共同思想基础，阐明了党的基本理论、基本路线、基本纲领、基本经验中最本质、最核心的内容。

邓小平理论和“三个代表”重要思想以及科学发展观等重大战略思想，作为马克思主义中国化的最新成果，是一以贯之地体现了“四个坚定不移”的。坚定不移地继续解放思想，这是党的思想路线的本质要求，也是我们应对前进道路上各种新情况新问题、不断开创新局面的一大法宝；坚定不移地推进改革开放，这是解放和发展社会生产力、不断创新充满活力的体制机制的必然要求，也是推动各项工作的强大动力；坚定不移地推动科学发展、促进社会和谐，这是在新的历史起点上实现我国经济社会又好又快发展的内在需要，是推动当代中国发展进步的基本要求；坚定不移地全面建设小康社会，是党和国家到 2020 年的奋斗目标，是实现现阶段我国发展的重大任务。坚持“一个始终不渝”，有赖于真正做到“四个坚定不移”；做到“四个坚定不移”，才能不断开创我们事业发展新局面、开拓马克思主义理论新境界。这就是新时期以来我们党的理论和实践的内在逻辑。把握这个内在逻辑，更加自觉地做到“一个始终不渝”和“四个坚定不移”，才能夺取全面建设小康社会新胜利、开创中国特色社会主义事业新局面。

（二）深刻理解讲话关于中国特色社会主义是当代中国发展进步的旗帜、是全党全国各族人民团结奋斗的旗帜的重要思想观点，进一步坚定走中国特色社会主义道路的信心和决心。旗帜就是方向，旗帜就是形象；旗帜就是党的指导思想和行动指南；旗帜就是党的共同信念、共同理想和共同目标的集中表达。胡锦涛同志在讲话中，联系新时期改革开放的伟大实践，联系我们党和国家面临的新机遇新挑战，鲜明地回答了当代中国举什么旗、走什么路、以什么样的精神状态、朝着什么样的发展目标继续前进的根本问题，为党和国家的各项工作指明了前进方向。中国特色社会主义，是中国共产党人的正确选择和伟大创造。新时期以来，我们党的全部理论和实践都是紧紧围绕建设、捍卫和发展中国特色社会主义这个主题来进行的。实践已经充分证明，中国特色社会主义是完全正确的主义，中国特色社会主义道路是完全正确的道路，除此之外，没有什么别的主义、别的道路能够解决当代中国的前途命运和发展进步问题。

正如胡锦涛同志在讲话中所阐明的：中国特色社会主义之所以正确、之所以能够引领中国发展进步，关键在于我们既坚持了科学社会主义的基本原则，又根据我国实际和时代特征赋予其鲜明的中国特色。《共产党宣言》发表以来近160年的实践、特别是中国共产党人创造性地领导中国革命、建设、改革的成功实践告诉我们，马克思主义只有与中国实际和时代特征相结合，才能成功，才能胜利；科学社会主义基本原则只有赋予中国特色和时代特征，才能成功，才能胜利；离开中国实际和时代特征来谈马克思主义，没有前途，没有意义；离开指引我们取得伟大成功的中国特色社会主义去另外寻找别的什么主义，没有前途，没有意义。在前进道路上，我们要继续深化对中国特色社会主义的研究和探索，奋力开拓中国特色社会主义更为广阔的发展前景。

(三)深刻理解讲话关于改革开放是我们党在新的时代条件下带领人民进行的一场新的伟大革命的重要思想观点，始终保持改革创新、奋发有为的精神状态。胡锦涛同志在讲话中指出，改革开放是解放和发展社会生产力、不断创新充满活力的体制机制的必然要求，是发展中国特色社会主义、实现中华民族伟大复兴的必由之路。这个重要论断是对改革开放伟大历程的科学总结，是被实践证明了的科学真理。这个科学总结和科学真理，蕴涵了这样一个重要的内在逻辑，即：中国特色社会主义之所以具有蓬勃的生命力，就在于它是实行改革开放的社会主义；我国的改革开放之所以能够顺利推进，就在于它是有利于建设和发展中国特色社会主义的改革开放。

改革开放作为我们党在新的时代条件下带领人民进行的一场新的伟大革命，使社会主义焕发出前所未有的强大生命力，使马克思主义焕发出前所未有的强大感召力，使我们党焕发出新的创造力和战斗力。把改革开放贯穿于社会主义社会发展的全过程，就能使中国特色社会主义道路越走越宽广，这正是我们对改革开放充满信心和必胜信念的根本原因。我们要清醒认识和把握党和国家在改革开放关键阶段面临的新机遇新挑战和新课题新矛盾，特别是要顺应经济体制深刻变革、社会结构深刻变动、利益格局深刻调整、思想观念深刻变化，以及党面临的机遇前所未有、面对的挑战也前所未有的新形势新情况，把坚持改革开放同继续解放思想结合起来，同推动科学发展、促进社会和谐结合起来。要在进一步坚定改革开放的决心和信心的同时，努力提高改革决策的科学性、增强改革措施的协调性，从而进一步凝聚改革共识、坚定改革方向、完善改革举措、戮力改革攻坚。要坚持用推动科学发展、促进社会和谐来深化改革，在深化改革中实现科学发展与促进社会和谐。

(四)深刻理解讲话关于牢记社会主义初级阶段基本国情的重要思想观点，始终坚持党在社会主义初级阶段的基本路线不动摇。胡锦涛同志在讲话中再次重申和强调了社会主义初级阶段基本国情和基本路线问题，这充分体现了新时期以来我们党的几代中央领导集体，在这个关系党和国家工作全局的重大理论和实际问题上是一以贯之、毫不动摇的。清醒地认识和把握我国的基本国情，是保证我们党的理论、路线、方针、政策和党的全部工作，既不割断历史、又不迷失方向，既不落后于时代、又不超越阶段的关键。党的十一届三中全会以前，我国在社会主义建设中出现一些重大失误的根本原因之一，就在于提出的一些任务和政策超越了社会主义初级阶段。近30年来改革开放和现代化建设取得成功的根本原因之一，就是克服了那些超越阶段的错误观念和政策，又抵制了抛弃社会主义基本制度的错误主张。可以说，建设和发展中国特色社会主义的过程，就是不断从理论和实践结合上搞清楚什么是初级阶段中国特色的社会主义、在初级阶段怎样建设中国特色社会主义的过程。

改革开放以来，我国经济实力和综合国力虽然有很大发展，各项事业虽然取得举世瞩目的成就，但我国仍处于并将长期处于社会主义初级阶段的基本国情没有变。因此，中央明确要求全党同志牢记社会主义初级阶段基本国情，始终坚持“一个中心、两个基本点”的基本路线，就是要求全党同志从社会主义初级阶段这个最大的实际出发，统一思想认识、确定方针政策、抓好工作落实。这就是胡锦涛同志在讲话中所指出的：“全党同志和党的高级干部，必须牢记社会主义初级阶段基本国情，认清全面建设小康社会、实现我国基本现代化、巩固和发展社会主义制度的重要性、长期性、艰巨性，增强聚精会神搞建设、一心一意谋发展的坚定性，提高想问题、办事情决不可脱离实际的自觉性，清醒而又顽强地为实现党的历史使命而扎实奋斗、不懈奋斗。”

（五）深刻理解讲话关于深入贯彻落实科学发展观的重要思想观点，在新的历史起点上实现我国经济社会又好又快发展。新世纪新阶段，我国的发展站在了新的历史起点上。关于新的历史起点这个提法，是党的十六届五中全会在关于第十一个五年规划的《建议》中首先提出的。所谓新的历史起点，就是改革开放近30年来，我国经济社会发展已经达到的较高的发展起点，就是我们已经具备的较为雄厚的国力基础。科学发展观立足于和着眼于这个新的历史起点，为党和国家事业的发展提供了有力的理论指导。我们要通过深入学习，从理论和实践的结合上，全面认识和准确把握科学发展观的科学内涵和基本要求。

科学发展观是在继承和发展党的三代中央领导集体关于发展的重要思想，而又适应新世纪新阶段的发展要求、并借鉴国外发展经验的基础上，为实现我国经济社会又好又快发展提出来的，是同马克思列宁主义、毛泽东思想、邓小平理论和“三个代表”重要思想既一脉相承又与时俱进的科学理论。科学发展观的科学内涵，就是第一要义是发展，核心是以人为本，基本要求是全面协调可持续，根本方法是统筹兼顾。这四句话是对科学发展观的内涵所作的最全面、最深刻而又最鲜明的新概括，对我们深刻认识和深入贯彻落实科学发展观，具有重大指导作用。深入贯彻落实科学发展观的基本要求，就是胡锦涛同志在讲话中明确提出的四个方面，即：要始终坚持“一个中心、两个基本点”的基本路线、积极构建社会主义和谐社会、坚定不移地推进改革开放、切实加强和改进党的建设。落实这四个方面的基本要求，实际上就是为深入贯彻落实科学发展观提供政治保证、社会环境保证、体制机制保证和组织保证。我们只有深刻理解和全面贯彻这些基本要求，才能奋力开拓中国特色社会主义更为广阔的发展前景。

（六）深刻理解讲话关于中国特色社会主义事业总体布局的重要思想观点，努力推进社会主义经济建设、政治建设、文化建设、社会建设全面发展。大家知道，随着科学发展观、构建社会主义和谐社会等一系列重大战略思想的提出，中国特色社会主义伟大事业的总体布局已经由经济建设、政治建设、文化建设三位一体，扩展为包括社会建设在内的四位一体；相应地，四大建设的目标要求也更加明确、更加配套了，这就是：在现阶段，我们党要建设的社会主义经济，就是社会主义市场经济；我们党要建设的社会主义政治，就是社会主义民主政治；我们党要建设的社会主义文化，就是社会主义先进文化；我们党要建设的社会主义社会，就是社会主义和谐社会；在这个基础上，把我们国家建设成为富强民主文明和谐的社会主义现代化国家。

在这个总体布局中，经济建设提供物质基础，政治建设提供政治保障，文化建设提供精神动力和智力支持，社会建设提供有利的社会环境和条件。应当看到，这四个方面的建设是既相互联系又相互促进的。胡锦涛同志的重要讲话着眼于这个总体布局，对经济、政治、文化、社会建设提出了明确要求。综观这些要求,关于四大建设每一方面到底应当怎么建,思路更加清晰了,关键点在哪里,突破口在何处,揭示得更清晰、更到位了。这就表明,经过近30年来的改革开放和社会主义现代化建设,我们党在实践中对于共产党执政规律、社会主义建设规律、人类社会发展规律这三大规律的认识更深刻、把握更自如了。只要我们坚决按照这个部署去认真实践,就一定能够把中国特色社会主义建成全面发展、全面进步的社会。

(七)深刻理解讲话关于全面加强和改进党的建设的重要思想观点,坚持围绕中心、服务大局,全面推进党的建设新的伟大工程。我们党要带领人民夺取全面建设小康社会新胜利,开创中国特色社会主义事业新局面,关键是要以改革创新精神抓好党的自身建设。应当看到,改革创新是当今时代的潮流。中国特色社会主义事业是改革创新的事业,我们国家的发展方向是要建成创新型国家。这样的时代背景和发展大势,呼唤我们在党的自身建设中也必须坚持改革创新精神。实际上,我们党在革命、建设、改革各个阶段的奋斗历史,就是一部适应党的历史方位和目标任务的发展变化,不断创新党的理论、丰富党的实践、完善党的制度的历史。

我体会,坚持以改革创新精神全面推进党的建设新的伟大工程,同坚持党要管党、从严治党,按照为民、务实、清廉的要求,全面加强党的思想建设、组织建设、作风建设、制度建设和反腐倡廉建设,是完全一致的。我们从胡锦涛同志的重要讲话关于加强和改进党的建设的一系列新要求新举措中可以看出,处处都体现了鲜明的改革创新精神。不论是在思想建设中明确提出坚持推动全党深入学习马克思列宁主义、毛泽东思想、邓小平理论和"三个代表"重要思想,深入学习科学发展观也好;在组织建设中明确提出要造就高素质领导班子、干部队伍和党员队伍也好;在作风建设中明确提出要更加自觉地坚持求真务实精神,更加自觉地坚持全心全意为人民服务的宗旨,更加自觉地坚持党的群众路线也好;在反腐倡廉建设中明确提出要更加注重治本,更加注重预防,更加注重制度建设也好;在党内民主建设上明确提出要坚持党员主体地位,完善党内民主制度,使党内民主意识普遍增强,党的创造活力充分发挥也好,都是改革创新精神在党的建设中的生动体现。这就为我们在新形势下以改革精神全面推进党的建设新的伟大工程、提高党的自身建设和管理水平,拓宽了视野,指明了方向。

在新世纪新阶段,我们党带领人民夺取全面建设小康社会新胜利、开创中国特色社会主义事业新局面,使命很光荣,任务很艰巨。胡锦涛同志在讲话中深刻阐述了当代中国共产党人的历史使命,要求全党同志一定要居安思危、增强忧患意识,一定要戒骄戒躁、艰苦奋斗,一定要加强学习、勤奋工作,一定要加强团结、顾全大局,做到思想上始终清醒、政治上始终坚定、作风上始终务实。这"四个一定要"和"三个始终",具有很强的现实针对性,是我们面对复杂环境和严峻挑战、推进党的事业发展和加强党的自身建设的重要保证,也是新形势下保持和发展共产党先进性的内在要求。希望同志们结合在党校的理论学习、党性分析和今后的工作实践,深入领会、认真实践这些要求,不断加强党性锻炼,始终保持共产党员的政治本色。

中央政治局8月28日会议决定,党的十六届七中全会于2007年10月9日在北京召开。中央政治局将向党的十六届七中全会建议,党的十七大于2007年10月15日在北京召开。我们要以迎接党的十七大胜利召开为动力,更加发奋学习、努力工作,更加紧密地团结在以胡锦涛同志为总书记的党中央周围,同心同德、开拓进取,为完成时代赋予我们党的崇高使命而奋斗。

(此文是曾庆红同志2007年9月1日在中央党校秋季学期开学典礼上的讲话摘要)

在学习贯彻党的十七大精神暨中央组织部党建研究所成立二十周年座谈会上的讲话

（2007 年 11 月 20 日）

习近平

今天，我们在这里召开学习贯彻党的十七大精神暨中央组织部党建研究所成立二十周年座谈会，是很有意义的。党的建设是党的事业不断取得胜利的一大法宝，党建研究是提高党的建设水平的重要基础和保证。对党的建设及党建研究，我们党历来高度重视。远的不说，中央组织部党建研究所成立二十年来，就一直受到陈云等老一辈无产阶级革命家和胡锦涛、江泽民、曾庆红、贺国强、李鹏、乔石、宋平等领导同志的亲切关怀，胡锦涛同志几次出席党建研究所的有关活动并发表重要讲话。二十年来，在中央组织部的直接领导下，党建研究所的同志们坚持以马克思列宁主义、毛泽东思想、邓小平理论和“三个代表”重要思想为指导，深入贯彻落实科学发展观，紧密联系社会主义现代化建设和改革开放的实际，围绕全党全国工作大局，深入研究党的建设和组织工作的重大理论和实际问题，认真宣传贯彻中央关于党的建设和组织工作的一系列重大决策，努力推动马克思主义党建理论的研究、宣传和创新，为全面推进党的建设新的伟大工程作出了积极贡献。在这里，我对党建研究所二十年来取得的成绩表示诚挚的祝贺，对同志们为党建研究付出的辛勤劳动表示亲切的慰问，对长期以来关心党的建设、支持党建研究工作的各位老同志表示崇高的敬意！

同志们，不久前胜利闭幕的中国共产党第十七次全国代表大会，是在我国改革发展关键阶段召开的一次十分重要的大会，是高举中国特色社会主义伟大旗帜，继往开来、求真务实的大会，是团结、胜利、奋进的大会，对于我们抓住和用好重要战略机遇期、推动党和国家事业继续发展具有非常重要的意义。大会通过的胡锦涛总书记的报告，描绘了在新的时代条件下继续全面建设小康社会、加快推进社会主义现代化的宏伟蓝图，是我们党团结带领全国各族人民坚定不移走中国特色社会主义道路、在新的历史起点上继续发展中国特色社会主义的政治宣言和行动纲领。当前和今后一个时期，全党的首要政治任务，包括党的建设的首要任务，就是认真学习、深入贯彻、全面落实党的十七大精神，把全党全国各族人民的思想和行动统一到党的十七大精神上来，把各方面的力量凝聚到实现党的十七大确定的奋斗目标和战略任务上来。下面，我就深入学习贯彻党的十七大精神，切实加强党的建设及党建研究，讲几点意见。

第一，党的建设及党建研究要始终高举一面伟大旗帜，这就是中国特色社会主义伟大旗帜。

对于马克思主义政党来说，旗帜至关重要，旗帜指引前进方向，旗帜指引胜利道路。中国特色社会主义伟大旗帜，反映当代中国社会发展规律、代表当今时代进步潮流、体现全国各族人民根本利益，是我们党付出巨大心血，在艰辛探索什么是社会主义、怎样建设社会主义的实践过程中树立起的伟大旗帜。改革开放二十九年来，在中国特色社会主义伟大旗帜指引下，中国共产党人和中国人民以一往无前的进取精神和波澜壮阔的创新实践，谱写了中华民族自强不息、顽强奋进新的壮丽史诗，中国人民的面貌、社会主义中国的面貌、中国共产党的面貌发生了历史性变化。实践充分证明，中国特色社会主义伟大旗帜，是当代中国发展进步的旗帜，是全党全国各族人民团结奋斗的旗帜，是光辉的旗帜、胜利的旗帜。在新的发展阶段，我们党要团结带领全国各族人民夺取全面建设小康社会新胜利，必须继续高举中国特色社会主义伟大旗帜。

高举中国特色社会主义伟大旗帜，是贯穿党的十七大报告全篇的灵魂和主线，也是我们今后各项工作的灵魂和主线。高举旗帜不是一个抽象的口号，而要见之于行动，在推进党和国家各项工作的实践中牢固确立中国特色社会主义旗帜的统领地位、指导地位，任何时候都决不能动摇。党的建设及党建研究高举中国特色社会主义伟大旗帜，最重要的就是把坚持中国特色社会主义道路和中国特色社会主义理论体系的要求，作为党的建设及党建研究的根本着力点，作为必须认真把握、自觉服从、竭力服务的政治大局，作为改进工作、提高水平、开创局面的行动指南。党的建设及党建研究的各方面工作，都要聚焦到用中国特色社会主义伟大旗帜统一思想、凝聚力量、推动工作上来，聚焦到推动各级党组织和广大党员干部始终不渝地贯彻执行党的基本理论、基本路线、基本纲领、基本经验上来，更好地为建设和发展中国特色社会主义服务。把握了这一点，就把握住了党的建设及党建研究高举旗帜的关键。

第二，党的建设及党建研究要牢牢把握一个理论体系，这就是中国特色社会主义理论体系。

党的十七大把我们党在新时期以来建设和发展中国特色社会主义创新实践中相继形成的邓小平理论、“三个代表”重要思想以及科学发展观等重大战略思想整合为一个统一整体，统称为中国特色社会主义理论体系并进行了科学的阐释。这是党的十七大在理论上的一个突出贡献。中国特色社会主义理论体系，是在和平与发展成为时代主题的历史条件下，在改革开放和现代化建设的伟大实践中，在总结我国社会主义建设历史经验和改革开放以来新鲜经验并借鉴其他社会主义国家兴衰成败历史经验的基础上，逐步形成和发展起来的科学理论体系。这个理论体系，在新的时代条件下系统回答了什么是社会主义、怎样建设社会主义，建设什么样的党、怎样建设党，实现什么样的发展、怎样发展等重大理论和实际问题，坚持和发展了马克思列宁主义、毛泽东思想，是马克思主义中国化的最新成果。形成这个理论体系，是新时期我们党在理论上的最大收获，表明我们党对共产党执政规律、社会主义建设规律、人类社会发展规律的认识达到了新的高度。中国特色社会主义理论体系之所以完全正确、之所以能够引领中国不断发展进步，关键在于它既破除了对马克思主义的教条式理解，又抵制了抛弃社会主义基本制度的错误主张；既坚持了科学社会主义的基本原则，又具有鲜明的时代特征和中国特色；既继承了马克思主义老祖宗，又开拓了马克思主义新境界。在当代中国，坚持马克思列宁主义、毛泽东思想，就必须坚持中国特色社会主义理论体系；坚持中国特色社会主义理论体系，就是真正坚持马克思列宁主义、毛泽东思想。

党的十七大对中国特色社会主义理论体系作出新概括，为党的建设及党建研究提供了强大的思想理论武器，也提出了新的更高的要求。党的建设及党建研究要坚持以中国特色社会主义理论体系为指导，着眼于不断提高全党的马克思主义理论水平，坚持不懈地用这一理论体系武装全党，推动广大党员特别是各级领导干部坚持用马克思主义中国化最新成果指导客观世界和主观世界的改造，提高运用科学理论分析和解决实际问题的能力。科学发展观是中国特色社会主义理论体系的重要组成部分。党的建设及党建研究要深入贯彻落实科学发展观，坚持第一要义是发展、核心是以人为本、基本要求是全面协调可持续、根本方法是统筹兼顾，通过富有成效的工作推动广大党员干部增强贯彻落实科学发展观的自觉性和坚定性，着力转变不适应不符合科学发展观的思想观念，着力解决影响和制约科学发展的突出问题，为深入贯彻落实科学发展观提供可靠的政治和组织保障。

第三，党的建设及党建研究要紧紧围绕一个中心任务，这就是夺取全面建设小康社会新胜利。

党的十六大确立的全面建设小康社会的奋斗目标，切合我国实际，符合各族人民愿望，是我们在新世纪新阶段必须紧紧抓住不放的目标。经过十六大以来五年的努力，我们已经朝着这个目标迈出了坚实的步伐。党的十七大根据国内外形势的新变化和各族人民过上更好生活的新期待，对实现全面建设小康社会奋斗目标提出了新的更高要求。今后五年，我们党最重要的任务，就是按照党的十六大提出、党的十七大充实完善的关于全面建设小康社会的目标要求，按照中国特色社会主义事业总体布局，带领人民全面推进社会主义市场经济、社会主义民主政治、社会主义先进文化、社会主义和谐社会建设，更加有力地推动全面建设小康社会进程，为全面建成惠及十几亿人口的更高水平的小康社会、建设富强民主文明和谐的社会主义现代化国家打下更加牢固的基础。

党的建设历来是同党的政治路线紧密联系在一起的，是为党的事业和党的中心任务服务的。当前和今后一个时期，党的建设及党建研究要紧紧围绕全面建设小康社会的实践，从推动中国特色社会主义伟大事业和党的建设新的伟大工程相互协调、相互促进的战略高度，准确把握党的建设及党建研究的工作定位，准确把握全面推进社会主义经济建设、政治建设、文化建设、社会建设对党的建设及党建研究提出的新任务、新要求，认真贯彻落实党的十七大加强和改进党的建设的新思路、新举措，推动各级党组织和广大党员干部进一步坚定团结奋斗的理想信念，进一步增强开拓进取的精神动力，进一步提供事业发展的人才支撑，进一步提高执政为民的工作水平。也就是说，要把党的建设及党建研究摆在我们党领导的整个宏大事业中来认识、来谋划、来推进，使加强党的建设及党建研究的过程，真正成为为夺取全面建设小康社会新胜利、开创中国特色社会主义事业新局面提供坚强保证的过程。这样，党的建设及党建研究就抓住了要害，就会富有活力、更有成效。

第四，党的建设及党建研究要切实贯彻一个根本要求，这就是坚持改革创新。

改革创新是当今时代的潮流，是当代中国的主旋律，也是推进党的建设及党建研究的强大动力。党的十七大强调以改革创新精神全面推进党的建设新的伟大工程，反映了我们党对时代进步要求和中国发展变化的准确把握，也反映了我们党对自身建设规律的准确把握。改革创新是推动经济社会发展的必由之路，也是增强党的创造力、凝聚力、战斗力的必由之路。我国处在改革创新的时代，我们党领导着改革开放的伟大事业，肩负着发展中国特色社会主义的历史重任，只有坚持以改革创新精神加强党的建设，党才能始终做到科学执政、民主执政、依法执政，才能始终站在时代前列带领人民不断开创事业发展的新局面。正如党的十七大报告指出的："世情、国情、党情的发展变化，决定了以改革创新精神加强党的建设既十分重要又十分紧迫。"

以改革创新精神加强党的建设，是对党的建设的根本要求。概括地说，就是要坚持以邓小平理论和"三个代表"重要思想为指导，深入贯彻落实科学发展观，坚持解放思想、实事求是、与时俱进，勇于变革、勇于创新，永不僵化、永不停滞，不断研究党的建设的新情况新问题，善于用改革创新的思路和办法破解党的建设中的重大课题，探索提高党的执政能力、保持和发展党的先进性的有效途径，不断推进党建领域的理论创新、制度创新、工作创新和方法创新，努力使党的建设体现时代性、把握规律性、富于创造性。这些要求，既要体现到加强和改进党的建设的全部工作中去，又要体现到深化党建研究的全部工作中去。

党的十七大不仅提出了以改革创新精神加

强党的建设的重大战略思想和重大战略任务，而且创造性地提出了许多关于党的建设的新思路、新举措。比如：提出在全党开展深入学习实践科学发展观活动；提出健全领导体制，完善地方党委领导班子配备改革后的工作机制；提出以扩大党内民主带动人民民主、以增进党内和谐促进社会和谐；提出尊重党员主体地位、推进党务公开；提出实行党的代表大会代表任期制，完善党的地方各级全委会、常委会工作机制，推行地方党委讨论决定重大问题和任用重要干部票决制，改革党内选举制度，改进候选人提名制度和选举方式；提出规范干部任用提名制度，健全领导干部职务任期、回避、交流制度；提出建立健全城乡一体党员动态管理机制，建立健全城乡党的基层组织互帮互助机制，建立健全党内激励、关怀、帮扶机制等等。这些新思路、新举措，都体现了解放思想、实事求是、与时俱进、改革创新的精神。我们加强党的建设、深化党建研究，一定要认真抓好这些新思路、新举措的研究和贯彻落实。这是党的建设及党建研究增强针对性、提高工作水平的必然要求。

第五，党的建设及党建研究要大力弘扬一个优良作风，这就是理论联系实际的马克思主义学风。

理论联系实际，是我们党的一个好传统，一个好学风，一个特有的优势，也是加强党的建设、深化党建研究的重要保证。毛泽东同志在延安整风时就强调："应确立以研究中国革命实际问题为中心，以马克思列宁主义基本原则为指导的方针，废除静止地孤立地研究马克思列宁主义的方法。"这里讲的就是要有好的学风，要用马克思主义的立场观点方法来研究和解决中国的现实问题，强调的就是理论要联系实际。我们党的历史表明，能不能把理论和实际很好地结合起来，是关系党的兴衰和事业成败的重大政治问题。

党的建设及党建研究坚持理论联系实际，必须坚持以中国特色社会主义理论体系为指导，坚持面向现代化、面向世界、面向未来，客观认识现状，敢于正视矛盾，以锐意进取的精神和深入扎实的作风研究和回答党的建设实践提出的重点、热点、难点问题，在总结实践经验的基础上寻找解决问题的答案。应当看到，中国特色社会主义伟大事业，我国亿万人民群众和广大党员生机勃勃的创造性实践，为加强党的建设、深化党建研究提供了取之不竭的源头活水。我们要坚持以我国改革开放和现代化建设的实际问题为中心，着眼于新的实践和新的发展，着眼于对实际问题的理论思考，不断深入实际、深入基层，认真总结各级党组织特别是来自基层党组织的新鲜经验，从亿万人民群众和广大党员创造的伟大实践中吸取营养。这样，党的建设及党建研究才能始终不脱离时代、不脱离实际、不脱离群众，才能不断取得新的进展。

第六，党的建设及党建研究要认真落实一个总体部署，这就是党的十七大对党的建设的总体部署。

党的十七大对全面推进党的建设新的伟大工程作出了战略部署。一是明确了一条主线，就是把党的执政能力建设和先进性建设作为主线，坚持党要管党、从严治党，全面贯彻为民、务实、清廉的要求。二是突出了五个重点，就是以坚定理想信念为重点加强思想建设，以造就高素质党员、干部队伍为重点加强组织建设，以保持党同人民群众的血肉联系为重点加强作风建设，以健全民主集中制为重点加强制度建设，以完善惩治和预防腐败体系为重点加强反腐倡廉建设。三是确立了一个目标，就是把我们党建设成为立党为公、执政为民，求真务实、改革创新，艰苦奋斗、清正廉洁，富有活力、团结和谐的马克思主义执政党。四是提出了六项任务，就是深入学习贯彻中国特色社会主义理论体系，着力用马克思主义中国化最新成果武装全党；继续加强党的执政能力建设，着力建设高素质领导班子；积极推进党内民主建设，着力增强党的团结统一；不断深化干部人事制度改革，着力造就高素质干部队伍和人才队伍；全面巩固和发展先进性教育活动成果，着力加强基层党的建设；切实改进党的作风，着力加强反腐倡廉建设。这一条主线、五个重点、一个目标、六项任务，构成了党的十七大关于党的建设的总体部署。今后五年党的建设及党建研究的根本任务，就是认真落实这个总体部署，以改革创新为动力，以执政能力建设和先进性建设为主线，推动思想建设、组织建设、作风建设、制度建设和反腐倡廉建设相互协调、相互促进、共同发展，增强党建工作的整体效应，不断提高党的创造力、凝聚力、战斗力，不断提高领导水平和执政水平，不断提高拒腐防变和抵御风险能力。

党的建设及党建研究认真落实党的十七大关于党的建设的总体部署，还要大力推动党章的学习贯彻。党章是党的总章程，集中体现党的理论和路线方针政策以及党的重要主张，规定党内的重要制度和体制机制，对推进党的工作、加强党的建设具有根本性的规范和指导作用。对我们这样一个拥有 7300 多万党员的大党来说，把全党的思想统一到党章上来，自觉按照党章行动，具有十分重大的意义。党的十七大根据形势和任务的发展变化，对党章进行了适当修改。学习贯彻党章，是学习贯彻党的十七大精神的应有之义，也是加强党的建设、深化党建研究的重要任务。我们要推动各级党组织和广大党员切实把党章学习好、遵守好、贯彻好、维护好，扎实推进党的工作和党的建设的制度化、规范化、程序化。

总起来说，党的建设及党建研究高举一面伟大旗帜、把握一个理论体系、围绕一个中心任务、贯彻一个根本要求、弘扬一个优良作风、落实一个总体部署，这六个方面相互联系、相辅相成。抓好了这“六个一”，党的建设及党建研究就能全面贯彻和体现党的十七大精神。

同志们，中国特色社会主义事业是承前启后、继往开来的事业，是推动中华民族伟大复兴的事业。在这个伟大事业不断向前推进、不断发展壮大的历程中，党的建设及党建研究担负着不可替代的重要责任和崇高使命。希望从事党建研究的同志们，一如既往地用马克思主义中国化的最新成果武装头脑，以改革创新精神开展党建研究，为继续推进党的建设新的伟大工程和中国特色社会主义伟大事业作出新的贡献。让我们紧密团结在以胡锦涛同志为总书记的党中央周围，高举中国特色社会主义伟大旗帜，开拓进取、扎实工作，为实现党的十七大确定的战略目标和各项任务而努力奋斗！

关于进一步严格控制党政机关办公楼等楼堂馆所建设问题的通知

近年来，各地区各部门按照中央的要求，在严格控制党政机关办公楼等楼堂馆所建设方面采取了一些措施，取得了一定成效。但是，最近一些党政机关违规修建办公楼等楼堂馆所现象又有所抬头，且有愈演愈烈之势。有的违反审批程序，越权审批，擅自提高建设标准、扩大建筑面积；有的不注重建筑的使用功能和经济实用性，盲目攀比，贪大求洋，搞豪华装修；有的不惜贷款、举债，甚至挪用扶贫款、救灾款等专项资金修建办公楼等楼堂馆所，群众反映十分强烈。党中央、国务院对此高度重视，明确要求采取有效措施，坚决刹住这股歪风，维护党和政府的良好形象。经党中央、国务院领导同志同意，现就进一步严格控制党政机关办公楼等楼堂馆所建设问题通知如下。

一、充分认识严格控制党政机关办公楼等楼堂馆所建设的重要意义

严格控制党政机关办公楼等楼堂馆所建设，是发扬艰苦奋斗、勤俭节约优良传统的具体体现，是加强党风廉政建设的重要内容，是密切党群干群关系、维护党和政府形象的客观要求。各级党委、政府和各有关部门要充分认识到，违反规定建设办公楼等楼堂馆所，追求和攀比办公场所豪华气派，是一种严重的铺张浪费行为，也是一种滥用权力的腐败行为。这种做法不仅浪费国家财产和资源，加重人民群众负担，而且败坏党风、政风和社会风气，侵蚀党员干部的进取精神和服务意识，危害党和人民的事业。同时还要看到，虽然我国的经济实力和综合国力在不断增强，但我国还是发展中国家，仍处于并将长期处于社会主义初级阶段，全体人民的生活还不富裕，国家建设和发展需要办的事情还很多，必须继续发扬艰苦奋斗的优良传统，必须继续坚持勤俭办一切事业的方针。各级党政机关和领导干部要牢牢把握立党为公、执政为民的本质要求，始终牢记“两个务必”，全面加强思想作风建设，带头弘扬新风正气，坚决抵制贪图安逸、追求享乐等不正之风，为全社会做好表率。

二、严格审批党政机关办公楼建设项目

所有新建、扩建、迁建、购置、装修改造党政机关办公楼项目，必须严格履行审批程序。根据有关规定，中央直属机关办公楼建设项目经中央直属机关事务管理局审核同意后，由国家发展改革委核报国务院审批。国务院各部门办公楼建设项目，总投资7000万元以下（含7000万元）的，由国务院机关事务管理局征求国家发展改革委意见后报国务院审批；总投资7000万元以上的，经国务院机关事务管理局初审后，由国家发展改革委核报国务院审批。中央和国家机关所属事业单位办公楼建设项目，一律报国家发展改革委审批。其中，使用中央预算内投资7000万元以上的，由国家发展改革委核报国务院审批。

省（自治区、直辖市）及计划单列市党政机关办公楼建设项目，一律由国家发展改革委核报国务院审批。省直厅（局）级单位和市（地、州、盟）、县（市、区、旗）党政机关办公楼建设项目，由省（自治区、直辖市）人民政府审批。市（地、州、盟）、县（市、区、旗）党政机关直属单位和乡镇党政机关办公楼建设项目，

由市（地、州、盟）人民政府（行署）审批。地方各级党政机关直属事业单位办公楼建设项目的审批程序，由各省（自治区、直辖市）人民政府规定。

今后一律不再审批党政机关新建、改扩建包括培训中心在内的各类具有住宿、会议、餐饮等接待功能的设施或场所建设项目，也不得安排财政性资金用于部门、地方所属的现有这类设施或场所的维修改造。各级党政机关要积极推进所属接待设施或场所经营管理的社会化进程，实现与所属部门彻底脱钩。

三、从严控制党政机关办公楼建设标准

党政机关办公楼建设必须体现庄重、朴素、实用和节约资源的原则。办公楼面积标准要严格按照原国家计委《关于印发党政机关办公用房建设标准的通知》（计投资19992250号，以下简称《通知》）的规定执行。办公楼主入口不得设置大门厅，门厅高度不得超过两层楼高。各级领导干部办公室的使用面积，要严格控制在《通知》规定的标准内。不得在办公区域内，以任何理由建设阶梯式和有舞台灯光音响、舞台机械、同声传译的会堂、报告厅、大型会议室。建筑物内不得设置阳光房、采光中厅、室内花园、景观走廊等。

党政机关办公楼不得定位为城市标志性建筑，外立面不得搞豪华装修，内装修要简洁朴素，办公设备的配置要科学实用。电梯、采暖、空调、供配电、弱电等设备以及各类建筑材料均应选用高效、节能、环保的国产产品。凡新建、改扩建的，必须严格执行《公共建筑节能设计标准》，建成后应进行建筑节能测评，凡达不到建筑节能标准的，不得进行竣工验收备案。

党政机关办公楼建设必须符合土地利用和城市规划要求，从严控制用地规模，严禁超标准占地、低效利用土地，不得占用耕地，不得配套建设大型广场、公园等设施。同时，要积极创造条件盘活行政事业单位办公楼存量资源，增加存量供给。对办公用房确有困难的，应首先考虑从现有党政机关办公用房存量中调剂解决；确需新建、改扩建的，应打破系统、部门之间界限，实行集中建设。

要充分发挥限额设计在控制投资和建设标准方面的作用，坚决控制党政机关办公楼工程造价标准。党政机关办公楼单位综合造价（不含土地有关费用及市政配套建设费），省（部）级不得超过4000元/平方米，市（地）级不得超过3000元/平方米，县（处）级及以下单位不得超过2500元/平方米。在不超出上述限额的前提下，各省（自治区、直辖市）可根据本地实际情况制定党政机关办公楼单位综合造价标准。凡超出规定标准的，投资主管部门一律不得受理。除明显物价上涨以及国家政策性调整、自然灾害等不可抗力因素外，经批准的初步设计概算一律不得突破和调整。

四、规范党政机关办公楼建设资金来源和管理方式

党政机关和财政全额拨款事业单位办公楼项目建设投资，统一由政府预算内投资安排，不得使用银行贷款，不得接受任何形式的赞助或捐赠，不得搞任何形式的集资或摊派，不得向其他单位借款，不得让施工单位垫资，严禁挪用各类专项资金。土地收益和资产转让收益要按照有关规定严格实行收支两条线管理，不得直接用于办公楼建设。差额拨款和自收自支事业单位使用行政事业性收费等财政性资金建设办公楼的，在申报项目时要出具财政部门对使用行政事业性收费等财政性资金的审核意见。

加快推进党政机关办公楼建设项目代建制试点工作。逐步推行由专业化项目管理单位组织实施项目建设、建成后移交给使用单位的建设管理模式，不再由使用单位自行组织建设。

投资和规模较大的党政机关办公楼建设项

目，投资主管部门应对项目施工图进行复核，对不按初步设计和投资概算批复要求编制的施工图，建设和设计单位必须按要求进行修改。在项目实施过程中，有关部门要加强监督检查，使用单位不得随意干涉。项目建成交付使用前，由纪检监察机关、审计、财政和投资主管等部门组成联合检查组，对项目的建设规模、标准、投资、资金来源进行全面检查。

五、全面清理党政机关办公楼等楼堂馆所建设项目

各地区各部门要对近年来修建党政机关办公楼等楼堂馆所情况进行全面彻底的清理。对清理中发现的问题，要根据不同情况分别作出处理。凡是违反规定拟建和在建的办公楼等楼堂馆所项目，必须坚决停建或缓建；凡是没有按规定履行审批手续，擅自建设的办公楼等楼堂馆所项目，一经查实，要予以没收；凡是超规模、超标准、超投资概算建设的办公楼等楼堂馆所项目，要视具体情况作出腾退超标准面积或全部没收、拍卖处理。对招标交易单位不按批复规模、标准受理招标的，有关部门要责令其停业整顿，并追究直接责任人和主要领导人员的责任；对设计单位不按批复规模、标准设计的，有关部门要依法给予其行政处罚，并禁止其承接政府投资项目的设计业务；对项目未按批复规模、标准实施，监理单位未及时制止并向投资主管部门报告的，有关部门要依法给予其行政处罚，并禁止其承接政府投资项目的监理业务。

六、建立健全相关制度和监管机制

各地区各部门要结合实际，抓紧制定相关制度和实施办法，并切实加强领导，严格落实责任制，确保本通知精神落到实处。投资主管部门要进一步完善审批程序，建立健全审批责任制和内部监督机制，对违规审批等行为要严肃处理。财政部门要严格公共财政支出管理制度，增强预算透明度，对于未经有关部门审批的办公楼建设项目一律不下达财政预算，把党政机关办公楼等楼堂馆所建设预算支出情况作为政务公开的重要内容，主动接受社会监督。建设部门要加强党政机关办公楼等楼堂馆所设计概算、施工预算编制的管理和工程造价标准的制定工作。审计部门要加强对党政机关办公楼等楼堂馆所建设项目的审计监督。纪检监察机关要加强对党政机关办公楼等楼堂馆所建设的监督检查，坚决纠正和查处各种违规违纪行为，对有令不行、有禁不止的，要依照有关规定给予直接责任人党纪政纪处分，并追究有关领导人员的责任。

本通知所称党政机关，包括党的机关、人大机关、行政机关、政协机关、审判机关、检察机关。工会、共青团、妇联等人民团体以及各级党政机关派出机构和直属事业单位适用本通知。国有和国有控股企业参照执行本通知。

（此通知 2007 年 3 月 18 日由中共中央办公厅、国务院办公厅印发）

行政机关公务员处分条例

第一章　总　则

第一条　为了严肃行政机关纪律，规范行政机关公务员的行为，保证行政机关及其公务员依法履行职责，根据《中华人民共和国公务员法》和《中华人民共和国行政监察法》，制定本条例。

第二条　行政机关公务员违反法律、法规、规章以及行政机关的决定和命令，应当承担纪律责任的，依照本条例给予处分。

法律、其他行政法规、国务院决定对行政机关公务员处分有规定的，依照该法律、行政法规、国务院决定的规定执行；法律、其他行政法规、国务院决定对行政机关公务员应当受到处分的违法违纪行为做了规定，但是未对处分幅度做规定的，适用本条例第三章与其最相类似的条款有关处分幅度的规定。

地方性法规、部门规章、地方政府规章可以补充规定本条例第三章未作规定的应当给予处分的违法违纪行为以及相应的处分幅度。除国务院监察机关、国务院人事部门外，国务院其他部门制定处分规章，应当与国务院监察机关、国务院人事部门联合制定。

除法律、法规、规章以及国务院决定外，行政机关不得以其他形式设定行政机关公务员处分事项。

第三条　行政机关公务员依法履行职务的行为受法律保护，非因法定事由，非经法定程序，不受处分。

第四条　给予行政机关公务员处分，应当坚持公正、公平和教育与惩处相结合的原则。

给予行政机关公务员处分，应当与其违法违纪行为的性质、情节、危害程度相适应。

给予行政机关公务员处分，应当事实清楚、证据确凿、定性准确、处理恰当、程序合法、手续完备。

第五条　行政机关公务员违法违纪涉嫌犯罪的，应当移送司法机关依法追究刑事责任。

第二章　处分的种类和适用

第六条　行政机关公务员处分的种类为：

（一）警告；

（二）记过；

（三）记大过；

（四）降级；

（五）撤职；

（六）开除。

第七条　行政机关公务员受处分的期间为：

（一）警告，6个月；

（二）记过，12个月；

（三）记大过，18个月；

（四）降级、撤职，24个月。

第八条　行政机关公务员在受处分期间不得晋升职务和级别，其中，受记过、记大过、降级、撤职处分的，不得晋升工资档次；受撤职处分的，应当按照规定降低级别。

第九条　行政机关公务员受开除处分的，自处分决定生效之日起，解除其与单位的人事关系，不得再担任公务员职务。

行政机关公务员受开除以外的处分，在受处分期间有悔改表现，并且没有再发生违法违纪行为的，处分期满后，应当解除处分。解除处分后，晋升工资档次、级别和职务不再受原处分的影响。但是，解除降级、撤职处分的，不视为恢复原级别、原职务。

第十条　行政机关公务员同时有两种以上需要给予处分的行为的，应当分别确定其处分。

应当给予的处分种类不同的，执行其中最重的处分；应当给予撤职以下多个相同种类处分的，执行该处分，并在一个处分期以上、多个处分期之和以下，决定处分期。

行政机关公务员在受处分期间受到新的处分的，其处分期为原处分期尚未执行的期限与新处分期限之和。

处分期最长不得超过48个月。

第十一条　行政机关公务员2人以上共同违法违纪，需要给予处分的，根据各自应当承担的纪律责任，分别给予处分。

第十二条　有下列情形之一的，应当从重处分：

（一）在2人以上的共同违法违纪行为中起主要作用的；

（二）隐匿、伪造、销毁证据的；

（三）串供或者阻止他人揭发检举、提供证据材料的；

（四）包庇同案人员的；

（五）法律、法规、规章规定的其他从重情节。

第十三条　有下列情形之一的，应当从轻处分：

（一）主动交代违法违纪行为的；

（二）主动采取措施，有效避免或者挽回损失的；

（三）检举他人重大违法违纪行为，情况属实的。

第十四条　行政机关公务员主动交代违法违纪行为，并主动采取措施有效避免或者挽回损失的，应当减轻处分。

行政机关公务员违纪行为情节轻微，经过批评教育后改正的，可以免予处分。

第十五条　行政机关公务员有本条例第十二条、第十三条规定情形之一的，应当在本条例第三章规定的处分幅度以内从重或者从轻给予处分。

行政机关公务员有本条例第十四条第一款规定情形的，应当在本条例第三章规定的处分幅度以外，减轻一个处分的档次给予处分。应当给予警告处分，又有减轻处分的情形的，免予处分。

第十六条　行政机关经人民法院、监察机关、行政复议机关或者上级行政机关依法认定有行政违法行为或者其他违法违纪行为，需要追究纪律责任的，对负有责任的领导人员和直接责任人员给予处分。

第十七条　违法违纪的行政机关公务员在行政机关对其作出处分决定前，已经依法被判处刑罚、罢免、免职或者已经辞去领导职务，依法应当给予处分的，由行政机关根据其违法违纪事实，给予处分。

行政机关公务员依法被判处刑罚的，给予开除处分。

第三章　违法违纪行为及其适用的处分

第十八条　有下列行为之一的，给予记大过处分；情节较重的，给予降级或者撤职处分；情节严重的，给予开除处分：

（一）散布有损国家声誉的言论，组织或者参加旨在反对国家的集会、游行、示威等活动的；

（二）组织或者参加非法组织，组织或者参加罢工的；

（三）违反国家的民族宗教政策，造成不良后果的；

（四）以暴力、威胁、贿赂、欺骗等手段，破坏选举的；

（五）在对外交往中损害国家荣誉和利益的；

（六）非法出境，或者违反规定滞留境外不归的；

（七）未经批准获取境外永久居留资格，或者取得外国国籍的；

（八）其他违反政治纪律的行为。

有前款第（六）项规定行为的，给予开除处分；有前款第（一）项、第（二）项或者第（三）项规定的行为，属于不明真相被裹挟参加，经批评教育后确有悔改表现的,可以减轻或者免予处分。

第十九条 有下列行为之一的,给予警告、记过或者记大过处分;情节较重的,给予降级或者撤职处分;情节严重的,给予开除处分:

(一)负有领导责任的公务员违反议事规则,个人或者少数人决定重大事项,或者改变集体作出的重大决定的;

(二)拒绝执行上级依法作出的决定、命令的;

(三)拒不执行机关的交流决定的;

(四)拒不执行人民法院对行政案件的判决、裁定或者监察机关、审计机关、行政复议机关作出的决定的;

(五)违反规定应当回避而不回避,影响公正执行公务,造成不良后果的;

(六)离任、辞职或者被辞退时,拒不办理公务交接手续或者拒不接受审计的;

(七)旷工或者因公外出、请假期满无正当理由逾期不归,造成不良影响的;

(八)其他违反组织纪律的行为。

第二十条 有下列行为之一的,给予记过、记大过处分;情节较重的,给予降级或者撤职处分;情节严重的,给予开除处分:

(一)不依法履行职责,致使可以避免的爆炸、火灾、传染病传播流行、严重环境污染、严重人员伤亡等重大事故或者群体性事件发生的;

(二)发生重大事故、灾害、事件或者重大刑事案件、治安案件,不按规定报告、处理的;

(三)对救灾、抢险、防汛、防疫、优抚、扶贫、移民、救济、社会保险、征地补偿等专项款物疏于管理,致使款物被贪污、挪用,或者毁损、灭失的;

(四)其他玩忽职守、贻误工作的行为。

第二十一条 有下列行为之一的,给予警告或者记过处分;情节较重的,给予记大过或者降级处分;情节严重的,给予撤职处分:

(一)在行政许可工作中违反法定权限、条件和程序设定或者实施行政许可的;

(二)违法设定或者实施行政强制措施的;

(三)违法设定或者实施行政处罚的;

(四)违反法律、法规规定进行行政委托的;

(五)对需要政府、政府部门决定的招标投标、征收征用、城市房屋拆迁、拍卖等事项违反规定办理的。

第二十二条 弄虚作假,误导、欺骗领导和公众,造成不良后果的,给予警告、记过或者记大过处分;情节较重的,给予降级或者撤职处分;情节严重的,给予开除处分。

第二十三条 有贪污、索贿、受贿、行贿、介绍贿赂、挪用公款、利用职务之便为自己或者他人谋取私利、巨额财产来源不明等违反廉政纪律行为的,给予记过或者记大过处分;情节较重的,给予降级或者撤职处分;情节严重的,给予开除处分。

第二十四条 违反财经纪律,挥霍浪费国家资财的,给予警告处分;情节较重的,给予记过或者记大过处分;情节严重的,给予降级或者撤职处分。

第二十五条 有下列行为之一的,给予记过或者记大过处分;情节较重的,给予降级或者撤职处分;情节严重的,给予开除处分:

(一)以殴打、体罚、非法拘禁等方式侵犯公民人身权利的;

(二)压制批评,打击报复,扣压、销毁举报信件,或者向被举报人透露举报情况的;

(三)违反规定向公民、法人或者其他组织摊派或者收取财物的;

(四)妨碍执行公务或者违反规定干预执行公务的;

(五)其他滥用职权,侵害公民、法人或者其他组织合法权益的行为。

第二十六条 泄露国家秘密、工作秘密,或者泄露因履行职责掌握的商业秘密、个人隐私,造成不良后果的,给予警告、记过或者记大过处分;情节较重的,给予降级或者撤职处分;情节严重的,给予开除处分。

第二十七条 从事或者参与营利性活动,在企业或者其他营利性组织中兼任职务的,给予记过或者记大过处分；情节较重的，给予降级或者撤职处分；情节严重的，给予开除处分。

第二十八条　严重违反公务员职业道德，工作作风懈怠、工作态度恶劣，造成不良影响的，给予警告、记过或者记大过处分。

第二十九条　有下列行为之一的，给予警告、记过或者记大过处分；情节较重的，给予降级或者撤职处分；情节严重的，给予开除处分：

（一）拒不承担赡养、抚养、扶养义务的；

（二）虐待、遗弃家庭成员的；

（三）包养情人的；

（四）严重违反社会公德的行为。

有前款第（三）项行为的，给予撤职或者开除处分。

第三十条　参与迷信活动，造成不良影响的，给予警告、记过或者记大过处分；组织迷信活动的，给予降级或者撤职处分，情节严重的，给予开除处分。

第三十一条　吸食、注射毒品或者组织、支持、参与卖淫、嫖娼、色情淫乱活动的，给予撤职或者开除处分。

第三十二条　参与赌博的，给予警告或者记过处分；情节较重的，给予记大过或者降级处分；情节严重的，给予撤职或者开除处分。

为赌博活动提供场所或者其他便利条件的，给予警告、记过或者记大过处分；情节严重的，给予撤职或者开除处分。

在工作时间赌博的，给予记过、记大过或者降级处分；屡教不改的，给予撤职或者开除处分。

挪用公款赌博的，给予撤职或者开除处分。

利用赌博索贿、受贿或者行贿的，依照本条例第二十三条的规定给予处分。

第三十三条　违反规定超计划生育的，给予降级或者撤职处分；情节严重的，给予开除处分。

第四章　处分的权限

第三十四条　对行政机关公务员给予处分，由任免机关或者监察机关（以下统称处分决定机关）按照管理权限决定。

第三十五条　对经全国人民代表大会及其常务委员会决定任命的国务院组成人员给予处分，由国务院决定。其中，拟给予撤职、开除处分的，由国务院向全国人民代表大会提出罢免建议，或者向全国人民代表大会常务委员会提出免职建议。罢免或者免职前，国务院可以决定暂停其履行职务。

第三十六条　对经地方各级人民代表大会及其常务委员会选举或者决定任命的地方各级人民政府领导人员给予处分，由上一级人民政府决定。

拟给予经县级以上地方人民代表大会及其常务委员会选举或者决定任命的县级以上地方人民政府领导人员撤职、开除处分的，应当先由本级人民政府向同级人民代表大会提出罢免建议。其中，拟给予县级以上地方人民政府副职领导人员撤职、开除处分的，也可以向同级人民代表大会常务委员会提出撤销职务的建议。拟给予乡镇人民政府领导人员撤职、开除处分的，应当先由本级人民政府向同级人民代表大会提出罢免建议。罢免或者撤销职务前，上级人民政府可以决定暂停其履行职务；遇有特殊紧急情况，省级以上人民政府认为必要时，也可以对其作出撤职或者开除的处分，同时报告同级人民代表大会常务委员会，并通报下级人民代表大会常务委员会。

第三十七条　对地方各级人民政府工作部门正职领导人员给予处分，由本级人民政府决定。其中，拟给予撤职、开除处分的，由本级人民政府向同级人民代表大会常务委员会提出免职建议。免去职务前，本级人民政府或者上级人民政府可以决定暂停其履行职务。

第三十八条　行政机关公务员违法违纪，已经被立案调查，不宜继续履行职责的，任免机关可以决定暂停其履行职务。

被调查的公务员在违法违纪案件立案调查期间，不得交流、出境、辞去公职或者办理退休手续。

第五章　处分的程序

第三十九条　任免机关对涉嫌违法违纪的行政机关公务员的调查、处理，按照下列程序办理：

（一）经任免机关负责人同意，由任免机关有关部门对需要调查处理的事项进行初步调查；

（二）任免机关有关部门经初步调查认为该公务员涉嫌违法违纪，需要进一步查证的，报任免机关负责人批准后立案；

（三）任免机关有关部门负责对该公务员违法违纪事实做进一步调查，包括收集、查证有关证据材料，听取被调查的公务员所在单位的领导成员、有关工作人员以及所在单位监察机构的意见，向其他有关单位和人员了解情况，并形成书面调查材料，向任免机关负责人报告；

（四）任免机关有关部门将调查认定的事实及拟给予处分的依据告知被调查的公务员本人，听取其陈述和申辩，并对其所提出的事实、理由和证据进行复核，记录在案。被调查的公务员提出的事实、理由和证据成立的，应予采信；

（五）经任免机关领导成员集体讨论，作出对该公务员给予处分、免予处分或者撤销案件的决定；

（六）任免机关应当将处分决定以书面形式通知受处分的公务员本人，并在一定范围内宣布；

（七）任免机关有关部门应当将处分决定归入受处分的公务员本人档案，同时汇集有关材料形成该处分案件的工作档案。

受处分的行政机关公务员处分期满解除处分的程序，参照前款第（五）项、第（六）项和第（七）项的规定办理。

任免机关应当按照管理权限，及时将处分决定或者解除处分决定报公务员主管部门备案。

第四十条　监察机关对违法违纪的行政机关公务员的调查、处理，依照《中华人民共和国行政监察法》规定的程序办理。

第四十一条　对行政机关公务员违法违纪案件进行调查，应当由2名以上办案人员进行；接受调查的单位和个人应当如实提供情况。

严禁以暴力、威胁、引诱、欺骗等非法方式收集证据；非法收集的证据不得作为定案的依据。

第四十二条　参与行政机关公务员违法违纪案件调查、处理的人员有下列情形之一的，应当提出回避申请；被调查的公务员以及与案件有利害关系的公民、法人或者其他组织有权要求其回避：

（一）与被调查的公务员是近亲属关系的；

（二）与被调查的案件有利害关系的；

（三）与被调查的公务员有其他关系，可能影响案件公正处理的。

第四十三条　处分决定机关负责人的回避，由处分决定机关的上一级行政机关负责人决定；其他违法违纪案件调查、处理人员的回避，由处分决定机关负责人决定。

处分决定机关或者处分决定机关的上一级行政机关，发现违法违纪案件调查、处理人员有应当回避的情形，可以直接决定该人员回避。

第四十四条　给予行政机关公务员处分，应当自批准立案之日起6个月内作出决定；案情复杂或者遇有其他特殊情形的，办案期限可以延长，但是最长不得超过12个月。

第四十五条　处分决定应当包括下列内容：

（一）被处分人员的姓名、职务、级别、工作单位等基本情况；

（二）经查证的违法违纪事实；

（三）处分的种类和依据；

（四）不服处分决定的申诉途径和期限；

（五）处分决定机关的名称、印章和作出决定的日期。

解除处分决定除包括前款第（一）项、第

(二)项和第(五)项规定的内容外，还应当包括原处分的种类和解除处分的依据，以及受处分的行政机关公务员在受处分期间的表现情况。

第四十六条　处分决定、解除处分决定自作出之日起生效。

第四十七条　行政机关公务员受到开除处分后，有新工作单位的，其本人档案转由新工作单位管理；没有新工作单位的，其本人档案转由其户籍所在地人事部门所属的人才服务机构管理。

第六章　不服处分的申诉

第四十八条　受到处分的行政机关公务员对处分决定不服的，依照《中华人民共和国公务员法》和《中华人民共和国行政监察法》的有关规定，可以申请复核或者申诉。

复核、申诉期间不停止处分的执行。

行政机关公务员不因提出复核、申诉而被加重处分。

第四十九条　有下列情形之一的，受理公务员复核、申诉的机关应当撤销处分决定，重新作出决定或者责令原处分决定机关重新作出决定：

(一)处分所依据的违法违纪事实证据不足的；

(二)违反法定程序，影响案件公正处理的；

(三)作出处分决定超越职权或者滥用职权的。

第五十条　有下列情形之一的，受理公务员复核、申诉的机关应当变更处分决定，或者责令原处分决定机关变更处分决定：

(一)适用法律、法规、规章或者国务院决定错误的；

(二)对违法违纪行为的情节认定有误的；

(三)处分不当的。

第五十一条　行政机关公务员的处分决定被变更，需要调整该公务员的职务、级别或者工资档次的，应当按照规定予以调整；行政机关公务员的处分决定被撤销的，应当恢复该公务员的级别、工资档次，按照原职务安排相应的职务，并在适当范围内为其恢复名誉。

被撤销处分或者被减轻处分的行政机关公务员工资福利受到损失的，应当予以补偿。

第七章　附　则

第五十二条　有违法违纪行为应当受到处分的行政机关公务员，在处分决定机关作出处分决定前已经退休的，不再给予处分；但是，依法应当给予降级、撤职、开除处分的，应当按照规定相应降低或者取消其享受的待遇。

第五十三条　行政机关公务员违法违纪取得的财物和用于违法违纪的财物，除依法应当由其他机关没收、追缴或者责令退赔的，由处分决定机关没收、追缴或者责令退赔。违法违纪取得的财物应当退还原所有人或者原持有人的，退还原所有人或者原持有人；属于国家财产以及不应当退还或者无法退还原所有人或者原持有人的，上缴国库。

第五十四条　对法律、法规授权的具有公共事务管理职能的事业单位中经批准参照《中华人民共和国公务员法》管理的工作人员给予处分，参照本条例的有关规定办理。

第五十五条　本条例自2007年6月1日起施行。1988年9月13日国务院发布的《国家行政机关工作人员贪污贿赂行政处分暂行规定》同时废止。

(此条例系2007年4月国务院令)

坚持惩防并举　更加注重预防
深入推进党风廉政建设和反腐败斗争

——中共中央纪律检查委员会向党的第十七次全国代表大会的工作报告

（2007年10月21日中国共产党第十七次全国代表大会通过）

党的第十六次全国代表大会以来，中央纪律检查委员会和各级纪律检查委员会在党中央的领导下，坚持以邓小平理论和“三个代表”重要思想为指导，深入贯彻落实科学发展观，按照党的十六大和十六届历次中央全会精神，全面履行党章赋予的职责，坚持从严治党，维护党的纪律，维护党的团结统一，扎实推进党风廉政建设和反腐败斗争，为全面建设小康社会提供了重要保证。现将五年来的工作情况和对今后工作的建议，向党的第十七次全国代表大会报告如下，请予审查。

一、过去五年的工作

党的十六大以来的五年，是全面推进中国特色社会主义事业和党的建设新的伟大工程并取得显著成就的五年。以胡锦涛同志为总书记的党中央面对复杂多变的国际环境和艰巨繁重的国内任务，高举邓小平理论和“三个代表”重要思想伟大旗帜，坚持党的基本路线，创造性地提出并贯彻科学发展观、构建社会主义和谐社会等重大战略思想。大力加强党的执政能力建设和先进性建设，号召全党学习贯彻党章，作出关于认真学习《江泽民文选》的决定，在全党开展以实践“三个代表”重要思想为主要内容的保持共产党员先进性教育活动。要求各级领导干部牢记“两个务必”，弘扬求真务实精神，自觉接受监督，努力做到为民、务实、清廉。确立标本兼治、综合治理、惩防并举、注重预防的反腐倡廉方针，作出建立健全教育、制度、监督并重的惩治和预防腐败体系的战略决策，提出拓展从源头上防治腐败工作领域的要求。这些重大决策和部署对于深入推进党风廉政建设和反腐败斗争，具有十分重要的意义。

在党中央坚强有力的领导下，经过全党全社会的共同努力，党风廉政建设和反腐败工作在继承中发展，在改革中创新，取得新的明显成效。特别是在查办大案要案、深挖腐败分子、加强制度建设、强化对领导干部的监督、治理商业贿赂、纠正损害群众利益的不正之风等方面取得重要进展。

——切实加强对中央重大决策部署贯彻执行情况的监督检查。围绕贯彻落实科学发展观、完善社会主义市场经济体制、加强党的执政能力建设、构建社会主义和谐社会等重大决策，会同有关部门对加强宏观调控、调整经济结构、转变经济增长方式、节约资源、保护环境以及地方各级党委集中换届等工作开展监督检查。严明党的纪律特别是政治纪律，坚决维护中央权威，保持全党在指导思想、路线方针政策和重大原则问题上的高度一致。

——认真抓好反腐倡廉教育和领导干部廉洁自律工作。结合开展保持共产党员先进性教育活动，加强以坚定理想信念、树立正确权力观和遵纪守法为主要内容的反腐倡廉教育，广泛开展学习廉政勤政先进典型和警示教育活动，发扬党的光荣传统和优良作风。树立社会主义荣辱观，加强廉政文化建设。反腐倡廉宣传教育工作格局逐步完善。严格执行“四大纪律八项要求”，认真解决领导干部廉洁自律方面存在的突出问题。重点治理违反规定收送现金、有价证券和支付凭证，跑官要官，放任纵容配偶、子女和身边工作人员利用领导干部职权和职务影响谋取非法利益，借婚丧嫁娶等事宜收钱敛财，参与赌博等问题，取得比较明显的效果。严禁领导干部谋取预期不正当利益，以交易形式收受财物，借委托他人理财的名义获取不正当利益等行为，促进领导干部廉洁从政。

——坚决纠正损害群众利益的不正之风。注意把涉及民生的突出问题纳入治理内容，会同有关部门认真开展治理教育乱收费、纠正医药购销和医疗服务中的不正之风、减轻农民负担等工作；同时，针对损害群众利益的新情况新问题，集中整治土地征用、房屋拆迁、企业改制、农民工工资支付、安全生产、环境保护、食品药品安全、社保基金管理等方面群众反映强烈的问题，维护群众的切身利益。深入开展民主评议政风行风活动，积极推进纠风工作长效机制建设。

——严肃查处违反党纪的案件。保持查办案件的强劲势头，重点查办领导干部滥用职权、贪污贿赂、腐化堕落、失职渎职的案件，查办利用人事权、司法权、审批权、行政执法权谋取私利的案件，查办官商勾结、为黑恶势力充当“保护伞”、严重侵害群众利益的案件，涉嫌犯罪的及时移送司法机关。2002 年 12 月至 2007 年 6 月，全国纪律检查机关共立案 677924 件，结案 679846 件（包括十六大前未办结案件），给予党纪处分 518484 人。查处陈良宇、杜世成、郑筱萸等极少数高级干部严重违纪案件，依纪依法严肃处理，表明我们党反对腐败的坚强决心和鲜明态度。认真开展治理商业贿赂专项工作，取得积极成果。加强信访举报工作，开通举报网站。完善查办案件协调机制，不断增强有效突破案件的能力。坚持依纪依法办案，改进办案措施，规范办案程序，加强案件审理和申诉复查工作，保障被审查人员合法权利。为一批受到诬告错告的党员干部澄清事实。

——不断加大对领导干部的监督力度。颁布实施《中国共产党党内监督条例（试行）》，修订发布《中国共产党纪律处分条例》和《中国共产党党员权利保障条例》等党内重要法规。建立健全民主生活会、述职述廉、诫勉谈话、党内询问和质询、党员领导干部报告个人有关事项等制度。建立巡视机构，加强巡视工作。对各省（区、市）和新疆生产建设兵团以及部分金融机构、国有重要骨干企业进行巡视。各省（区、市）党委对所辖市（地）进行巡视，并将巡视范围延伸到部分县（市、区）。通过巡视，加强对领导干部的监督，发现了一大批廉洁勤政的好干部，也发现了一些在执行党的路线方针政策、贯彻民主集中制、干部选拔任用、廉洁自律等方面存在的问题和违纪违法案件线索。中央和省级纪检监察机关派驻机构统一管理工作基本完成，对驻在部门领导班子及其成员的监督得到加强。进一步加大对党风廉政建设责任制落实情况监督检查的力度。政务公开、厂务公开、村务公开进一步深化，党务公开逐步推进。

——深入开展治本抓源头工作。配合有关部门推进行政审批制度、财政管理体制、干部人事制度、司法体制和工作机制、投资体制、金融体制改革。积极实施和完善工程建设项目招标投标、经营性土地使用权招标拍卖挂牌出让、产权交易、政府采购等制度。深化公务员工资制度改革，规范津贴补贴，推进公务接待和差旅费管理改革工作。一些地方和部门运用现代科技手段和管理方式，加强预防腐败工作，收到良好效果。

——全面履行纪检与监察两项职能。各级纪检监察机关在合署办公的体制下，充分发挥行政监察职能作用，加强执法监察、廉政监察和效能监察。围绕贯彻《公务员法》、《行政许可法》等法律法规，开展监督检查。参与重特大责任事故调查，开展清理纠正党政机关工作人员和国有企业领导人员投资入股煤矿等专项治理工作。颁布实施《行政机关公务员处分条例》、《行政监察法实施条例》，严肃查处违反行政纪律的案件，促进政府机关及其工作人员依法行政、廉政勤政。加强反腐败国际交流与合作，签署并加入《联合国反腐败公约》，探索与有关国家建立执法合作、司法协助等工作机制。

从总体上看，五年来纪律检查工作逐步制度化、规范化，党风廉政建设和反腐败斗争深入开展，腐败现象进一步得到遏制，党员违纪案件有所减少，人民群众的满意程度有所提高。同时，我们也要清醒地看到，违纪违法案件在一些地方和部门仍呈易发多发态势，极少数高中级干部严重违纪违法问题影响恶劣。少数党员领导干部政治信念动摇，思想作风不正，形式主义、官僚主义、享乐主义、奢侈浪费问题比较突出。损害群众利益的不正之风还比较严重。一些反腐倡廉法规制度和政策措施落实得不够好。反腐倡廉工作存在薄弱环节，有效预防腐败的措施和办法还不够多。纪律检查机关对新情况新问题深入调查研究不够，工作机制和工作能力还不能完全适应反腐败斗争的需要。对此，我们必须高度重视，以更加坚决的态度、更加有力的措施做好工作，决不辜负党和人民的期望。

二、过去五年工作的体会

改革开放以来，我们党在团结带领全国人民建设中国特色社会主义事业的伟大进程中，坚定不移地开展党风廉政建设和反腐败斗争，走出了一条中国特色反腐倡廉道路，积累了宝贵经验。党的十一届三中全会以后，随着党和国家工作中心转移到经济建设上来，以邓小平同志为核心的第二代中央领导集体提出执政党的党风问题是有关党的生死存亡的问题，坚持一手抓改革开放，一手抓惩治腐败，探索在不搞政治运动的条件下端正党风、反对腐蚀的新途径。党的十三届四中全会以后，在建立社会主义市场经济体制的过程中，以江泽民同志为核心的第三代中央领导集体提出治国必先治党、治党务必从严，确定领导干部廉洁自律、查办案件、纠正不正之风的三项工作格局，筑起思想道德和党纪国法两道防线，形成党委统一领导、党政齐抓共管、纪委组织协调、部门各负其责、依靠群众的支持和参与的领导体制和工作机制，实行党风廉政建设责任制，推动反腐败从侧重遏制转到标本兼治、综合治理、逐步加大治本力度的轨道。党的十六大以来，我国工业化、信息化、城镇化、市场化、国际化步伐加快，经济社会发展发生深刻变化，以胡锦涛同志为总书记的党中央提出坚决惩治腐败是我们党执政能力的重要体现，有效预防腐败更是我们党执政能力的重要标志，确立标本兼治、综合治理、惩防并举、注重预防的方针，颁布建立健全惩治和预防腐败体系实施纲要，提出拓展从源头上防治腐败的工作领域，标志着我国反腐倡廉工作进入了新的发展阶段。五年来，在反腐倡廉新的实践中，主要有以下认识和体会：

——坚持求真务实、与时俱进，用马克思主义中国化的最新成果指导反腐倡廉实践。马克思主义是我们立党立国的根本指导思想。反腐倡廉工作的创新和发展，必须坚持以邓小平理论和“三个代表”重要思想为指导，深入贯彻落实科学发展观；必须认真学习邓小平反腐倡廉理论和江泽民反腐倡廉思想，坚决落实以胡锦涛同志为总书记的党中央关于党风廉政建设和反腐败工作的一系列重大决策和部署；必须坚持党在长期反腐倡廉实践中形成的指导思想、基本原则、工作方针和成功经验，加强对全局性、战略性问题的研究，用发展的思路和改革的办法，注重从源头上解决腐败问题；必须坚持一切从实际出发，适应国内外形势的发展变化，进一步解放思想，开拓创新，努力做到思想观念和思想方法、工作思路和工作方法、人员素质和工作作风的与时俱进。

——坚持围绕中心、服务大局，为推动科学发展、促进社会和谐服务。反腐倡廉作为党和国家工作的重要组成部分，必须紧紧围绕发展这个党执政兴国的第一要务来进行，始终放在全局中谋划和部署，促进经济社会又好又快发展。全面履行党章赋予的职责，切实加强对党的路线方针政策和决议执行情况的监督检查。深入经济社会各个领域，解决党风政风方面妨碍改革和发展的突出问题，加强综合治理，优化发展环境。坚持查实问题是成绩、澄清是非也是成绩，惩治腐败是成绩、预防腐败也是成绩。

既严明党的纪律，坚决查处违纪案件，又支持改革创新，保护党员干部干事创业的积极性。

——坚持立党为公、执政为民，以优良的党风促政风带民风。始终保持党同人民群众的血肉联系，是党风政风建设的核心问题。好的风气是抓出来的，更是带出来的。端正党风政风，必须全面加强领导干部作风建设，着力解决在廉政勤政方面存在的突出问题；必须始终关注民生，把解决损害群众利益的突出问题作为党风政风建设的工作重点，适时调整和充实专项治理的工作内容；必须坚持纠防结合，常抓不懈，既要解决苗头性、倾向性问题，防止蔓延成风，又要建立健全维护群众利益的长效机制。

——坚持惩防并举、注重预防，建立健全惩治和预防腐败体系。坚持反腐倡廉方针，构建惩治和预防腐败体系，是我们党适应形势发展和时代要求作出的重大战略决策。坚持这个方针，就是要把治标与治本、惩治与预防始终贯穿于反腐倡廉的全过程，做到两手抓、两手都要硬。查办违纪案件是惩治腐败的重要手段，也是预防腐败的重要条件，任何时候都不能放松。推进体系建设是一项复杂而艰巨的系统工程，必须完善领导体制和工作机制，认真执行党风廉政建设责任制，形成全党动手一起抓的局面；必须与完善社会主义市场经济体制的进程相适应，着眼长远、立足当前，整体规划、分步实施；必须寓于改革发展各个方面，在重点领域和关键环节取得突破；必须把制度建设贯穿于反腐倡廉工作的各个环节，努力提高反腐倡廉的法制化水平，逐步健全拒腐防变教育长效机制、反腐倡廉制度体系、权力运行监控机制。

——坚持深化改革、拓展领域，从源头上预防和治理腐败。与中国特色社会主义事业总体布局相适应，必须把反腐倡廉工作融入经济建设、政治建设、文化建设、社会建设和党的建设之中，拓展从源头上防治腐败工作领域。抓住正确行使权力这个关键，规范领导干部从政行为，加强对权力运行的制约和监督。抓住防止谋取非法利益这个重点，禁止领导干部违反规定插手市场交易活动，发挥市场配置资源的基础性作用。抓住思想道德教育这个基础，建设社会主义核心价值体系，加强面向全社会的廉政文化建设。抓住维护群众利益这个根本，解决人民群众最关心、最直接、最现实的利益问题，建立健全利益协调、诉求表达、矛盾调处、权益保障的长效机制。

——坚持发展民主、加强监督，努力使领导干部不犯或少犯错误。民主和监督是防治腐败的有力武器。党内民主是党的生命，党内监督是最重要的监督，必须以扩大党内民主带动人民民主，以强化党内监督带动各方面监督。坚持和完善民主集中制，增强党组织工作透明度，保障党员权利，使党员更好地了解和参与党内事务。认真落实党内监督各项制度，拓宽监督渠道，切实加强对领导干部的监督。加强监督，既是严格要求，也是关心爱护，领导干部要自觉接受监督。

这些认识和体会，是我们党在探索中国特色反腐倡廉道路、全面推进党的建设新的伟大工程中取得的，反映了党对社会主义市场经济条件下反腐倡廉工作规律认识的深化。我们要在新的实践中加以坚持、完善和发展。

三、今后五年的工作建议

坚决惩治和有效预防腐败，关系人心向背和党的生死存亡，是党必须始终抓好的重大政治任务。这些年来，党风廉政建设和反腐败斗争力度持续加大，不断取得重要成果，但是消极腐败现象仍然比较严重，反腐倡廉形势仍然严峻。我国正处于并将长期处于社会主义初级阶段，腐败现象滋生的土壤和条件在短期内难以消除，全党同志一定要充分认识反腐败斗争的长期性、复杂性、艰巨性。当前，我国进入改革发展的关键时期，经济体制、社会结构、利益格局、思想观念正在发生深刻变化。社会主义市场经济体制初步建立，同时一些领域体制机制制度还不完善，客观上存在腐败现象滋生的空间和漏洞。社会主义民主政治建设不断推进，同时形成完善的法治环境和有效的监督机制尚需一个过程。社会主义精神文明建设不断得到加强，同时拜金主义、享乐主义和极端个人主义等腐朽思想以及封建主义残余思想对党员干部的影响不可低估。党的执政能力建设和先进性建设取得重要进展，同时仍有一些基层组织存在管理不严、软弱涣散的问题。这些特点决定了现阶段反腐败必然面临有利条件与不利因素并存、成效明显与问题突出并存的复杂局面。我们既要树立忧患意识，居安思危，增强紧迫感，又要坚定信念，充满信心，树立长期作战的思想。实践证明，党中央对反腐败的认识是清醒的，旗帜是鲜明的，态度是坚决的，措施是有力的；党的干部队伍的主流是好的，腐败分子只是极少数。我们有党中央的坚强领导，有这些年来积累的成功经验，有广大人民群众的支持和参与。只要认真贯彻党中央确定的战略部署，将反腐倡廉贯穿于改革开放和现代化建设的全过程，坚持不懈地抓下去，就一定能把腐败现象遏制到最低程度。

今后五年是全面建设小康社会、加快推进社会主义现代化的关键时期。我们要高举中国特色社会主义伟大旗帜，坚持以邓小平理论和“三个代表”重要思想为指导，深入贯彻落实科学发展观，全面履行党章赋予的职责，坚持标本兼治、综合治理、惩防并举、注重预防的方针，加强以保持党同人民群众血肉联系为重点的作风建设，加强以完善惩治和预防腐败体系为重点的反腐倡廉建设，在坚决惩治腐败的同时，更加注重治本，更加注重预防，更加注重制度建设，努力拓展从源头上防治腐败的工作领域，切实抓好建立健全惩治和预防腐败体系实施纲要的落实，为实现党的十七大作出的各项重大决策和战略部署提供有力保证。

（一）深入开展理想信念和廉洁从政教育

加强教育是反腐倡廉的基础性工作，是党员干部拒腐防变的思想保证。针对党员干部思想和作风方面存在的突出问题，在全党深入开展党风党纪教育，坚持优良传统，弘扬新风正气，抵制歪风邪气，切实做到为民、务实、清廉。

坚持以领导干部为重点，加强理想信念教育、权力观教育和党纪国法教育。深入学习马克思列宁主义、毛泽东思想、邓小平理论和“三个代表”重要思想，深入学习科学发展观，深刻认识社会主义初级阶段基本国情，始终坚持党的基本路线，坚定不移地走中国特色社会主义道路。坚持正确的政治方向、政治立场、政治观点，不断提高政治鉴别力和政治敏锐性，严守政治纪律。认真遵守党章和其他党内法规，模范遵守宪法和法律法规。坚持全心全意为人民服务的宗旨，牢记权力是人民赋予的，决不能用来谋取私利。

要把教育与管理结合起来，加强对领导干部廉洁自律情况的监督检查。认真贯彻中央纪委《关于严格禁止利用职务上的便利谋取不正当利益的若干规定》和最高人民法院、最高人民检察院《关于办理受贿刑事案件适用法律若干问题的意见》，严格禁止党员干部利用职务上的便利为本人和特定关系人谋取不正当利益。严格执行领导干部配偶、子女个人经商办企业等有关规定。决不允许对领导干部的亲属搞特殊照顾，决不允许为他们谋取不正当利益提供任何方便。对领导干部身边工作人员要严格教育、严格要求、严格管理。进一步规范领导干部离职和退休后的从业行为。针对新情况新问题，修订党员领导干部廉洁从政准则。

反腐倡廉教育要面向全党全社会，同职业道德、社会公德、家庭美德和个人品德教育结合起来。党员干部要坚持党性原则，讲操守、重品行、树正气。要制定关于加强廉政文化建设的意见，推动廉政文化进社区、家庭、学校、企业和农村，增强全社会反腐倡廉意识。运用正面典型进行宣传引导，运用反面案例进行警示教育。改进反腐倡廉宣传教育方式方法，完善反腐倡廉“大宣教”工作格局，增强宣传教育的针对性和有效性。

（二）全面加强领导干部和领导机关作风建设

良好的作风是凝聚党心民心的巨大力量，是维护清正廉洁的重要保障。要协助党委加强党的作风建设，认真落实"八个坚持、八个反对"的要求，大力倡导八个方面的良好风气，努力促进领导干部作风的进一步转变。

制定关于加强领导干部作风建设的意见，全面加强领导干部思想作风、学风、工作作风、领导作风和生活作风建设，重点解决领导干部在执行路线方针政策、坚持群众路线、落实廉洁从政规定、遵守组织人事纪律以及生活作风等方面存在的突出问题，坚决反对和纠正形式主义、官僚主义、享乐主义、弄虚作假等行为。把作风建设纳入干部教育培训的重要内容，贯穿于领导干部的培养、选拔、管理、使用等各个环节。贯彻落实中央关于加强农村基层党风廉政建设的意见。切实加强国有企业党风建设和反腐倡廉工作，制定国有企业领导人员作风建设的规定，规范和完善国有企业领导人员的薪酬管理。

切实改进党政机关作风，坚决制止奢侈浪费。认真执行中央关于进一步严格控制党政机关办公楼等楼堂馆所建设的规定。严格执行公务员的工资、津贴补贴标准。严格控制公务消费，规范党政机关领导干部及国有企业事业单位领导人员职务消费行为。逐步完善并认真执行住房、医疗、公务用车、公务接待和秘书配备等方面的规定。大力精简会议和文件，改进学风和文风。

坚持以良好的作风贯彻落实科学发展观，促进和保证政令畅通。按照党的十七大的战略部署，围绕加强和改善宏观调控、增强自主创新能力、提高质量和效益、健全就业和社会保障制度、建设社会主义新农村等重大政策和改革措施开展监督检查。要配合有关部门加强对固定资产投资调控政策落实情况的检查，加强对土地调控政策执行情况的检查，加强对节能降耗和污染减排工作情况的检查，保证中央方针政策的贯彻落实。对有令不行、有禁不止的，要严肃追究；对造成严重后果的，要依纪依法严肃处理。

（三）切实解决损害群众利益的突出问题

坚持以人为本、关注民生，坚决纠正损害群众利益的不正之风，是我们党实践全心全意为人民服务宗旨的必然要求，是促进社会和谐的重要任务。必须把这项工作摆在党风廉政建设更加突出的位置抓紧抓好。

围绕维护群众切身利益问题，深入开展专项治理，会同有关部门继续纠正教育收费、医药购销和医疗服务中的不正之风，做好减轻农民负担工作。同时，各地要结合实际，着力解决食品药品安全、环境保护、土地征用、房屋拆迁、企业改制、安全生产、社保基金和住房公积金管理等方面损害群众利益的问题，坚决维护社会公平正义。

坚持标本兼治、纠建并举，建立健全防治不正之风的长效机制。督促有关部门强化行业监管，建立健全与群众利益密切相关的重大事项社会公示制度和社会听证制度。大力开展创建文明行业活动，健全民主评议政风行风等制度，办好政风行风热线。加强基层党组织建设，发挥人民团体、城乡基层群众性自治组织和其他社会组织联系群众的作用，促进社会和谐稳定。

（四）着力推进改革和制度建设

制度更带有根本性、全局性、稳定性和长期性。要坚持改革创新的精神，按照依法治国、依法执政的要求，切实加强以党章为核心的党内法规制度建设，加强国家廉政立法，努力形成反腐倡廉的制度体系。

配合有关部门积极推进各项改革。深化干部人事制度改革，按照科学发展观的要求，坚持和完善领导班子和领导干部综合考核评价制度。建立健全科学的干部选拔任用和管理监督机制，进一步扩大干部选拔任用工作中的民主，完善选拔任用决策机制，防止考察失真、"带病提拔"等问题。进一步加大干部轮岗、交流力度。加快行政管理体制改革，进一步减少和规范行政审批，实行重大项目审批会审制度，全面推行以行政首长为重点对象的行政问责制。深化财政管理制度改革，继续完善部门预算、国库集中收付和“收支两条线”管理制度，规范财政转移支付，严禁设立“小金库”，保证财政资金使用的规范性、安全性和有效性。深化金融体制改革，强化金融监管，加强内控机制建设，依法落实金融账户实名制。深化投资体制改革，建立健全政府重大投资项目公示制和责任追究制。推进司法体制和工作机制改革，促进司法公正。推进国有资产经营管理体制等其他方面的改革。

督促有关部门按照公开、公平、公正原则，加快推进公共资源交易市场建设。规范和完善工程建设招标投标、国有土地使用权招标拍卖挂牌出让、产权交易和政府采购等制度。出台招标投标法实施条例。加强社会信用体系建设，健全失信惩戒制度和执业资格退出机制。不断完善规范市场竞争行为和防治商业贿赂的法规制度。

制度建设必须与完善社会主义市场经济体制相适应，对现有制度该完善的要完善，该废止的要废止。既要重视制定和完善制度，更要严格执行制度。建立健全督办机制，加强对制度执行情况的监督检查，保证各项制度落到实处。

建立国家预防腐败局是党中央、国务院为加大预防腐败力度采取的一项重大措施。要发挥国家预防腐败机构的职能作用，切实抓好预防腐败的组织协调、综合规划和政策制定。建立预防腐败的信息共享机制，分析识别腐败高风险的领域和部位，推动建立反映廉政状况的指标体系和预警机制，努力提高预防腐败工作的专业化、规范化和法制化水平。

(五)加强对权力运行的制约和监督

加强监督、关口前移，是有效预防腐败的关键。要在强化监督上下功夫，重点加强对领导干部特别是主要领导干部的监督，加强对人财物管理使用、关键岗位的监督。凡属重大决策、重要干部任免、重大项目安排和大额度资金使用等重要问题，必须经集体讨论作出决定。建立健全决策权、执行权、监督权既相互制约又相互协调的权力结构，形成结构合理、配置科学、程序严密、制约有效的权力运行机制，保证人民赋予的权力始终用来为人民谋利益。

认真落实党内监督条例。加强对民主生活会的指导和监督，切实提高会议质量。严格执行述职述廉、诫勉谈话、函询和党员领导干部报告个人有关事项等制度，实施地方党委委员、纪委委员党内询问和质询办法。开展地方党委委员、纪委委员提出罢免或撤换要求及处理的试点工作。进一步加强和改进巡视工作，制定巡视工作条例。重视巡视成果的综合运用，提高巡视工作水平。继续加强对各省(区、市)的巡视，扩大对金融机构、国有重要骨干企业的巡视范围，开展对国家重点工程项目的巡视。地方巡视工作的范围逐步延伸到县(市、区)。开展对中央和国家机关及各省(区、市)直属机关的巡视。完善纪检监察机关派驻机构统一管理，发挥机关党的纪检组织的职能作用。抓住责任分解、考核、追究等关键环节，进一步落实和完善党风廉政建设责任制。对党内监督条例和党员权利保障条例的实施情况，适时开展专项检查。把党内监督与人大监督、政府专门机关监督、政协民主监督、司法监督、群众监督和舆论监督等结合起来，拓宽监督渠道，增强监督合力。

发展党内民主，健全民主集中制。健全党委常委会向委员会全体会议定期报告工作、接受监督的制度。充分发挥党的代表大会代表的监督作用。坚持党员主体地位，保证党员行使各项民主权利，积极推进党务公开。适应社会主义民主政治发展的要求，完善政务公开、厂务公开、村务公开和公共企事业单位办事公开制度。认真实施政府信息公开条例，扩大公开的范围和层次，让权力在阳光下运行。

积极开展行政监察工作，加强对国家行政机关及其工作人员的监督，规范行政权力，改善行政管理，提高行政效能，保证政令畅通。加强对重特大责任事故的调查处理。严肃查处违反政纪的案件。配合有关部门继续推行对地(厅)级及以下党政主要领导干部的经济责任审计，试行对省(部)级主要领导干部的经济责任审计,加强对重点专项资金和重大投资项目的审计。

加大组织处理工作力度。对确有问题、不宜继续担任领导职务的,应按照《党政领导干部辞职暂行规定》等相关规定,采取引咎辞职、责令辞职、免职等组织措施予以处理;构成违纪的,按照纪律处分条例的规定予以处理。要建立健全党委统一领导、纪检监察机关和组织人事等部门相互协调的工作机制,进一步明确组织处理范围,规范组织处理程序,提高运用组织处理和纪律处分的综合效果。

(六)保持查办案件工作力度

查办违纪案件是纪检机关的重要职责,是贯彻从严治党方针、推进反腐倡廉建设的重要任务,必须始终抓紧抓好。

继续重点查办发生在领导机关和领导干部中滥用职权、贪污贿赂、腐化堕落、失职渎职等案件,查办官商勾结、权钱交易、权色交易和严重侵害群众利益的案件。严肃查办工程建设中搞虚假招标投标的案件,非法批地、低价出让土地或擅自变更规划获取利益的案件,违法审批探矿权和采矿权、违法入股矿产开发的案件,违规发放、核销贷款和资产处置的案件,隐匿、侵占、转移国有资产的案件,严重违反组织人事纪律的案件,以及利用司法权索贿受贿、徇私舞弊、充当黑恶势力"保护伞"等案件。加大对腐败分子的经济处罚和赃款赃物追缴力度。继续深入开展治理商业贿赂专项工作,既要严厉惩处受贿行为,又要严厉惩处行贿行为。加大对企业和其他取得收入的组织在国(境)内外经营活动中商业贿赂行为的惩处力度,依法查处国(境)外经济组织在我国内地的商业贿赂行为。加强与司法机关、行政执法机关的协调配合。坚持在法律和纪律面前人人平等,对腐败分子必须坚决查处、决不姑息。

严格依纪依法办案,增强突破案件的能力,提高办案质量和执纪水平。正确使用案件检查措施,加强对办案工作的内部管理和监督,保障被审查人员的合法权利。加强信访举报工作,拓宽案件线索渠道,对实名举报实行反馈和回复制度,健全举报人和证人保护制度。对诬告陷害的,要严肃查处。加强案件审理工作,探索和推进审理方式的改革创新。正确把握政策,坚持惩前毖后、治病救人,努力取得良好的政治效果和社会效果。修订案件检查工作条例、控告申诉工作条例和案件审理工作条例。剖析典型案件,总结经验教训,堵塞漏洞,完善制度,发挥查办案件在治本方面的作用。

加强纪检机关自身建设。纪律检查干部处在反腐败斗争的第一线,面临着腐蚀与反腐蚀的严峻考验,必须在党委的领导下切实加强自身建设,努力提高纪律检查工作的能力。要深入学习贯彻中国特色社会主义理论体系,坚持用马克思主义中国化的最新成果武装头脑,指导实践,推动工作。加强对反腐倡廉重大问题的调查研究,推进反腐倡廉理论建设,增强工作的前瞻性、系统性和主动性。坚持党性原则,严格遵守党章和国家法律法规,自觉接受党代会代表的监督,接受党组织和人民群众的监督,努力成为加强学习的模范、真抓实干的模范、严格自律的模范。各级纪委要严格工作纪律特别是办案纪律,对不适合在纪检机关工作的要坚决调离,违纪违法的要严肃查处。进一步加强纪检监察机关领导班子建设,加大干部轮岗、交流和培训力度。中央和国家机关各部门纪检组长(纪委书记)、地方各级纪委书记(纪检组长)都要按照有关规定轮岗交流。各级反腐败协调小组组长,应由同级纪委书记担任,要进一步加强有关单位的协调和配合。

反腐倡廉任务艰巨而光荣,党和人民对纪律检查机关寄予厚望。我们一定要更加紧密地团结在以胡锦涛同志为总书记的党中央周围,高举中国特色社会主义伟大旗帜,坚持党的基本路线不动摇,锐意进取,扎实工作,不断取得党风廉政建设和反腐败斗争的新成效,为夺取全面建设小康社会新胜利、开创中国特色社会主义事业新局面而努力奋斗!

中国共产党章程

（中国共产党第十七次全国代表大会部分修改，2007年10月21日通过）

总　纲

中国共产党是中国工人阶级的先锋队，同时是中国人民和中华民族的先锋队，是中国特色社会主义事业的领导核心，代表中国先进生产力的发展要求，代表中国先进文化的前进方向，代表中国最广大人民的根本利益。党的最高理想和最终目标是实现共产主义。

中国共产党以马克思列宁主义、毛泽东思想、邓小平理论和"三个代表"重要思想作为自己的行动指南。

马克思列宁主义揭示了人类社会历史发展的规律，它的基本原理是正确的，具有强大的生命力。中国共产党人追求的共产主义最高理想，只有在社会主义社会充分发展和高度发达的基础上才能实现。社会主义制度的发展和完善是一个长期的历史过程。坚持马克思列宁主义的基本原理，走中国人民自愿选择的适合中国国情的道路，中国的社会主义事业必将取得最终的胜利。

以毛泽东同志为主要代表的中国共产党人，把马克思列宁主义的基本原理同中国革命的具体实践结合起来，创立了毛泽东思想。毛泽东思想是马克思列宁主义在中国的运用和发展，是被实践证明了的关于中国革命和建设的正确的理论原则和经验总结，是中国共产党集体智慧的结晶。在毛泽东思想指引下，中国共产党领导全国各族人民，经过长期的反对帝国主义、封建主义、官僚资本主义的革命斗争，取得了新民主主义革命的胜利，建立了人民民主专政的中华人民共和国；建国以后，顺利地进行了社会主义改造，完成了从新民主主义到社会主义的过渡，确立了社会主义基本制度，发展了社会主义的经济、政治和文化。

十一届三中全会以来，以邓小平同志为主要代表的中国共产党人，总结建国以来正反两方面的经验，解放思想，实事求是，实现全党工作中心向经济建设的转移，实行改革开放，开辟了社会主义事业发展的新时期，逐步形成了建设中国特色社会主义的路线、方针、政策，阐明了在中国建设社会主义、巩固和发展社会主义的基本问题，创立了邓小平理论。邓小平理论是马克思列宁主义的基本原理同当代中国实践和时代特征相结合的产物，是毛泽东思想在新的历史条件下的继承和发展，是马克思主义在中国发展的新阶段，是当代中国的马克思主义，是中国共产党集体智慧的结晶，引导着我国社会主义现代化事业不断前进。

十三届四中全会以来，以江泽民同志为主要代表的中国共产党人，在建设中国特色社会主义的实践中，加深了对什么是社会主义、怎样建设社会主义和建设什么样的党、怎样建设党的认识，积累了治党治国新的宝贵经验，形成了"三个代表"重要思想。"三个代表"重要思想是对马克思列宁主义、毛泽东思想、邓小平理论的继承和发展，反映了当代世界和中国的发展变化对党和国家工作的新要求，是加强和改进党的建设、推进我国社会主义自我完善和发展的强大理论武器，是中国共产党集体智慧的结晶，是党必须长期坚持的指导思想。始终做到"三个代表"，是我们党的立党之本、执政之基、力量之源。

十六大以来，党中央坚持以邓小平理论和"三个代表"重要思想为指导，根据新的发展要求，集中全党智慧，提出了以人为本、全面协调可持续发展的科学发展观。科学发展观，是同马克思列宁主义、毛泽东思想、邓小平理论和“三个代表”重要思想既一脉相承又与时俱进的科学理论，是我国经济社会发展的重要指导方针，是发展中国特色社会主义必须坚持和贯彻的重大战略思想。

改革开放以来我们取得一切成绩和进步的根本原因，归结起来就是：开辟了中国特色社会主义道路，形成了中国特色社会主义理论体系。全党同志要倍加珍惜、长期坚持和不断发展党历经艰辛开创的这条道路和这个理论体系，高举中国特色社会主义伟大旗帜，为实现推进现代化建设、完成祖国统一、维护世界和平与促进共同发展这三大历史任务而奋斗。

我国正处于并将长期处于社会主义初级阶段。这是在经济文化落后的中国建设社会主义现代化不可逾越的历史阶段，需要上百年的时间。我国的社会主义建设，必须从我国的国情出发，走中国特色社会主义道路。在现阶段，我国社会的主要矛盾是人民日益增长的物质文化需要同落后的社会生产之间的矛盾。由于国内的因素和国际的影响，阶级斗争还在一定范围内长期存在，在某种条件下还有可能激化，但已经不是主要矛盾。我国社会主义建设的根本任务，是进一步解放生产力，发展生产力，逐步实现社会主义现代化，并且为此而改革生产关系和上层建筑中不适应生产力发展的方面和环节。必须坚持和完善公有制为主体、多种所有制经济共同发展的基本经济制度，坚持和完善按劳分配为主体、多种分配方式并存的分配制度，鼓励一部分地区和一部分人先富起来，逐步消灭贫穷，达到共同富裕，在生产发展和社会财富增长的基础上不断满足人民日益增长的物质文化需要，促进人的全面发展。发展是我们党执政兴国的第一要务。各项工作都要把有利于发展社会主义社会的生产力，有利于增强社会主义国家的综合国力，有利于提高人民的生活水平，作为总的出发点和检验标准，尊重劳动、尊重知识、尊重人才、尊重创造，做到发展为了人民、发展依靠人民、发展成果由人民共享。跨入新世纪，我国进入全面建设小康社会、加快推进社会主义现代化的新的发展阶段。必须按照中国特色社会主义事业总体布局，全面推进经济建设、政治建设、文化建设、社会建设。在新世纪新阶段，经济和社会发展的战略目标是，巩固和发展已经初步达到的小康水平，到建党一百年时，建成惠及十几亿人口的更高水平的小康社会；到建国一百年时，人均国内生产总值达到中等发达国家水平，基本实现现代化。

中国共产党在社会主义初级阶段的基本路线是：领导和团结全国各族人民，以经济建设为中心，坚持四项基本原则，坚持改革开放，自力更生，艰苦创业，为把我国建设成为富强民主文明和谐的社会主义现代化国家而奋斗。

中国共产党在领导社会主义事业中，必须坚持以经济建设为中心，其他各项工作都服从和服务于这个中心。要抓紧时机，加快发展，实施科教兴国战略、人才强国战略和可持续发展战略，充分发挥科学技术作为第一生产力的作用，依靠科技进步，提高劳动者素质，促进国民经济又好又快发展。

坚持社会主义道路、坚持人民民主专政、坚持中国共产党的领导、坚持马克思列宁主义毛泽东思想这四项基本原则，是我们的立国之本。在社会主义现代化建设的整个过程中，必须坚持四项基本原则，反对资产阶级自由化。

坚持改革开放，是我们的强国之路。要从根本上改革束缚生产力发展的经济体制，坚持和完善社会主义市场经济体制；与此相适应，要进行政治体制改革和其他领域的改革。要坚持对外开放的基本国策，吸收和借鉴人类社会创造的一切文明成果。改革开放应当大胆探索，勇于开拓，提高改革决策的科学性，增强改革措施的协调性，在实践中开创新路。

中国共产党领导人民发展社会主义市场经济。毫不动摇地巩固和发展公有制经济，毫不动摇地鼓励、支持、引导非公有制经济发展。发挥市场在资源配置中的基础性作用，建立完善的宏观调控体系。统筹城乡发展、区域发展、经济社会发展、人与自然和谐发展、国内发展和对外开放，调整经济结构，转变经济发展方式。建设社会主义新农村，走中国特色新型工业化道路，建设创新型国家，建设资源节约型、环境友好型社会。

中国共产党领导人民发展社会主义民主政治。坚持党的领导、人民当家作主、依法治国有机统一，走中国特色社会主义政治发展道路，扩大社会主义民主，健全社会主义法制，建设社会主义法治国家，巩固人民民主专政，建设社会主义政治文明。坚持和完善人民代表大会制度、中国共产党领导的多党合作和政治协商制度、民族区域自治制度以及基层群众自治制度。切实保障人民管理国家事务和社会事务、管理经济和文化事业的权利。尊重和保障人权。广开言路，建立健全民主选举、民主决策、民主管理、民主监督的制度和程序。加强国家立法和法律实施工作，实现国家各项工作法治化。

中国共产党领导人民发展社会主义先进文化。建设社会主义精神文明，实行依法治国和以德治国相结合，提高全民族的思想道德素质和科学文化素质，为改革开放和社会主义现代化建设提供强大的思想保证、精神动力和智力支持。坚持马克思主义指导思想，树立中国特色社会主义共同理想，弘扬以爱国主义为核心的民族精神和以改革创新为核心的时代精神，倡导社会主义荣辱观，增强民族自尊、自信和自强精神，抵御资本主义和封建主义腐朽思想的侵蚀，扫除各种社会丑恶现象，努力使我国人民成为有理想、有道德、有文化、有纪律的人民。对党员还要进行共产主义远大理想教育。大力发展教育、科学、文化事业，弘扬民族优秀传统文化，繁荣和发展社会主义文化。

中国共产党领导人民构建社会主义和谐社会。按照民主法治、公平正义、诚信友爱、充满活力、安定有序、人与自然和谐相处的总要求和共同建设、共同享有的原则，以改善民生为重点，解决好人民最关心、最直接、最现实的利益问题，努力形成全体人民各尽其能、各得其所而又和谐相处的局面。严格区分和正确处理敌我矛盾和人民内部矛盾这两类不同性质的矛盾。加强社会治安综合治理，依法坚决打击各种危害国家安全和利益、危害社会稳定和经济发展的犯罪活动和犯罪分子，保持社会长期稳定。

中国共产党坚持对人民解放军和其他人民武装力量的领导，加强人民解放军的建设，切实保证人民解放军履行新世纪新阶段军队历史使命，充分发挥人民解放军在巩固国防、保卫祖国和参加社会主义现代化建设中的作用。

中国共产党维护和发展平等团结互助和谐的社会主义民族关系，积极培养、选拔少数民族干部，帮助少数民族和民族地区发展经济、文化和社会事业，实现各民族共同团结奋斗、共同繁荣发展。全面贯彻党的宗教工作基本方针，团结信教群众为经济社会发展作贡献。

中国共产党同全国各民族工人、农民、知识分子团结在一起，同各民主党派、无党派人士、各民族的爱国力量团结在一起，进一步发展和壮大由全体社会主义劳动者、社会主义事业的建设者、拥护社会主义的爱国者、拥护祖国统一的爱国者组成的最广泛的爱国统一战线。不断加强全国人民包括香港特别行政区同胞、澳门特别行政区同胞、台湾同胞和海外侨胞的团结。按照“一个国家、两种制度”的方针，促进香港、澳门长期繁荣稳定，完成祖国统一大业。

中国共产党坚持独立自主的和平外交政策，坚持和平发展道路，坚持互利共赢的开放战略，统筹国内国际两个大局，积极发展对外关系，努力为我国的改革开放和现代化建设争取有利的国际环境。在国际事务中，维护我国的独立和主权，反对霸权主义和强权政治，维护世界和平，促进人类进步，努力推动建设持久和平、共同繁荣的和谐世界。在互相尊重主权和领土完整、互不侵犯、互不干涉内政、平等互利、和平共处五项原则的基础上，发展我国同世界各国的关系。不断发展我国同周边国家的睦邻友好关系，加强同发展中国家的团结与合作。按照独立自主、完全平等、互相尊重、互不干涉内部事务的原则，发展我党同各国共产党和其他政党的关系。

中国共产党要领导全国各族人民实现社会主义现代化的宏伟目标，必须紧密围绕党的基本路线，加强党的执政能力建设和先进性建设，以改革创新精神全面推进党的建设新的伟大工程。坚持立党为公、执政为民，坚持党要管党、从严治党，发扬党的优良传统和作风，不断提高党的领导水平和执政水平，提高拒腐防变和抵御风险的能力，不断增强党的阶级基础和扩大党的群众基础，不断提高党的创造力、凝聚力、战斗力，使我们党始终走在时代前列，成为领导全国人民沿着中国特色社会主义道路不断前进的坚强核心。党的建设必须坚决实现以下四项基本要求：

第一，坚持党的基本路线。全党要用邓小平理论、“三个代表”重要思想和党的基本路线统一思想，统一行动，深入贯彻落实科学发展观，并且毫不动摇地长期坚持下去。必须把改革开放同四项基本原则统一起来，全面落实党的基本路线，全面执行党在社会主义初级阶段的基本纲领，反对一切“左”的和右的错误倾向，要警惕右，但主要是防止“左”。加强各级领导班子建设，选拔使用在改革开放和社会主义现代化建设中政绩突出、群众信任的干部，培养和造就千百万社会主义事业接班人，从组织上保证党的基本理论、基本路线、基本纲领、基本经验的贯彻落实。

第二，坚持解放思想，实事求是，与时俱进。党的思想路线是一切从实际出发，理论联系实际，实事求是，在实践中检验真理和发展真理。全党必须坚持这条思想路线，弘扬求真务实精神，积极探索，大胆试验，开拓创新，创造性地开展工作，不断研究新情况，总结新经验，解决新问题，在实践中丰富和发展马克思主义，推进马克思主义中国化。

第三，坚持全心全意为人民服务。党除了工人阶级和最广大人民群众的利益，没有自己特殊的利益。党在任何时候都把群众利益放在第一位，同群众同甘共苦，保持最密切的联系，坚持权为民所用、情为民所系、利为民所谋，不允许任何党员脱离群众，凌驾于群众之上。党在自己的工作中实行群众路线，一切为了群众，一切依靠群众，从群众中来，到群众中去，把党的正确主张变为群众的自觉行动。我们党的最大政治优势是密切联系群众，党执政后的最大危险是脱离群众。党风问题、党同人民群众联系问题是关系党生死存亡的问题。党坚持标本兼治、综合治理、惩防并举、注重预防的方针，建立健全惩治和预防腐败体系，坚持不懈地反对腐败，加强党风建设和廉政建设。

第四，坚持民主集中制。民主集中制是民主基础上的集中和集中指导下的民主相结合。它既是党的根本组织原则，也是群众路线在党的生活中的运用。必须充分发扬党内民主，保障党员民主权利，发挥各级党组织和广大党员的积极性创造性。必须实行正确的集中，保证全党的团结统一和行动一致，保证党的决定得到迅速有效的贯彻执行。加强组织性纪律性，在党的纪律面前人人平等。加强对党的领导机关和党员领导干部的监督，不断完善党内监督制度。党在自己的政治生活中正确地开展批评和自我批评，在原则问题上进行思想斗争，坚持真理，修正错误。努力造成又有集中又有民主，又有纪律又有自由，又有统一意志又有个人心情舒畅的生动活泼的政治局面。

党的领导主要是政治、思想和组织的领导。党要适应改革开放和社会主义现代化建设的要求，坚持科学执政、民主执政、依法执政，加强和改善党的领导。党必须按照总揽全局、协调各方的原则，在同级各种组织中发挥领导核心作用。党必须集中精力领导经济建设，组织、协调各方面的力量，同心协力，围绕经济建设开展工作，促进经济社会全面发展。党必须实行民主的科学的决策，制定和执行正确的路线、方针、政策，做好党的组织工作和宣传教育工作，发挥全体党员的先锋模范作用。党必须在宪法和法律的范围内活动。党必须保证国家的立法、司法、行政机关，经济、文化组织和人民团体积极主动地、独立负责地、协调一致地工作。党必须加强对工会、共产主义青年团、妇女联合会等群众组织的领导，充分发挥它们的作用。党必须适应形势的发展和情况的变化，完善领导体制，改进领导方式，增强执政能力。共产党员必须同党外群众亲密合作，共同为建设中国特色社会主义而奋斗。

第一章　党　　员

第一条　年满十八岁的中国工人、农民、军人、知识分子和其他社会阶层的先进分子，承认党的纲领和章程，愿意参加党的一个组织并在其中积极工作、执行党的决议和按期交纳党费的，可以申请加入中国共产党。

第二条　中国共产党党员是中国工人阶级的有共产主义觉悟的先锋战士。

中国共产党党员必须全心全意为人民服务，不惜牺牲个人的一切，为实现共产主义奋斗终身。

中国共产党党员永远是劳动人民的普通一员。除了法律和政策规定范围内的个人利益和工作职权以外，所有共产党员都不得谋求任何私利和特权。

第三条　党员必须履行下列义务：

（一）认真学习马克思列宁主义、毛泽东思想、邓小平理论和“三个代表”重要思想，学习科学发展观，学习党的路线、方针、政策和决议，学习党的基本知识，学习科学、文化、法律和业务知识，努力提高为人民服务的本领。

（二）贯彻执行党的基本路线和各项方针、政策，带头参加改革开放和社会主义现代化建设，带动群众为经济发展和社会进步艰苦奋斗，在生产、工作、学习和社会生活中起先锋模范作用。

（三）坚持党和人民的利益高于一切，个人利益服从党和人民的利益，吃苦在前，享受在后，克己奉公，多做贡献。

（四）自觉遵守党的纪律，模范遵守国家的法律法规，严格保守党和国家的秘密，执行党的决定，服从组织分配，积极完成党的任务。

（五）维护党的团结和统一，对党忠诚老实，言行一致，坚决反对一切派别组织和小集团活动，反对阳奉阴违的两面派行为和一切阴谋诡计。

（六）切实开展批评和自我批评，勇于揭露和纠正工作中的缺点、错误，坚决同消极腐败现象作斗争。

（七）密切联系群众，向群众宣传党的主张，遇事同群众商量，及时向党反映群众的意见和要求，维护群众的正当利益。

（八）发扬社会主义新风尚，带头实践社会主义荣辱观，提倡共产主义道德，为了保护国家和人民的利益，在一切困难和危险的时刻挺身而出，英勇斗争，不怕牺牲。

第四条　党员享有下列权利：

（一）参加党的有关会议，阅读党的有关文件，接受党的教育和培训。

（二）在党的会议上和党报党刊上，参加关于党的政策问题的讨论。

（三）对党的工作提出建议和倡议。

（四）在党的会议上有根据地批评党的任何组织和任何党员，向党负责地揭发、检举党的任何组织和任何党员违法乱纪的事实，要求处分违法乱纪的党员，要求罢免或撤换不称职的干部。

（五）行使表决权、选举权，有被选举权。

（六）在党组织讨论决定对党员的党纪处分或作出鉴定时，本人有权参加和进行申辩，其他党员可以为他作证和辩护。

（七）对党的决议和政策如有不同意见，在坚决执行的前提下，可以声明保留，并且可以把自己的意见向党的上级组织直至中央提出。

（八）向党的上级组织直至中央提出请求、申诉和控告，并要求有关组织给以负责的答复。

党的任何一级组织直至中央都无权剥夺党

员的上述权利。

第五条　发展党员，必须经过党的支部，坚持个别吸收的原则。

申请入党的人，要填写入党志愿书，要有两名正式党员作介绍人，要经过支部大会通过和上级党组织批准，并且经过预备期的考察，才能成为正式党员。

介绍人要认真了解申请人的思想、品质、经历和工作表现，向他解释党的纲领和党的章程，说明党员的条件、义务和权利，并向党组织作出负责的报告。

党的支部委员会对申请入党的人，要注意征求党内外有关群众的意见，进行严格的审查，认为合格后再提交支部大会讨论。

上级党组织在批准申请人入党以前，要派人同他谈话，作进一步的了解，并帮助他提高对党的认识。

在特殊情况下，党的中央和省、自治区、直辖市委员会可以直接接收党员。

第六条　预备党员必须面向党旗进行入党宣誓。誓词如下：我志愿加入中国共产党，拥护党的纲领，遵守党的章程，履行党员义务，执行党的决定，严守党的纪律，保守党的秘密，对党忠诚，积极工作，为共产主义奋斗终身，随时准备为党和人民牺牲一切，永不叛党。

第七条　预备党员的预备期为一年。党组织对预备党员应当认真教育和考察。

预备党员的义务同正式党员一样。预备党员的权利，除了没有表决权、选举权和被选举权以外，也同正式党员一样。

预备党员预备期满，党的支部应当及时讨论他能否转为正式党员。认真履行党员义务，具备党员条件的，应当按期转为正式党员；需要继续考察和教育的，可以延长预备期，但不能超过一年；不履行党员义务，不具备党员条件的，应当取消预备党员资格。预备党员转为正式党员，或延长预备期，或取消预备党员资格，都应当经支部大会讨论通过和上级党组织批准。

预备党员的预备期，从支部大会通过他为预备党员之日算起。党员的党龄，从预备期满转为正式党员之日算起。

第八条　每个党员，不论职务高低，都必须编入党的一个支部、小组或其他特定组织，参加党的组织生活，接受党内外群众的监督。党员领导干部还必须参加党委、党组的民主生活会。不允许有任何不参加党的组织生活、不接受党内外群众监督的特殊党员。

第九条　党员有退党的自由。党员要求退党，应当经支部大会讨论后宣布除名，并报上级党组织备案。

党员缺乏革命意志，不履行党员义务，不符合党员条件，党的支部应当对他进行教育，要求他限期改正；经教育仍无转变的，应当劝他退党。劝党员退党，应当经支部大会讨论决定，并报上级党组织批准。如被劝告退党的党员坚持不退，应当提交支部大会讨论，决定把他除名，并报上级党组织批准。

党员如果没有正当理由，连续六个月不参加党的组织生活，或不交纳党费，或不做党所分配的工作，就被认为是自行脱党。支部大会应当决定把这样的党员除名，并报上级党组织批准。

第二章　党的组织制度

第十条　党是根据自己的纲领和章程，按照民主集中制组织起来的统一整体。党的民主集中制的基本原则是：

（一）党员个人服从党的组织，少数服从多数，下级组织服从上级组织，全党各个组织和全体党员服从党的全国代表大会和中央委员会。

（二）党的各级领导机关，除它们派出的代表机关和在非党组织中的党组外，都由选举产生。

（三）党的最高领导机关，是党的全国代表大会和它所产生的中央委员会。党的地方各级领导机关，是党的地方各级代表大会和它们所产生的委员会。党的各级委员会向同级的代表大会负责并报告工作。

（四）党的上级组织要经常听取下级组织和党员群众的意见，及时解决他们提出的问题。党的下级组织既要向上级组织请示和报告工作，又要独立负责地解决自己职责范围内的问题。上下级组织之间要互通情报、互相支持和互相监督。党的各级组织要按规定实行党务公开，使党员对党内事务有更多的了解和参与。

（五）党的各级委员会实行集体领导和个人分工负责相结合的制度。凡属重大问题都要按照集体领导、民主集中、个别酝酿、会议决定的原则，由党的委员会集体讨论，作出决定；委员会成员要根据集体的决定和分工，切实履行自己的职责。

（六）党禁止任何形式的个人崇拜。要保证党的领导人的活动处于党和人民的监督之下，同时维护一切代表党和人民利益的领导人的威信。

第十一条　党的各级代表大会的代表和委员会的产生，要体现选举人的意志。选举采用无记名投票的方式。候选人名单要由党组织和选举人充分酝酿讨论。可以直接采用候选人数多于应选人数的差额选举办法进行正式选举。也可以先采用差额选举办法进行预选，产生候选人名单，然后进行正式选举。选举人有了解候选人情况、要求改变候选人、不选任何一个候选人和另选他人的权利。任何组织和个人不得以任何方式强迫选举人选举或不选举某个人。

党的地方各级代表大会和基层代表大会的选举，如果发生违反党章的情况，上一级党的委员会在调查核实后，应作出选举无效和采取相应措施的决定，并报再上一级党的委员会审查批准，正式宣布执行。

党的各级代表大会代表实行任期制。

第十二条　党的中央和地方各级委员会在必要时召集代表会议，讨论和决定需要及时解决的重大问题。代表会议代表的名额和产生办法，由召集代表会议的委员会决定。

第十三条　凡是成立党的新组织，或是撤销党的原有组织，必须由上级党组织决定。

在党的地方各级代表大会和基层代表大会闭会期间，上级党的组织认为有必要时，可以调动或者指派下级党组织的负责人。

党的中央和地方各级委员会可以派出代表机关。

党的中央和省、自治区、直辖市委员会实行巡视制度。

第十四条　党的各级领导机关，对同下级组织有关的重要问题作出决定时，在通常情况下，要征求下级组织的意见。要保证下级组织能够正常行使他们的职权。凡属应由下级组织处理的问题，如无特殊情况，上级领导机关不要干预。

第十五条　有关全国性的重大政策问题，只有党中央有权作出决定，各部门、各地方的党组织可以向中央提出建议，但不得擅自作出决定和对外发表主张。

党的下级组织必须坚决执行上级组织的决定。下级组织如果认为上级组织的决定不符合本地区、本部门的实际情况，可以请求改变；如果上级组织坚持原决定，下级组织必须执行，并不得公开发表不同意见，但有权向再上一级组织报告。

党的各级组织的报刊和其他宣传工具，必须宣传党的路线、方针、政策和决议。

第十六条　党组织讨论决定问题，必须执行少数服从多数的原则。决定重要问题，要进行表决。对于少数人的不同意见，应当认真考虑。如对重要问题发生争论，双方人数接近，除了在紧急情况下必须按多数意见执行外，应当暂缓作出决定，进一步调查研究，交换意见，下次再表决；在特殊情况下，也可将争论情况向上级组织报告，请求裁决。

党员个人代表党组织发表重要主张，如果超出党组织已有决定的范围，必须提交所在的党组织讨论决定，或向上级党组织请示。任何党员不论职务高低，都不能个人决定重大问题；如遇紧急情况，必须由个人作出决定时，事后要迅速向党组织报告。不允许任何领导人实行个人专断和把个人凌驾于组织之上。

第十七条 党的中央、地方和基层组织，都必须重视党的建设，经常讨论和检查党的宣传工作、教育工作、组织工作、纪律检查工作、群众工作、统一战线工作等，注意研究党内外的思想政治状况。

第三章 党的中央组织

第十八条 党的全国代表大会每五年举行一次，由中央委员会召集。中央委员会认为有必要，或者有三分之一以上的省一级组织提出要求，全国代表大会可以提前举行；如无非常情况，不得延期举行。

全国代表大会代表的名额和选举办法，由中央委员会决定。

第十九条 党的全国代表大会的职权是：

（一）听取和审查中央委员会的报告；

（二）听取和审查中央纪律检查委员会的报告；

（三）讨论并决定党的重大问题；

（四）修改党的章程；

（五）选举中央委员会；

（六）选举中央纪律检查委员会。

第二十条 党的全国代表会议的职权是：讨论和决定重大问题；调整和增选中央委员会、中央纪律检查委员会的部分成员。调整和增选中央委员及候补中央委员的数额，不得超过党的全国代表大会选出的中央委员及候补中央委员各自总数的五分之一。

第二十一条 党的中央委员会每届任期五年。全国代表大会如提前或延期举行，它的任期相应地改变。中央委员会委员和候补委员必须有五年以上的党龄。中央委员会委员和候补委员的名额，由全国代表大会决定。中央委员会委员出缺，由中央委员会候补委员按照得票多少依次递补。

中央委员会全体会议由中央政治局召集，每年至少举行一次。中央政治局向中央委员会全体会议报告工作，接受监督。

在全国代表大会闭会期间，中央委员会执行全国代表大会的决议，领导党的全部工作，对外代表中国共产党。

第二十二条 党的中央政治局、中央政治局常务委员会和中央委员会总书记，由中央委员会全体会议选举。中央委员会总书记必须从中央政治局常务委员会委员中产生。

中央政治局和它的常务委员会在中央委员会全体会议闭会期间，行使中央委员会的职权。

中央书记处是中央政治局和它的常务委员会的办事机构；成员由中央政治局常务委员会提名，中央委员会全体会议通过。

中央委员会总书记负责召集中央政治局会议和中央政治局常务委员会会议，并主持中央书记处的工作。

党的中央军事委员会组成人员由中央委员会决定。

每届中央委员会产生的中央领导机构和中央领导人，在下届全国代表大会开会期间，继续主持党的经常工作，直到下届中央委员会产生新的中央领导机构和中央领导人为止。

第二十三条 中国人民解放军的党组织，根据中央委员会的指示进行工作。中央军事委员会的政治工作机关是中国人民解放军总政治部，总政治部负责管理军队中党的工作和政治工作。军队中党的组织体制和机构，由中央军事委员会作出规定。

第四章 党的地方组织

第二十四条 党的省、自治区、直辖市的代表大会，设区的市和自治州的代表大会，县（旗）、自治县、不设区的市和市辖区的代表大会，每五年举行一次。

党的地方各级代表大会由同级党的委员会召集。在特殊情况下，经上一级委员会批准，可以提前或延期举行。

党的地方各级代表大会代表的名额和选举办法，由同级党的委员会决定，并报上一级党的委员会批准。

第二十五条　党的地方各级代表大会的职权是：

(一)听取和审查同级委员会的报告；

(二)听取和审查同级纪律检查委员会的报告；

(三)讨论本地区范围内的重大问题并作出决议；

(四)选举同级党的委员会，选举同级党的纪律检查委员会。

第二十六条　党的省、自治区、直辖市、设区的市和自治州的委员会，每届任期五年。这些委员会的委员和候补委员必须有五年以上的党龄。

党的县(旗)、自治县、不设区的市和市辖区的委员会，每届任期五年。这些委员会的委员和候补委员必须有三年以上的党龄。

党的地方各级代表大会如提前或延期举行，由它选举的委员会的任期相应地改变。

党的地方各级委员会的委员和候补委员的名额，分别由上一级委员会决定。党的地方各级委员会委员出缺，由候补委员按照得票多少依次递补。

党的地方各级委员会全体会议，每年至少召开两次。

党的地方各级委员会在代表大会闭会期间，执行上级党组织的指示和同级党代表大会的决议，领导本地方的工作，定期向上级党的委员会报告工作。

第二十七条　党的地方各级委员会全体会议，选举常务委员会和书记、副书记，并报上级党的委员会批准。党的地方各级委员会的常务委员会，在委员会全体会议闭会期间，行使委员会职权；在下届代表大会开会期间，继续主持经常工作，直到新的常务委员会产生为止。

党的地方各级委员会的常务委员会定期向委员会全体会议报告工作，接受监督。

第二十八条　党的地区委员会和相当于地区委员会的组织，是党的省、自治区委员会在几个县、自治县、市范围内派出的代表机关。它根据省、自治区委员会的授权，领导本地区的工作。

第五章　党的基层组织

第二十九条　企业、农村、机关、学校、科研院所、街道社区、社会组织、人民解放军连队和其他基层单位，凡是有正式党员三人以上的，都应当成立党的基层组织。

党的基层组织，根据工作需要和党员人数，经上级党组织批准，分别设立党的基层委员会、总支部委员会、支部委员会。基层委员会由党员大会或代表大会选举产生，总支部委员会和支部委员会由党员大会选举产生，提出委员候选人要广泛征求党员和群众的意见。

第三十条　党的基层委员会每届任期三年至五年，总支部委员会、支部委员会每届任期两年或三年。基层委员会、总支部委员会、支部委员会的书记、副书记选举产生后，应报上级党组织批准。

第三十一条　党的基层组织是党在社会基层组织中的战斗堡垒，是党的全部工作和战斗力的基础。它的基本任务是：

(一)宣传和执行党的路线、方针、政策，宣传和执行党中央、上级组织和本组织的决议，充分发挥党员的先锋模范作用，团结、组织党内外的干部和群众，努力完成本单位所担负的任务。

(二)组织党员认真学习马克思列宁主义、毛泽东思想、邓小平理论和“三个代表”重要思想，学习科学发展观，学习党的路线、方针、政策和决议，学习党的基本知识，学习科学、文化、法律和业务知识。

(三)对党员进行教育、管理、监督和服务，提高党员素质，增强党性，严格党的组织生活，开展批评和自我批评，维护和执行党的纪律，监督党员切实履行义务，保障党员的权利不受侵犯。加强和改进流动党员管理。

(四)密切联系群众，经常了解群众对党员、党的工作的批评和意见，维护群众的正当权利和利益，做好群众的思想政治工作。

（五）充分发挥党员和群众的积极性创造性，发现、培养和推荐他们中间的优秀人才，鼓励和支持他们在改革开放和社会主义现代化建设中贡献自己的聪明才智。

（六）对要求入党的积极分子进行教育和培养，做好经常性的发展党员工作，重视在生产、工作第一线和青年中发展党员。

（七）监督党员干部和其他任何工作人员严格遵守国法政纪，严格遵守国家的财政经济法规和人事制度，不得侵占国家、集体和群众的利益。

（八）教育党员和群众自觉抵制不良倾向，坚决同各种违法犯罪行为作斗争。

第三十二条　街道、乡、镇党的基层委员会和村、社区党组织，领导本地区的工作，支持和保证行政组织、经济组织和群众自治组织充分行使职权。

国有企业和集体企业中党的基层组织，发挥政治核心作用，围绕企业生产经营开展工作。保证监督党和国家的方针、政策在本企业的贯彻执行；支持股东会、董事会、监事会和经理（厂长）依法行使职权；全心全意依靠职工群众，支持职工代表大会开展工作；参与企业重大问题的决策；加强党组织的自身建设，领导思想政治工作、精神文明建设和工会、共青团等群众组织。

非公有制经济组织中党的基层组织，贯彻党的方针政策，引导和监督企业遵守国家的法律法规，领导工会、共青团等群众组织，团结凝聚职工群众，维护各方的合法权益，促进企业健康发展。

实行行政领导人负责制的事业单位中党的基层组织，发挥政治核心作用。实行党委领导下的行政领导人负责制的事业单位中党的基层组织，对重大问题进行讨论和作出决定，同时保证行政领导人充分行使自己的职权。

各级党和国家机关中党的基层组织，协助行政负责人完成任务，改进工作，对包括行政负责人在内的每个党员进行监督，不领导本单位的业务工作。

第六章　党的干部

第三十三条　党的干部是党的事业的骨干，是人民的公仆。党按照德才兼备的原则选拔干部，坚持任人唯贤，反对任人唯亲，努力实现干部队伍的革命化、年轻化、知识化、专业化。

党重视教育、培训、选拔和考核干部，特别是培养、选拔优秀年轻干部。积极推进干部制度改革。

党重视培养、选拔女干部和少数民族干部。

第三十四条　党的各级领导干部必须模范地履行本章程第三条所规定的党员的各项义务，并且必须具备以下的基本条件：

（一）具有履行职责所需要的马克思列宁主义、毛泽东思想、邓小平理论的水平，认真实践“三个代表”重要思想，带头贯彻落实科学发展观，努力用马克思主义的立场、观点、方法分析和解决实际问题，坚持讲学习、讲政治、讲正气，经得起各种风浪的考验。

（二）具有共产主义远大理想和中国特色社会主义坚定信念，坚决执行党的基本路线和各项方针、政策，立志改革开放，献身现代化事业，在社会主义建设中艰苦创业，树立正确政绩观，做出经得起实践、人民、历史检验的实绩。

（三）坚持解放思想，实事求是，与时俱进，开拓创新，认真调查研究，能够把党的方针、政策同本地区、本部门的实际相结合，卓有成效地开展工作，讲实话，办实事，求实效，反对形式主义。

（四）有强烈的革命事业心和政治责任感，有实践经验，有胜任领导工作的组织能力、文化水平和专业知识。

（五）正确行使人民赋予的权力，依法办事，清正廉洁，勤政为民，以身作则，艰苦朴素，密切联系群众，坚持党的群众路线，自觉地接受党和群众的批评和监督，加强道德修养，做到自重、自省、自警、自励，反对官僚主义，反对任何滥用职权、谋求私利的不正之风。

（六）坚持和维护党的民主集中制，有民主作风，有全局观念，善于团结同志，包括团结同自己有不同意见的同志一道工作。

第三十五条　党员干部要善于同党外干部合作共事，尊重他们，虚心学习他们的长处。

党的各级组织要善于发现和推荐有真才实学的党外干部担任领导工作，保证他们有职有权，充分发挥他们的作用。

第三十六条　党的各级领导干部，无论是由民主选举产生的，或是由领导机关任命的，他们的职务都不是终身的，都可以变动或解除。

年龄和健康状况不适宜于继续担任工作的干部，应当按照国家的规定退、离休。

第七章　党的纪律

第三十七条　党的纪律是党的各级组织和全体党员必须遵守的行为规则，是维护党的团结统一、完成党的任务的保证。党组织必须严格执行和维护党的纪律，共产党员必须自觉接受党的纪律的约束。

第三十八条　党组织对违犯党的纪律的党员，应当本着惩前毖后、治病救人的精神，按照错误性质和情节轻重，给以批评教育直至纪律处分。

严重触犯刑律的党员必须开除党籍。

党内严格禁止用违反党章和国家法律的手段对待党员，严格禁止打击报复和诬告陷害。违反这些规定的组织或个人必须受到党的纪律和国家法律的追究。

第三十九条　党的纪律处分有五种：警告、严重警告、撤销党内职务、留党察看、开除党籍。

留党察看最长不超过两年。党员在留党察看期间没有表决权、选举权和被选举权。党员经过留党察看，确已改正错误的，应当恢复其党员的权利；坚持错误不改的，应当开除党籍。

开除党籍是党内的最高处分。各级党组织在决定或批准开除党员党籍的时候，应当全面研究有关的材料和意见，采取十分慎重的态度。

第四十条　对党员的纪律处分，必须经过支部大会讨论决定，报党的基层委员会批准；如果涉及的问题比较重要或复杂，或给党员以开除党籍的处分，应分别不同情况，报县级或县级以上党的纪律检查委员会审查批准。在特殊情况下，县级和县级以上各级党的委员会和纪律检查委员会有权直接决定给党员以纪律处分。

对党的中央委员会和地方各级委员会的委员、候补委员，给以撤销党内职务、留党察看或开除党籍的处分，必须由本人所在的委员会全体会议三分之二以上的多数决定。在特殊情况下，可以先由中央政治局和地方各级委员会常务委员会作出处理决定，待召开委员会全体会议时予以追认。对地方各级委员会委员和候补委员的上述处分，必须经过上级党的委员会批准。

严重触犯刑律的中央委员会委员、候补委员，由中央政治局决定开除其党籍；严重触犯刑律的地方各级委员会委员、候补委员，由同级委员会常务委员会决定开除其党籍。

第四十一条　党组织对党员作出处分决定，应当实事求是地查清事实。处分决定所依据的事实材料和处分决定必须同本人见面，听取本人说明情况和申辩。如果本人对处分决定不服，可以提出申诉，有关党组织必须负责处理或者迅速转递，不得扣压。对于确属坚持错误意见和无理要求的人，要给以批评教育。

第四十二条　党组织如果在维护党的纪律方面失职，必须受到追究。

对于严重违犯党的纪律、本身又不能纠正的党组织，上一级党的委员会在查明核实后，应根据情节严重的程度，作出进行改组或予以解散的决定，并报再上一级党的委员会审查批准，正式宣布执行。

第八章　党的纪律检查机关

第四十三条　党的中央纪律检查委员会在党的中央委员会领导下进行工作。党的地方各级纪律检查委员会和基层纪律检查委员会在同级党的委员会和上级纪律检查委员会双重领导下进行工作。

党的各级纪律检查委员会每届任期和同级党的委员会相同。

党的中央纪律检查委员会全体会议，选举常务委员会和书记、副书记，并报党的中央委员会批准。党的地方各级纪律检查委员会全体会议，选举常务委员会和书记、副书记，并由同级党的委员会通过，报上级党的委员会批准。党的基层委员会是设立纪律检查委员会，还是设立纪律检查委员，由它的上一级党组织根据具体情况决定。党的总支部委员会和支部委员会设纪律检查委员。

党的中央纪律检查委员会根据工作需要，可以向中央一级党和国家机关派驻党的纪律检查组或纪律检查员。纪律检查组组长或纪律检查员可以列席该机关党的领导组织的有关会议。他们的工作必须受到该机关党的领导组织的支持。

第四十四条　党的各级纪律检查委员会的主要任务是：维护党的章程和其他党内法规，检查党的路线、方针、政策和决议的执行情况，协助党的委员会加强党风建设和组织协调反腐败工作。

各级纪律检查委员会要经常对党员进行遵守纪律的教育，作出关于维护党纪的决定；对党员领导干部行使权力进行监督；检查和处理党的组织和党员违反党的章程和其他党内法规的比较重要或复杂的案件，决定或取消对这些案件中的党员的处分；受理党员的控告和申诉；保障党员的权利。

各级纪律检查委员会要把处理特别重要或复杂的案件中的问题和处理的结果，向同级党的委员会报告。党的地方各级纪律检查委员会和基层纪律检查委员会要同时向上级纪律检查委员会报告。

各级纪律检查委员会发现同级党的委员会委员有违犯党的纪律的行为，可以先进行初步核实，如果需要立案检查的，应当报同级党的委员会批准，涉及常务委员的，经报告同级党的委员会后报上一级纪律检查委员会批准。

第四十五条　上级纪律检查委员会有权检查下级纪律检查委员会的工作，并且有权批准和改变下级纪律检查委员会对于案件所作的决定。如果所要改变的该下级纪律检查委员会的决定，已经得到它的同级党的委员会的批准，这种改变必须经过它的上一级党的委员会批准。

党的地方各级纪律检查委员会和基层纪律检查委员会如果对同级党的委员会处理案件的决定有不同意见，可以请求上一级纪律检查委员会予以复查；如果发现同级党的委员会或它的成员有违犯党的纪律的情况，在同级党的委员会不给予解决或不给予正确解决的时候，有权向上级纪律检查委员会提出申诉，请求协助处理。

第九章　党　　组

第四十六条　在中央和地方国家机关、人民团体、经济组织、文化组织和其他非党组织的领导机关中，可以成立党组。党组发挥领导核心作用。党组的任务，主要是负责贯彻执行党的路线、方针、政策；讨论和决定本单位的重大问题；做好干部管理工作；团结党外干部和群众，完成党和国家交给的任务；指导机关和直属单位党组织的工作。

第四十七条　党组的成员，由批准成立党组的党组织决定。党组设书记，必要时还可以设副书记。

党组必须服从批准它成立的党组织领导。

第四十八条　对下属单位实行集中统一领导的国家工作部门可以建立党委，党委的产生办法、职权和工作任务，由中央另行规定。

第十章　党和共产主义青年团的关系

第四十九条　中国共产主义青年团是中国共产党领导的先进青年的群众组织，是广大青年在实践中学习中国特色社会主义和共产主义的学校，是党的助手和后备军。共青团中央委员会受党中央委员会领导。共青团的地方各级组织受同级党的委员会领导，同时受共青团上级组织领导。

第五十条　党的各级委员会要加强对共青团的领导，注意团的干部的选拔和培训。党要坚决支持共青团根据广大青年的特点和需要，生动活泼地、富于创造性地进行工作，充分发挥团的突击队作用和联系广大青年的桥梁作用。

团的县级和县级以下各级委员会书记，企业事业单位的团委员会书记，是党员的，可以列席同级党的委员会和常务委员会的会议。

第十一章　党徽党旗

第五十一条　中国共产党党徽为镰刀和锤头组成的图案。

第五十二条　中国共产党党旗为旗面缀有金黄色党徽图案的红旗。

第五十三条　中国共产党的党徽党旗是中国共产党的象征和标志。党的各级组织和每一个党员都要维护党徽党旗的尊严。要按照规定制作和使用党徽党旗。

第二部分

政工大事记实

2007年3月

中央党校举行春季开学典礼

中共中央政治局常委、中央书记处书记、中央党校校长曾庆红3月1日在中央党校春季开学典礼上发表讲话时强调，要以迎接十七大召开和贯彻十七大精神为主线，以加强党的执政能力建设和先进性建设为重点，认真做好十七大有关准备工作、地方领导班子换届选举、巩固和发展先进性教育活动成果等工作，扎实推进党的建设新的伟大工程，为实现经济社会又好又快发展提供坚强保证。

曾庆红在讲话中深刻分析了当前国际国内形势。他指出，随着对外开放不断扩大，我国与国际社会的联系和互动越来越密切，对各级领导干部统筹国际国内两个大局提出了新的更高要求。过去的一年，国际形势继续发生深刻而复杂的变化，我国面临的战略机遇和挑战并存，机遇大于挑战；我国实施"十一五"规划开局良好，朝着全面建设小康社会迈出了新的步伐。特别是全国各地区各部门，对全面落实科学发展观，在认识上有了新提高，政策上有了新举措，实践上有了新进展。我们要把思想和行动统一到中央对当前国际国内形势的判断上来，统一到用科学发展观统领经济社会发展全局上来，继续推动科学发展、和谐发展、和平发展。他指出，十六大以来，以胡锦涛同志为总书记的党中央，坚持一心一意谋发展、聚精会神抓党建，进一步明确了党建工作的总目标和总方针，完善了党建工作的总体布局；坚持高举旗帜、继往开来、与时俱进，用马克思主义中国化的最新成果指导党的建设新的伟大实践；坚持用改革创新的思路谋划和推进党建工作，用求真务实的作风狠抓党建工作各项任务和部署的全面落实；坚持加强制度建设，提高党建工作的规范化、制度化水平。经过各级党组织的不懈努力，党的建设改革创新力度不断加大，围绕发展抓党建、抓好党建促发展的机制进一步健全，党的建设新的伟大工程对党领导的伟大事业的促进作用更加明显。

全国政协十届五次会议在京开幕

中国人民政治协商会议第十届全国委员会第五次会议3月3日下午在人民大会堂开幕。

贾庆林代表政协第十届全国委员会常务委员会，向大会报告工作。贾庆林指出，2006年，是我国改革开放和社会主义现代化建设取得丰硕成果的一年，也是人民政协事业蓬勃发展的一年。政协全国委员会及其常委会，认真贯彻《中共中央关于加强人民政协工作的意见》，高举爱国主义、社会主义旗帜，坚持团结和民主两大主题，紧紧围绕党和国家的中心任务，切实履行政治协商、民主监督、参政议政职能，积极推动工作创新，大力开展理论研究，努力加强自身建设，各项工作都取得了新的进展。

贾庆林对今年全国政协工作提出6点要求。他强调，2007年是对我们党和国家事业具有重要意义的一年。今年下半年，中国共产党将召开第十七次全国代表大会，这是全党全国人民政治生活中的一件大事。做好今年的政协工作，具有十分重要的意义。在新的一年里，我们要高举邓小平理论和"三个代表"重要思想伟大旗帜，全面落实科学发展观，认真贯彻中共十六大和十六届三中、四中、五中、六中全会精神，继续落实《中共中央关于加强人民政协工作的意见》，坚持和完善中国共产党领导的多党合作和政治协商制度，巩固和壮大最广泛的爱国统一战线，围绕中心、服务大局，牢牢把握团结和民主两大主题，认真履行政治协商、民主监督、参政议政职能，以高度的政治责任感和良好的精神状态，完成本届任期最后一年的各项工作任务。

十届全国人大五次会议在京开幕

在“十一五”规划实现良好开局、全国各族人民朝着全面建设小康社会目标迈出坚实步伐之际，第十届全国人民代表大会第五次会议3月5日上午在北京人民大会堂开幕。

国务院总理温家宝向大会报告今年政府工作基本思路和任务时指出，要以邓小平理论和“三个代表”重要思想为指导，全面落实科学发展观，加快构建社会主义和谐社会，认真贯彻党的十六大以来各项方针政策，加强和改善宏观调控，着力调整经济结构和转变增长方式，着力加强资源节约和环境保护，着力推进改革开放和自主创新，着力促进社会发展和解决民生问题，全面推进社会主义经济建设、政治建设、文化建设、社会建设，为党的十七大召开创造良好的环境和条件。

温家宝指出，实现今年经济社会发展的目标和任务，必须把握好以下政策原则：一是稳定、完善和落实政策；二是加强和改善宏观调控；三是大力提高经济增长质量和效益；四是更加重视社会发展和改善民生；五是以改革开放为动力推进各项工作。

认真学习全面实施物权法　开创社会主义法治国家新局面

中共中央政治局3月23日下午进行第四十次集体学习，中共中央总书记胡锦涛主持。

胡锦涛在主持学习时发表了讲话。他指出，十届全国人大五次会议通过了《中华人民共和国物权法》，并将自今年10月1日起施行。这是推动形成中国特色社会主义法律体系的重要步骤，是贯彻依法治国基本方略、建设社会主义法治国家的重要举措。制定和实施物权法，完善中国特色社会主义物权制度，对于坚持和完善国家基本经济制度、完善社会主义市场经济体制，对于实现好、维护好、发展好最广大人民的根本利益和激发全社会创造活力，对于全面建设小康社会、加快构建社会主义和谐社会，具有十分重要的意义。各级党委和政府要从坚持依法治国基本方略的高度，充分认识制定和实施物权法的重大意义，认真实施好物权法。要突出把握好以下几个重大问题。一是要牢固树立物权观念。二是要全面坚持国家基本经济制度。三是要切实维护广大人民群众的权益。四是要加快完善相关法律制度。要在全社会深入宣传制定和实施物权法的重要性和必要性，深入宣传物权法的立法主旨、基本内容和各项规定，为实施物权法营造良好舆论氛围。要利用实施物权法的有利时机，在全社会广泛倡导全体公民学法辨是非、知法明荣辱、用法止纷争，增强依法行使权利、履行义务的公民意识。各级党委、政府和领导干部要带头学习和实施物权法，全面落实保障一切市场主体的平等法律地位和发展权利的法律要求，正确处理行使国家权力和保障公民权利的关系，充分运用物权法等法律手段提高促进经济社会发展、管理经济社会事务的水平，增强解决社会矛盾、促进社会和谐的能力。各有关部门要各司其职、各负其责，通力协作、加强配合，共同推进物权法的实施。要依法严厉打击各种侵犯国家、集体和私人财产权益的违法犯罪行为。要做好法律援助和司法救助工作，规范和拓宽法律服务，公正有效地解决群众的司法诉求。

全国信访工作会议在京举行

第六次全国信访工作会议3月27日至28日在北京举行。中共中央政治局常委、国务院总理温家宝，中共中央政治局常委、国家副主席曾庆红会前会见了全体与会代表。

温家宝在讲话中说，信访工作是我们党和国家各项工作中的一个重要环节，它代表党和政府直接做群众工作，为群众排忧解难，为社会化解矛盾，促进社会和谐发展。信访工作者是人民的公仆，通过处理来信来访了解社会的情况、群众的呼声、意见和要求，帮助群众解决实际问题，向党和政府提出政策建议。做好信访工作，就是我们党全心全意为人民服务宗旨的体现。党中央、国务院高度重视信访工作。最近，中央讨论通过了关于加强信访工作的意见，国务院修订了信访条例。信访工作就要按照中央的意见和国务院的法规办事。对信访工作提出四点要求：第一，“热情”，就是要对来信、来访的群众满腔热情。第二，“依法”，就是信访工作要依法办事。第三，“负责”，就是对人民群众负责，对党和政府负责。第四，“奉献”，就是信访工作人员要有无私奉献的精神。

温家宝最后强调，当前，我国正处在发展的关键时期，也是各种矛盾凸现的时期。我们已经提出了树立和落实科学发展观，构建社会主义和谐社会的目标。构建和谐社会，就是要善于化解矛盾，善于把消极因素变为积极因素，善于团结一切可以团结的力量，调动各方面的积极性。信访工作责任重大，也非常光荣。大家要把信访工作做得更好，让人民群众满意，让党和政府放心。

全国监狱工作会议在京召开

全国监狱工作会议 3 月 27 日至 28 日在北京召开。

中共中央政治局委员、中央书记处书记、国务委员周永康出席会议并讲话。他强调，做好新形势下的监狱工作，必须坚持以科学发展观为统领，把维护社会稳定、促进社会和谐作为衡量监狱工作的重要标准，把维护社会公平正义作为监狱工作的生命线，坚持稳定压倒一切，确保监狱安全稳定，不断提高罪犯改造质量，努力推进监狱工作全面协调可持续发展。他指出，新世纪新阶段对监狱工作提出了新的更高要求。加强监狱工作，是构建社会主义和谐社会、完善社会主义司法制度、维护社会公平正义的客观要求。要切实推进监狱体制改革试点，坚持监企分开、收支分开、监社分开，落实经费保障；要切实抓好监狱布局调整，按照“布局合理、规模适度、分类科学、功能完善、投资结构合理、管理信息化”的要求，加快建设步伐；要切实加强监狱内部的正规管理，加强教育培训，加强制度和机制建设，建立健全执法工作程序和执法责任制，确保安全稳定；要提高罪犯教育改造质量，综合运用管理、教育、劳动等改造手段，努力提高教育改造的有效性、针对性；要切实贯彻宽严相济的刑事司法政策，坚持正确导向，统一执法尺度，努力实现法律效果和社会效果的统一。各级党委、政府和中央各有关部门以及司法行政机关，要高度重视、进一步加强和改进对监狱工作的领导，做到思想认识到位、政策措施到位、工作落实到位。要切实加强监狱领导班子建设，增强领导班子凝聚力和战斗力。要切实加强监狱干警队伍建设，坚持政治建警、素质强警、从严治警、从优待警，努力造就一支政治坚定、业务精通、作风优良、执法公正的高素质监狱人民警察队伍。

2007年4月

加强领导干部作风建设 进一步加大从源头上防治腐败力度

4月1日至4日，中共中央政治局常委、中央纪委书记吴官正在河北考察工作。他强调，要坚持以邓小平理论和“三个代表”重要思想为指导，大力弘扬胡锦涛同志倡导的八个方面良好风气，切实加强领导干部作风建设，进一步抓好从源头上防治腐败工作。

吴官正指出，重视作风建设是我们党的一个显著特点。胡锦涛同志在中央纪委第七次全会上发表的重要讲话，科学总结了党的作风建设的历史经验，对全面加强领导干部作风建设提出了明确要求。各级党组织要认真学习领会，坚决贯彻落实。领导干部作风建设要持之以恒，常抓不懈。要加强监督检查，严格执行纪律，推动解决突出问题，建立健全科学有效的长效机制，促进领导干部进一步加强党性修养，坚定理想信念；增强宗旨意识，牢记“两个务必”；树立正确的权力观，做到廉洁从政；提高精神境界，保持良好的操守和品行。要坚定不移地落实反腐倡廉战略方针，抓紧健全惩治和预防腐败体系，拓展从源头上防治腐败的工作领域，把反腐倡廉工作融入经济建设、政治建设、文化建设、社会建设和党的建设之中，整体推进教育、制度、监督、改革和惩处等各项工作，在坚决惩治腐败的同时，进一步加大预防腐败力度，形成有效防治腐败的体制机制。

发挥农村基层党组织领导核心作用 为社会主义新农村建设提供组织保证

4月6日至8日，中共中央政治局委员、书记处书记、中央组织部部长贺国强在江苏就加强农村基层党组织建设进行调研。他强调，当前，社会主义新农村建设在扎实推进，农村基层党组织要适应新形势、新任务的要求，不断加强和改进自身建设，切实在新农村建设中发挥好领导核心作用。

他在与基层党员干部座谈时指出，农村基层党组织要按照中央和上级党委的要求，实事求是地制定和实施新农村建设规划，认真落实中央有关支农惠农的各项政策措施，抓紧培育有文化、懂技术、会经营的新型农民，团结带领农民群众发展现代农业、广辟增收渠道、壮大农村经济，切实履行好带领广大农民群众建设社会主义新农村的职责。要把抓好中央下发的保持共产党员先进性四个长效机制文件的贯彻落实，作为巩固和发展农村先进性教育活动成果的重要抓手，结合新农村建设的实际，把农村先进性教育活动中创造的好经验、好做法运用到农村基层党组织建设的经常性工作中去。要认真研究农村基层党组织建设中的新情况新问题，积极探索扩大基层民主的途径和方法，推进组织制度创新。要认真抓好贫困村党组织建设、村级组织活动场所建设、农村党员干部现代远程教育和关心爱护农村基层干部等工作，不断把农村基层党组织建设提高到一个新水平。地方党委换届以后，要及时把领导班子建设的重点转到加强思想政治建设上来，教育和引导新一届班子成员自觉树立胡锦涛总书记倡导的八个方面良好风气，进一步增强公仆意识、忧患意识、节俭意识，不断提高思想政治素质和工作能力，团结和带领广大干部群众以优异成绩迎接党的十七大胜利召开。

纪检监察“忠诚卫士英模报告团”首场报告会举行

纪检监察“忠诚卫士英模报告团”首场报告会4月10日在中央纪委监察部机关举行。中共中央政治局常委、中央纪委书记吴官正会见报告团全体成员。吴官正强调，要在纪检监察系统深入开展向先进典型学习活动，大力加强纪检监察队伍建设，深入开展党风廉政建设和反腐败斗争，以实际行动迎接党的十七大胜利召开。

吴官正指出，“忠诚卫士英模报告团”的成员不仅在平凡的岗位上做出了优异的工作成绩，而且创造了宝贵的精神财富，是忠于党忠于人民的典范。他们的模范事迹感人肺腑，催人奋进。各级纪检监察机关和广大纪检监察干部要按照“八个坚持、八个反对”和为民、务实、清廉的要求，认真学习他们坚持原则、秉公执纪、艰苦奋斗、乐于奉献、改革创新、奋发有为的优秀品格和崇高精神，努力建设一流队伍、创造一流业绩、树立一流形象。要广泛宣传他们的先进事迹，激励广大纪检监察干部创造性地开展工作，在新的征程上建功立业，为落实科学发展观、构建社会主义和谐社会作出更大的贡献。

着力推动科学发展促进社会和谐 帮助贫困群众尽快过上小康生活

中共中央总书记、国家主席、中央军委主席胡锦涛4月11日至14日在宁夏考察工作时强调，要坚持以邓小平理论和“三个代表”重要思想为指导，全面落实科学发展观，以更加开放的思想观念、更加执着的奋斗精神、更加扎实的工作作风，奋力开创改革开放和社会主义现代化建设新局面。

胡锦涛听取了宁夏回族自治区党委和政府的工作汇报，充分肯定了宁夏近年来经济社会发展取得的成绩。他希望宁夏各级党委和政府紧紧抓住国家深入实施西部大开发战略的宝贵机遇，着力推动科学发展，努力在建设社会主义新农村、转变经济增长方式、深化改革开放上迈出更大步伐，统筹抓好就业、社会保障、扶贫开发等工作，扎实做好民族工作和宗教工作，不断提高经济发展质量和效益，不断促进社会和谐。

胡锦涛强调，要切实加强干部作风建设，促使广大干部特别是领导干部坚定理想信念、增强宗旨意识、保持高尚情操，把作风建设的成效转化为推动科学发展的实际行动，转化为解决群众最关心、最直接、最现实的利益问题的实际行动，转化为锐意开创工作新局面的实际行动。胡锦涛要求各级党委按照中央精神抓好换届工作，全面贯彻德才兼备原则，营造风清气正的换届环境，对那些长期在条件艰苦、工作困难的地方工作的干部要格外关注，对那些不图虚名、踏实干事的干部要多加留意，对那些埋头苦干、注重为长远发展打基础的干部不能亏待，真正把自觉坚持科学发展、善于领导科学发展的优秀干部选拔到各级领导班子中来，努力把各级领导班子建设成为朝气蓬勃、奋发有为、团结和谐的坚强领导集体。

改善民生科学发展维护稳定促进和谐

中共中央政治局常委、中央政法委书记罗干4月14日至15日在陕西调研考察时强调，要全面落实科学发展观，大力弘扬延安精神，进一步改善民生，解决好社会关注的热点问题，深入开展平安建设，维护良好的社会治安秩序，促进社会主义和谐社会建设。

罗干指出，要把经济增长质量放在更加突出的位置上，使人民群众在经济增长中得到更多实惠。要进一步改善民生。在农村，要在想方设法增加农民收入的同时，着力解决农村道路、饮水和群众看病、上学等方面的困难。在城镇，要在重点关注低收入居民生活困难的基础上，着力解决好就业再就业、社会保障、医疗保险、房屋拆迁等方面的实际问题。他说，人民群众日子越过越好，经济才能获得持续发展的动力，社会才能越来越稳定，越来越和谐。要进一步深化平安建设，坚持打击与防范相结合，发展壮大群防群治力量，维护社会治安秩序，切实增强人民群众的安全感。要以化解矛盾为主线，在建立完善矛盾纠纷排查调处机制的同时，注意分析把握社会心态情绪，采取有效措施予以理顺。要着力改善社会管理，从源头上解决影响社会和谐稳定的问题。社会主义法治理念教育和执法规范化建设这两项重大举措，要长期抓下去，不断提高严格、公正、文明执法水平。要解决好权从何来、为谁执法的问题，牢固树立执法为民的思想。对群众反映强烈的问题，要在重点岗位和环节建立起有效的内部监督机制，防止权力滥用，维护公平正义。

中共中央政治局研究加强青少年体育工作和网络文化建设工作

中共中央政治局4月23日召开会议，研究加强青少年体育工作和网络文化建设工作。中共中央总书记胡锦涛主持会议。

会议强调，广大青少年身心健康、体魄强健、意志坚强、充满活力，是一个民族旺盛生命力的体现，是社会文明进步的标志。体育对青少年的思想品德、智力发育、审美素养的形成都有不可替代的重要作用。要全面贯彻党的教育方针，高度重视青少年体育工作，使广大青少年在增长知识、培养品德的同时，锻炼和发展身体的各项素质和能力，成长为中国特色社会主义事业的合格建设者和接班人。当前和今后一个时期，加强青少年体育工作的总体要求是：认真落实健康第一的指导思想，建立健全学校体育工作的机制，充分保证学校体育课和学生体育活动，广泛开展群众性青少年体育活动和竞赛，加强体育卫生设施和师资队伍建设，全面完善学校、社区、家庭相结合的青少年体育工作网络，形成全社会珍视健康、重视体育的氛围，培养青少年良好的锻炼习惯和健康的生活方式，在广大青少年中形成热爱体育、崇尚运动、健康向上的良好风气。要加强领导，齐抓共管，形成全社会支持青少年体育工作的合力。各级党委和政府要把加强青少年体育工作摆上重要议事日程，进一步完善加强青少年体育的政策保障措施，加强对学校体育工作的督促检查，为实施素质教育、促进学生全面发展创造良好条件。教育、体育、卫生部门和共青团、妇联组织要加强对青少年体育、卫生、健康工作的组织、指导、服务，加强家庭和社区青少年体育工作，为青少年健康成长创造良好氛围。学校要把增强学生体质作为教育的基本目标之一，把健康素质作为评价学生全面发展的重要指标，全面实施《国家学生体质健康标准》，切实抓好青少年学生体育工作的落实。大力发展中国特色网络文化，加强网络文化建设和管理，充分发挥互联网等信息网络在我国社会主义文化建设中的重要作用，有利于提高全民族的思想道德素质和科学文化素质，有利于扩大社会主义精神文明的辐射力和感染力，有利于构建社会主义和谐社会。要从中国特色社会主义事业总体布局和文化发展战略出发，坚持以邓小平理论和“三个代表”重要思想为指导，全面贯彻落实科学发展观，按照发展社会主义先进文化的要求，坚持积极利用、大力发展、科学管理，以先进技术传播先进文化，促进和谐文化建设，更好地满足人民群众日益增长的精神文化需求，为全面建设小康社会、构建社会主义和谐社会提供有力的思想保证和舆论支持。所有宣传文化单位都要努力提高网络文化产品和服务的供给能力，创作生产出更多体现和谐精神、讴歌真善美、群众喜闻乐见的网络文化作品。网络文化单位要自觉担负促进社会主义核心价值体系建设的责任，大力推动马克思主义中国化最新理论成果的网上传播，增强理论宣传的吸引力和影响力。要大力发展网络文化产业，发展网络文化信息装备制造业。要大兴网络文明之风，深入开展文明办网、文明上网活动，特别是要为青少年成长创造文明健康的网络环境，在全社会树立良好的网络道德风尚。各级党委和政府要加强对网络文化建设和管理的领导，加大保障力度，加强队伍建设，完善工作机制，促进网络文化建设和管理法制化，推动中国特色网络文化繁荣发展。

以对人民群众高度负责的精神做好农业标准化和食品安全工作

中共中央政治局4月23日下午进行第四十一次集体学习，中共中央总书记胡锦涛主持。他强调，实施农业标准化，保障食品安全，是关系人民群众切身利益、关系我国社会主义现代化建设全局的重大任务。我们要从贯彻落实科学发展观、构建社会主义和谐社会的战略高度，以对人民群众高度负责的精神，提高对实施农业标准化和保障食品安全重大意义的认识，扎扎实实做好工作，切实实现好、维护好、发展好最广大人民的根本利益。

中共中央政治局这次集体学习安排的内容是我国农业标准化和食品安全问题研究。中国农业大学食品科学与营养工程学院罗云波教授、中国农业科学研究院质量标准与检测技术研究所叶志华研究员就这个问题进行了讲解，并谈了对实施农业标准化和保障食品安全的意见和建议。

中共中央政治局各位同志认真听取了他们的讲解，并就有关问题进行了讨论。

胡锦涛在主持学习时发表了讲话。他指出，解决好13亿人口的吃饭问题，促进农业增效、农民增收，必须加快实施农业标准化。实施农业标准化是建设现代农业的重要抓手，是增强我国农业市场竞争力的重要举措，是保障食品安全的基础条件。只有把农业产前、产中、产后全过程纳入标准化轨道，才能加快农业从粗放经营向集约经营转变，才能提高农业科技含量和经营水平，才能完善适应现代农业要求的管理体系和服务体系。食品安全关系广大人民群众身体健康和生命安全。实施农业标准化，实现从农田到餐桌全程质量控制，对保障食品安全至关重要。

胡锦涛强调，没有农业标准化，就没有农业现代化，就没有食品安全保障。要坚持政府大力推动、市场有效引导、龙头企业带动、农民积极实施，以提高农产品质量和市场竞争力为重点，推进农产品清洁生产、节约生产、安全生产，加快推进农业标准化，全面加强食品安全工作。要进一步形成科学、统一、权威的农业标准化体系，努力使生产经营每个环节都有标准可依、有规范可循，提高我国农业标准的科学性、先进性、适用性。要进一步推广农业标准化生产，广泛普及农业标准化知识，积极推进农业标准化生产示范区建设，把推进农业标准化与发展农业产业化结合起来，加快发展无公害农产品、绿色食品、有机食品，促进优质农产品生产发展。要进一步净化农产品产地环境，加大农产品产地环境监测力度，加强农产品产地环境保护，发展循环农业、生态农业，促进农业可持续发展。要进一步严格农业投入品管理，健全农业投入品质量监测体系，普及农业投入品安全使用知识，引导农民合理施肥、科学用药。

胡锦涛强调，保障食品安全，必须树立全程监管理念，坚持预防为主、源头治理的工作思路。要切实抓好食品安全专项整治，继续推进无公害食品行动计划、“三绿工程”、食品药品放心工程，提高整治成效。要切实加强食品安全制度建设，努力建立健全保障食品安全的长效机制，严格实施食品质量市场准入制度，全面落实食品质量市场检验检测制度。要切实加强食品安全法制建设，完善食品安全法律法规，严格执法监督，把食品安全法律法规落到实处。要切实完善食品安全监管体制和支撑体系，搞好食品监测基础设施建设，完善检验技术手段，加强食品安全宣传，完善食品安全信息发布机制，提高群众食品安全意识，形成全社会关心、理解、支持食品安全工作的良好氛围。

胡锦涛强调，各级党委和政府要增强责任感，切实把实施农业标准化和保障食品安全作为一件大事，纳入经济社会发展总体规划，列入重要议事日程，加大对农业标准化和食品安全的投入，加强农业标准化技术推广队伍和食品安全监管队伍建设。各级领导干部要努力学习农业标准化和食品安全知识，加强调查研究，及时研究解决实践中出现的新情况新问题，不断开创农业标准化和食品安全工作新局面，造福广大人民群众。

全国打黑除恶专项斗争电视电话会议召开

中共中央政治局委员、书记处书记、国务委员周永康在4月26日召开的全国打黑除恶专项斗争电视电话会议上强调，要从关注民生、重视民生、保障民生、改善民生的高度，从维护社会稳定、促进社会和谐、巩固执政基础的高度，把打黑除恶专项斗争置于更加突出的位置，下决心乘胜追击，下决心除恶务尽，坚决把黑恶势力犯罪猖獗的势头打下去，决不能让其滋生蔓延，毫不妥协地向黑恶势力宣战，夺取打黑除恶专项斗争全面胜利，为党的十七大胜利召开和北京奥运会成功举办创造良好的社会环境。

周永康指出，全国打黑除恶专项斗争取得了明显的阶段性成效，摧毁了一批为非作歹的黑恶势力，消除了一批不和谐、不稳定因素，维护了社会和谐稳定，促进了党风廉政建设和基层组织建设。但是，当前我国的黑恶势力仍处于活跃期，全国打黑除恶专项斗争也处于关键时期，同黑恶势力的斗争是一项长期的任务。要求各地、各有关部门要狠抓组织领导，把打黑除恶工作情况及成效纳入平安建设和社会治安综合治理工作考评、领导干部政绩考核的重要内容，为深化打黑除恶专项斗争提供有力保障；狠抓重点突破，严厉打击操纵黄赌毒犯罪的黑恶势力、盘踞行业市场的黑恶势力、农村恶势力及其“保护伞”，确保打黑除恶专项斗争取得实效；狠抓办案质量，提高执法水平，实现法律效果与社会效果的统一；狠抓专群结合，进一步调动人民群众的积极性，在全社会形成对黑恶势力人人喊打的局面；狠抓长效机制，推进打黑除恶工作的经常化、规范化；狠抓综合治理，集中排查、整治突出治安问题和治安乱点，大力加强公共安全工作，全面推进社会治安防控体系建设和平安建设，确保社会治安大局持续稳定。

2007 年 5 月

全面建设小康社会的历史任务需要青年们奋勇承担　中华民族伟大复兴的光明前景需要青年们奋力开创

中共中央总书记、国家主席、中央军委主席胡锦涛 5 月 4 日致信中国青年群英会，代表党中央向全国广大团员和各族青年致以节日的问候，向新中国成立以来各个时期的青年英模致以崇高的敬意。

胡锦涛在信中充分肯定了一代又一代青年为社会主义革命、建设、改革事业作出的重要贡献，高度评价了一大批可歌可泣的青年英模取得的突出业绩。胡锦涛指出，青年英模的奋斗实践充分表明，青年只有在党的领导下，积极投身人民创造历史的火热实践，坚持与时代同步伐、与祖国共命运、与人民齐奋斗，才能拥有壮丽的青春，才能实现人生的美好理想。青年是祖国的未来、民族的希望。全面建设小康社会、加快推进社会主义现代化的历史任务需要青年们奋勇承担，中华民族伟大复兴的光明前景需要青年们奋力开创。他希望全国广大团员和各族青年牢记党和人民的重托，自觉担负起时代的重任，以英雄模范为榜样，努力成为理想远大、信念坚定的新一代，品德高尚、意志顽强的新一代，视野开阔、知识丰富的新一代，开拓进取、艰苦创业的新一代，让青春在建设中国特色社会主义的伟大事业中焕发出更加绚丽的光彩。

中共中央政治局委员、全国人大常委会副委员长王兆国出席今天召开的中国青年群英会并讲话。他说，广大青年要按照胡锦涛总书记在信中提出的要求，自觉向青年英模学习，努力在学习中进步，在实践中成长，在奉献中升华，不断创造无愧于时代、无愧于人民的新的青春业绩。共青团组织要不断提高组织青年、引导青年、服务青年、维护青年合法权益的能力和水平，尤其要注重发现、培养、表彰、宣传一大批具有感召力和影响力的新时期青年英模，充分发挥他们的示范带动作用，在广大青年中掀起学习英模、争当英模的热潮，努力形成群星璀璨、人才辈出的生动局面。

大力加强公共文化服务体系建设　保证人民群众共享文化发展成果

中共中央政治局委员、中央书记处书记、中宣部部长刘云山 5 月 2 日至 5 日在广西调研时强调，要坚持以科学发展观为统领，把建立覆盖全社会的比较完备的公共文化服务体系作为文化建设的一项重要任务，着力解决人民群众的基本文化利益问题，保证人民群众共享文化发展成果。

刘云山指出，文化来自于人民，必须服务于人民、造福于人民。建设公共文化服务体系是全面建设小康社会、构建社会主义和谐社会的必然要求，是维护好、实现好、发展好人民群众基本文化权益的主要途径。要始终坚持面向基层、服务群众，积极探索适合基层群众需要的新的文化服务方式，使我们的工作为基层所需要、为群众所欢迎。建设公共文化服务体系，要坚持以政府为主导，统筹规划、合理布局，进一步完善相关政策，加大投入力度，深入实施重大公共文化服务工程，健全公共文化服务网络。要进一步深化文化体制改革，创新公共文化服务运行机制，努力提高公共文化服务的能力和水平。要动员社会各方面力量广泛参与，形成推动公共文化服务体系建设的强大合力。当前，要把公共文化服务体系建设的重心放在基层和农村，以建设综合性、多功能乡镇文化站为龙头，加快农村文化设施建设步伐，不断巩固和壮大城乡基本文化阵地。要进一步优化基层公共文化资源配置，支持乡镇文化站扩展功能、共建共用，形成融宣传教育、信息服务、科学普及、文化娱乐、体育活动等于一体的文化中心。要进一步提高公共文化产品的生产供给能力，多生产群众买得起、看得懂、用得上的文化产品，多举办群众乐于参与、便于参与的文化活动，多提供群众普遍欢迎的文化服务，不断丰富群众文化生活，提高全社会文化生活质量。

切实加强公共文化服务体系建设 实现好维护好发展好人民群众基本文化权益

中共中央政治局常委李长春5月11日至16日在湖南考察时强调，加强公共文化服务体系建设，是贯彻落实科学发展观、构建社会主义和谐社会的必然要求，是满足人民群众日益增长的精神文化需要的重要途径。要高度重视和切实加强公共文化服务体系建设，实现好、维护好、发展好人民群众基本文化权益，为全面建设小康社会、构建社会主义和谐社会提供坚实的思想道德基础和良好的文化条件。

加强公共文化服务体系建设，是此次考察的重点。李长春强调，要把公共文化服务体系建设纳入经济社会发展规划，坚持公益性、均等性、便利性、基本性的原则，以政府为主导、以财政投入为保障、以城乡区域均衡发展为基本要求、以满足人民群众基本文化需求为主要目标，鼓励社会力量积极参与，加强公共文化基础设施和服务网络建设，提高公共文化产品供给能力，保障好广大人民群众看电视听广播、读书看报、公共文化鉴赏、参与大众文化活动等基本文化权益。要坚持向基层、农村和中西部地区倾斜，优先安排关系人民群众切身利益的重大公共文化服务项目。

李长春十分关心大学生思想政治教育和未成年人思想道德建设。考察期间，他来到中南大学，召开大学生思想政治教育工作座谈会。李长春强调，加强和改进大学生思想政治教育，是一项长期的战略任务，要在建立长效机制上狠下功夫，把中央要求原原本本落到实处。各级党委、政府要把大学生思想政治教育纳入重要议事日程，切实抓好学校这个主阵地的建设。各级各类学校要认真落实“教书育人、育人为本”的理念，做到全员育人、全程育人、全方位育人。要继续加大整治力度，为青少年健康成长创造良好社会文化环境。要把大学生的思想政治教育和解决实际问题紧密结合起来，加大对贫困生的支持力度，加强就业指导工作，加强后勤管理，加强心理健康辅导。他希望高校思想政治教育工作者，认真学习贯彻胡锦涛总书记在看望大连海军舰艇学院教授方永刚时的重要指示精神，增强使命感和责任感，把高校思想政治理论课教学和科研工作提高到新水平。

坚持实事求是与时俱进艰苦奋斗 执政为民 把干部教育培训工作提高到一个新水平

中共中央政治局常委、国家副主席曾庆红在5月14日召开的中国浦东、井冈山、延安干部学院教学工作会议上的讲话中指出，我们党的事业的承前启后、继往开来，我们党的干部队伍的兴旺发达、后继有人，都需要有三所干部学院这样特色鲜明地高扬党的理想和信念、弘扬党的光荣传统和作风，从而保证我们党和国家既永不变色又充满活力的干部教育培训基地。各级党委要认真总结借鉴这些经验，迎接新一轮大规模干部教育培训工作，为全面建设小康社会、加快构建社会主义和谐社会提供人才保障。

曾庆红指出，十六大以来，我们党的事业

继续蓬勃发展，干部教育培训工作力度也在不断加大。我们党之所以能够成功地以落实科学发展观推进经济增长方式转变，以构建和谐社会推进社会管理方式转变，以提高党的执政能力推进党的执政方式转变，一个很重要的原因，就是通过卓有成效的教育培训，推动了各级领导干部与时俱进的思维方式和工作方法的转变。实践证明，只有始终坚持围绕中心、服务大局，坚持突出重点、分类指导，坚持加强基础、整合资源，坚持与时俱进、改革创新，干部教育培训工作才能找准科学定位、更加奋发有为。我们一定要结合新的形势和任务，在实践中运用好、发展好这些成功经验。为做好新一轮大规模培训干部、大幅度提高干部素质的工作，我们要认真落实胡锦涛同志关于“联系实际创新路、加强培训求实效”的指示精神，深入贯彻中央批准下发的《干部教育条例》和“十一五”全国干部教育培训《规划》，把“大规模培训”的数量要求与“大幅度提高”的质量要求兼顾得更好，以实现干部教育培训效益的最大化。要坚持不懈地用党的理论创新成果武装干部，用党的路线方针政策和国家法律法规培训干部，用党的优良传统和作风教育干部，真正把学习中的收获转化为推动党的执政能力建设和先进性建设的能力，转化为谋划工作的思路、促进工作的措施。要求各级党委切实加强组织领导，进一步完善齐抓共管的干部教育培训工作机制，进一步优化整合干部教育培训资源。特别是要进一步加强干部教育培训师资队伍建设，要引导广大教师自觉向方永刚同志学习，把党的创新理论这样一种真理的力量同党的理论工作者、教育工作者自身的人格力量结合起来，努力创造一流的业绩，为党的干部教育培训事业作出新的贡献。

以奋发有为精神和求真务实作风推动部队建设又好又快发展

中共中央总书记、国家主席、中央军委主席胡锦涛5月23日在会见北京军区第九次党代表大会代表时强调，要高举邓小平理论和“三个代表”重要思想伟大旗帜，深入贯彻落实科学发展观，全面加强革命化、现代化、正规化建设，以奋发有为的精神和求真务实的作风抓好各项工作的落实，努力推动部队建设又好又快发展。

胡锦涛指出，北京军区战略地位十分重要，肩负的使命任务重大而又光荣。近些年来，军区党委坚决贯彻党中央、中央军委的决策指示，团结带领广大官兵开拓进取，扎实工作，出色完成了党和人民赋予的各项任务，部队全面建设也取得了新的进步。面对新的形势和任务，要始终抓住高举旗帜、听党指挥这个根本，大力加强思想政治建设和作风建设，保持部队建设的正确政治方向。要坚持以新时期军事战略方针为统揽，紧密结合使命任务，进一步兴起大抓军事训练的热潮，高标准高质量地做好军事斗争准备的各项工作。要狠抓从严治军方针的落实，深入研究新形势下治军带兵的特点规律，不断加强和改进部队管理工作，确保部队正规有序和安全稳定。要密切配合地方党委、政府做好维护社会和谐稳定工作，积极参加和支援地方经济建设，深入开展军民共建，为全面建设小康社会、构建社会主义和谐社会作出新的贡献。

认真履行职责　不负人民重托

中共中央总书记、国家主席、中央军委主席胡锦涛5月25日在人民大会堂亲切会见了全国公安系统英雄模范和立功集体代表并作了重要讲话。

胡锦涛在讲话中指出，长期以来，全国公安机关和广大公安民警坚决贯彻中央的路线方针政策，遵循全心全意为人民服务的根本宗旨，忠实履行宪法和法律赋予的神圣职责，团结奋战，顽强拼搏，为维护社会稳定、保障人民群众安居乐业作出了重大贡献，涌现出一大批可歌可泣的英雄模范和先进集体。实践证明，我们这支队伍是一支关键时刻拉得出、危急时刻冲得上的队伍，是一支正气浩然、英雄辈出的队伍。你们不愧是党和人民的忠诚卫士，党和人民感谢你们。当前，全党全国各族人民正在为全面建设小康社会、加快推进社会主义现代化而奋斗。维护社会稳定、促进社会和谐，是全国公安机关和广大公安民警的光荣使命。他希望全国广大公安民警高举邓小平理论和“三个代表”重要思想伟大旗帜，深入贯彻落实科学发展观，以英雄模范和立功集体为榜样，忠于党、忠于祖国、忠于人民、忠于法律，认真履行职责，不负人民重托，以优异成绩迎接党的十七大胜利召开。

2007 年 6 月

深入贯彻落实四个长效机制文件精神 不断巩固和发展先进性教育活动成果

6月1日至3日，中共中央政治局委员、中央书记处书记、中央组织部部长贺国强在贵州调研时强调，要按照中央要求，切实抓好《关于加强党员经常性教育的意见》等四个长效机制文件的贯彻落实，进一步巩固和发展先进性教育活动成果，做好保持共产党员先进性的经常性工作，以良好的精神状态和优异的工作成绩迎接党的十七大的胜利召开。

调研期间，贺国强深入到黔南布依族苗族自治州少数民族村寨，实地了解农村基层党建工作、农村党员干部现代远程教育、村级组织活动场所建设和新农村建设情况，慰问农村党员干部和生活困难群众，并在“六一”儿童节之际看望了村希望小学师生代表，召开了省、市、县、乡、村以及城市社区、企业党组织负责同志参加的座谈会。他强调，各级党委和部门党组（党委）要把党的建设工作摆在突出位置，把建立健全抓基层党建工作责任制作为贯彻落实四个长效机制文件精神的重点。党委（党组）书记要充分发挥第一责任人的作用，带头履行管党的职责，专职副书记要协助党委书记认真抓好党建工作，班子其他成员要把抓党建工作作为分内职责，切实加强领导和指导，不断推进基层党建的各项工作，为促进经济社会又好又快发展提供坚强保证。

贺国强指出，要紧密联系各地区各部门各单位实际贯彻落实四个长效机制文件，认真研究解决出现的新情况新问题，注意发现和总结基层创造的成功经验，切实增强工作的针对性和实效性。要把贯彻落实四个长效机制文件精神与农村党的建设“三级联创”活动、农村党员干部现代远程教育、村级组织活动场所建设等农村党建工作有机结合起来，与机关、学校、社区、企事业单位等党建工作有机结合起来，相互促进。要继续抓好先进性教育活动整改提高的后续工作，狠抓整改措施的落实，努力兑现承诺，真正取信于民。要以自查为主，适当进行抽查，切实加强对贯彻落实四个长效机制文件情况的督促检查。

全国宣传部长座谈会召开

全国宣传部长座谈会6月5日在北京召开，中共中央政治局委员、书记处书记、中宣部部长刘云山出席会议并讲话。他强调，要坚持以邓小平理论和“三个代表”重要思想为指导，深入贯彻落实科学发展观，自觉同以胡锦涛同志为总书记的党中央保持一致，牢牢把握正确导向，坚持“三贴近”原则，唱响主旋律，用中央的方针政策和工作部署统一人们的思想和行动，把干部群众的力量凝聚到推动科学发展、促进社会和谐、全面建设小康社会上来，为党的十七大胜利召开营造良好的理论氛围、舆论氛围、文化氛围和社会思想氛围。

刘云山指出，党的十七大是在我国经济社会发展进入关键阶段召开的一次重要会议，对于统一全党思想，动员全党全国各族人民在党中央坚强领导下，顺利完成“十一五”规划，构建社会主义和谐社会，夺取中国特色社会主义事业新胜利，具有十分重要的意义。宣传思想战线要把做好迎接十七大的宣传作为首要政治任务，摆上重要日程，认真筹划、精心安排，切实抓紧抓好。当前要紧紧围绕迎接党的十七大，扎实做好各项宣传工作。要坚持不懈地用邓小平理论和“三个代表”重要思想武装全党、教育人民，把学习宣传贯彻科学发展观摆在重要位置，推动党的理论创新成果更加深入人心，为十七大营造良好理论氛围。要精心组织“科学发展、共建和谐”主题宣传，大力宣传经济、政治、文化、社会建设和党的建设的巨大成就，宣传体现民族精神和时代精神的先进典型，做好民生问题和社会热点的舆论引导，为十七大营造良好舆论氛围。要继续深化文化体制改革，解放和发展文化生产力，创作生产更多更好的精神文化产品，丰富城乡文化生活，为十七大营造良好文化氛围。要以社会主义核心价值体系为根本，加强思想道德建设，深化群众性精神文明创建，广泛开展“讲文明、树新风”活动，为十七大营造良好社会思想氛围。要切实加强网络文化建设和管理，组织开展富有特色的网络宣传，提高网上优秀文化产品供给能力，努力形成健康向上的网络文化环境。要积极主动地做好对外宣传工作，努力形成客观友善的国际舆论环境。迎接十七大的宣传工作涉及方方面面，需要统筹协调，合力推进。要进一步增强政治意识、大局意识、责任意识，加强组织领导，不断改进创新，提高工作的预见性、主动性。要进一步改进工作作风，以良好精神状态狠抓工作落实，确保圆满完成各项任务。

统一思想凝聚力量
为党的十七大召开
创造良好思想舆论环境

中共中央政治局常委李长春6月5日至8日在河南考察工作时强调，宣传思想战线要把为党的十七大召开创造良好思想舆论环境，作为当前工作的头等大事，认真研究部署，扎实有效工作，把干部群众的思想统一到中央精神上来，把方方面面的力量凝聚到全面建设小康社会的目标上来，万众一心开创中国特色社会主义事业新局面。

李长春指出，今年“五一”期间，胡锦涛总书记到河南考察工作，发表了重要讲话。胡锦涛总书记的讲话，是推动河南当前和今后发展的重要指针和强大动力。河南全省上下要认真贯彻胡锦涛总书记的重要讲话精神，紧紧抓住国家实施中部地区崛起战略的大好机遇，发挥自身优势，加快发展步伐，实现更大进步，在促进中部地区崛起中发挥带头作用。党的十七大是在我国经济社会发展进入关键阶段召开的一次重要会议。为党的十七大召开创造良好的思想舆论环境，要唱响中国特色社会主义的主旋律，大力宣传邓小平理论和“三个代表”重要思想，宣传十六大以来党中央提出的科学发展观、构建社会主义和谐社会等重大战略思想，深入推进马克思主义理论研究和建设工程，为十七大召开创造良好的思想理论环境；要加强正面舆论引导，大力开展主题宣传、重大活动宣传、成就宣传和典型宣传，加强对社会热点问题的引导，为十七大召开创造良好的舆论环境；要推出一批体现时代主旋律，思想性、艺术性、观赏性相结合的优秀作品，广泛开展基层群众文化活动，为十七大召开创造良好的文化环境。

研究新情况解决新问题
切实加强反腐倡廉制度建设

6月9日至11日，中共中央政治局常委、中央纪委书记吴官正在陕西省考察工作。他强调，扎实有效地推进党风廉政建设和反腐败工作，必须坚持以邓小平理论和“三个代表”重要思想为指导，深入贯彻落实科学发展观，加强调查研究，了解新情况，解决新问题，注重反腐倡廉制度建设，努力增强工作的主动性、前瞻性和有效性。

吴官正指出，反腐倡廉工作深入推进的过程，是一个不断研究新情况、解决新问题的过程。纪检监察机关要创造性地开展工作，努力提高反腐倡廉工作的能力和水平。要切实改进作风，加强调查研究，注重对典型案例的剖析，注重对反腐倡廉重大问题的研究，尤其要在坚决惩治腐败的同时，在加大治本力度、注重预防方面，集思广益，多想办法，有针对性地采取措施。要切实加强对党员干部的教育、管理和监督。中央纪委针对一些党员干部利用职权和职务影响谋取不正当利益方面出现的新情况、新问题，制定了若干规定，提出并重申八项纪律要求。各级纪委要协助党委抓好贯彻落实。党员干部要认真学习、严格遵守，按规定自觉对照检查，认真自查自纠。要树立正确的权力观、利益观，正确行使人民赋予的权力，决不能以权谋私，努力做到为民、务实、清廉。制度带有根本性、全局性、稳定性和长期性。要注重制度建设，坚持深化改革和创新体制，从源头上防止腐败现象的发生。要以科学的态度制定制度，认真贯彻从严治党和依法治国的要求，坚持实事求是，宽严相济。严格执行制度，对违反制度、规避制度的行为，要加大问责力度，坚决维护制度的严肃性和权威性。

中共中央政治局研究加强公共文化服务体系建设

中共中央政治局 6 月 16 日召开会议，研究加强公共文化服务体系建设。中共中央总书记胡锦涛主持会议。

会议认为，加强公共文化服务体系建设，是繁荣发展社会主义先进文化、构建社会主义和谐社会的必然要求，是实现好、维护好、发展好人民群众基本文化权益的主要途径，对于促进人的全面发展、提高全民族的思想道德和科学文化素质、建设富强民主文明和谐的社会主义现代化国家，具有重大意义。

会议指出，加强公共文化服务体系建设，必须坚持以马克思列宁主义、毛泽东思想、邓小平理论和“三个代表”重要思想为指导，深入贯彻落实科学发展观，坚持社会主义先进文化的前进方向，坚持以政府为主导、鼓励社会力量积极参与，坚持城乡、区域文化协调发展，坚持把建设的重心放在基层和农村，统筹规划、加大投入、因地制宜、分步实施，着力改善农村和中西部地区公共文化服务网络，着力提高公共文化产品供给能力，着力解决人民群众最关心、最直接、最现实的基本文化权益问题，推动文化建设与经济建设、政治建设、社会建设协调发展。加强公共文化服务体系建设的目标任务是，按照结构合理、发展平衡、网络健全、运行有效、惠及全民的原则，以政府为主导、以公益性文化单位为骨干、鼓励全社会积极参与，努力建设公共文化产品生产供给、设施网络、资金人才技术保障、组织支撑和运行评估为基本框架的覆盖全社会的公共文化服务体系，切实保障人民群众看电视、听广播、读书看报、进行公共文化鉴赏、参加大众文化活动等基本文化权益。当前，要大力加强重大公益性文化工程建设，认真组织实施广播电视村村通、全国文化信息资源共享、乡镇综合文化站和基层文化阵地建设、农村电影放映、农家书屋建设等公共文化服务工程。要建立健全公共文化设施网络，充分发挥现有文化设施作用，积极开展公益性文化活动，加大产业支撑和市场供给，增强公共文化产品的生产供给能力。要推进文化事业单位改革，创新文化服务方式，创新公共文化服务技术，创新公共文化服务运行机制。要求各级党委和政府要深刻认识公共文化服务体系建设的重要意义，把公共文化服务体系建设放在全局工作的重要位置，切实加强领导，建立健全工作机制，加大投入力度，完善投入机制，加强队伍建设，立足当前，着眼长远，有重点分阶段地把公共文化服务体系建设抓紧抓好。

推动部队建设又好又快发展不断提高遂行各项任务能力

中共中央总书记、国家主席、中央军委主席胡锦涛 6 月 18 日在北京人民大会堂亲切会见一至十届“中国武警十大忠诚卫士”并作重要讲话。

胡锦涛在讲话中说，长期以来，武警部队坚决贯彻党中央、国务院、中央军委的决策指示，忠实履行职能使命，全面加强部队建设，出色地完成了各项任务，为保卫国家安全、维护社会稳定、维护人民群众生命财产安全、推进改革开放和社会主义现代化建设，作出了重大贡献。受到表彰的一至十届“中国武警十大忠诚卫士”就是武警部队广大官兵的杰出代表。在同志们身上，集中体现了武警官兵对党和人民的无限忠诚和勇于奉献的革命精神，充分展现了武警部队威武之师、文明之师的良好形象；党和人民感谢你们。

新的形势和任务对武警部队提出了新的更高的要求。希望武警部队全体官兵高举邓小平理论和“三个代表”重要思想伟大旗帜，深入贯彻落实科学发展观，以“中国武警忠诚卫士”为榜样，始终做到听党指挥、服务人民、英勇善战，努力推动部队建设又好又快发展，不断提高遂行各项任务的能力，为全面建设小康社会、构建社会主义和谐社会作出新的更大的贡献。他希望受到表彰的同志们珍惜荣誉，戒骄戒躁，不断进取，为党和人民再立新功。

中共中央国务院颁发《关于进一步加强新时期信访工作的意见》

中共中央、国务院近日颁发《关于进一步加强新时期信访工作的意见》（以下简称《意见》）。《意见》指出，信访工作是党和政府的一项重要工作，是构建社会主义和谐社会的基础性工作。做好新时期的信访工作，对于全面落实科学发展观，发展社会主义民主政治，维护人民群众的合法权益，加强党风建设尤其是干部作风建设，密切党和政府与人民群众的血肉联系，全面建设小康社会、构建社会主义和谐社会，具有十分重要的意义。

《意见》强调，要充分认识信访工作在构建社会主义和谐社会中的重要作用，进一步强化做好新时期信访工作的政治责任。要明确新时期信访工作的指导思想和目标任务，把握信访工作的正确方向。要坚持依法按政策解决问题，切实维护群众合法权益。要进一步畅通信访渠道，依法规范信访秩序。要建立健全长效工作机制，努力提高信访工作效率和管理水平。要着力加强基层基础工作，提高基层预防和妥善处理信访问题的能力。要进一步加强对信访工作的领导，构建信访工作新格局。

坚定不移走中国特色社会主义伟大道路为夺取全面建设小康社会新胜利而奋斗

中共中央总书记、国家主席、中央军委主席胡锦涛6月25日在中央党校省部级干部进修班发表重要讲话。胡锦涛强调，面对新形势新任务，我们要坚持以邓小平理论和“三个代表”重要思想为指导，深入贯彻落实科学发展观，继续解放思想，坚持改革开放，推动科学发展，促进社会和谐，为夺取全面建设小康社会新胜利而奋斗。

中国特色社会主义，是当代中国发展进步的旗帜，是全党全国各族人民团结奋斗的旗帜。我们必须始终不渝地坚持以邓小平理论和“三个代表”重要思想为指导，深入贯彻落实科学发展观，毫不动摇地坚持和发展中国特色社会主义。解放思想，是党的思想路线的本质要求，是我们应对前进道路上各种新情况新问题、不断开创事业新局面的一大法宝，必须坚定不移地加以坚持。改革开放，是解放和发展社会生产力、不断创新充满活力的体制机制的必然要求，是发展中国特色社会主义的强大动力，必须坚定不移地加以推进。科学发展，社会和谐，是发展中国特色社会主义的基本要求，是实现经济社会又好又快发展的内在需要，必须坚定不移地加以落实。全面建设小康社会，是我们党和国家到2020年的奋斗目标，是全国各族人民根本利益所在，必须坚定不移地为之奋斗。做到这四个坚定不移，对保持党和国家事业顺利发展的大局至关重要。

全党同志特别是党的高级干部，必须牢记社会主义初级阶段基本国情，认清全面建设小康社会、实现我国基本现代化、巩固和发展社会主义制度的重要性、长期性、艰巨性，增强聚精会神搞建设、一心一意谋发展的坚定性，提高想问题、办事情决不可脱离实际的自觉性，清醒而又顽强地为实现党的历史使命而扎实奋斗、不懈奋斗。

新世纪新阶段，我国发展站在了新的历史起点上。我们必须科学分析我国全面参与经济全球化的新机遇新挑战，深刻把握工业化、城镇化、市场化、国际化深入发展形势下我国各项事业发展面临的新课题新矛盾，深入贯彻落实科学发展观，更加自觉地促进科学发展，奋力开拓中国特色社会主义更为广阔的发展前景。我们党要带领人民夺取全面建设小康社会新胜利，开创中国特色社会主义事业新局面，关键是要抓好党的自身建设。必须坚持党要管党、从严治党，继续推进党的建设新的伟大工程。要坚持推动全党深入学习马克思列宁主义、毛泽东思想、邓小平理论和“三个代表”重要思想，深入学习科学发展观。要加强党的组织建设，造就高素质的领导班子、干部队伍和党员队伍。要继续积极稳妥、扎实有效地推进党内民主建设，坚持民主集中制，坚持党员主体地位，完善党内民主制度，使党内民主意识普遍增强、党内民主制度不断健全、党的创造活力充分发挥。要全面加强党的思想作风、学风、工作作风、领导作风和干部生活作风建设，大力改进学风和文风，反对形式主义、官僚主义和弄虚作假，反对奢侈浪费，使全党同志特别是各级领导干部更加自觉地坚持求真务实精神，更加自觉地坚持全心全意为人民服务的宗旨，更加自觉地坚持党的群众路线。要坚持权为民所用、情为民所系、利为民所谋，真诚倾听群众呼声，真实反映群众愿望，真情关心群众疾苦，多为群众办好事、办实事。各级党委要充分认识反腐败斗争的长期性、艰巨性、复杂性，把反腐倡廉建设放在更加突出的位置，坚持标本兼治、综合治理、惩防并举、注重预防的方针，建立健全教育、制度、监督并重的惩治和预防腐败体系，在坚决惩治腐败的同时，更加注重治本，更加注重预防，更加注重制度建设，加强领导干部廉洁自律工作，坚决查办违纪违法案件。艰巨的使命、繁重的任务，要求全党同志一定要居安思危、增强忧患意识，一定要戒骄戒躁、艰苦奋斗，一定要加强学习、勤奋工作，一定要加强团结、顾全大局，做到思想上始终清醒、政治上始终坚定、作风上始终务实。全党同志要更加紧密地团结在党中央周围，为开好党的十七大，为夺取全面建设小康社会新胜利、开创中国特色社会主义事业新局面而团结奋斗。

曾庆红在主持会议时指出，胡锦涛总书记的讲话十分重要。讲话深刻阐述了事关党和国家工作全局的若干重大问题，对于进一步统一党的高级干部思想认识，更好地为夺取全面建设小康社会新胜利、开创中国特色社会主义事业新局面而继续奋斗，具有十分重要的指导意义。希望同志们认真学习和深刻领会讲话精神。

全国政协第55期干部培训班开班

中共中央政治局常委、全国政协主席贾庆林6月28日在北戴河会见全国政协第55期干部培训班全体学员时强调，各级政协组织和广大政协委员要认真学习贯彻胡锦涛总书记重要讲话精神，扎扎实实地做好人民政协的各项工作，以更加饱满的政治热情、更加优异的工作成绩，迎接党的十七大胜利召开。

贾庆林指出，6月25日，胡锦涛总书记在中央党校省部级干部进修班毕业典礼上发表了重要讲话，科学分析了当前我们面临的新形势新任务，全面阐述了以邓小平理论和“三个代表”重要思想为指导、深入贯彻落实科学发展观的根本要求，深刻回答了党和国家未来发展的一系列理论和实践问题。讲话高屋建瓴、内涵丰富、思想深刻，为党的十七大胜利召开奠定了重要的政治、思想和理论基础，对于更好地带领全党全国人民继续全面建设小康社会、加快推进社会主义现代化，对于坚持和完善中国共产党领导的多党合作和政治协商制度，开创统一战线和人民政协事业的新局面，都具有十分重要的指导意义。各级政协组织要把认真学习贯彻胡锦涛总书记重要讲话精神作为当前的一项重要政治任务，高度重视、精心组织，努力把广大政协委员和政协机关干部的思想和行动统一到中央的精神和决策部署上来。通过学习，要更加自觉地坚持以邓小平理论和“三个代表”重要思想为指导，深入贯彻落实科学发展观；更加自觉地高举中国特色社会主义伟大旗帜，毫不动摇地坚持和发展中国特色社会主义；更加自觉地在继续解放思想、坚持改革开放、推动科学发展和促进社会和谐、为全面建设小康社会而奋斗上做到坚定不移，保持党和国家事业顺利发展的大局；更加自觉地牢记社会主义初级阶段基本国情，始终坚持“一个中心、两个基本点”的基本路线；更加自觉地准确把握推进社会主义经济建设、政治建设、文化建设、社会建设和党的自身建设的新要求，更好更快地推进全面建设小康社会进程；更加自觉地坚持走中国特色社会主义政治发展道路，巩固全国各族人民的大团结，促进海内外中华儿女的大团结。

重视学习是人民政协的光荣传统。十届全国政协建立健全了学习工作机构和制度，积极探索开展学习工作的有效途径和方式，取得了显著成效。全国政协在坚持党组中心组学习、主席会议学习的基础上，在每次常委会议后举办学习讲座，组织在京委员的学习报告会，分期分批组织委员学习培训。同时，还加强对政协系统干部的培训。各级政协组织要总结经验、再接再厉，切实把学习工作摆在更加突出的位置，动员和组织政协委员和政协机关干部，坚持理论联系实际的马克思主义学风，坚持勤奋学习、学以致用，深入学习邓小平理论和“三个代表”重要思想，深入学习科学发展观，深入学习《中共中央关于加强人民政协工作的意见》，深入学习履行职能所需要的经济、政治、文化、社会等方面的知识，努力使广大政协委员和政协机关干部成为勤奋学习的模范，把人民政协建设成为学习型组织，不断提高履行职能的能力和水平。

胡锦涛出席香港特别行政区欢迎晚宴并发表重要讲话

国家主席胡锦涛6月30日晚出席香港特别行政区欢迎晚宴并发表重要讲话。他希望广大香港同胞在爱国爱港的旗帜下紧密团结起来，在维护国家利益、维护香港整体利益的基础上共同奋斗，坚持不懈地维护和促进香港长期繁荣稳定。

胡锦涛发表了热情洋溢的讲话。他首先代表中央政府，向全体香港市民致以诚挚的问候和良好的祝愿。胡锦涛说，1997年7月1日，香港在历经沧桑后回到祖国怀抱。从那一天起，香港进入了新时代。这个新时代最显著的特点，就是在“一国两制”下香港同胞实现了当家作主，真正成为香港的主人。10年来，香港虽然几经风雨，但愈发光彩夺目。这其中的根本原因就是在新的条件下，香港同胞焕发出前所未有的主人翁热情，继续发扬爱国爱港的光荣传统和引以为豪的拼搏精神，同舟共济，自强不息。

胡锦涛说，今天的香港继续保持自由港和国际金融、贸易、航运中心的地位，经济持续增长，社会保持稳定，民生不断改善，公众信心明显增强，国际影响日益扩大。所有中华儿女都为香港回归祖国以来取得的成就感到骄傲，都为香港同胞显示出来的智慧和才能感到自豪。

胡锦涛指出，香港回归祖国以来的实践充分证明：邓小平先生提出的“一国两制”科学构想，不仅是解决历史遗留下来的香港问题的最佳方案，也是香港回归祖国后保持长期繁荣稳定的最佳制度安排。实行“一国两制”，对香港有利，对国家有利，对各国投资者有利，对区域经济发展有利。我们坚信，随着时间的推移和实践的深化，“一国两制”的强大生命力必将进一步显现出来，必将获得越来越广泛的认同和拥护。香港目前的良好局面来之不易，值得香港社会各界人士倍加珍惜。在香港这个多元化的社会，实现社会稳定发展，关键是要求同存异、包容共济、齐心协力。

胡锦涛最后说，巍然矗立的回归纪念碑，光彩夺目的金紫荆雕塑，见证了香港特别行政区走过的辉煌历程，也必将见证香港更加美好的明天。

2007 年 7 月

全国人民调解工作会议召开

中共中央政治局常委、中央政法委书记罗干 7 月 6 日在全国人民调解工作会议上强调，要认真学习贯彻胡锦涛总书记在中央党校的重要讲话精神，扎扎实实做好人民调解工作，维护社会和谐稳定，为全面建设小康社会、开创中国特色社会主义事业新局面而努力奋斗。

罗干说，6 月 25 日，胡锦涛总书记在中央党校省部级干部进修班发表重要讲话，强调要坚定不移地走中国特色社会主义伟大道路，夺取全面建设小康社会新胜利。胡锦涛总书记的重要讲话，深刻阐述了事关党和国家工作全局的若干重大问题，对于进一步统一思想认识，推动科学发展，促进社会和谐，具有十分重要的指导意义。要认真学习全面贯彻胡锦涛总书记重要讲话，把思想和行动统一到讲话精神上来，不断开创人民调解工作新局面。

罗干充分肯定了近年来人民调解工作取得的显著成绩。他指出，人民调解是一项中国特色的社会主义法律制度，是化解民间纠纷的有效手段，在社会矛盾纠纷调解工作体系中具有基础作用。各级党委、政府和各级人民法院、司法行政机关要以邓小平理论和"三个代表"重要思想为指导，全面落实科学发展观，充分认识人民调解工作在构建社会主义和谐社会中的重要作用，进一步增强责任感和使命感，切实加强对人民调解工作的指导，把人民调解工作提高到一个新水平。要不断强化人民调解工作化解矛盾纠纷的功能，进一步发挥人民调解工作预防矛盾纠纷的作用，注重发挥人民调解工作的法制宣传教育功能，有效预防和化解矛盾纠纷，维护社会和谐稳定。要加强人民调解工作法制化、规范化建设，加强人民调解立法工作。要进一步建立和完善人民调解工作制度，严格人民调解工作程序，依法维护人民调解协议的效力，增强人民调解工作的社会公信力。要创新人民调解工作机制，认真研究人民调解与行政调解、司法调解的有效衔接问题，增强人民调解工作效果。要加强人民调解组织建设，进一步拓展人民调解工作领域。要加强人民调解员队伍建设，进一步提高人民调解员队伍素质和能力。各级党委和政府要高度重视人民调解工作，认真研究解决人民调解工作中遇到的困难和问题。各级人民法院特别是基层人民法院和人民法庭，要结合具体案件，采取多种途径和方式，加强对人民调解工作的业务指导。各级司法行政机关要把人民调解工作作为一项重要工作，列入重要议事日程，切实加强对人民调解组织日常工作的指导，推动新时期人民调解工作的改革与发展，不断完善中国特色的人民调解制度。

中央党校举行 2007 年春季学期毕业典礼

中共中央党校 7 月 13 日举行 2007 年春季学期毕业典礼。中共中央政治局常委、中央书记处书记、中央党校校长曾庆红出席毕业典礼，并为学员颁发毕业证书。

近年来，中央党校按照中央领导同志对党校工作的一系列重要指示，坚持和完善教学新布局，大力推进研究式教学，注重提高教学效果，在一些方面作了新的探索和改进。学员们普遍反映收获很多，进一步深化了对马克思主义中国化最新成果的认识，对关系党和国家未来发展的一系列重大问题，认识更加明确，提高了政治修养，提高了理论水平；进一步开阔了视野，对重大现实问题进行了比较深入的研究，提高了大局意识和战略思维能力，提高了运用理论研究解决实际问题的能力；进一步转变了作风，对党员领导干部做人格力量的表率更加自觉，提高了思想境界，强化了党性修养意识。

中央党校常务副校长苏荣在讲话中希望广大学员继续深刻领会胡锦涛总书记6月25日在中央党校发表的重要讲话精神，更加紧密地团结在以胡锦涛同志为总书记的党中央周围，始终不渝地坚持以邓小平理论和“三个代表”重要思想为指导，深入贯彻落实科学发展观，毫不动摇地坚持和发展中国特色社会主义。希望大家坚持用理论指导实践，多为群众办好事、办实事，不断在实践中提高领导能力和工作水平；希望大家关心党校教育，增强做好新形势下干部教育培训工作的责任感和使命感，积极迎接新一轮大规模干部教育培训工作，为全面建设小康社会、坚持和发展中国特色社会主义事业提供人才保障，为迎接党的十七大胜利召开和贯彻党的十七大精神做出应有的努力。

省部级领导干部纪检监察专题研讨班开班

中共中央政治局常委、中央纪委书记吴官正7月16日出席省部级领导干部纪检监察专题研讨班开班式并讲话。他指出，各级纪检监察机关要坚持以邓小平理论和“三个代表”重要思想为指导，坚持党的基本路线，深入贯彻落实科学发展观，按照胡锦涛同志在中央党校重要讲话的要求，把反腐倡廉建设放在更加突出的位置，在坚决惩治腐败的同时，更加注重治本，更加注重预防，更加注重制度建设，推动党风廉政建设和反腐败斗争深入开展。

吴官正指出，胡锦涛同志6月25日在中央党校发表的重要讲话，深刻阐述了事关党和国家工作全局的若干重大问题，对反腐倡廉工作提出了新的更高要求。各级纪检监察机关要深刻领会讲话精神，正确认识当前反腐倡廉面临的形势和任务。既要看到反腐倡廉工作力度不断加大，取得明显成效；又要看到腐败现象仍然比较严重，反腐倡廉任务仍然艰巨。要深刻认识到我国正处在并将长期处在社会主义初级阶段，反腐败斗争具有长期性、艰巨性、复杂性。我们要增强责任感和紧迫感，扎扎实实做好各项工作，通过坚持不懈的努力，逐步把腐败现象遏制到最低程度。惩治和预防是反腐倡廉相辅相成、相互促进的两个方面。要坚持从严治党，继续保持查办案件的势头，惩治这一手任何时候都不能放松。同时，要采取有效措施，进一步加大预防腐败力度。坚决维护党的纪律，促进领导干部廉洁从政；抓好党的作风建设，密切党同人民群众的血肉联系；深化改革和创新体制，坚决铲除腐败现象滋生蔓延的土壤；加强监督制约，特别是对各级领导班子主要负责人的监督。纪检监察干部要加强学习，严格要求，不断提高思想水平和工作能力。要重视对反腐倡廉重大问题的调查研究，增强工作的前瞻性、系统性和主动性。不断改进思想作风和工作作风，自觉接受党和人民的监督。

中共中央举行座谈会纪念杨尚昆同志诞辰100周年

纪念杨尚昆同志诞辰100周年座谈会7月20日上午在人民大会堂举行。中共中央总书记、国家主席、中央军委主席胡锦涛出席并发表重要讲话。他强调，我国革命、建设、改革的伟大成就，是老一代革命家带领全党全国各族人民不懈奋斗、顽强拼搏的结果。在新的历史条件下把党和人民事业继续推向前进，是我们必须承担好的庄严历史责任。我们要坚持以马克思列宁主义、毛泽东思想、邓小平理论和“三个代表”重要思想为指导，深入贯彻落实科学发展观，始终不渝地走中国特色社会主义道路，不断实现好、维护好、发展好最广大人民的根本利益，为把我国建设成为富强民主文明和谐的社会主义现代化国家而继续奋斗。

胡锦涛在讲话中高度评价了杨尚昆同志光辉战斗的一生。他说，杨尚昆同志是伟大的无产阶级革命家、政治家、军事家，坚定的马克思主义者，党、国家、人民军队的卓越领导人。他为党领导的革命、建设、改革事业贡献了毕生精力，作出了重大贡献。

胡锦涛指出，青少年时代，杨尚昆同志目睹旧中国内忧外患的悲惨情景，立志寻求救国救民的真理。1925 年，他开始投身反帝反封建的革命斗争，同年加入中国共产主义青年团，1926 年初转为中国共产党党员，从此他就把自己的一生献给了党和人民事业。

胡锦涛强调，在 70 多年的革命生涯中，杨尚昆同志以坚韧不拔的意志、不屈不挠的精神，书写了为党和人民不懈奋斗的壮丽人生。我们缅怀杨尚昆同志的光辉业绩，就是要学习和发扬他的高尚思想品德。我们要学习他对理想信念无比坚定、对党和人民无限忠诚，学习他勇于追求真理、善于开辟工作新局面，学习他严于律己、公道正派，始终保持共产党人的优良品质。

中共中央召开党外人士座谈会

中共中央 7 月 25 日在中南海召开党外人士座谈会，就当前经济形势和经济工作听取各民主党派中央、全国工商联领导人和无党派人士的意见和建议。中共中央总书记胡锦涛主持座谈会并发表重要讲话。他强调，必须按照科学发展观的要求，深入分析和全面把握我国经济发展的新形势新特点，正确判断宏观经济面临的新情况新问题，不断提高驾驭经济发展的能力和水平。

中共中央政治局常委温家宝、贾庆林、曾庆红出席座谈会。温家宝通报了今年上半年我国经济运行的情况，并介绍了中共中央、国务院关于做好下半年经济工作的考虑。

胡锦涛作了重要讲话。他说，大家对上半年经济工作给予了充分肯定，提出了许多很好的意见和建议，我们将认真研究、积极采纳。今年以来，我们坚持以邓小平理论和“三个代表”重要思想为指导，深入贯彻落实科学发展观，进一步加强和改善宏观调控，国民经济形势总体是好的。各民主党派、工商联和无党派人士为促进经济社会又好又快发展作出了积极贡献。胡锦涛代表中共中央、国务院，向各民主党派、工商联和无党派人士表示衷心的感谢。他指出，在充分肯定成绩的同时，我们要高度重视我国经济运行中存在的突出矛盾和问题，保持清醒头脑。在改革不断深化、开放持续扩大、结构调整加快、利益多样化的情况下，在总量矛盾和结构矛盾交织、流动性过剩和产能过剩并存、国内因素和国际因素互动的大背景下，我国经济发展又到了一个非常关键的时期。实现我国经济又好又快发展，复杂性和艰巨性都明显增加，我们必须不断提高驾驭经济发展的能力和水平。

胡锦涛就做好下半年经济工作提出 4 点要求。一是要进一步采取综合措施加强和改善宏观调控，着力遏制经济增长由偏快转为过热的趋势。二是要进一步做好“三农”工作，着力提高农业综合生产能力特别是粮食生产能力。三是要进一步加大节能减排工作力度，着力改变高消耗、高排放的状况。四是要进一步重视民生问题，着力维护好人民群众切身利益。

最后，胡锦涛希望各民主党派、工商联和无党派人士牢固树立大局意识、服务意识，最大限度地把各自联系成员的智慧和力量凝聚到促进经济社会发展上来，不断探索为经济社会发展服务的新途径新方法，继续为促进经济社会又好又快发展作出贡献。

中共中央政治局分析研究当前经济形势和经济工作

中共中央政治局 7 月 26 日召开会议，分析研究当前经济形势和经济工作。中共中央总书记胡锦涛主持会议。

会议认为，今年以来我国经济形势总体是好的。农业生产稳定发展，结构调整出现积极变化，经济效益继续提高，节能减排积极推进，对外贸易平稳增长，改革迈出新步伐，人民生活不断改善。经济社会发展各方面都取得新的成绩。这是全党全国各族人民共同努力的结果，是各地区各部门认真贯彻落实科学发展观和中央方针政策的结果。这也充分证明，中央确定的宏观调控政策是及时的、必要的、正确的。在充分肯定成绩的同时，我们更要居安思危，保持清醒头脑，增强忧患意识。必须看到，当前投资增幅仍处高位，货币信贷增长仍然偏快，贸易顺差仍在扩大，结构调整仍然滞后，节能减排形势相当严峻，居民消费价格涨幅扩大，涉及群众切身利益的有关问题亟待解决。要坚持以邓小平理论和"三个代表"重要思想为指导，深入贯彻落实科学发展观和中央确定的方针政策，稳定、完善和落实宏观调控政策，财政政策要加大对结构调整支持力度，货币政策要稳中适度从紧，着力提高经济增长质量和效益，着力推进改革开放和自主创新，着力加快社会发展和改善民生，促进经济社会又好又快发展。要坚持把遏制经济增长由偏快转为过热作为当前宏观调控的首要任务，着力控制高耗能、高排放和产能过剩行业盲目扩张，努力缓解投资增长过快、信贷投放过多、外贸顺差过大的矛盾，控制价格总水平过快上涨，把发展的积极性、充裕的资金、宝贵的资源更多引导到加强经济社会薄弱环节上来；坚持把解决好"三农"问题作为全党工作的重中之重，巩固和强化农业基础地位，加快建立健全支持农业和农村经济发展的长效机制，促进农业稳定发展和农民持续增收；坚持把节能减排作为调整结构和转变增长方式的重要抓手，依靠优化结构、科技进步、加强管理、完善机制、强化法制和全民参与，力争节能减排取得更加明显的成效；坚持以人为本，抓住经济平稳增长和财政收入大幅增加的有利时机，中央和地方都要加大对涉及群众切身利益和关系经济长远发展的投入，让经济发展成果更多体现到改善民生上；坚持标本兼治、远近结合，用改革的办法推进深层次矛盾的解决。要加快发展科技、教育、卫生、文化等社会事业。当前，尤其要抓好防灾救灾工作，妥善安排受灾群众的生产生活。各地区各部门特别是主要领导干部一定要把思想统一到中央对当前经济形势的判断上来，把行动统一到中央的方针政策和工作部署上来，坚持从全局的高度想问题、谋思路、促发展，切实把主要精力和工作重点放在加快调整结构和转变发展方式上来。要狠抓落实、注重实效，不折不扣地把中央确定的政策逐项落到实处；对所有工作都要有部署、有责任、有检查、有考核，增强政策的执行力和有效性。

中共中央决定给予陈良宇开除党籍、开除公职处分

7月26日，中共中央政治局会议审议了中共中央纪律检查委员会《关于陈良宇严重违纪问题的审查报告》，决定给予陈良宇开除党籍、开除公职处分，对其涉嫌犯罪问题移送司法机关依法处理。

根据中共中央决定，中央纪委自2006年9月起对陈良宇涉嫌严重违纪问题立案检查。经查，陈良宇在担任上海市黄浦区区长、市委副秘书长、市委副书记、副市长、代市长、市长、市委书记、中央政治局委员期间，滥用职权，支持上海市劳动和社会保障局违规贷给不法企业主和有关公司巨额社保基金，危害社保基金安全；为不法企业主收购国有公司股权提供帮助，造成国有资产重大损失；利用职权在项目审批、资金安排、招商合作、土地规划、职务升迁等方面为他人谋利，本人或家人收受他人财物数额巨大；以权谋私，帮助亲属在经营活动中获取巨额非法利益；道德败坏，利用职权玩弄女性，搞权色交易；包庇有严重违纪违法问题的身边工作人员。陈良宇的行为严重违反了党纪政纪，给国家和人民的利益造成重大损失，给党的形象带来严重损害，社会影响极其恶劣。

中央政治局会议决定，根据《中国共产党章程》、《中国共产党纪律处分条例》的有关规定，给予陈良宇开除党籍处分，待召开中央委员会

全体会议时予以追认；根据《中华人民共和国公务员法》的有关规定，给予陈良宇开除公职处分；对陈良宇涉嫌犯罪问题移送司法机关依法处理。

中共中央今日发出通报强调，反腐败斗争关系人心向背，关系党的生死存亡，关系国家的长治久安。中央对陈良宇严重违纪问题的查处，进一步表明了我们党反对腐败的坚强决心和鲜明态度。各级党组织一定要深刻认识反腐败斗争的长期性、复杂性、艰巨性，以陈良宇严重违纪案件为反面教材，认真开展警示教育，以案明纪、以案说法，查找问题、堵塞漏洞，下大气力推进反腐倡廉工作。必须进一步抓好反腐倡廉思想教育，在领导干部中大力倡导八个方面的良好风气；必须进一步加强反腐倡廉制度建设，着力形成有效制约权力运行的制度体系；必须进一步强化对领导干部的监督，促使领导干部真正做到廉洁从政；必须进一步加大对腐败行为的惩治力度，努力把腐败现象降到最低程度。在党内，任何时候都要做到不论什么人、不论其职务多高，只要触犯了党纪国法，都将受到严肃追究和严厉惩处。

中央号召，全党和全国各族人民要紧密团结在以胡锦涛同志为总书记的党中央周围，坚持以邓小平理论和"三个代表"重要思想为指导，深入贯彻落实科学发展观，不断推进党风廉政建设和反腐败斗争，为夺取全面建设小康社会新胜利而不懈奋斗。

弘扬崇高革命精神和优良革命传统
沿着中国特色社会主义道路奋勇前进

中共中央政治局7月26日下午进行第四十二次集体学习，中共中央总书记胡锦涛主持。他强调，我们要重温我们党领导人民军队和全国各族人民为民族独立、人民解放而浴血奋战的伟大历程，弘扬崇高革命精神和优良革命传统，激励全党全军全国各族人民在中国特色社会主义伟大道路上继续奋勇前进。

胡锦涛指出，全党同志必须牢记，形势越好越要增强忧患意识，执政越久越要增强公仆意识，条件越优越要增强节俭意识。我们要始终保持共产党人的政治本色，坚决反对形式主义、官僚主义，坚决反对享乐主义、奢侈浪费，坚决反对各种消极腐败现象，真正做到思想上始终清醒、政治上始终坚定、作风上始终务实。

胡锦涛指出，在中国人民解放军建军80周年前夕，我们重温南昌起义和井冈山革命根据地的光辉历史，具有十分重要的意义。南昌起义和井冈山革命根据地的建立，在我们党和人民军队发展史上具有极为重要的地位和极其深远的意义。南昌起义和井冈山革命根据地的建立，是我们党把马克思主义基本原理同中国革命具体实践相结合、创立中国化的马克思主义的伟大开篇，是中国共产党发展马克思主义军事学说、创建党的军事指导理论、缔造一支新型人民军队的光辉起点。在南昌起义和井冈山斗争的艰苦岁月里，在探索中国革命道路的艰辛实践中，我们党和人民军队培育了崇高革命精神和优良革命传统，特别是培育了井冈山精神。井冈山精神，集中体现了我们党和人民军队的性质和宗旨，深刻反映了中国共产党人的崇高思想和高尚情操，对中国革命历史进程产生了广泛而深远的影响，也是我们党团结带领人民夺取革命、建设、改革胜利的强大精神力量。弘扬崇高革命精神和优良革命传统，就是要始终坚持崇高理想、坚定信念，始终坚持解放思想、实事求是，始终坚持依靠人民、服务人民，始终坚持艰苦奋斗、自觉奉献。我们要坚持用中国特色社会主义共同理想激励广大党员、干部和人民群众，不断巩固和发展全党全国各族人民团结奋斗的共同思想基础，不断增强建设中国特色社会主义的自信心和自豪感，毫不动摇地走中国特色社会主义道路。我们要继续解放思想、实事求是、与时俱进，科学分析世情、国情、党情的新变化，认真总结人民群众在实践中创造的新经验，深入研究和解决改革开放和现代化建设的新课题，不断以理论创新推动制度创新、科技创新、文化创新以及其他各方面的创新，使我们的思想和行动更加符合时代发展的要求、更加符合人民群众的期待，奋发有为地开创中国特色社会主义事业新局面。我们要牢记人民群众是历史创造者的观点，坚持党的群众路线，坚持立党为公、执政为民，始终同人民群众心连心、同呼吸、共命运，从党和国家工作各个方面、各个环节实现好、维护好、发展好最广大人民的根本利益，使党和国家事业不断获得最广泛、最可靠的群众基础和力量源泉。

胡锦涛强调，艰苦奋斗、自觉奉献，是我们党克服各种艰难困苦的重要保证，也是我们党带领人民不断开创事业新局面的重要保证。我们党是靠艰苦奋斗起家的，也是靠艰苦奋斗发展壮大的。我们党带领人民夺取政权、建立新中国的斗争充满艰辛，我们党带领人民巩固政权、实现现代化的实践同样充满艰辛。我们要大力发扬戒骄戒躁、艰苦奋斗的光荣传统，大力发扬一心为民、自觉奉献的优良作风，团结带领广大人民群众，扎扎实实把中国特色社会主义伟大事业推向前进。

2007 年 8 月

庆祝中国人民解放军建军 80 周年暨全军英雄模范代表大会在京举行

中共中央、国务院和中央军委 8 月 1 日在人民大会堂隆重举行庆祝中国人民解放军建军 80 周年暨全军英雄模范代表大会。中共中央总书记、国家主席、中央军委主席胡锦涛在会上发表重要讲话。他强调，必须坚持以毛泽东军事思想、邓小平新时期军队建设思想、江泽民国防和军队建设思想为指导，把科学发展观作为加强国防和军队建设的重要指导方针，在更高的起点上推进国防和军队现代化。国防和军队现代化建设的发展，必须是融入国家现代化战略全局、与国家安全和发展利益相适应的发展，是注重全面建设、革命化现代化正规化相统一的发展，是坚持以人为本、推动军队建设与促进官兵全面发展相一致的发展，是走中国特色精兵之路、速度质量效益相协调的发展，一句话，必须努力实现国防和军队现代化建设又好又快发展。

胡锦涛首先代表党中央、国务院和中央军委，向战斗在保卫祖国、建设祖国各个岗位上的人民解放军指战员、武警部队官兵、预备役军人和广大民兵致以节日的祝贺，向为中国革命、建设、改革事业作出重大贡献的军队离退休老同志表示诚挚的问候，向在各个时期为人民解放军建设作出贡献的转业退伍军人、革命伤残军人和烈军属表示亲切的慰问，向在国防科技工业战线顽强拼搏的科学家、工程技术人员和广大干部职工致以衷心的感谢，向出席全军英雄模范代表大会的代表致以热烈的祝贺，向长期以来关心和支持人民解放军建设的全国各族人民致以崇高的敬意。

胡锦涛指出，80 年来，在中国共产党领导下，人民解放军高举党的旗帜，高举人民的旗帜，牢记使命，英勇奋战，为中国人民解放事业，为我国社会主义建设和改革事业，为捍卫国家主权、安全、领土完整，建立了不可磨灭的历史功勋。胡锦涛在全面回顾了人民解放军成长和发展的光辉历程后指出，在 80 年的顽强奋斗中，人民解放军培育和形成了优良革命传统。人民解放军的优良革命传统，集中起来就是听党指挥、服务人民、英勇善战。总结历史，我们完全可以说，党和人民事业之所以能够不断从胜利走向胜利，社会主义中国之所以能够在国际风云剧烈变幻中始终站稳脚跟，一个重要原因，就是因为我们有人民解放军这样一支忠于党、忠于社会主义、忠于祖国、忠于人民的英雄军队。80 年来，我们党坚持把马克思主义军事理论同中国革命战争和人民军队建设实践结合起来，创造了一整套中国特色建军治军的方针原则，形成了毛泽东军事思想、邓小平新时期军队建设思想、江泽民国防和军队建设思想三大军事理论成果。毛泽东军事思想、邓小平新时期军队建设思想、江泽民国防和军队建设思想，是马克思主义军事理论中国化的重大成果，是引领人民军队不断发展壮大的科学指南，是对马克思主义军事宝库的丰富和发展。我们要深刻认识世界军事发展新趋势和我国发展新要求，遵循国防建设与经济建设协调发展的方针，在国家经济实力不断增强的基础上，逐步增加国防投入，不断提高国防和军队现代化水平，努力建设与国家安全和发展利益相适应的巩固国防和强大军队。这是人民解放军的历史责任，也是全国各族人民的共同事业。人民军队的历史使命，历来同党的历史任务紧密相连，同国家安全和发展利益紧密相关。切实履行好新世纪新阶段军队历史使命，是党的重托、人民的期望。全军同志要忠于使命、献身使命、不辱使命，全面加强部队建设，抓紧做好军事斗争准备，确保能够有效应对危机、维护和平，遏制战争、打赢战争，努力创造无愧于时代的新业绩。必须始终把思想政治建设摆在军队各项建设的首位，作为军队的根本性和基础性建设抓紧抓好。必须主动适应世界军事变革趋势，奋发有为地把中国特色军事变革推向前进，继续实施科技强军战略，走机械化信息化复合发展的道路，把改革创新作为军队建设的根本动力，加紧实施人才战略工程，把军队战斗力生成模式进一步转到依靠科技进步特别是以信息技术为主要标志的高新技术进步上来。必须坚持依法治军、从严治军，加强科学管理，不断提高军队正规化建设水平。我们必须发扬光大依靠人民建设军队、建设国防的优良传统，进一步巩固同呼吸、共命运、心连心的军政军民关系。要坚持全民办国防的方针，广泛开展全民国防教育，完善国防动员体制，在全社会形成关心国防、热爱国防、建设国防、保卫国防的生动局面。各级党委和政府要关心支持军队建设，人民解放军要大力发扬拥政爱民的光荣传统，巩固和发展军爱民、民拥军的生动局面。

胡锦涛指出，伟大的事业铸就伟大的军队，伟大的军队培育伟大的战士。人民解放军千千万万的英雄模范，用英勇顽强、无私奉献的高尚品格和先进事迹谱写了人民军队为人民的浩然之歌。他们是民族的精英、时代的先锋，是人民解放军的骄傲和光荣。英雄模范精神越光大，我们的民族就越有力量。全军同志要率先学习英雄模范，努力为党和人民建立新的业绩，为“八一”军旗增添新的光彩。

胡锦涛最后指出，我国发展已经站在新的历史起点上。我们的事业崇高而神圣，我们的责任重大而光荣，我们的未来光明而美好。全党全国各族人民要更加紧密地团结在党中央周围，坚持以马克思列宁主义、毛泽东思想、邓小平理论和“三个代表”重要思想为指导，深入贯彻落实科学发展观，继续解放思想，坚持改革开放，推动科学发展，促进社会和谐，为建设强大的现代化正规化革命军队，为实现全面建设小康社会的宏伟目标、开创中国特色社会主义事业新局面，为实现中华民族的伟大复兴而继续努力奋斗。

内蒙古各族各界群众隆重集会
庆祝自治区成立60周年

8月8日下午，内蒙古各族各界群众5万多人欢聚在呼和浩特体育场，热烈庆祝内蒙古自治区成立60周年。中共中央、全国人大常委会、国务院、全国政协、中央军委向庆祝大会发来贺电。中共中央政治局常委、中央书记处书记、国家副主席、中央代表团团长曾庆红率中央代表团出席庆祝大会，与内蒙古各族群众一道共庆节日、共享欢乐。

中共中央政治局委员、国务院副总理、中央代表团副团长回良玉在会上宣读了中共中央、全国人大常委会、国务院、全国政协、中央军委为庆祝内蒙古自治区成立60周年发来的贺电。曾庆红发表了热情洋溢的讲话。

曾庆红指出，60年前成立的内蒙古自治区，是我们党实施民族区域自治制度的一个范例，是马克思主义基本原理同我国民族实际相结合的一大创举，是我国民族关系史上的一座丰碑。60年来，内蒙古自治区走过了波澜壮阔的历程，发生了翻天覆地的变化。政治制度实现了历史性变革，经济发展实现了历史性跨越，文化和社会建设实现了历史性进步，为我国革命、建设和改革事业作出了历史性贡献。特别是近5年地区生产总值增长速度持续位居全国第一，人民生活总体实现小康，目前正朝着更高水平的全面小康社会目标迈进。60年来的成功实践告诉我们：要实现内蒙古的繁荣发展和团结稳定，就必须坚持中国共产党的领导，走中国特色社会主义道路；必须坚持和完善民族区域自治制度，不断巩固和发展平等、团结、互助、和谐的社会主义民族关系；必须坚持以经济建设为中心，坚持改革开放，促进经济社会协调发展，不断提高人民生活水平；必须坚持国家帮助、发达地区支援和自力更生相结合，充分调动各族干部群众和各界人士的积极性；必须坚持国家利益和中华民族利益高于一切的原则，坚决维护民族团结、社会稳定和国家统一。

曾庆红强调，内蒙古地处祖国北部边疆，地域辽阔，资源富集，具有重要的战略地位和灿烂的发展前景。中央殷切期望内蒙古各族干部群众，坚持以邓小平理论和“三个代表”重要思想为指导，深入贯彻落实科学发展观，坚定不移地走中国特色社会主义伟大道路，继续解放思想，坚持改革开放，推动科学发展，促进社会和谐。殷切期望内蒙古的同志们以自治区成立60周年为新的起点，倍加珍惜机遇，倍加求真务实，倍加锐意进取，倍加奋发有为，为夺取全面建设小康社会新胜利勇立新功、再创辉煌。

中央和国家机关保密工作会议召开

中央保密委员会8月17日在北京召开中央和国家机关保密工作会议。中共中央政治局候补委员、中央书记处书记、中央办公厅主任、中央保密委员会主任王刚出席会议并讲话。他强调，中央和国家机关要坚持以邓小平理论和“三个代表”重要思想为指导，深入贯彻落实科学发展观，按照胡锦涛总书记关于做好新形势下保密工作的明确要求，切实把保密工作作为保安全、保发展、促和谐的重要任务抓紧抓好，努力为党的十七大胜利召开创造良好的环境和条件。

王刚在讲话中说，近年来，中央和国家机关不断加大保密工作力度，狠抓各项措施落实，保密工作取得了显著成绩。同时，必须清醒地看到，国际国内形势的深刻变化，给保密工作带来了严峻挑战。中央和国家机关要进一步增强做好新形势下保密工作的责任感和使命感，切实做到重视保密工作的思想丝毫不动摇，对保密工作的领导丝毫不削弱，对保密工作任务的落实丝毫不放松，确保党和国家秘密的绝对安全。要改进对涉密人员的教育管理，不断增强教育管理的针对性和实效性，帮助涉密人员筑牢严守国家秘密的思想防线。要加强对各类涉密载体的管理，尤其要着力完善技术手段，严格网络管理，确保网络信息安全。

王刚强调，做好新形势下中央和国家机关保密工作，加强领导是关键。要落实保密领导责任，按照“谁主管、谁负责”的要求，真正形成一级抓一级、层层抓落实的责任机制。要加强机构队伍建设，支持保密工作机构工作，关心保密干部的成长进步，为做好保密工作提供坚强的组织保障。要强化保密督促检查，及时堵塞泄密漏洞，切实把各项保密法规和保密要求落到实处。

学习贯彻全国统战工作会议精神专题研讨班结业座谈会召开

中央组织部、中央统战部、中央党校联合举办的学习贯彻全国统战工作会议精神专题研讨班结业座谈会8月23日在北京举行。中共中央政治局常委、全国政协主席贾庆林出席并讲话。他强调，要把贯彻落实全国统战工作会议精神，与学习贯彻十六大以来中央一系列重大战略思想结合起来，与学习贯彻胡锦涛总书记在中央党校的重要讲话精神结合起来，进一步巩固和壮大新世纪新阶段爱国统一战线，为夺取全面建设小康社会新胜利、开创中国特色社会主义事业新局面作出新贡献。

贾庆林指出，胡锦涛总书记在中央党校的重要讲话，科学分析了当前我国面临的新形势新任务，全面阐述了以邓小平理论和“三个代表”重要思想为指导、深入贯彻落实科学发展观的基本要求，深刻回答了党和国家未来发展的一系列理论和实践问题，为中共十七大胜利召开奠定了重要的政治、思想和理论基础，也为新世纪新阶段爱国统一战线的发展指明了前进的方向。各级统战部门和广大统一战线成员要认真学习、深刻领会胡锦涛总书记重要讲话精神，始终高举中国特色社会主义伟大旗帜，进一步巩固统一战线共同的思想政治基础。要深入贯彻落实科学发展观，努力建设具有强大凝聚力和可持续发展的统一战线。要坚持“四个坚定不移”，不断探索服务党和国家工作大局的新思路、新途径，积极开创新世纪新阶段统战工作新局面。要深刻把握社会主义初级阶段基本国情，坚持把促进发展作为统一战线成员团结奋斗的第一要务，努力为促进我国经济、政治、文化、社会建设作出贡献。全国统战工作会议是中共中央在新世纪新阶段召开的一次重要会议，对统一战线的发展具有重大的指导作用。各级党委特别是统战部门要把深入贯彻落实会议精神作为一项重要任务，坚持以思想认识的提高保障落实，建立健全抓落实的责任机制、考核机制、督查机制和奖惩机制，使中央的政策能够充分发挥作用。要坚持以重点难点问题的突破推动落实，全面把握和正确处理政党关系、民族关系、宗教关系、阶层关系和海内外同胞关系，为全面建设小康社会创造良好的社会环境，提供强大的力量支持。要坚持以新情况新问题的解决深化落实，把抓落实的过程变成工作创新的过程，努力实现各领域工作的新发展。今年，各民主党派、工商联将召开全国代表大会并进行换届。这直接关系到民主党派、工商联和无党派人士自身的建设和发展，关系到统一战线的巩固和发展，关系到中国共产党领导的多党合作和政治协商制度的坚持和完善。要积极帮助民主党派、工商联和无党派人士搞好政治交接，进一步坚定走中国特色社会主义政治发展道路的信心和决心，不断增强接受中国共产党领导的自觉性和坚定性，继承和弘扬民主党派、工商联和无党派人士老一辈的优良传统和高尚风范，努力提高民主党派、工商联和无党派人士履行职责的能力和水平，不断发展我国社会主义多党合作事业。

2007年9月

中央党校举办秋季开学典礼

中共中央政治局常委、中央书记处书记、中央党校校长曾庆红，9月1日在中央党校秋季开学典礼上发表讲话时强调，要深入学习、深刻理解胡锦涛同志6月25日在中央党校省部级干部进修班上的重要讲话，以讲话精神统一思想认识，特别是要以改革创新精神，从思想、组织、作风和制度建设等方面，全面推进党的建设新的伟大工程，为完成时代赋予我们党的崇高使命而奋斗。

曾庆红在讲话中指出，全面认识、正确把握世界发展大势和时代要求，是各级领导干部树立世界眼光、扩大国际视野、提高战略思维能力、做好新形势下各项工作的重要前提。曾庆红深刻阐述了当前国际形势的特点和变化，阐述了我国全方位外交工作取得的新成果。同时还深入分析了今年以来我国的经济形势和经济工作。他强调，要把思想统一到中央对当前经济形势的判断上来，把行动统一到中央的方针政策和工作部署上来，增强扎扎实实地做好各项工作、促进经济又好又快发展的自觉性和坚定性。对深入学习贯彻胡锦涛同志在中央党校的重要讲话提出了明确要求。他指出，胡锦涛同志的重要讲话内涵丰富、思想深刻，是新时期29年来我们党治国理政实践经验的科学总结，是坚定不移地走中国特色社会主义伟大道路的政治宣言，是一篇反映我们党对共产党执政规律、社会主义建设规律、人类社会发展规律认识和把握水平的马克思主义重要文献。要把学习这篇讲话同学习邓小平理论和“三个代表”重要思想结合起来，既从整体上把握讲话基本精神，又悉心领会讲话提出的一系列重要思想观点。特别要深刻理解讲话关于“一个始终不渝”和“四个坚定不移”的重要思想观点，巩固全党全国各族人民团结奋斗的共同思想基础；深刻理解讲话关于中国特色社会主义是当代中国发展进步的旗帜、是全党全国各族人民团结奋斗的旗帜的重要思想观点，进一步坚定走中国特色社会主义道路的信心和决心；深刻理解讲话关于改革开放是我们党在新的时代条件下带领人民进行的一场新的伟大革命的重要思想观点，始终保持改革创新、奋发有为的精神状态；深刻理解讲话关于牢记社会主义初级阶段基本国情的重要思想观点，始终坚持党在社会主义初级阶段的基本路线不动摇；深刻理解讲话关于深入贯彻落实科学发展观的重要思想观点，在新的历史起点上实现我国经济社会又好又快发展；深刻理解讲话关于中国特色社会主义事业总体布局的重要思想观点，努力推进社会主义经济建设、政治建设、文化建设、社会建设全面发展；深刻理解讲话关于全面加强和改进党的建设的重要思想观点，坚持围绕中心、服务大局，全面推进党的建设新的伟大工程。改革创新的时代背景和发展大势，呼唤我们在党的建设中必须坚持改革创新精神。要适应党的历史方位和目标任务的发展变化，坚持党要管党、从严治党，按照为民、务实、清廉的要求，全面加强和改进党的各方面建设，不断创新党的理论、丰富党的实践、完善党的制度，不断提高党的自身建设水平，充分发挥党的建设新的伟大工程对党领导的伟大事业的支撑和保证作用。

曾庆红在讲话中还要求广大学员以迎接党的十七大胜利召开为动力，把到党校学习作为一次“充电”“加油”的好机会，集中精力、安心学习，学思结合、深入研究，学以致用、提高能力，努力实现学习效果最大化。

认真学习贯彻胡锦涛总书记重要讲话 不断开创大学生思想政治教育工作新局面

中共中央政治局常委李长春9月5日在华中科技大学调研时强调，要认真学习贯彻胡锦涛总书记在全国优秀教师代表座谈会上的重要讲话精神，坚持以立德树人为根本，把育人为本、德育为先的思想贯彻到高校教育各方面工作中去，不断开创大学生思想政治教育工作新局面。

在大学生思想政治教育工作座谈会上，李长春就学习贯彻胡锦涛总书记在全国优秀教师代表座谈会上的重要讲话、加强和改进大学生思想政治教育工作，与教育部门负责人、高校领导、教师和学生代表进行讨论和交流。他强调，胡锦涛总书记的重要讲话站在全面推进中国特色社会主义事业的战略高度，突出强调了把教育摆在优先发展的战略地位、大力发展我国教育事业，突出强调了坚持育人为本、德育为先，把立德树人作为教育的根本任务，突出强调了加强教师队伍建设、推动教育事业又好又快发展，为新世纪新阶段大力发展我国教育事业指明了方向，对新形势下进一步加强和改进大学生思想政治教育提出了新的更高要求。各级党委政府和教育战线要把学习贯彻胡锦涛总书记重要讲话精神作为一件大事抓紧抓好。要按照胡锦涛总书记的要求，坚持把教育摆在优先发展的战略地位，坚持教育为社会主义现代化建设服务、为人民服务，努力办好让人民满意的教育，坚持育人为本、德育为先，把立德树人作为教育的根本任务。要高度重视和切实加强教师队伍建设，吸引和鼓励优秀人才从事教育工作，在全社会形成尊师重教的良好风气。广大教师要自尊自励，不辜负胡锦涛总书记的殷切期望，以人民教师特有的人格魅力、学识魅力和卓有成效的工作赢得全社会的尊重。要认真总结党的十六大以来大学生思想政治教育的成功经验，不断改进高校思想政治理论课教学，积极探索大学生思想政治教育的新途径、新办法、新领域，把大学生思想政治教育不断引向深入。

中国将着力解决经济发展中的“四不”问题

首届夏季达沃斯年会9月6日在大连开幕。中国国务院总理温家宝在开幕式特别致辞中表示，中国将深入贯彻落实科学发展观，创新发展模式，坚持走以人为本、全面协调可持续发展的道路，以解决经济发展中不稳定、不协调、不平衡、不可持续的问题。

温家宝坦言，中国仍然是一个发展中国家，人口多、底子薄，生产力不发达的状况没有根本改变。中国经济总体规模虽然比较大，但人均国内生产总值还排在世界100位之后。城乡发展、地区发展不平衡的问题相当突出，10多亿人口大国在社会转型时期的矛盾和问题非常复杂。中国实现现代化，还有很长的路要走。

温家宝说，中国当前经济发展的总体形势是好的，国民经济持续快速增长，财政金融平稳运行，对外贸易稳步发展，人民生活不断改善。同时，经济发展中也出现了经济增长速度偏快，结构性矛盾突出，发展方式粗放，资源和环境代价过大，物价上涨压力增加，体制机制性障碍还没有根本消除等问题。

温家宝表示，为了解决这些问题，中国将深入贯彻落实科学发展观，创新发展模式，坚持走以人为本、全面协调可持续发展的道路。

温家宝指出，当前中国要在保持经济平稳较快增长、加快转变经济发展方式、努力实现协调发展、建设资源节约型和环境友好型社会、着力改善民生、坚定不移地推进改革等6个方面作出不懈的努力。

高度重视和切实加强社会主义道德建设 为经济社会发展提供强有力的思想道德保障

中共中央总书记、国家主席、中央军委主席胡锦涛9月18日下午在人民大会堂亲切会见了全国道德模范并发表重要讲话。他强调，在全面建设小康社会、加快推进社会主义现代化的进程中，我们始终要高度重视和切实加强社会主义道德建设，大力弘扬社会公德、职业道德、家庭美德，为我国经济社会发展提供强有力的思想道德保障。

胡锦涛发表了重要讲话。他首先代表党中央、国务院向受到表彰的全国道德模范表示衷心的祝贺和崇高的敬意。

胡锦涛指出，由中央文明办、全国总工会、共青团中央、全国妇联联合举办的全国道德模范评选表彰活动，是一件很有意义的事情，对于形成良好社会风尚、提高公民道德素质具有重要推动作用。

胡锦涛强调，道德力量是国家发展、社会和谐、人民幸福的重要因素。加强社会主义道德建设，倡导爱国、敬业、诚信、友善等道德规范，形成男女平等、尊老爱幼、扶贫济困、礼让宽容的人际关系，培育文明道德风尚，是社会主义精神文明建设的重要任务。

胡锦涛指出，榜样的力量是无穷的。这次表彰的全国道德模范，都是群众爱戴的先进典型。你们身上体现了中华民族的优秀品质，反映了我国社会发展进步的时代精神。希望同志们再接再厉，在本职岗位上继续发挥示范带头作用。各级党委和政府要积极关心、爱护、宣传全国道德模范，全党全国都要以道德模范为榜样，自觉实践社会主义荣辱观，努力在全社会进一步形成知荣辱、讲正气、促和谐的良好风尚。

2007年10月

中共十六届七中全会在京举行

中国共产党第十六届中央委员会第七次全体会议，于10月9日至12日在北京举行。

全会总结了党的十六大以来5年的工作。一致认为，这5年是不平凡的5年。面对复杂多变的国际环境和艰巨繁重的改革发展任务，以胡锦涛同志为总书记的党中央带领全党，紧紧依靠全国各族人民，坚持以邓小平理论和“三个代表”重要思想为指导，提出并贯彻科学发展观等重大战略思想，战胜各种困难和风险，推动党和国家工作取得新的重大成就。经济实力大幅提升，改革开放取得重大突破，人民生活显著改善，民主法制建设取得新进步，文化建设开创新局面，社会建设全面展开，国防和军队建设取得历史性成就，香港、澳门保持繁荣稳定，对台工作进一步加强，全方位外交取得重大进展，党的建设新的伟大工程扎实推进，开创了中国特色社会主义事业新局面。

中央纪律检查委员会第八次全会在京举行

中国共产党中央纪律检查委员会第八次全体会议，于10月11日至12日在北京举行。中央纪律检查委员会委员112人出席了会议，列席了中国共产党第十六届中央委员会第七次全体会议。

全会审议并通过了中共中央纪律检查委员会向党的第十七次全国代表大会的工作报告，同意将报告提请党的第十七次全国代表大会审查。

全会认为，党的十六大以来，中央纪委和各级纪委在以胡锦涛同志为总书记的党中央领导下，坚持以邓小平理论和“三个代表”重要思想为指导，深入贯彻落实科学发展观，认真履行党章赋予的职责，扎实推进党风廉政建设和反腐败工作。经过全党全社会的共同努力，反腐倡廉在继承中发展，在改革中创新，取得新的明显成效。但是，也要清醒地看到，消极腐败现象仍然比较严重，反腐倡廉形势仍然严峻，必须充分认识反腐败斗争的长期性、复杂性、艰巨性。

全会强调，要把反腐倡廉建设放在更加突出的位置，坚持标本兼治、综合治理、惩防并举、注重预防的方针，加强以保持党同人民群众血肉联系为重点的作风建设，加强以完善惩治和预防腐败体系为重点的反腐倡廉建设，在坚决惩治腐败的同时，更加注重治本，更加注重预防，更加注重制度建设，努力拓展从源头上防治腐败的工作领域，进一步提高反腐倡廉工作水平，推动科学发展，促进社会和谐，为实现党的十七大作出的各项重大决策和战略部署提供有力保证。

全会要求，各级纪委要更加紧密地团结在以胡锦涛同志为总书记的党中央周围，高举中国特色社会主义伟大旗帜，坚持党的基本路线不动摇，锐意进取，扎实工作，不断取得党风廉政建设和反腐败斗争的新成效，为夺取全面建设小康社会新胜利、开创中国特色社会主义事业新局面而努力奋斗！

中国共产党第十七次全国代表大会在京开幕

团结奋斗创伟业，继往开来写新篇。举世瞩目的中国共产党第十七次全国代表大会10

月15日上午在人民大会堂开幕。

胡锦涛代表第十六届中央委员会向大会作了题为《高举中国特色社会主义伟大旗帜　为夺取全面建设小康社会新胜利而奋斗》的报告。胡锦涛指出，这次大会的主题是：高举中国特色社会主义伟大旗帜，以邓小平理论和“三个代表”重要思想为指导，深入贯彻落实科学发展观，继续解放思想，坚持改革开放，推动科学发展，促进社会和谐，为夺取全面建设小康社会新胜利而奋斗。

胡锦涛代表第十六届中央委员会向大会所作的报告共分十二个部分：一、过去五年的工作；二、改革开放的伟大历史进程；三、深入贯彻落实科学发展观；四、实现全面建设小康社会奋斗目标的新要求；五、促进国民经济又好又快发展；六、坚定不移发展社会主义民主政治；七、推动社会主义文化大发展大繁荣；八、加快推进以改善民生为重点的社会建设；九、开创国防和军队现代化建设新局面；十、推进“一国两制”实践和祖国和平统一大业；十一、始终不渝走和平发展道路；十二、以改革创新精神全面推进党的建设新的伟大工程。

胡锦涛在报告中指出，中国特色社会主义伟大旗帜，是当代中国发展进步的旗帜，是全党全国各族人民团结奋斗的旗帜。解放思想是发展中国特色社会主义的一大法宝，改革开放是发展中国特色社会主义的强大动力，科学发展、社会和谐是发展中国特色社会主义的基本要求，全面建设小康社会是党和国家到二〇二〇年的奋斗目标，是全国各族人民的根本利益所在。

胡锦涛最后说，让我们高举中国特色社会主义伟大旗帜，更加紧密地团结在党中央周围，万众一心，开拓奋进，为夺取全面建设小康社会新胜利、谱写人民美好生活新篇章而努力奋斗！

中国共产党第十七次全国代表大会在京闭幕

中国共产党第十七次全国代表大会在选举产生新一届中央委员会和中央纪律检查委员会，通过关于十六届中央委员会报告的决议、关于中央纪律检查委员会工作报告的决议、关于《中国共产党章程(修正案)》的决议后，10月21日上午在人民大会堂胜利闭幕。

党的十七大是在我国改革发展关键阶段召开的一次十分重要的大会。大会号召，全党全国各族人民高举中国特色社会主义伟大旗帜，更加紧密地团结在党中央周围，认真学习贯彻党的十七大精神，万众一心，开拓奋进，为夺取全面建设小康社会新胜利、谱写人民美好生活新篇章而努力奋斗。

胡锦涛同志主持大会。大会通过了关于十六届中央委员会报告的决议。大会批准胡锦涛同志代表十六届中央委员会所作的报告。大会认为，报告科学回答了党在改革发展关键阶段举什么旗、走什么路、以什么样的精神状态、朝着什么样的发展目标继续前进等重大问题，对继续推进改革开放和社会主义现代化建设、实现全面建设小康社会的宏伟目标作出了全面部署，对以改革创新精神全面推进党的建设新的伟大工程提出了明确要求。报告描绘了在新的时代条件下继续全面建设小康社会、加快推进社会主义现代化的宏伟蓝图，为我们继续推动党和国家事业发展指明了前进方向，是全党全国各族人民智慧的结晶，是我们党团结带领全国各族人民坚定不移走中国特色社会主义道路、在新的历史起点上继续发展中国特色社会主义的政治宣言和行动纲领，是马克思主义的纲领性文献。

大会认为，报告阐明的大会主题对我们党带领人民继往开来、开拓奋进具有十分重大的意义。全党要高举中国特色社会主义伟大旗帜，以邓小平理论和“三个代表”重要思想为指导，深入贯彻落实科学发展观，继续解放思想，坚持改革开放，推动科学发展，促进社会和谐，为夺取全面建设小康社会新胜利而奋斗。

大会高度评价十六届中央委员会的工作。

大会同意报告对我国改革开放的伟大历史

进程和宝贵经验的科学总结。大会强调，我国仍处于并将长期处于社会主义初级阶段的基本国情没有变，人民日益增长的物质文化需要同落后的社会生产之间的矛盾这一社会主要矛盾没有变。全党同志必须始终保持清醒头脑，坚定不移地贯彻执行社会主义初级阶段基本路线，坚持把以经济建设为中心同四项基本原则、改革开放这两个基本点统一于发展中国特色社会主义的伟大实践，任何时候都决不能动摇。

大会通过了关于中央纪律检查委员会工作报告的决议。大会充分肯定了中央纪律检查委员会的工作。

大会通过了关于《中国共产党章程（修正案）》的决议，决定这一修正案自通过之日起生效。

大会完成各项议程后，胡锦涛发表了重要讲话。他说，在全体代表共同努力下，这次大会高举旗帜、继往开来、求真务实，开成了一次团结的大会、胜利的大会、奋进的大会。历史将会证明，这次大会作出的重大决策和部署、取得的重要成果，必将对全面推进中国特色社会主义伟大事业和党的建设新的伟大工程发挥十分重要的指导作用，具有十分重大的战略意义。

胡锦涛强调，这次大会号召全党同志坚定不移地高举中国特色社会主义伟大旗帜，倍加珍惜、长期坚持和不断发展党历经艰辛开创的中国特色社会主义道路和中国特色社会主义理论体系，始终坚持"一个中心、两个基本点"的基本路线，这是我们战胜前进道路上一切困难和风险，奋力夺取全面建设小康社会新胜利、开创中国特色社会主义事业新局面的根本政治保证。全党同志要紧密团结在党中央周围，高举中国特色社会主义伟大旗帜，坚持以马克思列宁主义、毛泽东思想、邓小平理论和"三个代表"重要思想为指导，深入贯彻落实科学发展观，坚定不移地继续解放思想，坚定不移地坚持改革开放，坚定不移地推动科学发展、促进社会和谐，坚定不移地实现全面建设小康社会的宏伟目标，带领人民抓住和用好重要战略机遇期，求真务实，锐意进取，为落实党的十七大提出的各项任务而团结奋斗。

大会在雄壮的《国际歌》声中圆满结束。

党的十七届一中全会
产生中央领导机构

中国共产党第十七届中央委员会第一次全体会议，于10月22日在北京举行。胡锦涛同志主持会议并作了重要讲话。

全会选举了中央政治局委员、中央政治局常务委员会委员、中央委员会总书记；根据中央政治局常务委员会的提名，通过了中央书记处成员；决定了中央军事委员会组成人员；批准了中央纪律检查委员会第一次全体会议选举产生的书记、副书记和常务委员会委员人选。名单如下：

一、中央政治局委员

习近平、王刚、王乐泉、王兆国、王岐山、回良玉、刘淇、刘云山、刘延东、李长春、李克强、李源潮、吴邦国、汪洋、张高丽、张德江、周永康、胡锦涛、俞正声、贺国强、贾庆林、徐才厚、郭伯雄、温家宝、薄熙来。

二、中央政治局常务委员会委员

胡锦涛、吴邦国、温家宝、贾庆林、李长春、习近平、李克强、贺国强、周永康。

三、中央委员会总书记

胡锦涛。

四、中央书记处书记

习近平、刘云山、李源潮、何勇、令计划、王沪宁。

五、中央军事委员会主席、副主席、委员

主　席：胡锦涛。

副主席：郭伯雄、徐才厚。

委　员：梁光烈、陈炳德、李继耐、廖锡龙、常万全、靖志远、吴胜利、许其亮。

六、中央纪律检查委员会书记、副书记、常务委员会委员

书记：贺国强。

副书记：何勇、张惠新、马馼、孙忠同、干以胜、张毅、黄树贤、李玉赋。

常务委员会委员：

干以胜、马馼、王伟、令狐安、孙忠同、杜学芳、李玉赋、吴玉良、吴毓萍、邱学强、何勇、张军、张毅、张纪南、张惠新、屈万祥、贺国强、黄树贤、蔡继华。

中共中央政治局对学习宣传贯彻党的十七大精神进行研究部署

十七届中共中央政治局10月23日召开第一次会议，专门对学习宣传贯彻党的十七大精神进行研究部署。中共中央总书记胡锦涛主持会议。

会议指出，党的十七大是在我国改革发展关键阶段召开的一次十分重要的大会。大会批准的胡锦涛同志代表十六届中央委员会所作的报告，描绘了在新的时代条件下继续全面建设小康社会、加快推进社会主义现代化的宏伟蓝图，为我们继续推动党和国家事业发展指明了前进方向，是我们党团结带领全国各族人民坚定不移走中国特色社会主义道路、在新的历史起点上继续发展中国特色社会主义的政治宣言和行动纲领。大会通过的党章修正案，体现了党的理论创新和实践发展的成果，体现了党的十七大报告确立的重大理论观点、重大战略思想、重大工作部署，对坚持和改善党的领导、加强和改进党的建设提出了明确要求。认真学习宣传贯彻党的十七大精神，关系党和国家工作全局，关系中国特色社会主义事业长远发展，对于动员全党全国各族人民，在以胡锦涛同志为总书记的党中央领导下，高举中国特色社会主义伟大旗帜，奋力夺取全面建设小康社会新胜利、开创中国特色社会主义事业新局面，具有重大现实意义和深远历史意义。

当前和今后一个时期的首要政治任务，就是学习宣传和全面贯彻落实党的十七大精神，为实现党的十七大确定的奋斗目标和工作任务而扎实努力。要坚持理论联系实际，紧密联系本地区本部门的工作实际，紧密联系广大党员的思想实际，坚持学以致用、用以促学，把用党的十七大精神武装头脑、指导实践、推动工作作为学习的出发点和落脚点。要认真组织好党的十七大精神的宣传。

会议要求，各级党委要切实抓好学习宣传贯彻党的十七大精神的工作，按照中央的部署，结合本地区本部门实际提出具体要求，及时了解学习宣传贯彻情况，总结推广经验，把学习宣传贯彻党的十七大精神不断引向深入。要坚持以县(处)级以上领导干部为重点，推动全党的学习贯彻。要切实抓好党的十七大精神进教材、进课堂、进学生头脑的工作。企业、农村、机关、学校、部队、社区的基层党组织，要通过多种形式组织好广大党员和群众的学习，引导人们为全面建设小康社会而勤奋工作。

学习领会全面贯彻党的十七大精神用党的十七大精神武装头脑指导行动

10月29日中共中央政治局常委、全国人大常委会委员长吴邦国在十届全国人大常委会第三十次会议上强调，认真学习、深刻领会、全面贯彻党的十七大精神，是我们当前和今后一个时期的首要政治任务。我们一定要用党的十七大精神武装头脑、指导行动，团结一心、扎实工作，为开创中国特色社会主义事业新局面而努力奋斗。

吴邦国在讲话中就学习贯彻党的十七大精神提出三点要求：

第一点，要认真学习深刻领会党的十七大重要文件，把思想统一到党的十七大精神上来。吴邦国说，胡锦涛总书记的重要报告，是在我国改革发展关键阶段，科学回答了举什么旗、走什么路、以什么样的精神状态、朝着什么发展目标继续前进等重大问题。报告博大精深，富有深刻的理论性和思想性，保持了党的国家大政方针的连续性和稳定性，具有很强的针对性和可操作性，集中了全党智慧、凝聚了各方共识、顺应了时代潮流、反映了人民心声，是坚持和发展中国特色社会主义道路和中国特色社会主义理论体系的政治宣言和行动纲领，是马克思主义的纲领性文献。大会通过的党章修正案，把党的理论创新和实践发展成果写入了党章，把党的十七大报告确立的重大理论观点、重大战略思想、重大工作部署以党章的形式固定下来，对于发挥党章作为党的总章程的作用，对于坚持和改善党的领导、加强和改进党的建设具有重要意义。全国人大及其常委会是最高国家权力机关，是担负宪法赋予的各项职责的工作机关，是保持同人民群众密切联系的代表机关。胡锦涛总书记的重要报告，对人大工作提出了新的更高的要求。我们一定要紧密联系人大工作实际，认真学习党的十七大文件，深刻领会党的十七大主题，全面贯彻党的十七大部署，把思想统一到党的十七大精神上来，高举中国特色社会主义伟大旗帜，努力开创人大工作的新局面。

第二点，要坚持走中国特色社会主义道路，把人民代表大会制度坚持好、完善好。吴邦国说，人民代表大会制度是我国的根本政治制度，是党领导的人民民主制度，是中国特色社会主义道路的内在要求和重要组成部分。人民代表大会制度一方面可以集中力量办大事，提高工作效率，使我们国家社会政治生活充满活力，促进经济协调发展、人民生活改善和社会全面进步；另一方面又能保证国家统一、民族团结和社会稳定。我们一定要充分认识人民代表大会制度在国家社会政治生活中的重要地位和作用，充分认识坚持好、完善好这一根本政治制度的重大而深远的意义，坚持党的领导、人民当家作主、依法治国有机统一，牢记使命感和责任感，进一步增强坚持走中国特色社会主义道路的自觉性和坚定性，把人民代表大会制度坚持好、完善好。

第三点，要坚持以中国特色社会主义理论体系为指导，把人大工作提高到一个新水平。吴邦国说，人大工作涉及社会主义经济建设、政治建设、文化建设、社会建设各个方面，关系到各项事业的全面协调可持续发展。我们一定要认真学习和深刻领会邓小平理论和“三个代表”重要思想以及科学发展观等重要战略思想的科学内涵、精神实质和根本要求，牢记社会主义初级阶段基本国情，始终不渝地贯彻执行党的基本理论、基本路线、基本纲领、基本经验，进一步增强贯彻落实中国特色社会主义理论体系的自觉性和坚定性，坚持以中国特色社会主义理论体系指导人大的各项工作，使人大通过的法律和作出的决定切实体现党的主张、更加适应我国国情、真正符合最广大人民的根本利益，把人大工作提高到一个新水平。

认真做好党的十七大精神宣讲工作

中共中央政治局常委李长春10月29日在学习党的十七大精神中央宣讲团动员会上强调，学习宣传和全面贯彻落实党的十七大精神，是当前和今后一个时期全党的首要政治任务，组织好党的十七大精神宣讲活动是落实这一首要政治任务的重大举措。中央宣讲团要深刻领会胡锦涛总书记在党的十七大上的重要报告，围绕主题、突出重点、联系实际，全面准确深入地宣讲党的十七大精神，帮助和引导广大干部群众把思想统一到党的十七大精神上来，把力量凝聚到实现党的十七大确定的各项任务上来。

为了推动深入学习宣传贯彻党的十七大精神，中央决定由中宣部会同中央有关部门组成学习党的十七大精神宣讲团。中央宣讲团成员将在认真学习领会党的十七大精神的基础上，深入研讨，集体备课，然后赴各地开展宣讲活动。

李长春指出，组织宣讲活动是在全党全国迅速兴起学习党的十七大精神热潮的需要，是把全党全国各族人民的思想统一到党的十七大精神上来的需要，是深入贯彻落实党的十七大提出的各项战略任务的需要，是把学习党的十七大精神引向深入的有效形式，是推动理论武装工作的成功经验。一定要充分认识做好党的十七大精神宣讲工作的重要意义，认真扎实地搞好宣讲，为贯彻落实党的十七大精神奠定坚实的思想基础。

李长春强调，要原原本本地宣讲中央精神，宣讲好党的十七大提出的重大理论观点、重大战略思想、重大工作部署，帮助干部群众深刻领会党的十七大的主题，深刻领会党的十六大以来党和国家取得的新的重大成就，深刻领会改革开放的伟大历史进程和宝贵经验，深刻领会中国特色社会主义道路和中国特色社会主义理论体系，深刻领会科学发展观的科学内涵、精神实质和根本要求，深刻领会实现全面建设小康社会奋斗目标的新要求，深刻领会社会主义经济建设、政治建设、文化建设、社会建设和党的建设等方面的重大部署。

李长春要求，宣讲要坚持贴近实际、贴近生活、贴近群众，密切联系当今世界的深刻变化和当代中国的深刻变革，密切联系改革开放和社会主义现代化建设的实践，密切联系各地区各部门的工作实际和干部群众的思想实际，努力从中国与世界、历史与现实、理论与实践的结合上，深刻阐明党的十七大精神的丰富内涵和重大意义。要善于回答干部群众关心的深层次问题，运用马克思主义的立场、观点、方法深入分析，澄清认识，讲清道理。

李长春要求宣讲团成员以高度的政治责任感、以饱满的工作热情，认真备课、精心准备，扎扎实实地做好宣讲工作。要努力增强宣讲的感染力吸引力，把科学性和艺术性有机统一起来，把道理说充分说清楚，把难点热点讲透彻讲明白，引导人们深刻领会党的十七大的基本精神，努力营造学习宣传贯彻党的十七大精神的浓厚氛围，激励广大干部群众为落实党的十七大提出的各项任务而共同奋斗。

中央宣讲团将于 11 月 5 日进行第一场宣讲，11 月 6 日起赴全国各地宣讲。

2007年11月

全军学习宣传贯彻党的十七大精神高级干部研讨班结业

全军学习宣传贯彻党的十七大精神高级干部研讨班11月12日在国防大学结业。中共中央政治局委员、中央军委副主席徐才厚,中央军委委员、总政治部主任李继耐,11日和12日上午专程来到研讨班,听取学员研讨发言和典型经验交流。

举办这次研讨班,是贯彻胡锦涛主席重要指示,坚持从领导干部抓起,推动全军兴起学习宣传贯彻党的十七大精神热潮的重要举措。来自解放军四总部、全军各大单位和武警部队的主要领导及有关部门负责同志,在研讨班上精心研读了党的十七大报告和党章,深入研讨了以党的十七大精神指导推动部队建设科学发展的重大问题。大家反映,通过研讨交流,进一步加深了对党的十七大精神的系统理解把握,进一步坚定了高举旗帜、听党指挥的政治信念,进一步思考研究了推动国防和军队建设改革的思路办法,进一步增强了政治责任感和历史使命感。

结合学习宣传贯彻党的十七大精神,来自全军和武警部队的18个单位和个人典型,在研讨班上交流了近年来学习贯彻党的创新理论,特别是学习贯彻科学发展观的经验体会。

李继耐在研讨班结业讲话时强调,要强化政治意识和责任意识,以更大的决心、更高的标准,把学习宣传贯彻党的十七大精神作为首要政治任务切实抓紧抓好。要把握学习宣传贯彻的基本要求,坚持围绕主题、把握重点,在武装头脑、指导实践、推动工作上下功夫、求实效。各级党委要把党的十七大精神作为有力思想武器,切实把学习宣传贯彻党的十七大精神,同解决部队建设和改革的重大现实问题结合起来,努力把握在新的历史起点上推进国防和军队现代化建设的特点规律,不断开创国防和军队现代化建设的新局面。

中组部召开学习贯彻党的十七大精神暨党建研究所成立20周年座谈会

中共中央组织部11月20日在北京召开学习贯彻党的十七大精神暨党建研究所成立20周年座谈会。中共中央政治局常委、中央书记处书记习近平出席座谈会并发表重要讲话。他强调,当前和今后一个时期全党的首要政治任务,包括党的建设的首要任务,就是认真学习、深入贯彻、全面落实党的十七大精神,把全党全国各族人民的思想和行动统一到党的十七大精神上来,把各方面的力量凝聚到实现党的十七大确定的奋斗目标和战略任务上来。

座谈会由中共中央政治局委员、中央书记处书记、中央组织部部长李源潮主持。

习近平在讲话中充分肯定了中央组织部党建研究所成立20年来取得的成绩。他指出,党建研究所坚持以邓小平理论和"三个代表"重要思想为指导,深入贯彻落实科学发展观,围绕全党全国工作大局,深入研究党的建设和组织工作的重大理论和实际问题,推动马克思主义党建理论的研究、宣传和创新,为全面推进党的建设新的伟大工程做出了积极贡献。

习近平强调,党的建设是党的事业不断取得胜利的一大法宝,党建研究是提高党的建设水平的重要基础和保证。在中国特色社会主义伟大事业不断向前推进、不断发展壮大的历程中，党的建设及党建研究担负着不可替代的重要责任和崇高使命。习近平指出，深入学习贯彻党的十七大精神，切实加强党的建设及党建研究，要始终高举中国特色社会主义伟大旗帜，推动各级党组织和广大党员干部坚定不移地走中国特色社会主义道路，始终不渝地贯彻执行党的基本理论、基本路线、基本纲领、基本经验，更好地为建设和发展中国特色社会主义服务；要牢牢把握中国特色社会主义理论体系，坚持不懈地用这一理论体系武装全党，推动广大党员干部用马克思主义中国化最新成果指导客观世界和主观世界的改造，提高运用科学理论分析和解决实际问题的能力；要紧紧围绕夺取全面建设小康社会新胜利这个中心任务，准确把握推进社会主义经济建设、政治建设、文化建设、社会建设对党的建设及党建研究提出的新任务、新要求，认真贯彻落实党的十七大加强和改进党的建设的新思路、新举措，为开创中国特色社会主义事业新局面提供坚强保证；要切实贯彻改革创新的根本要求，不断研究党的建设的新情况新问题，善于用改革创新的思路和办法破解党的建设中的重大课题，探索提高党的执政能力、保持和发展党的先进性的有效途径，不断推进党建领域的理论创新、制度创新、工作创新和方法创新；要大力弘扬理论联系实际的优良作风，坚持面向现代化、面向世界、面向未来，以锐意进取的精神和深入扎实的作风研究和回答党的建设实践提出的重点、热点、难点问题，在总结实践经验的基础上寻找解决问题的答案；要认真落实党的十七大对党的建设的总体部署，以改革创新为动力，以执政能力建设和先进性建设为主线，推动思想建设、组织建设、作风建设、制度建设和反腐倡廉建设相互协调、相互促进、共同发展，增强党建工作的整体效应，不断提高党的创造力、凝聚力、战斗力。

习近平强调，党章是党的总章程，对推进党的工作、加强党的建设具有根本性的规范和指导作用。学习贯彻党章，是学习贯彻党的十七大精神的应有之义，也是加强党的建设、深化党建研究的重要任务。各级党组织和广大党员要切实把党章学习好、遵守好、贯彻好、维护好，扎实推进党的工作和党的建设的制度化、规范化、程序化。

深入学习贯彻党的十七大精神
加强宪法和法律实施维护社会公平正义

中共中央政治局常委、中央政法委书记周永康11月下旬分别到最高人民法院、最高人民检察院、司法部、安全部和北京市的部分基层政法单位，就政法战线贯彻落实党的十七大精神进行专题调研。他强调，各级政法机关要深入学习贯彻党的十七大精神，全面落实依法治国基本方略，加强宪法和法律实施，深化司法体制改革，加强政法队伍建设，努力提高执法和司法水平，增强维护国家安全、打击预防犯罪、化解矛盾纠纷、加强社会管理、维护公平正义、促进改革发展的意识和能力，为实现党的十七大确定的奋斗目标和工作任务创造良好的社会环境和法治环境。

周永康对党的十六大以来政法机关各项工作所取得的成绩给予充分肯定。他指出，各级政法机关当前和今后一个时期的首要政治任务，就是要抓紧抓好党的十七大精神的学习贯彻，深入学习领会党的十七大确定的重大理论观点、重大战略思想、重大工作部署，紧密结合政法机关实际，找准贯彻落实的切入点和着力点，以改革创新精神和求真务实作风，谋划好明年和今后一个时期的政法工作。

周永康强调，要高举中国特色社会主义伟大旗帜，坚持以邓小平理论和“三个代表”重要思想为指导，深入贯彻落实科学发展观，进一步坚定政法工作的政治方向，明确政法工作的指导思想，坚定不移地推进中国特色社会主义政法事业。要坚持党的领导、人民当家作主、依法治国的有机统一，全面实施依法治国基本方略，正确履行政法机关的职能，推进社会主义法治国家建设。要继续深化司法体制改革，优化司法职权配置，规范司法行为，建设公正、高效、权威的社会主义司法制度，健全公民权利救助机制，加强对司法活动的监督，落实司法保障，保证审判机关、检察机关依法独立公正地行使审判权、检察权。要把实现好、维护好、发展好最广大人民的根本利益作为政法工作的出发点和落脚点，促进解决人民群众最关心、最直接、最现实的利益问题，使政法工作的成效更多地体现在改善民生、维护民生、保障民生上。要继续重视加强基层基础建设，重视各类问题的源头治理，努力构筑公正执法、公正司法和法律服务的第一线平台，化解矛盾纠纷，维护社会稳定，促进社会和谐。

周永康强调，在全部政法工作中，队伍建设是根本也是保证。要把政法队伍建设作为永恒的主题始终抓住不放，坚持把加强思想建设放在首位，重点解决好政治立场、法治意识和群众观念问题，确保政法队伍坚持社会主义法治理念，永远忠于党、忠于国家、忠于人民、忠于法律。要坚持标准，严格人员的录入、晋级晋职的考核，加大教育培训力度，努力使政法队伍整体素质和执法、司法水平与党和人民的要求相适应。要着力解决人民群众反映强烈的执法、司法不公问题，强化监督意识，加大监督力度，树立严格、公正、文明、清廉的形象，确保人民赋予的执法、司法权始终用来为人民谋利益。要努力为政法队伍依法履行职责开展工作创造条件。

宣传思想文化工作座谈会召开

中共中央政治局常委李长春11月16日至23日主持召开宣传思想文化工作座谈会，讨论研究深入学习贯彻党的十七大精神，进一步加强和改进宣传思想文化工作。李长春强调，宣传思想文化战线要高举中国特色社会主义伟大旗帜，深入学习宣传贯彻党的十七大精神，进一步解放思想、实事求是、与时俱进，贴近实际、贴近生活、贴近群众，继承优良传统，加快改革创新，不断开创工作新局面。

李长春在讲话中指出，深入学习宣传贯彻党的十七大精神是当前和今后一个时期宣传思想文化战线的首要政治任务，必须采取有效措施，不断向深度和广度推进。要全面准确深入地宣传党的十七大精神，大力宣传高举中国特色社会主义伟大旗帜，坚持中国特色社会主义道路和中国特色社会主义理论体系的重大意义和深刻内涵，引导干部群众把思想统一到党的十七大精神上来。要通过组织宣讲团、报告会等多种形式，运用大众传媒、互联网等传播手段，推动党的十七大精神家喻户晓、深入人心。要大力建设社会主义核心价值体系，把社会主义核心价值体系融入国民教育和精神文明建设全过程，纳入马克思主义理论研究和建设工程，推动社会主义核心价值体系进教材、进课堂、进学生头脑。要积极探索用社会主义核心价值体系引领社会思潮的有效途径，增强社会主义意识形态的吸引力和凝聚力。要树立和落实新的文化发展观，加快文化体制改革步伐，解放和发展文化生产力，满足人民群众日益增长的精神文化需求。要积极构建公共文化服务体系，加大投入力度，推动博物馆、纪念馆等逐步向社会免费开放，加强基层群众文化基础设施建设，保障人民群众基本文化权益。要大力发展文化产业，繁荣文化市场，满足人们多样化需求。要加快推进文化创新，运用高新技术提升文化生产方式，培育新兴文化产业，创造更多更好适应人民群众需求的精神文化产品。要加强网络文化建设和管理，营造良好网络文化环境。要深入实施文化“走出去”战略，扩大文化产品和服务出口，提高国家文化软实力。

李长春强调，推动社会主义文化大发展大繁荣，必须以改革创新精神加强和改进宣传思想文化工作。要坚持以邓小平理论和“三个代表”重要思想为指导，深入贯彻落实科学发展观，以“三贴近”为突破口，推进思想观念、体制机制、方式手段创新，增强针对性、实效性和吸引力、感染力。要深入开展调查研究，了解新情况，研究新问题，总结新经验，使宣传思想文化工作始终符合时代要求和人民期待。要进一步加强和完善领导体制和工作机制，不断提高宣传思想文化领域管理工作的水平。要加大教育培训和人才培养力度，造就一支政治强、业务精、纪律严、作风正的宣传思想文化工作队伍，一批适应社会主义市场经济建设、高新技术发展和文化“走出去”要求的专业人才和复合型人才。

全国大学生学习党的十七大精神座谈会举行

由共青团中央、全国学联主办的全国大学生学习党的十七大精神座谈会暨首期中国大学生骨干培养学校结业式11月26日在京举行，来自全国各地的300多名大学生代表与会，畅谈交流近一阶段学习十七大精神的收获和体会。中共中央政治局委员、全国人大常委会副委员长王兆国出席会议并讲话。

王兆国指出，广大青年学生特别是大学生骨干要深入学习贯彻十七大精神，按照胡锦涛总书记提出的“四个新一代”的要求，勇敢地肩负起全面建设小康社会、实现中华民族伟大复兴的历史重任。

王兆国强调，十七大确定的主题，也是今后一个时期党和国家全部工作的主题，不仅对我们国家的经济发展和社会进步具有战略意义，也为广大青年的健康成长进一步指明了前进的方向。当代青年学生是伴随着改革开放成长起来的一代，是改革开放的受益者，更是党和国家未来事业的继承者和开创者，一定要在十七大精神的指引下，自觉认清肩负的历史责任，坚持用中国特色社会主义理论体系武装头脑，坚定跟党走中国特色社会主义道路的理想信念，在与祖国共奋进、与时代同发展、与人民齐奋斗的过程中茁壮成长、努力成才。各级共青团、学联组织要通过开展丰富多彩、富有特色的学习教育活动，把十七大精神切实转化为当代青年学生报效祖国、服务社会、成就事业的实际行动。

2007年12月

中央经济工作会议召开

中央经济工作会议12月3日至5日在北京举行。胡锦涛在会上发表重要讲话,全面分析了当前我国经济形势和国际经济环境,明确提出了明年经济工作的指导思想和总体要求,深刻阐述了做好明年经济工作的大政方针和主要任务。温家宝在讲话中进一步阐述了明年经济工作的重大问题,并就明年经济工作的主要目标、任务作了具体部署。

会议指出,今年是党和国家事业发展进程中非常重要的一年。在充分肯定成绩的同时,也要清醒地看到,当前我国经济运行中一些长期积累的突出矛盾和问题还没有得到根本解决,同时还出现了一些值得注意的新情况新问题。经济增长由偏快转为过热的趋势尚未缓解,价格上涨压力加大,农业基础依然薄弱,节能减排形势相当严峻,涉及人民群众切身利益的问题还比较突出。我们必须增强忧患意识,始终居安思危,高度重视并及时化解前进道路上的各种困难和问题。

2008年是全面贯彻落实党的十七大作出的战略部署的第一年,是实施"十一五"规划承上启下的一年。明年经济工作的总体要求是:全面贯彻党的十七大精神,高举中国特色社会主义伟大旗帜,以邓小平理论和"三个代表"重要思想为指导,深入贯彻落实科学发展观,紧紧围绕转变经济发展方式和完善社会主义市场经济体制,继续加强和改善宏观调控,积极推进改革开放和自主创新,着力优化经济结构和提高经济增长质量,切实加强节能减排和生态环境保护,更加重视改善民生和促进社会和谐,推动国民经济又好又快发展。提出了明年经济工作的主要任务:一、完善和落实宏观调控政策,保持经济平稳较快发展的好势头。二、切实加强农业基础地位,增强农业和农村经济发展活力。三、提高自主创新能力,推进产业结构优化升级。四、加大攻坚力度,确保节能减排取得重大进展。五、促进区域协调发展,积极稳妥推进城镇化。六、全面深化改革,完善推动科学发展、促进社会和谐的体制机制。七、提高开放型经济水平,开创对外开放新局面。八、着力改善民生,促进社会和谐。

实现明年经济工作的目标和任务,必须坚持稳中求进,保持经济平稳较快发展;必须坚持好字优先,加快转变经济发展方式;必须坚持改革开放,在完善体制机制上取得新突破;必须坚持以人为本,更加重视改善民生。在工作具体部署上,要把发展现代农业、繁荣农村经济放在社会主义新农村建设的首位,控制固定资产投资规模和扩大消费需求,加快转变经济发展方式和结构调整,做好节能减排和产品质量安全工作,保持物价基本稳定,加快推进以改善民生为重点的社会建设,深化经济体制改革、提高对外开放水平,推进行政管理体制改革和政府自身建设。面对复杂多变的国际形势和艰巨繁重的国内改革发展任务,我们要全面贯彻落实党的十七大精神,完成明年经济工作的各项任务,推动经济社会又好又快发展,必须不断提高领导科学发展的能力。要加强学习,不断提高领导科学发展的思想水平和业务素质;统筹兼顾,不断掌握科学发展观的根本方法;深入调研,不断把握科学发展的主动权;狠抓落实,不断取得科学发展的实效。要把全社会的发展积极性引导到科学发展上来，引导到加快转变经济发展方式上来，努力在继续解放思想、坚持改革开放上迈出更大步伐，在推动科学发展、促进社会和谐上作出更大成绩。

认真学习贯彻十七大和中央经济工作会议精神 切实抓好国有企业党风建设和反腐倡廉工作

中共中央政治局常委、中央纪委书记贺国强12月10日至11日在北京市调研时强调，国有企业要认真学习贯彻党的十七大精神和中央经济工作会议精神，以邓小平理论和“三个代表”重要思想为指导，深入贯彻落实科学发展观，扎实推进国有企业党风建设和反腐倡廉工作，为国有企业的改革发展提供有力保证，为全面建设小康社会作出应有贡献。

在中共中央政治局委员、北京市委书记刘淇，北京市代市长郭金龙等陪同下，贺国强深入企业、建设工地，了解经营管理和工程建设情况，看望干部职工、劳动模范和生活困难职工。他对近年来北京市经济社会发展取得的成绩和国有企业改革发展取得的进展给予了充分肯定。在燕山石化公司调研时，他指出，国有企业领导班子要以党的十七大和中央经济工作会议精神统一思想认识，坚定搞好国有企业的信心，理清工作思路，加快改革发展步伐。要进一步增强政治意识，确保国有企业改革和发展的正确方向；要进一步增强科学发展意识，实现国有企业又好又快的发展；要进一步增强大局意识，不折不扣地贯彻执行中央关于经济工作的方针政策和重大部署，在国家加强和改善宏观调控中发挥积极作用。

加强国有企业党风建设和反腐倡廉工作，是贺国强此次调研的重点。他在与国有企业负责人座谈时指出，要把国有企业反腐倡廉工作作为明年的一项重点任务，摆上突出位置切实抓好。要结合完善公司法人治理结构，健全决策机制和经营管理制度，加强效能监察，形成监督企业领导人员正确行使权力、防止滥用权力的有效机制。要严肃查处企业领导人员违纪违法案件，坚决杜绝以权谋私行为的发生，促进企业领导人员廉洁从业。要加强和改进国有企业领导人员作风建设，引导他们牢记“两个务必”，自觉树立“八个方面”良好风气，维护职工合法权益，关心职工群众尤其是困难职工的生产生活，切实做到为民、务实、清廉。

贺国强强调，当前，加强国有企业领导人员廉洁自律工作，需要重申并提出以下要求：不得利用职务上的便利通过同业经营或关联交易为本人或特定关系人获取非法利益；不得相互为对方及其配偶、子女、亲属等从事营利性经营活动提供便利条件；不得在企业资产整合、引入战略投资者等过程中违规决策，谋取私利；不得擅自抵押、担保、委托理财；不得利用企业上市或上市公司并购、重组、定向增发等过程中的内幕消息为本人或特定关系人谋取不正当利益；不得授意、指使、强令财会人员提供虚假财务报告；不得违规自定薪酬、兼职取酬、滥发住房补贴。

贺国强还专程来到北京市纪委机关，看望纪检监察干部，并与大家进行座谈。他指出，要按照党的十七大提出的要求深入开展党风廉政建设和反腐败工作，坚决查处一批腐败案件，严厉整治一批严重损害群众利益的不正之风，重点解决一批领导干部违反廉洁自律规定的突出问题，制定出台一批反腐倡廉制度规定，努力开创纪检监察工作新局面。

全面贯彻落实党的十七大精神 扎实推进惩治和预防腐败体系建设

12月13日，中央纪委、监察部召开中央和国家机关《建立健全惩治和预防腐败体系2008—2012年工作规划》征求意见工作部署会。中央书记处书记、中央纪委副书记何勇出席会议并讲话。他强调，要认真学习贯彻党的十七大精神，以邓小平理论和“三个代表”重要思想为指导，深入贯彻落实科学发展观，紧紧围绕党和国家工作大局，以改革创新的精神，充分运用党在反腐倡廉实践中形成的理论和经验，紧密结合本地区本部门实际，扎实推进惩治和预防腐败体系建设。

何勇指出，党的十七大高举中国特色社会主义伟大旗帜，对继续推进改革开放和社会主义现代化建设、实现全面建设小康社会的宏伟目标作出了全面部署，对以改革创新精神全面推进党的建设新的伟大工程提出了明确要求，强调要以完善惩治和预防腐败体系为重点加强反腐倡廉建设。推进惩治和预防腐败体系建设，要始终与中国特色社会主义事业总体布局相适应，把反腐倡廉建设融入经济建设、政治建设、文化建设、社会建设之中；与科学发展观的要求相适应，促进经济社会又好又快发展；与完善社会主义市场经济体制相适应，同各项改革协调发展；与加强党的执政能力建设和先进性建设相适应，不断提高拒腐防变和抵御风险的能力。制定惩防体系《工作规划》是贯彻落实党的十七大精神的重要体现，是推进惩治和预防腐败体系建设的重要举措，是贯彻落实惩治和预防腐败体系实施纲要的延续和发展，是一项政治性、政策性和专业性很强的工作。要从全局的高度，充分认识制定惩防体系《工作规划》的重要意义，着重把握以下基本要求：一是全面贯彻党的十七大精神，把党的重大战略思想、重要指导方针、重大决策部署贯彻和体现到惩防体系《工作规划》之中；二是从全局的高度推进惩治和预防腐败体系建设，增强反腐倡廉工作的科学性、系统性和前瞻性；三是始终坚持改革创新，提出有效预防和治理腐败问题的新思路、新举措；四是突出重要领域和关键环节，更加扎实有效地抓好工作落实。要高度重视惩防体系《工作规划》的研究修改工作，切实加强领导，摆上议事日程，认真抓紧抓好。要结合实际对本地区本部门几年来贯彻落实惩治和预防腐败体系实施纲要，开展惩治和预防体系建设工作的情况进行一次专项检查，总结经验，查找不足，改进工作。

新进中央委员会的委员、候补委员学习贯彻党的十七大精神研讨班开班

新进中央委员会的委员、候补委员学习贯彻党的十七大精神研讨班 12 月 17 日在中央党校开班。中共中央总书记、国家主席、中央军委主席胡锦涛在开班式上发表重要讲话。他强调，在高举中国特色社会主义伟大旗帜、坚持中国特色社会主义道路和中国特色社会主义理论体系问题上，中央领导集体要坚定不移，全党同志要坚定不移，全国人民要坚定不移，引领中国特色社会主义伟大事业的航船沿着正确航向不断乘风破浪、乘胜前进。这是我们总结长期历史经验得出的基本结论。

中共中央政治局常委李长春、贺国强、周永康出席开班式。中共中央政治局常委习近平主持。

胡锦涛在讲话中指出，把中央委员会建设成为坚强领导集体，对于提高党的执政能力、保持和发展党的先进性，对于做好党和国家各项工作，具有十分重要的意义。学习好、领会好、贯彻好、落实好党的十七大精神，坚持以邓小平理论和“三个代表”重要思想为指导，深入贯彻落实科学发展观，是中央委员会每一位成员提高政治素养和工作水平、更好地肩负起党和人民交付的重要职责的必然要求。

胡锦涛强调，办好中国的事情，关键在党。党能不能始终带领人民走在时代前列，能不能始终成为中国特色社会主义事业的坚强领导核心，是对党的最根本的考验。我们要按照党的十七大的要求，扎扎实实搞好党的思想建设、组织建设、作风建设、制度建设和反腐倡廉建设。要坚持用马克思主义中国化最新成果武装全党，努力提高全党的马克思主义理论水平；积极推进党内民主建设，增强党的团结统一和生机活力；完善选人用人机制，建设高素质干部队伍；加强作风建设，不断提高拒腐防变能力。我们党作为马克思主义政党，特别是作为长期执政的马克思主义政党，必须持之以恒地抓好作

风建设。要始终保持同人民群众的血肉联系，大力弘扬求真务实精神、大兴求真务实之风，埋头苦干，真抓实干，一步一个脚印做好工作，创造出无愧于人民、无愧于民族、无愧于时代、无愧于历史的新业绩。

胡锦涛强调，我们已站在一个新的历史起点上，我们的事业一定能够不断取得新的更大的胜利。同时，越是形势好的时候，我们越要有忧患意识，越要居安思危。我们要坚定信心、振奋精神、锐意进取，带领人民从新的历史起点出发，抓住和用好重要战略机遇期，不断夺取全面建设小康社会新胜利，不断开创中国特色社会主义事业新局面，沿着党的十七大指明的方向奋勇前进。

习近平在主持开班式时指出，胡锦涛总书记的重要讲话为办好这次研讨班进行了深入的思想动员。讲话高举中国特色社会主义伟大旗帜，以邓小平理论和“三个代表”重要思想为指导，深入贯彻落实科学发展观，坚持理论与实际相结合、现实与历史相贯通、国内与国际相联系，对事关党和国家事业发展全局的重大问题进行了精辟而深刻的阐述，对推动全党全国深入学习贯彻党的十七大精神具有十分重大的意义。我们要认真学习、深刻领会、切实贯彻。

中共中央政治局研究部署
推进农业和农村发展工作
党风廉政建设和反腐败工作

中共中央政治局12月18日召开会议，研究推进农业和农村发展工作，研究部署2008年党风廉政建设和反腐败工作。中共中央总书记胡锦涛主持会议。

会议认为，党的十六大以来，党中央、国务院坚持把解决好“三农”问题作为全党工作的重中之重，作出了一系列意义重大、影响深远的战略部署，经过全党全国共同努力，农业和农村发展呈现出良好局面，为促进经济社会又好又快发展奠定了坚实基础。同时，必须清醒地看到，我国农业农村发展面临着不少新情况新问题，农业基础薄弱的局面没有根本改变，城乡发展差距扩大的趋势尚未根本扭转。转变农业发展方式，提高农业综合生产能力，确保农产品供求平衡，保持农民收入稳步增长的良好势头，促进城乡经济社会协调发展，仍然要进行长期艰苦努力。全党必须增强做好“三农”工作的紧迫感，粮食安全的警钟要始终长鸣，巩固农业基础地位的弦要始终紧绷，解决好“三农”问题作为全党工作重中之重的要求要始终坚持。

会议在对当前党风廉政建设和反腐败工作的形势进行认真分析后指出，党的十七大对全面推进党的建设新的伟大工程作出了总体部署，要求全党以改革创新精神加强党的思想建设、组织建设、作风建设、制度建设和反腐倡廉建设。各级党委要准确把握党的十七大对党风廉政建设和反腐败斗争提出的新要求，坚决贯彻落实中央的决策部署，充分认识反腐败斗争的长期性、复杂性、艰巨性，把反腐倡廉建设放在更加突出的位置，推动党风廉政建设和反腐败斗争深入开展。要全面贯彻党的十七大精神，高举中国特色社会主义伟大旗帜，以邓小平理论和“三个代表”重要思想为指导，深入贯彻落实科学发展观，贯彻标本兼治、综合治理、惩防并举、注重预防的方针，加强以保持党同人民群众血肉联系为重点的作风建设，加强以完善惩治和预防腐败体系为重点的反腐倡廉建设，坚持改革创新，突出工作重点，加大工作力度，狠抓任务落实。要认真开展对中央重大决策部署执行情况的监督检查，推动深入贯彻落实科学发展观；加大专项治理力度，坚决纠正损害群众利益的不正之风；继续保持查办案件工作力度，坚决惩治腐败；扎实开展反腐倡廉教育，加强领导干部廉洁自律工作；深化改革和制度创新，进一步推进治本抓源头工作；深入推进监督工作，促使领导干部正确行使权力；加强国有企业党风建设和反腐倡廉工作，促进企业健康发展。抓紧制定并实施《建立健全惩治和预防腐败体系2008—2012年工作规划》，为全面建设小康社会提供有力保证。

中央农村工作会议召开

中央农村工作会议12月22日至23日在北京举行。会议认真学习贯彻党的十七大精神，高举中国特色社会主义伟大旗帜，以邓小平理论和“三个代表”重要思想为指导，深入贯彻落实科学发展观，回顾总结了过去5年的农业农村工作，重点研究了加强农业基础建设、促进农业发展农民增收的政策措施，安排部署了2008年及今后一个时期的农业农村工作。

党中央、国务院高度重视这次会议，会前对会议文件进行了专门研究，对开好会议提出了明确要求。胡锦涛总书记、温家宝总理对确保国家粮食安全、促进农民收入持续较快增长作出了重要指示，进一步指明了当前和今后一个时期农业农村工作的努力方向。

会议讨论了《中共中央、国务院关于切实加强农业基础建设，进一步促进农业发展农民增收的若干意见（讨论稿）》。中共中央政治局委员、国务院副总理回良玉出席会议并讲话。

会议指出，2007年，全国上下认真贯彻党中央、国务院关于加强“三农”工作的部署，在自然灾害严重、市场竞争加剧、供求关系趋紧、要求明显提高的情况下，经过各地区各部门的努力工作，农业农村延续和发展了近几年来的好形势。粮食总产量超过10000亿斤，农民人均纯收入有望突破4000元，现代农业发展取得初步成效，社会主义新农村建设扎实推进。

2008年和今后一个时期，农业农村工作的总体要求是：全面贯彻党的十七大精神，高举中国特色社会主义伟大旗帜，以邓小平理论和“三个代表”重要思想为指导，深入贯彻落实科学发展观，按照形成城乡经济社会发展一体化新格局的要求，突出加强农业基础建设，积极促进农业稳定发展、农民持续增收，努力保障主要农产品基本供给，切实解决农村民生问题，扎实推进社会主义新农村建设。要重点做好以下工作：（一）巩固完善强化强农惠农政策，大幅度增加农业农村投入。（二）努力保障主要农产品基本供给，积极促进农民增收。（三）突出抓好农业基础设施建设，加快完善农业生产条件。（四）强化农业科技和人才支撑，大力发展社会化服务。（五）加快农村社会事业发展，强化农村基础设施建设。（六）稳定完善农村基本经营制度，不断深化农村改革。

进一步发展我国社会主义多党合作事业　同心同德坚持和发展中国特色社会主义

中共中央总书记、国家主席、中央军委主席胡锦涛12月24日上午在中南海同各民主党派中央、全国工商联新老主要领导人座谈并发表重要讲话。胡锦涛强调，中国共产党领导的多党合作和政治协商制度，体现了我国社会主义民主政治的本质要求，符合中国特色社会主义事业的发展要求。要坚定不移地坚持长期共存、互相监督、肝胆相照、荣辱与共的方针，巩固共产党领导、多党派合作、共产党执政、多党派参政的多党合作的良好政治格局，发展我国各政党民主团结、生动活泼的和谐政治关系，同心同德坚持和发展中国特色社会主义。

胡锦涛表示，今天这个座谈会，是大家在一起共商中国共产党同各民主党派合作事业承前启后、继往开来大计的会议，是大家在一起畅叙友情、共话合作、同谋国家和民族发展大业的会议，充分体现了中国共产党和各民主党派肝胆相照、荣辱与共的亲密关系和深厚感情。中共十六大以来的5年是不平凡的5年。面对复杂多变的国际环境和艰巨繁重的改革发展任务，我们坚持以邓小平理论和“三个代表”重要思想为指导，深入贯彻落实科学发展观，继续推进改革开放和社会主义现代化建设，全面建设小康社会取得重大进展，我国社会主义多党合作事业也取得了明显进步和成绩。中国共产党和各民主党派在团结合作的实践中积累了许多成功经验，归结起来，最基本的有以下几点：一是必须高举中国特色社会主义伟大旗帜，坚持中国特色社会主义道路不动摇，坚持中国特色社会主义理论体系不动摇。二是必须立足国家发展大局，共同为落实国家发展战略和发展目标而奋斗。三是必须注重制度建设，不断提高政治协商、民主监督、参政议政的有效性。四是必须坚持执政党建设同参政党建设互相促进，提高执政党的领导水平和参政党的参政能力。在今后的征程上，我们要继续坚持和运用这些成功经验，不断开创我国社会主义多党合作事业新局面。

当前和今后一个时期，学习贯彻中共十七大精神是中国共产党和全国的首要政治任务，也是统一战线的首要政治任务。提出三点希望。一是要继续高举中国特色社会主义伟大旗帜，进一步打牢同中国共产党亲密合作的思想政治基础。二是要继续深入贯彻落实科学发展观，进一步为实现全面建设小康社会奋斗目标献计出力。三是要继续搞好政治交接，进一步提高开展参政议政、民主监督的能力和水平。民主党派作为致力于中国特色社会主义事业的参政党，也需要不断加强自身建设，切实解决好政治交接、提高参政党履行职能和发挥作用能力的历史性课题。要按照各自章程规定的参政党建设目标和原则，坚持以思想建设为核心，以组织建设为基础，以制度建设为保障，全面加强自身建设，以班子建设带动队伍建设，不断提高参政议政、民主监督能力。工商联也要把加强自身建设摆在突出位置，全面加强思想建设、组织建设、制度建设、作风建设，更好促进非公有制经济健康发展，更好引导非公有制经济人士健康成长。

全国高等学校党的建设工作会议召开

中共中央组织部、中共中央宣传部、中共教育部党组12月24日在北京联合召开第十六次全国高等学校党的建设工作会议。中共中央政治局常委、中央书记处书记习近平在会前会见了出席会议的代表并发表重要讲话。他强调，当前和今后一个时期高校党建工作的首要任务，是认真学习、深入贯彻、全面落实党的十七大精神，坚持以邓小平理论和“三个代表”重要思想为指导，深入贯彻落实科学发展观，以改革创新精神全面推进高校党的建设，为开创高等教育改革发展新局面提供坚强保证。

习近平指出，高等学校承担着人才培养、知识创新和社会服务的重要任务。做好高校党建工作，对于高等教育科学发展至关重要。在深入学习贯彻党的十七大精神、进一步办好高等教育的实践中，高校党建工作要始终高举中国特色社会主义伟大旗帜，坚定社会主义办学方向，坚持用马克思主义中国化的最新成果武装党员、教育师生，引导广大师生员工坚定不移走中国特色社会主义道路，为全面建设小康社会、实现中华民族伟大复兴贡献力量；要牢牢把握高校贯彻落实好科学发展观这个主题，以提高教育质量为重点，以办好人民满意的教育为目标，切实抓好学校领导班子建设、党组织和党员队伍的先进性建设，更好地维护和推动高校的改革发展稳定；要全面贯彻党的教育方针，坚持育人为本、德育为先，在培养德智体美全面发展的社会主义建设者和接班人、培养造就一支勇于开拓创新的高水平教师队伍方面，发挥应有的作用；要继承优良传统，深入研究新情况新问题，以改革创新的精神状态、改革创新的思维方式、改革创新的思想作风、改革创新的工作方法，大力推进党的各方面建设的创新，不断提高工作水平。

全国政法工作会议召开

中共中央总书记、国家主席、中央军委主席胡锦涛12月25日上午在人民大会堂同全国政法工作会议代表和全国大法官、大检察官座谈。他强调，必须从中国特色社会主义事业发展全局的高度，进一步提高对做好政法工作重要性和紧迫性的认识，准确认识和把握政法工作的性质和职责，通过扎扎实实的努力，不断开创政法工作新局面，为全面建设小康社会、加快推进社会主义现代化提供强有力的政法保障。

政法事业是中国特色社会主义事业的重要

组成部分，必须随着中国特色社会主义事业发展而发展；政法工作是党和国家工作的重要组成部分，必须在党和国家工作大局下开展，为党和国家工作大局服务。切实维护党的执政地位，切实维护国家安全，切实维护人民权益，确保社会大局稳定，是政法战线的首要政治任务。做好政法工作，关键是要全面把握党的十七大对加强和改进政法工作作出的战略部署，坚持把政法工作放在党和国家工作全局中来谋划、来推进。要全面贯彻落实党的十七大精神，高举中国特色社会主义伟大旗帜，坚持以邓小平理论和“三个代表”重要思想为指导，深入贯彻落实科学发展观，坚持党的领导、人民当家作主、依法治国有机统一，牢固树立社会主义法治理念，坚持执法为民，着力保障国家安全，着力维护社会公平正义，着力保护人民生命财产安全，着力保证社会大局稳定，着力服务经济社会发展大局。

胡锦涛就做好政法工作提出5点要求。一是要坚持正确方向。二是要保障国家安全。三是要维护人民权益。四是要深化体制改革。五是要推进队伍建设。

胡锦涛强调，做好新形势下的政法工作，加强和改善党对政法工作的领导是关键。各级党委要从思想上、政治上、组织上全面加强和改善对政法工作的领导，加强对新形势下政法工作面临的新情况新问题的研究，有针对性地解决一些影响政法工作的重大问题，支持政法机关依法履行职能，领导和推动政法机关贯彻落实好中央的路线方针政策。各级党组织要带头维护宪法和法律权威。各级党组织和各级领导干部要带头依法办事，带头依法行政。要坚持在全社会深入开展法制宣传教育，弘扬法治精神，重视社会主义法律文化建设，树立依法办事、守法为荣的风尚，使社会主义法治精神转化为全体人民的实际行动。

胡锦涛指出，大法官、大检察官要始终保持高度的政治意识、大局意识、责任意识、法律意识、廉洁意识，始终坚持党的事业至上、人民利益至上、宪法法律至上，切实承担起带领广大法官、检察官和其他工作人员保障科学发展、促进社会和谐的历史使命和政治责任，为建设公正高效权威的社会主义司法制度而不懈努力。

周永康在主持座谈会时说，胡锦涛总书记的重要讲话，站在中国特色社会主义事业发展全局的高度，精辟分析了政法工作面临的国际国内形势，深刻阐明了政法工作的重要性和紧迫性，深刻阐明了政法工作的性质、职责和重大任务，深刻阐明了全面把握党的十七大精神、加强和改进政法工作总的要求和重点工作，深刻阐明了加强和改善党对政法工作领导的重大意义和重大措施。我们要认真学习领会，切实贯彻落实，努力开创政法工作新局面。

进一步严明换届纪律

12月28日，中央纪委、中央组织部召开严明换届纪律、做好选举工作视频会议。中共中央政治局委员、中央书记处书记、中央组织部部长李源潮在会上强调，要进一步严明换届纪律，坚决整治换届选举中的不正之风，保证全国省区市人大、政府、政协换届选举工作顺利进行。

李源潮指出，明年1月省级人大、政府、政协领导班子换届选举，是党的十七大之后第一次集中换届选举，选举工作是否风清气正，直接关系人民群众对党的信任，关系领导班子在公众中的形象，关系选人用人的公信度。各级党委要加强领导，严肃换届纪律，狠刹歪风邪气，保证换届风清气正。要充分发扬民主，坚持依法办事，保证换届选举圆满成功。

李源潮强调，要坚决整治选人用人不正之风，提高人民群众对干部选拔任用工作的满意度、提高社会对选人用人的公信度。拉票贿选等不正之风和腐败行为，破坏社会主义民主，违反党纪国法，为广大干部和人民群众深恶痛绝。要加大对执行纪律情况的监督力度，对顶风违纪的要坚决查处、决不宽容，不能让老实正派人吃亏、让投机钻营者得利。

2008年1月

中共中央国务院隆重举行国家科学技术奖励大会

中共中央、国务院1月8日上午在北京隆重举行国家科学技术奖励大会。党和国家领导人胡锦涛、温家宝、李长春、习近平、李克强出席大会并为获奖代表颁奖。

中共中央政治局常委、国务院总理温家宝在讲话中代表党中央、国务院，向获奖的科技工作者表示热烈的祝贺，向全国广大科技工作者表示诚挚的问候和崇高的敬意，向长期关心和参与中国科技事业发展的国外科技工作者表示衷心的感谢。

温家宝说，科学技术是第一生产力。贯彻落实党的十七大精神，全面建设小康社会、加快推进现代化事业，必须大力发展科学技术。实现未来经济发展目标，关键是要加快转变发展方式，把经济建设真正转移到依靠科技进步和提高劳动者素质的轨道上来；把增强自主创新能力，建设创新型国家，真正摆在国家发展战略的核心位置。

温家宝就今后科技工作提出6点具体要求：（一）要加快实施国家重大科技专项。（二）要着力突破制约经济社会发展的关键技术。（三）要切实加强重大基础科学研究。（四）要重视引进消化吸收再创新。（五）要大力弘扬科学精神。（六）要努力提高全民族的科学素质。

温家宝最后说，中华民族是富于创新精神的伟大民族。中国曾是科技发达的文明古国。当代中国科技发展取得了辉煌成就，正在大踏步赶超世界先进水平。让我们在以胡锦涛同志为总书记的党中央领导下，高举中国特色社会主义伟大旗帜，以邓小平理论和“三个代表”重要思想为指导，深入贯彻落实科学发展观，继续解放思想，大胆开拓创新，勇攀世界高峰，努力把我国科学技术事业提高到一个新水平。

中共中央政治局常委李克强在主持大会时强调，党中央、国务院隆重奖励为我国科技事业发展作出杰出贡献的科技工作者，充分体现了中央对科技事业的高度重视和对广大科技工作者的亲切关怀。希望广大科技工作者大力发扬心系祖国、自觉奉献的爱国精神，求真务实、勇于创新的科学精神，不畏艰险、勇攀高峰的探索精神，团结协作、淡泊名利的团队精神，在建设创新型国家的伟大实践中，努力创造出更多的优秀成果。

中央纪委委员学习贯彻党的十七大精神研讨班开班

中央纪委监察部举办的中央纪委委员学习贯彻党的十七大精神研讨班1月10日在京开班。中共中央政治局常委、中央纪委书记贺国强主持开班式并讲话。他强调，中央纪委委员和广大纪检监察干部要以更高的标准深入学习贯彻党的十七大精神，以更严的要求加强自身建设，进一步统一思想、提高认识、凝聚力量、履行职责，认真谋划和做好当前以及今后一个时期的纪检监察工作，为完成党的十七大提出的各项任务提供有力保证。

贺国强提出，胡锦涛总书记去年12月17日在新进中央委员会的委员、候补委员学习贯彻党的十七大精神研讨班开班时的重要讲话，是一篇马克思主义的重要文献，对于党和国家事业的长远发展具有重要指导意义。我们要把深入学习贯彻党的十七大精神与认真学习领会胡锦涛总书记的重要讲话结合起来，努力在领会精神上有更深的认识，在服务大局上有更高的要求，在推进工作上有更实的举措，切实做到在学习中加深理解、在理解中推动工作、在工作中开创局面。

贺国强强调新世纪新阶段党和国家事业发展对纪检监察工作提出了新的更高要求，中央纪委委员和广大纪检监察干部一定要不断提高自身素质和工作水平，切实履行好肩负的职责和使命。一要政治坚定、党性坚强。要坚定理想信念、牢记根本宗旨、严守政治纪律，始终不渝地高举中国特色社会主义伟大旗帜，坚定不移地坚持中国特色社会主义道路和中国特色社会主义理论体系，坚决同以胡锦涛同志为总书记的党中央保持高度一致。广大纪检监察干部要始终把党和人民放在心中的最高位置，自觉做到对党和国家无限忠诚、对腐败分子和消极腐败现象坚决斗争、对广大干部和群众关心爱护、对自己和亲属严格要求，真正成为党的忠诚卫士和群众的贴心人。二要加强学习、提高本领。要不断加强理论学习，完善知识结构，提高运用政策、依纪依法办案的能力，努力成为反腐倡廉的行家里手。三要恪尽职守、不辱使命。要坚持原则，敢于碰硬，刚正不阿，秉公执纪，依法办事，坚决同各种腐败现象和腐败分子作斗争。四要与时俱进、开拓创新。要努力推动纪检监察工作理念、思路、方法、体制机制的创新，结合实际创造性地开展工作，使纪检监察工作不断在继承中发展、在改革中创新。五要求真务实、艰苦奋斗。要牢记“两个务必”，带头践行八个方面的良好风气，以良好的作风抓党风、促廉政、反腐败。六要严以律己、清正廉洁。要带头遵守党纪国法和领导干部廉洁从政的各项规定，从严要求亲属和身边工作人员，始终保持共产党人的政治本色。

中央党校举行 2007年秋季学期毕业典礼

中共中央党校1月11日举行2007年秋季学期毕业典礼。中共中央政治局常委、中央书记处书记、中央党校校长习近平出席毕业典礼，并为学员颁发毕业证书。

按照中央领导同志对党校工作的一系列重要指示，中央党校坚持和完善教学新布局，大力推进研究式教学，注重提高培训效果，在一些方面作了新的探索和改进。一是以学习党的十七大精神为重点，把中国特色社会主义理论体系特别是科学发展观作为教学的中心内容；二是继续巩固和扩大教学改革成果，进一步加强教学科研的针对性；三是创新教学方法，积极探索研究式教学的有效实现形式；四是在教学组织和管理上有新的进步。

学员们反映，通过学习加深了对中国特色社会主义伟大旗帜包括中国特色社会主义道路和中国特色社会主义理论体系的认识，增强了学习好、贯彻好、落实好党的十七大精神的自觉性和坚定性，进一步提高了政治素质和理论素养；加深了对重大现实问题、热点难点问题的研究和思考，增强了理论联系实际的自觉性，进一步提高了战略思维能力和施政能力；加深了对党性锻炼的认识，增强了党性修养的自觉性，进一步提高了思想境界，培养了良好作风。

中央党校常务副校长李景田在讲话中指出，这期学员的学习，时机很好。学员们以饱满的热情投入到学习中来，认真读书，深入研讨，做到了学有所获，研有所得，达到了预期的学习目标。希望大家继续深入学习中国特色社会主义理论体系，增强学习贯彻科学发展观的自觉性和坚定性，切实把党的十七大精神学习好、贯彻好、落实好；更加重视实践，不断在实践中提高领导能力和工作水平；不断加强党性修养，坚持不懈地锤炼党性，永葆共产党人的先进性。

中央纪委委员学习贯彻党的十七大精神研讨班结业

中央纪委委员学习贯彻党的十七大精神研讨班1月12日在京举行结业式。中共中央政治局常委、中央纪委书记贺国强,中共中央书记处书记、中央纪委副书记何勇出席。会议强调,各级纪检监察机关和纪检监察干部要加强对党的十七大精神的学习和领会,切实把思想统一到党的十七大精神上来,更加坚定不移地高举中国特色社会主义伟大旗帜,坚持中国特色社会主义道路和中国特色社会主义理论体系,深入贯彻落实科学发展观,进一步提高纪检监察工作的能力和水平,为开创中国特色社会主义事业新局面作出应有的贡献。

党中央以及中央纪委常委会对纪检监察机关学习贯彻党的十七大精神高度重视,要求加大学习贯彻的力度。中央纪委举办这次研讨班,围绕深入学习贯彻党的十七大精神,学习贯彻胡锦涛总书记在新进中央委员会的委员、候补委员学习贯彻党的十七大精神研讨班开班式上的重要讲话精神,以更高的标准认真谋划和做好当前和今后一个时期的纪检监察工作这一主题进行研讨。全体中央纪委委员,以及未担任中央纪委委员的监察部副部长、副部级纪检组长、省级纪委书记共160余人参加了研讨班。在为期3天的学习中,研讨班安排了三次辅导报告,一次分组讨论和一次学员代表发言。

按照中央要求抓好党的十七大精神的贯彻落实 不断在武装头脑指导实践推动工作上取得实效

中共中央政治局常委、中央书记处书记习近平1月12日至13日到河北省围绕深入学习贯彻党的十七大精神进行考察调研。他指出,党的十七大对推进中国特色社会主义伟大事业和党的建设新的伟大工程作出了全面部署,我们党和国家今后五年的大政方针已经确定,奋斗目标已经明确,宏伟蓝图已经绘就,现在最重要的是按照中央的要求,认真抓好党的十七大精神的贯彻落实,不断在武装头脑、指导实践、推动工作上取得实实在在的效果。

习近平指出,深入学习贯彻党的十七大精神,必须不断增强贯彻落实科学发展观的自觉性。在所到的市、县,习近平都详细了解这些地方在转变发展方式、推动经济社会又好又快发展方面采取了哪些新举措、取得了哪些新进步。他要求各级领导干部全面领会科学发展观的科学内涵,对照科学发展观的要求自觉查找工作中存在的差距和薄弱环节,着力解决影响和制约科学发展的突出问题,努力把科学发展观转化为谋划发展的正确思路、促进发展的政策措施、领导发展的实际能力,不断创造科学发展的新业绩。

习近平对保障和改善民生问题非常关注,每到一地都看望基层困难群众,慰问困难党员。他强调,民生问题事关人民幸福安康,事关社会和谐稳定,不仅是社会问题、经济问题,更是政治问题。各级领导干部要牢固树立以民为本的理念,牢记为民谋利的责任,增强为民办事的意识,提高为民办事的本领,自觉把关注民生、改善民生作为工作的基本内容,深入实际、深入基层,真实了解群众所思所想、所愿所盼,认真解决人民群众最关心、最直接、最现实的利益问题,不断让人民群众得到实惠。

胡锦涛在十七届中纪委二次全会上发表重要讲话

中共中央总书记胡锦涛1月15日在中国共产党第十七届中央纪律检查委员会第二次全体会议上发表重要讲话。他强调,准确把握党风廉政建设和反腐败斗争面临的形势和任务,充分认识反腐败斗争的长期性、复杂性、艰巨性,坚持反腐倡廉常抓不懈,坚持拒腐防变警钟长鸣,把反腐倡廉建设贯穿于社会主义经济建设、政治建设、文化建设、社会建设各个领域,体现在党的思想建设、组织建设、作风建设、制度建设各个方面,不断把党风廉政建设和反腐败斗争引向深入。

胡锦涛指出，我们党历来高度重视反腐倡廉工作，特别是在革命、建设、改革的重大历史关头和关键发展阶段，更是高度自觉地把反腐倡廉工作摆在非常重要的位置。这充分表明，我们党对马克思主义政党取得执政地位尤其是在长期执政的条件下必须抓好反腐倡廉工作的认识是十分清醒的、态度是一以贯之的，对改革开放和发展社会主义市场经济新形势下党内可能出现的问题特别是可能遇到的风险的认识是十分清醒的、态度是一以贯之的，对反腐败斗争的长期性、复杂性、艰巨性的认识是十分清醒的、态度是一以贯之的，对抓好反腐倡廉工作对保证党和国家事业健康发展、巩固党的执政地位和保持党的先进性的重大意义的认识也是十分清醒的、态度也是一以贯之的。我们要从夺取全面建设小康社会新胜利、开创中国特色社会主义事业新局面的战略高度出发，深刻认识加强反腐倡廉建设的重要性和紧迫性。

胡锦涛强调，当前和今后一个时期，加强反腐倡廉建设，必须全面贯彻党的十七大精神，高举中国特色社会主义伟大旗帜，坚持以邓小平理论和"三个代表"重要思想为指导，深入贯彻落实科学发展观，坚持标本兼治、综合治理、惩防并举、注重预防的方针，以完善惩治和预防腐败体系为重点，强化权力制约和监督，深化改革和创新体制，拓展从源头上防治腐败工作领域，努力形成拒腐防变教育长效机制、反腐倡廉制度体系、权力运行监控机制，切实提高反腐倡廉建设成效，为全面建设小康社会提供有力政治保证。

胡锦涛指出，在实践中，要注意把握和体现改革创新、惩防并举、统筹推进、重在建设的基本要求。要以改革精神推进制度建设，以创新思路寻求治本办法，注重总结新经验、研究新情况、解决新问题，从我国实际出发，借鉴国外有益做法，创新工作思路，完善工作机制，破解工作难题，更加科学有效地防治腐败。要坚持治标和治本、惩治和预防两手抓、两手都要硬，惩治于已然，防患于未然，既坚决查处违纪违法案件、依法严惩腐败分子，又加大预防工作力度、不断铲除腐败滋生的土壤，努力把腐败现象减少到最低程度。要把反腐倡廉建设纳入经济社会发展和党的建设的全局之中，把改革的推动力、教育的说服力、制度的约束力、监督的制衡力、惩治的威慑力结合起来，把阶段性任务与战略性目标结合起来，整合各方面资源和力量，增强反腐倡廉建设的整体性、协调性、系统性、实效性。要不断认识和把握规律，以建设性的思路、建设性的举措、建设性的方法推进反腐倡廉建设，在坚决惩治腐败的同时，更加注重治本，更加注重预防，更加注重制度建设，不断形成有利于反腐倡廉建设的思想观念、文化氛围、体制条件、法制保证。

胡锦涛指出，党的十七大强调，要以完善惩治和预防腐败体系为重点加强反腐倡廉建设。这是我们党深刻总结反腐倡廉实践经验、准确把握我国现阶段反腐倡廉形势得出的科学结论，也是我们推进党风廉政建设和反腐败斗争必须抓好的战略任务。我们要继续抓住完善惩治和预防腐败体系这个重点，着力加强反腐倡廉建设，坚持加强思想道德建设与加强制度建设相结合，坚持严肃查办大案要案与切实解决损害群众切身利益的问题相结合，坚持廉政建设与勤政建设相结合，坚持加强对干部的监督与发挥干部主观能动性相结合。

胡锦涛强调，坚持党的领导，是加强反腐倡廉建设的根本政治保证。各级党委是反腐倡廉建设的责任主体，要坚持党要管党、从严治党，担负起全面领导反腐倡廉建设的政治责任，以更加坚决的态度、更加有力的措施推进反腐倡廉建设，以更加扎实的工作、更加明显的成效取信于广大干部群众。要完善总体部署，全面分析反腐倡廉建设面临的形势，把反腐倡廉建设纳入经济社会发展总体规划、寓于各项改革和重要政策措施之中，同改革发展工作一起部署、一起检查。要加强工作指导，旗帜鲜明地支持纪委行使职权，充分发挥预防腐败机构的职能作用，抓好预防腐败的组织协调、综合规划、政策制定，努力提高预防腐败的能力和水平。要狠抓工作落实，坚持党风廉政建设责任制，对重点任务要统一组织力量进行检查督促，确保落实到位。各级纪律检查机关要不断探索新形势下反腐倡廉建设的特点和规律，努力实现思想观念和思想方法、工作思路和工作方法、人员素质和工作作风的与时俱进，不断提高反腐倡廉建设质量和水平。

贺国强在主持会议时指出，胡锦涛总书记的重要讲话，从党和国家事业发展全局和战略的高度，精辟分析了当前党风廉政建设和反腐败斗争面临的形势，深刻阐述了新形势下加强反腐倡廉建设的重要性和紧迫性，明确提出了当前和今后一个时期加强反腐倡廉建设的指导思想、基本要求、工作原则和主要任务，对于深入开展党风廉政建设和反腐败斗争，全面推进党的建设新的伟大工程，不断开创中国特色社会主义事业新局面，具有十分重大的意义。我们一定要认真学习，深刻领会，坚决贯彻，扎实推进以完善惩治和预防腐败体系为重点的反腐倡廉建设，深入推进党风廉政建设和反腐败斗争，为完成党的十七大提出的各项任务提供有力保证。

中国共产党第十七届中央纪律检查委员会第二次全体会议召开

中国共产党第十七届中央纪律检查委员会第二次全体会议，于1月14日至16日上午在北京举行。出席会议的中央纪委委员125人，列席299人。

中央纪委常务委员会主持了会议。会议认真学习贯彻党的十七大精神，高举中国特色社会主义伟大旗帜，以邓小平理论和“三个代表”重要思想为指导，深入贯彻落实科学发展观，进一步明确了当前和今后一个时期党风廉政建设和反腐败斗争的总体要求，部署了2008年党风廉政建设和反腐败工作。全会审议通过了中央纪委书记贺国强代表中央纪委常委会所作的《全面贯彻党的十七大精神，努力开创党风廉政建设和反腐败斗争新局面》的工作报告。

中国共产党中央委员会总书记胡锦涛出席全会第二次大会并发表了重要讲话。吴邦国、温家宝、贾庆林、李长春、习近平、李克强、贺国强、周永康等党和国家领导人出席了会议。

全会认真学习了胡锦涛同志的重要讲话，一致认为，讲话高举中国特色社会主义伟大旗帜，以邓小平理论和“三个代表”重要思想为指导，深入贯彻落实科学发展观，从党和国家事业发展全局和战略的高度，精辟分析了当前党风廉政建设和反腐败斗争面临的形势，深刻阐述了新形势下加强反腐倡廉建设的重要性和紧迫性，明确了当前和今后一个时期加强反腐倡廉建设的指导思想、基本要求、工作原则和主要任务，强调要注意把握和体现改革创新、惩防并举、统筹推进、重在建设的基本要求，坚持加强思想道德建设与加强制度建设相结合、严肃查办大案要案与切实解决损害群众切身利益的问题相结合、廉政建设与勤政建设相结合、加强对干部的监督与发挥干部主观能动性相结合，号召全党把反腐倡廉建设放在更加突出的位置，更加坚决地惩治腐败，更加有效地预防腐败。胡锦涛同志的重要讲话，是加强反腐倡廉建设的纲领性文献，对于深入开展党风廉政建设和反腐败斗争，全面推进党的建设新的伟大工程，不断开创中国特色社会主义事业新局面，具有十分重大的意义。全党同志和广大纪检监察干部一定要认真学习，深刻领会，坚决贯彻执行。

2008年是全面贯彻落实党的十七大精神的第一年，是改革开放30周年，也是恢复和重建党的纪律检查机关30周年，还将迎来北京奥运会，认真抓好今年的党风廉政建设和反腐败工作意义重大。第一，认真开展对党的十七大重大决策部署执行情况的监督检查，推动深入贯彻落实科学发展观。第二，加大专项治理力度，坚决纠正损害群众利益的不正之风。第三，继续保持查办案件工作力度，坚决惩治腐败。第四，扎实开展反腐倡廉教育，加强领导干部廉洁自律工作。第五，深化改革和创新制度，进一步推进治本抓源头工作。第六，深入推进监督工作，促使领导干部正确行使权力。第七，加强国有企业党风建设和反腐倡廉工作，促进企业健康发展。

全会号召，全党同志要高举中国特色社会主义伟大旗帜，更加紧密地团结在以胡锦涛同志为总书记的党中央周围，以更加坚定的信心、更加积极的态度、更加有力的措施，努力开创党风廉政建设和反腐败斗争新局面！

全国宣传思想工作会议召开

中共中央总书记、国家主席、中央军委主席胡锦涛1月22日上午在北京同全国宣传思想工作会议代表座谈。他强调，要牢牢掌握宣传思想工作的领导权和主动权，高举伟大旗帜，唱响奋进凯歌，振奋民族精神，服务人民大众，以更深刻的认识、更开阔的思路、更有效的政策、更得力的措施，着力建设社会主义核心价值体系，着力巩固壮大主流思想舆论，着力推进改革创新，推动社会主义文化大发展大繁荣，提高国家文化软实力，为继续解放思想、坚持改革开放、推动科学发展、促进社会和谐营造良好氛围，为夺取全面建设小康社会新胜利、开创中国特色社会主义事业新局面提供强大思想文化保证。

胡锦涛在讲话中指出，党的十六大以来，中央在聚精会神搞建设、一心一意谋发展的同时，高度重视宣传思想工作，制定了一系列方针政策，作出了一系列重大部署。宣传思想战线认真贯彻中央精神，各项工作在整体推进中实现重点突破、在改革创新中焕发新的活力，宣传思想工作保持了积极健康、蓬勃向上的良好态势。党的十七大站在继续解放思想、坚持改革开放、推动科学发展、促进社会和谐的战略高度，从全面建设小康社会对文化建设的新要求和各族人民对文化工作的新期待出发，强调要更加自觉、更加主动地推动社会主义文化大发展大繁荣，兴起社会主义文化建设新高潮，提高国家文化软实力，使人民基本文化权益得到更好保障，使社会文化生活更加丰富多彩，使人民精神风貌更加昂扬向上。这充分反映了我们党对当今国际国内发展大势和我国文化建设地位的准确把握，也对宣传思想工作提出了新的更高要求。

胡锦涛强调，做好当前和今后一个时期的宣传思想工作，在新的历史起点上开创宣传思想工作新局面，要坚持高举旗帜、围绕大局、服务人民、改革创新。要高举中国特色社会主义伟大旗帜，进一步巩固全党全国各族人民团结奋斗的共同思想基础；推进社会主义核心价值体系建设，进一步增强全民族团结和谐、奋发向上的精神力量；提高舆论引导能力，进一步为改革发展稳定营造良好氛围；加强思想道德建设，进一步培育文明风尚；建设公共文化服务体系，进一步保障人民基本文化权益；深化文化体制改革，进一步提高文化发展活力；做好对外宣传工作，进一步展示和提升国家良好形象。

胡锦涛指出，要高举中国特色社会主义伟大旗帜，进一步巩固全党全国各族人民团结奋斗的共同思想基础；推进社会主义核心价值建设，进一步增强全民族团结和谐、奋发向上的精神力量；提高舆论引导能力，进一步为改革发展稳定营造良好氛围；加强思想道德建设，进一步培育文明风尚；建设公共文化服务体系，进一步保障人民基本文化权益；深化文化体制改革，进一步提高文化发展活力；做好对外宣传工作，进一步展示和提升国家良好形象。

胡锦涛强调，只有把握时代脉搏、反映时代精神、贴近现实生活、引领人民思想的文化，才能始终赢得人民，才能始终成为社会进步的先导。要立足中国特色社会主义伟大实践，从波澜壮阔的现实生活中汲取养分，准确把握人民精神文化需要的新变化，深入把握新形势下宣传思想工作的特点和规律，改进宣传思想工作的领导方式、组织方式、工作方式、管理方式，形成鼓励创新创造的法制保障、政策体系、激励机制，充分运用先进技术手段丰富文化的生产方式和表现形式，极大丰富文化品种、样式、载体、风格，让一切创造活力竞相迸发，让一切创新才华充分施展，让一切创新成果得到尊重，努力使精神文化产品和社会文化生活更加丰富多彩。

胡锦涛指出，坚持物质文明和精神文明两手抓、两手都要硬，是中国特色社会主义的显著特征。高度重视宣传思想工作，是党在长期革命、建设、改革实践中形成的优良传统，也是中国特色社会主义的一大优势。各级党委要按照中央要求，加强和改善对宣传思想工作的领导，全面做好宣传思想工作。要加强对宣传思想文化领域全局性、前瞻性、战略性问题的研究，大力弘扬求真务实精神，把长远目标与阶段性任务结合起来，把原则要求与具体措施结合起来，加强督促检查，狠抓工作落实，确保宣传思想工作扎实推进、富有成效。

纪念薄一波同志诞辰100周年座谈会在京举行

纪念薄一波同志诞辰100周年座谈会28日在北京人民大会堂举行。中共中央政治局常委、全国政协主席贾庆林出席并讲话。他强调，我们纪念薄一波同志，就是要继承老一辈无产阶级革命家的遗志，努力把各行各业、各个方面的工作做得更好，更加紧密地团结在以胡锦涛同志为总书记的党中央周围，高举中国特色社会主义伟大旗帜，以马克思列宁主义、毛泽东思想、邓小平理论和“三个代表”重要思想为指导，深入贯彻落实科学发展观，锐意创新、开拓进取，在全面建设小康社会、实现中华民族伟大复兴的宏伟事业中，创造新的业绩，作出新的贡献。

精心谋划　周密组织　突出重点　狠抓落实　切实贯彻全面建设小康社会奋斗目标新要求

中共中央政治局1月29日下午进行第三次集体学习，中共中央总书记胡锦涛主持。他强调，必须从夺取全面建设小康社会新胜利、开创中国特色社会主义事业新局面的战略高度，深刻认识贯彻落实党的十七大提出的实现全面建设小康社会奋斗目标新要求的重要性和必要性，增强自觉性和主动性，扎扎实实把这些新要求贯彻到社会主义现代化建设各个方面，落实到改革发展稳定各个环节。

中共中央政治局这次集体学习安排的内容是实现全面建设小康社会奋斗目标的新要求和推动经济社会又好又快发展。中国社会科学院经济研究所刘树成研究员、国家发展和改革委员会宏观经济研究院马晓河研究员就这个问题进行了讲解，并谈了对推动我国经济社会又好又快发展的意见和建议。

胡锦涛在主持学习时发表讲话指出，党的十七大根据国内外形势的新变化、我国经济社会的新发展、广大人民群众的新期待，提出了实现全面建设小康社会奋斗目标的新要求，根本目的就是要实现又好又快发展，全面建成更高水平的小康社会。我们要从实现我国现代化建设“三步走”战略的高度，把当前任务与长远目标紧密结合起来，全面贯彻落实实现全面建设小康社会奋斗目标的新要求，为全面建成小康社会、进而基本实现社会主义现代化打下更为坚实的基础、创造更加良好的条件。

胡锦涛指出，要把实现全面建设小康社会奋斗目标的新要求贯彻好、落实好，首先要深刻领会科学发展观的科学内涵、精神实质、根本要求。特别是要深刻领会科学发展观第一要义是发展、核心是以人为本、基本要求是全面协调可持续、根本方法是统筹兼顾，在深入贯彻落实科学发展观的实践中把实现全面建设小康社会奋斗目标的新要求落到实处。要正确处理好和快的关系，坚持好字优先，在好上下更大功夫、见更多成效。同时，要正确把握世界经济走势及其对我国的影响，充分认识外部经济环境的复杂性和多变性，科学把握宏观调控的节奏和力度，尽可能长地保持经济平稳较快增长。

胡锦涛强调，贯彻落实实现全面建设小康社会奋斗目标的新要求，必须全面推进经济建设、政治建设、文化建设、社会建设以及生态文明建设，促进现代化建设各个环节、各个方面相协调，促进生产关系与生产力、上层建筑与经济基础相协调。要着力增强发展协调性，提高自主创新能力，加快转变经济发展方式，完善社会主义市场经济体制，努力实现经济又好又快发展。要着力扩大社会主义民主，加快建设社会主义法治国家，加快行政管理体制改革，更好保障人民民主权利。要着力加强文化建设，建设社会主义核心价值体系，健全公共文化服务体系，提高全民族文明素质。要着力加快发展社会事业，保障和改善民生，扩大公共服务，完善社会管理，推动建设和谐社会。要着力建设生态文明，发展循环经济，加强节能减排，建设资源节约型、环境友好型社会。要着力推进经济、政治、文化、社会等领域各项改革成果的制度化，形成一整套同建设社会主义市场经济、社会主义民主政治、社会主义先进文化、社会主义和谐社会相适应的更加成熟、更加定型的制度，为建设富强民主文明和谐的社会主义现代化国家不断提供有效制度保障。

胡锦涛还强调，实现全面建设小康社会奋斗目标的新要求，一个突出的特点，就是要贯彻以人为本的理念，顺应各族人民过上更好生活的新期待，注重解决人民最关心、最直接、最现实的利益问题。我们要坚持立党为公、执政为民，坚持以人为本，在发展的基础上，着力改善人民生活，保障人民经济、政治、文化、社会权益，维护社会公平正义，努力使全体人民学有所教、劳有所得、病有所医、老有所养、住有所居，动员广大人民群众以更加饱满的热情为全面建设小康社会而团结奋斗。

2008 年 2 月

中央军委对部队支援灾区恢复重建工作作出部署 解放军和武警部队官兵誓为夺取抗灾救灾全面胜利作出更大贡献

中共中央总书记、国家主席、中央军委主席胡锦涛 2 月 10 日作出重要指示，要求部队在前一段积极投身抢险救灾斗争的基础上，继续支持受灾地区搞好恢复重建，为夺取抗灾救灾全面胜利作出更大贡献。

中央军委对部队支援灾区恢复重建工作迅速作出部署，要求全军和武警部队认真学习领会胡主席重要指示精神，发扬不怕疲劳、连续作战的作风，切实抓好各项具体工作的落实。解放军总参谋部、总政治部 2 月 11 日联合发出通知，强调有关部队要按照胡主席指示要求，认真履行我军全心全意为人民服务的宗旨，积极参加灾区的重建工作，帮助灾区人民尽快恢复正常的生产、生活秩序；要协助地方政府大力解决灾区群众吃、穿、住、行等方面面临的实际困难；驻灾区部队各级党委和机关要坚持以人为本的理念，指导帮助受灾部队搞好自身建设。

全国组织工作会议召开

中共中央总书记、国家主席、中央军委主席胡锦涛 2 月 18 日上午在同全国组织工作会议代表座谈时发表重要讲话。他强调，能不能始终带领人民走在时代前列，能不能始终保持同人民群众的血肉联系，能不能始终成为中国特色社会主义事业的坚强领导核心，是对党的最根本的考验。要经受住这个最根本的考验，关键是要坚持以改革创新精神全面推进党的建设新的伟大工程，使党的建设工作更富有时代气息、更富有实际成效。

胡锦涛在讲话中指出，党的十七大强调，党要站在时代前列带领人民不断开创事业发展新局面，必须以改革创新精神加强自身建设，始终成为中国特色社会主义事业的坚强领导核心。我们党是马克思主义政党，党的性质、宗旨和历史使命决定了党既要敢于和善于在自己所领导的伟大事业中不断改革创新，又要敢于和善于在自身建设中不断改革创新。全党同志一定要紧密联系新的时代条件下加强和改进党的建设的实际，坚持以中国特色社会主义理论体系为指导，坚持党的宗旨和性质，发扬党的优良传统，以改革创新的精神状态、改革创新的思想作风、改革创新的工作方法全面加强和改进党的各方面建设，着力提高党的执政能力、保持和发展党的先进性，着力加强和改善党的领导，着力改进党的领导体制、执政方式、组织形式、活动方式、管理方式，着力提高推动科学发展、促进社会和谐的能力，更加自觉、更有成效地把党建设好，使党始终成为中国特色社会主义事业的坚强领导核心。

胡锦涛指出，党的十七大对党的建设作出了总体部署，深刻反映了党所处的历史方位和党的建设面临的新形势新任务，各级党委要按照党的十七大的要求，扎实、深入、全面抓好落实。要大力推进中国特色社会主义理论体系的学习贯彻，进一步提高全党的马克思主义理论水平；大力推进党内民主建设，进一步增强党的创新活力、巩固党的团结统一；大力推进党的制度创新，进一步提高党的建设的制度化、规范化水平；大力加强领导班子和领导干部队伍建设，进一步提高推动事业发展的开拓创新能力；大力推进基层党组织建设，进一步增强基层党组织的创造力、凝聚力、战斗力；大力推进党风廉政建设，进一步增强拒腐防变和抵御风险能力。

胡锦涛强调，以改革创新精神全面推进党的建设新的伟大工程，是全党的共同任务，更是各级党委的重要职责。在工作中，必须切实做到高举旗帜、求真务实、把握主线、全面推进。各级组织部门和广大组工干部要一如既往地发扬党的优良传统和作风，以开拓进取的作风和求真务实的精神抓好各项决策和部署的落实，真正把组织部门建设成为高举中国特色社会主义伟大旗帜、深入贯彻落实科学发展观的模范部门，把组工干部队伍建设成为讲党性、重品行、作表率的过硬队伍，在全面建设小康社会、推进中国特色社会主义事业的伟大实践中，坚持学习、学习、再学习，坚持实践、实践、再实践，坚持创新、创新、再创新。

中共中央政治局常委、中央书记处书记习近平在主持会议时指出，胡锦涛同志的重要讲话，深刻阐述了以改革创新精神全面推进党的建设新的伟大工程的重大意义，对贯彻落实党的十七大精神、在党的建设和组织工作中大力弘扬改革创新精神提出了明确要求。讲话高屋建瓴，总揽全局，思想深刻，论述精辟，对于在新的历史起点上开创党的建设和组织工作新局面具有长远的指导作用。各级党委和组织部门要认真学习、深刻领会、全面贯彻，以改革创新精神进一步把党建工作和组织工作做好。

扎扎实实推进服务型政府建设 全面提高为人民服务能力和水平

中共中央政治局 2 月 23 日上午进行第四次集体学习，中共中央总书记胡锦涛主持。他强调，建设服务型政府，是坚持党的全心全意为人民服务宗旨的根本要求，是深入贯彻落实科学发展观、构建社会主义和谐社会的必然要求，也是加快行政管理体制改革、加强政府自身建设的重要任务。要在经济发展的基础上，不断扩大公共服务，逐步形成惠及全民、公平公正、水平适度、可持续发展的公共服务体系，切实提高为经济社会发展服务、为人民服务的能力和水平，更好地推动科学发展、促进社会和谐，更好地实现发展为了人民、发展依靠人民、发展成果由人民共享。

中共中央政治局这次集体学习安排的内容是国外政府服务体系建设和我国建设服务型政府。国家行政学院薄贵利教授、中国行政管理学会高小平研究员进行了讲解，并谈了对我国建设服务型政府的意见和建议。

胡锦涛在主持学习时发表了讲话。他指出，为人民服务是党的根本宗旨，是各级政府的神圣职责。党和政府的一切工作，归根到底都是为了实现好、维护好、发展好最广大人民的根本利益。建设服务型政府，根本目的是进一步提高政府为经济社会发展服务、为人民服务的能力和水平，关键是推进政府职能转变、完善社会管理和公共服务，重点是保障和改善民生。要坚持以邓小平理论和“三个代表”重要思想为指导，深入贯彻落实科学发展观，按照全体人民学有所教、劳有所得、病有所医、老有所养、住有所居的要求，围绕逐步实现基本公共服务均等化的目标，创新公共服务体制，改进公共服务方式，加强公共服务设施建设，逐步形成惠及全民的基本公共服务体系。建设服务型政府，首先要创新行政管理体制。要着力转变职能、理顺关系、优化结构、提高效能，把政府主要职能转变到经济调节、市场监管、社会管理、公共服务上来，把公共服务和社会管理放在更加重要的位置，努力为人民群众提供方便、快捷、优质、高效的公共服务。要优化政府组织结构，加强公共服务部门建设，推进以公共服务为主要内容的政府绩效评估和行政问责制度，完善公共服务监管体系，加快法治政府建设，全面推进依法行政，依法规范政府职能和行政行为。要加快推进政企分开、政资分开、政事分开、政府与市场中介组织分开，发挥公益类事业单位提供公共服务的重要作用，支持社会组织参与公共服务和社会管理，形成公共服务供给的社会和市场参与机制。要完善公共财政体系，调整财政收支结构，扩大公共服务覆盖范围，把更多财政资金投向公共服务领域，把更多公共资源投向公共服务薄弱的农村、基层、欠发达地区和困难群众，增强基层政府提供公共服务的能力。要创新社会管理体制，努力实现管理与服务有机结合，在服务中实施管理，在管理中体现服务。要全面加强公务员队伍思想建设、作风建设、能力建设，加强公务员制度建设，不断提高公务员为人民服务的能力和水平。各级政府工作人员特别是领导干部要牢记全心全意为人民服务的宗旨，大力增强公仆意识，切实转变工作作风，努力做到思想上尊重群众、感情上贴近群众、行动上深入群众、工作上依靠群众，时刻把群众的安危冷暖放在心上，多为群众办好事、办实事，真正做到为民、务实、清廉。建设服务型政府，需要各级党委和政府共同努力。要增强建设服务型政府的紧迫感和责任感，切实把建设服务型政府列入重要议事日程，制定工作规划，确定重点任务，加强领导，精心组织，积极推动，不断取得新进展。要加强对建设服务型政府的实践探索和理论研究，深入分析新情况新问题，及时总结实践经验，认真借鉴国外有益做法，促进服务型政府建设。

中共十七届二中全会举行

中国共产党第十七届中央委员会第二次全体会议，于2月25日至27日在北京举行。出席这次全会的有中央委员204人，候补中央委员167人。有关负责同志列席了会议。中央政治局主持会议。中央委员会总书记胡锦涛同志作了重要讲话。

全会审议通过了中央政治局在广泛征求党内外意见、反复酝酿协商的基础上提出的拟向十一届全国人大一次会议推荐的国家机构领导人员人选建议名单和拟向全国政协十一届一次会议推荐的全国政协领导人员人选建议名单，决定将这两个建议名单分别向十一届全国人大一次会议主席团和全国政协十一届一次会议主席团推荐。全会审议通过了在广泛征求意见的基础上提出的《关于深化行政管理体制改革的意见》和《国务院机构改革方案》，同意把《国务院机构改革方案》提请十一届全国人大一次会议审议。

全会认为，开好十一届全国人大一次会议和全国政协十一届一次会议，对于全面贯彻党的十七大精神，高举中国特色社会主义伟大旗帜，以邓小平理论和“三个代表”重要思想为指导，深入贯彻落实科学发展观，进一步动员全党全国各族人民为夺取全面建设小康社会新胜利、开创中国特色社会主义事业新局面而团结奋斗，具有重大的意义。坚持和完善人民代表大会制度和中国共产党领导的多党合作和政治协商制度，加强和改进人大工作和政协工作，是巩固党的执政地位、巩固社会主义政权、巩固爱国统一战线的必然要求，是发展社会主义民主政治的重要任务。要进一步坚持好、完善好、发展好人民代表大会制度和中国共产党领导的多党合作和政治协商制度，为党和国家事业发展提供重要的政治制度保障。发展社会主义民主政治是党始终不渝的奋斗目标，必须更高地举起人民民主的旗帜。中国特色社会主义政治发展道路是我国发展社会主义民主政治的正确道路，必须更加坚定不移地走中国特色社会主义政治发展道路。政治体制改革是社会主义政治制度自我完善和发展，必须深化政治体制改革。改革开放以来，我们适应我国经济基础发生的深刻变化和人民民主意识的不断增强，积极稳妥推进政治体制改革，取得了显著成效。同时，同我国经济社会发展的新形势相比，同保障人民民主权利、维护社会公平正义的新要求相比，我国政治体制还有一些不适应的地方，需要进一步加以完善。我们要按照党的十七大作出的部署，从落实中国特色社会主义事业总体布局、实现全面建设小康社会奋斗目标的战略高度出发，在科学总结和正确运用实践经验的基础上，深化政治体制改革，发展社会主义民主政治，进一步巩固和发展民主团结、生动活泼、安定和谐的政治局面。要坚持发挥党总揽全局、协调各方的领导核心作用，切实保证国家一切权力属于人民，全面落实依法治国基本方略，充分发挥社会主义政治制度的特点和优势，以坚持和完善人民代表大会制度、中国共产党领导的多党合作和政治协商制度、民族区域自治制度以及基层群众自治制度为重点，推进社会主义民主政治制度化、规范化、程序化，为党和国家兴旺发达、长治久安提供政治和法律制度保障。

深化行政管理体制改革是发展社会主义市场经济和发展社会主义民主政治的必然要求，是政治体制改革的重要内容。全会通过的《关于深化行政管理体制改革的意见》和《国务院机构改革方案》，贯彻党的十七大关于加快行政管理体制改革、建设服务型政府的要求，着眼于推动科学发展、保障和改善民生，在加大机构整合力度、探索职能有机统一的大部门体制等方面迈出重要步伐。要深刻认识深化行政管理体制和政府机构改革的重要性和紧迫性，贯彻精简统一效能的原则和决策权、执行权、监督权既相互制约又相互协调的要求，着力转变职能、理顺关系、优化结构、提高效能，做到权责一致、分工合理、决策科学、执行顺畅、监督有力，按照到2020年建立起比较完善的中国特色社会主义行政管理体制的总目标，坚持统筹兼顾、突出重点、积极稳妥、分步实施，坚定不移地把行政管理体制改革推向前进，推动构建充满活力、富有效率、更加开放、有利于科学发展的体制机制，为改革开放和社会主义现代化建设提供重要制度保障。

党的十七大以来，全党全国认真学习贯彻党的十七大精神，统一思想，明确思路，完善政策，加强工作，全面推进经济建设、政治建设、文化建设、社会建设和党的建设，我国发展形势总的是好的。我们要把学习贯彻党的十七大精神继续引向深入，特别是要围绕党的十七大确立的主题和提出的重大理论观点、重大战略思想、重大工作部署，继续在武装头脑、指导实践、推动工作上狠下功夫，更加自觉地把继续解放思想落实到坚持改革开放、推动科学发展、促进社会和谐上来。要着力转变经济发展方式，坚决贯彻执行中央关于加强和改善宏观调控的决策部署，及时掌握和分析国内外经济形势的发展变化，科学把握宏观调控的节奏和力度，努力实现速度质量效益相协调、消费投资出口相协调、人口资源环境相协调、改革发展稳定相协调。要着力保持良好思想舆论环境，牢牢把握正确舆论导向，切实做好引导社会思潮、凝聚社会共识的工作，努力营造倍加顾全大局、倍加珍视团结、倍加维护稳定的良好氛围。要着力保障和改善民生，认真落实优先发展教育的政策措施，大力实施扩大就业的发展战略，加快建立覆盖城乡居民的社会保障体系，建立基本医疗卫生制度，大力发展公共文化服务体系，不断朝着努力使全体人民学有所教、劳有所得、病有所医、老有所养、住有所居的目标前进。要着力促进社会和谐，妥善处理人民内部矛盾，积极化解各类社会矛盾，加强基层基础工作，确保社会大局稳定。要广泛开展迎奥运、讲文明、树新风活动，切实办好北京奥运会和残奥会。要着力加强领导班子和干部队伍建设，把提高党的执政能力、保持和发展党的先进性体现到各级领导班子领导科学发展、促进社会和谐的能力上来，落实到各级领导班子解决好人民最关心、最直接、最现实的利益问题的本领上来，为党和国家事业发展提供重要的组织保障。各级领导干部一定要牢记党和人民的重托，一定要牢记自己肩负的职责，一定要牢记“两个务必”，讲党性、重品行、作表率，带头坚持立党为公、执政为民，带头坚持求真务实、真抓实干，带头坚持廉洁自律、警钟长鸣，切实做到为民、务实、清廉。

全会号召，全党全国各族人民更加紧密地团结起来，在以胡锦涛同志为总书记的党中央领导下，高举中国特色社会主义伟大旗帜，坚定不移地坚持中国特色社会主义道路，坚定不移地坚持中国特色社会主义理论体系，坚持改革创新、求真务实、团结奋进，扎扎实实做好各项工作，努力在继续解放思想上迈出新步伐、在坚持改革开放上实现新突破、在推动科学发展上取得新进展、在促进社会和谐上见到新成效，为实现党的十七大确定的各项目标任务而努力奋斗。

深入学习实践科学发展观活动试点工作座谈会召开

2月28日，深入学习实践科学发展观活动试点工作座谈会在北京召开。中央政治局委员、中央书记处书记、中央组织部部长李源潮在讲话中强调，要按照党的十七大精神和中央要求，研究部署深入学习实践科学发展观活动试点工作，各试点单位要牢牢把握试点工作的指导思想：高举中国特色社会主义伟大旗帜，认真学习实践科学发展观、增强贯彻落实科学发展观自觉性坚定性，以领导班子和党员领导干部为重点，着力转变不适应不符合科学发展观的思想观念，着力提高推进改革开放、领导科学发展、促进社会和谐的能力，着力解决影响和制约科学发展的突出问题，着力解决群众反映强烈的突出问题，着力构建充满活力、富有效率、更加开放、有利于科学发展的体制机制。要牢牢把握试点工作的基本原则，以正面教育为主，突出实践特色，坚持群众路线，解决突出问题，努力实现干部受教育、发展上水平、群众得实惠。各试点单位要切实加强对试点工作的领导和指导，以改革创新精神推进试点工作，努力做到抓学习实践、促科学发展，促十七大精神的贯彻落实。

中央决定，在全党开展深入学习实践科学发展观活动，先进行试点，取得经验后再自上而下分批展开。承担试点任务的省部级单位为江苏省、江西省、四川省和中央组织部、财政部、国土资源部；中管企业为中国海洋石油总公司和上海宝钢集团公司；中管高校为北京师范大学和浙江大学；中央金融机构为中国建设银行；市级和县级单位为河北省唐山市、邯郸市和鹿泉市、霸州市，广东省惠州市、东莞市和佛山市南海区、清新县，甘肃省平凉市、临夏回族自治州和华亭县、永昌县。

中共中央举行纪念周恩来同志诞辰110周年座谈会

中共中央2月29日上午在人民大会堂举行座谈会，纪念周恩来同志诞辰110周年。中共中央总书记、国家主席、中央军委主席胡锦涛发表重要讲话强调，我们要全面贯彻党的十七大精神，高举中国特色社会主义伟大旗帜，坚持以邓小平理论和“三个代表”重要思想为指导，深入贯彻落实科学发展观，同心同德、齐心协力，求真务实、锐意进取，把老一辈革命家孜孜以求的美好理想变成现实，为把我国建设成为富强民主文明和谐的社会主义现代化国家而不懈奋斗。

胡锦涛在讲话中指出，周恩来同志是伟大的马克思主义者，伟大的无产阶级革命家、政治家、军事家、外交家，党和国家主要领导人之一，中国人民解放军主要创建人之一，中华人民共和国的开国元勋，是以毛泽东同志为核心的党的第一代中央领导集体的重要成员。周恩来同志的卓著功勋、崇高品德、光辉人格，深深铭记在全国各族人民心中，在国际上也享有很高威望。周恩来同志50多年的革命生涯，同中国共产党的建立、发展、壮大，同我国新民主主义革命的胜利，同我国社会主义革命和建设的历史进程紧密联系在一起。他毫无保留地把全部精力奉献给了党和人民，直到生命的最后一息。他身上集中体现了中国共产党人的高风亮节，在中国人民心中矗立起一座不朽的丰碑。

我们缅怀周恩来同志，就是要永远铭记和认真学习周恩来同志的精神，使之不断发扬光大。周恩来同志始终信仰坚定、理想崇高，集中表现为他对党和人民无限忠诚的精神；始终热爱人民、勤政为民，集中表现为他甘当人民公仆的精神；始终顾全大局、光明磊落，集中表现为他高度珍视和自觉维护党的团结统一的精神；始终实事求是、严谨细致，集中表现为他求真务实的精神；始终虚怀若谷、戒骄戒躁，集中表现为他谦虚谨慎的精神；始终严以律己、廉洁奉公，集中表现为他无私奉献的精神。今天的中国是历史的继续和发展。我们要永远铭记老一辈革命家为创建新中国、确立社会主义基本制度、探索中国特色社会主义道路作出的历史贡献。在改革开放和社会主义现代化建设的历史新时期，我们继承老一辈革命家的遗志，继往开来，与时俱进，开创了中国特色社会主义伟大事业，开辟了发展中国、发展社会主义、发展马克思主义的正确道路，我国社会主义现代化建设取得了举世瞩目的成就，中华民族伟大复兴展现出光明灿烂的前景。

温家宝在主持座谈会时指出，胡锦涛总书记的重要讲话，回顾了周恩来同志伟大、光辉的一生，高度评价了周恩来同志的丰功伟绩、思想品德和崇高精神，号召全党全国各族人民特别是各级领导干部努力学习周恩来同志的革命精神和思想风范。胡锦涛总书记的重要讲话对于激励全党全国各族人民继承老一辈革命家的遗志，继续开创中国特色社会主义事业新局面具有重要指导意义。周恩来同志把自己的一生无私地献给了中国人民的革命和建设事业。他深深地爱着人民，人民也深深地爱戴他。周恩来同志虽然离开了我们，但他的光辉业绩连同他为人民鞠躬尽瘁、死而后已的革命精神和高尚品德是永存的。我们纪念周恩来同志，就是要学习他的精神、品德和人格，继承他未竟的事业。周恩来同志永远活在人民心中！

第三部分

学习贯彻十七大精神专辑

毫不动摇地高举中国特色社会主义伟大旗帜

——学习党的十七大报告的体会

刘云山

胡锦涛总书记在这次新进中央委员会委员、候补委员学习贯彻党的十七大精神研讨班开班式上发表的重要讲话，进一步阐述了党的十七大的历史任务和基本精神，对深入学习贯彻十七大精神提出了明确要求。讲话高屋建瓴、内涵深刻，具有很强的思想性、理论性、针对性，对于进一步统一全党思想认识、贯彻落实十七大精神、开创中国特色社会主义事业新局面，具有十分重要的指导意义。这里，我结合学习胡锦涛总书记重要讲话和十七大报告，就毫不动摇地高举中国特色社会主义伟大旗帜，谈谈自己的认识和体会。

一、学习贯彻党的十七大精神，最重要的是要毫不动摇地高举中国特色社会主义伟大旗帜

旗帜问题至关紧要。举什么旗、走什么路，历来是关系党和人民事业发展的根本问题。每当重要历史关头，都有一个进一步明确前进方向、明确旗帜道路的问题。当今世界正在发生广泛而深刻的变化，当代中国正在发生广泛而深刻的变革。改革发展进入关键阶段，我们站在一个新的历史起点上。在这样一个重要历史关头，举什么旗、走什么路仍然是党内外、国内外关注的焦点。党的十七大最重要的历史贡献，就是对这一根本问题作出鲜明有力的回答，高扬了中国特色社会主义伟大旗帜。十七大报告强调：中国特色社会主义伟大旗帜是当代中国发展进步的旗帜，是全党全国各族人民团结奋斗的旗帜。这充分表明了我们党继续推进中国特色社会主义伟大事业的坚定决心，充分反映了全党全国各族人民的共同愿望。学习贯彻十七大精神，最重要的就是要紧紧抓住旗帜这一根本问题，不断深化认识，不断加深理解，进一步增强高举中国特色社会主义伟大旗帜的自觉性坚定性。

第一，进入改革开放新时期，我们党的全部理论和实践探索都是围绕坚持和发展中国特色社会主义来展开、来深化的。在党的十二大上，邓小平同志第一次明确提出了“中国特色社会主义”这个重大命题，强调：“把马克思主义的普遍真理同我国的具体实际结合起来，走自己的道路，建设有中国特色的社会主义，这就是我们总结长期历史经验得出的基本结论。”从那时开始，“中国特色社会主义”就成为党的历次全国代表大会的“主题词”。坚持和发展中国特色社会主义，是党在改革开放新时期全部工作的主题。在这个根本问题上，我们党始终是一脉相承、一以贯之的。

第二，党的十七大报告通篇贯穿了中国特色社会主义这条主线，可以说是一篇系统的中国特色社会主义论。报告的标题，就是“高举中国特色社会主义伟大旗帜，为夺取全面建设小康社会新胜利而奋斗”。报告阐述的大会主题的第一句话是“高举中国特色社会主义伟大旗帜”，报告的结尾也落在了“高举中国特色社会主义伟大旗帜”。报告总结了十六大以来五年的工作，强调我们党领导人民开创了中国特色社会主义事业新局面。报告回顾改革开放伟大历史进程得出了重要历史结论，强调改革开放以来我们取得一切成绩和进步的根本原因，归结起来就是：开辟了中国特色社会主义道路，形

成了中国特色社会主义理论体系。报告关于实现全面建设小康社会奋斗目标的新要求、关于全面推进中国特色社会主义事业总体布局的新任务，都是围绕坚持和发展中国特色社会主义来展开的。报告提出以改革创新精神全面推进党的建设新的伟大工程，目的也是为了更好地把我们党建设成为中国特色社会主义事业的坚强领导核心。仔细研读报告，我们还可以看到，坚持和发展中国特色社会主义，不仅是总体上的要求，而且体现在各个方面、各个领域。比如，报告提出了中国特色自主创新道路、中国特色新型工业化道路、中国特色农业现代化道路、中国特色城镇化道路、中国特色社会主义政治发展道路，等等。综观报告全文，可以这样说，报告鲜明的主题是中国特色社会主义，贯穿的灵魂是中国特色社会主义，突出的主线也是中国特色社会主义。

第三，党的十七大用一系列新思想、新观点、新论断，进一步丰富和发展了中国特色社会主义。主要表现在以下几个方面：一是把中国特色社会主义伟大旗帜作为我们党团结带领全国各族人民共同奋斗的精神旗帜，更加突出、更加鲜明地写入大会报告，写入党的章程。二是对中国特色社会主义的内涵作出了更加完整、更加系统的概括，就是一面旗帜、一条道路、一个理论体系，强调高举中国特色社会主义伟大旗帜，最根本的就是要坚持中国特色社会主义道路和中国特色社会主义理论体系。三是对中国特色社会主义道路作出了集中概括，不仅揭示了这条道路的内涵是什么，而且指明了如何坚持和发展这条道路，提出了在当代中国坚持中国特色社会主义道路就是真正坚持社会主义的重大政治论断。四是提出了中国特色社会主义理论体系的概念，阐明这个理论体系就是包括邓小平理论、“三个代表”重要思想以及科学发展观等重大战略思想在内的科学理论体系，提出了在当代中国坚持中国特色社会主义理论体系就是真正坚持马克思主义的重大政治论断。五是用一系列重大理论观点、重大战略思想、重大工作部署，把发展中国特色社会主义的要求贯彻到改革发展稳定、内政外交国防、治党治国治军等方方面面。这些新思想、新观点、新论断，充分表明我们党对中国特色社会主义的认识达到了一个新的高度。

应当看到，中国特色社会主义已经在实践中取得了巨大成就、显示出蓬勃生机，但前进道路上还存在着这样或那样的风险，也可能遇到这样或那样的干扰。要保证党和国家事业健康发展，夺取全面建设小康社会新胜利，开创中国特色社会主义事业新局面，关键是要做到不为任何风险所惧，不被任何干扰所惑，坚定不移地用中国特色社会主义伟大旗帜引领伟大事业、推进伟大工程、实现伟大复兴。中央强调用十七大精神统一思想、凝聚力量，最重要的就是要在旗帜这个根本问题上统一思想、凝聚力量；中央强调要头脑清醒、立场坚定，最重要的就是要在旗帜这个根本问题上头脑清醒、立场坚定。

二、高举中国特色社会主义伟大旗帜，就要深刻理解中国特色社会主义的基本特征

邓小平同志曾经指出：马克思主义必须是同中国实际相结合的马克思主义，社会主义必须是切合中国实际的有中国特色的社会主义。中国特色社会主义是马克思主义基本原理与中国具体实际相结合的产物，是植根中国大地、反映中国人民愿望、适应中国发展进步要求的社会主义。十七大报告强调，中国特色社会主义道路之所以完全正确、之所以能够引领中国发展进步，关键在于我们既坚持了科学社会主义的基本原则，又根据我国实际和时代特征赋予其鲜明的中国特色。这一科学论断是对中国特色社会主义最精辟的概括，深刻揭示了中国特色社会主义的本质属性和基本特征，揭示了中国特色社会主义能够引领中国发展进步的根本原因。

第一，中国特色社会主义坚持了科学社会主义的基本原则。科学社会主义是马克思主义

创始人在深刻分析人类社会发展规律的基础上创立的。19世纪中叶，马克思、恩格斯对整个人类历史特别是资本主义社会作了最缜密、最深刻的研究，使社会主义从空想变成了科学。他们提出，社会有机体的发展是一个自然历史过程，社会基本矛盾推动人类社会不断由低级向高级社会形态发展，资本主义必然被社会主义所代替；他们指出，东方落后国家可以走与西方不同的发展道路，在特定条件下有可能跨越资本主义制度的“卡夫丁峡谷”，而直接进入社会主义；他们强调，社会主义不是一种一成不变的东西，而应当和任何其他社会制度一样，把它看成是经常变化和改革的社会。可以说，这三个方面是马克思、恩格斯对人类社会发展必然趋势的基本构想，为后人建设社会主义新社会指明了正确方向。20世纪初，列宁领导十月革命取得胜利，使社会主义从理论变为现实。对于生产力水平落后的国家如何建设社会主义，列宁花了很大精力进行研究探索，提出了“新经济政策”和许多创造性的思想。他认为，社会主义是多样的，一切民族都将走向社会主义，但走法却不会完全一样；认为社会主义不可能是纯而又纯的，必须在实践中不断加深和校正对社会主义的理解和认识；认为建设社会主义是长期的过程，应当利用市场、商品和货币关系，吸收资本主义的文明成果。列宁的探索尽管时间很短，但从理论和实践上对科学社会主义作出了重要贡献。毛泽东同志带领全党全国各族人民，在一个落后的东方大国建立起社会主义制度，并对社会主义建设规律进行艰辛探索。他强调，要把马克思主义基本原理同中国社会主义建设具体实际进行第二次结合，制定适合中国情况的路线方针政策和办法；强调要以苏为戒，从中国实际出发，独立自主地进行社会主义建设；强调要处理好社会主义建设的十大关系，正确区分和处理两类不同性质的矛盾。毛泽东同志对社会主义建设规律的初步探索，我们党带领人民建设社会主义的崭新实践，为中国特色社会主义创立与发展奠定了理论和实践基础。我们完全可以说，中国特色社会主义坚持了马克思主义经典作家关于科学社会主义的重要思想，贯穿了马克思主义的立场、观点、方法，在理论和实践上都遵循了科学社会主义的基本原则。改革开放后，我们党不断深化对社会主义的认识，提出社会主义的本质是解放生产力，发展生产力，消灭剥削，消除两极分化，最终达到共同富裕；提出社会和谐是中国特色社会主义的本质属性等等，标志着我们党对社会主义建设规律把握得更加主动、成熟。

第二，中国特色社会主义具有鲜明的时代特色。我们党提出中国特色社会主义这个重大命题，不是偶然的，而是有着深刻的时代背景。大家知道，“文化大革命”十年内乱曾使我们党和国家一度面临十分困难的局面，国民经济到了崩溃的边缘。而在这期间，世界经济快速发展，新科技革命方兴未艾，和平与发展成为时代主题。面对国内的严重困难，面对世界的深刻变化，我们党科学分析世界大势，准确把握时代主题和人民愿望，在总结正反两方面经验的基础上作出了实行改革开放的重大决策，勇敢开辟中国特色社会主义新路。近30年来，伴随经济全球化和世界多极化的加速发展，世界范围内兴起了一场以增强综合国力为目标的变革浪潮，这个浪潮涉及国家之广泛、影响程度之深刻、持续时间之长久，都是前所未有的。这期间，苏联解体、东欧剧变，世界社会主义遭受严重挫折。世界格局和国际形势发生的巨大变化，深深地影响着世界历史的进程，也深深地影响着社会主义的发展进程。在这个复杂的历史过程中，我们党始终坚持以宽广眼界观察世界，以科学思维审视时代，积极适应世界形势变化，认真汲取世界社会主义的经验教训，提出了赶上时代的伟大号召，在改革开放中大力解放和发展社会生产力，在竞争比较中积极借鉴人类一切有益文明成果，推动中国特色社会主义不断自我完善和发展。可以说，中国特色社会主义的发展，始终与世界发展紧密联系在一起，始终与人类文明进步紧密联系在一起，顺应了时代潮流，体现了时代要求。

第三，中国特色社会主义具有鲜明的民族特色。中国特色社会主义是立足我国基本国情、从我国实际出发提出来的，是用来解决我国发展问题的。我国基本国情是什么呢？就是我国仍处于并将长期处于社会主义初级阶段。社会主义初级阶段问题，是党的十三大根据邓小平同志的重要思想进行系统论述的。十三大报告指出，我国社会已经是社会主义社会，我们必须坚持而不能离开社会主义，同时我国社会主义社会还处于初级阶段，我们必须从这个实际出发而不能超越这个阶段。此后，党的十四大、十五大、十六大都强调和阐述了社会主义初级阶段问题。十七大报告又对我们面临的基本国情作了进一步阐述，深刻分析了当前我国发展的阶段性特征，强调这些阶段性特征是社会主义初级阶段基本国情在新世纪新阶段的具体表现。概括起来就是"一个巨变"、"四个深刻变"、"两个没有变"。"一个巨变"就是：经过新中国成立以来特别是改革开放以来的不懈努力，我国取得了举世瞩目的发展成就，从生产力到生产关系、从经济基础到上层建筑都发生了意义深远的重大变化；"四个深刻变"就是：经济体制深刻变革、社会结构深刻变动、利益格局深刻调整、思想观念深刻变化；"两个没有变"就是：我国仍处于并将长期处于社会主义初级阶段的基本国情没有变，人民日益增长的物质文化需要同落后的社会生产之间的矛盾这一社会主要矛盾没有变。正是由于我们党对社会主义初级阶段基本国情作出了正确判断，中国特色社会主义才有了科学依据和坚实基础。这么多年来，我们党始终从我国基本国情出发制定方针政策，始终依据基本国情来推进改革、谋划发展。可以说，党的基本理论、基本路线、基本纲领、基本经验，科学发展观等重大战略思想，都是建立在对社会主义初级阶段基本国情的清醒认识和准确把握基础之上的。同时，中国特色社会主义的民族特色还鲜明地表现在，以中国独特的文化形式和思维方式对马克思主义作了中国化的表达，汲取了中国优秀文化传统的丰富营养，具有鲜明的中国风格、中国气派。

第四，中国特色社会主义具有鲜明的实践特色。中国特色社会主义是在实践中产生和发展的，有着深厚的实践基础，并在指导实践中显示出蓬勃的生机与活力。对此，十七大报告作了全面深入的阐述。主要有三个方面：一是中国特色社会主义熔铸了几代中国共产党人不懈探索实践的智慧和心血。十七大报告用"三个永远铭记"，概括了党的三代中央领导集体对中国特色社会主义探索和发展的历史功绩。十六大以来，以胡锦涛同志为总书记的党中央带领全党全国各族人民，在全面建设小康社会实践中坚定不移地把中国特色社会主义继续推向前进。这表明，中国特色社会主义是几代中国共产党人薪火相传、接力推进的。二是中国特色社会主义是在总结实践经验基础上不断丰富和发展的。我们党是一个善于通过总结实践经验不断发展壮大的马克思主义政党。毛泽东同志曾生动地指出，我们党是靠总结经验吃饭的。邓小平同志强调，每年领导层都要总结经验，对的就坚持，不对的赶快改。我们不靠上帝，而靠自己努力，靠不断总结经验，坚定地前进。十一届三中全会以来，每次党的全国代表大会都在总结历史经验特别是对改革开放进行阶段性经验总结的基础上，明确新的发展方向，提出新的发展目标。十七大报告专门用一个部分回顾了改革开放的伟大历史进程，归纳了"十个结合"的宝贵经验。可以说，这"十个结合"是党领导人民进行改革开放全部经验的总概括和集大成，升华了我们对社会主义建设规律的认识，极大地丰富和发展了中国特色社会主义。三是中国特色社会主义在实践中显示出强大生命力。改革开放的历史进程，也是中国特色社会主义形成和发展的历史进程。十七大报告用"三个最"、"三个面貌"高度概括了改革开放新时期的伟大成就。"三个最"就是：最鲜明的特点是改革开放，最显著的成就是快速发展，最突出的标志是与时俱进。"三个最"带来了"三个面貌"的历史性变化，即中国人民的面貌、社会主义中国的面貌、中国共产党的面貌发生了历史性变化。正是中国特色社会主义，使我们这样一个人口众多的发展中大国以世界上少有的速度持续快速发展起来，给我国人民带来更多福祉，使中华民族大踏步赶上时代前进潮流、迎来伟大复兴的光明前景。今天，一个面向现代化、面向世界、面向未来的社会主义中国巍然屹立在世界东方。中国的发展不仅使中国人民稳定地走上了富裕安康的广阔道路，而且为世界经济发展和人类文明进步作出了重大贡献。

“科学社会主义基本原则”＋“时代特色”＋“民族特色”＋“实践特色”，构成中国特色社会主义的基本特征。深刻领会和把握这些基本特征，最重要的就是胡锦涛总书记强调的：一是，无论革命、建设还是改革，都要独立自主地走自己的路，照抄照搬别国的经验、别国的模式从来不能成功。二是，要敢于和善于把马克思主义基本原理同新的实际和时代条件结合起来，坚决走充满生机活力的新路，决不走实践证明是封闭僵化的老路，也决不走那种改旗易帜、放弃共产党领导、放弃社会主义的邪路。三是，在道路问题上，中央领导集体要坚定不移，全党同志要坚定不移，全国人民要坚定不移，引领中国特色社会主义伟大事业的航船沿着正确航向不断乘风破浪、乘胜前进。这是我们党总结长期历史经验得出的基本结论，需要我们在未来实践中始终牢记、认真遵循。

三、高举中国特色社会主义伟大旗帜，就要坚定不移地走中国特色社会主义道路

十七大对中国特色社会主义道路做了精辟概括，这就是：在中国共产党领导下，立足基本国情，以经济建设为中心，坚持四项基本原则，坚持改革开放，解放和发展社会生产力，巩固和完善社会主义制度，建设社会主义市场经济、社会主义民主政治、社会主义先进文化、社会主义和谐社会，建设富强民主文明和谐的社会主义现代化国家。理解和把握这条道路，可以归结为“一个基本路线”、“一个总体布局”和“一个发展目标”。

第一，“一个基本路线”，就是坚持以经济建设为中心、坚持四项基本原则、坚持改革开放的基本路线。党的基本路线是在深刻认识社会主义初级阶段基本国情、准确把握我国社会主义建设根本任务的基础上制定的，反映了我国社会主义现代化建设的规律，集中体现了我国各族人民的根本利益和愿望要求。十七大报告从党和国家生命线的高度，进一步强调了坚持党的基本路线的极端重要性。坚持党的基本路线，关键是坚持以经济建设为中心不动摇。以经济建设为中心是兴国之要，是我们党、我们国家兴旺发达和长治久安的根本要求。党和国家的各项工作都要服从和服务于经济建设这个中心，牢牢扭住这个中心，而不能离开这个中心，更不能干扰这个中心。四项基本原则是立国之本，是我们党、我们国家生存发展的政治基石；改革开放是强国之路，是我们党、我们国家发展进步的活力源泉，是发展中国特色社会主义的强大动力。必须坚持把以经济建设为中心同四项基本原则、改革开放这两个基本点统一于发展中国特色社会主义的伟大实践，任何时候都决不能动摇。这是我们事业经受风险考验、胜利达到目标的最可靠的保证。

第二，“一个总体布局”，就是中国特色社会主义经济建设、政治建设、文化建设、社会建设四位一体的总体布局。这个总体布局的形成，经历了一个历史发展过程。党的十二届六中全会提出了我国社会主义现代化建设的总体布局：即以经济建设为中心，坚定不移地进行经济体制改革，坚定不移地进行政治体制改革，坚定不移地加强精神文明建设，并且使这几个方面互相配合，互相促进。十五大、十六大进一步明确了我国社会主义经济建设、政治建设、文化建设全面发展的目标和政策，深化了对总体布局的认识。十六大以后，我们党提出了构建社会主义和谐社会的重大任务，使中国特色社会主

义事业总体布局由经济建设、政治建设、文化建设三位一体，发展为包括社会建设在内的四位一体。十七大报告从中国特色社会主义事业长远发展出发，对四位一体总体布局进行了系统阐述，对经济建设、政治建设、文化建设、社会建设的战略任务作出了全面部署。

把握四位一体总体布局，有很多方面，着重要从制度、方向、战略重点上来认识和领会。在经济建设上，最重要的是要坚持“一个体制、两个制度”。“一个体制”，就是社会主义市场经济体制。社会主义市场经济体制是同社会主义基本制度结合在一起的，既有利于发挥社会主义制度的优越性，又有利于发挥市场经济的长处，是我们党的伟大创举。“两个制度”，就是十七大报告强调的：要坚持和完善公有制为主体、多种所有制经济共同发展的基本经济制度，毫不动摇地巩固和发展公有制经济，毫不动摇地鼓励、支持、引导非公有制经济发展，形成各种所有制经济平等竞争、相互促进新格局；坚持和完善按劳分配为主体、多种分配方式并存的分配制度。在政治建设上，最重要的是要坚持十七大报告提出的“一个统一”、“四个制度”。“一个统一”，就是坚持党的领导、人民当家作主、依法治国有机统一。“四个制度”，就是坚持和完善人民代表大会制度、中国共产党领导的多党合作和政治协商制度、民族区域自治制度以及基层群众自治制度。报告还强调，深化政治体制改革，必须坚持正确政治方向。这是保证政治体制改革取得成功的关键。在文化建设上，最重要的是：把握“一个方向”，就是牢牢把握社会主义先进文化前进方向；建设“一个体系”，就是大力推进社会主义核心价值体系建设；坚持“两手抓”，就是一手抓公益性文化事业，一手抓经营性文化产业；达到“三个更加”的目标，就是兴起文化建设新高潮，提高国家文化软实力，推动社会主义文化大发展大繁荣，使人民基本文化权益得到更好保障，使社会文化生活更加丰富多彩，使人民精神风貌更加昂扬向上。在社会建设上，最重要的是：抓住“一个重点”，就是以改善民生为重点；突出“一个重大任务”，就是促进社会公平正义；达到“五个有”的目标，就是努力使全体人民学有所教、劳有所得、病有所医、老有所养、住有所居，推动建设和谐社会。

第三，“一个发展目标”，就是建设富强民主文明和谐的社会主义现代化国家。改革开放初期，邓小平同志设计了分三步走基本实现现代化的宏伟蓝图，这就是：第一步，从1981年到1990年国民生产总值翻一番，解决人民的温饱问题；第二步，从1991年到2000年使国民生产总值再增长一倍，人民生活达到小康水平；第三步，到21世纪中叶国民生产总值再翻两番，达到中等发达国家水平。上个世纪末在第二步战略目标即将实现的时候，十五大对实现第三步战略目标作了进一步规划，明确提出了“小三步走”的发展目标，即：到2010年实现国民生产总值比2000年翻一番，使人民的小康生活更加宽裕，形成比较完善的社会主义市场经济体制；到2020年，使国民经济更加发展，各项制度更加完善；到21世纪中叶新中国成立100年，基本实现现代化，建成富强民主文明的社会主义国家。在此基础上，十六大明确提出了全面建设小康社会的奋斗目标，就是要通过20年的努力奋斗，把我国低水平的、不全面的、发展很不平衡的小康，建设成为惠及十几亿人口的更高水平的小康社会。十七大顺应形势发展和人民意愿，提出了实现全面建设小康社会奋斗目标的新要求。同时，把“和谐”作为现代化建设目标的重要内容，明确提出要建设富强民主文明和谐的社会主义现代化国家。这使社会主义现代化建设目标更加全面、更加丰富。

“一个基本路线”、“一个总体布局”、“一个发展目标”，三者相互联系、相辅相成，是一个有机统一的整体。基本路线是总纲，是中国特色社会主义道路的根本遵循；总体布局是基本内容，是中国特色社会主义道路的具体展开；发展目标是宏伟蓝图，是我们发展中国特色社会主义的努力方向。

四、高举中国特色社会主义伟大旗帜，就要始终不渝地坚持中国特色社会主义理论体系

党的十七大报告首次提出中国特色社会主义理论体系的概念，指出：这个理论体系，坚持和发展了马克思列宁主义、毛泽东思想，凝结了几代中国共产党人带领人民不懈探索实践的智慧和心血，是马克思主义中国化最新成果，是党最可宝贵的政治和精神财富，是全国各族人民团结奋斗的共同思想基础。中国特色社会主义理论体系，包括邓小平理论、“三个代表”重要思想以及科学发展观等一系列重大战略思想，充分体现了我们党在理论创新上继往与开来的结合、坚持与发展的统一。我体会，深刻领会这一理论体系，应当注意把握以下几点。

第一，中国特色社会主义理论体系是一个科学完整的理论体系。邓小平理论、“三个代表”重要思想以及科学发展观等一系列重大战略思想，紧紧围绕中国特色社会主义这个主题，从实践到理论、再从理论到实践，进行了卓有成效的创造。这个理论体系始终围绕什么是社会主义、怎样建设社会主义，建设什么样的党、怎样建设党，实现什么样的发展、怎样发展这三大基本问题而展开、而深化、而不断丰富。一是紧紧围绕“什么是社会主义、怎样建设社会主义”这一重大问题展开的。邓小平同志指出：我们建立的社会主义制度是个好制度，必须坚持。但问题是什么是社会主义，如何建设社会主义。我们的经验教训有许多条，最重要的一条，就是要搞清楚这个问题。过去社会主义建设中出现的曲折和失误，归根到底就在于对这个问题没有完全搞清楚。邓小平理论、“三个代表”重要思想以及科学发展观等一系列重大战略思想，对这一首要问题进行了深入探索，在建设中国特色社会主义的思想路线、发展道路、发展阶段、发展战略、根本任务、发展动力、依靠力量、国际战略、领导力量和根本目的等问题上，形成了一系列重大理论观点，比较系统地回答了在中国这样一个经济文化比较落后的国家建立社会主义制度以后，怎样建设、巩固和发展社会主义这一重大问题，把我们党对社会主义的认识提高到新的水平。二是紧紧围绕“建设什么样的党、怎样建设党”这一重大问题展开的。办好中国的事情，关键在党。我们党已经从领导人民为夺取全国政权而奋斗的党，成为领导人民掌握全国政权并长期执政的党；已经从受到外部封锁和实行计划经济条件下领导国家建设的党，成为对外开放和发展社会主义市场经济条件下领导国家建设的党。邓小平同志在八十年代初就提出了“执政党应该是一个什么样的党，执政党的党员应该怎样才合格，党怎样才叫善于领导”的问题。邓小平理论、“三个代表”重要思想以及科学发展观等一系列重大战略思想，紧紧抓住这一重大课题进行了不懈探索，从提出“中国问题的关键在于党”、“党要管党，从严治党”，到提出“推进党的建设新的伟大工程”，到提出“加强党的执政能力建设和党的先进性建设”等等，形成了一系列加强党的建设的独创性理论观点，在新的历史条件下丰富和发展了马克思主义建党学说。三是紧紧围绕“实现什么样的发展、怎样发展”这一重大问题展开的。中国特色社会主义是靠发展来不断巩固和推进的。社会主义要强大，体现优越性，关键在发展。尤其是我国作为一个社会主义国家和世界上最大的发展中国家，长期面临着西方国家的巨大政治压力和经济压力，面对着解放和发展社会生产力、增强综合国力、改善人民生活的繁重任务，解决好发展的问题就更为紧迫。邓小平理论、“三个代表”重要思想以及科学发展观等一系列重大战略思想，对什么是发展、为什么发展、怎样发展，发展为了谁、发展依靠谁、发展成果由谁享有等重大问题进行了探索回答。从提出“社会主义的根本任务是发展生产力”、“发展才是硬道理”、“抓住机遇、加快发展”、“两手抓、两手都要硬”，到提出“发展是党执政兴国的第一要务”、“发展中的问题要靠发展来解决”、“发展是社会主义物质文明、政治文明、精神文

明全面发展”，再到提出“以人为本、全面协调可持续发展”、“又好又快发展”、“科学发展、和谐发展、和平发展”等等，使我们党对发展问题的认识达到了前所未有的高度。总而言之，中国特色社会主义理论体系是当代中国共产党人勇于开拓、勇于创新的伟大成果，用一系列紧密联系、相互贯通的新思想、新观点、新论断，深化了对共产党执政规律、社会主义建设规律、人类社会发展规律的认识，形成了一个完整的科学的理论体系，开辟了马克思主义在中国发展的新境界。实践永无止境，创新永无止境。中国特色社会主义理论体系是不断发展的开放的理论体系，随着中国特色社会主义实践的不断深化，这个理论体系也必将继续得到丰富和发展。

第二，科学发展观是中国特色社会主义理论体系的最新理论成果。十七大的一个重大理论贡献和突出亮点，就是深刻阐述了科学发展观的时代背景、科学内涵、精神实质和根本要求，表明我们党对科学发展观的认识达到了一个新高度。深刻领会科学发展观，需要注意把握以下几点。一是要深刻理解科学发展观的重大意义。十七大报告对科学发展观作出了明确而科学的评价：科学发展观是对党的三代中央领导集体关于发展的重要思想的继承和发展，是马克思主义关于发展的世界观和方法论的集中体现，是同马克思列宁主义、毛泽东思想、邓小平理论和“三个代表”重要思想既一脉相承又与时俱进的科学理论，是我国经济社会发展的重要指导方针，是发展中国特色社会主义必须坚持和贯彻的重大战略思想。二是要深刻理解科学发展观的科学内涵、精神实质和根本要求。十七大报告指出，科学发展观第一要义是发展，要牢牢扭住经济建设这个中心，坚持聚精会神搞建设、一心一意谋发展，不断解放和发展社会生产力，为发展中国特色社会主义打下坚实基础；核心是以人为本，要始终把实现好、维护好、发展好最广大人民的根本利益作为党和国家一切工作的出发点和落脚点，尊重人民主体地位，发挥人民首创精神，保障人民各项权益，走共同富裕道路，促进人的全面发展，做到发展为了人民、发展依靠人民、发展成果由人民共享；基本要求是全面协调可持续，要全面推进经济建设、政治建设、文化建设、社会建设，促进现代化建设各个环节、各个方面相协调，促进生产关系与生产力、上层建筑与经济基础相协调；根本方法是统筹兼顾，要正确认识和妥善处理中国特色社会主义事业中的重大关系，统筹城乡发展、区域发展、经济社会发展、人与自然和谐发展、国内发展和对外开放，统筹中央和地方关系，统筹个人利益和集体利益、局部利益和整体利益、当前利益和长远利益，统筹国内国际两个大局，充分调动各方面积极性。在此基础上，报告还从四个方面提出了贯彻落实科学发展观的根本要求。三是在新的发展阶段继续全面建设小康社会、发展中国特色社会主义，最重要的是要深入贯彻落实科学发展观。科学发展观的提出，着眼于把握发展规律、创新发展理念、转变发展方式、破解发展难题，深刻反映了我们党对发展问题的新认识，反映了我国经济社会发展进入关键时期的新要求。我们要全面把握科学发展观的科学内涵、精神实质和根本要求，增强贯彻落实科学发展观的自觉性和坚定性，着力转变不适应不符合科学发展观的思想观念，着力解决影响和制约科学发展的突出问题，着力构建充满活力、富有效率、更加开放、有利于科学发展的体制机制，把全社会的发展积极性引导到科学发展上来，把科学发展观贯彻落实到经济社会发展各个方面。

第三，深刻领会中国特色社会主义理论体系，要正确认识和把握三个关系：

一是要正确认识和把握中国特色社会主义理论体系与马克思列宁主义的关系。马克思主义是我们立党立国的根本指导思想，是认识世界、改造世界的行动指南和强大思想武器。马克思主义基本原理任何时候都要坚持。同时，马克思主义是发展的科学，必须随着时代、实践和科学的发展而不断发展。邓小平同志曾经指出：“绝不能要求马克思为解决他去世之后上百年、几百年所产生的问题提供现成答案。列宁同样也不能承担为他去世以后五十年、一百年所产生的问题提供现成答案的任务。”江泽民同志强调，要始终做到“两个坚定不移、不能含糊”：一是必须坚持马克思主义的立场、观点、方法，坚持马克思主义的基本原理。这一点，要坚定不移，不能含糊。二是必须贯彻解放思想、实事求是的思想路线，坚持勇于追求真理和探索真理的革命精神。这一点，也要坚定不移，不能含糊。十七大报告指出，《共产党宣言》发表以来近160年的实践证明，马克思主义只有与本国国情相结合、与时代发展同进步、与人民群众同命运，才能焕发出强大的生命力、创造力、感召力。中国特色社会主义理论体系，坚持马克思主义的基本原理，创造性地运用它们分析当今世界和当代中国的实际，作出了一系列新的理论概括；坚持马克思主义的政治立场，贯彻马克思主义群众观点，对人民群众在实践中创造的新鲜经验进行了理论上的总结和升华；坚持辩证唯物主义和历史唯物主义的根本方法，坚持马克思主义与时俱进的理论品质，体现了不断推进理论创新的巨大勇气。这充分表明，中国特色社会主义理论体系既没有丢掉老祖宗，又讲出了新话；既坚持马克思主义基本原理，又具有鲜明的时代特征，是坚持和发展马克思主义的典范。

二是要正确认识和把握中国特色社会主义理论体系与毛泽东思想的关系。毛泽东思想和中国特色社会主义理论体系都是马克思主义中国化的理论成果。中国特色社会主义理论体系的创立与发展，是从改革开放新时期开始的。邓小平同志指出：十一届三中全会是我国历史上的一个伟大转折，这是一个新的历史发展阶段的开端。党的十五大对马克思主义中国化的进程进行了总结，指出：马克思列宁主义同中国实际相结合有两次历史性飞跃，产生了两大理论成果。第一次飞跃的理论成果是毛泽东思想，它是被实践证明了的关于中国革命和建设的正确的理论原则和经验总结，它的主要创立者是毛泽东。第二次飞跃的理论成果是邓小平理论，即建设有中国特色社会主义理论，它的主要创立者是邓小平。这表明，我们党已经明确，中国特色社会主义理论是邓小平同志在改革开放新时期创立的，也是在改革开放新时期以来不断丰富和发展的。同时，中国特色社会主义理论体系与毛泽东思想有着深厚的理论渊源，是对毛泽东同志艰辛探索社会主义建设规律重要思想成果的继承和发展。正如邓小平同志指出的：“从许多方面来说，现在我们还是把毛泽东同志已经提出、但是没有做的事情做起来，把他反对错了的改正过来，把他没有做好的事情做好。今后相当长的时期，还是做这件事。当然，我们也有发展，而且还要继续发展。”毛泽东思想和中国特色社会主义理论体系都坚持解放思想、实事求是、与时俱进，坚持党的群众路线，坚持独立自主地走自己的路。这是它们在立场、观点、方法等基本方面的共同点。因此，中国特色社会主义理论体系同毛泽东思想是一脉相承而又与时俱进的。今天，我们一定要继续继承和发展毛泽东思想，坚持和发展中国特色社会主义理论体系。

三是要正确认识和把握科学发展观与邓小平理论、“三个代表”重要思想之间的关系。科学发展观是在邓小平理论和“三个代表”重要思想指导下创立的。科学发展观同邓小平理论、“三个代表”重要思想，都面对着共同的时代课题、共同的历史任务，都立足于社会主义初级阶段这一基本国情，都遵循着党在社会主义初级阶段的基本路线。总之，着眼点、立足点都紧紧围绕建设和发展中国特色社会主义这个主题。同时，科学发展观针对新世纪新阶段出现的新特征、新情况、新问题，进一步提出了解决城乡、区域、经济社会、人与自然发展不平衡、不协调问题的思路，进一步指明了我国经济社会又好又快发展的正确方向，进一步回答了实现什么样的发展、怎样发展的重大问题，对中国特色社会主义发展问题作出了独创性的贡献。

五、高举中国特色社会主义伟大旗帜，就要奋力开拓中国特色社会主义更为广阔的发展前景

高举中国特色社会主义伟大旗帜，就要不断发展中国特色社会主义。当代中国共产党人的庄严职责和光荣使命，就是在新的历史起点上，总结我国发展实践，借鉴国外发展经验，适应新的发展要求，奋力开拓中国特色社会主义更为广阔的发展前景，使中国特色社会主义道路越走越宽广，让当代中国马克思主义放射出更加灿烂的真理光芒。十七大报告描绘了发展中国特色社会主义的宏伟蓝图，对进一步推进改革开放和现代化建设作出了新的部署。面对复杂多变的国际环境和艰巨繁重的改革发展任务，我们要完成时代赋予的崇高使命，必须高举中国特色社会主义伟大旗帜，以邓小平理论和“三个代表”重要思想为指导，深入贯彻落实科学发展观，继续解放思想，坚持改革开放，推动科学发展，促进社会和谐，为夺取全面建设小康社会新胜利而奋斗。这既是党的十七大主题，也是当前和今后一个时期党和国家全部工作的主题；既是解决面临问题和挑战的基本思路，也是发展中国特色社会主义的基本遵循。

第一，继续解放思想。解放思想是马克思主义的灵魂和精髓，是党的思想路线的本质要求，是发展中国特色社会主义的一大法宝。发展中国特色社会主义的过程，就是不断解放思想的过程。改革开放近30年来，我们党在实践上的每一个重大发展，理论上的每一个重大突破，工作上的每一个重大进步，都是以解放思想为先导，都伴随着思想的不断解放。正是1978年那场真理标准大讨论，带来了我们党和民族的伟大觉醒，孕育了从理论到实践的伟大创造，从而使我们国家踏上改革开放伟大历史征程。正是1992年邓小平同志视察南方谈话，又一次吹响了思想解放的号角，破除了长期禁锢我们的思想障碍，从而确立了社会主义市场经济体制改革目标，开创了我国改革开放和现代化建设新阶段。正是2001年江泽民同志发表七一讲话，强调要自觉地把思想认识从那些不合时宜的观念、做法和体制中解放出来，从对马克思主义的错误的和教条式的理解中解放出来，从主观主义和形而上学的桎梏中解放出来，才有了十六大系统阐述“三个代表”重要思想，实现思想理论的新突破，开创中国特色社会主义新局面。正是十六大以来我们党坚持不懈地解放思想，提出以人为本、科学发展、构建社会主义和谐社会等一系列重大战略思想，才有了十七大提出的一系列新思想、新观点、新论断。现在回想起来，邓小平同志当年讲的，“一个党，一个国家，一个民族，如果一切从本本出发，思想僵化，迷信盛行，那它就不能前进，它的生机就停止了，就要亡党亡国”，说得多么深刻，多么发人深省。可以说，解放思想对发展中国特色社会主义始终是十分紧要的。十七大报告再一次突出强调了解放思想问题，要求我们勇于变革、勇于创新，永不僵化、永不停滞。我们要进一步增强贯彻党的思想路线的自觉性，始终坚持解放思想、实事求是、与时俱进，不断破除那些不适应形势发展、不符合人民要求的观念、做法和体制，不断推进理论创新以及其他各方面创新，努力做到思想上不断有新解放，理论上不断有新发展，实践上不断有新创造。

第二，坚持改革开放。改革开放是决定当代中国命运的关键抉择，是发展中国特色社会主义、实现中华民族伟大复兴的必由之路；只有社会主义才能救中国，只有改革开放才能发展中国、发展社会主义、发展马克思主义。中国特色社会主义之所以具有蓬勃生命力，就在于它是实行改革开放的社会主义。改革开放是当代中国的主旋律，是发展中国特色社会主义的强大动力。我国改革开放已经走过近30年的历程。近30年来，从农村改革到城市改革，从经济体制改革到各方面体制改革，全面改革的进程势不可当地展开，开创了我国经济、政治、文化、社会发展的崭新局面。从经济特区的兴办、沿海城市的开放到内陆边境城市、沿江城市和

省会城市的开放，从经济、科技、教育、文化等领域的开放到加入世界贸易组织，形成了全方位、多层次、宽领域的对外开放格局。可以说，中国特色社会主义是伴随着改革开放而形成和发展的，改革开放每前进一步，都推动了中国特色社会主义的发展，都深化了我们对中国特色社会主义的认识。改革开放对于我们党、我们国家、我们民族的重大意义，怎么强调也不过分。应当看到，我国改革开放已取得举世瞩目的成就，但改革开放的任务远没有完成，形成一整套比较完善、比较定型的体制机制，还需要付出艰苦的努力；拓展对外开放的广度和深度、提高开放型经济水平，还面临着繁重的任务。十七大报告强调：改革开放作为一场新的伟大革命，不可能一帆风顺，也不可能一蹴而就。最根本的是，改革开放符合党心民心、顺应时代潮流，方向和道路是完全正确的，成效和功绩不容否定，停顿和倒退没有出路。这充分表明了我们党坚持改革开放的政治立场和坚定决心。我们要按照十七大要求，把改革创新精神贯彻到治国理政和党的建设的各个环节，推进各方面体制改革创新，加快重要领域和关键环节改革步伐，全面提高对外开放水平，为发展中国特色社会主义提供强大动力和体制保障。

第三，推动科学发展。我们党历来高度重视发展问题，强调建设中国特色社会主义、充分发挥社会主义制度优越性要靠发展，提高综合国力、改善人民生活要靠发展，巩固党的执政地位、完成党的执政使命要靠发展，说服那些不相信社会主义的人相信社会主义也要靠发展。进入新世纪新阶段，我国发展呈现出一系列新的阶段性特征。发展既具有巨大潜力和广阔空间，也承受着来自人口资源环境等方面的巨大压力。能不能解决好发展中的问题，是对我们的一个新考验。世界各国的发展实践表明，发展绝不仅仅是经济增长，而应该是经济、政治、文化、社会全面协调发展，应该是人与自然相和谐的可持续发展。作为世界上最大的发展中国家，我国要完成工业化和信息化的双重任务，不能重复其他国家走过的老路，而必须走出一条中国特色的科学发展道路，做到好字优先、又好又快发展。如何推动科学发展？十七大提出了转变经济发展方式这一关系经济社会发展全局的重大战略任务，强调要着力促进经济增长由主要依靠投资、出口拉动向依靠消费、投资、出口协调拉动转变，由主要依靠第二产业带动向依靠第一、第二、第三产业协同带动转变，由主要依靠增加物质资源消耗向主要依靠科技进步、劳动者素质提高、管理创新转变。这是总结我国现代化建设长期实践得出的重要结论，是党的十六大以来贯彻落实科学发展观的重要体会，是根据现阶段我国发展的客观实际提出的重大战略思想，是推动我国经济社会发展必须坚持的正确方向。

第四，促进社会和谐。社会和谐是中国特色社会主义的本质属性，是国家富强、民族振兴、人民幸福的重要保证。我们党对构建社会主义和谐社会的认识和实践，有一个不断探索、不断深化的过程。十六大报告在阐述全面建设小康社会目标时，提出了实现社会更加和谐的要求。十六大以来，我们党不断深化对社会和谐在中国特色社会主义事业中重要地位和作用的认识。十六届四中全会明确提出了构建社会主义和谐社会的重大战略任务，把提高构建社会主义和谐社会的能力确定为加强党的执政能力建设的重要内容。十六届六中全会专门研究构建社会主义和谐社会若干重大问题，作出重要决定，提出了构建社会主义和谐社会的指导思想、工作原则和重大部署。当前，我国社会总体上是和谐的。同时要认识到，任何社会都不可能没有矛盾，人类社会总是在矛盾运动中发展进步的，中国特色社会主义也是在不断化解社会矛盾过程中向前推进的。十七大报告指出：构建社会主义和谐社会是贯穿中国特色社会主义事业全过程的长期历史任务，是在发展的基础上正确处理各种社会矛盾的历史过程和社会结果。强调：要通过发展增加社会物质财富、不断改善人民生活，又要通过发展保障社会公平正义、不断促进社会和谐。我们要把构建社会主义和谐社会摆在更加突出的地位，加快推进以改善民生为重点的社会建设，最大限度地增加和谐因素，最大限度地减少不和谐因素，努力形成全体人民各尽其能、各得其所而又和谐相处的局面，为发展中国特色社会主义提供良好社会环境。

六、高举中国特色社会主义伟大旗帜，就必须把党建设成为中国特色社会主义事业的坚强领导核心

中国特色社会主义伟大事业，从来都是同党的建设新的伟大工程紧密联系在一起的。高举中国特色社会主义伟大旗帜，把党建设成为中国特色社会主义事业的坚强领导核心，需要我们适应党的建设面临的新形势新任务，走出一条与中国特色社会主义事业紧密联系、紧密配合的党的建设路子。

第一，与中国特色社会主义事业紧密联系、紧密配合的党的建设要始终贯穿改革创新精神。十七大报告指出：党要站在时代前列带领人民不断开创事业发展新局面，必须以改革创新精神加强自身建设。首先，这是顺利完成我们党所肩负的执政使命的现实需要。当今时代是改革创新的时代，中国特色社会主义事业是改革创新的事业。我们党要站在时代前列带领人民不断开创事业发展新局面，必须以改革创新精神加强自身建设。其次，这是我们党正确应对新课题新考验的现实需要。我们党在革命、建设、改革各个时期的奋斗历史，实质上就是一部适应党的历史方位和目标任务的发展变化，不断创新党的理论、丰富党的实践、完善党的制度的历史。我们党已经成立86年，在全国执政58年。这使我们党积累了治国理政和加强自身建设的宝贵经验，但也容易使一些党员、干部产生惰性，脱离群众。我们党领导的改革开放既给党注入巨大活力，也使我们面临许多前所未有的新课题新考验。我们党已经拥有7300多万名党员，新党员数量大量增加，干部队伍新老交替不断进行，这给党不断增添了新鲜血液，也使党的自身建设任务比过去任何时候都更为繁重。要适应新变化、经受新考验、解决新课题，就必须大力倡导改革创新精神，不断推进党的建设制度、机制和工作方式等方面的创新。其三，这是解决党的建设自身存在问题的现实需要。必须清醒地看到，党的建设在取得巨大成绩的同时，也还存在着这样那样的问题和不足。比如，党的执政能力同新形势新任务不完全适应；一些基层党组织软弱涣散；少数党员干部作风不正，形式主义、官僚主义问题比较突出，奢侈浪费、消极腐败现象仍然比较严重。从根本上解决这些问题，既需要切实执行和落实好现行制度和已有措施，更需要以改革的思路寻求解决问题的新途径新办法。正如十七大报告所指出的，世情、国情、党情的发展变化，决定了以改革创新精神加强党的建设既十分重要又十分紧迫。

第二，与中国特色社会主义事业紧密联系、紧密配合的党的建设要始终体现先进性这个根本。先进性是马克思主义政党的根本特征，也是马克思主义政党的生命所系、力量所在。加强党的先进性建设，就要通过推进思想建设、组织建设、作风建设、制度建设和反腐倡廉建设，使党的理论和路线方针政策顺应时代发展的潮流和我国社会发展进步的要求，反映全国各族人民的利益和愿望；使各级党组织不断提高创造力、凝聚力、战斗力，始终发挥领导核心作用和战斗堡垒作用；使广大党员不断提高自身素质，始终发挥先锋模范作用；使我们党保持与时俱进的品质，始终走在时代前列。加强党的先进性建设，最基础的是加强党的思想理论建设。理论上清醒，政治上才能坚定，行动上才能自觉。要按照十七大的要求，深入学习马克思列宁主义、毛泽东思想、邓小平理论和“三个代表”重要思想，用马克思主义中国化最新成果武装全党，开展深入学习实践科学发展观活动。通过学习，不断提高马克思主义理论水平，进一步坚定中国特色社会主义理想信念，深刻认识为

什么只有中国特色社会主义旗帜而不是别的什么旗帜能够最大限度地团结和凝聚全国各族人民的智慧和力量，深刻认识为什么只有中国特色社会主义道路而不是别的什么道路能够指引中华民族实现伟大复兴，深刻认识为什么只有中国特色社会主义理论体系而不是别的什么主义能够引领中国发展进步，做到高举中国特色社会主义伟大旗帜不动摇，坚持中国特色社会主义道路不动摇，坚持中国特色社会主义理论体系不动摇。

第三，与中国特色社会主义事业紧密联系、紧密配合的党的建设要始终突出提高执政能力这个重点。中国特色社会主义是开创性事业，需要我们不断进行新的实践和新的探索。我们要适应新形势新任务的要求，在实践中掌握新知识、积累新经验、增长新本领，不断提高领导能力和水平。比如，当代中国同世界的关系正在发生历史性变化，中国的前途命运日益紧密地同世界的前途命运联系在一起，国际形势中的中国因素和国内形势中的国际因素都在增加。这就要求我们开阔视野，树立世界眼光，努力学习对外政策和国际关系方面的相关知识，不断提高统筹国内国际两个大局的能力。比如，我国改革进入攻坚阶段，发展处于关键时期，每天都面临新情况，每天都遇到新问题，每天都有新挑战。这就要求我们加强对重大问题的研究，善于统筹兼顾，注意从各方利益的结合点上考虑问题、谋划工作，妥善处理人民内部矛盾，不断提高领导科学发展、促进社会和谐的能力。比如，当今世界科学技术迅猛发展，特别是以互联网为代表的信息技术的广泛应用，推动着社会生产力的发展和人类文明的进步，推动着产业革命和文化生产传播方式的变革。这就要求我们站在科技发展的最前沿，及时掌握现代科技知识，敏锐把握现代科技发展对人们生产生活方式、思维方式和思想观念的深刻影响，不断提高信息化条件下做好工作的本领。提高执政能力是一个过程，需要向实践学习、向群众学习，需要深入改革开放最前沿、经济建设第一线，认真总结人民群众在实践中创造的丰富经验，从人民群众的鲜活实践中汲取智慧和力量。

第四，与中国特色社会主义事业紧密联系、紧密配合的党的建设要始终贯彻党要管党、从严治党这个方针。邓小平同志曾经说过："说到底，关键是我们共产党内部要搞好，不出事，就可以放心睡大觉。"要使党保持先进性，不出问题，就要始终坚持党要管党、从严治党。胡锦涛总书记强调："全党同志必须牢记，一个政党过去先进不等于现在先进，现在先进不等于永远先进；党的领导核心地位不是一劳永逸的，过去拥有不等于现在拥有，现在拥有不等于永远拥有。我们说忧党，首先要严肃认真地思考这个问题，而且一定要想清楚、想明白，从而更加自觉、更加有效地把党建设好。"这就要求我们每一个党员特别是每一个领导干部，都要增强党的意识。什么是党的意识？说通俗一点，就是"心中有党、心中有组织"。要时时刻刻牢记自己是党的一员，用党员标准要求自己，用党的纪律约束自己，用党的理想激励自己，在党言党、在党爱党、在党忧党、在党为党，使党员的责任融入到灵魂、血脉之中，深入到精神、信仰之中，始终为中国特色社会主义事业而奋斗。十七大报告指出：实现全面建设小康社会的目标还需要继续奋斗十几年，基本实现现代化还需要继续奋斗几十年，巩固和发展社会主义制度则需要几代人、十几代人甚至几十代人坚持不懈地努力奋斗。以什么样的精神状态去奋斗？就是十七大报告强调的"四个一定要"。这是我们党的优良传统和思想政治优势，也是当代共产党人精神状态的集中体现。我们要进一步增强忧患意识，时刻保持清醒头脑，做到"两个务必"，牢记社会主义初级阶段基本国情，认清全面建设小康社会、实现我国基本现代化、巩固和发展社会主义制度的重要性、长期性、艰巨性，不断增强发展中国特色社会主义的政治责任感和历史使命感。要进一步增强宗旨意识，始终牢记全心全意为人民服务的宗旨，保持奋发有为、昂扬向上的精神状态，保持旺盛的革命意志和坚韧的革命品格，求真务实、埋头苦干，不断创造经得起实践、人民、历史检验的业绩。要进一步增强团结意识、大局意识，在大局下思考、大局下行动，自觉同以胡锦涛同志为总书记的党中央保持高度一致，坚决维护全党的团结统一，万众一心推进中国特色社会主义伟大事业。

（此文是中共中央政治局委员、中央书记处书记、中宣部部长刘云山2007年12月18日在新进中央委员会的委员、候补委员学习贯彻党的十七大精神研讨班上的讲话稿，《求是》发表时略有删节）

以党的十七大精神为指导
建设繁荣文明和谐宜居的首善之区

刘　淇

一、认真学习、深刻领会党的十七大精神是当前和今后一个时期的首要政治任务

胡锦涛同志在党的十七大上所作的报告，坚持以马克思列宁主义、毛泽东思想、邓小平理论和“三个代表”重要思想为指导，深入贯彻落实科学发展观，科学回答了党在改革发展关键阶段举什么旗、走什么路、以什么样的精神状态、朝着什么样的发展目标继续前进等重大问题，对继续推进改革开放和社会主义现代化建设、实现全面建设小康社会的宏伟目标作出了全面部署，对以改革创新精神全面推进党的建设新的伟大工程提出了明确要求。认真学习贯彻党的十七大精神，用党的十七大精神统一思想，对于激励全市广大党员干部群众团结奋斗、开拓创新，全面完成2008年奥运会的筹备工作，建设繁荣文明和谐宜居的首善之区具有十分重大的意义。

全面把握党的十七大精神，要深刻领会党的十七大的主题，坚定不移地高举中国特色社会主义伟大旗帜；深刻领会十六大以来党和国家取得的新的重大成就，更加自觉地贯彻党的理论和路线方针政策；深刻领会改革开放的伟大历史进程和宝贵经验，坚持中国特色社会主义道路和中国特色社会主义理论体系不动摇；深刻领会科学发展观的科学内涵、精神实质和根本要求，不断增强贯彻落实科学发展观的自觉性和坚定性；深刻领会实现全面建设小康社会奋斗目标的新要求，为夺取全面建设小康社会新胜利而奋斗；深刻领会社会主义经济、政治、文化、社会建设等方面的重大部署，努力促进各项事业协调发展、共同进步；深刻领会以改革创新精神全面推进党的建设新的伟大工程，使党始终成为中国特色社会主义事业的坚强领导核心。

从首都的实际出发，学习贯彻落实党的十七大精神，要着力在四个方面下功夫。

要继续解放思想。深入贯彻落实科学发展观，进一步解决制约落实科学发展观的突出问题，必须进一步解放思想。解放思想的过程，就是以科学发展观的立场、观点和方法认识矛盾的过程，统一思想的过程，解决问题的过程。要围绕落实首都城市功能定位，围绕履行好公共管理和社会服务职能，围绕解决好人口资源环境问题，围绕转变经济发展方式，进一步解放思想，建立起深入贯彻落实科学发展观的体制机制。要研究优化产业结构、统筹城乡发展中存在的体制机制问题，解放思想，转变发展思路，实现首都经济又好又快发展。要研究在加强社会建设和管理中存在的体制机制问题，解放思想，创新思路，建设和谐社会首善之区。要研究做好新形势下的群众工作的体制机制问题，解放思想，健全条块结合的维稳工作体制，维护首都的和谐稳定。要研究以改革创新精神推进党的建设，加强党的执政能力建设和先进性建设的体制机制问题，解放思想，提高领导科学发展、促进社会和谐的能力。

要深化改革开放。在新的发展阶段，要紧紧围绕健全社会主义市场经济体制来深化改革，转变政府职能，更好地为市场主体服务，更好地营造发展环境，实现市场在资源配置中的

基础性作用与政府的宏观调控职能互补。要紧紧围绕保障社会公平正义来深化改革，完善收入分配制度，规范收入分配秩序，运用好公共财政，进一步加大财政资源向公共服务领域的倾斜力度，向基层倾斜，向困难群众倾斜。要加强改革的协调性，提高改革决策的科学性，妥善处理改革发展稳定的关系，增强首都发展的活力。要进一步拓展对外开放的广度和深度，发挥利用外资在推动自主创新、产业升级、区域协调发展方面的重要作用，提高首都经济参与国际经济合作与竞争的能力和水平。

要坚持以人为本。要把以人为本的理念落实到首都工作的各个方面，按照以人为本的要求，把群众的需求作为推动工作的第一信号。推动经济发展，要全面实施科教兴国、人才强国战略，着眼于调动人的积极性，抓住培养、吸引、用好人才三个环节，改革人才工作的体制机制，建立多种类型的包括海外学人的创业发展服务平台，把更多的优秀人才、创新人才集聚到首都现代化建设事业中来。加强社会建设，要以改善民生为重点，努力实现学有所教、劳有所得、病有所医、老有所养、住有所居的目标，为人民群众带来更多的实惠。要稳步推进社会主义民主政治建设，着力解决人民群众不断增长的精神文化需求，切实改进各级党委政府的工作，提高服务意识，寓管理于服务之中，为基层服务，为企业服务，为群众服务，使首都的各项工作更好地服务人民、造福人民。

要推动科学发展。推动科学发展，要在转变发展方式上取得更大进展，优化产业结构，加大节能减排力度，发展循环经济，建设资源节约型、环境友好型社会，增强发展的协调性。要大力提高自主创新能力，完善政策，搭建平台，营造更好的环境，加快建设创新型城市的步伐，使首都的发展更具有可持续性。要注重统筹协调，统筹推动首都的发展，统筹协调各方面的利益。要树立大局意识，抓住牵动全局的工作、事关群众利益的突出问题，着力推进、重点突破。

按照“国家首都、国际城市、文化名城、宜居城市”的定位，把首都建设成繁荣、文明、和谐、宜居的首善之区，责任重大，任务艰巨。我们必须不断增强忧患意识、责任意识，清醒地认识当今世界与国家的发展大势，清醒地认识我们与国际大都市之间的差距，清醒地认识首都发展的新要求和人民群众的新期待，认真履行好首都工作的职责，始终保持昂扬向上的精神状态，兢兢业业、扎扎实实地做好首都工作，实现“新北京、新奥运”战略构想。

二、以党的十七大精神为指导，推动首都的各项工作

当前，首都经济社会发展已进入一个新的阶段。我们要以十七大精神为指导，深入贯彻落实科学发展观，全力办好2008年奥运会，把北京建设成为繁荣、文明、和谐、宜居的首善之区。

第一，以科学发展观为指导，办一届有特色、高水平的奥运会。

党的十七大报告强调要办好2008年奥运会、残奥会。高水平地完成这项任务，必须坚决贯彻中央的重要指示精神，认真落实“绿色奥运、科技奥运、人文奥运”三大理念，坚持以科学发展观为指导，把科学发展观的要求贯彻落实到办一届有特色、高水平的奥运会、残奥会的全过程，体现到筹办工作的每一个环节。在有序做好各项筹备工作的同时，要下大力气抓好以下几个方面：

一是要把以人为本的理念更好地体现在奥运会的筹备工作之中。在场馆建设与运行方面，要做到设施更加人性化，服务更有个性，细节更显温馨，规定更加便民。在志愿者队伍建设方面，要把人文关怀、宾客至上、微笑服务融入志愿者工作的方方面面。在奥运安保工作方面，要以确保人的生命安全为目标，把亲民、爱民、助民、便民的理念体现在日常管理服务和执法过程中。在提高市民文明素质方面，要大力实施“人文奥运”行动规划，通过开展“迎奥运、讲文明、树新风——我参与、我奉献、我快乐”活

动，营造我为人人、人人为我、共建共享、祥和喜庆的社会氛围。

二是要把全面协调可持续的要求更好地体现在奥运会的筹备工作之中。着力落实好“绿色奥运”的理念，抓住奥运机遇，加强生态环境建设，搞好环境整治，使首都的天更蓝、水更清、空气更洁净、城市更整洁，人民群众的生活环境更加优美。着力落实好“科技奥运”的理念，广泛运用现代科技成果，让奥运会更靓丽多彩，使奥运会成为推动科技创新的重要载体和助推器，推动信息科技、新能源技术、循环经济技术等方面的发展和进步，提高自主创新能力，为建设创新型国家服务。同时，要统筹谋划奥运资源的挖掘、开发和利用，统筹安排奥运后的投资、消费，统筹推动奥运后旅游、会展、文化、体育等产业的发展以及重大项目、基础设施的建设，保持首都经济的持续发展。要把奥运筹备工作中形成的城市管理的好经验、好做法转化成长效机制，为广大群众营造更好的城市环境。

三是要把统筹兼顾的方法更好地体现在奥运会的筹备工作之中。筹办奥运会是一个十分复杂的系统工程。完成这项艰巨的任务，必须在党中央的领导下，统筹兼顾，全力做好“两个服务”（既要做好对奥运会各项赛事的服务，又要做好对人民群众的服务），努力争取“两个支持”（使奥运会的举办得到国际社会的支持，得到全国人民的支持），发挥社会主义制度能够集中力量办大事的优势，凝聚各方面的智慧，汇集各方面的力量，调动全社会的积极性，形成万众一心、参与奥运、奉献奥运的生动局面。

以科学发展观为指导，办好 2008 年奥运会，是时代赋予我们的崇高使命。我们一定要以强烈的使命感和责任感，大力弘扬筹备奥运六年来逐步形成的为国争光的爱国精神、艰苦奋斗的奉献精神、精益求精的敬业精神、勇攀高峰的创新精神、团结协作的团队精神，进一步调动广大党员干部群众的积极性，高质量、高水平地完成奥运各项筹办工作，实现向国际社会的承诺，不辜负党中央、国务院、全国人民和海内外同胞的殷切期望。

第二，在更高的层次上实现首都经济又好又快发展。

要按照科学发展观的要求，紧紧围绕发展这个第一要务，着力推动经济发展方式转变，着力优化提升产业结构，着力提高经济发展质量和效益。

要全面推动产业结构优化升级。根据首都城市的性质功能和资源优势，进一步提高服务业在经济结构中的比重，优化提升服务业的结构，不断拓宽服务业发展的深度和广度。大力推动生产性服务业、文化创意产业和高新技术产业的发展。制定发展生产性服务业规划，完善相关的产业导向政策和产业扶持政策，加快金融服务、科技服务、信息服务、商务服务、现代物流、教育培训等重点行业发展。推动金融产品创新，吸引更多的国内大型企业和跨国公司总部以及研发中心、财务结算中心等服务机构落户北京。推动生产性服务业的集群化发展，集中力量抓好六大高端产业功能区建设，抓好十大文化创意产业集聚区的建设，抓好金融后台服务区的建设。

要加快创新型城市的建设。切实提高自主创新能力，积极实施国家知识产权战略，充分利用首都以及国际科技资源，加快知识创新和技术创新体系建设。健全推动自主创新的体制机制和政策，围绕为企业、科研院所、高校开展自主创新做好产前、产中、产后服务，抓好促进科技成果产业化的生产性服务，构建促进自主创新的条件平台、标准联盟、交易平台。围绕发挥中央在京科研院所、高校、大型企业的自主创新优势，创造更好的创新环境，充分发挥他们在建设创新型城市中的重要作用。完善相关政策，加快建设海外学人中心，畅通吸纳高端创新人才的绿色通道，为建设创新型城市提供源源不断的人才保障。

要加快生态文明建设。执行最严格的能耗和环保标准，健全最严格的节能减排工作责任制，健全节能减排工作的考核体系、监测体系和技术服务体系。在全社会开展节能环保的宣传教育，党政机关要带头开展节约资源活动，每个企业、每个家庭都要自觉节水、节电，养成节俭的习惯。大力发展循环经济，推动新能源与清洁技术的产业发展，推动节约发展、清洁发展、安全发展，提高首都生态环境的质量和可持续发展的能力，建设资源节约型、环境友好型社会。

要加强社会主义新农村建设。着力构建以工促农、以城带乡的长效机制，建立起城乡经济社会发展一体化新格局。做好新农村建设的规划工作，加强农村基础设施和公共服务体系建设，加快农村社会事业发展。抓住奥运机遇，全面推动都市型现代农业的发展，积极发展适合郊区特点的二、三产业，拓宽农民就业增收渠道。加大公共财政对新农村建设的投入力度，进一步实施“农村亮起来、农民暖起来、农业资源循环起来”，进一步实施山区生态修复工程，进一步推动新型农村合作医疗，解决边远山区农民群众最为关切的看病就医问题，造福广大农民群众。

第三，努力构建和谐社会首善之区。

要以切实解决民生问题为重点，加快构建社会主义和谐社会首善之区。抓紧解决市第十次党代会提出的就业、教育、就医、住房、交通、环境等关系群众切身利益的民生问题，让广大群众工作生活更好、更方便、更舒心。根据广大群众的特别关切，当前要加快廉租住房和保障性住房建设，加快建立健全规范的管理制度，解决好低收入家庭困难群众的住房问题。同时，积极研究老城区的危旧房改造工作，在保护好古都风貌的前提下，采取更加有效的措施改善困难群众的居住条件。

要全面提高社会管理和服务的水平。加快行政管理体制改革，着力转变政府职能，强化政府的社会管理和公共服务职能，健全政府职责体系和公共服务体系。按照创新社会管理体制的要求，组建市委社会工委及政府的相应机构，逐步构建党委领导、政府负责、社会协同、公众参与的社会管理格局，加强和改进对社会组织的管理，构建新的社会组织动员机制。着力搭建宏观管理平台，研究制定首都社会建设的总体规划，统筹推动社会建设各项任务的分解落实和督促检查。着力加强基层基础工作，加强城乡社区建设。着力扩大载体，积极培育各类社会组织。着力加强“两新”组织党的建设，加强社会志愿者队伍和社会工作者队伍建设。着力加强社会建设的薄弱环节，使社会建设进入全面推进、重点突破、有序建设的阶段。

要适应人民群众日益增长的精神文化需求，抓住奥运机遇，推动首都社会主义文化大发展大繁荣。要积极开发利用首都丰富的传统文化资源，按照面向现代化、面向世界、面向未来的要求，积极发展与当代社会相适应、与现代文明相协调，保持民族特征、体现首都特点、符合时代潮流的文化事业。加强对外文化交流与合作，树立首都文化形象，为增强中华文化的国际影响力服务。

要高度重视首都的安全稳定工作。建立健全一把手负责的维护稳定工作责任制。加强基层基础工作，加强基层维护稳定的组织建设、队伍建设，推广在基层化解社会矛盾、维护安全稳定的工作经验，为基层开展工作创造更好的条件。建立健全条块结合、属地管理为主的维护稳定工作体制，整合资源，完善维护稳定的群众动员机制、治安防控机制、维稳督办机制，深入开展平安建设，切实提高维护首都安全稳定的能力和水平。

第四，以改革创新精神全面加强党的建设。

贯彻落实党的十七大精神，要坚持党要管党、从严治党，以加强党的执政能力建设和先进性建设为主线，以改革创新精神全面推进党的建设新的伟大工程。

要加强思想理论建设。坚持用马克思主义中国化最新成果武装全市党员干部头脑，深入学习马克思列宁主义、毛泽东思想、邓小平理论和“三个代表”重要思想，深入学习科学发展观，深入学习党的十七大精神和党章，不断提高广大党员干部的理论素养和思想政治素质。搞好学习贯彻党的十七大精神的各项活动，把学习党的十七大精神的体会和成果切实转化为推动科学发展、促进社会和谐的能力。

要积极推进党内民主。坚持民主集中制，推进党务公开，保障党员民主权利。加强党内制度建设，完善全委会、常委会工作机制，完善党的代表大会制度、集体领导与个人分工负责相结合的制度以及常委会向全委会负责、报告工作和接受监督的制度。制定党代表任期制的实施办法，完善对讨论决定重大问题和任用重要干部的票决制。建立和完善信息反馈制度、专家咨询制度、决策公开制度、决策失误责任追究制度，切实提高决策的科学化、民主化水平。

要加强领导班子和干部人才队伍建设。切实加强领导班子思想政治建设，加强和改进干部教育培训工作，不断提高各级领导干部的素质和能力。深化干部人事制度改革，坚持党管干部原则，坚持民主、公开、竞争、择优，形成干部选拔任用科学机制。坚持党管人才的原则，扎实推进首都人才发展战略。

要大力推进基层党建工作创新。要按照推动发展、服务群众、凝聚人心、促进和谐的要求，加强基层党组织建设，创新活动内容，改进工作方式，丰富工作载体。加强农村、社区、企业、机关以及学校、科研院所、文化团体等的基层党组织建设，加大在新经济组织、新社会组织中建立党组织的工作力度，加强对流动党员的教育、管理和服务。建立对党员的激励、关怀、帮扶机制，关心和爱护基层干部、老党员、生活困难党员，进一步改善基层党组织的工作条件和工作环境。

要切实加强党的作风建设和反腐倡廉建设。以保持党同人民群众的血肉联系为重点，全面加强党的思想作风、学风、工作作风、领导作风和干部生活作风建设。以完善惩治和预防腐败体系为重点加强反腐倡廉建设，把反腐倡廉建设放在更加突出的位置，坚持标本兼治、综合治理、惩防并举、注重预防的方针，扎实推进惩治和预防腐败体系建设，在坚决惩治腐败的同时，更加注重治本，更加注重预防，更加注重制度建设，拓展从源头上防治腐败工作领域。严格执行党风廉政建设责任制。坚持深化改革和创新体制，加强廉政文化建设，形成拒腐防变教育长效机制、反腐倡廉制度体系、权力运行监控机制。加强巡视工作，健全纪检与行政监察、审计、信访部门的协调配合机制，形成监督合力，提高监督实效。加强领导干部廉洁自律工作，提高党员干部拒腐防变能力。坚决纠正损害群众利益的不正之风，严厉惩处腐败分子。

党的十七大吹响了新征程的号角。我们要紧密团结在以胡锦涛同志为总书记的党中央周围，高举中国特色社会主义伟大旗帜，坚持以邓小平理论和“三个代表”重要思想为指导，深入贯彻落实科学发展观，万众一心，锐意进取，扎实工作，全力办好2008年奥运会，努力把北京建设成为繁荣、文明、和谐、宜居的首善之区，开创首都更加灿烂美好的未来！

（作者：中共中央政治局委员、中共北京市委书记）

认真贯彻党的十七大精神
促进国民经济又好又快发展

马　凯

党的十七大对“促进国民经济又好又快发展”提出了明确要求，作出了全面部署。这不仅对做好当前经济工作具有重要指导作用，而且对我国长远发展具有深远的战略意义，我们一定要认真学习领会，深入贯彻落实。

一、深刻认识促进国民经济又好又快发展的重大意义

发展是科学发展观的第一要义。又好又快发展是科学发展观的本质要求，是在经济工作中贯彻落实科学发展观的具体体现。所谓“好”，就是要保持发展的稳定性，使经济增长速度保持在一个比较合理的区间，防止出现大起大落；就是要增强发展的协调性，不断优化经济结构，坚持“五个统筹”，全面推进经济、政治、文化、社会建设，防止“一条腿长、一条腿短”；就是要提高发展的效益性，低投入、高产出，实现速度与结构、质量、效益相统一，防止增长代价过大；就是要实现发展的持续性，促进经济发展与人口、资源、环境相协调，防止发展不能永续；就是要保障发展的普惠性，坚持以人为本，使发展成果由广大人民共享，防止收入分配差距过大，出现两极分化。面对新时期新任务，必须加快推动国民经济转入科学发展的轨道，实现又好又快发展，否则，资源难以支撑，环境难以容纳，社会难以承受，发展难以持续，中国经济走不好，也走不远。

从近期看，促进又好又快发展是保持国民经济持续快速协调健康发展，防止大起大落的需要。2003年以来，我国经济连续多年保持了平稳较快增长。但在快速增长的同时，经济生活中仍存在一些矛盾和问题，有的还比较突出，主要是：投资增长过快，信贷投放过多，贸易顺差过大，经济增长由偏快转向过热的压力不减，经济增长付出的代价过大等。以今年为例，一季度GDP增长11.1%，二季度达到11.9%。目前的增速，从增幅看，是1994年以来最高的。从趋势看，增幅呈攀升趋势，一季度比去年四季度增速提高0.4个百分点，二季度又比一季度提高0.8个百分点。三季度虽略有回稳，但仍不巩固。尽管增幅攀升比较缓慢，但要防止由量变引起质变。从地区看，大多数地区的增长率比全国数值更高，有些甚至达到14%—15%，而且是连续多年。从结构看，工业增速偏高。1—9月，规模以上工业增加值增长18.5%，远高于2003—2006年的平均增长速度，成为推动经济快速增长的主要力量。工业中又是重工业增长过快，1—9月，重工业增速为19.6%，比去年同期加快1.4个百分点，高出轻工业增速3.5个百分点。在重工业中，占工业能耗70%的六大高耗能、高排放行业增长又居高不下。这种增长格局使经济由偏快转为过热的危险性进一步加大。特别需要引起重视的是，我国在经济快速增长的同时，消耗了大量的能源资源，付出的代价过大。按现行汇率测算，去年我国GDP总量占世界的比重约为5.5%，但为此消耗的重要能源资源占世界的比重却高得多。比如，消耗能源24.6亿吨标准煤，占世界的15%左右；消耗钢3.88亿吨，占30%；消耗水泥12亿吨，占54%。即使考虑汇率因素，我国能源资源消耗过大也是不争的事实。如果不能按照科学发展观的要求，加快转变发展方式、调整经

济结构，实现又好又快发展，而是继续比速度、拼资源，不但难以保持快速增长的好势头，还可能导致经济大起大落、付出更大成本。

从长远看，促进又好又快发展是实现全面建设小康社会奋斗目标的需要。党的十七大提出了实现全面建设小康社会奋斗目标的新要求，最引人注目的就是要在优化结构、提高效益、降低消耗、保护环境的基础上，实现人均国内生产总值到2020年比2000年翻两番，人民富裕程度普遍提高，生活质量明显改善，生态环境良好。完成这个新的目标，很大程度上取决于我国的能源支撑条件和环境承载能力。改革开放以来，我们用能源消费翻一番支撑了GDP翻两番。实现人均GDP再翻两番，如果也按能源再翻一番考虑，有关专家初步测算，2020年我国一次能源消费量将超过30亿吨标准煤。从资源条件看，我国能源资源总量比较丰富，但油、气、煤炭等化石资源剩余可采储量有限，如果不加快转变发展方式，实现又好又快发展，仅从能源供给考虑，再翻两番的难度就很大。与此同时，经济快速发展特别是工业增长偏快造成的高排放、高污染给人民安居带来了严重影响。目前，我国二氧化硫和二氧化碳排放量分别位居世界第一和第二，二氧化硫排放量已经超过环境容量，全国10%的城市受到酸雨的严重影响。由于大气污染，我国约有1亿以上的人口每天呼吸不到新鲜空气，因空气污染导致每年约有1500万人患上支气管炎。今年以来，太湖、巢湖等一系列水污染事件再次敲响了警钟，环境污染正在成为影响社会和谐的重要制约因素。为了给广大人民提供更优美的人居环境、更清洁的空气、更甜美的饮用水、更绿色的食品，使人们拥有更健康的身体，也必须下最大的决心和气力推进经济发展方式的根本转变，实现又好又快发展。

从更广阔的视野看，促进又好又快发展是子孙后代和人类实现可持续发展的需要。解决日益紧迫的人口、资源、环境与工业化加快、经济快速增长的矛盾，是新世纪新时期人类共同面临的严峻挑战。在20世纪的100年间，人类创造的物质财富超过了以往历史的总和，同时也加速了资源消耗。全球GDP增长了18倍，石油、钢、铜、铝的年消费量分别增加了170倍、29倍、27倍和3608倍。其中，60%以上的能源和50%以上的矿产资源是由不足世界人口15%的发达国家消耗的。在新的世纪里，包括我国在内的全球另外85%的人口陆续进入工业化阶段，如果不加快转变发展方式，依旧沿袭传统工业化道路，完成工业化将会消耗大量的资源。作为负责任的国家和政府，我们不仅要考虑当代人的生存和发展，而且要考虑子孙后代的生存和发展；不仅要考虑中华民族的生存和发展需要，也要考虑全人类的生存和发展需要。为此，必须加快转变经济发展方式，真正走出一条科技含量高、经济效益好、资源消耗低、环境污染少、人力资源优势得到充分发挥的中国特色新型工业化道路，实现又好又快发展。

二、坚定促进国民经济又好又快发展的信心和决心

新世纪新阶段，我国已经站在一个新的历史起点上，促进国民经济又好又快发展，面临许多机遇和有利条件。

首先，科学发展理念日益深入人心，为促进又好又快发展奠定了扎实的思想基础。近年来，全国上下掀起了学习贯彻科学发展观的热潮，促进科学发展正在成为自觉行动。各地区、各部门不断更新发展思路，“以人为本”、“转变发展方式”、“五个统筹”、“资源节约型社会”、“环境友好型社会”等理念普遍增强，特别是在制定和实施“十一五”规划过程中，努力把科学发展观作为“一条红线”，贯穿到发展目标、发展重点、政策措施和重大工程等各个方面。企业管理者的经营理念有了很大变化，更加重视节能减排、循环经济和自主创新。

其次，改革开放的深入推进，为促进又好又快发展奠定了良好的体制基础。近年来，农村综合改革试点积极推进，农业特产税、牧业税、

农业税和屠宰税全面取消。国有资产监督管理体制框架基本形成，国有资产经营管理体制逐步完善，股份制改革取得积极进展，电力、邮政、铁路、电信、民航等垄断行业体制改革顺利推进。商品和服务价格绝大多数由市场决定的格局进一步巩固，油、气、水、电、土地等资源性产品价格改革取得积极进展。行政审批制度改革成效明显。财税、金融、投资体制改革继续深化。非公有制经济发展的体制环境不断改善，在放宽市场准入、加大财税金融支持、完善社会服务、改进政府监管等方面制定了一系列鼓励支持和引导的政策措施。与此同时，对外开放持续扩大，开放型经济进入新阶段。2003—2006 年，进出口总额年均增长 29.8%，占全球进出口总额的比重由 2002 年的 4.7%上升到 2006 年的 7.2%。利用外资质量进一步提高。我国已连续 14 年成为吸收外商直接投资最多的发展中国家，2003—2006 年，累计吸收外商直接投资 2439 亿美元，外商投资企业从单纯的装配制造向研发领域延伸，在华外资研发机构已超过 750 家。

第三，经济实力不断跃上新台阶，为促进又好又快发展奠定了雄厚的物质基础。经济总量显著扩大。2003—2006 年，我国 GDP 年均增长 10.4%，远高于同期世界年均 4.9%的水平；2006 年，国内生产总值达到 21.09 万亿元，按可比价格计算，是 2002 年的近 1.5 倍，是 1978 年的 13.3 倍。企业实力和财政实力明显增强。2003—2006 年工业企业利润年均增长高达 35.5%，2006 年全国规模以上工业企业实现利润 1.95 万亿元，比 2002 年增加 1.37 万亿元；财政收入 2006 年达到 3.88 万亿元，相当于 2002 年的 2.05 倍。基础条件显著改善。2006 年底，中国铁路营运里程达到 7.7 万公里，其中电气化里程为 2.34 万公里，分别比 1978 年增长 49%和 22.4 倍；公路通车总里程达 345.7 万公里，比 1978 年增长 2.88 倍，特别是高速公路从无到有，通车里程已达 4.53 万公里；民航港口设施今非昔比，民航航线里程 2006 年底达到 211.4 万公里，比 1978 年增长 13.2 倍，沿海主要港口 2006 年货物吞吐量达 34.2 亿吨，比 1978 年增长 16.3 倍；一次能源生产总量达到 22.1 亿吨标准煤，是 1978 年的 3.5 倍；发电装机容量达到 6.22 亿千瓦，年发电量 2.86 万亿千瓦时，分别为 1978 年的 10.9 倍和 11.1 倍；通信设施建设实现重大跨越，2000 年以来年均新增电话用户 1 亿，2006 年，固定电话和移动电话用户分别达到 3.7 亿和 4.6 亿。自主创新不断推进。2003—2006 年，全社会研究与试验发展(R&D)经费支出由 1539.6 亿元增加到 3003.1 亿元，年均增长约 24%。颁布实施了《国家中长期科学和技术发展规划纲要》，高技术研究计划(“863”计划)、国家科技攻关计划、国家重点基础研究发展计划进展顺利，在生物技术、航天科技、新材料、信息技术、能源等重点和关键领域取得了重大进展。

在分析有利条件的同时，我们也要清醒地看到，要把科学发展观真正落到实处，实现国民经济又好又快发展，任务十分艰巨，还需付出更大的努力。目前，重速度、轻质量，重投资、轻消费，重项目、轻环保的现象依然存在，“政绩工程”、“形象工程”屡禁不止，特别是在统筹发展、协调发展，正确处理好与快的关系等方面，与科学发展观的要求尚有差距；经济发展的结构性矛盾突出，投资与消费关系不协调，三次产业比例不合理，城乡和区域、经济与社会发展不平衡；增长方式没有根本转变，高投入、高消耗、高排放、低效益的现象依然存在，经济增长的代价过大；企业制度不健全，市场体系不完善，政府“越位、缺位、错位”现象还不少，保障又好又快发展的制度建设依然滞后。这些深层次问题不解决，就很难从根本上解决投资膨胀、盲目追求速度的问题，也很难真正走上又好又快发展的道路。

三、促进国民经济又好又快发展的根本途径

当今世界正在发生广泛而深刻的变化，当

代中国正在发生广泛而深刻的变革,我们面临的机遇前所未有,面临的挑战也前所未有,关键是如何把握和运用机遇。促进国民经济又好又快发展,必须按照科学发展观的要求,坚持第一要义是发展,核心是以人为本,基本要求是全面协调可持续,根本方法是统筹兼顾,关键在于努力取得"两个重大进展":一个是要在加快转变经济发展方式方面取得重大进展,一个是要在完善社会主义市场经济体制方面取得重大进展。

在加快转变经济发展方式方面,要坚决克服片面追求速度的倾向,把经济工作的着力点转到调整结构、促进协调发展、提高质量和效益上来,实现促进经济增长由主要依靠投资、出口拉动向依靠消费、投资、出口协调拉动转变,由主要依靠第二产业带动向依靠第一、第二、第三产业协同带动转变,由主要依靠增加物质资源消耗向主要依靠科技进步、劳动者素质提高、管理创新转变。

提高自主创新能力。加大科技投入,优化科技资源配置,着力突破制约经济社会发展的关键技术。加快建设国家创新体系和以企业为主体、市场为导向、产学研相结合的技术创新体系。深化科技管理体制改革。实施知识产权战略。进一步营造鼓励创新的环境,培养造就世界一流科学家和科技领军人才。

推动产业结构优化升级。发展现代产业体系,促进工业由大变强,振兴装备制造业,加快淘汰落后生产能力。大力发展信息、生物、新材料、航空航天、海洋等产业,鼓励符合转变发展方式和节能减排要求的高技术产业加快发展。支持服务业关键领域、薄弱环节和新兴行业、新型业态发展,拓展金融、交通、物流、信息和技术服务等生产性服务业,丰富消费性服务业。加强基础产业基础设施建设。

推进社会主义新农村建设。加大支农惠农政策力度,严格保护耕地,增加农业投入,促进农业科技进步,增强农业综合生产能力。加强农村基础设施建设,健全农村市场和农业服务体系。以促进农民增收为核心,发展乡镇企业,壮大县域经济,多渠道转移农民就业。坚持农村基本经营制度,发展农民专业合作组织。培育有文化、懂技术、会经营的新型农民。提高扶贫开发水平。

加强能源资源节约和生态环境保护。落实节能减排工作责任制,完善配套政策,抓好重点领域,推动全民参与节能减排。开发和推广节约、替代、循环利用的先进适用技术,加强资源综合利用,大力发展清洁能源和可再生能源,保护土地和水资源。加大节能环保投入,加强污染防治力度。加强水利、林业、草原建设,促进生态修复。提高应对气候变化能力。

推动区域协调发展。继续实施区域发展总体战略,深入推进西部大开发,全面振兴东北地区等老工业基地,大力促进中部地区崛起,积极支持东部地区率先发展。按照形成主体功能区的要求,完善区域政策,调整经济布局。以增强综合承载能力为重点,形成辐射作用大的城市群,培育新的经济增长极。

加快转变外贸增长方式。立足以质取胜,调整进出口结构,促进加工贸易转型升级,大力发展服务贸易。创新利用外资方式,优化利用外资结构,发挥利用外资在推动自主创新、产业升级、区域协调发展等方面的积极作用。

在完善社会主义市场经济体制方面,要把深化改革作为贯彻落实科学发展观的重要内容,注重用改革的办法解决制约经济又好又快发展的体制、机制性障碍。

完善所有制结构。以国有大企业特别是中央企业、垄断行业企业为重点,继续深化国有企业公司制股份制改革,健全现代企业制度,优化国有经济布局和结构,增强国有经济活力、控制力、影响力。发展多种形式的集体经济、合作经济。推进公平准入,改善融资条件,促进个体、私营经济和中小企业发展。以现代产权制度为基础,发展混合所有制经济。

健全现代市场体系。进一步打破行政性垄断和地区封锁，加快形成统一开放竞争有序的现代市场体系。发展土地、技术和劳动力等各类生产要素市场，完善反映市场供求关系、资源稀缺程度、环境损害成本的生产要素和资源价格形成机制。

深化财税、金融、投资等重点领域改革。完善公共财政体系，继续深化预算制度和转移支付制度改革，健全中央和地方财力与事权相匹配的财政体制。实行有利于科学发展的财税制度，建立健全资源有偿使用制度和生态环境补偿机制。加快国有金融企业股份制改革，优化资本市场结构，提高直接融资比重，加强和改进金融监管，完善人民币汇率形成机制。推进投资体制改革，健全和严格市场准入制度，完善企业投资项目核准和备案制度，建立政府投资决策责任追究制。

完善宏观调控体系。发挥国家发展规划计划、产业政策在宏观调控中的导向作用，综合运用财政、货币、土地政策，进一步提高宏观调控水平。

要努力取得上述“两个重大进展”，必须切实转变发展理念，真正树立和坚持科学的发展观、正确的政绩观。要增强贯彻落实科学发展观的自觉性和坚定性，正确处理好与快的关系，真正把发展重心转到转变发展方式、提高经济增长质量和效益上来，克服不顾条件盲目追求增长速度的倾向。要把促进经济又好又快发展作为干部考核评价指标体系的重要内容，强化质量效益、科技进步、节能降耗、生态环保、社会事业和城乡居民生活等方面指标，使促进又好又快发展成为各级干部的自觉行动，切实把科学发展观的要求贯穿到经济社会发展的各个方面、各个环节。

（作者：国家发展和改革委员会主任）

坚定不移走中国特色社会主义道路

李景田

胡锦涛同志在十七大报告中强调指出：在当代中国，坚持中国特色社会主义道路，就是真正坚持社会主义。这对于统一全党思想，更好地动员和团结全国各族人民，深入贯彻落实科学发展观，夺取全面建设小康社会新胜利，开拓中国特色社会主义更为广阔的发展前景，具有重要的指导意义。

中国特色社会主义是中国共产党人长期探索形成的宝贵成果，是中国共产党人把马克思主义基本原理同中国具体实际相结合所作出的历史性选择，既体现了科学社会主义的基本原则，又具有鲜明的中国特色，是实现中华民族伟大复兴的正确道路，又是指导中国人民推进社会主义现代化的科学理论。

只有中国特色社会主义才能引领当代中国发展进步

改革开放以来，我国社会主义现代化建设在坚持以经济建设为中心的同时，政治建设、文化建设和社会建设也全面推进。到20世纪末，我们就已胜利地实现了现代化建设“三步走”战略的第一步和第二步目标，进入了全面建设小康社会、加快推进社会主义现代化新的发展阶段。我国的国际地位不断提高，形成了有利于全面建设小康社会的良好国际环境。举世瞩目的成就已雄辩地说明：中国特色社会主义道路是实现中国繁荣富强和中国人民幸福安康的正确道路。

只有中国特色社会主义才能凝聚全党和全国各族人民团结奋斗

中国特色社会主义实现了基本纲领和最高纲领的联系与结合，既符合中国共产党的奋斗目标，不断地朝着最高理想前进，又立足于当代中国的实际，符合当今时代的特点和要求，符合中国社会发展进步的需要，同时也集中代表了中国最广大人民的根本利益和共同意愿，具有强大的凝聚力和感召力。改革开放以来的实践证明，人民群众从中国特色社会主义的发展中获得了前所未有的巨大利益和实惠，因而发自内心地拥护中国特色社会主义，坚定不移地建设中国特色社会主义。我们党在推进中国特色社会主义事业的伟大征程中，虽然几经风雨，甚至面临过世界社会主义出现低潮的严峻考验，但是全党同志和全国人民始终团结在党中央周围，坚持走中国特色社会主义道路，不断推进中国特色社会主义事业。这种客观事实本身已充分说明，中国特色社会主义是凝聚全党和全国各族人民团结奋斗的强大力量。面向未来，中国特色社会主义依然是中国发展的唯一正确道路，是指引中国实现社会主义现代化的科学理论。

坚定不移走中国特色社会主义道路努力夺取全面建设小康社会新胜利

坚定不移走中国特色社会主义道路，必须始终不渝地坚持以邓小平理论和“三个代表”重要思想为指导，深入贯彻落实科学发展观。一要正确认识和把握基本国情，坚持党的基本路线不动摇。二要始终做到胡锦涛同志提出的“四个坚定不移”，继续解放思想，坚持改革开放，推动科学发展，促进社会和谐。三要推进经济、政治、文化、社会事业全面发展。四要坚持党要管党、从严治党，继续推进党的建设新的伟大工程。要居安思危、增强忧患意识，戒骄戒躁、艰苦奋斗，加强学习、勤奋工作，加强团结、顾全大局，做到思想上始终清醒、政治上始终坚定、作风上始终务实，自觉把思想和行动统一到党的十七大精神上来，把智慧和力量凝聚到落实党的十七大提出的重大战略部署和各项重大任务上来，为夺取全面建设小康社会新胜利、开创中国特色社会主义事业新局面而团结奋斗。

（作者：中共中央党校常务副校长）

认真学习深刻领会党的十七大精神

苏　荣

党的十七大是在我国改革发展关键阶段召开的一次十分重要的大会。大会全面分析国内外形势的发展变化，对党和国家事业的发展作出全面部署，选举产生新一届中央委员会和中央纪律检查委员会，审议并通过党章修正案。会议开得十分成功，十分圆满，对于我们党提高执政能力、履行执政使命，团结带领全国各族人民全面建设小康社会、加快推进社会主义现代化、开创中国特色社会主义事业新局面，将产生重大而深远的影响。

一、十七大报告是十七大精神的集中体现，是全党集体智慧的结晶

十七大精神集中体现在十七大报告中。十七大报告集中了全党的智慧，是一篇顺应全党全国各族人民共同心愿、符合中国特色社会主义发展要求的政治报告，是我们党团结带领全国各族人民坚定不移地走中国特色社会主义道路、在新的历史起点上继续发展中国特色社会主义的政治宣言和行动纲领，是马克思主义的纲领性文献。

去年12月，中央政治局决定成立党的十七大报告起草组，并确定了报告起草的指导原则，即坚持以马克思列宁主义、毛泽东思想、邓小平理论和“三个代表”重要思想为指导，全面贯彻落实好科学发展观；总结党领导人民推进社会主义现代化建设的生动实践和新鲜经验，坚定不移地推进改革开放；坚持以战略性思维和前瞻性眼光规划我国改革开放的蓝图；坚持解放思想、实事求是、与时俱进。

报告起草工作一开始，党中央就提出，在整个起草过程中都要发扬民主、加强调查研究、广泛听取意见，集中各方面的丰富智慧，努力把报告写成坚持以马克思主义为指导、体现马克思主义中国化最新成果的文件，写成承前启后、继往开来的文件，写成求真务实、改革创新的文件。

去年12月15日，中央下发了《关于对党的十七大报告议题征求意见的通知》，各地区各部门认真组织学习讨论，于今年1月16日前报送了124份书面报告。中央还委托中央统战部听取了各民主党派中央、全国工商联及无党派人士的意见。之前，中央组织36个部门和单位就20个重点课题、62个分课题开展调研。中央党校参与了其中两个重点课题的调研。各课题组共召开座谈会1523个，参加座谈会的人员达到20072人次。课题研究结束后，胡锦涛同志亲自主持召开了12次会议，听取有关课题组的汇报。报告起草组的同志还到13个省区市进行专题调研，召开了51次座谈会。报告起草组对各方面提出的意见和建议进行了认真梳理和研究，在此基础上开展起草工作。起草期间，报告起草组又就17个重大课题到14个中央和国家机关进行调研，同这些部门的主要负责同志或分管领导同志进行座谈、听取意见，并根据他们的意见和建议对报告稿进行修改。

报告起草过程中，注意把握了三点。一是坚持继承与创新相结合。强调要坚持党的基本理论、基本路线、基本纲领、基本经验，保持理论和路线方针政策的连续性和稳定性，同时要坚持解放思想、实事求是、与时俱进，努力推进理论创新和其他方面的创新，增强党和国家工作的开拓性和创造性。二是坚持理论与实践相结合。强调要以马克思主义的立场、观点、方法分

析研究问题，着力回答关系党和国家工作全局、人民群众普遍关注的重大理论问题，提高报告的思想性和理论性，同时努力在改革发展稳定、内政外交国防、治党治国治军各个方面研究提出一些重大政策和改革措施，增强报告的针对性和可操作性。三是坚持当前与长远相结合。强调要坚持针对我国现阶段发展面临的突出矛盾，围绕人民最关心、最直接、最现实的利益问题提出对策、措施、办法，以改进工作、完善制度，同时坚持进行前瞻性思维，分析未来国际国内形势的发展变化，对今后5年以及到2020年党和国家事业的发展进行全面规划，提出大政方针，作出战略部署。

3月22日、4月19日、5月13日、5月31日，中央政治局常委会先后4次审议报告稿。6月15日，中央政治局审议了报告稿。6月25日，胡锦涛同志在中央党校省部级干部进修班上就党的十七大报告起草涉及的若干重大问题作了重要讲话。之后，中央征求了参加会议的各地区和有关部门主要负责同志的意见，共收到书面材料83份。报告起草组认真研究大家的意见，对报告稿再次进行修改，形成了下发的报告征求意见稿。

根据中央政治局的决定，党的十七大报告征求意见稿于7月11日下发各省区市、中央各部委、中央国家机关部委、军委总政治部、各人民团体、各民主党派中央、全国工商联及无党派人士和党内部分老同志征求意见。这次征求意见扩大了范围，据各省区市、各部门和军委总政治部统计，征求意见人数共5560人，与党的十六大时相比增加约2520人。各方面认真组织学习讨论，反馈了意见和建议。7月18日至31日，中央召开了7个座谈会，当面听取各省区市、军队大单位主要负责同志，各民主党派中央、全国工商联领导人和无党派人士的意见，与会同志共提交书面材料82份。

报告起草组对收到的所有修改意见和建议进行了认真的整理。经汇总，各方面共提出修改意见和建议2700条，扣除重复意见后为1957条，其中原则性意见289条，具体修改意见1668条；具体修改意见中，实质性修改意见814条，文字性修改意见854条。

在对反馈的意见逐篇逐条汇总和分析的基础上，报告稿力求做到能吸收的尽量吸收，对明显属于部门和地方工作、过于具体的意见没有吸收。报告稿增写、改写、文字精简共951处，覆盖890条意见和建议、133个单位。

在征求意见的过程中，不少单位建议适当压缩报告稿篇幅，突出政治报告特点，减少具体工作部署的内容。报告稿在吸收各方面修改意见和建议的基础上，在篇幅上进行了压缩。现在，报告稿篇幅比党的十五大、十六大报告都短一些。

8月30日、9月17日，中央政治局常委会、中央政治局先后审议了修改后的报告稿，同意把报告稿提交党的十六届七中全会审议。党的十六届七中全会一致通过了修改后的报告。胡锦涛同志在党的十七次全国代表大会上作了十分成功的报告，报告过程中会场响起了40次热烈掌声，反映了全体代表对报告的拥护和赞成。

二、十七大政治报告突出强调的重要思想观点

十七大报告高举中国特色社会主义伟大旗帜，坚持和发展中国特色社会主义理论体系，充满了创新精神，包含了一系列新观点、新思想、新提法和新举措。

1. 关于中国特色社会主义是当代中国发展进步的旗帜，是全党全国各族人民团结奋斗的旗帜的重要思想观点

胡锦涛同志指出，“中国特色社会主义伟大旗帜，是当代中国发展进步的旗帜，是全党全国各族人民团结奋斗的旗帜”。在报告中，胡锦涛同志联系新时期改革开放的伟大实践，联系我们党和国家面临的新机遇新挑战，鲜明地回答了在当代中国举什么旗、坚持和发展什么理论、走什么路、以什么样的精神状态、朝着什么样的

发展目标继续前进的根本问题，为党和国家的各项工作指明了前进方向。旗帜就是方向，旗帜就是形象；旗帜就是党的指导思想和行动指南；旗帜就是党的共同信念、共同理想和共同目标的集中表达。中国特色社会主义，是中国共产党人的正确选择和伟大创造。新时期以来，我们党的全部理论和实践都是紧紧围绕建设、捍卫和发展中国特色社会主义这个主题来进行的。实践已经充分证明，中国特色社会主义是完全正确的主义，中国特色社会主义道路是完全正确的道路，除此之外，没有什么别的主义、别的道路能够解决当代中国的前途命运和发展进步问题。

正如胡锦涛同志在报告中所阐明的：中国特色社会主义之所以正确、之所以能够引领中国发展进步，关键在于我们既坚持了科学社会主义的基本原则，又根据我国实际和时代特征赋予其鲜明的中国特色。《共产党宣言》发表以来近160年的实践，特别是中国共产党人创造性地领导中国革命、建设、改革的成功实践告诉我们，马克思主义只有与中国实际和时代特征相结合，才能成功，才能胜利；科学社会主义基本原则只有赋予中国特色和时代特征，才能成功，才能胜利；离开中国实际和时代特征来谈马克思主义，没有前途，没有意义；离开指引我们取得伟大成功的中国特色社会主义去另外寻找别的什么主义，没有前途，没有意义。

2. 关于解放思想是发展中国特色社会主义的一大法宝的重要思想观点

胡锦涛同志在报告中强调指出，解放思想，是发展中国特色社会主义的一大法宝。从1978年改革开放至今，我们之所以取得今天的成绩，恢复和坚持实事求是的正确思想路线是重要的思想基础。毛泽东思想活的灵魂是实事求是，一切从实际出发。然而如果不解放思想，就实现不了实事求是。1978年改革开放之初，如果当时不从对毛泽东同志的盲目的个人迷信中解放出来，如果不从“左”的路线和理论束缚中解放出来，就不可能做到实事求是。如果不解放思想，不开展“实践是检验真理的唯一标准”的大讨论，全党怎么能从“左”的理论和路线束缚下解放出来呢？没有解放思想，农村改革、城市改革、国有企业改革，一切改革，都不会进行下去。解放思想是坚持中国特色社会主义道路的思想保证。实践永无止境，创新永无止境。胡锦涛同志号召全党“坚持解放思想、实事求是、与时俱进，勇于变革、勇于创新，永不僵化、永不停滞，不为任何风险所惧，不被任何干扰所惑”，只有坚持解放思想、实事求是、与时俱进，才能使中国特色社会主义理论越来越宽广，让当代中国马克思主义放射出更加灿烂的真理光芒。

3. 关于改革开放是发展中国特色社会主义的强大动力的重要思想观点

胡锦涛同志全面回顾了改革开放近30年的伟大历程，总结了改革开放的基本经验，指出，改革开放是新的时代条件下进行的新的伟大革命。十一届三中全会开启了改革开放的历史新时期。新时期最鲜明的特点是改革开放。“改革开放是决定当代中国命运的关键抉择，是发展中国特色社会主义、实现中华民族伟大复兴的必由之路，只有改革开放才能发展中国、发展社会主义、发展马克思主义”。报告的这个重要论断是对改革开放伟大历程的科学总结，是被实践证明了的科学真理。这个科学总结和科学真理，蕴涵了这样一个重要的内在逻辑，即：中国特色社会主义之所以具有蓬勃的生命力，就在于它是实行改革开放的社会主义；我国的改革开放之所以能够顺利推进，就在于它是有利于建设和发展中国特色社会主义的改革开放。

当然，改革开放作为一场新的伟大革命，不可能一帆风顺，也不可能一蹴而就。改革开放符合党心民心，顺应时代潮流，方向和道路是完全正确的，成效和功绩不容否定，停顿和倒退没有出路。我们要清醒认识和把握党和国家在改革开放关键阶段面临的新机遇、新挑战和新课题、新矛盾，特别是要顺应经济体制深刻变革、社会结构深刻变动、利益格局深刻调整、思想观念深刻变化，以及党面临的机遇前所未有、面对的挑战也前所未有的新形势、新情况，把坚持改革开放同继续解放思想结合起来，同推动科学发展、促进社会和谐结合起来。要在进一步坚定改革开放的决心和信心的同时，努力提高改革决策的科学性、增强改革措施的协调性，从而进一步凝聚改革共识、坚定改革方向、完善改革举措、致力改革攻坚。要坚持用推动科学发展、促进社会和谐来深化改革，在深化改革中实现科学发展与促进社会和谐。

4. 关于科学发展、社会和谐是坚持中国特色社会主义道路的基本要求的重要思想观点

胡锦涛同志在报告中指出，深入贯彻落实科学发展观，要求我们积极构建社会主义和谐社会。科学发展是中国特色社会主义发展的基本要求，社会和谐是中国特色社会主义的本质属性。科学发展和社会和谐是内在统一的，没有科学发展，就没有社会和谐；没有社会和谐也难以实现科学发展。科学发展贯穿中国特色社会主义建设的全过程。构建社会主义和谐社会是中国特色社会主义建设的长远的战略任务。构建社会主义和谐社会首先要通过发展增加物质财富，不断改善人民生活；构建社会主义和谐社会又要通过发展保证社会公平公正，实现社会公平正义是中国共产党人的一贯主张，是发展中国特色社会主义的重大任务；构建社会主义和谐社会还要着力解决人民群众最关心、最直接、最现实的利益问题，努力形成全体人民各尽其能、各得其所而又和谐相处的局面；构建社会主义和谐社会，还要善于协调各方利益关系，正确处理人民内部矛盾和各类社会矛盾。总之，在科学发展的过程中，要按照民主法治、公平正义、诚信友爱、充满活力、安定有序、人与自然和谐相处的总要求，以及共同建设、共同享有的原则，形成和谐的社会环境。

5. 关于坚持中国特色社会主义理论体系，就是在当代中国坚持马克思主义的重要思想观点

胡锦涛同志指出，“中国特色社会主义理论体系，就是包括邓小平理论、‘三个代表’重要思想以及科学发展观等重大战略思想在内的科学理论体系”。“在当代中国，坚持中国特色社会主义理论体系，就是真正坚持马克思主义”。中国特色社会主义理论体系是改革开放的历史新时期我们党的理论创新成果，总体上属于马克思列宁主义同中国实际相结合的第二次历史性飞跃的理论成果。这个理论体系，坚持和发展了马克思列宁主义、毛泽东思想，凝结了几代中国共产党人的智慧和心血。党的十三大报告第一次提出了建设有中国特色的社会主义理论的概念，指出，党的十一届三中全会以来，我们党在对社会主义再认识的过程中，构成了建设有中国特色的社会主义理论的轮廓。党的十四大报告明确提出邓小平同志建设有中国特色社会主义的理论，强调邓小平同志对建设有中国特色社会主义理论的创立作出了历史性的重大贡献。党的十五大报告指出，马克思列宁主义同中国实际相结合有两次历史性飞跃，产生了两大理论成果。第一次飞跃的理论成果是被实践证明了的关于中国革命和建设的正确的理论原则和经验总结，它的主要创立者是毛泽东。第二次飞跃的理论成果是建设有中国特色社会主义理论，它的主要创立者是邓小平。也就是说，我们党已经明确，中国特色社会主义理论是邓小平同志在改革开放历史新时期创立的，也是在改革开放历史新时期不断丰富和发展的。当然，中国特色社会主义理论体系，是对毛泽东同志艰辛探索社会主义建设规律重要思想成果的继承和发展。胡锦涛同志在报告中明确指出：“这个理论体系，坚持和发展了马克思列宁主义、毛泽东思想，凝结了几代中国共产党人带领人民不懈探索实践的智慧和心血。”这就把中国特色社会主义理论体系同马克思列宁主义、毛泽东思想既一脉相承又与时俱进的内在联系讲清楚了。

中国特色社会主义理论体系，是马克思主义中国化的最新成果，是党最可宝贵的政治和精神财富，是全国各族人民团结奋斗的思想基础，一定要坚持这个理论体系。胡锦涛同志指出，改革开放以来我们取得一切成绩和进步的根本原因，归结起来就是开辟了中国特色社会主义道路，形成了中国特色社会主义理论体系，高举中国特色社会主义伟大旗帜，最根本的就是坚持这条道路和这个理论体系。在当代中国坚持中国特色社会主义理论体系，就是真正坚持中国特色社会主义。中国特色社会主义理论体系是不断发展的开放的理论体系，还要在实践中不断充实、丰富和发展。

6. 关于牢记社会主义初级阶段基本国情，始终坚持党在社会主义初级阶段的基本路线不动摇的重要思想观点

胡锦涛同志在报告中再次重申和强调了社会主义初级阶段基本国情和基本路线问题，他要求我们立足于社会主义初级阶段的基本国情，始终坚持"一个中心，两个基本点"的基本路线。这充分体现了新时期以来我们党的几代中央领导集体，在这个关系党和国家工作全局的重大理论和实际问题上是一以贯之、毫不动摇的。清醒地认识和把握我国的基本国情，是保证我们党的理论、路线、方针、政策和党的全部工作，既不割断历史、又不迷失方向，既不落后于时代、又不超越阶段的关键。党的十一届三中全会以前，我国在社会主义建设中出现一些重大失误的根本原因之一，就在于提出的一些任务和政策超越了社会主义初级阶段。近30年来改革开放和现代化建设取得成功的根本原因之一，就是克服了那些超越阶段的错误观念和政策，又抵制了抛弃社会主义基本制度的错误主张。可以说，建设和发展中国特色社会主义的过程，就是不断从理论和实践的结合上搞清楚什么是初级阶段中国特色的社会主义、在初级阶段怎样建设中国特色社会主义的过程。

正是基于基本国情，我们党正确提出了党的基本路线。党的基本路线是党和国家的生命线，是实现科学发展的政治保证。以经济建设为中心是兴国之要，是我们党我们国家兴旺发达和长治久安的根本要求；四项基本原则是立国之本，是党和国家生存发展的政治基石；改革开放是强国之路，是党和国家发展进步的活力源泉。改革开放以来，我国经济实力和综合国力虽然有很大发展，各项事业虽然取得了举世瞩目的成就，但我国仍处于并将长期处于社会主义初级阶段的基本国情没有变。因此，中央明确要求全党同志牢记社会主义初级阶段基本国情，始终坚持"一个中心、两个基本点"的基本路线，这就要求全党同志从社会主义初级阶段这个最大的实际出发，统一思想认识、确定方针政策、抓好工作落实。这就是胡锦涛同志在"6·25"讲话中所指出的："全党同志和党的高级干部，必须牢记社会主义初级阶段基本国情，认清全面建设小康社会、实现我国基本现代化、巩固和发展社会主义制度的重要性、长期性、艰巨性，增强聚精会神搞建设、一心一意谋发展的坚定性，提高想问题、办事情决不可脱离实际的自觉性，清醒而又顽强地为实现党的历史使命而扎实奋斗、不懈奋斗。"

7. 关于深入贯彻落实科学发展观，实现我国经济社会又好又快发展的重要思想观点

报告全面深刻地阐述了科学发展观的科学内涵和精神实质，对科学发展观作了科学的定位。科学发展观是对党的三代中央领导集体关于发展的重要思想的继承和发展，是马克思主义关于发展的世界观和方法论的集中体现，是同马克思列宁主义、毛泽东思想、邓小平理论和"三个代表"重要思想既一脉相承又与时俱进的科学理论，是我们经济社会发展的重要指导方针，是发展中国特色社会主义必须坚持和贯彻的重大战略思想。

科学发展观是立足于初级阶段的基本国情，而又适应新世纪新阶段的发展要求，并在借鉴国外发展经验的基础上，为实现我国经济社会又好又快发展提出来的。胡锦涛同志在报告中高度概括了科学发展观的科学内涵，即：第一要义是发展，核心是以人为本，基本要求是全面协调可持续，根本方法是统筹兼顾。这四句话是对科学发展观的内涵所作的最全面、最深刻而又最鲜明的新概括，对我们深刻认识和深入贯彻落实科学发展观，具有重大指导作用。胡锦涛同志提出了深入贯彻落实科学发展观的四个方面的基本要求，即：要始终坚持“一个中心、两个基本点”的基本路线、积极构建社会主义和谐社会、继续深化改革开放、切实加强和改进党的建设。落实这四个方面的基本要求，实际上就是为深入贯彻落实科学发展观提供政治保证、社会环境保证、体制机制保证和组织保证。我们只有深刻理解和全面贯彻这些基本要求，才能奋力开拓中国特色社会主义更为广阔的发展前景。胡锦涛同志号召全党全面把握科学发展观的科学内涵和精神实质，增强贯彻落实科学发展观的自觉性和坚定性，把科学发展观贯彻落实到经济社会的各个方面。

8. 关于切实落实党和国家2020年全面建设小康社会奋斗目标更高要求的重要思想观点

报告适应国内外形势的新变化，在十六大确立的全面建设小康社会的基础上，对我国2020年奋斗目标又提出了更高要求。从增强发展协调性，努力实现经济又好又快发展；扩大社会主义民主，更好地保障人民权益和社会公平正义；加强文化建设，明显提高全民族文化素质；加快发展社会事业，全面改善人民生活；建设生态文明，基本形成节约资源和保护环境的产业结构等5个方面，全面阐述了实现全面建设小康社会奋斗目标的新要求，提出今后5年是全面建设小康社会的关键时期，要坚定信心，埋头苦干，为全面建成惠及十几亿人口的更高水平的小康社会打下更加牢固的基础。

9. 关于落实中国特色社会主义事业“四位一体”总体布局，努力推进社会主义经济建设、政治建设、文化建设、社会建设全面发展的重要思想观点

随着科学发展观、构建社会主义和谐社会等一系列重大战略思想的提出，中国特色社会主义伟大事业的总体布局已经由经济建设、政治建设、文化建设“三位一体”的任务，扩展为包括社会建设在内的“四位一体”的任务；相应的，四大建设的目标要求也更加明确了，由富强、民主、文明三个方面扩展为富强、民主、文明、和谐四个方面。推进社会主义经济建设、政治建设、文化建设和社会建设，实现富强、民主、文明、和谐的中国特色社会主义，构成了中国特色社会主义建设的总体布局。在现阶段，我们党要建设的社会主义经济，就是社会主义市场经济；我们党要建设的社会主义政治，就是社会主义民主政治；我们党要建设的社会主义文化，就是社会主义先进文化；我们党要建设的社会主义社会，就是社会主义和谐社会。在这个基础上，把我们国家建设成为富强、民主、文明、和谐的社会主义现代化国家。

胡锦涛同志在报告中从“四位一体”的总体布局出发，对促进国民经济又好又快发展，坚定不移发展社会主义民主政治，推动社会主义文化大发展大繁荣，加快推进以改善民生为重点的社会建设作了全面部署。在“四位一体”的总体布局中，经济建设提供物质基础，政治建设提供政治保障，文化建设提供精神动力和智力支持，社会建设提供有利的社会环境和条件。这四个方面的建设是既相互联系又相互促进的。政治报告着眼于这个总体布局，对经济、政治、文化、社会建设提出了明确要求。综观这些要求，关于四大建设的每一方面到底应当怎么建，思路更加清晰了；关键点在哪里，突破口在何处，揭示得更清晰、更到位了。这就表明，经过近30年来的改革开放和社会主义现代化建设，我们党在实践中对于共产党执政规律、社会主义建设规律、人类社会发展规律这三大规律的认识更深刻、把握更自如了。只要我们坚决按照这个部署去认真实践，就一定能够把中国建成全面发展、全面进步的社会主义社会。

10. 关于以改革创新的精神全面推进党的建设新的伟大工程的重要思想观点

胡锦涛同志指出，“中国特色社会主义事业是改革创新的事业。党要站在时代前列带领人民不断开创事业发展新局面，必须以改革创新精神加强自身建设，始终成为中国特色社会主义事业的坚强领导核心”。我们党要带领人民夺取全面建设小康社会新胜利，开创中国特色社会主义事业新局面，关键是要以改革创新精神抓好党的自身建设。应当看到，改革创新是当今时代的潮流。中国特色社会主义事业是改革创新的事业，我们国家的发展方向是要建成创新型国家。这样的时代背景和发展大势，呼唤我们在党的自身建设中也必须坚持改革创新精神，以改革创新精神全面推进党的建设新的伟大工程。

我们党已经成立86年，执政58年，有7000多万党员，国际国内形势发生了重大变化，改革开放一方面给党带来了巨大活力，另一方面也使党面临着许多前所未有的新课题、新考验，这就决定了以改革创新精神加强党的自身建设既十分重要又十分紧迫。坚持以改革创新精神全面推进党的建设新的伟大工程，同坚持党要管党、从严治党，按照为民、务实、清廉的要求，全面加强党的思想建设、组织建设、作风建设、制度建设和反腐倡廉建设，是完全一致的。胡锦涛同志关于加强和改进党的建设的重要讲话所提出的一系列新要求、新举措，处处都体现了鲜明的改革创新精神。在思想建设中明确提出深入学习贯彻中国特色社会主义理论体系，着力用马克思主义中国化的最新成果武装全党，深入学习科学发展观；在组织建设中明确提出继续加强执政能力建设和造就高素质领导班子；在作风建设中明确提出切实改进党的作风，着力加强反腐倡廉建设；在党内民主建设上明确提出积极推进党内民主建设，着力增强党的团结统一；在基层党的建设上明确提出全面巩固和发展先进性建设成果，着力加强党的基层建设；在干部队伍建设上明确提出不断深化干部人事制度改革，着力造就高素质干部队伍和人才队伍。这就为我们在新形势下以改革创新精神全面推进党的建设新的伟大工程、提高党的自身建设和管理水平，拓宽了视野，指明了方向。胡锦涛同志在这部分用了很长篇幅强调了我们党反对腐败的决心。

（作者：中共中央党校原常务副校长、现任中共江西省委书记）

深入贯彻落实科学发展观
奋力开创经济社会发展新局面

徐光春

认真学习和准确把握
十七大报告关于科学发展观的阐述

党的十七大报告对科学发展观作了系统、全面、深刻、精辟的阐述，对深入贯彻落实科学发展观提出了明确要求，表明我们党对共产党执政规律、社会主义建设规律、人类社会发展规律的认识进一步深化，开拓了中国特色社会主义理论发展的新境界。

进一步阐明了科学发展观的重要地位和重大意义。十七大报告明确指出，科学发展观是对党的三代中央领导集体关于发展的重要思想的继承和发展，是马克思主义关于发展的世界观和方法论的集中体现，是同马克思列宁主义、毛泽东思想、邓小平理论和“三个代表”重要思想既一脉相承又与时俱进的科学理论，是我国经济社会发展的重要指导方针，是发展中国特色社会主义必须坚持和贯彻的重大战略思想。这一重要论述，从理论和实践上进一步明确了科学发展观的科学定位，深刻揭示了科学发展观在中国特色社会主义理论体系和党的事业发展全局中的重大意义。

进一步阐明了科学发展观形成的历史条件和时代背景。科学发展观是十六大以来我们党从新世纪新阶段党和人民事业发展全局出发提出的重大战略思想，是立足社会主义初级阶段基本国情，总结我国发展实践，借鉴国外发展经验，适应新的发展要求提出来的。十七大报告全面深刻地分析了科学发展观提出的历史条件和时代背景。

进一步阐明了科学发展观的科学内涵和精神实质。十七大报告指出：“科学发展观，第一要义是发展，核心是以人为本，基本要求是全面协调可持续，根本方法是统筹兼顾。”这一精辟概括，深刻揭示了科学发展观的科学内涵和精神实质。报告用四个“必须坚持”对科学发展观的科学内涵和精神实质作了进一步阐释。必须坚持把发展作为党执政兴国的第一要务，突出体现了发展对于全面建设小康社会、加快推进社会主义现代化具有的决定性意义。抓住发展，就抓住了社会主义现代化建设的根本任务和主要内容，抓住了中国特色社会主义事业的关键。必须坚持以人为本，强调党的一切奋斗和工作都是为了造福人民，集中体现了我们党全心全意为人民服务的根本宗旨。必须坚持全面协调可持续，是经济、政治、文化、社会等各方面的发展与人的全面发展的辩证统一，是发展的速度和结构质量效益相统一，是经济发展与人口资源环境相协调。必须坚持统筹兼顾，是我们党长期执政中一条行之有效的重要经验，也是在新的历史条件下保证全面协调可持续发展的根本方法。

进一步阐明了科学发展观与党的基本路线的关系。十七大报告明确指出，深入贯彻落实科学发展观，要求我们始终坚持“一个中心、两个基本点”的基本路线。党的基本路线是党和国家的生命线，是实现科学发展的政治保证。科学发展观是我国经济社会发展的重要指导方针，坚持党的基本路线、发展中国特色社会主义，必须深入贯彻落实科学发展观。只有始终坚持科学发展，才能保证党的基本路线得到贯彻落实；只有始终坚持党的基本路线，才能不断促进科学发展。

进一步阐明了科学发展观与社会主义和谐社会的关系。十七大报告明确指出："科学发展和社会和谐是内在统一的。没有科学发展就没有社会和谐，没有社会和谐也难以实现科学发展。"一方面，社会和谐是实现科学发展的重要条件，也是科学发展的历史任务和社会结果，贯穿于中国特色社会主义事业全过程。另一方面，科学发展是社会和谐的根本基础，没有发展，特别是没有科学发展，没有经济实力，社会缺乏必要的物质基础，社会和谐就难以做到。全面贯彻落实科学发展观同构建社会主义和谐社会紧密联系、不可分割。

进一步阐明了科学发展观与改革开放的关系。十七大报告明确指出，深入贯彻落实科学发展观，要求我们继续深化改革开放，从而深刻地揭示了科学发展观和改革开放的关系。一方面，改革开放是决定当代中国命运的关键抉择，是建设富强民主文明和谐的社会主义现代化强国的必由之路。只有改革开放才能发展中国、发展社会主义、发展马克思主义。深入贯彻落实科学发展观，必须用改革的办法解决前进中的问题，推进各方面体制机制创新，全面提高开放水平，建立充满活力、富有效率、更加开放、有利于科学发展的体制机制，为发展中国特色社会主义提供强大动力和体制保障。另一方面，科学发展观既是指导发展的世界观和方法论，同时也是指导改革开放的世界观和方法论。只有坚持以科学发展观为指导，推进改革开放，才能提高改革决策的科学性，增强改革措施的协调性，把改革创新精神贯彻到治国理政的各个环节。

进一步阐明了科学发展观与党的建设的关系。十七大报告明确指出，深入贯彻落实科学发展观要求我们必须加强党的建设，特别强调党要站在时代前列带领人民不断开创事业发展新局面，必须以改革创新精神加强自身建设。这充分说明，科学发展观作为发展中国特色社会主义事业必须坚持和贯彻的重大战略思想，对全面加强党的建设提出了新任务新要求，同时也只有切实加强党的建设，才能促进科学发展，实现科学发展。一方面，党是中国特色社会主义事业的领导核心，科学发展的道路是党领导开辟的，贯彻落实科学发展观，必须以改革创新精神全面推进党的建设新的伟大工程，提高党领导和驾驭发展全局的水平与能力，为实现科学发展提供可靠的政治和组织保证。另一方面，科学发展观规定了全面加强党的建设的历史任务和目标要求，只有切实加强党的建设，把提高党的执政能力、保持和发展党的先进性体现到促进科学发展上来，才能更好地实现好维护好发展好最广大人民的根本利益，进一步赢得最广大人民群众的拥护和支持。

进一步阐明了深入贯彻落实科学发展观的根本要求。十七大报告明确提出，深入贯彻落实科学发展观，要求我们始终坚持"一个中心、两个基本点"的基本路线，要求我们积极构建社会主义和谐社会，要求我们继续深化改革开放，要求我们切实加强和改进党的建设。落实好这"四个方面的要求"，深入贯彻落实科学发展观就有了政治保证、社会环境保证、体制机制保证和组织保证。

总之，十七大报告围绕科学发展观深刻阐明了这八个方面的重大问题，表明我们党提出的科学发展观已经形成了一个完整的科学理论体系，为我们指明了前进方向，提供了行动纲领。

充分认识科学发展观的
重大理论意义和实践意义

人类社会是在发展中不断前进的，发展是人类社会的永恒主题。发展社会主义是贯穿马克思列宁主义、毛泽东思想、邓小平理论和"三个代表"重要思想的一条主线，中国共产党人沿着这条主线，坚持不懈地进行政治上的追求、思想上的探索、理论上的创新、实践上的进步。科学发展观更加全面、更加科学、更加准确地回答了关于发展的认识问题、实现问题、评价问题和发展成果分享问题，是中国特色社会主义理论的新发展，不仅对于丰富和发展马克思主义具有重大的理论意义，而且对于指导经济社会发展具有重大的实践意义。

科学地解决了对发展的认识问题，回答了发展是什么，什么样的发展才是科学发展。科学发展观强调的发展是以人为本的发展、合乎客观规律的发展、全面协调可持续的发展、又好又快的发展。在对发展的本质认识上，科学发展观把以人为本作为核心，坚持以最广大人民的根本利益为本，强调发展为了人民、发展依靠人民、发展成果由人民共享，把对发展的目的、动力、标准的认识上升到了新高度，体现了我们党的性质、宗旨和执政理念在发展问题上的新要求；在发展布局上，把社会建设与经济建设、政治建设、文化建设一起纳入中国特色社会主义事业的总体布局，由“三位一体”发展成为“四位一体”，使中国特色社会主义发展战略更加全面、协调、均衡；在发展的本质要求上，把又好又快作为当前和今后一个时期我国经济社会发展的一个重要指导方针，更加突出转变发展方式，更加重视速度质量效益相统一、人口资源环境相协调，实现了由又快又好向又好又快的重大转变，体现了我们党对新阶段中国特色社会主义经济社会发展规律的新认识。

科学地解决了发展的途径问题，回答了怎样才能实现科学发展。科学发展观明确提出要运用“统筹兼顾”的根本方法来实现“全面协调可持续”的发展。所谓“统筹兼顾”，就是总揽全局，科学运筹，协调发展，兼顾各方，正确处理涉及发展全局的一系列重大关系问题，提高工作的系统性、原则性、预见性和创造性。在发展方式上，强调要更深刻、更自觉地把握经济发展规律，下更大决心、采取更有力的措施，提高经济发展的质量和效益。在发展动力上，坚持把改革开放和科技创新作为动力，注重提高改革决策的科学性、增强改革措施的协调性。在发展保证上，坚持解放思想、实事求是、与时俱进的思想路线，把党的先进性建设作为主线，把执政能力建设作为重点，把加强作风建设作为关键。科学发展观对实现科学发展的方式、动力、保证等重大问题的明确回答，使我们在怎样实现科学发展这个问题上的认识更深刻、理解更透彻、把握更准确、思路更清晰。

科学地解决了对发展的评价问题，回答了发展成果的价值尺度和衡量标准。发展的评价问题，反映了一个发展理论体系的根本价值取向，体现了发展的出发点和落脚点。科学发展观在继承毛泽东思想、邓小平理论和“三个代表”重要思想关于发展的重要思想，借鉴国外关于发展的有益成果的基础上，明确提出要坚持以人为本，把人的全面发展作为发展生产力和政治、文化、社会发展的最终目标，作为衡量发展的最高原则和最高评价标准。这一评价标准，把人作为发展的前提、动力、目的，充分体现了发展评价标准的与时俱进和全面升华。

科学地解决了发展成果的享用问题，回答了发展为了谁，发展成果由谁共享。发展目的是科学发展观的首要问题，是科学发展的根本出发点和归宿。不同的社会制度决定不同的发展目的，不同的发展目的又体现了不同的社会制度。科学发展观的核心是以人为本，一方面，坚持以最广大人民的根本利益为本，以实现人的全面发展为目标，坚持发展为了人民、发展依靠人民、发展成果由人民共享，充分体现了我们党全心全意为人民服务的宗旨；另一方面，强调发展成果由人民共享，就是要走共同富裕的道路，让发展成果惠及广大人民群众，充分体现了社会主义制度的优越性。

科学发展观对一系列重大问题作出的回答，表明科学发展观在理论上具有很强的科学性，在内容上具有很强的创造性，在实践上具有很强的指导性，是发展中国特色社会主义事业的强大思想武器；表明科学发展观是管长远的、管根本的、管全局的指导思想；是我们党必须长期坚持的重要指导方针和重大战略思想。

切实抓好深入贯彻落实科学发展观的重点工作

深入贯彻落实科学发展观涉及方方面面，必须在统揽全局中抓住重点，以重点的突破带动全局的发展。从河南实际出发，当前和今后一个时期，要突出抓好以下六项重点工作。

一是民生问题。以胡锦涛同志为总书记的党中央高度重视并切实解决民生问题，受到了广大群众的衷心拥护，树立了亲民爱民为民的良好形象。河南省委、省政府着力解决人民群众最关心、最直接、最现实的利益问题，集中财力、物力、人力，连续三年每年为群众办好十大实事，并形成了为人民群众办实事办好事的长效机制，使群众得到了更多实惠。民生问题不仅是当前亟待解决的重点问题，而且是需要长期努力解决的重大问题。我们必须把关注民生、重视民生、保障民生、改善民生放在更加重要的位置，把群众呼声作为第一信号，把群众需要作为第一选择，把群众满意作为第一标准，在经济发展的基础上着力保障和改善民生，努力使全体人民学有所教、劳有所得、病有所医、老有所养、住有所居，让广大人民群众共享改革发展成果。

二是“三农”问题。“三农”问题始终是关系党和人民事业发展的全局性和根本性问题。以胡锦涛同志为总书记的党中央高度重视“三农”问题，不断加大支农惠农力度，全面取消农业税、牧业税、特产税，作出建设社会主义新农村的重大决策，开创了“三农”工作新局面。河南省坚定不移地贯彻中央精神，坚持以增加农民收入为中心，以建设社会主义新农村为载体，以落实支农惠农政策为支撑，狠抓减轻农民负担，狠抓稳定提高粮食生产能力，狠抓发展劳务经济，以农产品加工业的发展带动种养业的发展，以农业产业化龙头企业带动基地和农户，着力解决农户与市场的衔接问题，粮食生产和加工基地建设、畜产品生产和加工基地建设取得重大进展，河南省成为全国第一农业大省、第一粮食生产大省、第一粮食转化加工大省、第一农村劳动力输出大省。农业强省建设迈出坚实步伐，初步找到了破解“三农”问题的新路子。但也必须看到，农业产业基础薄弱，人多地少、比较效益低的状况难以迅速改变，在市场经济条件下调动农民种粮积极性面临诸多困难，持续稳定转移农村富余劳动力任务艰巨，以工促农、以城带乡任务繁重；农业增产、农村发展和农民增收仍然处在艰难的爬坡阶段，解决“三农”问题需要长期不懈的努力。我们必须把解决“三农”问题作为全部工作的重中之重，在科学发展观指引下，统筹城乡经济社会发展，加快改变城乡二元结构，促进农民持续稳定转移和社会主义新农村建设协调发展。

三是环境资源问题。缓解环境资源问题，建设资源节约型、环境友好型社会，是贯彻落实科学发展观的重要内容，也是我们对人类生存发展所负的庄严责任。改革开放以来，我国在经济持续快速发展的同时，也付出了较大的环境资源代价。我国环境容量有限、资源相对短缺，随着工业化、城镇化进程的进一步加快，经济社会发展和环境资源的矛盾将越来越尖锐，环境资源瓶颈制约日益突出。河南人均资源少，能源原材料工业比重大，解决好环境资源问题尤为紧迫。我们再也不能走先污染后治理的老路，必须坚定不移地贯彻落实科学发展观，把建设资源节约型、环境友好型社会放在工业化、现代化发展战略的突出位置，走出一条节约发展、清洁发展、安全发展、可持续发展之路。

四是转变经济发展方式问题。转变经济发展方式，是中央在探索和把握我国经济发展规律的基础上提出的重要方针，是从我国经济发展实际出发作出的重大决定，是关系国民经济全局紧迫而重大的战略任务，也是实现经济又好又快发展的必然要求。近年来，河南省在转变经济发展方式方面取得了明显成效，但从总体上看，三大产业在国民经济中的格局还没有根本改变，产业结构不优、层次偏低、产业链短的局面还没有根本改变，高消耗、高投入、高污染、低产出的状况还没有根本改变。我们必须把转变发展方式作为实现国民经济又好又快发展的关键，以增强自主创新能力为中心环节，加大结构调整力度，全面推进经济发展方式转变。

五是社会稳定问题。社会稳定是人民群众的共同心愿，是改革发展的重要前提。没有稳定，就没有发展，更谈不上科学发展。新世纪新阶段，我国经济体制深刻变革，社会结构深刻变动，利益格局深刻调整，思想观念深刻变化，正处于人民内部矛盾凸显、安全生产形势严峻、刑事犯罪高发、对敌斗争复杂的时期，保持社会大局稳定任务繁重。我们必须高度重视稳定问题，确保社会大局稳定，促进社会和谐。

六是党的建设问题。加强党的建设是实现科学发展的根本保证。新形势新任务对党的自身建设提出了新的更高的要求。应当看到，党员干部中仍然存在一些与先进性要求不相适应、不相符合的突出问题，不正之风和腐败现象在某些领域还比较突出，严重影响科学发展观的贯彻落实。我们必须以改革创新精神全面推进党的建设新的伟大工程，以党的执政能力建设和先进性建设为主线，以改革创新为动力，全面加强党的思想建设、组织建设、作风建设、制度建设和反腐倡廉建设，下大气力解决党内存在的突出矛盾和问题，不断提高党的创造力、凝聚力和战斗力，不断提高领导水平和执政能力，不断提高拒腐防变和抵御风险能力，保证科学发展观的贯彻落实。

胡锦涛总书记在十七届一中全会上强调，必须深入贯彻落实科学发展观，并明确提出了更加自觉地走科学发展道路，更加自觉地科学分析我国全面参与经济全球化的新机遇新挑战、深刻把握我国发展面临的新课题新矛盾，更加自觉地抓住经济建设这个中心，更加自觉地统筹城乡发展、区域发展、经济社会发展、人与自然和谐发展、国内发展和对外开放；要求我们着力转变不适应不符合科学发展观的思想观念；着力解决影响和制约科学发展的突出问题。各级党委、政府作为深入贯彻落实科学发展观的组织者、引领者、推动者、实践者，要切实增强贯彻落实科学发展观的自觉性、坚定性，紧密结合各地各部门的实际，在思想上形成共识，在工作中形成合力，努力开创经济社会发展新局面。

（作者：中共河南省委书记）

坚持科学发展　推动全面振兴

钱运录

党的十七大提出，要继续实施区域发展总体战略，全面振兴东北地区等老工业基地。黑龙江省是国家重要的老工业基地、商品粮基地，生态环境良好，资源丰富，能源充足，产业基础较好，科技实力较强，还有毗邻俄罗斯这个资源大国、科技大国独特的地缘、人缘优势。中央实施东北地区等老工业基地振兴战略，支持以资源开采为主的城市和地区发展接续产业，加大扶持粮食主产区的一系列政策以及良好的宏观经济发展环境，为我们解决发展中的深层次矛盾、充分发挥比较优势、加快发展振兴步伐提供了难得机遇。我们认真贯彻胡锦涛总书记对黑龙江省工作的重要指示精神，抢抓机遇，统筹规划，分步实施，经过三年多的努力，我省老工业基地振兴取得重要阶段性成效。经济持续健康快速发展，2006 年全省实现地区生产总值 6216.8 亿元，连续五年保持两位数增长，是改革开放以来发展最快的时期；全社会固定资产投资突破 2000 亿元，是 2003 年的 1.8 倍；全口径财政收入增长 21.5%，是 1990 年以来的最高增幅；粮食总产达 756 亿斤，创历史纪录；各项社会事业全面进步，人民生活进一步改善。

我省老工业基地振兴的思路和目标是：树立和落实科学发展观，促进经济、社会、环境的全面协调可持续发展；加快改革开放步伐，着力推进体制创新和机制创新；走新型工业化道路，全面提升和优化第二产业，建设装备制造、石化、能源、食品、医药和林木加工六大基地；大力发展现代农业，建成全国最大的农业现代化基地；加快发展科技教育文化事业，努力构建和谐社会；经过坚持不懈的努力，将我省调整改造发展成为技术先进、结构合理、功能完善、特色明显、机制灵活、竞争力强的新型产业基地，逐步成为我国经济新的增长区域。

一、以维护国家粮食安全和增加农民收入为重点，大力发展现代农业

黑龙江省是国家粮食主产区之一，农业基础好、潜力大，巩固农业的基础地位是振兴老工业基地的重要条件。大力发展现代农业，大幅度提高农业劳动生产率，既能增加农产品有效供给，保证国家粮食安全，又能为工业和其他产业发展提供充足原料，保证经济持续发展，还能稳步增加农民收入，扩大内需，持久拉动国民经济发展。在发展现代农业中，我们主要抓了以下几项工作：一是创造性地落实国家支持粮食生产的各项政策措施，调动农民生产积极性；加大对农业基础设施、农业科技投入力度，提高农业标准化、水利化、机械化、信息化水平；优化粮食品种结构，提高粮食单产、品质和生产效益。近三年我省粮食商品量居全国首位，粮食增量占全国粮食增量近 1/5，2006 年调出商品粮 500 亿斤，为保证国家粮食安全作出了新贡献。二是发挥生态环境的优势，大力发展绿色食品、有机食品，绿色食品种植面积、产量、市场占有率多年稳居全国首位。三是加快畜牧业发展，实行科学化养殖、规范化生产和集约化经营，畜牧业产值占农业总产值的比重已达到 40%。四是推进农业产业化经营，2006 年规模以上龙头企业发展到 1500 户，带动农户 185 万户。积极支持农村劳动力转移，突出抓好岗前培训、用工对接、权益保障等环节，2006 年全省共转移农村劳动力 451 万人，实现劳务收入 164 亿元，农村居民人均纯收入增量中的一半以上来自劳

务产业。五是把加快发展县域经济作为统筹城乡发展，从根本上解决“三农”问题的重要战略举措，确立了主导产业立县、工业经济强县、招商引资兴县、民营经济活县的发展路子，从政策、资金上支持县域经济加快发展，大力推进县与垦区、林区、油田、矿区合作共建，县域经济实力得到增强。六是扎实推进社会主义新农村建设。我们坚持科学规划、正确指导，因地制宜、分类推进，各级新农村建设规划相继出台，“百乡千村”试点进展顺利。一年多来农村基础设施建设得到加强，建成农村公路1.4万公里，解决了无电村屯5.6万人的用电和1600个村89万人的饮水安全问题，新建用户沼气池2.1万个；农村社会建设步伐加快，教育、医疗、文化、社保等事业成效显著，村容村貌有所改观。

二、以转变经济发展方式为重点，大力调整优化经济结构

调整经济结构、转变经济发展方式是振兴老工业基地、推进新型工业化进程的关键。在产业结构上，我们集中力量发展具有我省比较优势的装备制造、石化、能源、医药、食品、林木加工等六大产业，重点在延长产业链条、深度开发、提高科技含量上做文章，使主导产业不断升级，2006年六大产业对工业生产贡献率达95.1%。在空间布局上，我们根据黑龙江省资源、产业、要素分布情况，重点建设中西部哈大齐工业走廊、东部煤电化工基地、北部大小兴安岭生态功能区和沿边开放带四大经济板块。哈大齐工业走廊面积已达58.7平方公里，累计完成投资236.6亿元，产业聚集和辐射效应开始显现。我省煤电化工基地被国家列为全国7个煤化工产业基地之一，一批重点项目在加快建设。大小兴安岭生态功能区生态恢复和经济转型步伐加快，有效保护了生态环境。沿边开放带建设成效明显，规划建设了一批出口加工园区，153个项目建成投产。在可持续发展中，我们重点推进资源型城市转型和节能减排工作。在煤炭开采等领域大力淘汰落后生产能力，累计关闭小煤矿433座。在化工、水泥、造纸等8个重点行业选择重点企业开展了生态工业示范园区试点，加快生态省建设。在现代服务业中，重点发展以冰雪、森林为特色的旅游业，以哈洽会为龙头的会展业，以大型连锁企业为主题的零售业，以及物流、金融、信息咨询等生产性服务业。在发展非公有制经济中，制定出台了鼓励、引导非公有制经济发展的意见和配套规定，加大了财政和税收政策、金融和信用担保领域的支持力度。2006年非公有制经济占GDP的比重由2003年的30%提高到37.6%。在建设创新型省份中，大力实施科教兴省和人才强省战略，加快建立和完善具有黑龙江特色的自主创新体系，集中力量实施六大科技专项，加快改造传统产业步伐，大力发展高新技术产业，初步实现经济发展从依赖资源向创新驱动转变。

三、以深化改革为重点，大力推进体制和机制创新

进一步深化改革，建立充满活力的新体制新机制，是实现老工业基地振兴的关键和前提。我们始终把解放思想贯穿工作始终，坚持社会主义市场经济的改革方向不动摇，加大改革力度，同时努力提高改革决策的科学性，增强改革措施的协调性，妥善处理好改革的力度与发展的速度和社会承受程度的关系，使改革真正得到广大人民群众的拥护和支持。我们把国有企业改革作为实现全面振兴的突破口和“第一硬仗”，以产权制度改革为核心，以建立现代企业制度为方向，引进有实力的战略投资者，推进投资主体多元化。到2006年底，全省完成改制企业占全部应改制企业的96%，如期完成了三年国有企业改革攻坚任务。通过改革，产权和投资主体多元化格局基本形成，企业集团化改造成效显著，哈药、哈量、哈啤、北钢、龙煤等集团的经济总量、运行质量和竞争能力明显提高，齐齐哈尔一、二机床厂实施政策性破产后，年产重型数控机床能力稳居世界首位；制约企业发展的历史包袱得到有效处置，盘活呆滞资产200

多亿元，移交企办中小学校611所，分离辅业单位555个。国有资本监管体制进一步完善，企业国有产权交易增值率168.5%。农村综合改革取得阶段性成果，在全国最先全部免除农业税、实行粮食直补和良种补贴，有效调动了农民种粮积极性；在稳定农村基本经营制度的基础上，积极推进土地流转，创新经营组织形式；乡镇机构改革和农村教育、医疗体制改革不断深化；粮食流通体制和农村信用社改革扎实推进。国有林权改革试点去年4月在伊春顺利展开。在行政管理体制改革方面，调整了行政权力配置，扩大了市、县经济社会管理权限。事业单位改革有序进行，财税、投资、金融体制等改革正在逐步深入。

四、以对俄经贸科技合作战略升级为重点，促进全方位对内对外开放

黑龙江省老工业基地来自中苏合作，也可以说是对外开放的结晶。在新的形势下，实现黑龙江省老工业基地的振兴，同样离不开对外开放。我们把握当前中俄两国政治上互信、经贸上加强合作的有利时机，立足地缘优势，加快推进经贸科技合作战略升级。一是加强双方互访活动，进一步加深了解、增进共识、扩大合作；二是加强进出口加工区建设，规划建设了96个对俄出口加工基地，对俄出口加工园区启动面积34.4平方公里，148个项目建成投产，114个项目在建；三是加强科技合作，建立了“中俄科技合作及产业化中心”、莫斯科“中俄科技园”和哈尔滨“国际科技城”；四是突出抓好境外能源原材料及加工项目的投资合作。2006年成功筹办了24项国家级“中国俄罗斯年”活动，在对俄经贸科技合作大格局中的战略地位和作用不断增强。2006年对俄贸易额占全国对俄进出口总额的20%，保持了全国对俄经贸第一大省的地位。在加强与俄罗斯经贸合作的同时，我们进一步拓宽“走出去”的领域，2003年至2006年，全省进出口总额平均增长速度达到36.1%，进出口结构进一步优化。目前与我省有经贸往来关系的国家和地区达到210个，与40多家世界500强企业建立了稳定的经贸合作关系。在“走出去”的同时，我们不断加大引进国外战略投资者的力度，积极向国内发达地区特别是长江三角洲、珠江三角洲开放。2006年实际直接利用外资17.1亿美元，实际利用省外资金300亿元，分别比2003年增长66%和1.8倍。

五、以解决群众利益问题为重点，大力推进和谐社会建设

黑龙江省老工业基地的振兴，是经济社会的全面振兴，振兴的根本目的是保障和改善民生，实现好维护好发展好最广大人民的根本利益。为此，我们从解决群众最关心、最直接、最现实的利益问题入手，千方百计促进城乡居民收入稳步增长，2006年城镇居民人均可支配收入和农民人均纯收入分别比2003年增长37.5%和41.6%。坚持抓好就业这个民生之本，近5年，全省累计城镇新增就业320万人，下岗失业人员再就业249万人。大力完善社会保障体系，完成了城镇社会保障体系试点，基本养老保险、基本医疗和失业保险覆盖面持续扩大，城镇居民低保水平不断提高，建立并实施了农村低保制度。积极扶助社会困难群体，坚持推进贫困村扶贫开发整村推进计划、城市“一帮一”扶贫解困工程和以促进再就业、解难、助学、助残、农民减负等为内容的10项利民行动，困难群体的生产生活条件明显改善。全面发展教育和医疗卫生事业，2006年，农村义务教育阶段贫困学生“两免一补”政策全面落实，全部完成了农村中小学D级危房改造。城市社区卫生服务机构覆盖率达到73.3%，试点地区新型农村合作医疗参合率达到83.7%，农村药品供应网和监督网实现了全覆盖，人民群众买药贵、看病难问题得到有效缓解。建设了交通、供水、供电、环保等一大批与人民群众生活质量密切相关的重大项目，实施了采煤沉陷区治理和改造城市棚户区、城中村工程，城乡人民居住条件得到极大改善，文化、娱乐、健身等设施和网络

建设得到不断加强。坚持以加强社会管理保障社会和谐，大力建设“平安龙江”，建立和完善维护社会稳定、促进治安好转、加强安全生产的长效机制和应对突发公共事件的应急处理机制。扎实推进社会主义核心价值体系建设，坚持马克思主义在意识形态领域的指导地位，深入进行社会主义荣辱观教育，广泛开展“树立新世纪黑龙江人形象”等主题实践活动。全省人民思想道德文化素质的不断提高，为实现老工业基地振兴提供了坚实的思想保证和有力的智力支持。

黑龙江省老工业基地振兴取得了明显成效，但要实现全面振兴的目标，仍有很长的路要走。我们将围绕继续解放思想、坚持改革开放、推动科学发展、促进社会和谐的总体要求，认真贯彻落实党中央和国务院关于老工业基地振兴的战略部署，全面落实省第十次党代会确定的目标任务，努力在体制机制创新上实现新突破，在转变经济增长方式上实现新突破，在对外开放上实现新突破，在保障和改善民生上实现新突破，在先进文化建设上实现新突破，构建充满活力、富裕文明、和谐稳定的黑龙江，推进经济社会发展实现历史性跨越。到 2011 年，在优化结构、提高效益、降低消耗的基础上，经济总量登上新台阶，地区生产总值超过 11000 亿元，结构调整取得新进展，改革开放迈出新步伐，和谐社会建设取得新成效，党的建设开创新局面，为实现黑龙江省全面振兴奠定坚实基础。

（作者：中共黑龙江省委书记）

在党的十七大精神指引下扎实推进创业富民创新强省战略

赵洪祝

党的十七大报告鲜明地向世人昭示了“高举中国特色社会主义伟大旗帜，以邓小平理论和‘三个代表’重要思想为指导，深入贯彻落实科学发展观，继续解放思想，坚持改革开放，推动科学发展，促进社会和谐，为夺取全面建设小康社会新胜利而奋斗”这一大会的主题，深刻阐释了事关党和国家事业全局的重大理论观点、重大战略思想和重大工作部署。报告通篇贯穿着发展、改革、创新的理念，强调中国特色社会主义事业是改革创新的事业，要坚持解放思想、实事求是、与时俱进，勇于变革、勇于创新，永不僵化、永不停滞。这是一篇体现马克思主义中国化最新成果的光辉文献，是坚定不移地继续发展中国特色社会主义的政治宣言，是我们党在新的历史起点上团结带领全国各族人民努力实现全面建设小康社会奋斗目标的行动纲领。认真学习贯彻党的十七大精神，就必须高举中国特色社会主义伟大旗帜，以邓小平理论和“三个代表”重要思想为指导，深入贯彻落实科学发展观，为夺取全面建设小康社会新胜利而奋斗。联系浙江实际，就是要扎实推进创业富民、创新强省，不断深化中国特色社会主义在浙江的生动实践，更加自觉坚定地走科学发展、和谐发展之路，全面建设惠及全省人民的小康社会。

一、牢牢把握高举中国特色社会主义伟大旗帜的鲜明主题，进一步增强推进创业富民、创新强省的紧迫感和责任感

党的十七大报告强调，中国特色社会主义伟大旗帜，是当代中国发展进步的旗帜，是全党全国各族人民团结奋斗的旗帜；改革开放以来我们取得一切成绩和进步的根本原因，就是开辟了中国特色社会主义道路，形成了中国特色社会主义理论体系；高举中国特色社会主义伟大旗帜，最根本的就是要坚持中国特色社会主义道路和中国特色社会主义理论体系。我们必须倍加珍惜、长期坚持和不断发展这条道路和这个理论体系，使中国特色社会主义道路越走越宽广。

改革开放以来特别是党的十六大以来，浙江人民坚持以邓小平理论和“三个代表”重要思想为指导，深入贯彻落实科学发展观，艰苦创业，开拓创新，积极探索和实践中国特色社会主义，走出了一条具有浙江特色的富民强省之路，经济社会和人民生活发生了巨大变化，实现了由资源小省向经济大省的历史性跨越，经济总量从全国第 12 位跃升到第 4 位，城乡居民人均收入连续多年位居全国各省区第 1 位。2006 年，全省实现生产总值 15743 亿元，财政总收入 2568 亿元，城镇居民人均可支配收入 18265 元，农民人均纯收入 7335 元。生态环境质量位居全国先进行列。今年以来，浙江继续保持经济较快增长、结构优化、质量提高、效益明显的良好发展态势。浙江的实践充分证明，中国特色社会主义道路是引领当代中国发展进步唯一正确的道路，中国特色社会主义理论体系是引领当代中国改革开放和社会主义现代化建设的行动指南。

中国特色社会主义事业是改革创新的事业。展望未来，我们要在新的历史起点上继续发展中国特色社会主义，就必须把改革创新精

神贯彻到经济、政治、文化、社会建设和党的建设各个环节，不断深化中国特色社会主义在浙江的实践。浙江省委在认真学习和深刻领会党的十七大精神、系统总结浙江发展经验、全面分析当前及今后一个时期形势和任务的基础上，于最近召开了省委十二届二次全会。会议认真贯彻落实党的十七大精神，作出了扎实推进创业富民、创新强省的战略决策。创业富民、创新强省，就是要高举中国特色社会主义伟大旗帜，坚持以邓小平理论和“三个代表”重要思想为指导，深入贯彻落实科学发展观，全面推进个人、企业和其他各类组织的创业再创业，全面推进理论创新、制度创新、科技创新、文化创新、社会管理创新、党建工作创新和其他各方面的创新，以全民创业、全面创新推进经济社会又好又快发展，使全省人民收入水平持续提高，家庭财产普遍增加，生活品质明显改善，全省综合实力、国际竞争力、可持续发展能力不断增强，加快建设富强民主文明和谐的新浙江。

这一战略决策，是邓小平理论和“三个代表”重要思想以及科学发展观在浙江的深入实践，体现了坚持中国特色社会主义理论体系的根本要求；这一战略决策，是“一个中心、两个基本点”的基本路线、中国特色社会主义事业“四位一体”总体布局在浙江的深入实践，体现了坚定不移走中国特色社会主义道路的根本要求。总起来说，制定和实施这一战略决策，就是不断深入推进中国特色社会主义在浙江的生动实践。

二、牢牢把握深入贯彻落实科学发展观的根本要求，进一步明确推进创业富民、创新强省总战略的工作思路

党的十七大报告指出，科学发展观是对党的三代中央领导集体关于发展的重要思想的继承和发展，是马克思主义关于发展的世界观和方法论的集中体现，是同马克思列宁主义、毛泽东思想、邓小平理论和“三个代表”重要思想既一脉相承又与时俱进的科学理论，是我国经济社会发展的重要指导方针，是发展中国特色社会主义必须坚持和贯彻的重大战略思想。

党的十六大以来，浙江认真贯彻落实科学发展观，深入实施“八八战略”（即浙江发展的八个优势和八项举措），加快建设“平安浙江”、“法治浙江”和文化大省，全面推进党的建设各项工作，经济社会发展跃上一个新的台阶，进入了一个新的发展阶段。同时我们也清醒地认识到，在新世纪新阶段，我省发展面临着一些新情况新问题，贯彻落实科学发展观任重道远而又十分紧迫：经济综合实力大幅提升，但资源环境等要素的制约日益突出，自主创新能力还不强；改革开放深入推进，但也面临新的形势和要求；发展总体比较协调，但一些地方城乡和区域发展差距还比较大，统筹经济社会发展任务依然十分艰巨；城乡居民收入水平位居全国前列，但高平均数下仍然存在着相当数量的低收入群众，在民生方面事关群众切身利益的问题还不少；民主法制建设与文化发展取得重大进展，但与经济社会发展的新要求和人民群众的新期盼还有不少差距。我们要全面把握科学发展观的科学内涵、精神实质和根本要求，切实增强贯彻落实科学发展观的自觉性和坚定性，着力转变不适应不符合科学发展观的思想观念，着力解决影响和制约科学发展的突出问题，进一步创新发展理念、创新发展模式、创新发展举措，切实把全省人民的发展积极性引导到科学发展上来，把科学发展观贯彻落实到经济社会发展的各个方面。

创业富民、创新强省是浙江深入贯彻落实科学发展观的重大举措，其实质是为了争创新优势、推进新发展、实现新跨越。它坚持发展这个第一要义，强调以创新提升创业，以创业促进创新，不断拓展创业创新领域，提高创业创新层次和水平，推动浙江经济社会又好又快发展；坚持以人为本这个核心，切实做到发展为了人民、发展依靠人民、发展成果由人民共享，使全省人民家业更加殷实，全省企业更加兴旺，全省各项事业更加有成，走共同富裕道路；坚持全面协调

可持续这个基本要求，以改革创新精神全面推进经济、政治、文化、社会建设和党的建设，以创业创新推进全面发展、协调发展和可持续发展；坚持统筹兼顾这个根本方法，加大统筹城乡和区域发展力度，加大统筹经济社会发展力度，加大统筹人与自然和谐发展力度，加大统筹对内对外开放力度，使各方面利益得到统筹兼顾，促进社会更加和谐，切实把经济社会发展全面转入科学发展的轨道。

三、牢牢把握全面建设惠及全省人民的小康社会的奋斗目标，切实把创业富民、创新强省的战略举措落到实处

全面建设小康社会，是党和国家到2020年的奋斗目标，是全国各族人民的根本利益所在。党的十七大在十六大确立的目标基础上，从增强发展协调性、扩大社会主义民主、加强文化建设、加快发展社会事业、建设生态文明等五个方面，对全面建设小康社会的奋斗目标提出了新的更高要求，并对推进社会主义经济建设、政治建设、文化建设、社会建设和党的建设新的伟大工程等作出了重大部署。

全面建设小康社会是我们必须紧紧扭住不放的目标。党的十七大围绕全面建设小康社会作出的经济、政治、文化、社会建设和党的建设等方面的重大部署，是我们必须认真贯彻落实的战略举措和紧迫任务。根据胡锦涛总书记提出的浙江要在全面建设小康社会、加快推进社会主义现代化的进程中继续走在前列的要求，今年6月召开的浙江省第十二次党代会从浙江经济社会发展的实际出发，提出今后五年浙江要全面建设惠及全省人民的小康社会，使经济更加发展，政治更加文明，文化更加繁荣，社会更加和谐，环境更加优美，人民生活更加宽裕。这是一个宏伟的奋斗目标，也是一个需要经过不懈努力才能实现的奋斗目标。这一奋斗目标，完全符合党的十七大提出的全面建设小康社会奋斗目标的新要求。为了实现这一奋斗目标，浙江省委决定，把创业富民、创新强省作为今后一个时期浙江发展的总战略，落实到经济、政治、文化、社会建设各领域，体现在加强和改进党的建设的各方面，贯穿于全面建设小康社会全过程，并提出了七个方面的重大举措：

——坚持把支持人民群众干事业、干成事业作为创业富民、创新强省的根本之举，大力推进全民创业和全面创新。坚持人民群众主体地位，充分发挥人民群众首创精神。高起点、宽领域、全方位推进创业创新，不断提高创业创新的层次和水平。全面营造维护公平竞争、平等保护物权的环境，切实尊重和保护人民群众创业创新的权益。

——坚持把解放思想、改革开放作为创业富民、创新强省的动力源泉，进一步解放和发展社会生产力。继续解放思想，勇于变革、勇于创新。毫不动摇地巩固和发展公有制经济，毫不动摇地鼓励、支持、引导非公有制经济发展，不断完善社会主义基本经济制度。深化要素配置市场化改革，形成资源节约集约利用的体制机制。深化行政管理体制改革，切实转变政府职能。进一步扩大对内对外开放，加快构筑开放新格局。

——坚持把转变经济发展方式作为创业富民、创新强省的主攻方向，促进经济又好又快发展。联动推进技术跨越战略、知识产权战略、标准化战略和品牌战略，全面加强自主创新。坚持走中国特色新型工业化道路，促进产业结构优化升级。以政策创新为先导，技术创新为支撑，制度创新为保障，全面加强资源节约和环境保护。整体推进社会主义新农村建设和新型城市化，优化人口和生产力布局，促进城乡和区域协调发展。

——坚持把实现好维护好发展好人民群众的根本利益作为创业富民、创新强省的出发点和落脚点，加快构建和谐社会。着力改善民生，切实解决好人民群众最关心最直接最现实的利益问题。大力发展民主，更好地保障人民权益和社会公平正义。切实保障民安，维护社会和谐稳定。

——坚持把人力资源建设作为创业富民、创新强省的关键环节，开创人才辈出、人尽其才的新局面。大力培养和引进创业创新人才，统筹抓好以高层次人才和高技能人才为重点的各类人才队伍建设。加快形成人尽其才的体制机制，充分激发各类人才的创造活力和创业热情。积极营造尊重人才的社会氛围，让各类创业创新人才政治上有荣誉、经济上得实惠、社会上受尊重。

——坚持把建设先进文化作为创业富民、创新强省的重要内容，推动文化大发展大繁荣。巩固全省人民创业创新的共同思想基础，不断凝聚全省人民推进创业创新的智慧和力量。全面推进文化创新，兴起社会主义文化建设新高潮，解放和发展文化生产力，提高文化软实力。大力弘扬以创业创新为核心的浙江精神，形成人人参与创业创新的良好局面。

——坚持把加强党的领导作为创业富民、创新强省的坚强保证，以改革创新精神全面推进党的建设新的伟大工程。坚持以党的创新理论引领创业创新实践，使各级领导班子成为推进创业创新的坚强领导集体，使党的基层组织成为推进创业创新的坚强堡垒，使广大共产党员成为创业创新的先锋模范。

认真学习宣传和全面贯彻落实党的十七大精神，是当前和今后一个时期的首要政治任务。我们要高举中国特色社会主义伟大旗帜，深入贯彻落实科学发展观，扎实推进创业富民、创新强省总战略，全面建设惠及全省人民的小康社会，努力在全面建设小康社会、加快推进社会主义现代化的进程中继续走在前列，以创业富民、创新强省的实际行动把党的十七大精神学习领会好、贯彻落实好。

（作者：中共浙江省委书记）

提高自主创新能力　建设创新型国家

万　钢

胡锦涛总书记在党的十七大所作的报告中，把“自主创新能力显著提高，科技进步对经济增长的贡献率大幅上升，进入创新型国家行列”作为实现全面建设小康社会奋斗目标的要求；把“提高自主创新能力，建设创新型国家”作为国家发展战略的核心和提高综合国力的关键，摆在“促进国民经济又好又快发展”部分的首要位置。全国科技工作者为此备受鼓舞振奋，深感使命崇高、责任重大，决心深入学习贯彻十七大精神，抓住和用好我国科技发展进入重要跃升期的战略机遇，充分发挥科技在经济社会发展中的支撑和引领作用，为建设创新型国家作出新贡献。

一、充分认识提高自主创新能力、建设创新型国家是国家发展战略的核心

把提高自主创新能力、建设创新型国家作为国家发展战略的核心，是中国共产党在新时期立足于我国的基本国情，深刻认识我国工业化、信息化、城镇化、市场化、国际化深入发展面临的新形势新任务，把握发展规律、创新发展理念、破解发展难题所作出的重大战略决策。改革开放近30年来，我国经济能够快速发展、综合国力显著增强、国际地位大幅度提高，同我国将自主创新作为民族进步的灵魂、国家发展不竭的动力，重视发挥科技创新在发展社会生产力、实现现代化方面的重要作用是分不开的。

第一，在战略领域超前部署，通过自主创新突破关键技术来带动产业崛起，已成为我国经济发展的重要形式。“十五”初期，我国以攻克计算机芯片设计技术为突破信息技术瓶颈的战略主线，以“龙芯”为代表的一批具有自主知识产权的芯片研发成功，结束了中国计算机有机无“芯”的历史；以“银河麒麟”计算机服务器操作系统为代表的基础软件等重大科技成果相继取得，为国防信息化建设及国家信息安全奠定了坚实的基础；芯片技术、基础软件技术在经济领域的广泛扩散、渗透，多媒体领域的“星光中国芯”、“信芯”等研制成功并得到广泛应用，大大提高了我国多媒体产业和无线通讯领域的国际竞争力。

第二，在确保重大基础研究、前沿技术研究和关键技术攻关的基础上，鼓励并调动大批科技力量进入经济建设主战场，推动科技成果的商品化、产业化和国际化，有效促进了社会主义市场经济发展。以信息技术和产业为例：随着芯片、软件技术的自主创新，我国机床领域的核心部件——数控中心的质量得到大幅提升，中高端数控机床进口增速由40%下降到10%左右，数控机床自给率大幅提升，并逐渐成为出口大国。随着信息技术的渗透、扩散，工业化与信息化将紧密融合，我国工业将由大变强，现代服务业将又好又快发展，更好、更多地满足人民日益增长的需要。

第三，科学技术的发展不断孕育新的产业方向和经济增长点，引领经济社会发展方向。当前，由生命科学和生物技术引领的生物经济已成为全球增长最快的经济领域。“十五”初期，我国把生物科技作为未来高技术产业迎头赶上的重点，逐年加大科研投入力度，到目前生物技术产业总产值已达4600亿元，基因工程药物、疫苗、诊断试剂等生物技术研究成果，引发了医药工业的重大变革。

战略性产业关键技术的超前部署，促成了

核心技术的原始创新，成就了先进产品的集成创新，催生了新的产业方向和新的经济增长点，充分体现了科技创新的魅力。

改革开放以来，我国科技发展虽然取得长足进步，但在关乎国家经济命脉的产业领域，自主创新的效益尚未充分体现出来。面对这一重大问题，中共中央、国务院决定通过重大专项的实施来加以解决。未来15年，我国将实施大型飞机、探月工程、水体污染控制与治理、转基因生物新品种培育、重大新药创制、新一代宽带无线移动通信等16个重大专项，涉及信息、生物等战略产业领域，能源资源环境和人民健康等重大紧迫问题，以及军民两用技术和国防技术，这将从根本上解决我国核心技术依赖于人、关键技术受制于人的被动局面，真正使科学技术成为破解经济社会发展难题的关键。

二、充分认识提高自主创新能力、建设创新型国家是提高综合国力的关键

国民经济又好又快发展的本质要求，决定了科技发展在经济发展中的核心地位。半个世纪以来，我国工业化基本上走的是靠要素投入驱动的传统工业化道路。建立在对自然资源环境长期高强度开发和利用基础上的传统工业化，已经使我国的资源与环境不堪重负。有关研究表明，未来20年，即使我国继续保持占国内生产总值40%左右的投资率，如果没有科技创新能力的大幅度提升，也不可能实现国内生产总值再翻两番的目标，更谈不上实现人均国内生产总值翻两番的目标。

从本质上讲，中国特色新型工业化就是科技进步主导的工业化进程。我国吨钢综合能耗从1990年的1611千克标准煤下降到2005年的741千克标准煤，关键就是通过自主创新取得了连铸、高炉长寿、高炉喷煤、转炉、连轧化和综合节能等6大关键共性技术，优化了钢铁生产工艺流程，奠定了持续发展的基础能力。沈阳铁西老工业基地之所以能成为我国调整装备制造业发展示范区，与其遵循依靠科技振兴东北老工业基地的战略部署，坚持以信息化改造传统工业，在关键领域和核心制造技术上通过自主创新实现重点突破是分不开的。

此外，在全球化条件下，技术创新体系、生产要素配置方式、产业区位布局和产业组织与管理模式等都发生了重大变化，产业结构调整与制造业全球转移如火如荼。知识的创新、生产、流动与应用成为当代经济活动的核心，以高技术制造业和高技术服务业为核心的知识密集型产业规模迅速扩大，低排放、低能耗、高效率、高知识密度的经济增长方式成为当代发展的基本趋势。这一发展趋势及特征在国家高新技术产业开发区发展过程中得到极大体现。

1991年，国家正式批准建设高新区。2006年，全国53个高新区实现经营总收入43320亿元，工业总产值35899亿元；工业增加值8520亿元，占全国工业增加值的9.4%，有21个高新区的工业增加值已占到所在城市的30%以上。2006年，国家高新区平均万元GDP能耗为0.8吨标准煤，比全国平均水平(1.22吨)低34.3个百分点。国家高新区内电子及通讯设备制造业总产值占到国家总量的54.6%，医疗设备及仪器仪表制造业占46.5%，电子计算机及办公设备占31.7%，实现了高技术产业的集群式发展。高新区促进了产业发展与科技活动的结合，使科技成果能够畅通地转移到产业领域。2006年，53个高新区聚集了全国一半数量的高新技术企业和科技企业孵化器，超过70%的产品技术源于区内企业；聚集了国内外各类创新资源，从业科技人员98.6万人，科技经费支出总额占全国科学研究与试验发展(R&D)经费总支出的35.1%，每万人拥有发明专利56.8件，为全国最高水平。

在看到成绩的同时，我们必须清醒认识到，我国长期形成的结构性矛盾和粗放型增长方式尚未改变。要从根本上改变这种状况，唯有拓宽自主创新的战略视野，充分发挥科技作为经济建设主力军的作用。从我国的国情出发，一是要加强行业和产业重大关键、共性技术研究，

利用科学技术改造传统产业，创造新的产业部门，优化升级产业结构，淘汰落后生产能力，大幅提高经济发展质量与效益；二是积极发展现代产业体系、高新技术产业和现代服务业，拓展发展领域，使经济保持旺盛的活力和雄厚的基础，努力把发展方式转变到科学发展的轨道上来；三是深入推进以企业为主体的产学研合作，推动产业技术联盟，促进区域经济发展及相关产业链发展。

三、充分认识科技是改善民生、促进社会和谐的基础性力量

贯彻落实科学发展观，就要始终把实现好、维护好、发展好最广大人民的根本利益作为科技工作的出发点和落脚点。建设生态文明是我们对传统工业文明带来的环境污染、资源短缺和生态失衡等弊端进行理性反思的产物。从生态文明的视角看，科学技术不再是征服自然的工具，而是维护人与自然和谐的助手。只有依靠科学技术，才能提高我国有限资源的利用率，提高我国生态环境的承载力，实现经济效益、社会效益和环境效益的统一。

科学技术作为改善民生、促进社会和谐、建设生态文明的基础性力量，集中体现在三个方面：第一，农业科技的进步为解决十三亿中国人的吃饭问题作出了巨大贡献。我们在主要粮棉等大宗作物上取得了一批重要技术突破，产生了超级杂交稻、杂交玉米、转基因抗虫棉等一批重大农业技术成果，为农业增产增收和粮食安全奠定了基础。第二，人口与医疗卫生科技进步极大地提高了人民健康水平。人口控制与优生优育的技术进步，为实现人口再生产从“高出生、高死亡、高增长”向“低出生、低死亡、低增长”的历史性转变作出了重大贡献。重大疾病以及艾滋病、SARS病毒、高致病性禽流感等重大传染病的防控技术取得了重要突破，为保护人民的身体健康和生命安全作出了巨大贡献。第三，能源和资源领域的科技创新为突破发展瓶颈制约、建设生态文明提供了重要支撑。在能源领域，石油勘探、煤液化工程成套设备、大型水电设备、先进核电技术、节能减排应用技术，以及燃料电池、太阳能、风能、生物质能等新能源的开发利用取得重要进展，为调整能源结构和保障能源安全奠定了基础。在交通领域，节能与新能源汽车的自主研发和产业化、智能交通技术研究和推广应用引领了所在行业技术进步的潮流，对节约资源、能源，改善气候、环境作出了贡献。

未来一个时期，围绕改善民生、构建和谐社会的目标，我们将加大对以下几个方面科技创新的支持力度：重大疾病防治，食品安全，科技奥运，应对全球气候变化，加强环境治理、生态修复、防灾减灾等；组织实施“粮食丰产科技工程”等重大项目，发展现代农业；在促进新兴产业和现代服务业发展的同时创造新的就业机会，有效避开资本挤出劳动这个工业化过程的世界性难题，发挥科学技术在实现经济与就业同步增长过程中的作用。总之，要把解决民生问题作为科技工作的基本职责，努力使大量科技创新成果进入千家万户，让亿万群众共享科技发展的福祉。

四、抓住和用好科技进入重要跃升期的战略机遇，加快建设创新型国家

当前，我国科技发展已经进入到重要跃升期，形势好，机遇大。一是党中央把提高自主创新能力、建设创新型国家作为国家战略的核心，作为提高综合国力的关键，把科技工作摆到了更加突出的位置。二是经过长期的努力，我国科技实力大幅提升，国家创新体系建设进展良好，自主创新能力有了较大提高，科技体制改革不断深化，广大科技工作者的积极性和创造性得到发挥。三是在世界范围内，科学技术已经成为推动人类社会发展的主导力量，科学技术向应用转化的速度不断加快，科技成果产业化的周期大大缩短，原始性创新能力已经成为国家间科技竞争成败的重要标志，成为决定国际

产业分工地位的一个基础条件。这都为我国科技发展提供了前所未有的机遇,也对我国科技工作提出了更加紧迫的要求。

蓝图已经绘就,关键在于落实。我们要深入学习贯彻党的十七大精神,紧紧抓住和用好科技进入重要跃升期的战略机遇,在实践中走出一条中国特色的科技创新道路。在战略安排上,要科学分析我国科技发展面临的新形势、新机遇和新挑战,认真把握科技工作的重大方向性、全局性和战略性问题,贯彻落实《国家中长期科学和技术发展规划纲要(2006—2020)》的各项任务和部署。在国务院的领导下,加快实施《规划纲要》确立的16个重大专项,提高科技解决事关全局和长远问题的战略能力,成熟一个,启动一个,力争实现重点跨越,促进相关战略产业的形成。在计划部署上,要以提高自主创新能力为战略主线,以改革为动力,统筹近期和长远的安排,统筹项目、人才、基地的安排,统筹科技创新和制度创新,统筹全社会的科技资源,选择若干关键重点领域,力争取得突破。在政策方面,把重点放在有针对性地解决当前制约自主创新的主要政策问题上,突出科技政策与经济政策的结合,加强经济政策支持自主创新的力度,增强政策的可操作性,促进自主创新政策体系的形成和完善。

党的十七大提出加快行政管理体制改革、建设服务型政府的目标,对加强科技行政部门自身能力建设提出了更高的要求。前不久,科技部党组作出了开展科技工作重大专题调研的决定。这是前瞻性的决策和部署,也是一项科学决策和民主决策。我们将在调查研究的基础上,科学分析我国科技发展面临的新形势、新机遇和新挑战,准确把握推动科学发展、促进社会和谐、全面建设小康社会对科技事业提出的新任务和新要求,从坚持走中国特色自主创新道路、建设创新型国家的战略要求出发,认真研究今后一个时期科技工作的方向性、全局性和战略性问题,形成新形势下科技工作的思路和部署。

(作者:科技部部长)

以党的十七大精神为指导
开创中国特色政党外交新局面

王家瑞

党的十七大是在我国改革发展关键阶段召开的一次十分重要的大会。这次大会高举中国特色社会主义伟大旗帜，以邓小平理论和“三个代表”重要思想为指导，深入贯彻落实科学发展观，为继续推动党和国家事业的发展指明了前进方向。党的对外工作作为党的事业和国家总体外交的重要组成部分，将根据十七大精神，科学总结历史经验，深化规律性认识，不断探索新形势下开展工作的新机制、新途径、新方式，求真务实，锐意进取，开创中国特色政党外交新局面，为推进中国特色社会主义伟大事业和党的建设新的伟大工程作出更大贡献。

十六大以来党的对外工作为推进中国特色社会主义建设作出了积极贡献

党的十六大以来，在以胡锦涛同志为总书记的党中央正确领导和亲切关怀下，党的对外工作紧紧围绕党的中心工作和国家总体外交，认真贯彻落实中央的战略部署和决策指示，在服务全面建设小康社会、加强党的执政能力建设、促进党的思想理论创新、树立党的良好国际形象、争取有利的国际环境等方面，发挥了重要作用。

1. 紧紧围绕国家总体外交布局，运筹谋划党际高层交往，为巩固和促进国家关系发展、营造良好的外部环境发挥了重要作用。中央领导同志高度重视并亲自参与党的国际交往。十六大以来，中央领导同志应外国政党政要的邀请，先后50余次出访亚洲、非洲、拉美、欧洲及大洋洲的近80个国家；同时，会见了来访的680多批外国政党代表团。中央领导同志在与各国政党政要的会见会谈中，全面阐述我坚持走和平发展道路、落实科学发展观、对内构建和谐社会、对外推动建设和谐世界的治国理念和战略目标，增进了国际社会对我党执政理念和我国外交方针的了解；同时就一些共同关心的重大国际问题和双边关系深入交换看法，增信释疑，推动了政治经济文化等领域的广泛交流与合作。特别是我与社会主义国家执政党高层密切交往，进一步巩固和发展了友好关系和传统友谊，促进了双边关系中一些问题的妥善解决。

2. 坚决贯彻落实中央有关外事工作的重大决策，全方位、有重点地深化与各类政党和政治组织的交往，为国家关系的健康稳定发展奠定了政治基础。不断推进与日本、俄罗斯、印度、韩国等周边国家朝野主要政党的交流对话，促进了国家关系的改善和巩固。积极拓展对拉美、东欧、中东等地区国家的政党工作，加大与非洲国家政党交往的力度，从政党渠道推动中非新型战略伙伴关系的具体落实。不断深化与发达国家主流政党的交流对话，增进相互了解与合作。此外，积极探索和开展政党多边交往，与社会党国际、基民党国际、欧洲议会各主要党团、欧洲社会党、欧洲人民党、拉美和加勒比政党常设大会等国际和区域性政党组织的交往不断加强。2004年我成功主办了第三届亚洲政党国际会议，18位中央领导同志与33个国家的政党领导人进行了双边会见会谈，充分展示了党中央领导集体与时俱进、务实开拓的良好形象，进一步扩大了我党的国际影响力。

3. 不断深化党际交往内涵，加强对外国政党执政能力建设和治国理政的调查研究，并通

过党际交往促进国家间经济合作。 通过与外国政党、政治组织联合举办理论研讨会以及组织重大课题的专题考察等形式，深入研究国外政党在执政能力建设、党的基层组织建设、和谐社会建设、新农村建设、社会核心价值体系建设等方面的经验教训，准确把握国际形势的新趋势、国外政治思潮的新动态和世界政党政治的新动向，为我国现代化建设和党的自身建设提供智力支持。积极参与马克思主义理论研究与建设工程，形成了一批有一定价值的研究成果，为中国特色社会主义理论体系建设提供参考借鉴。此外，坚持政经结合、相互促进的原则，配合国内经济建设，努力寻找服务国内经济社会发展和满足外国政党开展经贸合作要求的结合点，为国内外企业开展经贸合作牵线搭桥。

4. 充分利用政党外交资源，服务于国家重大外交战略部署，积极配合解决重点和难点问题。 利用党际交往渠道广泛宣传我在台湾问题上的原则立场，促使外国政党政要对台湾问题有了更为清醒的认识，推动其政府坚持一个中国的原则立场。积极主动参与外交全局中的重点工作，在中日关系、朝核问题、安理会改革等问题上，根据中央统一部署，党的对外工作适时切入跟进，发挥了独特作用，收到较好效果。

5. 不断加强党际交往中的对外宣传，提高党的对外工作的开放度、透明度，积极塑造我党良好的国际形象。 根据中央领导同志的要求和外宣工作所面临的具体形势与任务，不断改进和丰富党的对外交往中外宣工作的内容、形式和方法。在中央领导同志出访、重要团组来访以及参与政党多边活动时，有针对性地开展外宣工作，用国际社会易于接受的语言，实事求是地介绍我国内情况及在重大国际国内问题上的原则立场。加强和改进对外新闻发布工作，就党的重大对外交往活动举办新闻发布会或接受中外媒体采访，全方位、多层次地介绍党的对外工作。十七大召开前后，国外政党政要和政治组织发来了近600份贺电函，高度赞誉我改革开放成就，积极评价我党与时俱进的时代精神，是我党国际形象不断改善和国家影响力不断提升的力证。

十七大报告高举中国特色社会主义伟大旗帜是新时期党的对外工作的行动指南

党的十七大报告站在时代和历史的高度，全面把握新时期我国发展的新要求和人民群众的新期待，把继承与创新、理论与实践、当前与长远结合起来，提出了一系列新思想、新观点和新举措，具有很强的战略性、指导性和针对性，深刻地回答了我们党今后举什么旗、走什么路、以什么样的精神面貌、朝着什么样的发展目标继续前进等党内外、国内外普遍关心的重大问题，对新时期党的对外工作具有重要指导意义。

1. 高举中国特色社会主义伟大旗帜，继续解放思想，坚持改革开放，为我国社会主义现代化建设新的历史进程指明了前进的航向。 十七大报告全面论述了中国特色社会主义道路的思想保证、强大动力、基本要求和奋斗目标，这是我国各族人民团结奋斗的共同思想基础。胡锦涛总书记强调“坚持解放思想、实事求是、与时俱进，勇于变革、勇于创新，永不僵化、永不停滞，不为任何风险所惧，不被任何干扰所惑”，旗帜鲜明地表达了中国共产党和中国人民沿着中国特色社会主义道路不断前进的坚强决心和坚定信念。党的对外工作作为党的事业的重要组成部分，必须进一步增强为中国特色社会主义服务的责任感、使命感，为丰富、发展和完善中国特色社会主义及其理论体系作出应有贡献。

2. 突出强调深入贯彻落实科学发展观，坚持以人为本，把党和国家的各项工作引导到科学发展的轨道上来。 十七大报告全面系统地阐述了科学发展观的科学内涵、精神实质和根本要求，以新的思想、新的论断谱写了中国特色社会主义理论的新篇章，在党的思想发展史上具有重要地位。科学发展观在全面把握我国经济社会发展阶段性特征的基础上，把握世界发展大势，深刻揭示了我国经济社会发展的客观规律，为党和国家的各项事业发展指明了方向，为解决复杂的国际国内矛盾、应对各种风险和挑战提供了强大的思想武器，也为新世纪党的对外工作提供了科学的理论指导。

3. 郑重宣示始终不渝走和平发展道路，奉行互利共赢的开放战略，坚持在和平共处五项原则基础上同所有国家发展友好合作，继续开展与各国政党和政治组织的交流合作。十七大报告在深刻分析当今世界大变革、大调整的基础上，结合时代特征，顺应时代潮流，针对各种版本的“中国威胁论”，向全世界庄严承诺，中国将与世界各国共同分享发展机遇，共同应对各种挑战，在政治、经济、文化、安全、环保等方面加强协商与合作。强调不管国际风云如何变幻，中国政府和人民都将高举和平、发展、合作的旗帜，推动建设持久和平、共同繁荣的和谐世界。因此，进一步向世界宣传中国所奉行的独立自主的和平外交政策、所践行的和平发展道路，深入研究国际形势发展变化趋势和国际社会政治思潮走向，为中国的和平发展建言献策，将是党的对外工作的一项十分重要的内容。

4. 高度重视加强党的执政能力建设，明确要求以改革创新的精神全面推进党的建设新的伟大工程。十七大报告从思想建设、组织建设、作风建设、制度建设、反腐倡廉建设等方面，对全面推进党的建设作出了新的部署。面对世情、国情、党情的深刻变化，必须适应时代的要求、人民的期待，加强党的执政能力建设和先进性建设，不断改革和完善党的领导体制和执政体制，提高党的领导能力和执政能力，使党始终成为立党为公、执政为民，求真务实、改革创新，艰苦奋斗、清正廉洁，富有活力、团结和谐的马克思主义执政党。党的国际交往能力、应对国际局势和处理国际事务的能力是党的执政能力的组成部分和重要体现，党的对外工作是党的事业的重要组成部分。必须以改革创新的精神提高党的国际交往能力和对外工作水平，进一步增强为加强党的执政能力建设、全面推进党的建设新的伟大工程服务的自觉性。

以十七大精神为指导
全面推进新时期党的对外工作

做好新时期党的对外工作，首先要学习好、领会好、贯彻好党的十七大精神，用十七大精神武装头脑，统揽工作全局。要在总结经验、继承传统、统筹兼顾、合理规划的基础上，进一步明确新时期党的对外工作的基本原则、基本目标和具体任务，与时俱进，开拓创新，不断开创中国特色政党外交新局面，为建设中国特色社会主义事业服务。

1. 发挥优势，服务大局，进一步通过党的对外工作为中国特色社会主义建设服务。新时期党的对外工作将在十七大精神指导下，勇于开拓，锐意进取，进一步成为保障国家综合安全、推进国家总体外交、实现祖国完全统一的整体战略的重要组成部分，成为不断加强党的建设、全面建设小康社会、加快推进社会主义现代化事业的重要组成部分。我们将充分发挥政党外交的特点和优势，广交朋友，深化交流，促进国际社会对中国特色社会主义事业的了解、理解和认同，不断夯实国家间关系的政治基础；积极配合国内经济发展大局，在党的对外工作中注入更多经济因素，直接服务于中国特色社会主义经济建设；通过党际交往深入了解世界各国的新情况、新变化，认真研究国外治国理政的新举措、新经验，借助他山之石，为建设中国特色的物质文明、精神文明、政治文明、生态文明提供智力支持。

2. 与时俱进，勇于创新，在党的对外工作中深入贯彻落实科学发展观。随着党的对外交往的蓬勃发展，实现党的对外工作由数量向质量、由规模向效益、由外延向内涵的提升显得日益迫切。我们要根据十七大精神，全面准确把握科学发展观，增强贯彻科学发展观的自觉性和坚定性，着力转变不适应不符合科学发展观的思想观念，着力解决影响和制约科学发展的突出问题，在实践中不断创新工作方式和工作机制，不断培育新的工作增长点。要在以胡锦涛同志为总书记的新一届中央领导集体统一部署和指挥下，认真执行党的对外工作的各项方针政策，调动一切可以利用的资源，使党的对外工作目标更明确，机制更完善，运转更协调，成效更显著。

3. 拓宽视野，科学规划，继续着眼国内国际两个大局开展党的对外工作。当前，中国的发展站到了新的历史起点上。十七大报告准确把握时代发展大势，科学指出当代中国同世界的关系发生了历史性变化，中国的前途命运日益紧密地同世界的前途命运联系在一起。我们所从事的党的对外工作，既是党的事业不可或缺的重要组成部分，又是国家总体外交一条不可替代的重要战线，它所承担的双重使命和定位，要求我们必须树立宽广的世界眼光，加强战略思维，从统筹国内国际两个大局出发开展对外交往，既要积极配合国家总体外交，又要紧紧围绕服务于党和国家工作大局。在实际工作中，我们将更多着眼于促进内外两个大局的良性互动，更加积极主动地利用好外部环境和国际经验，为维护国家主权、安全、发展利益服务。同时充分发挥我在维护世界和平、促进共同发展方面的建设性作用，以自身的发展推动建设持久和平、共同繁荣的和谐世界。

4. 加强交流，深化合作，全面展示我党立党为公、执政为民和民主、进步、开放、创新的良好形象。随着我党国际影响的扩大，愿意同我党交往的外国政党和组织越来越多。如何用好用足政党外交这个平台树立党的良好国际形象，是党的对外工作始终需要关注的重要问题。我们将在党的对外交往中，以更开放、更积极的姿态增进与国外政党及政治组织的交流，使党的对外工作成为我党观察、把握世界发展情势的重要窗口，成为国际社会了解、认识中国和中国共产党的重要渠道，进一步向世界传递这样的信息：改革开放的中国始终不渝走和平发展道路，勇于探索的中国人民坚定不移地走中国特色社会主义道路，与时俱进的中国共产党始终致力于中华民族伟大复兴的光辉事业！

（作者：中共中央对外联络部部长）

加快推进以改善民生为重点的社会建设

魏礼群

社会建设与人民幸福安康息息相关。胡锦涛总书记在党的十七大报告中提出，要加快推进以改善民生为重点的社会建设，并对此作了明确部署：必须在经济发展的基础上，更加注重社会建设，着力保障和改善民生，推进社会体制改革，扩大公共服务，完善社会管理，促进社会公平正义。这是我们党着眼于发展中国特色社会主义，推动科学发展，促进社会和谐，实现全面建设小康社会奋斗目标作出的重大决策和部署。我们要深刻领会、全面贯彻这一重要精神。

一、深刻认识加快推进以改善民生为重点的社会建设的重大意义

社会建设作为中国特色社会主义事业总体布局的重要组成部分，其内涵主要包括发展社会事业、扩大公共服务、协调利益关系、完善社会管理、调处社会矛盾、促进社会公平正义等，以及这些方面的改革和建设。将社会主义经济建设、政治建设、文化建设三位一体发展为社会主义经济建设、政治建设、文化建设、社会建设四位一体的总体布局，并强调以改善民生为重点加快推进社会建设，这是我们党对中国特色社会主义事业的新认识、新概括，在理论上和实践上都具有重大意义。

第一，这体现了中国特色社会主义本质的要求。“社会主义的本质，是解放生产力，发展生产力，消灭剥削，消除两极分化，最终达到共同富裕”。邓小平同志关于社会主义本质的这一科学和精辟的论述，体现了生产力和生产关系的统一，既要求大力发展生产力，为提高人民生活水平提供物质基础，又要求不断完善生产关系和分配关系，使全体人民走共同富裕道路。我们党领导人民进行社会主义现代化建设的根本任务和根本目标，就是通过解放和发展生产力，极大地增加社会物质财富，努力满足人民群众日益增长的物质文化需求，不断提高人民生活水平；同时，坚持走共同富裕道路，大力促进社会公平正义，极大地激发全社会创造活力，不断促进社会全面进步。我们党关于现代化建设“三步走”的战略部署，每一步都把经济发展的目标同改善人民生活和促进社会进步的目标有机地结合起来，作出统一部署。着力解决关系人民群众切身利益的生活、生产和生命安全问题，保障人民群众的经济、政治、文化和社会权益，努力实现人的全面发展，是我们党和国家一切工作的出发点和落脚点。强调以改善民生为重点加快推进社会建设，这是我们党牢牢把握中国特色社会主义本质特征的集中体现，也是发展中国特色社会主义的重要部署，反映了全体人民的共同愿望。

第二，这体现了深入贯彻落实科学发展观的要求。科学发展观，是对党的三代中央领导集体关于发展的重要思想的继承和发展，是中国特色社会主义理论体系的重要组成部分，是我国经济社会发展的重要指导方针。科学发展观，第一要义是发展，核心是以人为本，基本要求是全面协调可持续，根本方法是统筹兼顾。发展是我们党执政兴国的第一要务，只有抓住机遇实现又好又快发展，才能不断增强综合国力，推动社会全面进步，提高人民生活水平。离开发展，一切无从谈起。发展必须坚持以人为本，尊重人民主体地位，发挥人民首创精神，做到发展为了人民、发展依靠人民、发展成果由人民共享。科学发展观要求发展必须坚持全面协

调可持续，全面推进经济建设、政治建设、文化建设、社会建设，统筹城乡发展，统筹区域发展，统筹经济社会发展，统筹人与自然和谐发展，统筹国内发展和对外开放，兼顾和协调好改革发展进程中的各种利益关系，促进现代化建设各个环节、各个方面相协调。其中一个重要方面，就是要在经济发展的基础上，注重保障和改善民生，加强社会建设，推动经济和社会协调发展。这是深入贯彻落实科学发展观的重要方面。

第三，这体现了构建社会主义和谐社会的要求。构建社会主义和谐社会，是我们党从中国特色社会主义事业总体布局和全面建设小康社会全局出发提出的重大战略任务。加快推进以改善民生为重点的社会建设，抓住了维护和实现社会公平正义的关键，抓住了解决经济社会发展不平衡和影响社会和谐安定问题的关键。构建社会主义和谐社会是贯穿中国特色社会主义事业全过程的长期历史任务，是在发展的基础上正确处理各种社会矛盾的历史过程和社会结果，同时又是十分重要而紧迫的工作。其基本要求，就是要以解决人民最关心、最直接、最现实的利益问题为重点，着力发展社会事业，促进社会公平正义；就是要扩大公共服务，逐步实现基本公共服务均等化；就是要理顺分配关系，增加城乡居民收入，处理好公平和效率的关系；就是要完善社会管理，增强社会创造活力，维护社会安定团结。这样，才能形成全体人民各尽所能、各得其所而又和谐相处的局面，人们的积极性、主动性、创造性才能充分发挥出来，万众一心地把中国特色社会主义事业推向前进。

第四，这体现了全面建设小康社会的要求。党的十六大以来，我国全面建设小康社会的伟大事业取得了重要进展，目前社会经济发展总体形势很好，我们拥有加快推进现代化事业的许多有利条件。但是，在前进中还面临不少困难和问题，突出的是：经济增长的资源环境代价过大；城乡、区域、经济社会发展仍然不平衡；农业稳定发展和农民持续增收难度加大；劳动就业、社会保障、收入分配、教育卫生、居民住房、安全生产、司法和社会治安等方面关系群众切身利益的问题仍然较多，部分低收入群众生活比较困难；等等。这些问题如果解决不好，就会严重影响社会和谐稳定和全面建设小康社会的大局。同时，人民群众在新的发展阶段，期待过上更加美好的生活，对教育、卫生、社会保障、公共服务、生活环境以及个人全面发展等方面提出了更高的要求，全社会的公共需求快速增长，也更加需要加快社会事业发展。我们党提出全面建设更高水平的小康社会，目标是经济更加发展、民主更加健全、法制更加完备、科教更加进步、文化更加繁荣、社会更加和谐、人民生活更加富足。这就必须坚持经济建设、政治建设、文化建设和社会建设协调发展，缺少其中任何一个方面，都不可能实现全面建设小康社会的奋斗目标。加快推进以解决民生问题为重点的社会建设，切实改变经济发展和社会发展"一条腿长一条腿短"是全面建设小康社会的必然要求和重要任务。

总之，我们要从全局和战略的高度，着眼于发展中国特色社会主义伟大事业，着眼于推动科学发展、促进社会和谐，着眼于实现全面建设小康社会的奋斗目标，深刻认识、全面把握加快推进以改善民生为重点的社会建设的精神实质，把思想认识和行动统一到党中央的决策和部署上来，为夺取全面建设小康社会新胜利、开创中国特色社会主义事业新局面而奋斗。

二、加快推进以改善民生为重点的社会建设的主要任务

加快推进以改善民生为重点的社会建设，涉及面广，内涵丰富，基本要求是：积极解决好教育、就业、收入分配、社会保障、医疗卫生和社会管理等直接关系人民群众根本利益和现实利益的问题，努力使全体人民学有所教、劳有所得、病有所医、老有所养、住有所居，推动建设和谐社会。为此，需要着重抓好以下几个方面：

(一)优先发展教育,建设人力资源强国。教育是民族振兴的基石,教育公平是社会公平的基础,发展教育也是把我国巨大人口压力转化为人力资源优势的根本途径。必须坚持把教育放在优先发展的战略位置,办好人民满意的教育。第一,全面贯彻党的教育方针。要坚持育人为本、德育为先,培养德智体美全面发展的社会主义建设者和接班人。发展教育的根本任务是培养人,提高全体国民素质,包括思想道德素质、科学文化素质、身体素质、心理素质和劳动技能素质。特别要切实加强德育工作,把思想道德素质放在首要位置,促进学生养成良好的思想品德和行为习惯,做一个全面发展的人。第二,优化教育结构。要坚持按照教育发展规律和经济社会发展需要,优化教育资源配置,促进义务教育均衡发展,加快普及高中阶段教育,大力发展职业教育,提高高等教育质量,重视学前教育,关心特殊教育,形成各级各类教育全面协调可持续发展的良好格局。第三,推进教育改革创新。要着眼于构建现代国民教育体系,提高学生综合素质,大力实施素质教育。关键是要更新教育观念,改进人才培养模式,深化教学内容方式、考试招生制度、质量评价制度等改革,减轻中小学生课业负担,全面提高教育质量和水平。特别要推进教育教学与生产劳动和社会实践的紧密结合,使学生得到主动的、生动活泼的发展,注重培养学生的独立思考能力、创造能力和就业能力、创业能力。第四,坚持教育公益性质。教育是关系社会公共利益,对全体国民、对国家和民族现在和未来具有重大影响的公共事业,政府负有义不容辞的重要责任,必须加大财政对教育的投入,规范教育收费,健全公共财政投入和保障机制,为全体国民提供接受良好教育的机会和条件。要扶持贫困地区、民族地区教育,健全学生资助制度,保障经济困难家庭、进城务工人员子女平等接受义务教育。鼓励和规范社会力量兴办教育。这些有利于全面发展教育事业、促进社会公平正义。推动我国教育改革和发展,还必须进一步在全社会弘扬尊师重教的良好风气,全面提高教师队伍特别是农村教师素质,把广大教师的积极性、主动性、创造性更好地发挥出来。教师应当为人师表,忠诚于人民的教育事业。

(二)实施扩大就业的发展战略,促进以创业带动就业。就业是民生之本,是保障和改善人民生活的重要条件。我国劳动力资源十分丰富,这是促进经济持续较快发展的有利条件。同时,扩大就业的压力很大,就业形势严峻将是我国今后较长时期面临的一个重大课题。因此,必须把扩大就业放在经济社会发展的突出位置。要坚持实施积极的就业政策,坚持劳动者自主择业、市场调节就业、政府促进就业的方针,多渠道扩大就业。第一,千方百计扩大就业岗位。坚持发展经济与促进就业互动,积极发展经济和调整结构,以发展促进就业,扩大就业规模,改善就业结构。这就需要大力发展劳动密集型产业、服务业和各类中小企业,发展有利于扩大就业的新行业、新产业,鼓励、支持、引导非公有制经济发展,推进小城镇建设和加快县域经济发展,尽可能多地增加就业岗位。第二,鼓励自主创业、自谋职业。要促进以创业带动就业,这是解决就业问题的一个重大方针。创业不仅是创业者自己实现就业,还可以通过发展多元化创业主体和多种创业形式,创造更多的就业岗位,带动更多的人就业。要完善支持自主创业、自谋职业政策,加强就业观念教育,营造自主创业的社会环境。运用好财税、金融政策,增加融资渠道,放宽市场准入限制,加强技能培训和信息服务,积极培育创业主体,使更多劳动者成为创业者,推动创业型社会建设,扩大就业容量。第三,推进就业体制改革创新。要统筹城市就业和农村劳动力转移就业,建立统一规范的人力资源市场,形成城乡劳动者平等就业的制度,健全覆盖城乡的就业服务体系。要完善面向所有困难群众的就业援助制度,及时帮助零就业家庭解决就业困难。积极做好高校毕业生就业工作,鼓励和引导大学生面向农村、面向基层就业。第四,规范和协调劳动关系，依法维护劳动者权益，发展和谐劳动关系。要规范企业行为，认真实施工时、休息休假、最低工资、女职工和未成年工劳动保护等方面的标准。继续完善和落实对农民工的政策。国家为解决农民工问题已制定了平等就业、工资支付、劳动保护、社会保障、子女上学等政策，都应认真加以落实，还要针对普遍存在的问题，进一步完善有关政策措施。要加强劳动执法监督，特别要解决好非法用工、超时加班、劳动条件差等问题。这样，有利于扩大就业，也有利于维护劳动者合法权益。

（三）深化收入分配制度改革，增加城乡居民收入。合理的收入分配制度是社会公平的重要体现。改革开放以来，我国收入分配制度改革不断深化，打破了平均主义、“大锅饭”制度，形成了按劳分配为主体、多种分配方式并存的分配制度，有力地促进了经济社会发展，同时也出现了城乡、地区、行业和部分居民之间收入差距持续拉大的现象。必须深化收入分配制度改革，调整国民收入分配结构，整顿和规范分配秩序，加快形成合理有序的收入分配格局。第一，坚持和完善按劳分配为主体、多种分配方式并存的分配制度，健全劳动、资本、技术、管理等生产要素按贡献参与分配的制度。这是与社会主义初级阶段基本经济制度相适应的分配制度，目的在于放手让一切劳动、知识、技术、管理和资本的活力竞相迸发，让一切创造社会财富的源泉充分涌流，以造福于人民。在这里，合理兼顾效率和公平，是一个重要的理论和实际问题。一个时期以来，人们往往关注初次分配解决效率问题、再分配解决公平问题，实际上目前许多分配不公问题产生于初次分配领域。党的十七大报告强调，初次分配和再分配都要处理好效率和公平的关系，再分配要更加注重公平。这是对我国收入分配制度内涵的丰富和完善，具有很强的现实针对性。这既有利于提高经济效率，不断增加社会财富，又有利于促进社会公平正义，充分发挥各方面的积极性。第二，逐步提高居民收入在国民收入分配中的比重，提高劳动报酬在初次分配中的比重。提高这“两个比重”，是对国民收入分配格局的重要调整。一个时期以来，在我国国民收入分配中，政府和企业所占比重持续提高，而居民收入所占比重明显偏低，劳动报酬在初次分配中的比重偏低。这是多年来固定资产投资增长过快、投资率持续偏高，消费增长缓慢、消费率偏低的重要原因。提高这“两个比重”，有利于理顺国家、企业和个人三者的分配关系，有利于增加广大劳动者收入，维护劳动者权益，也有利于合理调整投资与消费关系，促进经济社会协调健康发展。第三，加大个人收入分配调节力度，合理调整收入分配格局。总的原则是，“提低、扩中、调高、打非”。“提低”，就是着力提高低收入者收入。要强化支农惠农政策，促进农民持续增收，建立企业职工工资正常增长机制和支付保障机制，逐步提高扶贫标准和最低工资标准，使城乡居民特别是低收入者收入随着经济发展逐步较多地增加。“扩中”，就是努力扩大中等收入者比重。要通过采取多种措施，创造条件让更多群众拥有财产性收入，使更多低收入者进入中等收入者行列。“调高”，就是切实对过高收入进行有效调节。要正确运用税收手段，使过高收入者的一部分收入通过税收等形式由国家集中用于再分配。“打非”，就是取缔非法收入。要严格执法，对偷税漏税、侵吞公有财产、权钱交易等各种非法收入依法取缔和惩处。还要规范垄断行业的收入，引入竞争机制，打破经营垄断；同时，规范垄断性企业资本收益的收缴和使用办法，合理分配利润。总之，要通过改革和发展，扩大转移支付，强化税收调节，打破经营垄断，创造机会公平，整顿分配秩序，逐步扭转收入分配差距扩大趋势，防止两极分化，使全体社会成员逐步共同致富。

（四）加快建立覆盖城乡居民的社会保障体系，保障人民基本生活。健全的社会保障体系，历来被称为人民生活的“安全网”、社会运行的“稳定器”和收入分配的“调节器”，是国家的一项重要社会制度，是维护社会稳定和国家长治久安的重要保障。改革开放特别是近些年来，我国社会保障体系建设取得了重要进展，但总的看还不够完善，存在着覆盖面小、保障水平低、制度不健全等问题。在新的形势下，必须加快完善社会保障体系。总的要求是：坚持广覆盖、保基本、多层次、可持续的指导方针，以社会保险、社会救助、社会福利为基础，以基本养老、基本医疗、最低生活保障制度为重点，以慈善事业、商业保险为补充，加快建立覆盖城乡居民的社会保障体系。为此，需要着重抓好以下几方面：一是完善基本养老保险制度。要促进城镇职工基本养老保险制度规范化，完善社会统筹与个人账户相结合的企业职工基本养老保险制度，促进机关、事业单位基本养老保险制度改革，探索建立农村养老保险制度。二是完善基本医疗保险制度。要全面推进城镇职工基本医疗保险、城镇居民基本医疗保险、新型农村合作医疗制度建设，把基本医疗保险制度覆盖城乡全体居民。三是完善最低生活保障制度。在城市要继续健全最低生活保障制度，做到应保尽保。在农村要将符合条件的贫困人口全部纳入最低生活保障范围，切实解决他们的基本生活问题。此外，社会救助与慈善事业也是中国特色社会保障体系的重要组成部分，具有不可替代的促进社会和谐的特殊功能，应当支持加快发展。完善社会保障体系，还要积极发挥商业保险的补充作用。商业保险能够满足人们更高层次和多样化的社会保障需要，也应支持其发展。同时，要采取多种方式充实社会保障基金，搞好基金投资运营，实现保值增值；要加强基金监管，杜绝非法侵占、挪用，确保社保基金安全。要逐步提高社会保险统筹层次，制定全国统一的社会保险关系转续办法，这有利于发挥社会保障制度的功能，也有利于促进劳动人口在全国范围的流动就业。住房是重要的民生问题，也是当前人民群众十分关注的问题，应当把解决住房问题摆在重要位置，加快建立适应全体居民需要的多层次住房保障体系，特别要健全廉租住房制度。廉租住房制度是解决城市低收入家庭住房困难的重要制度，要合理确定廉租住房保障标准，健全廉租住房保障方式，加大廉租住房建设力度。

（五）建立基本医疗卫生制度，提高全民健康水平。健康是国民素质的重要体现，是人全面发展的基础，关系千家万户幸福。多年来，我国医疗卫生事业取得了显著成就，但与人民群众对医疗卫生的需求仍然差距较大，存在着看病难、看病贵的问题。大力发展医疗卫生服务，是广大人民群众的迫切愿望。要加快建立基本医疗卫生制度，实现人人享有基本医疗服务的目标。总的原则和要求是：坚持公共医疗卫生的公益性质，坚持预防为主、以农村为重点、中西医并重，实行政事分开、管办分开、医药分开、营利性和非营利性分开，强化政府责任和投入，完善国民健康政策，鼓励社会参与，建设覆盖城乡居民的公共卫生服务体系、医疗服务体系、医疗保障体系、药品供应保障体系，为群众提供安全、有效、方便、价廉的医疗卫生服务。这就是我国基本医疗卫生制度建设的基本框架和主要目标，要围绕这个框架和目标，加快推进医疗卫生事业改革和发展。同时，要完善重大疾病防控体系，提高突发公共卫生事件应急处置能力。加强农村三级卫生服务网络和城市社区卫生服务体系建设。要以深化公立医院改革为突破口，深化医疗卫生管理体制、医疗机构运行机制、卫生投入体制、医疗服务和药品价格形成机制改革。建立国家基本药物制度，保证群众基本用药。扶持中医药和民族医药事业发展。要坚持计划生育的基本国策，稳定低生育水平，提高出生人口素质。开展爱国卫生运动，发展妇幼卫生事业。这些对于提高全体国民健康水平、增强健康体魄，都具有重要意义。

（六）完善社会管理，维护社会安定团结。社会稳定是人民群众的共同心愿，是改革发展的重要前提。随着改革开放不断深入和社会主义市场经济不断发展，我国的经济体制、社会结构、利益格局和人们思想观念发生深刻变化。这种空前的社会变革，给我国经济社会发展带来巨大活力，同时也必然带来这样那样的矛盾和问题，增加了社会管理的难度和复杂性，必须把完善社会管理作为改善民生和促进社会和谐的重要任务。第一，推进社会管理体制改革创新。要健全党委领导、政府负责、社会协同、公众参与的社会管理格局，健全基层社会管理体制。坚持以人为本，创新社会管理理念和管理方式，在服务中实施管理，在管理中实现服务，最大限度地激发社会创造活力，最大限度地增加和谐因素，最大限度地减少不和谐因素。第二，妥善处理人民内部矛盾。要完善信访制度，健全党和政府主导的维护群众权益机制，统筹协调各方面利益关系，有效预防和化解各类社会矛盾。第三，重视社会组织建设和管理。社会组织具有提供服务、反映诉求、规范行为的积极作用，把它们的作用利用好、保护好、发挥好，有利于降低政府社会管理成本，有利于增强公民的社会认同感。要支持各类社会组织承担社会事务，参与社会管理和服务。第四，强化安全生产管理和监督。要坚持安全第一、预防为主、综合治理的方针，完善安全生产体制机制，健全安全生产责任制度，维护安全生产秩序，有效遏制重特大安全事故，维护人民生命财产安全。要完善突发事件应急管理机制，提高保障公共安全和处置突发事件的能力；全面加强综合减灾能力建设，提高防范和应对自然灾害能力。第五，健全社会治安防控体系。要加强社会治安综合治理，深入开展平安创建活动，改革和加强社区警务工作，依法防范和打击违法犯罪活动。完善国家安全战略，高度警惕和坚决防范各种分裂、渗透、颠覆活动，切实维护国家安全。

三、需要正确认识和处理的几个重要关系

加快推进以改善民生为重点的社会建设，是发展中国特色社会主义的重大任务，关系社会主义现代化建设的全局和长远发展。因此，在指导思想和实际工作中必须正确认识和处理好以下几个重要关系：

一是正确认识和处理经济建设与社会建设的关系。历史唯物主义和社会主义发展规律告诉我们，经济建设是社会建设的前提和基础，也是社会建设的重要保证；社会建设是经济建设的重要目的，也为经济建设提供强大动力和支撑。我们必须毫不动摇地坚持以经济建设为中心，不断增强国家经济实力，增加社会财富，从而为改善民生、加快社会建设奠定物质基础；否则，改善民生和社会建设就会变成无源之水、无本之木。同时，我们必须高度重视和加强社会建设，使社会建设和经济建设相协调。如果社会建设滞后，各方面社会矛盾必然增多，经济建设的制约因素也就会增多；而且经济建设如果不以改善民生为出发点和归宿，也就会失去动力和支撑。鉴于当前我国社会发展滞后于经济的问题比较突出，不少涉及人民群众切身利益的问题亟待解决，必须在经济发展的基础上，更加注重加快社会建设，更加注重改善民生。总之，要坚持合理统筹经济建设和社会建设，使二者相互促进、协调发展。

二是正确认识和处理尽力而为和量力而行的关系。我国是一个发展中的大国，人口多、底子薄，仍处于并将长期处于社会主义初级阶段，目前经济发展水平总体不高而且发展很不平衡。因此，解决民生问题和发展社会事业需要作长期不懈的努力。我们既要积极进取，尽最大努力加快社会建设，抓紧解决群众关心的突出问题，又要从实际出发，充分考虑各方面的条件和承受能力。要立足当前、着眼长远，随着经济发展逐步解决问题，稳步提高社会事业发展和社会保障水平，而不能要求过高过急，那样既不利于解决问题、维护人民群众的根本利益，也会影响经济社会协调发展、损害人民群众的长远利益。要坚持从办得到的事情做起，一步一个脚印地做好工作。必须清醒认识到，实现全面建设小康社会的目标还需要继续奋斗十几年，基本实现现代化还需要继续奋斗几十年，巩固和发展社会主义制度则需要几代人、十几代人甚至几十代人坚持不懈地努力奋斗。在今后

相当长的时间里，必须始终提倡和实行艰苦创业，发扬勤俭节约、勤俭办一切事业的精神，坚决反对各种奢侈浪费现象。

三是正确认识和处理政府主导和社会参与的关系。改善民生，加快社会建设，必须正确发挥政府和社会各方面的积极性。教育、医疗卫生、社会保障等社会事业，具有明显的公益性质，直接关系社会公众利益和福祉，直接关系社会公平正义。推进这些事业，要从指导思想、制度建设和资金投入等方面，坚持体现公益性原则，切实强化政府职责，充分发挥政府主导作用，特别要不断增强政府公共产品和公共服务的供给能力，减轻群众在教育、医疗卫生、养老、住房等方面的支出负担。调节收入分配、扩大社会就业、加强社会管理也是政府的重要职责，政府理应更多地承担起责任。同时必须认识到，在发展社会主义市场经济的条件下，公益性事业发展形式不是单一的，运行机制也不是一样的，政府不应当也不可能包办一切。广大人民群众的多样性、多层次和不断变化的社会需求不可能完全由政府直接提供。要充分发挥各类市场主体和社会组织的作用，对能够实行市场运作的公共服务，应该发挥市场机制的作用。现在存在的问题，一方面是对有些社会事业的发展，政府还没有履行好该由政府承担的责任；而有些社会事业的发展该由市场和社会组织解决的，政府却包揽过多。必须按照政事分开、经营性与非经营性分开的原则，加快事业单位分类改革，积极引导和支持各类市场主体和社会组织参与社会管理和公共服务，建立公共服务供给的社会参与机制。要把那些适合或可以通过市场、社会提供的公共服务，以适当的方式交给社会组织、中介机构、社区等基层组织承担，引进竞争激励机制，以扩大公共服务的供给，并降低服务成本，提高服务效率和质量。

四是正确认识和处理增加投入和深化改革的关系。加快发展社会事业，一要靠增加投入，二要靠深化改革。不增加投入，社会事业就不能加快发展；而不深化改革，增加的投入也难以有效发挥作用。所以，必须把增加投入和深化改革这二者很好地结合起来。随着国民经济持续快速发展，国家实力不断增强，财政收入明显增加，我国现在有条件较大幅度地增加用于改善民生和社会事业建设的投入。要进一步调整国民收入分配结构和财政支出结构，切实增加对社会建设的投入，为加快社会事业发展提供更多、更有力的支持。同时，要实行有利于加快社会事业发展的财税、金融政策，鼓励和引导社会力量增加对社会发展领域的投入。既要扩大公共服务供给总量，又要大力调整供给结构，特别要注重向农村、向困难地区、向中西部倾斜，努力改变公共服务设施分布不合理的状况。要正确认识和处理社会建设领域中事业和产业的关系。既要加快发展满足人民群众基本公共服务需求的各项社会事业，又要发展那些面向市场需求的各类服务产业，以事业带产业，以产业促事业，逐步形成社会事业和服务产业相互协调、相互促进、蓬勃发展的局面。我国社会事业发展滞后，与社会领域改革滞后直接相关。必须针对管理体制、运行机制存在的弊端，加大社会体制改革力度，推进体制机制制度创新；否则，增加投入的效果就会大打折扣，就难以有效地转化为增加公共服务，也难以实现社会事业的持续健康发展。还要加强社会领域的法制建设，把社会建设和管理纳入法治化、规范化、制度化轨道。只有这样，才能逐步使我国成为各方面制度更加完善、社会更加充满活力而又安定团结的国家，形成社会和谐人人有责、和谐社会人人共享的生动局面，把中国特色社会主义伟大事业全面推向前进。

（作者：党的十七届中央委员）

科学发展观是中国特色社会主义理论体系的创新成果

王伟光

胡锦涛同志在十七大报告中全面深刻地阐述了科学发展观的理论前提、实践基础、科学内涵和精神实质，对科学发展观在中国特色社会主义理论体系和发展中国特色社会主义伟大事业中的地位和作用作了科学定位，号召全党提高贯彻落实科学发展观的自觉性和坚定性，把科学发展观贯彻落实到经济社会发展的各个方面。

一、马克思主义关于发展的世界观和方法论的集中体现

一定的发展观受一定的世界观和方法论的指导。科学发展观是我们党创造性地运用马克思主义世界观方法论，说明和解决中国发展问题的马克思主义中国化的最新成果，科学地回答了实现什么样的发展、怎样发展这一基本问题。也就是说，搞清楚了中国特色社会主义的发展规律、发展理念、发展动力、发展主体、发展战略、发展思路、发展道路、发展模式、发展目标、发展规划、发展措施等一系列重大问题。科学发展观是马克思主义关于发展问题的世界观和方法论的集中体现。

科学发展观首先是辩证的发展观。科学发展观是建立在辩证唯物主义世界观方法论基础上的。发展就是事物辩证运动的过程。在原有基础上的重复，甚至倒退的运动都不是发展。当然，发展作为事物运动的状态，有慢、有快；有单一、有全面；有不均衡、有均衡；有不协调、有协调；有一时、有持续。科学发展观追求的是正常的、健康的、协调的、全面的、合理的发展。从马克思主义哲学世界观和方法论来看，发展应该是辩证的发展，辩证的发展是不断解决矛盾的发展，是各个要素、各个方面系统全面推进的发展，是兼顾各方的整合协调的发展，是有后劲的可持续的发展。科学发展观是对立统一的发展观，是全面的发展观，是协调的发展观，是可持续的发展观。

科学发展观又是唯物史观的发展观。科学发展观是建立在历史唯物主义基础上的。马克思主义哲学历史观的一个方面，是强调历史决定论，认为社会存在决定社会意识，社会历史发展，归根结底是生产力的发展所决定的，社会发展首先要解决好生产力的发展问题。

马克思主义历史观的另一个方面，是强调历史辩证法。首先，强调在社会发展过程中，不能仅仅把经济、生产力归结为发展的唯一因素，还要看到政治、文化、思想各方面因素在整体社会发展中的作用。其次，既重视人和社会发展的特殊性，又重视自然因素对社会与人发展的制约性。人是社会发展的积极的能动的主体，而人的发展、社会的发展又依赖于自然的发展，自然的发展制约人的发展和社会的发展，人类社会发展的过程一定要做到人与自然和谐发展。最后，强调人是发展的目的、发展的主体，而不仅仅是发展的手段。必须以人为本，把推进人的全面发展作为社会主义发展的根本目的，把满足人民群众的物质文化需要，作为推动经济社会发展的根本出发点和最终归宿。

从马克思主义历史观的高度认识发展问题，一是要认识到科学发展观是有重点的发展观。重点就是抓住最主要的东西、决定性的东西，就是生产力、经济、物质的东西。二是要认

识到科学发展观是关于社会辩证法的发展观。就是讲发展重点的时候，还要讲其他因素的作用，讲人的作用和满足人的需要的目的。社会发展不等于单纯的经济增长，它内在地包括稳定、和谐、公正、公平、民主、价值等社会和人全面发展的目标。社会发展中的政治、经济、文化三大部分缺一不可，物质文明建设、政治文明建设、精神文明建设、和谐社会建设和生态文明建设缺一不可，社会发展是一个全面系统协调可持续的过程。

科学发展观还是尊重客观规律的发展观。正确处理好人的主观能动性和客观规律之间的关系，是全面落实科学发展观，解决以人为本，全面协调可持续发展的关键。我国是一个人口众多、资源相对不足的大国。随着向工业文明的迈进，人口、环境、资源等矛盾日益突出，成为制约发展的瓶颈。一定要把控制人口、保护生态环境、节约资源放到更加重要的位置，使人口增长与社会生产力相适应，使经济建设与人口、资源、环境相协调，积极倡导和推行循环经济，努力建设资源节约型和环境友好型社会，实现发展的良性循环，实现经济社会的持续健康发展与人和自然的和谐发展，推进整个社会走上生产发展、生活富裕、生态良好的科学文明发展之路。

二、中国特色社会主义理论体系的创新成果

邓小平理论、“三个代表”重要思想、科学发展观共同构成了既一脉相承、又与时俱进的马克思主义中国化的科学的理论体系。该理论体系依次回答了三大问题：什么是社会主义、怎样建设社会主义；建设什么样的党，怎样建设党；实现什么样的发展，怎样发展。以邓小平同志为核心的党的第二代中央领导集体创造性地回答了“什么是社会主义、怎样建设社会主义”，创立了邓小平理论，这是中国特色社会主义理论体系的开篇。以江泽民同志为核心的党的第三代中央领导集体在进一步回答“什么是社会主义、怎样建设社会主义”的同时，创造性地回答了“建设什么样的党、怎样建设党”的问题，创立了“三个代表”重要思想，这是中国特色社会主义理论体系与时俱进的新成就。十六大以来，以胡锦涛同志为总书记的党中央在继续深入回答前两个问题的基础上，创造性地回答了“实现什么样的发展、怎样发展”，提出了科学发展观等重大战略思想，这是中国特色社会主义理论体系的最新成果。

中国特色社会主义理论体系核心问题是回答发展问题。以胡锦涛同志为总书记的党中央，明确提出“以人为本，全面协调可持续发展”的科学发展观，提出“科学发展、和谐发展、和平发展”的新理念。科学发展观，是我们党坚持以邓小平理论和“三个代表”重要思想为指导，解放思想、实事求是、与时俱进，探索中国特色社会主义发展道路的创新成果。科学发展观同我党几代领导集体关于社会主义建设和发展的思想既一脉相承，又有新的创造，赋予了我们党关于发展中国特色社会主义的指导思想以新的时代内涵。

三、必须坚持和贯彻的重大战略思想和重要指导方针

科学发展观是推进我国经济社会发展的正确的指导方针，是发展中国特色社会主义必须坚持的重大战略思想。科学发展观是立足于我国社会主义初级阶段的基本国情，总结借鉴国外发展经验，适应新世纪新阶段的发展要求，全面分析我国改革开放发展的关键阶段的阶段性特征而提出来的。

我国建国 58 年了，可以分为两个 29 年。第一个 29 年是在毛泽东同志领导下社会主义建设道路的探索阶段，一方面取得了伟大成就，另一方面走了曲折道路，有成功经验也有沉痛教训。毛泽东同志关于中国特色社会主义建设道路的探索是中国特色社会主义的实践和理论前提。第二个 29 年就是改革开放的 29 年，即以邓小平同志为核心的党的第二代中央领导集

体开创的，以江泽民同志为核心的党的第三代中央领导集体成功推向21世纪的，十六大以来以胡锦涛同志为总书记的党中央继续推进的社会主义改革开放新阶段。正如胡锦涛同志在十七大报告中所说，新时期最鲜明的特点是改革开放，最显著的成就是快速发展，最突出的标志是与时俱进。从成就来说，经过改革开放，找到了中国特色社会主义的正确道路，开创了中国特色社会主义建设新局面，形成了中国特色社会主义理论体系，经济持续快速发展。生产力发展了，国力增强了，人民生活水平提高了。一方面，为全面建设小康社会、全面推进社会主义经济建设、政治建设、文化建设和社会建设提供了强大雄厚的经济基础和财力支持；另一方面，改革开放发展到今天，又遇到一系列新的矛盾和问题，我们党面临新形势、新任务、新要求，迫切需要科学地分析所面临的世情、国情、党情、民情，提出前瞻性的发展思路，破解进一步发展的难题。科学发展观正是适应这样的阶段性特征和基于这样的现实国情而提出来的，有相当强的政治性、前瞻性、战略性、现实性和针对性。面对纷繁复杂的矛盾，只有用科学发展观统领经济社会发展全局，我们的工作才能高屋建瓴，势如破竹，排除险难，不断走向新的胜利。必须把科学发展观作为解决当前诸多矛盾和问题、推进经济社会发展必须遵循的基本原则和指导思想。

党的十七大报告号召全党同志增强落实科学发展观的自觉性和坚定性，着力解决影响科学发展的突出问题，这就要求各级领导干部消除对科学发展观的片面理解，全面理解和深刻把握科学发展观的科学内涵和精神实质，把科学发展观落实到发展中国特色社会主义的各个方面。

一定要从政治高度认识科学发展观。科学发展观实际上要解决四个可持续发展问题：一是实现经济发展的可持续，通过新型的经济发展模式，走出一条中国特色社会主义的低成本、低代价的经济发展道路；二是实现政治发展的可持续，通过建设社会主义政治文明，走出一条中国特色社会主义的民主政治发展道路；三是实现人文社会发展的可持续，通过社会主义精神文明建设，走出一条中国特色社会主义的文化繁荣道路；四是实现生态环境、人口、资源的可持续发展，通过生态文明建设，走出一条中国特色社会主义的资源节约型和环境友好型的建设道路。要在经济、政治、文化、社会、人的全面发展和党的建设的各个方面，全面落实科学发展观。

一定要从全局高度认识科学发展观。有一种观点认为，科学发展观好是好，但“在我这个地方不适合”，甚至在个别领导干部看来，与其加大财政投入搞环保，搞公共设施和文化设施建设，不如集中财力搞见效快的经济项目，这才算有政绩。在这种误导下，一些地方仍然违规上高污染、高耗能项目，违规使用土地，对环境问题、资源问题、社会和人的全面发展问题重视不够。推进经济社会和人的全面发展是全局性的问题，不注意治理局部发展带来的诸多矛盾和问题，势必影响全局发展，有害于全局。一定要克服片面性，以大局为重，全面落实科学发展观。

一定要从意识形态高度认识科学发展观。科学发展观不仅解决的是硬的、物质的、经济的发展，而且还要全面解决软的、精神的、政治的、人文的发展。一定要在意识形态的建设和领导方面，全面体现和落实科学发展观。因此，要全面理解和贯彻落实科学发展观，以科学发展观统领软实力、文化力、精神力、道德力、政治力的建设，强化党在意识形态领域的领导和控制能力。

一定要从改革高度认识科学发展观。在改革中出现的某些问题和偏颇，恰恰需要按照科学发展观的要求，积极推进改革才能解决。问题不是改革造成的，而是偏离科学发展轨道、工作中的偏差造成的。科学发展观要求我们必须坚定不移地坚持改革开放，坚持社会主义市场经济的改革取向。只有按照科学发展观的要求，继续推进和深化改革，才能解决发展中的问题。

一定要从战略高度认识科学发展观。科学发展观既立足于解决当前发展中存在的诸多矛盾和问题，更着眼于长远发展，着眼于解决长远发展中有可能产生的矛盾和问题。这就要求领导干部在落实科学发展观的实践中不搞短期行为，不搞“形象工程”、“面子工程”，不仅讲眼前，更要讲长远，一定要把科学发展观作为一项前瞻性的、长远性的、根本性的战略思想加以落实。

（作者：中国社会科学院常务副院长）

深入贯彻党的十七大精神
努力开创对台工作新局面

陈云林

党的十七大是在我国改革发展关键阶段召开的一次十分重要的大会。胡锦涛总书记在十七大上所作的报告，是我们党带领全国各族人民坚定不移地走中国特色社会主义道路、在新的历史起点上继续发展中国特色社会主义的政治宣言和行动纲领。十七大报告关于台湾问题和对台工作的论述，篇幅虽然不长，但在胡锦涛总书记报告这一部分的时候，会场上多次响起了热烈的掌声。2000多名代表经久不息的掌声，充分表明全国人民高度关心祖国统一大业、全力支持对台工作。我们对台工作战线的同志深受感动，倍感鼓舞，更感到肩负的责任重大。

党的十六大以来的五年，是对台工作十分不平凡的五年，是两岸关系在曲折起伏中向前发展的五年，是以胡锦涛同志为总书记的党中央正确领导和大力推动对台工作取得显著进展、在理论创新和实践创新方面取得新成就的五年。五年来，中央从全局和战略的高度重视和加强对台工作，敏锐把握台海局势的复杂变化，就新形势下的对台工作作出一系列重大决策和部署，提出一系列新主张，采取一系列新举措，领导我们紧紧围绕反对和遏制"台独"这一首要任务，牢牢把握两岸关系和平发展的主题，坚决打击和遏制"台独"分裂势力及其活动，扩大两岸经济文化交流和人员往来，推动了直接"三通"进程，打开了两岸政党交流新局面，进一步争取了国际社会对我国政府关于台湾问题方针政策的理解和支持，捍卫了国家主权和领土完整，维护了台海地区和平稳定，扩大了遏制"台独"的战略优势。

党的十七大报告充分肯定了五年来的对台工作，提出了今后一个时期对台工作的指导思想和总体要求，阐述了对两岸关系重大问题的主张。报告关于台湾问题和对台工作的论述，充分显示了我们党对台方针政策的一贯性、连续性，深刻反映了五年来我们党关于对台工作大政方针、指导原则的丰富和发展，突出了我们党关于两岸关系重大问题的新主张、新论述，体现了对台工作实践的新成果、新经验，具有鲜明的时代特征，对新形势下的对台工作具有重大指导意义。

我们党对台工作的大政方针和各项重大政策，历来建立在对国家利益历史性的深刻认识和战略性的全面把握上，建立在对台湾问题总体形势的科学判断和对解决台湾问题规律性的认识不断深化的基础上，建立在对台工作不断开拓前进的实践经验的基础上，是理论与实践的统一，既一以贯之、一脉相承，又与时俱进、丰富发展。回顾五年来中央就新形势下对台工作作出的重大决策和部署、在对台工作理论和实践创新方面取得的新成果和新进展，深刻领会党的十七大报告关于今后一个时期对台工作的指导思想、总体要求和各项政策，融会贯通地加以理解，对于我们全面、深入地贯彻党的十七大精神，继续奋发进取，努力开创对台工作的新局面，十分必要，也十分重要。

一、把维护国家主权和安全、维护重要战略机遇期、维护中华民族根本利益放在第一位，坚决反对和遏制"台独"

党的十六大以来，中央高度关注陈水扁当局"台独"分裂活动不断升级的事态发展。针对

2004 年 3 月陈水扁连任后，台湾当局和“台独”分裂势力搞“台独”的冒险性进一步上升，发生“台独”重大事变的可能性明显增大，威胁我国家主权和领土完整的现实危险日益严重的现实情况，中央就反“台独”斗争作出了重大决策。中央指出，实现祖国完全统一是我们坚定不移的奋斗目标，根据台海局势的现实情况，目前必须把反对和遏制“台独”作为对台工作的首要任务，重点是全力阻止“台独”分裂势力通过推动“宪改”、公投谋求“台湾法理独立”。中央要求我们，坚持对台工作大政方针，综合运用各种力量，坚决挫败“台独”分裂图谋，维护国家主权和领土完整、维护两岸关系基本稳定、维护重要战略机遇期，为早日解决台湾问题、实现祖国完全统一创造条件。中央确定这一基本思路，对于动员全党进一步加强对台工作，反对“台独”分裂活动，促进祖国统一进程，具有重大意义。

制定反分裂国家法，是中央审时度势作出的重大决策。2005 年 3 月，十届全国人大三次会议通过《反分裂国家法》，将中央关于解决台湾问题的大政方针以法律形式固定下来，充分体现了我们以最大诚意、尽最大努力争取和平统一的一贯主张，同时表明了全中国人民维护国家主权和领土完整、绝不允许“台独”分裂势力以任何名义任何方式把台湾从中国分裂出去的共同意志和坚定决心，具有重大现实作用和深远历史意义。

五年来，我们针对“台独”分裂势力进行的形形色色的“台独”分裂活动展开了坚决有力的斗争，沉重打击了“台独”分裂势力的嚣张气焰，展现了维护国家主权和领土完整、维护两岸同胞根本利益的坚强意志和决心。陈水扁当局举办的所谓“防御性公投”以失败告终，通过“宪改”谋求“台湾法理独立”的进程受阻，推动所谓“参与联合国”和“申请入联”一再遭到挫败。

当前，陈水扁当局一意孤行地推动于明年 3 月举办以台湾名义加入联合国的公投，预谋进行“台独”冒险，使台海局势处在高危期，“台独”与反“台独”斗争空前激烈尖锐。陈水扁当局推动“入联公投”，是谋求改变大陆和台湾同属一个中国的现状、走向“台湾法理独立”的严重步骤，其图谋一旦得逞，必会给两岸关系、台海和平带来十分严重的恶果。党的十七大报告指出：“当前，‘台独’分裂势力加紧进行分裂活动，严重危害两岸关系和平发展。两岸同胞要共同反对和遏制‘台独’分裂活动。”当前对台工作的首要任务，仍然是反对和遏制“台独”分裂活动尤其是“台湾法理独立”活动，坚决挫败陈水扁当局推动“入联公投”和进行“台独”冒险的图谋。在反对分裂国家这个重大原则问题上，我们决不会有丝毫动摇、妥协、含糊，13 亿中国人民决不会吞下“台独”这个苦果。党的十七大报告强调：“任何涉及中国主权和领土完整的问题，必须由包括台湾同胞在内的全中国人民共同决定。”这句话斩钉截铁、掷地有声，体现了全党不动如山的坚定意志和坚强决心。我们愿以最大诚意、尽最大努力实现两岸和平统一，同时做好了必要准备，坚决制止“台独”冒险，绝不允许任何人以任何名义任何方式把台湾从中国分割出去。

“台独”注定是一条走不通的绝路。我们要透过“台独”分裂势力喧嚣一时的张狂看穿其虚弱本质，看到“台独”分裂势力及其活动终将走向衰败的历史必然。同时，我们对“台独”分裂势力铤而走险的活动，必须保持高度警惕。如果“台独”分裂势力以任何名义任何方式造成台湾从中国分裂出去的事实，或者发生将会导致台湾从中国分裂出去的重大事变，我们就必须采取必要的断然措施，捍卫国家主权和领土完整，维护国家核心利益。

二、深刻理解党中央就新形势下推进对台工作、发展两岸关系提出的新主张、新论述

五年来，以胡锦涛同志为总书记的党中央深刻总结多年来对台工作的实践经验，客观、全面、辩证地分析台湾问题的总体形势，准确把握两岸关系发展的规律性，继承、丰富和发展了党

的三代中央领导集体关于对台工作的大政方针与指导原则，提出了一系列发展两岸关系、争取和平统一的新主张，对于指导新形势下的对台工作具有重大意义。

——提出新形势下发展两岸关系的四点意见。2005年3月4日，胡锦涛总书记发表关于台湾问题和对台工作的重要讲话，强调坚持一个中国原则决不动摇，争取和平统一的努力决不放弃，贯彻寄希望于台湾人民的方针决不改变，反对“台独”分裂活动决不妥协。这四点意见，丰富了对台工作指导原则的内涵，提出了对台工作的战略基点，是新形势下对台工作必须遵循的重要指导方针。

——提出牢牢把握两岸关系和平发展主题的重要主张。2005年4、5月间，胡锦涛总书记在分别与来访的中国国民党主席连战、亲民党主席宋楚瑜进行正式会谈时，提出了构建和平稳定发展的两岸关系的重要主张。2006年4月，胡锦涛总书记又进一步提出“和平发展理应成为两岸关系发展的主题，成为两岸同胞共同为之奋斗的目标”。他指出：坚持“九二共识”，是实现两岸关系和平发展的重要基础；为两岸同胞谋福祉，是实现两岸关系和平发展的根本归宿；深化互利双赢的交流合作，是实现两岸关系和平发展的有效途径；开展平等协商，是实现两岸关系和平发展的必由之路。这些重要主张和论述，展现了我们党维护台海和平的诚意，体现了对两岸同胞共同愿望、两岸关系发展趋势、当今世界和平与发展潮流的正确把握，指明了两岸关系发展方向，产生了重大深远影响。党的十七大报告正式写入了“牢牢把握两岸关系和平发展的主题”这一重大思想观点。我们要牢牢把握两岸关系和平发展的主题，努力开创两岸关系和平发展的光明未来。

——丰富了坚持一个中国原则的内涵。中央始终强调，坚持一个中国原则，是发展两岸关系和实现祖国和平统一的基石。着眼于揭露“台独”分裂势力的歪曲攻击，争取台湾同胞理解一个中国原则，胡锦涛总书记近年来有针对性地提出了一系列新的论述。他指出，“1949年以来，尽管两岸尚未统一，但大陆和台湾同属一个中国的事实从未改变。这就是两岸关系的现状”。“我们提出世界上只有一个中国，大陆和台湾同属一个中国，中国的主权和领土完整不容分割，就是要表明，中国是两岸同胞的中国，是我们共同的家园。两岸同胞应共同把我们的家园维护好、建设好、发展好”。他提出，构建和平稳定的两岸关系，必须建立共同的政治基础，“这个政治基础，就是必须坚持一个中国原则，坚持中国绝不能分裂，中华民族绝不能分裂”。这些重要论述和主张，在党的十七大报告中得到了精辟概括。坚持一个中国原则，是对台方针政策的基石，是反对各种形式“台独”分裂活动的有力武器。在一个中国原则基础上进行两岸协商谈判，关系到两岸关系的性质和前途，也关系到协商谈判最终能否取得成果。在坚持一个中国原则这个根本问题上，我们必须始终不渝、毫不动摇。

——就两岸谈判问题提出一系列新论述并在实践中将议题进一步具体化。我们党一贯倡导通过两岸平等协商谈判解决彼此之间存在的各种问题。五年来，中央始终积极推动早日恢复两岸谈判，一再重申在一个中国原则的基础上什么问题都可以谈。胡锦涛总书记指出：“实现两岸平等对话和谈判，双方都应该拿出诚意，讲求诚信。一是要秉持民族大义，坚持一个中国原则，认同‘九二共识’；二是要顺应人民意愿，坚持以两岸同胞的福祉为重；三是要坚持与时俱进，勇于放弃不符合时代发展的陈旧观念，摒弃不符合两岸同胞根本利益的一己私见。”2005年4、5月间，胡锦涛总书记分别与连战主席、宋楚瑜主席举行正式会谈时，共同确定促进两岸在“九二共识”基础上尽速恢复平等协商，并首次商定了若干重大协商议题和讨论事项，包括“正式结束敌对状态，达成和平协议”、“两岸共同市场问题”、“台湾民众关心的参与国际活动问题”等。这一重要成果在党的十七大报告中得到了体现。报告提出：“我们郑重呼吁，在一个中国原则的基础上，协商正式结束两岸敌对状态，达成和平协议，构建两岸关系和平发展框架，开创两岸关系和平发展新局面。”这是我们党关于两岸协商谈判主张的新发展。通过这一谈判，正式结束两岸敌对状态，签署和平协议，将在祖国和平统一进程中产生历史性的重大作用。

三、开启两岸政党交流新局面，具有重大历史意义和现实意义

2005年4月、5月，中共中央和胡锦涛总书记先后邀请国民党主席连战、亲民党主席宋楚瑜率团访问大陆，分别与他们举行正式会谈，就反对“台独”、坚持“九二共识”、推动两岸关系发展等重大问题达成共识。这一历史性事件，在两岸关系史上写下了浓墨重彩的一笔，产生了举世瞩目的影响。2005年9月以来，中共中央台办与国民党、亲民党有关方面相继成功举办一系列论坛，就两岸经贸交流、农业合作、直接“三通”、大陆居民赴台旅游、教育交流等重要问题进行深入研讨，达成广泛共识。大陆16个城市的党委与国民党15个县市党部，相继开展近40项交流活动。举办这些论坛和开展政党交流，产生了重要的积极影响。

我们党邀请连战主席、宋楚瑜主席来访，开启了两岸政党交流的新局面，显示出双方面对现实、开创未来的大智大勇，向两岸同胞展现了共同反对“台独”、维护台海和平的决心和诚意，向世界表明了两岸中国人有智慧、有能力妥善处理彼此间的矛盾和问题，受到台湾各界普遍肯定和国际舆论高度评价。这表明，在纷繁复杂的两岸关系形势下，任何政党，只要以中华民族的利益为重，以两岸同胞的福祉为重，体察人民意愿，顺应历史潮流，就一定能得到人民拥护，就能够有所作为。党的十七大报告指出：“台湾任何政党，只要承认两岸同属一个中国，我们都愿意同他们交流对话、协商谈判。”对于台湾任何人、任何政党朝着承认一个中国原则方向所作的努力，我们都欢迎。只要承认两岸同属一个中国，不管是什么人、什么政党，也不管他们过去说过什么、做过什么，我们都愿意同他们谈发展两岸关系、促进和平统一的问题。

四、推动两岸经济文化交流和合作，实现真正意义上的全民族伟大复兴

五年来，中央十分重视进一步促进两岸人员往来和经济文化交流，推进直接“三通”进程。在两岸同胞共同努力下，两岸人员往来和各项交流呈现不断向前发展的势头，台商赴大陆投资和两岸贸易持续增长，两岸直接“三通”取得新突破。截至2007年6月底，累计批准台商投资项目73000多项，台商实际投资446亿美元；两岸贸易总额累计达6500多亿美元，其中大陆对台出口1100多亿美元，大陆自台进口5400多亿美元。目前，大陆是台湾最大的出口市场和最大贸易顺差来源地。五年来，台湾居民来往大陆累计达2080万人次，大陆居民往来台湾累计88万人次，其中应邀赴台交流19万人次。2003年春节，首次实现两岸春节包机；2005年，两岸春节包机增加航点和航班，扩大搭乘对象，并首次实现两岸对飞；2006年，两岸就客运包机扩大至清明、端午、中秋、春节，以及开通紧急医疗救援包机、残疾人包机和有特殊要求的货运包机等达成框架性安排。当前，两岸人员往来之频密、各项交流之深入、合作领域之广泛，已达到前所未有的新水平，正迈向范围更广、层次更高的新境界。今后，我们要按照党的十七大的要求，进一步大力促进两岸同胞加强交往，促进两岸经济文化交流拓展领域、提升层次，推动直接“三通”，使彼此感情更融洽，合作更深化，维护好、建设好我们的共同家园。

五、充分理解、尊重、信任和关怀台湾同胞，团结广大台湾同胞共同为中华民族复兴而奋斗

13亿大陆同胞和2300万台湾同胞是血脉相连的命运共同体。我们党在发展两岸关系、推进祖国统一的进程中，始终贯彻寄希望于台

湾人民的方针。党的十六大以来，中央进一步突出强调在对台工作中坚持这一重要方针，贯彻“以人为本”的精神，为台湾同胞谋福祉、办实事。中央指出，台湾同胞是发展两岸关系的重要力量，也是遏制“台独”分裂活动的重要力量，无论在什么情况下，我们都要尊重、信赖、依靠他们，设身处地地为他们着想，千方百计照顾和维护他们的正当权益。要采取实实在在的措施，促进两岸同胞交往，消除隔阂、培养互信，相互关爱、相互扶持，累积共识、扩大合作，共同为中华民族的伟大复兴而奋斗。各地各部门认真贯彻落实中央的精神，不断推出促进两岸交流交往、服务台湾同胞、惠及台湾同胞的政策措施，积极为台湾同胞排忧解难，办实事，办好事。中央的重要宣示和我们采取的一系列与台湾民众切身利益息息相关的政策举措，饱含着对台湾同胞的深情关怀，体现了深化两岸交流合作、增进两岸同胞福祉的极大诚意，受到了广大台湾民众的欢迎，也得到了国际舆论的普遍肯定。

应当看到，做好台湾同胞的工作，任重而道远。党的十七大报告郑重宣示：“凡是对台湾同胞有利的事情，凡是对维护台海和平有利的事情，凡是对促进祖国和平统一有利的事情，我们都会尽最大努力做好。”这是我们党对广大台湾同胞的庄严承诺。我们要切实按照党的十七大的要求，以高度的政治责任感、对台湾同胞的满腔热忱，进一步加强做台湾人民工作。要在工作中深入贯彻“以人为本”的精神，充分理解、信任、关心台湾同胞，对他们在特殊历史条件下形成的心态和感情、由于各种原因对大陆产生的误解和隔阂，不仅要基于同胞之爱予以充分理解和体谅，而且要采取积极措施努力去疏导和化解。要继续实施和充实惠及广大台湾同胞的政策措施，进一步加强依法保护台湾同胞的正当权益，真心诚意地、实实在在地为台湾同胞谋福祉、办好事。

党的十七大报告描绘了在新的时代条件下继续全面建设小康社会、加快推进社会主义现代化的宏伟蓝图，令人鼓舞，催人奋进。党和国家各项事业继续兴旺发展，我国综合国力不断壮大，必将极大地促进两岸关系发展和祖国统一进程，必将激励我们以百倍的努力进一步做好对台工作。党的十七大报告满怀豪情地庄严宣告：“两岸统一是中华民族走向伟大复兴的历史必然。”对此，我们充满必胜信心。

（作者：中共中央台湾工作办公室主任）

深入领会和贯彻十七大关于党的建设的新思想

欧阳淞

深入贯彻落实党的十七大精神，是当前和今后一个时期全党的一项重大政治任务。组织部门学习贯彻党的十七大精神，要领会新思想，推出新举措，树立新形象。准确理解和把握这“三个新”，对于在组织工作中深入贯彻落实党的十七大精神，对于充分发挥组织工作在发展中国特色社会主义和全面建设小康社会中的保障作用，具有十分重要的意义。

一、深刻领会十七大关于党的建设的新思想，以改革创新精神加强和改进党的组织工作

胡锦涛同志在党的十七大报告的第十二部分，围绕“以改革创新精神全面推进党的建设新的伟大工程”这一主旨，对党的建设作出了总体部署，这就是“一条主线、五个重点、六项任务和一个目标”。十七大报告在第十二部分一开头强调指出：“中国特色社会主义事业是改革创新的事业。党要站在时代前列带领人民不断开创事业发展新局面，必须以改革创新精神加强自身建设，始终成为中国特色社会主义事业的坚强领导核心。”报告在第三部分论述深入贯彻落实科学发展观的四个根本要求时指出：“要站在完成党执政兴国使命的高度，把提高党的执政能力、保持和发展党的先进性，体现到领导科学发展、促进社会和谐上来，落实到引领中国发展进步、更好代表和实现最广大人民的根本利益上来，使党的工作和党的建设更加符合科学发展观的要求。”报告的这两段论述，非常富有新意，非常重要。联系十七大报告的主题来看，报告提出了党的建设的一个新的重大思想，这就是：高举中国特色社会主义伟大旗帜，以改革创新的精神加强党的建设，使党的建设更加符合科学发展观的要求。我体会，这个重大命题，是报告中关于党的建设最核心、最重要的观点，也是我们深入理解十七大报告关于党的建设一系列重大部署的入门钥匙。组织工作是党的建设新的伟大工程的重要组成部分，只有准确把握这一新的重大思想，才能在组织工作中全面贯彻落实十七大提出的党的建设各项重要举措。

（一）必须在组织工作中坚持改革创新精神

十七大报告通篇贯穿着改革的精神。报告强调指出，“改革开放是决定当代中国命运的关键抉择”，“只有改革开放才能发展中国，发展社会主义，发展马克思主义”。报告还用“三个就是要”精辟概括了改革开放的目的，其中之一，“就是要在引领当代中国发展进步中加强和改进党的建设，保持和发展党的先进性，确保党始终走在时代前列”。这就非常明确地揭示了党的发展壮大与改革开放的内在逻辑联系，明确指出了党要走在时代前列，就必须以改革创新的精神加强自己；党只有在改革创新中实现自身的发展进步，才能更好地引领中国的发展进步。从这个意义上说，正如改革开放决定着当代中国的前途和命运一样，改革创新也同样决定着党的前途和命运。

以改革创新的精神加强党的建设和组织工作，是由世情、国情、党情的发展变化决定的。首先，从世情看，以改革创新精神推进党的建设及党的组织工作，这是当今时代发展潮流的必然要求。今天我们所处的时代，是一个世界多极化和经济全球化深入发展的时代，是一个综合国力竞争日趋激烈的时代，也是一个以改革创新为显著特征的时代。从 20 世纪 70 年代后

期开始，在世界范围内兴起的改革浪潮，涉及国家之广泛、涉及领域之全面、改革调整程度之深刻、持续时间之长久，都是前所未有的。各国政党特别是执政党对自身的执政方式、组织形式和活动方式等改革的力度，也是前所未有的。可以说，改革创新是当今时代的潮流，是世界发展的大势。一个政党特别是执政党，如果因循守旧、墨守成规，就必然要落伍甚至被时代所淘汰，就会在党与党、国与国的竞争中败下阵来。以改革创新精神加强党的建设和组织工作，正是我们党准确把握时代要求的体现。其次，从国情看，以改革创新精神推进党的建设及组织工作，这是我们党更好地领导改革开放和社会主义现代化事业的必然要求。正如十七大报告所说，改革开放使我国成功实现了从高度集中的计划经济体制到充满活力的社会主义市场经济体制，从封闭半封闭到全方位开放的伟大历史转折。改革开放不仅使中国人民的面貌、社会主义中国的面貌发生了历史性变化，也使中国共产党的面貌发生了历史性的变化。实践证明，改革开放、不断创新，是解放和发展社会生产力的必由之路，也是增强党的创造力、凝聚力和战斗力的必由之路。马克思主义的基本原理告诉我们，生产关系必须与生产力的发展相适应，上层建筑必须与经济基础相适应。进入新世纪新阶段，我国发展呈现出一系列阶段性特征，社会正在发生着广泛而深刻的变革，面对新形势新任务，党的建设和组织工作只有坚持改革创新，党才能更好地领导科学发展，促进社会和谐，更好地担当起执政兴国、执政为民的历史重任。第三，从党情看，以改革创新精神推进党的建设及党的组织工作，这是切实解决党的自身建设中出现的新矛盾新问题的必然要求。我们党已经成立 86 年，在全国执政 58 年。这使党积累了丰富的治国理政和加强自身建设的经验，也容易使一些党员、干部产生惰性和脱离群众的倾向；党领导的改革开放给党注入巨大活力，也使党在深刻变化的社会环境中面临许多前所未有的新课题新考验；我们党已经拥有7300 多万名党员，新党员数量大量增加，新老干部交替不断进行，一大批年轻干部走上领导岗位，这给党不断增添了新鲜血液，也使党的教育和管理任务比过去任何时候都更为繁重；党的建设和组织工作取得了巨大成绩，为完成党的中心任务提供了坚强保障，但也要清醒看到，组织工作与全党的要求和人民群众的期望相比还有差距，还亟待进一步改进和加强。所有这些，都要求党的建设和组织工作必须坚持改革的方向，必须弘扬创新的精神，不断研究新情况，解决新问题，取得新进步，使我们党始终成为发展中国特色社会主义的领导核心，始终站在时代前列。归根到底一句话：一个领导改革开放的党，党的建设必须改革创新。

（二）必须使组织工作更加符合科学发展观的要求

怎样以改革创新的精神全面推进党的建设新的伟大工程？十七大报告对此作出了明确回答，这就是党的建设包括组织工作必须更加符合科学发展观的要求。对这一重大问题，我体会，一是从理论创新对实践创新的引领作用来看。科学发展观是马克思主义关于发展的世界观和方法论的集中体现，是我国经济社会发展的重要指导方针和发展中国特色社会主义必须坚持和贯彻的重大战略思想。科学发展观回答了实现什么样的发展、怎样发展的问题，也进一步回答了新的时代条件下怎样实现党自身的科学发展的问题。党和国家的全部工作要贯彻落实科学发展观的要求，党的建设也必须贯彻落实科学发展观的要求。作为党的建设重要组成部分的组织工作，要实现科学发展，就必须坚持用科学发展观来指导，着力转变组织工作中不适应科学发展观的思想观念，着力解决影响和制约科学发展的突出问题。二是从组织工作自身的要求看。组织工作的地位作用、目标任务、工作对象和工作方式等等，决定其必须体现科学发展观的要求。发展是党执政兴国的第一要务，组织工作要为科学发展、和谐发展、和平发展服好务，就必须牢牢把握科学发展观第一要义是发展的精神，在促进经济社会又好又快发展中发挥作用，体现价值；党员是党的活动的主体，党的一切奋斗和工作都是为了造福人民，组织工作要充分调动全党同志的主动性积极性创造性，充分反映人民群众的利益诉求，就必须始终坚持以人为本的思想，做到尊重人、关心人，培养人、造就人，努力促进人的全面发展；组织工作是一个各方面相互联系、有机结合的系统工程，要做到协调推进，实现持续发展，就必须运用统筹兼顾的根本方法，做到既着眼当前，又谋划长远，既重点突破，又全面推进。三是从伟大事业与伟大工程的关系看。组织工作作为党的建设伟大工程的重要组成部分，只有遵循科学发展观的思想来谋划，按照科学发展观的要求来推进，以落实科学发展观的实际成效来检验，才能与中国特色社会主义伟大事业在指导思想上相一致、在工作目标上相协调、在工作部署上相呼应，做到同向同步、同频共振，才能更好地为科学发展提供可靠的政治和组织保障。

科学发展观既继承了马克思主义基本原理，又开拓了马克思主义崭新境界。党的建设和组织工作在更加符合科学发展观要求的同时，还必须坚持马克思列宁主义、毛泽东思想、邓小平理论和“三个代表”重要思想，这一根本的立场任何时候都不能动摇。

（三）必须全面落实党的建设总体部署

十七大对党的建设作出的总体部署，包括“一条主线、五个重点、六项任务和一个目标”。这个总体部署既有明确的目标指向，又有具体的推进措施；既抓住了党的建设的关键，又涵盖了党的建设的各个方面；既体现了改革创新的精神，又体现了科学发展观的要求。

从“一条主线”来看，党的建设的一切工作，归根到底在于使党始终保持先进性，走在时代前列，不断提高执政能力，巩固执政地位，完成执政使命。离开了这一条，所谓自身的发展就失去了意义，更谈不上为推动科学发展、促进社会和谐提供坚强的政治和组织保障。因此，要使党的建设和组织工作更加符合科学发展观的要求，就必须坚持党的执政能力建设和先进性建设这条主线，各个方面的工作都要紧紧围绕这条主线来展开，来推进。从“五个重点”、“六项任务”来看，报告把反腐倡廉建设作为党的建设的重大任务，与党的思想、组织、作风和制度建设并列起来，使党的建设布局由“四位一体”拓展为“五位一体”，进一步凸显了反腐倡廉在党的建设中的重要位置，这是党的建设和政权建设理论与实践的重大创新。报告在党的建设总体布局的各个方面都明确提出了工作重点，从而使五个建设统筹谋划，“五个重点”协调推进。同时，报告还把突破重点工作与推动全面工作结合起来，把做好当前工作与谋划长远工作结合起来，提出了当前和今后一个时期党的建设的六项任务。“六项任务”体现了“一条主线”的要求，是“五个重点”的具体展开，措施有力，亮点很多。比如提出在全党开展深入学习实践科学发展观活动，把提高领导水平和执政能力作为各级领导班子建设的核心内容抓紧抓好，尊重党员主体地位，提高选人用人公信度，充分发挥基层党组织推动发展、服务群众、凝聚人心、促进和谐的作用，坚决惩治和有效预防腐败，等等。贯穿其中的，正是改革创新的精神，是科学发展观的要求。从“一个目标”来看，十七大报告在提出32个字的党的建设总目标的同时，还分别对各级领导班子、党的基层组织、党员和干部等提出了目标要求，从而构成了完整的党的建设目标体系。这些都充分表明，我们党在自身建设上既始终保持了改革创新的锐气，又着力探索共产党执政的规律和自身建设的规律，在认识规律、把握规律和遵循规律中，使党的建设更加符合科学发展观的要求，从而推动和实现自身的科学发展。我们要以改革创新精神推进党的组织工作，使党的建设和组织工作更加符合科学发展观的要求，就必须全面把握、深刻理解十七大报告关于党的建设的重要论述，贯彻落实报告提出的党的建设的总体部署。

二、认真贯彻十七大关于党的建设的新思想，进一步确立和坚持组织工作的基本理念

党的十七大报告是我们党团结带领全国各族人民坚定不移走中国特色社会主义道路、在新的历史起点上继续发展中国特色社会主义的政治宣言和行动纲领。报告确立的重大理论观点、重大战略思想、重大工作部署，充分体现了我们党立党为公、执政为民的根本价值取向，也充分体现了我们党在改革创新、与时俱进中所确立和坚持的治国理政基本理念。其中的服务、公正、民主、法治、统筹、和谐、开放、创新等基本理念，既体现在中国特色社会主义伟大事业的要求之中，也体现在党的建设新的伟大工程的部署之中。组织工作要贯彻十七大提出的党的建设新思想，落实党的建设总体部署，就应当深刻理解并自觉坚持这些基本理念，不断深化对组织工作基本规律的认识，大力推进组织工作的理论创新、制度创新、工作创新和方法创新，赋予组织工作新的活力，努力使组织工作更加符合科学发展观的要求。

第一，进一步树立服务的理念。高举中国特色社会主义伟大旗帜，是贯穿十七大报告全篇的灵魂和主线，也是我们今后各项工作的灵魂和主线。始终高举这面伟大旗帜、牢牢把握中国特色社会主义理论体系、紧紧围绕全面建设小康社会这个中心任务，是组织工作首要的政治任务，也是一种应有的大局观念。同时，“顺应各族人民过上更好生活的新期待”、“谱写人民美好生活新篇章”、“服务群众”、“改善民生”这样的表述，也在报告中多次出现，充分体现了我们党所坚持的全心全意为人民服务的根本宗旨。要把这种大局观念、宗旨意识落实到组织工作中去，就要进一步树立服务的理念，增强服务大局、服务基层、服务群众、服务广大党员干部和各类人才的意识，搭建服务平台，拓展服务渠道，改进服务方式，提高服务水平，努力使组织工作让全党满意，让人民满意。

首先是要服务大局。党的组织路线历来是同党的政治路线紧密联系在一起的，党的组织工作从来都是为完成党的政治任务和中心工作服务的，坚持在大局下行动，主动为大局服务，是组织工作的生命线。当前和今后一个时期，组织工作服务大局，就是要高举中国特色社会主义伟大旗帜，紧紧围绕全面建设小康社会，准确把握十七大对组织工作提出的新任务、新要求，努力找准组织工作服务经济社会又好又快发展的切入点，为发展配班子，为发展聚人才，为发展打基础，使加强和改进组织工作的过程，真正成为为夺取全面建设小康社会新胜利、开创中国特色社会主义事业新局面提供坚强组织保证的过程。其次是要服务群众。全心全意为人民服务是党的根本宗旨，也是组织工作的根本价值取向。树立服务的理念，就要求把实现好维护好发展好最广大人民的根本利益作为组织工作的出发点和落脚点，把做好组织工作与服务人民群众更加紧密地结合起来，健全党员、干部联系和服务群众的网络，疏通联系和服务群众的渠道，创新联系和服务群众的载体，使推进组织工作的过程，成为体现群众意愿、实现群众利益的过程，使组织工作成为密切党和人民群众血肉联系的桥梁和纽带。第三是要服务基层。基层是社会的重心，基层组织是我们开展工作的一个重要依靠力量。我们制定政策、出台措施、部署工作，要多考虑基层的需求，多想想基层的难处，多帮助基层解决实际问题，真正实现工作作风、工作方法由传统的行政命令型向指导服务型转变，使各项工作更加贴近基层、更加贴近实际。比如，帮助基层组织解决办公经费、活动场所等实际困难，真正重视、真情关怀、真心爱护基层干部，为他们做好工作创造条件，为他们展示才干搭建舞台，为他们健康成长发展提供空间。第四要服务党员。党员是党的主体，也应该是组织工作服务的重要对象。我们的党员是有着共同理想信念的同志关系，应该互相关心、互相帮助。作为党组织和党的组织部门，既不能因为是党员就给予特殊的关照，

也不能因为是党员而不去关心和维护他们的正当权益。当前，做好服务党员工作，重点是要按照十七大的要求，建立健全党内激励、关怀、帮扶机制，特别要为老党员、下岗失业职工中党员和生活贫困党员解决实际困难。同时，要做好服务干部、服务人才的工作，使组织部门真正成为“干部之家、党员之家、人才之家”。需要指出的是，服务党员与服务群众是统一的，服务党员是为了更好地服务群众。要努力在全党形成上级党组织服务基层党组织，基层党组织服务广大党员，各级党组织和广大党员都来服务人民群众的生动局面。

第二，进一步树立公正的理念。公正是我国社会主义制度的重要价值和基本特征，是我们党立党为公、执政为民的本质要求。党的十七大报告指出：“实现社会公平正义是中国共产党人的一贯主张，是发展中国特色社会主义的重大任务。”“坚持公民在法律面前一律平等，维护社会公平正义”。这有力说明了公平正义是我们党治国理政的基本理念，也是加强党的建设的必然要求。

公正关乎形象，关乎民心。社会历来把公正作为衡量、评判吏治是否清明的重要标准。公正始终是我们党的组织工作必须遵循的根本准则，有了公正的用人机制，才能更好地维护以权利公平、机会公平、规则公平为主要内容的社会公平正义。这几年，组织系统深入开展了以坚持公道正派为主要内容的“树组工干部形象”学习教育活动，坚持“对己清正，对人公正，对内严格，对外平等”，强化了组织工作的公正理念，有力地促进了公正机制的形成。对于组织工作来说，公正应该体现在各个方面和全部过程，但最集中体现、最引人关注的还是选人用人的公正。党的十七大报告首次提出“提高选人用人公信度”，这就要求我们必须坚持用公正的制度来选人、选公正的人。要针对影响选人用人公正性的薄弱环节，加大干部人事制度改革，形成维护公正的体制机制，使公正原则更好地体现在组织工作之中。要建设一支具有公道正派的政治品格和职业素养的高素质组工干部队伍，使这支队伍成为组织工作公正理念的忠诚践行者，为公正选人用人提供组织保证。

第三，进一步树立民主的理念。人民当家作主是社会主义民主政治的本质和核心。社会主义愈发展，民主愈要发展。十七大报告在社会主义民主政治部分郑重提出，“人民民主是社会主义的生命”，“尊重人民主体地位，发挥人民首创精神，保障人民各项权利”。在党的建设部分提出，“党内民主是增强党的创新活力，巩固党的团结统一的重要保证”，“尊重党员主体地位”等重大命题，所有这些充分表明，发展社会主义民主政治，扩大党内民主，既是我们党一贯坚持的政治理念，又是党矢志不渝的奋斗目标。

在组织工作中牢固树立民主的理念，是发展党内民主、推进社会主义民主政治建设的客观要求，是广大党员、干部和人民群众的强烈愿望。这是因为，扩大组织工作民主，有利于拓宽识人渠道，更好地把人选准用好；有利于加强对组织工作特别是选人用人全过程的监督，更好地防止和克服选人用人上的不正之风和腐败现象；有利于保障党员的民主权利，增强党的活力；有利于以党内民主带动人民民主，以党内和谐促进社会和谐，调动和激发广大党员、干部和人民群众的积极性、主动性和创造性。党的十六大以来，根据党中央的要求，组织部门加大干部人事制度和组织制度的改革步伐，建立了体现科学发展观要求的干部考核评价体系等一系列制度，在一些地方进行了公推直选乡镇党委书记或乡镇党委领导班子成员的试点，逐步推进党务公开等，这些举措都在党的组织工作中进一步发扬了民主，增强了各级领导干部为群众干事、对人民负责的主动性积极性。树立组织工作的民主理念，应当体现在组织工作的各个方面，比如，坚持民主、公开、竞争、择优，进一步健全制度、完善程序、改进方法，让选人用人权在阳光下运行。又比如，完善党的代表大会制度和地方委员会工作机制，推行地方党委讨论决定重大问题和任用重要干部票决制，改革党内选举制度，努力探索扩大基层党内民主的多种实现形式，切实保障党员民主权利。再比如，在不涉及组织机密的前提下，逐步增加组织工作向党内、向社会公开的内容，尽量做到组织政策公开、工作方法公开、具体结果公开，提高组织工作的透明度，为广大党员和群众了解、参与、监督组织工作创造良好条件。当然，在扩大组织工作民主的同时，还应当强调民主基础上的集中，确保党的团结统一。

第四，进一步树立法治的理念。依法治国是社会主义民主政治的基本要求。十七大报告强调，“建设社会主义法治国家”，“树立社会主义法治理念，实现国家各项工作法治化”。报告还指出：“各级党组织和全体党员要自觉在宪法和法律的范围内活动，带头维护宪法和法律的权威。”党章是治党管党的根本大法，报告强调要“认真学习党章，增强党员意识”。据粗略统计，报告在社会主义民主政治建设和党的建设部分，明确提出要坚持和发展、建立和健全的制度就有33个，其中，党的建设部分有16个。这充分表明，党要坚持依法执政，确保宪法和法律的实施；党的建设同样要在宪法和法律、党章和党内法规的范围内运行。组织工作当然也不例外，必须带头树立法治理念，弘扬法治精神。

树立组织工作的法治理念，就是要不断提高组织工作规范化、制度化、程序化水平，不断增强组工干部依法依规办事的意识和能力。近年来，党的建设包括组织工作的法规建设得到大力推进，颁布施行了《公务员法》等法律法规，制定了《党政领导干部选拔任用工作条例》、《干部教育培训工作条例（试行）》、《中国共产党党员权利保障条例（试行）》和深化干部人事制度改革的一系列党内法规，初步形成了相互配套、有机衔接、较为完备的组织人事工作制度体系，组织工作的法治建设进入了一个新的阶段。在组织工作中树立法治理念，就是要更全面、更深入地在党的组织工作中体现法治的要求，使各项法规制度得到切实的贯彻执行。比如，增强各级党组织和全体党员的法治意识，使他们自觉在宪法和法律范围内活动，带头维护宪法和法律的统一、尊严、权威，为全社会作出表率。又比如，进一步健全完善以党章为核心的党内法规制度体系。广大党员要自觉学习党章，遵守党章，贯彻党章，维护党章，自觉在党章这一党内根本大法的规定内行动。再比如，逐步建立起一套符合党政机关、国有企业和事业单位不同特点，与中国特色社会主义经济、政治、文化、社会建设相适应的干部人事制度体系，实现干部人事工作的依法管理。要通过在组织工作中树立法治理念，健全法规制度，推行依法治理，使组织工作更好地与建设社会主义法治国家的目标相融合、相促进。

第五，进一步树立统筹的理念。报告在第三部分强调指出，科学发展观，根本方法是统筹兼顾。报告在十六届三中全会提出的“五个统筹”基础上，进一步提出要统筹中央和地方关系，统筹个人利益和集体利益、局部利益和整体利益、当前利益和长远利益，统筹国内国际两个大局。十七大报告中，统筹的思想贯穿在对党和国家全部工作的要求之中，也体现在对党的建设的要求之中。组织工作要更加符合科学发展观的要求，必须进一步确立统筹的理念。

首先，在组织工作中坚持统筹的理念，就要坚持整体推进、全面发展。统筹是人类实践活动中始终存在的一种综合思维方法。要做好任何一件由多要素组成、多程序操作的事，都应该坚持统筹的理念。组织工作是一个相互联系的有机整体，只有坚持整体的、系统的、协调的观点，总揽全局、整体规划，才能使各个方面相互促进、整体联动。比如，我们从事的领导班子和干部队伍建设、人才队伍建设以及党员队伍建设，就是一个整体，如果忽视了人才队伍建设和党员队伍建设，领导干部选拔就失去了来源，就会动摇领导班子和干部队伍建设的基础，如果不抓领导班子和干部队伍建设，人才队伍建设和党员队伍建设就没有组织保证，这就要求我们坚持统筹的理念，全面加强；再比如，干部的教育培养、选拔任用、监督管理各个环节是“一盘棋”,教育培养是基础,选拔任用是关键,监督管理是保证,一步走不好,就会影响另外的环节。这同样要求我们坚持统筹的理念,把各个环节都抓好。其次,在组织工作中坚持统筹的理念,就要坚持重点突破、协调发展。要解决组织工作中的主要矛盾和矛盾的主要方面,要抓住那些对党的建设和组织工作全局具有决定性作用的关键环节和主要因素,需要突出工作重点;但仅仅抓重点工作,也是远远不够的,还要善于“弹钢琴”,通过抓重点带一般,实现工作的协调发展。比如,造就大批能够担当重任的领导人才,是一个不间断的过程,既要从当前党和国家各项事业发展需要出发,抓好各级领导干部的选拔配备工作,又要着眼全局、面向未来,做好中长期后备干部队伍建设规划,培养造就一支素质优良、数量充足、结构合理的后备干部队伍。再比如,在人才队伍建设中,头绪有很多,我们也应坚持统筹的理念,以高层次人才队伍和高技能人才队伍建设为重点,带动和促进其他各类人才队伍建设。第三,在组织工作中坚持统筹的理念,就要坚持整合资源、形成合力。组织资源是党执政的重要资源,对发挥党的组织优势、提高党的执政能力有十分重要的意义。要充分挖掘和有效整合组织资源,就要求我们善于运用统筹的理念、系统的观点来看待组织资源,既整合好组织部门自身的资源,又注意整合组织部门以外与组织工作相关的资源,实现组织资源使用效益的最大化。当然,由于情况在不断变化,工作会受众多不确定因素和条件的影响,统筹是一个动态的过程,不是一劳永逸的。总之,在组织工作中进一步树立统筹的理念,既要立足本职、做好各项工作,又要紧紧围绕中心、为大局提供有效服务;既立足当前,解决突出问题,又着眼长远,做好打基础的工作;既搞好科学规划、科学部署,又抓好督促检查,促进工作的落实。

第六,进一步树立和谐的理念。社会和谐是中国特色社会主义的本质属性。党的十七大报告提出了“建设富强民主文明和谐的社会主义现代化国家”的总目标,同时也在党的建设目标中,明确提出了“团结和谐”的要求。报告强调要积极构建社会主义和谐社会,要以增进党内和谐促进社会和谐。这些重要论述充分说明,和谐,是社会主义国家的价值目标,同时也是马克思主义政党自身建设所追求的价值目标。和谐应当成为组织工作遵循和坚持的基本理念。

构建社会主义和谐社会,关键在党。党的组织的和谐,党内生活的和谐,党员、干部自身的内在和谐,对于社会和谐具有十分重要的示范和带动作用。没有党的团结和谐,就难以实现全社会的团结和谐。实践证明,只有切实增进领导班子的团结和谐,发挥基层党组织推动发展、服务群众、凝聚人心、促进和谐的作用,使党员成为牢记宗旨、心系群众的先进分子,党的团结统一才有可靠的组织保证,和谐社会建设才有坚实的组织基础。我们要站在党领导人民建设和谐社会的高度,把和谐的理念贯穿于组织工作的方方面面,进一步找准组织工作促进社会和谐的切入点,形成引导和谐、促进和谐、保障和谐的组织工作机制。比如,在领导班子建设中进一步形成团结和谐的工作氛围,以领导班子的团结和谐带动党员、干部队伍的团结和谐,促进社会和谐。又比如,进一步拓展干部教育培训内容,不断提高各级领导班子管理社会事务、协调利益关系、开展群众工作、激发社会创造活力、处理人民内部矛盾、维护社会稳定的本领。又比如,推进党务公开,营造党内民主讨论环境,确保党员平等、有序地参与党内事务。再比如,把社会工作人才列入人才队伍建设的总体规划,抓紧培养大批社会工作急需的各类人才,为构建社会主义和谐社会提供人才支持。再比如,在组织部门营造既坚持原则又和谐融洽的工作氛围,真正做到“用事业留人,用感情留人,也用适当的待遇留人”,不断增强组织工作的亲和力,树立组织部门可亲、可信、可靠、可敬的形象,等等。当然,在增进党内和谐的同时,还要坚持从严治党,严格党内生活,严肃党的纪律。

第七，进一步树立开放的理念。报告在阐述十七大主题时指出："改革开放是发展中国特色社会主义的强大动力。"报告还强调，"新时期最鲜明的特点是改革开放"，"坚持对外开放的基本国策"，等等。这就告诉我们，开放不仅是发展中国特色社会主义的必然选择，也是新时期党的建设的必然要求。关于这一点，报告精辟地指出，改革开放的目的之一，"就是要在引领当代中国发展进步中加强和改进党的建设，保持和发展党的先进性，确保党始终走在时代前列"。换句话说，坚持改革开放，这是我们党保持和发展先进性的必由之路。

在组织工作中树立开放的理念，首先是由我们党所处的时代环境所决定的。当今时代，我们党是在开放的而不是封闭的社会环境中进行自身建设，是在市场经济条件下而不是计划经济条件下进行自身建设，也是在长期执政的条件下而不是革命战争时期进行自身建设。所有这些，都决定了党的组织工作不能关起门来，自我循环，封闭运行。其次，这是广大党员和人民群众的主体地位所要求的。广大党员和人民群众在组织工作中的主体地位怎样体现呢？就是要搭建开放的平台实现组织工作与党员、群众的良性互动，要用开放的体制机制保证他们对组织工作的知情权、参与权、选择权和监督权。第三，这也是为党的建设和组织工作的实际成效所证明的。近些年来，无论是干部的公开选拔、竞争上岗、民主测评、民主推荐、差额考察、任前公示，还是发展党员公示、公推直选、党务公开和先进性教育活动等等，都体现了组织工作面向党员、面向群众、面向社会的开放的精神。实践证明，开放给组织工作注入了新的活力，使组织工作更好地融入时代，更好地服务大局，同时也给组织工作开辟了新的空间，树立了新的形象，党员拥护，群众欢迎，社会期待。进一步树立开放的理念，要求我们以宽广的眼界、宽广的思路、宽广的胸襟来推进组织工作，加强与包括外国政党在内的外界的交流与沟通，学习和利用一切与组织工作相关的人类文明的优秀成果；要求我们着力建设开放的组织工作体制机制，畅通信息交流渠道，拓展党员和群众的参与途径，在与党员、群众和社会各个方面的积极互动中增强活力，提高效率；要求我们在组织工作中倾听群众的心声，体现群众的意愿，接受群众的监督，把组织工作的成效交给人民群众来评价。当然，组织工作本身有严格的纪律要求。开放，并不是无原则的"放开"，在树立开放理念的同时，要坚决遵守组织纪律，遵守组织工作保密规定。

第八，进一步树立创新的理念。创新是当代中国的主旋律。正如报告所指出的，改革开放以来我们党和国家、人民所发生的巨大变化，都来自于中国共产党人和中国人民一往无前的进取精神和波澜壮阔的创新实践。报告在回顾总结改革开放历史时指出："实践永无止境，创新永无止境。"在论述促进国民经济又好又快发展时，强调提高自主创新能力，建设创新型国家，是国家发展战略的核心，是提高综合国力的关键。实际上，创新不仅是国家发展进步的动力源泉，也是党自身发展进步的动力源泉。近年来，组织工作创新得到了全方位推进。比如，我们着力创新干部考核评价方法，不断提高选人用人工作水平；着力推进党内民主建设，拓展党员参与党内事务的渠道；着力推进人才工作体制机制创新，不断开创人才工作新局面，等等。同时，我们要清醒地看到，组织工作当前还面临着许多亟待研究解决的新问题。比如，如何完善地方党委领导班子配备改革后的工作机制，如何增强民主推荐、民主测评的科学性和真实性，如何加强干部选拔任用工作全过程监督，如何大幅度提高干部素质，如何探索基层党内民主的多种实现形式，如何加强社会组织和进城务工人员中党的工作，如何激发各类人才创造活力和创业热情，等等。以改革创新的精神解决好这些问题，既是当前组织工作面临的新任务，也是十七大对组织工作提出的新要求。我们还应当看到，党的组织工作的地位作用，决定了组织工作的创新对社会的创新具有十分重要的辐射和示范效应。组织工作具有创新氛围，就能促进社会形成良好的创新氛围；组织工作富有创新活力，就能带动社会增强创新活力；组织工作培养造就创新人才，就能推动我国形成强大的自主创新能力，为建设创新型国家提供智力支持和人才保证。

在组织工作中树立创新理念，首先要大力推进观念创新。组织工作和组工干部有着优良的传统作风，比如讲原则、懂规矩、守纪律等等，这些都必须始终不渝地坚持。但面对大量出现的新情况新问题，我们应当注意克服“只防出错，不求出新”的心态，培育尊重实践、鼓励创新的良好环境，激发广大组工干部探索的勇气和创造的潜能。同时，要大力推进组织工作的体制机制创新和其他各方面创新。要建立健全充满活力、科学有效的组织工作体制机制，创新选人用人机制，创新人才工作体制机制，创新党的组织制度，创新组织设置方式，创新工作载体和活动内容，等等。要把现代管理科学、组织行为科学、心理学和网络信息技术等运用到组织工作中来，及时总结基层和群众的创新实践，赋予组织工作以鲜明的时代特征，增强组织工作的吸引力和实效性，使组织工作始终做到与时俱进，真正实现可持续发展。

（作者：中共中央组织部副部长）

旗帜、民主、民生：十七大报告三大亮点

李　捷

中共十七大报告是一个集中党心、反映民意的报告，是一个开拓进取、求真务实的报告，是一个继往开来、走向新胜利的报告。连日来，越来越多的人将目光聚焦在十七大报告的三大亮点上，这就是：旗帜、民主、民生。

一、中国特色社会主义旗帜就是方向

高举中国特色社会主义伟大旗帜，是十七大报告的一大亮点。它回答了国内外人士普遍关注的一个根本问题，即中国共产党举什么旗、走什么路、以什么样的精神状态、向什么目标迈进的方向问题。

旗帜关乎形象，旗帜关乎方向。中国特色社会主义的伟大旗帜，是毛泽东、邓小平、江泽民等中国共产党的领袖们历尽千辛万苦、艰难曲折才探索到的当代中国发展进步的旗帜，是全党全国各族人民团结奋斗的旗帜。

想当年，中国人民找到中国革命胜利之路，同样历尽了千辛万苦，经历了艰难曲折，终于找到了马克思列宁主义同中国实际相结合的旗帜——毛泽东思想，这才有中国革命的伟大胜利，才有中华人民共和国的创建。革命胜利了，新中国建立了，毛泽东把这比作“万里长征走完了第一步”。以中共八大为起点，中国开始探索自己的社会主义建设之路，并取得了举世瞩目的建设成就。在巨大的胜利面前，原以为会一帆风顺，不料却接连发生了“大跃进”、“文化大革命”这样的全局性严重失误，给党、国家和人民带来灾难性后果。

顺境是考验，逆境更是考验。世界上，一遇逆境便一蹶不振的政党比比皆是，而中国共产党却能历久弥坚、从挫折中奋起。邓小平系统地总结建国以来正反两方面的历史经验，在党的十二大上响亮地提出：“把马克思主义的普遍真理同我国的具体实际结合起来，走自己的道路，建设有中国特色的社会主义，这就是我们总结长期历史经验得出的基本结论。”从此，我们走上了中国特色社会主义这条康庄大道。新中国近 60 年的历史、改革开放以来近 30 年的历史都反复证明，我们取得一切成绩和进步的根本原因，归结起来就是：开辟了中国特色社会主义道路，形成了中国特色社会主义理论体系。高举中国特色社会主义伟大旗帜，最根本的就是要坚持这条道路和这个理论体系。

旗帜和道路的产生，都离不开理论作基石。在马克思主义中国化的第一次历史性飞跃中，产生了毛泽东思想科学体系。中国特色社会主义理论体系，则是马克思主义中国化第二次历史性飞跃的创新成果。这一成果同样来之不易。本来，毛泽东同志在 1956 年就已经提出要努力实现马克思列宁主义同中国实际的“第二次结合”，并且取得了《论十大关系》、《关于正确处理人民内部矛盾的问题》等阶段性理论成果。然而后来的情况开始发生变化，逐渐背离了毛泽东思想的正确轨道，沿着“左”的指导思想渐行渐远。因此，邓小平同志倡导解放思想、实事求是，就是从重新阐述毛泽东思想的科学体系、把毛泽东思想同毛泽东的晚年错误作严格的区分开始的，并在改革开放新的历史条件下继承和发展毛泽东思想，创立了邓小平理论。

邓小平理论紧紧围绕“什么是社会主义、怎样建设社会主义”这个根本问题，制定了党在社会主义初级阶段的基本路线，并且第一次比较

系统地初步回答了中国特色社会主义的发展道路、发展阶段、根本任务、发展动力、外部条件、政治保证、战略步骤、党的领导和依靠力量以及祖国统一等一系列基本问题，为中国特色社会主义理论体系的形成作出了奠基性的伟大贡献。

随后，以江泽民同志为主要代表的中国共产党人，高举邓小平理论伟大旗帜，在建设中国特色社会主义的实践中，加深了对什么是社会主义、怎样建设社会主义和建设什么样的党、怎样建设党的认识，概括提出“三个代表”重要思想，制定中国特色社会主义建设事业的跨世纪发展战略，把中国特色社会主义建设事业的理论与实践提高到一个新水平。中共十六大把“三个代表”重要思想确立为党的指导思想，系统总结中国共产党领导人民建设中国特色社会主义的基本经验，制定了全面建设小康社会的行动纲领。十六大报告指出：“‘三个代表’重要思想是发展的、前进的。”十六大以来的理论创新证明了这一点，这是党充满创造力和生机活力的集中体现。

以胡锦涛同志为总书记的党中央，全面把握我国发展的新要求和人民群众的新期待，提出了科学发展观等一系列重大战略思想，将执政兴国的第一要务纳入发展为了人民、发展依靠人民、发展成果由人民共享的轨道，纳入科学发展、社会和谐这一发展中国特色社会主义的基本要求的轨道；将中国特色社会主义总体布局从经济、政治、文化建设“三位一体”发展为经济、政治、文化、社会建设“四位一体”，为坚定不移地走中国特色社会主义道路、全面建设小康社会指明了正确的方向。十七大报告全面系统地论述了科学发展观的科学内涵、精神实质和历史地位、指导作用，并以科学发展观为指导对夺取全面建设小康社会新胜利作出全面部署，进一步坚持、丰富和发展了中国特色社会主义理论体系。正如十七大报告指出的那样，“在当代中国，坚持中国特色社会主义理论体系，就是真正坚持马克思主义”。

高举中国特色社会主义伟大旗帜，就必须牢固树立我国长期处于社会主义初级阶段的思想，必须坚持“一个中心、两个基本点”的基本路线，必须坚持解放思想、实事求是、与时俱进，勇于变革、勇于创新，永不僵化、永不停滞，不为任何风险所惧，不为任何干扰所惑的精神状态，坚定不移地继续解放思想，坚持改革开放，推进科学发展、社会和谐，为夺取全面建设小康社会新胜利而奋斗。

旗帜已经高高举起，继续前行的风帆齐备，新长征的号角正催人奋进。

二、人民民主是社会主义的生命

“人民民主”在党的十七大报告中，成为一个夺目的亮点。

在人类历史上，出现过各式各样的民主。有古希腊的贵族民主，有资本主义的君主立宪制民主、代议制民主，等等。民主作为革命者的响亮口号，曾经埋葬过奴隶制度、封建制度，也震撼过资本主义制度。

在近代中国的历史上，民主也起过非常革命的作用。孙中山等资产阶级革命的先行者们，曾经高举民主共和的旗帜，推翻了几千年的封建帝制，创立了资产阶级共和国。孙中山也由此成为引领20世纪中国第一次历史巨变的历史巨人。

五四运动高呼“民主”、“科学”的口号，掀起了一场思想解放的伟大运动。这以后，中国共产党作为五四运动优良传统的最好继承者，领导中国人民开始了一场空前的反帝、反封建的民主革命，历时28年之久，牺牲了上千万烈士，终于推翻了三座大山，赢得了中华民族的独立、民主、自由。新中国的创建，在中国历史上第一次为实现人民民主打开了通途。

民主作为政治诉求往往是理念的、抽象的。但作为国家制度安排，却是具体的、实实在在的。一个执政党要把自己关于民主的理解从诉求变为制度，往往要经过曲折的探索过程。以毛泽东为主要代表的中国共产党人，曾经为新中国的政治制度进行过很好的设计。在毛泽东主持起草的第一部共和国宪法里，就贯穿着社会主义和人民民主这两大原则。人民民主、人民幸福，这一神圣而庄严的追求，吸引着越来越多的炎黄子孙接受中国共产党的领导，并成为它坚定不移的支持者、拥护者。

然而，突如其来的“文化大革命”，把已有的民主与法制彻底打破。那时，也有貌似民主的“大民主”，实际上却是无政府主义的动乱。因此，中共十一届三中全会后，邓小平主持起草第二个历史决议，对这段历史进行回顾和总结时，庄严宣告：“逐步建设高度民主的社会主义政治制度，是社会主义革命的根本任务之一。建国以来没有重视这一任务，成了‘文化大革命’得以发生的一个重要条件，这是一个沉痛教训。”必须“完善国家的宪法和法律并使之成为任何人都必须严格遵守的不可侵犯的力量，使社会主义法制成为维护人民权利，保障生产秩序、工作秩序、生活秩序，制裁犯罪行为，打击阶级敌人破坏活动的强大武器。决不能让类似‘文化大革命’的混乱局面在任何范围内重演”。

党的十二大报告，在提出经济发展在本世纪末“翻两番”的同时，提出要努力建设高度的社会主义民主，这是我们的根本目标和根本任务之一。党的十三大在制定党在社会主义初级阶段的基本路线的时候，又把“民主”作为建设社会主义现代化国家的三大奋斗目标之一，并在推进经济体制改革的同时，作出相应推进政治体制改革的部署。党的十四大，在确立社会主义市场经济改革任务的同时，提出：“积极推进政治体制改革，使社会主义民主和法制建设有一个较大的发展。”党的十五大，完整提出建设中国特色社会主义的经济、政治、文化纲领，在政治纲领中提出了“发展民主，健全法制，建设社会主义法治国家”的历史性任务。党的十六大，提出了社会主义政治文明的口号，把“发展社会主义民主政治，建设社会主义政治文明”作为全面建设小康社会的重要目标。可以说，人民民主在十七大报告中成为耀眼的亮点，是中国特色社会主义民主政治历史发展的必然。十七大报告中关于人民民主的规定，又是十一届三中全会以来中国特色社会主义民主政治建设理论与实践的集大成。

“社会主义愈发展，民主也愈发展。”这句话自十五大报告提出以后，越来越响亮。有人讲，民主是个好东西。应当说，当民主同社会主义相结合，并真正成为为全体人民所共有、共享、共建的民主之后，才称得上是真正的好东西。

十七大报告指出：“人民民主是社会主义的生命。”那么，什么是人民民主呢？十七大报告没有空谈人民民主，而是根据以往的民主实践对这一概念作了科学的界定：“人民当家作主是社会主义民主政治的本质和核心。要健全民主制度，丰富民主形式，拓宽民主渠道，依法实行民主选举、民主决策、民主管理、民主监督，保障人民的知情权、参与权、表达权、监督权。”“人民依法直接行使民主权利，管理基层公共事务和公益事业，实行自我管理、自我服务、自我教育、自我监督，对干部实行民主监督，是人民当家作主最有效、最广泛的途径，必须作为发展社会主义民主政治的基础性工程重点推进。”

十七大报告使用了“中国特色社会主义政治发展道路”这个概念。那么，哪些是它的制度体现呢？报告提出了四大政治制度：人民代表大会制度、中国共产党领导的多党合作和政治协商制度、民族区域自治制度、基层群众自治制度。这些都是从实践中来的，也必将随着实践的发展而不断完善。社会主义政治制度改革，是为了不断推进社会主义政治制度自我完善和发展，不断开拓创新中国特色社会主义政治发展道路。

民主不单要有制度，还要有形式，有渠道，有程序。对于民主程序化，十七大也给予相当的关注。在目标上，提出推进社会主义民主政治制度化、规范化、程序化；在决策程序上，提出把政治协商纳入决策程序，完善民主监督机制，提高参政议政实效；在行政权力上，提出健全组织法制和程序规则，保证国家机关按照法定权限和程序行使权力、履行职责。

推进人民民主，党要做表率。十七大对推进党内民主，也有新举措：实行党务公开；党的各级代表大会代表实行任期制；党的中央和省、自治区、直辖市委员会实行巡视制度；中央政治局向中央委员会全体会议报告工作、接受监督，党的地方各级委员会的常务委员会定期向委员会全体会议报告工作、接受监督；党组织决定重要问题，要进行表决，等等。这些加强党内民主的亮点，预示着中国共产党决心在全面建设小康社会的进程中，以党内民主推进人民民主，使中国特色社会主义民主政治的发展道路越走越宽广，越走越充满生机和活力。

三、民生是社会和谐的关键

改善民生、社会和谐，是十七大报告中最吸引百姓注意、最令百姓怦然心动之处。十七大报告提出，努力形成社会和谐人人有责、和谐社会人人共享的生动局面，并对加快推进以改善民生为重点的社会建设作出了全面部署。

其实，民生问题的提出，比民主口号的提出历史还要久远。人类的历史，在某种意义上说，就是一部依靠自身力量不断解决民生难题的历史。也就是说，每一发展阶段都有每一阶段特定的民生问题。在民主革命时期，我们着力解决的是国内封建剥削、国际资本掠夺造成的民生问题。全面开始社会主义建设之后，着力解决的是人民温饱和就业问题。改革开放以后，则逐渐由解决温饱发展为实现小康的问题。

民生问题有多种，解决民生问题的方案也各异。在近代中国，随着反帝反封建历史任务的提出，民生问题有了特定的内涵。为解决民生问题，孙中山先生在三民主义中阐述过他的民生主义，概言之就是耕者有其田、节制资本和平均地权。这在中国共产党诞生以前，是最先进的解决中国民生问题的主张。然而，令孙中山先生痛心不已的是，即使是号称他的信徒的人，每每登台以后也不能践行这三大主张，而使人民的期望一次次落空。

在中国近代历史上，第一次破天荒地解决民生问题的是中国共产党，它所依据的理论是科学社会主义。当时，土地问题是民生问题的核心。中国共产党人不仅做到了耕者有其田，彻底铲除了存在两千多年的封建土地制度，而且指引广大农民走上了中国特色农业现代化之路。当时，官僚买办资本的掠夺和压迫，是民生问题产生的根源。中国共产党不但摧毁了保护这一经济基础的上层建筑——国民党政府统治，彻底没收官僚买办资本，而且将这个基础改造成为社会主义公有制经济和社会主义工业化发展的平台。

社会主义计划经济在新中国刚刚走上初始工业化的过程中，曾经起过重要的积极作用，通过四个五年计划的实施，在一穷二白的基础上建立起独立的、比较完整的工业体系和国民经济体系，在极其困难的条件下使人民生活的基本温饱有了保障。但是，这一高度集中的计划经济体制及附着在其上的传统观念，越来越严重地束缚了社会生产力的发展，严重地制约了各种有利于社会生产力发展的要素充分发挥作用。打破这一体制障碍和观念障碍，迎来新中国成立以来第二次社会生产力大解放的，是邓小平的改革开放富民政策。

从贫穷不是社会主义、让一部分人一部分地区先富起来开始，党的富民政策一次次激荡起人们对创业的渴望，对迅速富裕起来的渴望。同时，也一次次提出另一方面值得关注的问题。既然现实的通往共同富裕的道路，只能是一部分先富起来的人和地区带动其他落后地区的道路，那么势必意味着总有一天社会的发展会提出一个尖锐的问题：大部分仍然处于相对落后贫困的地区和群众怎么走向富裕？怎样缓解收入差距过大造成的社会矛盾？邓小平早就预见到这个问题，他说过，我们讲发展，发展起来带来的问题可能比没有发展所带来的问题更大，更难解决。

果然，从十六大前后起，就在党提出全面建设小康社会的宏伟蓝图之时，以解决发展成果让全体人民所共享为目标的民生问题，就愈益迫切地提到了党的议程上来。党的十七大，就是在这种历史关节上，把关注民生、改善民生、保障民生、社会和谐提到了前所未有的高度。

民生，一头连着党心，一头牵动民心，是党和人民血肉联系的结合点，是党全心全意为人民服务宗旨的聚焦点。十七大报告中，单列一个专门的部分，把改善民生作为社会建设的重中之重，提出“加快推进以改善民生为重点的社会建设”。如果说，十七大报告起草过程中一个重要的指导思想，就是要顺应人民群众对党和国家工作的新期待新要求，那么，这一部分便集中体现了这一思路，因而得到国内外媒体的高度评价。

在五年中面临的问题清单里，劳动就业、社会保障、收入分配、教育卫生、居民住房、社会治安等关系民生的突出问题榜上有名；在解决民生问题的目标上，提出要努力使全体人民学有所教、劳有所得、病有所医、老有所养、住有所居。在就业政策上，提出要形成城乡劳动者平等就业的制度，完善和落实国家对农民工的政策，依法维护劳动者权益。在社会保障和医疗卫生服务上，提出要建立覆盖城乡居民的社会保障体系和公共卫生服务体系、医疗服务体系、医疗保障体系、药品供应保障体系。在教育问题上，提出要保障包括广大农村居民在内的公民教育权利、减轻教育负担的措施。在分配制度上做出重大调整，把初次分配着重效益、二次分配兼顾公平的方针，变为初次分配和再分配都要处理好效率和公平的关系，再分配更加注重公平的方针；还提出，逐步提高居民收入在国民收入分配中的比重，提高劳动报酬在初次分配中的比重，创造条件让更多群众拥有财产性收入，逐步扭转收入分配差距扩大趋势。这些承诺，让人民看到了全面建设小康社会的新希望，看到了党对居住于广大城乡的全体人民的共同关心和共同爱护。

解决民生问题，需要做大量具体细致、繁重艰苦的工作。民生问题是琐碎的，但它的意义却不容低估。它实际上关系着发展为了谁、发展依靠谁、发展的成果属于谁这些重大的发展方向问题，关系着对科学发展观的“以人为本”理念的理解问题。十七大报告之所以深得党心民心，不仅在于为解决民生问题提出了一系列切实可靠的举措，更在于提出了一些关乎根本方向的重要论断。譬如，在解决民生问题与党的宗旨的关系上，提出党的一切奋斗和工作都是为了造福人民，要始终把实现好、维护好、发展好最广大人民的根本利益作为党和国家一切工作的出发点和落脚点；在对以人为本的理解上，提出要尊重人民主体地位，发挥人民首创精神，保障人民各项权益，走共同富裕道路，促进人的全面发展，做到发展为了人民、发展依靠人民、发展成果由人民共享；在执政理念上，提出要坚持人民是历史创造者的历史唯物主义观点，真诚倾听群众呼声，真实反映群众愿望，真情关心群众疾苦，权为民所用、情为民所系、利为民所谋，使党的全部工作始终符合时代要求和人民期待。

我们相信，党的十七大在党的历史上、国家发展史上、中华民族复兴史上，一定会以高举伟大旗帜、推进人民民主、着力解决民生的骄人业绩，载入史册。在以胡锦涛同志为总书记的党中央正确领导下，在十七大精神的鼓舞下，我们一定能够夺取全面建设小康社会的新胜利！

（作者：中共中央文献研究室副主任）

正确把握全面建设小康社会新的更高要求

刘　鹤

党的十七大报告根据当代世界和中国的发展变化，从新的历史起点出发，在十六大确定的全面建设小康社会目标的基础上，对我国发展提出了新的更高要求，勾画出我国到2020年的宏伟发展蓝图，为全面建成小康社会指明了方向。我们要深刻认识提出这些新要求的重要背景，正确把握其主要特点和深刻内涵，为争取全面建设小康社会新胜利而奋斗。

深刻认识提出新的更高要求的背景

十六大以来，在中国特色社会主义伟大旗帜的指引下，全党全国人民朝着全面建设小康社会的宏伟目标发奋努力，我国经济社会发展取得新的重大成就。国民经济保持周期上升阶段的良好态势，国内生产总值增长连续五年超过10%，2006年经济总量达到2.68万亿美元，跃升至世界第四位，进出口贸易总额达到1.76万亿美元，跃升至世界第三位，国家综合国力和国际竞争力全面提高，经济社会结构快速转型，人民生活显著改善，社会主义市场经济体制日趋完善，社会保持稳定。实践充分证明，十六大提出全面建设小康社会的奋斗目标是完全正确的。

十七大报告着眼于高举中国特色社会主义伟大旗帜、夺取全面建设小康社会新胜利，明确指出必须适应国内外形势的新变化，顺应人民过上更好生活的新期待，把握经济社会发展趋势和规律，坚持中国特色社会主义经济建设、政治建设、文化建设、社会建设的基本目标和基本政策构成的基本纲领，在十六大确立的全面建设小康社会目标的基础上对我国发展提出新的更高要求。从总体上看，十七大对全面建设小康社会提出的新的更高要求，主要有以下五个方面的大背景：

一是人民产生新期待。满足人民日益增长的物质文化需要是社会主义生产的目的，是我们党执政为民的体现。十六大以来，我国经济快速发展，人均收入水平不断提高，到2006年我国人均国内生产总值已达2040美元，居民消费结构稳步升级，恩格尔系数逐步下降。随着物质生活条件改善，人民对发展有着多方面的新期待：由于家庭财产普遍增加，人们要求更好地保护财产权；由于思想独立性、选择性、多变性和差异性增强，人们对提高社会道德水平和丰富精神文化产品提出了新愿望；由于经济地位变化，人们对政府的社会管理和公共服务水平和质量也有了新的更高要求。更好地满足人民对过上更好生活的新期待，是党和国家在新形势下坚持以人为本的重要内容，也是执政党引领全面建设小康社会必须面对的重要课题。

二是经济发展出现新约束。我国经济在持续快速发展的同时，面对的约束条件也发生了重大变化。以往长期面对的资金不足和产品短缺现象已基本消除，新的约束条件正在呈现：国内储蓄和消费失衡造成国内有效需求相对不足，大量生产能力依赖国际市场消化；粗放的经济增长方式使资源环境约束进一步强化，土地、淡水、石油和重要矿产品的供求矛盾日益尖锐；科技创新能力不强的问题日益凸显，劳动力素质不高对经济的制约作用越发突出；城乡、区域发展不平衡和不协调的矛盾对经济持续增长的制约作用也日益扩大。怎样在新的约束条件下增强发展的协调性、实现又好又快的科学发展，是我们党在引领全面建设小康社会进程中必须面对的重要课题。

三是社会转型出现新特征。社会和谐是社会主义的本质属性，努力促进社会和谐是我们党的长期历史任务和当前需要着力解决的紧迫课题。十六大以来，在经济发展的同时，我国社会转型继续加快，城市人口比重增加，新的社会阶层已经出现，利益主体多元化现象日趋强化，社会活力不断增强，社会进步明显加快。但与此同时，在我国由单一的社会结构向复杂的社会结构转型的过程中，出现了以前从未遇到过的社会矛盾：社会财富分配不合理的问题引起普遍关注，社会保障体系建设仍然滞后于经济发展，城乡就业压力依然很大，大量新型的人民内部矛盾不断出现，社会公共服务和管理面临着新的复杂局面，城乡二元结构现象仍将长期存在。如何发展社会事业和促进社会和谐，是党在引领全面建设小康社会进程中必须回答的紧迫课题。

四是国际环境发生新变化。十六大以来，我国经济国际化进程全面加快，中国与世界经济相互依赖的程度达到从未有过的水平，我国已经从国际经济秩序被动适应者逐步转变为世界重大事务的主要参与者，对世界经济发展作出的贡献越来越大。但也要看到，我们所处的国际环境正在发生深刻变化。全球化趋势在曲折中发展，世界经济失衡和重组的速度明显加快，发达国家与发展中国家的差距继续扩大，世界主要经济体和各经济体内部不同利益阶层出现明显的分化走势，新兴国家崛起对世界既得利益格局形成新的挑战，经济问题政治化和贸易保护主义更加抬头。我国对世界经济的依赖程度不断上升，国际商品、资本市场涨落和初级产品供求变化直接影响国内经济发展，这既扩大了我国回旋余地，也加大了经济风险。怎样正确判断未来世界经济政治走势，坚持走和平发展道路，是党在引领全面建设小康社会进程中必须面对的又一个迫切课题。

五是党的执政理念实现新发展。这是最重要、最根本的。十六大以来，我们党总结发展的经验和教训，借鉴人类社会发展的积极成果，面对新情况、新矛盾、新任务，及时提出了科学发展观这一新的发展理论。科学发展观与邓小平理论、“三个代表”重要思想既一脉相承又与时俱进，是马克思主义中国化的最新成果，是指导发展的世界观、方法论的集中体现，是我国社会主义现代化建设必须长期坚持的重要指导方针。党的十七大报告提出全面建设小康社会新的更高要求，集中体现了以人为本、全面协调可持续的科学发展观，体现了把坚持科学发展、和谐发展、和平发展的重大战略思想落实到党和国家奋斗目标中的明确意图，体现了把科学发展观的要求落实到经济、政治、文化、社会建设各个方面的总体要求。这是十七大报告对全面建设小康社会提出新要求的重要思想理论基础。

准确把握新的更高要求的特点和内涵

十七大对全面建设小康社会奋斗目标提出的新的更高要求，有三个鲜明特点：

以十六大提出的全面建设小康社会宏伟目标为依据，保持目标的连续性。发展是连续性与阶段性的统一。十六大提出全面建设小康社会的宏伟目标，十七大对全面建设小康社会提出新的更高要求，两次党的代表大会所提出的目标是完全一致的。十七大提出的新的更高要求，是在新形势、新条件下对十六大目标的充实和深化，两者是一个有机整体，从而进一步完善了全面建设小康社会的目标体系。

增强针对性，不求面面俱到。针对性是十七大对奋斗目标提出新的更高要求的重要特点。我国发展已经呈现出新的阶段性特征，在经济、政治、文化、社会发展方面都取得新的成就，同时也呈现出新的矛盾。我们党必须从全局出发，准确判断所处的历史方位，紧紧抓住和解决主要矛盾，才能顺利突破发展的阶段性瓶颈制约，推动我国发展跃升到新水平。要从抓住和解决主要矛盾的角度，理解十七大提出新的更高要求的现实指向和重要内涵。

从基本国情出发，使目标具有可行性。我国发展取得举世瞩目的巨大成就，但我国长期处于社会主义初级阶段的基本国情没有变，人民群众日益增长的物质文化需要和落后的社会生产之间的矛盾是社会的主要矛盾没有变。对全面建设小康社会奋斗目标提出新的更高要求，既要适度超前，鼓舞人心；也要从实际出发，量力而行。确定的奋斗目标必须完成，提出的要求必须实现。这体现了战略导向性和实际可行性的有机统一，主观愿望和客观条件的统一。

按照中国特色社会主义经济建设、政治建设、文化建设、社会建设的基本目标和基本政策构成的基本纲领，十七大报告在十六大确立的全面建设小康社会目标的基础上，对我国发展提出了五个方面的新的更高要求。

一是增强发展协调性，努力实现经济又好又快发展。经过近五年的快速发展，我国如果实现到2020年GDP翻两番的目标，今后13年只要保持年均6%左右的增长率就可以达到。从近几年实践和未来发展条件看，我国经济发展面临的突出矛盾不是速度问题，而是如何实现由非均衡发展到均衡发展的战略转型，增强发展的协调性。十七大报告从经济总量指标、经济增长格局、经济结构和经济布局、经济体制的安排等方面对增强发展协调性、实现又好又快发展进行了全面部署，明确提出，要在转变发展方式、优化结构、提高效益、降低消耗、保护环境的基础上，实现人均国内生产总值到2020年比2000年翻两番。社会主义市场经济体制更加完善。自主创新能力显著提高，科技进步对经济增长的贡献率大幅上升，进入创新型国家行列。居民消费率稳步提高，形成消费、投资、出口协调拉动的增长格局。城乡、区域协调互动发展机制和主体功能区布局基本形成。社会主义新农村建设取得重大进展。城镇人口比重明显增加。提出这些要求，就是要使速度、结构、效益相协调，人口、资源、环境相协调，消费、投资、出口相协调，城乡、区域发展相协调，发展、改革相互促进。这些目标体现了一种全新的发展方式。在这些目标中，有两项核心目标的实现需要比其他目标付出更多努力。一是提高居民消费率，这是一项具有全局性和根本性的重要指标，需要从调整发展战略和完善体制机制方面付出巨大努力。二是进入创新型国家行列，这需要大力加强教育和科技研发等方面的工作力度，进一步健全产学研相结合的体制机制保障，努力提高全民族创新的意识和自觉性，充分发挥企业家和科技领军人才的作用，也需要相应进行力度较大的各项改革，从而更好地营造有利于创新的社会环境。

二是扩大社会主义民主，更好保障人民权益和社会公平正义。同我国经济基础变化和人民政治参与积极性不断提高相适应，坚定不移地发展社会主义民主政治，是全面建设小康社会在政治建设方面的重要要求。十七大报告围绕这一要求强调指出，要使公民政治参与有序扩大，依法治国基本方略深入落实，全社会法治观念进一步增强，法治政府建设不断取得新成效。基层民主制度要更加完善，政府提供基本公共服务能力要显著增强。这些新的更高要求与十六大相比，最大特点是扩大社会主义民主，突出强调有序扩大公民政治参与。这既充分反映了人民的新期待，也体现了我们党在社会主义初级阶段条件下有序推进政治体制改革的决心和基本途径。随着经济、社会的不断发展，人民的经济、政治、文化、社会权益将得到更好保障，社会主义自由平等精神将得到弘扬，社会公平正义将得到大力伸张，社会主义民主政治将进一步彰显强大的生机活力。

三是加强文化建设，明显提高全民族文明素质。十七大报告在文化建设领域明确提出提高全民族的文明素质，这表明我们党对全面建设小康社会认识的进一步深化。中国的和平发展既要有硬实力，也要有软实力。软实力已越来越成为综合国力竞争的重要因素。还要看到，同全面建设小康社会的其他要求相比，提高全民族的文明素质，任务很重，难度不小。为了增强文化软实力，提高全民族文明素质，十七大报告明确提出，要使社会主义核心价值体系深入人心，良好思想道德风尚进一步弘扬。覆盖全社会的公共文化服务体系基本建立，文化产业占国民经济比重明显提高、国际竞争力显著增强，适应人民需要的文化产品更加丰富。我们要按照这些新的更高要求，大力加强文化建设，努力提高全民族的文明素质，推动社会主义文化大发展大繁荣。

四是加快发展社会事业，全面改善人民生活。建设社会主义和谐社会，必须从广大人民群众最关心、最直接、最现实的利益问题入手，加快推进以改善民生为重点的社会建设，加快改变经济与社会发展不协调的状况。为此，十七大报告提出，全面建成小康社会，必须使现代国民教育体系更加完善，终身教育体系基本形成，全民受教育程度和创新人才培养水平明显提高。社会就业更加充分，覆盖城乡居民的社会保障体系基本建立，人人享有基本的生活保障。合理有序的收入分配格局基本形成，中等收入者占多数，绝对贫困现象基本消除。人人享有基本医疗卫生保健服务，社会管理体系更加健全。实现这些要求，需要扎扎实实地付出巨大努力，其中难度比较大的是实现中等收入者比重占多数的重要目标。我国是社会主义国家。我们要全面建设的小康社会必须是共同富裕的社会，中等收入者比重必须占多数，这是由我国社会性质决定的硬指标。从目前我国的收入分配格局来看，如果以每人年收入 1 万元的水平为标准，中等收入者约为 15%—20%，这几年这一比重以年均 3 个百分点的增速稳步上升。考虑到我国目前收入分配差距扩大的趋势还没有得到根本扭转，要在未来十三年实现中等收入者比重超过 50%的目标，必须采取多项有力举措，包括调整国民收入分配格局，大力加强教育、就业、社保等工作力度，积极创造多方面条件，等等。

五是建设生态文明，基本形成节约能源资源和保护生态环境的产业结构、增长方式、消费模式。十七大报告在我们党的全国代表大会文献中第一次明确提出符合当今世界发展潮流的建设生态文明的目标，这反映了广大人民群众的迫切愿望，是落实科学发展观的重要内容，将对我国转变发展方式和保护生态环境具有重要导向作用。十七大报告要求，全面建成小康社会，要使循环经济形成较大规模，可再生能源比重显著上升。环境污染得到有效治理，单位国内生产总值主要污染物排放量明显下降。生态文明观念在全社会牢固树立。要看到，在我国工业化加速发展阶段，实现建设生态文明的目标显然面临着诸多严峻挑战，但我们没有任何退路，必须采取更加有效的经济、行政和法律手段，扭转被动局面，保护群众健康和公共安全，使广大人民群众吃上健康的食品，呼吸到新鲜的空气，喝上干净的水，在生态良好的环境下生产和生活，实现经济社会的可持续发展。

十七大提出的这五个方面的目标要求，既与十六大提出的全面建设小康社会宏伟目标的要求相一致，又根据经济社会发展新的阶段性特征，作了进一步补充、完善和深化，从而构成了实现全面建设小康社会经济、政治、文化、社会、生态五个方面的目标体系，它将引领我们在未来夺取全面建设小康社会的伟大胜利，并为到本世纪中叶基本实现现代化的远景目标奠定坚实的基础。

未来五年是全面建设小康社会的关键时期

未来五年是全面建成小康社会承上启下的关键阶段。在这五年里，我们要在中国特色社会主义理论指导下，不断开拓社会主义经济建设、政治建设、文化建设、社会建设的新局面，从而为全面建成小康社会打下坚实基础。

在发展方面。面对工业化、信息化、城镇化、市场化和国际化的新形势，我们要全面完成“十一五”规划，开始实施“十二五”规划，在转变发展方式、形成现代产业体系、实现节能降耗减排目标和增强自主创新能力方面取得实质性进展，努力实现人均国内生产总值从 3000 美元左右到5000美元的历史性跃升，促进综合国力的大幅度提高。

在改革方面。面对改革攻坚阶段的艰巨任务，我们要突破制约科学发展的体制机制瓶颈，加快推进财税、金融、政府管理体制等各项重大改革，努力形成贯彻落实科学发展观的体制保障，切实把发展转入科学发展的轨道。

在对外开放方面。面对全球化深化发展和大国国际收支失衡加剧的复杂局面，我们要加快贸易结构转型升级，完善资本跨境流动机制，坚持实施互利共赢的开放战略，全面提高对外开放的质量和水平，为我国和世界经济共同发展作出更大的贡献。

在社会稳定方面。面对社会转型过程中可预见和不可预见的种种矛盾，我们要加快社会事业建设，完善社会管理的体制机制，更公平合理地分配社会财富，使广大人民群众更好地共享改革发展的成果。

在如此关键的发展阶段，面对如此繁重的任务，我们必须按照全面贯彻落实科学发展观的要求，以十七大对全面建成小康社会的新要求为导向，坚定信心、锐意改革、扎实工作，努力完成时代赋予我们的光荣使命。

（作者：中央财经领导小组办公室副主任）

论中国特色社会主义理论体系

赵　曜

胡锦涛总书记在党的十七大报告中指出："改革开放以来我们取得一切成绩和进步的根本原因，归结起来就是：开辟了中国特色社会主义道路，形成了中国特色社会主义理论体系。高举中国特色社会主义伟大旗帜，最根本的就是要坚持这条道路和这个理论体系。"报告中提出的这两个关系中国特色社会主义全局性的重大问题，需要学术理论界深入探讨。本文仅就后一个问题，谈谈个人的认识和理解。

中国特色社会主义理论体系的形成

我们党是一个重视科学理论，并坚持用科学理论指导实践的马克思主义政党。要完整准确地理解马克思主义，并以其指导实践，最重要的是全面系统地把握它的科学理论体系。正如列宁所说："马克思主义的全部精神，它的整个体系，要求人们对每一个原理只是(α)历史地，(β)只是同其他原理联系起来，(r)只是同具体的历史经验联系起来加以考察。"这就是说，对马克思主义必须作为一个科学体系来把握，它要求对每一个原理，一不能离开当时的历史条件和背景，它是在这个基础上产生的，并在这种条件下才适用的；二是不能割裂各原理之间的联系，因为正是不同原理之间的相互联系才构成理论的科学体系；三是不能忽视具体的历史经验，因为诸多原理都是在总结具体的历史经验的基础上通过理论升华而形成的。

中国特色社会主义理论体系的形成，有它的时代背景和实践基础。马克思、恩格斯曾经说过：一切划时代的体系的真正内容都是由于产生这个体系的那个时期的需要而形成起来的。一个新的理论体系的出现，往往是和国内外形势的变化，和对这种变化作出科学的回答分不开的。江泽民同志在党的十四大报告中深刻地说明了中国特色社会主义理论体系形成的历史条件。他指出："建设有中国特色社会主义的理沦，是在和平与发展成为时代主题的历史条件下，在我国改革开放和社会主义现代化建设的实践过程中，在总结我国社会主义胜利和挫折的历史经验并借鉴其它国家社会主义兴衰成败的历史经验的基础上，逐步形成和发展起来的。"这个论断说明了如下三点。第一，国际环境发生重大变化，时代主题已从战争与革命转化为和平与发展，争取较长时期的国际和平环境是可能的，这种环境对我们一心一意搞建设是有利的。从时间上来说，这种转化是在20世纪70年代中期以后。第二，国内情况也发生重大变化，党和国家的工作重点已从坚持以阶级斗争为纲转移到以经济建设为中心的社会主义现代化建设上来，实行了改革开放的战略决策，实践基础发生了重大变化，随之理论内容和形态也必然发生重大变化。第三，总结了从1848年《共产党宣言》发表、科学社会主义诞生，特别是20世纪社会主义从理想变为现实，一系列国家走上社会主义道路和建立社会主义制度以后正反两方面的历史经验，尤其是反面经验，其中包括我国的"文化大革命"和苏东剧变。我们党是一个善于总结历史经验的党，通过总结经验，坚持正确的，纠正错误的，使之成为党的宝贵财富。总起来说，中国特色社会主义理论体系，是在十一届三中全会以后，在世界主题由战争与革命转化为和平与发展，国内实行改革开放和社会主义现代化建设的历史条件下，通过不断地总结我国和世界社会主义的历史经验的基础上，逐步形成和发展起来的。

十七大报告明确指出："中国特色社会主义理论体系，就是包括邓小平理论、'三个代表'重要思想以及科学发展观等重大战略思想在内的科学理论体系。"其中，邓小平理论是中国特色社会主义理论体系的开拓和奠基之作，"三个代表"重要思想是中国特色社会主义理论体系中承上启下的中间环节，科学发展观是中国特色社会主义理论体系的最新理论成果。它们之间既一脉相承又与时俱进，既有建设中国特色社会主义这一共同主题，又科学地回答了不同时期不同阶段所面临的新矛盾和新问题，是一个相互衔接、相互贯通的科学理论体系。正如恩格斯所说的："我们的理论不是教条，而是对包含着一连串互相衔接的阶段的发展过程的阐明。"中国特色社会主义理论体系是个大体系、大范畴。社会主义是一个很长的历史阶段，在今后社会主义历史阶段中所形成的马克思主义中国化的理论成果也都属于中国特色社会主义理论体系的范畴。

十七大报告关于中国特色社会主义理论体系是在十一届三中全会和改革开放以后实践的基础上逐步形成的科学界定，是和十一届三中全会以后党的历次代表大会的权威论述相一致，是有它的依据的。首先，从实践上看，中国特色社会主义理论体系的形成是和中国特色社会主义道路的开辟相一致的，并且以后者为基础。党的十三大报告明确指出："马克思主义与我国实践的结合，经历了六十多年。在这个过程中，有两次历史性飞跃。第一次飞跃，发生在新民主主义革命时期，中国共产党人经过反复探索，在总结成功和失败经验的基础上，找到了有中国特色的革命道路，把革命引向胜利。第二次飞跃，发生在十一届三中全会以后，中国共产党人在总结建国三十多年来正反两方面经验的基础上，在研究国际经验和世界形势的基础上，开始找到一条建设有中国特色的社会主义的道路，开辟了社会主义建设的新阶段。"其次，从理论上来说，党的十五大报告指出："马克思列宁主义同中国实际相结合有两次历史性飞跃，产生了两大理论成果。第一次飞跃的理论成果是被实践证明了的关于中国革命和建设的正确的理论原则和经验总结，它的主要创立者是毛泽东，我们党把它称为毛泽东思想。第二次飞跃的理论成果是建设有中国特色社会主义理论，它的主要创立者是邓小平，我们党把它称为邓小平理论。这两大理论成果都是党和人民实践经验和集体智慧的结晶。"十三大报告和十五大报告讲的是同一个问题，即两次革命实现两次历史性飞跃，但侧重点不同。十三大报告，讲的两次革命、两次历史性飞跃，指的是实践上开辟了两条道路，即具有中国特色的革命道路和具有中国特色的社会主义道路。十五大报告说的两次革命、两次历史性飞跃，指的是形成两大理论成果，即毛泽东思想和邓小平理论即中国特色社会主义理论。但是，无论是中国特色社会主义道路还是中国特色社会主义理论体系都产生在十一届三中全会和改革开放之后。第一次历史性飞跃早已结束，毛泽东思想属于第一次历史性飞跃的理论成果；第二次历史性飞跃29年前就已开始，至今仍在继续，还远没有结束。

十五大报告关于中国特色社会主义理论体系的界定，虽然不包括毛泽东思想、毛泽东对中国社会主义建设的探索，但不能把二者割裂开来，更不能把二者对立起来；中国特色社会主义理论体系正是在继承我们党以往的理论成果和新的实践的基础上形成和发展起来的。毛泽东是伟大的无产阶级革命家、军事家、战略家，伟大的马克思主义理论家、哲学家、思想家，才华横溢的学者和诗人，是中国共产党、中国人民解放军、中华人民共和国的主要缔造者。以毛泽东为核心的党的第一代领导集体，对中国社会主义事业作出重大贡献。一是通过社会主义改造，建立了社会主义制度，包括生产资料公有制度、按劳分配制度、人民民主专政制度、人民代表大会制度、共产党领导的多党合作和政治协商制度、民族区域自治制度、马克思主义在意识形态领域的指导地位等等。二是提出“以苏为戒”，独立地探索一条有别于苏联模式，适合中国国情的社会主义建设道路，在这条道路上取得了社会主义建设的重大成就。三是重视探索社会主义建设规律，提出在把握规律的基础上“创造新的理论，写出新的著作”。毛泽东在探索初期发表了《论十大关系》和《关于正确处理人民矛盾的问题》两篇光辉著作，提出了关于社会主义社会的矛盾这样崭新的重大理论问题，也还提出许多有价值的观点，但没有继续下去，形成一个新的理论体系。尽管后来由于指导思想越来越“左”，对社会主义时期的主要矛盾判断有误，坚持“以阶级斗争为纲”，不断地发动政治运动，特别是持续十年之久的“文化大革命”，走偏了方向，干扰和冲击了社会主义建设，使中国社会主义事业遭致严重挫折，但这些并不能抹杀那一段的成就。总起来说，新民主主义革命的胜利，社会主义制度的建立，建设社会主义的探索，为当代中国一切发展进步奠定了根本政治前提和制度基础，也为而后中国特色社会主义道路的开辟和中国特色社会主义理论体系的形成奠定了重要基础。

中国特色社会主义理论体系的构建

判断一个理论是否成为科学体系，标准主要有两条：一条是理论是系统的还是没有形成系统；另一条是，它对所研究的领域是回答了一系列基本问题还是没有作出这种回答。属于前者，就构成了理论的科学体系。按照这种标准，邓小平理论、“三个代表”重要思想、科学发展观都有自己的理论体系，现在的问题是怎样把三者整合在一起，在这个基础上来构建。在整合中，应以奠基之作为基础，从最新理论成果的高度，将三者贯通起来，形成科学体系。

中国特色社会主义理论体系的构建，是当前全党特别是思想理论界的一件大事。从事理论工作的学者在这个问题上都应有所作为。但是，在如何构建中国特色社会主义理论体系问题上，学术理论界有不同见解。有的主张按基本观点构建，有的主张按基本理论构建，有的主张按基本范畴构建，有的主张按理论板块构建，有的主张按理论的不同层次构建。我个人倾向于后者，因为它能够更加客观更加准确地反映这个理论体系的特点。

中国特色社会主义理论的科学体系包括如下四个不同层次的内容：

第一个层次：主题和主线。中国特色社会主义理论有一个鲜明的主题，就是建设有中国特色的社会主义。这个主题要求我们既要坚持科学社会主义的基本原则，又要将其同中国的具体实践和时代特征相结合，体现鲜明的中国特色。它说明我们已不再一般谈论建设社会主义，而是探索在中国这个经济文化比较落后的大国建设社会主义的客观规律。中国特色社会主义理论还有一条清晰的主线即基本线索贯穿其中。以邓小平为核心的党的第二代领导集体，坚持以“什么是社会主义、怎样建设社会主义”为主线，并以社会主义本质论和党在社会主义初级阶段的基本路线，科学地回答了这个问题。以江泽民为核心的党的第三代领导集体，在新的实践基础上不断探索中提出“建设什么样的党、怎样建设党”的问题，并以创立“三个代表”重要思想为标志，从始终代表中国先进生产力的发展要求、中国先进文化的前进方向和中国最广大人民的根本利益，创造性地回答了这个问题。以胡锦涛为总书记的党中央，在新世纪新阶段，从我国经济社会发展的阶段性特征出发，提出“实现什么样的发展、怎样发展”的问题，并在继承党的三代中央领导集体关于发展的重要思想的基础上提出科学发展观，深刻地回答了这个问题。以上三个重大问题是在实践中依次提出的。总起来说，中国特色社会主义理论是以“什么是社会主义、怎样建设社会主义”为主线，在发展过程中不断延伸和展开，体现为社会主义、党和发展三大问题的辩证统一。也可以把它称之为中国特色社会主义的三个基本问题。中国特色社会主义的所有理论问题，都是围绕这个主题和贯穿这条主线的。这是中国特色社会主义理论的一个很重要的特点。

第二个层次：理论基础和哲学基础。中国特色社会主义理论有深厚的理论基础和哲学基础。理论基础是马克思主义，特别是马克思主义中国化的第一个理论成果毛泽东思想。毛泽东思想，在中国共产党和广大人民群众中产生了长期的深远的影响。毛泽东所创立的关于社会主义社会矛盾的理论，是正确认识社会主义社会一切问题的理论基础，是中国特色社会主义理论的理论基石。中国特色社会主义理论和马克思主义的关系是活水与源头的关系，没有源头就不会有活水。老祖宗不能丢，丢了就丧失根本。中国特色社会主义理论的哲学基础是马克思主义的辩证唯物论和历史唯物论，它是支撑理论基础的哲理部分，是更高更深层次的内容，是关于世界观与方法论的问题。毛泽东不仅是伟大的马克思主义理论家，而且是一位卓越的马克思主义哲学家。他一生读了很多中外哲学著作，思考了很多哲学问题，并用哲学观点总结中国革命的历史经验，在延安时期写出了《实践论》、《矛盾论》这样著名的哲学著作和许多充满哲理思想的政治和军事著作。他精通马克思主义哲学，把它的精髓用"实事求是"四个字加以概括，作为我们党的思想路线。实事求是最早是东汉大史学家班固在《汉书》中提出的，原文是"修学好古，实事求是"。意思是要真诚地依据事实去探求古书真意。毛泽东将其古为今用，赋予马克思主义的解释。毛泽东说："'实事'就是客观存在着的一切事物，'是'就是客观事物的内部联系，即规律性，'求'就是我们去研究。"邓小平坚持毛泽东的哲学思想，指出："实事求是，是无产阶级世界观的基础，是马克思主义的思想基础。过去我们搞革命所取得的一切胜利，是靠实事求是；现在我们要实现四个现代化，同样要靠实事求是。"邓小平依据他的政治智慧和丰富经验，在实事求是前面加上"解放思想"四个字，作为新时期我们党的思想路线的完整表述。所以要特别强调解放思想，因为当代中国和当代世界都发生了巨大的深刻的变化，可是人们的认识往往落后于实践，处于僵化和半僵化状态，跟不上变化了的客观形势，而只有解放思想，才能摆脱这种状态，实现主观认识和客观实际相一致，达到实事求是。解放思想、实事求是是马克思主义的思想路线，是中国特色社会主义理论的精髓。解放思想、实事求是思想路线的确立，为全面纠正"左"的错误，正确总结社会主义的历史经验，开辟中国特色社会主义道路奠定了坚实的思想基础。胡锦涛指出：解放思想是党的思想路线的本质要求，是我们应对前进道路上各种新情况新问题、不断开辟事业新局面的一大法宝。

第三个层次：核心内容和核心思想。中国特色社会主义理论体系有一个核心内容，这就是党在社会主义初级阶段的基本路线。提出和制定党的总路线，毛泽东是首创。党的基本路线（即总路线）是党在每一个历史发展阶段全局性的根本指导方针，它是关系全局、指导全局、决定全局的。党的基本路线正确，我们的事业就发展，前进、胜利；党的基本路线错了，我们的事业就将遭致挫折和失败。在每一个历史发展阶段制定党的基本路线，这是我们党在世界社会主义运动中的一个伟大创造。这个创造是和毛泽东关于抓主要矛盾的哲学思想分不开的。虽然最早提出主要矛盾这个哲学概念的不是毛泽东，而是在20世纪30年代苏联哲学教科书中首次提出的。但是，从哲学思想上真正重视主要矛盾，运用主要矛盾的观点和方法研究历史发展阶段，并确定每个历史发展阶段党的基本路线，这是无产阶级战略家毛泽东的首创和功绩。我们党在各个不同历史发展时期的基本路线，都是为了解决这一历史时期的主要矛盾，从而推动历史前进的。十一届三中全会以后，邓小平依据社会主义初级阶段的主要矛盾是人民日益增长的物质文化需要同落后的社会生产的矛盾的认识，在实践中逐步形成了党在社会主义初级阶段的基本路线：领导和团结全国各族人民，以经济建设为中心，坚持四项基本原则，坚持改革开放，自力更生，艰苦创业，为把我国建设成为富强、民主、文明、和谐的社会主义现代化国家而奋斗。它的核心内容就是一个中心,两个基本点。以经济建设为中心,标志着党和国家工作重点的历史性转移,经济是基础,是发展社会主义各项事业的基础性工程,经济发展了,社会主义现代化建设就有了牢固的物质基础;坚持四项基本原则,就是坚持社会主义基本制度,使改革开放在社会主义制度的框架内进行,以保证改革开放的社会主义性质和方向;坚持改革开放,解放和发展生产力,使社会主义的生机活力和优越性能够发挥出来,就它引起社会变革的广度和深度来说是一场新的革命,其实质和目标,是实现社会主义现代化。总起来说,一个中心、两个基本点,都是为了实现社会主义现代化。1992年春,邓小平在视察南方谈话中讲的最多和最重要的就是坚持党的基本路线一百年不动摇。它既是中国特色社会主义道路的核心内容,也是中国特色社会主义理论体系的核心内容。基本路线这个核心内容的确立,要求各项工作都要服从和服务于这个核心内容。以胡锦涛为总书记的党中央,在新世纪新阶段,针对我国发展中出现的新情况和新问题,在继承党的三代领导集体关于发展的重要思想和借鉴国外发展积极成果的基础上,提出了以人为本的科学发展观。"本"就是事物的本源和根基。"以人为本"就是把人的发展作为根本。这是科学发展观的核心和灵魂,也是发展的实质。它反映了我国社会主义现代化建设根本指导思想的重大转变。这就是说,发展不只是经济社会的发展,更重要的是人的发展,发展为了人民,发展依靠人民,发展成果由人民共享。"以人为本"这个核心思想,不仅在发展问题上要贯彻,在各项工作中都要贯彻。总括起来说,在中国特色社会主义理论体系中,"一个中心、两个基本点"的基本路线是核心内容,各项工作都要服从和服务于它;"以人为本"是核心思想,各项工作都要贯彻它,因此它又是核心的核心。

第四个层次:基本理论和重要观点。在上述三个层次之上,形成了中国特色社会主义一整套崭新的基本理论。基本理论之间相互联系、相互贯通,构成一个统一的科学体系。在基本理论中,有的具有全局性的指导意义,有的指导意义仅限于某一领域。在每个基本理论中还包括一些新思想、新观点和新论断,如改革也是解放生产力,改革是中国的第二次革命,发展是硬道理,稳定压倒一切,科学技术是第一生产力,教育是一个民族最根本的事业,创新是一个民族进步的灵魂,教育必须以提高民族素质为根本宗旨,坚持依法治国与以德治国相结合,人民民主是社会主义的生命,社会和谐是中国特色社会主义的本质属性,社会主义核心价值体系,等等。一系列相互联系的观点构成某一个基本理论。笔者认为,只有观点,论断,没有基本理论,不可能构建理论的科学体系。那种以基本观点构建理论体系的主张是不可取的。中国特色社会主义理论体系中有一系列基本理论,其中有的是对科学社会主义的继承和发展,有的是在实践基础上的创新和突破。

(一)社会主义本质理论。社会主义本质,是解放生产力,发展生产力,消灭剥削,消除两极分化,最终达到共同富裕。这一科学论断,从生产力、生产关系、最终目的三个层面阐述了社会主义本质,加深了人们对什么是社会主义的认识,对社会主义建设具有全局性的指导意义。

(二)社会主义初级阶段理论。十一届三中全会以后,党中央通过总结历史经验,提出了我国这样经济文化比较落后的国家进入社会主义以后必须经历一个很长的初级阶段的新的科学论断,其时间至少一百年。初级阶段的主要特征是各方面不发达,主要任务是发展商品经济和实现现代化。这是对我国现阶段基本国情和社会主义发展阶段最准确的估计。这就把我们党的路线、方针、政策置于现实的科学的基础之上,从而避免了右的和重蹈过去超越阶段"左"的错误。这个理论,同样具有全局性的指导意义。

(三)社会主义改革开放理论。十一届三中全会以后，顺应世界的改革潮流，中国进行了一场史无前例的改革。中国的改革是在坚持社会主义基本制度的前提下具体制度的改革，是社会主义制度的自我完善。就我国改革引起社会变革的广度和深度来说，可以说是开始了一场新的革命。与改革相互联系和并行的是对外开放。经验证明，任何一个国家关起门来搞建设都不能成功，中国的发展离不开世界。社会主义对外开放的实质，是吸收人类文明的一切成果，拿来为我所用，坚持和发展社会主义。改革是解放和发展生产力的必由之路，对外开放是实现社会主义现代化的必要条件。改革开放是决定中国命运的一招，是决定当代中国命运的关键抉择。

（四）社会主义市场经济理论。中国共产党通过长期探索，打破了把市场经济视为资本主义的专制品和社会主义的异己物的偏见。邓小平的一个重大贡献，就是认识到并提出计划和市场不具有社会制度的属性，二者都是中性的，都是发展经济的手段，资本主义有计划，社会主义也有市场，社会主义和市场经济不存在根本矛盾。江泽民进一步提出建立社会主义市场经济体制。搞社会主义市场经济，这在人类历史上是首次和创举，它在理论上丰富和发展了社会主义经济理论，在实践上极大地推动了社会主义经济的发展。

（五）社会主义民主政治建设理论。民主是社会主义题中应有之义。没有民主就没有社会主义，就没有社会主义现代化。人民民主是社会主义的生命。发展社会主义民主，最重要的是使民主制度化、法律化，坚持依法治国，建设社会主义法治国家。坚持党的领导、人民当家作主、依法治国的统一，走中国特色社会主义政治发展道路。建设社会主义民主政治，必须不断推进政治体制改革。在政治体制改革进程中，对资产阶级民主的某些有益经验，如权力制衡和有效监督机制，我们可以借鉴，但是对资产阶级的政治模式，如多党制、议会制、总统制等，决不能学。

（六）社会主义文化建设理论。当今时代，文化越来越成为民族凝聚力和创造力的重要源泉，成为综合国力竞争的重要因素。要大力推进社会主义核心价值体系建设，把依法治国与以德治国结合起来，坚持社会主义先进文化的前进方向，推动社会主义文化的大发展大繁荣，提高国家文化软实力。中国特色社会主义不但要建设物质文明、政治文明、精神文明，还要建设生态文明，要坚持走文明发展道路。

（七）社会主义和谐社会理论。社会和谐是中国特色社会主义的本质属性。要按照民主法治、公平正义、诚信友爱、充满活力、安定有序、人与自然和谐相处的总要求，努力形成全体人民各尽所能、各得其所而又和谐相处的局面。社会建设是中国特色社会主义的一个重要方面，也是一个崭新课题。

（八）社会主义对外关系理论。和平与发展仍然是时代的主题。中国将始终不渝地走和平发展道路，既争取和平的国际环境来发展自己，又通过自己的发展来促进世界的和平与发展。中国坚持在和平共处五项原则的基础上同所有国家发展友好合作：继续同发达国家加强战略对话，增进互信，妥善处理分歧；继续加强同发展中国家的团结合作，深化传统友谊，提供力所能及的援助；继续贯彻与邻为善、为伴的周边外交方针，搞好周边环境。中国反对一切形式的恐怖主义，也反对各种形式的霸权主义和强权政治。

（九）国防和军队建设理论。加强以现代化为中心的国防建设，坚持把我军建设成为革命化现代化正规化的人民军队。始终坚持党对军队绝对领导的根本原则，按照政治合格、军事过硬、作风优良、纪律严明、保障有力的总要求，在全面建设小康社会进程中实现富国和强军的统一。努力实现机械化和信息化建设的双重历史任务，加快中国特色的新军事变革。

（十）"一国两制"和祖国和平统一的理论。"一国"就是只有一个中国，这是基础和前提；"两制"就是在大陆主体部分继续坚持实行社会主义，在香港、澳门、台湾继续实行资本主义。这一科学构想，已在香港、澳门顺利实现。必须保持香港、澳门的长期繁荣稳定。我们必须坚持一个中国原则，同台湾当局达成和平协议，结束两岸敌对状态，为实现台湾与祖国大陆的统一而努力。

(十一)社会主义的领导力量和依靠力量理论。中国共产党是中国社会主义事业的领导核心。中国的社会主义事业必须由共产党领导，这是中国特色社会主义的一个很重要的特点。中国既不搞西方的多党制，也不搞传统的一党制，而是坚持共产党领导的多党合作和政治协商制度。坚持党的领导必须改善党的领导，不断改善党的领导制度、领导作风和领导方法。随着中国特色社会主义事业的发展，它的依靠力量越来越广泛：依靠工人、农民、知识分子，依靠改革开放以后形成的新的社会阶层，充分发挥他们的历史主动精神；依靠各族人民的团结，汉族和少数民族同呼吸，共命运，心连心，谁也离不开谁；依靠社会主义劳动者，拥护社会主义的爱国者和拥护祖国统一的爱国者的最广泛的统一战线，团结一切可以团结的力量。

(十二)马克思主义执政党建设理论。社会主义的兴旺或衰败，根源主要在共产党。我们党面临着长期执政、市场经济、改革开放的严峻考验。中国问题的关键是把共产党建设好。坚持把执政能力建设和先进性建设作为主线，以改革创新精神全面推进党的建设新的伟大工程，做到科学执政、民主执政、依法执政。

上述十二条，就是中国特色社会主义的基本理论，它系统地科学地回答了在中国这个经济文化比较落后的国家建立社会主义制度以后，怎样建设、巩固、发展社会主义一系列重大问题。

总括上述，中国特色社会主义理论体系包括四个不同层次的内容：一是有一个鲜明的主题和主线；二是有一个深厚的理论基础和哲学基础；三是有一个核心内容和核心思想；四是围绕主题和主线有一系列崭新的中国特色社会主义基本理论。这四个不同层次内容的总和就构成了中国特色社会主义理论体系。

中国特色社会主义理论体系的历史地位

中国特色社会主义理论体系在马克思主义和社会主义发展史上具有极其重要的历史地位。

首先，它是马克思主义中国化的最新理论成果。毛泽东在民主革命时期，在反对党内教条主义的斗争中，创造性地提出了把马克思主义普遍真理同中国革命的具体实践相结合的原则，实现马克思主义的中国化。中国共产党在80多年的奋斗历程中，坚持把马克思主义的基本原理同中国的具体实践相结合，在两次革命中，实现了两次历史性飞跃，产生了两大理论成果。以毛泽东为主要代表的中国共产党人，在新民主主义革命中，实现了第一次历史性飞跃，形成了毛泽东思想，毛泽东关于新民主主义的理论。以邓小平、江泽民、胡锦涛为主要代表的中国共产党人，在十一届三中全会以后改革开放的革命中，实现了第二次飞跃，先后形成了邓小平理论、“三个代表”重要思想和科学发展观，即中国特色社会主义理论体系。这是马克思主义中国化的最新理论成果。这个理论成果在马克思主义发展史上具有重要的地位。恩格斯说：“我们的理论是发展着的理论，而不是必须背得烂熟并机械地加以重复的教条。”一个半多世纪以来，随着无产阶级革命和社会主义运动的发展，马克思主义在世界五大洲得到广泛的传播与发展。但是，在马克思主义发展历程中始终有一条主线，它和世界革命中心、社会主义运动中心紧密地联系在一起，不断从西往东移。这里说的“中心”，不是运动指导中心，而是运动最活跃的地方。18世纪末，中心在法国；19世纪中叶，中心转到了德国；20世纪初，中心又移到了俄国；随后，中心又移到中国。随着世界革命、社会主义运动中心从西往东移，在这条主线上形成的列宁主义、毛泽东思想、中国特色社会主义理论体系是马克思主义发展中的最重要成果，对马克思主义的发展作出了最卓越的贡献。

其次，它是社会主义建设理论的一个重大突破。列宁在十月革命以后多次指出："我们的革命是开始容易，继续比较困难，而西欧的革命是开始困难，继续比较容易。"这里所说的"开始"指的是夺取政权，"继续"指的是建设社会主义。后来历史的发展充分证明了列宁这个预见的正确性。20世纪，社会主义出现了两大历史难题。一个是发达资本主义国家无产阶级夺取政权的问题。在这个世纪，无论是通过暴力革命，还是试图和平过渡，没有一个国家获得成功。另一个是经济文化落后的国家建设社会主义的问题。在这个世纪，这类国家先后发生了俄国革命、中国革命以及其他一些国家的无产阶级革命并取得胜利。它说明了在这类国家中无产阶级夺取政权的问题获得了解决。但是，这只是文章的上篇。下篇是，这些国家在建立社会主义制度以后，怎样建设、巩固和发展社会主义，经过几十年的探索，虽然积累了一些宝贵经验，但是从总体上始终未能很好解决，致使许多社会主义国家长期处于困难和困惑的境地。中国特色社会主义理论体系的重大意义就在于，它首次比较系统地回答了像中国这样经济文化比较落后的国家在建立社会主义制度以后，怎样建设、巩固和发展社会主义的一系列重大问题，从而在这个难题上取得了历史性的突破。这个理论体系，在中国指导实践，获得了成功；对其他发展中的社会主义国家，也具有重要借鉴意义。这是我们党对世界社会主义运动的一大贡献。

再次，它是21世纪中华民族实现伟大复兴的指针。中华民族是一个伟大的民族，在人类历史上大部分时间里处于领先地位，只是从近代以后落后了。在中国特色社会主义理论体系的指引下，20世纪最后20年中国社会主义事业大发展，21世纪必将在中国特色社会主义道路上实现中华民族的伟大复兴。邓小平曾说过，按照"三步走"的发展战略，解决温饱只是"小变化"；实现小康是"中变化"；基本上实现社会主义现代化才是"大变化"。他在1987年时指出，到下个世纪中叶，中国基本上实现了社会主义现代化，"这不但给世界总人口四分之三的第三世界走出了一条路，更重要的是向人类表明，社会主义是必由之路，社会主义优于资本主义"。中国特色社会主义的大发展，必将促进世界社会主义的复兴。社会主义必将重振雄风，再造辉煌。

（作者：中国科学社会主义学会会长、中共中央党校教授、博士生导师）

深刻领会党的十七大文件的新思想和新精神

张蔚萍

学习贯彻党的十七大的基本精神，必须深刻领会十七大文件提出的新思想和新精神，因为它是十七大文件的精髓和闪光点，充分体现了十七大的基本精神。学习和掌握这些新思想、新精神，对于继续推进理论创新和各项工作创新，有着十分重要的现实意义。这里说的"新"，有两层意思：一是指把十六大以后创新的战略思想和重要规定写入十七大文件之中，这是相对于十六大及其以前而言的；二是指在起草和修改十七大文件过程中，总结历史经验所提出的新思想、新论述和新举措。从十七大文件的内容看，新思想、新论述和新举措很多，其中最重要最突出的有十个方面。

一、对高举中国特色社会主义伟大旗帜的基本内容作出了精辟的新论述，强调高举这面伟大旗帜包含着坚持中国特色社会主义道路和理论体系两个方面的内容

改革开放以来，我们党共召开了六次党的全国代表大会，即十二大、十三大、十四大、十五大、十六大、十七大。十二大主题的核心是：全面开创社会主义现代化建设新局面；十三大主题的核心是：沿着有中国特色社会主义道路前进；十四大主题的核心是：加快改革开放和现代化建设步伐，夺取有中国特色社会主义事业的胜利；十五大主题的核心是：高举邓小平理论伟大旗帜，把建设有中国特色社会主义事业全面推向二十一世纪；十六大主题的核心是：全面建设小康社会，开创中国特色社会主义事业新局面；十七大主题的核心是：高举中国特色社会主义伟大旗帜，为夺取全面建设小康社会新胜利而奋斗。回顾这六次党的全国代表大会，自从十三大提出要沿着中国特色社会主义道路前进，十四大、十五大和十六大都是强调要坚持推进和开创建设有中国特色社会主义事业，唯有十七大鲜明地提出了"高举中国特色社会主义伟大旗帜"，并且对这面伟大旗帜的基本内容作出了新的理论概括，强调高举这面伟大旗帜包含着坚持中国特色社会主义道路和中国特色社会主义理论体系两个方面的内容，同时还对这条道路和理论体系的科学内涵和基本内容作出了全面系统概括，对中国特色社会主义理论体系与邓小平理论和"三个代表"重要思想的关系作出了明确回答。十七大报告的这些论述不仅很新颖，而且很深刻，反映出新一代领导集体在继承前辈伟大事业的基础上又进一步创新。

高举中国特色社会主义伟大旗帜，首先是坚定不移地走中国特色社会主义道路。那么，什么是中国特色社会主义道路？十七大报告总结了改革开放以来历次代表大会的经验，针对现实人们关心的问题，明确指出："中国特色社会主义道路，就是在中国共产党领导下，立足基本国情，以经济建设为中心，坚持四项基本原则，坚持改革开放，解放和发展社会生产力，巩固和完善社会主义制度，建设社会主义市场经济、社会主义民主政治、社会主义先进文化、社会主义和谐社会，建设富强民主文明和谐的社会主义现代化国家。"这是第一次对中国特色社会主义道路所作的系统而完整的理论概括。这条道路，既坚持了科学社会主义原理，又具有鲜明的中国特色，是一条完全正确的光明大道。这不仅给全党全国人民指明了前进的大方向，而且澄清了形形色色的错误主张。坚持这条道

路，就是真正坚持社会主义。

高举中国特色社会主义伟大旗帜，还必须坚定不移地坚持中国特色社会主义理论体系。那么，什么是中国特色社会主义理论体系？这既是我们党不断研究和探索的问题，也是理论界探讨和争论的问题。十七大根据马克思列宁主义的论述特别是我党三代领导人的论述，吸取了各方面的理论研究成果，在总结经验教训的基础上进行理论创新，明确指出："中国特色社会主义理论体系，就是包括邓小平理论、'三个代表'重要思想以及科学发展观等重大战略思想在内的科学理论体系。"这就告诉我们，这个科学理论体系由三大部分组成：一是邓小平理论，其核心是坚持走中国特色社会主义道路；二是"三个代表"重要思想，其核心是围绕最广大人民利益而发展先进生产力和先进文化；三是科学发展观等重要战略思想，其核心是贯彻落实科学发展观和构建和谐社会等。中国特色社会主义理论体系是与时俱进的开放的科学体系，它将随着现代化事业的继续前进而不断丰富和发展。中国特色社会主义理论体系是马克思主义中国化的最新成果，是党最为宝贵的政治和精神财富，是全国各族人民团结奋斗的共同思想基础。因此，必须坚定不移地坚持这一科学理论体系，抵制形形色色错误理论对这一科学理论体系的干扰。

二、对科学发展观的历史地位、科学依据和基本内容作出了完整的新表述，强调深入贯彻落实科学发展观的首要问题是始终坚持党的基本路线

科学发展观思想，是胡锦涛同志在十六届三中全会上首次提出来的，受到十六届中央政治局常委的高度重视，并在中央党校举办了树立和落实科学发展观的省部级领导干部专题研讨班。之后，胡锦涛、吴邦国、温家宝等中央领导同志在许多会议上作了论述，初步形成了关于科学发展观的理论体系。但是，怎样认识它的历史地位，是不是形成了科学理论，要不要写入十七大党章，提不提是指导方针等问题，全党都很关注，理论界也有争论。争论的焦点是如何评价其历史地位和如何认识其科学含义问题，核心问题是是否已经形成较为完整的科学理论。党的十七大没有回避这些问题，而是旗帜鲜明地对科学发展观的历史地位、科学依据和基本内容等作出了完整的新表述。

（一）全面准确地评价了科学发展观的历史地位

十七大报告指出："科学发展观，是对党的三代中央领导集体关于发展的重要思想的继承和发展，是马克思主义关于发展的世界观和方法论的集中体现，是同马克思列宁主义、毛泽东思想、邓小平理论和'三个代表'重要思想既一脉相承又与时俱进的科学理论，是我国经济社会发展的重要指导方针，是发展中国特色社会主义必须坚持和贯彻的重大战略思想。"这段论述，从科学发展观在发展理论长河中、在世界观方法论中、在与"老祖宗"的关系中、在我国经济社会发展作用中、在与中国特色社会主义的联系中等五个方面，完整准确地论述了它所处的重要地位。这在党的重大会议和重要文献中还是第一次。

（二）简明深刻地论述了科学发展观提出的科学依据

科学发展观提出的科学依据，十七大前曾经简要论述过。十七大报告从基本国情、发展实践、借鉴经验和新形势要求等方面多角度论述了提出科学发展观的依据，明确指出："科学发展观，是立足社会主义初级阶段基本国情，总结我国发展实践，借鉴国外发展经验，适应新的发展要求提出来的。"十七大报告强调，认清社会主义初级阶段的基本国情特别重要。当然，认清这个国情，"不是要妄自菲薄、自甘落后，也不是要脱离实际、急于求成，而是要坚持把它作为推进改革、谋划发展的根本依据"。掌握这个科学依据，我们就能更加自觉地走科学发展之路。

（三）完整系统地表述了科学发展观的基本

内容

关于科学发展观的基本内容，我们党一开始概括了两句话，这就是“以人为本，全面协调可持续发展”。经过不断总结和深入研究，十七大报告进一步从第一要义、核心问题、基本要求、根本方法四个方面对科学发展观的基本内容作出完整系统的概括。明确指出：“科学发展观，第一要义是发展，核心是以人为本，基本要求是全面协调可持续，根本方法是统筹兼顾。”值得注意的是，十七大报告在展开论述基本内容时有以下三点颇有新意：一是在论述发展是第一要义时，强调要“实现又好又快发展，为发展中国特色社会主义打下坚实基础”。这就点明了“又好又快”发展是科学发展观的精神实质。二是在论述以人为本时，强调要把最广大人民的根本利益作为一切工作的出发点和落脚点，“做到发展为了人民、发展依靠人民、发展成果由人民共享”。这是历史唯物主义在新条件下的创造性应用。三是在论述发展的基本要求时，强调要“全面推进经济建设、政治建设、文化建设、社会建设”。从十一届三中全会以后提出以经济建设为中心，到十二大提出物质文明建设和精神文明建设两手抓，再到十六大提出政治文明建设和十七大提出经济、政治、文化、社会四大建设，这表明我们党对中国特色社会主义的认识在不断深化。

三、对改革开放和十六大以来我党治国理政的宝贵经验作出了新概括，强调解放思想、改革开放是发展中国特色社会主义的一大法宝和强大动力

善于总结历史经验是中国共产党的优良传统。十五大时党中央就从建设有中国特色社会主义的经济、政治、文化三个方面进行总结，构成了社会主义初级阶段的基本纲领，认为这个纲领“是党的基本路线在经济、政治、文化等方面的展开，是这些年来最主要经验的总结”。十六大召开时，党中央又进一步总结建设中国特色社会主义的基本经验，共概括了十条：一是坚持以邓小平理论为指导，不断推进理论创新；二是坚持以经济建设为中心，用发展的办法解决前进中的问题；三是坚持改革开放，不断完善社会主义市场经济体制；四是坚持四项基本原则，发展社会主义；五是坚持物质文明和精神文明两手抓，实行依法治国和以德治国相结合；六是坚持稳定压倒一切的方针，正确处理改革发展稳定的关系；七是坚持党对军队的绝对领导，走中国特色的精兵之道；八是坚持团结一切可以团结的力量，不断增强中华民族的凝聚力；九是坚持独立自主的和平外交政策，维护世界和平与促进共同发展；十是坚持和改善党的领导，全面推进党的建设新的伟大工程。其后五年又创造了许多治国理政的新经验，十七大对这些经验作了新的总结和概括，提出了“十个结合”：一是把坚持马克思主义同推进马克思主义中国化结合起来，提出了科学发展观、构建和谐社会、加强党的先进性建设等一系列“最新成果”；二是把坚持四项基本原则同坚持改革开放结合起来，牢牢掌握着改革发展的社会主义方向；三是把尊重人民首创精神同加强改善党的领导结合起来，充分调动党员、干部和群众的创造性；四是把坚持社会主义基本制度同发展市场经济结合起来，使市场经济为巩固社会主义制度和发展生产力服务；五是把推进经济基础变革同推动上层建筑改革结合起来，使社会主义的经济制度、政治制度、文化制度不断完善和发展；六是把发展社会生产力同提高全民族文明素质结合起来，保证我党始终代表先进生产力；七是把提高效率同促进社会公平结合起来，更加注重社会公平的解决；八是把独立自主同参与经济全球化结合起来，利用经济全球化的有利因素发展我国经济；九是把促进改革发展同稳定结合起来，保证我国在长期稳定环境下进行改革和发展；十是把推动中国特色社会主义伟大事业同推进党的建设新的伟大工程结合起来，为发展中国特色社会主义提供政治和组织保证。十七大报告指出，这十个结合是“我们这样一个十几亿人口的发展中大国摆脱贫困、加快实现

现代化、巩固和发展社会主义的宝贵经验”。很明显，这十条宝贵经验是新的总结和新的概括。“新”，主要指内容新和角度新。所谓内容新，就是它在继承十六大经验的基础上总结和概括了五年来的新经验；所谓角度新，就是它从两个相关事物结合的角度进行总结和概括，为今后治国理政提供了新的思维方法。

应该特别注意到，十七大报告多次用了发展中国特色社会主义这个概念。这同过去一直用“建设有中国特色社会主义”这个概念有很大变化。因为“发展中国特色社会主义”是一个有新意的概念，它强调中国特色社会主义要随着时代前进不断向前发展，要不断解放思想和改革开放。当然，发展离不开建设，建设应推动发展。这就告诉我们，不仅要在建设上下功夫，而且要在发展上下功夫。为此，十七大报告明确指出：“解放思想是发展中国特色社会主义的一大法宝，改革开放是发展中国特色社会主义的强大动力。”这是一个闪光的新思想，对坚持和发展社会主义事业有重要指导意义。

四、提出了实现全面建设小康社会的新要求，强调今后五年要为全面建成更高水平的小康社会打下更加牢固的基础

这里所说的“实现全面建设小康社会奋斗目标的新要求”，是相对十六大提出的奋斗目标而言的。就是说，这个新要求是在十六大确立的全面建设小康社会目标的基础上对我国发展提出的新的更高要求。新要求的“新”，突出表现在两个方面：一是指导纲领新。所谓指导纲领新，是指“坚持中国特色社会主义经济建设、政治建设、文化建设、社会建设的基本目标和基本政策构成的基本纲领”。关于基本纲领的布局，十五大是从经济、政治、文化三个方面讲的，十六大进一步对政治文明建设作了阐述，十七大从“四大建设”的角度进行论述，主要是增加了以构建和谐社会为主要内容的社会文明建设，这是一个丰富发展新内容的基本纲领，因而在其指导下制定的奋斗目标必然会提出新的要求。二是目标要求和措施新。主要强调了五个方面的要求和措施：一是强调了“增强发展协调性，努力实现经济又好又快发展”；二是强调了“扩大社会主义民主，更好保障人民权益和社会公平正义”；三是强调了“加强文化建设，明显提高全民族文明素质”；四是强调了“加快发展社会事业，全面改善人民生活”；五是强调了“建设生态文明，基本形成节约能源资源和保护生态环境的产业结构、增长方式、消费模式”。这五个方面，既是实现奋斗目标应遵循的重要原则，也是实现新要求的重大措施。特别是第五项提出建设生态文明，是一个具有鲜明时代特色的新措施，党中央要求必须把生态观念在全社会牢固树立起来。实现全面建设小康社会奋斗目标的新要求是一项很艰巨的任务。因此，必须“坚定信心，埋头苦干，为全面建成惠及十几亿人口的更高水平的小康社会打下更加牢固的基础”。

五、提出了国民经济又好又快发展的新思路，强调要切实贯彻落实又好又快发展的八条新举措

十七大把“促进国民经济又好又快发展”作为醒目的大标题写在报告上和载入党章里，表明我们党对这一发展新思路的高度重视。从执政后发展国民经济的实践看，我们党对又好又快发展有一个很长的认识过程。建国初期，我们党急于改变中国贫穷落后面貌，主要是强调国民经济发展速度，因而追求快速发展就成为人们普遍关心的问题。在开始全面建设社会主义时期，我们党认识到仅仅讲快速发展是不够的，于是就提出了“多快好省”的发展方针，但仍然把重点放在多和快上，出现了“大跃进”的失误。改革开放初期，鉴于“文革”中忽视经济发展的错误，当时主要还是强调发展速度。进入新世纪以后，特别是十六大以后，我们党提出科学发展观时，一开始还是认为科学发展观的实质是又快又好发展，其意图是要引导人们重视

在快中求好。然而，由于长期重视发展速度这种习惯势力，人们仍然把重点放在追求速度上。于是党中央对快与好的关系作了调整，强调要把好放在第一位，提出了又好又快发展的新思路。党中央之所以确立这样的新思路，一是因为在科技迅猛发展和知识经济时代，综合国力的竞争以及产业门类之间的竞争，逐渐要由速度型向质量和效益型转变。当然质量和效益包含着合理的发展速度，所以把好放在第一位符合现代化事业发展的大趋势。二是因为我国粗放的经济增长方式已经积累了不少矛盾和问题，亟待解决。比如资源能源利用率低、环境污染严重、经济增长代价过大，城乡差距、地区差距、居民收入差距持续扩大，教育、卫生、文化等社会事业发展滞后等。这些都要求我们把追求发展质量、发展效益和协调发展放在第一位，也就是把好放在第一位。三是我国正面临重要战略机遇期和正处于经济快速增长阶段，只有把好放在第一位，坚持好中求快，才能真正落实结构调整，激发人们自主创新能力，从而实现综合国力的整体跃升，保证全面建设小康社会宏伟目标的实现。从我国的现实情况看，现在已经具备了支撑国民经济又好又快发展的诸多条件，包括思想认识、物质基础、科学技术、人才资源、体制机制等，特别是经济自主增长的内在机制正在逐步形成，使我们实现又好又快发展不仅有必要，而且有可能。

十七大报告不仅提出又好又快发展的新思路，而且提出了落实这一新思路的八条新举措：一是提高自主创新能力，建设创新型国家；二是加快转变经济发展方式，推动产业结构优化升级；三是统筹城乡发展，推动社会主义新农村建设；四是加强能源资源节约和生态环境保护，增强可持续发展能力；五是推动区域协调发展，优化国土开发格局；六是完善基本经济制度，健全现代市场体系；七是深化财税、金融等体制改革，完善宏观调控体系；八是拓展对外开放广度和深度，提高开放型经济水平。从以上情况可以看出，促进国民经济发展不仅思路新，而且措施得力，它必将进一步增强我国经济实力，彰显社会主义市场经济的强大生机活力。

六、提出了发展社会主义民主政治的一系列新观点，强调“人民民主是社会主义的生命”，并论述了建设民主政治的新内容、新途径和新机制

发展社会主义民主政治是我们党始终不渝的奋斗目标，也是区别于西方民主的主要标志。我们党讲的民主，从国体上讲是人民民主和人民当家作主，从政体上讲是实行民主集中制和人民选举制。十七大围绕发展社会主义民主政治提出了一系列新观点，概括起来有五点：一是提出了“人民民主是社会主义的生命”的新命题，表明我党在政治体制改革中高度重视人民民主。若没有人民民主，社会主义政权就无法巩固，社会主义经济就无法发展，社会主义道路就无法走下去。所以，人民民主关系到社会主义的生死存亡，要像爱护生命一样爱护人民民主。二是提出了“人民当家作主是社会主义民主政治的本质和核心”的新论断。这是十七大总结我们党执政的经验教训而得出的科学结论。人民当家作主必须首先高度重视工农大众的民主权利，因为工农大众是人民的主体；人民当家作主，还必须关注非工农其他社会成员的民主权利，促使全体人民在党的领导下行使民主权利。三是提出了实施社会主义民主政治的基本内容，即“四民主”和“四权”。所谓“四民主”，就是“依法实行民主选举、民主决策、民主管理、民主监督”；所谓“四权”，就是“保障人民的知情权、参与权、表达权、监督权”。四是提出了“人民依法直接行使民主权利，管理基层公共事务和公益事业，实行自我管理、自我服务、自我教育、自我监督，对干部实行民主监督是人民当家作主最有效、最广泛的途径”，强调必须把它“作为发展社会主义民主政治的基础性工程重点推进”。五是提出了“用制度管权、管事、管人，建立健全决策权、执行权、监督权既相互制约又相互协调的权力结构和运行机制”，强调

"完善各类公开办事制度，提高政府工作透明度和公信力"。以上这些新观点，必将推进民主政治建设新发展。

七、发出了"推动社会主义文化大发展大繁荣"的新号召，强调要建设以社会主义核心价值体系为主体的先进文化

重视文化建设是我们党的光荣传统。进入新世纪以后，党中央把代表先进文化前进方向纳入"三个代表"重要思想之中，以推动我国的文化建设事业。鉴于文化建设在我国现代化事业中的地位作用越来越重要，十七大在继承优良传统的基础上发出了"推动社会主义文化大发展大繁荣"的新号召。这是一个适应时代需要鼓舞人们积极奋进的新号召。这个新号召突出强调了两点：一是强调要坚持社会主义性质和方向。之所以要这样表述，是因为有人指责"三个代表"中的代表先进文化，没有明确文化的社会主义性质。其实我党所说的先进文化，本身就包含着社会主义性质。二是强调要推动文化的大发展大繁荣，其目的是要"兴起社会主义文化建设新高潮，激发全民族文化创造活力，提高国家文化软实力，使人民基本文化权益得到更好保障，使社会主义文化生活更加丰富多彩，使人民精神风貌更加昂扬向上"。正是因为这个号召突出了上述两点，所以具有新意。

为了有效地推动社会主义文化大发展大繁荣，十七大提出了四项新举措：一是建设社会主义核心价值体系，增强社会主义意识形态的吸引力和凝聚力；二是建设和谐文化，培育文明风尚；三是弘扬中华文化，建设中华民族共有精神家园；四是推进文化创新，增强文化发展活力。在这四项新举措中，最重要的是建设社会主义核心价值体系。十七大强调："社会主义核心价值体系是社会主义意识形态的本质体现。"为此，在建设中就要抓住这个核心价值体系的四个基本要点：一是巩固马克思主义指导地位，坚持不懈地用马克思主义中国化的最新成果武装全党、教育人民；二是用中国特色社会主义共同理想凝聚力量，坚定党员和群众的理想信念；三是用以爱国主义为核心的民族精神和以改革创新为核心的时代精神鼓舞斗志，激励人民自觉为现代化建设贡献力量；四是用社会主义荣辱观引领风尚，不断提高人们的思想道德素质。实践证明，抓住了这四个要点进行教育，就能为全党和全国各族人民共同奋斗奠定坚实的思想基础。

八、提出了以改善民生为重点的社会建设新理念，强调和谐社会要靠全社会共同建设才能形成"人人有责、人人共享"的生动局面

党的十七大对中国特色社会主义事业的总体布局已经由经济、政治、文化三大建设，发展到经济、政治、文化、社会四大建设，反映出我党对社会主义现代化建设有了一个全新的理念。这个新理念，已经写入党的基本路线并载入党章。尤其要看到，在讲社会建设时，又提出"以改善民生为重点"。把民生问题同社会建设联系起来，形成一个"加快推进以改善民生为重点的社会建设"的新理念，这是我们党理论创新的又一个新成果。

有人问："民生问题是孙中山进行旧民主主义革命时提出的一个主张，是三民主义的核心内容，现在讲'民生'是不是一种倒退？"应该肯定地回答，这是求真务实精神的表现，是推动社会建设创新的表现，是社会追求美好幸福进步的表现，根本不是什么倒退。之所以这么讲，主要理由有三：一是提出民生的社会历史背景不同。孙中山先生是在半殖民地半封建时代提出民生的，并且未能实现，我党进行新民主主义革命时将它实现了；现在强调改善民生问题，是在社会主义初级阶段我党构建社会主义和谐社会的历史背景下提出来的，讲的是社会主义民生。二是解决民生问题的社会内容和目标不同。孙中山当时主要是解决农民的土地问题，目标是实现耕者有其田；我党现在改善民生主要是突

出解决发展教育、扩大就业、合理分配、社会保障、医疗卫生、社会管理和社会稳定等问题，其内容比旧三民主义丰富深刻得多，解决这些问题的主要目的就是为了构建社会主义和谐社会。三是领导和途径不同。孙中山讲民生是在三民主义的指导下由国民党领导实现，其途径不是发动民众而是靠少数人进行，带有很强的救世主和施恩观念；现在讲的改善民生，是在中国特色社会主义旗帜指引下由共产党领导实现，其途径是发动民众和全社会共同建设，从而形成“人人有责、人人共享”的生动局面。由此可见，我们党虽然用了“民生”这个词，但内涵新而深刻。可以说，这是一种崭新的社会主义性质的民生理念。只要坚持用这个理念指导社会建设，就会极大调动人民的积极性，推动社会主义和谐社会的构建。

九、提出了反对霸权主义与建设和谐世界相结合的国际战略新构想，强调在一个中国的原则下争取达成和平协议、开创两岸关系和平发展的新局面

十七大依据“霸权主义和强权政治依然存在”以及“国际力量对比朝着有利于维护世界和平方向发展”的大趋势，提出了反对霸权主义与建设和谐世界相结合的国际战略新构想。这个新构想，新就新在两个方面：一是把反对霸权主义与建设和谐世界有机结合起来。它告诉人们，要建设和谐世界就必须反对霸权主义，这是建设和谐世界的根本前提。历史告诉我们，在霸权主义还存在和横行的历史条件下，不反霸就不可能建设和谐世界。因此，我们必须加强国防建设和人民军队建设，努力开创国防和人民军队现代化建设的新局面。同时还告诉我们，建设和谐世界是反对霸权主义的有力武器，它顺应了世界人民的心愿，能动员和团结一切力量反对霸权主义。二是对建设和谐世界的基本内容作了新概括，突出强调了维护持久和平、争取共同繁荣两项基本内容。我们党讲的和谐世界，不是无原则无斗争的和谐世界，更不是一味妥协退让的软弱思想，而是为了世界人民的根本利益维护持久和平、追求共同繁荣的一种有远见有魅力的战略构想。当然，建设和谐世界只是一种政治愿望，要把这个愿望变成现实，还必须各国人民团结起来共同努力才能做到。

为了实现上述新构想，十七大旗帜鲜明地提出了五项基本政策：一是中国将始终不渝地走和平发展道路，强调“我们坚持把中国人民的利益同各国人民的共同利益结合起来，秉持公道，伸张正义”。二是中国坚持国家不分大小、强弱、贫富一律平等，尊重各国人民自主选择发展道路的权利，不干涉别国内部事务，不把自己的意志强加于人，强调“中国反对各种形式的霸权主义和强权政治，永远不称霸，永远不搞扩张”。三是中国将始终不渝地奉行互利共赢的开放战略，强调“中国决不做损人利己、以邻为壑的事情”。四是中国坚持在和平共处五项原则的基础上同所有国家发展友好合作，强调要“共同营造和平稳定、平等互信、合作共赢的地区环境”。五是继续加强同广大发展中国家的团结合作，强调“要提供力所能及的援助，维护发展中国家的正当要求和共同利益”。以上这些措施，既有继承又有创新，是继承与创新相结合走和平发展道路的新举措。

国家的和平统一对于建设和谐世界极其重要。因此，我们不仅要实行有利于建设和谐世界的外交政策，而且要坚持中国两岸实现和平统一的正确政策。十七大提出：“在一个中国原则的基础上，协商正式结束两岸敌对状态，达成和平协议，构建两岸关系和平发展框架，开创两岸关系和平发展新局面。”这是一个真诚团结台湾人民的政策，也是一个孤立“台独”势力的战略措施。我们要全面贯彻十七大关于今后一个时期对台工作的指导思想和总体要求，坚持不懈地做好各方面的工作，“台独”分裂活动最终注定会彻底失败，祖国统一一定能实现，我国对建设和谐世界一定能作出新贡献。

十、提出了以改革创新精神全面推进党的建设新的伟大工程的新论断，强调必须抓住党的建设的主线和重点环节

党的十六大就提出“全面推进党的建设新的伟大工程”，十七大进一步作出了“以改革创新精神全面推进党的建设新的伟大工程”的新论断。这个新论断，其新意体现在三个方面：第一，在加强党的建设指导原则上，强调要以改革创新精神来指导。之所以强调这个问题，主要是“世情、国情、党情的发展变化，决定了以改革创新精神加强党的建设既十分重要又十分紧迫”。这里说的改革创新精神，就是党的自我完善、自我变革和与时俱进的精神，就是适应新时代需要在实践中解决新课题的创造精神。改革创新精神包括改革创新观念和改革创新能力两个方面，只有具备了这种观念和能力，才能真正实施以改革创新精神全面推进党的建设新的伟大工程。第二，在党的建设关键环节和重点内容上，强调要抓住一条主线和五个重点：一是必须抓住一条主线，也就是十七大报告所提出的“必须把党的执政能力建设和先进性建设作为主线”。因为这是发挥党的领导核心作用和保持党的先进性的根本问题，也是用马克思主义中国化最新成果武装全党的根本问题。二是必须抓住五个重点建设，也就是十七大报告所提出的“以坚定理想信念为重点加强思想建设，以造就高素质党员、干部队伍为重点加强组织建设，以保持党同人民群众的血肉联系为重点加强作风建设，以健全民主集中制为重点加强制度建设，以完善惩治和预防腐败体系为重点加强反腐倡廉建设”。这五个重点建设，构成了党的自身建设的科学体系，是党的建设新的伟大工程的主要内容。第三，在如何推进党的建设新的伟大工程上，提出了六条战略性措施：一是深入学习贯彻中国特色社会主义理论体系，着力用马克思主义中国化最新成果武装全党；二是继续加强党的执政能力建设，着力建设高素质领导班子；三是积极推进党内民主建设，着力增强党的团结统一；四是不断深化干部人事制度改革，着力造就高素质干部队伍和人才队伍；五是全面巩固发展先进性教育活动成果，着力加强基层党的建设；六是切实改进党的作风，着力加强反腐倡廉建设。由以上论述可以看出，十七大文件已经把新世纪新阶段党的建设经验系统化、理论化了，形成了一套比较完整的科学理论体系，这是我们以改革创新精神推进党的建设新的伟大工程的理论武器和行动纲领。学习掌握这个理论武器，必将进一步加强党的先进性建设和执政能力建设，使我们党在前进中更加具有生机和活力。

（作者：全国思想政治工作科学专业委员会主任、中共中央党校教授、博士生导师）

第四部分

政工学会专辑

中国科学社会主义学会 2007 年年会综述

万 军

2007 年 11 月 8 日至 12 日，中国科学社会主义学会 2007 年年会——“学习贯彻十七大精神暨中国特色社会主义理论研讨会”在美丽的西子湖畔召开。这次会议的主题是，深入学习党的十七大的精神，推动中国特色社会主义理论研究。来自全国各地的 100 多位专家学者汇聚杭州，和杭州市委市政府的有关领导一起畅谈刚刚闭幕的党的十七大的理论创新和历史意义，以及如何在具体工作中贯彻落实党的十七大精神。杭州市委市政府对于这次会议的举办给予了高度重视和大力支持。在开幕式上，市政协主席孙忠焕出席，市委副书记、市委党校校长王金财致辞。中国科学社会主义学会会长赵曜讲话。

中央党校副校长李君如在开幕式上作了学习十七大精神的专题报告。在两个半小时的报告中，李君如旁征博引、深入浅出地从马克思主义在中国的发展、深刻理解和深入贯彻落实科学发展观、深刻把握全面建设小康社会的新要求、以改革创新精神全面推进党的建设新的伟大工程等方面对中国特色社会主义理论作了深刻、系统的阐述。在谈到十七大的理论创新时，李君如指出：“党的十七大是在我国改革发展关键阶段召开的一次盛会，会议鲜明地回答了当代中国举什么旗、走什么路、以什么样的精神状态、朝着什么样的发展目标继续前进的根本问题，为党和国家的各项工作指明了前进方向。”十七大报告深刻地总结了十六大以来 5 年的辉煌成就和改革开放近 30 年以来的历史经验，其中的最大亮点和理论创新就是提出了要高举中国特色社会主义伟大旗帜。李君如指出，中国共产党人理论创新的主线是马克思主义中国化，当代中国共产党人理论创新的主题是建设中国特色社会主义，而中国特色社会主义就是当代中国的马克思主义。中国特色社会主义，既坚持科学社会主义的基本原理，又赋予其鲜明的中国特色，是指引我们各方面工作的根本指导思想。我们在全面建设小康社会、加快推进社会主义现代化的历史进程中，要毫不动摇地坚持高举中国特色社会主义这面旗帜，推动我们的社会主义事业不断向纵深发展。

王金财同志在致辞中简要介绍了杭州改革发展取得的成绩，对全国各地的专家学者能够来杭州宣传研究党的创新理论表示衷心的感谢和热诚的欢迎。他同时强调，理论是思想的旗帜，认识是行动的先导。在全党全国深入学习贯彻十七大精神之际，能够邀请到阵容如此强大的专家学者队伍在杭州举办中国特色社会主义理论研讨会，能够如此近距离聆听科学社会主义领域的领导和专家的真知灼见，对于杭州市直机关各单位以及在杭其他单位深入学习贯彻党的十七大精神，用中国特色社会主义理论指导实践、推动工作具有重要的指导作用。杭州市委、市政府决心以这次会议为契机，继续从理论和实践两个层面推进中国特色社会主义的研究工作，力争做到成绩面前不骄傲，发展脚步不停歇。在已有的基础上，虚心学习借鉴各地改革发展的先进经验，以科学发展观为指导实现杭州下一步的跨越式发展，为把杭州打造成为人与自然和谐相处、经济社会平衡发展的新型和谐美丽都市而奋斗。

在为期两天的大会交流和分组讨论中，与会代表围绕“党的十七大的理论创新点”、“中国特色社会主义理论体系的内涵与外延”、“科学发展观提出的国内与国际背景”、“马克思主义中国化的历史进程及其理论成果”等专题进行了深入的探讨，提出了许多闪光的思想。有的代表认为，中国共产党领导中国人民选择的中国特色社会主义道路，是既符合马克思主义基本原理，又贴近中国的实际国情的惟一可行的发展道路。它也符合世界上和平、合作、发展的时代潮流。改革开放是中国特色社会主义道路创造性的集中体现。因为我们开辟的是一条前人未曾走过的新路，所以就需要不断地向前摸索，需要在理论和实践中都大胆地创新。只有这样，才能推动社会主义事业的发展。所以，中国特色的社会主义实践越深入，我们的理论探索的脚步就越要加快。

有的代表认为，科学发展观是对马克思主义、列宁主义、毛泽东思想、邓小平理论等一系列指导思想中有关发展思想的系统性总结，是一个适用范围很广的科学思想，既可以作为认识论和方法论来指导我们的社会主义建设，也可以作为世界观和人生观来构筑我们个人发展的精神家园。这是它能够受到各行各业、各阶层人民群众广泛欢迎的根本原因。现在对于科学发展观的认识都比较深刻，下一步关键是运用这一精神指导各个方面的具体工作。

来自广东、浙江、福建等发达地区的代表援引自身发展的实践说明，党的理论创新来源于实践，而理论创新的成果又极大地推动了实践的发展。中国特色的社会主义归根到底是来自于中国发展遇到的种种实际问题，正是这种实际的建设需要推动着我们不断地解放思想，推进着马克思主义中国化的实际进程；而另一方面，我们在实践上的每一点探索和进步，又为我们的理论创新提供了新的思考和新的启发。所以，中国特色社会主义的理论和实践之间就形成了这样生生不息的良性循环关系，这是我们思想解放、社会进步、生产发展的不竭动力源泉。

在讨论中，各位代表还从政治、经济、文化、社会等各个方面深入探讨了中国特色社会主义的具体成就，对如何进一步贯彻落实科学发展观、指导各方面的改革实践提出了中肯的建议。

有的代表认为，今天，广大干部群众中已经比较牢固地形成了对中国政治体制改革和民主发展渐进性的共识，这是改革开放以来我们借鉴和吸收自身以及前社会主义国家政治改革的经验教训后得出的历史结论。这对于推动我们政治民主的进程，实现改革、发展、稳定三者之间的均衡发展都有极大的裨益。中国政治民主进程的发展决不能仅仅为了民主而民主，一定要将民主的诉求、制度安排与推动我们经济发展和社会的整体进步联系起来，将民主建设放在社会进步的大系统中来综合考虑。中国的民主建设必须坚持自身的特色，必须积极稳妥地向前推进。

有的代表认为，改革开放的进程本身就是思想解放的过程，随着我们实践的推进，我们在理论上也在不断地进行创新，创新的关键就在于我们对于社会主义的认识也在不断深入。中国特色社会主义的经济发展，不要老是纠缠于姓“社”姓“资”的讨论，而要回到小平同志的南方讲话的精神上去，坚持“三个有利于”的判断标准。要真正做到以人为本，把激发广大人民群众的创业和创新的活力放在首位，尊重和保护群众的首创精神，建立起能够调动起千百万人积极性的机制和体制。营造“想干事、能干事、干成事、干好事”的良好创业环境和氛围，这是中国经济发展的内生性动力所在。

有的代表认为，建设和谐社会要有和谐文化作为精神上的依托。和谐文化是中国共产党人在继承本国优秀文化传统的基础上，消化吸收世界文化发展的进步因素而得出的成果。它的基本特点是：尊重文化的差异性、倡导民族精神的主导性、提倡文化的社会认同性、坚持文化的对外开放性。这是社会主义先进文化在当今社会的具体体现。它的提出和形成，对于我们进一步促进经济的又好又快发展、构筑全社会共同的精神家园、形成社会公认的道德规范和价值取向、巩固社会主义的理想信念等都有深远的影响，值得我们花大力气去建设。

有的代表认为，深入贯彻落实科学发展观，当前尤其要重视对环境保护和生态文明的建设。实施可持续发展是中国能否最终实现民族复兴的关键所在，目前我们发展中面临的资源、人口、环境的压力越来越大，作为一个世界性的大国，我们肩上承担的国际责任也越来越大。这些都要求我们更新发展思路，把经济发展建立在控制人口数量、提高人口质量上，建立在节约资源、保护环境、改善生态的基础上，只有这样才能实现经济效益、社会效益、生态效益的全面提高，才能保障人民群众全面享受到改革开放带来的发展成果。

与会代表一致认为，中国改革开放以来近30年的发展成绩有力地证明：只有社会主义才能救中国，只有社会主义才能发展中国。中国特色社会主义道路就是我们党几代领导集体带领全国人民艰苦奋斗、艰辛探索发现的正确发展道路，科学发展观就是指导我们从胜利走向胜利的重要发展战略思想。改革开放是发展中国特色社会主义、实现中华民族伟大复兴的必由之路，也是我们推动科学发展的强大动力。今天我们学习十七大精神，关键就要进一步树立改革意识和大局意识，深入贯彻落实科学发展观。毫不动摇地坚持和发展中国特色社会主义理论，依靠解放思想和改革开放解决我们面临的各种难题，使中国特色社会主义道路越走越宽广。

（此文载《科学社会主义》2007年第6期）

坚定不移地走中国特色社会主义道路

赵　曜

党的十七大是在我国改革发展的关键阶段召开的一次十分重要的代表大会。胡锦涛总书记在大会上所作的报告，是高举中国特色社会主义伟大旗帜，领导全党和全国人民为夺取全面建设小康社会新胜利而奋斗的政治宣言，是一篇极为重要的马克思主义纲领性文件。报告贯穿一条红线，就是高举中国特色社会主义伟大旗帜，始终不渝、坚定不移地坚持走中国特色社会主义道路。

一、中国特色社会主义道路的科学内涵

改革开放以来我们取得一切成绩和进步的根本原因，一是形成了中国特色社会主义理论体系。它是包括邓小平理论、“三个代表”重要思想以及科学发展观等重大战略思想在内的科学理论体系。它们相互衔接、相互贯通，既一脉相承又与时俱进，共同构成中国特色社会主义理论的科学体系。中国特色社会主义理论是一个大体系、大范畴。社会主义是一个很长的历史阶段，在整个社会主义历史阶段中所形成的马克思主义中国化的理论成果都属于中国特色社会主义理论的科学范畴。这个理论体系的主题、主线、核心内容和所要回答的重大问题十分清晰。这个理论体系，坚持和发展了马克思列宁主义、毛泽东思想，凝结了几代中国共产党人带领人民不懈探索实践的智慧和心血，是马克思主义中国化最新成果，是党最可宝贵的政治和精神财富。二是开辟了中国特色社会主义道路。这条道路是中国共产党坚持走的道路，就是毛泽东开始探索的、邓小平奋力开辟的、江泽民和胡锦涛继续坚持走的道路。这是一条能够使民族振兴、国家富强、人民幸福、社会和谐的康庄大道，是中国发展进步的唯一正确道路。这条道路越走越坚实、越宽广。在当代中国，坚持中国特色社会主义理论体系，就是真正坚持马克思主义；坚持走中国特色社会主义道路，就是真正坚持社会主义。

中国特色社会主义是一个总称，从不同角度、层面讲，它既是思想理论、共同理想，又是奋斗目标、伟大旗帜，还是社会制度、发展道路，各有各的特定含义。

什么是中国特色社会主义道路，怎样把握它的科学内涵，这是一个需要探讨的问题。胡锦涛在报告中对中国特色社会主义道路有个完整的经典式的表述：“中国特色社会主义道路，就是在中国共产党领导下，立足基本国情，以经济建设为中心，坚持四项基本原则，坚持改革开放，解放和发展社会生产力，巩固和完善社会主义制度，建设社会主义市场经济、社会主义民主政治、社会主义先进文化、社会主义和谐社会，建设富强民主文明和谐的社会主义现代化国家。”依据这个表述，我们可以把中国特色社会主义道路分解为如下五个层面：

一是政党领导。中国特色社会主义道路是中国共产党领导人民长期探索、奋力开拓的。党的领导是坚持走这条道路的根本政治保证。离开党的领导，中国就会走上非社会主义道路。

二是制度依托。讲一个国家所走的道路，首先是社会制度问题，也就是坚持哪一种社会制度。社会制度包括基本制度和具体制度（即体制）。它对一个国家的发展有至关重要的作用。现阶段，中国特色社会主义制度：经济方面，坚持以公有制为主体、多种所有制经济共同

发展的基本经济制度，坚持以按劳分配为主体、多种分配方式并存的分配制度，建立和完善社会主义市场经济体制；政治方面，坚持以工人阶级为领导和以工农联盟为基础的人民民主专政，坚持人民代表大会制度、共产党领导的多党合作和政治协商制度、民族区域制度以及基层群众自治制度等；文化方面，坚持马克思主义在意识形态领域的指导地位。坚持走中国特色社会主义道路，首先是坚持中国特色社会主义制度，并以它为依托，促进中国的发展，反过来又会巩固和完善社会主义制度。

三是发展内涵。一个国家最重要的是发展。中国经济文化落后，发展尤为迫切。发展是硬道理，是执政兴国的第一要务，是中国特色社会主义道路的主线。问题是实现什么样的发展和怎样发展？发展要靠建设。我们党通过长期探索，对发展内涵的认识不断拓宽和深化，从两个文明建设到三个文明建设，特别是在党中央提出构建社会主义和谐社会以后，把中国特色社会主义事业的总体布局从经济建设、政治建设、文化建设三位一体拓展为经济建设、政治建设、文化建设、社会建设四位一体。在这个总体布局中，必须坚持以经济建设为中心，全面推进社会主义市场经济、社会主义民主政治、社会主义先进文化和社会主义和谐社会建设，促进社会全面进步。它反映了我们党对社会主义尤其是中国特色社会主义规律性的认识更加深化了。

四是路径选择。发展有一个选择什么样的方法和路径问题。路径最根本的是改革开放，展开一点有两类：一类属于动力系统；一类属于条件系统。在发展动力方面，一是坚持科学发展，在当今世界，科学技术是第一生产力，要通过实施科教兴国战略和人才强国战略，把科学技术作为推动经济社会发展的重要动力；二是坚持改革发展，改革是解放和发展生产力的必由之路，是社会主义制度的自我完善；三是坚持开放发展，对外开放的实质就是大胆借鉴世界文明成果，尤其是资本主义文明成果，拿来为我所用发展自己。在发展条件方面，一是坚持稳定发展，没有稳定的环境，什么都搞不成，已经取得的成果也会失掉；二是坚持和谐发展，要努力实现人与社会、人与自然以及经济社会发展的和谐，这是发展的重要社会条件；三是坚持和平发展，没有和平的国际环境就不可能集中力量进行大规模建设。中国坚持走和平发展道路，把中国人民的利益同各国人民的共同利益结合起来，共同应对各种挑战，共同分享发展机遇和成果。

五是目标指引。这就是为把我国建设成为富强民主文明和谐的社会主义现代化国家而奋斗。这是一个全面的社会主义现代化目标，涵盖了经济、政治、文化、社会各个方面。

由邓小平提出和概括，党的十三大确立的党在社会主义初级阶段的基本路线，是对中国特色社会主义道路的核心内容的最准确的表述。它包括中国特色社会主义道路的五个层面：领导和团结全国各族人民是政党领导；四项基本原则是制度依托和保证；以经济建设为中心，促进社会全面进步，是发展内涵；改革开放是路径选择；为把我国建设成为富强民主文明和谐的社会主义现代化国家而奋斗是目标指引。总起来说，中国特色社会主义道路，是以共产党为领导，以制度为依托，以发展为主题和主线，以路径为平台，以又好又快的发展和建设富强民主文明和谐的社会主义现代化国家为目标，已经形成一个比较完整、配套、协调的科学体系。

二、中国特色社会主义道路所遵循的基本原则

胡锦涛深刻指出："中国特色社会主义道路之所以完全正确、之所以能引领中国发展进步，关键在于我们既坚持了科学社会主义的基本原则，又根据我国实际和时代特征赋予其鲜明的中国特色。"这个重要论断，和马克思主义经典作家的论述是完全一致的。马克思恩格斯在《共产党宣言》1872 年德文版序言中说："不管

最近25年来的情况发生了多大的变化，这个《宣言》中所阐述的一般原理整个说来直到现在还是完全正确的。"但是，"这些原理的实际运用，正如《宣言》中所说的，随时随地都要以当时的历史条件为转移"。这是科学社会主义基本原则必须同各国的实际情况相结合思想第一次最经典的表述。列宁坚持马克思主义创始人的思想。他在1899年所写的《我们的纲领》一文中说，"我们完全以马克思的理论为依据"，但是"它所提供的只是总的指导原理，而这些原理的应用具体说来，在英国不同于法国，在法国不同于德国，在德国又不同于俄国"。毛泽东一贯坚持和倡导把马克思主义普遍真理同中国革命的具体实践相结合，并把它作为"我们党的一贯的思想原则"。这里，从科学社会主义创始人关于未来社会的论述，着重谈谈什么是科学社会主义的基本原则，我们党怎样坚持这些基本原则，并与中国实际相结合，赋予其鲜明的中国特色的。

关于社会主义社会的社会生产力。马克思恩格斯在《共产党宣言》中提出，无产阶级夺取政权以后，要"尽可能快地增加生产力的总量"。之后在他们的著作中，又把生产力的巨大增长和高度发展作为未来社会的重要特征。后来在社会主义实践中，我们对这个问题的认识有误，过分重视变革生产关系，追求所谓的"平等"，某种程度忽略了发展生产力。十一届三中全会以后，邓小平精辟地指出，"马克思主义最重视发展生产力"，"社会主义原则第一是发展生产"，"社会主义阶段的根本任务是发展生产力"，并把经济建设摆在中心的位置上。

关于社会主义社会的所有制。生产资料从私有制转变为公有制，是社会主义社会的最基本特征，也是科学社会主义的基本原则。马克思恩格斯在《共产党宣言》中指出："共产党人可以把自己的理论概括为一句话：消灭私有制。"恩格斯说，社会主义社会"同现存制度的具有决定意义的差别当然在于，在实行生产资料公有制（先是单个国家实行）的基础上组织生产"。后来在实践中，我们对这个问题作了教条式的理解，只作为目的，没有看成是一个过程，追求一大二公三纯。十一届三中全会以后，适应社会主义初级阶段生产力的多层次情况，我们既不坚持纯粹的公有制，也不搞西方的私有化，而是实行以公有制为主体、多种所有制经济共同发展的基本经济制度，赋予其鲜明中国特色。

关于社会主义社会的分配原则。马克思认为，未来社会第一阶段，只能适应当时生产力发展情况，实行等量劳动领取等量报酬的原则，即按劳分配原则。我们过去在纯粹公有制的基础上，实行的是单一的按劳分配制度。十一届三中全会以后，适应基本经济制度的调整，我们既不搞传统的单一按劳分配，也不搞西方的按资分配，而是实行以按劳分配为主体、多种分配方式并存的分配制度，要求确立劳动、资本、技术和管理等生产要素按贡献参与分配，从而赋予鲜明的中国特色。

关于社会主义的富裕问题。资本主义社会是少数人富裕，多数人贫困，社会两极分化。社会主义要实现共同富裕，这是社会主义优越性的重要体现。恩格斯指出，未来社会，"通过社会生产，不仅可能保证一切社会成员有富足的和一天比一天充裕的物质生活，而且还可能保证他们的体力和智力获得充分的自由的发展和运用"。过去我们对这个问题也有过教条式的理解，把共同富裕和同步富裕等同起来，搞平均主义，吃大锅饭，结果谁也富裕不起来。十一届三中全会以后，党中央实行一个大政策，鼓励一部分人、一部分地区先富裕起来，然后带动全社会共同致富。实行这个政策以后，成效明显，一部分人、一部分地区富裕起来了，多数人的生活有所提高，但又出现了贫富差距拉大的趋势。以胡锦涛为总书记的党中央，提出以人为本的科学发展观，强调发展为了人民、发展依靠人民、发展成果由人民共享，把着力点放在弱势群体和困难群众身上，目的就是实现共同富裕。

关于社会主义的经济体制和经济运行机制。未来社会采取什么样的经济体制和经济运行机制，是马克思主义创始人所关注的一个重要问题。马克思恩格斯和当时的所有社会主义者都把商品生产和私有制联系在一起，认为未来社会在生产资料归全社会占有的基础上，社会实行的是产品经济，商品和货币将从社会上消失。列宁是创造性的马克思主义者，他忠实于马克思主义的精神实质，而不拘泥于马克思主义的个别字句。他在实行新经济政策时期采取了务实的政策，纠正了战时共产主义政策时期试图取消商品和货币的错误，强调要发展商品生产和商品交换。后来的社会主义实践，在这个问题上没有多大前进，普遍是按计划产品经济模式搞建设的。我们党在十一届三中全会以后，通过总结历史经验，在提出社会主义经济的实质是公有制基础上有计划的商品经济之后，又进一步提出建立社会主义市场经济的科学新论断。这是社会主义史上一个创举，它对传统马克思主义经济理论是一个重大突破，是对马克思主义经济理论的一大贡献。这种经济体制和运行机制，在实践上极大地推动了中国经济的发展，并对其他社会主义国家产生了广泛而深远的影响。

关于社会主义的国家政权。马克思恩格斯十分重视无产阶级夺取政权，认为“工人革命的第一步是使无产阶级上升为统治阶段”。通过欧洲 1848 年革命，把它称之为无产阶级专政。马克思有一句名言：“阶级斗争必然导致无产阶级专政；这个专政不过是达到消灭一切阶级和进入无阶级社会的过渡。”马克思在《哥达纲领批判》一书中明确指出，无产阶级专政是过渡时期的国家政权；进入共产主义社会的第一阶段以后，随着全社会占有生产资料，国家将自行消亡。列宁通过实践，认为国家在共产主义社会的第一阶段还不能消亡，这是他对马克思主义国家学说的创造性发展。我们党坚持列宁的思想，强调无产阶级的国家政权不仅在过渡时期而且在整个社会主义历史阶段都将存在，并将其命名为人民民主专政。毛泽东形象地说它是一个“传家的法宝”、“护身的法宝”。四项基本原则中有一条，叫坚持人民民主专政，其实质就是坚持无产阶级专政，也可以说是具有中国特色的无产阶级专政。但是，人民民主专政的提法更适合中国国情，因为它鲜明地体现了人民在国家政权中当家作主的地位，表明政权具有民主和专政两个方面的职能和政权的民主性质，从而有力地避免了对无产阶级专政的歪曲和滥用。随着中国特色社会主义事业的发展，以人为本为核心的社会主义民主政治建设将日益加强。人民民主是社会主义的生命。

关于社会主义的领导力量。我们党一贯坚持科学社会主义的基本原则，即坚持工人阶级在革命和建设中的领导地位，而工人阶级的领导作用是通过它的政党共产党的领导作用实现的。在新的历史时期，邓小平强调，坚持党的领导必须改善党的领导。这种改善主要体现在，一是党和政权的关系，既坚持党对政权的领导作用，党要总揽全局，又不混淆党政关系，以党代政，而是充分发挥政府的作用；二是党与非党的关系，我们党坚持了毛泽东为我们确定的，既不搞传统的社会主义一党制，又不搞西方的多党制，而是实行共产党领导的多党合作和政治协商制度，充分发挥各民主党派和人民团体的作用。

关于社会主义社会的意识形态。马克思恩格斯有一句名言：“任何一个时代的统治思想始终不过是统治阶级的思想。”马克思主义是工人阶级的意识形态和科学世界观，坚持马克思主义在意识形态领域的指导地位，其实质就是坚持以工人阶级的思想作为社会的统治思想。四项基本原则中最后一条，叫坚持马列主义、毛泽东思想，就是坚持马克思主义在意识形态领域的指导地位，就是坚持用马克思主义特别是发展着的中国化马克思主义指导实践。关于怎样体现这种指导作用，我们党也有许多创造，如在文化领域，通过实行“双百”方针，用一家指导百家；在建设社会主义核心价值体系中，用一元化指导思想引领多样化社会思潮，等等。我们承认文化的多样性和个人思想的独立性，但决不搞指导思想多元化。

关于未来社会的本质特征。恩格斯认为，最能体现未来社会本质特征的就是《共产党宣言》中关于"自由人联合体"的论述。十一届三中全会以后，我们党恢复和发展了科学社会主义创始人的思想，先后提出了推进人的全面发展和以人为本的科学发展观，把人民的根本利益、人的全面发展摆在最重要的位置上。如果一个马克思主义的政党执政以后，不坚持以人为本，不改善民生，不发扬民主，不听取民意，就会走向反面，被人民所抛弃。

关于党的最低纲领和最高纲领。从世界上建立第一个共产党，即 1847 年建立的共产主义者同盟开始，就确立了一个好传统，即制定党的最低纲领和最高纲领。最低纲领是："使无产阶级形成为阶级，推翻资产阶级的统治，由无产阶级夺取政权"。最高纲领是：建立"自由人的联合体"，即实现共产主义。我们在长期实践中，最低纲领不断变化，但最高纲领始终不变。现阶段，党的最低纲领是建设中国特色社会主义，最高纲领是实现共产主义。我们既要为近期任务而努力，又不忘记共产主义大目标。

上述十条，充分说明了我们党始终坚持科学社会主义的基本原则，并且创造性地把它运用到中国实际，赋予其鲜明的中国特色。这是我们党和中国特色社会主义事业兴旺发达的一个重要标志。事实雄辩地说明，科学社会主义是完全正确的，是具有强大生命力的，但它只有和具体实践与时代特征相结合，才能产生无穷无尽的力量，推动客观世界的改造。

三、坚持中国特色社会主义道路的根本要求

我们在中国特色社会主义道路上，已经走了 29 年。这 29 年，中华大地发生巨变，社会主义事业欣欣向荣。经济总量跃居世界第四位，人民生活上了一个大台阶，综合国力大幅度攀升，国际地位和影响空前提高和扩大。在历史的新起点上，怎样沿着这条道路把中国特色社会主义继续向前推进，胡锦涛在报告中所提出的"四个坚定不移"为我们指明了方向，这就是："高举中国特色社会主义伟大旗帜，以邓小平理论和'三个代表'重要思想为指导，深入贯彻落实科学发展观，继续解放思想，坚持改革开放，推动科学发展，促进社会和谐，为夺取全面建设小康社会新胜利而奋斗。"

——坚定不移地坚持解放思想。实事求是是东汉大史学家班固最早在《汉书》中提出的，原文是"修学好古，实事求是"。意思是要真诚地依据事实去探求古书真意。毛泽东将其古为今用，赋予马克思主义的解释。毛泽东说："'实事'就是客观存在着的一切事物；'是'就是客观事物的内部联系，即规律性；'求'就是我们去研究。"邓小平在新的历史时期，坚持和发展了毛泽东的哲学思想，在实事求是前面加上"解放思想"四个字，作为党的思想路线的完整表述。邓小平所以特别强调解放思想，是因为当代中国和当代世界都发生了巨大而深刻的变化，而人们的认识往往落后于实践，处于僵化半僵化状态，跟不上变化了的客观形势。而只有解放思想，才能摆脱这种状态，实现主观认识和客观实际相一致，达到实事求是。解放思想、实事求是思想路线的确立，为全面纠正"左"的错误，正确总结社会主义历史经验，重新探索和开拓具有中国特色的社会主义发展道路，奠定了坚实的思想基础。在新时期我们党的词汇中有两个最能启发人们解放思想，一个是"中国特色"，一个是"初级阶段"。但是，无论是"中国特色"还是"初级阶段"，又都是以社会主义为基础和出发点。胡锦涛在讲话中所以特别强调解放思想，是因为进入新世纪新阶段，我国发展面临的机遇和面对的挑战都是前所未有的；改革进入深水区，遇到的都是深层次的矛盾和问题；特别是我国经过 29 年跨越式的大发展，在取得历史性伟大成就的同时，存在的矛盾和问题也是最多的，西方国家几百年中分阶段出现的矛盾和问题，在我国几乎同时一次性地出现了。在这种情况下，只有解放思想，才能形成新思路，拿出

新办法，去解决这些新问题。胡锦涛指出，解放思想是党的思想路线的本质要求，是我们应对前进道路上各种新情况新问题、不断开创事业新局面的一大法宝，必须坚定不移地加以坚持。

——坚定不移地推进改革开放。十一届三中全会以后，中国最引人注目的就是实行改革开放。中国的改革是全面改革，是在坚持社会主义基本制度的前提下具体制度的改革即体制改革，其实质是社会主义制度的自我完善。中国的改革不是本来意义上的一个阶级推翻另一个阶级的政治革命，但是从解放和发展生产力，引起社会生活各方面的深刻变化，促进社会的全面进步，它的作用和意义不亚于革命，就其引起社会变革的广度和深度来说，是一次新的伟大革命，其实质和目标，就是通过改革，实现社会主义现代化。与改革同时进行的是对外开放，它是我国长期不变的基本国策。通过对外开放可以吸收外国的资金、技术、好的经营管理方法和一切有益的东西。对外开放的实质和目的是大胆吸收人类文明的一切成果，特别是资本主义的文明成果，拿来为我所用，发展自己，以实现社会主义现代化。资本主义是人类历史上极富活力和弹性的社会，它在几百年中所创造的文明成果远远超过了以往世纪的总和，经济文化落后的国家如果不借鉴它，就难以跨越资本主义制度的"卡夫丁峡谷"。中国的改革开放，使中国发生翻天覆地的变化，旧貌换新颜，是世界改革史上最成功的范例。当前，无论从面对更为深度地融入经济全球化而不断经受世界经济浪潮的冲击，还是应对国内利益格局的重新调整，都要求进一步深化改革，扩大对外开放，而不能停滞不前，更不能走回头路。胡锦涛说，改革开放是解放和发展生产力、不断创新充满活力的体制机制的必然要求，是发展中国特色社会主义的强大动力，必须坚定不移地加以推进。

——坚定不移地落实科学发展、社会和谐。这是党中央在新世纪新阶段所提出的重大战略思想和战略决策。发展是硬道理，是执政兴国的第一要务，也是中国现在和将来很长一个时期的主旋律。十一届三中全会以后，我国经济社会快速发展，已经取得重大成果。但是，发展有一个从低级到高级的过程，发展到一定程度就应及时转入科学发展轨道。党的十六大以后，以胡锦涛为总书记的党中央提出的科学发展观，是对党的三代领导集体关于发展思想的继承和发展，是马克思主义发展理论的核心内容和最新成果，是我国社会主义现代化建设的根本指导思想。科学发展观，第一要义是发展，核心是以人为本，基本要求是全面协调可持续，根本方法是统筹兼顾，实质是又好又快的发展。坚持以科学发展观统领经济社会发展全局，我国的经济社会发展才能转向科学发展轨道，开拓科学发展的新局面。科学发展需要社会和谐，社会和谐才能促进科学发展，二者相辅相成、相互促进。以胡锦涛为总书记的党中央所以提出构建社会主义和谐社会这个重大战略思想，是实践提出的迫切要求。我国进入新世纪新阶段以后，经济社会发展出现了阶段性特征，一方面实现了跨越式大发展，另一方面出现了许多新问题。与平民百姓生活有关的教育、住房、医疗卫生、社会保障等社会事业发展落后，不能满足人民的要求，需要加强社会建设；经济社会之间、城乡之间、区域之间发展很不平衡，要求改变这种局面，实现和谐发展；工人阶级、农民阶级和知识分子以及后来出现的新的社会阶层，相互之间的利益矛盾日益突出，需要采取正确的方法化解矛盾，实现人与社会的和谐；人口、资源、环境的压力越来越大，粗放式的经济增长方式，导致资源能源紧缺，一些地区生态破坏和环境污染严重，要求关注人与自然的和谐。我国社会主义制度的建立，党为实现社会和谐所做的努力，又为我们构建社会主义和谐社会提供了现实可能性。正是在这个大背景下，立足现实，面向长远，为实现国家和社会的长治久安，党中央提出了构建社会主义和谐社会这个大战略。胡锦涛说，科学发展、社会和谐是发展中国特色社会主义的基本要求，是实现经济社会又好又快发展的内在需要，必须坚定不移地加以落实。

——坚定不移地为建设全面小康社会而奋斗。"小康"一词极富中国色彩，它来源于中国民间和传统文化中的儒家思想，在群众中具有广泛影响。邓小平将其古为今用，并赋予它以马克思主义和社会主义现代化的含义。经过全党和全国各族人民的努力，到2000年已实现了总体小康，在此基础上，党的十六大进一步提出，我们要在20世纪头20年，集中力量建设惠及十几亿人口的更高水平的全面小康社会，使经济更加发展，民主更加健全，科教更加进步，文化更加繁荣，社会更加和谐，人民生活更加殷实。在十六大以后迈出坚实步伐的基础上，十七大又把全面小康的目标从经济总量翻两番变为人均翻两番，并在协调发展、扩大民主、加强文化建设、发展社会事业、建设生态文明等五个方面提出了新要求。胡锦涛指出，全面建设小康社会，是我们党和国家到2020年的奋斗目标，是全国各族人民根本利益所在，必须坚定不移地为之奋斗。

综上所述，解放思想是发展中国特色社会主义的一大法宝，改革开放是发展中国特色社会主义的强大动力，科学发展和社会和谐是发展中国特色社会主义的基本要求，全面建设小康社会是党和国家到2020年的奋斗目标。这"四个坚定不移"相互联系、相互促进，缺一不可，统一于建设中国特色社会主义的伟大实践，构成新世纪新阶段坚定不移地坚持走中国特色社会主义道路的重要标志和行动指南。只要沿着这"四个坚定不移"所指明的方向前进，中国特色社会主义就一定会取得新的更大的胜利。

科学社会主义基本原则与鲜明的中国特色

严书翰

党的十七大报告有一段非常重要的论述：中国特色社会主义道路之所以完全正确、之所以能够引领中国发展进步，关键在于我们既坚持了科学社会主义的基本原则，又根据我国实际和时代特征赋予其鲜明的中国特色。这段重要论述指明了中国特色社会主义的性质、地位和特点。彰显中国共产党人对科学社会主义所作出的巨大贡献，同时也与世界上种种主义区别开来。因此，全面深刻地把握这段论述的内涵和真谛至关重要。为此需要回答以下三个问题。

一、马克思恩格斯是怎么提出科学社会主义基本原则以及基本原则的内涵

根据马克思恩格斯的论述，他们是在批判旧世界中发现新世界的。这是科学社会主义与空想社会主义的根本区别之一。马克思指出，科学社会主义这个概念是为了与空想社会主义相对应，才使用的。因此马克思恩格斯是在分析资本主义基本矛盾的基础上才提出科学社会主义基本原则的。社会化大生产与生产资料资本家私人占有的矛盾是资本主义的基本矛盾。而在这对基本矛盾中只有社会化大生产可以贯通资本主义和社会主义社会。据此，马克思恩格斯从社会化大生产提出的客观要求出发，得出社会主义最终必然代替资本主义即“两个必然”的结论。由此提出了社会主义发展方向或路径。由此揭示了未来社会的质的规定性。由此指出了社会主义在不同国情的国家实现形式的差异性，并且把社会主义看作是一个充满辩证运动的经常变化和改革的有机整体，等等。

正因为如此，列宁高度评价了马克思恩格斯运用这种科学世界观和方法论研究未来社会所得出的结论。列宁指出：“马克思的全部理论，就是运用最彻底、最完整、最周密、内容最丰富的发展论去考察现代资本主义。自然，他也就要运用这个理论去考察资本主义的即将到来的崩溃和未来共产主义的未来的发展。”列宁还指出：“马克思丝毫不想制造乌托邦，不想凭空猜测无法知道的事情。马克思提出共产主义的问题，正像一个自然科学家已经知道某一新的生物变种是怎样产生以及朝着哪个方向演变才提出该生物变种的发展问题一样。”

那么科学社会主义有哪些基本原则？在回答这个问题之前，需要回答基本原理与基本原则的关系。一般说来，基本原理与基本原则是联系紧密又有区别。基本原则寓于基本原理之中，但基本原则又高于基本原理，因而它更宏观、更抽象。

科学社会主义有哪几条基本原则，这是经过讨论完全可以形成共识的问题。科学社会主义有广义与狭义之分。广义的科学社会主义就是指马克思主义，它自然包括后人对它的丰富和发展。狭义的科学社会主义是指作为马克思主义理论体系核心的科学社会主义。党的十七大提出的科学社会主义基本原则是指由马克思恩格斯所创立的科学社会主义的基本原则，即是从狭义上讲的。只有指出这一点，才能领会十七大提出这个问题的针对性，才能讲清楚中国特色社会主义的每一条鲜明特色都没有离开科学社会主义基本原则。

科学社会主义基本原则可以概括以下五条：

1. 关于批判与超越的原则。这是马克思恩

格斯创立的科学社会主义对待其他社会主义流派的原则。在马克思恩格斯时代，各种社会主义流派纷繁复杂而且影响甚大，这就有一个对待它们的基本态度即原则问题。马克思恩格斯是用阶级和历史这两条标准来剖析种种有代表性的社会主义流派的。阶级标准是指究竟是维护或站在哪个阶级方面，历史标准是指究竟是推动还是阻碍历史前进甚至开历史倒车。马克思恩格斯的这一思想在《共产党宣言》中得到了充分阐发，而且马克思恩格斯对这些流派的态度是有区别的，对当时盛行一时的封建的社会主义、小资产阶级的社会主义、“真正的”社会主义和资产阶级的社会主义等进行了严厉的批判，指出了它们的实质和危害。当然马克思恩格斯的批判是有理有据的。而对空想社会主义则在分析了它们优点和弊病的基础上指出，科学社会主义是对空想社会主义的超越。恩格斯指出：“德国的理论上的社会主义永远不会忘记，它是站在圣西门、傅立叶和欧文这三个人的肩上的。”

2. 关于社会主义最终必然要代替资本主义的原则。这是马克思恩格斯揭示的社会主义与资本主义关系的基本原则，可以用“两个必然”和“两个决不会”加以概括。“两个必然”是指马克思恩格斯在《共产党宣言》中指出的，“资产阶级的灭亡和无产阶级的胜利是同样不可避免的”。“两个决不会”是指马克思在1859年写的《政治经济学批判》序言中论述的“无论哪一个社会形态，在它所能容纳的全部生产力发挥出来以前，是决不会灭亡的；而新的更高的生产关系，在它的物质存在条件在旧社会的胎胞里成熟以前，是决不会出现的”。因此，“两个必然”和“两个决不会”既是科学社会主义的核心，又是它的基本原则。

3. 关于社会主义发展方向或路径的原则。科学社会主义与空想社会主义的区别不在于有无对未来社会进行预测，而在于用何种世界观和方法论来预测。马克思恩格斯运用科学世界观和方法论把从资本主义向共产主义发展的漫长过程抽象为3个阶段。一是革命转变时期即过渡时期，二是共产主义社会的第一阶段，三是共产主义社会的高级阶段。并且对经历这3个阶段的必然性和它们的特征、内涵及其关系等作了深刻论述，这是科学社会主义的基本原则，并为后来社会主义国家实践所检验从而被进一步地丰富和发展。

4. 关于社会主义质的规定性的原则。马克思恩格斯在论述未来社会时并没有明确地把本质和特征加以区分，而是从质的规定性上论述了几条。马克思恩格斯在论述未来社会质的规定性时有两个切入点。一是从社会化大生产的客观要求出发，二是与资本主义相对照。这种科学严谨的态度是值得我们借鉴的。马克思恩格斯论述了未来社会主义社会5条质的规定性。

一是生产资料社会占有。马克思恩格斯非常看重这一条，他们认为未来社会与资本主义社会“具有决定意义的差别当然在于，在实行全部生产资料公有制的基础上组织生产”。他们还用“财产公有”等提法来表达未来社会占有生产资料。这一条是相对立于资本主义社会生产资料资本家私人占有而言的。二是消费资料实行按劳分配。马克思恩格斯认为，未来社会生产资料社会占有的性质决定了其分配形式是按劳分配。这是对资本主义社会按资分配的否定。而从共产主义高级阶段看来这种分配形式也还有局限性，只有到了高级阶段才能实行按需分配形式。三是有计划地组织社会生产。马克思恩格斯认为，社会化大生产客观上要求要有计划地组织社会生产，社会主义社会可做到这一条，因为在这个社会里由于生产资料社会占有，私人劳动可以直接成为社会劳动的组成部分，不必通过众多中间环节，从而克服了资本主义生产的无政府状态。四是国家开始消亡。马克思恩格斯认为，由于未来社会是生产资料社会占有，生产力高度发展，从而消灭了阶级和阶级差别，因而作为阶级专政工具的国家开始消亡，原来意义上的国家的职能发生了根本变化，“对人的统治将由对物的管理和对生产过程的领导所代替”。五是人将获得自由而全面地发展。这一条也同第一条一样是根本对立于资本主义社会的。马克思恩格斯认为，在资本主义社会众多弊端中最严重的弊病是造成了人的畸型发展。而未来社会由于生产力极大发展，消灭了阶级和阶级差别，消除了奴隶般的分工，因而人可以实现自由而全面的发展。马克思恩格斯很看重这一条，他们曾用自由人的联合体来界定共产主义社会的高级阶段，来表达人类社会的最高价值追求。

5. 关于社会主义实现形式的原则。这条基本原则包含两层含义。一是指未来社会主义实现的地域，二是指社会主义实现的手段。关于前者应该说马克思恩格斯在相当长的时间里都认为，社会主义革命应当在发达的资本主义国家共同取得胜利，他们甚至还点出了英国、美国、法国、德国这些国家的名字。但是当他们研究了西欧以外的东方国家的状况时产生了新的思想即东方社会发展的理论。马克思曾被奇特的亚细亚生产方式所吸引，一度中断《资本论》第3卷的写作，做了大量的摘录和笔记(学术界称之为《人类学笔记》)。东方社会理论就散见于这些笔记以及马克思恩格斯这时期的一些书信中。上述这两种思路在马克思恩格斯那里并不是截然对立的，而是相辅相成的。关于后者应该说马克思恩格斯主要是主张依靠革命的手段夺取政权，建立起社会主义制度。但是他们也从不放弃用和平手段取得政权，并且有过许多明白无误的表述。恩格斯在《法德农民问题》一书中回忆说，马克思好几次同他讲过，如果能用和平赎买的办法取得无产阶级的胜利，“那对于我们最便宜不过了”。恩格斯晚年根据欧洲资本主义相对稳定发展的形势明确提出，工人阶级政党要善于运用议会斗争手段达到本阶级的目标，同时也决不同意“和平长入社会主义”的提法。我们可以从马克思恩格斯对社会主义实现形式这一基本原则的论述中清楚地看出，他们不愧是唯物辩证法的创始人，在阐述科学社会主义基本原则方面始终强调两点论。

二、中国特色社会主义的鲜明特色

马克思主义是我们立党立国的指导思想，是全国各族人民团结奋斗的共同思想理论基础。科学社会主义是马克思主义的核心，因此坚持科学社会主义基本原则就是坚持马克思主义，就能保证我国社会主义发展的正确方向。中国共产党人把马克思主义基本原理与中国建设实际和时代特征相结合产生了中国特色社会主义这一伟大成果，从而赋予中国特色社会主义以鲜明的特色。这是中国共产党领导中国人民在实践中的伟大创造，正如十七大指出，中国特色社会主义是当代中国发展进步的旗帜，是全党全国人民团结奋斗的旗帜。我们可以从以下四个方面概述“鲜明的中国特色”的科学内涵。

1. 中国特色社会主义是扎根于中国国情的社会主义。对这一特色的概括构成了社会主义初级阶段理论的主要内容。我国正处于并将长期处于社会主义初级阶段，这就是中国最基本的国情。我国社会主义建设一切要从这个最大的实际出发，这是我们付出了代价才得到的来之不易的认识。社会主义初级阶段就是生产力不发达的阶段，这就决定了初级阶段的主要矛盾是人民日益增长的物质文化需要与落后的社会生产的矛盾。这就决定了解放和发展生产力是社会主义初级阶段的根本任务。坚持党的基本路线不动摇就是坚持以经济建设为中心不动摇。

经过近30年的改革开放和现代化建设，我们取得了举世公认的成就，能不能说当代中国的基本国情发生了根本变化？十七大对此作出了明确的回答：我国仍处于并将长期处于社会主义初级阶段的基本国情没有变，人民日益增长的物质文化需要同落后的社会生产之间的矛盾这一社会主要矛盾没有变。强调这两个“没有变”就是为了使我们保持清醒头脑，牢记社会主义初级阶段基本国情，全面认识工业化、信息化、城镇化、市场化、国际化深入发展的新形势新任务，深刻把握我国发展面临的新课题新矛盾，增强聚精会神搞建设、一心一意谋发展的坚定性，提高想问题办事情决不可脱离实际的自觉性，奋力开拓中国特色社会主义更为广阔的发展前景。因此中国特色社会主义首要问题就是要回答什么是初级阶段的社会主义、在初级阶段要建设什么样的社会主义和怎样建设社会主义。

2. 中国特色社会主义是公有制与市场经济相结合的社会主义。关于这一特色的结论是由社会主义市场经济理论回答的。以公有制为主体、多种所有制经济共同发展这是我国初级阶段基本经济制度。它决定了我国的社会性质和发展方向。市场经济是现代经济存在和发展的基本方式，是配置资源、整合生产要素的主要途径或手段。经过对社会主义不断再认识，我们形成了社会主义也可以搞市场经济的认识，在实践中我们把建立社会主义市场经济体制作为我国经济体制改革的目标。我们经过多年的努力已初步建立起社会主义市场经济体制，这是前无古人的伟大创举。市场经济要求生产和交换主体多元化，经济运行法制化。因此我们要毫不动摇地巩固和发展公有制经济、毫不动摇地鼓励支持引导非公有制经济的发展，形成各种所有制经济平等竞争、相互促进的新格局。市场经济要求经济运行有效、有序、公平。这就要求转变经济发展方式。转变经济发展方式是贯彻落实科学发展观的根本要求，也是关系我国国民经济全局紧迫而重大的战略任务。正如十七大指出的，实现国民经济又好又快发展，关键要在加快转变经济发展方式，完善社会主义市场经济体制方面取得重大进展。

3. 中国特色社会主义是和谐发展全面进步的社会主义。这一特色既是科学发展观和构建社会主义和谐社会的共同要求，对它的概括又构成了这个理论的主要内容。十六大以来，以胡锦涛同志为总书记的党中央把中国特色社会主义事业总体布局从三位一体扩展为四位一体，即经济建设、政治建设、文化建设和社会建设。这是对中国特色社会主义认识的丰富和发展。我们党对总体布局认识的深化与拓展是在不断总结我国社会主义现代化建设实践基础上形成的。从十一届三中全会提出实现“四化”的目标，到十一届四中全会认为，我国现代化并不以“四化”为限、还包括民主法制和精神文明建设等。从十二届六中全会首次提出现代化建设总体布局，到十三大形成的三位一体的奋斗目标，十七大把四位一体的总体布局作为中国特色社会主义道路的重要内容。这充分体现了我们党高度重视并善于总结实践经验，从而实现了对中国特色社会主义认识上的与时俱进。十七大指出，科学发展、社会和谐是发展中国特色社会主义的基本要求。科学发展与社会和谐是内在统一的。没有科学发展就没有社会和谐，没有社会和谐也难以实现科学发展。只有扎扎实实地贯彻落实科学发展观和推进和谐社会建设，才能实现中国特色社会主义和谐发展全面进步。因此我们要按照十七大关于构建社会主义和谐社会的总要求和共同建设共同享有的原则，努力形成全体人民各尽其能、各得其所而又和谐相处的局面，进一步推动中国特色社会主义和谐发展全面进步。

4. 中国特色社会主义是始终不渝走和平发展道路的社会主义。对这一特色的回答形成了和平发展合作理论。首先，这是由社会主义基本制度所决定的。我们是社会主义国家，社会主义基本制度决定了我们不会去侵略别国，不会对外扩张。新中国成立之初，毛泽东就向全世界宣示：我们是马列主义者，我们国家是社会主义国家，因此一百年、一万年，我们也不会去侵略别人。毛泽东还指出，要把我们的国家建设成“大强国而又使人可亲”。邓小平把中国特色社会主义概括为“是不断发展生产力的社会主义，是主张和平的社会主义”。江泽民指出，在世界文明多样性的背景下，世界各国应该和平共处、相互借鉴。胡锦涛同志把走和平发展的道路概括为中国特色社会主义的又一鲜明特色。十七大专门论述了我们要始终不渝走和平发展道路。其次，奉行和平发展合作是我们坚定不移的对外方针。自中国改革开放以来，我们以努力争取和平的国际环境来发展自己，又以自身的发展来维护世界和平。我们决不争霸、决不称霸、决不当头、决不当附庸。因此我们坚决摒弃冷战思维，始终致力于推动建设持久和平、共同繁荣的和谐世界。中国特色社会主义是在同经济全球化相联系而不是相脱离的进程中通过吸收和借鉴人类文明的优秀成果，坚定不移地走和平发展道路。中国特色社会主义这一鲜明特色在全世界面前彰显出社会主义制度的优越性和吸引力。

三、在对待科学社会主义基本原则上的错误倾向和正确态度

在社会主义发展史上直至今天，在对待科学社会主义基本原则问题上始终存在着各种观点、思潮的碰撞、交锋和斗争。在这些观点和思潮中有两种具有代表性的错误倾向。一是僵化，即对科学社会主义基本原则持僵化态度。虽然这种观点表面上承认科学社会主义基本原则，但反对把它与本国或本民族实际相结合。最有代表性的是前苏共领导人和前苏联理论界。中国共产党人在把马克思主义与中国实际相结合的过程中于1938年提出了马克思主义中国化这一重要命题，这是对马克思主义的重大发展。但是当时的苏共领导人始终不能接受甚至抵制我们党的这一创新观点。1948年，受苏共领导人控制的共产党情报局谴责南共领导人搞民族主义，在这场“大批判”中苏共把马克思主义民族化、本国化等同于民族主义，从而给国际共运带来了十分消极的影响。

1976至1985年，前南斯拉夫的理论工作者在察夫塔特先后召开了10次“世界社会主义圆桌会议”(每年召开1次)，每次都有世界各国的社会主义学者参加。我国学者代表团参加了第8次(即1983年)圆桌会议，并在会上作了“建设有中国特色社会主义”的专题报告。引起与会学者强烈反响，但也遭到前苏联学者的攻击。当年塔斯社在报道这次会议的情况时不指名地批判“中国特色”的提法。并且以正统的马克思主义口气指责：搞“民族特色”就是搞社会主义多元化，就是反对科学社会主义。这种僵化的观点、蛮横的态度曾引起各国学者强烈不满。

二是多元化，即不承认社会主义基本原则，主张多元化的社会主义。前已述及，1983年在察夫塔特国际研讨会上发生关于社会主义问题的争论。南斯拉夫学者在回应塔斯社和苏联学者的指责时提出，社会主义就应该是多元的。他们认为“由于存在多种民族和多种文化，所以也将存在多元的社会主义”。南斯拉夫学者还把社会主义模式与社会主义根本制度混为一谈。应该看到这与中国理论工作者的认识并不一样，这是在对待科学社会主义基本原则上的另一种倾向，即多元化的主张。在这方面民主社会主义的主张是最有代表性的。民主社会主义不但从一开始就反对科学社会主义主张用革命手段夺取政权并建立起无产阶级专政，而且主张多元化的指导思想，不承认并反对科学社会主义的基本原则，这样他们就与坚持以马克思主义为指导思想的共产党人分道扬镳了。在我们总结和反思前苏联东欧遭受失败的教训中可以清楚地看出，不承认或背离科学社会主义基本原则所带来的灾难性后果。前事不忘，后事之师。

在正确对待科学社会主义基本原则问题上，马克思恩格斯为我们树立了最有代表性的光辉典范。《共产党宣言》是无产阶级政党第一部“详细的理论和实践的党纲”，它不但从哲学、政治经济学、科学社会主义和世界历史等方面阐述了马克思主义基本原理，而且对科学社会主义的性质、研究对象和基本原则等都作了深刻论述。所以《共产党宣言》被公认为马克思主义诞生的标志和科学社会主义的代表作。马克思恩格斯在1872年《共产党宣言》德文版序言中指出，“不管最近25年来的情况发生了多大

变化，这个《宣言》中所阐述的一般原理整个说来直到现在还是完全正确的”。但是，这一般原理的实际运用“随时随地都要以当时的历史条件为转移”。在此，马克思恩格斯的态度如此鲜明：马克思主义基本原理，科学社会主义基本原则要坚持，因为它们是正确的。但是要与具体的历史条件和各国各民族的实际情况相结合。据此，马克思恩格斯在这个《序言》中指出，《共产党宣言》中那些个别原理“已经过时了”，那些措施已“没有特别的意义”，那些分析“在今天看来是不完全的”，等等。这就是彻底的唯物主义的态度，我们中国共产党人将它称为实事求是。

在实事求是思想路线指引下，中国共产党人克服千难万险把马克思主义基本原理与中国实际和时代特征相结合，在这个过程中实现了两次历史性的飞跃。第一次飞跃，发生在新民主主义革命时期，中国共产党人经过反复探索，在总结成功经验和失败教训的基础上，找到了中国特色的革命道路，把革命引向胜利。第二次飞跃，发生在十一届三中全会以后，中国共产党人在总结新中国成立以来正反两方面经验和世界社会主义兴衰成败的基础上，紧跟时代进步潮流，经过长期探索形成了中国特色社会主义道路和中国特色社会主义理论体系。党的十七大鲜明指出了中国特色社会主义是科学社会主义基本原则与我国建设实际和时代特征相结合的最新成果。这既是对半个多世纪以来我国历史发展的客观总结，又有很强的针对性，即对国内外、党内外出现的对中国特色社会主义的种种误读甚至歪曲所作出的明确回应。

虽然第二次历史性飞跃还没有终结，但是只要我们高举中国特色社会主义伟大旗帜，坚持解放思想、实事求是、与时俱进，勇于变革、勇于创新，永不僵化、永不停滞，不为任何风险所惧，不被任何干扰所惑，就一定能使中国特色社会主义道路越走越宽广。

（作者：中国科学社会主义学会副会长、中共中央党校科社部主任、博士生导师）

关于坚持用马克思主义中国化最新成果武装党员干部的几个问题

——在全国思想政治工作科学专业委员会第十四届年会上的报告

张蔚萍

今年10月中旬将在北京召开党的十七大。同志们都很关心十七大的基本精神。十七大的基本精神，胡锦涛同志最近在中央党校省部级干部进修班的讲话中已经体现出来了。概括起来就是：坚定不移地坚持解放思想，坚定不移地推进改革开放，坚定不移地落实科学发展观，坚定不移地实现全面建设小康社会宏伟目标。这四个“坚定不移”，其实质是坚定不移地走中国特色社会主义道路。十七大有个很重要的精神，就是坚持用马克思主义中国化最新成果武装党员干部。下面我着重讲讲这个问题。

一、充分认识用马克思主义中国化最新成果武装党员干部的重大意义

为什么进入新世纪新阶段以后，党中央提出用马克思主义中国化的最新成果武装党员干部问题？概括起来说，这是继承发扬我们党保持先进性的优良传统，这是时代发展变化对我们党提出的新要求，这是贯彻党中央在新世纪新阶段培训党员干部的战略部署。

（一）这是继承发扬我们党保持先进性的优良传统

中国共产党是中国工人阶级的先锋队组织。然而在一个农民和小资产阶级居多数的国度里，如何保持党的先进性，这是国际共产主义运动建党史上遇到的一个重大新课题。以毛泽东为代表的第一代领导集体，首先提出要把思想建党放在首要地位的原理，强调用马克思主义武装全党是保持先进性最关键的问题。当时，全党面临着共产国际代表王明等教条主义者照搬马克思主义的错误思潮的影响。为了克服这种影响，毛泽东在1938年10月党的六届六中全会上大胆地提出了马克思主义中国化问题。他在《论新阶段》的报告中指出：“没有抽象的马克思主义，只有具体的马克思主义。所谓具体的马克思主义，就是通过民族形式的马克思主义，就是把马克思主义应用到中国具体环境的具体斗争中去，而不是抽象地应用它。成为伟大中华民族之一部分而与这个民族血肉相连的共产党员，离开中国特点来谈马克思主义，只是抽象的空洞的马克思主义。因此，马克思主义的中国化，使之在其每一表现中带着中国的特点，即是说，按照中国的特色去应用它，成为全党亟待了解并解决的问题。”延安整风以后，正是由于我们党坚持用中国化的马克思主义新成果毛泽东思想武装全党，才保持了我们党的先锋队性质，才取得了新民主主义革命的胜利和社会主义建设的初步胜利。进入改革开放时期以后，我们党坚持毛泽东思想与改革开放具体实际相结合，形成了马克思主义中国化的新成果邓小平理论，正是坚持用这一理论武装全党，才在改革开放条件下保持了党的先进性。进入新世纪以后，我们党坚持邓小平理论与新世纪的具体实际相结合，提出了“三个代表”重要思想，开展了以实践“三个代表”重要思想为主要内容的保持共产党员先进性教育活动，在市场经济条件下保持了党的先进性。可见，用马克思主义中国化的新成果武装全党，是我们党保持先进性的优良传统。以胡锦涛为总书记的党中央，在新世纪新阶段继承和发扬了这个优良传统，明确提出用马克思主义中国化的最新成果科学发展观等战略思想武装全党，

这是新世纪加强执政党建设和现代化建设的重要指导思想。坚持这个指导思想，我们党就能在新世纪保持先锋队的性质。

（二）这是时代发展变化对我们党提出的新要求

马克思主义在我国发展的生命力就在于它随着时代的变化而不断丰富发展，就在于它在中国化的过程中不断进行理论创新而形成一系列最新成果。用这些最新成果武装全党和教育人民，以便统一思想和推动事业前进，这是时代对我们党提出的新要求，也是当前国内外形势发展变化对我们党提出的新要求。

首先，从国际形势看，我国面临着发展与挑战、有利与风险双重性考验。在这种国际背景下，我们只有用“最新成果”武装全党和教育人民，才能及时抓住有利条件，经受风险考验。所谓抓住有利条件，就是抓住和平与发展这个时代主题给我国带来的三大有利条件：一是抓住世界格局向多极化过渡这个机遇，团结一切可以团结的力量来维护世界和平，提高我国的国际地位，发展我国的现代化事业；二是抓住经济全球化这个机遇，不断开拓世界市场和搞好国际经济合作，加快推进社会主义现代化进程；三是抓住科学技术突飞猛进发展这个机遇，不断提高我国的自主创新能力，努力建设社会主义创新型国家。所谓经受风险考验，就是经受风云变幻的复杂国际局势的两大考验：一是要经受西方“无硝烟战争”的考验，主要是防止和抵制美国等西方国家加紧推行的资本主义的意识形态、政治制度、经济模式、价值观念和生活方式等消极影响，也就是抵制“西化、分化战略”的影响。二是要经受国际共产主义运动低潮的考验，主要是防止和克服在低潮中容易出现的三种错误思潮，即悲观失望思潮、消极颓废思潮和各种背叛思潮。这三种思潮实质上是资产阶级意识形态腐蚀人们灵魂的结果。只有坚持用马克思主义中国化最新成果武装全党和教育人民，才能经受住国际风云变幻的考验。

其次，从国内形势看，总体上说我国正处于经济社会发展最好的时期。但是，要有效地应对市场经济的两重性还是一个新课题。所谓市场经济的“两重性”，就是指市场经济既有积极性又有消极性。其积极性的一面，主要表现在它能推动生产力发展，把经济搞活，合理配置社会资源，促使人的观念更新等。其消极性一面，主要表现在它有盲目性、滞后性和自发性的特征。特别是这种自发性，如果忽视理论武装，它就可能把市场经济条件下人们已经强化了的金钱观念推向极端，而导致出现拜金主义；把市场经济条件下人们已经强化了的享乐观念推向极端，而导致出现享乐主义；把市场经济条件下人们已经强化了的个人利益观念推向极端，而导致出现利己主义。尤其要看到，我国的市场经济正处于不完善阶段，因而漏洞很多，空隙很多，新课题也很多，这就为人们提供的创新机会很多，同时，犯错误和腐败的机会也很多。在这种情况下，只有用马克思主义中国化的最新理论成果武装党员干部，才能提高他们驾驭市场经济的能力，充分利用市场经济的积极性，尽力遏制市场经济的消极性，使其更好地为社会主义现代化事业服务。

（三）这是贯彻党中央在新世纪新阶段培训党员干部的重要战略部署

坚持用中国化的马克思主义培训干部，这是中国共产党的历史经验。无论是延安时期还是建国以后，我们党都坚持用马克思主义中国化的新成果——毛泽东思想培训干部；改革开放时期，我们党提出并解决了用马克思主义中国化的新成果——邓小平理论教育和培训干部的重大课题；进入新世纪以后，党中央在高举马克思列宁主义、毛泽东思想、邓小平理论伟大旗帜的同时，提出并解决了用马克思主义中国化的新成果——“三个代表”重要思想教育全党和培训干部的重大课题；党的十六大以后，党中央又提出了用马克思主义中国化的最新成果——科学发展观等重要思想教育党员和培训干部的新课题，并且强调要把这些最新成果作为全国培训干部的中心内容和主课。2006 年 5 月，胡锦涛同志在为第二批全国干部学习培训教材所作的序言中指出："干部教育培训工作，必须坚持以马列主义、毛泽东思想、邓小平理论和'三个代表'重要思想为指导，全面贯彻落实科学发展观，把学习和传播马克思主义中国化的最新成果作为中心内容，着力引导广大干部准确地把握当代中国马克思主义理论发展成果的科学内涵和精神实质，并用以武装头脑、指导实践、推动工作。"在《2006—2010 年全国干部教育培训规划》中，明确规定"干部教育培训要以马克思主义中国化的最新成果为中心内容，进一步加大理论武装力度，引导广大干部全面准确地掌握和运用马克思主义中国化的最新成果。"2006 年 9 月，曾庆红同志在中央党校秋季开学典礼上的讲话中指出，学习马克思列宁主义、毛泽东思想、邓小平理论和"三个代表"重要思想，学习科学发展观和构建社会主义和谐社会等重大战略思想，用马克思主义中国化的最新成果指导新的实践，"这是我们党的事业的主心骨，也是中央党校的主课"。2006 年 10 月，十六届六中全会决定中，再次强调要"坚持用马克思主义中国化的最新成果武装全党、教育人民"。由以上情况可以看出，用马克思主义中国化最新成果武装党员干部，这是新世纪党中央武装全党、培训干部的重要战略部署。为了贯彻这一战略部署，2007 年 1 月 17 日在中央党校召开了全国党校校长会议。中央党校常务副校长苏荣在会议上的讲话中强调，党校一定要贯彻中央关于培训干部的新精神，"及时反映党的理论创新成果，把学习马克思主义中国化的最新成果作为党校教育的中心内容，着力提高广大高中级领导干部学习、掌握和运用马克思主义中国化的最新成果的素质和能力，推动党的执政能力建设和先进性建设。党校所有部门和全体工作人员都要为党校教育的这一中心内容积极工作，不辱使命，作出贡献"。这次全国党校校长会议以后，大部分省市党校都把马克思主义中国化的最新成果——科学发展观、构建和谐社会和先进性建设等重要战略思想，列为党校培训的主要内容，编教材，进课堂，表明中央关于培训干部的这一战略部署，已经在中央党校和省市党校得到贯彻落实，各级党校正在发挥培训干部的理论阵地作用。

二、深刻理解马克思主义中国化最新成果的主要内容和精神实质

要坚持用马克思主义中国化的最新成果武装全党和教育人民，就必须首先搞清楚最新成果的主要内容及其内在联系。如果用最简明的语言概括最新成果的主要内容，可以用"三论"来表述，这就是科学发展论、矛盾和谐论、先进性建设论。抓住了主要内容之后，还要抓住它的精神实质，掌握其基本精神，这样才能提高理论素质、统一思想认识、推动中国特色社会主义事业发展。

(一)十六大以来马克思主义中国化最新成果的五项主要内容

十六大以来马克思主义中国化最新成果的主要内容，无论是领导讲话还是学者探讨，目前尚未完全统一，但对以下五个方面的内容认识是一致的。这就是：树立科学发展观；构建社会主义和谐社会；建设创新型国家和建设社会主义新农村；建设社会主义核心价值体系和树立社会主义荣辱观；加强党的执政能力建设和先进性建设。

1. 关于树立科学发展观的理论

科学发展观思想是胡锦涛同志在 2003 年 10 月党的十六届三中全会上首次提出来的，受到了中央政治局常委的高度重视，并决定 2004 年 2 月在中央党校举办树立和落实科学发展观的省部级专题研讨班。接着，胡锦涛、温家宝等中央领导同志在许多重要会议上作了系统论述，形成了科学发展观的理论体系。科学发展观是我们党对社会主义建设规律认识的进一步深化，是统领经济社会发展全局的重要指导思想，是实现全面建设小康社会宏伟目标的根本指针，是指导四个文明建设共同发展的世界观和方法论。科学发展观的基本内涵是在以人为本

前提下实现经济社会全面、协调、可持续发展，实质是追求“又好又快”发展。科学发展观在继承马克思主义发展观的基础上，吸收人类社会发展中的进步思想，总结我国社会经济发展的基本经验，科学地回答了为什么发展、为谁发展、靠谁发展和如何发展等一系列重大问题，已经初步形成理论体系，是发展观的理论创新成果。

2.关于构建社会主义和谐社会的理论

党中央在十六届四中全会《决定》中论述执政能力建设任务时，明确提出了“构建社会主义和谐社会”的科学概念和内容要点，接着于2005年2月在中央党校举办的省部级主要领导干部学习班上，胡锦涛对构建社会主义和谐社会的重大意义、理论根据、科学内涵、内容特征、重大原则和实施措施作了系统论述，这就为党中央2006年10月在十六届五中全会上制定《关于构建社会主义和谐社会的决定》奠定了基础。所谓构建社会主义和谐社会，就是在党的领导下动员全党全国人民共同建设“民主法治、公平正义、诚信友爱、充满活力、安定有序、人与自然和谐相处”的中国特色社会主义社会。提出构建社会主义和谐社会，既是对马克思列宁主义、毛泽东思想、邓小平理论和“三个代表”重要思想关于社会主义建设理论的继承发展，又是对中国特色社会主义本质属性和建设规律的深刻认识，是马克思主义中国化进程中理论创新的突出表现。这个理论不仅反映了我们党坚持以人为本、执政为民的基本理念，而且反映了中国人民创建美好生活的共同愿望，是我们党领导全国人民长期奋斗要解决的历史性重大课题。

3.关于加强党的执政能力建设和先进性建设的理论

这是十六大以后党中央为加强执政党自身建设作出的两项重大决策，并在实践中形成了加强执政能力建设和先进性建设的系统理论。这个理论不仅关系着执政党自身的生存发展，而且关系着中国特色社会主义事业的兴衰成败。所谓党的执政能力建设，是指我们党执掌国家政权能力的综合治理过程及其所采取的一系列对策措施。它的实质是要解决为谁掌权、靠谁掌权和如何掌权的问题，核心是坚持为民执政、靠民执政和科学执政、民主执政、依法执政的问题。提高执政能力主要是提高驾驭社会主义市场经济的能力，提高发展社会主义民主政治的能力，提高建设社会主义先进文化的能力，提高构建社会主义和谐社会的能力，提高应对复杂国际局势和处理外交事务的能力。要提高执政能力，就必须加强党的先进性建设，这是提高党的执政能力的组织保证，也是党的自身建设的根本任务。党的先进性不仅体现在党的阶级基础先进、组织形式先进和指导思想先进上，而且体现在党的根本宗旨先进、基本纲领先进和组成人员先进上。先进性不是自发形成的，而是在不断建设中形成的。为此就必须抓好四个先进性建设，即先进的思想政治建设、先进的组织制度建设、先进的廉政作风建设、先进的执政能力建设。加强这四个先进性建设，其实质是要永葆党的先锋队性质，巩固党的执政地位。这些重要思想，既是对马克思主义建党理论的坚持和继承，又是在新时代对马克思主义建党理论的创新和发展。

4.关于建设创新型国家和建设社会主义新农村的理论

建设创新型国家，是党中央在十六届五中全会上明确提出来的。之所以提出这个战略思想，主要是依据世界科技发展的大趋势和国际日益激烈竞争的大局势向我们提出的新要求，同时也是我国实现全面建设小康社会宏伟目标的迫切需要。要建设创新型国家，就必须提高自主创新能力，包括提高原始创新能力、集成创新能力和再创新能力。创新必须从我国的实际情况出发，抓好五大创新问题：一是要加快建立以企业为主体、市场为导向、产学研相结合的科技创新体系；二是要改善技术创新的市场环境，加快建设创新投资和服务体系；三是要完善自主创新的激励机制，健全知识产权保护体系；四是要利用好全球科技资源，积极参与国际科技交流与合作；五是要坚持科教兴国战略与人才强国战略相结合的新路子，为建设创新型国家提供知识和人才保证。这里应特别看到，我国是农民居多数的大国，农业和农村的创新直接关系着创新型国家的建设大计。为此，党中央及时提出建设社会主义新农村的战略思想，开创了解决"三农"问题的新思路。虽然"建设社会主义新农村"这一概念是我们党在六十年代初制定"农业发展纲要"时提出来的，但这次运用它却赋予了新的内容和含义。这种新意主要表现在以下四个方面：一是确立了以科学发展观统领农村建设的新思路，二是要解决新背景条件下出现的新课题，三是提出了以"生产发展、生活宽裕、乡风文明、村容整洁、管理民主"为内容的新要求，四是制定了以"加大国家投入、减轻农民负担、工业反哺农业、城市支援农村、社会广泛参与"为要点的新政策。社会主义新农村建设的关键在于"新"，只有紧紧抓住这"四新"，才能充分认识这个战略思想的创新之处。

5. 关于建设社会主义核心价值体系和树立社会主义荣辱观的理论

党中央在十六届六中全会决定中提出建设社会主义核心价值体系的重要思想，是针对西方正在打一场"无硝烟的战争"，企图动摇社会主义核心价值体系以及市场经济的"两重性"和"四个多样化"带来的群体观念多元化而提出来的。它不仅对于推动经济社会发展和构建和谐社会有重大作用，而且对于加强社会伦理道德建设、统一全党思想、团结全民共同奋斗有指导意义。社会主义核心价值体系是社会主义制度之灵魂，是社会主义意识形态大厦之基石，是社会主义先进文化之根本。它的基本内容主要有四个方面：一是马克思主义指导思想，这是核心价值体系之灵魂；二是中国特色社会主义共同理想，这是核心价值体系之主题；三是以爱国主义为核心的民族精神和以改革开放为核心的时代精神，这是核心价值体系之精髓；四是以"八荣八耻"为核心内容的社会主义荣辱观，这是核心价值体系之基础。上述"四位一体"的基本内容，构成了完整的社会主义核心价值体系。这既坚持了马克思主义价值观思想，又丰富了许多新内容，使其具有强烈的时代性和广泛的包容性，是具有创造性的理论新成果。

（二）马克思主义中国化最新成果五项内容的内在联系和精神实质

1. 马克思主义中国化最新成果五项内容的内在联系

上述讲的以科学发展观为主导的五项最新成果，已经构成了互相联系、互相贯通的有机整体。在这个有机整体中，科学发展观处于统领地位，是贯穿于各项内容的一根主线，因而它主导着各个方面的理论创新。构建社会主义和谐社会，是树立和落实科学发展观的必然结果，也是实现科学发展的社会目标。只有坚持以人为本为核心的全面、协调、可持续发展道路，才能构建以"民主法治、公平正义、诚信友爱、充满活力、安定有序、人与自然和谐相处"为内容的社会主义和谐社会。可见，科学发展观主导着构建社会主义和谐社会的理论创立。建设创新型国家和建设社会主义新农村，是落实科学发展观的必然要求和战略部署，因为科学发展的过程就是党领导人民群众在各行各业不断创新的过程。只有依靠创新，建设创新型国家，才能从整体上实现国家的全面、协调、可持续发展。中国的人口多数在农村，现代化的艰难历程在农业，建设创新型国家的严重问题在于提高农民素质。所以，建设社会主义新农村，就成为落实科学发展观的关键性环节，也是经济社会全面、协调、可持续发展最艰巨的任务。正是出于这种考虑，我们党才把建设社会主义新农村作为落实科学发展观的一项战略部署提了出来。

建设社会主义核心价值体系和坚持社会主义荣辱观，是树立和落实科学发展观的思想道德基础。科学发展观的核心是以人为本，其实质是强调为了人民求发展和依靠人民推动发展。然而要依靠人民推动发展，就必须用社会主义价值观武装人民，为人民推动发展提供强大的精神动力。这种精神动力，当前最突出地表现在坚持以“八荣八耻”为核心内容的社会主义荣辱观教育上，以此为突破口来推动社会主义核心价值体系的建立和完善。实践证明，推动经济社会全面、协调、可持续发展是一项艰巨的任务，如果没有强大的精神动力和思想保障是很难实现的。所以，建立社会主义核心价值体系和坚持社会主义荣辱观教育，是贯彻落实科学发展观的题中应有之义。

加强党的执政能力建设和先进性建设，是贯彻落实科学发展观的政治保证和组织保证。中国共产党是科学发展观的创立者和实践科学发展观的领导者。创立者和领导者不仅要具有过硬的能力，而且要具有很高的素质，这样才能在全国人民中享有崇高的威望，才能领导人民群众贯彻落实科学发展观。总之，科学发展观在马克思主义中国化最新成果中居于统领和主导地位，是贯穿各项内容的一根主线。因此，用“科学发展观等战略思想”来表述这一最新成果的名称，不仅具有代表性和理论性，也具有较强的时代性和包容性。

2.马克思主义中国化最新成果的精神实质

以科学发展观为主导的马克思主义中国化最新成果，涉及到经济建设、政治建设、文化建设、社会建设和党的自身建设各个方面，其着眼点和落脚点，都是围绕着建设中国特色社会主义这个主题展开的，并且统一于建设中国特色社会主义的伟大实践中。所以，马克思主义中国化最新成果的精神实质，是要用以科学发展观为主导的一系列战略思想，来丰富发展中国特色社会主义理论，坚定不移地走中国特色社会主义道路。因此，最新成果仍然是围绕着“什么是社会主义和怎样建设社会主义”这两个课题展开的。首先，它强调中国特色社会主义是科学发展着的社会主义，是实现社会和谐的社会主义，是不断创新的社会主义，这就从不同层面进一步揭示了中国特色社会主义的本质属性，使我们对社会主义的认识进一步深化。其次，它强调建设社会主义的关键在于怎样建设中国特色社会主义。为此，党中央从目标任务、发展思路、战略部署、精神动力和政治保证等方面来系统论述这个问题，丰富了怎样建设社会主义的科学体系。社会主义还在实践中，建设中国特色社会主义道路还很长，最新成果还有待于进一步丰富和完善。总之，把握最新成果的精神实质，必须抓住中国特色社会主义这个主题，坚定不移地走中国特色社会主义道路。胡锦涛同志今年6月25日在中央党校的讲话，再次强调了这个问题，我们必须牢记在心。

三、认真落实用马克思主义中国化最新成果武装党员干部的各项措施

用马克思主义中国化最新成果武装党员干部，是一项很艰巨的新任务。这一方面是由于党内和社会上还有一些人对最新成果能否作为指导思想不够理解，或者误解；另一方面是由于党的一些领导干部和培训机构对学习、宣传、贯彻最新成果不够重视，或者研究不够，因而还拿不出贯彻落实的得力措施。在这种情况下，探讨用马克思主义中国化最新成果武装党员干部的对策措施，非常重要。

（一）高度重视理论武装工作，把学习马克思主义中国化最新成果放在更加突出的位置

理论是行动的指南，重视理论武装工作是我们党的光荣传统，也是现实的迫切需要。各级党政领导必须高度重视这一工作。所谓高度重视，既表现在思想认识上，更重要的表现在行动上，关键看能否把学习最新成果放在更加突出的位置。为此，就要重点抓好以下四个重要环节：一是突出最新成果在党委学习中心组学习内容中的地位，使各级党政领导成员带头深刻领会以科学发展观为主导的一系列战略思想，提高认识，指导实践，认真贯彻。二是突出最新成果在各级党校和干部培训院校教学中的地位，使各级党校和干校都能将最新成果列为干部教育的中心内容，不断深化教学改革，搞好教学新布局。三是突出最新成果在高校马列主义理论课中的地位，使高校党员和师生对最新

成果有一个基本的了解和正确的认识。四是突出最新成果在日常思想政治工作中的地位，使广大群众了解和拥护科学发展观等战略思想，积极参与实践。

（二）大力加强宣传工作，为用马克思主义中国化最新成果武装全党营造良好的舆论氛围

舆论宣传工作是我们党的传家宝，是传播马克思主义真理的重要工具。我们要善于运用这个重要工具，广泛传播最新成果。为此，就要抓好以下四项工作：一要通过报纸和刊物搞好舆论宣传，邀请重要领导和专家教授，写出有分量的文章，使人们对最新成果有正确而深刻的了解。二要通过广播和电视搞好舆论宣传，生动活泼地进行报导，并组织名人访谈和专题讲座，以扩大最新成果在社会上的影响。三要通过网络搞好舆论宣传，唱响主旋律，澄清理论是非，引导人们树立正确的认识。四要抓好传统的宣传思想工作，包括举办最新成果专题报告会和座谈会，举办最新成果专题研讨班和培训班，举办小型学习讨论会和知识竞赛活动等。总之，要采取多种多样的形式，为用最新成果武装全党、教育人民营造良好的舆论氛围。

（三）切实抓好干部培训工作，加快建设传授马克思主义中国化最新成果的教学体系和师资队伍

培训机构是实现理论武装的重要阵地，运用这个阵地教育培训干部，是党的优良传统和政治优势。我们要发挥这个优势，用最新成果教育培训干部。为此，就要抓好以下五项重要工作：一要探索适合党校特点的教学新布局及其具体实现形式，巩固和完善“分类别、分层次”的教学体系，推进最新成果进课堂、入头脑。二要积极推进研究式教学，进一步探索案例式教学、菜单式教学、体验式教学、情景模拟式教学等新的教学方法。通过教学方法改革，提高教学质量和效果。三要建设反映最新成果的学科体系和教材体系。四要编写反映和体现马克思主义中国化最新成果的教材。五要贯彻人才强校工程，培养造就一批既忠诚于党的事业又有较高马克思主义理论水平和教学能力的师资队伍，重点培养一批德才兼备的学术带头人和优秀教师，使他们在培训干部方面发挥传播真理和正确导向的作用。

（四）认真落实马克思主义中国化最新成果的科学研究工作，为培训和宣传提供坚实的理论支撑

科学研究是传播马克思主义真理的基础，一定要把学习、宣传、培训与研究紧密结合起来。为此，就要抓好以下四项工作：第一，选好最新成果的重点项目，建立专门课题组。从当前的迫切需要看，有六个课题必须立项：一是以科学发展观统领经济社会发展全局研究；二是构建社会主义和谐社会的理论与实践研究；三是党的先进性建设理论及长效机制研究；四是建设社会主义新农村研究；五是提高党的执政能力和领导能力研究；六是建设社会主义核心价值体系和荣辱观教育研究。各地可以根据自己的需要列出具有地方特点的课题来，使其切近地方实际，对本地区有指导作用。项目确定以后，可采取委托和招标的形式组建课题组，保证按期按质完成科研任务。第二，完善科研管理体制和激励机制，进一步提高科研成果的质量和效益。就党校系统来说，应按照《全国党校科研评奖条例》，采取措施加以落实，努力做到党校科研评奖的经常化、规范化和制度化。当前，必须重点抓好两项制度建设：一是要根据新课题研究的需要，进一步健全能起激励作用的具体制度规定；二是要根据党的中心工作的需要，探索实行课题立项滚动管理制度。第三，营造和谐科研氛围，创造良好的科研环境，促进创新，宽容失误。为此，就要引导科研工作者勇于坚持真理，并有勇气、有魄力通过克服失误达到真理。第四，进一步探索教学与科研一体化的实现形式，不断推进教学科研一体化改革，继续推广“教学出题目、科研做文章、成果进课堂”的做法，努力做到边实践、边研究、边总结，在实践、研究、总结中有所发现、有所创新，在创新中为党的事业作出新贡献。

全国思想政治工作科学专业委员会工作汇报

全国思想政治工作科学专业委员会常务理事会

各位领导、各位理事、特约研究员和各位到会的同志们：

我受学会主任张蔚萍教授委托，代表常务理事会汇报学会一年来的工作，请批评指正。

全国思想政治工作科学专业委员会第14届年会于2007年7月26日在西宁市召开，具有很重要的意义。之所以说有重要意义，因为这次年会是在我党十七大即将胜利召开前召开的，对于我们深刻领会胡锦涛总书记今年6月25日在中央党校发表的重要讲话精神，回顾总结十六大以来思想政治工作在理论和实践方面的发展成果，统一思想认识，并为十七大闭幕后贯彻大会精神有着特别重要的意义。因此本届年会的中心议题是加强党的意识形态工作，坚持用马克思主义中国化的最新成果武装全党和教育人民，为十七大召开营造良好氛围。历史经验告诉我们，贯彻中央文件精神、统一全党思想认识，都离不开党的思想政治工作，所以，我们一定要积极努力、同心协力、善始善终地把这次会议开好。

同志们在百忙之中抽出时间来参加会议，这表明对学会的支持关怀、对党的思想政治工作的真诚热爱、对坚持用马克思主义中国化最新成果武装全党和教育人民的高度重视，我代表学会向与会同志们表示深切的敬意。

这次年会是在青海省委宣传部的大力支持下召开的，我代表学会对青海省委宣传部等部门的领导和同志们表示衷心的感谢！

参加这次年会的同志，既有老会员和特约研究员，又有新的会员和特约研究员，一些新会员和特约研究员对学会的历史和现状还不太了解，我想借此机会，把学会成立13年来的历史和工作情况简要介绍一下，然后再把最近一年来的工作情况汇报一下。

一、学会成立和研究的基本情况

学会是在中共中央党校领导和各位顾问的关怀下，适应新形势需要于1994年5月由民政部批准建立的，同年9月在中央党校召开成立大会，接着召开了为时3天的第一届思想政治工作理论学术研讨会。在中央党校召开成立大会时，当时的中共中央政治局常委、中央党校校长胡锦涛接见了与会代表并合影留念。他希望学会认真研究思想政治工作这门科学，并与中国职工思想政治工作研究会要有所分工，着重围绕党的中心任务研究党员干部的思想政治教育和科学管理问题，并在学科建设上有所贡献。当时的中共中央党校常务副校长汪家镠作了《紧紧围绕党的中心任务开展思想政治工作研究》的专题报告；中国社会科学院副院长兼中国科学社会主义学会会长江流教授和中央党史研究室副主任李传华等领导同志作了重要讲话；中共中央党校研究所副所长金春明教授和毛泽东思想研究室主任张蔚萍教授以及国家行政学院、清华、北大等单位的党委领导同志都作了讲话。会议就加强思想政治工作这门科学研究和围绕党的中心任务开展思想政治工作研究，以及探索党员干部的思想政治教育管理规律和党的领导等问题进行了比较深入的探讨。

参加这次会议的有来自24个省、市、自治区的120名代表。与会代表中，党校、高校和国有企业党委的领导同志居多。这次会议还健全了学会的组织机构，制定了学会章程，推选张蔚萍教授为学会主任，清华大学党委书记贺美英、国家行政学院副院长张修学、中共北京市委党校常务副校长杨静云等为副主任，朱地博士为学会副主任兼秘书长。学会先后聘请汪家鏐、张全景、袁宝华、郑科扬、赵荫华、徐惟诚等同志为顾问，后来又增聘虞云耀、刘海藩和王伟光同志为顾问，他们都表示对学会大力支持。会议还就加强理论学术研究进行了讨论，决定聘请一批特约研究员作为该会的理论研究骨干，以体现思想政治工作科学专业委员会的特点。这次会议后，随着形势的发展，先后又增选了戴焰军、段若鹏、王坚红、王金树、颜景策等同志为学会副主任，进一步充实了学会的领导机构。

自从 1994 年学会成立以来，13 年间共召开了 14 次年会，还召开了近 40 次小型专题理论研讨会和座谈会；编写了近 30 部著作、论文集和大型工具书，并先后同中央党校思想政治工作研究室、全国育人用人科学专业委员会和中央党校出版社共同出版了 13 册《中国思想政治工作年鉴》。

学会目前的特约研究员和会员，已经由初创时的 100 多人发展到现在的 1200 多人，其中专家、教授和学者占二分之一，领导干部和基层政工干部占二分之一，这是一支理论工作者和实际工作者相结合的研究队伍。学会 13 年来一直在努力贯彻胡锦涛同志 1994 年 9 月 23 日接见学会代表时的指示精神。一是紧紧围绕党的中心工作和中心任务开展研究工作，坚定不移地同党中央保持一致，并把研究成果上报党的有关领导部门，作为中央起草加强思想政治工作文件时参考。比如，1999 年为配合中央起草《中共中央关于加强改进思想政治工作的若干意见》即中央 17 号文件，学会在调研的基础上写了《关于新形势下加强改进思想政治工作的若干问题》的研究报告，被中宣部领导批准刊登在供部领导参阅的《决策参考》上，受到了中央有关领导的关注和肯定。二是围绕现实生活中的热点难点问题和新时代提出的新课题进行理论研究，组织学会领导骨干和特约研究员共编了 10 多部著作和教材，如编写了《社会主义市场经济条件下思想政治工作新课题研究》、《思想政治工作热点难点研究》、《面向新世纪的思想政治工作》等著作和教材。三是加强了思想政治工作这门科学的研究，如组织编写了《思想政治工作学教程》、《思想行为学概论》、《思想政治工作发展史》等专著；还组织写了若干课题和文章，如《思想政治工作的基本规律研究》、《思想政治工作在发展物质生产力和精神生产力的作用问题研究》、《领导干部思维方式和领导方式现代化问题研究》、《思想政治工作与加强党的先进性建设研究》、《思想政治工作与构建和谐社会研究》、《思想工作与树立科学发展观问题研究》、《思想政治工作与提高执政能力问题研究》、《社会主义核心价值体系研究》、《企业思想政治工作创新问题研究》等，大部分都已在重要刊物发表。四是把理论研究与评奖活动相结合，给政工研究工作以鼓励。如学会与浙江省委宣传部、《政工月谈》杂志联合举办了三次全国优秀政工论文大奖赛，以及全国优秀政工论文金点子奖大赛，最近几年又对年会提供的论文进行评奖等。这些活动推动了思想政治工作理论与实践的科学研究。由于重视加强现实重大问题和基础理论的研究，对政工干部和专家学者的吸引力越来越大，要求参加学会的人越来越多，在社会上的影响也越来越大。

二、学会一年来的工作情况

自 2006 年 7 月 26 日在乌鲁木齐市召开第 13 届年会到现在，整整一年时间。这一年来学会主要做了以下八项工作，现简要作一汇报：

第一，2006 年 9 月 23 日在中央党校召开了学会和《年鉴》编委会成立十二周年暨胡锦涛同志接见与会代表十二周年座谈会。郑科扬、赵荫华、刘海潘等顾问参加了会议，袁宝华、张全景、汪家鏐、虞云耀等顾问写信表示祝贺，中央党校、中央组织部、中央宣传部、中央政策研究室、中纪委、求是杂志社、军事科学院等单位的老领导和中青年干部，以及学会和《年鉴》编委会的负责同志共 60 多人参加了座谈会，会议总结和汇报了十二年来的工作，肯定了成绩，鼓舞了士气，提出了新的任务，明确了今后的努力方向，决心把学会和《年鉴》办得更好。

第二，2006年12月中旬在中央党校召开了《继承和发展毛泽东思想，坚定不移地走中国特色社会主义道路》座谈会。与会同志首先从正面论述了在新世纪坚持毛泽东思想的伟大意义和坚定不移地走中国特色社会主义道路的历史必然性，接着从理论和实践结合上批驳了鼓吹在中国搞民主社会主义的种种谬论，分析了产生这种思潮的背景、原因和严重危害，强调在今后的思想政治工作中，要注意澄清理论是非，防止和克服民主社会主义思潮对人们思想上的影响。

第三，2007年2月27日在中央党校召开了纪念毛泽东同志《关于正确处理人民内部矛盾的问题》发表50周年座谈会，有20多位全国著名的专家教授到会，这次会议纪要刊登在2006－2007年度的《年鉴》上，请同志们参阅。

第四，在成都、南宁与有关单位合作，召开了两次研究新形势下思想政治工作新课题、开展"八荣八耻"教育和诚信教育的特约研究员会议，既有专家讲授，又有基层党委领导的经验交流，同志们普遍反映这种形式很好，希望每年多举办几次。

第五，组织编写《构建社会主义和谐社会的理论与实践》、《党的先进性与思想政治工作优秀成果汇编》、《党委书记工作大典》和《党旗飘扬》等大型书籍，前两部已出版，后两部正在编写和组稿，估计年底可出版。

第六，调整学会组织机构，发展新会员和特约研究员，进一步提高了学会的威望和活力。

第七，与天津市委宣传部、政工师指南杂志社共同编撰出版2006－2007年度《中国思想政治工作年鉴》。《年鉴》每期共250万字，需花费大量时间和精力；编好后又要花费很大精力搞发行和赠送工作，希望能得到每位特约研究员的支持和帮助。

第八，积极筹备今年学会年会，现已如期召开。

这里还有一点要向特约研究员和会员同志们说明，我们学会的主要领导和工作人员均为兼职，经费自筹，困难重重，但不管困难多大，我们还是尽心尽力工作，努力使学会越办越好。

总之，自学会成立以来，我们是紧紧围绕胡锦涛同志的指示精神开展研究活动的，基本做到了1年召开1次年会，1年编写1本《年鉴》，1年编写1－2本著作和教材；1年召开2－3次小型研讨会和座谈会。由于学会在研究上立足现实注重实际，尽力将实践经验系统化、科学化、理论化，因而深受政工干部欢迎，并且在社会上的影响越来越太，反映越来越好。

思想政治工作是我们党的传家宝和政治优势，是一门治党治国的科学。希望大家通过学会这个阵地，把广大政工研究工作者团结起来，推动思想政治工作教学和科研的深入开展，推动政工人才的培养和政工队伍素质的提高，在力所能及范围内，为党的思想政治工作科学研究事业作出应有的贡献。

再次对各位多年来的关心和支持表示诚挚的敬意！再次对各位领导和朋友们的到会表示衷心的感谢！

（此文是学会副主任朱地研究员代表学会常务理事会在开幕式上所作的工作汇报）

关于建设社会主义核心价值体系的几个重大问题

——在学会第十四届年会闭幕会上的专题发言

张蔚萍

中共中央《关于构建社会主义和谐社会若干重大问题的决定》中，第一次明确提出了“建设社会主义核心价值体系”的重大命题和战略任务。这是新世纪我们党马克思主义中国化最新成果的一项重要内容，是推动社会主义和谐文化、和谐社会建设的重大举措。为什么党中央在新世纪新阶段要提出建设社会主义核心价值体系？怎样完整准确地理解社会主义核心价值体系的科学内涵和基本内容？应该采取哪些措施建设社会主义核心价值体系？这些都是党政领导和广大党员干部很关心的问题。下边谈点学习体会，仅供同志们参考。

一、建设社会主义核心价值体系提出的时代背景和重大意义

党中央在新世纪新阶段提出建设社会主义核心价值体系重要背景有两个方面：一是直接背景；二是时代背景。从直接背景看，这是构建社会主义和谐社会、和谐文化自身的需要，这一点十六届六中全会《决定》讲的很清楚，同志们容易理解；从时代背景看，这是国际国内形势发展向我们党提出的新要求。这个问题要着重讲一下。

首先，从国际形势发展变化看，除了“和平与发展”这个时代主题给我们带来了发展的机遇和有利条件之外，还使我们面临西方敌对势力正在打一场“无硝烟世界大战”的严峻考验。这场无硝烟战争的核心是用资本主义演变社会主义，其焦点是用资本主义核心价值体系演变社会主义核心价值体系，最终目标是演变社会主义政权。提出建设社会主义核心价值体系，就是为了抵制资本主义核心价值体系的侵袭，巩固社会主义政权。二是面临着国际共产主义运动低潮的严峻考验。列宁讲过，国际共产主义运动低潮中容易出现三种思潮，即悲观失望思潮、消极颓废思潮、政治背叛思潮。这三种思潮实质上是资本主义人生价值观腐蚀人们灵魂的结果。现在，我们正处在国际共产主义运动第三次低潮的最低谷阶段，列宁所讲的那三种思潮严重存在着。党中央提出建设社会主义核心价值体系，就是为了抵制资产阶级人生价值观对党员干部思想的腐蚀，以便顺利渡过低潮，迎接新世纪高潮的到来。

其次，从国内形势发展变化看，总的局势是向又好又快的方向发展，前途是光明的，但路途并不平坦。特别是深化改革的过程中，我们每个党员干部都要面对市场经济的两重性：其积极性的一面，就是它能推动生产力发展、合理配置社会资源、促使人们观念更新；其消极性的一面，就是它能诱发社会人群产生一种自发势力，从而把市场经济条件下人们已经强化了的金钱观念推向极端而导致出现拜金主义；把人们已经强化了的享乐观念推向极端而导致出现享乐主义；把人们已经强化了的个人利益观念推向极端而导致出现利己主义。这三种主义是资产阶级人生价值观的核心。这就告诉我们，如果忽视教育和管理，市场经济的消极性就可能催生资产阶级人生价值观的滋长。党中央提出建设社会主义核心价值体系，就是为加强这方面的教育和管理，以防止和克服资产阶级人生价值观对人们思想的腐蚀，巩固社会主义意识形态在我国社会的主导地位。

从上述背景看，提出建设社会主义核心价值体系有着重大的现实意义，具体表现在以下

三个方面：一是它有利于推动社会主义和谐社会建设。就是说，建设社会主义核心价值体系，能为构建社会主义和谐社会提供共同理想和精神动力。二是它抓住了社会主义和谐文化建设的根本。党的十六届六中全会决定指出：“社会主义核心价值体系是建设和谐文化的根本。”之所以说是根本，是因为社会主义核心价值体系决定着我国和谐文化建设的性质和方向。三是它能促使全社会价值取向和道德建设的共同进步。随着改革开放的深化，人们的价值取向和道德意识越来越多样化，多样化的价值观念和道德意识，必须有核心价值观和道德观加以引导，否则，社会生活中就会出现不良价值取向和败坏的道德风气。总之，建设社会主义核心价值体系，既有利于推动社会主义和谐社会、和谐文化建设，又有利于促进社会主义价值观的树立和社会伦理道德建设。只要认真学习和贯彻这一战略思想，就能形成一种强大的精神动力，推动经济社会又好又快发展。

二、建设社会主义核心价值体系的科学内涵和基本内容

马克思指出：“‘价值’这个普遍的概念是从人们对待满足他们需要的外介物的关系中产生的。”这就告诉我们，价值产生于外界物质关系，而价值观则是这种物质关系在人们头脑中的能动反映，并且在实践中会逐步形成价值观体系。在这个价值观体系中，居于主导地位的称“核心价值体系”。社会主义核心价值体系，是指在马克思主义指导下，坚持社会主义共同理想、坚持中华民族精神和时代精神、坚持社会主义荣辱观的价值体系。社会主义核心价值体系是社会主义政治制度精神之魂、是社会主义意识形态之基石、是社会主义先进文化之根本。社会主义核心价值体系是其价值观念与价值行为的有机统一体，既有鲜明的阶级性和能动的导向性特征，又有强烈的时代性和广泛的包容性特征。

十六届六中全会《决定》指出：“马克思主义指导思想，中国特色社会主义共同理想，以爱国主义为核心的民族精神和以改革创新为核心的时代精神，社会主义荣辱观，构成社会主义核心价值体系的基本内容。”这“四位一体”的基本内容，有着严密的内在逻辑结构，形成了完整的科学理论体系，是党在新世纪新阶段理论创新的重要成果。

（一）马克思主义指导思想，这是社会主义核心价值体系的精神支柱

党中央一再指出，马克思主义是我们党认识世界、改造世界的科学世界观和方法论，是改革、建设、发展的理论基础和行动指南。只有把马克思主义指导思想放在第一位，才能确保社会主义核心价值体系的性质，才能保证社会主义事业的胜利。在建设社会主义核心价值体系中，当前之所以特别强调坚持马克思主义指导思想，是因为马克思主义在武装人的过程中遇到了严峻挑战。首先，在经济领域，相当长一段时间西方经济学占领了很多高校和科研院所这些培养人才的重要阵地，并直接影响到企业的改革，刮起了阵阵私有化风，助长了腐败滋长。2005年7月15日，中国社会科学院原副院长、著名经济学家刘国光教授给中央政治局常委写了一封长信，反映了这种情况，引起了党中央的高度重视，并采取措施积极应对这种挑战。经过反复较量，才逐渐有所好转。其次，在政治领域，一段时间以来，境外敌对势力和媒体大肆攻击我国的政治制度，国内有些人打着政治改革的旗号宣传西方自由化观点，指责我党领导的人民代表大会制度和多党合作制度，鼓吹西方的“三权鼎立”和议会民主。西山会议事件的出现，就是这种新自由化抬头的一种表现。中央领导同志明确指出：“新自由主义是国际垄断资产阶级关于全球化意识形态的理论表现，其根本目标是肢解民族国家，为垄断资本提供更多空间。对此，必须保持清醒认识，否则就有可能导致理论和政策上的失误。”再次，在思想领域，随着市场经济的发展和意识形态多元化的出现，一些人对马克思主义信仰发生了动摇，认为“马克思主义是空的，科学技术是硬的，黄金钞

票是实的”，主张要“丢掉空的、掌握硬的、只要实的”。上述情况说明，把马克思主义指导思想放在社会主义核心价值体系的第一位，不仅很重要，而且很紧迫。应该指出，强调坚持马克思主义指导地位，并不排斥人们思想信仰的多样化。然而经验教训告诉我们，越是多样化越要加强马克思主义的指导地位。否则，就会动摇中国特色社会主义的根基，动摇人民团结奋斗的思想基础，甚至会导致思想混乱乃至社会动荡。只有坚持马克思主义指导思想，才能有效引领、整合社会思潮，团结不同信仰和认识水平的人们共同进步。

（二）中国特色社会主义共同理想，这是社会主义核心价值体系的灵魂

马克思主义认为，理想是一种信念，表示着人们对未来的向往和追求。人们的理想大体有三类：一是生活理想，主要是对未来美好生活的一种向往和追求；二是工作理想，主要是对自己从事工作和事业的一种美好向往和追求；三是政治理想，主要是对未来美好社会的一种向往和追求。政治理想是一种高层次的理想。共产党人追求的共产主义理想和社会主义理想，就是这种高层次理想。其实，社会主义是共产主义的重要组成部分，是共产主义事业的第一阶段。我们要为共产主义远大理想奋斗，首先要为第一阶段的社会主义理想奋斗。在当前，为什么党中央反复强调要为中国特色社会主义共同理想而奋斗呢？其中一个重要背景，就是在理想信念多元化的情况下，有些人肆无忌惮地鼓吹非社会主义理想，其中最突出的就是有人鼓吹“民主社会主义”理想，企图取代社会主义共同理想。比如，中国人民大学原副校长谢韬写的文章中，公开提出了“只有民主社会主义才能救中国”的口号。民主社会主义是什么东西？就是北欧社会党和苏共背叛者戈尔巴乔夫所鼓吹的东西。美国一位著名学者陈奎德曾一针见血地指出，“谢韬提出的民主社会主义实际上就是现在世界上以北欧为代表的福利国家实行的社会民主主义……这种制度在政治体制上强调民主，这一点与西方其它国家没有什么区别”。民主社会主义由于打着“民主”和“社会主义”两个招牌，在党内外很有欺骗性，已经形成一种思潮。只要我们解剖一下民主社会主义的内容，就知其本质：一是它在经济上主张“以私有制为主体的混合经济”，这同邓小平讲的“以公有制为主体、多种所有制共同发展”是根本对立的；二是它在政治上主张实行“多党轮流执政制度”和“三权分立制度”，这同我国实行“共产党领导的人民代表大会制和多党协商制”是根本对立的；三是它在指导思想上主张多元化指导，反对以马克思列宁主义、毛泽东思想、邓小平理论和“三个代表”重要思想为指导。可见，民主社会主义实质上是鼓吹现代资本主义，或者叫特色资本主义，这同我们党讲的中国特色社会主义共同理想是根本不相同的。当然，西欧民主社会主义的某些具体做法我们可以借鉴，但作为一种指导思想和社会理想是不能采纳的。在党的十七大召开前夕，面对民主社会主义思潮不断滋长的状况，必须旗帜鲜明地表明我们党的态度。以胡锦涛为总书记的党中央，最近提出了“四个坚定不移”，其核心是强调要坚定不移走中国特色社会主义道路和牢固树立社会主义共同理想。抓住了这个共同理想，就抓住了社会主义核心价值体系的灵魂。

（三）民族精神和时代精神，这是社会主义核心价值体系的精髓

这里说的民族精神，是以爱国主义为核心的民族精神，是中华民族在长期社会实践中形成的民族意识、民族品格、民族气质和爱国精神的总和。在新世纪加强爱国主义教育和弘扬民族精神，主要应抓好四点：一是教育人们正确认识和对待我国的历史和现状，培养人们热爱祖国的高尚情操；二是要把爱国主义和社会主义结合起来，激励人们为社会主义祖国富强而奋斗；三是把热爱祖国同热爱共产党结合起来，引导人们在党的领导下为建设现代化的祖国贡献力量；四是要把树立民族自尊心、自信心和虚心好学结合起来，引导人们在弘扬民族精神中善于团结世界人民争取和平发展。民族精神和时代精神是互相交融的。所谓时代精神，是指在新世纪以改革创新为核心的与时俱进精神。改革开放是我们党的既定方针，必须坚定不移地贯彻执行。改革的生命力在于创新，不创新就不能与时俱进。所谓创新，就是开发新事物的创造性活动过程，是适应时代需要在实践中解决新课题的活动过程。创新有三个层次：第一层次是原始创新，主要是个人独立发明创造活动；第二层次是集成创新，主要是集体智慧的系统创造活动；第三个层次是再创新，主要是在学习和借鉴他人先进技术和经验中的再创造活动。创新的关键是思想解放和观念创新。为此，就必须抓住两个要点：一是要具有敢创和求实的精神，没有这种精神就谈不上创新；二是要善于在"六新"上下功夫，即善于适应新时代，善于研究新情况，善于形成新思路，善于找出新办法，善于开创新局面，善于作出新贡献。实践证明，只有既敢创又善创，把两者结合起来，就能真正做到与时俱进，这是时代精神的精髓。

(四)社会主义荣辱观，这是社会主义核心价值体系的基础

荣辱观是人们对荣誉和耻辱的根本看法和态度，属于伦理道德范畴。社会主义荣辱观，在建国初期是以"五爱"(爱祖国、爱人民、爱劳动、爱科学、爱社会主义)为主要内容进行建设的，并在长期实践中形成了各民族平等、团结、友爱、互助的新型人际关系。改革开放时期，我们党又提出了"五讲四美三热爱"的新内容，对建设新时期的伦理道德关系起了积极作用。到了新世纪新阶段以后，以胡锦涛为总书记的党中央，在继承以往优良道德传统的基础上，把社会主义荣辱观的基本内容概括为"八荣八耻"，即以热爱祖国为荣，以危害祖国为耻；以服务人民为荣，以背离人民为耻；以崇尚科学为荣，以愚昧无知为耻；以辛勤劳动为荣，以好逸恶劳为耻；以团结互助为荣，以损人利己为耻；以诚实守信为荣，以见利忘义为耻；以遵纪守法为荣，以违法乱纪为耻；以艰苦奋斗为荣，以骄奢淫逸为耻。以上八条内容，其实质是倡导树立社会主义人生价值观，推动社会主义核心价值体系建设。"八荣八耻"对社会主义荣辱观的内容概括系统全面、用语精炼准确、正反鲜明对照、针对性非常强。不仅立意高，起点实，而且覆盖面广，只要不懈努力，都可不同程度地做到。

总起来说，社会主义核心价值体系"四位一体"的基本内容，第一个是讲思想信仰问题，第二个是讲理想信念问题，第三个是讲精神动力问题，第四个是讲道德基础问题。其中以马克思主义理论为指导，统领着共同理想、民族精神、时代精神和荣辱观，形成了互相联系、相辅相成、融会贯通、系统完整的科学价值体系。这是我们党在新世纪新阶段实现马克思主义中国化的最新成果之一，对社会主义意识形态建设具有长远的指导意义。

三、建设社会主义核心价值体系的对策措施

建设社会主义核心价值体系，重在贯彻落实。而要贯彻落实，关键要采取切实有效的对策措施。根据党中央的要求和各地的实践经验，有以下四个问题应认真抓好：

(一)加强党的领导和管理，使其真正落到实处

这是建设社会主义核心价值体系的根本保证。从历史上看，任何一项重大决策的贯彻，都要加强党的领导和管理，尤其在西方价值观念不断渗透和人们的价值观念多元化的情况下，更要加强党的领导和管理。为此，就要从四个方面入手：一是党政领导干部要高度重视，把建设社会主义核心价值体系作为党中央在新阶段的一项战略决策，作为提高党员干部思想政治素质的一项重大举措。有位省委书记说得好："人生价值观是人们头脑里的总开关，总开关把握好了，其他一切问题都好解决；总开关出了问题，其他一切行为都容易出问题。"二是要把这项工作摆到党政领导工作的重要议事日程，定期开会研究讨论，解决实践中遇到的热点难点

问题，周密部署，精心指导，不断推动这项工作深入开展。有位市委书记反映，有些领导同志把价值观教育看成是一项软任务，说起来重要，干起来次要，忙起来忘掉。所以要真正把这项工作摆到重要议事日程加以落实，还是一个很艰巨的任务。三是党政领导干部要带头树立社会主义价值观，为党员和群众作出表率。因为领导干部地位高，影响大，责任重，只要领导以身作则，模范带头，党员和群众就会跟着学习和贯彻，很快就会形成树立社会主义价值观的良好风气。焦裕禄同志当县委书记时曾经说过，领导干部的模范行为是一种无语言的教育，榜样的力量是无穷的。这是被实践证明了的真理。四是党政领导干部要同心协力抓好政工队伍建设，为建设社会主义核心价值体系提供组织保证。这里所说的政工队伍，主要是指专职政工队伍，同时还包括兼职政工队伍，包括广大党员干部，这是马克思恩格斯讲的大政工队伍概念。这里所说的“队伍建设”，既包括提高政工队伍素质的软件工程建设，又包括加强编制、投资、管理等硬件工程建设，只有把两者紧密结合起来，才能真正加强政工队伍建设。

（二）加强舆论宣传和深入细致的思想政治工作，使其不断深入党心民心

我们党一贯重视舆论宣传和思想政治工作，把它看成是我们党的传家宝和政治优势。建设社会主义核心价值体系，就要发挥这个政治优势。为此，就要抓好两个方面的工作：首先要抓好报刊、电视、广播和网络等现代化传媒的宣传工作，为建设社会主义核心价值体系营造浓厚的舆论氛围。这里关键是要善于唱响我国意识形态的主旋律，在尊重差异、包容多样中引领社会思潮，使社会主义人生价值观逐渐深入人心。其次要做好深入细致的日常思想政治工作，帮助人们树立正确的人生价值观。这就要求我们必须从荣辱观这个基础内容入手，紧紧抓住民族精神和时代精神这个精髓，进而深入抓好理想信念这个灵魂和马克思主义理论这个根本，不断提升人们的政治觉悟和理论水平，坚定人们的政治信仰和立场。深入细致的思想政治工作，不仅在于方法形式上的生动活泼和灵活多样，而且在于教育内容上的层次性适合人的思想构成的层次性。深入细致的关键在于坚持由浅入深的原则，善于由心理认识层逐步深入到思想意识层，进而再深入到政治理论层。只有这样由浅入深，才能触及到人们的灵魂，使社会主义价值观深入党心民心。

（三）改进党员干部的培训和理论研究工作，不断提高教育培训效果

重视干部培训和理论研究，这是我们党的优良传统。面对新世纪的社会主义核心价值体系建设，最重要的是不断改进干部培训和理论研究工作。只有在改进上下功夫，才能使党员干部受到深入系统的社会主义价值观教育并获得理论提升。为此，各级党校、干校都要把社会主义核心价值体系纳入教育培训课程，积极推进研究式教学、案例式教学、体验式教学、答辩式教学，在改进中提高教育培训效果。同时，还要结合地方和基层的特点，组织一批有较高理论水平和研究能力的人员，深入研究人生价值观教育中的热点难点问题，如研究马克思主义面临的挑战与创新问题；研究中国特色社会主义共同理想与民主社会主义的本质区别问题；研究社会主义人生价值观同资产阶级人生价值观的本质区别问题；研究重视金钱与拜金主义、重视愉乐与享乐主义、重视个人利益与利己主义的本质区别问题；研究如何积极推进社会主义核心价值体系的社会化和现代化问题，等等。这些热点难点问题研究清楚了，有利于提高社会主义价值观教育和培训的实际效果。

（四）从党组织和个人两个方面共同努力，推动社会主义核心价值体系的具体落实

社会主义核心价值体系建设，既是党组织的任务，也是每个党员干部的任务，只有把两者的积极性都调动起来，才能真正有效地具体贯彻落实。为此，就要从两个方面共同努力：首先，从党组织来说，必须善于“三抓”：一是善于抓教育。重点要把党员干部教育好，使他们成为践行社会主义价值观的模范，这是提高中华民族素质的关键；同时要把党的积极分子和广大群众教育好，使他们树立正确的人生价值观，这是提高中华民族素质的基础。二是善于抓管理。重点是抓好“党要管党”工作，关键是落实中央委托中组部制定的十项管理制度。管好党的目的是为了管好社会，管好社会的基础是管好社会群体，管好社会群体既要坚持以法治国与以德治国相结合，又要完善社会道德规范和制定具体管理制度，使管理逐步科学化、规范化、制度化。三是善于抓监督。人的能动性和自发性是极强的，不仅要教育、引导和管理，而且要实施必要的监督。监督的重点是搞好党内监督，健全党的纪检部门，同时还要抓好舆论监督、人大监督、政协监督、社团监督和群众监督。监督是互相的，群众和组织应互相监督。就是群众之间，也应互相监督。在市场经济条件下，人们的民主、自由观念越来越强，多元化、多样化的问题越来越突出，因而加强监督也越来越重要。要充分认识到，抓监督是保护社会主义核心价值体系不受错误思潮侵袭的有效手段，任何时候都不能轻视和放松。

其次，从个人角度来说，必须做到“三要”：一要勤于学习，主要是学习关于社会主义核心价值体系的科学理论和相关知识，增强对其精神实质的理解。学习要在“勤学”上多下功夫，挤时间学，刻苦地学，学而不倦，学而不厌。要牢记革命导师列宁的教导：“学习、学习、再学习。”学习是为了获得知识，更是为了改造思想和增强党性修养。通过思想改造和党性修养，使自己牢固树立社会主义人生价值观。我们要向周恩来同志学习，“活到老、学到老、改造到老”。这应该成为我们的座右铭。二要勇于实践，主要是积极参加改革、发展和建设的社会实践，在社会实践中提高自己的认识能力，纯洁自己的思想意识，检验自己的人生价值观念。参加社会实践必然会遇到艰难困苦，没有勇气和意志去克服它，是难以坚持下去的。比如，组织上派你到贫困艰苦的地区和单位工作，这对你的人生价值观是一个严峻考验。要经得起艰苦实践的考验和磨砺，这样将来才会成就一番事业。三要善于总结，就是指在学习和实践中善于总结经验教训，在总结中使自己的精神世界得到升华，工作有所创新。有的同志只知看书学习，只顾埋头实践，而不善于总结经验教训，忙碌一生，无所作为。毛泽东同志说过，只有在实践中善于总结，才能有所发现、有所发明、有所创造、有所前进、有所贡献。我们应该牢牢记住这一至理名言。

全国思想政治工作科学专业委员会第十四届年会会议纪要

2007年7月26日至28日，全国思想政治工作科学专业委员会第十四届年会在青海省西宁市隆重举行。这次会议由全国思想政治工作科学专业委员会、全国育人用人科学专业委员会、《中国思想政治工作年鉴》编撰委员会与中共青海省委宣传部共同筹办。来自全国各地的136名特邀嘉宾、特约研究员和学会会员参加了此次年会。会议紧紧围绕新形势下加强党的意识形态工作和坚持用马克思主义中国化的最新成果武装全党和教育人民问题进行了深入的研讨。

会议开幕式由学会副主任段若鹏主持，中共青海省委常委、宣传部部长曲青山发表了热情洋溢的祝辞，中共青海省委宣传部副部长高玉峰等到会祝贺，学会副主任朱地代表学会常务理事会向与会特约研究员和与会代表汇报了学会建设情况以及一年来的主要工作情况。

与会代表认真学习了胡锦涛总书记6月25日在中央党校发表的重要讲话精神，深入分析了当前坚持用马克思主义中国化最新成果武装党员干部的几个重要问题，回顾总结了十六大以来思想政治工作在理论和实践方面的发展成果，研究了思想政治工作面临的新形势新任务，提出要切实加强和改进思想政治工作的对策措施，强调要发挥思想政治工作在宣传马克思主义、发展马克思主义方面的积极作用，为十七大的胜利召开营造良好的舆论氛围，为实现党的重大战略任务提供理论支持和人才保证。

会上，学会主任张蔚萍作了题为《关于坚持用马克思主义中国化最新成果武装党员干部的几个问题》的主题报告，其内容分为三个部分：一是充分认识用马克思主义中国化最新成果武装党员干部的重大意义。概括起来说，这是继承发扬我党保持先进性的优良传统的需要，是时代发展变化对我们党提出的新要求，是贯彻党中央在新世纪新阶段培训党员干部的战略部署。二是深刻理解马克思主义中国化最新成果的主要内容和精神实质。用最简明的语言从理论上概括这一最新成果，可以用“三论”来表述，这就是科学发展论、矛盾和谐论、先进性建设论。具体来说，十六大以来马克思主义中国化最新成果主要有五项重要内容，即树立科学发展观，构建社会主义和谐社会，加强党的先进性建设和执政能力建设，建设创新型国家和社会主义新农村，建设社会主义核心价值体系和树立社会主义荣辱观。这五项内容是一个有内在联系的有机整体，其中科学发展观在这个有机整体中起主导作用，其精神实质是要用以科学发展观等战略思想来丰富发展中国特色社会主义理论，坚定不移地走中国特色社会主义伟大道路。三是认真落实用马克思主义中国化最新成果武装党员干部的各项措施。各级党委要高度重视理论武装工作，把学习最新成果放在更加突出的位置；要大力加强宣传工作，为理论武装营造良好的舆论氛围；要切实抓好干部培训工作，加快建设反映最新成果的教学体系和师资队伍；要认真落实最新成果的科学研究工作，为培训和宣传工作提供坚实的理论支撑。

紧接着，大会围绕中心议题进行专题发言，交流思想、互相启发。会议通过自荐和学会推荐相结合的方式，有四位与会代表作了精彩发言。

华北电力大学党委书记朱常宝发言的题目是《警惕民主社会主义思潮泛滥，做思想清醒、政治坚定的思想政治工作者》。他认为旗帜和道路问题决定国家的根本性质，代表国家的发展方向，是凝聚党心、民心的精神支柱，是当前思想政治领域中的一个根本问题，在当前我国处于经济社会发展和改革开放的关键时刻，西方期待中国向资本主义演变，国内也有一种声音主张走民主社会主义道路。胡锦涛总书记的讲话作了明确的回答，我们要坚定不移地走中国特色社会主义道路。为了进一步解决旗帜和道路这个根本问题，在当前有必要对民主社会主义思潮的反马克思主义的实质，进行深刻的剖析和批判。

天津市政工职称评定办公室主任王金树发言的题目是《做好政工职评工作是加强政工队伍建设的重要措施》。他详细介绍了政工师职称的由来和未来发展方向，指出在加强政工队伍建设的同时也要加强政工队伍的职称评定工作。

中共河南省委党校谢德民教授发言的题目是《在构建和谐社会过程中加强思想政治工作的战略对策》。他认为构建和谐社会离不开强有力的思想政治工作，要在和谐社会构建过程中加强思想政治工作，从战略上应当把握四条对策。一是从宏观的领导、管理层面，从事思想政治工作的领导者、决策者应确立识、行、境三大观念，即要有卓越的见识、以身作则的行动和塑造良好的环境；二是从具体的操作手段层面，要掌握情、理、利三大方法，即要以情动人，以理服人，赋人以利；三是从思想政治工作应追求的效益层面，要坚持和掌握新、活、实三大标准，即突出一个“新”字，做到一个“活”字，落实一个“实”字；四是从切实的保障措施层面，要强化“研”、“建”、“领”三大要素，即加强思想政治工作的理论研究，抓好队伍建设，强化党对思想政治工作的领导。

江南社会学院陈洪良教授发言的题目是《坚定不移地走中国特色社会主义道路》。他认为要毫不动摇地坚持与发展中国特色社会主义，这是胡锦涛总书记强调的四个坚定不移的总纲，是我们要高举的旗帜；我们要有危机意识，要深刻把握中国特色社会主义的科学内涵。社会主义与资本主义的斗争从来都没有停止，当前集中表现在要不要坚持中国特色社会主义，焦点是共产党的执政地位问题；要警惕西方“民主陷阱”，欧洲民主社会主义不适合中国国情，中国特色社会主义是中国共产党领导人民实践探索出的唯一适合中国发展的道路；中国特色社会主义基本内涵是中国历史文化发展延续的社会主义，中国共产党领导建设的社会主义；中国特色社会主义的本质是实践发展的马克思主义，坚持改革开放，落实科学发展观和构建和谐社会，关键是抓好党的自身建设。

在大会发言的基础上，应与会同志的普遍要求，张蔚萍教授作了《关于建设社会主义核心价值体系的几个重大问题》的专题讲座，着重分析了建设社会主义核心价值体系提出的重要背景、重大意义、科学内涵和基本内容，并有针对性地提出了加强社会主义核心价值体系建设的有效措施，受到与会同志的欢迎。

与会同志普遍感到本次年会时间紧凑、内容充实、收获很大，代表提交的论文有质量、涉及面广，既有理论高度，又有实用性和操作性，特别是与会代表认真听讲、认真记录，由始至终表现出对十七大的热切关心和对政工事业的真诚热爱。

大会在紧张而有序的交流会后结束。学会副主任段若鹏在大会闭幕式上简要总结了这次会议的收获、经验和特点，提出了今后的研究任务，并真诚地希望广大会员继续向学会提出意见和建议，期待着明年的年会开得更好。他说，只要大家共同努力，学会一定会越办越好。

（此文由学会办公室主任杨光整理）

一册在手　良师益友

——阅读、使用《年鉴》的收获、体会与思考

朱成荣

我是2001年被全国思想政治工作科学专业委员会聘为特约研究员的。从那时起，得以有机会订购、阅读《中国思想政治工作年鉴》(以下简称《年鉴》)。我感到，《年鉴》是一部集政治性、理论性、权威性、专业性和针对性于一体的不可多得的好书，阅读、使用《年鉴》，对我们的理论学习、工作指导和专业研究的帮助很大，真可谓"一册在手，良师益友"。这里谈谈自己近年来阅读和使用《年鉴》的收获、体会与思考，借以向学会领导汇报，向专家学者请教，也与同行交流，并向为《年鉴》编辑出版付出辛劳的各方人士表示感谢和敬意。

一

我在阅读中体会到，《年鉴》具有很强的政治性、理论性、权威性和针对性。

——《年鉴》具有政治的坚定性。讲政治是马克思主义的基本原则。毛泽东认为，政治工作是一切经济工作的生命线。邓小平指出，共产党人什么时候都得讲政治。江泽民强调，领导干部一定要讲政治。作为一个党员干部，在政治问题上一定要头脑清醒、态度坚决、旗帜鲜明，其核心是同党中央在政治上保持高度一致。我感到，《年鉴》紧紧围绕党的中心任务研究党员干部的思想政治教育问题，所选用的文献、讲话、论文、资料都很好地体现了讲政治的要求，政治方向明确、政治立场坚定、政治观点正确、政治纪律严明，表现出很强的政治鉴别力和政治敏锐性，阅读《年鉴》感到踏实、可靠，特别是对一些不讲政治的非马克思主义的观点和现象的分析、批判，表现了马克思主义的战斗精神，阅读起来让人感到解渴、振奋。我认为，《年鉴》在坚持马克思主义在意识形态领域的指导地位上发挥了重要作用。

——《年鉴》具有理论的创新性。无论对党还是对党的干部来说，理论上成熟都是政治上成熟的基础。党在理论上的提高，是党的领导正确性、科学性的根本保证。《年鉴》非常重视围绕党中央提出的重大战略思想，开展理论学习、理论宣传和理论研究，除了刊载中央重要文献和中央领导同志的重要讲话，还设置了一系列重大理论创新的研究专题，如2002年版有"学习贯彻十六大精神"、"全面贯彻'三个代表'重要思想"；2003年版继续保留"学习贯彻'三个代表'重要思想"，增设"党的建设与执政能力研究"；2004—2005年度版有"执政能力建设与科学发展观研究"、"构建和谐社会研究"、"保持共产党员先进性教育活动"等；2005—2006年度版有"贯彻十六届五中全会精神和落实'十一五'规划专辑"、"全面贯彻落实科学发展观"、"加强党的执政能力建设的理论与实践"、"构建社会主义和谐社会专辑"、"加强党的先进性建设专辑"等。这些重大理论专题的设置及选载的研究成果，对于推动党的理论创新，特别是推动用马克思主义中国化的最新成果武装思想、指导实践、推动工作上发挥了积极作用。此外，《年鉴》也很重视思想政治工作专业理论的研究和创新，每期都组织发表最新的研究成果，借以推动政工学科的专业建设和政工实践。

——《年鉴》在内容上具有权威性。思想政治工作是一门政治性很强的科学。在加强思想政治工作理论研究的过程中，应当允许有不同观点的讨论和学术争鸣，这是没有疑义的。但

是，必须强调，这种讨论和争鸣必须在坚持马克思主义的指导地位的前提下进行。因此，思想政治工作的理论研究和实践探索，都需要有正确的理论基础和政治导向。我感到，《年鉴》为我们提供了一部具有权威性的学习和研究的理论辅导和实践指导的“百科全书”。说《年鉴》具有权威性，主要基于两个方面：一是基于其刊载的“政工文献”都是党和国家的重要文献和领导人的重要讲话；二是基于《年鉴》各专题的文章作者大都是相当职级的领导干部和相关学科的知名专家。因此，《年鉴》所载内容政治上可靠，理论上可信，实践上可用。

——《年鉴》具有很强的现实针对性。根据中央领导同志的要求，学会紧紧围绕党的中心工作研究党员干部的思想政治教育问题，汇集在《年鉴》中的研究成果，对加强党员干部的思想政治教育具有很强的现实针对性。特别是“重大理论和现实问题探讨”专题中所刊载的许多文章，读后能给人很多启发。举例来说，2005年版中“共产党人应该如何对待社会主义低潮——兼论目前世界社会主义形势”、“几个经济理论是非界限的探讨”，2004—2005年版中关于新自由主义的评析和“用什么经济理论驾驭中国特色社会主义经济建设”、“当前党政领导干部关注的重大思想理论问题”，2005—2006年版中的“谈谈经济学教学和研究中的一些问题”、“刘国光谈话所引起的思考”等，态度坚决、旗帜鲜明，读后留下深刻印象，对于澄清模糊认识，坚定马克思主义的方向和信念有很大帮助。

当然，《年鉴》所具有的特点并不止以上方面。比如，《年鉴》在学科上具有专业性，对思想政治工作科学专业的理论和学术研究处于前沿地位；《年鉴》的资料收集具有全面性，涉及到思想政治工作的方方面面，甚至可以说涉及到党和国家工作的方方面面；《年鉴》在功能上具有指导性，无论是对提高党员干部的思想政治素质和领导能力，还是对思想政治工作的实践探索和理论研究都具有重要的指导作用。

二

我注重阅读和使用《年鉴》，是因为我从阅读和使用中获得收益。我感到，《年鉴》对我的学习、工作和研究都有很大帮助，发挥了重要作用。

一是理论学习的辅导作用。学习是党员的权利和义务，对于一个党员干部来说，重视理论的学习和运用，是提高自身思想政治素质和领导能力的最重要的方法和途径。对于自己这样一个从事党校教育和干部培训工作的人来说，加强理论学习更是履行职责、做好工作的前提和基础，是须臾不可忽视的基本功。因此，多年来，我养成了重视理论学习的习惯，主动地自觉地坚持学习马克思主义基本理论，努力增强自身的理论素养。特别是重视学习马克思主义在中国发展的最新成果，用以武装头脑、统一思想、指导工作实践。在这方面，《年鉴》为我提供了很好的学习辅导材料。例如，关于“三个代表”重要思想，关于牢固树立和落实科学发展观，关于构建社会主义和谐社会，关于加强党的执政能力建设和先进性建设等专题，都是我重点阅读的内容。每一次校委中心组集中学习之前，我都要根据确定的学习主题，翻阅《年鉴》中的相关专题和文章，为参加中心组学习交流作准备。可以说，《年鉴》所载文章的作者，是我的未曾谋面的老师，《年鉴》在我的理论学习中发挥了重要的辅导作用。

二是工作实践的指导作用。我是做党校教育和干部培训工作的。党校教育的对象是各级领导干部，他们来自改革和建设的各条战线，带来大量的各种各样的理论和现实问题，如何有针对性地加强干部教育和培训，对党校教育工作者是很大的挑战和考验。近些年来，在指导制定各班次的教学计划和课程内容时，我都比较重视利用《年鉴》。因为《年鉴》内容非常全面，涉及到政治、经济、文化和社会建设的各个方面，既有中央对全党全国以及各级领导干部的要求，也有改革开放和全面建设小康社会中的重大理论和现实问题的反映，还包括了当前党员干部和群众关注的社会热点、难点问题。这些对我们制定各级各类干部培训班次的具体教学计划、确定教学课程和专题内容有很强的指导性，一册在手，可以统览全面。还有一个事例，2004年底，校委决定我负责全校保持共产党员先进性教育工作，这是一件专项工作。老实说，当时我对如何做好这项工作缺少准备、心中没底、压力很大。我从2003年版的《年鉴》上读到张蔚萍教授的《新世纪开展保持共产党员先进性教育活动的意义背景、基本精神和对策措施》，感到长见识、受启发、开眼界、很管用。这篇文章对我加深对中央关于先进性教育的《决定》精神的理解，联系实际做好我校的先进性教育工作，可以说是帮助很大。这件事也使我更增加了阅读和使用《年鉴》的自觉性。因此，每次一得到新版的《年鉴》，我都要从头到尾浏览一遍，对需要重点阅读的篇目先做上记号，以便日后再精读。

三是专业研究上的向导作用。我曾在教研部从事过一段时间的党的建设理论和思想政治工作学科的专业教研工作。尽管后来因工作需要做起了教学行政工作，但我一直把党建和思想政治工作作为自己的"专业"，保持着对本专业理论学习和研究的浓厚兴趣与爱好。这样，《年鉴》又成为我专业研究上的向导。从中既可以学习、借鉴和分享各位领导和专家的研究成果，也可以了解、把握学科当前研究的重点和发展的前沿问题，使自己的学习和研究有明确的方向和目标，少走弯路，避免重复劳动。这也是我在工作之余经常翻阅《年鉴》的一个原因。近年来，《年鉴》也刊载了我的习作，如，2002年版有《关于加强党校学员思想政治教育工作的实践与思考》、2003年版有《贯彻"三个代表"要求，永葆党的先进性》、2005—2006年版有《充分发挥党校在党的执政能力建设中的作用》等。借此机会，再次向学会领导和《年鉴》编辑表示衷心感谢。

三

我在阅读和使用《年鉴》中获得很多教益，同时也感受到对编好《年鉴》负有责任。这里，不揣冒昧地提出自己的一些想法和建议，供学会领导和《年鉴》编辑参考。

一是进一步加强研究工作的组织性。重视思想政治工作是我们党的光荣传统，从一定意义上可以说我们党是靠思想政治工作起家的，思想政治工作是党的传家宝。但是，在党的工作重点转移到经济建设方面来以后，在改革开放和发展社会主义市场经济的条件下，如何适应新的形势和任务的要求，进一步加强和改进思想政治工作，充分发挥思想政治工作的作用，应该说是面临着诸多的挑战和不适应。在这种情况下，全国思想政治工作科学专业委员会高扬党的思想政治工作光荣传统的大旗，组织起一支由思想政治工作的领导者、实践者和理论工作者集合而成的队伍，坚持不懈地推进思想政治工作的实践探索和理论研究，并克服重重困难，编辑出版《年鉴》，为大家提供发表成果的阵地和交流心得的平台，真正是功不可没、功德无量。这是应该充分肯定的，值得敬重的。同时，我觉得，要使这样一支队伍充分发挥作用，尚需进一步提高组织程度。可能是我个人的原因，参加年会的机会较少，对学会的要求了解很少，比如关于学会2006年重点工作安排，是从《年鉴》出版后才读到。因此，我想，能否在年初就将学会的安排告知会员（特约研究人员），下达任务，提出要求，加强检查督促，这样可能有利于研究人员多出成果、出好成果。另外，能否按地区组织一些讨论交流活动，也提出来供学会领导参考。

二是进一步编好《年鉴》。我在前面汇报了阅读《年鉴》的收获和体会，我确实感受到其对我学习和工作的帮助，而且我也能理解和体会编辑这样大部头的《年鉴》的不易和艰辛，所以我再三地表示我的感谢和敬意。同时我也希望《年鉴》愈办愈好。因此，我建议，

《年鉴》的内容能更集中一些，有些学科相同和相近的专题能进行归并，比如关于“政工”和“党建”的那些专题可以合并，在一个大的专题下分为若干子目。我还建议，在不增加《年鉴》篇幅的情况下，尽量地扩大其容量，比如可采用“论点摘编”、“重要文献备忘录”、“报刊文章篇目辑览”等栏目，加大《年鉴》承载的信息量和覆盖面，为大家阅读、使用提供更多的空间和便利，也为研究者提供更多的资料和信息。此外，还建议增加一个关于党校教育和干部培训的专题，这既与学会和《年鉴》的宗旨相符合，也有利于调动和发挥党校教育工作者的积极性。

（作者：中共江苏省委党校副校长兼昆山分校校长，此文是作者在全国思想政治工作科学专业委员会第十四届年会上的书面发言）

十六大以来思想政治工作和思想道德建设取得新成就

中国政研会

我们党历来高度重视思想道德建设和思想政治工作。以毛泽东、邓小平、江泽民为核心的三代中央领导集体，根据各个历史时期党和国家面临的不同形势和任务，十分重视加强思想道德建设和思想政治工作，为革命、建设、改革的顺利进行提供了有力思想保证。党的十六大以来，以胡锦涛同志为总书记的党中央，从全面建设小康社会、加快推进社会主义现代化的全局出发，结合建设中国特色社会主义的伟大进程，结合经济社会发展的阶段性特征，结合人们思想道德观念的客观实际，在继承中创新，在巩固中发展，在改进中提高，开创了思想道德建设和思想政治工作的崭新局面。

(一)在党中央坚强领导下，思想道德建设和思想政治工作的地位不断提升。十六大以来，以胡锦涛同志为总书记的党中央始终坚持以邓小平理论和“三个代表”重要思想为指导，把思想道德建设与思想政治工作摆上重要议事日程，作出一系列重要论述和重大决策部署。先后下发《关于认真学习贯彻党的十六大精神的通知》、《关于在全党兴起学习贯彻“三个代表”重要思想新高潮的通知》、《关于进一步加强和改进未成年人思想道德建设的若干意见》、《关于进一步加强和改进大学生思想政治教育的意见》等十多个重要文件。召开全国宣传思想工作会议，胡锦涛总书记作了重要讲话，对加强改进思想道德建设和思想政治工作提出了明确要求。召开全国加强和改进未成年人思想道德建设工作会议、加强和改进大学生思想政治教育工作会议，胡锦涛总书记都亲自出席并发表重要讲话，对着重抓好青少年思想道德建设工作作出全面部署。2006年初，胡锦涛总书记发表关于树立社会主义荣辱观的重要讲话，引起全社会的强烈反响，形成了思想道德建设的新热潮。近年来，中央在提出重大战略任务时，思想道德建设和思想政治工作已成为一项越来越重要的内容；在推动和促进各项重要工作时，思想道德建设和思想政治工作都是一项重要举措。同时，各地各部门也把思想道德建设和思想政治工作提到更加突出位置，列为党委工作要点，写进政府工作报告，纳入经济和社会发展总体部署，建立健全相应的领导体制和工作协调机制，有效推动了工作的深入开展。正因为各级党委和政府领导的高度重视、坚强领导，加强和改进新形势下思想道德建设和思想政治工作的意识日益强化、力度日益加大、氛围日益浓厚。

(二)积极适应我国经济社会发展阶段性特征的目标任务，思想道德建设和思想政治工作的内容不断深化。十六大以来，思想道德建设和思想政治工作适应新世纪新阶段形势和任务发展变化的需要，紧紧围绕中央重大决策部署，围绕干部群众关注的热点难点问题，围绕重大事件和重要节庆、纪念日，不断拓展新的领域，充实新的内容。十六大召开后，迅速组织开展学习贯彻十六大精神和“三个代表”重要思想的宣传教育，广泛进行以“弘扬伟大民族精神、全面建设小康社会”为主题的宣传教育。十六届三中全会提出树立全面、协调、可持续的发展观，组织开展了贯彻落实科学发展观的宣传教育；十六届四中全会首次提出构建社会主义和谐社会的重大命题，组织开展了构建社会主义和谐社会的宣传教育；十六届五中全会通过《中共中央关于制定国民经济和社会发展第十一个五年规划的建议》，组织开展了回顾“十五”、展望“十一五”的宣传教育；2006年3月，胡锦涛总书记明确提出牢固树立以“八个为荣、八个为耻”为主要内容的社会主义荣辱观，组织开展了社会主义荣辱观的宣传教育；十六届六中全会通过《中共中央关于构建社会主义和谐社会若干重大问题的决定》，组织开展了贯彻六中全会精神的宣传教育。2007年6月25日，胡锦涛总书记在中央党校发表的重要讲话中，把高举中国特色社会主义伟大旗帜，教育全党引导人民深刻理解、自觉做到“坚定不移地坚持解放思想，坚定不移地推进改革开放，坚定不移地落实科学发展、促进社会和谐，坚定不移地为全面实现小康社会而奋斗”作为新世纪新阶段思想政治工作的重要任务。思想政治工作要用“四个坚定不移”进一步统一全党的思想认识，深入贯彻落实科学发展观，努力构建社会主义和谐社会，万众一心，向全面建设小康社会的宏伟目标进军。几年来，我们还紧紧抓住抗非典胜利，神五、神六发射成功，28届奥运会中国代表团取得优异成绩，纪念抗战胜利60周年、建党85周年、长征胜利70周年、香港回归10周年、建军80周年等有利契机，形象、生动、具体地开展爱国主义教育和党史国史军史教育，大力弘扬伟大的民族精神和时代精神。为迎接2008年北京奥运会，启动了“全民迎奥运”主题教育活动。另外，在全国城乡广泛开展了形势政策教育、民主法制教育、马克思主义唯物论和无神论教育，实施万村书库工程等等。正因为组织开展了一系列宣传教育，统一思想、凝聚力量，化解矛盾、理顺情绪，从而为全面建设小康社会、构建社会主义和谐社会创造了必要的思想文化条件。

（三）紧密结合人们生产生活和思想观念深刻变化的实际，思想道德建设和思想政治工作的载体不断创新。十六大以来，思想道德建设和思想政治工作针对人们思想观念和价值取向多元多变多样趋势更加明显的新情况、新问题，在继承和发扬好传统好经验的基础上，创新载体手段，改进方式方法，努力增强针对性实效性和吸引力感染力。在爱国主义教育工作方面，启动实施全国爱国主义教育示范基地建设一号工程和533工程，重点发挥在红色旅游方面的作用，着力改进陈列方式、丰富展示手段。在形势政策教育工作方面，通过组织主题教育、举办高层次形势报告会、编印宣传提纲、组织电视大讲堂和开展网上谈系列等，努力改变过去空洞呆板的说教。在典型宣传工作方面，在加强改进新闻宣传的同时，注重运用报告会、座谈会、研讨会、文艺晚会和电影、电视剧、专题片等多种形式，全方位展示典型的先进事迹、崇高精神、内心世界，努力做到让典型可亲可敬可信可学。在公民道德建设工作方面，确定“公民道德宣传日”和“中小学弘扬和培育民族精神月”，举办中国公民道德论坛、公民道德建设网上系列谈、公民道德建设知识竞赛，推出电视专题片，中央主要新闻单位普遍开辟专栏、专题、专版和专门频道，国家重点新闻网站相继设立公民道德网页，组织流动宣传车巡回演出、赠送道德年画春联，在公共场所设立标牌，努力强化和拓展社会宣传教育。正因为着力于方式方法的改进创新，积极开辟新渠道，运用新载体，思想道德建设和思想政治工作初步形成了媒体报道、社会宣传、文化渗透、工程实施、活动承载的多样化、网络化工作体系。

（四）社会各方面关心、支持和参与热情普遍高涨，思想道德建设和思想政治工作的活力不断激发。党的十六大以来，思想道德建设和思想政治工作，始终坚持全党全社会共同来做的指导方针，充分调动和发挥党政各部门、社会各方面的作用，确立了“党委统一领导、党政群齐抓共管、有关部门各负其责、全社会积极参与”的良好局面。高层次形势报告会举办单位由原来1个发展为5个，文化科技卫生“三下乡”主办单位由原来8个发展为14个，“百城万店无假货”活动开展部门由原来2个发展为8个，红色旅游活动从开始就由中宣部、发改委、财政部、国家旅游局等14个部门联合推出、共同开展。现在，很多地方老党员、老劳模、老军人、老教师、老干部在思想道德建设和思想政治工作中发挥着重要作用，不少基层单位结合社会热点和典型事例广泛开展群众性道德评议活动，大多数城乡都开展有“小手牵大手”活动。为纪念《公民道德建设实施纲要》颁布5周年和第4个公民道德宣传日，在长沙共同举办第三届中国公民道德论坛。中宣部举办的公民道德建设网上系列谈活动，每次在线人数最高超过9万人，网页浏览量达3000万人次。联合组织的公民道德知识竞赛，全国有300多万人参加，涉及全国几十万个单位，涵盖各个社会群体。正因为社会各方面和广大干部群众的热情关心、积极支持和广泛参与，思想道德建设和思想政治工作的覆盖面逐步扩大，影响力逐步增强。

（五）自觉服务中心、服务大局、服务群众，思想道德建设和思想政治工作的成效不断增强。十六大以来，思想道德建设和思想政治工作始终坚持为党和国家的中心任务服务、为广大干部群众服务，取得了新的成绩。中宣部先后公布了269个全国爱国主义教育示范基地，在爱国主义教育、弘扬民族精神和时代精神方面起到重要作用。“三下乡”活动开展10年来，共向农村送图书7亿多册，送戏690多万场，送电影2500多万场；科技人员下乡1700多万人次，举办科技培训班410多万场，培训农民6.9亿人次；下乡医疗队36万多支，开展医疗培训1600多万次，为2.48亿农民看了病，为农民群众办了大量好事实事。“百城万店无假货”活动开展10多年来，共出动打假人员2900多万人次，查获假冒伪劣商品案值740多亿元，捣毁制假售假窝点4.6万多个，为农民挽回经济损失38亿多元。形势政策教育共举办130场报告会、20场网上谈系列活动，编写下发十几个宣传提纲，成为干部群众学习领会中央精神、统一思想认识的重要渠道。典型宣传集中推出郑培民、许振超、任长霞、牛玉儒、丁晓兵、华益慰、丛飞、王选、方永刚、袁隆平等40个重大个人典型和呼和浩特“12·14”营救落水儿童英雄群体、河南省新乡市耿庄村党支部等7个重大集体典型，为各行各业树立了学习榜样。正因为着眼于讲实情、出实招、办实事、求实效，思想道德建设和思想政治工作呈现出扎实推进、蓬勃发展的良好态势。

总之，党的十六大以来，在党中央坚强领导下，在各地各部门共同配合下，在社会各方面广泛参与下，在宣传思想战线积极努力下，思想道德建设和思想政治工作取得较大成效。马克思主义在意识形态领域的指导地位和中国特色社会主义共同理想更加巩固，党中央一系列重大战略思想日益深入人心，民族精神和时代精神得到弘扬，公民基本道德规范和行为准则得到普遍认同，社会道德风尚发生可喜变化，热爱祖国、服务人民、锐意进取、科学文明、团结互助、爱岗敬业正在成为人们的主流价值取向。

当前我国主要社会思潮的特征及发展变化的原因

中国政研会、中宣部政研所课题组

一、当前我国主要社会思潮呈现的突出特征

1. 更加关注现实利益问题。一方面，现实针对性大大提高。以往社会思潮主要集中在抽象层面的学术思想领域，与现实社会的联系大多比较间接。当前一些社会思潮则直接与现实相关，对社会、民生的关注度有所提高，更加重视制度层面的、可操作的问题，往往针对某些社会问题抛出相应的“药方”。据课题组开展的专家问卷调查显示，对于当前一些社会思潮有一定市场的原因，专家选择“现实针对性强，能对社会热点作出解释”的占 22.6%，居第二位。另一方面，现实利益相关度提高。参与者的利益动机增强，不同思潮代表不同群体、不同阶层的利益，人们接受某一思潮不再只是出于纯粹的思想认同，而是掺杂了更多的利益因素，支持与否在很大程度上取决于该思潮是否合乎自身的利益诉求。

2. 更加注重争夺话语权并试图影响现实。为争夺话语权，抢占思想舆论阵地的主导权，社会思潮之间的争论、交锋更加激烈。一些社会思潮的代表人物通过写文章、作讲演等各种机会，积极介入社会热点问题的讨论，力图使自己的声音最响亮最动听，说服人们接受自己的观点。比如，新自由主义和“新左派”思潮针对改革中出现的腐败和社会不公现象的成因和解决途径，分别持不同意见。同时，一些社会思潮不满足于取得话语权，而是积极介入现实，试图影响现实。

3. 传播更加多样化、立体化、平民化。一是继续借助书、报刊、大学讲坛等传统渠道进行传播，抢占舆论阵地。电视、报刊是人民群众获取信息的重要渠道，在思潮传播中发挥着一定的作用。大学作为社会思潮的发酵升温地，继续扮演着重要角色。二是利用互联网、手机短信等新技术手段，扩大传播渠道和范围。社会思潮的传播进入集声音、文字、图像于一体的时代。尤其是 20 世纪 90 年代后期以来，互联网逐渐成为社会思潮传播的重要工具。三是更贴近平民百姓的生活。无论是传播的内容还是方式，社会思潮与普通百姓的距离更近了，往往紧扣人们普遍关心的收入差距拉大、上学难、上学贵、看病难和看病贵等问题阐述观点；表达方式更通俗易懂，有的在语言表达上甚至趋向“煽情化”。

4. 群体基础逐渐从精英向大众扩展。以往社会思潮仅仅局限于少数高校的教师和人文社会科学研究人员，而当前思潮的参与者已不限于知识分子，日趋大众化。知识分子依然是社会思潮的中坚力量，在社会思潮的形成、发展、传播等方面发挥着主导作用。青年群体参与社会思潮的程度加深，尤其是高校学生和新闻出版单位的青年记者、编辑人员，在一些社会思潮的传播、发展中发挥着重要作用。同时，这些社会思潮往往以群众利益“代言人”的面目出现，善于抓住人们普遍关注的问题发表见解，对人们的思想困惑给出看似合理的解答，容易满足一些普通群众的心理需求。

5. 各种社会思潮更注重吸收其他思潮的思想。社会思潮之间既相互排斥，又相互吸引，相互撞击、相互影响的趋势在加剧。为了扩大自己的影响，社会思潮在有限度地坚持自己传统的、特定原则的基础上，开始吸收其他社会思潮

对自己有利的思想内容。比如“新左派”思潮和民族主义在一些问题上的立场趋于接近，并在某些方面出现融合趋势，而新自由主义意识到民族主义在中国有着较为强大的群众基础，也开始讨论利用民族主义的问题。

二、当前我国社会思潮发展变化的主要因素

1.随着市场经济的发展，作为上层建筑的思想领域也在发生着深刻变化。我国进行经济体制改革以来，社会主义市场经济逐步确立和完善。市场经济是一种经济形态，同时也包含着一种价值体系，它所表达的自由、平等、竞争、信用、法治等观念，构成了市场经济的基本价值理念。市场经济主体的多元化，也导致人的价值观念的多样化。特别应注意的是，市场经济的趋利性使得人们在选择各种思想观念时是以对自己有利为判断标准的。因此，一些人接受了自由、平等、竞争等思想观念，而对于法治、信用等则漠然视之，法治精神和社会信用体系亟需加强。在这种情况下，各种社会思潮就如何建立起适应市场经济条件下的思想道德体系阐述各自的观点和思想。

2.随着贫富差距扩大、社会阶层分化问题的凸显，各种思想理论应运而生。专家问卷调查显示，超过20%的专家认为社会思潮能对社会热点作出解释。应当看到，在我国深化改革的过程中，各种深层次的矛盾逐渐凸现，人民内部矛盾和多种利益关系日益复杂，人们思想上的困惑需要及时予以解答。比如，20世纪90年代以来，中国社会的贫富差距扩大趋势日益明显，社会阶层出现分化，贪污腐败屡禁不止。这些社会问题的出现，使人们对于社会公正的呼唤日益强烈，在一定程度上推动了以突出强调社会公正等价值诉求的“新左派”思潮的发展。

3.随着我国由传统社会向现代社会转型，各种思想观念相互激荡。十一届三中全会以来，我国开始从农业社会向工业和信息社会、从传统社会向现代社会、从封闭性社会向开放性社会转型，意识形态领域处于一个划时代、多维度、多层次的复杂状态。既有历史延续下来的传统思想观念，又有与现实生活接轨的甚至超前的现代思想观念；既有本民族固有的思想观念，又有外来的思想观念。各种思想观念往往相互激荡，人们在传统和现代、本土和外来的思想意识中选择、徘徊。这给了各种社会思潮生存和发展的现实机会。

4.随着对外开放的扩大及全球化程度的加深，西方思想文化在我国得到广泛传播。我国对外开放的程度不断加深，各种外来的文化产品、思想观念涌入我国，对人民群众形成多方面、多层次、多样性的影响。在西方思想观念对人们影响逐步加深的同时，人们对于中华民族优秀传统文化的呼唤也日趋强烈，开始有人对全球化持强烈的质疑态度。网上问卷调查显示，93%的人赞同“全球化只对发达国家有利，对发展中国家不公平，应予以抵制”的观点。

5.随着我国综合国力和国际地位大幅提升，国民心态悄然发生新的变化。新中国成立以来特别是改革开放以来，我国政治、经济、社会、文化等各方面建设取得了举世瞩目的成就，综合国力大大增强，国际地位大幅提升，人们的民族自信心和自豪感大大增强。在这一历史进程中，人们不同程度地体验了从受害自卑、崇洋媚外到扬眉吐气、自信自尊的心路历程，某种骄傲自大的情绪在一些人中也有所滋长。同时，西方发达国家对我国综合国力和国际地位的提升缺乏心理准备，其习惯性的霸权主义行径必然引起国人的强力反弹。在这一特定背景下，我国的国民心态呈现出前所未有的复杂性、敏感性等特点，民族主义特别是极端的、狭隘的民族主义在一定范围内开始蔓延。

6.随着大众文化的普及和推广，人们的世界观、人生观、价值观正在发生深刻变化。目前，大众文化已经进入一个多维立体的传播时代，人们随时随地都在接受来自各种媒体的大

众文化的影响。在丰富精神文化生活、满足人们精神文化需求的同时，大众文化的影响已经深入到人们的思想意识层面。人们对于英雄主义、理想主义不再像20世纪90年代以前那样热衷，取而代之的是平民主义、现实主义等。“超级女声”的广受追捧，互联网上各种“另类人物”的轮流上演，无不在表达着这样一种大众的审美倾向。在大众文化的影响下，人们的世界观、人生观、价值观正在发生深刻的变化，人们更加热衷于追求现实目标和当前利益。正是在这一背景下，功利主义等社会思潮得到迅速发展。

全国思想政治工作创新研究优秀成果评选情况及获奖名单

中国政研会

为展示近年来特别是党的十六大以来基层思想政治工作创新研究方面的优秀成果，总结基层思想政治工作创新研究的经验，探索思想政治工作创新的规律，鼓励广大思想政治工作研究者多出体现时代性、把握规律性、富于创造性并对工作有借鉴价值的研究成果，促进思想政治工作创新研究深入开展，推动思想政治工作创新实践，2006 年下半年，中国思想政治工作研究会组织开展了全国思想政治工作创新研究优秀成果评选活动。

这次评选活动的范围是 2003 年 1 月 1 日至 2006 年 6 月 30 日期间完成的思想政治工作创新研究方面的成果。2006 年 7 月，中国思想政治工作研究会秘书处向全国 31 个省（区、市）政研会、43 个全国性行业（系统）政研会和特约研究员下发了《关于开展全国思想政治工作创新研究优秀成果评选的通知》，至 2006 年 12 月 31 日，共有 23 个省（区、市）政研会、17 个全国性行业（系统）政研会和部分特约研究员报送参评研究成果 400 余项。2007 年 1、2 月份，中国思想政治工作研究会秘书处在对申报的研究成果进行初步筛选的基础上，请评审委员会的专家分别对申报的研究成果进行初评。之后，专家评审委员会对申报的研究成果进行最终评审。共评出“全国思想政治工作创新研究优秀成果”一等奖 20 名、二等奖 30 名、三等奖 50 名。中国思想政治工作研究会会员单位参评、获奖情况和全国思想政治工作创新研究优秀成果评选获奖名单如下：

中国思想政治工作研究会会员单位参评、获奖情况

（按省、区、市政研会和行业政研会参评成果的数量排序）

会员单位	参评数量	获奖数量
内蒙古自治区政研会	24 篇	3 篇
河北省政研会	17 篇	5 篇
北京市政研会	16 篇	5 篇
河南省政研会	13 篇	3 篇
山东省职工政研会	12 篇	4 篇
甘肃省政研会	12 篇	4 篇
江西省职工政研会	12 篇	2 篇
湖南省职工政研会	12 篇	2 篇
江苏省政研会	10 篇	2 篇
福建省政研会	9 篇	3 篇
新疆自治区政研会	9 篇	3 篇
天津市政研会	9 篇	2 篇
浙江省政研会	9 篇	2 篇

会员单位	参评数量	获奖数量
吉林省政研会	9篇	1篇
湖北省政研会	8篇	3篇
西藏自治区政研会	7篇	1篇
山西省政研会	6篇	2篇
辽宁省政研会	3篇	1篇
黑龙江省职工政研会	3篇	1篇
广东省职工政研会	3篇	1篇
云南省政研会	3篇	1篇
上海市政研会	2篇	2篇
贵州省职工政研会	2篇	1篇
中国流通行业管理与思想政治工作研究会	11篇	1篇
中国机械职工政研会	10篇	3篇
中国航天科技集团公司政研会	10篇	3篇
中国铁路职工政研会	10篇	2篇
中国金融职工政研会	9篇	1篇
中央企业党建政研会	8篇	3篇
中国航天科工集团公司政研会	8篇	3篇
中国林业职工政研会	7篇	3篇
中国科学院政研会	7篇	2篇
中国电子职工政研会	7篇	2篇
中国石化政研会	6篇	2篇
中国交通职工政研会	4篇	1篇
中煤政研会	3篇	2篇
中国兵器工业集团公司党建政研会	3篇	1篇
中国医药职工政研会	3篇	1篇
中国建设职工政研会	2篇	2篇
中国纺织职工政研会	1篇	1篇

全国思想政治工作创新研究优秀成果评选获奖名单

（排序不分先后）

一等奖：20名

文章标题	作者	单位
现代企业制度条件下企业宣传思想工作创新研究	王瑞祥、杜渊泉、卢卫东、金思宇	国务院国资委
量化职业道德	宋贵伦	中共北京市委宣传部
北京市高新技术企业青年思想政治工作状况调研报告	史秋秋	北京市政研会
北京市朝阳区农民公共意识调查报告	王少峰、李君甫	中共北京市朝阳区委宣传部；北京工业大学
“三贴近”与思想政治工作创新	李延龄、王彦坤、杨天华	河北省政研会；河北省社科院

文章标题	作者	单位
思想政治工作新论	徐正初	中共上海市宣传党校
山东省民营企业思想政治工作的现状及对策	中共山东省委宣传部	中共山东省委宣传部
宣传思想工作概论	孔玉芳	中共河南省委宣传部
坚持探索实践,不断创新发展,把项目党建和现场思想政治工作提高到一个新水平	中国铁路工程集团有限公司党委	中国铁路工程集团有限公司党委
构建“实效型政工”新格局的探索与实践	郭宝林、王　强、李洪涛、赵　凯、崔德泉	中国兵器工业集团内蒙古第一机械制造(集团)有限公司
真心真诚真情,为民亲民利民——关于动拆迁中的思想政治工作	上海市建设交通系统政研会	上海市建设交通系统政研会
探索的轨迹	沈明达	中交第三航务工程勘察设计院有限公司
关于在集团公司全面推进思想政治工作保障体系建设的研究报告	中国航天科工集团公司政研会课题组	中国航天科工集团公司政研会
企业并购重组中文化整合的途径与方法	北京医药股份有限公司企业文化课题组	北京医药股份有限公司
徐矿集团“政工网络”课题报告	徐州矿务集团“政工网络”课题组	徐州矿务集团
大型中外合资企业党建工作的认知与实践	东风汽车公司党委	东风汽车公司
关于深化创新文化建设若干理论问题研究	中国科学院创新文化建设研究课题组	中国科学院
简析“人的根本就是人本身”对思想政治教育的启示意义	沈湘平	北京师范大学
网络思想政治教育概论	李炳毅	兰州大学
民营企业思想政治工作价值冲突及出路探讨	余　楠	集美大学

二等奖:30 名

文章标题	作者	单位
创新社区思想政治工作,服务新时期和谐社区建设	王红兵	中共北京市东城区委宣传部
论思想政治工作方式创新	孙树平	中共北京市宣武区委党校
河北省社会各群体思想状况系列调研报告	河北省政研会课题组	河北省政研会
企业文化建设研究	呼和浩特市政研会	呼和浩特市政研会
关于振兴辽宁老工业基地进程中省直企业思想政治工作情况的调查	瞿尚成、丛大庆	辽宁省政研会

文章标题	作者	单位
关于“社会主义新农村”文化建设活动专题的调研报告	中共福建省莆田市委宣传部	中共福建省莆田市委宣传部
略论新时期共产党员先进性的基本内涵	刘上洋	中共江西省委宣传部
关于非公企业思想政治工作的几点思考	车延高	中共湖北省武汉市委宣传部
加强思想道德建设构建社会主义和谐社会	张瑞民	中共甘肃省委宣传部
新疆维吾尔自治区非公有制企业思想政治工作调研分析报告	新疆自治区政研会办公室	新疆自治区政研会
煤矿安全思想教育的理性思考与实践	中煤政研会课题组	中煤政研会
航天文化与中国航天事业的发展	中国航天科技集团公司政研会	中国航天科技集团公司政研会
改革脱困企业维护稳定工作的实践与思考	魏合田	中国兵器工业集团西安北方庆华机电集团公司
在打造知名固井承包商的创业中认识企业精神的地位和作用	曹新华	中国石化集团胜利石油管理局黄河固井公司
适应新形势，突出新特点，设置新载体，不断加强和改进来京务工人员的思想政治工作	王增彪、杨潇	北京城建集团有限责任公司党委宣传部
以发展为主线，以创新为灵魂，求真务实地开展企业思想政治工作	赵景光	北汽福田汽车股份有限公司
二次创业中的文化再造	中国石油大庆石油化工总厂	中国石油大庆石油化工总厂
以党委“五个一”系统工程为主线努力创新国有企业思想政治工作	辽河石油勘探局	辽河石油勘探局
关于国有林场开展思想政治工作的调查与思考	陈靖奎	黑龙江省七台河市林业局
以危机文化为核心的徐重特色企业文化创建	徐筱慧	徐工集团徐州重型机械有限公司
大力开展艰苦奋斗专题学习教育活动	王柏丞	安徽广播电视传输发射总台
当前国有粮食企业思想政治工作面临的突出问题和解决办法	邱吉玲	江西省粮食局
我国企业文化建设的九大趋势	张茂荣	山东济南二机床集团有限公司党校
企业改革发展中的思想政治工作	程树东	湖北省电信公司
“导控群体意识”的实践与探索	“导控群体意识”课题组	中国三江航天集团
机制贵在创新，特色胜于完美	陶新平	中国南方电网有限责任公司贵州电网公司兴义供电局

文章标题	作者	单位
建服务文化、铸诚信彩虹	张守平、李　萍、赵　霞	山东日照供电公司
2005年河南省大学生思想道德状况调研报告	陈垠亭、张向战等七人	河南师范大学
以实效性为导向切实改进大学生价值观教育	阳智明、陈延斌	徐州师范大学伦理学与德育研究中心
随"德"潜入心，润"生"细无声	蒋　萍	新疆自治区昌吉州第二中学

三等奖：50名

文章标题	作者	单位
城乡结合部居民思想状况及教育对策研究	戴　维	中共北京市昌平区委宣传部
青年大学生价值观基本特点及其引导	类延旭	北京市海淀区清华园街道办事处
思想政治工作在构建和谐社会中的现实意义	李英田	中共中央党校
农村社区思想政治工作是一个不容忽视的问题	胡有刚	中共天津市西青区委宣传部
社会主义荣辱观——思想政治工作的重要内容	张晋斌、陈晓虎	中共山西省委宣传部
关于黑龙江农村思想政治工作的调查与思考	陈　辉、苏万新	黑龙江省职工政研会
把宣传思想政治工作做到农民的心窝里——关于推行村民月会制度的探索与思考	陈　静	中共江苏省淮安市楚州区委宣传部
携手求发展，共浴好时光——对浙江省进城务工人员的调查	浙江省政研会课题组	浙江省政研会
民营企业思想政治工作研究	王友平	中共福建省厦门市委党委
在"留守孩"身边留住爱	潘昌坤	中共江西省赣州市委宣传部
愚公移山——从寓言故事到民族精神的"神话"	薛玉森	中共河南省济源市委宣传部
适应新环境、营造新优势，开创非公企业思想政治工作新局面	胡中梅	中共广东省委宣传部
甘肃省非公有制企业思想政治工作调查报告	甘肃省政研会	甘肃省政研会
关于新农村思想道德建设的现实思考	李保福	中共西藏自治区日喀则地委宣传部
国家重点管道工程前线党工委工作模式研究	杨成生、陈　静、王　斌	中国石油天然气管理局
中国冶勘企业文化建设现状、原因及对策探讨	张怀庆	中国冶金地质总局中南局

文章标题	作者	单位
新形势下思想政治工作供求关系的研究与思考	刘建忠	中国石化集团胜利石油管理局
论思想政治工作绩效评价	董　平	中国石化镇海炼化分公司
推行"9985"模式，创新思想政治工作，为建设现代化和谐企业保驾护航	朱洪月、廖瑞萍、赵兴启、胡兆燕、张长海	中国石油吐哈油田公司
加强思想资源配置工作，凝聚引领十万员工建设新一汽	沃仲声、邹　彧	中国第一汽车集团公司宣传部
试论思想政治工作的现代化	刘　宇	中国进出口银行
浅议国企思想政治工作定位	王明红	中国国际航空股份有限公司飞行总队宣传处
国企政工干部队伍建设薄弱的经济分析	李怀生	河北省第二建筑工程公司政工部
试论"宁沪文化"及其推进战略	严师民	江苏省宁沪高速公路股份有限公司常州管理处
运用"0基准"工作法开创思想政治工作新局面	楼鸿平	山西省大同供电分公司
正确处理三个关系，着力建立三项机制	屈家树	广东省自然保护区管理办公室
掌握新情况，研究新情况，努力把思想政治工作落到基层	杨增光	贵州省贵阳市林业绿化局
提高融入和服务安全管理的能力	李诗坤、	哈尔滨铁路局
心理健康教育与思想政治工作	昆明铁路局职工政研会	昆明铁路局职工政研会
以观念更新推动理念创新　以文化发展推动管理升级	中国石油天然气集团公司大庆油田有限责任公司	中国石油天然气集团公司大庆油田有限责任公司
管用的思想工作	吴　涌	江铃汽车集团公司
构筑"五个保证体系"充分发挥企业党委政治核心作用	杜贤铁	熊猫电子集团有限公司党委组织部
基于持续发展的企业危机管理	郭　军	兖矿集团鲍店煤矿
兖矿集团公司区队班组建设调研报告	兖矿集团公司区队班组建设课题组	兖矿集团公司政研会
建立绩效型思想政治工作运行机制，促进企业可持续发展	赵振营	湖南湘潭钢铁集团有限公司
思想政治工作规律研究	吴碧君	中国航天科工集团第九研究院党群工作部
富润控股集团经常性思想政治工作条例	赵林中	富润控股集团有限公司

文章标题	作者	单位
成长中的彩虹企业文化树	董　军	彩虹集团公司党委宣传部
全面开展心理健康教育，构建清华大学心理健康教育模式	李　焰	清华大学心理咨询中心
和谐引领的思想政治工作观念创新	孙东方	中国人民大学
解析青少年德育难点热点问题	王莉萍	北京青年政治学院
思想政治教育与高校群体性事件的预警机制	孙兰英	天津大学社科系
高校思想政治理论课教育教学中存在的问题及其对策研究	王学俭	兰州大学政治与行政学院
思想政治工作应当关注新时期人民内部矛盾	刘笑燕	内蒙古大学公共管理学院
未成年人思想道德建设的问题与对策	陈晓玉	河北师范大学公共管理学院
公安院校网络文明调研报告	周鸿升	南京森林公安高等专科学校
做好大型试验中思想政治保证工作，确保国家重点型号任务圆满完成	中国空间技术研究院政研会	中国空间技术研究院政研会
建立航天思想政治工作评价体系	航天推进技术研究院政研会	航天推进技术研究院政研会
关于推进创新文化建设的若干思路	吴德葵	上海市科技教育系统政研会
企业改制中职工思想的变化与对策	刘晓昌	湖南交通规划勘查设计院

短　评

这次评选活动涌现出了一大批体现时代性、把握规律性、富于创造性的优秀研究成果，是对2003年以来基层思想政治工作创新研究的总结，集中展示了近年来基层思想政治工作创新研究的成果，较全面地反映了基层思想政治工作创新实践情况和创新研究水平。从各地区、各行业（系统）参评的成果来看，近年来基层思想政治工作创新研究主要呈现出以下特点：一是政治导向明确，围绕中心、服务大局的意识明显增强；二是领域和范围大大拓展，研究的广度有所增强；三是内容更加丰富，研究的深度有所增强；四是注重实践创新与理论创新相结合，研究成果的质量和水平明显提高；五是注重把推进实际工作作为重要目标，研究的针对性和实效性明显增强；六是注重探索思想政治工作的科学性，对思想政治工作的认知达到一个新的高度。此外，各地区、各行业（系统）政研会对这次评选活动高度重视，广大基层思想政治工作者参加评选活动积极踊跃，专家评审态度严肃认真，这些都保证了优秀成果评选的质量和水平。总之，这次评选活动对于充分调动基层广大思想政治工作研究者的积极性、主动性和创造性，推动基层思想政治工作创新研究和创新实践具有很好的促进作用。

积极发挥政研会参谋助手作用

殷建中

在坚持科学发展、构建和谐社会的伟大实践中，党的宣传思想工作面临新形势，肩负新任务。刘云山同志在不久前召开的全国宣传部长座谈会上，从全局高度明确提出了当前要深入研究的五个具有战略性、前瞻性的重大课题。同时殷切希望广大宣传干部要“善于思考，善于调查研究，善于分析问题和解决问题”。这就为作为党委宣传部“思想库”和“智囊团”的思想政治工作研究会指明了工作方向，提供了发挥参谋、助手作用的广阔空间。

近年来，在中国政研会的有力指导和四川省委宣传部的领导下，四川省政研会充分发挥“思想库”和“智囊团”的作用，主动当好党委宣传部的参谋和助手，积极开展一系列新形势下思想政治工作的课题调研，及时总结新形势下思想政治工作的成功经验和新的工作理念及方式方法，广泛宣传和推介会员单位中的思想政治工作先进典型，政研会的作用得到了有效发挥，成为党委宣传部开展思想政治工作调研和宣传教育工作的一支重要力量。

按照政研会的性质和所承担的任务、职责，四川政研会主要抓了两项重点工作：一是有关思想政治工作的重大课题调研；二是推进思想政治工作的有关交流活动。四川省各级政研会在党委宣传部的领导下，紧紧围绕这两个重点，坚持以调研为重点、活动为载体、服务为宗旨、典型为示范，积极当好参谋和助手，在推进四川省思想政治工作中发挥了应有作用。

加强重大课题调研

一是围绕党委、政府中心工作开展加强思想政治工作针对性和实效性的研究，为宣传部和有关部门提供工作参考。近年来，四川省政研会坚持“研究活动以基层为主，研究课题以当前为主，研究成果以应用为主”，组织了多次调研活动。如面对社会主义新农村建设中思想政治工作面临的新情况新问题，四川省政研会组织全省 21 个市州政研会，开展了“新形势下农村思想政治工作的现状及对策”的调研活动，形成了子课题调研报告近 30 篇，再由省政研会结合自己的调研汇总分析，形成有较高质量的《关于当前农村思想政治工作的调研报告》，得到省委、省政府领导同志的肯定，并分别在中国政研会会刊《政工研究动态》和四川省委政策研究室《调查与决策》刊发。又如，针对社会主义和谐社会建设中的新情况新问题，省政研会按照省委宣传部的统一部署，组织力量深入社区、企业、乡镇开展调研，通过座谈、走访、问卷调查等多种形式，收集了宝贵的第一手新材料，形成了有较高参考价值的《构建社会主义和谐社会若干问题研究》调研报告。针对非公有制企业迅速发展并在国民经济中发挥越来越重要作用的情况，省政研会组成课题组，深入部分非公有制企业调研，重点就如何加强非公有制企业党组织建设，如何有效开展思想政治工作和企业文化建设进行了探索性研究，形成了《加强和改进非公经济组织思想政治工作的基本做法及存在的主要问题》的调研报告。省政研会还组织各市州政研会对进城务工农民的生活现状、思想状况、发展要求等专题进行了较为深入的调研，形成了数据充分、事例真实、有深入思考、有对策建议的调查报告。

二是通过理论研讨推进企业思想政治工作蓬勃开展。六年来，四川省政研会把理论研讨作为一个重要抓手，围绕“如何从贴近实际、贴近生活、贴近群众入手，不断创新思想政治工作的观念、内容、方法和机制，进一步提高思想政治工作水平”开展了一系列理论研讨活动。研讨内容主要包括“三个代表”重要思想与跨越式发展、执政能力建设与思想政治工作、企业党的建设与思想政治工作、企业文化建设与思想政治工作、新农村建设与思想政治工作等。这些研讨课题结合实际，主题鲜明，内容丰富，理论性和实践性强，对统一思想、振奋精神、改进工作起到了积极的作用。

三是认真完成中国政研会交办的思想政治工作课题调研任务。对中国政研会下达的课题调研任务，四川省政研会都按照中国政研会的部署和要求，组织力量认真实施。近两年来，四川省政研会先后承担了中国政研会下达的新农村建设与思想政治工作调查研究、社会主义和谐社会建设思想政治工作先进典型调查研究、宣传思想工作创新课题研究等重大课题的调研任务。这些调研成果都形成了观点综述，引起有关领导部门和领导同志的重视，其中不少还在内部刊物或公开发行的报刊上发表，起到了参谋、助手的作用，为推进新形势下四川省思想政治工作作出了努力和贡献。

四是努力提高思想政治工作研究水平。建立起了市州思想政治工作调研联络员制度、重大先进典型信息报送制度和思想政治工作调研资料库，提高了思想政治工作调研的效率和质量。省政研会在省社科院和高校聘请了六位专家、教授为特邀研究员，指导调研课题的确定，指导开展企业文化建设专题研究等。同时注意改进调研的方式方法，充分发挥调研网络和科学统计分析的作用，使调研更加深入、真实、客观，建议具有可操作性。

推进思想政治教育开展

省政研会在重点开展调查研究工作的同时，注意把组织活动作为开展学会工作的一个重要抓手。

一是围绕企业文化建设组织活动。企业文化建设是新时期企业思想政治工作的有效形式，它与传统的思想政治工作既有区别又紧密结合，如何加强企业文化建设，是四川省大中型企业普遍关注的研究课题。2005 年、2006 年，四川省政研会先后以“企业文化建设与和谐社会构建”、“自主创新、工业强省”为主题，举办了四川省企业文化论坛。论坛仿照中国政研会的做法，采取企业交流、专家主持并点评、上下互动、图片展示等形式，使企业实际工作者和专家学者紧密结合，融理论性和现实性为一体，极大地增强了论坛的实际效果，调动和激发了四川省企业开展企业文化建设的积极性和主动性。同时，对中国政研会举办的企业文化论坛和各类高级研修班，我们也认真动员组织企业参加。

二是组织座谈和研讨活动。2006 年，由省政研会承办，与省委宣传部、组织部、政研室、农委、民政厅、农业厅、四川日报联合召开新农村建设与思想政治工作座谈会，邀请省级部门、市县乡（镇）村干部、农民代表和专家参加座谈。座谈内容生动丰富，既有理论探索，也有实践总结，既有成功经验，也有现实问题，既有高层引导，也有基层呼声，与会同志反映，座谈会有内容，有深度，针对性强，收获很大。还发挥媒体优势，在《四川日报》整版刊登发言摘要，扩大座谈会研究成果影响。省级行业政研会和市级政研会也通过各种主题座谈会和研讨会，研究行业和基层的思想政治工作。

三是开展思想政治工作先进表彰活动。认真贯彻落实《中共中央关于加强和改进思想政治工作的若干意见》和省委关于思想政治工作的重要精神，对思想政治工作战线涌现出来的先进集体和先进个人进行表彰奖励。在第五次会员代表大会上，省委宣传部和省政研会对五年来全省各行各业的 63 个先进集体和 140 名先进个人进行了隆重表彰。行业政研会和不少企业也定期评选优秀政工干部，表彰思想政治工作先进集体和个人，对思想政治工作优秀研究成果进行奖励。政研会还参加了四川省高级政工职称的评定工作。

四是进行思想政治工作经验总结。在对全省思想政治工作经验进行总结和梳理的基础上，重点挖掘了一批体现我省思想政治工作创新水平，具有鲜明特色，并对基层思想政治工作具有较强指导作用的典型经验。比如：宜宾市政研会总结推广的“四级访谈”、“五事模式”（问民事、听政事、议难事、办实事、审大事）和“为民工作队”思想政治工作经验，雅安市政研会总结的思想政治工作“四个一工程”，攀钢集团矿业公司总结提炼的思想政治工作“一线工作法”（干部在一线工作，决策在一线制定，问题在一线解决，工作在一线创新，形象在一线树立），等等。对这些典型经验，在省政研会主办的《政工论坛》和新闻媒体上开展宣传，使其对加强和改进思想政治工作发挥推动和促进作用。同时，将这些典型经验汇编成册，下发市州和团体会员单位，促进调研成果的转化。

五是配合宣传部开展思想政治工作典型宣传。近年来，在省委宣传部的领导下，参加总结宣传了一批企业、农村、学校、机关、社区的思想政治工作先进典型。如参加总结宣传甘孜州公路局雀儿山五道班班长陈德华、凉山州木里藏族自治县马班邮递员王顺友等全国重大典型，引起社会各界强烈反响。

六是积极为会员单位服务。政研会是一个社会团体，实行团体会员制，为会员单位服务是政研会应尽的职责。这些年来，充分发挥自身优势和会员单位的作用，联系和团结了一大批热心思想政治工作研究的理论工作者和实际工作者，坚持从实际出发，通过理论研讨、经验交流、学习考察、信息咨询、加强协作等方式，充分调动会员单位的积极性、主动性和创造性，推动会员单位更好地开展思想政治工作研究和各项工作。同时，认真办好会刊《政工论坛》，免费赠送会员单位和有关部门、单位。

发挥参谋助手作用

如何发挥政研会的作用？我们体会有五点。

一是要有党委宣传部的高度重视。政研会要主动争取任务，紧紧围绕调研开展工作，当好党委宣传部的参谋和助手。四川省政研会移交省委宣传部主管以来，能够做一些事情，做成一些事情，都与省委宣传部的大力支持和高度重视分不开。

二是要有“有为才有位”的精神状态和工作热情。这里的“为”是指政研会的工作业绩，“位”是指政研会的社会影响和社会地位。只有确实发挥了作用，才会得到重视和支持，也才能促进政研会自身的发展。

三是要开展丰富多样的活动。活动体现生命力，活动增强凝聚力。不开展活动，学会就缺乏生气和活力，作用也得不到充分发挥。

四是要整合资源，在形成合力中发挥牵头协调作用。要研究和解决新形势下思想政治工作面临的新情况新问题，仅凭政研会自身的力量是不够的。协调整合社科研究机构、党校、高等院校和会员单位的资源，形成工作合力，是推动政研会工作的有效方式。

五是要有创新意识和进取精神。新的形势和任务，要求思想政治工作在观念、机制、内容、途径、方式方法等方面不断改进。只有不断创新进取，才能适应新形势新任务的要求，在坚持科学发展、构建和谐社会的伟大事业中作出应有的贡献。

（作者：中共四川省委宣传部副部长，四川省政研会常务副会长、秘书长）

第五部分

思想政治工作的不断创新

高举旗帜　围绕大局　服务人民　改革创新
推动宣传思想工作上台阶上水平

刘云山

2008年是深入学习宣传贯彻党的十七大精神、全面推进社会主义现代化建设的重要一年，将纪念改革开放30周年，将举办北京奥运会，还将为明年庆祝新中国成立60周年做准备，做好今年宣传思想工作具有重大而特殊的意义。能不能把党的十七大精神学习好、宣传好、贯彻好，动员广大干部群众为夺取全面建设小康社会新胜利而奋斗；能不能组织好纪念改革开放30周年宣传教育，引导人们牢固树立中国特色社会主义共同理想，坚定改革开放的信心和决心；能不能抓住奥运会这一有利契机，充分反映我国人民的良好精神风貌，努力展示民主进步、文明开放的国家形象；能不能筹划好庆祝新中国成立60周年相关工作，充分展现中华民族实现伟大复兴的奋斗历程、辉煌成就和美好前景，大力弘扬爱国主义精神，这些都是对宣传思想文化战线的重大考验。我们一定要认清肩负的使命，按照胡锦涛总书记提出的要求，更加坚定地高举旗帜，更加自觉地围绕大局，更加主动地服务人民，更加积极地改革创新，圆满完成宣传思想战线各项任务。

中央明确提出，做好当前和今后一个时期宣传思想工作，要认真学习宣传贯彻党的十七大精神，高举中国特色社会主义伟大旗帜，以邓小平理论和"三个代表"重要思想为指导，深入贯彻落实科学发展观，坚持围绕中心、服务大局，坚持解放思想、实事求是、与时俱进，坚持贴近实际、贴近生活、贴近群众，着力建设社会主义核心价值体系，着力巩固壮大主流思想舆论，着力推进改革创新，推动文化大发展大繁荣，提高国家文化软实力，为继续解放思想、坚持改革开放、推动科学发展、促进社会和谐营造良好氛围，为夺取全面建设小康社会新胜利、开创中国特色社会主义事业新局面提供强大的思想文化保证。这一要求全面体现了党的十七大精神，反映了这些年来的成功经验，符合宣传思想工作实际，强调了指导思想和方针原则，明确了目标任务和工作重点，为做好新形势下的宣传思想工作指明了方向。

根据中央要求，今年宣传思想工作总的布局是：贯穿一条主线，突出三个着力点，营造四个氛围，做好十一个方面重点工作。一条主线：就是学习党的十七大，宣传党的十七大，贯彻党的十七大。三个着力点：就是着力建设社会主义核心价值体系，不断巩固全党全国人民团结奋斗的共同思想基础；着力壮大积极健康向上的主流思想舆论，唱响共产党好、改革开放好、社会主义好的主旋律；着力推进改革创新，解放和发展文化生产力，提高国家文化软实力。四个氛围：就是牢牢把握昂扬向上的宣传基调，营造继续解放思想、勇于求真务实的良好氛围，营造深化改革开放、不断开拓创新的良好氛围，营造坚持以人为本、推动科学发展的良好氛围，营造促进社会和谐、维护安定团结的良好氛围，激励和动员全国各族人民为实现党的十七大确定的各项任务而奋斗。十一个方面重点工作：就是着眼于统一思想、凝聚力量，把学习宣传贯彻党的十七大精神引向深入；着眼于坚定理想信念、巩固思想基础，坚持不懈地用中国特色社会主义理论体系武装全党、教育人民；着眼于振奋精神、鼓舞士气，为促进经济社会又好又快发展营造良好舆论氛围；着眼于增强社会主义意识形态的吸引力和凝聚力，扎实推进社会主义核心价值体系建设；着眼于坚定改革信心、促进改革开放，精心组织纪念改革开放30周年宣传教育活动；着眼于提高公民素质、培育文明风尚，广泛开展“迎奥运、讲文明、树新风”活动；着眼于保障基本文化权益、满足精神文化需求，加快建立覆盖全社会的比较完备的公共文化服务体系；着眼于激发活力、壮大实力，推动文化体制改革向纵深发展；着眼于扩大国际影响、提升国家形象，积极主动地做好对外宣传工作；着眼于占领制高点、打造新阵地，大力发展积极健康的网络文化；着眼于提高整体素质、优化人才结构，切实加强宣传思想战线人才队伍建设。应当看到，今年宣传思想战线承担的任务十分繁重，肩负的责任十分重大。这对我们的素质、能力和精神状态提出了更高要求。一定要认真贯彻落实胡锦涛总书记和李长春同志重要讲话精神，加强学习、努力工作，始终保持良好精神状态，更好地适应新形势、完成新任务，努力把宣传思想工作提高到新水平。

1. 深入学习贯彻党的十七大精神，把宣传思想工作放在全局中来认识和把握。深入学习贯彻党的十七大精神是当前和今后一个时期全党的首要政治任务，作为宣传思想工作者更要学深学透、融会贯通，并自觉用以指导和推动工作。要从党的十七大主题来认识和把握宣传思想工作的方向和指导思想，始终坚持以邓小平理论和“三个代表”重要思想为指导，深入贯彻落实科学发展观，做到高举中国特色社会主义伟大旗帜不动摇，坚持中国特色社会主义道路不动摇，坚持中国特色社会主义理论体系不动摇。要从我国基本国情出发来认识和把握宣传思想工作面临的实际和所处的方位，坚持把社会主义初级阶段这一基本国情作为推进宣传思想工作的基本依据，充分考虑当前我国发展阶段性特征对宣传思想工作提出的新要求，使我们的工作既不落后于时代又不超越阶段。要从四位一体总体布局来认识和把握宣传思想工作的地位和作用，进一步明确宣传思想工作是中国特色社会主义事业的重要内容和重要保证，更加自觉地把促进社会生产力发展同提高全民族文明素质结合起来，在推动经济社会又好又快发展的同时，努力实现文化的大发展大繁荣。要从伟大事业与伟大工程的联系互动中来认识和把握宣传思想工作的重要使命，既为中国特色社会主义伟大事业提供强大精神动力，又为党的建设新的伟大工程提供有力思想保证，更好地促进改革发展稳定，更好地推动党的思想、组织、作风、制度和反腐倡廉建设。要从国内国际两个大局的相互影响中来认识和把握宣传思想工作的复杂环境，充分考虑国际形势中的中国因素和国内形势中的国际因素，不断开阔视野，树立世界眼光，善于在国内国际两个大局中谋划和推进宣传思想工作。总之，我们要把学习领会党的十七大精神，同学习领会党的理论创新成果结合起来，同学习领会党的宣传思想工作方针政策结合起来，既全面掌握基本精神，又深刻领会对宣传思想工作和文化建设的战略部署，切实把党的十七大精神转化为开创宣传思想工作新局面的强大动力。

2. 进一步解放思想、更新观念，大力推进宣传思想工作改革创新。改革创新是宣传思想工作的永恒主题。胡锦涛总书记在这次会议上特别强调，文化是最需要创新的领域，宣传思想工作要引领时代变革风气之先。我们一定要按照胡锦涛总书记的要求，坚持解放思想、实事求是、与时俱进，坚持贴近实际、贴近生活、贴近群众，立足中国特色社会主义伟大实践，大力推进宣传思想工作改革创新。要积极适应社会主义市场经济的深入发展，学会运用符合市场经济要求的思路、办法、手段推动宣传思想工作的开展和宣传文化事业的发展，善于借助市场的力量扩大优秀精神文化产品在群众中的影响；要积极适应建设社会主义法治国家进程，加快宣传文化领域的立法步伐，加大执法力度，坚持依法行政，推动宣传文化领域管理走上制度化、规范化、法制化轨道；要积极适应对外开放的进一步扩大和高新技术的迅猛发展，善于借鉴一切有利于我国文化建设的文明成果和有益经验，善于用先进技术建设和传播先进文化，善于在全球化、信息化条件下扩大中华文化的国际影响；要积极适应构建社会主义和谐社会的新任务，正视社会思想意识多样、多元、多变的客观现实，最大限度地增加和谐因素，最大限度地扩大社会认同。解放思想是观念形态的变革，更需要付诸实践、见诸行动，在解放思想、转变观念中开拓创新、真抓实干，推动宣传思想工作不断取得新进展新成效。

3. 掌握舆情动态、加强调查研究，努力增强宣传思想工作的预见性主动性。党的十六大以来宣传思想工作的一条成功经验，就是注重舆情研判，加强调查研究，做到耳聪目明、心中有数，提高了工作的科学性和针对性。面对新形势、新任务、新要求，我们必须进一步增强舆情意识，提高调研水平，更加关注社情民意，及时研究新情况新问题，找准着力点，打好主动仗。要密切关注各种社会思潮的新变化、新动向，深入分析其历史背景、性质特点、发展趋势和影响范围，及时有效地加强正面引导；密切关注当前我国社会热点、难点，把握社会各阶层的思想状况和心理情绪，发现倾向性、苗头性问题，及时提出思想教育、舆论引导的对策措施；密切关注境外涉华舆情，及时收集境外媒体特别是主流媒体对我国有关敏感问题的报道和关切，有针对性地开展对外宣传、引导国际舆论。要加强全局性、前瞻性、战略性问题研究，特别是围绕建设社会主义核心价值体系、促进文化大发展大繁荣、推动中华文化“走出去”、提高国家文化软实力等重大课题，进行深入系统的调查研究，出思想、出思路、出对策。要加强宣传思想工作社会效果的跟踪研究，特别是了解社会各界对宣传思想工作的评价和意见，了解广大群众对精神文化生活的愿望和要求，使我们的工作经得起历史、实践和人民的检验。

4. 在实践中总结积累、增长才干，不断提高做好新形势下宣传思想工作的本领。随着党和国家事业的发展，宣传思想工作内容不断增加、领域不断拓展，每天都会遇到新情况、碰到新问题，没有过硬的本领不行。我们应当有一种“本领恐慌”意识，对自己在学识、眼界、能力等方面的不适应保持清醒，好学习、勤思考、多钻研，在实践中掌握新知识、积累新经验、增长新本领。当前，特别要在以下几个方面加强思考、提高本领：一是深入思考在经济体制深刻变革、社会结构深刻变动、利益格局深刻调整、思想观念深刻变化的情况下，如何提高驾驭意识形态复杂局面、引领社会思潮的能力，做到在多元中立主导、在多样中谋共识；二是深入思考在舆论环境和媒体格局深刻变化的情况下，如何提高调控大众媒体、引导社会舆论的能力，保持和壮大积极健康向上的主流舆论；三是深入思考在人民群众文化消费多层次、多方面、多样化特征更加明显的情况下，如何提高发展文化事业和文化产业、满足人民精神文化需求的能力，更好地保障人民群众的基本文化权益；四是深入思考在世界范围各种思想文化交流、交融、交锋的情况下，如何提高借鉴世界优秀文明成果、维护国家文化安全的能力，有效抵御西方腐朽思想文化渗透；五是深入思考在经济基础、社会条件、体制环境发生深刻变化的情况下，如何提高推动改革创新、激发全社会文化创造活力的能力，推动社会主义文化大发展大繁荣。提高本领是一个过程，需要向实践学习、向群众学习，从鲜活的社会实践中汲取智慧和力量。

5. 切实改进作风、狠抓工作落实，以求真务实的精神做好宣传思想工作。党的十七大向全党发出了“四个一定要”的政治号召，这是完成党的十七大确定的历史任务的重要保证，也是做好新形势下宣传思想工作必须具备的精神状态。落实“四个一定要”，对宣传思想战线来说，就要有高度负责的精神、求真务实的作风和一抓到底的韧劲。高度负责的精神，就是有强烈的事业心、责任感，时刻牢记我们是党的宣传思想工作者，始终保持对马克思主义、对中国特色社会主义、对实现中华民族伟大复兴的坚定信念，把心思和精力用在工作上，兢兢业业、恪尽职守，在自己的岗位上为党分忧、为民尽责。求真务实的作风，就是办实事、鼓实劲、求实效，时刻牢记社会主义初级阶段基本国情，始终从人民群众的愿望和要求出发，把工作往深里做、往实里做，不搞形式主义、不做表面文章。一抓到底的韧劲，就是坚持不懈、持之以恒地抓落实，时刻牢记宣传思想工作必须从具体事情抓起，切实把目标任务转化为可操作的工作项目，把原则要求转化为实实在在的工作措施，抓住工作重点，加强督促检查，确保部署的工作件件有着落、事事有结果。总之，我们要始终保持奋发有为、昂扬向上的精神状态，保持旺盛的斗志和高尚的品格，坚忍不拔、埋头苦干，努力创造无愧于党、无愧于人民的一流业绩。

（此文是刘云山同志 2008 年 1 月 23 日在全国宣传思想工作会议上讲话的一部分）

加强科学道德规范是建设创新型国家的基础工程

韩启德

科学道德是科学的内在属性，是科学研究事业兴旺发达的重要保证，也是科研环境的重要组成部分。加强科学道德建设，努力营造良好的科研环境，是科技工作的重要内容，也是提高自主创新能力的基本要求，对于加快建设创新型国家，有着十分重要的意义。

一、关于科学道德的内涵

科学研究活动是人类对真理不懈探索的过程。在这个过程中，科技工作者彼此之间不可避免地要形成一定的关系、一定的社会建制，构成具有相同或相近价值观和追求取向的科学共同体。为了确保科学共同体正常有效地运行，客观上需要科技工作者遵循一定的规则，其中，科学道德规范占有重要的地位。科学道德规范是人类一般道德规范在科学技术研究活动中的具体体现，其核心是对真理负责、对同行负责、对社会负责。

诚实是科学道德的基本要求。科学研究的目的是探索客观真理，但是真理往往隐藏在各种表象的背后，需要科学家用他们严谨又富想象力的思维和反复的验证才能够挖掘出来。每个科学家只有诚实地发布他的发现，客观地陈述他遇到的问题，仔细地衡量他的证据，确保数据的有效性和准确性，才能为建造真理大厦提供可靠的基石。

公正是科学道德的核心内容。发现真理是科学家锲而不舍、孜孜以求的根本精神动力，对发现的荣誉分配是科学共同体最重要的激励机制。只有公正地对待他人的工作、实事求是地承认他人的贡献，发自内心地尊重竞争者的努力，坦诚直率地进行学术争论，勇于承认研究成果中的错误和失误，明智地回避利益冲突，才能形成科学研究中必要的合作机制，形成相互激荡的思想氛围，使每个科学家的独特才能得到最大限度的发挥。

对社会负责是科学道德的重要方面。爱因斯坦曾经说过，探索真理的权利同时也是一种责任。公众的信任、理解和支持，是科学的社会建制能够维系、科学研究事业能够发展的必要条件。同时，科学研究的结果往往会对社会产生重大影响，极大地改变人们的生活方式和环境。科学家只有对社会负责，社会才有可能长期稳定地为科学研究提供支持。

诚实、公正、对社会负责，是科学家必备的道德。在伽利略、牛顿、达尔文、爱因斯坦这些科学巨匠身上，不但具有令人炫目的才华，也闪耀着科学道德的光辉。他们在推动科学知识进步的同时，也把这些科学道德融入科学事业中，形成了延绵不绝、代代相继的精神传统，使科学研究成为令人向往和敬重的神圣事业。正是在这种崇高的精神力量感召下，一代代才华横溢的青年投入到科学研究的伟业之中，不懈地探索自然的奥秘，取得了一个又一个改变世界、改变人类的成果，征服了一座又一座科学的高峰。

二、科研不端行为的表现及根源

在实际的科研活动中，确有个别科研人员背叛对科学事业和社会的承诺，违反科学道德规范的要求，出现了形形色色的科研不端行为，主要表现在：在论文、研究报告、著作中抄袭他人的实验数据，引用文献注释不明确，剽窃他人成果；为证明自己的论点，伪造、篡改甚至随意编造试验数据，或者选择性地采用数据；利用职权在自己并无贡献的论文或成果上署名，攫取其他科学家的思想和信息，侵占他人的科研成果；在经费申请、求职或晋升职称时，编造学历、任职情况、学术成果、获奖经历等，伪造虚假履历；论文一稿多投或重复发表；在学术评审中违背客观公正的要求，利用职务权力和学术地位，为个人、友人或者小团体牟利；违反实验动物保护规范，在以人为对象的实验中，违反知情同意原则，等等。此外，故意夸大或贬低科研成果的学术价值和经济价值，也属科研不端行为之列。

科研不端行为是一个老问题，也是一个全球性问题。在科学发展的历史上，违背科学道德的不端行为屡有出现。但近三十年来，由于科学研究的规模剧增，科学研究和商业的紧密联系，科研人员在申请经费、发表论文、就业机会、岗位升迁、工资待遇等方面面临的压力日益增大，科研不端行为急剧增多。近几年来，韩国首尔大学教授黄禹锡干细胞造假、日本东京大学教授多比良基因研究造假等一系列造假事件纷纷曝光，进一步凸现了科研不端行为的国际特征。加强科学道德建设已成为全球科技治理中的重要问题。

当前，我国正处于剧烈的经济社会转变之中，科研不端行为也呈上升趋势。中国科协2005年进行的一项调查表明，近三成科技工作者认为在其周围存在严重的学术不端行为，其中尤以“抄袭或剽窃他人成果”、“伪造数据或弄虚作假”、“技术成果交易中夸大技术价值或隐瞒技术风险”三种行为最为普遍。像“汉芯一号”这样的造假事件，已经不仅仅是学术不端行为了。

科学道德问题频频发生，从主观上看是因为一些人过分追求科研成功所带来的“名”和“利”，对个人私利的追求压倒了对真理的追求，对个人私利的考虑压倒了对科学事业的考虑，对个人私利的谋取压倒了对社会承担的责任，而从客观上分析则存在着深刻的社会、制度和环境根源。

一是一些旧有的落后的社会因素成为孳生不端行为的土壤。现代科学研究是从西方文化中产生出来的，大规模传入中国只是近百年的事情。由于封建文化的残余根深蒂固，在学习西方现代科学理论和方法的同时，蕴涵其中的一些精神气质并没有在社会中真正扎下根来。结果，缺乏真理至上的价值追求，科学所要求的普遍主义为门户之见、小团体利益和行会思想所压制；缺乏平等参与、公平竞争的价值准则，科学所要求的客观、中立为朋友、师徒、亲属、上下级等个体关系中的利益诉求所影响；缺乏科学自主性的传统，科学研究正常的运行机制为行政权力所扭曲。

二是教育体制和人才培养与快速发展的科学事业不相适应，导致科研人员训练不足，使科研不端行为屡屡发生。在历史上，科技工作者对科学道德的认识，往往是通过在科研实践中耳闻目睹自我获得的，但由于科研活动越来越复杂，这种方式已不能适应现代科学事业发展的需求。许多发达国家的科研机构和大学，开始将科研活动中的行为规范明确下来，在数据获取和保存、论文发表、署名、引用、基金申请、利益冲突等关键环节制定了许多基本准则，用以指导科学工作者的研究活动，并对大学生和研究生进行系统训练。我国在大学生和研究生教育培养过程中，目前大多还只是注重基本技能和基本知识的灌输，缺乏科学道德和学术规范的培养，致使一些年轻科技人员对科研运行环节及其要求缺乏系统了解，对科学研究中必须遵守的行为准则缺乏明确认识，对科学研究中的美德缺乏准确的把握。

三是不完善的科研体制客观上成为诱发科研不端行为的重要因素。改革开放以来，我国科技体制改革取得了很大成就，但一些长期积累的弊端还没有根除。在科研经费管理制度上，政府行政部门的介入过度，科学共同体还没能发挥其主导作用；在科研项目管理制度上，确保公开、公平、公正的管理机制很不完善，项目立项、评估中缺乏公开透明的制度措施；在科研人才评价制度上，存在着重数量、轻质量的倾向，致使许多科研人员急于求成；在科研机构的管理制度上，官本位色彩过浓，行政权力过大，挫伤了科研人员的积极性，也不利于形成平等、求实、严谨、创新的科研环境和学术氛围。

三、加强科学道德建设，营造良好的科研环境

虽然科研不端行为只是出现在少数科研人员身上，但它侵蚀了科学研究的道德根基，损害了科学研究的社会声望，阻碍了科技事业的健康发展，造成了很不好的社会影响。加强科学道德建设，有利于营造诚实守信、公平公正的科研环境，形成相互尊重、激励创新的社会环境，培育积极向上、勇于创新的科技工作者队伍，因而是建设创新型国家的基础性工作。

一要加强科技工作者的道德自律。科技工作者是科学道德建设的主体，科研活动中的行为规范和制度保障，最终必须体现在广大科技工作者的身体力行上。大多数科学家之所以选择了科学研究作为一生的事业，是出于热爱科学、追求真理的愿望。他们有纯洁的理想和高尚的情操，严以律己、嫉恶如仇。这是科学道德建设的基本保证。

二要加强科学道德规范方面的宣传、教育和引导。进一步明确科技界共同遵守的行为规范和约束机制，引导科技工作者自觉抵制利字当头、不讲奉献的错误倾向，坚持在科研活动中自觉遵循科学家的基本行为准则，服从和服务于国家利益，坚决抵制唯利是图、以自我为中心等各种不良行为，反对为个人或小团体的私利而损害国家或他人的利益。鼓励科技工作者以实事求是的态度、严格的要求、严谨的方法对待科研工作，自觉维护学术尊严和科技工作者的职业道德，在科技界营造尊重科学、诚实守信的良好风尚。

三要加强科学道德规范的基础训练。学术不端行为频频发生，固然有科研人员在申请经费、发表论文、就业机会、岗位升迁等方面面临巨大压力的原因，但在许多情况下，也是由于科技工作者学术规范的基础训练不够，缺乏基本的科学道德规范知识。解决这个问题，必须加强学校正规的科学道德教育，推动高校、研究机构开设科学道德课程，提高科技人员的科学道德水平，建立系统规范的科学道德教育制度，使学术规范成为专业技术训练的一个重要组成部分，让科技工作者在学生时期就了解基本的科学道德规范，掌握基本的科学研究方法，养成良好的科研规范和严谨的科研态度，遵守职业道德，维护职业荣誉。

四要着力建立良好的科技制度环境。必须进一步深化科技体制改革，完善科研经费的分配制度、科研项目的管理制度、科研机构的管理制度、科技人员的评价制度。要克服官本位、行政化的管理弊端，摒弃小团体、门户分割的陋习，建立公开、透明的规则和管理程序，形成公平、公正的竞争机制。要在制度上尊重科学家、宽容科学家，为科学家提供一个宽松的环境。要不断总结经验，完善对科研不端行为的投诉、查证、处理程序，形成一套有效的社会监督机制。

五要加大对学术不端行为的处理处罚力度。对于已经揭露出来涉嫌学术不端行为的事件，要及时组织力量，深入调查研究，给出明确结论，并据此由相关部门给予严厉的处分。只有这样，才能真正起到警戒作用，才能使反对学术不端行为的制度真正得到重视和实行。

六要充分发挥科学共同体的关键作用。科学研究总是处于同行的检验、批判和监督之中，正是这种科学共同体的自我纠错机制，保证了错误、偏见能够得到有效克服。许多不端行为往往专业性较强，不容易为外行所识别，而且科学研究的过程非常复杂和微妙，非故意的疏忽错误与不端行为之间的界限常常难以区别，只有科学家同行才能作出正确的判断。事实上，绝大多数不端行为都是由科学家同行所揭露

的。科技社团作为科技工作者通过自愿结社、依法组建的社会组织，为广大科技工作者搭建了基于自我管理、相互监督、学术讨论、平等交流、互动发展的柔性平台，在加强科学道德规范方面具有独特的优势，负有义不容辞的重要职责。

（作者：全国人大常委会副委员长、中国科协主席）

加强法制宣传教育　落实“五五”普法规划

吴爱英

坚持以科学发展观为指导，大力加强法制宣传教育工作，全面贯彻落实“五五”普法规划，为构建社会主义和谐社会提供良好法治环境，是法制宣传教育工作面临的重大任务。

法制宣传教育在构建社会主义和谐社会中具有重要作用

法制宣传教育是提高公民法律素质、推进依法治国方略实施、建设社会主义法治国家的一项基础性工作，也是构建社会主义和谐社会的一项基础性工作。深入开展法制宣传教育，对于服务经济社会发展、推进民主法制建设、维护社会和谐稳定、促进社会公平正义，都具有重要意义。

深入开展法制宣传教育，是保障和促进经济社会协调发展的必然要求。社会要和谐，首先要发展。推动经济社会全面协调可持续发展，离不开法治保障，法制建设对于发展社会主义市场经济具有重要意义。因此，必须深入开展法制宣传教育，努力提高各级党委政府依法管理经济和社会事务的能力，促进各类市场主体依法经营，实现经济社会全面发展。

深入开展法制宣传教育，是推进社会主义民主法制建设的必然要求。民主法治是社会主义和谐社会的首要特征。依法治国是党领导人民治理国家的基本方略，是构建社会主义和谐社会的客观要求。推进社会主义民主法制建设，一项最基础的工作，就是要不断提高全体公民的法律素质。因此，必须加强法制宣传教育，普及法律知识，弘扬法治精神，为推进我国民主法制建设夯实牢固的思想基础，营造良好的社会环境。

深入开展法制宣传教育，是维护社会和谐稳定的必然要求。稳定是和谐社会的基本要求，和谐是稳定的更高境界。目前，我国社会总体上是和谐稳定的，但影响和谐稳定的一些因素依然存在。法治是社会和谐稳定的重要保障。维护社会和谐稳定，必须深入开展法制宣传教育，彰显法治权威，使全体公民自觉遵守法律秩序，依法行使职权，依法化解纠纷，依法维护权益，最大限度地增加和谐因素，最大限度地消除不和谐因素。

深入开展法制宣传教育，是维护和促进社会公平正义的必然要求。社会公平正义是社会和谐的基本条件，制度是社会公平正义的根本保证。《中共中央关于构建社会主义和谐社会若干重大问题的决定》指出，维护和促进社会公平正义，必须加紧完善民主权利保障制度、法律制度、司法体制机制、收入分配制度和社会保障制度，保障人民在政治、经济、文化、社会等方面的权利和利益。法治既是制度建设的重要内容，也是制度建设的重要保障。推进制度建设和法治建设，必须深入开展法制宣传教育，增强全民法律意识，提高全社会法治化管理水平，依法调节各种利益关系，努力从法律上、制度上、政策上营造公平正义的社会环境，维护和促进社会公平正义。

按照构建社会主义和谐社会的目标要求深化法制宣传教育工作

为构建社会主义和谐社会营造良好法治环境，是普法依法治理工作的重要任务。要按照构建社会主义和谐社会的目标要求，强化措施，加大力度，切实把“五五”普法规划确定的各项任务落到实处。

进一步推进宪法的学习宣传。宪法是国家的根本法，是治国安邦的总章程。要把抓好宪法的学习宣传，进一步增强全体公民的宪法意识，作为“五五”普法的首要任务。大力宣传宪法中有关国家根本政治制度、基本经济制度、公民基本权利义务和国家生活基本原则等内容，教育和引导广大干部群众牢固树立党的领导、人民当家作主和依法治国相统一的观念，树立国家一切权力属于人民的观念，树立公民权利与义务相统一的观念。尤其要推进各级领导干部和国家机关工作人员认真学习宪法，自觉遵守宪法，忠实执行宪法，推动全社会进一步形成崇尚宪法、贯彻执行宪法和维护宪法权威的氛围。

进一步推进有关规范经济社会发展法律法规的学习宣传。要着眼于促进科学发展，围绕调整经济结构和转变经济增长方式，加强资源节约和环境保护，推进改革开放和自主创新，促进社会发展和解决民生问题等，积极宣传经济社会发展方面的法律法规，提高各级政府和社会组织依法管理经济、服务社会的能力与水平。深入开展人口、资源、环境等方面的法律法规宣传，促进资源节约型和环境友好型社会建设。按照建设创新型国家的要求，积极开展知识产权法制宣传，推动全社会形成尊重知识、尊重人才、尊重劳动、尊重创造的氛围。加强与奥运有关的法律法规的宣传，为办好 2008 年北京奥运会营造良好的法治环境。

进一步推进与群众生产生活密切相关的法律法规的学习宣传。要着眼于促进解决民生问题，实现好维护好发展好最广大人民的根本利益，切实加强教育、医疗、食品安全、生产安全、社会保障和社会救助等方面的法制宣传，促进依法解决人民群众最直接、最关心、最现实的利益问题，使人民群众共享经济社会发展的成果，激发人民群众共同构建和谐社会的积极性和创造性。针对劳动争议、房屋拆迁、土地征用、承包地流转、国企改制过程中的实际问题，有针对性地开展法制宣传教育，依法化解社会矛盾纠纷，维护人民群众的合法权益。

进一步推进整顿和规范市场经济秩序法律法规的学习宣传。要着眼于健全完善社会主义市场经济体制，针对群众普遍关心的热点难点问题，继续深入开展以打击各种假冒伪劣产品，打击偷税骗税，整顿规范建筑、文化出版和网络市场为重点的法制宣传教育，促进各类市场主体依法经营，促进政府部门依法行政，促进执法和司法部门平等保护各类市场主体的合法权益，依法调节各种民事法律关系、劳动合同关系。适应经济全球化趋势的新发展和国际市场竞争加剧的新特点，积极宣传世贸组织规则和国际经济贸易法律知识，进一步提高企业和有关部门解决贸易摩擦、应对市场风险的能力。

进一步推进维护社会和谐稳定、促进社会公平正义相关法律法规的学习宣传。要着眼于维护和促进社会和谐稳定，大力宣传基层民主自治、依法维权、依法信访等法律法规。既要注重有关民事、刑事实体法的宣传教育，也要重视程序法的宣传教育，引导公民依法行使权利，依法表达利益诉求，自觉履行法定义务，促进执法和司法部门严格公正文明执法，最大限度地增加和谐因素，最大限度地减少不和谐因素，促进社会和谐稳定。

认真学习宣传物权法。物权法的颁布实施，是推动形成中国特色社会主义法律体系的重要步骤，是贯彻依法治国基本方略、建设社会主义法治国家的重要举措。3 月 23 日，胡锦涛总书记在主持中共中央政治局第四十次集体学习的重要讲话中，对学习宣传物权法提出了明确要求。要认真学习贯彻胡锦涛总书记的重要讲话精神，把物权法的学习宣传纳入“五五”普法规划，深入宣传制定和实施物权法的重要性与必要性，深入宣传物权法的立法宗旨和基本内容，引导广大干部群众牢固树立依法平等保护和正确行使财产权利的物权观念，为实施物权法营造良好的社会氛围。

进一步扎实推进依法治理工作。要着眼于服务依法治国基本方略实施，坚持法制宣传与法治实践相结合，继续推进依法治省(市、区)工作，继续推进部门和行业依法治理，继续推进基层依法治理。把“法治城市、法治县(市、区)”创建活动作为深化依法治理工作的重要载体，从各地经济社会发展实际出发，制定方案，扎实推进。深入开展部门行业依法治理，按照《全面推进依法行政实施纲要》的总体要求，全面推进依法行政，建设法治政府，努力提高全社会法治化管理水平。进一步推进和完善执法责任制、执法公示制和执法过错责任追究制，不断提高行政执法的质量和效率。全面深化农村、社区、企业和学校等基层依法治理。继续推进“民主法治村”和“民主法治社区”创建活动，组织开展“诚信守法企业”等基层创建工作。紧紧围绕平安建设、和谐区域建设，针对群众关心关注的热点难点问题，深入开展多种形式的专项依法治理。

法制宣传教育是一项全民普法活动，必须面向全体公民，同时，要切实抓好重点对象的法制宣传教育。“五五”普法规划确定，在推进全民普法过程中，要重点抓好领导干部、公务员、青少年、企业经营管理人员和农民的法制宣传教育。要针对不同对象的不同特点，分别制定实施意见，提出明确要求，实行分类指导，务求取得实效。要通过对重点对象的法制宣传教育，推动全民普法不断深入。要把开展重点对象法制宣传教育中的好经验好方法，及时运用到全民普法工作中去。要充分发挥重点对象的带头示范作用，积极倡导重点对象在加强自身法律法规学习的同时，积极参与法制宣传教育，促进全社会学法用法守法风尚的形成。

积极推进法制宣传教育工作创新

要积极适应形势任务的新要求和人民群众法律需求的新变化，积极推进法制宣传教育工作创新，不断增强法制宣传教育的针对性和实效性。

创新工作理念。法制宣传教育理念创新是法制宣传教育工作创新的重要前提。要进一步强化以人为本的理念，把促进解决民生问题作为法制宣传教育工作的重中之重，努力促进人的全面发展；切实尊重人民群众在法制宣传教育中的主体地位，注重调动人民群众学法用法守法的自觉性，依靠人民群众做好法制宣传教育工作。要进一步强化服务理念，把为群众服务贯穿于法制宣传教育工作的全过程，坚持从群众需要出发开展法制宣传教育，把事关群众生产生活的法律法规作为普法的重要内容，着力解决群众关心的热点难点问题，在服务群众中教育群众。要进一步强化培育法治精神的理念，把培育法治精神作为法制宣传教育的重要目标，在重视法律知识传授的同时，更加重视法律意识和法治精神的培育。积极探索和推进中国特色社会主义法治文化建设，大力培育公民崇尚法治、维护法治权威的法治精神。坚持法制教育与道德教育相结合、法治实践与道德实践相结合，引导公民牢固树立、认真践行社会主义荣辱观，在全社会形成知荣辱、守法纪、促和谐的文明风尚。

创新工作制度。要认真总结法制宣传教育的成功经验，把经过实践检验的成功做法上升为法规制度，做到用制度管人，用制度管事，用制度推动普法工作。及时修订和出台重点普法对象学法用法的规范性文件。逐步建立和完善法制宣传教育考核评估制度、检查督促制度、工作激励制度和地方普法依法治理经费保障制度等。研究制定开展法治城市、法治县(市、区)创建活动标准及实施办法。积极推动地方法制宣传教育条例的制定和完善，促进法制宣传教育工作制度化、规范化建设。

创新工作方式。在认真总结经验、继承优良传统的基础上，积极适应新形势新任务的要求，探索新途径，丰富新载体，不断提高法制宣传教育的针对性、实效性。善于结合我国民主法制建设实践进行教育，把法制宣传教育贯穿于国家法制建设的各环节，让群众了解立法、司法、执法程序，把法制建设的过程变成向群众普及法律知识的过程。善于运用正反两方面典型进行教育，选择一些重大典型案例，以案说法、以案释法，阐释法律知识，警示违法后果，提高群众学法用法守法的自觉性。善于发挥大众传媒的作用，充分利用广播、电视、报刊、网络等各类媒体开展法制宣传教育，不断提高法制宣传教育的覆盖面和渗透力。善于发挥法制文艺的功能，创作出更多的为人民群众喜闻乐见的法制文艺作品，使群众在欣赏法制文艺作品的过程中潜移默化地受到法制教育。要坚持"三贴近"原则，紧密围绕现代化建设实践和人民群众的生产生活实际，采取各种有效的宣传手段，增强法制宣传教育的亲和力，提高法制宣传教育的实效性。

创新工作载体。开展法制宣传教育主题活动，是深化普法工作的重要载体，也是"五五"普法工作的创新。要广泛开展法律进机关、进乡村、进社区、进学校、进企业、进单位活动，促进普法工作向基层延伸。深入开展"学法律、讲权利、讲义务、讲责任"活动，引导公民依法参与社会事务，依法表达利益诉求，依法履行社会责任和义务。继续组织好"12·4"全国法制宣传日活动。围绕宣传主题，突出当地特色，提高宣传效果。开展法制宣传教育和各种形式的主题教育活动，要注重实际效果，切实加强指导、检查和督促，防止形式主义，不做表面文章。

当前，"五五"普法已进入全面实施阶段。做好法制宣传教育，必须切实加强组织领导，加强法制宣传教育专兼职队伍建设，加强法制宣传教育理论研究，提高工作指导水平，积极动员全社会都来关心支持和参与法制宣传教育工作，推进法制宣传教育工作不断深入，为构建社会主义和谐社会提供良好的法治环境。

（作者：全国普法办主任、司法部部长）

全面推进思想道德建设和思想政治工作
为夺取新胜利、开创新局面打牢思想道德基础

欧阳坚

一、思想道德建设和思想政治工作在党的全局工作中的地位和作用

思想道德建设和思想政治工作，与理论工作、新闻工作、文艺工作、出版工作一样，都是党的宣传思想工作的重要组成部分。这两个概念都有约定俗成的涵义，同时两者又紧密联系。所谓思想政治工作，简单说来，就是用先进的思想和科学的世界观对干部群众进行思想政治教育，提高人们的思想政治觉悟和思想道德素质的工作。思想政治工作的核心是理想信念教育，基础是思想道德建设。所谓思想道德建设，通常认为，包括世界观、人生观、价值观、政治倾向、理想、道德、情操等方面，是精神文明建设的重要内容和中心环节，集中体现着精神文明建设的性质和方向。思想道德建设和思想政治工作，虽然表述不同、各有侧重，但都属于思想建设、政治建设，二者内在统一、相互贯通。从范围上看，都涉及人们的思想、观念、意识等领域；从本质上看，都是做人的思想工作，都是在人的头脑里搞建设；从目标上看，都是要塑造一种精神，培养一种信念，树立一种价值取向，以此来提升人们的思想觉悟、道德水平和文明程度，打牢全党全国人民团结奋斗的思想道德基础。

高度重视思想道德建设和思想政治工作，是由我们党和社会主义的性质决定的，是我们应对各种挑战、克服一切困难、从胜利走向胜利的重要法宝，是我们党在革命、建设、改革的长期实践中积累的宝贵经验、形成的优良传统。因此，思想道德建设和思想政治工作在党和国家全局工作中具有不可替代的重要地位，起着举足轻重的作用。关于它们的地位和作用，我体会可以概括为以下四点：

第一，思想道德建设和思想政治工作是经济工作和其他一切工作的生命线。早在新民主主义革命时期，我们党就提出"革命政治工作是一切革命军队的生命线与灵魂"、"政治工作是民族革命的生命线"等重要论断。新中国成立后，毛泽东同志进一步提出"政治工作是一切经济工作的生命线"的著名论断。进入改革开放以后，邓小平同志明确指出"思想政治工作是经济工作和其他一切工作的生命线"。根据新的形势和任务，江泽民同志、胡锦涛总书记多次突出强调"生命线"的科学论断。应当说，这些论述是对思想道德建设和思想政治工作的最高概括。所谓"生命线"，我体会，就是根本、就是支撑、就是保证，得之则兴，失之则亡。什么时候抓紧了这一"生命线"，党和国家的事业就能顺利推进；什么时候放松了这根弦，我们的工作就会遭受挫折。随着我国改革发展进入关键时期，经济体制深刻变革、社会结构深刻变动、利益格局深刻调整、思想观念深刻变化，这就更加需要我们进一步加强思想道德建设和思想政治工作，坚持"两手抓、两手都要硬"的方针，做到与经济工作和其他工作统筹考虑、共同推进，从思想上和政治上为改革开放和现代化建设保驾护航，确保各项工作沿着正确方向前进，促进经济社会又好又快发展。

第二，思想道德建设和思想政治工作是团结人民群众实现党和国家各项任务的中心环节。我们的事业是人民的事业，干部群众的理想信念、精神状态和人心向背，最终决定着革

命、建设和改革的成败得失。毛泽东同志曾深刻指出："掌握思想教育，是团结全党进行伟大政治斗争的中心环节。如果这个任务不解决，党的一切政治任务是不能完成的。"在革命战争年代是这样，在改革发展的新时期也是这样。胡锦涛总书记反复强调，要"善于做好新形势下的群众思想政治工作……这方面的工作做好了，对于理顺群众情绪，推进改革发展稳定的各项工作，将会产生积极的作用"。我国有13亿多人口、56个民族，如果没有共同的理想和统一的意志，就会迷失方向、就像一盘散沙，就没有凝聚力和战斗力，从而也就不可能实现我们的奋斗目标。在全面建设小康社会、构建社会主义和谐社会过程中，只有加强思想道德建设和思想政治工作，引导人们正确处理好各种利益关系，把干部群众的思想行动统一到中央的决策部署上来，把社会各方面的智慧和力量凝聚到实现科学发展、促进社会和谐上来，才能顺利推进党和国家各项事业，实现中华民族的伟大复兴。

第三，思想道德建设和思想政治工作是党在宣传思想领域的一项基础性战略性工作。思想道德建设和思想政治工作贯穿在经济和社会生活的各个方面，渗透在宣传思想工作的各个领域，既具有根本性和基础性，又具有战略性和长期性。江泽民同志曾指出："解决思想政治问题是做好其他各项工作的前提和基础。"胡锦涛总书记也强调："深入细致地做好思想政治工作，发挥统一思想、凝聚力量、化解矛盾、理顺情绪、激励人们团结奋斗的作用，始终是党在宣传思想领域的一项基础性工作。"思想道德建设和思想政治工作，是引导人们树立正确世界观人生观价值观、坚定共同理想信念的工作，是弘扬培育民族精神和时代精神、使干部群众保持昂扬向上精神状态的工作，是帮助人们确立行为规范、陶冶道德情操、提升文明素质的工作，也是平衡社会心理、化解社会矛盾、促进社会和谐的工作。因此，思想道德建设和思想政治工作全党要做，全社会要做，宣传思想战线作为职能部门，更是义不容辞、责无旁贷，更要把它作为一项根本任务、基础工作，持之以恒地抓好，才能切实履行党和人民赋予我们的重要职责。

第四，思想道德建设和思想政治工作是我们党和社会主义国家的政治优势。通过思想政治工作实现党的领导，是马克思主义政党的重要特征。我们党和国家的性质，决定了我们党有能力、有条件做好思想道德建设和思想政治工作，这既是我们的政治特色，也是我们的政治优势。江泽民同志曾指出："善于做群众的思想工作，提高群众的觉悟，激励群众为实现自己的根本利益而奋斗，是我们党的传家宝，任何时候都不能丢。"胡锦涛总书记特别强调："善于做思想政治工作是我们党的政治优势，在改革深化、利益关系不断调整的新形势下，思想政治工作只能加强，不能削弱。"这就是说，任何时候、任何情况下，思想政治工作在党的全部工作中的地位不能变，各级党组织坚持不懈地抓思想政治工作的任务不能变，不断提高思想政治工作水平的要求不能变。因此，面对机遇前所未有、挑战也前所未有的新形势，我们应当更加珍惜思想道德建设和思想政治工作这一法宝，运用和发挥好这一优势，使之在宣传群众、教育群众、引导群众方面，在提高思想觉悟、化解矛盾情绪、调动一切积极因素方面，发挥出更大的作用，这样才能更好地为党和人民的事业服务。

二、十六大以来思想道德建设和思想政治工作的新探索新进展新成效

进入新世纪新阶段，国际形势风云变幻，世界范围内的思想文化呈现交流、交融、交锋的新态势；国内改革开放深入推进，社会生活日益多样、多元、多变，人民群众的精神文化需求更加多样化、个性化，意识形态领域的情况也更加纷繁复杂。十六大以来，党中央从推进党和国家事业发展、实现长治久安的政治高度，对思想道德建设和思想政治工作提出了一系列新论断，出台了一系列新举措。2003年，胡锦涛总书记亲自出席全国宣传思想工作会议并发表重要讲

话，提出要坚持把做好思想政治工作作为宣传思想战线的基本职责。同年，中央文明委确定每年 9 月 20 日为公民道德宣传日。2004 年、2005 年，党中央、国务院就加强改进未成年人思想道德建设和大学生思想政治教育，相继下发重要文件、召开专门会议，胡锦涛总书记亲自到会并发表重要讲话。2006 年，胡锦涛总书记提出以"八荣八耻"为主要内容的社会主义荣辱观，鲜明地确立了当代中国最基本的价值取向和行为准则。党的十六届六中全会提出要加快建设社会主义核心价值体系，这是我们党在思想文化领域的重大理论创新，进一步明确了思想道德建设的目标和任务。2007 年 6 月 25 日，胡锦涛总书记在中央党校发表重要讲话，突出强调必须更加自觉、更加主动地推动文化大发展大繁荣，大力建设社会主义核心价值体系。党中央的高度重视和坚强领导，为做好新形势下的思想道德建设和思想政治工作指明了方向，提供了保证。

按照中央的总体要求和工作部署，在长春、云山同志直接领导下，几年来，中宣部为适应新形势、新任务，在思想道德建设和思想政治工作方面加大力度、积极探索、改进提高，收到了良好效果。归纳起来，主要做了以下六个方面的工作。

1. 加强和改进了理想信念教育。我们注重从多方面拓展教育内容，创新教育载体，改进教育方法，使教育变得更加丰富充实、更加鲜活生动。把思想教育和成就宣传结合起来，把理想信念教育融入改革开放成就宣传之中，通过报告会、宣讲团、通俗读物、专题片等形式，生动地宣传党的重大方针政策，努力增强干部群众贯彻落实"三个代表"重要思想和科学发展观的自觉性坚定性。我们抓住建党 85 周年、抗战胜利 60 周年、长征胜利 70 周年和建军 80 周年等重大纪念活动的有利契机，举办大型展览和群众性活动，广泛开展党史、军史、国史、国情教育，引导人们牢记光荣传统，树立崇高理想，积极投身小康社会建设。另外，我们抓住青少年这一重点，坚持政治理论教育与社会实践相结合，推动党的理论创新成果进教材、进课堂、进头脑，引导他们树立正确的远大理想，坚定走中国特色社会主义的信心和决心。

2. 加强和改进了爱国主义教育。几年来，我们以爱国主义教育基地为依托，以整合教育资源为着力点，以重大事件、重要节庆日为契机，坚持经常性宣传教育与集中性宣传教育相结合，通过抓工程、做项目，把工作由虚变实，使爱国主义教育不断得到深化和拓展。比如组织实施了爱国主义教育基地建设"一号工程"和"533 工程"，使其在展出内容与展示手段、服务质量与教育效果、内部管理与环境面貌三个方面取得显著改善。公布了三批全国爱国主义教育示范基地，初步形成以全国示范基地为骨干、各级各类教育基地相辅相承、共同发展的良好局面。还有，推动了红色旅游的发展，确定 30 条全国红色旅游精品线和 120 多个全国红色旅游经典景区，将革命文化资源与经济资源、旅游资源整合起来，使爱国主义教育融入到文化娱乐、旅游观光之中。再一个就是，抓住富有教育意义的重大事件，如抗击非典胜利、载人航天飞船发射成功，28 届奥运会中国代表团取得优异成绩等，通过多种形式，宣传抗击非典精神、载人航天精神、奥运健儿拼搏精神等伟大民族精神，生动形象地对干部群众进行爱国主义教育。此外，我们还通过组织春节、清明、端午、中秋、重阳等传统节庆活动，展现和传承民族优秀文化传统，强化了人们的民族意识，增强了人们的爱国情怀。

3. 加强和改进了形势政策宣传教育。紧紧围绕党的中心任务和工作大局，配合重大决策部署的制定出台，针对干部群众关心的热点难点，我们坚持国际形势宣传教育与国内形势宣传教育相结合、大政方针宣传教育与民生热点问题宣传引导相结合，以举办报告会、网上大家谈、编发宣传提纲、搞电视大讲堂等多种形式，分析形势、宣讲政策、解疑释惑、统一思想。特别值得一提的是，2005 年，中央政治局常委会把在全国城乡集中开展一次形势政策宣传教育写进工作要点，极大地推动了形势政策宣传教育的开展。几年来，我们就科学发展观、宏观调控、“三农”问题、收入分配、社会保障、住房价格、教育医疗、能源资源、环境保护、安全生产、反腐倡廉、国际形势等问题，举办了40多场高层次形势报告会，举行了20多场形势政策教育网上谈，编写了10多个宣传提纲，组织了多次巡回报告团。应当说，由于反映及时、主题鲜明、内容丰富、重点突出，所以社会反响强烈，一定程度上满足了干部群众对形势政策了解的需求。

4. 加强和改进了公民道德建设。几年来，我们在工作中以《公民道德建设实施纲要》为指针，以树立社会主义荣辱观为主线，以诚信建设与公民责任为重点，抓住教育这一基础、实践这一关键、基层这一环节，努力在深入人心上下功夫，在建章立制上下功夫，在行为养成上下功夫。精心组织了公民道德宣传日活动，每年9月20日前后，围绕不同的主题定期举办中国公民道德论坛，集中推出道德建设典型经验，专门播出道德建设电视专题片，组织系列公民道德网上谈。另外，为发挥实践活动对道德养成的重要作用，我们广泛开展了“三下乡”、“四进社区”、“百城万店无假货”、“送温暖献爱心”、“社会志愿服务”、“迎奥运讲文明树新风”等活动，吸引群众广泛参与，在参与中受到教育、陶冶情操、提升境界。为把自律和他律结合起来，不断完善道德建设的激励机制，组织开展了评选全国道德模范活动，在社会上搭建先进人物的评议、学习和宣传的平台。通过鼓励基层丰富和完善市民公约、乡规民约、职业规范、学生守则，把社会主义荣辱观的要求转化为不同群体的行为准则，在引导人们崇尚真善美、抵制假恶丑方面也产生了积极影响、收到良好效果。

5. 加强和改进了先进典型学习宣传工作。我们围绕弘扬时代精神这一主题，把社会主义核心价值体系作为判定先进典型的依据，把客观真实视为先进典型的生命，着力挖掘先进典型的思想内涵，着力发挥榜样的示范带动作用，区分层次，突出重点，把握节奏，务求实效，典型宣传的影响力说服力不断得到增强。近年来，我们在严格典型选择的标准和程序、确保典型质量的同时，更加注重选择和树立基层的典型、群众身边的典型，让人们从凡人小事上看到不平凡的精神境界，近距离地感受到榜样的精神力量，让先进典型更加可亲可敬、可信可学。另外，我们更加注重从国家大局出发，来把握典型宣传的时机和节奏，分类别、分档次、分步骤地进行宣传推广。对重大典型采取“打组合拳”、“吃套餐”的办法，也就是采用新闻报道、报告会、巡回宣讲、公共广告、文艺作品等多种方式，进行大规模的立体化宣传；对一般典型以新闻宣传为主，方法上灵活机动，做到“常流水、不断线”，目前中央电视台的“劳动者之歌”、“时代先锋”等栏目已成为宣传先进典型的著名品牌。此外，我们还努力探索如何运用最能反映典型自身特点、最能为群众所接受的方式和途径，来开展典型宣传工作。比如，把一些重大先进典型通过文学作品、影视剧、连环画、歌曲、曲艺、雕塑、动漫等形式表现出来，社会反响也非常好，如电视剧《任长霞》曾创下当年央视一套收视率之最，《画说平凡劳动者的感人故事》也收到良好社会效果。

6. 加强和改进了思想动态的调查研究。根据当今社会人们思想动态十分活跃的实际，按照云山同志抓好落实、突出重点、找准工作着力点的要求，深入扎实地开展调查研究，取得了一批有分量有价值的研究成果。为及时有效地掌握舆情动态和社情民意，更好地为领导决策服务，2004年，中宣部专门成立了思想政治工作研究所，与中国政研会合署办公，以调查研究为中心工作，共同履行“思想库”、“智囊团”和参谋、助手的职能。在工作中，注意针对社会舆情和思想动态中带有倾向性苗头性的问题，运用统计学、社会学的方法，做到既有质的把握、又有量的分析，确保对策建议具有针对性、科学性。据统计，近3年来，共完成有关思想道德建设和思想政治工作的调研课题近40个，形成了近50个研究报告，其中一些调研成果得到长春、云山同志的充分肯定，一些建议已被中央和部门的重要文件、领导讲话所采纳。从而增强了整个工作的预见性、主动性和科学性。

总结近年来的工作，我的体会是，只有坚持以邓小平理论和“三个代表”重要思想为指导，坚定自觉地与党中央中心工作保持高度一致，思想道德建设和思想政治工作才能确保正确方向；只有坚持围绕经济建设这个中心，服务改革发展稳定这个大局，思想道德建设和思想政治工作才能在全局中找准自己的位置；只有坚持把建设社会主义核心价值体系作为根本，思想道德建设和思想政治工作才能找到着力点；只有坚持以人为本方针，尊重人、理解人、关心人、帮助人，思想道德建设和思想政治工作才会被人们所认同、所接受；只有坚持“三贴近”原则，面向基层、服务群众，思想道德建设和思想政治工作才会具有生命力和影响力；只有坚持与时俱进，不断改进创新，思想道德建设和思想政治工作才能体现时代性、把握规律性、富于创造性，永葆生机和活力。

三、思想道德建设和思想政治工作需要深入研究和着力解决的几个问题

近年来，思想道德建设和思想政治工作虽然取得了明显的进展和成效，但与中央的要求、人民的期待还有不少差距，工作中还有许多不适应的地方，还存在不少薄弱环节，因此我们绝不能有丝毫懈怠和自满。概括起来，需要在以下几个方面深入研究、积极探索，力争有所突破和进展。

1. 如何把社会主义核心价值体系贯穿于思想道德建设和思想政治工作的各方面。社会主义核心价值体系是我国意识形态中最重要的组成部分，是社会主义制度内在的精神之魂、文化之本，是全民族奋发向上的精神力量和团结和睦的文化纽带，不仅体现了社会主义先进文化的内在要求，也适应了社会主义市场经济发展的客观需要。建设社会主义核心价值体系，就是要用马克思主义中国化的最新成果武装人，用中国特色社会主义共同理想凝聚人，用民族精神和时代精神鼓舞人，用社会主义荣辱观引导人，为构建和谐社会打牢共同的思想道德基础。在多元、多变的社会条件下，人们拥有更广阔的思维空间，价值选择的机会明显增多，精神世界发生多样性的变化。一些人理想信念淡化，嘲笑真理、拒绝崇高、鄙视责任，一些人道德滑坡、诚信缺失、欺骗欺诈，一些人追求享受、金钱至上、骄奢淫逸，这些都对主流思想意识和价值观念带来不同程度的冲击和影响。可以说，建设社会主义核心价值体系任重道远，用代表社会发展方向、符合中国社会特点的核心价值体系，来引领和推动思想道德建设，还需要做大量的工作。因此，思想道德建设和思想政治工作如何全面体现社会主义核心价值体系的根本要求，引领人们自觉认同和践行核心价值体系，树立共同的理想信念和道德规范，最大限度地形成社会共识，这些都需要继续探索和解决。

2. 如何进一步增强思想道德建设和思想政治工作的针对性和有效性。增强针对性和有效性是搞好思想道德建设和思想政治工作的关键所在。只有解决了针对性，才能确保有效性，才能达到预期效果。当前，一些地方思想道德建设和思想政治工作方法陈旧、渠道单一、手段不多，仍停留在说教阶段；脱离基层实际，信息传递环节过多、传播渠道不畅，致使中央的声音到基层后被衰减、被变调，基层群众的愿望和呼声也无法及时、准确地得到反映，出现信息不对称，上下脱节的现象；还有些地方不善于区分层次、分类指导，“不分对象同吃一种药”，搞“一锅煮”，缺乏引导教育的针对性，以至于事倍功半。因此，要解决好针对性、有效性问题，就要加强调查研究，准确把握社会思想动态，掌握群众所思所想、所求所盼，找准工作的出发点和着力点；就要把党和政府想说的与群众想听的统一起来，把群众需要什么和我们提供什么对接起来，确保中央的精神有效传递到基层；就要尊重

人们思想意识、道德状况的层次性和差异性，针对不同对象提出不同要求，既鼓励先进、又照顾多数，因势利导、有的放矢，力求取得实实在在的效果。这些，都需要我们进一步研究探讨，提出切实可行的措施和办法。

3. 如何进一步扩大思想道德建设和思想政治工作的覆盖面和影响力。群众是思想道德建设和思想政治工作的主体，基层是思想道德建设和思想政治工作的落脚点。群众和基层始终是支撑我们政权的主要力量。我们的工作，什么时候抓住了群众，就抓住了根本；什么时候落到了基层，就夯实了基础。因此，面向基层、服务群众，是我们必须长期坚持的重要方针。当前，我国经济结构、城乡结构、分配结构、阶层结构发生深刻变化，新经济组织和社会组织大量涌现，新的社会群体不断增加。而与之相比，思想道德建设和思想政治工作的覆盖面还不够，影响力还不足。尤其在一些农村、落后地区和非公有制经济领域，还存在不少盲点和死角。实践证明，一个地方、某个领域，我们不去主动占领，不去积极覆盖，别的势力和不健康的东西就会趁虚而入。因此，一是如何使我们的工作横到边——覆盖所有人群，纵到底——落实到城乡基层，实现阵地建到基层、人员下到基层、措施落到基层；二是如何树立群众观念，尊重群众主体地位和首创精神，把广大群众吸引到思想道德建设的实践中来；三是如何增强服务意识，拓宽服务渠道，提高服务基层、服务群众的本领，让尽可能多的人共享思想道德建设的成果，等等，都需要我们深入研究和思考。

4. 如何进一步推动思想道德建设和思想政治工作的改进创新。思想道德建设和思想政治工作是常做常新的工作。在这方面我们有许多好的经验好的做法。但同时也要看到，与过去相比，思想道德建设和思想政治工作的环境、任务、内容、渠道和对象都发生了很大变化。如果不能适应这种变化，只是简单地重复过去的老方式、老办法，就难以收到好的效果，甚至还会适得其反。这就要求我们必须适应新情况，不断拓展新内容，运用新手段，探索新方式。因此，一要推动思想道德建设和思想政治工作的内容创新，挖掘中华民族传统美德和优秀革命道德的时代内涵，研究社会主义新风尚的时代特征，回答改革开放的实践所提出的新课题，加快建立社会主义思想道德体系。二要推动方式方法的创新，遵循思想道德建设和思想政治工作的特点和规律，多用耐心疏导、民主讨论、平等交流的方法，多用群众参与、典型引路、以文化人的方法，做到和风细雨、润物无声、潜移默化。三要推动工作手段的创新，在用好报刊、广播、电视等传统新闻媒体的同时，注重运用互联网、手机短信、IP 电视、楼宇电视、移动电视等新渠道，传播先进思想，弘扬和谐文化。这些，都是亟须我们研究解决的重要课题。

5. 如何进一步形成全社会齐抓共管的思想道德建设和思想政治工作的新格局。思想道德建设和思想政治工作是全党全社会的共同责任，必须建立健全长效机制，并使其制度化、规范化。近年来，我们在如何建立长效机制等方面，做了一些有益的探索，取得了一定的效果。但实事求是地讲，目前的工作体制和运行机制还不完善，各个部门、各个环节之间还存在相互推诿现象，工作合力还不强，投入和管理还跟不上，队伍建设还不适应形势和任务需要。因此，这就需要我们把相关资源整合起来，把各方面优势发挥出来，形成上下联动、左右联合、资源共享、协调有力、运转高效的工作格局；就需要我们建立科学的绩效考核机制、评估论证机制、信息反馈机制，综合运用经济、法律、行政、教育等各种措施，形成引导与约束、自律与他律相结合的长效机制，实现工作的规范化科学化；就需要我们培养造就一支由专兼结合、遍布城乡、规模宏大的工作队伍，为思想道德建设和思想政治工作提供有力支撑。在这些方面，还有大量工作需要我们去探索、去完成。

（此文是中共中央宣传部副部长欧阳坚2007年8月27日在部分省区市委常委、宣传部长研讨班上的讲话）

努力增强军队思想政治教育的主动性针对性实效性

中国人民解放军总政治部

中国人民解放军的思想政治教育，是中国共产党在军队中进行的理论武装和思想引导工作，是党对军队实施思想政治领导的基本途径。我军80年发展壮大的历史，就是坚持不懈地用马克思主义理论，特别是马克思主义中国化的最新理论成果武装全军、教育官兵，忠实履行我军职能使命的历史。新世纪新阶段，党的指导思想的与时俱进和军队历史使命的新发展，要求军队思想政治教育必须研究新情况、适应新形势、服务新使命，按照科学发展观的要求加强和改进。经中央军委批准，总政治部向全军颁发了《中国人民解放军思想政治教育大纲》（以下简称《大纲》）。这是贯彻落实胡锦涛主席重要指示，加强和改进军队思想政治教育的重要举措，对于增强军队思想政治教育的主动性针对性实效性，更好地发挥思想政治教育在履行我军职能使命、推进军队全面建设发展中的作用，具有重要意义。

一、积极适应形势任务的新变化，大力加强和改进军队思想政治教育

我军思想政治教育历来是随着形势任务的发展而不断创新发展的，这既是我军建设发展的经验总结，也是思想政治教育的生命力之所在。从我军发展壮大的历史进程看，思想政治教育在土地革命战争、抗日战争、解放战争、社会主义革命和建设时期、改革开放新时期等不同历史时期，都充分发挥了服务保证作用，一个重要原因，就是紧跟形势任务的发展变化，坚持与时俱进，不断加强和改进。新世纪新阶段，我军所处的国际国内环境和肩负的历史使命发生了重大变化，军队思想政治教育处在一个更加开放的环境中，处在一个各种思想文化相互激荡的过程中。经济社会的发展变化对军队思想政治教育提供了许多有利条件，也提出了许多新问题和新挑战。思想政治教育只有抓住机遇，迎难而上，不断加强和改进，才能紧跟时代发展，适应形势任务要求，发挥服务保证作用，永葆生机活力。

我们党历来高度重视军队思想政治教育，善于通过创新发展，发挥思想政治教育的特有优势。毛泽东、邓小平、江泽民同志在领导军队建设的不同时期，都对加强和改进我军思想政治教育作了深刻阐述，形成了我军独具特色的思想政治教育思想、理论和原则。胡锦涛主席站在历史和时代的高度，着眼新世纪新阶段我军建设发展的需要，对新形势下的军队思想政治教育进行了深邃思考，作出了一系列重要指示。他强调：要坚持不懈地用马克思主义科学理论特别是党的创新理论武装全军；始终坚持我军听党指挥、服务人民、英勇善战的优良传统；引导官兵树立坚定的理想信念和正确的世界观人生观价值观，始终保持政治上的坚定性和思想道德上的纯洁性，始终保持坚强的革命意志和旺盛的战斗精神；大力开展我军历史使命教育、理想信念教育、战斗精神教育和社会主义荣辱观教育；切实增强事业心责任感，强化忧患意识、公仆意识、节俭意识；积极创新思想政治教育的内容、形式和手段，增强主动性针对性实效性；围绕军事斗争准备开展思想政治教育，注重发挥军事训练的特殊思想教育功能；贯彻以人为本理念，把解决思想问题与解决实际问题、促进思想进步与保持心理健康、加强思

想教育与完善政策制度结合起来，等等。胡锦涛主席的重要指示，充分体现了以科学发展观指导思想政治教育的内在要求，丰富和发展了毛泽东、邓小平、江泽民同志关于我军思想政治教育的重要思想，为我们加强和改进军队思想政治教育提供了思想武器和根本遵循。

今天是昨天的继续，现实是历史的延续。我军思想政治教育在80年的发展历程中，为把我军从一支以农民为主要成分的军队建设成为具有坚定理想信念和高度政治觉悟的革命军队，为保证我军经受住各种严峻考验，始终把意志和力量凝聚在党的旗帜下，发挥了历史性作用，积累了丰富经验，形成了优良传统。比如，坚持把党对军队的绝对领导作为思想政治教育的根本要求，确保军队建设的正确政治方向；坚持用党的理论特别是党的创新理论教育部队，保证党的意志和主张在军队的贯彻执行；坚持把思想政治教育作为中心环节，充分发挥其对军队全面建设的服务保证作用；坚持围绕中心、服务大局，为生成、巩固和提高部队战斗力提供精神动力和思想保证等。这些优良传统，充分体现了人民军队的性质和宗旨，反映了思想政治教育的本质要求，任何时候都不能丢。随着时代和实践的发展，全军部队积极作为，针对新情况，研究新问题，探索新思路，把以人为本作为思想政治教育的重要理念确立起来，发挥军事训练、部队管理的特殊思想教育功能，运用信息网络等现代传媒手段开展思想政治教育，不断赋予思想政治教育新的时代内涵，创造新的实现形式。《大纲》把继承优良传统与改进创新统一起来，把坚持我军思想政治教育的根本原则和有效做法与总结部队探索的新鲜经验结合起来，形成了具有鲜明时代特色、适应官兵特点的思想政治教育的基本原则、内容方法和制度要求。《大纲》既是全军部队加强和改进思想政治教育理论和实践的结晶，又为进一步推进思想政治教育创新发展提供了新的起点、奠定了新的基础。

二、深刻认识新形势下思想政治教育的特点规律，准确把握教育的根本内容和本质要求

军队思想政治教育是一门科学，有着自身的特点和规律。胡锦涛主席关于军队思想政治教育的重要指示，体现了马克思主义的立场、观点和方法，阐明了思想政治教育各要素各环节之间、思想政治教育与军队建设其他工作之间的本质联系，深化了我们对思想政治教育规律性的认识。《大纲》充分贯彻胡锦涛主席的重要指示精神，集中反映了我军思想政治教育的本质特征。要认真理解把握《大纲》，按思想政治教育的客观规律办事，不断增强思想政治教育的主动性针对性实效性。

——把党的创新理论武装作为根本任务。党的创新理论，是凝聚全军思想和意志的重要思想政治基础。我军是党绝对领导下的人民军队，及时有效地用党的创新理论的最新成果武装部队，并转化为官兵的统一思想和自觉行动，是党对军队的根本政治要求。党的十六大以来，以胡锦涛同志为总书记的党中央提出了科学发展观、构建社会主义和谐社会等一系列重大战略思想，这些重要思想同毛泽东思想、邓小平理论和“三个代表”重要思想既一脉相承又与时俱进，进一步丰富和发展了马克思主义的思想宝库。《大纲》明确规定，用马克思主义特别是马克思主义中国化的最新成果武装官兵，是军队思想政治教育的根本任务。军队思想政治教育必须始终紧紧抓住理论武装这个根本，深入学习掌握邓小平理论和“三个代表”重要思想，兴起学习贯彻科学发展观新的热潮，切实在求深入上下功夫、在见实效上做文章，以科学的理论指导官兵行动，推动部队建设发展。

——以我军历史使命教育、理想信念教育、战斗精神教育和社会主义荣辱观教育为重点内容。抓住反映时代发展变化和军队使命任务要求的内容开展教育，是军队思想政治教育的一条成功经验。我军历史上开展的“打土豪、分田

地”教育、“诉苦三查”教育、“抗美援朝、保家卫国”教育，以及爱国奉献、革命人生观、尊干爱兵、艰苦奋斗教育等，其所以影响大、效果好，就在于反映了时代要求，与部队的使命任务贴得很紧，在官兵思想上产生了强烈共鸣。在新形势下，如何确保人民军队的性质和本色，如何使广大官兵始终保持坚强的革命意志和旺盛的战斗精神，为打赢信息化条件下的局部战争提供强大的精神动力，是军队思想政治教育必须认真研究解决的重大课题。胡锦涛主席明确提出，要在全军大力开展我军历史使命教育、理想信念教育、战斗精神教育和社会主义荣辱观教育。这一重要指示，揭示了全军官兵应当坚持的价值追求、精神支柱、革命精神和高尚情操，反映了科学发展观对军队革命化建设的新要求，指明了新形势下军队思想政治教育的主要内容。《大纲》把胡锦涛主席提出的几项重大教育，规定为军队思想政治教育的重点内容，为使这些教育在部队的有效落实提供了重要的法规制度保证。贯彻好《大纲》这一要求，军队思想政治教育才能提起“纲”来，才能从根本上打牢部队的思想政治基础。

——紧紧围绕部队中心工作开展思想政治教育。《大纲》把“围绕中心服务大局”确立为军队思想政治教育的一条重要原则，强调要适应国家改革和建设发展的要求，紧贴中国特色军事变革和军事斗争准备的实践，把思想政治教育贯穿于军事训练等各项工作中，发挥服务保证作用，为生成、巩固和提高战斗力提供精神动力和思想保证。《大纲》进一步为军队开展思想政治教育提供了正确思路，明确了发挥服务保证作用的根本着力点和基本要求。当前，军队的重点工作，是迎接党的十七大召开、抓紧做好军事斗争准备。军队思想政治教育必须紧紧围绕这两项重点工作，坚持用党中央、中央军委和胡锦涛主席的决策指示统一全军思想，教育和激励官兵大力弘扬我军听党指挥、服务人民、英勇善战的优良传统，确保军队高度稳定和集中统一，为党的十七大召开和抓紧做好军事斗争准备创造良好政治环境、提供强大精神动力。

——把以人为本作为重要理念和指导原则。我军作为执行党的政治任务的武装集团，贯彻以人为本的理念和原则，最重要的是必须始终坚持人民军队的根本性质，坚决维护人民群众的根本利益。对军队自身建设来说，就是要尊重官兵的主体地位，发挥他们在军队建设中的主体作用。军队思想政治教育的对象是广大官兵，贯彻以人为本的理念和原则，必须尊重官兵在教育中的主体地位和创造精神，满足他们成长成才的多种需求，回答解决他们的困惑和问题，调动他们投身军队现代化建设、践行全心全意为人民服务宗旨的自觉性和积极性。《大纲》不仅把以人为本作为思想政治教育的重要原则确立起来，而且在目标要求、教育内容、形式方法和组织实施等规定中，都贯彻了思想政治教育教育人、培养人、尊重人、关心人的要求，不断提高官兵的综合素质，激发他们献身国防、建功军营的主人翁意识和创造精神。

——注重运用具有时代特点和官兵喜闻乐见的教育形式方法。思想政治教育的形式方法，是使教育内容进入官兵头脑、实现教育目的的重要手段。实践证明，行之有效的形式方法，能够极大地增强教育的吸引力感染力，充分发挥思想政治教育的功能作用。全军部队坚持把创新教育的形式方法，作为增强思想政治教育主动性针对性实效性的重要环节，进行富有成效的探索。广泛开展对官兵思想、心理和行为特点的调查研究，根据教育对象的不同层次和接受特点，组织编写新一轮军队思想政治教育教材；着眼提高政治教员的施教能力，在全军开展争做“四会”优秀政治教员活动，建好用好旅团“指导员之家”；增加思想政治教育投入，设立思想政治教育补助经费，改善教育的物质条件；拓展思想政治教育的渠道，把全军政治工作网作为开展教育的新平台，运用电视媒体讲授政治课，举办书写传播优秀军旅短信活动；加强军营政治文化环境建设，开展多种形式的文艺创作和演出活动，发挥文化娱乐活动的教育功能和审美功能。《大纲》对这些时代特色鲜明、贴近部队实际、深受官兵欢迎的有效形式方法进行了提炼和规范，形成主阵地灌输、多渠道渗透、新手段施教、全方位育人的军队思想政治教育新的思路和格局。

——努力拓展军队思想政治教育新的领域。思想政治教育不能仅仅是上政治课，实践也是教育的最好课堂。军事训练、部队管理和思想政治教育都是军队建设的基本实践活动，内在地统一于提高军队战斗力的根本目标。思想政治教育离不开军事训练的实践锤炼，军事训练中蕴含和体现着思想政治教育。胡锦涛主席指出，"军事训练具有特殊的思想教育功能"。军事训练和部队管理不仅要为确保军队打得赢服务，还要为确保军队不变质服务。军事训练和部队管理抓得紧，就能够凝聚和振奋军心士气，促进官兵始终保持团结紧张、昂扬向上的精神状态，思想不松懈，作风不涣散，抵御各种不良思想和风气的侵蚀。发挥军事训练的思想教育功能，就是要在大抓军事训练的实践中，坚持把练技术练战术与练思想练作风结合起来，培育官兵过硬的革命精神、优良作风和高尚品德。《大纲》明确要求，要发挥军事训练、部队管理等具有的特殊思想教育功能，引导官兵在实践活动中接受教育，在完成任务中培育革命精神，进一步开阔了思想政治教育的视野，拓展了部队开展思想政治教育的空间和范围。

三、充分发挥《大纲》的规范和指导作用，增强军队思想政治教育的生机活力

《大纲》体现了增强思想政治教育主动性针对性实效性的要求，对新形势下军队思想政治教育的各个方面都作了明确规范。增强思想政治教育的质量效果，必须认真学习、切实贯彻好《大纲》，形成党委机关依据《大纲》指导教育、部队按照《大纲》实施教育的良好局面，努力把思想政治教育搞得更生动活泼，更富有成效。

增强党委领导管思想、抓教育的意识和责任感。加强部队的思想政治领导，确保部队建设的正确方向，是党委领导第一位的政治责任。《大纲》明确规定，党委书记是管思想、抓教育的第一责任人，必须切实负起领导责任。这抓住了增强思想政治教育主动性针对性实效性的关键所在。在当前经济体制深刻变革、社会结构深刻变动、利益格局深刻调整、思想观念深刻变化的情况下，要确保全军部队政治坚定、道德纯洁、忠诚使命，党委领导必须进一步强化政治意识和责任意识，切实把思想政治教育作为保方向、保本色、保打赢的基础工程，作为军队建设各项工作的中心环节。军队各级党委要认真落实党委议教制度，定期分析部队思想动态，科学安排部署教育工作，研究解决思想教育中的重大问题。把抓教育的能力作为各级领导干部思想政治素质的重要方面，把部队教育成效作为衡量各级党委政治责任和领导水平的重要标志，以高度的政治敏锐性和强烈的使命感，切实抓好思想政治教育各项任务的落实。

按照《大纲》要求，科学组织实施思想政治教育。《大纲》对军队各级党委、机关和基层作出的具体规范，既是对教育实践的科学总结，也是加强和改进军队思想政治教育的内在要求。解决好当前思想政治教育中存在的矛盾和问题，确保教育取得实效，关键是要按照《大纲》办事，把《大纲》的各项规定付诸部队思想政治教育的具体实践。要认真学习理解《大纲》，熟悉基本内容，掌握基本要求，把按纲施教的观念确立起来，贯穿和体现到思想政治教育中去。按照《大纲》的要求规范工作指导，解决好多头部署的问题；规范教育内容设置，解决好内容过多的问题；规范制度落实，解决好教育随意性大的问题；规范各级职责，解决好落实不力的问题。把《大纲》作为开展教育的基本依据，各项教育活动要按照《大纲》来筹划，教育的各个环节要按照《大纲》来实施，教育的成效要按照《大纲》来衡量，充分发挥《大纲》在组织开展思想政治教育中的规范指导作用。

以务实创新精神，探索思想政治教育的新

路子。同军队建设的各项工作一样，思想政治教育是一个动态发展的过程。时代在前进，军队建设在发展，思想政治教育将不断面临新的情况和问题。加强和改进思想政治教育，要在实践中深入探索和总结，把贯彻落实《大纲》的过程，作为研究新情况，解决新问题，总结新经验，进一步深化认识、探索规律的过程。这就要求我们必须从不断变化的客观情况出发，用务实的态度、创新的精神研究解决思想政治教育遇到的矛盾和问题，从部队丰富生动的教育实践和全社会创造的思想教育成果中汲取营养、开阔思路，不断创新发展思想政治教育的内容、形式和手段，进一步完善《大纲》，努力开创我军思想政治教育新的局面。

思想政治工作要与时俱进

聂辰席

一、准确把握当前面临的形势，拓宽思想政治工作研究视野

当前，我国经济社会形势正在发生深刻变化，社会意识多元、多样、多变的特征日益明显，各种文化相互影响，各种思潮相互激荡，主流意识形态和非主流意识形态相互交织。在这种情况下，思想政治工作面临着十分严峻的挑战，任务非常艰巨，迫切需要为实现更好更快发展与构建和谐社会提供精神动力、智力支持、思想保证和文化条件。

一是落实科学发展观，要求思想政治工作必须把统一思想、凝聚力量作为当前的重要工作。思想政治工作的主要任务之一就是用党的最新理论成果武装干部、教育人民、指导实践、推动工作。如何用科学的方法、科学的态度、科学的精神来落实科学发展观，这是思想政治工作必须要认真研究和解决的重要课题。如何在继承传统方式、方法的同时，利用现实的一些思维、渗透的方式，让人们的思维方式实现自然转化，需要我们认真研究。如何把科学发展观变成思路、方法、措施，变成我们执政的能力，变成人们推进工作的执行力、落实力，也需要认真做好研究。

二是实现更好更快发展，要求思想政治工作必须把理顺情绪、化解矛盾作为长期任务。实现更好更快发展是主要任务。目前，既是发展的机遇期，又是矛盾的凸显期。从矛盾的凸显期来看，当前各种社会问题，如就业问题、医疗问题、分配不公问题，社会治安问题等易发多发。尤其人们的思维方式方法的变化、信息接受的快捷程度、上级政策出台完善的频率、基层人民群众迫切的需求，以及党的“立党为公、执政为民”、“群众的事无小事”等执政理念的提出，使得各种思潮相互激荡，需要做大量细致的思想政治工作。如何大力倡导科学的公平观和利益观，如何大力弘扬新时期人文精神，如何最大限度地增加和谐因素等等，都需要我们认真研究。

三是新的机遇和挑战，要求思想政治工作必须着力激发活力、焕发激情，与时俱进、开拓创新。中央把思想政治工作的位置摆得很重，经济社会迅猛发展为思想政治工作开辟了更为广阔的空间，多年来形成了一套行之有效的工作思路和做法，这为我们进一步开创新局面奠定了坚实的基础。另一方面，我们也面临着严峻的挑战。特别是2007年下半年将召开党的十七大，实践证明，党的代表大会召开之年，往往是各种社会势力企图影响党的政策和主张、社会思潮比较活跃的时期，这些都对做好思想政治工作提出了新的更高要求。胡锦涛总书记提出，要在全社会树立以“八荣八耻”为核心的社会主义荣辱观，最近又提出在各级领导干部中倡导八个方面的良好作风，这些都具有非常重要的现实意义。如何按照胡锦涛总书记的要求，把“八荣八耻”、八个方面的良好作风用渗透的方式变为人们的行为规范；如何能让党员干部带着感情、责任、追求，为民、务实、清廉地工作；如何引导人们创新工作思维，激发创业热情，强化创造意识，把创新、创业、创造转化为人民的实际行动；如何运用和谐的理念活化思想政治工作等等，都需要我们通过研究来改进创新思想政治工作。只有通过创新思想政治工作的理念、内容、方式、方法、机制，才能不断丰富

思想政治工作的内涵，增强针对性和实效性，提高吸引力和感染力。

二、突出研究的应用性和对策性，在多出精品和成果上下功夫

政研会重点不是搞基础性研究，而是注重应用性、对策性研究。要注意把握好以下四点：

一是注意选好研究课题。要切实把研究工作与实际需要紧密结合起来，从实际需要出发确定研究重点和选题。一要围绕运用邓小平理论、“三个代表”重要思想、科学发展观武装干部、教育群众选好题。当前要突出贯彻落实科学发展观和构建和谐社会的重大战略思想，党的十七大召开后要及时围绕贯彻落实会议精神选好题。二要围绕省委、省政府中心工作选好题。围绕中心搞研究是政研会发挥“思想库”和“智囊团”作用的前提，也是当好参谋和助手的基本要求。要组织力量，联合攻关，尽快拿出有价值、有分量的研究成果。三要围绕群众关心的社会热点、难点问题选好题。要把握群众思想脉搏，了解群众所思所盼，从关心群众冷暖安危出发，提炼选题。四要围绕创新思想政治工作的方式、方法选好题。要针对基层思想政治工作的难点和薄弱环节进行选题，探索新的方式方法，丰富工作思路。研究选题既不能太大、太虚，又不能太小，要能够对省委、省政府及有关部门决策、参考发挥作用。要按照各个群体、受众、领域，区分不同阶层来选题，研究不同群体的思潮和需求，这样的研究成果发挥的作用才能更大、更好。同时要突出研究重点，组织好一两个对全省经济社会的改革发展稳定能够发挥较大作用、有较大影响的课题。要在当前各种信息、知识、思想交融的撞击和反射中，多出亮点，争取在重点领域、重点课题上取得成效。

二是不断创新研究方法。思想政治工作研究也需要不断地创新方法。政研会在政工研究方式、方法上积累了一些经验，从选题论证、公开招标、课题立项、专家指导、协调督导、评审结项等，形成了一套比较系统的管理、考核、验收制度。要在加强课题管理的同时，推动研究方式、方法不断地拓宽和创新，进一步增强研究的科学性、规范性。一要积极开展合作式研究。要加强与有关专家、专业调查研究部门、研究机构的合作，及时调整和充实政研会特约研究员队伍，提升研究队伍的综合实力。要改专家“被动参与”为“提前介入”，把感兴趣或正在做的课题纳入政研会题库。二要实行开放式研究。仅靠一个人封闭式、苦思冥想的研究已不能适应形势发展要求。要充分调动政研会聘请的专家、特约研究员等方面的力量，同时要吸纳基层实际工作者和社会研究力量共同参与，拓展研究队伍层面，增强研究的广度和深度。不仅要在运用信息资料上实行开放，更要在研究整体过程中实行开放，能够在研究的过程中实现合作，能够接受一些知识的撞击和启发。三要依托部门，结合各部门的业务工作开展研究，这样才有针对性，才能达到解决实际问题的效果。四要在继承传统方式、方法、手段的同时，多运用现代科学技术的方式、方法和手段，特别注意运用信息技术和定量研究方法等手段，逐步建立健全信息收集、检索、利用的科学机制，避免低层次重复研究，提高研究质量。

三是注重成果转化应用。研究成果的转化和应用是思想政治工作研究的重要环节，抓好这一环节，就会起到事半功倍的效果。要积极推进研究成果的转化和应用，把更多的成果转化成经济效益、社会效益、政治效益。一是为领导决策服务。要在提高成果质量的同时，增强时效性，使之成为领导决策的参考，避免将成果束之高阁或报送不及时，造成过时无效。二是指导基层工作实践。要通过各种形式，供基层干部学习借鉴，推动工作开展。三是推动研究成果向社会、现实转化。要发挥研究成果的效应，把成果变成引导人们行为传播的自然载体，促进社会形成共识。要利用报纸、电视、网络等各种媒体把成果展示出来，让成果变成可读、可看、可听的易感知、易接受的文学艺术作品，多渠道、多形式地进行成果的转化和应用，发挥其

影响人、感染人、鼓舞人的作用。政研会有自己的会刊、网页，这都是推动成果转化的重要载体，要充分发挥它们的作用。

四是积极拓展新领域。一要扩大研究领域。政研会更名后，研究领域进一步拓宽，特别是在社区、学校、非公有制企业等方面作了一些有益的尝试，但在农村、机关、部队等层面还不够，要在已有的基础上，逐步探索开展这些层面思想政治工作的新方式、新途径，在扩大新领域上取得新突破。二要关注重点社会群体倾向性问题。要把研究的重心向新的社会群体辐射，发现新问题，研究新问题，探索新办法。三要探索加强网络思想政治工作阵地建设的新途径。要一手抓发展，一手抓管理，通过加强规划、完善制度、规范管理、充实队伍等，切实把中央提出的加强网络文化建设管理的五项要求落到实处，提高思想政治工作的辐射力和感染力。

三、统筹思想政治工作研究力量，开创政研会工作新局面

2007年政研会的工作思路明确，重点突出，关键是要抓好工作落实。要按照课题式设计、项目式管理、工程式推进、台账式监督的方式统筹安排今年的工作，积极探索把系统工程思路、信息技术方法运用于政研会工作的途径，推动工作由定性要求向定量描述转变。

一是注意整合资源，形成合力。省政研会工作面宽、线长、联系广、群众性强，要善于发挥各方面的优势开展工作。一要发挥常务理事单位的作用。政研会常务理事单位本身都担负着开展思想政治工作的重要职责，有些同志从事这项工作的时间比较长，大部分还兼任着政研会的副会长，国资委、教委等不少部门还都有自己的研究会，关键是要加强配合和协作，形成工作的合力，共同推动工作落实。比如，确定一个大的研究课题，可以把它分成这些行业的子课题，最后形成综合的、产生重大影响的研究成果。二要发挥各市、行业政研会的优势。目前，各市有政研会，许多行业、县（市、区）也都建立了政研会组织，要充分发挥政研会组织网络优势，推动工作落实，各市、行业政研会也要主动加强与省政研会的协调、配合，增强工作互动性。三要调动团体会员的积极性。要加强与会员单位的联系，倾听他们的呼声，为他们打造交流经验、相互提高、推动工作的平台，让大家有所得、有所获、有贡献，同时要不断发展新的会员单位，扩大政研会的影响力。

二是统筹安排，扎实推进。思想政治工作涉及面较广，要认真谋划，抓好协调。一要精心组织调研工作。要组织精干力量，发挥各方优势，确保调研活动正常有序开展，力争推出一批有分量、可操作性强的调研成果。二要认真筹备各项活动。活动是开展思想政治工作的重要载体，只有通过活动才能凝聚大家。三要总结推广先进典型。2007年中国政研会要组织“双先”评选表彰工作，各政研会要早做安排，发现、总结一些典型，通过典型引路来推进工作。

三是转变作风，求真务实。只有求真、求是，才能把一个问题弄清、弄透、弄明白。做好政研会的工作同样要求真务实。胡锦涛总书记要求在各级领导干部中大力倡导“勤奋好学、学以致用，心系群众、服务人民，真抓实干、务求实效，艰苦奋斗、勤俭节约，顾全大局、令行禁止，发扬民主、团结共事，秉公用权、廉洁从政，生活正派、情趣健康”八个方面的良好作风，这是对全党的要求。政研会作为思想政治工作方面的“思想库”和“智囊团”，不但要全力倡导，更要以此来指导自身工作，模范带头践行，求真务实，真抓实干，不能“选题在会上，研究在纸上，成果在嘴上”，深入基层发现问题不仅要“身入”，更要“心入”，研究问题更要提倡严谨治学，潜心研究，反对急功近利、心浮气躁；提倡深入实际，反对闭门造车；提倡淡泊名利，反对沽名钓誉。要用一流的作风、一流的投入，换取一流的成果，创造一流的业绩，切实把政研会的工作提高到一个新的水平。

（作者：中共河北省委常委、宣传部长）

加强和改进思想政治工作 构建中部崛起的重要战略支点

张昌尔

在此，就如何围绕坚持科学发展观、建设和谐湖北、构建中部崛起重要战略支点这一主题，进一步加强和改进全省思想政治工作，谈几点看法。

一、认清形势，把握大局，切实增强做好思想政治工作的责任感和紧迫感

时代的发展，形势的变化，对思想政治工作提出了新的任务和新的要求，要实现新突破，体现新作为，必须进一步在认清形势中明确要求，在把握大局中理清思路，增强工作的责任感和紧迫感。

第一，贯彻落实科学发展观，需要思想政治工作发挥应有作为。科学发展观是与时俱进的马克思主义发展观，是统领我国经济社会发展全局的根本指针。坚持科学发展，必须引导干部群众运用科学发展观指导实践、推动工作，使科学发展观真正成为指导经济、社会发展的世界观、方法论。当前，长期以来粗放的经济增长方式积累的矛盾和问题日益凸显，经济发展与社会事业发展、环境资源保护之间的不协调、不平衡、不适应、不和谐更加突出，引导人们转变发展观念、创新发展模式、提高发展质量的任务越来越繁重。必须通过强有力的思想政治工作，引导干部群众把学习贯彻科学发展观同促进科学发展的实践结合起来，把学习贯彻科学发展观的成果转化为促进科学发展的科学思路，转化为领导发展的实际能力，转化为干部群众的自觉行动，落实到经济社会发展的各个环节。

第二，构建社会主义和谐社会，需要思想政治工作发挥应有优势。构建社会主义和谐社会，是我们党在全面建设小康社会新阶段的重大政治任务和重大历史使命。面对社会转型、体制转轨、经济成分、经济形式、分配方式、就业方式多样化，社会思潮和人们思想多样、多元、多变的新形势，要实现社会和谐发展，就要有强有力的思想保证、价值观念、舆论环境、文化条件。思想政治工作是党实现领导的重要途径，是党做好群众工作的重要抓手，要通过强有力的思想政治工作，保护好、实现好人民群众最现实、最关心、最直接的利益问题，增强人民群众对党和政府的信任，引导群众正确处理人与人、人与社会、人与自然关系，妥善协调各方面利益。

第三，提高党的执政能力，需要思想政治工作发挥应有作用。在世界多极化和经济全球化的大趋势下，“西强我弱”的基本态势短时间难以改变，抵御西方敌对势力对我西化、分化的图谋，是对我们党执政能力的严峻考验。与此同时，我国正处于改革攻坚期和社会矛盾的凸显期，在前进的道路上我们同样面临着各种困难和风险，巩固党的执政地位，提高党的执政能力，需要思想政治工作为深入改革、扩大开放、促进发展、保持稳定营造良好的社会氛围，消除杂音、噪音的干扰，不断巩固党的执政基础、扩大党的群众基础。

第四，实现湖北在中部地区崛起，需要思想政治工作发挥应有力量。实现把湖北建设成为促进中部地区崛起的重要战略支点的奋斗目标，需要最大限度地凝聚全省上下的力量，激发干部群众的创造活力。湖北省委八届十二次会

议提出，要着力调整经济结构和转变增长方式，做好着力加强资源节约和环境保护、着力推进改革开放和自主创新、着力促进社会发展和解决民生四个方面的工作。全省各级党委要通过强有力的思想政治工作，使省委的重大部署深入人心，使省委的工作举措深入人心，进一步在全省上下营造尊重劳动、鼓励创新的氛围，充分发挥人民群众的首创精神，把干部群众的思想统一起来，把干部群众的精神振奋起来，把干部群众的活力激发出来，为全省经济社会发展注入强大动力。

二、围绕中心，把握重点，不断推动思想政治工作迈上新台阶

纵观经济社会发展大局，思想政治工作面临的挑战前所未有，机遇前所未有，我们要始终保持清醒头脑，准确把握大局，牢牢抓住工作的关键点和着力点，努力推动湖北省思想政治工作迈上新的台阶。

第一，抓住根本，深化科学发展观的学习宣传。全面贯彻落实科学发展观，是我们做好一切工作的根本，也是思想政治工作的根本任务，必须引导广大干部群众充分认识树立和落实科学发展观的重大意义，深刻领会和全面把握科学发展观的深刻内涵，不断增强贯彻落实的自觉性和坚定性，使科学发展、和谐发展真正成为广大干部群众特别是领导干部的自觉行动。要大力宣传和普及科学发展观，在“贯穿”、“结合”、“转化”三个关键环节上下功夫，引导干部群众把科学发展作为思想方法和工作方法。要大力宣传科学发展观的精神实质和根本要求，宣传中央关于经济社会发展的重大方针和部署，宣传以科学发展为指导，深化改革、加快发展的生动实践，宣传各地各部门贯彻落实科学发展观的新思路、新举措，总结推广学习贯彻落实科学发展观的好经验、好典型，使科学发展观深入人心，营造树立和落实科学发展观的良好氛围，推动形成科学发展、文明生活的良好社会风尚。

第二，抓住灵魂，构建社会主义核心价值体系。一个社会，一个国家，必须形成和巩固全体社会成员的价值共识。社会主义核心价值体系，是社会主义制度的内在精神和生命之魂，决定着文化的总体性质、方向和整个社会的思想道德基础。在思想大活跃、观念大碰撞、文化大交融的形势下，人们思想活动的独立性、选择性、多变性、差异性日益明显，社会价值观表现出内容上的多重性、范围上的广泛性、构成上的复杂性，必须在大力发展主流思想文化的同时，着力处理好一元与多元的关系、传统与现代的关系、先进性与广泛性的关系，在尊重差异中扩大社会认同，在包容多样中形成思想共识，团结所有社会成员一起前进。要大力坚持马克思主义指导思想，在全社会巩固中国特色社会主义共同理想，树立以爱国主义为核心的民族精神和以改革创新为核心的时代精神，践行社会主义荣辱观，力求思想道德建设的先进性要求与广泛性要求相统一，先进文化的前进方向与不同层次群众的思想状况相统一，形成全社会最广泛的思想基础。

第三，突出主题，积极推进和谐文化建设。建设和培育社会主义和谐文化，是建设和繁荣中国特色社会主义先进文化的重要组成部分，是构建社会主义和谐社会的重要任务和根本保证，也是思想政治工作的主题。企业、单位、社区都是社会的细胞，要大力推进和谐文化建设，将和谐理念、和谐精神、和谐知识等要素，贯穿于企业文化、校园文化、社区文化、村镇文化、机关文化建设的全过程，融入到企业、学校、行业、社区的理念文化、形象文化、行为文化、制度文化、生态文化等多个领域，真正做到以和谐文化武装人、塑造人、引导人、鼓舞人。要坚持以人为本，充分尊重人、善待人，体现人性化关怀，实现人性化管理。要以德服人、以情感人、以事业激励人、以环境培育人，构建和谐的人际关系。要创建和谐的领导班子，创建和谐的党群关系，密切联系群众，经常深入群众，与群众进行思想交流，了解群众的利益要求，为群众办实事、办

好事。要认真贯彻落实中央提出的“建设资源节约型和环境友好型社会”的要求，依法经营、诚信经营、安全经营，正确处理局部与整体、服从与服务、利与义的关系，肩负起企业的社会责任，构建和谐的社企关系。

第四，紧扣中心，服务企业改革发展。企业生产经营的中心任务，就是要不断创造价值和效益。企业思想政治工作必须紧扣这个中心，服务这个重点，为生产经营管理支招出力。新时期、新形势、新任务，对企业的改革发展提出了更高要求和挑战，企业思想政治工作的一项重要任务，就是要在企业由传统计划经济管理体制向以资本为纽带的法人治理结构的转变过程中，加强对职工的思想引导，帮助干部职工转变思想，更新观念，培养员工的竞争意识、创新精神和团队精神，让每个员工理解改革，支持改革，为企业改革改制的顺利推进和扩张发展打下坚实的思想政治基础。完成这一任务，要求我们的思想政治工作要真正渗透到企业的改革和发展的全过程，把思想政治工作纳入经营发展总体规划，纳入企业管理活动和制度建设之中，做到目标同向、措施同定、工作同步；要求我们把思想政治工作与解决职工的实际困难结合起来，切实解决好群众最关心、最直接、最现实的利益问题。

三、探索规律，开拓创新，努力提高思想政治工作的水平

时代在发展，形势在变化，思想政治工作正面临着许多新情况、新课题，必须在继承中创新，在创新中发展。

第一，要切实拓宽思想政治工作的思路。新的形势下，思想政治工作的对象、途径都在发生深刻变化，相应的思想政治工作的思路必须进行调整，符合新的实际需要。一是要坚持思想工作与经济工作相结合，增强渗透力。思想政治工作一定要在服务中心中找准自身的功能定位，围绕中心确立自身的目标、任务，渗透到经济工作的各个环节，拓展保证服务的新领域、新功能、新机制，增强服务中心的本领。二是要坚持宣传群众与服务群众相结合，增强亲和力。坚持把群众的长远利益与眼前的实际利益结合起来，把解决思想问题与解决实际问题结合起来，把精神激励与物质利益激励结合起来，增强人们的认同感。三是要坚持教育引导与制度建设相结合，增强执行力。要探索实现教育与管理相结合的途径，建立思想政治工作与行政、法律、经济相融合的制度，使思想政治工作从基本内容到具体要求真正实现由“软”到“硬”、由“虚”到“实”的转变。

第二，要创新思想政治工作的方式方法。要努力探索思想政治工作的新方式、新方法，建立新的工作模式，增强工作效果。一是要由声势型向实效型转变。要摆脱形式主义，尊重客观实际，从实际出发，提高工作的针对性和实效性。二是要由执行型向自主型转变。要变被动为主动，重心下沉，既要完成“规定动作”，更要多从本地区本单位实际出发，重点实施“自选动作”。三是要由灌输型向渗透型转变。充分尊重工作客体的平等观念、民主意识、独立意识，摆脱自上而下、说教式的单向灌输模式，力求多样性和灵活性，做到指导管理与引导教育结合，让人们实现自我教育、自我管理、自我提高。四是由传统型向现代型转变。要实现思想政治工作手段的现代化，充分发挥新闻媒体特别是互联网、手机短信等新兴媒体在思想政治工作中的作用，完善工作手段，增加科技含量，增强工作实效。

第三，要积极拓展思想政治工作的覆盖面。伴随社会组织形式、就业方式、社会成员构成日益多样化，思想政治工作出现不少“盲点”、“空白点”，必须积极探索新的工作网络，覆盖新的群体。一是要关注新的社会群体。包括民营企业的创业人员和技术人员、受聘于外资企业的管理技术人员、个体户、私营企业主、中介组织的从业人员等，充分发挥社会中介组织、新经济组织的作用，将思想政治工作同行政、经济、法律手段有机融合。二是要关注困难弱

势群体。把工作向城市下岗失业人员、进城务工人员、城乡困难群体拓展，开展送温暖、献爱心活动，帮助他们解决实际困难，把党和政府的声音送到千家万户，把思想政治工作做到老百姓心坎上。三是要关注青少年群体。切实加强和改进未成年人和大学生的思想政治工作，把思想政治工作贯穿于青少年成长的各个环节。

第四，要大力加强思想政治工作队伍建设。加强和改进思想政治工作，要建设一支高素质的队伍，形成强有力的工作保障。一是各级党组织要加强领导。要按照提高素质、优化结构、改进作风的要求，把队伍建设放在加强思想政治工作的首位。解决好机构、人员、经费等问题，打破思想政治工作在政工部门和政工干部内部自我循环的惯势，形成齐抓共管的工作格局。要在政治上、生活上关心政工人员，在评优评先、职务升迁等方面关心政工干部，帮助他们解决生活中的实际困难，激发广大政工干部的工作潜能。二是要大力提高政工人员素质。要加强对政工人员的培训和锻炼，使政工人员增加战斗力、创造力、感召力、应变力，不但具备深厚的理论水平，同时知晓经济、管理、法律等多方面的知识，既做专家，也做通才，讲内行话，办内行事。三是要提高研究水平和层次。要以湖北省政研会为抓手，组织力量、确定选题，着力研究新形势下思想政治工作的新情况、新问题，每年研究一批前沿性的重大课题，每年出一批有质量的研究成果。比如，新形势下思想政治工作的大背景和思想政治工作的对象究竟发生了哪些新变化？我们党的思想政治工作有哪些方面需要在新形势下继承和发扬光大？又有哪些新变化需要应对和改进创新？在企业，思想政治工作与企业文化建设是什么关系？如何提高机关、学校和农村思想政治工作的针对性和实效性？如何充分发挥网络等新兴传媒在思想政治工作中的作用？等等。这些问题都需要我们以开放性思维、创新性思维、超前性思维进行深入的研究。同时，要精心组织好学习培训、专题研讨、经验交流、推广典型、参观考察等活动，扩大政研会工作的影响，增强政研会工作的凝聚力。

（作者：中共湖北省委常委、宣传部长）

善解善待善用善管新闻媒体

唐国忠

党的十七大报告提出建设和谐文化，培育文明风尚，对新闻媒体提出了新要求，也对各级地方党委、政府和宣传部门如何善解、善待、善用、善管新闻媒体提出了新课题。只有破解这一课题，才能加强和改进新闻宣传工作，增强社会舆论的引导能力，使新闻宣传工作更好地体现时代性、把握规律性、富于创造性，更好地履行党和人民赋予的责任和使命。

善解新闻媒体。新闻媒体作为新闻的传播者，是一定阶级、政党等的喉舌工具，反映他们的主张和观点，维护他们的立场和利益。只有全面理解、准确把握新闻媒体的性质、功能、职责，才能真正重视和切实加强新闻宣传工作。

从性质上看，我们的新闻媒体，是在社会主义条件下，传播党和人民声音的喉舌。我们的新闻媒体坚持马克思主义立场、观点和方法，反映党的主张、国家意志和人民利益，肩负着党和人民喉舌的职能，这是由我们党和社会主义国家的性质决定的。我们绝不能把新闻媒体视为游离或独立于党和人民之外的社会公器，更不能站在党和人民的对立面来看待新闻媒体。

从功能上看，我们的新闻媒体要坚持新闻宣传与信息传播的有机结合。新闻宣传是信息传播的重要组成部分，既具有信息传播的一般属性和特点，又具有独特的传播形式和自身的特殊属性与规律，不能与一般的信息传播混为一谈、等量齐观。新闻宣传强调意识形态属性，也更加注重时效性，更加关注社会效果。我们不能用新闻宣传取代信息传播，更不能以信息传播取代甚至否定新闻宣传。

从职责上看，我们的新闻媒体要坚持舆论引导、反对新闻炒作。舆论引导，是坚持正确导向，通过有效把握报道的方向、数量和频率，使新闻报道符合党的路线方针政策，符合改革发展稳定的根本要求，符合广大人民群众的共同愿望。舆论导向是新闻工作的灵魂，坚持正确的舆论导向是党和人民赋予新闻媒体的神圣职责。新闻炒作则违背新闻工作的正确原则，我们必须坚决反对，采取有效措施予以遏制。

善待新闻媒体。长期以来，各级新闻媒体围绕中心、服务大局，面向基层、服务群众，牢牢把握正确舆论导向，为改革开放和现代化建设提供了有力的思想舆论支持。各级党委、政府和宣传部门应当进一步关心媒体、支持媒体、善待媒体。要在平等的基础上信任新闻媒体，善于与新闻媒体交往、交流、交朋友，进行及时指导。对新闻媒体的报道，既要强调宣传纪律，又要尊重媒体按照新闻价值规律去寻找宣传工作和新闻报道的结合点，将宣传任务转化为新闻选题，做到围绕宣传中心、主动服务大局、密切联系实际、有力引导舆论。同时，各级党委、政府和宣传部门都要为媒体采访报道提供必要的方便条件，对那些妨碍阻挠正当采访，甚至扣压证件设备、限制人身自由的行为，要协调有关部门依法依规予以严肃处理。新闻媒体在新闻报道中，要严格遵守宣传纪律，杜绝原则性错误，大事讲原则，小事讲宽容，做到宽严适度、宽严相济。各级党委、政府和宣传部门要切实加强对新闻宣传工作的领导，从政治上、工作上、生活上切实关心帮助新闻工作者，努力创造良好的工作、学习和生活条件，切实维护广大新闻工作者的合法权益。新闻工作者协会要增强服务意识，真心实意为新闻工作者办实事、做好事、解难事，创新工作机制，发挥好党委、政府联系新闻界的桥梁和纽带作用。

善用新闻媒体。新闻宣传工作是党和人民事业的重要组成部分。各级党委、政府要充分认识新闻宣传工作的重要性，努力掌握新闻宣传工作的特点和规律，更好地运用新闻媒体统一思想、宣传主张、教育群众、推动工作。

一要发挥好新闻媒体正面宣传的作用。正面宣传是指新闻媒体对社会生活的本质和主流，对社会发展中积极、健康、光明的内容，进行肯定性、赞扬性报道和评价。正面宣传为主，是党的新闻宣传工作的重要方针。当前，要善于运用媒体的力量，发挥媒体各自的特色，精心筹谋，精心部署，精心实施，把学习宣传贯彻十七大精神的热潮不断向深度和广度推进。

二要发挥好新闻媒体热点引导的作用。我国的发展正处于关键时期，利益主体多元，社会矛盾交织，一些社会热点问题和各种类型的突发事件如果处置不好，容易引起社会秩序混乱，影响社会和谐稳定。因此，要善于运用媒体的力量，围绕群众普遍关注的社会热点或突发事件，第一时间发布准确信息，及时表明党和政府的立场态度、处置意见和工作进展，在关键时刻、重大问题上一定要牢牢掌握话语权，积极主动、有效引导社会舆论沿着理智、建设性的轨道发展，不给小道消息和谣言提供传播空间。

三要发挥好新闻媒体舆论监督的作用。舆论监督是人民群众通过新闻媒体对国家和社会事务进行监督评议的重要途径，是社会主义民主的重要形式，对于促进社会矛盾和问题的解决、减少社会不和谐因素具有重要作用。要善于运用媒体的力量，积极开展科学、依法、建设性、有领导的舆论监督，对那些有法不依、有令不行、有禁不止的违法现象，对那些因官僚主义、形式主义损害群众利益的问题，予以揭露和抨击，更好地发挥针砭时弊、弘扬正气、解决问题、改进工作的作用。

善管新闻媒体。近年来，随着信息传播手段的日新月异和市场竞争的日趋激烈，新闻活动中存在着一些不容忽视的问题。对此，各级党委、政府和宣传部门要加强管理，努力培育锻造一支党和人民信赖与满意的新闻队伍。

要深化教育。继续深入持久地开展“三项学习教育活动”，引导广大新闻工作者牢固树立马克思主义新闻观，增强大局意识、发展意识、责任意识、阵地意识，打牢理论路线、政策法纪、群众观点、知识素养、业务工作的根底，发扬爱岗敬业、实事求是、艰苦奋斗、清正廉洁、严谨细致、勇于创新的作风，真正做到政治坚定、业务精通、作风正派、纪律严明，坚决抵制有偿新闻、虚假新闻、低俗报道和不良广告，以自己的实际行动维护新闻工作者的良好形象。

要健全制度。既要坚持行之有效的传统制度，又要善于进行制度机制的创新，针对管理工作中的新问题和重要环节，逐步建立新闻采编人员考核录用制度，抓紧建立和实行新闻媒体刊发新闻报道实名制、新闻采编人员从事报道活动回避制、新闻报道与经营活动分开制、公开纠错制等制度，建立完善奖惩制度，努力形成激励与约束相结合、自律与他律相结合、内部管理与社会监督相结合的有效机制。

要严肃纪律。新闻媒体必须把社会效益放在首位，严格执行党的新闻宣传纪律，反对见利忘义、自以为是、违规违纪。深入调查研究，充分掌握材料，用事实说话，严禁道听途说、以偏概全、虚构事实。客观公正，以事实为依据，以党和国家有关政策、法律为准绳，防止主观臆断、感情用事、强加于人。对有争议的问题，要全面、辩证地观察、分析，充分考虑实际情况的复杂性，善于听取不同意见，坚持以理服人；对拿不准的问题要及时请示，涉及重要、敏感问题的稿件要送审，不宜公开报道的问题可通过内参等途径反映。为确保严守纪律，必须强化监督，新闻媒体在进行舆论监督的同时也要接受群众监督。各地、各新闻单位要向社会公布有关制度规定，公开监督举报电话，畅通群众监督和社会监督的渠道。不断改进工作，努力增强新闻工作的针对性、实效性和吸引力、感染力。

（作者：中共福建省委常委、宣传部长）

做爱岗位懂业务有修养的思想政治工作者

蒋建国

我们正处在树立和落实科学发展观、构建社会主义和谐社会的伟大实践中。古今中外的历史证明，培养一大批爱岗位、懂业务、有修养的思想政治工作者是时代的需要。

一、要乐于做一名思想政治工作者

人类不同于其他种群的最大长处和特点，就是有思想、有文化。在人类社会生活中，思想文化工作也总是客观存在的。世界没有哪个国家没有一支庞大的思想文化工作队伍，只是这支队伍的名称有别、工作的内容和形式不同罢了，但工作任务和目的都是一样的，这就是要做好人的"脑瓜子"的工作。

从历史经验来看，人类在治理社会的时候，形成了两套体系：一套是从事政治工作的统治体系；另一套是从事思想工作的教化体系。政治和教化这两套体系，过去在很多国家是分开的。中国古代人很聪明，在理想和神话世界中是政教分开的，由玉皇大帝和西天佛祖分别代表政权和教化。但是，在现实社会中，自从孔孟学说产生以后，治理社会的体制是政教合一，统治者有了教化的责任。特别到了现代，社会的政治治理和思想教化往往融为了一体。这告诉我们，在大力推进社会主义现代化建设的今天，我们党要更好地施政治国，思想政治工作是非常重要、必不可少的。

从世界来看，很多国家都重视思想文化工作。比如美国，大家不要以为美国人天天只是在做芯片，在造高端技术产品，天天在享受着。实际上，美国做思想工作的队伍是全世界比例最高的，它从国家机关到每一个社区的管理者，再到各种社会组织，都在做思想工作，如果算起来，大体上是每5个美国人当中就有1个人是做思想工作的。可见，思想政治工作在哪一个地方都是不可少的。我们要实现中华民族的伟大复兴，就不能忽视思想的力量、文化的力量，就不能没有一支庞大的思想政治工作队伍。

从思想政治工作的作用来看，它是给人以影响最深的工作。我们很多人一生中，之所以能有所成就，都是与父母兄长、与师长同学、与领导同事分不开的。我们从他们身上学到了很多知识、很多业务、很多技巧。但是，过了若干年后，这些东西就可能有些模糊淡忘了。然而，他们给我们思想的影响、道德的影响、观念的影响，往往是受益一辈子，让我们终身不能忘怀。大家知道，鲁迅先生就有一个私塾老师，也没有教他读多少古书，但是老师那种严格要求的精神给他留下了深刻印象。他还拜章太炎为师，听了他多少堂课，学了他多少知识，也没什么印象了，但是章太炎先生的民族气节和为人师表的人格影响了他的终身。这就是说，给人影响最大、触动最深的还是给人灵魂深处的教化。所以，我们不能小看思想政治工作给人的重大影响。

我国古代的孔子生前就被人家称为圣人。但是，孔子很谦虚。他说，我不是圣人，也没那么多优点，我唯独的优点就是学而不厌、诲人不倦。他提出学问有三大境界：一是学之，二是好之，三是乐之。重视学习，这是一个境界；爱好学习，这又是一个境界；乐于学习，这才是一种最高的境界。所以，我们要做一名称职的高级政工师，第一位的问题，就是要乐于做一名思想政治工作者。

二、要精于做一名人类灵魂的工程师

思想政治工作者是在人的灵魂深处搞建设，看上去无形，给人的影响却是有形的。古人说得好，三军可以夺帅，匹夫不可夺其志。当一个人思想上的某种价值观念一旦形成，那是千军万马都难以攻破的。要精于做好这项工作，最关键的是两条：一是要注意把握内容，二是要注意创新形式。

先说内容问题。我们必须把社会主义的核心价值体系作为思想政治工作的重要内容。社会主义核心价值体系有四个方面的内涵：马克思主义的指导地位，中国特色社会主义的共同理想，以爱国主义为核心的民族精神和以改革创新为核心的时代精神，以“八荣八耻”为主要内容的社会主义荣辱观。其中，马克思主义的指导地位是灵魂，中国特色社会主义的共同理想是主题，民族精神和时代精神是精髓，社会主义荣辱观是基础。现在，很多国家特别是体制转型国家，都高度重视价值体系的建设。我们要在人的灵魂深处做好工作，就要重视社会主义核心价值体系建设，并把它真正贯彻到社会全体公民中去。

再说形式问题。思想政治工作要教育人、影响人，除了要有针对性、教化性强的内容外，还要有好的形式，能够把人吸引住。鲁迅先生在上海与“左联”一些人士争论时说，文章先要把人吸引住，才能够把自己的思想宣传出去。思想政治工作要讲究形式和内容的统一，不能说思想是正确的，思想工作就会成功。过去我们的政工干部讲话非常灵、非常起作用，并不是那时的干部水平就很高，而是因为过去的信息没有这样发达，信息权和话语权都掌握在政工干部手上。现在是信息高度发达、高度开放的时代。在这样的情况下，我们的思想政治工作更要研究怎样吸引人的问题。现在，思想政治工作存在三个问题：一是浮在上面，深入基层不够；二是满足一般，深入群体不够；三是流于形式，深入人心不够。思想政治工作要深入基层、深入群体、深入人心，必须有一套能够解决问题的好形式。要注意做到以下三条：一是要用真心和真情去做。历史上一些真正好的文章，一部分是文化人写出来的，还有一部分并不是文化人写出来的，而是一些普通人用心、用情写出来的。因此，我们要用心、用情去做工作，善于把我们心中所想的东西，变成口头所说的东西，变成笔头所写的东西，实现三者有机统一。二是增加知识量和信息量。现在做思想政治工作，没有相应的知识，没有一定的信息量，影响不了人。毛泽东讲话就非常讲究信息量，善于使用案例。毛泽东就讲了三个故事，张思德的故事、白求恩的故事、愚公的故事，成就了三大名篇，不仅影响到共产党人的价值观，而且影响到我们民族的文化观念，这就是知识性和思想性结合所迸发的力量。三是语言要准确、鲜明、生动，使人易于接受。

三、要勤于做一名有修养的政工专业人员

高级政工师是政工系列高级专业技术人员，是思想政治工作方面的专家，也是党的宝贵财富。面对新形势新任务，政工专业人员要履行职责、肩负使命，必须努力加强自身建设。过去有一句老话，就是要给别人一瓢水，自己先要准备一桶水。作为一名政工专业人员，要想能够教育和影响他人，必须具有三种力量：一是要有把握真理的力量，二是要有高尚人格的力量，三是要有提升实践的力量。要具备这三种力量，就要做到以下三个方面：第一，重视读书。读书是提高人的自身素质的最基本的方法之一。增强修养的方法有多种多样，但是现在还没有一个比读书更好、更有效、更直接的方法。第二，学会做人。郑培民同志讲，做官先做人、万事民为先。当领导首先要是个好人。王选先生讲，要想做好学问，先要做个好人。我们要做好思想政治工作，也必须先做一个好人。不是所有人格高尚的人都能够成为成功者，但是一

个成功者必定是一个人格高尚的人。这是基本的规律。第三，加强实践。要向实践学习，多掌握一些基本情况，多熟悉一些身边的人和事，多研究一些实际工作中的重要问题，这样做起工作来才有针对性。要通过这些方面，来增强我们对真理的把握、对人格的追求、对实践的探索，真正使我们成为一个有所作为、有所贡献的政工专业人员，不愧党和国家授予我们高级政工师的光荣称号。

（作者：中共湖南省委常委、宣传部长）

大力弘扬我军思想政治工作的优良传统

贾方亮

人民军队走过了80年波澜壮阔的光辉战斗历程。80年来，我们这支军队，从一支以农民为主要成分的军队，改造和建设成为一支完全新型的强大人民军队；经受住各种严峻考验，始终保持人民军队的性质、本色和作风；克服千难万险，战胜国内外强敌，不断从胜利走向胜利，思想政治工作发挥了不可替代的巨大作用。

光辉的发展历程：我军思想政治工作的历史回顾

回顾我军80年的风雨历程，思想政治工作就像一根红线，贯穿我军建设发展的全过程。在我军建设发展的不同历史时期，思想政治工作始终按照党的意志和主张，深入探索实践，努力加强改进，不断丰富发展，保证了各个历史时期使命任务的完成。

土地革命战争时期，是我军思想政治工作的初创时期。南昌起义标志着党独立领导革命战争和创建自己军队的开始，也是我军思想政治工作的发端和起点。"三湾改编"在部队实行党代表制度及内部民主制度，从政治上组织上确立了党对军队的领导。井冈山斗争中，我军颁布"三大纪律八项注意"，逐步建立起官兵平等、军民团结的新型内外关系。古田会议决议，明确了我军的性质和根本原则，确立我军思想政治工作的基本路线、政策与方法，端正了部队建设方向。这一时期提出的"政治工作是红军的生命线"、"是红军战斗力的源泉"等著名论断，对于击败国民党军队多次"围剿"，胜利完成长征，实现国内革命战争向抗日民族解放战争的重大转变，发挥了重要作用。

抗日战争时期，我军思想政治工作确立了一系列根本原则和基本内容。抗战爆发后，我军思想政治工作适应新的形势和任务，激励官兵同仇敌忾、共赴国难、奋勇作战，保证党的抗日政治路线的贯彻执行。全军从1942年开始进行的以整风为主要形式的教育运动，尊干爱兵、拥政爱民运动，是我军思想政治工作的一大创举，极大丰富了思想政治工作的内容和形式。1944年4月西北局高级干部会议《关于军队政治工作问题》的报告，深刻阐明了我军思想政治工作的性质、任务和方法，发展了我军思想政治工作。抗战时期，我军确立了全心全意为人民服务的宗旨，党指挥枪的原则，官兵一致、军民一致、瓦解敌军的原则等。体现了我军的性质宗旨，成为我军思想政治工作的鲜明特质和基本遵循。

解放战争时期，我军思想政治工作从理论、原则、方法上形成了较完整的科学体系。坚定地贯彻党的新民主主义革命总路线，激励官兵为建立新中国浴血奋战。我军重新颁布"三大纪律八项注意"，统一全军纪律；开展群众性团结互助运动和为人民立功运动，激发官兵奋勇杀敌的革命英雄主义精神。1947年冬开始，全军开展了以"诉苦"、"三查"和发扬三大民主为内容的新式整军运动，拓展群众性思想政治工作的组织形式。经过辽沈、淮海、平津三大战役，我军思想政治工作在服务保证大兵团作战和大规模瓦解敌军方面，积累了重要经验，保证了伟大战略决战的胜利。

社会主义革命和建设时期，我军探索总结了和平时期开展思想政治工作的经验做法。适应由长期战争环境转入和平环境的新形势，我军思想政治工作把革命化建设摆在重要位置，加强马克思主义理论教育，进行社会主义革命和建设路线方针政策的学习，开展大规模群众性文化教育运动，引导官兵保持发扬我军在战争年代形成的一系列优良传统和作风。深入学习宣传毛泽东著作，学习雷锋、“南京路上好八连”等英模人物和先进集体，保持了人民军队的政治本色和健康向上的良好风气。围绕完成抗美援朝、边境自卫反击作战任务，开展多种形式宣传教育鼓动工作，坚定官兵抵抗侵略、保卫祖国、保卫人民和平劳动的坚强决心，进一步发展了战时政治工作的内容和方法。

改革开放和社会主义现代化建设新时期，我军思想政治工作在继承中发展，在创新中加强。党的十一届三中全会后，全军深入进行坚持四项基本原则和改革开放教育，增强官兵与党中央保持一致的自觉性。十三届四中全会后，坚持用邓小平理论和“三个代表”重要思想武装全军，扎实开展爱国奉献、革命人生观、尊干爱兵和艰苦奋斗教育，为确保我军打得赢不变质奠定了坚实思想基础。进入新世纪新阶段，全军部队认真学习贯彻科学发展观，进行我军历史使命、理想信念、战斗精神和社会主义荣辱观教育，思想政治工作的主动性针对性实效性进一步增强。先后颁发了《关于新时期军队政治工作的决定》、《关于改革开放和发展社会主义市场经济条件下军队思想政治建设若干问题的决定》和《中国人民解放军思想政治教育大纲》等重要文件，思想政治工作向制度化规范化迈出新步伐。

历史表明，我军思想政治工作的80年，是坚持用马克思主义教育官兵，确保我军建设正确政治方向的80年；是坚决贯彻执行党的路线方针政策，激励官兵忠实履行党和人民赋予神圣使命的80年；是紧跟时代前进步伐，始终保持生机活力的80年。可以说，思想政治工作是我军的生命线，在我军建设发展中具有十分重要的地位和作用，是我军不断前进的强大动力和重要保证。

宝贵的实践成果：我军思想政治工作的基本经验

——坚持党对军队绝对领导的根本原则和全心全意为人民服务的宗旨，确保军队建设的正确方向。中国革命的伟大实践锻造了伟大的人民军队，也铸造了人民军队的性质宗旨。我军是“执行革命政治任务的武装集团”，这一本质属性，决定了我军必须始终接受党的领导，听从党的指挥。我军思想政治工作把永葆人民军队的性质宗旨作为神圣职责，坚持不懈地向部队灌输党对军队绝对领导的根本原则和基本要求，揭露澄清“军队非党化、非政治化”和“军队国家化”的实质和危害，在官兵中牢固确立全心全意为人民服务的思想，忠实捍卫人民的利益，始终保持听党指挥、服务人民、英勇善战的优良传统。

——坚持用党的理论特别是党的创新理论教育部队，保证党的意志和主张在军队的贯彻执行。马克思主义理论具有掌握千百万革命群众心灵的伟大作用，是保持我军先进性革命性的决定因素。我军思想政治工作坚持把马克思主义理论特别是党的创新理论，作为自己的理论基础、指导思想和灵魂，把用党的理论武装人作为首要任务。坚持用先进的理论和进步的政治精神贯注部队，引导官兵学习掌握邓小平理论和“三个代表”重要思想，学习贯彻科学发展观，始终把思想统一到党的路线方针政策上来，确保部队成为党的理论路线和方针政策的坚定信仰者、忠诚捍卫者和模范实践者。

——坚持围绕中心、服务大局，为军队建设和军事斗争准备提供可靠政治保证和强大精神动力。我军思想政治工作没有自己独立的任务，围绕中心、服务大局，是我军思想政治工作的根本要求。坚持围绕军队的建设发展来进行，围绕军队不同时期的使命任务而展开，围绕军事斗争准备工作来推进，做到中心任务推进到哪里，思想政治工作就跟进服务保证到哪里，自觉渗透到军事训练、后勤保障、装备建设任务中，贯穿到军事斗争准备实践中，保证各项任务的圆满完成，促进部队战斗力的不断提高。

——坚持把思想政治教育作为中心环节，大力培育有理想有道德有纪律有文化的革命军人。我军初创时期，就注重对官兵进行严格的“政治训练”，提高阶级觉悟。随着形势任务的发展，我军思想政治教育不断充实新的内容，创新形式手段，坚持把解决思想问题与解决实际问题、促进思想进步与保持心理健康、加强思想教育与完善政策制度结合起来。围绕牢固树立正确的世界观人生观价值观，引导官兵始终保持政治坚定和思想道德纯洁，保持坚强革命意志和旺盛战斗精神，培养了一批又一批“四有”革命军人。

——坚持开展科学文化知识特别是现代军事高科技知识学习，努力提高官兵综合素质。没有文化的军队是不能战胜敌人的。我军思想政治工作坚持把文化教育作为重要内容，把提高科学文化素质作为官兵履职尽责的重要保证。战争年代，积极开展“扫盲运动”、文化教育运动，提高官兵的文化知识水平。和平时期，持续深入开展科学文化教育，全面提高官兵的科技知识素养。新世纪新阶段，加大现代战争理论和高新科技知识的学习力度，努力造就具有良好思想政治素质、科学文化素质、军事专业素质、身体心理素质的全面发展、全面过硬的新一代军人。

——坚持把部队的思想作风建设摆在重要位置，着力培育官兵的优良作风。思想作风直接关系军威形象和战斗力。我军思想政治工作从党和军队事业兴衰成败的高度，坚持把作风建设作为一项战略任务来抓。通过加强思想教育、重大任务锤炼、严格制度约束、日常点滴养成，大力培育官兵优良的思想作风、工作作风和战斗作风。注重发挥领导干部表率作用，要求领导干部树立正确的权力观、利益观、政绩观，发扬战争年代的那么一股劲、那么一种革命热情和拼命精神，保持我军威武文明之师的良好形象。

——坚持抓好保持党员先进性这个基础工程，发挥党员在军队建设中的先锋模范作用。党员是军队中的先进分子和骨干力量，保持党员的先进性是军队革命化建设的本质要求。我军思想政治工作把保持党员先进性作为根本性建设和长期任务，深入持久地抓好先进性教育，增强党员先进性意识，激发自我教育、自我提高的动力；注重解决党员队伍中存在的突出问题，增强党员队伍的整体先进性；不断完善制度机制，把先进性要求转化为党员的行为准则，使党员始终保持蓬勃朝气、昂扬锐气和浩然正气。

——坚持和发展部队的民主生活，充分调动广大官兵参与军队建设的积极性创造性。我军建设经验表明，民主出觉悟，民主出智慧，民主出战斗力。战争年代，我军形成了政治民主、经济民主、军事民主的制度，通过集中领导下的民主运动，达到政治上高度团结、生活上获得改善、军事上提高技术和战术的目的。新形势下，我军大力发扬民主制度的优良传统，不断丰富和完善军队内部的民主制度，拓宽民主渠道，健全民主生活。贯彻以人为本的建军治军理念，充分尊重官兵的主体地位、创造精神和民主权利，激发官兵以主人翁精神为部队建设贡献聪明才智。

时代的迫切呼唤：推进我军思想政治工作的创新发展

我军思想政治工作历来是在与时俱进、创新发展中保持旺盛生命力的。贯彻落实军委胡主席关于加强和改进军队思想政治工作的重要指示，要着力做好六个方面的工作：

要形成新认识，切实用胡主席重要指示精神统一思想。胡主席站在时代和战略全局高度，对加强和改进军队思想政治工作做了一系列重要指示，强调要坚持不懈地用马克思主义中国化的最新成果教育官兵；要大力弘扬我军听党指挥、服务人民、英勇善战的优良传统；要大力开展我军历史使命教育、理想信念教育、战斗精神教育和社会主义荣辱观教育；要积极创新和改进思想政治工作的内容、形式和手段，增强工作的主动性针对性实效性；要围绕军事斗争准备开展思想政治工作，注重发挥军事训练的特殊教育功能；要贯彻以人为本理念，把推动部队建设与促进官兵全面发展有机统一起来，等等。这些重要指示，体现了以科学发展观指导我军思想政治工作的内在要求，深刻揭示了我军思想政治工作的客观规律，把军队思想政治工作的认识水平提到新的高度。要通过深入学习领会胡主席重要指示，深刻认识新形势下我军思想政治工作的重要地位和作用，明确进一步努力的方向，增强做好工作的主动性和责任感。

要适应新形势，增强在继承优良传统基础上创新发展的意识。新形势下，经济体制深刻调整，利益格局深刻变动，社会生活深刻变革，思想观念深刻转变，我军思想政治工作必须在继承优良传统的基础上积极创新发展。长期革命斗争实践中探索形成的优良传统，如坚持党对军队的绝对领导，确保军队建设的正确方向；坚持用进步的政治精神贯注部队，坚定官兵的理想信念；坚持紧密结合军队建设和军事斗争准备的各项任务一道去做，充分发挥服务保证作用等，反映了我军思想政治工作的本质，是我军思想政治工作最富有生命力的原则和内容，任何时候都要坚持。同时要以科学求实、勇于创新的精神研究解决新情况新问题，积极吸纳全党政治工作发展的新成果，吸纳全社会思想政治工作实践积累的新经验，吸纳现代科学技术发展提供的新形式新手段，使思想政治工作不断获得新发展。

要开拓新领域，努力向中国特色军事变革和军事斗争准备的实践延伸。我军思想政治工作是以军队建设实践为依托的，中国特色军事变革和军事斗争准备的迅速发展，为思想政治工作提供了许多必须开拓的新领域。要努力向军事训练拓展，充分发挥军事训练的特殊思想教育功能，把练战术练技术与练思想练作风有机结合起来，在训练实践中锤炼部队优良的作风和过硬的战斗精神。要努力向复杂电磁环境拓展，认真研究和探索复杂电磁环境条件下思想政治工作的特点规律，找到有效服务和保证复杂电磁环境条件下部队训练作战的新办法。要努力向信息化战争拓展，加强前瞻性研究和实践探索，逐步掌握思想政治工作在打赢未来信息化条件下局部战争中发挥作用的有效办法，把思想政治工作的领域拓得更宽，路子走得更活。

要赋予新内容，进一步丰富我军思想政治工作的时代内涵。我军建设进入新的发展阶段，要适应改革开放和社会主义市场经济发展的大环境，适应国家全面建设小康社会、构建社会主义和谐社会的大背景，适应推进中国特色军事变革、做好军事斗争准备的新要求，不断赋予我军思想政治工作新的内容。要坚持以马克思主义中国化的最新成果为根本内容，深入学习贯彻科学发展观，把它作为我军建设的重要指导方针牢固确立起来。广泛深入开展我军历史使命教育、理想信念教育、战斗精神教育和社会主义荣辱观教育，培育官兵应有的价值追求、精神支柱、革命精神和高尚情操。大力培育社会主义核心价值观，促进官兵的全面发展和进步。

要探索新方法，不断创造我军思想政治工作新的实现形式。要把加强课堂教育与挖掘文化娱乐的教育功能结合起来，充分发挥军营文化熏陶人激励人的特殊作用；把运用传统授课方法与运用现代科技手段结合起来，用好用活军队政工网、优秀军旅短信的教育功能；把解决思想问题与解决实际问题结合起来，通过解决实际问题增强解决思想问题的说服力；把促进思想进步与保持心理健康结合起来，充分发挥心理教育和疏导工作对官兵思想进步的重要作用；把加强思想教育与完善政策制度结合起来，为增强教育实效提供良好的政策制度支撑，努力增强思想政治工作的时代感和吸引力。

**要取得新成效，充分发挥对军队建设改革的服务保证作用。坚持一切着眼实效，反对重数量轻质量、重形式轻内容、重过程轻结果的现象。坚持在加强军队革命化建设中体现新成效，不断强化官兵高举旗帜、听党指挥的政治意识，增强贯彻党的基本理论、基本路线、基本纲领、基本经验的自觉性坚定性，始终把军心意志凝聚在党的旗帜下；在加强军队现代化建设中体现新成效，不断强化官兵建设信息化军队、打赢信息化战争的使命感紧迫感，激发忠诚使命、献身使命、不辱使命的崇高精神，有效履行党和人民赋予的神圣职责；不断强化官兵增强遵纪守法的自觉性，推进我军建设进一步迈上法规化制度化的轨道。

（作者：解放军总政治部宣传部副部长、少将）

关于利用网络开展精神文明建设的思考

张英伟

网络文化是社会主义先进文化的重要组成部分，也是新形势下加强和改进宣传思想和精神文明建设工作的重要内容。结合学习胡锦涛总书记“6·25”重要讲话和全国网络文化建设和管理工作会议精神，联系精神文明建设工作实际，我对利用网络开展精神文明建设问题进行了一些思考。

一、网络对精神文明建设的影响和作用

互联网的产生和发展，极大地改变了文化生产、传播和消费方式，既为精神文明建设工作创造了有利条件，带来积极影响，同时也引发了一些负面影响和问题，我们必须坚持“积极发展、加强建设、趋利避害、为我所用”的方针，加大工作力度，采取有效措施，切实发挥其积极作用。

(一)网络给精神文明建设带来良好机遇

1. 网络受众多，影响大，为加强精神文明建设提供了新阵地。截至今年6月，我国已有网民1.62亿，其中，青少年网民约占37%，大专以上学历人员互联网普及率达93.4%。网民平均每周上网时间为18.6小时，80%以上网民主要依靠互联网获取新闻信息，远远超过了电视、报刊等传统媒体。网络已经成为公众接收传递信息、学习获取知识、交流传播思想的重要场所，这无疑为精神文明建设开辟了新的重要阵地。

近年来，我们尝试利用网络开展精神文明建设活动，收到了很好的效果。比如，中宣部宣教局开展的网上公民道德访谈活动，邀请有关领导、专家、先进人物等与网民交流道德建设问题，网民参与最多时达数百万人次。再如，从今年3月开始，中央文明办会同教育部等单位举办“心理专家讲坛”活动，采取网络直播的方式，仅前4场讲座就有35万多人次通过网络浏览讲座实况，165万多人次参与网上嘉宾访谈和在线咨询。这种效果是传统传媒形式所无法比拟的。

2. 网络多媒体优势明显、娱乐功能丰富，为增强精神文明建设感染力提供了新载体。网络图文并茂、音视频兼备，集聚了报纸、电台、电视的传播优势，形象生动，亲和力强。近几年兴起的网络动漫、网络游戏，适应了现代人快节奏、高效率、图解化的阅读习惯，融入了电影、音乐、漫画等时尚元素，深受网民尤其是青少年的喜爱。充分利用网络喜闻乐见、寓教于乐的形式开展精神文明建设，能进一步提升工作吸引力，增强教育的实际效果。比如，近年来，中青网开办了“民族魂”、“血铸中华”爱国主义教育专题网站，大量采用图片、影片剪辑、革命歌曲、动画、游戏等形式，生动再现了革命历史和英雄人物风貌，受到广大青少年的热烈欢迎。几年来，网站访问量达2.6亿人次，在青少年中进一步弘扬了爱国主义精神。

3. 网络交互性好、参与面广，为群众参与精神文明建设提供了新的平台。交互性是网络的显著特征，也是网络的内在优势。它改变了信息单向传输的模式，为大众参与讨论、发表意见、献计献策提供了便利，也为广大群众参与精神文明建设提供了新途径。目前看，网络尤其适于开展以下三种活动：一是征集群众意见建议。将要征集的问题和要求公布到网上，网民可通过电子邮件、留言板等方式，非常容易地提

交征集内容。比如，去年10月，中国文明网等开展了“中国公民旅游不文明表现”和“提升中国公民旅游文明素质建议”网上征集活动，仅半个月时间网站页面浏览量超过300万人次，5万多网民参与讨论，提供意见建议。二是进行调查和投票。将设计好的问卷放到网上，网民通过电脑填答，电脑程序自动统计调查结果，实时显示。许多网民可以同步看到动态结果，很容易调动参与的积极性。比如，中国文明网去年开展“全国思想道德建设公益广告”入围作品网络评选与展示活动，一周内，就有数十万人次通过网络观看展播作品，参与投票。三是开展互动讨论。网络论坛、留言板、聊天室及电子邮件、即时通讯等功能为网民提供了便捷的互动讨论方式，使大家能够非常方便地交流讨论精神文明建设问题。比如，最近，中国文明网组织主要新闻网站和部分商业网站开展了“公共交通和公共场所文明网上大讨论”活动，目前网民参与人次已达300多万，互动交流非常踊跃。

4.网络扩散力强，社会动员能力大，为组织开展群众性创建活动提供了新方式。网络的显著特性是以爆炸的形式进行传播，信息一旦上网便可在瞬间传遍各个角落。网上一个号召，一个活动公告，往往赢得众多响应，这为组织开展群众性创建活动提供了极大便利。比如，去年9月，华龙网、重庆热线等举办“网上募捐大行动——帮助重庆灾区共度难关”活动，全国各地及海外网民点击率达2000多万次，捐赠钱物折合约340万元。

5.网络技术飞速发展，功能推陈出新，为改进创新精神文明工作提供了新手段。互联网的另一个特点是技术以裂变方式迅猛发展，新形式、新功能不断涌现，为改进创新精神文明工作提供了丰富的新方法、新手段。比如，近年博客、播客、维基等个人发布形式突然兴起，博客、播客相当于极易维护的个人网站，维基相当于一部大家都来参与编写的百科全书。这些新兴形式极大地方便了个人在互联网上发布信息，使得个人成为网上内容的主体，许多人趋之若鹜。去年，我国博客就达2000多万个。我们可以利用这些广受公众欢迎的形式开展精神文明工作。比如，可以鼓励一些人士开办文明博客、文明播客，用他们的思想去影响更多的人。再如，可以设置一个奥运礼仪大典，让广大网民来增补条目，添加内容，使群众在此过程中实现“迎奥运、讲文明、树新风”的自我学习和自我教育。

(二)网络给精神文明建设带来严峻挑战

1.网络使思想道德建设工作环境更加复杂。由于多方面原因，目前网络上鱼目混珠，错误思想、腐朽文化内容还比较多，网络色情、暴力、赌博、欺诈、迷信等问题屡禁不止，有悖于社会主义荣辱观、社会公德、职业道德、家庭美德的内容大量存在。据统计，从2004年6月以来，互联网违法和不良举报中心接到举报42万多件，其中举报淫秽色情网站的占61.08%。这些有害信息严重侵蚀了人们心灵，败坏社会风气，尤其是对未成年人的思想道德建设造成严重危害。一些家长反映，学校天天教，家里天天管，禁不住孩子上一次网。有调查显示，北京青少年犯罪90%是受到网络不良信息的影响。

此外，开放性、无中心化是网络的本质特点，必然带来网络文化分散性、自发性和多元化。形形色色的思想观念通过各种方式涌入网络，对全社会形成共同的价值观念带来一定影响。如何使社会主义核心价值体系在纷杂的网络空间中占据主导地位，是我们面临的一个重大课题。

2.网络给加强文化管理、净化文化环境带来极大难度。近年来，以对等联网(P2P)、即时通讯、博客为代表的第二代网络技术的发展，促使网上信息传播由传统的“编辑部发布”模式向“社会发布”模式转变，重点网站的“中心地位”逐渐削弱，个人成为网上信息主体，网上信息源头呈几何级数增长，信息传播渠道呈网状扩散。这对传统的抓中心、抓重点的工作方式造成冲击，对清除网上有害信息，营造良好社会文化环境带来很大困难。

3. 网络对改进精神文明工作方法提出更高要求。网络改变了人们接受、创造、传播文化的方式。网民具有极大的自主性，接收什么，传播什么，掌握在网民手中。如果我们的网上宣传工作形式不新、内容不吸引人，网民就不会去点击，工作成效就等于零。相反，现在一些不良信息大量运用网络各种新技术、新手段，采取音视频、动画、聊天室、对等联网等多种形式，渗透到广大网民中。因此，如果不努力改进工作方法，采取网民喜闻乐见的方式，加强思想道德教育，网络阵地就会让不良内容占领，网民就会被负面思想所影响。

二、利用网络开展精神文明建设工作的现状

近期我们以问卷的形式对全国不同类型网站的情况作了调查，有关情况如下：

(一)网站建设的基本情况

网站主要分为四类：

一是地方精神文明网。目前，全国31个省(区、市)地方文明网的建设可分为四种情况：(1)北京、河北、内蒙古等十几个省(区、市)已建立了精神文明网站。如北京文明办建立的“首都文明在线”、内蒙古文明办建立的内蒙古精神文明网等；(2)一些省(区、市)就精神文明建设的某项工作建立了专项网站，如“天津市未成年人服务网”和“广西青少年网”；(3)一些地方依托其他网站设置了精神文明网页或专栏，如云南省文明办依托云网(云南省委宣传部的网站)开设了“网络文明风”等专栏；(4)还有一些(14个省、区、市)目前还没有建立专门的精神文明网，但一些地方正准备筹建或在建过程中，如山西、江苏、浙江、安徽、湖南等。

二是中央文明委成员单位网站。在中央文明委的42个成员单位中，绝大多数都开设了面向公众的网站，如国务院办公厅的“中国政府网”、中央政法委的“中国平安网”等。这些部门网站主要发布本部门的工作信息，有时会涉及一些有关精神文明建设的内容。

三是中央重点新闻网站。我们调查的9个重点新闻网站中，只有2个开设了精神文明建设专栏，分别是新华网的“网络文明”和光明网的“道德之光”，大多数网站虽有精神文明建设的相关内容，但未开设相关专栏。

四是主要商业网站。新浪、搜狐等商业性网站，都未专门设立精神文明建设方面的网页或专栏。

(二)网站发挥作用的情况

近年来，各地和有关部门逐步提高了对网上开展精神文明建设工作的重视程度，加强网上阵地建设，对推动精神文明建设起到一定作用。一是地方精神文明网。其定位是当地党委宣传部、文明办的对外窗口，工作平台。总体看，这些网站以信息发布为主，开展网上活动较少，一般年访问量不到10万次。二是中央文明委成员单位网站。其定位是本部门的对外窗口，有关精神文明的内容主要是对有关中央文明委的一些文件、工作、活动的报道，集中在网站的新闻栏目，少数部门网站设有关于精神文明建设的专栏。三是中央重点新闻网站。主要是以发布新闻为主。少数开辟了有关精神文明建设的专栏，多数新闻网站主要是配合有关部门进行精神文明建设方面的新闻报道。四是主要商业网站。纯粹精神文明建设方面的内容很少，同时由于信息庞杂，与此相关的信息也会淹没在其中。有时也配合有关部门开展一些网上精神文明建设活动。

(三)存在的主要问题

一是网站数量偏少，分布不均，阵地建设滞后。根据《中国互联网络发展状况统计报告》，中国目前有网站约70万家，而有关精神文明建设方面的专门网站还不足100家。在分布方面，主要在中、东部地区，西部省份很少，分布明显不均；在栏目设置方面，“精神文明建设”专栏被排在中央和地方重点新闻网站或相关部门网站中的次要位置，商业网站都未专门设立精神文明建设方面的网页或专栏。

二是网站内容不丰富，活动开展少，作用发

挥不充分。在内容方面，首先，地方精神文明网的稿件大多是对中国文明网、中央重点新闻网站和当地主要新闻媒体相关稿件的复制、整合，缺乏主题策划和权威性高、影响力大的原创稿件。其次，中央重点新闻网站，往往是在有关部门布置任务时，才被动推出相关专题和报道，而且发稿量小，更新慢。在活动开展方面，多数网站没有充分利用互联网的优势，较少利用网络组织活动，且各自为战，既难以和群众互动，又缺少网站间的联动。

三是网站人力不足，经费匮乏，管理体制不完善。在人员方面，各地基本上没有既掌握网络技术，同时又熟悉精神文明建设工作的专门队伍，网站人员多由当地文明办1—2名工作人员兼任，或者聘请1—2名离退人员。在经费方面，有的地方由于经费不足，难以建立精神文明专门网站（如青海省），大部分地方只是在建立网站的时候进行了预算投入，网站建立后的日常运转维护费用严重不足。在管理体制方面，多数网站的建设目标、宗旨和职能比较模糊，网站的管理模式不明确，网站机构设置、职责分工的随意性较大，信息渠道不畅，开展活动力不从心，难以保证网站的有效运转。

四是网站的辐射力小，影响力弱，没有形成舆论强势。地方文明网普遍存在辐射面窄，影响力差的问题。目前在Alex全球网站排名中，中国文明网最高排在14000多位，而地方文明网无一入围，排名均在百万位之后。

三、利用网络推进精神文明建设的建议

如何更好地利用网络推进精神文明建设，我们建议主要从以下方面着手：

（一）构建工作格局

应争取建立以中国精神文明网为龙头，以地方精神文明网站为骨干，以中央文明委成员单位网站和各级政府网站为支撑，以重点新闻网站为重要阵地，以主要商业网站为支持的精神文明网络工作新格局。一是中央和地方文明办网站要充分发挥示范、带头作用，成为引领精神文明建设的排头兵。要积极推动开通各省区市文明办网站和省会城市、计划单列市文明办网站，鼓励有条件的地市文明办开设工作网站，这些网站可独立建网，也可以依托中国文明网或当地重点新闻网进行建设。对中西部地区和革命老区建设文明网，建议有关部门给予必需的技术、设备和资金支持。二是中央文明委各成员单位和各级政府网站开设精神文明建设专栏，及时反映本行业和本单位精神文明建设情况，推动行业文明创建活动的深入发展。三是中央和地方重点新闻网站应普遍开设精神文明频道、专栏，利用新闻网站的影响，加大宣传力度，提高精神文明建设工作的辐射力。四是有关商业网站要开设精神文明建设专题、专页，积极配合网上精神文明建设活动，利用其受众多、影响广的优势，扩大精神文明建设的覆盖面。

（二）形成长效机制

要逐步理顺管理体制，建立行之有效的运行机制，从而使网络精神文明建设逐步走上科学化、制度化、规范化的轨道。当前，需着力建立以下机制：一是协调机制。尽快建立工作协调机构，统筹规划，协调指导，明确目标，落实责任，保证网络精神文明阵地建设长足发展。二是监督机制。加强对网络精神文明阵地建设的监督检查，发现问题，及时纠正。三是激励机制。制定考评办法，褒奖为网络精神文明建设作出突出贡献的优秀网站和先进个人。四是保障机制。研究制定配套措施，切实解决人员配备、经费投入、技术支持和物质保障等问题，增强网站自身发展能力。

（三）探索发展规律

一是收集、研究国外资料。了解掌握国外网络文化建设、管理和利用网络进行公民教育的经验，为开展工作提供借鉴。二是开展专题调研。就利用网络开展精神文明建设工作的现状进行深入调查研究，总结经验，发现问题，提出有针对性的对策建议。三是召开研讨会。组织邀请精神文明建设工作者、网络工作者、相关

专家学者研究探讨利用网络开展精神文明建设工作的特点和规律。

(四)做大做强文明网

中国文明网是由中央文明办主办，新华社、新华网协办的中宣部、中央文明办的工作网站，理应在精神文明建设中发挥龙头作用。中央领导同志十分关心和关注文明网的建设工作，要求文明网要及时总结，不断改进，丰富内容，增加信息，采取措施做大做强，成为有影响的主流网站。近两年，文明网在发布精神文明建设信息、组织相关活动中已经显示了其应有的作用，成为文明办系统了解信息、交流经验的重要工作平台。下一步我们将通过努力建设信息源头，继续抓好主题活动，加强舆论引导等方式做大做强文明网。

（作者：中央文明办秘书组组长）

以改革创新精神开创宣传思想工作新局面

——认真学习贯彻全国宣传思想工作会议精神

《求是》评论员

党中央日前召开的全国宣传思想工作会议，是党的十七大之后一次具有全局意义的重要会议。胡锦涛总书记在会上发表的重要讲话，高举中国特色社会主义伟大旗帜，站在党和国家事业全局的战略高度，精辟阐述了宣传思想工作的重要地位和作用，充分肯定了十六大以来宣传思想工作取得的成绩，深刻揭示了新形势下宣传思想工作的规律，明确提出了宣传思想工作的新要求新任务，为做好当前和今后一个时期的宣传思想工作指明了方向。讲话是党的十七大报告关于宣传思想工作和文化建设重要论述的展开和深化，是在新的历史起点上开创宣传思想工作新局面的纲领性文献。这次会议回顾总结了十六大以来的宣传思想工作，研究部署了当前和今后一个时期的宣传思想工作，对于我们立足新起点、顺应新期待、按照新要求，以改革创新精神开创宣传思想工作新局面，必将起到十分重要的指导和推动作用。

认真学习贯彻全国宣传思想工作会议精神，最重要的是必须深刻领会、牢牢把握、切实贯彻胡锦涛总书记在讲话中提出的"高举旗帜、围绕大局、服务人民、改革创新"的总要求。高举旗帜，就是要把深入学习宣传贯彻党的十七大精神作为首要政治任务，高举中国特色社会主义伟大旗帜，坚持以邓小平理论和"三个代表"重要思想为指导，深入贯彻落实科学发展观，把坚持马克思主义基本原理同推进马克思主义中国化结合起来，用党的理论创新成果武装头脑、指导实践、推动工作，巩固马克思主义在意识形态领域的指导地位。围绕大局，就是要认真贯彻中央的决策部署，紧紧围绕经济建设这个中心，坚持正确导向，把社会效益放在首位，一手抓繁荣、一手抓管理，大力倡导一切有利于国家富强、民族振兴、人民幸福、社会和谐的思想和精神，着力推动科学发展、促进社会和谐，为改革开放和社会主义现代化建设提供有力的思想保证、营造良好舆论氛围。服务人民，就是要坚持以人为本，贴近实际、贴近生活、贴近群众，充分发挥人民主体作用，把人民是否满意作为根本标准，尊重差异、包容多样，努力满足人民多层次、多方面、多样化的精神文化需要，让人民共享文化发展成果，促进人的全面发展。改革创新，就是要用时代要求审视宣传思想工作，以改革精神推动宣传思想工作，积极创新内容形式、方法手段、体制机制，增强吸引力和感染力，努力做到体现时代性、把握规律性、富于创造性。

这个总要求，充分反映了我们党对当今国际国内发展大势和我国文化建设地位的深刻把握，体现了党中央对新形势下宣传思想工作的战略性思考，是当前和今后一个时期做好宣传思想工作的基本遵循。这个总要求是一个有机整体，"高举旗帜"是宣传思想工作的灵魂和方向，"围绕大局"是宣传思想工作的首要任务，"服务人民"是宣传思想工作的根本宗旨，"改革创新"是宣传思想工作的动力源泉。这个总要求，体现了党的主张与人民期待的统一，体现了把握内在规律与反映时代特征的统一，体现了理论指导性与现实针对性的统一，它所具有的重要战略意义和长远指导作用，必将在宣传思想工作不断开创新局面的进程中得到充分证明。

贯彻这个总要求，特别需要大力推进宣传思想工作的改革创新。创新是民族进步的灵魂，是事业发展的不竭动力。以改革创新精神开创宣传思想工作新局面，是深入贯彻落实科学发展观的必然要求。文化是最需要创新的领域，只有把握时代脉搏、反映时代精神、贴近现实生活、引领人民思想的文化，才能始终赢得人民，才能始终成为社会进步的先导。应当看到，全面建设小康社会的新任务，使提供思想文化支撑、推动文化繁荣发展的要求更加迫切；人民群众精神文化生活的新期待，使满足人们多层次、多方面、多样化文化需求的问题更加突出；社会矛盾日益复杂、社会思想多元多变的新现实，使引领社会思潮的任务更加繁重；当今世界文化与经济相互交融、文化软实力竞争日趋激烈的新形势，使提高中华文化国际影响力的问题更加凸显；敌对势力加紧思想文化渗透、思想理论领域噪音杂音时有出现的新情况，使巩固社会主义意识形态的工作更加艰巨；科学技术日新月异、传播手段迅速发展的新趋势，使网络文化建设和管理的任务更加紧迫。文化创新基于社会发展的客观需要，又给社会发展以强大推动。我们一定要坚持解放思想、实事求是、与时俱进，在继承和发扬优良传统的基础上，把改革创新精神贯穿宣传思想工作各个方面，努力使宣传思想战线在改革创新方面走在前列。要立足中国特色社会主义伟大实践，从波澜壮阔的现实生活中汲取养分，准确把握人民精神文化需要的新变化，引领时代变革风气之先，深入把握新形势下宣传思想工作的特点和规律，焕发创造激情，增强创新能力，使宣传思想工作始终保持旺盛的生机活力。要从理念、观念、思路入手，改进宣传思想工作的领导方式、组织方式、工作方式、管理方式，形成鼓励创新创造的法制保障、政策体系、激励机制，调动广大宣传思想工作者的积极性，激发人民的创造潜能。要坚持为人民服务、为社会主义服务的方向和百花齐放、百家争鸣的方针，推动社会主义文化内容形式、体制机制、传播手段创新，充分运用先进技术手段丰富文化的生产方式和表现形式，丰富文化品种、样式、载体、风格，让一切创造活力竞相迸发，让一切创新才华充分施展，让一切创新成果得到尊重，努力使精神文化产品和社会文化生活更加丰富多彩。

宣传思想工作是党和国家工作的重要组成部分，在中国特色社会主义事业全局中具有重要地位，发挥着不可替代的作用。实现党的十七大描绘的宏伟蓝图，宣传思想工作担负着统一思想、凝聚力量的重大任务，担负着推动社会主义文化大发展大繁荣、兴起社会主义文化建设新高潮的重大使命。做好宣传思想工作，关系全面建设小康社会进程，关系中国特色社会主义事业发展，关系党的前途命运，关系国家长治久安，关系中华民族伟大复兴。不论我国改革发展推进到什么阶段，不论党所处的历史方位和执政条件发生怎样的变化，宣传思想工作这个政治优势都不能丢。经验告诉我们，经济工作搞不好要出大问题，意识形态工作搞不好也要出大问题。我们要牢牢掌握宣传思想工作的领导权和主动权，高举伟大旗帜，唱响奋进凯歌，振奋民族精神，服务人民大众，以更深刻的认识、更开阔的思路、更有效的政策、更有力的措施，着力建设社会主义核心价值体系，着力巩固壮大主流思想舆论，着力推进改革创新，推动社会主义文化大发展大繁荣，提高国家文化软实力，为继续解放思想、坚持改革开放、推动科学发展、促进社会和谐营造良好氛围，为夺取全面建设小康社会新胜利、开创中国特色社会主义事业新局面提供强大思想文化保证。

当代中国马克思主义大众化与思想政治工作新任务

刘书林

党的十七大提出："大力推进理论创新，不断赋予当代中国马克思主义鲜明的实践特色、民族特色、时代特色。开展中国特色社会主义理论体系宣传普及活动，推动当代中国马克思主义大众化。"这一新的任务，也是对马克思主义理论研究学科的新要求，同时也是对改进思想政治教育的新要求。

一、深入理解当代中国马克思主义大众化的内涵

党的十七大指明：中国特色社会主义既是道路，又形成了理论体系，也是必须高举的伟大旗帜。十七大强调：中国特色社会主义理论体系包括邓小平理论、"三个代表"重要思想以及科学发展观等重大战略思想；同时十七大也强调了：这个理论体系坚持和发展了马克思列宁主义、毛泽东思想。中国特色社会主义的本质就是科学社会主义，就是当代中国的马克思主义。今天所指的当代中国马克思主义就是中国特色社会主义理论体系。

党的十七大号召：大力推进理论创新，不断赋予当代中国马克思主义鲜明的实践特色、民族特色、时代特色。这里所讲的实践特色，就是立足解决我们面对的现实问题，贴近人民群众的思想实际；民族特色就是符合中国文化的传统，为中国人民喜闻乐见；时代特色就是与中国现代化进程相一致，反映科学文化进步的新的实际。这就进一步为实现当代中国马克思主义大众化提出了前进的方向。

推动当代中国马克思主义大众化的目的就是普遍提升人民大众的社会主义觉悟。这涉及到社会主义事业的长治久安，普遍提高人民群众的社会主义觉悟，培养千百万社会主义事业的接班人，保住我们的社会主义事业千秋万代永不变质。社会主义祖国的命运，不能仅仅寄托在一两个素质较高的领导人身上，而要着眼于广大人民群众和广大青年的社会主义觉悟的培养。推动当代中国马克思主义大众化，就是使广大人民群众和当代青年，能够普遍具有中国特色社会主义的理想信念，普遍具有马克思主义的最基本的修养，夯实中国社会主义事业的思想基础。

二、宣传普及活动要突出中国特色社会主义理论体系的主要内容

开展中国特色社会主义理论体系宣传普及活动，推动当代中国马克思主义大众化，必须解决中国特色社会主义理论体系的一些突出问题，确定大众化的主要内容。这些内容，应该包括：

第一，中国特色社会主义理论体系产生的理论基础和实践基础。这就需要：既要弄清马克思列宁主义与毛泽东思想的关系，又要弄清毛泽东思想与邓小平理论、"三个代表"重要思想、科学发展观的关系。建立马克思主义在中国的连续发展的认识，是正确认识中国特色社会主义理论产生基础的前提，也是保证马克思主义指导的重要前提。

第二，中国特色社会主义理论体系的本质是科学社会主义。科学社会主义表明了中国特色社会主义的本质属性，是社会主义国家、共产党人事业的普遍性、共同性的表现。"中国特

色”是当代我国马克思主义新成果的具体表现形式，是矛盾的特殊性的表现。

第三，中国特色社会主义理论体系是对国际共产主义运动经验教训的总结。在长达40多年的历史发展过程之中，社会主义国家在这个方面取得了丰富的经验和教训。以毛泽东为代表的中国共产党人提出中国式社会主义道路，不但为此做了艰苦卓绝的探索，也与干扰和阻碍各国独立自主地探讨和形成独具特色的社会主义模式的思潮和势力做了国际性的历史性的努力。邓小平同志把这一成果通过改革开放的实践，以中国特色社会主义理论的形式确定下来。

第四，中国特色社会主义理论体系在总结苏东剧变的教训之中不断发展。苏东剧变的教训主要是党和国家的最高领导权力抓在了背离马克思主义的人物手里，在涉及党和国家命运的问题上，采取了改弦更张，背离甚至背叛共产主义事业，关键就是人的变质。从某种意义上说，当代中国马克思主义的大众化，就是着眼于人民大众，防止人的变质。通过宣传教育，营造良好的社会氛围和条件，使得人民大众坚定中国特色社会主义的共同理想，保证我国社会主义事业后继有人、永不变质。

第五，中国特色社会主义理论的基本体系和重要论断。中国特色社会主义的理论体系自从党的十四大以来，就有了比较系统的准确的说明，这些年来不断在群众之中普及。但是普及的过程还需要进一步深化。要使得广大人民群众对于我们的所处阶段、发展道路、发展动力、依靠力量、发展战略，更加生动具体地被群众掌握。应该把这一当代中国马克思主义大众化的过程与学习和普及党的基本路线结合起来，应该把这一过程与学习和普及科学发展观结合起来。这样，就能够合理地把握群众思想解惑的需要，收到真实的积极效果。

三、解决思想政治教育的方法问题是当代中国马克思主义大众化的关键

怎样实现当代中国马克思主义的大众化？关键是解决思想政治教育的方法问题。只有方法得当，贴近人们的思想实际，贴近人们关心的问题，贴近人们接受思想教育的思想特点，贴近人们的思路和语言，才能收到预想的结果。

第一，理论联系实际的学风。实现当代中国马克思主义的大众化关键就是要坚持理论联系实际的学风。这是最基本的要求。空洞的说教早已失去任何教育的意义，只能引发人们的逆反心理，是绝对做不到大众化的。要贴近人们的思想和实际，不能回避现实的要害问题。那些遇到现实问题绕道走的做法，肯定没有任何吸引力；那些善于玩弄官腔的做法，只能引起人们的厌倦，损害思想政治教育的声誉。只有对马克思主义理论具有较好的修养，又能够为人们解惑的做法，才能产生无穷的魅力，才能赢得群众，赢得青年，才能真正做到大众化。

第二，深入浅出，为人民大众喜闻乐见的形式。实现当代中国马克思主义的大众化必须采取为人民大众喜闻乐见的形式。要做到“为人民大众喜闻乐见”，就必须符合中国传统文化特点，符合受众的思想方法和接受特点，风格简明朴实。那种动辄照搬西方语言的做法绝对不受欢迎，那种张口“蓝色文明”、“普世哲学”的抽象说教肯定无效，那种不着边际的过时说教不会激起人们的接受热情，那种貌似深奥的牵强附会的联系必然失败。宣传教育者应该从人们熟视无睹的现实世界入手，揭示出人们尚未思考过的理性层面的实质。深入浅出的方法就是大众化的通则。人民大众喜闻乐见的形式必然要求更加朴实一些、准确一些、直白一些、幽默一些。

第三，生动感人的语言。宣教者的语言一定要生动，才能感染人，才能有效地传递信息，才能把需要宣教的内容转化为群众接受的东西。语言生动不是靠玩弄时髦的辞藻和任何技巧性的手法能够解决的。语言生动的本质是讲话者自己投入真实的感情。具有真情实感讲话的人，语言不可能不生动；没有真情实感的人，

语言不可能生动。在面向广大群众讲话的情况下,列宁、毛泽东都强调我们的宣传教育,语言要生动,要让每个工人、农民都听得懂,爱听,而不能语言枯燥像个瘪三。生动感人的语言是实现当代中国马克思主义大众化的有力工具。

第四,重点突出,简明扼要。实现当代中国马克思主义的大众化,使得中国特色社会主义理论深入人心,在内容选择上还必须做到突出重点,在核心问题上充分展开说理过程,比较透彻地解决重点难点问题。重点内容的确定要科学,核心体系要简明扼要。要从意识形态教育的稳定性和连续性出发,科学慎重地安排教育的内容。一时强调而不属于具有长期宣讲价值的内容,就不要随意纳入宣教的重点内容。如果不遵守思想政治教育的科学规律,违心地把某些不属于中国特色社会主义理论的重点内容列为重点,随着时间的推移,只能暴露出宣教者不端正的动机,是不会起到任何积极作用的。

第五,依事论理,寓教于乐,寓教于情。随着社会信息的互动、迅捷、海量传播,人们接受信息的选择性增加,同时对理性宣讲的信任度降低。如今人民大众已经不喜欢从理论到理论的说教,不轻易地信任或接受理性的结论。只有在真实的现实面前,才能信任其中包含的真理结论。在这种情况下,宣教者就应该顺应人民群众的思想新特点,学会采取以事论理的方法,解决受众的信任问题。这好比治病一样,如果过去采用的是吃西药的疗法,现在需要改用饮食疗法。在人们接受事实的过程中,不知不觉地走进了接近真理的轨道。这种以事论理的方法,同时还能够起到寓教于乐、寓教于情的效果,在人们轻松愉快的心境环境里,在人们自发的笑声和掌声里,宣教者完成了理性结论传递的过程。

四、检验中国马克思主义大众化实现的主要标准

实现当代中国马克思主义大众化是涉及到社会主义事业兴衰成败、后继有人的百年大计,是摆在广大思想政治工作者和党政干部面前的光荣而艰巨的任务。为了检验我们实现当代中国马克思主义大众化的工作成效,认识我们到底"化"得怎么样,应该提出相应的检验标准。笔者认为,实现当代中国马克思主义大众化的主要标准应该包括如下八个方面。

第一,广大群众喜欢不喜欢。只有群众真心喜欢,不是表面喜欢而内心反感,才是做到大众化的标准。这不是行政权力的运作或"做秀"能够解决问题的,也不是新闻媒体的炒作能够解决问题的。这要真心实意地转变作风,眼睛向下,虚心向群众请教,大力恢复列宁和毛泽东创造的共产党的优良传统作风,才能收到实际的效果。

第二,影响深远持久还是短暂的轰动。推进当代中国马克思主义大众化的目的是深远的,不是一蹴而就的。其重要目的就是"推进马克思主义理论研究和建设工程,深入回答重大理论和实际问题,培养造就一批马克思主义理论家特别是中青年理论家。切实把社会主义核心价值体系融入国民教育和精神文明建设全过程,转化为人民的自觉追求"。这是一个需要持久努力才能达到的目标。这一切都不是靠制造短暂的社会轰动,制造什么形式主义的东西能够解决的。只有持久坚持当代中国马克思主义大众化,才能收到切实的成效。

第三,对难点问题解决的多还是少。难点热点问题是广大群众关注的焦点问题,是影响对中国特色社会主义理论理解和看法的重大问题。实现当代中国马克思主义大众化,就不能回避和绕开这些问题。近年来的宣教实践也告诉我们,广大群众对这类问题的求解热望极高,一旦我们贴近这些问题,就会取得良好的教育效果。

第四,群众是心服还是口服。对于一切宣传教育工作,群众心中都有一杆秤。宣传教育一定要使得群众心服,而不是停留在口服水平。群众真正认识到中国特色社会主义确实是中华民族复兴的必由之路,确实是国际共产主义运

动的进步和发展，确实是社会主义发展的必然结果。这样才能转化为建设中国特色社会主义的动力。

第五，社会风气是否好转。随着中国特色社会主义理论教育的深入发展，群众必然对中国特色社会主义建设更加理解，群众性精神文明建设活动必然高涨。而教育效果，通过社会风气的变化就能够看得出来。

第六，社会和谐的程度是提高了还是降低了。开展当代中国马克思主义大众化的宣教活动，就是为了在建设中国特色社会主义的大目标下，促进各种社会关系的和谐，实现建设社会主义和谐社会的战略目标。社会和谐程度的提高，就是宣教活动取得实效的标志。

第七，宣教的受益面大还是小。实现当代中国马克思主义大众化，本身就要求这个宣教活动的受益面极为广泛。宣教者是关在力公室挖空心思，还是面向广大群众，走到基层，广泛开展宣教活动，这是这一活动能否取得预想成果的关键。受益面越大，说明宣教活动越是成功。

第八，宣讲普及的动力能够持续还是中断。宣讲普及的有效机制形成没有？这是一个实质性的标准。这次当代中国马克思主义大众化的宣教活动，也是一次在新的起点上更新思想政治教育方法的教育活动，同时也是在市场经济条件下组织和训练思想政治教育队伍的活动。是否产生了持久教育的动力，是否产生支持持久教育活动的机制，这也是衡量宣教活动效果的一个重要方面。

（作者：清华大学马克思主义研究中心教授、博士生导师）

针对新时期人民内部矛盾做好思想政治工作

张云飞

一、科学认识新时期社会矛盾的性质，是构建社会主义和谐社会的前提，也是有的放矢做好新时期思想政治工作的关键

(一)我国目前社会矛盾的新特点

我国已经实现了社会主义现代化“三步走”发展战略的前两步，生产力获得空前发展，综合国力得到显著提高，人民群众的生活得到明显改善。但是，在当前和今后相当长一段时间内，我国经济社会发展面临的矛盾和问题可能更复杂、更突出。

1.矛盾范围的广泛性。我国目前的社会矛盾主要表现在城乡之间、区域之间、经济发展和社会发展之间、国内发展和对外开放之间、经济发展和环境保护之间的比较严重的不协调上，“五个统筹”的要求依然没有得到有效贯彻和落实。

2.矛盾内容的多样性。我国目前的社会矛盾在经济、政治、文化和社会生活多个领域都有发生。从经济上看，集中表现在我国的生产力仍然不能满足人民群众日益增长的物质文化需要，人民群众的就业难、上学难、看病难、住房难等民生问题比较突出。从政治上看，社会主义民主、法制仍不完善，腐败问题没有得到十分有效的遏制，在一些地区党群关系、干群关系比较紧张。从思想上看，社会矛盾已经深入到价值观、民主观、自由观、人权观等深层次的问题，各种思潮相互激荡，爱国主义、集体主义、社会主义等主流价值在一定程度上受到冲击，相当一部分人出现了信仰、信心、信任危机。从社会上看，社会阶层分化比较明显，还没有形成国家、政府和社会之间的良性互动机制，第三部门不发达，社会管理体制不完善。

3.矛盾实质的利益性。目前，各种社会矛盾主要集中在物质利益分配和保障上。从收入水平看，不同经济成分、不同行业、不同就业群体之间的收入差距日益拉大。从发生的群体性事件看，主要集中在征地拆迁、下岗安置、民工权益、执法不公等问题上。从上访和群体事件的参与人员看，以在岗、下岗职工，农民和民工居多，离退休人员增幅较大，部分企业军转干部上访问题也比较突出。

4.矛盾后果的尖锐性。由于利益表达渠道不畅通、思想政治工作不到位、问题处置机制不健全等原因，利益受损群众往往采取群体性事件的方式，甚至采用铤而走险的方法。这种情绪一旦被别有用心的人利用，就可能导致局部社会动荡，矛盾性质就可能发生转化。在这种情况下，我们必须重视和正确应对这些矛盾和问题，大力加强宣传思想工作，促进社会和谐。

(二)我国目前社会矛盾的性质

我国目前存在的社会矛盾主要是人民内部矛盾。

1.社会主义经济制度为实现人们根本利益的一致奠定了经济基础。在我国社会主义初级阶段，尽管存在着多种所有制经济成分，但是，占主导地位的是社会主义公有制；尽管存在着不同利益阶层，但是，公民都是社会主义事业的劳动者、建设者和参与者；尽管存在着按生产要素参与分配的情况，但是，按劳分配是占主导地位的分配方式。因此，在这样的经济基础上产生的我国新时期的社会矛盾，在总体上属于人民内部矛盾。

2. 社会主义政治制度为实现人们根本利益的一致提供了政治保证。我国是共产党领导的无产阶级专政的人民当家作主的国家。中国共产党既是中国工人阶级的先锋队也是中华民族的先锋队，代表着中国最广大人民的根本利益，在党的领导下，是根本不可能出现既得利益集团的。在总体上，社会主义政治制度为消除剥削现象、保障人们平等的权益提供了强大的政治保证。

3. 社会主义文化制度为实现人们根本利益的一致提供了思想支持。在私有制社会尤其是资本主义社会中，占主导地位的意识形态是拜金主义、享乐主义和极端个人主义，其实质是为维护剥削阶级既得利益服务的。而社会主义国家在意识形态上表现为马克思主义为指导的社会主义精神文明。同时，在社会主义道德建设中，坚持注重效率与维护社会公平相协调，这样的思想文化环境为实现人们根本利益的一致提供了智力支持和价值导向。

可见，从社会形态上看，我国目前的社会矛盾属于人民内部矛盾。

只有分清我国目前的社会矛盾属于人民内部矛盾的性质，从而采取科学的方法正确地加以处理，才能有效化解矛盾，最终建构起和谐社会。这应是思想政治工作必须向群众讲清楚的问题。

二、围绕建设富强民主文明和谐的社会，思想政治工作要在各项事业建设中解决人民内部矛盾发挥作用

(一)面向经济建设，寻求正确处理人民内部矛盾的物质途径

我国目前的人民内部矛盾首先是在经济领域表现出来的，而经济又是整个社会结构的基础，因此，思想政治工作必须围绕着经济建设和改革开放来开展工作。

1. 要进行社会主义初级阶段基本国情的教育，深刻认识坚持党在社会主义初级阶段基本路线的重大意义。我国目前仍然处于社会主义初级阶段，人民群众日益增长的物质文化需要同落后的社会生产之间的矛盾仍是主要矛盾，而目前的社会矛盾就是这种矛盾在现阶段的具体体现，属于前进中、发展中的问题。因此，要教育人民群众不能超越初级阶段的实际、背离“一个中心、两个基本点”的基本路线来解决目前的社会矛盾。

2. 要进行“社会要和谐首先要发展”的教育，深刻认识坚持以经济建设为中心的重大意义。目前的社会矛盾主要是由于发展不足造成的。只有实现又好又快的发展，才能更好地促进经济社会协调发展，才能形成更完善的分配关系和社会保障体系，才能创造更多就业机会，才能不断满足人民群众多方面的需求。因此，必须坚持向人民群众进行以经济建设为中心的教育，在生产力发展的过程中来解决社会矛盾。

3. 要进行社会主义改革观的教育，坚持社会主义市场经济的改革方向。不能将目前存在的社会矛盾简单地归咎于改革，甚至以此为借口阻挠或反对改革。必须使人们认识到，只有通过改革，才能确保人民群众安居乐业，确保社会政治稳定和国家长治久安。总之，围绕着物质利益和中心工作来开展思想政治工作，才能真正化解矛盾。

(二)面向政治建设，坚持正确处理人民内部矛盾的政治制度

构建和谐社会要有其政治条件，而我国目前的人民内部矛盾在政治领域也有表现，因此，必须加紧制度建设，向人民阐明坚持四项基本原则的重大意义。

1. 坚持走社会主义道路。如果脱离了社会主义制度，不仅不可能解决我国存在的社会矛盾，而且必然导致矛盾的严重和激化。因此，应该向人民群众进行“社会和谐是中国特色社会主义的本质属性”的教育，使大家认识到，只有坚持社会主义道路，才能使国家富强、民族振兴、人民幸福。

2. 坚持人民民主专政。坚持人民民主专政，才能解决社会矛盾，维护社会稳定，才能保

证人民群众生命和财产的安全。

3.坚持马克思主义。马克思主义关于未来社会的科学设想,指明了构建和谐社会的前进方向。党在社会主义社会建设理论和实践上取得的新进展,既是对马克思主义关于社会主义社会建设理论的丰富和发展,也是对中国特色社会主义理论的丰富和发展。要向人民群众进行马克思主义基本原理教育,高举邓小平理论和"三个代表"重要思想的伟大旗帜,全面贯彻落实科学发展观。

4.坚持共产党的领导。党提出的构建和谐社会的事业,符合全体中国人民、整个中华民族的利益和要求。要让大家明白,只有坚持党的领导,才能保证国家沿着社会主义道路健康、和谐地发展。总之,制度是社会公平正义的根本保证,也是正确处理社会矛盾的政治保障。

(三)面向文化建设,寻求正确处理人民内部矛盾的精神支撑

构建和谐社会要有其精神支撑,我国目前的人民内部矛盾在文化领域中也有表现,因此,须在建设和谐文化的过程中寻求解决人民内部矛盾的精神途径。

1.必须大力提高人民群众的思想道德素质。社会主义核心价值体系是建设和谐文化的根本,也是提高人民群众思想道德素质的关键。为此,要深入开展马克思主义基本原理和中国特色社会主义理论教育,弘扬以爱国主义为核心的民族精神和以改革创新为核心的时代精神,弘扬集体主义、社会主义思想,使人民正确认识社会发展规律和国家、民族的前途命运,保持昂扬向上、开拓进取的精神状态。

2.必须大力提高人民群众的教育素质。教育是提高社会生产力的一种方法,也是造就全面发展的人的唯一方法。针对我国目前比较突出存在的教育不公问题,应坚持教育优先原则,保障教育公平,构建健全的教育体系,建设学习型社会,促进全民族素质的不断提高。

3.必须大力提高人民群众的文化素质。发展文化事业、实现文化生活的公平,是解决人民内部矛盾的重要内容和重要条件。应积极推进文化事业全面繁荣和文化产业快速发展,大力提高基层特别是农村教育、科技、文化、卫生、体育方面的服务能力,满足人民群众日益增长的精神文化需求,促进人的全面发展。

总之,建设和谐文化是构建和谐社会的重要任务,是解决人民内部矛盾的思想文化途径。

(四)社会建设是处理人民内部矛盾的社会条件

加强社会管理,维护社会稳定,是构建和谐社会的必然要求,也是正确处理人民内部矛盾的重要途径,因此,必须把思想政治工作与社会建设结合起来。

1.保持社会稳定。思想政治工作应向人民群众进行关于正确处理改革、发展和稳定关系的教育,使大家自觉坚持稳定压倒一切的方针,维护改革、发展和稳定的大局。在各项工作中,要把维护和实现人民群众的利益作为实现改革、发展和稳定的结合点。

2.保证人民群众安居乐业。社会的稳定有序是建立在人民群众安居乐业基础上的,要保证人民群众各获其岗、各司其职、各守其则、各享其成。各获其岗,就是要保证人民群众的劳动权和就业权;各司其职,就是要充分发挥人民群众在自己工作岗位上的主观能动性;各守其则,就是要使人民群众成为遵纪守法的社会主义公民;各享其成,就是国家要保证人民群众的各项合法权益,保证社会公正。

3.促进人民群众参与社会矛盾的解决。要加强城乡基层自治组织建设,从建设和谐社区、和谐村镇入手,使社区和村镇在提高人民生活水平和质量上发挥服务作用,在密切党和政府同人民群众的关系上发挥桥梁作用,在维护社会稳定、为群众创造安居乐业的良好环境上发挥促进作用。为此,思想政治工作中要加强现代公民教育的内容,让大家懂得在劳动创造和遵纪守法的过程中来满足自己的需求、实现自身的价值。

三、针对新时期人民内部矛盾多以突发性的形式表现，需开展创新型思想政治工作

（一）思想政治工作要引导人们正确处理党群关系、干群关系

思想政治工作不仅包括教育普通群众，而且包括教育党员和干部。目前，主要是要引导广大党员和干部正确处理党群关系、干群关系，也就是要使教育者本身受教育。

1.必须坚持马克思主义的群众观点和党的群众路线。一切为了群众，一切依靠群众，立党为公、执政为民，把党的正确主张变为群众的自觉行动，最广泛地动员广大人民群众为实现自己的利益和美好生活而团结奋斗，这些要求高度概括和回答了中国共产党依靠谁、为了谁这个根本问题。因此，必须教育广大党员、干部牢固树立全心全意为人民服务、真心实意对人民负责的精神，坚持权为民所用、情为民所系、利为民所谋，从群众最关心、最直接的利益入手，为群众诚心诚意办实事、尽心竭力解难事、坚持不懈做好事。

2.必须推进决策的民主化。决策失误是影响和谐社会建设、激化人民内部矛盾的重要原因之一。在处理人民内部矛盾过程中，必须完善重大决策的规则和程序，通过多种渠道和形式广泛集中民智，使决策真正建立在科学、民主的基础之上。同时，要把民主决策、科学决策和依法决策有机地统一起来。

3.必须加强党风廉政建设。党风问题是关系到执政党生死存亡、和谐社会建设能否成功的重大问题。目前，由于这方面的问题在一定程度上导致了人民内部矛盾的激化，因此，必须加强对权力运行的制约和监督，保证把人民赋予的权力用来为人民谋利益。同时，要教育各级领导干部树立正确的世界观、人生观、价值观和权力观、利益观、地位观、政绩观和荣辱观，常修为政之德、常思贪欲之害、常怀律己之心，坚决抵御拜金主义、享乐主义等消极腐朽思想的侵蚀，以优良作风和良好形象带动群众做好各项工作。正确处理人民内部矛盾问题，其实就是我党历来说的走群众路线的问题。

（二）思想政治工作必须自觉适应解决新时期人民内部矛盾的实际

1.坚持自省性原则。由于我们党是执政党，因此，在社会矛盾尤其是人民内部矛盾比较严重的时候，应该首先进行自我批评，这样，才能有效化解矛盾。这就要求认真检查各项政策措施和工作部署、方法和作风是否切合实际，是否符合最广大人民的根本利益，着力避免因决策失误和工作不当引起群众的不满。

2.坚持预防性原则。思想政治工作应未雨绸缪，及时将问题解决在萌芽状态中。要深入基层实际，加强矛盾纠纷的排查工作，及早发现可能发生的各种矛盾，及时采取有效措施妥善解决。

3.坚持规范化原则。思想政治工作既是科学，又是艺术，应注意工作的规范化问题。进一步完善处理人民内部矛盾的方式方法，完善信访工作责任制，建立健全社会矛盾纠纷调处机制，把人民调解、司法调解、行政调解结合起来，依法及时合理地处理群众反映的问题。

4.坚持理性化原则。把化解社会矛盾的思想政治工作纳入到法制化轨道上来，充分保证思想政治工作的权威性和有效性。通过深入细致的思想政治工作，引导群众以理性合法的形式表达利益诉求、解决利益矛盾。同时，坚持依法妥善处置群体性事件，按政策办事，增强群众对党和政府的信任，使思想政治工作真正成为解决人民内部矛盾、构建和谐社会的强大生命线，为最终建立起一个富强民主文明和谐的社会主义社会作出贡献。

（作者：中国人民大学马克思主义学院教授、博士生导师）

论思想政治工作在构建社会主义和谐社会中的定位

戴钢书　肖永梅

思想政治工作作为我党和社会主义国家的政治优势，在构建社会主义和谐社会过程中依然处于"生命线"、"中心环节"的重要地位，要从推进经济社会发展、适应社会主义现代化建设、实现广大人民群众的共同愿望和建设中国特色社会主义伟大实践的高度对其进行准确定位，发挥其思想引导、化解矛盾、凝聚群众和政治动员的功能。

一、思想政治工作的重要地位："生命线"、"中心环节"、"政治优势"

对思想政治工作重要地位的认识，从我党我军思想政治活动产生时就开始了。1934 年，在红军第一次全军政工会议上，党就提出"政治工作是红军的生命线"。建国后，政治工作从军队的"生命线"逐渐扩展到经济工作的"生命线"。在社会主义建设新时期，思想政治工作是"生命线"的论断不断向党和国家工作的各个领域延伸发展，充分发挥着服务保证作用。2000 年 6 月，江泽民在中央思想政治工作会议上精辟概括：党的思想政治工作是经济工作和其他一切工作的生命线，是团结全党和全国各族人民实现党和国家各项任务的中心环节，是我们党和社会主义国家的重要政治优势。

从实践上来看，无论是中国革命事业的成功，还是中国特色社会主义建设事业的巨大发展，都充分昭示了思想政治工作的巨大威力，反复证明了思想政治工作是"生命线"、"中心环节"、"政治优势"论断的正确性。在构建社会主义和谐社会过程中，深入认识思想政治工作是"生命线"、"中心环节"、"政治优势"的论断对思想政治工作的定位有着重要指导意义。

1."生命线"≠"地位决定论"

"生命线"一词形象地表明了思想政治工作的重要地位，正如阳光、空气和水对于维持人的生命须臾不可缺少一样，思想政治工作是经济工作和其他一切工作方向、性质的根本保证，关乎各项事业的"生命"，是关系到党、社会主义制度和中国特色社会主义建设宏伟事业生死存亡的大问题。在具体工作中，有些人也确实把思想政治工作放在重要地位，甚至认为只要地位确定了，思想政治工作自然就能发挥功能和作用，这种观点可以称之为"地位决定论"。"地位决定论"错误之处在于强调思想政治工作的地位时候忽略了作用对地位的影响，其思想根源在于没有认清思想政治工作的地位从何而来？没有认清思想政治工作的地位如何得到体现和保证？即对"生命线"论断到底是主观确定的还是客观存在的这一矛盾没有正确认识，在实践中则直接影响到思想政治工作的改善、提高和发展。

思想政治工作是"生命线"的论断是一种理性概括，带有主观目的性。然而，"生命线"论断的提出和形成却不是主观判断，而是在客观实践基础上形成的，已经被我党我军长期革命、建设和改革实践反复证明了。因此，思想政治工作是"生命线"的论断也是客观形成的。唯物史观关于社会关系的基本原理也为思想政治工作地位的客观性提供了理论依据，社会存在决定社会意识，经济基础决定上层建筑，而社会意识对社会存在具有反作用，上层建筑对经济基础具有反作用，思想政治工作的"生命线"论断正是深深植根于唯物辩证法和历史唯物论中政治的反作用原理。

在构建社会主义和谐社会时期，国际国内形势都发生了深刻变化，在复杂多变的环境中，要始终保持思想政治工作的“生命线”地位，就必须强化“生命线”的作用。积极创新思想政治工作体系，树立以人为本的全新理念，紧紧围绕构建和谐社会这一目标，适应新形势，把握新特点，探索新规律，在内容、方式、方法、载体、机制等方面不断加以改进，为构建和谐社会提供最广泛、最坚实的社会基础和力量源泉。

2.“中心环节”≠中心任务

“中心环节”突出了思想政治工作是社会经济、政治、文化、教育等各项工作的连结点，通过建立良好的运作机制，凝聚全党和全国各族人民，上下一心、思想一致，为完成中心任务而努力奋斗。

思想政治工作这个“中心环节”始终是围绕中心任务开展并发挥服务保证作用，而中心任务以“中心环节”联结各项工作、协调各种矛盾、促进社会发展，二者相辅相成、并行不悖。简单来讲，中心任务就是党和国家在各个历史时期的政治路线，它为人们指明了不同时期努力奋斗的方向，而思想政治工作的广泛开展为中心任务的完成提供强有力的思想政治保证，围绕党和国家的中心任务运作，与其他各项工作平行、并列，并渗透到其他各项工作之中。革命战争时期，思想政治工作是为完成武装夺取政权的中心任务而服务的。新中国成立后，为使人民过上安康、富裕的幸福生活，经济建设成为党和国家工作的重心。总的说来，在社会主义建设时期，思想政治工作是围绕经济中心任务而开展的，但也出现了把“中心环节”当做中心任务来抓的错误发生，结果使社会主义建设走了弯路，给人们的心灵深处留下了创伤，以至于改革开放初期，一些人在坚持经济工作为中心的同时忽视了“中心环节”的地位和作用。

随着我国经济社会取得长足发展，经济社会发展中的诸多不平衡问题突出出来，如城乡关系、区域关系、经济与社会的关系、国内发展与对外开放的关系、人与自然的关系等，说到底都是人与人的关系，这就使和谐社会构建迫在眉睫，而思想政治工作大有可为，为和谐社会服务成为构建社会主义和谐社会时期对党的思想政治工作的基本定位。思想政治工作归根结底是人的工作。因此，思想政治工作要充分发挥“中心环节”的作用，即要不断提高引导社会舆论的能力，把党的意志转化为广大人民群众的共同意愿，为构建和谐社会提供良好的舆论氛围和坚实的思想基础。

3.“政治优势”≠政治功能

与国内各政党派别相比，与西方资本主义国家相比，思想政治工作是我们党和社会主义国家的重要政治优势。这种政治优势除了表现在为中心工作的落实提供精神动力和思想保证外，还表现在帮助我们树立马克思主义的科学世界观，进行强有力的思想教育以及动员全员参与的优势等。这种政治优势确实发挥了巨大的政治功能，集中表现在帮助排除一切干扰，贯彻执行党的基本路线，围绕中心任务保证各项工作的顺利完成。但是，对政治优势的理解决不能仅限于政治功能，因为这仅仅是对从历史实践中总结出来的经验进行解释，是一种事实层面的认识，让人在理论上难以信服。要真正认识思想政治工作在新时期仍然是我党的重要政治优势，必须对其功能进行全面理解才有助于对思想政治工作的定位进行理性反思。

随着现代社会的经济发展、科技发展以及对外开放的扩大，思想政治工作不断向未来领域、宏观领域、微观领域发展，呈现出分化与综合相结合发展的立体发展态势，思想政治工作的功能也由单一政治功能向多重功能发展。就工作对象来看，既有个体功能，也有社会功能；就服务的领域来看，既有政治功能，也有经济功能、文化功能；就发挥作用的类型来看，有教育功能、激励功能、调节功能、引导功能、控制功能、凝聚功能等。在构建和谐社会过程中，思想政治功能进一步拓展，比如加强调节功能，有助于协调各种矛盾；加强控制功能，有利于维护社会稳定；加强生态功能，帮助人们树立正确的道德责任感和生态责任感，形成生态意识和生态思想，为调控生态平衡发挥积极作用。总之，思想政治工作的教育、组织、纪检等各项工作内容在构建和谐社会过程中都承担着不同任务，然而，就其发挥作用的方式来说，并不仅限于某一特定人群或某一特定领域，而是渗透到各个方面，发挥综合性功能，真正体现出思想政治工作是中国共产党的政治优势，是无产阶级及其政党的传家宝。

以上分析中可以看出，思想政治工作的“生命线”、“中心环节”、“政治优势”地位是在实践中牢固确立，并在实践中不断发展的，任何时候都不能动摇。随着时代的进步、现代化建设的推进以及党和国家工作重心的转移，思想政治工作的重要地位有着更为丰富深刻的内涵，功能和作用也不断拓展。

二、构建社会主义和谐社会中思想政治工作的定位

在构建和谐社会过程中，思想政治工作能够为和谐目标模式的确立提供有力的思想和政治保证，提供强大的精神动力和精神支撑，提供坚实的道德基础，始终为目标最终实现保驾护航。思想政治工作的这种“生命线”、“中心环节”地位主要体现在四个方面。

1. 思想政治工作为把构建社会主义和谐社会作为推进经济社会发展的重要目标提供思想更新先导

这种思想进步先导就是要使人们认识到“和谐”和“和谐社会”的价值。“和而不同”，作为社会事物和社会关系发展的规律，作为人们处世行事应该遵循的准则，作为人类各种文明协调发展的真谛，在实践发展与理论研究上被鲜明地揭示出来。随着我国改革开放和现代化建设事业的深入发展，社会的经济结构、人们的劳动方式、收入途径多样化了，出现了新的社会阶层，人们的利益要求、价值观念也不尽相同。这种多样性、差异性的出现和存在，是我国社会产生和保持活力的源泉。在这种情况下，社会作为一个整体系统的巨大价值就越来越显示出来。多样化与整合是一对矛盾，所谓“和谐”就反映了这种对立统一关系。这样“和谐”、“和而不同”的多方面的价值就被揭示出来了。社会有机体拥有自身的运动规律和特点，它既不是经济、政治、文化的简单相加，也不仅仅是这些子系统运动的外部条件，它自身的和谐就应当成为我们追求的重要目标。从当前社会矛盾性质和社会稳定运行的要求来看，更加需要把多样性整合起来，努力实现人与人的和谐，实现人与自然的和谐，达到全社会的协调发展。相对于社会而言，经济、政治、文化只是其子系统。因此，在新世纪新阶段，我们不仅要培育微观的各个社会组织细胞的和谐发展，而且要促进经济、政治、文化和社会的宏观结构和谐发展。

2. 思想政治工作为把构建社会主义和谐社会作为适应社会主义现代化建设的客观要求提供矛盾化解良方

这种矛盾化解良方就是在一个非对抗性矛盾占主导地位的社会里，用思想引导、政治优势、法制规范、道德力量化解冲突，弥合裂痕。在当前和今后相当长一段时间内，我国经济社会发展面临的矛盾和问题可能更复杂、更突出。一是部分工人群体的义务与权利不对等矛盾。目前城乡二元结构，导致大批只承担劳动建设义务，而在政治、经济、社会福利等方面享受不到真正工人待遇的“工人中的农民”。二是城乡、区域、产业之间收入差距拉大的矛盾。经济范畴的制度变迁带来利益结构的变化，城乡之间、区域之间、产业之间以及占有资源不同的人群之间的收入差距拉大，各种利益关系愈益复杂。三是日益增长的安全、民主、法治意识与社会这些方面的新体制、新机制的衔接不及时、不到位之间的矛盾。此外，世界范围内资本主义暂时处于强势地位与社会主义暂时处于弱势地位之间的矛盾，我们面临着西方敌对势力的“西化”、“分化”战略的压力。妥善应对这些矛盾和

挑战，有效整合社会关系，促进社会各种力量良性互动，是保证我国经济社会健康发展的基本前提。强化经济发展而不至于使社会矛盾激化是当今中国的重大主题与战略选择，建设和谐社会已成为当今中国发展的最大需要。用思想引导、政治优势、法制规范、道德力量化解各种利益冲突，是思想政治工作所熟悉的运作方式与手段。思想政治工作在化解这些利益矛盾中，将显示出它的"生命线"、"中心环节"地位。

3. 思想政治工作为把构建社会主义和谐社会作为实现广大人民群众的共同愿望提供具体可行通道

这种具体可行通道就是从我们党实现好、维护好、发展好最广大人民的根本利益，这一立党为公、执政为民的必然要求出发，从力量团结、矛盾处理、困难解决、社会稳定四条渠道发挥思想政治工作优势，来实现人民群众的愿望。随着社会主义市场经济的发展和社会转型的深入，社会经济成分、组织形式、就业方式、利益关系和分配方式日益呈现多样化特点。这种多样化的特点，导致我国社会出现新的社会阶层。这一社会阶层主要由非公有制经济人士和自由择业的知识分子组成。他们作为改革开放特别是社会主义市场经济发展的产物，呈现快速增加的态势，在我国经济社会中的作用越来越突出。最大限度地把他们团结起来，充分发挥他们的作用，是力量团结的重要方面。同时，正确认识和妥善处理人民内部矛盾和其他社会矛盾，协调好各方面的利益关系，不断在发展的基础上满足人民群众日益增长的物质文化需要，保证人民群众共享改革发展的成果，也是现阶段思想政治工作的重要着力点。此外，坚持我们党解决思想问题与解决实际问题相结合的原则，在引导人民群众正确认识当前改革开放中出现的问题的同时，抓紧解决人民群众生产生活中的突出问题和困难，对于夯实党执政的阶级基础和群众基础，保持党同人民群众的血肉联系，也有着极为重要的意义。

4. 思想政治工作为发动全党和全国各族人民在建设中国特色社会主义的伟大实践中更加自觉地加强社会主义和谐社会建设提供政治动员

自我党成立以来，思想政治工作总是紧紧围绕着不同时期党和国家的中心任务发挥着"生命线"的作用。"社会主义和谐社会"新概念，是社会主义现代化建设目标认识上的一大飞跃，是社会主义现代化建设指导思想的新发展，思想政治工作通过对"社会主义和谐社会"新概念的阐明，能够在较高的程度上激发人们的行为动机，使人们为实现新目标而奋斗。党的十六届四中全会明确提出"社会主义和谐社会"新概念，这在我们党的历史上还是第一次。和谐社会的提出实现了社会主义现代化建设的总体布局由发展社会主义市场经济、社会主义民主政治和社会主义先进文化这样的三位一体，扩展为包括社会主义和谐社会的内容，实现了社会主义经济建设、政治建设、文化建设、社会建设四位一体的飞跃。这不只是量的增加，更重要的是认识上的一大飞跃，是一个对于经济社会发展逐步深入认识的过程。同时，这是我们党对我国改革开放和现代化建设经验的科学总结，适应了当前我国社会结构和社会生活深刻变化的迫切需要，越来越体现出以人为本，全面、协调、可持续的发展观。这标志着我们党对社会主义现代化建设规律的深入把握，是我们党对社会主义现代化建设指导思想的新发展，进一步丰富和发展了中国特色社会主义理论。它必将使全党同志在建设中国特色社会主义的伟大实践中更加自觉地加强社会主义和谐社会建设。思想政治工作也必将围绕中心，服务大局，为构建和谐社会营造良好氛围，为构建和谐社会提供强有力的理论指导、思想保证、舆论支持和文化条件。

（作者：电子科技大学政治与公共管理学院副院长、教授、博士生导师；武警成都指挥学院副教授）

网络思想政治工作刍议

李　钢　李啸英

互联网的产生和普及是传统的思想政治工作诞生以来面对的一次最大挑战。思想政治工作网络化是我们应对这场变革的必然选择。面对思想政治工作主体、客体、方法和内容等在网络时代的巨大变化，加强网络思想政治工作研究已变得非常紧迫。审视网络对思想政治工作带来的挑战和机遇，明晰网络思想政治工作的主客体关系，确立网络思想政治工作所应该达到的目标和肩负的使命，是推进这一工作的基本前提。

一、网络冲击波：传统思想政治工作面临挑战

据中国互联网发展状况统计报告显示，到2007年6月底，中国互联网用户数量已达1.62亿，占我国人口总数的12.3%。中国已经成为全球互联网用户人数第二的国家，在世界上仅次于美国的2.11亿人。中国将在2—3年内超越美国成为世界互联网用户数量第一的国家。在中国，35岁以下的网民占网民总数的81%，其中30岁以下的占70.6%，25岁以下的占51.2%。而这些人也正是思想政治工作的主要对象。

互联网的出现、发展和迅速普及给思想政治工作既带来了难得的机遇，也提出了严峻的挑战。互联网的全球性、开放性、交互性、综合性和即时性等特征使思想政治工作的领域更广阔，内容更丰富，速度更快捷，形式更多样，功能更全面。网络宣传形式的多样性将增强思想政治工作的吸引力、感染力和辐射力。网络的开放性、现代性为实现思想政治工作科学化、现代化提供了基础。网络的超时空性有利于思想政治工作特别是思想政治教育的经常化。网络信息的共享性、即时性，大大提高了思想政治工作的效率和效益。网络技术的发展和引入给思想政治工作注入了新的生机和活力，增强了思想政治工作的生命力。

与此同时，网络的开放性、平等性也冲击了传统社会对舆论导向的控制力和意识形态的防御能力，甚至动摇了传统思想政治工作的基础，增大了舆论管理、舆论监督和舆论导向控制的难度。传统的思想政治工作方法和思想政治工作人员的水平能力备受质疑，迫切要求转变传统的思想政治工作方式。

而应对挑战、把握机遇就意味着思想政治工作必须网络化，这是我们应对这场变革的不二选择。思想政治工作网络化，是相对于传统思想政治工作手段和理念而言的，它是思想政治工作与蓬勃发展的网络技术相结合的产物。它是一定阶级、政党和社会团体为了培养人们具有符合一定社会发展所需要的思想政治品德和人文素养，在施加思想观念、政治制度、道德规范和信息素养等方面的教育过程中，针对网络信息量丰富、传播速度快、覆盖面广等特点，有目的、有计划地利用网络增强思想政治工作穿透力的行为。互联网的出现普及和网络技术在思想政治工作中的运用给思想政治工作的手段、方式、条件、效果，乃至人们的思维方式、价值观念、生活方式都带来了全新的影响。互联网给思想政治工作带来的机遇是思想政治工作网络化的积极方面。从动态的角度来看，思想政治工作网络化的过程就是思想政治工作不断利用信息技术手段扩大影响并优化结构和强化其效果的过程，它突出了网络技术的服务功能。

思想政治工作网络化拓展了思想政治工作的领域，思想政治工作网络化的过程就是网络环境不断得到净化的过程，是网络真正成为传播先进文化的阵地，构建和谐虚拟社区的过程。它强调的是网络内容的思想健康性、政治性以及网络经营者和使用者的道德性。在创建新时期思想政治工作新模式的过程中，思想政治工作网络化还将不断赋予其时代精神，具有新的特点。

二、主客体交互性：网络思想政治工作的新特征

网络思想政治工作不仅指以网络为载体而开展的思想政治工作，还包括现实社会中针对网络的影响而开展的思想政治工作。网络时代思想政治工作的主体已不再单纯是传统的思想政治工作的发起者，而且包括网络上言行与社会主旋律和社会主义核心价值观相一致的大量自发参与者。网络思想政治工作的一个特点是，主体之间不仅相互地位平等，而且主体与客体的地位也是平等的。

与传统的思想政治工作类似，网络思想政治工作也必须依赖于特定的法律政策指引和规范，依赖于相关社会制度和物质条件的保障，故此网络思想政治工作首要的主体仍然是相关法律政策和制度的制定者、实施者和管理者。

传统思想政治工作的主阵地是报纸、广播和电视等媒介。进入网络时代后，网站成为思想政治工作的主战场。传统媒体纷纷与网络接轨，兼具传统媒体和网络媒体的双重优势，使其必然在网络思想政治工作中发挥替代的重要作用。目前，我国的一些主要网站已经跻身于世界级的舆论和理论宣传网站的行列，网站宣传内容引领着重要的社会舆论方向，这对开展网络思想政治工作提供了有力的载体和途径。教育与科研机构仍然是网络思想政治工作重要的落实者和相关理论的提供者，是网络思想政治工作的主要力量。

与以往的思想政治工作不同的是，网络信息的制造者、组织者，网络传播中的管理者和规制者都是网民。管理者制造、传播和规制网络信息，决定着网络信息的内容及其性质，具有信息传播者和思想政治工作者的双重身份。他们掌握信息技术，拥有广博的知识，具备良好的品质，但不一定是思想理论的权威。网络受教育者是那些在网上主动寻找信息、积极选择信息的网民，他们喜欢交流信息，发布自己的观点，以此来影响别人，其实他们也在发挥思想政治工作主体的作用。同时，越来越多的企业出于多方面的考虑，也在积极地参与到网络思想政治工作中来，使网络思想政治工作的主体范围不断在扩展。

在网络时代，传统意义上的政工干部的政治素质、道德素质和业务能力受到了挑战。他们虽然仍是网络时代思想政治工作的主力军，但网络思想政治工作主体的多元化已使他们面临严峻的考验。有理论、有经验、有技术，政治敏锐性和对网络信息的辨别能力强则是网络思想政治工作对网络政工师的必然要求。

网络思想政治工作与传统思想政治工作的区别并不仅仅体现在技术和工具层面，而更主要体现在深层次理念方面。就主体方面来讲，与网络的关联是网络思想政治工作的主体的最为明显的特征，他们是网络的参与者。同传统的受教育者相比，网络思想政治工作的客体不再是纯粹的被动者，信息的共享性使其可以更便捷更主动地寻找信息，选择信息，接受信息，其在教育活动中的主动性特征甚至会大于被动性特征；而且他们在教育活动中还可以通过交流信息、发布信息来发挥思想政治工作主体性的作用，从某种意义上讲，他们可说是“业余的”或“兼职的”思想政治工作者。

由于网络的交互性、开放性等特征，网络思想政治工作的主客体交互性大大增强。普通网民既是网络思想政治工作的主要客体，也可以成为网络思想政治工作的主体。这种角色上的双重性和复杂性比以往突出得多。网络思想政治工作主客体的广泛性和交互性，要求全社会

都应该关注、支持、参与新时期的网络思想政治工作，为开展网络思想政治工作营造一个良好的社会氛围和舆论环境，为进一步加强和改进思想政治工作创造良好的网络文化氛围，使网络条件下的思想政治工作更有效更长久地发挥其应有的作用。

三、建设有中国特色网络文化：网络思想政治工作的基本使命

明确目标和使命是开展思想政治工作的基础。网络和思想政治工作的本质决定了网络思想政治工作的使命具有特殊性。网络思想政治工作是一个不断发展和完善的动态过程，其各种使命和目标之间是密切关联的，网络思想政治工作的目标最终是要实现社会思想政治工作的根本预期。

建设有中国特色的网络文化，把互联网建设成为传播社会主义先进文化的新途径、公共文化服务的新平台、人们健康精神文化生活的新空间、对外宣传的新渠道，这是当前网络思想政治工作的基本使命。为完成这个基本使命，网络思想政治工作须做到以下五点：

1.维护网络使用者的身心健康，引导其科学地认识和使用网络。网络上污秽信息、盗版信息、虚假信息、过时信息和错误信息的存在不仅影响人们对信息的正常和有效使用，并且会产生多方面的危害。开放与封闭、虚拟与现实的矛盾容易诱发网民的心理疾病，导致人格缺损，危及身心健康，影响人们的正常生活、学习、工作和人际交往。而身心俱不成熟的青少年，更易成为网络不良信息的受害者。如网络成瘾症、网络疏离症的出现，严重妨害青少年网民的身心健康，导致新的社会问题的产生。具有健全的人格、优良的道德品质和一定科学文化素养的青少年，是网络思想政治工作争取的主要对象。

2.保证网络社会的其他参与主体不被侵犯、网络社会和现实社会的秩序不被破坏。换言之，就是要维护和促进社会的和谐稳定。网络造就了一个无中心的虚拟社会，在这个社会里，个人因自主性和创造性的增强而获得了比现实世界更大的自由。与网络自由伴生的网络道德相对主义、极端个人主义价值观和极端冒险精神，使网络信息系统呈现很强的脆弱性，成了产生各种社会危机的重要社会根源，而网络的隐蔽性容易导致人们不道德行为和违法犯罪的增多。也就是说，网络社会里人们的人身权、财产权、知识产权等等都受到了更为严重的威胁，社会不和谐的可能性增加。而思想政治工作的加强和改进则是构建和谐社会的题中应有之义和内在要求。发挥调节功能，培养和提高网络参与者的信息素养、道德素养和科学素养，并引导其形成良好的社会意识，从而形成协调发展的良好人际环境，是网络思想政治工作发挥规范、调节、引导等功能的主要方式和表现。

3.弘扬社会主义核心价值观和中华民族优秀传统文化。世界上每个民族和国家，由于自然条件、历史状况、经济发展水平和政治制度等种种因素的不同，而导致其文化的独特性。网络弱化了地域概念，密切了国与国之间、地区与地区之间的交往与合作，借助先进的信息技术和网络技术，各民族、各地区的文化交融和沟通日益密切。但是，网络在打破了文化交流的技术障碍的同时，也打破了本土文化的自然屏障。在同等条件下，文化资源流向了技术更强、市场更发达的地方，导致文化传播上的“马太效应”。而某些发达国家正是借助其强大的信息优势向广大的发展中国家推行文化霸权主义，传播其价值观念、宗教信仰和文化传统，进行文化渗透和意识形态输出，从而对全球文化的多样性和文明形态的多样性构成威胁。西方价值观念、伦理道德标准及其教育思想也在不断地冲击我们的民族传统道德，使许多传统思想道德原则出现了多义性、多变性与多元性，有相当一部分人的世界观、人生观、价值观、道德观处于游离的状态。这是对我国的思想政治工作的严峻考验。

优秀的传统文化和民族精神是国家和民

族存在和发展的根本，面对“殖民文化”和“文化侵略”的压力，思想政治工作要从未来文化发展战略的高度，以科学的态度和全新的观念去面对和关注中国传统文化道德品质在网络时代的维持和发展。为了积极应对西方不良文化的挑战和多元价值取向的冲击，网络思想政治工作就要汲取各种外来文化精华，同时，结合我国实际，大力弘扬中华民族优秀文化，倡导源于本民族的优秀道德品质和社会主义核心价值观念。

4. 加强网民素质教育，弘扬时代主旋律，培养和提高网民对有害信息的自觉抵制意识和能力。这对于建设社会主义的网络思想阵地具有基础性的意义。很多网络用户是青少年，由于其道德意识和法律意识缺乏，多出于好奇心而在网络上采取具有危害性的行为或浏览垃圾信息，因此要普及网络法律教育及网络道德教育，使网络用户认识到自己的权利和义务，树立正确的文化观念，引导网络文化朝着积极健康的方向发展。思想道德建设是思想政治工作的基础。思想政治工作网络化必将最大限度地实现思想教育的社会化，使社会每个成员参与和接受思想政治教育成为可能。各级党政机关、企事业单位、教育人员利用网络交换、传输包括文字、数据、声音、图形、图像等形式的思想教育信息，达成对人民群众的思想、行为进行感知、教育、激励、调控的目的，以提高人们的思想道德和思想政治素质。现代科技革命深刻地影响着社会进程和人类的未来。我国网民以青年学生、知识分子和各级干部为主体，这部分人的思想状况对我国的现实和未来关系巨大。实现思想政治工作网络化能满足人们提高思想政治素质的需要，把思想政治信息通过网络传送到每个家庭和每个个体，把日益分散的个体凝聚成强大的社会整体，完成新的社会组合，进而实现党中央提出的“以科学的理论武装人，以正确的舆论引导人，以高尚的精神塑造人，以优秀的作品鼓舞人”的目标，使网络真正成为社会主义现代化建设的智力支持，推动我国社会发展和文明进步。

5. 争取以正确的舆论导向对网络内容进行规制，掌握网络思想舆论的主导权。不少国家在信息化发展中重硬件轻软件、重形式轻内容的做法给人们留下了深刻的教训。我们对此要高度重视，要充分认识“内容是互联网的生命线”的深刻意义。过去，人们只是被动的信息的受众，尽管有选择何种信息的自由权，但却无法利用媒介主动进行信息传播。而现在网络上的任何一个用户都可以成为信息发布者，这使得网络信息易被操控，别有用心的个人和组织甚至可以出于种种不良动机在网络上制造假新闻、发布假消息，进行歪曲事实的宣传。在互联网上要辨别信息的真伪非常困难。因此，互联网既利于真实信息快速传播，也会给别有用心的人造谣惑众以可乘之机，从而破坏社会稳定。网络是虚拟的，而人类赖以生存的现实社会则是真实的，如果这种真实性被快速滋生蔓延的虚假性所动摇，将严重威胁国家政权乃至整个网络的安全。互联网连接了世界上二百多个国家和地区，如何既扩充和利用网上的信息资源，又尽可能地避免随之而来的糟粕，已成为迫在眉睫的事情。这就需要政府在高度重视预防和监管违法犯罪行为和有害信息的同时也提供积极向上、真实可靠的信息，在“堵”的同时更加注重“疏”，充分发挥网络思想政治工作的优势，引导、培育正确的网络思想发展方向。

（作者：北京邮电大学教授、博士生导师；北京邮电大学硕士研究生）

注重人文关怀和心理疏导是创新思想政治工作的新要求

沈壮海　李　岩

一

注重人文关怀和心理疏导，是思想政治工作应对当前心理问题多发多态的必然选择，是人民精神文化需求日益旺盛的客观要求，也是深入贯彻落实科学发展观的重要体现。

我国经济体制的深刻变革，社会结构深刻变动，利益格局深刻调整，思想观念深刻变化，对个体心理的影响，从深度和广度来讲，都是空前的，不同社会阶层的人，心理问题的多发多态已引起普遍关注。一项“社会文化震荡影响个体心理健康的访谈研究”显示：思想观念嬗变、社会家庭问题（如社会腐败、社会不公、就业难等）、冲突与动荡、社会变革与发展是个体心理健康的主要影响源。心理问题往往与思想问题交织在一起，思想政治工作只有把心理问题和思想问题的解决有机统一起来，注重心理疏导，在帮助人形成健康心理和健全人格的基础上才能更好地发挥影响作用。注重心理疏导，是思想政治工作的必然选择。

人民群众精神文化需求的日趋旺盛，必然也对思想政治工作的加强改进与创新发展提出新要求。十七大报告指出，当前，我国“社会主义文化更加繁荣，同时人民精神文化需求日趋旺盛，人们思想活动的独立性、选择性、多变性、差异性明显增强，对发展社会主义先进文化提出了更高要求”，“丰富精神文化生活越来越成为我国人民的热切愿望”。然而，我国目前还远远满足不了人们的精神文化需求。一份对农民精神文化生活的调查显示：在业余文化生活方面，看电视、电影为主的分别占 55.1%、36.6%；在接受教育方面，文化程度比例数由高到低依次是初中、高中、小学、文盲、大学，希望上学的占 87.5%；在文化设施方面，村中有文化设施和场所的仅占 25.5%。对未成年人文化需求的一份调查显示：69.8%的人只能在住宅区内的公共区域和路边便道、胡同小巷内运动、活动；对少儿文艺作品，64.7%的教师认为质量良莠不齐、缺乏精品，15.5%的教师觉得数量严重匮乏，满足不了需求。人们精神文化生活的相对贫乏，影响人文化素质的提升，不利于形成正确的价值观念。人们精神文化需求发展及其满足的这一态势与特点，客观地要求思想政治工作要不断提升人文品位，加强人文关怀。

注重人文关怀和心理疏导，也是思想政治工作深入贯彻落实科学发展观的重要体现。思想政治工作作为经济工作和其他一切工作的生命线，只有贯彻以人为本的科学发展观，才能保持与时俱进的发展活力。首先，思想政治工作要坚持“发展为了人民”，肯定人的个体价值，关心人的内在需要，以促进人的全面发展为根本标准。其次，思想政治工作要做到“发展依靠人民”，是以尊重人、承认人在推动社会发展中的主体地位为前提的。人的精神状态、素质和能力都会直接影响到社会发展的速度与品质。再次，思想政治工作要推动“发展成果由人民共享”，这是突出了人作为目的的存在。思想政治工作应视人为手段和目的的统一，突出人作为目的的地位和价值。这种共享不仅包括物质文明成果的共享，也包括政治文明成果、精神文明成果、和谐社会建设成果的共享。综上，思想政治工作坚持以人为本就是要尊重人、关心人、为了人、依靠人、发展人,注重人文关怀和心理疏导正是体现了以人为本的要旨。

二

落实注重人文关怀和心理疏导,首先要准确深刻地理解其科学内涵。对于思想政治工作而言,人文关怀和心理疏导除了具有一般性内涵,还有其特殊性。

人文关怀,一般认为发端于西方的人文主义传统,其核心在于肯定人性和人的价值,要求人的个性解放和自由平等,尊重人的理性思考,关怀人的精神生活等。笔者认为,在思想政治工作视野中,人文关怀是指尊重人的主体地位和个性差异,关心人丰富多样的个体需求,激发人的主动性积极性创造性,促进人的自由全面发展。具体来说,包括层层递进又密切相关的几层涵义:

一是承认人不仅作为一种物质生命的存在,更是一种精神、文化的存在。

二是承认人无论是在推动社会发展还是实现自身发展方面都居于核心地位或支配地位。

三是承认人的价值,追求人的社会价值和个体价值的统一、作为手段和目的的统一。

四是尊重人的主体性。人不仅是物质生活的主体,也是政治生活、精神生活乃至整个社会生活的主体,因而也是改善人的生活、提高人的生活品质的主体。

五是关心人的多方面、多层次的需要。不仅关心人物质层面的需要,更关心人精神文化层面的需要;不仅创造条件满足人的生存需要、享受需要,更着力于人的自我发展、自我完善需要的满足。

六是促进人的自由全面发展。人的全面发展应当是自由、积极、主动的发展,而不是由外力强制的发展;是各方面素质都得到较好的发展或达到一定水平的发展;是在承认人的差异性、特殊性基础上的全面发展,是与个性发展相辅相成的全面发展。

心理疏导,从一般意义来说,是心理治疗的一种方法,通常是指工作人员通过与求助者之间良好的互动,运用一定的心理技术或手段,帮助心理疾病患者进行心理调适,对患者阻塞的病理心理进行疏通引导,激励患者自我领悟、自我认识和自我矫正,达到治疗和预防疾病、促进心身健康的目的。随着社会进步,心理疏导疗法会越来越多地运用于人的日常心理保健和一般心理问题的调适。思想政治工作视野中的心理疏导是指在思想政治工作中,帮助人们进行一定的心理调适,使其不良情绪得到宣泄,心理压力得到缓解,或者为进一步实施思想影响创造必要的健康心理条件,或者在进行心理调适的过程中解决思想问题。

为了进一步明确思想政治工作视野中心理疏导的内涵,有必要厘清其与作为心理疗法的心理疏导的联系与区别。二者最终目标都是为了实现人的全面发展,都内在地包含着提高人的心理素质的具体目标,在具体方法上也存在一定的共通性,但二者的区别是显著的。主要表现在:

其一,理论基础存在差异性。后者主要以心理学、医学、教育学为理论基础,前者除此之外,还有其鲜明地以马克思主义及其在当代中国的新发展为自己的理论指导和理论基础。

其二,价值取向不同。后者遵循的一条基本原则是"无条件尊重"来访者,尽管在个别情况下表现出一定的倾向性,但总体来看,表现为价值中立;而前者的价值取向则很明确,它鲜明地弘扬爱国主义、集体主义、社会主义的主旋律。

其三,面对的主要群体不同。前者面对的是人民大众,而后者面对的是接受心理治疗的求助者,前者所涉及群体的范围要比后者广泛得多。

其四,对工作人员的要求不同。前者对工作人员的思想政治素质要求比较高,同时要掌握一定的心理学知识和心理疏导的技能,而后者要求工作人员必须接受过专门培训,掌握相当的心理治疗知识和技能，尤其是面对患有严重心理障碍或正面临心理危机的求助者，专业素质尤不可缺。

在思想政治工作视野中，人文关怀和心理疏导首先作为一种工作理念的创新，然后才是方法的创新。人文关怀是统摄心理疏导的，选择心理疏导方式本身就体现着人文关怀，心理疏导是实现人文关怀的一种手段。二者都以提高人的思想政治觉悟为旨归，而不是脱离政治性、意识形态性谈人文关怀和心理疏导。一方面，注重人文关怀和心理疏导体现了思想政治工作以人为本的价值取向。人文关怀和心理疏导都是从关心人、理解人出发，充分考虑人的内在需求，努力实现人的社会价值和个人价值的统一，更好地发挥思想政治工作的效能。另一方面，注重人文关怀和心理疏导有利于创新思想政治工作的思维模式。以往思想政治工作存在惯于把问题症结锁定在或归结为思想素质、政治觉悟或道德品质问题的思维倾向，因而容易造成错误地选择切入点，不仅没能解决问题，反而可能给人带来某种新的心理伤害，导致思想政治工作失效。注重人文关怀和心理疏导则有利于分清问题的性质，找准切入点，理清工作思路，提高实效性。

三

把注重人文关怀和心理疏导的新要求落到实处，提高思想政治工作的有效性，需从以下方面入手。

(一)提升思想政治工作的人文品位

提升思想政治工作人文品位的核心，在于丰富思想政治工作的文化内涵，增强人文精神。人文精神的基本内涵，表现为关心人的命运，维护人的尊严，尊重人的价值，珍视人类创造的优秀精神文化财富，追求人的全面发展。思想政治工作只有重视人文精神的建设和人的全面发展，才能调动一切积极因素，为经济社会提供深厚的人文精神支撑。

首先，思想政治工作应与满足人的物质生活需要结合进行。尊重人，首先要尊重人的生命，尊重人的生存权，抛开物质生活去谈精神追求是不切实际的。其次，思想政治工作应与提高人的文化素质结合进行。一方面，文化素质的提高可以使人拥有更多发展机会和发展平台，有利于发挥人的主体性，满足人自我发展、自我完善的需要，从而促进人的全面发展；另一方面，人文精神承载于各种文化形态当中，提高文化素质的过程也是大量接受优秀文明成果熏染的过程，有利于人文精神的形成。再次，思想政治工作应重视发掘和利用人文资源。人文资源包括以物质形态表现的物质文化遗产，也包括以制度、观念的形态表现的精神文化遗产。思想政治工作应充分发掘、利用、整合各种形态的人文资源进行人文精神的培育。

(二)拓展思想政治工作的内容体系

思想政治工作的内容体系是根据时代和社会发展的需要不断调整、拓展的。当前，注重人文关怀和心理疏导已成为时代和社会发展对思想政治工作提出的迫切要求，这既是拓展内容体系的动力，也是拓展内容体系应该遵循的内在理念。这就要求思想政治工作以张扬人的主体性，塑造独立健全的主体人格，推动人的全面发展为宗旨，坚持在继承中创新与在借鉴中发展相结合，从深度和广度两方面拓展内容体系。其一，以服务于社会主义先进文化为旨意，突出社会主义核心价值观教育，把社会主义核心价值体系融入人的主体性发展需求之中，使人正确辨析多样化的社会思潮，确认社会主义意识形态的主导地位，保证人发展的正确方向。其二，以理想信念教育为核心，突出自主精神、进取精神、创新精神、协作精神、艰苦奋斗精神等与时代精神相合拍的精神品质的培养，使人在对理想的追求中，领悟生命意义、存在价值、生活目的，找到人生的精神支柱。其三，以以人为本的科学发展观为切入点，引导人在发展自身主体性创造性的同时，推动人与社会的协调发展，实现个体价值和社会价值的统一。其四，以促进人的心理和谐为基点，拓展心理健康与调适、心理疾病的预防与咨询等内容，引导人们正确看待各种心理现象和问题，增强自我调适能力和心理承受能力，正确对待自己、他人和社会，正确对待困难、挫折和荣誉。

(三)推进思想政治工作的方法创新

思想政治工作要切实体现人文关怀，进行有效的心理疏导，必须推进方法创新。其一，重视开发现有方法。如实践锻炼法、自我教育法都重视发挥人的主体性，应进一步开发。其二，广泛吸收和借鉴有益成果。思想政治工作不应囿于工作领域不同之管见，凡是有助于思想政治工作应对新形势、新问题的成果都要广为吸纳。当前尤其要重视借鉴心理咨询工作的方法。其三，借助互联网开发新的思想政治工作方法。互联网因其平等交流、双向(多向)沟通、即时通信、自由互动等特点，更易激发人的主体意识，推动自我教育和自我调适自觉性的形成和不断提高。其四，上述各方面归结为一点，即必须高度关注思想政治工作者素质的提升，这是注重人文关怀和心理疏导的新要求能否真正落到实处的根本，也是在这一要求下推进思想政治工作方法创新的关键。

(作者：武汉大学社科部部长、教授、博士生导师；武汉大学政治与公共管理学院博士生)

“思想政治工作是一门科学”论断的提出与发展

董耀鹏

思想政治工作是中国共产党独特性的伟大创造。我们党从成立之日起，就高度重视思想教育工作和政治宣传鼓动工作，注意用马克思主义的思想教育和武装党员和广大红军、八路军、新四军、游击队的官兵。1929年12月，《古田会议决议》奠定了我党我军思想政治工作的理论原则和理论基础，具有划时代的意义。1940年3月19日，陈云同志首次提出“思想政治工作”这一概念。这个概念的提出，是我们党的思想政治工作史上的一件大事，是马克思主义基本原理与中国革命具体实践相结合的智慧结晶。1944年4月，受毛泽东、周恩来和刘少奇的委托，时任中央军事委员会总政治部副主任的谭政在西北高干会上，作了题为《关于军队政治工作问题的报告》，标志着我党我军思想政治工作理论的成熟。总之，思想政治工作是党的整个事业的重要组成部分，是党的优良传统和政治优势，是我们做好一切事情的根本保证。

然而，很长一段时间以来，人们一直把思想政治工作作为一种工作形态或者一项工作内容来研究，研究的主要内容偏重于具体经验总结和实践层面的指导。在实际工作中，有的同志把思想政治工作当做纯粹的事务性工作或者纯粹的政治性工作来做；还有的同志把思想政治工作当做“一把伞”，天下雨的时候就撑开用一用，天晴的时候就收起来甚至藏起来；有的同志把思想政治工作当做“万金油”，像涂鸦一样到处抹来抹去；有的同志对思想政治工作说起来重要，做起来次要，忙起来不要，等等。其根本原因之一，在于没有把思想政治工作当做一门科学来研究、来对待。其实，“思想政治工作是一门科学”这个论断，我党我军和国家领导同志以及中央文件在不同历史时期都有表述，它的提出与发展经历了一个历史过程。

一、“思想政治工作是一门科学”论断的最初萌芽

1929年12月28日至29日，中国共产党红军第四军第九次代表大会在福建上杭县古田镇举行，会议通过了著名的《古田会议决议》。这个决议是毛泽东根据中央来信内容和红四军的实际情况，为大会主持起草的。毛泽东明确指出：“红军党内最迫切的问题，要算是教育的问题。为了红军的健全与扩大，为了斗争任务之能够负荷，都要从党内教育做起。”他还针对党内存在的主观主义强调指出：“纠正的方法：主要是教育党员使党员的思想和党内的生活都政治化，科学化。”通过教育这种形式、这种办法、这种途径、这种手段，使党员的思想政治化、科学化，使党内的生活政治化、科学化。毛泽东的这一重要论述，既包含着思想要体现在政治上、政治要作用于思想这样的意思，又包含着要科学地对待思想工作、教育工作、政治工作和正确地开展党内生活。我个人以为，这可以看做是“思想政治工作是一门科学”论断的最初萌芽。在新民主主义革命时期和社会主义改造时期，中国共产党对思想政治工作的理论基础、重大原则、基本内容、主要任务、方法手段等进行了艰苦探索，形成了一批重要认识成果，使思想政治工作这一科学体系的框架日趋完善，内容日益丰富。

二、“思想政治工作是一门科学”论断的大讨论

“文化大革命”浩劫结束之后，随着党在指

导思想上的拨乱反正、正本清源，党的思想政治工作也存在一个重新认识反思、总结经验教训和回归正确轨道的问题。所以，在这一时期，全党全军全国人民都在对“文化大革命”期间的政治思想工作进行研究、讨论和反思。

党的十一届三中全会端正了思想政治工作的指导思想，使思想政治工作进入了一个新的历史发展时期，开始对新的历史条件下思想政治工作进行新的探索。1979 年 3 月，邓小平关于《坚持四项基本原则》的重要讲话充分表明，对广大人民进行四项基本原则教育的思想政治工作，不仅是一项重大的政治任务，还是一项重大的理论任务，决不是改头换面地抄袭旧书本所能完成的工作，而是一项要费尽革命思想家心血的崇高的创造的科学工作。为此，党中央、国务院下发了《关于加强职工教育工作的决定》、《关于中央党政机关干部教育工作的决定》，中央下发了《关于加强农村思想政治工作的通知》和《关于加强党员教育工作的通知》，制定和实施《国营企业思想政治工作纲要》(试行)等等。这些积极有效的举措，极大地推动了新时期全党对思想政治工作的理论研究和实践探讨，极大地促进了思想政治工作的科学化进程。

1980 年 3 月 19 日，解放军总政治部主任韦国清在总政直属队党代表大会上明确提出，“政治工作也是一门科学”。一个月后，韦国清在全军各大单位政治部主任会议(即全军政治工作会议)上，再次强调“政治工作也是一门科学，有其专业的知识”。值得一提的是，1980 年 5 月 27 日至 6 月 6 日，第一机械工业部和全国机械工会在北京召开思想政治工作座谈会，研究如何加强新时期企业思想政治工作，探索思想政治工作科学化的途径。会上，明确提出“思想政治工作应成为一门科学”。这次会议在全国引起了很大反响。上海、辽宁、山东等地纷纷组织召开类似的研讨会，探讨思想政治工作科学化这一重大命题。这时候，著名科学家钱学森发表了《早日建立马克思主义德育学》一文，明确提出：“我们要把思想政治工作作为一门科学，科学地做思想政治工作。”之后，《光明日报》以“思想政治工作要科学化”为题开展大讨论。《人民日报》、《工人日报》、《解放日报》、《文汇报》等也发表了不少这方面的报道和论文。高级领导干部的讲话、著名科学家的言论、中央媒体的讨论，使“思想政治工作是一门科学”的群众性研究热潮在全国范围内蓬勃开展起来，使新时期思想政治工作的理论研究无论在广度上还是深度上都达到了一个新的水平。

三、中央领导同志对“思想政治工作是一门科学”论断的正式确认

实行改革开放和发展社会主义市场经济以来，全党上下对“思想政治工作是一门科学”论断的深入认识是在互动交流中共同向前推进的。

1982 年 11 月，中央书记处书记宋任穷在全国党员教育工作会议上的报告中明确提出：“思想政治工作，党员教育工作，这是一门科学，是一门治党、治国的科学，在这个岗位上的几百万干部要努力钻研这个专业，造就大批思想政治工作专家，去完成新时期赋予我们的任务。”这个报告经过党的总书记的修改，于 1982 年底在中央机关刊物《红旗》杂志第 24 期上公开发表。从此，“思想政治工作是一门治党治国的科学”的观点和主张，就开始在全党全社会传播开来。这是中央领导同志第一次明确提出“思想政治工作是一门科学”的重大判断，在中国共产党思想政治工作史上是具有里程碑意义的事件，是对国际共产主义运动和科学社会主义的独创性贡献。从宋任穷同志的这一段论述来看，把思想政治工作这门科学提到治党治国这样的新高度来认识，可以说是一个历史的高度、全局的高度、战略的高度、时代的高度。

1982 年党的十二大闭幕不久，中央书记处理论组在《答读者问》一书中，不仅提出了“毛泽东思想政治工作学说”这个概念，而且把“思想政治工作是一门科学”的理论和实践作为我党丰富和发展毛泽东思想的重要内容之一予以

认定。

1983年1月，中国职工思想政治工作研究会在北京京西宾馆宣告成立。这是党中央进一步加强思想政治工作这门科学研究的一项具体行动和实际措施。中国职工思想政治工作研究会成立后，各省、自治区、直辖市和大中型企业纷纷成立职工思想政治工作研究会。应当说，各级各类职工思想政治工作研究会的成立，为思想政治工作的科学研究提供了有效的载体，成为新时期思想政治工作科学化向前发展的显著标志。同年8月6日，邓小平为中国职工思想政治工作研究会的会刊题写刊名后，8月8日《思想政治工作研究》杂志创刊，发刊词又一次明确肯定"思想政治工作是一门科学"。《思想政治工作研究》是我党我国第一份思想政治工作研究方面的专业杂志，成为推动全国思想政治工作研究的一个重要窗口。

1985年3月，时任国务院副总理的李鹏在水电部职工思想政治工作研究会召开的有关会议上，明确指出"思想政治工作是一项专门的工作，专门的学问"，"也是个专门的职业"，并强调"要培养大批思想政治工作专家"。

四、中央文件对"思想政治工作是一门科学"论断的正式确认

"思想政治工作是一门科学"的论断，得到了党和国家领导人、理论工作者、实际工作者的认可，甚至可以说得到了全党全社会的普遍承认。但当时在党中央的文件中还没有得到确认。这需要一个合适的时机。1987年5月，中共中央作出《关于改进和加强高等学校思想政治工作的决定》，明确指出："思想政治教育是一门以马克思主义理论为基础、综合性和实践性都比较强的科学，必须有专职人员作为骨干，并且要培养和造就一批思想政治教育的专家、教授和理论家。"应当说，这是我们党第一次在中央的文件中，明确提出思想政治教育是一门科学。这也就意味着思想政治工作是一门科学。

在这里，有必要指出，1987年10月6日，时任国家经委党组副书记、副主任的朱镕基在听取中国职工政研会和会刊《思想政治工作研究》杂志社工作情况汇报后，作了题为《要把思想政治工作当做一门科学》的谈话。朱镕基指出："思想政治工作很重要，应当把它当做一门科学来看待。中国什么科学能达到世界先进水平？我看思想政治工作能达到世界先进水平。我们党有做思想政治工作好的传统，依靠群众，取得了革命的胜利。思想政治工作作为科学，达到世界先进水平，我们有这个条件。从中国的实际出发，运用马克思主义，参考其他国家的经验，把工作做好、做活，创造有中国特色的企业思想政治工作，在世界上达到高水平。"朱镕基同志鲜明提出了一个很重要的观点：思想政治工作作为一门社会科学，有资格、有条件、有能力达到世界先进水平。

1988年9月30日，党的十三届三中全会通过的《中共中央关于加强和改进企业思想政治工作的通知》中明确指出："思想政治工作是一门科学。"至此，从1921年到1988年前后经过整整67年的艰辛探索，我们党第一次在党的中央全会通过的文件中肯定"思想政治工作是一门科学"。这是我们党思想政治工作历史上的重大事件，标志着我们党已经把思想政治工作置于科学的基础之上，已经能够用马克思主义的科学精神、科学态度、科学方法来研究思想政治工作的指导思想、原则、内容、方法、特点和基本规律。毫无疑问，这是我们党对科学社会主义理论和实践的历史性创造。

1990年4月，中共中央转发的《企业思想政治工作人员专业职务试行条例》指出："思想政治工作是一门专业，也是一门科学。"1990年5月15日，中国职工思想政治工作研究会会长袁宝华指出："要把我们党的思想政治工作的优良传统，把我们经过长期努力取得的丰富的思想政治工作经验，把改革开放十多年来在实践中不断创造的思想政治工作的新鲜经验，进一步加以探讨、总结、概括、提炼，找出规律性的东西，为思想政治工作的进一步理论化、科学化、

系统化，为创建有中国特色的思想政治工作这门科学作出我们的贡献。”袁宝华同志的这一论述，提出了一个重要理论任务：创建有中国特色的思想政治工作科学体系。

五、新世纪新阶段党中央对“思想政治工作是一门科学”论断的坚持和提出的新要求

进入新世纪新阶段，改革发展到了一个关键时期。经济体制深刻变革、社会结构深刻变动、利益格局深刻调整、思想观念深刻变化，这种空前的社会变革，必然会给思想政治工作的科学化创造巨大机遇和有利条件，同时，也必然会带来这样或那样的困难和挑战。在这样的历史环境和时代背景下，党中央始终不渝地坚持“思想政治工作是一门科学”的正确论断，更多地从研究思想政治工作面临的新情况新问题、认识思想政治工作规律、推动思想政治工作创新、改进思想政治工作方式方法途径手段、丰富思想政治工作内容、扩大思想政治工作覆盖面等方面，不断深化对思想政治工作科学化这一重大命题的认识。

1999年12月，江泽民在中央宣传思想工作领导小组第二十次会议纪要上的重要批示中指出：“加强和改进新形势下党的思想政治工作，是全党的一件大事，也是宣传思想工作的重中之重。”“希望宣传思想战线的同志们，牢牢把握正确舆论导向，适应形势发展的要求，深入研究人们思想活动的新情况新特点，探索新形势下做好思想政治工作的规律和办法，把工作做得更好”。1999年9月29日，中共中央下发了《关于加强和改进思想政治工作的若干意见》，明确指出：“越是深化改革、扩大开放、发展社会主义市场经济，越要重视思想政治工作。”“要坚持解放思想、实事求是，深入基层，深入群众，调查了解新情况、新问题，认真研究新形势下思想政治工作的特点和规律，积极开辟新途径，探索新办法，创造新经验。要坚决反对和防止形式主义，始终保持思想政治工作的生机和活力。”2000年6月28日至29日，中央思想政治工作会议在北京中南海怀仁堂隆重召开。这次会议以中央的名义召开，这在我们党的历史上还是第一次。会议规格高、影响大，对新时期思想政治工作作出了全面部署，提出了新的更高要求。江泽民发表重要讲话指出：“思想政治工作是一门科学，各级领导干部和政工干部都要努力认识和掌握它的基本知识和规律。”

2002年1月，胡锦涛在全国宣传部长会议的讲话中明确要求：“紧密结合改革发展稳定的实际，切实增强思想政治工作的针对性和实效性。”“要积极扩大思想政治工作的覆盖面，创新教育方法，改进引导方式，切实做到因势利导、潜移默化、春风化雨、注重实效”。“正在全国城乡蓬勃开展的群众性精神文明创建活动，是对群众进行思想教育、提高社会文明程度的有效途径，是新形势下加强党的群众工作的有效方式，也是思想政治工作的有效载体”。2003年12月，胡锦涛在全国宣传思想工作会议上讲话中指出，坚持不懈、深入细致地做思想政治工作，是党在宣传思想领域的一项基础性工作，是党的宣传思想战线的基本职责。思想政治工作的核心是理想信念教育，基础是思想道德建设。

历史和现实的经验告诉我们：思想政治工作贯穿在经济、政治、文化、社会建设和党的建设的各个方面、各个环节，具有自己的研究对象、基本内容和特点、规律，是一门政治性、实践性、社会性、综合性很强的科学。学会科学地做好新世纪新阶段的思想政治工作，努力使思想政治工作充满活力和魅力，切实发挥其感染力和影响力，是历史赋予我们当代共产党人的庄严职责。

（作者：中国文联理论研究室主任、研究员）

建立"精神动力体系"的实践与思考

宝鸡石油钢管有限责任公司党委

始建于1958年的宝鸡石油钢管有限责任公司，是我国第一个大口径螺旋埋弧焊管的生产厂家。先后为全国160多条主要输油输气管道建设作出过突出贡献，产品出口到20多个国家。在近50年的风雨历程中，企业曾有过兴盛的荣耀，也有过低谷的困惑。自2002年6月重组改制后，公司党委便着手建立和实施"精神动力体系"，为进一步加强党的建设和思想政治工作探索出了一条新路，使其成为新形势下调动职工积极性的重要途径，为建设具有国际竞争力的现代新国企奠定了坚实的基础。

一、"精神动力体系"的内涵

面对深化改革、扩大开放和完善社会主义市场经济体制的新形势，如何全心全意依靠工人阶级，充分调动全体职工的积极性和创造性，确保企业又好又快发展，是公司领导反复考虑的重要问题。公司党委坚持以科学发展观为指导，与时俱进，创新思路，总结提炼企业几十年来党建工作和思想政治工作的有益经验，吸收借鉴现代企业管理的新观念、新办法，在深入调研的基础上，建立起有本企业特色的"精神动力体系"，并从2003年开始在公司全面实施。

"精神动力体系"的主要内容由五部分组成：一是目标激励。用企业的发展目标激励全体员工，满足理想信念方面的精神要求，使大家心往一处想，劲往一处使，增强凝聚力和号召力。二是荣誉激励。设置不同层次、不同专业类型的荣誉，以此满足员工的自尊、归属及荣誉等心理要求，为各级组织和员工树立学习榜样，形成比、学、赶、帮、超的良好局面。三是成长激励。通过晋升、培训、进修、交流和典型宣传等方式，给各类人才成长架桥铺路，为员工创造自身发展的条件，激发大家的成就感。四是情感关怀。通过走访、谈话、信息沟通、帮扶救助、解困基金、互助基金、健康工程和节日慰问等八项措施，对员工从思想上和生活上给予关怀，使员工亲身感受到集体的温暖，焕发爱厂如家和敬业奉献精神。五是文化培育。确定"诚信管天下"的核心理念，"哪里有石油，哪里就有BSG"的企业目标，"干"字当头的企业精神，"与管同行，以优制胜"的经营理念和"是才必有用"的企业人才观。

为了保证"精神动力体系"落到实处，公司各级组织注重务实操作，力求量化可控。建立了"内容和实施办法"，"考核办法"和"操作程序"等相关配套机制，制定从基层到机关，从一般工作到专项工作的细化标准，覆盖到所有工作岗位。同时，明确职责划分，实行绩效挂钩，做到奖罚兑现，使"精神动力体系"融入到管理的各个层面，逐步走上制度化、规范化轨道，真正成为企业发展永不衰竭的动力工程。

二、"精神动力体系"的效用

"精神动力体系"的实施，为企业管理和基层建设注入了活力，有力地带动了领导班子建设和干部队伍建设，增强了广大职工的主人翁意识，促进了企业的改革、发展和稳定。具体效果表现在以下几个方面：

1."精神动力体系"成为实现企业目标和经济效益快速增长的助推器。按照"体系"的总体要求，公司深入进行"形势、目标、任务、责任"的主题教育，组织开展"居安思危"大讨论，并结合系统的问卷调查，认真听取和汇集员工的呼声和建议，使企业制定的年度、三年、中期和长远战略发展目标具有广泛的群众性和现实的可行性。公司各级组织结合实际情况，研究制定实现目标的办法和措施，利用板报宣传、开会讨论和写心得体会等形式，将目标及措施灌输给每个员工，使全体员工的政治热情和创造潜力得到发挥，把齐心协力完成生产经营指标作为自觉行动。近几年来企业实现了跨越式发展，经济效益连年攀升。钢管产量由公司成立前2001年的14.5万吨，增加到2006年的58.8万吨，增长了4倍；销售收入由2001年的4.5亿元，增加到2006年的36.08亿元，增长了8倍；利润由2001年的56万元，增加到2006年的2.31亿元，实现大幅度增长。

2."精神动力体系"成为激发基层活力与实现员工自身价值的新支点。荣誉激励形成了奋发向上和争先创优的良好局面。公司各单位普遍设置光荣榜，建立荣誉册，广泛开展优胜班组和优秀员工评选活动，从而使先进者再接再厉，不足者见强思追。人才培养使员工把实现自我价值与实现企业目标融为一体。通过建立管理人员、技术人员和操作人员三条发展通道，让员工发挥专长，为企业培养人才。近年来，共评选出不同层面的技术专家、专业技术带头人、高级技师、技师和管理能手50多人。情感关怀营造了和谐温馨的气氛。公司及基层单位通过建立解困基金、爱心卡和特困员工及工伤病号档案，经常看望和帮助关怀对象，使员工体会到组织关爱。这几年，公司还把这种关怀延伸到有偿解除劳动合同人员、离退休职工及家属，共发放慰问、补助、救济金近20万元。

3."精神动力体系"成为提升员工素质和凝聚人心的原动力。在实施过程中，用科学的理论武装员工头脑，有针对性地进行职业道德、社会公德和家庭美德教育，使员工不断提高政治素质。同时，以先进文化为导向，建立企业文化体系，打造凝聚人心工程，使全体员工自觉遵守行为规范，发扬"爱国、创业、求实、奉献"的企业精神，践行"诚信管天下"的核心理念，积极为企业的发展壮大献智出力。公司党委关于员工敬业度和忠诚度的调查结果显示：94%的员工对公司怀有深厚感情，为在公司工作感到骄傲；93%的员工具有"公司就是我家"意识，对公司长远发展充满信心；87%的员工有着很强或较强的奉献精神，愿牺牲个人休息时间完成工作；84%的员工确信，假如暂时出现冷市场也要与企业同舟共济。

三、引发的几点思考

这几年的实践证明，建立适合企业特点和发展需要的"精神动力体系"，是公司创新管理机制的新成果，是新形势下调动职工积极性的新途径和新方法。对此，我们有如下几点认识和思考：

第一，在创立"体系"的指导思想上，把贯彻落实科学发展观作为起点。对于企业领导及员工来说，搞生产、争速度是当务之急，抓经济、创效益是重中之重。然而，一种倾向往往掩盖着另一种倾向。重物质、轻精神的思想苗头随之出现，一些人甚至存在"生产经营是硬指标，政治工作是软任务"的模糊观念。针对这种现状，公司党委从全面落实科学发展观的战略高度，坚持物质文明和精神文明两手抓，通过建立实施"精神动力体系"，为经济生产提供了政治保障和力量支撑，使企业实现全面、协调、可持续发展。

第二，在推行"体系"的运作方式上，把坚持以人为本作为着眼点。纵观"体系"的全部内容及运作方式，始终贯穿"以人为本"这条红线。公司领导班子及工会组织始终心系职工群众，强化服务功能，实行人性化管理，重视人的全面发展。特别是在维护职工合法权益方面，按照"体系"的有关规定，公司各级组织坚持做到实行厂务公开，保障职工的监督权；尊重主人翁地位，保障职工的参与权；关注切身利益，保障职工的成长权。与此同时，不断对职工进行当家作主的思想教育，使大家增强"企业靠我发展，我靠企业生存"的意识，尽职尽责做好本职工作。

第三，在实现“体系”的最终目标上，把构建和谐企业作为落脚点。在全党全社会着力构建社会主义和谐社会的大环境下，“体系”把构建和谐企业作为最终的落脚点。主要体现在搞好三个关系上：一是公司党委充分发挥党组织的战斗堡垒作用和党员的先锋模范作用，进一步密切了党群关系。二是公司及各级领导集中整顿思想作风，把职工的需要作为工作重点，更加融洽了上下关系。三是组织职工和家属积极参加社会公益献爱心活动，努力创建文明社区，进一步密切了地企关系。以上这些做法及成效，都为构建和谐社会夯实了基础，使企业保持了良好的外部形象。

把握时代发展脉搏
探索思想政治工作新途径

邹宏国

思想政治工作是我们党的政治优势和优良传统，任何时候都必须加强和改进。党的十七大报告要求大力建设社会主义核心价值体系与和谐文化，为新时期思想政治工作指明了方向和目标。深入学习贯彻十七大精神，认真分析面临的新形势新任务，积极探索符合时代特征、行之有效的思想政治工作新途径，是摆在每位思想政治工作者面前的一个重要课题。

一、把握时代脉搏，深刻认清思想政治工作新形势

1. 全面贯彻十七大精神赋予思想政治工作新任务。学习宣传贯彻十七大精神是思想政治工作的首要政治任务。思想政治工作如何发挥自身优势，兴起学习宣传贯彻十七大精神的热潮，推进干部群众用十七大精神武装头脑、提高认识、指导实践；如何围绕十七大的新部署新要求，引导干部群众在统一思想中解放思想，在贯彻落实中抓住机遇，凝心聚力推动科学发展，真抓实干实现又好又快；如何针对十七大之后坚持改革开放、加快改革攻坚带来经济体制深入变革、社会结构更加变动、利益格局逐步调整、思想观念不断变化的现实情况，运用思想政治工作的途径和载体，做好解疑释惑、心理疏导工作，激发创造活力，促进社会和谐。这些都是思想政治工作面临的新任务。

2. 推动常州的科学发展带来思想政治工作新要求。常州作为苏南发达地区，正围绕江苏“两个率先”的总体进程，按照苏南工作会议提出的建设现代化“东方新欧洲”的要求，在巩固全面小康成果的基础上向“第二个率先”：率先基本实现现代化进军。市委十届四次全会提出要在科学发展观指导下，进一步增强综合实力、推动又好又快、促进社会和谐、改善人民生活、完善城市功能，人均 GDP 向 10000 美元、人均财政收入向 20000 元目标奋进，在江苏率先基本实现现代化。思想政治工作必须发挥统一人心、凝聚力量、弘扬精神、激励斗志的作用，把握经济社会转型升级关键阶段的新变化，为常州探索并走出以科学发展为主要特征的现代化建设之路提供思想保证、精神动力和智力支持。

3. 满足群众多元化需求成为思想政治工作新课题。一方面国际全球化信息化和国内改革发展带来的文化激荡、思想碰撞，使人们在精神文化上表现出更多的独立性、多变性、差异性、选择性；另一方面经济快速发展带来物质生活的不断丰富，使人们求知、求乐、求美的精神文化需求更为迫切。常州目前人均 GDP 将突破 7000 美元，人们在享受全面小康成果的同时对精神文化的需求日益强烈。如何在纷繁复杂的社会思潮中确立核心价值体系，引导人们树立正确的价值观；如何帮助人们正确看待改革发展中出现的利益调整，理顺情绪，化解矛盾；如何通过推进文化大发展大繁荣，满足人民群众日益增长的精神文化需求，需要思想政治工作不断探索，加以解决。

二、坚持因势利导，积极探索思想政治工作新途径

1. 以先进典型宣传为引导，提升思想政治工作的影响力。近几年来，常州培育并推出了一批在全市、全省乃至全国有影响的先进典型。

当代知识型工人、全国劳动模范邓建军和邓建军科研组为广大职工树立了一个勤奋学习、刻苦钻研、爱岗敬业、与时俱进的典型，引导着各行各业和广大职工创新创业创优。我们还在全市选树了百名三创（创新创业创优）典型，并评选出常州市十大“三创明星”，通过宣传一批生活在群众身边的先进典型，为常州经济社会发展提供精神标杆，感召和引领全市人民投身到“两个率先”实践中来。

2. 以建设学习型城市为平台，实现思想政治工作的广覆盖。我们重点抓好三类载体：一是坚持“学习日”制度。每双月第一个星期六被确定为全市建设学习型城市的“学习日”，迄今已连续开展了40多次。“学习日”围绕社会经济发展的热点问题、百姓关注的民生问题和人的素质能力发展问题开展丰富多彩的学习活动，通过不断的学习，与时俱进地创新工作思路，求真务实地破解发展难题，广大干部群众的综合素质不断提升。二是建立民营企业“学习宣传员”制度。我市在100多家有一定规模的民营企业中建立“学习宣传员”制度，选择熟悉先进经营理念、具备组织协调能力的员工作为学习宣传员，定期组织企业内部的学习培训，提高企业经营者、管理者和员工的综合素质，促进企业文化的营造和企业竞争力的提升。“学习宣传员”制度为我们探索加强民营企业思想政治工作、加强党和政府与民营企业之间的联系提供了创新途径。三是开设“新市民学校”。面对大量外来民工走进城市和本地农民离开土地，但其城市生活知识缺乏、文明素养有待提高、生活节奏脱节的现状，我市开办了600多所“新市民学校”，从卫生、城管、司法、文教、劳动、计生等多个职能部门中选配学习辅导员，采取集中办班、分散办班、送教上门与个别辅导相结合的办学模式，帮助他们解决思想问题和实际困难，让他们在较短的时间内成功转型为“新市民”，促进社会的安定和谐。

3. 以思想道德教育为基础，增强思想政治工作的人本化。我们大力加强公民道德建设，在全市深入开展社会主义荣辱观、现代文明礼仪的宣传教育，组织开展了“讲荣辱，树新风，塑形象”、“文明交通工程”活动；深入开展爱国主义教育，连续多年开展“百万青少年走进爱国主义教育基地”活动；结合庆祝建党、建军和纪念长征胜利等契机，精心策划组织开展系列群众性教育活动；切实优化未成年人成长环境，全面推进未成年人思想道德建设6大工程、45件实事的落实。

三、创新思维方法，不断提升思想政治工作实效性

1. 多元中立主导，以社会主义核心价值体系增进社会认同。当前在思想政治工作中，当以社会主义核心价值体系为主导，通过确立指导思想、坚定共同信念、弘扬先进精神、树立社会主义荣辱观，引导和帮助人们约束自我、提升境界，进而协调各种利益关系、化解各种社会矛盾，为构建社会主义和谐社会打下良好的道德基础。我市坚持13年开展弘扬常州精神“十佳好事”的评选宣传，连续17年举办“颂英烈”爱国主义教育活动，策划开展“现代文明家训”征集评选等一系列活动，提高全体公民明辨是非、区分善恶、识别美丑的能力，推动在全社会形成知荣辱、讲正气、促和谐的风尚。积极利用各种重大活动的开展，弘扬以爱国主义为核心的民族精神和以改革创新为核心的时代精神，让更多的老百姓感受到改革开放的巨大成就，增强热爱祖国的自豪感和建设家乡的自信心。

2. 讲人文重关怀，以增强文化服务功能来满足群众需求。当前，关切基层群众、困难群众的基本文化权益，保证全体社会成员共享文化成果，是加强人文关怀的基本着力点。对此，我市坚持人文人本理念，重点推进文化举措，积极实施文化共享工程，构建覆盖全社会的公共文化服务体系，加大对农村和欠发达地区文化设施和文化服务的投入，通过开展乡镇建设万册图书馆、开设流动图书馆、免费看戏、巡回放映电影、送文化下乡等活动，使公益性文化活动进

社区、进工地、进农村，丰富群众，特别是困难群体、弱势群体的文化生活。

3. 懂心理会疏导，以改进思想教育方法化解现实矛盾。我市荷花池社区成立的“夏戈工作室”，由一批在群众中有较高威望的退休老同志担任义务矛盾调解员，在协调家庭矛盾、调解邻里纠纷中起到了非常好的作用；在社会举办的“常见心理疾病与疏导”、“学生常见心理障碍现象的对策”等讲座，得到广大群众的热烈欢迎；高校开设的心理咨询室，以及由高年级学生对低年级进行心理和生活辅导的“导生制”受到学生的认可。谈心、结对等传统的交流和沟通方式在疏导心理、消除矛盾方面仍然具有强大生命力。在拆迁、医疗、教育等一些社会敏感问题上，我们非常重视新闻媒体对大众心理的导向作用，坚持用正确的导向营造良好的舆论氛围。

（作者：中共江苏省常州市委副书记）

探索新闻管理规律　提高舆论引导能力

叶　皓

新闻媒体对促进改革发展、维护社会稳定具有重要的作用。有一段时间，南京地区的一些媒体出现媚俗、低俗、庸俗现象，主旋律弱化的倾向，影响了南京的城市形象。针对这些问题，我们积极探索社会主义市场经济条件下新闻管理工作的规律，建立和完善各项新闻宣传管理制度，健全政府与新闻媒体沟通互动机制，加大正面宣传力度，扭转了新闻宣传工作的被动局面，为南京改革发展稳定营造了良好的舆论环境。

精心组织策划重大主题宣传活动，形成强势的主流舆论。近年来，我们引入策划机制，加大正面宣传力度，建立健全了月新闻策划制度，紧紧围绕市委、市政府的中心工作，精心策划，放大亮点，凸现中心，形成上下一致、团结奋进的舆论氛围。我们打好重大宣传战役，全面反映市委、市政府在深入贯彻落实科学发展观、加快实现"两个率先"目标、构建和谐南京中的新思路、新举措。同时组织好重大活动宣传，围绕党代会等活动组织媒体进行拓展性报道，塑造南京城市形象。我们抓好先进典型宣传，围绕南京深入贯彻落实科学发展观的生动实践，先后组织了南瑞继保、粉煤炭综合利用、南京信访、锁金村建设和谐社区等先进典型宣传，其中南瑞继保被中宣部和省委宣传部列为先进典型。

加大政府新闻发布的力度和密度，保障人民群众的知情权。进一步加强了新闻发言人制度建设，先后下发了《关于进一步完善和规范新闻发言人制度，定期实施新闻发布会的意见》等3个文件，明确了新闻发布制度的相关要求，充实了新闻发言人队伍。全市部、委、办、局及区县全部设置新闻发言人，由处以上干部担任。进一步加大新闻发布力度，全市新闻发布会的数量和频率逐年加大，由2002年全年召开28场，到现在全年召开217场，平均一天半召开一场发布会。在发布会前，做好新闻发布的选题策划，突出人民群众和媒体关心的热点问题，及时公开市委、市政府的工作举措，既对市委、市政府的工作起到宣传作用，又对一些敏感问题起到了解释疏导的作用，确保政府说在前、引导在前，避免了过去媒体炒作，导致政府被动的局面。

建立突发事件新闻报道的快速反应机制，在第一时间公布事件的真相。突发事件是公众关注的热点，处置不当往往会成为媒体炒作的焦点。近年来，我们改进突发事件新闻处置方式，成立了全市突发事件新闻报道工作领导小组，成员由宣传部、公安局、安监局、卫生局、民政局等部门负责人组成。根据突发事件的性质和程度，制定了突发事件新闻报道处理工作流程，明确规定：在突发事件发生后，宣传部门要派人在第一时间赶到现场，做好记者采访的接待和服务工作，同有关部门一道搜集信息，第一时间向媒体提供新闻稿或者召开新闻发布会，满足群众的知情权。如2007年2月5日晨，南京市牌楼巷与汉中路交叉路北侧地铁施工过程中因发生渗水，路面突然塌陷，煤气管道破裂，产生爆炸，导致火灾，部分地区供电、供水、供气及电信中断，供水受影响居民约5000余户。事故发生后，宣传部立即派人赶赴现场，及时与各媒体沟通，第一时间在事故现场召开了新闻发布会，并在此后的几天内五次召开新闻发布会及时公布事故处理的信息。由于政府发布信息及时，社会舆论引导正确，媒体非但没有进行负面炒作，而且纷纷宣传政府处理事故及时、举措有力，为此中央电视台“东方时空”节目作了专题报道。

建立新闻预案制度，确保政府出台政策不被曲解和炒作。2005年初夏，南京一媒体作了南京市限制瓜车进城的报道，并主观地把这件事与南京市争创全国文明城市联系起来，引发了一些媒体和网站的炒作，一时成为全国关注的焦点。事实上，这是南京市根据新的道路交通法而采取的一项正常措施。由于交管部门事先没有做好舆论引导工作，一时间媒体的宣传对南京的城市形象产生了负面影响。有鉴于此，我们决定在全市推行新闻预案制，即在各级党委、政府及相关职能部门的新政策、新规定以及工作推进中的新举措出台前，必须预先制定舆论引导的工作方案，并报我部批准实施，以保证舆论引导在前。预案的内容包括：发布事项出台的背景、主要内容，事项发布的时间、方法和步骤，事项发布后可能产生的社会影响，事项发布后可能引起新闻媒体关注或炒作的应对措施，对可能出现的突发新闻事件的防控办法。此后，我市有关部门对新实施的瓜果运输新政和房产新政等都启动了新闻预案，有计划、分阶段地进行舆论引导，既有效地开展了工作，又未引起任何媒体的负面炒作。

建立政府与媒体沟通互动机制，发挥新闻媒体在构建和谐社会中的积极作用。南京地区媒体资源丰富，有34家报纸，21个电视频道，23个广播频率，5个新闻网站，还有96家中央和外地新闻单位驻宁机构。如此众多的媒体，加上管理层次的复杂性，单纯依靠传统的管理手段，难以达到正确引导社会舆论的目的。针对这种情况，我们建立了新闻单位联席会议制度，搭建党委政府与新闻媒体沟通和互动的平台。为此，我们坚持每季度召开一次联席会议，将南京发展的思路、重点工作及时向各媒体通报，并就一些热点难点问题与各媒体进行交流，增进理解和共识。同时，我们还建立健全了南京地区新闻媒体月例会制度，把每月召开的新闻例会扩大到了部省属媒体，总结上月的新闻宣传情况，安排当月的新闻宣传重点；定期安排政府相关部门向部省市媒体通报报道重点和典型线索。对于一些宣传上需要稳妥把握的敏感问题，则及时召开媒体通气会，妥善处理可能出现的导向偏差。

努力提高各级领导干部的新闻素养。在新闻管理中，我们逐渐发现，目前一些负面报道的存在，一方面是由于一些媒体缺乏政治意识、大局意识和责任意识，受市场经济影响，片面追逐收视率、发行量带来的；另一方面是由于我们的一些干部新闻素养不高，不了解媒体在公共管理中的地位和作用，没有受过应对媒体的训练，缺乏应对媒体的经验造成的。许多负面报道的出现都是因为当事官员对舆论监督抱着惧怕的心理，面对记者的采访推诿敷衍，不主动做解释说明、化解问题的舆论导向工作，使采访报道不能得到完整信息，致使报道出现偏差。针对这种情况，我们强调，适应现代传媒业发展的需要，自觉遵循新闻规律，善于与媒体沟通，是各级党委和政府进行公共管理的重要方面，也是新时期领导干部提高执政能力和水平的重要内容。基于这样的认识，我们在全国率先提出建立政府新闻学，编写出版了《政府新闻学》和《政府新闻学案例》，作为干部培训的教材。近年来，我们在全市先后组织了十余场领导干部“政府新闻学”讲座，收到了较好的效果。现在，我市各级领导干部应对媒体的能力明显提高，各级党委政府能够充分认识媒体在公共管理中的作用，主动引导媒体、协调媒体、服务媒体，有效地防范了媒体负面炒作。全市引导舆论的防火墙前移，初步形成了以党委宣传部门为主导、政府各部门共同参与、各类媒体齐心协力的舆论引导机制。

（作者：中共江苏省南京市委常委、宣传部长）

新形势下宣传思想工作的几个重点

耿　玲

近年来，宣传思想工作在各级党委政府的坚强领导下，取得了很大成绩，也积累了许多好做法、好经验。但是，从宣传思想工作实际看，有许多亟待加强的薄弱环节。例如：认识存在偏差。有些领导对宣传思想工作重要性认识不足，把宣传思想工作与经济社会工作割裂开来，淡化、弱化、虚化宣传思想工作。"说起来重要，做起来次要，忙起来不要"。舆情信息渠道不畅，新闻热点事件频发。一些干部对热点、舆情缺乏应有的敏锐性，难点问题没有及时化解。基层宣传思想工作薄弱，存在一定盲区。机关、社区、农村、学校、企业思想政治工作不能与时俱进，私企职工、农民工、流动人口、下岗工人、离退休人员游离于宣传思想工作的视野和影响之外。乡村两级宣传思想文化阵地存在"无人、无房、无设备、无资金、无活动"现象。工作方式亟待创新。宣传内容上下一般粗，左右一个样；宣传导向重主旋律、轻多样化，宣传渠道单一，习惯于形式上轰轰烈烈，满足于传文件、读报纸、开大会、贴标语。由于没同群众关心的热点、难点结合起来，群众也就难接受、不参与、不支持。因此，封建迷信、邪教、黄、赌、毒在一些地方就有了市场。宣传系统存在"各自为政"的现象，力量分散，资源有待整合。

未来几年，是全面实施"十一五"规划、加快发展、全面建设小康社会的关键几年。抓好新时期的宣传思想工作意义十分重大。宣传思想工作必须按照"围绕工作中心，服务发展大局，突出引领作用，加强阵地建设，整合文化资源，提高自身素质，弘扬主旋律，打好主动仗"的总体要求，重点做好以下六个方面的工作。

一是引领思想工作。以科学发展观为统领，大力倡导和宣传社会主义核心价值体系，打牢思想基础。党的十六届六中全会提出建设以马克思主义指导思想，中国特色社会主义共同理想，以爱国主义为核心的民族精神和以改革创新为核心的时代精神，社会主义荣辱观为基本内容的社会主义核心价值体系，是我们党理论创新的又一重要成果。建设社会主义核心价值体系，是整个宣传思想战线一项十分重要的任务。当务之急，是要紧紧围绕"五大群体"的观念更新开展工作。要切实加强党员的理想信念、干部的执政理念、职工的市场观念、农民的创业观念、青少年的荣辱观念教育，用积极、健康、创新、向上的时代精神来引领并逐步替代愚昧无知、落后保守、不思进取的思想观念和价值取向。通过宣传舆论的引导作用，典型示范的带动作用，奖优罚劣的激励作用，城乡结对的帮扶作用，促进百万农民更新观念，追求健康文明的生活方式。特别要充分发挥外出务工农民的示范作用，使他们成为引领广大农民观念更新的领头羊，成为投身社会主义市场经济的主力军。

二是引领风尚工作。用社会主义荣辱观教育、引领社会风尚，形成人人为我、我为人人的和谐局面。深入开展社会主义荣辱观教育，引导人们进一步明确是与非、善与恶、美与丑的界限，知道坚持什么，反对什么，倡导什么，抵制什么。针对思想道德滑坡的行为，大力弘扬社会正气，倡导见义勇为、乐于助人的传统美德；针对诚信缺失现象，广泛开展共铸诚信活动，抓住典型事例进行深度报道，引发社会思考，增强诚信意识；针对群众反映强烈的社会问题，切实纠正行业不正之风，加大舆论监督力度；针对农村实际存在的婚丧喜事大操大办，人情风、送礼风加重农民负担的问题，积极倡导健康科学文明生活方式。净化社会环境，加强未成年人思想道德建设。按照中共中央国务院关于加强和改进未成年人思想道德建设若干意见精神(〔2004〕8 号)切实加强未成年人思想道德建设，认真实施“百千工程”，关注留守儿童，加强对未成年人思想道德建设目标任务落实情况的督查；积极开展扫黄打非工作，加强对无证网吧的治理，出台责任追究制度和举报奖励办法，巩固反盗版百日会战成果，为未成年人健康成长创造良好社会环境。发挥典型引路的作用，培养、发现、推出一批典型人物、典型事例，不断改进宣传报道的方式，多宣传群众看得见、学得了的凡人善举，努力在广大干部群众中形成“知荣辱、学典型、做好事”的良好风尚。

三是引领舆论工作。加强舆情信息工作，改进舆论监督，提高宣传策划和热点、难点引导水平，为发展改革稳定营造良好的舆论环境。创新信息汇集方式。建立健全社会舆情和网上舆情汇集的互动机制，综合利用多种手段，主动收集意识形态领域的新情况和社会思潮的新变化，准确反映理论热点、创作倾向、媒体动态和社会舆情。建立重大舆情分析制度、内部舆情动态报送制度和内部曝光制度，及时掌握重大舆情信息。加强重大主题宣传的策划。紧紧围绕中央的重大决策和重大部署，每年搞一至两项大型宣传活动。进一步加强和改进热点引导和突发事件报道。充分发挥舆论宣传化解群众情绪、调解社会矛盾、协调利益关系方面的重要作用，用主流舆论引导非主流舆论，用新闻舆论引导社会舆论，用正确舆论驳斥错误舆论。加强新闻舆论管理。建立新闻阅评通报制度和新闻调度制度，健全信息、引导、协调、保障、约束等运行机制。

四是引领学习工作。以创建学习型社会为载体，加强理论武装和知识更新，全面提升广大干部群众的文化层次、创业技能和服务本领。建立专项学习基金。成立宣教服务中心，制定教学组织和教学考核评价体系，组建由各级讲师团(组)、党校、各类学校骨干教师为主的“百人宣讲家”和志愿者队伍，编写教材，制作教案，组织活动，不断完善学习型社会创建支撑体系，推动学习活动持久深入开展。修订和完善关于加强和改进党委(党组)中心组理论学习的意见。充分发挥党委中心组学习的示范作用，各级党委讲师团(组)的宣讲作用，各类媒体的引导作用，基层干部轮训、农村党员冬训以及两课教学的互动作用，形成全民学习的热潮。

五是引领文明创建。深入开展三大群众性创建活动，不断提升城乡文明程度。围绕争创文明城市先进市(县)的目标，不断加大基础设施建设的力度，搞好城市规划，结合城市新区建设、旧城改造、改善城区的居住、卫生、交通和通信条件，增加科学、教育、卫生、体育、文化等公共设施，加强道路、环卫、环保等公共设施建设。广泛开展爱国卫生运动，抓好环境卫生、保持公共场所整洁。清理卫生死角，完善公共卫生设施，加强城市绿化、美化，开展植树造林、提高城市绿化覆盖率。加大文明社区创建力度。对照中央文明委颁发的全国文明城市测评体系制定的测评标准，不断提高创建文明城市工作水平。把创建文明村镇与建设社会主义新农村结合起来，与帮助农民“改水、改厕、改善居住环境”结合起来，与农村移风易俗、乡风文明建设结合起来。要帮助农民制定乡规民约，增强自我约束、自我教育的意识。

六是引领文化工作。认真贯彻胡锦涛总书记在全国第八次文代会和第七次作代会上的讲话，强化精品意识，发展文化产业，繁荣文化事业。特别是抓好文化建设惠民工程。面向基层，面向群众，推动文化资源下移，工作重点下移，文化服务下移，优先安排关系群众切身利益的文化建设项目。大力加强基层文化阵地建设，加强公益性文化设施建设，建立覆盖全社会的公共文化服务体系。按照政府支持、培育主体、市场运作、增强活力的要求，以城市社区和农村乡镇为重点，加大对基层文化设施建设的投入，设立农村文化建设专项基金，建立农村文化建设长效机制，逐步缩小城乡之间文化发展的差距。“十一五”期间，各乡镇都要建立文化综合站。要建设好市县图书馆、博物馆、群艺馆、文化馆（站）、文化广场、体育中心等基础设施，构建完备的公共文化服务体系。建设基层宣传教育服务体系。开辟新渠道，努力把宣传思想工作融入政府部门的政策和社会管理的各个方面，渗透到人们的日常工作生活和心理需求之中。切实改进文风，丰富新闻报道、理论宣传内容，综合运用大众传媒、文化节载体、群众性活动等传播先进的思想文化，充分运用现代技术手段和最新科技成果，大力增强掌控网络媒体的能力，主动占领并充分利用传播思想文化的新兴阵地。建立一支热心基层文化工作、专业与业余相结合的文化队伍。采取措施解决好机构设置、队伍稳定和人员待遇问题，使基层文化工作有人管、有人做。以广场文化、社区文化、村镇文化、企业文化和校园文化等为依托，以重大节庆日为契机，组织开展导向鲜明、影响广泛、积极健康的群众性文化活动，培育先进文化乡镇、特色文化村、文化大院、文化大户，推出一批具有当地特色的文化名县、名镇、名村、名园、名人，带动群众文化的全面繁荣。

（作者：中共安徽省阜阳市委常委、宣传部长）

关于思想政治工作新特点、新对象、新内容的思考

黄　忠

思想政治工作历来是我们党和国家的政治优势，是经济工作和其他一切工作的生命线。深入细致地做好思想政治工作，发挥统一思想、凝聚力量、化解矛盾、理顺情绪，激励人们团结奋斗的作用，始终是党在宣传思想领域的一项基础性工作。当前，在社会变革的关键时期，思想政治工作面临着新考验和新课题，我们必须树立思想政治工作新观念。

努力把握思想政治工作新特点

随着社会主义市场经济的不断完善和政治体制改革的不断深入，思想政治工作的对象、领域、范围和层次都发生了重大变化，准确把握思想政治工作的新现象、新特点，是思想政治工作适应新的社会变化的首要问题。

1. 要针对社会阶层的多样化。社会经济成分、组织形式、就业方式、利益关系和分配方式的多样化，使思想政治工作对象的复杂性增加。社会群体、社会阶层的分化以及社会利益结构的变动性，使社会成员出现双重或多重评判标准，在各个社会群体、社会阶层中，由于其所处政治、经济和社会地位差异性的扩大，群体的社会心理也日益复杂多样，要求思想政治工作手段与载体适应这种变化。

2. 要注重社会利益的差异化。随着社会利益主体的多样化以及个人利益获得更多的实现机会，社会利益关系将会变得更加复杂。这就要求思想政治工作在协调整合社会各方面的利益中发挥有效作用，帮助人们正确认识社会利益调整过程中某些不可避免的现象，以积极的心态投入改革，保证社会稳定快速发展。

3. 要体现社会价值的多元化。社会价值的多元化是社会主义市场经济的基本特征。价值取向多元化不仅使传统观念受到挑战、人们自我意识明显增强、生活追求个性化，而且在精神追求、信仰寄托上也不例外。思想政治工作要适应社会价值多元化的现实，打破“大一统”、“单向性”的工作格局，发挥多元社会价值中的主导作用。

4. 要改变社会风尚的世俗化。市场经济带来的人情世态、社会风尚的变迁，影响着人们的生理心态、兴趣爱好、风俗习惯等悄然变化。世俗化问题本质是文化问题，思想政治工作要借助文化力的作用，大力发展先进文化，支持健康有益文化，努力改造落后文化，坚决抵制腐朽文化。一方面要贴近群众、贴近实际、贴近生活，引导“时尚”潮流，帮助人们正确认识事物，促进良好的社会风气的形成；另一方面要保持清醒，不庸俗、不媚俗，提高导控“流行”的能力。

明确思想政治工作新对象

思想政治工作归根结底是做人的工作。社会变革产生的新的社会组织和社会群体，是思想政治工作必须面对的新对象，了解掌握新对象的思想意识，是当前思想政治工作的一项重要任务。

1. 非公经济组织从业人员。非公经济组织从业人员是一支不断壮大的社会新生力量，他们的思想意识主要体现在：一是企业主及高层经营管理者的政治参与意识强。一些企业主对社会重大问题基本上能与党和政府保持一致立场。同时，为维护和发展自身利益，开始试图参与并影响政府决策。二是进取愿望更加强烈。生存压力和竞争意识比其他人群更加明显，提

高自我、发展自我的愿望更加迫切。三是思想意识更具开放性。较少受条条框框的束缚，更容易接纳新鲜事物。四是普通员工政治意识淡化。对主流意识形态漠不关心，价值标准倾向实用，政治上要求进步的人较少。

2. 进城务工人员。农民进城务工的社会现象在全国越来越普遍。他们的思想意识已经是一个不容忽视的社会问题。一是文明意识增强。对反映现代城市文明的思想观念和行为规范在一定程度上表示认同，渴望得到实用技术培训和政策法规教育，提高自身素质的愿望比较强烈。二是消费观念受到城市居民影响。出现模仿城市居民消费习惯的倾向。三是精神文化生活的需求强烈。劳动繁重，精神紧张，业余生活单调、枯燥，希望参加能够放松身心的各种文化娱乐活动。四是多持“过客”心态，对城市存在隔膜感。

3. 城市困难群体。这是在社会转型期产生的特殊群体，主要包括下岗失业群体、动迁居民群体、征地农民群体。他们共同的思想意识：一是思想波动大，易产生焦虑。生活、心理上都承受着巨大的压力，期望党和政府帮助自己渡过难关。二是容易产生对社会的不满情绪，对其他社会阶层、群体缺乏信任感和认同感。一部分人对政府有不信任感，偏激地看待和评论社会时事和国家政策。一部分人利益诉求的渠道较少，正当合理的愿望得不到满足，容易产生失望。极少数人有可能参与影响社会稳定的群体性事件。

4. 农村留守人员。一大批青壮年外出务工后，农村留守人员成了“386199 部队”，即家里只剩下妇女、儿童、老人。这就造成了大量土地无人耕种，抛荒现象严重；家庭自我保护能力下降，治安形势比较严峻，特别是一些夫妻双双外出，留下老人照看孩子，虽然生活有着落，但由于老年人重养轻教、与儿童缺乏交流等原因，许多留守儿童学习成绩较差，性格内向、孤僻，不善交流，学习教育得不到保证，身心健康令人担忧，甚至出现部分问题少年。

突出思想政治工作新内容

1. 加强社会主义荣辱观教育。胡锦涛总书记提出要牢固树立“八荣八耻”的社会主义荣辱观，科学回答了在一个日益开放、快速发展的社会里应该倡导什么样的道德风气、应该确立什么样的价值导向、应该遵循什么样的行为规范等重大现实问题，思想政治工作必须加强以“八荣八耻”为主要内容的社会主义荣辱观的教育。

2. 营造和谐的人际关系。建立新型和谐的人际关系，是思想政治工作的重要任务。一是在共同利益中融合。在社区要抓住“同在一个屋檐下”的利益共同点，根据居民不同需求，建立不同的文化、娱乐、保健等公益性团队，通过交往，增加沟通理解，加深认知认同，减少隔阂、冷漠，逐步实现平等融合、和睦相处。二是在文化娱乐中提高。以文化娱乐的方式联系群众、凝聚群众、引导群众，用主流文化主导群众精神文化生活，利用文化娱乐平台，弘扬优秀民族文化，提升爱国情怀。三是在民主协调中平衡。把群众的利益诉求放在重要位置，最大限度地鼓励和保护群众民主参与和利益表达的积极性。

3. 发挥文化艺术教育功能。文化艺术对提升人的精神境界具有重要作用。增强思想政治工作的实效，要以人为本。发挥文化艺术的教育功能，构建具有生命活力的思想政治工作载体。一是提升思想政治工作的文化含量。充分运用现代科学技术装备的文化馆、图书馆、博物馆、科技馆、体育馆等思想文化阵地，充分发挥企业文化、社区文化、校园文化、网络文化的作用，增强群众参与性，弘扬科学精神，倡导科学文化，塑造美好心灵。二是提升思想政治工作的人文含量。把握人的思想、行为规律，积极借鉴行为科学、管理科学、心理学和相关人文学科的理论和方法，增强思想政治工作的吸引力、感染力。三是提升思想政治工作的艺术含量。以文艺形式激发人们的思想感情，用造型艺术的情感提升，用音乐的亲和力疏导，用文字作品的共鸣启发，一首好歌曲、一部好电影、一台好晚会、一本好书籍甚至一幅好漫画，都会对人的价值观念和行为方式的养成产生影响。

4. 加强新农村思想政治工作。农村思想政治工作要以科学发展观为指导，全面落实城乡统筹的原则，紧紧围绕发展农村经济这个中心，不断提供有力的思想保证、精神动力、智力支持和文化条件。一是找准农村思想政治工作的切入点。二是加强农村思想文化阵地建设。三是抓好农村思想政治工作的活动载体。四是培养社会主义新型农民。

（作者：中共四川省内江市委常委、宣传部长）

用科学发展观推进思想政治工作创新

冯全忠

科学发展观是马克思主义科学的世界观和方法论的集中体现，是推进我国社会主义经济建设、政治建设、文化建设和各项社会事业全面发展的闪亮灯塔。而思想政治工作正是促进经济建设发展和社会进步的助力器，是物质文明建设和各项事业发展的有力保障和精神动力。因此，要使思想政治工作真正发挥其应有的作用，思想政治工作者必须牢固树立和认真落实科学发展观，用科学发展观不断推进思想政治工作创新，用不断创新的思想政治工作凝聚人、鼓舞人、激励人，进而促进人的全面发展，发掘人的最大潜能，为推动和谐社会的发展，发挥最大化的聪明才智。

一、坚持紧紧围绕各级党委和政府的工作大局开展思想政治工作，是思想政治工作创新的根本

思想政治工作是反映各级党和政府的思路、方针、政策、重大举措和重大任务的温度计。因此，思想政治工作者应当在第一时间，向全社会宣传党和政府的重大决策和一切主张，把党的决策和主张通过我们艰苦细致的工作，变成人民群众的意愿，让广大人民群众进一步统一思想认识，把全部力量都凝聚到贯彻落实党的路线、方针、政策和重大任务上来。

就新疆生产建设兵团来说，从事思想政治工作的部门、研究机构和思想政治工作者，要以兵团党委工作的大局为大局，工作的主线为主线，工作的重点为重点，工作的动力为动力，积极主动地探寻中央政策和兵团实际的最佳结合点，全面准确地理解中央精神，扎实有效地贯彻中央精神。

当前，全国的工作大局就是要认真贯彻落实党的十六届五中、六中全会精神，用科学发展观统领经济社会的全面发展，全面建设社会主义新农村和构建社会主义和谐社会。就兵团而言，建设屯垦戍边新型团场、构建和谐兵团是兵团工作的大局，那么，思想政治工作就应当围绕这个大局全面展开工作。思想政治工作部门和广大思想政治工作者，应以蓬勃向上的朝气和不畏艰难的锐气，千方百计地向广大干部群众宣传科学发展观，提高干部群众对科学发展观的认知、认同程度，向广大干部群众宣传构建社会主义和谐社会的伟大意义，共同展望和谐社会的美好未来；宣传建设屯垦戍边新型团场是稳边、固边，繁荣边疆经济，提高职工群众生活水平，建设幸福美好家园的根本途径，把广大干部群众的精力都凝聚到建设屯垦戍边新型团场、构建和谐兵团上来。

二、坚持与改革开放和经济发展的全过程融为一体，是思想政治工作机制创新的重中之重

只有把思想政治工作放置到经济社会发展的全过程中去谋划、去实践，与当地的改革开放和经济发展有机结合，融为一体，才能事半功倍，大有作为。

思想政治工作的根本任务是服从和服务于经济建设和社会发展，为经济建设和社会发展提供政治保证，保证经济建设和社会发展的方向；为经济建设和社会发展提供动力支持，激励全社会人员为建设有中国特色的社会主义去开拓奋进，顽强拼搏，充分发挥自己的积极性、主动性和创造性，贡献全部的智慧和力量；激励大

批青年到艰苦的地方去创业，到能够施展才华、建功立业的地方去发展自己，锤炼自己。因此，思想政治工作部门和思想政治工作者必须把思想政治工作放在改革发展的每一项具体措施中，每一个重要环节中去做；放在工业战线的车间、班组中去做；放在农业生产的春种、夏管、秋收和农户家中去做；放在社区的娱乐场所、集市贸易的摊位上去做。以此为重点和主阵地，把全社会的思想都统一到建设有中国特色社会主义的共同理想和信念上来，使思想政治工作真正成为经济和社会发展的"发动机"和"方向盘"。

三、坚持以人为本，积极服务群众，是思想政治工作创新的着力点

由于改革开放和发展社会主义市场经济，各种利益分配千差万别，新的贫富差距有扩大趋势，各种利益关系和冲突纵横交错，社会生活中的各种矛盾不断加深，热点、难点问题不断增多。面对这种新形势、新问题，思想政治工作部门和广大思想政治工作者，要认真研究和关注这些新问题和新变化，制定和实施积极有效的工作措施，去因势利导，解疑释惑，化解矛盾，创造和谐。在宣传动员群众时，一方面，我们要坚定不移地坚持马克思主义的主导地位，坚持中国特色社会主义的理想信念，坚持党的路线、方针、政策不动摇，引导群众顾全国家大局，正确处理好国家、集体、个人三者之间关系，把国家利益放在首位；另一方面要正视现实，要切实关注群众生活中，特别是那些处在社会最基层、生活最贫困的"弱势群体"中的群众生活中的困难。诸如衣食住行有什么困难，老人赡养有什么问题，孩子就学、就业有无需要帮助，这些都应当是我们要认真关注并着力解决的问题。当前从开展基层思想政治工作实践来看，思想政治工作的重点是"弱势群体"，难点也是"弱势群体"。他们在最困难的时候，所想到的是党和政府，所依靠的也是党和政府，能够给他们解决困难的也是党和政府。我们的思想政治工作部门和思想政治工作者的一个艰巨而光荣的任务，就是要把党和政府对群众的关怀和温暖，在群众最需要的时候及时地送到他们中去，让他们切实感受到党和人民是心连着心的。

这些年，兵团农牧团场改革不断深化，两费自理或三费自理（生产资料、生活资料、承包利费）的承包形式，已普遍推开。农牧团场这一改革，实现了真正意义上的"生产资料与劳动者的紧密结合"，形成了充满活力的经营机制，调动了农工的积极性和创造性，也富裕了广大职工群众。但是，也有部分农工由于家底薄没有积蓄，加之经营不善，在承包中获利微薄，甚至亏损，这样就会给他们的生产和生活带来种种困难。思想政治工作部门和思想政治工作者要经常关注和关心他们的生活、生产状况，一旦他们遇到难处时，我们应当通过党和政府的救助、社会捐赠或救济等多种形式帮助他们渡过难关。同时，在生产技术、经营管理等方面都要给予他们真心实意的帮助，使他们安居乐业，并在生产建设中建功立业。

四、构建和谐文化，扩大文化的影响力和渗透力，是思想政治工作形式与内容创新的重要环节

构建和谐文化，提升文化的软实力，要以构建社会主义核心价值体系为根本，不断推进社会主义核心价值体系的建设。大力推进改革开放和社会主义现代化建设，文化的支撑力显得越来越重要。因此，构建和谐文化是思想政治工作的内容与形式创新的应有之义。

在社会生活中，每一个人都有自己生存的价值取向，而个人的价值取向只有与社会前进的主流相吻合，并且融汇于社会主义核心价值体系之中，才能找到精神归宿，才能适应时代发展的要求。因此，思想政治工作在引导职工群众构建和谐文化时，必须把社会主义核心价值体系的基本要求，渗透和体现到社会生活的各个方面，以此来增强民族的凝聚力和向心力，增强文化的民族性、包容性和时代性，增强文化的活力、魅力和生命力，进而增强文化的影响力和

渗透力。使广大干部群众在尊重差异、扩大共识的前提下，形成共同的理想和信念，提取和锻造力量，共同来推动社会主义现代化建设。

当前，兵团基层单位构建和谐文化的积极性空前高涨。诸如农牧团场冬季开展的文化之冬、科技之冬、元宵灯会，夏季开展的夏夜广场文化、中老年秧歌、健身舞、戏曲演唱；城镇开展的各类艺术节和重大节日文化活动，既丰富了农场和城镇的文化生活，又陶冶了人们的情操，同时，也增强了全社会的活力和凝聚力。对当前的这些群众性文化活动和文化现象，思想政治工作部门和思想政治工作者要热情支持和分类指导。一是要积极支持，提供必要的条件，使之经久不衰，永葆活力；二是要积极引导，发展完善，使之全民参与，人人共享；三是要全面推进，创新发展。

五、坚持实事求是，一切从实际出发，是思想政治工作不断创新的基石

实事求是是马克思主义科学理论的精髓，是我们党的思想路线的理论基础，是我们开展一切工作必须认真坚持的基本原则和指导思想，同时，又是我们开展一切工作的出发点和落脚点。思想政治工作者必须忠实地捍卫辩证唯物主义和历史唯物主义的立场，必须坚持唯物论的认识论。只有这样，思想政治工作才能真正达到预期效果。

面对当今错综复杂的社会矛盾、利益矛盾和思想困惑，思想政治工作部门和思想政治工作者，必须要在正视现实、承认现实的基础上，去因势利导，实事求是地向干部群众讲清楚党内和社会上存在的种种不正之风，讲清楚党内存在的腐败现象和社会上存在的不公平现象等等，但也要向大家讲清楚，党和政府对党内和社会上存在的问题认识是清醒的，解决这些问题的态度也是坚决的。要让干部群众清醒地认识到，党和政府永远代表人民的意愿和根本利益，违背人民利益的现象，党中央既不愿意看到，也是坚决不能容忍的。但是，在现实生活中，往往有个别地方和个别领导，存在着严重的官僚主义、主观主义，对中央政策学习不够，理解不深，对人民的意愿了解不多，缺乏关怀，在决策时可能会出现一些不符合人民意愿，甚至违背人民利益的情况，这就需要我们广大思想政治工作者要具有实事求是的勇气和无所畏惧的气魄，要敢于代表人民群众抵制那些错误的决策，千万不能畏惧权势，用大话、空话、套话去吓唬群众，贯彻错误的决策。只有这样，我们的思想政治工作才具有说服力和战斗力，才能使干部群众口服心服，也只有这样，才能让真理成为全社会的普遍共识。

总之，思想政治工作的创新，孕育在坚持和落实科学发展观的新的实践中，孕育在我们求真、求实、与时俱进的思考和行动中，孕育在人民群众的智慧和创造中，这三者应当是我们推进思想政治工作不断创新的永不枯竭的源泉和动力。

（作者：新疆建设兵团政研会秘书长）

以领导干部作风建设带动宣传思想战线工作

李文彩

作风问题，体现人的世界观，体现领导干部的党性，也直接影响工作水平。宣传思想战线的党员干部要深刻认识到中央关于加强作风建设精神的重要性，深入学习贯彻胡锦涛总书记重要讲话精神，切实加强领导干部作风建设。

加强思想作风建设

在宣传思想战线扎实推进领导干部作风建设，就是要坚持用马克思主义中国化的最新成果武装头脑、指导实践。要从巩固马克思主义指导地位、加强意识形态领域工作的高度，重点学习领会科学发展观所包含的新思想、新观点、新论断，正确认识科学发展观与邓小平理论和"三个代表"重要思想一脉相承而又与时俱进的关系，正确看待科学发展观与构建社会主义和谐社会的内在联系，推动宣传思想战线的同志，特别是领导干部进一步增强用科学发展观统领经济社会发展全局的自觉性和坚定性。要紧密联系宣传思想工作的实际，把理论学习、调查研究、解决问题、加快发展几个环节结合起来，努力做到学以致用、学用相长，全面提升宣传思想干部的思想素质、理论水平和总揽全局的能力，做到思想认识上有新提高、工作实践中有新收获，切实把党的理论创新成果转化为推动工作的强大精神力量。

要大力加强社会主义核心价值体系建设。在当前我国经济体制深刻变革、社会结构深刻变动、利益格局深刻调整、思想观念深刻变化的新形势下，在各种思想文化相互交织、相互激荡的复杂背景下，提出建设社会主义核心价值体系，既是丰富发展中国特色社会主义理论与实践的需要，也是构建和谐社会、建设和谐文化的必然要求，是我们凝聚和统一社会各阶层、各利益群体思想的有力武器。要进一步引导宣传思想战线的同志，充分认识社会主义核心价值体系的重要地位和作用，全面准确地理解社会主义核心价值体系的深刻内涵，牢固树立马克思主义的指导思想、中国特色社会主义的共同理想、以爱国主义为核心的民族精神和以改革创新为核心的时代精神、社会主义荣辱观，并使之转化为社会群体意识，为人们普遍理解接受，自觉遵守奉行。

转变学风

要始终坚持党的解放思想、实事求是、与时俱进的思想路线，从思想上增强坚持求真务实的自觉性和坚定性。党的思想路线的实质，是一切从实际出发，理论联系实际，实事求是，坚持在实践中检验真理和发展真理，不断与时俱进，开拓创新。其核心内容就是求真务实。因此，坚持求真务实，首先必须坚持党的思想路线，这样才能提高坚持求真务实的自觉性和坚定性，从不断变化着的实际出发，推动和深化各方面的改革，实现全面建设小康社会的目标。

要深入实际、深入群众，加强调查研究。"真"和"实"都在实际之中，在群众之中，只有真正深入到实际和群众之中，直接向广大基层干部、工人、农民学习，才能受到深刻的现实教育，使主观认识符合客观实际。了解群众的呼声，集中群众的智慧，真正代表最广大人民的根本利益，才能在深入调查研究的基础上，认识和把握社会主义建设规律、共产党执政规律和人类社会发展规律，扎扎实实地把改革开放和现代化建设推向前进。

以求真务实的精神抵制不正之风。当前，要下大力气反对主观主义、形式主义和官僚主义的作风。主观主义以理论与实际相分离、主观与客观不一致为特征，一切从现成的本本出发，照搬照套，离开新的实践和新的发展，静止、孤立地看问题，把马克思主义与活生生的现实割裂甚至对立起来。形式主义热衷于做表面文章，摆花架子，严重的甚至弄虚作假，欺上瞒下，只图虚名，不务实效。官僚主义高高在上，脱离群众，对群众的疾苦漠不关心，甚至欺压群众，侵害群众利益。只有下大力气解决这三种不正之风，才能真正弘扬求真务实的精神和作风，以求真务实的实际行动取信于民、凝聚人心，在推动事业新发展上取得扎扎实实的成效。

转变工作作风

加强领导干部作风建设，关键是要坚持党的群众路线，密切与人民群众的血肉联系，做到权为民所用，情为民所系，利为民所谋。要把工作作风的改变落实到具体工作上，做到工作务实、作风扎实、措施落实。结合吉安市的实际，就是要切实增强宣传思想工作的创新，始终坚持围绕中心、服务大局、面向基层、服务群众，着力打造出吉安市宣传思想工作的新亮点。

一是旅游宣传要打造新亮点。今年吉安着力在红色旅游宣传、庐陵文化宣传、创建“中国优秀旅游城市”宣传三个方面切实加大工作力度，不断提高吉安旅游的知名度，真正把旅游资源优势变成经济优势，为把吉安建成旅游大市帮忙鼓劲、造势助威。要紧扣红色旅游大主题，抓住井冈山革命根据地创建80周年等机遇，精心策划运作红色博览会、红色旅游文化节等有影响的红色旅游宣传及节庆活动。要精心策划开展欧阳修诞辰1000周年、杨万里诞辰880周年及渼陂古村旅游文化节等活动，充分展示庐陵文化的魅力和风采。要总结经验，推陈出新，继续办好泰和乌鸡节、吉安县横江葡萄节、新干红桔节、遂川金桔节等节庆活动，让生态休闲游、乡村旅游热起来。

二是农村文化建设要打造新亮点。要按照“注重夯实农村文化载体、注重在农村文化建设中大胆创新、注重激活农村文化市场、注重突出农村文化特色、注重为农村文化建设提供政策支撑”的工作思路，创新农村文化建设，与社会主义新农村建设相结合，认真贯彻中办国办《关于进一步加强农村文化建设的意见》的文件精神，不断加大农村文化建设力度。各级财政要加大对农村文化建设的投入，县（市、区）、乡（镇）财政每年要在年度预算中安排一定的经费，用于农村基层文化设施建设。要从完善县级文化馆、乡镇综合文化站、行政村文化活动室入手，充分发挥群众办文化的主体作用，鼓励农民自办文化大院、文化中心户、文化活动室、图书室等，允许其以市场运作的方式开展形式多样的文化活动。要积极开发具有地方特色的民间工艺、民间艺术、民俗表演、民俗旅游项目。要充分整合农村文化资源，统筹乡镇机关、农村学校、科技、体育场所的规划建设和综合利用，采取多种方式对农民群众开放，努力做到共建共享。要动员机关单位、社区居民以各种方式捐赠农民需要的图书杂志、音像电子出版物等，在全社会形成关心支持农村文化建设的良好氛围。

加强生活作风建设

要时刻牢记胡锦涛总书记在“两会”上所强调的，各级干部特别是领导干部要进一步增强忧患意识，始终保持开拓进取的锐气；要进一步增强公仆意识，始终牢记全心全意为人民服务的宗旨；要进一步增强节俭意识，始终发扬艰苦奋斗的精神，严格要求自己。要自觉加强思想道德修养，讲操守，重品行；坚决抵制腐朽没落思想观念和生活方式的侵蚀，秉公用权，廉洁从政。要坚持自重、自警、自省、自励，真正做到为民、务实、清廉。要科学认识和把握新形势下宣传思想工作的特点和规律，积极改进领导方式、组织方式和工作方式，不断创新工作思路、工作内容和工作手段，积极拓展新载体和新渠道，努力把宣传思想工作融入到经济社会发展的各个方面，渗透到人们日常工作生活和心理需求之中，形成大宣传格局，切实掌握宣传思想工作的主动权和主导权。继续深入开展“三项学习教育”活动，不断加强宣传思想战线广大干部的思想建设、作风建设和能力建设。大力加强宣传思想系统干部培训工作，不断拓宽培训渠道、创新培训内容、改进培训方式、提高培训质量，着力提高宣传思想队伍的整体素质和工作水平。

（作者：中共江西省吉安市委常委、宣传部长）

增强社区思想政治工作的渗透力

中共江苏省启东市委宣传部

江苏省启东市目前有汇龙、吕四两个街道办事处，汇龙镇街道办事处下辖 20 个社区居委会，总户数达 37874 户，1881 幢居民楼，总人口为 10.75 万多人，吕四镇下辖 5 个居委会，总人口达 1.5 万多人。社区是城市建设和管理的基础，只有了解和掌握社区思想政治工作的现状和特点，才能在工作中体现时代性、把握规律性、富于创造性，为加快社区建设提供精神动力、思想保证和舆论支持。为此，我们以实地走访、听取汇报、印发征询意见等形式对启东近几年的社区思想政治工作情况进行了专题调研。

社区思想政治工作的基本经验

近年来，启东市两镇街道办党总支紧密结合社区居民对物质文化生活提出的新要求，从满足居民最基本需要入手，从居民最不满意的地方做起，春风化雨，为经济社会的跨越发展提供了强有力的思想和政治保证。

一是重视队伍建设，培养一支高素质的居委会队伍。汇龙、吕四两镇在居委会原有干部队伍基础上，采取公开招聘、民主选举和加强培训等做法，充实居委会干部队伍。既吸纳了一批年纪较轻、文化水平较高的新生力量，又保留了一批经验丰富、作风优良的老同志，形成了一支热心公益事业，政治业务素质较高，年龄结构和文化层次比较合理，深受群众拥护的干部队伍。并通过不定期专家授课、参观学习、进修等方式，不断提高居委会干部的修养。

二是注重载体建设，利用多种形式做好思想政治工作。汇龙镇街道办启动的社区服务中心，与共建单位党组织联合推出了政策咨询、法律咨询、家政服务、信息中介、职业介绍及“共产党员志愿者服务日”等活动，解决居民生活中的困难。明珠社区喊出“我为社区服务一天，社区为我服务 29 天”的口号，激发社区居民参与社区管理的积极性，全部由社区干部及居民党员组成的“义务巡逻队”，维护了小区的治安与稳定。汇龙镇紫薇社区居委会设置了专职或兼职的文化活动组织人员，对社区所属居民的文化活动进行认真的组织，尤其是发挥社区退休人员的余热，调动他们的积极性，让他们充分参与到社区建设，尤其是文化建设中来，形成了各个社区各具特色的社区文化活动组织体系。吕四镇街道办开展以家庭藏书 300 册以上、有一张书柜、两份报纸的家庭列为评选条件，并依据阅读率、流通率评出“文化户”的活动，加强了社区居民间的相互交流与学习。

三是强化阵地建设，夯实思想政治工作主战场。汇龙和吕四两个街道所有有条件的社区均建立社区活动中心，并健全“五个有”制度，即有电脑、有电话、有电教设备、有宣传橱窗、有社区服务站，社区居民的各项精神文化需求不断得以保障。汇龙镇东洲社区、东珠新村等社区建立了居民家庭学校，以居民活动中心为载体，由辖区内的全体居民共同参与，通过聘请专兼职教师授课，开展居民座谈等，定期组织居民学习《公民道德建设实施纲要》、法律法规、国家政策、科普、保健等知识。

存在问题及原因分析

通过调研，可以清醒地看到，社区思想政治工作与形势任务还不相适应，表现为一定阶段和一定领域的工作缺乏针对性，从而削弱了渗透力。主要表现为“五个没有”：一是随着就业岗位和就业形式的多样化，导致社会人群流动性大大增强，外来人口不断增加，给社区管理和社会稳定造成很大压力和带来新的问题，社区思想政治工作还没有能完全渗入这一领域。二是因各种非公经济、中介机构和社会团体的不断产生与发展而形成的思想政治工作角落和空白点，社区思想政治工作还没有完全覆盖。三是社会生活方式的多样化后，居民业余生活自主性越发增强，思想认识、价值观念和思维方式发生了巨大的变化，对于这些情况社区思想政治工作还没有完全掌握。四是随着有线电视用户增加，电脑网络迅速发展，社区居民获取信息的渠道大量增加，信息量空前增大，人们传统的思想道德观念受到来自各方面的多元文化思潮的冲击和挑战。但由于思想政治工作没有及时跟进，导致了个人主义、享乐主义、拜金主义等种种非无产阶级世界观、价值观和黄、赌、毒等丑恶现象不断抢夺社区思想文化阵地。五是由于思想政治工作没有及时有效地渗入，导致了部分思想空虚、意志衰退的党员干部、居民到宗教以至封建迷信中寻找精神寄托，从而引发了他们理想信念上是非模糊、思想混乱。

这些问题已不同程度地影响和制约着社区思想政治工作的形象与效果，因此必须加快实践、积极探索，加大改进力度，迅速提高思想政治工作渗透力。在调研中我们了解到，思想政治工作渗透力不强的原因涉及社会生活的方方面面，概括起来主要包括以下四个方面。

1. 社会适应性不强。近两年来，随着改革不断深化，在推进工业改革、商贸流通流域等七大改革和社会保障制度、住房制度、医疗制度等改革及大规模的城市建设过程中，大量的社会管理、居民服务工作从政府、行业和企业的职能中分离、转移、延伸到社区中来，而对于这一改革力度大、铺开面广、下岗人员多、涉及群众切身利益多的情况，社区思想政治工作还不适应。

2. 工作方式缺乏创新。随着城市建设的快速推进，小区的数量与居民数也在急剧增长，来自各地的流动人口、身份不同的人员也明显增多，各种习俗不同的人、五花八门的信息在这里传播，各种各样的文化在这里交流。对于这种情况，很多社区往往还是主要依托单位行政、系统进行思想政治工作，仍然重复过去的老办法、老方式，从而导致各种唯心主义的、反科学的、低俗的、不健康的思潮乘隙而入。前几年“法轮功”组织在居民小区的迅速蔓延，已从反面给我们上了一堂深刻的政治课。还有随着民营企业的迅速发展，不少从业人员的岗位具有变数大、流动强等特点，传统的思想政治工作理念对他们的约束和影响，基本处在淡化或弱化状态。

3. 教育的针对性弱。社区思想政治工作的对象有很多类，打工人群、下岗人群、困难人群、党员干部，分别需进行不同的思想教育。但目前大多数居委会的思想政治工作往往泛泛而谈，缺乏针对性，没有紧贴社区居民的实际，笼统的宣传教育流于形式，造成渗透力差。

4. 政工队伍薄弱。一是重视程度减弱。目前部分居委会干部对思想政治工作的认识不足，工作中仍然存在着“一手硬、一手软”、“说起来重要，做起来次要，忙起来不要”等现象，致使社区成为思想政治工作的弱区，甚至是盲区。二是工作主动性减弱。目前大多数居委会由于退休、转岗、剥离、调动及很少有年轻的干部补充进来等原因，居委会干部年龄老化已相当突出，老的政工干部长期缺少必要的“充电”培训，年轻同志感到难有作为，勉强担任政工工作的又得过且过，不思进取，政工干部的素质、能力难以适应工作的要求。三是各类基础设施条件跟不上发展形势。社区思想政治工作的丰富内容与物质条件的不足形成反差，各类形式多样的活动都需要资金的支撑，而缺乏资金、缺少活动场所现象非常普遍。

对策与措施

社区思想政治工作除宣传贯彻党的路线方针政策，提高社区居民综合素质外，就是通过学习、宣传、教育、谈心等形式，将社区居民心中难以解开的矛盾解开，将生活及工作中遇到的“疑团”驱散，从而调动居民支持和关心社区工作、共建和谐社区的积极性。因此增强渗透力对于做好社区思想政治工作来说非常重要。

1. 健全网络，提高辐射力。一是强化街道党组织在社区思想政治工作中的领导核心作用，健全社区三级党组织管理，建立覆盖到每个居民的立体工作网络：街道党总支、社区党支部、社区党小组定期进行活动，实行立体管理；发挥党员的先锋模范作用，实施“党员楼长制”；在社区党组织的指导下，各个居委会都成立老干部理事会、关心下一代工作委员会、青年志愿者服务站，协助居委会做好工作。二是根据社区建设需要，结合社区居民的职业特点和个人特点，树立身边典型，开展群众性的自我教育活动，将思想政治工作渗透到社区每个居民心坎。三是各社区管辖范围内的工商、税务、环保、公安、城管等职能部门，围绕街道党组织制定的思想政治工作目标，协助做好思想政治工作。四是街道党组织定期牵头召开好思想政治工作协调会、联系会等，与社区辖区内单位一道，共同研究社区思想政治工作计划，并反馈实施情况，努力做到“资源共享，管理共抓，活动共搞，思想共育”。

2. 配强干部，提高感召力。一要抓住“龙头”。要以“靠得住、有本事”为标准，选准街道办党总支书记和社区居委会党支部书记。二要遴选好社区思想政治工作队伍。要通过向社会公开招聘，从热心居民工作、身体好的党员离退休职工中选聘，从文化素质较高、年龄较轻的企业下岗职工中选聘，从有一定做群众思想政治工作经验的人中选聘等办法，着力打造一支有思路、有点子、政治上较强、文化程度较高、过得硬的政工队伍。三要塑造好自身形象。社区思想政治工作者要具有为人师表的思想品德和良好的工作作风，要用自己的言行和表率作用赢得群众的信任和支持。四要努力提高自身修养。要善于学习党的路线、方针、政策，积极主动学习各种理论知识，强化自己的马克思主义理论水平，提高预测决策能力、观察分析能力、组织协调能力，用知识的力量取得居民的信服。

3. 生动活泼，提高吸引力。一是教育方式要生动。杜绝生硬呆板的教育形式，要针对广大群众精神追求和文化需要，设定生动活泼的教育载体，采取群众喜闻乐见的方式开展各种教育活动。二是教育手段要新颖。要不断吸收和借鉴相关各门类学科的成果和现代科学技术，充分发挥现代传媒工具、舆论和文化娱乐阵地的作用，拓展信息交流渠道，扩大教育的辐射面，增强教育的感召力。三是讲究工作技巧和工作艺术，针对社区居民的不同个体选择兴奋点，扣住工作对象心灵深处开展思想工作，使工作对象心悦诚服。

4. 求真务实，提高凝聚力。一是多办实事，满足居民基本生活需要。要从居民最关心的事情抓起，把教育居民与服务居民结合起来，通过民心工程、实事工程，“进百家门、知百家情、暖百家心、解百家难”活动，为群众排忧解难。二是强化民主建设，满足居民参与社区事务的愿望。要真正把居民当做主人，畅通民主渠道，实行政务公开，使群众知情、参政、议政，从而让居民充分发扬主人翁精神，齐心协力搞好社区工作。三是创设活动载体，满足居民的精神文化需求。要培育具有地域特色的社区文化，充分利用不同特色的人文资源，培育居民的认同感及“爱我社区”的荣誉感。要加强本区域文化团队建设，把它作为社区思想工作的重要内容，使团队在吸引群众参加各种文化活动的同时，成为社区思想政治工作的阵地。要开展丰富的文化活动。通过歌舞、书画、收藏、工艺等文化活动，丰富生活、增长知识、陶冶情操，满足居民学知识、讲文明、健身体的精神需求，促进物质与精神互动。

（执笔：倪春元　施元凯）

人文关怀是当代思想政治工作的新视角

罗会德

党的十七大是中国改革开放和中国特色社会主义发展史上一个重要的里程碑。十七大报告无疑标志着马克思主义中国化的丰富、发展和走向成熟。报告在谈到党的思想政治工作时，第一次使用了“人文关怀”和“心理疏导”的概念，提出“加强和改进思想政治工作，注重人文关怀和心理疏导，用正确方式处理人际关系”。这一新提法与科学发展的核心以及社会和谐的本质一脉相承，既彰显了党中央的人本情怀，又体现了党的思想政治工作的新变化和新思路，对于我们做好新时期的思想政治教育工作具有十分重要的指导意义。

一、人文关怀的时代意蕴

人文，旧指诗书礼乐等，与以自然为对象的那些文化现象相对应。中国的“人文”概念比“科学”概念早。《周易》中就提到“文明之止，人文也。观乎天文，以察时变；观乎人文，以化成天下”。当然，人文还被引申与人道相通，指人事，为人之道或社会规范。应该说我国自古就有重视人文的传统。然而，“人文”概念更多来自西方，人文主义作为文艺复兴时期市民阶级的新文化运动，其基本精神是抬高人的地位，贬抑神的地位，强调人的价值，肯定人的理性和智慧。显然，“人文”与人的价值、人的尊严、人的独立人格、人的个性、人的生存及其意义等等密切相关。“人文关怀”，就是对人的生存及其生命意义的关怀，是对人的尊严的认可，是一种文化和一种文明的诉求，也是一种思想态度和价值目标。近年来，随着对现代化进程中人的精神世界的深入解读，思想政治教育的人文关怀价值越来越受到人们的重视。但把“人文关怀”和“心理疏导”写入党的大会报告，却是以前所不曾有过的，这不仅是个理论问题，更是一个实践问题，有着深刻的时代根源。众所周知，思想政治工作是中国共产党独创的工作方法，是党的工作的重要组成部分，也是经济工作和其他一切工作的生命线。思想政治教育在中国革命、建设和改革的各个历史阶段都发挥了重要作用。但是我们的思想政治教育常常是通过教育者的理性分析、言传身教、道德灌输等方法，通过“我说你听，我打你通”的教育形式，让被教育者在思想、认识、观点、立场等方面得到提高，从而达到启迪被教育者心智的目的。

今天，随着时代的飞速发展，人们的思想观念、认知水平和价值取向都发生了重大的变化，特别是中国正处于社会剧烈转型时期，变化的复杂程度是以往任何时候都没有的。这种变化表现在两个方面：首先从社会宏观层面讲，在社会转型时期，各种思潮凸显，人们的政治信仰、生活态度、职业理想、道德判断等方面的内在对立性转化为或隐或显的社会行为，社会不和谐因素出现。亨廷顿在《变化社会中的政治秩序》中指出，“到了21世纪中叶，所有传统社会都变成了过渡性社会或处于现代化之中的社会。正是这种遍及世界的现代化进程，促使暴力在全球范围内蔓延”，认为“现代性孕育着稳定，而现代化进程却滋生着动乱”。其次从社会微观层面讲，人自身的和谐受到巨大冲击，各种心理问题开始出现。现代化的国际经验表明，当一个国家的现代化进程开始加速，或者说当一个社会正在急剧转型，这时社会问题频繁发生，心理问题也大量凸显。如前所述，我国的社会转型进入了一个重要阶段，社会变迁的速度快、程度深、力度强，使生活世界对于人们而言呈现出了很大的陌生性；同时，经济体制、社会结构、文化模式、价值观念等各个领域的深刻变化，对于人们业已形成的社会心理系统构成了巨大冲击。在这种背景下，社会变迁加剧与人们心理适应性减弱之间的矛盾日益凸显，许多心理问题随之产生，如社会竞争加剧所导致的压力感加重、生活节奏加快所带来的紧张感增加、改革过程中出现的社会问题引起的心理失衡、文化价值观念的变迁造成心理上的困惑、社会陌生性增加导致归属感程度的降低等，从而导致了人自身的不和谐。而由这种心理问题所带来的负面效应，势必会对社会的和谐与发展带来事实上的影响。

这些变化为当代思想政治教育工作增加了巨大难度，当然，也向思想政治教育工作者提出了新的严峻挑战：在市场经济条件下，如何确保思想政治教育卓有成效；在人们价值取向出现变异的情况下，如何确保被教育者转变观念；在人们善恶标准淡化模糊的情况下，如何让被教育者树立正确的认知标准；在人们出现心理问题时，如何促进人的心理和谐。一句话，在深刻变革的时代，思想政治教育如何积极主动地正视矛盾、化解矛盾，最大限度地增加和谐因素，最大限度地减少不和谐因素，正本清源、创建和谐，这是每一个思想政治工作者必须作出回答的新问题。十七大报告正是从社会变迁和人们思想变化的特点这一实际出发，从构建和谐社会的高度适时提出了"人文关怀"，这充分体现了执政党对人的关怀、社会对人的关爱，严肃的思想政治工作开始关注人内心的感受。这对扭转思想政治工作的灌输方式，增强社会主义意识形态的吸引力和凝聚力，无疑具有十分重要的作用。也正是从这个意义上说，人文关怀被注入了更加深刻的含义，富有了更加鲜明的时代意蕴，成为我们研究当代思想政治教育不可或缺的新视角。

二、思想政治工作思维视角的转变

如前所述，思想政治教育的人文关怀作为人类精神文明中的主体部分，是社会健康发展不可缺少的"操作及免疫系统"，它通过人文关照来调节各种社会关系，化解各种社会矛盾，从而为和谐社会提供必须的价值支持力量。重视和强调思想政治教育的人文关怀价值是构建和谐社会的必然，也是思想政治教育自身发展的内在要求。在新时期，思想政治教育要适应时代要求，有所作为，就必须进一步重视内涵提升，从关切人的角度不断实现自身的发展创新。人文关怀的提出为思想政治教育思维视角的根本转变提供了新的契机和启迪。

注重人文关怀，就要坚持科学的思想政治工作价值取向。思想政治工作说到底是做人的工作，必须坚持以人为本。但长期以来，人们对思想政治工作价值的认识存在偏差，即过分强调社会需要和"社会本位"，而忽视受教育者个人的存在和正当需要，导致了思想政治工作的急功近利、"目中无人"。这样的思想政治工作不但不能满足个人的需要，反而成为个人发展的束缚。而至于如何坚持以人为本？更是一个见仁见智的问题。以往访贫问苦式的关心、物质上的帮助、制度上的倾斜等固然也是以人为本，但从理念上没有涉及人的心理问题，就是说"关怀"中还缺少一些"人文"的东西。十七大报告"人文关怀"的提出，蕴含了思想政治工作必须回归人的价值和主体地位的应然状态。因此，要实现思想政治工作的价值最大化，必须吸取过去的教训，从价值的本质出发，回到人的问题上，真正认识到人不仅是手段也是目的。要更多地关注民生、民情、民意，让每一个人都能在和谐社会的惠泽下塑造自尊自信、理性平和、积极向上的人生观与社会心态，从而展现思想政治工作的独特魅力。当然，我们强调思想政治工作的个体价值，并不意味着我们可以因此忽视其社会价值，社会价值与个体价值这两个方面应该辩证统一、相辅相成。

注重人文关怀，就要建构主体性思想政治教育新模式。马克思历来强调："人始终是主体。"人的主体性的发展不仅是人的全面发展理论的重要内容，而且是实现人的全面发展的重要条件。因为在思想政治工作中，受教育者是教育客体，但同时又是思想政治教育过程中的接受主体，具有主体的一切特征。思想政治工作中受教育者总是以自己固有的价值尺度和需要评价来选择教育内容，参与教育活动。因此，只有把尊重受教育者的主体性作为思想政治工作的出发点和落脚点，“充分地发挥人民群众的主观能动性和伟大的创造精神，保证人民群众依法管理好自己的事情，实现自己的愿望和利益”，才能调动受教育群众的积极性能动性，才能使思想政治工作的内容中所蕴含的思想、道德和认识等为广大受教育者所接受，从而内化为其自身的稳定的心理结构，外化为现实的行为习惯。也正是从这个角度上讲，思想政治工作注重“人文关怀”，并不仅仅是从表面上理解关心群众，更多的是如何创造条件使群众的首创精神得以发挥，使那种“端起碗吃饭，放下碗骂娘”的社会现象不再出现。这就涉及到构建主体性思想政治教育模式和方法创新的问题。这种新方法必须保证在教育者和受教育者之间建立起主体与客体平等交流、双向互动的关系，把对话式的思想政治工作引入我们的视野。当然，思想政治工作主体性理论又丝毫不否定、排斥教育者的主体性和主导作用在当代社会的彰显。

注重人文关怀，就要直面思想政治工作的新领域。在飞速变化的现代社会，人是具体的、历史的、发展的。人们在实践中不断创造和改变着人与人之间关系的同时，也不断地改变着人的自身，不断地扩大着人的活动范围。这就要求广大思想政治工作者解放思想、实事求是，根据变化了的实际，敏锐地把握时代变化提出的新的重大理论和实践问题，不断拓展思想政治工作的新视野。目前，我国正处于“黄金发展期”与“矛盾凸显期”并存的关键时期。在这个非常关键的阶段，我们要实现科学发展、社会和谐，就要切实解决不同社会群体的思想疑虑和实际生活问题。这就要求我们要多做实事，花大力气为群众谋取实实在在的利益，把视角更多地投向广大人民群众最关心、最直接、最现实的民生问题。要加强对社会舆情的调研分析，及时掌握和回答干部群众关心的热点问题，正确认识和处理干部群众中产生的许多新的思想认识问题。社会热点往往是社会生活中的焦点、人们思想中的疑点、社会舆论中的重点，是一个时期社会矛盾的集中反映。我们要有效地开展思想政治工作，必须以群众的热点话题为切入点，做好热点引导工作，着力回答重大理论和实践问题，回答干部群众关心的思想问题和实际问题，真正做到解疑释惑、统一思想，理顺情绪、化解矛盾，鼓舞士气、振奋精神，从而消除不和谐因素，增加和谐因素，有力地促进科学发展与社会和谐。这也是人文关怀视野下当代思想政治工作的新使命。

（作者单位：同济大学法政学院）

绩效管理对思想政治工作提出的新挑战

黄国伟

何谓绩效管理？绩效管理是指管理者通过一定的方法和制度确保组织各部门及其员工的工作表现和业务成果，能够与组织的战略目标保持一致，并促进组织战略目标实现的过程。优胜劣汰的市场环境，要求企业必须依靠独特突出的业绩，才能在这样的环境里生存、发展乃至追求卓越。正因如此，绩效管理在企业中得到越来越广泛的运用。据统计，2002 年美国只有不到 10％的企业实施了绩效管理，到 2005 年已有 50％的企业采用这一管理手段。在我国，不少企业通过绩效管理提高了绩效水平，增强了核心竞争力，但也有一些企业的绩效管理事倍功半，甚至出现企业的和谐运转受到破坏、企业凝聚力下降等副作用。绩效管理的应用出现大相径庭的结果，根本原因在于有的企业的思想政治工作没有积极应对绩效管理提出的新挑战，致使绩效管理叫好不叫座，实施过程变成敷衍过程，最终流于形式。《中共中央关于构建社会主义和谐社会若干重大问题的决定》指出，构建社会主义和谐社会，重心在基层。企业的和谐是社会主义和谐社会的重要组成部分。当前研究绩效管理对思想政治工作提出的新挑战，探索如何围绕绩效管理加强和改进思想政治工作，对于促进企业和谐、构建社会主义和谐社会具有十分重要的现实意义。

一、绩效管理对思想政治工作提出的主要挑战

一是落后观念亟须更新。绩效管理崇尚效率，要求员工以积极的态度对待绩效管理。可是一些员工市场意识、竞争意识不强，对平均主义、大锅饭的“好处”念念不忘，认为企业效益还过得去，没必要“绑死”自己，从而在思想上、行为上抵制绩效管理的实施；一些管理者或者满足于现状，或者过分依赖管理经验，对绩效管理应付了事。

二是片面认识亟须澄清。绩效管理是一个完整的系统，涉及企业经营管理的方方面面，要求企业全员参与。可是有的管理者特别是基层有的管理者对绩效管理一知半解，没有意识到绩效管理是一个系统，没有认识到绩效目标的实现是企业目标实现的基础，每一个管理者的绩效目标的实现是由他的员工的绩效目标的实现来支持的，而是把绩效管理简单化，认为绩效管理主要是人力资源部门的事情，自己只要填一些表格就算完成了任务，从而在绩效管理的具体运作中各鸣其调，自行其是。有的管理者片面地认为绩效考核就是绩效管理，而忽视了绩效管理的其他环节，在绩效管理过程中过于强调绩效考核的判断性和威胁性，从而给员工带来很强的不安全感。

三是绩效沟通亟须改善。绩效沟通是绩效管理的核心，它贯穿于整个企业经营的各个环节，在绩效管理中起着决定性的作用。然而一些企业管理者要么沟通意识薄弱，要么缺乏沟通技巧，致使沟通成了绩效管理过程中最薄弱、最容易被人忽视的一个环节。由于沟通不畅，导致员工对企业发展目标缺乏认同感，对绩效评价结果心怀不满，不但企业绩效水平没有提高，反而出现员工合作精神淡化，上下级矛盾激化等副作用。

二、绩效管理要求加强和改进思想政治工作

绩效管理深刻影响员工的思维方式、价值

取向，员工个体心理承载能力、应变能力存在差异，业务素质、思想素质参差不齐，工作和精神压力不断增大。这种情况下，思想政治工作要更好地服务服从于绩效管理这个大局，就要扩大思想政治工作的覆盖面和影响力，提高思想政治工作的针对性和实效性，把工作做实、做在前头，才不会“慢半拍”，才能有效发挥思想政治工作的思想保障作用，从而促进企业的和谐。

一要提前介入。思想是行动的先导。企业绩效管理深层度触及员工的思想。围绕绩效管理，更需要思想政治工作开道。要充分运用电脑网络、内部刊物、宣传栏等立体宣传网络，大力宣传绩效管理的理论、方法、意义和作用，制造声势，营造氛围，做到宣教到位、道理讲透、精神实质人皆晓之。领导干部、思想政治工作者和基层管理者，要运用座谈会、问卷调查、个别谈话等形式，深入一线、深入班组、深入群众，掌握员工思想动态，及时释疑解惑，为以后的绩效管理实践打下坚实的群众基础。管理人员是绩效管理系统的具体推行人，处在矛盾冲突的最前沿。因此，从领导层到基层的每个管理者，都要学会做一个思想政治工作者。要对他们提前培训，让他们具备绩效管理的基本知识、技能和方法，培养他们对绩效管理的理性认识，确保他们在推行绩效管理时，成为员工参与绩效管理的顾问和咨询师。通过思想政治工作提前介入，绩效管理的道理得到广泛理解认同，就可以排除绩效管理过程中的员工思想障碍。

二要贯穿全程。绩效管理主要包括绩效计划、绩效实施、绩效考核、绩效结果反馈等环节，这几个环节都离不开思想政治工作保驾护航。在绩效计划阶段，要通过思想政治工作，帮助员工了解企业的战略及年度目标、部门的任务以及对员工本人工作的要求，引导员工明白自己应该做什么，应该达到什么结果，切实提高员工对绩效管理和考核的认可程度。在绩效实施阶段，要通过思想政治工作，鼓舞员工的士气，帮助员工消除工作中的障碍。在绩效考核阶段，要通过思想政治工作，引导员工把自己的业绩放在完成部门目标、团队业绩中去衡量，客观对待自己的业绩考核结果。在绩效年度结束之后，要通过思想政治工作，讨论员工的业绩，帮助员工确定目标，提出员工实现目标的建议。做好绩效管理全过程的思想政治工作，要求思想政治工作者不仅要清楚员工个人的工作和绩效、职业生涯等职业要素，还要了解员工的想法、思想动态、日常管理中的问题和员工的意见、抱怨等非职业要素，只有这样才能够恰如其分地评价员工的工作表现，及时发现其情绪的变化、能力的优缺，及时进行适当的激励和辅导。

三要有效沟通。绩效管理中的沟通是信息双向流动的过程，其目的在于通过客观准确的分析、反馈、评价，以利于今后工作的完善、提升。因此，要改进绩效管理中的思想政治工作，就要善于运用沟通技巧，进而改善企业的管理水平和管理者的管理素质。一是真诚沟通。一切的沟通都是以真诚为前提的，都是为预防问题和解决问题而做。真诚的沟通才能尽可能地从员工那里获得信息，进而帮助员工解决问题，成为绩效管理中的“润滑剂”。二是及时沟通。绩效管理中的冲突在所难免，在问题出现时或出现之前就通过沟通将其消灭于无形，就可以防范于未然，避免矛盾激化。三是具体沟通。沟通应该具有针对性，具体事情具体对待，不能泛泛而谈。泛泛的沟通既无效果，也不讲效率。所以管理者必须珍惜沟通的机会，关注于具体问题的探讨和解决。四是定期沟通。管理者要拟定与员工的沟通时间和时间间隔，保持沟通的连续性。通过定期沟通，有计划地为员工改善绩效提供建设性的建议，帮助员工提高绩效水平。

四要文化引导。优秀的企业文化，能够带动员工树立与企业一致的目标，并在个人奋斗的过程中与企业目标保持步调一致。因此，要成功实施绩效管理系统，最大限度地发挥企业潜力，思想政治工作必须致力营造尊重绩效、重视绩效的氛围，建设与企业绩效管理系统相融合的高绩效的企业文化,以文化的力量凝聚力量,激发活力。首先要更新观念。要使绩效管理得到有效的实施,必须贯彻尊重劳动、尊重知识、尊重人才、尊重创造的方针,强调全员的绩效意识,倡导绩效观念。如在奖金分配中要大胆打破平均主义,大胆向核心人才和绩效突出员工倾斜,增强员工"高起点定位工作、高标准谋划工作、高质量完成工作"的意识。其次要全员参与。成功的绩效管理很大程度上取决于与绩效管理相关联的整个绩效管理过程。所以,我们不能把绩效管理仅仅视作是人力资源管理部门或一些管理人员应当考虑和应当做的事情,而应该通过宣传教育,激励全体员工的进取心、责任感和价值意识,促进企业员工从高层领导至基层员工,都把绩效管理作为其日常工作的一部分,在绩效管理推进过程中承担相应的责任,形成上下一心、共同实现企业目标的局面。再次要完善机制。绩效管理的本质是以人为本。企业要搞好绩效管理,最根本的是吸引最广泛的职工积极参与。因此,要完善激励机制,不能简单地把绩效管理激励机制理解为实行绩效与薪酬挂钩,而应该切实尊重和关心员工需求,实行以绩效奖金为主,其他奖励形式相结合的激励机制,促进员工与企业的共同发展。如给予绩效优秀的员工培训机会、考察学习、旅游度假等具有酬劳性质的奖励,或者授予荣誉称号等内在奖励;对于有发展潜力的绩优员工,可以赋予更具有挑战性的职责。奖励的形式,可根据不同类型人员、不同地点时间以及员工不同的奖励需求而定,以真正达到激励的目的。

(作者单位:福建漳州片仔癀药业股份有限公司)

十六大以来党对思想政治教育内容的丰富与发展

张瑞芬

一、重申了"三个代表"重要思想的教育

"三个代表"重要思想是对马克思主义、毛泽东思想和邓小平理论的继承和发展，反映了当代世界和中国的发展变化对党和国家工作的新要求，是加强和改进党的建设、推进我国社会主义自我完善和发展的强大理论武器，是党必须长期坚持的指导思想。党的十六大之后，以胡锦涛同志为总书记的党中央领导集体精心部署，掀起了一个学习贯彻"三个代表"重要思想的新高潮。在中央会议精神指导和工作部署下，进一步宣传解释"三个代表"重要思想形成的时代背景、实践基础、科学内涵、精神实质、历史地位、重大意义的内容，切实使广大党员和干部对"三个代表"重要思想的认识达到新的高度，在认真贯彻"三个代表"重要思想的根本要求、始终做到"三个代表"上取得新的成效。

二、强调了科学发展观和一系列战略思想的教育

科学发展观、构建社会主义和谐社会、建设社会主义新农村、建设创新型国家、树立社会主义荣辱观、推动建设和谐世界、加强党的先进性建设等重大战略思想和战略任务，是以胡锦涛同志为总书记的党中央形成的马克思主义中国化的最新理论成果。把这一系列最新的理论成果的科学内容传播到最广大人民群众头脑中去，是当前思想政治教育最重要的任务。其中，以人为本的思想，实现全面协调可持续发展的思想，构建"民主法治、公平正义、诚信友爱、充满活力、安定有序、人与自然和谐相处"的和谐社会的思想，建设"生产发展、生活宽裕、乡风文明、村容整洁、管理民主"社会主义新农村的思想，共建"持久和平、共同繁荣"的"和谐世界"的战略思想等等，都是当前和今后一段时期思想政治教育的重要内容。

三、深化和细化了民族精神的教育

江泽民同志首次对民族精神的作用意义和主要内容作出精辟概括。他指出，"民族精神是一个民族赖以生存和发展的精神支撑。一个民族，没有振奋的精神和高尚的品格，不可能自立于世界民族之林"，"在五千多年的发展中，中华民族形成了以爱国主义为核心的团结统一、爱好和平、勤劳勇敢、自强不息的伟大民族精神。我们党领导人民在长期实践中不断结合时代和社会的发展要求，丰富着这个民族精神"。他还提出了高度重视民族精神教育的重要性问题。十六大以来，以胡锦涛同志为总书记的党中央领导集体，在继承民族精神丰富思想的基础上，结合新的时代特征和实践要求，在民族精神的地位、作用、内容等方面作出了许多新的理论概括，为新时期民族精神教育增添了许多新的时代内容。

胡锦涛同志指出："中华民族是具有伟大民族精神的民族。千百年来，中华民族之所以能够历经磨难而不衰，饱尝艰辛而不屈，千锤百炼而愈加坚强，靠的就是这种威力无比的民族精神，靠的就是各族人民的团结奋斗。越是困难的时候，越是要大力弘扬民族精神，越是要大力增强中华民族的民族凝聚力。"胡锦涛同志重申长征精神的具体内涵，并且赋予长征精神以崇高的历史地位。他指出，"长征精神，是中国共

产党人和人民军队革命风范的生动反映，是中华民族自强不息的民族品格的集中展示，是以爱国主义为核心的民族精神的最高体现”，并提出要在社会主义初级阶段现代化建设过程中，“把长征精神作为加强社会主义精神文明建设的重要内容，作为在全体人民特别是青少年中进行理想信念和思想道德教育的重要内容，坚持不懈地发扬光大”。他高度概括出中华民族在抗日战争中所表现的民族精神的鲜明特点，即“坚持国家和民族利益至上、誓死不当亡国奴的民族自尊品格，万众一心、共赴国难的民族团结意识，不畏强暴、敢于同敌人血战到底的民族英雄气概，百折不挠、勇于依靠自己的力量战胜侵略者的民族自强信念，开拓创新、善于在危难中开辟发展新路的民族创造精神，坚持正义、自觉为人类和平进步事业贡献力量的民族奉献精神”。胡锦涛同志精辟概括出人民群众抗击非典的伟大精神：万众一心、众志成城，团结互助、和衷共济，迎难而上、敢于胜利；全面阐述载人航天精神的深刻思想内涵：特别能吃苦、特别能战斗、特别能攻关、特别能奉献；提倡学习新时期先进人物的高尚精神：学习孟二冬教授“勤勉踏实的治学精神、为人师表的高尚品德”，学习郑培民同志“心系群众、为民谋利，求真务实、艰苦奋斗，坚持理想、清正廉洁，恪尽职守、鞠躬尽瘁”的精神，学习方永刚同志“深入学习党的理论、坚定信仰党的理论、积极传播党的理论、模范践行党的理论”的精神等等。这些伟大的民族精神，是新的历史条件下我国人民奋力前进的强大精神动力，是新形势下思想政治教育的重要内容。

四、提出了社会主义荣辱观教育

社会风气是一个社会整体精神风貌的表征，反映着一个社会文明程度的高低；形成良好的社会风气是广大人民群众的强烈愿望，也是经济社会发展的必然要求。在总结以往社会主义道德建设和教育经验的基础上，适应时代发展和社会进步的新要求，胡锦涛同志提出了以“八荣八耻”为主要内容的社会主义荣辱观。第一个“荣”和“耻”既有助于增强民族凝聚力，提高综合国力的竞争力，又有助于丰富个体爱国主义的思想情感体验；第二个“荣”和“耻”既有助于密切党群关系，巩固和扩大群众基础，又有助于提高个体基本的职业道德素养；第三个“荣”和“耻”既有助于弘扬科学精神、普及科学知识、树立科学观念、提倡科学方法，建设创新型国家，又有助于提高个体的科学文化素质；第四个“荣”和“耻”既有助于增强整个社会的劳动创造力，生产出更丰富多样的物质和精神财富，又有助于个体树立正确的劳动意识；第五个“荣”和“耻”既有助于形成团结和谐的社会主义人际关系，又有助于培养个体的协作精神和团队意识；第六个“荣”和“耻”既有助于树立良好的国家形象，有助于全社会良好道德风尚的形成，又有助于个体正确处理义和利的关系；第七个“荣”和“耻”既有助于形成良好的社会公共秩序，建设法治社会，又有助于提高个人的法律意识和法制观念；第八个“荣”和“耻”既有助于建设节约型社会，又有助于个体养成勤俭节约朴素的生活习惯。“八荣八耻”涵盖了爱国主义、集体主义、社会主义思想，体现了中华民族的传统美德和时代要求，反映了社会主义世界观、人生观、价值观，明确了当代中国最基本的价值取向和行为准则，是马克思主义道德观的精辟概括，是新时期社会主义道德的系统总结，也是当前思想政治教育的一项崭新内容。

五、提出了社会主义核心价值体系教育

核心价值体系是社会意识的本质体现，决定着社会意识的性质和方向。任何社会都有自己的核心价值体系。社会主义核心价值体系是社会主义制度的内在精神之魂，在所有社会主义价值目标中处于统摄和支配的地位。没有社会主义核心价值体系的引领和主导，构建和谐社会、建设和谐文化就会迷失方向。当前由于我国社会经济成分、组织形式、就业方式、利益

关系和分配方式出现了日益多样化的趋势，社会意识相应地正处于一个思想大活跃、观念大碰撞、文化大交融的状态，先进文化、有益文化、落后文化和腐朽文化同时并存，正确思想和错误思想、主流意识形态和非主流意识形态相互交织。在这样的条件下发展先进文化、建设和谐文化，必须努力构建具有广泛感召力的社会主义核心价值体系，以引领和整合多样化的思想意识和社会思潮。为此，党的十六届六中全会首次提出了“建设社会主义核心价值体系”的重大战略任务，明确指出了它的基本内容：马克思主义指导思想、中国特色社会主义共同理想、以爱国主义为核心的民族精神和以改革创新为核心的时代精神、社会主义荣辱观。马克思主义是我们党从成立之日起就一直坚持的并逐步得到发展完善的用以指导我国革命、建设和改革实践方向的强大思想武器；中国特色社会主义共同理想是我们党在马克思主义指导下，在共产主义远大理想指引下，在现阶段历史条件下全党全国人民要齐心协力实现的一个共同目标；以爱国主义为核心的民族精神，是中华民族在五千多年的历史发展进程中逐步沉淀下来、在新的社会历史条件下仍具有深远历史意义的民族精神遗产，改革创新是民族精神在我国当前的改革开放实践中的具体体现和继承发扬，已成为当今时代的最强音；社会主义荣辱观是在马克思主义道德观的指导下，在继承中华民族传统美德的基础上，对新时期社会主义道德的系统总结，为当代全国人民指明了最基本的价值取向和行为准则。它们分别涵盖了指导思想、社会理想、民族精神和道德规范等重要内容，把这些非常重要的方面归纳为社会主义核心价值体系的主要内容，并提出要加强全体人民的社会主义核心价值体系教育，是以胡锦涛同志为总书记的党中央领导集体的新创造，对于深化对中国特色社会主义本质的认识，大力推进和谐社会、和谐文化建设，具有十分重要的理论和实践意义。

（作者单位：中国人民大学马克思主义学院）

党的十六大以来基层思想政治工作创新综述

吴学兵

党的十六大以来，围绕实践"三个代表"重要思想，落实科学发展观，构建社会主义和谐社会的时代主题，全面贯彻以人为本理念，各地区、各领域基层思想政治工作结合自身特点，以增强思想政治工作的时代感为基本要求，以提高其感召力和渗透力为重要保证，以增强其针对性和实效性为中心环节，在思路、观念、内容、机制、方法、载体和队伍建设等方面进行"立体化"创新，充分发挥了服务中心工作的作用，调动了人民群众的积极性、主动性和创造性，为改革开放和全面建设小康社会提供了强大的精神动力和思想保证。

一、关于基层思想政治工作观念创新与思路创新

（一）观念创新

近年来基层思想政治工作围绕服务经济建设这个中心，实现了一系列观念上的突破：确立了"党的思想政治工作本质上是群众工作"的新认识，"增强群众观念，努力抓住思想政治工作的主体"，带着对人民群众的深厚感情把宣传群众、教育群众、引导群众、激励群众作为重点，把广大群众紧紧地团结在党组织周围，为实现社会主义共同理想而努力奋斗；确立了"促进人的全面发展"的新认识，坚持"以人为本"，不断提高人的素质、调动人的积极性、做好人心的稳定工作，积极开发人力"第一资源"；确立了"做好有说服力的思想政治工作"的新认识，理论引导、形势教育、政策指导、改革宣传都要结合群众的需求，联系思想实际，开展有针对性的教育，运用群众喜闻乐见的载体途径，努力提高思想工作的实际成效；确立了"春风化雨、润物无声、耐心细致、潜移默化"的新认识，把思想政治工作渗透于日常工作之中，发挥思想教育、经济杠杆、管理制度等的合力作用，形成经常化、全员化思想政治工作的新格局；确立了"思想政治工作是具体的"新认识，抓住矛盾，各个击破，真正把思想政治工作落实到基层，推进到一线，"横向到边，纵向到底"。

（二）思路创新

1. 加强基层党组织建设，充分发挥党的政治优势。一是积极探索建立一套适应基层特点的党建工作制度，逐步明确基层党组织的工作内容，发挥政治保障作用、督促引导作用、宣传教育作用、内外沟通作用、上下协调作用和示范带头作用等。二是加强党的组织建设、作风建设，塑造党员形象，以党员的先锋模范作用影响和调动广大基层群众的积极性，以党风带民风，把促进两个文明建设放在工作首位。三是党政领导密切配合，及时沟通联系，取得共识，使思想政治工作贯穿于行政工作的全过程，保证思想政治工作做好、做实，克服了行政业务工作和思想政治工作"两张皮"现象。

2. 紧紧围绕中心工作，突出抓手，找准着力点和突破口。一是加强职业道德和职业伦理建设，找准思想政治工作突破口。譬如，行政伦理渗透在公共行政与政府工作过程的方方面面，体现在行政领导、行政决策、行政协调、行政效率和行政素质之中。因此，政府机关就把培育"公仆精神"为目标的行政伦理建设作为思想政治工作的切入点。二是以价值导向为主确立思想政治工作的着力点。在市场经济条件下，人们的独立性、自主性、创造性大为增强，对价值的追求十分迫切。因此，思想政治工作除了继续坚持政治目标的导向之外，更应注重价值导

向，不能再像过去那样，只讲理论、原则和概念，而必须以人为本，根据社会发展和人的自由而全面发展的需要，把理论、思想、观念转化为社会心理，将社会需求和个人需求统一起来，以培育社会心理和民族精神为主。

3.坚持以人为本原则，调动基层群众的积极性和主动性。基层思想政治工作十分强调以人为中心的教育和管理，把做好思想政治工作与做好党的群众工作有机结合起来，以提高人的素质为目标，注重开发人的精神资源，努力构建新型的人际关系。在实际工作中，承认人的个体差异和不同群体间的区别，从不同人群的实际需要出发，以晓之以理、动之以情作为原则，将刚性约束与柔性导向有机结合起来，创造良好的人文环境，做好得人心、暖人心、稳人心的工作，形成有效调动人的积极性的机制。

4.增加科技含量，适应时代要求。首先必须提供相应的资金、技术和硬件支持，为顺利实现思想政治工作与现代科技手段相结合创造良好的软硬件条件。其次要利用现代科技手段创造性地把思想政治工作内容的真理性与形式的丰富性结合起来，把科技手段与人文精神结合起来，这是增强科技含量的关键所在。第三找准增加科技含量的落脚点。要提高思想政治工作者的科技意识，增强运用科技手段开展工作的能力，要把相应的专业技术人员引入到思想政治工作队伍中来，提高思想政治工作队伍的整体技术水平。建立完善激励和办事机制，充分调动思想政治工作者的积极性、创造性，建立一支充满活力和高素质的思想政治工作队伍。

二、关于基层思想政治工作内容创新

(一)深化社会主义伦理道德教育

1.加强公民道德建设。深入贯彻实施《公民道德建设实施纲要》；以“八荣八耻”社会主义荣辱观为主要内容，广泛开展形式多样的群众性道德教育和实践活动，深化基层干部群众的道德认识，增强他们参与道德实践的主动性、积极性和创造性。

2.强调社会主义义利观的教育。在社会主义市场经济条件下，帮助人们树立正确的社会主义义利统一观是社会主义道德教育的重要保证，有助于推动社会主义精神文明建设。

3.开展现代伦理教育。对广大群众进行环境伦理、生态伦理、科技伦理、网络伦理等教育。社会主义道德建设是一项系统工程，思想政治工作者既要加强教育、坚持引导，又要注重示范、重在实践，同时还要与法制建设相结合。

(二)强化思维创新和观念创新教育

通过广泛深入地开展市场意识、竞争意识、风险意识、效益意识等方面的教育，帮助干部群众建立适应社会主义市场经济的现代观念，转变干部群众的人才观、就业观、择业观、岗位观、敬业观等，更好地投身于改革开放和市场经济大潮。同时拓展服务生产、经营、管理方面的新内容，开辟社会结构调整中的思想政治工作、再就业过程中的思想政治工作、质量安全领域的思想政治工作、重点工程中的思想政治工作等新领域，把思想政治工作服务经济建设具体化、实效化。

(三)加强民主意识和民主管理教育

近年来，基层党组织在实践中推行“民主听证会”、“基层民主论坛”、“党内民主生活会”等制度，扩大了广大群众对政务、财务和重大事务的知情权、参与权、监督权，为新时期做好基层群众工作、推进基层民主政治建设，找到了有效途径，激发了群众的民主参与意识，密切了干群关系，推进了两个文明建设，从而使基层思想政治工作涵盖基层管理工作，使思想教育与行政管理、思想引导与行为规范有机结合起来。

(四)积极维护群众利益以夯实工作的落脚点

基层工会在保障职工权益和维权方面有体制上的独特优势，它能把思想政治工作与暖人心、稳人心的实事结合起来，切实保护群众切身利益，使广大基层群众在得到实际利益的同时，真切感受到社会和组织的温暖，增强思想政治工作的感召力，进一步确立和提高思想政治工作地位。

三、关于基层思想政治工作方法创新与载体创新

(一)方法创新

1. 挖掘传统工作方法的新潜力，赋予它们新的时代内涵。榜样教育和树典型教育是思想政治工作的优良传统，这种表率作用和先进典型的示范作用可以对广大群众进行正面强化，从而以点带面，形成良好的氛围。

2. 坚持思想政治工作的基本原则，联系实际，在实践中摸索出新的经验和做法。譬如五粮液集团的“无意识教育法”，就是始终坚持以人为本理念，尊重员工的主人翁地位，相信群众的自我教育能力，充分利用文化资源的教育功能，将思想政治工作融入日常管理中，对职工实施不受固定模式、时间和地点限制的“无意识教育”，达到“实施教育有规划、接受教育无意识、达到目的见成效”。

(二)载体创新

1. 借助信息网络载体，搭建信息化平台。要采取有效措施加强对网上信息的管理和引导，增强网上宣传的主动性、针对性，积极利用现代信息网络技术拓展思想政治工作领域，强化网络上的马克思主义阵地建设。要认真研究现代网络传媒的特点，使思想政治工作的方式越来越具有信息处理的特点。要实现思想政治工作与网络技术的有机结合，可利用电子公告牌这个开放园地与思想政治工作对象共同讨论问题，以达到明辨是非、提高认识的自的。

2. 高度重视发挥文化的社会教育功能，创建群众性的文化活动新载体。要把党的政治优势同市场机制有效结合起来，借助利益驱动力，努力提高工作成效，形成思想工作“投入产出”的良性循环。要从满足群众不断增长的精神文化需求出发，提升思想政治工作的人文内涵、情感色彩和活动品位，寓教于学，寓教于乐，开辟群众喜闻乐见的工作新途径。

3. 思想政治工作与企业文化相结合，塑造企业形象。思想政治工作与企业文化相结合，把思想政治工作渗入管理工作之中，使思想政治工作促进企业文化建设；建立健全精神文明建设和思想政治工作的各项制度，克服企业文化代替企业思想政治工作的偏见，真正做到思想政治工作的规范化、程序化和科学化。

4. 整合民间教育资源，复兴优良的传统道德。民间信仰和风俗习惯是我国悠久历史的积淀，包含着进步因素和极其珍贵的价值蕴涵，维系着传统道德观念，成为中华民族的精神纽带。汲取其中的积极因素为今所用，是近年来基层思想政治工作的新动向。

四、关于基层思想政治工作机制创新

(一)强化领导机制

确立思想政治工作是“一把手工程”的全局意识，将领导干部作为思想政治工作第一责任人和第一对象，把“首抓、重抓”形成制度，建立一岗双责、双向兼职的领导模式。地方党委建立由党委统一领导、党政主要领导亲自抓、一把手负总责的领导体制，同时根据需要建立起各负责人参加的思想政治工作联席会议制度，形成在党委统一领导下，社会各方面齐抓共管、职责明确的工作机制，做到常抓常新。构建“覆盖全员、全过程的思想政治工作网络，形成‘横是一片，竖是一线’的思想政治工作新体系”。

(二)优化调控机制

1. 建立管理系统。推行目标管理实践，即把思想政治工作目标分解到各个工作机构和有关人员身上，构成一个相互制约的工作责任制体系，使各部门和人员能按照自身职责，从不同角度、以不同方式开展工作，形成合力，最终实现思想政治工作的总目标。同时还应建立与之相适应的保证体系，运用聘任、奖惩、分配等手段，对工作目标的实现实施有效调控。

2. 健全反馈体系。加强工会、共青团等群众组织建设，充分发挥其桥梁作用，以拓展信息反馈渠道，建立健全信息上报制度，确保工作系

统信息畅通，提高信息传输的质量效益，并及时对信息进行分析研究，提出改进建议。

3. 强化调节权威。强化对决策过程的调节，明确思想政治工作指挥、管理部门的领导职能与权威，不断增强其系统自我调节、自我完善的能力。

(三)完善运作机制

1. 完善教育机制。即在内容上将政治导向、思想教育、道德示范、法纪约束及文化陶冶有机结合起来，推进群众自我教育、相互教育，构建“大政工”工作网络。

2. 完善渗透机制。即把思想政治工作渗透到具体工作中去，把影响大局的、群众关心的问题作为工作的突破口。基层思想政治工作必须围绕中心工作，结合渗透到具体工作中去。

3. 完善预警机制。即建立反应敏捷、运转高效的预警机制，增强工作的预见性、超前性和主动性，从而保证及时地掌握社会舆论动态。

(四)建立评估机制

1. 建立健全科学的绩效考评机制，这是优化思想政治工作，体现责权利相统一的重要保障。只有健全严格的思想政治工作监督与考评机制，对思想政治工作和政工队伍的思想、能力与工作实绩进行定期评议，实行有效的监督和量化考核，才能促进思想政治工作有序开展。为确保思想政治工作量化考评工作科学、公正，要实行领导考核与群众评议相结合，文字考核与实际考察相结合，软指标考核同硬指标考核相结合的办法。要把思想政治工作的实绩作为对干部考核、使用和奖惩的重要内容与依据。

2. 综合运用评估方法。充分利用先进的测量与评定技术，同时借鉴管理科学中的检测、评估方法，通过定性与定量相结合的分析，对思想政治工作的实践结果进行多形式、多层次的综合性评估。

五、关于基层思想政治工作队伍建设创新

(一)确立“思想政治工作者也是专业人才”的观念

基层党组织高度重视新时期的政工干部队伍建设，把选拔好、培养好、使用好思想政治工作人员，作为建设基层人才高地的重要组成部分，大力推进政工干部队伍的知识化、年轻化和复合化，打造一支与新时期思想政治工作发展相适应的政工干部队伍。通过多种渠道，采取有力措施，培养一批既熟悉党务和政工业务，又懂生产经营、熟悉业务，政治素质高、乐于奉献的党务政工专门人才。

(二)努力打造全员性的思想政治工作队伍体系

要把政工干部和思想政治工作者的概念区分开来。政工干部不仅是思想政治工作的领导者、组织者、策划者和保证监督者，也是从事思想政治工作的专业人员，而思想政治工作者不应只是政工干部；人人都可以是思想政治工作者，人人都应当通过本职工作岗位来做好思想政治工作。因此，基层党组织从系统、部门、单位的层次、性质、规模等实际出发，灵活机动地设置工作机构，配备政工干部；政工人员在保留专职化的同时，形成“专兼结合”、“双肩挑”、“一岗两职”等多种模式，充分发挥行政管理人员主动开展思想政治工作的积极性。

(三)建构思想政治工作队伍的“造血”机制

基层党组织一方面重视思想政治工作队伍的培训，通过继续教育工程，不断提高政工干部的岗位能力；另一方面重视政工队伍后备干部的培养，把一大批年轻化、知识化人才充实到思想政治工作岗位，补充新鲜血液，优化思想政治工作队伍。引入市场化运作机制，通过公开招聘、竞争上岗等途径，引进优秀人才，调动政工干部积极性，激励他们勤奋工作、积极创新、有所成就。优化政工队伍结构，在保证工作连续、队伍稳定的基础上，有计划地组织政工人员与行政管理人员、经营管理人员之间的岗位交流，培养更多的复合型干部，也为政工干部的发展提供更多的机会。

(作者：武汉大学政治与公共管理学院博士生)

第六部分

文化建设的大发展大繁荣

精心组织文艺精品创作生产
更加自觉更加主动地推动文艺大发展大繁荣

——在第十届精神文明建设“五个一工程”表彰座谈会上的讲话

（2007年9月7日）

刘云山

党的十六大以来，广大文艺工作者以邓小平理论和“三个代表”重要思想为指导，深入落实科学发展观，认真贯彻党的文艺方针政策，解放思想、振奋精神，积极投身现实生活、投入文艺创作。同我国经济社会各项事业蓬勃发展一样，社会主义文艺事业取得了令人瞩目的巨大成就，精品佳作大量涌现，文化产品更加多样，文化市场日益繁荣，人民群众精神文化生活不断丰富。可以说，目前我国文艺作品数量之多、品种之丰富、题材之广泛前所未有，文艺领域呈现出大团结、大繁荣、大发展的生动局面。

精神文明建设“五个一工程”自1991年实施以来，坚持先进文化前进方向，弘扬主旋律，提倡多样化，不断探索精神文化产品创作生产的新途径，推出了一大批为人民群众喜闻乐见的优秀作品，培养了一大批文艺创作生产骨干，对组织文艺精品创作生产起到了很好的示范和带动作用，对繁荣我国社会主义文艺事业起到了积极的促进和推动作用。这次报送参评本届“五个一工程”的上千部作品，基本包括了十六大以来各地创作推出的电影、电视剧、戏剧、歌曲、广播剧、文艺类图书等各艺术门类的优秀作品，涵盖革命历史、英模人物、民族团结、西部开发、反腐倡廉和教育、科技、卫生、军事、公安等各种题材，涉及经济、政治、文化和社会生活各个方面，充分体现了当代文学艺术创作在题材、主题、内容选择上的丰富性和多样性。这次获奖的268部作品，就是优中选优的代表性作品，是经过群众检验、得到社会认可的精品佳作。这是文艺界坚持“三贴近”原则、推进文艺创新的重要收获，是党的十六大以来文艺创作生产丰硕成果的一次集中展示。可以说，精神文明建设“五个一工程”已经成为我国精神文化产品创作生产的精品工程和示范工程，成为社会公认的文化品牌。

当前，我国经济社会发展已站在一个新的历史起点上，中华民族进入一个伟大复兴的时代。江泽民同志指出：“实现中华民族伟大复兴的时代，是需要伟大文艺作品的时代，也是能够产生伟大文艺作品的时代。”繁荣发展社会主义文化是全面建设小康社会、构建社会主义和谐社会的内在要求，是满足人民群众日益增长的精神文化需求的迫切需要。胡锦涛同志最近在中央党校的重要讲话中强调，我们必须更加自觉、更加主动地推动文化大发展大繁荣，更好地保障人民群众的文化权益。这是党中央对加强社会主义文化建设提出的新要求。更加自觉、更加主动地推动文化大发展大繁荣，要求我们进一步加大创作生产力度，推出更多思想性、艺术性、观赏性俱佳的文艺精品，不断把最好的精神食粮奉献给人民。下面，我就精心组织文艺精品创作生产，更加自觉、更加主动地推动文艺大发展大繁荣，讲几点意见。

1. 始终坚持先进文化前进方向，用更多弘扬时代主旋律的文艺精品推动社会主义核心价值体系建设。先进文化是人类文明进步的结晶，又是推动人类社会前进的精神动力。社会主义核心价值体系是社会主义制度的内在精神之魂，是社会主义先进文化的根本，推进核心价值体系建设是文艺工作的重要职责。文艺作品潜移默化地影响着人们的思想观念、价值取向、道德情操，对于建设核心价值体系、形成全民族奋发向上的精神力量具有不可替代的独特作用。这次表彰的许多优秀作品，有的高扬革命理想、讴歌英雄主义，有的颂扬民族传统美德、礼赞社会真情大义，有的塑造体现民族精神和时代精神的社会主义新人形象，无论是故事、情节还是思想、主题，都打上了鲜明的时代烙印，反映了人民群众创造美好生活的理想，体现着社会主义核心价值体系的要求。比如，电视剧《延安颂》通过挖掘珍贵的革命历史题材资源，用独特的艺术手法，热情讴歌了以毛泽东同志为代表的中国共产党人身上体现出来的伟大延安精神。电影《张思德》通过反映战争年代一位普通士兵的平凡小事，表现了张思德同志对革命工作的极大热忱和全心全意为人民服务的崇高精神。话剧《立秋》通过描写山西"丰德票号"的历史变迁，生动形象地表现了"纤毫必偿、诚信为本"的商业道德理念。这些优秀作品的创作实践启示我们，高远的立意、深刻的内涵，是一部好作品的关键。我们一定要坚持先进文化前进方向，把社会主义核心价值体系的要求渗透到精神文化产品创作生产之中，弘扬共同理想，培育和谐精神，唱响时代主旋律，用高质量高水平的作品形象地告诉人们什么是真善美，什么是假恶丑，什么是值得肯定和赞扬的，什么是必须反对和制止的，充分发挥优秀文艺作品陶冶情操、提升境界的作用。唱响主旋律，不是简单地喊口号、贴标签。要尊重精神文化产品创作生产规律，牢牢树立正确的文艺观，不断开拓题材视野、丰富创作手段，在"融入"和"渗透"上下功夫，努力寻找历史真实与艺术真实的结合点，使作品的内容与形式有机统一、相得益彰。

2. 大力推进文化创新，不断增强文艺精品的表现力吸引力。创新是文化的本质特征。文艺作品的魅力在于创新，文艺事业的生命力也在于创新。本届许多获奖作品大胆突破传统，无论内容上还是形式上都富于创造、富有创意，实现了题材多样化、形式多样化、风格多样化、手法多样化，充分体现了近年来文艺创新发展的成果。比如，电视剧《恰同学少年》把重大革命历史题材和青春时尚元素、主流价值和清新风格较好地融合起来，在人物塑造等方面进行大胆探索，令人耳目一新。电视剧《亮剑》通过精彩的细节和生动的语言，塑造了勇于斗争、敢于胜利、个性鲜明的军人形象，丰富了当代中国军旅文艺。电影《太行山上》充分运用高新技术表现壮观战争场面，生动反映了八路军主力部队与日寇浴血奋战的英雄业绩，具有很强的艺术冲击力。许多戏剧、广播剧和歌曲，也都大量运用高新科技手段，大大增强了艺术表现效果。这些优秀作品的创作实践启示我们，创新是文艺工作的永恒主题，也是推出文艺精品的必由之路。特别是在文化样式日益丰富、人民群众欣赏习惯和审美情趣发生很大变化的今天，推进文化创新显得尤为重要。要坚持解放思想、实事求是、与时俱进，以敢为人先的胆识、超越前人的勇气，大力推进观念、内容、风格、流派的积极创新，使文艺创作的体裁、题材、形式、手段得到充分发展。要以礼敬、自豪的态度善待我们的优秀文化传统，以更加开阔的视野对待世界各民族文化，深入挖掘和提炼民族传统文化中的有益思想价值，积极借鉴人类一切优秀文明成果，努力使我们的文艺精品符合时代进步潮流，具有中国特色、中国风格、中国气派。增强文艺作品的艺术表现力，需要从多方面努力。随着现代科技的迅猛发展，技术对艺术水准的提高发挥着越来越大的作用。我们必须紧紧抓住高新技术快速发展的历史性机遇，积极推进文化艺术与科学技术的结合，重视技术、用好技术，让艺术插上技术的翅膀，不断增强文艺作品的吸引力、感染力。这里需要指出的是，文艺创作是一种独特的精神创造，精品的创作生产更是一项非常艰苦的复杂劳动，需要付出辛勤的汗水和加倍的努力。要坚持精益求精，以对人民负责、对艺术负责的精神，精巧构思、精心制作，一丝不苟、反复磨砺，努力打造能够传之久远的文艺精品。

3. 贴近实际、贴近生活、贴近群众，使文艺精品更好地为人民群众喜闻乐见。贴近实际、贴近生活、贴近群众，体现了马克思主义的实践观、群众观、历史观，是社会主义文艺必须坚持的重要原则，也是文艺精品为群众喜闻乐见的内在要求。本届入选的许多作品之所以能产生广泛的社会影响，很重要的一条就是坚持了"三贴近"。比如，电视剧《插树岭》以其厚重的生活基础和浓郁的乡土气息，生动反映了东北农村的现实生活，赢得了广大观众的喜爱，在去年中央电视台一套黄金时段电视剧收视排行中名列前茅。电影《云水谣》取材于跨越海峡两岸、历经半个多世纪的真实爱情故事，以其强烈的艺术感染力引起广大观众特别是青年观众的共鸣，实现了社会效益和经济效益的统一。这些优秀作品的创作实践启示我们，只有贴近实际、贴近生活、贴近群众，我们的文艺作品才能受到群众好评，赢得市场青睐。人民群众是社会主义文艺的主体，人民群众的历史创造活动是文艺创作的丰厚土壤和源头活水。文艺工作者要自觉深入改革开放第一线，深入经济建设最前沿，善于从现代化建设实践中发现令人感奋的变化，从日常社会生活中汲取丰富多彩的素材，创作出更多反映时代进步、具有时代特色，给人以鼓舞、给人以启迪的优秀作品。要把人民群众作为文艺表现的主要对象，用生活化、平民化的视角，说老百姓的事，叙老百姓的情，真实反映普通群众的喜怒哀乐，热情讴歌普通群众的精神风貌，为人民放歌、为人民抒情、为人民呼吁，努力成为人民的歌手。同时还要看到，人民群众是最权威的评判者，也是最有眼光的鉴赏者。要建立社会公众评价与反馈体系，把群众喜欢不喜欢、爱看不爱看、满意不满意作为检验作品的重要标准，使我们的文艺符合人民群众的愿望，更好地满足人民群众的需求。

4. 培养造就更多优秀文艺人才，为文艺精品创作生产提供人才支撑。人才是事业之本，人才辈出是文艺繁荣兴旺的基本条件和重要标志。"五个一工程"实施以来，凝聚和培养了大批各门类的优秀文艺人才。文艺大发展大繁荣的过程，应当是文艺精品异彩纷呈、优秀人才大量涌现的过程。要高度重视人才队伍建设，认真实施人才培养工程，建立充满生机与活力的人才培养机制，通过培训进修、专题研讨、组织采风、挂职锻炼等多种形式，不断提高文艺人才的思想和艺术素养，努力造就各门类领军人物。要坚持尊重劳动、尊重知识、尊重人才、尊重创造，认真贯彻"百花齐放、百家争鸣"的方针，充分发扬艺术民主和学术民主，提倡不同风格的自由发展，着力营造有利于人才成长的良好社会环境，让文艺工作者的才华有展示舞台、创造有实现空间、贡献得到社会尊重。要切实关心和爱护文艺人才，满腔热情地同他们交朋友，耐心细致地听取他们的意见建议，多为他们办好事办实事，用体制和政策吸引人才，用事业和感情凝聚人才。文艺工作者应当是人类灵魂工程师，要进一步加强学习、加强修养，牢固树立社会主义荣辱观，把创作自由与社会责任很好地统一起来，培育良好职业精神，努力做到德艺双馨，以高质量的文艺作品回报社会、服务人民，成为人民喜爱的作家、艺术家。

5. 进一步深化文化体制改革，为文艺精品创作生产提供不竭动力。改革是动力，是解放和发展文化生产力、繁荣社会主义文艺的根本途径。十六大以来，文艺事业所以能够开创新的局面，文艺精品所以能够不断涌现，很大程度上得益于文化体制改革的深入推进。今后我们要解决制约发展的深层次矛盾和问题，进一步促进文艺事业的繁荣发展，关键还是要继续深化改革。要按照中央总体部署，加大力度、加快进度，努力在经营性文化单位转企改制、深化文化单位内部改革、创新文化管理体制等方面取得新的进展。要加快一般文艺演出院团和出版发行、影视制作等国有经营性文化单位转企改制，把改革与发展结合起来，把盘活存量与壮大增量结合起来，努力培育一批有创新能力、有知名品牌、有自主知识产权的国有及国有控股的文化企业和企业集团。文化产品的创作生产，只靠政府投入是不够的，必须引进社会资金。目前我国影视剧的制作，社会投资已超过50%，这次获奖作品中有不少就是由多元投资创作生产的。我们要适应形势发展的需要，注重培育文化领域的战略投资者，引导社会资金参与国有文化企业的转企改制，参与重点文艺项目和作品的创作生产，鼓励和支持民营文化企业发展，推动各类文化企业平等竞争、相互促进。要树立市场营销意识，加快完善文化市场体系，发展市场中介机构和行业组织，运用现代营销手段和市场规则，推动文艺精品进入市场、占领市场，不断扩大市场覆盖面和社会影响力。文艺工作者是推进文化体制改革的主体，没有他们的理解支持和积极参与，改革就难以持久深入。要坚持用改革凝聚人心，尊重文艺工作者的主体地位，注意增强改革政策的科学性、协调性，进一步完善财政、税收、人事、社会保障、资产管理等配套措施，妥善处理各方面利益关系，充分调动广大文艺工作者的积极性、主动性、创造性。

6. 切实加强组织领导，为文艺精品创作生产提供有力保障。文艺精品的创作生产，既需要作家艺术家富有个性的创造劳动，又离不开科学有效的组织协调。多年来，在“五个一工程”实施过程中，各省区市党委宣传部和中央有关部门、单位做了大量卓有成效的组织协调工作，发挥了积极作用。要认真总结各地各部门的好经验、好做法，把文艺精品创作生产作为文化建设一个十分重要的方面，进一步加强组织领导，加强统筹协调，加强政策支持和资金扶持，努力形成文艺精品创作生产的激励和保障机制。要以“五个一工程”为重点，积极实施文艺精品战略，加强题材规划、优化资源配置，组织精兵强将，调动各方面力量，努力形成文艺精品创作生产的强大合力。要进一步完善评奖管理办法，增强权威性严肃性，把群众认同、市场认可的好作品评选出来，充分发挥文艺精品的示范和导向作用。要切实加大宣传推介和文艺评论力度，把优秀作品放在黄金时段播映，把宣传评介文章放在重要版面刊登，进一步扩大文艺精品的社会影响。当前，要按照已有部署，认真组织好第十届“五个一工程”获奖作品的展演、展映、展播，充分展示文艺事业繁荣发展的丰硕成果，努力为党的十七大召开营造欢乐、喜庆、祥和的文化氛围。

实现文艺的大发展大繁荣是时代的呼唤，是人民的期待，文艺工作者责任重大、使命光荣。我们一定要紧密团结在以胡锦涛同志为总书记的党中央周围，坚持以邓小平理论和“三个代表”重要思想为指导，深入贯彻落实科学发展观，更加自觉、更加主动地投身文化建设，为实现社会主义文艺事业的大发展大繁荣作出应有贡献。

大发展大繁荣是广大文化工作者的不懈追求

——十六大以来文化建设成就巡礼

孙家正

十六大以来的五年，是我国社会主义文化建设稳步推进、全面发展的五年。在以胡锦涛同志为总书记的党中央的领导下，广大文化工作者坚持以邓小平理论和“三个代表”重要思想为指导，深入贯彻落实科学发展观，积极投身以社会主义核心价值体系为根本的和谐文化建设，文化氛围更加融洽和谐，文化创新更加积极活跃，文化产品日益丰富，服务质量不断提高，文化建设与政治建设、经济建设、社会建设协调发展，文化领域大团结、大繁荣、大发展的良好局面已初步形成。

一、国家对文化事业投入明显加大，文化建设的基础更加巩固

十六大以来，国家财政对文化事业的投入达到了历史最高水平。全国文化事业经费累计达到580.82亿元，年均增长22.5%，2006年全国文化事业费比2001年增加88.6亿元。文化建设的财政投入逐渐向农村和西部倾斜。中央和省级财政设立了专项扶持资金，加大对农村地区特别是老、少、边、穷地区文化建设的扶持力度。五年来累计对农村投入159.44亿元，并以年均增长16.5%的速度快速增加，仅2006年对农村文化的投入就达到44.6亿元，占总投入的28.5%，比2001年增加了1.8个百分点。配合西部大开发战略，国家财政逐年加大了对西部地区的文化投入力度，五年累计投入126.09亿元，年均增长15.4%，仅2006年对西部地区的文化建设就投入34.3亿元。

全国文化基础设施建设取得重大进展。五年来，全国共完成基建投资153.73亿元，并以年均10.8%的速度逐年增加。大中型文化设施建设项目显著增加，其中中央重点文化设施建设项目总建筑面积62.18万平方米，概算总投资90.71亿元，已完成投资47.69亿元。中央补助1186个基层文化设施建设项目共5亿元。此举带动了各地对县级图书馆、文化馆建设的投入，各地配套资金达到14亿元，基本实现了县县有图书馆、文化馆的建设目标。

重大文化项目的建设力度不断加大。五年来，国家投入舞台艺术精品工程近2亿元。全国文化信息资源共享工程自实施以来，中央财政投入资金9.03亿元，地方财政安排配套资金超过7亿元。流动舞台车工程拟投资3亿元，购进1000辆车，现已完成投资1亿元。2003年开始实施的送书下乡工程，已完成投资8000万元。非物质文化遗产保护工作已投入1.56亿元。中华再造善本工程已完成投资1亿多元。

二、文化体制改革由点向面拓展，文化生产力进一步解放

十六大对深化文化体制改革作出了明确的部署。五年来，在党中央的正确领导下，全国文化体制改革工作把握平稳，进展顺利，正由点到面逐步推开。2003年，中央召开了文化体制改革试点工作会议，确定在9个地区和35个宣传文化单位进行改革试点。2005年底中央下发《关于深化文化体制改革的若干意见》，2006年上半年召开全国文化体制改革工作会议，这标志着文化体制改革进入了一个新的阶段。

（一）公益性文化事业单位内部机制改革力度加大。以“增加投入、转换机制，增强活力、改善服务”为目标，国家图书馆、浙江图书馆、广东

图书馆积极深化内部机制改革。广东创立流动图书馆和博物馆协作网，公共服务能力和水平显著提高。

（二）经营性文化事业单位转企改制取得突破性进展。按照“创新体制、转换机制，面向市场、壮大实力”的要求，文化系统积极推动经营性文化单位转企改制，培育市场主体。经营性文化事业单位转制后，按照现代企业制度的要求建立新的管理体制和运营模式，以资本为纽带，以市场为导向，通过调整结构、整合资源、引入社会资金等多种方式，生产出一批既符合精神文明建设要求，又有市场前景的文化产品，在市场竞争中站稳了脚跟，得到了发展。

（三）积极探索艺术院团改革，取得初步成效。按照“区别对待、分类指导，循序渐进、逐步推开”的方针，艺术表演团体改革步伐进一步加快。中国东方歌舞团、国家话剧院等中直院团在改革后，提高了适应市场的能力，演出收入明显提高。一些地方积极探索规模化经营模式。在政府的引导和支持下，社会资本投入演艺行业的积极性进一步提高。据不完全统计，目前全国民营文艺表演团体已超过7000家。

（四）推进政府职能转变，健全文化市场管理体制。各综合试点地区按照“政企分开”、“政事分开”、“管办分离”的原则，进一步转变政府职能。各地文化主管部门扶持经营者成立行业协会，完善了行业协会的功能。试点地区文化市场的综合执法改革进展顺利，统一组建工作已基本完成。

三、文艺创作进一步繁荣，优秀作品不断涌现

十六大以来，广大文化工作者坚持贴近实际、贴近生活、贴近群众，坚持民族化、大众化、精品化的创作取向，坚持精品剧目创作生产与创新体制机制相结合，创作出了一大批面向群众、面向市场的优秀作品。

（一）实施艺术精品战略，带动文艺创作园地百花争艳。自2002年起，启动“国家舞台艺术精品工程”，资助150台舞台艺术各门类的佳作，推出40台原创民族文艺作品，培养了一批名牌院团和名牌剧目。自2005年起，实施“重大历史题材美术创作工程”，拟创作100幅（件）反映1840年以来中国人民革命历程以及社会主义建设的历史题材美术作品；启动“国家美术作品收藏和捐赠项目”，设立“国家美术作品收藏和捐赠奖励资金”，用于抢救与收藏20世纪具有代表性的重要美术作品；改革重大艺术活动举办方式，艺术精品的引导、带动作用得到了更充分的发挥。将“文华奖”与第七届中国艺术节相结合，整合了大型赛事和展演，扩大了院团面向市场、政府引导创作的平台。精心组织纪念邓小平诞辰100周年、抗日战争和世界反法西斯战争胜利60周年、长征胜利70周年的大型文艺晚会等重大演出活动，赢得了各界的广泛好评。

（二）加强对传统艺术的抢救、保护和扶持，中华民族文化瑰宝在创新中薪火相传。国家完成了地方戏、京剧、昆曲、话剧、儿童剧、交响乐、民族歌剧音乐剧、舞剧舞蹈、杂技、曲艺、木偶皮影等一系列现状调查报告，进一步提高了决策的科学性和针对性。实施昆曲艺术抢救、保护和扶持工程，在昆曲优秀传统剧目的挖掘与整理、昆曲新剧目的创作、昆曲优秀折子戏录像、昆曲普及公益性演出、昆曲资料的抢救与保存、昆曲人才培养等方面，开展了一系列卓有成效的工作，有力地推动了昆曲艺术的传承与发展。开展全国重点京剧院团评估工作，共评选出11个全国重点京剧院团和17个省级重点京剧院团，在此基础上制定了《国家重点京剧院团保护和扶持规划》。先后举办多届中国京剧节、昆曲节、越剧节、评剧节、全国地方戏优秀剧目展演等活动。2007年为中国话剧百年华诞举办了多项活动，迎来了话剧发展的新阶段。

（三）坚持面向基层、面向群众，艺术普及活动蓬勃开展。各地艺术院团深入广大农村和贫困地区、革命老区、少数民族地区进行慰问演出。2002至2006年，在农村演出场次达136

万场，观众人数超过20亿人次。与此同时，文化部、教育部和财政部联合实施“高雅艺术进校园”活动。2006年，文化部直属院团奔赴全国14个城市的98所高校，免费为十几万大学生奉献了111场高雅艺术的演出。

四、文化基础设施建设步伐加快，公共文化服务体系日益完善

十六大以来，在政府主导、社会力量积极参与下，农村和中西部地区公共文化服务网络得到较大改善，公共文化产品供给能力大幅度提高，公共文化服务体系进一步健全。

（一）加强文化基础设施建设，公共文化设施网络逐步完善。国家一大批重点文化设施相继开工或投入使用，各地重点文化设施建设也取得了显著成效，形成了建国以来文化设施建设的新高潮。配合社会主义新农村建设，公共文化服务网络逐渐向农村延伸，县、乡两级公共文化服务网络进一步形成。

（二）优先安排关系群众切身利益的文化建设项目，公共文化服务能力全面提升。重大文化项目成为推动文化工作的有力抓手，带动了各地文化经费的增加和公共文化资源的整合。全国文化信息资源共享工程为城乡群众提供了先进的数字化文化服务。目前，已整合数字资源量达到60TB，相当于1500万册电子图书或55560小时视频节目，辐射上亿人口，在丰富广大人民群众特别是经济欠发达地区群众的精神文化生活，缩小城乡之间、区域之间文化发展差距等方面发挥了重要作用。实施送书下乡工程和流动舞台车工程，充实基层文化机构的服务内容，基层群众看书难、看戏难的问题得到一定程度的缓解。

（三）公共文化产品和服务的内容与形式不断丰富，人民群众的文化需求得到进一步满足。文化馆、图书馆、博物馆、美术馆等公共文化单位积极转变机制，增强活力，改善服务，进一步活跃了群众文化生活。各地还积极推动公共服务向农村和社区流动。五年来，全国公共图书馆累计流通人次8.92亿，累计图书流通7.95亿册次，累计购书费17.04亿元，新购图书累计4194万册。各级各类博物馆每年陈列展览数量近1万次，观众1.5亿人次以上。

（四）着力加强农村公共文化建设，农民文化生活质量有所提高。在中办、国办《关于进一步加强农村文化建设的意见》指导下，自2006年起，国家财政安排“农村文化建设专项资金”，通过“以奖代补”的方式，支持中西部地区开展有地域特色、适合当地风俗的农村文化活动，促进农村普及文化和特色文化协调发展。地方财政也努力增加农村基层文化投入，并积极创新投入方式和管理模式。各级文化部门充分发挥公共文化机构的作用，挖掘优秀民族民间文化资源，开展各种文娱活动、民俗活动，活跃农民群众的文化生活。农民自办文化活动蓬勃兴起，已成为新时期农村文化生活的重要形式和国办文化的重要补充。

五、坚持繁荣与管理并重，文化市场更加繁荣有序

十六大以来，我国的文化市场建设坚持“一手抓繁荣、一手抓管理”的方针，把工作重点从治理整顿转移到集中治理与长效管理机制建设相结合的轨道上来，文化市场面貌明显改观。

（一）文化市场体系初步建立。目前，我国已初步健全了由娱乐业、演出业、音像业、网络文化业、艺术品业等组成的文化行业体系。由文化行政部门主管的文化市场已基本实现了对非公有资本的全方位、全过程开放。文化行政部门设立了网络文化管理机构，积极推动网络、动漫等新兴业态发展。建立新的出口审核机制，设立国产音像制品出口专项资金，实行出口补贴，鼓励和支持音像经营单位开拓海外市场。2005年，10家申请专项资金资助的企业出口额达到5485万元。

（二）文化市场管理机制逐步完善。文化部门下放行政审批权力，简化审批程序，规范管理手段，提高了管理效率，增强了服务能力，促进

了结构调整，为文化市场的繁荣发展扫清了体制性障碍。以先进的科技手段管理市场，大力推进网吧技术监控平台建设、文化市场电子政务建设、全国卡拉OK内容管理服务系统建设，建立了文化市场动态监测网络，形成了文化市场信息报送和快速反应机制。

(三)文化市场秩序明显好转。坚持集中治理与长效机制建设相结合，开展了电子游戏清理整顿、网吧专项整顿和文化市场集中执法工作。加强执法队伍建设和部门间的沟通和协作，支持行业协会自律，进一步完善了社会监督机制。制定文化产品进口规划和进口审查标准，加强了对文化进口产品的宏观调控和分类管理。深入开展净化网络游戏工作，加强了新兴文化市场领域内的知识产权保护。

六、文化产业蓬勃发展，产业新格局初步形成

十六大以来，随着国家一系列鼓励发展文化产业的政策措施相继出台，大量资本和人力资源进入文化产业，一个以公有制为主体、多种所有制共同发展的文化产业新格局正在逐步形成。

(一)文化产业快速增长。国家颁布了《关于非公有资本进入文化产业的若干决定》等一系列文件。2004年和2006年，文化部分两批命名了78家国家文化产业示范基地。国家设立了奖励文化产品出口专项资金。2006年我国文化及相关产业实现增加值5123亿元，比2005年增长17.1%，增长速度高出同期GDP年增长速度6.4个百分点。2006年文化产业增加值占GDP的比重为2.45%，文化产业对GDP增长的贡献率为3.41%，拉动GDP增长0.36个百分点。文化产业成为提供就业机会的国民经济重要行业、产业结构优化的主导行业和经济增长的重要支柱产业。

(二)文化企业集团化带动文化产业向集群化方向发展。在政策的引导和推动下，全国各地涌现出许多像中国对外文化集团、北京儿童艺术剧院股份有限公司、江苏演艺集团等大中型国有或国有控股文化企业，以及上海盛大网络、北京麦乐迪、浙江宋城集团等一大批民营龙头文化企业。在大型文化企业和企业集团的带动下，我国文化产业的聚集效应明显增强，规模化、集约化、专业化水平不断提高。

(三)文化产业多元化投资格局初步形成。目前，民营文化企业已成为我国发展文化产业的一支不可缺少的重要力量。2005年，内资私营文化企业营业收入达1913.1亿元。外资进入文化领域的积极性也不断增强。目前，我国已初步形成了以公有资本为主体，民营和外资迅速进入的多元化文化产业投资格局。

(四)新兴文化产业发展迅猛。2006年，我国网络游戏市场规模已达到65.4亿元，与2005年相比，发展增速高达73.5%，为相关行业带来的直接收入达333.2亿元，已经成为全球最具发展潜力的市场。

(五)推出了一批影响较大的出口文化品牌。在政府的引导和支持下，一批有实力的文化企业积极开拓国际文化市场，培育出一批具有民族特色、自主知识产权和原创性的知名文化品牌，演出收入大大提高。有的剧目节目已接近或达到国际演艺产品的价格水平，如上海城市舞蹈公司推出的杂技芭蕾舞剧《天鹅湖》，国际演出价格最高的场次达5万美元，创下我国舞台剧国际商业演出单场收入的最高纪录。

七、文化遗产保护力度不断加大，优秀传统文化得到弘扬

2005年，国务院下发了《关于加强文化遗产保护的通知》。国家设立了“文化遗产日”，成立了国家文化遗产保护领导小组，文化遗产保护宣传深入人心，社会各界保护文化遗产的意识逐渐增强。

(一)贯彻“保护为主，抢救第一，合理利用，加强管理”的方针，文物保护工作全面推进。国务院公布了第六批全国重点文物保护单位

1080处,全国重点文物保护单位总数达到2351处。组织开展了第六批全国重点文物保护单位保护状况调查,制定了保护方案。文物保护科技水平不断提高。我国拥有的世界遗产达到35处,位居世界前列。

(二)非物质文化遗产保护工作提上政府重要议事日程,并取得突破性进展。2003年启动了中国民族民间文化保护工程,2005年国务院办公厅发布了《关于加强我国非物质文化遗产保护工作的意见》,成立了中国非物质文化遗产保护中心。大多数省、区、市建立了省级非物质文化遗产保护中心。2005年启动了全国非物质文化遗产普查工作。2006年5月,国务院批准公布了第一批国家级非物质文化遗产名录项目518项,涉及758个申报地区或单位。目前,全国各省、区、市都已建立了省级非物质文化遗产名录。

八、对外及对港澳台文化交流日益活跃,中华文化在世界上的影响不断扩大

十六大以来,我国的对外文化交流持续向广度和纵深发展,五年来先后与145个国家签订政府间文化合作协定和近800个年度文化交流执行计划,同世界上大部分国家保持着良好的文化交流关系,在重要外交场合和国际多边场合开展了丰富多彩的文化外交活动。文化交流服务于国家外交大局的优势进一步发挥,在出访国组织一系列影响较大的文化活动,有力地配合了党和国家领导人的出访活动。充分利用举办"文化年"、"文化月"、"文化周"、"文化节"等方式,加强了对重点国家和地区的文化交流。大型国际文化活动逐渐成为在世界上广泛传播中华文化的重要载体。海外中国文化中心建设取得历史性突破。与联合国教科文组织及其他国际文化组织的联系与合作进一步加强,中国在国际社会的地位进一步提高。另外,与香港、澳门特别行政区和台湾地区的交流与合作领域不断拓展,增进了港澳台同胞对中华文化的认同。五年来,年均交流项目逾200项,8000余人次,呈现出渠道增多、范围扩大、层次提高的特点。

九、文化政策法规建设稳步推进,依法行政能力显著提高

十六大以来,各级文化主管部门积极完善公益文化事业的投入政策、支持文化产业发展的政策、保障文化体制改革的政策,积极推动文化立法,开展文化普法,加强文化执法,取得了可喜成绩。

国家首次颁布了文化发展专项规划《国家"十一五"时期文化发展规划纲要》。在构建公共文化服务体系方面出台了一系列政策措施,进一步完善了社会捐赠和赞助公益文化事业的优惠政策。在完善产业宏观指导、调控政策的同时,适时调整了文化产业领域的准入、融资、税收等具体政策,为各类市场主体提供了公平竞争的制度环境。加强了知识产权保护,鼓励原创,保证文化产业的科学发展和良性循环。文化法律法规体系进一步健全。重新修订颁布了《文物保护法》和《著作权法》。《非物质文化遗产保护法》提上了国家立法的重要日程。启动了《图书馆法》、《公益文化事业保障法》和《文化产业促进法》的调研起草工作。相继颁布了《文物保护法实施条例》、《长城保护条例》、《公共文化体育设施条例》,修订了《营业性演出管理条例》、《娱乐场所管理条例》。出台部门规章及规章性文件100多件。地方立法也取得了很大的进展。文化领域的各项工作正逐步纳入制度化、规范化的轨道。

十、文化队伍人才辈出,文化创新能力、管理能力和经营能力不断提高

十六大以来,通过实施"人才兴文"战略,全力推进文化人才队伍建设,人才制度建设初见成效,各类文化人才不断涌现,一支规模宏大、结构合理、素质较高的文化人才队伍已经逐渐形成。

文化重在建设，贵在积累。胡锦涛同志在“6·25”重要讲话中指出：“我们必须更加自觉、更加主动地推动文化大发展、大繁荣。”这是党中央的号召，也是广大文化工作者的不懈追求。在新的历史起点上，广大文化工作者将以更加自觉、更加主动的姿态，继往开来，团结奋斗，创造中国文化事业新的辉煌。

（作者：文化部部长）

更加自觉、更加主动地推动文化大发展大繁荣

文化部党组

胡锦涛同志在“6·25”重要讲话中明确指出，加强社会主义文化建设是不断满足人民群众日益增长的精神文化需求的需要，必须更加自觉、更加主动地推动文化大发展大繁荣。这是从全面建设小康社会、实现中华民族伟大复兴的高度提出的重要论断，充分体现了我们党科学发展的战略思想。

文化大发展大繁荣
是全面实施党和国家发展战略的需要

以邓小平理论和“三个代表”重要思想为指导，深入贯彻落实科学发展观，继续解放思想，坚持改革开放，推动科学发展，促进社会和谐，全面建设小康社会，是以胡锦涛同志为总书记的党中央面对新形势提出的党和国家发展战略。这一发展战略落实到文化领域，就是要更加自觉、更加主动地推动文化大发展大繁荣。

一定的文化是一定社会的经济和政治在观念形态上的反映，同时又反过来给经济和政治以巨大的影响。在当今的知识经济时代，文化与经济和政治的相互交融更是达到了前所未有的广度和深度，在综合国力竞争中的地位和作用越来越突出。人们经常用“硬实力”和“软实力”来形容一个国家在经济、军事与文化、外交方面的实力。任何一个国家，如果只有经济上和军事上的强盛，而文化方面的影响力不够，就算不上世界强国。正是基于对世界发展大势和我国实际的正确判断，党的十五大强调社会主义现代化应该有繁荣的经济，也应该有繁荣的文化。只有经济、政治、文化协调发展，只有两个文明都搞好，才是有中国特色社会主义。党的十六大强调，必须大力发展社会主义文化，建设社会主义精神文明，不断增强中国特色社会主义文化的吸引力和感召力。十六大以后，以胡锦涛同志为总书记的党中央提出科学发展观和构建社会主义和谐社会等一系列重大战略思想，坚持协调发展和全面发展，加强文化、教育、医疗等社会事业建设，中国特色社会主义总体布局由经济建设、政治建设、文化建设“三位一体”发展为经济建设、政治建设、文化建设、社会建设“四位一体”。所有这些，都充分表现了我们党对文化建设的高度自觉。全面建设小康社会的实践证明，只有有了社会主义先进文化的发展繁荣，全党全国各族人民团结奋斗的共同思想基础才能不断巩固，经济建设、政治建设和社会建设才能获得强大的精神动力、智力支持和良好的文化环境。无论任何地方和单位，单纯追求 GDP 而忽视文化的行为，都是愚蠢的。其结果必然是：不但文化工作搞不好，其他方面的工作也上不去。

推动科学发展，促进社会和谐，全面建设小康社会，就是要不断满足人民群众日益增长的物质文化需求，促进人的全面发展。随着我国经济的发展和人民生活水平的不断提高，人们对文化的需求将会越来越迫切、越来越丰富。因此，必须努力建设以公共文化产品生产供给、设施网络、资金人才技术保障、组织支撑和运行评估为基本框架的覆盖全社会的公共文化服务体系，切实保障人民群众看电视、听广播、读书看报、参加大众文化活动等基本文化权益。

《中共中央关于构建社会主义和谐社会若干重大问题的决定》指出，构建社会主义和谐社会的一个重要目标和任务，就是到 2020 年，“全民族的思想道德素质、科学文化素质和健康素

质明显提高，良好道德风尚、和谐人际关系进一步形成”。因此，必须建设社会主义核心价值体系，形成全民族奋发向上的精神力量和团结和睦的精神纽带；必须树立社会主义荣辱观，培育文明道德风尚；必须坚持正确导向，营造积极健康的思想舆论氛围；必须广泛开展群众性精神文明创建活动，形成人人促和谐的局面。可以肯定地说，没有文化的大发展大繁荣，没有和谐文化的支撑，构建社会主义和谐社会的目标和任务就不可能实现。

文化大发展大繁荣
是实现中华民族伟大复兴的显著标志

一个国家、一个民族要自立于世界民族之林，必须有强盛的经济、昌明的政治和繁荣的文化。中华民族要实现伟大复兴，也必将是经济、政治、文化的全面复兴。从一定意义上说，文化的复兴及其所达到的高度和成就，较之于经济和政治更具有持久的竞争力和永恒的生命力，因而其地位和作用显得尤为重要。一部人类文明发展史，就是各民族、各地区文化创造的历史。当一个时代一旦成为历史，其文化却依然能留传于后世。正如大诗人李白所说：“屈平词赋悬日月，楚王台榭空山丘。”从这个意义上说，对人类文明演进的贡献大小，最突出的坐标，不是财富，更不是武力，而是文化，是伟大的思想家、科学家、文学家、艺术家及其不朽的精神文化创造成果。显而易见，如果没有文化的大发展大繁荣，也就谈不上中华民族的伟大复兴。

要实现中华文化的伟大复兴，最根本的就是把社会主义核心价值体系的建设抓紧抓好。马克思主义指导思想，中国特色社会主义共同理想，以爱国主义为核心的民族精神和以改革创新为核心的时代精神，社会主义荣辱观，构成社会主义核心价值体系的基本内容。这一核心价值体系，是中国社会主义先进文化的灵魂，是当今中华文化区别于其他任何文化的本质性标志。没有社会主义核心价值体系，我们今天的文化对优秀的传统文化来说，就没有创新和发展，因而也就愧对前人；对于后来的中华文化来说，就没有任何有价值的贡献可言，因而也就愧对后人。总之一句话，没有社会主义核心价值体系的建设，就无从实现中华文化的伟大复兴。

要实现中华文化的伟大复兴，必须重视中华民族优秀传统文化的继承、弘扬与创新。中华民族具有辉煌灿烂、博大精深的古代文化，对人类文明作出过重大贡献。儒家、道家思想、唐诗宋词、四大发明彪炳史册，都对人类文明进程产生过巨大而深远的影响。实现中华文化的伟大复兴，毫无疑问要继承弘扬中华民族的优秀传统文化。但是，近一个世纪以来，由于西方列强入侵，中国封建统治阶级的腐败，中华民族积贫积弱，不但经济、政治落到了世界潮流的后头，文化也丧失了优势地位。自新中国成立以来，如何实现中华文化的传承、整合、重建与创新，一直是摆在全党全国人民面前的严肃而重大的课题。在半个多世纪创造的巨大文化成就的基础上，党的十六大提出“民族精神是一个民族赖以生存和发展的精神支撑。一个民族没有振奋的精神和高尚的品格，不可能自立于世界民族之林”，明确要求把弘扬和培育民族精神作为文化建设的极为重要的任务。这是一个关系到中华民族未来的重大战略思想和部署。

要实现中华文化的伟大复兴，必须重视对世界各国优秀文化的引进、借鉴与吸收。我们今天所处的时代是一个信息化的时代、经济全球化的时代。各种文化的交流与激荡越来越频繁、越来越深广。进行社会主义文化建设，必须着眼于世界文化发展的前沿，积极开展对外文化交流，大胆借鉴和吸收世界各国的优秀文化，同时积极地“走出去”，向世界展示、传播中华文化，尤其是文化建设的新成就。在开展对外文化交流过程中，我们必须坚持“以我为主、为我所用”，“取其精华、去其糟粕”的原则，坚决抵制各种腐朽思想文化的侵蚀。引进外来文化的目的是为了借鉴，而借鉴的目的则在于建设和创造。历史的经验证明，正确合理地引进吸收外来文化，不会导致民族文化自身的削弱或主体性的丧失，反而更能丰富和充实我们的民族文化，促进其新生、繁荣和博大。汉魏时期印度佛教的传入，盛唐时代西域乐舞的输入，以及近代一些西方优秀文化的传入，都极大地推动了中华民族文化的发展，并融合为中华民族优秀文化的有机组成部分。在不断深化对外开放的形势下，我们更要大力引进、借鉴和吸收世界各国的优秀文化，使之与中华文化相融合，不断丰富、发展和壮大社会主义先进文化。

复兴者，光复兴起之谓也。实现中华文化的伟大复兴，最根本的是要创造属于我们这个时代的文化成果。这种文化成果上承中华文化的优秀传统，下启中华文化的未来。每一位文化工作者都必须懂得，泥古不变没有前途，食洋不化没有出息，戏说、恶搞必然蒙羞，只有面向现代化、面向世界、面向未来的，民族的科学的大众的社会主义文化，才是真正具有创新精神的先进文化。为了在正确道路上推动中华文化的创新，我们必须全面推进文化体制改革，最大限度地焕发广大文化工作者勇于创新的积极性，使全社会的文化创造活力充分释放，文化成果不断涌现。我们的时代是一个前无古人的时代，我们理所当然要超越前贤、后启来者。

文化大发展大繁荣
是适应当今世界发展潮流的战略选择

和平、发展、合作，是当今世界发展的时代主潮。世界文化的发展，也顺应并推动着这一时代主潮向前发展。我们发展经济离不开世界经济的大环境，我们搞文化建设也同样离不开世界文化的大环境，只有洞悉世界文化发展的趋势和潮流，才能赢得主动，才能更加自觉、更加主动地推动文化大发展大繁荣。

综观当今世界文化发展的大势，有以下几个方面应引起我们高度重视。

其一，二战以来的半个多世纪，世界上虽然局部战争不断，但是没有爆发大规模战争。从总体上说，当今世界的主流是和平与发展，因而全球经济持续增长，文化发展得到空前重视。其结果是文化消费急剧增长，文化在拉动和推动经济增长中的作用越来越大，由此促进了文化产业在世界范围内的迅速发展。这种现象引起了思想家和政治家对文化问题的关注，文化的价值、作用及其战略意义等等都具有了新的内容。联合国教科文组织从上世纪80年代开始，组织实施了一项“世界文化发展十年”(1988—1997)活动，提出了一些新的文化与社会发展理念，强调新的文化发展战略应包含一系列的协作行动，其目的是在经济和技术发展中将文化和人的价值恢复到中心位置。它倡导形成一种新的思想方法，对发展的质量和人的因素予以更多的重视。我们要推进科学发展，就应当在生产物质产品、发展科学技术以及其他发展举措中更多地体现以人为本的观念和文化的内涵。

其二，世界强国加紧实施文化发展战略。在战争年代，武力和军备是竞争的决定性因素；在和平时期，则转向文化和人才的竞争。一些西方强国凭借其强大的经济科技实力，向全世界推销自己的文化产品。尤其是美国，大肆推行文化扩张主义，已引起世界许多国家的警惕与不安。他们出口的文化产品，不仅赚取了大量外汇，而且把美国的思想观念、生活方式和价值观传播到世界各地。英国、加拿大、澳大利亚等国也都把文化产业作为国家发展战略予以推进，文化产业已经成为国民经济的支柱产业。日本、韩国提出了“文化立国”的口号，他们的动漫、动画和影视产品占据了世界特别是东南亚市场的很大份额。总之，在世界范围内，包括文化产品、科学技术和意识形态等方面的文化竞争日益加剧。面对世界激烈的文化竞争和文化贸易的严重“逆差”，我们只有加快发展文化事业和文化产业，不断增强文化的整体实力和竞争力，才能争取主动，赢得竞争的有利地位。

其三，联合国教科文组织一直致力于世界范围内的文化保护和文化创新。60多年来，他们制定了一系列与文化相关的国际条约，如经济、社会及文化权利公约，知识产权和文化遗产保护方面的公约，维护世界文化多样性公约，以及最近通过的国际互联网知识产权保护公约，等等。这些国际条约对于规范国际间的文化交往和文化权利，维护世界文化生态和公平竞争，促进世界各国的文化遗产保护和文化创新，具有积极的作用。特别是近些年来，联合国教科文组织在人类历史文化和自然遗产保护及非物质文化遗产保护方面进行了卓有成效的工作，有力地促进了各国对文化遗产的保护。改革开放以来，随着我国国际地位的提高，我们积极参与联合国及其教科文组织的相关活动和事务，参与或推动有关国际规则的制定，增强了我国在国际文化交往中的话语权，在世界上树立了我国作为负责任的大国形象，为维护本国和世界的文化权利、促进世界文化发展作出了应有的贡献。在今后，我们推动文化大发展大繁荣，应当包括更加自觉、更加主动地参与联合国及其教科文组织的相关活动和事务，为保护我国和世界文化遗产、维护世界文化多样性、发展繁荣世界文化作出更大的贡献。

胡锦涛同志在中国文联第八次全国代表大会、中国作协第七次全国代表大会上的重要讲话中指出："中华民族的伟大复兴必将伴随着中华文化的伟大复兴。"这是一个科学的预见，这是中华民族的豪迈誓言。我们坚信，在中国共产党的正确领导下，在中国特色社会主义道路上，我国文化大发展大繁荣的局面一定会到来，中华文化的伟大复兴一定会实现。让我们挥洒聪明才智，张开想象的翅膀，用创造性的劳动成果去迎接它！

推动社会主义文化大发展大繁荣

胡振民

胡锦涛同志在党的十七大报告中突出强调了加强文化建设、提高国家文化软实力的极端重要性，对兴起社会主义文化建设新高潮作出全面部署。这充分反映了我们党对当今时代发展趋势和我国文化发展方位的科学把握，体现了我们党在新的历史条件下的高度文化自觉。我们一定要认真贯彻中央部署，加强改进文艺和文联工作，繁荣文艺事业，为推动社会主义文化大发展大繁荣作出贡献。

一、充分认识十六大以来文化建设和文艺工作取得的巨大成就，进一步增强做好文艺工作和文联工作的坚定信念和坚强决心

五年来，以胡锦涛同志为总书记的党中央从全面推进社会主义现代化建设的总体布局出发，把文化建设和文艺工作摆到突出位置，作出一系列重大决策部署，为开创新局面指明了方向。十六届三中全会把深化文化体制改革、加强文化建设纳入完善社会主义市场经济体制的总体布局加以强调。十六届四中全会把建设社会主义先进文化确定为党的执政能力建设的重要内容，并提出建设社会主义先进文化的基本要求。十六届五中全会把建设社会主义先进文化确定为贯彻落实科学发展观必须抓好的一项重大任务。十六届六中全会从中国特色社会主义总体布局和全面建设小康社会全局出发，对构建社会主义和谐社会作出全面部署，把建设和谐文化提到更加突出的位置。在此期间，中央先后下发了《关于深化文化体制改革的若干意见》、《国家“十一五”时期文化发展规划纲要》、《关于加强公共文化服务体系建设的若干意见》等一系列重要文件，为全面推进社会主义文化建设和文艺工作注入了强大动力，指明了前进方向。

五年来，各级党委和政府认真贯彻中央关于文化建设和文艺工作的方针政策和决策部署，加强领导，统筹协调，凝聚各方面的智慧和力量，文化建设和文艺工作呈现出大团结、大繁荣、大发展的生动局面。牢牢把握正确导向，强化主流舆论，把体现党的主张和反映人民心声统一起来，形成推动经济社会又好又快发展的良好舆论氛围；深化思想道德建设，大力弘扬以爱国主义为核心的民族精神和以改革创新为核心的时代精神，人民群众的精神面貌更加昂扬向上；积极稳妥地推进文化体制改革，极大地解放和发展了文化生产力；实施文化精品战略，创作生产了一大批思想性、艺术性、观赏性俱佳、社会影响广泛的优秀作品，进一步丰富了人民群众的精神文化生活；大力发展公益性文化事业，文化基础设施建设投入逐年增加，公共文化服务重点工程顺利推进，公共文化服务网络逐步完善，公共文化服务能力明显提高；加快发展经营性文化产业，不断增强市场竞争能力，逐步形成以公有制为主体、多种所有制共同发展的文化产业格局和以民族文化为主体、吸收外来有益文化的文化市场格局；实施文化“走出去”战略，积极参与国际文化交流与合作，不断提升中华文化的国际竞争力和影响力；深入开展“扫黄打非”，积极治理文化经营场所，为保障人民群众基本文化权益和青少年健康成长创造了有利的社会文化环境。

五年来，中国文联及各团体会员认真贯彻中央的决策部署，积极履行职能，组织动员广大

文艺工作者为开创新局面作出了重要贡献。深入学习贯彻中央提出的一系列重大战略思想，用马克思主义中国化的最新成果指导工作的自觉性和坚定性不断增强；大力宣传社会主义核心价值体系，知荣辱、树新风、促和谐的社会风尚得到弘扬；积极开展一系列有声势、有特色、有影响的大型主题文艺活动，精心组织“送欢乐、下基层”等深受群众欢迎的文艺惠民活动，人民群众的精神文化生活日益丰富多彩；坚持文艺创作、评奖、评论的正确导向，优秀作品、优秀人才层出不穷；精心打造对外民间文化交流品牌，积极推动中华文化走向世界，促进全方位、多层次、宽领域的对外文化交流格局的形成；切实加强文艺队伍建设，加大文艺人才和文联干部队伍的培养力度，广大文艺工作者的精神面貌焕然一新，繁荣先进文化、建设和谐文化的积极性、创造性空前高涨；努力探索新形势下文联履行职能的方式和手段，加强自身建设，文联组织的吸引力和凝聚力大大增强，服务文艺工作者的能力和水平显著提高。

二、深刻领会十七大报告对文化建设提出的新的更高要求，切实增强推动社会主义文化大发展大繁荣的责任感和使命感

从举什么旗帜、走什么道路、坚持什么理论体系中，深刻理解十七大报告对文化建设提出的新的更高要求。十七大报告指出，中国特色社会主义伟大旗帜，是当代中国发展进步的旗帜，是全党全国各族人民团结奋斗的旗帜。高举中国特色社会主义伟大旗帜，最根本的就是要坚持中国特色社会主义道路和中国特色社会主义理论体系。这是党和国家各方面工作必须长期坚持的重要指导思想，也是文化建设和文艺工作必须长期坚持的重要指导思想。我们一定要深入研究这些重要论述对文化建设和文艺工作提出的新的更高要求，毫不动摇地高举中国特色社会主义伟大旗帜，始终不渝地坚持以邓小平理论和“三个代表”重要思想为指导，深入贯彻落实科学发展观，坚定不移地坚持解放思想，坚定不移地推进改革开放，坚定不移地推动科学发展、促进社会和谐，坚定不移地为全面建设小康社会而奋斗。

从实现全面建设小康社会奋斗目标的新要求中，深刻理解十七大报告对文化建设提出的新的更高要求。十七大报告明确提出“加强文化建设，明显提高全民族文明素质。社会主义核心价值体系深入人心，良好思想道德风尚进一步弘扬。覆盖全社会的公共文化服务体系基本建立，文化产业占国民经济比重明显提高、国际竞争力显著增强，适应人民需要的文化产品更加丰富”。这是在十六大确立的目标基础上，从增强发展协调性、扩大社会主义民主、加强文化建设、加快发展社会事业、建设生态文明等五个方面，对全面建设小康社会的奋斗目标进行了充实和完善，对我国发展提出了新的更高要求。我们一定要从实现全面建设小康社会奋斗目标的全局的高度，认真学习和深刻理解十七大报告对文化建设提出的新的更高要求，自觉地为实现这些新的更高要求而努力奋斗。

从推动社会主义文化大发展大繁荣的战略部署中，深刻理解十七大报告对文化建设提出的新的更高要求。十七大报告在第七部分鲜明地提出“一个响亮口号”，即“兴起社会主义文化建设新高潮”；“两个更加”，即“更加自觉、更加主动地推动文化大发展大繁荣”；“三个越来越”，即“文化越来越成为民族凝聚力和创造力的重要源泉、越来越成为综合国力竞争的重要因素，丰富精神文化生活越来越成为我国人民的热切愿望”；“四项重要任务”，即“建设社会主义核心价值体系，增强社会主义意识形态的吸引力和凝聚力；建设和谐文化，培育文明风尚；弘扬中华文化，建设中华民族共有精神家园；推进文化创新，增强文化发展活力”；“五条具体要求”，即“激发全民族文化创造活力，提高国家文化软实力，使人民基本文化权益得到更好保障，使社会文化生活更加丰富多彩，使人民精神风貌更加昂扬向上”。这些重要部署，充分展现了

全面建设小康社会的美好前景，体现了我们党立党为公、执政为民的根本宗旨，体现了科学发展观的本质要求，体现了以人为本的重要思想，体现了和谐理念、和谐精神，既具有广泛的感召力和巨大的凝聚力，鼓舞人心、催人奋进，又具有很强的科学性和可操作性，符合实际，切实可行。我们一定要按照十七大报告对文化建设作出的战略部署，承担起时代赋予的崇高使命，完成好党和人民交给的历史任务。

三、认真贯彻落实十七大作出的战略部署，以实际行动为推动社会主义文化大发展大繁荣贡献力量

紧紧围绕统一思想、凝聚力量，按照中央的要求切实抓好学习，进一步提高贯彻落实十七大精神的自觉性和坚定性。中国文联机关、各全国文艺家协会和各直属单位要采取有效措施，切实把学习贯彻十七大精神作为第一位的政治任务抓紧抓好。要引导广大文艺工作者和文联干部职工认真学习、深刻领会十七大的主题，认真学习、深刻领会十六大以来党和国家工作取得的重大成就，认真学习、深刻领会改革开放的伟大历史进程和宝贵经验，认真学习、深刻领会科学发展观的科学内涵、精神实质和根本要求，认真学习、深刻领会实现全面建设小康社会奋斗目标的新要求，认真学习、深刻领会社会主义经济、政治、文化和社会建设等方面的重大部署，认真学习、深刻领会以改革创新精神全面推进党的建设新的伟大工程，把思想和行动统一到十七大精神上来，把智慧和力量凝聚到实现十七大确定的各项任务上来，努力达到统一思想、提高认识、凝聚力量、推动工作的目的。

紧紧围绕建设社会主义核心价值体系，大力推进和谐文化建设，进一步巩固社会和谐的思想道德基础。社会主义核心价值体系是社会主义意识形态的本质体现，是建设和谐文化的根本。要动员广大文艺工作者积极投身社会主义核心价值体系建设，努力繁荣先进文化、建设和谐文化。要始终坚持文艺发展的正确方向，积极探索用社会主义核心价值体系引领文艺思潮的有效途径。要认真研究和谐文化建设对文艺工作和文联工作提出的新要求，深入挖掘我国优秀文化传统中有利于促进社会和谐的丰富内容，积极倡导和谐理念，着力培育和谐精神。要继续以重要节庆日、重要事件和重要活动为契机，整合文艺资源，组织开展多种形式的文艺活动，大力弘扬民族精神和时代精神。要坚持把社会主义荣辱观作为开展文艺创作和文艺服务的基本导向，在文艺界提倡互相尊重、互相学习、求同存异、共同前进的良好风气。通过开展上述工作，进一步在全社会形成中国特色社会主义的共同理想，打牢全党全国各族人民团结奋斗的思想道德基础。

紧紧围绕构建公共文化服务体系，精心指导和推动群众性文艺活动，进一步保障人民群众的基本文化权益。基本建立覆盖全社会的公共文化服务体系，是实现全面建设小康社会奋斗目标的新要求。要坚持面向基层、服务群众，精心打造"送欢乐、下基层"、"百花迎春——中国文学艺术界新春大联欢"和高品质、低价位、服务普通群众的"百花系列"品牌，支持办好"周末相声俱乐部"、"梅花奖艺术团下基层"等活动，努力使这些活动成为服务群众的知名文化品牌。要把工作重心下移，大力推动戏剧、电影、电视、音乐、舞蹈、美术、摄影、书法、曲艺、杂技和民间文艺等到社区、到工厂、到学校、到军营，精心指导群众性文艺活动深入开展。要继续持久开展以"聚焦新农村，文艺为农民"为主题的采风、慰问、展演、展映、展示活动，引导文艺工作者努力创作一批以"三农"为题材的优秀文艺作品，扶持建立农村文艺活动示范基地。通过开展上述活动，充分发挥中国文联在构建公共文化服务体系中的重要作用，努力帮助解决人民群众最关心、最直接、最现实的文化生活贫乏问题，进一步保障人民群众的基本文化权益。

紧紧围绕推出更多优秀文艺作品和优秀文艺人才，大力推进文艺创新，进一步巩固文艺界

大发展大繁荣的良好局面。大力推进文艺创新，激发全社会的文化创造活力，推出优秀作品和优秀人才，是促进社会主义文艺事业全面繁荣发展的根本保证。要引导广大文艺工作者站在时代的高起点上推动文艺内容形式、体制机制、传播手段的创新，创作更多反映人民主体地位和现实生活、群众喜闻乐见的优秀精神文化产品。要积极配合有关部门，加大“四个一批”人才工程的实施力度，发现、举荐和培养优秀文艺人才，设立文艺精品创作和奖励基金，扶持优秀文艺作品创作生产。要继续推进文艺理论建设，坚持文艺评奖和文艺评论的正确导向，创新文艺评奖工作机制，扶植优秀文艺评论家，办好中国文联所属报刊的文艺理论评论栏目。要继续通过举办展览、演出、艺术节和书刊出版、影视制作等方式，探索运用高新技术创新文艺生产方式，为广大文艺工作者发挥艺术才华、展示创作成果搭建平台，创造条件。通过上述努力，引导广大文艺工作者紧跟时代步伐，不断推陈出新，创作和生产出更多更好的文艺精品、传世之作，进一步巩固文艺界大发展大繁荣的良好局面。

紧紧围绕推动中华文化走向世界，积极开展对外民间文化交流活动，进一步增强中华文化的国际竞争力和影响力。加强对外文化交流，吸收各国优秀文明成果，增强中华文化国际影响力，是推动文化大发展大繁荣的重要任务。要紧密配合国家总体外交和对外战略的实施，充分发挥对外民间文化交流的独特优势，统筹规划、突出重点，整合资源、形成合力。要大力加强与外国政府或民间文化组织的合作，坚持“走出去”与“请进来”相结合，举办各类艺术节、艺术周、展览、演出、博览会，努力促进全方位、多层次、宽领域的对外文化交流新格局的形成。要实施对外文化交流精品战略，研究国外受众欣赏习惯和需求特点，着力打造具有中国特色、中国风格、中国气派的艺术精品，认真办好“中国艺术周”、“艺术之旅”等对外文化交流品牌项目。要发挥中国文联在国际艺术组织中的作用，努力提高各全国文艺家协会以及中国艺术家在国际艺术组织中的地位，重点办好国际性重大文艺活动，努力维护国家文化利益和文化安全。要加大与香港、澳门、台湾地区的文化交流力度，进一步强化中华文化同根同源的意识和情感，增强中华民族的认同感和凝聚力。通过开展上述活动，充分展示中华民族优秀传统文化和社会主义先进文化的风采，提高我国文化软实力，努力增强中华文化的国际竞争力和影响力。

（作者：中国文联党组书记、副主席）

以激发全民族文化创造活力为目标 大力推进文化创新

雒树刚

党的十七大报告指出，在时代的高起点上推动文化内容形式、体制机制、传播手段创新，解放和发展文化生产力，是繁荣文化的必由之路。推进文化创新，增强文化发展活力，推动社会主义文化大发展大繁荣，这是党的十七大从党和国家事业发展全局出发，对全面加强社会主义文化建设提出的新要求。我们要充分认识文化创新的重大意义，大力推进文化创新，使当代中华文化更加多姿多彩、更具吸引力和感染力。

一、深刻认识大力推进文化创新的重大意义

以激发全民族文化创造活力为目标，大力推进文化创新，适应了社会主义先进文化发展的要求，适应了社会主义市场经济发展的要求，适应了满足人民群众日益增长的精神文化需求的要求，对于繁荣发展社会主义文化具有十分重要的意义。

（一）推进文化创新是我们党始终代表先进文化前进方向的迫切需要。先进文化是激励全党全国各族人民团结奋斗的精神支柱，是维系社会和谐的精神纽带。推进文化创新是时代进步和实践发展的内在要求，是促进先进文化发展的强大动力。长期以来，我们党之所以能够建设和弘扬反映革命、建设和改革要求的新文化，荡涤旧社会遗留下来的旧文化，在吸收世界有益文化成果的同时抵御西方腐朽文化的渗透，始终保持我国文化的生机和活力，一个重要原因，就是始终坚持在马克思主义指导下不断推进文化创新。实践证明，文化创新是我国文化生生不息、薪火相传的鲜明特色，是先进文化发展前进的重要条件。当前，我国正经历着深刻的历史变革，在主流意识形态不断发展的同时，社会生活多样、多元、多变的特征日益凸显，各种思想文化观念相互交织、相互影响、相互激荡，只有坚持以马克思主义为指导，大力推进文化创新，使先进文化充分反映时代进步的要求和人民群众的期待，才能始终保持先进文化的生命力和创造力，才能在纷繁复杂的思想文化变动中始终坚持先进文化的前进方向。

（二）推进文化创新是建设国家创新体系的迫切需要。推进国家创新体系建设、建设创新型国家，是党中央作出的重大战略决策。文化创新是国家创新体系建设的重要组成部分。创新包括理论创新、制度创新、科技创新、文化创新，以及其他各方面的创新。这些方面相辅相成，紧密联系，是一个有机的整体，缺少任何一个方面，都谈不上建设完善的国家创新体系。文化创新是其他方面创新的重要条件，其他方面的创新无不渗透着文化创新，体现着文化创新。文化创新对于激发创新活力、培育创新意识、倡导创新精神、完善创新机制、营造创新氛围、建设创新队伍等，发挥着不可替代的重要作用，这是所有创新所不可缺少的。只有大力推进文化创新，才能在全体人民中大力弘扬勇于创新的精神，倡导敢为人先、敢冒风险、积极进取的精神，引导人们积极投身于创新实践，为推进国家创新体系建设提供有利的文化氛围。

（三）推进文化创新是解放和发展文化生产力的迫切需要。推进文化创新，对于进一步解放和发展文化生产力，具有至关重要的

作用。经济社会越发展，对解放和发展文化生产力的要求越迫切。随着人民群众物质生活的不断改善，人们精神文化生活需求日益增长，迫切要求进一步提高文化产品的供给能力；随着我国社会主义市场经济体制不断完善，迫切要求建立健全与之相适应的文化体制；随着我国对外开放水平不断扩大，迫切要求培育起与我国经济实力和国际影响力相适应的文化生产力和影响力。解放和发展文化生产力，根本的是要深化文化体制改革。文化体制改革的过程就是文化创新的过程，就是创新管理体制，创新产业格局，创新市场体系，创新市场主体的过程。可以说，只有坚持文化创新，才能不断深化文化体制改革，才能不断解放和发展文化生产力。

（四）推进文化创新是激发全民族文化创造活力的迫切需要。社会主义文化事业是亿万人民群众的事业，人民群众是文化建设的主体。人民群众中蕴藏着深厚的文化创造源泉，蕴藏着高昂的文化创造热情。推动社会主义文化大发展大繁荣，关键是激发出全民族文化创造活力。文化创新是激发人民群众文化创造活力的重要途径，这是因为从根本上说，人民群众的伟大实践只有在文化创新中才能表现出来、展示出来。人民群众的实践是丰富多彩、日新月异的，只有不断创造出新的文化内容、新的文化形态，才能反映出人民群众丰富多彩、日新月异的实践，停滞的文化反映不出人民群众新的实践、新的风貌。人民群众的文化创造活力要靠一种创新氛围来激发。只有通过推动文化创新，在全社会营造浓厚的创新氛围，激发广大人民群众推进文化创新的积极性，才能把全民族文化创造活力最大限度地凝聚起来、最充分地激发出来，使文化创造精神和创造活力竞相迸发，使文化创新成果充分涌流。

（五）推进文化创新是不断满足人民群众日益增长的精神文化需求的迫切需要。不断满足人民群众日益增长的精神文化需求是社会主义文化建设的根本目的。随着我国经济发展和社会进步，人民群众精神文化需求也有了新的变化，人们精神文化消费的层次越来越丰富，对文化产品内容和形式的要求越来越多样，无论是历史题材还是现实题材，无论是古代作品还是现代作品，都要求以新的内涵来提升、新的形式来表现、新的手段来传播。人们迅速增长的多方面、多层次、多样性的文化需求，为繁荣发展社会主义文化提供了广阔空间和强大动力，同时也对文化创新能力和水平提出了新的更高的要求。只有大力推进文化创新，创作和推出大批内容生动健康、形式新颖多样、具有强烈吸引力和感染力的优秀作品，才能更好地满足人民群众日益增长的精神文化需求，不断提高人民群众的文化生活质量。

二、坚持走中国特色文化创新之路

大力推进文化创新必须从我国具体国情出发，坚持走中国特色文化创新之路，努力建设具有中国特色、中国风格、中国气派的社会主义先进文化。

（一）文化创新必须坚持以马克思主义为指导。马克思主义是社会主义先进文化的旗帜和灵魂，决定着社会主义先进文化的性质和发展方向。大力推进文化创新，必须始终坚持马克思主义在意识形态领域的指导地位，坚持以邓小平理论和“三个代表”重要思想为指导，深入贯彻落实科学发展观，坚持为人民服务、为社会主义服务的方向和百花齐放、百家争鸣的方针，贴近实际、贴近生活、贴近群众，始终把社会效益放在首位，做到经济效益与社会效益相统一。要把建设社会主义核心价值体系作为文化创新的根本要求，努力把马克思主义指导思想、中国特色社会主义共同理想、以爱国主义为核心的民族精神和以改革创新为核心的时代精神、社会主义荣辱观体现在文化创新的各个方面、贯穿到文化创新的各个环节，推动全党全社会更加自觉地维护我们团结奋斗的共同思想基础。要坚持用马克思主义中国化最新成果统领文化创新，善于运用马克思主义的世界观和方法论研究解决文化创新面临的新情况新问题，使马克思主义成为指导文化创新的理论基础，成为引领文化创新的行动指南。

（二）文化创新必须植根于中国特色社会主义伟大实践。中国特色社会主义的伟大实践，亿万人民群众的伟大创造，是文化创新取之不尽、用之不竭的源泉。大力推进文化创新，必须深深植根于中国特色社会主义伟大实践，立足于社会主义初级阶段这个基本国情，注重反映我国人民在社会主义建设中的新创造，充分吸收我们党领导社会主义建设积累的新经验，使文化创新更加符合当代中国的实际。中国特色社会主义伟大实践是丰富生动、不断发展的，推进文化创新就必须跟上实践的步伐，自觉投身中国特色社会主义实践，敏锐把握时代变革的风气之先，深刻体验社会前进的准确信号，注重从实践中汲取灵感，充分反映中国特色社会主义实践对文化创新的新要求。

（三）文化创新必须贴近实际、贴近生活、贴近群众，把服务人民作为根本的检验标准。一切先进文化，都源于人民、为了人民、属于人民。推进文化创新的主体是广大人民群众，创新目的也是为了满足广大人民群众的精神文化需求。大力推进文化创新，要把体现最广大人民的根本利益作为根本价值取向，把服务群众作为基本价值目标，把人民拥护不拥护、赞成不赞成、高兴不高兴、答应不答应作为衡量创新成果的标准和尺度。要坚持文化创新为了人民，文化创新依靠人民，文化创新成果由人民共享，不断提高人民群众的思想道德素质和科学文化素质，不断丰富人们的精神世界，不断增强人们的精神力量，使文化创新的过程成为不断提高人民群众文化生活水平、促进人的全面发展的过程。

（四）文化创新必须坚持百花齐放、百家争鸣。百花齐放、百家争鸣，是我们党繁荣发展社会主义文化的重要方针，也是推进文化创新的基本遵循。没有百花齐放、百家争鸣的创作氛围，就难以形成生动活泼、百花争艳的局面；没有解放思想、民主和谐的创新环境，就难以形成繁荣兴旺、名家辈出的学术土壤。大力推进文化创新，要充分发扬艺术民主和学术民主，在艺术创作上要提倡题材、样式和风格的多样发展，在学术理论上要提倡不同观点和学派的自由讨论。不同学派之间、不同观点之间要相互尊重、相互切磋、取长补短、共同发展。要坚持社会责任与创作自由的统一、弘扬主旋律和提倡多样化的统一，尊重文化发展规律，保护创新热情，鼓励创新实践，完善创新机制，努力形成多出文化精品、多出创新人才的生动局面。

（五）文化创新必须坚持立足中国、面向世界。先进文化的发展，从来都是在继承发扬民族优秀文化传统、借鉴吸收人类优秀文化成果的过程中实现的。中华文化博大精深，是我们推进文化创新发展的深厚根基。要深刻认识我国传统文化的历史意义和现实价值，注重从祖国文化宝库中汲取营养，让传统文化在当代焕发新的光彩。要善于借鉴其他国家和民族文化的长处，充分汲取世界优秀文明成果的精华，辩证取舍，择善而从。要大力弘扬与时俱进的时代精神，坚持古为今用、洋为中用、推陈出新，更好地推动我国文化繁荣发展。要始终高举社会主义先进文化的前进旗帜，在文化观念上决不照抄照搬，在发展模式上决不简单模仿，坚决防范和抵御各种腐朽落后文化观念的侵蚀。

三、更加积极更加主动地推进文化创新

党的十七大报告对进一步推动文化创新作出了部署。我们要进一步增强创新意识、焕发创新激情、开拓创新思路，推动文化创新达到新水平。

（一）大力推进文化观念创新。观念是行动的先导，观念不更新，就不会有创新的精神、创新的自觉、创新的行动，就难以实现文化的又好又快发展。大力推进文化观念创新，要准确把握我国文化发展的方位，全面领会党的十七大关于推动社会主义文化大发展大繁荣的一系列

新思想新观点新论断，牢固树立新的文化发展观，不断深化对文化的地位作用、发展方向、发展动力、发展思路、发展格局、发展目的的认识。要始终坚持解放思想、实事求是、与时俱进，把转变观念贯穿于文化创新的全过程，不断强化实践探索意识、改革创新意识，以创新的观念认识新的情况，以创新的思路解决新的问题，进一步推动文化创新的深入开展。

（二）大力推进文化体制机制创新。体制机制创新带有根本性、长期性，是推进文化创新的关键环节。党的十七大对文化体制机制创新提出了明确的要求，我们要进一步增强深化文化体制改革的自觉性和坚定性，推动文化体制改革取得新的实质性进展。一是要坚持把发展公益性文化事业作为保障人民基本文化权益的主要途径，加大投入力度，扶持公益性文化事业，特别要加强基层公益性文化事业建设，加强社区和乡村文化设施建设。二是要大力发展文化产业，实施重大文化产业项目带动战略，加快文化产业基地和区域性特色文化产业群建设，培育文化产业骨干企业和战略投资者，形成公有制为主体、多种所有制共同发展的文化产业格局。三是要加快完善文化市场体系，打破条块分割、地区封锁、城乡分离的局面，加快建立统一开放竞争有序的现代文化市场体系，形成民族文化为主体、吸收外来有益文化的文化市场格局。四是要加快建立党委领导、政府管理、行业自律、企事业单位依法运营的文化管理体制，推进文化市场综合执法工作，探索建立新型国有文化资产管理体制。五是要运用高新技术创新文化生产方式，加快构建传输快捷、覆盖广泛的文化传播体制。六是要打造更多具有国际竞争力的知名文化品牌，增强国际竞争力，推动中华文化更好地走向世界。

（三）大力推进文化内容创新。内容创新是文化创新的核心，是文化发展的根本。要通过不断推进文化内容创新，使我国文化产品更加具有鲜明的实践特色，讴歌中国特色社会主义的伟大实践，讴歌人民群众的伟大创造，讴歌火热的现实生活。要通过不断推进文化内容创新，使我国文化产品更加具有鲜明的民族特色，充分反映中华民族的优秀传统，充分反映革命文化的优秀传统，充分展现社会主义文化的中国特点、中国风格、中国气派。要通过不断推进文化内容创新，使我国文化产品更加具有鲜明的时代特色，充分体现时代精神，充分展现时代风貌，具有浓厚的时代气息，紧跟时代的步伐。总之，要通过推进文化内容创新，不断创造出更多反映人民主体地位和现实生活、群众喜闻乐见的优秀精神文化产品，创造出站得住、叫得响、传得开、留得下的优秀精神文化产品，创造出经得起实践检验、人民检验、历史检验的优秀精神文化产品，给人民群众带来更多思想上的启迪、身心上的愉悦、审美上的享受。党的十七大特别提出设立国家荣誉制度，表彰有杰出贡献的文化工作者。

（四）大力推进文化形式创新。一定的文化形式是任何一种文化生存、传播和发展的必要条件。文化创新不仅需要内容创新，而且需要在形式和手段上不断创新。只有既生产“阳春白雪”，又生产“下里巴人”，才能满足不同群体、不同层次人们的文化需求。要在发扬光大我国丰富的文化品种的基础上，不断为传统文化注入新的元素，催生新的文化品种。要大力推进方式方法创新，适应群众的接受能力，总结群众的丰富创造，运用市场经济条件下发展文化的有益经验，广泛进行实践探索，不断推出人们喜闻乐见的文化新形式，不断创造社会广泛接受的文化新方法。要适应现代科学技术的迅猛发展，大力推动现代科技在文化领域的广泛运用，改进和提高文化表现形式。要积极推动不同文化门类相互学习，推动传统文化与现代文化、民族文化与外国文化相互借鉴，促进各种文化形式的共同发展。

（五）大力推进文化业态创新。新的文化业态不断涌现是文化发展的规律，是文化生产和传播领域革命的重要表现。文化业态创新既给我们扩大文化阵地、加快文化发展提供了新的途径，也为各种文化形态的变革创造了新的机遇。随着文化与科技的融合日益加深，现代科技在文化领域的运用更加广泛，不断创新文化业态，是文化发展的必然要求。要积极运用高新技术改造传统文化产业，运用电子出版、数字影视、网络传输等现代技术，催生新的文化业态，大力发展文化创意、文化博览、动漫游戏、数字传输等新兴产业。要注重培育新的文化产业生长点，形成一批特色鲜明的文化创新集聚区，大幅度提高我国文化产业的科技水平，力争在形成具有自主知识产权的核心技术方面，取得新进展、新突破。要鼓励网络文化产品的创作和研发，开发文化数据处理、移动文化信息服务、数字远程教育及数字娱乐产品等增值业务，推动我国文化产业不断升级。

波澜壮阔的伟大事业呼唤文化建设的更大发展，奋发向上的人民群众期待精神产品的更大丰富。我们要深入学习贯彻党的十七大精神，大力推进文化创新，不断开创文化创新发展的新局面，推动社会主义文化大发展大繁荣，兴起社会主义文化建设新高潮。

（作者：中共中央宣传部副部长）

全面发挥文化的社会功能
推动社会主义文化大发展大繁荣

邬书林

党的十七大报告指出："当今时代，文化越来越成为民族凝聚力和创造力的重要源泉、越来越成为综合国力竞争的重要因素，丰富精神文化生活越来越成为我国人民的热切愿望。"这一重要论断为我们充分认识加快文化发展的重要性紧迫性，准确把握当今世界文化发展的历史趋势，全面发挥文化的社会功能，指明了方向。推动社会主义文化的大发展大繁荣，是我们面临的一项关乎提高国家文化软实力、促进社会全面发展和民族振兴的大事。

一、把握世界文化发展的趋势，全面认识文化的社会功能

当今世界，文化与政治相互作用，日益提升着国家的文化软实力；文化与经济相互交融，文化产业在发达国家已成为支柱产业；文化与科技紧密结合，文化的传播速度和方式日益变化。文化与政治、经济、科技的相互作用，使其作为一个整体，在社会发展中发挥着日益重要的作用。

上世纪 90 年代以来，文化发展问题成为世界各国普遍关注的重点和热点，突出有以下三个趋势：第一，随着苏联解体、东欧剧变和冷战的结束，随着约瑟夫·奈、亨廷顿、萨义德、约翰·米尔斯海默等一批研究著作的问世和联合国教科文组织多个文化宣言的相继发表，文化在国际政治中的作用、文化在综合国力竞争和较量中的作用受到举世关注，凸现了文化的政治功能。第二，随着上世纪 90 年代开始并且愈演愈烈的文化传媒集团并购整合，文化产业在经济发展中的地位日益凸现，文化发展的产业化特征日趋重要。第三，随着当前数字技术和网络技术的发展，文化产品的内容极大丰富，文化生产、传播和消费间的界限大大淡化，文化传播时空界限大大突破，文化传播模式日益走向多点互动，文化自身的特点及其对社会发展的作用有了新的发展。

这些趋势和现象，是二战以来世界各国推动文化发展的结果。我们要更好地推进文化大发展大繁荣，就应当深入研究二战以来文化发展的历史进程和发展脉络，从中总结经验，认识规律，实现我国文化又好又快地发展。二战以来，世界各国在发展文化的进程中，有以下认识、经验和做法值得我们研究和关注。

第一，理论研究的突破和不断进展，是认识文化重要地位和推动文化发展的思想前提。二战前的相当一段时间，文化通常游离于经济之外，更多的是文化人从事的创造性、个体性的活动，文化业规模较小，远未成为支柱产业。二战之后，随着和平带来的经济繁荣和文化发展，西方的一批理论家开始重新审视文化的功能和性质，做了一些有益的理论探索，其中一些重要成果值得关注。20 世纪五、六十年代：美国普林斯顿大学教授弗里茨·马克卢普在研究了美国经济发展的实例之后，提出知识是社会发展的不可缺少的重要资源，应当像经济发展的其他要素一样去生产和分配，知识生产不仅仅为经济发展提供智力支持，而且要像经济资源一样进行开发，是"朝阳产业"。在一系列研究论文的基础上，1962 年他发表了著名的《美国的知识生产和传播》（又译《知识产业论》）。他的观点受到理论界和产业界的热烈讨论，并在上世

纪五、六十年代成为吸引美国金融资本、产业资本积极介入文化产业的理论基石。从 20 世纪 60 年代开始到 70 年代：美国学者波拉特 1977 年出版了《信息经济论》这一 9 卷集的巨著，指出信息业是与工业、农业、服务业并列的第四产业，建立了一整套可供操作的理论与方法，使信息产业的发展与国家产业政策的关系更趋紧密。特别是加拿大学者麦克卢汉在 1964 年《理解媒介：论人的延伸》一书中敏锐地预见：文化的发展、通讯的进步、“地球村”的形成，将改变人们对信息的看法和技术进步对社会的影响。20 世纪 70 年代末：美国学者托夫勒 1980 年发表了《第三次浪潮》，从通俗角度来讲知识、信息的重要，他按照贝尔的理论提出了农业社会、工业社会、后工业社会的分期。1982 年，联合国教科文组织在墨西哥召开世界文化政策会议，发表了《墨西哥城文化政策宣言》，开始从全世界的范围重视文化在推动经济社会发展中的作用。20 世纪 90 年代至今：出版了一大批深入研究文化在世界发展格局中重要地位和作用的著作。美国学者哈拉尔 1998 年在《新资本主义》一书中进一步提出新的观点，认为知识资源的一个重要特征在于，文化资源是一种无限资源，它的作用将随着它传播的范围和数量日益扩大影响，而其边际成本却越来越低。此外，还有大家比较熟悉的约瑟夫·奈的《软力量》、塞缪尔·亨廷顿的《文明冲突论》、哈里森的《文化的重要作用：价值观如何影响人类进步》、萨义德的《文化与帝国主义》等。

第二，文化与产业资本、金融资本的结合，是推动文化发展的关键因素。随着有关文化理论研究成果的出现，欧美政府和产业界开展了广泛的讨论，推动了文化产业的大发展。20 世纪 60 年代，美国钢铁、重化工行业受环保、劳工等因素的影响，出现了大量的闲置资本，金融资本开始寻找新的出路。社会各界对产业资本能否和文化结合逐渐达成了共识，认为文化和产业资本的结合，完全可以推动文化产业按照经济运作的方式得到发展。文化和产业资本的结合带来的重要影响是，文化的小规模生产转向了以讲究效益回报的经济型生产，资本运作、产业运作的方式逐渐进入文化领域。以内容生产为特征的文化产业借鉴了经济发展的经验，开始重管理，讲效益，重视回报，从而吸引了更多的资本、更多的企业加入到文化建设之中。文化作为一种产业，在现代经济结构中越来越显示出其重要地位，成为一些发达国家国民经济的重要支柱产业之一。2000 年，美国在线和时代华纳合并时股市价值高达 3000 多亿美元，文化产业的作用可见一斑；2007 年新闻集团并购华尔街日报（主要是购买以道·琼斯指数为核心的经济信息），加拿大汤姆森集团并购路透社，使人们对跨国公司文化渗透力和经济影响力与日俱增的认识更加深刻。目前，文化产业及相关服务业在发达国家 GDP 中所占的比重日益加大。在世界最发达国家的 GDP 中，80% 以上来源于服务业，其中以知识和信息为基础的文化产业及相关的服务业扮演了主要角色，成为推动经济社会发展的重要力量。以出版学术期刊和数据库为主要业务的里德·爱思唯尔集团 2006 年营业收入已达到 100 亿美元。文化生产力已成为生产力中最活跃、最关键的因素之一。文化产业的发达程度，直接反映着一个国家文化创新的现代化程度。

第三，政府和社会的规划和政策引导，是推动文化发展的不可或缺的重要条件。二战以来，英美等发达国家文化的发展绝不是自发的，而是在政府和社会的规划和引导下才得以实现。这里仅举两例来说明规划的重要作用。首先是美国的例子。1944 年盟军刚刚在诺曼底登陆，罗斯福总统认为二战胜负已成定局，他立即召集科学顾问万尼瓦尔·布什，要求他把战时情报机制及时转到为国家的经济、科技、教育发展服务上来，提前拿出科学发展规划。由万尼瓦尔·布什主持编制的报告《科学——无止境的前沿》发展起来的科学政策框架，为美国战后的科学政策奠定了理论基础。规划过后的 10 年，美国人惊奇地发现，战后美国的科技地位、文化地位在世界上显著提高，这与这个规划有很大关系。1958年，曾有多个国际研讨会研究这个规划，我国也在1959年翻译出版了这个规划，最近商务印书馆又重新出版了此书，即《科学：没有止境的前沿》，布什等编。还有战败国德国的例子。德国著名哲学家赫塞在战后找到他的学生翁泽尔德，说德国被战败了，经济和军事一时难以与美国抗衡，德国的天空一片阴霾，德国人的心死了，你最好去做文化工作，做杂志或者做出版，来重新唤起德国人的精神，保持德国的大国地位。翁泽尔德1952年到了苏尔坎普出版社，他在出版社规划了两套开放性的丛书，其中最著名的一套是“彩虹系列”。他提出这套开放丛书要像在天空中画出一道彩虹一样，扫除战后德国弥漫的阴霾，使德意志精神、欧洲文化在受到美国人冲击的情况下继续领先于世界，用全世界的文化精品特别是欧洲的文化精品，来引导德国和欧洲人继续前进。这套丛书做了2000多种，另一套丛书也出了千余种。翁泽尔德先生对他的出版规划一做就是50多年，一直到2002年他去世。他去世时，德国总统和欧洲很多政要、学者一起去参加他的葬礼，为这位规模并不算大的出版社社长送行，欧洲的报纸也连篇累牍地报道他的功绩。到了上世纪90年代，随着信息技术的进步，随着文化产品的边际日益模糊，美国修改电信法和北美的统计指标体系，出台了新的“北美行业分类系统”，强调美国已进入“以信息和知识为基础的经济”阶段，将新闻出版、影视、通讯和信息四大门类融为一体，形成新的文化产业体系。

第四，综合运用文化的力量、政治的力量来发挥文化软实力的作用，是综合国力竞争的有效方法。二战以来，在苏美冷战过程中，美国一直在巧妙地运用文化软实力的手段打一场没有硝烟的战争。英国记者桑德斯2000年出版的《文化冷战：中央情报局与文学艺术》，根据美国已披露的档案资料研究表明，美国在冷战中非常善于用文化的办法对苏联社会主义进行有计划的影响，如反共主题的政治寓言作品《动物庄园》、《1984》在西方社会曾经风行一时。在弗朗西丝·斯托纳·桑德斯所著的《文化冷战与中央情报局》一书中反映了这一情况。美国大力发展文化产业，以大众文化的方式向世界各地输送美国价值观，战后若干年间美国文化产品发挥了既攻心又赚钱的作用。正如约翰·米尔斯海默在《大国政治的悲剧》一书中所说的那样，“在世界舞台上，美国常常举止粗蛮，却口口声声称自己的行为是道德的、正确的，而其对手行为是邪恶的、错误的……美国的精英们常常用理想主义的术语谈论外交政策，却以现实主义方式行事”。同时，美国一直高度重视用政策扶持的办法发展文化产业。从上世纪60年代开始，在纽约集中了一批世界大型传媒集团公司，像不列颠百科全书公司、皮尔森公司、里德·爱思唯尔集团，贝塔斯曼集团把其音乐公司BMG也搬到了美国，新泽西州则成为世界著名的文化物流中心。

二、用好我国文化发展的历史机遇，努力实现全面建设小康社会对文化建设的新要求

改革开放以来，我国经济繁荣、社会发展、科技进步，为文化大发展大繁荣提供了空前的机遇、良好的环境和条件。

1. 改革开放30年的伟大实践为文化大发展大繁荣提供了坚实的物质基础。从1978年到2006年，我国国内生产总值以年均9.7%的速度迅速发展，2007年GDP达到24万亿元，成为世界第四大经济体，人均超过2000美元。与此相对应，国家对文化事业的投入不断增多，全国文化事业经费累计达到580亿元，年均增长22.5%。2006年全国文化产业实现增加值5123亿元，占国内生产总值的比重达到2.45%。总体上看，文化产业近年来的增长速度超过国内生产总值的增长速度，为下一步文化大发展大繁荣奠定了坚实的物质基础。

2. 人民群众日益增长的精神文化需求为文化大发展大繁荣提供了广阔的市场需求。我国

有13亿人口，有一个巨大的文化消费市场。3.6亿青少年是国家和民族的未来和希望，也是文化大发展大繁荣最稳定的服务群体；我国科技人力资源总量约为3500万人，居世界第一位，这是文化建设的中坚力量；我国拥有世界最大的受教育人群，2006年我国义务教育人口覆盖率达98%，高中在校生有4342万人，高校人数有2500万人，这是文化建设的重要服务对象；9亿农民需要共享改革发展成果，更应当成为文化建设最大的潜在目标市场。目前，我国城镇恩格尔系数已经降到40%以下，农村恩格尔系数已经降到50%以下。随着我国全面建设小康社会进程的加快，国民消费结构发生变化，城乡恩格尔系数将呈现继续降低的趋势，居民精神文化消费将不断增长。拥有广阔的消费群体和强烈的市场需求，文化建设必然会有极大的发展。

3. 高新科技的迅猛发展为文化大发展大繁荣提供了有利的技术条件。科技与文化历来紧密相连，如影随形。谁占有先进科学技术，谁就占领了文化发展的制高点。网络是高新科技发展的集中体现。据统计，2006年我国网络出版产值已经超过200亿元，其中网络广告收入49.8亿元、网络期刊收入5亿元、电子图书收入1.5亿元、网络游戏收入65.4亿元、手机彩铃和手机动漫收入达80亿元。2007年6月，中办、国办下发了《关于加强网络文化建设和管理的意见》，提出了“积极利用、大力发展、科学管理”的明确要求。高新科技特别是信息数字技术的迅猛发展，给我国文化建设带来了革命性的变化。我国文化产业可以直接运用高科技手段，缩短与发达国家的差距，在某些领域实现跨越式发展。

4. 党中央国务院作出的一系列决策和部署为文化大发展大繁荣提供了坚实的政策基础。进入新世纪以来，文化的发展和建设问题受到党和国家的高度重视。2000年10月，党的十五届五中全会第一次提出要“完善文化产业政策，加强文化市场建设和管理，推动文化产业发展”。2002年11月，党的十六大在规划全面建设小康社会宏伟蓝图时，突出强调了文化建设的极端重要性，明确提出积极发展文化事业和文化产业，推进文化体制改革。2003年7月，中办、国办转发了《中宣部、文化部、国家广电总局、新闻出版总署关于文化体制改革试点工作的意见》，开始进行文化体制改革的试点工作。2003年8月，中央政治局第七次集体学习，从世界文化产业发展历史和趋势的角度，研究了我国文化产业的发展战略。2005年12月，中共中央、国务院发出《关于深化文化体制改革的若干意见》，总结文化体制改革试点工作的经验，全面部署深化文化体制改革工作。2007年10月，党的十七大突出强调了文化建设、提高国家文化软实力的极端重要性，对兴起社会主义文化建设新高潮、推动社会主义文化大发展大繁荣作出全面部署。党和国家对文化建设的认识不断深化，这是推动文化大发展大繁荣的重要保证。

5. 文化体制改革的扎实推进为文化大发展大繁荣提供了可靠的体制保障。我国文化建设之所以能取得新的进步、开创新的局面，得益于文化体制改革的扎实推进。按照中央的部署，深化文化体制改革在文化建设的各个领域广泛展开，取得了重大进展。以出版业为例，出版发行体制改革站在文化体制改革的前沿，不断取得积极进展。国内已有100多家出版社实行企业体制的管理，国有资产年均增值40%，经营收入年均增长30%以上。全国建成10万平方米以上图书物流中心6个，年盈利水平千万元以上的达10个。上海新华传媒借壳上市，四川新华文轩今年在香港H股上市，辽宁出版传媒近期也在上交所成功上市。传媒概念股成为近期股市中的活跃板块，这是出版发行体制改革的重要成果。转企改制后的出版单位和一批有影响的出版发行集团，正在成为新型市场主体，成为文化产业发展的生力军。

6. 中华文化在世界影响力的进一步增强为文化大发展大繁荣提供了难得的国际空间。中华民族在几千年的历史长河中，创造了灿烂的中华文明，这是中华民族生生不息的纽带，也是我们推进文化大发展大繁荣的深厚基础。中华文化之所以绵延五千年不衰，就是自身有一种吐故纳新的能力，有一种求变图强的精神。汉语是世界上重要的语种之一，海外有5000多万侨胞和华人。目前，我国已在140个国家和地区建立了140所孔子学院，外国人学汉语的人数不断增多。随着中国经济实力的增强，中华文化在世界的影响力进一步增强，中国文化发展的国际空间将越来越大。

三、全面发挥文化的社会功能，大力推进社会主义文化大发展大繁荣

文化的社会功能，说到底是宣传真理，以赢得人心；传播知识，提升人们素质，推动社会进步；弘扬真善美，鞭挞假恶丑，营造和谐的社会环境和人类精神家园。我们要按照党的十七大的部署，在深刻认识文化建设的新机遇新挑战的基础上，全面发挥文化的社会功能，贯彻科学发展观，推动文化又好又快地发展，大幅度地提高文化软实力，使中国特色文化建设在中国特色社会主义建设中日益发挥重要作用。

1.努力建设社会主义核心价值体系，增强我国文化的影响力、吸引力、凝聚力。文化软实力在很大程度上表现为民族凝聚力，而这种凝聚力主要来自于人们对社会核心价值的认同。社会主义核心价值体系是社会主义意识形态的本质体现，在整个文化建设中居于统摄和支配地位。推动文化大发展大繁荣，必须把社会主义核心价值体系建设作为第一位的任务，坚持社会主义先进文化前进方向，使社会文化生活更加丰富多彩，使人民精神风貌更加昂扬向上。一方面，要把社会主义核心价值体系体现在文化大发展大繁荣的各个方面，贯穿到文化建设的各个环节，善于用马克思主义的世界观和方法论研究解决文化大发展大繁荣面临的新情况新问题，使社会主义核心价值体系成为文化大发展大繁荣的行动指南。另一方面，文化建设要积极反映社会主义核心价值体系的基本内容。马克思主义指导思想，中国特色社会主义共同理想，以爱国主义为核心的民族精神和以改革创新为核心的时代精神，社会主义荣辱观，构成了社会主义核心价值体系的基本内容。这四个方面的基本内容是我国文化大发展大繁荣的灵魂。当前的关键，也是重点和难点，是把核心价值落到实处，使我们民众的大多数能认同、能实践，使核心价值能发挥作用。

2.大力推进文化创新，激发文化工作者的创造性。创新是我们国家战略发展的核心，也是文化的本质特征，是文化大发展大繁荣的最强大动力和来源。首先，要着眼于增强文化的吸引力、感染力，大力推进文化的内容形式创新，及时反映当代中国在物质生产和精神生产领域所取得的优秀文化成果，并以人民群众喜闻乐见的形式，不断增强文化的感染力。其次，要着眼于解放和发展文化生产力，大力推进文化体制机制创新，坚持把发展公益性文化事业作为保障人民基本文化权益的主要途径，加大政府投入力度；坚持把发展文化产业作为实现人民群众多层次文化需求的主要渠道，推动各类经营性文化单位的转企改制工作，完善法人治理结构，加快培育市场主体和战略投资者，增强国际竞争力。最后，要着眼于提高文化传播能力，大力推进文化传播手段创新，运用现代化的技术手段改进文化生产流程，推进文化业态创新，提高文化传播效率。

3.树立科学发展观，促进文化又好又快发展。其一，要加快文化发展，这是文化大发展大繁荣的根本任务。要着力把握发展规律、创新发展理念、转变发展方式、破解发展难题，提高发展质量和效益，不断解放和发展文化生产力。其二，文化发展要以人为本，这是推进文化建设的核心，也是文化大发展大繁荣的关键。要坚持人民在文化建设中的主体地位，尊重知识、尊重人才、尊重创造，充分调动广大文化工作者的积极性、主动性、创造性；要把实现好、维护好、发展好最广大人民的文化权益作为文化建设的

出发点和落脚点，做到发展为了人民、发展依靠人民、发展的成果由人民共享。其三，文化发展要坚持全面协调可持续发展。要坚持文化建设与政治建设、经济建设、社会建设和人的全面发展的辩证统一，坚持文化建设的社会效益和经济效益相统一。其四，文化发展要坚持统筹兼顾。要正确处理改革、发展、管理的关系；要统筹城乡发展、区域发展，统筹公益性文化事业和经营性文化产业的发展；要统筹国内国际两个大局，树立世界眼光，善于从国际形势发展变化中把握发展机遇；要处理好政府与市场的关系，既要积极发挥政府主导作用，又要尊重和遵循市场规律，更大程度地发挥市场在文化资源配置中的基础性作用，增强发展的活力和效率。

4. 加强与世界各国的交流，努力促进中华文化走出去。各国相互借鉴、求同存异，尊重世界多样性，共同促进人类文明繁荣进步，是党的十七大报告关于推动建设和谐世界主张在文化上的基本要求。我国历史文化资源博大，市场资源潜力巨大，但是文化产业发展水平与发达国家相比还有很大差距，还要积极参与国际文化交流，在交流中实现中国文化的大发展。一是要突出对外文化交流的主题，既要展示我国灿烂辉煌的中华传统文化，更要把当代中国的思想创新、科学发现、技术进步、管理经验和文化生活展现出来，把中国的良好国家形象展现出来。二是要不断扩大对外文化交流领域，广泛开展文学艺术、新闻出版、广播影视、科技教育等各个领域的对外交流合作，形成全方位、多层次的对外文化交流格局。三是要提高我国文化产品“走出去”的实力，抓好国际文化展览的参展工作，精心组织文化走出去的重大工程和项目，鼓励文化单位到境外兴办实体企业，努力推动中国文化企业进入国外主流市场。

5. 改善宏观管理手段，为文化发展提供良好的社会环境和经济政策。一是要建立健全文化建设的基础性法律法规，用法律法规来规范文化行为和文化市场。二是要落实好为文化建设服务的各项经济政策，做好现有各项政策的衔接和落实工作，积极争取新的经济政策，使文化建设在较为优惠、较为宽松的经济环境中运行并不断繁荣发展。三是要抓好日常监管，加大保护创新、保护知识产权的力度，严厉打击侵权盗版等非法活动，通过法律的、行政的和经济的手段保障文化创新的正常秩序。

6. 提高国家文化软实力，维护国家文化安全。约瑟夫·奈在《软力量》一书中谈到文化软实力的概念时说，其基本含义是指“通过吸引而非强迫或收买的手段来达己所愿的能力”。可见文化软实力的逻辑起点就是国际关系中与军事斗争、经济竞争等手段相并列的概念。在中外文化交流中，朋友要交；交流要搞，但是心中要有数，文化安全的意识不能丢。国家文化安全涉及国家根本利益。要始终高举社会主义先进文化的旗帜，在文化观念上绝不照抄照搬，在发展模式上绝不简单模仿，坚决防范抵御各种腐朽落后的文化观念侵袭干部群众的思想，确保国家的文化安全和社会稳定。在对外文化交流和综合国力竞争中，要切实维护国家意识形态安全、知识产权安全、文化资源安全和文化传播安全等。

（作者：新闻出版总署副署长）

发挥党史工作在文化建设中的重要作用

龙新民

胡锦涛同志在党的十七大报告中提出，推动社会主义文化大发展大繁荣，兴起社会主义文化建设新高潮。这是党中央顺应时代潮流，适应人民需要所作出的又一重大战略决策，充分反映了我们党对当今时代发展趋势和我国文化发展方位的科学把握，体现了我们党在新的历史条件下对文化建设的高度重视。

在我国总体上人民生活达到小康、物质生活水平有了较大提高之后，人民群众对精神文化生活的需求愈加强烈。文化是民族凝聚力和创造力的重要源泉，是综合国力竞争的重要因素。我们必须从提高国家文化软实力、保障人民基本文化权益的高度，从建设中华民族共有精神家园、实现中华民族伟大复兴的战略目标出发，扎扎实实推进我国的社会主义文化建设。

文化建设不单纯是宣传文化部门的事情，也是全党的任务，是社会各方面的共同责任。从中央党史研究室的角度讲，我们的党史研究工作，既是社会主义民主政治建设的一个组成部分，也是社会主义文化建设的一个组成部分。因此，我们在党史研究工作中，要更加紧紧围绕十七大提出的文化建设的任务，有所作为，多作贡献，更好地发挥党史工作以史鉴今、资政育人的重要作用。

一、党史的研究和编纂出版，是国家文化建设的重大工程

唐太宗说："以铜为镜，可以正衣冠；以史为镜，可以知兴替。"修史对于了解制度的变化、传承文明、资政育人具有重要作用。司马迁写的《史记》，是第一部翔实的通史，写出了西汉中期以前中华文明的发展史，开纪传体史书之先河，成为"二十四史"的前驱，是传承文明的不朽丰碑。到清代编定四库全书时，经乾隆皇帝钦定，以历朝24种纪传体史书为"正史"，也就是"二十四史"。中国古代史书之渊源久远，卷帙浩繁，体裁完备，史料齐全，在世界历史上堪称独树一帜。

"盛世修史，明时修志"。在我国修史构成了一种深厚的民族传统。史官、史书、史法和以历史为借鉴的"史鉴"，既记载了历史，传承了文化，也沟通了过去和现在，连接着将来。"国有史，方有志"，历朝历代，修史修志都是文化建设的一项基础性工程。新中国成立以来，党和国家十分重视修史修志工作，党史的研究和编纂出版一直作为党的一项重要工作列入议程。特别是1980年后，中央决定成立了由党中央主要领导成员组成的中央党史委员会。在中央党史委员会领导下，成立了党史编审委员会及其工作机构中央党史研究室和中央党史资料征集委员会，专门负责党史资料的收集、研究和编写工作。1988年，中央又决定组建了新的中央党史研究室，作为直属中央的党史研究机构和党史工作部门。党史研究机构一直延伸到省、市、县三级党委。

中国共产党领导中国人民经过80多年的奋斗、求索，开拓出今天的崭新局面，中国共产党自身也发展成为在一个13亿人口的大国长期执政，深受全国各族人民拥戴的伟大、光荣、正确的党。对党的光辉历程及其经验教训的回顾、总结、研究、编写、宣传，无疑是党的一项重要工作，同时也应当成为国家文化建设的一项重大工程。只有组织编纂出版好、学习宣传好中共党史，使之引领当代，传之后世，才能做到

永远铭记以毛泽东同志为核心的党的第一代中央领导集体为当今中国发展进步奠定的根本政治前提和制度基础，永远铭记以邓小平同志为核心的党的第二代中央领导集体开创改革开放伟大事业的丰功伟绩，永远铭记以江泽民同志为核心的党的第三代中央领导集体继承、发展并把改革开放伟大事业成功推向21世纪的卓越贡献，在以胡锦涛同志为总书记的党中央领导下，在全面建设小康社会实践中，坚定不移地把中国特色社会主义事业继续胜利推向前进。

二、党的光辉历史和优良传统，是建设社会主义核心价值体系的宝贵资源

十七大报告在阐述推动社会主义文化大发展大繁荣时，提出的第一项重要任务就是，建设社会主义核心价值体系，增强社会主义意识形态的吸引力和凝聚力。报告指出："要巩固马克思主义指导地位，坚持不懈地用马克思主义中国化最新成果武装全党、教育人民，用中国特色社会主义共同理想凝聚力量，用以爱国主义为核心的民族精神和以改革创新为核心的时代精神鼓舞斗志，用社会主义荣辱观引领风尚，巩固全党全国各族人民团结奋斗的共同思想基础。"无论是从巩固马克思主义的指导地位，还是从弘扬民族精神、时代精神的角度，党的光辉历史和党的优良传统，都是最生动的教材，最宝贵的资源。中国共产党是以马克思主义为指导思想的党。党在领导中国革命和建设，推进改革开放伟大事业的过程中，把坚持马克思主义基本原理同中国实际结合起来，不断推进马克思主义中国化，产生了毛泽东思想、邓小平理论、"三个代表"重要思想和科学发展观等重大战略思想，开辟了中国特色社会主义道路，形成了中国特色社会主义理论体系。社会主义和马克思主义在中国大地上焕发出勃勃生机。没有党带领人民在80多年的奋斗中所进行的艰辛探索和谱写的壮丽史诗，没有党带领人民在波澜壮阔的改革开放实践中，解放思想，实事求是，与时俱进，发展社会主义，发展马克思主义，并取得巨大成就，马克思主义指导思想和社会主义意识形态就难以体现其强大的生命力、创造力、感召力。可以说，学习和了解党的历史，我们才能真正体会到：没有共产党就没有新中国；只有社会主义才能救中国；只有改革开放才能发展中国。

80多年来，一代又一代的共产党人前仆后继，艰苦奋斗，书写了党的光荣革命传统，涌现出无数革命先烈和英模人物。在革命战争年代，我们党创造和培育了"井冈山精神"、"长征精神"、"延安精神"、"抗战精神"；涌现了像李大钊、方志敏、夏明翰、杨靖宇、刘胡兰、赵一曼、董存瑞、江姐等无数革命先烈和战斗英雄。新中国成立后，又形成了"大庆精神"、"两弹一星精神"、"抗洪精神"，产生了王进喜、雷锋、焦裕禄、钱三强、邓稼先、孔繁森、郑培民、牛玉儒、任长霞、宋鱼水等一大批英模人物，在社会主义革命和建设、改革开放中作出了杰出的贡献。

"人是要有一点精神的"，"榜样的力量是无穷的"。我们党在长期革命战争与和平建设时期所形成的光荣传统和革命精神，体现在革命先烈和英模人物身上的伟大品格和崇高风范，集中起来就是：为了国家的独立、民族的解放、人民的幸福，为了广大人民群众的根本利益和实现社会主义现代化的宏伟目标，不畏困难，不怕牺牲，艰苦奋斗，无私奉献，开拓奋进，创新发展。这些品格和精神，是同中华民族"天下兴亡，匹夫有责"的爱国传统，"富贵不能淫，贫贱不能移，威武不能屈"的高尚气节，抑恶扬善、恪守信义的社会美德一脉相承的，同时又赋予了新的时代内涵。

今天，建设社会主义核心价值体系，需要在广大干部群众特别是青少年中，努力继承和发扬党的光荣革命传统，学习和弘扬革命先辈与英雄模范的伟大精神及崇高品德。正是从这个意义上，我们十分高兴地看到，这几年，中央有关部门举办的《伟大胜利——纪念中国人民抗日战争暨世界反法西斯战争胜利60周年》、《伟大壮举　光辉历程——纪念中国工农红军长征

胜利70周年》、《复兴之路》等以党史、军史题材为内容的大型主题展览，受到广大干部群众的热烈欢迎。以党史纪念地为主的红色旅游十分火爆，参观者络绎不绝。中央各新闻媒体连续几年开办的《永远的丰碑》、《时代先锋》、《红色记忆》等以党史和英模人物为题材的专栏、专题节目，也为广大干部群众所喜爱。人们从党的光荣传统中，从革命先烈和英模人物身上，学到了好思想、好作风、好品德，这是建设社会主义核心价值体系的强大动力。由此可见，建设社会主义核心价值体系，不仅是党史研究、编纂、出版、宣传工作所包含的应有之义，而且也是党史工作所要承载的光荣使命。

三、以党史为题材的文学艺术、影视作品，是社会主义先进文化的重要内容

十七大报告指出，要坚持为人民服务、为社会主义服务的方向和百花齐放、百家争鸣的方针，贴近实际、贴近生活、贴近群众，创作更多反映人民主体地位和现实生活、群众喜闻乐见的优秀精神文化产品。

发展社会主义先进文化，推动优秀精神文化产品生产，必须始终坚持中国先进文化的前进方向，大力弘扬主旋律，倡导一切有利于发扬爱国主义、集体主义、社会主义的思想和精神，一切有利于改革开放和现代化建设的思想和精神，一切有利于民族团结、社会进步、人民幸福的思想和精神，一切有利于用诚实劳动争取美好生活的思想和精神。社会主义先进文化，是民族精神的火炬，是人民奋进的号角。

毫无疑问，中国共产党在80多年的奋斗中走过的艰难历程，所创造的光辉业绩，所谱写的可歌可泣的壮丽史诗，是孕育中国先进文化的摇篮和沃土，是社会主义文艺创作取之不尽、用之不竭的源泉。新中国成立以来，以党的光辉历史题材为内容的文学艺术作品、影视剧作品层出不穷，不胜枚举。1964年创排演出的大型音乐舞蹈史诗《东方红》就是一部歌颂党的奋斗历程的艺术精品，在全国产生了重大反响。《开天辟地》、《南昌起义》、《走近毛泽东》、《井冈山》、《闪闪的红星》、《长征》、《青春之歌》、《八路军》、《西安事变》、《南征北战》、《林海雪原》、《大决战》、《大转折》、《大进军》、《开国大典》等一大批文学、电影、电视剧作品，从不同的侧面、不同的角度，表现党和人民的奋斗历程，讴歌党和人民的丰功伟绩，成为叫得响、留得住、传得开的优秀精神文化产品，深受广大人民群众喜爱。

中国共产党领导全国人民进行革命、建设和改革的历史，是现代中国最绚烂、最辉煌的历史。以党的历史、党的领袖人物和党在各个历史时期的先进模范人物为主题的文学艺术、影视作品，构成了中国文艺创作的主旋律，也成为各个时期作家艺术家浓墨重彩进行创作的主要方面，在传播先进文化、塑造美好心灵、弘扬社会正气、丰富人民群众精神文化生活方面，产生了积极的影响。2004年9月，中央宣传部等七部门向社会推荐了100部爱国主义教育影片，我粗粗计算，这100部影片中，同党史题材有关的电影就达54部，占一半以上，这也从一个侧面反映出党史题材在文艺创作中的特殊分量和地位。

在中国共产党的历史上，值得作家艺术家们去反映的事件，去讴歌的人物，去揭示的生活，去表现的题材，去书写的华章巨篇，是无穷无尽的。这是文艺工作者可以纵横驰骋、大有作为的广阔天地，也是党史研究工作围绕文化建设多作贡献的重要舞台。用更多优秀的文学艺术作品，把党领导人民的奋斗历程和光辉业绩记录下来、传播开去，必将为推动社会主义文化大发展大繁荣，使人民精神风貌更加昂扬向上，发挥出不可替代的重要作用。

（作者：中央党史研究室副主任）

北京发展文化创意产业的实践与思考

蔡赴朝

党的十七大报告提出，要“运用高新技术创新文化生产方式，培育新的文化业态”。目前，北京市文化创意产业呈现出良好的发展势头，为首都经济社会发展增添了新的生机与活力。

大力发展文化创意产业是贯彻落实科学发展观的重要举措

文化创意产业是以创新、创造、创作为根本手段，以文化内容和创意成果为核心价值，以知识产权实现或消费为交易特征，为公众提供独特文化体验的具有内在联系的行业集群。大力发展文化创意产业，是北京市深入贯彻落实科学发展观的战略举措，对推动首都经济社会全面协调可持续发展具有重要意义。

大力发展文化创意产业有利于推进首都产业结构调整升级和经济发展方式转变。文化创意产业能够大大拓展传统产业的发展空间，推动文化与科技、经济的融合，形成新的经济增长点，进一步优化首都经济的“三二一”产业格局。同时，文化创意产业又是知识密集型和智力密集型的产业，与制造业、加工业等传统产业对资源、能源的巨大需求和对环境造成的巨大压力不同，文化创意产业更加强调人的创造力的发挥，强调创意对经济的渗透和贡献。大力发展文化创意产业，能够突破首都资源、能源瓶颈的制约，最大程度地实现环境保护，有力推动经济发展方式的转变，为首都可持续发展增添强大后劲。

大力发展文化创意产业有利于实现北京城市功能定位。贯彻落实科学发展观，必须立足于北京城市功能定位，进一步提升首都“四个服务”水平。《北京城市总体规划（2004 年—2020 年）》明确提出，北京要建设“国家首都、国际城市、文化名城和宜居城市”。大力发展文化创意产业，抓住了北京城市功能定位的这一本质特征，为落实北京城市总体规划提供新的思路，从构筑强大的经济基础、提供良好的文化条件、塑造崭新的城市形象、增强高端竞争能力等方面，为实现首都城市功能定位提供重要支撑。

大力发展文化创意产业有利于更好地满足人民群众的精神文化需求。“十五”期间，北京市城乡居民消费结构发生了很大变化，恩格尔系数从 36.2%下降到 31.8%，城乡居民文化娱乐支出年均增长 10.8%，文化消费日益成为城乡居民的消费热点，但文化产品和服务供给不足的问题依然比较突出。大力发展文化创意产业，能够进一步激发全社会的创造潜能与聪明智慧，加快推进文化创新体系建设，提供更多更好的文化产品和服务，不断满足人民群众多方面、多层次、多样性的精神文化需求。

北京市大力发展文化创意产业的主要探索和实践

为认真落实大力发展文化创意产业的决策部署，北京市专门成立了由市委、市政府主要领导挂帅的领导小组，负责指导协调全市文化创意产业发展，有力推动了相关工作。

一是制定规划、理清思路，明确了发展文化创意产业的目标任务。北京市研究编制的《北京市“十一五”时期文化创意产业发展规划》，进一步明确了加快北京市文化创意产业发展的指导思想、奋斗目标、重点工作、主要任务和保障措施。强调通过大力发展文化创意产业，进一步提升北京作为全国文化中心的影响，增强文化创意产业创造社会财富和就业机会的能力，使之成为首都经济的重要支柱，把北京建设成为全国的文艺演出中心、出版发行和版权贸易中心、广播影视节目制作和交易中心、动漫和网络游戏研发制作中心、广告会展中心、古玩艺术品交易中心、设计创意中心、文化旅游中心。规划期内，文化创意产业增加值年均增长15%左右，到2010年，文化创意产业实现增加值占全市生产总值的比重达到12%左右。

二是完善政策、优化环境，调动了全市发展文化创意产业的积极性。制定实施了《北京市促进文化创意产业发展的若干政策》，从放宽市场准入、完善准入机制，支持创意研发、鼓励自主创新，保护知识产权、营造创意环境，加大资金支持、拓宽融资渠道，拉动市场需求、促进内外贸易，优化资源配置、推动产业升级，实施人才兴业、强化智力支撑，完善统筹机制、加强组织协调等8个方面，研究确定了35条具体政策，进一步优化了产业发展的政策环境。坚持以公有制为主体，鼓励和支持非公有资本以多种形式进入政策许可的产业领域，推动形成以公有制为主体、多种所有制共同发展的产业格局，按照放开、鼓励、限制、禁止四大类，研究制定了《北京市文化创意产业投资指导目录》，分类指导文化创意产业9大行业的发展，为社会资本投资文化创意产业，提供了清晰实用的"路线图"和"参考书"。

三是突出重点、培育亮点，扶持了一批文化创意产业重点集聚区和重点项目。为优化文化创意产业发展布局，推进产业的聚集式、规模化发展，设立了5亿元的专项资金，分三年投入，用于扶持文化创意产业聚集区基础设施建设。2006年，研究确定了中关村创意产业先导基地、北京数字娱乐产业示范基地、国家新媒体产业基地、中关村科技园区雍和园、中国（怀柔）影视基地、北京798艺术区、北京DRC工业设计创意产业基地、北京潘家园古玩艺术交易园区、宋庄原创艺术与卡通产业聚集区、中关村软件园等首批10个文化创意产业集聚区，并且分别给予重点扶持。同时，按照突出重点、形成亮点、兼顾一般、推动全局的原则，着力打造文化创意产业品牌，设立了文化创意产业发展专项资金，每年安排5亿元，用于扶持文化创意产业重点项目。2006年，研究确定并支持了首批31个文化创意产业重点项目，涉及文化艺术、出版发行和版权贸易、影视节目制作和交易、动漫和网络游戏研发制作、广告会展、古玩艺术品交易、设计服务、文化旅游等8个行业。通过政府专项资金扶持，不仅为文化创意产业重点聚集区和重点项目的发展提供了保障，而且对全市文化创意产业的发展起到了重要的示范带动作用。

四是面向社会、强化服务，搭建了文化创意产业发展的良好平台。北京市政府与文化部、国家广电总局、新闻出版总署一起，联合创办了每年一届的"中国北京国际文化创意产业博览会"，为文化创意产业发展搭建了成果展示、信息交流和项目交易的新平台。2006年12月，成功举办了首届中国北京国际文化创意产业博览会，效果良好，影响广泛。北京市还组建了文化创意产业促进中心，负责决策咨询、项目评审、投资资助、技术支持、交流推广、人才培训、信息服务和学术研究等工作，为政府和企业提供良好服务。

北京市大力发展
文化创意产业的效果和体会

目前，文化创意产业已经成为首都经济发展的新亮点、社会进步的新引擎和城市形象的新符号。2006年，全市文化创意产业创造增加值812亿元，同比增长15.9%；实现业务收入3614.8亿元，同比增长29.4%；从业人员达89.5万人，同比增长6.6%；资产总额达6161亿元，同比增长19.9%。

在实践中，我们感受到，要推动文化创意产业又好又快发展，必须处理好以下三个关系：

首先，意识形态属性与产业属性的关系。

发展文化创意产业，必须遵循社会主义精神文明建设的特点和规律，适应社会主义市场经济发展的要求，妥善处理文化的意识形态属性和产业属性的关系。既高度重视文化的宣传教育功能，也充分认识它的消费娱乐功能；既清醒地看到文化建设是个"战场"，也看到它必须面向市场，并以积极健康的文化产品占领市场，在确保实现社会效益的前提下实现经济效益的最大化。

其次，政府与市场和企业的关系。发展文化创意产业，必须充分发挥政府的主导作用、企业的主体作用和市场配置资源的基础作用，使三者有机统一。政府部门通过制定法规、政策和规划等，依法管理，加强服务，为文化创意产业的发展营造良好环境，同时不断完善市场体系、健全市场机制，充分发挥各类企业和市场机制的作用。鼓励更多企业作为投资主体和经营主体在规划和政策引导下自主经营发展；加强行业协会和市场中介机构建设，为政府和企业提供专业化、社会化服务，不断提高文化创意产业的市场化程度。

再次，继承与创新的关系。发展文化创意产业，必须树立新的文化发展理念，在继承我国悠久历史文化传统、充分挖掘和利用现有文化资源的基础上，广泛吸收和借鉴一切先进文化、先进理念和科技成果，不断创新文化内容、文化样式和文化创作、生产、传播模式，更好地依靠创新驱动，把首都文化创意资源优势转化为文化创意产业优势，把创新精神贯穿到文化创意产业发展的各个环节，积极营造鼓励文化创新的浓厚氛围，完善创新机制，鼓励创新实践，使全社会的文化创造活力充分释放，文化创新成果不断涌现。

（作者：中共北京市委常委、宣传部长）

充分发挥宣传思想工作作用　大力推进和谐文化建设

何事忠

宣传思想战线贯彻落实党的十六届六中全会精神，一个十分重要的任务就是大力建设和谐文化。我们一定要立足当前、着眼长远，因地制宜、突出重点，牢记责任、奋发有为，在拓展、深化、创新宣传思想工作上狠下功夫，为推进和谐社会建设夯实思想道德基础。

一、充分发挥思想引领作用，突出建设核心价值体系这个根本

我们一定要坚持以马克思主义指导思想、中国特色社会主义共同理想、以爱国主义为核心的民族精神和以改革创新为核心的时代精神、社会主义荣辱观为基本内容，着力推进社会主义核心价值体系建设。

一是切实增强核心价值体系的说服力。坚持用马克思主义中国化的最新成果武装党员、教育群众，大力倡导和谐理念、培育和谐精神，用社会主义核心价值体系引领多样化的社会思潮，在多元中立主导，在多样中求共识。实施“马克思主义理论研究与建设”工程，加强对社会和谐重大理论和实际问题的研究，继续编印“理论龙门阵”通俗理论读物，办好“理论精品超市”，推进科学理论下基层、进课堂、进教材、进头脑。二是切实增强核心价值体系的感召力。做大做强“三峡大讲坛”，举办形势政策报告会，继续评选“振兴重庆争光贡献奖”，大力倡导爱国主义、集体主义、社会主义思想，深入开展理想信念、国情市情和形势政策教育，最大限度地形成社会思想共识。三是切实增强核心价值体系的凝聚力。坚持把弘扬民族精神、时代精神与弘扬红岩精神、三峡移民精神结合起来，把践行社会主义荣辱观与用重庆人文精神提升市民素质统一起来，推动全市上下凝心聚力、奋发向上、团结和睦、共创和谐。

二、充分发挥道德教化作用，夯实培育文明道德风尚这个重点

我们一定要坚持以思想道德建设、思想政治教育、推动和谐创建为重点，努力推动全市上下形成知荣辱、树新风、促和谐、兴重庆的良好风尚。

一是深入推进思想道德建设。进一步深化以“八个一”为主要内容的社会主义荣辱观宣传教育活动，广泛倡导爱国、敬业、诚信、友善等道德风尚，深入开展社会公德、职业道德、家庭美德教育，加强青少年思想道德建设，在全社会形成男女平等、尊老爱幼、扶贫济困、礼让宽容的人际关系，筑就社会和谐的思想道德基础和价值准则、行为规范。二是大力改进思想政治教育。进一步拓展领域、改进方法、创新手段，以新社会群体、进城务工人员、下岗失业人员、库区移民、城乡生活困难群体为重点，着力解决群众的思想困惑和实际困难。同时注重人文关怀和心理疏导，健全心理咨询网络，加强心理健康教育，促进人的心理和谐。三是积极开展和谐创建活动。把和谐社区、和谐机关、和谐家庭等和谐创建活动同群众性精神文明创建、学习型社会创新型城市创建活动结合起来，深入开展“共铸诚信”、“送温暖献爱心”、“西部开发助学工程”、“青年志愿者活动”等实践活动，形成“我为人人、人人为我”的和谐局面。

三、充分发挥舆论导向作用，抓好营造和谐思想舆论氛围这个关键

我们一定要坚持正确导向，唱响主旋律，打

好主动仗，为改革发展稳定、构建和谐重庆营造良好思想舆论氛围。

一是做大做强正面宣传。新闻出版、广播影视、文学艺术、社会科学要始终坚持正确导向。要牢牢把握舆论主导权，深入开展"科学发展兴重庆"、"爱心共铸和谐"等主题宣传、典型宣传活动，为维护全市改革发展稳定大局、落实市委市政府重大决策部署服务。二是提高舆论引导水平。加强和改进全市新闻宣传工作，进一步提高舆论引导水平。要改进会议报道，规范文件刊发；精简领导同志活动报道；加强对基层和群众的报道；坚持正面宣传为主，严格控制负面报道；解决都市类报刊同质化问题；加强对媒体的管理和考核，不断提高宣传报道的吸引力和感染力。完善政府新闻发言人制度，加强舆情汇集分析，有效疏导各类消极因素，引导人们用理性合法的方式表达利益诉求。三是创新媒体管理方式。坚持以党报党刊、电台电视台为主，有效管理都市类媒体、网络媒体等宣传资源，努力构建舆论引导新格局。深入开展以"打造责任媒体、营造和谐舆论、服务发展大局"为主题的学习整改活动，切实做好热点引导、突发事件报道，不断改进舆论监督。严格规范媒体市场。做大做强华龙网等重点新闻网站，倡导文明办网、文明上网。

四、充分发挥文化纽带作用，瞄准满足群众文化需求这个目标

我们一定要进一步深化文化体制改革，大力发展文化事业和文化产业，繁荣文艺创作，加快建立覆盖全社会的公共文化服务体系，不断满足人民群众日益增长的精神文化需求。

一是加强基层文化设施建设。以三峡库区、渝东南少数民族地区为重点，加大对基层公益性文化设施建设的投入，优先安排与人民群众文化利益相关的文化项目。大力实施"十百千万基层文化设施建设工程"，在"十一五"期间，多渠道筹集资金，专项用于保护、开发10个重点历史文化名镇，新建、完善500个乡镇文化站和5000个村文化室，培育50000个文化中心户。集中财力加快推进广播电视村村通、文化信息资源共享、万村书库、农村电影放映等惠民工程。二是发展壮大文化产业。认真落实优惠政策，鼓励和支持民营资本依法进入文化产业领域，加快发展民营文化企业。大力培育优势文化产业，鼓励和支持重庆日报报业集团、重庆广电集团、重庆出版集团公司、重庆新华书店集团公司和电脑报社做大做强。着力打造西部领先的动漫及数字娱乐产业基地。三是丰富社会文化生活。倡导"以和为美"的审美观，多生产讴歌真善美的文艺作品。加强文化市场监管，确保文化市场和谐有序健康发展。以重庆直辖十周年为契机，广泛开展以和谐文化为主要内容的宣传文化活动。大力发展社区、企业、村镇、校园、军营文化，鼓励群众的创造性与参与性，逐步让全体公民在"文化创造"上各尽其能，在"文化提高"上各得其所，在"文化享有"上各得其利。

（作者：中共重庆市委常委、宣传部长）

以创新理念推动社会主义文化大发展大繁荣

黄坤明

党的十七大进一步明确了中国特色社会主义文化建设的战略地位、发展方向、目标任务及实现途径，提出要推动社会主义文化大发展大繁荣。这充分体现了我们党对当今文化发展方位的新判断、地位作用的新认识、发展战略的新思考，为全面建设中国特色社会主义文化指明了方向。

更加自觉、更加主动地推动文化大发展大繁荣，根本动力在于文化创新。要把文化创新作为文化发展的战略基点和前进动力，冲破一切束缚文化发展的观念、做法和体制弊端，调动广大文化工作者的积极性，释放全社会的文化创造活力，不断增强文化的创新能力和整体实力，推动浙江文化大省建设跃上新的台阶。

一、着力推进思想理论创新

立足于新的起点实现新的发展，要继续发扬创业创新精神，保持与时俱进的精神状态，尊重和保护群众的首创精神，不断以实践基础上的理论创新指导推动实践的新发展。

要注重对中国特色社会主义实践经验的研究和总结。广大干部群众坚持和发展中国特色社会主义的生动实践，是理论创新的重要源泉。要组织力量系统深入地研究中国特色社会主义在浙江的实践，把人民群众在实践中的新经验升华为理论，把实践创新转化为理论创新，用理论创新的成果指导实践的发展。

要注重对重大决策部署的研究。紧紧围绕中央和省委的重大决策部署，整合研究资源，建立研究平台，深入研究重大决策部署的理论背景、实践意义和实施过程、实效评估，推进理论创新更好地服务于决策、转化为政策。

要注重对重大现实问题的研究。深入研究人民群众关心的理论和现实问题，形成一批能较好回答理论和现实问题的理论成果，推出一批宣传形势政策的理论读物，把理论创新的成果具体化、通俗化、普及化，使科学理论真正发挥帮助群众释疑解惑、指导解决实际问题的作用。

二、着力推进文化发展理念创新

在新的时代起点上推动社会主义文化大发展大繁荣，必须坚决冲破束缚文化发展的思想观念，树立符合科学发展观要求的新的文化发展观。

要把握好社会效益与经济效益的关系。既要高度重视文化的意识形态属性，又要充分考虑文化的产业属性，在遵循社会主义精神文明建设的特点和规律的同时，适应社会主义市场经济发展的要求，努力实现文化的社会效益和经济效益的统一。

要把握好公益性文化与经营性文化的关系。坚持一手抓公益性文化事业，一手抓经营性文化产业。公益性文化事业要通过增加投入、转换机制、增强活力、改善服务，实现和保障广大人民群众基本文化权益。经营性文化产业要通过创新体制、转换机制、面向市场、壮大实力，满足人民群众多方面、多层次、多样性文化需求。

要把握好城市文化与农村文化发展的关系。把统筹城乡文化发展理念贯穿于文化建设的各个方面，无论是文化设施布局、文化经费投向，还是文化生活安排、文化产品生产等方面，都要体现城乡统筹、协调发展的要求，促进城市文化与农村文化协调发展。

要把握好存量改革与增量发展的关系。一手抓存量改革，激活现有文化单位资源，把存量做优做强；一手抓增量发展，充分调动社会力量，运用科技发展成果，以全新的体制机制推动文化事业和文化产业发展。

要把握好国办文化与民办文化的关系。把国有文化单位改革作为重点，把调动非公有制经济等社会力量发展文化产业作为新的着力点，鼓励支持非公有资本以多种形式进入政策许可的文化产业领域，逐步形成以公有制为主体、多种所有制共同发展的文化产业格局。

要把握好国内市场与国际市场的关系。积极应对国际文化市场竞争，在努力占领国内市场的同时，大力发展外向型文化企业，推动文化"走出去"。

三、着力推进文化内容创新

更加积极主动地适应文化内容和表现形式多样化的趋势，把思想性与艺术性、知识性与趣味性、教育性与娱乐性相统一的优秀作品奉献给人民群众。

要进一步准确把握精神文化产品创作生产的重点内容。加强现实题材精神文化产品的创作生产，打造反映现实生活、体现时代精神的优秀精神文化产品。加强历史题材精神文化产品的创作生产，以现代艺术的表现方式和载体，努力打造传承优秀传统美德、具有新的时代内涵的文化产品。加强面向基层精神文化产品的创作生产，为基层群众提供更多更好大众化、通俗化的优秀文化产品。

要进一步健全精神文化产品创作生产的有效机制。健全创作机制，构筑创作平台，实施创作工程，促进优秀作品和人才脱颖而出。建立健全创作生产的组织化机制，加强规划论证、资源整合、生产管理和扶持激励，推进实施文化精品战略。建立健全创作生产的市场化机制，推进艺术创作规律与市场规律的有机融合，积极引导社会创作主体，扶持原创性作品，充分调动我省作家艺术家的积极性和创造性。

要进一步调动精神文化生产主体的积极性、创造性。着力增强国有文化单位的创作活力，通过体制机制创新，使其成为文化产品生产的主力军。着力提高民营文化企业的创作能力，积极鼓励民营企业进入精神文化产品创作生产领域，推动民营文化企业成为文化产品生产的生力军。着力发挥新兴文化业态的创作潜力，积极培育动漫制作、文化创意等新兴文化业态的创作主体，使之成为文化产品生产的重要增长点。着力形成创作团队的创作合力。

四、着力推进文化体制机制创新

进一步加大文化体制改革力度，不断解放和发展文化生产力，充分激发文化创造力。

要加快培育充满活力的文化创新主体。进一步突破改革的重点难点，把国有文化单位和民营文化企业培育成为具有较强创新能力和市场竞争能力的创新主体。公益性文化事业单位要加大内部改革力度，推进管理、人事、分配、社保、投入保障等制度改革。经营性文化单位要加快推进公司制改造，建立现代企业制度。国有文化集团要以核心主业为基础，形成主业突出、综合能力强的多元发展格局，努力实现跨越式发展。引导和鼓励民营企业参与国有文化单位改革，扶持一批重点民营文化产业基地做大做强。

要加快完善有利于文化创新的宏观管理体制。按照中央的要求和部署，进一步改进文化领域宏观管理，切实加强规划引导、政策保障和资产管理，继续推进政事分开、管办分离，加快转变政府职能，理顺文化行政管理部门与所属企事业单位和市场中介组织的关系，不断强化政府的文化管理和服务职能。

要加快形成鼓励支持文化创新的外部环境。充分发挥文化经济政策和科技政策的作用，引导文化企业成为文化创新主体。落实培育创新型文化企业的相关政策，扶持中小创新型文化企业发展，支持和鼓励各类文化企业与科研机构、高等学校结成创新型组织。加强文化技术中介服务，促进技术成果的转化。

五、着力推进文化科技创新

立足科技发展前沿，加快推进文化与科技融合，丰富文化表现形式，拓展文化传播方式，积极抢占文化科技竞争的制高点，不断提高文化生产和传播能力。

要大力提高传统文化生产经营的科技含量。进一步推动互联网、数字化等新技术的运用，提高技术装备水平，促进传统文化产业转变发展方式。运用现代通信和计算机技术改造传统流通方式，大力发展现代文化流通产业，提高文化商品和生产要素合理流动的效率。

要大力发展新兴文化产业。加快推进影视动漫产业发展，努力打造集制作、研发、教学于一体的影视动漫产业。充分利用高新技术加快广播电视网络数字化改造，努力做大做强有线数字电视产业。加快培育新兴产业，使高新文化产业成为我省文化产业发展新的重要增长点。

要大力提高文化自主创新能力。构建以企业为主体、市场为导向、产学研相结合的文化创新体系，培育具有自主创新能力、拥有自主知识产权的文化企业和企业集团，提升我省文化产业的整体创新水平。把文化领域的科技创新纳入区域创新体系建设，加强文化生产和传播核心技术研发，打造具有自主知识产权和核心竞争力的文化产品与知名品牌，把我省的文化资源优势转化为文化产业优势。

（作者：中共浙江省委常委、宣传部长）

文化生产力及其发展问题

丹　增

当今社会，文化在经济社会发展中的地位和作用越来越突出，文化深深地熔铸于社会生产力之中，影响着社会发展的方方面面，成为经济社会发展的强劲助推器，一种新的经济形态——文化经济由此应运而生。文化经济为何能够如此蓬勃发展？究其原因，是文化力及文化生产力焕发出了前所未有的活力。换言之，文化力及其衍生而来的文化生产力是文化经济的现实立足点。

文化力的特征及表现形式

如何理解和认识文化力，是我们进一步认识文化生产力的前提和基础。简单地说，文化力就是人类创造的文化凝结在人类活动当中而产生的一种力量。它表现出以下几个主要特点：

具有伴随着人类社会始终的恒久性。文化力作为一个明确的概念，是近年来随着文化作用的彰显而逐渐被人们认识的。但如果我们从历史的角度来考察，文化力其实从人类社会产生伊始便已客观地存在。人类社会的每一点进步，都离不开人类为满足自身物质和精神文化需求而改造世界的实践过程。文化是这一过程的产物，并随着这个过程发展而演化，同时又反过来支配和影响这个过程，显示出文化力的作用。

具有无所不在的普遍性。文化是人类活动的产物，无论这种活动是自觉的还是自发的。文化的形成、发生、发展、变化与人类社会的进步演化一样，都是一个自然的历史过程。文化广泛地影响着人类的精神世界、物质世界以及自然界，深深渗透并作用于人们的经济、政治、军事等活动中，甚至于影响人的个性和习惯。从个人到家庭，从族群到区域，从地区到国家，文化力都在发挥着或大或小、或快或慢的作用。

具有积极与消极并存的两重性。一般来说，文化力对社会发展具有普遍的积极推动作用，同时要看到，一定历史条件下某种文化力对社会发展具有的消极阻碍作用。积极的文化力可起到推动和促进社会发展的作用，例如欧洲文化史上的“文艺复兴”和“启蒙运动”，我国文化史上的“百家争鸣”、“五四新文化运动”等；消极的文化力可起到阻碍和破坏社会发展的作用，例如西方中世纪的神学，我国文化史上的迷信等等。在现今这个文化经济日益壮大、文化产品生产日益丰富的时代，文化力同样也显现出其消极的一面。如文化市场上的一些非法出版物、一些不法文化经营活动甚至部分具有消极倾向的电影电视剧等等。生产经营者为了满足追逐暴利的私欲，打着文化的旗号，大肆渲染色情、暴力，给社会稳定及社会公德建设带来了极大的隐忧，对人类进步形成了一种破坏性的力量。综观人类社会发展的历史，我们可以发现，在所有的社会形态中都无可避免地会出现某种消极文化力，它直接或间接地对社会发展产生负作用。因此，我们应该站在人类社会进步的高度，把握人类社会前进趋势，引导和焕发积极文化力，抑制消极文化力。

文化力对经济发展的积极力量主要表现在以下几个方面：一是为经济发展提供精神动力；二是为经济发展提供行为规范；三是优化经济发展环境；四是推动经济增长方式的变革；五是提升物质产品的品质及附加值；六是文化力本

身成为经济增长的要素。目前，建立在文化力基础上的文化经济和文化产业，正在日益深入地把文化的固有市场和产业属性挖掘出来。文化已经成为一种劳动对象、生产对象。文化通过生产环节，已经无可辩驳地转化为文化产品、文化服务，通过交换、消费环节转化为实实在在的财富。撇开美国、英国、日本、法国、韩国等文化产业发达国家不说，在我国的不少省区市，文化产业增加值占全部GDP的比重已超过了5%，成为事实上的支柱产业和经济增长点。即使从传统经济增长的角度来说，文化力本身也已成了经济增长的一个组成部分。从这个意义上，我们可以说，文化力不再是一种羞羞答答的“软实力”，而是一种有着充分“硬实力”特征的经济力。

文化生产力是社会生产力的重要组成部分

文化力与文化生产力虽然有其内在的必然联系，但其内涵和外延并不完全一致。只有当文化力融入生产消费过程中，才具备生产力的特质。文化力与经济、科技的相互融合、相互渗透，形成具有崭新功能的文化生产力。我们所说的文化生产力，既指渗透于物质生产力中的科技、文化因素，也指具有相对独立形态的精神生产力。可以说，文化生产力就是经济和文化相互融合发展到一定阶段的产物。它指的是创作和制造文化产品及提供文化服务的社会能力，是社会生产力的重要组成部分。文化产品生产中的智力投入和物质投入，具备社会生产力诸要素的基本特征。文化产品的生产，形成物质形态的生产过程，与其他产品的生产一道，共同构成社会生产力的发展过程。文化生产力有以下几个主要特征：

一是文化内容主导。在人类文明不同发展阶段，起核心作用的生产力要素是不一样的。农业经济阶段是自然力，工业经济阶段是资本和机器，文化经济阶段则是人文精神和知识、技术的有机结合。作为文化经济的基础立足点，文化生产力的核心要素包括人的智力、科学、生产管理、劳动组织、文化资源等。更为关键的是，构成文化生产力的内在要素是一种以文化内容为主导的社会生产力。

二是包蕴人文精神。如果说知识经济是建立在知识和信息的生产、分配和使用基础上的经济，核心是突出知识、技术在经济增长中的价值的话，那么，文化经济则是对知识经济内涵的扩大和深化。文化经济内在地包含了知识经济，并在经济系统中充满了文化因素。文化生产力的内容构成不仅有科学、技术等智力因素，还有理想信念、价值观念、文化艺术、娱乐休闲等精神因素，不仅包含科学精神，还体现人文精神，是科学精神与人文精神的有机统一。随着文化经济的发展，人文精神在经济发展和社会生产方式中的作用将日益突出。

三是强调不同文化间的差异性以及不断融合的趋势。在文化生产力的发展过程中，体现出两方面的趋势：一方面，文化作为重要的生产要素，必须强调它在整个市场上的独特性，强调不同文化间的差异性，以求得不同文化所蕴含的生产力的最大发展；另一方面，在文化生产力发展过程中，不同的文化也不断调整自己，以适应市场的需求。

四是显示出发展的可持续性。生产力中文化要素（知识、技术、文化理念等）的增多，意味着经济增长方式的转变；精神产品生产和消费的增加，意味着人的精神需要的不断提升；人文价值取向渗透到经济发展之中，意味着人与社会、人与自然关系的全面进步；人文素质和科学素质相融合，意味着劳动者素质的全面发展；对文化资源的科学开发和利用，意味着人类资源观的重大进步。因此，文化生产力不仅是社会生产力的重要组成部分，而且应该成为社会生产力的主导力量。在社会主义市场经济条件下，我们沿着正确方向发展文化生产力，就是贯彻落实科学发展观的实际举措。

总之，任何时代的社会生产力都是人类用以影响和改造自然的物质力量和精神力量的综合。随着现代生产力由传统的"物质要素主导型"转向"智力要素主导型"，凝聚在物质生产力中的知识、科技、管理等文化因素，也由辅助地位上升到主导地位。因此，现代生产力既是一种物质力量，也是一种文化力量。

发展文化生产力的对策

如何快速有效地解放和发展文化生产力，推动文化经济的全面发展，关乎经济社会能否实现可持续发展，关乎能否在国际竞争中、地区间竞争中立于不败之地，应该成为当前发展的重要课题。

一是要树立新的文化发展观，强化全民的文化生产力意识，力求在观念上形成新突破。物质生产力、文化生产力，都是生产力的重要组成部分。在重视物质生产力发展的同时，必须高度重视文化生产力的发展，把工作重心真正转移到"科教兴国"、"文化立国"的轨道上来。应该认识到，实现人的全面发展，充分激活人的发展潜能与创造精神，是文化生产力发展的应有之义。解放和发展文化生产力，体现了科学发展观关于实现全面协调可持续发展的基本要求。在推动文化生产、文化消费、文化贸易、文化服务大规模发展的同时，要自觉地在经济活动和物质产品中注入文化内涵，使经济发展不仅实现量的持续扩张，而且实现质的飞跃提升，从而走上一条人性化、效益高、消耗低、污染少的可持续发展的良性轨道。

二是不断深化文化体制改革。当前，必须紧紧抓住文化体制改革这个中心环节，找准改革的着力点和切入点。健全政策法规体系是文化体制改革的前提，推进机构改革与职能转变是文化体制改革的核心内容，塑造文化市场的竞争主体是文化体制改革的关键，拓展资本市场是文化体制改革的催化剂。首先是把文化体制改革纳入国家或地区改革发展的整体规划，消除经济体制、政治体制和文化体制改革之间的政策鸿沟，加强文化体制改革发展的战略研究，制定和完善政府文化管理的办法，健全相关法律法规。其次是推进机构改革与职能转变。要针对当前存在的问题，积极推进机构改革与职能转变，统一文化行业管理，明确文化行政管理部门职责，理顺文化行政管理部门与所属企事业单位的关系，实行政事分开、政企分开，从过去单一靠行政管理转变到依靠法律、行政、经济、舆论相结合的手段综合管理，保护市场的合法经营，特别是保护知识产权不受侵犯；从过去具体办文化逐步过渡到管理文化，行使文化市场的行政管理权和执法权。再次是以市场为中心，塑造文化市场的竞争主体。深化文化企事业单位内部机构改革，推动文化创新，形成多出精品、多出人才的文化管理体制和运行机制。加快资产重组和结构调整，优化国有文化资产配置，理顺国有文化产业单位产权关系，促进产业升级，使不同经济成分的文化企业，都能在激烈的市场竞争中求得发展，尽快形成一批有较强自主创新能力和市场竞争能力的文化企业和企业集团。第四是拓展资本市场。推动国有文化资本向市场前景好、综合实力强、社会效益高的领域集中，充分发挥国有文化资本的控制力、影响力和带动力。同时，要鼓励非公有资本进入文化产业，拓宽文化发展投资渠道，加大对社会投资的政策扶持力度，创造良好的政策环境和平等竞争机会，支持非公有制文化企业的发展。

三是大力发展文化产业。文化产业挖掘文化的经济潜能，影响着文化体制改革的进程，是文化生产力的重要载体。文化产业的出现，使文化不再只是一种精神活动，同时也是一种经济活动，这就意味着文化体制改革可以借鉴经济体制改革的成果。当然，文化产业发展有着自身独特的规律。一方面，要注重与其他经济产业在许多方面出现的交叉和叠合，遵循一般经济发展规律；另一方面，还要重视它的特殊性，遵循文化发展规律。文化产业直接提出了文化生产关系适应文化生产力发展要求的问题，这是文化体制改革的重要推动力。文化产业的出现，开发了文化的商品价值，也开发了一个新的生产领域和经济领域。作为新的经济高地，社会资本也表现出进入文化产业的积极性。但是，在发展文化产业的同时，切不可对公益性的文化事业建设有丝毫的松懈。文化产业和文化事业是文化建设之双翼。文化事业的发展，同样蕴含着文化生产力的解放和发展。文化体制改革的目标是要形成科学有效的宏观文化管理体制，富有效率的文化生产和服务的微观运行机制，以公有制为主体、多种所有制共同发展的文化产业格局和统一、开放、竞争、有序的现代文化市场体系；同时，也要形成我国完善的文化创新体系，推动中华文化走向世界。

四是造就大批文化人才。人才和智力是文化生产力最重要、最活跃的要素。加快文化事业和文化产业发展，必须有高素质的人力资源作支撑，必须造就大批的文化人才。因此，要重视对知识的投入，使知识在财富增长中所占比重大幅度增加。牢固树立"人才是第一资源"的观念，牢固树立科学的人才观，强化"人人皆才"的意识。实实在在地尊重劳动、尊重知识、尊重人才、尊重创造。用事业造就人才，用环境凝聚人才，用机制激励人才，用法律保护人才，为人才创造想干事、能干事、干得成事的良好社会环境。要制定适合于文化人才的人事管理制度，探索文化人才的行业管理办法，促进文化人才的合理流动，以"不求所有，但求所用"的方式和理念大力引进急需的优秀人才。加大培养文化人才的投入力度，建立人才培养基金，健全人才培养体系，把学校教育与社会教育有机结合起来，积极探索多种形式的人才培养途径，使人才培养渠道更加顺畅、更加有效。

（作者：中国文联副主席、中国作协副主席）

用新的理念促进文化大发展大繁荣

陈文玲

胡锦涛总书记6月25日在中央党校的讲话中指出:“加强社会主义文化建设是不断满足人民群众日益增长的精神文化需求的需要,是全面实施党和国家发展战略的需要。我们必须更加自觉、更加主动地推动文化大发展大繁荣,更好地保障人民群众的文化权益。”要更加自觉、更加主动地推进文化大发展、大繁荣,就必须拓宽我们的视野和思路,掌握文化发展和繁荣的规律。

一、应该确立几个新的理念

(一)确立文化竞争力是国家核心竞争力的理念,把文化的大发展大繁荣上升为国家战略任务

文化的力量,不仅是一个民族生命力、创造力、影响力和凝聚力的决定性要素,也越来越成为综合国力和国际竞争力的重要组成部分。最终决定一个国家、一个民族生死存亡的力量,是这个国家和民族的文化底蕴和生活价值观使之形成的生存方式、生活方式和生命方式。1998年联合国科教文组织在斯德哥尔摩“文化政策促进发展”政府间会议上提出的《文化政策促进发展行动计划》指出:“发展最终以文化概念来定义,文化的繁荣是发展的最高目标。”世界上很多国家采取文化立国的国策,英国2005年创意产业增加值超过1000亿英镑,成为英国的第二大产业。美国靠强大的文化影响力和渗透力,正在世界文化市场上建立和扩大霸权。有材料显示,美国目前已经控制世界75%的电视节目和60%以上的广播电视节目的生产和制作。韩国从20世纪90年代中期以来,把发展文化产业作为国家战略,短短的十几年,“韩流”便席卷亚洲乃至全球,韩国文化、韩国精神和韩国产品的影响力也随之扩大。日本把提高文化竞争力作为提升日本产品竞争力的重要举措,2001年明确提出知识产权立国战略。目前,全世界动画播映的60%、欧洲动画播映的80%都是日本动画,到2010年,日本动画制作市场和动画衍生产品规模将达到500亿美元。

文化的大发展和大繁荣,应成为一个国家在世界上真正崛起的标志,成为一个国家文化和价值观被世界认可的标志,成为一个国家已经形成并具有核心竞争力的标志。

(二)确立文化可以创造永久性财富的理念,推动我国的文化积淀、文化资源和文化创意转化为更多财富

20世纪80年代末期,我在日本研修的时候,翻译了一位日本学者上野光平的著作《现代流通论》,他把当时的日本和欧洲作了比较。他认为,尽管日本人均GDP超过2万美元,但是国民的财富远远比不上欧洲,日本拥有的是耐用消费品,欧洲很多国家拥有的是财富,其中很大部分是永久性财富。他把汽车、洗衣机、电冰箱等称之为耐用消费品,把住房叫做长周期的耐用消费品,因为这些暂时拥有的财富最终要被转化为消费。而欧洲人拥有的财富,很多是可永久保值、增值的财富,是保存的时间越长增值空间越大的财富,比如说文化艺术品、比如说有深厚文化含量的建筑等等。可以说,唯一能够成为永久性财富的就是文化和文化产品,包括历朝历代保留下来的东西,也包括当代创造;未来可以保留的东西。文化的大发展、大繁荣的重要表现,就是使更多可以传世和被更广范围、更多国家和民族奉为精品和收藏品的文化

产品，源源不断地被创造出来。

(三)确立文化是无形资产的理念，使文化和文化创意发挥比货币资本更大的渗透力

文化产品与有形的、刚性的产品不同的是，文化是可以变现的无形资产。一本著作、一个创意、一部电影、一个产品品牌等是无形资产，但它却可以变现。比如一个品牌所蕴涵的商誉和价值，是文化的积累，但是可以变现，因此一些国家把文化产业、文化产品称之为文化资本。可口可乐品牌价值最高的一年达到820多亿美元，远远超过它的有形资产价值量。可口可乐公司的负责人说，如果一夜之间可口可乐所有的工厂被烧了，不出3天，可口可乐就会重新出现在世界上。这就是品牌的价值，就是品牌蕴涵的文化的力量。只有当文化和文化创意呈现出一种比资本更强大的渗透力，渗透到所有行业和产业中，形成一种新的思维状态、生活态度和工作方式，使整个国家具有文化所激发的创造力和激情时，这个国家和民族才真正具有持续发展和持续创造财富的能力。

(四)确立文化具有独特规律的理念，不能像搞运动和发展制造业一样发展文化产业

在经济学理论里面，经济运行的规律是需求创造供给，满足即期需求、挖掘潜在需求、创造崭新需求是商品生产和流通的着眼点和立足点，以需求为出发点组织经济运行，组织商品交易和交换，才可能使经济运行更有效。所谓“订单工业”、“订单农业”的涵义，就是围绕市场特定和既定需求进行产品生产和销售的过程。文化产品生产的规律正好相反，它是供给创造需求的产品，有供给才可能有需求，当文化积淀、文化创意成为可听、可视、可读、可体验的产品后，它才会有需求。要认识文化产业大发展、大繁荣的独特规律，从创造优质供给入手，推动文化的大发展大繁荣。这就要求创造更多的文化精品，使之能够成为人民群众喜闻乐见的东西，满足人民群众不断增长的文化需求。与人的物质欲望比较起来，人在精神层面的需求更加广阔无垠，供给创造需求也永无边界。供给的载体是具有文化含量和创意能力的人，人是生活在历史长河中承前启后的人，需要传承，需要积累，需要思考，需要创意，有时候需要梦想。决不能用搞运动的方式，也不能像发展制造业一样发展文化产业，生产文化产品。

(五)确立大力发展文化贸易是主动调整贸易战略的理念，加快转变文化的贸易增长方式

改革开放经过近30年的历程，我国对外贸易从世界的第32位上升到第3位，但我们的贸易结构存在很多问题，文化贸易一直存在巨额的贸易逆差，这种状况已经开始影响到国家的文化安全。据专家估算，我国文化产品的进口和出口比大约为10∶1，中国书刊版权贸易上的逆差更高达10—15倍。近年来，在文艺演出市场，引进演出和输出每场收入比为10∶1；出版市场引进与输出比为6.84∶1；版权贸易引进与输出比为10.3∶1。文化贸易的发展，是一个国家在国际贸易中获得更大利益、付出更小成本的表现，文化资源不等于有竞争力的文化产品，也不等于文化贸易的能力。文化贸易发展更多地依赖全球化的市场及其明星制度、经纪人制度和全球营销方式，这些恰恰都是中国文化贸易所欠缺的。加快形成高附加值的先进文化生产力，把我国优秀的文化产品推向世界，改善我国文化贸易的逆差，扩大我国文化贸易规模，增强我国文化贸易的能力，不仅是转变贸易增长方式的选择，也是中国文化通过国际化大流通得到普及和推广的过程。

(六)确立文化发展是优化产业结构的理念，用文化繁荣带动现代服务业发展

我国在相当长的时间内产业比重失衡，服务业并不发达，要优化产业结构，就要加快现代服务业的发展。现代服务业是文化价值含量最高的产业，应该分为四种形态：第一种是与商品交换和交易过程如影随形的服务，在销售商品的同时销售服务，服务是交易活动中的文化表现形式；第二种是与生产过程相伴相生的服务，即生产性服务，服务是生产过程中的文化渗透形式；第三种是生产、销售过程与购买、消费过程同时发生的服务，也就是纯粹的服务品的生产和交易，比如说我们的会务接待、电话服务、航空业务，生产服务品的同时就在消费这种服务，这种服务具有文化产品的最显著的特征；第四种是由政府或公益性组织提供的公共服务品或准公共服务品，这是一个国家文化和价值观的社会反映。只有当文化成为现代服务业的灵魂和运营内涵时，服务所创造的价值才能倍增。

二、需要明确的几个问题

（一）正确看待文化发展中的政府和市场定位

在文化发展中，政府和市场的边界是什么，哪些文化品要靠政府提供或干预，哪些要靠市场机制解决，这是一个难度比较大的问题。我认为，文化产品应分为三类：一类是文化的公共品，一类是文化的准公共品，再一类是文化的市场品。作为文化的市场品，其生产和流通应该完全采取市场经济的办法，采取竞争的办法，采取自由定价的办法，采取与消费者博弈决定价格的办法，也就是靠市场机制发展市场品。政府提供的公共品和公益性组织提供的准公共品，既可以政府出资提供，也可以采用市场机制进行委托生产或政府采购。

目前，我国文化市场品发展没有形成规模，既没有发挥市场机制配置文化资源的基础性作用，又没有形成政府提供文化公共品的保障体系，准公共文化品的发展也比较落后，因此，还没有形成较强的文化品的供给体系。要发展文化产业，首先要有一个理论上清晰的划分，在操作层面要有相对应的措施和办法。比如说博物馆，有私人的博物馆，有政府完全出资的公共博物馆，也有公益性团体的非营利性博物馆，什么情况采用市场化手段运营，什么情况应为纯公共博物馆，什么情况该搞公益性博物馆，到底应该怎么确定？这些问题应该一个行业、一个行业的研究。杭州市政府把西湖周边公园的门票完全取消了，实际上是把市场品变成了公共品，创造了一个旅游和休闲的公共空间，创造了文化体验、文化享受的公共空间。政府提供了公共服务品，创造了消费者的崭新需求，把原来在杭州的一日游推进到了休闲游，使杭州成为全国旅游发展非常快的一个城市。这就是通过政府公共品的提供，创造消费者对市场品的需求的典型案例。因此，公共文化品和服务品的提供，不仅可以创造即期需求，也可以创造潜在需求，还可以引导和带动市场的发展。

（二）正确划分文化品形态和文化产业形态

文化品的形态应分为三类：一类是纯文化品，一类是和制造业相关联的文化品，一类是与服务业相融合的文化品。纯文化品的存在形态，是以个人的创造力、技能和才干为支撑，创造出的影视作品、动漫、广播、表演艺术、书画、出版和计算机服务等产品。与制造业相关联的文化品的存在形态，表现为工业设计、时尚设计、广告设计、建筑艺术、手工艺品等，设计和创造有形产品的文化内涵，更多地蕴涵了文化的容量。文化创意是制造业的重要组成部分，或者说是制造业的前端和高端，是产业链和价值链的上游。与服务业相融合文化品的存在形态，是在服务品生产和供给的同时，提供其中融合的文化，比如中国的饮食文化、酒文化、旅游文化等。

文化产业所提供的文化产品具有两种基本形态：一是既有物质形态又有文化符号的文化实物产品，如书籍、报刊、音像制品等；二是直接或间接向社会提供的文化服务产品，如博物馆、音乐会、表演等。文化产业所提供的文化产品或服务具有相同或相似性，比如都具有投入产出性，都具有构成的职业化特性和社会功能性，都是与社会生产力发展水平相适应的社会分工形式的表现。文化和文化品的不同存在形式，要求我们采取不同的政策和方法，推进形态各不相同文化品的生产和繁荣。

（三）正确选择文化品的生产方式

目前，全国大约有 2/3 的政府都把文化产业作为本省、本市的支柱产业，都作为发展现代服务业中最重要的产业，但是采取的基本上是制造业发展的方式。比如各地争相建设各种形式的文化产业园区，圈了很多土地，但是文化精品并没有创造出来，文化队伍也没有发展起来，世界名人大家或者是国内名人大家也没有涌现出来。用这种方式建设文化产业园区，真正成功的全国还没有几个。很多文化园区提出的口号都是制造业发展的口号，比如“打造”，文化如何打造？文化产业如何打造？文化产品如何打造？为什么什么东西都要靠“打造”？我们的政府和企业习惯于搞有形的东西，搞看得见的东西，像搞政治运动一样搞东西，摩拳擦掌搞文化产业，结果硬把很多无形的东西搞成有形的东西，把靠人力资本、人的创意、长时间积累才可能发展的文化产业搞成急功近利、立竿见影的东西，这是一个很大的误区。

各地在发展文化产业中确实出了一些精品，包括《云南印象》、《乔家大院》、《风中少林》，但是一个题材成功了，大家就蜂拥而上拍这个题材，结果越拍越差。对古代文化的挖掘也是一样，大都搞得太形式化，如很多地方争历史人物出生地、打造毫无文化含量和粗制滥造的历史景观。虽然现在对历史文化的挖掘到了空前普及的程度，但是我们对文化的传承、对文化的扬弃、对文化的辨析又怎么样呢？到底如何才能古为今用，如何把历史文化转变为文化竞争力和经济竞争力，才能使中国深厚的文化资源成为新时代价值观的支撑呢，却很少研究。

从事文化产品生产应该研究其生产方式。什么样的文化产品要采取文化产业的方式生产？比如电影的生产、拷贝、制作和发行，在很多国家就采用文化产业的方式。什么样的文化产品要采用集群式或者产业集聚式的方式生产？比如软件、光盘、动漫等，产业配套能力越强，生产成本就越低，效率就越高，形成产业链是必然的选择。什么样的文化产品需要网络化运营，形成庞大的网络体系？比如网络、媒体等，其网络体系越发达，发挥的潜在功能就越强。什么样的文化产品适合个体创造而不适合群体作战？比如写作、绘画、设计等创意，单个的人是创意的载体，人的创造力是创意的灵魂。一些纯文化品的创造，需要创造者有天赋、有知识、有创造力和想象力，需要有闲才可能产生思想和产品。大学教授整天填表考评忙于琐事，不可能产生有分量的文化品，思想产品生产不是简单的劳动力的支付，是需要有一点闲、有一点钱和有一点灵感的，需要有创意的空间和环境。个体化纯文化品的生产方式是出名人、出精品、出可以传承的文化品的最重要的生产方式。没有这种机制和环境，文化的大发展大繁荣不可能出现。深圳有个大芬村是生产油画的，生产方式完全是复制和拷贝，采取制造业的产业链形式。一个达芬奇的画被分解成200—300小块，一个农民工经过几个月的培训就可以成为一个画匠。他就负责涂抹画布上面的某一个部分，或者是蓝天中的一个小方块，或是白云中的一个小方块，或是人脸蛋上的一个小方块。画出来的几万张达芬奇画可以一模一样。这样生产出来的油画，是一种产业链的形式，但只能是复制品，不可能成为传世的精品。因此，文化品的生产方式需要划分，不同的文化品要采取不同的生产方式，采取不同的管理方式，进行不同的制度设计和政策安排。

（四）正确处理文化事业与文化产业的关系

长期以来，我们一直力图搞清楚文化事业和文化产业的关系。按照常规的理解，文化事业由政府负责，文化产业由市场负责。实际上，文化产业既包括政府提供文化公共品所形成的产业，也包括市场提供文化市场品所形成的产业。现在，我们把文化、教育等都叫做社会事业，这是从建国初期计划经济时期就延续下来的，未来文化大发展大繁荣肯定要突破这个界限，文化产业、文化产品的概念也应与世界同步。好的文化品是跨越国境的，是具有穿透时空力量的。好的艺术品的感染力就在于能够引起全人类共鸣。文化的发展要更多地着眼于文化的感染力上，而不仅仅是文化的意识形态上。一些政治说教没有艺术的感染力，但一部小说、一部电影却能打动无数人。因此,文化产业是以提升人类生活尤其是精神生活品质为主要特征的。从事生产并提供文化产品和服务的行业集合,是我们要进行文化建设的主体。对文化产业的最流行的误解,是认为只有推向市场的文化部门才是文化产业,靠国家财政支持的文化部门就是文化事业。传统的经济学无视无形产品与服务的存在,把提供服务产品的文化部门视为只有投入、没有产出的行业,划为非生产部门或非产业部门。我认为,只要文化部门占用了经济资源,有一定的就业规模,存在投入产出关系,最后其所提供的产品或劳务不管是政府购买还是私人支付,它就是产业。文化产业是通过对知识产权(专利、版权、商标、设计等)的开发运用,创造出财富和就业机会的一种持续性产业经济活动。当然,因为文化产业所提供的是满足人们精神需求的产品和服务,文化产业不单单是以追求经济效益最大化的"营利性文化企业的集合",它还包括以追求社会效益最大化为目的的"非营利性文化部门"。

三、几点建议

(一)把文化的大发展、大繁荣确定为国家战略任务

国家应尽快组织有关专家对这些问题进行系统的、深层次的研究。这种研究不是按照讲话和文件生搬硬套,而是从理论上、思想上突破一些禁区,提出制定文化大发展大繁荣的战略、思路和相关配套的政策。

(二)对我国目前文化产业发展现状和存在问题进行深入调查研究

总结好的经验和做法,上升为国家意志和政策,推动其成为全民行动。对目前存在的突出矛盾和问题,提出针对性的解决方案和建议。特别是要尽快纠正用发展制造业的手段和政治运动方式推进文化产业发展的问题,尽快纠正借发展文化产业之名行圈地之实的问题。

(三)抓紧进行国际文化发展的比较研究

对美国、英国、日本、韩国等国家发展文化产业的战略、政策、手段和成效进行系统研究,为我国推动文化的大发展大繁荣提供重要借鉴和参考。

(四)采取强有力的措施推进文化的发展与繁荣

比如在政府支持下建立类似"博鳌论坛"的"文化论坛",力争成为中国文化在世界上发展的一个平台;针对释放人的创造力,制定支持文化创意产业的政策;逐步在全球建立中国传媒的网络体系等。

中国是一个有几千年文化传承的文明古国,有世界最丰富的文化积淀和文化资源,完全有能力推进文化的大发展和大繁荣,并将其转化为新的财富。在东西方文化价值观激烈碰撞的今天,只有当中国成为文化强国的时候,中国才能称得上是一个真正的强国。

(作者:国务院研究室综合司司长)

十七大关于社会主义文化建设的新思想　新观点　新论断

董耀鹏

十七大报告从新的历史起点出发，着眼于实现中华民族的伟大复兴，突出强调了社会主义文化建设的战略地位和全局意义，对推动社会主义文化大发展大繁荣作出了新的重大部署，提出了许多新思想新观点新论断，主要体现在以下十三个方面：

第一，从前所未有的高度强调了文化建设的极端重要性。我们党历来重视文化建设，注重发挥文化工作对革命、改革、建设的重大作用。新时期以来，我们党先后从基本路线、基本理论、基本纲领、基本经验和社会主义现代化建设总体布局的高度，强调文化建设的重要地位和重大作用。十七大在已有的基础上，则从高举中国特色社会主义伟大旗帜、坚定不移地走中国特色社会主义道路、坚持中国特色社会主义理论体系的高度，论述了文化建设的极端重要性。“举什么旗、走什么路、坚持什么理论体系”这一前所未有的高度，大大深化了人们对加强社会主义文化建设重要性的认识，从而把文化建设作为重要组成部分有机地纳入了一面伟大旗帜、一条正确道路、一个科学理论体系之中。

第二，鲜明地提出了兴起社会主义文化建设新高潮的响亮口号。兴起文化建设新高潮，是党的三代中央领导集体的一贯重要思想。早在新中国成立前夕，毛泽东同志就豪迈地预言：“随着经济建设的高潮的到来，不可避免地将要出现一个文化建设的高潮。中国人被人认为不文明的时代已经过去了，我们将以一个具有高度文化的民族出现于世界。”在改革开放之初，邓小平同志重申毛泽东这一科学论断的同时，深情地指出：“现在，我们可以满怀信心地说，这种形势的出现已经为期不远；真正实现百花齐放、百家争鸣这个马克思主义方针的条件，也在日益成熟。我国文学艺术蓬勃繁荣、争奇斗艳的新阶段，必将通过广大文艺工作者的辛勤劳动，展现在我们面前。”进入新世纪新阶段，江泽民同志在十六大报告中指出：“中华文明博大精深、源远流长，为人类文明进步作出了巨大贡献。在当代中国人民的伟大奋斗中，必将迎来社会主义文化建设的新高潮，创造出更加灿烂的先进文化。”以胡锦涛同志为总书记的党中央审时度势，顺应潮流，集中民智，准确、及时、鲜明地提出了兴起社会主义文化建设新高潮的口号。这一响亮口号的提出，有利于激发最广大人民群众求富求知求美求乐、追求科学健康文明生活方式的内在动力，有利于推动形成全党重视、全社会积极参与、全体人民群众共建共享社会主义文化建设的生动局面。

第三，首次提出提高国家文化软实力的重大战略任务。这是十七大报告的一大亮点，备受国际国内关注。1990年，美国著名学者约瑟夫·奈创立软实力理论以来，引起世界各国的广泛重视。国家软实力是与其经济、科技、军事等硬实力相对应的、以硬实力为支撑的日益凸显的非强制性的重要力量，是综合国力的重要组成部分和重要标志，其核心在于一个国家的文化的魅力、实力和感染力、吸引力。文化软实力是一个国家软实力的重要组成部分，是一种看不见、摸不着、不可称、不可量，但可体会、可感觉、有作用的巨大思想精神力量，其核心在于价值观，在国家软实力建设中具有主导作用。

从国家战略和全局的高度，鲜明提出提高文化软实力的重大课题，是对我国改革发展处于关键阶段文化建设特殊重要性认识的新视角，开拓了我们对社会主义文化建设认识的新境界。提升国家文化软实力既是一项长期的战略任务，又是一项紧迫的现实工作。大力提升国家文化软实力的条件已经具备，时机业已成熟。

第四，鲜明提出"两个重要"的新论断。十七大报告明确指出，"当今时代，文化越来越成为民族凝聚力和创造力的重要源泉、越来越成为综合国力竞争的重要因素"。文化是一个民族的灵魂和一个国家的命脉，文化的力量深深地熔铸在民族的生命力、凝聚力、创造力之中，越来越具有更多的经济意义、政治意义和社会意义，在日趋激烈的综合国力竞争中的地位和作用越来越突出，已经从幕后走到前台。十七大第一次提出的"重要源泉"和"重要因素"这"两个重要"的新论断，有力彰显了我们党对文化建设重大地位和作用认识所具有的世界眼光和战略思维，充分体现了我们共产党人的高度文化自觉和清醒文化态度，使人们对当今中国特色社会主义文化认识的视域更加广阔、更加深邃。广大文化工作者应当按照"两个重要"论断提出的新要求，牢牢把握繁荣先进文化、建设和谐文化这个现阶段我国文化工作的主题，潜心创作，勤奋耕耘，更加自觉、更加主动地推动社会主义文化大发展大繁荣。

第五，鲜明提出建设社会主义核心价值体系的重大战略任务。在党的十六届六中全会上，我们党第一次提出社会主义核心价值体系这一重大命题，明确指出社会主义核心价值体系是建设和谐文化的根本，进一步丰富和发展了马克思主义的价值观，是我们党在社会主义意识形态建设方面与时俱进作出的重大理论创新。十七大报告进一步从增强社会主义意识形态吸引力和凝聚力的高度，鲜明提出建设社会主义核心价值体系的重大战略任务。社会主义核心价值体系是社会主义意识形态的本质体现，决定着社会主义意识形态的性质和方向。社会主义核心价值体系具有广泛的适用性和包容性，发挥作用的范围是覆盖全方位全社会的，具有强大的整合功能，能够团结和引领全体社会成员在思想道德上共同进步。切实把社会主义核心价值体系融入国民教育和精神文明建设的全过程，贯穿到经济建设、政治建设、文化建设、社会建设的各个方面和环节，体现在全面建设小康社会的历史进程，从而转化为人们的自觉追求。当前，最紧要的任务是加大研究力度，总结、提炼和概括出在社会主义核心价值体系中居于统摄和支配地位的、能够为人们普遍接受和身体力行的共同的价值观，形成全民族奋发向上的精神力量和全体人民团结和睦的精神纽带。

第六，鲜明提出加强个人品德建设的新要求。十七大报告提出："大力弘扬爱国主义、集体主义、社会主义思想，以增强诚信意识为重点，加强社会公德、职业道德、家庭美德、个人品德建设，发挥道德模范榜样作用，引导人们自觉履行法定义务、社会责任、家庭责任。"从中可以看出，把个人品德建设与社会公德、职业道德、家庭美德建设相提并论，这在党的报告中还是第一次。中国自古就是一个十分看重道德建设的国度。我们党建立新中国特别是改革开放以来，高度重视全社会的道德建设。2001年，党中央首次印发《公民道德建设实施纲要》，对新的历史条件下的公民道德建设作出全面部署，提出了新的明确要求。实践证明，加强社会主义道德建设，是发展先进文化、建设和谐文化的基础内容和中心环节，对继承中华民族的传统美德、弘扬中国共产党的优秀道德、培育民族精神和时代精神、形成良好的社会道德风尚，具有特别重要的作用。无论是加强社会公德、职业道德建设，还是加强家庭美德建设，其主体和基础都离不开活生生的、具体的、现实的个人品德建设。如果舍弃了个人品德建设这一主体和基础，那么整个道德大厦就有崩塌的危险。十七大鲜明提出加强个人品德建设的新要求，既突出了个人品德建设在全社会道德建设中的基础性作用，又强调了个人品德建设的特殊重要性，必将有利于全体公民在遵守基本行为准则的基础上，不断追求更高的道德目标和道德境界。

第七，鲜明提出注重人文关怀和心理疏导的新要求。十七大报告提出："加强和改进思想政治工作，注重人文关怀和心理疏导，用正确方式处理人际关系。"思想政治工作是我们共产党人的一大创造，是一门思想性、政治性、政策性、群众性、实践性都很强的综合科学，是我们党和社会主义国家的政治优势，应当格外珍惜。历史经验证明，思想政治工作是宣传思想领域的一项基础性任务，是在人的思想精神领域搞建设，铸造的是人的灵魂工程，经营的是人心，因而具有教育、协调、凝聚、导向、保证等方面的重要作用。思想政治工作是经济工作和其他一切工作的生命线，是团结全党和全国各族人民实现党和国家各项任务的中心环节。思想政治工作要焕发生机、激发活力，必须进行观念、内容、方法、机制等方面的创新。十七大再一次重申了思想政治工作的重要性和必要性，同时强调要"加强和改进"，特别是要"注重人文关怀和心理疏导，用正确方式处理人际关系"，不但反映了创新思想政治工作的时代紧迫性，而且提升了人文关怀和心理疏导在做好新形势下思想政治工作方面的重要分量，还提出了增强思想政治工作适应性、针对性、实效性和实现思想政治工作科学化、现代化、社会化的现实任务。

第八，鲜明提出建设中华民族共有精神家园的新任务。十七大报告提出："弘扬中华文化，建设中华民族共有精神家园。"这是十七大报告的又一重要亮点。文化是一个民族的"根"，是一个国家的"魂"，是广大民众的精神慰藉。中华文化集中反映了中华民族的理想品格、价值取向、道德规范、思想感情、思维方式和心理特征，是中华民族生生不息、团结奋进的不竭动力，是中华民族赖以生存和发展的精神支撑。面对当今世界各种思想文化相互激荡的大潮，面对国家发展和人民生活改善对文化发展的要求，面对社会文化生活多样活跃的态势，中华民族必须建设好自己共有的精神家园，否则就会迷失前进方向，不可能自立于世界民族之林。建设中华民族共有的精神家园，必须坚持先进文化的前进方向，大力建设和谐文化，处理正确主导文化与多元文化、本土文化与外来文化、传统文化与现代文化之间的关系，必须大力培育和弘扬民族精神和时代精神，只有这样才能充分发挥增强民族认同、凝聚民族力量、展示民族形象、推动民族发展的重要作用。中华文化既包括祖国传统文化又包括中国共产党人所倡导的文化，既包括汉民族创造的文化又包括55个少数民族创造的文化，既包括大陆人民群众正在建设的社会主义文化又包括香港同胞、澳门同胞、台湾同胞和海外侨胞所秉持和践行的文化。我们有理由相信，通过弘扬中华文化，中华民族精神家园的建设一定会迈上一个新的台阶。

第九，鲜明提出推进文化创新，激发全民族文化创造活力的新要求。十七大报告提出："在时代的高起点上推动文化内容形式、体制机制、传播手段创新，解放和发展文化生产力，是繁荣文化的必由之路。"这一重要论断充分反映了我们党把推进文化创新提到繁荣社会主义文化必由之路的高度来加以认识，从而对增强文化发展活力，提高国家文化软实力提出了新的要求。党中央、国务院下发的《关于深化文化体制改革的若干意见》、《国家"十一五"时期文化发展规划纲要》和胡锦涛总书记在中国文联第八次全国代表大会、中国作协第七次全国代表大会上的重要讲话，对推动文化创新、发展公益性事业和经营性文化产业、激发全民族文化创造活力、繁荣发展社会主义先进文化、建设和谐文化，作出专门部署，提出明确要求。推进文化发展，基础在继承，关键在创新。我们生活的新时代，人民群众对生活的新追求，对文化创新的要求会更多、标准会更高。要努力创造条件，推动广大文化工作者的创新精神和创造活力竞相迸发、充分涌流，使他们的一切才华都有展示舞台、一切创造都有实现空间、一切贡献都得到社会尊重。广大文化工作者只有坚持解放思想、实事求是、与时俱进，大力推进文化观念、内容、风格、流派的积极创新，大力推进文化体裁、题材、形式、手段的充分发展，积极学习和借鉴世界各国人民创造的一切文明成果，才能创作出更多更好具有中国特色、中国风格、中国气派的优秀作品，不断增强文化的时代感和吸引力。

第十，鲜明提出文化体制改革要出精品、出人才、出效益的新要求。十七大报告提出："深化文化体制改革，完善扶持公益性文化事业、发展文化产业、鼓励文化创新的政策，营造有利于出精品、出人才、出效益的环境。"不难看出，十七大从完善政策的角度，鲜明提出文化体制改革要有利于出精品、出人才、出效益的新要求。文化体制改革涉及到生产力与生产关系、经济基础与上层建筑的诸多环节和方面，复杂而又特殊，既要积极又要稳妥，既要适应社会主义市场经济体制的要求又要反映社会主义精神文明建设的特点。文化体制改革坚持区别情况、分类指导，循序渐进、分步实施的方针，成效显著，呈现出重点突破、整体推进、纵深发展的良好态势。按照中央的要求，深化文化体制改革要加大力度、加快进度，在一些关键环节和重要方面取得实质性进展。推进文化体制改革，必须坚持出精品、出人才、出效益相统一的综合标准，不能单打一。我认为，要从整体上正确认识和理解"三出"的内在联系和有机统一，切实加大体制机制创新的力度，着重发挥政策导向的重要作用，大力营造有利于出精品、出人才、出效益的法制环境、文化环境和社会环境，不断促进文化体制改革向广度和深度发展，极大地解放和发展文化生产力。

第十一，鲜明提出设立国家荣誉制度，表彰有杰出贡献的文化工作者的新举措。十七大报告指出："设立国家荣誉制度，表彰有杰出贡献的文化工作者。"这是报告的一项重要的新举措，体现了党中央对文化工作的高度重视和对文化工作者的深切关怀，受到广大文化工作者的拥护和赞成，引起文艺界的高度关注。文化战线是一个需要极大地发挥个人创造激情和创造精神的特殊领域，知识分子集中，优秀人才荟萃，大家名家云集，是党和国家的宝贵财富。这一新举措的实施，既是对他们创造性劳动的认可和肯定，又是对创作思想和文化思潮的有效引导。同时，也有利于扩大我国文化名人和我国文艺作品的国际影响，推动中华文化更好地走向世界。新中国成立以来，特别是改革开放以来，党和政府曾经采取不同形式对作出突出业绩的文化工作者给予表彰和奖励。比如，北京市人民政府授予老舍"人民艺术家"称号，国务院授予夏衍"人民电影艺术家"称号，人事部经国务院批准授予巴金"人民作家"称号、追授常香玉"人民艺术家"称号，等等。在此基础上，以法律法规的形式，设立全国统一的文化荣誉制度，使得人文领域有了国家级的荣誉称号和表彰标准，必将极大地调动一切有理想有抱负的文化工作者投身推动社会主义文化大发展大繁荣的积极性、主动性和创造性。

第十二，鲜明提出要充分发挥人民在文化建设中的主体作用。十七大报告提出："要充分发挥人民在文化建设中的主体作用，调动广大文化工作者的积极性，更加自觉、更加主动地推动文化大发展大繁荣，在中国特色社会主义的伟大实践中进行文化创造，让人民共享文化发展成果。"人民当家作主，是社会主义制度的生命之魂、本质所在。人民群众是生产力中最活跃最革命的因素，是历史和财富的创造者，是推动社会发展的决定性力量。充分发挥人民群众在文化建设中的主体作用，是我们党的根本宗旨和执政理念的集中体现，是贯彻落实科学发展观的必然要求。不论是兴起文化建设新高潮、推动文化大发展大繁荣，还是推动中华文化走向世界、提高国家文化软实力，构筑中华民族共有精神家园、建设覆盖全社会的公共文化服务体系，都必须充分尊重人民在文化建设中的主体地位，充分发挥人民在文化建设中的主体作用，充分地让人民共享文化建设和发展的成果。只有这样，才能在推动文化大发展大繁荣的历史进程中使人民基本文化权益得到更好保障，使社会文化生活更加丰富多彩，使人民精神风貌更加昂扬向上。

第十三，鲜明提出要高度重视和发挥现代高新科技手段在文化建设中的作用。十七大报告提出："运用高新技术创新文化生产方式，培育新的文化业态，加快构建传输快捷、覆盖广泛的文化传播体系。"在十七大报告中，鲜明提出要高度重视和发挥现代高新科技手段在文化建设中的作用，这在我们党的历史上还是第一次。这一重要科学论断，充分反映了科技和文化联系日益紧密的世界大势，适应了人民群众不断增长的多方面多层次多样性的精神文化需要。实践证明，现代高新技术是文化建设的催化剂、助推器，在提升国家文化软实力的过程中能够起到倍增和加速度的作用，谁掌握了最高最新的科技手段，谁的信息就传播得最快最广，谁的吸引力、影响力就最大最强。特别是在当今信息社会，凡是传播技术先进、传播能力强大的国家，其价值观念和文化理念就能广为流传，就能在一定程度上掌握影响世界和人心的话语权。应高度重视新闻媒体在文化建设中的特殊地位，充分发挥新闻媒体在文化建设中的特殊作用，尤其是要加强对互联网的运用和管理，发展积极健康的网络文化，使之成为传播先进文化的新阵地、提供公共文化服务的新平台、丰富人们精神文化生活的新空间。

推动社会主义文化大发展大繁荣要把握“四个协调”

黄晓炎

促进文化的大发展、大繁荣，已经成为中央的重大战略决策，在现阶段有着特殊的重要意义。在推进文化大发展大繁荣过程中，必须注意把握和处理好“四个协调”问题。

一、物质文化与精神文化的协调

所谓物质文化是指以物质为载体的文化。排除一切干扰，集中精力加快生产力的发展，是改革开放以来我们国家不断发展壮大，国际地位日益提高的一条基本经验，也是解决我们面临的诸多问题的关键。因此，我们要始终把实现好、维护好、发展好最广大人民的根本利益作为党和国家一切工作的出发点和落脚点，尊重人民主体地位，发挥人民首创精神，保障人民各项权益，走共同富裕道路，做到发展为了人民、发展依靠人民、发展成果由人民共享。

精神文化主要包括哲学、科学、技术、宗教、文学、艺术、伦理道德和价值观念等，可归为科学文化与人文文化。在人类漫长的历史长河中，科学文化与人文文化总是在互动中发展着，并正在朝着相互交叉和融合的方向演进，以致融为一体，形成崭新的科学人文文化。只有精神文化的创新、融合和传播，才能实现人类完美的理性化和人性化，才能真正代表人类社会进入高等文明的方向。

物质文化的丰富和发展为精神文化的发展提供丰富的物质基础，有利于促进精神文化的发展。精神文化的发展，为物质文化的发展提供智力保障，也为社会主义市场经济、民主政治、和谐社会和党的建设提供有力的思想保证和舆论支持。因此，我们一方面要坚持以经济建设为中心，解放和发展生产力，在优化结构、提高效益、降低消耗、保护环境基础上，实现经济又好又快发展，实现人均国内生产总值到2020年比2000年翻两番的奋斗目标，为文化的大发展大繁荣提供强大的物质基础。另一方面，要大力加强社会主义精神文明建设，努力建设和不断创造有中国特色社会主义的文化，使社会主义物质文明和精神文明协调发展，推动社会全面进步。要坚持走中国特色自主创新道路，把增强自主创新能力贯彻到现代化建设各个方面，着力突破制约经济社会发展的关键技术，支持基础研究、前沿技术研究、社会公益性技术研究，引导和支持创新要素向企业集聚，促进科技成果向现实生产力转化，使我国自主创新能力显著提高，科技进步对经济增长的贡献率大幅上升，进入创新型国家行列。

二、一元文化与多元文化的协调

一元文化就是中国特色社会主义理论体系。在我们党领导人民进行革命、建设和改革的进程中，马克思主义中国化已经产生了毛泽东思想、邓小平理论、“三个代表”重要思想、科学发展观等若干重大理论成果。坚持中国特色社会主义理论体系，就是真正坚持马克思主义。

多元文化是指一个民族、一个国家或一个社会共存的、相互联系且各自具有独立特征的文化。我国是一个多民族的文明古国，在漫长的历史发展过程中，形成了独具特色的地域文化（地区文化、地方文化）和民族文化。它们不仅是中华民族文化和中国国家文明形态不可或缺的重要组成部分，也是世界文明的重要组成部分。多元文化是当代信息智能文化的一种表现，它在促进世界文化繁荣、增强民族文化和消除文化中心主义等方面具有重要作用。加强中国文化研究，大力提倡并积极促进多元文化的交流与融合，牢固树立多元文化的理念和正确把握先进文化的发展方向，可以丰富和加深对我国历史文化的认识，有助于培育民族精神，促进我国经济文化的发展，具有重大的学术理论意义，也有重大的现实意义和深远的历史意义。

当前，我们一方面要在深入学习研究宣传中国特色社会主义理论体系上下功夫，着力用马克思主义中国化的最新成果武装全党、教育人民，努力把社会主义核心价值体系的基本要求融入国民教育和精神文明建设的全过程，贯穿于经济、政治、文化、社会建设的各个领域，体现在各行各业实际工作之中，转化为人们的自觉追求。另一方面，要大力弘扬中华文化，建设中华民族共有精神家园。加强对各民族文化的挖掘和保护，重视文物和非物质文化遗产保护，做好文化典籍工作。创作更多反映人民主体地位和现实生活、群众喜闻乐见的优秀精神文化产品。重视城乡、区域文化协调发展，着力丰富农村、偏远地区、进城务工人员的精神文化生活，建设和谐文化，培育文明风尚，使广大人民群众共享优秀文化成果。

三、传统文化与时代文化的协调

中华文化是中华民族生生不息、团结奋斗的不竭动力。我国人民在创造历史的过程中，各民族精神植根于本民族数千年绵延不绝的优秀文化传统之中，并随着时代的变迁，在优秀文化的催生中不断得到丰富和发展，使中国文化成为与印度文化、阿拉伯文化相媲美的古文化，使中国成为闻名世界的文明古国，为世界文化的发展和社会进步作出了积极的贡献。这是我们祖先，祖祖辈辈，一代又一代，数千年创造的精神和物质财富，受到全世界的尊重。但传统中华文化中也存在着许多腐朽落后的东西，也有与时代不相吻合的内容。

传统文化为时代文化的发展提供了保证，是时代文化发展的基础和前提；没有中华民族的优秀传统文化，就不会有时代文化的发展和繁荣。时代文化是传统文化发展的必然结果，是传统文化在继承中创新，在创新中发展，保持传承性。当前，我们要全面认识祖国传统文化，取其精华，弃其糟粕，使之与当代社会相适应、与现代文明相协调，保持民族性，体现时代性。要大力弘扬爱国主义、集体主义、社会主义思想，以增强诚信意识为重点，加强社会公德、职业道德、家庭美德、个人品德建设，发挥道德模范榜样作用，引导人们自觉履行法定义务、社会责任、家庭责任。要深入开展群众性精神文明创建活动，完善社会志愿服务体系，形成男女平等、尊老爱幼、互爱互助、见义勇为的社会风尚。要加强对新兴媒体的应用和管理，使之与报刊、电台、电视台等主流媒体一样形成正面舆论主流。

四、中华文化与世界文化的协调

文化的形态是多方面的、多层次的，相互之间并无势不两立、不共戴天的关系，而是可以互相借鉴的。繁荣中国文化，争取更多的优秀文化艺术成果走向世界，不仅有利于提高中国文化在世界的知名度和影响力，也有利于中国文化与世界文化的交流，促进中国文化的发展。引进世界文化，不仅有利于扩大我国人民的视野，更多地了解世界、认识世界，也有利于促进我国经济社会的发展。当前，在促进我国文化大发展大繁荣的过程中，要注意处理好“走出去”与“请进来”的关系。一方面要增强国际影响力，使中华文化传播得更远。中国文化走出去，核心是文化产业和文化企业走出去。因此，要坚持面向现代化、面向世界、面向未来，牢固树立精品意识，集中力量抓好文化精品生产，推出一批具有民族特色、时代意义和国际影响的传世之作。要实施重大文化产业项目带动战略，加快文化产业基地和区域特色文化产业群建设，培育文化产业骨干和战略投资者，繁荣文化市场，增强国际竞争力。另一方面，要积极主动学习借鉴世界优秀文明成果，特别是要及时吸收世界各国当代科学和进步文化的最新成果，占领科学文化的制高点，促进我国经济社会发展。愈是多种文化的融合，国家愈是伟大。同时，也要注意捍卫国家的基本价值观和文化传统，有效抵御西方思想文化渗透，维护我国意识形态安全和国家文化安全。

（作者：福建省旅游局局长）

把公共文化服务体系建设作为民生大事抓紧抓好

王京生

加强公共文化服务体系建设，是落实十七大精神的一项重要任务，是推动社会主义文化大发展、大繁荣，激发文化创造活力，提高文化软实力的重要举措，是使人民文化权益得到更好保障、社会文化生活更加丰富多彩、人民精神风貌更加昂扬向上的重要途径。深圳在将文化产业打造成为支柱产业的同时，高度重视公共文化服务体系的理论研究和实践探索，以此作为维护和发展广大人民群众的基本文化需求与文化权利的出发点和落脚点，逐步构建优质便民的公共文化服务体系。

公共文化服务体系建设的主要内容

公民文化权利主要是指公民享受文化成果的权利、参与文化活动的权利、开展文化创造的权利和文化成果受保护的权利。这四个方面的权利，都是深圳构建公共文化服务体系的重要内容。通过实现和保护这些权利，满足公民文化权利多层次的要求。

第一，建立文化供给服务体系，保障公民享受文化成果的权利。我们通过建立文化供给服务体系，初步实现了市民共享文化成果的"四个确保"：一是确保服务设施网络的建立健全。经过多年的投入与建设，深圳逐步形成了遍及市、区、街道的较为完善的公共文化服务设施体系。二是确保服务和产品的有效供给。建立以"文博会"为主要平台的文化产品展示交易服务体系，以精品创作为龙头的文化内容服务体系，以网络、广播影视、平面媒体为载体的文化信息服务体系，以培养引进使用相结合的文化人才服务体系，以提高市民文化素养为目标的文化理论服务体系，以文化成果和遗产保护为重点的知识产权服务体系，以正确引导文化发展方向为核心的文化政策法规资金保障体系，形成比较完善的公共文化产品和服务供应链。三是确保服务的优质便民。合理布局公共文化设施，使文化设施遍布街道社区，同时推动公益性文化设施免费开放服务，增强公共文化服务的便利性。四是确保两个重点服务——外来务工人员和基层群众。针对深圳人口结构和移民城市的特点，组织开展一系列面向外来务工人员的文化服务；每年市、区、街道等举办的各种文化活动，90%以上在社区进行，初步建立了社区公共文化服务体系。

第二，建立文化参与服务体系，保障公民参与文化活动的权利。我们通过建立文化参与服务体系，实现了公民进行文化活动的"三个参与"：一是开展群众性文化活动，促进市民的普遍参与。推出的文化进社区和广场文化活动，成为群众文化活动的主要形式，每年开展的展演活动超过10000余场次。二是培育品牌文化活动，促进市民的自觉参与。注重开展打造品牌文化活动，调动市民参与各种文化活动的积极性，培育了"文博会"、"深圳读书月"、"市民文化大讲堂"、"社科普及周"、"关爱行动"等一大批文化品牌，极大提升了公共文化服务的品质。三是建立文化的评估考核机制，促进市民的管理参与。

第三，建立文化创造服务体系，保障公民开展文化创造的权利。我们通过建立文化创造服务体系，满足市民进行文化创造的诉求和权利。一是为市民提供良好的文化创造氛围和条件，充分发挥广大市民在文化创造中的主体作用。二是建立市民文化创作激励机制，营造有利于出精品、出人才、出效益的环境。据统计，"十五"期间，全市文化项目共获国际奖317项，国家奖1003项，省级奖1682项。三是大力发展创意文化，促进市民的文化创造力向文化生产力转化。提出打造"设计之都"和"动漫基地"的城市发展目标，建立一系列发展平台，将"创意和设计"引入市民日常生活，集中展示市民的文化创新能力。

第四，建立文化保护服务体系，保障公民文化成果受保护的权利。我们通过建立文化保护服务体系，使市民的文化创造成果得到有效保护。一是制定保护公民文化成果的政策法规。制定了《深圳市知识产权战略纲要(2006—2010年)》，明确规定保护文化创新成果的相关内容；加快文化成果保护立法进程，着手制定《深圳经济特区文物保护管理条例》，启动《深圳市公益文化事业捐赠管理办法》、《深圳市知识产权发展与保护条例》立法等。二是加强公民文化成果维权机制建设。在全国率先探索建立文化行政综合执法体制，实现对文化产品和服务的统一管理；建立司法保护、行政执法、行业自律三结合的知识产权保护体系，强化和完善文化行政执法与刑事司法相结合的管理机制。三是开展一系列相关探索。如，第一个在国内通过行业自律方式，签署《保护音乐作品著作权合作协议》；成立了全国零售业第一个"正版正货承诺"联盟，制定了全国零售业第一个保护知识产权的工作制度；在国内外大型展会史上第一个组织"高交会"参展商自愿签署保护知识产权的文件——《深圳公约》，等等。

进一步提升公共文化服务体系建设水平

强化对公共文化服务体系建设的领导。按照结构合理、发展均衡、网络健全、运行有效、惠及全民的原则，以政府为主导、以公益性文化单位为骨干、鼓励全社会积极参与，努力建设以公共文化产品生产供给、设施网络、资金人才技术保障、组织支撑和运行评估为基本框架的覆盖全社会的公共文化服务体系。市、区、街道等各级党委和政府要把公共文化服务体系建设作为提高党的执政能力、建设服务型政府的重要任务，切实担负起领导责任。要把公共文化服务体系建设纳入本市经济社会发展规划，纳入财政预算计划，作为评价发展水平、发展质量和领导干部工作实绩以及创建文明城市、文明城区的重要内容。

加强城市人文精神的培育。将现代人文精神贯穿到公共文化服务体系构建、公民文化权利实现全过程，充分发挥文化在培育时代精神、引领社会风尚、体现人文关怀、提高市民文化素养、完善人的全面发展方面的社会功能，进一步提高公共文化服务体系建设的品位和质量，促进人们思想道德水平、文化知识素养的提升和现代公民群体的塑造，最终实现城市软实力和核心竞争力的极大提升。

提高民生文化福利水平。今年年初，深圳市委市政府推出了"民生净福利指标体系"，把市民的文化福利和文化权利纳入"人的发展水平"指标之中。增进市民文化福利，对构建公共文化服务体系提出了更为具体的要求。一方面，要加强文化载体建设，最大限度地优化配置文化资源，实施精品战略，创造文化精品，搭建文化舞台，建设文化场馆，开辟文化阵地，构建文化网络，努力提供更多更好的精神文化产品和服务。另一方面，要完善机制建设，建立健全规划指导机制、政策法规促进机制、资金持续投入机制、文化人才保障机制；同时，探索建立绩效评估考核机制，保证公共文化机构提供优质服务，发挥最大的社会效益。

适应市民文化需求的转变。公共文化服务体系建设要注重弘扬优秀文化，以推动整个城市形成良好的社会文化氛围。要在已有的文化艺术活动的基础上，进一步打造高品位、高层次、高水准的文化品牌，提升文化活动的知识含量，使公共文化服务体系建设成为提高深圳文化创造力的重要途径和培养市民健康文化生活的重要载体。

抓好特殊群体的服务保障。深圳在保障外来务工人员和基层群众的文化需求方面，采取了很多行之有效的办法。下一步，将从精细化入手，拓展服务内涵，举办更多、更高质量的适应深圳特殊群体要求和特点的公益文化活动，建立面向特殊群体的公共文化服务援助体系。同时，完善对未成年人、老年人、残疾人、在深境外人士等群体的公共文化服务。

实行公共文化建设主体多元化和运作社会化。要坚持以政府为主导、以财政投入为保障，建立公共文化服务建设主体多元化机制，充分发挥文化事业单位、文化企业和社会文艺团体等的主体作用，形成公共文化服务体系建设的强大合力。进一步调动文化企业、社会文艺社团、企业文艺团体的积极性和创造性，鼓励和引导社会力量参与提供公共文化产品和服务，建立"政府主导、社会参与、机制灵活、政策激励"的公共文化服务供给模式。进一步完善《深圳市重大公益文化活动实行社会化运作试行办法》，深化社会化运作机制改革，逐步扩大公益性文化活动社会化运作范围，形成公益性文化项目的社会联动机制。积极引导社会力量以多种形式参与公共文化服务，支持民办公益性文化机构的发展，鼓励民间开办博物馆、图书馆等，促进公共文化服务建设的多元化、社会化。

（作者：中共广东省深圳市委常委、宣传部长）

全面推进和谐机关文化建设

王瑞祥

近年来，国务院国资委全面推进和谐机关文化建设，为国资委依法履行出资人职责，深化国有资产监督管理体制改革，推进国有企业改革发展，提供了强大的精神动力和智力支持。

充分认识和谐机关文化建设的重要意义

我们所建设的和谐机关文化，应是以崇尚和谐、追求和谐为价值取向，融思想观念、思维方式、行为规范、社会风尚为一体，反映着人们对和谐机关的总体认识、基本理念和理想追求的机关文化体系。在当前情况下，高度重视和切实加强机关文化建设尤为重要。

第一，建设和谐机关文化，是坚决贯彻中央精神、始终坚持正确发展方向的客观需要。国有企业是国民经济的重要支柱，是全面建设小康社会和构建社会主义和谐社会的重要力量，是我们党执政的重要基础。这“三个重要”的表述，高度概括了国有企业的地位和作用。中央企业是国有企业的排头兵，是我国综合国力的重要体现。国资委作为出资人代表，肩负着搞好国有企业改革发展稳定的重要职责，做好我们的各项工作，对于巩固党的执政基础、提高党的执政能力、完成党的执政使命具有重要意义。这就要求我们，要自觉地与党中央、国务院保持高度一致，坚持以科学理论武装头脑、指导实践、推进工作，搞好国有企业改革，发展壮大国有经济，发挥好国有经济对国民经济的影响力、控制力和带动力，促进经济社会和谐发展。我们建设国资委和谐机关文化，就是要坚持马克思主义在意识形态领域的指导地位，牢牢把握社会主义先进文化的前进方向，倡导和谐理念，培育和谐精神，形成共同价值取向，进一步形成国资委共同的理想信念和道德规范，打牢广大干部职工团结奋斗的思想道德基础。建设和完善这样的国资委和谐机关文化，对于广大干部职工坚定走中国特色社会主义道路，切实增强对中国共产党领导、社会主义制度、改革开放事业、全面建设小康社会目标、发展壮大国有经济的信念和信心，始终保持昂扬向上、奋发进取、团结和谐的精神状态，对于国资监管工作贯彻落实党中央、国务院的方针政策和一系列重大战略部署，始终坚持正确的发展方向，都具有重要的引导和保证作用。

第二，建设和谐机关文化，是建设新型和谐机关的客观需要。一个机关特别是我们这样一个成立时间不太长的新机构，如果不能形成良好的道德规范，不能形成文明的机关风尚，就不能达到机关的和谐。特别是在经济体制深刻变革、社会结构深刻变化、利益格局深刻调整、思想观念深刻变化的现实情况下，我们的工作联系中央企业紧，各种诱惑多，要想更好履行出资人职责，树立良好的机关形象，更要通过加强和谐机关文化建设，引导广大干部职工树立正确的世界观、人生观和价值观，防范拜金主义、享乐主义、极端个人主义和消极腐败现象，培育良好的机关文明风尚和道德规范，营造文明和谐的机关环境，切实增强国资委机关的凝聚力。

第三，建设和谐机关文化，是促进机关干部职工身心健康、形成良好机关人际环境的客观需要。人是机关的主体，人与人之间融洽相处是机关和谐的基础。现在社会工作和生活节奏加快、竞争激烈，大家精神压力也随之加大。精神上的压力和不健康因素得不到合理排解，就会影响机关的和谐稳定。建设和谐机关文化，引导人们加强自身修养、自我完善，提高境界、情趣和品位，培育乐观、豁达、宽容的精神，从而调节情感和心理，塑造自尊自信、理性平和、积极向上的心态，以开阔的心胸和积极的心境看待一切，用理性合法的方式表达利益诉求，才能形成健康和谐的精神状态。由于经历、地位、性格的差异，人与人之间不可避免地会发生一些矛盾和冲突。建立良好的人际关系，既需要有效的利益协调机制，也需要思想文化的引导和道德规范的约束。建设和谐机关文化，有助于完善干部职工的利益协调机制、诉求表达机制、矛盾调处机制、权益保障机制，有助于消除矛盾，化解冲突，营造顾全大局、珍视团结的氛围，形成奋发向上、增强素质、提高能力、争作贡献的良好风尚。

正确把握和谐机关文化建设的重要原则

一是要突出特色。特色是和谐机关文化的生命，和谐机关文化建设要突出特色。要根据机关自身的职能、任务、职责和工作特点，对机关核心价值观、职业道德、精神、目标、理念、作风、规范等进行具体的设计定位，形成独特的文化体系。要根据本机关干部职工的来源、经历、背景，突出特色。国家各部、委机关和管理局系统、直属事业单位和直管协会，既要有普遍性，更要有特殊性。

二是要以人为本。要坚持营造关心人、尊重人、理解人、培养人的文化氛围，在宽松和谐的环境中完成对人的思想、理念、精神的再塑造，以科学的知识启迪人，以先进的文化塑造人，以优雅的环境陶冶人，以完善的机制激励人，以严谨的作风带动人，以真挚的感情感染人，以良好的氛围凝聚人，使自控、自律的观念深入人心，实现干部职工的自我管理、自我完善、自我发展、自我提高。

三是要与时俱进。要顺应社会主义先进文化的前进方向，体现时代性，富于创造性。要在认真总结前四年形成的和谐机关文化要素的同时，适应新形势和新任务的需要，根据“上台阶、上水平”的工作要求，积极探索和谐机关文化建设的新内容、新形式、新方法，大胆融合与吸纳一切先进的文化元素，创造新经验，总结新成果，使和谐机关文化充满生机与活力。

四是要全员参与。和谐机关文化是全体干部职工和谐的观念、信念、价值和行为准则的集中体现，是对全体干部职工共同意志的提炼与升华。全体干部职工是和谐机关文化建设的主体，和谐机关文化建设是全体干部职工的共同任务，和谐机关文化建设的过程，是对共同价值观、机关精神等文化理解的形成认知、认同和认可的过程，是内化于心、固化于制、外化于行的过程，就是全员参与的过程。要发动全体干部职工共同参与，树立人人是和谐文化创新主体、人人是和谐文化建设主人、人人是和谐机关形象代表的观念，激发干部群众中的文化智慧和文化灵感，为和谐机关文化建设增光添彩。

五是要常抓不懈。和谐机关文化是一种价值观，是灵魂，更是一种积淀，一种无形的管理，对人的培育和影响是一个“润物细无声”的潜移默化过程。要让和谐文化获得认同并发挥应有的作用，要通过全体干部职工长期不懈的努力，不断总结新经验，解决新问题，不断完善。

准确把握和谐机关文化建设的重点

和谐机关文化建设的工作重点至少包括两个方面：

第一，提炼核心价值观。这是构建和谐机关、建设和谐文化的基础。国资委和谐机关文化建设的核心价值理念，我们认为应该包括“一个追求、两个根本、三个统一”。

一个追求，就是“保值增值，壮大国企”。中央企业集中在关系国家安全和国民经济命脉的重要行业和关键领域，是国有企业的骨干和中坚力量，对于构建社会主义和谐社会具有举足轻重的地位和作用。国资委代表国家履行出资人职责，归根结底就是要实现国有资产保值增值，发展壮大国有企业，国资委全体干部职工应自觉地把“保值增值，壮大国企”作为自己的目标追求。

两个根本，就是"面向企业、服务社会"。国资委要发展壮大国有企业，必须始终坚持面向企业，转变监管观念，改进监管方式，实现依法监管和热情服务的有机统一，促进企业做强做大做优，又好又快地发展。国有企业是国民经济的重要支柱，也是和谐社会的宣传者、组织者、实践者，更好地实现国有企业发展壮大，也就更好地服务了社会。

三个统一，就是国有企业改革发展与国资委自身发展的高度统一，国资委自身发展与国资委干部职工发展的高度统一，依法监管和遵循规律的高度统一。国资委刚成立时，很多人对国资委能不能很好地履行职责心存疑虑。几年来，国资委不断深化改革为企业发展提供强大的动力，调整结构为企业发展增添新的活力，加强管理为企业发展奠定坚实的基础，加强和改进党的建设和思想政治工作为企业发展提供重要的思想政治保证，使中央企业改革发展取得了明显的成绩，机关广大干部也逐步成长成熟起来，赢得了社会各界对国资委的普遍认可，国资委机关干部也为自己所从事的国资监管工作感到骄傲，感到有成就感、自豪感，这就实现了国有企业的发展同国资委的发展、国资委的发展同国资委干部职工的发展的高度统一。

第二，要研究提出职业道德规范。一是坚定信心、把握定位。作为出资人代表，必须始终坚定搞好国有企业的信心和决心，始终牢牢把握出资人职责定位，既要依法履行职责、维护好所有者权益，也要维护好企业作为市场经济主体依法享有的各项权益，充分尊重企业的经营自主权和法人财产权，不当"婆婆加老板"。二是心系国企、爱岗敬业。要保持较高的职业理想追求，把自己的岗位职责同国有经济的发展壮大的目标结合起来，把国有资产监管工作同提高我们党的执政能力、巩固执政地位、履行执政使命结合起来，同实现全面建设小康社会的宏伟目标和中华民族的伟大复兴结合起来，立足岗位，勤奋敬业，积极促进国有企业改革发展。三是公开公正、质效结合。无论机关内部的利益分配还是对企业的监管工作，都要坚持公开、公平、公正的原则。要坚持公平和效率的有机结合，质量和效率的有机统一，既追求办事的高效率、发展的高速度，更追求工作的高水平、发展的高质量，引导国有企业转变发展观念、创新发展模式、提高发展质量。四是尽职守责、务实创新。要不断强化大局、责任意识，坚持从国资监管工作实际出发，进一步解放思想，开拓创新，不断完善监管体制和工作机制，创新监管方式。五是廉洁诚信、礼让和谐。诚信是市场经济健康发展的道德基础，和谐机关文化离不开诚信的维护和规范。要营造诚信为本、操守为重、守信光荣、失信可耻的文化氛围，加强文明礼仪教育，使讲文明、懂礼貌成为全体干部职工的自觉行动，以文明铸就和谐。

不断丰富和谐机关文化的建设途径

一是精心培育精神文化，以高尚的精神塑造和谐。精神，说到底就是党的崇高理想信念、优良传统和作风、中华民族优秀的传统和美德。要形成乐观进取、廉洁奉公、诚实守信、团结务实、敬业奉献的良好机关精神风貌和精神文化，带动和谐机关、和谐企业建设。

二是精心培育行为文化，以科学的理念引导和谐。注重引导机关干部建立以工作理念、工作作风、道德准则、思维方式等为主要内容的行为文化，用先进文化净化灵魂，升华人格，陶冶情操，提升境界。通过行为文化建设，引导干部职工树立正确的行为理念，形成以机关为家、以事业为本、以发展为重、以奉献为荣、以和谐为乐的良好风气。

三是精心培育制度文化，以严谨的制度规范和谐。要把机关的统一价值观、机关精神、职业道德规范融入到各项规章制度、工作标准、岗位职责和评价考核体系之中，以制度体现文化理念，用观念指导制度的贯彻落实，形成软约束和硬规范的有机统一。要以转变观念、提高效率为出发点，建立信息反馈、跟踪督查、责任追究等检查监督机制，把制度的规范性、程序的严密性和纪律的约束性有机结合起来，调动干部职工的积极性，提高工作质量和工作效率。

四是精心培育激励文化，以共同的愿景激励和谐。注重用重大责任、光荣使命、美好愿景来激励机关干部增强事业心、使命感、责任感、自豪感，立足本职岗位，奋勇争先，扎实工作。把目标激励与待遇激励、竞争激励、感情激励有机结合，满足干部自我实现的精神需要，使其勤于工作、乐于创造、甘于奉献，促进机关共同目标的有效实现。

五是精心培育环境文化，以优雅的氛围营造和谐。要注意改进外部办公环境，使办公环境更加整洁、宽敞、明亮和舒适。同时要注重营造机关内在软环境，尤其是成才环境、创新环境、务实环境、团结环境的建设，陶冶干部职工的情操，增强团队凝聚力和归属感，营造和谐氛围。

（作者：国务院国资委副主任）

适应和谐文化的新要求　促进公民道德建设

戴木才

文化是一个社会的灵魂和血脉，是一个国家或民族共有的精神家园。一个国家、一个社会，没有文化，就等于没有灵魂。构建社会主义和谐社会，必须着力建设与之相适应的和谐文化。

公民道德建设是和谐文化建设的重要组成部分，应在新形势下适应建设和谐文化的新要求，提升自身内涵，建立长效机制，打牢全党全国各族人民团结奋斗构建社会主义和谐社会的思想道德基础。

公民道德在和谐文化建设中的价值

和谐文化，有着丰富而深刻的科学内涵。从大文化意义上理解和谐文化，它是社会整体文明的结构和谐，主要包含繁荣发达的物质文化、先进丰富的精神文化、科学规范的制度文化、深邃高新的科技文化、协调发展的生态文化、健康迅捷的信息文化、辉煌灿烂的艺术文化、相互交融的民族文化、坚强有力的军事文化等内容。其中，先进丰富的精神文化在整个和谐文化系统中处于核心地位，它引导和谐社会进步和发展的方向。建设社会主义和谐文化，就是建立与构建社会主义和谐社会相适应、与社会主义先进文化相统一、与弘扬民族优秀文化传统相承接、与世界文明发展趋势相一致、以社会主义核心价值体系为根本的思想文化体系。

从文化与经济、政治、社会并列的角度理解和谐文化，和谐文化则是一个多要素、多层次的文化系统，包括思想观念、价值体系、行为规范、道德精神、文化产品、社会风尚等多种存在方式。一般而言，一个社会中总有一种占统治或支配地位的思想道德文化体系，即核心价值体系。它是一种社会制度长期普遍遵循的基本价值准则，具有相对稳定性的特点。党的十六届六中全会决定指出：“社会主义核心价值体系是建设和谐文化的根本。必须坚持马克思主义在意识形态领域的指导地位，牢牢把握社会主义先进文化的前进方向，弘扬民族优秀文化传统，借鉴人类有益文明成果，倡导和谐理念，培育和谐精神，进一步形成全社会共同的理想信念和道德规范，打牢全党全国各族人民团结奋斗的思想道德基础。”建设社会主义核心价值体系，形成全民族奋发向上的精神力量和团结和睦的精神纽带；树立社会主义荣辱观，培育文明道德风尚；坚持正确导向，营造积极健康的思想舆论氛围；广泛开展和谐创建活动，形成人人促进和谐的局面，是建设社会主义和谐文化的主要内容。这一层面的和谐文化，最核心的内容就是思想道德的和谐。一种文化是否和谐，很大程度上取决于这种文化所包涵的思想道德是否和谐，取决于社会成员的思想道德素质。

党的十六届六中全会决定从依法治国与以德治国、道德规范、青少年思想道德建设、人际关系、生活方式、道德规范与行为规范、社会诚信等方面，充分肯定了公民道德建设在和谐文化建设中的作用，包括社会发展的价值导向、精神动力、道德规范及平衡社会等。

首先，公民道德具有特殊的价值导向作用。它充分地肯定社会中存在的“善”价值，并寻求更高更合理的价值理想；它着眼于社会的共同利益、长远利益及其共同规范；它强调整个社会共同体的公正与和谐；它高度关注各种人际关系和社会关系的和谐；它倡导积极参与社会合作与实现个人自我完善的辩证统一。因此,它以价值追求为实践指向,以行为规范为基本形式,为人们的思想道德和行为选择提供一种价值支撑和价值导向,从而增强社会的价值认同和凝聚力,最大限度地减少社会生活中的各种内耗和摩擦,形成全社会共同构建社会主义和谐社会的合力。

其次,公民道德能够激发全社会的创造活力。它以"正当"、"正义"、"应当"等价值准则,为公民的行为选择直接提供一种合理性的精神支撑。在现实生活中,这种精神支撑会转化为一种强大的精神力量,以创新、竞争、合作、平等、公正、开放、共生等和谐思想的时代内涵,成为全体社会成员普遍认同并自觉遵守的道德准则,既能够调动人们的积极性,形成一种激励人们前进的动力,激发社会的创造活力,营造一种积极向上的社会氛围,又可以凝聚社会民心、提升社会文化精神,从而最终为构建社会主义和谐社会提供必要而充分的精神资源。

再次,公民道德能够有效调节社会人际关系。人们之间的各种社会活动和社会关系,在本质上是一种利益活动和利益关系。在现代社会,除了用法律维系利益关系上的公平与和谐,公民道德对于调节人们之间的利益关系具有重要作用。它可以调整各种利益矛盾与冲突,消除矛盾激化的潜在因素,从而达成谅解、形成共识、理顺情绪、凝结意志和力量、协调行动,形成谅解宽容、和睦相处、友爱向善的人际关系,构筑良好的人际环境。

建设和谐文化对公民道德建设的新要求

加强公民道德建设,必须按照构建社会主义和谐社会与建设和谐文化的要求,提升公民道德建设的内涵,从而为构建社会主义和谐社会提供强大的思想道德力量。

首先,建设和谐文化赋予了公民道德建设新的道德标准。和谐文化是构建社会主义和谐社会的思想先导,公民道德建设是和谐文化建设的重要组成部分。推进和谐文化建设,既是加强和改进公民道德建设的重要任务,也是深化和拓展公民道德建设的重要内容。党的十六届六中全会决定提出的社会主义和谐社会基本特征蕴涵着丰富的文化内容,为公民道德建设提供了一种价值取向和行为指引,表达了和谐社会新的道德要求和道德标准。公民道德建设应该与社会主义和谐社会这些特征的丰富文化内涵紧密联系起来,赋予公民道德以和谐的新标准,引导人们树立和谐的思想道德观念。在当前,就是要牢固树立以"八荣八耻"为主要内容的社会主义荣辱观,确立政治、经济、文化、社会等各个领域的价值标准和行为准则,用一元化的指导思想引领多样化的思想道德,引导人们明辨是非,识别美丑,评判善恶。

其次,建设和谐文化要求公民道德建设必须以我国主导道德引领社会的多样化道德。和谐文化,体现了和谐哲学的世界观、价值观和人生观,具体包括共同的理想信念、和谐的价值取向、和谐的思维方式、和谐的处世态度、和谐的行为模式、和谐的社会氛围。和谐文化建设,必然要求公民道德建设必须以我国的主导道德引领社会的多样化道德。面对我国道德多样化存在的客观现实,我们的任务不在于也不可能消灭道德取向的差异和多样化,而在于以主流道德取向引导社会的多样化道德取向,提倡和鼓励先进与向上的道德取向,容纳和包容积极与健康的道德取向,制止和反对低级与腐朽的道德取向。在当今中国,必须旗帜鲜明地以社会主义共同理想信念为核心,以集体主义为原则,以最大限度地实现社会公平正义为目标,确立我国社会的主导道德,保证社会主义道德建设的正确方向。从社会个体成员角度来看,道德取向是多种多样的;从社会整体角度来看,道德导向必须是统一的,要建立一套相对一致的社会主义思想道德体系和道德评价标准。

再次,建设和谐文化要求建立以人为本的社会主义公民道德体系。和谐文化,是一种充满人文关怀的文化,以人为本是和谐文化的根本价值原则。建设和谐文化,必然要求公民道德建设确立符合时代需要的价值理想和价值追求，建立以人为本的社会主义道德体系。无论是公民道德精神的灌注，还是社会秩序和社会制度的建构，都要为广大人民群众提供一个自由全面发展的空间。通过以人为本的社会主义道德体系，协调好、处理好整个社会的各种利益关系，实现好、维护好、发展好人民群众的根本利益和长远利益，形成一种有利于满足人的需要、促进人的全面协调发展的良好道德环境和精神氛围，从而为构建社会主义和谐社会提供道义基础和价值导向。

最后，建设和谐文化赋予了公民道德建设许多新的内涵。正确处理人与自然的关系，是构建社会主义和谐社会的重要内容，也是全面建设小康社会，促进经济社会全面、协调、可持续发展对公民道德建设的新要求。建设和谐文化，必然要求将生态道德理念和生态道德规范纳入公民道德体系。社会和人的发展，绝不能以牺牲人类的生存环境为代价，这是我们从沉重的教训中得出的宝贵经验。人类要持续发展，不断提高自己的生活质量，必须努力建设生态文明，着力培养人们正确的资源观、环境观、消费观、生态观和可持续发展观，保护好人类生存的自然环境，建立社会主义和谐社会的生态道德理念和道德规范。

建立公民道德建设的长效机制

建设和谐文化，要求我们在公民道德建设中，全面贯彻落实科学发展观，大力宣传倡导和谐的价值理念，引导人们用和谐的思维认识事物，用和谐的态度对待问题，用和谐的方式处理矛盾，使崇尚和谐、维护和谐，成为全社会的共同追求，从而形成促进公民道德建设的长效机制。

首先，坚持把依法治国与以德治国结合起来，进一步推动公民道德建设的具体化、规范化、制度化。道德与法律，是治国安邦最基本、最主要的方式，是维护社会稳定、促进经济社会协调发展的两个相辅相成、相互促进的重要手段。它们既在内容上相互包含、相互渗透，又在功能上相互补充、相互作用，还在实施中相互凭借、相互支撑。社会主义和谐社会，既是法治社会，也是道德社会，既要注重法治，也要注重德治。要使多样化的道德观念具有相对统一的、可行的评价标准，使道德建设更具有实效性，必然要求建立公民道德制度，使公民道德建设发挥“软约束”的同时有着“硬约束”的功能，使公民道德建设与现代法制建设、现代社会管理融为一体。

其次，坚持把先进性要求与广泛性要求结合起来，进一步扩大公民道德的劝导力、影响力和覆盖面。和谐文化中的公民道德，应该具有广泛的包容性，既不能因为人们的思想道德状况具有层次性、多样性和差异性，而降低甚至否定先进性要求，也不能不考虑人们思想道德状况的层次性、多样性和差异性，简单地用一个标准要求所有社会成员，而是鼓励支持一切有利于解放和发展社会生产力的思想道德观念，一切有利于国家统一、民族团结、社会进步的思想道德观念，一切有利于追求真善美、抵制假恶丑、弘扬正气的思想道德观念，一切有利于履行公民权利与义务、用诚实劳动争取美好生活的思想道德观念，团结和引导亿万人民积极向上，不断提高全民族的思想道德水平，在尊重差异中积极扩大社会共识，在包容多样化中努力增强道德共识，从而进一步扩大公民道德的影响力、劝导力和覆盖面。

再次，坚持把注重效率与维护公平结合起来，在全社会形成注重效率、维护公平的道德价值观。和谐社会是公平正义的社会，社会各方面的利益关系得到妥善协调，人民内部矛盾和其他社会矛盾得到正确处理，社会公平和正义得到切实维护和实现。和谐社会与和谐文化的公平正义特征，必然要求公民道德建设“坚持注重效率与维护社会公平相协调。要把效率与公平的统一作为社会主义道德建设的重要目标，在全社会形成注重效率、维护公平的价值观。把效率与公平结合起来，使每个公民既有平等参与机会又能充分发挥自身潜力，促进经济发展，保持社会稳定”。在促进经济发展的同时，要把维护社会公平放在更加突出的位置，综合运用多种手段，逐步建立以权利公平、机会公平、规则公平、分配公平为主要内容的社会公平保障体系，维护道义公平和制度公平。

最后，坚持把道德的民族性与世界性结合起来，使公民道德建设具有民族气派和民族风格。二十多年来，我国通过改革开放的发展战略，自觉融入到经济全球化的进程中，主动把我国的发展与世界文明的发展结合起来。通过与世界各国的广泛交往，接触到了多样化的世界文化和文明。道德的世界性，要求公民道德建设既立足本国，又要面向世界，具有世界眼光，注意吸收世界各国的优秀文化和道德文明成果。这种具有世界意义的国际化道德建设，将成为今后公民道德建设的重要内容。但是，道德的世界性，并不是要否定道德的民族性。道德的民族性，要求公民道德建设要立足于本民族的道德传统，贴近本民族人民群众的生活、思想感情和情趣，运用本民族的独特道德来规范现实生活，使公民道德建设具有民族气派和民族风格。既发扬自尊、自信、自强的民族精神，又关注世界的和平发展和人类的前途命运，增强抵御西方各种腐朽思想道德侵蚀的能力，加快我国融入世界历史潮流的步伐。

（作者：中宣部政研所教授、《思想政治工作研究》总编辑）

和谐文化的价值根基

张筱强

提出这一问题并非多余。也许有人会说，和谐文化，其价值根基当然是“和谐”，这有道理。但如果进一步追问：和什么？怎样和？就会发现和谐文化的价值根基并非如此单纯，和谐文化的价值根基，往往和一个时代的社会基本价值取向紧密联系在一起。

历史上倡导和谐文化观的并不少见，但由于它们的价值基点不同，往往分属不同的文化体系。中国古代儒家倡导“和”。《广韵》中说“和，顺也，谐也，不坚不柔也”。《中庸》中说“和也者，天下之达道也”。《论语》中有“君子和而不同，小人同而不和”之说。总之，“和”是崇高的社会信念、理想的生存状态和健全的人格精神。但众所周知，儒家所倡导的“和”，包括和谐、和睦、和顺、中和等等，都是围绕儒家所推崇的基本价值理念“仁、义、礼、智、信”等展开的。孔子所讲的“和”，就是在“仁、义、礼、智、信”基础上的和，如果不是这样，儒家就不成其为儒家了。中国道家也推崇“和”。老子说：“道生一，一生二，二生三，三生万物。万物负阴而抱阳，冲气以为和。”“道”是道家的最高哲学范畴，在道家那里，“道”既是世界的本源，也是根本的人生价值。老子认为万物由“道”而生，阴阳相谐而和，实际上他也是把“和”建立在对“道”的顺应之上的。至于在西方，推崇和谐的思想家，其所依据的价值基点更是多种多样，毕达哥拉斯学派强调的是不同世界构成元素之间的比例协调，近代德国哲学家莱布尼茨认为和谐即依从上帝创世之初就安排好的宇宙秩序，还有一些启蒙思想家则把和谐建立在人性和人道的价值之上，即认为和谐是对人性的肯定和满足。如此众多的不同观点，一方面揭示了和谐思想的丰富性，另一方面，也强烈地提示人们对和谐思想要具体地、历史地理解。

适应社会主义和谐社会的和谐文化，其价值基点只能是社会主义核心价值。这是由这种文化生成所处的时代环境决定的，也是由这种文化与社会主义运动发展历史密不可分的联系决定的。显然，我们今天所说的和谐文化，并不是传统和谐思想的简单重复，传统和谐思想的意义在于它的基础性和资源性。如果今天把传统和谐思想原封不动拿来用之于改造现代社会，不可避免会遇到历史错位的尴尬，因此传统和谐思想必须进行现代转化。社会主义核心价值是在世界范围的现代化进程中形成的，而且是人类现代思想文化的集大成者，是现代文明的精华，因此以社会主义核心价值为基础建设和谐文化是当代中国的必然选择。

关于什么是社会主义核心价值，目前人们看法不尽一致。但有一点毋庸置疑，即社会主义核心价值不能人为地设定，只能是社会主义运动发展的必然结果，它是实践的产物，是历史的赋予。它与资本主义的核心价值比较而言，又是对人类普世价值的创造性继承。

马克思主义对资本主义的批判集中表现在三个方面。一、资本主义的基本矛盾——生产社会化和生产资料的私人占有——制约了生产力的发展。二、由于这一矛盾，贫富差距扩大，社会不公，社会矛盾激化。三、资本主义的生产生活方式以及由此产生的资本主义思想文化导致人的异化，也即在资本主义生产关系下，人与人的本质分离，人成了资本的奴隶，人失去了自由全面发展的可能而日益片面化和单向度化。在马克思主义看来，资本主义制度本身无力解决这些问题，只有在社会主义制度下，资本主义社会的弊端才能消除。正因为如此，马克思主义经典作家一再指出，要废除资本主义生产关系，推动社会生产力发展，实现人民群众精神和物质的极大富裕；要通过民主的形式实现人民群众对国家机构的监督，真正体现人民群众是历史发展的主人；要大力发展科学和文化，不断提升社会文明；要有效协调社会矛盾，促进社会和谐，为人民群众提供一个更好的生存和生活环境；要在经济社会全面发展的前提下促进人的全面自由发展，人的自由全面发展是社会主义的最高目标，正如马克思所说，“资本主义的灭亡和无产阶级的胜利是同样不可避免的”。“代替那存在着阶级和阶级对立的资产阶级旧社会的，将是这样一个联合体，在那里，每个人的自由发展是一切人的自由发展的条件”。

概而言之，社会主义的核心价值是发展、进步、民主、文明、和谐、自由。这些价值是一个有机的整体，完整表达了社会主义经济、政治、文化、社会和个人精神的基本追求。“发展”、“进步”是经济、社会健康存在所必须的，不断“发展”、“进步”社会主义才具备先进性。“民主”是现代政治的要求，在民主价值引导下建立的社会主义民主制度是协调复杂利益关系、实现社会公正的有效机制。文化的最终趋向即“文明”。文明不仅是指振奋的精神状态、良好的道德风尚，而且是指积极健康、丰富多彩的生活方式。“和谐”是社会存在的理想状态，和谐包括人与社会的和谐、人与人的和谐、人与自然的和谐，和谐是一与多、个体与群体、活力与秩序的辩证统一。自由是人的精神需求和人的解放程度的评价尺度。马克思主义哲学范畴中的自由就是人的解放。马克思主义认为人类的历史进程就是不断由“必然王国”走向“自由王国”的过程，人们越是掌握了规律就越有自由，自由即对客观规律的认识。

坚持以社会主义核心价值为基点，我国的和谐文化建设才能体现出鲜明的社会主义色彩，成为社会主义先进文化的组成部分。传统和谐思想和西方现代和谐思想都有极富启示意义的一面，但也都有不容忽视的局限。无论西方现代国家多么强调和谐，人们在其背后，还是能够看到资本的身影，通过缓和社会矛盾使拥有既得利益的有产阶级获取更大利益，这一点是不会改变的，资本主义社会的和谐从根本上说是以资本为导向的和谐，这种和谐不是我们所应追求的。我国传统的和谐思想固然可贵，但如果在价值体系中缺少民主和自由的维度，在今天能否有效推动社会和谐就值得怀疑。毕竟时代不同了，社会结构发生了变化，人们的心理发生了变化，今天希图泯灭合理的利益要求、通过非法治化的手段去追求社会和谐无异于缘木求鱼。社会主义和谐文化在反映社会发展趋势的全面程度、体现人民群众的利益和愿望的深刻程度以及适应社会整合、协调客观要求的程度上都应高于以往。这也就是说，坚持社会主义核心价值，是使和谐文化具有鲜明的时代性和人民性，从而站在时代思想文化潮头的必要前提。

坚持以社会主义核心价值为基点，和谐文化才能充分发挥应有的社会文化整合功能。我国当代社会文化日益呈现出多样化的特征。社会文化多样化有它有利的一面，但要看到，一个社会的稳定、一个民族的凝聚又是以有效的文化整合为前提的。和谐既是一种精神，也是一种状态。实现社会文化的整合是和谐文化建设的题中应有之义。我们所讲的文化整合不是无原则、无目的的。整合只能是在社会主义价值取向上的整合，以有利于社会主义为目的，因此要正确处理主流文化与非主流文化的关系，尊重差异包容多样，在社会主义核心价值的基础上增强社会成员的归属感和向心力。

坚持以社会主义核心价值为基点，才能赋予和谐文化不断创新发展的活力。生动的中国特色社会主义建设实践是和谐文化的源头活水。问题在于，实践中哪些东西才是适应社会主义发展需要、体现了文明进步要求的？这需要认真加以辨析。毫无疑问,文化的发展有顺其自然的一面。但历史表明,优秀文化体系的形成都不是纯自然的过程。文化是意义和价值系统,文化的发展本身也需要价值的指引。越是在清晰、进步的价值指引下文化的发展就越是自觉,越有活力。有社会主义核心价值的引导,和谐文化的建构才有明确的方向感,才能从纷繁复杂的社会文化现象中择取有益的思想资源。

(作者:中共中央党校文史部副主任)

浅论创新文化与人文精神

孟建伟

科技领域的创新文化，说到底是一种旨在科技领域最大限度地激励或激发人们进行创新的文化。这种创新文化的目的是为了推进科技创新，因而创新文化要充分体现科学精神。然而，这种创新文化并不是科技文化本身，而是一种激励或激发人的创新精神的文化，因而创新文化更应当充分体现人文精神。

什么是人文精神？简单说，就是以人为本的文化精神，一切以人为出发点，一切依靠人，一切以人为目的的文化精神，也常常被称之为给人以“终极关怀”的文化精神。这种精神既同科技文化有关，又同人文文化有关。因为科技活动与人文活动一样，也从某种角度体现了对人的“终极关怀”，因而科学精神也有某种不可忽视的激励或激发人进行创新的力量。然而，要最大限度地激励或激发人们进行科技创新，光靠科学精神是远远不够的，应当最大限度地挖掘和利用整个人文精神的资源，最大限度地为创造者提供良好的人文氛围，给创造者以人文动力，给创造者以人文关怀，让创造者实现人文价值。一句话，就是最大限度地将科技活动人文化，从而以人文精神推动科技创新。

首先，要真正树立“科技创新，以人为本”的观念。这里所说的“人”，即是创造者。在科技创新活动中，创造者不仅仅只是“手段”，更重要的，他们本身就是“目的”。这是人文精神在创新文化中的具体体现，也是创新文化之魂必不可少的核心要素。如果说，创新文化是个大舞台，那么，舞台的中心就是创造者。创新文化的一切，应当围绕这个“中心”展开。

一般说来，在科技创新活动中，人们往往关注的是，如何最大限度地发挥和利用科研人员的聪明才智，用他们的创新性成果服务或奉献于人类社会。在这里，人（创造者）本身似乎并不是“目的”，而只是一种“手段”，真正的目的是“创新性成果”，并且能够“服务或奉献于人类社会”。这种思路无疑是非常正确的。然而，这仅仅是问题的一个方面。另一个方面是，怎样才能做到最大限度地激励或激发人的创造性，将人的潜能最大限度地激发出来，并能够发挥到极致，这显然更加触及到创新文化的实质和核心。然而，这涉及到另一种思考方式，就是将人（创造者）本身看做是目的，而将创造性活动和创新性成果看做是一种手段。也就是说，让创造者通过自己的创造性活动和创新性成果，去充分实现创造者自身的人生理想、境界、目标和价值。这样一来，势必使得科技活动更加人文化了，使得创新和挑战过程更加人文化了，让创造者和挑战者们自觉地将科技创新同自己的人生理想、境界、目标和价值紧密地联系在一起，从外在的“要我创新”变成内在的“我要创新”。能否做到这一点，对于创新文化显然是至关重要的。

其次，要倡导“科学人生”的精神境界和生活方式，将“科学的生命”与科学家的生命紧密地联系在一起，用生命去创新，将创新变成科学家最美好的生命体验。这是人文精神在创新文化中的具体体现，也是创新文化之魂必不可少的核心要素。既然创新文化是个大舞台，而舞台的中心是作为创造者的科学家，那么，科学家应当尽心尽力地演好这台戏，用自己的生命去创造各种角色。

我们常常谈到“艺术人生”的概念。所谓艺术人生，就是指艺术家将艺术视为生命，他们将艺术的生命和自己的生命紧密地联系在一起，于是，真正的艺术乃是艺术家的生命表达，真正的艺术家的人生也就是艺术人生。这里已经触及到关于人文精神的"终极关怀"的概念。其实，科学家与艺术家在精神境界和生活方式方面是极为相似的。而且，只有真正将科学视为生命，将科学的生命和自己的生命紧密地联系在一起的时候，才是真正的科学家。于是，我们也可以说，真正的创新，是科学家用生命在创新，真正的科学家的人生也就是科学人生。这显然也是创新文化所要达到的最高境界和最终目的之一。

这种"科学人生"的精神境界，犹如生命之火，也就是人文精神之火。这种生命之火，在现实生活中的确是存在的，在伟大的艺术家和科学家当中尤为如此。例如，爱因斯坦曾说："照亮我的道路，并且不断地给我新的勇气去愉快地正视生活的理想，是善、美和真。要是没有志同道合者之间的亲切感情，要不是全神贯注于客观世界——那个在艺术和科学工作领域里永远达不到的对象，那么在我看来，生活就会是空虚的。"有了这种生命之火，才能像爱因斯坦那样，"只求满足于生命永恒的奥秘，满足于觉察现存世界的神奇的结构"，并且对认识到各种复杂现象的统一性，会产生"一种壮丽的感觉"；对自然规律的和谐会感到"狂喜的惊奇"。

这种生命之火，对于创造者来说，既是最切身的动力，又是最深刻的目的，并且给整个创新过程以最深切的人文关怀，使人最自我又最忘我，尽情发挥自己、燃烧自己，让创造者从中享受到最美好、最深刻的生命体验。这就是从生命本体论角度所理解的创新文化。

最后，要形成"尊重知识，尊重人才"的良好风尚，为科学家营造民主、宽松、和谐、生动、活泼、团结、协作、奋发向上的学术氛围和人文环境。这是人文精神在创新文化中的具体体现，也是创新文化之魂必不可少的核心要素。显然，创造者的创新，并不仅仅只是为了个人娱乐，更重要的是，他们希望能够通过自己的创造或创新来实现社会价值和个人的人生理想和价值。要使作为创造者的科学家在创新文化的大舞台中演好戏，除了科学家自身尽心尽力以外，还离不开所有其他人员乃至观众的默契配合，这就涉及到学术氛围和人文环境的问题。

科技创新是一项需要高度自由的精神活动。爱因斯坦认为，科学的发展需要两种自由：一种是"内心的自由"，另一种是"外在的自由"。尽管"内心的自由"在很大程度上取决于以上所说的"科学人生"的精神境界，然而，这两种自由都同科学外在的学术氛围和人文环境密切相关。

营造良好的学术氛围和人文环境的关键是"尊重知识，尊重人才"。如果能够真正做到"尊重知识，尊重人才"，那么，爱因斯坦所说的自由问题就不可能成为问题。当然，爱因斯坦提出的问题只是最基本的问题，是"科学进步的先决条件"。创新文化的目标显然不仅仅只是解决最基本的问题，而是要最大限度地激励和激发人去创新，把人的潜能最大限度地激发出来，并发挥到极致，这就对科技创新的学术氛围和人文环境提出了很高的要求。不仅要最大限度地做到"尊重知识，尊重人才"，而且要最大限度地为创造者营造民主、宽松、和谐、生动、活泼、团结、协作、奋发向上的学术氛围和人文环境。也就是说，要最大限度地调动一切可以调动的力量，激励和激发人们全身心地投身于科技创新活动，从而通过科技创新在为社会作出贡献的同时，也能实现自己的人生理想和价值，使得科学技术的价值、社会的价值和创造者个人的价值三者之间得到最完美、最生动的统一。这正是创新文化的魅力所在！

（作者：中国科学院研究生院人文学院教授、博士生导师）

充分发挥广播影视在构建覆盖全社会的公共文化服务体系中的作用

——访中宣部副部长、国家广电总局局长王太华

闫玉清

党的十六届六中全会明确要求“加快建立覆盖全社会的公共文化服务体系”。最近，中央政治局又召开会议，进一步研究加强公共文化服务体系建设。近年来，广播影视在公共文化服务体系建设中承担着重要的职责，发挥了重要的作用。为此，我们采访了中宣部副部长、国家广电总局局长王太华。

记者：构建覆盖全社会的公共文化服务体系，是我国文化建设的新任务，也是摆在我们面前的一个新课题，构建这个体系有哪些重要意义？

王太华：构建覆盖全社会的公共文化服务体系，体现了广大人民群众的根本利益和共同愿望，事关社会主义现代化建设的全局。我们必须从全局和战略的高度，充分认识这一举措的重要意义。

首先，构建覆盖全社会的公共文化服务体系是满足人民群众文化需求、实现人民群众基本文化权益的迫切要求。随着人民群众物质生活水平的不断提高，人们的精神文化需求也愈来愈丰富，并且呈快速增长趋势，公共文化服务不足的问题日益突出，这给包括广播影视在内的公共文化建设提出了更高的要求，也带来了良好的发展机遇。只有将文化建设与人民群众的文化权益紧密结合起来，尽快建立起覆盖全社会的公共文化服务体系，提高文化服务能力，繁荣公共文化产品，才能够实现好、维护好、发展好广大人民群众的基本文化权益，最大限度地满足人民群众日益增长的精神文化需求。

其次，构建覆盖全社会的公共文化服务体系是贯彻落实科学发展观的具体体现。科学发展观要求我们做任何事情都要从人民的利益出发，全心全意为人民服务，一切为了人民。构建覆盖全社会的公共文化服务体系，就是要以政府为主导，调动全社会的力量，加大对文化事业的投入，优化文化公共资源配置，健全公共文化设施网络，完善公共文化建设的资金人才技术保障、组织构成和运行评估机制，从而推动文化与经济社会的全面协调可持续发展，不断增加公共文化产品的生产服务供给，提高人民群众的生活质量和幸福指数，提高全民族的思想道德和科学文化素质，实现人的全面发展。

再次，构建覆盖全社会的公共文化服务体系是建设社会主义和谐社会的必然要求。我们要构建的和谐社会，是尊重社会各群体的利益诉求的社会，是人民群众生活殷实、平安、幸福的社会，公共文化服务体系作为其中的一个重要方面，具有极其重要的作用。构建公共文化服务体系，提供思想健康、内容丰富的各类文化产品和服务，能够充分发挥文化对人的精神的抚慰作用、对社会成员的凝聚作用，有利于在全体社会成员之间培育共同遵循的社会主义价值观，构筑整个社会积极向上的精神支柱。同时，构建公共文化服务体系，能够有效缩小城乡、区域和群体之间的公共文化服务差距，逐步实现全社会基本公共文化服务的均等化，有利于应对新形势下利益主体多样化带来的各种问题，协调改革发展进程中出现的各种利益关系，有效化解矛盾，促进社会和谐。

记者：我国的广播影视近几年取得了怎样的发展，在构建公共文化服务体系方面有哪些成效？

王太华：我国的广播电视作为党、政府和人民的喉舌，是重要的宣传思想文化阵地，是社会主义文化建设的重要组成部分。经过多年的改革发展，我国广播影视已经具有了相当规模。截至2006年底，全国共有广播电视播出机构2544个，开办广播节目2442套、电视节目1288套，全年播出广播节目1079万小时、电视节目1361万小时；全国共有广播影视节目制作机构2000多家，年生产电视剧13000多部集、电影故事片300多部、影视动画片8万多分钟，以及大量的各类专题节目；已建成无线、有线、卫星、互联网等多种技术手段并用，多层次、现代化的广播影视综合覆盖网，有线电视用户达1.4亿，广播电视人口覆盖率分别为95.04%和96.23%。可以说，广播影视已经成为党和政府联系千家万户最普及的渠道，成为实现人民群众基本文化权益、满足人民群众精神文化需求的基本手段，具备了提供公共文化产品和服务的能力。

多年来，广电总局一直把公共文化服务体系建设放在全局工作的重要位置。1998年开始的广播电视村村通工程，目前已实现了全国已通电行政村和50户以上自然村的村村通，解决了近亿农村群众收听收看广播电视的问题。为解决广大农民群众看电影难的问题实施的农村电影放映工程，也取得明显成效，农村电影基础设施条件初步改善，农村电影覆盖面不断扩大，放映场次和观众人次明显增加。截至2006年底，全国共有农村电影放映队3.75万支，全年放映电影422万场，观众超过14亿人次，西藏、内蒙古、宁夏的部分地区已率先实现一村一月放一场电影的目标。广电总局从2003年开始推动我国广播电视数字化进程，制定了推进有线电视数字化的技术政策、节目政策、运营政策，积极争取国家有关部门制定了有利的税收政策和资费政策，先后在全国49个城市和地区进行有线数字电视试点。经过几年的努力，全国已有25个城市完成了有线电视数字化整体转换，有线数字电视用户达到1200多万，初步建立了有线数字电视技术新体系。同时，我们也清醒地看到，广播影视在构建公共文化服务体系方面还面临着诸多的问题：广播影视的整体布局和内部结构不够完善，服务水平较低的状况还没有根本改变，城乡之间、东西部之间发展不平衡，特别是广大农村地区和低收入群体听广播看电视看电影难的问题还没有根本解决。

当前和今后一段时期，广播影视要按照科学发展观和构建社会主义和谐社会的要求，把公共文化服务体系建设放在更加突出的位置，立足实际、放眼长远，加大力度、扎实工作，加快建立以政府为主导、以公益性事业单位为骨干、动员全社会积极参与的覆盖全社会的广播影视公共服务体系，为满足广大人民群众日益增长的精神文化需求作出积极贡献。

记者：请介绍一下当前广播影视在构建公共文化服务体系中的主要任务。

王太华：主要有三个方面。第一，推动公益性事业优先发展，提高广播影视公共服务能力。公益性是广播影视的基本属性，必须从提高党的执政能力、建设服务型政府的高度出发，进一步增强公益服务意识，坚持把社会效益放在首位，把发展公益性文化事业作为保障人民群众文化权益的主要途径，着力提高公共服务能力，确保人民群众收听收看广播影视的基本权益。为此，一要强化宣传阵地建设，加大宣传创新力度，改进宣传内容、形式和手段，不断提高舆论引导水平；要大力抵制低俗之风，净化荧屏声频，推出更多高品位、有特色、受欢迎的广播影视公共服务产品。二要加强基础设施建设，扎实推进广播电视村村通工程、农村电影放映工程、大中城市有线电视数字化工程等重点工程。三要优化公共资源配置，增加广播影视为农村服务的资源配置，加强面向农村的电影、电视剧、广播剧、科教片和动画片的生产供给能力。四要加大对低收入居民、农民工及其他困难群众的政策倾斜，确保他们享受基本的广播影视服务。五要鼓励社会力量捐助和兴办公益性广播影视事业。

第二，深化改革，创新科技，促进广播影视公共服务体系发展壮大。这是促进广播影视发展、建立广播影视公共服务体系的强大动力。要通过深化改革和创新科技，不断提高生产服务水平，扩大传播覆盖能力，切实促进广播影视公共服务体系快速发展壮大。广播影视公益性事业单位要以政府为主导，按照“增加投入、转换机制，增强活力、改善服务”的要求推进内部机制改革，整合内部资源，明确服务标准，创新服务方式，不断增加公共服务产品数量、提高质量。广播影视经营性产业要以市场为导向，按照“创新体制、转换机制，面向市场、增强实力”的要求，紧紧抓住重塑市场主体、完善市场体系、改善宏观管理、转变政府职能等环节，着力革除各种体制性、机制性障碍，大力发展影视剧制作、新媒体业务、广告经营等产业，满足人民群众多方面、多层次的精神文化需求。

创新科技，当前最重要的就是大力推进广播影视数字化进程。一是运用数字化提升传统媒体，包括加快推进电台、电视台数字化、网络化和设备更新改造，增强采编播能力，提高工作效率和管理水平；推进大中城市有线电视和地面无线广播电视的数字化，扩大和改善广播电视覆盖；加快电影制作发行存储和放映的数字化。二是运用数字化发展新媒体、新业务。按照加快发展、主动占领、兴利除弊、加强管理的要求，加快发展卫星直播和移动多媒体系统建设，走多媒体综合集成的发展道路。三是通过数字化提高安全播出水平。数字化进展如何，直接关系到广播影视公共服务水平能否尽快提高，关系到广播影视公共服务体系建设的全局和长远，必须高度重视，切实加大推进力度。

第三，加大投入，建立广播影视公共服务长效机制。要坚持以政府为主导，加大资金投入，制定扶持政策，加强农村广播影视基础设施建设和机构队伍建设。中央要求，要把广播电视村村通工作纳入地方各级政府工作的重要议事日程，纳入当地经济社会发展和社会主义新农村建设的总体规划，纳入公共财政支出预算，纳入扶贫攻坚计划，纳入干部考核内容；将农村电影工作列入地方各级政府的议事日程，纳入当地国民经济和社会发展规划、纳入文化体制改革统筹考虑，以确保这两项造福亿万农村群众的公共文化建设工程能够顺利推进。同时明确加强农村广播影视基础设施建设投入和扶持的各项经济政策。中央将继续为中西部地区配送电影流动放映车和其他流动放映设备，给中西部地区农村电影放映以一定场次补贴，给少数民族地区的电影民族语译制设备以资助；地方各级政府要落实本地区农村电影经费，对农村电影公益放映场次也要给予部分补贴等。为建立和完善农村广播影视公共服务体系，中央还要求按照关于深化文化体制改革的要求，进一步加强县乡广播电视机构的公共服务职能，建立健全以县为中心、以乡镇为基础、面向农户的农村广播电视服务体系；建立以数字放映为龙头，院线为纽带，乡为重点，村为基点，政府扶持和市场服务相协调的农村电影发行放映新体系。

记者：广播影视今后要推进哪些重大公益性设施建设，实施哪些重要文化工程项目？

王太华：大体上从两个方面着手。一是在农村，当前要突出抓好广播电视村村通工程和农村电影放映工程；二是在大中城市，要积极推进有线电视数字化进程。党中央、国务院高度重视广播电视村村通工程建设，要求把它作为农村文化建设的一号工程，以超强力度、超常措施强力推进。去年中央又明确了“十一五”期间村村通工程的目标任务，即实现71.6万个20户以上已通电自然村“盲村”通广播电视，大力提高广大农村地区的广播电视无线覆盖能力，提高农村地区广播电视公共服务水平。同时，积极开展直播卫星安全接收试验，确保按时完成村村通直播卫星节目上行平台建设，通过直播卫星方式解决无线覆盖无法解决的20户以上已通电的“盲村”农民群众收听收看广播电视的问题，使当地群众能够收听收看到包括中央和本省的4套以上的广播节目和8套以上的电视节目。目前，在国家发改委、财政部等部门的大力支持和地方各级党委政府的组织领导下，按照“技术先进、安全可靠、经济可行、保证长效”的原则，各级广播影视部门认真履行职责，精心组织实施，加强工程监管，综合利用无线、有线、卫星等技术手段，正在积极推进村村通各项工作，确保按时保质保量完成村村通工程建设任务。

围绕实现一村一月放映一场电影的目标，广电总局按照“企业经营、市场运作、政府买服务”的思路，把农村公益性电影放映放在更加突出的位置，着力抓好创新政府投入机制、加快培育市场主体、积极推广数字化放映、建立完善片源保障机制等重点工作，彻底扭转我国农村电影发展滞后的局面，切实保障广大农民群众的文化权益，真正使电影改革发展的成果惠及广大农民群众，确保“十一五”时期实现广大农民群众一月看一场电影的公共文化服务目标。

当前和今后一个时期，大中城市有线电视数字化要确保高起点整体转换，尽快实现由局部试点向大中城市全面推开，由小容量单向传输向大容量双向交互转变。在推进广播电视数字化整体转换进程中，要始终确保公共服务，确保人民群众收听收看广播电视的基本权益，特别是要照顾好低收入群众和困难群众。为此，今年初广电总局制定下发了《关于进一步加强和规范有线电视数字化工作的通知》，要求所有实施数字化整体转换的有线电视网络，要长期保留至少6套模拟电视节目并确保传输质量，以切实维护城镇居民的基本收视权益。

（作者：求是杂志记者）

论和谐文化的内涵、本质特征和功能

张耀灿　曹清燕

胡锦涛同志 2006 年 5 月在云南考察时强调指出，要树立共同理想、打牢共同思想基础、弘扬民族精神、开展道德建设，特别是要宣传和树立以“八荣八耻”为主要内容的社会主义荣辱观，促进和谐文化建设，为构建社会主义和谐社会提供强大的思想道德力量。这一重要讲话，首次提出了建设和谐文化的战略思想。2006 年 10 月中共中央在关于构建社会主义和谐社会若干重大问题的决定中，明确提出建设和谐文化，巩固社会和谐的思想道德基础，并指出建设和谐文化是构建社会主义和谐社会的重要任务。探讨和谐文化的内涵、特点及功能，不仅有利于和谐文化的理论研究，而且有利于和谐文化的建设实践。

和谐文化的内涵

笔者认为，和谐文化的内涵需要从三个角度来把握。

(一)和谐文化是倡导和谐价值取向和以和谐理念贯穿其中的文化现象和文化形态

和谐一词在中国古代本用于音乐，在礼乐教化中讲究韵律和谐，“发而皆中节，谓之和”；后来泛化为人伦关系，如“琴瑟和谐”；最终引申到政治领域，“和谐则太平之所兴也，违戾则慌乱之所起也”。由此可见，和谐是多音和鸣，强调的和而不同，协调相处，是多样性的协调，表明的是均衡、协调、平顺的发展状态。在人类社会的发展历程中，和谐作为一种价值被人类孜孜不倦地追求，和谐作为一种理念被人类贯穿在实践活动中。

马克思主义文化观认为，文化是人类认识世界以后产生的必然结果，文化是“人化的自然界”，是“人的本质力量的对象化”。根据马克思主义文化观，有学者认为文化是与自然现象不同的人类社会活动的全部成果，包括人类创造的一切物质和非物质的东西，这样文化包括物质文化和精神文化两大类。也有学者提出文化包括器物文化、制度文化和意识文化三大类型，其实这两种说法都把文化作为一个涵盖面很广的概念。也有学者指出文化只是指精神文化，这可以看成是狭义的文化。文化还可以按照其性质和特点进行分析而加以归类，如先进文化、落后文化等，这是对多种类型的实体文化所作的价值判断。

和谐文化也是对实体文化所作的价值判断。和谐是对实体文化的性质和特点的界定、概括，表明这种文化是和谐的文化，其价值是和谐，奉行的是和谐的理念。同时需要指出的是，这种贯穿和谐理念和以和谐作为价值取向的实体文化是广义的文化，因此，所谓和谐文化是倡导和谐价值取向和以和谐理念贯穿其中的文化现象和文化形态，它包括一切体现和谐性质和特点的思想观念、理想信仰、价值体系、器物载体、发展哲学、行为准则、社会风尚、文化产品、文化活动以及制度体系等。

(二)和谐文化是先进文化的重要组成部分

先进文化是人类进步的结晶，是面向未来的文化，遵循历史发展规律，顺应时代发展要求，具有创新性；先进文化是民族的科学的大众的文化，既扎根于民族文化土壤，又批判继承人类理性精神，同时尊重人民群众的实践创造，代表人民群众要求，为人民服务；先进文化是能够不断丰富人们精神世界的文化，其前进方向指向人的精神世界不断丰富、人的精神力量不断增强，以及人的全面发展。和谐的思想观念是人类精神进步的产物，追求人与人、人与社会、人与自然以及人自身的和谐，达到人的自由全面发展，这是数千年来人类的美好理想。因此，倡导和谐价值取向和以和谐理念贯穿其中的和谐文化自然具有进步的性质，从这个意义上说，和谐文化就是先进文化。但是，文化的先进性并不单单表现在和谐一种性质上，还有其他一系列的特点和要求。因此，先进文化并不完全等同于和谐文化，先进文化比和谐文化包含的面更广，和谐文化包含在先进文化之中，是先进文化的重要组成部分，是先进文化建设的现实要求和具体体现，建设先进文化，必须首先建设和谐文化。

（三）和谐文化是和谐社会之魂

和谐文化是构建社会主义和谐社会的灵魂。构建社会主义和谐社会要求有与其相适应的文化形态，需要其社会成员具有共同的指导思想、理想信念、目标追求和坚实的社会和谐的思想道德基础。融思想观念、理想信仰、社会风尚、行为规范、价值取向于一体的旨在培育和建设有利于人与人之间、人与社会、人与自然之间和谐相处的社会主义和谐文化，能为和谐社会提供精神动力、思想保证和道德基础，它能够指明社会发展方向，支撑起人们的精神世界，能对社会生活发挥评判、凝聚、教化、定向等作用，对制度、法律、道德发挥指导作用。没有和谐的文化，就没有和谐社会的思想根基，也就不可能有和谐社会的实践追求，更不可能有和谐社会的实现。和谐文化是和谐社会的精神归依，也是和谐社会所必需的凝聚力、向心力和感召力的文化源泉。和谐社会越发展，和谐文化的地位和作用就越突出、越明显。和谐文化能够调动人们的主动性、积极性、创造性，实现"精神变物质"，推动经济建设快速健康持续地发展，能够有效调节社会关系、化解各种矛盾，形成和谐的社会秩序，使全面小康、共同富裕的伟大目标早日实现。

和谐文化的本质特征

（一）和谐性。和谐文化是倡导和谐价值取向和以和谐理念贯穿其中的文化，和谐性是其首要的特征。和谐文化强调主导文化与多元文化、主旋律与多样化的和谐，强调多元归于一统，一统包涵多元，在主导文化的带动和引领下，尊重差异，包容多样，使整个社会既展现各个阶层、各个群体、各种不同素质的文化主张，更体现全社会、全民族共同要求的核心价值观和主导文化形态；和谐文化强调传统文化和时代精神的和谐，它既与民族优秀文化传统相承接，又与时代精神相一致，在继承和创新的统一中，推动社会和自身的发展；和谐文化强调中西融合，在广泛开展文化交流和合作中，以中为主，博取众长，为我所用，在包容多样中扩大认同；和谐文化强调科技和人文的和谐统一，社会与个人价值的统一，民主与法制的统一，人与人、人与社会、人与自然、人自身的和谐；和谐文化强调这一文化体系自身的内容和各种形式、各个环节之间的和谐、积极互动，各种不同形态、不同层次的文化都有足以维持自身生存、获得充分发展的一定空间；不仅如此，和谐文化还强调这一文化体系与它的经济基础、政治导向和生态环境之间积极互动、和谐一致。

（二）人本性。以人为本如同不熄的光芒始终照耀着社会前行的道路。以人为本是马克思主义的重要原则，中国共产党自从在十六届三中全会上第一次提出以人为本的科学发展观以来，以人为本的思想逐渐成为新一代领导人以及全社会的共识，它既与为人民服务的宗旨一致，又与服务最广大人民群众的根本利益一致。和谐文化是追求人与自然、人与社会、人与人以及人自身和谐的文化，其最终的指向就是社会的进步，进而实现人的自由全面发展，因此，以人为本是和谐文化的本质特征之一。和谐文化倡导和谐的价值取向和和谐的理念，是为了促进社会的和谐进步，促进人的和谐发展；和谐文化是大众的文化，它始终面向人民大众，以不断满足最广大人民的物质文化生活需求为根本出发点和落脚点，切实保障最广大人民的权益，使发展成果惠及全体人民；和谐文化提倡协调多样共同发展，因此，和谐文化要最大限度地调动人的主动性，也就是要以人为主体，尊重人的利益，保障人权，关注人的生活质量，发展人的潜能。

（三）整体性。和谐文化包括一切体现和谐性质和特点的思想观念、理想信仰、价值体系、器物载体、发展哲学、行为准则、社会风尚、文化产品、文化活动以及制度体系等。其中既有对社会发展的基本理念和理想追求，也有对社会发展的总体认知和评价，还包括对社会发展的实践取向和制度构建。既有思想观念方面的内容，体现了人们对和谐社会的认知和思考，对社会和谐目标的憧憬和追求；又有制度规范方面的内容，体现为人们在和谐思想引导下建立的一系列调整人与人、人与自然、人与社会之间利益关系的行为规范、化解社会矛盾及风险的制度和机制。同时，和谐文化强调多样性的和谐统一，强调作为一个整体的文化体系的和谐统一。和谐文化的核心是社会主义核心价值体系，在指导思想、理想信念、精神动力和行为规范方面构成了相互联系、有机配合的系统整体。

（四）历史性和永续性。任何文化都是具体的、历史的，因为文化是人类实践活动的结果，人类的实践活动总是在具体的时空背景下展开的。因此，和谐文化也是具体的、历史的。和谐的理念是人类千百年的追求，不同历史时代的和谐文化有着不同的内涵和表现形态，因此，社会主义和谐文化也是具体的、历史的。虽然这种和谐文化与原始社会、奴隶社会、封建社会、资本主义社会的和谐文化相比更为先进、更为真实，但这种形态的和谐文化必定会随着社会历史的发展而发展变化，最后达到共产主义社会的和谐状态。如果说私有制社会也有过和谐文化及在其指导下建设的和谐社会，如“贞观之治”、“明初盛世”等，但由于阶级对立的存在，和谐状态只可能是局部的、暂时的，而只有社会主义社会、共产主义社会，和谐才有可能成为社会的本质属性和总体特征。因此，和谐文化不仅是历史的，而且是永续的，只要人类的实践活动没有停止，和谐文化就是一个不断敞开、不断开放、不断发展的系统。因此，我们需要秉承和而不同的理念，在主动的开放交流中勇敢地面对挑战，与不同文化之间进行交流、融会，努力实现自我超越，向更高阶段、更先进的和谐文化迈进。

和谐文化的功能

（一）导向功能。和谐文化倡导和谐价值取向，蕴涵着人与自然、人与社会、人与人、人自身的和谐，包含着经济、社会、文化、生态以及人自身的协调发展和全面进步，它坚持马克思主义的指导，坚持先进文化的前进方向，坚持为人民服务、为社会主义服务，坚持爱国主义传统和改革创新的时代精神，从而为人们提供理想信念导向和奋斗目标导向，保证社会沿着正确道路健康发展；和谐文化贯穿着和谐的理念，引导人们用和谐的思想认识事物，用和谐的态度对待问题，用和谐的方式处理矛盾，约束和规范着社会生活的秩序，引导着人的行为，从而为人们提供行为规范导向。

（二）凝聚功能。和谐文化强调和而不同、求同存异、团结友爱、和睦相处、共建共享、和衷共济，能够调节社会矛盾，弘扬正气、促进平等、维护和实现社会公平。目前我国处在改革发展的关键时期，在经济体制深化改革，社会结构深化变动，利益格局深刻调整，思想观念深刻变化的情况下，人们的思想观念、价值取向、生活方式日趋多样化，和谐文化以共同的理想和信念化解矛盾，创造人人和谐相处的文化氛围，从而把不同阶层、不同群体的力量整合起来，在尊重差异中扩大社会认同，在包容多样中形成思想共识，形成万众一心、共创和谐的伟大力量，为共同目标奋斗，激励人们努力寻求和开辟实现社会主义和谐社会这一美好理想的办法和途径，投身建设社会主义和谐社会的伟大实践。

（三）支撑功能。无论是经济社会的协调发展、人与自然的和谐相处，还是人与人的团结和睦，乃至人自身的心理和谐，都离不开和谐文化的支撑。没有和谐文化，就没有社会和谐的思想根基，也不可能有建设和谐社会的实践追求。对个人而言，和谐文化能够引导人们树立正确的道德观，培养良好的道德品质，形成团结互助、平等友爱、和谐融洽的社会氛围。和谐文化通过倡导正确的善恶、美丑观念塑造个人内心的道德标杆，影响着人们的思想和行为，从而培养理想人格、孕育内心和谐，完善个人内在的道德精神，创造和谐的精神世界，引导人们正确对待自己、他人、社会和国家以及自然界，形成自尊自爱、理性平和、自强不息、积极向上的良好心态。对社会而言，和谐文化具有明确的价值导向，内含着人们普遍的价值观念，有助于形成爱国守法、明礼诚信、团结友善、勤俭自强、敬业奉献的良好道德风尚，从而为和谐社会建设提供强大的思想道德力量和共同的思想基础。

（四）审美功能。和谐文化作为一种文化形式和文化产品，它能通过有血有肉、生动感人的艺术形象，真实地反映丰富的社会生活，表现时代前进的要求和历史发展的趋势。和谐文化蕴涵的和谐之美，不仅给人以美的艺术审美享受，而且这种和谐之美能够陶冶人们的心灵，在美的享受中提升人的精神境界。和谐文化不仅通过艺术形象蕴涵的和谐之美给人以较为直观的感官美感，而且还可以通过具体的文化形态中倡导的和谐理念、辩证统一的思维方式，给人以思想和思维的美感。

（五）陶冶功能。中国传统的和谐文化曾深深影响中华民族的成长，潜移默化地熏陶着一代又一代的中国人，推动着社会的进步。和谐文化包含着的和谐观念和思维方式，渗透在各种文化载体的价值理念中，以一种润物细无声的方式潜移默化地教育着人们，影响着人们的思想和行为。新的历史条件下，以构建社会主义和谐社会和建立和谐世界为目标的和谐文化，正在并已经得到越来越多的国家和人民的广泛认同，必将成为新世纪的主导文化和价值追求。

（作者：华中师范大学政法学院教授）

建设社会主义和谐文化的有效途径

刘玉堂　刘保昌

社会主义和谐文化，是一个由先进文化所统领和指导的系统的思想文化体系。它以马克思主义为指导，以中国特色社会主义理论为依据，包括理论思想层次、理想道德层次、价值认知层次、文化形态层次、文化载体层次。社会主义和谐文化是多元统一、协调有序、充满活力、大众共享和兼容共生的文化，对建设和谐社会起着理论统领、价值诉求、思想引导、行为规范、认识评价、理想定位、人文教化、解决矛盾、凝聚人心等积极作用。

社会主义和谐文化的时代特征

党的十一届三中全会以后，中国共产党提出了社会主义精神文明的新概念，认为社会主义精神文明是社会主义的重要特征和根本属性，是社会主义现代化建设的重要目标和保证，强调社会主义物质文明和精神文明都要搞好，才是中国特色的社会主义。党的十二大提出“社会主义精神文明是社会主义的重要特征”的重要论断，六中全会专门作出《关于加强社会主义精神文明建设指导方针的决议》。在贯彻这一方针的过程中，由于经济社会发展的不平衡，社会上出现了重经济发展轻文化建设的趋向，物质文明建设与精神文明建设一手硬一手软。

以江泽民为核心的党的第三代领导集体，坚持物质文明与精神文明两手抓，两手都要硬的方针，从多方面加强社会主义先进文化建设。江泽民在庆祝建党七十周年大会上的讲话中，提出了建设有中国特色社会主义文化的重要论断。党的十四大明确要求，在建立社会主义市场经济体制的同时要把精神文明建设提高到新水平，《关于加强社会主义精神文明建设若干重要问题的决议》从战略高度对新形势下的社会主义精神文明建设作出总体部署。党的十五大报告指出，“只有经济、政治、文化协调发展，只有两个文明都搞好，才是有中国特色社会主义”，“有中国特色社会主义的文化，是凝聚和激励全国各族人民的重要力量，是综合国力的重要标志”。这是党对社会主义先进文化建设认识的进一步升华。

新世纪以来，国际国内形势发生了新变化。一方面，我国的现代化建设取得了举世瞩目的成就，社会主义市场经济进一步发展，对国民的素质和能力提出了新的更高要求；另一方面，人民群众的精神文化生活需求日益多元化，科技发展尤其是互联网的发展对人们的思想交流与传播提供了更为便捷的载体，世界范围内各种思想文化的相互激荡也对人们的思想观念产生了强烈冲击。在此背景下，如何实现社会主义物质文明与社会主义精神文明建设协调发展；如何在建立健全社会主义市场经济体制过程中，形成有利于社会主义现代化建设的共同理想、价值观念和道德规范，以能有效防范腐朽思想的侵蚀；如何在经济全球化和信息一体化时代弘扬中华民族的优秀传统文化；如何抵御敌对势力“西化”和“分化”阴谋？都是我们面临的新问题。“三个代表”重要思想的提出，其中强调要始终代表中国先进文化的前进方向，这是对世界文明发展趋势的深刻洞察，是对我国社会主义精神文明建设理论成果和实践经验的深入总结和概括，是对社会主义文化发展规律要求的准确把握和精要阐述。

中国共产党的三代领导人，不仅继承和发扬了古今中外和谐文化传统，而且给予了充分、深刻的阐释，赋予了新的时代内容。如毛泽东强调对立统一，认为和谐是创新和发展的基础，创新和发展是和谐的结果。邓小平将马克思主义、毛泽东思想与传统文化和时代精神有机结合，创造了以政治公正为核心内容的社会主义和谐理论；运用可持续发展理论努力实现人与自然的和谐；运用非均衡发展思维，创造性地提出了"让少数人先富起来""最终达到共同富裕"的富民强国理论，希望达到经济社会的和谐发展。江泽民在庆祝中国共产党成立八十周年大会上的讲话中指出："世界要和平，人民要合作，国家要发展，社会要进步，是时代的潮流。"认为当前的文化核心是科学、和谐、发展与创新。和谐是解决冲突的手段，是文化发展的灵魂，创新是先进文化得以前进的动力，科学是和谐与创新的基础，发展既是目的也是手段。

随着全球经济一体化和互联网技术的广泛应用，整个世界正逐渐变成为一个地球村。各国、各民族和各地区的文化之间彼此隔绝的状态已成历史。但同时，人类与自然、人与社会、人与人之间的矛盾冲突日益增多，社会、道德、精神和价值问题日益尖锐化。要解决这些问题，就不能仅停留在经济物质的层面和政治层面，而一定要深入到文化的精神层面中。"没有新的全球文化，便没有新的全球秩序"，只有形成一种和平、和睦、和谐的人类文化，才能真正解决人类社会所面临的全局性问题。

党的十六届四中全会提出构建社会主义和谐社会的宏伟目标，是党从中国特色社会主义事业全局出发提出的一项重大战略任务，是党执政理念的新飞跃。党的十六届五中全会进一步指出：要深化文化体制改革，积极发展文化事业和文化产业，创造更多更好适应人民群众需求的优秀文化产品。建设和谐文化是构建和谐社会的一项基础性工程，为和谐社会的发展提供思想保证和精神支撑，同时也是和谐社会的重要特征。任何国家、社会，没有文化，就等于没有灵魂，就会失去凝聚力和生命力。构建和谐社会，既包含着和谐文化建设的内容，同时更需要和谐文化的引导和支撑。和谐社会越发展，和谐文化的地位和作用就越突出。

和谐文化是以和谐为思想内涵、以文化为表现方式的文化，它融思想观念、理想信仰、社会风尚、行为规范和价值取向为一体，包含着对和谐社会的总体认识和评价，是社会发展和文化建设的有机结合。和谐文化的形成，是一定的社会主体对历史的、现实的和未来的社会生活的自觉认识和向往，体现了一定社会主体对社会发展的认知水平。从表现形式看，和谐文化有思想观念、制度规范方面的内容；从思想观念上看，和谐文化体现了人们对和谐社会的认知和感受，对社会和谐目标的追崇；从制度规范上看，和谐文化体现了人们在和谐思想引导下建立起来的一系列调整利益关系、化解社会矛盾的制度和机制。和谐文化是和谐社会中人们的精神家园，是和谐社会具有凝聚力、向心力和感召力的重要源泉。对个体而言，和谐文化春风化雨，潜滋默长，教育、影响着人们的思想和行为准则；对社会而言，和谐文化指引着前进方向，体现了社会共同的价值取向。和谐文化以教育人、引导人、鼓舞人、塑造人作为追求，以培育、发扬、鼓舞、激励人们的和谐思想观念和价值取向为终极目标。

社会主义和谐文化以社会主义制度为基础，以先进文化为指导，面向时代，立足现实，继承传统，放眼世界，既与中华民族的和谐传统相承接，又与和谐社会的时代要求相吻合，因此是一项伟大的思想文化系统工程。社会主义和谐文化具有先进性、时代性、现实性、民族性、继承性、实践性、前瞻性、容纳性、人民性的特征，反映着中国特色社会主义的发展方向，是社会主义先进文化的基本内容，也是社会主义先进文化的重要组成部分。发展先进文化本身要求建设和谐文化；建设和谐文化，实际上就是建设和发展社会主义先进文化。和谐社会的构建与和谐文化的建设是同步的、相辅相成的。

建设和谐文化，是推进社会和谐发展的必然要求，是构建和谐社会的重要条件和基础性工程。建设和谐文化的核心问题，是培育人的和谐文化精神。通过建设和谐文化，营造和谐的社会氛围，培育必需的社会环境，丰富人的精神内容，提升人的精神境界，引导人树立和谐的思想观念和思维方式，使和谐理念成为全社会的重要价值取向。为此，建设和谐文化概括讲，是四个"有利于"：有利于确保和谐社会发展方向的正确性和目标模式的科学性；有利于为构建和谐社会提供思想和精神资源；有利于确立以和谐为宗旨的道德评判体系；有利于营造以和谐为基调的舆论导向和社会氛围。

社会主义先进文化与社会主义和谐文化的关系是同中有异：社会主义先进文化是在社会主义市场经济、社会主义民主政治和社会主义和谐社会"四位一体"的现代化建设总体格局中的一个重要系统，而社会主义和谐文化则是"社会主义和谐社会建设的一个子系统"；社会主义先进文化是以马克思列宁主义、毛泽东思想作为重要思想根源，以中国传统文化作为必要补充。马克思主义哲学中的辩证唯物主义、历史唯物主义、人民群众是历史发展的主体、关于人的全面发展等理论，是社会主义先进文化的理论核心。而社会主义和谐文化则是以马克思列宁主义、毛泽东思想作为重要思想指导，以中国传统文化为主要思想内容，以当代西方文化为必要补充和借鉴，其中和谐、共融的特征十分明显；社会主义先进文化面向未来，是社会主义现代化建设事业的指导性思想，引领经济、政治、社会前进，而社会主义和谐文化则立足于现实，主要作为当前和谐社会建设的指导思想和精神支柱；社会主义先进文化的关键是构建和宣传，而社会主义和谐文化的核心则是以人为本，致力于培养人的和谐文化精神。

建设社会主义和谐文化的有效途径

构建和谐文化是一项复杂的系统工程，需要耐心细致地在各个文化领域，尤其是在宣传、教育、精神文明建设、思想政治工作、文化体制改革等领域，统筹兼顾，协同发展。

宣传工作：树立正确舆论导向，突出主旋律

第一，要引导人们正确认识发展形势，激发构建和谐文化的愿望。我国经济在高速发展时期出现了一些问题，如社会不公、发展不稳定等。要解决这些问题，必须全面落实科学发展观，特别是要把建设和谐社会提到突出位置。和谐文化建设就是要引导人们正确认识发展形势，理解前进中的曲折，放眼未来，在发展中解决矛盾，实现社会和谐。第二，要引导人们把握主流，增强建设和谐文化的信心。舆论宣传要凸显主流，以鼓劲稳定、正面宣传为主，旗帜鲜明地唱响主旋律，创造积极向上的舆论环境。引导人们认清和谐文化建设的必要性和紧迫性，让人民群众在和谐文化建设中，享受到更多、更及时、更全面、更丰富的精神文化产品。第三，优化舆论环境。我国当前处于"矛盾多发期"，建设和谐文化，就是力图解决人们存在的心理失衡、认识偏差、情绪失控等心理和文化问题。社会舆论要立足于解决问题，推动工作，化解矛盾，整合社会关系，消除社会隔阂，真正做到"以科学的理论武装人，以正确的舆论引导人，以高尚的精神塑造人，以优秀的作品鼓舞人"，从而为平稳从"矛盾多发期"向"黄金发展期"的过渡创造良好的舆论环境。第四，建立健全民情表达机制。在和谐文化建设中，要让民情民意能及时地表达出来，让老百姓"有地方说话"，有民主渠道表达自己的意见和想法，这就要求建立健全民情表达机制。一项政策、措施，从制定、实施，再到效果，都需要广大人民群众的积极参与。

思想政治工作：不断加强和改进，着力培育和谐文化精神

构建和谐文化，要不断创新思想政治工作的手段、方法、内容，要切实贴近实际，贴近生活，贴近群众，最广泛、充分地调动一切积极因素。第一，加强理想信念教育，弘扬以爱国主义为核心的民族精神和以改革创新为核心的时代精神，弘扬集体主义、社会主义思想，使全体人民始终保持昂扬向上的精神状态。第二，坚持依法治国和以德治国相结合，实施公民道德教育建设工程，发扬中华民族传统美德，在全社会倡导爱国守法、明礼诚信、团结友爱、勤俭自强、敬业爱岗的基本道德规范，反对拜金主义、享乐主义、极端个人主义，消除封建思想、资本主义腐朽思想对和谐文化的不良侵蚀。第三，构建和谐文化，既要注重群体性，也要注重个体性；既要照顾大多数，也要兼顾少数人；既要统一思想，也要尊重差异性；既要解决思想问题，也要解决实际问题。第四，切实抓好青少年思想品德和心理素质教育，健全家庭、学校和社会教育体系，让和谐文化融入青少年成长的每一个环节，营造有利于青少年健康成长的和谐文化环境。

精神文明建设：坚持马克思主义指导地位，积极推进理论创新

第一，马克思主义理论的最本质特征是与时俱进，发展是马克思主义的核心灵魂。只有坚持理论创新，马克思主义理论才能充满生机活力。构建和谐文化，必须坚定马克思主义的指导地位，积极推进理论创新。既要体现鲜明的时代性，又要把握规律性。第二，结合中国、世界传统文化，吸纳中西传统和谐文化的优秀资源。我国历史上曾经产生过不少有关和谐文化的思想。比如孔子的“和为贵”、“仁者爱人”；墨子的“兼相爱”、“爱无差”等的理想社会方案；孟子描绘的“老吾老以及人之老，幼吾幼以及人之幼”的社会状态；太平天国提出要建立“务使天下共享”，“有田同耕，有饭同食，有衣同穿，有钱同使，无处不均匀，无人不饱暖”的社会；康有为《大同书》提出要建立“人人相亲，人人平等，天下为公”的理想社会等。西方柏拉图的《理想国》主张通过教育实现社会的和谐；欧洲空想社会主义学者圣西门、傅立叶、欧文等人的“新和谐公社”对未来的和谐文化进行过设计。这些思想中最精华的内涵，是在一定程度上体现了“以人为本”的和谐文化。这些有利资源经过成功转化后，能够为和谐文化建设提供精神动力。

文化建设：深化文化体制改革，发展和谐文化生产力

第一，进行深入细致的文化调查，弄清各地的文化“家底”，在此基础上制定切合实际的文化发展计划，切忌“一刀切”、“一哄而起”，盲目地搞运动式、跃进式的文化“产业化”。第二，明确界定文化事业和文化产业的范围和边界。有些文化单位是传播和谐文化的重要阵地，需由国家按照公益性事业单位计划大力扶持，而不能简单地将文化全面推向市场。第三，进一步解放思想，贯彻文化的“二为”方向和“双百”方针。和谐文化建设应允许不同风格、不同流派的文化存在、发展、壮大，以活跃文化市场，满足不同群体的文化需求。第四，发展和谐文化要力戒形式主义，要落实到实处，不搞“形象工程”，摆脱低水平的重复建设。

教育：实现公平发展，提高全民族科学文化素质

第一，政府有关部门应该确定基础教育均衡发展、各类教育协调发展的战略，在保障教育经费充裕、稳定的同时，确立以人为本的教育理念，提升和改善教育品质，保障教育公平，实施教育正义。在教育投入上要定硬指标，以确保基础教育的均衡发展；调整教育结构，把农村教育作为当前及今后一个时期教育工作的重中之重。第二，彻底转化教育体系，从重视学历、以满足求职需要的一次性学校教育，转化为面向社会所有人的、非学历、多样化的终身教育体系，发挥教育在提升全民族科学文化素质中的重要功能。第三，切实克服“教育产业化”错误思想造成的弊端。和谐文化的根本宗旨是让所有人得到平等的受教育机会，特别是要让低收入家庭中的孩子能够享有学习和发展的权利和机会，鼓励农村孩子通过自己的努力改变自己的命运。这就要求确认“教育公益化”的本质，切实做到以人为本。

（作者：湖北省社科院副院长；湖北省社科院研究员）

以创新的精神加强网络文化建设和管理

——访北京邮电大学教授、博士生导师李钢

李泾一

网络文化通常是指互联网络中以文字、声音、图像等形态表现出的文化成果，主要包括网络新闻、动漫、网络视频和音乐、网络文学、论坛等。网络文化以其丰富性、开放性、娱乐性为广大网民尤其是青少年所欢迎、所接纳。网络的日益普及，不仅改变着人们的生存方式、工作方式和交往方式，而且由此而形成的网络文化正逐渐改变着人们的思维方式、价值观念和精神世界。针对大家关心的网络文化建设和管理中的一些问题，本刊记者采访了北京邮电大学教授、博士生导师李钢。

记者：据中国互联网络信息中心统计，截至2006年底，我国网民人数已达到1.37亿，占我国人口总数的10.5%。网络和网络文化的发展，对社会和人们的生活产生了哪些积极的影响？

李钢：通信的便利以及时间和空间的压缩是互联网带来的巨大好处。由于有了网络，个人和组织能够简单而又经济地交换和及时获取大量信息。网络改变了我们传统的商业经营、对外贸易、人际交往、日常生活等诸多方面的运作模式，甚至改变了我们的思想文化。利用电子邮件，人们可以瞬间将自己的信函投入他人的信箱，通过可视电话人们能够远程“面对面”实时互动地交谈。电子商务、电子政务、远程教育和远程医疗等极大地提高了工作、生活和学习的效率。假如某个人是一个网络盲，不会使用网络，就跟过去不会看书、读报一样，是一个非常大的损失。现在是信息化时代，如果我们不能用最快捷简便的方法来获取信息、传递信息、利用信息，就会对个人产生很不利的影响，对一个国家和社会也是这样。

记者：随着网络的普及和网络文化的迅速发展，人们在感受到它巨大魅力的同时，也发现越来越多的问题向我们袭来。您认为网络文化的发展主要存在什么问题？

李钢：目前，网络已成为许多百姓日常生活的重要组成部分。以网络游戏和网络音乐为代表的网络文化产业的迅速发展，使人们在享受便捷的信息服务和丰富的娱乐生活的同时，也产生了一些问题和消极作用。比如，一些青少年沉湎网络游戏，无所事事，萎靡不振；虚假信息、垃圾邮件、网络色情暴力等泛滥；博客随意披露他人隐私；网络“恶搞”挑战道德底线；网络音乐和视频侵犯知识产权；少数人借助网络制造和传播谣言，危害社会稳定；网络诈骗、网络盗窃、网络洗钱等网络犯罪成为社会公害；网婚、网恋严重影响网民尤其是青少年的身心健康；网络病毒和电脑黑客威胁网络安全和电子商务，等等。这些问题的出现，对网络文化建设的负面影响很大。这一切都使人们在尚未仔细品味到网络的“甘甜”之前，已经开始领略它的“苦涩”。

记者：产生这些问题的原因是什么？

李钢：原因是多方面的，我认为主要有以下几点：

首先，网络文化的主要参与者是青少年。据2007年1月公布的最新中国互联网发展状况统计报告显示，40岁以下的网民占网民总数的90.7%，其中30岁以下的占72.1%、24岁以下的占52.4%。由于年龄和阅历的原因，他们约束自身言行的能力和抵御各种社会诱惑的能力相对较弱，容易成为网络不良信息的影响对象。现在出现了一大批整日在互联网上漫游

的青少年群体。

其次，网络文化的传播具有匿名、实时、互动的特征。过去人们大都是媒体的“受众”，被动地接受舆论和信息，很难成为信息的发布者。而网络中，每个人都可以通过自己的网页、博客、BBS等随时向社会发布信息，而且他人不知道其真实的姓名、性别、年龄、形象、信用程度。在这种“无标识状态”下，很容易产生“违规”言行。

再次，少数组织和个人利用网络的无国界、信息流动速度快、分布广、影响面大、网络法律法规不健全等特点，蓄意制造谣言和矛盾，挑起事端，破坏社会稳定，获取非法利益，或者企图达到居心叵测的目的。总之，各种在现实生活中引起道德缺失、违法犯罪的问题，基于网络的特点，在互联网上都更容易滋生。因此，这个问题必须引起党和政府以及全社会的高度重视。

记者：近几年我国网络文化建设和管理方面取得了哪些成就？

李钢：近年来，针对网络文化出现的新情况、新问题，我国网络文化建设取得了显著进展：一是初步探索出一套基本的网络管理办法，初步形成了信息产业、公安、新闻宣传等各部门联动的协调机制，制定了一些法律法规，加强了网上舆论引导和舆论斗争；二是“网络文化产业”建设开始起步，特别是实施民族游戏精品工程、筹建“国家数字娱乐产业示范基地”，以及开展动漫游戏等相关数字娱乐产业的培训、研发、产业孵化与国际合作等举措取得进展；三是净化网络游戏、保护知识产权反响积极；对可能诱发网络游戏成瘾症的游戏规则进行技术改造，相继认定了一些适合未成年人的网络游戏产品，社会反映良好；四是由政府主导建设了一大批弘扬社会主义主流文化的网站，起到了良好的示范和导向作用。

记者：我国网络文化建设和管理有哪些值得注意和改进的地方？

李钢：我们网络文化管理工作还不能充分适应信息技术的发展和形势的变化。一是观念不适应。网络文化作为一种新的文化存在与传播方式，深刻地改变着人们的生活方式和思维方式。目前我们的管理理念还不能有效适应这一重大变化，很多做法和思路依靠的还是过去的经验。二是立法滞后。尽管我国出台了上百个有关互联网的规定，但总体上还缺乏相应的法律规范支持，很多领域处于一种无法可依的状态。三是行政措施欠规范。在对互联网等新兴媒体的管理工作中，目前还大量使用行政管制手段，缺少法制管理手段。当前亟待规范行政手段，将行政手段与法制手段有机地结合起来，以法制手段促进网络文化建设和管理的健康发展。四是技术准备不足。由于互联网的核心技术掌握在西方发达国家手中，这使得我们的管制技术不成熟，管制盲区大量存在，严格制约了管制效果。五是从业人员道德水平有待提高。目前一些商业网站缺少社会责任，为了吸引人们的眼球在娱乐节目和社会新闻上大做文章，八卦新闻、虚假报道、有偿新闻充斥其间。

记者：最近，胡锦涛同志就加强网络文化建设和管理提出了五项要求。按照胡锦涛同志的重要讲话精神，政府应该如何去管理和引导这一新生事物，使之健康发展？

李钢：我们要深刻领会和全面贯彻胡锦涛同志的重要讲话精神。网络文化的建设和管理不只是一个简单的技术问题，而是一项复杂的社会系统工程。信息社会条件下政府不能再仅仅通过简单的行政命令管控信息，生硬规定人们的行为方式，而应从社会整体利益和共同利益的角度出发，根据社会和市场需求，通过政策法规、经济手段和技术监督等方式进行间接规制。政府在鼓励和发展网络文化的过程中，既要尊重市场规律，鼓励良性竞争，又要注重引导教育，不断建立和完善科学的政策法规，充分营造网络发展的良好环境。政府对网络文化的规范和管理方式主要有以下几种：

一是运用法律法规对网络文化进行管理。由于互联网的信息交流具有开放性、匿名性和高速流动的特点，目前仍缺乏有效的身份验证机制，一方面使得网络犯罪变得更为容易，例如计算机病毒、黑客攻击、网上诈骗、色情网站和网上出版物的侵权问题，以及恐怖主义、邪教组织等利用互联网进行犯罪等，另一方面使得控制网络犯罪有相当大的困难。网络与信息安全已从一个经济文化问题上升为事关国家政治稳定、社会安全、经济发展和社会主义精神文明建设的全局性问题。没有网络的可靠性、安全性和依法管理的有效性，就没有网络文化的健康发展。上述问题必须依法管理和解决，加强立法已成为我国网络文化发展的当务之急。如通过法律制裁网络犯罪者来防范新的网络犯罪行为的发生，通过法律保护知识产权和隐私权来迫使人们遵守相应的规则，依法行使权利，积极承担相应的义务。根据实践的需要，应当把互联网发展过程中确立的共同合理原则上升为法律，把电子政务、电子商务在新的环境中形成的规则和惯例上升为法律。

二是运用行政手段对互联网进行管理。国家承担着社会稳定与发展的责任，有义务规范和管理网络文化，以调整网络空间的社会关系和社会秩序，保证其健康协调发展。无论是网络基础设施的建设规划还是内容提供，都不可避免地要求政府的行政参与和支持。政府可以通过自上而下的管理体制以及特别的监管部门对网络进行行政规制。政府对网络空间的行政管理，主要体现在对互联网服务供应商的有效行政规制上。互联网服务供应商、内容提供商联接着有形的和虚拟的世界，他们了解客户端位于什么地方，并向客户收费。政府应要求供应商提供各种真实资料备案，监督其合法经营。事实证明，网络中出现的很多问题可以在互联网服务供应商这个环节和层面上得到解决。只要政府加强对互联网服务供应商的行政管理，就可以在一定程度上监督和控制垃圾邮件、有害信息及网络违法犯罪行为。

三是加强网民素质教育，弘扬时代主旋律。培养和提高网民对有害信息的自觉抵制意识和能力，对于建设社会主义网络思想阵地具有重要意义。胡锦涛同志强调，“充分发挥互联网在我国社会主义文化建设中的重要作用，有利于提高全民族的思想道德素质和科学文化素质，有利于扩大宣传思想工作的阵地，有利于扩大社会主义精神文明的辐射力和感染力，有利于增强我国的软实力”。当前，一方面要综合运用包括大众媒介在内的各种方式加强对网民的思想政治教育，提高其是非判断力和敏锐性；另一方面要有针对性地加强网络伦理教育。通过思想政治工作和网络伦理教育，促使人们自觉地树立网络自律意识，遵守网络道德，不断建立和巩固网上社会主义思想阵地。很多网络用户是未成年人，其思想尚不成熟，道德意识和法律意识尚不明确，一些人出于好奇心而在网络上浏览垃圾信息，有的甚至采取具有危害性的行为。因此，要普及网络法律教育及网络道德教育，使网络用户认识到自己的权利和义务，树立正确的文化观念，引导网络文化朝着积极健康的方向发展。

四是运用技术手段提高网络文化管理水平。技术的发展在网络文化的形成和发展中扮演着重要角色。技术既有可能给网络文化带来某种威胁，也有可能运用它来消除这种威胁。比如，由于互联网的分散管理结构体系，任何人和机构都可以独自在网络上随意发布信息，结果可能使不良信息充斥整个网络，而真正有价值的信息反而难以发现和利用。但是网格的出现使这些被人们所诟病的“信息孤岛”、“信息垃圾”等问题有望得到根本性的解决。技术在防范网络文化的偏向问题上必然要发挥不可替代的作用。从这个意义上说，不断发展的网络技术不仅是网络文化的缘起，也是各种网络文化安全管理模式的保障。我相信，只要我们认真贯彻落实胡锦涛同志关于网络文化建设和管理的重要讲话精神，我国的网络文化必将沿着正确的方向蓬勃发展。

记者：感谢您接受采访！

（作者：求是杂志记者）

理论界关于“建设和谐文化”研究综述

郎丰君　周由强

党的十六届六中全会明确提出“建设和谐文化是构建社会主义和谐社会的重要任务”。这一论断，体现了社会主义先进文化的前进方向，反映了我们党对中国特色社会主义事业的新的文化自觉，标志着我们党对中国特色社会主义文化建设规律的认识和把握达到了新的历史高度。

以党的十六届六中全会为契机，理论界围绕建设和谐文化展开了异彩纷呈、见仁见智的讨论，出现了一个研究的新高潮。本文主要就目前我国理论界关于和谐文化的主要内容、建设意义，和谐文化与先进文化、和谐社会、社会主义核心价值体系等的辩证关系以及建设和谐文化的基本途径和应把握和处理的原则和关系等问题的研究现状作了梳理和归纳。

一、关于建设和谐文化的重大意义

我国理论界普遍认为，建设和谐文化是构建社会主义和谐社会的一项基础性工程，意义重大。一种观点认为，建设和谐文化，有利于巩固全国人民团结奋斗的思想道德基础，为构建社会主义和谐社会提供坚定的理想信念支撑和思想道德支撑。没有文化的和谐，社会主义和谐社会的理想信念就会缺失，精神支柱就会缺少，道德基础就会动摇。从“文化”的角度审视和阐释和谐社会，可以使我们更加重视构建和谐社会的文化心理要素，更为理性地处理不同社会人群之间的利益关系，从而加快构建和谐社会的进程。

另一种观点认为，建设和谐文化，对于社会的全面、协调、可持续发展具有重要意义。和谐文化是激发全社会的创造活力的思想源泉和精神基础，没有和谐文化的参与、支持、配合，社会主义和谐社会的创造活力就会衰竭。建设和谐文化有利于物质文明、政治文明、精神文明、社会文明的共同发展。还有一种观点认为，建设和谐文化，有助于整合社会力量、化解社会矛盾、凝聚人心。和谐文化是和谐社会的凝聚和激励力量，有利于营造文明的社会风尚。

还有学者从文化自身、文化与经济相互作用的角度，认为建设和谐文化，有利于加速文化与经济的融合，促进文化与经济的协调发展；有利于深化文化体制改革，促进文化自身的进一步繁荣发展；有利于消除社会文化贫困，促进群众基本文化权益的不断实现。也有学者从国际大环境和世界战略的视野出发，认为建设社会主义和谐文化，倡导和谐世界理念，不仅是提升中国综合国力，展示文化中国的大国风格和大国气派的需要，亦是为了化解“中国威胁论”，求得国家文化安全和人类文明健康发展的客观要求。

总之，建设和谐文化，有利于形成与构建社会主义和谐社会相适应的坚定的理想信念基础、思想道德基础和精神文化基础；有利于激发全社会的创造活力，促进社会的全面、协调、可持续发展；有利于整合社会力量、化解矛盾、凝聚人心；有利于加速文化自身的发展，促进文化与经济的协调发展；有利于提升文化中国的软实力，维护和促进世界和平。

二、关于和谐文化的概念

一种观点认为，和谐文化是指一种以和谐为思想内核和价值取向，以倡导、研究、阐释、传播、实施、奉行和谐理念为主要内容的文化形态、文化现象和文化性状。它包括思想观念、价值体系、行为规范、文化产品、社会风尚、制度体制等多种存在方式。

另一种观点认为，社会主义和谐文化作为一种全新的文化形态和文化范式，是一种与传统文化相承接、与社会基础相契合、与时代背景相适应的先进文化，反映了人们对和谐社会的总体认识、基本理念和理想追求，是构建社会主义和谐社会的文化源泉和精神动力。

再有一种观点认为，和谐文化是相对于和谐经济、和谐政治而言的。它是和谐经济与和谐政治的文化建构和文化再造，文化建构指其对和谐经济与和谐政治事实的肯定，文化再造指其对和谐经济与和谐政治事实的促成。具体地说，和谐文化就是指在和谐经济与和谐政治基础之上形成的一种和谐氛围和观念形态，是人们对和谐经济与和谐政治的一种感受和认知。

另有学者概括地认为，凡是有利于追求和谐的人类创造物均属和谐文化，它是由和谐理论、和谐观念、和谐制度与和谐装备构成的。也有学者认为，和谐文化是指反映一切人类和平、和睦及其自然关系、社会关系和谐的价值观念、文化形态及行为规范的总称。

综上所述，所谓和谐文化，是以马克思主义指导思想、中国特色社会主义共同理想、以爱国主义为核心的民族精神和以改革创新为核心的时代精神、社会主义荣辱观共同构成社会主义核心价值体系的基本内容，在借鉴人类有益文明成果的基础上不断创新的民族的、科学的、大众的现代文化，它是坚持以人为本，以社会主义制度为基础，以先进文化为指导，立足现实，面向时代，放眼世界，与中华民族和谐传统相承接，与和谐社会要求相吻合的思想文化体系。

三、关于和谐文化的主要内容

一种观点认为，和谐文化包含精神文化、物态文化、行为文化、制度文化等四个层面。精神文化层反映和谐文化本质。对马克思主义的坚定信仰，对中国特色社会主义共同理想的不懈追求，是精神文化层的核心内容。物态文化是以艺术语言、动作、图像等手段，形象反映社会和谐生活的一切文化现象和文化产品的一种文化。行为文化是人们在其社会行为中所体现出来的一种文化，它包括社会管理、社会行为准则、社会道德、风俗习惯等。制度文化是人们为反映和确定一定的社会关系对这些关系进行整合和调控而建立的一整套规范体系。如法律法规、社会制度等。

另一种观点认为，社会主义和谐文化是一种包括多元统一、兼容共生、协调有序、充满活力和大众共享等内容的文化形态。多元统一，是指整个社会的文化既有多姿多彩的文化个性，又有共融一致的文化共性，社会的核心价值观念、道德观念能够被大多数社会成员所认同，社会的主导文化具有较强的凝聚力和整合力；兼容共生，就是社会的不同文化主体和要素能够相互兼容、相互协作，在和谐当中共同发展；协调有序，主要是指社会文化结构自身的和谐，各种文化资源、各种文化门类和各种文化要素之间统筹兼顾、协调推进；充满活力，就是文化建设要坚持以人为本，充分激发社会文化的活力，使文化财富不断涌流，从而促进社会文化繁荣；大众共享，就是要维护和实现文化公平，努力避免和主动解决由于文化问题引起的人民内部矛盾，切实保障最广大人民的文化权益，使全体人民共享文化成果。

还有一种观点认为，和谐文化包括共同的社会理想、以和为贵的价值观念、和而不同的思维方式、平和包容的处世态度、通融和解的行为方式、安定健康的社会心理、天人合一的自然观等内容。

也有学者认为，和谐文化包括两个层面的内容：一是特殊具体的文化层面，即一个文化体系自身的内容及各种形式、各个环节之间是统一和谐、积极互动的，而不是分裂、冲突和相互抵消的，呈现出“和谐文化”的面貌；二是普遍抽象的文化层面，这一文化体系与它的经济基础、政治导向和生态环境之间是和谐一致、积极互动的，而不是分离、对立和相互抵消的，从而使经济、政治、文化、社会、生态(自然)达到整体意义上的“文化和谐”。

四、关于和谐文化的特征

一种观点认为，和谐文化的特征体现为：(1)主导性，和谐文化的主体内核是党对文化建设的宏观把握和先进的意识形态；(2)民族性，和谐文化的灵魂是它来源于中华民族的优秀传统文化；(3)现代性，中国的和谐文化是传统向现代转型，积极吸收借鉴世界人类优秀文明成果的结果；(4)层次性，和谐文化包含了主导文化、精英文化、传统文化、民间文化、大众文化等各种文化及其和谐；(5)动态性，和谐文化会随着时代的要求、人民的需求、文化规律本身的要求不断丰富、创新和发展；(6)开放性，现代和谐文化的建设以全球化为背景，开放性是文化发展、创新的必由之路；(7)世界性，中国的和谐社会与和谐文化一旦建设成功，这一套经验和文化实绩将具有世界意义。

另一种观点认为，社会主义核心价值体系引领整合下的和谐文化，具有差异性、包容性、互补性、平衡性等特征。首先，尊重差异，体现了和谐文化的精神境界。其次，倡导包容，体现了和谐文化的根本宗旨。再次，强调互补，体现了和谐文化的基本原则。复次，主张平衡，体现了和谐文化的根本要求。

还有一种观点认为，和谐文化是主导文化与多元文化、主旋律与多样化相融合的中国化和谐文化，是继承和创新相融合的民族化和谐文化，是以中为主、中西融合的现代化和谐文化，是以科学发展观为指导，解放思想和实事求是相融合的科学化和谐文化，是民主和法治相融合的民主化和谐文化。因此，中国化、民族化、现代化、科学化、民主化是和谐文化的主要特征。

五、关于和谐文化的功能

一种观点认为，和谐文化具有凝聚导向、规范培育、教育预防、约束惩治、激励助推、保障保护、协调服务、兼容整合等功能。另一种观点认为，和谐文化具有辩护批判、辨析优化、导向激励和协调整合四项基本功能。还有观点认为，和谐文化建设是构建社会主义和谐社会的一项基础工程，对推动和谐社会建设起着理论统领、价值诉求、思想引导、行为规范、认识评价、理想定位、人文教诲、化解矛盾、凝聚人心等积极作用。也有学者认为，和谐文化对和谐社会建设发挥着方向引导、思想保证和精神支撑作用，在正确处理人与自然、人与人、人与社会、人与自我之间的关系中，具有重要的调节与整合功能。

(此文载《政工研究动态》2007 年第 19 期)

“和谐文化建设若干重大问题研究”研讨会综述

郑言宗

建设和谐文化是构建社会主义和谐社会的重要任务。中国思想政治工作研究会、中宣部思想政治工作研究所近日在京举行“和谐文化建设若干重大问题研究”理论研讨会。与会专家学者就和谐文化建设应注意把握的重大理论与现实问题进行了广泛深入研讨。

关于和谐文化的性质和内容。与会专家认为，社会主义社会是一种社会形态，和谐社会是一种社会状态。和谐文化是与社会主义和谐社会的社会状态相对应的一种文化状态。倡导和谐文化，就是要把和谐确立为社会发展的目标，树立以非对抗的、对话协商的方式解决社会矛盾的思维方式，形成诚信友爱的行为准则，营造相互尊重、相互关爱、相互体谅、相互帮助的社会风气，培育坦诚、大度、宽容、开放的社会心理。

关于建设社会主义核心价值体系。与会专家一致认为，党的十六届六中全会《决定》强调社会主义核心价值体系是建设和谐文化的根本，指明了马克思主义指导思想、中国特色社会主义共同理想、以爱国主义为核心的民族精神和以改革创新为核心的时代精神、社会主义荣辱观等四个方面在建设和谐文化中的重要地位。社会主义核心价值体系的提出，对于进一步形成全社会共同的理想信念和道德规范，打牢全党全国各族人民团结奋斗的思想道德基础，具有十分重大的意义。建设社会主义核心价值体系，必须以坚持马克思主义指导思想和中国特色社会主义共同理想为前提，进一步提炼概括出既体现社会主义性质又包含中华优秀传统文化的精髓，既体现民族精神和时代精神又包含社会主义荣辱观具体内容的社会主义核心价值观。与会专家认为，在社会主义核心价值观的具体表述上，可以借鉴一些国家对价值观的阐述方式，力求做到内涵丰富、言简意赅，使广大人民群众乐于接受和践行。

关于和谐文化与社会主义先进文化的关系。与会专家指出，和谐文化与社会主义先进文化在本质上是一致的，二者同属于中国特色社会主义文化范畴。社会主义先进文化是和谐文化的核心内容，在和谐文化建设中处于统领地位；和谐文化建设为社会主义先进文化提供坚实的文化基础和丰富的思想资源，对于社会主义先进文化建设具有基础性作用。社会主义先进文化与和谐文化互为补充，共同发展，统一于中国特色社会主义文化建设之中，二者一道为构建社会主义和谐社会提供思想保证、精神支撑和文化条件。

关于和谐文化理念与马克思主义文化理论的创新。与会专家认为，坚持和发展马克思主义理论，最根本的就是要坚持解放思想、实事求是、与时俱进。和谐文化理论的提出和不断完善，是对马克思主义文化理论的重大创新和发展。在建设和谐文化的过程中，必须不断加强对马克思义理论的研究，推动马克思主义理论的新发展。与会专家指出，建设和谐文化，必须以构建和谐社会为中心，着重发展马克思主义的建设性功能。改革开放以来，我们党先后提出的邓小平理论、“三个代表”重要思想、科学发展观和构建社会主义和谐社会等重大理论和战略思想，是对马克思主义建设性功能具体的阐述和发展运用。建设和谐文化，必须在善于运用马克思主义革命性功能的同时，注意把握当今时代的发展特征，在努力构建社会主义和谐社会中进一步发展马克思主义的建设性功能。

关于和谐文化建设应坚持的基本原则。和谐文化重在建设。与会专家一致认为，建设和谐文化，巩固社会和谐的思想道德基础，一是必须坚持马克思主义一元化指导思想。要用马克思主义中国化的最新成果武装全党、教育人民，用民族精神和时代精神凝聚力量、激发活力，倡导爱国主义、集体主义、社会主义思想，加强理想信念教育。二是必须坚持"百花齐放，百家争鸣"的指导方针。和谐文化不是没有矛盾的文化，建设和谐文化需要在不断解决矛盾的过程中向前推进，既要大胆借鉴西方发达国家的文明成果和进行文化建设的经验，又要充分继承和弘扬中华优秀传统文化，同时还应该正确引导宗教文化、非主流文化等，并发挥它们在和谐文化建设中的积极作用。

（此文载《政工研究动态》2007年第6期）

第七部分

社会主义核心价值体系建设

加强改进先进典型学习宣传工作 推动社会主义核心价值体系建设

欧阳坚

一

建设社会主义核心价值体系是我们党在思想文化建设上的重大理论创新，是建设和谐文化的根本。党的十六届六中全会把社会主义核心价值体系的基本内容概括为四个方面，即马克思主义指导思想、中国特色社会主义共同理想、以爱国主义为核心的民族精神和以改革创新为核心的时代精神、社会主义荣辱观。这四个方面相互联系、彼此贯通、层层递进、有机统一。其中，坚持马克思主义指导地位是灵魂，树立共同理想是主题，培育民族精神和时代精神是精髓，践行社会主义荣辱观是基础。在我国经济体制深刻变革、社会结构深刻变动、利益格局深刻调整、思想观念深刻变化的新形势下，加快建设社会主义核心价值体系，具有很强的现实针对性和重大的战略意义。我们要按照中央的要求，把建设社会主义核心价值体系作为宣传思想战线的一项主要任务和重要责任，贯穿到思想道德建设的各个方面，全面提升全民的思想道德素质，不断培养全社会共同的理想信念和道德规范，形成全民族奋发向上的精神力量和团结和睦的文化纽带，巩固全党全国各族人民团结奋斗的共同思想基础。

二

社会主义核心价值体系不是单一的价值观，而是一个内涵丰富、相互联系的多层次的有机整体，在所有价值目标中处于统摄和支配地位。它既是抽象的又是具体的，既具有理论性又具有实践性。因此，建设社会主义核心价值体系，需要把抽象的原则变为具体的要求，把理论上的阐述变为实践上的行动，这样才能让人们真正理解、接受、掌握和运用。先进典型是时代的先锋、社会的楷模。实践证明，学习宣传先进典型，是开展思想道德建设的重要方式，也是推动社会主义核心价值体系建设的有力抓手。

先进典型是践行社会主义核心价值体系的杰出代表。各行各业、各条战线涌现出来的先进典型，虽然岗位不同、职业不同、事迹不同，但他们高度的政治觉悟、坚定的理想信念、崇高的精神境界和良好的道德修养，诠释和践行了社会主义核心价值体系的本质要求，凝结了中华民族的传统美德，展现了改革开放的时代风貌。一个先进典型，就是一本鲜活的教科书，使抽象的价值体系变得具体生动，看得见、摸得着，让人民群众可信、可亲、可学。树立一个先进典型，就是在社会上竖起一面旗帜、一个标杆，就是在群众中确立一种导向、一个楷模。这对于倡导先进的思想道德和价值理念，帮助人们树立正确的世界观、人生观和价值观；对于弘扬社会正气，准确反映时代主流，引导人们把社会主义核心价值体系转化为社会群体意识，自觉遵守和践行等，都具有十分重要的意义。

时代需要航标，社会需要榜样，思想需要先导。运用榜样的力量，培养人们的价值取向和行为准则，是古今中外的普遍做法，也是我们党的一个好传统。我们党一贯高度重视学习和宣传各类先进典型，注意发现先进典型并善于发挥其积极作用，通过树立道德楷模，加强示范引导，让人民群众学有榜样、赶有目标、见贤思齐。在革命战争年代，我们学习宣传张思德、白求恩、董存瑞、刘胡兰等一批英雄模范人物，对于引导广大军民以高度的革命热忱，投身于民族独立和解放的斗争，起到了极大的激励作用。在和平建设时期，我们学习宣传雷锋、王杰、焦裕禄、王进喜、时传祥等一批先进典型，对于动员全国人民艰苦创业，投身社会主义建设，发挥了巨大的推动作用。改革开放以来，我们学习宣传张海迪、蒋筑英、包起帆、孔繁森等一大批先进典型，对于激励人们投身改革开放和现代化建设事业，起到了巨大的促进作用。十六大以来，我们大力宣传郑培民、牛玉儒、任长霞、杨业功、王顺友、丁晓兵、华益慰、方永刚、袁隆平等重大典型，对于凝聚广大干部群众全面建设小康社会和构建社会主义和谐社会，起到了积极的推动作用。在新的历史起点上，我们要发扬优良传统，认真总结经验，不断改进提高，加大先进典型的学习宣传力度，用他们的先进事迹和崇高精神，对广大干部群众进行有效动员和主动引导，让人们更加生动形象地理解和把握社会主义核心价值体系的本质特征，更加自觉地践行社会主义核心价值体系的内在要求。

三

当前，对先进典型的学习宣传工作，领导高度重视，社会普遍关注，群众广泛认同，社会反响很好。但是，在市场经济深入发展、思想文化多元多变的社会条件下，典型宣传工作如何更好地围绕中心、服务大局，如何更好地体现时代要求、反映社会主流价值观，如何更好地贴近实际贴近生活贴近群众、增强亲和力说服力感染力，如何更好地发挥引领作用、促进人们形成共同价值取向和行为规范，是我们迫切需要着力研究解决好的重要课题。为此，要进一步做好以下工作：

1. 把社会主义核心价值体系作为选择和确定先进典型的重要标准。社会主义核心价值体系是先进典型的灵魂。当今时代是英雄辈出的时代，各行各业不断涌现出一批批优秀分子。随着我国经济成分、组织形式、就业方式、利益关系和分配方式日益多样化，先进典型愈益多姿多彩、层出不穷，但是，不论他们来自哪个领域、从事何种职业，都应当是社会主义核心价值体系的积极倡导者和模范实践者。虽然他们的优秀事迹各不相同，但都从不同侧面体现着社会主义核心价值体系的本质要求。社会主义核心价值体系是我们选择先进典型的政治原则和价值尺度。因此，在实践中选择和确定先进典型，就是要看其是不是坚持马克思主义指导思想，是不是具有中国特色社会主义理想信念，是不是体现民族精神和时代精神，是不是弘扬社会主义荣辱观。只有这样，树立起来的典型才能在社会上立得住、传得开、叫得响。

2. 确保先进典型事迹的客观真实。真实是先进典型的生命。先进典型之所以能打动人，是因为他们源自生活、来自群众，有血有肉、生动鲜活，更是因为他们真实可信。越是真实越感人，越是朴实越亲切。因此，对先进典型，不能为了宣传而人为拔高、溢美做秀，把他们刻画成十全十美的“完人”，搞“假大空”、“高大全”。必须始终遵循客观真实的原则，按照先进人物的本来面目塑造典型形象，从具体环境条件中把握典型事迹，用平实语言阐释深刻道理，用平凡小事展现崇高精神，做到内容真实准确，细节生动鲜活，事迹合情合理，评价适度适当。为此，在实际工作中，就不能仅满足于听汇报、看材料，而要深入基层，深入群众，深入到先进典型工作生活的第一线，从不同视角，对先进典型事迹既进行调研核实，又进行深度挖掘，把典型的特征搞准，把典型的事迹搞实，确保先进典型靠得住、过得硬，经得起群众和时间的考验。

3. 坚持面向基层面向群众。基层和群众是绝大多数先进典型成长的肥沃土壤。从某种程度上说，典型宣传就是一项群众性工作。要把基层的呼声、群众的意愿、社会的反响作为重要依据。在推选先进典型时，注意听取群众意见；在宣传先进典型时，注意收集群众反映；在学习先进典型时，注意扩大群众参与。先进典型既是群众中的一员，又是群众的优秀代表。实践证明，先进典型离群众越近，就越有说服力感召力，越为群众所欢迎所认同。因此，要把目光投向基层，聚焦群众，善于从普通群众中发现典型、树立典型，让人们从身边凡人小事上看到不平凡的精神境界，近距离地感受到榜样的人格力量。要注意适应各行各业、各类人群的需要，既继续宣传好工人、农民、军人、党员干部和知识分子中的先进典型，又注意宣传好在社会变革中出现的各类新兴社会阶层中的先进典型，扩大先进典型的覆盖面和影响力。

4. 注意把握好典型宣传的时机和节奏。把握时机和节奏是做好先进典型学习宣传工作的重要环节。典型宣传需要有一定的数量和规模，必须有一定的热度和力度，但只有把握好时机和节奏，做到适时、适度，才能产生更好的影响和效果。所谓适时，就是坚持围绕中心、服务大局，根据不同时期党和政府的中心工作，确定典型宣传的主题和重点，有计划有步骤地在不同时间推出不同典型，主动配合党委政府的中心工作和重大部署的实施。所谓适度，就是处理好数量与质量、重大典型与一般典型的关系，坚持数量服从质量，密度服从效果，做到一般典型"常流水、不断线"，重大典型在一段时期内既不过于集中、又不拉得过长，使二者相得益彰，共同发挥多层次示范引导作用。

5. 不断改进典型宣传的方式方法。讲究方式方法是增强先进典型学习宣传工作吸引力感染力的关键。这些年，我们在实践中注重运用新的方式、采用新的手段，改进先进典型学习宣传工作，取得了较好效果。改进方式方法，最根本的是要遵循宣传规律，适应群众需求，用最能反映典型自身特点、最能为群众所接受的手段和形式，来开展典型宣传工作。要带着深厚感情采访典型，深入挖掘先进典型背后的动人故事和感人细节。要注重挖掘典型的理想信念和精神实质，通过座谈会、研讨会、理论文章等形式，深化人们对先进典型优秀事迹、崇高精神的认识和感悟。要注重运用艺术手段塑造先进典型生动感人的形象，通过文艺影视作品，把生活的真实和艺术的真实结合起来，使先进典型更加深入人心。要在进一步改进报告会方式、提高报告会质量的同时，更加注重运用巡回宣讲、网上访谈、实地观摩、公益广告、宣传橱窗等形式，使先进典型走进千家万户，让尽可能多的干部群众受到教育、得到启迪。总之，要通过多种方式、采用多种手段，充分挖掘、全面展示先进典型的思想内涵和精神风采，更好地发挥先进典型的教育激励和示范引导作用。

6. 完善工作程序和运作机制。严格的程序、健全的机制，是做好先进典型学习宣传工作的重要条件。典型宣传工作各方面关注，社会影响很大，因此，要尽量避免出现偏差和失误。为了确保典型宣传工作的严肃性、权威性，必须进一步健全调查研究、宣传推广、情况反馈的办事程序，完善发现典型、确定典型、宣传典型、学习典型的工作机制。要坚持逐级推荐、逐级宣传的原则，对拟在全国范围集中宣传的先进典型，首先要在地方和行业进行集中宣传，只有在取得良好的社会反响后，才能在全国推广。典型宣传前一定要听取纪检、组织、人事、工商、税务等部门的意见，听取社会各界的评价。为不断改进工作、提高水平，要建立先进典型学习宣传评价反馈机制，通过座谈交流、社会调查、网上测评等，对宣传推广后的情况，广泛听取各种意见，以此作为检验典型宣传效果、不断改进典型宣传工作的重要举措，努力提高先进典型学习宣传工作的科学性，为社会主义核心价值体系建设发挥出新的更好的作用。

大力推进社会主义核心价值体系建设

李慎明

胡锦涛同志在党的十七大报告中明确提出“建设社会主义核心价值体系，增强社会主义意识形态的吸引力和凝聚力”的重大战略任务，进一步揭示了社会主义核心价值体系的深刻内涵和本质要求，阐明了社会主义核心价值体系建设与社会主义意识形态的辩证统一的内在关系，提出了推进社会主义核心价值体系建设的一系列举措。这对于进一步加强和推进党的思想理论建设，巩固全党全国各族人民团结奋斗的共同思想基础，具有重要意义。

一、深刻理解社会主义核心价值体系的本质内涵

一个国家、一个民族、一个社会在长期的实践和认识活动中，必然要形成一定的价值观念体系，在这个体系中居核心地位、起主导和统领作用的就是其核心价值体系。任何社会都有自己的核心价值体系，这是一定的社会系统得以运转、一定的社会秩序得以维持的基本精神支撑。一个社会的核心价值观，反映社会意识的本质，决定社会意识的性质，涵盖社会发展的指导思想、意识形态、价值取向，影响人们的思想观念、思维方式、行为规范。不同的社会形态，有不同的价值体系和核心价值体系。先进的价值体系和核心价值体系，是引领社会前进的精神旗帜。

社会主义核心价值体系是党的十六届六中全会首次明确提出、胡锦涛同志在党的十七大报告中又进一步阐述的一个科学命题。社会主义核心价值体系在我国整体社会价值体系中居于核心地位，发挥着主导作用，决定着整个价值体系的基本特征和基本方向，是社会主义意识形态的本质体现，也是建设社会主义和谐文化的根本。社会主义核心价值体系包括四个方面的基本内容，即马克思主义指导思想、中国特色社会主义共同理想、以爱国主义为核心的民族精神和以改革创新为核心的时代精神、社会主义荣辱观。这四个方面的基本内容，是从我们党领导人民在长期实践中形成的丰富思想文化成果中提炼和概括出来的精华，是对社会主义核心价值体系深刻内涵的科学揭示。

马克思主义指导思想，是我们立党立国的根本指针，坚持马克思主义的指导地位，就抓住了社会主义核心价值体系的灵魂、旗帜和方向；中国特色社会主义共同理想，是全国各族人民团结奋斗的强大动力，树立共同理想，就突出了社会主义核心价值体系的主题；以爱国主义为核心的民族精神和以改革创新为核心的时代精神，是中华民族赖以生存和发展的强大精神支撑，培育和弘扬民族精神和时代精神，有助于不断丰富社会主义核心价值体系的实质内涵、增强与时俱进的必备品格；社会主义荣辱观，是我们党的优秀革命传统、中华民族的传统美德与时代精神的有机结合。树立和践行社会主义荣辱观，有助于打牢社会主义核心价值体系的基础，引导全社会的思想道德共同进步。社会主义核心价值体系四个方面的内容，各有侧重、相互联系、相互贯通、相互促进，是一个有机的统一整体。

二、深刻理解社会主义核心价值体系建设与增强社会主义意识形态吸引力和凝聚力的关系

社会主义核心价值体系建设与增强社会

主义意识形态吸引力和凝聚力是辩证统一的。

一方面，社会主义核心价值体系，是社会主义制度的内在精神和生命之魂，是社会主义意识形态大厦的基石。建设社会主义核心价值体系，有利于增强社会主义意识形态吸引力和凝聚力。随着我国社会经济成分、组织形式、就业方式、分配方式和利益关系日趋多样化，人们思想活动的独立性、选择性、多变性和差异性不断增强，社会思想空前活跃，人们的价值观也呈现出多样化趋势。当前，各种思想文化相互交融、相互激荡十分突出。特别要看到，世界范围内社会主义和资本主义在意识形态领域的斗争和较量还是长期的、复杂的，有时甚至是非常尖锐的。我国作为世界上最大的社会主义国家，将长期面对激烈的国际文化竞争，特别是面对西方资本主义国家传播其意识形态、进行文化扩张和思想渗透的压力。在经济体制深刻变革、社会结构深刻变动、利益格局深刻调整、思想观念深刻变化的新形势下，在思想大活跃、观念大碰撞、文化大交融的时代背景下，只有通过确立我们社会共同遵循的核心价值体系，打牢社会思想道德基础，最大限度地形成社会共识，凝聚人心、激发活力，才能进一步增强社会主义意识形态吸引力和凝聚力。

另一方面，以马克思主义为指导的社会主义意识形态是社会主义核心价值体系建设的核心内容，也决定着社会主义核心价值体系建设的性质和方向。社会主义意识形态涵盖了社会主义核心价值体系四个方面的基本内容。如果不坚持以马克思主义为指导的社会主义意识形态的统领地位，不坚持中国特色社会主义道路和中国特色社会主义理论体系，社会主义核心价值体系就无从建立。

因此，必须把社会主义核心价值体系建设与增强社会主义意识形态吸引力和凝聚力统一起来，并使之贯穿和落实在社会主义市场经济、社会主义民主政治、社会主义先进文化、社会主义和谐社会建设协调发展的历史进程中，才能推进我们的伟大事业，实现我们的共同理想。

三、大力推进社会主义核心价值体系建设，不断增强社会主义意识形态的吸引力和凝聚力

建设社会主义核心价值体系，必须大力推进理论创新，不断丰富和发展当代中国化的马克思主义。要坚持以马克思列宁主义、毛泽东思想、邓小平理论、“三个代表”重要思想为指导，深入贯彻和落实科学发展观，组织干部群众深入学习党的十六大以来党中央提出的一系列重大战略思想，加强理论武装，增强干部群众学习运用马克思主义中国化最新成果的自觉性和坚定性。大力实施马克思主义理论研究和建设工程，不断增强党的思想理论工作的创造力、说服力、感召力，着力回答重大理论和实际问题。要大力繁荣哲学和社会科学，发挥哲学社会科学理论指导、智力支持和政策咨询的作用，发挥统一思想、凝聚力量、鼓舞人心的作用。

必须开展中国特色社会主义理论体系宣传活动，把社会主义核心价值观，普及融入国民教育之中。应紧紧围绕社会主义核心价值体系的基本内容，充分运用各种手段加大宣传力度、营造浓厚舆论氛围，使社会主义核心价值体系为广大人民群众所感知、所认同、所接受理解和掌握，并转化为社会群体意识，为广大人民群众所自觉遵守和践行。

必须用社会主义核心价值体系引领各种社会思潮，自觉抵制各种错误思潮干扰。用社会主义核心价值体系引领各种社会思潮，就是要坚持马克思主义在意识形态领域的指导地位，用马克思主义的立场、观点、方法观察分析问题，使多样化社会思想朝着健康的方向发展。要处理好唱响主旋律与多样化的关系，在解放思想中把人们的思想统一到中国特色社会主义理论体系上来，统一到社会主义核心价值体系上来，在坚持以马克思主义为指导中弘扬主流意识形态，在尊重差异和包容多样中形成共识，在社会思想领域中努力创造既能百花绽放又能

主旋律昂扬的生动活泼的局面。这就必须要自觉抵制各种错误思潮的影响，以进一步加强社会主义核心价值体系的引领作用，不断提高贯彻执行党的基本路线的自觉性。

建设社会主义核心价值体系，领导干部是关键。领导就是领路引导，干部应该先行一步。领导干部的行为及其体现出来的理论素养、理想信念、精神面貌、思想境界、道德情操，对社会主义核心价值体系建设起着重要的示范和导向作用。能否建设好社会主义核心价值体系，从一定意义上讲，关键在于党的各级领导干部的思想理论水平。党的十一届三中全会以来，我们把工作重点转移到经济建设上来，这完全是对的。但是，有的干部片面理解这一战略思想，用经济工作特别是 GDP 的增长代替工作的全部，忽视马克思主义基本理论的学习和思想道德的建设。这种不正确的倾向必须纠正。要自觉落实胡锦涛同志在十七大报告中提出的“要按照建设学习型政党的要求，紧密结合改革开放和现代化建设的生动实践，深入学习马克思列宁主义、毛泽东思想、邓小平理论和‘三个代表’重要思想，在全党开展深入学习实践科学发展观活动”的殷殷要求，不断提高全党的马克思主义的理论水平。全党各级领导干部马克思主义的基本理论水平得到进一步提高，建设社会主义核心价值体系也就有了可靠的思想基础。从一定意义上讲，我们党、国家、民族有无光辉灿烂的希望，根本上取决于全党的马克思主义理论水平，取决于党的各级领导干部特别是高级领导干部的马克思主义理论水平。在建设社会主义核心价值体系中，每个领导干部还必须以身作则、率先垂范，用自己的模范行动和人格力量，成为实践社会主义核心价值体系的模范，做共产主义远大理想和中国特色社会主义共同理想的坚定信仰者、科学发展观的忠实执行者、社会主义荣辱观的自觉实践者、社会和谐的积极促进者。

（作者：中国社会科学院副院长、研究员）

准确理解社会主义核心价值体系的内涵

骆惠宁

党的十六届六中全会指出，要以社会主义核心价值体系为根本，推进和谐文化建设。这是中央作出的一个重大决策，是意识形态工作的一个新课题。它适应了现阶段我国社会思想观念的新变化、新特点，抓住了我国社会主义意识形态建设的关键，对于牢牢把握先进文化的前进方向，进一步形成全社会共同的理想信念和道德规范，形成全民族奋发向上的精神力量和团结和睦的精神纽带，都具有极强的现实针对性和重大实践意义。

各级党委特别是宣传思想战线的同志，必须充分认识社会主义核心价值体系在构建和谐社会中的重要地位和作用，全面准确理解这一体系的深刻内涵，牢牢把握和谐文化建设的正确方向，把建设社会主义核心价值体系作为各级党委工作的一项重要任务，摆上重要日程，周密部署，精心指导，全面推动这项工作深入开展。

一、铸造灵魂，坚持马克思主义的指导地位

马克思主义指导思想，是社会主义核心价值体系的灵魂。建设社会主义核心价值体系，首先就是要坚持马克思主义的指导地位。随着改革开放的深入，思想文化和价值观念呈现多元化的趋势。思想文化越是纷繁复杂，就越需要主心骨，坚持用马克思主义一元化的指导思想整合和引领多样化的思潮和文化追求，牢牢掌握意识形态领域的指导权、主动权、话语权。价值观念越是多样化，就越需要引导社会发展的理想信念和奋斗目标，重视和巩固全社会的共同理想信念，确立和壮大民族的精神支撑。在这个前提下，尊重差异，包容多样，充分挖掘和鼓励不同阶层、不同群体所蕴涵的积极向上的思想精神，最大限度地形成思想共识，凝聚力量，齐心协力建设中国特色社会主义。坚持马克思主义的指导地位，就把握了和谐文化建设的性质和方向。

铸造灵魂，关键是要把坚持和发展马克思主义自觉地统一于具体实践中，在坚持中发展，在发展中坚持，进一步打牢全党全国各族人民团结奋斗的共同思想基础。要在学习马克思主义中国化的最新成果上下功夫，继续抓好《江泽民文选》的学习宣传研究，抓好科学发展观、构建社会主义和谐社会等一系列重大战略思想的学习宣传研究。要把推进理论武装同服务第一要务有机统一起来，善于运用马克思主义立场、观点、方法审视省情、观察问题、指导实践、推动工作。坚持以县处级以上领导干部和青年、大学生为重点，发挥好中心组学习的表率和推动作用，推进全体党员和全社会的理论学习。要开展经常性的国情省情和形势政策教育，围绕省委、省政府的中心工作和重大决策部署，针对干部群众关心的热点难点问题，采取组织宣讲团、干部进农村进社区宣讲、领导干部作报告、巡视督察等措施，进一步析事明理、解疑释惑、统一思想，不断增强干部群众对中国共产党领导、社会主义制度、改革开放事业、全面建设小康社会宏伟目标的信念和信心。要深入研究青海改革和发展过程中的重大理论和实践问题，加强哲学社会科学的宣传普及，注重成果转化，充分发挥哲学社会科学咨政育人、服务社会的作用。

二、突出主题，坚定中国特色社会主义共同理想

中国特色社会主义共同理想，是社会主义

核心价值体系的主题。胡锦涛同志指出:“理想信念,是一个政党治国理政的旗帜,是一个民族奋力前行的向导。”有共同理想,才有共同步调。在现阶段,建设中国特色社会主义是我们全社会的共同理想。这个共同理想,既是对中国社会发展规律的正确认识,也是中国人民利益和愿望的根本体现,具有令人信服的必然性、广泛性和包容性,具有强大的感召力、亲和力和凝聚力。在全社会树立和弘扬中国特色社会主义共同理想,是和谐文化建设的根本任务。

突出主题,重要的是用中国特色社会主义共同理想吸引人、感染人、凝聚人、鼓舞人。当前,要把主基调放在围绕发展与和谐这个主题、实现“三个确保”上,营造积极健康的思想舆论氛围。要精心组织好党的十七大和青海省第十一次党代会的宣传、学习、贯彻,广泛开展“科学发展、共创和谐”主题宣传教育活动,激发各族干部群众投身改革开放与和谐青海建设的积极性、主动性。要从青海贫穷落后的省情出发,大力宣传各地各部门“尊重劳动、尊重知识、尊重人才、尊重创造”的政策措施和实践经验,大力宣传各行各业各条战线艰苦创业、开拓创新的先进典型,努力营造创业活力竞相迸发、社会财富奔放涌流、创业致富人人争先的社会环境。要把民族团结进步教育作为青海和谐文化建设的重要任务,深入开展党的民族理论、民族政策和民族团结宣传教育,促进各民族共同奋斗、共同繁荣发展。要总结经验、精心策划,组织好“青洽会”、“环湖赛”及香港回归10周年、建军80周年等重大主题宣传活动。要充分发挥主流媒体宣传党的主张、弘扬社会正气、通达社情民意、引导社会热点、疏导公众情绪、化解社会矛盾中的重要作用,不断提高主流舆论的影响力和公信力,继续加强对互联网等新兴媒体的管理和应用,大力支持青海新闻网等重点网站的发展,使各类媒体成为传播先进文化、促进社会和谐的重要阵地。要把对外宣传作为青海对外开放的重要组成部分,加强和改进政府新闻发布工作,组织好“涉藏”等国际舆论斗争,全面展示和谐青海的崭新风貌。

三、把握精髓,弘扬民族精神和时代精神

以爱国主义为核心的民族精神和以改革创新为核心的时代精神,是社会主义核心价值体系的精髓。建设社会主义核心价值体系,就是要树立在全社会得到广泛认同的精神旗帜,铸就激励民族奋发向上的精神支撑,激发引领全体人民共同奋斗的精神力量,不断增强民族的凝聚力、向心力、创造力。历史证明,以爱国主义为核心的民族精神和以改革创新为核心的时代精神,是凝聚中华民族的重要思想基础,是各族人民团结和睦、共同奋斗的精神纽带。“五个特别”精神是民族精神和时代精神在青海的具体体现。大力弘扬包括“五个特别”精神在内的民族精神和时代精神,使全体人民始终保持昂扬向上的精神风貌,是和谐文化建设的主旋律。

把握精髓,要求我们着眼于继承和发扬包括“五个特别”精神在内的民族精神和时代精神,坚持不懈地推动文化创新,让各族人民共享文化成果。要贯彻好青海省深化文化体制改革的《实施方案》,大力推进改革试点、着力抓好省电视台和省广播电台两台合并、青海人民出版社和省新闻出版局局社分离等重点工作,在体制机制创新上下功夫、见成效。要落实好国家和青海省“十一五”时期文化发展规划,完善文化发展政策,加快建立公共文化服务体系,促进城乡区域文化协调发展。要针对基层特别是农牧区群众看书难、看戏难、看电影电视难等突出问题,调整资源配置,加大文化资源向基层和农牧区的倾斜,继续抓好广播电视“村村通工程”、“西新工程”和文化信息资源共享工程,重点扶持基层文化活动中心和“文化中心户”,广泛开展基层文化活动。要组织广大文艺工作者深入生活,创造出具有青海特色、符合时代要求、老百姓喜闻乐见的精品力作,不断满足各族群众多样性的精神文化需求。

四、打牢基础，践行社会主义荣辱观

社会主义荣辱观，是社会主义核心价值体系的基础。清晰的是非界限、明确的荣辱观念，不仅是一个民族正气凛然、精神奋发的鲜明标志，也是一个社会健康和谐、文明进步的必然要求。以"八荣八耻"为主要内容的社会主义荣辱观，旗帜鲜明地指出了什么是真善美、什么是假丑恶，应当坚持和提倡什么、反对和抵制什么，是社会主义思想道德体系全面系统、准确通俗的表达，集中体现了社会主义道德规范的基本要求，为全体社会成员判断行为得失、作出道德选择、确定价值取向，提供了基本的价值准则和行为规范。在全社会确立和实践社会主义荣辱观，是和谐文化建设的基本任务。

打牢基础，必须在全社会大力倡导和弘扬社会主义荣辱观，大力推进思想道德建设，形成和谐的人际关系和社会风尚。要把学习实践社会主义荣辱观贯穿到社会主义思想道德建设的全过程，融会到社会公德、职业道德、家庭美德教育的各个方面，倡导爱国、敬业、诚信、友善等道德规范，在全社会形成知荣辱、讲正气、促和谐的良好风尚。要坚持以人为本，认真研究思想政治工作对象发生的新变化，解决好改革发展中出现的各种思想问题，重点加强和改进未成年人思想道德建设，以及大学生、生活困难群体、新社会阶层的思想引导工作，进一步扩大思想政治工作的覆盖面。要把构建和谐青海的要求贯穿于群众性精神文明创建之中，把和谐社区、和谐家庭、和谐校园、和谐单位的创建活动与文明城市、文明行业、文明村镇等群众性精神文明创建活动有机结合起来，在进一步抓好星级文明户评选、村容村貌整治、"高原千里文明线"、"诚信青海"等创建活动的同时，不断探索适应社会主义和谐社会要求的新载体，在创建中培育和谐精神，养成和谐行为。格尔木和西宁要争创全国文明城市和工作先进城市。

五、加强领导，确保和谐文化建设的任务落到实处

建设和谐文化，必须进一步加强和改进党对宣传思想工作的领导，切实重视，精心谋划，合理安排，常抓不懈。

进一步增强政治意识，更加重视宣传思想工作。各州、县党委要牢牢把握意识形态领域工作的领导权、主动权，自觉担负起政治责任。要组织力量就和谐文化建设的重大问题开展调查研究，通过加强舆情工作，深入了解和掌握人民群众的思想动态和真实需求，努力提高领导和谐文化建设的能力。要按照"谁主管谁负责"和属地管理的原则，管好自己的思想文化阵地和媒体，唱响主旋律，减少噪音、杂音，确保先进思想文化牢牢占据主流地位。

进一步增强人才意识，切实加强宣传思想工作队伍建设。宣传思想工作是创造性劳动，宣传思想工作者是创造性人才。各州、县党委要根据换届后的实际情况，抓紧配齐配强宣传文化单位领导班子，确保宣传思想文化单位的领导权牢牢掌握在忠于党和人民的人手中。要加大培训培养工作力度，全面实施好"四个一批"人才工程，深化和拓展"三项学习教育"活动，努力建设一支立场坚定、眼光宽广、知识广博、本领过硬的宣传思想队伍。

进一步强化创新意识，努力增强宣传思想工作的活力。宣传思想工作既要反映党领导人民群众不断创造新生活的伟大实践，同时又要引领这种实践。州、县党委要加强对宣传思想工作的领导，就必须站在时代潮流的前列，以改革的精神指导宣传思想工作。要进一步加快推进文化体制改革，打破各种思想桎梏和体制性障碍，大力解放和发展文化生产力。要进一步研究新情况、新问题、新思潮，把改进和创新宣传手段和管理方式作为常抓不懈的课题，善于运用法律手段推进工作，不断增强前瞻性、主动性、创造性。要进一步树立良好的思想作风和工作作风，更好地贴近实际、贴近生活、贴近群众，把教育引导群众与帮助服务群众结合起来，积极探索宣传群众、服务群众的新途径、新办法，不断增强工作的针对性、实效性。

（作者：中共青海省委副书记）

大力推进社会主义核心价值体系建设

赵　曜

党的十六届六中全会是以建设社会主义和谐社会作为标志性和里程碑意义的会议而载入史册的。全会《决定》中提出的建设社会主义核心价值体系，既是重要的战略举措，又是重大的理论创新，是马克思主义中国化的最新成果。它对于凝聚党心民心，推进思想道德建设，建设社会主义和谐文化，构建社会主义和谐社会，必将发挥越来越大的作用。

社会主义思想道德建设的总任务和新思路

要了解建设社会主义核心价值体系的理论和实践意义，必须从我国文化建设特别是意识形态领域的现状说起。十一届三中全会以后，我们党通过认真总结社会主义的历史经验，十分重视文化建设，提出了建设社会主义精神文明这个崭新课题。二十几年来，一方面文化建设中的实体部分，即教育科学文化建设，取得长足的进步与发展：教育方面，在全国范围内大力推进九年义务制教育，中等教育尤其是职业教育发展迅速，高等教育近几年突飞猛进，在校大学生已达到2300万，跃居世界首位；科学方面，自然科学和哲学社会科学都有很大发展，科技进步很快，特别是在“两弹一星”、航天技术等尖端领域有重大突破，取得了举世瞩目的重大成就，科技队伍已达到3200万人，居世界第一位；文化方面，文学艺术、新闻出版、体育卫生等事业都在大踏步地前进，现在中国每年出版的书籍达十余万种，呈现一派繁荣景象。随着教科文卫的发展和文化力的跃升，人的素质、民族的素质在提高。另一方面，文化建设中的意识形态部分，即思想道德建设则不同，正面的负面的都有。正面的有，(1)观念不断更新。随着社会主义市场经济的建立与发展，破除了与其相违背的陈旧观念，建立了与其相适应的改革、开放、求新、务实、民主、法制、平等、自主、公正、时效、人才等新观念，人们的观念变化很大，思维方式也在改变，变得更加适应改革开放和社会主义现代化建设。(2)理论创新加快。十一届三中全会以后，我们党在总结社会主义历史经验特别是新鲜经验的基础上，提出了许多新思想、新观点、新论断，并不断将其系统化、理论化，用创新理论有力地指导和推动了中国特色社会主义实践的发展。(3)民族精神得到发扬。中华民族是一个伟大的民族，有爱国主义的光荣传统，以勤劳勇敢、团结统一、爱好和平、自强不息著称于世。在新的历史时期，我们党领导广大群众，进一步弘扬了民族精神，各条战线都涌现了一些先进人物。(4)重视人的价值。十一届三中全会以后，通过拨乱反正，重新恢复了人是最高价值目标，坚持以人为本，切实保障人权，推进人的全面发展。负面的问题是：(1)拜金主义盛行。有商品经济，必然有商品和货币拜物教。由于市场经济的二重性，市场调节的自发性和盲目性，市场竞争中的利益驱动，助长了利己主义、享乐主义、拜金主义在一部分人中的蔓延。正如一位西方学者所说，市场经济会“提高生产效率”，但也会“带来可怕的心理问题”，“很多人都在变，越来越爱钱，成为金钱的狂热追求者”。少数领导干部为了聚敛财富，以权谋私，权钱交易，从而走上犯罪道路。(2)不良风气滋长蔓延。十一届三中全会以来，我们党重新恢复了正确的思想路线和政治路线，在改革开放和社会主义现代化建设方面取得了举世瞩目的历史性成就。但是，在新的历史条件下，一些不良风气，如庸俗人情之风、封建迷信之风、大吃大喝之风、奢靡之风、拜金之风、赌博之风等在日益滋长和蔓延，侵蚀了党的肌体。实践说明，党风与政策不同。政策错了，出了问题不要紧，通过总结经验，很快就能纠正；党风则不同，一旦党风社会风气变坏了，出了问题，就不是短时期内能够恢复的。(3)理想信念淡化。在市场经济的“商潮”、资本主义的“西潮”和社会主义“低潮”的强烈冲击下，现在讲理想的人少了，讲“实惠”的人多起来，整个社会理想信念淡化，少数人的理想信念发生动摇。(4)道德水准下降。当前我国正处在体制转型时期，旧的道德规范已被破坏，新的道德规范尚未建立，一些人道德缺失和沦丧，什么坏事都敢干。在一些人中，中华民族“诚实守信”的传统美德已荡然无存。这是社会风气不尽如人意、早已绝迹的社会丑恶现象重新泛起、假冒伪劣产品屡禁不止、大案要案有增无减的一个直接原因。

为什么思想道德领域在取得一定成绩的同时出现了这么多负面问题？主要原因，一是条件变了。过去搞的是计划经济，纯粹公有制，与此相适应，意识形态领域相对封闭，马克思主义的指导地位比较牢固，尽管也存在着这种那种非无产阶级意识形态，但并不活跃，处于沉寂状态，对人们的影响较小。那时，意识形态工作比较简单好做，容易见成效。现在不同了，我们搞的是市场经济，多种经济成份并存，实行改革开放，这样在上层建筑的意识形态领域中就出现了一元主导和多元并存的错综复杂局面，各种各样的社会思潮不仅应有尽有，而且异常活跃，并对主流意识形态构成挑战。这就不能不对一些人的思想产生较大影响。现在，领导意识形态工作比过去的难度大多了，可以说这是执政党最艰难的工作。在这种形势下，关键在于执政党要适应形势的变化，提高驾驭意识形态工作的能力。如果适应能力强，举措得当，可以在一元主导与多样并存的形势下，把思想搞得很活跃，以利于执政党从其他社会思潮中吸取有价值的内容，并提高鉴别力，增强抵抗力，注人免疫力；如果对形势的变化不适应，举措不当，或主流意识形态虽居主导地位，但思想教条僵化，或主流意识形态失去主导地位，思想十分混乱，这两种局面都是不好的。二是从主观方面来说，我们对新时期的意识形态工作有个适应过程，有些应对措施与时俱进和创新不够。过去我们主要是用世界观、人生观这“两观”去教育干部和群众。“观”就是对某一问题总的根本的看法。所谓世界观，即宇宙观，就是人们对世界总的根本的看法。毛泽东特别重视树立正确的世界观，认为“世界观的转变是一个根本的转变”。他要求知识分子和各级干部“逐步地抛弃资产阶级的世界观而树立无产阶级、共产主义的世界观”。毛泽东所讲的世界观，不只是从自然观中物质和意识的相互关系角度讲的小世界观，而是包括历史观在内的，“是英雄创造历史，还是奴隶们创造历史”的大世界观。所谓人生观，是关于对人生的根本看法和态度，包括人生理想、人生目的、人生态度、人生道路等，一句话，人活着是为了个人的荣华富贵，还是为社会和他人作贡献。那时，用“两观”对干部和群众进行教育很管用。在我国改革开放以后，随着经济的多元化、文化的多样化，不同阶级、阶层、群体因利益矛盾引起价值尺度、目标的碰撞，以及人的个性的充分释放，价值观念越来越多元化，价值观作用也越来越大。在这种情况下，我们党又提出了价值观。所谓价值观，是指对一定信念、信仰、理想、倾向等总的态度和观点，起着行为取向、评价标准、评价原则和尺度的作用。从“两观”到“三观”前进了一步。

我们党遵循“实践——认识——再实践——再认识”的认识规律，在深刻总结思想道德建设经验的基础上，创造性地提出了建设社会主义核心价值体系这一重大崭新课题。建设社会主义核心价值体系既是当前和今后很长一个时期思想道德建设的总纲领总任务，又是思想道德建设的新思路。建设社会主义核心价值体系的特点，一是就性质来说，它是社会主义的，但是有共产主义因素；二是就构成来说，只是核心部分的精华，不包括非核心部分；三是就内容来说，它已不是单一性的，而是综合性的，形成了一个基本方面相互联系、相互贯通的科学体系。这意味着我国的思想道德建设已从单一性进入和上升为整体性、综合性。实践证明，单一性建设的效果是有限的，思想道德的各方面是相互联系、相互促进的，整体性建设的成效将会全面跃升。回顾历史，我国封建社会的基本价值，如法典化了的纲常名教——“三纲”、“五常”等，西方资本主义社会的基本价值，如早期的自由、平等、博爱，当代的民主、自由、人权等，都是整体性、综合性的。这些基本价值在它们那个时代对凝聚人心和稳定社会起了非常大的作用。建设社会主义核心价值体系，是当前全党和全国人民一项重大战略任务。这项建设，对统一全党全国人民的思想，提高全社会在思想道德上的进步，建设社会主义和谐文化，构建社会主义和谐社会，必将起着巨大的推动作用。

四位一体的社会主义核心价值体系

《决定》指出，建设社会主义核心价值体系包括如下四个方面的基本内容：

坚持马克思主义指导思想。这是从理论层面说的。理论带有根本性，所有问题的解决都离不开理论指导。它是社会主义核心价值体系的核心和灵魂。马克思主义是当今世界最先进的思想理论。它是马克思、恩格斯的观点和学说体系，是无产阶级的意识形态和科学世界观，是无产阶级及其政党认识世界和改造世界的强大思想武器。马克思主义创始人不止一次地指出，我们的学说不是教条而是行动的指南；它的运用，随时随地都要以当时的历史条件为转移。毛泽东在民主革命时期的一个独创性贡献，是提出了把马克思主义普遍原理同中国革命的具体实践相结合的原则。我们党在80多年的奋斗历程中，坚持把马克思主义的基本原理同中国的具体实践相结合，使马克思主义中国化，形成了毛泽东思想、邓小平理论、“三个代表”重要思想，还有科学发展观。这是我们党最宝贵的财富。在我国社会意识形态中，马克思主义只是其中一部分，但它不是普通的一部分，而是具有指导地位和作用的一部分。坚持马克思主义指导思想，就实质来说就是坚持以工人阶级的意识形态作为我国社会的指导思想。坚持马克思主义指导思想包括如下三个不同层次的内容，即坚持以马克思主义指导中国特色社会主义的实践，推动改革开放和社会主义现代化建设；坚持马克思主义在意识形态领域的指导地位，用一元统领多元，使马克思主义成为主流社会思潮；坚持用马克思主义尤其是中国化的马克思主义武装广大干部和群众。从建设社会主义核心价值体系的角度，更重要的是后两个层次的内容。

坚持中国特色社会主义共同理想。这是从理想层面说的。理想是人们的社会政治立场和世界观在奋斗目标上的集中表现，它表示着人们对未来的向往和追求。列宁说，对于觉悟的工人来说，社会主义是一个庄严的信念。任何一个国家和民族，都需要有一个精神支柱。理想信念是最重要的精神支柱。科学社会主义创始人在《共产党宣言》这本名著中，通过对资本主义的深刻分析，提出资本主义必然灭亡、社会主义必然胜利的科学论断，用“两个必然”思想武装了世界各国一代又一代共产党人和革命者。过去我们有一个传统优势，就是精神力量强大。邓小平指出：“光靠物质条件，我们的革命和建设都不可能胜利。过去我们党无论怎样弱小，无论遇到什么困难，一直有强大的战斗力，因为我们有马克思主义和共产主义的信念。……无论过去、现在和未来，这都是我们的真正优势。”在新的历史时期，我们党在总结经验的基础上，把理想层次化了。对于共产党人来说，最高理想是实现共产主义；在现阶段，全社会的共同理想是建设中国特色社会主义。这个共同理想，昭示了我们在本世纪前20年全面建设小康社会，到世纪中叶基本上实现社会主义现代化，把我国建设成为富强、民主、文明、和谐的社会主义国家，具有强大的感召力和凝聚力。

坚持以爱国主义为核心的民族精神和以改革创新为核心的时代精神。这是从精神层面说的。毛泽东说，人总是要有一点精神的。对于一个民族来说也是这样。民族精神和时代精神是一个民族赖以生存和发展，自立于世界民族之林的精神支撑。在俄国革命中，列宁、斯大林特别强调要把俄国人的革命胆略和美国人的求实精神结合起来。中华民族是一个伟大的民族，在五千多年的历史洗礼中，涌现了象岳飞、文天祥、林则徐等一批伟大的爱国主义者，其数量之多如满天星斗，哺育了象孔子、老子、屈原、司马迁、李白、杜甫、关汉卿、曹雪芹那样足以使我们民族引以为自豪的思想家、文学家，形成了以爱国主义为核心的团结统一、爱好和平、勤劳勇敢、自强不息的民族精神。在新的历史时期，人类文明和社会进步的速度明显加快。我们党紧跟时代前进的步伐，在继承和发扬革命和建设年代优良传统的基础上，又引领全社会形成了以改革创新为核心的时代精神。这两大精神是中华民族生生不息、薪火相传的精神支撑，是当代中国不断创造崭新业绩和世界奇迹的力量源泉，成为社会主义核心价值体系不可或缺和不可分割的重要组成部分。

坚持社会主义荣辱观。这是从道德层面说的。道德观念是社会主义意识形态的一部分。它是调整人与人、个人与集体、个人与社会之间相互关系的行动规范。任何社会的安定与和谐，都需要用法律制度和道德规范来维系。法制是通过强制手段，道德是通过良心、信仰、舆论等非强制手段实现。道德建设是对任何一个社会都十分重要的思想建设。前苏联学者费迪说："道德规范之于人，犹如远行者的面包、沙漠上的水，没有它们便没有生命。倘若失去良好的道德气氛，人类社会就可能变成一群野兽。"康德说："我们经常怀着无限的赞美和敬畏心来看待的东西有二：一个是高悬在上的星斗灿烂的星空；另一个是内心里的道德世界。"道德建设的核心是荣辱观。邓小平指出："中国人民有自己的民族自尊心和自豪感，以热爱祖国、贡献全部力量建设社会主义祖国为最大光荣，以损害社会主义祖国利益、尊严和荣誉为最大耻辱。"胡锦涛同志提出的以"八荣八耻"为主要内容的社会主义荣辱观，涵盖了社会风尚、人生态度的方方面面，体现了中华民族传统美德、党的优良传统和社会主义道德三者的完美结合。它旗帜鲜明地指出了应当坚持什么、反对什么，提倡什么、抵制什么，告诫人们不能荣辱不分，更不能以耻为荣。它深化了我们党对社会主义道德建设规律的认识，成为社会主义核心价值体系的重要内容之一。

总括起来说，社会主义核心价值体系，以理论层面为主导，统领理想、精神、道德等不同层面，四者相辅相成、相互促进，缺一不可，构成一个完整的体系。

推进社会主义核心价值体系建设

建设社会主义核心价值体系，是在意识形态领域，在存在多种社会思潮的情况下进行的。搞好这项建设，必须加强对我国意识形态问题的研究。当前，我国意识形态领域的主要特点，一是改革开放以后，随着经济领域确立以公有制为主体和多种经济成份并存的基本经济制度，在上层建筑的意识形态领域出现了一元主导和多样并存的错综复杂局面，反映不同阶级、阶层的利益和愿望的社会思潮应有尽有、层出不穷，其中既有正确的、进步的、积极的、向上的社会思潮，也有错误的、消极的、落后的、甚至是腐朽的社会思潮。所谓社会思潮，是一种根源于经济基础的社会意识现象，是一定阶级、阶层、群体的利益和愿望的反映，既具有理论形态，又具有心理形态，是社会意识的综合表现。社会思潮与学术思想不同，学术思想只影响于学术界，而社会思潮则传播于一部分群众之中。二是我国正处在从计划经济向社会主义市场经济过渡的时期，也是社会大变动时期，现在是思潮万千、思潮起伏、思潮澎湃，是社会思潮活跃期，它们彼此对立、互动、激荡、消长，活跃于社会上层建筑的意识形态领域里，对社会和人们产生不同的影响。社会主义核心价值体系的建设正是在这种条件下进行的。

建设社会主义核心价值体系，必须遵循和适应意识形态领域的工作特点和规律。一是建设社会主义核心价值体系的根本前提是坚持马克思主义在意识形态领域的指导地位。马克思主义是我国意识形态中具有指导地位和意义的部分。确立马克思主义在意识形态领域的指导地位和确立共产党在政治生活的领导地位既相似又有所不同。思想理论的指导地位除靠制度保证外，还需要理论本身的科学性和真理性以及由此而产生的说服力和影响力。二是建设社会主义核心价值体系的基本原则是在意识形态领域既要坚持一元主导统领又要坚持多样兼容共存。没有兼容并存，意识形态清一色，就会封闭僵化，一潭死水，丧失思想活力和文化创造力；失去一元主导统领，意识形态必然陷入一片混乱，进而导致社会动荡。一元主导下的多样并存有积极意义。在这种格局下，便于人们了解、熟悉各种社会思潮，并借鉴和吸纳其中的优秀成果和有价值的内容。中国化的马克思主义，社会主义核心价值体系，正是在多样化的文化生态中产生和发展的。纵向的继承和横向的借鉴是思想理论和核心价值发展的普遍规律。三是建设社会主义核心价值体系的重要条件是加强宣传教育工作和积极引领社会思潮。建设社会主义核心价值体系，要在全社会大造舆论，加大宣传力度，并将其纳入国民教育之中，为公民的大多数所认同和接受。所谓积极引领社会思潮，就是支持正确和进步的，改造消极和落后的，抵制腐朽和有害的，努力营造以社会主义核心价值体系为内核的和谐思想文化氛围。“引领”就包含不论对哪种社会思潮，都不采取行政手段，不搞无限上纲的“大批判”，重要的是坚持实事求是，把道理说透，以理服人，以理取胜。行政干涉和“大批判”只能产生逆反心理，结果事与愿违。我们党要利用执政的优势，通过掌握舆论宣传教育等工具，提高引领社会思潮的本领和能力，这是执政能力的一个极其重要的方面。具体说，主要是四种能力：(1)鉴别力。要通过马克思主义的科学分析方法，透过思潮现象，把握思潮的实质，以提高各级领导干部的政治敏感性和政治鉴别力。(2)吸纳力。马克思主义和社会主义核心价值是开放的体系，它没有离开世界文明大道，不断从各种社会思潮中吸取其优秀成果，经过批判、消化和吸收，充实、丰富和发展自己。(3)创造力。主流文化和主流意识形态要在吸纳优秀成果和新的实践基础上，不断有所创新，增强创造力，避免疲软状态，以扩大在广大群众中的影响。(4)抵制力。对各种社会思潮，要区分马克思主义和非马克思主义、反马克思主义界限；对非马克思主义社会思潮，可以和睦相处；对反马克思主义思潮，尤其是有碍社会主义核心价值体系建设的，则要坚决抵制，以削弱其影响。

从坚持马克思主义在意识形态领域的指导地位和建设社会主义核心价值体系的角度，最重要的是引领好如下几种社会思潮。

一是“西化论”。我国实行对外开放打开国门以后，形态不一、纷至沓来的西方各种学术流派进入我国的学术界。它以喧宾夺主之势一时成为文化热的主潮。它是我国社会转型期和现代化进程中一个重要文化学术思潮和社会思潮。我们从西方各种学术流派中，学习和借鉴了许多先进的科学、技术和经营管理方法，这是我国实现社会主义现代化的一个必要条件。我们强调大胆地借鉴和吸收人类文明的一切成果，最主要的就是学习和借鉴资本主义所创造的人类文明成果。问题是，有些人认为现代化就是西方化，他们在现代化的幌子下竭力鼓吹“西化论”，一切照抄照搬西方的，尤其是新自由主义的。新自由主义鼓吹西方的民主、自由和人权，照搬西方的经济和政治模式，主张私有化，实行“自由市场经济”、议会制、多党制、总统制和所谓的“直接选举”。自由主义是当今世界三大思潮中的一种思潮，是以鼓吹自由主义、个人主义为核心的资产阶级思潮，其中某些非意识形态的操作性层面的内容可以参考，但不能照抄照搬。对西方所有学术流派和社会思潮，都要严格区分哪些是反映人类文明发展特征的，哪些是具有明显西方社会阶级特征的。前者可以借鉴，后果不能借鉴。如果不加以区分，一律照抄照搬，就将把中国引向资本主义道路，实现“和平演变”。必须认清，当代的新自由主义，意识形态色彩浓厚，是一种文化扩张主义，是西方敌对势力对社会主义国家进行和平演变的思想武器。受西方学术和社会思潮影响，盲目崇拜西方文明、羡慕西方文化甚至模仿和追求西方生活方式，以洋为荣为贵的风气也在整个社会中弥漫开来。“西化论”在上个世纪下半期达到了顶峰，那时文坛轮流出现尼采热、萨特热、韦伯热、弗洛伊德热，各领风骚一两年，从“八九”风波以后逐渐回落，但在社会上仍有相当影响。我们在意识形态领域里，必须坚持以马克思主义为指导，在积极吸收西方文化优秀成果的同时，坚决抵制西方文化中对我有害的东西，尤其是新自由主义思潮，并回应各种“西化论”的挑战，以确保社会主义核心价值体系在意识形态领域的主导地位和作用。

二是“新儒学”。由孔子创立的儒家学说，是中国传统文化的主流学派，它在中国传承了几千年，在学术界和群众中都具有广泛的影响。“新儒学”是与“西化论”相对峙的另一学术思潮。改革开放以后，特别是上个世纪90年代以来，随着强调民族化、本土化，对文化激进主义的反弹，以及港澳回归后民族自信的重建，逐渐形成了一股强劲的以新儒学为代表的文化保守主义思潮。最近一个时期，创办孔子学院，推广学习汉语，研究和弘扬传统文化，继承和发扬中华民族的传统美德，把中华民族复兴和中国传统文化复兴相统一，这些都是对的，无可非议。传统文化底蕴深厚，有许多民主性精华，如“仁者爱人”、“和而不同”、“天人合一”、“刚健有为”、“敬德保民”、“民贵君轻”、“礼义廉耻”等，都可以古为今用。值得注意的是，在当代以新儒学为代表的文化保守主义思潮走俏中，虚骄自大的“中国中心论”重新抬头，预言21世纪是“中国文化世纪”，有损中国形象；各种变相的封建意识借机泛起，美化帝王，以帝王为中心的宫廷题材和作品从街头书摊到影视荧屏大量涌现；更有甚者，有人竟鼓吹把儒家学说当做一种宗教来复兴，甚至倡导把儒教定为国教，把儒教定位为“王官学”，建立“儒家社会主义共和国”，用儒家学说代替马克思主义，儒化共产党，儒化社会主义，儒化马克思主义。传统文化中的消极面在我国现实社会生活中表现得淋漓尽致，对它应该有比较全面和清醒的认识。北宋大臣赵普曾经说过，用半部《论语》治天下。这句话对宋王朝和封建社会来说还有道理。今天，别说半部《论语》，就是整部《论语》也治不了天下。只有马克思主义才能治党治国治天下。在文化工作中，我们必须坚持以马克思主义为指导，以一种全新、全方位的视野，在复兴民族文化和吸纳传统文化民主性精华的同时，坚决剔除其封建性糟粕，并抵制和回应新儒学和东方文化主义的种种挑战。在农业社会基础上形成的中国传统文化，可以在一定程度上抵制随现代化而来的西方思想文化和生活方式的侵袭和影响，但是这种逆向的文化成果如不加以改造，不可能促进现代化的生长。

三是“民社潮”。民主社会主义是世界社会主义运动中的一个改良主义的派别和思潮，其前身可追溯到第二国际后期的社会民主党，主要代表人物和思想领袖是伯恩斯坦。它在20世纪上半个世纪经历了一个萧条和衰落时期，在下半个世纪取得很大发展，中心在西欧。在当代，民主社会主义是西方国家社会党、社会民主党意识形态和思想体系的总称。从社会民主主义（第二国际时期）——民主社会主义（第二次世界大战以后）——社会民主主义（苏东剧变以后），前后有很大变化。开头的社会民主主义是表明党的当前任务是民主主义，但最终目的是社会主义；最后的社会民主主义则表明党已放弃了社会主义，而是一种民主主义。当今说的民主社会主义是一种习惯性的称呼，它已放弃了马克思主义指导思想，放弃了社会主义代替资本主义，把“社会主义”视为在资本主义框架内无止境的基本价值目标（自由、公正、互助）追求。他们在资本主义国家中推行的社会福利政策和民主化措施有一定进步意义。但是，民主社会主义始终局限在资本主义框架内，实际上充当“资本主义病床边的医生和护士”，维护资本主义制度。在我国历史上，没有民主社会主义传统，这是中国工人运动的一个优势。但是，近些年来这种思潮也悄然来到中国。我国经过20多年的大发展，进入新世纪以后，经济社会发展出现了阶段性特征，如在贫富差距拉大的基础上因收入分配不均而引起的利益矛盾日益突出等。针对这种情况，在党和国家强调民主法制、公平正义、社会保障的时候，民主社会主义思潮就骤然升温。有人竭力宣扬民主社会主义，主张用民主社会主义代替马克思主义。还有人说，科学社会主义和民主社会主义尽管斗了一个世纪，但二者同根同祖，有许多相近的地方，特别是在世界范围的改革潮流下，二者之间的差别越来越小，不必划清界限，甚至可以合二而一。他们不了解科学社会主义和民主社会主义的差异很大，可谓泾渭分明。二者的原则区别，一是在指导思想上，科学社会主义坚持马克思主义的一元化指导，而民主社会主义主张多元化的指导思想，并且放弃了马克思主义；二是在如何对待革命和改良的问题上，科学社会主义既坚持革命也不否定改良，而民主社会主义只主张改良，根本否定革命，鼓吹改良主义；三是在如何对待资本主义问题上，科学社会主义坚持用社会主义取代资本主义，而民主社会主义则把“社会主义”只看成是在资本主义条件下无止境的价值目标追求，即不主张超越资本主义，仍然是伯恩斯坦的“运动就是一切，目的是微不足道的”。只是在党际关系上，我们采取超越意识形态分歧，在五项原则的基础上，谋求相互了解与合作。当然，这也不是说民主社会主义一无是处，没有可取和可资借鉴的地方，但是绝对不能用民主社会主义取代科学社会主义，把共产党改名和改造为社会民主党。这是一个重大原则问题。江泽民同志曾经提出要划清七个界限，其中就包括科学社会主义和民主社会主义的界限。如果中国搞民主社会主义，决不是“民主＋社会主义”的简单相加，更不会是某些人所梦想的出现另一个“瑞典”，而只能是把民主社会主义在西方国家所搞的那一套照搬到中国来，搞指导思想多元化、多党制等。这样很快主体就会断裂，整个社会大乱，别说出不了“瑞典”，甚至80年奋斗的成果也要被葬送掉。这绝不是危言耸听，而是有前车之鉴。前苏共和匈牙利社会主义工人党就是由于改旗易帜，通过推行民主社会主义，彻底改造经济基础和上层建筑，导致亡党亡国亡社会主义。民主社会主义不能救中国，只能毁中国。只有把马克思主义基本原理同中国具体实践和时代特征相结合的中国特色社会主义能够救中国、发展中国。这条道路的正确性，已被我国取得的举世瞩目的历史性成就所证实。我国的社会主义民主政治建设还有很长的路要走，但绝不是通过民主社会主义的道路，而只能通过“自己的道路”。

四是“宗教热”。这是当今的一种世界性现象。宗教是一种复杂的社会文化现象。宗教与哲学、宗教与科学、宗教与艺术之间，具有一种既对立又联结的复杂关系。许多社会人文学科的深入研究，如哲学、历史、文学、艺术等，都涉及宗教文化的一些问题。把宗教作为文化研究，可以拓展并深化某些人文学科的研究。宗教教义、宗教文化、宗教道德中也含有有利于社会发展、健康文明的内容。改革开放以后，随着纠正在宗教问题上“左”的错误、思想解禁和文化复苏，宗教问题越来越受到重视。继上个世纪80年代掀起知识界的“宗教文化热”之后，90年代进一步升温为一些地方群众性的“宗教热”。一时修造露天大佛成风，烧香拜佛的信男信女络绎不绝。有些党员领导干部不信马克思主义信鬼神，到处求神拜佛，请人算命看风水，除夕之夜争烧头柱香，大搞封建迷信活动。必须看到，当前的“宗教热”，主要不是热在“文化”上，而是热在“迷信”上。在新的历史条件下，党和政府针对这种情况，提出“宗教和社会主义社会相适应”的要求和原则。我们必须坚持马克思主义的宗教观和党的宗教政策，在尊重信教自由、团结信教群众和爱国宗教界人士、积极利用和深入开发宗教文化的同时，必须高筑科学精神和无神论的阵地，划清和区分“宗教文化”与“宗教迷信”的界限，以抵制在“宗教文化”掩护下的愚昧迷信思想和各种神秘主义的伪科学思潮在社会上的传播与影响。

综上所述，我们所以强调引领上述四种社会思潮，主要是在众多社会思潮中这四种思潮在社会上和群众中影响较大。尤其是前三种思潮，即“西化论”、“新儒学”和“民社潮”，既是学术思潮也是社会政治思潮，并且都在同马克思主义争夺主流意识形态的地位。坚持马克思主义在意识形态领域的指导地位和建设社会主义核心价值体系，必须引领好这几种社会思潮。“引领”的方式可以多种多样，对同马克思主义争夺意识形态领域指导地位的社会思潮，当然不排除必要的批评和斗争。意识形态领域历来是兵家必争之地，执政党切不可忽视这个阵地。必须利用执政优势，提高在这方面的执政能力，通过贯彻“双百”方针，保持住在意识形态领域的指导地位。有了这个前提，经过长期坚持不懈的努力，才能在全社会建设好社会主义核心价值体系，以凝聚党心民心，推进社会主义思想道德建设。

建设社会主义核心价值体系，关键在党。各级党委必须大力加强对意识形态工作的领导，把建设社会主义核心价值体系放到最重要的位置上，开拓一条社会主义思想道德建设的新路。

论建设社会主义核心价值体系的现实意义

韩庆祥

根据目前人们对社会主义核心价值体系问题的认识状况，本文着重分析和阐述建设社会主义核心价值体系的现实意义和方法。

一、建设社会主义核心价值体系的意义

核心价值体系是社会意识的本质体现，决定着意识形态的性质和方向。中国共产党人提出的社会主义核心价值观，既不是人们强硬杜撰出来的僵硬的意识形态，也不是强制人们贯彻执行的思想观念，更不是仅仅挂在人们口头上的空洞口号，而是根据中国特色社会主义建设的内在要求提出来的，它的提出具有深刻的背景与意义，它向世人展现了我们党在思想上的旗帜。对此，我们可以从五个方面加以理解。

一是反映社会主义市场经济和现代化建设的本质要求，进而确立其基本价值的需要。社会存在决定社会意识。有什么样的社会存在，往往会有什么样的社会意识。当今中国的经济结构和社会结构发生了急速而深刻的变化。变化着的社会存在必然要反映到人们的社会意识中来，其集中体现，就是中国共产党人提出了一系列新的执政理念和理论创新成果。人们接受这些新的执政理念和理论创新成果需要一个消化、理解、认同和接受的过程。为了使人们真正深入理解、认同和贯彻落实中国共产党人的执政理念和理论创新成果，就必须从这些执政理念和理论创新成果中提升出基本或核心的价值。

二是避免因多样化的社会思想、思潮而产生的模糊认识、思想分化，进而为和谐文化提供共同的精神纽带、为人们奠定共同的思想基础、为人们提供心灵上的方向性引导的需要。只讲价值导向上的一元化而排斥社会思潮的多样化，必将产生思想僵化；反之，只讲价值取向上的多样化而否定价值导向上的一元化，必将产生思想上的分化。在当今中国社会，存在着多种多样的思想和社会思潮，也存在着价值取向的多样化。这些思想、社会思潮与价值取向交织在一起，既有封建主义的，也有资本主义的，还有社会主义的；既有马克思主义的，也有非马克思主义的；既有前现代的，也有现代的，还有后现代的；既有小农经济的，也有市场经济的，还有知识经济的；既有中国的，也有西方的。这不免鱼龙混杂，其中一些属于错误的思想、思潮与价值取向。这些思想、思潮与取向必然影响人们的意识，使许多人认识模糊、思想界限不清，找不到人生的目标和方向，进而在行为上无所适从，在心灵上迷失方向。如果不加以正确引导，如果没有共同的思想基础，就可能出现思想意识上的分化，进而出现精神世界的危机。其实，在如今日趋多样化的社会，人们的思想意识与价值取向已经出现了某种分化的倾向。如果不去积极主动地整合各种合理的社会意识，凝聚一切积极的思想力量，就会影响社会的和谐与文化的和谐，甚至会出现社会动荡。由此，社会主义的核心价值与各种思潮的关系问题就凸显出来了。在这种情况下，胡锦涛同志强调，在我们的社会主义社会里，是非、善恶、美丑的界限绝对不能混淆，坚持什么、反对什么，倡导什么、抵制什么，都必须旗帜鲜明。这就需要确立一种反映中国特色社会主义本质要求的、具有广泛的适用性和包容性、具有强大的整合力和凝聚力、为全民族都认同的核心价值体系，作

为主旋律从方向上引导人们的思想、意识和行为,从精神上凝聚全民族的思想力量,从思想上为人们奠定共同的基础。没有共同的思想基础,党就要分裂,国家就要瓦解,民族就要解体。毛泽东同志强调党要有“共同语言”;邓小平同志指出,我们这么大一个国家要团结起来、组织起来,一靠理想,二靠纪律;江泽民同志指出,一个民族、一个国家,如果没有自己的精神支柱,就等于没有灵魂,就会失去凝聚力和生命力;胡锦涛同志指出,要增强“民族精神”、巩固“精神支柱”、形成“共同理想信念”。这些强调的都是共同思想基础建设。提出社会主义核心价值体系,其实就是要进一步明确揭示我们共同思想基础的基本内涵和基本要求。社会主义核心价值体系是一面思想旗帜,中国共产党人鲜明地打出这面旗帜,就是昭示人们,不论社会思想观念如何多样多变,不论人们价值取向发生怎样变化,我国社会主义意识形态的核心价值是不能动摇的。提出建设社会主义核心价值体系,有利于我们更清醒、更坚定地把握和坚持社会主义意识形态的本质,有利于我们更清醒、更坚定地把握和坚持社会主义先进文化的前进方向。

建设社会主义核心价值体系的实质,就是解决中国特色社会主义建设和和谐社会建设过程中的方向性问题:针对违背人民利益和反马克思主义倾向,它强调坚持马克思主义的人民立场和人的自由而全面发展的基本观点,强调马克思主义在意识形态领域的指导地位不能动摇;针对民主社会主义、新自由主义、新保守主义等各种思潮,它坚持中国特色社会主义;针对社会的某种分化,它强调用爱国主义凝聚人心,凝聚广大人民群众;针对改革开放和现代化建设中的一些障碍,它强调要树立改革和创新精神;针对一些领导干部和青少年是非、善恶、美丑界限模糊,为帮助人们形成正确的价值判断,使一个社会能形成良好的道德风尚,它注重确立起人人皆知、普遍奉行的价值准则和行为规范,用社会主义荣辱观引导人们的行为。

三是为弥补当代中国社会转型过程中一些人的价值真空和纠正一些人的错误价值取向的需要。当代中国正处在社会转型过程中,既会有价值取向多样化,也会有新旧价值观转变而造成的价值真空,还会出现理想信念危机。在这种情况下,如果没有正确的价值观加以引导,一些错误的价值观就会乘虚而入。现实生活中,有些人奉行腐朽、落后的思想观念和价值取向,有些人推崇官僚主义,有些人迷信拜金主义和物质主义以及经济决定论,有些领导干部迷信所谓的“风水”和“宗教”,有些人迷恋“法轮功”,有些人以善为耻、以恶为荣。错误的思想意识必然导致党风、政风和社会风气不正。为弥补当代中国社会转型过程中一些人的价值真空和纠正一些人的错误价值取向,克服信仰危机,必须建设社会主义的核心价值体系。

四是以社会主义核心价值体系引领中国特色社会主义各项建设的需要。在中国特色社会主义建设进程中,最关键的问题之一,就是确立社会主义的核心价值体系。一个社会的价值体系如何,会影响整个社会发展的方向,也会影响社会制度和体制的设计,更会影响社会发展的命运。如今,各种各样的社会思潮对当代中国改革和发展进程都产生着不同程度的影响,主要有民主社会主义、新自由主义、新保守主义等。这些社会思潮具有某种值得汲取的合理成分,但当涉及当代中国发展的根本方向时,我们应选择符合当今中国客观实际的中国特色社会主义。为把中国特色社会主义引向正确的方向与轨道,就必须确立符合中国特色社会主义本质要求的社会主义核心价值体系。

五是为提高中国在当今世界的软实力的影响,防止西方颓废的文化扩张和价值观的渗透,也需要大力加强社会主义核心价值体系建设。

二、确立社会主义核心价值体系的科学方法

确立社会主义核心价值体系,需要遵循一定的科学方法论,方法不同,提出的核心价值体

系必然不同。

揭示社会主义的一般本质及其在当代中国的实现形式。社会主义的一般本质是每个人的自由发展、平等发展和全面发展。这一本质在当代中国的实现形式，就是每个人从人的依附关系或人的依赖中解放出来，确立独立人格。这就内在地要求改革与创新，只有不断进行改革与创新，打破旧体制的束缚，才能把人从对各种人的依附关系中解放出来。

体现马克思主义的基本立场和观点。马克思主义是中国特色社会主义建设的行动指南，是中国共产党人的指导思想。马克思主义的基本立场，是为劳动人民解放与发展服务的；马克思主义的基本观点，是每个人的自由而全面发展。

反映社会主义市场经济和现代化建设的本质要求。马克思主义与中国具体实践相结合，就是要建设中国特色社会主义。中国特色社会主义建设是通过我国市场经济和现代化建设来不断实现的。我国经济体制改革的目标是建立社会主义市场经济；市场经济对人的最大的积极影响，就是逐渐确立人的独立人格，而最大的消极影响，就是人被物化。针对市场经济对人的发展的影响，马克思主义把追求的最高价值目标确定为每个人自由而全面发展。由是，今天我国越是搞市场经济，就越需要马克思主义。社会主义现代化建设包括经济建设、政治建设、社会建设和文化建设。经济建设的最终目的是实现共同富裕；政治建设的最高目标是建立社会主义民主法制；社会建设的最高目标是构建社会主义和谐社会；文化建设的最高目标是构建社会主义和谐文化，建立社会主义核心价值体系，包括社会主义荣辱观，正确处理社会主义核心价值体系这一主旋律与文化多样性的关系。这些都构成中国特色社会主义建设的基本内容。

以总结社会主义建设与发展的经验教训为基础。国内外社会主义建设的经验教训之一，就是在基本价值上没有真正坚持并做到以人为本，在发展方式上没有真正做到创新。建设社会主义核心价值体系，就应该在总结社会主义建设的经验教训的基础上，把以人为本和创新纳入其中。

把党、国家和民族的历史使命统一起来。当代中国共产党人的本质要求或历史使命，是坚持与发展马克思主义，建设中国特色社会主义；当代中国需要建立创新型国家，倡导爱国主义；当代中华民族发展的不竭动力是创新，灵魂也是倡导创新。创新也是中国特色社会主义不断焕发生机与活力的源泉。在由前现代走向现代的历史进程中，我们最需要也是最缺乏的就是创新。

积极吸收人类文明中的一切先进成果和本民族的优秀成果，尤其要反映中国共产党人理论创新的主线与成果。当代中国共产党人理论创新的主线是建设中国特色社会主义，围绕这一主线，中国共产党人在继承人类文明的一切先进成果和本民族的优秀成果的基础上进行理论创新，其主要成果是提出了邓小平理论、“三个代表”重要思想以及以人为本、自主创新、执政能力、和谐社会、和谐文化等执政理念。建设社会主义核心价值体系，应体现这些理论创新的成果。

反映中国特色社会主义建设的动力机制与平衡机制的内在要求。中国特色社会主义建设的动力机制，就是注重改革与创新，而其平衡机制之一，就是树立和落实社会主义荣辱观。因为社会主义荣辱观的基本功能，是对人的行为的合理约束与规范，其结果是有利于社会稳定，有利于构建合理的社会秩序。

把“应当”与“可能”统一起来。社会主义核心价值体系对当代中国特色社会主义建设实践具有引导作用，它是我们“应当”遵循的价值理念；同时，这种核心价值体系又必须建立在现实的基础上，具有实现的“可能”，否则就会因缺乏现实根基而被束之高阁。这就要求在对我国现实的分析中发现和提升社会主义的核心价值体系。

三、需要进一步关注和研究的问题

建立社会主义核心价值体系还需要进一步关注和研究以下一些问题。

首先，要在对社会主义核心价值体系的研究中进一步提升出基本价值，并用简明扼要的语言加以表述。要使人们既容易理解，也容易记忆和接受。在人们的思想观念和价值取向日趋多样化的情况下，在我们的一些根本原则在某种程度上有所淡化的情况下，特别需要对社会主义核心价值体系作出科学的概括和明晰的界定，使全党全社会更加全面地理解和准确地把握。新加坡所确立的共同价值观，在形式上值得我们借鉴。上个世纪 90 年代，新加坡通过全民大讨论，形成了"国家至上、社会为本、家庭为根、尊重个人、协商共识、宗教宽容"的共同价值观。这种简明扼要的表述很容易被人们理解和接受。

其次，要使社会主义核心价值体系成为全国人民的共识，争取广泛认同。只有认识、理解了的东西才能更好地接受它。全社会、全民族对社会主义核心价值体系的认识、认同和接受需要一个过程，我们应结合人民群众切身实践与根本利益，并进行必要的讨论，来宣传、解释和普及社会主义核心价值体系，逐渐使其深入人心。

再次，要加强理论研究，做到深入理解。要深化对建设社会主义核心价值体系的认识，就必须深入研究社会主义核心价值体系的内涵和外延、内在逻辑和实践要求，研究国外在价值体系建设上的经验和教训，研究中国传统文化中有利于社会主义核心体系建设的合理因素，研究当今人们思想活动的独立性、选择性、多变性、差异性的特点，研究我国改革开放和现代化建设、社会转型和利益关系调整给人们思想观念带来的影响，研究人的价值取向的多样性，研究意识形态发展的规律。

最后，还必须确立体现这些基本价值的各种制度与体制、政策与措施，其中最关键的，就是循序渐进地推进政治体制改革进程。一步实际行动比一打纲领更重要。社会主义核心价值体系确定之后，实现这一价值体系的行动显得更为重要，否则再好的纲领也只能挂在空中、无济于事。在我看来，政治体制改革的关键，是真正改造金字塔式的传统社会层级结构及其权力运作体制。政治体制包括许多内容，但核心内容是权力结构和权力运作体制。中国传统的权力结构和权力运作体制的根本特征，就是权力至上、权力自上而下运作并注重逐级控制、且对权力缺乏切实有效的制衡，由此派生出讲身份、讲人治、讲服从。这种权力运作方式及其特征从根本上造成了金字塔式的社会层级结构。所谓社会层级结构，本意是指在传统政治国家领域中依据权力至上与权力大小而形成的权力级别阶梯和权力层级结构，后被延伸为经济、社会和文化领域根据人和人之间权力大小、地位高低、身份差别而建立的层级关系结构。这实际上是权力层级、地位层级、身份层级和关系层级。中国传统农业社会是形成社会层级结构的现实基础。

在中国农业社会，每个个体的力量是相当有限和脆弱的，要生存，就必须依附于一个共同体，也必须把自己的一部分权利转让给共同体。这种共同体需要通过运用公共权力并集中各种资源对个体进行管制。由此，强调集权、集中及统一、服从便成为历史的必然逻辑，进而权力至上也成为历史的必然逻辑。由于强调集权、集中与统一、服从，权力的运作方式必然是自上而下、按权力的等级控制来进行的，可见，金字塔式的社会层级结构反过来又固化了这种权力运作方式。在传统社会，这种社会层级结构对稳定社会秩序具有一定积极作用，对今天社会的运转也并非完全不必要。然而在走向现代化的中国社会，必须循序渐进地改造这种传统的社会层级结构。因为改革开放以来，这种传统的社会层级结构的消极影响仍然是根深蒂固的：它影响中国共产党人的先进理念的顺利贯彻落实，影响社会主义核心价值体系的实现；它阻碍当代中国社会的创新与发展。改革开放以来，作为改造这种社会层级结构的主体，中国共产党人努力从许多方面逐步改造这种社会层级结构，取得了可喜的成绩。从邓小平到江泽民再到胡锦涛，中国共产党人采取许多现代理念与措施，力求消解传统社会层级结构的世俗基础。对此应充分肯定。一定意义上，中国共产党人领导的改革开放过程就是循序渐进地改造传统的社会层级结构与建立新型社会结构的过程。在这里，我们看到了中国共产党人改造这种社会层级结构的勇气、能力和希望。

（作者：中共中央党校哲学部副主任、教授）

论社会主义核心价值体系的社会化

李庚香

党的十六届六中全会通过的《中共中央关于构建社会主义和谐社会若干重大问题的决定》首次在党的文献中提出了建设社会主义核心价值体系的重大命题和战略任务，并从“马克思主义指导思想、中国特色社会主义共同理想、以爱国主义为核心的民族精神和以改革创新为核心的时代精神、社会主义荣辱观”四个方面概括了社会主义核心价值体系的基本内容。社会主义核心价值体系建设抓住了我国社会主义文化建设的关键，是我们党又一理论创新的重要成果，是加强和谐文化建设，推进社会主义和谐社会建设的重大举措。

一、社会主义核心价值体系的理论内核

核心价值体系，就是指一个国家、一个民族、一个社会在长期共同的认识和实践活动中，形成并与之相适应的一套价值观念体系。在我国，社会主义核心价值体系反映着国家的性质、社会的本质以及全体人民的奋斗目标和努力方向。社会主义核心价值体系是我们在建设和谐文化的过程中提出来的，它与当代中国的和谐文化建设是一个有机的统一体。其中，马克思主义指导思想是和谐文化的灵魂，中国特色社会主义共同理想则是和谐文化的核心，以爱国主义为核心的民族精神和以改革创新为核心的时代精神是建设和谐文化的强大精神动力，而树立社会主义荣辱观则是和谐文化建设的基础性工程。

在资本主义形成和发展过程中，西方社会逐步形成了以“自由、平等、博爱”为核心的价值体系。正如亨廷顿所言，对某些人来说，“‘真正的民主’指的是自由、平等、博爱，公民对政策的有效控制，负责任的政府，政治中的诚实、廉洁和公开，知情的或理性的审慎、平等的参与和权力以及各种其他的公民美德”。以这种核心价值体系作为基础，德国社会学家韦伯指出，新教伦理是资本主义经济的文化动力，是西方资本主义经济发展和文明产生的价值支撑和精神力量。从思想基础来看，整个西方核心价值体系具有如下特征：首先，它是个人主义的。特别是资本主义生产方式确立以后，个人主义开始成为西方核心价值体系的思想基础和主要倾向。其次，自由主义是其理想。西方核心价值体系十分推崇个人自由，把自由看成是价值追求的最高境界。第三，理性主义。西方文化本质上是一种理性文化。理性主义不仅是西方文化的一贯传统，而且是西方价值观的基本特征。第四，效率至上、功利主义。西方核心价值体系强调对个人利益追求的正当性和合理性，甚至把个人利益看成是人的自然权利，看成是人活动的惟一动力。第五，人类中心主义。在人与自然的关系上，西方社会一直奉行主客二分、天人对立的人类中心主义价值观。当代西方社会创造了高度发达的科学技术，但是却也造成了自然资源的破坏，人类生态环境的恶化，以及严重危及人类生存的境况，并逐渐暴露出了这种核心价值体系的内在局限性。

中国自秦朝以后就形成了一种以儒家为正统，以“仁义礼智信”为核心，以道、佛为补充的社会价值体系。这样的价值体系具有深厚伦理文化味道，其内在的局限性十分明显。一是缺少平等精神、缺少契约意识，不利于中国从人治社会走向法治社会。二是其“存天理灭人欲”的

整体指向,虽然有抑制"人欲横流"的正面作用,但在总体上对人性却是限制和否定的。三是其"重义轻利"、"君子喻于义,小人喻于利"的文化取向不利于实现"义"、"利"的统一,不利于责、权、利的结合。"五四"以后,儒家的地位发生了断裂,马克思主义文化取代了儒家文化,其根本原因正在于历史的选择和对这种文化局限性的超越。

考察西方社会和中国古代社会的核心价值体系,我们发现,人类行为的方向来自价值观念,因此,对价值的不同理解,就会产生不同的价值取向、价值追求。而在不同的价值追求中就会创造出不同的文化传统,建立起不同的社会制度,对世界人生就会有完全不同的理解。

考察东、西方社会核心价值体系建设给我们最大的启示,就在于所谓社会核心价值体系,它其实包括四个层面的内容:一是从人性层面倡导普遍的社会公德,二是从社会层面倡导全社会的共同理想和社会风尚,三是从国家层面倡导爱国主义和时代精神,四是从生产方式层面倡导并宣扬执政者的执政理念和执政纲领。无疑,建设核心价值体系最为关键的问题,就是如何实现人性与生产方式的统一。我们知道,西方核心价值体系的基础在于经济理性或科技理性,中国传统核心价值体系的基础则在于伦理理性,都是建立在人性善或人性恶的不同假设上。而社会主义核心价值体系则是从生产方式的要求出发去看待问题的,这是它与西方社会、中国古代社会核心价值体系建设的最大不同。这种不同是社会化大生产提出的要求,也是人性要求发展的必然。一方面,生产方式是在人性的要求上发展出来的,它体现了社会化大生产的要求;另一方面,它又必须以人性为基础并对人性发挥着主导作用。即是说,在社会主义核心价值体系建构的过程中,我们既要进行"自觉"的努力,又要承认"自发"力量的伟大,要通过实现生产方式与人性的均衡,努力实现社会主义核心价值体系与和谐文化的平衡。在这个意义上,社会主义核心价值体系与和谐文化是一个有机统一体。即是说,必须把社会主义核心价值体系放在中国和谐文化建设的背景中加以认识。因此对于那些与人性有关的"自发"的力量,我们不要一味"堵",而是要正确对待自发性,并努力把我们的核心价值体系建构在自发性上,实现自觉性以自发性为基础,自发性以自觉性为主导。只有这样,才能既坚持社会主义核心价值体系,又能够使社会主义核心价值体系充满活力,从而实现"人化自然"与"自然的原生态"之间的有机和谐,实现社会主义核心价值体系与和谐文化的有机统一。

二、实现社会主义核心价值体系的社会化

社会主义核心价值体系与和谐文化是一个有机统一体,社会主义核心价值体系体现了生产方式的要求,而和谐文化建设则体现了人性的要求。如果说重新界定并明确社会主义核心价值体系,坚持社会主义核心价值体系的主导地位是和谐文化建设的前提,那么坚持用社会主义核心价值体系教育和引导广大干部群众,使全社会获得广泛而深刻的价值认同,实现社会主义核心价值体系的社会化,则是我们当前更为重要的任务。

社会主义核心价值体系的社会化,从内涵上体现为社会主义核心价值体系的内化。古人说得好:"得人心者得天下。"我们的社会主义核心价值体系能不能以简洁明白、生动活泼的形式赢得人心、打动人心,是衡量我们的核心价值体系建设能否成功的一个关键标志。从外延上讲,实现社会主义核心价值体系的社会化也是要实现社会主义核心价值体系的外化,特别是要赢得现代社会五大群体的认同和支持。

1. 干部群体。法国莫里斯·迪韦尔热在《政治社会学》一书中指出,核心价值体系,"它或者为这个社会辩护,或者批判这个社会,成为维持、改造或摧毁这个社会而采取行动的依据"。王邦佐等人编著的《中国政党制度的社会生态分析》一书中指出,"如果一个政党没有自

己的一整套思想、理论、主张和政策，或者说它的这一套东西与别的政党毫无两样，它就会失去存在的基础和理由”。因此，“一个政党合法性危机的起点是党员对本党的纲领和章程所确立的世界观和价值观发生动摇和转移，这是对执政党合法性提出的最严峻的挑战”。当前，党内一些领导干部价值观蜕变，已经严重影响了我们党的形象。用社会主义核心价值体系，用马克思主义中国化的最新成果武装广大干部的思想，是一项十分紧迫的任务。

2.高校。高校是产生知识分子集群的组织。一般说来，国家的真正财富，是由全体国民的教育程度所决定的。因此，社会主义核心价值体系建设，一定要特别关注青年这一特殊群体，因为这一群体决定着我们国家和民族的未来。美国有一套完整的专门针对中国并力图瓦解中国青年意志与价值观的战略图谋，特别关注青年和高校。仅从中央情报局对华《十条诫令》的部分内容就可见一斑。该《诫令》提出美国要尽量利用物质来引诱和败坏中国的青年，“鼓励他们藐视、鄙视、进一步公开反对他们原来接受的思想教育，特别是共产主义教条。替他们制造对色情奔放的兴趣和机会，进而鼓励他们进行性的滥交。让他们不以肤浅、虚荣为羞耻。一定要毁掉他们强调过的刻苦耐劳的精神”，“要把他们青年的注意力，从以政府为中心的传统引开来。让他们的头脑集中于体育表演、色情书籍、享乐、游戏、犯罪性的电影，以及宗教迷信”。通过《十条诫令》的部分内容，我们可以清楚地看到，美国的文化扩张并不是其所标榜的传播先进文明，而是赤裸裸的“文化战争”，它力图争夺和控制的是人的思想、意志和价值观以及在此基础上建立起来的政治向心力和民族凝聚力。

3.公司。公司，包括跨国公司，是现代市场经济的主体。因此，建设社会主义核心价值体系一定不能无视这一庞大的社会组织。一方面，如何使社会主义核心价值体系内化为一种新型企业文化，需要我们做出艰苦的探索。另一方面，如何通过社会文化的建设实现社会整合，从而使市场主体的各种行为体现出有序性，进而减少经济交往中的“摩擦成本”、“搭便车行为”和“委托——代理关系”中的“道德风险”，也是一个十分突出的任务。

4.社会。列宁指出：“任何负有远大使命的政党的第一个任务，都是要说服大多数人民，使他们相信这个党的纲领和策略正确。”对于广大社会各阶层，社会主义核心价值体系是不可或缺的。美国威廉·H·肖《占统治地位的思想》一书中说，“这种世界观不仅能弄懂现存秩序，而且还能在一定程度上使现存秩序变得合理和正当，从而为他们的心灵带来一些宁静”。而核心价值体系是一定社会的意识形态体系的核心内容之一，是意识形态各要素的综合反映形式，它集中体现了意识形态的导向功能。美国迈克尔·罗斯金等著的《政治科学》一书指出，“当理念变得更加实用、更为现实，意识形态就成为一个重要的凝合剂，能够把各种运动、党派、革命团体都聚合起来”。面对社会上的“四信危机”，如何通过社会主义核心价值体系凝聚社会共识，增大“重叠共识”，对社会主义核心价值体系建设提出了巨大挑战。

5.媒体。在现代社会，媒体、舆论被称为“第四权力”，引导、教育和铸造人们核心价值体系的形成。现代媒体、舆论对社会核心价值体系建设也有重要影响。在美国，为什么美国的“独立”媒体比英国的国有媒体对权力更加恭顺？我们认为，在至高无上的市场竞争原则的背后，起作用的依然是政治原则。事实上，以美国为首的现代西方国家从来就没有放弃过社会核心价值体系的“宣传”，只不过他们所有的宣传都是以“民意”为形式和渠道，在并不触犯宪法和言论出版等自由权利的前提下巧妙地进行表达。美国现代政治公关之父贝奈斯指出，“民主社会的一个重要要素就是对大众舆论及大众积习有意识的灵巧的操控”，“在我们这个时代，对政治家而言，重要的不是如何取悦公众，而是如何去塑造公众”。而塑造公众，就是要控制大众头脑中的图景，控制的秘密就在于“制造认同”。这样一来，所谓的“民意”或者说“大众舆论”就不是什么由人民的理性自发形成的、可以主导和控制社会发展方向的力量，而是由国家的政治力量所引导和塑造出来的意见，也就是我们所说的“核心价值体系”，只不过由于它的巧妙运作，使人们往往自己不知道罢了。因此，在社会主义核心价值体系社会化的过程中，我们要善于借助传播或媒体的力量，并采取更加巧妙的方式影响媒体特别是主流媒体。

最后，无论是社会主义核心价值体系的内化，还是社会主义核心价值体系的外化，都要坚决反对把社会主义核心价值体系庸俗化。邓小平同志指出：“如果说要变质，那么思想的庸俗化就是一个危险的起点。”这表明，社会主义核心价值体系建设既不能完全依靠组织行政力量来控制，也不能放任让市场力量去左右。事实上，苏联垮台的过程就是苏联领导人从丧失共产主义信念开始，到丧失统治意志为止的过程。

总之，只有使社会主义核心价值体系内化为人们的思维方式和行为习惯，使社会主义核心价值体系外化成为每个公民和不同社会组织、社会群体的基本的观念和自觉的行动，才能在全社会形成共同的理想信念和道德规范，不断增强中华民族的凝聚力、向心力、亲和力。任何社会的整合最有效的也是最为根本的方式和途径就是使某种意识形态社会化。在这个意义上，我们的核心价值体系建设只有贴近实际，贴近生活，贴近群众，才能够使社会主义核心价值体系获得人们普遍而深厚的价值认同，才能够实现自己的外化。

三、构建社会主义核心价值体系的创新机制

社会主义核心价值体系，是指导和谐文化建设的基本价值导向和重要思想基础。实现社会主义核心价值体系的社会化，必须使社会主义核心价值体系在社会化的过程中能够建立起创新机制，提高创新能力。荷兰文化战略学家皮尔森的论断给我们以深刻启示：“我们决不预言实际的未来，而只是对将来可以发生的事情提供一个一般的结构。”

第一，应该着眼于社会主义市场的伟大实践，正确处理一元与多样化的关系，在多样性与主导性的协调中表征价值认同，实现社会主义核心价值体系的不断自我更新。党的十六届六中全会通过的《决定》强调指出，要“坚持以社会主义核心价值体系引领社会思潮”。我国还处在社会主义初级阶段，政治上实行多党合作，经济上不同形态的经济成份并存，这种情况反映到文化上，必然带来文化的多元现象。虽然文化、价值的多元化已经成为一个不争的事实，但是，人类社会发展的历史表明，同一社会虽然可以有各种并存的思想价值体系，但国家的指导思想、理想信念应当是共同的，这是一个社会健康、稳定、协调、科学发展的保证。在这个问题上，苏联的教训十分深刻。列宁之后，苏共在思想理论建设上始终没有处理好坚持与发展的关系，把马克思主义教条化和形式化，理论建设长期落后于社会实践，使马克思主义理论丧失了活力。戈尔巴乔夫上台后，苏共在意识形态领域又走向另一个极端，在西方意识形态的进攻下，主动放弃马克思主义的指导地位，把西方资产阶级的政治、经济理论奉若神明，实行“指导思想多元化”，使苏共的党员干部和人民失去了共同的精神支柱和前进指针，导致苏共的党员干部思想混乱。这就是苏共垮台、苏联解体的重要原因。

第二，要正确处理社会主义核心价值体系与西方文化的关系，以一种开放的心态建立社会核心价值体系，在民族性与全球性的碰撞中回应价值冲突。在全球化和相互依存时代，任何一个国家的生存和发展都离不开世界，试图封闭起来，仅仅依靠自身文化资源建设核心价值体系，绝非长久之策。但与此同时，我们还要看到，虽然西方文化中确实有许多优秀的成份，其核心价值体系对西方社会的发展起到了极大推动作用，但是它毕竟形成于西方的社会土壤

中，在价值理念、思维方式和行为习惯等方面与中国文化有着明显的区别。这就要求我们既要抵制和批判西方的腐朽思想文化的影响，又要吸收和借鉴西方文化中有价值的因素，进而扩大社会主义思想文化和中华民族优秀文化的影响。

第三，要正确处理社会主义核心价值体系与中国传统文化的关系，以批判的眼光建立社会核心价值体系，在传统性与现代性的结合中实现价值整合。正如任何国家在建立核心价值体系的经历一样，吸收传统文化的精华是建立核心价值体系的一个重要渠道。事实上，社会主义核心价值体系，一定要有中国的民族形象和民族风格，才能真正在当代中国社会扎下根来。

第四，要正确处理社会主义核心价值体系与文化创新的关系，以一种创新的意识建设社会主义核心价值体系，在继承与创新中实现社会主义核心价值体系的提升。文化创新力是改变国际文化战略力量对比的关键环节。建设社会主义核心价值体系，既要注重对传统文化的批判继承，更要坚持创新。文化本身就是创造性的精神劳动，是人类社会不断开拓创新的丰硕成果。就社会主义核心价值体系而言，要使自己始终成为先进文化，始终代表中国先进文化的前进方向，就必须与时俱进，使创新成为贯穿其中的主线。

因此，重建社会主义核心价值体系，重建我们的精神家园，使社会主义核心价值体系在社会主义市场经济中能够不断创新，并通过内化和外化，不断实现社会主义核心价值体系的社会化，就成为和谐社会建设中的一项重要内容，成为中国和平发展进程中的一道壮丽图景。

（作者：中共河南省委宣传部副部长）

强化社会主义核心价值体系的基础建设

王长存

社会主义核心价值体系，重在建设，难在建设。这是一项浩繁复杂的系统工程，是长期的任务，不是短期内就能奏效的，也不是写一两本书就算完成了。它需要遵循人们价值观念生成和发挥作用的客观规律，因势利导，多管齐下，综合治理，作出长期的多方面的艰苦努力。其中，最根本的是要扎扎实实做好打基础的工作，因为这样一座宏伟的社会主义精神大厦，不是空中楼阁，不可能凭空树立起来，而只能建筑在我国现实社会生活土壤的基础之上。笔者认为，搞好社会主义核心价值体系建设，需要不断地在巩固理论基础、制度基础和组织基础上下功夫。

一、不断充实理论基础

建设社会主义核心价值体系，必须通过强有力的思想教育，引导群众将自发形成的价值观念由感性向理性升华，对各种浅薄、混沌、片面甚至错误的价值观念进行矫正，帮助群众学会分辨、抵御和清除各种错误价值观念的影响。思想教育是建设社会主义核心价值体系的中心环节，对群众社会主义价值观念的形成起着主导作用。而有效的思想教育又必须建立在坚实深厚的科学理论基础之上。马克思曾经说过："理论只要说服人，就能掌握群众；而理论只要彻底，就能说服人。"没有彻底的有充分说服力的科学理论作支撑，就无法使社会主义价值观念为广大群众所理解和接受，真正在人们心中树立起来。

诚然，我们党的基本理论——马克思主义理论，特别是党在新时期的一系列理论创新成果，已经为社会主义核心价值体系建设奠定了科学理论基础。但也应看到，时代在发展，社会在进步，客观情况在不断发展变化。特别是当前我国正处在社会大变革时期，社会利益关系频频调整，社会矛盾纷繁复杂。我们所处的国际环境也正在发生日新月异的深刻变化，在对外开放和信息化条件下，国际上各种思想文化相互激荡并纷纷传播进来。群众在现实社会生活中经常面对大量看不清、想不通、道不明的现象，难免在价值观方面产生诸多迷茫、困惑和疑问，甚至会产生一些分歧和争议。面对这种情况，要有效地帮助群众释疑解惑和统一思想认识，使社会主义核心价值体系的各项内容获得绝大多数社会成员的理解、认同和接受，仅靠现有的马克思主义基本原理和理论创新成果是远远不够的。因为群众感到迷茫困惑和存在认识分歧的那些问题，都是在新的社会存在基础上产生的，都是很现实很具体的，往往是党的现有理论尚未作出具体透彻回答的。例如：既然"社会主义的本质是解放生产力、发展生产力、消灭剥削、消除两极分化，最终达到共同富裕"，我们进行的改革又是社会主义制度的自我发展和自我完善，为什么经过近30年的改革，我国却出现了较大的贫富差距？中国特色社会主义怎样才能体现出是在沿着消灭剥削、消除两极分化的方向发展？诸如此类的问题很多，都直接影响着人们对中国特色社会主义共同理想的认同。要有说服力地解释回答这些问题，就需要我们理论工作者对每一个问题进行深入具体的理论探究，引出符合客观规律和人民根本利益的科学结论，并作出有理有据、明了透彻、经得起事实验证和各方面质疑的科学论证。惟有如此，我们才能有力地驳倒国内外敌对势力散布的各种宣扬资本主义价值观念的谬论，帮助群众消除对社会主义优越性和光明发展前景的困惑和疑虑，牢固树立中国特色社会主义共同理想。

要直面现实社会矛盾，针对人们思想上的困惑和疑问，坚持以马克思主义基本原理为指导，从实际出发，从问题入手，一个问题一个问题进行深入具体的理论探究。要善于发现前所未解的新问题，揭示前所未知的新规律，提出前所未有的新创见，作出前所未明的新论证，才能为建设社会主义核心价值体系提供强有力的理论武器。对于那些在社会主义核心价值体系建设中有普遍意义、需要在理论层面作出回答的现实问题，以前没有深入研究过的，我们一定要进行深入研究，从中引出符合实际、发人深省、开人心窍的新结论，并作出论据充分、令人信服的科学论证。

二、不断完善制度基础

任何社会形态中的核心价值观念体系，都是当时特定社会基本制度的反映并为之服务的。在人类社会文明史上，虽然各种社会基本制度都是按照统治阶级的价值观念体系建立的，但只有当统治阶级建立起符合自己价值标准的社会基本制度之后，其价值观念体系才能成为在全社会占据统治地位、起主导和统领作用的核心价值体系。社会主义核心价值体系是社会主义基本制度的反映，并为巩固和发展社会主义基本制度服务的。虽然马克思主义指导思想、共产主义理想一直是共产党人的基本价值理念，但在社会主义基本制度建立之前，这种价值观念还无法成为全社会的核心价值体系。只有在社会主义制度建立之后，从根本上消除了少数人压迫和剥削多数人的不合理制度，人民翻身做了国家政权和生产资料的主人，才为社会主义价值观念成为全社会的核心价值体系提供了客观可能性。

社会基本制度直接决定着人们在现实社会生活中的相互关系，决定着人们各自的政治经济地位，因而对人们价值观念的形成起着直接的有决定意义的制约作用。社会主义基本制度不是空的，而是有着丰富多样的具体实现形式和具体内容。在现实社会实践中，只有找到体现社会主义基本制度本质规定和符合我国国情的有效实现形式，并通过一系列科学合理的具体政策、法规、制度和措施，正确地调节各方面社会关系，妥善处理各种社会矛盾，才能使社会主义基本制度落到实处，使人民群众在现实生活中实际地享受到社会主义制度带来的各种现实利益，感受到社会主义制度较之资本主义制度无可比拟的优越性，也才能为人民群众理解和接受社会主义价值观念，建设社会主义核心价值体系奠定坚实的制度基础。由于我国的社会主义基本政治制度是在半封建半殖民地废墟上建立起来的，我国的社会主义基本经济制度是在生产力比较落后的条件下建立起来的，所以我国的社会主义基本制度还要不断地进行改革和完善。改革的过程也正是社会主义核心价值体系不断发展完善的过程。

改革作为党领导人民自觉进行的有目的有计划的重大社会实践活动，在为什么改革、怎么进行改革、如何评价改革等一系列问题上，都有一个价值目标的选择取舍问题，也就是说都有一个发展方向问题。要使改革真正成为社会主义制度的自我发展和自我完善，起到为建设社会主义核心价值体系加固制度基础的作用，就必须以社会主义核心价值体系来推动和指导改革，自觉坚持改革的社会主义方向。我们采取的每一项改革措施，都必须符合社会主义基本制度的本质规定，确保能促进社会主义基本制度的巩固和发展完善，促进社会主义制度优越性的发挥。

同时，我们也应当看到，改革进程中难免会受到各种非社会主义思潮的影响。因此，要做好为社会主义核心价值体系建设加固制度基础的工作，改革本身就必须以社会主义核心价值体系为动力和指南，把积极推进改革与坚持改革的社会主义方向有机统一起来。在经济体制改革中，必须高度自觉地坚持公有制和按劳分配的主体地位，旗帜鲜明地反对私有化和两极分化；在政治体制改革中，必须把坚持共产党的领导、人民当家作主和依法治国有机统一起来，必须及时发现和纠正改革中出现的各种背离社会主义价值目标的偏差。

三、不断巩固组织基础

中国共产党是中国特色社会主义事业的领导核心，也是建设社会主义核心价值体系的根本组织基础。从本源上讲，社会主义核心价值体系就是共产党人自觉创立、一贯践行、积极倡导和不断发展的价值观体系。当年，我们党正是在社会主义价值体系的指导和推动下，建立起了崭新的社会主义制度。今天，我们党也正是在社会主义价值体系的指导和推动下，领导中国人民自觉推进社会主义的改革和发展，构建社会主义和谐社会，为建设中国特色社会主义、最终实现共产主义的宏伟目标而奋斗。在建设社会主义核心价值体系的过程中，充实理论基础要靠党来不断进行理论创新；加固制度基础要靠党来带领群众推进改革和把握改革的正确方向；普及社会主义价值观念要靠党组织来进行教育灌输；践行社会主义价值观念要靠党员的模范行动来示范引导；构建社会主义和谐社会要靠党来正确决策和领导人民自觉创造。总之，建设社会主义核心价值体系关键在党。必须采取有效措施来加强党自身的价值观建设，不断增强建设社会主义核心价值体系的组织基础。

在新的历史条件下，保持党在价值观上的先进性和纯洁性，面临着比民主革命时期更加严峻的挑战。一方面，在组织上入了党而在思想上还没有入党的人，仍大有人在。由于我们党处于执政地位和长期和平环境之中，一些人入党是想从执政党捞到好处。另一方面，出现了一些在组织上没有脱党而在思想上已经脱党的人。还有那么一些共产党员，虽然过去在组织和思想上都入了党，也曾为党的事业作出过一些贡献，但在发展市场经济和对外开放的条件下，由于放松了思想改造，经受不住剥削阶级腐朽思想和生活方式的腐蚀诱惑，价值观念逐步发生了蜕变。这种现象的存在，直接破坏了党在思想上的先进性和纯洁性，削弱了建设社会主义核心价值体系的组织基础。

保持党在思想上的先进性和纯洁性，必须建立健全适应新形势的党组织自我净化机制。民主革命时期，异常艰险的环境在客观上给党组织造成了一种自然的淘汰净化机制；每当革命事业遭受挫折陷入低潮的时候，每当斗争环境特别艰险使党员面临生死考验的时候，都会有一些价值观念不纯洁、理想信念不坚定的分子，以各种方式脱离党的组织。这就像一种大浪淘沙式的净化机制，使党的组织在革命斗争实践中变得纯洁。今天由于党处于执政地位和长期和平环境之中，这种自然淘汰净化机制形成的条件已经改变，为了保持党在思想上的先进性和纯洁性，就需要我们自觉地建立一套使党组织纯洁净化的机制。在培养要求入党的积极分子时，就要注重对他们加强社会主义价值观教育。在考察和吸收新党员时，一定要把价值观念作为重要审查内容，看其是否已经具备共产党员应有的社会主义价值观念。凡属与党的价值观念格格不入的人，绝对不能吸收入党。对于那些已经与党的价值观念格格不入而又屡教不改的党员，要采取适当方式将其清理出党的组织。

（作者：国防大学军队建设与军队政治工作教研部教授）

社会主义核心价值体系是建设和谐文化的根本

教育部邓小平理论和“三个代表”重要思想研究中心

党的十六届六中全会指出：建设和谐文化，是构建社会主义和谐社会的重要任务。社会主义核心价值体系是建设和谐文化的根本。把社会主义核心价值体系作为建设和谐文化的根本，就把握住了推进社会主义和谐文化建设的正确方向，对于巩固社会和谐的思想道德基础，全面推进中国特色社会主义伟大事业，具有重大而深远的意义。

以社会主义核心价值体系为根本建设和谐文化的重要性和紧迫性

重视文化建设，坚持用马克思主义占领意识形态阵地，是我们党一贯坚持的方针。意识形态是文化的核心部分，是世界观、人生观、价值观的集中体现，影响整个文化的发展。建设社会主义和谐文化，坚持马克思主义在意识形态领域的指导地位，就必须坚持以社会主义核心价值体系为根本。

坚持以社会主义核心价值体系为根本建设和谐文化，是由中国共产党在国家政权中的领导地位所决定的。任何一个社会，都有它的核心价值体系。但是，国家性质不同，它的核心价值体系的内容也不同。中国是社会主义国家，中国共产党是中国特色社会主义事业的领导核心，马克思主义是我们党的根本指导思想。这就决定了社会主义核心价值体系是社会主义意识形态的旗帜，是中国共产党人的世界观的理论基础。因此，必须正确处理指导思想一元化和文化多样性的关系，旗帜鲜明地反对在文化建设领域搞指导思想的“多元化”、“模糊化”。坚持以社会主义核心价值体系为根本，是提倡文化多样性的前提，没有科学的指导思想，多样性就会失去主导。

坚持以社会主义核心价值体系为根本建设和谐文化，是由意识形态的阶级性和社会功能所决定的。人们在认识和改造世界、创造和实现价值的过程中，必然要形成一定的价值观念。一个国家、一个民族、一个社会在长期共同的实践和认识活动中，必然要形成一定的价值观念体系。在这个体系中，居核心地位、起主导和统领作用的就是其核心价值体系。在社会主义中国，社会主义核心价值体系就是起指导作用的社会意识形态，对整个社会文化具有支配作用，代表着社会主义和谐文化的前进方向。当前，在各种思想文化相互交织、相互激荡的复杂背景下，只有深刻认识和正确把握社会主义核心价值体系，才能抓住社会主义社会的价值需要、价值创造、价值实现的关键，形成全民族奋发向上的精神力量和团结和睦的精神纽带。

坚持以社会主义核心价值体系为根本建设和谐文化，是由维护文化自身的安全所决定的。当今世界是开放的世界，文化发展的趋势呈现出各国各民族文化交流、激荡的局面。在这样的文化背景下，我们一方面要积极吸取国外先进的科技文化成果，另一方面要防止西方腐朽的价值观念、政治模式的影响和渗透，维护我国的文化安全。而要在实践中正确处理以上关系，就必须坚持社会主义核心价值体系，牢牢把握文化发展的主导权。

坚持以社会主义核心价值体系为根本建设和谐文化，是由积极应对意识形态领域新挑战的需要所决定的。当前，我国意识形态领域的主流是积极健康的，但也必须看到意识形态领域的复杂性和出现的新情况、新问题。随着科学技术的快速发展特别是互联网、手机等新兴传媒的迅猛兴起，思想文化交流呈现出分散性、便捷性和跨国界的特点。世界范围内社会主义和资本主义在意识形态领域的渗透和反渗透的斗争将是长期的、复杂的，有时甚至是非常尖锐的。在这种情况下，我们更要采取切实措施，以社会主义核心价值体系为根本，建设和谐文化，进一步巩固全党全国人民团结奋斗的共同思想基础。

正确理解和把握社会主义和谐文化的科学内涵和基本特征

所谓社会主义和谐文化，就是以社会主义核心价值体系为根本，以崇尚和谐、追求和谐为价值取向的思想文化。它融思想观念、思维方式、行为规范、社会风尚为一体，反映着人们对和谐社会的总体认识、基本理念和价值追求，体现了人们对构建和谐社会的制度安排、政策导向和实践基础，是建设中国特色社会主义的重要组成部分。构建社会主义和谐社会，内在地需要并将催生出与之相适应的社会主义和谐文化。

社会主义和谐文化包含丰富的内容，可以从不同角度进行分析。第一，从人与自然的关系来看，社会主义和谐文化是追求人与自然协调发展的文化。和谐文化蕴涵人与自然和谐发展的理念，是社会可持续发展的必然要求。这种和谐强调人与自然和谐相处，要求生产发展、生活富裕、生态良好，在维护人类利益的同时，又维护自然的平衡，确保社会系统和生态系统的协调发展。第二，从人与社会的关系来看，社会主义和谐文化是实现个性发展与社会发展相统一的文化。马克思主义认为，“人的本质不是单个人所固有的抽象物，在其现实性上，它是一切社会关系的总和”。人是社会的人，社会是人的社会，人的发展离不开社会的发展，而社会的发展最终要归结到人的全面而自由的发展。因此，社会主义和谐文化蕴涵人与社会发展相统一的理念，推进人的全面发展同社会全面发展是互为前提和基础的，是同一个历史过程的两个方面。第三，从人与人的关系来看，社会主义和谐文化是强调人与人之间平等的文化。在社会主义社会，人与人之间关系的和谐发展主要包括社会分工的和谐和各阶层之间的和谐。我们所要构建的社会主义和谐社会，是民主法治、公平正义、诚信友爱、充满活力、安定有序、人与自然和谐相处的社会，它为人与人关系的和谐发展奠定了基础。正因为社会主义和谐文化蕴涵人与人和谐相处、优势互补、共同进步的理念，主张在劳动平等、社会生活平等的基础上，提倡人与人之间相互尊重、相互信任、相互帮助，引导人们用和谐的思想认识事物，用和谐的态度对待问题，用和谐的方式处理矛盾，因而有助于化解矛盾，最大程度减少思想冲突，增进社会共识，从而形成我为人人、人人为我的良好社会风尚。第四，从人自身的发展来看，社会主义和谐文化是促进人的全面而自由发展的文化。马克思主义认为，社会发展的终极目标是建立在自由个性发展基础上的人的全面发展。社会主义和谐社会是以人为本的社会，把促进人的全面发展作为根本目标，把实现最广大人民的根本利益作为出发点和落脚点，从而最大程度地促进人的内在精神上的和谐发展。

从上述内容看，社会主义和谐文化具有以下几个基本特征：首先，它是社会主义性质的文化。社会主义和谐文化，属于社会主义意识形态范畴，是以马克思列宁主义、毛泽东思想、邓小平理论和“三个代表”重要思想为指导，以人的全面发展为目标，是中国特色社会主义事业的重要组成部分。其次，它崇尚和谐、追求和谐。社会主义和谐文化作为一种以和谐为核心价值理念的文化形态，反映了人们对和谐现象、和谐本质以及和谐规律的总体思考和认识，包含着对社会主义和谐社会的总体认识和评价，是维系社会发展的精神支柱和纽带。再次，它主张和而不同、尊重差异、包容多样。和而不同，是社会事物和社会关系发展的一条重要规律，也是人们处世行事应遵循的准则，是人类各种文明协调发展的保证。和而不同反映在文化上，就是要承认不同文化传承之间的差异，通过借鉴、吸收，求同存异，共同发展。现在，世界上有200多个国家和地区，2500多个民族以及多种宗教、习俗。《孟子·滕文公上》中说，“夫物之不齐，物之情也”。在经济全球化的大背景下，社会主义和谐文化建设尤其需要在尊重差异中扩大社会认同，在包容多样中增进思想共识，努力形成百花齐放、百家争鸣的局面，使先进文化得到发展，健康文化得到支持，落后文化得到改造，腐朽文化受到抵制，使民族文化与外来文化、传统文化与现代文化、高雅文化与通俗文化在交流比较中互动融合、相互促进，使各种文化形式、文化门类、文化形态共同发展。最后，社会主义和谐文化的核心要求是坚持以人为本。以人为本，就是要把人民的利益作为一切工作的出发点和落脚点，一切为了人民，一切依靠人民，不断满足人们多方面的需要和促进人的全面发展。以人为本不仅是经济建设的重要指针，也是文化进步的重要动力。在文化建设上坚持以人为本，就是把满足人民群众精神文化需求作为出发点和落脚点，尊重人民群众的主体地位和首创精神，充分调动人民群众参与的积极性、主动性、创造性，使全体公民在“文化享有”上各得其所，在“文化创造”上各尽其能，使建设社会主义和谐文化的过程成为提高人的素质、促进人的全面发展的过程。

以社会主义核心价值体系为根本建设和谐文化

价值观是文化的核心。坚持什么样的文化方向，建设什么样的文化，就是坚持和倡导什么样的价值观。社会主义核心价值体系是社会主义文化的内在精神和生命之魂，建设和谐文化就是必须紧紧抓住社会主义核心价值体系这个关键和根本。

要坚持以马克思主义为指导。马克思主义指导思想是社会主义核心价值体系的灵魂，决定了社会主义核心价值体系建设的性质和方向。建设和谐文化，最根本的是坚持马克思主义的指导地位，用马克思主义的立场、观点和方法来认识世界和改造世界。在和谐文化建设中坚持马克思主义的指导地位，就是坚持指导思想的一元化。只有坚持以马克思主义为指导，才能有效引领和整合社会思潮，才能保证和谐文化建设沿着正确的方向发展；才能为构建社会主义和谐社会提供智力支持和精神支撑。历史和现实告诉我们，只有用马克思主义的立场、观点和方法正确认识经济社会发展的大势，正确认识社会思想意识中的主流和支流，才能在扑朔迷离的文化现象中看清本质、明确方向。在当代中国，坚持马克思主义的指导地位，就是要把马克思列宁主义、毛泽东思想、邓小平理论和“三个代表”重要思想作为党和国家长期坚持的指导思想，坚持以科学发展观统领经济社会发展全局，坚持用发展着的马克思主义指导改革开放和现代化建设实践。

要树立中国特色社会主义共同理想。中国特色社会主义共同理想，是全国各族人民团结奋斗的强大动力，也是建设社会主义和谐文化的客观要求。强调树立共同理想，突出了社会主义核心价值体系的主题，解决了和谐文化建设的精神支柱和精神动力问题。个人没有理想，便没有明确的方向，也不会有高昂的斗志；社会没有理想，便只能是一盘散沙，就会失去凝聚力和生命力。面对社会生活日益多样化、人们的思想观念日益多样化的客观现实，我们尤其需要一个代表最广大人民根本利益、为社会各个阶层广泛认可和接受、能够有效凝聚各个方面智慧和力量的社会理想。这个社会理想，就是中国特色社会主义共同理想。

要不断培育和弘扬民族精神和时代精神。以爱国主义为核心的民族精神和以改革创新为核心的时代精神，是中华民族生生不息薪火相传的精神支撑，是社会主义和谐文化的重要组成部分。坚持培育和弘扬民族精神和时代精神，就把握了社会主义核心价值体系的精髓。民族精神和时代精神，是在历史的发展过程中形成的、为大多数社会成员认同和信守的思想品格和价值准则。任何一个民族，要始终走在时代前列，保持其民族精神的先进性，就不仅要弘扬其民族精神，而且要培育其时代精神。民族精神和时代精神是相互交融的，深深熔铸在民族的生命力、创造力和凝聚力之中，深深熔铸在社会主义文化建设之中，是中华民族能够以昂扬向上的精神状态自立于世界民族之林的保证。

要坚持践行社会主义荣辱观。社会主义荣辱观是中华民族传统美德、优秀革命道德与时代精神的有机结合，是社会主义和谐文化的核心内容。把握了这一点，就把握了社会主义核心价值体系的基础。荣辱观是人们对荣誉和耻辱的根本看法和态度，属于道德的范畴，对人的思想行为具有推动、引导和调节作用。正确的荣辱观，可以引导人们明辨是非、善恶、美丑，形成正确的自我评价，产生正确的价值激励，满足正确的自我需求，实现自身全面发展。树立社会主义荣辱观的直接目的，就是要树立良好的社会风气。以“八荣八耻”为主要内容的社会主义荣辱观适应了思想道德建设多层次的要求，为在当今社会生活中确定价值取向、作出道德判断提供了基本准则，因而具有强大的整合力和引领力。在全社会树立和实践社会主义荣辱观，是社会主义和谐文化建设的基本任务。

（执笔：郭宇光）

建设社会主义核心价值体系的关键

杨业华

党的十六届六中全会《决定》第一次鲜明地提出了“建设社会主义核心价值体系”这个重大命题和战略任务。这是我们党理论创新的又一伟大成果，对于我们构建社会主义和谐社会、全面建设小康社会，深化中国特色社会主义本质的认识，坚持改革开放，全面推进中国特色社会主义伟大事业，都具有重大而深远的意义。领导干部不但应该带头建设社会主义核心价值体系，而且要引导群众建设社会主义核心价值体系，做建设社会主义核心价值体系的表率。

一、领导干部在建设社会主义核心价值体系中起表率作用的必要性

1. 领导干部在社会中的地位和作用，决定了领导干部要在建设社会主义核心价值体系中起表率作用。人类社会由于分工的不同，使得职业和职业道德纷繁复杂，在数不胜数的职业和职业道德中，影响最大、也最为世人所关注的则是领导干部的职业和职业道德。各级领导干部品德的优劣，直接影响到其领导活动的成败，及其在社会上和老百姓心目中的形象与威信的高低。领导干部思想道德素质的高低，直接关系到党风、民风和社会风气的现状和发展趋势。党是整个社会的表率，党的各级领导干部又是全党的表率。我们党的各级干部是从人民群众中产生的，他们的思想道德行为应当成为群众的楷模。建设社会主义核心价值体系，领导干部首先要从自己做起，只有自己亲自做、带头做、做出榜样，才能影响周围的群众，才有资格当领导。要求群众做的，领导干部必须首先做到；如果群众做到了，而领导干部没有做到，或者做得不好，那么，这个领导干部就失去了领导资格。领导干部如果能带头建设和践行社会主义核心价值体系，就会以自己的榜样和模范行动，来影响广大人民群众。相反，如果领导干部荣辱不分，以荣为耻，以耻为荣，黑白颠倒，就不能做人民群众的道德表率，对人民群众的社会主义核心价值体系教育就会空乏无力，大力倡导和弘扬社会主义核心价值体系就会遇到阻力。

2. 以德治国，德法并重的治国方略，决定了领导干部要在建设社会主义核心价值体系中起表率作用。以德治国主要是靠道德教化、道德信仰、道德评价、道德准则、道德观念、道德修养，特别是通过领导者的道德示范和道德影响来实现的。良好的道德修养不仅可以有效地约束领导干部的行为，促使领导干部正确运用自己手中的权力，而且对社会道德有一种引导、示范作用。目前，一些领导干部缺乏职业道德修养，不能在人民群众中发挥表率作用，影响了“以德治国”的实施，影响了党和政府的形象。加强社会主义核心价值体系教育，使领导干部牢固树立社会主义核心价值体系，在建设社会主义核心价值体系中起表率作用，是以德治国的重要途径。我们党的各级领导干部要把建设社会主义核心价值体系放在以德治国的战略高度来认识，不仅要带头学习社会主义核心价值体系，身体力行社会主义核心价值体系，还必须切实承担起领导者的责任，在本地区、本部门大力倡导社会主义核心价值体系，形成热爱祖国、服务人民、崇尚科学、辛勤劳动、团结互助、诚实守信、遵纪守法、艰苦奋斗的良好氛围。

3. 领导干部在建设社会主义核心价值体系中起表率作用，是对中华民族优良传统和我们

党优秀传统的继承。中国是一个具有德治传统的国家。中华民族历来很重视领导者的榜样作用。儒家创始人孔子明确要求统治者要有一身正气,《论语》中说,“政者正也,子帅以正,孰敢不正”。“其身正,不令而行;其身不正,虽令不从”。诚然,古人所谓的“正”,其内涵与今天对领导干部的要求相去甚远,但重视领导者的榜样示范作用则是应当继承和大力弘扬的。它表明,领导者的行为有着巨大的影响力,百姓是否服从领导,取决于领导者是否身体力行,是否有道德感召力。

领导干部在建设社会主义核心价值体系中起表率作用,是对中国共产党优秀传统的继承。我们党历来重视领导干部的模范带头作用,中国共产党之所以立于不败之地,一个十分重要的原因就在于极端重视党的各级领导干部在各方面的表率作用。在革命战争年代,正是各级领导干部吃苦在前,享受在后,充分发挥模范带头作用,才取得了中国革命的胜利。在社会主义现代化建设的征程中也是靠各级领导干部的模范带头作用,才取得了社会主义现代化建设的伟大成就。在中国革命和建设中涌现出了一大批领导干部的楷模。正因为如此,邓小平反复强调“领导干部,特别是高级干部以身作则非常重要。群众对干部总是要听其言、观其行的”。江泽民也明确指出:“领导干部特别是高级干部在群众中树立什么形象,有重要的导向作用。我们有些同志总是抱怨党风、政风、社会风气方面的问题,但却没有仔细想想,这些问题的出现,与我们领导干部、与我们自己的示范作用发挥得如何有什么关系。‘己不正,焉能正人’?一个领导干部如果腐败变质,就可能影响一个部门、一个地区的风气,就可能使更大范围的群众对我们党有意见。这方面的教训已经不少,我们应当警钟长鸣。”以胡锦涛为总书记的党的新一届中央领导集体,同样十分重视党的领导干部的表率作用,采取了一系列切实有效的措施教育、管理和监督各级领导干部。社会主义核心价值体系不仅是对广大人民群众的要求,更是对各级领导干部的要求,它像一把准确直观的标尺摆在了各级领导干部面前,要求各级领导干部带头学习,率先践行,做建设社会主义核心价值体系的表率。

二、建设社会主义核心价值体系的关键是领导干部以身作则

1. 建设社会主义核心价值体系,要求各级领导干部带头学习社会主义核心价值体系,做学习社会主义核心价值体系的表率。领导干部职务高,手中的权力大,并不等于掌握的真理多,不等于水平高、威信高。人的水平、能力、品德,不会随着职务的提升而自然上升,只有不断地学习,才能有效地充实、提高自己,获得与领导岗位相称的品德、知识和能力,完成党和人民交给的任务。如果走上领导岗位以后就产生错觉,认为自己各方面都比别人强,放松学习,放松世界观改造,思想就会落后于形势,就会抵挡不住各种诱惑,迟早就会犯错误。此外,教育者首先受教育,是我们党思想政治教育的一个重要原则。各级党组织要把社会主义核心价值体系作为党委理论中心组学习的重要内容,纳入各级党员干部和职工培训的重要内容,纳入各级各类学校思想政治理论课教学的重要内容,纳入基层干部群众政治理论学习的重要内容,科学地理解社会主义核心价值体系的科学内涵。要把学习社会主义核心价值体系与学习马克思列宁主义、毛泽东思想、邓小平理论、“三个代表”重要思想和科学发展观结合起来,把学习和自觉践行社会主义核心价值体系融入到自己的世界观、人生观、价值观中,融入到权力观、政绩观之中,做当荣之事,拒为耻之行。要把理论学习与社会实践结合起来,用马克思主义立场、观点和方法去观察、分析和解决问题,在改造客观世界的同时改造主观世界。

2. 建设社会主义核心价值体系,要求各级领导干部加强对社会主义核心价值体系的调查研究和理论研究,做研究社会主义核心价值体系的表率。社会主义核心价值体系涉及经济、

政治、文化、社会等广泛的领域，其内容十分丰富。各级领导干部一定要加强调查研究和理论研究，不断深化对社会主义核心价值体系的认识。要深入群众生活、深入改革开放前沿阵地开展调查研究，深入研究我国社会人们思想活动独立性、选择性、多变性和差异性的特点，深入研究社会变革和利益调整给人们思想观念带来的影响，深入研究不同阶层、不同群体的不同思想追求和价值追求，深入研究现阶段我国的思想观念结构、价值取向结构、道德追求结构和心理素质结构，研究与建设社会主义核心价值体系相配套的政策法律体系建设。要紧紧围绕社会主义核心价值体系的内容，深入开展高质量的研究和研讨，组织力量集中攻关，取得有深度、有份量、有价值的研究成果。要立足国情、立足当代，深入研究社会主义核心价值体系的内涵外延，深入研究社会主义核心价值体系理论结构和实践要求，深入研究我国传统文化中有利于社会主义核心价值体系建设的积极因素，充分借鉴和吸收国外在价值体系建设上的有益做法，从中提炼出符合我国国情、为广大群众乐意接受的内容。要深入研究建设社会主义核心价值体系的重大现实问题，推动社会主义核心价值理论的创新，研究回答干部群众关心的重大理论和实际问题，提出真知灼见。在加强理论研究的同时，要加强实践经验的总结，积极挖掘、认真总结、努力推广蕴藏在人民群众中的建设社会主义核心价值体系的好做法、好经验，全面推进我国社会主义核心价值体系建设的进程。

3. 建设社会主义核心价值体系，要求各级领导干部自觉地按社会主义核心价值体系的要求进行自我改造和自我修养，塑造良好的人格魅力，做践行社会主义核心价值体系的表率。道德的一个重要特征就是自律。这种自律表现为通过不断地强化自身的道德良知，逐步养成道德责任感和道德评判力。中国传统文化十分重视领导者个人思想道德修养，甚至把个人道德修养同个人立身处世、治国安邦联系起来。领导干部要注意从中华民族优秀文化和党的优良传统中汲取营养，以焦裕禄、孔繁森、郑培民等模范干部为榜样，见贤思齐，锤炼美德，知荣辱，重品行，努力塑造高尚的人格。领导干部特别是年轻干部要按照自重、自省、自警、自励的要求，对照社会主义核心价值体系，加强自我改造、自我修养，堂堂正正做人，踏踏实实做事，清清白白从政。要求别人做到的，自己首先做到；要求别人不做的，自己坚决不做。社会主义核心价值体系是建设和谐文化的根本，作为站在时代前列、担负着领导责任的各级领导干部，必须以社会主义核心价值体系来武装自己的思想，构筑自己的精神世界，规范自己的行为。要把握社会主义核心价值体系的灵魂，用马克思主义特别是中国化的马克思主义武装自己的头脑，引导和规范自己的言行。要坚定马克思主义信仰，在领导工作中始终坚持马克思主义的指导地位，坚决抵制和反对“非马克思主义”或反马克思主义的思想。要把握社会主义核心价值体系的主题，增强树立中国特色社会主义理想信念的自觉性与坚定性，把坚定中国特色社会主义的理想信念与社会主义建设的具体实践结合起来，努力提高自己，增强思想道德水平、科学文化素质和发展生产的能力，为实现中国特色社会主义的共同理想竭尽所能，并以自己的正确言行去影响他人、带动他人，成为实现中国特色社会主义共同理想的中坚和骨干。要把握社会主义核心价值体系的精髓，在领导工作中继承和发扬以爱国主义为核心的民族精神和以改革创新为核心的时代精神，与时俱进、开拓进取，开创领导工作的新局面，为中华民族的崛起和振兴作出自己的贡献。要把握社会主义核心价值体系的基础，按照“八荣八耻”社会主义荣辱观的要求加强思想道德修养，做践行社会主义荣辱观的表率。各级领导干部要把践行社会主义荣辱观融于自己的生活和工作中，从细微处做起，从点滴小事做起，“不以恶小而为之，不以善小而不为”。要求群众做的事自己首先做到，要求群众抵制的事自己坚决不做。

4.建设社会主义核心价值体系，要求各级领导干部大力宣传社会主义核心价值体系，做宣传社会主义核心价值体系的表率。领导干部要担负起在本地区、本部门、本单位开展学习、宣传社会主义核心价值体系的责任，从本地区、本部门、本单位的实际出发，引导广大人民群众建设和践行社会主义核心价值体系，把建设社会主义核心价值体系落到实处。要通过大力宣传，推动社会主义核心价值体系建设融入到发展社会主义市场经济过程中，融入到发展社会主义民主政治过程中，融入到发展社会主义先进文化过程中，融入到人民群众全面建设小康社会、构建社会主义和谐社会的过程中，使之真正成为全民族奋发向上的精神力量和团结和谐的精神纽带。在宣传工作中，各级领导干部特别要牢牢把握正确的舆论导向，掌握社会主义核心价值体系建设的领导权和主动权。要坚持马克思主义在意识形态领域的指导地位，把握社会主义先进文化的前进方向，贯彻贴近实际、贴近生活、贴近群众的原则，创新宣传的思路和方法，通过新闻报道、言论、评论、专家点评、群众讨论等多种形式，宣传社会主义核心价值体系，要着力扩大社会主义核心价值体系宣传教育的覆盖面。要在抓住党员干部、知识分子、青少年、国有企业职工等重点对象的同时，更加关注农村人口、进城务工人员、困难群众、新经济组织人员等社会群众的社会主义核心价值体系的宣传教育，把对他们的宣传教育纳入工作视线、统筹部署，切实加强引导。

5.要建立健全领导干部践行社会主义核心价值体系的制度机制、监督机制、评价机制、示范机制。领导干部践行社会主义核心价值体系，需要自律，也需要他律。把自律和他律结合起来，这是领导干部践行社会主义核心价值体系的根本保证。要建立健全社会主义核心价值体系的评价机制。要把践行社会主义核心价值体系与领导干部的选拔任用、考核结合起来，采取切实措施，深入考察了解领导干部践行社会主义核心价值体系的情况，把践行社会主义核心价值体系的情况作为评价和使用干部的重要依据之一。真正使那些政治上靠得住、工作上有建树、作风上过得硬、广大人民群众信得过的德才兼备的领导干部得到重用。要建立健全领导干部践行社会主义核心价值体系的示范机制。践行社会主义核心价值体系，要善于发现和运用先进典型，树立可信、可敬、可亲、可学的先进典型，让领导干部和广大人民群众见贤思齐。通过典型示范作用，带动领导干部把践行社会主义核心价值体系的要求转化为个人的行为，常修为民之德，为广大人民群众作出榜样。要建立健全社会主义核心价值体系的监督机制，要把事前监督、过程监督和事后监督有机结合起来，做到领导干部的权利行使到哪里，对他们的监督就实行到哪里。对领导干部违背社会主义核心价值体系的行为，要坚决抵制和查处，要通过严肃查处这一手段来扶正压邪，促进社会主义思想道德风尚的形成。践行社会主义核心价值体系是长期的任务，领导干部的思想道德素质是逐步养成的，健全的监督机制能够提醒领导干部时刻检查自己的言行，督促每个领导干部自觉践行社会主义核心价值体系，进而提升全体领导干部的思想政治道德水准，为全社会作出表率。

（作者：湖北大学教授）

全球化与价值观念的双向演变

冯　军

弹指一挥间。人类今天的主要问题已不再是争取国家独立(联合国成立时,目前2/3的会员国还不是主权国家),不再是冷战阴影,而是全球化的冲击。经济全球化已不再是一种选择,而是一种现实。经济全球化将会对各个国家、各个民族的社会生活带来越来越深刻的影响和变革,并且这种影响和变革不仅仅限于经济生活领域,而且会影响到各国政治、军事、文化事业的发展以及世界政治、军事格局的改变。对此,我们必须正视、并且给予积极的思考和密切的关注,以保证经济全球化的结果犹如在千年首脑会议上发表的《千年宣言》中所说的:"我们今天面临的主要挑战是确保全球化成为一股有利于全世界所有人民的积极力量。"

在经济全球化趋势背景下,我们还应清醒地认识到这样一种现实,伴随经济全球化这一过程,各个国家、地区间的文化交流不但会越来越密切,而且会加速文化相互之间的影响、渗透、模仿、学习和冲突。我国作为世界上最大的发展中国家,在经济市场开放的同时必然会受到来自西方强势文化的影响和渗透,因此我们必须从理论上加以研究——既要探索文化渗透或文化差异的本质原因,也要探索文化渗透与文化差异对我国现实社会产生的影响及其应对之策,以适应我国现时期改革和发展的需要。

文化的核心内容是价值观念。因此,文化差异主要体现为价值观念的不同,而西方文化的渗透也就表现为随着经济全球化的冲击,西方价值观念对中国当代社会的影响。我们认为,这既是无法回避的又是一次难得的大好时机。我们应实事求是地承认,中国二十多年改革开放的实践过程中,除西方敌对势力从其特有的文化价值观上不断给予中国传统价值观以恶意攻击外,西方的一些先进的价值观念也为中国社会的发展作出了不可替代的贡献。因此,我们必须清醒地认识到,在迎接经济全球化的挑战和积极推进中国融入WTO大家庭的历史背景下,必将为中华民族重构价值观念体系创造又一历史性机遇。

通过对中西价值观念各自内容、特点、演变与发展过程的历史考察,我们有理由相信,在经济全球化的历史背景下,人类价值观念将既呈趋同而又多元化地发展。对此,我们有充分的理论根据和现实依据。

一、价值观念趋同是由人类为满足自身生存发展需要的内在本质规定性所决定的

从理论上看,人类基本的目的价值和实现这一目的价值的手段价值具有一致性。价值观念包含价值取向、价值评价与价值规范等要素。而就价值的存在论或本体论基础来说,"价值是普遍存在的,但并不是独立自存的,而是存在于事物之间的相互关联之中,其基础在于事物的相互依赖性,归根到底在于一个事物对于另一个事物的有用性"。从这一基本原理出发,就人类总体这个类而言,在宇宙中作为一事物追求生存、发展及人生幸福以满足人类根本需要或总体需要,并据此产生的目的价值,无论对西方人还是东方人都是一样,它们是人类所共有的目的价值。然而,这种人类的基本目的价值还不是价值载体,也就是说,为实现目的价值还需要有作为"工具"的手段价值来实现目的价值的具有合理性与正当性的方法、手段和途径。目

的价值是人类所共有的；而作为具有手段价值特征的西方价值观念，如科学与民主、市场与法制等，通过西方社会发展的实践和对中国社会发展的积极影响来看，已证明其具有不可替代的作用，同样对中国社会发展具有手段价值。就此意义而言，人类价值观念无论是目的价值还是手段价值是会走向趋同的。当然，目的价值和手段价值都具有明显的时代性特征，这是由于社会历史发展的不同程度、不同时期所至，而经济全球一体化这一特定的历史时期，为价值观念趋同提供了必要条件。

从观念上看，中国现代化进程中主导价值观的重新确立，为价值观念趋同观点提供了现实依据。现代化是人类满足自身生存与发展需要的必由之路。中国二十多年改革开放的历史就是中国社会现代化进程的历史，同样也是西方先进文化对中国传统文化影响的历史。中国文化和世界文明发展的历史经验都已表明，异质文化的交流、碰撞与融合是文化更新发展的重要契机，文化封闭只能导致僵化、停滞和落后。中国现代化进程中的中西文化交流，已带来了中国传统价值观念的深刻变革。如第二次“西风东渐”，中国社会传统的主导价值观终于受到前所未有的冲击。“三纲五常”、忠君孝亲的传统规范受到个体意识的挑战；“重义轻利”的古训被“重利轻义”的观念猛烈震荡；人伦道德、等级观念受到科学精神、法律意识的冲撞；“中庸之道”受到竞争、冒险、开拓观念的挑战。有谁还会怀疑，由西方所创导的科学、民主、法制、市场等价值观念已经成为当今中国的主导价值观之一了。

从体制上看，中国市场经济体制的确立是价值观念趋同的必然结果。市场经济作为一种经济模式，它源于西方并为西方社会实践所证明——被认为是现时期最为有效的经济活动方式。而中国传统价值观念在与西方价值观念广泛对话的基础上，中国的当今社会已经发生了深刻的变革，其中最显著的变化就是市场经济体制的确立。市场经济既是价值观念演变的产物又促使传统价值观念的转变。经济全球化的形成是以市场经济为基本条件的，同时经济全球化也是市场经济最大范围的扩展。

二、价值主体的多元存在决定了价值观念的多元化发展

就价值“存在于事物之间的相互关联中”、“在于一事物对于另一事物的有用性”而言，价值必须有主体，即价值主体。从存在论的意义看，它既可以是人，也可以是物；但从伦理学的意义上看只能是人，尽管在许多情况下价值的直接主体是物，但终极主体还是人。作为价值主体的人可以是个体的人，也可以是群体的人和整体的人。这样就必然出现如下的情形：同一个事物对这个人有价值，对另一个人不一定有价值；对某一或某些个人有价值，对群体不一定有价值；对这个群体有价值，对另一群体不一定有价值；对某个体或群体有价值，对人类整体不一定有价值。这样也就带来了由价值主体的多元存在而产生价值观念的多元化问题。为了说明这一事实，我们有必要从三个基本层面展开分析。

第一，价值体系。价值体系是作为追求什么价值和怎样追求价值根据的内在价值原则系统。价值体系是由一系列价值原则构成的，包括目的原则、手段原则、规则原则和制约原则等一系列价值原则的协调化、系统化。人在世界中生活一般都有自己的价值体系。但是，作为个体的人的价值体系与作为整体的人的价值体系并不是完全相同的。个体相对强调目的原则、手段原则，整体更强调规则原则、制约原则。若将个体与整体外推至个人与群体、民族与国家、国家与“地球村”等也都有可遵循的一般规律。不同的价值主体有不同的价值体系，其强调的价值原则就有所不同，因而也会体现在价值观念的不同，反映出价值观念的多元化本质。

第二，环境因素。价值观念多元化与各国地理环境、文化发展和民族演变等状况很难分开。如古希腊因其地理环境和民族的差异就产

生发展了与古代中国截然不同的，以开拓、进取、民主和科学探索等为主要特征的文化精神，由此演绎出源于古希腊文明的整个西方文化传统。人类是由栖身各处为数众多的民族所组成，其风俗不同、文化差异与价值观念多元化也就显而易见。民族是在漫长的历史过程中自然形成的，它也必将在今后相当长时期内继续存在，也许在久远未来当国家的界线和社会制度的区别消失时，民族之间的差异仍然会存在，文化及其价值观念仍会呈多元化发展。

第三，管理模式。制度文明要求民主化管理和人的个性全面、自由的发展。经济全球化或全球一体化并不意味着世界会成为一个世界性集权国家。全球一体化决不应该是集权式的、专制式的，这是因为历史经验已经表明，集权式、专制式的社会管理模式压制个性发展、阻碍社会进步，因为如此，这种模式已逐渐为人类所摒弃。历经磨难而且越来越有经验、越来越理性化的人类，是不可能选择把这种枷锁套在自己脖子上的。由于整个人类的情况极其复杂，各个地区千差万别，一个包揽一切的集权式、专制式机构是根本无法运行的。因此，全球的一体化只能是分权式的、民主式的，一体的世界是多元主体的，是以国家为主体的。这样的管理模式，也就注定了价值的多元化存在。

事实上，价值趋同与价值多元是一个问题的两个方面，只是认识问题的角度不同而已。趋同以多元为前提，没有多元就没有趋同；多元是客观存在的，趋同是多元发展的内在要求。这是一个内在互动，共同生长、发展、进化的过程，这就是价值趋同与价值多元的内在逻辑。上述研究已经表明，文化发展是一个动态的、开放的、不断演进以至变革的过程，是价值观念趋同与多元化的过程，永无止境。封闭的、停步不前的观念是行不通的。随着经济全球化带来的多方面冲击，我们必须立足于中国人自己正在进行的社会主义现代化建设新的实践，走自己的路。同时，在从事物质文明建设的同时加强精神文明建设，大胆汲取西方有益的、并为实践所证明了的、先进的价值观念，不断提高全民族的思想道德素质和科学文化素质，建设具有鲜明时代特征的中华新文化。

（作者：湖北大学哲学系教授）

社会主义核心价值体系的制度建设探析

张萃萍

核心价值体系是一个国家全体国民或大多数社会成员共同认可、共同遵循、自觉践行的主流价值观念、价值追求。党的十六届六中全会第一次明确提出加强社会主义核心价值体系建设这个重大命题,这是党在思想文化建设上的一个重大理论创新,是党在新形势下加强意识形态工作的新理念、新举措,其提出的目的是为构建和谐社会提供现代形态的民族精神支柱。要想实现这个目的,就必须进行将核心价值体系落到实处的相应的制度建设,因为任何社会的核心价值体系都不可能自发地发挥作用,它必须依托一定的制度基础才能切实发挥道德教化、凝聚人心、稳定社会的效能。尤其是目前中国社会正处于社会大变革时期,各种道德价值观念并存,甚至相互冲突激荡,要想使一种核心价值体系真正在社会中确立起来,能够为人们所认同接受,自觉履行遵守,就必须按照核心价值形成和发展的基本规律,软硬结合,虚实结合,科学进行制度设计,积极引导,使大众的道德自觉始终得到制度道德的规约和关怀。只有通过不断加强制度建设,增强制度管理和道德推广的力度,才能使社会主义核心价值体系充分发挥作用,从而保证和谐社会建设能够在核心价值体系的引领下顺利推进。就目前来说,社会主义核心价值体系的制度建设应从五个方面着眼。

构筑道德绩效与利益回报相统一的社会激励机制

历史唯物主义告诉我们,社会存在决定社会意识。一个社会里,在大量权力寻租行为只有收益而不付甚至只付很小成本,没有或鲜有风险的"社会存在"面前,让人们不去选择获利最大化的权力寻租行为,几乎是没有任何希望的。如果现实生活中的道德总是与社会存在以及人们的实际利益不一致或相互冲突,即按道德做事的人总是得不到利益,而按利益做事的人总是得到利益,那么社会所宣传的道德就很难被人们认同、接受。道德同法律不同,它是一种无形的非正式的制度安排,其建立和形成是一个长期积累、约定俗成、习以为常的结果,其作用发挥主要取决于个人的自觉遵从。传统的道德建设过分强调国家的主导作用,而相对忽视了道德的可行的个人实践。国家试图设计、创造社会的道德秩序,不仅提出道德建设的目标,而且要用自身的力量去改变所有人的伦理行为。这样当国家作为道德建设的主体时,以采用道德单向灌输、标语口号、树立道德典型来替代个人作出道德判断和价值判断的做法,往往演变成不求效果、不求回报、不计成本的行为,导致道德建设的社会效益总是不甚理想。而对于个体来说,即使主流道德取向具有强烈的时代意义和价值,但由于被动的接受方式,很难使个体从内心深处真正认同这些道德价值。可见,在市场经济条件下,要想使核心价值体系真正落到实处,充分体现其绩效,就必须探寻并构建市场经济条件下核心价值体系建设的切实可行的有效的利益激励与回报机制,努力探索在核心价值建设中如何从实际利益的维护上,使真正立足道德践行的人得到"好报",老实人不"吃亏",使道德缺损者或败坏者受到惩处,真正做到道德绩效和利益回报的统一,激发人们在理性自觉的基础上发挥其道德判断和选择的主观能动性。构建这样的激励机制,必须建立:

1.科学的评价机制。一定的道德行为是否应当获得实际利益的回报，要通过科学的评价机制来确定，让真善美得以弘扬，让假丑恶得到鞭挞。缺乏正确评价的道德行为既不具备社会的推广意义，其所获取的利益回报也会因可能产生的随意性而失去激励作用。经由科学评价后的道德行为，必须获得相应的行为回报，应具体体现在物质利益、精神奖惩以及对不同行业社会成员的考核、评比、使用等环节中。2.有力的保障机制。要通过制度化、规范化的保障措施使具有良好道德操守的人获得现实的政治、物质以及其他方面的实际利益。要通过这种保障在全社会传播一个明确的信息：践行良好道德的人不会遭受利益上的损失，不会“流血又流泪”。3.及时的反馈机制。要通过这种机制，对道德利益回报的评价、奖惩是否得当，是否获得人们的共识，以及是否产生积极的社会激励作用予以反馈，使道德建设的激励机制在实践中逐步完善起来。同时要通过对道德回报的宣传、舆论工作，营造一种有利于市场经济下道德建设的良好社会氛围，使道德回报的实施以及由此所形成的对道德进步的激励作用，具有更广泛的社会支持。

健全完善长效宣传教育机制

随着社会转型，社会价值观越来越多样化，不同价值观之间的相互冲突也在所难免。当前，价值冲突表现出普遍化、尖锐化、复杂化的趋势。表现为道德价值与功利价值的矛盾，自由与规范的矛盾，政治统一性与思想多样性的矛盾，科学精神与人文精神的矛盾，传统观念与时代观念的矛盾，外来价值与本土价值的矛盾，公平与效益的矛盾，权利与责任的矛盾，等等。这些矛盾给以社会主义核心价值体系为主导的社会主流价值观的宣传教育带来严峻挑战。为了准确把握时代脉搏，使价值观沿着正确的方向发展，从而确保社会的稳定和健康有序，必须健全完善长效宣传教育机制，一方面使宣传教育能够得到制度的有力保障，从而使社会主义核心价值观不断发扬光大，真正成为社会转型期中华民族安身立命的精神之源；另一方面通过机制建设，调控和引导日益严重的社会各种价值冲突，有效遏制不良价值观的影响泛滥，避免社会心理的失衡与混乱，使科学的、健康的价值观始终处于主导地位。要实现这样的目标，就必须加强整个宣传教育机制每个环节的建设。在宣传过程中坚持从实际出发，科学把握价值观的层次性和差异性，将其先进性与广泛性有机地结合起来，把提倡什么和要求什么区别开来，切忌形式主义和一刀切。既重视对主导价值观的倡导和宣传，同时也不能忽视一般价值观，尤其是劳动观念和公德观念的宣传教育。不仅要从政治的角度提倡集体主义、为人民服务的核心价值观，还要在公共生活领域提倡健康合理的公民观念、责任意识等。在行业部门抓职业道德教育，在家庭抓家庭美德教育，多层次全方位地培育健康文明的社会风尚。在宣传方式上，需辅之行之有效的手段，把思想教育、舆论导向、政策调节、法律约束结合起来。当前尤其要突出强调对一部分价值观加以规范化，以法律、法规、政策的形式，使之成为有强制力的硬约束。在宣传特色上，要尽量中国化、当代化，体现民族性、时代性，这样才能更加贴近中国人的心理，符合现代人的口味。在宣传效果上，要积极营造社会氛围，创造无处不在、无处不有的教育环境，发挥环境育人的功效，既要以理服人，更要以情感人，将理性教育与情感教育结合起来以获得最佳效果。努力把理想信念和道德信念宣传教育的理论性，与人民群众日常工作和生活的实践性统一起来，做到形式多样，生动活泼，为群众乐于接受，让群众入耳、入脑、入心，能够回答群众中存在的思想认识问题，在群众的工作和生活中不断发挥精神支柱的巨大作用。在宣传战略上，要树立长远目光，制定长期规划，因为一个民族、一个社会价值观的形成不是一朝一夕的事情，只有通过长期全方位的科学的价值观教育，才能使人们在实现个人理想的同时实现社会理想，在知识学习和艺术欣赏中陶冶高尚情操，在潜移默化中形成健康人格和科学而高尚的价值观念。只有用良好的机制去保证和推进宣传教育，才能真正确立社会主义核心价值体系的价值主导地位。

建立稳定的公共文化服务和投入机制

公共文化服务是落实核心价值的重要载体。任何一种价值观念和道德信仰的形成，都是通过文化产品和有效的传播途径，被广大民众潜移默化接受的。加强公共文化服务体系建设可以提高公民的科学文化、思想道德水平、促进人的全面发展，实现公民文化权利，而且对提高民族精神素养、优化社会人文环境、树立国家形象具有重要作用。社会的进步，人的全面发展也离不开文化的发展。当文化领域已经客观地成为没有区域限制的价值观念竞争的阵地时，当公众从被动的道德灌输逐渐走向自觉道德选择时，我们必须高度重视文化市场在弘扬社会主义核心价值体系中所体现的强大功能，积极探索适应市场经济体制的公共文化服务和投入机制，不断满足人民群众日益增长的文化需求，为社会主义核心价值体系的实践构筑坚实的物质和非物质基础。目前，我国正处在工业化的前期发展阶段，由于历史和现实的原因，我国公共文化服务水平和能力，还在一个比较低的水平上，主要表现在公共文化服务投入不足、文化建设主体过于单一、社会力量从事文化建设的规模比例相对较小等，因此建立稳定的公共文化服务和投入机制，必须以增强文化活力和壮大公共文化发展空间为目标，实现政府管理、文化单位服务方式以及公共文化建设投入方式的根本转变。当前，政府要以增强活力、增加投入、改善服务为重点，坚持公共服务普遍均等原则，科学制定、实施文化发展规划，对公益性文化事业的布局、效益进行宏观调控；推行重大节庆文化节目政府采购制度，鼓励社会力量参与公益性群众文化设施建设的投入；改革政府投入方式，吸收社会资源，形成政府和社会共建文化的格局，进一步完善公共文化设施网络；不断创新群众文化活动方式，实现从传统单一手段向充分利用现代技术传播先进文化资源的转变，不断改进文化传播手段，提升服务水平，促进公共文化资源共建共享；借助精神产品的教化功能，让大众在各类文化活动中接受教育、感受快乐、增进道德、享受文明，促进社会成员人格、意志的不断完善，从而夯实和巩固全国人民团结奋斗的思想基础，不断增强社会发展的生机和活力。

加快建设切实的法制保障机制

一个社会的核心价值体系所内含着的道德原则、规范和要求，决定着国民道德素质和道德水平所构成的现实状态，并反映其社会政治经济秩序的整体运行状况。为此，要保障核心价值体系长期发挥道德引领的作用，就要将社会正常运行所需要的最基本的道德原则和规范纳入法制建设的框架，把一般的道德要求提升为必要的法制要求，把主要依靠自我人格和良心的力量来维系的行为自律转化为主要依靠制度的强制力来保证的法制约束，即通过一定的立法程序将社会不同阶层、不同部门、不同分工、不同职务、不同岗位人员应遵守的道德行为准则和道德规范等以法规的形式确定下来，融入到有关法律和具体制度中，逐步使道德建设走向法制化，通过借助一整套带有强制作用的制度手段，对道德主体提出必须遵守的最基本的道德要求，使道德主体道德上的不懈追求能够得到法律上的支持和肯定，同时使损害社会公共利益不道德的行为受到舆论谴责，更要接受法律的制裁。在现代国家中，越来越多的具有普世价值的伦理道德规范被纳入到社会的法律规则体系之中。通过法律的强制力来维护道德的纯洁和高尚，已经成为现代国家共同的发展趋势。对于我国来说，从计划经济向市场经济的转变是一场深刻的社会变革，传统道德面临挑战，而新型道德体系尚未完全建立；市场经济活动对利益的追求一定程度上抑制了人们道德意识和道德责任的生长，导致社会道德舆论力量的减弱，道德崇高者的行为得不到褒扬，卑劣无德者的行为受不到应有的批评和否定，是非、善恶判断不明确。长此以往，必然造成个体信仰的迷失、社会公德的涣散和社会风气的滑坡。在这种情况下，单纯的道德评价由于没有有效的外部强制，已不能提供明确的行为模式和导向，难以适应转型期的社会调整要求。因此要求社会必须以法制化的形式提供一种约束，确立一系列明确的社会道德规范，通过法制保障来协助和强化个体的道德实践。因为只有当个体的道德实践能够得到法律制度的调控和支持的时候，社会的道德底线才能得到维持和保证，核心价值才能够真正深入人心。

形成有效的宣传思想工作队伍长期培养机制

做好社会主义核心价值体系的宣传思想工作需要有科学的理论来支撑，有牢固的阵地作依托，更需要一支能够适应新形势发展的高素质、强能力、精业务的队伍去执行。因为要做到核心价值体系的宣传思想工作渗透到社会的各个方面和各个环节，进而在民众中产生对社会发展有积极作用的推动力，形成凝聚人心、迎难奋进的向心力，出现人思进、人心齐、人气旺的合作和谐的社会局面，缺少专业的宣传思想队伍作为保障，是难以获得成效的。当前，宣传思想战线面临着新的形势和任务，面对意识形态领域长期复杂的斗争，巩固马克思主义指导地位的任务十分艰巨；面对市场经济的深入发展，建设社会主义精神文明的任务非常繁重；面对全面建设小康社会的奋斗目标和人民群众日益增长的精神文化需求，繁荣社会主义文化的任务更加紧迫；面对日趋激烈的国际文化竞争，增强文化竞争力、维护国家文化安全的任务尤为突出；面对社会环境的重大变化，创新宣传思想工作的任务极为重要。这些都对宣传思想工作队伍的整体素质及人才队伍培养提出了更高要求。因此，必须形成专业的宣传思想工作队伍长期培养机制，加大宣传思想战线人才的培养力度，以适应新形势、新任务的需要。具体来说，就是要创新宣传思想队伍培养的投入机制，坚持人才培养投入的多元化方向，建立政府投入为主导，用人单位、社会组织投入为主体，民间、个人多方参与的多元化社会化的人才培养投入体系；要完善宣传思想队伍的培训机制，制定和完善人才培训计划，树立大培训、大教育的观念，加强对宣传思想战线各级各类人才的培养；做到重点人才重点培训，紧缺人才抓紧培训；整合各种宣传文化战线教育培训资源，形成布局合理、分工明确、功能完备的开放型、社会化、市场化的人才教育培训网络；强化用人单位在宣传思想队伍教育培训中的主体地位，鼓励人才在职深造，完善带薪学习制度，加快发展“在线学习”，形成多层次、开放式的终身教育体系；以鼓励劳动和创造为根本目的，建立健全与工作业绩紧密联系、鼓励人才创新创造的分配制度和激励机制；制定更加优惠的政策，创造更加良好的工作、生活条件，为各类宣传思想人才施展才华提供舞台，努力在宣传思想战线营造“尊重劳动，尊重知识，尊重人才，尊重创造”的社会氛围，在宣传文化系统中形成你追我赶、争先恐后工作的良好局面，紧紧围绕社会主义核心价值体系的弘扬，推动宣传思想工作持续、健康、快速发展。

（作者：国家行政学院副教授）

论社会主义核心价值体系的灵魂

常　超

一

马克思主义指导思想作为社会主义核心价值体系的灵魂，是因为马克思主义是我们党的根本指导思想，是社会主义意识形态的旗帜。

每个社会都有一定的占主导地位的核心价值观念，这个观念是一定社会意识的本质体现，在阶级社会中它是占统治地位的意识形态的根本表征，反映该社会占统治地位的阶级的根本利益。围绕这种核心价值观念，维护和发展占统治地位的意识形态，是统治阶级巩固其政治统治的需要。否则，就会导致思想领域的混乱，危害一个社会的政治稳定。比如说，在我国的封建社会，以儒家思想为导向，以“三纲五常”等为基本内容的主流价值导向，对二千多年的封建制度起到了长远的维系作用。同样，资本主义核心价值体系是以资产阶级的核心利益为基础，以其所标榜的“自由、平等、博爱”等为轴心，形成了统领整个资本主义社会的价值观念体系，对维护资产阶级的政治统治起到了重要的支撑作用。

社会主义社会有自己的意识形态旗帜。但马克思主义成为我们党的根本指导思想，成为社会主义意识形态的旗帜；成为社会主义核心价值体系的灵魂，并不是基于纯粹的逻辑推理，而是基于历史的、现实的选择。中国人民选择马克思主义，同选择社会主义的道路、选择共产党的领导是同一个过程。中国革命、建设和改革开放的伟大事业，是马克思主义成为我们党的指导思想，成为社会主义价值体系的灵魂的最深厚的现实基础。

鸦片战争以后，中国社会逐步走向“沉沦”，中国人民曾经选择过多种多样的思想学说，进行过艰苦卓绝的英勇斗争，都失败了。但新的积极因素也在积蓄，大工业生产在发展，工人阶级在集中和壮大，马克思主义在传入。而这种新的物质因素和精神因素的结合，彻底扭转了中国社会日渐“沉沦”的趋势。进一步说，新的物质因素的积蓄为新的精神因素的扎根提供了深厚的土壤，而新的精神因素的渗入则使物质因素的内在活力得以迸发。五四时期，中国的先进分子从当时流行的众多学说中选择了马克思主义，“因为他们认识到这种学说把革命思想和科学精神有机地结合在一起，具有最大的说服力，它适合中国人民斗争的实际需要，能够彻底解决中国革命问题”。当然，具体历史过程是极为复杂的。但是，在马克思主义指导下，先进的中国人逐渐认清了自己的历史与现实，认清了自己的根本利益之所在，明确了自己前进的道路和发展前景，并在各个具体历史时期制定了相应的纲领、政策和策略；在马克思主义指导下，中国人民组织了求得民族独立和人民解放、实现国家繁荣富强和人民共同富裕的浩大队伍，形成了领导自己事业胜利前进的核心力量；在共同的利益基础上、在正确的道路上组织起来的中国人民，凝聚力、创造力不断增强，历史主体作用空前发挥，经受了种种空前的历史考验，创造了不曾有过的辉煌业绩。中国人民胜利地实现了民族独立、人民解放的历史宏愿，正在中国特色社会主义道路上阔步前进，创造自己的美好未来。伴随这种自觉的历史创造过程的是，马克思主义在中国不断得到传播、充实和发展，日益深入中国人民的心灵。所以，观察中国最近 80 多年的历史，可以有两条基本的线索，一是中国人民在中国共产党的领导下波澜壮阔地推进自己的事业，二是马克思主义不断在中国传播、充实和发展，形成了毛泽东思想、邓小平理论、"三个代表"重要思想以及十六大以来的一系列重要战略思想，而这两个方面互为表里，相互印证。历史已经充分地证明，马克思主义是指导我们进行革命、建设和改革开放的唯一正确选择，是我们党思想上精神上的旗帜，是全党全国人民团结奋斗的共同思想基础，我们必须毫不动摇地坚持马克思主义在意识形态领域的指导地位，在指导思想上决不能搞多元化。正如江泽民同志指出的："如果放弃马克思主义的指导地位，在指导思想上搞多元化，势必导致人心大乱、天下大乱，给国家带来灾难。这是绝不允许的。"

当今的中国人民，正在中国共产党的领导下，走中国特色社会主义道路，实现中华民族的伟大复兴。这是我们时代的主题，也是中国人民的共同理想。确立这个主题，确立这个共同理想，充分体现了中国人民以马克思主义为指导，以宽广的世界眼光和宏大的历史视野观察、把握自己的历史命运的伟大智慧和坚定信念。中国特色社会主义共同理想，昭示了我们要在中国特色社会主义道路上，在本世纪的前二十年集中力量全面建设小康社会，然后再继续奋斗几十年，到本世纪中叶把我国建设成富强民主文明和谐的社会主义国家。这个共同理想，集中代表了我国广大人民群众的利益和愿望，其实质就是把人民群众作为最高价值主体，通过人民群众的共同建设、共同享有，实现人的自由全面发展这一最高目标。可以想象，没有马克思主义作为我们行动的思想理论基础，我们就难以确认我们的共同的、根本的利益之所在，就难以认清自己发展的具体道路和前景，就难以形成中国特色社会主义这个主题，就没有鼓舞自己团结一心、奋勇前行的精神支柱。

二

马克思主义作为社会主义核心价值体系的灵魂有自己内在的逻辑，马克思主义是科学的世界观，其基本立场、观点和方法贯穿于社会主义核心价值体系的各个方面。

世界观决定价值观，有什么样的世界观，就有什么样的价值观。正确价值观的形成必须以科学的世界观为前提，正确的价值实现离不开对相关真理的把握。没有科学的世界观体系作为指导和基础，任何价值体系的建设都是无本之木，都会成为空中楼阁。社会主义核心价值体系的建设，同样要有科学的正确的世界观体系作为基础和前提。马克思主义作为当代最科学的世界观，作为当代最严整的真理体系，阐述了世界最普遍的本质和发展规律。列宁指出："马克思主义学说具有无限力量，就是因为它正确。它完备而严密，它给人们提供了决不同任何迷信、任何反动势力、任何为资产阶级压迫所作的辩护相妥协的完整的世界观。"

社会主义核心价值体系作为一种科学的价值体系，在于它坚持马克思主义的科学世界观，坚持马克思主义的基本立场、观点和方法，从而使它的各个方面互相贯通，融为一体。颜晓峰在《坚持马克思主义指导地位不动摇》一文中说："中国特色社会主义共同理想，是中国共产党和中国人民的价值目标，是以马克思主义的社会发展规律为依据而作出的价值选择，是当代中国马克思主义的重要内容；以爱国主义为核心的民族精神和以改革创新为核心的时代精神，是当代中国价值精神的凝结和精华，贯穿着马克思主义的民族国家理论、社会动力理论和社会心理理论；社会主义荣辱观，是社会主义道德规范的集中体现，是马克思主义伦理思想和道德学说与中国特色社会主义道德建设实践相结合的最新成果。"也就是说，马克思主义指导思想决定了社会主义核心价值体系的性质和方向，保证了它的科学性和完整性，从而使其成为一个相互联系、相互贯通、相互促进的有机整体。换言之，以马克思主义为灵魂的社会主义核心价值体系，构成了我们时代的精神坐标。建设中国特色社会主义就是在中国具体地实践马克思主义。这个伟大的实践，要求我们大力弘扬和培育以爱国主义为核心的民族精神和以改革创新为核心的时代精神，牢固树立社会主义荣辱观，以增强我们的主体力量。而这个伟大的实践，也必将为我们主体力量的增强奠定更坚实的基础，提供更深厚的资源。

三

文化是一个民族精神力量的表征。我们要发展社会主义先进文化、建设和谐文化，而坚持马克思主义指导地位，建设社会主义核心价值体系，是发展先进文化、建设和谐文化的根本；没有这个根本，我们就没有"主心骨"。

我们面对的是一个开放的世界、发展的世界、多样化的世界。先进文化的发展、和谐文化的建设，也必然具有开放性、包容性、创新性，必然要吸收各种因素来发展自己，包括吸收中国传统文化的优秀成果、国外文化的合理成分以及新生的各种积极的文化因素。唯有这样，才能建设既承继传统又体现时代精神、既立足本国又面向世界的社会主义先进文化，才能充分发挥和谐文化在推进经济社会全面发展中的巨大作用。也正因为如此，我们的文化建设必须保持高度的自觉，自觉坚持马克思主义的指导地位，牢牢掌握意识形态领域的指导权、主动权和话语权；自觉把握和谐文化建设的性质和方向，不懈地用社会主义核心价值体系引领社会思潮，最大限度地形成思想共识，凝聚力量。

当前，我国经济体制深刻变革，社会结构深刻变动，利益格局深刻调整，思想观念深刻变化。这种空前的社会变革使我们的文化发展面临着丰富的现实资源，也使我们的思想文化领域出现了多样化、多元化的倾向。应该明确，承认性质不同的文化形态的多元存在，并不意味着我们可以无所作为；承认多元化的文化存在有其现实的土壤，并不意味着否认指导思想的灵魂作用。在我们的社会，主流的文化形态只有一个，以马克思主义为指导的主流的文化形态特别是其核心价值观念，要起到规范、制约、引导其他文化因素发展的作用，这是保持我们的社会稳定和协调运转的一个重要前提和条件。面对多样性的社会意识，我们必须坚持运用马克思主义的唯物史观，正确分析思想文化发展的自身规律，正确处理主旋律和多样化、指导思想和多元文化存在的关系，加强对各种文化因素的有效疏导，根据每种文化的不同性质采取不同的措施，引导其沿着健康的轨道前进，向着积极的方向发展。

文化的发展有自身相对独立的特殊规律。发展社会主义先进文化、建设和谐文化，要尊重差异、包容多样，要善于从"差异"和"多样"中吸取营养。但这不是放弃"主心骨"，允许反马克思主义的社会思潮滋生，动摇我们的主流意识形态。对于各种反马克思主义思潮的挑战，比如全盘西化论、"儒化中国"论、历史虚无主义等，我们必须旗帜鲜明地分析其理论上的荒谬和实践中的危害，进行充分说理的批驳和回应。如果任由这些错误的思潮肆意发展，社会主义意识形态的主流地位就会受到削弱，团结全民族共同奋斗的思想道德基础就会动摇，我们正在从事的伟大事业就要受到损害，这是善良的人们不愿意看到的。

（作者单位：课程教材研究所）

中国特色社会主义共同理想是社会主义核心价值体系的主题

刘建军

十六届六中全会通过的《关于构建社会主义和谐社会若干重大问题的决定》，提出了建设社会主义核心价值体系的任务，并概括了这个体系的基本内容：马克思主义指导思想、中国特色社会主义共同理想、以爱国主义为核心的民族精神和以改革创新为核心的时代精神、社会主义荣辱观。其中，马克思主义指导思想是这个体系的灵魂，中国特色社会主义共同理想是这个体系的主题，民族精神和时代精神是这个体系的精髓，社会主义荣辱观是这个体系的基础。本文主要对中国特色社会主义共同理想这一主题作一些理论思考，着力揭示这一共同理想之所以成为主题的历史的和理论的依据，揭示这一共同理想的基本特征和精神实质，并就当前如何更好地认识和把握这一主题提出一些看法。

一、确立中国特色社会主义共同理想这一主题具有令人信服的历史必然性

中国特色社会主义共同理想，就是在中国共产党领导下，走中国特色社会主义道路，实现中华民族的伟大复兴。这个共同理想具有令人信服的历史必然性，它是近代以来中国历史发展必然趋势的反映，是中国人民共同的利益和愿望的体现。鸦片战争以来一百多年的历史充分证明，中国共产党的领导，中国特色社会主义道路，是历史的选择、人民的选择，坚持这条道路，就能实现中华民族的伟大复兴。

首先，走社会主义道路是近代中国历史的发展趋势和新民主主义革命实践的必然要求。中华民族拥有五千年历史，创造了辉煌的中华文明，长期走在世界各民族的前列。对自己古老文明的自豪感，是近代以来中国人民渴望民族复兴的心理基础。近代中国沦为半殖民地半封建社会，国家积贫积弱，人民受尽磨难，中国人被讥笑为“东亚病夫”。民族衰落的屈辱孕育着民族复兴的期望。拯救民族危亡，取得民族独立，建设强大国家，实现中华民族的伟大复兴，成为中华各族儿女的共同愿望。这种愿望在屈辱的环境中受到长期压抑，一旦爆发出来，就成为追求理想的强大力量。但是，只有愿望是不够的，还必须有正确的道路。历史证明，在中国共产党诞生之前，几代中国人都没有找到实现民族复兴的正确道路。在半殖民地半封建的条件下，中国不可能走上资本主义自由发展的道路，使自己发展富强起来。中国要实现独立和富强，必须改变半殖民地半封建的社会性质，打倒帝国主义、封建主义和官僚资本主义三座大山在中国的统治。资产阶级领导的旧民主主义革命无法完成这个历史任务。中国只能在共产党领导下走新民主主义革命的道路，走向社会主义的前途。俄国十月社会主义革命的胜利，促使中国人民选择了马克思主义和新民主主义革命的道路。新民主主义革命胜利后，进行社会主义革命并继而走上社会主义道路，成为必然的趋势。

其次，走中国特色社会主义道路是新中国成立以来社会主义建设曲折发展历程的经验总结。社会主义改造基本完成后，党领导全国人民开始了大规模的社会主义建设。得到解放并成为国家主人的人民群众，爆发出巨大的社会主义建设热情，人们忘我地工作，渴望着尽快把

新中国建设成繁荣富强的社会主义国家。但事实证明，只有建设社会主义的热情是不够的，必须找到符合国情的建设道路和模式。我国社会主义建设经历了曲折的过程，取得了巨大的成就，积累了成功的经验，也留下了惨痛的教训。这些经验教训深刻地启示我们：建设社会主义必须从自身的国情出发，走自己的路，走出一条具有中国特色的建设社会主义的道路。邓小平同志指出："把马克思主义的普遍原理和我国的具体实际结合起来，走自己的路，建设有中国特色的社会主义，这就是我们总结长期历史经验得出的基本结论。"

改革开放以来我国经济社会发展的巨大成就，见证了走中国特色社会主义道路的必然性。改革开放以来，党领导全国人民找到了建设中国特色社会主义的道路。二十多年来，我国国民经济持续快速发展，综合经济实力明显增强。经济结构明显改善，工业、农业、交通运输、通讯、基础设施等都有了巨大发展变化。对外开放格局基本形成，利用外资规模不断扩大。科教兴国战略不断取得新成就，各项社会事业全面进步。城乡居民生活水平显著提高，实现了从贫困到温饱再到总体小康的历史性跨越。当代中国人民从改革开放和现代化建设的现实中深刻感受到，在本世纪中叶建成富强民主文明和谐的社会主义国家，在中国特色社会主义道路上实现民族伟大复兴的目标一定能够实现。

最后，坚持中国特色社会主义道路也是世界社会主义运动重大挫折的深刻启示。中国特色社会主义道路的形成和发展，既吸取了我国革命和建设的经验教训，也吸收了世界社会主义运动尤其是苏东剧变的经验教训。俄国十月革命胜利以后，特别是第二次世界大战以后，欧洲、亚洲、拉丁美洲的十几个国家先后建立了社会主义制度，形成了强大的社会主义阵营。但是，世界社会主义运动在后来的发展中遇到了巨大的挫折，特别是苏东剧变使世界社会主义运动跌入低潮。苏联东欧国家的剧变和中国特色社会主义事业的蓬勃发展形成的鲜明对照，坚定了我们走中国特色社会主义道路的信念。

中国特色社会主义实践是我们准确把握社会主义核心价值体系的基石。邓小平同志讲过，离开中国实际谈马克思主义，没有实际意义。同样，不能离开中国特色社会主义建设的实际来谈中华民族精神和时代精神、谈社会主义荣辱观。中国特色社会主义共同理想是我们正在从事的伟大事业的缩影。新中国成立以来特别是改革开放以来，中国共产党人领导全体中国人民所从事的事业，就是建设中国特色社会主义的事业，中国特色社会主义是我们时代的主题。这样一个宏大的主题，反映和体现到社会主义和谐文化建设、社会主义核心价值体系建设中，就表现为中国特色社会主义共同理想这一主题。

二、确立中国特色社会主义共同理想这一主题具有令人信服的理论必然性

社会主义核心价值体系作为一个有机整体，必然有自己的主题。所谓主题，就是这个体系中各项内容都围绕着它展开的主轴或主线。中国特色社会主义共同理想正是这样一个主题。

首先，中国特色社会主义共同理想是社会主义核心价值体系中理想信念内涵的集中体现。任何一种价值观体系，都必然包含有理想追求的内容和成分。理想对人生和社会起着不可替代的重要作用：它作为精神支柱，为人生提供安身立命之所，为社会奠定国泰民安之基。这是一种精神上的主心骨，依靠着它，一个人、一个群体、一个民族，才能真正抬起头来，挺起脊梁，向着理想目标奋进。只有具备这样强大的精神力量，才能成就艰难而伟大的事业。马克思主义理想信念是中国革命成功的一种精神力量，也将是建设和改革事业成功的精神动力。它起着精神向导的作用，向人们指出正确的方向和路线；它起着精神纽带的作用，使一个群体或社会形成强大的合力。以马克思主义为指导的中国共产党人，始终坚持崇高的理想，坚持理

想主义与现实主义相结合，使崇高理想成为我们党、我们民族精神生活中不可或缺的一部分。在改革开放的过程中，邓小平同志、江泽民同志、胡锦涛同志等，都一再强调树立共同理想的重要意义。我们的共同理想就是建设中国特色社会主义。这个共同理想代表了社会主义核心价值体系的未来向度，是我们党治国理政的旗帜，是我们中华民族奋斗前行的向导，是全国各族人民团结奋斗的坚强主心骨和强大推动力。

其次，在社会主义核心价值体系的基本内容中，中国特色社会主义共同理想处于中间层次和中心位置，成为联结不同层次内容的关键环节。马克思主义指导思想作为社会主义核心价值体系的灵魂，处在最高的层次上，它起着思想指导作用。在马克思主义指导思想中包含着共产主义远大理想，这个理想是共产党人奋斗的最高理想，它也处在社会理想的最高层次。民族精神和当今时代精神作为社会主义核心价值体系的精髓，社会主义荣辱观作为社会主义核心价值体系的基础，都是社会主义核心价值体系中的重要内容。但它们不是孤立的，而是与中国特色社会主义共同理想紧密联系在一起。可以说，正是中国特色社会主义共同理想，把马克思主义指导思想与民族精神和时代精神，与社会主义荣辱观紧紧地联系在一起。

最后，在全社会树立和弘扬中国特色社会主义共同理想，是中国特色社会主义文化建设、社会主义和谐文化建设的根本任务。江泽民同志曾指出："在全社会形成共同理想和精神支柱，是中国特色社会主义文化建设的根本。"在新的历史条件下，党中央提出建设社会主义和谐文化，强调在全社会树立和弘扬中国特色社会主义共同理想是和谐文化建设的根本任务，这突出地表明了中国特色社会主义共同理想在社会主义和谐文化大系统中的地位和作用。

三、中国特色社会主义共同理想的科学内涵和基本特征

中国特色社会主义共同理想作为主题，有自身明确的内涵。

首先，中国特色社会主义共同理想是一个综合性的社会理想。理想是有层次和类型的，有个人理想，也有社会理想。个人理想描绘的是个人生活事业的理想状态，而社会理想描绘的是社会发展的理想状态。个人生活于社会中，个人理想离不开社会理想。中国特色社会主义理想是一种社会理想，是一种关于中国社会发展状态的理想。它对于个人理想具有整合作用，是若干个人理想的寄托和发育之所。当代中国人对自身生活和发展的若干期望和设想，事实上是以中国经济社会的持续发展为背景的，不论是否意识到这一点；所以个人理想能否正确定位、能否实现，离不开对中国特色社会主义这一社会理想的把握。

中国特色社会主义共同理想包括着丰富的内容。其一，它综合性地包含着社会生活各个方面的发展状态，它向我们描绘了社会的经济、政治、文化、日常生活等多方面的理想状态。其二，它把理想与信念包含在一起，形成共同的理想信念。理想与信念是联系在一起的。一定理想的形成总有其信念的基础，并体现一定的信念。认同和追求一种理想，同时本身就是一种坚定的信念。脱离了信念的理想不过是一种单纯的设想和想象罢了。其三，它不单单是一个理想目标，而且包括追求和实现这个理想目标的道路和方式。道路就是中国特色社会主义道路，方式就是坚持中国共产党的领导。这是一个追求理想的实实在在的过程，是中国人民在中国共产党的领导下，沿着中国特色社会主义道路不断追求和逐步实现这个理想的过程。

其次，中国特色社会主义共同理想是一个具体的阶段性理想。我们对共产主义远大理想的追求是一个漫长的过程，在这个过程中，有若干个阶段性理想。与远大理想相比，阶段性的理想更为具体，因而它可以成为一定历史时期人们所普遍追求的比较切近的理想目标。中国特色社会主义共同理想昭示我们：要在中国特色社会主义道路上，在本世纪头二十年，全面建

设小康社会，再继续奋斗几十年，到本世纪中叶基本实现现代化，把我国建设成为富强、民主、文明、和谐的社会主义国家。这样一个现实的目标，最能直接地激发我们的奋斗热情。当然，中国特色社会主义事业是一个长过程，它并不是到本世纪中叶就告结束。在我们达到这一理想目标之后，我们的中国特色社会主义道路还将继续向前延伸，中国特色社会主义事业还将进一步向前推进，我国社会将进入新的发展阶段。到那时，中国特色社会主义共同理想还会增添新的内容。

最后，中国特色社会主义共同理想是全体中国人民都可以认同和追求的共同的理想。在社会生活中往往会出现不同的理想，但并不是所有的理想都能成为共同的理想。有的理想只代表了少数人或个别人的利益和愿望，它只能成为个别人或少数人的追求目标。中国特色社会主义理想之所以能成为共同理想，就是因为它代表和反映了中国社会最广大人民群众的根本利益，为广大人民群众所认同和接受。

需要注意的是，中国特色社会主义共同理想虽然具有极大的综合性和包容性，但它并不是一个大杂烩，而是有自己非常鲜明的本质规定性。中国特色社会主义共同理想的精神实质就在于，它是当代中国条件下的、带有中国特点的社会主义理想信念。归根到底，它是一种社会主义理想信念。它与中国国情和民族精神结合在一起，但它不是一种涂抹着社会主义油彩的民族主义理想信念。我们中国人都渴望和追求中华民族的伟大复兴，这是没有疑问的。但是，中华民族的伟大复兴有明确的含义，即把我国建设成为富强民主文明和谐的社会主义国家。离开社会主义前景，孤立地谈论中华民族的伟大复兴是狭隘的。我们说，“只有社会主义才能救中国，只有社会主义才能发展中国”，但这并不意味着社会主义只是救中国和发展中国的一个工具。对我们来说，社会主义是手段也是目的，是道路也是目标。中国特色社会主义共同理想并不是与共产主义远大理想无关的民族复兴的期望而已，它实际上是中国共产党人带领中国人民追求共产主义远大理想的一个中间站。中国特色社会主义共同理想不是静止的、停滞的，它还要随着中国改革开放事业的发展、随着中华民族的进步而向前发展，它的总方向就是共产主义远大理想。

四、中国特色社会主义共同理想的广泛性和包容性

广泛性和包容性是中国特色社会主义共同理想的重要特点，这一理想能够为中国人民所广泛接受和认同，并成为我们共同的奋斗目标。历史和现实铸就了中国特色社会主义理想的这一品格，也铸就了中国人民对这一理想的集体认同和共同追求。

首先，从历史形成上看，中国特色社会主义共同理想具有民族心理上的共同性。这个理想来自于中国人民共同的历史经历和共同的民族心理。无论是历史的自豪感还是屈辱感，都是中国人民在共同经历中形成的共同体验和共同心理。在此心理基础上产生出来的对中华民族实现复兴的强烈渴望，也是共同的。不论哪个社会阶层，只要它是爱国的中国人，都自然而然地具有这样的心理和愿望。当然，在实现民族复兴的强烈愿望方面的共同性，并不完全等同于中国特色社会主义理想的共同性。因为，在救中国的途径上，还可能存在着不同的认识，甚至形成尖锐对立的意见。但是，既然已经有民族复兴的共同心理基础，那么只要我们用实践充分地证明只有社会主义才能救中国、才能发展中国，那么这些反对意见也是比较容易得到解决的。

其次，从愿望表达和利益代表上看，中国特色社会主义共同理想具有很大的广泛性和普遍性。这个共同理想把党、国家、民族、个人紧紧地联系在一起。党要为实现自身在社会主义初级阶段的目标而奋斗，国家要基本实现现代化，民族要实现伟大复兴，个人要过上宽裕的小康生活，这些不同层面和不同角度的愿望和要求，

都在共同理想上得到汇聚，形成一种追求共同理想的最大合力。随着社会主义市场经济的发展，我国经济成分、组织形式、就业方式、利益关系和分配方式日益多样化，不可避免地出现社会意识的多样化，这就必须有一个能够代表广大人民根本利益、为社会各个阶层广泛认可和接受、能有效凝聚各方面智慧和力量的共同理想。中国特色社会主义共同理想，集中代表了我国工人、农民、知识分子和其他劳动者、建设者、爱国者的利益和愿望，具有很大的广泛性。不论哪个社会阶层、哪个利益群体的人们，都能够也应该认同和接受这个共同理想，并且为这个理想而共同奋斗。

最后，从精神气质的展现上看，中国特色社会主义共同理想具有很大的包容性和亲和力。这一共同理想的包容性体现了中国特色社会主义文化的包容性，体现着社会主义和谐社会的包容性。在建设中国特色社会主义过程中，我们要大力倡导一切有利于发扬爱国主义、集体主义、社会主义的思想和精神，大力倡导一切有利于改革开放和现代化建设的思想和精神，大力倡导一切有利于民族团结、社会进步、人民幸福的思想和精神，大力倡导一切有利于用诚实劳动争取美好生活的思想和精神。我们要尊重和保护一切有益于人民和社会的劳动，不论体力劳动还是脑力劳动，不论简单劳动还是复杂劳动，一切为我国社会主义现代化建设作出贡献的劳动，都是光荣的，都应该得到承认和尊重。所有这些，都反映着中国特色社会主义事业的巨大包容性，也体现着中国特色社会主义共同理想的包容性和亲和力。

总之，中国特色社会主义共同理想把各个阶层、各个群体的共同愿望有机结合在一起，经过实践的检验，有着广泛的社会共识，具有令人信服的必然性、广泛性和包容性，具有强大的感召力、亲和力和凝聚力。必须在全社会树立和弘扬中国特色社会主义共同理想，抓住了这一点，就抓住了社会主义和谐文化建设的根本，就突出了社会主义核心价值体系建设的主题。

（作者单位：中国人民大学马克思主义学院）

弘扬时代精神的重大意义

王向明

以改革创新为核心的时代精神和以爱国主义为核心的民族精神是社会主义核心价值体系的重要内容。时代精神反映了当代中国社会进步的发展方向，引领时代进步的潮流，显示了当代中国社会崭新的精神风貌。弘扬时代精神对于团结和凝聚全国人民为构建社会主义和谐社会、实现全面建设小康社会的目标，有着重大的现实意义和深远的历史意义。

一、弘扬时代精神是坚持马克思主义与时俱进理论品质的必然要求

从本质上说，时代精神就是一种与时俱进的精神，创新的精神。它是在继承中华民族精神的基础上，立足于当今时代的客观实际，着眼于未来发展的奋斗目标，适应时代变化、引领时代发展的一种精神力量。

马克思主义认为，任何客观事物总是要存在于一定的时空中。在社会生活中，人类社会存在和发展的“时”，就具体表现为历史发展所处的不同的大的阶段——时代。而马克思主义与时俱进的关键正在于对“时”的正确把握。

20世纪70年代后期以来，世界形势发生了巨大变化，“和平与发展”成为当今时代的主题。以邓小平为代表的中国共产党人继承了马克思列宁主义、毛泽东思想，坚持解放思想、实事求是，彻底纠正了“左”的错误，把党的工作重心转移到经济建设上来，实行改革开放，创立了邓小平理论，开创了建设中国特色社会主义的新道路。

党的十三届四中全会以后，以江泽民同志为核心的党的第三代中央领导集体，针对20世纪80年代末90年代初国际国内出现的复杂局面，高举邓小平理论伟大旗帜，坚持十一届三中全会以来的路线不动摇，成功地稳住了改革和发展的大局，创造性地提出了“三个代表”重要思想，推动了由计划经济体制向市场经济体制的转变，实现了改革开放新的历史性突破，创造了我国经济和社会发展的崭新局面。

党的十六大以来，以胡锦涛同志为总书记的党中央继续坚持解放思想、实事求是、与时俱进，以求真务实的科学态度，根据我国经济社会发展的阶段性特征和国际社会发展的经验，创造性地提出了科学发展观、构建社会主义和谐社会、加强党的执政能力建设等一系列重大战略思想，引领中国特色社会主义事业继续阔步前进。历史和现实都充分证明，任何具有重大影响而且具有创新意义的理论、路线、方针、政策，必然是能够充分反映时代脉搏、体现时代精神，适应和引导时代潮流的积极成果。我们对时代的把握越准确，越能够将马克思主义的普遍真理同具体的历史时代、历史任务相结合，我们的事业就越发展。弘扬时代精神是坚持马克思主义与时俱进理论品质的必然要求。

二、弘扬时代精神是中国共产党永葆生机的不竭源泉

弘扬时代精神的实质是坚持与时俱进，核心是坚持改革创新，这对于执政的中国共产党来说，是关乎党的事业兴衰成败的重大命题。面对时代发展变化对党提出的新要求，如果因循守旧、停滞不前，我们就会落伍，我们党就有丧失先进性和领导资格的危险。这是其他一些国家共产党丧失执政地位惨痛教训的深刻总结。从这一意义上讲，敏锐地把握时代的发展

变化，正确判断我们党所处的历史方位，始终站在时代前列，勇于承担历史使命，是我们党永葆生机和活力的必然选择。

党的十一届三中全会以来的实践充分证明，正是我们党领导的全面深刻的社会主义改革，使我国的社会主义制度充满了生机与活力。在国内改革中，社会主义市场经济体制的建立和逐步完善，使我国形成了以公有制为主体、多种所有制经济共同发展的社会主义初级阶段的基本经济制度。确立了以按劳分配为主体、多种分配方式并存，并按生产要素参与分配的分配制度。对外开放日趋扩大，形成了全方位、多层次、宽领域的对外开放格局。我国胜利实现了现代化建设“三步走”战略的前两步目标，进入了全面建设小康社会、加快推进社会主义现代化新的发展阶段。这些成就，都是我们党坚持改革创新，敏锐把握时代局势的胜利成果。

作为一个领导着13亿多人口的社会主义国家的中国共产党，面对发展变化如此迅猛的世界及国内形势，必须有新的应对、新的思路，顺应时代发展的潮流，抓住机遇、迎接挑战，积极谋求尽可能长久的国际和平环境，积极参与经济全球化的进程。必须大力发展科学技术，抢占新兴产业的制高点，实现社会生产力的跨越式发展。只有坚持改革创新、弘扬时代精神，中国共产党才能在激荡的国际风云变幻中始终走在时代前列，在应对国内外各种风险考验的历史进程中为中国人民和中华民族谋求最大利益，使社会主义事业在时代风云变幻中立于不败之地。

三、弘扬时代精神是推动民族发展的强大动力

中华民族从来就是一个勇于创新的民族。还在公元前3000多年，甲骨文的发明和使用，标志着中华民族在世界民族中最先走入了文明史的行列。2000多年前都江堰大型水利工程的完成，展现了华夏先祖巧夺天工的奇思妙想。而以火药、指南针、印刷术和造纸术为代表的四大发明，更是成为对世界文明发展具有重大影响的伟大创造。只是到了近代以来，由于封建统治者的极度腐败和无能，中华民族的创造力受到了极大的束缚。闭关锁国、墨守成规、不思进取，成为晚清的社会痼疾。而中国也在这个时期大大地落后于世界了。

中国新民主主义革命的成功和社会主义制度的建立，从根本上扫清了束缚中国进步的藩篱，为重新焕发中华民族的创造精神开辟了道路。1978年12月召开的党的十一届三中全会是建国以来我党历史上具有深远意义的伟大转折。邓小平带领全党冲破了“左”的思想束缚，号召全党“解放思想、开动脑筋、实事求是、团结一致向前看”，制定了“一切从实际出发，理论联系实际，实事求是，在实践中检验真理和发展真理”的马克思主义的思想路线以及正确的政治路线和组织路线。

解放思想、实事求是不仅是党的思想路线的核心，也是时代精神的灵魂。近30年我国改革的实践充分证明，全面改革的过程，就是一个不断解放思想、实事求是的过程。1992年初邓小平视察南方重要谈话，是全面改革进程中思想解放的科学总结。他提出的关于建设社会主义市场经济体制的理论；关于以“三个有利于标准”作为评价改革开放是非得失的根本标准；关于对社会主义本质的概括等一系列新的论述，都是对马克思主义理论和社会主义实践的重大创新，都是对时代发展特征和发展要求的正确把握，是弘扬时代精神的生动体现。

我们进行改革开放，走中国特色社会主义道路，这是时代的客观发展对我们提出的一个创新性的必然要求。在全球化背景下，现代市场经济作为一个开放的经济形态，必然要求实行充分的对外开放，唯此才能有效地促进市场经济的繁荣，使国内的统一市场与世界市场相连通。只有通过对外开放，积极引进国外先进技术和先进设备，充分利用全球化所形成的世界资本市场，才能实现超常规的跨越式发展，尽快提高国家的现代化水平。也只有在国内改革

中，大胆借鉴人类社会创造的一切文明成果，吸收和借鉴当今世界各国包括资本主义发达国家的先进经营方式和管理方法，才能实现真正意义的改革。

21世纪初，人类社会已经进入了一个创新主导发展的新阶段。在当今世界多极化和经济全球化不断发展，科技进步日新月异，综合国力竞争日趋激烈的国际背景下，我们要完善社会主义市场经济体制，加快转变经济发展方式，从农业人口仍占我国人口的大多数、工业化进程尚未彻底完成转向新型工业化的道路，从以“引进来”为重点的开放战略转向坚持“引进来”和“走出去”相结合的开放战略，必须进一步解放思想，冲破各种落后的条条框框和旧的思想观念的束缚，开拓创造性思维和创造性实践的新天地。为此，党中央提出要把增强自主创新能力作为国家战略，贯穿到现代化建设各个方面，形成有利于自主创新的体制机制，大力推进理论创新、制度创新、科技创新和其他各方面的创新，不断巩固和发展中国特色社会主义伟大事业。

四、弘扬时代精神是在全社会真正形成尊重创造、尊重群众、鼓励创新风尚的客观需要

理论创新的源泉在实践，实践的主体是人民群众。人民群众是历史的主人，人民群众创造历史的活动本身就是不断丰富发展变化的。尊重人民群众的首创精神，认真总结改革开放和现代化建设的新经验，概括人民群众在实践中的新创造，并把这些经验和创造上升到理论高度，作出新的理论概括，形成新的思想、新的观点和新的论断，从而推动我们党的事业不断前进，都迫切要求我们大力弘扬以改革创新为核心的时代精神。

1978年，《光明日报》发表特约评论员文章《实践是检验真理的唯一标准》，拉开了全国性的“真理标准大讨论”的帷幕。同年，安徽凤阳小岗村18户农民率先实行联产承包责任制的勇敢实践，掀开了中国农村改革新的一页。……可以说，在中国革命、建设和改革的每一个重要关头，正是我们党坚决地依靠人民群众，善于从群众的实践创造中总结经验，升华理论，领导全国人民开拓创新，锐意进取，战胜各种风险考验，才谱写出一曲曲波澜壮阔的时代赞歌，赋予民族复兴新的强大生机。

中国共产党成立以来，党领导人民在民主革命时期形成了井冈山精神、长征精神、延安精神、西柏坡精神等；在社会主义建设时期形成了大庆精神、雷锋精神、“两弹一星”精神等；在改革开放新时期形成了伟大的抗洪精神、抗击“非典”精神、青藏铁路精神，等等。这是每一个具体的历史时代所铸就的时代精神的体现。今天，我们要实现中华民族的伟大复兴，必须进一步大力弘扬民族精神和时代精神，使全体人民始终保持昂扬向上的精神状态，使全民族的创造精神和创造活力充分迸发，真正在全社会形成尊重创造、尊重群众、鼓励创新的时代风尚。

弘扬时代精神，就是要让解放思想、实事求是、与时俱进的精神和锐意改革、勇于创新的精神成为全社会都倡导、推崇、遵循、践履的重要价值观。在当今改革发展关键阶段，我们弘扬时代精神，所要坚持的马克思主义，是中国化的马克思主义，是与时俱进的马克思主义；所要树立的共同理想，是既有深厚的中华民族文化底蕴又吸收人类优秀文明成果的中国特色社会主义的共同理想；所倡导的社会主义荣辱观，是既传承中华传统美德又汲取社会主义时代精华的价值原则。在建设中国特色社会主义事业的历史进程中，我们始终都要努力培育和弘扬民族精神与时代精神，既要发扬光大民族的一切优良传统，又要审时度势、不断地改革创新，把由此激发的人民的创造力和凝聚力作用于我们社会生活的每一个方面，使马克思主义始终保持勃勃生机，这样才能实现中国特色社会主义的共同理想。

（作者单位：中国人民大学“三个代表”重要思想研究中心）

要建设好、管理好、使用好爱国主义教育基地

——关于爱国主义教育基地情况的调查报告

王开忠　常　戌

为加强改进新形势下的爱国主义教育工作，中宣部于1997年、2001年和2005年先后公布三批269个全国爱国主义教育示范基地。这些示范基地以反映我们党和国家历史上的重大事件、重要革命纪念地和重要旧居旧址为主，具有广泛代表性和影响力。这期间，各地也分别命名了1万多个省地级教育基地。2004年，中宣部召开首次全国爱国主义教育示范基地工作会议，刘云山同志出席会议并作重要讲话，有力地促进了各地工作。为进一步了解教育基地情况，探索做好工作的有效途径，2006年我们先后到江苏、江西、黑龙江、浙江、山西、福建、湖南、贵州等地，对部分教育基地情况作了调研。同时，还委托各地宣传部对教育基地情况进行了解。主要情况如下：

一、教育基地工作取得较好成效

近几年来，各地各部门按照中央有关精神，在加强教育基地建设、管理和使用，利用教育基地开展爱国主义教育、弘扬培育民族精神方面，做了大量工作。

1. 建设力度不断加大。为改善基础设施状况，适应形势发展需要，不少地方在财力比较紧张的情况下，想方设法拨出专款用于教育基地建设。江西将各级教育基地基本运行经费列入财政预算，并随着经济发展逐年增加，近5年全省财政累计投入5亿多元，用于新建和改扩建教育基地、更新展陈手段、维修革命遗址、改善周边环境。河北对省级教育基地投入4亿多元，建设15个新馆，更新54个陈列展览。四川近3年投入7亿多元用于教育基地基础设施建设，并且每年从文化事业费中拨出一定资金作为专项经费。江苏对150个省级以上教育基地投入10亿多元，其中南京市投入达4亿多元。据不完全统计，近几年通过各种渠道投资在千万元以上的有20多个省市，其中河北、江苏、广东、辽宁、浙江、福建、上海、重庆等地为教育基地筹资都在2.5亿元以上。很多地方还通过社会捐赠、企业赞助等方式，多渠道筹集资金。南京中山陵筹资近亿元，完成场馆布展陈列、道路广场改建、更新监控系统等工程，使各类设施更加齐备。

2. 管理制度不断完善。大多数教育基地重视制度建设，强化内部管理。浙江、江苏等地制定下发教育基地管理办法，对教育基地的等级区分、命名权限和基本职责作出具体规定。河北制定教育基地建设专项资金管理办法，下发免征教育基地行政事业性收费通知，对建设项目的申报审批、资金使用、工程验收等作出规定。很多地方实行国家、省、市、县四级教育基地管理制度，成熟一批升格一批，使建设水平不断得到提升。山东、北京、安徽、广西、云南等地根据实际，制定完善教育基地工作考核细则、人员交流培训规划等规章制度，逐步形成科学运行机制。一些教育基地在队伍管理上探索出不少好做法，把工作时间、数量、标准明确量化，落实每个员工的责任、权利、利益，并对讲解员进行级别考核，考核结果同使用、待遇结合起来，使员工既有竞争压力，又有施展才干的机会。北京完善教育基地管理、考评、培训制度，使其走上了制度化、规范化道路。

3. 教育功能不断拓展。各地采取多种途径，拓展教育功能。一是丰富教育形式，扩大覆盖面。湖南、江西、上海、重庆、浙江等地把教育

基地纳入旅游线路，组织“伟人故里游”、“秋收起义旅游线”、“重走红军路”、“南湖红船圣地行”等活动，激发了群众参观热情。河北、贵州、山东、陕西、内蒙古等地的教育基地，通过与其他单位建立共建关系、与学校结对子、给中小学生发放参观监督卡等方式，发挥宣传教育作用。在开展保持共产党员先进性教育活动中，教育基地成为党员干部重温革命历史和英烈事迹的重要课堂。近些年，已有十多个省市以教育基地为依托，在京举办专题展览，并到各地巡展。二是发挥媒体功能，增强影响力。中宣部宣教局会同中央电视台社教中心协调各地电视台分批摄制 269 集大型系列电视专题片《爱我中华》，在中央电视台和 40 多家地方电视台多次播出，受到关注和好评，其中反映红军长征内容的篇目还被中央电视台确定为十六大以来优秀影视展播节目。广东、河北、安徽、贵州、甘肃等省组织摄制介绍本地教育基地的专题片在电视台播放，并制作光盘发给基层单位。内蒙古博物馆、井冈山革命纪念地在电台开办“空中博物馆”、“我爱井冈山”专栏，普及科学知识，开展教育活动，吸引群众参与。一些地方和教育基地还利用互联网宣传介绍教育基地，搭建网上教育平台。江西把反映教育基地的文字、图片及影视资料充实到“江西英烈网站”上，北京在千龙网上建立“爱国主义教育基地巡礼”网页，上海在“爱国主义教育网页”上介绍全市 200 多个教育基地的情况，河南博物院推出中英文网站，山东莱芜战役纪念馆将自己的网站与政府网页链接。这些做法，使教育基地的作用得到进一步发挥。

4. 服务意识不断增强。教育基地越来越重视转变工作作风，努力在提高服务质量上下功夫。绝大多数教育基地能够落实中央 8 号文件和 16 号文件精神，为青少年参观开辟绿色通道，在门票上给予减免优惠。不少教育基地根据观众不同年龄层次、知识水平和接受能力，编写不同的讲解词，有针对性地组织开展教育活动。积极与学校联系，组织开展冬令营、夏令营活动，利用入学、入队、入团、成人宣誓等有特殊意义的日子，为青少年开展活动提供便利。广州市每年财政拨款 200 万元，在全国率先实行中小学生参观教育基地免费打卡制度，近几年已有 1300 万中小学生免费参观。上海市各级教育基地仅去年一年就免费接待青少年 294 万人次。北京市各级教育基地不仅对青少年集体预约参观实行免费，而且提供免费讲解服务。这些做法，受到了广大群众特别是青少年的欢迎。

5. 运营方式不断创新。近几年，很多地方顺应形势，改进创新，积极探索教育基地运营新模式。江西将发展红色旅游与爱国主义教育相结合，以发展红色旅游促进教育基地建设，围绕“红色摇篮，绿色家园”主题，举办系列活动，扩大教育基地影响，游客达 1760 万人次，综合收入 110 亿元。井冈山抓住当地“英雄的革命业绩与秀丽的自然风光相互辉映”特色，筹资开发六大自然景区，拓展了教育基地发展空间，去年门票收入超过亿元。浙江嘉兴市将红色旅游与绿色旅游融为一体，把南湖革命纪念馆与南湖风景名胜区统一管理，以红色旅游吸引人，用绿色旅游留住人，游客增加 1/3 以上。辽沈战役纪念馆重视市场调查和宣传推广，专门设立市场营销部，与 22 个城市建立旅游合作关系，与 50 多家旅行社签订协议书，使游客占到购票观众的 2/3，近年游客数量突破百万人次，带来稳定收入。

二、教育基地工作存在的主要问题

几年来，在党中央的高度重视和大力倡导下，在各地各部门和社会各界的有力支持和热情帮助下，在爱国主义教育基地广大干部职工的共同努力下，教育基地工作取得了长足进展，积累了宝贵经验。但我们也要清醒地看到，教育基地的工作与形势发展要求相比，与党中央和广大人民群众的期望相比，还有许多不适应的地方，还存在不少困难和问题。

1. 基础建设方面存在着重“硬件”、轻“软

件”现象。一些地方盲目攀比，不顾当地经济基础，热衷于上项目，甚至个别地方未经国家有关部门审核，擅自开工新建大广场、大纪念馆。一些地方对“硬件”建设热情高，在“软件”建设方面重视不够。一部分教育基地陈展内容苍白，在丰富主题思想、挖掘精神内涵上下功夫不够。少数教育基地还停留在“守摊子”阶段，服务意识不强，未能做到文明服务、规范服务。

2. 行政管理方面存在着部门过多、体制不顺现象。目前，各地教育基地管理涉及宣传、文化、教育、科技、民政、铁路、石油、文物、园林等十多个部门及部队、企业和地方政府，爱国主义教育没有统一的协调机制，没有统一的部署、规划、检查和考核，教育资源难以整合，教育功能不能充分发挥。宣传部虽承担协调指导责任，但受资金、人力和分散管理等具体问题限制，缺乏行使行政职能的有效手段，难以切实履行职责。体制不顺，活力不足，以至于出现这样的现象：旅游部门热情高涨却没有经营权，文化部门资源在手但不善经营；红色景点在地方却不归地方管，上级部门直接管但开发无力。机制不顺也在资金投入、干部使用和奖励分配等方面带来一系列问题。

3. 运营经费方面存在着投入不足、制约发展现象。近些年，虽然中央和地方对教育基地的投入有所增加，但由于教育基地众多，资助金额仍是杯水车薪，一时解决不了长期经费严重不足问题，特别是革命纪念设施类教育基地，基本是全额或差额拨款的事业单位，财政拨款仅够发工资，无更多资金用于设施维护和改扩建项目，加上近年来普遍对学生、现役军人等参观群体实行优惠政策，减少了收入，影响了发展。四川反映，内江市很多教育基地因经费不足连陈列室、办公用房这些基本设施都没有。湖北反映，宜城张自忠将军纪念馆与宜城革命烈士纪念馆因经费不足共用一个展馆。

4. 基本陈列方面存在着手段落后、内容单调现象。不少教育基地陈展方式多年不变，有的甚至几十年没有更新，至今仍采用“照片＋展柜＋文物”的模式，缺乏吸引力和感染力。很多教育基地陈列内容陈旧单一，缺乏时代感。湖北、吉林、新疆等地反映，一些教育基地在多侧面、多角度对文物史料进行科学诠释，赋予鲜活时代内涵方面做得不够，主题思想不够突出，精神内涵挖掘不足，缺乏富有特色的陈列精品和展览亮点，难以满足对干部群众特别是青少年进行爱国主义教育的新需求。

5. 队伍建设方面存在着管理不善、人员素质不高现象。不少地方不重视、不善于对教育基地进行管理。有的地方深化改革不够，教育基地没有形成竞争、激励、约束机制，缺乏发展活力；有的地方苦练内功不够，对教育基地建设存在“等、靠、要”思想；有的领导甚至把教育基地当成安排亲朋子女的“养老院”、“安乐窝”。很多地方反映，不少教育基地没有纳入机关事业单位公开招考进人机制，想用的人进不来，不想用的人调不走，造成人员年龄老化，文化水平偏低，缺少文物保护和经营管理方面的专业人才。调查发现，很多教育基地管理人员和讲解员素质不高，多数没有经过专业培训，讲解词单调，针对性不强，普通话不够标准，影响了教育基地作用的发挥。

6. 开辟市场方面存在着市场观念淡薄、服务意识不强现象。调查中发现，有的地方观念还比较僵化，在开辟市场方面缺少专门人才和行之有效的办法，尤其是一些红色教育基地缺乏服务意识，对依托自身发展红色文化产业研究不够，开发不出反映自身内涵和特色的文化产品，如形式多样的宣传品、有意义的纪念品等，不能很好地把红色资源转化为经济资源。

三、加强教育基地工作的意见和建议

加强改进爱国主义教育基地工作，对于新形势下更好地开展爱国主义教育、弘扬培育民族精神，具有特殊重要作用。根据中央领导同志指示精神，按照全国宣传部长会议关于加强改进爱国主义教育基地工作的总体要求，针对当前教育基地工作中存在的问题，提出如下意见和建议：

1. 加强对教育基地工作的规范指导。一是在中宣部等十部门 2004 年印发的《关于加强和改进爱国主义教育基地工作的意见》基础上，根据新的形势，修订完善文件，进一步细化要求、明确责任、落实任务。二是召开工作座谈会，总结交流经验，听取各方意见建议，就落实文件精神提出要求，推动面上工作。三是适当时候会同有关部门赴各地检查落实文件精神的情况，加强协调指导。四是为省级电视台提供系列电视专题片《爱我中华》播出磁带，并重新包装制作成光盘合集，赠送示范基地、基层单位和学校。同时，把它作为爱国主义教育影视资料，提供给全国重点新闻网站。

2. 研究制定加大教育基地投入的措施办法。一是继续组织实施全国爱国主义教育示范基地“533 工程”，增加对教育基地特别是中西部和贫困地区教育基地的投入。加强对“一号工程”和“533 工程”进展情况、资金使用和陈展内容的检查指导。二是以项目投入为手段，以激发活力为目标，提高资金使用效益。各级财政部门应按照公益性文化事业发展要求，核定教育基地正常运转支出，确保必要的人员经费、基本业务经费、设施维修经费和办公经费，同时要求各地每年从地方文化事业建设费中拿出一定比例的经费用于教育基地建设。三是在目前“分灶吃饭”的财政体制下，为切实解决部分教育基地“有钱建、没钱养”问题，在上一级财政转移支付中，明确列出教育基地的相关经费支出，确保其有比较稳定的经费来源。四是探索建立用部分旅游收入反哺教育基地的长效机制，完善有关税收优惠政策，就成立教育基地建设专项基金进行试点，鼓励、引导和规范社会力量参与教育基地建设。

3. 深化教育基地的内部改革。一是广泛征集文物史料，不断丰富展陈内容，积极借鉴国内外先进布展经验，运用多种手段改进展示方式。积极采用“请进来、走出去”的办法，定期组织巡展，扩大教育基地影响。二是以全国示范基地为龙头，以省地级教育基地为主体，整合爱国主义教育资源，优势互补，强强联合，发挥品牌效应。三是加强对工作人员特别是负责人和讲解员的业务培训，转变经营理念，增强综合素质，提高服务水平。四是按照中央《关于深化文化体制改革的若干意见》要求，坚持因地制宜、分类指导、循序渐进、逐步推开的原则，把教育基地作为特殊的公益性文化事业单位，积极稳妥推进人事、收入分配和社会保障制度改革。鼓励教育基地全面推行聘用制和岗位管理目标责任制。对不同类型教育基地实行不同的收入分配管理办法，加强监管，合理调节收入。同时，要引导教育基地重视职工的医疗养老保险，保障职工合法权益。要宣传推广教育基地这方面的成功经验。

4. 改进创新教育基地的管理体制。一是针对目前教育基地主管部门分散多样的实际，各地要在党委和政府领导下，建立健全教育基地管理工作领导小组，明确各有关部门的职能分工和工作职责，既强调“谁主管，谁负责”，又加强协调指导，形成合力。二是建立由各有关部门参加的联席会议制度，定期研究解决教育基地工作中存在的问题和困难。三是鼓励各地制定符合当地实际的教育基地管理规章制度，进一步明确、规范对教育基地社会效益和经济效益的评估、监测、考核和奖惩办法。四是坚持部门管理与属地管理相结合，允许各地从实际出发，探索建立党委领导、政府管理、行业自律、企业事业单位依法运营的教育基地管理体制。

（作者：中宣部宣教局副局级巡视员；企业处处长）

“八荣八耻”荣辱观的践行机制

乔法容

胡锦涛总书记提出的“八荣八耻”荣辱观，旗帜鲜明地解答了当代中国社会面临的一些伦理难题，全面而又系统地提出了“应当”与“不应当”的行为标准，划清了善恶、美丑界限，为新时期社会主义道德建设提供了明确的价值导向。在全社会广泛开展社会主义荣辱观教育活动，是新时期社会主义先进文化建设的迫切需要，也是保证经济社会健康发展的迫切需要。怎样在新的历史条件下使公民知荣明耻并自觉践行，最终牢固树立社会主义荣辱观，是一个十分重要的现实问题。

一、以“八荣八耻”荣辱观为评价标准，充分发挥社会道德评价体系扬善抑恶的功能

荣誉与耻辱是社会道德评价体系中的一对重要道德范畴，荣辱观是关于荣辱问题的基本观点和认识。作为社会道德意识的荣辱观，是评价善恶、美丑的道德标准，是社会道德评价体系中不可或缺的重要范畴。作为价值标准，它引领社会风气，是社会道德与文明发展水平的标志。可见，荣辱观是社会道德价值标准，是评价人们行为的道德尺度。它告诉人们什么是善的、什么是恶的，什么是美的、什么是丑的，社会应该提倡什么、反对什么，褒奖什么、谴责什么，从而形成统一的、明确的社会道德价值导向，在对道德活动主体的行为、品质作出善恶判断的道德实践中，发挥社会道德评价体系扬善抑恶、完善个体与社会的作用。因此，历史上的任何一个社会和时代，无不重视社会道德评价这一重要的社会调控手段。

荣辱观作为道德范畴，它的内涵不是永恒不变的，而是随着社会经济关系的变迁其内容也在不断发生变化。全面把握和理解不同时代的荣辱观，成为社会道德评价体系发挥作用的前提。从历史上看，不同社会形态甚至不同发展时代，不同阶级、不同阶层都有自己的荣辱观，甚至“每个社会集团都有它自己的荣辱观”。（恩格斯语）在原始社会公有制经济关系基础上形成的原始人的荣誉观念，是同劳动和履行本氏族内的义务相联系的，在反抗外族侵略时，勇敢被视为荣誉和美德。人们共同劳动，平均分配产品，人与人的关系平等，由此决定了原始人的荣誉观念是平等的；每一氏族成员只要勤奋劳动，切实履行自己的义务，都能获得荣誉，得到人们的敬重。进入阶级社会以后，原始人的荣誉观念受到私有制经济关系的猛烈冲击，平等的荣誉观念不复存在。掌握着生产资料的奴隶主阶级，往往把他们的身份、特权之大小和占有奴隶之多少看做荣誉。在封建社会，等级、门第和权势就是封建地主阶级所理解的荣誉。随着资本主义生产关系的发展，金钱和财富的多寡成了人们评价荣誉的标准。正如恩格斯所说：“金钱确定人的价值，这个人值一万英镑，就是说，他拥有这样一笔钱。”货币的价值就是货币所有者的价值。显而易见，荣誉观念归根到底源于人们所处的社会生活条件和经济关系，是不同社会集团的经济利益在道德上的反映。

那么，当今中国社会荣与辱的标准是什么？应该说，社会上的多数人是清楚的，但在支配人们选择的价值层面上，道德困惑乃是广泛存在的一种社会现象。从道德认知来看，我国进入社会主义建设时期后，党和国家大力倡导的“五爱”道德规范可谓家喻户晓；树立的雷锋、焦裕

禄、王进喜等一大批道德楷模更是深入人心，为推动道德进步发挥了示范作用。进入改革开放新时期之后，邓小平也多次论及这一问题，他说："以热爱祖国，贡献全部力量建设社会主义祖国为最大光荣，以损害社会主义祖国的利益、尊严和荣誉为最大耻辱。"要求给遵纪守法，诚实劳动，艰苦创业，为社会创造物质财富和精神财富的人以应有的荣誉。然而，毋庸讳言，随着我国现代化进程的加快，特别是经济体制的转型，在多元文化日益广泛而又深刻的影响下，一些人在对什么是荣誉的、什么是耻辱的标准上产生了许多模糊认识，甚至不乏荣辱颠倒的意识，深刻反映了社会变革时期价值观上的冲突。胡锦涛总书记提出的社会主义荣辱观，为社会道德评价体系提供了提倡与反对的标准、褒奖和谴责的标准，坚持什么、反对什么；倡导什么、抵制什么，旗帜鲜明。理论上，它涵盖了50多年来我党一贯倡导的"五爱"道德规范和公民道德规范的内容，进一步完善了社会主义道德评价体系，既承接了中国化马克思主义道德理论成果，又坚持在新的实践基础上的理论创新，从而把时代要求与中华传统美德、与中国革命道德有机结合，使社会主义荣辱观的内容更加丰富，要求更加全面，理论更加系统，特征更加鲜明，其现实针对性也更强，从而把中国化的马克思主义伦理思想推向了一个崭新的发展阶段。实践上，它抓住了当代中国道德建设中一个重要而又紧迫的现实问题，为社会主义道德进步确立了明确的价值导向。

我们应利用各种社会媒体等舆论手段，加强载体建设，创新教育渠道，努力在全社会形成以遵守社会主义道德为荣，违反者可耻的社会风尚。当前应该解决好一个较为现实且普遍的理论问题是，社会道德评价体系中的物质激励与精神激励间的互动机制问题。物质激励与精神激励作为社会赏罚，是社会道德调控借以实现的途径之一，对个体道德的发生发展和个体道德人格的完善具有重要的调控作用。怎样认识两种激励的关系？可以说我们既有只重视精神激励忽视物质激励的教训，也有只重视物质激励而淡漠精神激励的教训。与社会主义市场经济相适应的社会赏罚模式应该是，物质激励是基本手段，同时又要彰显其道德的内涵与精神价值；精神激励旨在发挥导引和提升职能，一般又要辅之以相应的物质激励。两种激励相互作用、相得益彰，由此形成的价值导向将会驱动人们去追求社会荣誉。邓小平曾说，对那些干得好的，给他们"颁发奖牌、奖状是精神鼓励，是一种政治上的荣誉。这是必要的。但物质鼓励也不能缺少"。他同时告诫全党和全国人民，我们是个穷国、大国，要艰苦创业，并要求共产党人和先进分子，用共产主义道德去指导和约束自己，发扬无私奉献的精神。因此，正确处理物质激励与精神激励的关系，对于社会道德评价机制的建构，对于最终形成道德主体践行社会主义荣辱观的内在动力，都具有重要的意义。

二、以"八荣八耻"荣辱观为行为准则，强化团体道德的规范力量

社会主义荣辱观的养成，不仅需要社会道德评价体系的力量，而且还需要强有力的团体道德的导引和规范。如果说个性品德的基础奠定于家庭，那么，培养具有道德理解力和道德理性的人，包括荣辱观念，则又是在团体中实现的。因此，团体内部必须要有一套具有强制力的行为规范和准则，并充分发挥约束与激励的功能。

首任日本伦理研究所所长的丸山敏雄在剖析日本旧道德的不足时指由："旧道德是没有强制力的"，"即使有人说：'从前的道德是空头支票。'我们恐怕也无法替那些道德申辩。"就是说，一个人做了违反道德的事，而道德对此则无动于衷或无能为力，这样，道德形同虚设，自然就失去了强制力。西方学者彼得斯和沃特曼在研究企业文化时写道，优秀公司的文化观念一般都带有很强的规范性或准则性。"它强制到这种程度：或者你接受他们的准则和规范；或者

你走开,没有折衷的余地"。

团体道德包括两个方面的内容,一是团体如何处理自身与其他团体和社会整体的利益关系,即团体对外关系的处理;二是对内关系的处理,指团体内部诸种伦理关系的处理。正确处理团体与社会整体的利益关系,就要坚持集体主义道德原则,"以热爱祖国为荣","以服务人民为荣",把祖国和人民的利益放在第一位,从而保证社会整体利益、团体利益和个人利益的协同发展。在实践中,团体道德既是树立良好团队形象的内在价值目标,也是直接影响其内部成员行为的文化要素。劳伦斯·米勒认为:"一个组织很像一个有机体,它的机能和构造更像是人的身体。坚持一套固定的信念,追求崇高的目标而非短期的利益,以及对一切行为最有影响力的,是它的灵魂。"近年来,我国的一些组织和团体,包括一大批大中型企业,都十分重视伦理文化建设,在团体道德建设方面做了一些开创性的工作,积累了丰富的经验,取得了明显成效。与此同时,在一些部门和团体中,也出现了一些新的伦理问题,如只谋小团体利益,不讲社会责任的"团体利己主义"表现突出,并在不少组织或团体中程度不同地存在,如近来社会特别关注的商业贿赂也多属这一层面的问题。团体利己主义意识与社会主义荣辱观倡导的集体主义道德原则是根本对立的两种价值观,它严重浸染社会道德风气,加重公民道德认同危机,其结果是把人导向狭隘的利己主义,导向善恶不分、荣辱颠倒的境地。而且,由于团体利己主义是以集团、组织为单位的谋利活动,因组织成员的依附性心理而遮掩了实质上的道德缺失,进而造成个体道德义务、责任意识的弱化,扭曲个体的荣辱心理,对社会主义荣辱观的确立,带来许多负面影响,这是当前社会主义荣辱观教育中必须重视的一个新问题。

团体道德的强制力与法律、政策的强制力的表现形式不同,它主要通过文化营造、价值牵引、舆论评价、组织管理上的制度制约等来实现。一般来说,一个组织良好、高效的团体,都有强有力的道德作支撑和保证。因此,团体或组织在社会主义荣辱观的教育中,占有重要位置,担负着特殊的道德责任。

三、以"八荣八耻"荣辱观为价值指针,培育个体健康的荣辱心理

荣辱价值标准体现的是社会道德评价,倡导的是社会道德要求,如何把社会道德评价转化为个体的自我道德评价,把社会道德要求内化为个体的行动法则,最终把社会价值目标转变成个体内在的价值准则,形成个体道德自律,这将是考量社会主义荣辱观教育成效的重要依据。

荣誉是一种社会道德现象,它反映了个人对集体、对社会的道德关系,是一定社会或集团对个体履行社会义务的德行和贡献的褒奖,既体现了个体活动的社会价值,也体现了个体的生存价值与发展价值。如斯宾诺莎认为:"荣誉是为我们想象着我们的某种行为受人称赞的观念所伴随着的快乐。""所谓光荣的幸福,即是为遵循理性而生活的人所称赞的行为。"孟子十分重视荣辱感对人的影响,认为,"人不可无耻,无耻之耻,无耻矣。……耻之于人大矣,为机变之巧者,无所用耻焉。不耻不若人,何若人有?"指出了荣辱心理与人生价值的关联。社会主义荣辱观以"热爱祖国、服务人民、崇尚科学、辛勤劳动、团结互助、诚实守信、遵纪守法、艰苦奋斗"为荣,褒奖为国家为人民创造物质财富和精神财富的个体,充分体现了社会主义荣誉观的价值导向,从根本上体现了个体价值与社会价值的统一。这些说明,荣誉范畴只有在不仅仅作为道德评价尺度,而且作为个体行为的价值尺度和价值目标的时候,人们才会去追求。这就要求公民以"八荣八耻"为道德准则,坚持知行统一原则,在道德实践活动中培育健康的个体荣辱心理,如自尊意识,摒弃虚荣、奢望、自卑、怯懦等不良道德心理。

自尊这一概念反映的是个体对荣誉的价值认同,同时,也是个体作为道德主体的价值显

现。罗尔斯提出自尊的两个内容及其存在的环境对我们很有启发。他在《正义论》一书中多次谈到“最为重要的基本善是自尊的善”，并指出自尊所具有的两个方面，第一，它包括一个人对他自己的价值的感觉，以及他的善概念，他的生活计划值得努力去实现这样一个确定的信念。第二，就自尊是在个人能力之内而言，自尊包含着自己对实现自己的意图的能力的自信。认为一个人如果没有自尊，那就没有什么事情是值得去做的。他进而指出自尊存在所需的种种条件，即有一个合理的生活计划，尤其是一个符合亚里士多德主义原则的计划，即认为人们从实现他们的先天或后天的能力的活动中得到享受，而且这种能力实现得愈充分，它自身愈复杂，得到的享受也就愈大。他提出的必要条件是，每个人都至少有一个有着共同利益（兴趣）的共同体，他属于这个团体，并且在这个团体之中他感到他的努力能受到他的伙伴们的肯定和赞扬，从而形成这种行为和努力是值得的信念以及自身的价值。这些思想说明，自尊意味着一个人为实现其合理计划而充分展现自己的能力；自尊需要的社会条件是要有一个利益共同体，由他人的评价而形成的自我价值的认同。19世纪德国哲学家费希特也曾深刻指出：“给予个人以荣誉的不是阶层本身，而是很好地坚守阶层的岗位；每个阶层只有忠于职守，圆满地完成了自己的使命，才受到更大的尊敬。”说明了荣誉与履行社会义务的辩证关系、荣誉与自尊的辩证关系。自尊是一种积极向上的人生态度，是主体对个体社会的价值认同，是个体价值与社会价值的有机融合。有了自尊感，人们就有了选择正当手段去追求社会荣誉的内在驱动力。

以“热爱祖国、服务人民、崇尚科学、辛勤劳动、团结互助、诚实守信、遵纪守法、艰苦奋斗”为荣的社会主义荣辱观，阐明了个体实现社会价值和个体价值、最终获得自尊的正当路径。当社会主义荣誉观转化为公民的价值认同，转化成个体内在的自尊感与羞耻心，公民就会去自觉践行。换言之，社会主义荣辱观的确立，最终诉诸于公民个体的道德自觉。社会道德评价体系作用的有效发挥、团体道德力量的强化、个体健康荣辱心理的培育，三个层面各司其责，相互配合，应当成为当前社会主义荣辱观教育的一个基本思路。

（作者：河南财经学院教授）

实践荣辱观贵在慎独

刘　日

在全社会树立以“八荣八耻”为主要内容的社会主义荣辱观，对提高全社会成员的思想道德素质，促进良好社会风气的形成，必将产生深远的影响。要树立中华传统美德与时代精神相结合的道德价值观，除了以转型期的现实问题为实践基础之外，还必须努力挖掘中华传统道德中的宝贵资源。我认为，“慎独”文化是中华传统道德中的精髓，党的领导干部作为实践社会主义荣辱观的中坚力量，应该做“慎独”的模范。

“慎独”是我国古代儒家创造出来的具有中华民族特色的自我修身方法。意思是说，君子在任何时候都不能和道德分离，否则就不是真正有道德的人。几千年来，这种修身的方法，对我国人民修身养性、人格铸造、提高道德水平都起到积极作用。在中国历史上，“慎独”被当做帝王和官员有德与无德、真德与假德的试金石，是先贤所倡导的一种重要的自我约束方法，是一种难能可贵的人格品质在社会生活中的显现，是一种趋近完美的道德修养境界。历史上有很多“慎独”的生动例证。东汉时，有“关西孔子”之称的杨震，以其“性公廉，不受私谒”著称，留下了“清廉诚四知”的典故。杨震出仕东莱太守期间，因公务途经昌邑，县令王密曾得到过他的推荐。这天夜里，王密谒见杨震时，从怀里取出十金相赠。杨震毅然拒绝道：“故人知君，君不知故人，何也？”王密说：“夜无人知，务必收下。”杨震严肃地说：“天知、地知、你知、我知，何谓无知！”王密见他如此廉正挚诚，只好羞愧而去。清朝大臣林则徐到虎门销烟时，在他的居所悬挂着一幅醒目的匾额，上书“慎独”二字，以警醒、勉励自己。

“慎独”，以自省作为起点和基础，强调道德修养必须在“隐”和“微”上下功夫。认为在最隐蔽的言行上能够看出一个人的思想，在最微小的事情上能够显示一个人的品质；强调道德修养必须达到这种境界，即在无人监督、无人知道的情况下，也能严格按道德原则办事；强调在社会公利和个人私利的对抗中要自我教育、自我监督、自我克制、自我完善，始终保持“慎独”的坚定性和自觉性。在新的文化历史背景下，“慎独”应该成为领导干部必须具备的一种美德。领导干部能否时时刻刻做到“慎独”，是衡量其是否具备以人为本、全心全意为人民服务自觉性的最佳标尺。

在我党历史上，涌现出许多“慎独”自律的好干部，像毕生严于律己，始终克己奉公的周恩来；于艰难竭蹶之中，经手巨量公款，个人分毫不沾的方志敏；厚德待人，把宽敞房子和高级轿车让给其他领导的项南；不拿公家一草一木，坚持不给女儿转正的谷文昌；还有党的好干部牛玉儒，曾向机关各部门宣布：有事找他，不论公事私事一律办公室谈，家门免进，以致在他的追悼会上，很多干部和企业家第一次见到他的妻子。这样的领导干部之所以能够做到一尘不染、两袖清风，一个重要的原因就是他们都能够始终坚守“慎独”的道德准则。人民热爱、颂扬、怀念这样的领导干部，不是因为他们显赫的地位和权力，而是由于他们高尚的品德和官风。

当前，有些地方荣辱观念出现错乱、颠倒，有些领导干部不但做不到“慎独”为官，甚至丧失了起码的廉耻心。他们言行不一、口是心非，台上一套、台下一套，当面一套、背后一套。嘴上说“国家利益高于一切”，行动上却是“为了个人利益不惜鱼肉百姓”;嘴上说“为人民服务”,行动上却是“为人民币服务”;嘴上说“密切联系群众”,行动上却是“密切联系帮派”;嘴上说“崇尚科学”,行动上却是“不信马列信鬼神”;嘴上说“艰苦奋斗”,行动上却是“铺张浪费、挥霍无度”。在“阳光照不到的地方”便腐化堕落,是他们的共同特征。贪污受贿,买官卖官,道德败坏,胡长清、成克杰、王怀忠、李嘉廷、韩桂芝、张二江、李真、马德等人就是这样的典型。这些领导干部丧失民心、被人民唾弃的原因是多方面的,但不注重为官的道德修养,面对各种私欲没有“慎独”克己的能力,是他们走上违法犯罪道路的重要原因。他们极大地损害了党的形象,成为实践社会主义荣辱观的绊脚石。

古人云:“德者事业之基,未有基不固而栋宇坚久矣。”从我国在转型期出现的诸多社会问题中可以发现:虽然我们建立了一套颇具系统性的廉政制度,但因为没有形成相应的推动制度落实的荣辱价值导向,致使有些地方陷入了越反越腐的恶性循环之中。在全社会荣辱观的弘扬过程中,官风决定着民风,领导干部引导着社会诸多领域的价值取向,所谓“正人先正己”,“育民先育官”,“上行则下效”,“官德隆,民德昌;官德毁,民德降”。领导干部是否具有高尚的道德品质,直接决定着实践社会主义荣辱观的成效。领导干部做到“慎独”,是彰显其具备社会主义荣辱观的重要依托,是其从政之本、用权之道、为官之魂。

领导干部如何达到“慎独”的精神境界?

首先,要增强塑造自身高尚道德人格的自觉性和紧迫感。在修身中每日三省,自觉解剖自己,不断清除有悖于社会伦理的东西,逐渐使社会主义荣辱观的要求内化为个人的道德信仰。既要学习贤人的高风亮节,又要吸取贪官身败名裂的教训,做到“四常”,即“常修从政之德,常怀律己之心,常思贪欲之害,常弃非分之想”。要甘于清贫、耐住寂寞,堂堂正正做人、清清白白做官,时时处处昭示人民公仆天下为公的高尚情怀。

其次,要结合“八荣八耻”的要求,做到十慎:一是慎始,把好“第一次”关口,具备果断拒绝诱惑的毅力,防止“千里之堤,溃于蚁穴”;二是慎终,做到精神支柱不倒、“59岁”现象不出、权力期权不用、防止晚节不保;三是慎权,防止滥用权力,以权谋私、买官卖官、弄权误身;四是慎欲,不被钱、色、名等欲望俘获,处理好民欲与官欲的关系,做到“体民之情,遂民之欲”;五是慎内,管好自己的配偶子女,防止“一人得道,鸡犬升天”;六是慎友,交有德之朋,绝无义之友,防止被损友“拉下水”;七是慎微,做到“不以恶小而为之,不以善小而不为”,防止小节上的蜕变;八是慎言,说话要注意政治、利于团结,防止口无遮拦;九是慎断,要深入调研,科学决策,防止违背规律、主观武断、误国误民;十是慎威,领会好领导权威的实质,做到恩威并用,不滥施威,不压制民主,不压制人才。要善于纳谏,激发下属的潜能,塑造团队精神,以“厚德载物”的宽广胸怀共谋发展。

“慎独”,是领导干部实践社会主义荣辱观的重要载体,开辟了继承中华传统道德的新舞台,充实了当代领导干部的为官内涵和道德标准。各级领导干部都应把“慎独”作为自身道德建设的着力点,以身作则,率先垂范,为营造有中国特色的社会道德氛围而自觉行动。

(作者:河北行政学院党委书记、常务副院长)

青少年荣辱观现状及教育对策

河北科技师范学院、秦皇岛市政研会课题组

为全面把握青少年荣辱观现状，并根据现状提出相应教育对策，由河北省政研会立项，由河北科技师范学院和秦皇岛市政研会共同承担了《青少年荣辱观现状及教育对策研究》课题的研究工作。课题组精心设计了调查问卷，并向小学4—6年级、初中1—3年级、高中1—3年级、大学1—4年级学生共发放调查问卷2200份，收回有效问卷2104份，有效率为95.6%。

一、青少年荣辱观现状分析

(一)青少年都热爱祖国，但小学生的爱国情怀稍差些

调查结果表明，绝大多数青少年都热爱我们伟大的祖国，在国家遇到危难和困难的时候，可以毫不犹豫地献出一切，包括自己宝贵的生命。如有92.7%的青少年表示一定要向军人学习，时刻捍卫国家尊严和领土完整；有92.3%的人表示向钱学森学习，放弃美国的优厚待遇，为祖国建设贡献自己的力量。从对不同年龄段的青少年比较分析来看，小学生的爱国情怀明显不如其他年龄段学生。如对王伟撞机事件的评价，小学生中有81.5%的人认为王伟是英雄，一定要向他学习，而中学生、高中生、大学生认为王伟是英雄的要比小学生高出13个百分点。

(二)青少年具有一定的迷信思想，且随着年龄的增长，对命运的相信程度呈上升趋势

青少年一般都比较相信科学，不相信命运，认为命运掌握在自己的手中，但有4.5%的人非常相信命运，经常占卜，有33%的青少年有点相信命运，有时占卜。随着年龄的增长，青少年对命运的相信程度呈现上升趋势。如选择有点相信命运有时占卜的，小学生占25.1%，中学生占24.3%，高中生占30.9%，大学生竟达到了42.1%；夜里做了噩梦，第二天做事时非常谨慎小心的，小学生占21.8%，中学生占27.8%，高中生占29.6%，大学生达到35.4%。

(三)青少年都具有较强的劳动观念，但在不同的场合却表现出不同的劳动态度

青少年都具有较强的劳动观念，普遍认为劳动是光荣的，都积极参加各种有益的劳动。通过对不同学段学生的劳动观念比较分析来看，随着年龄的增长，他们在不同场合的劳动态度有很大的不同。首先，对于集体劳动，中学生、高中生的劳动观念要强于小学生和大学生。如在回答班级组织的集体劳动时，中学生、高中生选择积极参加的人数平均要比小学生和大学生高出19.4个百分点。其次，对于与自己有亲情关系的劳动，劳动观念随着年龄的增长而增强。如主动承担家务劳动的，小学生占56.2%，中学生占75.3%，高中生占84.5%，大学生达93.3%；有49.2%的小学生，55.2%的中学生、60.4%的高中生、70.2%的大学生赞同不仅要把自己的事情干好，还应帮助父母干些力所能及的事情。

(四)青少年普遍具有助人为乐的优秀品质，但小学生略逊色

调查发现，青少年都具有助人为乐的优秀品质，认为助人为乐是中华民族的传统美德。有93.8%的青少年在火车上会给身边无座的老人让座；有90.4%的人认为大学生跳下粪池救掏粪工人献出了年轻的宝贵生命非常值

得;有90.2%的人认为在当今仍需大力发扬雷锋精神;有91.5%的人会为媒体报道的身患绝症无钱治病的人捐款。通过对不同学段学生的比较分析发现,小学生助人为乐的品质稍差些。如认为雷锋精神过时了的,小学生占3.2%,而中学生、高中生、大学生均为0,此外还有5.1%的小学生表示决不会当雷锋。

(五)青少年在诚实守信方面有一定欠缺,大学年龄段的青年表现尤为突出

调查发现,当在大街上拾到一笔钱时,有20%的人在找不到失主的情况下自己留下;有7.4%的人根本不去寻找失主就据为己有;有13.3%的人在借了朋友的钱到了该还的日子却仍没钱还时会编一个合理的理由;晚上看电视时间过长而影响了第二天早晨上学时,有17.7%的人会编造一个合理的理由。通过对不同学段学生的比较分析发现,大学生在诚实守信方面明显不如其他学段的学生。如在大街上拾到一笔钱,只有56.9%的大学生寻找失主或主动交给警察,而小学生、中学生、高中生所占比例分别为84.3%、91.9%和81.8%,相反把钱装进自己口袋的大学生所占比例最高,为9.9%,而其他学段的学生都在5%以下,找不到失主自己留下的也是大学生所占比例最高,为33.2%,其他学段的学生都在10%左右。

(六)青少年都具有一定的艰苦奋斗思想,不同年龄段的人没有明显区别

大多数青少年能够认同艰苦奋斗的革命作风,艰苦奋斗作风没有完全被青少年遗忘,但也不排除部分人有骄奢的生活作风。认为在生活中应该知道勤俭节约的占93.1%;在饭店吃饭选择把剩下的饭菜打包带回去的占83.7%,想打包带回去,又怕丢面子的占9.7%,认为不应该打包回家的占6.6%;有6.2%的人认为买东西越贵越显得有档次、有地位,34.5%的人偶尔也这样认为,不这样认为的只占59.3%;有88.1%的青少年认为应该保持艰苦奋斗的作风,有5.2%的人觉得可笑。

二、加强对青少年进行荣辱观教育的对策

(一)建立健全加强青少年荣辱观教育的长效机制

对青少年荣辱观教育是一个长期而艰巨的教育过程,青少年荣辱观的形成受到包括家庭教育、学校教育、社会环境、大众传媒、同龄群体等诸多因素影响,因此要建立加强青少年荣辱观教育的长效机制。为了子孙后代的健康成长,家庭、学校和社会都要充分认识到加强青少年荣辱观教育的重要性和紧迫性,树立大局意识和全局观念,统一教育思想,使家庭、学校和社会教育形成一股合力,坚决杜绝学校、家庭和社会三方面的教育效果互相抵消的不良现象。组织专家、学者研究制定适合不同年龄段的教育方案,并在全社会大力宣传推广,确保荣辱观教育从娃娃抓起,使孩子在成长过程中受到潜移默化的影响。

(二)强化舆论宣传,充分发挥典型示范作用

青少年荣辱观的形成受到社会大环境的影响,尤其是社会舆论和社会媒体宣传的影响。因此,国家应该进一步健全各种法律法规,加强对各种新闻媒体的监督,规定新闻媒体少作负面宣传报道,尤其是对社会阴暗面的报道,多作正面宣传报道,多抓典型,多树典型,大力宣传表彰发生在青少年身边的先进人物和先进事迹,激励青少年向先进看齐,引导青少年正确对待生活中的失衡现象。加强对网络的监管,及时清理网上不健康的信息,严厉打击传播不健康信息的个人和群体。提高全民族素质,大力度纠正社会不正之风,使全社会形成知荣明耻的良好社会风气。

(三)创新教育模式,发挥学校对青少年荣辱观教育的主阵地作用

1.把社会主义荣辱观教育与课堂教学紧密结合起来,把社会主义荣辱观引入教材、引入课堂。由国家集中力量编写一批既可传授科学文

化知识又涵盖荣辱观教育内容的优质教材，使青少年在接受文化教育的同时接受社会主义荣辱观教育，努力使社会主义荣辱观教育入耳、入脑、入心。教师在课堂教学时，也应该把荣辱观教育作为教育的重点，充分发挥教师的示范作用，言传身教，把教书和育人有机结合起来。

2. 把社会主义荣辱观教育同校园文化建设有机结合起来，让青少年在良好的文化氛围中接受教育。各级各类学校应积极加强校园文化建设，继承和发扬优秀的校园文化传统，加强校园文化景点建设，悬挂名人名言字幅，陈列名人画像，开展文明班级、文明学生评选活动，举办各种积极健康的演讲比赛、辩论赛、学习报告会，开展扶贫济困、公益劳动、志愿者行动等活动，使青少年在日常的学习生活中接受先进文化的熏陶和文明风尚的感染。

3. 把青少年社会主义荣辱观教育同学校的教育管理有机结合起来，通过严格的纪律规范青少年的行为。学校应逐步健全各种制度，把荣辱观的深刻内涵细化、硬化为行动指标，使对青少年思想道德的要求由软到硬，由虚变实，把对青少年的荣辱观教育融入到各种制度管理中，建立青少年荣辱观评价机制，规范青少年的日常行为，明确告诉他们什么事情可做，什么事情不可做。

4. 把青少年社会主义荣辱观教育和社会实践活动有机结合起来。应该让青少年积极走向社会、充分接触社会、全面了解社会，把对青少年荣辱观教育的理论教化内化为青少年的思想，表现在行动上，从根本上解决知与行的统一。积极引导青少年参加志愿者活动、社会劳动、社会调查和公益活动，使青少年在实践中知荣明耻、锻炼意志、升华认识。

5. 把社会主义荣辱观教育同师德建设结合起来，充分发挥教师的示范作用。教师队伍的思想政治素质和道德修养、荣辱观念对青少年的成长起着十分重要的作用。因此，在加强社会主义荣辱观教育的同时，必须加强师德建设，使社会主义荣辱观教育和师德建设有机结合起来，以良好的师德和教风带动校风、学风建设，使教师成为弘扬社会主义荣辱观的表率和楷模。

（四）集中力量解决青少年荣辱观存在的较大问题

1. 加强对小学生的爱国主义教育和助人为乐教育。按照中宣部《爱国主义教育实施纲要》的要求，逐步拓宽爱国主义教育渠道，增设爱国主义教育基地，出版爱国主义教育图书，放映爱国主义教育影片，利用节假日庆典活动渗透，利用生活环境渗透，邀请英雄人物作报告，充分利用各种显性和隐性课程教育。多组织一些集体活动，让学生在活动中养成助人为乐的良好习惯。建立与学生家长沟通制度，引导家长配合学校做好学生的思想教育工作。要求学生每周为同学做一件好事，让学生在助人为乐和接受别人的帮助中感受到集体的温暖。

2. 加强对大学生的诚实守信教育。大学生是祖国的栋梁，人生观、世界观趋于成熟，二十年的生活经历告诉他们诚实守信有时并未能让自己得到益处，这是社会造成的，为此必须提高大学生的诚信意识。为使整个社会都诚实守信，诚实守信教育必须从青少年抓起。应健全规章制度，为青少年建立诚实守信档案，详细记录每个人的诚实守信情况，档案直接与他们的学业、事业挂钩，促使他们诚实守信。

3. 加强科学教育，反对封建迷信。大力宣传科学文化，挖掘社会上由于相信封建迷信带来的恶果，用反面的教材教育青少年。加紧对青少年的世界观、人生观教育，使他们从小就树立正确的人生观；加强对青少年的心理健康教育，教会他们如何应对困难和挫折。

4. 加强对青少年劳动观念教育。勤劳勇敢是中华民族传统美德。学校应多组织一些有意义的公益劳动，父母也应让子女在家多干些力所能及的家务活儿，让青少年从小就知道劳动光荣的道理。

（课题组成员：张永利　戴喜梅　高玉峰　贺宇典　田　毅　郑玉才　王　伟　陈玉林　李艳坡　章文山　董连轩）

社会主义核心价值体系的基本特性

赵绪生

党的十六届六中全会提出构建以"马克思主义指导思想,中国特色社会主义共同理想,以爱国主义为核心的民族精神和以改革创新为核心的时代精神,社会主义荣辱观"为基本内容的社会主义核心价值体系。社会主义核心价值体系作为新时期和谐文化建设的根本任务,是在党领导改革开放和社会主义现代化建设、全面建设和谐社会的时代背景下提出来的。社会主义核心价值体系不仅具有丰富的理论内容,而且具有鲜明的理论特性。

一是时代性。每一时代的社会核心价值观必然反映该时代政治经济文化的发展现实,体现该时代政治经济文化的发展要求。社会主义核心价值体系是在中国社会从传统计划经济社会向现代市场经济社会转型、从封闭社会向开放社会转型过程中全面建设和谐社会的背景下提出来的。在社会转型过程中,社会政治经济结构变迁以及思想文化多元化导致一些群众的社会价值观迷失、理想信念失落、社会道德失范。传统的主导价值观和社会道德规范被解构,而新的适合时代发展要求的价值观、社会规范却未成功地建立起来。因此,解决社会转型过程中出现的因社会价值观迷失带来的理想信念失落和道德行为失范问题,迫切需要我们努力建设社会主义核心价值体系。

面对社会转型给社会价值观带来的严峻挑战,社会主义核心价值体系必须要在内容和本质上体现时代的精神,反映时代的要求,回答时代的问题。以改革创新为核心的时代精神体现了社会主义核心价值观的时代性,提出要以改革创新的精神面对和解决社会转型带来的新要求新问题。构建适应时代发展需要的社会主义价值观念体系,必须从当前时代发展的特点出发,从人民群众的根本利益和现实需求出发,解放思想、实事求是、与时俱进地丰富和发展社会主义核心价值内涵,增强社会主义核心价值的针对性和实效性,发挥社会主义核心价值对现实问题的解释力和引导力。

二是继承性。社会主义核心价值体系的继承性体现为:坚持马克思主义指导思想,坚持中国特色社会主义共同理想,继承以爱国主义为核心的传统文化精华。建设中国特色社会主义事业,必须坚持马克思主义在意识形态领域的指导地位,以中国化的马克思主义思想统领社会主义文化建设。中国革命、建设和改革的实践经验证明,只有坚持马克思主义指导思想地位不动摇,才能确保中国革命、建设和改革事业不迷失方向。坚持马克思主义指导思想,是我们立党立国的根本,决定着中国特色社会主义现代化事业的性质和方向。只有坚持马克思主义指导思想,中国特色社会主义现代化事业才能沿着正确的道路不断取得新成就。

在全社会形成共同理想是建设中国特色社会主义事业的根本,也是社会主义核心价值体系继承性的体现。在推进改革开放和发展市场经济进程中,中国特色社会主义共同理想是团结全党和全国各族人民的"方向盘",共同理想以其明确的奋斗目标和共同的价值理念把全党和全国各族人民的力量凝结成合力,共同致力于建设中国特色社会主义事业。坚持用马克思主义中国化的最新成果武装全党、教育人民,用中国特色社会主义共同理想凝聚力量、激发活力,增强全党和全国各族人民全面建设小康社会和构建和谐社会的信念和信心。加强马克思主义理论研究和建设，增强党的思想理论工作的创造力、说服力、感召力。

继承以爱国主义为核心的民族精神，是社会主义核心价值体系继承性的重要体现。爱国主义是指人们在长期历史发展过程中形成的对自己的祖国、民族、语言文字和优秀传统的热爱。爱国主义是全国各族人民风雨同舟、自强不息、维护统一的强大精神支柱。在改革开放和现代化建设进程中，我们仍然需要继承爱国主义的民族精神，最大限度地凝聚和动员包括港澳台同胞和海外侨胞在内的全体中华民族力量。通过激发人们对祖国荣誉和尊严的强烈自豪感，对祖国兴衰的强烈责任感和义务感，从而为建设中国特色社会主义事业而努力奋斗。

三是开放性。社会主义核心价值体系不是一个封闭僵化的思想体系，而是一个开放发展的思想体系。社会主义核心价值体系的开放性是指其面向社会现实，根据改革开放和市场经济发展的新情况新要求，通过不断吸纳和提升现实生活中的新问题新经验，不断丰富和发展社会主义核心价值体系。片面的、孤立的、静止的价值观念必定脱离现实生活，并在内容和形式上逐渐僵化，从而失去对现实生活的话语权和真正意义上的引导作用。只有坚持解放思想、实事求是、与时俱进地保持开放性，不断跟踪研究现实中的新情况新问题，不断丰富和发展社会主义核心价值体系，才能显示出其强大的生命力，占据时代精神的制高点。

建设社会主义核心价值体系，首先不能脱离中国的传统文化，需要从中国传统文化的深厚土壤中汲取有利于和谐文化建设的有用成分。社会主义核心价值体系只有植根于中国深厚的社会土壤，对民族传统文化中的价值观采取取其精华、去其糟粕的态度，结合新时代发展的要求，不断推陈出新，才能创造出得到广大人民群众广泛认同而又富有生命力的社会主义价值观。比如，对传统的社会价值观进行整合，吸取刚健自强、艰苦奋斗的积极价值观，放弃权力本位、因循守旧的消极价值观等。“八荣八耻”社会主义荣辱观就是继承发展中华民族传统美德和民族精神，体现改革开放和社会主义现代化建设时代精神和价值取向的荣辱观。

建设社会主义核心价值体系，必须继承和发扬一切优秀的文化成果，必须具有世界眼光和开放思维，增强社会主义核心价值的感召力和影响力。在保持和发展本民族文化的优良传统，把优秀的民族精神纳入社会主义核心价值体系的同时，还要积极地吸取世界其他民族的优秀文化成果，实现文化发展事业的与时俱进，以开放的精神主动吸收和借鉴国外的先进文明成果。有学者指出，“从价值构成上看，每一种文明都含有殊别价值和普世价值两种成分以及相应的制度”。在世界文化多样性和全球文化激荡的大背景下，构建社会主义核心价值体系，就需要在认清特殊价值与普世价值的区别的前提下，一方面努力发掘传统文化中的普世价值观，以传统文化精华中的价值观丰富社会主义核心价值观；另一方面大胆吸收世界文明中的普世价值观，善于从其他国家和民族的优秀文化中汲取营养，通过对资本主义社会价值观在批判的基础上加以扬弃，进而丰富社会主义核心价值观。

四是包容性。对多样性的社会价值观采取包容性的态度，这是我们建设社会主义核心价值观的重要特性。包容性是现代社会生活的核心原则之一，也是现代社会政治价值体系的重要要素之一。包容性是指彼此承认不同的意见和立场是可以理解的，彼此能够文明地运用辩论而不是暴力的方式对待不同意见和立场。社会价值观的包容性是指不同的价值观之间互相理解、彼此允许存在，并力求说服和影响对方的行为和态度。包容地对待不同意见，鼓励不同观点之间的争论有助于促进社会智力和社会道德的健康发展。

在中国社会转型时期，由于社会经济成分、组织形式、就业方式、利益关系和分配方式日益多样化，人们思想活动的独立性、选择性、多变性、差异性明显增加，各种思潮相互交错、相互激荡，社会价值观的多样性成为社会发展的必然趋势。如何既能坚持社会主义核心价值的主体地位，又能确保不同社会价值观的多样性并存，这是建设社会主义核心价值体系迫切需要解决的突出问题。“坚持以社会主义核心价值体系引领社会思潮，尊重差异，包容多样，最大限度地形成社会思想共识。”这一论断明确指出了社会主义核心价值体系所体现出的包容性特性，即坚持社会主义核心价值的主导和统领地位，尊重和包容多样价值观，以形成社会思想共识为最终目标。

对于社会转型时期的社会价值观进行整合，必须要在尊重多样性的基础上，对各类价值观作出合理的引导。社会主义核心价值体系所体现的包容性就是对人们日常观念、生活方式和价值观念上存在的多样性的认可和提倡而不是简单粗暴地对其排斥。社会主义核心价值观的包容性特性表明：不论社会思想观念如何多样性和差异性，不论人们价值取向如何多元化和多变性，我国社会主义核心价值体系的主导地位是永远不能动摇的。以社会主义核心价值体系为根本，尊重不同阶层、不同群体价值取向的多元化和多样化发展，以“海纳百川，有容乃大”的包容态度处理不同的价值观之间的关系。正如江泽民所指出的，认识和处理不同社会价值观上的差异，正确的态度应该是，“这个世界应少一些对抗，多一些对话，少一些傲慢和偏见，多一些交流和沟通。这样才能共同发展进步”。换句话说，人们应当以包容性的态度首先承认社会价值观上存在差异性和多元性的客观现实，然后通过交流和沟通，消除隔膜与误会，在相互学习和取长补短的对话和交流中，求同存异，形成共识，实现和谐。

（作者单位：中共中央党校党建部）

从教育入手　夯实建设社会主义核心价值体系的基础

中共陕西省铜川市委宣传部

建设社会主义核心价值体系，教育要先行。搞好社会主义核心价值体系教育是构建社会主义核心价值体系的基础工作和重要内容，也是宣传思想部门的重要职责和具体任务。只有通过扎实深入细致的教育活动，才能使这一重大理论成果和战略部署被人民群众准确理解、普遍接受和全面掌握，成为群体意识和自觉行动。2007年3月至9月，我们在全市集中开展了“搞好社会主义核心价值体系教育，推进和谐文化建设”专题教育活动，对巩固全市人民群众的共同思想基础、构建和谐社会起到了积极的促进作用。

一、在提高认识上下功夫，认真部署教育活动

党的十六届六中全会通过的关于构建社会主义和谐社会的决定，向全党提出建设社会主义核心价值体系的重大战略任务。这是我们党推进中国特色社会主义伟大事业在思想政治战线的一个重大理论创新，是宣传思想部门必须切实抓好的一项十分重要的基础工作。为了扎实深入地开展教育活动，我们一是反复讨论，形成共识。通过召开全市宣传文化系统建设社会主义核心价值体系座谈会，深入学习党的十六届六中全会和全国宣传部长会议精神，准确理解和把握社会主义核心价值体系的深刻内涵和建设社会主义核心价值体系的重大意义，组织专题调研组下基层调研，广泛听取大家对开展社会主义核心价值体系教育活动的意见和建议；在全市宣传文化系统开展“建设社会主义核心价值体系，宣传思想战线应该做什么？”大讨论等活动，形成了只有抓紧抓好社会主义核心价值体系教育，才能形成全民族奋发向上的精神力量和团结和睦的精神纽带，才能更好地筑牢全市人民的共同思想基础，才能为迎接党的十七大、构建和谐铜川提供强大的思想保证和精神支撑的共识。二是成立组织，加强领导。为了保证教育活动科学有序的开展，我市专门成立了社会主义核心价值体系教育领导小组，设立了教育活动指导办公室，负责组织、指导教育活动的开展。各区县也成立了相应的组织，使教育活动自始至终得以顺利开展。三是制定计划，明确要求。在多次调研和反复讨论的基础上，市委宣传部经过三次部长办公会议讨论修改，下发了《关于在全市开展社会主义核心价值体系教育推进和谐文化建设活动的通知》，明确了我市开展社会主义核心价值体系教育的重大意义、指导思想、目标要求、主要内容和具体措施。同时市委宣传部还明确要求，在开展社会主义核心价值体系教育中，机关单位要做到“六个一”(定一个学习计划、建一个学习园地、书记讲一次核心价值体系党课、组织一次报告会、召开一次座谈会、进行一次学习效果测验)，党员干部要做到“五个一”(每人记一万字的学习笔记、参加一次讨论会、听一次报告会、写一篇体会文章、参加一次考试)，使教育计划得到了进一步细化。四是层层发动，引起重视。市委宣传部先后组织和召开了“创建和谐社区，构建和谐家园”启动仪式、全市农村精神文明建设现场会、市级机关开展社会主义核心价值体系教育推进和谐文化建设活动动员大会和开展社会主义核心价值体系教育、努力构建学习型企业工作会议，分别对机关、企业、社区、农村开展社会主义核心价值体系教育的工作进行了层层

动员。通过深入的思想发动，使教育活动从一开始就做到“三明确、三到位”，即明确了教育活动的重大意义、明确了教育活动的目标要求、明确了教育活动的主要内容，做到了思想发动到位、组织领导到位、计划安排到位。

二、在理论武装上下功夫，准确掌握教育内容

社会主义核心价值体系是我们党最新的理论成果，搞好社会主义核心价值体系教育，理论武装工作尤为重要。为了把教育活动抓实、抓细、抓具体，我们在理论武装上着重做了四个方面的工作。一是精心选定理论文章，确保理论武装的针对性。我们联系购买了1000册人民日报出版社编写的《建设社会主义核心价值体系学习参考》下发基层，作为教育活动的基本教材。为了更紧密结合实际，我们又有针对性地挑选了10篇学习必读文章和11份学习参考资料，编写了《社会主义核心价值体系学习问答100题》，以《宣传动态》特刊的形式，分三期下发各单位组织学习，使理论武装工作的针对性得到了有效增强。二是深入开展理论宣讲，确保理论武装的广泛性。教育活动开始后，市委宣传部和各区县宣传部分别组织成立了理论宣讲团，深入机关、企业、农村、社区，进行了100多场面对面的专题理论宣讲和报告，及时将社会主义核心价值体系这一最新理论成果传达给了广大干部群众。7月30日，我们还邀请中共中央党校教授、博士生导师、全国思想政治工作科学专业委员会主任张蔚萍同志，来我市作了建设社会主义核心价值体系专题报告，市委书记、市人大主任吴前进，市长冯新柱，市政协主席刘选民等20多名市级领导和全市800多名县处级、科级干部认真听了报告。印台区在开展“心贴心，面对面，我和群众在一起，千名党员下基层”活动时，每名机关干部带着社会主义核心价值体系的宣讲任务下基层，使社会主义核心价值体系的基本内容和主要观点，在全区得到了广泛宣讲。三是分层搞好理论学习，确保理论武装的科学性。我们在将社会主义核心价值体系教育纳入干部的理论学习计划，纳入党校培训计划，纳入学校德育教学计划的同时，为了使理论武装工作更加贴近受教育者的实际，注重根据不同的教育对象，组织学习教育。对各级党委中心组成员和科以上领导干部，侧重于讲授社会主义核心价值体系的精神实质和理论内涵；对普通党员和一般干部侧重于基本内容和基本观点的学习；对普通群众和学生侧重于建设中国特色社会主义共同理想、民族精神、时代精神和荣辱观的教育。四是认真开展理论研讨，确保理论武装的实效性。依托《铜川日报》理论专版和部办刊物《宣传动态》，开展了“社会主义核心价值体系大家谈”、“和谐文化建设笔谈”等活动，分期集中组织领导干部、宣传部长、理论教育工作者和典型人物谈社会主义核心价值体系，形成了34篇具有一定理论性、思想性、实践性的研讨文章。为了检验社会主义核心价值体系教育活动的效果，我们对全市672名副县级以上干部进行了理论测试，绝大多数参试人员都取得了优秀成绩。

三、在丰富载体上下功夫，努力活跃教育形式

为了保证教育活动的吸引力、感染力，我们充分运用多种宣传文化传播载体，采取内容丰富、形式活跃的宣传教育形式，使广大干部群众在潜移默化中受影响、在寓教于乐中受教育。一是充分利用传统媒体，营造浓厚教育氛围。市委宣传部专门制定了“铜川市开展社会主义核心价值体系教育活动新闻宣传方案”，召开了市级新闻媒体负责人会议，全面安排部署了教育活动的新闻宣传工作。铜川日报、铜川电视台、铜川人民广播电台分别开办了“搞好社会主义核心价值体系教育，推进和谐文化建设”、“开展社会主义核心价值体系教育，喜迎十七大”等专题节目，采取领导访谈、知识介绍、经验交流等方式，大力宣传我市开展社会主义核心价值体系教育的典型事例、先进人物和基本做法，为

教育活动的顺利开展营造了良好的宣传舆论氛围。二是有效发挥互联网作用，扩大教育的影响面。针对互联网传播速度快、影响大、范围广的特点，我们利用互联网扩大了教育活动的影响面。在“铜川宣传网”开设了“社会主义核心价值体系教育，推进和谐文化建设”专题网页，全面刊载教育活动的信息。只要点击“铜川宣传网”，就可以阅读到我市关于开展社会主义核心价值体系教育活动的所有文件和专题学习材料。“铜川市政府信息网”也在本市新闻栏目中，及时宣传报道教育活动的开展情况。三是大力开展群众性的文化活动，增强教育的吸引力。市委宣传部在部署安排“激情夏日、和谐铜川”系列广场文化活动时明确要求，要将广场文化活动和正在开展的社会主义核心价值体系教育活动紧密结合起来，通过文艺演出的形式大力宣传社会主义核心价值体系。两个月的广场文化活动，49 场文艺演出，天天都有反映改革开放新成就的好作品，场场都有讴歌民族精神和时代精神的好剧目，使人民群众在欢歌笑语中接受了教育、净化了心灵、提升了境界。市委宣传部还与市文明办、市创卫办共同组织了“展示铜川新形象，构建和谐新铜川”演讲比赛，比赛进行近百场，参与演讲近千人，受教育群众达万人。耀州区、市文联、市检察院、市财政局、市粮食局分别举办了《魅力铜川》摄影展、职工书画展等活动，宜君县排演了反映连续 23 年照顾孤寡老人的敬老院院长王桂芳的大型眉户剧《王桂芳》，极大地活跃了教育活动。

四、在结合渗透上下功夫，切实增强教育效果

开展社会主义核心价值体系教育不能就教育抓教育，而应该和实际工作结合起来一起抓，只有这样才能增强教育活动的生命力和战斗力。教育过程中，我们一是注重与市情教育相结合，变远为近。铜川具有深厚的历史文化积淀，是药王孙思邈、画家范宽、书法家柳公权的故里，是照金革命根据地旧址所在地。在新的历史时期又涌现出了郭秀明、党员三兄弟、郭艳、王桂芳等一批时代先锋和先进典型。改革开放尤其是近年来，全市人民按照“5523”的发展思路建设以现代建材业为主导的新型工业城市，经济社会发展取得辉煌成就，城乡建设、人民生活水平等方面发生了巨大变化。我们在开展教育活动时，注重用这些身边的典型事例来教育干部群众了解铜川的悠久历史、灿烂文化，了解我市“十一五”发展蓝图和全面建设小康社会的奋斗目标，使广大人民群众牢固树立了热爱铜川、建设铜川，为实现铜川跨越发展自觉奋斗、建功立业的思想，拉近了理论教育和现实生活之间的距离。二是与实际工作相结合，变小为大。各区县、各部门都能把社会主义核心价值体系教育活动与创建文明城镇(村)、文明行业、文明单位、文明社区、文明家庭等精神文明创建活动结合起来，一并安排部署，一并考核验收。全市 30 多个窗口服务行业在开展的“创佳评差”活动时，也把开展教育活动的情况作为一项基本内容来落实。我们还要求各行业在评选先进工作者、文明标兵、劳动模范、优秀党团员，农村评选星级文明户，学校评选三好学生，工商部门评选守法经营户，机关评选优秀公务员等，都要充分体现社会主义核心价值体系教育成果的基本要求，把单纯的教育活动变成了构建和谐铜川的共同行为。三是注重与目标责任制考核相结合，变软为硬。我们以今年在全市广泛实施的年度目标责任考核为契机，将社会主义核心价值体系教育的开展情况纳入考核范围，提出了明确的考核范围、考核内容和考核标准，使教育活动变成了具体的工作责任，调动了各级干部搞好教育活动的积极性，保证了教育活动的有力开展和长期进行。

建设社会主义核心价值体系既是一个重大的现实课题，又是一项长期的战略任务，我们将以这次集中教育活动为开端，积极探索用社会主义核心价值体系引领社会思潮的有效途径，进一步引导全市人民群众坚定不移地走建设中国特色社会主义的伟大道路。

建设社会主义核心价值体系的路径

姚庆武

党的十六届六中全会第一次明确提出了建设社会主义核心价值体系的战略任务，这是我们党在思想文化建设上的一个重大理论创新，是党在新形势下加强意识形态工作的新理念、新举措。建设社会主义核心价值体系是一项浩繁复杂的系统工程，是长期的任务，不是短期内就能奏效的，需要遵循人们价值观念生成和发挥作用的客观规律，因势利导。从目前的现实情况来看，我们应该着力做好四项工作。

一、深化社会主义核心价值体系的学习研究

社会主义核心价值体系是马克思主义中国化的最新成果之一，建设社会主义核心价值体系对于我们来说还是一个崭新的任务，有许多东西还不熟悉，有许多理论问题还需进一步回答，必须在深化学习研究上下功夫。

第一，要在理论学习上下功夫。建设社会主义核心价值体系，首先要让广大群众所感知、所认同、所接受，这样才能增强人们在实际生活中践行的自觉性、主动性，这就需要我们加强对社会主义核心价值体系的学习力度。要围绕社会主义核心价值体系的基本内容，充分运用各种手段开展学习教育，使广大群众充分认识到社会主义核心价值体系的重大理论价值和对实践的指导意义，把握其精神实质，抓住根本，紧密联系我国改革开放和社会主义现代化建设的实践，紧密联系自己的思想和工作实际，坚持马克思主义这个灵魂，围绕建设中国特色社会主义这个主题，抓住民族精神和时代精神这个精髓，打牢社会主义荣辱观这个基础，从而不断深化对社会主义核心价值体系的认识。

第二，要在理论内化上下功夫。社会主义核心价值体系只有内化了，它的作用和威力才能发挥出来。在学习中，我们要紧密联系现代化建设的现实成就和群众的切身感受，进行生动的理想信念教育，引导人们正确认识国情和国家发展形势，不断增强对中国共产党领导、社会主义制度、改革开放事业、全面建设小康社会目标的信念和信心。要注意联系思想实际和工作实际，真正运用贯穿其中的马克思主义立场、观点、方法来解决思想上和工作中的问题，用社会主义核心价值体系改造自己的主观世界，把社会主义核心价值体系内化为自己的内心信仰、价值信念、价值追求，并进一步化为行为准则。

第三，要在理论研究上下功夫。社会主义核心价值体系涉及经济、政治、文化、社会等广泛的领域，其内容十分丰富。党的十六届六中全会《决定》从宏观上提出了社会主义核心价值体系的构架，但在理论上还有许多方面需要深入研究，如社会主义核心价值体系的内涵和外延，社会主义核心价值观的提炼，社会主义核心价值体系的理论结构和实践要求，国外在价值体系建设上的有益做法，我国传统文化中有利于社会主义核心价值体系建设的积极要素，等等。广大哲学社会科学工作者要充分发挥自身的积极性、创造性，加强调查研究，深入研究我国社会人们思想活动独立性、选择性、多变性、差异性的特点，深入研究社会变革和利益关系调整给人们思想观念带来的影响，深入研究不同阶层、不同群体的不同思想追求和价值追求，深入研究现阶段我国的思想观念结构、价值取向结构、道德追求结构和心理素质结构，深入研

究与建设社会主义核心价值体系相配套的政策法律体系建设。通过这些研究,积极探讨回答当前建设社会主义核心价值体系过程中存在的问题和困惑,为建设社会主义核心价值体系提供坚实的理论支撑。

二、加强社会主义核心价值体系的宣传教育

正确的价值体系,只有被人们普遍接受、理解和掌握,并转化为社会群体意识,才能为人们所自觉遵守和奉行。

第一,广泛开展宣传普及工作。宣传部门要把宣传社会主义核心价值体系作为宣传工作的重中之重,努力运用各种行之有效的宣传教育模式,加大理论宣传和普及工作的力度。要大张旗鼓地宣传社会主义核心价值体系的重大意义、精神实质、科学内涵和基本要求,紧紧围绕社会主义核心价值体系的基本内容,宣传各行各业在社会主义核心价值体系指导下所取得的新进展和新成就,宣传以社会主义核心价值体系为指针推动与实现又好又快发展的先进典型和鲜活经验,使社会主义核心价值体系家喻户晓、深入人心。同时,要把社会主义核心价值体系融入精神文明建设全过程,贯穿到理论武装、广播电视、思想道德、文学艺术、社会科学工作各方面,努力生产更多更好的体现社会主义核心价值体系的精神文化产品。

第二,充分发挥大众传媒的作用。我们的传媒是党的喉舌,更应该在社会主义核心价值体系建设中发挥重要作用和巨大影响力。大众传媒无论在版面上,还是在节目中,都应当始终如一、总体协调地把握舆论导向、宣传主流价值观,以一元化的核心价值体系引领多元化的社会生活。要以建设社会主义核心价值体系为中心和主题,创作一批人民群众喜闻乐见的,有震撼力、感染力的优秀文艺作品,使广大人民群众和青少年在文化娱乐和艺术享受中潜移默化地接受社会主义核心价值观。

第三,加强对青少年的教育培养。要把社会主义核心价值体系纳入国民教育的培养目标,融入国民教育全过程。要在国民教育中建设一整套较全面、系统的社会主义核心价值观教育体系,要有计划有步骤地在国民教育各个阶段,开设由浅入深,由具体事例到理论阐述的社会主义核心价值观教育课程。要特别重视教材建设,尽快编写出从小学至大学以建设社会主义核心价值体系为主题的德育教材,安排进教学大纲。要鼓励广大教育工作者以对国家民族的前途命运高度负责的精神,共同担负起教育引导青少年牢固树立社会主义核心价值体系的重任。要让青少年逐步树立正确的世界观、人生观、历史观、价值观、道德观、荣辱观,这将对中华民族的伟大复兴和全民族素质的提高产生巨大而深远的积极影响。

三、建立健全社会主义核心价值体系的保障机制

思想价值观念转变为人们的内心信念和行为方式,需要借助于制度化的形式加以保障、得以强化,机制建设对于社会主义核心价值体系建设来说起着基础性和根本性的作用。

第一,建立健全相应的制度规范。任何一个社会的稳定和发展,都必须依靠一套制度规范来调整和维系,只有建立一整套行之有效的制度规范,社会主义核心价值观才能坚持,社会主义核心价值观建设的成果才能巩固。我们在进行制度建设时,一要注意把握制度的价值取向。在实际生活中,各项制度与人们的生产生活、现实利益关系尤为密切,因此,各项具体制度要积极体现核心价值体系的要求,在制度的制定、贯彻和执行中充分体现社会主义核心价值的鲜明导向。二要注意制度的可操作性。制度的创新要从具体的事情抓起,从身边的小事改起,操作性强,简单实用,把社会主义核心价值体系的基本要求渗透到市民公约、乡规民约、职业规范、学生守则等具体行为准则和各项行业的管理制度中。三要注重制度的整体设计,协调推进制度与文化建设。要在总结以往制度

改革经验与教训、把握制度建设规律的基础上，对制度改革的步骤、方式、整体布局做到科学规划。

第二，建立健全社会激励约束机制。社会主义核心价值观念的确立还依赖于社会赏罚的长效机制。社会既要对奉行社会主义核心价值观的楷模从物质和精神上给予大力褒奖，还要对背离社会主义核心价值观的行为给予谴责并对行为主体给予相应的惩罚，从而影响、制约人们的价值选择及行为，对人们的价值行为起到鼓励或约束作用。目前，我国有些地方已经率先进行尝试，如现实生活拾遗得利的法律认可、见义勇为基金的建立、“道德银行”的开张等。这些法律的认定、机构的设置，在社会主义核心价值体系建设中无疑起到了一定的激励作用。

第三，建立健全社会维护和监督机制。社会主义核心价值观念要想被人们普遍接受，并转化为自觉行动，还需要加强社会道德的维护机制和监督机制的建设。社会道德的维护机制一般需要与各种管理职能和管理制度结合起来共同实施。例如我们强调的要遵守社会公共秩序，就可以通过各种有效的管理或服务制度进行维护，现在有些城市为维护公共交通秩序设立了文明交通劝导员制度，还有些银行在门口设置取号机（按序号排队），这些都是非常简单的社会道德维护制度。如果所有承担社会服务或管理功能的商业机构、政府部门或其他相关机构，都能够结合自己的业务制定相关制度，认真维护，社会主义核心价值观念就会慢慢确立起来。社会道德主要是靠社会舆论来维护，因此有必要建立一个覆盖各行各业的、全方位的监督制度，使不符合社会主义核心价值体系的行为无处隐藏。除了社会舆论监督之外，各管理部门及群众监督等都能发挥有效的监督职能。

四、注重社会主义核心价值体系的实践转化

全体社会成员的亲身实践，是建设社会主义核心价值体系的最终途径。

第一，领导干部要以身作则，率先垂范。各级领导干部的言行，对建设社会主义核心价值体系有着极为重要的影响和导向作用。领导干部在改革开放和现代化建设过程中处在关键地位，担负着教育人、引导人的工作，在社会生活中表现出怎样的思想道德水平、精神境界，对其他社会成员的行为起着一种示范作用。因此，在工作生活中，党的各级领导干部要按照胡锦涛总书记提出的要求，增强忧患意识、公仆意识、节俭意识，大力倡导八个方面的良好风气，以社会主义核心价值体系为基本准则，立党为公，执政为民，用自己的模范言行引领社会风尚。同时，要注意把社会主义核心价值体系建设作为领导干部队伍建设的重要内容，认真加以落实。

第二，人民群众要积极参与。人民群众是改造自然和改造社会的主体，是创造社会物质财富和精神财富的主体，当然也是构建社会主义核心价值体系的主体。因此，建设社会主义核心价值体系关键在于发动广大人民群众积极参与，只有通过长期、反复的实践锻炼和养成，社会主义核心价值体系才能逐步变为广大人民群众内心的道德律令和行为准则，才能在人民群众的实践中体现出来，成为亿万人民群众自觉的实践行为。

第三，广泛开展和谐创建活动。各种形式的和谐创建活动是吸引广大干部群众参与社会主义核心价值体系建设的有效形式，也是把建设社会主义核心价值体系的任务落实到城乡基层的有效载体。要以创建活动为抓手，广泛开展创建和谐城市、和谐村镇、和谐社区、和谐单位、和谐家庭等活动，引导公民、企事业单位和各种组织积极参与，在活动中感悟、体验、形成社会主义核心价值观念。要坚持把创建活动的着力点放在群众普遍关心、与群众利益密切相关的问题上，精心设计活动载体，采取群众喜闻乐见的方式，广泛吸引群众自觉参与，使人民群众在参与中受益，

在受益中提高。要深化创建活动的内涵，把诚信建设作为社会主义核心价值体系建设的重点，深入开展“共铸诚信”活动，加强政务诚信、商务诚信、社会诚信建设，增强全社会诚实守信意识。要拓展和谐创建活动的途径，把创建活动同深入开展群众性精神文明创建活动、大力实施公民道德建设工程结合起来，整合教育资源，突出社会主义核心价值体系的教育内涵，汇聚促进社会和谐的强大力量。

（作者单位：中共湖南省长沙市委党校）

倡导核心价值观　建设和谐社区文化

林　泉

建设和谐文化，巩固社会和谐的思想道德基础，是构建社会主义和谐社会的一项重要任务，社会主义核心价值体系是建设和谐文化的根本。而和谐社区文化是和谐文化的重要组成部分，因此，我们必须充分发挥社会主义核心价值体系的指导、引领和整合作用，加强和谐社区文化建设。

社会主义核心价值体系是一个内容丰富、层次分明的完整体系。党的十六届六中全会《决定》指出："马克思主义指导思想，中国特色社会主义共同理想，以爱国主义为核心的民族精神和以改革创新为核心的时代精神，社会主义荣辱观，构成社会主义核心价值体系的基本内容。"社会主义核心价值体系对和谐社区文化建设的指导、引领和整合作用，主要表现在：马克思主义的和谐思想是引导和谐社区文化建设的总的指导思想；中国特色社会主义共同理想是凝聚和谐社区文化建设的一面旗帜；以爱国主义为核心的民族精神和以改革创新为核心的时代精神是开展和谐社区文化建设的重要内容；社会主义荣辱观是衡量和谐社区文化建设成效的重要标准。

建设和谐社区文化，必须大力倡导社会主义核心价值观，但又不能简单地以社会主义核心价值体系取代和谐社区文化建设，这是由社区教育对象的特殊性决定的。社区是由不同年龄层次、不同职业、不同身份的居民组成的松散群体，社区居民的社会经济地位和思想道德文化水平的差异决定了我们不能用一把尺子、一个标准来要求他们，而是应当把先进性与广泛性的要求结合起来，在尊重差异、包容多样、鼓励先进、照顾多数的基础上，努力构建一套以核心价值观为指导的、符合社会主义初级阶段国情和社区居民实际状况的和谐社区文化体系。

坚持用社会主义核心价值体系引领和谐社区文化建设，就是要培育社区居民的和谐思维与和谐心理，强化"和睦相处"的价值理念，建设社区和睦文化。在马克思主义的理论宝库中，不仅有大量的关于阶级对立、阶级冲突的论述，也有许多关于人与人、人与自然、以及人自身等各个方面之间实现相互和谐的思想。在改革开放新的历史条件下，在各种社会矛盾凸显的社会转型期，需要我们更好地开掘和把握马克思主义和谐思想的现实指导意义。我们所要建设的和谐社区，是指社区各构成要素之间配合适当、和睦相处、稳定有序的状态。构建和谐社区，并不是说在社区里不存在矛盾，而是指通过和谐文化建设可以将社区中产生的各种矛盾消灭在萌芽状态，使其不至于发展成为严重的对立和冲突。社区是一个具有复杂结构和功能的社会基础性实体，在社会转型期又承接着从政府、企事业单位转移下来的大量新职能，这就决定了它必然成为各种矛盾相互交织的集合体。但是，发生在社区中的矛盾，诸如生活在新型城市社区的居民们在和邻里、物业、居委会打交道时，在因为养犬、生活噪音、拒交停车费、物业费、取暖费时而发生的矛盾，都不是对抗性的、不可调和的矛盾，而是社区居民在根本利益一致基础上的非对抗性矛盾，只要我们引导有方，疏导得力，它们是可以顺利得以化解的。因此，要通过马克思主义和谐思想的宣传，促进居民以和谐的思维看待问题，以和谐的态度处理人际关系，以和谐的方式化解矛盾纠纷，以和谐的心态保持身心健康，最终形成社区居民在求同存异基础上和睦相处的社区氛围。

坚持用社会主义核心价值体系引领和谐社区文化建设，就是要促进社区单位、社区组织和社区居民之间的参与和共建，强化“互助互惠”的价值理念，建设社区共享文化。城市社区的地理位置、社区居民、群体和组织的空间分布及其地位角色，是城市的人文区位。美国著名社会学家帕克认为，一旦区位形式由竞争确定下来，社区内就产生一种所谓的共生关系。这种共生关系造成了社区各个部分之间相互依赖的需要，这种需要反映到人们的意识中就会形成相互依赖感、联系感和团结感，由此又会为互助互惠和共建行为提供基础。可见，在社区中生活的群体或个人，绝对不是孤立的群体或个人，他们是能够与其他人产生共同生活体验和发生互惠关系的社会群体或个人。因此，我们要通过中国特色社会主义共同理想的宣传，通过和谐社区建设目标的引领，通过社区利益共同点的开发，把社区发展目标与单位发展目标和个人发展目标有机地整合起来，使驻区单位认识到，单位发展与社区进步发展的一致性，使社区居民认识到自我发展与社区进步发展的一致性，使胡锦涛总书记提出的“在共建中共享，在共享中共建”成为社区人的行为方式，使“我为人人，人人为我”的思想融入到每个社区人的血脉中，使一人有难众人相帮、协力合作同奔小康成为一种风尚，最终形成社区群体和个人在互助互惠基础上的共建共享的社区氛围。

坚持用社会主义核心价值体系引领和谐社区文化建设，就是要培育居民的社区意识、社区精神和社区归属感，强化“邻里亲情”的价值理念，建设社区亲情文化。和谐社区，首先应该是一个具有高度认同感和归属感的社区。社区起源于血缘共同体，是由家庭关系、族亲关系、伙伴关系发展而来的，后发展为地域性生活共同体，它的本质是相互关爱、守望相助，是人们情感归属和心理认同。因此，归属感和亲情感应该是和谐社区的重要标志，而我们今天生活的城市社区，是一群以私有财产为核心、以公共财产为纽带组合起来的陌生人共同体，这种陌生人生活共同体，既缺乏传统农村社区的血缘关系，也没有城市“大杂院”的亲情关系，更没有单位社区的业缘关系，人与人之间的冷漠、不信任、疏离感也就不可避免。那么，它的和谐靠什么来维系？居民们为什么、凭什么参与和谐社区建设？仅靠行政手段的推动不是长久之策，必须要有共同理想信念的支撑，必须靠社区文化的认同和社区归属感的建立。人类天然具有相互联系、寻找归属的社会性，有意识地引导和培育这种归属感，应该成为和谐社区文化建设的重要内容。因此，我们要通过以爱国主义为核心的民族精神教育，使“爱党爱国爱社区、亲情友情邻里情”的人文氛围影响到社区的每个家庭；要通过提高社区居民的文化生活质量，增加居民对社区生活的满意度和幸福感；要通过更多地发掘居民共同的生活内容和共同的行为方式，增强社区成员心理上、情感上的联系（即社区意识）。社区居民作为和谐社区建设的主体，他们对社区的认同感、归属感以及由此而形成的社区亲情文化氛围，决定了他们参与社区事务和公共服务的态度，这也就成为了决定和谐社区建设成败的关键。

坚持用社会主义核心价值体系引领和谐社区文化建设，就是要培育社区居民的主体意识和责任意识，强化“自主创新”的价值理念，建设社区创新文化。创新，是一个国家和一个民族进步发展的不竭动力，也是社区和谐持续发展的动力。和谐社区建设需要社区居民具有主动参与和积极创新的精神。联合国早在1955年发表的《经由社区发展推动社会进步》的报告中就特别强调：社区发展是一种经由全社区人民积极参与并充分发挥其创造力量，以促进社区的经济、社会进步的过程。这就是说，社区发展一定是社区居民在“自主创新”理念支撑下，以社区主人翁的姿态，积极主动参与改善其生活水平、提高其生活质量并由此推动社区全面进步的过程。因此，我们要通过以改革创新为核心的时代精神的宣传，引导回归社区的“单位人”转变观念，摆脱长期形成的依附人格，形成对自己负责、对社区负责的“社区人”意识，依法行使民主权利，自主参与社区生活，发挥主观能动性和积极性，推动和谐社区建设的内容创新和途径方式的创新，最终形成在变政府主体为居民主体基础上的自主创新的社区氛围。

坚持用社会主义核心价值体系引领和谐社区文化建设，就是要倡导社会主义基本道德规范，强化“诚实守信”的价值理念，建设社区诚信文化。传统型社区是一种“熟人社会”，用德国著名社会学家滕尼斯的观点来讲，它是由同质人口组成的、守望相助、疾病相抚、富有人情味的社会群体。生活在这样一个熟人圈子里的人，有约定俗成的风俗习惯的制约，有和睦情感、伦理原则和宗教信仰的维系，必然产生传统社区“因血缘亲缘亲情而信”的独特的社会信任模式。而现代新型城市社区，是一种“陌生人社会”，生活在这一社会群体中的居民，没有约定俗成的习俗制约，更没有和睦情感的维系，由此造成了社会信任模式的匮乏。如何在现代新型城市社区中建立起新的社会信任模式，如何促进新的社区秩序文化的形成，便构成了和谐社区文化建设的又一项重要任务。虽然有外来的经验可以借鉴，有现成的秩序、规范和守则可以植入，但社区内部秩序的最终形成，恐怕还有赖于社区居民在不断的交流、博弈和妥协中达成一致，通过协商制定规则，通过监督履行规则。因此，我们要通过社会主义荣辱观的宣传，使人们的行为选择、价值认同与传统美德和时代精神相一致、相协调，逐步形成对文明健康生活方式的认同；要建立一套社区成员能共同维护和遵守的价值目标和行为规范，以帮助人们形成共同生活的诚信意识和公德意识，并将它们变成社区居民的内心信念和行为习惯；要通过社区精神的提炼和培育，最终形成社区居民在注重行为养成基础上的知荣辱、讲正气、知礼立德、诚信友爱的社区氛围。

（作者：中共北京市委党校政治学教研部副教授）

改革开放以来社会主义价值观建设的经验和启示

邱建中 钱学平

推进社会主义核心价值体系建设是在总结改革开放以来社会主义精神文明建设的历史经验基础上提出的重大战略任务。我们党历来重视价值观建设,并以此作为支撑我们革命、建设、改革、发展的精神力量。

改革开放以来,我们党对社会主义价值观建设进行了长期的探索,取得了丰硕成果,积累了丰富经验,给我们留下了许多重要启示。

一、始终把社会主义价值观建设放在突出位置

党的十一届三中全会以来,我们党高度重视社会主义价值观建设并始终将其放在突出位置,不断加以强化。

一是从全面发挥社会主义优越性和保证社会主义事业发展正确方向的战略高度,强调社会主义价值观建设。党的十一届四中全会提出,我们要在改革和完善社会主义经济制度的同时,改革和完善社会主义政治制度,发展高度的社会主义民主和完备的社会主义法制。我们要在建设高度物质文明的同时,提高全民族的教育科学文化水平和健康水平,树立崇高的革命理想和革命道德风尚,发展高尚的丰富多彩的文化生活,建设高度的社会主义精神文明。邓小平同志在1985年9月召开的党的全国代表会议上提出:“不加强精神文明的建设,物质文明的建设也要受破坏,走弯路。光靠物质条件,我们的革命和建设都不可能胜利。”并指出,马克思主义和共产主义的信念,铁的纪律,是“我们的真正优势”。

二是从社会主义现代化建设总体布局的高度,将社会主义价值观建设作为社会主义精神文明建设的重要内容,并把它提到“关系到社会主义兴衰成败的大事”的高度来认识。1982年,邓小平同志在中央军委座谈会上的讲话中指出:“搞社会主义精神文明,主要是使我们的各族人民都成为有理想、讲道德、有文化、守纪律的人民。”他认为,培养人的问题是一个战略性问题,我们建设社会主义精神文明应该着眼于培养社会主义事业的接班人,具体地说,就是培养“四有”新人。1986年党的十二届六中全会通过了《中共中央关于社会主义精神文明建设指导方针的决议》,从人的素质的培养和提高的角度,明确规定了精神文明建设的根本任务,提出要用现阶段我国人民的共同理想动员和团结全国各族人民。

三是把社会主义价值观建设放在建设有中国特色社会主义整个事业的大局和整个世界的大局的高度,全面、历史、发展地进行考察。从十三大到十四大,国内、国际都发生了重大事变。1989年召开的十三届四中全会,总结了1989年政治风波的教训,强调指出要认真加强思想政治工作,努力开展爱国主义、社会主义、独立自主和艰苦奋斗的教育。1992年初邓小平同志南方谈话鲜明地回答了建设有中国特色社会主义过程中经常困扰和束缚人们思想的许多重大认识问题,强调要坚持两手抓,两手都要硬。不仅经济要上去,社会秩序、社会风气也要搞好,两个文明建设都要超过资本主义。

四是把社会主义价值观建设作为社会主义先进文化建设的主要内容,提高到建设有中国特色社会主义的基本目标高度来认识。2001年,江泽民同志在庆祝中国共产党成立八十周年大会上的重要讲话中强调,我们党要努力体

现发展面向现代化、面向世界、面向未来的，民族的科学的大众的社会主义文化的要求，促进全民族思想道德素质的不断提高，为我国经济发展和社会进步提供精神动力和智力支持。在2002年召开的十六大上，江泽民同志再次指出，全面建设小康社会，必须大力发展社会主义文化，建设社会主义精神文明。文化的力量，深深扎根于民族的生命力、创造力和凝聚力之中。

五是从社会主义社会全面发展、全面进步的高度，把社会主义价值观建设作为科学发展的内容来认识。党的十六大以来，以胡锦涛同志为总书记的党中央，着眼于党和人民事业发展的全局，形成了以人为本、全面协调可持续发展的科学发展观。科学发展观把人的全面发展作为社会进步的重要目标，体现了我们党对社会主义价值观认识的新高度。党的十六届六中全会，在吸收改革开放以来社会主义价值观建设的经验基础上，形成了推进社会主义核心价值体系建设的战略思想。这是社会主义价值观建设的集大成者，它必将引领我国社会主义初级阶段的社会发展，成为推动我国社会主义初级阶段经济社会进步的重要精神支撑。

二、不断丰富社会主义价值观建设的时代内涵

改革开放以来，社会主义价值观建设一直围绕着我们党的宗旨和奋斗目标逐步推进。随着改革开放的进程，作为解决我国经济社会发展过程中存在问题的重要战略措施，社会主义价值观建设的内涵不断得到丰富。

毛泽东同志在领导中国革命和建设实践中，非常重视用共产主义的价值观教育干部群众，他撰写了《为人民服务》、《纪念白求恩》、《愚公移山》、《在延安文艺座谈会上的讲话》等，把爱国主义、集体主义、全心全意为人民服务和艰苦奋斗的优良传统作为社会主义价值观建设的主要内容。

改革开放之初，随着各条战线拨乱反正，十年内乱期间许多不文明现象被揭露出来，引起了人民群众的深刻反思，一部分人开始对社会主义的优越性产生了怀疑。针对这种情况，我们党强调要保持崇高的革命理想，提高人民的道德水平，转变社会风气和端正党风。“五讲四美三热爱”，成为当时社会主义价值观建设的主要内容。

随着改革开放的深入和社会主义市场经济的发展，我国社会在精神生活方面产生了不少问题，一些领域道德失范，拜金主义、享乐主义、个人主义滋长；封建迷信活动和黄赌毒等丑恶现象沉渣泛起；假冒伪劣、欺诈活动成为社会公害；文化事业受到消极因素的严重冲击，危害青少年身心健康的东西屡禁不止；腐败现象在一些地方蔓延，党风、政风受到很大损害；一部分人国家观念淡薄，对社会主义前途发生困惑和动摇。针对这些问题，党中央强调讲学习、讲政治、讲正气，将全心全意为人民服务、爱国主义、集体主义、社会主义、诚实守信、遵纪守法，作为社会主义价值观建设的主要内容。

在世界多极化、经济全球化深入发展和科技进步日新月异的新世纪，面对复杂的国际形势和激烈的国际竞争，我们党顺应时代潮流，强调要不断丰富人们的精神世界，增强人们的精神力量，培育民族精神，弘扬时代精神，使社会主义价值观建设的内容得到进一步丰富和发展。

党的十六届六中全会，第一次提出了建设社会主义核心价值体系的重大战略任务，分析概括了社会主义初级阶段核心价值体系的内涵、结构、特征及其功能。社会主义核心价值体系所包含的四个方面的主要内容，构成了一个科学严密的、符合社会主义初级阶段发展实际的思想道德体系。这个价值体系的内在结构是坚持马克思主义的指导地位、坚持中国特色社会主义的共同理想、弘扬以爱国主义为核心的民族精神和以改革创新为核心的时代精神、树立以“八荣八耻”为主要内容的社会主义荣辱观。

三、通过多种渠道、多种载体、多种手段、多种方法，使社会主义价值观掌握群众、立足基层、落到实处

从改革开放之初开展的“五讲四美三热爱”活动，以通俗明白的群众语言和中华民族习惯的表达方式，把革命的理想、道德、纪律以及整个文明礼貌活动的要求具体化、形象化、群众化，到贯穿社会主义精神文明建设的各种群众性的创建活动，体现出群众活动的开展在社会主义价值观建设中的重要作用；从上世纪 80 年代由“潘晓来信”引发的人生价值大讨论，到市场经济条件下“向钱看”还是“向前看”的争论，体现出群众关心的现实问题在社会主义价值观建设中的影响力；从流行作品（小说、戏剧、歌曲等）到“动漫”，再到网络世界，标志着现代传媒在社会主义价值观建设中成为主渠道；从典型示范到案例解剖，再到“三讲”、“党员先进性教育”，体现了思想政治工作在社会主义价值观建设中的巨大威力。

在改革开放 30 年的实践中，我们党在推进社会主义现代化建设的同时，在社会主义价值观建设方面取得了重要的发展，积累了宝贵的经验。这些经验是我们推进社会主义核心价值体系建设可资利用的宝贵资源和财富，给我们如下借鉴和启示：一是必须立足于社会主义初级阶段人们的思想实际，针对实践提出的历史性课题，不断丰富价值观的内容，把先进性要求和广泛性要求结合起来，既鼓励先进又照顾多数，既弘扬主流又包容差异，引导不同层次的人们一起向上，形成凝聚力。二是必须遵循人类精神生产的规律，既注重对旧价值观的批判与超越，又注重继承中外优秀价值观遗产、吸收党的优良传统和创立符合时代潮流的新价值观。三是必须始终围绕党和国家的工作中心、社会主义的共同理想和党的宗旨，开展价值观建设。四是必须通过完善社会各项制度和政策，为社会主义价值观建设创设有利的社会环境。五是必须坚持以人为本，在尊重人、理解人、关心人的基础上，优化社会主义价值观建设的人文环境。

（作者单位：江苏省思想政治工作研究会）

古巴重塑社会主义价值观的主要做法

曾祥伟　王家雷

历史上，古巴曾经历长达4个半世纪的殖民统治。1959年革命胜利后，作为西半球惟一的社会主义国家，古巴一直面临着美国的封锁和打压。在长期的反殖反帝斗争中，古巴逐步形成了以爱国主义、社会主义、社会公正等为主要内容的社会主义价值观。苏东剧变后，美国进一步加紧对古巴的封锁和渗透，古巴失去了主要战略依托，经济出现严重滑坡，进入“和平时期的特殊阶段”。为求生存、谋发展，古巴进行了一些政策调整，取得了一定成效，但同时也产生了一些消极现象。由于受国际国内因素的影响，社会主义价值观受到冲击，一些人尤其是一些未曾经历过革命的新一代年轻人推崇资本主义的生活方式和价值观念。古巴党和政府对此高度重视，果断采取了一些措施，致力于重新恢复和塑造社会主义价值观。

一、大力开展“思想战”

自1999年起，古共针对西方意识形态的渗透和政策调整过程中出现的新情况、新现象、新问题，提出在全民中开展“思想战”。其主要内容有：

1. 加强爱国主义和社会主义教育，并将二者紧密结合起来。一方面，大力宣传古巴在文化、教育、卫生、体育、社会福利等方面取得的社会主义建设成就，进一步增强人民热爱社会主义古巴的深厚感情，同时强调热爱祖国就是热爱社会主义，只有坚持社会主义，才能捍卫民族独立，而没有民族独立，也就没有社会主义，二者密不可分；另一方面，将反封锁作为“思想战”的主题，通过频繁组织群众大规模游行示威，激发广大人民的爱国热情并进一步拥护社会主义制度。

2. 始终将青少年作为重点教育对象。近年来，古共提出了在年轻一代人中加强社会主义价值观教育的重要任务。在青少年政治思想教育中，注意做到“三个结合”，即将教育与劳动相结合，开设思想政治和生产劳动课程，组织学生参加社会实践活动；将思想教育和文化教育相结合，古巴国家电视台面向全国观众，特别是针对青少年观众开办了电视大学，在全国建成600多个青年电脑俱乐部和300多个青年录像俱乐部，向青少年免费提供教育服务；将受教育的主体和客体相结合，使青少年既是受教育的对象，又是从事教育活动的实施者。“思想战”针对青少年的各项活动计划均由共青团负责组织实施。

3. 充分发挥新闻媒体的重要作用。国家电视台创办“公众论坛”和“圆桌会议”等专题节目，邀请普通群众、党政领导人、专家学者等就当前国内外重大问题进行讨论，并揭露和抨击美国的霸权主义行径。卡斯特罗主席也曾亲临会场发表讲话，全国各地电视台及主要广播电台同时进行转播。

4. 坚持思想教育与解决社会实际问题相结合。这是古巴“思想战”中一个独特而重要的做法。针对近年来存在的就业、儿童营养不良、残疾人保障、老年人生活等问题，制定了200多项社会计划，促使社会问题尽可能得到妥善解决。

二、领导干部充分发挥表率作用

古共强调，“没有精神道德就没有社会主义。如果我们的人民在干部身上看不到共产党人特有的品德，就没有社会主义”。进入“和平时期特殊阶段”后，古共更加注重领导干部与百姓同甘共苦。党和政府的高层领导人在工作、生活上身先士卒，率先垂范，以身作则，不搞特殊化。各级领导干部与普通百姓一样凭证到国营商店排队购买定量的食品和物品。领导干部一般都住在普通居民区内，装修房子即使使用自己的钱，也要经过批准。在用车方面，允许为部级以上领导干部配专车，但不准乘高档进口车，集体活动使用面包车。为加强党员的道德纪律建设，1996 年古巴还制定了《国家干部道德法规》，对国家机关工作人员作出了 27 条规定。

三、坚定维护社会公正

古巴党和政府始终以公正原则统领社会建设，建立起全民、全面的社会保障体系，一切费用均由国家负担。具体做法：一是自革命胜利以来，古巴一直坚持实行全民免费教育和医疗。政府不但全部承担学生的学费和书本费，而且免除学生的食、宿、交通和制服费；人人平等享受免费医疗待遇，不仅免除病人的诊疗费，还免除病人住院期间及其陪床亲属的食宿费用。二是古巴宪法及其他相关法律对社会保险和社会救助的不同情况作出了具体、详细的规定，使社会保障制度“从襁褓到坟墓”无所不包，覆盖率达 100%。三是实行相对公正的分配制度。近年来，为缩小在政策调整中出现的个人、行业之间不断扩大的收入差距，古巴政府还大幅提高了最低工资标准。

重塑社会主义价值观是古巴在“和平时期特殊阶段”面临的新任务，在古巴已经取得了积极成效。一是由于从社会主义优越性中受益，民众对社会主义制度具有较普遍的认同感，拒绝接受资本主义制度。二是包括卡斯特罗主席在内的古巴党政领导干部充分发挥模范带头作用，在群众中树立了崇高威望，使古共执政具有坚实的群众基础。三是古巴的国际影响日益扩大，外部环境不断改善。目前，古巴已与联合国 192 个成员国中的 181 个国家建立了外交关系，其中 54 个国家是近 15 年内建立的；古巴反对美国封锁的斗争日益得到国际社会的同情、支持与声援，联合国大会已连续 14 年通过古巴要求美取消封锁的提案。但是，古巴也存在一些问题，主要是经济与社会发展失调，导致有限的经济增长与庞大的社会福利开支之间失衡，造成生产性投资不足，基础设施和城市建设严重落后；“重精神、轻物质”，一些大规模的经常性的群众性政治活动虽然可以鼓舞斗志，但牵制、消耗了经济建设的精力，导致经济发展远不能满足人民日益增长的物质生活需求。因此，能否加快经济发展，使人民生活水平有实实在在的提高，是古巴今后面临的一大挑战。

（作者单位：中联部研究室）

韩国弘扬和培育民族精神的主要做法

黄依华

韩国的民族精神有着丰富的内涵,如忠孝仁爱、坚忍不拔、自强不息等。这些深深植根于国民心中的价值观,对推动韩国从战后一个贫穷落后的农业国一跃成为"亚洲四小龙"之一,发挥了不可替代的作用,也成为当代韩国软实力的重要内容。韩国弘扬和培育民族精神的主要做法是:

一、对民族精神内涵的塑造融合东西方经典,富有时代特色

高度重视儒家文化的主体地位。韩国文化受儒家文化辐射和浸染时间长久、程度很深。韩国学者普遍认为,儒家思想是韩国最早的国家正统思想,在民族思想中一直发挥着轴心作用。战后,针对日本在殖民时期推行的"民族抹杀"政策,韩国把重振儒学作为重建国家的重要任务。上世纪50年代提出"道义教育"方案,在全国范围内恢复儒家伦理课程。后又经多次改革,儒家伦理逐步成为韩国道德教育的主体内容。目前,儒家伦理已成为维系个人与集体、社会乃至国家关系的黏合剂,成为民族精神的动力。

积极吸收西方文化的有益成分。在较完整地保留儒家伦理思想体系的同时,韩国也非常注意广泛吸收西方文化的有益成分,形成具有兼容性和开放性的民族精神。建国初期,由于与美国建立同盟关系,美军入驻,"欧美文化"遂涌入韩国。但韩国既未全面西化,也未一味排斥,而是本着"和而不同"的精神,在摒弃西方文化中个人至上、金钱万能、人情淡薄等弊病的同时,注意吸收励志奋斗等有益成分,并使之与国家至上、民族至上的意识相结合,强调国家兴旺乃是个人发展之根本,从而进一步丰富了民族精神的内涵。

不断调整民族精神教育的重心。根据国家发展的需要,韩国弘扬和培育民族精神的重心也不断调整。20世纪40年代中期至60年代初,韩国刚刚摆脱日本殖民统治,又经历了南北战争。这一时期弘扬和培育民族精神以消除日本帝国主义奴化教育的影响,建立韩国观念,树立民族自尊心、自信心和自豪感为宗旨,以爱国主义为基本价值取向,提出把培养具有爱国精神的国民作为教育的基本目标。20世纪60年代初至80年代末,韩国经历了经济高速增长期。培养民族振兴的使命感、号召国民积极投身于国家建设,成为这一时期民族精神养成的基调。1968年,韩国颁布《国民教育宪章》,强调必须对青少年学生及全体国民进行"国民精神教育",弘扬民族精神,提高竞争意识和民族生存能力。1980年,又提出要实行"全人教育",即培养"健康、自主、有创造力、有道德的人"。1987年以后,韩国实现"民主化",实现了由军人政府到文人政府的转变,培养强烈的民主意识和参与意识、号召国民为实现民族振兴而奋发图强成为这一时期民族精神教育的着眼点。1992年,韩国提出要培养"建设新韩国的民主国民",即培养"继承传统道德和吸收时代新文化而产生的新韩国人;既有大韩民族精神又富有竞争进取心的民族共同体的主体;具有丰富个性、细腻且精致、坚忍不拔且能善始善终的民族精神的时代建设者;善于用自我革命精神去创造新韩国的先锋战士"。

二、充分发挥学校在弘扬和培育民族精神方面的主渠道作用

课程体系化。韩国设立了"国民伦理教育"

课程作为民族精神教育的主要载体之一。该课程由纵、横两个体系构成，前者主要指根据学生年龄、知识、心理、身体等特点建立的一整套从幼儿园直至大学的垂直教育体系；后者则指民族精神教育在各类课程中都得到不同形式、不同程度的体现，即道德课、社会课和国民伦理教育课要有直接体现民族精神的内容，国文、文学课程要间接地反映民族精神，数学、自然、科学、体育、音乐、美术、实验和劳动技能等课程也要以潜移默化的方式，渗透民族精神教育。除了正规的国民教育外，各种社会教育和考试的内容也有民族精神方面的要求。

手段全面化。韩国既高度重视课堂内的民族精神教育，又注重营造校园文化氛围，并积极拓展第二课堂，使其与课堂教育互为呼应、相辅相成，共同为民族精神教育创造良好环境。在韩国，从幼儿园到高等学校，其走廊、教室、办公室内都挂有汉字书法或传统国画作品，内容多是先贤关于做人的至理名言，有的还将传统名言作为校训；许多学校到处悬挂历史人物画像，有的还以历史名人来命名学校的建筑物。很多学校还设有传统习俗教育室，陈列实物供学生参观，也提供实习、演练传统习俗的场所。中小学每年多次组织学生参观名胜古迹、纪念馆、民俗村等，使学生亲身感受传统文化和民族精神的巨大魅力。

机构专业化。韩国十分重视在高等教育中培养韩国学方面的专业人才。如儒学的最高学府——成均馆大学明确提出以“仁义礼智”为校训，并设立了东亚学术研究院、儒教文化研究所等，专门负责传统文化和民族精神的资料整理与系统研究。汉城大学、高丽大学、延世大学等名牌大学也都设有专门从事传统精神文化教学和研究的机构。此外，韩国还专门成立了韩国学中央研究院（前身为“韩国精神文化研究院”）等机构，作为弘扬和培育民族精神的重要基地。

三、通过多渠道、多方式，形成全社会协力弘扬和培育民族精神的良好局面

积极保护和利用历史文化遗产以提升民族认同感和自豪感。韩国高度重视对历史文化遗产尤其是“无形遗产”（非物质文化遗产）的保存与继承，以展示传统文化的魅力，进而激发广大国民的民族自豪感。1962 年，韩国颁布了首部保护历史文化遗产的法律——《文化财（产）保护法》，并成立了由社会团体、大学、研究机构等所属专家组成的文化财（产）委员会，以落实对文化遗产的法律保护。目前，韩国是世界上惟一举行全国性祭孔活动的国家，每年春秋两季，成均馆和全国 234 所乡校（13 世纪起开办的儒家思想教育的社会学校）都要举行规模宏大的“释奠大祭”，纪念孔门先圣及韩国圣贤。1958 年起，韩国政府每年举办“全国民俗艺术演出比赛大会”（1964 年更名为“全国民俗艺术节”），以比赛、表演、体验等丰富多彩的形式表现各地传统民俗，并将脱颖而出的优秀项目列为重要无形文化遗产。此外，韩国还高度重视将文化遗产推向世界。如，通过极力探寻并打造“江陵端午祭”的文化独立性，凸显其与中国端午节的差异，并将之升级为“江陵国际观光民俗节”，最终使之于 2005 年 11 月被联合国教科文组织正式确定为“人类口头和非物质遗产代表作”。

以民族意识作为凝聚各宗教信徒的重要纽带。韩国享有“世界宗教博物馆”之称，除世界主要宗教外，还有大量的民族宗教、新兴宗教等，许多人同时信仰多种宗教。韩国把增强民族意识作为加强宗教管理、协调宗教关系的政策导向目标，对有利于“国家社会之发展、国民之和睦、统一基础之形成”等具有社会文化意义的宗教活动给予经济和政策上的支持。同时，以“共休戚、共存亡、共荣辱、共命运”的民族感情为纽带，组织各宗教团体共同参加各种爱国运动，既推动各宗教间和平相处、团结合作，更增强广大信徒和国民的民族共同体意识。

在经济生活中融入爱国主义和民族精神教育。典型事例之一，便是韩国生产或制造的产品尤其是农副产品包装上大都印有“身土不二”四个字，号召人们使用和消费本国产品，支持民族产业的发展。这一口号在上世纪 60 年代提

出，目前已成为国民普遍接受的重要价值观。又如，韩国政府在20世纪70年代推行的“新村运动”，并非仅着眼于对农村地区的政策倾斜，而是高度重视改变农民的精神面貌，明确把“勤勉、自助、合作”作为“新村运动”的基本精神。在住房方面，韩国政府也推出了一系列“孝子”优先政策，如规定从2002年10月起，赡养65岁以上父母1年以上的家庭，可优先分配国民租赁住宅（类似廉租房）；赡养父母3年以上的家庭，可优先分配到85平方米以下的公共住宅（由国家、地方政府等公共机构负责建设，以成本价出售或廉价出租给无房居民的住宅）。为此，政府专门修改了住宅供应规定，规定国民租赁住宅和85平方米以下公共住宅中至少有10%应优先分配给赡养年老父母的家庭。

借助影视作品等大力弘扬民族精神。韩国的影视作品大多蕴涵东方传统伦理观念和奋发进取的民族精神，使人在休闲娱乐的同时不知不觉地受到思想与心灵的净化。如在韩国创下近60%的收视率、风靡亚洲的电视剧《大长今》，通过描述一个宫女从御膳房厨师到首席御医的奋斗史，将韩国民族传统中的人生观和价值观表现得淋漓尽致。

利用突发事件和重大事件激发民族精神。如，1997年亚洲金融危机爆发后，在政府的号召和媒体的鼓动下，全国上下掀起了一场轰轰烈烈的“献金运动”，许多人将自己的结婚金饰悉数捐献，最后筹集的总额高达两亿美元。又如，韩民间组织经常利用国际赛事开展大规模的为国家“正名”活动。韩国原来的英文国名是Corea，日本殖民统治时期，认为韩不应排在宗主国日本之前，故强行改为Korea，在1988年首尔奥运会和2002年足球世界杯期间，许多市民团体、青年学生等纷纷打出印有Corea的横幅和标语为本国“正名”。再如，足球世界杯期间，韩国舆论纷纷号召，要把韩国的国民意识和民族精神与发展繁荣的韩国形象一起展现给世界。韩国队力克欧洲劲旅意大利队后，百万群众在首尔市政府广场通宵狂欢，离开时都自觉收拾垃圾，广场之洁净令清洁工人也深感惊讶。

（作者单位：中联部研究室）

社会主义核心价值体系问题研究述要

龚　晨

党的十六届六中全会《决定》指出，要坚持以社会主义核心价值体系引领社会思潮，建设社会主义核心价值体系，形成全民族奋发向上的精神力量和团结和睦的精神纽带。社会主义核心价值体系命题的提出，引起了社会各界广泛的、高度的关注，纷纷用不同的视角，从各自的领域进行了深入的研究。本文尝试对近期来社会主义核心价值体系问题的研究进行归纳和梳理，为进一步开展研究提供参考。

一、关于建设社会主义核心价值体系的重大意义

1. 建设社会主义核心价值体系，体现了中国特色社会主义经济、政治、文化、社会发展和党的建设的必然要求

在此基础上，有学者认为，这是“三个方面”的需要。第一，这是进一步完善社会主义市场经济体制、实现科学发展的需要。有利于克服市场经济的负面作用，抵制腐朽落后思想的侵蚀，确保市场经济体制沿着社会主义的方向前进。第二，这是巩固和发展中国特色社会主义事业政治基础的需要，通过社会主义核心价值体系的建设，用社会主义核心价值体系的基本内容教育广大人民群众，必然能坚定对中国特色社会主义的信念，进一步增强党员、干部和群众贯彻执行党的基本路线、基本纲领和基本经验的自觉性和坚定性，从而为中国特色社会主义事业的顺利发展奠定广泛而牢固的政治基础。第三，这是全面推进党的建设新的伟大工程的需要。建设社会主义核心价值体系，有利于提高党员干部的思想政治素质和道德修养，有利于提高各级领导班子和领导干部领导社会主义和谐社会建设的本领，有利于充分发挥基层党组织凝聚人心、推动发展、促进和谐的作用，有利于进一步统一全党的思想和意志，凝聚全党的智慧和力量，实现和维护党内和谐，从而为构建社会主义和谐社会提供坚强有力的组织保证。

2. 社会主义核心价值体系为建设社会主义和谐文化奠定基础

有的学者认为，社会主义核心价值体系对和谐文化建设具有定性、整合、引领的意义，具体表现为：和谐文化的社会主义性质，是由居于指导地位的社会主义核心价值体系所决定的；和谐文化反映社会主义和谐社会要求、由社会主义社会中多种多样的文化相互协调构成，而建设社会主义核心价值体系，就是要协调和整合社会生活中出现的各种文化，使之成为一种有序的和谐文化，就是形成全民族奋发向上的精神力量和团结和睦的精神纽带。社会主义核心价值体系对社会生活中各种文化的整合、协调，不是不分良莠、不辨是非，不是形成文化大杂烩，而是在辨别中引导，在引导中协调，在协调中整合；不是消除文化差异，而是尊重差异，包容多样，最大限度地形成社会思想共识。

3. 社会主义核心价值体系是建设社会主义和谐社会的前提和条件

社会主义核心价值体系对构建社会主义和谐社会的作用有三：

其一，社会主义核心价值体系是和谐社会建设的重要内容和条件。和谐社会的有序协调发展和长期稳定前进，除了以组织和制度保障社会成员之间的政治、经济、社会关系外，还必须用符合其系统的价值理念、主流价值观念去

引导、去规范行为，否则，构建社会和谐就会迷失方向。

其二，社会主义核心价值体系为构建和谐社会提供了思想指南，为推动社会和谐发展提供了强大的智力支持。当前，社会价值观呈多样化乃至相互冲突，一些人出现困惑、迷茫、盲从的现象。唯有在社会主义核心价值体系的引导下，多元价值观才能得到合理的调适、引导和规范，人们的价值选择才不至于无所适从。

其三，社会主义核心价值体系是化解社会矛盾、维护社会和谐的重要精神纽带。构建社会主义和谐社会是一个不断化解社会矛盾的持续过程。协调经济利益，关键是要使人们具有共同的价值追求。而社会主义核心价值体系的建立，满足了人们对共同的价值追求的需要。在共同的价值追求和理想追求下，人们就能超越具体利益关系，求同存异，消除冲突，在团结协作中化解矛盾。

二、关于社会主义核心价值体系的科学内涵、基本特征

1. 关于社会主义核心价值体系的科学内涵

一些学者提出，社会主义核心价值体系是立足于社会主义经济基础之上的价值认同系统，它涉及经济、政治、文化、思想等社会生活的方方面面，集中体现了社会主义意识形态的本质属性。在社会主义核心价值体系中，马克思主义指导思想居于最高层次，是指对作为认识世界、改造世界强大思想武器的马克思主义的价值认同；从根本上说，是指对人类社会发展规律的价值认同。中国特色社会主义共同理想，是指对国家、民族追求的未来美好发展前景的价值认同。以爱国主义为核心的民族精神和以改革创新为核心的时代精神，是指对实现共同理想的动力之源的价值认同。社会主义荣辱观，指的是对公民思想行为选择标准的价值认同。这四个方面结合在一起，构成了一个逻辑严谨、层次分明、由高到底、由理论到实践、由思想到行为的社会主义核心价值体系的框架结构。

2. 关于社会主义核心价值体系的基本特征

在这方面，有学者认为，其特征有三：其一，这是与实践相联系的体系。社会主义核心价值体系是建立在社会主义现代化建设基础上的，与社会主义建设发展要求相一致的价值体系。因此，建设社会主义核心价值体系需要与社会主义现代化建设实践相结合，需要与构建社会主义和谐社会相结合，与人们的社会实践结合，在实践中推进社会主义核心价值体系的发展与完善。其二，这是统一性的体系。社会主义核心价值体系对马克思主义指导思想、中国特色社会主义共同理想、以爱国主义为核心的民族精神和以改革创新为核心的时代精神、社会主义荣辱观四个方面基本内容进行了高度概括。这四个方面相辅相成，相互结合，相互作用，构成了以人为本基础上完整统一的社会主义价值体系。其三，这是不断发展的体系。建设社会主义核心价值体系，需要不断挖掘和利用传统文化资源和营养，传承与创新传统文明与文化，吸收精华，剔除糟粕，奠定社会主义核心价值体系发展的基础。此外，有学者认为，社会主义的价值体系具有很大的包容性和历史的进步性。它立足于社会主义的经济基础、文化特征和精神文明的构建，也传承了中华民族的优秀文化价值理念，并吸取了国际文化价值的先进成分。从价值评价的范围看，它涉及经济、政治、文化、科技、外交及人际关系的一切领域，具有纵贯古今、横连四方的特色。

三、关于社会主义核心价值体系的基本功能

1. 具有坚定理想信念的功能

历史表明，共同的价值观，共同的理想与追求，共同的文化与情感，是一个民族历经磨难而生生不息的强大精神支柱。一个社会能否和谐，首先取决于有没有为社会大多数成员所认可、接受并自觉践行的社会主导价值体系以及由此价值体系产生的共同理想信念。在社会主

义核心价值体系的指导下，中华民族必将致力于民族伟大复兴，必将致力于构建全体人民共建共享的和谐社会。

2. 具有引领社会思潮的功能

大多数学者都认为，社会主义核心价值体系必然成为引领社会思潮的主导力量。社会主义核心价值体系具有广泛的适用性和很大的包容性，最大限度地体现了社会的多元诉求，这就决定了它具有强大的整合力和引领力。因为它体现了思想道德建设上的广泛性要求，符合不同层次群众的思想建设状况；它体现了人民群众一致的愿望和追求，又涵盖了不同群体和阶层。基于上述认识，学者们普遍认为，必须坚持以社会主义核心价值体系引领社会思潮，并认为坚持以社会主义核心价值体系引领社会思潮，需要把握四个原则，即处理好一元与多元的关系；坚持破中有立、立中有破的原则，用积极健康的思想引领多样化的社会思潮；正确处理理想与现实的关系，坚持价值目标与现实历史过程的统一；提高对社会思潮的预判能力，做到防患于未然。

3. 具有提供道德规范的功能

一个缺乏良知和道德规范的民族，不可能长期存在和发展；一个腐败横行、不知羞耻、不讲正气、不敬业的政党不可能永葆先进性，也不可能长期执政；一个道德缺失、进退无据、无所依凭的社会不可能构成和谐；一个荣辱颠倒、是非混淆的社会无法实现和谐。而社会主义核心价值体系的建设，必将为和谐社会建设提供维系稳定、协调、发展的道德规范，促进和谐社会在健康的轨道上良性运行。

4. 具有激发社会活力的功能

社会主义和谐社会既是团结和睦的社会，也是充满活力的社会。必须最大限度地激发社会活力。社会主义核心价值体系的基本内容之一是以改革创新为核心的时代精神，其本身包含了独立精神、探索精神和批判创新在内的创新精神，有利于培育创新精神和敢于挑战权威的气度，对现有事物产生怀疑、否定和超越，有利于激发人的积极情感，培养刻苦钻研的精神，磨练不屈不挠的意志，养成勇于牺牲的品格，克服人的消极情感，有利于调动人的积极性，发挥人的主观能动性，开发社会成员的内在的创新潜能，从而整合社会力量，激发社会活力。

5. 具有促进人的发展的功能

人的发展是以人的核心价值观为基础的。社会主义核心价值体系不仅能引导人们科学合理地行动，使人们的劳动能力不断提高、充分发展和完全扩张，而且有利于倡导人人平等，人与人之间建立平等友好关系。人们改造世界的本领得以提高，自身的独立性、自主性与创造性得以提升，实现了自己的全面发展。

此外，有学者还认为社会主义核心价值体系具有预测社会发展趋势、整合社会力量、调控非主流价值等功能。

四、关于社会主义核心价值体系的构建路径

对于社会主义核心价值体系的构建路径，理论界主要的基本观点有以下几点：

1. 建设社会主义核心价值体系，坚持马克思主义的指导地位是最根本的

创新坚持马克思主义指导地位的方法问题，从实质上看，就是以什么样的方针、政策和方法坚持好马克思主义指导地位的问题。要解决好这个问题，一是要正确认识和处理“一元化的指导思想”和“多元化的社会思想”的关系；二是要加强马克思主义理论的研究和建设；三是做好宣传工作，努力提高舆论的引导能力，重视舆论的社会效果，营造良好的舆论氛围。

2. 把社会主义核心价值体系融入国民教育和精神文明建设全过程，贯穿现代化建设各方面

建设社会主义核心价值体系，就是要把这些基本要求融入“三大文明”建设的全过程，融入“四位一体”建设的各个领域，融入国民教育全过程。有学者认为，建设社会主义核心价值

体系，重在教育。有的认为，建设社会主义核心价值体系是一项重大工程，其中"一个重要任务，就是要增强核心价值体系的吸引力，使核心价值体系广泛地成为人们的价值观念，最大限度地为广大群众所认同"。针对此提出，要以"引导"和"贯穿"为主，加强对社会心理的引导，传媒要坚持核心价值体系的立场，增强创造力、说服力、感召力，要坚持理想教育、思想政治工作创新，坚持先进性与广泛性要求相结合，坚持先进性与层次性并存。

3. 建设社会主义核心价值体系，关键在于全党重视，狠抓落实

社会主义核心价值体系建设是一个逐步积累的过程，是一项长期任务，需要把长期规划与近期安排结合起来，锲而不舍，长抓不懈，要把思想统一到中央提出的建设社会主义核心价值体系这一重大任务上来，要动员全党全社会共同建设社会主义核心价值体系，坚持以人为本，广泛地吸引人民群众大力参与。

（作者单位：中共湖南省委党校党建教研部）

第八部分

重大理论与热点问题探讨

深化对"两个规律"的研究

李景田

党的十七大提出以改革创新精神全面推进党的建设新的伟大工程，并在对这个重要问题的论述中，进一步具体提出要"大规模培训干部，充分发挥党校、行政学院、干部学院作用，大幅度提高干部素质"。这就使我对党校系统所担负的干部培训工作有了新的认识高度。贯彻十七大精神，进一步搞好党校教育，完成好干部培训的任务，成为对我们今后工作的总要求。为了很好完成这个任务，我们要在总结经验的基础上，深化对"两个规律"，即干部成长规律和党校教育规律的研究，把这项工作当做关乎全局的大事来抓。

一、研究"两个规律"的重要意义

"两个规律"是庆红同志提出来的，是一个很重大的、带有根本性的课题。对"两个规律"，要重点研究党校教育规律，并且要注重通过对干部特点、尤其是干部成长规律的分析来研究党校教育规律，研究干部成长规律是为研究党校教育规律服务的。研究"两个规律"，是开展党校工作的基本前提；正确把握和运用"两个规律"，是搞好党校工作的根本保证。从去年的实践看，进一步搞好"两个规律"的研究，对于促进党校各项工作、加强党校全面建设，具有重大的理论和现实意义。

首先，研究"两个规律"是贯彻十七大精神，深化党校教学科研等各项改革的重要举措。在落实十七大提出的"大幅度提高干部素质"的过程中，各级党校肩负着光荣的使命和重大的任务，既使各级党校面临着严峻的挑战，也为党校的各项工作提供了良好的发展机遇。我们只有潜心研究"两个规律"，按照规律要求，进一步搞好教学、科研和各方面的改革，努力提高培训轮训干部的质量和效果，才能使党校工作在积极适应中发展，在迎接挑战中加强。所以，我们要站在战略和全局的高度，切实抓好"两个规律"的研究工作。

其次，研究"两个规律"是总结党校工作经验，加强和改进党校工作的重要途径。近年来，各级党校坚持解放思想，大胆实践，积极适应新形势，努力研究新情况，勇于解决新问题，充分发挥"三个阵地、一个熔炉"的作用，不断完善教学新布局，深化教学、科研和各方面的改革，在实际工作中积累了许多新鲜有益的经验。这些经验是我们的宝贵财富，也是研究"两个规律"的基础。实际上，分析梳理经验的过程，就是总结提高的过程，就是进一步摸索规律的过程，就是把那些具体的做法理性化，零散的经验系统化，从中找出带规律性的东西，用以指导和改进党校工作的过程。

再次，研究"两个规律"是修订党校工作条例，召开全国党校工作会议的一个重要准备。《中国共产党党校工作暂行条例》的修订和五年一次的全国党校工作会议，各级党校都非常关注和期待。为了确保新修订的条例和党校工作会议切实解决一些困扰、影响和制约全国党校发展的深层次问题，迫切需要做好相关的准备工作。研究"两个规律"的目的之一，就是为条例的修订和会议的召开提供坚实的理论支撑和现实依据。我们要对那些经过研究总结的规律，经实践证明是行之有效、可以在大范围推广的成果，用党内法规的形式固定下来，规范起来，以很强的约束力确保推广落实，发挥其应有的作用。

总之，加强对“两个规律”的研究，有利于坚持和发展党校的办学优势和特色，更好地用马克思主义中国化的最新成果武装学员头脑；有利于提高党校工作的科学化、制度化、规范化水平，更好地推进党校事业的发展；有利于落实中央对党校办学的新要求，更好地做好新一轮大规模培训干部、大幅度提高干部素质的工作。因此，我们既要看到已经取得的可喜成果，也要清醒地认清形势任务以及不足和差距，进一步坚定信心，增强责任感和紧迫感，以更大的勇气和工作力度，推动“两个规律”的研究工作跃上新的层次，迈上新的台阶。

二、注重将研究成果运用于实际工作，并做好研究的拓展工作

经过大家的共同努力，我们对“两个规律”的研究取得了初步的成果，各单位都进行了有益的探索，但切不可把自己的成果束之高阁。否则，搞研究就失去了实际意义。要重视做好研究的上篇文章，更要重视做好转化、拓展成果的下篇文章，逐步由理论研究向付诸实践、具体实施发展，由涉及一般问题向重点突破、难题攻坚发展，由侧重方式方法的改进向制度创新发展。通过不断地调整、充实、丰富和完善，使研究成果在运用中提高，在转化中发展。

一是要重转化。要处理好理论研究与具体实践的关系，及时把理论研究成果运用到实际工作中去，形成用理论研究成果指导实践、在实践中深化理性认识的良性循环。当前，最重要的是把已经取得的成果体现到全国党校工作会议、《中国共产党党校工作暂行条例》的修订中。还要处理好点上试验与面上普及的关系，使点上的经验在面上得到推广，促进全国党校工作协调发展、整体提高、全面加强。

二是要善拓展。我们的眼界要特别开阔，善于站在全党全国的战略高度，正确把握和顺应时代潮流，紧贴各级党校的实际，围绕锦涛同志总结的“九条基本经验”、庆红同志提出的“四个方面、十六个字”办学新要求、近平同志关于加强党校建设的重要指示，来研究和思考问题，理清课题思路，明确主攻方向，研究对策措施。同时，也要继续注意紧密联系本单位的职责和分管工作，用典型事例和实际工作经验来说明问题，从中发现和归纳带有普遍性的东西。这样，才能起点高、落点实，研究的规律才能用得上、推得开。

三是要求实效。不搞空研究、虚探索，课题从实践中出，对策在实践中找，成果到实践中去检验，真正使实践成为研究的大课堂；注重实际效果，把管不管用、有没有效作为衡量“两个规律”研究成果的重要标志。力戒形式主义和表面文章，真正总结出一些带规律性的东西，从而推动党校的各项工作和全面建设赢得新的发展，迈上新的台阶。

三、研究“两个规律”是长期的工作

规律反映了事物的本质属性，往往隐藏在后面，发现它、运用它、驾驭它并非易事。毛泽东同志曾经说过：“一个正确的认识，往往需要经过由物质到精神，由精神到物质，即由实践到认识，由认识到实践这样多次的反复，才能够完成。这就是马克思主义的认识论，就是辩证唯物论的认识论。”这一论断启示我们，“两个规律”的研究探索也需要经过“实践——认识——再实践——再认识”循环往复的艰苦过程，是一个长期的工作，也可以说是我们党校的一个永恒的课题。现在的成果是前一个“螺旋”的终点，又是后一个“螺旋”的起点。因此，我们要注意处理好集中探索与长期努力的关系，保持对“两个规律”研究的经常性、连续性，对那些研究时间不长、处于探索阶段的课题，要继续深入研究论证；对仅仅在点上取得的成果，要放到更大范围去接受实践的检验；对现在看来比较成熟的做法和经验，也要随着形势任务的发展变化，不断地充实和完善。

经过去年的调查和今天的交流，大家对“两个规律”有了进一步的认识。我来中央党校工

作还不到一个月，对于“两个规律”的认识还比较粗浅。对如何深化“两个规律”的研究，只讲三层意思，供大家参考。

1. 党校是党办的学校，是培训轮训干部的学校，是马克思主义的理论阵地。因此，党校教育规律是否应体现在“三个适应、三个促进”上。一是党校要适应并促进党的中心任务的落实，二是党校要适应并促进党的干部素质和能力的提高，三是党校要适应并促进理论创新、学科建设和学术发展，特别是理论创新。

2. 必须研究与“两个规律”相联系的办学要求和治校原则。比如：(1)怎么坚持党校姓“党”的根本原则；(2)怎么坚持从严治校的根本要求；(3)怎么坚持理论联系实际的办学基本原则；(4)怎么坚持教学布局和班次设置相统一的办学要求；(5)怎么坚持以教学为中心、以科研为基础的教学科研一体化方针；(6)怎么坚持以学员为主体、教员为主导的多元化教学方式；(7)怎么坚持理论研究无禁区，讲坛、论坛有纪律的重要方针，等等。

3. “两个规律”的研究，还要力求解决一些关系党校发展全局的问题。例如：党校性质定位问题，党校地位问题，党校领导体制问题，党校系统的业务指导关系问题，等等。把这些带根本性、全局性的问题解决好了，就能带动和促进其他问题的解决。

以上看法，是在大家交流讨论中形成的，还需要进一步研究。我们一定要集思广益，把“两个规律”的研究不断引向深入，更好地指导我们的工作。

（此文是李景田同志在中央党校“两个规律”课题研究成果交流会上的讲话，有删节）

苏联亡党亡国的惨痛教训

张全景

1917年列宁领导的俄国十月革命，取得了伟大胜利，建立起世界上第一个社会主义国家，开创了人类社会发展的新纪元，使整个世界发生了革命性变化。第二次世界大战以后，欧洲、亚洲、拉丁美洲许多国家走上了社会主义道路，形成了世界社会主义阵营。各社会主义国家在马克思列宁主义的指导下，取得了辉煌业绩，显示了社会主义制度的巨大生命力。这是世界社会主义事业凯歌前进、蓬勃发展的时期。

令人遗憾的是，20世纪80年代末、90年代初，苏共失败、苏联解体、东欧剧变，世界政治地图上一大片红色区域消失。对此，帝国主义和一切反社会主义势力弹冠相庆，认为共产主义已经灭亡，资本主义将一统天下；也有一些人在思想和行动上发生困惑、怀疑和动摇，认为“共产主义不行了”，“马克思主义不灵了”，“社会主义道路走不通了”。因此，以马克思列宁主义为指导，认真总结苏共失败、苏联解体、东欧剧变的经验教训，将是一笔非常宝贵的遗产，对于我们贯彻落实党的十七大精神，高举中国特色社会主义伟大旗帜，推动科学发展，促进社会和谐，全面建设小康社会，具有非常重要的意义。十月革命的胜利是俄国历史发展的必然，而苏共失败、苏联解体则是历史的倒退，是不应该发生的人间悲剧。苏共虽然失败了，但十月革命的原则是永存的；苏联虽然解体了，但他们建设社会主义的经验教训值得认真总结汲取。

苏共建党88年（苏共的诞生自1903年第二次俄国社会民主工党代表大会计算。1895年虽然召开了第一次代表大会，但是全国性的党并没有建立起来），执政74年，曾经创造出辉煌业绩，在世界政治舞台上光彩夺目。但为什么会在一夜之间“呼啦啦如大厦倾”，克里姆林宫红旗落地，黯然失色？这是全世界各种政治力量都在关注的一个问题。中国共产党是按照马克思列宁主义的基本原则建立起来的，坚持从中国的实际出发，具有鲜明的中国特色，但毕竟长期“以俄为师”，并且在革命和建设中得到过苏联的支持和帮助。虽然自上世纪50年代中期起两党发生了严重分歧，并且进行了10年论战，但是我们仍然希望苏共苏联回到马克思列宁主义的轨道上来，把党和国家建设好，对它的失败、消亡、瓦解深感痛心。对于苏共失败、苏联解体，很多人在反思，仁者见仁，智者见智，这是很正常的。2003年我到俄罗斯访问，着重考察苏联亡党亡国的经验教训（2004年久加诺夫访华我再度会见过他），由于时间和条件所限，不可能把情况了解得很清楚，也不可能把问题研究透彻，不过印象和感触还是很深刻的。

苏共失败后的国内惨状

胡锦涛同志在十七大报告中告诫全党，“一定要居安思危，增强忧患意识，始终保持对马克思主义、对中国特色社会主义、对实现中华民族伟大复兴的坚定信念”，一定要戒骄戒躁、艰苦奋斗，刻苦学习、埋头苦干，加强团结、顾全大局，保持党同人民群众的血肉联系，为战胜一切艰难险阻、推动党和人民事业取得新的更大胜利提供强大力量。这些话可谓至理名言，语重心长。我们要牢记心头，躬身实践。苏共失败前，总书记戈尔巴乔夫和那些鼓吹民主社会主义、资本主义的精英把苏联说得一团漆黑，把实现资本主义吹得天花乱坠。那么情况怎样呢？“不看不知道，一看吓一跳”。苏共失败、苏联解体后的情景正所谓是“故国不堪回首月明中”，“凄凄惨惨戚戚”。莫斯科的建筑除一座新教堂外，基本都是原苏联的遗产，但由于这些年没有维修，已失去当年的风采，惟有镰刀锤头还依稀可辨。城市交通、水电等公共设施，全部是苏联时期建成的。圣彼得堡也没有新建筑，只是为了迎接建城300周年，全部粉刷了一遍。当年苏联是全世界被压迫民族革命运动的大后方，世界社会主义革命和民族解放运动都曾得到苏联的支持，很多国家的共产党人或进步人士曾长期住在那里。苏联还收养世界各国革命领导人的孩子，开办学校，培养干部。苏共原先有比较雄厚的物质基础，要钱有钱，要物有物，仅在莫斯科就有4228座办公楼、180个社会政治中心、16个社会政治研究所，有大批房产（公寓、别墅、宾馆等）。但在失败后，包括党费在内的所有财产一律被没收，落了个无钱无物，举步维艰。俄共对我们的接待虽然友好热情，但由于财力有限，遇到许多实际问题。我们与俄共领导人的会谈就在议会的党团办公室，到机场接送我们，由于自己没有车，坐出租车又没钱，只能借用汽车。俄共国际部同志陪同我们拜谒列宁墓、斯大林墓和无名烈士墓所用的鲜花是由我驻俄使馆付费。面对此情此景，不能不感到伤感和痛心。

苏共失败后，坚持马列主义原则的党员干部大都失业，有的还被关押、判刑；党组织一度被禁止活动（2005年我去德国访问时，东德的情况还不如俄罗斯。整个东部的群众受到歧视，养老金只享受西部的80%，原德共党员干部全部失业，原在政工情治部门工作的干部更是全部被审查）。

从俄国的社会发展情况来看，自苏联解体后的连续10多年间，每况愈下。我们去时看到一些材料，国内生产总值曾只相当于原来的50%，工业生产减少64.5%，农业生产减少60.4%，卢布贬值，物价飞涨5000多倍，人口一直呈下降趋势，人均寿命下降（有的材料说男性下降10岁，女性下降5岁）。近几年俄罗斯经济有所发展，但主要是靠出口石油、天然气、木材等资源和军火等。群众福利大幅降低，原来的苏联公民生老病死伤残、住房、医疗、上学、交通等都有优厚待遇；苏联解体后这些待遇被大幅度降低或取消。广大群众生活水平下降，50%的人沦为贫困人口。俄国社会陷于混乱，各种犯罪大量涌现，偷盗、抢劫、酗酒、自杀、被杀事件层出不穷。全国曾发现过8000多个有组织的犯罪团伙。叶利钦1996年也承认，现今的俄罗斯已超过了意大利，成为国际社会最大的黑手党王国。2005年，俄罗斯总统普京在国情咨文中慨叹：“苏联的解体，是20世纪最严重的地缘政治灾难，对于俄罗斯人民来讲，它是一场真正的悲剧。”很多俄罗斯专家学者也得出这样的结论：苏共失败、苏联解体，使俄罗斯经济、社会发展倒退了几十年。社会丑恶现象泛滥，1996年—2000年梅毒患者增长25倍。据有关材料介绍，70%多的俄罗斯人对苏联解体感到惋惜。有人说，既然多数人不赞成苏联解体，为什么俄共在选举中不能得到多数票呢？我认为，其中有诸多原因。俄共参加大选受到打压，政府和执政党给其设置了种种障碍。当然，这是另一个问题，不能简单地将两者扯到一起。

苏共失败的轨迹

2003年我在俄罗斯访问期间，与俄共中央主席久加诺夫、副主席库普佐夫、埃梅利尼科夫，咨询委员会主席卢基扬诺夫（原苏联最高苏维埃主席，苏联解体后曾被判刑一年半）等多位领导座谈时提出了一个问题：按照马克思主义的观点，任何事物的发展变化，都有一个由渐变到突变、由量变到质变的过程，那么苏共失败、苏联解体有没有什么轨迹可循呢？久加诺夫等同志当即回答：苏共失败、苏联解体是从赫鲁晓夫开始的，他在苏共20大秘密报告中全盘否定斯大林、否定苏联社会主义的历史，随后又提出了“全民党”、“全民国家”，以及“三和”、“三无”等一系列修正主义谬论，在全党全国人民中造成了思想混乱，失去了正确的理论指导，破坏了全党的团结统一，破坏了国际共产主义运动的团结统一。勃列日涅夫、戈尔巴乔夫与赫鲁晓夫一脉相承。戈尔巴乔夫不仅否定斯大林，而且否定列宁，否定党的领导，否定社会主义制度，从宪法中删去党的领导的条款，使苏共失去了领导的法理依据；他鼓吹"民主的、人道的社会主义"，实际上是复辟资本主义，造成了更大的思想混乱，最终导致了苏共失败、苏联解体。

苏共失败的轨迹，充分说明了领袖人物的极端重要性。列宁说过："在历史上，任何一个阶级，如果不推举出自己善于组织运动和领导运动的政治领袖和先进代表，就不可能取得统治地位。"历史的经验证明，工人阶级政党要领导人民夺取政权，需要一个把马克思主义与本国实际相结合的领袖集团，为了巩固政权并领导人民建设社会主义，同样需要这样一个领袖集团。苏共失败、苏联解体的根本原因在苏共内部，而党内的问题则在于其领袖集团。推动历史前进的决定力量是人民，只有人民才能推动历史前进。但这不应和领导人物的作用对立起来，不可低估领袖人物的作用。列宁说过：群众是划分为阶级的，阶级通常是由政党来领导的，这个政党通常是由最有威信、最有影响、最有经验，并被选出担任最重要职务的领袖人物所组成的比较稳定的集团来主持的。在同样的革命形势下，由不同的领袖人物来领导，就会有不同的效果。例如，十月革命如果没有列宁的正确领导，就不可能取得胜利。中国革命和建设以及改革开放的经验也证明了这一点。

中共与苏共十年论战，虽然在我们的文章中也有某些错误观点，但基本方面是正确的。毛主席预见了苏联失败的危险，所以进行论战、批评，是为了正本清源，更好地坚持马克思列宁主义。一方面是为了教育全党和全国人民，一方面是想把苏共拉回到正确的路线上来。1964年，当写到"七评"的时候，恰遇赫鲁晓夫即将70岁生日。毛主席说，现在赫鲁晓夫内外交困，说不定哪一天苏共会采取政变的方式把他搞下台，我们要给他发贺电祝贺，拉他一把。在苏共领导层中赫鲁晓夫并不是最坏的，如果他下了台，上来个好的对我们有利；如果上来个更坏的，对我们更不利。结果几个月后他真的被搞下了台，勃列日涅夫取而代之。毛主席还说过，赫鲁晓夫的秘密报告，一是揭了盖子，说明苏共、斯大林并不完全正确；二是捅了漏子，将会在苏联及社会主义阵营引起混乱，给敌对势力以攻击的口实。事情的发展果如所料。毛主席还说过，苏联有"两把刀子"，一把是斯大林，一把是列宁，现在斯大林这把刀子丢掉了，列宁这一把也难以保住。当时中国共产党通过人民日报发表了"两论"，坚持正确评价斯大林、正确评价苏联的历史，此后又发表"九评"，既统一了全党的思想，又对国际共产主义运动施加了特别的影响。当时，毛主席预见了苏联面临失败的危险，强调要立足于国内，把自己的事情办好，这是多么英明的预见！（参见吴冷西《十年论战》）

党的十一届三中全会确定全党的工作重点转移到经济建设上来，制定了"一个中心，两个基本点"的基本路线，一再强调坚持四项基本原则，坚持改革开放，正确评价毛主席，正确评价毛泽东思想，正确评价我们党的历史和新中国的历史，使我们党经受住了1989年的政治风波和苏东剧变的考验，不断推进了中国特色社会主义建设。党的十七大提出了高举中国特色社会主义伟大旗帜，为夺取全面建设小康社会新胜利而斗争的光荣任务，这些都是非常正确、非常伟大的。现在有人鼓吹实行"民主社会主义"，实际是要在中国搞资本主义。他们挖空心思，歪曲、篡改马克思主义的基本原则，歪曲党的历史，否定毛泽东、否定新中国的伟大成就。对此，我们要头脑清醒，分清是非，把思想统一到党的十七大精神上来。

苏共失败、苏联解体的主要原因和教训

苏共失败、苏联解体，是很多人关注的一个问题，并从不同的角度进行了不同的思考和辨析。俄共中央主席久加诺夫在其所著《忠诚》一

书中提出了10多条原因，并且还在进行“沉痛的思考”。我们访俄后对苏共失败的原因概括了四句话：既有政治原因又有经济原因，政治原因是主要的；既有内因又有外因，内因是主要的；既有主观原因又有客观原因，主观原因是主要的；既有历史原因又有现实原因，现实原因是主要的。在诸多原因中，必然有一种是主导的、起决定作用的。从根本上来说，问题主要出在苏共党内，又主要是其领袖人物背叛了马克思列宁主义的基本原则，对内背叛苏联人民，对外屈服于帝国主义的压力，把苏联党和国家引入了歧途，葬送了几千万人流血牺牲换来的胜利成果。

1. 两面派、阴谋家、野心家、修正主义分子篡夺了苏共领导权，他们背叛了马克思列宁主义，背叛了党和人民，否定党的历史，否定党的领袖。党的领导权掌握在什么人手里，这是一个至关重要的、关系党和国家前途命运的、带根本性的问题。从赫鲁晓夫到戈尔巴乔夫、叶利钦，他们都是两面派、阴谋家、野心家，说一套、做一套，千方百计骗取信任。“一朝权在手，便把令来行”，推行其反共的、修正主义的路线。他们的基本手法就是以否定党的历史，否定党的领袖作为突破口。党的历史与党的领袖是密切联系的，“灭人之国，必先去其史”。赫鲁晓夫、勃列日涅夫、戈尔巴乔夫、叶利钦他们一再否定斯大林，否定列宁，否定十月革命和苏共的光荣历史。赫鲁晓夫最为典型，1939年3月，他在党的十八次代表大会上的20分钟发言中，居然把斯大林恭维了32次。在1952年召开的苏共十九大上同样大肆吹捧斯大林。1954年他还下令刊登斯大林逝世一周年的歌功颂德的社论。他经常肉麻地说斯大林是“人类最伟大的天才、导师和领袖”，“伟大的常胜将军”，“自己的生身父母”。但到苏共二十大，却咒骂斯大林是“凶手”、“强盗”、“赌棍”、“俄国最大的独裁者”、“混蛋”、“白痴”等，把一切最丑恶、最肮脏的语言加在斯大林头上。同时诬蔑斯大林在伟大的卫国战争中战前“丧失警惕”，战争爆发后“惊惶失措”，战争中“靠地球仪指挥”。这是连小孩子都难以相信的谎言。试想如果没有伟大统帅的正确指挥，苏联红军怎么能取得莫斯科保卫战、斯大林格勒战役的胜利，怎么能把侵略者赶出国境，直至攻克柏林呢？苏共二十二大后，赫鲁晓夫又把斯大林遗体从列宁墓中移出火化，进一步造成党内和群众的思想混乱，并为帝国主义攻击苏共提供了炮弹：什么苏联大清洗杀了2000多万人（叶利钦上台后专门委员会核查的结果，只有几十万人，而且有些人确实是罪有应得），农业集体化饿死了几百万人，等等。斯大林时期的肃反确实存在扩大化的错误，农业集体化过程中也的确出现过一些问题，但说死了几百万、甚至几千万人，则是不顾事实、别有用心地捏造。戈尔巴乔夫上台后，不仅继承赫鲁晓夫的衣钵，而且走得更远，从否定斯大林到否定列宁，否定社会主义制度，否定苏联历史，否定党的领导，终于导致了苏共党亡政息。赫鲁晓夫去世后葬在莫斯科新处女公墓，他的墓碑一半是黑色，一半是白色，这大概是后人留给他的生动评价吧！

怎样评价斯大林和苏共的历史，仍然是总结苏共失败教训的一个焦点。尽管斯大林犯过一些错误，苏联的社会主义制度也存在某些缺陷（一个新生的社会制度是难以避免的），但用实践的标准来检验，斯大林时期的苏联与1913年（一战前的俄国最高年份）相比，社会生产力有很大发展，实现了国家工业化、农业集体化。社会主义国家的综合国力增强了，最突出的表现是打败了德、日法西斯，可以与美国抗衡。人民生活水平也有很大提高。丘吉尔曾指出：他从沙皇手里接过的是木犁，撒手人寰时留下的是原子弹。有的说，“斯大林模式”、“高度集中的计划体制”是苏联亡党亡国的主要原因。这也是不客观、不全面的。苏联垮台前夕，其经济总量仅次于美国，相当于欧洲资本主义国家的总和，其先进科学技术可与美国并驾齐驱，有的甚至领先于美国，即便是轻、重工业存在某些不协调现象，也不至于导致失败，更何况苏联解体是在斯大林去世38年之后发生的，怎么能把失败的原因归罪于早已去世的人呢？这也证明了他的后继者不是马克思列宁主义者，而是马克思列宁主义的叛徒。

赫鲁晓夫是一个两面派，他在全盘否定斯大林时，也曾经说过肯定斯大林的话。例如，在其秘密报告中，在我国驻苏大使馆的讲话及波匈事件后，称斯大林是伟大的马克思主义者。这并不是问题的本质，而是掩人耳目、虚伪的、自相矛盾的。我们只要从当时的形势、背景加以具体分析，就可看出其两面派嘴脸。苏共二十大时，苏共中央不少人是反对其秘密报告的，讲几句肯定斯大林的话，可以缓和反对者的意见；他知道中共的态度，如果在我使馆大讲反对斯大林，不是自讨没趣吗？波匈事件是其秘密报告酿就的苦酒，为了收拾局面，不得不讲肯定斯大林的话。

2.苏共在理论上背叛了马克思列宁主义，在思想战线纵容资产阶级自由化，丧失了意识形态领域的主导权。列宁深刻指出，没有革命的理论便没有革命的运动；革命理论是行动的指南。苏联十月社会主义革命的胜利，是列宁把马克思主义的基本原理运用于俄国革命实践的典范。苏共失败的一个重要原因则是党在理论上背离了马克思列宁主义，使全党失去了正确的理论指导，造成党内外思想的混乱和社会政治动荡。赫鲁晓夫上台后大反斯大林，却没有根据世界政治、经济的发展变化和技术革命兴起的新形势，进行理论上的创新，使党的理论停滞不前。另一方面，却提出了“全民党”、“全民国家”、“三无世界”（没有战争、没有武器、没有军队）以及“和平竞赛”、“和平共处”、“和平过渡”等一系列违背马克思列宁主义基本理论的谬论，后来又提出“20年建成共产主义”的错误理论。勃列日涅夫虽有所修补，但基本上坚持了没有赫鲁晓夫的赫鲁晓夫路线。到戈尔巴乔夫则走向极端，他的“新思维”和“民主化”、“公开性”，其实质就是否定马克思列宁主义，否定社会主义，改变无产阶级政党的性质，复辟资本主义。这些所谓理论，完全背叛了马列主义关于无产阶级革命、无产阶级专政和无产阶级政党的理论，解除了苏共和苏联人民的思想武装，为资本主义复辟开了绿灯。戈尔巴乔夫1999年在土耳其首都安卡拉美国大学研讨会上不打自招：“我生活的目的就是消灭共产主义。”面对苏共失败、苏联解体的现状，他说：“我生活的目的已经达到。”他还说：“我找到了自己为了实现同样目标的伙伴，首先是雅科夫列夫和谢瓦尔德纳泽，他们为击败共产主义立下了大功。”

毛主席深刻指出，凡是要推翻一个政权，总是要先制造舆论，做意识形态工作。革命的阶级是这样，反革命阶级也是这样。搞社会主义不同于搞资本主义，资本主义可以靠物质刺激，社会主义虽然也必须重视利益原则，但更重要的是要靠社会主义思想、社会主义觉悟。因此，必须重视思想战线和意识形态领域的工作，切实加强社会主义精神文明建设。

在苏共失败的过程中我们可以看到，反苏反共反社会主义的舆论甚嚣尘上，各种报刊、电视、广播、网络等媒体以及小说、戏剧、电影等各种文艺团队，都加入了反苏大合唱的乐队。乐队的总导演是戈尔巴乔夫，前台指挥则是雅科夫列夫——主管意识形态工作的政治局委员、中央书记。他对社会主义怀有刻骨仇恨，反对马列主义，反对十月革命。在戈尔巴乔夫、雅科夫列夫等人的支持下，一时间苏共上空乌云翻滚，掀起了反苏反共大合唱，把社会主义，把斯大林、列宁说得一无是处，把资本主义美化成人间天堂。对于拥护社会主义、马列主义的力量，极力打压。不准发表肯定社会主义的言论，不准发表批驳反社会主义的言论，“只许州官放火，不准百姓点灯”。国际敌对势力极力推行“和平演变”策略，在反苏大合唱中推波助澜，将西方的意识形态、思想文化以及攻击列宁、斯大林和社会主义的言论猛烈地吹向苏联，毁掉了苏联人民的共同理想，加剧了思想混乱，这成为苏共失败、苏联解体的外部力量。

3.苏共没有把党的组织建设好，丧失了党

的先进性。苏共中央蜕化变质了，不可能把各级基层组织建设好。苏共基层组织丧失了先进性，在群众中已无凝聚力、号召力、战斗力，不能发挥战斗堡垒作用，党员质量下降，严重脱离群众，不能发挥先锋模范作用。到垮台前夕，大多数党组织和党员已经是徒有其名。有的说苏共20万党员时取得二月革命的胜利，30多万党员时取得十月革命的胜利，200万党员时（不包括二战中牺牲的党员）打败了德国法西斯，而在近2000万党员时却失去了政权，其中的教训十分沉痛。党的思想教育长期无人过问，不学习马列，不用先进思想武装头脑。党的组织生活涣散，丢掉了批评与自我批评的思想武器。许多党员缺乏共产主义理想和社会主义信念，迷失了前进方向，相当多的人入党不是为实现党的纲领和目标奋斗，而是为了自己在仕途上、物质上捞取好处。1993年重建俄共时，加入俄共的原苏共党员还不到10%。圣彼得堡原有苏共党员50万人，1993年加入俄共的只有2.1万人，该市的加里宁区原有苏共党员2万多人，而加入俄共的只有85人。原苏联解体时规定，两个小时内党员必须选择政治上站在哪一边，结果绝大多数站到叶利钦那一边去了。这就说明苏共经过35年的蜕变，党员的质量严重下降，理想信念动摇了、瓦解了。可见，单纯追求党员数量、忽视质量是多么可怕啊！列宁说过，“那些徒有其名的党员，就是白给也不要”，“宁肯少些，但要好些”。这些话多么中肯、多么深刻。

党要实行民主集中制，是列宁的建党原则之一。列宁时期及斯大林初期党内民主集中制执行得较好，斯大林后来也搞一言堂，长期不开党的代表大会和中央委员会，搞个人崇拜。赫鲁晓夫靠反对“个人迷信”上台，但上台后搞“个人迷信”比斯大林更严重，有过之而无不及。勃列日涅夫也是独断专行，就连向阿富汗出兵这样重大的事情也是几个人推翻政治局不出兵的决定而作出的。戈尔巴乔夫鼓吹的“民主化”、“公开性”，是抽掉了阶级性的民主和公开，其实质只能是对反苏反共的人实行民主、公开，对拥护苏共、维护苏联而反对他倒行逆施的人则千方百计地进行打击，就连宣布共产党解散这样天大的事情，也是由他个人作出的。这样的党，必然会失去党员和群众的信任，怎么能不失败呢？

4.党内腐败，严重脱离群众。执政党的党风关系党的生死存亡。列宁时期，非常注重党的作风建设，严格要求各级领导干部和党员廉洁奉公，艰苦奋斗，参加劳动，反对官僚主义，反对脱离群众。联共（布）党史中专门讲了安泰与大地母亲的故事，深刻阐述密切联系群众的极端重要性。列宁坚决反对特殊，以身作则。他经常在办公室接待来访群众。据记载，仅在1922年10月2日至12月16日，他就亲自接待了125人次。斯大林在严格要求自己、艰苦朴素方面也是令人称赞的楷模。二战期间，他的儿子雅科夫被德军俘虏，希特勒提出以释放雅科夫交换被俘的德军将领保卢斯，斯大林的回答是“我不会用一名将军去交换一名士兵”，结果雅科夫死在德国法西斯的集中营里。和平建设时期，他一直保持简朴的生活作风，一件短皮大衣竟然从十月革命一直穿到去世。当斯大林去世后人们清点他的物品时，发现他仅有900卢布存款。当然，斯大林的后期也存在高高在上、脱离实际的官僚主义，特别是大搞“个人崇拜”，使党和国家的政治生活受到严重损害，党内滋生了特殊化倾向。赫鲁晓夫时期，党风进一步败坏，并且逐步形成了一个特权阶层。赫鲁晓夫不讲原则，瞎指挥，讲大话、空话、套话，胡干蛮干，不仅提出20年建成共产主义，而且搞工业党、农业党，盲目开垦“处女地”扩种玉米，使农业生产受到损害，严重破坏了生态环境。勃列日涅夫继承赫鲁晓夫衣钵，党风进一步败坏，他本人热衷于追求表面荣誉和奖赏，在其执政期间竟然得到200多枚各种勋章，在他死后的送葬行列中，为他抬各种勋章、奖章的军官达44人之多。他还恬不知耻地与列宁并列，1977年的十月革命节游行中出现了与列宁像同样大小的勃列日涅夫画像。他有一次到阿塞拜疆访问，该共和国共产党第一书记阿利耶夫送给他一座用纯金制作的、价值连城的半身像，随后阿利耶夫很快被调到莫斯科任部长会议第一副主席并成为政治局委员。这一时期苏共党内的各种不正之风及贪污贿赂、特权腐败、卖官鬻爵、徇私枉法愈演愈烈。戈尔巴乔夫时期党内腐败更加严重，已是病入膏肓。党内的高级干部已形成一个特权阶层，职务越高，特权越多。莫斯科的特供商店就达 100 多处，在那里各种进口的生活用品应有尽有，供高级干部享用，严重地脱离群众。有些高干子女也仰仗亲属的权威为非作歹，贪污受贿，走私贩私。戈尔巴乔夫执行的改革成为新生资产阶级的催化剂，大批干部腐败变质。苏联解体后，莫斯科的大富豪、俄国政府中的高官大部分是原来苏共的干部。党员干部的腐化，是苏共失败、苏联解体的一个重要原因。

5.苏共在干部队伍特别是领导班子建设上，严重违反了马克思列宁主义原则。政治路线确定之后，干部就是决定的因素。自斯大林时期就开始出现了对持不同意见的同志“残酷斗争，无情打击”的现象，甚至使一些干部受到不白之冤。赫鲁晓夫、勃列日涅夫、戈尔巴乔夫严重违背马克思列宁主义的干部路线，任人唯亲，亲朋故旧、同学老乡、部属亲信倍受重用，“顺我者昌，逆我者亡”几乎成为普遍现象。敢于讲真话，提出批评意见的人受到打击迫害。因此，党内低级庸俗之风盛行，对领导人只说恭维话、客气话、官话、套话。赫鲁晓夫、戈尔巴乔夫就是分别通过吹捧的手段爬上高层台阶的。党在选拔干部问题上的政治标准、德才原则，被任人唯亲所取代，培植亲信、拉帮结派成为合法。戈尔巴乔夫时期，以各种借口推行其任人唯亲的干部路线，提拔支持他搞全盘西化的干部，撤换反对他搞全盘西化的干部。他上任不久就改组了中央书记处和政治局，新增政治局委员、候补委员和中央书记 8 人，撤职 2 人。更换了部长会议主席和 6 位副主席，撤换了 40 多名党中央和政府部长、近 100 名州委书记。有的材料说，短短几年内，150 个边疆区、州、直辖市委的书记被更换了 92.5%。他任总书记后，任命对党、对社会主义有刻骨仇恨，在加拿大当了 10 年大使的雅科夫列夫为苏共宣传部长，不久又升任中央书记、政治局委员。在雅科夫列夫主持宣传工作后，各种反苏言论横行无阻。相反，对坚持马列主义原则的利加乔夫则排斥打击，对发表不同意见的安德烈耶娃进行围攻。错误的干部路线造成党政军干部队伍思想空前混乱，严重损害了党的威信，造成了干部对党的离心倾向。

俄共的许多同志认为，苏共没有解决好领导层的新老交替，党的核心领导层出了问题，这是苏共失败的一个决定性因素。赫鲁晓夫、戈尔巴乔夫、叶利钦都是两面派，他们成长于苏共二十大之后，深受赫鲁晓夫修正主义的影响，根本没有树立科学的世界观、人生观，更没有树立共产主义理想。他们披着伪装钻进了苏共高层。戈尔巴乔夫、谢瓦尔德纳泽、雅科夫列夫以及叶利钦的背叛行为导致了苏共的失败。俄共有些同志说，他们的背叛行为终究有一天会受到正义的审判。还有的认为西方敌对势力千方百计搞垮苏联，一定会收买苏共高级干部，使党内领导层中一些人发生蜕变，出现了“第五纵队”，这就是剧变中充当“别动队”的“民主派”。

总之，苏共失败的教训，需要很好总结，以便成为我们的鉴戒，从而更好地建设中国特色社会主义。

社会主义的胜利是历史的必然

伟大的马克思主义揭示了人类社会历史发展的基本规律，资本主义必然进入社会主义，这是不以人的意志为转移的。但是，每一个历史发展阶段，即从这一社会形态进入下一个新的社会形态是曲折的，不可能是笔直的，也可能进一步退二步，旧的社会制度复辟。不过，这种复辟、倒退是一时的现象，险滩过后是坦途，进入低谷就会回升。

有人把十月社会主义革命说成是“早产儿”，失败是历史的必然。这种观点是完全错误的。列宁根据帝国主义时代资本主义发展不平衡规律，提出了社会主义革命将首先在资本主义体系的薄弱环节上取得胜利。这是完全科学正确的论断，并且首先在俄罗斯取得了胜利。此后，中国、越南、朝鲜、古巴等国家（先经过了民族民主革命）社会主义革命的胜利，也证明了这一理论的正确性。其实这种“早产”说是当年考茨基、普列汉诺夫的谬论，早就被列宁批得体无完肤。现在有些人重提“早产”说，完全是别有用心的。实践证明，资本主义统治的比较薄弱的环节，就是资本主义比较落后的国家，经济发展不够成熟，统治地位不够巩固，取得革命胜利的可能性就比较大。十月革命时的俄国虽然资本主义发展较发达资本主义国家还比较落后，但毕竟有了一定的发展，钢铁、煤炭、交通等行业发展很快，产业工人达 1000 多万人，形成了工业无产阶级，成为政治舞台上一支重要的力量。在这种形势下，马克思主义在俄国逐步传播，并建立了革命党，有了自己的伟大领袖——列宁。这些充分说明，当时的革命条件已经成熟。因此，十月革命是应运而生，是历史的必然。后来的失败，不是列宁的过错，也不是斯大林的过错，而是斯大林之后的几代领导人背叛了马克思列宁主义的恶果。在那些比较发达的资本主义国家，因其经济发展比较充分，社会制度比较成熟，社会治理经验比较丰富，统治地位比较巩固，新的社会制度要突破它，困难会更大一些——但迟早也是会被突破的。当今社会主义运动处于低潮，但在某些地区也并非完全没有革命形势，主要是缺乏一个战斗的马克思列宁主义政党和卓越的马克思列宁主义的领袖人物的领导。凡是反动的东西你不打它就不倒，正像扫地一样，扫帚不到，灰尘照例不会自己跑掉。资本主义不会和平长入社会主义。资本主义社会制度也不会自生自灭。

苏联和东欧社会主义国家的失败，昭示着新的更大的胜利迟早必将来临，现在已经显露出这种曙光，例如在俄罗斯重评斯大林的现象。近几年新出版的《大元帅斯大林》等书，对斯大林的基本方面给予了肯定；普京政府决定重新出版《联共（布）党史简明教程》，这是一本由斯大林审定的马克思主义著作。上世纪 60 年代毛主席说过：看来斯大林的问题本世纪争论不完，下个世纪还要争论。现实教育了俄罗斯人民，包括一些曾经反苏反共的苏联人，现在悔悟了，苏联解体的结果是把一个大国搞小了，把一个强国搞弱了，把一个富国搞穷了，悔恨交加。马克思列宁主义的基本原则没有过时，虽然苏联和东欧一些原来的社会主义国家蜕变为资本主义国家，但是，资本主义生产的社会化与生产资料私人占有的基本矛盾，以及由此带来的许多社会问题并没有解决，工人阶级的革命精神必将重新焕发，工人阶级和劳苦大众必然会在新的形势下，推翻资产阶级的统治，建立新型的社会主义国家。尽管道路是曲折、复杂、漫长的，但社会主义、共产主义的前途是光明的。新的曙光必将重新升起，人类必将看到赤旗的世界！

（作者：中共中央组织部原部长、全国党建研究会顾问）

关于分配与所有制关系若干问题的思考

刘国光

一、邓小平关注分配问题

邓小平的社会主义改革理论中，人们注意到他对分配问题的关注。如在论述社会主义本质时，他先从生产力方面讲了社会主义是解放生产力和发展生产力，然后又从生产关系方面讲了消灭剥削，消除两极分化，最终达到共同富裕。生产关系落脚在消除两极分化，达到共同富裕，这是属于分配领域的问题，要通过社会收入和财富的分配才能体现出来的。

邓小平又多次讲过，社会主义"有两个根本原则"、"两个非常重要的方面"。一个是"公有制为主体，多种经济共同发展"，一个是"共同富裕，不搞两极分化"。第二个"重要方面"或"根本原则"讲的属于分配领域，同"本质论"所讲的"消除两极分化，达到共同富裕"完全一样。

邓小平对社会主义的本质、根本原则，作了精神一贯的许多表述。他讲的东西可以说是社会主义的构成要素，如解放生产力，发展生产力，公有制为主体，消除两极分化，等等。就是说，没有这些东西，就构成不了社会主义。但在这些要素中，他又特别强调生产关系和分配关系的要素。比如说，社会主义改革的任务当然是要发展生产力，但是如果单单是发展生产力，而不注意社会主义生产关系的建设和改进，那么社会主义改革也是难以成功的。他的非常典型的一句话，"如果我们的政策导致两极分化，那我们就失败了"，很鲜明地说明了这一点。GDP哪怕增长得再多再快，也不能改变这个结论。这证明分配关系这一要素，在邓小平的社会主义改革理论中，占有何等重要的地位。

邓小平假设的"改革失败"，不是指一般改革的失败，而是讲社会主义改革的失败，或者改革的社会主义方向的失败。因为社会主义是必然要有消除两极分化、达到共同富裕的要素的。很可能生产力一时大大发展了，国家经济实力大大增强了，GDP也相当长时期地上去了，可是生产出来的财富却集中在极少数人手里，"可以使中国百分之几的人富裕起来，但是绝对解决不了百分之九十几的人生活富裕的问题"。大多数人不能分享改革发展的好处。这样一种改革的结果也可以说是一种改革的成功，可是这决不是社会主义改革的成功，而是资本主义改革的成功。

很明显，共同富裕，消除两极分化，是社会主义最简单最明白的目的。这是社会主义区别于资本主义，社会主义改革区别于资本主义改革的最根本的东西。

"解放生产力、发展生产力"，也是社会主义的构成要素。社会主义绝不等于贫穷，决不能满足于不发达，这是常识。任何一个消除生产力发展桎梏的新的社会生产方式，包括资本主义生产方式，在一定时期，都有"解放生产力、发展生产力"的作用。但不是任何一种社会生产方式都能够解决"消除两极分化、达到共同富裕"的问题。只有社会主义生产方式才能做到这一点。中国由于生产力落后，经济不发达，在社会主义初级阶段提出解放和发展生产力也是社会主义本质要求，这是顺理成章的非常正确的，但这不是社会主义的终极目的。社会主义的终极目的是人的发展，在经济领域的目的是人们共同富裕。邓小平的社会主义"本质论"中，特别强调"共同富裕"这一要素，他说，"社会主义最大的优越性就是共同富裕，这是体现社会主义本质的一个东西"，就说明了这一点。所以在理解邓小平社会主义本质论的内容时，决不可以仅仅重视发展生产力这一方面，而不更加重视调整生产关系和分配关系这一方面。

邓小平重视社会主义分配问题，是他毕生为社会主义奋斗的心血结晶，越到晚年这方面的思绪越不断。他在临终前不久对弟弟邓恳说，"十二亿人口怎样实现富裕，富裕起来以后财富怎样分配，这都是大问题。题目已经出来了，解决这个问题比解决发展起来的问题还困难。分配的问题大得很，我们讲要防止两极分化，实际上两极分化自然出现"。这些富有丰富内涵的警句，实在需要我们认真思考研究。

当然，邓小平不只是重视社会主义分配关系即消除两极分化问题，他更为重视与分配有关的整个社会主义生产关系，特别是所有制关系问题。在他看来，避免两极分化的前提是坚持公有制为主体，他说，"只要我国经济中公有制占主体地位，就可以避免两极分化"。又说，"基本的生产资料归国家所有，归集体所有，就是说归公有"，"到国民生产总值人均几千美元的时候，我们也不会产生新资产阶级"，也是这个意思。所有制关系决定分配关系。这是马克思主义政治经济学理论中极其深刻的一条原理，有着极重要的理论意义和政策意义。我们有很多同志往往没有注意这一条马克思主义的重要政治经济学原理，本文后面还要论及这条原理。我想在这里提醒一下，让我们大家都来注意这一条真理，学习这一条真理。

二、正确评估中国贫富差距扩大的形势

改革开放以来，在分配领域，我们党遵循小平的正确思想，克服了过去在实行按劳分配原则中曾经有的平均主义倾向（过去也不能说完全是平均主义，按劳的差别还是有的，但是平均主义倾向相当严重），实行让一部分人、一部分地区先富起来，带动大家共同富裕的方针。经过将近30年的改革实践，社会阶层分化，收入差距大大拉开，但还没有来得及进行先富带后富，实现共同富裕的目标。这对于经济的大发展，暂时是有利的。同时带来深刻的社会矛盾，引起公众的焦虑和学者的争论。

争论的焦点问题之一，是中国现在贫富差距是否已经扩大到"两极分化"的程度。这个问题，邓小平为了提醒、警告，曾经作为假设，一再提出过；并没有预计到这种假设一定会变为现实。因为邓小平把这个假设提到突出的政治高度，所以问题就非常敏感，争论也非常激烈。往往各执一端，谁也说服不了谁。

当前中国社会贫富悬殊是否达到"两极分化"，主要有两种意见。肯定的一方忧国忧民，列举一些事实和数字，应用国际上通用的指标，如基尼系数、五等分或十等分分配比较法等，来加以论证，并用社会上一方面穷奢极欲的消费，另一方面生计困难的事实来验证说明：两极分化已被小平同志言中，希望尽快地改变这种状况。否定的一方则认为，现在虽然富者愈来愈富，但贫者并不是愈来愈穷，而是水涨船高，大家都改善了生活，否认国际上通用的指标适用于中国，断言基尼系数的提高是市场经济发展的不可改变的必然趋势，认为提"两极分化"是故意炒作，反对改革。

很显然，以上两种观点代表了社会上两种不同利益集团的看法。一种是代表资本、财富和某些社会精英的看法。一种是代表工农为主体的一般群众。我不能完全免俗，完全摆脱社会不同利益集团的影响，但是我主观上力求试着超脱一些。所以，我对于中国现在是否已经"两极分化"问题，一向持慎重态度。

四年以前（2003年），我在《研究宏观经济形势要关注收入分配问题》一文中指出："目前我国居民基尼系数大约在0.45左右。……基尼系数还处于倒U形曲线的上升阶段，随着市场经济体制的深化，客观上还有继续上升的趋向。所以，我们不能一下子强行提出降低基尼系数，实行公平分配的主张，而只能逐步加重公平的分量，先减轻基尼系数扩大的幅度，再适度

降低基尼系数本身，逐步实现从‘效率优先兼顾公平’向‘效率与公平并重’过渡。”

2005年4月，我在《进一步重视社会公平问题》一文中说：“收入差距扩大到承受极限，很可能与达到两极分化相联系。我们现在显然不能说已经达到两极分化（这是邓小平说改革失败的标志），也不能说达到承受极限。基尼系数客观上还在上升阶段，如不采取措施则有迅速向两极分化和向承受极限接近的危险。”

我现在基本上还是持这个谨慎态度。为什么要持这样比较中性的看法（贫富差距还未达到不能承受程度的两极分化），又有一定的倾向性的观点（要认真及时解决否则有接近两极分化、承受极限的危险），而不采取前述两种极端的观点呢？我有以下一些考虑。

两极分化是马克思在《资本论》中阐述资本主义积累的一般规律所制约着的一种社会现象，即一极是财富的积累，一极是贫困的积累。财富的积累是一个无限扩大的过程，而贫困的积累则经过“绝对的贫困”到“相对的贫困”的转化。绝对贫困基于资本与劳动的分离，劳动能力是工人唯一能够出售的东西，资本天然会为了利润最大化而利用自身的优势和工人之间的竞争，拼命压低工资和劳动条件，这一过程与产业后备军、劳动人口的相对过剩相连，工人阶级的贫困同他们所受到的劳动折磨成正比，这就是“绝对的贫困”的积累。但是，随着生产率的提高，工人阶级斗争的发展，以及资产阶级政府被迫举办的福利措施，工人的绝对工资福利水平会提高，但劳动与资本的分配比例关系，仍然继续朝着有利于资本、财富积累的方向进行，使劳动阶级由“绝对贫困”转入“相对贫困”，财富积累和贫困积累两极分化现象仍然持续下去。一项研究用大量的材料表明，“在私有化、市场化、民主化和全球化中，无论在实行议会制的发达国家，还是实行议会体制的发展中国家，两极分化加剧的现象目不暇接”。

当然，中国的情况与实行议会制度的发达国家和发展中国家不一样。但类比劳动人民从绝对贫困的改善，到相对贫困的发展，则是有启发的。一些同志在论证中国已出现两极分化的现象时，没有足够地注意到1978年至2006年，中国农村绝对贫困人口数量从2.5亿下降到2148万，减少了2.28亿人，农村绝对贫困人口的发生率，由30%降到2.3%。这是我国社会生产力发展和政府扶贫政策实施的结果，对中国贫富差距扩大的缓解，起了一定的作用。当然不能由此推断中国贫富差距因此缩小，因为随着经济的发展，贫困的标准也在提高。我们的生活水平提高了，按照我们的标准计算的贫困人口是几千万，而按照世界标准计算是2个亿。所以按我们标准计算的绝对贫困人口数量虽然减少，但它并不意味着相对贫富差距不在继续扩大。有一种观点认为，经济发展中收入分配是水涨船高的关系，断言中国只有大富小富之分，没有可能出现两极分化的趋势。这种说法违背了随着生产力的发展等因素，劳动人口从绝对贫困转向（在市场经济和雇佣劳动的条件下）相对贫困的两极分化趋势依然在继续进行的客观规律。特别是中国，由于在改革过程中，诸如教改、医改、房改、国企改等政策中某些失误，以及土地征用、房屋拆迁等使居民利益受损等影响，导致了某些新的贫困阶层的出现，更加剧了“贫者愈贫，富者愈富”（审计总署长李金华语）的过程。当然政府正在采取措施解决这些问题，这也是不能忽视的。

我想再强调一下，说我国收入分配有向两极分化演进的趋势，并不意味现在收入分配的整个格局已经是“两极分化”了。能不能拿基尼系数来判断我国是否已经达到两极分化的境地？有些人基于某种原因，说基尼系数不适用于中国，说目前谈论基尼系数意义不大。这未免同他们一贯宣扬的与国际接轨的言论不相符合。

基尼系数作为衡量贫富差距的工具，是一个中性指标，二战后世界各国都在使用。我国基尼系数由1964年的0.184，1978年的0.2，上升到1980年的0.26，1990年越过0.4。上升速度之快，令人惊讶，这是不能回避的。从水平上说，我国基尼系数已超过许多发达的资本主义国家，但还没有达到社会动荡比较强烈的拉丁美洲一些发展中国家的水平。这些情况很能说明一些问题。比如说，发达的资本主义国家，大多属于前殖民帝国，现在又具有跨国公司优势，从全世界吸取剩余价值，一部分用于国内劳动阶级的福利，藉以缓解社会矛盾。这对于这些国家基尼系数的下降，甚至比我国还低，不能不说是一个原因。当然我们也应该反思，我们一个社会主义国家的基尼系数，怎么可以出现超过发达的资本主义国家的情况？

另一方面，我确实同意有些专家所说，影响基尼系数的结构性因素甚为复杂，不能简单地套用基尼系数的某些国际规范于我国。比如说按国际标准，0.4是社会失衡的临界点，超过0.4，就要进入警戒状态，这一条我看就不能随便套用。

我在2003年《研究宏观经济形势要关注收入分配问题》一文中说："基尼系数0.4作为监控贫富差距的警戒线，是对许多国家实践经验的概括，有一定的普遍意义。但各国的情况千差万别，社会公平理念和居民承受能力不尽相同。拿我国来说，基尼系数涵盖城乡居民，而城乡之间的收入差距扩大幅度明显是大于城镇内部和农村内部差距扩大的幅度。1978年到2000年城镇内部居民收入差距的基尼系数由0.16上升到0.32，农村内部由0.21上升到0.35，基尼系数小于国际警戒线。但城乡居民收入差距幅度甚大，基尼系数由1980年的0.341，上升到2000年的0.417，高于国际警戒线。我国城乡居民收入差距悬殊，现时为3.1∶1，若考虑城乡福利补贴等差异，则差距进一步扩大到5∶1到6∶1。由此看来，我国城乡居民是两个根本不同的收入群体和消费阶层。……历史形成的我国城乡居民收入巨大差距的客观事实，使农村居民一时难以攀比城市生活，其承受能力有一定的弹性，所以我国的收入分配警戒线，不妨比国际警戒线更高一些。"（城乡差距影响基层系数一事，早已成为中国经济学界的共识。网上近传，某经济学家将此论作为自己的发明，申请诺贝尔奖。如果属实，真是大笑话。）

基于此类结构性因素对全国基尼系数影响的考虑，我在2005年《进一步重视社会公平问题》一文中还表达了这样的观点：我们现在显然不能说已经达到两极分化，也不能说达到承受极限，我国人民对基尼系数在客观上继续上升还有一定的承受能力。当然这不意味我们不要重视贫富差距的扩大问题，并对其采取遏制措施。我接着说了基尼系数在迅速上升的情况下，如不采取有力措施，则有迅速向两极分化和承受极限接近的危险。所以那种认为，基尼系数上升是市场经济发展过程中的必然现象，需要长时期对付、等待才能解决的观点，也是不妥的。

按照邓小平的估计，从支持一部分人、一部分地区先富起来，转向先富带动后富以实现共富，这"两个大局"的变化，即着手解决贫富差距问题，大约是在20世纪和21世纪之交。这个估计可能过于乐观了一点。但是经过将近30年的改革与发展，现在我们国家的经济实力和财政力量已经成长到可以加速解决贫富差距问题的阶段。何以"让一部分人先富起来"可以很快实现，而"先富带动后富实现共富"则需要很长很长时间的等待呢？这在我们社会主义的国家更是说不过去的。这显然是对财富积累一极偏袒的言论，其后果将导致社会矛盾的激化，也是可以预见的。

除了以上的考虑以外，我之所以对两极分化问题持上述比较中性而又有一定倾向的观点，还有一个考虑。就是对领导我们进行改革开放的中国共产党政治路线的坚定信心。改革开放以来出现的收入差距扩大和贫富分化的现象，一方面是采取一部分人先富起来的正确政策的结果，但是还没有来得及解决带动大部分人共享改革成果，这属于正确政策的掌握经验不足问题；同时也有社会上种种错误思潮（后面再叙)干扰的影响。我们党中央始终保持改革的社会主义方向,在发展社会生产,搞活市场流通,完善宏观调控,改善人民生活等方面,取得许多成就,有目共睹。在这样的总形势下,即使分配等方面的改革出了点问题,怎么可以说小平同志的假设已经言中,改革已经失败了呢?这是不符合实际情况的,也是不公平的。我们看到党对人民负责的郑重精神,特别是十六大以来,本着对人民群众切身利益的关怀,提出以人为本的科学发展观和构建和谐社会的思想,作了“让改革成果为全体人民分享”的政治承诺。针对日益发展的社会矛盾,淡出“效率优先、兼顾公平”的原则,突出“更加重视社会公平”的方针。利用财税改革和转移支付手段,着手解决分配不公问题。采取积极措施,解决诸如医疗服务、教育收费、居民住房、土地征收、房屋拆迁等涉及群众利益的突出问题。2006 年 5 月,党中央还召开了专门会议,研究收入分配制度改革。我想,党中央这一系列重大举措,只要认真地有效地落实,将会缓解我国贫富差距扩大的倾向,扭转向两极分化接近的趋向。

分配关系的调整和社会公平的促进,千头万绪。不仅要党和政府牵头,也要各方面的配合。包括精神的、舆论的配合。所以过于强调在两极分化问题上问责,并不有利于问题的解决。但指明发展的趋向,则是研究者职责所在。我之所以在这个问题上持比较中性又积极的态度,理由在此。

三、贫富差距扩大的最根本原因在所有制结构的变化

在本文第一部分末尾,曾论述邓小平关于分配问题的一个重要论点,就是在他看来,避免两极分化的前提,是“坚持公有制为主体”。他说,“只要我国经济中公有制占主体地位,就可以避免两极分化”。这体现了马克思主义政治经济学理论中极重要的一条原理,即生产关系(特别是所有制关系)决定分配关系。为了阐明这个道理,还得从贫富差距扩大的原因究竟在哪里,哪是最主要的原因说起。

为什么会产生贫富差距扩大的现象?有很多不同的解释。

有人说,贫富差距扩大是“市场化改革”必然要付出的代价。这个说法不错。因为市场化本身就是崇尚竞争和优胜劣汰规则的过程,这一过程不断造成收入差距拉大,这有利于提高效率发展经济,是市场经济积极的一面。随着市场经济的发展,特别是资本积累规律的作用,贫富鸿沟的出现和两极分化的形成是不可避免的,这是市场的铁的法则,除非有政府的有效干预来缓和这个趋势,这种趋势本身在市场经济条件下是谁也阻挡不了的。

又有人说,贫富差距的扩大“是由于市场化改革不到位,市场经济不成熟造成的”。这种说法就有问题了。

是不是市场经济成熟,收入差距可以缩小呢?事实不是这样的。随着市场经济的发展,财富集中于一小部分人的趋势越来越明显。前面引文中说,在发达的市场经济国家,两极分化的现象“目不暇接”。联合国大会发表的《2006 年人类发展报告》说,“最近新数据显示,全球贫富财富差别仍在扩大。无论在国与国之间还是在一个国家内部都是如此”。20 世纪 70 年代以来,市场机制与私人产权方面做得太多,造成英、美、日等重要市场经济国家财富集中度在提高,贫富差距在扩大,社会公平状况下行,20 世纪后期实行福利制度的发达市场经济国家,财富和收入分配方面也呈退步趋势。所有这一切,都不能说明市场经济越发达越成熟,贫富差距扩大和两极分化的问题就可以自然得到解决。所谓“市场化改革”到位,就能解决这个问题,只能是纸上谈兵而已。

很多学者比较具体地分析我国贫富差距拉大的原因,角度不同,口径不一,难以归类。下面列举一些,略加议论。

城乡二元结构论;

地区不平衡论;

行业差别论(包括一些行业垄断);

腐败与钱权交易、不正之风论；

政策不均、公共产品供应不足论；

再分配环节（财政税收，社会保障福利）调节力度不够论，等等。

上面列举的造成分配不公的因素并不完全。这些因素对我国贫富差距的扩大，都有“贡献”。可以看出，各项原因之间，有互相交叉的关系。

城乡差别，是中国贫富差别的一项重要原因。如前所述，城、乡各自基尼系数是0.3到0.4左右，而包括城乡在内的总基尼系数在0.45以上。现在政府虽然通过新农村政策支农惠农，城乡差别扩大之势有所缓和，但尚未完全改变。

地区差别，在很大程度上与城乡差别有关。东部地区主要靠城市繁荣，西部地区多为广大农村。区域平衡政策也在缓和差距扩大，但地区差别扩大过程亦未停止。

行业差别，主要是某些行业凭自然垄断或以行政垄断，造成行业间收入分配不公。过去在计划经济时期，中国也有行业垄断，但垄断行业高工资和行业腐败的现象并不显著。改革开放以来，一些垄断行业受市场利益观念的侵蚀，特别是1994年税制改革后，税后利润归企业所有，使用缺乏监督，才造成一些垄断企业高工资、高奖励、高福利的现象。所以，这不是垄断本身造成的。这种情况要从垄断企业收入分配的改革，加强对企业收入分配的监督来解决。当然垄断行业个人收入过高，激起非垄断行业人们不满，亟须解决。但这个问题对分配全局影响不一定很大。有人故意转移人们对收入分配不公最主要根源（后面再说）的注意，想借人们反垄断的情绪，把国有经济对少数重要命脉部门的必要控制加以排除，实现私有化。我们要提高警惕，防止这种图谋。

腐败、钱权交易和不正之风。这是人民群众对收入分配不公的公愤集中焦点，需要在法律领域和整顿社会道德风尚中大刀阔斧地解决的问题。此项非法不合理收入在官方统计和公布的基尼系数中，难以计入。在黑色、灰色收入中的绝对个量有时达到上亿、几十亿的款额，但在国民收入中占比有限，影响也不一定很大。有人把这个问题放到收入分配中小题大做，认为是分配差距形成的又一主要原因，也是想以此转移人们对造成收入分配不公真正主要原因的莫视，这也是要加以明辨的。虽然如此，我们在研究收入分配不公时，还是要十分关切反腐败问题。

政策不均与公共产品供应不足。政策不均与前面的一些问题有交叉，会影响城乡、地区和行业的差别，是我们改进政府工作的一个重点。加强公共服务，改善公共产品供应，政府职能由经济建设型为主转到经济建设与社会服务同时并重，是我们努力以赴的政府职能改革的方向。要强调公共服务，但不能像新自由主义那样主张政府退出经济领域，不要以经济建设为中心。国家从事经济建设，最终还是有利于充分供应和公平分配公共产品的。

再分配。我们知道再分配是调节分配关系的重要环节。再分配调节的落后和不周，是分配不公的一个重要原因。过去一贯的说法，是初次分配解决效率问题，再分配解决公平问题。所以把实现社会公平问题主要放到再分配领域，特别是利用财税转移支付等再分配工具上来。但是再分配所调节的只能涉及国民收入分配中的小部分，而主要部分还在国民收入初次分配领域。许多分配不公问题产生于初次分配领域，诸如企业分配中资本所得偏高，劳动所得偏低；高管人员所得偏高，一般雇员所得偏低；垄断行业所得偏高，一般行业所得偏低；等等，都是初次分配领域发生的问题。所以初次分配领域也要重视社会公平问题，这是过去往往被人们所忽略的。

初次分配中影响收入分配最大最核心的问题，是劳动与资本的关系。这就涉及社会的基本生产关系或财产关系问题了。近几年来，有关分配问题的讨论中，已经有不少马克思主义经济学者论述了这个问题。财产占有的差别，往往是收入差别的最重大的影响要素。有些人看不到这点，却津津乐道人的才能贡献有大有小，贡献大的人应该多拿，贡献小的人应该少拿，好像收入多少仅仅是由于才能、知识、贡献决定的。马克思主义不否定个人能力等因素对收入高低的影响(复杂劳动)，《哥达纲领批判》在讲按劳分配时也考虑这个因素。但是即使是西方经济学的主流派人士，也承认决定收入分配的主要因素是财产关系，认为私有财产的不平等才是收入不平等的主要原因。新古典综合学派萨缪尔森说过，“收入的差别最主要是由拥有财富的多寡造成的。……和财产差别相比，个人能力的差别是微不足道的”；又说，“财产所有权是收入差别的第一位原因，往下依次是个人能力、教育、训练、机会和健康”。

我们认为，西方经济学大师的这个说法，是公允的、科学的。如用马克思政治经济学语言，可以说得更加透彻。根据马克思主义理论，分配决定于生产，任何消费品的分配，都是生产条件分配的后果，生产条件的分配本身，表明了生产方式、生产关系的性质，不同的生产关系决定了不同的分配关系、分配方式。与资本主义私有制的生产方式相适应的分配方式，是按要素分配(主要是按资本分配和按劳动力的市场价格分配)，而与社会主义公有制生产方式相适应的分配方式则是按劳分配。

这是就两个不同的社会生产方式来说的分配关系。那么在社会主义初级阶段的分配方式又如何呢？我国宪法根据马克思主义理论和十五大决议，规定社会主义初级阶段是以公有制为主体、多种经济共同发展的基本经济制度；分配方式是坚持按劳分配为主体，多种分配方式并存的体制。

我国社会主义初级阶段的发展，在改革开放伊始时，还是比较清一色的公有制经济，非公有制经济几乎从零开始，前期的发展速度必然是非公有制经济超过公有制经济，多种经济共同发展的局面才能形成。这是有利于整个经济的发展的。所以，有一段相当长的时间，非公有制经济要保持超前于公有制经济的速度，从而增加非公有制经济在总体经济中的比重，而公有制经济则相对减少。与此同时，在分配方式上按劳分配的比重减少，按要素分配(主要是按资本和按劳动力市场价格分配)的比重就要增加。有人分析，现在我国国民收入分配已由按劳分配为主转向按要素分配为主。我们从资本主义市场经济一般规律和我国市场经济发展的实际进程可以知道，这一分配方式的变化所带来的后果，就是随着私人产权的相对扩大，资本的收入份额也会相对扩大，劳动的收入份额则相对缩小，从而拉大贫富收入差距。绝对富裕和相对贫困的并行，秘密就在这里。

从分配领域本身着手，特别是从财税等再分配领域着手，来调整收入分配关系，缩小贫富差距，我们现在已经开始这样做。这是必要的，但是远远不够。还需要从基本生产关系，从基本经济制度来接触这一问题，才能最终地阻止贫富差距扩大、向两极分化推进的趋势，实现共同富裕。所以前引邓小平说，“只要我国经济中公有制占主体地位，就可以避免两极分化”，又说“基本生产资料归国家所有，归集体所有，就是说归公有”，就“不会产生新资产阶级”。这是非常深刻的论断，它指明社会主义初级阶段容许私人产权的发展，容许按要素(主要是资本)分配，容许贫富差别的扩大，但这一切都要以公有制为主体。只要保持公有制的主体地位，贫富差距不会恶性发展到两极分化的程度，可以控制在合理的限度以内，最终向共同富裕的目标前进。否则，两极分化是不可避免的。所以，在社会主义初级阶段的一定时期，私有经济发展速度较快于公有经济，其在国民经济中的比重逐步提高，是必要的、有益的。但是任何事情都有其合理的度。正如江泽民指出的那样，“当然，所谓比重减少一些，也应该有个限度、有个前提，就是不能影响公有制的主体地位和国有经济的主导作用”。私有经济发展到一定的程度，其增长速度和其在总体经济中的比例关系就有重新考虑的必要，以使其不妨碍公有经济为主体，国有经济为主导，公私两种经济都能达到平稳健康有序发展的和谐境地。

随着改革开放的推进，我国所有制结构已经由公有制一统天下发展为多种所有制共同发展的局面。所有制结构的公降私升是否已经达到影响公有制为主体的临界点？因为这涉及宪法中规定的基本经济制度，所以又是一个敏感的问题，在我国的经济理论界引起了不同的看法。

四、几种对中国所有制结构变化形势的评估

“公有制为主体，多种所有制经济共同发展是我国社会主义初级阶段的一项基本经济制度”，是党的十五大报告中确定下来的。报告明确规定，公有制的主体地位，主要体现在公有资产在社会总资产中占优势，国有经济控制国民经济命脉，对经济发展起主导作用。

报告特别指出，只要坚持公有制为主体，国家控制国民经济命脉，国有经济的控制力和竞争力得到增强，在这个前提下，国有经济比重减少一些，不影响我国社会主义性质。

这里讲的“比重减少一些，不影响我国社会主义性质”，是在公有制还占量的优势，国有经济保持控制力的前提下说的。如果公有制不能保持量的优势，情况会怎样呢？

何谓量的优势？国有经济比重和公有制经济比重减少到何样的程度，才是容许的？文件中没有规定。不同的看法由此而来。

大体上有这么几种看法：

（一）基于工商联公布2005年民营经济和外商、港澳台经济在GDP中的比重达65%，和国家统计局老专家估计2005年GDP中公私之比为39∶61，认为中国已经是私有经济起主导、主体和基础作用，公有制经济已丧失主体地位，只起补充作用。

（二）认为公有制经济比重虽然下降，但以公有制为主体的格局并没有改变，主体地位依然牢固，其依据是2004年末全部实收资本中，公有资本仍占56%；统计老专家估计2005年二三产业实收资本中公私资本比重为53∶47，公有资本仍超过半数，居优势地位。认为国有经济在关系国计民生的重要行业仍然具有绝对优势，其国家资本占比在70%以上，继续掌握较强的控制力。

（三）认为目前所有制结构处于十字路口境地。从资产比重上看，大约公私各占一半，平起平坐（据测算，公私经济在社会总资产中所占比重，由1985年的94.09%∶5.91%下降到2005年的48.8%∶50.9%），从国有经济控制经济命脉来看，在关键领域和重要基础产业中起主导作用（2005年在垄断性强的产业和重要基础产业中实收资本，国有经济占比64%左右），但在市场化程度和利润较高、竞争性比较激烈、举足轻重的制造业中，国有经济的控制力过低；在不少省市特别是沿海经济发达省份，公有制资产占比已下降到50%以下，“公有制经济的资产优势和国有经济的控制力在如此巨大的产业和地区范围的锐减削弱，使得公有制主体地位从总体上看显现出开始动摇的迹象”。

上述对于公有制主体地位（一）已经丧失、（二）仍然巩固、（三）开始动摇的三种看法，都是建筑在非官方统计数字的基础上。令人遗憾的是，国家发展部门和统计部门近些年来没有提供我国公私经济对比的比较完整的准确数字，所以也难以准确判断我国所有制结构的现状。

有一些经济学者和科研单位，主张公有制经济的主体地位，并不体现在它在整个国民经济中占有数量上的优势，而主要体现在它的控制力上，否认国有经济控制力的前提是建筑在公有制的数量优势的基础上，因此他们不主张国家计划（规划）中列入公私经济比重的指数，国家统计部门也不必统计和公布公私经济比重的全面数字。这种看法不利于我们正确分析我国所有制结构的形势，并采取对策来保护我国社会主义基本经济制度。党中央一贯坚持公有制为主体，多种所有制经济共同发展的基本经济制度，十六大，十六届三中、五中以及涉及经

济问题的中央会议，一再重申这一主张。国家各部门都应该为实现这一主张努力服务。几年以来有人提出人大应监督检查公有制为主体的社会主义基本经济制度执行情况。我认为这些建议的精神是值得考虑的。

五、干扰“公有制经济为主体”的“私有化”倾向：实践层面

人们对我国所有制结构中公有制的主体地位是否发生动摇所表达的一些看法，不仅是基于他们对经济比重及控制力的各自评估判断，也与观察中国经济改革进程中某种倾向的抬头有关。在实际经济生活中，我们确实观察到这种倾向在抬头，虽然人们一般还回避把这种倾向叫做“私有化”，但实际上回避不了。也确有人公开宣扬“私有化”而无所顾忌。

私有化倾向抬头表现在两个层面。一是实践的层面，即对我党改革政策措施加以曲解，力图往私有化方向引导，竭力推进私有化的实施。二是思想理论的层面，即利用我党解放思想的旗帜，推销私有化思潮泛滥。当然这两个层面又是互为表里，互相激荡的。

若干年来我国国有、集体企业改革工作，大多数运行健康，顺利成功，对经济发展社会进步和安定团结发挥了显著效果。但是也存在问题。党中央提出的一些改革政策措施，一些人总是千方百计地往私有化方向拧。例如，中央提出建立社会主义市场经济体制是我国经济体制改革的目标，他们就鼓吹公有制与市场经济不相容，要搞市场经济就必须实行私有化；中央提出“产权清晰、权责明确、政企分开、管理科学”的现代企业制度，他们就说公有制产权不清晰，产权虚置，只有落实到自然人（即私有化）产权才能明晰；中央提出可以利用股份制作为公有制的一种实现形式，以扩大公有资本的支配地位，增强公有经济的主体地位，有人就通过股份制将国企化为私企；中央提出要提倡和鼓励劳动者的劳动联合和劳动者的资本联合的股份合作制，他们就竭力主张用经营者持大股，个人集中控股的办法，将股份合作制的集体性质变为私人企业；中央提出国有经济战线过长，要作战略调整，以增强国有经济的主导作用，他们就把“有进有退”的战略调整篡改为“国退民进”，“让国有经济退出竞争性领域”；中央提出“抓大放小”的方针，要求采取各种形式放开搞活国有中小企业，他们就把出卖企业当做几乎唯一的形式，实行一卖了之，掀起一股贱卖白送国企的歪风。

这股歪风刮得很不正常，因为“我们的国企改革是在没有充足理论、足够经验下进行的，带有一窝蜂性质。当高层想了解改制进行到如何时，一些地方的国企已经卖得差不多了”。“等到国有资产转让的种种规则出台之后，可能地方上的国有资产已经所剩无几”。“有些地方把中央关于企业改制产权转让的方针政策异化得面目全非。企业领导自卖自买的有之，巧取豪夺的有之，空手套白狼的有之，从而造成国有资产大量流失，职工权益遭到剥夺”。

当然国企改革出现的上述现象，主要是少数人侵吞国资的问题，完全是非法的，或不规范的行为。中央和有关部门不断在总结经验，推进立法，完善政策，下大力气纠正偏差，力图使改革沿着规范的轨道前进。所以，有些同志把鲸吞国有资产说成是“盛宴”，如果以此概括国有企业改革的全貌，那显然是不正确的。但是这种事情在当时也不是一例两例，而是相当流行。案例本身有不少真是一场免费的盛宴，这样说也不为过。有人在“新华网”写文章问道，“全国违法违规运作的改制企业到底有多少，谁能说得清”。共和国历史将来是要说清楚这一章，当然账是否能够算清，要靠执法者和执政者的努力和能耐了。

一方面是突然一夜冒出一批万贯家财的队伍，另一方面如某大经济学家所言，为达到改革目的必须牺牲一代人，这一代人就是3000万老工人，这样一场恶性演出，为一个香港有良知的学者所注意。其实郎咸平教授了解和揭露中国的实际情况，并不如大陆学者知道得多。但郎

先生抓住了要害问题，私有化，MBO，等等。据报导，网民给郎以九成的支持率，即90%以上的网民赞成郎教授的基本观点，反对否定公有制的主体地位和私有化，这从一个方面反映了人民群众反对走资本主义道路的改革，赞成走社会主义道路的改革。

这是实践的层面，人为地激化了公私结构改变和化公为私的过程。民间和高层都在反思这一过程。民间发出了"不准再卖"的呼声，高层也在努力将过程纳入合乎法规的规范化轨道。

六、"私有化"倾向的干扰：思想理论层面

在理论层面上，几年来私有化思潮泛滥，更是五花八门。这里只能点评一下。在中国这样一个宪法规定公有制为主体的社会主义国家，居然容许有人公开打出"人间正道私有化"的旗号，在新华书店公开长期发行其著作《国企改革绕不开私有化》，宣扬国企改革的"核心在于国有制改为私有制"。可以说中国的言论出版自由已经达到空前未有的程度。

在这种气氛下，有人公开鼓吹民（私）营经济应在国民经济中占主体地位。他说"今后中国经济的走向应该是投资以民间资本为主，经济形式以民（私）营为主"。

有一位人士不加掩饰地说要"排除旧的意识形态的挡道"，推行私有化。他说"民办、民营、民有、私营、非国有、非公有等，无非是为了从不同角度阐明私有化问题"。"在私有化问题上出现莫名其妙的文字游戏，是由于旧的意识形态在挡道"。同时另一位人士则宣称"公有制为主体是对社会主义的理解停留在斯大林式的传统社会主义水平"，把党章和宪法关于公有制为主体的规定视为"保留着传统社会主义观念的痕迹"，完全否定了建立公有制消灭剥削是社会主义的本质特征和根本原则。

与这些观点略有不同的是，某些人士虽然抱着私有化的主张，并且在私下讲，私有化已成定局，可是他们在宣扬私有化主张、方案时，却遮遮掩掩，在公开场合他们对自己所主张的任何一种私有化形式都要习惯性地说一句："这绝不是私有化"，"这是公有制经济的实现形式"。某大经济学家把私人控股的股份公司，非公有经济控股的一般公众股份公司，都说成是"'新'公有制的实现形式"。还有人发明"间接公有制"，说什么可以利用财税再分配的办法，把"直接私有制"改成"间接公有制"，以取代"直接公有制"的地位；还说资本主义国家如美国，正在利用这一办法，"走向社会主义"。明明是私有制的资本主义，还装饰成"社会主义"，自欺欺人，也太玄乎了。

有一种议论，是以预言家的口吻出现的。这位预言家表面比较谦虚，认为现在还不好说是民（私）营经济为主体，但随着形势发展，私营经济一定变为主体。这见于由著名经济学家领衔的、挂靠在某党校的一个刊物上的奇文，其中说："过去我们说民营经济是国有经济的有益的补充，但现在我们逐渐发现，顺着真正市场经济的思路发展，总会有一天我们会反过来说，国有经济是民营经济的一个有益的补充。"咄咄逼人的私有化主张，口气不小，听起来像是向十三亿中国人民示威，你们终有一天守不住公有制为主体的阵地！也像说给我们的执政者听：看你怎么办！

还有一种私有化主张，打着对社会主义本质属性和社会主义模式选择理论研究的旗帜。早在十五大前夕，就有人抛出社会主义的基本特征是"社会公正加市场经济"的公式。这一个连社会民主主义和资产阶级都能接受的模糊定义，否定建立公有制、消灭剥削是社会主义本质特征和根本原则之一。有人最近说，长时期人们认为社会主义特征是公有制、按劳分配是不对的，现在要以"共同富裕、社会和谐、公平正义"来认识社会主义的本质属性。当然，共同富裕、社会和谐等等非常重要，但是撇开所有制关系，撇开公有制和消灭剥削，这些美辞都是缺乏基础的，构成不了社会主义。倡导这一理论的

人士在推荐“人民社会主义模式”的五个特征中，也绝口一字不提公有制为主体。有位同志在引用小平同志的社会主义本质论时，不提“消灭剥削”四个字，只讲“小平说，社会主义本质就是解放生产力，发展生产力，消除两极分化，最后达到共同富裕”。大家知道，建立公有制，是为了“消灭剥削”，所以小平同志多次把“公有制为主体”列为社会主义主要原则之一。这位同志不提“公有制”、“消灭剥削”这些重要字眼，将改后的小平论述来界定社会主义所有制，认为不管公有制还是私有制，都是社会主义所有制！他太不注重理论问题的严肃性了。

最后，还有一种反对公有制、鼓吹私有化的理论，直接打着马克思主义的旗号，那就是歪曲马克思“重建个人所有制”的提法。过去也有人不断误解马克思这一提法，也多次为正确的马克思主义解读所廓清。最近谢韬等在《炎黄春秋》把马克思所说的“在生产资料共同占有的基础上重建个人所有制”，说成“是一种以个人私有为基础的均富状态”，即“自然人拥有生产资料，人人有份”，把生产资料的私有制视为马克思的主张。其实恩格斯在《反杜林论》中早就对马克思这一提法作了解释：以“生产资料的社会所有制为基础的个人所有制的恢复，对任何一个懂德语的人来说，这也就是说，社会所有制涉及土地和其他生产资料，个人所有制涉及产品，那就是涉及消费品”。谢韬等睁眼不看这些，在理论上胡搅蛮缠，其目的是把矛头直接指向改革开放以来几代领导人努力开创的中国特色社会主义，把它诬称为以重建个人所有制为主要内容的社会民主主义道路，把“重建个人所有制”说成是“中国改革开放的总路线和总政策”，其私有化的意图昭然若揭，也无需本文细评了。

够了。我不想再浪费读者的时间。从这里可以看出来私有化思潮泛滥，已经猖狂到何种地步。我们是有思想言论自由的，提倡百家争鸣、多样化。但是不能像戈尔巴乔夫、雅可夫列夫那样，搞“多元化”、“公开化”，把老百姓的思想搞乱，把改革开放的方向引错。应该是清理一下的时候了。

七、“公有经济低效论”是个伪命题

企图把中国改革引向私有化方向的人士，有许多牵强附会的“论据”。其中最重要的是“公有经济低效论”。

“公有经济低效论”站不住脚，已经有许多文章、著作加以论述。例如，左大培《不许再卖》一书，以严密的逻辑和充分的事实，对“国有企业所有者虚置论”、“人皆自私，因此企业经营者所有才能搞好企业”，“国有企业监督成本过高”等观点作了深入细致、有理有据的驳斥，至今未见到“私有化”论者像样的反驳。后者还是一口咬定“公有经济低效”，好像这用不着证明；以此作为定论，好像也不打算同你认真辩论了。

因为分析公私经济效率，驳斥公有经济低效的论著甚多，本文不打算详论这个问题，只想点出几条，供大家思考一下，是不是这样。

1. 公有经济在宏观的社会经济效益上的表现，如经济增长、就业保障、社会福利等等方面，比私有经济的优越性，是无可置疑的。以公有经济为主的国家与以私有经济为主的国家相比，在经济增长速度对比上，比较长时期（虽然不是一切时期）地前者超过后者，把落后的国家建设成为奠定了工业化基础或工业化的国家，战胜了强大的法西斯侵略者，等等，都可证明。

2. 在微观经济方面，众所周知，企业规模超过一定限度，所有者与经营者就有分离的必要，企业家就要分化为老板（公司股东）和职业经理人。公营经济与私营经济一样可以用委托代理方式，解决激励与约束机制的问题。并且经验证明，公有经济不一定需要比私人股份公司多得多的资本经营层次。美国著名经济学家斯蒂格利茨通过实证研究表明，无论统计数据，还是具体事例，都不能证明政府部门效率比私营部门低。许多国家如法、意、新加坡等，至今拥有不少经营效率不低的国有企业（垄断、竞争部门都有），就是证明。我国国有企业近几年来业绩显著改进，也不乏例证。

3.有些人把改革开放后，特别是上世纪90年代中后期，国有企业经营不善，亏损面不断扩大，效益大面积滑坡的事实，拿来说事，津津乐道公有经济效率低下，故意不提这一段时期出现这些现象有许多特殊原因。例如，拨改贷开始埋下企业资金不足的隐患或陷入债务深坑；富余人员过多，各种社会负担沉重；税负大大超过私营和外资企业，等等。国企为保障社会经济稳定而付出了巨额的改革成本，成为一个沉重的负担。这些由于种种特殊原因造成企业效益下滑，是一个暂时的现象，经过一定的合适政策措施是可以解决的。这与所有制没有关系。私有化论者不提这些，而拿它们来论证"国企低效，因此要变国有为私有"更是不伦不类。

4.更不能容忍的是，一些人把国有企业某些领导层的贪污腐化导致效益下滑，国有资产大量流失的行为，普遍化为国有企业的"特征"，说什么我国的国有企业是"官僚权贵资本主义"。南方的一家大报上甚至说，要使国有资产流失成为私人财权，才能消灭这种"权贵资本主义"。这显然是对我国整个国有经济的歪曲和污蔑。第一，不符合我国国企员工和相当一部分国企领导是尽忠职守、廉洁奉公的事实。国企内权贵阶层的出现，在我国难以忽视，但他们是钱权交易、官商勾结、市场经济黑幕的产物，决非国有经济固有的现象。第二，发出这种国企是"权贵资本主义"的人，怎么不问问，过去计划经济时期，为什么腐败现象虽然也有，却很少很少，而现在多起来了呢？一个原因是过去我国国企经营管理可能比现在严格，例如20世纪60年代我国曾总结出《鞍钢宪法》等一整套企业管理经验，80年代我国派人出国考察企管经验，发现日、美、欧洲也吸收了我国《鞍钢宪法》的经验，当时又把这个经验带回祖国。另一个原因是社会上过去虽然有不正之风，但总的风气较好，人们还不完全为私利所左右，还是比较注意为公为集体，不像现在新自由主义影响下"人不为己天诛地灭"，"私利人"、"经济人"意识满天气。所以有些国企老总经不起考验，一些国企管理层怀有"私有化预期"，把本来可以经营得很好的企业，搞得半死半活，然后迫使政府允许改制，贱价卖给自己，达到私有化的目的。还有一些党政领导人，与国企某些管理层形成联盟，双方共同从国企私有化中获取巨额利益。由于"人性自私"、"经济人假设"理论的影响，实际上存在着不少以改革为名，损害国家和人民利益的现象。例如"管理人收购"这一闹剧，就是"人性自私论"和"经济人假设"这些理论的庸俗化普及所支撑的。

5.关于"公有制低效论"的辩论，经过两军对垒，激烈争战，现在变为两军对峙，各说各的，互不买账。这当然不是说，公说公有理，婆说婆有理，大家都有理。总有一方代表客观真理，另一方是邪说歪理。抛开这点不说，两种观点实际上也代表两种集团的利益，一种是代表资本、财富、腐败官僚、无良学者的集团利益，一种代表工农人民大众的集团利益。这两种观点因为利益不同互相不可能说服，是理所当然的。我们的宣传部门，理论部门，执政部门，应该有一个判断，支持什么，不支持什么，这才是关键。

八、论所谓"国退民进"

从战略上调整国有经济布局，通过有进有退，有所为有所不为，增强国有经济的控制力，发挥其主导作用，以巩固公有制的主体地位，这是十五大、十五届四中全会的决策。如前所说，党中央作出了"有进有退"调整战略布局的主张后，就有人把这个主张解释为"国退民进"，国有经济从竞争性领域退出，让民营（私营）经济来代替。尽管这种观点受到舆论批评和官方的纠正，但它还是不断地出现，十分顽强。以致到了2006年3月1日，某研究机构主任还在北京的一家大报上刊登文章，宣称"这一轮国企改革对绝大多数国有企业而言，意味着必须实现战略退出，将企业改制成为非国有企业"，并断言，这种做法"不可逆转和势在必然"。经过读者投信质询，该报总编室也承认这篇文章"有的观点不妥当，编辑工作把关不严造成失误"。可是这位主任早先不止一次地宣扬"国退民进"的主张。他在中新社转述"大公报"的报导(2005 年 5 月 2 日)就认为国退民进是市场经济的必然过程，说"市场经济的发展必然伴随着国企的大面积退出"。2005 年 8 月 7 日他在黑龙江佳木斯一次会议上说，"所谓国有企业改革就是国有企业改成为非国有企业"。

那么，国有企业从什么领域退出呢！这位主任作了非常清楚的回答，就是要从竞争性领域退出。新华网 2003 年 1 月 16 日透露，他强调，"国企与非国企不存在竞争关系，当遇到竞争，国企应该学会退出"。"国企无法解决比非国企更有效率的竞争力问题"，所以国企要学会退出。

国有经济应不应该从竞争性领域退出？在我国 95%的工业行业都是竞争性较强的行业，在这样的市场结构下让国企退出竞争性行业，几乎等于取消工业中的国有企业。竞争性领域中存在不少战略性国企和关系国计民生的重要国企，难道都要退光？竞争性领域中国企如果有竞争力能够盈利，为什么一定要让私营老板去赚钱？"国企竞争力不如私企"，连西方一些正直的学者也不赞成这一新自由主义的偏见。有竞争力的国企在竞争性领域中盈利上交国家，发展生产和社会福利事业，对于社会财富分配中的公平与公正也是有利的。

国有企业、国有资本不应从竞争性领域中完全退出，不但很多学界人士这样主张，中央政策也是很明朗的。十五大报告就规定，在其他领域(主要指竞争性领域)可以通过资产重组和结构调整，以加强重点，提高国有经济的整体质量。十六届三中全会也讲到，在增强国有经济控制力以外的其他行业和领域(主要也是竞争性领域)，国有企业通过重组和调整，在市场经济中"优胜劣汰"。并没有规定国有经济一定要退出的意思，而是说可以在竞争性领域参加市场竞争，"提高素质"，"优胜劣汰"，"加强重点"。

以上讲的是在竞争性领域，不能笼统地讲"国退"，在这些行业国有企业也有"进"的问题。那么现在转过来说"民进"。私有企业是市场竞争的天然主体，竞争性领域让私企自由进入，是理所当然的。但是关系国民经济命脉的重要行业和关键领域，十五大规定了必须由国有经济占支配地位，是否也允许私人资本"进入"呢？国务院 2005 年关于鼓励支持非公经济发展的文件，允许非公经济进入垄断行业和领域，包括电力、电信、铁路、民航、石油等行业，矿产资源开发、公用事业、基础设施，以及国防科技工业建设等领域。这些都为非公有经济进入关系国民经济命脉的重要行业和关键领域网开了一面。

对此，有民间人士持不同意见。认为非公经济进入控制国民经济命脉的许多领域，有违中共十五大规定"国有经济控制国民经济命脉"的方针，将会动摇、改变国有经济在国民经济中的主导地位和公有制的主体地位。并且向有关方面提出了自己的看法，希望扭转有关规定。

我认为，关于国民经济命脉的重要行业和关键领域，如果从吸收社会资本，扩大公有资本的支配范围，壮大国有经济的控制力，促进投资主体的多元化这一角度来说，还是符合十五大精神，符合我国国企改革的方向的，因此可以有选择地允许私人资本参股进入；但不可以把这个领域让给私人资本独资开发或控股经营，影响国有经济对这些部门的控制地位，在允许非公资本参与投资经营的企事业，要加强监管。目前中国私人资本实力还不够雄厚，即使私人资本长大，国家也只能吸收而不必主要依靠私人资本来发展这些部门。特别是这些重要行业和关键领域，一般收益丰厚，多属垄断性级差租收入性质，按照中外学理，这种级差租性质的收入，理应归公。所以对进入这些行业领域的私人股份的红息，应加限制，使私人资本能够得到一般竞争性行业的盈利。这也符合民主革命先行者孙中山先生"节制资本"主张的要义。中国共产党在社会主义初级阶段参考孙先生的正确思想，对"私人资本制不能操纵国计民生"的主张，进行灵活处置，也是可以理解的。限制私人资本在关系国计民生部门取得超额垄断利润，是符合孙先生主张的精神的。

2005年政府进一步明确了对非公有经济准入范围放开的政策以后，有些官员和经济学人又从另一方面错误地解读政策动向，要求在重要的和关键的领域内国有经济与私人资本平起平坐，否认国有经济的主导作用，有的甚至建议国有资本限期撤出公共服务领域之外的全部产业领域。这种观点在上年开始制定进一步促进非公经济发展的政策时就已经出现，而且主要集中在中央和政府的权威学校和高级研究机构的某些部门，不过在2005年上半年表现得更为突出，并且在一些主流媒体和论坛上一再公开表达。在这种背景下，政府高层部门负责人士先后出面明确表示：1.垄断行业和领域今后要以国有经济为主体，这是由我国经济制度的性质决定的；2.不能把国有经济布局和结构调整理解为国有经济从一切竞争性领域退出；3.绝不能把国有经济布局和结构调整理解为中央"进"地方"退"，各地必须培育和发展一批有地方优势与特色、实力雄厚、竞争力强的国有企业。

即使在政府负责人一再表态的情况下，还是有声音从体制内批评在重要领域让国企"做大做强"的选择，公开主张国资从产业领域全退，甚至有文章希望科斯的中国改革六字经"共产党加产权"，成为今天中共急进的"时代壮举"。因此，尽管高层决策人士表态明朗，纠正了一些人所讲垄断行业允许准入，不讲主从关系的认识，也批评了一些官员和经济学人要国有资本从产业领域全面退出的观点，但是"全面坚持十六届三中全会决议关于公有制为主体，国有制为主导，发展非公有制的问题，在认识上和工作中并没有完全解决"，一些官员和经济学人要国资从产业领域退出的观点，仍然在工作层面影响国资改革，不容忽视。

比如，《中国宏观经济分析》披露了有关部门关于国资转让和减持比例的方案，从这个方案的政策目标看，它通过国家持股比例下限的低设，使大量关键和非关键领域国有上市公司的国有股权被稀释。有评论认为，"这个方案透露出国资要在关键性领域明显减少，竞争性领域基本完全退出。这种大量减持国资的主张不妥，其后续效应(即波及国有非上市公司和地方其他国有企业的效应)更需警惕"。还指出，近几年来国有工业状况，无论是垄断行业还是竞争性行业，持续逐步好转，在企业数量下降情况下，资产、产值，尤其是利润税收贡献都大幅上扬，表明坚持社会主义方向的所有制改革和国企改革是有希望的。在此背景下继续国资的大规模退出，是否恰当，需要考虑。当然，国资布局和国企组织，还有不少不合理之处，需要通过资产的进出流动，继续进行适当的调整。

九、国有经济的控制力应该包括哪些范围

2006年12月18日国资委发布《关于推进国有资本调整和国有企业重组的指导意见》，其要点之一是推动国有资本向重要行业和关键领域集中，增强国有经济的控制力，发挥主导作用。重要行业和关键领域包括：涉及国家安全的行业，重大基础设施，重要矿产资源，提供重要公共产品和服务的行业，以及支柱产业和高新技术产业中的骨干企业。对于不属于重要行业和关键领域的国有资本，按照有进有退、合理流动的原则，实行依法转让。

对于这项部署，有两个方面的评论。一个方面，认为不论是国有资本要保持绝对控股的军工等七大行业，还是国有资本要保持较强控制力的装备制造等九大行业，大都遍布非竞争性领域和竞争性领域，并不都是只有国有企业才能有资格从事的行业。属于竞争性行业，由国资来控制缺乏合理性。在这些行业，国企筑起垄断门槛，有违市场公平竞争原则；并称"增强国有经济的控制力没有法律依据"，说政府无权不经过代议机构的批准擅自指定自己的垄断领域。但是我们要说，加强国有经济的控制力，国有经济在关系国民经济命脉的重要行业和关

键领域必须占有支配地位，在社会主义市场经济中起主导作用，这是我国的根本大法——宪法所规定了的，这是根本的法律依据。再说，在竞争性领域，允许国有企业以其竞争力取得控制地位，并不见得不符合市场竞争原则。

另一方面的评论是，对于不属于重要行业和关键领域的国资要“实行依法转让”，即退出，会引发非公有资本广泛并购和控股众多的原国企，后果堪虞。夏小林在《中华工商时报》撰文指出：“国资委资料显示，2005 年在约 26.8 万亿国企总资产中，中央企业占 41.4%，而国企中还有 3/4 是在竞争性行业。按照某种意见，如果不考虑国资在维系社会公平方面的重要作用，中央企业之外 58.6%的国企资产和 3/4 在竞争性行业的国企，是不是其相当大的一部分都要在‘不属于重要行业与关键领域’标准下，‘实行依法转让’呢？如果‘转让’使中国产业的总资产中，私人资产的比重超过和压倒国有资产，中国少数私人的财富急剧暴涨，这将会形成一种什么样的财富分配状况和收入分配状况呢？”

夏小林关于国有经济控制力包括的范围的意见是值得注意研究的。他把国有经济的社会责任分为两种，一是帮助政府调控经济，一是保证社会正义和公平的经济基础。前一个作用普遍适用于社会主义国家和现代资本市场经济国家，而后一个作用则是社会主义国家独有的。他说，“按照西方主流经济学的观点，在一定条件下国有经济有助于政府调控经济，但是 OECD 国家的私有化证明，即使在垄断性的基础产业为主要对象进行了私有化，国有经济到了 10%以下的比重以后，政府照样可以运用各种货币政策、财政政策、产业政策和商业手段等有效地调控经济。但是社会正义和公平，却是高度私有化的经济和以私有化为主的混合经济解决不了的老大难问题”。“在中国坚持社会主义市场经济的改革方向中，增强国有资本的控制力，发挥其主导作用，理应包括保障、实现和发展社会公平的内容和标准。对那些对于政府调控经济不重要但是对于保障社会正义和公平非常重要的竞争性领域的国有资产，也应该认为是‘重要’的和‘关键’的领域的国有资产，要力争搞好，防止出现国资大量流失那种改革失控，随意实行大规模‘转让’的偏向”。所以，在一般所说“重要”、“关键”的标准之外，根据保证社会公平的标准，可以认为，即使在竞争性领域，保留和发展有竞争力的国有及控股企业，这属于增强国有经济控制力“底线”的范围，也是“正当的选择”。

基于国有经济负有保证社会正义和公平的经济基础的社会责任，国家要保障在公益服务、基础设施、重要产业的有效投资，并不排除为解决就业问题在劳动密集领域进行多种形式的投资和运营。在保障垄断性领域国有企业健康发展的同时，还要保障在竞争性领域国有企业的发展，发挥他们在稳定和增加就业、保障社会福利和提供公共服务上的作用，增强再分配和转移支付的经济实力。决不能像新自由主义所主张的那样，让国家退出经济。我国这样一个社会主义大国，国有经济的数量底线，不能以资本主义国家私有化的“国际经验”为依据。确定国有经济的比重，理应包括保障、实现、发展社会公平和社会稳定的内容，所以国家对国有经济控制力的范围，有进一步研究的必要。

关于如何增强国有经济控制力，综合各方面的意见，还有几点想法，简要述之。

1. 国企要收缩战线，但不是越少越好。在改革初始阶段，由于国企覆盖面过广，战线过长，收缩国企的数量，集中力量办好有素质的国企，开放民间经济的活动天地，这是必要的。但并不是说国企办得越少越好。这些年有些官员、学者，片面倾向于少办国企，“尽可能避免新办国有企业，让‘国家轻松一点，就是管那些少得不能再少的国有企业’，‘我们留下为数不多的国有企业将是活得非常潇洒的，不像今天这样愁眉苦脸，忧心忡忡’”。围绕所有制结构政策，体制内外频频发出声音，“或者将中国所有制结构的取向定在用 15 年—30 年时间来让自然人产权(私有产权)成为市场经济的主体上,或者把参照系数定在欧、美市场经济中国有成分在7%—10%的模式上(国资研究室主任指出西方发达国家国企仅占全民经济5%的份额),或者在叶利钦时期俄罗斯、东欧国家取消社会主义目标后的所有制模式上”。这些将国有经济比重尽量压低的欲望,大大超出了江泽民所讲的限度,就是不能影响公有制的主体地位和国有经济的主导作用。国资委从2003年成立以来,央企数量已由196家减少到157家。据透露下一轮整合方案,央企数量将至少缩减1/3。国资委的目标是到2010年将央企调整和重组到80—100家,其中30—50家具有国际竞争力。令人不解的问题是,中国这样一个社会主义大国,这么多的人口,这么大规模的经济,到底应该掌握多少国企,其中中央应该掌握多少央企?俄罗斯已经转型为资本主义国家了,普京总统无疑也是效忠于私有制的,但他在2004年8月宣布,确定1063家俄罗斯大型国企为总统掌握的国有战略企业,政府无权对这些战略企业实行私有化。同样是中央掌握的大型国有企业,为什么私有化的俄罗斯保留的是社会主义中国的好多倍。此中除了不可比的因素外,是否反映了我国某些官员国企办得越少越好,追求“轻松潇洒一些”的倾向?还有某些个别官员不好明说的倾向?

2.中央和地方都要掌握一批强势国企。有关部门负责人指出,不能把国有经济布局和结构调整理解为中央“进”地方“退”,各地必须保留和发展一批具有地方优势和特色、实力雄厚、竞争力强的国有大企业,使之成为本地区国民经济的支柱。中国是一个大国,许多省、直辖市的土地人口,超过欧洲一个国家。有人建议在省市自治区一级建立一地一个或数个、或数地联合建立一个类似淡马锡模式的控股公司,来整合地方国企。这个建议是可行的。新加坡那样国土面积小、人口少的国家都能做到,为什么我们做不到。前些时候国企改制地方出的问题比较多,也可以通过新的“改制”梳理一下。

3.国有经济改革决策要受人大制衡监督。这个意见人们多次提出,并有专门的建议案。国有经济改革涉及全体人民利益,不能总在工会实际管不了,人大又不严加审议和监督,由行政机构少数人确定国有企业留多少、不留多少的情况下来进行。由他们来决策国资的买卖,极易造成决策失误和国资流失。以保护私权为主要使命的《物权法》已经通过了。而研究开始在《物权法》之前,以保护“公权”为使命的《国资法》,研究了多年,人们仍在翘首企望,希望早日出台,让各级人大能够像英国、俄罗斯、波兰、日本等类型的市场经济国家的议会那样,有权审议国有资产产权变动的方案。

4.扩大国有产权改革的公共参与。国有资产产权改革不单纯是一个高层的理论问题,而且是关系各方面利益的公共政策问题。所以这个问题的讨论与决策不但要有官员学者精英参加,而且要有广大公众参与。某国资研究机构有人认为,这是不应当由公众来讨论的潜规则问题,郎咸平掀起的讨论是“引爆了公众不满国资流失和社会不公的情绪,是反对改革”。讲这种话的精英,是把大众当做阿斗。对于国资产权改革,公众有知情权、发言权、监督权,少数精英把持是非常危险的。据报导,汪道涵临终与人谈话说,“我的忧虑不在国外,是在国内”,“精英,社会精英”。其背景就是他对苏共及其领导干部变质的长期观察和研究。“苏联主要是亡在他自己的党政领导干部和社会精英身上。这些干部和精英利用他们手上的权力和社会政治影响,谋取私利,成了攫取和占有社会财富的特权阶层,他们不但对完善改进社会主义制度没有积极性,而且极力地加以扭曲。公有制度改变才能使他们的既得利益合法化。这只要看看各独立共和国当权的那些干部和社会名流大约有百分之八十都是当年苏联的党政官员和社会精英,事情便清楚了”。

十、发展私营经济的正道

谈基本经济制度,不能不谈私有经济,私有

经济是非公有制经济的一部分。其与公有制主体经济的共同发展，构成我国社会主义初级阶段的基本经济制度。非公有经济在促进我国经济发展，增加就业，增加财政收入，满足社会各方面需要方面，不仅在当前，而且在整个社会主义初级阶段很长的历史时期内，都有不可缺少的重要积极作用，因此我们必须鼓励、支持和引导非公有制经济发展，而不能忽视它、歧视它、排斥它。所以，党和政府对非公有制包括私有制经济非常重视，对它们的评价，从十三大、十四大的“公有制经济的补充”，到九届人大二次会议称为“社会主义市场经济的重要组成部分”，十六大还提出了“两个毫不动摇”，足见中央充分肯定非公有制包括私有制经济的重要作用。

我国非公有制经济有两个组成部分，一部分是个体经济。个体经济占有少量生产资料，依靠个人辛勤劳动，服务社会，而不剥削他人，属于个体劳动性质的经济。这部分经济目前在我国经济中占的比重不大，将来也不可能很大，据工商局说，最近有一些年份，我国实有个体工商户还有所减少。但是现在已经恢复正增长。另一部分是私营经济和外资经济。自改革开放以来，广大私营企业主受党中央让一部分人先富起来号召的鼓舞，先后投身商海，奋勇创业拼搏，用心血耕耘多年，为国家经济发展、社会稳定和丰富人们的物质生活作出了重要贡献，应当受到社会公正的评价。当前私营企业主要面临的突出问题，是融资困难较大，税收尤其是非税收负担较重。此类问题亟待有关部门切实解决。

私有经济与个体经济是有区别的。私营企业主与现在所称新社会阶层中的管理技术人员、自由职业人员等等其他成分也不一样。大家都是“社会主义事业建设者”，但个体劳动者、管理技术人员、自由职业人员等等，一般是不剥削他人劳动的劳动者，而私营企业主雇佣劳工生产经营，他们与雇工之间存在剥削与被剥削的关系。因为私营企业的生产经营是为社会主义现代化建设服务，所以这种剥削关系也受到我国法律的保护。私有经济在促进生产力发展的同时，又有占有剩余价值的剥削性质，这种由剥削制度所制约的私有制本性目的所必然带来的社会矛盾，无时无刻不在政治、经济、社会、文化、思想道德上，人与人的关系上表现出来。私有制在社会主义初级阶段下表现的两重性，是客观上必然存在的，只能正视，不能回避。应该把私有经济的性质与作用分开来讲。只要是私人占有生产资料，雇佣和剥削劳动者，它的性质就不是社会主义的。至于它的作用，要放到具体历史条件下考察，当它处于社会主义初级阶段，适合生产力发展的需要时，它就起积极作用，以至构成社会主义市场经济的一个重要组成部分。由于它不具有社会主义的性质，因此不能说它也是社会主义经济的组成部分。

有人说“非公有制经济人士已不是过去的民族资产阶级”了。不错，非公有制经济中的个体劳动者，从来不属于资产阶级。但雇工剥削的私营企业主按其性质应该归属到哪一类呢？恐怕除资产阶级以外，没有地方可以归属。当然，同时，按其作用，还可以把他归入“社会主义建设者”、“新社会阶层”这些不同层次的概念。这是非常实事求是的科学分析，容不得半点虚假。

对于社会主义初级阶段的私有经济，应当从两个方面来正确对待。一方面是不应轻视，不应歧视；另一方面，不应捧抬，不应护短。现在对私营企业轻视歧视的现象的确是有，特别是前面提到的融资问题和负担问题。例如我国大银行对中小企业（主要是私营），除了“重大轻小”，“嫌贫爱富”外，还存在“重公轻私”的所有制歧视。所谓企业“三项支出”（交费、摊派、公关招待费用）负担加重，某些部门少数官员对企业勒索骚扰，成为企业不得不应付的“潜规则”；当然这里边也有企业借此减轻正规税费之苦衷。而在“吹捧”、“护短”方面，人民网 2006 年 4 月 19 日有人撰文说，不少地方党政官员将我们党的支持民营企业的政策，错误地执行成

“捧——求——哄”，给私营企业主吹喇叭、抬轿子、送党票，……不一而足。媒体报导，东南某省会城市，在百姓看病存在困难的情况下，拨出专项资金，选定民营企业家享受公费健康体检和疗养休假，“充分体现了党和政府对民营企业家的关爱”。有关部门高层人士为少数企业主确实存在的“原罪”行为开脱，并打不追究的保票。某些理论家则把非公有经济是“社会主义市场经济的重要组成部分”，偷换为“社会主义经济的重要组成部分”，认为“民营经济”（即私营经济）“已经成为”或者“应当成为”社会主义经济的主体，以取代公有制经济的主体地位。这明显地越过了宪法关于基本经济制度规定的界线。

对私有经济，既不应当轻视、歧视，又不应当吹捧护短，那么应当怎样正确对待，才符合坚持社会主义基本经济制度的要求呢？毫无疑问，我们要继续毫不动摇地发展私有经济，发挥其机制灵活，有利于促进社会生产力的正面作用，克服其剥削性产生的不利于社会经济发展的负面作用。如有些私营企业主偷逃税收，压低工资和劳动条件，制造假冒伪劣产品，破坏自然资源环境，借机侵害国有资产，以及其他欺诈行为，都要通过教育监督，克服清除。我想广大私营企业主，本着“社会主义建设者”的职责和良心，也一定会赞成这样做，这对私有经济的发展只有好处，没有坏处。

在鼓励、支持私有经济发展的同时，还要正确引导其发展方向，规定能发展什么，不能发展什么。比如竞争性领域，要允许私有经济自由进入，尽量撤除限制其进入的藩篱。特别是允许外资进入的，也应当开放内资进入。而对关系国民经济命脉的重要部门和关键领域，就不能允许私有经济自由进入，只能有条件、有限制的进入，不能让其操纵这些部门和行业，影响国有经济的控制力。私有经济在竞争性领域有广大的投资天地，在关系国民经济命脉的一些重要部门现在也可以参股投资，分享丰厚的盈利，他们应当知足了。作为“社会主义建设者”群体和“新社会阶层”，私营企业主大概不会觊觎社会主义经济的“主体地位”。但是确有某些社会精英明里暗里把他们往这方面推。要教育他们不要跟着这些精英跑。

总之，我们要毫不动摇地发展包括私有经济在内的非公有经济，但这必须与毫不动摇地坚持发展公有制经济并进，并且这种并进要在坚持公有制经济为主体，国有经济为主导的前提下进行，真正实行两个毫不动摇，而不是只实行一个毫不动摇。这样做，才能够保证我国社会主义基本经济制度的巩固发展，永远立于不败之地。

（作者：中国社会科学院原副院长、经济学家）

读懂《实践论》和《矛盾论》

——写在“两论”发表70周年之际

邢贲思

2007年是毛泽东的《实践论》和《矛盾论》(以下简称“两论”)发表70周年。“两论”是毛泽东思想的哲学基础，是中国化马克思主义的重要哲学成果。时间已经过去了70年，但历史的年轮并没有磨灭“两论”的理论光辉。不少人认为，“两论”浅显易懂，并不深奥，这有一定道理。但文字上读懂是一回事，领会它的精神实质是另一回事。要真正读懂“两论”，就不仅要读懂它的文本，而且要了解它的写作背景、理论意义和当代价值。

“两论”的写作背景

“两论”最初是毛泽东在抗日军政大学的讲演稿，讲演时间为1937年的7、8月间，成稿则略早。当时正是第二次国内革命战争刚刚结束，抗日战争已经爆发之际。毛泽东于此时讲这两个问题，并不是一时心血来潮，而是要从哲学上对两次国内革命战争特别是第二次国内革命战争的经验进行总结，用马克思主义的世界观、方法论武装广大干部，以迎接抗日战争新阶段的到来。两次国内革命战争有许多经验值得总结，最重要的是要找出导致革命遭受挫折的根本原因，特别是找出共同的带规律性的东西，这只有从哲学上加以总结才能做到。革命遭受挫折既有外因也有内因，但马克思主义历来认为，内因是根本的，主要原因应当从内部特别是党内去寻找，从党的领导层去寻找。事实也正是这样，两次国内革命战争的受挫，问题主要都出在党内，特别是出在党的领导层。以陈独秀为代表的右倾机会主义和以王明为代表的“左”倾机会主义，是导致两次革命受挫的元凶。右倾机会主义和“左”倾机会主义虽在政治上表现不同，但在思想路线上有其共同点，这就是理论脱离实际、主观背离客观，因而提出了与中国国情不符、混淆社会矛盾的路线、方针、政策。针对两次国内革命战争受挫的共同的认识根源和思想基础，毛泽东从哲学上展开了对实践和矛盾问题的深入分析，并由此得出了一系列重要结论，使广大干部受到了一次马克思主义世界观、方法论和思想路线的深刻教育。实践证明，这种针对某一特定历史时期斗争经验进行的哲学总结，既能帮助广大干部正确认识党的历史，又能提高他们的思想理论水平，对党的事业发展有着十分重要的作用。

“两论”的理论意义

“两论”是把马克思主义基本理论与中国革命具体实践相结合的典范。“两论”不是一般的经验总结，而是以马克思主义为指导，从哲学层面上展开的经验总结。因此，这种总结是系统的而不是零碎的，是整体的而不是局部的，是深入本质的而不是止于现象的。这样的总结，已经从经验上升成为理性，成为理论形态的东西，成为哲学论著。既是对革命实践的哲学总结，又是专门的哲学论著，这种两重性，正是“两论”的一大特色。和不少哲学教材不同，“两论”并没有过多涉及马克思主义哲学的其他规律和范畴，而是从实践和矛盾这两个认识论和辩证法的基本问题入手，进行仔细分析，把人们的认识一步步引向深入。“两论”以实践和矛盾问题为纲，把认识论和辩证法的相关内容都组织了进来，形成了有别于一般哲学教材的、别具一格、自成体系的哲学论著。“两论”创造了马克思主义哲学新的表达形式，是马克思主义哲学发展史上一个创新的体系。这是“两论”理论意义的一个重要体现。

“两论”的理论意义还在于，它对实践和矛盾问题的论述大大深化了。实践和矛盾问题在马列经典著作中都有所论及，列宁在《唯物主义和经验批判主义》以及《哲学笔记》中的阐述尤为精辟。但毛泽东在理论上作出了新的贡献。在《实践论》中，他全面论述了实践在认识中的作用，论述了实践是认识的来源，论述了认识的发展阶段和发展过程、认识的目的、检验认识真理性的标准、真理的相对性和绝对性等问题。由于《实践论》的锋芒所指是两次国内革命战争中的主观主义特别是教条主义，因而它提出的问题针对性很强，并且抓住了要害，抓住了本质。比如，人的正确思想究竟从哪里来？党的正确决策是怎样形成的，是通过实践还是依靠本本？人的认识、党的决策是否正确，怎样才能得到检验？人的认识是不断发展的，还是一成不变的？党的决策应不应当随着实践的变化而有所改变？毛泽东对这些问题一一作出了回答。在此之前，毛泽东在《反对本本主义》一文中就其中的某些问题已做了分析，《实践论》则更加全面、系统地对马克思主义认识论的几乎所有重大问题都展开了论述，它的广度和深度，已超越了列宁在《唯物主义和经验批判主义》中对认识论所作的概括。在《矛盾论》中，毛泽东没有拘泥于唯物辩证法三大规律的传统表述，而是突出了对矛盾规律即对立统一规律的阐释。在毛泽东看来，三大规律不能并列，比起量变质变规律和否定之否定规律，对立统一规律更根本。矛盾是一切事物运动、发展的源泉，也是量变、质变和否定之否定的源泉，把矛盾问题讲透了，就等于把量变质变和否定之否定讲透了，把整个辩证法讲透了。毛泽东这种对唯物辩证法的独到见解，是他结合中国革命实践，创造性地运用马克思主义的结果。在《矛盾论》中，毛泽东不仅全面阐述了矛盾的普遍性和特殊性，矛盾的斗争性和同一性，主要矛盾和次要矛盾，矛盾的相互依存和相互转化等问题，而且针对两次国内革命战争的经验，有重点地对其中一些问题进行了深入分析。对矛盾特殊性展开的论述，就是其中一个突出例子。世界充满着矛盾，矛盾无时不在，无处不有。承认不承认矛盾的普遍性是辩证法和形而上学的分水岭。矛盾虽普遍存在，但矛盾的性质、内容并不一样，矛盾的表现形式也各不相同，特别是随着实践的变化，矛盾的性质、内容和表现形式都可能发生改变。这就要求我们对具体矛盾进行具体分析，这是辩证法活的灵魂。一个马克思主义者不但要认识矛盾的普遍性，更要认识矛盾的特殊性，要懂得矛盾的普遍性始终寓于特殊性之中，只有真正把握了矛盾的特殊性，才有可能揭示事物的本质，得出正确的结论。两次国内革命战争中陈独秀和王明所犯的错误，其思想根源是教条主义，这就使他们丧失了对具体矛盾进行具体分析的能力。陈独秀无视中国社会矛盾的特殊性，认为无产阶级力量太弱，农民过于保守，中国的民主革命只能由资产阶级领导，并且提出了“统率革命的资产阶级，联合革命的无产阶级，实现资产阶级的民主革命”的错误纲领。这种错误的进一步发展，导致了大革命的失败。王明除了在形势估计和革命斗争方式上犯有严重错误外，对中国的社会性质和阶级关系也作出了错误的判断，他夸大了中国革命现阶段反资产阶级、反富农斗争的意义，否认中间营垒和第三种力量的存在。这种估计和由此制定出的政策不是孤立了敌人，而是孤立了自己。第二次国内革命战争遭受挫折的原因之一，不能不说与此有关。由于毛泽东在两次国内革命战争中有切身感受，因此他对矛盾特殊性问题给予了特别关注，并从理论上加以深刻阐发。《矛盾论》从中国的实际出发，在全面系统阐述矛盾问题的同时，又作了重点发挥，使马克思主义的矛盾学说在整体上更加完整，在细节上更加丰满，从而把唯物辩证法推向一个新的高度。

“两论”在毛泽东思想发展过程中起着特殊重要作用，是毛泽东思想的哲学基础，这是“两论”理论意义的突出体现和主要标志。毛泽东思想是马克思主义基本理论和中国革命具体实践相结合的产物。毛泽东对中国革命实践中一系列独创性经验的概括，主要得益于马克思主义哲学。民主革命时期，毛泽东对中国社会性质、革命性质、革命对象、革命的领导阶级和同盟军、革命的斗争形式和发展道路所做的分析和判断，以及在此基础上形成的新民主主义革命理论，无一不是运用马克思主义哲学这一武器的结果。社会主义革命和建设时期，毛泽东提出的过渡时期理论和一化（工业化）三改（对农业、手工业、资本主义工商业进行社会主义改造）的任务，以及后来在总结国内外经验基础上形成的正确处理十大关系和正确处理人民内部矛盾的思想，也无一不是运用马克思主义哲学这一武器的结果。哲学是毛泽东思想中最有价值的部分，是它的精髓和灵魂，而“两论”则是毛泽东哲学思想的结晶。“两论”是毛泽东最重要的哲学著作，毛泽东的其他哲学著作和具有哲学特征的著作，或者为“两论”作了思想铺垫，或者是“两论”的运用和发展，而“两论”则是毛泽东哲学思想的集大成者，这一历史地位是毛泽东其他著作所不能代替的，这也是它之所以成为毛泽东思想的哲学基础的原因。

“两论”不仅具有重大的理论意义，而且对实践的影响也是深远的。“两论”问世后，中国革命的面貌发生了根本改变。从此，中国革命摆脱了两次受挫的阴影，走上了一条充满阳光的胜利大道。在“两论”的影响下，以及经过延安整风运动的洗礼，全党高举马克思主义哲学大旗，坚持唯物主义，反对唯心主义；坚持辩证法，反对形而上学；坚持“两论”精神，反对主观主义特别是教条主义，思想统一，步调一致，这就为抗日战争乃至整个民主革命的胜利，奠定了坚实的思想基础。

“两论”的当代价值

“两论”发表于 70 年前。70 年来，世界形势发生了巨变，中国面貌更是发生了翻天覆地的变化。那么时至今日，“两论”还有没有它的理论意义和实际价值？答案是肯定的。“两论”中的某些具体材料和事例可能会过时，但它所阐明的基本原理，它所体现的马克思主义的立场、观点、方法永远也不会过时。“两论”所阐述的马克思主义认识论和唯物辩证法的理论原则，以及由此引申出的一系列重要结论，诸如“实事求是”、“一切从实际出发”、“没有调查就没有发言权”、“对具体矛盾进行具体分析”、“分清主要矛盾和次要矛盾”、“做好矛盾转化工作”等等，不仅是我们党在民主革命时期以及社会主义革命和建设时期取得胜利的思想法宝，也是新时期我们进行改革开放、进行中国特色社会主义建设所必须遵循的理论原则。邓小平提出改革开放，建设中国特色社会主义，本身就是以苏联和我国自己的社会主义建设经验为借鉴，在分析了当时我国实际情况之后所得出的结论。中国社会究竟是什么性质的社会，如果是社会主义社会，那么它处在社会主义的什么阶段。这是一个长期发生混淆、认识不清的问题。邓小平指出，中国处在社会主义初级阶段，也就是社会主义的不发达阶段，思考一切问题都要从这个实际出发。社会主义初级阶段就是我国现阶段所处的历史方位，只有认清这个历史方位，才能走出一条正确的社会主义建设道路。在社会主义初级阶段，生产力水平和人民生活水平都比较低，社会的主要矛盾是人民群众日益增长的物质文化需要和生产力不能满足这种需要的矛盾，解决的办法首先就是要大力发展生产力。邓小平明确提出，社会主义的根本任务是发展生产力，看社会主义制度是不是优越，看国家的经济政策是不是正确，归根到底要看生产力是否发展，人民收入是否增加，“这是压倒一切的标准”。发展和改革都是邓小平理论的重要支撑。邓小平并没有引用“两论”的任何语录，但他的发展和改革思想，他的中国特色社会主义理论所体现的恰恰是“两论”的精髓。邓小平理论和毛泽东思想源出同一个哲学，这就是“两论”所阐明的马克思主义哲学原理。邓小平理论没有离开毛泽东思想，而是在继承的同时，把毛泽东思想向前推进了。

在邓小平同志逝世以后，我们党在以江泽民同志为核心的党中央和以胡锦涛同志为总书记的党中央先后带领下，沿着中国特色社会主义道路继续前进，在实践上创造出新的辉煌，在理论上结出了新的硕果，取得了许多举世瞩目的新成就。在把马克思主义基本理论与我国新的实践相结合的基础上，我们党又形成了“三个代表”重要思想，形成了“科学发展观”和“构建社会主义和谐社会”的执政理念和治党治国方略。这既是马克思主义中国化理论的创新成果，又是对毛泽东思想、邓小平理论，也包括对“两论”精神的继承和发展。时代在前进，实践在发展，理论在创新，但“两论”所体现的马克思主义的立场、观点、方法，它所体现的马克思主义哲学的基本原则，仍然是我们党认识世界、改造世界的强大思想武器，我们应当对它倍加珍惜，并加以发扬光大。

马克思主义的基本理论品质是与时俱进。不发展，不创新，抱残守缺，墨守成规，只会使马克思主义丧失它的生命力。对于马克思主义的这一本质特征，我们必须时时牢记。但在马克思主义发展史上同样值得我们永远铭记的，是马克思主义前后相继和世代相传的优良传统。长江后浪推动前浪，同时前浪又撞击后浪，正是后浪和前浪的相互激荡，才汇成了浩瀚无际的滔滔江水。马克思主义既是与时俱进的，又是一脉相承的。只有在坚持中发展，在发展中坚持，才能使马克思主义永葆青春、战无不胜。

“两论”产生的年代虽已成为历史，但“两论”的哲学光芒将继续照耀着我们前进的道路。这就是为什么在“两论”发表70年后我们仍然要纪念它的理由。

（此文载《求是》2007年第17期）

论十六大以来党的理论创新

何毅亭

一

党的十六大以来，以胡锦涛同志为总书记的党中央坚持以邓小平理论和“三个代表”重要思想为指导，科学分析新世纪新阶段面临的新形势新问题，提出了一系列重大战略思想，在理论创新方面取得了丰硕成果。

（一）提出以人为本、全面协调可持续的科学发展观这一重大战略思想，进一步揭示了经济社会发展的客观规律，创造性地回答了什么是科学发展、为什么发展、依靠谁发展和怎样发展等重大问题，反映了我们党最新的发展理念，丰富了马克思主义关于社会主义发展的理论。

（二）提出构建社会主义和谐社会的重大战略思想，作出社会和谐是中国特色社会主义本质属性的重大判断，进一步明确了建设富强民主文明和谐的社会主义现代化国家的奋斗目标，深化了对中国特色社会主义事业总体布局的认识，丰富了马克思主义关于社会主义社会建设的理论。

（三）提出建设社会主义新农村的重大战略思想，进一步明确了统筹城乡发展的基本方略，制定了“多予少取放活”和工业反哺农业、城市支持农村的基本方针，规划了新农村建设的基本任务，丰富了我们党长期以来特别是改革开放以来关于“三农”工作的理论。

（四）提出建设创新型国家的重大战略思想，把增强自主创新能力作为国家战略，作为发展科学技术的战略基点和调整经济结构、转变经济增长方式的中心环节，强调大力推进科技创新和自主创新，大幅度提高国家竞争力，标志着我们党对创新在党和国家全局中的作用的认识达到新的高度。

（五）提出建设资源节约型、环境友好型社会的重大战略思想，把统筹人与自然和谐发展、重视节约能源资源放在更加突出的战略位置，强调加快发展循环经济，加强生态环境保护，做到节约发展、清洁发展、安全发展、可持续发展，把我们党对人类社会发展规律的认识提升到新的境界。

（六）提出坚持走中国特色社会主义民主政治发展道路的重大战略思想，强调人民通过选举、投票行使民主权利和人民内部各方面在重大决策之前进行充分协商是我国社会主义民主的两种重要形式，进一步明确了做好新形势下人民代表大会工作的基本原则，明确了多党合作和政治协商的重要政治准则，丰富了马克思主义民主政治理论。

（七）提出牢固树立社会主义法治理念的重大战略思想，把依法治国、执政为民、公平正义、服务大局、党的领导作为社会主义法治的灵魂和精髓，体现了党的领导、人民当家作主和依法治国的统一，进一步深化了我们党对建设中国特色社会主义法治国家规律的认识，丰富了马克思主义法学理论。

（八）提出全面把握和正确处理政党关系、民族关系、宗教关系、阶层关系、海内外同胞关系的重大战略思想，明确了正确认识和处理这“五个关系”的指导原则，强调统一战线在协调和处理这“五个关系”中要充分发挥自身优势、积极开展工作，丰富了马克思主义统一战线理论。

（九）提出以建设社会主义核心价值体系为根本推进和谐文化建设的重大战略思想，强调牢固树立以“八荣八耻”为主要内容的社会主义荣辱观，在全社会大力倡导和谐理念、崇尚和谐价值、培育和谐精神，形成共同的理想信念和道德规范，不断增强中华民族的凝聚力、向心力、亲和力，丰富了马克思主义关于社会主义意识形态建设理论。

（十）提出把科学发展观作为国防和军队建设重要指导方针的重大战略思想，强调新世纪新阶段军队要肩负起“三个提供、一个发挥”（为党巩固执政地位提供重要的力量保证，为维护国家发展的重要战略机遇期提供坚强的安全保障，为维护国家利益提供有力的战略支撑，为维护世界和平与促进共同发展发挥重要作用）的历史使命，把军事训练作为重要的治军方式和管理方式，积极推进机械化条件下军事训练向信息化条件下军事训练转变，抓紧做好军事斗争准备，丰富了马克思主义军事理论。

（十一）提出新形势下促进香港、澳门繁荣稳定的重要原则和发展两岸关系的四点意见等重大战略思想，强调全力支持香港、澳门特别行政区依法施政、坚决维护国家的主权和统一，强调加强做台湾人民的工作、推动两岸关系和平发展，丰富了我们党“一国两制”的理论。

（十二）提出坚定不移走和平发展道路、坚持互利共赢的开放战略、统筹国内国际两个大局的重大战略思想，强调中国将始终高举和平、发展、合作的旗帜，推动建设持久和平、共同繁荣的和谐世界，既通过争取和平的国际环境来发展自己、又通过自己的发展来促进世界和平，丰富了马克思主义国际关系理论。

（十三）提出加强党的先进性建设的重大战略思想，把保持和发展党的先进性、提高党的执政能力，始终做到科学执政、民主执政、依法执政十分突出、十分鲜明地提到全党面前，深刻论述了新的历史条件下加强党的先进性建设的一系列重大问题，丰富了马克思主义党的建设理论。

二

十六大以来党中央提出的科学发展观等一系列重大战略思想，具有十分重要的理论地位和理论意义。

第一，科学发展观等一系列重大战略思想，以科学发展观为核心，彼此相互贯通、相互联系，是一个内涵丰富、思想深刻、逻辑严谨的科学体系。科学发展观，涵盖发展战略、发展模式、发展动力、发展环境、发展目的、发展道路等，涉及生产力和生产关系、经济基础和上层建筑的各个环节。十七大报告对科学发展观的时代背景、科学内涵、精神实质和根本要求进行了全面、科学的阐述，强调科学发展观是我国经济社会发展的重要指导方针，是发展中国特色社会主义必须坚持和贯彻的重大战略思想。这就是说，科学发展观不仅仅是用来指导经济发展的，而是用来指导社会主义经济建设、政治建设、文化建设、社会建设和其他各方面建设的。科学发展观指导作用的这种全方位性，决定了它在十六大以来一系列重大战略思想中处于核心和统领地位，十六大以来其他一系列重大战略思想，可以说是科学发展观在经济、政治、文化、社会、外交和国际战略、国防和军队建设、祖国统一、党的建设等各个方面、各个领域的延伸或展开。掌握了科学发展观，就掌握了理解和把握其他重大战略思想的根本。深刻学习和理解这一系列重大战略思想及其相互之间的内在有机联系，又能更深刻更具体地把握科学发展观。

第二，科学发展观等一系列重大战略思想，同马克思列宁主义、毛泽东思想、邓小平理论和“三个代表”重要思想既一脉相承又与时俱进。十七大报告指出，科学发展观是同马克思列宁主义、毛泽东思想、邓小平理论和“三个代表”重要思想既一脉相承又与时俱进的科学理论。这是对科学发展观的理论定位，也同样适用于对十六大以来其他一系列重大战略思想的理论定位。之所以说它们是一脉相承的，一是它们都坚持辩证唯物主义和历史唯物主义的世界观、方法论，在思想基础上一脉相承；二是它们都坚持党的最高纲领和最低纲领的统一，在政治理想上一脉相承；三是它们都坚持代表最广大人民的根本利益，在根本立场上一脉相承；四是它们都坚持解放思想、实事求是、与时俱进，在理论品质上一脉相承；五是它们都坚持发挥揭示客观规律、预见未来趋势、引导社会变革、推动文明进步的作用，在政党价值观上一脉相承。概括地说，科学发展观等重大战略思想，是在继承马克思列宁主义创始人和我们党三代中央领导集体思想成果的基础上形成的，具有丰富的理论渊源和充分的理论依据。

之所以说科学发展观等重大战略思想是与时俱进的，从根本上说是因为这一系列重大战略思想，以我国进入新世纪新阶段全面建设小康社会、加快推进社会主义现代化面临的实际问题为中心，着眼于新的实践，立足于研究新情况、解决新问题，在坚持中有发展，在继承中有创新，用一系列新思想、新观点、新论断进一步回答了什么是社会主义、怎样建设社会主义和建设一个什么样的党、怎样建设党这两个根本问题。这一系列重大战略思想，进一步深化了对共产党执政规律、社会主义建设规律、人类社会发展规律的认识，丰富和完善了党的基本理论、基本路线、基本纲领、基本经验，是中国共产党理论创新的最新成果。

第三，科学发展观等一系列重大战略思想，贯穿着建设中国特色社会主义的鲜明主题，是改革开放历史新时期我们党创立的中国特色社会主义理论体系的重要组成部分。马克思列宁主义同中国实际相结合实现了两次历史性飞跃。第一次飞跃找到了有中国特色的革命道路，产生了被实践证明了的关于中国革命和建设的正确的理论原则和经验总结，这就是毛泽东思想。第二次飞跃找到了建设有中国特色社会主义道路，产生了邓小平理论，在此基础上产生了“三个代表”重要思想，十六大以后又产生了科学发展观等重大战略思想，它们相互衔接、相互贯通，既一脉相承又与时俱进，共同构成中国特色社会主义理论体系。中国特色社会主义理论体系是改革开放以来我们党创立并逐步加以丰富和发展的科学理论体系，总体上属于马克思列宁主义同中国实际相结合的第二次历史性飞跃的理论成果。十七大把改革开放以来马克思主义中国化的理论成果作为一个整体，统称为“中国特色社会主义理论体系”进行科学阐释，这是十七大在理论上的一个重要建树。

中国特色社会主义理论体系，在新的时代条件下系统回答了什么是社会主义、怎样建设社会主义，建设什么样的党、怎样建设党，实现什么样的发展、怎样发展等重大理论和实际问题，是被实践证明了的关于建设和发展中国特色社会主义的正确的理论原则和经验总结。这个理论体系，坚持和发展了马克思列宁主义、毛泽东思想，凝结了几代中国共产党人带领人民不懈探索实践的智慧和心血，是马克思主义中国化最新成果，是党最可宝贵的政治和精神财富，是全国各族人民团结奋斗的共同思想基础。在新的发展阶段，坚持中国特色社会主义理论体系，就是要始终不渝地坚持以邓小平理论和“三个代表”重要思想为指导，深入贯彻落实科学发展观等重大战略思想，坚定不移地继续解放思想，坚定不移地推进改革开放，坚定不移地推动科学发展、促进社会和谐，坚定不移地为夺取全面建设小康社会新胜利而奋斗。

需要指出的是，建设和发展中国特色社会主义，是一个以社会主义初级阶段为起始阶段、需要经历若干个不同发展阶段的漫长历史进程。在这个历史进程中，中国共产党人全部实践和理论的主题只有一个，这就是建设和发展中国特色社会主义；马克思主义中国化的理论成果都属于一个大的理论范畴，这就是中国特色社会主义理论体系的范畴。中国特色社会主义理论体系，从静态看具有很强的兼容性和辐射力，内容覆盖改革发展稳定、内政外交国防、治党治国治军，理论空间十分广阔；从动态看具有很强的时代性和开放性，是随着实践的发展而不断充实丰富和发展完善的。今后，随着中国特色社会主义事业在继往开来中不断向前推进和发展，中国特色社会主义理论体系必将在实践中不断得到丰富和创造性的发展。

三

科学发展观等一系列重大战略思想的产生，具有鲜明的时代背景和深刻的实践基础。

第一，科学发展观等一系列重大战略思想，是对当今国际局势和世界发展大势的科学认识、准确把握和能动反映。十六大以来这几年，国际局势继续发生深刻变化，出现了不少需要认真把握的新动向。这些深刻变化和新动向对我国的影响明显上升。在深刻变化的国际局势下，我们要抓住和用好重要战略机遇期，必须审时度势、因势利导、趋利避害，必须更加注重科学发展，更加注重解决“三农”问题，更加注重科学技术和自主创新，更加注重以先进文化为核心的国家软实力建设，更加注重社会稳定与和谐，更加注重调动和发挥方方面面的积极性等等。科学发展观等重大战略思想，充分体现和反映了我们党坚持以宽广的眼界观察世界、以时代发展的要求审视自己、以战略的思维谋划全局，科学认识和正确应对当今世界发展趋势的理论思考。

第二，科学发展观等一系列重大战略思想，是对新世纪新阶段我国经济社会发展中遇到的突出矛盾和问题的科学认识、准确把握和能动反映。在党和国家事业快速发展的进程中，也难以避免地遇到一些突出矛盾和问题。比如：人民群众的物质文化需要更趋多样化，社会利益关系更趋复杂，统筹兼顾各方面利益的难度增加；区域、城乡、经济社会发展不平衡现象突出存在，缩小发展差距和促进经济社会协调发展任务艰巨；能源、资源、环境、技术对经济社会发展的瓶颈制约日益突出，粗放型经济增长方式亟待改变，实现可持续发展遇到的压力增大；农业基础薄弱的状况没有根本改变，保持粮食增产和农民增收难度加大，解决好“三农”问题更加突出；社会结构和社会组织形式发生深刻变化，人员流动性大大增强，人民内部矛盾处于多发期，社会建设和管理更为复杂；人民群众政治参与的积极性不断提高，人们思想活动的独立性、选择性、多变性、差异性明显增强，对发展社会主义民主政治和先进文化提出了更高的要求，等等。

换句话说，进入新世纪新阶段以来，我国发展呈现出一系列新的阶段性特征，我们正在经历着改革开放以来在广度、深度和难度上都少有的社会变革，正处在一个新旧矛盾相互交织、一般性矛盾和深层次矛盾相互交织、长期性矛盾和阶段性矛盾相互交织、可以预料的矛盾和难以预料的矛盾相互交织的时期。我们要在大变革中抓住大机遇、赢得大发展，在各种矛盾相互交织中探索新途径、实现新突破，必须在思想上有新解放、实践上有新创造、理论上有新发展。科学发展观等重大战略思想，正是站在新的历史起点上，科学认识和准确把握我国经济社会发展的阶段性特征，科学认识和准确把握我国社会变革的深刻性和复杂性，着眼于解决发展中遇到的突出矛盾和问题提出来的。

第三，科学发展观等一系列重大战略思想，也是对十六大以来我们党带领人民战胜各种困难和风险的实践经验的科学认识、准确把握和能动反映。新世纪新阶段，我们面临的机遇前所未有，面对的挑战也前所未有。国际局势的发展变化和外部大环境总体对我国有利，同时我们所处的国际环境仍然十分错综复杂。这些大的背景，无疑对我们党驾驭复杂局面、应对国际局势的能力提出了很高的要求。

面对新形势新任务，面对国际国内的严峻考验，面对前进道路上诸多困难和风险，以胡锦涛同志为总书记的党中央高瞻远瞩、审时度势，精心谋划、从容应对、果断处置，紧紧依靠全党全国各族人民，运用马克思主义的政治智慧和高超的领导艺术，战胜一次又一次困难和风险，取得了改革开放和社会主义现代化建设的新胜利。成绩来之不易，经验弥足珍贵。解决问题、化解矛盾、战胜困难的需求是理论创新的起点，解决问题、化解矛盾、战胜困难的实践是理论创新的动力，解决问题、化解矛盾、战胜困难的经验是理论创新的源泉。十六大以来经历的各种困难和风险的考验，进一步锻炼了我们党，也进一步提高了我们党。科学发展观等重大战略思想，正是形成于解决问题、化解矛盾、战胜困难、应对风险的实践中，集中了全党全国人民的智慧，凝聚着深刻的理论思考和经验总结。

归结起来说，十六大以来党中央提出的科学发展观等一系列重大战略思想，集中体现了新世纪新阶段国际局势的新变化，集中体现了现阶段我国发展机遇期和矛盾凸显期并存这一根本阶段性特征的新要求，集中体现了全党全国各族人民的共同愿望，充分反映了当代中国马克思主义的实践特色、民族特色、时代特色。实践证明，科学发展观等重大战略思想有力地推动了我国经济社会和各项事业发展，是凝聚当代中国共产党人的理论旗帜，是全国人民团结奋斗的共同思想基础。坚持把这一系列重大战略思想贯彻落实好，是贯彻落实十七大精神，夺取全面建设小康社会新胜利、开创中国特色社会主义新局面的根本要求。

（作者：中共中央政策研究室副主任）

推动我国经济社会发展必须坚持的正确方向

——论“三个转变”

郑新立

党的十七大提出到2020年实现全面小康目标的新要求，实现这个目标的关键在于要加快转变经济发展方式，促进经济增长由主要依靠投资、出口拉动向依靠消费、投资、出口协调拉动转变，由主要依靠第二产业带动向依靠第一、第二、第三产业协同带动转变，由主要依靠增加物质资源消耗向主要依靠科技进步、劳动者素质提高、管理创新转变。刚刚闭幕的中央经济工作会议再次强调了这“三个转变”。“三个转变”是总结我国现代化建设实践经验得出的结论，是贯彻落实科学发展观的必然要求，是从现阶段经济发展的实际出发提出的重大战略思想，是推动我国经济社会发展必须坚持的正确方向。

一、从转变增长方式到转变发展方式反映了我们党对经济发展规律认识的深化

1995年党的十四届五中全会提出了转变经济增长方式的要求，强调要改变粗放型增长模式，走集约型发展道路。12年过去了，我们在转变增长方式上取得了很大成就，以电子机械、石油化工、汽车制造和建筑业四大支柱产业的崛起为标志，我国经济增长已经由20世纪80年代到90年代中期主要靠轻纺工业等劳动密集型产业拉动逐步转变到主要靠资本、技术密集型产业拉动，重工业在工业增加值中的比重已经由12年前的50%左右上升到2006年的70%。伴随着重工业的高速发展，能源、原材料消耗大幅度上升，资源、环境压力日益加大；经济增长过度依赖投资和出口，消费的拉动作用不断下降；农业生产方式落后，第三产业发展依然滞后。针对经济发展新阶段面临的突出问题，十七大提出了转变经济发展方式的新的战略要求。从转变增长方式到转变发展方式，虽然只是两个字的改变，其含义却十分深远，两者间既相互联系又有区别。

所谓经济增长方式，一般是指通过改善生产要素质量及其组合结构来实现经济增长的模式，通常把主要依靠物质要素投入、追求产品数量扩张的增长方式称为粗放型增长模式，把注重依靠技术进步、改善管理、提高劳动者素质等途径不断提高经济效益实现经济增长的方式称为集约型增长模式。经济发展方式的内涵则更加丰富、全面，除了涵盖前者的含义之外，还对发展的理念、促进经济增长的需求结构和产业结构提出了要求。概括地说，转变经济发展方式，就是要形成与科学发展观的要求相一致的发展方式，要求我们在继续转变经济增长方式的同时，尽可能地扩大国内消费，增强消费对经济增长的拉动作用。同时，加快农业的现代化，大力发展第三产业。要从调整需求结构、改善供给结构和提高生产要素质量、优化生产要素结构三个方面采取综合性措施，实现经济的又好又快发展。因此，提出转变经济发展方式，具有重大的现实意义。

转变经济发展方式有利于落实以人为本的要求，使广大人民群众能够从经济发展中更多受益。增加居民收入，改善人民生活，是发展经济的根本目的，也是以人为本的核心。在拉动经济增长的三大需求中，注重扩大消费的比重，着力提高最终消费率特别是居民消费率，使我们所生产的产品更多地进入消费领域，相应降低用于投资和出口的比重，将有利于更快地提

高广大人民群众的消费水平，缓解以至避免生产能力过剩的矛盾，减少外贸出口摩擦和由外贸顺差增长过快而带来的过多的外汇储备和过剩的银行流动性，从而有利于实现国民经济良性循环，提高宏观经济效益。

转变经济发展方式有利于优化产业结构，尽快建成现代产业体系。加快服务业发展，不仅能更好地满足生产和生活需要，而且能有效地扩大就业。发达国家在工业化的过程中都曾出现过劳动力过剩的问题。由于生产的规模化、机械化、自动化水平不断提高，大量劳动力从第一、二产业精简下来，形成失业大军。通过发展第三产业，吸纳了剩余劳动力，服务业从业人员占全部从业人员的比重达到2/3以上，即使发展中国家也在50%左右。2006年我国服务业从业人员比重只有32.2%，远远低于发达国家甚至发展中国家的平均水平。服务业发展的滞后制约了就业规模的扩大和第一、二产业的发展。特别是研发滞后，制约了自主创新能力的提高；金融业发展滞后，制约了市场配置资源功能的发挥；物流业发展滞后，使流通成本居高不下。把加快发展服务业作为转变发展方式的重要内容，有利于集中力量破解这个长期存在的发展难题。

转变发展方式有利于促进节能降耗减排约束性指标的实现，提高可持续发展能力。实现"十一五"规划提出的单位GDP能源消耗降低20%、主要污染物排放得到有效控制的目标，必须依靠科技进步和提高管理水平，淘汰落后生产能力。2007年，节能减排指标完成情况出现了拐点，单位GDP能耗改变了前几年连续上升的趋势，在2006年下降1.33%的基础上，一至三季度下降3%；二氧化硫、化学需氧量排放也出现了近年来的首次下降。"十一五"后三年节能减排的任务十分艰巨，2008年是实现"十一五"目标的关键一年。必须按照中央的部署，坚决打好节能减排攻坚战，切实推进发展方式转变，确保"十一五"节能减排目标的如期实现。

二、经济增长要由主要依靠投资、出口拉动向依靠消费、投资、出口协调拉动转变

投资与消费、内需与外需比例失衡，是当前国民经济运行中的突出问题。由于外贸顺差不断扩大，加上外商投资和各类投机资本的流入，我国外汇储备不断增加，迫使人民银行增发基础货币，造成银行货币流动性过剩。资金充裕支持了投资的快速增长，加剧了投资与消费失衡的矛盾。2003年到2006年，我国投资率年均达到42.4%，成为历史上最高的时期。同期最终消费率降为50%，为历史上最低的时期，其中居民消费率2006年降为36%的历史最低点。居民消费率低又主要在于收入分配结构的不合理。2006年我国居民收入占GDP的比重已经由改革以来最高时的56%下降到45%，其中工资总额占GDP的比重由最高时的17%下降为10.6%，而国家财政收入和企业利润以远远高于经济和居民收入增长的速度连年大幅度增长，说明在初次分配中资本所得偏多，劳动所得偏少；再分配中国家和企业所得偏多，居民所得偏少。国民收入分配的这一倾斜，是造成广大居民的消费水平不能随着经济的快速增长而同步提高的根本原因。过高的投资率还必然带来生产能力的过剩，如不能及时消化，就会引发银行呆坏账的增加以至通货膨胀的到来，经济增长就会回到过去几十年周期性大起大落的老路，这是必须加以避免的。针对当前投资增长过快、信贷投放过多、外贸顺差过大、价格上涨压力加大等经济运行中的不稳定因素，中央决定，2008年要把防止经济增长由偏快转为过热、防止价格由结构性上涨演变为明显通货膨胀作为宏观调控的首要任务。为此，要实施稳健的财政政策和从紧的货币政策，优化财政支出结构，严格控制货币信贷总量，采取有力措施，控制价格总水平过快上涨。要提高城乡居民收入在国民收入中的比重，通过增加中低收入者收入，扩大中等收入者比重，增强居民消费

能力，适度提高居民消费率。近几年国家财政收入和国有企业利润增加较多，应通过调整预算支出结构、建立国有资本预算等途径，增加用于健全社会保障体系的支出，以消除居民即期消费的后顾之忧。要继续实施有保有压的政策，优化投资结构，适当降低投资率。继续严把信贷、土地两个闸门，提高投资项目进入的环保、资源消耗两个门槛，提高限制发展行业的项目资本金比例，以抑制高消耗、高污染行业和项目的投资增长。鼓励企业增加技术研发投入和节能降耗设备更新投资，鼓励资金投向那些能够带动产业结构升级的行业和项目。要调整优化进出口结构，鼓励技术、知识密集型产品出口，控制能源、资源密集型产品出口；鼓励技术引进和进口国内不能制造的设备以及短缺的能源、资源。从严控制短期投机资金流入，鼓励海外投资，建立稳定的海外资源供应渠道，鼓励藏汇于民，促进国际收支平衡。

三、经济增长要由主要依靠第二产业带动向依靠第一、第二、第三产业协同带动转变

改革以来，我国第一、二、三产业都有了很大发展，但第一产业基础脆弱、第二产业素质不高、第三产业发展滞后的问题长期未能改变，经济增长主要靠包括工业和建筑业在内的第二产业带动。2006 年，第二产业对经济增长的贡献率达到 55.5％，占 GDP 的比重达 48.7％。这是我国正处于工业化加速阶段的重要特征，也是国外产业转移的结果。但是，这种以扩大工业规模为主的增长模式，已经越来越多地受到资源、环境约束。目前我国经济对钢材、铝材、水泥、能源、淡水的年消耗量已分别占全球的 40％、25％、45％、16％、15％以上，各类污染物排放的增加已威胁到人的生存环境。要努力建设现代产业体系。尽快提高第二产业的层次和水平，发展高新技术产业群，振兴装备制造业。抓住产能过剩行业结构调整的有利时机，加快淘汰钢铁、有色、化工、建材、电力等高耗能行业的落后生产能力，促进工业由大变强。要加快发展服务业，特别是重点发展为生产服务的新兴服务业，包括研发、金融、物流、电子商务、法律、咨询、会计、服务外包等，发展医疗卫生、社区服务、教育培训、文化休闲等公共服务和消费性服务业，分离企业、事业单位和政府的服务性业务，提高服务业的社会化、市场化水平。加快建设现代综合运输体系，铁路、水运相对于公路运输能耗低、占地少、效率高，应重点予以发展。大力发展现代农业，巩固、完善、加强各项支农、惠农政策，提高农业水利化、机械化和信息化水平。加大统筹城乡发展力度，推动城乡之间在发展规划、产业发展、基础设施、公共服务、就业市场和社会管理等方面形成一体化新格局。建立和规范土地承包经营权流转市场，促进土地经营权依法自愿有偿转让，发展适度规模经营，把种田能手吸引和留在农村，使更多的劳动力从土地上解放出来，加快向二、三产业转移。要积极探索农村集体经济有效实现形式，抓紧落实和完善优惠政策，扶持发展农民专业合作社。

四、经济增长要由主要依靠增加物质资源消耗向主要依靠科技进步、劳动者素质提高、管理创新转变

提高自主创新能力，建设创新型国家，是国家发展战略的核心，是提高综合国力的关键，也是转变经济发展方式的关键。近几年来我国经济增长速度的加快，在一定程度上是以物质资源消耗的大幅增长为支撑的，付出了较大代价。这样的增长格局是难以长期保持下去的。走新型工业化道路，最大的制约因素就是缺乏具有自主知识产权的技术。一些技术含量高、资源消耗少、污染低的建设项目，如电子信息、生物工程、核电、精密设备、精细化工、新型材料等方面的项目，虽然为经济发展所急需，我们也有充足的资金，但是由于缺乏技术而干不了，大量资金只能涌向那些技术相对成熟的低水平重复建设上。因此，只有加大技术研发投入，尽快拿出一批具有自主知识产权的技术和产品，以此为

依托，形成一批新的投资热点和经济增长点，才能摆脱主要依靠物质资源消耗实现经济增长的老路。为此，必须按照十七大报告的要求，把增强自主创新能力贯彻到现代化建设的各个方面，落实好国家中长期科技发展规划纲要，着力突破制约经济社会发展的关键技术。要加快建立以企业为主体、产学研结合的技术创新体系，引导创新要素向企业集聚。发挥国有企业在自主创新中的重要作用，完善国有企业绩效考核机制，引导国有企业特别是中央企业带头增加研发投入，在集聚人才、技术研发、创立自主品牌方面走在前列。增强中小企业特别是科技型中小企业的创新活力。充分利用国际市场科技资源，实行开放式创新，是提高自主创新能力的捷径。积极实施人才战略，培养造就世界一流科学家和科技领军人才。学校要着力培养学生的创新能力和实践能力。大力发展职业教育，做到人人有知识、个个有技能，建设人力资源强国。鼓励管理创新，通过改进和加强管理，节约资源，降低成本，提高质量和效益。

五、通过完善社会主义市场经济体制推动经济发展方式转变

实现经济发展方式的转变，必须完善社会主义市场经济体制，建立健全能够有效促进经济发展方式转变的体制机制。

调整需求结构，必须完善宏观调控体系，综合运用计划、财政、金融等手段。要完善计划的政策导向功能，围绕提高居民消费率等目标，通过中长期发展规划与年度计划，制定国民收入分配政策、投资与消费政策、国际收支平衡政策等。要加强税收和预算在初次分配和再分配中的调节功能，合理调整信贷结构，鼓励增加消费信贷，运用关税等手段调节进出口贸易，引导外资投向。要更多地采用经济手段和法律手段，辅之以必要的行政手段，各类调控杠杆要围绕宏观调控目标协同运作，适时适度，不断提高调控的预见性、针对性和有效性。

调整产业结构，必须把产业政策与行业规划、财税、金融、环保、土地、价格等手段结合起来，以提高政策效果。发展第三产业，很大程度上要靠放宽政策，鼓励群众创业。通过创业者的创造性劳动，满足各方面对服务的需求，并创造新的需求。这就需要制定各种鼓励全社会创业的政策。为了解决好“三农”问题，中央已连续5年发了5个一号文件，突出了以深化农村改革来促进农村经济发展。要创新“三农”工作思路，继续推进农村综合改革。加大农村金融体制改革力度，扩大农村金融机构准入政策试点范围，加快推进农村政策性保险试点。稳定和完善农村基本经营制度，改善集体林权制度。

提高生产要素质量，优化要素结构，需要通过市场竞争机制，充分发挥市场在配置资源中的基础性作用。为此，要完善技术、资本、劳动力、土地等全要素市场，建立健全统一开放竞争有序的市场体系，进一步整顿和规范市场秩序。当前重点是要完善资本市场，提高直接融资比重，发挥资本市场对企业的优选功能和对企业利润的分配功能，使优秀企业获得充足的资金支持，尽快做大做强；使更多的人增加投资性收入，以扩大中等收入者比重。通过奖勤罚懒、优胜劣汰的市场竞争机制，鼓励劳动者学习技能、钻研技术，鼓励企业增加研发投入，改进经营管理。

转变经济发展方式是我国经济发展新阶段面临的重大战略任务。实现这个转变，我国经济将迈上一个新的台阶，开辟出新的发展前景，我们就能把近五年来平稳快速发展的良好势头继续保持下去，顺利实现全面小康社会建设的新目标。

（作者：中共中央政策研究室副主任）

论“以人为本”的科学内涵和精神实质

李慎明

胡锦涛同志在党的十七大报告中明确提出，“全党同志要全面把握科学发展观的科学内涵和精神实质，增强贯彻落实科学发展观的自觉性和坚定性”。他同时又明确指出，科学发展观“核心是以人为本”。因此，全面准确地认识“以人为本”的科学内涵和精神实质，对于全面把握科学发展观的科学内涵和精神实质，对于增强贯彻落实科学发展观的自觉性和坚定性，具有核心的理论意义与实践价值。

一、“以人为本”的现实基础和科学内涵

科学理解“以人为本”中“人”和“本”的基本内涵，是完整准确地把握以“以人为本”为核心的科学发展观的前提。

（一）人是不同于纯粹自然界且不同于自然界中其他生物的“类”存在物

按照辩证唯物主义和历史唯物主义的观点，人是自然界演化到一定历史阶段的物质运动的特殊形态的产物，是唯一由于劳动而摆脱纯粹动物状态的“类”的存在。人是类存在物，首先是人把其他物的类及自身的类当做自己的对象，即从客体的方面来理解，同时又把人的自身当做普遍的自由的存在物，即从主体的方面来理解。劳动这种生命活动、这种生产生活本身，把人同动物的生命活动直接区别开来。人既是认识世界和改造世界的主体，同时与作为客体的自然界一样，也是被认识和被改造的对象。

把“以人为本”作为科学发展观的核心，就是把马克思主义关于人与世界的物质统一性，以及人具有自觉意识和主观能动性的基本观点，贯穿于社会发展论之中。一方面，它突出了人的主体性；另一方面，它肯定自然界不依赖任何意志而存在。正是在这个意义上，“以人为本”既强调了作为客体的自然界的优先性地位，又强调了在历史发展进程中人的主体性、能动性。

（二）人是由全部社会成员组成的集合体中的“每一个”个人

从一定意义上讲，没有一个个有生命的个体，也就没有整个人类和人类历史；但人的普遍性存在方式，则是现实的个人以及他们的活动和物质生活条件。在《共产党宣言》中，马克思恩格斯这样描述未来理想社会：“代替那存在着阶级和阶级对立的资产阶级旧社会的，将是这样一个联合体，在那里，每个人的自由发展是一切人的自由发展的条件。”马克思恩格斯为我们阐明了“每个人”与“一切人”的历史规定性及其实现条件。只有每个人都能自由发展，才可能有一切人的自由发展。马克思恩格斯正是从人的自由而全面的发展的角度来界定共产主义的本质特征的。在这里，马克思恩格斯强调的是作为个体的“每一个人的自由发展”。

现在党中央提出，更多地关注困难群体，把广大人民群众的切身利益摆在更加突出的位置，使经济发展成果更多体现到改善民生上，这也就进一步体现了党在我国经济社会发展的新阶段更多地关注社会公平和共同富裕的新思路，无疑是以“以人为本”为核心的科学发展观的具体体现。

尤其需要指出的是，我们党将以“以人为本”为核心的科学发展观作为具体工作的指导思想，正是出于对全体人民幸福生活的高度关

注，是以所有人的自由发展为最终目标的。在社会主义初级阶段，由于马克思恩格斯所设想的作为“一切人自由发展”条件的“每一个人自由发展”远未具备，理想的社会即“自由人联合体”尚不存在，社会成员中的每一个个体还不都是真正意义上的“自由人”。要真正使每一个人都得到自由全面发展，只有到共产主义社会才能实现。我们党提出的“以人为本”这一命题，蕴含了党在各个不同阶段的最低纲领与党的最高纲领的内在有机的统一。

（三）人主要是指“现在式”存在的人，但也兼指“过去式”和“未来式”存在的人

具体、现实的人都存在于一定的时空之中，所以相对于“现在式”的人来说，也存在“过去式”的人和“未来式”的人。一方面，当代人不能仅把自己当做具体、现实的人，而把“老祖宗”当做抽象、虚幻的人，否则就会陷入历史虚无主义。人类文明是历史的产物，是代代传承的结果。没有“过去式”的人的浴血奋斗、艰苦创业，就没有我们今天的幸福生活和继续创业的物质基础。从特定意义上说，以“过去式”的人为“本”，就是要尊重历史，珍惜前人给我们所创造、积累的物质和精神财富，并继承和发扬光大前人的优良传统和革命精神。另一方面，当代人也决不能仅把自己当做具体、现实的人，而把子孙后代当做抽象、虚幻的人，否则就会淡化可持续发展的理念，断子孙路。我们既要在前人创造的物质财富和精神财富的基础上，继续艰苦奋斗、改革创新，为后人创造和积累更多的物质、文化财富，同时又要保护环境、珍惜资源，重视承接历史。

（四）在阶级社会或有阶级的社会中，“以人为本”实质上是以最广大人民群众和他们的根本利益为本

在阶级社会或有阶级的社会里，个人总是隶属于一定的阶级或阶层。从本质上说，在阶级或有阶级的社会里，不能以社会上的一切人及其根本利益为本。在阶级或有阶级的社会里，绝大部分人民群众的根本利益是完全一致的，而极少数人的根本利益则是与绝大多数人民群众的根本利益相对立的。如果以这极少数人的根本利益为本，就必然会以牺牲绝大多数人民群众的根本利益为代价。只有到了大同世界，就是我们所说的共产主义，我们所说的“以人为本”，才能是以一切人为本。

在当代中国，以人为本，就是要坚持人民在中国特色社会主义事业中的主体地位，就是以工人、农民、知识分子等劳动者为主体、包括其他中国特色社会主义建设者在内的最广大人民群众为本。人民是国家的主人，一切权力属于人民；人民是推动各项事业发展的根本动力，发展的成果也应该由全体人民共享。

我们党现在所讲的“以人为本”，本质上就是我们党的全心全意为人民服务的宗旨和这一宗旨的具体体现。具体说来：

坚持以最广大人民群众和他们的根本利益为本是我们党根本宗旨的集中体现。我们党自建立起就把为广大人民群众谋利益作为根本宗旨。

坚持以最广大人民群众和他们的根本利益为本体现了马克思主义人性论和社会主义人道主义的基本观点与鲜明立场。坚持以人为本，体现了我们党全心全意为人民服务的根本宗旨和立党为公、执政为民的执政理念，与我们党倡导和坚持的社会主义人道主义在理论上是相互吻合和贯通的。

坚持以最广大人民群众和他们的根本利益为本是社会主义本质的集中体现。我们党围绕以人为本所作的科学概括，更为直接地表达了新世纪新阶段社会主义对人的全面发展的价值诉求，揭示了社会主义所蕴含的以人为本的深刻内涵和精神实质。

坚持以最广大人民群众和他们的根本利益为本顺应了我国社会主义初级阶段的根本特点和要求。坚持以人为本，是与我国处于社会主义初级阶段的国情紧密联系在一起的。坚持以人为本，就必须在中国人民根本利益的忠实代表——中国共产党的领导下，充分发挥广大人民群众的积极性、主动性和创造性，从而更好地坚持以经济建设为中心，坚持四项基本原则，坚持改革开放，不断加强经济、政治、文化、社会和党的建设，不断满足人民群众日益增长的物质文化生活需要，不断促进人的全面发展。

坚持以最广大人民群众和他们的根本利益为本反映了个人、集体、社会和国家之间的辩证关系，并把它们有机地统一起来。我国的社会主义性质决定了个人、集体、社会和国家之间在根本利益上是一致的。我们必须正确处理个人、集体、社会和国家的关系，把它们有机地、内在地统一起来。

二、"以人为本"的理论基础与时代价值

在人类历史发展的进程中，人本身是其物质生产和其他各种生产的基础。在人与物的关系上，在能动地认识世界与改造世界的关系上，人是根本性的因素。现实的社会生产力是劳动者与生产的物质条件的结合和统一。无论生产力的发展还是生产关系的变革，其主体都是人民群众。以人为本这个哲学命题实际上蕴含着以下重要思想：(1)发展的主体是人民群众；(2)发展的动力是人民群众的需要；(3)发展的尺度是人民需要满足的程度；(4)发展的目的是最大限度地满足人民群众的物质文化需要；(5)发展的终极目的是实现人的全面发展。这集中体现了我们党的根本宗旨和执政理念，体现了我们党坚持以最广大人民群众的根本利益为基本出发点和归宿点的鲜明政治立场。

按照历史唯物主义的观点，任何社会形态存在的根据，就在于它最终能够发展生产力，否则它就将失去存在的根据，终将退出历史舞台。在人类历史进程中，社会主义作为一种比资本主义更高的社会形态，其存在的根据就在于它能够解放被资本主义生产关系束缚的生产力，进而取代资本主义。处于初级阶段的中国特色社会主义是一种不成熟的社会主义，但在其不停顿的发展过程中，一定能够通过坚持解放和发展生产力，逐步消灭剥削、消除两极分化，最终达到共同富裕，从而实现其本质。

坚持以人为本，具有重大的时代价值或现实意义。它是实现全面协调可持续发展的根本理论前提。

科学发展观的核心是"以人为本"，即以最广大人民群众的根本利益为本。这与"以物为本"、"以 GDP 为本"、"以少数人利益为本"等观点是鲜明对立的。所谓"以物为本"，就是见物不见人，忽视"以人为本"这个社会发展的根本目标。"以物为本"的片面性在于，只知道发挥物(即机器、设备和资本等"死劳动")的有限效用，不知道人是生产力中最活跃、最革命的因素，人才是第一可宝贵的，因而不能充分调动最广大人民群众的积极性、主动性、创造性，充分发挥人这一"活劳动"的最大效用，也就不可能产生最大的经济效益和社会效益。"以 GDP 为本"即以眼前利益为本，主要表现为单纯追求眼前的经济指标，采用近乎杀鸡取卵、竭泽而渔的发展方式，不惜严重破坏生态环境和子孙后代的根本利益，以牺牲最广大人民群众的长远和整体利益为代价。"以 GDP 为本"从一定意义上讲，是以个人升迁荣辱为本的不正确的政绩观的反映。"以少数人利益为本"，就是为极少数人或特殊利益集团说话做事，惟资本的马首是瞻。新自由主义的实质就是"以资本为本"、"以少数人利益为本"。上述种种发展观都是片面的、不可持续的发展观，归根到底都会损害最广大人民的根本利益。因此，坚持以人为本，就要反对"重物轻人"、"GDP 崇拜"、"以资本为本"等不正常现象。只有真正坚持了以人为本，全面协调可持续发展才有最可靠的保障。

坚持以人为本的科学发展观，还需要良好的周边安全环境和国际环境，从而促进世界的和平与发展。国际垄断资本与霸权主义国家推行的强权政治和新自由主义，就其本质和实质来说，都是为其国际垄断资本服务的。因此，以"以人为本"为本质与核心的科学发展观的提出，对于推动经济全球化、政治多极化和国际关

系民主化的深入发展，也有着十分重要的积极促进作用。

三、坚持“以人为本”需要澄清的若干理论认识问题

(一)正确认识以人为本在马克思主义理论体系中的应有地位，不能把马克思主义全部简单地归结为“以人为本”

有人认为，“整个马克思主义可以归结为以人为本”。这种看法值得商榷。以人为本作为马克思主义的重要观点和重要原则之一，必须以辩证唯物主义和历史唯物主义作为其理论基础和前提，准确地把握其思想内涵，作出恰当的理论定位。相反，如果把“以人为本”视为比辩证唯物主义和历史唯物主义还要根本的东西，用所谓的人学来取代辩证唯物主义和历史唯物主义，势必会陷入西方“人本主义”的历史唯心主义巢臼，使它从根本上失去科学的内涵和本质的规定。

(二)正确认识“以人为本”与我国古代民本思想的区别

我们党提出的“以人为本”与历史上的民本思想既有一定的继承关系，同时也存在本质区别。我国古代的民本思想反映出一些进步思想家、政治家在一定程度上对民众疾苦的体察和对民众力量的一种认知，包含着我国传统文化中的思想精华，有一定的历史进步性，但“民本”思想从来不是也不可能是中国古代思想的主流，更何况封建帝王只是把所谓“民本”主张当做一种“驭民”、“治民”之术，是作为维护君主专制统治的手段而提出的，从来没有也不可能真正做到“民本”。这种民本思想与我们党把人民的利益看得高于一切、坚持全心全意为人民服务的宗旨，有着本质的不同。

(三)正确认识“以人为本”与西方人本主义特别是资产阶级个人主义的原则界限

人文主义是早期资产阶级在反封建、反教会斗争中形成的思想体系，它反对一切以神为本的旧观念，宣传人是宇宙的主宰，所以人文主义又被称做人道主义或人本主义。但需要指出的是，西方资产阶级的人道主义及其各种学说和流派，从唯心主义的历史观出发，从所谓不变的、普遍的、抽象的人性出发，实质是从资产阶级自身的根本利益出发，把本阶级的根本利益诉求，通过个人自由、个人价值、个人幸福等所谓人性或理性的基本要求表现出来。说到底，这一价值观是与私有制的经济基础相联系的，是维护剥削阶级生产关系的思想工具。与西方人本主义的唯心史观相对立，以人为本的思想坚持历史唯物主义的基本立场，肯定人民群众在社会活动中的主体地位，坚持人民是推动人类历史发展的根本动力。在价值观上，西方人本主义往往主张以“个人本位”、以“自我中心”为主要的价值追求。这与我们党所坚持的以人为本思想同样有着本质区别，不能混为一谈。

有论者认为，我们包括经济体制改革和政治体制改革在内的全部改革的思想理论基础，就是资产阶级经济学家亚当·斯密的“看不见的手”。把这只“看不见的手”意译过来，就是人的本质是自私的。这种说法认为，每个人的天性或本质就是追逐、聚敛财富的贪婪欲望；既然以人为本是科学发展观的核心，那么，追逐、聚敛财富的贪婪欲望就是以人为本的核心，是社会发展的原动力；以人为本，就是要以这种“贪婪欲望”为本，最大限度地调动这种“贪婪欲望”的积极性、主动性、创造性，这样，贯彻落实科学发展观就有了根本前提和可靠保障。这一观点值得商榷。

人之初，性本善还是性本恶？此类问题已争论了几千年。持性恶论者认为，由于人的自然本性是自利的，人为了获取私利必然危害他人，因此国家需要设计严格的制度加以防范；既然人的本质是自利的，那么，作为特定阶级和集团代言人的国家的本质也是自利的。因此，人剥削人、人压迫人的社会制度天然合理、万古长存。而持性善论者认为，人的自然本性是善的或向善的，因此无需建立一个健全的制度包括人民民主专政，只要唤醒所有人的良知，依靠人

的善的本性和善良意志，就可以建立一个理想的社会。

马克思主义如何看待这一问题呢？毛泽东同志在1943年指出："道德是人们经济生活与其他社会生活的要求的反映，不同阶级有不同的道德观，这就是我们的善恶论。"他还说："当做人的特点、特性、特征，只是一个人的社会性——人是社会的动物，自然性、动物性等等不是人的特性"，"人，它只有一种基本特性——社会性，不应说它有两种基本特性：一是动物性，一是社会性，这样说就不好了，就是二元论，实际就是唯心论。"他又说："自从人脱离猴子那一天起，一切都是社会的，体质、聪明、本能一概是社会的……人的五官、百体、聪明、能力本于遗传，人们往往把这叫做先天，以便与出生后的社会熏陶相区别。但人的一切遗传都是社会的，是在几十万年社会生产的结果，不指明这点就要堕入唯心论。"毛泽东同志关于人的本质的论述告诉我们，人性无论善还是恶，都是人类历史演进的结果，都是现实社会性或历史社会性的反映。在人类历史长河中，从来就没有抽象的人性和社会性，而只有具体的人性和社会性；在阶级社会里，人性和人的社会性又往往具有阶级性。

在原始社会里，人们之间本质上是一种互帮互助的关系。这是由当时的生产关系的总和所决定的。人们的自私心理是随着私有制社会的诞生而诞生的。事实上，正是因为原始社会解体后各种私有财产制支配了人类社会，才使私产社会的主体渐渐驱逐了利他心态，甚至变得唯利是图、损人利己。在人类社会相当长的时段内，自私观念的产生具有一定的历史进步性，但随着历史的发展和进步，其局限性和腐朽性便逐渐充分显现出来。自私不是人类历史上从来就有的，因而也不会是永恒的。随着人类社会的演进，随着公有制最终全面的确立，人们的自私心理最终必然会被消除。这就是在更高层次上的否定之否定。

我们正在建设的社会主义仅仅是共产主义的第一阶段或低级阶段，且现在仍处在其初级阶段。这个社会主义初级阶段是从半殖民地半封建的旧中国脱胎而来，在经济、政治、文化诸方面难免会带有旧社会的痕迹。正因为如此，我们党现阶段的经济政策充分考虑并照顾到了人民群众的觉悟。这是问题的一个方面。另一方面，我们也应充分看到，我们已经建立了公有制为主体、多种所有制经济共同发展的经济制度，以及为之服务的社会主义上层建筑及其相应的思想道德观念。这也是一种客观存在。立足于这一客观存在，逐步解放生产力、发展生产力，消灭剥削，消除两极分化，最终达到共同富裕，就可以逐步地消除人们在物质利益方面的自私心理。我们在制定路线、方针、政策时，必须从生产力与生产关系、经济基础与上层建筑的辩证关系出发加以考虑安排。

现代生物学至今找不到公认的充分证据，证明人性是天生自私的。观察动物界不难发现，不是所有的动物在任何时侯、任何情况下都表现为自私，恰恰相反，许多动物有很强的群体性和利他性。我们不赞成人的本质都是自私的观点。我们提倡公私兼顾，尤其是在国家、民族的根本利益和个人利益发生冲突的时候，优先服从国家和民族的利益。否则，就无法解释几千万革命先烈为我们革命事业所做出的牺牲。人的本质是自私的观点实质是私有制观念的产物，同时也是维护私有制的理论根基。在计划经济时代，我们在强调集体和国家的利益时，有严重忽略个人利益的现象。但在建立社会主义市场经济的过程中，我们决不能重蹈西方极端个人主义和拜金主义的覆辙，而要切实加强政治文明和精神文明建设，在尊重个人利益和个人选择的基础上，使个人利益与集体利益、国家利益有机地协调起来。

（作者：中国社会科学院副院长）

毛泽东关于社会主义发展问题的若干战略性思考

沙健孙

一

社会主义革命的目的是解放生产力。随着社会主义改造的基本完成，中国开始进入全面建设社会主义的时期。毛泽东说，我们"现在是处在这么一个变革的时期：由阶级斗争到向自然界作斗争，由革命到建设，由过去我们反帝反封建的革命和后头的社会主义革命到技术革命、文化革命"。"我们的根本任务已经由解放生产力变为在新的生产关系下面保护和发展生产力了"。

在全面建设社会主义的时期，我们无疑应当集中力量去发展生产力、去从事经济文化等项事业的建设，但是，还要不要进行社会关系方面的变革，社会主义的社会制度还有没有进一步发展和完善的问题呢？

为了回答这个问题，我们首先必须弄清楚，在社会主义条件下，我们的社会主义社会中是否还存在着矛盾，以及这些矛盾具有何种特殊的性质。我们知道，生产力总是在一定的生产关系中发展的，总是与一定的政治、思想环境相联系的。中国从新民主主义变成了社会主义，并不意味着生产力与生产关系之间的矛盾、经济基础与上层建筑之间的矛盾，就一劳永逸地、全部地得到彻底的解决了。1956 年 8 月，毛泽东在修改中共八大政治报告稿时加写了下述论断："社会中的生产力与生产关系的矛盾，人们的主观和客观世界的矛盾，是永远存在的。"同年 12 月，他在致黄炎培的信中又进一步指出："社会总是充满着矛盾。即使社会主义和共产主义社会也是如此，不过矛盾的性质和阶级社会有所不同罢了。"

毛泽东说，列宁是"承认社会主义社会存在矛盾"的。斯大林"不承认"，"直到死前才在理论上承认，但实际做又是一件事"。他强调"既有矛盾，就要求揭露和解决"。否则就会陷入被动，就会犯错误。在这方面，斯大林留下的历史教训是值得我们记取的。

在《关于正确处理人民内部矛盾的问题》一文中，毛泽东明确指出："在社会主义社会中，基本的矛盾仍然是生产关系和生产力之间的矛盾，上层建筑和经济基础之间的矛盾。"他从中国的实际出发，论述了与此有关的两个重大问题：

第一，具体地分析了社会主义社会的基本矛盾。他说："社会主义生产关系已经建立起来，它是和生产力的发展相适应的；但是，它又还很不完善，这些不完善的方面和生产力的发展又是相矛盾的。"人民民主专政的国家制度和法律，以马克思列宁主义为指导的社会主义意识形态，这些上层建筑，"是和社会主义的经济基础即社会主义的生产关系相适应的；但是，资产阶级意识形态的存在，国家机构中某些官僚主义作风的存在，国家制度中某些环节上的缺陷的存在，又是和社会主义的经济基础相矛盾的"。我们今后必须按照具体的情况，继续解决上述的各种矛盾。

第二，根据社会主义社会矛盾的特殊性质，具体地论述了解决矛盾的方法。他说：社会主义社会的矛盾同旧社会的矛盾是根本不相同的。比如，资本主义社会的矛盾表现为剧烈的对抗和冲突，表现为剧烈的阶级斗争，它们不可能由资本主义制度自身得到解决。"社会主义社会的矛盾是另一回事"。"它不是对抗性的矛盾，它可以经过社会主义制度本身，不断地得到解决”。

从上面的分析，我们应当得到的基本结论是：一方面，社会主义的生产关系和生产力之间、上层建筑和经济基础之间，基本上是相适应的。我们必须肯定“我们现在的社会制度比较旧时代的社会制度要优胜得多”，必须牢记“只有社会主义能够救中国”这个历史性的真理，因而坚定不移地坚持社会主义的基本制度；另一方面，社会主义的生产关系和生产力之间、上层建筑和经济基础之间，仍然存在着矛盾。我们必须看到“我国的社会主义制度还刚刚建立，还没有完全建成，还不完全巩固”，“还很不完善”，因而“我们的社会主义制度还需要有一个继续建立和巩固的过程”，需要“经过社会主义制度本身”，克服它的某些环节上的缺陷，使之不断地“完善”起来。用今天的话来讲，就是要进行社会主义性质的改革。

由此可见，毛泽东提出的社会主义社会基本矛盾的学说，为进行社会主义性质的改革，提供了理论的依据，奠定了思想的基础。

事实上，在提出社会主义社会基本矛盾的学说之后不久，毛泽东就明确地提出了进行改革的任务。1957年3月，他说：“中国的改革和建设靠我们来领导。”“我们国家要有很多诚心为人民服务、诚心为社会主义事业服务、立志改革的人。我们共产党员都应该是这样的人。”他还说：“我们还需要一批党外的志士仁人，他们能够按照社会主义、共产主义的方向，同我们一起来为改革和建设我们的社会而无所畏惧地奋斗。”1958年1月，他进一步提出，“共产党准备大改革”。这个思想，他以后又反复讲过多次。比如，经他修改的关于1960年国民经济报告稿就指出：“根据生产力迅速发展的要求，对生产关系和上层建筑进行不断的改革就为生产力的不断发展开辟了广阔的道路。而生产力的发展，又迫使生产关系和上层建筑不能不进行不断的改革。”

用唯物辩证法的对立统一规律，用变革和发展的观点，来观察社会主义社会，这不只是毛泽东一个人的想法，而是当时中共中央领导集体的共同认识。

在1959年发表的《马克思列宁主义在中国的胜利》一文中，刘少奇指出：“社会主义制度不是一成不变的凝固的东西。有领导地改变旧秩序，建立新秩序，就是充分发挥和发展社会主义制度的优越性。而要这样做，就要依靠人民群众，同一切束缚生产力发展的传统习惯的势力作斗争，不断地调整生产关系和上层建筑，使之适合生产力发展的需要。”同年，周恩来在《伟大的十年》一文中也指出：“社会主义的生产关系和适应于这种生产关系即经济基础的上层建筑在建立起来以后，还是处在不断发展和不断完善的过程中，不能是固定不变的。为着适应生产力继续向前发展的要求，生产关系的各个方面随时需要进行调整，随之，建立在这种经济基础上的上层建筑的各个方面也随时需要革新。”这样，“才能够保证生产力的不断高涨”。

毛泽东在1959年底、1960年初更进一步指出：中国的社会主义还是不发达的社会主义。这就是说，它并不是一种完成的形态，它还是要不断发展的。他多次讲过，“在社会主义时代，矛盾仍然是社会运动发展的动力”。

这些情况表明，在中国开始进入全面建设社会主义的时期，以毛泽东为代表的中国共产党人的思想是很活跃、很开放的，是富于创造和革新精神的。上述思想的提出，不仅说明中国共产党人对中国自己的建设社会主义道路的探索，确实有着一个良好的开局；而且对于今后思考社会主义的发展问题具有长远的指导意义。

二

在1956年4月4日召开的中央书记处会议上，毛泽东提出：我们要把马克思列宁主义的基本原理同我国的具体实际“进行第二次结合，找出在中国进行革命和建设的正确道路”。

寻找适合中国情况的社会主义建设道路，意味着将根据需要对现有体制进行适当的改革。毛泽东说，新中国“前八年照抄外国的经验。但从一九五六年提出论十大关系起，开始找到一条适合中国的路线”。正是在《论十大关系》中，他开始提出了经济体制改革的问题。

毛泽东认为，解决制度问题比解决思想问题更重要。他说：“人是生活在制度之中，同样是那些人，实行这种制度，人们就不积极，实行另外一种制度，人们就积极起来了。”所以，“解决生产关系问题，要解决生产的诸种关系问题，也就是各种制度问题，不单是要解决一个所有制问题”。在论十大关系的报告中，他在论述中央、地方、企业的关系时，具体地讲到了体制改革的问题。而在这几天之后，他在中央政治局会议上更明确地提出了“社会主义整个经济体制问题”。

毛泽东之所以提出经济体制问题，是因为：

第一，他认为，“社会主义社会里面的经济范畴”也是“历史范畴”，它们不可能“都是永久存在的”。因为人们生活的需要，是不断增长的。需要刺激生产的不断发展，生产也不断创造新的需要。所以，今天适合生产力发展要求的东西，总有一天会变得不适合，从而“完结自己的命运”。在这种情况下，进行变革就是必要的了。

第二，他认为，新中国成立初期，“因为我们没有经验，在经济建设方面，我们只得照抄苏联”。“这在当时是完全必要的，同时又是一个缺点，缺乏创造性，缺乏独立自主的能力。这当然不应当是长久之计”。在我们有了自己的经验之后，对于那些不适合中国情况的东西，就不能不加以改变了。

第三，他认为，有大量的好同志“被那些高官厚禄、养尊处优、骄傲自满、固步自封、爱好资产阶级形而上学的同志们，亦即官僚主义者，所压住了”，所以“现在必须加以改革”。

毛泽东不仅提出了“社会主义整个经济体制问题”，而且他和他的战友们还开始在若干方面实际推进经济体制改革的工作。主要是：

（一）关于中央和地方的关系，国家、生产单位和生产者个人的关系

在提出“社会主义整个经济体制问题”时，毛泽东首先和着重提出的，是“关于企业的独立自主”问题和“中央同地方分权的问题”。

1956 年 4 月，毛泽东就说，把什么东西统统集中在中央或省市，恐怕不妥。“我们不能像苏联那样，把什么都集中到中央”，而“应当在巩固中央统一领导的前提下，扩大一点地方的权力，给地方更多的独立性，让地方办更多的事情”。“我们的国家这样大，人口这样多，情况这样复杂，有中央和地方两个积极性，比只有一个积极性好得多”。他认为，“为了建设一个强大的社会主义国家，必须有中央的强有力的统一领导”，但同时，“又必须充分发挥地方的积极性，各地都要有适合当地情况的特殊”。所以他主张，要就中央和地方分权的问题，搞出一个草案来。他还要求大家研究，企业的独立自主问题究竟应当搞到什么程度。

他还提出，国家、生产单位和生产者个人，“都必须兼顾，不能只顾一头”。无论只顾哪一头，都是不利于社会主义的。比如，我们需要工人发扬艰苦奋斗的精神，“也需要更多地注意解决他们在劳动中和生活中的问题”。我们不能采取“苏联的办法把农民挖得很苦”，而是要“兼顾国家和农民的利益”，在增加农业生产的基础上，使广大农民的收入有所增加。

薄一波认为，这些思想，在社会主义改造刚刚基本完成之际，“毛主席就率先向全党提了出来，可以说是从理论上开了尝试改革我国经济管理体制的先声，确实是难能可贵的”，“是功不可没的”。

（二）关于推进生产中人与人关系等方面的变革

生产关系不仅包括生产资料所有制关系，而且包括劳动生产中人与人的关系和分配关系。随着生产力的发展，生产资料所有制是会发生相应的变化的。毛泽东认为，“完成社会主义建设的集中表现，是实现社会主义的全面的全民所有制”。不过，他也认为，这将是一个相当长的过程。

1959年底、1960年初，在总结“大跃进”时期急于过渡的教训的基础上，毛泽东指出，“所有制的变革，在一定时期内总是有底的，总是不能没有限度的”。“可是，在所有制性质相对稳定的时期内，在劳动生产中人与人的关系，却不能不是不断变化的”。他强调，“所有制问题基本解决以后，最重要的问题是管理问题，即全民所有制的企业如何管理的问题，集体所有制的企业如何管理的问题，这也就是人与人的关系问题”。在这方面，我们已经做了很多文章，今后还“是大有文章可做的”。文章的主题就是如何按照民主的原则来管理企业，管理社会的经济生活。

资本主义企业管理制度是资本主义生产长期发展的结果，它具有两重性，即既有适应高度技术需要的一面，又有适应高度剥削需要的一面。为了搞好社会主义企业的管理，我们必须有分析有批判地对待资本主义企业的管理制度，一方面要发扬它的合理性和进步性；另一方面又要去掉它的不合理性和反动性。就是说，应当创造出一套与企业的社会主义性质相适应的管理制度。如果说，为了适应高度剥削需要的一面，“资本主义的管理就其形式来说是专制的”，那么，与企业的社会主义性质相适应，社会主义的管理就其形式来说应当是民主的，或者说是民主集中制的。

正因为如此，毛泽东认为，国营企业的管理，不应当实行“马钢宪法”，即苏联的大钢厂马格尼托哥尔斯克联合工厂所实行的一长制等一套权威性的办法；而应当实行“鞍钢宪法”，即中国鞍山钢铁厂所实行的“两参一改三结合”等的方针。所谓“两参”，是指干部参加生产，工人参加企业管理；“一改”，是指改革企业中不合理的规章制度；“三结合”，是指在技术革新和技术革命运动中实行企业领导干部、技术人员和工人三结合。这个方针，体现了民主管理企业的原则，有助于调动干部、技术人员和工人的积极性，促进经济的发展和技术的进步。与此同时，他还主张实行党委领导下的厂长负责制和职工代表大会制，后者是“吸收广大职工群众参加企业管理和监督行政”的制度。这些制度，“也就是民主集中制在工业企业中的具体运用”。

毛泽东说，列宁讲过，“社会主义是生气勃勃的，创造性的，是人民群众本身的创造”。“我们的群众路线，就是这样的”。这种群众路线，应当在经济管理体制中体现出来。这个思想，对于搞好社会主义经济体制改革有着重要的意义。

（三）关于试办托拉斯

上个世纪60年代初期，中共中央根据新中国成立以来经济建设的实践，“已经逐步发现单靠行政办法管理经济、管理企业存在不少弊端，造成对企业的多头行政管理，‘婆婆多’，‘小而全’，重复建设，重复生产，浪费严重，以及人浮于事，效率低下等等”问题。针对这种情况，在毛泽东、刘少奇、周恩来、邓小平等提议下，“中央决定借鉴西方工业发达国家管理企业的组织形式在工业、交通部门试办托拉斯（产品相同的企业或生产有密切联系的企业组成的联合经营的公司）”。具体地说，“所谓搞托拉斯，就是以一个行业为主，兼管其他行业。比如淮南，有煤有铁，还有化工，搞一个托拉斯，或者归煤炭部管，或者归冶金部管，都可以”。这样做，是为了改善我国的工业组织管理工作，提高企业的经营效益，加快国民经济的发展。

1960年3月，在天津召开的中共中央政治局常委扩大会议上，邓小平说：“我们研究，恐怕要走托拉斯道路。就是主席提过的，一行为主，搞其他多行，搞托拉斯。”毛泽东说：“资产阶级发明的这个托拉斯，是一个进步的方法。托拉斯制度实际上是个进步的制度，问题是个所有制，资本主义国家是资本所有，我们是国有。”在传达天津会议时，邓小平还专门讲到：毛主席几年前就提出了这个问题，说我们的工业建设可以走托拉斯的道路，托拉斯是工业发达国家找到的比较进步的组织管理形式，机器设备利用得比较合理，搞得也比较快。组织托拉斯，是生产关系的改革，也是上层建筑的改革。薄一波在回忆录中也讲到：1964 年 1 月，在他们汇报工作时，毛泽东“也指示我们要学会按照经济办法改进工业管理体系”。

根据毛泽东等中央领导人的决策，第一批试办的托拉斯共 12 个，其中全国性的 9 个，地方性的 3 个。这个试办，收到了初步的成效，可惜在“文革”期间未能持续地进行下去。

薄一波认为，当年中央决定试办托拉斯，是“期望以此为契机，逐步改变中央权力过分集中而束缚生产力发展的经济体制，是有远见卓识之举”。“这应该说是我国改革经济管理体制的一次有益的尝试”。

(四)关于社会主义社会所有制结构等问题上的若干新设想

在社会主义改造基本完成之后，还允许不允许个体经济和私人资本主义经济在一定范围内的存在乃至发展？这是社会主义社会发展方面的一个新的历史性课题。世界上第一个社会主义国家苏联对这个问题作出的答案，是否定性的。

在中国共产党内，“首次提出适合我国国情的社会主义经济体制的比较完整、富有创见的构想”的，是陈云。1956 年 8 月中共八大筹备期间，陈云就形成了“主力军需要有游击队配合”这样的认识。9 月 20 日，他在八大全体会上提出：“在工商业经营方面，国家经营和集体经营是工商业的主体，但是附有一定数量的个体经营。这种个体经营是国家经营和集体经营的补充。”“计划生产是工农业生产的主体，按照市场变化而在国家计划许可的范围内的自由生产是计划生产的补充。”“在社会主义的统一市场里，国家市场是它的主体，但是附有一定范围内国家领导的自由市场”，作为国家市场的补充。对于这些意见，毛泽东“也认为讲得很好”。随后这些意见被正式写进了大会的决议。

不过，就所有制结构来说，陈云主要讲的是个体经营可以作为国家经营和集体经营的补充。直接提出“消灭了资本主义，又搞资本主义”这种设想的，是毛泽东。1956 年 11 月，民主建国会领导人黄炎培写信给毛泽东，讲到这几个月上海“出现地下工厂、地下商店”等情况。12 月，毛泽东在接见各地民主建国会、工商联负责人时说：“现在我国的自由市场，基本性质仍是资本主义的，虽然已经没有资本家。它与国家市场成双成对。上海的地下工厂同合营企业也是对立物。因为社会有需要，就发展起来。要使它成为地上，合法化，可以雇工。”“最好开私营工厂，同地上的作对，还可以开夫妻店，请工也可以。这叫新经济政策。我怀疑俄国新经济政策结束得早了，只搞了两年退却就转为进攻，到现在社会物资还很不充足。”“还可以考虑，只要社会有需要，地下工厂还可以增加，可以开设私营大厂，订个协议，十年、二十年不没收。华侨投资的，二十年、一百年不要没收。可以开投资公司，还本付息。可以搞国营，也可以搞私营。可以消灭了资本主义，又搞资本主义。”当然，“公私合营有优越性，比不合营好”。但是，“如果有原料，国家投资有困难，社会有需要，私人可以开厂。这样定息也有出路”。

刘少奇、周恩来也讲过类似的意见。

1956 年 12 月，在第一届全国人大常委会第 52 次会议上，在黄炎培提出私人开工厂的问题后，刘少奇说，有一些资本家，他每年分的定息很多，一家子用不了。“如果他们要盖工厂，是否可以允许他们盖呢？可以的”。“我们国家有百分之九十几的社会主义，有百分之几的资本主义，我看也不怕”。“有这么一点资本主义，一条是它可以作为社会主义经济的补充，另一条是它可以同社会主义经济作比较”。

1957 年 4 月，周恩来在国务院全体会议上也说：“我看工、农、商、学、兵除了兵以外，每一行都可以来一点自由，搞一点私营的。”“在社会主义建设中，搞一点私营的，活一点有好处。”“主流是社会主义，小的给些自由，这样可以帮助社会主义的发展。”

关于毛泽东同民建等负责人上述谈话的内容，是薄一波于 1991 年在《若干重大决策与事件的回顾》一书的上卷中首先公布的。他说，“毛主席这里讲的‘又搞资本主义’，我理解，他当然不是说又要大力发展资本主义，而是说，在所有制结构上，要在国营经济和集体经济为主体的前提下，适当保存和发展一些私营经济和个体经济，并引进外侨投资”。他认为，这个谈话，“在所有制结构方面，显露了有关中国特色的社会主义经济的一束可贵的思想火花”，“把对中国社会主义建设道路的探索工作向前推进了一步”。

三

中国的经济体制要进行改革。中国的政治体制要不要进行改革呢？毛泽东似乎并没有直接地提出这样的任务，但是从他的有关论述中可以看到，他是有这种主张的。

我们知道，中国的社会主义政治制度，包括工人阶级领导的以工农联盟为基础的人民民主专政的国体，民主集中制的人民代表大会制度的政体，共产党领导的多党合作、政治协商的政党制度，统一的多民族国家下的民族区域自治制度，等等，是历史地形成的，适合中国国情，受到人民拥护，必须坚持。但是，毛泽东在分析社会主义社会的基本矛盾时也曾提出，我们应当自觉地调整政治上层建筑和经济基础中不相适应的部分，克服国家制度中某些环节上的缺陷和国家机构中的官僚主义作风，等等。这用今天的语言来表述，就是要进行政治体制方面的改革。

毛泽东提出这方面的问题，并非偶然，因为他从苏联的实践和我们自己的经验中，已经对现行政治体制中存在的一些缺陷有所觉察。比如，刘少奇在中共八届二中全会上就讲到：“毛主席有一次讲过，资产阶级民主，特别在初期，有那么一些办法，比我们现在的一些办法更进步一些。”当刘在会上讲到“资本主义国家中有些人当过部长，当过总理，结果又去当教授，当律师，当经理，当校长”时，毛泽东当时即插话说：“我们如果那样，叫受处罚。”可见他对当时的那种领导干部职务终身制和干部只能官、不能民的情况是不满意的。邓小平也说过，毛泽东认为，斯大林严重破坏法制“这样的事件在英、法、美这样的国家不可能发生”。可见他认为，如果个人权力过分集中而又不能受到有效监督，有可能导致严重的消极后果。

毛泽东不仅在理论上提出了在社会主义条件下我国政治生活的领域中仍然需要进行改革的问题，而且在实践上也已经开始在这个方面迈出了若干重要的步伐。其中包括：

(一)提出社会主义民主政治建设的目标

在中国刚刚进入全面建设社会主义的时期时，1957 年 3 月 19 日，毛泽东就讲到，我们应当采取民主的方法，来解决党内矛盾和人民内部矛盾。“采取现在的方针，文学艺术、科学〔技〕术会繁荣发达，党会经常保持活力，人民事业会欣欣向荣，中国会变成一个大强国又使人可亲。”这一段话，“寄托着毛泽东对社会主义的现代中国的理想和希望”。随后，他进一步提出：“我们的目标，是想造成一个又有集中又有民主，又有纪律又有自由，又有统一意志、又有个人心情舒畅、生动活泼，那样一种政治局面。”

这就为进行政治体制改革、加强社会主义民主政治建设指出了明确的方向。

(二)提出进一步扩大民主生活、健全社会主义法制、保障人民民主权利的问题

1956 年召开的党的八大政治报告指出：“现在，革命的暴风雨时期已经过去了，新的生产关系已经建立起来，斗争的任务已经变为保护社会生产力的顺利发展，因此，斗争的方法也就必须跟着改变，完备的法制就是完全必要的了。”八大在决议中提出：“国家必须根据需要，逐步地系统地制定完备的法律。一切国家机关和国家工作人员必须严格遵守国家的法律，使人民民主权利充分地受到国家的保护。”

1957 年 2 月，毛泽东提出两类矛盾的学说，提出在新的历史条件下用民主的方法解决人民内部的矛盾应当成为我国政治生活的主题。他说：“所谓正确处理人民内部矛盾问题，就是我们党从来经常说的走群众路线的问题。”“如果党群关系搞不好，社会主义制度就不可能建成；社会主义制度建成了，也不可能巩固。”周恩来也说：“现在我们的人民民主专政应该是：专政要继续，民主要扩大。”“我们要时刻警惕，要经常注意扩大民主，这一点更带有本质的意义。”

在社会主义制度下，人民群众享有的最大的民主权利应当是什么？1959年末，1960年初在读苏联《政治经济学教科书》时，毛泽东强调，劳动者管理国家、管理军队、管理各种企业、管理文化教育的权利，“实际上，这是社会主义制度下劳动者最大的权利，最根本的权利”。人民必须管理上层建筑，不管理上层建筑是不行的，我们不能够把人民的权利问题，了解为国家只由一部分人管理，人民在这些人管理下享受劳动、教育、社会保险等等权利。没有管理国家事务的权利，“劳动者的工作权、休息权、受教育权等等权利，就没有保证”。应当说，这是一个十分深刻的思想，对于进行政治体制改革、加强社会主义民主政治建设，具有重大的战略意义。

（三）提出加强党内民主、进一步健全党内的民主集中制的问题

为了进一步发扬党内民主，毛泽东提出，“是否可以仿照人民代表大会的办法，设党的常任代表”。“有了常任代表制度，每年就非开会不可”。据此，党的八大决定，“把党的全国的、省一级的和县一级的代表大会，都改作常任制”。邓小平说，“代表大会常任制的最大好处，是使代表大会成为党的充分有效的最高决策机关和最高监督机关”。“这种改革，必然可以使党内民主得到重大的发展”。

为了加强和改进中央的集体领导体制，毛泽东赞同刘少奇的建议，即中共中央不是设一个副主席而是设几个副主席；他并且主张，再设一个总书记。“中心目的就是为了国家的安全，多几个人，大家都负一点责任”。这样，即使发生意外，“那末总还有人顶着。我们这个国家也不会受影响，不像苏联那样斯大林一死就不得下地了。我们就是要预备那一手。同时，多几个人，工作上也有好处”。

为保护和扩大党员的民主权利，八大通过的党章规定，党员有权利在工作中充分发挥创造性，以便激发党员在党的纪律所允许的范围内，运用独立思考，实事求是地、创造性地解决问题，并使惯于墨守成规、不尊重党员群众创造性的领导人员学会改变自己的作风。党章还规定，党员有权利在党的会议上或者在党的报刊上参加党的政策的理论和实际问题的自由的切实的讨论；党员对党的决议如果有不同意的地方，除了无条件的执行以外，有权保留自己的意见，并且有权向党的领导机关提出自己的意见。邓小平认为，“只要党的决议是正确的，这些持有不同意见的党员又是愿意服从真理的，他们终于会心悦诚服地认识党的正确和自己的错误。如果真理被证明是在少数方面，那末，保护少数的这种权利，也可以使党更容易地认识真理”。

在总结1958年“大跃进”运动等的教训时，毛泽东更着重地论述了贯彻执行党的民主集中制的问题，强调了实行集体领导、反对个人专断的重要性。他说：“各级党委是执行集中领导的机关。但是，党委的领导，是集体领导，不是第一书记个人独断。在党委会内部只应当实行民主集中制。第一书记同其他书记和委员之间的关系是少数服从多数。”“如果不是这样，就是一人称霸。这样的第一书记，应当叫做霸王，不是民主集中制的‘班长’。”

（四）开始考虑废除干部领导职务终身制的问题

早在1956年，毛泽东就在几十个人的会议上提出了关于在第二届全国人民代表大会召开时不再提名他为国家主席的建议。当时“大家认为可行”。关于党的主席一职，他说，我是准备了的，就是到适当的时候就不当主席。1957年5月，他进一步提出，“可以考虑修改宪法，主席、副主席连选时可以再任一期”，即最多可以任两期不超过十年。

在讨论中共中央设副主席、总书记问题时，毛泽东具体论述了领导层实行新老交替的必要性。他说，“我们这些人，包括我一个，总司令一个，少奇同志半个（不包括恩来同志、陈云同志跟邓小平同志，他们是少壮派），就是做跑龙套工作的。我们不能登台演主角，没有那个资格了，只能维持维护，帮助帮助，起这么一个作用”。1958 年 1 月，毛泽东再次提出，“今年九月以前，要酝酿一下我不做中华人民共和国主席的问题”。要在干部和群众中做好工作，“取得多数人的同意”。当年年底召开的中共八届六中全会通过决议，同意了他提出的关于自己不做下届共和国主席候选人的建议。到 1959 年 4 月召开第二届全国人大时，当选为共和国主席的就不是毛泽东，而是刘少奇了。

从上面的叙述，我们可清楚地看到在如何进行政治体制改革和加强社会主义民主政治建设的问题上，毛泽东和他的战友进行了长时间的艰苦探索，并提出了许多具有长远的指导意义的设想。

四

在探索如何建设社会主义、如何推进社会主义发展的同时，毛泽东还在思考另一个根本性的问题，即如何防止社会主义的蜕化变质以致走向失败的问题。

在即将取得全国胜利的时候，毛泽东在中共七届二中全会上讲到从民主革命能否和平转变到社会主义时就说过：“如果国家，主要的就是人民解放军和我们的党腐化下去，无产阶级不能掌握住这个国家政权，那还是有问题的。”为了防止发生这种情况，他发出了“两个务必”的告诫。

上个世纪 50 年代后期，毛泽东最先觉察到了帝国主义势力对社会主义国家实施的“和平演变”战略的危险。1959 年 11 月，他讲到：杜勒斯所说的和平转变，就是转变我们这些国家，搞颠覆活动，内部转到合乎他的那个思想。而杜勒斯搞和平演变，在社会主义国家是有其一定的社会基础的。1964 年 1 月，他公开揭露美帝国主义“力图对社会主义国家推行‘和平演变’政策，实行资本主义复辟”。同年 6 月，他进一步指出：帝国主义说，对于我们的第一代、第二代没有希望，第三代、第四代怎么样，有希望。帝国主义的话灵不灵？我不希望它灵，但也可能灵。

毛泽东认为在什么情况下帝国主义的这种图谋有可能得逞呢？他说：“如果我们和我们的后代不能时刻提高警惕，不能逐步提高人民群众的觉悟，社会主义教育工作做得不深不透，各级领导权不是掌握在马克思主义者手里，而被修正主义者所篡夺，则我国还可能要走一段资本主义复辟的道路。”

为了避免发生这种历史性的悲剧，毛泽东和他的战友们在总结苏联的经验教训的过程中，提出过许多重要的思想。比如：

（一）必须坚持社会主义的基本原则

还在探索适合中国情况的社会主义建设道路的起步阶段，毛泽东在指出应当以苏联为鉴戒、加强独立思考的同时，就指明了坚持十月革命原则的极端重要性。1956 年底发表的根据中共中央政治局的讨论所写的《再论无产阶级专政的历史经验》一文指出，从基本原理上说来，十月革命道路“反映了人类社会发展长途中一个特定阶段内关于革命和建设的普遍规律”。西方敌视社会主义的势力叫嚣要“改变共产主义世界的性质”，就是要改变这些基本原则。所以，我们必须“保卫十月革命所开辟的这一条马克思列宁主义的道路”，这“在目前的国际形势下具有特别重大的意义”。

1957 年，毛泽东提出了在我国政治生活中必须坚持的六条政治标准，即：有利于团结全国各族人民；有利于社会主义改造和社会主义建设；有利于巩固人民民主专政；有利于巩固民主集中制；有利于巩固共产党的领导；有利于社会主义的国际团结和全世界爱好和平人民的国际团结。“这六条标准中，最重要的是社会主义道路和党的领导两条”。这样，他就把发展社会主义同坚持社会主义有机地结合了起来，为全党和全国人民判断人们言论和行动的原则是非、提高防止“和平演变”的警惕性、自觉地维护党的领导和走社会主义道路，指明了方向。

（二）必须防止在共产党内、在干部队伍中形成特权阶层、贵族阶层

上个世纪60年代初期，毛泽东就敏锐地指出：“在苏联的干部队伍中是有这么一个特殊的阶层的。”“他们有权、有势、有钱，特殊于广大人民群众和一般干部。”他们成了赫鲁晓夫搞修正主义的主要社会基础。赫鲁晓夫提出的系统化的错误观点，就是代表他们的利益和要求的。他认为，这类问题在中国也存在，好在“我们正在开始认识，并着手解决”。

应当看到，由于资产阶级影响的存在，党和国家的干部队伍中的极少数意志薄弱者发生腐化堕落的情况，是难以完全避免，也不难解决的。但是，如果党和国家的干部队伍中形成了特权阶层、贵族阶层，那么，问题的性质就会变得严重起来，党和国家政权就真的面临变质的危险了。因此，毛泽东强调，为了打掉官风，使干部与群众打成一片，防止特权阶层贵族阶层的形成，我们必须“肃清一切工作上、作风上、制度上的错误”。改革开放以来，中央多次强调必须防止形成“既得利益集团”，这同毛泽东的上述思想是完全一致的。

毛泽东并且认为，处于执政地位的我们的党和干部，为了防止自己脱离群众直至蜕化变质，除了应当坚持共产主义的理想信念、严于律己以外，还必须接受来自各方面的监督。他说，“主要监督共产党的是劳动人民和党员群众”，同时还有民主党派。“因为一个党同一个人一样，耳边很需要听到不同的声音”，所以“有了民主党派对我们更为有益”。这些主张在今天也仍然具有重要的指导意义。

（三）必须培养社会主义事业的接班人

鉴于帝国主义势力把“和平演变”的希望寄托在中国第三代、第四代身上，毛泽东说，“我们要准备后事，要培养革命接班人”。

“如何防止出修正主义，怎样培养无产阶级的革命接班人？”毛泽东说，“我看有五条”：“第一条，要教育干部懂得一些马列主义，懂得多一些更好”。“第二条，要为大多数人民谋利益，为中国人民大多数谋利益，为世界人民大多数谋利益”。“第三条，要能够团结大多数人”，“包括从前反对自己反对错了的人”。“第四条，有事要跟同志们商量”，“要讲民主，不要‘一言堂’”。“第五条，自己有了错误，要作自我批评”。“不要总是以为自己对，好像真理都在自己手里”。他并且指出，“无产阶级的革命接班人总是要在大风大浪中成长的”。

毛泽东深信，只要千百万社会主义事业的合格接班人在斗争实践中逐步地成长起来，人民政权就能真正地得到巩固，社会主义事业就能真正地得到健康发展；而帝国主义势力“和平演变”中国的图谋，就将最终地遭到彻底的破产。

历史表明，在国际共产主义运动中，毛泽东是最先觉察到西方敌对势力“和平演变”战略的危险，并且号召共产党人同这种危险作斗争的领导人。后来发生的苏联解体、东欧剧变，证明了他的有关思想是多么的富有预见，对于中国社会主义事业的坚持和发展又是具有多么重大而深远的意义。

邓小平在倡导改革开放、推进现代化建设的同时，也明确地提出了“坚持社会主义，防止和平演变”的问题。他告诫人们：“西方国家正在打一场没有硝烟的第三次世界大战。所谓没有硝烟，就是要社会主义国家和平演变。”他也联系帝国主义把希望寄托在我们以后的几代人身上这个情况，强调我们“对这个问题要清醒，要注意培养人”，要把我们的党建设好。很明显，这些思想正是对毛泽东关于防止“和平演变”的战略思想的继承和发展。

（作者单位：北京大学）

《共产党宣言》与中国特色社会主义

赵 曜

《共产主义者同盟》第二次代表大会委托马克思、恩格斯为《同盟》起草的纲领——《共产党宣言》，于1848年2月23日在伦敦首先用德文发表。今年是人类最伟大的思想家马克思190年诞辰和《共产党宣言》发表160周年。在《共产党宣言》的指引和影响下，一个半世纪以来，世界形势发生了巨大变化，中国的形势发生根本改变。在马克思主义的指导和中国共产党的领导下，中国取得了新民主主义革命、社会主义改造的伟大胜利和社会主义建设的巨大成就，目前正在卓有成效地推进和发展中国特色社会主义。

马克思恩格斯在《共产党宣言》1872年德文版序言中指出，"不管最近25年来的情况发生多大的变化，这个《宣言》中所阐述的一般原理整个说来直到现在还是完全正确的"。但是，"这些原理的实际运用，正如《宣言》所说的，随时随地都要以当时的历史条件为转移"。这是科学社会主义的原理原则必须同各国的实际情况相结合的最早经典表述，是中国共产党在各个不同历史时期所一贯坚持的指导思想，也是当前坚持和发展中国特色社会主义的根本指导原则。下面从七个方面阐述《宣言》对中国特色社会主义的指导意义。

（一）集中力量发展生产力。《宣言》提出，无产阶级夺取政权以后，要"尽可能快地增加生产力的总量"。之后在他们的著作中，又把生产力的巨大增长和高度发展作为未来社会的重要特征。过去我们对这个问题的认识有误，过分重视变革生产关系，在贫穷中追求所谓的"平等"，没有集中力量发展生产力。十一届三中全会以后，邓小平精辟地指出，"马克思主义最重视发展生产力"，社会主义阶段的根本任务是发展生产力，并把经济建设摆在中心的位置上。

（二）实行生产资料公有制。马克思恩格斯在《宣言》中指出："共产党人可以把自己的理论概括为一句话：消灭私有制。"变生产资料私有制为公有制，是社会主义社会的最基本特征。过去我们对这个问题做了教条式的理解，把它只作为目的，没有看成是一个过程，追求纯粹的公有制。十一届三中全会以后，通过总结经验，适应社会主义初级阶段生产力的多层次情况，我们既不坚持纯粹的公有制，也不搞西方的私有化，而是实行以公有制为主体、多种所有制经济共同发展的基本经济制度，坚持两个"毫不动摇"。

（三）发展社会主义民主。马克思恩格斯的一个重大贡献，就是把民主同推翻资本主义私有制、建立无产阶级政治统治联系起来。《宣言》指出："工人革命的第一步就是使无产阶级上升为统治阶级，争得民主。"过去我们一个重大失误，就是在建国后，满足于无产阶级民主就实质来说高于资产阶级民主，忽视民主法制建设。十一届三中全会以后，我们认真总结了社会主义的历史经验，不再把民主只看成是手段，是手段和目的的统一，而且首先是目的。通过民主的制度化、法律化，建设社会主义法治国家，切实推进了党和国家政治生活的民主化、经济管理的民主化以及整个社会生活的民主化。社会主义民主政治建设是一个崭新的课题，今后还有很长的路要走。

（四）坚持工人阶级的意识形态作为社会的统治思想。马克思恩格斯在《宣言》中有一句名言："任何一个时代的统治思想始终不过是统治阶级的思想。”任何一个阶级要维护自己的阶级统治，不仅在经济上、政治上，而且也要在思想上即意识形态领域实现自己的统治。马克思主义首先是马克思恩格斯的观点和学说体系，但同时也是工人阶级的意识形态和科学世界观，它既是个人的，也是阶级的。我们党坚持《宣言》的思想，一贯重视坚持和巩固马克思主义在意识形态领域的指导地位，坚持用马克思主义特别是中国化的马克思主义指导实践。

（五）努力实现社会和谐。19 世纪的一些空想社会主义者十分重视实现社会和谐。傅立叶将代替资本主义的未来社会称为“和谐制度”；欧文把在美国印第安那州建立的共产主义劳动公社称为“新和谐村”；魏特林把取代资本主义制度的未来社会称为“和谐、自由和共有共享的制度”。马克思恩格斯在《宣言》中批判空想社会主义的同时，也充分肯定了他们关于未来社会的积极的主张，其中包括“提倡社会和谐”。以胡锦涛为总书记的党中央，在新世纪新阶段，立足现实、面向长远，创造性地提出了构建社会主义和谐社会的战略思想，这是对《宣言》思想的创造性运用和发展。

（六）坚持党的先进性。马克思恩格斯建党思想的核心是坚持党的先进性。《宣言》指出：“在实践方面，共产党人是各国工人政党中最坚决的、始终起推动作用的部分；在理论方面，他们胜过其余无产阶级群众的地方在于他们了解无产阶级运动的条件、进程和一般结果。”《宣言》强调党的先进性，主要体现在三个方面：一是阶级的先进，无产阶级是现代社会中最先进的阶级，而党又是这个阶级中的先进分子所组成；二是理论的先进，共产党人以人类历史上最先进的理论——马克思主义作为指导思想的行动指南；三是纲领的先进，党以实现人类最美好的共产主义社会作为最终奋斗目标。我们党一贯坚持《宣言》的思想，重视党的先进性建设，不断加强对党员的先进性教育。能否坚持党的先进性，关系党的生死存亡和社会主义的兴衰成败。

（七）推进人的全面发展。《宣言》第二章的结尾在叙述党的奋斗目标时指出：“代替那存在着阶级和阶级对立的资产阶级旧社会的，将是这样一个联合体，在那里，每个人的自由发展是一切人自由发展的条件。”后来人们将其称为“自由人的联合体”，也就是共产主义高级阶段。1894 年，恩格斯在回答意大利友人卡内帕的提问时指出，未来社会的最本质特征就是《宣言》中的这句话，此外再找不出能够作为社会主义新纪元的格言和题词了。我们党坚持和发展了《宣言》的这一思想，先后提出了切实推进人的全面发展和以人为本的科学发展观，坚持把人作为最高价值目标。以人为本，就是把人的发展作为根本，发展不只是经济社会的发展，更重要的是人的发展，发展为了人民，发展依靠人民，发展成果由人民共享。这是我国社会主义现代化建设指导思想的重大转变。

总括上述，中国特色社会主义的这七条，都来自于《宣言》中所阐述的科学社会主义的基本原理原则。正如胡锦涛总书记在党的十七大报告中所指出的：“中国特色社会主义道路之所以正确，之所以能够引领中国发展进步，关键在于我们既坚持了科学社会主义的基本原则，又根据我国实际和时代特征赋予其鲜明的中国特色。”

十月革命的道路永放光芒

——纪念十月革命90周年

吴雄丞

今年是伟大的十月社会主义革命胜利90周年。如何评价十月革命和十月革命的道路，从世界范围看，一直争议不断。苏东剧变后，人类历史上第一个社会主义国家苏联已不复存在，否定十月革命的思潮更加甚嚣尘上。西方和俄罗斯一些反共人士纷纷抛出种种篡改歪曲历史真相的谬论，国内也有些人跟着附和。他们不承认十月革命发生的历史必然性，否定十月革命的历史价值和重大意义，攻击十月革命的道路，抹煞十月革命对世界历史进程产生的极大震撼和推动作用。他们硬说，十月革命是本来不该发生的革命，是少数人发动的阴谋政变，是人类历史过程中的“怪胎”、“早产儿”，是社会主义的“原罪”；还说什么“十月革命搞糟了”，“造成了许多恶果”，产生了血腥的专政和恐怖，阻滞了生产力发展和文明进步，违背了道德和道义原则，完全背离了马克思主义；首先是俄国人的一场灾难，中国也深受其害。这类的奇谈怪论，必须通过讨论，明辨是非，予以澄清。

一

十月革命的必然性和合理性不容置疑。因为历史发展的客观规律不容否定，人民群众的能动性和创造性不容否定。

伟大的十月社会主义革命是20世纪初俄国历史客观发展的必然产物，是在俄国社会经济和政治发展进程中酝酿而成的，是各种社会矛盾聚集并且激化的结果。当时的俄国，资本主义的发展已进入了帝国主义阶段，但经济中农奴制残余仍然大量存在。一方面是先进的工业和金融资本主义，生产集中达到了相当高度；另一方面是地主土地占有制和最落后、不开化的农村；俄国在经济技术方面还十分落后，对西方国家有很大的依赖性。建立在上述经济基础之上的沙皇专制政权，完全维护地主、资产阶级上层和外国资本的利益，执行反人民和民族压迫的政策。俄国的工农劳动大众生活境况痛苦难堪，俄国各民族人民陷于灾难的深渊。摆脱灾难的出路就是推翻沙皇的专制统治。当时的形势，正如列宁所说的，下层已难以照旧生活下去，上层也难于继续统治下去。经济、政治、社会、民族各种矛盾汇合的客观进程必然把俄国引向革命，而第一次世界大战则是俄国革命的催化剂。俄国成长起了进行革命的社会力量：主导力量是工人阶级，追随革命的有广大农民和士兵，多数知识分子和边疆地区的各族人民也支持革命。历史实际表明，十月革命已经具备了客观前提和主观条件，是主客观多种因素交互作用的结果，是一场真正的人民革命。

现在有人说十月革命完全背离马克思主义，篡改马克思主义。他们说，马克思主张无产阶级革命只能在生产力高度发达、高度文明、无产阶级占人口多数的国家发生；而俄国则正好相反，列宁创造了与马克思不同的前提，理论上叫做“逆向操作”。这种观点正是当年考茨基、普列汉诺夫坚决反对十月革命、诽谤苏维埃政权是注定要夭折的“早产儿”的翻版。列宁早就驳斥过这种“庸俗生产力论”的谬论。他说，这些博学的先生们认为俄国生产力水平太低，是“不可能谈论社会主义变革的”，说“我们还没有成长到实行社会主义的地步”，“我们还没有实行社会主义的客观经济前提”；“可是他们谁也没有想到问一问自己，面对第一次帝国主义大战所造成的那种革命形势的人民，在毫无出路的处境逼迫下，难道他们就不能奋起斗争，以求至少获得某种机会去为自己争得进一步发展文明的并不十分寻常的条件吗？”“既然建立社会主义需要有一定的文化水平（虽然谁也说不出这个一定的‘文化水平’究竟是什么样的），我们为什么不能首先用革命手段取得达到这个一定水平的前提，然后在工农政权和苏维埃制度的基础上赶上别国人民呢？”

历史的事实以铁的逻辑表明，“革命变革的必然性既来源于沙皇穷途末路，束手无策，也来源于资产阶级政府没有能力解决迫在眉睫的问题”。二月革命推翻了沙皇专制统治，资产阶级临时政府上台执政，但临时政府没有能力解决资产阶级民主革命的任务，未能阻止俄国继续参战，不能满足人民土地、面包、和平的要求，反把俄国引上了加速瓦解的道路。列宁领导的布尔什维克善于利用革命形势，提出变资产阶级民主革命为社会主义革命的方针，不失时机地从资产阶级手里夺取了政权，结束了两个政权并存的局面，建立了工农苏维埃政权，是明智的，完全必要和正确的。列宁在十月革命前夕写的《布尔什维克能保持国家政权吗？》一文中说得好：“任何政党，特别是先进阶级的政党，如果在可能取得政权的时候拒绝夺取政权，那它就没有权利存在下去，就不配称为政党，就任何意义上来说都是渺小的无用之辈。”

二

十月革命的伟大历史意义不容否定，那些攻击十月革命是俄国和世界历史上的“一场灾难”，是“原罪”等观点，是站不住脚的，是不顾客观历史事实的妄断。

十月社会主义革命是俄国历史上也是人类历史上一次最深刻的社会革命，这是一种崭新的革命。以往的革命都是以一种剥削制度代替另一种剥削制度，十月革命却是以推翻人剥削人、人压迫人的制度，建立无剥削、无压迫的共产主义为目标的革命。这场革命冲破了世界帝国主义链条的薄弱环节，在一个占世界土地六分之一的国家里，结束了资产阶级的统治，打破了千百年来剥削阶级的一统天下，率先在一个原来经济文化比较落后的大国，在资本主义包围中建立起无产阶级专政的社会主义制度，使社会主义由理想变成了现实，从此奠定了“一个地球、两种社会制度”并存竞争的格局。列宁说：“我们有幸能够开始建设苏维埃国家，从而开创全世界历史的新时代，由一个新阶级实行统治的时代。……我们的十月革命也开辟了世界历史的新纪元。”毛泽东说，十月革命“改变了整个世界历史的方向，划分了整个世界历史的时代”。列宁和毛泽东的这个论断是科学的。

十月革命的胜利，在俄国建立了苏维埃这种新型国家，从而在世界历史上开辟了一个新的时代，即用无产阶级政治统治取代剥削阶级统治的时代。这也就开创了人类社会从资本主义向社会主义过渡的新时代。苏联和一批社会主义国家的存在与发展，极大地改变了世界的面貌，开拓了人类社会发展的新路，为历史进步和世界文明作出了巨大的贡献。整个 20 世纪伟大而辉煌的历史，以铁的事实见证着十月革命胜利的光辉，是什么人也抹煞不了的。

十月革命开辟了俄国历史的新时代，建立和巩固了由无产阶级领导的绝大多数劳动人民执掌的政权。它使俄国从血腥的帝国主义战争杀戮中挣脱出来，迅速解决了早已成熟的民主主义改造的问题，俄国农民拥有土地的梦想实现了；颁布了俄国有史以来的第一部宪法，人民当家作主管理国家和组织生产，俄国各民族之间建立起平等、和睦、团结友爱的关系；有计划地开展社会主义建设，使苏联变成了一个强大的工业化大国。苏联人民的英雄主义、忘我献身和首创精神，建设起了强大牢固的社会主义经济基础和政治基础，也为赢得伟大卫国战争的胜利，作出了不可磨灭的贡献。虽然曾经付出了很大的代价，也犯过严重错误，但那是建设新制度过程中难以完全避免的，有人说什么“走入了歧途”、“一场灾难”，是对历史的歪曲。苏联持不同政见者季诺维也夫，在目睹苏维埃制度覆灭后的俄罗斯现状时非常痛心和后悔，改变了以前对苏联历史的看法：肯定十月革命，多次称它为“我的革命”；他把苏维埃时期称为“俄罗斯历史上的顶峰”，认定苏联社会主义制度将作为现实的共产主义典型样式载入史册；并把20世纪称为“列宁和斯大林的世纪”。

十月革命的意义，不仅限于俄国，而且具有国际性。列宁在《共产主义运动中的“左派”幼稚病》一书中指出，十月革命的某些基本特点的意义，不是局部地区的、一国特有的、仅限于俄国的，而是具有国际性的。从广义来说，十月革命的所有基本特点和许多次要特点都对所有国家有着广泛深刻的影响；从狭义来说，十月革命的某些基本特点有在国际范围内重演的历史必然性。毛泽东指出：“十月革命给世界人民解放事业开辟了广大的可能性和现实的道路，十月革命建立了一条从西方无产者经过俄国革命到东方被压迫民族的新的反对世界帝国主义的革命战线。”十月革命的胜利，极大地鼓舞了世界各国无产阶级的革命斗争，为一切被压迫民族和被压迫人民争取民族独立和人民解放树立了榜样，从而开辟了世界无产阶级革命和民族解放运动的新纪元，大大加速了世界历史的进程。受十月革命的直接影响，世界上许多国家发生了罢工和革命。世界上被压迫民族受十月革命的影响同样是广泛而深刻的，这表现在印度、阿富汗、伊朗和埃及各国民族解放运动的高涨，1919年3月朝鲜的起义，1920－1922年土耳其资产阶级革命的胜利，1919年中国的五四运动等，都是与十月革命的影响分不开的。在十月革命直接影响下开展起来的革命运动为各国共产党的诞生奠定了基础，许多国家在1918年以后的几年里纷纷建立了以布尔什维克为榜样的共产党。

还必须指出，十月革命在打倒中世纪制度的残余，扫除严重妨碍一切文化发展和一切进步的障碍方面所做的清除工作，比起法国大革命要坚决、迅速、大胆、有效、广泛和深刻得多。列宁认为，“不仅同1789年和1793年相比，而且同1871年相比，俄国无产阶级在自己的革命中都达到了极高的高度”。英国著名历史学家艾瑞克·霍布斯鲍姆在其名著《极端的年代》一书中，对十月革命所作的评价同列宁的说法完全一致，认为十月革命的意义不仅可以同1789年法国大革命相媲美，而且比之更为深远。他在该书第78页写道：“十月革命在全世界造成的反响，却远比其前辈深远普遍。……1917年革命事件产生的实际后果，却比1789年更为深远。”

三

国际资产阶级的辩护士们抓住苏联解体大做文章，断言社会主义已经死亡，历史将终结于西方自由民主制度的胜利。说什么十月革命的故乡红旗已经落地，十月革命的旗帜已经暗淡无光。他们攻击十月革命的道路是“暴力社会主义”，“违背了道德和道义的原则”，建立起了“血腥恐怖的专制统治”；他们把苏联的解体归咎于十月革命，说它“先天不足”，“后天失调”，早产儿注定会夭折。这实质是关于十月革命的道路如何评价的问题。

必须指出，把苏联剧变与十月革命的道路联系起来是轻率的，不科学的。十月革命是客观历史规律和人民群众的主动性与首创精神相结合的必然，创建一种新社会制度需要艰苦探索并难免发生错误，而苏联的解体与演变是由很复杂的多方面的因素造成的。不能把十月革命的旗帜的历史命运与苏联的兴亡完全等同。苏联亡党亡国了，但是十月革命的光芒永远不会熄灭。这是因为：

第一，十月革命开辟了人类社会从资本主义向社会主义过渡的新时代。这个新时代绝不会因为苏东剧变和某些人的变节而逆转。“社会主义经历一个长过程发展后必然代替资本主义，这是社会历史不可逆转的总趋势”，但道路是曲折的，某种暂时复辟是难以完全避免的规律性现象。一些国家出现严重曲折，使人民经受锻炼，从中吸取教训，将使社会主义向着更加健康的方向发展。苏东剧变16年后的今天，人类历史并未终结于资本主义自由民主的时代，“一球两制”的基本格局依然存在，资本主义世界矛盾重重，中国特色社会主义蓬勃发展，亚非拉发展中国家日渐觉醒，正在探寻旧制度的“替代方案”。

第二，十月革命的胜利，是马克思列宁主义在人类历史上第一曲响彻云霄的凯歌。十月革命的道路反映了人类社会发展中的一个特定阶段的关于革命和建设工作的普遍规律，开辟了一条各国无产阶级为了取得胜利都必须要走的共同的康庄大道。这是一条科学的、正确的、行之有效的马克思列宁主义真理的道路，是科学社会主义基本原则的具体体现。马克思主义的真理颠扑不破，马克思主义是打不倒的。

什么是十月革命的道路？就是指导十月革命取得胜利的理论路线、行动纲领和基本经验。具体说来，在不同层次和不同视角上可以归结为：

十月革命的道路，就是把马克思主义基本原理同时代特征和各国实际相结合的道路，是通向社会主义并向共产主义目标前进、谋求全人类解放的道路；

十月革命的道路，就是通过暴力革命，武装夺取政权，推翻旧制度，建立社会主义新制度的道路；

十月革命的道路，就是原来经济文化落后的国家，先于西方资本主义发达国家，突破链条上的薄弱环节而走上社会主义发展的道路；

十月革命的道路，就是打破“现代化即资本主义化”的常规定论，开辟一条完全不同于欧美资本主义现代化的新路，即社会主义现代化的道路；

十月革命的道路，就是在无产阶级先进分子组成的共产党领导下，坚持以马克思列宁主义为指导，以工农联盟为基础，以强有力的无产阶级专政为杠杆，团结广大人民群众进行社会主义革命和社会主义建设，为实现共产党人的理想目标而努力奋斗的道路。

十月革命的道路，还包涵一种革命精神，这种精神是一切共产党人和革命者所必须具备的：勇于突破前人的开拓创新精神，敢于斗争敢于胜利的精神，忘我奉献、埋头苦干、锲而不舍的精神，等等。

50多年前，《人民日报》(1956年12月29日)刊登了《再论无产阶级专政的历史经验》一文，把十月革命的道路归纳为五条。这就是十月革命的基本经验，反映了帝国主义时代无产阶级革命的最一般规律，对其他国家具有普遍意义，是全人类发展的共同的光明大道，是无产阶级和全人类解放事业胜利的必由之路。这篇文章郑重地指出：“保卫十月革命所开辟的这一条马克思列宁主义的道路，在目前的国际形势下具有特别重大的意义。”这篇文章是根据中国共产党中央政治局扩大会议在毛泽东亲自主持下讨论修改写成的，文章中提出的观点和精神仍然具有现实指导意义。

四

有必要专门研究一下十月革命与中国。有人在十月革命90周年之际的一次“十月革命座谈会”上发言说，十月革命造成许多恶果，中国也深受其害，可把中国给害苦了！这是不顾客观历史事实，颠倒黑白的信口开河，是对十月革命的肆意攻击。我搜集了一点文献资料，让历史和事实来回答上述奇谈怪论。

列宁是全世界人民革命的导师，他在领导俄国布尔什维克革命活动中，始终关怀和支持中国人民的革命斗争，揭露帝国主义列强侵略中国的强盗行为，肯定中国人民痛恨帝国主义者是完全正义的，他对中国人民的深重苦难寄予无限同情，对中国人民的英勇革命斗争表示极大的喜悦，并满怀信心地指明中华民族解放事业的光辉前景。列宁撰写了很多篇论述半封建半殖民地中国的惨状和中国人民奋起斗争的文章，据范若愚著的《马克思列宁主义和中国革命》一书统计，共有90多篇。列宁赞扬“地球上四分之一的人口可以说已经从沉睡中醒来，走向光明，投身运动，奋起斗争了”。列宁预言“中国将出现更多的上海，中国无产阶级也将日益成长起来，它一定会建立这样或那样的中国社会民主工党”。列宁论述了中国、土耳其、波斯、印度这些殖民地、半殖民地国家，发生“反对帝国主义大国的民族战争不仅是可能的和可能性很大，而且是不可避免的、进步的、革命的”。列宁高度评价“中国人民的革命斗争具有世界意义，因为它将给亚洲带来解放并将破坏欧洲资产阶级的统治”。列宁在他最后一篇论文里还满怀信心、十分乐观地断言：“斗争的结局归根到底取决于如下这一点：‘俄国、印度、中国等等构成世界人口的绝大多数。正是这个人口的大多数，最近几年来非常迅速地卷入了争取自身解放的斗争，所以在这个意义上说，世界斗争的最终解决将会如何，是不可能有丝毫怀疑的。在这个意义上说，社会主义的最终胜利是完全和绝对有保证的。’”

伟大的十月革命对中国的影响是极其广泛和深远的，也是积极和有益的。它给当时正徘徊于黑暗中的中国人民指明了前进的道路，使中国人民获得了解决中国问题的科学武器；它引起了中国人思想的大变化，影响和改变了整个中国历史的进程；它为中国革命和前途开辟了一个新时代。

十月革命发生后，帝国主义列强和中国北洋军阀政府极力封锁消息，千方百计阻止其扩散影响，中国军阀政府曾下令封闭中俄边境，中断两国交通，隔绝布尔什维克同中国革命的联系。中国先进分子只能通过美欧日的报刊和通讯社了解一些不准确的消息。李大钊在1918年11月发表了《庶民的胜利》、《布尔什维主义的胜利》两篇文章，高度赞扬十月革命的功绩和意义。他把十月革命称为“全世界无产庶民对世界资本家的战争”，“二十世纪世界革命的先声”，是“使天下惊秋的一片桐叶”，并预言将来的世界必定是“劳工的世界”、“赤旗的世界”。伟大的中国革命先行者孙中山先生很早就同情俄国革命，密切注视它的发展，当他听到俄国革命成功的消息时，就拍电报给列宁表示祝贺。孙中山认为，有了俄国革命，世界革命就生出了一个“大希望”。他在晚年多次明确指出，俄国革命“为中国树立了一个榜样，说明一个民族怎样从外国压迫下和不公正的桎梏下解放出来”；认定中国革命“非以俄为师，断无成就”，因而修改了他的三民主义纲领，改组了国民党。得知列宁逝世，孙中山发表演说称颂“俄国革命的奇功伟迹，真是世界革命史上前所未有”；称颂列宁是“一个革命中的圣人，一个革命中的最好模范”。鲁迅1932年写道：十月革命使“一个簇新的、真正空前的社会制度从地狱底里涌现而出，而万万的群众做了支配自己命运的人”。

十月革命对中国的巨大影响，主要表现在：第一，为中国树立了榜样，创造了有利的国际条件。第二，给中国传来了马克思列宁主义，并帮助建立了中国共产党。第三，从精神上和物质上给予了极大的援助，极大地鼓舞了中国人民的革命斗志和信心。据向青著《苏联与中国革命》一书载，十月革命胜利后，俄国布尔什维克党努力和中国革命者取得联系。1919年3月共产国际第一次代表大会召开时，没能同中国革命者联系上，就约请了中国旅俄华工联合会两位同志刘绍周、张永奎出席，列宁亲切会见了他们，刘绍周还在会上发了言。1919年夏，苏俄友人伯特曼会见了李大钊，称赞李是“了不起的马克思主义者”，支持李在中国传播马克思主义。1920年7—8月，共产国际召开第二次代表大会，中国代表刘绍周参加。共产国际二大后，1921年春马林来华，4月启程，6月上旬到达上海，联系商谈建党事宜。1921年7月23日召开了中国共产党第一次代表大会，参加会议的共15人，其中除去13位中国代表，另外还有马林及红色工会国际代表尼克洛斯基。在中共一大前，共产国际召开第三次代表大会(1921年6月22日—7月12日)，出席的中国代表是张太雷和俞秀松。1921年8月，张太雷回国，传达共产国际三大的精神，接着就和马林南下桂林，会见孙中山，促进国共合作及孙中山联俄战略。1922 年 8 月，苏俄派越飞使团来华，1923 年鲍罗廷来华，等等。这样真诚的帮助，怎么能说是“深受其害”呢？

毛泽东高度评价十月革命的国际意义，对十月革命与中国的关系说过好多精辟的话。比如：

“十月革命的光芒照耀着我们。……一向孤立的中国革命斗争，自从十月革命胜利以后，就不再感觉孤立了。”

“十月革命改变了整个世界历史的方向，划分了整个世界历史的时代。”“在这种时代，任何殖民地、半殖民地国家，如果发生了反对帝国主义，即反对国际资产阶级、反对国际资本主义的革命，它就……是新的世界革命的一部分，……成了无产阶级社会主义的世界革命的一部分，现在更成了这种世界革命的伟大的一部分。”

“中国人找到马克思主义，是经过俄国人介绍的。在十月革命以前，中国人不但不知道列宁、斯大林，也不知道马克思、恩格斯。十月革命一声炮响，给我们送来了马克思列宁主义。十月革命帮助了全世界的也帮助了中国的先进分子，用无产阶级的宇宙观作为观察国家命运的工具，重新考虑自己的问题。走俄国人的路——这就是结论。”

“既要革命，就要有一个革命党。”俄国布尔什维克是新式的革命党的榜样。“自从有了这样的革命党，世界革命的面目就起了变化了。”“中国共产党就是依照苏联共产党的榜样建立起来和发展起来的一个党。自从有了中国共产党，中国革命的面目就焕然一新了。”

“第一次大革命时期，一切帝国主义者都反对我们，只有苏联援助了我们，抗日战争以来，没有一个帝国主义国家的政府真正援助我们，只有苏联是用了空军和物资援助了我们。这还不够明白吗？中华民族和中国人民的解放事业，只有社会主义的国家，……社会主义的人民，……才能真心援助；而我们的事业，没有他们的援助是不能取得最后胜利的。”

“我们中国人民正是沿着十月社会主义的道路取得今天的胜利和成就的，中国人民一贯把中国革命看作是伟大的十月社会主义革命的继续，并且以此为莫大的光荣。”

中国共产党自成立之日起，就一直高举十月革命的旗帜。在党的八大政治报告里，刘少奇说：“尽管我国的革命有自己的许多特点，可是中国共产党人把自己所干的事业看成是伟大的十月革命的继续。”

十月革命的道路需要坚持和继承，更需要创新和发展。中国革命的胜利，中国特色社会主义道路的开辟和巨大成就，就是对中国革命道路的坚持、继承发展和创新。

今天，我们纪念十月革命 90 周年，最好的纪念，最有意义的就是要根据 90 年来的历史经验和教训，特别是根据我们自己新的实践与经验，来认识和推进十月革命开辟的道路和事业。我们首先要把中国自己的事情做好，同时还要为推进世界社会主义事业，为整个人类的进步和解放事业作出自己应有的更多的贡献。

十月革命的道路和事业是永存的，十月革命的光辉必将普照全球。一切同十月革命道路为敌的反动派，不管他们如何穷凶极恶地攻击与咒骂，妄图阻碍世界人民走这条光明大道，即使他们的图谋一时得逞，最终也会在客观历史规律面前碰壁。李大钊说得好，“试看将来的环球，必是赤旗的世界”，让我们努力为之奋斗吧！

（作者单位：中共中央党校）

关于中国特色社会主义本质属性问题的探讨

秦　刚

一

任何事物都有它的本质及本质属性，社会主义也是如此。社会主义本质，就是社会主义质的规定性，是对社会主义根本性质的界定。它的存在，反映了社会主义的内部联系和内在规律性，也决定了社会主义与其他各种主义尤其是资本主义的区别。社会主义本质属性，就是社会主义本质在社会主义经济关系、社会关系等方面的表现，是对社会主义发展基本状态的概括。它的存在，反映了社会主义的外部联系和外部表现，也是社会主义不同于资本主义以及其他各种社会形态的重要标志。

认识社会主义本质，有助于我们把握社会主义社会的质的规定性；而认识社会主义本质属性，则有助于我们深化对社会主义发展状态和社会主义社会基本特征的认识。从社会主义本质上，我们可以更加明确社会主义的根本性质，并根据社会主义的根本性质去坚持和发展社会主义；而从社会主义本质属性上，我们可以进一步明确我们要建设的社会主义应该是一种什么样的社会状态，并根据社会主义的发展状态去调整社会关系、解决社会发展中的矛盾和问题。

邓小平在总结社会主义实践经验的基础上，对社会主义本质作出了经典性的概括，即社会主义的本质，就是解放生产力，发展生产力，消灭剥削，消除两极分化，最终达到共同富裕。这种概括，从理论上和实践上，把对社会主义的认识提到了一个新高度、新水平。应该肯定，邓小平对社会主义本质的概括，并没有终结对社会主义的认识，而是为人们在新的基础上进一步深化对社会主义的认识奠定了基础。在邓小平社会主义本质论的指导下，我们党在进一步总结社会主义实践经验的基础上，又作出了社会和谐是中国特色社会主义本质属性的判断，这是对社会主义认识的一种深化。这种新认识，把对社会主义的认识由本质层面推进到本质属性层面，其意义重大而又深远。

二

社会主义在中国的发展，无论是一种社会制度，还是一种社会实践，其历史的合理性和现实的优越性，都源于社会主义的内在本质。没有这种本质的存在，就没有实践社会主义的价值意义。但对于本质的东西，人们单凭感觉往往是难以全面认识和把握的，而需要通过社会的现实表现和发展状态才能有深切的体会。所以，社会主义本质只有愈充分地反映和体现在社会现实生活的方方面面，并展现为实际的发展状态，人们才愈容易感受到社会主义的合理性和优越性，才愈能认同现实的社会主义制度。从本质属性去认识中国特色社会主义，实际上也就是让人们从发展趋势和现实状态上去直接感受中国特色社会主义，这显然有助于加深人们对社会主义的理解，加深人们对社会主义的认同，并进一步坚定建设中国特色社会主义的信心和信念。

应该肯定，社会和谐是中国特色社会主义本质属性这个论断，在深化对社会主义的认识上，在深化对社会主义发展规律的把握上，都有着十分重要的理论贡献。但社会和谐是中国特色社会主义一个本质属性，还是唯一本质属性，在这个问题上，却有不同的认识和看法。有人认为，社会主义本质是唯一性的，本质属性也应该是唯一的，因而社会和谐是中国特色社会主义的唯一本质属性。也有人认为，社会主义本质是唯一性的，但本质属性是多样的，因而社会和谐是中国特色社会主义的本质属性之一，并不是它的唯一的属性。我认为，社会主义本质是唯一性的，这没有问题，但认为社会和谐是中国特色社会主义的唯一本质属性是不合适的。正如一个具体的事物具有一种本质多种属性一样，社会主义也具有一种本质多种属性。社会主义本质作为社会主义的质的规定，往往要反映在社会主义经济、政治、文化和社会发展的各个方面，而社会主义经济、政治、文化和社会在发展过程中，也必然要体现社会主义的本质要求，有各自的质的规定性。因此，社会主义本质属性在社会主义发展各个方面都要有所体现，它不可能是唯一的。我们应该认识到，社会和谐实际上只是中国特色社会主义的本质属性之一。除了社会和谐以外，中国特色社会主义还具有其他方面的一些属性。如社会富强、社会民主、社会文明，作为是社会主义本质的内在要求和外在表现，自然也应该是中国特色社会主义的本质属性。

把社会和谐看成中国特色社会主义的唯一本质属性，不仅不符合中国特色社会主义发展的现实，也很容易导致产生一个理论上的误区。如果说，社会和谐是中国特色社会主义的唯一本质属性，那么，在理论上就可以顺理推导出中国特色社会主义就是和谐社会主义的结论。要是再进一步把中国特色社会主义替换成和谐社会主义，或者说中国特色社会主义就是和谐社会主义，就可能会产生更大问题。把中国特色社会主义叫成和谐社会主义，听起来似乎很好听，好象没有多大的问题，但仔细琢磨许多问题就很难解释了。比如：有人认定民主是社会主义的唯一本质属性，由此也就可能有社会主义就是民主社会主义立论的合理性；有人认定自由是社会主义的唯一本质属性，由此也就可以有自由社会主义立论的合理性，如此下来，恐怕就连人道的社会主义也就没有什么可以挑剔之处了。而且这样的一些思想理论主张，在人类进步思想文化中，甚至在马克思恩格斯的思想中，也可以找到相应的思想源头。这样一来，就有可能会导致一些思想理论上的混乱和偏差。

三

社会主义是全面的，中国特色社会主义建设和发展也是全面的。这种全面性，正是社会主义本质的内在要求。社会主义不是一种单纯的价值追求，更不是一种单一的价值追求，它是同社会的发展和人类的进步紧紧联系在一起的。社会主义在中国的发展，更是同强国富民、实现民族复兴联系在一起的。我们已经明确地认识到，贫穷不是社会主义，专制不是社会主义，愚昧不是社会主义，不和谐也不是社会主义。社会主义不仅要有发达的经济、完善的民主、繁荣的文化，还要有和谐的社会。这是我们党在开拓和推进中国特色社会主义过程中，从长期积累的经验教训中得到的基本认识。这种认识已经充分反映在我们党的基本理论、基本路线、基本纲领之中。

正是依据这样的认识，我们形成了中国特色社会主义建设的总体布局，这就是：坚持经济建设、政治建设、文化建设和社会建设四位一体、相互促进。与此同时，我们要进行相应的改革，这就是：经济体制改革、政治体制改革、文化体制改革和社会管理体制改革全面推进、相互配合。在这样总体布局和全面改革的基础上，以富强、民主、文明、和谐为目标，全面建设小康社会，实现社会主义现代化，实现中华民族的伟大复兴，是建设中国特色社会主义的历史任务，也是中国特色社会主义全面建设和全面发展的意义所在。根据社会发展的现实要求，我们可以总体上讲和谐，也有必要突出社会和谐的目标，但不能把社会和谐视为中国特色社会主义唯一的本质属性，更不能由此导论出社会和谐是中国特色社会主义仅有的目标追求。从更长远的目标来看，无论说是要实现人的自由全面发展，还是要实现共产主义，都需要有经济社会各方面条件的全面铺垫。

我们要全面认识中国特色社会主义，进而全面推进中国特色社会主义的建设和发展，就必须全面把握住它所具有的经济的、政治的、文化的和社会的等各种不同的本质属性。要清醒地认识到，社会的富强、民主、文明、和谐等，作为中国特色社会主义的各种本质属性，从不同的领域反映和表现着中国特色社会主义的发展趋向，体现着中国特色社会主义的总体面貌。社会和谐是中国特色社会主义的一个本质属性，它与中国特色社会主义在经济、政治、文化等方面的本质属性，是相互并列的关系，也是相互包含的关系，不是可以相互取代的。社会和谐对其他本质属性会产生更高的要求，但它本身也是其他本质属性实现的重要前提和条件。

实践在发展，人们的认识也必然要随着实践的发展而不断提高。我们对社会主义的认识，经历了一个由特征到本质、由本质到属性的逐步深化过程。已有对社会主义本质及其属性的认识，也为我们进一步认识和概括中国特色社会主义的基本特征，奠定了重要的理论基础，这也是继续深化对中国特色社会主义认识的一个重要内容。

（作者：中共中央党校科社部教授）

科学发展观是中国特色社会主义理论体系的最新成果

宋凌云

党的十七大创造性地提出并深入阐述了中国特色社会主义理论体系，系统阐述了科学发展观的时代背景、科学内涵、精神实质和根本要求，这是十七大引人注目的理论贡献。深入理解科学发展观和中国特色社会主义理论体系之间的关系，是当前的一个重要问题。

一、中国特色社会主义理论体系是党的十七大的重大创新

中国特色社会主义理论体系是十七大在总结改革开放历史进程和宝贵经验的基础上，提出的重大战略思想，具有重要的创新意义和指导意义。

1. 明确了中国特色社会主义理论体系的科学内涵。十七大指出，中国特色社会主义理论体系，就是包括邓小平理论、“三个代表”重要思想以及科学发展观等重大战略思想在内的科学理论体系。邓小平理论、“三个代表”重要思想和科学发展观等重大战略思想，是马克思主义中国化的重大成果，将这些成果归结为一个理论体系，这在我们党的历史上是第一次。其所以作这样的概括，是因为这些重大理论成果有着共同的主题。自邓小平提出建设有中国特色社会主义的命题以来，中国特色社会主义就成了新时期我们党领导的伟大事业。在中国特色社会主义发展的整个过程中，中国共产党人全部理论和实践的主题，就是建设中国特色社会主义。从党的十二大第一次提出中国特色社会主义的命题开始，党的每一次代表大会都把中国特色社会主义作为主题或主线，围绕着什么是中国特色社会主义、怎样建设中国特色社会主义来展开。邓小平理论、“三个代表”重要思想和科学发展观等重大战略思想，所要回答的问题有所侧重，但都以中国特色社会主义相贯穿，主题是一致的，内容是统一的，相互之间是继承和发展的关系。

2. 明确了中国特色社会主义理论体系的理论渊源和历史地位。十七大明确指出：“中国特色社会主义理论体系是对马克思列宁主义、毛泽东思想的继承和发展，凝结了几代中国共产党人带领人民不懈探索实践的智慧和心血，是马克思主义中国化的最新成果，是全国各族人民团结奋斗的共同思想基础。”这就从马克思主义发展史的角度，阐明了中国特色社会主义理论体系与马克思列宁主义、毛泽东思想一脉相承又与时俱进的内在联系，阐明了中国特色社会主义理论体系的科学定位。中国自从建立社会主义基本制度以后，在半个多世纪里，一直在科学社会主义基本原则指导下探索中国社会主义的发展模式和道路。以毛泽东为代表的中国共产党人，在探索适合我国国情的社会主义道路的过程中，强调走自己的道路、坚持统筹兼顾、正确处理人民内部矛盾、调动国内外一切积极因素等许多重要思想，积累了在我们这样一个社会生产力水平十分落后的发展中国家推进社会主义建设的重要经验。同时由于复杂的历史原因，探索中也出现了失误。正是在以毛泽东为代表的中国共产党人积累的经验和教训基础上，以邓小平为代表的中国共产党人、以江泽民为代表的中国共产党人和以胡锦涛为总书记的新的中央领导集体，继续探索中国社会主义建设道路和理论，创立了邓小平理论、“三个代表”重要思想、科学发展观等重大战略思想，从而形成了中国特色社会主义理论体系。

3. 明确了中国特色社会主义理论体系是不断发展的开放的理论体系。马克思主义是发展的、前进的。作为马克思主义中国化最新成果的中国特色社会主义理论体系，也是发展的、前进的。马克思主义只有与本国国情相结合、与时代发展同进步、与人民群众同命运，才能焕发出强大的生命力、创造力、感召力。中国特色社会主义理论体系本身就是随着时代、实践和科学的发展而不断充实和完善的。今后，随着中国特色社会主义实践的发展，作为其经验总结的理论也会相应地与时俱进，中国特色社会主义理论体系将会不断得到丰富和发展。

二、科学发展观是中国特色社会主义理论体系发展的新阶段

邓小平理论、“三个代表”重要思想、科学发展观等重大战略思想，作为中国特色社会主义理论体系的重要组成部分，既在坚持和发展中国特色社会主义这一共同主题上一脉相承，又在探索和解决不同时期不同阶段的新矛盾新问题上与时俱进。科学发展观在邓小平理论、“三个代表”重要思想的基础上，把中国特色社会主义理论体系发展到了一个新的阶段。

1. 科学发展观进一步深化了对中国特色社会主义的认识。科学发展观牢牢把握发展这个主题，坚持发展是党执政兴国的第一要务，坚持以经济建设为中心和改革开放，坚持用发展的办法解决前进中的问题；同时，着眼新的实践和新的发展，提出了一系列关于发展的重大战略思想、重大理论观点、重大工作部署，进一步阐述了我们党对中国特色社会主义的发展道路、发展战略、发展布局、发展动力、发展目的的认识，进一步回答了在经济文化比较落后的国家如何建设社会主义、如何巩固和发展社会主义等基本问题，把我们对共产党执政规律、社会主义建设规律和人类社会发展规律的认识提高到了一个新的水平。

2. 科学发展观进一步推动了中国特色社会主义的发展。马克思主义普遍原理和中国实际相结合所形成的每一个重大理论成果，都对中国革命和建设事业产生了极为重要的推动作用。邓小平理论、“三个代表”重要思想和科学发展观，都结合不同历史时期的历史任务，既在这些方面进行了提炼和概括，又从总体上深化了我们党对中国特色社会主义发展规律的认识，有力指导着中国特色社会主义建设事业的前进。在邓小平理论指引下，我们党团结带领人民取得了改革开放和现代化建设的伟大成就，成功开辟了中国特色社会主义的发展道路。在“三个代表”重要思想指引下，我们党经受住各种困难和风险的考验，继续沿着中国特色社会主义道路胜利前进。在科学发展观的指引下，我国社会主义经济建设、政治建设、文化建设、社会建设和党的建设全面推进，成就辉煌，中国特色社会主义显示出强大的吸引力和感召力。在新的起点上推进中国特色社会主义，我们面临的机遇前所未有，面对的挑战也前所未有。如何抓住机遇，迎接挑战，趋利避害，奋力开拓中国特色社会主义更为广阔的发展前景，关键是要坚持以邓小平理论和“三个代表”重要思想为指导，深入贯彻落实科学发展观。这就要求我们从理论与实践的结合上创造性地研究新情况、解决新问题，在中国特色社会主义的伟大实践中，不断谱写马克思主义发展的新篇章。

3. 科学发展观对坚持和发展中国特色社会主义理论体系提出了新的要求。改革开放的伟大实践深刻表明，高举中国特色社会主义伟大旗帜，坚持和发展中国特色社会主义，必须做到“四个坚定不移”。坚定不移地坚持解放思想，阐明了党的思想路线的本质要求，是我们应对前进道路上各种新情况新问题、不断开创事业新局面的一大法宝，这就要求我们必须不断地从束缚发展的思想、观念、体制中解放出来，始终保持与时俱进的精神状态；坚定不移地推进改革开放，阐明了发展中国特色社会主义的强大动力，这就要求解放和发展社会生产力，不断创新充满生机活力的体制机制；坚定不移地推动科学发展、促进社会和谐，阐明了发展中国特

色社会主义的基本要求，这就是必须坚持以人为本，坚持全面协调可持续发展，坚持统筹兼顾，实现经济社会又好又快发展，形成各尽其能、各得其所而又和谐相处的局面；坚定不移地为全面建设小康社会而奋斗，阐明了全国各族人民的根本利益和共同愿望，这就要求做到发展为了人民、发展依靠人民、发展成果由人民共享。这“四个坚定不移”是互相联系、辩证统一的整体，深刻揭示了新世纪、新阶段推进中国特色社会主义必须坚持的思想路线、根本动力、基本要求和奋斗目标，是对怎样坚持和发展中国特色社会主义的深刻回答。

三、坚持中国特色社会主义理论体系就要深入贯彻落实科学发展观

科学发展观既是中国特色社会主义理论体系的重要组成部分，也是这个理论体系的最新成果。当前，深入贯彻落实科学发展观，是对中国特色社会主义理论体系的最好坚持和最好实践。

1. 深入贯彻落实科学发展观，要求始终坚持党的基本路线。只有始终坚持党的基本路线，才能确保实现科学发展。因此，要进一步增强坚持党的基本路线的自觉性和坚定性，充分认识以经济建设为中心是兴国之要，是我们党、我们国家兴旺发达和长治久安的根本要求；四项基本原则是立国之本，是我们党、我们国家生存发展的政治基石；改革开放是强国之路，是我们党、我们国家发展进步的活力源泉。坚持把以经济建设为中心同四项基本原则、改革开放这两个基本点统一于发展中国特色社会主义的伟大实践，任何时候都决不能动摇。

2. 深入贯彻落实科学发展观，要求积极构建社会主义和谐社会。构建社会主义和谐社会，是贯彻落实科学发展观、坚持和发展中国特色社会主义的重要任务和目标。科学发展与社会和谐是内在统一的。没有科学发展就没有社会和谐，没有社会和谐也难以实现科学发展。要把贯彻落实科学发展观同构建社会主义和谐社会有机结合起来，通过发展增加社会物质财富、不断改善人民生活，又通过发展保障社会公平正义、不断促进社会和谐。要按照民主法治、公平正义、诚信友爱、充满活力、安定有序、人与自然和谐相处的要求和共同建设、共同享有的原则，着力推进和谐社会建设，努力形成全体人民各尽其责、各得其所而又和谐相处的局面。

3. 深入贯彻落实科学发展观，要求继续深化改革开放。改革开放是新时期最鲜明的特点，是建设富强民主文明和谐的社会主义现代化国家的必由之路。要把科学发展观落到实处，就必须通过改革开放进一步完善各方面的体制机制。要把改革创新精神贯彻到治国理政各个环节，毫不动摇地坚持改革方向，提高改革决策的科学性，增强改革措施的协调性，坚持把改善人民生活作为正确处理改革发展稳定关系的结合点，使改革始终得到人民拥护和支持。

4. 深入贯彻落实科学发展观，要求切实加强和改进党的建设。贯彻科学发展观，必须用改革的精神推进党的建设新的伟大工程，提高党领导和驾驭发展全局的水平和能力。要站在完成党执政兴国使命的高度，把提高党的执政能力、保持和发展党的先进性，体现到领导科学发展、促进社会和谐上来，落实到引领中国发展进步、更好代表和实现最广大人民的根本利益上来，使党的工作和党的建设更加符合科学发展观的要求，为科学发展提供可靠的政治和组织保障。要发扬求真务实的精神，切实改进思想作风和工作作风，锐意进取，开拓创新，着力转变不适应不符合科学发展观的思想观念，着力解决影响和制约科学发展的突出问题，把科学发展观贯彻落实到经济社会发展各个方面。

（作者单位：中共中央宣传部理论局）

关于调整收入分配格局的政策建议

吴振坤

逐步扭转收入分配差距扩大趋势，基本形成合理有序的分配格局是解决社会不公的根本性、制度性措施。

近几年，党中央十分重视收入分配制度改革问题，特别是十六届六中全会《决定》明确规定了改革收入分配制度的政策取向。根据这次全会的精神，必须在收入分配制度上进行一系列配套改革，调整收入分配格局，建立新的收入分配制度。

一、收入分配制度改革必须遵循的原则

主要是遵循以下三项原则。

一是坚持和完善按劳分配为主体、多种分配方式并存的分配制度，坚持各种生产要素按贡献参与分配。这是我国社会主义初级阶段的基本分配原则。

二是在经济发展的基础上，更加注重社会公平，合理调整国民收入分配格局，使全体人民共享改革和发展的成果。这是总结近年来分配中的经验教训而确立的政策取向性原则。

三是进一步理顺分配关系，完善分配制度，着力提高低收入者收入水平，扩大中等收入者比重，有效调节过高收入，取缔非法收入，努力缓解收入分配差距扩大趋势。这是按照更加注重社会公平的要求而提出的深化收入分配制度改革的指导性原则。

历史经验表明，如果初次分配出现了大问题，再分配无论怎样努力也无济于事。所以，进行收入分配制度改革必须首先从初次分配抓起。

二、适当地提高初次分配格局中劳动报酬比例，进而提高广大低收入者收入水平

按照更加注重社会公平、全体人民共享改革和发展成果的原则要求，随着社会经济的发展，国内生产总值中可用于分配的部分应当相应地增加。这是从分配的根源上提高全体人民的收入水平的重大举措。我们可以看看1978年以来若干年份国内生产总值的增长与人民共享发展成果的历史情况。

先对国内生产总值与工资分配的关系进行分析对比。国内生产总值从1978年的3645.2亿元增加到2005年的182320.6亿元(2006年达到209407亿元)，27年间增长了50倍，而年均工资则由1978年的615元增加到2005年的18405元，27年间仅增长了30倍。从工资总额占国内生产总值的比例来看，1978年、1980年、1985年、1990年和1995年这5年大体占16%到13%之间；从2000年到2005年这6年间，仅占10%多一点。工资总额占国内生产总值的比例下降同样说明后者增长大大快于前者；同时说明，国内生产总值用于工资分配的部分的比例数都较低，绝对数的逐年增量也不算多。

再从更大的分配范围，即国内生产总值与城镇居民人均可支配收入和农村居民人均纯收入的分配关系进行对比分析。工资分配只是城镇居民收入分配的一个重要组成部分，2005年工资总额只占当年城镇居民人均可支配收入总额的近30%。如果用城镇居民人均可支配收入与农村居民人均纯收入相加之和，来计算它们占国内生产总值的比例，从2001年到2006

年这6年分别为47.24%、48.24%、47.51%、45.89%、45.66%和45.03%。由此可以看出，城乡居民所获得的收入还不到国内生产总值的一半。据此，我们提出如下政策建议。

第一，适当提高国内生产总值中用于初次分配部分。2006年12月初召开的中央经济工作会议公报第一次明确提出"要适当提高初次分配中劳动报酬比例，以提高低收入者收入水平"。如果收入分配率即工资占GDP的比例每年至少平均稳定地提高1个百分点，到2020年城乡居民所获得的收入可能占到国内生产总值的60%以上。而成熟市场经济国家收入分配率普遍都在54%—65%之间。适当提高国内生产总值中用于劳动报酬的比例，是解决分配不公的基础性和根本性政策措施。

第二，每年新增加的属于初次收入分配部分应全部用于提高低收入者收入水平，包括城镇低收入者，特别是农村低收入农民。提高城市低收入者收入，要注重合理确定和不断提高最低工资标准、发布工资增长指导线和提供就业岗位。帮助农民显著提高收入水平，应当是重中之重，并落实到具体政策措施上。

第三，逐步改变我国劳动力廉价的传统观念和现实状态。劳动力廉价是保持我国产品国际竞争力的重要因素，也是我国的一大优势。但是，目前我国工人的工资水平太低。现在全国尚无统一的最低月工资标准，最高地区(上海)750元，最低地区235元，北京是全国最低月工资中偏高的地区。北京市从2006年7月1日起把最低月工资从580元调高到640元，每小时工资从3.47元调高到3.82元，还不到50美分，而美国现时的每小时工资为5.85美元，美国较我国高10多倍。这样低的工资水平、低廉的劳动力价值长期不变，与以人为本的理念、与全面建设小康社会的目标和社会主义共同富裕的要求都是不相符合的。我们必须有条件地逐步解决劳动力过于廉价问题，实行最低工资标准政策，并逐步提高最低工资标准。

第四，正确处理低收入者和高收入者之间分配关系。有些研究者发现，过去20多年城镇居民的收入分配关系是以大幅度提高高收入阶层的收入份额，很少提高低收入群体的收入份额为特征的。有资料显示，2003年全国收入分配中，最贫困的10%的人口所得收入占国民总收入的1.8%，而最富的10%的人口所得收入占国民总收入将近30%，这是多大的差距。今后，要坚决改变这种不正常的状态，在有效调控高收入的同时，将可分配的收入最大限度地向低收入群体倾斜。

应当认识到，上述建议可能带来的分配思路和格局的变化，主要是通过市场发生的，政府对此要通过相应的政策措施积极加以引导和调控。

三、改革和完善收入分配制度的政策取向

按照更加注重社会公平的要求，《决定》提出，改革和完善收入分配制度的政策取向是着力提高低收入者收入水平，逐步扩大中等收入者比重，有效调节过高收入。

着力提高低收入者收入水平。我们是社会主义国家，应当更多地关注低收入者，尽最大可能提高低收入者收入水平，让他们共享社会经济发展的成果。根据《决定》的精神，这主要是通过扩大就业、促进农民增收减负、完善最低工资制度、实行工资正常增长机制、提高社会保障标准、加强社会保障体系建设、加大财政转移支付力度和加快公共服务体系建设等措施，来提高低收入者的收入水平和生活水平。

逐步扩大中等收入者比重。逐步扩大中等收入者比重是全面建设小康社会的重要内容，是促进社会和谐稳定的重要要求，是保证国家长治久安的重要措施。逐步扩大中等收入者比重，关键是完善劳动、技术、管理等生产要素参与分配的制度，根据市场经济规则，按照贡献大小，使要素持有者获得相应的收益分配。这样，就会在促进资源的优化配置和社会经济的不断发展中，逐步壮大中等收入者群体。

有效调节过高收入。在社会主义市场经济的条件下，高收入的出现是自然的、不可避免的。政府的职责就是要从社会公平的角度利用税收等手段对高收入进行一定的调节。目前，个人所得税对个人收入分配起着直接的更大的调节作用。通过征收累进的个人所得税可以将高收入者的部分收入转移给低收入者，以缩小差距，促进社会公平。

通过收入分配格局的调整和收入分配制度政策取向的完善，将有利于建立科学合理、公平公正的收入分配制度。

（作者：中共中央党校教授）

就业促进法热点问题解答

李　援

《中华人民共和国就业促进法》于2007年8月30日由十届全国人大常委会第二十九次会议通过，从2008年1月1日起施行。为了便于掌握就业促进法的基本精神和主要内容，现就人们普遍关心的若干问题作简要回答。

问题一：制定就业促进法主要是解决什么问题？

答：党和政府高度重视就业工作，近几年来，先后制定了一系列积极促进就业的政策，对于扩大就业，增加就业总量，推动经济发展与促进就业良性互动，维护社会稳定产生了积极影响。但是，我国人口多，劳动力总量过大，就业结构性矛盾十分突出，就业工作仍然面临着十分严峻的形势。

一是劳动力供求总量矛盾突出，就业压力大。到2010年，全国劳动力总量将达到8.3亿人，城镇新增劳动力供给5000万人，而劳动力就业需求岗位只能新增4000万个，劳动力供求缺口在1000万人左右。二是劳动力素质与就业岗位需求不相适应而产生的劳动力结构性矛盾突出。一些传统行业出现大批下岗失业人员，而一些新兴的产业、行业需要的高技能劳动者却供不应求，直接影响经济发展。三是人力资源市场不规范。一些非法的职业中介活动，侵害求职者的合法权益。四是一些用人单位在招工中存在对妇女、残疾人、农村劳动者以及传染病病原携带者的歧视，侵害他们的平等就业权利。五是随着我国经济的快速发展，对劳动者的职业能力和素质提出了更高要求，迫切需要建立完善以就业为导向的职业教育和培训体制，以提高劳动者的就业能力和创业能力。

要在认真总结我国促进就业工作实践经验的基础上，制定专门的就业促进法，将促进就业的各项工作纳入法制化轨道，建立社会主义市场经济条件下促进就业的长效机制。

问题二：就业是民生之本、安国之策，制定就业促进法有何重大意义？

答：就业是保障和改善人民群众生活的基本前提和基本途径。制定就业促进法，是解决广大人民群众最关心、最直接、最现实问题的重要举措。依法促进就业，千方百计扩大就业，使更多的劳动者找到工作岗位，生活有保障并不断改善，分享经济社会发展成果，有利于促进社会和谐稳定。制定就业促进法，在立法中体现以人为本，关注民生，落实积极的就业政策，是维护广大人民群众根本利益的需要。同时，在1994年制定的劳动法的基础上，制定就业促进法，加强社会领域立法，有利于进一步完善我国劳动法律制度，为社会主义市场经济健康发展提供法律保障。

问题三：关于国家促进就业的方针，就业促进法是怎样规定的？

答：在发展社会主义市场经济的条件下，必须充分发挥市场在劳动力资源配置中的基础性作用，政府的职能要从计划经济体制下的包揽就业转为加快培育市场就业机制，创造良好的就业环境。就业促进法规定："国家把扩大就业放在经济社会发展的突出位置，实施积极的就业政策，坚持劳动者自主择业、市场调节就业、政府促进就业的方针，多渠道扩大就业。"

问题四：实施积极的就业政策是这部法律的突出特点，政府将实施哪些积极的就业政策？

答：要建立促进就业的政府责任体系，包括通过发展经济和调整产业结构、实行有利于促进就业的各项经济和社会政策，拓宽就业渠道，增加就业岗位。建立健全失业保险制度，依法确保失业人员的基本生活。建立促进就业的政策支持体系，包括产业政策、投资政策、财政政策、税收优惠政策、金融政策、城乡统筹、区域统筹和群体统筹的就业政策。建立统一、规范的人力资源市场体系，面向所有劳动者的职业教育和培训体系，不断完善公共就业服务体系，建立劳动者公平就业制度和困难群体就业援助制度。

问题五：就业促进法关于公平就业作了哪些规定？

答：实行公平就业，反对就业歧视，保障劳动者的平等就业权利，是就业促进工作的一项重要原则。就业促进法规定，劳动者依法享有平等就业和自主择业的权利。劳动者就业，不因民族、种族、性别、宗教信仰等不同而受歧视。同时明确规定，各级人民政府应当创造公平就业的环境，消除就业歧视。用人单位招用人员和职业中介机构从事职业中介活动，应当提供平等就业机会和公平就业条件，不得实施就业歧视。国家保障妇女、少数民族劳动者、残疾人、农村劳动者、传染病病原携带者等特定人群的劳动权利。对用人单位和职业中介机构违反上述规定，实施就业歧视的，专门规定了受害劳动者的权利救济渠道。

问题六：在我国的就业服务体系中，既有劳动部门管理的劳动力市场，也有人事部门管理的人才市场，那么，就业促进法如何统一和规范"人力资源市场"？

答：为了培育和完善统一开放、竞争有序的人力资源市场，创造公平的就业环境，促进劳动者通过市场实现就业，就业促进法将劳动力市场和人才市场予以统一，称为"人力资源市场"。同时对公共就业服务机构和职业中介机构的有关问题作出了明确规定。

问题七：在加强对公共就业服务机构和职业中介机构的管理方面，就业促进法是如何规定的？

答：就业促进法规定，县级以上人民政府建立健全公共就业服务体系，设立公共就业服务机构，为劳动者免费提供就业服务；公共就业服务机构不得从事经营性活动；公共就业服务经费纳入同级财政预算；举办招聘会，不得向劳动者收取费用，并明确了违法行为应承担的法律责任。就业促进法还规定，要加强对职业中介机构的管理，完善设立职业中介机构的条件和许可程序；从事职业中介活动应当遵循合法、诚实信用、公平、公开的原则；不得利用职业中介活动侵害劳动者合法权益，并明确规定了四类禁止行为。

问题八：职业教育和就业培训对于就业促进具有重要作用，就业促进法作了什么相应的规定？

答：就业促进法规定，国家依法发展职业教育，鼓励和支持各类职业院校、职业技能培训机构和用人单位依法开展就业前培训、在职培训、再就业培训和创业培训；企业应当对劳动者进行职业技能培训和继续教育培训；建立健全劳动预备制度，对有就业要求的初高中毕业生实行一定期限的职业教育和培训；组织和引导进城就业的农村劳动者、失业人员参加技能培训、就业培训，增强其就业能力和创业能力。

问题九：对就业困难人员如何实施就业援助？

答：就业促进法规定，各级人民政府建立健全就业与再就业援助制度，采取税费减免、贷款贴息、社会保险补贴、岗位补贴等办法，通过公益性岗位安置等途径，对就业困难人员实行优先扶持和重点帮助。法定劳动年龄内的家庭人员均处于失业状况的城市居民家庭，可以申请就业援助，经确认属实的，应当为该家庭中至少一人提供适当的就业岗位，逐步消除"零就业"家庭。

问题十：如何做好就业促进法的贯彻实施工作？

答：各级人民政府和有关部门要把扩大就业放在经济社会发展的突出位置，依法履行在促进就业工作中的各项职责，建立健全促进就业的工作机制。劳动行政部门要对就业促进法的实施情况加强监督检查，建立举报制度，受理对违法行为的举报，并及时予以核实处理。充分发挥工青妇等人民团体的作用，形成全社会共同参与、齐心协力做好就业工作的局面。进一步加强社会领域立法，抓紧做好就业促进法配套法律、法规的制定工作，抓紧制定社会保险法等法律和相关法规。

（作者：全国人大法工委行政法室主任）

正确评价苏联模式

吴恩远

苏联解体后，对苏联社会主义建设70年历史即苏联模式成败得失的评价大体有两种：一是全盘否定苏联历史，如戈尔巴乔夫之流。还在1984年，戈尔巴乔夫在会见瑞士记者时，就说这个制度“一切都腐烂了，必须用民主化、公开性的手段促其变革”；一是持辩证分析的态度，既承认它曾经取得的辉煌成就，也指出其自身存在的严重弊端。

某些文章断定“苏联模式”“早已失败、早已被历史证明是一条死路”，这是完全不符合历史事实的！“早”到什么时候？列宁时期吗？以列宁为首的布尔什维克党所取得的十月革命的胜利，不仅奠定了苏维埃政权的政治经济基础，包括确定了国民经济计划化的原则，而且在沙俄帝国因专制制度的腐朽、资产阶级临时政府又不能解决俄国民众对“和平、土地、面包”的迫切要求而陷入绝境之时为俄国打出了一条生路。更为重大的意义是为全世界的无产阶级革命、包括中国革命指引了一条出路。

否定了十月革命，马克思主义与中国实际相结合而产生的中国特色社会主义就失去了基础，把这说成是“死路一条”怕是行不通。

“以计划经济为基础的苏联模式”在斯大林时期遭到失败吗？这是国内目前争论的一个焦点，近来国内也有不少文章抨击、否定斯大林模式。斯大林时期的苏联面临两个生死抉择：旧俄国是一个落后的国家，必须尽快实现国家的工业化、现代化，否则“落后就要挨打”；同时面临法西斯入侵的威胁，必须保卫国家的主权和领土完整。能否渡过这两个生死关是检验“斯大林模式”的唯一实践的标准。

斯大林模式到底对苏联社会经济发展起了推动作用还是“死路一条”，俄罗斯人的评价恐怕更值得注意，这毕竟是他们的经历，是他们的历史！与戈尔巴乔夫时期对斯大林模式的全盘否定不同，近年来俄罗斯对斯大林时期持正面评价的人高达一半以上。2007年1月，由俄罗斯列瓦达研究中心及美国学者共同对全国44个地区最新调查资料显示：超过一半的人认为斯大林是“英明的领袖”；2007年6月，在普京总统关注下通过的俄罗斯教科书中称“斯大林是苏联最成功的领导人”。

我们再看看俄罗斯学者的态度。2007年，俄罗斯科学院世界历史研究所研究室主任舒宾教授写道：“俄罗斯工业化现代化进程决定性的阶段是在30年代斯大林执政时期。斯大林体制确实具有严酷性，其严酷的程度甚至比资本原始积累阶段也毫不逊色。但只有这样才能集中掌握对于建设工业基础必需的资源，并奠定了苏联工业体制进一步发展的基础。”

2007年4月俄共中央主席团《关于伟大的十月社会主义革命90周年》的决议指出，“共产党人领导的苏联社会认识到斯大林关于必须在十年之内跨越主要资本主义国家用了不少于一个世纪才走完的那条历史道路的思想极为重要。土西铁路、第聂伯列宁水电站、马格尼托戈尔斯克钢铁联合企业成为体现在劳动中的忘我精神的象征。由于苏联人民的群众性的英雄主义和忘我牺牲精神，苏联才变成了一个强大的工业化大国”；“牢固的经济基础和政治基础，生产资料公有制的确立，为苏联人民取得伟大的卫国战争的胜利奠定了可靠的基础”。决议特别强调“国民经济有计划的发展”在实现工业化和卫国战争胜利中所起的巨大作用。

甚至联合国《世界银行》在关于世界工业化分析的总报告中也指出："相当清楚的是，苏联在工业化方面取得了巨大进展。根据西方经济学家的计算，苏联国内生产总值平均每年增长率从1929年到20世纪50年代中期（即整个斯大林时期——笔者注）为6.7％，1953－1965年为6.1％，1966－1970年为5.3％……这个报告还把第二次世界大战后20年间世界其他国家与苏联工业化的发展作了对比，指出：在工业化国家中除了日本和德国，以及所有非市场经济国家，增长速度都没有苏联快，增长持续时间也没有苏联长。

对历史事件的评价决不能离开当时的历史环境。事实雄辩证明：苏联如果不是利用"社会主义计划管理"的优势，能在一个落后的国家短期内集中调动国家有限资源实现工业化、打败法西斯侵略、拯救自己的国家吗？如果不顾这个全世界公认的历史事实，非要把这说成是"死路一条"，岂不是颠倒黑白？

当然斯大林在实现工业化过程中也有深刻教训，如全盘集体化时期强迫农民入社，对富农采取强制迁徙的做法，以及由于这些政策造成的1932－1933年、1946－1948年两次大饥荒上百万人因饥饿、疾病而死亡；对党内不同意见采取镇压、甚至大规模镇压的手段；排斥市场经济规律，长期把重工业、军事工业置于优先地位，以至影响轻工业、农业的发展和人民生活水平的提高；把工业化时期形成的高度集中的政治、经济体制固定化，致使社会体制僵化、缺乏活力，等等。对苏联工业化、现代化发展中的这些教训是应认真总结和汲取的。

斯大林之后50－80年代的苏联社会在苏联解体前后往往被称为"停滞时期"。但现在多数俄罗斯人对此表示了不同看法，指出"停滞"的另一面应当理解为苏联社会"稳定"发展的时期。他们认为勃列日涅夫时期经济发展的成就主要表现在：到70年代末城市化基本完成，城市人口从1960年全国的49.9％，1978年达到62.4％；1966－1971年工业产值扩大50％，建立起当时世界最大水力发电厂等等；建立完整社会保障体系：职工延长休假（实行每周5天工作日）、工资增长（从1968年月工资40－50卢布，到1980年的168.9卢布）、5年内5600万人免费获得住宅……所以，大多数俄罗斯人认为勃列日涅夫时期是生活最好的时期。

如果无视俄罗斯广大民众、国家领导人和俄罗斯共产党对苏联时期的评价，把苏联发展的道路或"模式"轻率地斥之为"死路一条"或"早已失败"，把苏联人民几十年忘我牺牲获得的成果和英雄主义的精神一笔勾销，这不仅完全有悖历史事实，也有点类似当今世界有人把一些国家称之为"流氓国家"、"失败国家"一样，这种"唯我独革"、"唯我独尊"的傲慢口吻，容易刺伤别国民族自尊。

当然，苏联社会在发展的同时，自身某些弊端（高度集中的经济管理体制、教条主义、特权阶层、脱离群众……）也日益严重，其中每一种弊端的发展都足以致命、否定自己。但如果说此时的苏联社会只有"死路一条"，或者已经"无可救药"则略显简单。因为同时其自身还存在"肯定"的一面，当时的苏联仍是世界上的超级大国。并不是说某个社会在某个时期存在弊端就一定灭亡。这里的关键在于当政者如何发扬成绩、克服弊端。而戈尔巴乔夫等人却恰恰缺乏这个能力，这才是导致苏联解体的根本原因。多次俄罗斯的民意调查表明：大多数俄罗斯人也是这样看的。

我们从来没有为苏联模式的弊端辩护，而且著文高度评价针对苏联模式的历次改革，更衷心拥护在中国特色社会主义旗帜指引下，冲破旧体制的束缚而取得辉煌成绩的改革开放路线！我们的根本态度是：必须对苏联70年的社会主义建设历史即苏联模式持辩证分析的态度，反对历史虚无主义。这样才能正确汲取苏联解体的教训！

（作者：中国社会科学院马克思主义研究院党委书记、教授）

再谈“周期率”与民主监督

林蕴晖

毛泽东与黄炎培先生1945年在延安关于共产党人能否跳出“周期率”的一段谈话，是一个早就为人耳熟能详的话题，在研究党的廉政建设课题中，就“周期率”作题目写的文章也不算少。但就党的现实状况而言，深感还有再谈的必要。

黄炎培先生当年与毛泽东的对话是：“其兴也勃焉。”“其亡也忽焉。”一人，一家，一团体，一地方，乃于一国，不少单位都没有能跳出这周期率的支配力。大凡初时聚精会神，没有一事不同心，没有一人不卖力，也许那时艰难困苦，只有从万死中觅取一生。既然环境渐渐好了，精神也就渐渐放下了。一部历史，“政怠宦成”的也有，“人亡政息”的也有，“求荣取辱”的也有。毛泽东回答说：我们已经找到了新路，我们能跳出这周期率。这条新路，就是民主。只有让人民来监督政府，政府才能不敢松懈。只有人人起来负责，才不会人亡政息。

从上世纪90年代以来，就党本身的建设而言，不能说党中央不重视、没有抓，90年代搞过“三讲”，新世纪开展了先进性教育；组织监督有：从党中央到各级党委的组织部门对干部年年有考核，从中央到地方各级纪律检查委员会对干部层层有监察。但从胡长青、成克杰，到现今的陈良宇、宋平顺，无一不是在贪腐中不断升迁，由此看来，仅靠思想教育和党内监督，是走不出“周期率”这个怪圈的。问题出在哪里？在于毛泽东当年所指的这条“新路”——“让人民来监督政府”，迄今没有很好地得到实现。所以，上海有些群众说，陈良宇在担任黄浦区长时就有问题，如有健全的民主机制，至少不会当到中央政治局委员才被揭露。

其实，问题并不复杂，早在新中国建立仅半年（1950年4月19日）的时候，党中央就曾作出过一个重要决定：《中共中央关于在报纸刊物上展开批评和自我批评的决定》，提出了“让人民来监督政府”的可行办法。其中说道：

其一，我们的党已经领导着全国的政权，我们工作中的缺点和错误很容易危害广大人民的利益，而由于政权领导者的地位，领导者威信的提高，就容易产生骄傲情绪，在党内党外拒绝批评，压制批评。在报纸刊物上展开批评与自我批评，是巩固党与人民群众的联系、保障党和国家的民主化、加速社会进步的必要方法。

其二，人民群众能够自由地在报纸刊物上发表他们对于党和人民政府的批评和建议（虽然这些批评和建议并非完全成熟和完全正确），有利于提高他们的觉悟性和积极性，吸引他们踊跃参加国家的建设事业。

其三，吸引人民群众在报纸刊物上公开地批评我们工作中的缺点和错误，并教育党员，特别是党的干部在报纸刊物上作关于这些缺点和错误的自我批评，在今天是更加突出地重要起来了。

其四，党中央要求：各级领导机关和干部，对于反映群众意见的批评必须采取热烈欢迎和坚决保护的态度，反对对群众批评置之不理、对批评者实行打击报复、嘲笑的官僚主义态度。决定强调指出：如果我们对于我们党的人民政府及所有经济机关和群众团体的缺点和错误，不能公开地及时地在全党和广大人民中展开批评与自我批评，我们就要被严重的官僚主义所毒害，不能完成新中国的建设任务。

为保障在报纸刊物上批评与自我批评得以

顺利而有效地进行，决定明确规定了几条有关责任和纪律：

凡在报纸刊物上公布的批评，都由报纸刊物的记者和编辑负独立的责任；读者来信中的有益的批评，凡报纸刊物能判断其为真实者，应当加以发表；投书者应将真实姓名住址告知报社，但报社得依投书者的要求代守秘密；批评在报纸刊物上发表后，如完全属实，被批评者应即在同一报纸刊物上声明接受并公布改正错误的结果；如有部分失实，被批评者应即在同一报纸刊物上作出实事求是的更正，并接受批评的正确部分；如被批评者拒绝表示态度，或对批评者加以打击，即应由党的纪律检查委员会予以处理；上述情事触犯行政纪律和法律的部分，应由国家监察机关和司法机关予以处理。

人民群众有权利在报纸刊物上公开批评党和政府的各级干部，报纸刊物的记者和编辑可以独立负责是否刊登，这才使民主监督不再是一句空话。

（此文载《中国党政干部论坛》2007年第10期）

关于实事求是"难"之探析

吴洪芹

真正做到时时事事、完完全全的实事求是并不是一件容易的事。从哲学的高度来看，实事求是之所以"难"，主要来自于认识客体的复杂性、认识主体的局限性和认识环境的制约性。客体的复杂性、主体的局限性和环境的制约性决定实事求是的艰巨性和长期性，同时也对党的各级领导干部贯彻执行党的思想路线的自觉性、主动性和创新性提出了较高的要求。

一、客体的复杂性、多样性和无限性决定个体认识的相对性

实事求是"难"既来自"纯客观事物"的复杂，更来自"人化了"的自然物和社会存在物的"非客观性"。无论哪类客观事物作为认识客体，人类只有透过现象，揭开掩盖着规律的那层面纱（包括现象、表象和假象），才能认识事物的本质，使客观规律变为真理。然而现象常常被表象甚至假象所取代、与本质相分离，本质和规律常常被假象所遮盖。透过纷繁复杂的现象、表象甚至假象，去揭示客观事物的本质就是人们正确认识规律、认识真理的过程。辩证唯物主义认识论告诉我们：这个认识过程是复杂、曲折的。在这个过程中，人们通过各种感官直接与外部世界接触，获得关于客观事物表面的、片面的、外部联系的认识，并在实践的基础上借助于思维对感性材料进行加工，获得对事物全面的、本质的、内部的认识，从而实现从感性认识向理性认识的飞跃。这个飞跃的正确与否关键取决于两个环节：一是感性材料是否十分丰富且符合实际，二是在对材料进行科学抽象中能否做到去粗取精、去伪存真、由此及彼、由表及里地改造。

一般说来，许多事物并不是通过一次调查、一次认识就能弄清楚的，从现象到本质、从不甚深刻的本质到更深刻的本质的认识总是要经过认识与实践的多次反复才能获得。即使如此，由于客观世界总是运动、变化、发展着的，客观存在着的一切事物在不同的时空中会不断发生着变化，客观事物及其规律也有一个逐步展开、逐渐暴露的过程，与此相联系，个体对本质的认识和深化也必然要经历一个过程。用已经得出的"是"能否适应已经变化了的"事"，也是检验实事求是的试金石。如果不能与时俱进，就会陷入经验主义。正因为如此，真理总是与错误相比较而存在、相斗争而发展。真理的这种隐蔽性决定实事求是"难"具有一定的"客观必然性"。

二、主体的局限性决定个体认识的有限性和真理的相对性

首先，主体的局限性来自于主体所处的时间与空间的历史局限性。任何认识主体都是生活在特定历史条件下的具体的、历史的个体，这个认识主体只能在其所处时空来认识世界，因而必然要受其所处时代科技发展、认识水平、认识环境的制约。

其次，主体的局限性来自于主体认识能力的局限性。主体的局限除受制于所处的时空，也受制于个体自身水平、能力、经验等个体素质。辩证唯物主义认识论认为，客观世界及其发展是无限的，人的认识及其发展也是无限的。但由于个体的认识能力是有限的，任何真理只是对无限宇宙的某一部分、某一片断的正确反映，同宇宙的无限存在及其无限发展相比，真理都是相对的，有条件的；同时任何真理只是对某

一对象特定方面、特定层次的正确反映，同这个对象的全部方面和整体相比，真理也只是相对的、有条件的。绝对的、无条件的绝对真理同相对的、有条件的相对真理是辩证统一的。

最后，主体的局限性来自于个体政治立场和价值取向的局限性。这种影响首先来自真理的主观性：一方面，由于评判和检验真理的实践存在时间、地点、局部、偶然、层次的局限，真理标准本身具有一定程度的主观性；另一方面，究竟什么是“是”？不同时代、不同社会制度和不同思想观念的主体会有不同的评判标准。其次，由社会关系决定的政治立场、阶级利益必然使认识主体具有不同的哲学理念和价值取向，从而对认识客体产生截然不同的认识结果。也就是说不同主体面对“实事”时，会因为各自政治立场、利益导向的不同而采取完全不同的态度。所以对同一事物才会出现“仁者见仁、智者见智”的情况。

三、环境的制约性直接影响认识的复杂性和真实性

这里说的环境包括自然环境和社会环境，但主要是以制度和体制为主的社会环境。不少文章认为，制度和体制问题是导致很多人特别是很多领导干部不能实事求是的主要原因。

一是民主集中制缺乏制度保证、党内民主缺失，导致很多领导干部不能做到实事求是。首先表现在决策的民主化、科学化不够，在决策内容与程序上缺乏明确具体的制度规定，一些部门和单位重大问题一两个人说了算的现象比较突出，影响了实事求是思想路线的贯彻落实。其结果是：或上级制定的路线、方针、政策本身就不是实事求是的，却要下边贯彻执行，下边自然难以实事求是；或政策缺乏稳定性和连续性，一个地方的经济社会发展战略经常随着党委、政府换届和制定“新规划”变来变去，弄得下面无所适从，严重影响基层按照实事求是原则开展工作。其次是在一些地方和部门缺乏一种实事求是的客观环境和气氛，主要领导民主作风较差，使下级和周围的同志不敢讲真话，不敢暴露自己的真实思想，甚至明明知道上级的意见不正确，也不敢提不同意见。

二是干部选拔任用和考核管理体制不完善，用人导向的偏差导致不实事求是的现象大量存在。我们现行领导体制、特别是干部体制在选人、用人机制方面还很不够完善，选人标准和程序不够科学、合理，“民主失灵”的现象时有发生，导致少数人甚至个别人就能决定干部的升迁和命运。于是，导致一些人的眼睛只盯着上边，下级只对上级负责，一旦上级领导的要求与实际不符，下级就很难实事求是。突出表现在一些地方考核干部时把实绩等同于数字，报喜得喜、报忧得忧现象严重，使一些干部见风使舵，更有甚者，为讨好上级弄虚作假而获得提拔，这样的现象无疑助长了不实事求是的歪风。因此，很多人并不是自己认识不到，而是怕说实话引起领导不满，甚至遭到打击报复而影响前程，因而不敢实事求是。

实事求是“难”的“客观必然性”只是告诉我们：由于客观事物及人们对它的认识都是一个复杂的过程，主观和客观、理论和实践达到完全统一是不可能的。但尽可能地一致，不犯完全脱离实践的错误则是完全能办到而且是应该办到的。认识的任务就在于不断地克服主观与客观、认识与实践之间的矛盾，求得它们之间的具体的历史的统一。为此，一要加强民主建设特别是改进党内民主，进一步完善体制和机制，为主观与客观相一致营造良好的氛围；二要不断提高认识主体的认知能力，增强党性原则；三要坚持辩证唯物主义的思想方法，始终坚持用联系、发展和辩证的观点来观察事物、分析矛盾、解决问题，始终坚持用马克思主义认识方法揭示事物的本质和规律，准确把握好事物发展的“度”。当全党同志都有践行实事求是的自觉意识并将其见之于实践了，党的实事求是的思想路线就能在实际工作中得到正确的贯彻落实。

（作者：国务院侨务办公室国外司司长）

健全行政责任体系　建设责任政府

许宗衡

近年来，我们深圳市按照职责、目标、监督、评估、问责五个要素，在健全行政责任体系、建设责任政府方面进行了积极探索和实践，取得了一定的成效。

这一行政责任体系的总体构想是：确定政府职责，明确内部责任分工，为全面履行政府责任奠定基础；实行目标管理，以目标管理统领政府工作全局；加强行政监督，充分发挥行政监督在行政管理过程中的预防和纠偏作用；加强考核评估，构建科学的评价机制，推动政府责任的层层落实；推行行政问责制，对失职失责行为给予惩戒，为政府责任的落实提供有力保障。在此基础上，实现对行政管理全方位、全过程的系统控制。2005年底，我们出台了《关于健全行政责任体系加强行政执行力建设的实施意见》等"1＋6"文件，从制度上构建了科学、刚性、可操作的行政责任体系。这个体系有两个显著特点：

一是形成了从责任设定到责任履行、责任监督、责任考核、责任追究的有机整体和完整链条。职责、目标、监督、评估、问责五要素不是简单的并列关系，而是具有逻辑和时序上的继承性和连续性，构成一个完整的行政责任链条。履行政府责任的前提和条件是明确职责划分。职责清晰后，就要促进行政部门履行职责。实践证明，实行可考核的目标管理是一个有效的方法，不仅有利于明晰政府各部门的责任，强化工作人员的责任意识，也有利于解决政府决策层与执行层脱节的问题，提高政府内部的执行力。目标确定后，部门将根据所设定的目标去执行，政府则对执行过程进行监督。行政监督是对部门执行全过程的系统控制，具有防止和纠正行政管理出现失误与偏差的作用。但行政监督主要是过程、程序上的监督，并不能保证结果的合理性。因此，有必要对执行结果及时进行考核评估。开展政府绩效评估，就是以公共责任和公共服务为理念，以群众需求为导向，以群众满意为目标，对政府行政绩效进行评估，并及时将评估结果进行反馈和运用，最大限度地提高行政绩效，努力实现公共利益的最大化。考核评估后，就要进行责任追究，对失职失责行为作出否定和制裁，保证行政责任的正确履行。

二是形成了具有反馈控制功能的闭环系统。上述行政责任链条并不是单纯的连续性关系，还通过调校机制具备了反馈功能，形成了两个闭环。一个是从绩效评估反馈到责任设定和目标管理的闭环。首先根据管理效率、服务质量和群众满意程度等方面情况，对政府部门管理过程中投入、产出、中期成果和最终成果的绩效进行考核评估。然后根据评估结果，及时对政府职能、部门责任、工作目标进行调校，使职能更加明确、责任更加清晰、目标更加合理，从而提高行政行为的绩效。另一个是从责任追究反馈到部门执行的闭环。通过对失职失责行为的责任追究和履职优秀行为的激励，促进部门和工作人员增强责任心，更好地履行职责。这两个闭环都应同时具有正、负反馈的功能，通俗地讲，就是奖勤罚懒。

按照上述思路，我们主要从五个方面构建行政责任体系：

（一）职责设定。从三个方面着手，科学合理界定政府职能，明确政府内部责任划分：一是积极推进行政体制改革。在社会主义市场经济条件下，政府主要履行经济调节、市场监管、社会管理和公共服务的职能。我们以精简、统一、效能以及决策、执行、监督相协调为目标，先后进行了七次行政管理体制改革，不断优化政府机构设置，科学合理界定政府职能，理顺政府内部权责关系。二是理顺政府部门职能分工。积极解决职能交叉、权责分离、多头多重执法、运作不畅等问题，对政府部门之间职能交叉重叠、职能不够明确的事项进行调整，努力实现政府内部责任的明晰化。三是科学划分市、区、街道事权。理顺政府纵向关系，弱化基层政府的经济管理职能，强化其社会管理和公共服务职能，实现管理重心下移。

（二）目标管理。在政府系统全面推行"目标明确、责任清晰、制度保障、绩效考核"的目标管理，使每一项工作都有目标要求，有责任主体，有工作进度，有监督考核。一是实行层级责任目标管理。每年初，根据市委市政府重大决策、全年重点工作和重大项目等，制定不同层级的目标管理责任书，将每一项工作任务详细分解到各部门、各级政府、各级领导、各级工作人员。政府监察督查部门对照责任书的内容，进行检查督办。二是推行部门责任白皮书制度。2006年，我们在与市民生活息息相关的食品药品监督等5个部门试行部门责任白皮书制度，按年度向社会公布部门职责、工作任务、工作目标、进度要求，以及上一年度工作目标任务的完成情况，接受社会监督。今年，将白皮书的实施部门扩大至16个，并对各部门完成白皮书确定目标任务的情况进行考核。三是建立公务员职位说明书制度。为实现岗位责任链接的无缝化，在全市机关实施职位说明书制度，为不同岗位的公务员制定职位说明书，作为公务员录用、考核、培训、选拔及奖惩的重要依据。同时，出台《非领导成员公务员考核办法》，加强对公务员的日常考核。

（三）行政监督。坚持行政权力运行到哪里、监督就到哪里，财政性资金支出到哪里、审计就到哪里，公共服务提供到哪里、绩效评估就到哪里的原则，不断探索，大胆创新，初步建立了一套全方位、多层次的行政监督机制。一是加强独立运作的行政监察机关建设。早在1987年，我们就成立了行政监察机关。在全国普遍实行纪检监察机关合署办公后，深圳行政监察机关继续保持独立运作的体制，在促进依法行政，保证政令畅通，改善行政管理，提高行政效率等方面发挥了积极的作用，成为深圳行政监督的一大亮点。二是建立健全行政监督沟通协作机制。整合政府监督资源，建立由监察机关牵头，财政、审计、法制、人事等部门参加的行政监督联席会议制度，以及财政、审计、法制部门、政府督查机构向监察机关的移送处理和联合检查制度，完善了行政监督的链条。三是完善纵向行政监督网络体系。推进全市各层级行政责任追究制度的建立和落实，形成纵横交错、上下相通，覆盖全市各领域、各层级的严密、高效、强大的行政监察监督网络体系。四是自觉主动接受外部监督。坚持向人大及其常委会报告工作制度，主动向政协通报重要工作情况，积极邀请人大代表和政协委员对政府行政执行力和廉政建设情况进行检查评议。大力实施"阳光工程"，通过各种形式，将发展规划、重大决策、工作目标、依法应当公开的突发事件及处理情况等向社会公布。五是积极创新行政监察方式。加快推进电子政府建设，运用信息化手段开展行政监察，提高行政效能。开发建设了行政审批电子监察系统、重大投资项目审批电子监管系统等，使行政监督由软约束转变为硬约束，增加了行政审批透明度，提高了行政审批效率。

（四）绩效评估。积极推进建立政府绩效评估体系，按照以人为本、提高效率的宗旨，将市委市政府年度重大工作、重大政策、重大改革、重大投入、效益深圳、民生净福利等指标体系，以及各部门、各级政府履行法定职责、完成工作任务等情况结合起来制定评估指标，按照横向比较、纵向比较、专项工作评估等方式，采用内部评估和外部评估相结合的方法，运用现代管理信息技术手段进行综合评估。评估结果作为评估各级政府及其部门行政绩效、推进政府体制改革、实施行政问责的重要依据。我们把2007年确定为“行政绩效年”，根据“总体规划、先易后难、试点先行、分步实施”的思路，选择16个政府职能部门及全市6个区作为政府进行绩效评估的试点单位，力争2008年上半年将绩效评估覆盖所有政府职能部门。

（五）行政问责。积极建立和推行行政问责制，推动工作责任的落实，提高政府的执行力和公信力。一是建立健全行政责任追究制度。2001年，我们制定颁布了全国第一部行政过错责任追究办法。2005年出台了《深圳市人民政府部门行政首长问责暂行办法》、《行政过错责任追究办法》、《深圳市实施行政许可责任追究规定》，这三个办法形成了一套比较完整的问责法规体系。二是构建全市行政过错投诉处理网络。健全行政过错投诉处理机制，建立行政过错责任追究的备案备查制度和统计分析制度，形成了对行政责任追究工作齐抓共管的机制和覆盖全市的行政问责网络。三是建立重大事故事件政府部门责任检讨制度。出台《深圳市政府部门责任检讨及失职道歉暂行办法》，规定凡是发生安全生产、食品安全、环境污染、公共卫生、社会治安等方面的重大事故事件，负有管理责任的政府部门必须在20个工作日内就行政措施是否适当、管理制度是否缺失等完成检查工作，有失职行为的，应向公众公开道歉。四是严格责任追究，加大行政惩戒力度。2005年以来，在全市范围内掀起“责任风暴”，大力实施“治庸计划”，增强干部责任意识，加强责任监督，严格执行有责必究的“埋单制”，在全市产生了极大的反响，提高了政府的威信。

（作者：中共广东省深圳市委副书记、市长）

重温马克思“重建劳动者个人所有制”的思想

李光远

一

在最近关于民主社会主义的讨论中，有人认为马克思所说的“重建个人所有制”就是主张恢复私有制。这种观点是没有根据的。

取代资本主义私有制的社会主义公有制，必然是联合起来的劳动者个人的共同所有制，即重新建立的不同于过去的小私有制的全体劳动者的个人所有制，这是马克思和恩格斯一贯坚持的思想。早在1845年马克思和恩格斯合写的《德意志意识形态》中，就着重提出并详尽地论述了这个思想，在以后的其他许多重要著作中又多次重述。大家熟知并常常引用的《资本论》第1卷中的那段话，是其中之一。这段话是从德文翻译过来的。在1872年马克思亲自修订并认为“在原本之外有独立的科学价值”的法文版中，这段话有改动，最后一句话的两个关键词“私有制”和“个人所有制”的前面都加了“劳动者的”这样一个定语。这段话按法文版翻译应为：“从资本主义生产方式产生的资本主义占有方式，从而资本主义的私有制，是对个人的、以自己劳动为基础的私有制的第一个否定。但资本主义生产由于自然过程的必然性，造成了对自身的否定。这是否定的否定。这种否定不是重新建立劳动者的私有制，而是在资本主义时代的成就的基础上，也就是说，在协作和对土地及靠劳动本身生产的生产资料的共同占有的基础上，重新建立劳动者的个人所有制。”马克思做这样的修改，突出了“重建劳动者个人所有制”这个命题的两层含义：一，明确社会主义公有制的历史定位。资本主义剥夺了个体农民和手工业者等劳动者的生产资料，使他们沦为一无所有的无产者；社会主义公有制使他们重新成为生产资料的所有者，这不是使历史倒退，“不是重新建立劳动者的私有制”，而是开创历史新篇，使劳动者联合起来成为生产资料的共同所有者，人人都成为非私有的所有者。二，明确社会主义公有制的基本属性。这种公有制不属于任何别的什么人，只属于联合起来的劳动者个人，劳动者个人在联合中，通过联合成为生产资料所有者即生产的主人。

马克思和恩格斯曾用多种不同的话语表达这一思想。例如，“随着联合起来的个人对全部生产力的占有，私有制也就终结了”；“把资本变为公共的、属于社会全体成员的财产”，“全部生产集中在联合起来的个人的手里”；“把现在主要用作奴役和剥削劳动的手段的生产资料、土地和资本完全变成自由的和联合的劳动的工具，从而使个人所有制成为现实”；“生产的物质条件是劳动者自己的集体财产”；“把生产资料转交给生产者公共占有”；“联合起来的社会个人的所有制”；等等。

上引《资本论》那句话里说的“不是重新建立劳动者的私有制”，当时有很强的针对性。那时一些小资产阶级社会主义者和无政府主义者同情农民、手工业者等个体劳动者丧失生产资料的悲惨命运，为之痛哭流涕，以为解救之道唯有恢复他们的私有制。马克思和恩格斯认为这是违反历史发展规律的空想，因为个体劳动者的私有制阻碍社会化生产力的发展，被资本主义吃掉是必然的；而现代社会化生产力的发展，决定了劳动者个人只有联合起来实行共同所有即公有制，才能重新成为生产资料的所有者和生产的主人。一些无政府主义者攻击马、恩关于共产主义公有制的设想，说那是使“社会升为最高所有者”而“对个人进行的第二次掠夺”，会使“这一社会的全体成员……立刻都变为乞丐和游民”。马、恩把他们所主张的公有制定位和定性为重新建立劳动者的个人所有制，可以看做是对这种攻击的回答。

马克思、恩格斯对于取代资本主义社会的新社会的所有制，有许多不同的称谓，大约不下二十几种。按照各种称谓的主要涵义，大致可分为公有(或共同所有)、社会所有(或集体所有)、个人(劳动者或生产者或社会成员)所有三类。三类提法各有侧重，互相补充，互相解释。公有，侧重于强调对私有的否定；社会所有，强调非单独的分散的个人所有；个人所有，强调联合中的每一个劳动者都处于所有者的地位，都是生产的主人。对于“公有”，可有一问：公有属谁所有？答：属社会所有；再问：社会是谁？答：社会就是联合起来的劳动者个人。概括起来说，摆脱了资本主义剥削的劳动者们联合起来，组成社会或集体，对社会化的生产资料实行共同所有，这就是社会主义公有制的本质属性。

说社会主义公有制属于联合起来的劳动者个人共同所有，每一个劳动者都是所有者，基本的根据是：公有制经济的利益全部归于联合起来的全体劳动者个人，由他们分享或共享，没有任何一部分归于别的什么人；公有制经济的管理和运作，完全服从全体劳动者个人而不是任何别人的意志。马、恩设想的公有制社会，人人都是劳动者，管理者也是劳动者，不过是受联合起来的劳动者的委托和授权，代表大家执行管理职能而已。

建立公有制所面临的实际情况和问题比理论设想要复杂得多。只有劳动者个人作为所有者的权利能够得到真正的实现，才能确认他们在公有制中真的是处于所有者的地位，是真正的主人。只有这样，公有制才名副其实，才具有取代资本主义私有制的合理性和优越性。公有制中劳动者个人作为所有者的各种权利的实现方式有所不同，但都应该是具体的、实实在在的。有些权利由各个人分散地行使，例如领取劳动报酬、福利收入和消费；有些要集体地行使，例如共同劳动和共同选择监督管理者以及共同作出某些重大决策；有些委托一定的组织和人员行使，例如经常的管理、经营、宏观调控。这些权利的分配和委托的体制及其运行是否合理而有效，直接关系着劳动者个人作为所有者的权利能否落实。全面落实劳动者作为公有制和新社会的主人的权利，是开创历史新纪元的大课题，其艰巨、复杂的程度在人类历史上是空前的。它关涉到人民的政治、经济、文化、社会生活的方方面面，既有制度性的问题，又有制度的执行、贯彻问题。多年来，我们坚持的以社会主义自我完善为目标的经济和政治体制改革以及一切为民谋利的政策、措施，都是为把劳动者作为主人的权利落实并逐步扩大。经验证明，没有劳动者个人的民主权利，就没有真正的社会主义公有制。

二

一些人受私有制社会流行观念的影响，局限于用狭隘的法权观念来看待所有制问题。法权意义上的所有，即所有权，是指法律所认可的某人按照自己的意志排他地占有和支配某物的权利。这种观念对于说明人对物的权利是合理、有用的，有普遍的适用性。但是，这种观念不讲历史条件，不看人们在生产关系中处于什么地位，不能说明历史上各种所有制的区别。《马克思恩格斯选集》中这样表述：“要想把所有权作为一种独立的关系、一种特殊的范畴、一种抽象的和永恒的观念来下定义，这只能是形而上学或法学的幻想。”马、恩研究人类历史上所有制关系的演变，“不是把财产关系的总和从它们的法律表现上即作为意志关系包括起来，而是从它们的现实形态即作为生产关系包括起来”。这样理解的财产关系或所有制，是指以历史上一定时期存在的劳动者与生产资料不同的结合方式和产品占取方式为核心内容的经济关系。如马、恩所说，“分工发展的各个不同阶段，同时也就是所有制的各种不同形式。这就是说，分工的每一个阶段还决定个人的与劳动材料、劳动工具和劳动产品有关的相互关系”。资本主义所有制是指占有生产资料的资本家和失去生产资料的雇佣劳动者在生产中的关系，即资本家不断地占取雇佣劳动者创造的剩余价值的经济关系。脱离这种经济关系，仅仅看资本家对他们的机器、厂房的法律上的所有权，不可能懂得什么是资本主义所有制。从法律形式上看，资本家对他的资本，可以实行家族成员“共有”，或与合伙人“共有”，也可以众多股东们“共有”，但只要生产过程中资本剥削劳动的关系不变，就仍然是资本主义所有制，而不能说成是公有制。按照马克思、恩格斯的观念，只有劳动者们联合起来共同占有生产资料，共同生产，共同分配全部劳动成果这样的生产关系，才能称为公有制。恩格斯在《共产主义原理》中就是这样来界定公有制这种生产关系的：“共同使用全部生产工具和按照共同的协议来分配全部产品，即所谓财产共有。”只有把公有制理解为这样一种生产关系，才能懂得联合起来的劳动者个人共同所有的含义，明确个人成为共同所有者的含义。

按照传统的私有制观念，一个人要成为某个物品的所有者，除了使这个物品归他私人拥有（或自己直接占有，或作为自己的资本，拿去将本取利）之外，没有别的途径。除了成为私有者，个人不可能成为所有者。马克思指出，这种观念是私有制的产物，“私有制使我们变得如此愚蠢而片面，以致一个对象，只有当它为我们拥有的时候，也就是说，当它对我们说来作为资本而存在，或者它被我们直接占有，被我们吃、喝、穿、住等等的时候，总之，在它被我们使用的时候，才是我们的”。这种观念反映了私有制社会的现实。在那里，不属我私有的东西，我不会看做是我的东西。当劳动者从资本主义私有制的剥削下解放出来，建立起社会主义公有制之后，这个观念就过时了。一无所有的无产者变成了生产资料的主人即共同所有者。他们亲身感受到自己的地位的变化，自觉地以主人的态度对待劳动和公有财产，自豪地把共同所有的财产当做我自己的财产来维护，把为集体劳动当做为我自己劳动。我国上世纪50年代初期和俄国十月革命胜利初期，工人阶级高扬这种主人精神，克服了多么巨大的困难，创造了多少可歌可泣的英雄事迹！这种主人精神深刻地反映了公有制的实质，预示着公有制发展的大方向。但是，要真正建设好马、恩所设想的公有制，使每个劳动者都确实成为生产的主人，要经历一个相当长的历史过程，不仅依赖于生产力发展的水平，而且需要解决许多复杂的政治和经济的体制问题及思想问题。私有制几千年流传下来的那种愚蠢而片面的观念根深蒂固。不仅有人会用它作思想武器来反对和破坏公有制，而且许多劳动者，包括管理者，也难以完全摆脱它的影响，以致有时会产生错觉，以为管理者就是所有者，可以不受监督和约束，漠视普通劳动者作为所有者的权利。这种错误的理解和做法严重妨碍公有制的健康发展，销蚀劳动者的主人精神。

胡锦涛同志在“6·25”重要讲话中指出：“要坚持和完善公有制为主体、多种所有制经济共同发展的基本经济制度，毫不动摇地巩固和发展公有制经济，毫不动摇地鼓励、支持、引导非公有制经济发展，形成各种所有制经济平等竞争、相互促进新格局。”我们要在坚持社会主义基本经济制度和经济体制改革的同时，积极稳妥地推进政治体制改革，发展社会主义民主政治，把劳动者个人作为公有制的所有者和主人应有的一切权利落到实处。同时也要加强马克思主义的理论宣传和思想工作，逐步破除传统的私有制观念，树立和普及全新的所有制观念。这两方面的任务都十分艰巨复杂，需要坚韧不拔地长期奋斗。

（此文载《求是》2007年第16期）

欧洲发达国家共产党意识形态的变化

姜　辉

对于任何政党来说，思想理论即意识形态的变化都是其实践活动变化的先声，引导政党发展的方向，直接影响政党的前途命运。苏东剧变后，欧洲发达国家非执政的共产党，为适应发达资本主义国家政治、经济和文化的新变化，为捍卫生存和谋求进一步发展，对自己的理论纲领进行调整。其意识形态的变化围绕当代世界社会主义运动的一些最基本的问题而展开。

一、指导思想：是一元还是多元

马克思主义是否还是党的指导思想？对于这个问题的回答，大体有两种类型：

一些共产党，如希腊共产党和葡萄牙共产党，仍然强调以马克思列宁主义为指导思想。希腊共产党认为自己必须以马克思—列宁世界观为指导。马克思主义作为科学理论被证明是超越时空的，作为分析、认识和革命性地变革社会的工具起着不可替代的作用，党要在总结工人运动和人民运动经验的基础上努力掌握并创造性地发展这一理论。葡萄牙共产党仍然坚持自己的理论基础是马列主义，认为马列主义是辩证唯物主义的世界观，是科学分析现实的工具，是行动的指南，认为马列主义是在实践中不断丰富、更新和发展的，并对新事物、新情况、新进展和新的发展动向作出回答。新英国共产党、芬兰、挪威、瑞典、丹麦等国的共产党，也都强调仍然坚持马克思主义理论为指导，并主张把马克思主义与本国斗争的实际相结合。

另一些共产党，如法国共产党、西班牙共产党和意大利重建共产党等，则一般只提马克思主义或马克思的理论，不认同列宁主义。如西班牙共产党早在1978年第九次全国代表大会上，就以多数票通过了取消“列宁主义”的提法，目前认为马克思主义仍是党的理论来源，是工人运动的指导思想，但不是唯一的，并认为马克思主义要随着形势的发展不断补充新的内容。法共和意重建共则强调指导思想的多元化，马克思主义是党的思想来源之一，认为马克思的早期学说，特别是人文主义思想，是马克思主义的精华。这一类型的共产党存在着把马克思主义归结为抽象人道主义的倾向，用抽象的自由、民主、博爱、人道等概念取代马克思主义的革命性内容。如法国共产党认为自己倡导的“新共产主义”的实质就是人道主义，法共的政策就是人道主义政策，以人为中心。

二、社会主义：是制度建构还是价值追求

对社会主义的内涵和基本特征的认识，是欧洲发达资本主义国家共产党进行社会主义理论新探讨的前提，它决定了对其他问题的认识取向和思考维度。目前欧洲发达国家共产党对这一问题存在两种并存的趋向：

一是认为社会主义或共产主义仍然是代替资本主义的具有明确特征的社会制度，具有政治、经济、文化等实质上的特征。如希腊共产党和葡萄牙共产党等，就侧重强调这方面，认为社会主义在政治上，工人阶级与其同盟军合作夺取政权，建立工人阶级性质的政权；在经济上，实现基本生产资料社会化和计划经济，计划经济为社会主义建设的基本法则服务，实行按劳取酬的社会主义原则；在社会领域，彻底改变资本主义的社会关系，等等。

二是超出传统社会主义理论的框架，更多

地强调民主、自由、公正和人道主义等价值要素，并认为社会主义就是这些价值的实现，并强调社会主义是一种运动和过程。比如，尽管法国共产党认为自己倡导的“新共产主义”仍然是“另一种社会组织”，但主要强调实现“新共产主义”是一种“社会变革进程的观念”。“法共不赞成那种为了‘建设’一个在理论上事先设计好的新社会而‘消灭’现有社会秩序的做法。法共主张的超越资本主义是一个‘过程’。”这些共产党对社会主义和共产主义的认识侧重“过程”和“价值”。同时它们还努力把自己同社会民主主义政党区别开来，声明自己的纲领与社会民主党改良性的价值主张是不同的，以表明自己作为一种独立政治力量的地位。

三、共产党：是阶级的党还是全民的党

在对共产党的性质和作用的认识上，欧洲发达国家共产党也大体上有两种类型：

一种是坚持传统的马列主义政党理论，认为自己是工人阶级的利益代表和先锋组织，但特别强调同时代表其他劳动者以及受资本主义剥削和压迫的所有阶层的利益；许多共产党在党章中直接写入党是工人阶级和全体劳动阶级的党。如葡萄牙共产党新党章中指出，葡萄牙共产党是无产阶级政党，是工人阶级和葡萄牙全体劳动者的政党。希共继续强调它是工人阶级先进的、有觉悟的、有组织的队伍，同时强调社会主义建设不单是执掌政权的革命先锋队的事业，共产党必须依靠工人阶级和全体人民。其他一些欧洲共产党，如芬兰共产党、挪威共产党、新英国共产党也重申自己是马列主义的政党和工人阶级的领导组织。

另一种是不再坚持马克思主义关于共产党建设的理论，认为共产党是国内全体“公民”或“国民”的群众性的党，是反对资本主义的一切进步力量的联合组织。它们不再把自己视为阶级的党，认为党要重新塑造形象，改变过去的存在模式，成为自由开放的政治组织。奉行“新共产主义”的法共是这一类型的代表。它认为，今天应该变革有关党的作用的传统观念，不宜自称是“领导党”。党必须适应新形势的挑战，同所有希望改造现行社会的组织和个人对话，共产党不是“让群众跟随自己，团结在自己周围”，而是和全体公民“共同思考和探索”，共产党的作用泛化为对社会的“有用性”。意大利重建共产党在党的性质和作用问题上，有同法共类似的地方。它宣布自己是一个新的群众性政党，是“意大利工人阶级、劳动者、所有男女青年、知识分子和公民的一个自由的政治组织”。它目前强调党的革新和开放，改变过去党存在和活动的方式。“开放要求我们抛弃党与社会之间的一维关系，建构一种多维关系”。“永远抛弃党以革命先锋队自居的态度，向各种运动开放，向各种斗争经验开放，向不同的抗议文化开放”。

与这两种类型相应的是，前一种仍然坚持民主集中制原则，而后一种不提或公开放弃民主集中制原则，认为党奉行“民主原则”。

四、变革主体：是工人阶级还是全体公民

工人阶级还是不是实现社会主义变革的主体？如果是，是领导性的，还是多主体中的平等一员？围绕对这些问题的回答，欧洲共产党中有的仍然坚持工人阶级领导性主体论，而变革幅度较大的共产党则倡导广泛多元主体说。

前者在当今条件下坚持工人阶级是实现社会主义变革的领导性主体力量，但大多根据时代和环境的变化，对工人阶级的主体地位作出新的论证，同时把“工人阶级和全体劳动者”并列起来表述社会主义变革主体。这些党基本上坚持马克思列宁主义的理论，强调同其他阶级的结盟，争取团结最大范围内的社会进步力量。如葡共、希共和北欧地区的一些共产党等。

后者则抛弃工人阶级领导性主体论，而认为全社会一切进步力量是实现社会变革的平等广泛的主体。如法国共产党在“新共产主义”理

论中，摈弃了“工人运动中心主义”，认为“新共产主义”不是要求优先考虑某一个阶级的利益，而是围绕这一目标，把一切身受资本主义之害的多种多样的人们联合起来。法共提出了“公民干预”的新主张，认为这种干预就不需要有一个第三国际式的党。它认为长期以来，工运和共运怀疑“公民”概念，宁可使用“劳动者”、“人民群众”和“工人阶级”等概念，并且把“阶级斗争”归于“革命者”所有，关于“人”和“公民”的“甜言蜜语”则属于资产阶级所有。这样就把“公民性概念固有的那些‘权利’和‘自由’拱手送给统治阶级”。持类似立场的还有意大利重建共产党和西班牙共产党等。这些党已不在传统的阶级分析的范围内讨论问题，其意旨是要根据发达资本主义国家社会结构和阶级结构的变化，扩大共产党和社会主义的社会基础。它们往往具有从阶级的、革命性的党转变为全社会的、议会选举党的趋向。

五、变革方式：是议会选举还是群众斗争

如何正确处理议会内竞选和议会外斗争的关系，是西欧共产党面对的一个重要问题。由于共产党在不同的时期对二者的偏重程度不同，在很大程度上影响着共产党的路线、政策和实践活动结果。通过议会和平民主的道路走向社会主义，是欧洲发达国家绝大多数共产党的共识。但另一方面，共产党作为“左翼中的左翼”，停留在议会内的竞选争夺是不够的，只有在议会外充分、广泛地发动和领导群众运动，才能有效地同右翼进行斗争，才能把自己同其他政党区分开来，塑造自己独立的形象和地位。“欧洲共产主义”时期，多数欧洲共产党仍然认为议会外的群众运动是重要的，强调把议会斗争与议会外群众运动结合起来，这种立场坚持了马列主义的革命策略原则。苏东剧变后，如法共、意重建共等变化幅度较大的共产党，努力以新的形象吸引和赢得民众的支持，可以说在议会内与议会外斗争上都取得了一定的成绩。但它们面临的突出问题是：为适应议会选举的需要而淡化了许多标明自己独立身份的东西，忽视了议会外的群众运动和斗争。同时，这种做法也失去了许多下层选民，他们转而投了其他更激进政党的票。这也是近年来欧洲左翼政党选举失利的一个原因。

目前，法共、意重建共等对自己苏东剧变十余年来的政治活动进行反思。法共在三十二大上，要求法共在今后把人民运动提高到法共战略的首要地位，认为从 1997 年法共参政以来，与社会党靠得太近，越来越显得是“社会党的左翼”，丧失许多法共自己的特征，这是法共大选失败的主要原因之一。因此，法共要汲取教训，在任何时候都要把发展人民运动放在法共工作的首要地位。意重建共发表文章指出，党的注意力从议会政治领域转向社会政治领域，从对参加政府的重视转向对社会力量、群众运动和斗争的重视。

欧洲共产党当前意识形态各方面的变化调整，是它们适应国际国内形势的需要，有利于巩固自己的存在和谋求进一步发展。但它们在理论政策的变化调整过程中，尚有许多问题需进一步解决。例如，如何正确处理保持党的独特身份和独立行动与扩大社会支持之间的关系，使党不至于淹没在资本主义主流政治的“游戏规则”中难有作为；如何在实际行动中区分革命性政党和改良性政党，确立和巩固自己“左翼中的左翼”的地位；如何处理好党的具体政治行动策略和党的长远发展战略之间的关系，使党的政治活动和斗争具有原则性和连续性。尽管一些共产党已不再把马克思主义作为自己的主导性指导思想，但马克思和恩格斯在一个多世纪以前告诫当时欧洲工人阶级政党的话，今天仍具有现实意义。他们当时这样强调：“工人的政党不应当成为某一个资产阶级政党的尾巴，而应当成为一个独立的政党，它有自己的目的和自己的政治。”的确，没有“自己的目的”和“自己的政治”的任何政党，都难以有长远发展。

（作者：中国社会科学院办公厅副主任、研究员）

世界社会主义运动的现状和走势

中央党校邓小平理论和“三个代表”重要思想研究中心

上世纪八九十年代之交发生的苏东剧变，在世界范围产生了强烈的震荡，这是社会主义所遭遇的前所未有的重大挫折，而非社会主义的“历史终结”。在经历了一个重新分化组合的过程之后，社会主义从90年代中期结束“震荡期”，进入“调整期”，并在总体低潮中出现了局部复兴。

一

苏东剧变以后，在一些国家，共产党顷刻之间丧失执政地位，于是出现了反共高潮。在高压的政治气氛中，苏东各国共产党发生分裂，党的主体部分纷纷易帜，普遍改为社会党或社会民主党，而后相继参加了社会党国际。但是苏东剧变并未带来人们所期盼的繁荣和发展，许多国家社会动荡、政局不稳、经济滑坡，引起人民的强烈不满，于是通过大选，出现了右翼和左翼势力轮流执政的局面。

回顾一个多世纪的国际社会主义运动史，一个党在遭受挫折之后，都要进行一次认真总结，但这种总结往往是局部性的。这次与以往不同，由于社会主义运动遭受的挫折过大过重、伤筋动骨，因而这种总结几乎是世界性的。当然，首当其冲的是前苏东地区的共产党。经验教训总结得如何，直接关系到这些党今后的成败和前途命运。在经受苏联解体、苏共覆灭严峻考验以后站稳了脚跟并重新崛起的俄罗斯共产党，通过深刻总结苏东剧变的历史教训，提出“革新社会主义”的理论，强调党的指导思想和奋斗目标是“以创造性发展马克思列宁主义为基础，目的是建立社会主义——社会公正、集体主义原则、自由和平等的社会”。俄共现有党员60多万，是俄罗斯第一大党，近几年其影响力虽然有所下滑，但在俄政治生活中仍然具有重大的作用。

近些年来，在俄罗斯，还出现了群众性的对苏联历史的反思。斯大林逝世以后，赫鲁晓夫在苏共二十大上全盘否定斯大林，开了否定苏联社会主义历史的先例。到20世纪80年代后期，戈尔巴乔夫推行“民主化”、“公开性”，在“反思70年苏联历史”、“不留历史空白点”的口号下，掀起了“历史虚无主义”狂潮，开始重点批判斯大林，接着批判的矛头由对准斯大林转向列宁、十月革命和社会主义制度，转向所谓“原罪”马克思，为国内外敌对势力颠覆苏联社会主义制度打开了缺口。苏联解体后，俄罗斯从一个超级大国骤然降为二流国家，经济、政治、社会等各方面每况愈下。500年来的历史中，俄国从来没有像今天这样衰弱。通过现实和历史的对比，俄罗斯的社会思潮从右往左转，人们普遍产生怀旧情绪，怀念社会主义苏联，反思苏联历史。根据俄罗斯民意调查机构的调查，多数人不仅肯定当今的普京时期，而且也肯定十月革命和列宁、斯大林时期，对苏联解体表示惋惜和痛心。2004年3月，俄罗斯教育部再版发行《联共（布）党史简明教程》，将其作为俄罗斯高等学校师生的历史参考书，并邀请著名历史传记学者麦德维杰夫撰写了题为《斯大林与〈联共（布）党史简明教程〉》的长文作为后记附在书后。上述事实充分表明，在俄罗斯，正在掀起一个重新评价苏联历史的潮流，俄罗斯人民在觉醒。历史是不容歪曲的，时间越长，人们对历史的认识就越加深刻，评价就越加客观和公正。

二

苏东剧变，直接受打击的是苏东国家的共产党和社会主义制度，与此同时，西方发达国家的共产党也受到很大冲击。剧变初期，一些党改为社会民主党，一些党发生分裂，一些党销声匿迹，但也有一些党坚持下来，在总结经验、调整政策和创新理论的基础上继续进行新的努力。20 世纪 90 年代前 5 年，为了总结苏东剧变的历史教训，西欧六国（法、意、希、西、葡、德）共产党多次会晤，召开一些国际性的理论研讨会。法共通过总结历史经验，继续坚持马克思主义，坚持共产主义奋斗目标，但彻底否定苏联模式，提出以“新共产主义”取代“法国色彩的社会主义”。他们认为，在资本主义与马克思、恩格斯所设想的共产主义之间不存在一个社会主义的过渡阶段，主张超越资本主义，在现有的资本主义社会的框架内实行深刻的社会变革，发展现有社会的“成果、需要和潜力”，反对“为了金钱而金钱”的资本主义逻辑，否定乃至取消资本主义的“剥削、异化和统治”，以过渡到“另一种社会组织”。

从 20 世纪 90 年代中期以后，西方发达国家悄悄出现了一波又一波的“马克思热”。西方左翼学者组织了多次大型国际学术研讨会，如在法国巴黎召开的几届马克思大会，纪念《共产党宣言》发表 150 周年的国际大会；美国纽约等地召开的几届世界社会主义学者大会，2000 年的马克思主义大会；英国的“96 伦敦马克思大会”等。每次会议都盛况空前，少则 1000 多人，多则达到 6000 人以上。马克思主义在学术界影响深广，很多西方国家的高等学校都开设马克思学说尤其是马克思经济学说课，选学的人很多。1999 年底，在新千年即将到来之际，英国广播公司和西方一些大的媒体分别进行了“千年伟人”评选活动，投票结果显示，马克思是千年最伟大的思想家。路透社在报道评选结果时，特别指出《共产党宣言》和《资本论》这两本书曾对过去一个多世纪资本主义的政治和经济思想产生了巨大、深刻的影响。西方国家出现的“马克思热”，绝不能看成左翼学者的一时冲动或心血来潮，而要从西方社会所存在的种种矛盾和危机中寻找原因。在冷战中，资本主义虽然是赢家，但是资本主义的基本矛盾以及其他各种矛盾不仅没有解决，而且又有新的发展，资本主义制度无力解决它。即使是一些资产阶级政治家也承认，“资本主义最坏的敌人也许就是它自身”，“马克思对于资本主义的所见应该再度获重视，他不应为其他人对其学说所作的解释背黑锅”。很多人对资本主义已经失望，期待用马克思的学说解决当代人类所面临的诸多问题。当然，现实西方国家的“马克思热”，大多还处于学术理论层面，对其研究评价应把握好分寸，不宜估计过高。早在十多年前苏东发生“政治地震”时，邓小平就曾指出：“不要认为马克思主义就消失了，没用了，失败了。哪有这回事！”“世界上赞成马克思主义的人会多起来的，因为马克思主义是科学。”十几年世界历史的发展，证明了邓小平的这一英明论断。

三

苏东剧变对发展中国家共产党也带来了不小的冲击，但总体上比发达国家共产党受到的冲击要小。特别是有些发展中国家的共产党在苏东剧变后不是更弱了，而是更强了。例如印共（马）。印度共产党成立于 1920 年，在 20 世纪 60 年代的国际共产主义运动的大争论中，该党分化为印共、印共（马）、印共（马列）三个党。其中印共（马）的力量最强。该党在 1988 年十三大期间，拥有党员 46.5 万人，到目前党员增加到 80 多万人，是印度议会中的第三大党。该党在西孟加拉邦连续执政近 30 年，此外还与其他左翼政党联合在喀拉拉邦和特里普拉邦两个邦执政，在印度的政治生活中具有不可忽视的作用。印共（马）强调独立自主地探索符合印度国情的社会主义发展道路，提出建设“有印度特色的社会主义”。再比如南非共产党。该党成立于1921年，从20世纪90年代初南非结束种族隔离制度以后，实现了由非法政党向合法政党、从反对党向参政党的两大转变。今天，南非共产党从恢复合法地位时的2000名党员猛增至8万多人。该党与非国大保持良好的关系，党的一些领导人在非国大的最高领导机构中任职，在南非的政治生活中起着越来越大的作用。

拉丁美洲的社会主义运动沉寂了一个时期以后又重新活跃起来。由于新自由主义把拉美许多国家拖入困境，导致拉美的政治形势向左转。通过大选，一些国家左翼势力上台执政。其中委内瑞拉最具典型性。查韦斯上台以后，在反颠覆、维护民族独立的斗争中，逐渐把社会主义作为一种选择。他明确表示："我日益坚信的是我们需要越来越少的资本主义，越来越多的社会主义。我毫不怀疑超越资本主义的必要性，但我必须补充一点，即资本主义不会从内部超越自己。资本主义需要通过社会主义道路来实现超越。""我相信，卢拉和巴西人民，基什内尔和阿根廷人民，巴斯克斯和乌拉圭人民，将与我和委内瑞拉人民一起，共同为拉美联合之梦的实现开辟出一条道路。"查韦斯所倡导的"21世纪社会主义"，在拉美国家具有一定影响。

四

苏东剧变后，有五个共产党领导的社会主义国家经受住了严峻考验，坚守住了社会主义阵地，并在总结经验、推进改革的基础上，把社会主义事业不断向前推进。越南从1986年越共六大开始实行革新开放路线，确定"社会主义定向的市场经济"作为越南的基本经济体制。越共认为，革新是社会主义的必然趋势，是生死攸关的问题，"不革新则灭亡"，但"革新"不是"改色"。革新必须坚持以社会主义目标和党的领导为核心的五项原则。越共在探索中成功地找到了一条符合越南国情的发展道路，20年来经济社会发展取得巨大成就。老挝人民革命党在1991年召开的五大上确立了"有原则的全面革新路线"，在农村推行家庭承包制，在城市进行革新，积极扩大对外开放，也取得了可喜成果。朝鲜在苏东剧变和金日成逝世以后，面临着建国以来最为严重的困难，但是他们坚持以主体思想为指导，调整了国内外政策，沿着朝鲜式的社会主义道路前进。古巴在苏东剧变后，提出"誓死捍卫社会主义"、"誓死捍卫马列主义"，实行改革开放，在发展经济和打破美国封锁等方面取得很大进展。

从1978年十一届三中全会以来，中国共产党实行改革开放，在探索中成功地找到了一条中国特色社会主义发展道路。改革开放20多年来，中华大地发生巨变，社会主义事业欣欣向荣。1978年，中国国内生产总值仅为1473亿美元，2005年达到了22300亿美元，经济总量在世界上的排位不断前移，相继超过了七国集团中的加拿大、意大利、法国和英国。中国的快速发展，得力于实行社会主义市场经济、全方位的对外开放、政局稳定和坚持走和平发展道路。邓小平预言，到21世纪中叶，中国基本上实现社会主义现代化，这不仅给占世界总人口四分之三的第三世界提供了成功经验，更重要的是向人类表明，社会主义是必由之路，社会主义优于资本主义。俄罗斯学者阿·雅科夫列夫说，恰恰是中国特色社会主义在目前世界条件下体现了社会主义的生命力。他认为，中国特色社会主义的胜利发展，不仅扭转了20世纪后期社会主义陷入低潮的趋势，而且必将对21世纪社会主义的发展产生不可估量的影响。在21世纪，中华民族必将在中国特色社会主义的道路上实现伟大复兴。中国社会主义的复兴必将促进世界社会主义的振兴！

五

世界社会主义运动与世界上其他任何事物一样，不可能那么纯而又纯，它从来就不是一家而是多家，在当代除科学社会主义外，还有其他具有相当实力和影响的民主社会主义，以及民族社会主义、生态社会主义、市场社会主义等等，可以说是异彩纷呈、千姿百态。这些社会主义在理论和实践上有很大差异，但是在否定资本主义制度上却是共同的，对它们要作实事求是、恰如其分的评价。历史的规律总是这样：历史既是前进的，又是在曲折中前进的，是前进性和曲折性的统一。社会主义运动的发展正如俄国革命民主主义者车尔尼雪夫斯基所说的那样，不可能是像涅瓦大街那样笔直、平坦、宽广的大道，不可能总是一帆风顺、一往直前，从一个胜利走向另一个胜利，而是在崎岖的道路上，有时前进，有时迂回，有时甚至会出现曲折和反复，要通过来潮和退潮、高潮和低潮的多次交替反复，才能取得最后胜利。对社会主义运动的长期性、艰难性和曲折性要有充分的认识，在来潮时不要冲昏头脑，在退潮时不要失去信心。要坚信，“社会主义经历一个长过程发展后必然代替资本主义。这是社会历史发展不可逆转的总趋势，但道路是曲折的”。

（执笔：赵曜）

中国共产党创始人对社会民主主义思潮的批判

辛　岩

坚持马克思列宁主义的革命原则，明确而坚决地同社会民主主义划清界限，这是中国共产党、中国共产主义运动一开始就具有的重要特点。

对于这个问题，刘少奇1941年7月在中共中央华中局党校所作的题为《论党内斗争》的著名讲演中，作出过深刻的论述。他指出，中国党的建设，一开始在主观上就是按照马克思列宁主义的原则和道路进行的，“而社会民主党的那些传统与习惯，在我们党内是没有的”。“因此，就这方面说，我们走了直路”。

中国共产党、中国共产主义运动之所以具有这个特点，是同这个党、这个运动所处的特定的时代条件和社会历史条件分不开的。对此，刘少奇指出了三个重要情况：“第一，中国党的建设是在十月革命以后，是在俄国布尔什维克已经取得胜利，有了活的榜样以后，所以一开始就是在共产国际的指导之下，按照列宁的原则去进行建设。第二，中国党从开始到现在，在思想上和组织上都没有受到欧洲社会民主党第二国际的影响。第三，中国没有欧洲那样的资本主义‘和平’发展的时期，容许工人阶级和平的议会斗争，也没有欧洲那样的工人贵族阶层。”

正因为如此，中国共产党的创始人、中国共产主义运动的早期参加者，大多是拥护马克思列宁主义的革命原则，反对社会民主主义思潮的。

历史的情况正是这样。比如：

陈独秀在1920年9月发表的《谈政治》一文中明确表示，马克思修正派学说，“是我大不赞成的”。他们不主张直接行动，不主张革那资产阶级据以造作罪恶的国家、政治、法律的命，反而想利用这些来施行社会主义政策。“结果不但主义不能施行，而且和资产阶级同化了，还要施行压迫劳动阶级反对社会主义的政策”。“像这样与虎谋皮，为虎所噬，还要来替虎噬人的方法，我们应当当做前车之鉴”。他还认为，“中国此时还够不上说真有这派人，不过颇有这种倾向，将来这种人必很有势力，要做我们唯一的敌人”。他并且明确表示，“吾党……也决不屑学德国社会民主党”。

李大钊在回答陈独秀关于筹建中的工人阶级政党应当采用什么名称这个问题时，明确指出，应当“叫共产党，这才是第三国际的意思”。

蔡和森在1920年9月致毛泽东的信中，也揭露了伯恩施坦、考茨基等修正派改良派的主张实际上“真是为资本家说法”，指出他们以唯物史观启发阶级战争的动机为卑下为薄弱，而别寻所谓高尚的动机，及寻一劳资调和的办法，“故他们最终的结果，主张改良而不主张革命。中产阶级的德谟克拉西和威尔逊的十四条，是他们叹(为)观止的地方”。在1921年2月致陈独秀的信中，他明确表示，“和森为极端马克思派”，对于修正派的社会主义等等“一律排斥批评，不留余地”。

李达在1920年12月所写的《马克思还原》一文中对社会民主主义进行了尖锐的揭露，指出“马克思社会主义，经过德国社会民主党的蹂躏，精彩完全消失，由国际主义堕落到国家主义，由社会主义堕落到自由主义，由革命主义堕落到改良主义，由阶级斗争堕落到阶级调和，由直接行动堕落到议会主义”，马克思的真面目“被湮灭殆尽了”。他认为，被修正派“弄堕落了的马克思社会主义，到今日却能因列宁等的发扬光大，恢复了马克思的真面目了，这是一件很重要的事实。所以我要大声疾呼地说：'马克思还原！'"在同时所写的《社会革命底商榷》一文中，他对第二国际社会民主党鼓吹的议会道路进行了有力的批判，指出采取议会政策作为手段，是"难以达到社会革命的目的"的，因为"在现社会组织之下，资本阶级的势力最大，议会中的议员属于资本阶级的必然占多数，议会中通过法案是用多数表决的；劳动阶级没有金钱运动，得几名议员已不容易了"，"要想在议会中成立一种除去自己阶级痛苦的法案，是断然办不到的"。"这时候就是不唱高调只求贯彻自己阶级的几分之一的主张，非与资本阶级妥协不可，非得资本阶级的同意不可。照这样成立出来的法案，无非哀求资本阶级政府行非驴非马的社会政策"。要"真实的解放劳动阶级"，必须"采用阶级斗争的手段，改造现制度，创立劳动者本位的社会"。

毛泽东在1921年1月召开的长沙新民学会的年会上发言时，也明确指出："社会民主主义，借议会为改造工具，但事实上议会的立法总是保护有产阶级的。"而"激烈方法的共产主义，即所谓劳农主义，用阶级专政的方法，是可以预计效果的，故最宜采用"。

中国共产党的创始人、中国的共产主义运动一开始就坚持了马克思列宁主义的革命原则，这个事实具有极为重要的意义。因为对于这个党、这个运动来说，理论准备不足可以通过学习加以弥补，经验缺乏可以在斗争的实践中进行积累，只要坚持正确的方向，这个年轻的党、年轻的运动的弱点是不难克服的；但如果不能同机会主义、社会民主主义划清界限，在政治上迷失了方向，这个党、这个运动就只能成为资产阶级的思想附庸，就不会有真正的生命力了。

我们必须牢记并坚守中国共产党、中国共产主义运动的这个优良的历史传统。

（此文载《高校理论战线》2007年第8期）

学者热议政府机构“大部制”改革

谌彦辉

“探索实行职能有机统一的大部门体制”——中共十七大报告中提出一项重大行政改革，这个赫然醒目的表述，引发海内外媒体延续性的猜测。

“这实为改革重要信号”。学界普遍认为，十七大报告提出大部制管理体制，意味着政府机构改革目标已非常明确，下一步政府机构的整合调整，将逐步向“宽职能、少机构”的方向发展。在学者看来，大部制就是整合职能和管辖范围相近、业务性质雷同的政府部门，在此基础上组建一个更大部门的管理体制，其管辖范围较宽，侧重于横向的宏观管理。

国家发改委经济体制综合改革司司长孔泾源在北京大学的演讲中指出，缩小机构、精简人员是解决政府管理体制的必要措施。在不久将到来的大部制改革中，必定要有一部分人为此而“牺牲”官位。显然，高层决策者明确提出实行大部制，其核心在于未来政府各部门的职能整合，而主要任务还是裁减政府机构和人员。

深化机构改革的需要

自 1982 年，大陆前后进行了五次大的政府机构改革。最终，国务院形成现行的 28 个部委(署、行)、1 个特设机构、18 个直属机构、6 个办事机构、13 个部委(办)管理的国家局、14 个直属事业单位和 29 个国务院议事协调机构与临时机构模式。

但就目前中央层面的政府机构设置而言，行政管理学者认为，仍存在机构重叠、职能分割、职责交叉、政出多门等问题。如农业方面，产前、产中、产后管理涉及 14 个部、委、局；在信息产业方面，信息产业部、国信办、广电总局等部门和单位职能交叉；在对外商投资、境外投资等方面，发改委负责项目核准，商务部负责企业设立及合同核准，两者之间职能交叉。

相对以往机构改革，“大部制在朝着现代政府治理结构迈进”。中央党校研究室副主任周天勇说，这次机构改革不仅要通过大部制调整精简机构，而且要改变目前行政执法部门收费供养自己的局面。

学者设想大部制

中国行政管理学会副会长高小平称，参考现代政府管理的一般规律和经验，中国行政管理体制改革还有很大的空间。就组织结构而言，一个国家的中央政府和省级政府，由 10 至 15 个政府部门组成可能较为适当。

中央民族大学法学院教授熊文钊是较早提出建立大部制的学者，他认为，未来政府机构设置应本着系统规划原则，根据管理要素设置。

所谓管理要素，是指按照具体的管理事项和管理领域来划分政府机构的组成部门。

他构想，中央政府应该由国防部、外交部、公安部、国家安全部、司法部、人事部、民族宗教委员会、发展规划委员会、财政部、农业部、卫生与社会保障部、文化教育部、国土资源部、能源部、交通部、建设部、商务部、中央人民银行和审计总署 19 个负责专项管理职能的部门组成。

与其他学者不同，熊文钊还主张设立政府独立管制机构序列，更正所谓直属事业单位序列的做法。

目前，政府机构中除了政府组成部门以外，还有许多直属机构和所谓具有公共职能的直属事业单位。如安全监督、质量监督和商品检验检疫、食品与药品监督、银行业监管、证券业监管、保险业监管等。“这类机构都具有监管职能，应当建立政府独立管制机构，这类机构虽不作为政府组成部门，但拥有相当独立的规制权、管理权以及行政裁决权，并且不一定因政府换届而换届，凸显其专业性和独立性”。

对未来大部制的具体设想，周天勇总结了近年来学界对机构改革的理想方案。他认为，最理想的国务院机构改革方案是，除了外交部、国防部、安全部和公安部等，其他部委应逐步向大部门过渡。

周天勇还建议，为强化改革的统筹协调，打破部门利益格局，应重建国家体制改革委员会，继续整合国家发展和改革委员会、国有资产管理委员会。同时，建议新设总理预算管理办公室，强化预算编制的科学性和协调性。

对部门利益集团进行革命

“新建立一个部门相对容易，难度在于撤掉一些部门”。周天勇认为，大部制能否推行下去，要看高层改革的决心有多大。“现在撤掉哪个部门，哪个部门都不会乐意”。

过去部门之间职能交叉，决策周期长，制定成本高，协调沟通困难，原因就在于受到部门利益的严重影响，所谓“权力部门化，部门利益化，利益集团化”，导致政府运行成本太高、效率太低，甚至把部门利益凌驾于公众利益之上。

国务院总理温家宝后来就此作出批示，并邀请熊文钊等专家座谈，寻找解决部门利益膨胀问题的方法。

“作为学者，我们只按照科学发展观建设法治政府的目标来设计政府机构，但不能因为人的问题望而却步”。熊文钊说，改革并非不考虑公务员的安排问题，但政府机构设计不是以人的需求为依据，而是根据它对公权力的需求。

目前改革方案尚未定盘。“这件事情太敏感”。周天勇说，大部制改革将触及部门利益，中央政府或会按照综合全面统一管理、减少矛盾的原则进行改革。

“大部制”并非全面实施

中国社科院法学研究所研究员周汉华担心，随着政治关注点的转移与外部推动力的逐步递减，会重新产生权力部门化的现象和社会分工的要求，以至于不得不通过新一轮的重新洗牌来解决各种矛盾，最后陷入“分—合—再分—再合”的恶性循环。

因此，主要发达国家对于大规模的机构改革往往持非常慎重的态度，即使需要进行必要的机构调整，也是在充分研究、论证的基础上，通过修改法律等程序进行小范围微调。

考虑到中国政治体制改革的现实，专家认为，拟议中的中央政府机构改革方案并不会是一个变动很大的方案。正如十七大报告中所说，大部制是要“探索实行”，并非全面实施。熊文钊称，大部制改革可能会采取分部委、分批次、分步骤地进行。

但熊文钊认为，大部制需要一个通盘的考虑，不是一两个部委实行大部制，而其他部门各自为政，那么这种机构改革又会走老路。

历次机构改革的核心是以机构改革推动“政府职能转变”，第六次机构改革也必然会以准确界定政府职能为前提。“表面上看，大部制改革减少了机构数量，但不是单纯的裁撤机构，更为重要的在于政府职能的整合。特别是在建设服务政府方面，进一步整合与社会管理和公共服务相关的机构，组织更加综合、全面和统筹的机构，可以更好地进行集中决策、统一标准并增强执行力度”。熊文钊说。

“大部制如能推行，就有釜底抽薪的味道”。国家行政管理学院教授汪玉凯说，大部制改革的思路和方向，最终必然会涉及和涵盖到党政、人大、政协等系统，因此是跨党政的，甚至要考虑党的权力和政府权力的对接。

汪玉凯认为，应该把行政体制改革方案纳入政治体制改革方案中，这样更能从结构上深层次调整，因而更具有长远性。

（此文载香港《凤凰周刊》2007 年第 35 期）

驳否定共产主义大目标的谬论

奚兆永

谢韬先生在为辛子陵先生一部书稿写的序言《民主社会主义模式和中国前途》(载《炎黄春秋》2007年第2期)里，为了鼓吹民主社会主义，给伯恩斯坦的修正主义翻案，公开否定“共产主义大目标”。作为一名马克思主义理论工作者，应拿起批判的武器，对此展开严肃的批评。

一、关于所谓恩格斯“早年提出晚年抛弃”论

谢文说，辛著以令人信服的历史考证说明，恩格斯晚年放弃了所谓“共产主义”的最高理想。他们认为，没有什么“共产主义”大目标，这是一个被马克思主义创始人早年提出来晚年抛弃了的命题。1847年10月恩格斯写了《共产主义原理》一文，勾画了这位27岁的青年对未来理想社会的憧憬。1893年5月11日恩格斯73岁时对法国《费加罗报》记者发表谈话，否定了年轻时设计的未来社会模式。

他们提出的所谓“证据”，不是恩格斯的著作，而是出自法国资产阶级保守派报纸《费加罗报》记者撰写的访问记。

问题还在于，他们对这一访问记中恩格斯谈话的内容的理解是错误的。为了正确理解恩格斯的谈话，我们且把访问记中记者对这个问题的问话、有关情景的记述和恩格斯回答的全文一起抄录在下面：“‘你们德国社会党人自己提出什么样的最终目标呢？’恩格斯对我看了一下，然后说：‘我们没有最终目标。我们是不断发展论者，我们不打算把什么最终规律强加给人类。关于未来社会组织方面的详细情况的预定看法吗？您在我们这里连它们的影子也找不到。当我们把生产资料转交到整个社会的手里时，我们就心满意足了，但我们也清楚地知道，在目前的君主联邦制政府的统治下，这是不可能的。’”可以说，这后面两句话把“最终目标”和当前的紧迫任务绝好地联系到了一起。实际上，“把生产资料转交到整个社会的手里”正是作为“经济纲领不单纯是一般社会主义的而直接是共产主义的党”的“特有的观点”，也是“一个使现代工人社会主义既与形形色色封建、资产阶级、小资产阶级等等的社会主义截然不同，又与空想和自发的工人共产主义所提出的模糊的‘财产公有’截然不同的原理”。显然，从恩格斯的论述中是得不出他“抛弃了”“共产主义大目标”的结论来的。

还要指出的是，谢文把恩格斯1847年撰写的《共产主义原理》说成是“早年”的著作也是错误的。“早年”著作或“早期”思想一般是指年轻、还比较幼稚比较不成熟时写的著作或这一阶段的思想，而1847年的恩格斯已经29岁，更重要的是，从思想上来说，他已经是一个成熟的马克思主义者；他写的《共产主义原理》其实就是稍后他与马克思合写的在全世界产生了无比巨大影响的《共产党宣言》的基础，怎么能够将其说成是“早期”著作或“早期”思想呢？

事实上，在马克思和恩格斯的许多著作里，我们都可以看到有关“共产主义大目标”的论述。比如在《共产党宣言》里，他们说：“共产党人为工人阶级的最近的目的和利益而斗争，但是他们在当前的运动中同时代表运动的未来。”这里所说的“代表运动的未来”，指的就是“共产主义大目标”。这里我们显然没有必要一一列举，但是却有必要把恩格斯在1893年5月接受

《费加罗报》记者访问后写的著作里的相关论述给指出来。

恩格斯在1894年1月3日写的《“‘人民国家报’国际问题论文集(1871—1875)”序》中说:“读者将会看到,在所有这些文章里,尤其是在最后这篇文章里,我处处不把自己称做社会民主主义者,而称做共产主义者。这是因为当时在各个国家里那种根本不把全部生产资料转归社会所有的口号写在自己的旗帜上的人自称是社会民主主义者。在法国,社会民主主义者是指对工人阶级怀着或多或少持久的但总是捉摸不定的同情的民主共和主义者,即1848年的赖德律——洛兰型的人物和1874年的带有蒲鲁东主义情绪的‘激进社会主义者’。在德国,自称是社会民主主义者的是拉萨尔派;虽然他们中间的许多人已愈来愈深刻地意识到生产资料归社会公有的必要性,但是道地拉萨尔式的由国家资助的合作社仍然是他们纲领中唯一被正式承认的东西。因此对马克思和我来说,用如此有伸缩性的名称来表示我们特有的观点是绝对不行的。现在情况不同了,这个词也许可以过得去,虽然对于经济纲领不单纯是一般社会主义的而直接是共产主义的党来说,对于在政治上的最终目的是消除整个国家因而也消除民主的党来说,这个词还是不确切的。然而,对真正的政党来说,名称总是不完全符合的;党在发展,名称却不变。”

在这里,恩格斯清楚地讲到了党的“经济纲领不单纯是一般社会主义的,而直接是共产主义的”,讲到了党的“政治上的最终目的是消除整个国家因而也消除民主”。

可见,恩格斯在其晚年,根本就谈不上“抛弃了”共产主义大目标,也根本没有抛弃“最终目的”这个提法,谢文所说是完全不符合事实的。

二、关于所谓“最终目标是基督教天国理念的现代版”说

谢文认为,“设置终极奋斗目标是基督教的文化传统。相信耶稣基督降生后一千年,基督要复活,要在世界上建立天国。共产主义的最终目标是从这里衍化而来,是基督教天国理念的现代版”。这是不正确的。

当然,我们也不否认共产主义和基督教确实是有一些的共同之处的。恩格斯在《论早期基督教的历史》里就曾对二者的共同和不同之处进行过比较:“在早期基督教的历史里,有些值得注意的与现代工人运动相同之点。基督教和后者一样,在其产生时也是被压迫者的运动:它最初是奴隶和被释放的奴隶、穷人和无权者、被罗马征服或驱散的人们的宗教。基督教和工人的社会主义都宣传将来会解脱奴役和贫困;基督教是在死后的彼岸生活中,在天国寻求这种解脱,而社会主义则是在这个世界里,在社会改造中寻求这种解脱。基督教和工人的社会主义都遭受过迫害和排挤,他们的信从者被放逐,被待之以非常法:一种人被当做人类的敌人,另一种人被当做国家、宗教、家庭、社会秩序的敌人。可是不管这一切迫害,甚至时常还直接由于这些迫害,基督教和社会主义都胜利地、势不可挡地给自己开辟前进的道路。基督教在它产生三百年以后成了罗马世界帝国的公认的国教,而社会主义则在六十来年中争得了一个可以绝对保证它取得胜利的地位。”毫无疑问,作这样的比较,对于正确认识基督教,正确引导基督教徒参加现代工人社会主义运动是大有益处的。

但是,谢文就不同了。文章竟然把共产主义说成是由基督教“衍化而来”的,甚至把共产主义的目标说成是“基督教天国理念的现代版”,这就有必要专门来讨论马、恩的共产主义目标和基督教天国的区别了。我想,它们之间的区别至少有以下几点:

一是基督教所谓的“千年王国”或“天国”只不过是其创立者的一种想象,而马克思和恩格斯的共产主义社会则是他们用科学的方法研究人类社会发展特别是研究资本主义社会所得出的科学结论。

二是基督教所谓的“千年王国”或“天国”在

天上，是在所谓的彼岸世界，而马克思和恩格斯的共产主义社会却是在地上，是在所谓此岸世界。

三是基督教所谓的“千年王国”或“天国”建立在“救世主”耶稣“复活”这个神话的基础上的，而马克思和恩格斯所说的共产主义则是建立在生产力高度发达和工人阶级以及劳动群众在共产党领导下长期坚持不懈的奋斗的基础上的。

四是基督教所谓的“千年王国”或“天国”只是在人死后才能实现，这种所谓的实现根本无法证明，而马克思恩格斯的共产主义则是在人们的行动中逐步得到实现的，是可以得到实践证明的。

总之，基督教的所谓“千年王国”或“天国”只不过是唯心主义的宗教神话，而马克思恩格斯所论述的共产主义则是历史唯物主义的科学真理，两者显然是有天壤之别、不可同日而语的。

三、关于所谓马、恩制定的“共产主义标准”问题

谢文说，所谓“共产主义”大目标在各个历史时代是不同的，是具体的、变化的。马克思说“各尽所能，各取所需”的时候，不会想到人人需要一部电脑；恩格斯曾说人人都住上有暖气的房子就是共产主义了。我们在延安时代理想中的共产主义就是“楼上楼下，电灯电话”。事实上，我们今天所拥有、所享受的物质文明，早已超过了马克思恩格斯的想象，超过了他们所制定的共产主义标准。

谢文的这些话，完全背离了马克思和恩格斯对共产主义的科学说明。马克思在《哥达纲领批判》里，把未来社会称为共产主义社会，并且区分了共产主义社会的两个不同阶段。共产主义的第一阶段就是人们通常所说的社会主义社会，共产主义的高级阶段就是人们通常所说的共产主义社会。对于后者，马克思说：“在共产主义社会高级阶段，在迫使个人奴隶般地服从分工的情形已经消失，从而脑力劳动和体力劳动的对立也随之消失之后；在劳动已经不仅仅是谋生的手段，而且本身成了生活的第一需要之后；在随着个人的全面发展，他们的生产力也增长起来，而集体财富的一切源泉都充分涌流之后，——只有在那个时候，才能完全超出资产阶级权利的狭隘眼界，社会才能在自己的旗帜上写上：各尽所能，按需分配！”

毫无疑问，共产主义的实现，是与生产力的高度发展分不开的，但是决不能反过来说，只要生产力发展到某一个水平，那就一定是共产主义社会了。实际上，马克思在上面一段话里论述共产主义社会的条件时，所讲的条件其实都是社会的，而不是物质的；尤其不能想象，马克思主义的创始人会以能否享用某一种产品（电脑，取暖，楼房，电灯电话）来作为是否实现共产主义的标准。

以为共产主义社会的“按需分配”是指人们可以尽可能多地享受各种各样的奢侈品，这不是马克思主义者的观点，而是资产阶级庸人的观点。列宁说：“从资产阶级的观点看来，很容易把这样的社会制度说成是‘纯粹的乌托邦’，并冷嘲热讽地说社会主义者许诺每个人都有权利向社会领取任何数量的巧克力糖、汽车、钢琴等等，而对每个公民的劳动不加任何监督。就是今天，大多数资产阶级‘学者’也还在用这样的嘲讽来搪塞，他们这样做只是暴露他们愚昧无知和替资本主义进行自私的辩护。”“说他们愚昧无知，是因为没有一个社会主义者想到过要‘许诺’共产主义高级发展阶段的到来，而伟大的社会主义者在预见这个阶段将会到来时所设想的前提，既不是现在的劳动生产率，也不是现在的庸人，这种庸人正如米亚洛夫斯基作品（指《神学校特写》——引者）中的神学校学生一样，很会‘无缘无故地’糟蹋社会财富的储存和提出不能实现的要求。”列宁的这一番话也是对谢文观点的一个很好的批判。

这里还要特别对谢文所谓“恩格斯曾说人人都住上有暖气的房子就是共产主义了”这句话加以澄清。事实上，恩格斯根本就没有说过也不可能说这样的话。恩格斯在 1845 年 2 月

8日和2月15日，曾在德国的爱北斐特发表过两次演说。其中在2月8日的演说里在讲到分散经济的弊端和所造成的浪费时曾说，“现在的分散经济，就拿取暖来说，不知浪费了多少劳动和物资！每一个房间必须有一个火炉，每一个火炉必须分别生火、添煤和照顾；必须把燃料送到每一个房间，而炉灰还要加以清除。可是，像目前的一些大的公共建筑物，如工厂、教堂等，装置一个巨大的总的取暖设备，比如说，用一个发热中心和一些蒸汽管子来代替这些单独的火炉，是多么简单和便宜”。这里只是说集中经济较之分散经济有巨大的优越性，怎么能说“恩格斯曾说人人都住上有暖气的房子就是共产主义了”呢?！这样说显然是很不严肃的。附带说一下，1845年初的恩格斯，虽然已经写出了《英国工人阶级状况》这样的科学社会主义的重要著作，但是，正如他自己后来所说，不应当把该书当成一部成熟的马克思主义著作；同样，在爱北斐特的演说里也还有一些空想社会主义的成分，还在介绍欧文的新村，还只是在生活资料上做文章，而没有认识到共产主义的社会改造是要把全部生产资料转交给整个社会。而到1847年准备写《宣言》时，情况就完全不同了。

如果我们用马克思在《哥达纲领批判》里论述的“共产主义两个阶段”的标准来衡量今天的中国，而不是用谢文所说的什么电脑、取暖、楼房、电灯电话之类的物质标准来衡量，那就应该说，我们今天不仅还远远没有达到共产主义的标准，甚至也远远没有达到社会主义的标准。邓小平说中国的社会主义还是“不够格”的初级阶段的社会主义，这难道不是事实吗?！

四、关于所谓马、恩“违背辩证法”说

谢文说：“黑格尔和马克思、恩格斯都相信，人类社会的进化不是无限连续，永无止境，而是要达成一个终极目标，完成一个社会形态。在这一点上，黑格尔和他的弟子马克思、恩格斯都违背了辩证法。对黑格尔而言，这是自由国家；对马克思、恩格斯而言，则是共产主义社会。”

谢文还说：“反‘右派’以后仍然没有停止思考的中国知识分子的优秀代表顾准说：‘我对这个问题琢磨了很久，我的结论是，地上不可能建立天国，天国是彻底的幻想；矛盾永远存在。所以，没有什么终极目的，有的，只是进步。’”

所有这些话都是经不起检验的。黑格尔、马克思和恩格斯究竟在哪里说过“人类社会的进化不是无限连续，永无止境”这样的话？我们没有看到过这样的话，倒是看到过不少与之截然相反的话。比如恩格斯说：“这种近代德国哲学在黑格尔的体系中完成了。在这个体系中，黑格尔第一次——这是他的伟大功绩——把整个自然的、历史的和精神的世界描写为一个过程，即把它描写为处在不断的运动、变化和发展中，并企图揭示这种运动和发展的内在联系。从这个观点看来，人类的历史已经不再是乱七八糟的、统统应该被这时已经成熟了的哲学理性的法庭所唾弃并最好尽快被人遗忘的毫无意义的暴力行为，而是人类本身的发展过程，而思维的任务现在就是要透过一切迷乱现象探索这一过程的逐步发展的阶段，并且透过一切表面的偶然性揭示这一过程的内在规律性。”

当然，黑格尔只是提出了这个任务，由于受到知识的限制，特别是由于受到唯心主义世界观的限制，他没有能够解决自己提出的这个任务，这个任务是由马克思解决的。马克思接受了黑格尔的辩证法的“合理内核”并对其进行了革命的改造，使“头足倒立”的黑格尔辩证法建立在唯物主义的基础上，产生了唯物辩证法和历史唯物主义，并运用这个武器研究人类社会，特别是研究资本主义社会，得出了人类社会发展五阶段的结论，得出了资本主义必然会被共产主义所取代的结论。在马克思看来，人类社会总是不断向前发展、永无止境的，他怎么会说与此相反的话呢？

谢文之所以提出这个问题，显然和他们对“最终目标”的绝对化理解有关。其实，马克思和恩格斯说“最终目标”是和他们当时所处的资本主义社会有关。从资本主义社会到共产主义

需要经过从前者到后者的过渡时期，而共产主义社会又区分为低级阶段和高级阶段，从低级阶段到高级阶段又要经历相当长的历史时期。这样，相对于过渡时期和共产主义的低级阶段而言的共产主义高级阶段就成了“最终目标”。至于共产主义实现以后，人类社会是不是还要发展，是不是还存在矛盾，这对马克思和恩格斯来说，显然并不是一个问题，而且，这也并不是他们在当时需要解决的任务。

在这方面，马克思在《〈政治经济学批判〉序言》中有一段很著名的话可以帮助我们认识这个问题。他说：“无论哪一个社会形态，在它所能容纳的全部生产力发挥出来以前，是决不会灭亡的；而新的更高的生产关系，在它的物质存在条件在旧社会的胎胞里成熟以前，是决不会出现的。所以人类始终只能提出自己能够解决的任务，因为只要仔细考察就可以发现，任务本身，只有在解决它的物质条件已经存在或者至少是在生成过程中的时候，才会产生。”马克思恩格斯之所以能够在资本主义社会提出共产主义的“最终目标”，正是因为共产主义作为资本主义的对立物，它生成所需要的一些条件在资本主义社会里已经初见端倪；而他们在资本主义社会里之所以不能预见共产主义以后的情况，就是因为在资本主义社会还不具备这样的条件。

五、关于所谓“欺骗人民”说

谢文说：“前苏共总书记勃列日涅夫的侄女柳芭发表回忆录，其中谈到，勃列日涅夫当年曾对自己的弟弟说：‘什么共产主义，这都是哄哄老百姓听的空话。’前苏联领导人的错误不在于放弃共产主义目标——一旦发现这是不能实现的空想自然应该放弃——而在于拿自己不再相信的理论继续作为官方意识形态欺骗人民。一个带领人民前进的政党必须像恩格斯那样与时俱进地对自己的奋斗目标作出调整，并郑重地告诉人民。”

谢文还说，“用所谓‘长远利益’否定‘当前利益’，用未来共产主义天堂的幸福生活安抚人民，叫人民忍受现实的饥饿、贫穷和苦难，是空想社会主义者欺骗人民的把戏。这一切都应该收场了”。

引述勃列日涅夫的话是什么也不能说明的。说到“长远利益”和“当前利益”的关系问题，对于一个“在当前的运动中同时代表运动的未来”的政党来说，当然是一个不能不考虑的问题。

至于说“用未来共产主义天堂的幸福生活安抚人民，叫人民忍受现实的饥饿、贫穷和苦难，是空想社会主义者欺骗人民的把戏”，也没有什么道理。在历史上，空想社会主义者从未执掌过政权，也不存在“用未来共产主义天堂的幸福生活来安抚人民”的问题。看来，谢文是另有所指的。这里，我们要指出，无论在过去还是在今天，都需要这种为崇高理想献身的精神。试问：如果没有千千万万的共产主义者流血牺牲、艰苦奋斗，苏联、中国和其他许多国家的革命能够取得胜利吗？怎么能够把提倡为远大理想而牺牲当前利益的精神说成是“欺骗人民的把戏”呢？如果这种说法能够成立的话，那千千万万革命烈士岂不是都成了上当受骗者，他们的鲜血岂不是都白流了吗？而党的领袖和各级干部又岂不是都成了骗人的骗子？中国革命和世界革命的历史岂不都要重写了吗？显然，谢文的上述说法是站不住脚的。

共产主义运动如果从《共产党宣言》发表算起，迄今已有159年的历史。当时《宣言》虽然是用多种文字出版的，但是参加运动的人数却并不多。正是这不多的少部分人，代表了历史前进的方向，代表了人类的未来。今天，当年的“共产主义幽灵”已经成了世界上任何阶级、任何政党、任何国家和任何政治人物都不能不考虑的巨大存在。虽然共产主义目前还处于低潮，但是，低潮过后就是高潮。我们似乎已经感受到它即将来临的脚步声。这不是个人的主观愿望，而是由必然的、不以人的意志为转移的客观规律决定的，我们对此充满信心。

（作者单位：南京大学商学院）

越共人士对民主社会主义的一些看法

谷源洋

2007年8月底，我与越南有关人士就民主社会主义等问题进行了交谈。现将其主要观点综述如下。

一

越南对社会民主党和民主社会主义或社会民主主义并不感到陌生。早在20世纪90年代，越南就派了不少人去北欧和西欧进行考察。社会民主党的模式，如瑞典模式，的确有迷人之处，容易使人产生误解。他们实行高社会福利政策、免费教育、重视劳动者培养、劳动生产率高、行政管理效率高、贪污现象少等，这些对不少人来讲都具有很强的吸引力。特别是他们宣扬的“民主、自由、博爱、人权”具有很大的欺骗性和迷惑性。然而，他们的模式并没有摆脱资本主义的框架，而是资本主义的一种形态。因此，越南没有效仿北欧模式，仍继续坚持社会主义道路。但是，越南在走向社会主义道路的进程中，必须解放思想，全面正确认识社会主义，通过全面革新，尽快改变贫穷落后状态，使越南的经济社会发展得更好、更快。

然而，解放思想不能偏离社会主义方向，进而走向反动。1992年，越共中央政治局有一个关于进一步解放思想的决议，有人乘机鼓吹资产阶级自由化，因而受到党的纪律处分。从总体看，越南共产党是一个“很纯的党”，虽然有人想在越南推行第三条道路，但人数很少。自由化人士既没有威信，又不成气候，没有形成所谓“理论旗帜”。从中央到地方实行统一管理，不允许公开发表自由化人士的文章。

越共中央理论委员会在坚持正确理论导向方面发挥了重要作用。在越共九大期间，越共中央理论委员会组织了关于《民主社会主义》专题研究（已出版）。2003年由越南国家政治出版社发行的《关于社会主义和越南走向社会主义道路》的专著，是越共中央理论委员会牵头的第一号社会科学研究课题的成果，由时任中央政治局委员的阮德平担任主编。此书出版以后，成为畅销书，影响很大，其观点至今也是正确的。在这部专著中，越共中央理论委员会对民主社会主义做过专门的分析与批判。

二

社会主义和越南走向社会主义道路是两个重要的基本理论和实践问题，直接关系到越南共产党的政治路线及国家的发展方向。苏联解体和东欧剧变，不仅给世界社会主义运动造成巨大损失，也导致越共党内的思想混乱。越南现正处于向社会主义过渡的阶段，由于多种经济成分、多种所有制形式的存在，必然存在阶级和不同社会阶层，因此，存在阶级矛盾是必然的。然而，不管国内和国际形势如何演变，越共走社会主义道路的决心不会发生动摇，对马克思列宁主义理论不会失去信心。

阮德平主编的《关于社会主义和越南走向社会主义道路》一书强调“民主社会主义道路不适合于越南”，指出有一种政治思想潮流试图寻求“第三条道路”，既不是资本主义道路，也非社会主义道路，而是一条中间道路。

“第三条道路”的一种表现是，有人提出所谓“非思想化”道路理论，这一理论号召越南人民在发展道路上摆脱各种思想体系的“紧箍咒”。他们认为，越南只需选择能使经济发展、民富国强的道路，强调“只要能得温饱和幸福”

的道路，我们就选择它，而不必为是社会主义道路还是资本主义道路而费心和操心。这也是反世界社会主义的人士惯用的一个欺骗性观点。但是，世界舞台上的阶级斗争和民族斗争充分表明，帝国主义、霸权主义和反共人士虽然口头说什么非思想化、非阶级化，然而，他们在实际行动和媒体宣传上，却是最彻底、最强烈地捍卫和维护资产阶级的阶级地位和利益，捍卫和维护资产阶级思想体系的地位和利益。

“第三条道路”的另一种表现形式是有人想走民主社会主义道路。对于一些人来说，民主社会主义不是没有一定吸引力的。这是由于民主社会主义是工人运动中出现的一种思想潮流，已有100多年的历史，社会民主势力是巨大的政治力量，包括一百多个社会民主党和组织，大约有2000多万党员，在许多区域组织和联合国中均有较强的影响。有不少欧洲社会民主党多年处于执政地位，如在瑞典、芬兰、奥地利、法国、德意志联邦等。现在他们正在使劲地把民主社会主义道路推向亚洲、非洲和拉丁美洲。

社会民主党关于社会主义的观点，不同于马克思列宁主义的观点。从本质上看，民主社会主义的行动纲领是改良主义的，是远离和对立于科学社会主义的。在经济方面，民主社会主义不提要废除私有制的目标，只是想对资本主义私有制度加以“改进”，抬高和发展资本、国家和劳动者之间的混合所有制，其中私人所有扮演主导和支配角色。社会民主党人主张与企业主进行斗争，以保护劳动者的利益，但这种斗争从来没有超越资本主义允许的界限。在政治方面，民主社会主义主张与资产阶级、帝国主义实行妥协。他们承认由资产阶级掌权的政治联盟，拥护多元政治制度。值得注意的是，最近几十年，社会民主势力转向打击和反对马克思列宁主义，试图将社会主义国家转化为走社会民主道路的国家。

以历史唯物主义和辩证观点看问题，我们对民主社会主义所取得的成就应给予客观的评价。虽然他们没有摆脱资本主义的框架，没有改变资本主义的性质，但他们的“改革”为劳动者带来了经济生活的改善和某种程度的社会进步。共产党人可以研究他们的经验，以科学批判的革命精神有选择地接受民主社会主义的某些做法，在一定条件下，也可以与他们建立左翼阵线，为工人阶级和劳动者的权益而斗争，但绝对不能接受民主社会主义者的各种改良主义观点。

民主社会主义的发展与存在是有条件的，即只能在具有必要的社会和经济前提的资本主义国家诞生和发展。这些前提条件是：拥有相对较高发展程度的资本经济；以工人贵族阶层和中产阶层作为社会基础；有资产阶级议会民主的政治环境；社会民主党已经扎根于工人运动，并成为可以与共产党争夺群众的力量，等等。正是因为具备了这些前提条件，民主社会主义潮流在欧洲得到了发展，并最终形成了较为完整的模式。

越南是在共产党领导下发生过工人运动和爱国运动的地方，其思想基础是马克思列宁主义和胡志明思想，因此，在越南不存在民主社会主义渗透和扎根的土壤。但是，必须看到民主社会主义虽然是资产阶级思想体系的一部分，但因其带有工人阶级思想潮流的色彩，社会民主思想比起“正统”的老牌资产阶级思想更容易渗透到越南党内和越南人民内部。尽管人们不会全盘接受民主社会主义的思想，但很有可能接受其中的这一部分或那一部分。例如，越南有人虽然赞同“越南实行社会主义定向的市场经济”的提法，然而却又提出关于社会主义的另一种理解，即想用混合经济形式、多元思想政治体制，甚至是相互对立的多党制把社会主义与私有制结合起来。如果不对这些倾向、思潮和观点进行斗争，那么就将一步步磨损越南共产党的思想、政治和组织基础，将一步步使越南共产党“社会民主化”，在越南重演苏联和东欧国家已发生过的事情。民主社会主义思潮是“自我演变”过程的重要因素，仇视民族独立以及以社会主义为敌对的势力正在积极推动“自我演变”因素在越共党内和越南国内的滋长和发展。

总之，在越南并不存在所谓“第三条道路”，只有社会主义和资本主义两条道路的斗争。民主社会主义道路依然只不过是伪装的资本主义道路。尽管在当前国内和国际条件下，走社会主义道路暂时遇到许多困难和挑战，但越共依然坚定走社会主义道路，依然肯定社会主义道路是惟一正确的道路。

三

从20世纪70年代末到80年代初，苏联和其他社会主义国家纷纷对其路线进行调整，通过改组、改革或革新，纠正错误，探索和寻求摆脱危机的办法。社会主义国家的危机，其实质是社会主义旧模式的危机。以历史的观点来看，现在所说的社会主义旧模式曾经为社会主义初期的基础建设，尤其是在资本主义的包围中集中国家力量建设新社会事业以及在战后经济恢复中发挥了决定性的作用。但是，随着社会发展，社会主义旧模式愈益暴露出它的缺陷，特别是在步入和平建设时期，它多方面的缺陷进一步显现出来。为什么社会主义国家会发生危机？为什么危机会导致苏联解体和东欧剧变？这是越共长期思考的问题。越共中央理论委员会对这两个问题曾作过具体的分析。

说到苏联解体，不能不提戈尔巴乔夫扮演的角色。戈尔巴乔夫在初期想用列宁的新经济政策对苏联进行“改组”，这当然是对的。但是后来，他放弃了新经济政策，推行所谓“新思维”，提出“人道的、民主的社会主义”，逐步走向反叛马克思主义，向帝国主义投降和乞讨，从各个方面诋毁社会主义，批判社会主义的价值观，取消共产党领导，因而造成社会混乱、民族冲突、国家分裂。

社会主义的敌对势力以及迎合他们的机会主义者、社会主义的背叛者认为，苏联解体和东欧剧变是社会主义的崩溃，是马克思列宁主义的死亡，是由于马克思列宁主义学说的错误而造成的。这些说法是完全不正确的。苏联解体的原因很多，是多种因素综合作用的结果，但主要原因是路线错误、党的错误、思想错误。党和国家政权是谁的？当然是工人阶级和人民的，让工人阶级和人民进行街头斗争，举行游行示威，这难道不是党和国家政权的错误吗？戈尔巴乔夫等人还全盘否定斯大林，批判卫国战争，批判十月革命，批判苏维埃。越南共产党对斯大林的评价是明确的，从未全盘否定过斯大林，没有斯大林就没有卫国战争的伟大胜利。但斯大林的确有许多错误，如搞个人迷信、独断专行、不发扬民主、不重视集体领导，特别是进行内部清洗，迫害了不少人。因此，斯大林是一位有功有过的领袖人物。戈尔巴乔夫等人全盘否定斯大林并非最终目标，而是还要把列宁否定掉。邓小平的一个伟大功绩，就是全面评价了毛泽东，维持了中国的政治稳定。

（作者：中国社科院研究员）

查韦斯的“21 世纪社会主义”构想及其实践

么素珍

2006 年 12 月 3 日，委内瑞拉总统查韦斯在大选中击败对手，获得连任。自 1998 年 12 月查韦斯赢得大选并于次年初就任总统以来，粉碎了 2002 年美国操纵委内瑞拉国内反对派发动的军人政变，并取得了 2004 年 8 月国内针对他举行的罢黜性公投的胜利。查韦斯与古巴共产党第一书记卡斯特罗一直保持密切关系，并得到卡斯特罗政治上的大力支持。他执政期间曾 4 次访华。这使其对古巴和中国的社会主义有了进一步认识和了解，并开始对本国现行的政治体制及发展道路进行探索。2005 年初，查韦斯在第五届世界社会论坛发表讲话，首次提出在委内瑞拉建设“21 世纪社会主义”的构想，开始将委内瑞拉政治、经济和社会发展的目光投向社会主义。“21 世纪社会主义”构想的提出，实际上是查韦斯试图将他所领导的“玻利瓦尔革命”的性质，从民主革命提升为社会主义。

1.“21 世纪社会主义”构想，以美洲伟大的解放者西蒙·玻利瓦尔的自由、平等和地区团结思想作为基础。查韦斯执政后不久便开始进行一场“玻利瓦尔革命”。这场革命的目的是：对外反对帝国主义，维护委内瑞拉政治经济主权；主张地区一体化，实现拉美国家的团结与协作；对内实行参与式民主；争取社会正义和人民幸福，改变 80% 民众处于贫困状态的社会现实，实现真正的社会正义。为体现“玻利瓦尔民主革命”与委内瑞拉不同历史时期政治体制的区别，查韦斯于 1999 年 12 月召开“全国制宪大会”，通过新宪法，将国名更改为委内瑞拉玻利瓦尔共和国。为创建一个“玻利瓦尔理想”式的新委内瑞拉，2001 年颁布了包括“土地改革法”和“能源法”在内的 49 项法律和法规。2004 年公投后，查韦斯称委内瑞拉的民主革命有三个战略指导原则，其中第一个是道德原则，即保留社会主义原有的价值观，同时进行更新和加强；要接受新的原则，因为资本主义人剥削人，而社会主义的基础是爱。

查韦斯的“21 世纪社会主义”构想，还广泛吸纳了委内瑞拉民族英雄萨莫拉将军捍卫国家主权和“军民共生”思想、马克思的科学社会主义、基督教教义、古印第安人的村社思想、乌托邦“国父”阿尔蒂加斯关于正义和消除特权的思想等。

2.“21 世纪社会主义”构想，主张以参与制民主代替代议制民主，建立人民的国家政权。主张建立民主的、公正的国家机制，充分调动广大民众的政治热情，鼓励社会各阶层广泛参与国家的政治、经济和社会决策。

查韦斯执政以来，优先推进政治变革，主张通过“和平革命”建立“参与式民主”。1999 年 12 月通过的新宪法，正式将代议制民主改为参与式民主，议会由两院制改为一院制，并更名为全国代表大会。在代议制民主传统的行政、立法、司法三权基础上，增加“公民权”和“选举权”，突出参与式民主的特点，拓宽了公民参政议政的渠道，加大了对民主行政、依法治国的保障力度，使广大中、下层群众有权参与“和平民主革命”的政治进程。新宪法还将总统任期由 5 年改为 6 年，允许连选连任一次。查韦斯本人以“平民总统”的形象出现，向广大民众开放言路，增强了人民的参政意识，加强了总统与人民的直接沟通。

3. 经济上，抨击新自由主义的经济政策，扩大非私有制经济，建立以国有经济占主体地位的国家所有制、社会所有制和个体所有制的混合所有制体系。社会所有制是查韦斯提出的新型所有制形式，即由政府出资协助创立合作制企业、以合作和共同管理为基础的新经济模式，目标是使企业在赢利的同时，更多地为社会事业服务。社会所有制成为工人和农民参与国家经济的一种方式。

(1)在城市大力推动合作和共同管理制度。查韦斯认为，集体所有制之下的人民经济改变了资本主义的野蛮和剥削，崇尚团结、共同发展，有助于改善贫困人口的生活，在这里盈利绝非目的。在执政的7年间，查韦斯政府大力推广合作社和工人参与企业管理，通过提供贷款和帮助工人购买一些包括私营企业在内的企业股份等方式鼓励合作社和共同管理制的发展。建立了数以千计的合作社和工人参与管理的经济实体，全国有150万人在各类合作社工作，占全国成人的10%。2004年3月以来，政府将废弃的、效益低下的工厂、矿山充公，组建了近7000个合作社，其中得到政府资助的合作社达5000多个，总投资为820万亿玻利瓦尔，形成了一个“以合作社为核心的社会经济发展模式”，使工人在企业管理中能够享有更大发言权。

(2)在农村开展土地改革。为改变农村贫穷落后的状况并把粮食生产作为国家独立的前提条件，查韦斯政府在农村进行了土地所有制改革。政府通过调整土地使用权，有效地利用大庄园主闲置的土地，分给无地农民耕种，促进农业生产的发展，实现农产品自给自足，摆脱对外依赖。

(3)加强国家对经济的控制，建立国有企业。作为世界最大的石油公司之一，委内瑞拉国家石油公司素有“国中之国”之称。该公司收入占国家财政收入的近60%，但长期被特权阶层所把持。为加强国家对经济命脉的控制，政府首先改组了国家石油公司，由原来的半自治管理改为政府直接控制；在通讯、航空和石油化工等重要工业部门创建了国营公司；国家还建立了矿业公司、钢铁公司、拖拉机公司和计算机制造公司，并在跨国公司中谋求更多股份；重组银行，对贷款实行严格的限制，同时创建国有银行。

4.将发展社会事业作为社会主义建设的基础。查韦斯认为，“21世纪社会主义”的核心任务是实现社会正义、公平、自由和互助；敌人是贫困和帝国主义，解决贫困的主要手段是实现财富再分配；主张建立一个包容的、没有特权的社会；主体是包括农民、工人、家庭妇女、中小生产者和中产阶级等未能从国家石油资源中受益的所有“被排斥者”。查韦斯执政后不久，便着手实现石油利润向平民倾斜，将石油公司部分收入用于资助教育计划、重建街区等社会福利事业。尤为突出的是，为提高全民族的文化素质和教育水平，自2003年5月实施罗宾逊计划，在全国开展扫盲运动，现扫盲人数已达150万人。同时扩大中、高等教育，建立奖学金制度，资助贫困学生上学。此外，政府投入大量资金发展卫生事业。自2003年4月，政府先后投资建立了733个“人民诊所”和120个诊疗中心，缓解了广大人民群众看病贵的问题。同时在城镇建立了医疗救助中心，目前约有1800万人享受免费医疗服务和药品。政府多次提高居民的最低工资，使委内瑞拉贫困率由原来的70%降至50%。政府和军队定期联合举办面向平民的“人民市场”，廉价出售主要来自军队农场的各类食品。政府还通过开办合作社等形式为失业工人创造许多新的就业机会，2005年失业率降至8%，同比下降4个百分点。

5.对外主张世界多极化，维护发展中国家团结，捍卫国家主权和独立，通过与其他国家的交流与合作实现外交的多元化。

(1)强调拉美国家的团结与合作，主张建立统一的拉丁美洲。查韦斯认为，实现玻利瓦尔的梦想、建立一个统一的拉美国家是有可能的，现已到了进行第二次美洲人民独立的时候了。他希望看到委内瑞拉与其他拉美国家一起，消除国家界线，建立一个新的统一的拉丁美洲加勒比国家。查韦斯积极推动拉美国家的团结合作，委内瑞拉与古巴、玻利维亚联手在拉美推行“玻利瓦尔替代计划”，以抗衡美主导的美洲自由贸易协定；由委内瑞拉、阿根廷、乌拉圭和古巴四个国家出资创办的南方电视台已于2005年10月31日正式向拉美十几个国家进行24小时播放。

(2)广泛拓展同地区外国家的关系。查韦斯政府积极发展同非洲国家的关系，2005年下半年以来，委内瑞拉同苏丹等11个非洲国家建立外交关系。2006年，查韦斯先后访问了非洲5个国家；同欧洲国家拉近关系，先后访问了意大利、奥地利、英国等国；加强同俄罗斯的关系，美宣布暂停对委出售武器后，立即出访俄罗斯，购买俄罗斯的飞机和武器；加强与亚洲国家的关系，先后访问了叙利亚、伊朗、利比亚、越南和中国等国。

(3)反对美国的霸权主义和强权政治。查韦斯政府坚持独立自主、维护国家主权的外交路线，反对美国的单边主义、霸权主义和强权政治，主张世界多极化。查韦斯在国际国内公开场合多次揭露美国的干涉行径，指责美是导致委内瑞拉政局动荡的重要隐患，宣称美拟暗杀他和对委内瑞拉军事入侵；反对美国军事入侵伊拉克，谴责美国支持以色列军事报复黎巴嫩。同时，加强与国际反美力量的联合，委内瑞拉、古巴和玻利维亚同属激进左派，三国公开结成反美联盟；呼吁以色列解除对黎巴嫩的封锁，并从其占领的阿拉伯领土上撤军；自执政以来，查韦斯数次出访伊朗和利比亚等与美“敌对”国家，公开支持伊朗的核立场，称要加强两国战略同盟。查韦斯是世界上少有的敢于同美国“叫板”的国家领导人，委美两国总统经常唇枪舌战，但由于两国经贸关系密切，出于各自国家经济利益的考虑，两国关系斗而不破，目前委内瑞拉仍与美国保持着正常的经贸合作，向美定期供应石油。美国驻委内瑞拉大使布朗菲尔德最近也表示，查韦斯对布什的抨击言论不会影响两国的外交关系。

(4)以石油美元为外交手段，谋求提升委内瑞拉在本地区以及在国际上的地位。委内瑞拉凭借资源优势并利用国际石油价格上涨之机，大力推行石油外交，进行政治投资，主导成立南方石油公司、“加勒比石油公司”和“安第斯石油公司”；投资建设贯通南美的天然气输送管道；购买拉美一些国家债券，或为其提供优惠贷款，帮助其偿还外债；以优惠价格向加勒比国家提供石油。甚至向美国的波士顿和纽约数千贫困居民提供廉价天然气。由于委内瑞拉向这些国家以优惠条件提供石油，一些国家从中受益匪浅，如古巴以向委内瑞拉派遣2万名医生提供医疗服务换取短缺的石油。

2006年以来，委内瑞拉一直在努力争取联合国安理会非常任理事国席位。为此，查韦斯频频出访，力图争取更多国家的支持。为进入“非常”，查韦斯投入了巨大的外交和经济资源，得到伊朗、玻利维亚、俄罗斯等国的支持。但由于美国的坚决阻挠，委内瑞拉竞选失败。

(作者单位：中共中央对外联络部)

日本共产党的新变化

门晓红

日本共产党在日本是有影响的在野党，同时也是发达资本主义国家中历史较长的共产党之一。1922 年成立至今已有 85 年的历史。目前有党员 40 多万人，支部 2 万 4 千多个，地方议员 3138 人。其中女性地方议员 1074 人(2007 年)，在日本所有党派中，位居第一。党报《赤旗》报的发行量有 180 多万份，在世界 9 个国家派驻“特派员”11 人。今天的日本共产党代表草根阶层活跃在日本社会。日本共产党和许多发达资本主义国家的共产党一样面临着许多挑战和困难。为了开创新的局面，迎接新的挑战，日本共产党不断完善自身组织建设，加强变革意识，为争取广大国民的支持，进行不间断的努力和求索。近年来日本共产党务实求变的政策不仅在国内受到了热切关注，而且在国际上也引起很大反响。

一、避免生存危机、顺应时代潮流走务实路线

在日本共产党 85 年的历史过程中，也是风雨飘摇，并非一帆风顺。

从 1922 年 7 月成立到 1945 年期间的日本共产党是在血雨腥风中生存过来的，遭到当时日本政府的镇压和驱逐，日本共产党领导人纷纷被捕，许多人被杀害。在白色恐怖的笼罩下，日本共产党组织基本瘫痪，到 1945 年 8 月以后才得以重建。

重建后的日本共产党由于对当时国内形势认识有很大偏差，提出的方针政策缺乏针对性和准确性。例如：把美国占领军说成是“解放军”，提出“暴力革命论”和“和平革命论”等。直到 1961 年 7 月日本共产党的第八次代表大会上，党内思想才得到统一，制定了日本共产党历史上较完善的纲领。纲领的主要目标是：经过民主主义革命，实现社会主义和共产主义。推翻垄断资本主义和美帝国主义的统治；废除日美安保条约、解散日本自卫队。尽管上个世纪 70 年代、80 年代日本共产党也对纲领做过一些修改，去掉一些传统词句的使用。例如：在纲领中不使用“马列主义”的提法，而是使用“科学社会主义”。把“专政”替代为“执政”等等。尽管这样日本共产党也没有能改变在野党的地位，提升在日本国民心目中的威望。

苏联东欧剧变是整个世界社会主义运动中的大事件，给世界社会主义运动带来翻天覆地的冲击，给世界上所有的共产党带来一次生死存亡的考验。日本共产党也不例外。在日本国内，保守势力在政治环境中占有优势。在这种情况下，日本共产党必须顺应时代要求和历史潮流，谋求生存、发展、扩大影响，谋求广大国民的支持，采取柔软路线政策。从 2000 年开始大幅度地修改党章和党的纲领。主要有以下几个方面。

1. 对天皇制的态度

日本共产党在成立之初，高举推翻天皇制、反对侵略战争的大旗，在国际共产主义运动中影响很大，在世界范围内争取民族独立和民族解放斗争中起到了不可低估的作用。新纲领在天皇制问题上较旧纲领的规定发生了变化。

在新的日本共产党纲领中更加明确的指出：“日本共产党是工人阶级的政党，同时也是日本国民的党。”日本共产党认为今天的日本国民有较多的人承认或者赞成天皇制。同时天皇制是符合宪法的规定，因此天皇制的废除与否

应该由广大日本国民决定。从原来的推翻天皇制度，到今天的顺应国民的意愿。说明日本共产党想改变在国民心目中的形象，从“僵硬教条、革命”的形象转变为“务实、柔软、亲民”的形象。对天皇制的态度一直作为日本共产党最重要的特征也正在发生变化。使得日本共产党能积极地参与地方议会、与地方社会的联系更加紧密，为争取更多日本国民的支持，不懈地努力着。

2.关于日美安保条约

日本共产党一直以来是坚决要求废除日美安保条约的。并且把废除该条约作为主要的奋斗目标。废除“日美安保条约”一直是日本共产党理论与实践的主要内容。在日本历史上著名的“安保斗争”运动中，日本共产党是这次运动的主力军，同其他在野党一样，给当时的日本政府和“盟友”美国制造了不少麻烦。日本共产党的一贯主张是废除日美安保条约，改变日本从属美国的局面，不要处处在美国人的保护下，更加反对把日本绑在美国的战车上。在这次纲领修改后，日本共产党认为：目前日本是高度发达的资本主义国家；同时又是领土和军事被美国控制的附属国。日本共产党废除日美安保条约的最终目标没有改变，但是在具体废除条约的途径和方法上有了不同认识，决定按照条约内容规定的程序予以废除该条约。

在日本的政治生活中，美国的影响无处不在。第二次世界大战以后，日美外交一直视为日本外交的“基石”。所有的政治家必须重视与美国的关系。在日本的政治游戏规则中，美国人有举足轻重的作用。从历届日本首相上台后，首次出访一定要去美国这一事实就不难看出在日本人心目中美国人的“魅力”所在。日本共产党要在日本的政治舞台上发挥更大的作用，参与政权，就必须对自己的老冤家、死对头采取柔和政策，改变目前日本共产党参政的现状，谋求更大的发展空间。

3.承认自卫队的存在

日本共产党对日本军国主义者在第二次世界大战中，给亚洲各国人民带来的灾难是深恶痛绝的。坚决反对帝国主义、反对霸权主义、维护世界和平是日本共产党一贯倡导和主张的基本原则。日本共产党主张保卫和平宪法，解散“自卫队”。

不破哲三曾经说过：“在今天的世界政治舞台上，日本没有外交。”表现在“1.日本对亚洲各国的侵略无反省意识；2.日本外交完全依附美国，无独立外交路线；3.不具备构筑和平关系的和平战略”。

在新形势下日本共产党对自卫队问题又有了不同的认识。日本共产党认为自卫队的最终解决方式应该由日本大多数国民来决定，自卫队的存在已得到多数国民的认可，自卫队的解散与否要得到“广大国民的一致同意”。这可以说日本共产党对自卫队存在的事实予以承认。也可以认为这是日本共产党加强自身灵活性的又一举措。

这些方针政策的新变化也带来不同回响。既有认为这些变化只不过是“换汤不换药”的把戏；也有认为日本共产党是走“改良”路线，有“改良”倾向。

无论从理论和实践上，日本共产党都要扩大影响，为此也采取了许多灵活的措施，谋求得到广大日本国民的支持。但是日本共产党这种发展、振兴的目的，在今天的日本社会是难以实现的。

二、客观对待苏东剧变、面向未来目标更加明确

苏东剧变给全世界带来了震撼，使世界社会主义运动陷入低潮。给发达资本主义国家的共产党带来前所未有的困难和挑战。

1.客观对待苏东剧变、批驳“社会主义、共产主义崩溃”论

苏东剧变后，日本共产党迅速表明了自己的立场和观点。对待苏东剧变的态度是：认为从斯大林到戈尔巴乔夫的苏联共产党对国际共产主义运动犯下了“历史性的罪恶”，日本共产

党对这个“罪大恶极”的党的“寿终正寝”，举双手欢迎。

日本共产党认为，前苏联共产党的解体为国际共产主义运动的前途创造了自主发展的新条件和可能性。认为以美国为首的资本主义世界政治、经济和社会矛盾正在加深；“南北差距”不断扩大，发达国家与发展中国家的矛盾也在加深。对苏东剧变剖析，得出了自己的一些看法。

日本共产党认为，苏联一贯对外是搞大国主义和霸权主义，对内搞官僚主义和专制主义，走极端的完全抛弃科学社会主义的道路。“苏联模式”是不可取的。日本共产党不会照搬哪个社会主义国家模式，而是要在科学社会主义的指导下，争取在全面继承和发展自由和民主的基础上，实现“日本式的社会主义”。日本共产党虽然以社会主义、共产主义为目标，但对目前日本的国情而言，日本共产党不是立即去实现社会主义，而是根据广大国民的利益与要求，提出解决资本主义体制下的各种矛盾。同时采取符合日本国情的政策方针，进行民主改革、走和平发展的道路、追求世界和平和民族自立。

日本共产党认为在20世纪，世界上还没有出现一个成功的社会主义范例，日本共产党提出要在独立自主的前提下与世界各国探索科学社会主义事业的力量进行交流与对话，共同追求世界和平。

日本共产党领导人不破哲三委员长认为，只凭一个苏联社会主义国家的建立和瓦解，来给社会主义、共产主义下最后的结论，还为时过早。在人类历史发展的长河中，社会主义、共产主义也是要有一个很长的发展过程。

2.面对未来、目标更加明确

日本共产党认为：前苏联、东欧所走的迅速资本主义化的道路给劳动人民带来了灾难，引起了广大人民的不满和反思。苏联解体后，世界上许多国家都出现了新的运动和自主探索社会进步道路的萌芽，国际共产主义运动和共产主义者强烈要求按照科学社会主义原则推动世界和历史的发展。基于这种情况，日本共产党首先要在日本这个高度发达的资本主义国家里，自主地探索和追求社会发展的道路、为打碎资本主义剥削制度开辟光明的前景、为实现国际团结打下坚实的基础。同时也愿意同其他国家探寻社会主义发展道路的力量进行对话交流。从共产主义运动的国际性出发，促进国际联合、以“无产阶级国际主义”和“共产党之间的外交”为主要渠道。与此同时，随着冷战的结束，日本共产党也开始积极对保守势力和政见不同的政府采取了一种接近的态度。

当代世界社会主义在实践中遇到了“两种挑战”：资本主义向社会主义提出的挑战；非科学社会主义向科学社会主义提出的挑战。日本共产党在苏东剧变后，也必须面对经济全球化和科技革命带来的各种挑战。日本共产党对未来充满信心。日本共产党认为21世纪将是世界社会主义复兴和发展的世纪。因为当今世界上有资本主义国家、有社会主义国家、更有争取走向社会主义的国家。中国特色社会主义的繁荣昌盛受到日本共产党的极大关注。

2007年8月9日，日本共产党在东京召开成立85周年纪念大会，共有2400人参加。会上志位和夫委员长和前议长不破哲三分别作了报告。

不破哲三的报告题目是《日本共产党85年的发展与现状》。报告对日本共产党的历史发展过程给予充分肯定，对出现的问题进行了分析，对前途充满希望。其中引用美国《时代周刊》的话说：今天，在世界第二大经济大国日本，共产主义的活力随处可见。不破哲三同时也承认在发达资本主义国家，意大利共产党、法国共产党都有过辉煌的时代。最后不破哲三号召日本共产党人，克服困难、不屈不挠，用开拓、求索的精神迎接光明的未来。

志位和夫报告也对日本共产党的作用进行了分析评说。

在日本共产党85年的发展过程中，日本共产党的理论与实践面对的挑战与困难也是世界社会主义运动、共产主义运动的真实写照。

在今天的日本社会，政治环境日趋保守，日本共产党的生存空间面临挑战，在老龄、少子的日本社会，年轻的共产党员日益减少。在国际共产主义处于低潮的今天，日本共产党仍然高举反战大旗、反对参拜靖国神社、反对修改历史教课书、号召全体国民反省侵略战争。日本共产党制定出更加务实的方针、政策，立场更加坚定，思想更加统一，目标更加明确。这应该就是共产党的活力与魅力的所在。

在发达资本主义国家日本，社会主义思潮不是当今社会的主流思潮，但是，日本共产党依然存在，仍然有一定的影响力，值得我们研究。

（作者：中共中央党校副教授）

划清中国特色社会主义和民主社会主义的界限

——海派经济学南京研究所第八次研讨会综述

何干强

为了更好地贯彻落实科学发展观，从理论和实践的结合上维护中国特色社会主义的伟大旗帜，海派经济学南京研究所在江苏南京举行了以“中国特色社会主义，还是民主社会主义”为主题的学术研讨会。出席会议的有来自中共江苏省委党校、南京财经大学、南京大学、江苏省社会科学院、南京政治学院、南京理工大学、南京师范大学、河海大学、东南大学和南京二机床厂等单位的二十多位学者和企业家。研讨会由中国社会科学院世界社会主义研究中心常务理事、海派经济学南京研究所所长李炳炎教授主持。

一、民主社会主义的历史演变

世界政治经济学学会学术委员会委员、海派经济学南京研究所顾问、南京大学教授奚兆永指出，19世纪中期，恩格斯在《共产主义原理》中就论述了共产主义者和“民主主义的社会主义者”的区别，指出了他们的“共同行动并不排除讨论存在于他们和共产主义者之间的分歧意见”。

马克思和恩格斯在写作《共产党宣言》时没有使用“社会主义”和“社会主义民主党”这一名称称呼自己的党，他们使用了“共产主义”和“共产党”这一名称。1869年德国社会民主工党(爱森纳赫派)成立时，马克思和恩格斯对党的名称和这个纲领的一些内容，都是有保留看法的。1875年，马克思写下了著名的《哥达纲领批判》，对爱森纳赫派领导人容纳的拉萨尔派的错误理论观点进行了有力的批判。

1918年，在列宁的倡议下，俄国社会民主工党率先将党的名称改为“俄国共产党”这一在科学上唯一正确的名称，可以说，这是实现了马克思和恩格斯生前的遗愿。

1895年恩格斯逝世以后，伯恩施坦走上了修正主义的道路。他否定飞跃、否定革命、否定马克思主义的科学社会主义，不满于“社会民主党”的名称，而宣扬民主社会主义的思想。从此，民主社会主义的思潮进一步在各国泛滥，所谓的第二国际也就不复存在了。

第一次世界大战结束后，26个社会党右翼和中派的代表于1919年2月在瑞士的伯尔尼举行会议，决定恢复第二国际的活动，他们谴责无产阶级专政而维护资产阶级民主，用民主社会主义攻击科学社会主义，目的则是反对俄国的十月革命，反对苏维埃政权。这次会议被列宁称为“黄色国际”的会议。1919年3月，列宁在莫斯科举行的共产国际第一次代表大会上针锋相对地批驳了黄色国际的民主社会主义谬论，并以“集会自由”、“出版自由”为例，揭露了资产阶级民主自由的虚伪性和欺骗性。

1922年2月，考茨基的德国独立民主党、英国独立工党等13个国家的“中派社会党”在维也纳开会建立社会党国际工人联合会。这个国际被称为第二半国际。1923年5月，第二半国际与第二国际合并，成立“社会主义工人国际”。

1933年希特勒上台，法西斯到处侵略扩张。1940年“社会主义工人国际”总部所在地布鲁塞尔被希特勒军队占领，该国际停止活动。三年后，第三国际也因为其完成了历史任务，于1943年5月15日宣布解散。

二战后英国工党和法、意、捷、匈等国社会党经过多次的会议协商，1951年3月在法兰克福建立社会党国际，其指导思想与历史上的第二国际相比有了很大的变化。当代民主社会主义的目标，并不在于改变资本主义制度，而是要实现所谓以民主为核心的价值目标。他们认为，由于苏联解体、东欧剧变，追求制度目标是错误的。在他们第18次代表大会通过的《社会党国际原则宣言》的“原则”部分里写道：“民主社会主义是实现自由、社会公正与团结一致的国际运动。”并写下这样的条款：“共产主义已失去了十月革命后和反法西斯斗争中它一度对一部分劳工运动和一部分知识分子的吸引力。”“社会党国际支持旨在通过自由化和民主化改造共产党社会的一切努力。”

综上，民主社会主义在不同时期，尽管有种种变化，但是，它的概念中存在着比较稳固的东西：

——民主社会主义或多或少地带有社会主义的某些色彩，但其本身并不构成科学社会主义的内容，二者是有天壤之别的；

——民主社会主义主张在资本主义下用和平的改良的办法实现社会主义的要求，这不是革命的理论，而是改良主义的理论；

——民主社会主义是小资产阶级民主派首先发明和使用的，后来为修正主义的鼻祖伯恩施坦所热衷和推崇，马克思主义的创始人马克思和恩格斯以及他们事业和理论的继承者列宁、斯大林、毛泽东、邓小平等从未用它来表达他们对社会主义的看法。

因此，现在有人提出要为民主社会主义“正名”，要把它尊为社会主义的“正统”，并且要为在中国实行民主社会主义“扫清障碍”，显然是毫无根据的。

二、中国特色社会主义与民主社会主义的原则区别

李炳炎教授认为，中国特色的社会主义是科学社会主义的一种具体形态。是中国共产党人依据科学社会主义的基本原理，结合中国社会主义初级阶段实际而取得的新的理论成果。它与民主社会主义的原则区别，主要体现在六个方面：

第一，在基本经济制度方面，前者主张坚持和完善以社会主义公有制为主体、多种所有制经济共同发展的社会主义初级阶段基本经济制度。后者主张建立以资本主义私有制为主体的混合经济制度。两者在所有制性质上是不同的，前者属于社会主义经济范畴，而后者则属于资本主义经济范畴。

第二，在基本经济体制方面，前者主张建立和完善社会主义市场经济体制，后者主张建立“社会市场经济”体制。“社会主义市场经济”范畴包含以下多重规定性：一是现代市场经济；二是有宏观调控的市场经济；三是以社会主义公有制为主体。民主社会主义主张的“社会市场经济”，是二战后资本主义现代市场经济发展所形成的一种模式。以德国为例，其社会市场经济体制有三个基本特征：一是以私人企业制度和市场竞争作为体制存在和运行的基础；二是政府通过立法和适度干预来保护自由竞争，建立竞争秩序；三是政府通过实施社会福利计划，建立健全的社会保障体系，以保障社会公正。

第三，在基本政治制度方面，前者实行在人民当家作主的基础上，发展社会主义民主政治；坚持和完善工人阶级领导的、以工农联盟为基础的人民民主专政；坚持和完善人民代表大会制度和共产党领导的多党合作、政治协商制度。后者则主张资产阶级的民主宪政，即实行多党制、三权分立、西方式民主那一套。

第四，在基本指导思想方面，前者坚持指导我们思想的理论基础是马克思主义，坚持马克思主义在意识形态领域占主导和领导地位，坚持以马克思主义及其中国化的理论作为社会主义改革和发展的行动指南。后者则以新自由主义、资产阶级改良主义和修正主义作为指导思想。

第五，在对待公平和效率的关系方面，前者主张关注社会公平，公平和效率相统一，实行以按劳分配为主的多种分配方式，以实现共同富

裕为目的。后者则主张一次分配按效率原则借助市场竞争机制来实现；二次分配通过政府征税调节收入分配，实现社会公平。

第六，在基本价值观念方面，中国特色社会主义的核心价值观应是以“富强、民主、文明、和谐”与“人的自由全面发展”为基本内容。而后者所鼓吹的“民主、自由、平等、公平”的原则，是资产阶级的价值观念。

南京财经大学王云中教授认为，中国特色社会主义有两个最显著的特点：一是社会主义公有制经济为主体，国有经济为主导；二是中国共产党的领导。民主社会主义和中国特色社会主义的最大区别是前者否定社会主义公有制和中国共产党的领导，其实质是彻底脱离社会主义轨道，走上资本主义道路。

南京政治学院崔占利教授指出，搞中国特色社会主义，理论要彻底，对社会主义初级阶段的各种经济成分，必须在科学概念上讲清楚，不能把非公有制经济也讲成社会主义性质的经济。

江苏省世界经济学会原会长、江苏省社会科学院程极明研究员强调，当今世界上并不存在有人所说的“三种社会制度”，而只存在两种社会制度，即资本主义制度和社会主义制度。在资本主义制度中，又有发达国家与发展中国家之分。社会民主党曾经在一定程度上改变了某些发达资本主义国家的分配制度，缓和了阶级矛盾。但是，它提出的某些改良的政策，起到了延长资本主义制度的生命的作用，而并没有改变资本主义所有制及资本家剥削剩余价值的阶级关系。

三、民主社会主义的经济主张行不通

中国社会科学院世界社会主义研究中心常务理事、南京财经大学何干强教授认为，民主社会主义主张缓和两极分化的矛盾，就要在社会再分配上找出路，但这决不能从根本上解决私有化的严重后果。

第二次世界大战之后，西欧国家的执政党在不根本改变私有制经济的基础上，为了缓和对抗性矛盾，先是推行民主社会主义，搞所谓福利国家，这固然取得了某种程度的效果，但是随着时间的推移，财政支出膨胀，不堪负重，影响经济增长，还造成国民对福利制度的依赖，结果难以为继；上世纪 70 年代末，新自由主义登台替代民主社会主义，大力推行私有化，收缩为总资本家服务的国有经济，扩展私有经济，结果贫富差距明显拉大，社会矛盾激化。于是，90 年代中期之后，民主社会主义的政党又上台，以社会的民主主义新面孔，总结以往经验教训，试图走介于传统的民主社会主义和新自由主义之间的“第三条道路”，但这种道路的实质，仍然是“私有制加公共财政再分配”，最终是走不出两难的困境的。这是因为，它既然不改变本质是私有制的国家垄断资本主义经济基础，贫富差距的对抗性矛盾就无法消除。而且，维持这种经济制度，一是需要雄厚的政府财力做支撑；二是国民的最低生活水平必须高于一般的国家，尤其是发展中国家。

在中国，“私有制加公共财政再分配”这种主张更行不通。中国是发展中的社会主义国家，不可能像发达资本主义国家那样，凭借历史形成的科技优势，运用国际垄断价格剥削别国人民的剩余价值，积累这种性质的国家财力；更不可能对别国搞霸权主义，用超经济的新原始积累手段例如对别国发动战争掠夺资源，积累国家财力。我们唯有通过自力更生、艰苦奋斗积攒财力。而这样取得的政府财力，还要提取相当部分用于国家安全，用于发展现代科技。这样，政府财力中用于解决民政性的、社会福利性的预算支出数额，在一个相当长的时期内，就只能是有限的了。

王云中教授指出，我们只有坚持公有制和按劳分配为主体，才能有效地防止贫富分化，保证社会团结和政治稳定，把效率与公平结合起来，先富和共富结合起来，不断实现经济发展和最终达到共同富裕。

四、必须高举中国特色社会主义的旗帜

与会同志认为，批判民主社会主义和新自由主义，必须有破有立，结合总结改革开放的实践经验，坚持党的基本路线，高扬中国特色社会主义的旗帜，在认真贯彻科学发展观和新实践中，促进马克思主义的中国化，促进科学社会主义在经济建设中不断取得新胜利。

王云中教授认为，我国改革开放以来的实践证明，中国特色的社会主义适合我国国情，是我国实现发展、走向富强的成功之路。从1978年至2006年的28年间，我国的生产力得到了巨大的发展，经济实力得到了显著的增强，人民生活得到了明显的改善，综合国力得到了极大的提高。说明中国特色社会主义是一条成功的发展道路。

何干强教授认为，中国特色社会主义经济制度的核心是社会主义公有制。公有制包括本质上是全民所有制的国有经济形式和劳动群众的集体所有制经济形式。坚持中国特色社会主义道路，必须坚持这个核心经济制度。当前，有必要从两方面着手：

其一，科学地深化现存国有经济的体制改革。努力实现“两个分开”：一是公有资本的所有权代理机构与政府行政管理机构分开；一是公有资本所有权代理机构的资本流通管理与政府的财政管理分开。只要真正纠正了体制弊病，公有制内在的有利于促进领导、科技人员和职工群众团结一致，有利于发挥集体力量的潜在优越性，就必然显示出来。

其二，积极采取措施，发展新公有制企业。

——培育为公有制经济服务的企业家或自主联合劳动、共同致富的带头人。实现公有制经济与市场经济的有效结合，需要大批具有社会主义信念的、有管理能力和懂专门业务的经济组织带头人。这可以在党和政府领导下，利用大专院校来专门组织培训。

——从全局出发筹集和运用振兴公有制经济的启动资金。一是银行要对新办国有、集体企业采取政策性的金融信贷支持；二是财政要贯彻工业反哺农业的方针，设立支持振兴公有制经济的发展基金；三是把以各种方式流失的公有资本，用适当的方式再收回来。

胡亚平总经理认为，社会主义的国有企业，是中国特色社会主义经济的核心力量。经过改革的大中型国有企业，目前在国民经济中已经起到核心作用；有的国有企业已经在市场经济条件下创造了奇迹。搞好公有制企业，从人与资金两方面着手，是完全可以做到的。

（作者单位：南京财经大学经济学院）

“当代世界社会主义前沿和热点问题”学术研讨会综述

马桂萍　卜红双

由科学社会主义学会当代世界社会主义专业委员会和辽宁师范大学共同主办的“当代世界社会主义前沿和热点问题”学术研讨会暨2007年当代世界社会主义专业委员会年会于2007年8月23—25日在大连举行。科学社会主义学会会长、当代世界社会主义专业委员会名誉会长、中央党校教授赵曜以及来自中央党校、中央编译局、中国社会科学院、北京大学、中国人民大学、武汉大学、山东大学、华中师范大学等全国40多家单位的110余位专家学者与会，围绕会议主题，展开了广泛而深入的研讨，现将会议研讨的主要观点综述如下：

第一，关于当代世界社会主义前沿和热点问题的定位。赵曜教授认为当代世界社会主义前沿问题有多个：怎样看待马克思对未来社会的预想、怎样评价列宁和十月革命道路、怎样审视斯大林和苏联社会主义模式、怎样对待毛泽东对中国社会主义发展道路的探索、怎样反思苏联解体东欧剧变、怎样认识中国特色社会主义等等，都是当代世界社会主义前沿问题。当代世界社会主义热点问题主要是发展中国家的社会主义。中国特色社会主义既是当代世界社会主义的前沿问题，又是当代世界社会主义的热点问题。

第二，关于中国特色社会主义。有学者从“超越”的视角解读中国特色社会主义。中国特色社会主义在改革开放中酝酿、形成、发展，是科学社会主义在中国的新发展，是建立在中国现实基础之上的社会主义，是对传统与现代政治理论、传统与现代社会主义的超越。中国特色社会主义，在理论上、在政治实践上的选择或超越，不是一个人、一个政党的主观愿望，而是有其客观基础的，是既符合理论的逻辑、政治的要求，又符合当代中国发展的客观规律和中华民族和最广大人民群众利益，是完全正确的选择。有学者强调深入研究中国特色社会主义必须对中国特色社会主义与其他社会主义的关系进行深入研究，认为怎样对待民主社会主义是事关中国特色社会主义理论与实践的一个重要问题，我们既不能以拿来主义照搬民主社会主义，接受民主社会主义理论内容，但也不能以“斗争哲学”全部地否定民主社会主义。正如我国在改革的实践中正确对待资本主义市场经济一样，我们汲取了资本主义国家发展市场经济中的有益经验和做法，但又没有完全照搬其市场经济发展模式。今天，我们对待民主社会主义一方面不能接受其理论内容，另一方面对于民主社会主义中的一些合理因子和实践中的一些成功之处，我们要在发展中国特色社会主义实践中有选择地肯定与学习。有学者认为十月革命开创的社会主义制度具有在人类文明史上开创新纪元意义的新质要素，中国特色社会主义，在不断面对新矛盾新挑战中，正继续沿着十月革命开创的社会主义制度创新之路前进，正在努力谱写21世纪社会主义理论体系创新的新篇章。

第三，关于资本主义国家的共产党和社会党。有学者对俄罗斯社会民主主义政党的新变化做深入探讨，认为2006年以来，俄罗斯社会民主主义政党进入了新一轮分化组合时期，新组建“公正俄罗斯”党迅速崛起，其他社会民主主义政党力量薄弱，处于边缘化状态。“公正俄罗斯”党宣称以“新社会主义——21世纪社会主义”为指导，拥护普京总统，反对“统一俄罗斯”党的政治垄断和俄共对惟一代表劳动者的垄断。还有学者分别对资本主义国家共产党组织形态的历史性转型、保加利亚社会党、尼泊尔共产党等作深度探究。

第四，关于社会主义基本问题。有学者认为落后国家社会主义建设是一项未尽的事业，社会主义和资本主义同根又同源——现代性，因此落后国家的社会主义建设必须坚持现代性的主题和逻辑，而扣紧现代性并不是回到自由主义。同时，坚持现代性必须对现代化产生的问题进行批判，用社会主义的价值观重构资本逻辑、重塑资本文明。有学者提出马克思主义所揭示的社会主义正以其“铁的必然性”向前发展，其深层根据在于资本扬弃，它是资本主义旧社会中孕育着的新社会因素向社会主义的过渡点。不仅商品经济是不可逾越的，资本扬弃的过渡点也是不可逾越的。资本扬弃是一个漫长的过程，其起点是资本的产生，其终点是社会主义社会形态的实现，这是不以人的意志为转移的客观规律。

第五，关于社会和谐是中国特色社会主义本质属性。有学者认为，20 世纪社会主义制度实践的经验教训，都是与“双和”即和谐社会和谐世界理念交织在一起的。中国特色社会主义形成和发展的过程就是为“双和”创造基本条件以至于“双和”逐步获得关照的过程。中国特色社会主义“双和”已实现从理念到模式的跃迁：从理念层面上，中国特色社会主义“双和”命题已构成了“一体两翼”的理论架构；从模式层面上，中国已在实践中构建起一个新的社会主义模式——中国特色社会主义“双和”模式。有学者提出和谐是立足于差别之上的，和谐就是多样性的有序统一。社会主义和谐社会是人们之间彼此紧密相依、互助互爱的共同体，包容与多元是社会主义和谐社会要义所在。

（作者：辽宁师范大学政治与行政学院教授；辽宁师范大学校务办公室副主任）

第九部分

党的建设的改革创新

以改革创新精神推进高校党的建设

李源潮

党的十七大指出:“党要站在时代前列带领人民不断开创事业发展新局面,必须以改革创新精神加强自身建设,始终成为中国特色社会主义事业的坚强领导核心。”这一根本要求,为在新的历史条件下开创党建工作新局面指明了方向。高等学校党的组织承担着正确领导高校改革发展稳定、巩固党在高校领导地位和执政基础的使命。深入学习贯彻党的十七大精神,以改革创新精神推进高校党的建设,是高等教育事业科学发展的政治保证和组织保证。

一、增强以改革创新精神推进高校党建工作的责任感

实现党的十七大提出的发展目标,科技是关键,教育是基础,人才是保证。现在,全国各类高等教育在学人数 2600 万,63%的国家重点实验室、36%的国家工程研究中心建在高校,39.3%的中国科学院院士、37.7%的中国工程院院士在高校。“十五”期间全国高校获国家自然科学奖、技术发明奖、科技进步奖,分别占全国总数的 55.1%、64.4%和 53.6%。可以说,当前中国科技创新的主要资源在高校,高层次人才的主要力量在高校,科技发明的主要成果在高校。高校是我国实施科教兴国战略、人才强国战略的重要主力军之一。所以,高等教育事业的繁荣发展是中国社会全面进步的重要标志,高等教育功能的充分发挥是全面建设小康社会的重要条件。高等教育事业健康发展,离不开高校党的建设这个根本保证。只有以改革创新精神推进高校党的建设,加强党对高校发展的领导,充分发挥高校党组织的政治核心和战斗堡垒作用,才能办好让人民满意的高等教育,才能为提高自主创新能力、建设创新型国家提供强有力的智力支持,才能为发展中国特色社会主义培养一批又一批合格建设者和可靠接班人。

以改革创新精神推进高校党建工作,是按照党的十七大要求应对高校党建工作新挑战的迫切需要。高校是知识分子汇聚之地,是各种思想文化集散之地,也是新思想新观念发源之地。高校教师和学生思想活跃、追求人格独立,民主意识强,批判精神强。随着经济全球化的发展和改革开放的深入,各种社会思潮对高校的影响越来越直接,社会各种变化在高校的反映越来越迅速,高校师生思想活动的独立性、选择性、多变性、差异性进一步增强。在这个领域开展党建工作,尤其需要发扬改革创新精神,不断研究新情况、解决新问题。否则,高校党组织就无法始终保持蓬勃生机和旺盛活力,就难以充分发挥高校改革发展的坚强领导核心作用。改革创新应该成为高校党建工作的鲜明特色。

二、在继承基础上推进高校党建工作的改革创新

改革开放以来,特别是本世纪以来,我国高等教育进入了新中国教育发展史上改革力度最大、发展速度最快、政治局面最稳定的时期之一,取得的成就举世瞩目。

党中央始终高度重视高校党建工作。从 1990 年开始,每年召开一次全国高等学校党的建设工作会议,为高校党建工作指明了方向。各级党委认真贯彻中央精神,积极推动高校党建工作在继承中创新、在改革中发展。党委领导下的校长负责制不断完善;高校领导班子驾

驭学校改革发展能力明显提高；全国每年在大学生中发展党员数量由2002年的16.8万名增加到2006年的80.8万名，“低年级有党员、高年级有党支部”的目标基本实现；大学生思想政治教育工作的理念和方法全面创新，广大学生主流精神面貌积极向上，对中国特色社会主义核心价值体系认同度逐步提高，对全面建设小康社会和推进社会主义现代化前景充满信心。我国高等教育事业的快速发展和显著进步，高等学校长期保持稳定和谐，高校党的建设工作功不可没。

总结高校党的建设工作的成功经验，最根本的一条就是要创造性地贯彻中央要求，从高校实际出发，不断加强和改进高校党建工作，不断推进高校党建工作的改革创新。具体来说，一是始终坚持把用马克思主义中国化最新成果武装高校党员干部和广大师生头脑，作为高校党建工作的首要任务，不断巩固马克思主义在高校意识形态领域的指导地位，坚持社会主义办学方向，确保党的教育方针得到贯彻落实。二是始终坚持围绕学校改革发展稳定大局抓党建，着眼于培养人才、创新知识、服务社会抓党建，使高校党的建设与高等教育事业发展紧密结合、协调推进。三是始终坚持把建设高素质高校领导班子作为高校党建工作的关键，坚持和完善党委领导下的校长负责制，按照培养“社会主义政治家、教育家”的要求，不断提高领导干部思想政治素质和办学治校水平。四是始终坚持抓基层、打基础，充分发挥高校基层党组织的战斗堡垒作用和党员的先锋模范作用。五是始终坚持育人为本、德育为先，把立德树人作为教育的根本任务，充分发挥高校党的政治优势和组织优势，努力提高大学生思想政治教育的针对性、实效性和吸引力、感染力。六是始终坚持党委统一领导、各职能部门齐抓共管的工作格局，形成做好高校党建工作的整体合力和常抓不懈的工作机制。这些经验反映了高校党建工作的内在规律，体现了时代发展对高校党建工作的客观要求，应该长期坚持，并在新的创新实践中不断丰富和发展。

三、坚持与时俱进、改革创新，推动高校党建工作迈上新台阶

当前，我国高等教育事业的发展站在了一个新的历史起点上，呈现出一系列新的阶段性特征：一是高等教育进入大众化阶段，高等教育资源缺乏的状况得到缓解，但优质高等教育资源不足的问题又凸显出来，提高高校办学质量、加快推进高等教育现代化任重道远。二是经济社会发展对提升人才素质、改善人才结构的要求日益突出，迫切需要高校创新办学理念，创新人才培养模式，改善教育结构。三是高校的自主创新能力显著提升，但学生创新能力的培养比较薄弱，高校科技创新成果转化的体制机制活力不足，高校在建设创新型国家中的基础地位和引领作用有待进一步发挥。四是青年教师正在成为教师队伍的主力军，但提升青年教师的素质特别是思想政治素质和教书育人水平的任务十分紧迫。五是高校管理体制改革和布局结构调整取得重大进展，但办出水平办出特色、创立中国特色现代大学管理制度的任务还十分艰巨。六是互联网、手机等现代传媒和通信工具，已经成为高校师生获取信息、学习知识、娱乐交往的重要途径，对教育教学管理和思想政治教育的工作方式提出了新的全面挑战。

高校党的工作的根本任务，一是正确领导高校的改革发展稳定，按照科学发展观的要求，实现科学发展、创新发展、和谐发展；二是巩固党在高校的领导地位和执政基础，不断增强党组织的生机活力、战斗力和对党员干部、广大师生的凝聚力、吸引力。以改革创新精神推进高校党的建设，要从以下几个方面入手：

第一，坚持不懈地用中国特色社会主义理论体系武装党员干部、教育广大师生。要组织党员、干部和师生深入学习领会党的十七大精神，积极推进党的十七大精神和中国特色社会主义理论体系“进教材、进课堂、进头脑”工作。要按照中央部署和要求，结合高校实际，开展深

入学习实践科学发展观活动，促进高等教育事业发展与经济社会发展相适应。要始终坚持马克思主义在高校意识形态领域的指导地位，继续推进马克思主义理论研究和建设工程，加强对中国特色社会主义理论体系的研究和宣传，积极推出一批有分量有价值的理论成果，重点培养一批坚持正确政治方向、学贯中西、理论功底扎实、学术造诣深厚的马克思主义哲学社会科学名师名家。

第二，着力提高高校领导班子办学治校能力。领导班子办学治校能力是党的执政能力在高校的具体体现。要按照党的十七大关于建设高素质领导班子的要求，开展高校领导干部办学治校能力专题培训，切实增强高校领导班子谋划发展和改革创新的能力，依法办学、科学管理和民主管理的能力，统筹协调人才培养、知识创新和社会服务的能力，加强和谐校园建设的能力。要坚持和完善高校党委领导下的校长负责制，积极探索党委领导、校长负责、教授治学、民主管理的有效途径和办法。要进一步深化高校干部人事制度改革，坚持从实绩看德才，凭德才用干部，形成正确的用人导向。要加大高校领导干部和地方领导干部交流力度，有计划地选派高校领导干部到中西部地区、东北地区等老工业基地、国家重点工程和边疆地区挂职锻炼以及国外培训。要从培养社会主义政治家和教育家、保证我国高等教育事业发展后继有人的战略高度，建设高校后备干部队伍体系，制定工作规划，组织长期实施。要加强反腐倡廉建设，落实党风廉政建设责任制，抓住高校招生、基本建设、科研立项、职称评审、学科评估等容易产生不正之风和腐败行为的关键环节，加大从源头上防治腐败的工作力度。要整治高校学术不正之风，提高学术研究成果的公信度。现在，高校领导班子成员的结构发生了很大变化，一大批上世纪60年代出生的同志走上了高校领导岗位，他们是改革开放以后上的大学，学术水平较高、专业造诣较深，相当多的同志有出国留学经历，但许多人缺乏马克思主义理论的系统教育，缺乏艰苦生活的磨炼和党内生活的严格锻炼。这种情况要求我们高度重视高校领导班子的思想政治建设，着力提高高校领导干部的思想政治素质。

第三，积极推进高校党内民主建设。近年来，高校党务公开加快推进，党组织工作的透明度不断提高，院系级党组织领导班子基本实现了党员直接选举，党员参与党内事务的渠道比较通畅。高校的党员干部文化素质高、民主意识强，加强党内民主建设是提高高校党组织凝聚力的重要途径。高校党组织要贯彻党的十七大关于党内民主建设的新要求，继续推进党内民主建设，着力提高党内民主建设的制度化、规范化、程序化水平。要切实尊重党员主体地位，完善党内民主参与、民主决策、民主选举、民主监督制度，保障党员民主权利，为广大党员参与决定学校和党内事务创造条件。要进一步扩大高校党务公开，高校党的建设的重大问题应在党内进行民主讨论，广泛听取基层党组织和党员意见。要实行党代表大会代表任期制，试行党代表大会常任制，高校党委应向党代表定期报告工作，自觉接受监督。要加强对高校党内民主发展的正确引导，教育广大党员坚持从我国国情出发，不脱离实际，不超越阶段，不照抄照搬，推动高校党内民主建设健康有序地发展。

第四，着力加强院系级党组织建设和青年教工党员队伍建设。院系级党组织在高校党组织结构中处于承上启下的关键位置，是教育和团结广大师生员工的政治核心，是党在高校教学、科研、管理第一线的战斗堡垒。理顺高校院系级党组织的工作体制和运行机制，充分发挥其政治核心和保证监督作用，是当前加强高校党的建设要着重解决的一个问题。要建立健全党政联席会议制度，院系工作中的重要事项，要经过党政联席会议，按照民主集中制的原则集体研究决定。院系党政之间要职责明确、分工协作、形成合力。要注意选拔那些政治素质强、专业水平高的同志担任院系党组织书记，不断增强院系党组织领导班子的领导能力和工作水平。近年来，一些地方和高校积极探索加强院系级党组织建设的有效途径，有的明确规定高校院系实行党政共同负责制，有的在院系党政负责人的配备上采取交叉任职、定期轮岗等方法，有的高校规定院系级党组织对重大问题的决策具有否决权，等等。要对这些探索进行认真研究和总结，在修订完善《中国共产党普通高等学校基层组织工作条例》时加以吸收，把成功的经验和做法用制度形式固定下来。要巩固和发展先进性教育活动的成果，建立健全让党员经常受教育、永葆先进性的长效机制。现在，青年教工党员正在成为高校教工党员队伍的主体，是高校党政后备干部的重要来源。要切实加强对青年教工党员的教育，加强社会实践锻炼，着力提高他们的思想理论素养，坚定中国特色社会主义理想信念，增强党的观念和党员模范意识。要继续高度重视并着力做好在优秀青年知识分子中发展党员工作，及时吸收符合条件的优秀青年知识分子入党。

第五，加强拔尖人才培养和优秀教师队伍建设。党的十七大强调要更好地实施科教兴国战略和人才强国战略，坚持党管人才原则，努力造就世界一流科学家和科技领军人才，开创人才辈出、人尽其才的新局面。高校是培养高素质人才的基地，是聚集各类优秀人才的高地。要依托国家重大人才培养计划、重大科研和建设项目、重点学科和科研基地，加强对拔尖创新人才的培养。要积极开展国际学术交流与合作，充分利用国际资源，引进和培养具有世界一流水准的拔尖创新人才。要制定有关政策，完善激励机制，为拔尖创新人才脱颖而出、健康成长提供良好条件。要根据青年教师不断增多的实际，在全面提高教师队伍整体素质的工作中，把师德建设放在首位，在强化教师职业道德和职业精神上下功夫，自觉养成求真务实和严谨自律的治学态度，自觉恪守学术道德，努力做到爱岗敬业、关爱学生，刻苦钻研、严谨笃学，勇于创新、奋发进取，淡泊名利、志存高远。要树立一批师德表率和教书育人的先进典型，组织开展师德建设和教书育人报告团活动。要建立教师师德和教书育人考评制度，将思想品德素质和教书育人实绩作为教师年度考核的主要内容，考核结果作为职务晋升和评优奖励的重要依据。要修订完善教师职业道德规范、教书育人条例，建立师德和教书育人档案，形成长效机制。

第六，继续加强学生党支部建设和在大学生中发展党员工作。坚持把党支部建在班上的好做法，同时创新组织设置方式，保证所有的大学生党员都在组织中，都参加组织生活。要充分发挥大学生党支部的作用，使其成为引领大学生刻苦学习、团结进步、健康成长的班级核心。要加强对大学生党员的培养教育，引导他们牢固树立正确的世界观、人生观、价值观，牢固树立投身中国特色社会主义伟大事业的远大理想和坚定信念，自觉学习中国特色社会主义理论，努力成为青年马克思主义者。要充分发挥大学生党员在学习生活、班级活动、学生社团中的先锋模范作用，高度重视发挥大学生党员在网络虚拟群体等新型大学生组织中的积极作用。要坚持以党建带团建，加强高校各级团组织建设，充分发挥共青团和学生会的作用。高校团组织要认真做好推优入党工作，向党组织输送积极分子。

第七，进一步提高大学生思想政治教育的针对性实效性。立德树人是教育的根本任务。面对当代大学生的新特点，必须以改革的精神、创新的办法加强和改进大学生思想政治教育。要充分发挥课堂主导作用，上好思想政治理论课、形势与政策教育课；加大学科建设、新课程方案实施、师资培养创新力度，为马克思主义理论教育提供强大平台、坚强阵地、优秀教师，培养一批德育名师。要积极拓展教育渠道，开展社会实践，建设校园文化，构筑网络思想政治教育新阵地。要进一步完善资助家庭经济困难学生工作体系，做好大学生毕业就业工作，推进大学生心理健康教育工作，加强学生管理和服务工作。要着力建设一支高水平的辅导员队伍，强化辅导员的教师、干部“双重身份”，开展职业、专业“双重培训”，加强学校职能部门和院(系)组织“双重领导”，落实教师、干部“双重待遇”。要建立健全大学生思想政治教育的有效机制，建立和完善学校党委统一领导、党政齐抓共管的领导机制，全员育人、全方位育人、全过程育人的育人机制，队伍到位、考核到位、投入到位的保障机制。切实加强学校、家庭、社会三结合的教育网络建设，努力形成全社会关心和支持大学生思想政治教育工作的整体合力。

第八，深入开展高校党的建设理论研究。高校党建理论是党的建设理论的重要组成部分，也是中国特色高等教育理论的重要内容。要充分利用高校人才集中、学科综合的独特优势，组织高校党务工作者和专家学者积极开展高校党建理论研究，为高校党的建设提供理论支持，为丰富党的建设理论作出贡献。要深入研究新形势下关系高等教育事业发展和高校党建工作全局的前瞻性、战略性问题，比如，人才培养模式和思路问题，教师素质和学生素质提高问题，教育发展与经济社会发展同构、人才培养与经济社会需求相合问题，等等。要以理论创新推动工作创新，永葆高校党建工作的生机活力。

四、加强对高校党建工作的领导，确保各项任务落到实处

以改革创新精神推进高校党的建设，各级党委必须加强领导，切实负起责任。要进一步建立健全高校党建工作责任制，各地区和有关部门要把高校党的建设纳入本地本部门党建工作整体安排，摆到更加突出的位置；要坚持和完善党委领导同志联系高校制度，领导同志要深入高校了解情况，给师生讲党课或作形势报告，指导高校改革和发展；各级党委组织部门、宣传部门、教育工作部门要加强对高校党建工作的指导；要建立健全高校党建工作考核评价制度，强化督促检查，把抓高校党建工作的情况和成效，作为考评高校领导班子和领导干部政绩的重要指标；要总结北京等地开展高校党建工作达标评优活动的经验，在高校开展党建工作创先争优活动。

要为高校改革发展和党的建设创造更好的社会环境。各级党委、政府要像支持经济改革和发展那样，旗帜鲜明地支持教育改革、鼓励教育创新，引导社会各个方面正确认识高校改革发展快速推进中出现的问题，帮助高校解决实际困难，给予切实的政策支持和财力保证。要引导社会媒体加大对高校改革发展稳定成就的宣传力度，充分肯定高等教育的改革探索，充分肯定广大高等教育工作者的创新实践，充分肯定高等教育对我国发展作出的突出贡献，对改革发展中出现的问题，不要求全责备，为我国高等教育的继续改革发展营造良好舆论氛围。地方政府要加强高校周边治安综合治理，为广大师生提供良好的学习、工作环境。

特别需要强调的一点是，要关心爱护高校基层党务工作者。基层党务工作者是做好高校党建工作的骨干力量。长期以来，他们勤勤恳恳、任劳任怨、默默无闻地工作，为加强高校党的建设、促进高校改革发展稳定作出了重要贡献。实践证明，这支队伍的素质是好的，是值得信赖的，是有战斗力的。但是，一些高校基层党务工作者队伍力量比较薄弱，有的同志不太安心党务工作。各级党委、各有关部门和各高校要真正重视、真情关怀、真心爱护高校基层党务工作者，建立完善激励和保障机制，在业务培训、职称评定、收入待遇和评选先进等方面，充分考虑他们的具体情况和实际贡献，使他们工作有条件、干事有平台、发展有空间。要注意把那些政治素质高、党性原则强、热爱党务工作、业务能力过硬的同志选配到党务工作岗位上来，注意把高校优秀基层党务工作者交流到党政部门、企事业单位任职。广大高校基层党务工作者要爱岗敬业、加强学习，努力提高自身素质和工作能力，以自己的模范行为和卓有成效的工作赢得广大党员和师生的信赖。

（此文是中共中央政治局委员、中央组织部长李源潮在全国高校党的建设工作会议上的讲话，《求是》发表时有删节）

以改革创新精神全面推进党的建设新的伟大工程

何毅亭

中国共产党是领导我们事业的核心力量。在新世纪新阶段，我们党要带领人民夺取全面建设小康社会新胜利，开创中国特色社会主义事业新局面，谱写人民美好生活新篇章，关键在于进一步把党建设好。

十七大报告对新形势下党的建设作了充分论述，其中一个突出亮点，就是明确提出了以改革创新精神加强党的建设的重大战略思想和重大战略任务，为全面推进党的建设新的伟大工程进一步指明了方向。

一

以改革创新精神加强党的建设，是当今时代发展的必然要求。今天我们所处的时代，是一个和平与发展成为时代主题、世界多极化不可逆转和经济全球化深入发展的时代，是一个综合国力竞争日趋激烈、国际交往愈益频繁、国与国之间联系和互动越来越密切的时代，是一个新情况、新矛盾、新问题、新经验、新事物层出不穷的时代，也是一个以改革创新为显著特征的时代。这里需要特别提到的是，发轫于20世纪中叶的新科技革命及其带来的重大科技发现、发明和广泛应用，推动世界范围内生产力、生产方式、生活方式和经济社会发展发生了前所未有的深刻变化，也引起全球经济格局、利益格局和安全格局发生了前所未有的重大变化。进入新世纪以来，世界新科技革命发展的势头更加迅猛，对人类社会的影响也更加明显。与科学技术的突飞猛进紧密相关，从20世纪70年代后期开始，在世界范围内兴起了以增强综合国力为中心目标的改革、调整浪潮，这个浪潮涉及国家之广泛、涉及领域之全面、改革调整程度之深刻、持续时间之长久，都具有标志性的时代意义。

可以说，改革创新是当今时代的潮流，是大势所趋。任何政党，如果因循守旧、墨守成规、抱残守缺、畏葸不前，无视时代潮流和不断发展变化的客观实际，就必然要落伍甚至被时代所淘汰。十七大报告强调以改革创新精神加强党的建设，这正是我们党准确把握时代要求和世界大势、坚持与时俱进、具有远见卓识的反映。

以改革创新精神加强党的建设，是我们党更好地领导改革开放和社会主义现代化事业的必然要求。党的十一届三中全会以来，我国进入了社会主义建设新的历史时期。正如党的十七大报告指出的，新时期最鲜明的特点是改革开放、最显著的成就是快速发展、最突出的标志是与时俱进。回过头来看，29年来我国改革开放和现代化建设的历史，从一定意义上说是一部解放思想、实事求是、与时俱进，不断推进社会主义制度自我完善和发展的改革史，一部不断推进实践基础上的理论创新、制度创新和其他方面创新的创新史。改革开放作为我们党在新的时代条件下带领人民进行的新的伟大革命，使社会主义在中国焕发出前所未有的强大生命力，使马克思主义在中国焕发出新的强大感召力，使我们党焕发出新的强大战斗力。改革开放的重大意义，不仅在于它已经使中国人民的面貌、社会主义中国的面貌、中国共产党的面貌发生了历史性变化，而且在于它开辟了一条引领中国迈向富强民主文明和谐的社会主义现代化国家的康庄大道。毫无疑问，新世纪新阶段，我们党要带领人民实现全面建设小康社会的奋斗目标，根本动力在于改革创新，光辉前景同样在于改革创新。

从这样的大背景和大视野来审视改革创新与党的建设的关系，可以得出这样的结论：改革创新是解放和发展社会生产力的必由之路，也是增强党的创造力、凝聚力和战斗力的必由之路；我们党作为领导改革开放伟大事业、领导建设创新型国家的马克思主义执政党，党的工作唯有坚持与时俱进，党的建设唯有坚持改革创新，党才能实行科学执政、民主执政、依法执政，更好地担当起执政兴国、执政为民的历史重任。

以改革创新精神加强党的建设，也是适应党的队伍不断发展变化、切实解决党的自身建设中出现的新矛盾新问题的必然要求。我们党已经成立86年，在全国执政58年。这使党积累了治国理政和加强自身建设的宝贵经验，但承平日久，也容易使一些党员、干部产生惰性和脱离群众的倾向。党领导的改革开放给党注入巨大活力，也使党在深刻变化的社会环境中面临许多前所未有的新课题新考验。我们党已经拥有7000多万名党员，新党员数量大量增加，新老干部队伍交替不断进行，一大批年轻干部走上领导岗位。这给党不断增添了新鲜血液，也使党的教育和管理任务比过去任何时候都更为繁重。

实践表明，解决新的历史条件下党的建设遇到的新矛盾新问题，要善于运用我们党在加强自身建设中长期积累的成功经验，同时要适应党的历史方位和目标任务的发展变化，以改革创新精神发展党的理论，丰富党的实践，完善党的制度。新时期以来，我们党深刻总结世界政党建设特别是马克思主义政党建设的经验教训，深刻总结自身建设的经验教训，从新的实际出发，研究新情况，解决新问题，积累新经验，推动党的建设在不断改进和创新中得到加强。坚持把改革创新精神贯穿到推进新的伟大工程的实践之中，继续探索，继续创新，党的建设就会进一步得到加强。

把以上三个方面综合起来，就是党的十七大报告指出的："世情、国情、党情的发展变化，决定了以改革创新精神加强党的建设既十分重要又十分紧迫。"

二

如同改革是社会主义制度的自我完善和发展一样，以改革创新精神加强党的建设也是我们党自身的完善和发展。这里所说的改革创新，决不是要改变党的性质、宗旨、指导思想和奋斗目标，也决不是要改掉党的根本组织制度和领导地位，改掉党的政治优势和优良传统。这些根本的方面，不仅不能改变，而且必须结合新的实际赋予新的时代内涵，在新的实践中长期坚持。我们所要改革的，是党的自身建设和党的工作中不适应、不符合新形势新任务的地方；我们所要创新的，是党的具体领导体制、执政方式、组织方式、活动方式和思维理念等等。通过这样的改革和创新，加强和改善党的领导，保持和发展党的先进性，更好地发挥党在中国特色社会主义事业中的领导核心作用。

也就是说，**以改革创新精神加强党的建设，必须坚持正确的方向：第一，要高举中国特色社会主义伟大旗帜；第二，要坚持党在社会主义初级阶段的基本路线不动摇；第三，要坚持党要管党、从严治党的方针；第四，要坚持面向现代化、面向世界、面向未来，着眼于解决党的建设面临的重大现实问题和突出矛盾。**关于这4条，我们在下面分别展开论述。

对于马克思主义政党来说，旗帜问题至关重要。旗帜就是方向，旗帜就是形象，旗帜就是党的指导思想和行动指南、党的共同理想和奋斗目标的集中表达。党的十七大报告突出强调高举中国特色社会主义伟大旗帜，并且明确指出，高举这面旗帜最根本的就是要坚持中国特色社会主义道路和中国特色社会主义理论体系。这就鲜明地回答了新世纪新阶段我们党举什么旗、走什么路、朝着什么样的发展目标继续前进的根本问题，为党和国家的各项工作进一步指明了方向，也为党的建设的改革创新提供了根本指针。

《共产党宣言》发表以来近160年的实践证明，马克思主义只有与本国国情相结合、与时代发展同进步、与人民群众共命运，才能焕发出强大的生命力、创造力、感召力。中国特色社会主义，就是中国共产党人把马克思主义的科学社会主义基本原则与中国国情和时代特征相结合的产物，是深深扎根于中国大地、切合中国实际的科学社会主义。建设中国特色社会主义，是一个以社会主义初级阶段为起始阶段、需要经历若干个发展阶段的漫长历史进程。在这个历史进程中，中国共产党人全部实践的主题，马克思主义中国化的主题，始终是建设中国特色社会主义。邓小平理论、"三个代表"重要思想和十六大以来党中央提出的科学发展观等重大战略思想，是我们党在领导人民推进改革开放和现代化建设伟大实践中形成的、以建设中国特色社会主义为主题的理论成果，共同构成中国特色社会主义理论体系。这个理论体系，坚持和发展了马克思列宁主义、毛泽东思想，凝结了几代中国共产党人带领人民不懈探索实践的智慧和心血，是马克思主义中国化最新成果，是党最可宝贵的政治和精神财富，是全国各族人民团结奋斗的共同思想基础。实践已经证明并将继续证明，在当代中国，坚持中国特色社会主义理论体系，就是真正坚持马克思主义；坚持中国特色社会主义道路，就是真正坚持社会主义。

以改革创新精神加强党的建设，就要紧紧围绕高举中国特色社会主义伟大旗帜这个根本要求来加强和改进党的建设，确保全党坚定不移地沿着毛泽东同志开始探索的、邓小平同志开辟的、以江泽民同志为核心的第三代中央领导集体始终坚持的、以胡锦涛同志为总书记的中央领导集体继续坚持的中国特色社会主义道路前进，确保党的各方面建设更好地为发展中国特色社会主义服务。把握住这一点，就把握了以改革创新精神加强党的建设的本质。

党的政治路线正确与否，是关系全局、决定全局的，也决定着党的建设的前途。在新时期，我们党形成了社会主义初级阶段的基本路线。这是党和国家的生命线，是实现科学发展的政治保证，也是党的建设改革创新沿着正确方向前进的政治保证。29年来，我们党之所以能够以新的面貌和强大的战斗力带领人民为实现新的历史任务而奋斗并取得举世瞩目的成就，根本的一条就是按照党的基本路线的要求坚持不懈地加强和改进党的建设，不断增强全党贯彻执行党的基本路线的自觉性和坚定性。

在党的建设中坚持党的基本路线不动摇，首先要全面理解和把握党的基本路线。党的十七大报告指出，以经济建设为中心是兴国之要，是我们党、我们国家兴旺发达和长治久安的根本要求；四项基本原则是立国之本，是我们党、我们国家生存发展的政治基石；改革开放是强国之路，是我们党、我们国家发展进步的活力源泉。这些精辟论断，把一个中心、两个基本点在党和国家事业中的地位和作用讲得很透彻、很深刻、很到位。应当明确，我们的经济建设，是以四项基本原则为政治保证、以改革开放为强大动力的；我们的改革开放，是以不断解放和发展生产力、建设和发展中国特色社会主义为根本目的的；我们的四项基本原则，是保证改革开放和经济建设沿着正确的方向前进，同时又从新的实践中不断取得新的经验来丰富和发展的。按照党的基本路线的要求加强和改进党的建设，就要牢牢把握经济建设和四项基本原则、改革开放之间相互贯通、相互依存、不可分割的辩证统一关系，坚持把以经济建设为中心同四项基本原则、改革开放这两个基本点统一于发展中国特色社会主义的伟大实践，贯穿于党的思想、组织、作风、制度建设和反腐倡廉建设的全部工作之中，体现到各级党组织和广大党员干部的工作和行动中去。

党要管党、从严治党，是保持和发展党的先进性的必然要求，是我们党加强和改进自身建设的宝贵经验。在新时期，我们党的性质，党在国家和社会生活中所处的地位，党肩负的历史使命，党组织和党员干部队伍的状况和所处的新环境，都决定了治国必先治党、治党务必从严。坚持党要管党、从严治党，最根本的就是要严格按党章办事、按党的制度和规定办事。这与以改革创新精神加强党的建设是相辅相成、完全一致的，应当把这两方面的工作结合起来，在党要管党、从严治党中贯彻和体现改革创新精神，在党的建设改革创新中更好地做到党要管党、从严治党。这种结合，要贯彻到党的建设的全部工作中，贯彻到对各级党组织、广大党员和干部进行教育、管理、监督等各个环节中。特别要以改革创新精神从严抓好各级领导班子建设，对党员领导干部严格要求、严格管理、严格监督，以此影响和推动整个党的建设，努力使党的生活既严格有序、步调一致，又朝气蓬勃、充满活力。

在党的建设中坚持改革创新，不能满足于就党建抓党建，必须坚持以马克思主义党建理论为指导，坚持解放思想、求真务实，坚持面向现代化、面向世界、面向未来，敢于研究和回答实践提出的重点、热点、难点问题。改革开放以来，党的建设在理论和实践上取得的一系列创新成果，都是在这“三个面向”的过程中，在深入研究实际工作中提出的新情况新问题、不断总结来自实践的新鲜经验的基础上形成的。换句话说，中国特色社会主义伟大事业，党的建设新的伟大工程，我国亿万人民群众和7000多万名党员生机勃勃的创造性活动，我们党生动、丰富的治党、管党的实践，是党的建设改革创新取之不竭的源头活水。着眼于新的实践和新的发展，着眼于对实际问题的理论思考，不断深入实际、深入基层，认真总结各级党组织特别是基层党组织和广大党员在实践中创造的新鲜经验，从亿万人民群众和广大党员的伟大实践中汲取营养，党的建设改革创新就能始终不脱离时代、不脱离实际、不脱离群众，不断取得新的成果。

三

以改革创新精神加强党的建设，是对党的建设的全面要求。党的十七大报告提出了全面推进党的建设新的伟大工程的总体布局和总要求，这就是：把党的执政能力建设和先进性建设作为主线，坚持党要管党、从严治党，贯彻为民、务实、清廉的要求，以坚定理想信念为重点加强思想建设，以造就高素质党员、干部队伍为重点加强组织建设，以保持党同人民群众的血肉联系为重点加强作风建设，以健全民主集中制为重点加强制度建设，以完善惩治和预防腐败体系为重点加强反腐倡廉建设，使党始终成为立党为公、执政为民，求真务实、改革创新，艰苦奋斗、清正廉洁，富有活力、团结和谐的马克思主义执政党。

这个总体布局和总要求，承前启后、继往开来，体现了解放思想与实事求是的统一、发扬优良传统与坚持开拓创新的统一。**围绕这个总体布局和总要求，党的十七大报告还提出了党的建设的六项任务。所有这些，构成了新的形势下以改革创新精神全面加强党的建设的行动纲领。**

落实这个行动纲领，要求我们大力推进党的制度体系的创新和完善。这是因为，在党的各方面建设中，制度建设更带有根本性、全局性、稳定性和长期性。邓小平同志在上个世纪80年代初就指出，“我们过去发生的各种错误，固然与某些领导人的思想、作风有关，但是组织制度、工作制度方面的问题更重要”。他强调加强党的建设，必须健全和完善党的组织制度和领导制度，使之不因领导人的改变而改变，不因领导人的看法和注意力的改变而改变。这些思想非常深刻。改革开放以来，我们党积极稳妥地推进政治体制改革，以改革创新精神加强制度建设，取得了显著进展。特别是十六大以来，建立了中央政治局向中央委员会全体会议定期报告工作并接受监督的制度，深化干部人事制度改革，制定和颁布实施党内监督条例，健全纪检监察派驻机构统一管理制度，建立和完善巡视制度等等，党的制度建设和党内民主建设取得了新的长足进步。这一切，为党的事业的不断发展和兴旺提供了有力的推动和保证。

当然，党的制度建设和党内民主建设是一项长期任务，必须随着经济社会的发展而不断深化，努力与广大党员参与党内事务积极性的不断提高相适应。党的十七大报告突出强调以健全民主集中制为重点加强制度建设，创造性地提出以扩大党内民主带动人民民主、以增进党内和谐促进社会和谐，提出尊重党员主体地位、推进党务公开，提出实行党的代表大会代表任期制，完善党的地方各级全委会、常委会工作机制，推行地方党委讨论决定重大问题和任用重要干部票决制，改革党内选举制度、改进候选人提名制度和选举方式，继续深化干部人事制度改革，完善公务员制度等等。这些新思想、新举措，都体现了解放思想、与时俱进、改革创新精神。我们要按照党的十七大的要求，积极推进党内民主，坚持把制度建设贯穿于党的建设各个方面，切实做到用制度管权、用制度管事、用制度管人。

落实这个行动纲领，要求我们在党内大力营造鼓励和保护创新的环境和氛围。中华文化历来包含鼓励创新的丰富内涵，强调推陈出新、革故鼎新。中国共产党继承了这种优秀文化传统，历来是一个勇于和善于改革创新的党。同时，我国几千年封建社会与小农经济形成的墨守成规、忽视创新、封闭保守、论资排辈等思想意识，难以避免地会进入党内，影响和制约着党内创新意识的提升、创新氛围的形成和创造活力的发挥。以改革创新精神加强党的建设，必须充分调动和发挥全党的积极性、主动性、创造性，使崇尚创新、追求创新成为广大党员特别是各级领导干部的一种价值取向和自觉行动。这就要克服唯书唯上、崇洋崇古、照搬照套的行为习惯，坚持解放思想、求真务实，推崇探索、宽容失败，提倡竞争、倡导合作，鼓励党员、干部以蓬勃向上的朝气、敢闯敢试的锐气、开拓进取的勇气做好各自的工作，让一切有利于增强党的创造力、凝聚力、战斗力的创新理念得到尊重、创新举措得到鼓励、创新才能得到发挥、创新成果得到肯定。这是确保我们党始终生气勃勃和兴旺发达的不竭动力。

落实这个行动纲领，要求我们在党内大力培养造就德才兼备、勇于和善于改革创新的人才群体。人是创新的主体，是决定创新成败的决定性因素。有了一大批德才兼备、具有创新胆识和魄力、善于开拓创新的优秀人才，以改革创新精神加强党的建设才能富有成效。这就必须坚持贯彻尊重劳动、尊重知识、尊重人才、尊重创造的方针，坚持在改革创新实践中发现、培养、提高创新型人才，努力营造鼓励人才干事业、支持人才干成事业、帮助人才干好事业的党内环境和社会环境，形成有利于创新型人才脱颖而出的体制机制。党内各方面创新型人才大量涌现，党领导的中国特色社会主义事业就会有更加美好的未来。

最后归总起来说，以改革创新精神加强党的建设，就是要在党的建设中坚持以邓小平理论和“三个代表”重要思想为指导，深入贯彻落实科学发展观，坚持理论联系实际，坚持解放思想、实事求是、与时俱进，勇于变革、勇于创新，永不僵化、永不停滞，善于用改革的办法破解党的建设中的难题，善于用创新的思路寻求提高党的执政能力、保持和发展党的先进性的途径，努力做到在理论上不断有新发展、在实践上不断有新创造；就是要通过党的思想建设、组织建设、作风建设、制度建设和反腐倡廉建设的改革创新，使党的理论和路线方针政策始终顺应时代发展的潮流和我国社会发展进步的要求、反映我国各族人民的利益和愿望，使各级党组织不断提高创造力、凝聚力和战斗力，始终发挥领导核心作用和战斗堡垒作用，使广大党员不断提高自身素质、始终发挥先锋模范作用，使我们党保持与时俱进的品质、始终走在时代前列，不断提高执政能力、巩固执政地位、完成执政使命。

我们贯彻落实党的十七大关于党的建设的部署，工作的出发点和落脚点应当放在这里；我们衡量贯彻落实的成效如何，根本着眼点也应当放在这里。

努力开创基层党的建设新局面

欧阳淞

党的十七大报告再次强调了基层党的建设在党的建设新的伟大工程中的重要地位，要求“全面巩固和发展先进性教育活动成果，着力加强基层党的建设”，并就此进行了深刻阐述，作出了重要部署。我们要深刻理解和全面落实党的十七大精神，在继续推进全面建设小康社会的伟大实践中，紧紧围绕巩固和发展党的先进性这一课题，不断加强党员队伍建设、党的基层组织建设和党内基层民主建设，努力开创基层党的建设新局面。

一、党的十七大报告关于加强基层党的建设的重要部署，充分体现了科学发展观的要求

科学发展观是推进社会主义经济建设、政治建设、文化建设和社会建设必须长期坚持的重要指导方针。党的十七大报告郑重提出，要“使党的工作和党的建设更加符合科学发展观的要求”。基层党的建设只有坚持以科学发展观为指导，才能更好地服从和服务于党的工作大局。报告关于加强基层党的建设的一系列重要思想和工作部署，充分体现了科学发展观的本质要求，也充分体现了以改革创新精神加强和改进党的建设的基本要求。

一是要求在推动科学发展、促进社会和谐的大局中谋划基层党的建设。科学发展观的第一要义是发展，促进发展是基层党组织的第一位任务。党的十七大报告部署在全党开展深入学习实践科学发展观活动，以提高党员、干部运用科学理论分析和解决实际问题的能力；强调要把包括基层党组织领导班子在内的各级领导班子建设成为坚定贯彻党的理论和路线方针政策、善于领导科学发展的坚强领导集体，广大党员、干部要成为科学发展观的忠实执行者与社会和谐的积极促进者，基层党组织要充分发挥推动发展、服务群众、凝聚人心、促进和谐的作用，这就明确具体地把推动经济社会又好又快发展的任务和要求落实和融入到了基层党的建设的各个方面。

二是要求按照以人为本的核心理念指导基层党的建设。科学发展观的核心是以人为本。基层党组织的主体是党员，服务对象是人民群众，这就要求基层党的建设必须始终坚持以人为本，基层党组织要充分发挥党员的主体作用，切实做好服务群众的工作。党的十七大报告强调，要坚持不懈地提高党员素质，尊重党员主体地位，保障党员民主权利，探索扩大党内基层民主多种实现形式；要建立健全党内激励、关怀、帮扶机制，关心和爱护基层干部、老党员、生活困难党员。这些要求，既体现了对党员的严格要求，又体现了对党员的尊重关爱，是在党内生活中坚持以人为本核心理念的生动反映，是激发党员积极性创造性、增强基层党组织凝聚力战斗力的重要举措。党的十七大报告强调，基层党组织要努力做好服务群众、凝聚人心的工作，要拓宽党员服务群众渠道，构建党员联系和服务群众工作体系，使党员真正成为牢记宗旨、心系群众的先进分子。这些要求，集中表达了党全心全意为人民服务的根本宗旨，生动诠释了科学发展观和党的先进性的真谛。

三是要求按照统筹兼顾、全面协调可持续发展的思想改进基层党的建设。科学发展观的基本要求是全面协调可持续，根本方法是统筹兼顾。基层党的建设要实现全面协调可持续发

展，必须统筹兼顾、突出重点，分类指导、整体推进，整合资源、形成合力，健全机制、常抓不懈。党的十七大报告明确把党员队伍建设和党的基层组织建设列入基层党的建设的范畴，强调要全面推进农村、企业、城市社区和机关、学校、新社会组织等领域的基层党组织建设，既明确了基层党的建设的工作重点和分类指导的要求，又体现了整体推进、全面发展的要求；十七大报告强调建立健全城乡党的基层组织互帮互助机制，建立健全城乡一体党员动态管理机制，体现了城乡统筹、协调发展的要求；十七大报告强调要全面巩固和发展先进性教育活动成果，健全让党员经常受教育、永葆先进性长效机制，要落实党建工作责任制，注重解决基层组织经费保障和活动场所等问题，体现了基层党的建设要常抓不懈，实现可持续发展的要求。

四是要求按照改革创新、与时俱进的精神推进基层党的建设。改革创新、与时俱进是时代精神的核心内容，也是贯彻落实科学发展观、实现基层党的建设可持续发展的必然要求。经济体制深刻变革、社会结构深刻变动、利益格局深刻调整、思想观念深刻变化给基层党的建设提出了许多新课题。基层党组织的工作要适应新的形势，要始终符合时代要求和人民期待，必须坚持改革创新、与时俱进。党的十七大报告根据党所面临的新形势新任务，在全面总结5年来党的建设特别是在全党开展的保持共产党员先进性教育活动实践经验的基础上，对加强基层党的建设提出了一系列新观点、新举措、新要求。比如，在制度和机制建设方面，提出了建立健全一个体系、三个制度、四个机制的任务，即“构建党员联系和服务群众工作体系”；“建立党员党性定期分析制度”、“改革党内选举制度”、“落实党建工作责任制”；“健全让党员经常受教育、永葆先进性长效机制”、“建立健全城乡一体党员动态管理机制”、“建立健全城乡党的基层组织互帮互助机制”、“建立健全党内激励、关怀、帮扶机制”。又比如，对基层党的建设的有关问题作出了新的理论概括，对新形势下党员和干部队伍、基层党组织和各级领导班子建设分别提出了新的目标要求，对基层党的建设提出了许多新的工作内容，等等。这些新观点、新举措、新要求，具有很强的创造性、针对性和可操作性，是以改革创新精神加强和改进党的建设的生动体现。

党的十七大报告对基层党的建设作出的重要部署，使基层党的建设的任务和目标更加明确、重点更加突出、机制更加健全、措施更加有力。只要按照党的十七大报告的部署，深入贯彻落实科学发展观，自觉遵循党的建设规律，全面协调持续地推进基层党的建设，使基层党组织的各项工作更好地体现时代性、把握规律性、富于创造性，充分发挥基层党组织的战斗堡垒作用和党员的先锋模范作用，就能更好地把党的基层组织的组织资源转化为发展资源、组织优势转化为发展优势、组织活力转化为发展活力，为推动科学发展、促进社会和谐奠定坚实的组织基础。

二、扎实抓好党员队伍建设这一基础工程，坚持不懈地提高党员素质

保持党的先进性必须扎实抓好党员队伍建设这一基础工程。党的十七大报告提出，要“使党员真正成为牢记宗旨、心系群众的先进分子”。如此高度凝练地对共产党员的先进性作出概括，这在党的代表大会的报告中还属首次。“牢记宗旨、心系群众”这八个字，准确表达了共产党员作为工人阶级的有共产主义觉悟的先锋战士的深刻内涵，集中体现了对党员的党性要求。从党的根本立场出发，这一要求是始终如一的；从党的历史任务来看，这一要求包含着丰富的时代内容。加强新时期党员队伍建设，必须围绕这一目标要求去谋划、去推进。

坚持用马克思主义中国化最新成果武装党员。理论上的清醒、政治上的坚定是党员保持先进性的重要前提。深入学习中国特色社会主义理论体系，用马克思主义中国化最新成果武装党员，这是当前党员队伍建设的一项重大任

务。要在全党深入开展学习实践科学发展观活动，使广大党员特别是党员领导干部深刻领会科学发展观的时代背景、精神实质、科学内涵和本质要求，紧密结合建设中国特色社会主义的伟大实践，努力把科学发展观的要求转化为推动科学发展的自觉行动和实际能力。崇高的理想信念，始终是共产党人保持先进性的精神动力。要加强党员、干部的理想信念教育和思想道德建设，使广大党员、干部成为实践社会主义核心价值体系的模范，做共产主义远大理想和中国特色社会主义共同理想的坚定信仰者、科学发展观的忠实执行者、社会主义荣辱观的自觉实践者、社会和谐的积极促进者，不断巩固全党推动科学发展、促进社会和谐的共同思想基础，为建设中国特色社会主义注入强大思想动力。

健全让党员经常受教育、永葆先进性长效机制。党员保持先进性，既要靠制度约束，更要靠内在自觉，健全的党内生活制度是党员加强党性锻炼、增强党员意识的基本保证。党的十七大报告在强调党员要认真学习和遵守党章的同时进一步提出，要建立党员党性定期分析制度，健全让党员经常受教育、永葆先进性长效机制。定期开展党性分析，有利于在党内生活中形成正确开展批评与自我批评的良好氛围，有利于帮助党员自我教育、自我提高，始终以党员标准来严格要求自己，从而使党员的党性得到锤炼，素质不断提升。在全国农村普遍开展党员干部现代远程教育，是党的十七大报告作出的加强党员教育的又一重大部署。2003 年以来，这项工作先后在 12 个省(自治区)进行了试点，受到了农村党员干部和农民群众普遍欢迎。要认真贯彻中共中央办公厅《关于在全国农村开展党员干部现代远程教育工作的意见》，力争到 2010 年底，在全国基本建成农村党员干部现代远程教育体系。

建立健全城乡一体党员动态管理机制。随着我国改革开放的深入和城镇化进程的加快，流动人口大量增加，由农村进入城市务工经商的党员逐年增多。他们从业和居住的流动性，给党员教育管理提出了新课题。党的十七大报告指出，要建立健全城乡一体党员动态管理机制。这是统筹兼顾的根本方法在党员管理工作中的具体运用，是新形势下党员管理模式的重大创新。它要求我们改变城乡之间、地域之间、党员居住地和就业单位之间基层党建工作相对分离的状态，把党员流出地和流入地党的工作紧密衔接起来，把对流动党员的教育管理与关怀帮助紧密结合起来，使每个党员无论在农村还是在城市，无论在流出地还是在流入地，都能融入党的组织，参加党的活动，受到组织管理，得到组织关怀，发挥先锋模范作用。同时，通过加强和改进对流动党员的管理，促进形成城乡衔接、全面覆盖、协同配合、运转有序的党员管理工作格局，使党员教育管理工作与社会主义市场经济更相适应，与社会管理格局更相符合。

构建党员联系和服务群众工作体系。党员联系和服务群众，是践行党的宗旨的具体体现，是密切党和人民群众血肉联系的重要途径。党的十七大报告对党员联系和服务群众工作提出了新要求。关键是要在搭建平台、拓宽渠道、注重激励、确保实效上进一步加大力度。要在城市社区和农村基层建立党员服务中心(站)、村民事务代理中心等工作平台，以凝聚党员力量，整合各方资源，服务群众需求。要组织开展党员承诺制、设岗定责、结对帮扶和党员志愿者、党员义工等活动，使每个党员不论职务高低、能力大小，都能够从自身条件出发，采取适当方式，在帮助群众解决生产生活实际困难中发挥作用，在了解群众意愿需求、反映群众意见建议中发挥作用。要健全考评和激励办法，把党员联系和服务群众的情况作为民主评议党员、党性分析评议和考核评优的重要内容，教育引导广大党员牢固树立群众观点，在联系和服务群众的实践中不断加强党性锻炼，提高自身素质。

提高发展党员质量，优化党员队伍结构，及时处置不合格党员。无产阶级政党的力量和作用，主要不是取决于党员的数量，而是取决于党员的质量。加强党员队伍建设，首先要把好发展党员这第一道关口。要按照党的十七大报告提出的要求，继续贯彻“坚持标准、保证质量、改善结构、慎重发展”的方针，重点做好在生产和工作一线、高知识群体和青年中发展党员的工作，不断优化党员队伍结构。要在党的组织相对薄弱的群体中进一步加强发展党员的工作。近几年，一些地方在实践中探索了发展党员工作公示制、票决制等做法和经验，对确保新党员质量起到了重要作用，应当总结推广。处置不合格党员是保持党的队伍纯洁性的重要举措，是党员队伍建设的一项经常性工作。对不履行党员义务、不符合党员条件、经教育仍无转变的，要根据党章和有关规定，按照正常程序及时进行处理。只有做到严格要求、严格管理、严格教育、严格监督，党员队伍的整体素质才能得到不断提高，党员队伍的先进性才能得到长久保持。

三、全面推进党的基层组织建设，巩固党执政的组织基础

党的基层组织是党执政的组织基础。党的十七大报告提出，要充分发挥基层党组织推动发展、服务群众、凝聚人心、促进和谐的作用。这四个方面是相互联系的有机整体。“推动发展”是中心，体现了组织路线必须为政治路线服务的要求；“服务群众”是根本，体现了党全心全意为人民服务的根本宗旨；“凝聚人心”是关键，是党的群众路线在基层组织建设中的集中体现；“促进和谐”是重点，强调了基层党组织在构建社会主义和谐社会中的历史重任。要全面贯彻落实党的十七大精神，通过全面加强基层党的建设，持之以恒地把这四个方面的作用进一步发挥好。

全面推进农村、企业、城市社区和机关、学校、新社会组织等领域的基层党组织建设。规模宏大、组织严密、覆盖广泛的基层组织是我们党丰富的组织资源和坚实的执政基础。要着眼于基层党组织建设的全局，既要整体谋划，又要分类指导，努力发挥基层组织的整体效能，实现党的基层组织建设的全面发展。我们党的基层组织和党员主要分布在农村、企业和城市社区。因此，要把这三个方面党的基层组织建设作为工作的重点来抓。党的十七大报告提出，要“建立健全城乡党的基层组织互帮互助机制”。这是统筹城乡发展，推进社会主义新农村建设对基层党的建设提出的一个新要求。要认真总结近年来各地创造和积累的成功经验，采取对口帮扶、结对共建等多种形式，实现城乡之间党的基层组织资源共享、优势互补、互帮互助、共同前进。同时，还要注重加强对党的基层组织建设面临新情况、新问题的研究。截至目前，我国已有1亿多进城务工人员和近50万个新社会组织，这些领域中党的组织和党的工作，目前还是一个薄弱环节。加强这些领域党的基层组织建设，对于进一步巩固党的阶级基础，扩大党的群众基础，增强党在全社会的影响力，具有重要意义。要按照党的十七大报告关于加强在进城务工人员和新社会组织中开展党的工作的要求，积极探索新途径，努力取得新突破，真正实现党的基层组织建设的全面协调发展。同时，还要加强对工会、共青团、妇联等基层群众组织和基层经济组织、社会组织的领导和指导，以党的基层组织建设促进其他各类基层组织建设。

不断优化组织设置、扩大组织覆盖、创新活动方式。改革开放近30年来，我国经济、社会发生的深刻变革，对改进和完善党的基层组织设置、组织功能、活动方式等提出了新的课题。要按照党的十七大报告的要求，坚持有利于加强对党员教育管理、有利于发挥党的领导作用、有利于巩固党的执政地位的原则，在按照地域、按照单位为主设置党组织的基础上，积极探索新的更加务实管用的模式和做法，形成与经济社会发展相适应的党的基层组织格局，真正做到哪里有群众哪里就有党的工作，哪里有党员哪里就有党的组织，哪里有党组织哪里就有健全的组织生活和坚强的战斗力。要实现基层党组织的思想观念、工作方法、活动方式由传统的

行政命令型向指导服务型转变，由封闭型向开放型转变，由强调共性向既注重共性又尊重个性转变。认真总结近年来特别是在先进性教育活动中创造积累的开展保持党员先进性要求大讨论、开辟第二课堂、设置党员学习中心户等经验做法，不断创新活动载体，丰富活动内容，强化活动效果，努力提高基层党组织工作的针对性、实效性。

建立健全党内激励、关怀、帮扶机制。高度重视党内关怀，是我们党的政治优势和优良传统。近年来，中央下拨党费救灾、慰问生活困难党员、建设村级组织活动场所、对符合政策的老党员进行补贴，得到基层党组织和广大党员群众的普遍赞誉。实践证明，激励出活力，关怀出动力，帮扶提高凝聚力。党的十七大提出的建立健全党内激励、关怀、帮扶机制的要求，是这项工作制度化、机制化的体现。要真正重视、真情关怀、真心爱护基层党员、干部，为他们提供广阔的发展空间。要多方筹集资金，为下岗失业职工中的党员和生活贫困党员解决实际困难。要健全激励机制，完善考核评价体系，深入开展创先争优活动，进一步营造学先进、赶先进、作贡献、当表率的良好风气。通过健全党内激励、关怀、帮扶机制，努力在全党形成上级党组织关心基层党组织、基层党组织关心广大党员、各级党组织和广大党员都来关心人民群众的生动局面。

落实党建工作责任制。要坚持党要管党、从严治党，进一步抓好《关于建立健全地方党委、部门党组（党委）抓基层党建工作责任制的意见》的贯彻落实，形成党委（党组）统一领导，有关部门各司其职、紧密配合，一级抓一级、层层抓落实的工作格局；形成责任明确、领导有力、运转有序、保障到位的工作机制。地方党委和部门党组（党委）要把党的基层组织建设纳入重要议事日程。党委（党组）书记要切实履行抓好本地区、本部门基层党建工作第一责任人的责任。要把基层党组织建设工作作为考核党组织及其负责同志工作实绩的一个重要内容。各级党委组织部门要在党委领导下，发挥好牵头抓总的作用，建立和完善工作制度，加强督促检查，抓好工作落实。

四、积极推进党内基层民主建设，不断增强党的基层组织的创新活力

党内民主是保持和增强党的创新活力、巩固和促进党的团结统一的重要保证。党内基层民主建设是党内民主建设的基础工程，也是基层党的建设的重要内容。要按照党的十七大报告关于“积极推进党内民主建设，着力增强党的团结统一”的要求，树立发展党内基层民主的新理念，拓展保障党员民主权利的新途径，积极推进党内基层民主建设的经常化、制度化、规范化，充分激发广大党员参与党内事务的积极性、主动性、创造性，更好地发挥党内基层民主建设在加强和改进基层党的建设中的促进作用。

尊重党员主体地位。党员是党的肌体的细胞和党的活动的主体。党的十七大报告关于“尊重党员主体地位，保障党员民主权利”的要求，充分体现了以人为本的核心理念，反映了党内民主的内在要求。要为党员发挥主体作用创设载体，畅通渠道，完善机制，营造环境，把保障党员民主权利的要求贯穿到党内民主建设的各个环节，体现到党内民主建设的各个方面，落实到基层党的建设的各个领域，在基层党内生活中形成一种畅所欲言、生动活泼、团结和谐、充满活力的局面，努力使广大党员的主体意识得到进一步增强，主体地位得到进一步尊重，主体作用得到进一步发挥。要进一步完善基层党组织内部的议事规则和决策程序，重大事项的决定要广泛听取党员和群众的意见，反对和防止个人或少数人专断。

改革党内选举制度。基层党内选举制度是基层党内民主的一项根本制度，是基层党内民主发展程度的重要标志。党的十七大报告提出“改进候选人提名制度和选举方式。推广基层党组织领导班子成员由党员和群众公开推荐与上级党组织推荐相结合的办法，逐步扩大基层

党组织领导班子直接选举范围”。这些要求深刻总结了党内基层民主的实践探索和新鲜经验，进一步明确了改革基层党内选举制度的基本原则和主要方法。要采取组织推荐、党员推荐、群众推荐和个人自荐相结合的办法产生基层党组织领导班子成员候选人。进一步改革和完善候选人的介绍方式，增进党员或党员代表对候选人情况的了解。继续选择一些党员人数适中、经济条件和工作基础比较好的乡镇进行试点，逐步扩大基层党组织领导班子直接选举范围。通过健全和完善公正、科学、合理的党内基层选举制度和机制，不断增强党内基层民主选举的科学性和规范性，使党员行使选举权的过程真正成为充分体现选举人意志的过程，努力实现组织满意、党员公认、群众拥护的统一。

维护党的团结统一。党内民主是党的生命，党的团结统一也是党的生命。发扬民主而又严明纪律，历来是我们党保持强大凝聚力和战斗力的源泉。没有民主，党的活力就会丧失；没有纪律，党的团结统一就会失去保证。党的十七大报告在强调发展党内民主的同时，明确要求“全党同志要坚决维护党的集中统一，自觉遵守党的政治纪律，始终同党中央保持一致，坚决维护中央权威，切实保证政令畅通”。这是发展基层党内民主必须始终坚持的重要原则。要自觉遵守党的纪律，坚持个人服从组织、少数服从多数、下级组织服从上级组织、全党服从党的全国代表大会和中央委员会的原则，坚决反对自由主义和分散主义，确保政令畅通，保持党的集中统一，努力造成又有集中又有民主，又有纪律又有自由，又有统一意志又有个人心情舒畅的生动活泼的政治局面。

总之，我们要在党的十七大精神指引下，在更高的起点上统筹推进基层党员队伍建设、党的基层组织建设和基层党内民主建设，使基层党的建设和基层党组织的全部工作更加符合时代要求和人民期待，始终充满蓬勃生机和旺盛活力，为夺取全面建设小康社会新胜利、开创中国特色社会主义事业新局面提供可靠的政治保证和组织保障。

十六大以来党的建设的重大进展

虞云耀

党的十六大以来，以胡锦涛同志为总书记的党中央坚持马克思主义党建理论，根据时代发展的要求和我们党自身建设的实际情况，着力抓住党的先进性建设这个根本，围绕加强党的执政能力建设这个重点，积极推进党的建设的实践创新、理论创新和制度创新，党的建设取得重大进展。

五年来，党的建设思路清晰、重点突出、措施扎实、成效显著，集中体现在以下十二件大事上。

——**在全党开展保持共产党员先进性教育活动。**从2005年1月至2006年6月，在全党7000多万名党员中开展以实践“三个代表”重要思想为主要内容的保持共产党员先进性教育活动。通过这次活动，广大党员受到了一次深刻的马克思主义教育和党性教育，基层党组织的创造力、凝聚力、战斗力进一步提高，党员队伍建设中存在的突出问题、人民群众关心的一些重点问题，以及影响改革发展稳定的一些主要问题得到有效解决。集中教育活动结束后，及时制定保持共产党员先进性的长效机制文件，先进性教育活动取得了实践成果、理论成果和制度成果。

——**把执政能力建设作为党执政后的一项根本建设。**2004年9月召开的十六届四中全会，在认真总结我们党长期执政经验的基础上，作出《中共中央关于加强党的执政能力建设的决定》，对加强党的执政能力建设的重要性和紧迫性、深刻内涵、基本原则、根本目标和主要任务等重大问题进行了系统而深刻的阐述，抓住了提高领导水平和执政水平、提高拒腐防变和抵御风险的能力这两大历史性课题，抓住了进一步为人民掌好权、用好权这个根本问题，体现了我们党审时度势、居安思危的忧患意识和执政为民、造福人民的责任意识。在实践中，各级党组织和领导干部认真贯彻落实中央精神和《决定》提出的各项要求，党的领导水平和执政能力有了新提高。

——**出版《江泽民文选》，掀起学习“三个代表”重要思想新高潮。**2006年8月《江泽民文选》出版发行，党中央专门作出《关于学习〈江泽民文选〉的决定》。广大党员干部更深入地学习领会和贯彻“三个代表”重要思想，用以武装头脑、指导实践、推动工作，为开创中国特色社会主义伟大事业和党的建设新的伟大工程的新局面，奠定了重要的思想基础。

——**实施马克思主义理论研究和建设工程。**2004年初，中央下发《关于进一步繁荣发展哲学社会科学的意见》，提出实施马克思主义理论研究和建设工程。这个工程把马克思主义在中国发展的最新成果贯穿到哲学社会科学的学科建设、教材建设中，进一步加强马克思主义理论队伍建设。工程实施三年多来，各课题组积极工作，取得实质性进展，推动了在哲学社会科学界高扬马克思主义的旗帜，促进了在重大理论问题上的共识，整合了理论研究资源，创新了理论研究机制。工程的实施，在推动党的思想理论建设和繁荣马克思主义哲学社会科学方面发挥了基础作用和带动作用。

——**中央政治局带头坚持集体学习制度，全党大规模培训干部。**十六大以来，新一届中央政治局以身作则、率先垂范，坚持集体学习制度，至今已学习41次，有力地带动和促进了全党的学习，为推进学习型政党、学习型政府、学习型社会建设作出了榜样。中央提出大规模培训干部、大幅度提高干部素质的战略任务，制定《2006年—2010年全国干部教育培训规划》，颁布《干部教育培训工作条例(试行)》。十六大以来，中央先后举办了省部级主要领导干部学习贯彻“三个代表”重要思想、树立和落实科学发展观、提高构建社会主义和谐社会能力、建设社会主义新农村、学习《江泽民文选》等专题研讨班，参加学习研讨的省部级主要领导干部达800余人次。54万多名县处级以上领导干部参加了学习贯彻“三个代表”重要思想的集中轮训。中国浦东、井冈山、延安干部学院和中国大连高级经理学院开始承担培训任务。几年来，全党的干部教育培训工作内容更加丰富，方法不断改进，成效非常明显。

——积极推进干部人事制度改革，建立和完善有利于各类人才脱颖而出、健康成长的机制和环境。根据《深化干部人事制度改革纲要》的精神，十六大之后，进一步加大了干部人事制度改革的力度，在科学化、民主化和制度化方面迈出坚实步伐。随着《公务员法》的颁布和一系列法规性文件的出台，形成了比较完整配套的干部人事工作法规体系，为提高选任干部的质量、加强干部队伍建设提供了制度保证。通过《2004—2008年全国党政领导班子建设规划纲要》和《体现科学发展观要求的地方党政领导班子和领导干部综合考核评价试行办法》的制定和实施，民主推荐、民主测评、差额考察、任前公示、公开选拔、竞争上岗、全委会投票表决、领导干部辞职等制度，在实践中不断推进和完善。地方党委换届中，领导班子配备改革取得重要进展，精简领导班子职数、减少副书记职数、适当扩大党政交叉任职等改革措施逐步落实到位。在人才工作方面，成立了中央人才工作协调小组，制定下发《中共中央、国务院关于进一步加强人才工作的决定》，加强了对人才工作的宏观指导。

——采取新举措发展党内民主，有效调动广大党员干部的积极性和主动性。各级党组织以保障党员民主权利为基础，以完善党的代表大会制度和委员会制度为重点，从改革体制机制入手，建立健全充分反映党员和党组织意愿的党内民主制度。中央和地方各级党委常委会向全委会负责、报告工作和接受监督的制度，党的代表大会代表提案制度，代表提议的处理和回复机制等，逐步得到落实。2004年9月中央颁发《中国共产党党员权利保障条例》，逐步扩大党务公开范围，建立和完善党内情况通报制度、党内重大决策征求意见制度等，党组织工作的透明度得到增强，广大党员对党内事务有了更多的了解和参与。按照中央的要求，一些党组织在实行党代会常任制试点、在党代会闭会期间发挥代表作用、扩大基层民主选举特别是扩大基层党组织领导班子成员直接选举的范围、扩大干部工作中的民主等方面进行积极探索，取得了成效，积累了经验。

——加强和改进党的基层组织建设，提高基层党组织的凝聚力和战斗力。十六大以来，中央先后下发了《关于深入开展农村党的建设“三级联创”活动的意见》、《关于进一步加强和改进街道社区党的建设工作的意见》、《关于加强和改进中央企业党建工作的意见》，中央有关部门出台了加强高校党建工作和非公有制企业党建工作的意见。中央拨专款加强村级组织活动场所建设，在全国稳步推进农村党员现代远程教育工作。根据基层党组织建设面临的新情况新问题，立足实践，大胆探索，在调整组织设置、改进工作方式、创新活动内容等方面做了大量卓有成效的工作，基层党组织的覆盖面得到扩大，凝聚力和战斗力得到增强。

——开展多种形式的教育培训活动，着力提高党员队伍的政治素质和业务素质。各地努力探索使党员长期受教育、永葆先进性的教育机制，创造、总结了许多行之有效的办法和经验，如：实施“双带”工程，组织党员干部带头勤劳致富、带领群众共同致富；开展“三培养”活动，努力把致富能手培养成党员、把党员培养成致富能手，把党员中的致富能手培养成村党组织负责人；办好各类基层党校，加强对党员干部的党性教育和实用技术培训；开展“党员责任岗”活动，使无职党员更好地发挥先锋模范作用，等等。同时，积极探索新形势下党员管理的新机制、新办法，建立健全党员为群众服务的机制和自我纯洁的机制。

——颁布实施《建立健全教育、制度、监督并重的惩治和预防腐败体系实施纲要》，坚定不移地反对腐败。坚持从群众反映强烈的热点、难点问题入手，加大治理教育乱收费、纠正医药购销和医疗服务中不正之风、解决拖欠农民工工资等问题的力度。建立健全领导干部联系基层、联系群众制度，严格规范和控制各种检查、评比、达标活动，逐步扩大政务公开、村务公开、厂务公开范围，切实精简会议、文件和新闻报道等都收到了明显成效。加强反腐倡廉教育，促进党员干部筑牢拒腐防变的思想道德防线；减少行政审批权力，规范公共权力运行，使惩治和预防腐败体系与社会主义市场经济体制的完善相适应；全面推行党政领导干部任期经济责任审计制度，使预防腐败的监督关口前移。以查处发生在领导机关和领导干部中滥用权力、谋取私利的违法违纪案件为重点，严厉惩处了一批腐败分子。这一系列重大举措，有效预防和遏制了腐败，得到了人民群众的广泛认同和称赞。

——加强党内监督，建立巡视制度。2003年12月，中央颁发《中国共产党党内监督条例（试行）》，把党内监督的重点对象明确为党的各级领导机关和领导干部，特别是各级领导班子的主要负责人。建立和完善集体领导和分工负责、重要情况通报和报告、述职述廉、民主生活会、巡视、谈话和诫勉、询问和质询等监督制度。中央纪委、中央组织部按照党要管党、从严治党的要求，坚持对干部严格要求、严格管理、严格监督，从中央到地方陆续建立巡视制度。巡视制度的建立，不仅从制度上强化了党内监督，促进党员领导干部廉洁自律、依法执政，而且把一些不正之风和腐败问题解决在萌芽状态，减少腐败现象的滋生，提升了党内监督的水平和效果。

——提出党员干部作风建设的八个方面要求，加强新形势下的党风廉政建设。十六大以来，党中央高度重视党的作风建设，提出要牢记“两个务必”，坚持立党为公、执政为民，大力弘扬求真务实精神，自觉做到为民、务实、清廉。提出广大党员干部要带头践行社会主义荣辱观，强调领导干部要树立八个方面的良好风气，进一步增强忧患意识、公仆意识、节俭意识。这些重要思想和要求，抓住了领导干部作风建设的关键，正越来越成为广大党员干部的自觉行动。

从十六大以来党的建设理论和实践创新中，我们可以获得许多宝贵启示，得到一些规律性的认识。

第一，坚持和完善党建工作新格局。十六大以来，我们党围绕在改革开放和长期执政的条件下“建设什么样的党、怎样建设党”这一根本问题，进行新的实践和探索，形成了党建工作的新格局，这就是：以马列主义、毛泽东思想、邓小平理论和“三个代表”重要思想为指导，以党的执政能力建设和先进性建设为主线，以保持党同人民群众的血肉联系为核心，以建设高素质干部队伍为关键，以改革和完善党的领导体制和工作机制为重点，以加强党的基层组织和党员队伍建设为基础，全面推进党的思想、组织、作风和制度建设，形成中国特色社会主义伟大事业和党的建设新的伟大工程同步发展、互相促进的良好局面。这个新格局是对党的建设实践经验的新概括，也是对党的建设规律的新认识。坚持这个新格局，就能够从整体上把握党的建设大局，正确处理党的建设各个方面的内在联系，使党的建设不断取得新的更大的进展。

第二，牢牢把握加强党的先进性建设的重大战略思想。我们党提出加强党的先进性建设的重大战略思想，是对新的历史条件下党的建设规律和共产党执政规律认识的深化和升华。

党的先进性建设理论，是对马克思主义党建理论的继承、发展和创新，既坚持了马克思主义建党学说关于党的先进性的思想，又以新的理论观点丰富了马克思主义党建理论宝库。实践证明，按照这一重大战略思想推进党的建设，就抓住了党的建设的根本。加强党的先进性建设，就是要使党的理论和路线方针政策顺应时代发展的潮流和我国社会发展进步的要求，反映全国各族人民的利益和愿望；使各级党组织不断提高创造力、凝聚力、战斗力，发挥领导核心作用和战斗堡垒作用；使广大党员不断提高自身素质，密切联系群众，发挥先锋模范作用。

第三，树立科学执政、民主执政、依法执政的执政理念。在执政中体现科学、民主、法治，是党在长期执政实践中努力探索执政规律获得的深刻认识，是中国共产党矢志不渝的奋斗目标。科学执政是前提，民主执政是本质，依法执政是途径。把“三个执政”有机地结合在一起提出来，体现了先进的中国工人阶级执政党的政治优势和鲜明特点。全面坚持“三个执政”，必将使党的执政方略更加完善、执政体制更加健全、执政方式更加科学、执政基础更加巩固，进而确保党的长期执政和良好执政，确保国家富强、民族振兴、社会和谐、人民幸福。

第四，更加注重制度建设这个根本。党的十六大以来，我们党坚持把制度建设摆在突出位置，在总结以往经验教训的基础上，建立健全党内法规、条例、规则等各项制度，初步形成了比较完备的制度体系，并贯彻到党的工作和党内生活之中，使党的建设各项工作基本上做到有章可循。这些制度对于调节党内关系，指导党内生活，规范领导行为，保证党的事业健康发展，起到了重要作用。加强党的制度建设，从本质上说就是建立长效机制，使党的行为和各种活动制度化、规范化和程序化。实践证明，有一套以民主集中制为核心的党内制度，同时有一套保证制度实施的纪律，我们党才能始终保持和不断发展先进性。

第五，以改革创新精神全面推进党的建设新的伟大工程。继承和发扬党的优良传统，正确认识和把握党所处的历史方位，紧紧围绕党的建设的目标和任务，认真研究和解决党的建设中的新情况、新问题，不断推进实践创新、理论创新和制度创新，使我们党始终与时代发展同步伐，与人民群众共命运，这是改革开放以来在党的建设实践中得出的最重要的结论。

（作者：全国党建研究会会长、中共中央党校原常务副校长）

加强党建理论和实践的研究与宣传

吴恒权

中组部党建研究所是具有很高声誉的党的建设的专门研究机构。党建研究所成立20年来，在推进党的建设的理论创新和实践发展方面，发挥了不可替代的重要作用，党建研究所以自己取得的丰厚的、高质量的和有广泛影响的研究成果，而成为全党全国名副其实的党建研究的阵地。

党的十六大以来，党建研究所按照以胡锦涛同志为总书记的党中央作出的以改革创新精神全面推进党的建设新的伟大工程的战略部署，在中央组织部的领导下，对党的思想建设、组织建设、作风建设、制度建设和反腐倡廉建设，尤其是对加强党的执政能力建设和先进性建设等进行了卓有成效的理论研究、经验总结，为推进党的建设新的伟大工程作出了突出的贡献。

由于党建研究所在党建理论和实践研究方面取得了重要成就，研究所编辑出版的《党建研究》在思想理论界占有重要的位置，成为党建研究领域的权威刊物之一。同时，党建研究所也成为中央和地方党报党刊组稿约稿的重点对象。以我们求是杂志为例，从2003年到现在，不到四年的时间，就刊发了10余篇党建研究所提供的文章，其中，《继续推进党的建设新的伟大工程》、《不断提高科学执政水平》、《论党的先进性建设》、《构建社会主义和谐社会关键在党》、《把领导干部的作风建设放在更加突出的位置》、《共产党员要带头践行社会主义荣辱观》等，都是质量上乘的好文章，受到读者的好评和欢迎。

为此，在这里，我要特别感谢党建研究所对求是杂志宣传工作给予的一贯支持，并希望继续得到支持；我们也愿意拿出更多的版面，刊发党建研究所提供的高质量的文章。

党的十七大，以胡锦涛同志为总书记的新一届党中央，对“以改革创新精神全面推进党的建设新的伟大工程”作出了新的战略部署。胡锦涛总书记要求全党同志必须对前进道路上的困难和风险保持清醒的认识，号召全党“一定要居安思危、增强忧患意识，始终保持对马克思主义、对中国特色社会主义、对实现中华民族伟大复兴的坚定信念；一定要戒骄戒躁、艰苦奋斗，牢记社会主义初级阶段基本国情，为党和人民事业不懈努力；一定要刻苦学习、埋头苦干，不断创造经得起实践、人民、历史检验的业绩；一定要加强团结、顾全大局，自觉维护全党的团结统一，保持党同人民群众的血肉联系，巩固全国各族人民的大团结，加强海内外中华儿女的大团结，促进中国人民同世界各国人民的大团结，为战胜一切艰难险阻、推动党和人民事业取得新的更大胜利提供强大力量”。在世情、国情、党情发展变化的新的历史条件下，按照胡锦涛总书记四个“一定要”的政治号召，以改革创新精神加强党的建设，是一项十分重要和十分紧迫的战略任务。

加强党建理论和实践的研究与宣传，是加强党的建设的重要环节。我们求是杂志的栏目设置和宣传重点，虽然会依据形势的需要作出适时的变动，但“党的建设”栏目始终是常设栏目和重点栏目，对党建理论和实践的宣传始终是中央党刊宣传工作的重中之重。当前，全党全国都在深入学习贯彻落实十七大精神，我们一定要在十七大精神的指引下，解放思想、实事求是、开拓创新，下更大的力气，把“党的建设”

栏目办得更好，把十七大对党的建设作出的重大战略部署宣传好。

结合宣传贯彻十七大精神，在“党的建设”栏目和相关栏目中，求是杂志要重点宣传“以改革创新精神全面推进党的建设新的伟大工程”，重点宣传新修订的党章和修改党章的重大意义。

对“以改革创新精神全面推进党的建设新的伟大工程”的宣传，要着重宣传党要站在时代前列带领人民不断开创事业发展的新局面，必须以改革创新精神加强自身建设，始终成为中国特色社会主义事业的坚强领导核心；着重宣传加强党的思想理论建设、领导班子建设、党内民主建设，深化干部人事制度改革，加强基层党的建设，切实改进党的作风和加强反腐倡廉建设。要通过理论宣传和舆论引导，帮助党员干部进一步认识到，在新的历史条件下加强党的建设，就是要以党的执政能力建设和先进性建设为主线，全面推进党的思想、组织、作风、制度和反腐倡廉建设，努力把党建设成为立党为公、执政为民，求真务实、改革创新，艰苦奋斗、清正廉洁，富有活力、团结和谐的马克思主义执政党。

对新修订的党章和修改党章的重大意义的宣传，要着重宣传党的十七大通过的《中国共产党章程(修正案)》。党章的修改充分体现了党中央提出的科学发展观等重大战略思想，充分体现了十七大确立的重大理论观点、重大战略思想、重大工作部署，充分体现了马克思主义中国化的最新成果，使党章适应了新形势、新任务对推进党的建设新的伟大工程提出的新要求。通过理论宣传和舆论引导，使广大党员充分认识修改党章的重大意义，全面了解和掌握党章修改的内容，更好地学习和遵守党章，更好地贯彻落实党的基本理论、基本路线、基本纲领和基本经验。

我们还将对十七大提出的加强党的建设的新思路、新举措，以及党员干部群众关心的党建方面的热点难点问题，加强选题策划，采取多种形式，刊发有分量的理论文章、调查报告、经验总结等，进行深入的宣传、研究和探讨。

“以改革创新精神全面推进党的建设新的伟大工程”任重道远。求是杂志作为党中央机关刊，一定不辜负党中央和全党同志的要求与希望，努力把党的建设新的伟大工程的理论成果和实践经验宣传好、总结好、推广好，为推进党的建设新的伟大工程作出应有的贡献。

最后，祝党建研究所越办越好，祝党建研究所取得更多的成果，祝党建研究所为“以改革创新精神全面推进党的建设新的伟大工程”作出新的贡献。

（作者：求是杂志社社长）

以健全民主集中制为重点加强制度建设

李　宏

党的十七大报告提出，要以健全民主集中制为重点加强制度建设。制度建设是党的建设中带有全局性、稳定性、长期性的根本性建设。在党的制度建设中突出健全民主集中制这个重点，反映了我们党对执政党建设规律的深刻认识，体现了以改革创新精神加强党的建设的新要求，对于新形势下坚持、发展和完善民主集中制原则，不断提高党的制度化建设水平，全面推进党的建设新的伟大工程，具有重要的现实意义。

以健全民主集中制为重点加强制度建设，深刻体现了马克思主义建党思想的基本原则。中国共产党是按照民主集中制原则建立起来的马克思主义政党，这是我们党区别于其他政党的显著标志。党的先进性、凝聚力和战斗力，不仅在于党坚持了马克思主义理论指导下的思想统一，而且还在于这种思想统一是由民主集中制原则所确立的组织统一和行动一致来保证的。在总结马克思主义政党发展和自身建设历史经验的基础上，中国共产党人对民主集中制作出了科学的概括和理论升华：民主集中制是民主基础上的集中和集中指导下的民主相结合的制度，是党的辩证唯物主义和历史唯物主义世界观在党的思想建设、组织建设和制度建设上的具体体现，是党的群众路线在党内生活中的创造性运用，是科学合理和有效率的制度。坚持民主集中制这个党的根本组织原则、组织制度和领导制度，对于坚持党的先进性，保证党和国家的长治久安至关重要。邓小平同志曾经指出："民主集中制是党和国家的最根本的制度，也是我们传统的制度。坚持这个传统的制度，并且使它更加完善起来，是十分重要的事情，是关系我们党和国家命运的事情。"党的建设的实践反复证明：民主集中制是维系党的生命的根本原则和根本制度，什么时候坚持了这个原则和制度，什么时候我们党就坚强团结，党的事业兴旺发达就有了根本的制度保证；反之，"民主集中制执行得不好，党是可以变质的，国家也是可以变质的，社会主义也是可以变质的"。这凸显了民主集中制在党的建设和党的制度体系中的重要地位作用。

以健全民主集中制为重点加强制度建设，深刻揭示了党的建设的基本规律。党是按照一定原则组织起来的有机整体，这种组织原则，就是党的民主集中制。民主集中制具有深刻的理论内涵和实践意义，它集中体现了党组织起来并必须遵循的基本原则，正确反映了党内生活的基本关系，规定了党员个人与党的组织、党内少数与多数、上级与下级、党的各级组织之间以及全党与中央等方面关系的原则和方法，是党的建设协调发展、党内生活有序进行、党的领导作用得以充分发挥的科学表述。只有按照民主集中制的要求加强党的制度建设，才能使党的各项制度体现党的建设客观规律的要求，形成正确处理党内关系的制度化、规范化准则，形成又有集中又有民主，又有纪律又有自由，又有统一意志又有个人心情舒畅的生动活泼的政治局面；才能在党的建设实践中不断克服各种错误思想的干扰，充分调动各级党组织和全体党员的积极性主动性创造性，实现全党在马克思主义思想统一基础上的组织统一和行动一致。

以健全民主集中制为重点加强制度建设，深刻反映了党的制度建设的本质要求。民主集中制是贯穿党的制度体系和各方面建设中的根本制度。在加强党的制度建设中突出健全民主集中制这个重点，就抓住了党的制度建设的根本，抓住了推动党的各方面建设的关键。党的制度建设是一个统一而严密的系统工程。在党内制度体系中，既有根本制度，也有具体制度。根本制度决定具体制度，具体制度体现根本制度。民主集中制不是解决某一方面问题的单项具体制度，而是加强党的各方面建设必须遵循的基本原则和根本制度，是我们进行各项具体制度建设的准绳和依据。党内各项具体制度的建立，实质上都是民主集中制原则的具体化，是民主集中制原则的基本内容在党的建设和党内生活各个方面的具体体现与应用。只有按照民主集中制的要求加强党的制度建设，把民主集中制原则切实运用到党的活动的各个领域，贯穿于党的思想建设、组织建设、作风建设和反腐倡廉建设的各个方面，才能使党的各方面制度形成一个有机统一的整体，在实践中有效发挥党的制度体系的整合功能和互动作用，从整体上推进党的建设的发展。

高举中国特色社会主义伟大旗帜，深入贯彻落实科学发展观，实现全面建设小康社会的宏伟目标，既为加强党的执政能力建设和先进性建设注入了巨大活力，也使党面临许多前所未有的新课题新考验。在制度建设中突出健全民主集中制这个重点，就是要以改革创新精神推进党的制度建设，在新的实践中把坚持、发展和完善民主集中制有机结合起来。

在新的实践中加强党的制度建设，首先必须坚持民主集中制这个根本制度不动摇。在发展中国特色社会主义，以改革创新精神全面加强党的建设的历史进程中，必须始终坚定不移地坚持民主集中制，不断巩固加强党的执政能力建设和先进性建设的制度基础。要从全面推进党的建设新的伟大工程、为各项事业发展提供坚实的政治、思想和组织保证的高度，深刻认识坚持民主集中制的重要性和紧迫性，做到越是解放思想，越是改革开放，越要坚决维护党的团结统一，自觉遵守党的政治纪律，始终同党中央保持一致，坚决维护中央权威，切实保证政令畅通。要把坚持民主集中制作为制度建设的基础，始终坚持党的制度建设的正确方向，注意保持制度的稳定性和连续性；要从坚持根本制度的要求出发，进一步加强以民主集中制为重点的各项制度建设，坚持集体领导与个人分工负责相结合的制度，反对和防止个人或少数人专断，进一步完善党的领导制度和工作机制，从制度体系上保证民主集中制的正确执行。

在新的实践中加强党的制度建设，必须不断发展和完善民主集中制。随着改革开放的深入和社会主义市场经济的发展，国际国内环境发生重大变化，社会经济成分、组织形式、就业方式、利益关系和分配方式日益多样化，这些都会对党内生活和党的建设产生一定的影响，使党的教育和管理任务比过去任何时候都更为艰巨繁重，同时也对发展和完善民主集中制提出新的更高要求。因此，要从深入贯彻落实科学发展观、建立和完善社会主义市场经济体制、发展社会主义民主政治、建设社会主义先进文化、构建社会主义和谐社会、全面推进党的建设新的伟大工程的实际出发，坚持解放思想、实事求是、与时俱进，按照加强党的执政能力建设和先进性建设的要求，不断提高党的制度创新能力，探索新形势下发展和完善党的民主集中制，实现党的团结统一的有效方法和途径。要从民主集中制的程序、内容上创新和完善相关制度，着力提高制度的科学性、系统性、权威性，不断增强科学执政、民主执政、依法执政的水平，努力实现用制度管权、用制度管事、用制度管人，使党的制度体系更富有鲜明的时代特色，更体现时代发展的要求。

在新的实践中加强党的制度建设，必须坚持高度民主与高度集中的有机统一。党内民主是党的生命，是增强党的创新活力、巩固党的团结统一的重要保证。积极稳妥、扎实有效地推进党内民主建设，既是新形势下加强和改进党的建设的重要途径，也是发展和完善民主集中制的客观要求。要认清执政党历史方位的重大变化，把加强党内民主制度建设作为当前发展和完善民主集中制的重点环节，按照党的十七大报告的要求，在发展党内民主上取得实质性进展。要从尊重和确立党员主体地位入手，建立保障党员民主权利、拓宽党内民主渠道的相应制度，推进党务公开，促进党员对党内事务的知情、了解和参与，营造党内民主讨论的环境和氛围，使党员真正成为党内生活和党的建设的主体；要进一步完善党的代表大会制度，实行党的代表大会代表任期制，选择一些县（市、区）试行党代表大会常任制，形成科学民主的党内领导体制和工作机制；要按照“集体领导、民主集中、个别酝酿、会议决定”的原则，完善党的地方各级全委会、常委会议事和决策机制，发挥全委会对重大问题的决策作用，建立健全地方各级党委常委会向委员会全体会议定期报告工作并接受监督的制度；要改革党内选举制度，改进候选人提名制度和选举方式，使党内选举真正体现各级党组织和广大党员的意愿；要加强基层党组织的制度建设，推广基层党组织领导班子成员由党员和群众公开推荐与上级党组织推荐相结合的办法，逐步扩大基层党组织领导班子的直接选举范围，探索扩大党内基层民主的多种实现形式，建立充分体现党员和党组织意愿的党内民主制度。积极稳妥地推进党内民主建设，必须始终把坚持民主集中制贯穿于党内民主的理论创新、实践创新和制度创新的全过程，探索在集中指导下发展党内民主、健全党内民主制度的实现路径，从根本制度上保证我们党始终充满旺盛的生机与活力，始终成为中国特色社会主义事业的坚强领导核心。

（作者：中共中央国家机关工委副书记）

重庆市非公有制企业党建工作调查

郑科扬　姚林楠

7月4日至7日，全国党建研究会课题调研组就“规模以上非公有制企业党组织地位和作用研究”课题，在重庆市调研。调研组先后听取了市委组织部、市委“两新”工委的介绍，与部分区委组织部、区委“两新”工委负责人，及非公有制企业业主和党组织负责人进行了座谈，共60余人参加。还考察了重庆秋田齿轮公司等非公有制企业党建工作。

一、重庆市非公有制企业党建工作基本情况

重庆建成直辖市10年间，非公有制经济发展保持了年均近20%的增长速度。到2006年底，非公有制企业总共9.38万户，吸纳新增非农就业人员总数的80%以上，非公有制经济占经济总量的比重达到了53.1%。

重庆市从市委到各区县党委高度重视非公有制企业党建工作。去年，市委提出“重庆‘两新’组织党建工作要努力走在全国前列”，市委“两新”工委等部门以规模以上非公有制企业为重点，强力推进党组织组建覆盖。目前，全市3057家规模以上非公有制企业已全部建立党组织，非公有制企业党建工作正在形成“四个一”的良好局面。一是一个统一领导、齐抓共管的推进机制初步形成。即党委统一领导、组织部门宏观指导、“两新”工委牵头抓总、相关部门密切配合的党建工作推进机制。二是一支能打硬战的工作队伍初具规模。全市专门从事非公有制企业党建工作的骨干有近2万人。三是一批创造力、凝聚力、战斗力明显增强的党组织涌现出来。四是一支组织信任、群众公认、业主欢迎、能够体现先进性的党员队伍壮大起来。不少规模以上企业的中高层管理人员中，党员比例占到60%以上，80%至90%的党员处于管理岗位和关键岗位，不少成了技术能手、生产标兵和先进人物。业主对党组织和党员作用的认可度不断提高。

二、基本做法和经验

1.党委主要领导带头抓，职能部门重点抓。从市委到各区县都把非公有制企业党建工作纳入党委重要议事日程。市委书记汪洋同志反复强调，各级党委要把加强“两新”组织党建工作作为“党要管党”的重要工作抓紧抓好，抓出成效。一年多来，他对“两新”组织党建工作作出10多次批示，主持市委常委会听取工作汇报4次。2006年7月，市委“两新”工委正式成立，随后，40个区县和两个开发区相继设立了“两新”组织党建机构，明确了工作职责，配备了工作人员，落实了工作经费。市、区县“两新”工委摸情况、理思路、寻对策，深入开展调查研究。市委在此基础上出台了《关于加强新经济组织和新社会组织党的建设工作的意见》，进一步明确了全市“两新”组织党建工作的总体思路、目标任务、工作重点和政策措施。

2.积极营造在非公有制企业开展党建工作的良好氛围。利用媒体抓好宣传。市委“两新”工委在市级相关报刊上组织发表了一批署名文章和专题报道，同时创办“两新”组织党建工作网站，使人们加深对开展非公有制企业党建工作的认识和理解。通过召开会议、举办活动展开专题宣传。初步形成了各级党委工作部门、相关政府职能部门以及群众组织有关各方共同抓非公有制企业党建工作的良好格局。

3. 精心培育先进典型，发挥示范带动作用。一是通过开展主题实践活动，充分展示党员的先锋模范作用。市委“两新”工委在全市非公有制企业中普遍开展了党员展示身份、展示作用、展示形象和服务员工、服务企业、服务社会的“三展示三服务”主题实践活动，一些非公有制企业党组织从各自的实际情况出发开展了“党员示范岗”、“党员技术革新攻坚队”等主题实践活动，展示了党员的作用，促进了企业的生产经营。二是确定领导干部联系点和党建工作示范点，发挥示范带头作用。目前，全市建立市、区县两级党员领导干部联系点 1203 个，确定市级示范点创建单位 120 个，以 30 个市级示范点党组织为重点培育对象。经过精心工作，力帆等一批党建工作老典型焕发了新的活力，秋田等一批新典型涌现出来。三是树立一批支持非公有制企业党建工作的业主典型，请他们现身说法，引导其他业主支持党建工作。

4. 抓好非公有制企业党建工作者队伍建设。在党建专职干部队伍建设上，着力抓了党建专门工作机构干部的选配和教育培训工作。各区县党委按 3 至 5 名专职工作人员的要求，选配了一批政治素质过硬、党建业务能力较强和熟悉非公有制企业情况的年轻干部。在党建工作指导员队伍建设上，按照“重点单位重点派、规模企业专门派、小型企业单位连片派、特色企业行业单位派”的原则，从党政机关、企事业单位、军队转业干部和退休党员干部中挑选，从工商、税务等行政职能部门党员干部中指派，还面向社会公开招聘。在党务工作者队伍建设上，在注重从非公有制企业技术骨干、管理层和决策层中挑选、培养党组织负责人和班子成员的同时，组建了非公有制企业党务人才数据库，拓宽了非公有制企业党务工作者的选配渠道。全市“三支队伍”不断发展壮大，保证和促进了非公有制企业党建工作的顺利开展。

5. 建立相应的激励和保障机制。一是建立经费保障制度。从市到各区县，都建立了相应的经费保障机制，纳入财政预算。二是建立健全目标考核机制。部分区县把所属党委（党组）、党工委抓非公有制企业党建的情况，纳入党政领导班子和领导干部考核评价体系，作为领导干部选拔任用、培养教育、奖励惩戒的重要依据。三是建立激励机制。沙坪坝区在非公有制企业参评“明星企业”、“文明单位”等荣誉称号时，增设党建情况考察；业主和党员评先进或拟选人大代表、政协委员等社会职务前，考察其参与支持党建工作情况。现在，全市许多非公有制企业实行“招录员工同等条件党员优先、培训员工同样需要党员优先”的规定，并保证党组织开展活动有场地、有时间、有经费。

三、存在的问题

1. 思想认识问题。一是部分党组织负责人对非公有制企业党建工作的重要性认识不足。有的认为，对非公有制企业只要抓住税收就行，不必建立党组织；有的存在畏难情绪，怕业主不高兴，不敢理直气壮抓党建工作；有的借口工作忙，不下真功夫抓党建工作。二是部分党员党性意识不强，对参与党建工作积极性不高。重庆的调查显示，在一些非公有制企业的从业党员中，有不少人认为非公有制企业党组织“可建可不建”。他们中的大多数是下岗职工和农民工，相当一部分人存在自卑感和失落感，工作的目的主要是为了养家糊口，对建立党组织、开展党的工作缺少应有的热情。三是多数业主对在企业中建立党组织的认识上还有偏差，一些人仍存在一定程度的排斥心理。重庆的调查表明，有相当数量的业主不希望或者反对在自己的企业建党组织。有些人认为，建党组织对企业发展没有帮助；有些人担心，有了党组织自己就会成为被监督的对象；还有些人认为，建立党组织会增加企业负担，影响企业正常的生产经营。

2. 经费保障问题。市、区县党委虽然把非公有制企业党建工作的经费纳入了预算，但数额有限，同实际需要还有较大差距。一些基层党委或部门党组织的财力有限，难以提供足够的经费支持非公有制企业党建工作。大多数非公有制企业也没有把党建工作经费列入企业预算。党组织普遍存在党员活动无场地，教育培训无经费的问题，感到“搞服务无实力、办实事无财力、党员干部说话无气力”。

3.党组织开展工作面临一些难题。一是党组织在企业没有明确定位。党章中关于非公有制企业党组织没有写明处于什么地位。现有的相关党内法规和条例中，对非公有制企业党组织只有工作目标、原则、方针和发挥作用等方面的要求，尚缺乏操作性强的措施，企业党组织人员开展工作感到腰杆不直，顾虑重重。二是工作条件受限制。非公有制企业党建工作任务重、内容新、要求高，但活动条件差，开展工作难度大。三是多数业主对党建工作尚未充分理解，表示支持建立党组织是大势所趋，对开展党的活动不够支持。四是多数党务工作人员精力难保证。在企业中，党务工作人员绝大多数为兼职，由于以企业生产经营活动为主，他们很难有足够的精力去做党的工作。

4.党员流动性大，管理上困难多。一些党员不愿暴露身份，不转组织关系。调查显示，重庆全市非公有制企业员工中已亮明身份的有46580名，大约占党员实际数的3%。党员构成复杂，居住分散，流动性大，单靠企业党组织很难实施有效管理，需要发挥各级党组织的整体合力。

5.党务工作人才缺乏。一是非公有制企业党的工作的特殊性，对党务工作者政治、业务素质和能力要求较高，加上企业现有党员人数少，多数党组织难选出完全合格的党组织负责人。二是进入非公有制企业的党务工作人员，由于主客观方面的种种原因，有些也不稳定。三是现有党务工作人员中不少缺乏经验，特别是党务工作经验。

四、几点建议

1.从解决思想认识问题入手，进一步营造重视和促进非公有制企业党建工作的良好氛围。首先要从党委负责同志和相关部门领导干部做起。一是强化抓党建工作的意识，保证有必要的时间和精力履行“党要管党”的职责。二是亲自示范，认真做好业主代表人物的团结、引导、教育工作，帮助他们提高思想认识，真正理解和支持企业党组织开展活动、发挥作用。三是充分利用党的宣传阵地和媒体，加大对非公有制企业党建工作先进典型的宣传力度，使广大党员和社会各界都认识到开展非公有制企业党建工作的重要性。

2.从建立健全制度机制入手，形成和健全党委统一领导、齐抓共管的非公有制企业党建工作的新格局。一是建立健全党委抓非公有制企业党建工作的责任制。二是形成各方齐抓共管的工作机制。三是理顺企业党组织领导和管理体制。坚持按照属地为主、属业为辅、条块结合、分层分类的原则，尽快建立从中央到地方的非公有制企业党建工作领导和管理体制。四是建立健全激励和保障机制。考虑把抓非公有制企业党建工作列入对党委领导班子和相关领导干部的评价考核体系；进一步研究和落实非公有制企业党务工作者的相关待遇政策；加大和落实党建工作经费的必要投入，确保企业党组织有能力开展活动。

3.从强化教育和培训入手，着力打造一支高素质的非公有制企业党务工作者队伍。借鉴已有的经验，开发利用各方面的人才资源，通过公开招聘、择优选派干部挂职锻炼、建立非公有制企业党务工作人才数据库等方式，建立起合格的党建工作专门机构队伍、党建工作指导员队伍、党务工作者队伍。同时逐步建立起一个后备人才库。对现有的党务工作者有针对性地强化教育和培训，帮助他们提高政治思想素质、党务工作水平和服务企业生产发展的能力。责成有关部门尽快编写出非公有制企业党务工作者急需的各种教材。

4.从明确非公有制企业党组织定位和目标入手，进一步激发企业党组织的创造活力。一是进一步明确非公有制企业党组织的职能定位。明确非公有制企业党组织在企业中的政治核心作用，便于企业党组织更好地开展工作。二是进一步明确非公有制企业党组织的建设目标。可以参照“领导班子好、党员队伍好、工作机制好、发展业绩好、群众反映好”的标准，突出非公有制企业党的工作特点拟定。三是进一步创新非公有制企业党组织的活动方式和载体。地方各级党委在这方面要加强指导和引导，使企业党组织活动与企业生产经营活动相结合，与员工需要相结合，利用好群团组织的活动手段和载体，确保企业党组织活动开展取得成效。

（作者：郑科扬，中共中央政策研究室原副主任）

积极稳妥地推进党务公开

徐松南

胡锦涛同志在党的十七大报告中指出，要积极推进党内民主建设，推进党务公开。十七大党章修正案在党的组织制度一章中，增写了党的各级组织要按规定实行党务公开的内容。这些都为进一步推进党务公开指明了方向、明确了任务。我们要适应新的历史条件下加强党内民主建设的要求，积极稳妥地推进党务公开。

一、统一思想，充分认识和把握新的历史条件下推进党务公开的重要意义和工作原则

按照党的十七大精神，推进党务公开是党的一项组织制度。我们要深刻认识到，推进党务公开是发展党内民主、加强党的先进性建设的内在要求；是改进党的领导方式、提高党的执政能力的重要举措；是强化党内监督、建立健全惩治和预防腐败体系的重要环节；是密切党群关系、构建社会主义和谐社会的有效途径。推进党务公开，有利于提高党务工作的透明度，对于调动全党同志的积极性、主动性和创造性，全面推进党的建设新的伟大工程和中国特色社会主义伟大事业，具有十分重要的意义。

推进党务公开必须遵循的工作原则是：

——必须尊重党员主体地位。党员是党的肌体的细胞和党的行为主体。党员主体地位的实现程度是衡量党内民主发展程度和党务公开程度的重要标尺。党员的主体地位是通过党员的民主权利来实现的，同时，也要借助党务公开等有效平台。推进党务公开，是尊重党员主体地位、保障党员民主权利的重要载体。

——必须加强制度建设。实现党务公开的制度化和规范化，是党务公开走向成熟的关键。推进党务公开，必须把制度建设作为一项根本任务。按照党的十七大报告精神，一要完善民主讨论制度，营造党内不同意见充分发表、平等讨论的制度环境，鼓励和保护党员讲真话、讲心里话。二要完善民主决策制度，充分发挥集体的智慧和力量，保证广大党员和各级党组织经常性地参与党内决策，使党的各项决策在党内拥有最广泛的群众基础。三要完善民主选举制度，使党内选举更好地体现选举人的意志，保证选出为广大党员充分信任、对党和人民的事业高度负责的党的领导机关和领导干部。四要完善集体领导与个人分工负责相结合的制度，既反对和防止个人或少数人专断，又反对和防止分工不合作、班子软弱涣散。五要完善民主监督制度，保障广大党员和各级党组织有效行使监督权，使党的权力得到正确行使，推动党的事业健康发展。

——必须实行民主与集中相统一。民主是正确集中的前提和基础，集中是民主的必然要求和归宿。推进党务公开，既要充分发扬党内民主，使各级党组织和广大党员的意愿得到充分表达，防止个人专断；又要加强在民主基础上的集中，统一思想认识，保持步调一致，防止出现极端民主化倾向。

——必须以党务公开带动政务公开、村务公开、厂务公开、校务公开。我们党是执政党，党员的政治参与热情直接影响人民群众的政治参与热情，党内的和谐程度直接影响社会的和谐程度。因此，以党务公开带动政务公开、村务公开、厂务公开、校务公开，以增进党内和谐促进社会和谐，是建设中国特色社会主义民主政

治的有效途径。

——必须从实际出发循序渐进。推进党务公开既是为经济社会发展总任务服务的，同时又受到经济社会发展总体水平的制约。因此，推进党务公开，既要积极推进，又要循序渐进。我们既要自觉适应广大党员民主意识普遍增强、了解和参与党内事务的愿望日益迫切的新情况，积极推进党务公开，又要从实际出发，而不能脱离实际，超越阶段。要立足当前、着眼长远，把自上而下的带动和自下而上的促进结合起来，有组织、有步骤地扎实推进。

二、突出重点，科学界定党务公开的内容和范围

在新的历史条件下推进党务公开，必须坚持从实际出发，针对不同地区、不同层次、不同单位的情况作出具体规定，真正使广大党员和群众满意。

一要进一步明确党务公开的主要内容。推进党务公开，应围绕以下内容进行：党中央和上级党组织要求公开的事项；本地本单位对党的路线方针政策和上级党组织决议决定及工作部署的贯彻落实情况；本级党组织研究制定的重要决议决定、政策、规定情况；干部选拔任用工作情况；党组织自身建设情况；领导干部廉洁自律和抓党风廉政建设情况；党员、群众关注的党组织研究决定的其他事项等。

二要切实保障党员民主权利。党章和党员权利保障条例明确规定了党员的民主权利，涉及民主参与、民主选举、民主决策、民主监督等方面。在这些权利面前，所有党员无论职务高低一律平等，任何组织和个人，都不得侵犯。从实践看，党内民主发展不够，很大程度上表现在党员权利保障不够。因此，推进党务公开，必须把保障党员民主权利作为基础。在推进党务公开中，既要不断拓宽党员了解党内事务的渠道，保障党员的知情权、参与权、选举权、被选举权和监督权，又要引导广大党员树立正确的主体意识，提高主体素质，增强发挥主体作用的能力。

三要大力营造民主讨论的环境。随着政务公开、村务公开、厂务公开、校务公开快速发展，广大党员对推进党务公开的要求日益迫切，也对推进党务公开提出了更高的要求。各级党组织要进一步扩大党务公开的范围，提高党务公开的质量。党内事务一般要在党内实行公开，进行民主讨论。各级党组织凡作出涉及人民群众切身利益的重要决策、决议，均应该面向社会公开，广泛听取各方面的意见、建议。对不涉及保密、已解密及党员群众关注的重要事项，也要视情及时向党外公开，不断增强党组织工作的透明度，努力营造民主讨论的浓厚氛围。面向社会公开时，应坚持先党内后党外原则。

四要不断健全完善党务公开的工作机制。要建立重大事项集体决策制度，对涉及经济社会发展全局的重大事项，都必须在深入调查研究、广泛听取意见的基础上，由领导班子集体讨论，按照少数服从多数的原则决定。要建立社情民意反映制度，从制度上保证各级领导干部经常深入基层、深入群众了解真实情况。拓宽和畅通党员和人民群众参与决策的渠道，落实人民群众在决策中的知情权、建议权，自觉接受人民群众的监督。要建立重大事项专家咨询制度，对那些专业性、技术性较强的重大事项，要充分发挥专家学者的作用。同群众密切相关的重大事项要实行公示制度、听证制度，除涉及国家核心机密的事项外，决策过程均应向社会公开，决策执行结果均应接受群众检验。建立健全领导、专家、群众相结合的决策机制，充分尊重群众的首创精神，及时总结来自基层和实践的丰富经验，认真倾听各方面的意见。要积极实行党的代表大会代表任期制，使代表们在党代表大会闭会期间有效履行代表职责、行使代表权利。要按照中央的统一部署，继续选择部分县（市、区）试行党代表大会常任制。要进一步完善各级党委全委会、常委会工作机制，充分发挥全委会对重大问题的决策作用。要建立健全常委会向全委会负责、报告工作和接受监督

的制度，进一步理顺党内权力关系、加强党内监督、保证权力得到正确行使。进一步规范党委讨论决定重大问题和任用重要干部票决制，有效避免由少数人和主要领导个人说了算。要改革和完善党内选举制度，从改进候选人提名制度和选举方式等方面予以推进，进一步改进候选人提名方式，适当扩大差额推荐和差额选举的范围和比例，切实尊重选举人对候选人的提名权和选举权。

三、注重实效，科学确定党务公开的方法、程序和形式

要坚持党务公开内容和形式相统一，进一步规范操作程序，不断创新方式方法，确保党务公开取得实实在在的效果。

正确掌握党务公开的方法。党务公开一般可以确定为法定公开、主动公开、依申请公开三种方法。法定公开就是要做到凡属党内规定要求公开的内容，都要在适当范围内以适当方式予以公开。主动公开就是对本级党组织制定的、不涉及党和国家秘密的事项，主动予以公开。依申请公开就是对党员、群众要求公开的事项，经党组织研究认为可以公开的，在一定范围内以适当方式予以公开。

进一步规范党务公开的程序。要按照提出、审核、公开和反馈的基本程序办理党务公开。公开的内容、范围、形式由相关部门提出，党委指定的机构审核，重要事项由党委（党组）集体研究决定，需要报请上一级党组织审核的事项，要按照规定办理报批手续。有关重要决策事项在公开前，可以通过预公开征求党内外意见，提高决策水平。凡确定公开的内容，都要以适当方式及时予以公开，并明确公开的时限要求，将常规性工作定期公开，阶段性工作逐段公开，紧急的事项及时公开，临时性工作随时公开，涉及群众切身利益的重大建设项目在决策前公开，广泛听取各方面意见，充分体现公开的经常性、动态性和及时性。

合理确定党务公开的形式。党务公开的具体形式要简便易行、灵活多样、方便群众、便于操作，根据不同的公开内容灵活确定。适合在一定范围的党组织内部公开的，主要通过党内会议、文件、通报、公示和设立文件查阅室等形式进行公开；适合对社会公开的，主要采取党务公开栏、电子触摸屏、新闻发布会以及电视、广播、报纸、互联网等形式进行公开。同时，要把党务公开与政务公开、厂务公开、校务公开、村务公开有机结合起来，一同部署、一同督促落实。各级党组织在实践中还可以积极探索其他有益的公开形式，为党员、群众提供方便、快捷的服务，尽量扩大党务信息的普及面。

四、周密安排，切实加强对推进党务公开的组织领导

推进党务公开，要按照党委统一领导、党政齐抓共管、党的工作部门各负其责、党员群众广泛参与的总要求，建立健全推进党务公开的领导体制和工作机制，不断把党务公开工作引向深入。

要建立领导责任制。各地各部门党委（党组）主要负责同志是推进党务公开的第一责任人，要亲自抓，一级抓一级，层层抓落实。各级党委办公厅（室）要做好统筹协调和督察落实工作。各级纪检机关和组织、宣传、统战、机关工委等部门要结合工作实际，研究制定本部门推进党务公开的实施办法、主要内容，并抓好落实。

要建立有效的监督考核机制。要把推进党务公开作为对各地各单位党政领导班子、领导干部目标管理考核和党风廉政建设责任制考核的重要内容，加强督促检查，量化考核标准，坚决避免形式主义和弄虚作假，确保党务公开取得实效。

要搞好舆论宣传。大力宣传推进党务公开的重大意义，宣传各级党组织推进党务公开的经验、成效，为推进党务公开营造良好的舆论氛围。

（作者：宁夏回族自治区党委常委、组织部长）

改进和完善市县两级党委工作运行机制

侯长安

市县党委是我国市县两级经济社会发展的领导核心，担负着贯彻落实科学发展观和构建社会主义和谐社会的重要职责。当前，随着地方党委换届基本完成和领导班子配备改革逐步到位，市县党委领导体制发生了重大变化。尽快适应新变化，积极改进和完善工作运行机制，确保换届后市县两级党委规范高效运转，是当前必须认真研究解决的一项重大课题。

一、准确把握市县党委工作运行的基本原则

建立健全市县党委工作运行机制，必须遵循以下基本原则。

第一，集体领导原则。应当看到，常委分工负责是集体领导下的分工负责，实行常委分工负责制的最终目的，是为了充分发挥集体领导作用。在党委工作运行中，必须正确处理集体领导与个人分工负责的关系，认真贯彻民主集中制，落实“集体领导、民主集中、个别酝酿、会议决定”原则。凡属重大决策部署、重大项目安排、大额度资金使用、重要干部任免和奖惩等事项，均须提交常委会或全委会决定。

第二，科学分工原则。以往，党委副书记与常委之间的分工相互重叠，党政班子之间分工交叉过多的问题比较普遍。推行领导班子配备改革，实行常委分工负责制，为解决这个问题创造了条件。为此，要抓住时机，着眼于促进本地区经济、政治、文化、社会各项事业的发展，根据各常委工作经历和专业特长等实际情况，对党委领导班子的职能职责进行科学界定、合理分工，做到职责不交叉、分工不重叠、管理不缺位，工作量大体均衡。

第三，权责统一原则。换届前，虽然绝大多数市县也实行责任制，但由于分工重叠、职责交叉，在一定程度上存在着权责不统一的现象。常委分工负责制的全面推行，在赋予常委较大权力的同时，也赋予了相应的责任。要按照“授权充分、各负其责”的原则，坚持责权相统一，进一步明确权力主体的职责和权限，做到权责对等、责任到人。

第四，协调高效原则。协调高效既是制定工作运行机制的重要原则，也是加强党的执政能力建设的基本目标。就党委层面而言，主要是进一步理顺常委会、全委会和党代会之间的关系，使负责的意识和决策的分量彼此相当。就常委会内部而言，主要是加强书记与副书记、常委，以及各常委之间的协调，做到分工不分家。这就要求抓紧规范常委会、全委会议事规则和决策程序，建立健全酝酿讨论、汇报沟通、联络协调等方面的规章制度，确保党委各项工作的规范高效运转。

二、合理确定市县党委常委的职责分工

科学合理地确定职责分工，是市县党委常委切实负责的前提和基础。从甘肃的实践来看，在新的领导体制下，市县党委常委大体上可作如下分工。

党政一把手在领导班子中处于核心地位，负有全面责任，起着关键作用。党委书记担负着抓班子、带队伍的重大职责，其主要职责是负责党委全面工作，组织常委会活动，协调常委会委员的工作，调动各方面的积极性和创造性。市（县）长既是党委书记的副手，又是政府的一

把手，其主要职责是负责政府全面工作，分管审计、行政监察等部门，集中精力抓好区域经济和社会各项事业发展。

按照中央精神，市县党委换届后只设1名专职副书记。根据甘肃的实践，专职副书记的职责定位是，做好协助决策、协调落实的工作，不再分管其他常委分管部门的工作，主要承担三个方面的职能：一是协助书记处理日常事务，受书记委托负责有关工作；二是协调落实常委会决定和书记安排的有关工作；三是根据实际情况，负责群团工作，分管主要负责人未进入常委的党委部门，联系政协工作。书记未兼任人大主任的，联系人大工作。

常委是分工负责制的实施主体，对分管工作负有调查研究、提出意见、组织实施、督促检查的职责。具体而言，常委、纪委书记负责党的纪律检查和党风廉政建设工作，联系行政监察工作；常委、组织部长负责党的组织工作，联系编制工作和政府人事工作；常委、宣传部长负责党的意识形态、思想理论工作和精神文明建设，联系政府科教文卫工作；常委、政法委书记负责政法工作，分管社会治安综合治理和维护稳定工作，协调公检法和安全工作，联系行政司法工作；常委、秘书长（办公室主任）负责机关日常协调运转和各常委的服务保障工作；常委、统战部长负责党的统一战线工作，联系民族工作和宗教事务工作；常委、常务副市（县）长协助市（县）长负责政府日常工作，分管政府有关综合部门。其他常委根据所任职务，集中精力抓好本职工作，可视实际情况和工作需要，由市县党委确定分管或联系某一方面的工作。需要注意的是，各常委不仅要认真做好分管工作领域有关事项的决策，还要充分履行常委会成员的职责，参与常委会的所有决策。

三、改进和规范市县党委的议事决策程序

1. 取消书记办公会。书记办公会作为一种会议制度，虽然不是一级决策机构，但在以往的实际操作中，却承担了大量的决策事项。这样做，既不利于调动其他常委的工作积极性，也在一定程度上弱化了常委会和全委会的作用。因此，实行常委分工负责制以后，取消书记办公会势在必行。考虑到书记办公会完全取消后，有许多重大事项还需要在常委会之前进行酝酿、沟通或协调，有必要根据实际情况，由书记召开不同形式的会议，对干部任免等重大事项进行酝酿和沟通，但这类会议不得决定重大问题。对重大突发事件和紧急情况，书记、副书记或分管常委可以临机处置，但事后必须及时向常委会报告。

2. 强化常委会的决策功能。实行常委分工负责制以后，需要提交常委会决定的事项比以往增加了许多。适应这个变化，有必要适当增加常委会的次数。原则上每月召开2至3次，如遇重要情况可随时召开。同时，还要进一步规范常委会召开的程序，提高决策的质量和水平。重点抓好以下六个环节。一是确定议题。常委会的议题由各常委根据分管工作需要提出，秘书长统一协调，报书记审定，也可由书记委托专职副书记审定，或由书记直接确定。二是提前通知。会议召开2天前通知各常委，并送达会议有关材料，以便常委根据议题做好调查研究等工作。三是酝酿讨论。提交会议讨论决定的事项，必须由分管常委负责介绍情况、作出说明，各常委充分讨论、发表意见。在这个环节，书记作为主持人，既要注意营造民主氛围，让大家能够畅所欲言，又要能够驾驭局势，保证议题在得到充分议论后形成一致意见。各常委必须增强全局意识，敢于议事、善于议事，变“谁分管谁说话”为“分管的说明情况、不分管的表达意见”。四是进行表决。常委会决定事项，一般可采取口头、举手、无记名投票或记名投票表决。决定干部任免时，应投票表决；决定多个事项时，应逐项表决。五是作出决策。根据表决结果，按照少数服从多数原则，当场宣布议题的决策结果。六是形成纪要。会后3个工作日内印发会议纪要，由常委根据各自分工抓好落实。

3.突出全委会的监督作用。在新的体制下，全委会除了履行安排部署本地区今后一定时期内的中心工作、讨论决定涉及全局性的重大问题、审议和表决下一级党政领导班子正职和其他重要岗位主要领导职务拟任人选等职责外，还有一个重要职责是听取和审议常委会阶段性工作情况的报告，监督检查常委会贯彻执行全委会决策的情况。也就是说，与换届前相比，全委会的监督功能进一步强化了。为此，一方面要适当增加全委会次数，原则上每季度召开一次，如遇重要情况可随时召开。另一方面，要规范全委会的程序和规则，切实发挥全委会的职能作用，确保委员的知情权、参与权、决策权和监督权得到充分落实。在召开全委会前，应由常委会确定议题，并提前5天通知各委员，同时送达会议有关材料。在全委会上，要汇报常委会工作情况，自觉接受委员的监督；对提交全委会研究的事项，应安排充足的发言时间，让委员充分酝酿讨论，发表个人意见；对需要决定的问题，一般应采用举手或无记名投票表决，决定多个事项时，应逐项表决；对投票结果，应当场计票并公布，按照少数服从多数原则，宣布决策议题通过或否决。会后，应在3个工作日内印发会议纪要，由常委会负责执行或落实。除保密事项外，对全委会决定的事项，一般应向社会公布，接受社会监督和舆论监督。

四、进一步完善市县党委工作运行的相关配套制度

要以完善决策程序、扩大决策民主、确保决策落实为目标，进一步建立完善与常委分工负责、党委议事决策相关的配套制度，真正做到靠制度管人、靠制度议事、靠制度决策。目前，应重点建立和完善以下五项制度。

1.建立和完善调查研究制度。各常委在提出议题前必须深入开展调查研究，组织相关部门认真讨论，研究提出比较成熟的方案，对涉及经济社会发展全局的重大问题应提出两个以上可供比较的方案。在方案提出以后，一般应征求相关部门和单位的意见，有的还应听取人大、政协、人民团体、民主党派、党外人士及有关方面的意见，使决策真正建立在科学、民主的基础之上。

2.建立和完善咨询制度。对涉及经济社会发展全局的重大事项，要广泛征询意见，充分进行协商；对专业性、技术性较强的重大事项，在提交会议讨论前，要认真进行专家论证、决策评估；对同群众利益密切相关的重大事项，要实行公示等制度，扩大人民群众的参与度，增强党委工作的透明度，提高民主决策、科学决策的水平。

3.建立和完善工作汇报沟通制度。常委要定期向书记和常委会汇报分管工作，便于书记和其他常委了解全面情况。担任政府副职的常委，在向书记汇报工作前，还要及时向政府正职汇报。涉及其他常委分管部门的工作和事项，在向书记汇报或提交常委会之前，要与分管常委充分协商沟通。同时，充分发挥简报、专报等信息渠道作用，适时向各常委通报分管部门的重要政策制定情况，工作部署、工作进度及需要各常委了解掌握的情况，以利于集体决策和解决信息不对称问题。

4.建立和完善决策失误责任追究制度。要进一步规范决策的必经程序，明确各个决策环节的责任主体和责任人，对决策过程要记录备案。对重大决策的出台，必须形成完整的资料，建立档案，以备查阅。同时，对造成失误的决策，要严肃认真地进行分析，根据备案资料追究相关人员的责任。

5.建立和完善督查落实制度。全委会作出的决策，由常委会负责组织实施；常委会作出的决策，由常委分工负责组织落实。决策实施过程中，应加强监督检查和信息反馈。常委会应定期向全委会报告工作，常委应每半年向全委会进行一次述职。对决策进行重大调整或变更，应由作出决策的全委会或常委会决定。

（作者：中共甘肃省委常委、组织部长）

党章的又一次与时俱进

江金权

党的十七大，根据各级党组织和广大党员的愿望，根据形势和任务的变化对党的工作和党的建设提出的新要求，对党章作了适当修改。从公布的党章修正案可以看到，这次修改工作既保持了党章的总体稳定，又体现了党的十六大以来我们党的实践创新、理论创新和制度创新的成果，实现了党章的与时俱进，使党章更加完备，更加科学，更加先进，必将在党的工作和党的建设中更好地发挥规范和指导作用。

一、顺应党员意愿和时代要求的正确决策

党章是党的总章程，集中体现党的理论和路线方针政策以及党的重要主张，规定党内的重要制度和体制机制，对推进党的事业、加强党的建设具有重要的规范和指导作用。而只有保持党章的与时俱进，才能使党章的规范和指导作用得到充分发挥。党的十七大对党章作适当修改，目的正在于此。我理解，其意义至少体现在以下五个方面：

第一，修改党章顺应各级党组织和广大党员的愿望。近年来，不少党员向中央有关部门提出修改党章的意见和建议。党的十七大筹备工作启动后，在征求各地区各部门对起草党的十七大报告的意见时，许多地方和部门都建议党的十七大对党章作适当修改。中央认真研究这些意见，顺应各级党组织和广大党员的愿望，决定对党章进行适当修改，并成立了党章修改小组。

第二，修改党章是推进党的理论创新和实践创新的需要。党的十六大以来，以胡锦涛同志为总书记的党中央，坚持以邓小平理论和“三个代表”重要思想为指导，在全面开创中国特色社会主义事业新局面的伟大实践中积极推进马克思主义中国化，提出了科学发展观等一系列重大战略思想，对全面推进社会主义经济建设、政治建设、文化建设、社会建设发挥了重要作用，在全党全国各族人民中形成了广泛共识，显示出强大的生命力。通过修改党章，及时将这些重大理论创新成果吸收到党章中，有利于进一步推进党的实践创新、理论创新和制度创新。

第三，修改党章是推进党和国家的事业发展的需要。党的十六大以来，我们党提出了构建社会主义和谐社会的战略任务，确立了社会主义经济建设、政治建设、文化建设、社会建设四位一体的中国特色社会主义事业总体布局，确立了建设富强民主文明和谐的社会主义现代化国家的奋斗目标，并形成了一系列贯彻落实科学发展观的方针政策，推动我国经济社会开始步入又好又快发展的轨道。通过修改党章，将这一系列方针政策写入党章，有利于按照党的基本路线、中国特色社会主义事业总体布局和党的各项方针政策进一步推进党和国家的各项工作。

第四，修改党章是加强和改进党的建设的需要。党的十六大以来，我们党在新的实践中扎实推进党的建设新的伟大工程，党的执政能力建设和先进性建设得到加强，保持共产党员先进性教育活动取得重大成果，发展党内民主、改进党的作风、加强干部教育培训、深化干部人事制度改革、推进组织制度创新、建立惩治和预防腐败体系等方面取得了新的进展。通过修改党章，将党的建设的这些实践经验和理论创新成果写入党章，有利于进一步推进党的执政能

力建设和先进性建设。

第五，修改党章有利于及时将党的十七大报告的创新成果吸收到党章中。党的十七大报告，对进一步推进全面建设小康社会伟大事业作出全面部署，确立一些重大理论观点和重大战略思想。如果党章不作相应修改，必然会出现党章与党的十七大报告的表述在一些方面不一致的问题。适当修改党章，吸收党的十七大报告的重要成果，有利于把学习党章与学习党的十七大报告有机结合起来，更好地推动学习和贯彻党章活动。

实际上，党的代表大会修改党章是我们党的一个惯例。我们党历来重视党章建设。党的一大制定了党纲，党的二大制定了我们党的第一个党章，此后除了党的五大因当时的特殊环境未对党章进行修改、后由中央政治局会议对党章作出修改以外，其他历次代表大会都对党章进行了不同程度的修改。现行党章是党的十二大制定的。20多年来，党章的基本内容保持稳定，在党的生活中发挥着重要作用。与此同时，根据党的实践发展和理论创新，党的十三大、十四大、十五大、十六大都对党章作了不同程度的修改。实践证明，这些修改有利于更好地发挥党章作为党的总章程的重要作用。

总之，中央关于党的十七大对党章作适当修改的决定，顺应了各级党组织和广大党员的愿望，适应了时代发展对推进党的事业、加强党的建设的要求，具有重大而深远的意义。

二、实现党章内容的与时俱进

现行党章总体上能适应指导党的工作和党的建设的需要。因此，中央决定这次只对党章作适当修改。所谓适当修改，就是要保持党章的总体稳定，只改那些必须改的、在党内已经形成共识的内容，各级党组织和广大党员普遍要求修改、实践证明是成熟的就改，不成熟的不改，可改可不改的原则上不改。据此，这次党章修改的内容主要集中在三个方面。

(一)体现党的十六大以来理论创新成果

——把科学发展观写入党章。党的十六大以来，我们党取得了一系列重大理论创新成果，核心是提出了科学发展观。科学发展观在我国经济社会发展中发挥了极其重大的指导作用。各地区各部门建议修改党章，一个主要理由和主要意见，就是要把科学发展观写入党章。因此，根据十七大报告的有关表述，党章修正案增写了第七自然段，集中阐述十六大以来的实践进程和党的理论创新成果特别是科学发展观的科学内涵和指导意义，指出：十六大以来，党中央坚持以邓小平理论和“三个代表”重要思想为指导，根据新的发展要求，集中全党智慧，提出了以人为本、全面协调可持续发展的科学发展观。科学发展观是同马克思列宁主义、毛泽东思想、邓小平理论和“三个代表”重要思想既一脉相承又与时俱进的科学理论，是我国经济社会发展的重要指导方针，是发展中国特色社会主义必须坚持和贯彻的重大战略思想。考虑到构建社会主义和谐社会、建设社会主义新农村、建设创新型国家、推动建设和谐世界等重大战略思想，是科学发展观的重要组成部分，也一并写入党章。同时，把贯彻落实科学发展观的要求体现到经济建设、政治建设、文化建设、社会建设和党的建设的内容的修改中。许多党组织和党员一再提出，应把科学发展观同马克思列宁主义、毛泽东思想、邓小平理论和“三个代表”重要思想一道确立为我们党的行动指南。中央没有采纳这个意见。这体现了以胡锦涛同志为总书记的党中央的谦逊作风和对科学理论的严谨态度。

——增写了中国特色社会主义道路和中国特色社会主义理论体系的内容。党的十七大报告总结改革开放的伟大历程，鲜明提出改革开放以来我们党取得一切成绩和进步的根本原因，归结起来就是：开辟了中国特色社会主义道路，形成了中国特色社会主义理论体系。这是党的十七大作出的一个重大论断。将这一内容写入党章，有利于全党同志更好地坚持中国特色社会主义道路和中国特色社会主义理论体系，不断推进中国特色社会主义伟大事业。

（二）充实党的基本路线和中国特色社会主义事业总体布局的内容

——增写了中国特色社会主义事业总体布局的内容。党的十六大以来，我们党确立了社会主义经济建设、政治建设、文化建设、社会建设四位一体的中国特色社会主义事业总体布局。各地区各单位普遍认为，这些重大实践和理论成果应该吸收到党章之中。据此，党章修正案强调，必须按照中国特色社会主义事业总体布局，全面推进经济建设、政治建设、文化建设、社会建设。

——充实了党的基本路线的内涵及其表述。确立中国特色社会主义事业四位一体的总体布局，特别是提出构建社会主义和谐社会的重大战略任务，实际上丰富了党的基本路线的内涵。因此，党章修正案将党的基本路线最后一句修改为"为把我国建设成为富强民主文明和谐的社会主义现代化国家而奋斗"。同时，为对应基本路线"一个中心、两个基本点"和"四位一体"的奋斗目标，用七个自然段分别阐述。对阐述"一个中心、两个基本点"的三个自然段作了适当补充，增写了实施人才强国战略、促进国民经济又好又快发展、坚持对外开放的基本国策、提高改革决策的科学性、增强改革措施的协调性等内容。这样修改，使党的基本路线的内涵更加丰富，表述更加全面系统。

——完善了对经济建设、政治建设、文化建设、社会建设的阐述。随着科学发展观的贯彻落实，我们党在推进经济建设、政治建设、文化建设、社会建设方面积累了新的经验，确立了一系列重要方针政策。各地区各部门普遍认为，应该把这些新经验和新的方针政策吸收到党章中。因此，党章修正案对四个建设的要求进行了充实。一是增写发展社会主义市场经济的内容。强调毫不动摇地巩固和发展公有制经济，毫不动摇地鼓励、支持、引导非公有制经济发展；强调发挥市场在资源配置中的基础性作用，完善国家宏观调控体系；提出统筹城乡发展、区域发展、经济社会发展、人与自然和谐发展、国内发展和对外开放，调整经济结构，转变经济发展方式；强调建设社会主义新农村，走中国特色新型工业化道路，建设创新型国家，建设资源节约型、环境友好型社会。二是充实发展社会主义民主政治的内容。强调坚持党的领导、人民当家作主、依法治国有机统一，坚持走中国特色社会主义政治发展道路；强调要坚持和完善人民代表大会制度、中国共产党领导的多党合作和政治协商制度、民族区域自治制度以及基层群众自治制度；强调尊重和保障人权，建立健全民主选举、民主决策、民主管理、民主监督的制度和程序。三是充实发展社会主义先进文化的内容。强调坚持马克思主义指导思想，树立中国特色社会主义共同理想，弘扬以爱国主义为核心的民族精神和以改革创新为核心的时代精神，倡导社会主义荣辱观。四是增写构建社会主义和谐社会的内容。强调按照民主法治、公平正义、诚信友爱、充满活力、安定有序、人与自然和谐相处的总要求和共同建设、共同享有的原则，以改善民生为重点，解决好人民群众最关心、最直接、最现实的利益问题，努力形成全体人民各尽其能、各得其所而又和谐相处的局面。这样修改，有利于全党同志更好地理解和把握四个建设的总要求和指导原则，全面坚持中国特色社会主义事业的总体布局。

——充实了军队建设、民族工作、统战工作、外交工作等方面的内容，增写了全面贯彻党的宗教工作方针的内容。这些方面的工作，也是中国特色社会主义事业的重要组成部分，党章相应部分需要根据党的实践创新和理论创新成果进行修改、完善。因此，党章修正案强调切实保证人民解放军履行新世纪新阶段军队历史使命；强调中国共产党维护和发展平等团结互助和谐的社会主义民族关系，帮助少数民族和民族地区发展经济、文化和社会事业，实现各民族共同团结奋斗、共同繁荣发展；强调全面贯彻党的宗教工作基本方针，团结信教群众为经济社会发展作贡献；在统一战线的构成中增加了社会主义事业的建设者;强调维护和促进香港、澳门长期繁荣稳定;强调坚持和平发展道路,坚持互利共赢的开放战略,统筹国内国际两个大局,努力推动建设持久和平、共同繁荣的和谐世界。这样修改,有利于全党同志全面理解和贯彻党的各项方针政策。

(三)充实了党的建设的内容

十六大以来,我们党在推进党的建设新的伟大工程方面取得了重要进展,积累了新的经验,形成了一系列理论创新成果。各地区各部门普遍建议,应该将党的建设的这些实践经验和理论创新成果写入党章。据此,党章修正案作了三个方面的修改:

——突出强调加强党的执政能力建设和先进性建设。党章修正案提出,必须加强党的执政能力建设和先进性建设,以改革创新精神全面推进党的建设新的伟大工程。强调坚持立党为公、执政为民;强调深入贯彻科学发展观,从组织上保证党的基本理论、基本路线、基本纲领、基本经验的贯彻落实;强调弘扬求真务实精神,推进马克思主义中国化;强调坚持权为民所用、情为民所系、利为民所谋;强调坚持标本兼治、综合治理、惩防并举、注重预防的方针,建立健全惩治和预防腐败体系;强调保障党员民主权利,保证全党的团结统一;强调坚持科学执政、民主执政、依法执政,促进经济社会全面发展,等等。加强党的执政能力建设和先进性建设的要求,在条文部分的修改中也始终得到体现。

——在党的制度建设方面增写了一些新规定。党章修正案增写了四个制度性规定:一是党的各级组织要按规定实行党务公开。二是党的各级代表大会代表实行任期制。三是党的中央和省、自治区、直辖市委员会实行巡视制度。四是中央政治局向中央委员会全体会议报告工作,接受监督;党的地方各级委员会的常务委员会定期向委员会全体会议报告工作,接受监督。这四个方面的制度,大都有了比较扎实的实践基础,深受各级党组织和广大党员的欢迎。把这些制度载入党章,长期坚持下去,对于进一步发扬党内民主,加强党内监督,进一步理顺代表大会、全委会和常委会的关系,进一步发挥党的各级委员会全体会议的作用,都具有重要意义。

——对党员、干部和基层党组织分别提出了一些新要求。第一,对党员义务作了补充,强调要学习科学发展观和法律知识,带头实践社会主义荣辱观。这有利于促进党员更好地保持先进性、发挥先锋模范作用。第二,针对基层党建工作面临的新情况,对党的基层组织提出了一些新要求。一是将第二十九条第一款“社会团体、社会中介组织”用“社会组织”来表述,以涵盖包括新社会组织在内的所有社会组织,加大在新社会组织中建立党组织的工作力度,扩大党的工作的覆盖面,增强党执政的群众基础和社会基础。二是在关于党的基层组织选举办法的规定中,增写了提出委员候选人要广泛征求党员和群众的意见的内容;把“基层委员会、总支部委员会、支部委员会选出的书记、副书记,应报上级党组织批准”,修改为“基层委员会、总支部委员会、支部委员会的书记、副书记选举产生后,应报上级党组织批准”。这有利于扩大基层党组织领导班子成员候选人提名中的民主,拓宽选人用人视野,也给直接选举基层党组织领导班子成员等扩大基层党内民主的探索留出空间。三是增写了组织党员学习科学发展观和法律知识的内容。四是增写了基层党组织为党员服务、加强和改进流动党员管理的内容。这是对保持共产党员先进性教育活动成功经验的运用,反映了党员群众特别是遇到困难的党员的心声,有利于进一步激发党员的内在动力,也适应了流动党员不断增多的客观需要。第三,对党的干部提出了更高要求。为了树立正确的用人导向,促使各级领导干部增强贯彻落实科学发展观的自觉性和坚定性,加强党性修养和道德修养,脚踏实地为党和人民建功立业,党章修正案突出强调各级干部要带头贯彻落实科学发展观,树立正确政绩观,做出经得起实践、人民、历史检验的实绩,加强道德修养。

可见，这次修改党章，既保持了党章总体框架和基本内容的稳定性，维护了党章的权威性、严肃性，又体现了党的十六大以来我们党的实践创新、理论创新和制度创新的重要成果，实现了党章内容的与时俱进，适应了加强和改进党的建设需要。

三、一次发展党内民主的生动实践

这次修改党章工作的一个显著特点，就是充分发扬党内民主、集中全党智慧。这既体现在过程上，也体现在结果上。

从党章修改工作的过程上看：

——如上所述，党的十七大对党章进行适当修改的决定，是认真研究许多地方和部门的建议后作出的。

——党章修正案的修改内容，是根据各级党组织和广大党员的意见确定的。3月24日，中央发出通知，专门就党章修改工作向各地区各部门征求意见，正式启动党章修改工作。许多单位在向中央提交的关于修改党章的意见和建议的专题报告中认为，中央已经就党的十七大的议题征求意见，现在又就对党章进行适当修改征求意见，体现了中央重大决策坚持发扬党内民主、集中全党智慧的领导风格。各地区各部门共提出修改意见1603条，除掉重复的意见，共有116条实质性修改意见。同时还收集了十六大以来党员群众对修改党章的建议。党章修改小组在认真研究各方面的意见和建议的基础上，形成了党章修改方案，采纳和体现了116条实质性修改意见中的72条。中央政治局常委和中央政治局先后对修改方案进行了讨论，形成了党章修正案征求意见稿。

——党章修正案的调整和完善，是根据各地区各部门意见进行的。7月11日，中央将修正案讨论稿印发各地区各部门和党的十六大代表、十七大代表征求意见，被征求意见的人数达5600多人。同时，胡锦涛同志亲自主持召开了7个座谈会，当面听取各省区市、军队各大单位主要负责同志、各民主党派和全国工商联主要负责同志及部分党外人士的意见。各地区各部门的报告充分肯定党章修正案，同时也提出了一些修改意见。这次共提出311条修改意见，除去重复的意见，共有199条修改意见。根据反馈的意见，党章修改小组对修正案征求意见稿进行了认真修改，修改了21处，涵盖了30多条意见。中央政治局常委和中央政治局再次讨论后，提交党的十六届七中全会讨论。七中全会上提出40条意见，作了3处修改，形成了提交党的十七大审议的党章修正案。

——党章修正案的最后确定，是党的十七大全体代表充分讨论之后完成的。党的十七大会议期间，各代表团对草案进行认真讨论，提出了117条修改意见。大会主席团综合考虑和吸收这些意见，作了最后修改。

这次党章修改工作在发扬党内民主方面创造了两个“记录”：一是征求意见次数创记录，即由过去先有党章修正案再征求意见改为党章修改工作一启动就征求意见，形成了党章修正案后再次征求意见；二是征求意见的范围创记录，过去是在党内高级干部中征求意见，党的十六大时征求意见范围已扩大到上届党代会代表，这一次进一步扩大到新当选的党的十七大代表，征求意见人数创新高。

修改党章工作坚持群众路线、充分发扬民主的特点，还体现在党章修改工作的“结果”上，即充分吸收和体现各级党组织和广大党员的意见和建议。

在党章修改工作的上述四个环节中，各地区各部门、党的十七大代表和党员提出的修改意见和建议共计2000多条，主要集中在以下四个方面：一是把科学发展观写入党章；二是把构建社会主义和谐社会写入党章；三是把建设社会主义新农村、建设创新型国家、推动建设和谐世界等重大战略部署，以及在全面推进中国特色社会主义事业中其他重要创新思想和创新举措写入党章；四是把加强党的执政能力建设和先进性建设以及发展党内民主、加强制度建设、加强作风建设和反腐败工作的新要求等写入党章，并根据新的形势和任务对党员和党员干部提出更高要求。这些意见和建议，大多数已被采纳或体现。

当然，这次是对党章作适当修改，因此对各地区各部门的意见不可能全部采纳。一些没有被直接采纳的具体意见，大体分五种情况：第一，有些意见已经体现在其他修改处。比如，党章规定实行党代会代表任期制，将来必然要制定代表任期制的具体规定，这就涵盖了建立代表大会代表提案制度、代表提议处理和回复机制等意见。第二，有些意见涉及的工作内容，因为实践经验还不丰富，党章作出具体规定的条件还不成熟。第三，有些具体意见可以通过其他党内文件、法规来体现。比如，有些单位要求将地方党委决定重大问题“票决制”写入党章，但“票决制”只是表决方式的一种，也不是所有重大问题都需要票决，还是留待具体党内法规去规定比较好。第四，有些意见针对党章某一部分提出，而在党章的另外部分已经有所体现，只是角度、侧重点有所不同而已。第五，有些意见不宜采纳。如有的提出纪委系统实行垂直管理，就与各级纪委由同级党的代表大会选举产生并对其负责的性质相矛盾，不好采纳。此外，有一些意见很有建设性，但如果采纳，就必须对党章某些部分甚至整体结构做大的调整，不符合“小改”的原则，故没有采纳。

可见，这次党章修改工作是发展党内民主的一次生动实践，党章修正案是全党意见的集中反映，是全党智慧的结晶。

（作者：中共中央政策研究室党建研究局局长）

科学把握党的建设新的体系

商志晓

思考和研究当前党的建设问题，我们会深切感受到：自十六大以来，党的建设已呈现出全新的面貌，与此前党的建设的情况相比，可以说，已经形成了一个内容更丰富、关系更紧密、结构更完备的新的体系。这要求我们，要从新的体系的角度来看待当前党的建设，要站在新的体系的高度来科学把握党的建设新的伟大工程。

一

之所以把十六大以来党的建设视为新的体系，原因在于：

第一，党的建设增加了新的内容。体系之“新”，首先“新”在内容上，有了新内容，才谈得上新体系。十六大以来党的建设的新内容，最主要的有两项，一是党的执政能力建设，二是党的先进性建设。这两项建设，是我们党在党的建设方面最重要的理论创新成果和实践创新成果，它的提出和推进，极大地丰富了党的建设的理论，拓宽了党的建设的视野，深化了党的建设的实践，提升了党的建设的境界。这两项建设，一经提出，就被明确为党的建设新的内容，就成为党的建设新的要素，就被纳入到党的建设体系之中。这两项建设，与党的建设体系中原有的内容和要素，即党的思想建设、组织建设、作风建设、制度建设等，密切统一，紧密结合，在相互依存、相互作用的关系中，在互有交叉、互有包容的结构中，构成了当前党的建设这样一个整体，形成了十六大以来党的建设新的体系。

第二，党的各方面建设的关系更加清晰。内容的丰富，要素的增多，客观上提出了界定职责、理清关系的要求，而界定职责、理清关系又是党的建设形成新的体系的客观需要和前提条件。为此，我们党在不断深化认识的基础上，提出了“党的各方面建设”概念，用以指称党的建设所包括的各方面内容和各种要素；进一步，也是更重要的，是阐明党的各方面建设的内涵、特征、目标、任务，揭示各方面建设在新的体系中各自所处的地位和发挥的作用。例如，对党的先进性建设，我们党就明确指出，它是“党生存、发展、壮大的根本性建设”，是“党的建设的根本”，是“党的各方面建设的主线”。对党的先进性建设这样的定位，实际上就阐释了先进性建设与其他各方面建设的相互关系，从一个侧面揭示了党的建设新的体系的基本面貌。

第三，党的建设的体系化特征更加凸现。体系是指事物构成的整体，强调的是事物的系统性、全面性。党的建设历来是被作为一个体系看待并推进的，只不过，它在不同时期、不同阶段，会因内容的多寡、结构的简繁而呈现出不同的状态，其体系化特征会有所区别。比如，在过去很长时期内，我们把党的建设主要归结为思想、组织、作风三大建设，这三大建设又处在一种并列的直线关系中，就使得党的建设的体系显得比较平面化、比较简单化。十六大以来，党的建设的体系不仅内容丰富了、要素增多了，而且其内在结构也复杂了、相互关系也多样性了，体系内部的各要素之间有了层次高低的区分，这就使当前党的建设的体系化程度更高了，体系化特征更鲜明了。

第四，在实践操作层面上，党的建设协调运作、整体推进。由党的建设体系化所要求，党的建设的实践操作也必须统筹安排、系统规划。

任何单一、单项的党的建设的活动，任何单一目标、单项追求的实践措施，都不可避免地牵扯到党的建设的全局，都需要纳入到党的建设的系统工程中来实施。如在全党开展的以实践“三个代表”重要思想为主要内容的保持共产党员先进性教育活动，虽然以先进性建设为主题，但同样涉及并包含党的其他各方面建设的内容，而且从实际效果上看也具有综合性、系统性。可见，由于党的建设的体系化程度增高、整体性要求愈加显著，党的建设在实践层面上务必全面把握，力戒片面化、机械化、形而上学的操作模式。在这方面，我们党愈来愈致力于宏观驾驭、着重于整体推进，这使党的建设愈来愈呈现出协调运作的良好态势。

二

既然党的建设新体系已经形成、成为一种客观存在，我们就需要认真对待、科学把握。

一要辩证地理解“新的体系”，不要把“新的体系”人为地推到与以往党的建设的体系相对立的地位上去。我们把十六大以来党的建设视为一个新的体系，完全是着眼于十六大以来党的建设呈现出的新面貌，强调的是党的建设体系的发展，说明的是党的建设内容的丰富，描述的是党的建设结构的调整。假若以此推论十六大以前党的建设为旧的体系，无疑是教条主义；假若再由此否定新的体系的存在，必定是形而上学。如果这样，我们就既不能使用“新的体系”概念，也难以区别十六大前后党的建设体系的差别，更无法去谈论党的建设的理论创新与实践创新了。事实上，使用“新的体系”概念，不仅没有使之与以往党的建设的体系相对立，恰恰是揭示了十六大以来党的建设对以往党的建设的坚持、继承，指明了在新的实践条件下对以往党的建设的丰富和发展。

二要全面地看待“新的体系”，不要把“新的体系”单纯理解为理论体系，更非人为制造出来的观念体系。以党的建设为考察对象，“体系”所指就既包括其客观状态和现实进程，又包括其认识成果和理论观点，而更重要的，是把党的建设从现实到思想、从实践到理论、从存在到观念视为一个整体、一个系统、一个完整对象。可见，“体系”是对党的建设总的称谓，而“新的体系”则是对十六大以来党的建设新面貌的总的称谓。明确这一点，有助于我们对党的建设的全面把握，有助于我们在理论与实践相结合中推进党的建设伟大工程。进一步，我们在承认人们有把“体系”更多地视为理论体系或思想体系这样一种习惯或倾向的同时，必须明确：即便特指认识成果和理论观点的集合，党的建设的体系也不是人为制造出来的，不是我们头脑臆想的结果，而是对客观存在着的党的建设实际的反映，是已有的有关党的建设的一系列思想、观点、论断的集结和总括。这样的理论体系或思想体系，实际是一种“观念客体”，是不以人的意志而存在着的。

三要准确地阐释“新的体系”，对“新的体系”的基本面貌和总体状况作出恰当明确而又简洁清晰的表述。十六大以来我们党推进党建理论创新与实践创新的过程，也就是党的建设新的体系的孕育与形成过程。这既是一个客观的、现实的进程，同时也融入了我们党的主动引导与自觉追求。在主动自觉构筑党的建设新的体系的过程中，我们党紧紧把握新的体系的发展进程，以一系列富于创见的观点和认识，揭示了新的体系的构成要素及相互关系，勾画出了“新的体系”的基本面貌和总体轮廓。例如，党的十六届四中全会把党的执政能力建设视为“党执政后的一项根本建设”，强调要“以提高党的执政能力为重点，全面推进党的建设新的伟大工程”。胡锦涛总书记在建党85周年讲话中指出：“加强党的执政能力建设和先进性建设是紧密相关、相辅相成的，要贯穿于党的思想建设、组织建设、作风建设和制度建设之中，统一于党的建设新的伟大工程。”他还要求“更加突出地把党的先进性建设作为党的各方面建设的主线”予以高度重视。胡锦涛总书记和我们党的这一系列论述，为我们准确阐述党的建设新的体系明确了方向、指出了重点、奠定了基础、提供了依据。据此，我们对十六大以来形成的党的建设新的体系，可以简要概括为：党的建设新的伟大工程，由党的先进性建设，党的执政能力建设，党的思想、组织、作风、制度建设等，构成为一个整体；在这样一个由党的各方面建设构成的整体中，客观上已经形成了以党的先进性建设为主线，以党的执政能力建设为重点，以党的思想、组织、作风、制度建设为基础的一种基本格局。

三

把十六大以来党的建设视为“新的体系”并予以科学把握，十分必要，具有重要意义。

第一，有助于总结党的建设的理论成果和实践经验。十六大以来，我们党围绕“建设一个什么样的党、怎样建设党”这一根本问题，狠抓党的建设，积累了丰富的理论成果和实践经验。就理论成果而言，我们党提出加强党的执政能力建设、加强党的先进性建设的重大战略思想，用“立党为公、执政为民”、“权为民所用、情为民所系、利为民所谋”、“大规模培训干部、大幅度提高干部素质”、“树立与科学发展观相适应的正确政绩观”、“大力弘扬求真务实精神、大兴求真务实之风”、“全面加强思想作风、学风、工作作风、领导作风、干部生活作风建设”、“以党内和谐促进社会和谐”、“用制度管权、用制度管事、用制度管人”等一系列重要思想观点，丰富了党的建设理论。从实践角度来说，我们党大力推进党的建设新的伟大工程，抓思想建设，不断把理论武装工作向广度和深度推进；开展先进性教育活动，建立健全让党员经常受教育、永葆先进性的长效机制；颁发《党员权利保障条例》，推进党内民主；深化干部人事制度改革，提高选任干部的质量，加强干部队伍建设；抓党员队伍建设，探索党员管理工作的新机制；改进党的领导方式和执政方式，健全党内监督；标本兼治、综合治理、严惩腐败，狠抓党风廉政建设等，使党的建设展现出新气象，在实践上有了一系列新突破。对这样一些相互联结的理论创新成果和实践创新成果，我们一方面要认真总结、科学归纳、准确提炼，另一方面又必须用系统的观点从整体上、全局上加以把握。党的建设的这些理论成果和实践经验，既是党的建设新的体系得以形成的前提和基础，又在客观上要求我们必须把它们置放于一个统一的体系中、一个完整的结构中来审视、来思考。

第二，有助于深化党的建设理论研究。伴随着党的建设的理论创新与实践创新，十六大以来党的建设的理论研究蔚为大观、成果丰硕。在阐发先进性建设、执政能力建设的科学内涵、本质特征、目标任务、原则要求、检验标准方面，在揭示先进性建设、执政能力建设的现实作用、重大意义、基本价值、历史地位方面，理论研究在持续、在深化。这是有目共睹、令人称道的。但是，不能不说，这种集中于党的建设的单个方面的研究，尽管是非常必要的，但如果局限于此、不能再深入一步，则又是很不够的。所谓再深入一步，就是在分别研究的基础上把党的各方面建设作为一个整体来考察，作为一个新的体系来思考。在这方面，现有的研究还存在明显不足，如，对党的先进性建设与执政能力建设之间的关系未能系统揭示，对党的先进性建设、执政能力建设以及党的思想、组织、作风、制度建设的内在联系触及不多，对包括各方面建设在内的党的建设的完整形态和整体面貌缺乏宏观把握，对每一项建设各自的功能、地位、特点及其相互作用梳理不够等等。这一切，既昭示出深化党的建设理论研究的基本方向，又提出了从新的体系的高度去深化思考的必然要求。以“新的体系”的思维和视角来深化党的建设理论研究，就能够系统揭示党的各方面建设的基本联系和内在结构，就能够在理论上搭建起一个包括党的各方面建设在内的、相互关系清晰而又各自地位明确的党建学科框架，就能够在解决好上述存在问题的基础上使党的建设理论研究大大拓宽和深化。

第三，有助于推进党的建设新的伟大工程。

当年毛泽东同志第一次用“伟大工程”指称党的建设时，就是把党的建设作为一个体系、一个系统来看待的。在今天，我们从“新的体系”的高度把握十六大以来党的建设的整体面貌，既反映了党的建设新的伟大工程的客观实际，又适应了党的建设新的伟大工程的现实需要，归根结底是服务于党的建设新的伟大工程的全面推进。我们把党的建设的体系研究透彻了，把党的建设作为一个体系完备、布局有序的有机整体来看待、理解了，就能够更深刻地把握党的建设新的伟大工程；对党的建设新的伟大工程的认识深化了、提高了，就能够具备和拥有全面推进党的建设新的伟大工程的科学思维和有效方法。从另外一个角度说，十六大以来党的建设“新的体系”的思维和视野，在一个更高的高度、更深的层次、更宽的领域，要求我们必须从当前实际和现实要求出发，依据党的建设的新方式、新特点，在实践中明确推进党的建设新的伟大工程的基本要求和实践原则，科学规划并综合设计推进党的建设新的伟大工程的蓝图、路径和节奏，制定有针对性的实施党的各方面建设的具体措施和有效途径，实现党的各方面建设的有机配合与协调运作。因此，把十六大以来党的建设视为“新的体系”并予以科学把握，不仅是理论建设的需要，更是党的建设实践的呼唤；不仅具有理论意义，更具有重要的实践价值。

（作者：中共山东省委党校副校长、教授）

加快实行党的代表大会代表任期制

田培炎

党的十七大着眼于充分发挥党代会代表的作用，提出了实行党的代表大会代表任期制的新举措。落实这一要求，需要我们认真总结实践经验，深入开展调查研究，抓紧制定行之有效的办法。

发展党内民主的重要举措

实行党的代表大会代表任期制，是针对党代会代表(以下简称党代表)只在代表大会期间的几天时间内发挥作用的现实提出来的，强调的是党代表的任期与代表大会相一致，任期届满就要进行换届选举；党代表在闭会期间仍然肩负和执行着党代表的职责，并通过多种途径和形式发挥联系群众、反映民意，调查研究、参与决策，民主评议、开展监督等经常性作用。实行这一制度，不仅具有重大理论和实践意义，而且具有强烈的现实紧迫性。

就理论意义来说，实行党的代表大会代表任期制，将赋予党内民主理论强大的生命力、开辟党内民主理论生长的丰肥土壤。我们党的理论创新从来都是与党和人民的创造性实践紧密联系在一起的。党的理论源于实践，高于实践，并最终回归实践。近年来，我们党在推进党内民主建设中形成了许多理论新成果，其中包括：达成了党内民主是增强党的创新活力、巩固党的团结统一的重要保证的广泛共识；形成了以人为本，科学执政、民主执政、依法执政的核心执政理念；提出了尊重党员主体地位，保障党员民主权利，推行党务公开，营造党内民主讨论环境的重要思想；明确了以扩大党内民主带动人民民主，以增进党内和谐促进社会和谐，积极拓展党员参与党内事务的渠道，积极探索发展党内民主的有效途径和形式，制定和实施落实党内民主的具体措施，推动党内民主制度化、规范化的具体思路，等等。这些重要理论新成果能不能得到真理性认证，能不能实现其理论价值，能不能转化为推动实践发展的物质力量，能不能获得不断丰富和发展的动力源泉，关键在于能不能及时回应实践、回归实践、指导实践。实行党的代表大会代表任期制，是党内民主理论回应党内民主实践呼唤的重要举措。它将使党内民主理论在指导党内民主实践中被赋予新的时代内涵，在解决党内民主难题中激活更多的理论生长点，在总结党内民主实践经验中增添新的精神营养，不断推动党内民主实现从实践到理论的新飞跃，不断开拓理论发展的新境界。

就实践意义而言，实行党的代表大会代表任期制，有利于进一步健全党的代表大会制度，充分发挥党的代表大会作为党的领导机关的作用，加强和巩固党在发展中国特色社会主义历史进程中的领导核心地位；有利于广泛集中民智，准确把握民意，进一步提高决策的科学性，使决策充分体现最广大人民的根本利益和共同愿望，反映时代发展的进步趋势；有利于落实党员的知情权、参与权、选择权、监督权，进一步拓展党员对党组织反映和表达意愿的途径，激发党内创造活力；有利于增强党内监督的有效性，进一步加强对领导干部宽领域、广覆盖、全过程的监督，促进领导干部公正用权、廉洁用权、依法用权；有利于密切党群干群关系，搭建党组织与广大党员、人民群众之间沟通和联系的桥梁，不断增强党组织的创造力、凝聚力、战斗力；有利于提高广大党员和领导干部的民主素质，在全党逐步形成浓厚的民主意识、民主氛围，以党内民主带动人民民主，实现党内民主与人民民主的良性互动。

进入新世纪新阶段，我国经济体制深刻变革，社会结构深刻变动，利益格局深刻调整，思想观念深刻变化。在这种空前的社会变革中，人民群众的民主法治意识、权利义务意识、公平公正意识日益增强，广大党员参与党内事务的热情也空前高涨，迫切需要我们采取有效措施，保护和运用好这一宝贵的民主热情并使之转化为推进党的事业的强大动力。改革开放以来，我们党高度重视发挥党代表的作用。早在1988年，中央有关部门就紧紧围绕发挥党代表作用，开始了党代会常任制的试点。党的十六大报告提出，“扩大在市、县进行党的代表大会常任制试点”，“积极探索党的代表大会闭会期间发挥代表作用的途径和形式”。党的十六届四中全会也对此项工作作出部署。按照中央的要求和部署，中央有关部门在县（市、区）一级组织扩大试点工作，全国共有21个省（区、市）的97个县（市、区）进行了试点，就实行党代会年会制和党代表任期制进行积极探索，取得了宝贵经验。试行党代会年会制的地方，赋予每年举行的党代会审议党委、纪委工作报告，增补党委、纪委委员，接受代表提案等职能。试行党代表任期制的地方，赋予党代表评议权、建议权、提案权、质询权等权力，党代表在党代会闭会期间积极参与重大决策，自觉监督党委、纪委及其成员，充分反映选举单位党员的意见和建议并接受选举单位党员的监督。如何总结运用好试点工作的宝贵经验，抓住各级党委刚刚完成换届的有利时机，充分发挥各级党代会代表的作用，是摆在我们面前的一项重大而紧迫的任务。

党的代表大会代表任期制的主要内容

实行党的代表大会代表任期制需要研究的问题很多，结合有关地区实行党的代表大会常任制试点的经验和当前实际，应坚持民主集中制，尊重党员主体地位，从党情国情实际出发，实体性规范与程序性规范并重，于法周延、于事简便的原则，重点围绕保证党代表顺利履行职责、更好发挥作用进行制度设计。

首先应当确定的是党代表的职责。这是实行党的代表大会代表任期制的基础性环节，也是制定规则时需要深入研究的实体性规范。党代表以“代表”身份从事的行为是一种职务行为，应当做什么、不应当做什么是特定职务所具有的权力和责任，不同于党代表以自然人或普通党员身份所享有的权利和应尽的义务。因此，党代表被赋予的应该是“权力”和“责任”而不是“权利”和“义务”，需要由授权性规范来界定。概括地说，党代表的职责大体可以分为两类。一类是党代表在代表大会期间的职责，通常表现为以代表大会的形式行使的职权，包括：听取并审议同级党委、纪委的报告；选举同级党委和纪委；讨论党的重大问题并作出决议；党的全国代表大会代表还有修改党的章程的职权。一类是党代表在闭会期间的职责，主要包括：参与同级党委重大问题的讨论和决定；对同级党委、纪委及其成员的工作实行监督；对同级党委所辖区域的经济建设、政治建设、文化建设、社会建设和党的建设中存在的突出问题提出意见和建议；听取并反馈选举单位党员、群众的意见和建议并接受其监督；宣传贯彻党的路线方针政策和同级党委的决议、决定等。

围绕保证党代表职责的顺利履行，需要形成一套程序严密、权责分明、内容完整、具有纪律约束力和可操作性的程序性规范。这些程序性规范，既可以集中体现于具有普遍适用性的一部规章之中，也可以先把比较成熟的内容体现于普遍性规章而将一些具体细则留给低一层级的下位规章。从以往的经验看，应尽可能在一部规章中集中完成比较完整的程序设计，而不宜留下过多程序空白，否则，就会导致实体性规范明确具体而程序性规范过于原则抽象，不便于操作，最终无法保证实体性规范的落实；或者实体性规范相对集中而程序性规范相对分散，以规则落实规则，层层制定细则，搞繁琐哲学，最终同样影响实体性规范的落实。当前，应着力制定一部在全党具有普遍适用性、实体性规范与程序性规范都比较明确具体而又简便易行的规章。

围绕实体性规范的落实，设计程序性规范时应考虑以下一些内容。

(一)调研、视察。同级党委每年应确定一批涉及经济社会发展和党的建设方面的重大课题，根据党代表的特点和熟悉的领域，组织他们开展专题调研，提出对策建议，为科学决策提供依据。同级党委每年应根据实际需要不定期地组织党代表对重要工作、重要项目、重点工程等进行视察，充分发挥视察对贯彻落实党的重大决策和推进重要工作的督促检查作用。调研、视察对象和内容一经同级党委批准，任何单位和个人不得拒绝。

(二)提案、质询、询问。对群众关注或反映强烈的问题，经一定数量党代表联名，可以向同级党委以及辖区内的各级党组织及其领导班子成员提出提案、质询、询问。提案、质询、询问所涉及的部门或个人，须在规定时间内，认真办理、答复或回复党代表提案、质询、询问所涉事项，做到件件有着落、条条有回音。党代表在收到反馈后应适时向有关群众报告。

(三)听证、征求意见、列席会议。同级党委出台重大政策和改革措施，在酝酿、论证和讨论决定的过程中，应适时召开有党代表参加的听证会、座谈会，必要时应邀请部分党代表列席党委全委会会议，充分听取和征求党代表的意见和建议。特别要尽可能多地邀请来自基层、生产一线，与人民群众有直接联系的党代表参加听证、征求意见、列席会议。为防止听证、征求意见、列席会议走过场，有关部门应在决策完成后及时向党代表反馈吸收意见和建议的具体情况，以事后监督促使作出的决策符合实际、符合最广大人民的根本利益和共同愿望，通过决策的民主化实现决策的科学化。

(四)评议、测评。评议和测评的对象既可以是组织，也可以是领导班子和领导干部。每年应组织一次党代表对同级党委、纪委及其成员的评议和测评，以此作为进一步改进工作和干部使用的重要依据。上级党委组织部门在对下一级地方党委、纪委领导班子及其成员进行考察时，应吸收党代表参加，充分听取他们的意见。经一定数量党代表联名，对问题比较突出的党的工作部门可以进行评议，被评议单位主要负责人应如实、负责地向党代表汇报情况，并根据评议意见和建议进行整改，事后适时向党代表通报整改结果。

(五)情况通报、情况反映。同级党委应通过会议、简报、工作通讯等多种形式及时向党代表通报上级党组织的重要会议、重大决策精神，及时通报同级党委关于重大事项的决策和执行情况，确保党代表知情渠道始终畅通。另一方面，党代表应通过来信、来电、来人等多种形式及时向同级党委、纪委及其主要负责人、工作部门负责人反映所掌握的经济社会发展和党风廉政建设中的重要情况、重要线索。有关部门应提供必要条件，确保重要情况、重要线索能够及时、顺利、安全地反映上来。

(六)联系党员、群众并接受监督。按照就近就地的原则，在选举产生党代表的选区，党代表联系一定数量的党员和群众，定期或不定期地进行走访，听取和收集党员、群众的意见和建议，经过整理后上报相关部门，并适时向党员、群众反馈意见和建议的处理情况、办理结果。在联系党员、群众的过程中，党代表有责任宣传党的代表大会精神，宣传党的路线方针政策，宣传同级党委作出的重大决议、决定精神。为方便联系，应通过媒体、网站、公告栏等形式公布党代表的基本情况和联络方式。同时，党代表每年应向所联系的党员、群众进行一次述职，报告自己履行职责的情况，主动听取改进工作的意见和建议，自觉接受党员和群众的监督。

(七)活动保障。由于所有党代表都是兼职，为确保党代表能够有效履行职责，应当在经费、时间、后勤方面提供可靠保障。党代表活动所需经费应由同级政府财政专项列支，上一年度结余转入下一财政年度的专项预算。党代表开展活动所需交通、食宿等服务，由专门机构统一安排。党代表按规定开展活动，所在单位必须无条件支持配合，履行职责所占用的时间应视为原岗位劳动时间并获得相应报酬。强调这一点，对于保障来自企业、特别是非公有制企业党代表的合法权益，具有重要现实意义。

(八)学习培训。采取集中培训与在职学习相结合、召开调研成果交流会、工作经验交流会、现场参观等多种方式提高党代表素质。集中培训的主要内容应侧重于党的基本理论、基本路线、基本纲领、基本经验；党的十七大精神；党的民主理论、民主制度，特别是党的民主集中制原则等基本知识；党章、党政领导干部选拔任用条例、党员权利保障条例、党内监督条例等党内规章；调研、视察的基本知识；党委内部的议事规则等。通过培训，不断提高党代表议事能力，增强履行职责的责任感和使命感。

(九)言论豁免和人身安全。为保证党代表有效履行职责，可以借鉴关于人大代表的相关规定。党代表在代表大会各种会议和其他公开场合为履行职责所发表的任何言论都不受追究。纪委、司法机关因党代表违纪违法需对其采取限制人身自由的强制措施时，必须报经同级党委全委会批准。作出这样的规定，对于激发党代表履行职责的积极性主动性，防止打击报复，很有必要。

(十)身份专任。刚刚完成的各级党代会代表选举，坚持高标准、严要求，在优化党代表的年龄结构、知识结构、能力结构等方面，都取得了重要进展，形成了一支由政治素质高、群众基础好、议事能力强、公道正派、清正廉洁、实绩突出的优秀党员组成的党代表队伍。为保证各级党代表今后能够集中精力履行好职责，应结合正在进行的各级人大、政协换届，统筹安排，尽量减少党代表与人大代表、政协委员的交叉任职，除部分领导干部非交叉任职不可外，原则上应实行党代表专任。

(十一)工作机构。为了有效组织党代表履行职责，需要成立专门工作机构，主要任务是负责组织、联络、协调党代表活动，做好党代表的日常管理和服务工作。包括组织党代表的学习培训；收集、综合党代表提出的意见和建议；承办党代表工作通讯刊物；组织党代表开展调研、视察活动；接转党代表的提案、质询、询问等事项；协调与党代表所在单位的关系；安排党代表列席有关会议、约见有关单位负责人等等。鉴于党代表活动的政治性、政策性、综合性很强，涉及方方面面的工作领域、工作部门和工作人员，为便于开展工作，可考虑将工作机构设在党委办公厅(室)。

(十二)纪律责任。任何授权性规范都需要禁止性规范和责任性规范做后盾。党内规章的强制后盾是党的纪律。党的代表大会代表任期制所涉及的纪律责任主体，包括党代表、同级党委和纪委、党委工作部门及其主要负责人、党代表所在单位主要负责人、党代表履行职责涉及的相关单位和个人等。纪律责任条款，既可以集中设置，也可以分散设置；既可以两者兼而有之，也可以将更为严重的责任处置授让给其他党内规章和国家法律。

(作者：中共中央政策研究室党建局副局长)

十六大以来党建理论创新取得重大成果

中央组织部党建研究所

党的十六大以来，以胡锦涛同志为总书记的党中央，坚持以邓小平理论和“三个代表”重要思想为指导，从领导全面建设小康社会、构建社会主义和谐社会的需要出发，在继续推进党的建设新的伟大工程中，注重党的建设理论创新，坚持理论联系实际，提出了一系列新思想、新观点、新论断。这些重要论述，同马列主义、毛泽东思想、邓小平理论和“三个代表”重要思想关于党的建设理论是一脉相承的，同时又以新的思想观点和时代内容丰富了马克思主义关于党的建设的理论。

一、提出科学发展观的重大战略思想，成为建设中国特色社会主义事业和党的建设必须长期坚持的重要指导方针

进入新世纪新阶段，如何正确判断国际形势的发展变化、认识我国的基本国情、把握我们党所处的历史方位和肩负的历史使命，如何进一步以改革的精神加强和改进党的建设、加强党对改革开放和社会主义现代化建设的领导，是我们党高度重视并着力解决的重大课题。

我们党准确把握国际形势的发展趋势，紧紧抓住我国发展的战略机遇期，认真总结我国经济社会发展的经验，深入分析我国发展的阶段性特征，针对我国经济社会发展中长期存在的矛盾和问题，提出了科学发展观的重大战略思想。科学发展观的第一要义是发展。强调以经济建设为中心，把发展生产力作为首要任务，把经济发展作为一切发展的前提，体现了历史唯物主义关于生产力是人类社会发展的基础的观点。科学发展观的核心是以人为本。提出要以实现人的全面发展为目标，强调发展为了人民、发展依靠人民、发展成果由人民共享，体现了唯物史观关于人民群众是历史发展的真正动力和社会主义要不断为全体人民的全面发展创造条件的思想，坚持了马克思主义历史观与价值观的统一。科学发展观的基本要求是全面协调可持续发展，根本方法是统筹兼顾。这些都反映了我们党对我国社会主义建设规律的深刻认识。

党中央提出构建社会主义和谐社会的战略任务，把中国特色社会主义事业的总体布局，由社会主义经济建设、政治建设、文化建设发展为社会主义经济建设、政治建设、文化建设和社会建设。把中国特色社会主义奋斗目标由富强、民主、文明拓展为富强、民主、文明、和谐，坚持和发展了党在社会主义初级阶段的基本路线，为中国特色社会主义事业的发展进一步指明了方向，成为党带领和团结全国人民建设社会主义现代化强大国家长期奋斗的更加全面的远大目标。

在提出科学发展观、构建社会主义和谐社会的同时，党中央还提出建设社会主义新农村、建设创新型国家、树立社会主义荣辱观、推动建设和谐世界、加强党的先进性建设等重大战略思想，这是以胡锦涛同志为总书记的党中央在邓小平理论和“三个代表”重要思想指导下取得的重要理论成果，对我国社会主义现代化建设和党的建设都具有指导意义。但在这些重大战略思想中，科学发展观居统领地位，对中国特色社会主义建设事业和党的建设具有长远的重要指导作用。科学发展观一经提出，就在全党全国人民中得到热烈的响应，逐步形成了广泛的共识。广大党员、干部和群众自觉转变不适应科学发展观要求的思想和观念，纷纷提出进一步贯彻落实科学发展观的措施和办法，努力解

决和纠正影响科学发展的矛盾和问题，使我国现代化建设逐步纳入以人为本、全面协调可持续发展的轨道，朝着又好又快的目标前进。

二、提出加强党的先进性建设的重大命题，并把它作为改革开放条件下党的建设的根本任务和永恒课题

党的先进性既是一以贯之的，又是与时俱进的。我们党长期执政的和平环境、社会主义市场经济和对外开放的复杂环境给党员队伍建设带来了深刻影响，使保持和发展党的先进性面临新情况新考验。如何在长期执政和改革开放的条件下使广大党员、干部保持先进性，是党的建设面临的又一重大课题。

针对党员队伍中还存在着的与保持党的先进性不相适应不相符合的问题，胡锦涛同志提出加强党的先进性建设的重大命题，并深刻阐述了关于加强党的先进性建设的重大意义、基本要求和根本途径。他指出："党的先进性是历史的具体的，既是一以贯之的，又是与时俱进的。一个政党过去先进不等于现在先进，现在先进不等于永远先进；马克思主义政党赢得先进性固然不容易，在复杂的国内外环境中和长期执政的条件下保持和发展先进性更不容易。加强党的先进性建设始终是我们党生存、发展、壮大的根本性建设，是加强和改进党的建设的长期任务和永恒课题。"这就把加强党的先进性建设，作为一项重大战略任务突出而紧迫地提到全党面前。

胡锦涛同志强调，加强党的先进性建设就是要使党的理论和路线方针政策顺应时代发展的潮流和我国社会发展进步的要求，反映全国各族人民的利益和愿望，使各级党组织不断提高创造力、凝聚力、战斗力，始终发挥领导核心作用和战斗堡垒作用，使广大党员不断提高自身素质、始终发挥先锋模范作用，使我们党保持与时俱进的品质、始终走在时代前列，不断提高执政能力、巩固执政地位、完成执政使命。他指出，加强党的先进性建设必须紧紧围绕党的历史使命和中心任务，并提出"四个紧密结合"，即要紧密结合贯彻落实科学发展观的实践、构建社会主义和谐社会的实践、加强党的执政能力建设的实践以及保持党同人民群众血肉联系的实践加强党的先进性建设。把党的先进性建设与党的历史使命和中心任务紧密联系起来进行，坚持和丰富了党的建设与党的政治路线相联系的基本经验。

加强党的先进性建设的思想不仅具有重要的理论意义，而且具有重要的实践意义。在关于加强党的先进性建设思想的指导下，党中央决定，从2005年1月至2006年6月，在全党开展以实践"三个代表"重要思想为主要内容的保持共产党员先进性教育活动。这是加强党的先进性建设的一次生动实践。通过这次活动，广大党员受到了一次深刻的马克思主义教育，基层党组织的创造力、凝聚力、战斗力进一步提高，各地区各部门发展思路进一步理清，党员队伍建设中存在的突出问题、人民群众关心的一些重点问题以及影响改革发展稳定的一些主要问题初步得到解决。同时，在保持共产党员先进性长效机制建设方面也取得了重要进展。先进性教育活动取得了实践成果、制度成果和理论成果。

保持和发展党的先进性，是马克思主义建党学说的重要内容，提出加强党的先进性建设的思想，既坚持了马克思主义建党学说关于党的先进性建设的思想，又以新的思想观点、时代内容和实践经验丰富了马克思主义关于党的先进性建设的内容。

三、提出以加强党的执政能力建设为重点全面加强党的建设的新要求，使党始终成为中国特色社会主义事业的坚强领导核心

共产党执掌政权并领导建设社会主义国家，在社会主义运动史上，既有成功的经验，又有沉痛的教训，但可资借鉴的经验不多。在一个人口多、底子薄、经济尚不发达的国家建设社

会主义，全靠中国共产党人去探索，去创新，不断积累新的经验。

党中央提出，党的执政地位不是与生俱来的，也不是一劳永逸的。在党的十六大上，党中央向全党提出加强党的执政能力建设的重大战略任务，要求各级党委和领导干部提高五大能力。在此基础上，党的十六届四中全会专门作出《关于加强党的执政能力建设的决定》，认真总结了我们党长期执政的经验，对加强党的执政能力建设的重要性和紧迫性、深刻内涵、基本原则、根本目标和主要任务等重大问题进行了系统而深刻的阐述。提出要以加强党的执政能力建设为重点，坚持党要管党、从严治党的方针，紧密联系治国理政的实践，全面加强和改进党的思想、组织、作风和制度建设。明确加强党的执政能力建设，核心是保持党同人民群众的血肉联系，关键是建设高素质干部队伍，重点是改革和完善党的领导体制和工作机制，基础是加强党的基层组织和党员队伍建设，并总结了我们党执政55年的六条基本经验，也是当前加强党的执政能力建设的重要指导原则。这就抓住了提高领导水平和执政水平、提高拒腐防变和抵御风险这两大历史性课题，抓住了进一步为人民掌好权用好权这个根本问题，体现了我们党审时度势、居安思危的忧患意识和执政为民、造福人民的责任意识，指导全党走出一条在新形势下以加强执政能力建设为重点加强党的建设的新路子。

各级党组织和领导干部认真贯彻落实党中央关于加强党的执政能力建设的要求，形成了大规模培训干部的高潮，领导班子配备改革、深化干部人事制度改革等工作都取得了进展。全党上下紧密结合改革开放和现代化建设的实际，不断研究新情况，认真解决新问题，积极创建新机制，努力增强新本领，各级党组织和领导干部应对突发事件，处理各种矛盾的能力显著提高，使党的执政能力建设朝着执政方略更加完善、执政体制更加健全、执政方式更加科学、执政基础更加巩固的方向发展。

四、提出要建设一支善于治国理政的高素质干部队伍，为改革开放和社会主义现代化建设提供坚强的组织保证

党的十六大顺利进行了新一轮新老干部的交替，各级领导班子朝气蓬勃，奋发有为，团结带领群众努力开拓工作的新局面。同时，也面临着新的挑战和考验。

建设一支能够担当重任、经得起风浪考验的高素质干部队伍是保证国家长治久安的根本大计。针对各级领导班子和干部队伍的实际，党中央在坚持德才兼备的原则和干部“四化”方针的前提下，进一步提出，要坚持德才兼备、注重实绩、群众公认，坚持任人唯贤、公道正派，把那些政治上靠得住、工作上有本事、作风上过得硬的干部选拔到各级领导岗位上来。强调要按照政治坚定、求真务实、开拓创新、勤政廉政、团结协调的要求，把各级领导班子建设成为坚强的领导集体。要把思想政治建设摆在领导班子建设的首位。要完善并严格执行党委内部议事规则和决策程序，坚决反对和防止个人独断专行，反对好人主义、自由主义。贯彻落实党中央的这些重要精神，各级领导班子和干部队伍建设得到进一步加强。根据中央要求，中央组织部研究制定了《体现科学发展观要求的地方党政领导班子和领导干部综合考核评价试行办法》，并运用到去年以来的地方党委换届考察工作中，对进一步提高干部考核工作的科学化，树立正确的用人导向发挥了积极的作用。

提出要把树立正确的政绩观作为新时期党的建设新的伟大工程的重要内容，并通过加强领导班子思想政治建设和深化干部人事制度改革加以保证。胡锦涛同志指出：“树立正确的政绩观说到底是要忠实实践党的宗旨，真正做到权为民所用，情为民所系，利为民所谋。”各级党组织认真贯彻落实中央的要求，切实加强领导班子和领导干部思想政治建设，进一步深化干部人事制度改革，建立健全干部选拔任用、考核评价、监督管理、激励保障机制，及时纠正了一

些同志在对待政绩问题上出现的错误倾向，进一步引导和教育广大干部牢记立党为公、执政为民的本质要求，牢固树立正确的世界观、人生观、价值观，解决好权力观、地位观、利益观的问题，自觉经受权、名、利的考验，努力创造经得起历史、实践和人民检验的政绩。

高度重视领导干部在改造客观世界的同时改造主观世界的问题。胡锦涛同志指出："学习贯彻'三个代表'重要思想，要坚持改造客观世界与改造主观世界相结合，既要对事，也要对人。对事，就是要用'三个代表'重要思想来指导工作，推动实践。对人，就是要用'三个代表'重要思想来武装头脑，指导自我修养。"这就是引导广大党员干部在学习贯彻"三个代表"重要思想的过程中，自觉联系自己的思想实际，进一步坚定理想信念，提高思想政治水平，加强道德品质修养，努力做到在改造客观世界的同时改造主观世界，寓改造主观世界于改造客观世界的过程中，用改造主观世界的成效推进客观世界的改造。

提出要真正重视、真情关心、真心爱护广大基层干部。广大基层干部奋战在改革发展稳定的第一线，担负着组织、协调、服务等方面的艰苦工作。对基层干部既要压担子，又要多关心。胡锦涛同志提出，要真正重视、真情关心、真心爱护广大基层干部。党的十六届六中全会决定进一步强调，要紧紧依靠广大基层干部做好抓基层打基础的工作。这些思想从巩固党的执政地位的高度，阐明了加强基层干部队伍建设的重要地位和作用，体现了党和政府对广大基层干部在政治上的关心、工作上的支持和生活上的帮助，极大地调动了广大基层干部投身改革开放和现代化建设的积极性、主动性和创造性。

五、提出要牢记"两个务必"、倡导八个方面的良好风气，为新形势下的党风建设和反腐败斗争提供了强大的思想武器

随着我国经济体制深刻变革、社会结构深刻变动、利益格局深刻调整、思想观念深刻变化，党的作风建设和反腐败斗争工作的长期性和艰巨性日益突出。

党越是长期执政，越要提高拒腐防变的能力。十六大以来，党中央围绕加强党的作风建设和反腐败斗争提出了一系列重要思想。从新形势、新任务的要求出发，胡锦涛同志向全党提出，要牢记"两个务必"，坚持立党为公、执政为民，大力弘扬求真务实精神，自觉做到为民、务实、清廉，始终保持党同人民群众的血肉联系。针对一些社会成员诚信缺失、道德失范，一些领导干部的素质能力和作风方面存在的不适应、不符合的问题，一些领域的腐败现象仍然比较严重的问题，从加强社会主义道德建设的角度，他提出广大党员干部要带头践行社会主义荣辱观，强调领导干部要树立八个方面的良好风气，进一步增强忧患意识、公仆意识、节俭意识。

这些重要思想，充分体现了党要管党、从严治党的要求，抓住了领导干部作风建设和反腐败斗争的主要问题。近年来，继续坚持标本兼治、综合治理、惩防并举、注重预防的方针，建立健全与社会主义市场经济体制相适应的教育、制度、监督并重的惩治和预防腐败体系，在中央和省级地方建立了监督领导班子特别是主要领导干部的巡视制度，各级党组织把加强党风廉政建设放在更加突出的位置，以解决群众反映的突出问题为重点，坚决纠正损害群众利益的不正之风；以查处发生在领导机关和领导干部中滥用权力、谋取私利的违法违纪案件为重点，严厉惩处了一些腐败分子，党风廉政建设和反腐败斗争取得了新的阶段性成效。

六、提出要加强以党章为核心的党内法规制度体系建设，为全面加强党的建设提供制度保证

党章是党的根本大法，是党的制度建设的根本依据。从党的十二大以来，围绕贯彻落实党章的各项规定和要求，党的制度建设不断向前推进。但是，随着改革开放的深入和党的建

设实践的发展，对各级党组织和党员、干部贯彻落实党章，进一步推进制度创新，提高自身建设的制度化、规范化水平提出了新的要求。

胡锦涛同志指出，党章是把握党的正确政治方向的根本准则，是坚持从严治党方针的根本依据，是党员加强党性修养的根本标准，能不能有效学习党章、遵守党章、贯彻党章、维护党章，关系到增强党的创造力、凝聚力、战斗力，关系到巩固党的执政地位和保持党的先进性，关系到党的事业兴衰成败和党的生死存亡。提出要以党章为核心加强党内法规制度体系建设。这就把学习党章、遵守党章、贯彻党章、维护党章再次作为一项重大任务提到全党面前。它继承和坚持了邓小平理论和“三个代表”重要思想中重视党的制度建设的思想，又为进一步加强党的制度建设指明了方向和途径。

近年来各级党组织和广大党员、干部认真学习、贯彻落实党章，在加强党内制度建设和制度创新方面取得了新的成效。十六大以来，《中国共产党纪律处分条例》、《中国共产党党内监督条例(试行)》、《中国共产党党员权利保障条例》先后颁布实施。以中央和中央有关部门的名义制定和修订的涉及党的建设的法规、制度已达上百件。《中国共产党地方委员会工作条例(试行)》的修订和党组工作条例的制定正在抓紧进行。党的纪律检查体制进一步改革和完善，地方党委党建工作领导制度进一步健全。

七、提出党内民主是党的生命、以党内和谐促进社会和谐的新思想，引导和推动党内民主朝着正确的方向健康发展

随着社会主义市场经济体制的完善和民主政治的推进，广大党员、干部的民主观念越来越强烈，党员的主体意识日益增强，参与党内事务的积极性越来越高。如何发展党内民主是党的建设面临的新课题。

党的十六大报告提出，党内民主是党的生命，对人民民主有重要的示范和带动作用。强调要以保障党员民主权利为基础，以完善党的代表大会制度和委员会制度为重点，从改革体制机制入手，建立健全充分反映党员和党组织意愿的党内民主制度。党的十六届四中全会进一步提出，要建立健全常委会向全委会负责、报告工作和接受监督的制度，建立党的代表大会代表提案制度，建立代表提议的处理和回复机制，逐步扩大基层党组织领导班子成员直接选举的范围等一系列改革要求。党的十六届六中全会还提出以党内和谐促进社会和谐的要求。这些重要思想，深刻论述了加强党内民主建设对于健全党内政治生活、对于推进社会主义民主政治建设的重要性，明确了当前以及今后一个时期党内民主建设的方向和任务。

以胡锦涛同志为总书记的党中央率先垂范，为全党在发展党内民主方面作出了表率。比如，坚持集体领导的制度，坚持中央政治局向中央全会报告工作制度，坚持重大事项向民主党派通报制度。在先进性教育活动中，中央政治局常委会认真召开专题民主生活会，开展批评与自我批评。按照中央的要求，各级党组织大力发扬民主，积极推进党内民主建设。在实行党代会常任制试点、在党代表闭会期间发挥代表作用、扩大基层民主选举、扩大干部工作中的民主等方面进行了积极的探索，并取得了初步经验。党内民主建设正沿着正确的方向稳步健康发展，为发展社会主义民主起着重要的示范和推动作用。

实践没有止境，理论之树常青。党的十六大以来这五年，以胡锦涛同志为总书记的党中央，坚持解放思想、实事求是、与时俱进，在党的建设理论上大力创新，取得了一系列重大成果，有力地指导和推进了党的建设新的伟大工程，使伟大工程与中国特色社会主义伟大事业相互促进，相得益彰，中国共产党与中国特色社会主义事业展现出光辉灿烂的前景，激励全党全国人民为之不懈奋斗。

夯实党执政的组织基础

——湖北省黄冈市基层党组织“五个基本”建设情况调查

中央组织部研究室

2004年底，湖北黄冈市的一种现象引起了市委领导同志的高度重视：基层党员队伍年龄老化，相当一部分基层干部素质不高；不少基层党组织办公无场所，活动无阵地；一些党组织很少开展活动，一些党员不发挥党员作用；很多基层党组织制度不健全、不落实，上墙的制度一二十年没有换过；许多农村和困难企业党组织经费拮据，党组织负责人报酬微薄且长期不能兑现。面对这些问题，市委经过反复研究讨论，决定从2005年开始，在全市基层党组织中全面开展“五个基本”建设，即用2至3年时间，确保形成稳定可靠的基本队伍、标准规范的基本阵地、务实有效的基本活动、可行管用的基本制度、必要可靠的基本保障，在保证基层党组织活动能够正常开展、党员作用能够正常发挥的基础上，全面提高基层党组织的建设水平。

一、着眼于落实主体地位、壮大党的力量，大力加强基本队伍建设

基本队伍是基层党组织建设的主体。黄冈市委把工作重点放在基本队伍建设上，紧紧抓住党员队伍、基层干部队伍以及后备干部和入党积极分子队伍，下大力改善队伍结构、提高队伍素质，着力激活这个基层党组织建设中最活跃的“第一要素”。

选好配强基层干部，确保党的工作有人做。严格坚持党的组织制度和法律规定，认真抓好村“两委”换届选举工作，采取“两推一选”的办法选拔村党组织负责人，积极提倡村党组织书记、村委会主任“一肩挑”。拓宽选人视野，采取下派、招回、启用等办法，解决好“有人干事”的问题，先后选派近300名县、乡机关干部到274个后进村担任党组织书记，从乡镇改革分流人员中选拔400多人到村、社区和企业党组织任职，从外出创业人员中选拔1100多人担任村干部。

健全组织网络，确保流动党员始终处于党组织的管理之中。实施党员“安家工程”，根据党员分布情况调整党组织的设置，做好非公有制企业建立党组织的工作，将亏困改制破产企业的党员就近编入了社区党组织，为5万多名异地就业、退休返乡、迁移居住的党员接转了组织关系，保证每名党员都不脱离党组织。抓住流动党员这个重点，探索建立了“市内联建、市外联管，属地主管、原地协管”的流动党员“双联双管”模式，保证流动党员“流动不流失，离乡不离党”。

做好发展党员工作，确保党的事业后继有人。注意从优秀回乡毕业生、退伍军人、乡村企业骨干、外出务工人员中培养入党积极分子，发展党员。实施“一村一名年轻党员”计划，保证每个村每年至少发展一名35岁左右的年轻党员。实施培养入党积极分子“1＋2”计划，即要求每发展一名党员，同时培养两名入党积极分子。建立各种制度，保证发展党员的质量，并做好处置不合格党员的工作。

加强教育培训，确保党员干部“有能力干事”。建立党员干部培训专项资金和农村干部培训基地、乡土人才培训基地，采取集中办班、现场教学、远程教育、科技下乡等形式，对农村党员干部进行政治理论、科技文化、管理知识和创业技能培训。组织1000名基层干部分批到浙江温州学习创业经验，组织3000多名党员创业标兵和村干部到各级党校、各类基地和发达

地区学习培训。实施“一村一名大学生”计划，在农村干部中培养了1300多名大学生。

二、着眼于开展工作有场所、发挥作用有平台，大力加强基本阵地建设

基本阵地是党组织开展活动的重要场所，是党员接受教育、发挥作用的重要平台，也是把党员和群众团结凝聚在党组织周围的重要物质依托。黄冈市委坚持把阵地建设作为一项重要的基础性工作来抓。

切实解决基层党组织活动场所问题。从2005年开始，采取财政拨款、党费补助、部门帮扶、单位自筹相结合的办法，彻底结束了832个村级组织没有活动场所的历史，同时改建扩建了1120个村级组织活动场所、整修美化了2000多个村级组织活动场所。同时，建立或重新规范机关、事业单位和社区党组织活动场所。

积极搭建党员发挥先锋模范作用的实践平台。结合湖北省委组织开展的建基地、建公司、带头致富、带领群众致富的“双建双带”活动，紧紧围绕经济社会发展，组织广大党员创办党员创业示范基地。全市共有10万多名党员参加“双建双带”和创业示范基地建设，创建“双建双带”基地1200多个，创业示范基地1400多个；机关、企事业单位和社区设立党员责任区、党员先锋岗5000多个，为各种不同职业、不同岗位的党员搭建了发挥作用、展示形象的舞台。

三、着眼于广大党员能够经常接受教育、发挥应有作用，大力加强基本活动建设

基本活动是党组织和党员作用发挥的重要载体。黄冈市委紧紧围绕保持和发展党的先进性，狠抓党员教育管理，深入开展主题实践活动，使党员接受教育经常化、发挥作用载体化，把党的旗帜树起来，让党员形象亮起来。

严格规范教育管理活动，使所有党员都能接受经常的、基本的教育。立足于使党员不断增强党员意识、始终牢记先进性要求，按照既严格要求、又简便易行的思路，把学习培训、“三会一课”、民主评议、纪念表彰等日常教育管理活动作为“规定动作”，对如何开展这些活动作了具体规定，并提出了明确的时间要求。

组织富有特色的主题实践活动，使每个党员都能找到发挥先锋模范作用的舞台。坚持“一个类型一个主题，一个地方一个特色”，在基层党组织中组织开展各具特色的主题实践活动。在农村开展党员“设岗创星”活动，在企业开展“党员责任区、党员先锋岗”活动，在社区开展“党员责任区、先锋示范岗、志愿服务团、文体活动队”活动。近千个机关事业单位和10万名党员干部与贫困村、贫困户结成帮扶对子，送资金、送技术、送致富门路。

开展党员目标责任“明白卡”活动，使党员作用发挥受到必要的监督和约束。他们以党员必须参加的教育管理活动、个人选定参加的主题实践活动、设岗定责内容和服务群众承诺事项为基础，结合党员的身份特点和具体情况，采取个人报、党员议、群众评、支部定的方式，将每名党员应当履行的责任、应当发挥的作用具体化为若干条款，制作成党员目标责任“明白卡”，既进行自我激励，又接受群众监督。

四、着眼于建立长效机制、巩固工作成果，大力加强基本制度建设

基本制度是基层党组织建设的重要保证。几年来，黄冈市通过健全完善和严格执行制度，形成了基层党组织建设不断加强的长效机制。

整合完善已有制度，使制度体系实在、管用。针对部分基层党组织存在的制度“多、杂、空”的问题，按照“精简效能、简便易行、实在管用”的原则，对繁杂的制度加以精简、归并和筛选，整合形成了党内选举、目标责任、组织生活、民主议事、党务公开、党员教育管理等6项基本制度。同时，根据形势发展变化、实际工作需要以及行业、单位不同，将制度内容细化、量化，进一步增强可操作性。

**推进制度创新，把成功做法定型化、典型经

验普及化。一方面，尊重基层的首创精神，对各县(市、区)在实践中创造的好做法好经验，加以提炼、升华，形成全市性的制度规定。另一方面，学习借鉴外地经验，结合本市实际，将外地经验本地化，成为具有黄冈特色的制度规范。

狠抓制度落实，让墙上的制度“走”下来。对各项制度，要求基层党组织在会议室、党员活动室公布出来，有的还通过党建网站等形式公布，让群众监督执行。市、县党委建立了一级抓一级、层层抓落实的工作机制，对制度执行情况定期进行考核，加大监督检查和责任追究力度，确保各项制度真正落实到工作中。

五、着眼于工作能够正常运转、活力能够长久保持，大力加强基本保障建设

基本保障是基层党组织建设的前提和基础。但黄冈农村贫困面大，靠村级组织自身无法保障必要的经费来源。为此，市委及市、县有关部门采取多种措施解决基层组织的经费保障问题，并以经费保障为重点，出台相关政策，健全工作机制，形成政策保障、组织保障。

落实经费保障，确保最贫困的村党组织也能正常运转。从2006年起，市、县两级财政每年列支2000万元，市、县两级管理的党费每年列支200万元，作为基层党组织活动经费。对全市237个特困村、312个亏困改制破产企业党组织，实行市、县直部门对口帮扶制度，对财政预算和党费补助资金到位后仍存在的经费缺口，由对口部门帮助解决。

落实待遇保障，确保基层党组织负责人干有所得、退无所忧。市里设定了每年3000元的村干部工资底线，实行乡镇统筹解决。各县(市、区)加大财政支持力度，提高村干部工资补贴标准。制定村干部养老保险、医疗保险政策，对业绩突出的村正职干部实行奖励性养老保险。对退职村干部，根据工作年限和在职期间表现，给予一定的生活补助。困难企业党务干部的工资由财政统一列支，纳入社区和行业协会管理。

经过3年来的不懈努力，黄冈市“五个基本”建设取得明显成效：基层党组织的创造力凝聚力战斗力提高了，党员队伍的活力增强了，基层党组织建设呈现出组织健全、阵地稳固、活动经常、制度规范、保障有力的良好局面，有效地促进了经济社会发展。

实践证明：“五个基本”建设，是加强基层党组织建设的有效抓手，是建立保持共产党员先进性长效机制的成功探索，是固本强基、夯实党执政的组织基础的有力举措。他们的做法，对于进一步加强和改进基层党组织建设具有重要启示。

把基层党建工作摆在市、县党委工作的突出位置。黄冈市加大工作力度和物质投入，扎扎实实、坚持不懈地抓“五个基本”建设，充分体现了市委对基层党组织建设的高度重视，基层党建工作真正成为了市、县两级党委工作的“重头戏”。市、县两级党委都要像黄冈那样，把基层党建作为工作的重点，投入足够的精力来抓，确保党的基层组织真正巩固和坚强起来。

深刻把握和自觉遵循基层党组织建设的内在规律。黄冈市抓“五个基本”建设，实际上就是按照客观规律的要求来谋划和推进基层党组织建设。他们抓住基层党组织建设的几个基本要素开展工作，抓住了基层党组织建设的主要矛盾和矛盾的主要方面；充分考虑“五个基本”之间既相互联系又相互制约的关系，注意各要素之间的内部协调性，自觉运用了全面的观点、联系的观点；针对不同类型基层党组织的特点，分别提出具体的标准和要求，体现了一切从实际出发的要求。他们的工作经验证明，只有深刻认识、准确把握基层党建工作的规律和特点，坚持按规律办事，才能收到事半功倍的效果。

以求真务实的精神扎实深入地做好抓基层、打基础的工作。黄冈市在“五个基本”建设中，把基层党组织分为两类：一类以“打基础”为目标，一类以“创先进”为目标，体现的是一种务实的态度和扎实的作风。培育几个先进典型并不难，难的是让所有的基层党组织都

能达到中央提出的基本要求。“五个基本”看似要求不高，做起来却不容易，真正做好就更难。这需要有耐心、有韧劲，还要舍得花本钱。抓基层组织建设，需要的就是这样一种态度、一种精神。

注意整合资源、形成合力。黄冈市抓“五个基本”建设，动员了方方面面的力量，包括机关、企事业单位、社区、非公有制组织等。可以说，“五个基本”建设就是在基层党组织建设中充分发挥党的组织优势，有效整合各种资源的有益实践。基层党组织建设是一项系统工程，需要各方面力量的广泛参与，尤其是党的各级组织和各级党政工作部门都要把加强基层、服务基层作为自己的政治责任，都要大力支持和积极参与基层党组织建设，形成齐抓共管的工作机制。

健全“两新”组织党建工作体系

汪德和

近年来,中共新余市委着力健全“两新”组织党建工作体系,不断拓展组织覆盖面和工作覆盖面,创新工作机制和活动载体,努力营造“两新”组织和谐创业的环境,有力促进了经济社会又好又快发展。

一、着眼于拓宽领域、构筑阵地,健全党建工作网络

市委按照“无组织抓组建、有组织抓规范、已规范抓创新、软弱涣散抓整顿”的工作思路,制定了“两新”组织近、中、长期的组建计划,提出了具体工作目标。通过分级负责、定期通报等措施,切实加大党组织组建工作力度,基本实现了“五个100%”目标,即规模以上非公企业100%建立党组织;具备建立党组织条件的非公企业100%建立党组织;从业人员50人以上的非公企业100%有党员;从业人员100人以上的非公企业100%有党组织;采取单独建、联合建和依托建的方式,力促民办学校党组织组建率达到100%。与此同时,做到“两同步”,即凡是具备条件的“两新”组织同步建立工会和共青团组织,构建“两新”组织党建工作和群团工作联动互促、互促共强的格局。通过加强党组织组建工作和开展党员“亮身份”活动,把每一名党员落实到支部、编进党小组,切实解决了“有党员无组织或有组织无党员”的问题,有效增强了“两新”组织中党组织的政治影响力。

二、着眼于加强管理、提升素质,培养党建工作者队伍

提高“两新”组织党建工作水平、发挥党组织作用,关键是培养和造就一支政治素质高、工作能力强,适应“两新”组织发展要求的党务工作者队伍,努力做到党组织“有人管事”、“有能力管事”。近年来,市委通过“内部选才、外部聘才、组织荐才”等多种途径,从党性观念强、思想政治素质好、善于做群众工作的党员中选优配强“两新”组织中党组织领导班子,特别是党组织书记。目前,全市六所民办高校党组织负责人都是由机关和学校退休的党员领导干部担任。为充实“两新”组织党建力量,市委决定在市委组织部增设“两新”组织党建办公室,实行专门机构、专人抓“两新”组织党建工作。同时全面推行党建工作指导员选派制度。从今年开始,市委每年从机关、企事业单位退休干部、已改任非领导职务干部和改制企业原管理人员中选聘100名党建指导员,下派到“两新”组织专职抓党务工作,争取3年内达到每个“两新”组织有1名党建工作指导员的目标。市委组织部会同有关单位,定期对党员业主、派驻到“两新”组织的党建工作指导员和专职党务工作者进行培训,并探索建立健全对党员业主的“双重管理”制度,实行以“两新”组织中党组织为主,上级党组织和工商联、行业协会党组织为辅的双重管理办法,逐步培养一支得力的党务工作力量。

三、着眼于提供保障、落实待遇,改善党建工作条件

市委按照健全工作制度、配备工作场所、安排工作经费的基本要求,切实加强“两新”党建基础工作。坚持把建章立制作为加强“两新”组织党建工作的重要环节来抓,普遍建立健全了党组织的工作职责制度、党政联席会议制度、党

组织会议制度、党员组织生活制度、党建工作目标责任制度等。明确“两新”组织业主为党建工作提供“三项保证”：为党组织和党员活动提供时间保证，每月至少安排半天时间，并计入上班时间；为党组织提供活动场所保证，按照“七有”（有制度、有场所、有公章、有资料、有设备、有活动、有记录）的基本标准加强阵地建设；为党组织活动提供经费保证，由党群组织拿出经费方案报业主批准。同时要求具有300名以上员工的组织成立党群办公室，安排3至5名工作人员。此外，在充分利用社区活动中心等阵地资源的基础上，有计划有步骤地在“两新”组织较为集中的工业园区、大型改制企业、中心社区组建一批党员服务中心，帮助、指导辖区内“两新”组织开展党务工作，为党员、入党积极分子提供及时、周到、全面的服务。与此同时，通过“党费下拨、财政列支”等多种途径，切实解决选派的专职党务工作者、党建指导员工资待遇及“两新”组织中党组织活动经费等问题。

四、着眼于服务发展、增强功能，创新党建工作载体

市委始终把着力点放在探索党组织和党员发挥作用的有效途径上，明确党组织在“两新”组织中发挥“五个作用”：教育职工做好本职工作，支持企业发展；指导企业正确处理国家、企业和员工的利益关系；因势利导，开展多种形式的文化活动，活跃职工的文化生活，增强企业凝聚力，同时充分发挥工、青、妇的作用，帮助企业主抓好企业文化建设；积极开展党组织活动，加强党员管理，做好发展新党员工作；宣传党的路线、方针、政策，督促企业遵守国家法律法规和政策。党员做到“五带头”：带头遵守企业各项规定；带头生产好产品，工作中精益求精；带头为企业发展多提合理化建议；带头维护企业利益；带头完成党组织交办的各种任务。在新经济组织中，我们深入开展“示范带创”活动，着力创建一批“五好”企业党组织（领导班子好、党员队伍好、工作机制好、发展业绩好、群众反映好），表彰一批“五好”企业主（守法经营好、支持党建好、企业发展好、社会形象好、关爱职工好），以点带面，整体推进。大力推行党员承诺制、先锋业绩和“一岗双包”（党员先锋岗、包生产任务、包帮带职工）责任制，广泛开展“四好”党员（遵纪守法好、发挥作用好、完成工作好、团结职工好）创评活动，真正把党员培养成“平时工作能看出来、关键时刻能站出来、危急关头能豁出来”的骨干力量。在新社会组织中，重点在民办学校深入开展“品牌同创”活动，着力打造一批“三强”党组织（领导班子强、党员队伍强、党建工作强），造就一支党员名师队伍和优秀毕业生队伍，为民办学校的快速健康发展提供坚强的组织保证。组织引导民办学校党组织广泛开展“五个一”活动，即带好一个党课学习小组，创建一个文明寝室，帮助一位入党申请人，帮助一位需要关心、帮助的同学，参加一次社会实践或组织一次社会公益劳动，有效促进了党的思想政治工作和党员队伍建设。近3年来，全市民办学校已有13000多名教师、学生向党组织递交了入党申请书，先后组织6000余名党员和入党积极分子进行党的基本理论和党的基本知识培训，新发展党员124人。

五、着眼于分工协作、加强考核，明确党建工作责任

市委针对“两新”组织遍布城市各地、隶属关系复杂的实际，坚持“谁主管、谁负责”的原则，努力构建“属地为主、条块结合”的组织管理体系，使每个“两新”组织的党建工作有人抓、有人管，做到“一个不漏、一个不少”。建立“两新”组织党建工作联席会议制度，促使各有关单位在党委统一领导下各负其责、各司其职，形成抓“两新”组织党建工作的合力。建立领导挂点和部门包点制度，县（区）委、行业主管部门党委（党组）每名班子成员负责包挂、联系1—2户“两新”组织，每个市、县（区）直单位包挂1个“两新”组织。市委每年听取一次县（区）委书

记、市直各单位党委(党组)书记抓基层党建工作专项述职,把抓"两新"组织党建联系点工作作为领导班子和领导干部结合考核的重要内容。市委基层党建工作领导小组办公室和市委组织部"两新"组织党建办公室,定期不定期对"两新"组织党建工作进行督促、检查和指导,不断提高"两新"组织党建工作水平。

(作者:中共江西省新余市委书记)

切实加强社会中介组织党建工作

长沙市党的建设研究会课题组

社会中介组织是新社会组织的重要组成部分。贯彻党的十七大报告提出的推进新社会组织基层党组织建设，优化组织设置，扩大组织覆盖，创新活动方式的要求，需要全面了解社会中介组织党建工作的现状，准确把握存在的主要问题，深入探索基本对策。目前，按照发挥作用的形式、提供服务产品的特点，我国众多的社会中介组织可分为法律和财务服务机构、自律性行业组织、咨询性服务机构、市场交易社会中介组织、监督性社会中介组织等五类。鉴于长沙市法律和财务服务类中介机构的党建工作具有典型性，本课题组于今年6月至11月，采取发放问卷调查表、召开座谈会、走访等形式，对长沙市市属律师事务所、会计师事务所、资产评估机构的党建工作情况进行了比较全面深入的调查研究。本文基于实际调查，对切实加强社会中介组织党建工作问题作出探讨。

一、社会中介组织党建工作的现状、问题及其成因

（一）社会中介组织党建工作现状及其存在的问题

近年来，长沙各级党组织对社会中介组织党建工作进行了积极而有益的探索，取得了一定成效。同时，我们通过调研发现，目前社会中介组织党建工作尚存在不少亟待解决的问题，主要表现在四个方面。

1.党组织覆盖面不广，大量党员游离于组织之外

社会中介组织中的党组织至今未能普遍建立起来。长沙市律师行业的状况较好，但39家市直律师事务所中仍有多半没有建立党组织。注册会计师、注册评估师行业党组织覆盖面不广的问题比较突出，19家事务所和机构中仅1家有党组织。

党组织建立工作比较薄弱，导致大量党员游离于组织之外。如长沙市律师行业党员中组织关系在律师事务所的仅占27.5%，在原单位的占63.1%，流动党员占9.4%；注册会计师、注册评估师行业党员中组织关系在事务所或机构的仅占17.1%，在原单位的占60.5%，流动党员占22.4%。虽然组织关系在原单位的党员和流动党员，不少人也参加了原单位、人才交流中心或所在中介组织党组织的一些活动，有的还为党的工作作出了积极贡献，但其中相当一部分人因原单位和人才交流中心难以顾及对其管理或放任不管，现所在中介组织的党组织不健全，加之自身工作压力大、流动性强而游离于组织之外，未能得到党组织的有效教育和管理，有些党员甚至多年不知道党费应在哪里交，更没有参加正常的组织生活。

2.党组织凝聚力、向心力不强，影响力和渗透力较弱

目前，部分社会中介组织中的党组织开展活动较少，活动方式缺乏创新，凝聚力、向心力不强，在单位中的影响力和渗透力较弱。问卷调查结果显示，155名党员对所在单位党组织开展活动情况的看法是：认为“比较经常”的占38.3%，“不太经常”的占34.4%，“基本上不开展”的占16.9%，“不清楚”的占10.4%。认为所在行业基层党组织在实际工作中发挥作用“好”的占8.6%，“比较好”的占27.0%，“一般”的占44.7%，“不太好”的占9.2%，“不了解”的占10.5%。

3. 党员模糊乃至错误认识不少，未能有效发挥先锋模范作用

其具体表现，一是思想道德方面存在的问题比较多。如对问卷中“您认为本行业和本单位党员思想方面存在哪些问题”的多选题，155名被调查党员中选择“有些党员理想信念不太坚定”的占67.7%，选择“有些党员政治思想比较消极”的占58.1%，选择“有些党员宗旨观念比较淡薄”的占52.9%，选择“有些党员组织纪律观念不强”的占51.6%，选择“有些党员存在只顾自己赚钱不尽党员义务的思想”的占51.0%，选择“有些党员存在为个人利益损害他人、单位或社会利益的想法”的占29.0%。二是对马克思主义及其中国化最新成果、党和国家的大政方针的认识存在较大偏差。如认为“马克思主义及其中国化最新成果比较抽象，实用性不强，对经济社会发展没有什么实际价值”的占15.9%，认为“这些理论有一定作用，特别对领导干部作报告、讲形势有用”的占21.2%。三是对坚持党的领导、发挥社会中介组织党员先锋模范作用的认识有一定差距。如对问卷中“根据现实状况和发展趋势，您认为党对本行业的领导是否有必要”的问题，选择“没必要”的占12.4%，选择“无所谓”的占15.7%；对共产党员在单位中应该起到的作用，认为是“做好本职工作，遵守职业道德”的占29.7%，认为是“做到不给单位添麻烦、不影响单位形象”的占3.2%。部分党员的模糊乃至错误认识，妨碍了他们思想道德素质的提高和先锋模范作用的发挥。

4. 发展党员工作不力，较多要求入党的人难以实现政治上的追求

目前，在律师事务所、会计师事务所、资产评估机构等中介组织，要求加入党组织以实现政治上的追求的人为数不少。据155名党员关于周围同行对入党态度的调查，9.1%的人认为“多数人入党的愿望比原来更强”，28.6%的人认为“与前些年相比没什么明显变化”，46.8%的人认为“积极性不如前些年，尤其是年轻人多数不愿入党”。由于社会中介组织党组织不健全、培养考察工作易受人员流动等因素影响，发展党员工作开展不力。如近3年来，长沙市直50多家律师、会计师事务所和资产评估机构发展党员仅5人。

(二)社会中介组织党建工作存在问题的原因分析

1. 认识方面的原因

一是对社会中介组织建立党组织、开展党的活动认识有误区。不少从业人员对党建工作的重要性、紧迫性认识不足，抱“无所谓”甚至抵触的态度。从党员方面来说，在社会中介组织扎实开展党建工作，发挥党员的先锋模范作用更需要依靠党员高度的自觉性、主动性和奉献精神。调查表明，目前社会中介组织中虽不乏具有较高觉悟的党员，但较为普遍的情况是，随着市场经济的不断发展，党员的个人利益意识增强了，政治意识却淡化了，这也在较大程度上妨碍了党组织的建立和党的活动的开展。

二是对社会中介组织党组织的地位和基本职能定位欠明晰。中介组织中的党组织要充分发挥作用，影响群众，凝聚群众，必须依据社会中介组织发展的需要，明确党组织在社会中介组织中的地位以及所应当和能够承担的职能，这样才会在社会中介组织中形成建立党组织的内动力，增强开展党建工作的主动性。但从已有的实践来看，社会中介组织党组织的地位和基本职能定位尚不明晰，这是目前产生许多困惑和工作上困难的又一重要原因。

2. 管理体制方面的原因

在新社会组织大量发展的背景下，传统的以条为主、按照行政隶属关系形成的纵向的基层党组织管理体系已难以适应形势的需要，新的管理和领导体制尚未建立起来。目前，社会中介组织在登记上分属民政和工商两个部门，在业务指导上也分别归属不同的职能部门，业务主管部门对社会中介组织的管理有的比较紧密，有的比较松散，有的业务主管部门认为对社会中介组织的管理只负有业务上的指导职能，

没有领导党建工作的责任，导致管理上的缺位，影响了社会中介组织党建工作的顺利推进。

3.工作机制方面的原因

与社会中介组织中党组织地位和职能定位尚不明晰、管理和领导体制尚不健全相联系，社会中介组织党组织普遍未能形成有效、长期的工作机制，有的开展活动甚少，有的活动与社会中介组织的实际结合不紧，妨碍了党建工作的深入开展。

4.行业特点的原因

事务所和评估机构等社会中介组织的组建完全是股东个人的行为，股东与其他执业人员是合同关系，行业专业性强，从业人员结构比较复杂，流动性大，因而一般都采取松散管理模式，这在客观上造成开展党建相关工作困难较多，积极性不够高。同时，目前律师事务所、会计师事务所、资产评估机构等中介组织之间的竞争激烈，其执业环境不够优化，它们要为生存和发展付出相当多的努力，这或多或少会影响一些中介组织对党建工作投入的精力。

二、加强社会中介组织党建工作的对策建议

(一)提高认识，明确社会中介组织中党组织地位和职能定位

1.确立社会中介组织需要建立党组织、切实加强党建工作的理念

针对现阶段社会上不少人包括部分中介组织负责人、党员和群众存在的模糊乃至错误认识，应旗帜鲜明地亮明观点，加大宣传教育力度，引导和促进人们确立社会中介组织需要建立党组织、切实加强党建工作的理念。

2.明确社会中介组织中党组织的地位和职能定位

社会中介组织作为一个新兴的领域，其党建工作有着自身独有的特点，有必要通过规范的形式，对其工作要求、职能定位等进行统一明确，使社会中介组织党建工作有章可循，逐步纳入规范化的轨道。我们认为，由社会中介组织的性质所决定，将社会中介组织党组织的地位定位于“政治核心”较妥；其职能要围绕党的十七大报告提出的“充分发挥基层党组织推动发展、服务群众、凝聚人心、促进和谐的作用”来确定。主要内容包括：一是宣传贯彻党的方针、政策，引导和监督社会中介组织遵守国家的法律法规，实现党的政治领导；二是支持社会中介组织及其负责人按照组织章程开展工作，提出意见建议，促进社会中介组织健康发展；三是加强党员教育管理，做好党员发展工作，发挥党员的先锋模范作用；四是领导工会和共青团组织，做好从业人员的思想政治工作，服务党员群众，维护各方合法权益，团结凝聚人心；五是加强社会中介组织文化建设，建设依法守法、诚信经营、严格自律、服务社会、维护正义的高素质从业队伍；六是协调各方关系，化解矛盾，维护稳定。

(二)建立健全社会中介组织党建工作的管理体制

社会中介组织涉及面广，党员流动性大，党建工作基础较差，切实加强这一领域的党建工作，要认真总结各地探索出的成功经验，在党委领导下，建立组织部门牵头、社会中介组织的业务主管部门和行业协会党组织具体负责、登记管理机关和乡镇(街道)党组织密切配合的党建工作管理体制。组织部门要加大对社会中介组织党建工作的领导和指导力度，当前要把组建党的组织、扩大党组织覆盖面摆在突出位置，使工作取得明显进展。社会中介组织的业务主管部门、行业协会党组织对行业党建工作负有直接的领导和指导责任，应根据党委及组织部门的部署，定期研究行业党的建设工作，提出加强行业党建工作的具体意见，推进中介组织党组织抓好自身建设。

(三)积极探索社会中介组织中党组织的建设模式

推进社会中介组织党组织建设，扩大组织覆盖面，既要在相关法律法规或文件中，对符合条件的社会中介组织应及时建立党组织作出明确规定，又要坚持因地制宜、分类指导、注重实

效的原则，积极探索符合实际的模式。对具备条件的应尽快以事务所或评估机构为单位建立党支部，对暂时不具备建立党组织条件的中介组织，应在行业协会党组织或业务主管单位管理和指导下，建立联合支部，或落实一名党建工作指导员、联络员，负责与行业协会或业务主管单位党组织与社会中介组织中其他党员的联系，在上级党组织指导下，扎实推进组建党组织工作。

（四）建立健全社会中介组织中党组织的工作机制

1.构建社会中介组织党组织发挥政治核心作用的机制

社会中介组织中股东和高层管理人员才能参与决策，使用干部也是股东会、董事会或法定代表人、主要合伙人作主，因此，要着力构建有效机制以促进党组织发挥政治核心作用。一方面，应在党员教育管理监督服务中，既要求从业人员中普通党员发挥先锋模范作用，又突出要求已进入股东会、董事会、监事会的党员，已成为法定代表人或主要合伙成员的党员，在法人治理机制中充分发挥党员作用；另一方面，应通过加强交谊谈心，影响各层级的非党从业人员，不断提高他们的思想道德水平。

2.建立健全社会中介组织党员教育管理机制

坚持原则性和灵活性相结合，加强教育同改进管理、监督、服务相结合，探索融教育管理、监督激励和服务于一体的党员教育管理新机制。一是应根据社会中介组织党员分散性强、流动性大、难以集中的特点，建立健全党员学习培训制度。二是应根据“业余、小型、灵活、多样”的原则，建立健全党的活动机制。三是应通过“党员示范岗”、“党员责任区”、党员承诺制等形式，建立健全有效发挥党员作用的机制。

3.建立健全社会中介组织发展党员工作制度

按照《中国共产党发展党员工作细则（试行）》的规定，入党积极分子经党组织一年以上培养的，经支委会讨论同意可列为发展对象。但实际操作中，由于社会中介组织从业人员流动快，如果按照程序规定要求，往往程序没走完，培养对象就已跳槽，或是被一些民主党派发展为成员；而有的从业人员加入民主党派后，很快当选为人大代表或政协委员，有的还很快走上民主党派领导岗位。为加强社会中介组织发展党员工作，使中介组织中愿望强烈、表现突出的政治进步人士适时实现入党追求，建议在坚持党员标准的同时，切合“两新组织”人员流动性大的实际，制定党员发展流程，且明确流入地、流出地党组织信息互通、责任共担的工作要求，入党积极分子持党组织证明，流入到新单位时，新单位党组织要继续承担培养责任，且培养时间可以连续计算。在吸收这些同志为预备党员前，要重视听取本单位党员群众和服务对象的意见，或设计一个全面反映发展对象政治素质、道德品质、业务能力、工作业绩等情况的考核表，请本单位党员群众和服务对象无记名对其进行评价，视评价情况作出是否将其吸收入党的决定。

4.构建社会中介组织中党组织工作正常运转的保障机制

一是应建立社会中介组织党务工作人员岗位补贴制度，科学设岗、考绩定酬，其经费从各级党委留存党费中列支，努力保持党务工作者相对稳定。探索由业务主管部门选派党建工作联络员、指导员，具体指导社会中介组织发展党员工作和帮助开展党的活动。二是要积极探索从社会中介组织管理费中划拨、加大党费返还力度、上级财政适当支持等途径，切实保证社会中介组织党组织的活动经费。三是要通过整合社会中介组织工会活动场所、员工培训、业务主管部门、街道社区活动场所等内外部资源，为党组织开展活动、发挥作用创造条件。

（五）着力营造推进社会中介组织党建工作的良好社会环境

要着力营造有利于社会中介组织健康发展的社会环境。促进社会中介组织健康、规范、有序发展，既是各级党委政府的重要职责，也是加强社会中介组织党建工作的基础和前提。要深入研究不同行业社会中介组织发展中的重大问题，从行业规范、人才支持、税费减免、环境优化等方面提供政策支持，努力促进社会中介组织向规模化、高层次发展；进一步转变政府职能，积极推进行业协会、社会中介组织与政府主管部门彻底分开，引导和督促中介组织独立、客观、公正执业；下大力气治理商业贿赂，为中介组织健康发展营造公平合理的竞争环境；及时总结并发挥大众传媒的导向功能，积极宣传坚持依法、诚信执业，重视和加强党建工作，经济效益和社会效益显著的社会中介组织的先进事迹和典型经验，引导社会中介组织及其从业人员树立良好的社会形象。

应努力拓展在社会中介组织从业的优秀党员的政治发展空间。主要包括：各级推选党代表、人大代表、政协委员，推荐表彰先进模范人物，均应考虑在社会中介组织中从业、为经济社会发展作出突出贡献、具有先进性和代表性的党员；是社会中介组织法定代表人的，应将其是否支持建立党组织和群团组织、是否支持开展党建工作，作为推选其为党代表、人大代表、政协委员和推荐其为先进模范人物的重要条件。

（执笔：周云华，中共长沙市委党校科研处处长、教授；毛政相，中共长沙市委党校马列主义理论教研部副主任、教授；徐少兵，中共长沙市委党校马列主义理论教研部主任、副教授）

非公有制企业党组织如何发挥作用

——温州市非公有制企业党建工作调查

王传志　厉佛灯

在发展非公有制经济方面走在全国前列的浙江省温州市，在非公有制企业党的建设方面作了积极的探索。特别是党的十六大以来，他们围绕“非公有制企业党组织该如何发挥作用”这个问题，提出“围绕建设‘活力和谐企业’的总目标开展企业党建工作”的思路，在创新中加强和改进非公有制企业党建工作，较好地解决了党组织的活动和非公有制企业发展的关系问题，扩大了党的工作的覆盖面，提高了党组织在非公有制企业中的凝聚力和战斗力。

一、把建设“活力和谐企业”作为新时期非公有制企业党建工作的中心任务

温州是我国非公有制经济的先发地区，非公有制企业党建工作起步较早，1987年建立了浙江省第一个非公有制企业党组织——瑞安市振中工程机械厂党支部。按照中央和省委的要求，温州市委始终坚持“企业发展到哪里、党的组织就组建到哪里”的原则，大力发展非公有制企业党组织。经过近20年的努力，到2006年8月，全市非公有制企业建立党组织3410个，覆盖1.5万家非公有制企业，非公有制企业党建工作的基本格局已经形成。

非公有制企业党组织的“量”扩大了，但“质”还有待不断提高，党组织作用的发挥还需要进一步增强。据2005年温州市委组织部对50家非公有制企业党组织、企业主和职工的问卷调查，认为党组织作用发挥“一般”的占59%，认为“差”的占9%，认为“好”或“较好”的仅占32%。

如何解决有效发挥非公有制企业党组织作用的问题，不断提升非公有制企业党建工作的水平？通过深入调查研究，温州市委认为，影响非公有制企业党组织作用发挥的因素有很多，也很复杂，但其中主要的一个原因，是企业自身对党建工作缺乏热情。因此，关键是要激活内因，使加强党建工作成为企业的内在需求，让“要企业抓”变为“企业要抓”。为此，就要寻求企业党组织、企业主和企业职工各方共同的价值基础，形成一个让企业各方认同的党建工作目标。温州市委在调研和试点的基础上，制定出台了《关于以建设“活力和谐企业”为目标加强非公有制企业党的先进性建设的意见》，提出要以促进企业和谐为目的，以增强企业活力为核心，以强化组织功能为重点，把建设“活力和谐企业”作为非公有制企业党建工作的中心任务，全面提高非公有制企业党建工作的水平。

建设“活力和谐企业”，主要包含三方面内容。

一是企业发展充满活力。企业的自主创新能力得到最大限度的提高，企业的综合竞争力不断增强，实力不断提升，企业在与外界交互作用中实现良性循环，呈现出自我发展的旺盛生命力。

二是企业内部和谐。企业中不同层次人员分工协作，和谐相处，获得尽可能大的公平感和相应的满足感。生产资料和资源配置合理，单位资源产生的经济效益达到最大化。企业内部管理体制和工作机制科学合理，组织运作协调高效。企业文化建设与企业各项和谐创建活动紧密结合，以人为本理念、团队协作精神深入人心。

三是企业与外部和谐共处。企业内部和谐创业，产业链上下游企业合作竞争。企业主动

承担社会责任，建立良好的企业形象和社会信誉。企业重视环境保护，实现与自然的和谐。

建设“活力和谐企业”，符合企业的发展需要，符合企业主和企业职工的利益。把建设“活力和谐企业”作为非公有制企业党建工作的中心任务，实现了党组织、企业主和职工三者价值取向上的一致。

以建设“活力和谐企业”为目标推进非公有制企业党建工作，有效地解决了企业各方对企业党建工作思想认识上不统一的问题，使企业抓党建工作的“内源动力”显著增强。同时，按照建设“活力和谐企业”的要求加强非公有制企业党建工作，使地方党务机关跳出了“就党建抓党建”的框框。从事非公有制企业党务工作的同志工作目标更清晰了，方向更明确了，工作起来也更加得心应手了。

二、充分发挥非公有制企业党组织在建设“活力和谐企业”中的作用

非公有制企业党组织作用的发挥是非公有制企业党建工作的难点。建设“活力和谐企业”，既为企业党组织开展工作拓展了空间，又对其作用的发挥提出了新的要求。在推进“活力和谐企业”的建设中，温州市科学设置活动载体，充分发挥非公有制企业党组织的作用，党建工作水平不断提高。

围绕“企业经济效益好”谋划活动。企业是经济组织，发展是企业的第一要务，是建设“活力和谐企业”的重点。企业的发展有赖于企业良好的经济效益。温州市非公有制企业党组织与企业决策管理层建立“共谋发展机制”，共同研究企业发展大计，共同推动企业不断创造最佳效益。例如，他们探索建立“党组织与董事会理论学习联合会议”制度，党组织班子定期与董事会成员共同学习，不断提高企业管理层领导科学发展的素质和能力；建立“党组织班子与董事会成员双向例会”制度，经常性地加强沟通交流，共同研究对策，努力解决企业发展中遇到的困难和问题。

围绕“人才队伍培养好”设计活动。建设“活力和谐企业”，就要注重培养人才，使人尽其才、才尽其用。为此，温州市制定实施“素质提升计划”，提高企业从业人员的思想素质和业务水平；组织实施“党员人才工程”，开展“人才结对”活动，建立优秀人才与党员、职工联系制度，不断壮大党员人才队伍；定期组织知识讲座和技能培训，不断提高职工的业务技能；组织党员、职工技术攻关，开展“小创造、小发明”、“劳动竞赛”、评选技术标兵等活动，提高企业的科技创新能力。

围绕“企业文化氛围好”组织活动。温州市非公有制企业党组织把企业文化作为建设“活力和谐企业”的重要内容，通过实施“品牌文化战略”，推动企业文化建设，树立先进的经营理念，发扬企业优良传统，培育企业精神，形成上下同心、团结奋斗的强大动力，充分调动各方面的积极性、创造性，使有限的资源得到最佳配置，使企业真正成为全体员工和睦相处的大家庭。以“文明企业”创建为载体，积极开展群众性精神文明创建活动，弘扬科学精神，增强法制意识，不断提高企业的文明程度；以企业文化阵地为依托，定期开展群众性文体活动，丰富职工的业余文化生活。

围绕“安全生产管理好”安排活动。安全生产是“活力和谐企业”建设的基础和前提。温州市非公有制企业党组织把安全生产作为企业的“生命线”，协助企业建立安全生产长效机制，最大限度地消除安全隐患。例如，牵头组织开展“平安企业”创建活动，建立“安全形势教育日”制度，协助内部职能机构定期检查生产中的安全隐患问题，及时督促抓好整改，保障职工生命财产安全。

围绕“职工利益维护好”开展活动。广大职工是建设“活力和谐企业”的主力军。温州市非公有制企业党组织充分调动和发挥广大职工的积极性、主动性、创造性，大力倡导“关爱职工就是关爱企业”的观念，积极实施“关爱职工行动”，着力从生产生活等方面关心职工。通过开

展"谈心接待日"活动和设立意见箱等，及时了解职工的呼声和愿望，畅通职工意见反馈渠道，随时掌握职工的思想动态；建立"党员调解小分队"和"党员责任区"，组织党员定期走访职工，了解掌握职工内部的分歧和矛盾，并做好思想政治工作；建立企业职工互助基金，采取"企业出、职工捐"的途径筹措资金，定期组织开展"送温暖献爱心"活动，解决职工的实际困难。

围绕"社会责任履行好"筹划活动。温州市提出，作为"活力和谐企业"，必须增强社会责任意识，在追求经济效益增长的同时承担更多的社会责任，这样才能赢得社会的尊重，才能为企业持续快速健康发展营造良好的社会环境。他们大力实施"反哺社会工程"，积极动员企业主动承担社会责任。组织开展"千企千村结对共建"活动，发动非公有制企业支持社会主义新农村建设，逐步形成"以工促农、企村互利"的长效机制；动员企业主参与"慈善募捐"等社会公益事业，组织开展扶贫帮困活动，增强企业的社会责任感。

温州市非公有制企业党组织通过开展一系列行之有效的活动和发挥自身的优势，积极推进"活力和谐企业"建设，赢得了企业主和职工的拥护与支持。许多企业主亲身感受、亲眼目睹了党组织在企业发展中的积极作用后，对党组织的态度有了明显转变，由疑虑到逐渐理解和积极支持配合。目前，大多数非公有制企业的党建工作得到了企业主的大力支持，有的企业主还积极帮助企业党组织解决缺少活动经费、活动场地等困难。广大企业主纷纷表示，党建工作成了非公有制企业发展的"助推器"。实践证明，非公有制企业党组织"无用论"、"负担论"是站不住的。

三、温州市非公有制企业党建工作创新实践的启示

温州市围绕建设"活力和谐企业"的目标开展非公有制企业党建工作只有两年多时间，但取得的成效比较明显。他们的创新实践，给我们做好非公有制企业的党建工作提供了一些启示。

一是必须从企业自身运作规律出发来思考企业党的建设。企业发展有自己的规律，企业中党的工作不能脱离企业发展的规律来进行。党组织按照企业发展的要求确定自己的位置，进而开展工作，才能为企业所需要、所欢迎。温州市非公有制企业党的建设之所以能够取得明显成效，就是因为他们不是"就党建抓党建"，而是从企业发展规律来思考企业党的建设。在社会主义市场经济条件下，企业党组织的活动既应当符合党的要求，又要符合企业的实际，有利于促进企业朝着又好又快的方向发展，有利于促进企业的整体利益和各方利益的实现。

二是必须把党的工作融入企业发展之中，成为企业发展不可或缺的组成部分。现代企业制度的基本框架是法人治理结构。企业党组织要成为企业法人治理结构中所必需的组成部分，这是摆在企业党组织面前的重大课题。否则，企业党组织就很难在企业真正立足，就很难切实有效地发挥作用。温州市以建设"活力和谐企业"为抓手，使党组织在非公有制企业中有了明确的定位，企业党建工作与企业发展，与企业主和职工的利益，紧紧地联系在一起，实现了"目标同向、工作同力、发展同步"。这样，党组织就真正成了企业发展不可或缺的一部分，企业党的工作也就能理直气壮地抓了。

三是必须将企业党建工作落实到企业的每一项具体工作中去。要把企业党建工作的目标要求落到实处，就必须把这些目标要求变成可操作的制度、规则和措施。没有这些制度、规则和措施，任何目标要求都毫无意义。在这方面，温州市各级党组织做了大量细致的工作。他们对"活力和谐企业"的总目标进行综合分析，把它细化为若干子目标，与党组织的活动进行对接，一一寻找结合点，开展了一系列有成效的活动。

（作者：《求是》记者；《今日浙江》主编）

保持共产党员先进性长效机制要做到六突出

傅德辉

构建保持共产党员先进性长效机制，是推进党的先进性建设的必然要求。通过先进性教育活动，我们认识到，构建长效机制不是制度的叠加，而要从其内在规律和运作方式上进行总体把握。

一、突出双重性，牢牢把握保持党员先进性的主体

构建保持党员先进性长效机制的主体是党员和党组织，要牢牢把握主体的双重性。一是要建立完善意识养成机制。一方面，要引导党组织增强管党意识，认真履行管党职责。另一方面，要引导党员增强党员意识。先进性教育活动以来，我们进一步建立完善了党建工作责任制，实行了县（市、区）党委书记党建工作述职制度，把党建工作责任制的落实情况作为考核评价领导干部政绩和提拔使用的重要依据；坚持理论武装，进一步坚定了广大党员的理想信念，增强了他们践行先进性要求的自觉性。二是要建立完善能力增强机制。紧紧围绕“建成各级有效率的组织”的目标，切实加强各级党组织的执政能力建设，提高制度化建设水平；加强政治理论学习的同时，努力提高广大党员的业务素质，增强岗位技能和为群众服务的本领。三是要建立完善党员质量保障机制。我市在发展党员工作中，着重建立预审制、全程公示制、党支部和党委两级票决制以及责任追究制，推进党员发展工作的制度化、规范化。在民主评议党员中，具体认定不合格党员的行为，严肃处置不合格党员，纯洁了党员队伍。

二、突出党员领导干部，紧紧抓住保持党员先进性的重点

党员领导干部在保持党员先进性中有着导向作用。一是要建立党员领导干部长效学习机制。重点建立述学、考学、评学和督学制度。近年来，我们着力构建市县共学机制（市委中心组理论辅导扩大至县级干部）、旁学督学机制（市委中心组成员深入所联系的县级中心组参加学习）、述学评学机制、学研结合机制等，有力地营造了理论学习的氛围。二是要建立党员领导干部监督管理机制。重点是实行关口前移，构建以选拔任用为主要内容的预控机制；突出权力观教育，构建以正确用权为导向的自律机制；规范权力运行，构建以民主集中制为核心的约束机制；拓宽监督渠道，构建以增强整体效能为目标的协同运作机制。近年来，我们坚持把各级一把手作为监督的重点，出台了《关于加强党政一把手监督管理的意见》。三是要建立党员领导干部考核评估机制。主要是推行了“三看”：从成本入手看政绩，在考察干部时，既看其政绩，又深入分析获得政绩的经济成本、政治成本和环境成本；从财务入手看廉政，建立领导干部经济责任审计制度，采取年度审计、届中审计、离任审计、专项审计等多种方式，对领导干部行使财经权力的全过程进行考察；从制度入手看能力，具体考察领导干部遵守制度的能力、贯彻制度的能力以及设计制度、运用制度管人理事的能力。

三、突出行为纠偏，努力解决保持党员先进性的难点

一是要建立党员自我矫正机制。重点是制

定不同层次、不同群体、不同岗位党员先进性的具体要求，让党员能够时刻对照标准，自我检查，自我矫正，按照先进性的要求规范自己的言行。二是要建立组织评价机制。在这方面，我们注重发挥党员民主评议制度的作用，通过民主评议和组织考察，对党员进行准确"定格"；进一步完善了上级党政领导班子成员参加下级党委（党组）民主生活会制度、重大事项报告制度、述职述廉制度等。近年来，还对县（市、区）委贯彻执行《地方党委工作条例》的情况实行了"两评一考"制度。三是要建立群众监督机制。我们在坚持扩大党内民主的基础上，充分调动群众的力量和积极性，建立和完善群众对党员"工作圈"、"生活圈"和"社交圈"的监督网络。我市着力推进党务公开，重点建立了预先公开、聘请监督员、定期通报、意见建议收集反馈处理、督查落实、责任考核和党务公开工作等7项制度。

四、突出构建载体，不断拓展保持党员先进性的途径

党的各级组织必须适应不断发展变化的形势，创新活动载体，为党员发挥先锋模范作用提供舞台。在实践中，我们有两方面的体会：一是构建载体必须着眼于拓展党员体现先进性的领域。近年来，我市认真开展农村党员"双建双带"（建基地、建龙头企业，带头致富、带领群众致富）、非公有制企业"三推"（推荐国有企业下岗党员到非公有制企业就业、推荐非公有制企业优秀员工加入党组织、推荐非公有制企业优秀党员进入企业管理层）等活动。同时，在社区党建中开展了建好一个党员活动室、建立一个流动党员管理站、办好一个社区劳动保障服务站、建立一个社区服务站等活动，使党员体现先进性找到了用武之地。二是构建载体必须坚持分类指导的原则。由于不同岗位、不同行业、不同群体党员的工作特点不同，承担的职责任务不同，共产党员保持先进性的具体要求和实现形式也不同，这就要求我们根据党员的不同类型搭建不同的活动平台，使他们牢固树立"一种身份，多种舞台"的观念，通过不同的职业岗位、劳动方式，在不同的经济组织、社会群体中体现先进性。比如，我市在机关开展了"创学习型机关，做学习型干部"活动；在农村重点开展了"四培"，即把农村经济能人培养成党员，把农村党员培养成经济能人，把党员致富能人培养成村干部，把农村党支部书记培养成新农村建设领头人活动；在城市社区开展了争创街道社区党建示范区活动；在国有企业开展了创建"四好"领导班子和党员责任岗等活动；在非公有制企业开展了"党建带工建，工建强党建"活动和党员挂牌上岗活动等。

五、突出基层组织建设，进一步强化保持党员先进性的基础

一是要建立健全党组织，扩大党的工作覆盖面。按照"四个延伸"的要求，不断拓展工作领域，创新组织架构，科学合理地调整基层党组织设置，把党组织建在产业链条上，建在各类行业协会上，建在非公经济组织和社会中介组织上，建在流通市场、门院楼栋上，实现党组织管理由行政隶属型向地域型和行业型、党组织结构由垂直型向网络型的转变。二是要加强后进党支部的整建工作。对软弱涣散的基层党组织进行分类整建，对班子不健全或闹不团结、不能发挥作用的党支部和履行管党责任不力的党组织负责人进行组织调整，把一些年轻优秀、富有党务工作经验的同志，不拘一格地选拔到基层党组织书记岗位上来。三是要推进基层党组织的制度化建设和活动方式创新。要结合形势的变化和自身实际，不断推进组织制度和活动方式的创新。近年来，我市在农村广泛推行村级议事恳谈会制度、民主例会制度，在社区推行听证会制度，提高了基层组织的民主化水平，增强了决策的科学性。

六、突出群众满意度，始终坚持党员保持先进性的衡量标准

衡量党组织和党员的先进性，最根本的一

点，就是看群众是否满意。要提高群众满意度，必须建立健全以下三个机制：一是党员联系群众机制。重点是建立和完善群众来访接待制度、民主恳谈制度、调查研究制度、扶贫帮困制度等，畅通群众反映意见的渠道，充分了解社情民意，切实解决群众诉求。二是民主参与机制。在党组织的决策中必须广泛吸纳群众参与，倾听群众意见，尊重群众意愿。在规则制定上，要明确界定决策重大问题的范围、程序、方法、责任等；在决策程序上，要坚持把组织专家论证、听取群众意见作为必须环节，使群众的意见及时反映到决策意图中来；对于决策结果，要及时向群众公开，接受群众监督。三是协调疏导机制。要充分发挥党组织的利益整合功能，引导不同利益群体以理性、合法的形式表达利益诉求，妥善协调和处理不同群体之间及群体内部的利益关系。

（作者：中共湖北省荆门市委书记）

加强党的先进性建设要做好六项工作

温国勇

党的先进性建设，是加强和改进党的建设的长期任务和永恒课题。根据在基层党建工作中的实践探索，我深深体会到，必须切实做好以下六个方面的工作，把党的先进性要求内化于党员灵魂，外现于党员行动，落实在党的各项事业中，党的先进性建设才能取得实效。

理论学习求实效

理论学习是加强党的先进性建设的首要任务。要使理论学习取得实效，必须紧密结合党员的思想和工作实际，认真解决真信、真学、真懂、真用问题。一要对党员队伍的道德水平、思想政治素质、工作态度及能力作出全面、系统、准确的判断，找准思想政治理论学习的基调。二要通过舆论宣传和思想政治工作，使党员干部真正认识到党的思想政治理论学习是提高综合素质，促进全面发展的重要途径。三要认真自我反思、检查和总结，以对自己、对他人、对组织高度负责的态度开展批评与自我批评，从思想意识上查找差距、分析原因，明确努力方向。党员领导干部要在理论学习的各个环节起模范带头作用，带头信、带头学、带头用。四要认真开展主题学习教育活动。分单位、分层次、分专题广泛开展研讨和交流，全面准确地理解中央精神，科学定位自身的发展，深入分析存在的问题，研究探索发展的路子。

领导决策讲民主

决策科学化、民主化是党的先进性建设的内在要求，是党组织凝聚智慧和力量，推进基层单位健康发展的重要保证。推进基层单位科学民主决策，一方面要正确处理决策科学化与民主化的关系。群众是事业的主人，拥有无穷的智慧和力量。只有相信群众、依靠群众，充分发挥他们的聪明才智，才能实现决策科学化的目标。决策前调查研究、分析预测未来，决策中制定方案、比较评估各种方案的优劣，决策后组织实施、检查监督。这不仅是科学决策的要求，也是决策民主化的过程。这个过程越是广泛、扎实、规范，决策的科学化程度就越高。另一方面要建立健全民主决策的体制和制度体系。一要科学界定各级内设机构的职责和权限，充分发挥党政部门和工青妇各级组织在基层单位决策中的职能作用，形成机构职责明确、业务归口负责、民主有序推进、权力规范运行、贯彻扎实高效的局面。二要定期不定期地向干部职工通报单位改革发展的形势任务，明确提出需要干部职工思考和研究的主要问题，畅通干部职工反映意见和建议的渠道。三要建立健全一把手负责制实施条例、党委决策（议事）规则、职代会民主管理实施办法和决策责任追究制等民主决策制度体系。

选任干部比德才

党的先进性最直接、最集中地表现在党员领导干部的德才素质上。加强党的先进性建设，迫切需要民主、科学、全面、准确地评价干部，通过加强和改进干部管理，提升干部的德才素质。一方面要正确评价干部并以此作为干部选用的主要依据。要认真贯彻执行体现科学发展观要求的综合考核评价办法，用全面、系统、科学的观点，正确评价干部的政绩和德才表现。建立科学的干部考核评价指标体系，健全干部考核评价制度，坚持公开、公平、公正的原则；建立严密的考核组织，形成以群众为主体，有领导、专家参加的考评队伍；考核结果要公开，并把考核结果作为干部选用的主要依据。另一方面要加强和改进干部管理。各级党组织要注意听取职工群众对干部的反映，对发现的问题和苗头要认真指出，严肃批评，帮助他们分析原因，明确要求，督促他们改进。要积极推进有组织的民主监督与管理干部的工作，大力推进职工代表大会民主评议领导干部工作。评议为不称职的干部，要及时作出组织处理。

培育人才重素质

培养造就大批高素质优秀人才是党的先进性建设的重要目标。要大力选用高素质人才。坚持德才兼备，以德为先。人以德立身、以德立业。德是才的基础和灵魂。要不拘一格，惟才是举。在坚持德的标准的前提下，要大胆选用有才学的人。要发现人才的长处，用其所长，避其所短，弥补不足，防止求全责备。做到人尽其才，才尽其用。要敢于给人才压担子，提升他们的综合素质。要营造良好的人才成长环境。一是以“八荣八耻”为核心，构建基层单位道德建设长效机制，引导和激励干部职工进一步提升道德水准。二是建设学习型单位，鼓励干部职工向实践学习，丰富实践经验；向书本学习，更新知识结构，提高业务本领。三是营造浓厚的学术氛围，同事之间都能平等讨论问题，互相取长补短，共同提高学识水平。四是营造民主团结的工作环境，推进科学民主管理，特别是职位竞争、职级提升、收入分配，都要以品德、能力、业绩为依据，努力营造公平竞争、积极创优的氛围。五是要紧密结合中心工作和干部职工的需求开展内容丰富、形式多样、主题鲜明、品位高雅的精神文明创建活动，大力培育团队精神，增强基层党组织的凝聚力和向心力。

支部建设抓结合

党支部是党的全部工作和战斗力的基础。加强党的先进性建设，必须深刻认识支部工作与业务工作的关系，支部要紧紧围绕基层单位业务来开展工作。一要定期或不定期地深入了解党员群众的思想状况，找准党支部工作的着力点和切入点。二要围绕基层单位中心工作，思考和研究与此相适应的支部工作内容、时间和方式，保障中心工作的顺利完成。三要紧密结合基层单位改革发展中遇到的具体问题，有针对性地开展思想政治工作，既能解决问题，又能达到说服教育的目的。同时，党支部要经常了解掌握业务工作的进展和阶段性目标，通过舆论宣传、思想动员、交流谈心、纪律约束等方式，从思想上、政治上组织党员在各项行政业务工作中发挥先锋模范作用。主管业务工作的领导要加强与党支部沟通交流，取得党支部对行政业务工作的支持。

维护稳定谋长远

维护社会和谐稳定，最基础的就是要维护基层单位的和谐稳定。我们必须提高思想认识，从维护职工群众的根本利益和维护社会稳定出发，通过加强教育、改进管理等综合措施，夯实维护和谐稳定的基础。要推进民主管理，增强干部职工维护和谐稳定的主人翁意识。通过广泛的民主，把干部职工合理的利益诉求全面准确地反映到管理工作中来。建立健全各类规章制度，使规章制度规范化、科学化，并用科学的规章制度统一思想和行动。规章制度必须严格执行。通过领导带头，群众监督，实现管理工作规范化、制度化目标。要健全责任制度，严肃监督考核。要明确各级组织和领导干部在维护单位和谐稳定中的职责、任务和目标，使基层单位内部各级组织的和谐稳定有人想、有人抓、有人负责。在基层单位对内部组织机构及其领导干部的考核中，把维护和谐稳定职责的履行情况作为考核的重要内容，加强监督，强化考核。

（作者：中国国土资源经济研究院党委副书记、纪委书记）

加强制度建设　保持党的先进性

方　雷

党的先进性和党员的先进性都要依靠制度来保证。因此，加强党的先进性建设，一定要把制度建设贯穿于党的先进性建设的全过程。

建立健全党的思想建设的教育机制和学习机制，发挥党的先进性的引导功能。我们党的绝大多数党员在坚定理想信念和增强党员意识方面是好的。但也有一些党员不同程度地存在共产主义信念动摇，大局意识、服务意识、廉政意识淡化的问题。针对这些问题，加强党的先进性建设，一是必须大力加强思想建设，建立健全教育机制，保证广大党员思想上的先进性。形成教育机制是指从党组织的角度加强思想建设，形成教育与管理、监督有效结合的制度。完善教育机制，既要建立各级党组织抓思想建设的责任制度，也要建立和完善党员思想教育机制，还要不断改进党员教育方法，不断拓宽党员教育渠道，深入总结党员教育的成功经验，努力实现现代教育管理手段和方法的创新。在党的先进性建设过程中建立健全教育机制，目的是发挥党的先进性的教育功能。党的先进性的教育功能是指党的先进性对树立党员的观念、维护党员的信仰以及保持党员先进意识等方面发挥的作用。通过强化教育机制，不仅可以在思想上对党员起到教育作用，而且还发挥着对人的世界观、人生观、价值观影响的功能，引导党员树立共产主义的世界观、人生观和价值观，正确认识社会主义的前途命运，增强信心。二是必须建立健全学习机制，调动党员的积极性和主动性。形成学习机制是指从党员个人的角度通过学习党的基本理论、党的历史、党和国家的路线方针政策以及法律法规、科技知识、业务知识等，建立强化党员的政治意识、法纪意识、责任意识、创新意识、服务意识等经常性学习制度。一方面要建立和健全党委中心组学习制度，领导干部在职自学制度和干部理论学习考核制度等。另一方面要建立和落实党员定期学习培训制度，使学习培训纳入制度化轨道，确保广大党员干部及时、长期、经常、有效地接受教育。既要采取集中学习、专题辅导、大会交流和领导干部上党课等学习培训方式，又要采取组织党员到基层开展调查研究、讲评心得体会等动态学习培训方式，还要建立健全学习培训成果运用制度，将党员干部的岗位安排、职务提拔与学习培训成果紧密结合，增强广大党员参与学习培训的自觉性和主动性。

建立健全学习机制，有助于发挥党的先进性的导向功能。党的先进性能够形成一种舆论导向、是非标准，并由此形成一种巨大的力量，促使人们在思想、行为、实践等方面朝着特定的目标和方向去努力。通过学习机制，可以帮助广大党员确立符合党的先进性要求的价值追求和理想信念，强化政治责任，深入领会党和国家的大政方针，提高认识问题和分析问题的水平，正确处理国家利益、集体利益和个人利益的关系，使各种不符合党的先进性要求的思想与行为及时得到制止和纠正。

建立健全党的组织建设的民主机制和制约机制，发挥党的先进性的整合功能。我们党的组织制度总的看是健全的。但仍有一些党员干部不同程度地存在着个人专断倾向和极端民主化倾向。个人专断的具体表现为有的领导干部或者独断专行，或者违背集体决定自行其是；有的搞家长制和一言堂，压制党内不同意见，阳奉阴违。极端民主化倾向是小资产阶级自由散漫性在党内生活的反映，主要表现为没有责任心，组织纪律软弱涣散，缺乏权利意识，不能正确地行使自己的权力和义务等。

一是要建立健全党内民主机制。其核心任务是进一步完善党的代表大会制度，增加党的工作的透明度和公开性，切实落实党员的民主权利，密切党委与基层组织和普通党员的联系。特别是要坚持和完善民主集中制。党内民主是党内生活的一项基本政治原则，民主集中制是党的根本组织原则和组织制度。它是一个不可分割的统一整体，民主是集中的基础和前提，没有真正的民主也就没有正确的集中。通过加强党内民主建设，进一步唤起党员对党组织的政治归属感，使全体党员正确行使权利。

二是要建立健全党内监督机制。主要任务是构建党员监督机制，使党员作为党内监督的主体，运用党章党规赋予的民主权利得到充分实现，把广大党员对党的领导干部、其他党员以及党组织进行评议、批评等制约、督促党的活动纳入制度渠道。构建党组织的监督机制，按照党章规定的对党的组织和所属党员和干部进行监督的制度和运行体制，建立定期工作报告制度、重要情况通报制度、集体讨论制度、民主生活会制度、批评质询罢免制度等。充分发挥党的纪律检查机关的职权，建立列席会议制度、文件审查制度、违纪查处制度等，切实保证监督到位。从党群关系的角度看，构建党的组织建设的制约机制还需要重视公众监督制约机制和舆论监督制约机制的建设。通过加强党的监督制度的建设，进一步发挥党的先进性的激励功能，使我们党的肌体更加健康，权力的运行更加合理，党的社会基础更加广泛，党的执政能力更加增强。

建立健全党的作风建设的评价机制和管理机制，发挥党的先进性的约束功能。我们党的作风总体上是好的，绝大多数党员干部的作风也是好的。但也有一些党员存在脱离群众、官僚主义、形式主义的作风问题。有的党员组织观念不强，不愿意接受党组织的监督和约束；有的党员缺乏创造性地开展工作的积极性和主动性，对上级的指标和要求敷衍了事，不接触也不解决群众面临的实际问题；有的党员墨守成规、不思进取、小富即安、小进即满；有的党员甚至弄虚作假，欺骗组织，汇报工作报喜不报忧，讲成绩添油加醋，讲问题避重就轻等。针对上述问题，加强党的先进性建设，关键是按照胡锦涛同志关于加强“八个方面”良好风气建设的要求严格要求党员和党员干部。一是要不断完善党内的评价机制。健全评价机制应当按照政治素质、领导能力、工作实绩、廉洁自律等方面来设置干部的评价标准，并根据不同地区、不同行业、不同岗位进行细化、量化，增强评价标准的客观性、公正性和可操作性。要形成严格评价程序，确保评价的公正、准确、客观，必须严格按照公开述职、民主测评、综合分析、公示结果、听取反馈等制度化的程序操作。还要通过在适当范围内公布评价结果，充分发挥评价机制对干部的激励和鞭策作用。要运用评价结果对干部队伍结构进行优化，把评价结果作为干部选拔任用的重要依据，形成正确的用人导向。二是要建立、健全党内的管理机制。应着眼于新形势新任务的要求，不断创新党员管理机制。要规范发展党员的质量保障机制，各级党组织发展党员要把质量放在第一位，要进一步建立、健全和完善发展党员工作中的推荐、公示、组织谈话、入党积极分子培训、预备党员考察、党员转正审核、党员质量考核和违规发展党员的责任追究等制度，大力推进发展党员工作的制度化、规范化。要规范处置不合格党员的淘汰机制，各级党组织要坚持党要管党的原则和从严治党的方针，对党员严格管理。要规范党员的日常管理机制，建立、健全和完善党员能力培养机制、党员行为约束机制和党员责任落实机制。

通过加强对党员干部的严格管理，进一步发挥党的先进性的示范功能，进而推动中国特色社会主义事业不断向前发展。

（作者：山东大学政治学与公共管理学院教授）

结合经济抓党建　抓好党建促发展

陈建生

平顶山煤业集团公司是新中国自行勘探、设计、建设的第一个特大型煤炭基地。半个世纪以来，特别是近几年来，集团公司党委围绕经济建设中心，在党建工作职能定位、方式方法选择、机制载体创新等方面做了许多有益的探索，推动了企业持续快速健康发展。

发挥党组织的政治核心作用

企业党建必须围绕企业改革发展，贯穿生产经营的全过程，总揽全局，协调各方，为企业发展提供坚强保证。多年来，平煤集团党委结合经济抓党建，抓好党建促发展，充分发挥了政治核心作用。主要体现在四个方面

一是把方向。围绕发展这个第一要务，在创新战略思想、明确发展思路上下功夫，在把握关键环节、参与重大决策上做文章，发挥党组织在企业战略层面上的重大影响力，切实承担起引领企业发展的政治责任，为企业发展把关定向。贯彻落实科学发展观，实施“以煤为本、相关多元化”发展战略，努力把平煤建成全国重要、河南最大的新型能源化工集团。抓住国家和省市煤炭资源整合的历史性机遇，积极推进资源整合重组，做大煤炭主业，形成平顶山为本部，汝州、禹州为两翼的发展格局。

二是抓班子。一抓用人导向。做到选拔一个干部竖立一面旗帜，调整一个班子改变一个单位的面貌。二抓班子团结。视团结为生命，注重事业感召，通过好班子、好搭档、好助手“三好”活动等载体，形成干事业一条心、抓工作一盘棋、谋发展一股劲的良好局面。三抓素质提升。在各级领导班子成员中开展创建学习型领导班子活动，着力提高班子整体效能。四抓干部作风。强化执行力建设，做到说一句、算一句，句句兑现，干一件、成一件，件件落实。

三是聚人心。注重愿景激励，用事业统一思想，靠发展凝聚人心。2004 年以来，平煤结合实际，先后提出实现百亿、挺进百强和跨入百强的工作目标。围绕目标，每年开展一个主题大讨论活动，将广大职工的力量凝聚到工作目标上，为企业实现一年一个新台阶的跨越式发展提供了有力的思想保证、舆论支持和精神动力。突出以人为本，努力改善职工生活水平，近三年，在岗职工人均年收入保持 20% 以上增幅，增强了企业职工的凝聚力和向心力，全公司广大干部职工迸发出了无穷的创业激情和斗志，为企业发展注入了强大活力。

四是建队伍。推进人才队伍建设。坚持党管人才原则，树立“人才资源是第一资源”和“干好本职工作就是人才”的理念，总结推广选树拔尖人才、首席员工等制度，开展岗位练兵、技术比武、职业技能大赛等活动，建立有利于人才脱颖而出、充分施展才能的机制。加强党员队伍建设。学习贯彻党章，强化党员意识。开展“党员先锋岗”、“党员安全岗”等活动，充分发挥全公司 3 万多名党员的先锋模范作用。

创建“五好”党组织

2006 年，平煤集团党委根据中组部、国资委党委和河南省委组织部的有关精神，在继承传统的基础上，巩固成果，创新发展，以创建“领导班子好、队伍建设好、工作机制好、发展业绩好、群众反映好”为主要内容的“五好”党组织为总抓手，努力探索一条与经济工作有机融合的党建工作新路子。

创建"五好"党组织的指导思想。紧密结合集团公司改革发展实际，以创新理念为先导，以领导班子建设为重点，以健全工作机制为着力点，以促进与经济工作融合为落脚点，通过科学合理的指标任务分解和考评，引入激励约束机制，建立对基层党委工作业绩考核评价体系，探索与经济工作有机融合的党建工作模式，抓好党建促发展。

在创建过程中，坚持四项原则。一是融合性原则。紧紧围绕经济建设中心开展创建工作。在设计考评体系时，将经营绩效考核结果作为"经营业绩好"的成绩折算入"五好"考评体系，从机制上实现融合；在创建过程中，加强日常性调研，及时指导，用过程考核保证融合；在结果应用上，将创建考评结果与单位领导班子每一名成员收入的30%挂钩，体现党政责任的融合，真正使融合有形化、长效化，实现党建工作与经济工作目标聚合、标准结合、机制整合，双轮驱动，共促发展。二是实效性原则。结合实际，突出针对性，增强可操作性，在抓基层、打基础、重落实上下功夫，用改革发展稳定的成果和职工群众的反映来检验创建工作的效果。三是创新性原则。在制定标准和考评过程中，既突出基础性工作，巩固传统优势，又鼓励基层党委在创建的思路、方法和途径上进行探索。四是广泛性原则。坚持各级党组织和全体党员人人参与，党政工团齐抓共管，并通过适合的渠道和措施，让党外职工群众参与到创建工作中来，使创建建立在广泛的群众基础之上。

在考评要素设置上，体现"三个一致性"。一是动态与静态的一致性。充分考虑党委工作的特点和不同行业、不同性质、不同基础单位的工作实际，既考核静态的工作结果，又考核动态的工作过程；既突出当年任务的完成情况，又注重关系企业长远发展的基础工作。二是定性与定量的一致性。从实际出发，既力求目标量化，又避免定量分析过细而适得其反，做到实际操作可行。三是面上工作与重点工作的一致性。抓住能集中反映党建工作的关键性内容设置考评要素和否决指标，使考评既覆盖党建工作主要方面，又重点突出。

经过一年多的实践，平媒集团公司以创建"五好"党组织为总抓手，统领党组织各项工作，使党建工作走上了一条规范化道路。建立起的考评体系，实现了党建工作软指标硬化、量化，解决了党建工作不易考核的难题，督促党政领导班子围绕共同的目标，齐心协力，共谋发展。

企业党建与经济工作融合的几点体会

通过多年来的实践与探索，平媒集团党委对企业党建与经济工作融合有四点认识和体会。

（一）企业党建只有与经济工作融合，才有生命力。当前，企业改革正处于攻坚阶段，发展正处于重要关口，调整正处于关键时期。党建工作只有紧紧围绕企业改革发展，在经济舞台上发挥其独特的政治优势，并把发挥政治优势同发挥市场机制作用结合起来，把党的任务有机融合到企业的生产经营中去，融合到企业的目标、战略中去，才能有所作为，党组织才能富有生命力。

（二）企业党建与经济工作融合，必须始终坚持发展是第一要务。发展是党组织生命力的根基。只有推动企业不断发展，才能夯实党在群众中的思想基础，扩大党在企业中的队伍基础，巩固党建工作的物质基础。企业党的建设，无论是工作过程还是最终效果，都要落实、体现在对企业发展的贡献度上，必须始终坚持发展是第一要务，与经济工作心往一处想，话往一处说，劲往一处使，为企业发展提供强大动力。

（三）企业党建与经济工作融合，必须找准融入点。探索企业党建与经济工作有机融合的长效机制，要实现"三个融入"：一是融入领导体制。处理好党组织与法人治理结构的关系，在重大问题决策上发挥参与职能，保证党组织政治核心作用的发挥。二是融入企业管理。结合管理实践的重点、难点，选择载体，健全制度，完善机制，使企业党建与企业管理融为一体，以党的政治优势促进管理、优化管理，从体制机制上避免党建工作与经济工作“两张皮”现象。三是融入绩效考核。建立起党建、经济一体化考核体系，把党建工作目标、要求、措施等与经济工作一起量化，做到党建工作与经济工作同步规划、同步实施、同步考核、相互融入、相互促进。

(四)企业党建与经济工作融合，必须要有一系列有效机制作保证。一要建立目标管理机制，把党建工作目标纳入精细化管理中，分解责任、明确任务；二要建立激励、驱动机制，通过检查、考核、表彰、奖励、与收入分配挂钩等多种方式，激发积极性；三要建立学习反思机制，通过一个阶段工作的“回头看”，及时调整和完善工作计划、运作方式，实现持续改进；四要建立投入保证机制，本着适应需要、量力而行的原则，为工作创造良好条件。

(作者：平顶山煤业集团公司董事长、党委书记)

发挥事业单位党组织的政治核心作用

沈　洁

党章第32条中明确规定："实行行政领导人负责制的事业单位中党的基层组织，发挥政治核心作用。实行党委领导下的行政领导人负责制的事业单位中党的基层组织，对重大问题进行讨论和作出决定，同时保证行政领导人充分行使自己的职权。各级党和国家机关中党的基层组织，协助行政负责人完成任务，改进工作，对包括行政负责人在内的每个党员进行监督，不领导本单位的业务工作。"

目前，事业单位的党建工作还没有一套规范明确的指导意见，事业单位党组织受党和国家机关党组织领导，在实行行政领导负责制的事业单位党组织，工作上也带有较浓厚的机关色彩。如何发挥政治核心作用，如何明确定位，清晰职责任务，处理好党政关系，与行政有机地配合，形成合力共同致力于单位的建设和发展，完成单位所具有的各项职责与任务，始终是在实践中不断探索和回答的问题。

党的十六大指出："党的基层组织是党的全部工作和战斗力的基础，应成为贯彻'三个代表'重要思想的组织者、推动者和实践者。要坚持围绕中心，服务大局，拓宽领域，强化功能，扩大党的工作覆盖面，不断提高党的基层组织的凝聚力和战斗力。"对此，每个基层党组织都必须深刻认识，并采取有效措施积极应对。

一、以建设社会主义核心价值体系为引导，在坚持正确思想导向中强化政治核心作用

《中共中央关于构建社会主义和谐社会若干重大问题的决定》(以下简称《决定》)指出："构建和谐文化，是构建社会主义和谐社会的重要任务。社会主义核心价值体系是建设和谐文化的根本。""马克思主义指导思想，中国特色社会主义共同理想，以爱国主义为核心的民族精神和以改革创新为核心的时代精神，社会主义荣辱观，构成社会主义核心价值体系的基本内容"。这是党领导人民在长期实践中形成的丰富思想和先进文化的概括，是我们党用以统一全党思想引领全社会思潮的精神力量。尤其是在目前我国社会主义建设进入改革开放的新时期，在经济体制深刻变革，社会结构深刻变动，利益格局深刻调整，思想观念深刻变化的新形势下，建设社会主义核心价值体系，具有极强的现实针对性和极大的理论与实践意义。

中华民族是一个有思想的民族，人们习惯于有指导思想的生活，特别是在知识分子高度集中的事业单位，如笔者所在的疾病预防和控制机构，高级技术职称者占全体成员40%，多数专业技术人员有过国外学习或工作的经历，他们的业务工作与国际机构和国外同仁有着诸多的联系与交流。因此，他们的价值观念、人生追求和利益诉求均呈现出较强的多元化倾向。这是一个有思想、有追求的群体，是我们国家建设和事业发展的中坚力量，也是一个思想活跃、差异性、独立性和选择性都很强的群体。以社会主义核心价值体系为引导，在尊重差异、包容多样的基础上，最大限度地构建起思想共识，将这支队伍的思想和行动统一到党中央的要求和决策部署上来，是基层党组织工作面临的极富挑战性的重要任务。

建设社会主义核心价值体系要进行有计划、有频度、有强度的宣传教育，要有针对不同层次人员宣教的提纲与教材，利用好各种载体

和适宜的形式，包括信息化手段。通过领导班子中心组学习和民主生活会制度等载体，围绕提高班子成员执政意识、发展意识和廉政意识进行宣教。通过学习型党支部的建设和党员先进性教育等一系列活动，围绕提高广大党员的责任意识、先进意识和纪律意识进行宣教。还要通过精神文明建设、思想政治工作、行业文化（如疾控文化）建设等群众性创建活动等载体，带动广大员工树立起职业道德意识、遵纪守法意识、为国建功立业意识，搞好综合素质教育，促进个人的全面发展。

二、贴近业务开展党的工作，在保证完成各项工作任务中强化政治核心作用

《决定》指出，社会要和谐，首先要发展。发展是我们党执政兴国的第一任务，是解决我国一切社会矛盾和问题的根本办法。基层党组织要牢固树立发展意识，把推动发展的要求贯穿于党的基层组织建设全过程，落实到每一个环节。不断提高基层党员干部引领发展、服务发展和实干求发展的能力与水平，要把党员群众的全部智慧和力量凝聚到干事创业上来。事业单位各自工作性质、规律、职能、形式不尽相同，承担着独有的任务和责任，要不断为社会创造物质、精神财富，维护社会公共利益和促进国家经济发展。基层党组织必须抓住完成职能工作任务这个根本，才能有单位的建设发展与稳定和谐。疾病预防控制系统的职能和工作任务对于国民经济和社会发展至关重要，是和谐社会建设的重要部分，任务艰巨而繁重。

疾病预防控制系统的职责就是疾控系统要完成的主要任务，也应该是疾控系统党的工作的出发点和落脚点，这并不是说党的基层组织要领导本单位的业务工作，而是说要围绕这个大局和中心任务，发挥政治核心、战斗堡垒、监督保证三大作用；在执行职能工作和完成任务中负责宣传、贯彻、执行党的路线、方针、政策和国家的法律法令，把握单位事业发展方向；做好职工思想政治工作，发挥党员的先锋模范作用，调动队伍的创造性和积极性，在保证完成任务中起坚强的后盾作用。同时对处理国家、集体、职工三者利益的关系，对干部遵纪守法、廉洁自律，对保障职工民主权利等起监督作用。在党政分开实行行政首长负责制的事业单位中，党政分开不是党政分家，而是根据职责的不同，有分有合，做到密切配合，共谋发展，党政工作要互相沟通，共同研究、计划、布置、落实和检查。就党组织而言，在保证业务工作中，主要承担的任务应该是：组织学习、宣传教育、完善制度、队伍建设、思想工作、处理矛盾等。有人这样形容基层党组织，即组织学习的班长、事业发展的舵手、行政决策的参谋、培养用人的指导、联系群众的桥梁、协调问题的主将、完成任务的后盾、遵纪守法的哨兵。

三、以造就“组织者、推动者和实践者”为本，在加强党的自身先进性建设中强化政治核心作用

在全党开展以实践“三个代表”重要思想为主要内容的保持共产党员先进性教育活动取得丰硕的实践、制度、理论成果的基础上，党中央决定更加突出地把党的先进性建设作为党的各方面建设的主线，继续全面推进党的建设新的伟大工程。基层党组织必须与时俱进地将党的先进性教育要求纳入到思想、组织、制度和作风建设中，落实到班子建设、党员干部和党员队伍的教育、管理和服务之中，这是基层党建工作的重要任务和基础工程。

当前，思想政治建设首先应着重抓好十六大以来党中央提出的一系列重大战略思想的学习工作。要结合当前社会重大现实问题、本单位工作实际和干部群众的思想实际，使之在党员干部的思想中转化为对党和人民的事业不懈奋斗的坚定信念，转化为观察和解决问题的科学方法，转化为指导改造客观世界和主观世界的行为准则，着力提高党员干部的思想认识水平。二是抓好党和国家的各项方针、政策、法律法规的学习，尤其是与本单位工作领域紧密相

关的内容；还要注重紧跟国内外政治、经济、军事形势的变化，及时围绕社会的重大问题、热点问题和敏感问题解疑释惑，提高党员干部的政治敏感性、风险抵抗力和思想动态把握能力。三是抓好科学文化、专业知识的学习，重点是本单位工作领域的业务技术知识，并合理计划安排参加有关综合性的业务会议、现场调研，利用现代网络技术了解有关最新进展和相关信息，以提高党员干部更好地贴近业务开展党的工作的能力。

组织建设关键是做好“三件事”：一是配备好领导班子。像中国疾控中心这样的事业单位，应将党组织建设的重点放到依法对直属单位党组织主要干部选配、培养和责任制的管理上。二是坚持和完善民主集中制，重大问题必须经领导班子集体研究决定。三是认真开好领导班子民主生活会，要有计划、有准备，党政主要负责人带头开展谈心和批评与自我批评。

同时，在开展党员队伍建设中要做好三个方面工作：一是发展党员队伍。重点发展一线工作的青年业务骨干，努力把本单位各个层面的先进分子吸引到党组织周围。二是加强党员教育管理和服务。坚持落实三会一课等组织生活制度和党员定期讲评工作；创新激励机制，学习先进，弘扬好人好事，为党员干部提供更多价值实现的平台。三是严肃党纪。落实“党要管党，从严治党”的要求。利用反面案例进行经常性的警示教育，对于违法乱纪或模范作用差的党员，特别是党员领导干部，要严格按照《党章》要求和新时期党员基本标准严肃处理，维护和保持党的队伍的纯洁性。

党的基层组织先进性建设，在不同特征党员干部群众中，工作着力点不同：班子建设要以“政治坚定、求真务实、开拓创新、勤政廉政、团结协调的坚强领导集体”为目标，树立起“为民、务实、廉洁”的班子文化与形象。党员领导干部要作为践行党员先进性的模范，向“政治坚定、能力突出、作风过硬、群众信任、善于领导科学发展”的方向不懈努力，处处发挥表率作用。党务干部要更注意提高构建和谐的能力，要善于深入实际，调查研究，及时发现和解决群众思想问题；善于引导、规避、防范发生群体性事件；努力提高综合素质和解决处理实际问题及复杂问题的能力。党支部建设要向学习型组织努力，建设成为有共同理想、共同信念、共同价值观和奋斗目标的有识之士的集体，具有更强的创造力、凝聚力和战斗力，足以吸引更多优秀分子志愿参加，使每个党员都成为与党外群众不一样的先进分子。制度建设是党的基层组织先进性建设的关键工程，以贯彻落实中央下发的四个长效机制文件为契机，首先加强党的工作科学化、民主化、规范化、程序化建设。尤其要完善反腐倡廉的教育、制度、监督并重的惩防体系责任制度和重大决策、重要干部任免、重大工作项目和大额资金必须经过领导集体讨论决定的实施制度，以及制度实施中的监督、检查和评估机制。

以上各项措施，相互联系，相互带动，不断实践，不断创新，对于事业单位党的基层组织发挥政治核心作用和“凝聚人心，推动发展，促进和谐”的作用，既是结果，也是坚实的基础。

（作者：中国疾病预防控制中心党委书记）

把党委建成善于科学决策的领导集体

贯临波

党的十七大报告提出，要把党的执政能力建设和先进性建设，作为全面推进党的建设新的伟大工程的主线切实抓好。贯彻落实这一要求，就各级党委而言，很重要的一个方面就是要在实践中不断提高科学决策的水平，成为善于领导科学发展的坚强领导集体。近年来，武警总医院在激烈的市场竞争中实现了快速崛起，各项医疗指标大幅攀升，综合实力显著增强。医院先后被评为首批“全国百姓放心示范医院”、“中国国际救援医疗基地”，并被北京市奥组委确定为2008年奥运会医疗保障单位。医院之所以能取得这些显著的成绩，其中一个重要因素就是医院党委能够结合实际，把握医疗发展方向，实施了正确的决策措施。

一、医院要在日益激烈的市场竞争中求生存、谋发展，党委决策必须审时度势、与时俱进

前些年，由于我们思想观念相对滞后，对医院生存发展的形势把握得不够准确，致使医院建设长期在低层次徘徊，医疗质量不够高，经济效益增长缓慢。经调查研究，院党委认为，部队医院工作的特殊性，要求我们既要能面向战场，完成卫勤保障任务，又要能面向市场，在市场竞争中求生存、谋发展。因此，必须打破传统思维模式，不断转变观念，主动适应市场需求，适时作出引领发展的正确决策。

基于这种认识，院党委确立了“军内先进、全国知名”的名院战略和“官兵满意、百姓放心”的建院宗旨，开展了“学习、创优、和谐、发展”的医院文化建设，制定并实施了“医院建设发展五年规划”和“人才队伍建设战略工程”。此后，我们又及时提出了“创建学习型医院，争当学习型科室”、“双赢共赢”、“和谐发展”等理念，积极推行“标杆管理”和“感动服务”，开展“扶贫救心”社会公益行动和岗位大练兵等活动，并抓住机遇组建了中国国际救援医疗队，先后10余次出色完成国际国内重大自然灾害救援任务，为祖国和武警部队赢得了荣誉。这些决策有力地提升了医院的形象和核心竞争力，为医院又好又快的发展打下了坚实基础。

二、医院科技含量高、专业技术性强，党委决策必须讲求科学、切合实际

医院知识密集、技术密集、专业化程度高，这就要求党委对业务建设和重大技术问题的决策，必须遵循科学发展规律，切合业务工作实际，符合专业技术发展要求。

一是着眼学科发展。医疗行业的竞争很大程度上表现为医疗品牌的竞争。医院要发展，学科建设就不能搞一线平推，齐头并进，必须抓住重点学科求突破，使之形成品牌优势，进而辐射和带动整体学科的全面发展。2002年，我们在认真分析医疗市场形势、搞好学科评估的基础上，决定组建肝移植研究所，将其作为学科建设的突破口，调集精兵强将，进行重点打造。短短几年，不仅肝移植研究所迅速崛起，成了学科建设的“领头羊”，而且还带动了10多个学科的快速发展。目前，医院已形成了以眼眶病、心脏病等五个研究所和骨科、肿瘤等五个专科中心为重点，其他学科梯次跟进、整体进步的发展格局。

二是着眼人才建设。医院要发展，人才是关键。为此，院党委先后作出了一系列加快人

才队伍建设步伐的重要决策，采取超常举措吸纳高端人才。按照“人才有价”的原则，以高额待遇先后引进了一批全国知名专家；按照“不求所有、但求所用”的原则，采取签约、兼职等办法，吸纳了一批医学权威；按照“人尽其才”的原则，采取因人设岗、因人设科等办法，为优秀人才搭建了施展才华、成就事业的平台。经过几年的努力，我们逐步构建起一支以“名医、名刀、名家”为主体的高素质人才队伍，为医院的快速发展提供了坚实的人才支撑。

三是着眼设备设施建设。前些年，我们购买国际上最先进的64排CT时，医院资金十分困难，需要更新换代的设备很多。如果分散资金、多点投入，只能普遍更新一般设备。对此，院党委作出了“瞄准一流、集中财力、重点投入”的决策。我们率先购买了3.0核磁、中子刀、诺力刀等一批至今仍处于先进水平的大型高端设备，有力地促进了学科技术发展。2002年，医院建设开始显现快速发展势头，院党委没有只顾眼前利益，而是着眼长远发展，作出了“建一流大楼、上一流设施、创精品工程”的决策。按照医疗技术的发展趋势和要求，配置了国内外最先进的医疗设备，为医院的新一轮发展奠定了基础。

三、医院发展步伐快、大事难事多，党委决策必须积极稳妥、主动作为

严格程序，依法决策。由于医疗领域改革日益深化，医疗活动越来越多、涉及资金越来越大，加之医院地处北京，与社会联系广泛，这一方面为医院的发展提供了前所未有的机遇和条件，另一方面也使党委决策面临着许多复杂情况，决策的内容增加、难度加大、考验增多。为此，我们始终坚持党委决策的制度化、规范化和程序化，先后制定了《工程建设招投标规定》、《经费联审会签制度》、《大宗物资采购办法》等多项配套措施，使党委决策有章可循、有据可依。

正视矛盾，善于决策。2002年以来，随着门诊量、收容量、手术量的大幅攀升，医院出现了医疗资源严重紧缺的状况，人员不足、空间狭小、床位紧张的矛盾非常突出。为了突破这一“瓶颈”，院党委迎难而上，在分析现状、调查论证的基础上，从医院发展的战略全局出发，适时作出了“整合资源、重组学科”的决定。按照“合并弱势学科，巩固一般学科，开设特色学科，加强重点学科”的原则，先后对36个学科进行了大规模调整组合，使有限的资源发挥了最大效益，实现了由数量规模型向质量效益型的转变。

抓住机遇，果断决策。当初，在推行专业技术干部任期制这项工作时，由于涉及所有专业技术干部，特别是要有10%的淘汰比例，不少人心存疑虑，怕因此影响医院队伍的稳定。院党委认为，打破专业技术职务终身制是大势所趋，可能会引起一时的阵痛，但从长远看，有利于激发干部队伍的内在活力，进而推动医院的快速发展。2005年，院党委决定采取竞争上岗的办法，推行干部岗位竞聘制，打破了多年来科主任、护士长的任职终身制。此后，我们又根据医院发展的需要，率先实行了文职人员聘用制和合同医生人事代理制，较好地保留了人才，解决了人力资源不足的问题。

四、医院知识分子集中、民主意识强，党委决策必须依靠群众、发扬民主

一是充分让群众参与决策。相信群众，是党委发扬民主的重要前提，也是走群众路线的基本标志。前些年，由于担心群众知道的多了，会挑刺儿、找麻烦，因而在一些重大敏感问题的决策上听取群众意见不够，结果不仅影响了党委决策的科学性，还挫伤了群众的积极性。近年来，院党委不断总结经验，为确保群众的知情权，每当重大决策、规定出台前，我们都要多渠道地听取群众意见，使群众充分了解政策规定。同时，积极推行热点问题、敏感事务公开制度，在干部使用、调职晋级、评功评奖、住房分配等问题上，充分听取群众意见，让群众积极参与决策，使这些棘手问题得到了妥善处理和解决。

二是让专家参与重大决策。医院的专家队伍既是专业技术领域的骨干，也是党委决策的重要依靠力量。凡是决策专业性、技术性较强的问题，我们事先都要请专家“把脉会诊”，充分论证；凡出台重大决定，事先都要召开专家座谈会，广泛听取意见。坚持做到决策重大问题，没有征求专家意见的不上会，没有经过专家论证的不拍板。比如，院党委在研究制定《人才战略工程十项措施》和《科技干部任期绩效考评制度》时，曾先后 5 次召开科主任座谈会、3 次听取专家咨询委员会意见，确保了这些改革举措的正确可行。

三是充分听取党委成员的意见。充分发扬党委内部的民主，认真听取党委成员的意见，党委的决策就能多一分科学，少一分偏颇；多一分保险，少一分风险。这些年来，我们坚持在讨论和决定医院建设的重大问题前，都反复征求每位委员的意见建议，直到大家的认识和意见都相对一致后，才提交党委会研究决定。比如，每年的科技干部任期考评，程序多、情况复杂、工作量大。但是，无论时间多么紧、工作多么忙，我们从不忽视会前的个别酝酿，反复与党委成员交换意见，确保了决策的客观公正。

（作者：武警总医院政委）

构建和谐城市社区党建工作新格局

姜　杰

和谐社区是和谐城市的基础，城市社区党建工作是党的基层组织建设的重要组成部分。近年来，我们青岛市黄岛区高度重视城市社区党的建设，以服务群众为重点，确立“以人为本、服务居民”的工作理念，积极探索，勇于实践，不断加强和改进城市社区党建工作，夯实党在城市基层的执政基础。

一、健全管理体系，强化党组织的领导核心地位

在构建和谐社区中，我们努力建立健全管理体系，优化组织配置，充分发挥党组织的领导核心作用，使城市社区成为增强党的阶级基础、扩大党的群众基础的重要阵地。

创新社区党组织设置方式。我们按照“一社区一支部（总支、党委）”的原则，重点加强新建、改建住宅小区中社区党组织的建立调整工作。对党员超过100人、党建基础较好的社区成立党委，下设楼宇党支部和楼道党小组。“村改居”社区和临近的城市小区社区建立联合党支部和自治组织，整合社区资源，着力解决辖区相互间交叉包容的问题。

创新社区自治组织框架设计。我们着眼于健全党组织领导的充满活力的社区居民自治机制，将决策、执行和监督三种权力进行相对分离，以社区党组织为核心，构建起决策层（居民会议）、执行层（居民委员会）和监督层（监督委员会）为主体的新型社区事务管理框架，确保居民对社区重大事务的知情权、决策权、参与权和监督权。重点调整了两个机构设置：设立居民会议，居民会议主席一般由党组织书记兼任，将党的领导融入自治组织体系之中；将社区事务公开监督小组、民主理财小组进行整合，设立监督委员会，对社区事务的管理享有知情权、参与权、质询权、评判权和建议权。制定了决策、执行、监督以及社区集体资产和财务管理四项规章制度，促使决策由“两委”决策向民主决策转变，执行由随意向依法转变，监督由结果向决策和执行全过程延伸。

创新“两新”组织党员管理模式。我们以理顺党组织和党员的隶属关系为重点，对“两新”组织党员实行“一统六管”的管理模式，即在区委统一领导下，外商投资企业党组织由外商投资企业党委管理；在商贸市场以及零星个体工商户中建立的党组织由民营企业党委管理；行业性较强的企业党组织由各有关部门党委归口管理；社会力量举办的学校的党组织，由教育、劳动部门党委管理；没有明显行业特点或规模较小的企业党组织，由所在街道党组织管理；流动过程中尚未落实工作单位或因某些原因暂时无法转移组织关系的党员，由区流动党员管理服务中心党组织管理。同时，街道党组织和社区党组织协助其他党委做好辖区内“两新”组织党组织的管理工作，从而建立起复合式、网络化的组织体系，“两新”组织党组织组建率和党的工作覆盖面均达到100%。

二、健全服务体系，提高为社区居民群众服务的质量和水平

社区党建工作的核心理念是立党为公、执政为民，根本任务是服务居民群众，关键工作是构建服务网络。

增强服务居民意识。我们通过在党组织和党员中开展“群众在我心上，我在群众心中”、

"党性在社区闪光"、"居民评党员，党员评干部"、公开承诺制、为民服务代理制等活动，建立"社情民意绿色通道"和"排忧解难绿色通道"等，把服务居民的理念和宗旨贯穿到社区党建、社区建设的各个环节，着力增强党员意识、提高党员素质、发挥党员作用，着力提高党组织促进经济发展的能力、构建和谐社会的能力、引领先进文化的能力，形成了上级组织为基层组织服务、基层组织为党员服务、各级组织和党员为群众服务的社区服务工作格局。

搭建社区服务平台。重点是"建设施、建队伍、建网络"。在设施建设上，建筑面积1万平方米以上的新建住宅小区或旧城改造片，按照5‰的比例配套建设公共设施，做到与小区建设同步规划、同步设计、同步检查验收、同步投入使用。各街道投资建设社区事务综合服务受理中心，推行一站式办公、一门式服务。各社区建设了"四室三站一校一场所"(社区办公室、警务室、文体活动室、图书阅览室，社区服务站、社区卫生站、社区社会保障站，社区学校和群众文化娱乐活动场所)，综合面积达到500平方米以上。在队伍建设上，根据社区地域大小和管理户数的多少，通过面向社会公开招聘，配置以党员为主体的专职工作人员，保证社区服务主体到位。在网络建设上，充分利用热线电话、互联网等现代信息技术，实现区、街道、社区三个层次的微机联网，把社区居民和驻区单位的需求与社会服务资源有机整合起来。

拓展社区服务内容。围绕构建和谐社区的目标，实行了"五大工程"。一是繁荣工程。采取"支部加项目"的模式，实行招商引资带动、工业配套企业带动、商贸服务业带动、旅游产业带动等多种路子，推进产业的多元化经营和经济结构的调整，提高社区党组织自我发展的能力和服务群众的能力。二是洁美工程。按照"精品化、人性化、景观化"的目标，将全区100余个居住片整合为20个居住区，大力治理脏、乱、差问题，拆除违章建筑，清除乱贴乱画、乱堆乱放，构建起现代化生态绿色社区的框架。三是文明工程。深入持久地开展"新区发展我受益、我为新区作贡献"主题教育活动，在各街道建成了较高档次的综合性社区文化广场，各社区普遍建立了文化活动中心和科普画廊，面向社会聘任社区文明建设志愿者200多名。四是健康工程。积极开展社区卫生服务工作，不断完善基层社区卫生服务网络，逐步建立起"大病进医院、小病在社区"的新型医疗服务体系，为居民提供"优质、高效、便捷"的卫生服务。五是平安工程。建立派出所片警、城管队员、义务巡逻员、社区联防员、消防队员以及退休民警和退休老干部组成的"六支治安队伍"，设立辖区四周、交通要道、要害部位、街道社区、居民楼、单位家庭"六道防线"，形成了以增强居民安全感为目标的群防群治体制。

三、健全保障体系，筑牢社区党建工作基础

健全保障体系，是社区党建工作的基础。我们加强协调和具体指导，严格落实目标责任，建立有效的资金投入机制，为社区党建、社区建设提供政治、组织和物质保障。

协调指导落实到位。成立了由区委书记为主任、区五大班子有关领导为副主任的社区党建和社区建设委员会，下设党政分管领导、区直有关单位主要负责人参加的10个社区建设协调指导小组，形成了党建共抓、文明共创、资源共享、社区共建的良好氛围。各街道成立党组织书记为组长的社区党建和社区建设领导小组，采取包片指导和挂职指导相结合的方式，确保各项工作符合社情民意，落实到位。通过建立社区"两委"联席制，健全党组织联系党小组、党组织成员联系党员骨干、党员骨干联系困难党员，居委会联系居民小组、居委会成员联系居民代表、居民代表联系困难居民的"双联"制度，完善以社区党建为核心的社区工作整合机制。

责任目标落实到位。从我区的实际出发，我们提出了"六型社区"的社区党建和社区建设目标，即组织体系完善、制度健全落实、运作协

调顺畅的管理型社区；自我管理、自我教育、自我服务、自我提高的自治型社区；管理范围明确、基础设施完备、生活环境优美的物化型社区；服务类别俱全、服务便利快捷的服务型社区；文教卫生知识普及、居民关系融洽的文明型社区；治安秩序良好、居民安居乐业的平安型社区。制定了《和谐社区建设标准》，将建设和谐社区的各项标准细化，把和谐街道社区分为初、中、高三个级别，采取百分制晋级评价制，有计划、分层次地稳步实施。同时，将社区党建和社区建设目标纳入我区经济和社会发展规划，纳入对各级领导干部年底绩效考核，纳入"三个文明"与和谐社会建设的评比和表彰，进行层层责任分解，激发工作动力。

资金投入落实到位。自2002年起，我区每年地方财政收入的5‰，社会福利有奖募捐等筹集福利基金的1/3，街道办事处地方财政收入的2%，用于社区党建和社区建设，采取直接投入或"以奖代补"的方式对各社区的建设给予支持。引入市场机制，鼓励各类社会资本投资社区公益性、服务性设施。公用事业单位、其他社区组织需要街道社区代办的工作，经自愿协商、合同约定，实行有偿服务。以此逐步建立起政府投入为主导、社区成员单位资源共享、社会各界捐助、社区居民自发参与的社区党建和社区建设多元化投入机制。

（作者：中共山东省青岛市委常委、黄岛区委书记）

大力推进新社会组织党建工作

吴蔚荣

近年来，义乌市委从实际出发，把加强新社会组织党建工作作为事关改革、发展和稳定大局的大事来抓，以"消灭空白点、扩大覆盖面、增强有效性"为目标，积极探索新社会组织党建工作的新思路和新方法，新社会组织党建工作取得了一定成效。

一、按照"把握规律、有效覆盖"的要求，创新党组织组建工作

把新社会组织党建工作纳入党的基层组织建设总体规划，按照"先易后难、分类指导、有序推进、全面覆盖"原则，推进新社会组织党组织组建工作，不断扩大党的工作覆盖和组织覆盖。

健全组建工作机制。市委成立了新社会组织党建工作领导小组，各镇、街道也建立相应的具体工作机构，明确工作人员，落实工作任务，建立职责明确、网络健全、上下联动的党建工作体系。同时，建立组织部门、登记管理部门和业务主管部门"三位一体、共同负责、通力合作、齐抓共管"的工作机制，及时指导新社会组织按要求组建党组织。

探索组织设置形式。根据正式党员人数、新社会组织性质等实际情况，分别采取单独组建、联合组建、挂靠组建等方式，成熟一个组建一个，建立一个巩固一个，巩固一个带动一批。对于有正式党员3名以上、党员人数较为稳定、有合适支部书记人选的新社会组织，单独建立党支部。对于党员人数较少的新社会组织，按照"行业相近、地域相邻、工作方便"的原则，由各社会组织共同联合建立党支部。对于不具备单独建立支部条件的新社会组织，挂靠社区或主管部门，成立党员小组。对于暂不具备组建条件但又有工作要求的新社会组织，从业务主管单位党组织或所在地党组织中选派熟悉业务和党务工作的党员，担任党建工作指导员，为以后组建工作创造条件。

理顺归口管理体制。根据便于管理、便于工作、便于指导的原则，实行行业管理、属地管理、对口管理、挂靠管理、指定管理等不同的管理体制。对一些规模较小、政策性和专业性不是很强，与街道社区和镇关系紧密的新社会组织，以及行业关系隶属于地方的新社会组织，其党组织关系一般实行属地管理。对一些政策性、专业性强的新社会组织，其党组织关系一般由业务主管单位党组织直接管理。对已成立行业协会的新社会组织，其党组织关系一般由业务主管单位依托行业协会组织管理。对一些不具备单独建立党支部条件的新社会组织中的党员，挂靠到社区或主管部门党组织管理。对一些行业特点不明显，无明确上级主管部门的新社会组织，则由上级组织部门指定实行属地管理或归口到性质相近的行业主管部门管理。

二、按照"内强素质、外树形象"的要求，创新党组织自身建设

通过实施党组织规范化建设，不断增强党组织的凝聚力、创造力和战斗力。

配强党务干部。在新社会组织党组织中，倡导行政负责人和党组织班子成员"双向进入、交叉兼职"，同时把党性强、业务精、有一定组织能力和党务工作经验的行政负责人或管理者选拔到党组织书记岗位上来。明确规定新社会组织辞退或解聘党组织负责人，应事先征得上级党组织和业务主管部门的同意，确保党组织负

责人应有的权利和党务工作者队伍的稳定。完善党组织负责人待遇保障制度，给予享受各单位副职的待遇，激励他们的工作积极性。加强对党务干部的考核，建立完善监督考核制度。每年组织一次集中业务培训，提高党组织负责人的业务能力和领导水平。

健全工作制度。按照党章要求，结合新社会组织的特点，建立健全加强党员教育管理、发挥党组织和党员作用、有利于开展党的工作的规章制度。对党组织职责、“三会一课”制度、党员电化教育制度、党员责任区制度等实行统一要求，并做到制度上墙；开展丰富多彩的争先创优活动，开展无职党员设岗定责工作，充分发挥党员的先锋模范作用。

加强队伍建设。坚持标准，严把质量，做好党员发展工作，把经营管理者、业务骨干中的优秀分子培养成党员。加强党员组织关系接转工作，对在新社会组织工作六个月以上而组织关系未转入的党员，原则上将其组织关系转入新社会组织党组织（包括业务主管单位党组织、行业协会党组织、所在地党组织）；对长期在新社会组织工作而组织关系确实难以转入或短期在新社会组织工作的党员，凭《流动党员活动证》参加新社会组织党组织的生活。

三、按照“服务党员、关爱党员”的要求，创新党内服务工作

积极探索新社会组织党内服务的新机制、新载体，不断拓展党内服务的新途径，逐步形成“党委服务支部、支部服务党员、党员服务群众”的党内服务格局。

完善党内服务机制。成立市级党员服务中心，各镇、街道建立党员服务站，各新社会组织党支部成立党员服务点，对外挂牌明示，明确工作职责和服务项目。建立新社会组织党员信息库，全面了解党员的需求，并确定重点服务对象和困难党员帮扶名单，有针对性地开展党内服务。建立党员慰问制度、结对制度、扶贫帮困制度、访谈制度、信息传达制度等各项服务制度，将服务落到实处，切实增强党员对党组织的认同感和归属感。

强化党内服务功能。尊重党员主体地位，注重保障党员权益。从入党教育培训到党组织关系转接，从志愿者服务到优秀党员宣传，从热线求助到代理承办等，全方位地为党员提供服务。各党内服务机构公开服务电话，畅通党员与党组织之间的联系，全面掌握党员的思想状况和实际需求，使服务工作更加贴近实际、贴近生活。有效整合全市党组织及社会资源，发挥各相关部门、辖区单位在基层党建中的作用，实现上下联动、共同服务，形成服务合力。

落实服务保障措施。通过积极沟通和争取，新社会组织党组织普遍设立了“党员活动室”、“党员之家”，进一步拓展了党员活动空间。探索通过管理费用税前列支、党费奖励、财政补助等途径，为新社会组织建立党组织、开展服务提供必要的经费保障。落实人员保障，明确专人负责联系、落实和开展党内服务工作。

四、按照“推动发展、促进和谐”的要求，创新作用发挥途径

把新社会组织党建工作的着力点放在支持和推动新社会组织发展、促进社会和谐上，做到党建工作与业务工作的有机结合，实现“以作为赢取地位”的目标。

发挥党组织的宣传引导作用。通过党组织负责人、党员行政领导、党员业务骨干在新社会组织中宣传贯彻党的路线方针政策。采取多种形式加强党员教育，开展党的基本知识教育和身边党员实例教育，增强党员意识。做好骨干培育，开展“三推荐”活动（推荐党员到新社会组织就业，推荐优秀职工入党，推荐优秀党员进入管理层），使党性观念强、思想政治素质好、专业技能突出的优秀党员通过竞争走上重要岗位。

发挥党组织的组织协调作用。组织党课培训、技能培训、专题讲座、知识竞赛等活动，为党员学习党建知识、经济管理知识、法律法规知识、科技知识和相关业务知识创造有利条件，提

高党员党性观念，努力把党员培养成各自领域的带头人。促进业主与职工、协会理事会与会员的联系沟通，丰富职工和会员的业余文化生活。开展党员先进性承诺、党员示范岗、一名党员一面旗帜、“亮身份、亮职责、亮业绩”等活动，发挥党员的先锋模范作用，推动党组织健康发展。

发挥党员的带头示范作用。争做无私奉献的模范，引导党员爱岗敬业、奋力拼搏、永葆本色；争做新农村建设的模范，鼓励党员通过各种途径参与新农村建设；争做扶贫帮困的模范，鼓励党员参与社会公益活动；争做科学发展的模范，激励党员紧紧围绕生产经营，推动企业技术进步。

（作者：中共浙江省金华市委常委、义乌市委书记）

通过主题实践活动加强流动党员管理

中共北京市委组织部党员教育管理处

加强和改进流动党员管理，是新形势下保持共产党员先进性、提高党的执政能力的一项重要任务。北京作为流动党员最集中的城市之一，流动党员数量众多、情况复杂，教育管理工作任务非常繁重。今年以来，北京市委组织部在全市深入开展了"首都是你温暖的家"主题实践活动，不断增强流动党员的党员意识和宗旨观念，推进流动党员教育管理工作取得新进展，也展示出首都兼容并蓄、凝聚人才的良好形象。

一、抓机遇，宣传工作到位

加大宣传力度。充分利用报刊、电视台、广播电台等媒体，大力宣传中央和市委关于流动党员教育管理工作的有关精神、基层加强和改进流动党员教育管理工作的经验和做法、流动党员中涌现出的先进典型等，为开展好主题实践活动营造良好的舆论氛围。我们将有关流动党员教育管理的文件汇编成册，与活动证一起发放给流动党员，各级党组织普遍采用发放"致流动党员的一封信"，在有线电视台、党建网络和报纸杂志发布公告，通过公益宣传大屏幕滚动播出，在社区楼门张贴公开信和群发短信等方式，宣传有关规定和要求，努力做到尽人皆知。海淀区积极协调职业介绍、人才、人口、计生等窗口部门，在为流动党员办理业务时进行政策宣传，收到了良好效果。

设立服务热线。市委组织部开通"北京市流动党员咨询服务专用电话"，各区县委和市委有关部门也相应设立专线，为流动党员落实组织关系、参加组织生活提供咨询服务。全市共开通专用电话23部，接受咨询3300余次，拓宽了组织部门联系和服务党员的渠道，引导广大流动党员亮明身份，及时与党组织取得联系。海淀、密云等区县推行"首问责任制"，第一个受理流动党员电话或上门咨询接收事宜的工作人员即为第一责任人，负责帮助联系相关党组织或部门，直至该党员被纳入组织管理。

开展走访慰问。今年春节前夕，市委组织部领导深入基层，为部分流动党员颁发活动证，赠送学习书籍，号召流动党员充分发挥党员的先锋模范作用，积极为和谐社会建设贡献力量。市委组织部专门拨出30万元党费，通过文化活动、组织百名新党员宣誓、参观革命遗址等多种形式，慰问外地在京务工的数千名党员，鼓励他们做到离家不离党，始终保持先进性，共同为"新北京、新奥运"作贡献。全市各级党组织也深入开展慰问流动党员活动，通州区召开返乡流动党员座谈交流会，宣武区建立了流动党员帮扶制度，增强了党组织的凝聚力。

二、抓基础，教育管理到位

建台账，全面掌握流动党员情况。市委组织部专门下发通知，对做好新版流动党员活动证的发放工作提出明确要求，要求各基层党组织切实做到应发尽发、应发快发。全市各级党组织结合党员信息库建设工作，普遍开展拉网式调查摸底，建立流动党员台账，全面掌握流动党员的数量、分布等基本情况，为加强和改进流动党员教育管理提供信息服务。西城区委组织部与区公安分局联手，通过派出所户籍查询方式寻找在册的流动党员，尽可能地减少遗漏，取得了明显成效。有关抽查结果显示，北京市流动党员在外地的持证比例在全国位居前列；截止目前，全市共接收流动党员8635人，排查出的外省区市流动党员数量在全国也处于前列。

建组织，将流动党员纳入党员教育管理体系。各基层党组织把流动党员纳入本地区、本部门党员教育管理的整体工作中，统筹规划，同步推进，形成了全区域、多方位、广覆盖的组织网络。对于流动党员相对集中的非公有制经济组织、民办非企业单位等，结合规模以上非公有制企业建立党组织工作进行组建；对于其他分布相对集中的流动党员，采取依托流动党员工作地、居住地进行组建的方式，单独建立党组织，或依托流动党员流出地，以“异地协管”的形式建立党组织；对分布比较零散的流动党员，按照尊重党员意愿、便于党员参加活动的原则，就近纳入现有的党组织。东城区在实践中探索出“组织设置特色化、党员编组全员化、开展活动个性化、教育管理标准化”的管理模式，将党员编到各特色党支部和党小组中，收到了较好效果。

建平台，为流动党员发挥作用创造条件。各基层党组织结合自身实际，创造性地开展了“首都是你温暖的家，奥运是我们共同的梦”、“党徽在流动中闪光”、“迎奥运、练技能、强素质、共发展”等主题实践活动，通过设立“流动党员先锋岗”、“流动党员示范店”、“流动党员诚信经营户”等方式，为流动党员发挥作用搭建平台。市里在奥运工地的流动党员中开展了“为党旗增辉，为奥运添彩”主题系列活动，号召他们在筹办奥运的伟大实践中建功立业，流动党员纷纷表示，要为实现“新北京、新奥运”战略构想和建设和谐社会首善之区贡献一份力量。

三、抓机制，热情服务到位

制定了一批服务流动党员的制度。各区县都制定了流动党员管理办法，建立起流动党员信息制度、接收制度、活动制度等一系列制度，为服务流动党员提供了制度上的保证。石景山区建立流动党员联系制度，要求有能力的党员联系、帮助一名流动党员，及时了解流动党员的就业、学习和生活状况，开展有针对性的教育管理。顺义区建立流动党员活动经费保障机制，通过多种渠道解决流动党员管理工作所需经费和场所问题，以同本地党员同样的标准保障流动党员组织活动的经费。在今年的换届工作中，一些区县在社区党组织换届选举和党代会代表推选工作中，特别明确了流动党员的代表比例，以制度来保障流动党员的政治权利。

建立流动党员服务体系。基层党组织在服务流动党员时，坚持条块结合，动态管理，建立了较为完备的服务体系，努力满足广大流动党员政治上的追求、生活上的需求和精神上的渴求。崇文区龙潭街道党工委为解决流动党员参加党组织学习难、与党组织交流难、了解党的信息难等问题，为每个社区党组织设立了流动党员电子信箱，将相关学习资料和活动信息上传到邮箱，由党员自行在网上下载学习。昌平区根据流动党员的不同需求有的放矢地提供服务，由党组织和有关部门、机构负责其就业、计生、法律等方面的具体事宜。怀柔区注意强化基层党组织的服务功能，同时积极开展流动党员维权活动，切实解决乱收费、拖欠克扣工资和违反劳动法等侵害流动党员权益的问题，受到流动党员的普遍欢迎。

构建起流动党员协作共管的机制。在工作实践中，各基层党组织有效整合流出地和流入地的组织资源，充分发挥组织优势，建立“资源共享、组织共建、活动共抓、作用共促”的流动党员双向管理制度，在构建流出地与流入地党组织密切配合、有机衔接的流动党员管理机制方面创造了许多鲜活的工作经验。大兴区开展流出地与流入地党组织“结亲”活动，主动与流出党员所在地党组织和外来流动党员的流出地党组织取得联系，共同加强流动党员的服务管理；丰台区委组织部和河南新野县委探索建立流动创业党员“双向共管”的模式，成立了新野县驻北京新发地市场党支部，使异地工作的党员都能接受正常的组织教育和管理，促进他们保持本色、再立新功。

加强党的自身建设必须反对个人自由主义

韩　旭

一、个人自由主义是资产阶级的核心价值观

个人自由主义是西方资产阶级的核心价值观和资本主义社会赖以生存的思想根基，它与实用主义一道对我们的爱国主义、集体主义思想和共产党人的大公无私精神造成了较为严重的冲击，带来了许多导致社会不和谐的因素。但是，它最严重、最危险、最致命的危害还在于它有可能从思想和制度的层面严重冲击、动摇和瓦解我们的社会主义。社会主义是我们共产党人心中神圣的事业。胡锦涛总书记今年6月25日在中央党校的重要讲话中指出："中国特色社会主义，是当代中国发展进步的旗帜，是全党全国各族人民团结奋斗的旗帜。"社会主义制度的确立，为我国社会生产力的发展和社会进步提供了可靠的保证和光明的前景，集中体现着国家、民族、人民的根本利益。我们今天所取得的一切，都是因为我们党带领人民坚持走中国特色社会主义道路的结果。然而，这是不是就可以说，今后我们在走中国特色社会主义道路这个根本问题上就会一帆风顺了呢？显然不是。产生这种风险的一个尚未被许多人意识到的因素，就是个人自由主义的不断蔓延。

无论是西方资产阶级的古典自由主义思想还是新自由主义、新保守主义，尽管它们在形式和内容上有些变化，但它们一个最重要的共同点就是都强调个人的绝对自由。为了保证这种个人的自由，首先必须从经济上、财产所有制上做文章。他们认为，只有资本主义私有制才能为个人自由提供根本保障。"私有制是自由最重要的保障"，"只是由于生产资料掌握在许多个独立行动的人手里，才没有人有控制我们的全权，我们才能够以个人的身份来决定自己要做的事情"，"如果取消私有制，财产落入全社会的手里，那就会危害自由"。这是最典型的、最有代表性的个人主义的思想。与此同时，为了实现个人的绝对自由，还必须从政治上、政治制度上提供保障，这就是要实行"多党自由竞争"和"议会民主"，实行"三权分立"。资本主义经济制度和政治制度的产生是个人自由主义的必然结果和必然要求。没有个人自由主义，也就没有资本主义的经济制度和政治制度。当然，没有资本主义的经济制度和政治制度，个人自由主义也无法得到保证。一个身无分文、一无所有的人是不可能拥有真正的个人自由、真正的发言权和不可能不依赖于别人的。拥有金钱和财富的多少成了衡量个人自由大小和强弱的标准。谁拥有的金钱和财富越多，谁的个人自由就越大，受制于别人就越少，指挥别人就越多，在经济社会生活和国家的决策中的发言权就越大。在社会生产力发展水平进入资本主义时期，产生了较多的社会剩余财富，而这些社会剩余财富又没有足够多到我们所说的共产主义社会那种满足每个人按需所取的程度，在这种情况下就只有强者才能够占有、享受和分配这些社会创造的剩余财富。于是，弱肉强食的竞争就变得空前的激烈。在这个过程中，拥有金钱和财富的强者们必然会结成联盟，形成利益集团（资产阶级），必然会选择有利于保证他们的金钱和财富神圣不可侵犯的资本主义制度。

私有制保护了有钱人的财产并且使有钱的人越来越有钱，它适应了那些以自我为中心、自私自利，为了实现个人的利益和价值、追求个人

财富无限扩张而敢于铤而走险和不择手段、损人利己的“冒险家”们进行冒险活动的需要，并为他们提供了很好的舞台。这些有钱的强者们在自由竞争中占尽了便宜，而那些贫苦的人民和弱势群体则生活在社会的最底层，常常处于被欺凌与被侮辱的地位，他们哪里有什么民主和自由可言？“多党制”和“议会民主”，说穿了其实就是有钱的强者们玩的政治把戏，只有那些资产阶级的大大小小的“经济巨头”们以及他们的代言人和支持者才有真正的发言权，在“自由选举”中成为赢家。

有些党员领导干部由于把握不住社会历史发展的客观规律，误认为“私有化”和西方式的“大民主”是中国未来发展的方向，因而积极倡导这些东西就会显得自己思想是多么解放，多么与时俱进，多么的具有改革创新精神。殊不知，这样做的结果一定会是适得其反，最终必定遭到历史和人民的唾弃。为什么我们广大的普通工人和普通的人民群众对中国搞“私有化”深恶痛绝，就是因为如果这样做的话，他们失去的最多、得到的最少、损失最为惨重，他们的根本利益就无法得到保障。必须清醒地看到，倡导在中国搞“私有化”和西方式的“大民主”，确实是别有用心的，它会对共产党的自身建设起到釜底抽薪的作用，给中国共产党的领导带来灾难性的后果。

丢掉中国共产党的领导，丢掉了中国特色社会主义这面旗帜，将是中国社会、中国人民、中华民族的大灾难，是世界社会主义运动的大逆转，是人类进步正义事业的倒退。

二、反对个人自由主义关键在于加强党的自身建设

要保证我们党始终成为中国特色社会主义的领导核心，关键是要抓好党的自身建设。

进入新世纪特别是党的十六大以来，我国社会进入了一个由总体小康向全面小康迈进的关键性阶段，机遇前所未有，挑战也前所未有。国际上不同文明、不同文化的交流继续发展，但思想文化领域内的斗争仍然深刻复杂。针对经济结构、经济成分、组织形式、就业方式和利益关系的深刻变化，针对我国经济政治社会发展过程中出现的新情况新问题，大家畅所欲言、见仁见智，提出了许多推进经济政治社会改革与发展的好的意见和建议，整个思想文化领域总体上呈现出健康的、蓬勃发展的良好态势。但在关于党的领导、党的建设一些根本问题的认识上也出现了一些值得引起注意的新动向。在推进政治体制改革、改革党的领导体制和执政方式等问题上，有些人开出了“党组织要从乡镇、县(市)、地市中撤出来，乡镇、县(市)、地市政府要建立独立的政府体制”、“党组织对党员的管理，今后不再采取单位建制的方式，而采取单位所在地方的属地管理原则”、“撤销政权系统中的党组织”等等“药方”。这些改革“药方”现在有一部分人是赞成的，但党内绝大多数同志是不赞成的。如果对于这些诸如此类的思想、观点、改革“药方”，我们现在不及时加以辨别、澄清和抵制的话，就容易使我们的一部分同志受到迷惑。这里问题的关键，是如何认识中国共产党的基层组织在中国社会中的地位和作用，特别是它们与基层政权的关系。

近些年来，中央十分强调要把广大最普通的、生活困难的、一线的人民群众的利益和冷暖放在心上。尽管我们的各级领导机关及领导干部通过调查研究、访贫问苦和建立联系点等方式是会接触到最普通的群众，但严格来说，他们并不是经常性地与最普通的人民群众进行最直接的接触和朝夕相处的。这就需要有这么一级能够代表党说话的组织和机构去经常直接接触最普通的人民群众并和他们工作生活在一起，及时反映他们的呼声和建议，帮助维护他们的利益和解决他们最现实的问题。在这个过程中，把矛盾及时化解在基层和萌芽状态，构建人与人之间的和谐关系，维护社会的稳定和谐。经济发展的主体其实并不在政府和各级领导机关，而是在于企业、个人、基层单位，正是他们构成了市场经济活动的主体、经济发展的主体、技

术进步和自主创新的主体。他们能否健康发展，对整个宏观经济和全社会的发展具有至关重要的影响。这就需要在这些经济主体中有这么一级党的组织和机构去保证和促进他们的健康发展。党员是党的肌体的细胞和党的活动的主体，党员队伍的先进性是党的先进性的重要组成部分。而单个的、长期处于松散状态的党员个体作用的发挥是不够的、有限的，也就是说，充分发挥党员的作用必须组织起来并经常对他们进行有效的教育、管理、激励和约束。能够直接具体承担这一任务的一定是这么一级经常与党员接触并且管理幅度合理的党组织和机构，而不可能由地方以上党组织和领导机关进行直接的管理，那样因管理幅度过宽和不完全了解情况是很难管得好的。

上述这么一个重要的环节，这么一级党的组织和机构不是别的，就是党的基层组织和基层政权，以及以党组织为核心的包括其他组织在内的基层组织体系。这是中国共产党治国理政最深厚的组织基础，最深厚的工作基础，最深厚的发展基础，最深厚的和谐稳定基础。实践证明，凡是基层党组织坚强有力的地方，那个地方的经济政治社会文化各项事业的发展就比较顺利，那个地方就比较稳定和谐，党员的作用就能得到充分发挥，人民群众的利益就能得到比较好的维护，党在人民群众心目中的形象和威望就比较高。反之，凡是基层党组织软弱涣散甚至瘫痪的地方，那个地方的经济政治社会文化各项事业的发展就不顺利，那个地方就不稳定不和谐，积累的矛盾和问题就比较多，人民群众的利益就不可能得到维护和发展，党在人民群众心目中的形象和威望就比较低。进一步而言，如果每一个基层党组织都坚强有力和以党组织为核心的整个基层组织体系都能有效发挥作用的话，那么全国的经济政治社会文化各个方面的事业发展就一定能够比较顺利，全社会就一定能够比较和谐稳定，各地区各部门最广大人民群众的利益就一定能够得到比较好的维护和发展，党在全体人民心目中的形象和威望就一定比较高。当前和今后我们必须大力加强党的基层组织建设和以党组织为核心的整个基层组织体系建设。十六大以来，以胡锦涛同志为总书记的党中央反复强调，要拓宽领域、强化功能，不断扩大基层党组织的覆盖面，不断增强基层党组织的创造力、凝聚力、战斗力。这几年在农村“三级联创”和后进村的结对帮扶、在规模以上非公有制企业建立党组织、在街道社区和新的社会组织中开展党的工作、在推行“党员承诺制”和党员服务人民群众、在农村现代远程电化教育以及流动党员的管理等等方面，都取得了十分重要的、有些是突破性的成就。那种认为当前和今后应逐步地把基层党组织从基层单位中出来甚至慢慢取消掉而代之以其他社会基层组织，党的组织主要应集中在省和中央层面并且主要是政治领导的观点和“改革新思路”与我们党的最新创新理论成果中所包含的要把整个党的组织力量重心下移、着重打基础和加强基层的思想是完全背道而驰的。

要加强党的执政能力建设，保证我们党始终成为中国特色社会主义事业的领导核心，关键的骨干力量又在哪里呢？就在于党的干部队伍。现在的问题是，究竟如何对我们党的这支干部队伍的状况以及这支队伍产生的选拔任用方式和管理办法从总体上进行科学的评价？有不少观点这样认为：党管干部的任命制必须彻底改变，不改变弊端很多。这些观点表面上听起来似乎有道理，但如果我们不用中国化的马克思主义最新理论成果武装头脑的话，就很容易被它们所迷惑和牵着鼻子走，造成自毁长城、给党的事业带来难以挽回的损失。

我们党高度重视干部队伍建设，把能不能不断培养造就一大批高素质领导人才，看成是中国的社会主义事业能不能巩固和发展下去、中国能不能在激烈的国际竞争中始终强盛不衰的关键。中央反复强调，要坚持党管干部不动摇，全面贯彻干部“四化”方针和德才兼备的原则，同时，不断深化干部人事制度改革，扩大干部工作中的民主，扩大广大群众对干部工作的知情权、参与权、选择权、监督权，健全干部选拔任用和管理监督机制，把那些政治上靠得住、工作上有本事、作风上过得硬的干部选拔到各级领导岗位上来。这表明，中央对改革开放以来我们党在干部人事工作中的做法和所取得的成功经验是肯定和坚持的，即一方面坚持党管干部、党管人才、干部“四化”方针和德才兼备原则这些根本性的东西不动摇，另一方面又根据新的情况不断改进和完善干部管理的办法。建立干部退休制度或者说废除领导干部职务终身制，建立分级分类的干部管理体制，按照“管好管少管活”的要求下放干部管理权限，建立干部交流和后备制度，建立和完善干部考核体系与办法，在干部工作中引入竞争机制和扩大干部工作中的民主等等，我们就是这样一步一步走过来的，干部人事制度改革的力度不可谓不大。但是在这个过程中我们党始终没有放弃党管干部的原则，始终没有放弃党对重要领导干部实际上的直接任免权，因为这是实现党的政治任务、增强党的凝聚力和团结统一的最可靠的组织保证和组织手段。第一，党对重要领导干部的直接任免是体现党管干部的重要标志之一。党管干部当然可以体现在制定干部路线方针政策和对干部队伍的宏观管理上，也当然可以体现在采取聘任制、考核制和选任制等多种选拔任用干部的方式上，但是如果我们党不能直接任免重要领导干部，那么党管干部就会显得很“虚”，不够有力，最终很有可能就会落空。第二，我们党只有拥有对各级重要领导干部实际上的直接任免权，民主集中制才能正常运转，我们党也才能形成一个团结统一的整体。在党的各级组织体系中，干部特别是领导班子具有决定性的作用。一部分一定层次的领导干部、领导班子的一些成员当然可以通过直接选举的方式产生，但是如果上级党组织不能够直接任免重要领导干部的话，那么各级党组织就不可能服从上级党组织，全党就不可能服从中央，整个的各级组织之间的联结就断裂了。第三，我们党只有拥有对各级重要领导干部实际上的直接任免权，党的政治主张和路线方针政策才能得到有效的、有力的贯彻执行，党才具有执政和团结带领人民群众去实现社会主义现代化宏伟目标的能力。

（作者单位：中共中央组织部组织局）

第十部分

组织工作和育人用人研究

中青年干部要做学习实践科学发展观的表率

李源潮

我国正处在改革发展的关键阶段。实现党的十七大提出的目标任务，中青年干部肩负重任。同志们就要结束在中央党校的学习，回到各自的工作岗位上去，把学习收获运用于实践，并在实践中进一步增长才干。希望大家牢记党中央对中青年干部的要求，带头贯彻落实党的十七大精神，努力做学习实践科学发展观的表率。

一、希望中青年干部不要辜负党和人民的期望

党和人民对中青年干部寄予厚望。胡锦涛总书记在十七大报告中指出，要"加大培养选拔优秀年轻干部力度，鼓励年轻干部到基层和艰苦地区锻炼成长，提高年轻干部马克思主义理论素养和政治素质"。大家要认真学习贯彻十七大精神，牢记党和人民的重托。

一要在科学发展上作出新贡献。发展是我们党执政兴国的关键，是人民群众最大的期盼。现在人民群众对发展的要求提高了，如果发展不快，生活不富裕，群众不满意；如果发展不好，环境变坏了，群众同样不满意。十七大强调，要实现又好又快的科学发展。大家来自不同的地方、部门和单位，情况不一样，职责不一样，要求不可能划一。但有四点大家都能做到：首先是要牢固确立科学发展理念，坚持又好又快，优中求进。东部沿海地区要优化发展，着力提升发展质量和层次。中西部地区要坚持高点起步，实现跨越发展。机关的同志要转变作风，更好地为科学发展服务。其次是要树立全局观念和长远思想，在谋求局部发展的同时更多地考虑全局利益，在谋求当前发展的同时更多地考虑打基础、利长远的事，在谋求经济发展的同时更多地考虑环境保护和生态建设。其三是要坚定不移地推进改革开放，着力构建充满活力、富有效率、更加开放、有利于科学发展的体制机制。其四是要求真务实，埋头苦干，着力解决发展中的难题，使我们的工作和成绩经得起实践、人民和历史的检验。

二要在为民谋利上作出新成绩。共产党的干部是人民公仆，为人民谋利益是我们的责任和义务。我们闹革命、搞建设、实行改革开放，目的只有一个，就是让人民生活不断地好起来。在共产党人眼里，权力是责任，权力是服务，权力是奉献，为民谋利是用权之本。领导干部原本就是群众的一员，只有和群众心连心，群众才会拥护你；只有不断给群众带来感受得到的好处，群众才会支持你。对待群众，应常怀感恩之心、敬畏之情，把老百姓当做上帝，切实解决好人民群众最关心、最直接、最现实的利益问题，让老百姓的日子过得一天比一天好。

三要在廉洁自律上达到新境界。廉洁自律是党和人民对党员干部最起码的要求，也是党员干部必须遵守的从政准则。中青年领导干部手中掌握一定权力，发展潜力又比较大，面临的诱惑会比其他人更多。因为腐败实质上是权钱交易，你发展潜力大，想对你投资利用的人就会比较多，腐败的危险也就更大，稍有不慎就会成为腐败的"俘虏"。大家要以反面典型为戒，警钟长鸣，在各种诱惑和考验面前把握住自己，真正做到想干事、会干事、干好事而不出事。据说一些同志现在最关心的是回去后组织上怎么使用自己。回去怎么使用，我认为应该是组织部最关心的事，而不应是个人最关心的事。大家都是在职干部，学习之后首先应该考虑的是如

何学以致用、用有所成，在现在的岗位上把本职工作干得更好、更出色，把原来觉得力不从心、有所遗憾的事干成引以自豪的事。至于职务安排，应该服从需要、服从组织。如果个人考虑过多，容易造成浮躁情绪，容易造成短期行为，容易造成心态失衡，甚至有可能走上跑官要官等邪路。中青年干部如果希望有更大的发展，就应该不计较职务和级别，到基层去，到艰苦地方去，到独当一面的岗位上去。这样的干部往往最有前途。中国最有名的农民吴仁宝讲过一句很深刻的话：小干部干大事一般都能做好，因为他知道自己的不足，非常勤奋，注意学习；大干部干小事不一定干得好，因为他既缺少经验，又容易自以为是。因此，我建议没有在基层干过的同志，要争取下基层去干独当一面的工作。一个人本事的增长，除了靠他的觉悟，还要有两条，一是知识，一是经验。经验也是知识，是实际知识。所以年轻干部要朝下走，朝西部走，朝艰苦地区走，朝独当一面、责任比较重的地方走。“艰难困苦，玉汝于成”。

四要在勤奋学习上树立新目标。勤奋好学是一个优秀干部必备的素质，终身学习是党对领导干部的基本要求。胡锦涛同志指出：“不学习，不坚持学习，不刻苦学习，势必会落伍，势必难以胜任我们肩负的重大职责。”大家在中央党校学习了一年，有的同志可能觉得自己学得差不多了，这是要不得的。事业没有止境，理论和知识更新也没有止境。一方面，对于领导科学发展所需要的新理论、新知识，我们缺的还很多。另一方面，处在知识经济快速发展的时代，学习上稍一懈怠，新知识就会把我们抛到后头。因此，中青班毕业是学习的新起点，而不是结束。希望大家把在中青班养成的良好学习习惯带回去，工作越忙，事情越多，越要注意加强学习、加强调查研究，防止陷入事务主义。

二、希望中青年干部有积极健康的人生追求

人这一生几十年中，能在关键岗位上为人民工作，机会难得、时间有限。中青年干部责任大，施展才华的空间也大。将来的路如何走，人生的历史怎么写，能否对得起百姓对我们寄予的期望，能否对得起党和人民给我们的干事舞台，能否对得起自己赶上的中华民族复兴时代，很值得深刻地思考。中青年干部要走一条无愧人生的道路，应该开阔眼界、开阔思路、开阔胸襟，始终坚持“四个追求”，就是追求理想的实现、追求知识的提升、追求人格的完善、追求心灵的和谐。

一要追求共产党人的理想。中国共产党人的理想，从远的讲，是共产主义；从现实讲，是中国特色社会主义，全面建设小康社会。中青年干部要追求理想的实现，为党和人民干事，而不能追逐个人名利。古人说，“先天下之忧而忧，后天下之乐而乐”，讲的就是要为理想而奋斗。作为一个社会人，是追求理想，还是追求名利，结果会大不相同。追求理想是个奋发向上的过程，也是个升华人生的过程。就像马克思说的，我们的事业不显赫一时，但会永远存在，在我们的墓碑前，高尚的人们会洒下热泪。如果追逐个人名利，追到了不会满足，追不到会失望痛苦。作为领导干部，争名逐利，可能走上以公权谋私利的邪路。中青年领导干部中，追名逐利，最终滑入腐败堕落的泥潭者，不乏其人。所以，大家要立志为人民做大事，不能立志为自己做大官。要时刻想着为党和人民贡献的多少，而不是计较个人名利得失。

邓小平同志说：“为什么我们过去能在非常困难的情况下奋斗出来，战胜千难万险使革命胜利呢？就是因为我们有理想。”前几天，我去井冈山，我问当地同志井冈山精神的核心是什么。他们都认为，第一条就是坚定信念，没有坚定的信念，井冈山的革命就不会走向成功。自觉追求理想信念，而不计较个人职位高低，是老一辈革命家留给我们的宝贵财富。我们中组部老部长张鼎丞就是一个典范。1945 年，党中央决定在苏皖地区建立华中军区，电令张鼎丞同志担任军区司令员。他接到电报后，反复考虑，

认为粟裕同志更能指挥打仗，当司令员比较合适，就向中央建议，由粟裕同志当司令员，他自己当副司令员。1954年初，中央明确张鼎丞同志主持中组部工作。他又向中央提出：我从地方来，对各地干部不熟悉，请中央派个部长来，我做具体工作。中央采纳了他的意见，派邓小平同志兼任中组部部长，张鼎丞同志任副部长。1964年，为了培养年轻同志，张鼎丞同志主动要求不再担任最高人民检察院检察长职务。这种共产党人的广阔胸怀和高风亮节，我们中青年干部要好好学习。

二要追求认知水平的提升。领导干部要比知识水平的高低，而不能比个人权威的高低。要把威信建立在领导素质与认知水平的提升上。民主集中制在有的地方执行得不好，不光与领导者的民主意识有关，还与其认知水平有关。领导者认知水平高，威信就会高；认知水平低，威信就会低。一把手水平不行，又要说了算，就会破坏民主集中制。武大郎开店，是搞不了民主集中制的。

古人说："立身以立学为先，立学以读书为本。""君子之学必日新，日新者日进也。不日新者必日退，未有不进而不退者。"以胡锦涛同志为总书记的党中央非常重视干部的学习，不仅提出了建设学习型政党的任务，而且带头学习、持之以恒、率先垂范。从党的十六大到十七大5年时间中，中央政治局集体学习就达44次，平均40天左右学习一次，从不间断，先后请89位专家学者作报告。十七大胜利闭幕不到3个月，中央政治局集体学习就已2次，请了4位专家作报告。有两家报刊在黑龙江、江苏、重庆、广东、陕西五省市进行了"百名党政干部阅读习惯"调查。所有接受调查的干部在回答"什么影响阅读"的问题时，都将应酬多作为首选因素。所以现在要特别提倡领导干部减少应酬，加强学习。黑龙江省绥化市原市委书记马德，在绥化任职近6年的时间里，没有认真地参加过政治学习，吃喝玩乐、忘乎所以，最终走上犯罪道路。大家要从中吸取教训。

三要追求人格道德的完善。追求人格的完善而不是物质的享受，这对中青年干部很重要。我国古代把"修身正己"作为为政之本、治国之要。唐太宗李世民鉴于隋炀帝亡国的教训，多次与大臣们讨论官德修养问题，认为"若安天下，必须先正其身，未有身正而影曲，上治而下乱者"。我们党自诞生之日起，就要求共产党员加强修养。在井冈山时期，毛泽东就强调对党员思想的改造和自我改造。周恩来是共产党人人格修养的典范，他在45岁时专门为自己订了七条"修养要则"：一是加紧学习，二是努力工作，三是习作合一，四是与不正确的思想意识作坚决斗争，五是适当地发扬自己的长处，六是永远不与群众隔离，七是健全自己的身体。

每个人都希望得到尊重。公职人员赢得尊重靠什么？不是靠职务高，而是靠人格完美，用人格力量赢得别人的尊重。当干部职务再高也有退休的时候，"政声人去后"。领导干部不注重人格修养，不仅别人不会从内心敬佩你，自己也容易走入歧途。国家统计局原局长邱晓华，不注重道德人格，生活腐化，犯下重婚罪，最后受到了法律的制裁。中青年干部为人从政的路都还很长，要坚持做人与为政、修身与立德相统一，自觉践行社会主义荣辱观，提升精神境界，培养高尚情操，不攀比钱财，不贪图享受，以共产党人的人格力量影响和带动群众。

四要追求心灵的平衡和谐。在一个干部的成长历程中，不可能遇到的都是顺境，不可能总遇到伯乐，更何况伯乐也有看走眼的时候。"人生有坎坷，遇人有不贤"应是平常事。能否在逆境中保持心灵上的平和，是很现实的考验。如果你被剥夺了干事的机会、晋升的机会，你该怎么办？如果你遇到的领导水平比你差，还看不惯你，你该怎么办？比如遇到韩桂芝，她不要你干事，就要你送钱，不送钱就不提拔你，该怎么办？我认为，在这种情况下，一方面要坚持党性和做人的原则，另一方面要保持心灵上的平衡与和谐。"能干事时拼命，不能干事读书"。孔繁森同志有句名言：老是把自己当珍珠，就时常有怕被埋没的痛苦；要把自己当泥土，让众人把你踩成路，就绝不会埋没。郑培民同志在日记里写道："对当官一事，我比较淡薄。党和人民的信任，是激发我永远忠于党和人民的重要动力。"我们要见贤思齐。以平和的心态对待升迁，以豁达的胸怀处理得失，以奉献的精神服务社会，不为浮名所累、不为私利所缚、不为权欲所惑。如此，就能无欲则刚，就能宁静致远，就能保持心灵的平衡与和谐，就能在为国家富强、民族振兴、人民幸福而奋斗的征程中，一步一个脚印地实现自己的人生价值！

（此文是2008年1月9日李源潮同志在与第23期中央党校一年制中青年干部培训班学员座谈时的讲话，《党建研究》发表时略有删节）

更好实施人才强国战略

尹蔚民

党的十七大报告明确指出，要更好实施人才强国战略。实施人才强国战略，是新世纪新阶段人事工作的主线，是人事部门的根本任务。各级政府人事部门要以十七大精神为指导，高举中国特色社会主义伟大旗帜，深入贯彻落实科学发展观，进一步提高对人才强国战略在党和国家战略布局中地位作用的认识，紧紧围绕“更好实施”，谋划工作思路，明确工作目标，确定工作重点，扎实做好人事工作，开创人事工作新局面。

一

我国有着丰富的人力资源，但人才资源并不丰富，人才队伍的整体素质还不高，国际竞争力还不强。在以经济和科技实力为基础的综合国力竞争越来越激烈的当今世界，要在国际竞争中处于有利地位，必须实施人才强国战略，全面提高我国人才队伍的素质和能力。

实施人才强国战略以来，我国人才队伍状况明显改善。到 2005 年，全国各类人才总量达到 7390.8 万人。全国公务员、企业经营管理人才和专业技术人才中，具有大学专科以上学历的达 3543.5 万人，占总数的 59.3%。深入贯彻落实科学发展观，促进国民经济又好又快发展，要求我们把握发展规律、创新发展理念、转变发展方式、破解发展难题；要求我们提高自主创新能力，建设创新型国家，加快转变经济发展方式，推动产业结构优化升级，加强能源资源节约和生态环境保护，统筹城乡和区域发展，协调经济、政治、文化、社会等各项建设进程；要求我们进一步营造鼓励创新的制度环境，培养造就世界一流科学家和科技领军人才，使创新智慧竞相迸发、创新人才大量涌现。政府人事部门必须以高度的责任感和使命感，为实现又好又快的科学发展不懈努力。

经过多年的改革发展，人事工作已经站在新的历史起点上，并呈现出明显的阶段性特征：人事制度改革持续深化并不断取得突破，同时面临的体制机制性障碍和深层次矛盾仍然比较突出；人才队伍不断发展壮大，同时创新能力不强和结构不合理的问题仍然比较突出；人事公共服务的职能作用日益增强，同时服务领域、服务方式和服务手段与经济社会发展不够适应的矛盾仍然比较突出。在新的发展阶段，要实现又好又快发展，提高生产力水平和自主创新能力，建设创新型国家，增强国际竞争力，关键在人才量的增长和质的提升；实现城乡、区域统筹发展和经济、政治、文化与社会建设的协调发展，关键也在人才量的增长和质的提升。更好实施人才强国战略，既迫在眉睫，又任重道远。

二

(一)更好实施人才强国战略，必须明确实施人才强国战略的目标要求

新时期人事工作必须坚持以邓小平理论和“三个代表”重要思想为指导，深入贯彻落实科学发展观，贯彻尊重劳动、尊重知识、尊重人才、尊重创造的方针；坚持解放思想，转变观念，解决影响和制约更好实施人才强国战略的突出问题；坚持党管人才原则，在人才工作新格局下，更好发挥人事部门的职能作用；坚持统筹开发人才资源，以高层次人才为重点，实现各类人才队伍协调发展；加强人才资源能力建设，把能力建设作为人才队伍建设的核心，不断提高人才队伍的学习能力、实践能力和创新能力。

政府人事部门要在已有工作的基础上，进一步明确下一步工作目标。在人事制度方面，要深化改革，勇于创新，努力构建以公平、激励、开放、法治为基本特征的科学的人事管理体制；在人才环境方面，要大力营造鼓励人才干事业、支持人才干成事业、帮助人才干好事业的氛围，充分激发各类人才的积极性、主动性和创造性；在人才结构方面，要继续优化人才资源配置，促进人才合理流动，使人才队伍与经济布局和社会发展需求相适应相匹配；在人才规模和质量方面，要不断加大人才培养和吸引的力度，有效盘活人才存量，大幅度提高人才增量，努力造就一大批科技领军人才、数以千万计的专门人才和数以亿计的高素质劳动者。

(二)更好实施人才强国战略，必须树立新的思想观念

树立大人才观念。坚持"不唯学历、不唯职称、不唯资历、不唯身份"，树立人人都可以成才的科学人才观，建立惠及全体人民的人才资源开发机制，满足全体人民的成长与发展需要。

树立人才质量优先观念。人才资源开发要从以量的扩大为主转变为以质的提升为主，把人才质量放在首位，努力提升人才综合素质，实现人的全面发展。

树立人才统筹开发观念。要统筹开发区域人才，促使东中西部人才协调平衡发展；统筹开发不同产业、不同行业人才，把人才优势真正体现到产业和行业优势中去；统筹开发不同所有制人才，实现公有制经济与非公有制经济人才的协调发展；统筹开发城乡人才，适应新型工业化建设和新农村建设需求；统筹开发国际国内人才，真正用好国际国内两种人才资源；统筹开发各层次人才，实现各类人才的协调开发。

(三)更好实施人才强国战略，必须创新体制机制

进一步坚持和完善党管人才工作机制。全面贯彻落实党管人才原则，创新人才工作管理机制，努力形成党委统一领导，组织部门牵头抓总，有关部门各司其职、密切配合，社会力量广泛参与的人才工作新格局。建立统分结合、协调高效的工作机制，充分调动一切积极因素，增强人才工作合力。正确处理党管人才与市场配置人才的关系，党管人才与依法管理人才的关系。

进一步完善市场和政府互动机制。打破体制障碍，建立统一规范的人才市场体系，创新人才市场运行机制，充分发挥市场在人才资源配置中的基础性作用。与此同时，政府人事部门要综合运用经济、法律、行政手段，建立健全人才配置宏观调控体系，形成市场调节和政府调控良性互动局面。

进一步完善人才培训机制。建立人才能力建设指标体系，改革人才培训内容和方式。坚持学习与实践相结合、培养与使用相结合，促进人才素质与能力提升，促进人才全面发展。健全政府、社会、用人单位和人才个人多元投入机制，拓展人才培训投入渠道，扩大人才培训投入规模。建立科学规范的质量评估和监督办法，提高人才培训实效。

进一步完善人才评价机制。建立健全以业绩为重点，由品德、知识、能力等要素构成的各类人才评价指标体系。充分运用现代人事测评技术，改革人才评价方式，提高人才评价科学水平。

进一步完善选人用人机制。以民主、公开、竞争、择优为导向，改革各类人才选拔任用的方式方法，营造开放的人才使用环境，不拘一格选人才，形成能者上、庸者下，人尽其才、才尽其用的人才选用机制。

进一步完善人才分配激励机制。健全劳动、资本、技术、管理等生产要素按贡献参与分配的制度。健全以政府奖励为导向，用人单位和社会力量奖励为主体的人才奖励体系。积极推进机关和事业单位社会保障制度改革，探索建立重要人才国家投保制度，建立完善的社会保障体系。逐步形成与工作业绩紧密联系、鼓励人才创新的分配激励机制。

进一步完善人才吸引机制。继续贯彻支持留学、鼓励回国、来去自由的方针和以我为主、按需引进、突出重点、讲求实效的方针，尊重高层次人才成长与使用规律，采取各种方式，利用各种载体，吸引在外留学的高层次人才和紧缺人才回国服务、引进海外高层次人才和紧缺人才来华服务。进一步加强重要人才的安全工作，建立有效的人才安全制度，防止国家重要人才流失。

三

要以人事制度改革为动力，以人才队伍建设为重点，以人事公共服务为平台，以人事宏观管理为重要手段，以人事法制建设为保障，把人才强国战略推向更好实施的新阶段。

着力深化人事制度改革。要按照总体规划、分步实施、综合配套的原则，全面推进人事制度改革，不断创新人事管理的体制机制。继续完善公务员制度，健全公务员法配套法规体系，建立公务员分类管理制度。研究建立政府绩效评估制度，加强政府奖励表彰综合管理，提高政府管理水平。全面推进事业单位人事制度改革，创新体制，转换机制，建立权责清晰、分类科学、机制灵活的人事管理制度。不断深化机关事业单位工资收入分配制度改革，正确处理效率与公平的关系，加快建立秩序规范、激发活力、注重公平、监管有力的工资制度。加快职称制度改革，构建以专业技术准入资格评价、水平评价和岗位评价为主要内容，以能力、业绩为导向，科学、分类、动态、符合实际的职称体系。进一步推进军转干部安置制度改革，探索建立中国特色退役军官安置制度。

着力加强人才队伍建设。要着力抓好各类人才队伍建设。加强公务员队伍建设，以能力和作风建设为核心，以基层公务员队伍建设为重点，大规模培训公务员，不断提高公务员管理社会、服务人民的素质和能力，努力建设政治坚定、业务精湛、作风过硬、人民满意的公务员队伍。加强专业技术人才队伍建设，完善已有的高层次人才选拔培养制度，创设新的载体和平台，拓展高层次人才选拔培养渠道，加大专业技术人才继续教育力度，深入实施专业技术人才知识更新工程，努力造就世界一流科学家和科技领军人才，注重培养一线的创新人才，推动创新型国家建设。加强农村实用人才队伍建设，开展农村实用人才培训、标准认定、职称评定、人才项目推介等工作，大力开发农村人才资源，促进和服务社会主义新农村建设。推动企业经营管理人才、高技能人才、社会工作人才和文化人才队伍的建设与发展。

着力构建人事公共服务体系。要按照加快行政管理体制改革、建设服务型政府的要求和建立统一规范的人力资源市场的要求，强化人事公共服务职能，逐步实现人事公共服务均等化。推动相关体制改革，突破行业和地区分隔，加快形成统一开放、竞争有序的人才市场体系，进一步提高市场配置人才资源的能力与效率。制定人事公共服务总体规划，建立政府人事部门主导、所属事业单位发挥主体作用的人事公共服务体系。整合人事公共服务职能，开发人事公共服务产品，拓展公共服务领域，增强人事部门提供公共服务的能力。构筑人事公共服务平台，大力推行政务公开和电子政务，制定统一的服务标准，改进服务方式，提高服务水平。建立人事公共服务保障机制，加大财力、物力和人力投入，将人事公共服务纳入公共财政。

着力强化人事宏观管理。各级人事部门要继续加快职能转变，切实把工作重心转到抓政策、抓规划、抓督查、抓协调、抓服务上来。充分发挥人才工作总体规划和各项人事工作发展规划的宏观指导与综合协调作用，完善人事规划与年度计划的管理与实施机制，进一步健全人事宏观调控体系。加强人事统计和数据库建设，提高人事管理的针对性和有效性。深化人事行政审批制度改革，减少审批项目，规范审批行为，加强后续管理。加强工作指导和沟通，及时解决倾向性、苗头性问题，推动人事工作协调有序发展。

着力加快人事法制进程。要按照加快建设社会主义法治国家的要求，加快人事立法进程，提高立法层次，建立与社会主义法律体系相配套、与人事工作改革发展相适应的人事法律法规体系。突出立法重点，尽快填补政府奖励表彰、事业单位人事管理、工资管理、职业资格管理、人力资源市场管理和人事争议仲裁等方面的法律法规空白。加强人事执法监督，加大执法力度，维护人事管理秩序，提高人事工作的公信力和执行力。深入开展人事法制宣传教育，树立人事法治理念，提高依法管理的能力和水平。

（作者：中共中央组织部副部长、人事部部长）

以改革创新精神推进组织工作

侯长安

党的十七大报告全面描绘了中国特色社会主义事业发展的宏伟蓝图，旗帜鲜明地回答了我们党举什么旗、走什么路、以什么样的精神状态、朝着什么样的目标前进的根本问题，是我们党团结带领全国各族人民坚定走中国特色社会主义道路，在新的历史起点上继续发展中国特色社会主义的政治宣言和行动纲领。大会明确提出了以改革创新精神全面推进党的建设新的伟大工程的新要求，为我们进一步搞好党的建设和组织工作指明了方向。

一

党的十七大报告内涵丰富，思想深邃，具有很强的政治性、思想性和指导性。学习十七大对党的建设的新部署，体会最深的有三个方面。

第一，没有党的建设新的伟大工程作保证，就没有中国特色社会主义伟大事业发展的新成就。我国改革开放以来的近30年，是发展最快的时期，特别是近几年，我国综合国力不断增强，国际地位日益提升，城乡面貌发生巨大变化，人民生活水平显著提高，到处是一片蓬勃发展、欣欣向荣的喜人景象。尤其是占人口绝大多数的农民群众，在解决了温饱问题以后，更多地享受到了公共财政的阳光，享受到了改革发展的成果。我们之所以取得举世瞩目的成就，根本原因在于有中国共产党的正确领导。改革开放以来，我们党坚持立党为公、执政为民，全心全意为最广大人民群众谋利益，所采取的一系列治国理政方略，合时代、合国情、合民意，不仅开辟了社会主义中国走向繁荣富强的建设道路，也凝聚起了实现民族复兴的强大力量。可以说，如果没有我们党多年来持续不断地加强自身建设，为中国工人阶级、为中华民族培育出一支永立潮头的先锋队，就没有今天中国的发展成就；如果没有伟大工程的不断推进，就没有伟大事业的持续发展。因此，要继续推进伟大事业，就必须以高度的政治责任感和历史使命感，努力把我们党建设得更加坚强有力。

第二，时代发展和当前面临的新形势新任务，迫切要求必须以改革创新精神推进党的建设。审视我们党所肩负的重大使命，客观分析党的建设现状，深切感到中央提出这个重大要求，意义长远，现实针对性很强。执政党作为引领社会前进的核心力量，必须与时代发展相适应。改革开放以来，特别是实行社会主义市场经济体制以来，我国社会发生了深刻的变革。面对社会的转型、利益格局的调整和人们思想观念的变化，党的领导方式和执政方式面临着许多新挑战，选人用人的水平、干部队伍的能力素质有待提高，基层党组织的职能定位、活动方式和党员队伍建设等方面还有许多问题亟待探索解决。世情、国情、党情的发展变化，决定了以改革创新精神加强党的建设，既十分重要又十分紧迫。这就要求我们必须跳出传统的思维方式和工作模式，坚持解放思想、实事求是、与时俱进，重新审视和认真分析党的工作环境和时代条件的变化，对工作中不合时宜的方面进行大胆的改革创新，努力使党的建设在伟大事业的发展中，始终发挥推动和引领作用。

第三，继续推进伟大事业和伟大工程，党的组织工作肩负着重大而光荣的使命。党的政治路线归根到底要靠党的组织路线来保证。贯彻落实十七大对未来五年经济、政治、文化、社会发展的新部署和党的建设提出的新要求，组织工作肩负着十分重大的责任。因为一切宏伟的事业，最终要靠人去奋斗、去成就。在西部这样的欠发达地区，要实现又好又快发展，人的问题更具有特殊的重要性。这些年来，在中央的正确领导和关怀支持下，西部地区的经济社会发展已经进入了快车道。面对新的艰巨任务，能否进一步缩小与发达地区的差距，关键还在于各级党组织和广大党员干部，在于组织工作的实际成效。能不能把各级领导班子建设好，真正把那些善于领导科学发展的优秀干部选配到各级领导岗位上，使他们成为组织和推动经济社会又好又快发展的骨干力量；能不能探索建立一种好机制，使各级干部始终保持坚定的理想信念和奋发有为的精神状态，自觉践行为民、务实、清廉的要求，努力创造一流的工作业绩；能不能把党员队伍建设好，使党的基层组织始终充满创造力、凝聚力和战斗力，使广大党员在新的任务、新的实践中自觉地保持和体现先进性等等，这些都取决于组织工作的实际成效。只有做好了这些工作，伟大事业才有组织保证。

二

在组织工作中贯彻落实党的十七大精神，关键是要按照十七大的要求，牢牢抓住党的执政能力建设和先进性建设这条主线，坚持党要管党、从严治党，贯彻为民、务实、清廉的要求，突出重点、破解难题，努力提升组织工作的整体水平。

必须在组织工作中深入贯彻落实科学发展观。科学发展观是马克思主义中国化的最新理论成果。科学理论只有为广大党员干部所掌握、所运用，才能真正发挥推动实践的作用。深入贯彻落实科学发展观，必须在党的组织工作中全面体现科学发展观的要求。科学发展观提出以来，各级组织部门在选干部、配班子、管队伍、育人才、抓培训等方面做了大量工作。尤其是在这次地方换届中，运用体现科学发展观和正确政绩观要求的考核办法评价和考核干部，使各级领导班子领导科学发展的意识和能力明显增强。但必须看到，相当一部分干部对科学发展观的认识和理解还比较浅，还没有完全内化为思想方法、工作方法和自觉行动。这就要求我们开展组织工作，要对工作理念、政策措施、体制机制等进行认真分析研究，做到凡与科学发展观要求不适应、不符合的方面，都要毫不犹豫地加以改进，努力按照科学发展观的要求调整育人的观念、用人的尺度、管人的方法，使党的组织工作为推动科学发展提供更为坚强有力的保证。

必须下功夫提高各级领导班子、领导干部的领导水平和执政能力。能否实现又好又快发展，把十七大确定的奋斗目标落到实处，各级领导班子和领导干部的能力素质至关重要。因此，地方领导班子集中换届以后，当务之急就是要通过思想政治建设和大规模的教育培训，提高各级领导班子和领导干部的领导水平和执政能力。西部地区与发达地区在发展上有差距，客观因素是一个方面，但更重要的是一些领导班子和领导干部在思想观念、学识见解、能力水平上还有差距。今后几年，要把更多精力放到大规模培训干部上来，认真研究新形势新任务对干部能力素质提出的新要求，创新培训内容，改进培训方式，进一步增强培训的针对性和实效性，通过抓科学理论武装、理想信念教育、专业知识培训和强化实践锻炼等措施，努力提高各级领导班子和领导干部抓发展、促和谐的能力和水平。

必须积极推进党内民主建设，切实增强党的生机与活力。积极推进党内民主建设，是新形势下增强党的创造活力、巩固党的团结统一的重要方面，也是建设社会主义政治文明的重要内容。党的十七大对推进党内民主建设作出了一系列新部署。从现实情况来看，在党内民主建没方面，需要研究和解决的问题很多，需要从制度和机制上探索创新的任务很重。一方面，要按照十七大精神，在保障和落实党员民主权利、积极推进党务公开、完善党的代表大会制度、完善地方党委工作机制、改革党内选举制度、探索扩大党内基层民主实现形式等方面作出努力，把中央的要求落实好。另一方面，要认真研究解决当前影响党内民主建设的突出问题。比如，提高常委会议事决策水平、增强全委会决策功能、拓宽基层党员参与党内事务的渠道等等。这些问题事关党内民主建设的大局，需要我们在中央统一部署下，结合实践发展，认真调查研究，积极探索创新，稳步向前推进。

必须继续深化干部人事制度改革，进一步倡导正确的用人导向。用什么样的人、不用什么样的人，影响着一个地方党员干部的行为取向，也影响着社会的发展面貌。欠发达地区加快发展、缩小与发达地区差距的现实，对我们选人用人提出了很高的要求。经过这次换届，各级领导班子的结构发生了很大变化，抓发展、干事业的意识很强，劲头很足。但也不可否认，由于受认识水平、历史条件等因素制约，选人视野不宽、方法不科学和用人不准的问题还没有完全解决。这表明，继续深化干部人事制度改革，提高选人用人的科学性和公信度，进一步倡导正确的用人导向，仍然是搞好组织工作的重要任务。要下功夫研究解决干部任用初始提名、科学考核政绩、日常监督管理等方面存在的深层次问题，建立科学的育人、选人、用人、管人机制，引导各级领导干部真正把心思用在推动科学发展，创造经得起实践、人民、历史检验的业绩上，尤其要使那些埋头苦干、不事张扬的干部，那些长期在条件艰苦、工作困难地方努力工作的干部，那些在基层和生产一线勤奋工作、实绩突出、品格优秀的干部，能够受到格外关注。只要树立了这样一种用人导向，我们的干部工作就能更好地体现公平和正义。

必须坚持不懈地抓好党的先进性建设，不断增强基层党组织的创造力、凝聚力和战斗力。先进性是我们党的生命所系、力量所在，基层党组织是党的全部工作和战斗力的基础。党的先进性建设，涉及成千上万党的基层组织和广大普通党员，工作战线长、任务重，有不少迫切需要解决的难点问题。当前，要着力抓好两个方面。一方面，要巩固发展先进性教育活动成果，继续健全和完善长效机制，落实各级党组织抓党建工作的责任，坚持不懈地抓好党员的经常性教育管理。另一方面，要随着社会进步和经济实力的不断增强，下功夫研究解决基层党建工作中一些体制性、政策性的难点问题，为基层党组织顺利开展工作创造有力的制度保障和必要的物质条件。重点解决壮大入党积极分子队伍、贫困村村干部难选难留和党组织开展工作措施单一、手段贫乏等问题，努力夯实我们党执政的根基。

必须积极研究探索新时期组织工作规律，努力提高组织工作水平。多年来，组织工作建立了一套完整的制度体系和工作模式，也形成了许多优良传统和作风，这些都是我们党自身建设中十分宝贵的财富。但也要看到，随着社会主义市场经济的深入发展和民主政治建设的不断推进，组织工作的方式方法和组工干部的思想观念、能力素质都有一个改进和提高的问题。在这种情况下，如果我们不能与时俱进，不能准确把握新形势下组织工作的规律，仍然习惯于依靠传统和惯性思维开展工作，就很难做到忠实履行职责，取得新的发展和进步。为此，必须进一步解放思想、转变观念，下移工作重心，大兴调查研究之风，尊重基层的首创精神，善于集中广大党员干部的智慧，努力使组织工作更加贴近实际，更加富有实效性和时代感。

如何做一名合格的组织部长

斯鑫良

一、坚持围绕大局，谋划组织工作

坚持为党的工作大局服务、在大局下行动，是新时期组织工作必须始终坚持的根本指导思想。围绕大局谋划组织工作，首先，心中要有大局。懂得大局，才能把握大局。这些年来，我们始终把理论武装放在首要位置来抓，坚持以理论上的清醒保证行动上的自觉，建立了市委组织部长理论学习制度，根据新形势新任务的要求，一年一个专题，组织市委组织部长进行学习研讨，进一步加深了对中央重大战略思想的理解和把握，为组织工作更好地贯彻落实中央的决策部署奠定了思想基础。其次，定位要找准确。努力把握组织工作在服务大局中的切入点和着力点，更好地为党和国家以及本地党委、政府的工作大局提供有效的组织保证。比如，落实科学发展观，市、县领导班子至关重要，为推动科学发展观在浙江的实践，今年我们在换届后的市、县领导班子中开展了"树新形象、创新业绩"主题实践活动，取得了比较好的效果。最后，服务要见行动。始终着眼为中央和省委的工作大局提供有效服务来谋划、部署和推进组织工作，切实做到党委、政府有部署，组织部门有行动。

二、坚持公平公道，推进公正用人

选好人用好人，始终是人们关注的一个热点问题，也是组织部长的重要职责。"用人不公"和"带病提拔"是当前干部群众议论比较多的问题，解决这两个问题，最根本的是要认真坚持党的干部路线、方针、政策，严格执行《干部任用条例》和有关规定，不断从整体上推进干部人事制度改革。一是正确运用民主推荐结果。坚持把民主推荐作为考察干部的首要程序，坚持会议投票推荐与个别谈话推荐相结合，并特别强调原则上按推荐得票多少的次序确定考察对象，得票不是最高的同志要列为考察对象，必须充分说明理由，努力做到既坚持群众公认，又不简单地以票取人。二是酝酿工作坚持"三个充分听取"。在干部沟通过程中，我们切实做到市级班子、县（市、区）党政正职空缺时，充分听取市委的意见；省直班子正职空缺时，充分听取分管省委常委、副省长的意见；省直班子副职空缺时，充分听取厅局党委（党组）的意见。这"三个充分听取"，把尊重下级组织的意见与尊重领导干部的意见、工作需要与坚持干部选拔的条件有机结合了起来，增强了干部选拔的"共识"。三是发挥集体把关作用。积极推行市县党委常委会票决制、全委会表决制，使常委、委员的意见能充分表达。建立省委组织部部务会议集体研究确定考察对象制度，在干部选拔中，变部务会议一次讨论为两次讨论，加大了集体把关力度。四是努力提高干部考察工作质量。我们在认真实施中组部干部综合考核评价试行办法的同时，坚持结合浙江实际不断丰富完善，主要是全面实行干部考察预告、差额考察等制度，积极探索完善干部生活圈、社交圈考察的做法，努力提高选人识人水平。

三、坚持以人为本，建设"三个之家"

组织部门是党员之家、干部之家、知识分子之家。这既是对组织部门的一贯要求，也是组织部门的优良传统。作为一名组织部长，要牢固树立以人为本的工作理念，尊重人、理解人、关心人、爱护人，真心实意地为党员服务、为干部服务、为基层服务，使他们切实体会到组织部门"家"的感觉，不断增强组织部门的亲和力和凝聚力。建设"三个之家"，第一，要努力创造各类优秀人才脱颖而出的良好环境。第二，要最大限度地激发党员、干部和各类人才的活力。组织部门在出台每一项政策、推行每一项改革、开展每一项工作时，都要有利于调动和发挥党员、干部和各类人才的积极性、主动性和创造性，充分考虑他们的实际情况、可能带来的影响以及他们的承受能力。第三，要从生活上关心党员、干部和各类人才。我们在坚持干部谈话制度的同时，建立了部长约谈制度，及时了解他们的思想、工作和生活情况。对他们遇到的实际困难和问题以及一些正常合理的要求，在政策允许的情况下尽可能帮助解决，努力营造干事创业的良好环境。第四，要优化部机关的服务。由于组织工作的特殊性，各方面对组织部门都比较尊重，往往"高看一眼"。越是这样，我们越要保持清醒的头脑，摆正位置、谦虚谨慎、平等待人，以良好的服务塑造组织干部特有的人格魅力，赢得党员干部、基层群众的信赖和支持。

四、坚持创新实践，推动工作实践

一是重点工作出精品。对一些重点工作，我们牢固树立精品意识，精益求精，高标准高质量地完成，不断提高组织工作的层次和水平。二是难点工作求突破。对组织工作中亟待解决而难度又较大的一些问题，我们坚持深入调查研究，积极探索，勇于实践，努力有所突破。比如，如何加强流动党员的管理一直是一个难点问题。这些年来，我省一些地方在这方面进行了积极探索，推行了办理流动党员管理证、在流动党员集聚地建立党组织等有效做法，加强流入地和流出地党组织的联系，共同发挥在流动党员管理中的整体作用，进一步加强和改进了流动党员管理工作。三是探索工作重完善。一些新的探索性的工作，往往难以一步到位，必须边探索边总结，边总结边完善，逐步把握规律。

五、坚持整合资源，发挥组织优势

组织工作涉及面广，工作任务繁重，许多工作需要我们与有关部门密切配合，通力合作。有效整合组织资源、充分发挥组织优势，是新形势下组织部长做好工作必须破解的重要课题。一是责任共担。对党委决策、组织部门牵头实施的工作，通过分解任务实现责任共担，引导各责任主体主动开展工作，充分发挥各自优势，推动工作落实。二是工作共促。党的组织工作与其他各项工作是相互联系、相互促进的，组织工作做好了，可以为其他工作提供坚强保证；同样，其他工作做好了，也能为开展组织工作创造条件。有效整合组织资源，需要实现同频共振、同轴共转、良性互动、共同推进。比如，党建工作对工会、共青团建设具有重要的引领作用，群团建设又是党建工作的基础。这些年来，我们坚持基层组织党建带团建工建，把群团建设作为加强党的基层组织建设的重要内容，纳入党的建设的总体格局，一起研究、部署、推进，取得了很好的效果。三是成果共享。一方面要充分利用各有关方面已有的资源，避免重复建设，做到少花钱、多办事；另一方面，资源整合以后的工作成果要共用共享，充分发挥最大效益。

六、坚持带好队伍，加强自身建设

由于组织工作的特殊性，组织部门往往容易成为一些别有用心的人重点"攻关"的目标，组工干部面临着各种考验与诱惑。加强组织部门自身建设，坚持从严治部，既是对广大组工干部的最大关心与爱护，也是一名组织部长应尽之责。首先，从严治部经常讲。在队伍建设这个问题上，组织部门出不起事，也出不得事。组织部长要真正带好队伍，必须坚持严字当头，把严格要求、严格管理、严格监督的要求落实到日常工作和细微之处，慎微慎始，防微杜渐，发现苗头性、倾向性问题及早提醒打招呼，防患于未然，避免因小过铸成大错。其次，自身建设有载体。近年来，我们按照中组部和省委的部署要求，每年突出一个主题，先后开展了以公道正派为主要内容的组工干部“树形象”集中学习教育、激励警示教育、机关效能建设、先进性教育、“作风建设年”等一系列活动，并提出了贯彻公道正派、弘扬优良传统、保持先进性等一系列要求。再次，管人管事靠制度。我们相继健全和完善了部机关领导制度、会议制度、学习制度、组织工作监督员制度、优化机关服务、加强干部队伍建设等 44 项制度，并认真抓好落实，努力建设一支高素质的组工干部队伍。

（作者：中共浙江省委常委、组织部长）

大力培养造就高素质干部队伍

姜异康

前不久，党中央颁布了《2006—2010年全国干部教育培训规划》（以下简称《规划》）。这是继颁布《干部教育培训工作条例（试行）》之后，我们党适应新形势新任务的需要，推进高素质干部队伍建设的又一重大举措。认真学习和全面落实《规划》，对做好"十一五"期间干部教育培训工作，实现"十一五"时期经济社会发展目标，具有重要意义。

一、站在全局和战略的高度，深刻理解科学发展观对干部队伍建设提出的新要求

事实证明，通过制定和实施规划来统一思想、明确任务、推动工作，是干部教育培训工作的成功经验。这次《规划》把全面贯彻落实科学发展观的要求，作为干部教育培训工作指导思想的重要组成部分，充分体现了干部教育培训工作的与时俱进。贯彻落实好这一指导思想，其重要前提就是要深刻认识和把握科学发展观对干部队伍建设提出的新要求，不断提高干部队伍贯彻落实科学发展观的素质和能力，促进经济社会又好又快发展。

必须牢固树立以人为本、执政为民的施政理念。科学发展观的本质和核心是以人为本，事关为谁发展、靠谁发展的重大原则性问题，充分体现了马克思主义执政党"立党为公、执政为民"的根本宗旨。要教育广大干部把发展为了人民、发展依靠人民、发展成果由人民共享作为施政理念，把实现好、维护好、发展好最广大人民群众的根本利益作为一切工作的出发点和落脚点，不断满足人民群众日益增长的物质文化需要，切实保障人民群众的经济、政治和文化权益，及时解决人民群众最关心、最直接、最现实的利益问题，让发展的成果惠及全体人民。要通过教育，使广大干部真正做到权为民所用、情为民所系、利为民所谋，努力创造出造福人民、经得起历史检验的政绩。

必须不断提高贯彻落实科学发展观的素质和能力。贯彻落实科学发展观，必须依靠我们党紧紧团结和带领广大干部群众来实现，其成效如何，关键取决于党的执政能力和领导水平。这必然要求各级各类干部不断提高掌握科学发展观的理论水平，深刻认识和准确把握科学发展观的科学内涵和精神实质，全面提高促进经济、政治、文化和社会发展的素质和能力；进一步转变发展观念，完善发展思路，创新发展模式，提高发展质量，增强发展动力；善于处理以经济建设为中心与促进社会全面进步、加快发展与协调发展、当前发展与长远发展的关系，切实用科学发展观武装头脑、指导实践、推动工作。

必须切实增强构建社会主义和谐社会的本领。科学发展观强调以人为本、统筹兼顾、协调发展，这与构建社会主义和谐社会的核心内容、基本要求和根本途径相一致。广大干部要在科学发展观的指导下，全面把握处理人民内部矛盾的规律和特点，积极探索促进社会和谐的新途径和新办法。通过不断提高构建社会主义和谐社会的本领，使广大干部尤其是领导干部能够正确反映和兼顾不同方面的利益，努力加强民主法制建设，促进社会公平正义，建设和谐文化，完善社会管理，解决社会纠纷和社会矛盾，增强社会创造活力，带领人民群众走共同富裕的道路。

必须大力培育领导干部的良好作风。全面加强新形势下领导干部的作风建设，对于我们党完成肩负的历史使命至关重要。科学发展观是对经济社会发展客观规律的认识，是指导发展的科学理论，必须靠科学求实的态度和真抓实干的作风来贯彻落实。这就必然要求各级领导干部切实转变作风。要大力倡导胡锦涛总书记提出的勤奋好学、学以致用，心系群众、服务人民，真抓实干、务求实效，艰苦奋斗、勤俭节约，顾全大局、令行禁止，发扬民主、团结共事，秉公用权、廉洁从政，生活正派、情趣健康八个方面的良好风气，自觉纠正违背科学发展观的观念和做法。要用良好的思想作风、学风、工作作风、领导作风和生活作风确保科学发展观的贯彻落实。

二、以提高干部教育培训质量为核心，不断完善中国特色的干部教育培训体系

胡锦涛总书记指出，干部教育培训要"联系实际创新路，加强培训求实效"。《规划》强调，要"把提高干部教育培训质量摆在更加突出的位置，努力实现规模和质量、效益的统一"。这些要求既是科学发展观在干部教育培训工作中的具体体现，也是干部教育培训工作贯彻落实科学发展观的重要衡量标准。要切实把提高质量作为干部教育培训工作的生命线，把握关键环节，加大创新力度，不断完善中国特色的干部教育培训体系。

进一步创新培训模式。用新的发展思路实现又好又快发展，是科学发展观的内在要求。干部教育培训工作也要按照科学发展观的要求，走内涵式、集约式发展道路。在培训理念上，要树立"以人为本，按需施教"的教育培训观念。积极探索和遵循干部的成长规律，关注他们的学习需求，激发他们学习的内在动力和潜能，结合党和政府的需要、岗位职责的要求和干部个性化、差异化的需求开展教育培训。在培训重点上，要把能力培养贯穿于干部教育培训的全过程。尽快实现干部教育培训向注重能力培养提高为主的方向全面转变。在培训效益上，要正确处理规模和质量、效益的关系。既要保持培训规模稳步增长，又要通过推行项目管理制度、严格培训过程管理以及强化培训成果评估等方法，保证培训质量，以有限的投入争取最大的效益。

进一步更新培训内容。科学设置教育培训内容，是提高干部教育培训质量的关键环节。现在知识更新周期越来越短，知识总量以惊人的速度增长。这种趋势使人们越来越感到"知识恐慌"、"本领恐慌"，广大干部求知的愿望空前强烈。干部教育培训工作必须适应和满足这种新变化和新需求。要按照《规划》的要求，在有计划地组织广大干部学习政治理论和履行岗位职责必备知识的基础上，密切跟踪时代发展和改革开放出现的新形势，及时将正确反映改革开放和社会主义现代化建设成就的理论成果和实践经验，以及国内外学术前沿可资借鉴的新的研究成果，充实到干部教育培训内容中来，使教育培训成为向广大干部传授新知识、传播新信息、扩大新视野、倡导新理念、提供新方法的重要平台，切实增强培训内容的时代性和实践性。

进一步改进培训方法。现代干部教育培训理论认为，干部的学习应当以问题为导向，以能力为核心，注重个体参与，讲究方式方法的多样性。这就要求我们在教育培训活动中紧紧抓住提高干部队伍的素质和能力这个重点，从教学目的和学员的学习特点出发，大力推进以学员为主体，以教师为主导，以解决实际问题为主要目的，以研究式和互动式学习为主要形式的现代教学方法。把课堂讲授与现场教学、调查研究、社会实践等方式有机结合起来，增加案例式、研讨式、体验式教学方法的比重，充分发挥教师和学员两个方面的积极性，促进教学相长、学学相长，努力提高干部的学习能力、解决实际问题的能力和创新能力。

进一步完善培训格局。目前，以党校、行政

学院、干部学院等干部教育培训机构为主体，以高等院校、科研院所和其他社会培训机构为补充的干部教育培训网络已经基本形成。但在优化资源配置方面，面对优质培训资源相对稀缺与广大干部日益增长的培训需求之间的矛盾，还有大量工作要做。要解决好这个问题，一是要继续加大政策、人才、资金等方面的支持力度，不断提高党校、行政学院、干部学院的办学水平，巩固和壮大其主阵地地位。二是要进一步挖掘部门和行业培训机构的办学潜力，充分发挥其行业和专业的培训优势。三是要引入市场竞争机制，优选高校和社会化培训机构等培训资源，为干部教育培训服务。要通过各方面的共同努力，逐步形成分工明确、优势互补、布局合理、竞争有序的干部教育培训机构的新格局。

三、进一步突出办学特色，充分发挥行政学院在干部教育培训中的主渠道作用

《规划》强调，各类干部教育培训机构要办出特色。行政学院是培养造就高素质公务员队伍的摇篮。多年来，在各级党委和政府的关心指导下，经过不断探索和实践，逐步形成了自己的办学特色。各级行政学院要圆满完成《规划》提出的工作目标和主要任务，就必须按照科学发展观的要求，围绕大局办学，深化教学改革，强化办学特色，努力提高办学能力和办学水平，不断开创公务员教育培训工作的新局面。

围绕党和政府工作大局开展教育培训。围绕党和政府中心工作开展教育培训，是行政学院的办学宗旨和基本经验。各级行政学院要紧紧围绕党和政府中心工作，围绕全面贯彻落实科学发展观、构建社会主义和谐社会的重大理论和现实问题，制定培训规划，确定培训主题，设立培训班次，设置培训课程，开展教育培训。要紧紧围绕政府职能和政府公务员的需求，依据政府经济调节、市场监管、社会管理、公共服务四项职能，抓住提高政府公务员科学行政、民主行政、依法行政能力这个重点，组织开展教学。要紧紧围绕岗位职责特点与不同层次、不同类型政府公务员素质和能力的要求，加强分级分类培训，切实提高教育培训的针对性和实效性。总之，要通过教育培训，进一步提高广大公务员的领导水平和行政能力，保证党和政府的重大方针政策和中心任务得到贯彻落实，使学员真正达到学有所成、学以致用的目的。

完善“一个核心、三个重点”的教学培训新格局。按照华建敏院长对行政学院办学提出的要求，国家行政学院在学院“十一五”规划中提出：“以努力形成提高公务员素质和行政能力为核心，以公仆意识、现代管理、依法行政为教学方向和培训重点的教学培训新格局。”这一教学培训新格局，比较准确地反映了行政学院的办学规律和特点。围绕这个新格局，公务员教育培训工作要着眼于经济、政治、文化、社会四大领域，建立适应政府工作需要，体现学院办学特点，结构合理、层次分明、规模适度、长短结合的培训体系。按照“公仆意识、现代管理、依法行政”的要求，以公共管理为重点，以公共行政学、行政法学、政府经济学、政治学为主要学科和优势学科，加强特色学科和相关基础性学科，建立特色鲜明、比较完善的学科体系。根据不同班次的需要，科学设置培训课程，使教育培训从满足学员的岗位培训需求为主，向满足学员的能力提高需求为主转变，建立体现行政学院鲜明办学特色的课程体系。要适应培训任务和课程设置的要求，建立适应公务员培训需求、具有较高学术含量、较强实践指导作用的公务员培训教材体系。

统筹教学、科研、咨询协调发展。实现教学、科研、咨询“三位一体”，统筹发展，既是行政学院的办学方针，也是行政学院的办学优势。要坚持以教学为中心，科研为基础，咨询为导向，把教学过程与科研、咨询过程结合起来，使三者相互促进、相互渗透、协调发展。围绕落实科学发展观和构建社会主义和谐社会、围绕政府实施“十一五”规划过程中的重大理论和现实

问题，以深化行政管理体制改革和依法行政为科研咨询重点和主要研究方向。利用行政学院的资源优势，以主体班次为依托，充分调动教研人员和学员的积极性，真正做到“教学出题目、科研做文章、成果进课堂”。加快推进科研咨询的精品化进程，力争多出一些高质量的、在推进理论创新和实践创新方面有重大影响的成果，为学院教学和政府决策提供有效服务。同时，注重对公务员培训规律的研究，努力建立中国特色的公务员培训理论体系。

坚持开放办学、开门办学。这是各级行政学院的鲜明特色。要充分利用国内国外两种资源，探索新的交流合作形式，拓展交流合作领域，进一步提高开放办学的水平。加强与政府部门的交流与合作，对一些重大政策理论和现实问题联合进行课题研究。注意选聘党政领导干部、企业高级经营管理人员和国内外著名专家学者担任兼职教师。大力加强行政学院系统的交流与合作，通过加强教学评估体系建设、精品课程和专题库建设、“名师库”建设、教研基地建设以及教材建设等，努力实现各级行政学院教学资源共享和优势互补，形成并提升行政学院系统的整体办学能力。

（作者：国家行政学院党委书记、常务副院长）

领导干部应具备良好的心理素质

刘玉浦

当前,领导干部担负着领导发展与维护稳定的双重重任,除了要具有良好的政治思想素质和较强的工作能力外,还必须具备良好的心理素质,否则在各种困难和压力面前就会缺乏勇气和毅力,难以履行好领导岗位职责,担当时代赋予的重任。因此,重视和关心领导干部心理健康,培养良好心理素质,对建设高素质的干部队伍至关重要。

一、领导干部具有良好心理素质是新形势新任务的要求和自身成长的需要

心理素质是人的思想活动、认识觉悟、意志毅力、工作能力的综合体现。主要包括人的适应能力、耐受力、控制力、意识水平、社会交往能力等。良好的心理素质,是一个人应对竞争、成就事业、获得幸福的重要保证。现代社会变革的深入和工作生活节奏的加快,对人们具备良好心理素质的要求大大增强。领导干部具备良好的心理素质,不仅仅是个人发展的需要,也是党的事业发展的必然要求。当前我们正处于全面贯彻落实科学发展观、积极推进社会主义和谐社会建设的重要时期,也是以党的执政能力建设和先进性建设为重点推进党的建设新的伟大工程的关键时期,领导干部所承担的任务和责任十分繁重,面临的工作压力不断加大。领导干部要经受住各种考验,顶住各种压力,妥善处理各项事务,必须具备良好的心理素质。

从总体上看,当前大多数领导干部的心理是健康的,但也有一些领导干部没有经过艰苦环境磨炼,心理素质较差,表现出心理承受力不够、自我控制力不强等问题。一方面,随着经济社会的发展,工作任务日趋繁重,社会事务不断增多,抢抓机遇、你追我赶的竞争日益激烈,社会矛盾不断涌现,发展过程中的深层次问题逐步显露,在这些严峻的考验和挑战面前,一些领导干部感到工作压力很大,导致精神紧张、情绪急躁,甚至工作方法简单粗暴。另一方面,许多领导干部在工作之余,还要耗费相当多的时间和精力来处理各种人际关系,顶住人情网、关系网的压力,这也使许多领导干部感到难以应付、身心疲惫。同时,一些领导干部总是与亲朋好友、同学战友或其他群体比收入、比住房、比消费,与同事比职务、比地位,从而产生自卑或失衡心理,进而就利用职务之便,通过权力的影响力去谋取私利,追求高消费、高享受,在生活上放纵自我,由此滑入了腐败的泥潭。

领导干部心理素质存在的问题,从客观上有工作任务重、要求高的缘由,但主观上也与领导干部的理想信念和世界观、人生观、价值观以及权力观、地位观、利益观不无关系,同时还与我们以往对领导干部心理素质重视不够有关。领导干部在工作和生活中遇到问题,组织上没有及时进行心理疏导,也没有提供正常的渲泄渠道,导致干部的心理问题越积越重。因此,正确分析和掌握领导干部的心理状况,培养领导干部良好的心理素质,在全面落实科学发展观、构建社会主义和谐社会的新形势下,显得尤为紧迫而重要。

二、领导干部应具备五个方面的良好心理素质

为适应新形势新任务的要求,领导干部要

着力培养以下五个方面的心理素质：

（一）坚定的信念。信念是人们在一定的认识基础上确立的、对某种理论主张或思想见解坚信不疑，并积极身体力行的精神状态。信念是人的精神支柱，有什么样的信念就有什么样的行为。人生是硕果累累，还是庸碌无为，全在于拥有什么样的信念。领导干部所产生的各种心理危机，除了少部分是因个人品性确有问题外，大部分是理想信念发生动摇。因此，每一位党员领导干部必须坚持正确而坚定的信念。只有这样，才能在纷繁复杂的现实中把握正确的政治方向，保持坚定的政治立场；才能树立正确的世界观、人生观、价值观，坚持立党为公、执政为民的理念；才能摆脱作风上的低级庸俗，抵御生活上的腐化堕落，带领广大群众为实现远大理想而努力奋斗。

（二）顽强的意志。意志是人为了一定的目的，自觉地确定自己的行为，并与克服困难相联系的心理过程。意志从来都是在与困难打交道的过程中得以体现的，做舒坦的事情不需要什么意志。当前工作中，领导干部面临的困难和挑战很多，培养坚强的意志尤为重要。对党的路线方针政策，对经过科学论证的事情，要坚持不懈地贯彻落实下去。即使困难和挫折再大，也从不迷失方向。要练就钢丝般的神经和磐石般坚定的意志，遇到困难不退缩，遇到挫折不气馁。要有那么一股子韧劲，历经百折而不挠。要有承载压力的品质，努力提高心理承受能力。那些一遇到困难就打退堂鼓，一遇到挫折就精神崩溃的人，心理上是不健全的，政治上也是不成熟的。

（三）理性的态度。要理性地看待现实，工作中做到处变不惊、临危不乱，越是在困难、挫折面前，越要保持冷静，理智地处理各种复杂的问题。要理性地看待自己，要有自知之明，既看到自己的优点，又了解自己的缺点，在赞扬、拥护和奉承面前，不能忘乎所以，迷失自己。要做到得意时谦逊，失意时淡泊，临顺境警醒，遇逆境从容。要有较强的自我控制能力，坚守道德底线，做到慎初、慎独、慎交友，决不能放纵自我。要理性地看待别人，不要盲目攀比；不要因为别人提拔比自己快就怨天尤人，抱怨社会不公、时运不济。个人的成长既要看能力，也要看机遇，因此要以平常心看待个人的进退留转。除了与同事相比，有些领导干部还喜欢与大款比奢华、比排场，从而产生当官吃亏的想法，导致心理失衡，认为不捞白不捞，最终蜕变为腐败分子。

（四）豁达的心胸。心胸宽广是一个领导干部的基本素质。如果没有宽广的心胸，领导干部必然离群索居，脱离群众，成为孤家寡人。要有容人的雅量，尊重别人的人格、劳动和劳动成果，真诚待人，敢于主动亮短，以真心换取真心。要善于协调各方关系，团结不同性格、不同能力、不同年龄、不同意见甚至反对自己意见的人合作共事。特别是对能力比自己强的人，不要嫉妒。要有容事的气魄，心中想大事，手上抓大事，对急难险重之事，举重若轻，运筹帷幄，妥善解决。对无伤大雅的小事，不斤斤计较，不耿耿于怀，一笑而了之。

（五）平民的心态。清代徐继昌在《徐素斋杂记》中记述了辽东知府杜石坡的一段话："我辈做官当常想到未做官以前与不做官以后，自律自严，办事不期勤而自勤，俸禄不期薄而自薄。"每一位领导干部，"未做官前"是平民百姓，"不做官以后"也是平民百姓，当官时多想想以前未当官时以及以后不再当官时的样子，心态自然平和许多。一些领导干部自恃位高权重，认为自己高人一等，居高临下，趾高气扬，就不可能以百姓心态对待人与事，就容易产生心理扭曲。常言道，做官先做人。先把自己当成普通人，把人做好了，才能当好官。因此，领导干部要以平常心待人接物，不以物喜，不以己悲。要有感激之情，饮水思源，知足常乐，感激周围的一切，包括坎坷、困难和逆境。事物不是孤立存在的，没有周围的一切就没有我们的存在。感激之情能使我们更深地体会到自己就是普通百姓中的一员。

三、领导干部培养良好的心理素质需要个人和组织的共同努力

良好的心理素质，不是与生俱来的，是经过后天艰苦锤炼得来的，是一个人思想、品德、学识、情操、修养的综合体现。领导干部培养良好的心理素质，既靠个人的努力，也靠组织的关心指导。从个人来说，要努力做到以下三点：

一要勤于学习。毛泽东早就提醒过我们，执政过程中最怕“本领恐慌”。不学习，没本领，心理就慌得很，哪里还谈得上什么良好的心理素质。现在一些领导干部在迎来送往及日常琐事中忽视了自我的提高，应急应变能力、分辨思考能力不足，在重大原则面前失去警觉，在复杂问题面前手足无措，在改革发展面前无所作为，由此产生种种心理压力。因此，领导干部要做到重视学习、善于学习。在学习中锤炼自己的意志，陶冶自己的情操，提升精神境界，不断提高新形势下驾驭全局、推动工作的能力，不断提高在各种压力、困难和考验面前自我调适的能力。要牢固树立正确的世界观、人生观、价值观，解决好权力观、地位观和利益观问题，不为名所累，不为利所缚，不为欲所惑。

二要勇于实践。主动要求到艰苦环境中去，通过实践锻炼自己的心理素质，检验心理素质是否过关，是否适应工作的需要，是否能承受复杂社会的考验，并在实践中丰富阅历，使自己的心理适应性更加稳定。

三要善于思考。思考是对复杂事物进行理性判断和理性分析的过程，是提高心理素质的重要途径。要养成“吾日三省吾身”的良好习惯，养成激动时克制、徘徊时执著的辩证思维方式。善于在复杂的环境中明辨是非，不断提高科学判断形势的能力；在错综复杂的事物中抓住本质和重点，不断提高驾驭大局的能力；并从中总结探索出规律性的东西，不断提高科学发展的能力。

良好的心理素质，除个人的努力外，还需要组织的关怀和培养。各级党组织要积极引导领导干部提高心理健康意识，通过宣传、教育、培训，普及心理健康知识，让领导干部在出现心理问题时自我调适、积极应对。把干部心理保健列入干部教育培训的内容，开设心理卫生课程，提高干部在面对各种压力、困难和考验时的自我调适能力。设立心理咨询机构或开设心理健康咨询热线，配备专业咨询人员，为干部提供心理辅导，帮助其缓解心理压力。要经常组织健康向上的文体活动，坚持干部休假制度，使领导干部从繁忙的工作中解脱出来，做到劳逸结合，以保持健康的身心状态。

要坚持正确的用人导向，营造良好的用人环境。实践表明，用人不公是造成部分干部心态失衡的重要因素。要不断深化干部人事制度改革，努力形成公开公平公正的用人环境，特别是要建立健全符合科学发展观的干部考核选拔使用机制，使优秀人才脱颖而出、人尽其才、才尽其用，使干部“上”的合理，“下”的服气。要加大干部交流轮岗力度，及时把在同一岗位上工作时间较长的领导干部进行交流使用，避免出现工作厌倦症。

要健全领导干部谈话制度。领导干部在新提任、岗位调整及矛盾集中时期容易出现焦虑和抑郁情绪，可以通过谈话听取他们的意见和想法，帮助其解决实际困难。特别是在换届等人事变动期间，领导干部存在不同程度的心理压力和心理失衡，尤其要做好心理疏导工作。

要改革和完善工作机制。目前一些工作制度和机制不尽科学、合理，致使领导干部有时按制度规定办事行不通，而突破制度限制、违规操作又有风险，心中忐忑不安。因此，在政策出台、制度设计上一定要深入调研，听取各方面的意见，使政策和制度具有科学性和可操作性。对一些不合理的制度，要及时加以调整完善。

（作者：中共广东省委副书记）

选人用人必须坚持公道正派

陈福今

国以贤兴，政以才治，为政之要惟在用人。选什么人、用什么人，历来是一种导向，事关党的事业兴衰成败和国家的前途命运。古人云：“用一贤人，则贤人毕至；用一小人，则小人齐趋。”我们党反复强调，选用一个人犹如立一个标杆、树一面旗帜。领导干部只有始终坚持公道正派地选人用人，才能为党和人民选上用好公道正派的人，才能把各类优秀人才聚集到党和国家的事业中来。否则，必然是“不善者竞进，惟私者当道”。正是从这一意义上，我们认为领导干部在选人用人中坚持公道正派，不仅是一种个人道德品质、思想作风、人格力量，更是一种政治品质、政治作风、政治力量；不仅是领导干部个人的立身之本、为政之道，更是我们党和国家的成事之基、正气之源，是提高党的领导水平和执政能力，保持党的先进性，推动科学发展，促进社会和谐的根本保证。那么，在新的历史条件下，各级领导干部在选人用人中怎样才能坚持做到公道正派呢？结合多年实践，我认为关键是做到以下“六要”：

一、要有坚强的党性

选人用人中的公道来自公心，正派源于党性。公道正派问题，本质上是世界观、人生观、价值观问题，说到底是党性问题。公道正派是党性原则在选人用人中的集中体现，党性原则是公道正派的基石。领导干部在选人用人中只有具备坚强的党性，一切从党和人民的根本利益出发，以加快发展为第一要务，以人民满意为第一标准，以关注民生、促进社会公平正义与和谐发展为第一责任，才能坚持原则、主持公道，不为名所累、不为利所缚、不为欲所惑，才能守得住清苦、耐得住寂寞、挡得住诱惑、顶得住压力，做到大公无私，一身正气。因此，领导干部在选人用人中要做到公道正派，必须首先加强党性锻炼。坚持用马克思列宁主义、毛泽东思想、邓小平理论和“三个代表”重要思想武装头脑，全面贯彻落实科学发展观，牢固树立科学的世界观、人生观、价值观和正确的权力观、地位观、利益观，讲政治、顾大局、守纪律，主持正义、恪守原则，坚持权为民所用、情为民所系、利为民所谋，不看眼色行事、不凭感情用事、不随风向做事。牢牢把握德才兼备、任人唯贤、五湖四海的选人用人原则，坚持“公心＋公认”、“能力＋实绩”，决不给那些跑官、要官、买官、骗官者开绿灯、行方便，决不囿于同学、同事、同乡的小圈子而排斥其他优秀人才，决不给那些借亲属、熟人、朋友关系或自己熟悉的人、自己身边的人等搞选人用人上的不正之风以可乘之机。对那些违规、违纪、违法的人和事，能坚持原则、敢于碰硬，对拉关系、套近乎、搞交易的行为勇于抵制，决不同流合污，用坚强的党性，保证选人用人的公道正派。

二、要有健全的制度

领导干部在选人用人中要做到公道正派，既要靠党性、靠觉悟，更要靠制度。制度是经验的积累、规律的体现、智慧的结晶，制度带有根本性、全局性、稳定性和长期性，其本身就是公正、公平、公道的集中体现。用制度选人、按制度用人、靠制度管人，是领导干部在选人用人中坚持公道正派的根本保证。以健全的制度确保领导干部选人用人的公道正派，关键要做到以下两点：第一，要坚决执行党和国家的一系列有关选人用人的制度规定。近年来，在选人用人方面，党和国家出台了《公务员法》、《党政领导干部选拔任用工作条例》以及相关的法规性文件，这些文件既是对我们党和国家在选人用人方面经验的科学总结，也是在学习借鉴国外选人用人的成功做法基础上，结合我国社会主义现代化建设的新的实践要求研究制定的，对于防止选人用人中的各种考察失真失实和不正之风，做到公道正派地选人用人，选用公道正派的人，具有十分重要的保证作用。各级领导干部一定要带头认真学习、坚决贯彻执行，做到坚持原则不动摇，执行标准不走样，履行程序不变通，遵守纪律不放松。第二，要根据经济体制的深刻变革、社会结构的深刻变动、利益格局的深刻调整、思想观念的深刻变化对领导干部公道正派地选人用人提出的新挑战，按照体现时代性、把握规律性、富于创造性的新要求，大胆探索实践，不断创新完善领导干部公道正派地选人用人的制度和体制、机制，使各级领导干部选人用人的行为更加规范、科学、有效，以刚性的制度保证领导干部选人用人的公道正派。

三、要有良好的素质

在选人用人中坚持公道正派对各级领导干部来说既是一种“德”的要求，更是一种“才”的考验。领导干部在选人用人中要做到公道正派，除了要有高尚的情操、良好的品德、坚强的党性、宽阔的胸襟、廉洁自律等基本素养外，还必须具有识才之眼、育才之策、用才之能、管才之法。古人云，“一流之人，能识一流之善，”“荐贤者当自贤”。讲的就是领导干部要选准用好人才必须具有良好的素质，只有这样才能做到公道正派，否则，就可能出现“好心办坏事”的现象。这就要求领导干部必须通过加强学习等多种途径，提高自身的素质。要更新选人用人的观念，不断深化对党的干部路线和干部标准的认识，大胆起用那些政治上靠得住、工作上有本事、作风上过得硬、人民群众信得过的人，使想干事的有机会，能干事的有舞台，干成事的有地位。要不断拓宽知识面，了解熟悉各类人才的工作性质、职业特点、思维方式和成长规律，掌握科学的选人用人方法。要坚持用发展的眼光看待干部，用联系的观点分析干部，用辩证的思维评价干部。要学会历史地、科学地、全面地选人用人，要善于发现和重用那些才能出众、埋头苦干、甘于奉献、关注民生、实绩突出、群众公认而又不事张扬的人，决不让他们吃亏；同时善于识别那些投机取巧、沽名钓誉、弄虚作假的人，决不让他们得到好处。

四、要有深入的作风

古人云：“涉浅水者得鱼虾，入深水者得蛟龙。”要公道正派地选人用人，要真正选准用好人，领导干部必须要有深入的作风，要坚持用好的作风选用作风好的人。要坚持民主集中制、坚持走群众路线。要把坚持党管干部原则、充分发扬民主与坚持群众公认结合起来，依靠集体的决策选人用人，依靠群众的智慧选贤任能。干部工作生活在群众中，他们的言谈举止，他们的优劣和是非功过，群众看得最清楚，也最有发言权。只有坚持走群众路线，才能在复杂多变的现实生活中，对干部作出客观公正的评价；只有坚持走群众路线，实行领导和群众相结合，才能真正把人选准用好。要认真总结和完善民主推荐、民意测验、民主评议、考察预告、差额考察、任前公示等制度，把选人用人的原则、标准、程序、政策等交给群众，让群众发表意见。坚持党委领导集体决策，积极推行常委会、全委会票决制，防止少数人说了算。要加强经常性考察。现在，干部考察主要集中在届中、换届或调整时进行。这种考察由于任务明确、力量集中，对了解掌握干部情况有一定效果。但从另一个方面看，由于时间紧、任务重，考核的深度和广度也会受到限制。因此，在继续坚持集中考察的同时，要积极探索经常性考察的有效方法，切实加强经常性考察。要建立健全干部考察档案，及时收集记录与干部考察有关的资料。要拓宽经常性考察渠道，比如培训考核、重大事件考核、民主生活会考察等，全面深入地了解干部。要深入到改革和发展第一线了解干部。在坚持个别谈话、民主评议、民意测验等方法的同时，要通过实地察看和专项调查，详细了解一个地方或单位经济社会发展、精神文明建设和党的建设的成果，从中考察班子，了解干部。要发扬深入细致的工作作风。既要了解干部在现单位的表现，也要了解在原单位的情况；既要了解同事和上级的意见，还要了解下级和群众的意见；既要了解多数人的意见，还要倾听少数知情人的意见；既要看“门面”，也要看“角落”；既要考察八小时内的表现，也要了解“生活圈”、“社交圈”的表现。只有进行多层次、多方面、多渠道、多角度的考察，才能全面了解和掌握干部的德才表现，真正做到公道正派地选人用人。

五、要自觉接受监督

历史和现实一再表明，没有监督的权力很难做到公正行使，很难不出现腐败。一些领导干部在选人用人中之所以出现这样那样的不公道、不正派现象，甚至产生腐败现象，一个重要的原因是缺乏监督或监督不到位。领导干部在选人用人中自觉、主动地接受各方面监督，是我们党对各级领导干部的一贯要求，是领导干部履行职责的重要内容，也是确保公道正派地选人用人的重要保证。各级领导干部要把自觉、主动接受监督贯穿选人用人全过程，并作为工作的基本准则。要拓宽监督的渠道和途径。把上级监督、领导班子成员监督、群众监督、新闻媒体监督和社会舆论监督等有机结合起来，不断扩大选人用人中的民主化、公开化程度，切实落实人民群众在选人用人中的知情权、参与权、选择权和监督权。要强化监督制度建设。要认真贯彻落实中央下发的党政领导干部选拔任用工作监督检查办法等相关文件规定，建立健全领导干部选人用人各个环节的监督制度，强化领导干部选人用人责任制和责任追究制度。要坚持不懈地抓好领导干部选人用人情况的监督检查，严肃查处领导干部违反干部选拔任用规定的行为。要把集中检查与重点抽查、上级检查与自我检查、组织检查与群众监督有机结合起来，努力实现监督检查工作的经常化、制度化。要按照权责一致的原则，重点加强对一把手选人用人情况的监督，科学规范和有效约束各部门各单位主要负责人的选人用人行为，切实做到有权必有责、用权受监督、违规必追究。对领导干部违反干部选拔任用规定选人用人的，发现一起要严肃查处一起，决不姑息。对选人用人不正之风严重、干部群众反映强烈，以及查处不力的地区和部门，首先要追究一把手的责任。要不断建立健全领导干部选人用人强化预防、及时发现、严肃纠正的监督机制。要坚持预防为主，把监督贯穿干部培养教育、考察考核、选拔任用和日常管理的各个环节。对领导干部在选人用人中出现的苗头性问题，要及时提醒，帮助纠正，防止小毛病发展成大错误。

六、要强化实践标准

领导干部在选人用人中公道不公道、正派不正派，一定要在实践中进行检验。自古以来，知人不易，识才更难，用好人才更是难上加难。不能凭一时一地一人的情况，更不能凭捕风捉影、道听途说的情况，去判断领导干部选人用人是否公道正派。要坚持实践第一的观点。要在领导干部选人用人的实践中，在领导干部带领群众落实科学发展观、构建社会主义和谐社会的实践中，全面检验领导干部选人用人是否真正做到公道正派。要把领导干部选的人、用的人是否能得到大多数人民群众的支持和拥护，是否能够一心一意带领广大人民群众不断开创改革发展稳定的新局面，是否能够真心实意为广大人民群众谋利益，作为检验领导干部选人用人是否公道正派的根本标准。一定要坚持实践标准，一定要看本质、看主流，要把被选用的干部在实践中的实际表现作为评价领导干部选人用人是否公道正派的主要标准。

（作者：国家行政学院原党委书记、常务副院长）

构建和谐社会与做好组织工作

车　俊

组织部门是党委的重要职能部门，在构建社会主义和谐社会中，必须奋发有为地做好工作，最大限度地提高各级党组织和领导班子的凝聚力、战斗力，最大限度地调动广大干部和党员干事、创业、为民的积极性，最大限度地发挥组织工作促进和谐的作用，为构建社会主义和谐社会提供坚强的组织保证。

按照构建和谐社会的要求做好组织工作，首先要树立与之相适应的工作理念。

树立服务大局的理念。组织工作要围绕中心、服务大局，才能保证正确的方向。就河北而言，这个中心就是建设沿海经济社会发展强省，这个大局就是构建和谐河北。各级组织部门要切实增强政治意识和大局意识，自觉用科学发展观、构建社会主义和谐社会等重大战略思想统一认识、指导实践，自觉把组织工作放到全省工作大局中去思考、谋划和把握，努力使组织工作与建设沿海强省、构建和谐河北，在指导思想上相一致，在目标任务上相呼应，在工作举措上相协调。要从建强省、促和谐的需要出发，以积极主动的态度，找准服务大局的切入点，增强服务大局的自觉性和主动性，提高服务大局的针对性和实效性。

树立以人为本的理念。在组织工作中坚持以人为本，就是要尊重人、理解人、关心人、爱护人，调动一切积极因素，以党内和谐促进社会和谐。要认真贯彻民主集中制原则，积极推进党内民主和扩大党务公开，与党员、干部主动接触、平等交流，了解思想、听取意见。注意多方听取意见，尽可能兼顾工作对象的愿望和要求。强化服务意识，满腔热情为党员、干部搞好服务，解决他们的实际困难，保障他们的合法权益，激发他们的创造活力，形成组织想着干部、干部想着工作的良性互动局面，汇聚更好更快发展的强大合力。

树立公平正义的理念。组织部门主要是做人的工作，公平公正地对待工作对象，使他们享有平等的权利、均等的机会，是组织部门的责任和义务。各级组织部门和组工干部，要自觉坚持公道正派、任人唯贤的原则，凡事出以公心，摒弃私心杂念，做到对己清正、对人公正、对内严格、对外平等。在各项工作特别是选人用人上，要讲原则、讲规矩、讲纪律，充分发扬民主，严格按法律法规办事，按政策规定办事，按程序要求办事，树组织工作之正气，求选人用人之公道，坚决抵制歪风邪气，努力增强组织部门的公信度。

树立创新求实的理念。在经济体制深刻变革、社会体制深刻变动、利益格局深刻调整、思想观念深刻变化的新形势下，组织工作面临许多新情况新问题。这就要求我们必须坚持解放思想、实事求是、与时俱进，在继承优良传统的基础上，进一步开阔视野、拓宽思路，积极推动组织工作观念、方法和制度创新，建立充满活力、科学有效的组织工作体制机制。对工作中的难点问题和复杂矛盾，要敢于正视，通过深化改革和锐意创新，积极寻找解决问题的治本之策，使组织工作不断有新开拓、新突破、新进步。

树立统筹协调的理念。组织工作战线长、头绪多，涉及方方面面，必须综合考虑各方面的情况，兼顾各方面的需求和利益，整合各方面的力量和资源，争取工作效益的最大化。要正确处理组织工作与其他工作的关系，正确处理组织工作中各个方面的关系，正确处理业务工作与自身建设的关系，使其相互适应、相互协调，防止顾此失彼。比如，在干部工作上，既要重视选拔任用，又要抓好教育培训和管理监督；既要培养选拔优秀年轻干部，又要调动各个年龄段干部的积极性；既要优化领导班子结构，又要防止机械地平衡搭配；既要尊重民意，又要防止简单地以票取人，以促进领导班子和干部队伍的和谐。

树立固本强基的理念。基层党组织是党的全部工作和战斗力的基础，是沿海强省建设的组织者、推动者和实践者。各级组织部门要高度重视基础工作，无论是干部队伍建设、基层组织建设，还是人才队伍建设，都要把基础工作抓实抓好，为组织工作的创新与发展练好"内功"，防止急功近利、舍本逐末。要把更多的心思用在基层，用更多的时间深入基层，将更大的功夫下在基层，毫不放松地抓好基层组织和党员队伍建设，充分发挥基层党组织凝聚人心、推动发展、促进和谐的作用，夯实党的执政根基。

按照构建和谐社会的要求做好组织工作，必须结合河北实际，在健全和落实六项机制上下功夫。

一是健全和落实引导激励干部干事创业的机制。大力倡导胡锦涛总书记强调的八个方面的良好风气，高扬树正气、讲团结、求发展的主旋律，坚持不懈地抓好领导班子和干部队伍思想政治建设。坚持正确的用人导向，完善干部综合考核办法，把推进科学发展、和谐发展的成效作为评价干部的基本依据，引导干部自觉落实科学发展观，努力创造经得起实践、群众和历史检验的政绩。不断优化领导班子结构，注重梯次配备，增强整体功能。抓好省委《关于加强各级党组织民主集中制建设若干重要问题的决定》的落实，加强民主集中制建设，健全保障团结和谐的制度和机制。认真实施"十一五"干部教育培训规划，改进培训方式方法，提高干部队伍政治业务素质。

二是健全和落实基层党建工作常抓不懈的机制。健全乡、县、市三级党委履行基层党建责任逐级述职制度，建立部门党组（党委）基层党建工作责任制，形成责任目标明确、考核方法科学、奖惩落实到位的党建工作责任体系。坚持分类指导、整体推进，大力加强农村、企业、城市社区和"两新组织"党的建设，切实做好机关和学校、科研院所、文化团体等事业单位的党建工作，不断扩大党的工作的覆盖面和影响力。适应改革发展对党建工作提出的新要求，不断调整组织设置，健全组织体系，创新工作方式，增强服务功能，形成上级为下级党组织服务、党组织为党员服务、党组织和党员为群众服务的格局。

三是健全和落实牵头抓总、统筹人才工作的机制。树立和落实科学的人才观，大力实施人才强省战略，抓好"十一五"人才工作规划的落实。坚持党政人才、企业经营管理人才和专业技术人才"三支队伍"一起抓，促进各类人才队伍协调发展。适应构建和谐河北的需要，造就一支结构合理、素质优良的社会工作人才队伍。积极推进京津冀人才开发一体化战略，按照不求所在但求所用、不求所有但求所为的思路，主动做好引才引智工作，着力打造临港人才聚集区。大力倡导人人都可以成才的观念，完善培养、引进和使用人才的政策措施，营造鼓励支持人才干事创业的良好环境。实施"燕赵北部之光"人才支持工程，加强对扶贫开发重点县的人才支持。

四是健全和落实农村党的建设"三级联创"机制。按照抓两头、带中间的思路，深入开展争创"五个好"基层党组织活动，大力培育、树立先进典型，定期表彰基层党建红旗单位和基层党组织书记标兵，尤其是选好配强农村党组织班子，建设一支政治素质好、带领群众致富能力强、协调本领强的党支部书记队伍；下大力整顿转化农村后进党组织，摸清底数、制定计划、分年解决，从总体上较大幅度地减少后进党组织的比例。把农村党建工作与文明生态村创建活动紧密结合起来，坚持党建工作资源向农村倾斜，帮助建好组织、育好人才、选好路子、订好制度，解决好创建活动中存在的问题，推动创建活动深入开展。

五是健全和落实党员长期受教育、永葆先进性的机制。抓好党员经常性教育工作，引导党员树立社会主义核心价值观念，坚定理想信念，在建设沿海强省的实践中充分体现共产党员的先进性。做好发展党员工作，着力解决农村党员年龄偏大、"两新组织"中党员偏少的问题，改善党员队伍结构，增强党员队伍的活力。加强和改进流动党员管理工作，坚持寓管理于服务之中，建立城乡一体的党员动态管理新机制。构建党员联系和服务群众网络，使党员在联系群众中团结和凝聚群众，在服务群众中增强荣誉感和责任感。及时总结党员教育管理的好经验好做法，不断完善保持共产党员先进性的长效机制。

六是健全和落实科学的干部选拔任用与管理监督机制。围绕选好人、用好人、管好人，认真落实中央和省委出台的干部人事制度改革措施，总结完善基层创造的新鲜经验，加大制度创新力度，形成广纳群贤、人尽其才、能上能下、充满活力的用人机制。按照强化预防、及时发现、严肃纠正的要求，加强对干部选拔任用工作的监督，尤其是加强对一把手用人行为的监督，防范和治理选人用人上的不正之风。坚持以教育为主、预防为主、事前监督为主，改进干部监督管理的方式方法，加强对领导干部的日常监督。

（作者：中共河北省委常委、组织部长）

进一步树立体现科学发展观的用人导向

王成文

党的十七大报告提出的“坚持正确用人导向，按照德才兼备、注重实绩、群众公认原则选拔干部，提高选人用人公信度。格外关注长期在条件艰苦、工作困难地方努力工作的干部，注意从基层和生产一线选拔优秀干部充实各级党政领导机关”，充分体现了坚持求真务实、科学发展观的用人导向。

2007年初，胡锦涛总书记在宁夏视察工作时强调：要全面贯彻德才兼备原则，营造风清气正的用人环境，对那些长期在条件艰苦、工作困难的地方工作的干部要格外关注，对那些不图虚名、踏实干事的干部要多加留意，对那些埋头苦干、注重为长远发展打基础的干部不能亏待，真正把自觉坚持科学发展、善于领导科学发展的优秀干部选拔到各级领导班子中来，努力把各级领导班子建设成为朝气蓬勃、奋发有为、团结和谐的坚强领导集体。总书记的“格外关注”、“多加留意”、“不能亏待”和对领导班子建设的要求，是相辅相成的一个有机整体，进一步明确了我们党的干部路线和基本思路，体现了我们党在干部工作和班子建设上的求真务实精神。

总书记提出要格外关注那些长期在条件艰苦、工作困难地方工作的干部，是对这些干部极大的鼓励和鞭策，也是对干部培养和选拔方向提出的明确思路和要求。我们党的事业，就是组织和带领人民群众不断克服前进道路上的矛盾、困难和障碍，摆脱贫穷，走向小康，实现共同富裕的事业。越是环境艰苦、工作困难多的地方，越是需要干部、锻炼干部的地方。能不能忍受艰苦、克服困难，在逆境中开展工作、取得成功，既是对干部精神意志的考验，更是对干部工作能力的检验。“艰难困苦，玉汝于成”，自古英雄多磨难。事实证明，干部在艰苦环境中能够得到磨练，人才在困难条件下往往脱颖而出，苦难对于干部尤其是年轻干部来说更是宝贵的财富。只有耐得住寂寞，吃得了苦头，守得住清贫，党性才能得到锤炼，思想才能得到升华。只有敢于面对矛盾，勇于挑战困难，能够经受挫折，水平才能得到提高，能力才能得到增强。

总书记提出要多加留意那些不图虚名、踏实干事的干部，是对这些干部的肯定和支持，也是对德才兼备这一用人标准的重要阐释。“不图虚名、踏实干事”既是干部的一种品德，也是一种用人标准，更是我党一贯倡导的优良作风。因为这些干部一心一意扑在工作上，默默奉献，不计名利，是只干不说的“孺子牛”、“老实人”。他们不会自我宣传，更不会钻营取巧，往往不被人注意，有的被发现时，可能已经年龄过大，或者疾病缠身，失去了进一步使用的机会，常常让我们在无比敬佩的同时，又十分惋惜。

总书记提出不能亏待那些埋头苦干、注重为长远发展打基础的干部，是对这些干部的爱护和关怀，更倡导了使用干部的一个导向。应该承认，追求政绩、创造政绩是一个干部精神状态和事业心、责任感的体现。但对于什么是政绩，怎样追求和创造政绩，不同的世界观、人生观和价值观有不同的理解和认识。有些干部只追求任期内经济发展的“量”、面貌变化的“快”、对外影响的“大”，而对基础工作的热情不高，对事关长远见效慢的事情关注不够，对“前人栽树、后人乘凉”的工作投入不足。这是落实科学发展观的一大障碍，也是干部任用中应当引起警觉的问题，必须切实加以解决。

总书记讲“格外关注”、“多加留意”和“不能亏待”，我理解就是要求我们多到边远艰苦的地方、贫穷落后的地方和矛盾与困难多的地方，了解这些地方干部的思想动态、工作情况和实际问题，知道他们在想什么、做什么和需要组织帮什么，把握他们的思想脉搏，发现他们中的优秀分子，关心他们政治上的进步和思想上的提高，解决他们工作上的困难和生活中的问题，其中能够担当重任的要重点培养，优先选用；就是要求我们更加拓宽发现干部、了解干部和选用干部的视野，更加全面深入和具体地掌握干部的德才表现，尤其对于那些远离领导机关、远离权力部门的干部要多接触、多了解、多培养，对于从不向组织提出任何要求、淡泊名利、埋头工作而又德才兼备的干部要及时发现、及时褒奖、及时使用，使那些党性坚强、品德高尚、作风踏实又有才干、却远离“视野”的干部及时感到组织的“阳光”；就是要求我们更加主动地关心培养，理直气壮地举荐使用那些忠诚于党和人民的事业，善于着眼长远、注重基础工作、甘做人梯、“为后人栽树”的干部，对这些干部要给以特别的关爱，使埋头工作、踏实干事的人不会吃亏，四处拉扯、投机钻营的人四处碰壁。总之，就是要求我们在干部工作中全面体现科学发展观的战略思想，进一步树立有利于科学发展观贯彻落实的用人导向。能不能做到这一点，不仅关系着党的思想作风和执政能力建设，而且关系着中国特色社会主义事业，关系着党和国家的前途命运。

如何使我们的干部工作进一步形成符合科学发展观的用人导向，关键在于各级党委和组织部门必须坚持求真务实之风，用求真务实的作风选求真务实的干部。

首先，选人应当以德为先。“德”就是政治立场、党性觉悟、精神境界、思想修养、道德品质、意志毅力等。要把“政治可靠、品行端正”放在第一位，注重对政治立场、政治纪律、政治敏锐性、政治鉴别力和思想道德品质的考察。组织部门要切实把好用人关，决不能让那些意志坚强、不怕吃苦、不怕困难、不图名利的老实人吃亏，也不能让工于心计、心气浮躁、跑官要官的投机者占了便宜。要通过我们选人用人，激励更多的干部在锻炼党性、增强修养上下功夫；更多的干部到边远的地方、艰苦的地方和不发达的地方去为民造福；更多的干部在工作上着眼长远，注重基础，善出“让后人乘凉”的政绩。

其次，用人应当注重才干。我们选干部、配班子，不是评先进、选劳模，不仅仅要有德，而且要有才。“才”就是知识层次、思想水平、处世能力，包括分析问题、判断是非的能力，谋划决策、驾驭局势的能力，团结协作、协调各方的能力，应对危机、处理复杂矛盾的能力，务实创新、推动落实的能力。在新的形势下，贯彻科学发展观能力和促进社会和谐能力就是“才”的集中体现。这就是说要把那些“自觉坚持科学发展、善于领导科学发展”的优秀干部选拔到领导岗位。对那些只想当官、不愿干事、没有真才实学的人坚决不用，对挑“毛病”没有、论“本事”不大，干不了事、干不成事的人也不能选用。只有这样，各级领导班子的执政能力才能具有先进性和时代性。

第三，看人应当全面客观。要按照科学发展观的要求，进一步改进对领导班子和干部的考察评价办法，丰富考察手段，创新考核方式，将经常性考察、年度考察和任前考察有机结合起来，建立实绩考核与升降奖惩相结合的机制和办法，形成干部考核评价的科学机制，真正做到全面地客观地实事求是地看待一个班子、一个干部。要善于通过“由此及彼，由表及里”的综合研究和深入分析，通过听取公众评价和群众反映，透过具体的口号、数字、工程和变化，对班子和干部作出全面的客观的经得起时间检验的评价，从而有效防止和避免一叶蔽目，简单地用几句口号、几个数字、几项工程、几件事情评价一个班子、一个干部。考察干部要注重真才实学，真正做到谁有真才实学就选谁用谁，谁能胜任工作就选谁用谁，谁能干成事、干好事就选谁用谁，让有才华的人有机会，想干事的人有舞台，能干成事的人有地位。

同时，还要通过有效的形式，进一步扩大人民群众在选人用人上的知情权、参与权、选择权和监督权，把“人民信得过，群众中有威信”作为重要条件。实践证明，群众的眼睛是雪亮的，“群众心中有杆秤”，人民群众在考察干部中最有发言权。要防止把那些没有群众观念、缺乏群众感情、不敢替广大群众说话、不愿为广大群众办事、不会做新时期的群众工作，只对领导负责、不对群众负责的人用到领导岗位，选入领导班子。

（作者：中共陕西省西安市委副书记）

积极探索组织部门自身建设新路

叶冬松

坚持科学发展、着力改善民生、构建和谐社会对组织部门提出了新的更高的要求。今年以来，我省各级组织部门认真学习贯彻胡锦涛同志在中央纪委第七次全会上的重要讲话精神，按照“对己清正、对人公正、对内严格、对外平等”的要求，紧紧围绕“迎接、学习、贯彻十七大”，深化和拓展“坚持公道正派、加强能力建设、永葆共产党员先进性”主题实践活动，加强组织部门自身建设，以优异的工作成绩迎接党的十七大召开。

一、立足“三勤”，加强思想政治建设

加强思想政治建设是组织部门自身建设的首要任务。要立足于勤学习、勤思考、勤工作，切实增强组工干部的政治意识、大局意识、责任意识、奉献意识。

坚持理论武装，做到勤学习。抓好理论学习日的学习，确保学习内容、人员、时间、效果四落实。抓好部理论学习中心组的学习，坚持每季度集中学习一至二次，请国家有关部委和中央党校的领导、专家作辅导报告，每次安排一名部领导作专题发言，并扩大到部机关全体党员参加。抓好专题学习，采取专题讲座、专家辅导、座谈讨论等多种形式，提高组工干部的政治理论水平。抓好学风建设，力求把学习的体会和成果转化为谋划工作的思路、促进工作的措施。

坚持全员调研，做到勤思考。大兴调查研究之风，推动组织工作的改革创新。健全调研制度，县以上组织部门领导干部每年下基层调研时间不少于3个月；制定调研计划，根据每年全国组织部长会议精神，制定年度调研工作意见，确定重点课题，层层分解调研任务。抓好调研落实，省委组织部领导带头，每位部领导成员负责1至2项课题，组织分管处室开展专题调研，同时，协调指导好各省辖市、省直单位、省管高校和企业组织人事部门的调研工作。把调查研究与理清思路、总结经验、解决问题、促进工作紧密结合起来，及时把研究成果转化为文件法规、试点方案或对策建议。

坚持目标管理，做到勤工作。把思想政治建设与开展各项工作紧密结合起来，使两者相互促进、相互提高。全面推行目标管理责任制，每年年初在调查研究、集思广益的基础上，制定全年工作要点，并对重点工作任务进行细化分工，明确责任人、责任单位、目标要求和完成时限，使各项任务一一落实到人。加大督促检查力度，对上级批办事项进行专项督查，对重要会议、重大决策部署落实情况进行跟踪检查，对部务会决策事项执行情况及时反馈，确保各项工作有部署、有检查、有落实。

二、立足“三严”，加强职业道德建设

公道正派是组织部门长期以来形成的优良传统和作风，是组工干部必须具备的思想品质，应当始终坚持的职业道德。要切实做到严教育、严管理、严要求，大力加强以公道正派为核心的职业道德建设。

抓住时机严教育。其一，抓住开展主题实践活动的时机严教育。在深化“坚持公道正派，加强能力建设，永葆共产党员先进性”主题实践活动中，我们认真组织党员干部按照“对己清正、对人公正、对内严格、对外平等”的要求，查找解决影响公道正派的突出问题，把公道正派

的要求落实到思想和行动中。其二，抓住地方领导班子换届和干部考察的时机严教育。省纪委、省委组织部先后三次发出通知，强调组织人事干部要严格遵守换届工作纪律，坚持正确的用人导向，坚决反对和防止选人用人上的不正之风，营造了风清气正的换届环境。其三，抓住学习先进典型的时机严教育。省委组织部先后评选表彰了8名优秀组工干部，在全省组织系统树立了10名优秀组工干部先进典型，影响带动广大组工干部加强道德修养。

多项措施严管理。其一，完善工作机制。着眼于建立健全群众参与的民主推荐机制、公开透明的干部考察机制、注重公论的干部评价机制、公道择优的干部任用机制，规范完善干部选拔任用工作。探索建立《干部任用条例》巡回检查制度和违反条例否决机制，实行干部考察责任制和用人失察失误责任追究制，健全推进干部交流和调整不称职、不胜任干部的有关规定，使干部人事工作有章可循。其二，规范干部行为。省委组织部制定了《组工干部"十不准"》、《树组工干部形象五项措施》等九项制度。全省各级组织人事部门，先后制定完善了有关自身建设的规章制度。其三，接受社会监督。通过召开座谈会、发放征求意见函、设立热线电话、建立社会监督员队伍等多种形式，广泛听取党员干部群众对组织部门、组工干部的意见建议。对征求到的意见建议，分类整理，制定整改措施，并将整改结果在一定范围内通报。

经常提醒严要求。在日常工作中常提醒。深入开展"到组织部门为了什么、在组织部门干了什么、离开组织部门留下了什么"的大讨论，引导组工干部珍惜荣誉、从严要求，过好政治关、权力关、名位关、廉洁关，事事处处守得住清苦、耐得住寂寞、抵得住诱惑。在谈心交心中常提醒。完善落实部机关谈心谈话制度，领导班子成员之间、部领导与分管处室负责同志之间、党员干部之间经常谈心交心，敞开思想、交换看法，发现问题、及时提醒，认真开展批评与自我批评，进一步明确努力方向。在节假日前常提醒。每逢重大节日放假前，部机关都召开全体人员会议，对遵守组织人事纪律和廉洁自律规定提出明确要求。

三、立足"三实"，加强组工干部作风建设

组工干部要讲实话、办实事、求实效，大力弘扬为民、务实、清廉的优良作风。

在主题教育中倡导"三实"。全省组织系统按照省委的统一部署，从今年4月份开始，集中两个月时间，深入开展"讲正气、树新风"主题教育活动。紧紧抓住"学、摆、建、查、树"五个关键环节，坚持做到：学干部任用原则，进一步提高贯彻执行《干部任用条例》和有关规定的自觉性；摆干部选拔任用中存在的问题，进一步明确努力的方向；建规范的用人制度，进一步提高干部选拔任用工作的科学化、规范化水平；查违规用人案件，严厉整治用人上的不正之风和腐败现象；树公道正派典型，进一步弘扬正气，树立正确的用人导向。引导广大组工干部增强大局意识，弘扬奉献精神，提升道德修养，强化纪律观念，锤炼务实作风。

在服务大局中践行"三实"。在地方领导班子换届中，积极推进领导班子配备改革，圆满完成了省市县乡党委领导班子和8个省辖市、158个县(市、区)人大、政府、政协，1985个乡镇人大、政府领导班子换届工作，树立了良好的用人导向。在服务新农村建设中，组织开展了"十县百乡千村"试点帮扶工作，牵头完成了10个试点县、126个试点乡、1023个试点村的选定和省直193个派出单位、441名驻村帮扶队员的抽调工作，有力地推动了全省新农村建设。

在改进服务中推进"三实"。探索实行了首问负责制、服务承诺制、限时办结制、文明办公制；建立了机关干部联系帮扶困难党员、困难群众制度，组织干部职工参加公益活动，密切组织部门与基层群众的联系，切实增强"党员之家"、"干部之家"、"知识分子之家"的凝聚力和亲和力。

四、立足"三高",加强组工干部能力建设

加强组工干部队伍能力建设,是组织部门自身建设的基础性工程。要按照中央提出的大规模培训干部、大幅度提高干部素质的要求,在各项工作中做到高效率、高质量、高水平。

开展业务培训提升能力。建立组工干部分级负责培训体系,每人每五年脱产培训不少于3个月,每人每年至少参加一次脱产进修。省委组织部每年举办两期组工干部进修班、两期专题研讨班,适时举办境外培训班,并指导市、县委组织部办好相关的培训班。

坚持岗位练兵提升能力。结合组工干部岗位职能,围绕做好干部工作、基层组织建设工作、调研工作、信息工作、电子政务等,交流经验,研究问题;推进组织部机关干部的轮岗交流,使其全面熟悉组工业务;通过演讲比赛、知识竞赛、征文活动,引导激励组工干部学理论、学政策、学法律、学科技、学业务,提高整体素质,力求做到德能正其身,才能胜其任,言能达其意,书能成其文,干能成其事,绩能服其众。

拓宽培养渠道提升能力。坚持有计划地选派组工干部参与党委和政府的中心工作,先后选派60多名同志参加了艾滋病防治帮扶、联县驻村帮扶、新农村建设帮扶等急难险重工作;有计划地选派干部上挂或下派锻炼。

五、立足"三和",加强组织部机关文化建设

以加强党建促和谐。全省组织系统广泛开展争创"五型"(学习型、创新型、务实型、服务型、廉洁型)党支部,争当"五好"(学习好、思想好、工作好、纪律好、作风好)党员活动。在活动中,评选表彰了一批先进基层党组织和先进个人,形成了学先进、赶先进、争先进的良好氛围。

以精神文明创建促和谐。在全省组织部门积极开展创建文明单位工作先进系统活动,省、市、县三级联动,推动精神文明创建工作在原有基础上升级晋档。截至目前,省辖市委组织部创建省级文明单位达94%;县(市、区)委组织部创建文明单位达100%,其中省级文明单位达11.4%。

以机关文化促和谐。坚持历史文化知识讲座制度,组织干部职工选学历史、文化、文学、美学等方面的知识,组织开展丰富多彩的机关文体活动,进一步增强了组织部门的团队精神和凝聚力。

六、立足"三管",加强组织系统制度建设

要坚持靠制度管人、靠制度管事、靠制度管权,形成加强组织部门自身建设的长效机制。

完善相关制度。省委组织部围绕把好选人用人关,切实做好干部选拔任用工作,先后制定了相关文件,健全了部机关人员进出、干部推荐考察任免责任制、新提拔干部廉政谈话等制度。各省辖市、县(市、区)委组织部制定了干部管理、人才培养、基层党建工作流程,推进了组织工作的规范化。

抓好制度落实。对中央和中组部制定的政策法规,特别是近年来出台的"一法"(《公务员法》)、"三条例"(《干部任用条例》、《干部教育培训工作条例(试行)》、《党内监督条例(试行)》)、11个法规性文件和组工干部"十严禁"等,不折不扣地抓好落实。建立经常性的督查制度,对制度执行情况进行跟踪检查。结合年度工作考评,对各项制度落实情况进行同步考核,表彰先进,鞭策后进。

查处违规行为。增强法规制度的约束力,加大对违反法规制度行为的查处力度,对违反规定的严肃批评教育,问题严重的坚决予以处理,对不适合在组织部门工作的坚决予以调整,以维护制度的权威性。

(作者:中共河南省委常委、组织部长)

关于党管干部与人大任免干部的关系及相关问题的思考

中央党校省部级干部进修班 A 班课题组

党管干部是我们党领导人民在长期的政权建设中形成的重要组织原则，是党实现对国家事务领导、维护和巩固执政地位的重要组织保证；人大及其常委会选举任免国家机关领导人及其组成人员，是宪法赋予的一项重要职权，是代表广大人民行使当家作主权力的重要体现。正确认识和处理二者的关系，对于加强党的领导，加强国家政权机关建设，构建社会主义和谐社会，使党和国家的各级权力始终掌握在忠实于党和人民意志的人手里，具有十分重大而深远的意义。近期，根据中央党校的安排，我们就这个问题同地方党委、人大、政府的一些领导、理论工作者和社会工作者进行了座谈，感到目前社会上对这个问题比较关心，思想也比较活跃。不少同志认为，党管干部与人大任免干部的关系问题，是我国民主政治建设和党的建设中的重大问题。几十年来，我们党在处理这个问题的过程中，积累了丰富的经验，并从中国国情出发，确立了一套比较完整、正确的理论和制度。但是，随着时代的发展，在具体实践中也遇到了一些新情况、新问题需要进一步探索，有的需要进一步规范。其中大家谈得比较多的是，认为宪法赋予人大在人事任免中的作用还没有得到充分有效的发挥，人大及其常委会拥有的干部人事任免的权威尚未真正确立起来，有些地方甚至出现人大职能被弱化、虚置现象。所以，目前在社会上许多人认为，人大任免干部依然是走过程、摆形式，真正起决定作用的还是党委及其组织人事部门。期望党的各级组织能够坚持按照科学执政、民主执政、依法执政的理念和要求，正确认识和处理党管干部与人大任免干部的关系，在实践中进一步选好、用好、管好干部。鉴于干部管理工作的复杂性，我们仅对国家机关领导人及其组成人员（即通常所说“一府两院”主要领导及组成人员）任免中的几个问题作些探讨，谈些看法，提些建议。

一、关于党管干部与人大任免干部的基本关系

近些年来，党和国家在深化干部人事制度改革、推进干部工作的民主化、规范化方面进行了许多积极的探索，取得了显著的进步。特别是在健全民主制度、丰富民主形式、扩大公民有序政治参与、保障人民依法实现民主选举、民主决策、民主管理和民主监督等方面迈出了重要步伐。然而，由于我们党和国家的干部人事工作过去长期在战争年代和计划经济环境下运行，很多同志的执政理念和执政方式没有及时从过去的思维定势中转变到科学执政、民主执政、依法执政的轨道上来，加之以往一般强调加强党的领导和党管干部多，强调尊重和支持人大依法行使人事任免权不够，因此，使得一些党的组织和领导干部对党管干部与人大任免干部的基本关系认识不清，把握不准。有的把二者割裂开来、甚至对立起来，只强调或强化一个方面，而忽视或削弱另一个方面。有的把干部工作专属于党的工作范畴，认为党管干部就是一切干部、干部的一切工作都由党说了算，人大不宜介入或介入不宜太多。干部一经党委研究通过就算定了，人大的人事任免仅仅是按照党委的决定和要求履行程序，不能有不同意见，否则就是与党不保持一致。党委推荐的干部如果人大及其常委会选不上或者通不过，就被认为是“不正常”。还有的认为，“宪法赋予人大的四项

基本权力，重点是行使好立法权、监督权"，"过分强调人大依法行使人事任免权、重大事项决定权容易形成人大同党委争权，不利于团结，不利于稳定，不利于统一"。我们认为，上述认识是片面狭隘的。随着时代的进步和形势任务的变化，应当确立新的干部管理理念。

第一，坚持党管干部原则不可动摇。这是国际政党政治的惯例，也是我党一惯坚持的原则。党管干部原则在我国形成有其深刻的历史背景和广泛的社会基础。坚持党管干部原则与坚持党的领导一样，在我国是一个须臾不可放松的重大原则和立场问题。离开了党管干部，就谈不上共产党执政，更谈不上共产党长期执政。党的政治路线确定之后，要有党的组织路线去保证，有党的干部去执行、落实。因此，无论在当前及今后，党管干部原则要贯穿党和国家干部人事工作的全部和始终。但是，随着执政党地位的确立，随着依法治国方略的提出，党管干部工作必须与时俱进，作进一步改革和改进。党管干部原则在人大人事任免工作中，应集中体现在依法选拔和推荐候选人、依法进行选举、依法尊重和维护选举结果上，体现在把党的人事安排意图通过法定程序去实现，帮助干部赢得民意，过好民众选择这一关上。换言之，"党管干部"的原则不能代替人民对国家政权机关重要干部的选择权、决定权，不能把党的决定与人大代表正常行使民主权利，独立表达真实意志对立起来，而是要善于把党的正确主张和人民意愿统一起来。

第二，坚持人大依法任免干部不可缺少。在国家机关任职的重要干部由人大任免，这是宪法赋予人大的一项重要职权，是党管干部的有机组成部分，不仅不可缺少，而且不可弱化、虚置。在我国，由共产党领导并执政，其本质是领导、支持、保证人民当家作主，动员和组织人民群众依法管理国家事务，管理经济和文化事业，管理社会事务。人民的这种"主人"地位和"管理"权力，是通过民主选举产生的各级人大及其常委会来体现和行使的。人大拥有任免权，是人大作为国家权力机关性质决定的，是组织国家机关权力的重要体现，是有效确保国家机关领导人按照人大立法、决定和人民意志办事的关键所在，也是人民政权人民性的重要体现，是监督国家机关领导人行为、防止国家蜕变和公职人员腐败的重要措施。如果不坚持人大对在国家机关担任重要职务的干部的任免权，就直接动摇了我们国家的国体和政体，党的领导地位和执政地位也就失去了根基。

第三，坚持党管干部与人大依法任免干部的有机统一。无论党管干部还是人大任免干部，出发点和归宿点都是为了维护好、实现好、发展好最广大人民的根本利益，遵循的组织原则都是民主集中制，在我国民主政治建设进程中都是关键环节，二者是紧密联系、相互依存、不可分割的。但是，党管干部与人大任免干部在具体职能和工作方式上又是有区别的，二者相互不可替代，不能等同、混淆。总的讲，党管干部是总揽全局，把握原则，控制过程；是管方向、管大事，从总体上实现对干部人事工作的领导、控制和监督，确保国家政权掌握在共产党手中；是制定用人标准，对干部进行教育、培养、选拔，向国家机关推荐优秀干部等。而人大任免干部是依法选举，最终确定，实现结果；是通过广泛联系人民及其代表，通过召开人代会及其常委会，及时汇集、充分反映和正确表达民意诉求，按照法定程序行使对国家机关领导人员及其组成人员的选举、任命、监督、免职、罢免和撤职等权力，体现人民当家作主。

综上分析可见，党管干部与人大任免干部，从根本上讲是统一于党的领导、人民当家作主和依法治国这一有机整体之中的两种不同重要职能。

二、需要研究探索和改进完善的几个问题

（一）关于维护人大在人事任免中的知情权问题

确认人大有知情权，这是人大正确行使干

部任免权的基础和前提条件。为做到知人善任，使选举任命工作尽可能体现过程和结果的民主和公开，人大对被选举任命对象应当有比较全面的了解和比较，有一定的选择时间和余地。但在现实生活中，一些地方的党委往往忽视人大代表和委员的知情权，对候选人或被提请任命人员的名单很晚告诉代表和委员，造成有些代表和委员由于对拟选或拟任命人选不全面了解就盲目投票，而发生一些不应有的问题。因此，我们建议，今后党委在形成干部任用正式意见、确定重要人事安排方案前，增加一道听取人大意见的程序。一旦干部人事方案初步确定并向人大常委会介绍推荐情况之后，如果人大代表和常委会组成人员对推荐人选有不同意见时，党委有关部门应作补充说明或作进一步介绍，也可以由人大按照一定程序行使询问权，要求有关部门或被提名人选到会回答、说明问题。如果仍有不同意见可能影响选举任命的，人大党组可建议党委暂缓提请选举或任命。

(二)关于完善选举制度，尊重人大代表的选择权和决定权的问题

人大及其常委会履行职权的最大特点是享受广泛的民主。党委向国家机关推荐候选人，是党管干部的最重要环节。但是，党推荐干部是建议性质的，不是强制的，它不同于党内任命干部。党所推荐的人选能否任职掌权，最终取决于人民代表机关对其任职资格和能力的认可。在人大选举和依法任命干部过程中，党组织为了实现人事安排意图，有权对人民代表机关施加政治影响，包括做好对被推荐人选的介绍、宣传，对选举任命工作进行正确引导，对党员代表提出明确要求等。但是，这种政治影响主要是通过发扬党内民主来带动党外民主这一根本途径实现的，党的人事意图是要通过法律授权和法定程序实现的。党组织对人大代表独立表达真实意志的民主权利必须尊重，不能片面地为了追求所推荐人选能“高票当选”或“全票通过”，而采取强制性措施，或搞形而上学。

代表联合提名候选人是宪法和法律赋予代表的权利，与党组织或人大主席团的推荐提名具有同等效力。切实保障、平等对待代表联合推荐的候选人，将其与组织推荐提名的人选进行公平竞争，是发扬民主的重要形式。但现实情况往往不是这样。有的地方因为代表联名提出的人选不在党委视野中或不符合组织意图，就通过谈话、示意等方式动员被提名人选主动申请放弃参选，使联合提名失效。对此，我们建议今后应力求避免。

实行差额选举，是尊重代表选择权和决定权、体现我国干部制度民主化的又一重要方式。随着我国民主化、法治化程度的提高，在国家机关任职的重要领导干部，无论正职、副职，都应当按照组织法的规定和要求，实行差额选举。对于副职人选的差额比例应当扩大。差额人选的产生应当体现更多的民主和公开。但目前各地为确保选举成功，对正职基本上是实行等额选举，由党组织建议人大主席团等额提名，而且常以不同理由和方式限制代表联合提名，对副职人选的差额比例一般也比较小。对这些情况，应当改进。另一个问题是差额人选往往由组织内定，而且所定人选与其他推荐人选的条件差异较大，使其实际上成为“陪衬人选”或“垫底人选”。有的地方甚至还通过不同方式明示某人就是差额对象。这种做法不仅助长了民主选举工作的形式主义，背离了公开、公平竞争选拔人才的初衷，而且也严重挫伤了被提名人的自尊心。为此，有的同志认为，为使干部推荐工作更科学，能更好地满足国家机关不同工作岗位的特殊需要，党组织对干部应当实行分级、分层、分类推荐管理。人大选举任命干部时，应当体现“好中选优”或“优中选优”，而不只是为了选举“通过”或实现“任命”、“安置”任务。今后，对党组织提出的人选，得票有多有少，包括个别人选未能顺利当选或通过时，都应视为正常。对选出的人只要符合干部任职资格和条件的都是成功的。还有的同志提出，今后对经人代会庄严选举当选的或经人大常委会依法任免的干部，应当保持相对稳定，不到届满，一般不能调任新的岗位。

(三)关于对人大选举任命的干部实施监督的问题

权力不受监督必然导致腐败。在重视严把干部入口关的同时，如何更为有效地加强对领导干部用权情况的日常监督，依然是当前党和国家政权建设中的一个薄弱环节。尤其是经由人大选举任命的干部都手握重权，责任重大，影响广泛，更应加强监督。一般说来，一个干部的思想行为始终处在发展变化的动态之中，绝大多数干部在考察任命时是合格的，发生变质都是在掌握领导权又疏于监督之后。因此，我们认为，人大应当把依法行使人事任免权同行使任后监督权紧密结合起来，强化人大对任命干部的监督责任。关于这一点，自《监督法》颁布以来，许多大的原则和要求都已作出规定，得到明确，这是一个历史性的进步。但对干部的具体监督方式依然存有不同看法，其中议论比较多的是人大可不可以对所任干部进行述职评议，它与党管干部有没有矛盾？调研中，许多同志认为，人大依法开展对任命干部的述职评议，是地方人大在长期实践中总结形成的一种比较有效的监督方式，体现了加强党内监督与人大监督的有机结合。这样做，有利于对干部起到肯定、鼓励和鞭策、警示作用，有利于使干部处在人民的监督之中并对人民负责，有利于对那些不胜任或不称职、或渎职失责的干部，依照法定程序实行问责。人大对评议情况及时向党委汇报沟通，也便于党委全面了解掌握干部，使党管干部工作做得更好。建议全国人大给予肯定和支持，允许继续探索，逐步规范，形成制度，加强指导。同时对个别地方出现的个别不适当的做法予以纠正。

(四)关于加强人大组织和干部队伍建设的问题

人大及其常委会能否按照宪法、法律的规定行使好人事任免权，除了党的领导外，最关键的是取决于人大代表、常委会组成人员及其机关工作人员的素质。人大工作者是党的干部队伍的重要组成部分。建设一支对党和人民高度负责的人大干部队伍，对于坚持和完善人民代表大会制度、加快社会主义民主政治建设步伐意义尤为重大。但是，目前不少地方对人大的政治建设关心不够，人大及其常委会的现状很不适应工作的需要。人大仍然被不少人视为“二线机构”、“安置机关”、“养老机关”，严重影响着人大干部工作的积极性，影响人大及其常委会行使权力的质量及效能。建议各级党组织要进一步加强对人大的组织建设和干部队伍建设。第一，逐步实现人大常委会组成人员的专职化，进一步优化人大常委会组成人员的结构、年龄和专业知识要求，既有一定数量实践经验丰富的老同志，也有相当数量的年富力强的同志，还要有不同专业知识的同志。第二，地方各级人大常委会主任要专职。近年来，多数地方人大常委会主任职务由同级党委书记担任，对坚持和完善人民代表大会制度起到了一定的积极作用。但是，不少同志认为，书记任主任，形式上看人大规格提升了，但由于书记工作繁重，而个人精力所限，往往难以深入人大工作，实际上不利于人大职能的发挥，建议研究改进。第三，加强人大机关干部的配备，将人大干部与党委、政府部门干部的配备同时考虑，统一培养、交流、使用，而不要把人大作为安置干部的场所。第四，要重视人大代表的构成和作用问题。人大代表既是国家职务，又是工作职务，不是虚职、闲职，也不仅是荣誉职务。每一位人大代表都要履行相应的职责，为所在选区的选民服务。但是，现在有一部分人大代表并不是直接选举产生的，而是由上级组织提名或建议，通过间接选举产生的。他们往往与所在选区人民没有经常的或直接的联系，有的没有完全起到代表的作用。多年来，在代表构成上也存在诸多不合理的问题。如现有的人大代表中，党政领导多、其他社会阶层和普通公民少，在“一府两院”任职的多、而在人大及其常委会工作的少，还有较多“荣誉代表”或“名誉代表”，善于参政议政的基层代表缺乏等。这就形成了在人代会上审议“一府两院”工作报告时，担任行政领导的代表汇报工作多，讲贯彻意见多，有的甚至对与会代表提要求多，而虚心听取人民代表审议意见不够的现象，背离了人大代表人民审议国家机关工作的初衷。还出现在上一级人民代表大会结束后，由在国家机关任职的市长、县长传达会议精神，而同级人大主任因不是人大代表而旁听，人大职能被弱化、虚置的现象。为此，建议改进人大代表的结构和分布。

(五)关于以法律的形式界定党管干部和人大任免干部关系的问题

当前，党管干部和人大依法行使人事任免权在实践中还有不少不够统一、不够规范的做法甚至难题，有时还出现尴尬和困惑的局面，其中一个很重要的原因就是法律方面缺乏对二者职权的明确界定和规范。建议全国人大在适当的时候按照坚持党的领导、支持和保证人民当家作主和依法治国有机统一的要求，以法律的形式对党管干部和人大人事任免权的内涵及其关系作出科学的界定，依法保证党管干部和人大依法任命干部的有机统一，使我国干部人事工作真正走上法制化、科学化轨道。

（课题组组长：潘连生，陕西省人大常委会副主任；

课题组成员：马开明，四川省人大常委会副主任；时立军，山东省人大常委会副主任；穆振河，济南军区政治部副主任；

指导老师：张晓燕，中共中央党校党建部教授；谢春涛，中共中央党校党史部副主任、教授）

建立干部公开选拔量化指标的探讨

李高山

随着《党政领导干部选拔任用条例》的颁布，全国性的干部公开选拔工作大力度、大幅度推开，也取得了公认成绩，积累了新经验，当然也遇到了新情况、新问题。如何建立一套比较成熟、科学和具有权威性的量化指标，以便于准确、直接和有效地测评和识别干部，真正做到选贤任能、选准用好干部，是我们迫切需要解决的新课题。

一、建立干部公开选拔量化指标势在必行

"选准用好"干部这一工作事关高素质干部队伍和领导班子的建设，事关党和国家事业的发展前途和各项工作的成败，这一工作需要不断探索创新，提高质量和水平。建立干部公开选拔量化指标，就在新形势下应运而生了。从必要性上来理解，主要来源于三个方面。

一是来源于干部选拔任用的"科学化、民主化、制度化"的直接要求。干部选拔任用的"科学化、民主化、制度化"，第一位的是科学化，这既是民主化和制度化的根本条件，又是民主化和制度化的根本目的。只有在科学化的基础上才能实现民主化、制度化，而实现民主化、制度化的目的还在于实现科学化。如何贯彻好公开、公平、公正原则，如何做到人岗相宜、人尽其才、才尽其用，如何科学评估选拔任用结果等等，都不仅需要原则的、定性的认识与把握，更需要根据干部具体情况和干部工作实际进行深入的、定量的研究与探索。只有从质的规定性和量的准确性上拓展认识和实践，才能使干部选拔任用的科学化水平提升一步，进而推动干部选拔任用的民主化、制度化。

二是来源于党的选人用人标准具体化、丰富化的必然趋向。随着时代变化和经济社会发展，党的选人用人标准也是不断丰富发展的，不断充实着新内涵，延伸着新要求。从起初的"选贤任能"、"德才兼备"到改革开放后的"四化"标准（革命化、知识化、专业化、年轻化），从"德才兼备"、"实绩突出"、"群众公认"到"德、能、勤、绩、廉"标准，科学把握和有效运用这些标准，只靠定性的、笼统的评判已远远不够，必须同时采用定量的、精确的方法来认识与测评，即需要有量化指标的建构。如果说干部工作、选人用人目前正处在上述新转变中，那么这一转变的一个新特征就是选人用人标准的量化和精确化，即要由定性的、总体的、模糊的经验型标准向定量的、具体的、可操作的科学型标准转变。在这一转变中，有许多问题需要研究，有许多开拓性工作要做，而建立干部公开选拔量化指标，应当是突出的着力点。

三是来源于干部公开选拔中出现的新情况、新问题的有力推动。近些年干部公开选拔工作大力度、大幅度推开，原则明确、程序健全、民主扩大、监督强化，这是一个很大进步。但同时也遇到如下新情况、新问题：公开、公平、公正的原则是确立了、遵守了，但有时干部选拔任用的结果却不尽如人意；选拔任用的标准、程序是坚持了、履行了，但人岗不宜、用人不当的问题却增多了；尊重民意、扩大民主是加重了、兑现了，但经营关系、简单以票取人的情况却出现了；增强透明度、加强监督是重视了、落实了，但情绪化、恶语中伤的现象却流行了；组织、干部与群众"三不满意"的情况也明显存在。面对这

些新情况、新问题，驾驭选人用人规律，探索更加成熟、完善的措施、办法和手段，建立干部公开选拔量化指标势在必行。

从可行性上来考量，这主要依据于三个方面。

一是依据于经济社会迅速发展所创造的基本条件。随着我国市场经济和现代社会分工的精细化发展，各领域、各行业、各部门的决策、运作和成效评估越来越专门化、具体化和量化；与此同时，信息化发展和计算机技术广泛运用，也为这种专门化、具体化和量化认识与实践提供了手段。在此基础上，国民经济的宏观与微观监测系统建立，社会发展指标（包括全面建设小康社会指标）健全与完善，社会政治稳定监测指标体系初步构建，公共安全的监控与应急系统得以强化。所有这一切，都为建立干部公开选拔量化指标创造了基本条件。

二是依据于行政管理科学的长足进步所提供的现实可能。改革开放以来，在不断推进的行政管理体制的改革中，我国行政管理科学系统化。以颁布《国家公务员制度实施方案》为契机，一套关于公务员的选拔、任用、考核、晋升、奖惩、监督的制度体系全面确立，并在全国范围内正式实施；党管人才的体制、机制大幅度创新和完善，党政人才、科技人才、管理人才和实用人才的分类管理进一步细化、具体化，人才的评估、考核、激励等管理系统更趋完善；党政干部管理体制不断改革创新，从中央到地方制定出台了一系列制度、措施和办法，如中组部制定的《体现科学发展观要求的地方党政领导班子和领导干部综合考核评价试行办法》，山西省颁发的《山西省关于市县（市区）党政主要领导干部科学考评暂行办法》等等。以这些理论创新和经验成果为基础，可以建立起干部公开选拔量化指标。

三是依据于干部公开选拔实践中有关量化指标的探索和试验所积累的经验。这些年来，各级、各地、各部门包括非党政部门、行业和单位都进行过多次干部公开选拔，结合当时当地实际作过多方面、多种形式的探索和试验，有的地方和部门已经设计和实施过具有自身特点的量化指标。实践证明量化指标有利于实现公开、公平、公正原则，有利于准确识别和认定干部，有利于组织部门规范化操作，有利于减少公选结果的“三不满意”问题。认真总结已有经验，特别是总结有关量化指标的设计和实施经验，深入进行科学研究与提升，可以形成比较系统、完善的量化指标。

二、建立干部公开选拔量化指标涉及的主要内容及科学性追求

建立干部公开选拔量化指标是一个复杂工程，涉及干部各种情况和选拔工作各个环节：公选公告、资格审查、笔试面试、民主推荐、组织考察、研究决定、任前公示和试用期考核等环节步骤又包含多方面的具体内容。从目前的实际情况限定和经验局限看，把所有环节和内容都无一遗漏地全部指标化和量化还做不到。我们所能做的，是立足实际条件和现实可能，把能够建立的指标先行建立起来，在干部公开选拔中起到应有作用，暂时做不到的留待下一步深化、完善和拓展。对于各级、各地、各部门来说，也应根据自身实际情况包括干部队伍具体情况有所选择、有所侧重、有所特点和有所先后。

我们按照党的干部路线、方针、政策和《党政领导干部选拔任用条例》规定，总结有关地方和部门在干部公开选拔量化指标方面的尝试及经验，初步设定如下量化指标框架（见附表），抛粗砖以引美玉。

这个量化指标突出了干部公开选拔的三大环节及主要内容，这也是目前有必要量化的主要方面。

（一）资格审评。对报名对象的资格条件进行审核和测评，这是做到公开、公平、公正的第一步。这里为“审评”而非“审查”，表明多了一项内容，即在审定对象必备的硬件条件的同时，还要对干部以往工作、实绩和学习情况量化打分，区别高下。图表列举的工作资历、年度考

核、上级嘉奖和正规培训四项，基本可作出历史的、客观的和恰当的测评。无论从历史的观点、强调实绩和贡献的取向，还是从我党重视学习和培养的传统以及指标量化的便捷性看，这一环节的内容都是必不可少的。

（二）考试和推荐。这是量化指标的主干和主体部分，集中测试干部的自身素质、工作实际和干部群众评价。考试分笔试和面试两项，笔试主要测试干部应具备的理论基础、专业知识和实际知识等素质；面试主要识别干部的理论思维、对策运筹、气质风格等综合能力。应当说，这是干部公开选拔量化指标中的最基本、最核心并应一以贯之的标准或尺度。推荐又分为群众推荐和班子推荐两项。群众推荐也必须有确定的标准，但须更直观、综合一些。指标体系中列出了“为民宗旨”、“工作实绩”、“作风表现”，每一项又具体化为多个指标，以引导民主投票的客观性和理性选择。班子推荐实际上是在听取民意的同时，征求直接上级和直接下级领导干部的意见和有关评价，具有“小集中”的意义。但仍按不计名投票方式进行，排名次序按分值的5%递减，且总分值不超过群众推荐。对于干部公开选拔工作，决定质量和水平的环节就是考试和推荐。为此应予以充分重视，以足够的精力在相关指标上做足文章，力求在各有关规章规范下，设定最科学、最切近实际和最易于量化的各项指标，并力求更精细、更客观、更服众。

（三）考察与表决。包括组织部门的考察与党委常委会的表决，主要反映了正确集中的内容。组织考察应客观反映被考察对象的实际情况及其所在单位干部群众的意愿，作出尽可能准确、科学的分析判断；在此基础上如实向党委常委会报告，由常委会研究表决，确定选拔拟任人选。此环节的量化指标，应以上述两大环节指标为基础，制定得更加精炼和准确。这里只粗略划定3倍人选和2倍人选量化范围，也不一定准确，但必须坚持差额考察与差额表决，在民主基础上科学集中，使党管干部原则得以真实体现。在常委会研究表决后，即可确定拟任对象并予以公示。

这一量化指标虽显简略并带有地方特征，但已展示了作为系统量化指标的特点和科学性追求。

其一，把干部标准与选拔工作标准有机统一起来。干部标准是“德、能、勤、绩、廉”，是“德才兼备”、“实绩突出”、“群众公认”，当然也是干部公开选拔工作的最基本、最核心和必须贯彻始终的标准。但选拔工作的标准不等同于干部标准，其涉及环节和内容要宽泛得多，实际上是要通过一系列原则的保障、条件的把握、程序的操作、环节的把关和多方面情况的综合分析，来贯彻和体现干部标准，准确识别和判断干部，达到选准用好干部的效果。一套科学的干部公开选拔量化指标，必须是把两个标准有机统一起来，以干部标准为轴心，方方面面的选拔工作标准与干部标准相互协调和印证，形成科学、有机的评判干部的完整指标体系。如果两个标准脱节、分离或者互不相干，就不是科学的量化指标，在实践中很可能带来偏差甚至恶果。

其二，把干部的现实表现与成长过程有机统一起来。评价和选拔干部主要是看现状，看现实的德、能、勤、绩、廉，看群众公认度，这是主要指标。但也不能完全忽略干部的资历、贡献以及素质等因素。只是在量化指标中，干部资历应给予恰当、合理的位置，做到既看资历和成长，又重视现实表现和实绩，不搞论资排辈。

其三，把干部的素质、能力与实绩有机统一起来。素质、能力是干部的内功，这主要通过笔试和面试来测定。笔试、面试的量化指标越精细、越准确，干部素质、能力的总体测评也就越贴近真实。实绩是干部的外功，是实际工作中的成就与贡献。这可以通过资格审评中的上级嘉奖来认证，但主要通过民主推荐得到公认，同时通过考察表决进一步判定。只有把干部的素质、能力与实绩有机统一起来，科学的量化指标才能真正确立起来，依据该指标测评和选拔出来的干部才能保证是优秀的。

其四，把充分尊重民意与正确集中有机统一起来。扩大民主、尊重民意是干部选拔的必然趋势和要求，也是实行干部公开选拔的一个显著特点，量化指标必须有专门的环节和具体指标来反映。同时在公开选拔的每个环节和方面，处处都要提高透明度，兑现群众的知情权，接受群众监督。另一方面，民主越扩大、民意越丰富，对集中的质量、水平要求就越高。在量化指标中，正确的集中体现在：公开选拔方案的制定、各环节各项指标的轻重繁简定夺，尤其是通过组织考察和集体研究确定拟任人选。把充分尊重民意与正确集中有机统一起来，可以提高干部公开选拔的质量和水平，增强量化指标的科学性和权威性。这样有利于做到既充分尊重民意，又不简单以票取人，防止变相贿选和民意失真；既注重正确集中，又不陷入少数人说了算，防止违背民意和用人失察。

其五，把系统指标与特殊指标有机统一起来。量化指标是涉及各环节、各方面的统一性指标，适用于每名公选对象和每一项公开选拔工作，体现了干部标准和公开选拔工作标准对公选对象的基本的和常规的要求。在这一系统指标中，不可忽略的是对特殊人才的测评和发现，这仍然是一个科学性要求。一个量化指标如果对特殊人才不敏感、不反映，其科学性会打折扣。为此，量化指标中带“*”号的指标，就提示了对特别优秀干部的关注，并允许在特定条件下突破系统分值的限定。同时，特殊指标还容纳了“一票否决制”内容，即无论在哪一环节、哪项指标，如果发现并确认了选拔对象负有岗位重大责任事故或其他违纪违法等事实，都应全盘否决总的测评结果，选拔对象立即出局，以杜绝干部的“带病提拔”。

总之，干部公开选拔量化指标应是一个宏观驾驭规律、微观条分缕析、各环节指标科学定位的系统体系。在这一体系中，除了既定的特殊指标外，各层次、多方面的指标都对选拔结果起着重要作用，但没有哪项指标能够单独起决定作用。这是多方面、多要素、多原因的系统测评与判定，是合力的作用和多要素的决定，也正是系统指标的特点及科学性体现。

三、建立干部公开选拔量化指标需要不断解决相关问题

从上述量化指标看，目前需进一步解决的问题主要有五点。

第一，量化指标的全面性和完整性问题。干部公开选拔量化指标应是围绕党的干部标准展开的一系列程序和环节的量化指标体系。选拔工作从哪里开始、到哪里终结，都应有量化指标的规范和介入，遗漏哪个程序和环节都会减弱指标的科学性。上述量化指标还只是集中在资格审评、考试推荐和考察表决这些最基本、最需要量化的方面，还未涉及所有步骤和方面，比如拟任对象公示后的反映情况汇总指标、试用期考核指标（这应与通常的年度考核指标有明显不同）等等，都需要扩展研究。同时，已有的量化指标的具体环节和方面，也有个全面性和整体性问题，比如组织考察的标准或方案如何具体规范和量化，党委常委会酝酿表决应有何种量化指标等等，也是需要深入研究和解决的。

第二，量化指标的科学权重问题。上述量化指标主要从三大步骤的一级和二级指标上加以权重和量化，未涉及更具体的指标和内容，这需要进一步展开和研究。就大的方面看，已有的权重分值合理不合理、科学不科学，仍需要在科学理论背景指导下，面对干部实际情况和选拔工作的新经验再行分析和权重。比如，资格审评的基础分值，在总体的量化指标中应占有一定位置，但比例必须适当，以防止否定资历和论资排辈两种偏向。本量化指标大约把这一比例控制在总体分值的10％－15％，究竟恰当不恰当、合不合实际，尚待进一步权重和调整。又比如，作为主体或主干部分的考试和推荐，笔试、面试和群众推荐、班子推荐的四大项分值比重，在实践中不少地方和部门的实际操作并不一致，导致最终的选拔任用结果也有明显差异。本量化指标给定的分值，来自于有关地方和部

门的经验总结，是否更科学、更合理，还需作深入的论证。

第三，量化指标的真实信息源问题。无真实信息源支撑的量化指标不但无益反而有害，有欺世惑众之嫌。为解决这一问题，从指标建构之初就应充分考虑其适用性和有效性，从实际情况出发有选择地设定指标，并尽可能地具体、规范和“硬化”，增强可操作性，避免抽象、笼统和模糊。上述量化指标中资格审评的四项量化，就显示了这方面的优势，加分的信息凭据准确无误，且有确凿的等级划分；考察表决的二重范围量化，也是准确无误的，不可能走型或被扭曲；只是群众推荐和班子推荐的各项指标量化，目前的规范性和对真实信息源的逼近程度还不好掌握，是否会被“民意失真”和“官意偏向”所干扰以及干扰程度有多大，仍需深入研究和规制。当然，保证量化指标的真实信息源，不只是指标本身科学与否的问题，更重要的是相关制度、程序要健全，纪律、监督要强化，组织者要有公信力、工作能力及专业水平等等，这都应予以系统探讨和解决。

第四，量化指标及其运作结果的权威性问题。这种权威性从根本上来说，取决于指标的科学性、普适性、有效性和可证性。为此就必须注意做到：量化指标的建立应充分体现党的干部路线、方针、政策及各项规章，充分体现对已有成功经验的总结和吸收；在指标的权重上，严格按照科学原则与方法进行，最大程度地集中有关领导者、专家学者的真知灼见，形成高水平共识；量化指标的运用，可由点到面、由低向高逐步推开，只要指标符合实际、符合干部选拔工作要求，运作效果又突出，就会得到普遍公认，成为选拔工作的“硬性”规范或选人用人科学依据。同时也应注意，量化指标的建构及其在实际中的运用和总体结果都应力争纳入干部人事部门工作程序，得到行政力量的推动和保障；而被实践证明的科学、完善的量化指标，则应进入干部公开选拔的制度化体系。

第五，量化指标与干部人事管理制度的对接问题。量化指标的建立及其完善，需要常规的干部人事管理制度提供条件和保障，否则量化指标就很可能成为空中楼阁，或沦为迎合某种政治气候的权宜作秀工具。比如，干部人事管理制度如果解决不了干部能上不能下的问题，那么干部的公开选拔就不会有多大空间、也走不了多远，量化指标的科学性及其实际运用就会越来越显得无足轻重。另一方面，量化指标的建立和完善，凸显了干部人事管理制度改革的关键内容、环节和方向，干部人事管理系统应积极回应这种提示，推进科学化、民主化和制度化改革，在完善岗位责任制、考核制、培训制、奖惩制、职务晋升制等各方面应有新作为，特别是在党政人才的管理上尽快形成完善的体制和机制。从目前来看，初建干部公开选拔量化指标，则应充分依靠和利用干部人事管理制度的现有条件和改革成果。量化指标的内容覆盖面和科学权重，应充分考虑干部人事管理所能提供的渠道和手段，注重可行性和便捷性；量化指标的真实信息源支撑，应尽可能多地采用干部人事管理的信息库积累，以确保真实和可靠；而量化指标在公开选拔工作中的运作情况及总体结果（包括对每个公选对象的测评及结论），都应进入干部人事管理系统，对以后的干部管理和选用发挥长效作用。

附：干部公开选拔量化指标

干部公开选拔量化指标

<table>
<tr><td>资格审评
（基础分）</td><td colspan="2">①工作资历（以选拔职位为准，下一级职位任职一年加 0.5 分，同级职位任职一年加 1 分）；、
②正规培训（参加党校、行政学院轮训加 1 分，中青年优秀干部培训加 1 分）；
③年度考核（优秀加 1 分，称职不加分）；
④工作嘉奖＊（党委和政府嘉奖，每高一级递加 0.5 分）。</td></tr>
<tr><td rowspan="4">考试与推荐
（100％）</td><td>笔试
（理论知识
30％）</td><td>①理论基础（马克思主义基础、中国化马克思主义理论、当前方针政策和措施等）；
②专业知识＊（市场经济、管理、历史、法律、科技、部门专业等）；
③实际知识（国际时事、国情知识、区情掌握）。</td></tr>
<tr><td>面试
（综合能力
30％）</td><td>①理论思维（理论知识运用、思维科学性、前沿问题分析等）；
②对策运筹＊（方针政策领会、重点热点把握、思路创新性等）；
③气质风格（科学态度、平实与包容、语言表达等）。</td></tr>
<tr><td>群众推荐
（本单位
20％）</td><td>①为民宗旨（代表人民利益、事业心责任感、廉洁自律等）；
②工作实绩＊（科学决策、开拓创新、实际成效等）；
③作风表现（思想作风、工作作风、生活作风等）。</td></tr>
<tr><td>班子推荐
（20％）</td><td>①公选上级党委常委及三大班子正职推荐；
②公选同级党委委员及三大班子副职推荐；
③公选下级党委及三大班子主要领导推荐＊。</td></tr>
<tr><td rowspan="2">考察与表决</td><td>组织考察</td><td>3 倍人选范围；岗位责任重大事故、违纪违法行为等一票否决制；特别优秀者单独报告＊。</td></tr>
<tr><td>常委表决</td><td>2 倍人选范围；特别优秀者单独表决＊；决定拟任人选予以公示。</td></tr>
</table>

（作者：中共山西省委党校常务副校长、山西行政学院常务副院长）

坚持正确的选人用人原则

李文科

党的十七大报告指出，要“坚持正确用人导向，按照德才兼备、注重实绩、群众公认原则选拔干部，提高选人用人公信度”。我们要正确理解、准确把握干部工作原则，旗帜鲜明地坚持正确的用人导向，把真心实意想干事、勤奋学习会干事、务求实效干成事、严于律己不出事的干部选拔到重要领导岗位上来。

一、坚持德才兼备原则

德才兼备，要求始终把干部的思想政治素质摆在首位。“才者，德之资也；德者，才之帅也”。合格的干部首先要政治上靠得住。选人用人，就要把坚定地走中国特色社会主义道路，坚持贯彻科学发展观、树立正确的政绩观、体现社会主义荣辱观的优秀人才选拔到各级领导岗位上来。要特别注意防止和纠正重才轻德的错误倾向。近年来，个别干部没能经受住名、利、权、色的考验，主要是德上出了问题。“有德有才是精品，有德无才是庸品，无德无才是废品”，对道德品质不好的干部决不能提拔重用。

德才兼备，不是求全责备，而是要做到用人所长、量才使用。德才兼备原则要求任人唯贤，把善于推进中国特色社会主义经济建设、政治建设、文化建设、社会建设的各类优秀党政人才选拔出来，输送到急需的岗位上去。而求全责备则不允许人有任何缺点。所谓“有大略者不问其短，有厚德者不非小疵”，知人善任，就必须全面、客观、发展地看人，而不能拘泥于一时一事。在选拔干部特别是优秀年轻干部时，既要用人之长，使人才的专长和优势得到最大限度的发挥；又要容人之短，恰当地做到扬长避短。既要给干部提供展示才华和特长的合适岗位，又要遵循干部成长规律，对有发展潜力的干部适时地给位子、压担子，加速优秀年轻干部锻炼成长。

德才兼备，就要消除本位主义思想障碍，凡事处以公心。在选人用人上，眼界要非常宽阔，胸襟要非常宽阔。选拔德才兼备的人才，必须扩大选人用人视野，克服局限在本单位、本部门、本行业选人用人的问题，防止拉“小圈子”、搞“近亲繁殖”甚至“山头主义”等倾向。这就要求在干部选拔工作中，必须坚决摒弃个人好恶和亲疏远近等私心杂念，“苟无才虽亲不用，如有才虽仇不弃”，看准用好一把手，选强配齐领导班子，公道正派地把好选人用人关。

二、坚持注重实绩原则

注重实绩，就要客观公正地评价政绩。评价一个干部的政绩，要坚持在同等条件下、同级干部中来比较，用体现科学发展观和正确政绩观要求的干部考核评价体系来考量，这样才能做到客观公正。一是要看干部做了哪些事。为官一任，为群众造了哪些福，群众满意度怎样。二是要分清显性和隐性政绩。考察干部政绩，要分清基础条件，不能单纯看表面现象。既纵向比，也要横向比，同时还要看个人的努力程度。对那些长期在条件艰苦、工作困难的地方工作的干部要格外关注，对那些不图虚名、踏实干事的干部要多加留意，对那些埋头苦干、注重为长远发展打基础的干部不能亏待。从而切实把各级干部的注意力引导到艰苦奋斗、干事创业上来。三是要看个人的作用如何。看是起了关键作用，还是起了辅助作用；是直接组织指挥者，还是一般性的参与者。四是要具体看数字、指标完成情况。对数字要挤干水分、作量化分析，不能量化的，也应尽量具体化。五是要辩证看待干部在工作中出现的失误。鼓励干部开拓进取，就得正确对待干部推进发展中出现的失误。要弄清失误发生的原因、性质和程度，区分是主观上玩忽职守，还是客观上环境条件恶劣造成的，只有用发展的眼光看待干部，才能使优秀人才脱颖而出、健康成长，充分施展才干。

注重政绩，就要打破论资排辈。我们在选人用人上，还存在论资格、平衡照顾等现象，导致不能真正体现注重实绩原则，阻碍了选贤任能和干部队伍年轻化的进程。论资排辈是一种落后的习惯势力。落实注重实绩原则，必须强化不拘一格选拔人才的意识，冲破论资排辈陈腐观念的束缚，把那些政治素质过硬、政绩突出、群众公认、有发展潜力的优秀年轻干部，适时地选拔到重要领导岗位上来。

三、坚持群众公认原则

要发扬民主，严把干部作风关。衡量一个干部的作风，不仅要看他嘴上说得怎么样，更重要的是要看他做得怎么样。领导干部生活在群众之中，对他们思想作风、学风、工作作风、领导作风和生活作风等方面的情况，群众最有发言权。作风好的干部，能够自觉做到“两个务必”和“八个坚持、八个反对”，权为民所用、情为民所系、利为民所谋，心里始终装着群众，与群众打成一片；作风差的干部，只对上负责、不对下负责，成天盘算位子、车子、票子，自然会脱离群众，甚至站到群众的对立面。坚持群众公认原则，就能有效防止用人失察失误。在选人用人时，要把群众拥护不拥护、赞成不赞成、满意不满意作为重要标准，把认真贯彻党的路线方针政策，下真功、用实劲解决群众最关心、最直接、最现实利益问题的干部选拔到领导岗位上来。

要坚持党管干部，为落实群众公认原则提供保障。党管干部是党的干部工作的宝贵经验，是确保正确选人用人导向的根本保障。党管干部与发扬民主是辩证统一的，只有把二者有机结合起来，才能更好地坚持群众公认原则。由于客观世界是多样性的统一，人们的认识水平也存在一定差距，评价干部常会发生褒贬不一的情况。对此，必须坚持用党管干部原则来统领，在坚持正确用人导向的前提下，既要充分尊重民意重视多数票，对多数群众不拥护的干部，坚决不能提拔；又要对群众意见作科学分析，防止单纯以票取人，求民意之真，务德才之实。对那些推荐票低、但实绩突出的干部要客观分析，看是显性的问题，还是隐性的问题；是交往能力低，还是群众观念差；是工作能力上的原因，还是工作方式上的原因；是抓工作、不怕得罪人的问题，还是工作中不能团结人的问题；是因为朝气、锐气、一身正气，挫伤了一些人，还是由于武断、臆断、一贯霸气招致群众的反对。

要坚持民主、公开、竞争、择优，提高选人用人的公信度。必须坚持用科学的制度、民主的方法、严密的程序、严格的纪律选人用人。要相信群众、依靠群众，不断解放思想，改革创新，形成开明开放的干部选拔任用科学机制。始终把发扬民主贯穿在干部工作的各个环节当中，通过健全完善民主推荐、民主测评、民意调查、实绩分析、延伸考察、任前公示等方法，着力把选人用人的标准和要求，把干部选拔的程序和步骤都交给群众，把干部任用的过程也亮给群众，进一步落实群众的知情权、参与权、选择权、监督权。要进一步完善选任制、改进委任制、规范考任制、推行聘任制和任期制，以引入竞争机制为重点，使优胜劣汰成为动态过程和长效机制，打破领导职务终身制，激发广大干部的进取精神，在全社会形成一种以德才竞争、靠业绩升迁、凭群众威望获得职位的正确选人用人导向。

（作者：中共辽宁省铁岭市委书记）

加强党对高层次战略性人才队伍的管理

张义珍

所谓高层次战略性人才，是指年富力强的中高级党政领导干部、大型企业的优秀经营管理者和科技教育等领域中学术水平居国内乃至国际前沿的高级专家。他们是国家人才资源中最重要的一部分，是推进改革与发展、保持和增强国家核心竞争力的中坚力量。能否让这支高层次高素质的人才队伍持续保持旺盛的创新活力、最大限度地贡献自己的聪明才智、通过这支队伍的不断壮大而带动其他层次人才的健康成长，将是检验党领导能力的一项重要指标。

加强对高层次战略性人才队伍的管理具有十分重要的意义。要管好用好这支队伍，不仅需要从观念上完成由“党管干部”到“党管人才”的转变，还需要做好人才培养、选拔任用和政策支持等方面的工作。

首先，人才培养是基础。要以能力开发为中心，加大对高层次人才队伍的培养力度。对于中高级党政领导干部，应重点培养他们科学判断形势的能力、驾驭市场经济的能力、依法执政的能力、应对复杂局面的能力和总揽全局的能力；对于优秀企业家，应重点培养他们开拓市场的能力、走出国门参与国际竞争的能力、科学管理现代企业的能力和持续创业的能力；对于各个领域的高级专家，则应重点培养他们积极创新的能力、团结攻关的能力、预测学科发展的能力和锲而不舍、大胆探索、勇攀高峰的精神。与此同时，还应注重培养和提高他们爱国敬业、求真务实、奉公守法、以身作则、廉洁自律的自觉性。

其次，选拔任用是关键。中国共产党作为一个执掌政权的政治组织，必须以海纳百川的气魄把各类战略性人才选拔到自己的组织中来。对于中高级党政领导干部，应在扩大民主、加强监督的基础上，进一步改进现行的公开选拔、竞争上岗办法，完善选任制，改进委任制，规范考任制，推行聘任制；对于企业经营管理者，应以市场配置和组织选拔相结合的方式，按照企业发展战略的要求，通过经理人聘任制的推行，努力将那些能够整合生产要素、利用社会资源和聚集各类人才积极创业的国际国内一流管理人才吸引到企业任职；对于各领域的学科带头人，应以国际前沿水平为基准，采用业绩考察和同行评议相结合的评价方式，以公开、平等、竞争、择优为导向进行选拔，保证优秀人才脱颖而出。选拔各类人才都应努力做到民主化、科学化、规范化和制度化。

最后，政策支持是保证。在人才强国战略已全面实施的背景下，党必须通过干部人事制度改革的推进，尽快完善有关高层次人才引进、分配、奖励、评价和保障等方面的政策。海外留学人员是我国高层次人才的重要来源，应以紧缺人才为重点加大引进力度，鼓励他们以不同方式为祖国服务；在分配制度改革中，应强调工资的激励功能，对特殊专门人才实行特殊工资津贴，努力形成一个重贡献、重业绩、向重点岗位和重点人才倾斜的分配机制；对于为社会作出杰出贡献的人才，应授予其崇高荣誉并重奖；在社会保障制度尚不健全的情况下，可考虑采用国家为重要人才投保的方式，为他们的工作和生活提供坚实保障。总之，执政党应通过人才政策的合理性、完善性和系统性来为各类高层次人才的健康成长和充分施展才能提供一个良好的环境。

（作者：中共河北省委组织部副部长）

认真落实干部工作新要求

刘日巨

2007年4月14日，胡锦涛同志在宁夏考察工作时提出，“对那些长期在条件艰苦、工作困难的地方工作的干部要格外关注，对那些不图虚名、踏实干事的干部要多加留意，对那些埋头苦干、注重为长远发展打基础的干部不能亏待”。这充分体现了党中央在干部选拔管理工作上的新思想和新要求，对新时期加强党的干部工作具有重要的指导意义。

一、干部工作新要求继承和弘扬了党的优良传统作风

(一)“格外关注”那些长期在条件艰苦、工作困难的地方工作的干部，是弘扬党的艰苦奋斗优良传统的新体现。条件艰苦、工作困难的地方是培养和锻炼干部的大舞台。越是条件艰苦、工作困难的地方，越能锻炼和考验干部，越能看出一个干部的综合素质和能力。实践充分证明，凡是能经受住困难和风险考验的干部，必然具备较高的领导素质和能力，是堪当重任的。对在艰苦地方工作的干部格外关注，就是要旗帜鲜明地把那些在艰苦环境中经受磨炼，对党的事业忠心耿耿，为党和人民的事业默默奉献的同志选拔到各级领导岗位上来。

(二)“多加留意”那些不图虚名、踏实干事的干部，是光大党的求真务实作风的新反映。这些年来，绝大多数干部求真务实，在改革开放和现代化建设的实践中创造了不平凡的业绩。但也有少数干部不是把心思放在为人民办实事、谋实利上，而往往是考虑个人得失，搞违背科学的瞎指挥、弄虚作假，搞形式主义，做表面文章，给党和人民的事业带来了很大损失。能不能保持和发扬求真务实的作风，关系到党的形象。培养、提拔那些不图虚名、踏实干事的干部，是党的事业的需要，也是实现好、维护好、发展好广大人民群众根本利益的需要。

(三)“不能亏待”那些埋头苦干、注重为长远发展打基础的干部，是落实党的全心全意为人民服务宗旨的新要求。干部的政绩有“隐性”和“显性”之分。客观而言，那些“注重为长远发展打基础”的干部，虽然他们的政绩不是显著地摆在人们面前，但是能够经得起时间甚至是历史的检验。相反，一些干部急功近利，打着加快发展的幌子，“杀鸡取卵”、“竭泽而渔”，其结果必然给党和人民的事业带来极大的损害。作为一名党员领导干部，必须时刻牢记全心全意为人民服务的宗旨，自觉树立全局意识，多办“打基础”、“利长远”之事。

二、落实干部工作新要求有利于深入贯彻科学发展观

(一)进一步坚定各级干部坚持科学发展的信念。实现科学发展的过程，对于落后地区的党员干部来说，是一个摒弃传统观念、艰苦奋斗的过程。一般来讲，越是条件艰苦、困难多的地方，干部越辛苦；越是做为长远发展打基础的工作，成效显现越慢，往往被“关注不够”。提出“格外关注”在条件艰苦的地方工作的干部，就是鼓励大家到这些地方去为人民建功立业；提出“多加留意”踏实干事的干部，就是要让踏实干事的人得到重用；提出对努力打基础的人不能亏待，就是要把“打基础”的干部与“出成绩”的干部一样看待。干部工作新要求，理直气壮地为长期坚持在艰苦地区、困难多的地方工作的干部撑腰打气；为不图虚名、踏实干事、注重

打基础的干部呐喊鼓劲。一句话，就是要让他们看到希望，从而极大地增强各级干部坚持科学发展的信念。

(二)进一步明确各级干部坚持科学发展的方向。干部工作新要求旗帜鲜明地强调领导干部要求真务实，踏踏实实地做好为长远发展打基础的工作。就是要求坚持全面发展，推进经济、政治、文化和社会建设全面进步。必须坚持抓好协调发展，统筹城乡、统筹区域、统筹经济社会、统筹人与自然和谐发展、统筹国内发展和对外开放，推进生产力和生产关系、经济基础和上层建筑相协调。必须坚持抓好可持续发展，克服盲目冒进、只顾眼前、不顾长远的短期行为，既看发展的速度，也看经济质量和结构的合理性，实现经济发展和人口、资源、环境相协调。

(三)进一步激发各级干部艰苦奋斗、科学发展的热情。三项要求将选任干部的视野放在了那些不畏艰难、实实在在为党和人民做工作的干部上，不仅激发了广大干部干事创业的热情，充分调动了广大干部坚持科学发展的积极性，而且倡导了一种新的创业方向和创业精神，从而支持干部到艰苦环境中去开展工作，磨炼意志，砥砺品行，到急难险重任务的最前沿去勇挑重担；激发干部大力弘扬求真务实精神，大兴求真务实之风，努力创造“为官一任、造福一方”的实绩，经得起群众、实践和历史检验的实绩；鼓励干部牢固树立艰苦奋斗意识，把全部智慧和力量用在干事创业、加快发展上。

三、认真落实干部工作新要求

(一)更新用人理念，树立体现科学发展观和正确政绩观相统一的用人标准。贯彻三项要求，就是把落实科学发展观、引领科学发展的能力和政绩作为衡量干部的重要标准。坚持选用那些长期奋斗在建设生产第一线，一门心思干事业，勤勤恳恳、任劳任怨的人；坚持选用那些宗旨意识强，关注民生、关爱百姓，能为群众办实事谋利益，亲民爱民、群众口碑好的人；坚持选用那些既懂经济又懂社会事务管理，既勇于开拓创新又善于处理各种矛盾、维护社会稳定的人；坚持选用那些既重视解决现实问题又着眼长远利益，注重长远发展的人。

(二)完善干部考评，建立以业绩和能力为导向的考评机制。完善考评标准，要用政治的观点看政绩，考察干部是否坚持执政为民；要用群众的观点看政绩，考察干部是否得到群众公认；要用全面的观点看政绩，既考察干部的“显绩”，又要看干部的“潜绩”；要用发展的观点看政绩，考察干部在发展中是否坚持顾全大局、统筹兼顾，是否既立足当前、又着眼长远。分析干部政绩，既要看经济建设情况，又要看社会发展情况和保障民生状况；既要看 GDP 增长情况，也要看发展的成本和代价；既要看经济社会发展成果，还要看个人主观努力程度；既要横向看名次，更要纵向看幅度。

(三)坚持弘扬正气，树立公正选人的良好作风。要选拔有艰苦奋斗精神的人。艰苦奋斗的精神是共产党人必须具备的作风和道德品质。组工干部只有大力倡导任劳任怨、兢兢业业的工作作风，大力倡导艰苦朴素、艰苦奋斗的思想品质，大力倡导淡泊名利、甘当人梯的思想境界，才会发现、推荐和使用具有艰苦奋斗精神的干部。要选拔有埋头苦干作风的人。埋头苦干是成就事业的重要保证。而埋头苦干的干部往往又不事张扬，这就要求组工干部必须用脚踏实地的态度、无私奉献的精神、顽强拼搏的作风选人用人，真正地关心、关爱、关注埋头苦干的干部，从而选准用好埋头苦干的干部。要选拔有长远发展思想的人。选干部要管长远、谋长远发展，坚定不移地把干部能否坚持科学发展作为考察干部的重要内容，把坚持科学发展作为选拔干部的重要依据。紧紧围绕是不是坚持科学发展、能不能加快科学发展来选拔干部，真正把干部引导到注重长远、加快科学发展上来。

(作者：中共宁夏回族自治区吴忠市委副书记)

按照十七大要求创新组织工作

沈景艳

十七大报告对党的建设提出了具体明确的任务，这些任务充分体现了科学发展观的要求，体现了改革创新的精神。当前和今后一个时期党的建设和组织工作要紧扣主线、科学布局，着重在解决与科学发展观不适应、不符合的问题上下功夫。

一、加强执政能力建设，努力建设高素质领导班子和干部队伍

一是着力用马克思主义中国化最新成果武装头脑。当前和今后一个时期，要把学习贯彻十七大精神作为首要的政治任务，在全党兴起学习热潮，努力使广大党员干部特别是各级领导班子成为科学发展观的忠实执行者和自觉践行者。

二是坚持民主、公开、竞争、择优，配强各级领导班子。加强对领导干部用人权的监督，规范干部提名权，增强民主推荐和民主测评的科学性、真实性，把得票情况同干部的日常表现、工作实绩、监督部门反馈的信息进行对照、印证，防止简单地以票取人；建立健全体现科学发展观和正确政绩观的考核评价体系，为民主推荐和任用干部提供真实依据，增强干部工作的公信度。

三是着眼于解决当前我国发展的突出矛盾和问题，提高各级领导班子领导科学发展的能力。重点提高自主创新能力、科学决策和改革攻坚能力、维护和兼顾各方利益的能力、统筹经济发展和促进社会和谐的能力等。

四是按照科学执政、民主执政、依法执政的要求，不断完善地方党委领导体制和运行机制。根据地方党委换届后的新变化，在常委职责定位、议事决策制度规范、理顺常委会和全委会权责关系、理顺党委与政府权责关系等方面加强研究和探索，规范地方党委的工作运转和权力运行程序。

五是加强党风廉政建设。在广大干部特别是各级领导班子中大力倡导以解放思想、开拓创新为重点的思想作风，以关注民生、服务群众为重点的领导作风，以深入调查研究、促进科学决策为重点的良好学风，以求真务实、真抓实干为重点的工作作风，以修身立德、清正廉洁为重点的生活作风，进一步加大从源头上预防和惩治腐败的力度。

二、激活主体、完善机制，积极推进党内民主建设

一是要提高广大党员的民主意识。通过宣传教育让广大党员深刻认识发展党内民主的重大意义，知晓自己的权利、义务，掌握行使民主权利的正确方法。

二是营造党内民主环境。要尊重党章赋予党员的民主权利，全面推进党务公开，坚持做到重要精神党员先传达、重要工作党员先通报、重要问题党员先讨论、重大决策党员先执行，切实落实党员的民主权利，充分发挥党员的民主选举、民主决策和民主监督作用。

三是完善党内民主制度。实行党的代表大会代表任期制，试行党代会常任制，完善党的代表大会制度。研究党代表素质条件、产生方式、职责权利、工作程序、活动方式、经费保障等问题，建立代表提案和质询制度、代表视察制度、代表评议干部制度和代表联系群众制度，引导和组织党代表经常性开展活动。在党代会闭会

期间，充分发挥全委会对重大问题的决策作用以及对常委会贯彻落实党代会和全委会决策的监督作用。改革党内选举制度，在候选人提名上，正确处理实现上级组织意图和充分体现选举人意志的关系。

四是丰富党内民主形式。要把党内民主贯穿于党的选举、决策、管理和监督的各个环节，广泛运用网络、电视、报纸、广播等公共传媒，积极探索党员参与党务、表达意见、实施监督的多种途径和办法。

五是扩大党内民主范围。要将基层党组织领导班子直接选举范围由农村逐步扩大到机关、社区、事业和企业单位，由基层支部逐步扩大到基层党委。

三、统筹抓好高层次人才和高技能人才队伍建设，开创人才辈出的大好局面

一是要强化全党抓人才的意识，形成党管人才的工作体系。加强对人才工作的宣传，在全党和全社会形成尊重劳动、尊重知识、尊重人才、尊重创造的浓厚氛围。必须把党管人才的目标责任落实到各级党组织及其领导班子，形成党政齐抓人才、组织部门抓高层次拔尖人才、相关部门抓系统内重点人才、基层党组织抓一线广大人才的工作局面。

二是加大高层次人才和高技能人才的培育力度。加大资金投入，将承担重点科研项目的大专院校、科研院所和各类高等职业学院打造成“两高”人才的高速孵化器。

三是树立管理就是服务的观念。要关注人才的需求，尊重人才的个性，维护人才的权益，为人才成长和发展提供政策支持、服务保障和法律保证。要把为人才服务作为人才管理的一个常态方法，做到人才到哪里，就跟踪管理服务到哪里。

四是以“服务发展、服务群众”为主题，充分发挥人才工作的作用。在引导人才立足本职创新创业的同时，经常组织人才开展送科技进村进厂、送医下乡、送戏下乡等公益活动，建立人才与企业和农村的对口联系点，真正使人才成为科学技术与社会生产力之间的桥梁和纽带。

五是形成有利于区域人才协调发展的政策导向。必须把市场配置手段与组织配置手段有机地结合起来，继续推行大学生到欠发达地区、贫困山区、少数民族地区和边疆地区就业制度，加强中西部地区人才培育资金国家转移支付，加大在发达地区和欠发达地区之间互选互派干部交流任职力度，倡导“人才志愿者”活动，建立发达地区与欠发达地区人才结对培训、对口帮扶机制。

四、巩固先进性教育活动成果，夯实党执政的组织基础

一是加强基本队伍建设，提高基层党员干部的党性修养和整体素质。要组织党员认真学习党章，在党员中开展深入学习实践科学发展观活动，强化党员的党性意识，激发党员的荣誉感、使命感和责任感。要将党性定期分析制度与民主生活会、民主评议等制度结合起来，定期开展批评与自我批评，找准思想和行动差距，及时进行整改提高。在严把党员队伍入口同时，畅通党员队伍出口，及时处置不合格党员，纯洁党的肌体。要加强基层干部的选配、教育和管理，重点解决好基层党组织无人办事和干部无能力办事的问题。要在“两新”组织中加快党的组织覆盖和工作覆盖步伐，建立健全城乡一体的流动党员动态管理机制，及时把流动人员中的优秀分子吸纳到党组织中来。

二是加强基本阵地建设，提高党员教育活动的质量。整合各类资源，建好基层党组织办公活动场所，普及农村党员干部现代远程教育系统，组织广大党员创办党员创业示范基地，定期开展“三会一课”、民主评议、教育表彰等党员日常教育管理活动。以无职党员“设岗定责”和“党员目标责任明白卡”为载体，开展丰富多彩的主题实践活动，充分发挥基层党组织推动发展、服务群众、凝聚人心、促进和谐的作用。

三是加强基本制度建设，建立保持党员先进性的长效机制。本着“精简效能、简便易行、实在管用”的原则，整合完善已有制度，大力推进制度创新。加强对制度落实情况的检查考核，强化制度的约束力。

四是加强基本保障建设，为基层党组织发挥作用增添活力。落实党建工作责任制，建立健全城乡基层党组织互帮互助机制。加大补贴和转移支付力度，落实党建工作经费，改善基层干部的待遇。推行农村基层干部养老保险和医疗保险制度，从根本上解决农村干部的后顾之忧。建立党内激励、关怀、帮扶机制，关心农村老干部、老党员和老模范的生活和健康；设立生活困难党员救助基金，落实农村特困党员的最低生活保障。

（作者：中共湖北省黄冈市委常委、组织部长）

在干部工作中贯彻落实科学发展观

吉炳伟

科学发展观是同马克思列宁主义、毛泽东思想、邓小平理论和“三个代表”重要思想既一脉相承又与时俱进的科学理论，是我国经济社会发展的重要指导方针，是发展中国特色社会主义必须坚持和贯彻的重大战略思想。坚持在干部工作中贯彻落实科学发展观，是党的干部路线服从服务于党的政治路线的客观要求，是加强党的执政能力建设的现实需要，也是促进干部健康成长的必然选择。

一、在理论武装工作中贯彻落实

科学发展观，第一要义是发展，核心是以人为本，基本要求是全面协调可持续，根本方法是统筹兼顾。以科学发展观理论武装干部，要着力转变不适应、不符合科学发展观的思想观念，进一步增强贯彻落实科学发展观的自觉性和坚定性，使各项工作的目标任务围绕科学发展来确立、政策措施根据科学发展来制定、工作成效用科学发展来检验。各级领导干部只有按照建设学习型政党的要求，着力用马克思主义中国化最新成果武装自己，才能够系统、深刻地领会和把握科学发展观的丰富内涵、精神实质和基本要求，切实把思想和行动统一到科学发展观的要求上来。组织部门要充分发挥职能优势，切实加强对广大干部的科学发展观教育，着力把科学发展的理论转化为各级干部特别是领导干部科学执政、民主执政、依法执政的本领。要加强和改进各级党委中心组理论学习制度，坚持自学与集中学习相结合，采取专题理论研讨会、形势报告会、专家讲座等办法，引导各级领导干部增强用科学发展观思考问题、解决矛盾、推动发展的能力。要创新培训方式，采取启发式教育、情景模拟、案例教学等方式，使各级干部真正把科学发展观学深学透、入脑入心，真正把落实科学发展观变为广大干部的工作理念，外化到干部的行动之中。

二、在干部考评工作中贯彻落实

坚持以科学发展观为指导，建立健全有利于科学发展、和谐发展的考评办法，不仅是实现经济社会又好又快发展的必然要求，也是解决领导班子和干部队伍中存在问题的现实需要。要坚持用政治的观点、群众的观点、实践的观点、全面的观点和发展的观点考核干部的政绩，推动科学发展观落到实处。在干部考评的整体指标设置上，要制定全面、协调和可持续发展的指标体系，特别是要将经济增长、社会发展以及人口、自然环境等综合性指标纳入考核评价体系，采取民主推荐、民主测评、民意调查、实绩分析、个别谈话和综合评价等方法步骤，建立多层次的干部政绩考核评价体系。在具体的考评中，一要有全面的观点。既看经济建设情况，又看社会发展情况；既看经济社会发展的现状，又看人与自然和谐发展状况；既看城市发展，又看乡村变化；既看经济发展的成果，又看党的建设和精神文明建设成果。二要有发展的观点。既看发展速度，又看发展质量；既看发展的现状，又看发展的后劲；既作纵向比较，又适当作横向比较。三要有历史的观点。既看目前已经取得的成绩，又看对长远发展打下的基础；既看为当代人带来什么，又看为子孙后代留下什么。四要有群众的观点。自觉把群众评价作为评判政绩的根本标准，建立政绩公示制度，让群众公开监督，公开评议，把经过群众认可的政绩作为考核和任用干部的重要依据。

三、在干部选拔任用工作中贯彻落实

为政之要，首在用人。深入贯彻落实科学发展观，关键在于坚持正确的用人导向，建设一支高素质的干部队伍。组织部门要牢固树立为科学发展选人才、配班子的用人导向，从实绩看德才、凭德才用干部，大力选拔使用政治上靠得住、工作上有本事、作风上过得硬、人民群众信得过的干部。要进一步深化干部人事制度改革，真正把那些政治上靠得住、工作上有本事、作风上过得硬、贯彻落实科学发展观有成效的干部选拔到各级领导班子中来。要进一步提高选人用人的公信度，坚持干部工作走群众路线，改进群众参与方式，进一步落实广大党员和群众对干部工作的知情权、参与权、选择权、监督权，形成民主、公开、竞争、择优的用人环境，为优秀人才脱颖而出创造条件。要将年度考核情况作为确定干部工作实绩的重要依据，使干部群众以严肃认真的态度对待年度考核，重视平时的工作实绩，把功夫下在平时的工作上。

四、在干部培养工作中贯彻落实

贯彻落实科学发展观，要在提高干部能力上下功夫，重点是提高各级领导班子和领导干部发展社会主义市场经济、发展社会主义民主政治、发展社会主义先进文化、构建社会主义和谐社会和统筹国内国际两个大局的能力。一要强化岗位锻炼。把每个本职岗位作为落实科学发展观和提高贯彻科学发展观能力的平台，把每一项工作都当成是一次难得的历练、难得的机遇和人生的积累，在平凡的岗位上，创出不凡的业绩。二要加大交流锻炼。加大跨地区、跨行业、跨部门的干部交流，使领导干部经受多个岗位的历练，更多地了解各地区、各行业的差异，增强“五个统筹”的意识和能力。三要突出实践锻炼。提倡广大党员干部到改革和建设的第一线去，到基层去，到艰苦和困难多的地方去，经风雨、见世面，在实践锻炼中掌握新知识，积累新经验，增长新本领。通过多种形式的锻炼，提高党员干部的能力素质。一是马克思主义的认识能力。学会用全面的、联系的、发展的观点看问题，形成辩证唯物主义和历史唯物主义的思想方法和思维方式，准确理解和把握科学发展观的精神实质、主要内涵和基本要求。二是按客观规律办事的能力。要善于根据新形势、新任务和新要求，紧密结合工作实际，坚持运用战略的眼光、开阔的视野、创新的思维和务实的行动来完善思路、谋划发展、推动工作。三是把握全局统筹兼顾的能力。正确处理好当前与长远，局部与全局，物质文明、政治文明与精神文明，政府与市场等方面的关系，促使经济、政治、文化、社会全面协调发展。

五、在干部监督工作中贯彻落实

加强反腐倡廉建设是落实科学发展观的重要保证。只有把监督延伸到干部的教育、培养、选拔、任用、管理的全过程，运用切实有效的法规、制度约束和规范领导干部的行为，才能把干部选准用好。为此，要进一步拓宽监督渠道，坚持党内监督与党外监督相结合，自上而下监督与自下而上监督相结合，组织监督与社会监督相结合，形成多层次、全方位的监督体系，提高监督的实效性。要通过建立党政领导干部选拔任用工作责任制，用好“群众公认”这把尺子，防止考察失真、评价失准、用人失误。要健全和完善党委内部议事和决策机制，对涉及重大决策、重要干部任免、重大项目安排和大额度资金的使用等问题，必须经集体讨论决定，不准个人说了算。要健全完善领导干部日常管理监督制度，严格执行领导干部个人重大事项报告、述职述廉、民主生活会、诫勉谈话等制度，经常了解领导干部作风状况，及时发现和纠正领导干部作风建设中的不良苗头。通过不懈努力，牢固树立领导干部为民、务实、清廉的良好形象。

（作者：中共河南省开封市委常委、组织部长）

做好新形势下人才工作的思考

赵　强

近几年来，各地按照人才强国战略的总体要求，认真贯彻党管人才原则，大力加强人才引进、开发、使用与管理工作，为经济社会发展提供了强有力的人才和智力支持。随着形势的不断发展，特别是以科学发展观为统领、构建社会主义和谐社会目标任务的确定，对人才工作提出了新的更高的要求。如何顺应时代潮流，大力推进新形势下的人才工作，为经济社会又好又快发展提供不竭的人才支持，成为摆在各级党委面前的一个重大的现实课题。从烟台的实践看，做好新形势下的人才工作，应重点在四个方面下功夫。

一、加强教育培训，提升人才整体素质

实践证明，提升人才队伍整体素质最根本、最有效的办法就是教育培训。因此，必须立足于现有人才队伍状况，把提高教育培训质量作为提升人才队伍素质的首要措施来抓。

一要科学设置培训内容。要本着缺什么人才就培训什么人才，人才哪方面知识欠缺就补充哪方面知识的原则，科学设置培训内容，探索实施培训课程“菜单制”，增强培训的针对性。当前，特别要围绕培养人才的决策能力、依法办事能力、服务能力和创新能力设置培训内容。近年来，烟台市在大规模培训工作中，针对公务员应具备的能力，依托驻烟高校设置培训“菜单”，由每个公务员根据自己的岗位特点和自身需求，自行选择培训内容，利用双休日到驻烟高校接受培训。近两年来，共安排培训内容120多项，培训公务员6000多人次，使全市公务员队伍的整体素质和工作能力得到明显提升。

二要改进培训方式方法。搞好对常规培训形式的改革，改进脱产培训，由常规型向专题化、多样型转变。在班次设计上，要根据人才现有的素质状况，有目的地定期举办中长期专题进修班，使各类人才经过集中的进修培训，在知识的系统性、深入性上有较大提高。同时，根据形势、任务需要，适时举办一些短、平、快的研讨班、专题班，进行专题培训。在学制安排上，推行全脱产、半脱产、阶段性脱产，长学制、中学制、短学制并存的办班模式。要积极构建新的培训平台，通过建立经常性的论坛、讲坛，举办年会、学术会、成果发布会，建立“双休日”虚拟学校、网络学校、“空中课堂”，在国内外高等院校建立培训基地等方式，把教育培训与理论研究、问题探讨结合起来，增强培训的实效性。

三要强化职业继续教育。要大力发展成人教育、社区教育、远程教育，推进教育培训的社会化，对各类人才开展灵活多样的职前、职后和转岗培训。建立不同类型不同层次教育相互衔接、相互贯通的教育体制和更为开放灵活的教学制度，形成完善的“立交桥型”教育网络，满足多层次、多样化的教育和学习需求。鼓励各类人才在职学习，攻读更高学历，参与新知识、新技术、新技能培训。强化对各类高学历人才的培养，扩大高学历人才的培养数量和规模。建立继续教育登记、考核、统计、评估、奖励、任用等一体化体系，把继续教育作为晋级、晋升及评聘专业技术职务的必备条件。

二、创新引进机制，大规模聚集人才

人才形不成规模，就难以为经济社会发展提供强有力的智力支持，而引进人才是形成人

才聚集规模的一条有效便捷的途径。因此，创新人才引进机制、促进各类高层次人才的引进，是做好新形势下人才工作必须认真解决的一个重要问题。

一要大力培育人才引进载体。要突出企业的主体作用，把企业培育成吸纳和开发人才的主要载体。通过发展高新技术产业带动整个区域经济结构调整，提升产业水平，形成高新技术产业密集的大环境，为专业技术人才、企业经营管理人才提供成长的舞台。鼓励有条件的企业以科研项目为依托，采取建立博士后工作站、流动站等形式，引进高层次人才从事科研工作，努力形成高层次人才资源与区域经济结构调整的良性互动。近年来，烟台市实施高层次人才引进“1331工程”，即每年引进100名博士、300名硕士、3000名本科生、100名留学生，通过建设留学人员创业园区和企业博士后科研工作站、中俄基地和农业引智示范园，推进市院合作等措施，引进博士以上人才210人、硕士1280人、留学人员275人。

二要拓宽人才引进渠道。积极发挥各类社会组织的作用，把已引进的人才整合起来，通过他们搜集信息，牵线搭桥，引进更多的人才，形成人才聚集效应。树立“不求所有、但求所用”的人才引进观念，鼓励高新技术企业、高等院校和科研院所采取项目和课题招标承包、短期或弹性聘用等方式引进国内外智力；支持企事业单位设置“特聘教授”、“特聘研究员”、“特聘工程师”、“特聘技师”等职位，引进高层次急需人才。推行研发项目招标制和首席专家负责制，以科技研发和项目建设为平台，加快高新技术人才聚集。加强与国内外科研机构、高等院校合作，通过优势互补、资源共享等方式，引进智力和科研成果。

三要做好本土人才资源的开发。认真研究本地经济社会发展对未来人才的需求，在加大引进力度的同时，通过强化教育培训、推荐就业等措施，盘活本地人才存量。积极盘活机关事业单位中的闲置人才资源，打破体制束缚，鼓励和引导他们向支柱产业和骨干企业流动。建立开放的人才选拔机制，遵循各类人才的发展规律，公平公正、竞争择优，面向社会公开选拔优秀领导干部、科研项目和学科带头人等各类人才。大力开发离退休人才资源，建立离退休专家信息库，通过组成智囊团或专家委员会，鼓励支持离退休人才领办或创办技术型、咨询型、服务型实体，进一步发挥他们的作用。

三、建立与社会主义市场经济相适应的管理体制，充分发挥各类人才的效能

一要建立有利于优秀人才脱颖而出的选拔任用机制。深化干部人事制度改革，认真贯彻落实《公务员法》、《干部任用条例》等法规，以扩大民主、加强监督为重点，进一步深化党政人才选拔任用制度改革，加大公开选拔、竞争上岗力度，营造公开、平等、竞争、择优的用人环境。改进对党政干部履行职责的考核，严格奖惩措施，建立退出和淘汰机制，推动党政干部能上能下，能进能出。建立和完善领导干部决策责任制度，用经济社会发展的实际成效和广大人民群众的满意程度来衡量和使用干部。加快事业单位改革步伐，对事业单位进行分类管理，完善符合不同类型事业单位特点的用人机制。以聘任制和岗位管理制度为重点，实行按需定岗、按岗聘用、公开竞争、合同管理和单位自主择人、人才自主择业的双向选择办法，允许和鼓励事业单位工作人员在不影响本职工作的前提下，从事技术开发、咨询服务等兼职活动。建立与市场经济体制相适应的、符合现代企业制度要求的职业化经营管理人才制度，坚持组织考核推荐和引入市场机制相结合，坚持内部选聘和外部引进相结合，健全企业市场化选人用人机制，促使优秀经营管理人才脱颖而出。

二要建立以能力和业绩为导向的考核评价机制。科学的人才资源管理机制的核心是建立起以德才、业绩为主要指标的科学的人才评价考核机制。要研究制定不同层次、不同性质工

作岗位的人才考核指标体系，为全面、客观、公正地考核评价人才的德才表现、岗位职责履行情况和工作实绩，实施有效的激励约束提供准确依据。在考核指标体系的制定中，要坚持定性与定量相结合。对党政领导人才的实绩考核，应突出经济社会发展中可以量化、可比性强的指标，如人均GDP增长率、财政收入增长率、居民可支配收入增加率、农民人均纯收入增加率以及环境保护、资源节约等情况。对专业技术人员的考核，应突出在技术岗位上所作出的贡献，严格实行技术职务评聘分开。要增加对群众公认度的考核，把群众公认程度作为评价的重要依据，在考核过程中，坚持扩大民主，把握好考核预告、民主评议、结果反馈等关键环节，确保考核结果的客观真实。

三要建立有利于人才发挥效能的激励机制。坚持精神激励与物质奖励并举，在通过开展评选表彰活动、授予荣誉称号等形式予以精神鼓励的同时，搞好物质奖励，将人才的收入与岗位职责、工作业绩、社会贡献直接挂钩，让一流人才创造一流业绩、获得一流报酬。比如，在党政机关通过加大津贴差距等办法拉开收入分配档次，激发各级干部的工作热情；在企事业单位实行按岗定酬、按任务加酬、按业绩奖酬的分配办法，由单位自行决定内部工资分配方式，对于优秀紧缺人才可实行协议工资或年薪制，较大幅度地提高高层次人才工资待遇。同时，健全知识产权分配的法律法规，实施技术、专利、科研成果等生产要素参股和参与收益分配，真正体现人才和知识的经济价值。制定特殊奖励办法，通过大奖、重奖激发人才活力，提高人才效能。

四、坚持市场配置与宏观调控并举，不断优化人才资源结构布局

一方面，要进一步发展人才市场，充分发挥市场配置人才资源的基础性作用。加快建立统一开放的人才市场体系，大力培育各级各类人才市场，做大做强人事部门所属人才服务机构，放开民营人才中介准入条件，适度开放国外人才中介，形成人才市场多元竞争、多元发展的新格局。加强县域人才市场的投入和发展，在市场规模、技术基础和服务领域等方面适应县域经济快速发展的需要。大力构建人才市场信息网络体系，重点发展网上人才市场，以中低端人才综合网站和高端猎头网站为依托，加强人才资源数据库的建设。整合各级人事部门主办的人才网站资源，实现区域联网，建立人才市场信息资源共享机制，为人才双向选择、双向择业提供优质高效服务。抓紧制定完善人才流动的政策措施，进一步消除人才流动中的城乡、区域、行业、身份、所有制等限制，破除人才“部门所有”、“单位所有”的束缚，使用人单位有用人自主权、人才有自主择业权，让各类优秀人才到更能发挥作用的地方施展才华。比如，制定相关办法，疏通党政人才、经营管理人才、专业技术人才之间，不同所有制经济组织之间人才流动渠道；推进事业单位人事代理工作，逐步在所有事业单位中推行全员人事代理，促使各类人才实现由“单位人”向“社会人”的转变。

另一方面，要加强宏观调控，发挥政府在人才布局中的引导作用。加强宏观调控的主要目的是克服人才流动中的非理性现象，引导人才向经济社会发展急需的行业和领域流动。要综合运用法律、经济和行政手段，调控人才流向，对经济社会发展的重点领域和人才供求矛盾比较突出的领域实行政策倾斜和积极引导，通过必要的计划调配，保证重点建设项目、重点产业得到必需的人才。要加强对人才需求预测和规划研究，逐步完善包括人才的培养引进、配置使用、工资奖励、社会保障、开发资本投入、有序流动等在内的政策体系。当前，要抓紧制定出台社会工作人才队伍建设方面的政策措施，促使社会工作人才队伍不断发展壮大，在构建和谐社会中发挥更大作用。

（作者：中共山东省烟台市委常委、组织部长）

改进和完善干部考核评价工作

章大李

在2006年县级党委换届中，根据省委部署，盐城市作为试点市，按照中组部印发的《体现科学发展观要求的地方党政领导班子和领导干部综合考核评价试行办法》开展换届考察工作，重点对民意调查、实绩分析、综合评价这三项创新举措进行研究探索，对民主推荐、民主测评、个别谈话等传统考察方法进行改进完善，使综合考核评价试点工作取得了初步成效。

一、运用“发展位次综合评价法”深入开展实绩分析工作

实绩分析是试点工作中的重点。做好这项工作，一是在力量整合上，力求综合性。以组织部门为牵头负责单位，统计部门为配合责任单位，注重发挥经济综合部门和有关职能部门作用，组织财政、审计、卫生、环保、信访等十多个部门共同参与对发展实绩进行分析研究。二是在评价指标选择上，力求全面性。我市共确定了经济发展、生活水平、社会发展、可持续发展四大类38项实绩指标，结合盐城实际，增加了注册外资实际到账及增长率、人均储蓄额、越级集体信访批次和人才总量等几项指标。三是在数据采集上，力求权威性。我们主要依靠市相关部门已有的统计数据，同时组织各县(市、区)填报、党政主要负责人签字，由市相关部门审核鉴定、市统计部门依法综合确认，切实保证实绩数据的权威性与准确性。四是在实绩指标评价方法上，力求科学性。我们采用包含“位次、权重、级差”三位一体的“发展位次综合评价法”，进行区域内实绩分析比较，即以近3年考核指标的增长幅度排名位次为基础，以考核指标的不同权重和考核指标的分类级差为依托，进行综合评价积分，再在区域发展的不同板块内进行排名比较分析，努力使实绩分析结果能够真正反映出干部的主观努力程度。

二、落实扩大党内民主要求，认真组织实施民意调查

民意调查是这次党委换届考察工作中的创新环节。在具体实施中，我们力求做到以下四点：一是体现层次性。主要分为县级与乡科级两个调查层次，设计了不同的调查问卷内容，采取不同的方式实施。二是体现广泛性。对县级党政班子与党政干部的民意调查，我们选取了各地未参加民主测评的县级以上党代表100人、人大代表50人、政协委员50人以及“双强”型村党组织书记、社区书记代表100人，每县共约300人参加，具有相当的广泛性。三是体现针对性。比如，对乡镇党委书记的民意调查评价，主要分工作思路、工作作风、工作成效、公众形象、总体评价五个类别；而对部门负责人的民意调查评价，则增加了机关效能、内部建设两类。四是体现开放性。我们除了在调查问卷主体部分设计标准化的选择题外，还专门设置了4个开放型题目，由参加调查人员自由填写，一并了解群众对领导班子所办实事满意度、对县(市、区)工作的建议、推荐党政领导班子中可提拔使用的人选以及对民意调查工作本身的意见与建议等。这些开放性问题的集中回答，给市委、市政府提供了更准确的决策参考。

三、贯彻改革创新精神，改进和完善传统考察方法

一是对民主测评工作进行了改进，主要体

现于分类测评。对于领导班子,我们主要针对党政班子的不同情况,在测评的评价要点上有所区别。总体上分思想政治建设、领导能力、工作实绩、党风廉政建设、总体评价五大类,在具体评价要点上,党委班子增加总揽全局、协调各方、科学决策以及党的建设等内容,政府班子则增加大局观念、围绕中心、依法行政以及政府效能建设等内容。对于领导干部,我们按照《办法》要求分德、能、勤、绩、廉五大类,并增加总体评价栏目。我们又组织分类投票,对四套班子领导成员和其他人员进行分类汇总分析。二是对民主推荐工作进行了改进,主要体现于分层推荐。我们对拟新进党政班子人选,全部进行了二次推荐。第一次大会推荐时,中层正职以上干部全部参加,保证了推荐的广泛性;第二次推荐范围为县(市、区)委委员、现职副县级以上干部和曾担任过县级正职的老干部,知情权更有保证,实现了推荐的集中性。在推荐的内容上,为了保证结构合理,我们专门增设近期可进县级领导班子人选民主推荐表,分类型推荐女干部、35岁以下年轻干部以及其他干部,作为全额定向推荐的补充和参考依据。三是对个别谈话工作进行了改进,主要体现于分别设计谈话提纲。我们认真设计了面上谈话参考提纲、考察组集体与差额考察对象面谈参考提纲。此外,我们还设计了谈话推荐表,以方便个别访谈者推荐干部。在对差额考察对象考察工作中,我们坚持实行社区征询和家访制,并探索开展延伸考察,对在现岗位工作不满2年的,全部到其以前工作过的单位进行考察访谈。

四、坚持德才兼备、实绩突出、群众公认原则,积极探索进行综合评价

一是注重类型分析。如在考察信息的占有上,除了将换届考察情况作为主体分析依据外,我们还专门请市纪委、市检察院对重要信访情况进行梳理鉴定,实行"信访结帐";并请市审计局整理出近五年来涉及县(市、区)的专题审计报告,提供给考察组作综合评价参考。二是注重数据分析。对民主测评、民主推荐、民意调查、实绩分析、个别谈话等各环节情况,按照固定格式进行汇总整理,对这些环节取得的大量数据,进行认真研究,仔细分析。三是注重比较分析。比如,在分析民主测评推荐结果时,我们将四套班子成员投票和其他成员投票分别汇总,综合比较;在确定二次推荐入围人选时,又分别研究全额定向推荐、近期可进班子人选推荐结果,慎重比较,综合确定相关人选。四是注重环境分析。比如,在对县级班子进行实绩分析时,充分考虑到盐城市内区域发展的不平衡性,实绩评价着重在3个板块内比较排名。五是注重历史分析。既将班子成员换届测评情况与前3年的年度考核测评情况联系起来,又将拟新进班子人选推荐情况与前几年公推公选后备干部情况联系起来,通盘考虑,从而增强运用测评推荐结果评价干部的说服力。

综合考核评价试点工作总体上已得到广大干部群众和组工干部的认可,具有较强的科学性和可操作性。为进一步规范完善考核工作,以下几个方面需要加强和改进:一是要加强考核评价工作的制度化、规范化建设。要建立干部经常性考核机制,民意调查工作制度,考核评价结果公示、公议、反馈、申诉制度,考核责任追究制度,强化综合考核评价的刚性要求,对综合考核评价活动的组织程度、方法程序、结果评价程序等进行科学规范和确定,并严格执行。二是在充分发扬民主的同时,要注意防止简单"以票取人"。要采取有力措施,坚决防止"拉票"行为,在对民主推荐和民主测评结果进行分析的同时,要将考察环节中获取的信息和平时掌握情况相互印证、比较分析,做到既尊重民意,又不简单"以票取人"。三是要进一步处理好精准和效率的关系。应本着于法周延、于事简便的原则,坚持体现科学效能、充分考虑操作成本,使考核方法合理、程序严密、资源共享、简便易行,对整个换届考察各个环节进行认真的梳理简化。

(作者:中共江苏省盐城市委常委、组织部长)

年轻后备干部选拔方式的有益探索

李　军

近年来，中共湖南省怀化市委紧密结合县(市、区)党委换届工作实际，综合运用干部人事制度改革成果，积极进行年轻后备干部选拔方式的改革，较好地解决了过去困扰干部工作的一些问题，得到了广大党员、干部和群众的好评。

一、坚持公开选拔，确定县级年轻后备干部人选

为保证公开选拔县处级优秀年轻后备干部工作顺利进行，市委认真抓了以下几方面的工作。一是明确公开选拔的范围和条件，认真搞好资格审查。规定凡在我市党政机关、事业单位担任正科级职务(含主任科员)3 年以上、大专以上学历、年龄在 35 岁以下、近 3 年年度考核均为称职(合格)以上、政治思想优良的干部均可参加报名。报名以各县(市、区)和市直各部门为单位，采取个人自荐和组织推荐相结合的方式进行。各县(市、区)委组织部和部门党组织负责对报名人员进行初审，市公开选拔县级年轻后备干部工作领导小组办公室进行终审。弄虚作假者，取消考试资格。通过资格审查，全市共有 105 人参加公开选拔。二是严肃纪律，认真搞好考务工作。考试分笔试和面试。笔试采用闭卷方式进行。规定担任过乡镇党政主要领导职务的每任满一年加 1 分，计入笔试后总分。再按拟选名额 1∶2 的比例从高分到低分确定面试人选。笔试成绩和面试成绩分别按 50%的比例合成，根据合成后的总成绩从高分到低分确定 30 名考察对象。三是严格进行考察和公示，接受群众监督。由市公开选拔县级年轻后备干部工作领导小组组织考察组，对考察对象进行全面考察，同时通过新闻媒体对考察人选和最终入围人选向社会公示。

二、坚持民主推荐，确定县级年轻干部考察对象

为了确保后备干部得到及时提拔使用，并做到好中选好、优中选优，我们明确规定，入围人员具有任职资格，在 2006 年和 2007 年的县(市、区)党政领导班子换届时优先选用。在 2006 年的县(市、区)党委班子换届中，我们把“提名权”交给群众，要求县级年轻后备干部必须参加所在县(市、区)党政领导班子拟新进人选的民主推荐，民主推荐时得不到多数干部群众拥护的后备干部不列为考察对象。组织部门在制作民主推荐票时，把通过公选产生的县级年轻后备干部人员名单排在前面并加注文字说明，要求干部群众优先考虑将其作为推荐人选。通过民主推荐，全市 23 名县级年轻后备干部有 18 名被市委确定为考察对象。

三、坚持综合考核，确定县级年轻干部拟提拔人选

为了确保考察工作质量，我们按照中组部《体现科学发展观要求的地方党政领导班子和领导干部综合考核评价试行办法》的要求，综合考核县级年轻后备干部的德、能、勤、绩、廉，重点考察干部的绩。一是首次采用了民意调查的方法。主要从工作作风、工作成效、公众形象等 3 个方面设计问卷调查表，了解社会层面对县级年轻后备干部工作成效和形象的认可度。参加民意调查的范围一般为来自基层的、未参加民主测评的党代会代表、人大代表、政协委员，

以及考察对象分管部门、所在部门或下属单位的一般工作人员、其他有关工作服务对象等。二是首次采用了实绩分析的办法。制定了领导干部实绩分析评价要点，主要通过有关方面提供的经济、社会发展情况和群众评价意见，了解考察对象所在地或所在单位的发展状况，重点分析考察对象的工作思路、工作投入和工作成效。三是首次采用了“面试型”考察谈话办法。将所有县级年轻后备干部考察对象置于同等条件下横向比较，要求考察对象在规定时间内，就事先设定的问题逐个进行回答，考察组成员根据考察对象的表现情况进行综合评价，分出优劣。四是坚持实行任前公示制。市委根据民主推荐和考察情况，在反复酝酿和比较的基础上，从 18 名县级年轻后备干部考察对象中确定了 12 名拟任常委候选人选，面向社会进行公示，其中 1 人因群众反映有问题经查实后取消了拟任。

四、坚持民主选举，确定县级年轻干部正式任用人选

在县(市、区)党委换届选举工作中，我们坚持把扩大民主贯穿于换届选举的全过程，认真落实群众的知情权、参与权、选择权和监督权。在党代会选举前，将候选人的情况向党代表认真进行介绍，并适时组织候选人与代表见面，加深代表对候选人的印象。在选举过程中坚持实行差额选举，充分尊重党代表的意愿，保证党代表行使自己的民主权利。通过精心组织，市委提名的 11 名公选的县级年轻后备干部全部当选，实现了组织意图和群众意愿的有机结合。我们感到有四个方面的体会和启示。

(一)实现了“赛马”和“相马”结合，较好地解决了如何“普中选好”、“好中选优”的问题。我们通过严格的公开选拔进行“赛马”，确定备用人选，做到“普中选好”；再依法依规通过组织和群众的综合评判进行“相马”，确定正式人选，做到“好中选优”。公开选拔作为综合评判的前提，在“相马”之前“赛马”，克服了人为选拔的一些弊端；综合评判作为公开选拔的完善，从“好马”中相出“优马”，克服了“惟分是举”的片面性。这种“赛马”与“相马”相结合的机制，较好地实现了公平公正公开原则、党管干部原则、群众公认原则和依法办事原则的统一。

(二)实现了成绩与实绩结合，较好地解决了公开选拔容易引起的“高分低能”问题。把干部的“公选”成绩和工作实绩很好地结合起来，明确规定入围人选具有同等的任职资格，根据工作需要和其现实表现决定其是否任职，是这次公开选拔县级年轻后备干部的一个有益探索。不仅改变了以往单一“以荐为主”的后备干部产生方式，同时又打破了传统的“一考定终身”、“以分取人”的做法。特别是给在乡镇工作的党政主要领导加分的做法，得到了干部群众的一致认可。

(三)实现了领导与群众结合，较好地解决了“跑官要官”等问题。这次选拔县级年轻后备干部改革工作，始终坚持走群众路线，采取各种方式认真落实群众在干部工作中的“四权”，使干部在群众中发现，让群众来评价，由群众来选择，防止和克服了“带病提拔”、“跑官要官”等用人上的不正之风，做到了干部信服和群众佩服、组织承认和群众公认、领导满意和群众满意的有机结合。

(四)实现了备用与选用结合，较好地解决了后备干部“备而不用”、“备而不管”等问题。11 名公选的县级年轻后备干部的及时起用，体现了建立后备人才库的重要意义，解决了一些地方一定程度上存在的后备干部“备而不用”、“备而不管”等问题。为综合利用公开选拔后备干部成果，我市还明确规定，本次公选结果 3 年内有效，3 年内各县(市、区)党政领导班子调整时所需年轻干部原则上从这批公选后备干部中择优选用。市委和各县(市、区)委通过各种途径实施跟踪培养，确保年轻后备干部管理的有效性和连续性。

(作者：中共湖南省怀化市委常委、组织部长)

湖南选拔县乡党委书记到省直机关任职的调查

中央组织部研究室

2006年6月，湖南省委选拔5名优秀县(市、区)委书记到省直机关担任副厅级领导职务；7月，又选拔5名优秀乡镇党委书记到省直机关担任处长、副处长。这一做法，在全省产生了积极反响。前不久，我们赴湖南对此进行了专题调查。

一、基本情况与做法

县乡是国家政权的重要基础，县乡干部在经济发展、社会进步和政权稳固中发挥着重要作用。湖南省委认为，关心重视县乡工作和县乡干部，是巩固党的执政地位的必然要求，也是加快小康湖南、和谐湖南建设进程的现实需要。为此，省委作出了选拔优秀县乡党委书记到省直机关任职的决定，希望通过采取这一举措，带动全省上下形成重视、关注县乡工作，激励、支持县乡干部奋发有为、建功立业的良好氛围。

根据省委要求，湖南省委组织部组织实施了选拔优秀县乡党委书记到省直机关任职的工作。经过认真遴选，最终确定了10名人选。其中，5名县(市、区)委书记分别担任省监察厅副厅长、省科技厅副厅长、省水利厅副厅长、省经济技术协作办公室主任(副厅级)、省粮食局副局长；5名乡镇党委书记分别担任省信访局督查处调研员兼副处长、省信访局接访一处副处长、省移民局政策法规处处长(副处级)、省民政厅区划地名处副处长、省扶贫开发办计划财务处处长。

从县(市、区)委书记中确定选拔对象，主要看三条：一是民意反映比较好。在省委举办的建设社会主义新农村专题培训班上，省委组织部组织参加培训的全省122名县(市、区)委书记进行民意测评，由县委书记投票推荐县委书记，根据得票情况，结合以往考察和平时掌握情况，确定若干民意基础较好的人选。二是必须是各市市级后备干部且排名在前3名。三是政绩比较突出。要求在一个或两个县(市、区)工作过，实绩突出，所任职县(市、区)县域发展综合指标在全省位次靠前。同时，适当参考任职资历，注意选拔任职时间较长、担任县(市、区)党政正职时间至少在5年以上的干部。选拔的5名乡镇党委书记，全部是在去年"七一"前受到中央或省委表彰的先进基层党组织负责人、优秀党务工作者。其中，对2名全国先进基层党组织负责人越级提拔为正处级领导干部，一名当了处长，一名当了正处级的副处长。

选拔县乡党委书记到省直机关任职工作结束后，省委召开了加强县乡干部队伍建设座谈会，提出要将这一做法形成制度并长期坚持下去，责成有关部门进一步深入研究选拔优秀基层干部的原则、条件、程序和考察方式等问题，推动这项工作的规范化和制度化。最近，省委又着手研究并计划出台关于改善县乡干部待遇、加强村干部队伍建设的文件，通盘考虑县、乡、村干部的培养、选拔、使用以及激励、监督等问题。

二、初步效果与反映

湖南省委选拔优秀县乡党委书记到省直机关任职的做法，得到了社会各界的广泛好评。我们接触到的同志一致认为，省委的这一决策是开明之举、创新之举、得民心之举。

一是有利于激发广大干部安心基层干事创

业的内在动力。湖南省委书记张春贤在谈到这项工作时明确指出，这样做，就是要让那些长期扎根基层、安心做事、不事张扬的干部有奔头、有前途。从调研情况看，省委的这一初衷得到了很好的实现。大家认为，直接把县乡党委书记提拔到省直机关担任重要职务，真正体现了省委对基层干部的重视和爱护，既有效地激励和鼓舞了基层干部，也有利于广大干部更好地安心基层工作。许多基层干部说，看到省委这么重视县乡干部，感到在基层工作更有奔头了，表示要更加热爱基层，立足本职，做好工作，为新农村建设作出应有的贡献。

二是有利于树立从改革发展稳定第一线选拔任用干部的正确导向。湖南省委组织部一位具体负责此项工作的同志说，省委这次打破常规，成批量提拔重用县乡党委书记，等于发出了一个重要信号，就是省委十分重视选拔任用基层一线干部。市、县的许多同志认为，尽管这次选拔的人数有限，但是传递的信息、形成的导向相当重要，省委的这一做法对各市县是一个很好的示范，必将有力地推动在全省形成重视从基层一线选拔任用干部的导向。据了解，衡阳、湘潭、岳阳、益阳、永州、娄底、湘西等市州也参照省委的做法，集中选拔乡镇党委书记到市直机关任职。娄底市一次选拔了6名乡镇党委书记到市直机关担任副处级领导职务。

三是有利于改善机关干部队伍结构。湘潭市委组织部一名副部长说，一般来说，机关干部文化程度比较高，理论思维能力比较强，而基层干部解决实际问题、处理复杂矛盾、做群众工作的能力相对比较强，选拔优秀基层干部到上级机关任职，有利于优化干部队伍结构，增强机关决策和指导工作的针对性、有效性。去年夏天，湖南很多地方发生了特大洪涝灾害，从衡山县委书记职位上选拔到省水利厅担任副厅长的钟再群带队到基层指导抗洪救灾，有关地方的同志反映，从他的讲话和组织指挥的情况看，就能知道他是一个内行，熟悉基层情况，作风务实，与市、县同志也很好沟通。

三、几点启示与思考

第一，要把中央关心爱护基层干部的要求落到实处，必须有具体的制度措施作保障。

基层干部处于改革发展稳定的第一线，责任重、矛盾多、压力大。胡锦涛同志强调，各级党委、政府要"真正重视、真情关怀、真心爱护广大基层干部"。湖南省直接从县乡党委书记岗位上选拔优秀干部到省直机关任职，正是贯彻落实中央关于关心爱护基层干部要求的一个实际行动和有力举措。虽然一次选拔的干部数量不多，但意义重大，影响广泛，效果明显。省委还以这次集中选拔10名干部为开端，正在研究如何使这种选拔工作常态化的具体办法和关于改善县乡干部待遇、加强村干部队伍建设的专门意见。可以肯定，随着这些措施和文件的出台，湖南全省上下一定会形成重视基层基础工作，关心爱护基层干部的良好环境和氛围。关心爱护基层干部，关键要见诸行动。现在，有的地方和领导关心爱护基层干部只是停留在口头上或作一般性的号召，没有实实在在的措施，或者是有措施但不落实。这种状况必须加以改变。党的十六届六中全会《决定》指出，"构建社会主义和谐社会，重心在基层"，要"紧紧依靠广大基层干部做好基层基础工作，加强基层干部队伍建设，制定和落实定期轮训、考评激励、待遇保障等制度措施"，明确提出"注意从基层选拔优秀干部充实各级党政机关"。各级党委及其组织部门要站在全局和战略的高度，进一步提高思想认识，采取切实措施，从思想上政治上关心基层干部的成长进步，从工作生活上帮助他们解决实际困难和问题，真正把六中全会的精神和中央的要求落到实处。

第二，要注重从基层一线培养选拔领导干部，领导班子的配备要重视研究经历结构。

注重从实践中、从改革发展稳定第一线选拔领导干部，是我们党干部工作的一条重要经验，必须长期坚持。在县乡领导岗位上聚集了很多年富力强、文化层次较高、经验丰富、了解实情、联系群众的优秀干部，把其中的佼佼者选拔上来，不仅有利于改善领导班子和干部队伍结构，使上级机关更好地了解下情、增强决策的科学性，而且有利于引导广大干部眼睛向下，自觉地投身于基层工作。湖南省委从县乡主要领导岗位上直接选拔优秀干部到省直机关任职，正是从领导班子和干部队伍建设的这个大局着眼，确立了一种正确的用人导向。从目前面上的情况看，从基层一线选拔干部的工作还需要进一步加强。去年，湖南省 122 个县(市、区)委换届后，新进班子成员 418 名，其中，从乡镇主要领导干部提拔的 96 名，仅占 22.9%。这种情况需要引起重视。在下步进行地方党委以及人大、政府、政协换届中，应当重视提拔县(市、区)和乡镇优秀领导干部特别是党政正职。调研中，一些同志认为，现在领导班子配备中比较注意的是年龄和文化、专业知识结构等，今后要把班子成员的工作经历结构提到重要位置上来研究考虑。领导班子中，不同经历的同志在一起工作好处很多，特别是一个班子中必须有较多熟悉基层情况的同志，这样决策和指导工作才能更贴近基层、符合实际。

第三，要加大上下级机关干部交流的力度，特别是要畅通下级机关向上级机关干部交流的渠道。

中央颁发的《党政领导干部交流工作规定》明确提出：“中央和国家机关、省级党政机关应当注意选调有地方工作经验的干部，特别是市(地、州、盟)、县(市、区、旗)党政领导班子中的优秀年轻干部到机关任职，同时根据工作需要有计划地选派机关干部到地方任职。”从我们这次调研了解的情况看，现在上下级机关干部交流，大多是上级机关的干部提拔交流到下级机关任职，是单向的交流。市、县级机关的干部调往上级机关，一般是分散地、零星地进行，没有形成制度。这种状况，不仅使基层和下级机关的干部难以得到上调和提拔的机会，致使上级机关特别是中央和省、市级机关“三门干部”过多，更严重的是会影响上级机关决策和指导工作的针对性、科学性。这次湖南省委从县乡主要领导岗位上直接选拔了 10 名优秀干部到省直机关任职，并且将这一做法制度化、经常化，打通了下级机关向上级机关交流干部的渠道，实现了上下级机关干部的双向交流，其意义远远超出了选拔这 10 名干部本身。一些同志说：“过去有县委书记直接选拔到中央机关担任副司(局)长的，现在为什么不能这样做！”我们认为，今后，省和中央国家机关选调干部，应规定一定的比例，必须从有地方工作经验的干部特别是从市、县、乡党政领导班子中的优秀年轻干部中选拔；在公务员录用中，也要注意选录优秀基层干部充实各级党政机关。同时，采取下派任职、挂职锻炼、到基层参加专项工作等办法，解决现有机关干部实践经验缺乏问题。

实施干部工作“阳光工程”建立民主公开竞争择优的选人用人机制

中共黑龙江省大庆市委组织部

党的十七大提出：“坚持党管干部原则，坚持民主、公开、竞争、择优，形成干部选拔任用科学机制。”这既是对多年来干部人事制度改革实践的科学总结，也是继续深化改革的方向。近年来，大庆市大力实施干部工作“阳光工程”，在干部工作中推行了程序公开、干部推荐考察公开、重要岗位干部选拔公开和监督公开，提高了选人用人公信度。

一、坚持干部选拔任用程序公开，确保选人用人工作的严密性、公正性

我们把建立和推行严格细致的干部工作流程作为“阳光工程”的重要内容，对《干部任用条例》中的一些原则性规定做了进一步的细化，并将其公布于众。

一是制定并公开了《干部选拔任用工作程序暂行规定》。对民主推荐、考察、酝酿、讨论决定、任职等5个环节、30个流程的具体操作问题作出了明确规定。

二是加大了《干部任用条例》的宣传、贯彻力度。《干部任用条例》颁布实施后，我们通过中心组学习、民主生活会、座谈会、上党课、专题培训、请专家授课、交流研讨等多种形式，强化对条例及干部工作程序的学习。

三是制定了《违反〈干部选拔任用工作程序暂行规定〉行为处理及责任追究办法》。这一办法针对干部选拔任用各个环节、各个流程中可能出现的问题，提出了具体的处理办法，为干部选拔任用工作程序的执行提供了纪律约束。

二、坚持推荐考察公开，确保民意在选拔任用干部中的真实有效

我们将推荐考察工作的一些要求制度化，并公之于众，以公开保证民主的实现。

一是实行会议推荐与署名谈话推荐相结合的推荐制度，确保民意的真实性。我们在严格执行《干部任用条例》规定的会议民主推荐的基础上，又在中层以上干部中采取了署名谈话推荐方式，以利于激发推荐人的责任感，剔除感情因素，从而更好地反映出真实民意。

二是实行了“二八线”、“三八线”制度，确保民意的有效性。即在后备干部推荐考察中民主推荐得票率在20%以下的一般不得确定为后备干部考核人选，民意测验优秀称职率未达到80%的一般不得列入后备干部；在干部任前考察中民主推荐得票率未达到30%的一般不得列为考察对象，民意测验优秀和称职率未超过80%的一般不提出任用建议。

三是以相关配套措施为辅助，确保民意的全面性。我们在推荐测评中，采取“统一发票、分散划票、定点投票”方式，为群众表达真实意愿提供必要空间；在实施考察中，引入民意调查机制，通过在来自基层的“两代表一委员”（党代会代表、人大代表、政协委员）和其他群众代表中进行问卷调查，检验群众满意和认可度；强化对干部生活圈和社交圈的考察，综合形成评价意见。

三、坚持重要岗位干部选拔公开，确保优秀人才脱颖而出

我们把重要岗位人选的公开选拔作为一个

突破点，通过扩大选人用人视野、引入竞争机制提高干部选拔任用工作的质量。

一是实行公选，通过考试选用优秀人才。1995 年，我们从工作需要出发，实行了以“三荐双考”（组织推荐、群众举荐、个人自荐和考试、考核）为主要形式的公开选拔领导干部工作。随后，又对公选工作进行了规范，规定凡是群众关注的热点部门及专业性较强的业务部门出现领导职位空缺比较多的时候，一般要采取公开选拔的形式选任领导干部。截至目前，全市已有 76 人通过公选走上处级领导岗位，有 484 人通过公选走上科级领导岗位。

二是实行公推，通过推荐选用优秀人才。从 2003 年开始，我们围绕“推什么”，确定岗位，将县区党政正职，市委、市政府重要部门正职，以及其他重要岗位确定为公推岗位；围绕“推荐谁”，合理确定推荐的资质条件；围绕“谁推荐”，确定参加人员范围；围绕“怎么推”，确定公推操作程序。几年来，共有 14 名同志通过公推走上了县区党政正职和市委、市政府工作部门正职岗位。

三是实行公推公选，推考结合选用优秀人才。为进一步提高选人质量，我们探索尝试了公推公选制度。具体程序是：在公开缺职岗位任职条件、干部个人自愿报名、由组织部门进行资格审查合格后，组织符合条件的人选对竞职岗位的认识、任职后工作设想等内容公开发表演讲，由评委综合评分。演讲结束后，由市委委员对参加竞职的人员进行公推，按每个人的得票数得出公推分值。演讲和公推的得分加在一起，总成绩排在前 10 名的人选进入竞职答辩环节。竞职答辩的前 3 名进入考核，并提交常委会进行差额票决。

四、坚持干部选拔任用结果向群众公开，确保选人用人质量

我们从扩大干部工作公开入手，不断强化群众监督和组织监督，不断提高干部选拔任用工作的规范化程度。

一是针对基层群众对干部工作知情面不宽的问题，在干部工作的八个方面实行了公开。即领导干部岗位任职资格、缺职岗位向社会公开，民主推荐结果、民意测评结果、领导干部述职报告、经济责任审计结果向所在单位群众公开，考核结果向本人公开，常委会票决时推荐人向常委会公开，较好地落实了群众的知情权。

二是针对个别单位履行干部选拔任用程序不规范的问题，坚持干部任前审查。我们从 1998 年起实行了科级干部任前审查、任后备案制度。各县区、各单位在召开讨论决定干部任免会议前，市委组织部要对干部任免方案中有关干部任免程序、占用职数、选任干部的条件等事项进行审查，然后由党委（党组）决定具体人选。

三是针对群众监督渠道不畅的问题，构建上下贯通、横向联动、齐抓共管的监督举报体系。1998 年，我们率先实行了考察预告制、任前公示制，后来又在市县两级组织部门开通了组织部长电子信箱和“12380”举报专线。为加大查处力度，还与纪检、审计等执纪执法机关建立了联席会议制度。

正确处理干部选拔任用工作中民主与集中的关系

回　建

民主集中制是我们党和国家的根本组织制度和领导制度，也是实现干部工作科学化、民主化、制度化的根本保证。在干部选拔任用工作中，只讲集中不讲民主，就会变成少数人说了算，不符合群众公认的原则；只讲民主不讲集中，就会造成民主的泛滥，不符合党管干部的原则。因此，干部选拔任用工作必须按照科学发展观的要求，认真坚持和落实民主集中制原则，做到科学地选人用人。

一、保证民主集中制落实的具体途径

一是要通过科学的初始提名，保证民主集中制的落实。在干部工作中，每当领导班子职位出现空缺或需要进行干部调整时，一些符合条件的干部难免会有心理波动，或多或少地将心思从工作上转移到个人的升迁上来，这既不利于工作的开展，也不利于干部的选拔。因此，必须实行科学的提名办法，即在领导班子职位出现空缺时，按照党管干部的原则，由党委（党组）或组织人事部门根据职位要求、领导班子结构需要，提出初始提名的范围、条件及所采取的方法步骤，为民主推荐和选拔任用打好基础，同时也可以打消那些暂时不符合职位要求或虽符合要求但不适合这一岗位的干部的“活”思想，使他们能够安心工作，减少不必要的竞争。

二是要通过科学的推荐程序，保证民主集中制的落实。目前干部选拔任用工作中，只是在民主推荐会议前很短时间才通知有关人员参加会议，参与推荐人员的思想准备不太充分，对符合条件人选的德才表现、工作能力等没有太多的了解，只能临时研究干部名册，盲目地推荐；而且，由于对符合条件人选不了解，也使部分人通过各种各样的方式事前向参与推荐人员跑票、拉票成为可能，造成了形式上的民主，实质上的不公平、不民主，容易使那些不事张扬、踏踏实实干事的干部因无票而吃亏。因此，要贯彻民主集中制原则，进一步增强推荐程序的科学性，变形式上的民主为实质上的民主。一方面，要让群众充分了解干部。在日常工作中，要有计划、有重点地将优秀干部取得的成绩通过不同形式大力宣传，让广大干部群众更好地了解干部的情况；在民主推荐前，党委组织部门要采取多种形式，充分介绍确定的初始提名人选的现实表现情况，人选个人也可以采取合法的形式向参与推荐人员公开介绍自己的情况；在民主推荐中，要组织初始提名人选进行陈述，实事求是地介绍自己，宣传自己的施政纲领和竞争优势，接受干部群众的检验和选择。另一方面，要在民主推荐的基础上充分体现集中。在召开民主推荐会议进行推荐的基础上，为充分体现党管干部的原则和民主集中制的原则，可以通过组织党委全委会，进行第二次推荐的方式，有效地体现党委的意图，从而在更大程度上避免个别人跑票、拉票对推荐的影响，更好地保证民主的实现。

三是要通过科学地确定人选，保证民主集中制的落实。民主推荐后，不同层次人员推荐票同样对待，仅仅统计推荐票的数量，并以得票多少为顺序确定人选，这从表面上看是发扬了民主，体现了群众公认的原则，但实际上由于参加推荐人员层次、素质不同，对干部了解、把握的程度不同等方面原因，以及受一些不正常因素的影响，往往会形成简单的以票取人的结果，并不能实现真正的民主。因此，只有把民主和集中统一起来，通过对推荐票设置不同权重，使越是了解情况的那部分人占的权重越大，按照权重统计，既充分依据推荐结果，又能够根据组织掌握的现实表现、能力素质进行综合考虑，对推荐人选进行排名，才能更加充分地体现党管干部的原则和民主与集中相结合的原则，从而在充分尊重民意的基础上，实现党委的意图。

基于以上认识和思考，今年以来，唐山市委在认真贯彻落实《干部选拔任用工作条例》的基础上，坚持党管干部原则，积极研究和探索干部选拔任用工作中扩大民主与科学集中的有效途径，研究制定了《关于"两推一述"确定考察对象的实施方案》、《关于党政领导班子和领导干部民主测评数量线型分析的实施方案》、《关于干部选拔任用差额制实施方案》、《关于讨论决定干部任免投票表决的实施方案》、《关于市管干部任前公示的实施方案》等十项制度、措施，并具体运用到今年县(市)区人大、政府、政协换届工作中，取得了较好效果。

二、基本概念

1."两推一述"：即由第一次民主推荐、第二次民主推荐和个人陈述三个方面组成。第一次民主推荐是指在所在单位组织召开干部大会投票推荐和个别谈话推荐，推荐拟新进班子考察对象初步人选。第二次民主推荐是指召开单位党委扩大会议，从考察对象初步人选中推荐考察对象。个人陈述是指通过第一次民主推荐产生的考察对象初步人选在第二次民主推荐会上推荐前进行口头述职。述职的内容主要包括个人经历，德、能、勤、绩、廉及担任现职以来的主要工作情况，对拟任职位的认识、打算和心态等，述职顺序现场抽签确定，时间不超过 10 分钟。述职人不能旁听他人述职，也不能参加会议投票推荐。第二次投票推荐结束后，考察组按第一次民主推荐和第二次会议投票推荐各占一定的权重，计算出拟新进班子考察对象初步人选的最后得分，根据最后得分研究确定拟新进班子考察对象人选，经县(市、区)委常委会研究、报市委同意后确定拟新进班子考察对象。

2.量化评价办法：对拟新进班子考察对象考察结束后，在研究确定拟新提拔人选时，根据干部考察的综合情况，按照一定的权重比例，以百分制的形式，对干部进行综合评价。具体包括：按照考察对象的基本素质、民意情况、工作业绩等内容，按一定的权重比例实行百分制量化评价。对基本素质的评价主要按基本条件、德、能、勤、廉五项，分别以一定的权重比例进行评价。对民意情况的评价主要包括民主推荐、民主测评、民意调查三项，以一定的权重进行评价。对工作业绩的评价主要包括工作思路、履行职责情况、工作落实情况、工作成效，分别以一定的权重进行评价。

3.数量线型分析：按照《党政领导干部选拔任用工作条例》规定的党政领导干部应当具备的基本条件和党政领导班子建设的要求，制定涵盖德、能、勤、绩、廉等方面的五项民主测评指标。党政领导班子的 13 项指标分别是：学习风气、决策能力、创新能力、依法行政、团结协作、民主集中、公道正派、选人用人、工作业绩、服务意识、群众观念、廉洁自律和机关建设。党政领导干部的 13 项指标分别是：政治素质、理论素养、决策能力、创新能力、业务能力、协调能力、合作精神、表达能力、勤政敬业、工作实绩、廉洁自律、品德作风和公众形象。在领导干部会议上，与会人员对测评对象的 13 项指标作出评价，填写专用机读卡。评价分优(A)、良(B)、中(C)、差(D)四个等次。分值分别设定为，优：90 分，良：75 分，中：60 分，差：45 分。在此基础上，运用光标读卡机和分析软件，读取机读卡上的原始数据并完成数量分析，形成分析结果，生成线型分析图及得票统计表和转化分值表。根据线型分析图，对被测评的班子或个人进行评价、比较，分层次、分类别作出相应的结论。

三、主要做法

(一)扩大干部选任工作中的民主，努力做

到“知人”。扩大干部工作中的民主是做好干部选拔任用工作的基础和保证。着眼于准确识别干部，选准用好干部，防止用人失察失误。我们不断落实群众对干部选拔任用的知情权、参与权、选择权和监督权。一是扩大干部推荐人员范围，体现民主的广泛性。二是适当增加知情人打分权重，提高民主的真实性。三是增加民意调查步骤，拓展民主的渠道。

（二）实施干部选任工作的集中，努力做到“善任”。在扩大干部工作中的民主基础上，我们认真坚持党管干部原则，不断完善和健全党委集体决策机制，由党委掌握干部选拔任用的最终决定权。一是充分发挥全委会委员在推荐考察对象人选中的决策作用。为了体现干部推荐工作中的集体领导和科学集中，我们增加了由县（市）区委委员、候补委员等参加的第二次推荐大会，对经第一次大会推荐和个别谈话推荐确定的拟新进班子考察对象初步人选，在个人述职后，以票决的形式再次进行推荐，决定拟新进班子考察对象的建议人选，实现了把全委会票决党政正职的做法向票决考察对象建议人选的延伸。同时，在对拟任人选的工作业绩进行评价时，按工作思路、履行职责、工作落实情况、工作成效等四个方面分别由干部群众、分管领导、考察组确定档次，特别是发挥主要领导和分管领导了解情况更多的优势，突出主要领导和分管领导的评价，较好地体现了党管干部原则。二是由县（市）区委常委会确定考察对象。在拟新进班子考察对象人选经市委组织部研究并报市委主要领导同意后，县（市）区委召开常委会议。市委考察组向县（市）区委常委会反馈关于拟新进班子考察对象人选的民主推荐情况，只反馈推荐位次，不反馈票数和得分，以利于全面考虑人选的整体素质。在此基础上，县（市）区委常委会根据反馈情况和班子结构要求，进行充分酝酿，确定考察对象人选。三是由市委常委会确定新进班子人选。在组织部门详细介绍拟任用人选的个人情况、拟任岗位和任用理由的基础上，市委常委会进行深入讨论，每位常委会成员对同意、不同意或者缓议明确表达意见，集中大家的意见，形成干部任用决定。对党政正职领导干部人选实行票决制，由全委会成员以无记名投票的方式决定，赞成票超过应到会委员半数后形成任用决议。

（三）科学处理民主与集中的关系，努力做到“知人善任”。为避免只强调民主失去正确指导、只强调集中失去群众基础的问题，我们实施按权重汇总确定民主推荐结果的新举措，采取“三个权重”的办法汇总，统计民主推荐结果，保证干部任免的正确决策。第一个权重是在县（市）区领导干部会议和个别谈话对拟新进班子考察对象初步人选进行推荐时，推荐票均分为A票（由参加会议的在职县级领导干部填写）和B票（由参加会议的其他人员填写），对推荐票进行统计、汇总时，按A票占60%、B票占40%的权重分别计算出领导干部会议和个别谈话推荐的分值。第二个权重是按领导干部会议推荐得分、个别谈话推荐得分各占40%和60%的权重，计算出拟新进班子考察对象初步人选第一次民主推荐的得分，并按分值进行排序，确定拟新进班子考察对象初步人选。第三个权重是按第一次民主推荐和第二次会议投票推荐各占50%的权重，计算出拟新进班子考察对象建议人选的最后得分，按最后得分研究确定拟新进班子考察对象人选，最后，经县（市）区委常委会研究确定拟新进班子考察对象。这种做法，既扩大了民主，考虑了干部的群众基础；又实施了集中，落实了党管干部原则。

四、取得成效

一是进一步树立了正确的用人导向。干部任用工作中，无论扩大民主，还是实施集中，都把德才素质作为干部任用的首要因素。在扩大民主过程中，通过扩大公示范围、增加民意调查程序等措施，使更多的干部群众参与干部选拔任用，在更广的范围了解干部的德才素质；在实施集中过程中，常委会始终把德才素质放在首位，努力把那些政治坚定、能力突出、作风过硬、群众信任、善于领导科学发展的优秀干部选拔到领导岗位上来，体现了良好的组织行为导向。这就促使有志成才的干部不断锤炼自己，把主要精力用到提高修养、提高能力上，而不是去研究"关系学"、"得票学"。

二是有效地防止了"拉票"现象。"三个权重"办法的运用，扩大了领导干部在干部任用中发挥作用的权重。由于领导干部绝大部分思想素质比较高、原则性比较强，一些想拉选票的人增加了"拉票"的担心和顾忌。同时，通过增加推荐次数和扩大群众的参与范围，加大了"拉票"者的"拉票"成本。又由于干部群众参与的范围比原来扩大了，想拉选票的人感到无从下手，增加了"拉票"难度。

三是进一步增强了干部评价的科学性、准确性。在干部选任工作中，通过增加座谈推荐、全委会推荐、民意调查等环节，增加推荐次数和扩大群众的参与范围，对干部的了解更深入、更全面。四是营造了和谐稳定的干部工作环境。干部选任工作采用的科学方法得到了广大干部群众的衷心认同，按照这样的方法精心组织，严密实施，广大干部对干部推荐、考察和任用结果非常信服，在增强了干部工作公信力的同时，也使广大干部保持了良好的心态，稳定了情绪。

（作者：中共河北省唐山市委常委、组织部长）

健全干部考核评价体系应体现科学发展的理念

姚待献

科学发展观是我们党从新世纪新阶段党和国家事业发展全局出发提出的重大战略思想，是推动经济社会发展、加快推进社会主义现代化必须长期坚持的重要指导思想。全面落实科学发展观，关键在于地方党政领导班子和领导干部。中组部《体现科学发展观要求的地方党政领导班子和领导干部综合考核评价试行办法》出台后，各地如何结合自身实际制定具体的考核评价体系，科学准确地考核评价地方领导班子和领导干部，充分发挥干部考核评价的导向作用和监督作用，保证地方党政领导班子和领导干部以科学发展观统领经济社会发展全局，成为当前摆在我们面前的一项重要而紧迫的工作任务。地方建立具体的考核评价体系，必须树立以下四种理念：

1. 树立以人为本的理念。以人为本是科学发展观的本质和核心。所谓以人为本，就是以人民群众为根本，一切为了人民，一切依靠人民，促进人的全面发展，实现好、维护好、发展好最广大人民群众的根本利益。无论是经济发展，还是社会发展，目的都是为了满足人民群众不断增长的物质文化需要。城市规模扩大、高楼大厦林立只是社会发展的部分内容和表面特征，群众生活的改善才是经济社会发展的根本目的和实质内容。在经济发展到一定程度后，要注重考虑人的生活质量的整体改善，在追求更高收入和更加丰富的物质产品的同时，还要追求更好的人文氛围、医疗卫生条件和生活环境，追求精神生活和文化生活的丰富，这是衡量经济社会发展的一个重要标志。以人为本，要求发展的目的不是为少数人的利益，而是为全体人民的需要；不仅要求发展是为了人，而且要求发展必须依靠人，要求通过发展不断提高人的思想道德素质、科学文化素质和健康素质，促进人的全面发展。

在干部考核中坚持以人为本，实际上也是在执政理念上对人民群众主体地位的充分尊重和维护。因为领导干部创造的政绩如何，人民群众看得最清楚，感受最真切，对政绩的评价也最有发言权。虚假政绩、虚假数字骗得了上级，骗不了群众。坚持以人为本，要求领导干部在创造政绩过程中，牢固树立"为人民群众创造政绩"的观念，以对党和人民高度负责的态度，以求真务实的作风和真抓实干的精神去对待工作，以党的事业的兴旺发达、国家的发展繁荣和人民利益的实现作为自己最大的幸福。同时，也要求考核领导班子和领导干部时，要吸收群众的意见，把人民拥护不拥护、赞成不赞成、高兴不高兴、答应不答应作为衡量政绩的最终标准。

2. 树立全面、协调、可持续发展的理念。科学发展观要求发展必须是全面、协调和可持续的。全面发展，是指包括经济发展、社会发展和人的全面发展，包括社会主义的物质文明、政治文明、精神文明的全面发展。协调发展，要求全面发展所包括的各个方面以及各个组成部分在发展中都是相互协调的；不仅是同向发展的，而且发展速度或数量比例关系是相互适应的。可持续发展，是指既满足当代人的需要，又不对后人的发展构成危害，强调发展的连续性、持久性。

对地方领导班子和领导干部的考核，要树立全面、协调和可持续发展的理念，既高度重视经济建设和物质文明的考核，又要重视考核物质文明、政治文明、精神文明、社会和谐的全面、协调、可持续发展。要通过考核引导地方党政领导班子和领导干部从只注重经济增长、单纯追求GDP指标增长的片面发展观念,转到在保持经济增长基础上的注重经济社会和人的全面发展、追求经济社会综合指标的科学发展观念上来;从只注重经济发展速度和规模转到注重全面降低发展成本、减少发展代价的可持续的发展上来。促使领导干部在加快经济发展的同时,不断加强民主政治建设和党的建设,加强公民思想道德教育,丰富人民群众的精神文化生活,提高人民群众的健康素质,维护社会安全与稳定,带领广大干部群众走上科学发展的轨道。

3. 树立统筹兼顾的理念。改革开放初期的发展以打破一潭死水的平均主义为主要方式展开,发展的不平衡产生了动力,增大了总体的物质基础。然而,随着改革开放的深入进行,这种非均衡发展造成的城乡差距、地区差距、部分社会成员收入差距的扩大,引发了社会的一些不和谐因素。针对这些不和谐因素,中央根据科学发展观的要求,提出了"五个统筹",即统筹城乡发展、统筹区域发展、统筹经济社会发展、统筹人与自然和谐发展、统筹国内发展和对外开放。"五个统筹"是总结我国社会主义建设的历史经验特别是针对我国经济社会发展面临的突出矛盾和问题而提出来的重大战略思想,丰富了我们党关于统筹兼顾的思想,是对现代化建设规律认识的深化,是我国社会主义现代化建设的重要指导方针,也是贯彻落实科学发展观的切入点和现实途径。

根据科学发展观和"五个统筹"要求,发展要关注均衡问题,各级领导干部要学会在市场经济条件下协调各方利益,主要采用经济手段、法律手段,又要适度地用好行政手段。对领导班子和领导干部的考核,就要树立统筹兼顾的理念,不仅要看城市发展,还要看农村发展;不仅要看先进地区的发展,还要看落后地区的发展;不仅要看改革和发展,还要看社会稳定;不仅要看领导干部的工作能力,还要看领导干部处理各方面利益关系的本领。同时,更要看领导班子和领导干部是否有大局意识、全局观念,是否努力使本地区本部门的发展有利于国家总体的长远发展。

4. 树立不断创新的理念。创新是一个民族进步的灵魂,是一个国家兴旺发达的不竭动力。历史经验告诉我们,一个民族或国家,要想在日益激烈的国际竞争中求得自身的发展与壮大,必须不断地推进自我创新。改革开放以来,尤其是进入新世纪后,积极推进干部考核评价工作的科学化、民主化和制度化,始终是贯穿党的干部工作的一根红线。《党政领导干部考核工作暂行规定》、《党政领导干部选拔任用工作条例》等文件,都是党中央根据新形势、新任务的要求,不断创新党的干部工作所颁发的纲领性文件。干部考核内容的不断改革和完善往往体现出社会对干部要求的时代特征,也体现出干部工作必须不断适应新形势、新任务的特点。

新形势要求我们有新理念,有新理念才能有新实践。新时期的组织工作在继承和发扬优良传统的同时,必须适应时代发展,敏锐把握时代发展趋势,实现从封闭运行走向开放循环、从被动应付转向灵活适应,在理念、内容、方法和机制等方面做到与时俱进。科学具体的地方领导班子和领导干部考核评价办法,必须在要求、内涵、目的和方法上体现时代要求,并根据形势发展,不断改进、完善。考核评价办法逐步走向科学化的过程,就是打破思维定式、坚持与时俱进的过程,就是不断创新理念、不断发展完善的过程。

(作者:中共河南省郑州市委常委、组织部长)

试行离岗锻炼考察干部的探索

廖晓凌

2005年以来，我们江西省兴国县试行了干部离岗锻炼考察的做法，即让拟提拔的干部离开工作岗位一段时间，到中心工作或重点工作的最前沿进行锻炼，组织上把其离岗锻炼期间的工作业绩和德才表现作为任用干部的一项重要依据。到目前为止，先后有四批干部96人参加离岗专抓新农村建设等锻炼考察。离岗锻炼考察在干部队伍中形成了比能力、比作风、比业绩的良好氛围，取得了促进工作和考察干部的双重效果。

主要做法

民主推荐，组织考察，反复筛选，提高考察对象的群众认可度。县委根据领导干部空缺职位任职的要求，按照拟任职位人数与离岗锻炼考察人数1∶3的比例确定离岗范围，由组织部门组织各乡镇、各部门采取自我推荐、群众推荐、组织推荐的办法，推选出离岗锻炼考察的对象供县委常委会议集体研究确定。离岗锻炼考察对象的工作与原单位脱钩，保留原职务和工资福利待遇，专抓某一中心工作或重点工作。2005年9月份，9名乡镇党委副书记、18名乡镇和部门后备干部作为第一批离岗锻炼考察对象，分别到9个基础条件相近、工作难度较大的地方专抓新农村建设点。11月份，选派了29名乡镇干部离岗专抓烟叶生产。

完善考察内容，打造同场竞技平台，更好地检验考察对象的综合素质。离岗干部在确定离岗之前，其德、能、勤、绩、廉等方面都得到组织和群众一定程度的认可，但其是否胜任更重要职位或更重要工作，还有待于进一步考核检验。让这些同志离岗抓新农村建设，放在同一锻炼考察平台上，能更好地激发他们工作的潜能。后来的事实也表明，这些专抓点为县里建立完善新农村建设长效机制提供了可借鉴的实践经验。

拓展考察的深度与广度，实行全面考察，发挥群众在干部考察工作中的评价作用。在离岗锻炼考察中，我们按照程序同严、标准同一的要求，逐一考察，从源头上保证考察的公正性。在民主测评、征求意见过程中，把组织人事部门、原工作单位党组织和群众、离岗锻炼所驻乡村党组织和群众、工作主管部门党组织等的意见一并综合起来考虑，尽可能对离岗对象有一个全方位、多层次的了解和掌握，并通过离岗对象的工作情况和群众评价意见，重点分析其工作思路、工作投入和工作成效，防止考察出现“重才轻德”或“有德无才”的现象。

科学运用考察结果，量才使用，力求实现适得其位。我们坚持把考察结果当做干部选拔任用的重要依据，按照量才使用的原则，对符合提拔条件的，根据每个干部特长合理安排到与之能力相适应的领导岗位上；对不符合提拔条件的，平职安排回原单位或转岗；对有群众举报、经查实确有问题的，予以免职，并给予相应的党纪政纪处分；对暂提拔不了但有培养后劲的，待进一步锻炼提高后合理任用。

初步成效

在干部选任机制上既防止了少数人选人，又防止了在少数人中选人。离岗锻炼考察制度的创新之处在于，它拓宽了选人用人的视野，被考察对象的增加既可以给党组织选人用人提供余地，又可以形成竞争机制。同时，克服了过去在少数人中选干部的弊端，让更多的人参与到考察中来。

在干部考察内容上既兼顾了能力考察，又兼顾了心智考察。在集中离岗锻炼考察期间，每名干部都融入到你追我赶、不甘落后的紧张竞争气氛中。干部不仅要面对工作中的挫折和困难，还要面对"离岗锻炼考察后不一定能提拔"的现实，也是对心智的一种锻炼和考察。这一举措，让那些作风过硬、能力突出、群众公认的优秀干部在经受住各种考验后脱颖而出，让那些心浮气躁、夸夸其谈、眼高手低、缺乏实干精神的干部过不了关。

在考察结果的运用上既做到了人尽其才，又避免了"带病上岗"。离岗锻炼考察的几批干部，大多数都能做到廉洁守纪、吃苦耐劳、作风优良、扎实肯干且各有所长。有的干部统揽全局，总体谋划工作的能力较强；有的干部在宣传、发动、引导群众，做群众思想工作方面能力较突出；有的干部对农村工作有一定基础，善于结合农村实际开展工作，能迅速打开局面。同时，也发现一些干部缺乏农村基层工作经验，实际操作能力较差。因此，通过让拟提拔的干部去抓某项具体的中心工作，让其直接面对群众，促使其真正把对领导负责和对群众负责统一起来，把廉洁承诺和自律行为一致起来，既做到量才使用、人尽其才，又避免了"带病上岗"现象的发生。

几点启示

坚持干部选任机制的科学性与民主性是提高选人用人水平的基础。以往，因被考察对象分散在各单位、各部门，工作条件各异，部门属性不同，在评判综合素质谁优谁劣上，较难进行比较。离岗锻炼考察给他们提供一个相对集中、比较固定、能展示能力的平台。对于被考察对象来说，这个平台就是一个展开竞赛、充分施展才华的赛场。通过这个平台进行"赛场选马"，在竞争中比较，在比较中选人，增强了选人用人的客观性、科学性、民主性。

坚持干部考察结果的真实性与全面性是提高选人用人水平的根本。在评价干部这一问题上，有时不是重才轻德就是重德轻才，给考察工作造成失真。离岗锻炼考察可以相对较好地解决这个问题。离岗，让评价主体敢于说真话，侧重考察了干部的德；锻炼，在中心工作实践中，检验干部的干事创业能力，重点考察了能。这样，就可以让那些靠得住、有本事、能干事、会共事的干部得到公正的评价。

坚持干部考察方法的原则性与灵活性是提高选人用人水平的关键。离岗锻炼考察在坚持干部选拔任用制度原则性的基础上力求创新，做到既"离岗"又"锻炼"，将考察干部能力与锻炼干部有机地结合起来，将单纯考察变成了考察与锻炼相结合，既利用考察锻炼了干部，又在干部锻炼中考察了干部。

（作者：中共江西省兴国县委书记）

加强社会工作人才队伍建设的意义和途径

黄挺拔

党的十六届六中全会指出，要“建设宏大的社会工作人才队伍”，“造就一支结构合理、素质优良的社会工作人才队伍”。加紧培养大批适应时代发展需要的社会工作人才队伍，不仅是构建社会主义和谐社会的迫切需要，也是新形势下各级党委和政府一项重大而紧迫的任务。

一、从全局和战略的高度认识加强社会工作人才队伍建设的重要性和紧迫性

社会工作事关社会主义和谐社会建设的大局。社会工作是现代文明必不可少的“润滑剂”、“安全阀”，发挥着预防和解决社会问题、维护社会稳定、促进社会和谐与进步的重要作用。从我国社会转型带来的深刻变化来看，随着各种社会问题大量涌现，复杂性、多样性明显增强，解决问题的难度不断加大，对社会福利、社会救助、社区服务等专业化社会工作的需求越来越多，要求越来越高。因而，必须把做好社会工作摆到和谐社会建设更加突出的位置上，不断创新管理方式、拓宽服务范围、提高工作质量和专业化水平。

加强社会工作人才队伍建设是大力实施人才强国战略的必然要求。邓小平指出，人才问题“是个战略问题，是决定我们命运的问题”。大力实施人才强国战略，努力造就数以亿计的高素质劳动者、数以千万计的专门人才和一大批拔尖创新人才，一个重要内容就是高层次专业化社会工作人才队伍建设，这对整个人才队伍建设具有重要的示范和带动作用。培养好一个高层次、专业化社会工作人才，就可以带动一个专业的人才群体；培养造就各类高层次社会工作人才队伍，就可以带动和促进整个人才队伍建设。

建设一支宏大的社会工作人才队伍是构建社会主义和谐社会的当务之急。总的来讲，我国目前在培养社会工作人才方面还刚刚起步，甚至社会工作者这一职业尚未被社会各方面广泛了解。从我国社会工作人才队伍的现状来看，无论是数量还是能力素质与现实需要都存在很大差距。各级党委和政府必须从党和国家建设事业长远发展的战略全局出发，切实把造就一支结构合理、素质优良的社会工作人才队伍作为一项重大任务摆上日程，大力培养使用社会工作人才，切实把各类优秀人才集聚到和谐社会建设中来。

二、加强社会工作人才队伍建设应坚持高起点、树立新观念和构建大格局

始终坚持社会工作人才队伍建设的高起点。在社会人才队伍建设谋划筹划、宏观指导上，必须坚持以邓小平理论和“三个代表”重要思想为指导，牢固树立和落实科学发展观，认真贯彻“四个尊重”的方针，整体推进社会工作人才队伍建设。要把各个环节、各个方面、各个因素统筹起来，通盘考虑，注意抓住重点和急需人才工作，带动和促进整个队伍的壮大与发展。要长远规划、综合安排，根据长远需要与眼前需要、总体目标与阶段要求，对人才队伍怎么建、主要解决什么问题、达到什么目标、有什么要求，都应考虑得很周密、计划得很具体，确保社会工作人才队伍建设的各项工作有序开展、稳步推进。

牢固树立社会工作人才队伍建设的新观

念。要树立社会工作人才队伍是和谐社会建设主力军的观念，把社会工作人才队伍的培养作为一项战略任务来抓，以应对改革开放和社会主义市场经济建设带来的各种挑战，促进和谐社会建设。要树立超前培养的观念，制定社会工作人才培养选拔的目标、任务，各级党委特别是领导干部要舍得在培养社会工作人才上出思路，下力气。要树立以人为本、促进人的全面发展的观念，切实把培养人、关心人、尊重人、理解人统一起来，想方设法为那些想干事、能干事、会干事的人搭梯子、铺路子，使各类人才能够才尽其用。

努力构建社会工作人才队伍建设的大格局。党的十六届六中全会《决定》指出，“维护社会和谐稳定必须创新社会管理体制，整合社会管理资源，提高社会管理水平，健全党委领导、政府负责、社会协同、公众参与的社会管理格局”。要将社会工作人才队伍建设纳入和谐社会建设的总体规划，找准定位，明确思路，努力形成重点推进、协调发展、整体提高的局面，不断加快社会工作人才队伍建设步伐。要坚持党委统一领导，党政齐抓共管，相关部门密切配合、各施所长，把方方面面的积极性、创造性最大限度地调动起来，形成整体合力。

三、加快社会工作人才队伍建设的基本途径和方法

完善教育体系，拓宽育才渠道，努力形成良好的人才培养机制。各级党委要充分利用高等院校和科研机构学科专业齐全、课程体系完善、师资和技术力量雄厚的优势，提高社会工作人才培养的质量和水平。要根据选送院校培训的具体专业、目标和单位的实际需要，切实选送那些综合素质好、有发展后劲和培养前途的人才入读深造。要积极创新培训的方式方法，譬如坚持开放式育才，建立专业化社会工作人才培养协助区，把教育资源用足、用活、用好，逐步使育才模式向基地化、正规化、现代化发展，真正成为社会工作人才成长的摇篮。

立足本职工作，加强岗位锻炼，充分发挥实践对社会工作人才队伍培养的基础作用。实践证明，本职岗位是人才成长最实际、最有效的舞台。要强化在职学习，引导大家深入学习政治、历史、社会、哲学、管理、科技等方面的知识，提高理性、辩证和创新思维能力。要大力开展岗前培训活动，着力提高胜任本职工作的能力素质。要注重实践提高，坚持在干中学、学中干，增长才干，提高能力。特别是对那些有发展潜力的各类人才，要适时进行交叉任职和换岗锻炼，使其在工作实践中实现能力素质的综合提高。

坚持正确导向，凝聚吸引人才，不断强化社会工作人才自我提高的内在动力。要公正用人，坚持德才兼备，坚持五湖四海，注重工作实绩，注重群众公论，真正把那些实绩突出、群众公认的优秀人才选拔出来。要注重发现、培养、宣传在本职岗位上奋发成才的典型，切实让优秀人才成长进步的步伐快起来。反之，对那些工作马虎、能力素质提高不快的，该调整的调整，该诫勉的诫勉。要不断建立健全全方位培养机制，如内容规范、方法科学的考核评估机制，效能强化、配置优化的选人用人机制，氛围良好的引才聚才激励机制，为社会工作人才队伍建设提供有力保证。

采取有效措施，创造必要条件，积极营造有利于人才健康成长和发挥作用的良好环境。要优化政策环境。注意增强政策法规的科学性、系统性、连续性和可操作性，不断健全人才队伍建设的法规制度体系，提供强有力的政策保证。要优化人文环境。广泛开展社会主义荣辱观、社会公德、职业道德等教育活动，大力加强思想道德体系建设，使社会工作人才具有科学的理想信念和良好道德素养。要优化成长环境。主动适应构建和谐社会的新形势、新要求，通过加强宣传、教育、交流、培训、服务等措施，不断激发人才创新创业意识，努力营造重才爱才舆论氛围，积极为人的成才创造条件。

（作者单位：人事部机关党委）

欧洲发达国家创新型人才队伍建设的做法及启示

干武东

功以才成，业由才兴。建设创新型国家，关键在创新型人才。不久前，我们到德国、瑞典等地学习考察，欧洲发达国家的创新型人才队伍建设，给我们留下了深刻的印象，许多做法和措施，值得我们借鉴和思考。

一、欧洲发达国家创新型人才队伍建设的基本做法

（一）实施多样化的人才培养模式。一是构建教育培训体系。欧洲发达国家注重把教育培训作为创新型人才培养的主要环节，通过建立全国统一的学习中心，刺激企业与个人终身学习的需求。二是积极倡导产学研合作。通过国家实施的重大高新技术研发计划、项目资助计划以及政府资助创办的各类高新技术研究中心，将科学研究、产业发展与人才培养相结合，带动相关领域的人才培养。三是实施青年人才计划。如德国通过建立特殊研究领域的青年研究小组、设立“青年教授席位”、建立青年科学院、实施埃米诺特计划和哈森贝格计划等措施，大力培养青年科技人才。四是强化终身教育。英国教育与就业部制定和实施了庞大的“终身学习”计划。瑞典实施“回归教育”制度，同时开展了教育领域的改革，如实施教育休假法、建立成人特别津贴制度、开拓职业资格培训途径等。五是发展科技企业孵化器。通过科技企业孵化器，培育科技创业企业和科技创新人才。

（二）制定有利于吸纳、引进优秀人才的政策。一是实施技术移民和绿卡政策，吸纳国外优秀创新人才。如德国的“绿卡计划”，英国的“高技能移民计划”。二是实施“回归计划”，吸引人才回流。法国为了能留住人才，给予年轻研究人员以足够的研究自主权。德国通过实行灵活的、有竞争力的、与个人绩效挂钩的新型工资制度，创造好的研究环境和机会，吸引人才。三是开放优质教育资源，吸引外国留学生。法国设立“埃菲尔奖学金”，专门用于吸引发展中国家优秀学生赴法国学习。欧盟实施了吸引研究生来欧洲学习和交流的“伊拉斯谟世界”计划。

（三）健全适应市场化、国际化要求的人才流动机制。一是鼓励和支持人才流动。欧洲发达国家对人才流动采取自由、宽松的政策，科研机构和大学绝大多数采取固定人员与流动人员相结合，专职人员与兼职人员相结合的人事管理制度。二是培育发达的人才市场。主要有职业介绍所、人才派遣公司、人才网站、猎头公司、人才咨询服务公司等类型。三是促进人才队伍组成国际化。一流科研机构和研究型大学都采取十分灵活的用人政策，促成其研究队伍的高度国际化。

（四）营造鼓励和支持创新的良好社会氛围。一是社会各方面鼓励和支持创新。欧盟国家由政府出资组建共同的研发基金，北欧国家另外还有一个共同的研发基金，基金可以跨国使用、集中使用。二是在创新研发中引入“经营”理念。他们认为，在研发过程中，一个好的企业经理人往往比科研人员更重要，因为他们更注重科研成果商业化。三是促进科技界和工业界联合。注重提高工业界吸附新技术的能力，鼓励研究生到工业领域去工作，有计划地安排科技人才和咨询专家访问企业，帮助企业解决科技难题。

二、欧洲发达国家创新型人才队伍建设的启示

启示之一:创新人才培育机制,积极开发和提升各类人才的创新能力。一是强化人才继续教育。整合优化各种教育培训资源,建立网络化、开放式、自主性的终身教育体系。着眼世界水准,大力开展新理论、新知识、新技术、新方法的培训。注重培养一线的创新人才。二是推进产、学、研结合。整合社会资源,建立产、学、研互动的科研体系,建设高水平的产、学、研基地,办好网上技术市场。三是建设人才培训基地。依托高校、科研院所加强人才培养合作,在重点行业、大型企业建设一批创新人才继续教育基地。充分发挥国家重点实验室、国家工程技术研究中心等机构的人才培养功能,使其成为卓越的创新型人才教育培训基地。

启示之二:完善人才流动机制,大力引进和集聚高层次创新人才。一是着力加强创新型人才的载体建设。加快建设高新技术企业研发中心、博士后科技创新基地、科技企业孵化器、留学人员创业园区等创新载体建设。二是不断完善吸纳创新型人才的政策体系。充分发挥用人单位的引才主体作用,通过载体引进、团队集体引进、核心人才带动引进、高新技术项目开发引进等多种方式引进创新型人才。三是大力推进人才资源的市场化配置。加强人才市场基础性建设,形成功能齐全、措施配套、服务规范、开放高效的人才市场体系。扩大人才市场配置功能,培育、扶持和发展人才市场中介组织。推进国际人才市场建设,实现国内和国际人才市场的融通。四是积极实施人才国际化战略。构筑国际化人才培养平台,拓宽引智渠道,大力引进海外高层次留学人才,积极引进国外优秀人才。

启示之三:健全激励保障机制,激励各方面人才的创新动力。一是完善创新型人才成长发展的激励制度。建立科学的人才创新评价机制,强化应用导向和业绩导向,健全不同领域、不同类型的人才评价体系。形成人才创新回报机制,完善知识、技术、管理等生产要素参与分配的实现形式。二是强化对创新型人才的公共服务。加快信息化基础设施建设,充分整合现有科技信息资源。加快人才公共信息网络建设,积极推行人才网上在线服务。三是建立高层次人才科研资助制度。重点资助高层次人才特别是领军型人才、海外留学归国人才在重点技术领域的重点研究开发项目、科技成果转化项目,加大对创新型人才申请发明专利的资助力度。

启示之四:营造良好创新氛围,为创新型人才发展提供有力保证。一是建立有利于培养创新型人才的工作体制。深化人才管理体制改革,推进科研院所和高校科技体制改革,增强创新能力。二是健全有利于培养创新型人才的发展环境。大力构建人才服务平台和发展载体,建立人才创业机制,为创新型人才的自主创业提供诸如环境、资金和政策支持。三是形成有利于培养创新型人才的文化氛围。积极营造"敢于创新、推崇创新、尊重创新、激励创新"的文化氛围,鼓励学术争鸣,形成互相切磋、取长补短的学术气氛。

(作者单位:中共浙江省委组织部)

党政领导人才素质测评与选拔机制研究述要

王明杰

领导人才素质测评，是通过一系列有效的手段和方法对领导人才的综合素质及其表现出的工作业绩进行测量和评定的活动，为科学、准确地选拔人才提供了可靠的依据。

一、党政领导人才素质测评与选拔机制研究的意义和价值

随着经济全球化、政治多极化和市场经济的不断深入发展，中国共产党加强自身的执政能力建设显得十分重要和迫切。如何从历史经验和制度建设上寻求加强党的执政能力建设的根本路径，培养造就、选拔大批德才兼备的优秀领导人才，是当前理论界所面临的一个重大而紧迫的研究课题。

从理论上看，加强这一领域的研究，不仅能够丰富和创新中国共产党的建设理论，而且能够进一步加强和完善干部人事制度改革研究，从而不断拓宽和扩展政治学和行政学的研究视野和领域。

从实践上讲，通过深入研究和及时应用，揭示我国党政领导人才素质测评与选拔机制研究的特点、原因及其内在规律，探索党政领导人才素质测评与选拔机制，可以有力地指导我国目前正在进行的深化干部人事制度改革研究乃至整个政治体制改革，为围绕科学发展观统领下的社会主义和谐社会建设和国家治理的重要问题的研究提供部分参考和借鉴。

二、研究的内容概要

(一)研究的主要内容和重点难点

在新的世纪，党政领导人才选拔任用制度改革已经成为我国干部制度改革的重点。该项研究，主要目的是探究建立中国特色的党政领导人才素质测评与选拔机制体系，以“健全制度、创新方法”为核心，以构建党政领导人才素质测评与选拔的“理论体系、方法体系”，以资益于我国选拔党政领导人才工作的科学化、规范化和制度化水平的提升。

1. 现代人才素质测评与选拔概论。主要介绍素质和素质测评的基本情况，选拔性测评是一种以选拔优秀人才为目的的素质测评，人才素质测评是人力资源管理过程中一个重要环节。人才素质测评技术是推动人力资源管理科学化水平的动力。综合运用各种测评技术，为科学地选拔人才提供了可靠的依据。该项研究在介绍人才素质的一般性问题后，对中国党政领导人才的素质进行分析，对国内外人才素质测评研究概况做综述，阐述党政领导人才素质测评的理论和实践意义。

2. 中国党政领导人才素质测评与选拔的历史考察。主要是通过对过去一段时期领导人才素质测评与选拔进行历史考察和理论透析，为研究党政领导人才素质测评与选拔机制提供历史形态的比较与借鉴；勾勒和论析出现人才素质评价及选拔失误以致领导人才素质测评与选拔的实践有失信度和效度保证的原因；比较全面地分析影响领导人才素质测评与选拔的多重复杂的综合因素，从而揭示和解读我国党政领导人才素质测评与选拔机制的一般规律和特殊规律。其中的特殊规律集中体现出“人民性、民族性、时代性、复杂多样性、战略性”等重要特点。党政领导人才素质测评与选拔的性质、内容、类型、层次等与一般人才测评理论相比，除了普遍性之外，还有其特殊性。

3. 中国党政领导人才素质测评与选拔的原理。主要介绍人员测评与选拔的基本原理与基础，包括人员测评的必要性与可能性、学科基础及在实践中的原理，工作分析与胜任特征模型对人员测评与选拔的基础性作用。论述人才素质测评的可靠性——信度和人才素质测评的有效性——效度。

4. 中国党政领导人才素质测评标准、功用、要点、原则。什么是党政领导人才，应该用什么标准来规范与管理党政领导人才，用什么标准来选拔与培养未来的党政领导，这些问题是党政管理研究中的重要问题。该项研究将概述党政领导人才的外延与内涵，论述进行党政领导人才标准内容研究的意义等。

5. 中国党政领导人才素质测评方法。这是该项研究的重点和难点，根据党政领导人才素质测评的理论，结合我国党政领导人才素质测评实际，对党政领导人才素质测评进行全面的量化特征模型设计，包括指标体系的确定、权重系数的分配、测评方法的选择、测评问卷的编制、测评结果的分析与测评工具的使用等六个方面。

6. 中国党政领导人才选拔任用机制的改革与完善。现代党政领导人才素质测评方法是选拔高素质党政领导人才的科学方法。该项研究以党政领导人才选拔的基本环节为主线，从五个方面分析了人才素质测评在党政领导人才选拔中的作用，这些作用的集合，形成了一个观点：人才素质测评在党政领导人才选拔中必不可少。该项研究对运用党政领导人才素质测评的科学方法选拔党政领导人才的理论和技术作了全面、系统的分析和改革路径设计，并对其未来发展动向作进一步的探讨，根据发展趋势及可能出现的情况进行对策分析。

（二）主要观点及研究心得

1. 主要观点：对我国党政领导人才素质测评与选拔机制进行了系统、深入的考察和探析，提出了一些独到的见解或观点，如新的历史时期，各种国内外社会经济环境的变化所要求的党政领导人才素质建设的重点是不一样的；全球化浪潮下党政领导人才素质建设的重点是政治素质、能力素质和心理素质；要加强党的执政能力建设，必须强化新世纪党政领导人才素质测评，以测评来选拔大批德才兼备的优秀党政领导人才；随着国内外社会经济环境的不断变化，我国党政领导人才素质测评与选拔机制将面临前所未有的挑战，党政领导人才素质测评与选拔机制的变革和发展势在必行等。

2. 研究心得：一是研究的领域较新。本研究领域属于人才学、政治学（含行政管理）和党建的交叉领域，目前学术界尚未系统、深入地展开研究，该项研究试图在充分占有大量的资料和已有却较为零散的研究成果基础上，从人才学、政治学和党建等角度对我国党政领导人才素质测评与选拔机制的理论和方法问题作一梳理和探究，以弥补该领域的某些不足。二是根据该项研究的特点，整合多学科的资源，组合多种研究工具，创新政治学研究方法。该项研究涉及到政治学、行政学、党建、人才资源开发等学科领域。

（三）基本思路和方法

对我国党政领导人才素质测评与选拔机制问题的研究，要注重理论和实践的结合、注重历史和现实的结合，用马克思主义的立场和基本观点研究党政领导人才素质测评与选拔机制的系列问题。在具体研究方法上采用唯物辩证法、系统论的方法、比较的方法、文献资料研究法、经验总结法、调查访谈法及追踪研究法等方法。以马克思列宁主义、毛泽东思想、邓小平理论和“三个代表”重要思想为指导，贯彻落实科学发展观，在党政领导人才素质测评与选拔机制问题研究中运用系统方法，探讨党政领导人才素质测评与选拔机制的整体性，从党政领导人才整体出发，探讨党政领导人才素质测评与选拔的主客观因素。文献调研法是指从历史文献或其他手段的记录中搜集党政领导人才资料，发现党政领导人才素质测评与使用规律的方法。文献调研必须坚持尊重历史、尊重科学的原则,不违背历史唯物主义原则。追踪研究方法是依据党政领导人才素质测评与选拔过程,进行正向延伸研究。实际调查法就是面向实际,进行调查、统计,从中得出有关结论,总结出党政领导人才素质测评规律与选拔规律的方法。对党政领导人才素质测评与选拔机制问题进行系统、全面的深层次探讨,力求从广度和深度以及精度上加以分析,以达到最优化论证。

（作者单位:湖南大学）

第十一部分

党风与反腐倡廉建设研究

大力加强领导干部学风建设 努力做到勤奋好学、学以致用

贺国强

前不久，胡锦涛同志在中央纪委七次全会上发表重要讲话。讲话从贯彻落实科学发展观、加强党的执政能力建设和先进性建设的战略高度，深刻阐述了加强领导干部作风建设的极端重要性和紧迫性，强调要全面加强领导干部作风建设，大力倡导勤奋好学、学以致用，心系群众、服务人民，真抓实干、务求实效，艰苦奋斗、勤俭节约，顾全大局、令行禁止，发扬民主、团结共事，秉公用权、廉洁从政，生活正派、情趣健康八个方面的良好风气。学风问题是胡锦涛同志在重要讲话中强调的第一个方面的问题，在党的作风建设中处于基础性地位。树立良好的学风，对于领导干部增长才干、提高素质、做好各项工作，对于进一步加强和改进领导干部作风建设，具有十分重要的意义。

一、学风建设是关系党和国家事业兴衰成败的重大问题

我们党历来重视学风问题。早在延安时期，毛泽东同志就把学风问题与党风问题联系起来进行思考，指出："学风问题是领导机关、全体干部、全体党员的思想方法问题，是我们对待马克思列宁主义的态度问题，是全党同志的工作态度问题。既然是这样，学风问题就是一个非常重要的问题，就是第一个重要的问题。"当前，进一步端正学风，努力把全党的学习提高到一个新水平，把广大干部特别是各级领导干部的思想政治素质提高到一个新水平，具有特殊的重要性和紧迫性。

第一，重视学风建设是马克思主义政党的鲜明特征。我们党是以马克思主义为指导的党。学风问题，说到底就是对待马克思主义的根本态度问题。只有端正学风，才能系统地而不是零碎地、实际地而不是空洞地学习科学理论，真正掌握理论的科学体系、基本原理和精神实质，真正学懂弄通、融会贯通；只有端正学风，才能用马克思主义的立场、观点和方法解决实践中遇到的矛盾和问题，把科学理论转化为为党和人民的事业不懈奋斗的坚定信念，转化为观察和解决问题的科学方法，转化为指导改造客观世界和主观世界的行为准则；只有端正学风，才能用发展的观点对待马克思主义，在坚持中发展，在发展中创新，把马克思主义中国化推向前进，真正做到在思想上不断有新解放、理论上不断有新发展、实践上不断有新创造；只有端正学风，才能使我们党坚持用发展的眼光审视和评估自己，以改革的精神加强和完善自己，不断解决思想作风、工作作风、领导作风、干部生活作风等方面存在的问题，始终保持强大的生机和活力，永葆马克思主义政党的先进性。

第二，重视学风建设是我们党加强自身建设的宝贵经验。我们党一贯重视科学理论的武装和指导，一贯重视加强马克思主义学风建设。延安时期，我们党把整顿学风和文风作为整风运动的重要内容，使全党从主观主义和教条主义的枷锁中解放出来，在毛泽东思想的基础上达到了空前的团结和统一，为抗日战争的最终胜利和新民主主义革命在全国的胜利奠定了重要的思想政治基础。党的十一届三中全会以后，以邓小平同志为核心的第二代中央领导集体，大力弘扬马克思主义学风，重新确立了解放思想、实事求是的思想路线，形成了邓小平理论

并确立了在我们党的指导地位，开辟了中国特色社会主义的新道路。党的十三届四中全会以后，以江泽民同志为核心的第三代中央领导集体，在风云变幻的国际形势下和波澜壮阔的社会主义现代化进程中，进一步坚持和发扬马克思主义学风，创造性地提出了“三个代表”重要思想，开辟了马克思主义发展的新境界，推动改革开放和现代化建设取得了巨大的历史性成就。党的十六大以来，以胡锦涛同志为总书记的党中央，适应新世纪新阶段深刻变化的国内外环境，大力加强学风建设，不断推进马克思主义中国化，提出了科学发展观、构建社会主义和谐社会等重大战略思想，开创了中国特色社会主义事业的新局面。在学风问题上，我们党也有过沉痛的教训。党的历史上几次“左”右倾机会主义、“十年动乱”，给党的事业造成了重大损失。学风不正，主观主义、教条主义、本本主义盛行，是一个重要原因。历史告诉我们，学风正则事业兴，学风不正则事业损，只有重视和加强学风建设，才能保证党的事业顺利发展，才能保证国家长治久安。

第三，加强学风建设是推进党的事业不断发展的客观需要。当前，我国正处在全面建设小康社会的关键时期，国际形势复杂多变，国内改革发展稳定和党的建设的各项任务非常繁重。随着我国经济体制的深刻变革、社会结构的深刻变动、利益格局的深刻调整、思想观念的深刻变化，新情况新问题层出不穷，我们面临的发展机遇前所未有，面对的挑战也前所未有。我们党要跟上时代发展，应对时代挑战，肩负历史使命，提高执政能力，就必须始终不渝地坚持解放思想、实事求是、与时俱进的思想路线，始终不渝地大兴学习之风，始终不渝地用马克思主义中国化的成果武装全党、教育干部和人民，不断研究和解决前进中遇到的各种矛盾和问题，进一步提高贯彻落实科学发展观的能力、驾驭全局的能力、处理利益关系的能力、务实创新的能力。只有这样，才能筑牢全党全国人民团结奋斗的共同思想基础，引导广大人民群众坚持正确的前进方向；才能不断解决面临的各种矛盾和问题，突破发展的瓶颈制约和体制障碍，实现经济社会又好又快地发展；才能战胜前进道路上的各种困难和挑战，使党的事业不断从胜利走向新的胜利。

第四，加强学风建设是建设高素质干部队伍的迫切需要。建设高素质的干部队伍，首先需要广大干部特别是各级领导干部具备一定的马克思主义理论素养和知识水平。这就要求广大干部特别是各级领导干部树立良好的学风，努力做到勤奋好学、学以致用。应当说，当前干部队伍的学风总体上是好的，广大干部勤奋学习、勇于钻研，学习的氛围比较浓厚，运用理论解决实际问题的能力不断提高。但也还存在一些不容忽视的问题，比如，有的同志缺乏学习理论的兴趣和热情，陷于具体事务或不必要的应酬，静不下心来读书学习，甚至在参加专题学习培训时，还让别人代写学习笔记和论文；有的同志认为不学习照样能够干好工作，以干代学，凭经验办事；有的同志学习不刻苦、不钻研，敷衍了事，浅尝辄止，满足于一知半解，讲话照本宣科，空洞无物，官话套话一大堆，或者断章取义、各取所需；有的同志理论与实践脱节，不去用或者不会用科学理论解决面临的实际问题；有的同志把学习当做装点门面，摆样子，做表面文章，甚至言行不一，说一套做一套，更有甚者在参加学习培训期间，一边在进行所谓“学理论”，一边却做着违法乱纪的事，等等。这些问题虽然发生在少数干部身上，但害人害己，误党误国，危害极大。去年以来，地方领导班子换届后，一大批干部特别是年轻干部走上了新的领导岗位。他们大多有较高的科学文化知识水平，工作热情，有朝气，思维比较敏捷，接受新事物快，有开拓进取精神，许多同志在自己的工作岗位上作出了突出成绩，积累了一定的实践经验。但不少同志缺乏对马克思主义理论的系统学习，理论功底不深厚、不扎实。加强学风建设，引导他们树立良好的学风，显得尤为迫切。我们一定要充分认识加强学风建设对于建设高素质干部队伍的重要性和紧迫性，教育和引导广大干部特别是各级领导干部进一步重视学习、刻苦学习、善于学习，不断提高马克思主义理论水平和工作本领，更好地担负起推进科学发展、促进社会和谐的重要使命。

二、坚持不懈地抓好理论武装和各方面知识的学习

发扬马克思主义学风，首要的是加强学习。不学习、不坚持学习、不刻苦学习，势必会落伍，势必难以胜任肩负的职责，甚至难以在我们这个发展变化日新月异的时代立足。各级领导干部都要把学习作为第一位的任务，牢固树立终身学习的思想，自觉养成勤奋好学的习惯，坚持用科学理论武装自己，用人类社会创造的各种知识充实自己，用实践和群众的丰富创造提高自己，努力在建设学习型政党和学习型社会中走在前列。

（一）坚持把理论学习作为首要任务。理论上成熟是政治上成熟的基础和前提。各级领导干部必须把掌握马克思主义理论作为安身立命之本，深入学习马克思列宁主义、毛泽东思想、邓小平理论和“三个代表”重要思想，特别是要把党的十六大以来以胡锦涛同志为总书记的党中央提出的科学发展观等一系列重大战略思想，作为理论学习的重要内容，真正做到学懂弄通，掌握精神实质。要深刻认识这些重大战略思想的时代背景和指导意义，进一步明确贯彻落实这些重大战略思想是新世纪新阶段推动我国经济社会发展的必然要求；要深刻认识这些重大战略思想的科学内涵和精神实质，全面把握这些重大战略思想在推动科学发展、促进社会和谐等方面提出的一系列新观点、新论断；要深刻认识这些重大战略思想之间的内在联系和有机统一，全面把握贯穿其中的马克思主义立场、观点、方法；要深刻认识和全面把握这些重大战略思想与邓小平理论和“三个代表”重要思想既一脉相承又与时俱进的关系，进一步明确在当前认真学习和全面贯彻这些重大战略思想，就是真正坚持马克思列宁主义、毛泽东思想、邓小平理论和“三个代表”重要思想。

在加强理论学习的同时，还要结合自身工作岗位的需要，不断加强相关专业知识和政策的学习。中央对加强干部的学习高度重视，近年来，先后组织有关专家学者，编写全国干部学习培训教材，江泽民、胡锦涛同志分别为第一、第二批学习培训教材作了序。这些教材，涉及政治、经济、法律、文学、艺术、历史、科技等各个领域。各级领导干部都应当认真学习和使用好这些教材，不断加快知识更新，优化知识结构，提高科学文化素养，努力成为胜任本职工作的行家里手。

（二）坚持向改革开放和现代化建设的实践学习。古人说，“读万卷书，行万里路”。这就是说，除了要向书本学习，还要向实践学习。实践的观点是马克思主义认识论第一的和基本的观点。实践是最生动的课堂，蕴含着最丰富的知识，只有坚持向实践学习，才能深化认识、获得真知，才能增强本领、提高素质，才能运筹帷幄、推动工作。各级领导干部一定要牢固树立实践第一的观点，通过在改革开放和现代化建设的大课堂中学习来提高自己。要深入了解我国社会主义初级阶段的基本国情，把握当前我国经济社会发展的一系列阶段性特征，熟悉本地区、本部门经济社会发展的历史、现状，明确下一步发展的目标要求，不断深化对党中央提出的一系列重大战略思想和政策措施的认识。要深入实际调查研究，及时总结本地区、本部门在改革发展中创造的新鲜经验和成功做法，及时总结工作中出现的失误和教训，不断深化对经济社会发展规律的认识。要积极投身改革开放和现代化建设的实践，在实践的风浪和考验中砥砺品格，在创造性地贯彻执行党的路线方针政策中深化认识，在破解影响工作的重点难点问题中增强能力，努力使自己的综合素质在实践中不断得到提高。

（三）坚持向人民群众学习。毛泽东同志指

出："群众是真正的英雄，而我们自己则往往是幼稚可笑的。"人民群众是认识和实践的主体，是智慧的海洋，他们在创造物质财富的同时，也在创造精神财富。只有不断从广大群众中汲取智慧，才能不断丰富自己、提高自己。各级领导干部一定要牢固树立马克思主义的群众观点，端正对群众的态度，甘当群众的小学生，虚心向群众学习，老老实实地向群众学习。要不断增进与群众的感情，眼睛向下，真心实意地听取群众意见，了解群众愿望、情绪和呼声，真正做到想群众之所想、急群众之所急，努力在为人民群众服务中学习他们的优良品质。要尊重群众的首创精神，及时发现群众创造的新鲜经验，集中群众的智慧，并善于加以总结、提炼和概括，形成正确的工作思路和工作方法，用以更好地推动工作。

三、努力在学以致用、用有所成上狠下功夫

学习的目的全在于运用。弘扬理论联系实际的马克思主义学风，关键在于学以致用。各级领导干部要紧密结合自己的工作实际和思想实际，着眼于解决改革发展稳定中的重点难点问题，着眼于增强党性修养、提高精神境界，着眼于在实践中进一步丰富和发展理论，不断提高运用理论解决实际问题的能力，努力成为学以致用、用有所成的表率。

第一，坚持用党中央提出的一系列重大战略思想指导实践，努力在推动工作上有新进展。党中央提出的科学发展观等重大战略思想，是在改革开放和现代化建设的实践中产生的，是最富于实践品格的科学理论。学习贯彻这些重大战略思想，关键是要用以指导实践，使之贯穿于经济、政治、文化、社会建设和党的建设的各项工作之中，转化为谋划工作的思路、促进工作的措施、领导工作的本领，特别是要转化为全面建设小康社会、构建社会主义和谐社会的能力，转化为推动党的执政能力建设和先进性建设的能力，促进"十一五"时期经济社会发展各项目标任务的落实。比如，要按照科学发展观的要求，坚持以经济建设为中心，深化改革开放，继续加强和改善宏观调控，加快调整经济结构、转变经济增长方式，切实解决好制约科学发展的突出矛盾和问题，推动经济社会又好又快发展。比如，要抓住影响经济社会发展和社会和谐的突出矛盾与问题，抓住就业、社会保障、教育、医疗、住房等群众最关心、最直接、最现实的利益问题，采取更加有力的举措，努力把中央提出的关注民生的各项政策措施落到实处，加快推进社会主义和谐社会建设。比如，要按照"生产发展、生活宽裕、乡风文明、村容整洁、管理民主"的要求，以加快发展现代农业为重点，稳定发展粮食生产，切实提高农业综合生产能力，多渠道增加农民收入，大力加强基础设施建设，扎实推进社会主义新农村建设。比如，要按照"自主创新、重点跨越、支撑发展、引领未来"的要求，努力提高原始创新、集成创新和引进消化吸收再创新的能力，建设宏大的科技创新人才队伍，形成有利于自主创新的体制机制，不断推动创新型国家建设，进一步增强我国的竞争优势。比如，要按照加强党的执政能力建设和先进性建设的要求，巩固和发展先进性教育活动成果，认真抓好保持共产党员先进性的经常性工作，精心组织好地方领导班子换届选举工作，特别是抓好换届后的领导班子思想政治建设，大力推进党风廉政建设和反腐败斗争，不断推动党的思想、组织、作风、制度建设迈上新台阶，等等。总之，我们要把理论联系实际的要求落实到中国特色社会主义伟大事业和党的建设新的伟大工程的各项工作中，努力通过学习贯彻党中央提出的一系列重大战略思想，不断开创工作新局面。

第二，坚持用科学理论改造主观世界，努力在党性修养上有新提高。古人常讲，"学以立志"、"学以养德"。学习运用科学理论，既要在改造客观世界上下功夫，也要在改造主观世界上下功夫。各级领导干部要以科学理论为指导，自觉加强主观世界的改造，切实转变作风，

努力做到为民、务实、清廉。要使学习的过程成为进一步坚定理想信念的过程，澄清在一些重大问题上的模糊认识，进一步坚定共产主义理想和中国特色社会主义信念，牢固树立马克思主义的世界观、人生观、价值观和正确的权力观、地位观、利益观。要使学习的过程成为强化宗旨意识的过程，坚持权为民所用、情为民所系、利为民所谋，牢固树立立党为公、执政为民的理念，努力成为心系群众、服务人民的模范。要使学习的过程成为养成优良道德品质的过程，自觉践行社会主义荣辱观，加强思想道德和品行修养，讲操守，重品行，树正气，始终保持健康的生活情趣和高尚的精神追求，坚决抵制拜金主义、享乐主义和极端个人主义等消极思想的侵蚀，时刻警惕权力、金钱、美色的诱惑，保持艰苦奋斗、勤俭节约的革命本色，树立秉公用权、廉洁从政的良好形象。

第三，坚持在实践中不断深化认识，努力在丰富和发展理论上有新成果。理论指导实践，实践丰富理论。科学理论之所以具有强大的生命力和指导意义，就在于它植根于实践并在实践中不断发展。马克思主义理论的每一次重大突破，社会主义实践的每一次历史性飞跃，都是马克思主义基本原理与具体实践相结合进行理论创新的结果。随着国际国内环境的新变化，随着全面建设小康社会、构建社会主义和谐社会的深入推进，我们必然会遇到这样那样的新情况、新问题，必然会面临这样那样的新矛盾、新挑战。这就要求我们必须始终坚持解放思想、实事求是、与时俱进，自觉地把思想认识从那些不合时宜的观念、做法和体制的束缚中解放出来，从对马克思主义的错误的和教条式的理解中解放出来，从主观主义和形而上学的桎梏中解放出来，不断进行新的实践和新的探索，不断总结新的创造和新的经验，不断深化对共产党执政规律、社会主义建设规律和人类社会发展规律的认识，努力在研究和解决重大理论和现实问题上寻求新突破，获得新认识，形成新成果。

四、充分发挥干部教育培训基地在弘扬马克思主义学风中的积极作用

学风建设直接关系干部教育培训的质量，干部教育培训基地肩负着培训干部的光荣使命，在学风建设上承担着重要职责。胡锦涛同志对干部教育培训基地建设和发展的重要指示，曾庆红同志提出的办学要求，都贯穿着理论联系实际的马克思主义学风。中国浦东、井冈山、延安三所干部学院及其他干部教育培训基地一定要把中央关于学风建设的要求作为学院建设和发展的重要方针，推动学院各项工作取得新的成效。

第一，把学风建设的要求贯穿于教学、科研、管理工作的全过程。在教学工作中，要紧紧围绕全面落实科学发展观、推进社会主义现代化建设的实际，把马克思主义中国化的最新成果作为中心内容，使之更有特色地进课堂、更加生动地进教材、更有针对性地武装学员头脑。在科研工作中，要紧密结合经济社会发展和党的建设的重大理论和现实问题，深入总结党在不同历史时期加强学风建设的经验，努力形成一批有价值的科研成果。在管理工作中，要认真总结学风建设的新鲜经验和好的做法，逐步建立健全科学合理的规章制度，形成一整套促进学风建设的考核办法，努力用完善的制度促进良好学风的形成。

第二，按照马克思主义学风的要求不断推进干部教育培训工作创新。要坚持把干部教育培训的需要与学院的功能定位统一起来，进一步发挥自身优势，努力走出一条既继承和弘扬干部教育培训工作优良传统、又体现时代精神，既反映干部教育培训一般规律、又具有自身特色，能够满足广大干部学习需求的新路子。要坚持把资源优势与教学需求统一起来，使资源优势真正转化为教学优势，切实在班次设置、课程建设、培训内容、教材体系等方面有所创新。要坚持把教学内容与教学方式统一起来，在课堂讲授的基础上，进一步在现场体验中升华思

想，在互动研讨中深化认识，在社会实践中提高能力，使教学方式优势互补、环环相扣、层层深入。

第三，学院领导班子和教学科研人员要做学风建设的模范。要把学风建设作为院风建设的重要内容，充分发挥领导班子的带头作用，努力把握新形势下的办学特点和规律，切实加强管理，严肃办学纪律，在学院形成认真学习、深入研讨、积极探索、求真务实的良好风气。广大教学科研人员要在学习和工作中不断提高素质，增强教学科研能力，不断提高学术道德修养，严谨治学，以德施教，学为人师，行为世范，以高尚的情操、丰富的学识和人格的力量影响教育学员。

今年是全面落实科学发展观、加快构建社会主义和谐社会的重要一年，是党的十七大召开之年。我们要紧密团结在以胡锦涛同志为总书记的党中央周围，大力弘扬马克思主义学风，努力加强学习、提高本领，扎实做好改革发展稳定的各项工作，以优异的成绩迎接党的十七大胜利召开！

（此文是贺国强同志担任中央组织部长时在中国浦东、井冈山、延安三所干部学院春季开学典礼上的讲话，《求是》发表时作了删节）

领导干部要带头树立八个方面的良好风气

习近平

胡锦涛同志在中央纪委第七次全体会议上的重要讲话，站在时代的高度，全面阐述了加强领导干部作风建设的极端重要性和紧迫性，深刻分析了当前领导干部作风方面存在的突出问题，明确提出了加强领导干部作风建设的总体要求和具体任务，大力倡导八个方面的良好风气。这八个方面良好风气的要求，既是衡量领导干部思想境界、道德修养的重要标尺，又是新形势下加强领导干部作风建设的基本内容和努力方向。

领导干部的作风，历来是社会行为规范的风向标。俗话说，风成于上，俗形于下；桃李不言，下自成蹊。抓党风、促政风、带民风，首先必须加强领导干部的作风建设。正所谓“上有所好，下必甚焉”；“子帅以正，孰敢不正”。作风是无形的，但又是可以感受得到的；作风是没有重量的，但力量又是无穷的。领导干部的一言一行、一举一动，无形中在营造一种风气，提倡一种追求，引导一种方向，对党风政风民风的形成、对大众生活情趣的培养，客观上具有一种示范作用。各级领导干部要切实从理念、德行、用权和自律等方面严格要求自己，以身作则、率先垂范，一级做给一级看，一级带着一级干，争做树立八个方面良好风气的带头人。

树立八个方面良好风气，要树立正确的理念，牢记根本宗旨

我们党是为人民谋利益的党，党员领导干部是人民的公仆，人民是社会的主人。这种理念必须坚持，这种关系不能颠倒。《共产党宣言》开宗明义：“过去的一切运动都是少数人的或者为少数人谋利益的运动。无产阶级的运动是绝大多数人的、为绝大多数人谋利益的独立的运动。”邓小平明确指出，中国共产党员的含意或任务，如果用概括的语言来说，就只有两句话：一句是全心全意为人民服务，另一句是一切以人民利益作为每一个党员的最高准绳。上世纪 80 年代初期，他进一步指出：“当前，也还有一些干部，不把自己看作是人民的公仆，而把自己看作是人民的主人，搞特权，特殊化，引起群众的强烈不满，损害党的威信，如不坚决改正，势必使我们的干部队伍发生腐化。”是否牢记主仆关系、践行执政宗旨，是否心系群众、服务人民，是否恪守为民之责、履行为民之职，始终是我们党加强作风建设的关键内容，是衡量一个领导干部作风是否端正的试金石。如果不把人民群众当主人，不愿躬身做公仆，那就不配做一名领导干部，也做不好领导干部。

目前在一些领导干部身上，确实存在着思想作风不正和工作上的官僚主义、形式主义等问题。针对这些问题，我们必须重申党的群众路线和群众观点，必须大力弘扬密切联系群众的作风和求真务实的精神。马克思主义政党学说的一个根本问题，就是党同人民群众的关系问题。领导就是服务，领导干部就是为人民服务的，就是做群众工作的。我们的各级领导干部要践行“三个代表”重要思想，全面落实科学发展观，真正树立以人为本的科学理念，站在群众的立场上立身、处世、从政，站在群众的角度想问题、提思路、做工作，真正把智慧奉献于人民、力量根植于人民、情感融合于人民，把改善民生、发展民生、保障民生放在一切工作的首位，多为群众办实事、做好事、解难事，多为群众出主意、想办法、谋利益。就像当年毛泽东主席

在土地革命时期讲过的那样，要关心群众的痛痒，真心实意地为群众谋利益，解决群众盐的问题，米的问题，房子的问题，衣的问题，生小孩子的问题，解决群众的一切问题。

树立八个方面良好风气，要落实到德行上，在实践中修身养性

古人讲的"修其心治其身，而后可以为政于天下"，"百行以德为首"等，指的都是做人与做官、修身和立德的道理。做官先做人，做人先立德；德乃官之本，为官先修德。古往今来，为官者"不患无位，而患德之不修也"；"不患位之不尊，而患德之不崇"。在历史的长河中，那些帝国的崩溃、王朝的覆灭、执政党的下台，无不与其当政者不立德、不修德、不践德有关，无不与其当权者作风不正、腐败盛行、丧失人心相关联。如果我们的领导干部不注重道德修养，不注重作风建设，就会"上梁不正下梁歪，中梁不正倒下来"，导致人心涣散、道德沦丧、政权丧失。

领导干部要正确对待做人与做官的问题。一方面，领导干部也是人民群众中的一员。要学做人，做好人，注意自己的言行举止，珍惜自己的人格魅力，洁身自好，自尊自爱，做一个品德高尚的人，做一个顶天立地的人。另一方面，我们的领导干部又是一个公众人物，其一言一行对社会具有很强的导向作用。要清醒地认识到这一点，时刻以"君子检身，常若有过"的诚实态度，经常反躬自省，在实践中修身养性。一要养党性，二要养官德，前者是根本，后者是表现，党性强则官德正，党性弱则官德降，有什么样的党性就有什么样的党风，就有什么样的官德。要加强党性锻炼，自觉遵守党章规定，始终坚持社会主义核心价值体系，努力践行社会主义荣辱观，常修为政之德，常思贪欲之害，常怀律己之心，在实践中把学习与改造统一起来，把立言与立行统一起来，把做人与做官统一起来，真正做到为民、务实、清廉，把做人的过程看做是完善人格、夯实从政基础的过程，把做官的过程看做是践行为民宗旨、加强党性修养的过程，就像毛泽东主席60多年前号召共产党员的那样，把自己培养成"一个高尚的人，一个纯粹的人，一个有道德的人，一个脱离了低级趣味的人，一个有益于人民的人"。

树立八个方面良好风气，要落实到用权上，正确行使手中的权力

早在上世纪60年代，邓小平就语重心长地告诫全党："我们拿到这个权以后，就要谨慎。不要以为有了权就好办事，有了权就可以为所欲为，那样就非弄坏事情不可。"这些年的事实一再警醒我们，只有正确认识权力，才能正确行使权力。各级领导干部应该经常想一想，自己手中的权力是什么，权力是从哪里来的、应该为谁所用等重要问题，牢固树立正确的权力观。要充分认识到，权力是神圣的。胡锦涛同志强调指出，各级领导干部手中的权力，是党和人民赋予的，只能用来为人民谋利益，而不能用来为自己或小集团谋私利。我们应该始终把正确行使党和人民赋予的权力，看做是一种责任、一种义务，对权力怀有敬畏之心。权力也是危险的。可以说权力是柄"双刃剑"，正确行使权力，掌权为公、用权为民，则群众喜、个人荣、事业兴；错误行使权力，甚至滥用权力，掌权为己、用权于私，则群众怨、声名败、事业损，甚至为"剑"所伤、被"剑"所斩。权力也是需要监督的。没有监督的权力必然导致腐败，这是一条铁律。从近年来查处的一些案件中可以看出，许多大案要案的发生，根子都涉及权力缺乏有效监督的问题，特别是在事权、财权、人事权等容易发生以权谋私问题的方面，更要加强有效的监督。

秉公用权、廉洁从政，历来是对领导干部的基本要求。我们的领导干部务必如履薄冰、如临深渊，始终遵守法纪，自觉接受监督，慎用权，善用权，用好权。要树立权力就是服务的意识，自觉做到用权为公而不为私，施权于民而不利己，决不能把权力变成谋私的工具，确保权力来

自于人民又服务于人民。要牢记权力就是责任的理念，用权要接受监督，确保权力行使不偏离正确方向。要遵守权力使用的纪律规定，严格执行民主集中制，讨论问题讲民主，决策问题讲程序，执行决议讲纪律。

树立八个方面良好风气，要落实到自律上，经受住各种诱惑和考验

作为一名党员领导干部，不仅要按照党纪国法高标准要求自己，明确政治方向，坚持政治原则，遵守政治纪律，提高政治敏锐性和政治鉴别力，做到在大是大非面前能够把握住自己，而且也要在日常小事和生活细节上守住底线，防微杜渐，严于律己，抗拒诱惑。惟有如此，才能永葆"大道"不偏离、"小节"不丧失。这些年我们查处的一些违纪违法案件，有的领导干部之所以锒铛入狱，一个很重要的原因就是自律意识不强，经不起金钱、权力、美色等各种诱惑和考验。现在有的地方社会风气不正，领导干部手中有权，往往成为一些别有用心的人拉拢腐蚀的对象。因此，为人处事更要谨慎细致，凡事多问一个为什么，切实做到慎独、慎欲、慎微、慎交友。

一要慎独。慎独，是一种高境界。中国传统文化要求"君子戒慎乎其所不睹，恐惧乎其所不闻"。刘少奇在《论共产党员的修养》中，将慎独作为领导干部党性修养的有效形式和最高境界加以提倡："即使在他个人独立工作、无人监督、有做各种坏事的可能的时候，他能够'慎独'，不做任何坏事。"党员干部不仅在公开场合、集体活动和有人监督的时候，要严格要求自己；而且在远离组织、其他场合和无人监督的时候，也要台上台下一个样，人前人后一个样，工作时间和业余时间一个样，不放纵、不越轨，不做见不得人的事。

二要慎欲。弱水三千，取饮一瓢；广厦千间，夜卧六尺；良田万顷，日食三餐。古人云，"祸莫大于不知足，咎莫大于欲得"；"珠莹则尘埃不能附，性明而情欲不能染"。领导干部的人生情趣、生活欲望，不仅是闲情逸致，更是一种文化品格；不仅是怡情养性，更是一种道德建树；不仅是个人情怀，更是一种政治风采，自然有高下文野之分。要谨防个人情趣成为人生的陷阱。注重培养健康的生活情趣，保持高尚的精神追求，正确选择个人爱好，明辨是非、克己慎行，敦方正直、清廉洁白，淡泊名利、宁静致远，始终坚守"良将不怯死以苟免，烈士不毁节以求生"的操守，始终保持"财贿不以动其心，爵禄不以移其志"的品行，千万不要为欲所困、为欲所左右，最终为欲所害。

三要慎微。千里之堤，溃于蚁穴。领导干部走上违法犯罪道路，决不是一天两天的事，有的党员干部从最初的吃一点、喝一点、玩一点、拿一点开始，慢慢放松约束，滋长放任心理，在"温水"中越陷越深，难以自拔。正是这种"小节无害"的思想，使他们到头来小节没守住，大节也难保，滑向罪恶深渊。"不虑于微，始成大患；不防于小，终亏大德"。领导干部第一次面对钱权诱惑，不论大小多少，一定要持定守节，把住底线，正所谓"君子慎始而无后忧"。

四要慎交友。交朋友，要择善而交，多交一些益友、净友，而不是酒肉朋友。就像胡锦涛同志强调的那样，"多同普通群众交朋友，多同基层干部交朋友，多同先进模范交朋友，多同专家学者交朋友"。许多领导干部堕落腐败，往往是交友不慎，特别是"傍大款"，在不慎交往中耳濡目染、逐步变质的。特别是在经济工作中，我们要注意分寸，慎同餐、慎同行、慎同事，做到"君子之交淡如水"。领导干部要学会拒绝，学会包公的"黑脸"，不被人情和面子所累，真正做到"心不动于微利之诱，目不眩于五色之惑"，始终保持共产党人的政治本色。

（此文是习近平同志担任中共上海市委书记时所写）

深入推进治理商业贿赂专项工作

何　勇

党的十七大高举中国特色社会主义伟大旗帜，以马克思列宁主义、毛泽东思想、邓小平理论和"三个代表"重要思想为指导，深入贯彻落实科学发展观，科学回答了党在改革发展关键阶段举什么旗、走什么路、以什么样的精神状态、朝着什么样的发展目标继续前进等重大问题，对继续推进改革开放和社会主义现代化建设、实现全面建设小康社会的宏伟目标作出了全面部署，对以改革创新精神全面推进党的建设新的伟大工程提出了明确要求。当前，全党全国正在认真学习贯彻党的十七大精神，按照会议的部署狠抓各项工作的落实。开展治理商业贿赂专项工作是党中央、国务院作出的一项重大决策。我们要按照中央的要求，进一步统一思想认识，明确工作思路，采取更加有力的措施，深入推进治理商业贿赂专项工作，推动经济社会又好又快发展。

治理商业贿赂工作发展态势良好，取得了重要的阶段性成果

我们党和政府历来高度重视打击各种经济违法犯罪活动，将其作为保证社会主义现代化建设顺利进行的一项长期的、经常的工作。近年来，商业贿赂在一些领域、行业较为严重，成为经济社会生活中的一大公害，人民群众反映强烈。党中央、国务院高度重视治理商业贿赂工作。2005 年 7 月 27 日，胡锦涛总书记作出重要批示，深刻指出了商业贿赂的危害性，提出了解决商业贿赂问题的指导方针和总体要求，要求中央纪委牵头组织治理商业贿赂工作。同年 12 月，中共中央政治局常委会议研究了治理商业贿赂工作。2006 年 1 月，胡锦涛总书记在中央纪委第六次全会上发表重要讲话，强调治理商业贿赂是党风廉政建设和反腐败斗争的一项重点工作，要坚决纠正不正当交易行为，依法查处商业贿赂案件。2006 年 2 月，温家宝总理在国务院第四次廉政工作会议上，要求各地区各部门把治理商业贿赂作为政府机关反腐倡廉的重中之重，采取得力措施，切实抓出成效。2006 年 2 月 8 日，中共中央办公厅、国务院办公厅印发了《关于开展治理商业贿赂专项工作的意见》，对治理商业贿赂作出了总体部署。2007 年初，胡锦涛总书记在中央纪委第七次全会上的重要讲话中，再次强调深入推进治理商业贿赂工作。温家宝总理在国务院第五次廉政工作会议上，也就进一步开展治理商业贿赂专项工作提出了明确要求。为加强对这项工作的领导，中央成立了由中央纪委牵头、中央国家机关 22 个部门为成员单位的治理商业贿赂领导小组，并在中央纪委、监察部设立了负责日常工作的办公室。

中央治理商业贿赂领导小组多次召开会议，研究重大问题，明确有关政策，会同中央宣传部、最高人民法院、最高人民检察院、公安部、财政部和工商总局等部门陆续制定下发了一系列文件，对专项治理及时实施工作指导；与行业主管（监管）部门、执纪执法部门和司法机关建立了沟通联系的工作机制，加强组织协调和督促检查，促进了各项工作的落实。两年多来，各地区各部门按照中央确定的治理商业贿赂的总体要求、基本原则和方法步骤，突出工程建设、土地出让、产权交易、医药购销、政府采购、资源开发和经销六个重点领域，以及银行信贷、证券期货、商业保险、出版发行、体育、电力、质检、环

保九个重点方面，扎实有序地开展治理商业贿赂专项工作，取得了重要的阶段性成果。

通过开展自查自纠，全社会普遍受到了反商业贿赂教育。各地区各部门围绕重点领域、重点人员和关键部位，坚持经营者自查与行业管理者自查相结合，认真查找经营活动中违反商业道德和市场规则、影响公平竞争的不正当交易行为，以及监督管理等方面存在的问题。全国有260多万个企业事业单位开展了自查工作，49个行业主管（监管）部门及其系统也进行了自查自纠。通过自查自纠，收缴不当所得近12亿元，一方面扭转了一些错误观念和看法，使人们认识到商业贿赂不是交易活动中的“润滑剂”，更不是经济增长的“助推剂”，而是影响经济社会健康发展的腐蚀剂，必须认真加以治理；另一方面增强了党员干部的法治理念和服务意识、责任意识，广大经营者依法合规经营的观念逐步树立，靠送礼行贿获得交易机会和商业利益的“潜规则”在一些地方和行业正在得到纠正。

通过加大惩治力度，商业贿赂滋生蔓延的势头得到初步遏制。各地区各部门始终把查办案件作为推进专项治理工作和取信于民的重要环节，加强组织领导，加大工作力度，保持了打击商业贿赂违法犯罪活动的强劲势头。各级司法机关、行政执法部门认真履行法律赋予的职责，依法查处了一批性质恶劣、情节严重、影响面大的商业贿赂案件，严惩了一批违法犯罪分子。据统计，2005年8月至2007年8月，全国共查结商业贿赂案件31119件、涉案金额70.79亿元，其中涉及公务员的案件6971件、涉案金额17.13亿元。商业贿赂案件的坚决查办产生了明显的震慑作用，一些领域如医药购销中的商业贿赂发案率大幅度下降，一些人民群众反映强烈、社会普遍关注的热点问题开始得到解决。

通过改革和制度创新，防治商业贿赂长效机制建设取得了积极进展。各地区各部门坚持用发展的思路和改革的办法，积极探索从源头上防治商业贿赂的有效途径。把治理商业贿赂的要求寓于各项改革措施之中，加快推进行政审批制度、财政管理体制、投资管理体制和产权交易、土地出让、物资采购及建设工程招标投标等方面的改革。与防治商业贿赂相关的法律法规逐步完善。十届全国人大常委会第二十二次、第二十九次会议分别审议通过了刑法修正案和反垄断法，国务院有关部门共制定修改相关规范性文件近400件，各省（区、市）也结合实际制定了一批防治商业贿赂的地方性法规和规章。企业内控机制建设取得进展。许多企业加强对投资、融资、担保、物资采购等重要事项的管理和监控，一些国有大中型企业严把设备引进、工程招标投标和大额资金流向关，建立完善了基本建设、清收账款等方面的规章制度。

通过加强理论政策研究，对商业贿赂的认识逐步深化。各地区各部门在开展治理商业贿赂工作中，注意探索和把握规律，加强理论研究和概括，从经济、社会、文化等诸多方面对商业贿赂现象进行综合分析，加深了对这一问题的认识。一是在商业贿赂的本质上，既看到它是一种采用给予、收受财物或者其他利益等手段，提供、获取交易机会或者其他经济利益的不正当竞争行为，也看到它与有些国家机关及其工作人员滥用职权、贪赃枉法相关，不仅发生在经营者的交易活动中，而且发生在行政审批、行政执法和司法活动中。其主体十分广泛，既包括各类公司、企业和其他单位及其从业人员，也包括国家机关、事业单位、人民团体及其工作人员。二是在商业贿赂滋生蔓延的原因上，既看到它与我国市场经济体制不完善、市场规则不健全、市场监管不得力，政府行为、企业行为、市场行为没有得到有效规范有关；也看到这种丑恶现象有其历史的、文化的根源，在世界各国都不同程度地存在，绝不是发展社会主义市场经济的必然产物。三是在商业贿赂的危害性上，既看到它破坏市场秩序和交易规则，妨碍了市场配置资源的基础性作用发挥，阻碍了经济发展；又看到它诱发腐败行为和经济犯罪，毒化社会风气，严重影响社会和谐稳定。四是在治理商业贿赂的客观条件上，既看到其严重性、复杂性和开展治理工作的艰巨性；也看到我国在解决这个问题上的有利因素，只要我们注意发挥政治和制度上的优势，在集中治理的基础上，坚持不懈地抓下去，就能逐步从根本上解决这个问题。

在肯定成绩的同时，我们也要清醒地看到，治理商业贿赂工作取得的成效是阶段性的，离中央的要求和人民群众的期望还有不小的差距。当前，商业贿赂在一些领域和行业仍然比较严重，表现形式更趋多样，手段更加诡秘，治理商业贿赂的任务依然艰巨而繁重。

治理商业贿赂工作意义重大，关系改革发展的全局

当前，我国正处在全面建设小康社会、加快推进社会主义现代化新的发展阶段。经济社会发展呈现出的阶段性特征，要求我们必须把治理商业贿赂工作放在改革发展稳定的全局中来考虑，放到完善社会主义市场经济体制的背景下来谋划，充分认识深入推进这项工作的重大意义，做到思想上更加重视、行动上更加自觉、措施上更加有力。

深入推进治理商业贿赂工作是贯彻落实科学发展观的必然要求。贯彻落实科学发展观，要求我们始终坚持“一个中心、两个基本点”的基本路线，积极构建社会主义和谐社会，继续深化改革开放，切实加强和改进党的建设。深入推进治理商业贿赂工作，有利于规范市场交易行为，为经济建设创造良好环境；有利于化解社会矛盾，净化社会风气，维护社会和谐稳定；有利于推动各项改革措施的实施，促进改革开放的顺利进行；有利于规范党员干部正确行使权力，推进反腐倡廉建设。

深入推进治理商业贿赂工作是适应国际国内经济发展形势的客观需要。贯彻十七大精神，实现未来经济发展目标，关键要在加快转变经济发展方式，完善社会主义市场经济体制方面取得重大进展，深化对社会主义市场经济规律的认识，从制度上更好地发挥市场在资源配置中的基础性作用，加强和改善行政管理，合理配置公共资源。商业贿赂不仅阻碍了市场在资源配置中的基础性作用的发挥，而且影响了国际社会对我国投资环境和商业活动的正面评价，妨碍了我国自主创新能力的提高和创新型国家的建设。深入推进治理商业贿赂工作，能够不断提高市场配置资源的效率，促进依法行政；能够优化投资环境和规范企业对外投资合作，为我国实施好互利共赢开放战略，在激烈的国际竞争中掌握主动权，进一步密切与世界经济的相互联系发挥积极作用。

深入推进治理商业贿赂工作是维护人民群众切身利益的有效举措。实现好、维护好、发展好最广大人民群众的根本利益，是做好一切工作的出发点和落脚点。商业贿赂增加企业生产经营成本，导致生产和生活用品价格虚高，加重人民群众的负担。坚决治理商业贿赂，紧紧抓住和认真解决社会危害严重、群众反映强烈的突出问题，反映了人民群众的愿望和要求。这项工作开展得越深入，效果越明显，就越能够维护人民群众的切身利益，越能够满足人民群众的期待。

深入推进治理商业贿赂工作是拓展反腐倡廉工作领域的重要内容。适应中国特色社会主义事业总体布局的要求，把反腐败工作融入经济、政治、文化、社会和党的建设之中，不断拓展从源头上防治腐败工作领域，是深入推进党风廉政建设和反腐败斗争的必然要求。近年来反腐败工作出现了许多新情况、新特点，违法违纪者搞权钱交易的手法不断翻新变化。商业贿赂既是滋生腐败的温床，也是腐败的表现形式。从国际反腐败实践看，把预防腐败从限制受贿方拓展到限制行贿方，从规范权力运行拓展到规范商业行为，从规范公营部门行为拓展到规范私营部门行为，实际效果比较好。深入推进治理商业贿赂工作，规范市场交易行为和领导干部从政行为，有利于规范和制约权力，防止权

力的滥用和寻租，从源头上防治腐败。

进一步明确治理商业贿赂工作的总体思路，增强防治商业贿赂的综合效果

深入推进治理商业贿赂，必须深入贯彻落实科学发展观，各项工作都要有利于促进科学发展、社会和谐；必须树立长期作战的思想，克服松劲畏难和急躁情绪，坚持不懈地抓下去；必须坚持标本兼治、综合治理，既要继续加大惩治商业贿赂违法犯罪的力度，又要积极推进制度的改革创新，在源头防治上狠下功夫；必须严格依纪依法办事，准确适用纪律和法律，努力实现政治、经济、法律和社会效果的统一。

要在整体推进中突出治理重点。抓主要矛盾、解决突出问题，是开展专项治理工作的一个重要方法。商业贿赂涉及的领域十分广泛。两年多来，在整体推进治理工作中，始终把工程建设、土地出让、产权交易、医药购销、政府采购、资源开发和经销六个领域以及银行信贷、证券期货等九个方面作为重点，注意解决公益性强、与人民群众切身利益密切相关、严重破坏市场秩序的问题，在一些领域和行业取得了重要突破。但目前，六个领域和九个方面存在的问题还不少。深入推进治理商业贿赂工作要继续把这些领域和方面作为治理重点，下大力气解决突出问题。当然，随着工作的深入，治理商业贿赂的重点领域和方面也会作适当调整，就各地区各部门而言，情况会有所不同。我们要结合本地区、本部门的实际，确定重点问题、重点部位和重点环节，找准工作的切入点，打开治理工作的新局面。

要综合运用多种手段惩处商业贿赂行为。商业贿赂的情况十分复杂，解决问题必须多管齐下。要区分不同情况，采用纪律处分、行政处罚、司法处理、媒体曝光等多种手段，对商业贿赂行为予以惩处。对那些利用手中权力搞官商勾结、权钱交易的腐败分子，要依据党纪政纪和国家的法律给予严肃处理；对那些搞商业贿赂尚未触犯刑律的单位和个人，要视其情节轻重和社会危害程度，给予罚款、降低资质、吊销证照等行政处罚，限制其经营能力或市场准入，增加其违法成本；对那些涉案金额巨大、情节严重、性质恶劣、严重侵害群众利益和破坏市场秩序的犯罪行为，要及时立案、侦查、起诉、审判，依据刑事法律从严从重进行查处。要引导和支持广播、电视、报刊、网络等媒体对各种商业贿赂现象及时曝光，降低搞商业贿赂的单位和个人的社会评价，对严重者要使其名誉扫地。

要更加注重防治商业贿赂长效机制建设。治理商业贿赂工作一开始，各地区各部门就按照同步推进三项主要工作的要求，在开展不正当交易行为自查自纠和查办商业贿赂案件的同时，进一步加强防治商业贿赂长效机制建设。从目前情况看，这方面的工作相对滞后，对滋生商业贿赂的深层次问题研究不够，提出的治理措施和办法的针对性、有效性不强。反腐倡廉的实践证明，最终解决商业贿赂问题，必须坚持标本兼治、惩防并举，这是开展专项治理的必由之路。因此，深入推进治理商业贿赂工作，必须更加注重治本、更加注重预防、更加注重制度建设，切实加大长效机制建设的力度，不断取得实质性进展。否则，治理商业贿赂工作的成果就难以巩固，商业贿赂滋生蔓延的势头就难以得到有效遏制，许多问题也会纠而复生。

要与构建惩治和预防腐败体系等工作结合起来。治理商业贿赂不是一项孤立的工作，与经济政治文化社会等各方面建设密切相关，必须与其他工作相互结合和促进，增强专项治理的综合效应。一要与构建惩治和预防腐败体系相结合。建立健全惩治和预防腐败体系，是党中央从完成经济社会发展的重大任务和巩固党的执政地位的全局出发，为做好新形势下反腐倡廉工作作出的重大战略决策。开展治理商业贿赂专项工作是建立健全惩防体系的重要措施，必须纳入构建惩防体系的整体框架中，通盘考虑，统筹安排。二要与加强领导干部作风建设相结合。要把治理商业贿赂的要求融入领导干部作风建设中，不断增强领导干部的忧患意

识、公仆意识、节俭意识，使其自觉抵御和坚决反对商业贿赂，防止以权谋私、权钱交易。三要与纠正损害群众利益的不正之风相结合。纠风工作事关改革发展稳定的大局，事关人民群众的切身利益。商业贿赂直接侵害群众利益，是严重的不正之风。治理商业贿赂要贯彻纠风工作的要求，从解决人民群众最关心、最直接、最现实的利益问题入手，使人民群众的合理诉求得到及时解决，合法权益得到有效维护。

要动员各方面力量积极参与。治理商业贿赂涉及方方面面，必须调动和发挥各方面的积极性。各级党委、政府在治理商业贿赂中负有重要的领导责任，要进一步强化各级领导班子、领导干部的责任意识，按照党风廉政建设责任制的要求，搞好责任分解，抓好责任考核和责任追究。行业主管（监管）部门对本系统本行业商业贿赂现象和成因最明了，要督促各部门认真履行监管职责，创新监管方法，强化监管手段，切实提高市场监管的能力和水平。行业自律组织是社会管理的重要力量，要支持和引导它们通过制定行规、行约以及行业标准，对会员行为进行约束和规范。人民群众始终是治理商业贿赂的坚定支持者和重要参与者，要鼓励和发动大家积极举报商业贿赂线索，并对治理工作进行监督。要充分发挥报刊、广播、电视和网络等新闻媒体的作用，切实加强舆论监督，营造良好的社会氛围。

采取更加有力的措施，深入推进治理商业贿赂专项工作

深入推进治理商业贿赂的任务很多，必须一项一项抓好落实，务必取得实效。

进一步加强宣传教育，切实增强人们反对和抵制商业贿赂的意识。宣传教育是做好一切工作的基础。要进一步加大这项工作的力度，注意运用不同载体，扩大传播范围，采用群众喜闻乐见的形式，使反商业贿赂的宣传教育更加贴近实际、贴近生活、贴近群众，更富有亲和力、吸引力、渗透力。要把治理商业贿赂的宣传教育与普法教育、诚信教育和廉政文化建设结合起来，针对不同对象采取行之有效的方式进行。对社会公众要重点宣传法律法规，加强正面典型的宣传教育，树立正确的舆论导向；对国家公务员要重点开展依法行政、公正执法、廉洁自律、提高办事效率、改善服务态度等方面的教育，促进政府机关实行政务公开、规范办事程序、提高公信力；对广大经营者要重点开展职业道德教育，使从业人员掌握与本职工作相关的道德规范，培养法治意识和敬业精神。

进一步加大查办案件工作的力度，有效遏制商业贿赂蔓延的势头。查办商业贿赂案件是治理商业贿赂专项工作的一项主要任务，也是专项治理工作取信于民的重要措施。要始终高度重视查办商业贿赂案件，充分发挥办案工作的威慑力，有效遏制商业贿赂的发生。一要在查办商业贿赂大案要案方面取得新突破。重点查办土地出让、产权交易、工程建设和食品药品安全、环境保护、金融等重点领域和重点方面的案件；严肃查处国家公务员特别是领导干部利用审批权、执法权和司法权在商业活动中搞官商勾结、索贿受贿的案件；坚决打击严重损害群众利益，给国家、社会造成重大损失的违法犯罪行为。二要在查处行贿行为方面取得新进展。要针对商业贿赂的发案特点和规律，既要保持查处受贿行为的力度，又要重视对行贿行为的查处，依法惩治行贿犯罪活动的单位和个人。三要在健全查处商业贿赂案件协调机制方面取得新成效。要加大纪检监察机关、司法机关、行政执法部门和行业主管（监管）部门之间的协作配合力度，努力实现信息共享、相互支持，形成办案合力。同时，要在《联合国反腐败公约》等国际条约的框架内，切实加强与其他缔约国在遣返和引渡商业贿赂犯罪分子、追回涉案赃款等方面的合作，采取切实有效措施，对中资企业在国（境）外从事商业贿赂行为予以惩罚，依法查处国（境）外经济组织在我国内地的商业贿赂行为。

进一步推进市场诚信体系建设，加大市场

监管的力度。推进市场诚信体系建设，是建设现代市场体系的必要条件，也是加强市场监管、规范市场经济秩序的治本之策。加快市场诚信体系建设步伐，一要抓紧建立市场诚信记录机制，完整、准确、及时地记录企业、个人在经济社会活动中的市场诚信情况，实行归档管理。二要抓紧建立市场信用信息公开共享机制，探索建立全国统一的市场诚信平台，实现跨地区、跨部门的市场诚信记录联网，使失信的市场主体寸步难行、无处立足。三要抓紧建立信用信息供求机制，积极培育诚信服务市场，扩大市场诚信产品的需求，努力发展种类齐全、功能互补、依法经营、有市场公信力的信用服务机构，增加信用产品的有效供给。四要抓紧建立失信惩戒机制，严厉惩治失信市场主体，使违法失信的市场主体在公共服务、银行信贷等方面失去便利，在生产经营中减少机会，增加违法成本，付出沉重代价。五要抓紧建立诚信宣传教育机制，增强生产经营者的诚信意识和守法意识，营造"有信者荣、失信者耻"的社会氛围。

进一步深化管理体制改革，规范和约束权力的行使。改革是解决一切问题的关键，是治理商业贿赂的重要途径。要以转变政府职能为核心，继续深化行政审批制度改革。依法对行政审批项目实行动态管理，加强对行政审批权的监督制约，不断规范审批行为，创新审批方式，完善配套制度，建设法治政府。要深入推进土地出让、产权交易、工程建设等领域的管理体制改革。加快土地出让和矿业权出让的市场机制建设，推进无偿占有国家出资形成的探矿权、无偿取得的采矿权的有偿处置工作，加强企业国有产权交易信息监测系统建设，修订有关工程建设的行政许可、行政裁决办法和资质管理规定，改进药品注册审批办法，推行政府采购电子化，建立和完善政府投资监管体系，健全金融监管制度。要进一步完善政务公开制度，促进权力规范、透明运行。积极建立土地、矿业权市场信息公开制度，逐步实施重大政府投资项目从决策、审批到建设实施、后评估的公示制度，切实推进学校、医院等公共事业单位办事公开制度。

进一步制定完善相关法律法规，健全防治商业贿赂制度体系。法制建设在防治商业贿赂上具有根本性和长期性。要完善刑法关于惩治商业贿赂犯罪的有关规定，认真贯彻落实反垄断法，制定或修订招标投标法实施条例、政府投资条例、政府采购法实施条例、反不正当竞争法等。要加强立法解释和司法解释工作，加大法律法规执行力度，确保有关规定得到全面准确的落实。要研究与《联合国反腐败公约》的衔接问题，适时提出立法建议和有关法律的修正案。

进一步加大政策执行和研究力度，确保中央的部署和要求落到实处。治理商业贿赂政治性、政策性很强，各地区各部门要正确理解和坚决贯彻落实中央的有关政策。要准确把握政策界限，严格执行国家法律法规和党纪政纪的有关规定，准确适用法律和纪律，宽严相济，处理恰当，使大多数人受到教育，使少数严重违法犯罪分子受到惩处，使广大经营者的合法权益得到保护。治理商业贿赂工作没有现成的模式可以套用，必须通过实践和探索，加强理论政策研究，增强工作的前瞻性、针对性和有效性。要发掘汲取传统文化中重诚信、讲操守的美德，打造健康的商业文化。要注意研究借鉴西方发达国家治理商业贿赂的有效做法，拓宽视野，开阔思路，更好地做好治理工作。

（作者：中共中央书记处书记、中央纪委副书记、中央治理商业贿赂领导小组组长）

严要求　重落实　加强领导干部作风建设

张高丽

胡锦涛同志在中央纪委第七次全会上的重要讲话，对全面加强新形势下的领导干部作风建设作了深刻阐述，具有重大的现实意义和深远的历史意义。我们一定要深刻认识加强领导干部作风建设的极端重要性和紧迫性，切实把领导干部作风建设作为党的建设的重要任务抓紧抓实，抓出成效。

一、加强领导干部作风建设是党的建设重大战略任务

胡锦涛同志指出："党的作风体现着党的宗旨，关系党的形象，关系人心向背，关系党和国家的生死存亡。"在新的形势下，加强领导干部作风建设，抓住了最关键、最要害的问题，对保持党的先进性，保持党同人民群众的血肉联系，不断推进中国特色社会主义事业具有重大意义。

加强领导干部作风建设是党中央一系列重大战略思想的重要组成部分。党的十六大以来，以胡锦涛同志为总书记的党中央坚持以邓小平理论和"三个代表"重要思想为指导，紧密结合新世纪新阶段国际国内形势的发展变化，从党和国家的战略全局出发，创造性提出了科学发展观、构建社会主义和谐社会、建设社会主义新农村、建设创新型国家、树立社会主义荣辱观、推动建设和谐世界、加强党的先进性建设等重大战略思想。胡锦涛同志在中央纪委第七次全会上的重要讲话，把加强领导干部作风建设放在更加突出的位置，是党中央一系列重大战略思想的重要组成部分。胡锦涛同志倡导的八个方面的良好风气，是对领导干部作风建设的新要求，是新形势下党员干部保持先进性的具体体现，为领导干部弘扬新风正气、抵制歪风邪气制定了行为规范。

加强领导干部作风建设是推动科学发展促进社会和谐的必然选择。能否把中央的路线方针政策创造性地贯彻落实到本地区本部门的实际工作中去，很重要的就是各级领导干部必须保持振奋的精神和良好的作风，团结带领广大党员干部群众艰苦奋斗，扎实工作。必须按照科学发展观的要求切实转变作风，自觉纠正违背科学发展观的观念和做法，扎实解决好制约科学发展的突出矛盾和问题，推进经济社会又好又快发展。必须按照构建社会主义和谐社会的要求，高度关注民生，认真解决群众最关心、最直接、最现实的利益问题，始终保持同人民群众的血肉联系，努力化解各种矛盾，促进全社会的团结和谐。

加强领导干部作风建设是提高党的执政能力和拒腐防变能力的迫切需要。良好的作风是具有较强执政能力、始终保持先进性的重要标志，也是抵御消极腐败现象、保持清正廉洁的重要保障。山东省委十分重视干部作风建设，全省干部队伍的作风状况总体上是好的。但对照胡锦涛同志的要求，还存在一些突出问题。有些领导干部学习抓得不紧，工作作风漂浮，缺乏解决民生问题的有效措施，艰苦奋斗、勤俭节约上存在不少差距，部分党员干部官僚主义、形式主义还比较突出，存在侵害群众利益的问题，廉政建设和反腐败斗争任务仍然相当艰巨。我们要认真学习贯彻胡锦涛同志的重要讲话，把解决作风方面突出问题作为突破口，增强各级领导干部加强作风建设的自觉性。

二、加强领导干部作风建设重在抓好落实取得实效

在改进思想作风和学风上抓落实。领导干

部要担当起领导改革发展稳定的重任，必须勤奋好学、学以致用。要深入学习马克思列宁主义、毛泽东思想、邓小平理论和“三个代表”重要思想，深入学习以胡锦涛同志为总书记的党中央提出的一系列重大战略思想，自觉用马克思主义中国化的最新成果武装头脑，在思想上政治上行动上同党中央保持高度一致。坚持解放思想、实事求是、与时俱进，用马克思主义的基本立场、观点和方法分析问题，着力解决改革发展稳定面临的重大问题。省委高度重视干部学习培训工作，建立健全省委常委集体学习制度，把领导干部的学习作为考核考察领导干部的重要内容，切实抓好干部教育培训，努力做到学以致用、用有所成。

在推动科学发展上抓落实。科学发展观是推进社会主义现代化建设必须长期坚持的重要指导思想。我们坚持把中央精神与山东实际相结合，针对经济社会发展不同阶段提出的新要求，确定了发展目标和工作思路，相继采取了一系列政策措施。认真执行国家宏观调控政策，着力调整经济结构和转变增长方式，着力加强资源节约和环境保护，着力推进改革开放和自主创新，着力促进经济社会发展和解决民生问题，重点抓住社会主义新农村建设，发展服务业、县域经济发展不放松，促进了经济社会又好又快发展。2006 年，全省生产总值 21846.7 亿元，增长 14.7%；城镇居民人均可支配收入 12192 元，农民人均纯收入 4368 元，分别增长 13.5%和 11.1%。

在改善民生促进和谐上抓落实。保持党同人民群众的血肉联系，是作风建设的核心问题。关键在于牢固树立马克思主义的群众观点，坚持党的群众路线，坚持把最广大人民的根本利益作为一切工作的根本出发点和落脚点，把改善人民生活作为经济社会发展的目的和归宿，使广大人民共享改革发展的成果。在工作中就是要坚持以人为本，关注民生，重视民生，保障民生，改善民生。山东省以解决群众最关心、最直接、最现实的利益问题为重点，每年都确定一批群众关注的实际问题，切实为群众办实事。坚决纠正损害群众利益的不正之风，促进公平公正，切实维护人民群众的合法权益。高度重视社会稳定工作，深入开展平安山东建设，全省治安、信访、安全生产等案件和事故逐年下降，社会保持稳定，为经济社会发展创造了良好环境。

在加强领导班子建设上抓落实。坚持民主集中制，是加强领导班子建设，增强党的团结和党的创造力、凝聚力、战斗力的基础，是加强领导干部作风建设的一个重要方面。按照中央要求，我们以建设群众满意工程为目标，认真开展了保持共产党员先进性教育活动，着力建立长效机制，各级领导班子建设得到加强。坚持落实各项制度，重大事项集体研究决定，广泛听取各方面的意见。加强各级领导班子团结，带动和促进全省上上下下、方方面面的团结。根据中央的部署，认真做好地方党委换届工作，各级领导班子结构进一步优化，整体功能进一步增强。

在提高拒腐防变能力上抓落实。加强反腐倡廉，是推动作风建设的重要措施和重点工作。认真贯彻党中央、中央纪委关于党风廉政建设的部署要求，落实党风廉政建设责任制，制定了落实惩治和预防腐败体系《实施纲要》的具体意见和分工方案，努力拓展从源头上防治腐败工作的领域。推进反腐倡廉工作，必须加强对领导干部的监督，强化领导班子内部监督，开展积极健康的思想斗争。省委特别加强了与领导干部作风密切相关的关键环节的监督，及时发现纠正干部作风方面的问题。严格执行党内监督各项制度，执行领导干部个人重大事项报告、述职述廉、民主评议、诫勉谈话、民主生活会、巡视和派驻、经济责任审计和质询制、问责制等党内监督制度。把党内监督与人大监督、政府专门机关监督、政协民主监督、司法监督、群众监督、舆论监督等结合起来，促进党风廉政建设。

在完善体制机制上抓落实。加强制度建设，形成有效体制机制，是加强作风建设、反腐倡廉的治本之策。既要抓思想道德教育，又要坚持以改革的精神深化体制改革，推进体制创新，努力形成用制度管权、按制度办事、靠制度管人的机制。大力弘扬求真务实精神，大兴求真务实之风，进一步精简会议和文件，使各级干部切实从文山会海和迎来送往中摆脱出来。近几年，省委、省政府先后三次召开科学发展情况交流现场会，对全省17个市科学发展的实际效果进行现场检查，交流经验，查找不足，推动工作。致力于制度建设和创新，建立完善决策目标、执行责任、考核监督“三个体系”，制定了体现科学发展观要求的综合考核指标体系，调动了各个方面的积极性。

三、领导机关和主要领导干部要率先垂范作出表率

要在坚定理想信念上作出表率。自觉加强党性修养，树立正确的世界观、人生观、价值观，坚定理想信念，旗帜鲜明，讲政治、顾大局，严守党的纪律，不断增强贯彻执行中央路线方针政策的自觉性和坚定性。坚持自重、自省、自警、自励，模范实践以“八荣八耻”为主要内容的社会主义荣辱观，堂堂正正做人，清清白白从政，踏踏实实干事。牢固树立正确的权力观，常思贪欲之害，居安思危，警钟长鸣，不贪恋和追逐权力、金钱、美色，严格约束和规范自己的行为，真正做到为民、务实、清廉。

要在坚持民主集中制上作出表率。主要领导同志要带头发扬民主，坚持民主集中制原则，健全领导班子议事规则，严格执行党内监督制度，建立和完善党内和政府情况通报制度、情况反映制度和重大决策征求意见制度等，广泛听取各种意见，自觉接受监督。要自觉增强法制观念和民主意识，虚心听取意见，团结班子其他同志，增强责任意识，积极开展工作，搞好配合和监督，形成团结和谐的良好局面。

要在廉洁自律上作出表率。认真执行和严格遵守中央一系列廉洁自律规定，自觉做到严于律己，要求同志们做到的自己首先做到，要求同志们不做的自己首先不做。严格要求配偶、子女和身边工作人员，制定具体的行为规范要求，着重加强教育、提醒和约束，防止利用权力和影响谋取私利。主要领导干部要自觉把自己置于党组织、党员和人民群众的监督之下，依靠人民群众的支持和参与积极开展反腐倡廉工作。省委、省政府领导干部公开作出廉政承诺，自觉接受社会监督，带头廉洁自律，以实际行动赢得干部群众的信任。

要在生活正派情趣健康上作出表率。加强思想道德修养，模范遵守社会公德、职业道德、家庭美德，讲操守，重品行，防微杜渐，坚决抵御腐朽没落思想和生活方式的侵蚀。要带头发扬艰苦奋斗、勤俭节约的精神，带头反对铺张浪费和大手大脚，带头抵制拜金主义、享乐主义和奢靡之风。培养健康的生活情趣，保持高尚的精神追求，正确选择个人爱好，提高文化素养，摆脱低级趣味，时刻检查自己生活的方方面面，始终保持共产党人的政治本色。

要在加强督促检查上作出表率。按照中央要求，把加强领导干部作风建设列入重要议事日程，纳入党委、政府工作的整体格局之中，从制定规划、组织领导、制度保障、督促检查等方面采取有针对性的措施，建立健全领导机制和工作机制。党政主要领导作为党风廉政建设第一责任人，要亲自抓、带头做、负总责，管好班子、带好队伍，加强教育、管理和监督，切实担负起领导职责。领导班子其他成员要实行“一岗双责”，落实分工责任，将领导干部作风建设纳入分管工作目标管理，与业务工作一起部署、一起检查、一起考核、一起落实。

党风正则干群和，干群和则社会稳。只有坚持不懈地抓好领导干部作风建设，不断教育和引导各级干部自觉发扬党的光荣传统和优良作风，才能有效防止和减少腐败现象，更好地提高党的执政能力和保持先进性，团结广大人民群众，促进经济又好又快发展，构建社会主义和谐社会。

（作者写此文时为中共山东省委书记，现为中共中央政治局委员、天津市委书记）

着力在“四个一”上下功夫　加强反腐倡廉建设

徐光春

胡锦涛总书记在第十七届中央纪委第二次全会上发表的重要讲话，从党和国家事业发展全局和战略的高度，精辟分析了当前党风廉政建设和反腐败斗争面临的形势，深刻阐述了加强反腐倡廉建设的重要性和紧迫性，明确了加强反腐倡廉建设的指导思想、基本要求、工作原则和主要任务，要求把反腐倡廉建设放在更加突出的位置，更加坚决地惩治腐败，更加有效地预防腐败。学习贯彻胡锦涛总书记重要讲话精神，深入扎实地推进反腐倡廉建设，对于实现河南发展新跨越、奋力开创中原崛起新局面具有十分重大的指导意义。

结合对胡锦涛总书记重要讲话和中央纪委第二次全会精神的学习，我体会，落实中央的新要求新部署，加强反腐倡廉建设，关键是要做到“四个一”，即明确一个崭新的重大课题，坚持一个科学的工作体系，强化一个重要的政治保证，造就一支坚强的纪检监察队伍。

明确一个崭新的重大课题，就是站在党和国家工作全局的高度，充分认识反腐败斗争的长期性、复杂性和艰巨性，增强紧迫感、责任感和使命感，抓紧抓好反腐倡廉建设这一重大课题。

认真学习贯彻胡锦涛总书记重要讲话和中央纪委第二次全会精神，最根本的就是要抓紧抓好反腐倡廉建设这一崭新的重大课题，充分认识反腐倡廉建设的长期性、复杂性、艰巨性，准确把握面临的新形势新任务，推动党风廉政建设和反腐败斗争深入开展。党的十七大第一次把反腐倡廉建设同思想建设、组织建设、作风建设、制度建设一起确定为党的建设的基本任务，这是我们党的重大创新，不仅是从提高党的执政能力、保持和发展党的先进性的全局高度作出的重大决策，而且是向全党提出的一个崭新的重大课题，表明我们党站位更高了、认识更深了，反腐倡廉建设位置更突出了、部署更全面了，标志着反腐倡廉建设理论体系初步形成，党风廉政建设和反腐败斗争进入新阶段。

站位更高了，体现在党中央站在党和国家工作全局的高度更加深刻地揭示了反腐倡廉建设的重要性和紧迫性。胡锦涛总书记强调加强反腐倡廉建设，是发展中国特色社会主义的必然要求，是推进党的建设新的伟大工程的必然要求，是适应反腐败斗争形势发展的必然要求。这一深刻阐述，把反腐倡廉建设提到一个前所未有的新高度，充分说明我们党的视野更宽广了、眼光更长远了、谋划更科学了。

认识更深了，体现在我们党对反腐倡廉工作规律的认识达到了新的水平。我们党对反腐倡廉建设的认识是十分清醒的、态度是一以贯之的。党的十七大提出“反腐倡廉建设”，使党风廉政建设和反腐败斗争有机整合，在坚决惩治腐败的同时，更加注重治本、更加注重预防、更加注重制度建设，从源头上预防和治理腐败的途径更加拓展了。

位置更重了，体现在反腐倡廉建设在党的建设新的伟大工程全局和中国特色社会主义事业大局的位置更加突出。我们党把反腐倡廉从工作层面提升到建设层面，推动反腐倡廉经常化、制度化、持久化、系统化，体现了反腐倡廉在党的建设中的重要地位及与思想建设、组织建设、作风建设、制度建设的辩证关系，体现了反腐倡廉对社会主义经济建设、政治建设、文化建设和社会建设的重要保障作用，表明反腐倡廉建设既是党的建设的重要内容，又是关系党的建设全局、关系中国特色社会主义事业大局的重大政治任务。

部署更全面了，体现在党中央对反腐倡廉建设各项工作部署形成了有机统一的整体。胡锦涛总书记提出了改革创新、惩防并举、统筹推进、重在建设的"四项基本要求"，明确了坚持加强思想道德建设与加强制度建设相结合、严肃查办大案要案与切实解决损害群众切身利益的问题相结合、廉政建设与勤政建设相结合、加强对干部的监督与发挥干部主观能动性相结合的"四个结合"，对加强和改进党对反腐倡廉工作的领导提出了更高要求。这些方面相互联系、相互支撑、有机统一，表明我们党加强反腐倡廉建设的思路更加清晰、目标更加明确、部署更加全面、措施更加得力，必须全面把握、统筹规划、协调实施、整体推进。

坚持一个科学的工作体系，就是进一步完善惩治和预防腐败体系，把改革的推动力、教育的说服力、制度的约束力、监督的制衡力、惩治的威慑力结合起来，统筹推进反腐倡廉建设。

完善惩治和预防腐败体系，是党的十七大确定的反腐倡廉建设的重点，在加强反腐倡廉建设中处于全局性、战略性的地位。这一体系明确了反腐倡廉建设坚持什么、抓什么、怎么抓的问题。我们坚持这一体系，就抓住了反腐倡廉建设的核心和关键，就能使反腐倡廉工作呈现出系统治理、整体推进、协调发展的良好局面。我们一定要按照胡锦涛总书记提出的把改革的推动力、教育的说服力、制度的约束力、监督的制衡力、惩治的威慑力结合起来的要求，立足河南实际，强化工作措施，努力形成拒腐防变教育长效机制、反腐倡廉制度体系、权力运行监控机制。

一是增强改革的推动力。腐败现象大都与制度不完善、管理有漏洞密切相关，必须通过深化改革、创新体制，加强对权力运行的规范和制约，从根本上清除腐败问题存在的社会土壤和条件。要针对腐败案件易发多发的领域和环节，重点推进干部人事制度、行政审批制度、财政管理制度、投融资体制、国有资产管理体制、司法体制等方面的改革，建立健全相关制度，最大限度地减少以权谋私、权钱交易的体制机制漏洞。要更好发挥市场在资源配置中的基础性作用，在工程建设、土地管理、产权交易、政府采购等领域引入市场机制，从源头上防治腐败。

二是增强教育的说服力。广大党员干部并不是生活在真空里，在腐败问题上没有天然免疫力。要以各级领导干部为重点，以树立马克思主义的世界观、人生观、价值观和正确的权力观、地位观、利益观为根本，以艰苦奋斗、廉洁奉公为主题，以更好地做到立党为公、执政为民为目标，不断加强反腐倡廉教育。要筑牢思想防线，深入进行马克思主义中国化最新成果教育，深入开展社会主义核心价值体系教育，加强党性修养和道德修养，不断提高拒腐防变能力。要增强教育实效，认真研究思想道德教育的规律，进一步改进教育方式，既善于运用先进典型进行示范引导，又善于运用反面案例进行警示教育；既善于依靠各级党组织进行灌输教育，又善于引导广大党员干部进行自我教育，真正做到入情入理、入脑入心，使拒腐防变的警钟始终长鸣。要营造良好环境，坚持用社会主义荣辱观引领风尚，把思想教育、纪律教育与社会公德、职业道德、家庭美德、个人品德教育和法制教育结合起来，促进全社会形成以廉为荣、以贪为耻的良好氛围。

三是增强制度的约束力。好的制度既能约束人不能为恶，也能引导人自觉从善。制度缺陷必然造成制度性的腐败，而制度性的腐败是最可怕的腐败。对此，我们要予以高度重视，抓紧建立健全各方面制度，做到用制度管权、管事、管人。要建立健全科学决策和民主监督的程序、制度，进一步推进决策的科学化、民主化；建立健全党内情况通报、情况反映、请示汇报、重大决策征求意见等制度，推进党务公开；健全巡视制度，加强对地方和部门领导班子及其成员的经常性监督；完善政务公开、厂务公开、村务公开等办事公开制度，建立健全同群众利益密切相关的重大事项社会公示制度和社会听证制度。要切实提高制度的执行力，制度一旦制定，任何人都必须坚决执行，特别是各级主要领导干部要带头遵守，决不允许有令不行、有禁不止、有章不循、妄自尊大、独来独往。

四是增强监督的制衡力。只有加强对权力的监督和制约，让权力在阳光下运行，才能有效防止腐败现象的滋生蔓延。一方面，广大党员干部特别是各级领导干部要增强监督意识，自觉接受监督。这既是对干部的严格要求，也是对干部的关心爱护，必须正确看待，决不能把组织和群众的监督看成是和自己过不去、找麻烦，有意无意的排斥监督甚至拒绝监督。要真正把自己置于党和人民的监督之下，确保真正把人民赋予的权力用来为人民谋利益，决不允许阳奉阴违，当面一套、背后一套，欺骗组织，蒙骗群众。另一方面，要切实加强组织监督，认真落实党内监督条例，重点加强对领导干部特别是主要领导干部、人财物管理使用、关键岗位监督，有效防止权力失控、决策失误、行为失范；要加强民主监督，更好地发挥人大监督、政协民主监督、群众监督和舆论监督的作用，增强监督合力，提高监督实效。

五是增强惩治的威慑力。我们要继续保持严惩腐败分子的高压态势，坚决遏制腐败现象在有的领域易发多发的势头，坚决查办领导干部滥用职权、贪污受贿、腐化堕落、失职渎职的案件，严厉查办官商勾结、权钱交易、权色交易和严重侵害群众利益的案件；深入开展治理商业贿赂工作，依法惩处行贿受贿行为；坚决惩处各种工程建设中的腐败行为，着力打造“廉洁工程”，以实际行动教育警醒广大干部，取信于广大人民群众。

强化一个重要的政治保证，就是要加强领导，切实把反腐倡廉建设摆上重要位置，完善体制机制，创造有利条件，狠抓工作落实，确保取得成效。

坚持党的领导，是加强反腐倡廉建设的根本政治保证。各级党委是反腐倡廉建设的责任主体，要坚持党要管党、从严治党，切实担负起领导反腐倡廉建设的政治责任，以反腐倡廉的明显成效凝聚党心民心。

一是要摆上重要位置。把反腐倡廉建设列入重要议事日程，纳入经济社会发展和党的建设的全局之中，同改革发展工作一起部署、一起检查、一起落实，既紧贴中心、服务大局，又预防在先、未雨绸缪，在抓巩固、抓深入、抓提高上下功夫，把各项工作做细、做实、做具体。

二是要完善体制机制。坚持党委总揽全局、协调各方的原则，进一步建立健全党委统一领导、党政齐抓共管、纪委组织协调、部门各负其责、依靠群众支持和参与的反腐败领导体制和工作机制。各级党委要建立反腐败协调小组，加强对反腐倡廉工作的组织协调。各级政府和各部门、各单位都要按照分工，积极承担反腐倡廉专项工作的牵头或协办责任。各级纪律检查机关要加强对反腐倡廉建设重大问题的思考和研究，及时提出有针对性、前瞻性和可操作性的措施办法，为党委正确决策提供依据和参考；加强同有关部门和社会各界的沟通配合，推动反腐倡廉工作中突出问题的解决；严肃执行纪律，做好党章规定的经常性工作，发挥好党内专门监督机关的职能作用。充分发挥监察、司法、审计等专门机关作用，同时拓宽人民群众参与反腐倡廉建设的渠道，保障人民群众的民主权利。新闻宣传部门要坚持正确舆论导向，加大正面宣传力度，抵制歪风邪气，弘扬新风正气。

三是要创造有利条件。各级党委要大力支持纪委履行党章赋予的职责，经常听取工作汇报，协调解决重大问题，特别是在查处大案要案遇到困难和阻力时，要态度鲜明地支持纪检监察机关开展工作，做他们的坚强后盾。要切实加强纪检机关领导班子建设，高度重视纪检干部队伍建设，对广大纪检干部政治上信任重用、工作上支持帮助、生活上关心爱护，为他们健康成长创造良好的环境和条件。

四是要狠抓工作落实。严格执行党风廉政建设责任制，一把手要切实履行第一责任人的政治职责，领导班子其他成员要抓好自己职责范围内的工作。加强督促检查，及时掌握工作进展情况；完善考核体系，把反腐倡廉建设状况列入对领导班子和领导干部的考核范围；强化责任追究，对反腐倡廉建设方面的失职行为，该追究什么责任就追究什么责任，决不包庇袒护。要讲政治纪律。胡锦涛总书记要求各级党组织和全体党员要自觉遵守党的政治纪律，并提出了“六个决不允许”的要求。这“六个决不允许”是各级党组织和全体党员必须严格遵守的行为规则，必须坚决执行。要加强对党员遵守政治纪律的教育和监督检查，加大执行纪律力度，坚决维护中央权威，确保政令畅通，确保纪律严明。

造就一支坚强的纪检监察队伍，就是切实加强纪检监察干部队伍建设，不断增强大局意识、责任意识、民本意识、忧患意识，树立纪检监察干部可亲可信可敬的形象，始终做党的忠诚卫士、群众的贴心人。

广大纪检监察干部肩负重要使命，一定要按照胡锦涛总书记的要求，切实加强自身建设，牢固树立“四个意识”。

一是增强大局意识。要把工作放到大局中来思考，转变思想观念，理清工作思路，坚持把服务科学发展、保障科学发展、促进科学发展作为重要职责，认真开展对党的十七大精神和省委重大决策部署贯彻执行情况的监督检查，加强对市场价格调控、节能减排、节约集约用地、房地产调控等重大政策措施落实情况的监督检查，推动各项工作的落实。

二是增强责任意识。要秉公执纪，严格执行党和国家的政策法规，不为权力所蚀，不为物欲所惑，不为金钱所动，不为声色所迷，做到不枉不纵，刚正不阿，把每一个案件都办成经得起历史检验的铁案。要敢于碰硬，敢啃硬骨头、敢碰硬钉子，不畏惧权势、不回避矛盾，不论是谁，不管职务多高、功劳多大，只要触犯了党纪国法，就坚决查处、一查到底。

三是增强民本意识。要认真解决群众反映强烈的突出问题，把维护群众利益作为第一职责，把群众满意作为衡量工作的第一标准，竭尽全力为人民群众多办事、办实事、办好事；切实维护群众根本利益，对征用土地、城镇拆迁、企业改制中侵害人民合法权益和拖欠农民工工资等问题要坚决纠正，对物价、环境保护、食品药品质量、安全生产等问题要重点解决，对社保基金、住房公积金等专项资金要加强监管；要加强政风行风建设，严格落实纠风工作责任制，认真清理违规建设楼堂馆所，反对铺张浪费，坚决抵制拜金主义、享乐主义和奢靡之风。

四是增强忧患意识。工作不懈怠，深刻认识反腐倡廉形势的严峻性，始终保持清醒的头脑，始终保持开拓进取、奋发有为的精神状态，扎实推进各项工作。学习不放松，认真学习党的十七大精神，认真学习纪检业务知识，认真学习财经、法律、现代科技等知识，做到学以立德、学以增能、学以致用。防患不麻痹，注重从小事抓起，预防在先、未雨绸缪、关口前移，把问题解决在初始阶段、矛盾化解在萌芽状态，避免倾向性因素变为现实性问题、小问题变为大问题、个别性问题变为群体性问题，努力把腐败现象减少到最低程度。

理论和实践告诉我们，上述四个方面紧密联系、相辅相成。明确一个崭新的重大课题，就抓住了反腐倡廉建设的根本问题；坚持一个科学的工作体系，就确立了反腐倡廉建设的整体格局；强化一个重要的政治保证，就找准了反腐倡廉建设的关键所在；造就一支坚强的纪检监察队伍，就壮大了反腐倡廉建设的重要力量。我们必须全面把握、始终坚持、协调推进、认真落实，不断开创反腐倡廉建设新局面。

反腐倡廉"大宣教"的理论与实践

刘峰岩

反腐倡廉"大宣教"是一个重大的理论和实践问题，是反腐倡廉宣传教育工作的创新。它的提出、形成和发展经历了一个过程。要对反腐倡廉"大宣教"的理论基础、深刻内涵、精神实质、指导原则、体制机制以及取得的丰富实践成果有一个全面的把握，从理论与实践的结合上进一步提高对反腐倡廉"大宣教"重大意义的认识，增强抓好工作的自觉性和责任感，切实发挥宣传教育在反腐倡廉中的基础性作用。

反腐倡廉"大宣教"有着坚实的理论基础、深刻的内涵和广泛的领域。搞好反腐倡廉"大宣教"，就是要在党的领导下，把反腐倡廉宣传教育纳入全党宣传教育的总体部署之中，把方方面面的积极性和创造性引导好、保护好、发挥好，形成整体合力，营造良好氛围，推动党风廉政建设和反腐败工作深入开展。

第一，反腐倡廉"大宣教"有着完善的体制机制。我们在实践中总结的反腐倡廉"大宣教"的体制机制是：党委统一领导，党政齐抓共管，纪委组织协调，相关部门密切配合、各展所长，广大干部群众通过多种形式积极参与，形成整体合力。

党委统一领导，是搞好反腐倡廉"大宣教"的关键。反腐败是关系党和国家生死存亡的严重政治斗争。只有坚持党的领导，才能把握反腐倡廉"大宣教"的正确方向。各级党委要把反腐倡廉"大宣教"摆上重要议事日程，作出总体规划，从组织、人员、经费等方面给予支持和保障，帮助解决实际问题，确保反腐倡廉"大宣教"健康有序发展。

党政齐抓共管，是搞好反腐倡廉"大宣教"的优势。党政齐心，互相配合，将反腐倡廉"大宣教"纳入本地区、本部门经济社会发展的总体规划之中，纳入精神文明建设的整体部署之中，"大宣教"的力量就会更强，作用就会更大。

纪委组织协调，是搞好反腐倡廉"大宣教"的有效机制。纪委要善于发挥组织协调作用，要做到争取领导、协调各方、指导下属。争取领导，就是要争取党政主要领导的支持，引起他们的重视，把反腐倡廉宣传教育纳入经济社会发展规划，定期研究，作出具体部署。协调各方，就是主动牵头，平等协商，明确各自职责，把任务和责任分解到相关部门，齐心协力抓好各项任务的完成。指导下属，就是把反腐倡廉"大宣教"的各项工作布置下去，并定期对其贯彻落实情况加强指导，进行督查，推动各地创造性地开展工作，一级抓一级，层层抓落实。

相关部门密切配合、各展所长，是搞好反腐倡廉"大宣教"的合力。党的宣传思想、组织人事、政策研究和党校等部门，政府的文化艺术、广播影视、新闻出版等部门以及各种社团组织，都要发挥自身优势，为反腐倡廉"大宣教"贡献力量。

广大干部群众积极参与，是搞好反腐倡廉"大宣教"的基础。没有群众的支持和参与，反腐倡廉"大宣教"就成了无源之水、无本之木。必须不断扩大反腐倡廉"大宣教"的覆盖面，使宣传教育工作进社区、进家庭、进学校、进企业、进农村，引导广大群众积极参与，取得良好的社会效果。

第二，反腐倡廉"大宣教"是一项系统工程。必须运用综合的思想，调动综合的力量，采取综合的手段，达到综合的效果。运用综合的思想，就是运用以邓小平理论、"三个代表"重要思想和科学发展观为指导的全面的、辩证的、发展的思想，将反腐倡廉宣传教育纳入全党宣传思想工作的总体部署，找准定位，明确思路；调动综合的力量，就是在党委的领导下，通过纪委组织协调，把各部门、各单位等方方面面开展反腐倡廉宣传教育的积极性最大限度地调动起来；采取综合的手段，就是通过报刊、广播、电视、出版、文学、艺术、互联网等，形成宣传教育的整体合力；达到综合的效果，就是通过宣传教育，统一思想、坚定信心、振奋精神、凝聚力量，取得领导认可、群众满意、看得见摸得着的最佳效果，为反腐倡廉创造良好的社会环境。

第三，反腐倡廉"大宣教"有着明确的指导原则。一是必须坚持以邓小平理论和"三个代表"重要思想为指导，深入贯彻落实科学发展观，解放思想、实事求是、与时俱进，用发展着的中国化的马克思主义指导反腐倡廉宣传教育的新实践。二是必须坚持党的领导，始终同党中央保持高度一致，坚决贯彻党的路线方针政策，增强政治意识、大局意识和责任意识。三是必须坚持以社会主义核心价值体系为指导，坚持马克思主义指导思想这个灵魂，突出中国特色社会主义共同理想这个主题，把握以爱国主义为核心的民族精神和以改革创新为核心的时代精神这个精髓，打牢社会主义荣辱观这个基础，在社会主义和谐社会建设中发挥积极作用。四是必须坚持围绕中心、服务大局，自觉地把反腐倡廉"大宣教"融入保持共产党员先进性教育活动和先进性建设、社会主义核心价值体系建设、和谐文化建设之中，与群众性精神文明创建活动相结合，与贯彻落实《公民道德建设实施纲要》相结合，与加强未成年人思想道德建设和大学生思想政治教育相结合，不断拓宽反腐倡廉"大宣教"的发展空间，争取工作的主动权。五是必须坚持一切从实际出发，大力弘扬求真务实精神，大兴求真务实之风，扎扎实实做好各项工作。六是必须坚持正确舆论导向，坚持团结稳定鼓劲、正面宣传为主，以科学的理论武装人、以正确的舆论引导人、以高尚的精神塑造人、以优秀的作品鼓舞人。七是必须坚持唱响主旋律、打好主动仗，大力宣传党中央和中央纪委关于反腐倡廉的方针政策、工作部署以及取得的明显成效，为反腐倡廉工作提供精神动力、思想保证和舆论支持。八是必须坚持贴近实际、贴近生活、贴近群众，坚持创新思路、创新方法、创新内容、创新形式，寓教于理、寓教于文、寓教于乐、寓教于各种有益活动之中，入耳、入脑、入心，切实增强宣传教育的吸引力和感染力。

第四，反腐倡廉"大宣教"有着宽广的领域和多样的形式。胡锦涛同志指出，反腐倡廉教育要面向全党全社会，全面加强对广大党员的理想信念教育、对公职人员的职业道德教育和对公民的社会公德和家庭美德教育，增强全党全社会反腐倡廉的意识，形成良好的社会风尚。这就为反腐倡廉"大宣教"提供了广阔的平台。从空间上看，反腐倡廉"大宣教"要坚持"横到边"，拓展到各地区、各部门，并且延伸到学校、社区、企业、农村和家庭；"纵到底"，从各级领导干部到广大人民群众，都要成为宣传教育的对象。从时间上看，反腐倡廉"大宣教"要坚持常抓不懈，常抓常新，做到长流水、不断线，达到潜移默化的效果。从形式上看，既要善于依靠各级党组织进行灌输教育，又要善于引导党员干部进行自我教育；既要运用好传统教育手段，又要运用好信息技术特别是互联网等现代教育手段；既要通过树立先进典型进行示范教育，又要通过剖析典型案件进行警示教育；既要面向全党，将宣传教育纳入保持共产党员先进性教育活动和先进性建设之中，又要面向全社会，大力开展廉政文化建设。总之，反腐倡廉"大宣教"要做到空间、时间拓展，扩大覆盖面，减少空白点，以科学理论和先进文化占领反腐倡廉的舆论阵地。

第五，反腐倡廉"大宣教"有着明确的目的。一方面，要大力宣传我们党开展党风廉政建设和反腐败斗争的指导思想、方针政策和取得的明显成效，引导广大群众正确认识反腐败斗争的形势，坚定夺取反腐败斗争胜利的信心，为反腐倡廉工作深入开展提供思想保证和营造良好的舆论氛围。另一方面，要通过开展宣传教育，使党员干部牢固树立马克思主义世界观、人生观、价值观，树立正确的权力观、地位观、利益观，常修为政之德、常思贪欲之害、常怀律己之心，筑起拒腐防变的思想道德防线，教育和保护干部，使干部少犯或不犯错误。

党的十六大以来，各级党委、政府和纪检监察机关将反腐倡廉宣传教育纳入全党宣传思想工作的总体部署，加强理论研讨，创新形式载体，完善体制机制，有力地推动了反腐倡廉"大宣教"的开展，取得了丰硕的实践成果。

一是深入学习宣传江泽民反腐倡廉思想。中央纪委编辑出版了《江泽民论党风廉政建设和反腐败斗争》、《"三个代表"重要思想反腐倡廉理论学习纲要》，下发了学习江泽民反腐倡廉重要思想的通知，召开了学习座谈会和理论研讨会。各地各部门开展了形式多样的学习宣传活动，兴起了学习贯彻的高潮。

二是深入学习宣传贯彻党中央提出的科学发展观、构建社会主义和谐社会等一系列重大战略思想和胡锦涛总书记关于反腐倡廉的重要论述。按照中央部署，中央纪委通过组织召开座谈会、理论研讨会等多种形式，推动各地各部门深入学习马克思主义中国化的最新成果和胡锦涛总书记关于反腐倡廉的重要论述。

三是广泛开展学习宣传和贯彻落实《建立健全教育、制度、监督并重的惩治和预防腐败体系实施纲要》活动。中央组织部将《实施纲要》纳入全党先进性教育活动的学习文件，中央宣传部专门下发了《实施纲要》宣传报道意见，中央外宣办提出了宣传《实施纲要》的要求。《人民日报》开设了"深入开展反腐倡廉"专栏，中央人民广播电台开设了"廉政第一线"栏目等，大力宣传《实施纲要》的重要意义和基本精神。

四是深入开展学习党章、遵守党章、贯彻党章、维护党章的宣传教育活动。中央纪委宣教室与中央宣传部宣教局、中央党史研究室宣教办、中央党校党建教研部、全国总工会宣教部、共青团中央宣传部联合制作了八集宣传教育电视片《与时俱进新党章》；与《人民日报》、《求是》、《光明日报》、《法制日报》等共同组织开展了"学习贯彻党章、推进反腐倡廉工作"理论征文活动，推动了党章的深入学习和贯彻。

五是积极开展反腐倡廉理论学习宣传活动。中央纪委监察部在全国纪检监察系统开展了"用'三个代表'重要思想指导纪检监察工作新的实践"、"建立健全教育、制度、监督并重的惩治和预防腐败体系"、"保持共产党员先进性教育活动与党的先进性建设"、"加强领导干部作风建设、大力弘扬八个方面良好风气"等一系列理论研讨活动，为党风廉政建设和反腐败斗争适应社会主义市场经济体制、社会主义和谐社会要求提供了理论支持。

六是大力开展社会主义荣辱观宣传教育和廉政文化创建活动。在全国开展反腐倡廉歌曲创作评选和演唱活动，新创作了一大批有关"八荣八耻"和廉政的歌曲。举办"唱响正气歌"全国新创廉政歌曲文艺晚会，产生了良好的社会反响。深入开展廉政文化进社区、进家庭、进学校、进企业、进农村活动，大力营造以廉为荣、以贪为耻的良好社会氛围。

七是切实加强对党员干部特别是领导干部的反腐倡廉教育。举办《中国共产党党内监督条例（试行）》和《中国共产党纪律处分条例》等知识竞赛活动。宣传树立了牛玉儒、任长霞、马祖光、侯祥麟、杨业功、梁雨润、张建国、杨正超等一批先进典型。拍摄了《扭曲的人生——李真贪污受贿案剖析》、《王怀忠的两面人生》、《忏悔录》等一批警示教育片，有力地促进了反腐倡廉宣传教育活动的开展。

八是全面实现五年内纪检监察干部轮训一遍的目标。中央纪委监察部成立了干部教育培训工作领导小组，制定下发了《关于进一步做好纪检监察干部教育培训工作的意见》，纪检监察干部培训工作步入了规范化、制度化轨道。

九是有效开展反腐倡廉网上宣传工作。建立健全了反腐倡廉网上宣传联席会议制度，组织中央和国家有关部门开展反腐倡廉网上宣传工作。人民网、新华网、央视国际等中央八大重点网站开设了反腐倡廉网上宣传专栏，各省区市建立了反腐倡廉网站或在省级新闻网站设立了反腐倡廉专题网页，建立了网评工作队伍，营造良好的网上反腐倡廉舆论氛围。

十是进一步加强纪检监察报刊的出版工作、电教工作。《中国纪检监察报》、《中国监察》被中央宣传部确定为重点党报党刊，纳入了中央新闻媒体序列；中国方正出版社出版的《居安思危》、《中国廉政文化丛书》得到党中央和中央纪委领导同志的好评；中央纪委电教中心筹拍的《伟大长征》、《新农村建设带头人》电视系列片，得到了中央组织部、中央宣传部的好评。实践证明，反腐倡廉"大宣教"发挥了越来越重要的作用，得到了方方面面的普遍认同。

（作者：中共中央纪律检查委员会副书记）

深入开展治理商业贿赂专项工作推动科学发展促进社会和谐

李玉赋

深入开展治理商业贿赂工作是贯彻落实科学发展观的必然要求，是适应国际国内经济发展形势的客观需要，是维护人民群众切身利益的有效举措，是拓展反腐倡廉工作领域的重要方面。我们要以十七大精神为指导，扎实推进治理商业贿赂工作，不断取得新成效。

一、开展治理商业贿赂专项工作是党中央、国务院审时度势、统揽全局作出的一项重大决策

2005年7月27日，胡锦涛总书记作出重要批示，深刻指出了商业贿赂的危害性，提出了解决商业贿赂问题的指导方针和总体要求。2005年12月，中共中央政治局常委会召开会议研究治理商业贿赂问题。2006年2月8日，中共中央办公厅、国务院办公厅印发了《关于开展治理商业贿赂专项工作的意见》，对治理商业贿赂作出全面部署。在中央纪委全会和国务院廉政工作会议上，胡锦涛总书记和温家宝总理分别对治理商业贿赂专项工作提出了明确要求。为加强对治理商业贿赂专项工作的组织领导，中央成立了由中央书记处书记、中央纪委副书记何勇同志任组长的治理商业贿赂领导小组，并在中央纪委监察部设立办公室承担日常工作。

通过两年来的实践，我们进一步认识到，开展治理商业贿赂专项工作，是党中央、国务院科学分析和把握我国经济社会发展呈现出的阶段性特征，审时度势作出的一项重大决策，意义重大、影响深远。

第一，从经济层面看，商业贿赂使市场经济固有的价值规律以及竞争规则无法正常发挥作用，不仅造成物价虚高，严重损害广大消费者和经营者的合法权益，而且严重影响经营者创新积极性，妨碍了我国自主创新能力的提高和创新型国家的建设。坚决治理商业贿赂，进一步规范市场秩序，可以不断提高配置资源的效率，对增强经济活力，促进经济又好又快发展将起到重要作用。

第二，从政治层面看，商业贿赂滋生腐败行为和经济违法犯罪，既败坏了商业风气，也腐蚀了干部队伍，影响了社会和谐和政治稳定。坚决治理商业贿赂，规范市场交易行为和领导干部从政行为，有利于制约权力的行使，防止权力的滥用和寻租；也反映了人民群众的愿望和要求，有利于改善民生，实现好、维护好、发展好最广大人民群众的根本利益。

第三，从社会文化层面看，商业贿赂损害商业信用、败坏商业道德、恶化社会风气，造成整个社会的道德滑坡，助长了尔虞我诈、背信弃义、损人利己等歪风邪气。坚决治理商业贿赂，倡导诚实守信、公平竞争，引导干部群众和广大经营者自觉遵守社会基本规范和商业道德，可以推动知荣辱、讲正气、促和谐良好社会风尚的形成。

第四，从对外交往层面看，商业贿赂恶化我国投资环境，损害我国国际形象，削弱我国国际竞争力，影响了国际社会对我国投资环境和商业活动的正面评价。坚决治理商业贿赂，可以不断优化投资环境和规范企业对外投资合作，为我国实施好互利共赢开放战略，在激烈的国际竞争中掌握主动权，形成参与国际经济合作

和竞争新优势发挥积极作用。

二、治理商业贿赂专项工作复杂而艰巨，必须进行理性思考，从战略和全局的高度正确加以把握

治理商业贿赂专项工作涉及经济、政治、文化和社会生活等方方面面，是一项系统工程。我们必须把治理商业贿赂工作放在改革发展稳定的全局中来考虑，放到完善社会主义市场经济体制的背景下来谋划。

第一，要弄清商业贿赂的基本含义。我国对商业贿赂行为治理比较早，但对商业贿赂作出明确的法律规定比较晚。有些法律法规涉及商业贿赂问题，但界定不清楚。原国家工商行政管理局1996年发布的《关于禁止商业贿赂的暂行规定》，是惟一针对商业贿赂的专门规定，其中第二条明确："本规定所称商业贿赂，是指经营者为销售或者购买商品而采用财物或者其他手段贿赂对方单位或者个人的行为。"

治理商业贿赂专项工作开展后，我们多次召开专题座谈会，对商业贿赂的定义进行了研讨。在综合各方面意见的基础上，中央治理商业贿赂领导小组制发的《关于在治理商业贿赂专项工作中正确把握政策界限的意见》提出：商业贿赂是在商业活动中违反公平竞争原则，采用给予、收受财物或者其他利益等手段，以提供或获取交易机会或者其他经济利益的行为。

这样规定，一是为专项治理工作服务。鉴于商业贿赂的广泛性和复杂性，现在的表述涵盖面要比法律法规和规章宽一些，这为在更大范围内开展专项治理工作提供了政策性依据。二是与国际条约相衔接。我国政府于2003年12月签署了《联合国反腐败公约》，全国人大常委会于2005年10月批准加入了该《公约》。《公约》界定的贿赂犯罪就包括私营部门内的贿赂。三是注意前瞻性。《意见》弥补了现有法律法规中不够完善的地方。如在手段上，规定为"财物或者其他利益"，比《刑法》的规定更有弹性；在对象上，将应该包括的治理的行为和主体都纳了进来；在判断标准上，没有将为他人谋取利益作为商业贿赂成立的条件。

第二，要明确专项治理的范围和重点。商业贿赂涉及经济社会生活的许多方面，情况复杂，表现形式多样，开展专项工作必须明确治理范围。就治理的行为而言，包括不正当交易行为、一般违法行为和犯罪行为三个层次。就治理的主体而言，既包括各类公司、企业及其从业人员，个体工商户以及其他经营者和社会团体、行业自律组织、社会中介组织及其从业人员；也包括国家机关、事业单位、人民团体及其工作人员等。就治理的现象而言，既包括给予、收受财物，也包括给予、收受其他利益等。

专项治理工作要着力解决公益性强、与人民群众切身利益密切相关、严重破坏市场秩序的问题。治理的重点是工程建设、土地出让、产权交易、医药购销、政府采购、资源开发和经销六大领域，以及银行信贷、证券期货、商业保险、出版发行、体育、电力、质检、环保九个方面。因为这些领域和方面存在问题多，社会反应强烈，治理好了这些领域和方面，就解决了大部分问题，对其他方面也可以起到促进作用。

第三，要注意把握和处理好几个重要关系。一是严厉惩治与有效预防的关系。商业贿赂给国家、社会和人民群众造成很大危害，必须依法查处违反国家法律的商业贿赂案件。不这样，就不能遏制商业贿赂蔓延的势头，也无以取信于民。同时，必须惩防并举，注重预防，按照构建惩治和预防腐败体系的要求，着力从源头上防治商业贿赂。二是整体推进与突出重点的关系。商业贿赂在一些领域和行业比较普遍，要坚持从实际出发，善于抓主要矛盾，在全面推进中突出重点，扭住关键，逐步达到既定目标。三是集中治理与长抓不懈的关系。在工作之初，面对商业贿赂在一些领域和行业严重存在的状况，必须集中一段时间进行专项治理，遏制其滋生蔓延的势头。但要看到，商业贿赂有其赖以存在的土壤和条件，解决这个问题要有一个过程，不可能毕其功于一役。必须树立长期作战

的思想，锲而不舍地抓下去。四是治理商业贿赂与维护大局的关系。专项治理工作必须紧紧围绕经济建设这个中心，从国家的整体利益出发，始终注意维护改革发展稳定的大局。切实做到既要遏制商业贿赂，又要保持正常的生产经营，维护社会稳定，推动改革和对外开放，实现政治、经济、法律和社会效果的统一。五是治理商业贿赂与从严治政的关系。一方面要进一步加强对经营者的监管，促进行业和企业自律；另一方面要强化对权力运行的监督和制约，将权力和资源相对集中、容易发生权钱交易的领域和环节作为重点，严格规范和监督行政审批权和行政执法权的行使。六是坚持依法办事与把握政策界限的关系。要坚持宽严相济，该严则严，该宽则宽，讲究策略，注重效果。要严格区分正常的商业活动与不正当交易行为、违纪违规与违法犯罪的界限，综合运用政治、法律和经济等多种手段，区别不同情况，实事求是地作出处理。

第四，要选准工作的切入点。在工程建设领域，要围绕规划和市场准入、土地使用权出让、项目招标投标、工程发包分包、材料设备采购、项目预决算、项目验收、质量监督等环节，认真开展专项治理。在土地出让领域，要从经营性土地使用权招标拍卖挂牌出让，探矿权、采矿权出让，土地整理等项目发包，土地、矿业权评估方面入手，发现问题，认真查处。在产权交易领域，要针对企业国有产权进场交易，协议转让、规范操作、披露信息等环节，对不按规定进行交易、提供虚假会计资料或违规办理会计事项、低估或漏估国有资产等问题，进行纠正和治理。在医药购销领域，要着重治理医疗机构及有关人员在药品、医用设备、医用耗材等采购和临床活动中收受企业及其经销人员给予财物、回扣或提成的行为；重点查找药品监管系统评审审批、认证发证、检验检测、稽查处罚等关键环节中的问题，严肃查处违法违纪案件。在物资采购领域，要针对项目委托、招标谈判文件的制订等商业贿赂易发多发环节，纠正有意逃避集中采购的行为，重点治理采购机构和人员、评审人员和监管部门存在的问题。在资源开发和经销领域，要着重检查矿产、海洋等资源的开发权出让，发放勘查许可证、采矿许可证等方面的问题，抓好资源利用项目承（发）包单位和土地、矿权评估单位的治理工作。其他九个方面也要选准切入点，增强工作实效。

第五，要与构建惩治和预防腐败体系等工作结合起来。治理商业贿赂不是一项孤立的工作，与经济建设、政治建设、文化建设、社会建设和党的建设密切相关，必须融入其中，形成互动，增强专项治理的综合效应。一要与构建惩治和预防腐败体系相结合。开展治理商业贿赂专项工作是建立健全惩防体系的重要措施，必须纳入构建惩防体系的整体框架中，通盘考虑，统筹安排。二要与加强领导干部作风建设相结合。要把治理商业贿赂的要求融入领导干部作风建设中，不断增强领导干部的忧患意识、公仆意识、节俭意识，使其讲党性、重品行、作表率，自觉抵御和坚决反对商业贿赂，防止以权谋私、权钱交易。三要与纠正损害群众利益的不正之风相结合。治理商业贿赂要贯彻纠风工作的要求，从解决人民群众最关心、最直接、最现实的利益问题入手，使人民群众的合理诉求得到及时解决，合法权益得到有效维护。

第六，要注意借鉴国外治理商业贿赂经验。发达国家搞市场经济比较早，商业贿赂的现象出现也比较早，采取的治理对策有一些共同点，值得借鉴。一是法律制度比较完善。对各种形式的贿赂作了界定，并规定了相应的惩治措施，为治理商业贿赂提供了有力保障。二是依法打击加大力度。许多国家的刑法在规定受贿罪时，都将犯罪主体扩展到企业等私营部门的雇员；对贿赂手段也规定得比较宽泛，不仅指提供财物，还包括提供娱乐、性服务、就业机会、旅游等其他利益。三是推行政务公开和经济透明。针对商业贿赂是隐蔽的犯罪活动这一特性，许多国家坚持政务公开和经济透明，将其作为防止商业贿赂的重要手段，大大降低了商业贿赂发生的可能性。四是监督机制健全有效。有的国家通过金融监管机构，时刻关注企业和个人的金融信息，加强对企业经营活动和个人经济状况的监控。通过新闻媒体，及时揭发商业贿赂问题，引起社会的广泛关注，从而达到较好的监督效果。

三、经过各方面共同努力，治理商业贿赂专项工作进展顺利，取得了重要的阶段性成果

党中央、国务院作出开展治理商业贿赂专项工作重大决策以来，各地区各部门按照中央的部署和要求，认真抓好各项任务的落实，扎实推进专项治理工作。中央治理商业贿赂领导小组及其办公室做了大量工作，在推进治理商业贿赂专项工作方面发挥了重要作用。总体来看，治理商业贿赂专项工作扎实有序地向前推进，取得了重要的阶段性成果。

第一，通过开展自查自纠，全社会普遍受到了反商业贿赂教育。全国有260多万个企业事业单位开展了自查工作，49个行业主管（监管）部门及其系统也进行了自查自纠，收缴不当所得近12亿元，纠正了一些不正当交易行为，解决了一些突出问题。通过自查自纠，扭转了一些错误观念和看法，党员干部的法治理念和服务意识、责任意识明显增强，广大经营者依法合规经营的观念逐步树立，靠送礼行贿获得交易机会和商业利益的潜规则在一些地方和行业正在得到纠正。

第二，通过加大惩治力度，商业贿赂滋生蔓延的势头得到了初步遏制。各级司法机关、行政执法部门认真履行法律赋予的职责，依法查处了一批性质恶劣、情节严重、影响面大的商业贿赂案件，严惩了一批违法犯罪分子。据统计，2005年8月至2007年8月，全国共查结商业贿赂案件31119件、涉案金额70.79亿元，其中涉及公务员的案件6971件、涉案金额17.13亿元。坚决查办商业贿赂案件，产生了明显的震慑作用，一些领域如医药购销中的商业贿赂发案率有较大幅度下降，一些人民群众反映强烈、社会普遍关注的热点问题开始得到解决。

第三，通过改革和制度创新，防治商业贿赂长效机制建设取得了积极进展。各地区各部门把治理商业贿赂的要求寓于各项改革措施之中，加快推进行政审批制度、财政管理体制、投资管理体制和产权交易、土地出让、物资采购及建设工程招标投标等方面的改革。与防治商业贿赂相关的法律法规逐步完善。十届全国人大常委会第二十二次、第二十九次会议分别审议通过了刑法修正案（六）和反垄断法，国务院有关部门共制定修改相关规范性文件近400件，各省（区、市）也结合实际制定了一批防治商业贿赂的地方性法规和政府规章。企业内控机制建设也取得了较大进展。

在肯定成绩的同时，我们也清醒地看到，治理商业贿赂工作取得的成效是阶段性的，离中央的要求和人民群众的期望还有不小的差距。当前，商业贿赂在一些领域和行业仍然比较严重，表现形式更趋多样，手段更加诡秘，治理商业贿赂专项工作任重而道远。

四、认真贯彻落实十七大精神，深入推进治理商业贿赂专项工作

十七大报告指出："实现未来经济发展目标，关键要在加快转变经济发展方式、完善社会主义市场经济体制方面取得重大进展。"中央纪委在向十七大的工作报告中明确提出，要"继续深入开展治理商业贿赂专项工作，既要严厉惩处受贿行为，又要严厉惩处行贿行为。加大对企业和其他取得收入的组织在国（境）内外经营活动中商业贿赂行为的惩处力度，依法查处国（境）外经济组织在我国内地的商业贿赂行为"。我们要按照中央的要求，进一步统一思想认识，明确工作思路，采取更加有力的措施，深入推进治理商业贿赂专项工作。当前，要突出抓好六个方面的工作。

第一，进一步做好整改工作，巩固和扩大自查自纠的成果。各地区各部门要紧紧围绕自查

自纠的重点环节和主要目标，看一看经营者是否普遍受到了教育，错误观念和不正当交易行为是否得到了纠正，依法合规经营的意识是否有所增强；看一看行业管理者是否找准了监管工作中的薄弱环节和漏洞，有没有采取有效措施加强和改进监管工作；看一看对发现的商业贿赂案件线索是否及时移交，涉案人员有没有受到恰当处理；看一看是否针对体制机制和制度存在的弊端，提出了改革完善的意见。要认真梳理前一段整改情况，对虽已整改，但效果不够好的问题，要强化整改措施，进一步抓好落实；对尚未整改的问题，要制定有效的整改措施，明确整改期限、责任单位和责任人员；对自查自纠工作成效不明显，甚至敷衍了事、“走过场”的部门和单位，要责令其纠正并“补课”。

第二，进一步加大查办案件工作的力度，有效遏制商业贿赂蔓延的势头。一要在查办商业贿赂大案要案方面取得新突破。重点查办土地出让、产权交易、工程建设和食品药品安全、环境保护、金融等重点领域和重点方面的案件；严肃查处国家公务员特别是领导干部利用审批权、执法权和司法权在商业活动中搞官商勾结、索贿受贿的案件；坚决打击严重损害群众利益，给国家、社会造成重大损失的违法犯罪行为。二要在查处行贿行为方面取得新进展。要针对商业贿赂的发案特点和规律，既要保持查处受贿行为的力度，又要重视对行贿行为的查处，依法惩治行贿犯罪活动的单位和个人。三要在健全查处商业贿赂案件协调机制方面取得新成效。要采取更加积极主动的措施，加大纪检监察机关、司法机关、行政执法部门和行业主管（监管）部门之间的协作配合力度，努力实现信息共享、相互支持，形成办案合力。同时，要在《联合国反腐败公约》等国际条约的框架内，切实加强与其他缔约国在遣返和引渡商业贿赂犯罪分子、追回涉案赃款等方面的合作，严厉打击跨国公司在华行贿人员和外逃商业贿赂犯罪分子。

第三，进一步推进源头治理，加快市场诚信体系的建设。推进市场诚信体系建设是健全现代市场体系的必要条件，有利于营造公平竞争的市场环境，维护正常的经济秩序，是从源头上防治商业贿赂的治本之策。在这方面要加快形成五个机制：一要抓紧建立市场诚信记录机制，完整、准确、及时地记录企业、个人在经济社会活动中的市场诚信情况，实行归档管理。二要抓紧建立市场信用信息公开共享机制，探索建立全国统一的市场诚信平台，实现跨地区、跨部门的市场诚信记录联网，使失信的市场主体寸步难行、无处立足。三要抓紧建立信用信息供求机制，积极培育诚信服务市场，扩大市场诚信产品的需求，努力发展种类齐全、功能互补、依法经营、有市场公信力的信用服务机构，增加信用产品的有效供给。四要抓紧建立失信惩戒机制，严厉惩治失信市场主体，使违法失信的市场主体在公共服务、银行信贷等方面失去便利，在生产经营中减少机会，增加违法成本，付出沉重代价。五要抓紧建立诚信宣传教育机制，增强生产经营者的诚信意识和守法意识，营造“有信者荣、失信者耻”的社会氛围。

第四，进一步深化改革，规范和约束权力的行使。要以转变政府职能为核心，深化行政审批制度改革，规范审批行为，创新审批方式。要加快土地出让和矿业权出让的市场机制建设，推进无偿占有国家出资形成的探矿权、无偿取得的采矿权的有偿处置工作，加强企业国有产权交易信息监测系统建设，修订有关工程建设的行政许可、行政裁决办法和资质管理规定，改进药品注册审批办法，推行政府采购电子化，建立和完善政府投资监管体系，健全金融监管制度。要进一步完善政务公开制度，推进学校、医院等公共事业单位办事公开制度，促进权力规范、透明运行。

第五，进一步制定完善相关法律法规，健全防治商业贿赂制度体系。要完善刑法关于惩治商业贿赂犯罪的有关规定，认真贯彻落实反垄断法，制定或修订招标投标法实施条例、政府投资条例、政府采购法实施条例、反不正当竞争法等。要加强立法解释和司法解释工作，加大法律法规执行力度，确保有关规定得到全面准确的落实。要研究与《联合国反腐败公约》的衔接问题，适时提出有关法律的修正案。

第六，进一步加强宣传教育，大力营造良好的社会氛围和环境。要注意运用不同载体，扩大传播范围，采用群众喜闻乐见的形式，使反商业贿赂的宣传教育更加贴近实际、贴近生活、贴近群众，更富有亲和力、吸引力、渗透力。要发掘汲取传统文化中重诚信、讲操守的美德，打造健康的商业文化。要把治理商业贿赂的宣传教育与普法教育、诚信教育和廉政文化建设结合起来，针对不同对象采取行之有效的方式进行。

（作者：中央纪委副书记、中央治理商业贿赂领导小组副组长兼办公室主任）

附录：深圳市公布10起商业贿赂典型案件

据《深圳商报》2007年12月13日报道，2006年3月到2007年10月间，深圳市共查处商业贿赂案件242宗，涉案总金额1.16亿元，其中涉及国家公务员的案件96宗，涉案金额为5900多万元，涉及厅局级干部6名。12月12日，深圳市治理商业贿赂领导小组办公室召开首次新闻发布会，公布了深圳市自2006年3月29日启动治理商业贿赂专项工作以来的进展情况，通报了10起商业贿赂违法犯罪的典型案件，包括影响极大的公明街道办原副主任林建荣受贿案和三九工程公司原副总经理林文清受贿“窝案”。

★深圳市宝安区公明街道办事处原副主任林建荣受贿案。2001年至2006年间，林建荣在担任公明国土所所长和公明街道办事处副主任期间，利用职务之便，在土地出让、工程建设等方面贪污，并先后收受贿赂人民币466万元、港币41万元、美元1万元。2007年11月，深圳市中级人民法院一审判处林建荣死刑、缓期2年执行。同时认定其犯贪污罪、诈骗罪、玩忽职守罪、故意伤害罪等多项罪名。数罪并罚决定执行死刑，缓期2年执行。

★深圳市三九工程开发总公司原副总经理林文清受贿案。2003年2004年间，林文清利用职务之便，在开发深圳南山区科技园的“碧海湾城”项目中，采取减免地价方式，为他人谋取利益，伙同他人收受贿赂共计人民币198.5万元。2007年7月，深圳市中级人民法院判处林文清有期徒刑3年，缓刑4年。

★深圳市中诚建设工程有限公司原董事长柯志雄行贿案。2004年2月至11月间，柯志雄在开发深圳南山区科技园的“碧海湾城”项目中，为感谢林文清和林长兴在工程项目中的各种关照，先后行贿人民币198.5万元。2006年7月，南山区人民法院判处柯志雄有期徒刑2年，缓刑3年。

★深圳市鸿信诚建筑工程有限公司原董事长颜昌文行贿案。2002年至2005年间，颜昌文在承接深圳市职业技术学院学生宿舍楼工程中，为感谢汇博投资发展有限公司总经理杨路在招标工程、施工和工程款拨付上的关照，先后行贿人民币83万元。2006年6月，南山区人民法院判处颜昌文有期徒刑1年，缓刑2年。

★深圳市规划国土局南山分局地政科原科员吴育基受贿案。1999年至2004年间，吴育基利用职务之便，在征收土地、赔偿青苗费过程中，以多给补偿费等方式为他人谋取利益，先后收受贿赂共计人民币105.5万元。2006年2月，南山区人民法院判处吴育基有期徒刑7年。

★罗湖区中医院原院长陈少辉受贿案。2000年至2005年间，陈少辉利用对莲塘区医院、田贝门诊部有监督、检查和管理的职务便利先后收受贿赂共计人民币 45.58 万元。2006 年 8 月，罗湖区人民法院判处陈少辉有期徒刑 4 年。

★盐田区物业管理中心原副主任汪国栋受贿案。2001 年至 2003 年间，汪国栋利用职务之便，通过泄露评委名单，对投标单位有意打高分等手段，为企业提供方便，使该企业在盐田区政府采购中多次中标，先后收受贿赂共计人民币 89 万元。2006 年 7 月，深圳市中级人民法院判处汪国栋有期徒刑 6 年。

★盐田区教育局原电教教研员高仙林受贿案。2002 年至 2004 年间，高仙林在负责盐田区中小学信息技术教学工作和盐田区教育系统标准化、校园网络建设等项目期间，利用职务之便在合同签订、验收、结算中为企业提供方便，共计收受贿赂人民币 67.8 万元。2006 年 8 月，盐田区人民法院以受贿罪判处高仙林有期徒刑 10 年。

★深圳市罗湖区旧城改造办公室工程师陈树兴受贿案。1997 年初至 9 月间，陈树兴在负责深圳市中威物业有限公司工程项目地价测算期间，少计算建筑面积 399.4 平方米，使该公司少交地价款 114.11 万元。为感谢陈树兴的关照，中威物业公司将市场价 30 多万元的房屋以 15 万元售与陈树兴的妹夫。2007 年 7 月，盐田区人民法院判处陈树兴有期徒刑 2 年，缓刑 3 年。

★深圳市人民医院药学部副主任医师李盾受贿案。2002 年至 2005 年间，李盾利用职务之便，在药品招标过程中，为有关药商谋取利益，单独或伙同他人收受贿赂共计人民币40.92 万元。2007 年 8 月，盐田区人民法院以受贿罪判处李盾有期徒刑 11 年，犯巨款财产来源不明罪，判处有期徒刑 1 年，决定执行有期徒刑 12 年。

成立国家预防腐败局的重要意义和主要职责

马　駇

成立国家预防腐败局是我国第一次设立的国家级专门预防腐败的机构，必将促进我国预防腐败工作进一步深入开展。

一是有利于协调各部门预防腐败的相关工作，形成预防腐败的整体合力。国家预防腐败局首要的职责是负责全国预防腐败工作的组织协调、综合规划、政策制定、检查指导。随着改革的深入，有些根本性、综合性的从源头上预防腐败措施，需要多个部门协同配合才能有效实施，国家预防腐败局可以在其中发挥组织协调作用，保证目标的实现。

二是有利于拓展工作领域，形成全社会预防腐败的良好局面。国家预防腐败局的工作范围除了涵盖党和国家机关外，还将企业、事业单位以及社会团体、中介机构等各类社会组织纳入了统一协调、综合指导的范围，拓展了预防腐败的工作领域和覆盖面，有利于增强预防腐败工作的整体效果。

三是有利于增强预防腐败能力，提高工作的专业化水平。成立国家预防腐败局，我们就有了一支专门的队伍，能够长期专注于预防腐败工作。通过采集、分析有关信息，建立反映廉政状况的指标体系，深入腐败高风险的领域和部位，建立腐败预警机制，推动制定、实施预防腐败的法规制度和政策措施，积极进行组织协调和监督指导，从而提高预防腐败的前瞻性、科学性、针对性和有效性。

四是有利于加强预防腐败的国际交流与合作。腐败是国际社会共同面临的课题。通过国际交流与合作来预防和打击腐败，是国际社会的共识。加强这方面工作，有助于形成对我国反腐败有利的国际舆论环境，有利于借鉴国际社会预防腐败的经验，促进国内的反腐倡廉建设。成立国家预防腐败局，是我国履行《公约》规定义务的重要体现，展示了我国负责任大国的良好形象，向全世界展示了我们党和国家预防腐败的坚强决心和有力措施，对我国今后开展预防腐败的国际合作，将产生重要而积极的影响。成立国家预防腐败局还使我国开展预防腐败国际交流与合作和国际援助有了归口机构，有利于这项工作的统筹规划、统一部署和协调行动。

国家预防腐败局的职责有三项：第一项职责是负责全国预防腐败工作的组织协调、综合规划、政策制定、检查指导。内容主要包括以下四个方面：一是加大组织协调力度，建立预防腐败协调机制。按照党中央、国务院和中央纪委全会关于预防腐败的工作部署，组织协调各地区、各部门贯彻落实。抓好分工协作，建立相关部门工作协调机制，及时组织研究解决工作中遇到的问题。积极参与惩治和预防腐败体系实施纲要的组织实施工作。二是加强综合规划，统筹安排，有计划、分步骤地推进预防腐败工作。要组织有关部门采集和研究分析腐败状况以及与腐败相关的信息，建立信息共享机制；要分析识别腐败高风险的领域和部位，建立反映廉政状况的指标体系；要及时汇总相关信息，定期分析评估各地区、各部门预防腐败工作情况和效果，提出工作规划和建议。三是搞好政策制定和制度建设，充分发挥政策的指导作用和制度的保证作用。通过组织评估改革措施的廉政风险，推动建立腐败预警机制，将预防腐败的要求体现在有关改革措施和政策规定之中。广泛听取各部门、相关社会组织、专家学者和人民群众意见，集思广益，制定和组织制定预防腐败政策和法规制度，提高这项工作的规范化、法制化水平；四是强化检查指导，推动工作落实。加强对党中央、国务院和中央纪委关于预防腐败的决策部署贯彻执行情况，以及相关政策法规执行情况的监督检查，注意发现工作中的问题和不足，及时研究提出改进和解决的对策；搞好分类指导，组织开展预防腐败措施的试点工作；严格责任考核，强化责任追究。

第二项职责是协调指导企业、事业单位，社会团体、中介机构和其他社会组织的防治腐败工作。这是国家预防腐败局一项有特色的职能，也是预防腐败工作进一步深化的重要体现。以往我们还没有一个专门机构负责在社会领域中开展预防腐败工作。腐败不仅发生在党政机关、公共领域和公职人员中，也会发生在各种非公共领域、私营机构及其工作人员中；不仅出现在国内交往中，也会出现在国际交往中。这是国际社会的共识。《联合国反腐败公约》也对加强私营机构的防治腐败工作作出了规定。预防腐败是一项需要全社会共同努力做好的工作。在社会领域开展防治腐败工作是社会建设的重要组成部分。国家预防腐败局在这方面的职责主要包括：提出企业、事业单位开展预防腐败工作的指导性意见；协助有关行业组织建立行业自律制度和机制；在商务活动领域防范商业贿赂；在农村自治组织和城市社区开展预防腐败工作；在全社会开展廉洁教育，加强对廉政文化建设的指导，宣传预防腐败的办法和措施，提高社会各界防范和抵制腐败的能力。

第三项职责是负责预防腐败的国际合作和国际援助。这项职责是《联合国反腐败公约》对缔约国预防腐败机构的要求。在人员、资金跨国流动日趋频繁的全球化背景下，许多腐败问题单纯依靠一国的力量难以解决，加强国际合作和国际援助已经成为有效防治腐败的重要手段。这方面的工作主要包括：在《公约》框架下，根据我国对外工作的需要以及所承担的国际义务，借鉴国外预防腐败的经验，改进国内预防腐败工作；在符合我国国家利益的前提下，争取技术支持和相关帮助；对其他国家的预防腐败工作提供力所能及的援助；与国际组织和相关国家开展积极、稳妥的信息情报交流；加强各种国际交往中的预防腐败工作，维护国家形象。

（作者：国家预防腐败局局长）

把反腐倡廉建设放在更加突出的位置

——学习胡锦涛同志在中央党校重要讲话的体会

许云昭

胡锦涛同志 6 月 25 日在中央党校发表重要讲话时强调，各级党委要充分认识反腐败斗争的长期性、艰巨性、复杂性，把反腐倡廉建设放在更加突出的位置，坚持标本兼治、综合治理、惩防并举、注重预防的方针，建立健全教育、制度、监督并重的惩治和预防腐败体系，在坚决惩治腐败的同时，更加注重治本，更加注重预防，更加注重制度建设，加强领导干部廉洁自律工作，坚决查办违纪违法案件。这些论述和要求，对于当前和今后一个时期的反腐倡廉工作具有很强的针对性，具有十分重要的指导意义。我们纪检监察机关的同志一定要把思想和行动统一到胡锦涛同志的重要论述和要求上来，深入推进反腐倡廉建设。

一、要全面把握和深刻理解胡锦涛同志关于反腐倡廉重要论述和要求的精神实质和重大意义，切实统一和提高思想认识

胡锦涛同志关于反腐倡廉工作的重要论述，充分体现了继承与创新、理论与实践的有机统一，既重申和强调了坚持反腐倡廉战略方针、惩治和预防腐败体系建设等基本思想和要求，又针对当前反腐倡廉工作面临的新情况、新问题、新挑战，创造性地提出了新的对策和要求。

一是强调了反腐倡廉重在建设。从反腐倡廉工作到反腐倡廉建设，虽然只有两字之差，但意义深远，既是对反腐倡廉理论的重大创新，又是对反腐倡廉工作要求的重要提升。长期以来，有的人习惯于把反腐败看成一种纯属于“破”的工作，而忽视其“立”的一面，这是导致一些同志担心反腐败抓得太严会影响经济、社会发展，甚至影响政治、社会稳定的思想根源。其实“破”与“立”是对立统一的，“破”是“立”的前提和基础，不破不立，立则必破；“破”，意味着“立”的开始，“立”是“破”的出发点和落脚点。如果严重危害党和国家事业的腐败毒瘤不割除，党风廉政建设就无从谈起。可以说，反腐败不仅是一项建设性工作，而且是党风廉政建设乃至党的建设和社会主义建设事业的重要组成部分。因此，反腐倡廉建设的提法符合党风廉政建设和反腐败斗争重要性、长期性和复杂性的特点。

二是强调要把反腐倡廉建设放在更加突出的位置。这是对全党提出的新的更高要求，在党中央已经高度重视反腐倡廉工作的情况下，再强调要把反腐倡廉建设放在更加突出的位置，表明党中央把反腐倡廉工作的重要性提到了新的高度，进一步体现出我们党抓自身建设，坚持党要管党、从严治党，提高党的拒腐防变和抵御风险能力的坚定信心和坚强决心。把反腐倡廉建设放在更加突出的位置，更加适应反腐败斗争关系党和国家生死存亡的极端重要的客观地位。贯彻落实这一要求，必将促使各级各部门各单位特别是主要负责人更加重视反腐倡廉建设，必将有利于进一步落实和强化党风廉政建设和反腐败斗争的领导体制和工作机制，进一步落实和强化党风廉政建设责任制，形成全党全社会高度重视和积极参与党风廉政建设和反腐败斗争的大环境、大气候。

三是强调在坚决惩治腐败的同时，更加注重治本，更加注重预防，更加注重制度建设。这“三个更加注重”的要求，是对标本兼治、综合治理、惩防并举、注重预防方针的丰富和发展，进

一步明确了惩治和预防两项工作的辩证关系；进一步揭示了反腐倡廉工作的根本目的是最大限度地遏制和防止腐败，尽最大可能减少和消除因腐败造成的损失和危害；进一步强调了党风廉政建设和反腐败斗争必须坚持治标与治本两手抓、两手硬的基本方针和原则；进一步指明了立足于从体制机制以及思想意识等源头上消除腐败隐患和漏洞，从根本上治理和防止腐败的基本工作思路和方法、努力方向和目标。在坚决惩治腐败的同时，坚持"三个更加注重"，是反腐倡廉工作深入开展的必然要求。一方面我们要清醒地看到，反腐倡廉任务艰巨。一些领域的腐败现象仍然比较严重，大案要案时有发生，极少数领导干部特别是高中级领导干部的违纪案件影响恶劣，因此，惩治腐败这一手，不仅不能放松，而且必须加大力度。另一方面要清醒地看到，相对惩治腐败而言，预防腐败的工作难度更大，坚决惩治腐败是坚持"三个更加注重"的前提和条件，"三个更加注重"是预防腐败的基础和保障。因此，在坚决惩治腐败的同时，必须坚决落实"三个更加注重"要求，进一步强化治本抓源头的各项工作。

二、要深入贯彻落实胡锦涛同志关于反腐倡廉的重要论述和要求，全面推进反腐倡廉建设

学习胡锦涛同志的重要讲话，关键在贯彻落实。全党同志尤其是各级纪检监察机关的同志，一定要按照讲话精神，深入推进反腐倡廉建设，让新论断新要求体现在工作中，不断取得新的成果。

一要切实把反腐倡廉建设摆上更加重要的位置。要正确处理反腐倡廉建设与经济建设、政治建设、文化建设、社会建设和党的建设的关系，把反腐倡廉建设贯穿于各项建设之中，统筹兼顾，整体推进。要坚持标本兼治、综合治理、惩防并举、注重预防的方针，切实推进惩治和预防腐败体系建设，进一步加强对反腐倡廉工作的领导、指导和督促，经常分析研究反腐倡廉形势和部署安排反腐倡廉工作，及时把握新情况新动向，及时采取切实有效措施解决新问题；要进一步健全和落实反腐倡廉领导体制和工作机制，大力支持纪委履行组织协调反腐倡廉工作的职责，大力支持有关反腐倡廉专门机关和部门开展工作，高度重视社会各界和广大群众有关反腐倡廉方面的诉求，努力保护人民群众的反腐倡廉热情，积极动员和引导广大人民群众参与反腐倡廉工作；要进一步健全和落实反腐倡廉工作责任制，把反腐倡廉工作成果纳入政绩考核范围，并切实加大对反腐倡廉工作执行不力的责任追究力度。

二要继续保持并加大查办案件的力度，坚决惩治腐败。惩治腐败具有巨大的威慑作用，这种作用有可能使某些本来存有以权谋私之心的人放弃谋私之念。同时，惩治腐败也是重要的补救手段，只有用严厉查处的办法来解决问题，才能挽回和减少腐败分子给国家和人民带来的损失。我国改革的深化和制度的完善是一个长期的过程。在这个过程中，过去计划经济体制下不曾发生的腐败现象，完善的市场经济体制中不易产生的腐败现象，都可能发生。在这种情况下，只有惩治腐败有力，才能有效彰显我们党反对腐败的坚强决心，才能更好地凝聚党心民心，团结带领广大党员干部和人民群众共同克服前进道路上的困难，把中国特色社会主义事业不断推向前进。

同时，我们必须依纪依法办案，要掌握政策，区别对待，宽严相济，按照实事求是的原则，正确区分和处理两类不同性质的矛盾。态度要坚决，工作要扎实，遵照中央的要求认认真真地解决问题，保证反腐败斗争健康有序地进行。这些年来，我们党成功地处理了一大批重大案件，并经受了历史的检验，一个重要原因，就是在对人的处理上，既坚决贯彻从严治党、严肃执纪执法的方针，又始终坚持重证据、重调查研究，既严格依纪依法办事，又注意全面地、历史地、合情合理地处理问题，注意社会政治效果，注意从对改革、发展、稳定的大局有利，对党的

事业有利来考虑，既有原则性，也有灵活性，始终坚持了特别慎重的原则。对严重违纪违法而又拒不悔改的，从重处理；对虽有严重错误，但能够主动讲清问题并配合组织查清问题的，从轻或免予处分；对有一般性错误的，给予批评教育，帮助其改正；对经查清事实确属被诬陷的，予以澄清，给予保护。实践证明，坚持实事求是，区别对待，该惩处的坚决惩处，该挽救的尽力挽救，该保护的坚决保护，有利于孤立和打击少数顽固不化的腐败分子，有利于教育和挽救犯错误的干部，有利于支持和保护坚持原则、秉公办事的好干部。

当前和今后一个时期，要认真贯彻实施《中共中央纪委关于严格禁止利用职务上的便利谋取不正当利益的若干规定》，重点查办党员领导干部滥用职权、贪污贿赂、腐化堕落、失职渎职的案件，利用人事权、司法权、审批权、行政执法权谋取私利的案件；严厉查办官商勾结、权钱交易的案件，特别是违规发放、核销贷款的案件，在政府投资项目中搞虚假招标投标的案件，非法批地、低价出让土地或擅自变更规划获取利益的案件，违规审批探矿权和采矿权、参与矿产开发的案件，在企业重组改制中隐匿、私分、转移、贱卖国有资产的案件；严肃查办严重违反津贴补贴有关规定的案件，在征地拆迁、企业重组改制、安全生产、社保基金管理、环境保护、库区移民等方面严重侵害群众利益的案件，领导干部和执法人员为黑恶势力充当“保护伞”的案件；严肃查办发生在工程建设、土地出让、产权交易、医药购销、政府采购、资源开发和经销以及其他领域的商业贿赂案件。同时，要注重针对办案中发现的新情况新问题加强制度建设，把查案的过程变成教育和整改规范的过程。

三要坚决贯彻执行“三个更加注重”要求，切实加大预防腐败的力度。要把预防腐败工作摆在更加突出的位置，切实采取措施，加大预防腐败的力度。预防腐败的根本思路和措施是建立健全教育、制度、监督并重的惩治和预防腐败体系，惩防体系建设的根本目标和任务是形成全党全社会高度重视和积极参与反腐败的局面，形成教育有效、制度管用、监督有力的反腐防腐机制，达到有效遏制腐败，全面改进党风、政风和社会风气的目的。这是十六大以来，以胡锦涛同志为总书记的党中央深入推进反腐倡廉建设的重要战略思路。经过近几年来的努力探索和大胆实践，惩防体系建设已经取得重要的阶段性成果，我们必须认真总结经验，进一步加大建设力度，坚持用改革的办法解决腐败问题。腐败问题的滋生，主要是因为公共权力所涉及的领域在体制机制上存在着某些政策法规缺陷、监督制约真空和寻租的机会。因此，我们要坚持用改革统揽预防腐败的各项工作，不断拓宽预防腐败的领域，根据预防腐败的需要，不断深化改革，完善有关制度，健全有关机制，强化有关保障措施，铲除腐败滋生蔓延的土壤，确保惩防体系建设健康有序地推进。具体地说，就是要着力加强社会主义民主政治建设，建立健全民主治腐的体制机制和方法措施；要着力加强党风廉政法规制度建设，把反腐倡廉建设纳入法制化轨道；要着力加强反腐倡廉教育和廉政文化建设，构筑预防腐败的思想道德机制；要着力加强对公共权力运行的监督制约，建立健全规范有序、公开透明的权力运行机制。

（作者：中共湖南省委常委、纪委书记）

彻底解决“小金库”问题 推动从源头上治理腐败

李汉柏

彻底解决“小金库”问题，就是要深入贯彻落实党的十七大精神，坚持和完善标本兼治、综合治理、惩防并举、注重预防的反腐倡廉战略方针，从源头上防止和减少腐败，重点是深化财政管理体制改革。

一、深刻认识“小金库”问题产生、存在的原因及其影响和危害

“小金库”是长期以来我国经济生活中存在的一种特殊现象。按照国家有关规定，凡违反国家财经法规及其他有关规定，侵占、截留单位收入和应上缴收入，且未列入本单位财务部门账内或未纳入预算管理，私存私放的各项资金均属“小金库”。“小金库”是非税收入泛滥和无序的表现，而且诱发请客送礼、铺张浪费、挪用私分、贪污贿赂等许多问题，也是产生腐败的主要原因之一。尽管“小金库”资金来源不同，表现形式各异，但都具有行业普遍性、手段隐蔽性、政策边缘化和资金使用的挥霍性等共同特点。就其表现形式而言，主要有设立账外账、公款私存、坐收坐支、将“小金库”设在下属未纳入集体核算的企事业单位，以及变为工会等社团组织专用账户性质等。其资金来源更是多达十几种。“小金库”问题的产生和存在有多方面原因，财政管理体制调整变化、财政资金供需矛盾突出、行政事业单位资产管理体制和财务制度不健全、收入分配制度不完善以及行政执法能力建设相对滞后等，导致了“小金库”问题的产生并长期存在。由于缺乏强有力的监管机制和监管手段，“小金库”又具有极强的隐蔽性，“小金库”问题往往禁而不止、管而不停，难以得到有效治理。

二、认真落实中央和省委对反腐倡廉建设的部署要求，彻底解决“小金库”问题

党中央历来高度重视党风廉政建设和反腐败斗争。面对新形势和新任务的要求，党的十七大明确提出要以改革创新精神全面推进党的建设新的伟大工程，并把反腐倡廉建设作为党的建设新的伟大工程的重要组成部分，强调要以完善惩治和预防腐败体系为重点加强反腐倡廉建设。大会批准的中央纪委工作报告提出了今后五年反腐倡廉工作的总体思路和主要任务。其中重要的一个方面就是着力推进改革和制度建设，深化财政管理体制改革，继续完善部门预算、国库集中收付和“收支两条线”管理，规范财政转移支付，严禁设立“小金库”，保证财政资金使用的规范性、安全性和有效性。这为我们推动从源头上治理腐败，彻底解决“小金库”问题提供了充足的依据和有力的保障。

云南省委八届四次全会深入学习贯彻党的十七大和中央经济工作会议精神，紧紧围绕加快建设富裕民主文明开放和谐云南的目标，认真总结了2007年的工作，对2008年的工作作了全面部署。会议着眼于为深入贯彻落实科学发展观创造良好环境，强调要切实加强作风和反腐倡廉建设，认真贯彻落实《实施纲要》，扎实推进惩治和预防腐败体系建设，加强对权力运行的制约和监督，坚决纠正损害群众利益的不正之风，严肃查处违纪违法案件，以优良的党风和政风保证科学发展观落到实处。会议对深化财税体制改革作了专门部署，明确提出要不断深化预算管理改革，进一步加强预算约束，提高

预算执行效率，健全财政监督问效机制，切实抓好非税收入管理，减轻津补贴财政压力。党中央和省委、省政府的高度重视，为我们扎实推进新时期反腐倡廉工作，继续深化财政管理体制改革，推动从源头上治理腐败，彻底解决“小金库”问题创造了有利的条件，奠定了坚实的基础。我们要把思想行动统一到党的十七大和省委八届四次全会精神上来，统一到中央和省委对新时期反腐倡廉建设的决策部署上来，进一步增强责任感和紧迫感，坚持把彻底解决“小金库”问题作为从源头治理腐败的重点工作来抓，推动我省反腐倡廉建设再上新的台阶，为各项改革的顺利推进和全面建设更高水平的小康社会创造良好环境。

三、认真落实解决“小金库”问题的措施和办法，确保从源头上治理腐败取得实效

取缔“小金库”，加大非税收入体系改革力度势在必行。在惩治和预防腐败体系尚未健全、公共监督机制还不成熟的情况下，要促进各项改革深入推进，必须采取严厉措施，彻底解决“小金库”问题，依法规范非税收入，按照党中央、国务院和省委、省政府的有关部署要求，多管齐下，多措并举，突出重点，综合治理，彻底解决“小金库”问题，从源头上有效防止和减少腐败现象的发生。

(一)强化党风廉政教育，加强对权力运行的制约和监督。教育预防是根本。要坚持教育为先、预防为主的思路，深入开展党风党纪教育，以领导干部为重点，加强理想信念教育、权力观教育和党纪国法教育，教育和引导领导干部坚定中国特色社会主义信念，牢记全心全意为人民服务的宗旨，牢固树立正确的权力观、地位观、利益观，自觉遵守党的纪律和国家法律法规，自觉防止滥用职权、谋取私利的行为。要以保持党同人民群众的血肉联系为重点，加强党的作风建设，促使各级领导干部进一步转变作风，讲党性、重品行、作表率，自觉做到顾全大局、令行禁止，坚决维护中央的权威和大政方针的统一性和严肃性；自觉做到秉公用权、廉洁从政，防止手中的权力商品化、庸俗化。要切实改进党政机关作风，坚决纠正形式主义、官僚主义、弄虚作假和奢侈浪费行为，严格控制公务消费，规范公务接待等工作，改善行政管理，提高行政效能。要把教育与管理结合起来，加强对领导干部行使权力的监督，坚持监督关口前移，注重事前监督和防范，完善制约和监督机制，重点加强对领导干部特别是主要领导干部的监督，加强对人财物管理使用、关键岗位的监督，及时发现和纠正存在的问题，杜绝“小金库”问题的产生。同时，把党内监督与各类监督结合起来，增强监督合力和实效，最大限度地堵塞以权谋私的漏洞，保证人民赋予的权力始终用来为人民谋利益。

(二)加强制度建设和创新，形成完善有效的体制机制。制度建设是保证。制度更带有根本性、全局性、稳定性和长期性。要在严格执行现有财税制度和财经纪律的同时，进一步深化财政管理制度改革，健全公共财政体制，抓住重点部位和关键环节，切实加强制度建设，充分发挥制度的刚性约束力，形成完善有效的管理体制和工作机制，为彻底解决“小金库”问题提供有力的制度保证。

一是要严格执行“收支两条线”规定。按照资产管理与预算管理相结合的原则和有关政策，把所有政府非税收入纳入国家财政预算管理之中，并改革和扩大非税收入管理范围。今后凡是能够实行“收缴分离”的非税收入，一律采取“单位开票、银行代收、收入直达(直接上缴财政专户或国库)”的方式收取，截断“小金库”的主要来源。要减少收费环节，取消单位违规开立的收入过渡账户，强化票据管理，加快财、税、库、行联网和电子结算体系建设进程，扩大“税控机”和“财政票据机开票”推广应用面，堵塞“税收”漏洞。推行网络结算、收费一卡通制度，节约收费成本，避免产生乱收、乱罚和收入流失。未经省财政厅批准，任何部门和单位不

得将行政事业性收费转为经营性收费。

二是要加强单位经营性资产管理。加快党政机关公共资产管理制度改革，对行政机关全部经营性固定资产，以及财政全额补助的事业单位与其业务无直接关联的经营性固定资产，按照国家有关政策规定，由省财政厅界定后，划转省非税收入管理局，采取集中管理、公开租赁、委托经营，净收益全额上交省财政预算的方式进行管理，切断行政事业单位“小金库”的重要资金来源，消除目前“收支两条线”管理中存在的经营性收入真空，切实解决一些部门和机构将行政职能事业化，事业职能经营化的问题。对能单独剥离，市场特征明显的资产实行公开拍卖、转让等方式进行处置，盘活国有资产。

三是要切实加大部门预算改革力度。在建立完整、准确的机构、编制人员、车辆编制，以及单位实有人员、车辆等基础信息库的基础上，科学制定定额标准，合理核定基本支出。强化项目支出预算管理，严把项目支出预算关。对重大项目支出预算，必须建立评价和听证制度，通过组织专家评审、评价等方式，把效益好、群众公认、惠及大众的项目优先列入预算。要严格项目支出预算，编制按功能分类和经济分类的复式预算，全面反映项目资金来源、资金具体用途和方向，以便于预算监督和审计监督。项目支出预算须经法定程序先审批，后执行。取消项目结余资金直接结转拨付单位的方式，对当年项目预算结余资金一律先收回同级财政国库，结合项目实施情况和年度单位项目资金安排情况统筹考虑。

四是要扩大国库集中支付范围。在全省全面推行国库集中支付制度，把国库集中支付制度扩大到全部基层预算单位，确保预算资金专款专用。强化预算单位银行账户管理，从严控制新开账户，制止单位将预算资金从“零余额账户”划转实拨资金账户的行为。要紧紧围绕“规范秩序”、“缩小差距”的目标，进一步完善政府采购制度，推行公务卡制度，核定预算单位现金使用额度，控制预算单位现金使用量，防止预算单位以套取现金方式设立“小金库”。

五是要进一步加强单位财务管理。合并单位账务，一个单位只能设立一套账，并按月据实向主管部门和同级财政、审计部门报送会计报表。对非独立核算单位，以及未按《会计法》规定配备会计、出纳和财会责任人的单位，不得开设账户，不得管理和核算资金。除正常的转拨款外，严禁以各种名义在上下级单位之间转移资金，严禁上级单位到下属单位报销支出，严禁下属单位以任何名义给上级单位领导职工发放津贴补贴。单位必须按照有关规定，完整、准确地向财政、审计等监督机关报送财务收支决算，自觉接收社会监督。各部门要加强对下属单位财会人员业务培训，提高预算单位财会人员业务技能和政策水平，提高预算单位财务管理水平和执行国家财经纪律的能力。

六是要强化日常管理和监督。要切实加强对治理“小金库”工作的领导，坚持党委统一领导、党政齐抓共管、纪委组织协调、部门各负其责、依靠群众支持和参与的领导体制和工作机制，认真执行党风廉政建设责任制，形成全省上下一起动手解决“小金库”问题的局面。要建立清理“小金库”横向协调工作机制，完善日常管理、监督和检查等制度，有效整合财政、审计、组织、人事、机构编制、纪检、监察、公安、税务、金融等部门的力量，充分发挥各部门的作用和优势，加强部门协调配合和上下联动，不断强化执法手段，切实加大执法力度。要建立健全信访举报制度，强化社会监督，充分调动各方面的力量，形成解决“小金库”问题的整体合力。

(三)进一步加大执纪执法力度，坚决查办违纪违法案件。查办案件是重点。要把查办案件作为维护纪律的中心环节，始终保持惩治腐败的强劲势头，严肃党纪国法，坚持把解决“小金库”这个突出问题作为资金监管、源头治腐的重点来抓，加大查处涉及“小金库”问题违纪违法案件力度，坚决惩治腐败分子。要严明党纪政纪，重点查办领导干部滥用职权、贪污贿赂、腐化堕落、失职渎职等案件，严肃查办利用人事权、司法权、审批权、行政执法权谋取私利的案件。为从源头上推进防治腐败工作，省委、省政府决定加大执纪执法力度，彻底解决“小金库”问题，并成立了清查省直预算单位“小金库”和规范非税收入管理工作领导小组，切实加强对这项工作的领导。从2008年开始，对省级机关、事业单位、人民团体和社会团体私设“小金库”问题进行全面清查。清查工作结束后，凡设立“小金库”、利用“小金库”资金谋取私利的部门和单位，对其责任人要依纪依法从严查处。触犯刑律的，移送司法机关追究刑事责任。

总之，只有从体制上割断部门单位与收费之间的利益纽带，彻底解决“小金库”问题，国家财政管理秩序才能根本好转，公共资金才能安全运行，国家财政政策才能顺利推行，建立健全惩治和预防腐败体系才能落到实处，从源头上防止和减少腐败才会收到实效。从而为我省全面贯彻落实科学发展观，推动经济社会又好又快发展创造良好的环境，为加快建设富裕民主文明开放和谐云南提供有力的政治和纪律保障。

（作者：中共云南省委常委、纪委书记）

按照“三个更加注重”的要求努力推进反腐倡廉建设

金道铭

党的十七大报告明确指出：“坚持标本兼治、综合治理、惩防并举、注重预防的方针，扎实推进惩治和预防腐败体系建设，在坚决惩治腐败的同时，更加注重治本，更加注重预防，更加注重制度建设，拓展从源头上防治腐败工作领域。”这是党中央在科学判断形势基础上，对新世纪新阶段加强反腐倡廉建设提出的新要求。纪检监察机关必须深刻领会这一论述的精神实质，认真落实“三个更加注重”的新要求，不断开创新形势下反腐倡廉建设新局面。

一、“三个更加注重”的要求是党对新世纪新阶段反腐倡廉建设规律认识的深化

我们党历来高度重视党风廉政建设和反腐败斗争，始终坚持用发展着的马克思主义指导反腐倡廉新的实践。改革开放初期，我们党就提出党风关系执政党生死存亡，要从严治党，“一手抓改革开放，一手抓惩治腐败”。上世纪90年代，党确立了领导干部廉洁自律、查办违纪违法案件、纠正部门和行业不正之风的反腐败三项工作格局。随着改革的逐步深化和反腐败斗争的不断深入，深层次矛盾诱发的腐败问题越来越多地凸显出来。十五大以后，党中央提出了“标本兼治、综合治理”的方针，逐步加大反腐败治本工作力度，注重从源头上预防和治理腐败现象。十六大以来，党中央进一步提出了“标本兼治、综合治理、惩防并举、注重预防”的反腐倡廉战略方针，把反腐倡廉工作融入经济建设、政治建设、文化建设、社会建设和党的建设之中，不断拓展从源头上防治腐败工作领域，党风廉政建设和反腐败斗争成效明显，为从根本上防治腐败奠定了基础。

当前，消极腐败现象仍然比较严重，反腐倡廉形势依然严峻。从国际形势来看，我们仍将长期面对境外敌对势力的西化、分化，面对资本主义腐朽没落思想文化和生活方式的渗透。从国内来看，我国经济社会发展正处于改革发展的关键时期，经济体制深刻变革，社会结构深刻变动，利益格局深刻调整，思想观念深刻变化。在这个历史阶段，体制机制还不完善，法律法规体系还不健全，新兴事物不断出现，利益矛盾复杂交织，滋生腐败的土壤和条件很难在短时间内完全消除，过去计划经济体制下不曾发生的腐败现象，在市场经济条件下就有可能发生。同时，由于我们党长期执政，很容易使党内一些人产生脱离群众等倾向，党的领导方式和执政方式、领导体制和工作机制与社会主义市场经济体制的要求还不完全适应，客观上存在腐败现象滋生的空间和漏洞。

这些特点决定了新形势下反腐倡廉建设面临有利条件与不利因素、成效明显与问题突出并存的复杂局面，深入推进反腐倡廉建设，必须采取更加有力的措施，努力从根本上遏制和减少腐败现象的发生。党的十七大报告提出“三个更加注重”的要求，抓住了新的历史时期深入推进反腐倡廉建设的核心和关键，是反腐倡廉建设向纵深发展的必然要求，是在发展社会主义市场经济条件下更好地防治腐败的必由之路。

二、“三个更加注重”明确了新世纪新阶段反腐倡廉建设的前进方向和关键环节

“三个更加注重”的要求，对新世纪新阶段

反腐倡廉建设的工作着力点做了新概括，明确了从根本上治理和防止腐败重点抓什么、怎么抓的基本思路和方法，是一个环环相扣、有机统一的科学体系。

(一)坚决惩治腐败是落实“三个更加注重”的基本前提

放弃这个前提，就不能震慑腐败分子，有效遏制腐败多发易发的势头；就不能彰显我们党反腐败斗争的决心，增强人民群众的信心。强调“三个更加注重”，决不是要放松惩治腐败工作，而是要在更高的标准上加大惩治腐败的工作力度。只有惩治有力，才能增强教育的说服力、制度的约束力、监督的威慑力和预防的推动力。

(二)更加注重治本，是对反腐倡廉建设的总体要求

治本的目的在于从根本上解决腐败问题，着眼于事前防范，使党员干部不犯错误或少犯错误。更加注重治本，就是要求反腐倡廉工作从侧重遏制、侧重治标转移到标本兼治、惩防并举、重在治本上来。更加注重治本的核心在于通过预防和制度建设，坚决铲除腐败现象滋生蔓延的土壤，有利于巩固惩治腐败的成果，降低反腐败工作的成本，对于反腐倡廉建设具有事半功倍的作用。否则，腐败现象就会查不胜查，纠而复生。

(三)更加注重预防，是治本的重要手段

有效预防腐败，教育是基础，制约和监督权力是关键，要防患于未然。要加强思想道德教育、法纪教育和廉政文化建设，打牢思想道德基础，筑牢党纪国法防线。要以改革统揽预防腐败的各项工作，加强监督，关口前移，建立健全与社会主义市场经济体制相适应的惩治和预防腐败体系。

(四)更加注重制度建设，是治本的关键环节

制度带有根本性、全局性、稳定性和长期性。加强制度建设和创新，形成完善有效的制度体系，是反腐倡廉的治本之策，是惩防体系建设的根本任务和基本目标，也是标本兼治的成果体现和根本保障。要紧紧抓住容易滋生腐败现象和不正之风的重点环节，着力提高制度的科学性，加强制度的系统性，维护制度的权威性，坚持用制度管权、管事、管人，着力解决“无制度可用”、“制度不管用”和“有制度不用”的问题。

三、按照“三个更加注重”的要求，以改革创新精神推进反腐倡廉建设

贯彻“三个更加注重”的要求，就要以改革创新的精神推进反腐倡廉建设，拓展从源头上防治腐败的工作领域，努力形成全方位防治腐败的战略屏障。

(一)深入开展反腐倡廉教育，筑牢拒腐防变的思想道德防线

要紧紧抓住改造主观世界、提高领导干部思想政治品质、增强心理素质这个根本，进一步加强理想信念教育、思想道德教育、法纪教育，积极推进廉政文化建设，探索建立社会主义核心价值体系。要进一步完善大宣教格局，把反腐倡廉教育融入基础教育、国情省情教育、形势政策教育之中，丰富教育内容，增强教育的针对性、吸引力和感染力；要使正面典型教育和反面警示教育相结合，廉政教育与情感熏陶相结合，党内教育与社会教育相结合，形成多元化、多层次、多方位的教育体系。

(二)建立健全权力制约监督机制，确保权力正确规范行使

要把对权力的科学配置与对干部的有效监督结合起来，建立健全决策权、执行权、监督权既相互制约又相互协调的权力结构和运行机制。注重发挥市场在资源配置中的基础性作用，逐步把可以由市场决定的资源分配交由市场调节；要建立健全程序规则，明确用权界限，规范权力运行流程，保证党员领导干部按照法定权限和程序行使权力、履行职责；要积极推进党务政务公开，让权力在阳光下运行，加强监督，防止权力失控、决策失误、行为失范。

（三）加强制度建设和创新，建立健全惩治和预防腐败法规制度体系

要坚持用制度建设推动工作，靠制度创新解决问题，以制度规范加强管理。在制度建设中，应当特别注意坚持从实际出发，深入研究新情况、新规律，借鉴国外的有益做法，保证制定的各项法规制度行得通、做得到。坚持加强整体规划和统筹协调，既重视基本的法规制度又重视具体实施细则，既重视单项制度的建设又重视制度的配套与协调，使各项法规制度彼此衔接，形成整体合力。

（作者：中共山西省委常委、纪委书记）

纪检监察工作要为贯彻落实十七大精神提供有力保证

朱明国

胡锦涛同志在十七大报告中指出:“坚决惩治和有效预防腐败,关系人心向背和党的生死存亡,是党必须始终抓好的重大政治任务。”纪检监察机关要坚持以中国特色社会主义理论体系为指导,不断丰富和发展中国特色反腐倡廉道路,在政治上、思想上、作风上、制度上、纪律上为贯彻落实十七大精神提供有力保证。

强化监督检查,为贯彻落实十七大精神提供政治保证。保证党的政治纲领和政治目标的实现,是党的纪律检查工作的基本职责。要按照十七大的战略部署,围绕加强和改善宏观调控、增强自主创新能力、健全就业和社会保障制度、建设社会主义新农村、构建社会主义和谐社会等重大政策和改革措施开展监督检查,保证十七大精神的贯彻落实。

深入开展理想信念和廉洁从政教育,为贯彻落实十七大精神提供思想保证。理想信念是思想和行动的“总开关”,理想的动摇是最危险的动摇,信念的滑坡是最致命的滑坡。要坚持以领导干部为重点,加强理想信念、权力观和党纪国法教育,加强对领导干部廉洁自律情况的监督检查,教育和引导广大党员干部特别是领导干部坚定不移地走中国特色社会主义道路。

全面加强党员干部作风建设,为贯彻落实十七大精神提供作风保证。作风决定形象,作风决定成败。要认真落实“八个坚持、八个反对”的要求,大力倡导八个方面的良好风气,努力促进领导干部作风的进一步转变。要把认真纠正损害群众利益的突出问题作为作风建设的重要内容,坚决纠正各种损害群众利益的不正之风。

大力推进改革和制度建设,为贯彻落实十七大精神提供制度保证。制度带有根本性、全局性、稳定性和长期性。要在党委的统一领导下,继续推进干部人事制度、财政管理制度、金融体制、投资体制、国有资产经营体制以及行政审批制度等改革。同时要探索建立制度执行情况量化考核体系,切实提高制度的执行力。

坚持从严治党,严格执行党的纪律,为贯彻落实十七大精神提供纪律保证。严明的纪律是夺取全面建设小康社会新胜利、开创中国特色社会主义事业新局面的重要保证。要继续重点查办领导干部滥用职权、贪污贿赂、腐化堕落、失职渎职等案件,查办官商勾结、权钱交易、权色交易和严重侵害群众利益的案件,继续深入开展治理商业贿赂专项工作,以党风廉政建设和反腐败工作的实际成效取信于民。

胡锦涛同志在十七大报告中强调,要“以完善惩治和预防腐败体系为重点加强反腐倡廉建设”。我们既要切实增强责任感和紧迫感,抓紧做好当前各项工作;又要进一步坚定信心,树立长期作战的思想,把反腐倡廉贯穿于改革开放和现代化建设的全过程,坚持不懈地抓下去。

强调政治性,坚持党委统一领导不动摇。党委的统一领导和有力支持是做好纪检监察工作的坚强后盾和根本保证。纪检监察机关要在党委的领导下,围绕中心、服务大局,全面履行党章赋予的职责,积极协助党委抓好党风廉政建设和组织协调反腐败工作。党委要加强对纪检监察工作的领导和监督,督促纪检监察机关加强自身建设,不断提高纪检监察工作能力。

注重预防性，拓展从源头上惩治和预防腐败工作领域。坚决惩治腐败是党执政能力的重要体现，有效预防腐败更是党执政能力的重要标志。要把预防腐败的关口前移，加强事前和事中监督。最大限度地规范要素市场，推行阳光政务，尽最大努力避免减少领导干部、国家公务员违纪违法。按照十七大报告提出的“健全纪检监察派驻机构统一管理，完善巡视制度”要求和省委部署，推行和完善“一年一巡视、一年一评议、一年一谈话”制度，对领导干部进行一年一次“廉政体检”。

突出创新性，加大制度建设力度。改革创新既是推动社会发展的动力，也是预防腐败的关键。近年来，广东省针对容易滋生腐败的关键环节和重点部位进行了一些制度改革和创新，取得了较好成效。如率先在全国省级单位中建成并开通了行政审批电子监察系统，积极推进财政实时监控系统建设，实行政府投资公益性项目代建制的“交钥匙”工程等，从源头上有效遏制了一些腐败现象的发生。要继续在规范和精简行政审批项目上下重锤，不给权力寻租留下任何空间。

体现系统性，进一步完善惩治和预防腐败体系。反腐倡廉是一项涉及面广、政治性强、复杂艰巨的系统工程。要按照“党委统一领导、党政齐抓共管、纪委组织协调、部门各负其责、依靠群众支持和参与”的要求开展工作，努力构建符合广东实际的惩治和预防腐败体系。今后五年，要达到“一室一品牌、一室一标兵、一室一会议”的目标；每年要做到“一年一主题、一年一典型、一年一文章”，全面提高纪检监察工作的水平。

坚持和谐性，既严格依纪依法，又注重政策策略。要坚持“查清问题、挽回损失、确保稳定、促进发展、构建和谐”的办案思想，树立“查实问题是成绩，澄清是非也是成绩；惩治腐败是成绩，预防腐败也是成绩”的理念，以“有效地惩治腐败分子是水平，保护建功立业的干部是责任”的纪检监察干部的品德要求，依纪依法办案，使反腐倡廉工作取得良好的法纪效果、社会效果和政治效果。

把握全局性，严格落实责任制，形成反腐败合力。党风廉政建设责任制是加强党风廉政建设的一项全局性制度，是调动和依靠各方面力量开展反腐败斗争的制度保证。要坚持把严格执行党风廉政建设责任制作为加强反腐倡廉建设的“龙头”来抓，每年对反腐败任务进行分解，职责分明，严格考核，督促反腐倡廉工作得到有效落实。

把握连贯性，旗帜鲜明地反对腐败，坚持常抓不懈。反腐倡廉是全党的一项重大战略任务，必须常抓不懈。要坚决克服抓抓停停、小进即止的倾向，不能时紧时松、时硬时软、时实时虚。对关键环节、重点问题，必须紧紧扭住不放，认真加以解决。同时要举一反三，堵塞漏洞，不断把党风廉政建设和反腐败斗争引向深入。

（作者：中共广东省委常委、纪委书记）

关于加强反腐倡廉建设的思考

年福纯

我们党历来高度重视反腐倡廉工作，在重大历史关头和关键时期，更是把加强党风廉政建设和反腐败斗争摆在重要位置。新世纪新阶段，推进党的建设新的伟大工程，发展中国特色社会主义，必须坚持以邓小平理论和“三个代表”重要思想为指导，深入贯彻落实科学发展观，按照“改革创新、惩防并举、统筹推进、重在建设”的要求，坚持加强思想道德建设与加强制度建设相结合，严肃查办大案要案与切实解决损害群众切身利益的问题相结合，廉政建设与勤政建设相结合，加强对干部的监督与发挥干部主观能动性相结合，以建设性的思路、建设性的举措、建设性的方法，扎实推进反腐倡廉建设。

一、正确认识新世纪新阶段反腐倡廉建设的形势与任务

新世纪新阶段加强反腐倡廉建设，必须认清形势，明确任务，坚定信心。

认清反腐倡廉建设取得的重要成绩。我们党在团结带领全国人民建设中国特色社会主义事业的伟大进程中，坚持以党的创新理论为指导，走出了一条中国特色反腐倡廉道路，积累了宝贵经验，取得了显著成绩。特别是在查办大案要案、深挖腐败分子、加强制度建设、治理商业贿赂、纠正损害群众利益的不正之风等方面取得了重要进展。当前，反腐倡廉总的形势是好的，人民群众在相当程度上是认可的，国际社会也给予了积极评价。民意调查显示，群众对反腐倡廉建设成效的满意程度越来越高，越来越多的群众认为腐败现象在一定范围内得到了有效遏制。那种认为“腐败分子越反越多、腐败现象越反越严重”的观点是不准确的。

认清反腐倡廉建设的极端重要性。各种消极腐败现象与党的性质和宗旨背道而驰、水火不容。反腐倡廉关系人心向背和党的生死存亡，是对党的新考验，“在和平建设时期，如果说有什么东西能够对党造成致命伤害的话，腐败就是很突出的一个”。十七大报告把反腐倡廉建设作为推进党的建设新的伟大工程的重要组成部分，与党的思想建设、组织建设、作风建设、制度建设一起加以强调，是对反腐倡廉建设的新定位，是对反腐倡廉规律的新认识，是从提高党的执政能力、保持和发展党的先进性的全局高度作出的重大决策。反腐倡廉建设是发展中国特色社会主义的必然要求，是实现全面建设小康社会新胜利的重要保证，是永葆党的先进性和提高党的执政能力的重要条件，是党必须始终抓好的重大政治任务。

认清反腐败斗争的长期性、复杂性、艰巨性。十七大报告指出，“全党同志一定要充分认识反腐败斗争的长期性、复杂性、艰巨性，把反腐倡廉建设放在更加突出的位置，旗帜鲜明地反对腐败”。腐败是一种社会现象。在改革开放和发展社会主义市场经济的条件下，形形色色的腐朽落后思想不断侵蚀着一些党员干部，个别思想防线不牢、意志不坚定的同志，经不住糖衣炮弹的侵袭，受到腐败病毒的感染，甚至跌入腐败的泥坑。在权力缺乏有效监督的岗位和部门，腐败现象仍然存在；党政领导干部严重违法违纪案件时有发生，群众反映强烈；损害群众利益的不正之风问题时有反映，反腐倡廉建设的形势依然严峻、任务依然艰巨。反腐倡廉建设任重道远，必须常抓不懈，一刻也不能放松。

坚定反腐倡廉建设的信心。随着社会主义市场经济体制的不断完善，产生腐败的土壤和条件将逐渐减少；随着政治体制改革和民主法制建设的不断发展，反腐倡廉的制度体系将逐渐形成；随着《惩治和预防腐败体系》不断落实，反腐倡廉的教育预防机制、权力约束机制、民主监督机制、制度保障机制、纪律惩戒机制等将逐渐健全。我们党是一个具有优良传统的、用马克思主义的革命理论和革命风格建立起来的党，对反腐败斗争的认识清醒、态度坚决；党中央对反腐倡廉建设的领导坚强有力；我们有一支可以信赖的党员队伍，党员干部的主流是好的，党的肌体从整体上看是健康的，这是我们战胜腐败的基础；人民群众对腐败现象有切肤之痛，对反腐倡廉建设有强烈的愿望和要求，反腐倡廉建设得到了广大人民群众的大力支持和积极参与。经过全党同志的共同努力，我们一定能取得反腐倡廉建设的最终胜利。

二、深入探索新形势下反腐倡廉建设的特点和规律

新的历史条件下，反腐倡廉建设呈现出许多新特点、新规律。学习贯彻党的十七大精神，加强反腐倡廉建设，必须不断研究新形势下反腐倡廉出现的新情况、新问题、新特点，认真总结我们党反腐倡廉建设的经验教训，积极探索新形势下反腐倡廉建设的特点规律。

第一，坚持围绕中心、服务大局，把为夺取全面建设小康社会新胜利提供政治保证作为反腐倡廉建设的出发点。反腐倡廉建设是推进党的建设新的伟大工程的重要组成部分，是全面建设小康社会奋斗目标的重要保证。我们党坚持将反腐倡廉建设与党的执政能力建设和先进性建设联系在一起，在提高党的领导水平和执政水平的同时，不断提高拒腐防变和抵御风险能力，团结带领全国各族人民为全面建设小康社会、加快推进社会主义现代化而努力奋斗。反腐倡廉建设的目标是加强党的执政能力建设和先进性建设，解决好党面临的两大历史性课题，团结带领全国各族人民为全面建设小康社会努力奋斗。把反腐倡廉建设的目标、党的建设新的伟大工程的目标和人民群众实现小康社会的目标紧紧地联系在一起，实现“三个目标”的环环相扣、良性互动和共同促进，是新形势下反腐倡廉建设的一大特点。

第二，坚持加强思想道德建设，把筑牢拒腐防变的思想防线作为反腐倡廉建设的首要任务。“物必自腐，而后虫生”。大量事实表明，放松世界观的改造，背弃理想信念，思想蜕化变质，是一些人堕落为腐败分子的根本原因。我们党在全面总结反腐倡廉工作历史经验的基础上，把加强思想道德建设特别是拒腐防变教育作为反腐倡廉建设的第一道防线。胡主席指出，“要深入进行党的基本理论、基本路线、基本纲领、基本经验教育，深入进行马克思主义中国化最新成果教育，深入进行社会主义核心价值体系教育，打牢广大党员干部廉洁从政的思想政治基础”。我们要更加自觉地践行以“八荣八耻”为主要内容的社会主义荣辱观和八个方面的良好风气。“全面加强思想作风、学风、工作作风、领导作风、干部生活作风建设，弘扬新风正气，抵制歪风邪气，努力实现领导干部作风的进一步转变”。把加强思想道德建设，筑牢广大党员干部拒腐防变的思想防线作为反腐倡廉建设的首要任务，是从源头上治理腐败的重要前提。

第三，坚持严肃查办大案要案，把维护最广大人民的根本利益作为检验反腐倡廉建设成效的根本标准。我们党既坚持大力查办大案要案，惩前毖后，以儆效尤；又坚持切实解决损害群众切身利益的各类问题，让群众感受到反腐倡廉建设的实际成果。坚持马克思主义群众观点和公仆意识，把群众呼声作为第一信号，把群众需要作为第一选择，把群众满意作为第一标准。特别要教育广大党员领导干部正确认识手中的权力，引导他们管好手中的权力，监督他们正确使用手中的权力，做到权为民所用、情为民所系、利为民所谋。坚持以人为本，千方百计为

困难群众排忧解难，大力解决物价、环保、食品药品质量、安全生产、征地拆迁等方面群众反映强烈的问题，严肃查处损害群众利益的不正之风。把维护最广大人民的根本利益作为检验反腐倡廉建设成效的根本标准，是贯彻落实科学发展观的必然要求，是以人为本的具体体现。

第四，坚持标本兼治、惩防并举，把“一个坚决、三个更加注重”作为反腐倡廉建设的根本途径。“反腐败斗争要坚持标本兼治。既要坚决同已经出现的消极腐败现象和腐败分子作斗争，又要努力做好消除产生消极腐败现象根源的工作，把查处案件、纠正不正之风同加强思想教育结合起来，同加强制度防范和管理监督结合起来”。党的十六届四中全会提出坚持“标本兼治、综合治理、惩防并举、注重预防”的方针，积极构建教育、制度、监督并重的惩治和预防腐败体系。党的十七大在总结经验的基础上指出，“在坚决惩治腐败的同时，更加注重治本，更加注重预防，更加注重制度建设”，不断建立健全决策权、执行权、监督权既相互制约又相互协调的权力结构和运行机制，通过制度确保权力规范运行。把反腐倡廉作为一个系统工程来思考、来筹划、来建设，把“三个更加注重”作为反腐倡廉建设的根本方法和途径，是对党的建设规律和执政规律的深刻认识，是坚定不移地把反腐倡廉建设和反腐败斗争推向深入的治本之策。

第五，坚持党要管党、从严治党的方针，把学习贯彻党章作为反腐倡廉建设的基础工程。我们党坚持从严治党方针，坚持加强党的自身建设，坚持把学习党章、遵守党章、贯彻党章、维护党章作为一项重大任务抓紧抓好。党章是立党、治党、管党的总章程，是把握党的正确政治方向的根本准则，是坚持从严治党方针的根本依据，是党员加强党性修养的根本标准，是加强反腐倡廉建设的根本遵循。学习贯彻党章对加强反腐倡廉建设有重要的保证和推动作用。党章对党的性质和宗旨、党的路线和纲领、党的指导思想和奋斗目标都作了明确规定，对党内政治生活、组织生活等重大原则问题都提出了明确要求，规定了党内的各项基本制度，并为制定党内其他规章制度提供了根据和基础。党中央反复强调，“认真学习贯彻党章，为加强党风廉政建设和反腐败工作奠定坚实基础”。把学习贯彻党章作为反腐倡廉的重要举措，表明我们党对党章地位的认识更加深刻，表明我们党依法治国、“依章治党”的自觉性更加坚定，为从源头上防治腐败打下了坚实基础。

三、扎实推进军队反腐倡廉建设

军队反腐倡廉建设是党的建设新的伟大工程的重要组成部分，是凝聚军心的巨大力量，是国防和军队建设又好又快发展的重要保证。贯彻落实党的十七大精神，在新的起点上推进军队反腐倡廉建设的科学发展，必须高举中国特色社会主义伟大旗帜，深入贯彻落实科学发展观；全面履行党章赋予的职责，加强以保持党同人民群众血肉联系为重点的作风建设，维护好广大官兵的切身利益；在坚决惩治腐败的同时，更加注重治本，更加注重预防，更加注重制度建设，切实抓好建立健全惩治和预防腐败体系实施纲要的落实，为中国特色军事变革和军事斗争准备提供强有力的政治保证。

（一）把维护党的政治纪律作为首要任务。政治纪律是党的全部纪律的基础和核心，高举旗帜、听党指挥，是我军政治纪律的最高要求。要教育官兵不断增强政治敏锐性和政治鉴别力，严格遵守政治纪律“十不准”，不断强化“军魂”意识，自觉反对和抵制“军队非党化、非政治化”和“军队国家化”等错误思想的侵蚀影响。始终保持人民军队“听党指挥、服务人民、英勇善战”的优良传统，确保党从思想上政治上组织上牢牢掌握部队，确保官兵在任何时候、任何情况下都能坚决听从党中央、中央军委和胡主席指挥。要注重研究分析国家和军队改革举措出台、形势发展变化对官兵思想的影响，及时发现和掌握倾向性问题，严格政治要求和纪律约束，保证部队纯洁巩固。要把纪律检查和行政监察贯穿于推进改革和完成重大任务的全过程，严肃查处违规违纪问题，坚决纠正有令不行、有禁不止等现象，确保政令军令畅通。

(二)着力纠正损害部队建设和官兵利益的不正之风。近年来，各级对纠正损害官兵利益、影响军心士气和部队战斗力的不正之风采取了不少措施，取得了一定成效，但在这方面仍存在着一些问题。要把纠正损害部队建设和官兵利益的不正之风，作为军队反腐倡廉建设的经常性、基础性工作，运用多种手段综合治理。坚持公平、公正、公开的原则，加大基层三大民主建设，积极探索新形势下三大民主的有效实现形式。采取有效措施，大力解决好关系官兵切身利益的突出问题，特别是注意查处这些问题背后的违法违纪行为。坚决查办发生在领导干部和领导机关中的滥用职权、以权谋私、贪污受贿、腐化堕落等不正之风，坚决查办失职渎职、玩忽职守导致部队发生重大案件事故和损害官兵利益的问题，坚决查办军地经济交往中的商业贿赂案件。基层机关和基层干部直接同官兵打交道，他们作风好坏直接关系党和军队的形象。维护官兵利益，纠正不正之风，既要抓好各级领导机关和领导干部这个关键，同时也要抓好基层作风建设。

(三)积极构建具有我军特色的惩治和预防腐败体系。“制度问题更带有根本性、全局性、稳定性和长期性”。要站在提高党的执政能力、巩固党的执政地位的高度，增强贯彻落实党中央颁发的《建立健全教育、制度、监督并重的惩治和预防腐败体系实施纲要》和中央军委下发的《建立健全军队惩治和预防腐败体系实施意见》的自觉性。根据部队反腐倡廉建设实际，自觉把构建惩治和预防腐败体系纳入部队建设总体规划，纳入军队改革总体布局之中，制定体现特色、方便操作、与军队其他政策制度调整改革相配套的措施和办法，逐步建立健全拒腐防变教育长效机制、反腐倡廉制度体系、权力运行监控机制。坚持标本兼治，更加注重治本，抓住容易滋生腐败的重点部位和薄弱环节，进一步推进干部选拔任用制度、财经制度、物资装备采购管理制度以及营房、工程建设、医疗管理制度等方面的改革，真正形成用制度管权、管事、管人的良好局面。要形成齐抓共管构建惩防体系的整体合力，按照“谁主管、谁负责”的要求，发挥各职能部门优势，抓好反腐倡廉建设与业务工作的有机结合。

(四)不断加强军营廉政文化建设。加强军营廉政文化建设，对于官兵坚定理想信念，筑牢思想道德防线，提高拒腐防变能力，陶冶道德情操，培育良好风尚，具有重要意义。要高度重视廉政文化建设，引导官兵自觉认清军营廉政文化建设对于新世纪新阶段加强反腐倡廉建设的重要性，明确军营廉政文化建设的目标任务、方法途径。注重吸纳军内外廉政文化建设的成功经验，把廉政文化建设渗透到军队现代化建设各项工作之中，从制度措施上保证军营廉政文化建设深入持久地展开。把军营廉政文化建设纳入思想政治教育总体规划，深入开展廉政教育，强化官兵以廉为荣、以贪为耻、以法为尊的廉政文化理念，筑牢腐败念头不可有、腐败行为不可为、只要腐败必受惩的思想防线，形成严格遵守纪律、自觉执行纪律、主动维护纪律的思维方式和行为习惯，不断纯洁部队的风气。要积极营造廉政文化氛围，通过开展官兵喜闻乐见、易于参与的艺术形式和文化活动，培育官兵健康向上的精神追求，把廉政理念、廉洁美德、良好风气转化为自觉远离贪欲、主动抵制腐败的实际行动，从根本上铲除腐败文化和“潜规则”滋生的土壤，为加强反腐倡廉建设营造良好的文化氛围。

(五)下功夫抓好纪检监察干部队伍建设。打铁先得自身硬，己不正焉能正人。推进军队反腐倡廉建设深入开展，必须按照“政治坚强、公正清廉、纪律严明、业务精通、作风优良”的要求，加强纪检监察干部队伍自身建设。要提高纪检监察干部队伍的能力素质，有针对性地加强学习培训和实践锻炼，努力提高观察分析判断能力、调查研究能力、组织协调能力、办案能力和语言文字表达能力等。要提高道德修养，广大纪检监察干部作为执纪人员，面对酒绿灯红的严峻考验，更应该“守身如玉当慎初”，常修为政之德，常思贪欲之害，常怀律己之心，常砺进取之志，慎独、慎微、慎行，自重、自省、自警、自励。要坚持原则，秉公执纪。在很多情况下，反腐倡廉建设能否取得重大进展，查办案件能否取得突破，不仅取决于纪检监察干部的能力和水平，很大程度上还取决于党性原则、执纪决心和工作态度。面对新形势、新任务、新环境下的各类不正之风，纪检监察干部要有强烈的紧迫感、责任感和使命感，敢于当“包公”，唱“黑脸”，较真碰硬。

（作者：军事科学院副政委、中将）

筑牢共产党人拒腐防变的思想道德防线

朱小丹

一、什么是共产党人的道德

(一)共产党人道德的基本内容

中国共产党是中国工人阶级的先锋队,同时是中华民族和中国人民的先锋队。党的先锋队性质,必然要求她的每一个成员都应是工人、农民、知识分子和其他阶层的先进分子。共产党人是“特殊材料”制成的。这里讲的“特殊材料”,包括崇高的理想信念、英勇的奋斗精神、顽强的革命意志,也包括高尚的道德情操。《党章》规定,共产党员必须履行“发扬社会主义新风尚,提倡共产主义道德”的义务,表明共产党人的道德是共产主义道德和社会主义道德的统一体。共产党人道德主要包括以下基本内容:一是坚持宗旨、一心为民;二是克己奉公、无私奉献;三是求真务实、坚持真理;四是光明磊落、襟怀坦白;五是团结互助,从善如流;六是谦虚谨慎、不骄不躁;七是艰苦奋斗、勤俭节约;八是严于律己,清正廉洁。

(二)共产党人道德的主要特征

共产党人道德的主要特征,体现在三个方面。

一是鲜明的党性。共产党人的道德是和党的性质、纲领和奋斗目标紧紧联系在一起的,是建立在马克思主义世界观之上的,是以党的全心全意为人民服务的宗旨为核心的,因此具有鲜明的党性。回顾共产主义运动的历史,我们可以看到,马克思主义经典作家历来都把共产党人的道德建设作为马克思主义政党建设的重要内容。他们关于必须通过全体党员高度的思想觉悟和奉献精神来保持和发展党的先进性的论述;关于防止“党内的官吏”由公仆变成党内恣意作威作福的官僚的论述;关于无产阶级是最有组织性、纪律性和最大公无私的阶级,作为阶级先锋队的无产阶级政党,也必然是最大公无私而没有自己特殊利益的政党的论述等,都是马克思主义建党理论的重要观点。刘少奇同志在《论共产党员的修养》中,对共产党人道德的党性特征作了精辟的概括,他说:“为了党的、无产阶级的、民族解放和人类解放的事业,能够毫不犹豫地牺牲个人利益,甚至牺牲自己的生命,这就是我们常说的‘党性’或‘党的观念’、‘组织观念’的一种表现。这就是共产主义道德的最高表现,就是无产阶级政党原则性的最高表现,就是无产阶级意识纯洁的最高表现。”在党80多年的奋斗历程中,一代又一代共产党员用自己实际行动印证了这个结论,昭示出共产党人道德鲜明的党性特征。共产党人的道德培养是和共产党人的党性修养紧密联系在一起的,共产党员提升道德境界的过程,也就是锤炼党性、保持党性纯洁的过程。

二是继承和发扬了中华民族的优秀道德传统。中华民族在自己漫长的发展历程中,创造了灿烂的民族文化,中华民族的传统美德是其中最重要的组成部分。我们党植根于人民和民族的深厚土壤,坚持以马克思主义为指导,始终把弘扬以爱国主义为核心的伟大民族精神作为自己的使命,继承和发扬了中华民族优秀道德传统,把中华民族传统美德和共产主义道德、社会主义道德有机结合在一起,吸收并融化到共产党人的思想和情操之中,形成了独具民族特色、顺应历史发展要求、代表最广大人民群众根本利益的价值取向和行为准则。这就使共产党人的道德既获得民族优秀文化绵延不绝的滋养，又成为实现民族复兴的强大精神力量。从范仲淹的"先天下之忧而忧，后天下之乐而乐"，到林则徐的"苟利国家生死已，岂因祸福避趋之"；从贾谊的"国耳忘家、公耳忘私"，到司马光的"专利国家，不为身谋"等等，前人给我们留下的这些闪耀着中华民族思想道德光辉的名言警句，往往成为共产党人道德修养的座右铭。正是因为中国共产党人的道德情操具有深刻的民族性，才会对广大人民群众形成独特而巨大的感染力和凝聚力。

三是共产主义道德和社会主义道德的高度统一。共产党人是党的最高纲领和最低纲领的统一论者，总是把实现党的最高理想和最终奋斗目标同党在不同历史阶段的具体奋斗目标紧紧结合在一起。就如同坚持最高纲领和最低纲领相统一一样，我们党也把共产主义道德和社会主义道德统一于现阶段共产党人的道德规范之中。共产主义道德和社会主义道德既有联系又有区别，联系在于二者都是工人阶级的道德观，都与工人阶级先锋队从事的事业相符合，后者是前者的基础，前者是后者的引领；区别在于二者属于不同的层次，后者的主体是全体社会成员，前者的主体则是社会成员中的先进分子。共产党人提倡共产主义道德，并没有"超越历史阶段"，因为在一定的经济基础上不仅可以产生与之相适应的道德观念和行为，也可以产生代表社会未来发展进步方向的道德观念和行为。焦裕禄、孔繁森、郑培民等优秀共产党员和党的干部，既是践行社会主义道德的楷模，更是尊崇共产主义道德的典范。共产党员践行社会主义基本道德规范，也没有"降低党员标准"。每个共产党员都是人民的一份子，作为公民都要从平时做起，从小事做起，带头去树立爱国主义、集体主义、社会主义思想，带头去弘扬以爱国主义为核心的民族精神和以改革创新为核心的时代精神，带头去实践社会主义荣辱观，带头去遵守爱国守法、明礼诚信、团结友善、勤俭自强、敬业奉献的公民道德规范，在全社会道德建设中发挥共产党员的先锋模范作用。

二、为什么要加强共产党人的道德建设

当前，我国经济社会发展进入了新阶段，广大共产党员肩负着新的光荣使命。在这个时候党中央郑重地向全党提出加强共产党人的道德建设的任务，针对性很强，无论从现实和长远的角度看，对于我们适应新形势新任务的要求、全面推进党的建设新的伟大工程，都具有十分重要的意义。

（一）加强共产党人道德建设，是保持共产党员先进性的重要内容

党员是党的肌体的细胞和党的行为主体，党的先进性最终要靠党员的先进性来体现。保持共产党员先进性的要求，是涉及党员思想、政治、品德和作风等各个方面的全面要求。保持共产党人道德的纯洁性是保持共产党员先进性的应有之义和重要内容。正因为如此，我们党历来高度重视共产党人道德建设问题，一直把思想道德建设作为加强党的先进性建设的重要内容。改革开放不久，邓小平同志就告诫全党，"党和政府愈是实行各项经济改革和对外开放的政策，党员尤其是党的高级负责干部，就愈要高度重视、愈要身体力行共产主义思想和共产主义道德"。他之所以强调"愈是"和"愈要"，是因为他看到在发展市场经济和对外开放的新形势下，共产党员的道德操守将会遇到过去没有过的严峻挑战和考验。后来党内的情况证实了这一点。在发展市场经济和对外开放的过程中，社会结构、利益关系、思想观念日益多元、多样、多变，这必然反映到社会道德领域中来。在各种思想道德的相互激荡中，确有一些党员经不起各种诱惑和考验，思想信念产生动摇，人生观、价值观发生扭曲，从而导致道德上的迷惘、失范和沉沦，少数人甚至违法乱纪、走向腐败。由此可见，要在新的历史条件下保持共产党员的先进性，不能不把共产党人的道德建设摆上更突出的位置。前两年在全党范围内开展的保持共产党员先进性教育活动，对广大党员既是

一次深刻的思想教育，也是一次难忘的道德洗礼，对共产党人的道德建设起了极大促进作用。党的先进性建设是加强和改进党的建设的永恒课题，共产党人的道德修养是党员保持先进性的终身任务，只有不断把共产党人的道德建设引向深入，在党内广泛形成讲道德、重修养、尚清廉的良好风气，才能永葆共产党员的高风亮节，更充分地发挥共产党员的先锋模范作用。

(二)加强共产党人的道德建设，是密切党和人民群众血肉联系的必然要求

共产党人要十分清醒地看到，我们党最大的优势在于密切联系群众，最大的危险在于脱离群众。能否保持党同人民群众的血肉联系，不仅关系中国特色社会主义事业的兴衰成败，而且关系党自身的生死存亡。共产党人的道德建设的核心，就是要解决对待人民群众的态度问题，解决个人利益和最广大人民群众根本利益的关系问题。这个核心问题解决得好，党就得民心；这个问题解决得不好，党就失民心。我们党之所以能够在长期奋斗中始终不脱离人民群众，始终得到人民群众的衷心拥护，不仅因为党的路线、方针、政策反映和代表了最广大人民群众的根本利益，而且因为广大共产党员自觉坚持党的宗旨，以诚心诚意为人民群众谋利益的道德情怀和实际行动，为党赢得了人民群众的信任和爱戴。同时，我们也要清醒地看到，现在一些地方的党群、干群关系变得疏远了，有的甚至变得很紧张，这和那里的党员干部摆不正个人和群众的关系，不尊重甚至侵害群众权益有直接关系，这是一种危险的信号。每一个共产党员尤其是党员干部都应该懂得，群众在我们心里的份量有多重，我们在群众心里的份量就有多重。我们只有毫不放松共产党员的道德修养，始终坚持以全心全意为人民服务为核心的共产党人的道德情操，始终把人民群众的利益看得高于一切，始终与人民群众同呼吸、共命运、心连心，才能以共产党人的良好形象赢得民心，始终保持党同人民群众的血肉联系。

(三)加强共产党人道德建设，是拒腐防变的基础防线

在去年中央纪委第六次全会上，胡锦涛总书记就从不断解决好提高党的领导水平和执政水平、提高拒腐防变和抵御风险能力两大历史课题的高度，强调全党要进一步加强道德修养。他指出，“切实加强广大党员、干部的道德修养，可以为党风廉政建设和反腐败工作奠定重要基础。因此，反腐倡廉抓源头，一定要把加强党员、干部的道德建设作为一个重点”。这是切中要害的。对共产党员来说，道德修养无小节。有的同志把道德修养问题看成是“细节问题”，认为没有必要小题大做，这是很错误、很危险的。“千里之堤，溃于蚁穴”。党内腐败分子的腐化和堕落，根源在于理想信念的动摇，缺口则往往是从道德品质问题上打开的，有些就是从生活作风和生活情趣这些所谓“小节”上打开的。自2003年以来，我市纪检监察系统立案查处违纪违法案件1234件1419人，其中查处处级以上领导干部案件294件312人(局级干部54件54人)，分别占案件总数和涉案人数的23.8%和22%。剖析这些案件的成因，基本上跳不出前面所说的规律。这一现象一再警示我们，共产党员尤其是党员领导干部如果在思想道德上放松要求、出现问题，势必会降低甚至丧失自身拒腐防变的能力，各种腐朽落后的思想文化和生活方式就会乘虚而入，腐败现象就会滋生出来。

三、怎样加强共产党人的道德建设

共产党人的道德建设，无论对于党组织和党员个人，都是一项经常性、长期性的任务，都需要付出持之以恒的努力。各级党组织要站在保持党的先进性、提高拒腐防变能力的高度，把共产党人的道德建设和党的思想、组织、纪律、作风、制度等各方面建设结合起来抓，不断把党内思想道德教育引向深入，切实加强对党员尤其是党员领导干部道德行为的监督管理和约束，努力完善道德建设长效机制。

(一)加强理论武装，坚定理想信念

提高共产党员的道德修养，首先要解决思想信念问题。理想信念坚定，思想才会纯洁，道德才会高尚；理想信念动摇，思想就会蜕化，道德就会扭曲。坚定共产主义远大理想和中国特色社会主义信念，必须不断加强理论武装。要深入学习马克思列宁主义、毛泽东思想、邓小平理论和"三个代表"重要思想，深入学习科学发展观，努力掌握辩证唯物主义和历史唯物主义的强大思想武器，深刻把握人类社会的发展规律，在理论武装中保持政治坚定，在把握规律中辨明前进方向，确保在复杂环境中理想信念不含糊、不动摇。当前，尤其要认真学习领会胡锦涛总书记"6·25"重要讲话精神，增强坚定不移走中国特色社会主义道路的信心和勇气。要在理论武装中不断提高改造主观世界的能力，拓宽眼界、开阔胸怀，牢固树立正确的世界观、人生观、价值观，升华共产党人的思想道德境界，努力做到在成绩面前不骄满，在矛盾面前不畏缩，在困难面前不气馁，在诱惑面前不变节，永葆共产党人思想上的先进性和道德上的纯洁性。

(二)密切联系群众，投身为民实践

我们党历来主张知行统一。共产党人的道德以全心全意为人民服务为核心，也只有在全心全意为人民服务的具体实践中，才能不断得到升华。每一个共产党员尤其是党员干部都应该深入到群众中去，倾听群众的心声，体察群众的疾苦，感受群众的安危冷暖，把自己的思想感情和群众的喜怒哀乐融为一体。只有为群众动真情，才能为群众办实事。共产党员心里要始终装着群众。党员干部无论职务高低、权力大小，都要真心实意当好人民的公仆。我们只有一刻也不脱离人民群众，把自身道德修养和为人民服务的实践紧密结合起来，才能不断去除思想杂质，经受住公与私、荣与辱、乐与忧、甘与苦的考验，把人民利益高于一切的崇高道德精神发扬光大起来。

(三)坚持"四自"修养，强化内在约束

多年来，党中央反复强调，共产党员特别是党员领导干部加强党性修养，提高思想道德素质，必须做到"自重、自省、自警、自励"。"四自"是我们加强道德修养的重要途径。"自重"，就是要认清自己的身份，检点自己的言行，尊重自己的人格，珍惜自己的名誉。对于党员领导干部，在掌权用权上的自重最关键。权力越大，责任越重，考验越多。职务高了，权力大了，容易使人在掌声和恭维中飘飘然，松懈拒腐防变的防线。为此，要树立正确的权力观、地位观、利益观，真正做到"权为民所用，情为民所系，利为民所谋"；要注意防微杜渐，不要以为生活作风和生活情趣是小事，沉溺于灯红酒绿、流连于声色犬马，很容易蜕化变质、陷入腐败；要注重培养健康的生活情趣，保持高尚的精神追求，明辨是非，择善交友，自重慎行。"自省"，就是要勤于反躬自问，善于反观自照，严于解剖自己，勇于自我反省。"人非圣贤，孰能无过"。共产党人也不例外，也有缺点和不足，也有犯错误的时候。严格的自省，可以使我们保持自知之明，通过审视自己的思想，检查自己的动机，反省自己的行为，始终保持高尚的道德情操。"自警"，就是要做到警钟长鸣，善于自我警示，保持头脑清醒，坚持严格自律。现实生活中因为自己不警惕，最终出大问题的例子实在不少。面对复杂社会环境下金钱、物质、名利、地位、美色等种种诱惑，共产党员特别是党员领导干部要时刻保持高度警惕，经常用腐化堕落的反面典型警示自己，把党的廉政纪律、规定和制度内化为自我约束的力量，任何时候都不放松廉洁自律的高标准、严要求。"自励"，就是要坚持正确方向，砥励奋斗精神，克服平庸思想，保持昂扬锐气。要经常激励自己，在成功中不居功、不自傲，在困难中不退缩、不气馁，在逆境中不灰心、不消沉，以无私无畏、乐观豁达、沉着坚韧、锐意进取的良好形象振奋精神、凝聚力量，团结带领广大人民群众共同前进。

(四)带头树立新风，争当道德楷模

广大共产党员要以社会主义核心价值体系为引领，更加自觉地投身到群众性精神文明建设的实践中去，一方面在人民群众的道德实践中提高道德认识、陶冶道德情操、磨炼道德意志、提升道德境界；另一方面以自己带头倡导爱国、敬业、诚信、友善的道德规范，带头遵守社会公德、职业道德、家庭美德的模范行为感染和影响广大群众，促进全社会形成知荣辱、讲正气、促和谐的良好风尚。当前，要把树立以“八荣八耻”为主要内容的社会主义荣辱观和以倡导“八种良好风气”为主要任务的领导干部作风建设紧密结合起来，以道德修养促进作风转变，以作风建设提升道德境界，努力把道德修养的成果体现在作风建设的成效上。尤其要把纠正损害群众利益的不正之风的工作进一步落到实处，在领导干部队伍中形成维护群众利益是最高道德、损害群众利益是最大的不道德的共识，真正做到以优良的党风带政风、促行风，不断增强人民群众在党的带领下共同促进社会风气根本好转的信心。

（五）勇于自我批评、自觉接受监督

共产党员的道德修养，离不开健全的党内民主生活，离不开严格的党内监督和人民群众的监督。积极主动地参加党内民主生活，切实开展批评和自我批评，既是党章规定的党员义务，也是党员修身立德的组织保证。要着力克服党内民主生活庸俗化和形式主义的倾向。既要严格要求自己，认真开展自我批评，不怕触及自己的内心深处和真实思想，又要坚持党性原则，勇于批评错误的思想和行为；既要闻过则喜、从善如流，诚恳接受组织和同志的批评，又要坚持真理、树立正气，敢于同那些压制批评、打击报复的恶劣行径作斗争。党内监督和党内民主是相辅相成的。脱离监督的党员容易出毛病、犯错误，不受监督的权力则必然导致腐败。党员领导干部要严格按照党章和《党内监督条例》的要求，带头增强党内监督意识，摆正个人和组织、权力和监督、自律和他律的关系，做自觉接受监督的表率，不做不受监督的“特殊党员”。要严格执行党员领导干部报告个人有关事项、述职述廉、民主测评、民主生活会、经济责任审计和质询制、问责制等党内监督制度，同时，要自觉接受人大监督、政府专门机关监督、政协民主监督和司法监督，真诚欢迎群众监督，正确对待舆论监督。要在有效的监督之下，提高道德修养的自觉性和主动性，牢牢把住道德品质和道德行为的底线，始终坚守共产党人崇高的品德、操守和气节，决不辜负党的信任和人民群众的厚望。

只要各级党组织都重视和加强共产党人的道德建设，广大党员特别是党员领导干部都不放松自身党性锻炼和道德修养，我们就能够把拒腐防变的思想道德防线筑得更加牢固，我们的队伍就会更加纯洁，团结就会更加紧密，力量就会更加强大，就能够和广大人民群众同心同德、一起奋斗，不断夺取党和人民事业的新胜利。

（作者：中共广东省委常委、广州市委书记）

加强作风建设要重视解决的几个问题

魏　宏

胡锦涛同志在中央纪委第七次全会上的讲话中指出，“党的作风体现党的宗旨，关系党的形象，关系人心向背，关系党和国家的生死存亡”。这一重要论断，使我们对作风建设的重要性和紧迫性有了更深刻的理解和认识。从党执政的角度来研究党的作风建设，必须进一步认识和解决一些重要问题。

一、党的作风建设的所有问题最终都体现在党同人民群众的关系上，这是作风建设的核心

历史和现实都证明，决定政党执政和政权存在的关键是民心所向。执政党必须以优良的作风去最大程度地争取执政资源，巩固执政地位，赢得民心。因此，作风问题实质上反映的是党同人民群众的关系问题。密切党群干群关系，是党的作风建设的根本要求。我们党是始终代表中国最广大人民根本利益的党，从理论上讲，党同人民群众的血肉联系是不存在问题的。但是，在执政的具体实践过程中，领导者和被领导者、管理者与被管理者之间的矛盾是客观存在的，领导机关和领导干部特定的社会角色，使自己存在着脱离人民群众的可能。这些年来，一些地方党群、干群关系紧张，虽然有各种具体原因，但深入分析，都能发现与一些领导干部和领导机关的作风有关，都能够从作风上找到根源。我们加强和改进党的作风建设，核心问题就是要在长期执政条件下始终保持党同人民群众的血肉联系。如果领导干部的作风不好，党的宗旨、性质就得不到很好的体现，党的形象必然受到影响，长此以往，人民就会不信任党，社会就会动荡，党和国家就有生死存亡的危险。因此，加强执政党的作风建设，密切党同人民群众的血肉联系，是党的建设要解决的重大问题。作风建设要“坚持不懈地抓”，因为它是一项长期而艰巨的任务。同时，要及时解决一定时期党同人民群众关系上存在的突出问题，又要“坚定不移地抓”。增强群众观念，密切与群众的联系，是加强作风建设要把握住的核心问题。

二、保持党同人民群众的血肉联系，必须把握好始终代表人民群众根本利益和重视解决实际问题的统一

党同人民群众的血肉联系，取决于党对人民群众利益的维护和实现。科学发展观与毛泽东思想、邓小平理论、“三个代表”重要思想一脉相承，强调始终代表人民群众的根本利益，离开这个根本问题，党就会失去人民群众的拥护和信任。党要始终代表人民群众的根本利益，必须坚持科学发展，在实践中继承弘扬党的优良作风。党要代表好人民群众的根本利益，必须在维护人民群众长远利益的同时，高度重视人民群众关心的现实问题。如果不帮助群众解决一些最直接、最具体的现实问题，群众就不会相信长远利益和根本利益的实现。因此，一个负责任的党委和政府，应高度重视这两个方面的结合和统一。从这样一个视角研究党同人民群众的关系问题，显而易见，作风建设既要强调领导干部个体的作风，更重要的在于党委和政府整体的作风，这就要求作风建设应该有更开阔的视野。进言之，在密切党群干群关系上，不能仅仅着眼于干部个体行为的提升，更重要的要着眼于党委和政府整体优良作风的养成，党委、

政府要更多地研究关心群众生活、维护群众权益的政策、措施，更多地研究在公共服务上怎样更好地履行自己的职责，更多地研究作为一级党委、政府在代表群众长远利益和解决群众具体问题上应该有怎样的作为。

在现阶段，党的作风建设必须始终围绕科学发展、和谐发展来展开。党委政府不仅要在思想上形成共识，而且实践中要一以贯之。地方党委的工作千头万绪，但是在排序上，第一位的必须始终是坚持科学发展、和谐发展。离开发展及其所创造的物质财富，我们就不可能解决各种各样的社会矛盾和问题。因此，地方党委必须始终清醒地认识到，工作排序决不能错位，抓科学发展、和谐发展始终是党委政府工作的第一要务。作风建设只有和科学发展、和谐发展的实践相结合，才能抓出实效。

三、加强领导干部作风建设，必须正确把握对干部的时代性要求和层次性要求

与时俱进是党的优良作风的基本品格，党的作风建设在不同的历史时期有不同的具体要求。过去，一些同志注重作风建设的历史性要求，却往往忽略了根据新形势新任务提出相应的作风建设的具体要求，以及制定切合实际的行为规范，使一些党员干部难以得到有效约束。此外，有的同志习惯于就作风抓作风，在作风建设的要求和标准上创新不够。比如，忽略了社会主义市场经济条件下与战争年代、计划经济时期对作风的不同要求。还有一些同志抓作风建设，有时在理念上、思路上存在“理想化”倾向，往往一提作风问题，总希望在短期内把所有问题都解决了。其结果往往是，大问题解决不了，现实问题又触及不到，作风建设往往难以落实，缺乏实效。世界观、理想信念等问题是共产党人必须解决的根本问题，解决这些问题是现实的、具体的。党员干部对党的最高纲领的认同，要具体体现在其对党的最低纲领的忠实践行上。党员干部的世界观是否正确，具体表现在他的精神状态、工作作风、一言一行上。我们应当从解决这些具体问题入手，由表及里来触及和解决。同时，不同的历史条件下，党的中心任务和重点工作不同，作风建设的任务和要求也应有所不同。因此，我们要根据具体条件和要求集中精力解决这些问题。

另一方面，领导干部层次不同，既使相同层次的干部，其工作范围和特点也不一样。因此，对不同的层次和类别的干部应当有不同的要求，不宜在内容上一张“药方”、在方法上一个模式、在要求上一个标准，而应当根据对象的差别，坚持分类指导，既要解决共性问题，又要解决个性问题，从而增强作风建设的针对性和实效性。

四、对党的领导机关和中高级干部，在作风建设上必须有更严格的要求

领导机关和领导干部的作风直接体现着党的形象，人民群众也更多地通过各级领导机关、领导干部的作风来判断党的作风和形象的好坏。我们应清醒地看到，在各级领导机关和领导干部队伍中总的情况是好的，但也确实存在着一些问题，有的不良作风，在一些领导机关和领导干部中程度不同地存在，影响着党的形象，影响着党群、干群关系。因此，作风建设要以领导机关和领导干部为重点。领导机关、领导干部的良好作风本身就是凝聚党心民心的巨大力量，是促进社会和谐的重要因素。抓作风建设，对领导机关和党员领导干部必须有更高的标准，更严格的要求。只有他们严于律己，率先垂范，才能做到一级带一级，一级抓一级，把中央关于作风建设的要求落到实处。

五、以什么样的作风选人，选什么样作风的人，对党的作风建设有重要导向作用

在党风建设中，组织部门的作风建设非常重要。组织部门作风最重要的是选人作风，以好的作风选人，才能选出作风好的人。我们必

须着重在改进选人作风上下功夫。改进选人作风，一方面要坚决克服用人上的不正之风，同时要用好的制度来防止用人上的不正之风。这就要求我们按照体现科学发展观要求的干部考评体系和方法去选人。应当看到，领导个人选人也能选出优秀的人才，但由于受到个人思路和视野的局限，也很可能埋没一些人才。群众评价干部也许在一定条件下会或多或少地关注干部的某些方面，但在一个较大范围内和较长时期里，群众对干部的评价总体上是趋向客观的。以好的作风选人，选作风好的人，重要的就是以群众公认的标准和方式选人，选群众公认的人。因此，在组织工作中落实中央、省委提出的作风建设的要求，重要的是解决"用好的作风选人"的问题，解决"以群众公认"选人的问题。

此外，加强作风建设，还要在整体上建立健全具有约束力的制度规范和长效机制。作风建设注重从思想建设入手，这是我们党的优势和传统，我们要继续坚持。与此同时，我们还要注重建立健全具有约束力的制度规范。制度规范是作风建设的保障，它能防止不好风气的产生、保证好作风的传承。制度规范又是作风建设的具体要求，它告诉我们提倡什么、赞成什么，反对什么、制止什么。加强作风建设，密切党同人民群众血肉联系，必须着眼于根本和长远，高度重视制度建设和长效机制建设，注重用制度规范去防范可能出现的问题，去解决已经存在的问题，去巩固和发展作风建设的成果。

（作者：中共四川省委常委、常务副省长）

以扎实的组织工作推动领导干部作风建设

车　俊

胡锦涛同志在中纪委第七次全会上明确提出，要全面加强新形势下的领导干部作风建设，在各级领导干部中大力倡导八个方面的良好风气。今年全国“两会”期间，胡锦涛同志强调，各级领导干部要进一步增强忧患意识、公仆意识和节俭意识，始终保持开拓进取的锐气，始终牢记全心全意为人民服务的宗旨，始终发扬艰苦奋斗的精神。胡锦涛同志的重要指示，具有鲜明的时代特征和很强的现实针对性，为全面加强领导干部作风建设指明了方向。组织部门作为党委管党员、管干部的重要职能部门，在加强干部作风建设方面责任重大，必须认真学习贯彻胡锦涛同志的重要讲话精神，以卓有成效的工作推动领导干部作风建设取得实效。

一、加强思想教育，启发和引导干部自觉养成好的作风

领导干部的作风，是思想政治水平和道德素质的外在反映。加强领导干部作风建设，应该首先从思想道德教育这个基础抓起。只有真正从思想上认识到改进作风的重要和紧迫，才会有行动上的主动和自觉。党的十六大以来，中共河北省委始终高扬“树正气、讲团结、求发展”的主旋律，深入扎实开展了“立党为公、执政为民”、牢记“两个务必”、坚持民主集中制、保持共产党员先进性等一系列集中教育活动，坚持党的原则和严守党的纪律，狠刹歪风邪气、树立新风正气，大力倡导为民、务实、清廉，领导干部作风建设取得了明显成效，在干部队伍中营造了群策群力谋发展、同心同德干事业的浓厚氛围，全省呈现出人心思进、团结奋进、开拓前进的生动局面。教育是一项经常性的工作，只要根据不断变化的形势和任务，把经常性教育与集中教育有机结合起来，有针对性地往深里抓、往实里抓，就能够做到常抓常新、扎实有效。组织工作要通过各种行之有效的教育和培训，启发和引导各级领导干部牢固树立马克思主义的世界观、人生观、价值观，树立正确的权力观、地位观、利益观，处理好做官与做事、对上负责与对下负责的关系，正确对待组织、正确对待群众、正确对待职位、正确对待事业，自觉从一点一滴做起，不断改进思想作风、学风、工作作风、领导作风和生活作风，逐渐养成良好习惯和作风。

二、端正用人导向，激励和鞭策干部切实树立好的作风

用什么人、不用什么人，对领导干部作风建设具有重要的导向作用。必须严格按照党章和《干部任用条例》，坚持用好的作风选人、选作风好的人，把干部的注意力引导到干事、创业、为民上来，激励他们不断树立好作风、展示好形象。

一是用正确的选人标准引导干部。认真落实任人唯贤、德才兼备原则，大力选拔那些政治上靠得住、工作上有本事、作风上过得硬、人民群众信得过的优秀干部。特别要把是否具有好的作风作为使用干部的重要依据，对那些能够模范发扬八个方面良好风气的干部，要大胆提拔重用；对那些背离中央的要求，在作风上存在这样那样问题的干部，不仅不能提拔重用，还要进行严肃认真的批评教育。通过明确用人标准，使广大干部清楚认识到，要想得到组织的认

可，只有转变作风、埋头实干一条路可走。

二是用科学的考核办法评价干部。科学地评价干部，是正确使用干部的前提。要按照科学发展观的要求，进一步改进和完善干部考核评价体系，科学设定考核指标和考核方法，加强对领导干部的全面考察。既要看经济发展的情况，又要看在构建和谐社会中所做的工作；既要看落实上级决策部署的情况，又要看广大群众的评价和反映；既要看干部目前已经取得的成绩，又要看其工作基础以及对长远发展作出的贡献、打下的基础。努力做到客观、准确地评价干部的优劣长短、功过是非。通过科学的考核评价，引导干部改进作风，树立正确的政绩观，做到科学执政、民主执政、依法执政，确保自己的所作所为经得起群众检验、实践检验和历史检验。

三是用公道正派的机制选拔干部。要继续贯彻中央的要求，不断深化干部人事制度改革，严格执行有关法规文件，落实好干部职务任期、干部交流、任职回避等规定，积极推进公开选拔、竞争上岗。要研究解决新形势下干部工作中出现的新情况新问题，比如，进一步改进民主推荐方式，正确运用民主推荐结果，做到既尊重民意，又不简单地以票取人；进一步完善调整不称职领导干部和党政领导干部引咎辞职具体办法，把那些作风不正、形象不好、工作不称职的干部，及时从领导岗位调整下来；进一步探索完善选拔任用干部工作责任制和用人失察失误追究制，明确干部推荐提名、考核考察、酝酿决策各个环节的责任主体和追究办法，增强相关人员的责任意识，确保各级党组织做到公平公正用人。

三、贯彻民主集中制，规范和约束干部始终保持好的作风

民主集中制是我们党的根本组织制度和领导制度，是马克思主义认识论和群众路线在党的生活和组织建设中的具体运用。认真贯彻执行民主集中制，是领导班子团结战斗的重要保障，是领导干部作风建设的重要内容。进一步加强民主集中制建设，努力形成用制度管权、按制度办事、靠制度管人的有效机制，以此规范工作、端正作风，是摆在各级党委及其组织部门面前的重要任务。

一要以民主集中制促进科学决策，按照决策民主化科学化的要求，进一步建立健全领导、专家、群众相结合的决策机制，切实防止和克服决策的随意性、盲目性。建立健全重大事项决策前征求意见制度，根据实际情况，充分征求下级党组织、相关部门、有关专家学者和群众代表的意见。进一步完善议事决策规则，明确议事决策的原则、范围、程序等，保证领导班子民主议事、科学决策。

二要以民主集中制增进班子团结。通过充分发扬民主，营造团结和谐的氛围；通过实行集中统一，形成步调一致的局面。各级领导干部要增强民主意识，虚心听取各方面意见、自觉接受党组织、党员和群众监督，不能个人说了算，搞“一言堂”。坚持民主生活会制度，在领导班子内部正确开展批评与自我批评，进行积极健康的思想斗争，不断增强领导班子解决自身问题的能力。

三要以民主集中制保障工作运行。根据领导班子配备改革后的新情况，积极探索地方党委新的领导体制、工作机制和运行方式，健全集体领导和个人分工负责相结合的具体制度和办法。

四要以民主集中制推动工作落实。每个班子成员都要对工作负责，实行严格的工作责任制，确保各项决策部署落到实处。认真落实地方党委常委会向全委会报告工作制度、领导班子成员述职述廉制度，促使各级领导干部增强事业心和责任感，进一步形成察实情、讲实话、办实事、求实效的良好风气。

四、加强监督检查，防止不良风气的出现和蔓延

权力失去有效监督，不良作风就会出现。

一种好作风的形成，是多种良性因素互相作用、日积月累的结果。一种不良作风的形成，也总会有一个由小到大、逐渐演变的过程。领导干部作风出现了不良苗头，上级组织能不能及时提醒、打招呼，严肃认真地督促其改正，非常重要。这是防微杜渐、防止和克服领导干部出现不良作风的重要关口。今后一个时期，干部监督工作应突出“贵在创新、重在落实”的理念，着力在创新方法、讲求实效上下功夫。

第一，坚持完善已有制度，切实发挥监督作用。按照“坚持有效的、完善不足的、补充需要的”思路，加强干部监督制度建设。对实践证明有效的制度，如领导干部报告个人有关事项、述职述廉、民主评议、诫勉谈话、巡视和派驻、经济责任审计、组织函询等，要坚持不懈地抓好落实。对一些尚不完善的制度，要继续探索，不断总结经验、完善提高。对实践证明确实起不到应有作用的要予以废止，提高制度的针对性、有效性和公信度。

第二，创新工作思路，形成监督合力。认真研究解决现有各种监督渠道的互相衔接问题，把党内监督和人大监督、政协监督、行政监督、司法监督、群众监督、舆论监督、社会监督等很好地结合起来，做到优势互补、彼此衔接，逐步形成全方位、多层次的监督网络。特别是党内监督和上级监督，更应更新观念、创新思路、多方探索，学会整合资源、“借力用力”，努力做到领导干部的权力行使到哪里、活动延伸到哪里，监督就跟踪到哪里。

第三，坚持有的放矢，突出监督重点。当前一个时期，干部监督工作要继续把各级党政一把手作为重点监督对象，切实加强对领导干部践行科学发展观，落实中央和省委重大战略决策执行情况的监督；加强对领导干部坚持立党为公、执政为民，秉公用权、服务人民，带着感情、责任和追求做好工作情况的监督；加强对领导干部坚持求真务实、真抓实干，努力把工作往深里做、往实里做情况的监督；加强对领导班子、领导干部选人用人情况的监督。对监督检查中发现的不良倾向和苗头性问题，及时予以提醒，督促其主动改正、自觉纠正；对违反党纪政纪的人和事，要严肃查处，切实防止和克服领导干部中出现不良作风。

打铁先得自身硬。组织工作要在加强干部作风建设方面担当重任、发挥作用，必须坚持不懈地加强和改进组织部门自身作风建设，以此促进和推动广大干部队伍作风建设的深入开展。目前，我省各级组织部门正紧紧围绕“迎接、学习、贯彻十七大”，以树立和强化“六种理念”为切入点，深化和拓展“坚持公道正派、加强能力建设、永葆共产党员先进性”主题实践活动，全面推进“和谐型、学习型、效能型”机关建设，力求从自身做起，从一点一滴做起，发扬优良传统，努力改进作风，展示良好形象。

一是服务大局的理念。就是切实增强政治意识和大局意识，自觉用科学发展观、构建和谐社会等重大战略思想统一认识、指导实践，自觉把组织工作放到全省中心工作和大局中去思考、谋划和把握，努力使组织工作与建设沿海强省、构建和谐河北，在指导思想上相一致、在目标任务上相呼应、在工作举措上相协调，不断提高组织工作服从大局、服务中心的意识、能力和水平。

二是以人为本的理念。就是尊重人、理解人、关心人、爱护人，大力强化服务意识，满腔热情为党员、干部排忧解难，保障他们的合法权益，激发他们的创造活力，形成组织想着干部、干部想着工作的良性互动局面，以党内和谐促进社会和谐，汇聚更好更快发展的强大合力。

三是公平正义的理念。就是自觉坚持公道正派、任人唯贤，凡事出以公心，摒弃私心杂念，做到对己清正、对人公正、对内严格、对外平等，特别是在选人用人上，严格按法律法规办事，按政策规定办事，按程序办事，树组织工作之正气，求选人用人之公道，增强组织部门的公信度。

四是创新求实的理念。就是坚持解放思想、实事求是、与时俱进，不断开阔视野、拓宽思路，积极推进组织工作观念、方法和制度创新，建立健全充满活力、科学有效的工作体制和工作机制，推动组织工作不断有新的开拓、新的突破、新的进步。

五是统筹协调的理念。就是综合考虑各方面的情况，兼顾各方面的利益，整合各方面的资源，正确处理组织工作与其他工作的关系、组织工作中各方面的关系、业务工作与自身建设的关系，使其相互适应、相互协调，争取组织工作效益的最大化。

六是固本强基的理念。就是要甘心打基础，高度重视基层基础工作，把更多的心思用在基层，用更多的时间深入基层，将更多的功夫下在基层，毫不放松地抓好基层组织和党员队伍建设，充分发挥其凝聚人心、推动发展、促进和谐的作用。

切实解决当前农村基层党风廉政建设工作存在的突出问题

董君舒

为贯彻落实党的十七大精神，深入推进我省农村基层党风廉政建设工作，前期，我赴萍乡、宜春、新余、抚州等市，深入到部分县(市、区)、乡镇、农村，通过召开座谈会、实地查看和个别访谈等方式，对当前农村基层党风廉政建设工作存在的问题以及今后应该采取的对策和措施进行了调研。从调研情况看，我省农村基层党风廉政建设工作的发展态势是好的，取得的成效是明显的，较好地规范了农村基层权力的运行，维护了农村的和谐稳定。一是开展了一系列有声有色、丰富多彩的宣传教育活动，为农村基层党风廉政建设工作的开展营造了良好氛围；二是省、市、县(市、区)都建立了农村基层党风廉政建设工作联席会议制度或领导小组，乡(镇)都配备了专职纪委书记，94.8%的村党组织配备了纪检委员，形成了省、市、县、乡、村五级相衔接的组织网络；三是紧紧围绕加强农村基层党风廉政建设，建立、完善了许多针对性强、操作性强的规章制度；四是通过推行“乡财县管”、“村账乡代理”、建立公共资源交易站等方式，加强了对农村集体资金资产资源的管理；五是推行了以“一卡通”为主要内容的财政惠农补贴资金管理制度和支付方式改革，将政府补助给农民的各项补贴通过每户一本存折直接发放给农民，建立起了补贴资金发放的“绿色通道”；六是加大了对上级支农惠农政策落实情况的监督检查和查办农村基层干部违纪违法案件力度，损害农民群众利益的突出问题得到了进一步治理；七是积极探索便民利民的服务载体，乡镇、村建立了为民服务中心、民事帮办点，使各项服务措施更加便民利民。但通过调研，我们也发现，我省的农村基层党风廉政建设工作与中央的要求和人民的期望还有不小差距，还存在着一些矛盾和问题，需要予以高度重视和认真加以解决。

一、当前农村基层党风廉政建设工作中存在的突出问题

从调研情况来看，农村基层党风廉政建设存在的问题主要表现在五个方面。

(一)思想认识不到位。一是部分县(市、区)、乡镇党政主要领导对开展农村基层党风廉政建设工作的重要性、必要性、紧迫性缺乏足够认识，认为农村基层党风廉政建设工作是“软指标”，对农村基层党风廉政建设工作重视不够，没有将其摆上重要议事日程，关心不够、支持不力。有的是只部署不检查、只发文不落实，认为相关文件下发了，有关制度上墙了，也有一、两个亮点，满足工作做了就行了。二是部分县(市、区)、乡镇纪委书记工作存在畏难情绪，认为开展农村基层党风廉政建设工作，抓几个点可以，要在所有乡镇、村全面铺开，难度太大。三是有的村干部认为开展农村基层党风廉政建设工作，是束缚他们的手脚，工作中存在应付了事的心态。四是农民的参与意识程度不同。一些地方农民群众因受教育程度相对较低，文化素质不高，民主的认知能力也相对较差，对参与农村基层党风廉政建设的热情不高。

(二)部分县(市、区)、乡镇没有形成有效的工作合力。虽然县(市、区)都成立了农村基层党风廉政建设工作联席会议制度或领导小组，也都对工作任务进行了分解，明确了责

任单位，但实际工作中，有些部门的职责并没有落实到位，没有真正形成“党委统一领导，党政齐抓共管，纪委组织协调，部门各负其责，依靠群众的支持和参与”的农村基层党风廉政建设领导体制和工作机制，没有形成有效的工作合力，往往是纪检监察机关“单打独斗”、“唱独角戏”。

(三)工作进展不平衡。同一个设区市，有的县(市、区)、乡镇工作做得有声有色，“规定动作”做到了位，“自选动作”有创新、有特色，有的县(市、区)、乡镇对加强农村基层党风廉政建设的有关文件学习不够、理解不深，不知道农村基层党风廉政建设工作如何开展，“规定动作”也没有完全落实到位；在同一个县(市、区)，有的乡镇全面铺开了农村基层党风廉政建设工作，有的乡镇还仅仅是结合新农村建设工作，抓了几个试点，没有由点到面全面推开；地方管的部门工作抓得比较紧，条条管的部门工作抓得不够，主管部门重视的，工作抓得较好，不重视的，工作抓得较差。

(四)制度落实不到位。管理制度不健全，落实制度不到位，是农村基层较为普遍的问题。有的县(市、区)、乡镇建立了不少有关农村基层党风廉政建设的制度规定，但这些制度规定仅仅是说在嘴上、挂在墙上、停留在文件上，实际工作中并没有很好地贯彻执行；有的村财务管理制度如同虚设，财务开支大权仍然掌握在村党支部书记手中，打“白条”的现象还时有发生；有的村虽然建立了村集体资产、资源监督管理制度，但没有建立统一的集体资产、资源台账，一些固定资产被变卖、承包和出租后，没有按民主程序和财务管理制度及时进行账务处理，所得收入放在村干部手中，为一些村干部贪占挪用和挥霍浪费提供了便利条件。

(五)存在“重形式、轻实效”的现象。有的地方投入大量的人力、物力、财力建设农村基层党风廉政建设“示范点”，但对如何保证政策落到实处、取得实效关注不够，对如何整体推进农村基层党风廉政建设工作重视不够；有的村务公开存在着公开时间随心所欲，公开内容避实就虚，公开方式流于形式等问题，没有做到公开内容真实、程序规范、公开及时，对村民关心的热点问题没有做到随时公开、逐项公开；有的乡镇、行政村在进行政务、村务公开时，不因地制宜，搞一些形象工程，做一些表面文章，虽然看起来美观大方，但无形中增加了财力的支出和百姓的负担。

二、解决当前农村基层党风廉政建设工作中存在突出问题的对策

党的十七大报告指出：“统筹城乡发展，推进社会主义新农村建设。解决好农业、农村、农民问题，事关全面建设小康社会大局，必须始终作为全党工作的重中之重。”农村基层党风廉政建设是我们党反腐倡廉建设的重要组成部分，也是社会主义新农村建设的重要内容。全面推进农村基层党风廉政建设，必须坚持以邓小平理论和“三个代表”重要思想为指导，深入贯彻落实科学发展观，紧紧围绕建设社会主义新农村、构建社会主义和谐社会开展工作。当前，最主要的是要针对农村基层党风廉政建设工作中存在的突出问题，采取切实有效的措施加以推进。

(一)要大力加强宣传教育，积极营造加强农村基层党风廉政建设的浓厚氛围，切实解决认识不到位的问题。一要建立农村基层党风廉政建设教育长效机制。要充分利用电视、电台、报纸、网络、宣传栏等，继续加大对农村基层党风廉政建设工作的宣传力度，不断提高宣传教育的实际效果。二要积极探索农村党员、干部喜闻乐见的教育形式，用一些贴近群众、贴近生活、贴近实际的活动形式，如通过开展用身边事教育身边人的示范教育、算腐败得失账警示教育、送廉戏下乡、发廉政短信、赏廉政书画等活动，增强廉政文化的感染力和吸引力，不断提升廉政文化进农村的实际效果。三要培育健康、文明、向上的乡村文化，为农村基层党风廉政建设的开展提供文化支撑。要认真组织广大农村

党员、干部深入学习党的十七大精神、党章和党风廉政建设的有关规定及相关法律法规，积极开展社会主义荣辱观教育，提高农村广大党员、干部的法纪意识和依法办事能力。要积极开展“争创勤政廉政村干部”、“百姓评村官”、“入户听诉”和“集体接访”等活动，强化基层党员干部的廉政意识，调动群众参与的积极性，为农村基层党风廉政建设营造良好的文化氛围。要通过形式多样、生动活泼的各种宣传教育活动，让广大党员、干部充分认识中央关于建设社会主义新农村战略部署的重大意义，充分认识加强农村基层党风廉政建设对于建设社会主义新农村的政治保证作用，从而增强做好农村基层党风廉政建设工作的责任感和紧迫感。要让广大农村党员、干部充分认识到，加强农村基层党风廉政建设有利于培养基层干部民主法制意识，健全基层党组织民主制度，密切党群干群关系，促进农村经济社会发展，维护农村和谐稳定，从而调动他们建设社会主义新农村的积极性，更好地推动农村基层党风廉政建设工作的健康发展。

（二）严格落实党风廉政建设责任制，真正形成党委统一领导、党政齐抓共管、纪委组织协调、部门各负其责、群众支持和参与的农村基层党风廉政建设的领导体制和工作机制，切实解决工作合力问题。党的十七大报告强调，要“严格执行党风廉政建设责任制”。党风廉政建设责任制是一项带有全局性、根本性、指导性的制度，是反腐倡廉建设的有效载体，也是便于实践操作的总体机制，抓住了责任制就等于抓住了“龙头”。农村基层党风廉政建设是党风廉政建设向农村基层的延伸，工作涉及到农村基层的方方面面，单靠纪检监察部门抓是非常困难的，必须严格实行党风廉政建设责任制，努力形成全党抓的合力。各级党委、政府要把农村基层党风廉政建设工作摆上重要议事日程，纳入建设社会主义新农村的总体规划，加强领导，统一部署。要把农村基层党风廉政建设的各项工作任务分解到相关职能部门，做到分工具体、任务明确、责任清晰。抓好农村基层党风廉政建设，县委是关键，乡镇是基础。县委要发挥在农村基层党风廉政建设中的重要作用，研究制定具体工作规划，确定每年的工作重点和措施。县级党政主要领导要对农村基层党风廉政建设负总责，重大问题亲自过问，领导班子其他成员要根据分工，切实担负起责任。乡镇党委、政府要发挥承上启下作用，明确责任，抓好落实。各级纪检监察机关要充分发挥组织协调作用，加大指导、检查力度，督促农村基层党风廉政建设各项工作任务的落实，督促农村基层党风廉政建设工作的全面推进。只有这样，才能形成上下联动、齐抓共管的整体合力。

（三）要创新农村基层党风廉政建设工作的载体和抓手，规范其工作内容和具体要求，切实解决不会抓的问题。全面推进农村基层党风廉政建设工作离不开有形的载体。在实践中不断创新工作载体，是农村基层党风廉政建设工作保持发展活力和前进动力的必然要求。加强对农村基层党风廉政建设工作规律性的探索，努力创建简单明了，看得见、摸得着、好操作的有效载体，赋予农村基层党风廉政建设工作实实在在的内容，让广大农村党员、干部明白农村基层党风廉政建设工作应该抓什么、应该如何抓，是全面推进农村基层党风廉政建设工作的重要举措。前期，我省在认真总结各地经验的基础上，决定在全省农村基层实施“双创”工程（创建农村基层权力规范运行的监督体系、创新便民利民的服务方式），并明确了“双创”工作的具体内容，为全省开展农村基层党风廉政建设工作提供了有形的载体和抓手。各地要把贯彻落实中央、省委和省纪委的要求与当地的实际结合起来，为加强农村基层党风廉政建设制定出具体的、可操作的工作标准和目标要求。

（四）要不断完善、创新有关农村基层党风廉政建设的各项制度，努力构建加强农村基层党风廉政建设的长效机制，切实解决制度不落实的问题。党的十七大提出了“在坚决惩治腐败的同时，更加注重治本，更加注重预防，更加注重制度建设，拓展从源头上防治腐败工作领域”的新要求。加强农村基层党风廉政建设，要充分发挥制度的保证作用，用制度规范好农村基层权力的运行，用制度管理好农村的集体资金、资产和资源。要根据实际，制定规范新农村建设事项的有关制度，制定社会主义新农村建设资金管理办法，对新农村建设中物资采购、工程项目招投标等容易滋生违纪违法问题的重点环节，作出详细规定。要制定农村公共资源交易管理办法，指导乡镇建立公共资源交易站，规定乡、村两级的工程建设、公共资产资源交易、设备办公用品等采购活动，都必须进入交易站进行公开交易。要适时完善制度，对那些失效的制度，必须及时清理废除；对那些规定笼统、容易出现漏洞的制度，要抓紧修订完善；对缺失的制度要抓紧制定。要不断创新制度，注重从提高制度的科学性、增强制度的可行性、维护制度的权威性入手，努力构建农村基层党风廉政建设的长效机制。要坚决维护制度的权威性、严肃性，对建立和完善的制度，要狠抓执行与落实。

（五）要加强对农村基层党风廉政建设工作的指导和监督检查，切实解决工作不力和作风不实的问题。加强农村基层党风廉政建设，各级纪检监察机关要充分发挥组织协调作用，加大对农村基层党风廉政建设的工作指导和监督检查力度。农村的地理条件、经济条件和基础条件千差万别，发展水平也不尽相同。纪检监察机关加强工作指导，既要注意整体推进，又要加强个别指导。要立足当地实际，因地制宜，分类指导，不能搞“一刀切”，更不能搞劳民伤财的“形象工程”、“政绩工程”；既要注重指导农村基层抓好“规定动作”，把国家有关政策法规明确要求的事项纳入农村基层党风廉政建设工作之中，又要指导搞好“自选动作”，把本地特有的涉及群众共同利益的事项纳入农村基层党风廉政建设工作之中；既要指导各地重视硬件建设，不断创新工作平台和载体，又要指导各地重视在经常性、基础性工作上下功夫，推进体制机制制度创新；既要指导突出工作重点，又要指导全面推进，注意防止一面平推、没有特色和单项冒尖、整体平平两种倾向。要督促各地、各部门按照客观规律办事，科学总结、准确把握农村基层党风廉政建设工作的特点和规律，并遵循这些特点和规律办事。要通过指导和监督检查，使农村基层党风廉政建设工作更加科学合理，并取得实实在在的成效，为建设社会主义新农村、构建社会主义和谐社会提供坚强有力的政治和纪律保证。

（作者：中共江西省委常委、纪委书记）

作风建设　重在落实

文忠民

执政党的党风，关系党的形象，关系人心向背，关系党和国家的生死存亡。作风建设，重在落实，具体说，就是要发扬优良传统，加强思想教育，推进制度建设，集中解决党的思想作风、学风、工作作风、领导作风和干部生活作风方面的突出问题，努力把领导干部作风建设提高到一个新水平。

坚持理论联系实际，牢牢把握部队建设的发展方向。大力弘扬理论联系实际的学风，提高全党的马克思主义理论水平和解决实际问题的能力，是加强和改进党的作风建设的一项基础性工作。作为军队的领导干部，必须按照科学发展观的要求，联系实际刻苦学习，做到理论与实际、学习与运用、言论与行动相统一，创造性地开展工作，着力解决部队建设中带有全局性、方向性的重大现实问题，牢牢把握部队建设的发展方向。坚持理论联系实际，关键是要增强学习的目的性。一要学出解决实际问题的危机感来。当今世界变化很快，中国特色社会主义事业快速发展，党的理论创新与时俱进，这就要求广大干部刻不容缓地抓紧学习。但是，现在有些领导干部或者轻视理论、忽视学习，或者照抄照搬、本本主义，难以胜任工作。要克服这种现象，关键是要联系实际学理论，形成“学而后知不足，知不足而后学”的良性循环机制。二要学出认识实际问题的眼界和眼光来。领导干部眼界要开阔，眼光要敏锐，而开阔的眼界来源于“见多”，敏锐的眼光有赖于“识广”。科学发展观是我们党的大智慧、大战略、大思路，只有把科学发展观学懂弄通，才能增强政治意识、大局意识和战略意识，把我们所从事的工作和担负的责任放到国家和军队建设的全局中去谋划，在决策中站得更高一些、看得更远一些、想得更深一些。三要学出解决实际问题的思路和办法来。面对新形势新任务，领导干部一定要开动脑筋，把知识体系的“论”与“理”转化为谋划工作、凝聚团队、解决问题、成就事业的思路和方法，力争使每一项决策都建立在严谨、科学、可行的基础之上，每一个实际问题的解决都不留遗憾，不落败笔，不给后人留下包袱。

坚持求真务实，在解决重点、难点问题上取得成效。求真务实是马克思主义世界观的集中体现，是科学发展观的重要内容，也是衡量领导干部作风的根本尺度。在一定意义上，发现问题是水平，汇报问题是党性，指出问题是责任，解决问题是政绩。一要有迎难而上的进取锐气。所谓重点、难点问题，实际上就是影响和阻碍本单位发展的“瓶颈”，因此，解决这些问题自然不那么容易，它考验着领导干部的精神状态、战斗意志和领导水平。在难题面前不能绕、不能等，更不能推，只能知难而进、迎难而上。二要有“一沉到底”的扎实作风。抓落实是一个艰苦细致的过程，不可能一蹴而就、一劳永逸，需要深入下去，扎实工作。要大力提倡“一线工作法”，这就是：情况到一线了解，问题到一线解决，感情到一线融洽，课题到一线调研，干部到一线考核，人才到一线培养，工作到一线落实。只有深入现场，深入基层，才能实施具体、及时、有力的工作指导。三要有不解决问题不罢休的攻坚意志。一些单位的问题之所以长期得不到解决，一个重要原因就是形式主义在作怪：工作谋划在文件上、布置在会议上、落实在口头上、效果在媒体上、经验在通报上。要以不解决问题不罢休的毅力和韧劲，围绕那些难点和棘手问题，出实招，见实效。四要有“自讨苦吃”的挑战精神。从某种意义上可以说，一个有作为的领导所面对的难题都是“自找”的，谋发展就要“自寻烦恼”，求进取就要“自讨苦吃”。因为发展越快，困难就越多越大，而且层出不穷；发展越好，解决困难的要求就越高，苦吃的也就越多。事业恰恰就是在难题的不断产生和不断解决的过程中持续发展的。

坚持团结和谐，形成互相信任、互相关心、互相支持的良好氛围。团结是领导班子的生命。团结出战斗力、出政绩、出人才、出干部，也出健康；不团结就会败坏风气、伤害干部、危害班子建设，也影响个人健康。要以党组织的团结和谐来巩固和发展上下和顺、左右和睦、全体和谐的良好局面。一要强化全局观念。能否正确对待局部利益与全局利益，是搞好班子团结的重要思想基础。团结和谐的局面要求班子成员必须识大体、顾大局、想大事、讲大度，正确处理好局部与全局的关系，自觉站在国家、军队的高度来思考本单位的发展，在整体利益与局部利益的协调统一上想问题、办事情、作决策，自觉维护建设的大局和整个单位的团结。二要在营造友爱的氛围中互相信任、互相欣赏、互相包容、互相维护。一个领导班子组建之初，大家往往都还比较谨慎，说话办事能互相谦让，但时间长了，有的班子成员就不免展示自己的个性，优点表现多了的同时，可能也会暴露不少缺点。这就要求每位同志都要学会尊重和欣赏别人，多看别人的长处，多看自己的短处，既要容人之长，又能容人之短。三要在充分沟通、充分商量、充分协调中求大同存小异。我们党实行的是集体领导制度，在班子的集体领导中，对一些问题的看法产生分歧是正常的，也是难免的，重要的是不能因为分歧而影响团结。如何做到这点？我认为关键在于求大同、存小异，就是在保留个人看法的同时，力求原则上的一致、思想上的一致、出发点上的一致。要与人为善，工作中主动配合、主动补台，做到多理解、少埋怨，多帮助、少指责，多鼓励、少挑剔。

坚持密切联系群众，真心实意为基层服务、为群众服务。群众路线是我们党的根本工作路线，密切联系群众是我们党的优良作风和政治优势。能否真心实意地为基层服务、为群众服务，这是加强和改进领导干部作风建设的核心问题。密切联系群众，最重要的是要体察民情，了解民意，集中民智，珍惜民力，诚心诚意为群众谋利益。一是要强化群众观念。广大干部必须始终不渝地贯彻党的群众路线，心里装着群众，事事想着群众，相信群众，依靠群众，服务群众，坚定不移地维护和实现最广大人民的根本利益。二要增强公仆意识。对领导干部来讲，树立公仆意识，就是要把群众高兴不高兴、赞成不赞成作为服务的根本标准，把群众的满意度作为工作的“晴雨表”，时刻把群众的冷暖疾苦挂在心上，设身处地为基层着想，千方百计为群众排忧解难。三要加强制度建设。建立和健全联系群众的各项制度，是新形势下坚持党的群众路线的重要课题。改进领导作风，很大程度上要看联系群众的制度落实得如何。比如，党政领导机关能否坚持群众接待日制度，领导干部是否亲自处理来信来访，领导机关干部是否经常到基层特别是贫困地区去锻炼和帮助工作，等等。

坚持严于律己，树立忠诚使命、以身作则的良好形象。作为党的领导干部，一言一行代表的是党的形象，一举一动关乎党在群众中的威望。形象就是无声的命令，形象就是无穷的力量。因此，各级领导干部应当视形象如生命，以高举党的旗帜、忠诚党的事业、严守党的纪律的形象，取信于民，立威于众。一要在政治上严于律己，做高举旗帜、听党指挥的表率。在政治立场这个重大原则问题上，领导干部一定要头脑清醒，信念坚定，不管在任何条件下，不管遇到什么困难，都要坚定不移地同党中央、中央军委保持高度一致，确保政令军令畅通，决不能犯自由主义。二要在用权上严于律己，做立党为公、公道正派的表率。领导干部手中都握有一定的权力，必须秉公办事，自觉抵制各种不正之风，切实做到用权不谋私利，用人不徇私情，用钱不比阔气。三要在生活上严于律己，做生活正派、情趣健康的表率。由于领导干部身份的特殊性，其一举一动都受到广大群众的关注。人民群众要求领导干部不仅在“大德”上要谨慎，而且“小节”上也不能有丝毫的放纵。因此，领导干部只有加强思想道德修养，堂堂正正做人，清清白白做官，踏踏实实干事，树立起专注事业、倾心工作、艰苦朴素、廉洁奉公的形象，才能履行职责，完成使命。

（作者：解放军南京政治学院政委）

把领导干部的作风建设放在更加突出的位置

齐　玉

胡锦涛同志在中央纪委第七次全会上的重要讲话中明确提出，要全面加强新形势下的领导干部作风建设，在各级领导干部中大力倡导八个方面的良好风气。这个要求，抓住了当前党的建设的突出问题，具有很强的现实针对性和工作指导性。

一、把领导干部作风建设放在更加突出的位置

我们党在革命、建设和改革的各个时期，一贯重视加强作风建设。作风是无形的力量，能够发挥出难以估量的政治作用。加强作风建设，形成良好的作风，能够在党内和人民群众中产生巨大的影响力凝聚力，为党和人民的事业注入强大的动力。相反，如果忽视作风建设，放任不良的作风形成气候，则必然会给我们的干部队伍建设和党的事业发展带来严重灾难。

近年来，在以胡锦涛同志为总书记的党中央领导下，经过各级党组织的共同努力，特别是经过全党开展的保持共产党员先进性教育活动，各级领导干部的思想作风、学风、工作作风、领导作风、生活作风建设不断加强，取得了显著成效，为我们党团结带领人民不断夺取改革开放和社会主义现代化建设的新胜利提供了重要保障。

同时我们也应该清醒地看到，在一些地方、部门和领导干部中，还存在一些不良作风，有的不能坚持解放思想、实事求是、与时俱进，因循守旧、不思进取；有的不善于理论联系实际，既存在照抄照搬的教条主义倾向，也存在轻视理论的经验主义倾向；有的不能正确贯彻执行民主集中制原则，民主意识、大局意识和纪律观念淡薄，独断专行，自行其是，搞“上有政策、下有对策”；有的对中央精神不甚了了，对基层情况懵然不知，却习惯于夸夸其谈，做表面文章；有的热衷于沽名钓誉、哗众取宠，弄虚作假、欺上瞒下，不关心群众疾苦，甚至作威作福、欺压百姓；有的以权谋私，贪图享乐，吃喝玩乐，骄奢淫逸，甚至贪赃枉法，腐败堕落。这些问题，虽然发生在少数领导干部身上，但其消极影响不可低估。如果我们不警惕、不抓紧治理，听任不正之风侵蚀党的肌体，不仅会严重损害党的威信和形象，损害党群关系和干群关系，而且会阻碍科学发展观的贯彻落实，影响社会和谐，干扰党和人民事业的发展。

正是从党的事业和党的建设的全局出发，针对现实存在问题的严重性危害性，胡锦涛同志明确提出，要大力倡导八个方面的良好风气。这八个方面的要求，是在继承党的优良传统和作风的基础上，对各级领导班子、领导干部在新的形势任务和环境中所展现出的新的良好作风的提炼、归纳与总结，具有科学的理论根据和深厚的实践基础，体现了新的历史时期对领导干部作风的新要求。按照这八个方面要求全面加强领导干部的作风建设，既是党的建设的一项长期的战略任务，也是一个非常紧迫的现实课题。我们必须认真学习领会，坚决贯彻执行。

二、必须重视经常性教育

作风是世界观、人生观、价值观的反映，领导干部的作风是其党性修养、政治品质、道德情操的具体表现。长期执政，容易使一些领导干部放松对自己的严格要求，产生脱离群众等危

险;实行对外开放和发展市场经济,也容易使一些领导干部受到腐朽思想观念的侵蚀。在这种情况下,如果党组织忽视对党员干部的日常教育,就可能使一些不良风气滋生蔓延开来。因此,必须紧紧抓住思想教育这个根本,积极开展对领导干部的经常性教育。

要把树立马克思主义世界观、人生观、价值观作为经常性教育的主要内容,继续深入开展理想信念教育、党章和法纪学习教育、社会主义荣辱观教育、廉洁自律教育和警示教育,坚持社会主义核心价值体系,加强廉政文化建设,不断夯实廉洁从政的思想道德基础、筑牢拒腐防变的思想道德防线。

党校、行政学院和各类干部院校的干部教育培训,党委(党组)中心组学习,领导班子民主生活会都应把领导干部作风建设列为重要内容和议题。要防止用一般性政治学习和业务培训代替作风教育,防止在作风教育上的厌倦情绪或以组织处理代替思想教育的做法。

要注重发挥上级对下级、班长对成员的特殊教育作用。上级领导对下级领导、一把手对班子成员,不仅要进行工作领导,而且要经常有针对性地进行思想作风方面的教育、提醒和批评。这方面的作用发挥好了,一定会收到良好的效果。加强经常性作风教育,既要注重言教,也要注重身教,上级领导、一把手以身作则,身正行端,对下级或班子其他成员将会产生无形的示范作用。

加强经常性作风教育,应把倡导良好的生活作风和健康的生活情趣作为一个重要方面,给予特别的重视。如果领导干部生活作风不检点、不正派,就会降低甚至丧失拒腐防变的能力,就会解除反腐倡廉的思想武装,最终滑入腐败堕落的深渊。

三、切实加强对领导干部的日常管理和监督

加强对领导干部的日常管理和监督,使领导干部在高度的自觉和严格的约束中保持良好作风,是各级党组织的责任。

党组织应定期研究领导干部作风建设问题,对照胡锦涛同志提出的树立八个方面良好风气的要求,认真分析本地区、本部门、本单位作风建设的情况,查找存在的突出问题,研究改进措施,作出相应部署。对领导干部在作风方面存在的问题,要及时提醒、批评或做必要的处理。

要严格执行党内监督的各项制度,把近年来中央制定的一系列党风廉政建设规章制度认真落实到领导干部的工作和生活中去,规范领导干部的日常行为。同时,积极探索新的行之有效的管理办法,把领导干部八小时之外的表现纳入群众评议的范围,作为干部考核的重要内容,通过民主测评、民意调查、个别谈话等,全面了解和掌握干部的作风、表现,并作为衡量干部德才素质的重要方面,作风不好的不能进班子,坚决防止干部“带病提拔”、“带病上岗”。

要充分发挥巡视工作和信访工作在干部监督中的作用,及时掌握群众反映的苗头性、倾向性问题,早发现、早纠正。要加大社会舆论监督的力度,发挥先进典型的示范引导作用,形成惩恶扬善、祛邪扶正的舆论氛围,让保持优良作风的干部能够心情舒畅地工作,让搞不正之风的人在党内没有市场。

四、努力把握新形势下领导干部作风建设的规律

加强领导干部作风建设,要不断深化对作风建设规律的认识,自觉地把握和遵循规律,既坚持已有的成功经验,又不断改进工作方式,贴近实际,切实增强针对性。

要把严格自律和强化监督结合起来。作风的发展变化,是内因和外因相互作用的过程,而内因又具有决定性意义。这就要求把抓好领导干部的自律放在第一位。要引导领导干部把党的理想、宗旨、纪律内化为自己的信念,作为自己立言立行的根本准则,时刻注意检点自己工作和生活的方方面面,自觉发现和解决自身作

风存在的苗头性问题，做到台上和台下一个样，工作时间和业余时间一个样，有监督和没有监督一个样，始终保持共产党人的政治本色。与此同时，也要重视他律，强化外在约束。特别是要对干部职权的行使、权力的运用进行全方位、全过程监督，努力形成用制度管权、按制度办事、靠制度管人的有效机制，使领导干部既接受来自党内特别是班子内的监督，又接受来自广大群众和社会各方面的监督；既接受自上而下的监督，又接受自下而上的监督，形成完善的监督机制，增强监督的合力和效果。

要把继承优良传统和不断培育新作风结合起来。作风建设具有继承性，必须继承党的优良传统作风。同时，作风建设又具有时代性和不断发展变化的特点，处于什么样的时代，面对什么样的形势，担负什么样的任务，就需要有什么样的作风。在新的历史条件下，我们一定要以科学发展观为统领，总结历史经验，弘扬党的优良传统和作风，同时还要紧跟时代，研究新情况，解决新问题，从新的实践中汲取新的营养，勇于创新，积极培育适应时代要求的新作风，使领导干部作风建设充分体现时代精神和时代风貌。

要把整体推进与解决突出问题结合起来。加强领导干部的作风建设是一项长期的艰巨的任务，不能抓一抓、放一放，不能有空白点，要标本兼治、综合治理，统筹兼顾、整体推进。要结合从事不同工作、居于不同层次的领导干部的特点，有针对性地推进作风建设。在整体推进中，要特别注意抓重点，致力于解决突出问题。对那些涉及全局、情况复杂、难以一时解决的深层次问题，要持之以恒、常抓不懈，避免前紧后松、时紧时松的现象；对那些涉及面广、危害性大、反映强烈的重点问题，要不失时机地进行治理整顿，一个问题一个问题地解决。保持共产党员先进性教育活动的成功经验表明，建立一定的载体，开展必要的主题明确、内容具体、时间集中的活动，是解决领导干部作风问题的一种好办法。

（此文载《求是》2007 年第 6 期）

以加强领导干部作风建设为重点
把反腐倡廉工作抓紧抓实抓好

中共上海市委理论学习中心组

胡锦涛总书记在中纪委第七次全会上发表的重要讲话，从贯彻落实科学发展观、加强党的执政能力建设和先进性建设的战略高度，深入分析了当前党风廉政建设和反腐败斗争面临的形势，明确提出了加强反腐倡廉工作的重点任务，深刻阐述了加强领导干部作风建设的极端重要性和紧迫性，突出强调了要把作风建设放在党风廉政建设的突出位置来抓。胡锦涛总书记的重要讲话，对于指导我们进一步加强党的建设、深入开展党风廉政建设和反腐败斗争，具有十分重大的现实意义和深远的历史意义。上海市委理论学习中心组认真学习了胡锦涛总书记的重要讲话精神，深刻反思了社保资金案及相关案件带来的沉痛教训，感到一定要以"刮骨疗毒"的勇气，以加强领导干部作风建设为重点，坚决清除腐败"毒瘤"，进一步把反腐倡廉工作抓紧抓实抓好。

一、新形势下加强领导干部作风建设，具有极端重要性和紧迫性

领导干部的作风问题决不只是个人思想道德层面的小节问题，而是重大的党性问题；决不是小是小非问题，而是大是大非问题；决不是非原则问题，而是重大的政治原则问题。面对改革开放和发展社会主义市场经济的考验，领导干部身上滋生不正之风的现实危险性正在增加，加强领导干部作风建设比以往任何时候都更为重要和紧迫。

领导干部的作风建设，事关党和人民事业的兴衰成败。作风是一个党的性质、宗旨、纲领、路线的重要体现，重视作风建设是我们党的优良传统。从延安整风和党的"七大"，我们党逐步形成和明确提出"三大作风"，到七届二中全会提出"两个务必"，再到十一届三中全会恢复和重新确立党的解放思想、实事求是等优良传统和作风，都极大地推动了我们党领导的革命、建设和改革事业。当前，党的作风建设面临着艰巨的任务，如果我们对一些领导干部身上存在的作风问题不加以警惕，不抓紧治理，任其发展，必然侵蚀党的肌体，损坏党群干群关系，影响党和国家的各项工作，干扰党和人民事业的发展进程，动摇我们事业的根基。这次上海社保资金案的发生，不仅对上海的发展造成了严重的负面影响，更对党和国家的事业造成了严重损害，确实令人十分痛心。

领导干部的作风建设，事关全面建设小康社会、构建社会主义和谐社会目标任务的顺利实现。党员尤其是党员领导干部保持良好的作风，是一种重要的政治资源，是我们党开展一切工作的一个基本前提。在全面建设小康社会和构建社会主义和谐社会的今天，进一步加强和改善领导干部作风建设，保持党的先进性和战斗力，显得尤为重要。我们只有根据新形势、新任务、新要求，全面加强思想作风、学风、工作作风、领导作风、干部生活作风建设，坚决防止和反对社保资金案暴露出来的少数领导干部的作风问题，如徇私枉法、以权谋私，形式主义、贪图享乐，违背民主、搞"一言堂"，撇开制度、滥用权力等，努力实现领导干部作风的进一步转变，才能为全面建设小康社会、构建社会主义和谐社会提供有力保障。

领导干部的作风建设，事关党风廉政建设

和反腐败斗争能否深入推进。领导干部的作风与领导干部的思想道德、理想信念、政治立场密切相关。作风好坏既是检验领导干部世界观、人生观、价值观和权力观、地位观、利益观的试金石，也是一个政党是否先进的显著标志。从实际情况来看，一批领导干部被不法企业主拉下水，并逐步走上违纪和违法犯罪的道路，往往都是作风上先出现缺口，然后放松学习和自我要求，最后发展到理想信念动摇、迷失政治方向，一步步堕落下去的。

二、把领导干部作风建设放在更加突出的位置，努力成为树立良好风气的表率

胡锦涛总书记在讲话中全面、深入地分析了一些领导干部作风上存在的突出问题，并列举了八个方面的主要表现。通过对一些由于思想作风蜕变而走上违纪违法道路案件的解剖，我们感到总书记所指出的问题非常具有针对性和现实指导性，非常符合上海的实际。我们一定要落实和践行好胡锦涛总书记提出的八个方面良好风气，把它们转化为领导干部自重的准则、自省的镜子、自警的标尺、自励的目标，推动各级领导干部从我做起、从现在做起、从小事做起，争做践行良好风气的表率。

一是要做遵守纪律的表率。坚决维护中央权威和中央大政方针的统一性、严肃性，始终在思想上、政治上、行动上与党中央保持高度一致。牢固树立全国一盘棋的思想，严格遵守党的纪律，坚决做到有令则行、有禁则止，决不能借口地方和部门的特殊性搞上有政策、下有对策，确保党和国家工作部署的贯彻落实。切实抓好党的纪律尤其是政治纪律教育，引导各级领导干部进一步增强遵守党纪国法的自觉性，始终做到在大是大非面前保持坚定的政治信念和清醒的政治头脑，使各项工作真正符合中央精神、上海实际和人民群众的根本利益。

二是要做学以致用、学用相长的表率。当前，在学习问题上，要坚决防止两种倾向。第一是不能做到勤奋好学，浅尝辄止，不能持之以恒，或者是满足于以干代学，不愿挤出时间去学习新理论、新知识；第二是不能学以致用，学习功利化，为了给自己"镀金"、作为晋升的程序，学归学、用归用，学用脱节。对此，要在各级领导干部中间大力弘扬理论联系实际的马克思主义学风，真正做到勤奋好学、学以致用、用有所成，通过学习不断开阔视野、增长才干，提高解决改革发展稳定中实际问题的本领，努力在建设学习型政党和学习型社会中走在前列。

三是要做求真务实的表率。脚踏实地，埋头苦干，一步一个脚印地把我们的事业推向前进。坚持一切从实际出发，想问题、办事情、作决策，都要考虑客观实际、把握客观规律，坚决防止和克服形式主义、官僚主义、做表面文章的现象，自觉做到察实情、讲实话、办实事、求实效。坚持心系群众、服务人民，把实现好、维护好、发展好人民群众的根本利益作为一切工作的出发点和落脚点，把解决民生问题放在各项工作的首位，切实减少会议文件，深入基层，深入群众，深怀爱民之心、恪尽为民之责、善谋富民之策、多办利民之事，始终保持同人民群众的血肉联系。

四是要做艰苦奋斗的表率。这些年，随着上海经济社会的快速发展，我们的物质条件大大改善了，财力也比较雄厚了。在这种情况下，部分干部出现了思想上的放松，忘记了我国还是发展中国家，仍处于并将长期处于社会主义初级阶段，全体人民的生活并不富裕，忘记了上海也有许多困难群众，有发展不平衡的问题亟待解决。在工作中，也出现了铺张浪费、追求奢靡等不良风气。这些都是同我们党始终强调的"两个务必"格格不入的，都是同中华民族艰苦奋斗、勤俭节约的传统背道而驰的。各级领导干部一定要始终牢记"两个务必"，切实做到谦虚谨慎、戒骄戒躁，切实做到艰苦奋斗、勤俭节约，在各项工作中都要精打细算，严格把关，真正把有限的资金和资源用在刀刃上。

五是要做廉洁奉公的表率。胡锦涛总书记

要求我们每一名领导干部都应该经常想一想自己手中的权力是从哪里来的、应该为谁所用这个重要问题。对这个重要问题，我们如果不想清楚、不想正确，手中有了权力就会忘乎所以、为所欲为，最终走向党和人民的反面，社保资金案就是摆在我们面前的一面镜子。前车之覆，后车之鉴。各级领导干部一定要自觉加强党性修养，牢固树立马克思主义世界观、人生观、价值观和正确的权力观、地位观、利益观，常修为政之德、常思贪欲之害、常怀律己之心，真正筑牢拒腐防变的思想防线。

六是要做发扬民主的表率。胡锦涛总书记在讲话中特别对发扬党内民主问题作了深入阐述，他指出，党内民主发扬得充分不充分，同领导干部尤其是"一把手"的作风关系极大。各级领导干部要充分认识坚持民主集中制、充分发扬党内民主、实行正确集中的重要性，认真总结反思这方面的经验教训，确保民主集中制真正得到贯彻执行。要正确处理好民主与集中的关系，严格按照规则和程序办事，防止把程序作摆设，把民主当形式。要正确处理好集体领导和个人分工负责的关系，一切重大问题都要坚持集体讨论作出决策，防止个人或少数人说了算。要正确处理维护班子团结和坚持党性原则的关系，在班子内部提倡民主讨论、各抒己见，注意加强经常性的思想沟通，努力形成相互信任、相互尊重、相互支持的工作氛围。

七是要做修身立德的表率。胡锦涛总书记明确要求把领导干部的生活作风作为作风建设的重要方面来抓，很具有现实针对性。一些领导干部蜕化变质，往往都是从吃喝玩乐这些看似小事的地方开始的。当前，领导干部树立良好的生活作风和健康的生活情趣，尤其要重视三个方面的问题：一要"慎好"，慎重选择个人的爱好。各级领导干部作为广大干部群众的表率，应当保持高尚的精神追求，明辨是非，克己慎行，正确选择个人爱好。有些事情群众能做，领导干部就不能做。在这方面，对领导干部的要求要高出普通群众的标准。二要"慎友"，慎重对待朋友交往。领导干部交朋友要择善而交，多同普通群众交朋友，多同基层干部交朋友，多同先进模范交朋友，多同专家学者交朋友，不交那些"酒肉朋友"，更不能为了贪图享乐而去"傍大款"。三要"慎微"，慎重对待生活小节。群众看我们党的作风，往往是从党员干部一言一行、一举一动中得出结论的。因此，各级领导干部一定要时刻注意自己的言行，切实做到"勿以善小而不为，勿以恶小而为之"，始终保持共产党员的政治本色。

三、加强作风建设，必须从制度上保证

搞好党的作风建设，制度建设是最根本的。实践证明，从严治党、端正党风的关键在于建立和巩固一整套便利、管用、有约束力的制度和机制，使党的各级组织对党员、干部实行行之有效的管理和监督，始终保持党的肌体健康。我们必须按照"坚持、恢复、完善、创建"的总体要求，建立健全制度体系，努力实现领导干部作风的进一步转变。

要立足于早抓，决不放过倾向性、苗头性的问题。现在不少腐败案件一经查实，往往就是大案要案。这说明反腐败总体上处于事后发现的被动状态，也提醒我们在领导干部作风建设上要见微知著，重点关注领导干部的社交圈、生活圈、朋友圈，以及干部的"八小时以外"，从源头上防止腐败的发生。通过对小事小节的及时发现、及时提醒、及时管理，促使干部猛然醒悟，避免小节问题发展成大问题，减少国家和人民的经济损失，避免对党的形象造成难以挽回的影响。

要立足于严抓，加强对领导干部的严格要求、严格教育、严格管理和严格监督。党内一些消极腐败现象之所以屡禁不止，有的情况还日趋严重，一个重要原因就是治党不严。在教育方面，往往是正面教育比较多、警示教育比较少，教育的震撼力不够。在管理方面，一些领导干部奉行"好人主义"，对一些错误的言行不能

及时提醒、认真帮助，甚至有的干部出了问题之后，还帮着袒护、姑息纵容。在监督方面，虽然监督的形式和渠道很多，但往往难以落实到位，特别是许多监督制度在“一把手”面前根本不起作用，显得太苍白无力。我们必须从中深刻汲取教训，切实肩负起党要管党、从严治党的责任。首先标准要严，决不允许有任何游离于组织之外、凌驾于纪律之上的特殊党员。其次制度要严，要彼此衔接、制约有力、便于操作，并严格加以执行，决不能“老虎笼子关猫——进出自由”。还有就是惩治要严，要坚持有案必查、查案必果，始终保持反腐败的高压态势，形成强大的震慑威力。

要立足于常抓，建立健全领导干部作风建设的长效机制。作风建设贵在坚持、难在坚持，只有日积月累才能收到实效。要做到常抓不懈，重要的一条是要坚持以改革的精神深化体制改革，推进制度创新，形成作风建设的长效机制。既要注意单项制度的制定修订，又要注意与其他制度的协调配合；既要建立健全激励性、保障性规定，又要充实完善惩戒性、约束性规定；既要加强实体性制度建设，又要加强程序性制度建设，从而发挥制度的整体效能，使制度建设延伸拓展到经济建设、政治建设、文化建设、社会建设和党的建设的各方面，贯穿于决策、执行、监督的全过程。

中央通报20起商业贿赂案

最近，中央治理商业贿赂领导小组副组长兼办公室主任、监察部副部长李玉赋通报了20起商业贿赂违法犯罪典型案件。

1.河南省人大常委会原副主任王有杰受贿案。1994年至2005年间，王有杰在担任河南省漯河市委书记，河南省委常委、郑州市委书记，河南省人大常委会副主任期间，利用职务之便，在工程承揽、国有资产收购、土地出让、申请贷款过程中为他人谋取利益，先后收受贿赂共计人民币634.5万元；另有人民币890.1万元巨额财产无法说明其合法来源。2007年1月，湖北省荆州市中级人民法院判处王有杰死刑，缓期二年执行。

2.天津市渤海化工集团公司原董事长戴成文受贿案。1997年至1998年间，戴成文利用职务之便，为他人从公司获取巨额贷款提供帮助，并擅自撤销贷款抵押，致使巨额贷款至今未能收回，先后收受贿赂共计人民币215.4万元；戴成文还违反财经纪律将公款508.2万美元借给他人使用。2007年4月，河北省唐山市中级人民法院判处戴成文有期徒刑十一年。

3.浙江省交通厅原厅长赵詹奇受贿案。1994年至2006年间，赵詹奇利用职务之便，在工程招标投标、合作开发房地产项目、高速公路经营权转让过程中为他人谋取利益，单独或通过其女友、儿子以多种名义，收受贿赂共计人民币560.8万元、美元7.6万元、新加坡币1万元。2007年7月，浙江省湖州市中级人民法院一审判处赵詹奇无期徒刑。

4.宁夏回族自治区政协办公厅原巡视员王英福受贿案。1998年至2003年间，王英福在担任宁夏回族自治区国土资源厅副厅长、自治区土地局局长，自治区残联理事长期间，利用职务之便，在土地出让审批、工程承揽过程中为他人谋取利益，先后收受贿赂共计人民币270.3万元；另有人民币882.5万元、美元15.9万元、欧元3200元、日元11万元巨额财产不能说明其合法来源。2007年2月，宁夏回族自治区高级人民法院判处王英福无期徒刑。

5.中国农业银行西藏分行原行长韩文明受贿案。2001年至2005年间，韩文明利用职务之便，在基建工程、贷款审批过程中为他人谋取利益，单独或伙同前妻收受贿赂共计人民币430.9万元、美元16万元。2007年9月，四川省自贡市中级人民法院一审判处韩文明无期徒刑。

6.重庆市铜梁县委原书记马平受贿案。2000年至2006年间，马平利用职务之便，为某公司在该县兴建的项目在贷款、用地、办理采矿许可证等方面提供帮助，采用免交房款、低价购房高价出售、低价购买商铺等方式，单独或伙同妻子收受贿赂共计人民币205.6万元；在人事调整中，收受贿赂共计18万元。2007年7月，重庆市高级人民法院判处马平有期徒刑十三年。

7.云南省交通厅原副厅长胡星受贿案。1995年至2004年间，胡星利用职务之便，在城市规划、市政建设、房地产开发及高速公路项目建设过程中为他人谋取利益，先后收受贿赂共计人民币2929.8万元、港币1100万元。2007年8月，云南省昆明市中级人民法院判处胡星无期徒刑。

8.武汉钢铁(集团)公司鄂城钢铁有限责任公司原副总经理姚之元受贿案。1993年至2005年间，姚之元利用职务之便，在购进生产原料、销售钢材、钢材补亏、设立代销点等方面为他人谋取利益，先后收受贿赂共计人民币194.1万元、美元2.3万元。2007年4月，湖北省黄冈市中级人民法院判处姚之元有期徒刑十二年。

9. 安徽省投资集团公司原副总经理董苏皖受贿案。1997 年至 2006 年间，董苏皖利用职务之便，在合作开发矿产资源、资金借贷、股权转让、提供贷款担保过程中为他人谋取利益，先后收受贿赂共计人民币 339.4 万元、美元 7 万元、澳门元 4 万元、港币 1 万元。2007 年 7 月，安徽省合肥市中级人民法院一审判处董苏皖无期徒刑。

10. 兰州大学第二医院原院长孙正义受贿案。2004 年至 2006 年间，孙正义利用职务之便，在医院工程招标投标及施工建设过程中为他人谋取利益，先后收受贿赂共计人民币 660 万元。2007 年 2 月，甘肃省白银市中级人民法院判处孙正义无期徒刑。

11. 全国整顿和规范市场经济秩序领导小组办公室信用管理组原组长吴功阳受贿案。2001 年至 2005 年间，吴功阳利用职务之便，在申请汽车进口配额、焦炭出口配额过程中为他人谋取利益，先后收受贿赂共计人民币 93 万元、美元 3.39 万元。2007 年 7 月，北京市第二中级人民法院判处吴功阳有期徒刑十三年。

12. 贵州省国土资源厅土地整理中心原主任姚敏受贿案。2001 年至 2006 年间，姚敏利用职务之便，在办理土地整理业务过程中为他人谋取利益，先后收受贿赂共计人民币 116 万元、美元 500 元。2007 年 5 月，贵州省贵阳市中级人民法院一审判处姚敏有期徒刑十四年。

13. 陕西省高速公路开发公司原董事长张永福受贿案。2004 年至 2006 年间，张永福利用职务之便，在合作开发房地产项目、工程承揽结算过程中为他人谋取利益，先后收受贿赂共计人民币 247.8 万元、美元 12 万元、欧元 5 万元、港币 10 万元。2007 年 9 月，陕西省高级人民法院判处张永福有期徒刑十五年。

14. 内蒙古自治区呼和浩特市绕城公路建设开发有限公司原董事长张广利受贿案。2002 年至 2003 年间，张广利利用职务之便，在绕城公路工程招标投标过程中，采取篡改、透露标底及串通投标等手段为他人谋取利益，先后收受贿赂共计人民币 1320 万元；张广利还单独或伙同他人贪污公共财物共计人民币 4352.1 万元、挪用公款共计人民币 6233.3 万元归个人使用或进行营利活动。2007 年 3 月，河北省张家口市中级人民法院一审判处张广利死刑。

15. 湖南省长沙市第四人民医院原院长陈玉伟受贿案。2000 年至 2005 年间，陈玉伟利用职务之便，在医院采购医疗设备、工程建设及财务审批过程中为他人谋取利益，先后收受贿赂共计人民币 128 万元。2007 年 4 月，湖南省长沙市中级人民法院一审判处陈玉伟有期徒刑十年。

16. 东能集团四川犍为电力(集团)股份有限公司原总经理官平受贿、行贿案。1998 年至 2002 年间，官平利用职务之便，在电力设备采购、工程招标投标和国有股份转让过程中为他人谋取利益，先后收受贿赂共计人民币 265 万元，另有股份价值人民币 1313.7 万元受贿未遂；2002 年，官平在收购国有股份过程中行贿人民币 10 万元。2007 年 7 月，四川省高级人民法院判处官平有期徒刑十八年。

17. 广东省珠海市协利租赁有限公司原总经理王京受贿案。2001 年至 2004 年间，王京利用职务之便，在公司股权转让过程中为他人谋取利益，先后收受贿赂共计人民币 1752.8 万元，另有人民币 165 万元受贿未遂。2007 年 5 月，湖南省高级人民法院判处王京无期徒刑。

18. 青海省平安绿洲农林生态发展有限公司单位行贿案。2000 年至 2006 年间，该公司为了承揽工程、在工程实施过程中得到关照以及所承揽的工程能顺利通过验收和结算，先后行贿共计人民币 220 万元。2007 年 3 月，青海省西宁市城西区人民法院判处平安绿洲农林生态发展有限公司罚金人民币 220 万元，判处该公司原负责人李林龙有期徒刑五年。

19. 山西省焦煤集团国际发展有限公司焦炭部原部长高杰公司人员受贿案。2004 年至

2005 年间，高杰利用职务之便，在焦炭业务中为他人谋取利益，先后收受贿赂共计人民币 639 万元。2007 年 3 月，山西省太原市中级人民法院一审判处高杰有期徒刑十一年。

20. 福建省成城工程造价咨询有限公司原董事长陈天河公司人员受贿、行贿案。 2002 年至 2004 年间，陈天河利用职务之便，在工程造价决算审核业务过程中为他人谋取利益，先后收受贿赂共计人民币 229.5 万元；1997 年至 2000 年间，在业务承揽过程中先后行贿共计人民币 9.7 万元。2007 年 5 月，福建省南平市中级人民法院判处陈天河有期徒刑十一年。

（此文载 2007 年 9 月 30 日《文汇报》）

深入开展反腐倡廉工作　促进党内和谐

陈韩晓

党的十六届六中全会提出“以党内和谐促进社会和谐”，这是我们党从构建社会主义和谐社会的全局出发对党的建设提出的一个重要思想。当前我们党内总体是和谐的，但也存在不和谐的现象，其中，腐败现象严重破坏着党内和谐。因此，我们必须深入开展反腐倡廉工作，着力构建惩防腐败体系，以党风廉政建设的实际成效促进党内和谐。

一、加强监督，为促进党内和谐奠定重要基石

中共中央《建立健全教育、制度、监督并重的惩治和预防腐败体系实施纲要》指出：“加强对权力的制约和监督是惩治和预防腐败的关键。”这是一个重要而深刻的论断。治国必先治党，治党务必从严。加强党内监督是党的建设的长期任务。2003 年 12 月 31 日，中共中央印发了《中国共产党党内监督条例（试行）》（下称《党内监督条例》），它的颁布实施，标志着党内监督工作进入规范化、制度化的新阶段。《党内监督条例》规定的十项监督制度贯穿在行使权力的全过程，真正实现了对权力行使全过程、全方位的动态监督。这对于我们坚持党要管党、从严治党的方针，发展党内民主，加强党内监督，维护党的团结统一，保持党的先进性，始终做到立党为公、执政为民，保证党内和谐，起到重要作用。

（一）深入落实和推进党务公开，推动民主监督。十六届四中全会《决定》提出：“逐步推进党务公开，增强党组织工作的透明度，使党员更好地了解和参与党内事务。”这是我们党首次明确把实行党务公开提上日程。这对于发展党内民主，实现和保障党员民主权利，促进党内决策的科学化和民主化具有重要的意义。要加强党内监督，就必须逐步推进党务公开；只有党务公开，党员和广大群众对领导机关及领导人行使权力和履行职责的情况才能知情；只有知情，才有可能进行监督。从党务公开与保障党员权利的关系看，只有实行党务公开，才能增强党组织工作的透明度，保障党员的知情权，使党员更好地了解和参与党内事务。实行党务公开是加强党内监督的基础和前提条件。实践证明，阳光是最好的消毒剂。通过党务公开，使广大党员都参与到监督中来，可以有效地预防和制止腐败。

（二）研究和解决有效发挥党代表在党代会闭会期间的作用。有效发挥党代表在党代会闭会期间的作用，是扩大党内民主、加强党内监督的重要举措，对于加强和改进党的建设、保持党的生机和活力具有重要意义。当前，与人民代表和政协委员相比，党代表发挥作用缺少法律依据和制度保障。党章和其他党内法规均未对党代表在党的代表大会闭会期间的身份、地位作出明确规定，也未对党代表在党的代表大会闭会期间的权利、义务、职责及应发挥的作用作出明确稳定。特别是没有党内职务的党代表在发挥作用时，很难分清是以党员的身份在尽党员义务，还是在履行党代表的职责。在党的各级代表大会闭会期间，各级党组织均未设立针对党代表的管理、联系机构，也没有要求党代表以代表身份发挥作用。因此，要积极探索有效发挥党代表在党代会闭会期间的作用，积极搭建党代表发挥作用的平台，可以采取专项考察、调研、征求意见、提案、座谈、质询等多种途径和

形式，充分发挥党代表在党代会闭会期间的作用。

(三)党的纪律检查部门要进一步转变作风，围绕促进党内和谐实施有效监督。党的纪律检查部门的广大干部要切实改变工作方法，转变工作作风，主动深入基层，了解新情况、研究新问题、解决新矛盾；对重大事项要在事前介入，才能发挥纪律检查部门的监督作用，促进党内和谐。具体来说，实施有效监督要通过抓好以下三个方面的工作来实现：一是要把党风廉政教育同纠风工作结合起来。针对某个时期的突出问题，有针对性地开展党风廉政教育，防患于未然，把影响党内和谐及社会和谐的不良现象消灭在萌芽状态。二是要把党内监督同群众的民主监督结合起来。要加强党委内部的监督和纪律检查部门的监督，把制度监督、群众监督、舆论监督有机结合起来，使之成为促进党内和谐的基石和保证。三是把依法办事同制度建设结合起来。依法办事的前提是有法可依，建章立制的目的是有章可循、依章办事。有效监督的作用是在建立健全各种规章制度的前提下体现的，因此，制定及完善党内的有关规章制度是加强党内监督、达到党内和谐的关键。

二、加大惩处力度，为促进党内和谐构筑坚强防线

党内的腐败现象严重地影响着党内和谐，因此构建党内和谐，一定要深入推进反腐败斗争。反腐败要靠教育、靠监督、靠完善机制，除此之外，还要查办案件，严惩腐败，这是深入开展反腐败斗争的重要环节，是我们党与腐败分子最直接、最激烈的较量。只有严惩腐败分子，才能增强纪律法律的权威性和震慑力，为构建党内和谐服务。惩治是预防腐败现象的有效途径，是震慑腐败分子最有力的手段，也是衡量反腐败斗争是否深入、有效的一个重要标志，在构建党内和谐的过程中有着十分重要的地位和作用。这就要求我们加大对腐败分子的惩处力度，使腐败分子为其违法违纪和腐败行为付出高昂的经济成本、道德成本和社会成本，使腐败分子在“政治上身败名裂，经济上倾家荡产，思想上后悔莫及”，从而遏制党内腐败现象高发多发的态势，努力消除影响党内和谐的不良因素。

党内和谐是在坚持共同政治目标、价值追求和组织原则基础上的思想统一和行动一致，是充满生机活力而又安定有序的良好状态；是创造一种整体利益高于一切又照顾局部利益和个体利益的利益融合机制；是广大党员交流互动、共同提高的前进过程。因此，我们在惩治腐败，清除影响党内和谐的不良因素的同时，要求党的各级领导干部坚定理想信念，忠于自己的政治选择，树立忠诚、平和、一以贯之的理念，始终保持平衡、知足的心态，在级别、财富、地位上不攀比，做到正确处理自我与社会的关系，正确对待荣誉、挫折和困难，做到自我和谐。同时，要拓展从源头上防治腐败的工作领域，进一步深化反腐败斗争，把反腐倡廉工作融入经济建设、政治建设、文化建设、社会建设和党的建设中，健全反腐倡廉的工作机制。健全反腐倡廉工作机制必须抓住正确行使权力这个关键，加强对权力运行的制约和监督，重点解决权力滥用问题；必须注意建立健全正确的利益导向，充分发挥市场在配置资源中的基础性作用，坚决防止权钱交易，认真治理商业贿赂；必须坚持以人为本，坚持党同人民群众的血肉关系，认真解决损害群众利益的突出问题，努力形成群众支持和参与的反腐倡廉的有效机制。

总之，党风廉政建设和反腐败斗争是加强党的执政能力建设和先进性建设的重大任务，也是构建党内和谐和促进社会和谐的紧迫任务。坚持党要管党、从严治党，贯彻标本兼治、综合治理、惩防并举、注重预防的反腐倡廉战略方针，推进教育、制度、监督并重的惩治和预防腐败体系建设，必将强有力地为构建党内和谐提供政治、组织、思想、制度保证。

（作者：广东省教育纪工委书记）

按照科学发展观的要求切实转变作风

——学习胡锦涛同志在中央纪委第七次全体会议上的重要讲话

中央纪委研究室

胡锦涛同志在中央纪委第七次全体会议上的重要讲话，强调领导干部转变作风要“按照科学发展观的要求”来进行。深刻理解这一精神，对于进一步加强党的干部队伍建设和作风建设，深入开展党风廉政建设和反腐败斗争，构建社会主义和谐社会，具有十分重大的意义。

一、作风建设必须适应科学发展观的要求

作风建设为什么一定要“按照科学发展观的要求”来进行？从根本上说，是由作风建设的规律性和科学发展的重要性决定的。

我们党历来重视作风建设，也历来重视对作风建设规律的研究。在革命、建设和改革的实践中，我们党既认识到党的作风体现着党的宗旨，关系党的形象，关系人心向背，关系党和国家的生死存亡，也认识到作风建设必须紧紧围绕党的奋斗目标和主要任务来进行。新民主主义革命时期，我们党内先后出现的陈独秀右倾机会主义和王明“左”倾教条主义错误，几乎葬送了党。这些错误的形成，与主观主义、家长制作风直接相关，也是理论严重脱离实际的恶果。为了纠正这些错误，以毛泽东同志为代表的中国共产党人紧紧围绕完成新民主主义革命任务这个中心，加强党的作风建设，反对主观主义以整顿学风，反对宗派主义以整顿党风，反对党八股以整顿文风，形成了理论联系实际、密切联系群众、批评和自我批评这三大作风。这就从根本上清算了错误路线，确保了新民主主义革命的胜利。在党的七届二中全会上，毛泽东同志强调：“务必使同志们继续地保持谦虚、谨慎、不骄、不躁的作风，务必使同志们继续地保持艰苦奋斗的作风”，告诫党员干部不要沾染官僚主义作风，其目的完全是为了巩固政权、建设社会主义这个根本任务。历史经验告诉我们，实现党的任务与党的作风建设有着密不可分的内在联系。一方面，党的中心任务的实现要靠党的优良作风来保证；另一方面，作风建设须臾不能离开党的中心工作。如果作风建设离开了党的奋斗目标和中心工作，那就既没有价值和意义，也不可能取得预期的效果。

以胡锦涛同志为总书记的党中央提出的科学发展观，是指导发展的世界观和方法论的集中体现，是推动经济社会发展、加快推进社会主义现代化必须长期坚持的重要指导思想。历史的逻辑再一次展现在我们面前：科学发展观要靠科学求实的态度和真抓实干的作风来贯彻落实。在经济社会发展的关键时期，作风建设离不开科学发展观的指导，必须按照科学发展观的要求来进行。

按照科学发展观的要求切实转变作风，既是我们党加强作风建设经验的科学总结，也是当前加强作风建设的紧迫任务。改革开放以来，我们党从未放松过作风建设，十一届五中全会、十二届二中全会、十三届六中全会、十四届四中全会、十五届六中全会、十六届四中全会，都专门对作风建设作出部署。我们党之所以长期执政受拥护、千锤百炼更坚强，广大党员干部的作风好是一个重要原因。

但是，我们必须清醒地看到，在一些党员领导干部身上存在的不良作风，或轻或重地影响着科学发展观的贯彻落实。本来，科学发展观要求创新、进步，有的人却因循守旧、不思进取；科学发展观讲究按照规律办事，有的人却违背

规律、盲目蛮干；科学发展观强调可持续发展，有的人做事却偏偏只看眼前、不顾长远；科学发展观注重协调发展，有的人在工作中却总是畸轻畸重、忽视协调；科学发展观重在发展实效，有的人却热衷于做表面文章、搞花架子；科学发展观是建立在实事求是、一切从实际出发的基础上的，有的人却背离这个基本要求，好大喜功、脱离实际，等等。显然，如果不能认真解决上述作风不正的问题，贯彻落实科学发展观就只能是一句空话。

二、按照科学发展观的要求全面加强领导干部作风建设

加强党的作风建设，是面向全体党员的要求，但首先的和主要的，是对各级领导干部的要求。进入改革开放新时期以后，邓小平同志曾经明确指出："为了整顿党风，搞好民风，先要从我们高级干部整起。"这是因为，"高级干部能不能以身作则，影响是很大的。现在，不正之风很突出，要先从领导干部纠正起。群众的眼睛都在盯着他们，他们改了，下面就好办"。事实正是如此。近年来，党中央关于科学发展观的一些重要思路和措施之所以在一些地方得不到有效贯彻落实，就作风方面的原因来看，主要问题不在那里的普通党员干部和群众，而在那里的领导干部。领导干部是一般干部的榜样，上级是下级的榜样。上级领导干部作风好，就会在下属那里潜移默化地带出好的作风，无形中约束下级不能恣意妄为。领导干部自己作风好，也便于管理下属，批评也好，教育也好，处分也好，都能够挺直腰杆，理直气壮。否则，"己不正，焉能正人"？胡锦涛同志突出强调加强领导干部的作风建设，确实抓住了问题的要害。

按照科学发展观的要求全面加强领导干部作风建设，必须端正思想认识，增强转变作风的自觉性。一般地说，有正确的思想认识，才会有正确的实践。一些领导干部所以在实践中缺乏转变作风的自觉性，表现不出好的作风，对作风建设的重要性和紧迫性的认识不足是一个基本原因。在他们看来，领导干部是抓发展"大事"的，作风属于个人修养和行为方式的问题，即使有些不足也无损于大局。这种认识显然是不对的。目前一些领导干部的身上存在着的不思进取、得过且过，漠视群众、脱离实际，形式主义、官僚主义，弄虚作假、虚报浮夸，铺张浪费、贪图享受，阳奉阴违、我行我素，独断专行、软弱涣散，以权谋私、骄奢淫逸等突出的作风问题，早已经超越了"个人"范围，成为直接或间接影响发展大局的大问题。如果对这些问题不警惕、不抓紧治理，就会极大地影响党群干群关系，影响党和国家的各项工作。

我们党领导革命、建设和改革的实践一再证明，作风是无形的力量，能够发挥出难以估量的巨大社会作用。领导干部有好的作风，能够密切党同人民群众的关系，使党立于不败之地；能够使科学理论同实际情况正确结合，推动党的事业健康发展；能够使党不断克服自身的缺点和错误，始终保持纯洁性和先进性。在今天，加强领导干部作风建设，不仅是全面贯彻落实科学发展观的必然要求，而且是构建社会主义和谐社会的必然要求，是提高党的执政能力、保持和发展党的先进性的必然要求，是做好新形势下反腐倡廉工作的必然要求。只有领导干部作风好，才能营造和谐的党群干群关系，形成共建和谐的强大社会力量；才能发挥党员的先锋模范作用，增强党的凝聚力和号召力；才能防微杜渐，自觉抵御消极腐败现象的侵袭，始终保持清正廉洁。只有这样认识和理解领导干部作风建设的重要性，才能在实践中自觉地转变作风。

按照科学发展观的要求全面加强领导干部作风建设，必须明确当前党中央关于作风建设的总要求，找准转变作风的切入点。作风建设是一个实践过程，不同的历史条件下有不同的要求和内容。对领导干部不良作风进行整治，必须树立正确的指导思想，找准切入点，否则，就会事倍功半。当前，领导干部作风建设必须紧紧围绕全面落实科学发展观来进行，全面加强思想作风、学风、工作作风、领导作风、干部生

活作风建设，弘扬新风正气，抵制歪风邪气，着力解决突出问题，为全面建设小康社会、构建社会主义和谐社会提供有力保障。具体地说，就是按照胡锦涛同志的要求，倡导八个方面的良好风气。

一是从勤奋好学做起，坚持学以致用，把学习的体会和成果转化为谋划工作的思路、促进工作的措施、领导干部的本领。

二是从密切联系群众做起，全心全意为人民服务，顺应民意、化解民忧、为民谋利，共享改革发展成果。

三是从真抓实干做起，不尚空谈，察实情、讲实话、办实事、求实效，在抓好工作落实上狠下功夫。

四是从艰苦奋斗、勤俭节约做起，精打细算，严格把关，真正把有限的资金和资源用在刀刃上。

五是从令行禁止做起，顾全大局，坚决维护中央的政令畅通，做到对上负责与对下负责的统一。

六是从发扬民主做起，要心胸开阔，虚怀若谷，从善如流，平等待人，乐于听取各种意见包括不同意见，自觉接受监督，与大家团结共事。

七是从秉公用权、廉洁从政做起，时时处处警惕权力、金钱、美色的诱惑，防止手中的权力商品化、庸俗化。

八是从培养健康的生活情趣做起，讲操守，重品行，模范遵守社会公德、职业道德、家庭美德，坚决抵御腐朽思想观念和生活方式的侵蚀，始终保持共产党员的政治本色。

最近，中央纪委、监察部严肃查处了国家统计局原局长邱晓华严重违纪案件。经查，邱晓华在任国家统计局领导职务期间，不仅收受不法企业主所送现金，而且生活腐化堕落，涉嫌重婚犯罪。对邱晓华违纪案件的严肃查处，充分说明中央对领导干部生活作风问题的高度重视，同时也表明，生活作风问题并不像某些领导干部认为的那样是什么“小节”问题，“无关紧要”。孰不知，领导干部的蜕化变质往往是从生活作风的小事开始的。管住领导干部的生活作风，是反腐败治本抓源头的应有之义，也是当前作风建设的重要内容。

按照科学发展观的要求全面加强领导干部作风建设，必须从领导干部个人的实际情况出发，提高转变作风的针对性。作风建设重在“做”。对于领导干部来说，面对作风建设，自己究竟要做什么、怎么做，只能从个人的具体实际情况出发，而不能盲目地“随他”、“从众”。有的干部长期做领导工作，高高在上惯了，不注意查找自己作风方面的问题，下属碍于面子又不愿指出问题，往往处于“当局者迷”的状态。这就要求领导干部放下架子，真正把自己放在普通党员干部的位置上，严于律己，广泛听取意见，重新审视自己，深入解剖自己。要学会“照镜子”找差距，从党中央关于作风建设的规定中明确要求，从革命前辈的光辉榜样上汲取营养，向新时代的模范人物学习借鉴，与身边的优秀分子交流互励，和人民群众打成一片，见贤思齐，见不贤而自省，做到常修为政之德，常思贪欲之害，常怀律己之心，常排非分之想。有了这样的人生境界，才能找准自己作风方面的问题，有针对性地转变作风，成为人民群众拥护的风正德劭的领导干部。

三、加强领导和监督检查，促进领导干部切实转变作风

从近年来一些领导干部违纪案件的分析中可以看到，干部的作风不好，内因固然是决定性的，但外因的作用也不可忽视，如党组织的教育不够深入，作风建设的制度不够健全，领导和群众的监督不够有力，周围的政治氛围、文化氛围不够健康，等等。实践表明，干部的好作风是自己做出来的，也是上级“带”出来的、下级“逼”出来的、环境“熏”出来的。因此，按照科学发展观的要求全面加强领导干部作风建设，需要从各个方面共同努力，形成推动领导干部转变作风的合力。其中，尤其要加强领导和监督检查工作。

明确领导和监督的职责，进一步落实党风廉政建设责任制。胡锦涛同志指出，加强领导干部作风建设，各级党委担负着主要领导责任。这就要求各级党委把领导干部作风建设作为一项重点工作来抓，列入党的建设的重要议事日程，从制定规划、组织领导、制度保障、督促检查等各个方面采取措施，切实建立健全领导干部作风建设的领导机制和工作机制。各级纪委要在党委的领导下，积极履行纪律检查和监督的职能，不仅要监督领导干部的工作表现，也要监督领导干部的作风状况，特别要加强对与领导干部作风密切相关的关键环节的监督。经验表明，要使监督到位，必须落实好党风廉政建设责任制。现在有的地方和部门对领导干部作风建设的领导和监督大而化之，思路不明、手段不多，原则要求多、有力措施少。有的虽然制定了党风廉政建设责任制，但是奉行"好人主义"，出了问题大事化小、小事化了，责任制的落实流于形式。因此，必须进一步健全和完善党风廉政建设责任制，明确作风建设的具体责任，做到谁主管谁负责，强化责任追究，及时发现和解决领导干部作风方面的苗头性、倾向性问题。

着力加强对领导干部在贯彻落实科学发展观过程中作风状况的监督检查。根据中央纪委第七次全会的要求，当前要着重在贯彻落实党中央关于"十一五"规划各项建议、构建社会主义和谐社会等重大决策的过程中，对领导干部的作风状况进行监督检查，坚决纠正违背科学发展观要求的行为，确保政令畅通，维护中央权威。对于那些阳奉阴违、弄虚作假的，脱离实际、搞花架子的，盲目蛮干、不顾长远的，都要及时进行批评教育，直至给予组织处理或纪律处分。同时，要继续落实有关规定，如严格控制党政机关修建楼堂馆所，经批准的要严格执行有关规定和标准，坚决制止奢侈浪费行为；严禁用公款大吃大喝、游山玩水和高消费娱乐；坚决纠正以学习考察、招商引资等名义公款旅游特别是出国（境）旅游的不正之风；严格控制各种名目的节庆、达标评比活动；认真执行会议、公务接待和差旅费管理的有关规定；对搞脱离实际的"形象工程"、"政绩工程"，虚报浮夸获取荣誉和利益的，要按照有关规定严肃处理等。总之，要通过监督检查，督促领导干部养成良好作风，更好地贯彻落实科学发展观。

把监督检查的触角延伸到领导干部的日常工作和生活中。领导干部的作风是自身的思想、修养在实践中的反映，既表现在大是大非的原则性问题上，也表现在日常工作和生活的小事上。如果对"小事"上表现出来的不良作风习以为常，那就势必影响到大事的处理。这就要求对作风建设的监督检查不能仅仅停留在大的方面，而且要努力延伸到领导干部日常工作和生活的各个方面、各个环节。从已经查处的腐败案件中可以看到，有些问题看起来是领导干部的"家事"、"生活小事"，但是社会影响之坏、后果之严重，往往出人意料。例如，有些领导干部犯错误甚至严重违纪违法，往往与其配偶、子女利用领导干部的职权和职务上的影响经商办企业、非法敛财有关。有的违背原则，巧立名目，对领导干部的亲属提供各种特殊照顾；有的违背法律和制度规定，为领导干部的亲属谋取不正当利益提供方便。针对这种情况，中央纪委第七次全会对领导干部廉洁自律和作风建设提出了五项新的治理项目：对领导干部利用职权和职务影响，在商品房买卖置换中以明显低于市场价格购置或以劣换优谋取不正当利益的，以借为名占用他人住房、汽车的，参与赌博或以变相赌博等形式收钱敛财的，借委托他人投资证券或以其他委托理财的名义获取不正当利益的，为本人谋取预期的不正当利益或以各种方式为配偶、子女和其他亲友谋取不正当利益的，要坚决清理纠正，并视情节作出组织处理或纪律处分；涉嫌犯罪的，移送司法机关依法处理。可以相信，对上述项目的认真治理和监督检查，必将有效推动领导干部的作风建设。

进一步贯彻落实监督检查的有关制度规定，形成有效监督。党风廉政制度建设，是加强领导干部作风建设的根本保证。《中国共产党党内监督条例（试行）》颁布以来，各地区、各相关部门结合实际情况，针对工作中存在的突出问题，纷纷出台相应的制度和实施细则，初步形成了一套比较严格的党内监督制约机制，对领导干部转变作风的监督工作有了长足进步。当前，按照党中央和中央纪委的要求，要继续健全和完善党内监督制度，主要包括集体领导和分工负责、重要情况通报和报告、述职述廉、民主生活会、信访处理、巡视、谈话和诫勉、舆论监督、询问和质询、罢免或撤换要求及处理等制度。对于已有的制度规定，要在严格执行和坚决落实上下功夫。要执行好领导干部个人重大事项报告、述职述廉、民主评议、巡视和派驻、经济责任审计和质询制、问责制等制度。进一步推进党务公开、政务公开，拓宽监督渠道，把党内监督与人大监督、政府专门机关监督、政协民主监督、司法监督、群众监督、舆论监督等结合起来，增强监督的合力和实效。监督检查工作做到位，就能够有力促进广大领导干部按照科学发展观的要求切实转变作风。

中央纪委历史的简要回顾

中央纪委研究室

我们党自建立以来，一直重视党的纪律检查工作，不断加强纪律检查机关建设。

一、1921年党的“一大”通过的党章强调了党的纪律，但是没有单设一章。1922年党的“二大”通过的党章单列了“纪律”一章，规定党员要服从党的全国大会及中央执行委员会的决议、下级机关必须执行上级机关的命令等党的纪律。

二、1927年4月，党的“五大”选举产生了中央监察委员会，由10人组成。这是党的历史上首次设立专门的纪律检查机构。其后，受党的“五大”委托，中央政治局于1927年6月召开会议修改了党章，增设了“监察委员会”一章，规定在党的全国代表大会及省代表大会选举中央及省监察委员会。1945年党的“七大”通过的党章专列了“党的监察机关”一章，规定中央监察委员会由中央全体会议选举产生，并对纪检机关的任务和职能、领导体制作了明确的规定。

三、1949年11月，新中国成立后，党中央作出《关于成立中央及各级党的纪律检查委员会的决定》，建立了中央纪律检查委员会，由11人组成，任命朱德为书记，王从吾、安子文为副书记。中纪委主要任务有三项：一是检查中央直属各部门及各级党的组织、党的干部及党员违犯党的纪律的行为；二是受理、审查并决定中央直属各部门、各级党的组织及党员违犯纪律的处分或取消处分；三是在党内加强纪律教育。截至1954年，中央纪委共有干部126人，设立了四处一室。

四、1955年3月，中国共产党召开全国代表会议，会议通过《中国共产党全国代表会议关于成立党的中央和地方监察委员会的决议》，由全国代表会议选举产生了中央监察委员会，由21人组成，董必武任书记。之所以将中央纪委改为中央监委，原因有两个：一是当时党内出现不少贪污腐化等违法乱纪现象；二是发生了高岗、饶漱石阴谋分裂党的严重事件。与中央纪委相比，中央监委的职权比过去纪委有所扩大，组织机构有所扩充，工作条件也更好了。正如朱德同志所说，之所以将纪委改为监委，就是要使中央监委“成为党中央对党组织和党员干部进行监督的强有力的机关”。1956年9月，党的“八大”通过的党章规定中央监察委员会由中央全会选举产生。八届一中全会重新选举了由21人组成的中央监察委员会，董必武任书记。1962年9月，八届十中全会作出《关于加强党的监察机关的决定》，扩大了中央监察委员会的名额，增至60人。

五、“文化大革命”期间，党的监察工作受到破坏，大批干部受到迫害。1969年7月，在康生等人的策划下，经中央批准，以精简机构的名义，撤销了中央监察委员会。

六、1977年8月，党的“十一大”通过的党章恢复了中央和县以上设立纪律检查委员会的规定，但是各级纪检机关没有得到真正恢复。1978年12月，党的十一届三中全会决定，恢复重建中央纪委，并由中央全会选举产生了由100人组成的新的中央纪律检查委员会，陈云任第一书记，邓颖超任第二书记，胡耀邦任第三书记，黄克诚任常务书记。

七、1982年，党的“十二大”通过的党章规定中央委员会、中央顾问委员会和中央纪律检查委员会由党的全国代表大会选举产生，向党的全国代表大会报告工作。规定党的中央和地方各级纪律检查委员会每届任期和同级党的委员会相同,并确立了纪委的双重领导体制,明确规定了三项主要任务和三项经常性工作,即"维护党的章程和其他重要的规章制度,协助党的委员会整顿党风,检查党的路线、方针、政策和决议的执行情况";"经常对党员进行遵守纪律的教育,作出关于维护党纪的决定;检查和处理党的组织和党员违反党章党纪和国家法律法令的比较重要或复杂的案件,决定或取消对这些案件中的党员的处分;受理党员的控告和申诉"。党的"十二大"重新选举产生了新一届中央纪委,由132人组成,陈云任第一书记,黄克诚任第二书记,王鹤寿任常务书记。从党的"十四大"起不再设立党的中央顾问委员会,也不再设立党的省、自治区、直辖市顾问委员会。

八、1993年2月,党中央、国务院决定中央纪委、监察部合署,实行一套工作机构、两个机关名称的体制。合署后的中央纪委履行党的纪律检查和政府行政监察两项职能,对党中央全面负责;监察部按照宪法规定仍属于国务院的序列,接受国务院的领导。地方各级监察机关与党的纪委合署后,实行由所在政府和上级纪检监察机关双重领导的体制,按照行政监察法规定的职责、权力和工作程序开展工作。

九、党的"十六大"通过的党章在重申纪委三项主要任务和三项经常性工作的基础上,增加了协助党委"组织协调反腐败工作"的重要职责,补充了"对党员领导干部行使权力进行监督"、"保障党员的权利"两项工作。

第十二部分

党政干部和学者论坛

要充分发挥政府在产业结构调整中的重要作用

牛仁亮

产业结构调整的目的，就是要以更少的资源消耗和更少的环境污染生产出更多的财富。政府干预产业结构调整，可以改变利润法则的约束条件，矫正外部不经济等"市场失灵"现象，从而有效地加快这一进程。但是，在市场经济条件下，政府必须把握好干预的"度"，不断完善政策，努力实现节能减排目标，切实推动发展方式的转变。

政府介入产业结构调整的基本根据

正确理解产业结构调整的丰富内涵。产业结构调整有多层含义。第一是三次产业比例关系的变化。其长期趋势是：第一产业比重不断下降，第二、三产业特别是第三产业比重不断上升。第二是统一产业内部不同行业、同一行业内部不同亚行业、同一亚行业内部不同企业比例关系的变化。在这个层面上，各种生产要素配置的长期趋势是从劳动密集型产业占优势向资本密集型、技术密集型产业占优势演进，从制造初级产品的产业占优势向制造中间产品、最终产品的产业占优势演进，从高消耗、高污染产业占优势向低消耗、低污染产业占优势演进，结果表现为产业的高附加值化、高加工化、高技术化、高洁净化。第三是各个产业、行业、企业技术工艺的高级化。也就是说，在产品层面，通过工艺技术的不断改进，使生产同量产品所消耗的资源和所造成的污染不断下降。

目前，实践中存在一种将产业结构调整完全等同于三次产业比例变化的简单化认识，忽视第二层次和第三层次的产业结构调整，甚至不把它们视为产业结构调整的内容，很有澄清和纠正的必要。以电力行业为例，传统发电企业使用的普通机组，每度电耗煤 500 克以上。随着技术的进步，超临界机组的煤耗降为 300 多克，超超临界机组则进一步降为 200 多克。与此同时，采用空冷技术比传统水冷技术要节水 75%左右；采用先进的高效脱硫除尘设备可以减少 95%的二氧化碳排放和 98%以上的烟粉尘排放。可见，第二层次和第三层次产业结构调整的过程，既是产品和技术升级的过程，也是产业高技术化、高洁净化的过程，更是产业结构调整和节能减排的过程。

产业结构调整是转变发展方式的根本途径，发展方式的转变是产业结构调整的必然结果。产业结构不优化不升级，高耗能、高污染的状况就无法改变。只有产业结构调整顺利推进，产业的整体素质、效益和竞争力得以提升，经济发展方式才能随之转变。必须充分认识到，加快产业结构调整，就是转变发展方式，就是改善宏观调控，就是加强节能减排，从而也就是贯彻和落实科学发展观。

政府为什么要介入产业结构调整。在完全竞争市场条件下，产业结构调整是在尽可能多地追逐利润的法则支配下，经济资源从使用效率较低的产业、行业、企业不断流动配置到使用效率较高的产业、行业、企业的过程。它同时存在着两个难以克服的弊端：一是外部不经济和公共产品的问题。这是"市场失灵"的重要领域。外部不经济是指企业在追求自身利润的过程中给其他企业、个人或社会带来的不利影响。公共产品一般具有非竞争性和非排他性的特点，无法通过等价交换的市场机制在生产者和消费者之间建立联系。如果纯粹依靠市场，无法解决其有效供给问题。环境是典型的公共产品，环境污染是典型的外部不经济现象。二是速度慢、时间长的问题。只有当新技术的发明打破了旧的资源配置平衡状态时，才会发生大规模的资源流动，引发产业结构的调整。这种调整需要经历十分漫长的过程。因此，如果任由产业结构调整自发进行，在一定的生产力发展阶段就会产生严重的环境污染、资源浪费等问题，从而使社会付出巨大的环境资源代价和时间成本。

政府介入产业结构调整，根本出发点就是要促进和放大市场机制的正面作用，抑制和弱化其负面作用。从世界经济史上看，英国等老牌资本主义国家，在实现产业结构转型升级的初期，国家干预少，因而不仅经历了一个漫长的过程，而且在一个很长的时期内出现了严重的环境污染等问题，政府转而采取介入态度。日本等现代化后发国家，政府往往一开始就对产业结构调整施以较多的促进政策，因而明显加快了产业升级的步伐，最后实现了“后来居上”。历史和现实、理论和实践都证明，政府作为市场经济中许多游戏规则的制定者，有足够的能力引导和促进产业结构调整。这主要表现在以下几个方面：第一，政府有立法权，可以作出有利于发挥产业结构调整正面作用的法律制度安排。第二，政府有税收权，可以实行有利于产业结构调整的税收政策。第三，政府控制财政，可以实行有利于产业结构调整的财政支出政策。第四，政府控制重要自然资源，可以实行有利于结构调整的资源政策。

政府如何科学地介入产业结构调整。政府有充足理由和能力对产业结构调整进行干预，但必须把握好“度”。在产业结构调整方面，政府既不能无所作为，也不能为所欲为，而是要顺势而为。第一，政府要充分尊重市场机制在资源配置中的基础性作用。坚持市场配置资源，是政府介入的基础，也是政府引导和促进产业结构调整的基本方面。要始终坚持市场优先，凡是市场和企业能做好的事，政府一律不加介入。要始终坚持一个根本原则，即只有在市场做不到、做不好也就是发生外部不经济的情况下，政府才积极介入。政府的合理定位是，用科学有效的促进政策，做企业和市场力所不能及的事情。比如，电力企业排放二氧化硫污染了环境，而环境则是公共物品。对于这种损害公众利益的现象，市场是无能为力的。政府要进行干预，但必须讲究科学：一方面要提高电力企业排污费标准，另一方面可以提高电价，让企业安装脱硫设备、防止二氧化硫污染，达到在经济上真正合算。第二，政府在产业结构调整中的关键职责是明确鼓励什么、如何鼓励，限制什么、如何限制。政府在产业结构调整中的作用，主要是通过制定产业政策来引导社会资源优化配置；通过法律、政策和改善政府服务等来鼓励和扶持企业发展，促进有关产业、行业甚至企业做强做大，以提高先进行业和同一行业中先进部分的比重；通过经济、法律、行政等多种手段来限制和淘汰落后的企业和设施，以降低落后产业和产业中落后部分的比重。第三，要特别注意防止和克服“政府失灵”。这主要有两种表现：一种是干预过度，这是指政府在介入产业结构调整时作出的制度安排虽然方向正确，但可能存在着失之过严的倾向，从而又会在另一方面对生产力发展产生消极作用。另一种是方法不当，从而大大降低干预效果。

政府在促进产业结构调整中的方略选择

我国政府介入产业结构调整的现实背景。中国国情具有三个基本特点，决定了政府必须更多地介入产业结构调整。第一，中国是一个城乡二元结构的国家。我国城镇化由目前的水平提高到一般发达国家的70%左右，至少还需要20多年的时间。从国际经验看，城镇化快速推进的过程，必然伴随着基础设施的大建设和居民消费的不断升级，从而会对重化工业产生巨大的需求；而重化工业需求的快速增长，又往往会引发资源性产品、初级产品、粗加工产品的过度扩张，从而造成能源资源过度消耗和环境污染排放的大幅增加。对此政府绝不能袖手旁观，必须对产业结构调整进行强力介入，从而有效遏制资源消耗过度的势头以及控制或减少环境污染，尽量避免走工业化国家的老路。第二，中国是一个转型中的国家。我们正处于从计划经济体制向社会主义市场经济体制的过渡的时期，计划经济的体制惯性和思维惯性还一定程度地存在，市场经济体制的许多方面还很不完备，特别是要素市场的培育和垄断行业的改革远未到位，国有企业改革和投资体制改革亟待深化，规范市场秩序和建设全国统一市场还有很长的路要走。在这样的背景下推进产业结构调整，政府就更不能任由不完备的市场机制自由调节，而必须在完善市场机制、矫正市场失灵、体现国家利益等方面同时采取措施，同步向前推进。第三，中国是一个特大型人口大国。人口多，而且相对其人口而言自然资源十分稀缺，这就意味着更大的生存压力和就业压力，同时还意味着更大的环境压力和资源压力。因此，必须努力实现经济社会与人口、资源、环境的协调发展。所有这些，都决定了政府必须在产业结构调整中发挥更大的作用。

我国政府促进产业结构调整的方略。第一，坚持将节能降耗减排作为基本价值追求和方向。从这个意义上讲，产业结构调整必须在加快发展服务业的同时，将传统产业改造升级作为最基本的内容。传统产业资源是我国资源消耗和环境污染的主体，占了全国工业能耗和二氧化硫排放的近70%。传统产业结构和技术落后的问题十分突出，产业集中度低，产品技术含量低，自主创新能力弱，而资源消耗和污染排放水平却很高。部分传统产业的产能严重过剩。推进传统产业改造，重要的是要科学把握和确定传统产业的产能总量，以避免高耗能、高污染、资源性产品的产能过剩和过度出口，同时要大力发展循环经济，积极开发可再生资源和其他“两高一资”产品的替代产品。

第二，坚持增量优化与存量改造并举。一要下决心优化增量，这是产业结构调整的关键。今天的增量就是明天的存量，优化了增量也就调整了存量。我国“十五”期间新增的资产占到了2005年工业固定资产总值的45%。预计“十一五”期间新增资产仍将占到2010年工业固定资产的一半左右。因此，必须把好新上项目关，确保新项目采用国际国内先进的技术。如果是这样，那么到2010年后达到国际国内先进水平的部分就可以占到总体工业的一半左右，那将是一个极为可喜的局面，我国的现有工业结构将随之发生巨大变化。为此，必须作出重大制度安排，确保新上项目的先进性。一方面，要提升项目准入的技术标准和环保标准，尽快制定各行业具体细化的、可以操作的准入标准。所有新上项目的综合能耗、水耗、排污等水平都要达到先进水平，都必须采用先进的资源节约技术、污染防治技术和循环经济设计理念。另一方面，要优化新项目的生产力布局，使新项目选址布局在环境容量尚有空间、关键资源可以支撑、运力和基础设施能够保证的地区。二要坚定实行“末位淘汰”，这是产业结构调整最难推进、又最有潜力的领域。淘汰落后特别是淘汰最落后的“末位”产能，可以大幅度减少资源消耗和污染排放。我们必须面对现实，从实际出发合理考虑企业和社会的承受能力，循序渐进地推进，先淘汰各有关行业中最为落后的即“末位”的设施和企业。据估计，这些“末位”设施和企业在许多地区只占到当地工业增加值的10%左右，但排污量却要占到20%以上，能源资源消耗更是大大高于其增加值的比例。这样经过几年努力，就可以取得事半功倍的效果。三要加大剩余存量的改造提升力度，这是产业结构调整最后的“堡垒”。存量调整涉及既得利益，又涉及到法律的适用等问题，如果说被“末位淘汰”掉的企业大多不合法的话，那么“末位淘汰”之后剩余的这些企业都是有合法性的，在做新制度安排时更需谨慎，更需把握可操作性。

第三，准确把握政府的角色定位，完善促进产业结构调整的政策。(1)尊重市场机制的作用，切实运用好经济手段。政府干预和促进产业结构调整，最根本的是通过各种政策手段使政府意图成为市场主体的自觉行动。为此，经济手段就成为政府的首要选择。(2)完善相关法律法规，充分发挥法律手段作用。运用法律手段促进产业结构调整，目前的关键是要完善法律法规，强化法律责任，提高处罚标准，加大执法力度，切实解决“违法成本低、守法成本高”的问题。(3)扎实推进部门联动，实现行政手段效果最大化。运用行政手段，关键是有关部门要统一步调、联合行动、形成合力，否则就会大大影响政府促进产业结构调整的效果。因此，对鼓励发展的产业和项目，要动用政府控制的各种资源，包括税收、价格、信贷、土地甚至运力等手段进行全力支持，真正让投资者看到赢利回报的美好前景。而对限制发展特别是要淘汰关停的项目和企业，也要使用政府能够使用的各种措施，进行坚决干预。当然，行政手段和部门联动，必须建立在依法行政的前提之下，既不能人为造成法律上的不正当竞争，也不能随意侵犯企业的合法权益。(4)限制高耗能、高污染、资源性产品出口，鼓励引进节约资源、减少污染技术和设备。(5)完善产业结构调整促进工作的监测评价考核，强化政府促进的动力机制。

(作者：山西省副省长)

推行执法资格认证　提高执法水平

曲植凡

2004年10月以来，山东省公安厅党委根据新的形势发展要求和公安工作、队伍建设的实际，抓住规范执法行为、提高执法水平这一根本问题，在全省公安机关推行了公安民警执法资格认证和升级制度。尤其是开展社会主义法治理念教育和“规范执法行为、促进执法公正”专项活动以来，各级公安机关抓住机遇，进一步完善制度，强化措施，创新办法，推进执法资格认证升级工作，取得了明显成效。目前，全省已有10万余人次分别参加了二级、三级执法资格考试，经考试、考核，共有5800余名民警取得了三级执法资格，59200余人取得了二级执法资格，促进全省公安执法工作迈上了新台阶。中央政法委和公安部领导对这一做法给予了充分肯定。2005年10月21日，在中央政法委召开的规范执法行为经验交流会上，省公安厅作了典型发言。2006年10月，在公安部召开的公安机关“三基”工程建设工作会议上，中共中央政治局委员、书记处书记、国务委员、公安部长周永康同志对此给予充分肯定。12月，公安部督察组又根据部领导指示，专门听取了省公安厅关于开展执法资格认证升级制度的汇报。

我省公安民警执法资格认证和升级制度的基本内容是，将民警的执法资格，按照其知识、业绩、经历、能力和德才表现等情况，由低至高分一至五级，先按照执法岗位，在考试考核基础上，为民警确定基础执法资格即一级执法资格，然后经不同级别的考试和考核，按照标准条件逐级晋升执法资格，最高级为五级。基本做法是，制定出台《公安民警执法资格认证升级办法（试行）》等配套文件，先在部分基础条件好的县级公安局进行试点，经过近2年的实践和论证，在取得经验的基础上，2006年，在全省公安机关全面推行了执法资格认证升级制度。建立起民警个人电子执法档案，实行网上记绩、网上考核，考核结果与民警执法资格升级、职务和警衔晋升以及奖惩直接挂钩，使执法资格认证升级工作具有了科学性、规范性和可操作性。在推行此项工作中，我们重点抓了以下几个关键环节：

一、实行科学的考试方式，提高民警必备的法律素质

我们首先把严格的法律知识考试作为获得执法资格的前提，通过考试，解决了民警懂法问题，也促使民警不断学习，不断提高。省公安厅为此专门研究建立了执法资格认证升级考试题库和考试软件系统，根据不同执法岗位、不同执法资格等级对民警法律素质的不同要求，首批建立了17个专业、3个级别的执法资格升级考试题库，使提高民警的法律素质有了硬的抓手。但通过前几期的考试看，原有的考试方式存在着专业分散、费时费力而且不够科学直接等不足。为解决这些问题，经组织专家研究论证，我们现正组织力量，调整、充实、完善各级别的考试题库，将部分相近专业合并，将主观题改变为单项选择、多项选择、判断等客观题。同时借鉴驾驶员理论考试的形式，研制开发了考试软件，采用微机网上考试，这样，每名参加考试民警的试题随机生成，民警在网上直接答题，成绩一目了然，使考试更加科学、先进、易于操作。

二、细化量化考核，使考核落脚到规范民警的每个执法行为上

一般的执法资格认证只在考试的基础上获

得。而我们的执法资格认证采用考试与考核相结合的做法，民警必须经“双考”合格方可取得执法资格，并逐级晋升。而要真正实现“两个轮子”一起转，从“知”与“行”两方面保证公正执法，关键是要解决好考核考什么、怎么考的问题。近年来，我们对执法工作采取了一系列考核、监督措施。比如，全省每年组织执法质量考评，对执法考评不达标的县(市、区)公安局的主要领导进行诫勉谈话。连续两年不达标的，责令主要领导引咎辞职或予以免职。已先后对21个执法考核未达优秀的单位“一票否决”了其参选“优秀公安局”的资格，对11个考核不达标的县(市、区)公安局局长进行了诫勉谈话。在认真开展这些工作的同时，我们感到，除考核“集体”的执法质量外，还应增加对“个体”的考核，使考核更加细化、具体化。我们把每个民警的执法情况纳入考核，引入到执法资格认证和升级制度中。在通过考试解决民警学法、懂法的问题后，我们着重从职业道德、执法能力、执法质量和执法绩效四个方面强化考核，既考核民警在执法办案中工作业绩、执法效果和被记功、嘉奖等内容，也考查其有关执法出现偏差、失误和不按法律规定办事，执法不公、不作为、乱作为等内容，着力解决懂法者正确运用法律，严格、公正、规范执法的问题，从考核机制上进一步规范执法行为，提高执法水平。

为体现考核的科学性，在考核方式方法上，我们针对过去考核繁琐、粗放、缺乏科学性和客观性的问题，进行了反复研究论证，在全省公安机关推行了执法资格认证升级考核系统，充分利用现代科技手段，通过信息系统实行网上考核，考核系统延伸到每个基层队、所，延伸到每名执法民警，全部实行网上运行，在网上办案的同时实施考核。我们的执法资格认证升级网上考核系统主要有五个特点：一是先进。利用信息技术手段，改变了过去原始、静态、滞后的管理考核模式，使管理考核工作的模式、数据、方法更加科学、合理、可靠，也便于与其他系统平台对接。二是同体。执法情况考核结果都在网上体现，不需要另设专门的考核人员，实现了办案人与考核人一体化，大大节约了警力。三是同步。整个考核工作都在执法办案过程的“事中”进行，每个民警每参与一次执法活动，在网上自动生成考核结果和考核分数，解决了集中到年底一次性考核的弊端，实现了考核结果的动态、实时显示。四是定量。执法资格认证升级考核系统依照现行法律和政策的程序规定进行设计，对民警的执法行为进行了量化分解，赋予一定的分值，考核的结果基本上是执法过程中每个行为所得分数的总和，从根本上改变了以往考核靠“估摸”的做法，使考核更加准确、科学。五是全面。在对民警的整个执法过程进行全面考核的同时，为加强对民警执法活动的监督管理，我们在民警执法资格认证考核中还引进了内部监督和外部监督。内部监督主要是通过民警的直接领导和政工、纪检、法制、督察、信访等部门对民警的执法行为进行监督。外部监督包括人大、政协、司法、公众和媒体等的监督。通过内外监督，确保公安机关在执法过程中切实做到规范执法行为，努力实现法律效果与社会效果的统一。

三、实行执法资格升级，把规范执法行为变成民警的自觉行动

公正执法既是对公安机关和民警践行法治理念、规范执法行为的基本要求，也是我们坚持不懈的追求目标。实现好这一目标，我们感到应该找一个能够得到民警普遍认同并自觉去实践的载体。正是基于这一想法，经过反复论证，我们探索实行了执法资格认证升级制度。按照不同的执法岗位，根据民警对法律、业务知识的熟悉程度、实际执法能力和绩效，经过相应的考试、考核，从而对民警执法资格的级别逐步提升，同时，对应的执法权限也相应扩大。民警执法资格共分为5个等级，一级为基础执法资格，适用于所有执法岗位；二级以上为专业执法资格，在执法岗位工作的民警必须取得专业执法资格。在搞好升级的同时，我们注重发挥好级

差效应，印制的执法资格等级卡随《警察证》同时使用，达到最高执法资格的人员，纳入省级公安人才库管理，作为优先晋职晋级和专业进修、出国培训的条件，这些措施既激励民警不断地学法、学业务，又督促民警严格、公正、文明执法，以持续不断的良好执法业绩去争取不断升级。执法资格认证升级制度较好地营造了人人爱岗敬业、钻研业务、公正执法的氛围，解决了执法资格认证后“千军万马一平台”的状况，把民警练基本功的要求长效化，使民警规范执法行为的实践持久化。

四、实行案件“主办问责”，严格落实办案责任和执法过错责任追究制

我们在执法资格认证和升级工作中，坚持执法责任与执法质量挂钩，明确责任，确定案件主办人。凡是所办理的案件出现了执法过错，要作为执法资格认证升级的“硬伤”，予以“一票否决”，并对主办人实行“问责制”，视执法过错大小、情节轻重，分别采取警戒、降低执法资格级别、暂停或取消执法资格、调离执法岗位等惩戒措施。情节严重的，要根据有关规定给予处分或者辞退。从而使每个执法民警从办理案件的第一个环节开始，就被置于“问责”的氛围之中，促使民警始终强化法治理念，加强自我约束，严格规范执法。

五、建立民警个人电子执法档案，强化规范执法的力度

为增强执法资格认证制度的刚性，切实使民警的执法水平成为考核干部、检验队伍、衡量政绩的基本标准，我们把执法资格认证与干部人事管理有机结合起来。通过考试、考核，将民警考试的结果、执法过程中各种办案质量的评价记录和内、外部监督等情况汇总，形成民警个人电子执法档案。所有在执法岗位上的民警，每人都建有“执法档案”，由执法资格认证管理领导小组办公室和民警所在单位共同管理，长期管用。凡是遇到民警晋职、晋级、晋衔、晋职称时，对列入范围的，都要把执法办案、执法资格级别获得情况作为考查和选拔的主要依据。被暂停、取消执法资格或降低执法资格级别的，本年度内不得晋职、晋衔、晋职称，并取消评比先进资格。电子执法档案利用微机管理，立体、实时、鲜活地反映了民警的日常执法情况，具有真实、全面、适时、连续的特点，是干部人事档案的补充和丰富，为正确评价和使用干部提供了有力的依据。通过这些措施，有力地发挥了执法资格认证升级制度的杠杆作用，在公安机关内部树立了一种正确的干部选拔任用导向，促进了执法公正目标的实现。

我省公安机关的执法资格认证和升级制度，是我们领会上级公安机关精神，分析队伍建设情况，结合自身实际研究实行的。从前期运行情况看，对全省公安执法工作和队伍建设起到了有力的推动作用，但目前还有许多方面需要不断地探索改进。我们将在前段工作的基础上，进一步坚定信心，理清思路，加大力度，按照践行法治理念、规范执法行为的总要求，对执法资格认证升级制度进一步充实完善，以更好地促进公安执法工作，推动公安队伍建设，为建设平安山东、和谐山东提供坚实保证。

（作者：山东省省长助理、省公安厅厅长）

全面提升“三个服务”的能力和水平 为经济社会发展提供良好的交通保障

贾学英

交通是国民经济的基础性、先导性和服务性行业，是与国民经济其他生产部门关联度最高的行业之一，发挥着支撑经济发展、引导生产力布局、沟通城乡、保障国家安全和社会稳定的基础性作用。党的十七大指出，要加强基础产业基础设施建设，加快发展现代能源产业和综合运输体系。刚刚闭幕的十一届全国人大一次会议通过了关于国务院机构改革方案的决定，将组建集公路、水路、民航、邮政及城市客运等职能为一体的交通运输部。这对建立综合运输体系，整合交通资源，提高运输效率，更好地为经济社会发展服务具有十分重要的意义。

山东作为传统交通大省，近几年来，全省交通系统在省委、省政府的正确领导下，按照交通部提出的“三个服务”(即服务国民经济和社会发展全局、服务社会主义新农村建设、服务人民群众安全便捷出行)和发展现代交通业的要求，强化措施，狠抓落实，交通发展取得重大成就。一是公路现代化水平显著提高。到2007年底，全省公路通车总里程达21.2万公里，其中高速公路4033公里，118个县市区通达高速公路，二级以上公路里程连续多年位居全国第一，“五纵四横一环”高等级公路网主骨架初步形成，全省半日生活圈基本实现。二是农村交通面貌发生历史性深刻变化。自2003年起，组织实施以行政村通油路、村村通客车、千人以上岛屿通航为主要内容的“三通”民心工程。5年累计完成投资376亿元，改造农村公路10.8万公里，全省94.3%的行政村通了油(水泥)路，99.2%的行政村通了客车，22个千人以上岛屿全部通航，农村交通面貌显著改善。三是沿海港口吞吐量实现跨越式发展。截至2007年底，全省沿海港口拥有生产性泊位351个，其中万吨级以上深水泊位147个，总吞吐能力达到3.13亿吨。沿海港口吞吐量增长迅猛，2007年突破5亿吨，达到5.75亿吨，其中集装箱吞吐量突破1000万标箱，达到1165万标箱。青岛、日照、烟台三个港口吞吐量过亿吨。京杭运河山东段164公里全部改建为三级航道，年通过能力达2500万吨。四是运输经济实力不断壮大。到2007年底，全省营业性汽车达到101.9万辆，其中营运客车10.9万辆，营运货车91万辆，中高级客车占线路班车比重达到54.5%，重型货车、集装箱车和厢式货车占营运货车比重达到40%。水上运力总规模达到878万载重吨，其中海运船舶302万吨，内河船舶576万吨。运输生产保持高位增长，全省公路水路客、货运量占社会总运量的比重分别超过95.5%和91%。五是行业文明程度不断提高。全省交通行业及公路、道路运输、港航、交通稽查系统先后被交通部授予全国交通文明行业，成为全国第一个整体创建为文明行业的省级交通行业。六是交通安全、质量、廉政工作成效明显。全省管理范围内海上、内陆水域连续多年没有发生伤亡事故，道路运输安全四项主要指标持续下降。近几年建成的交通工程合格率、省重点工程优良率都保持100%。省交通厅机关连续多年未发生违法违纪问题，全省交通系统未发生大的腐败案件。

今后一段时间是山东交通发展的关键时期，全省交通系统将以科学发展观为统领，以“三个服务”为总抓手，坚持科学发展、和谐发展、率先发展，在工作重心上做到“五个更加注重”，在工作目标上实现“三个着力提高”，正确处理好“三个关系”，大力发展现代交通业，在新起点上实现全省交通又好又快发展。“五个更加注重”，即在发展理念上，更加注重以人为本、好中求快、全面协调和可持续性发展；在发展模式上，更加注重资源节约和环境保护，走资源节约和环境友好的发展道路；在发展内容上，从注重建设向注重建设、运输和服务并重发展，促进量的增加和质的提升；在发展方式上，更加注重效率与公平并重，统筹城乡、区域交通发展；在发展动力上，更加注重依靠创新，实现质量型、效益型增长。“三个着力提高”，即着力提高交通现代化水平，着力提高对经济社会发展的适应度，着力提高公共服务能力。处理好“三个关系”，即处理好转型与发展的关系，基础产业与服务业的关系，做好“三个服务”与强化服务能力的关系。

一、更好地服务国民经济和社会发展全局

紧紧围绕经济社会发展这个中心，强化中心意识，积极主动地将交通各项工作融入国民经济、区域经济发展大局之中，自觉做到服从大局、服务大局，不断增加交通有效供给能力，提高对经济社会发展的适应度。

(一)坚持发展这个第一要务不动摇

紧紧抓住国家大力发展服务业的历史机遇，进一步理清发展思路，确定发展重点，咬定发展不放松，以行业整体实力的不断增强，努力体现交通行业的基础性、先导性地位，为经济社会发展提供有力的支撑。具体来讲，要经过几年努力，到“十一五”末，基本实现建成“三大网络、一个中心”的目标。三大网络：一是布局合理、结构优化、四通八达的公路网络。基本建成“五纵四横一环”的高等级公路网，市与市之间全部由高速公路直接相连，半岛城市群区域内中心城市之间，重要港口、机场等交通枢纽之间直接由高速公路连通，全省94%以上的县(市、区)通达高速公路；国省道基本达到二级以上标准，市到县由二级以上公路连接，县到乡镇由三级以上公路连接，乡镇间由三级或三级以上公路连接，具备条件的行政村全部通油路。二是设施完备、快速高效、安全舒适的运输服务网络。建成完善济南、青岛、烟台三个主枢纽，全面启动淄博、潍坊、济宁、临沂等国家公路主枢纽规划及建设，加快省级集疏运中心、区域中心及县(市、区)客货运站场和农村客运站点建设；加快运力结构调整，全省高级客运班车要占到客运班线的24%，重型货车比重达到25%，海运和内河船舶分别达到400万和500万净载重吨位。三是集中统一、功能齐全、灵敏高效的交通信息网络。建立完善包括组织管理、指挥调度、安全救助、公共信息服务等内容的交通综合信息系统，实现省、市、县三级交通主管部门，公路、道路运输、港航管理机构和质量监督等部门的网络联通和网上办公；继续完善高速公路信息管理系统工程，确保与所有新建高速公路同步建设、同步开通；加快智能化物流系统建设，逐步实现人流、物流集疏运的信息化、智能化。一个中心，即着力构建东北亚国际航运中心。整合港口资源，加大投入力度，大力提升港口吞吐能力，完善大型集装箱、矿石、煤炭和原油四大运输系统，初步建成以青岛港为龙头，以日照港、烟台港为两翼，以半岛港口群为基础的现代化港口体系。到“十一五”末，港口吞吐量突破6亿吨。

(二)切实搞好交通结构调整

在努力加快交通发展的同时，紧紧抓住结构调整这一主要矛盾，在发展中调整优化结构，协调推进交通内部各子行业、区域交通、城乡交通发展，促进产业升级；正确处理结构、速度和效益的关系，推动交通走内涵挖潜的路子，实现由外延式的粗放型增长向内涵式的集约型增长转变，全面提升交通行业整体服务水平。

第一，调整公路交通结构。围绕实施“一体两翼”发展战略，进一步完善交通发展规划，优化项目建设序列，重点加快东西南北大通道、省

际高速通道、环海疏港大通道等高速公路项目前期工作进度，争取尽快开工建设，实现高速公路直接进港，不断提升全省高速公路网络化水平。加快一般国省干线公路升级改造，改善路网结构，促进区域经济合理布局和协调发展，拓展山东经济腹地和沿海港口群纵深腹地。调整农村交通结构，力争用 5 年左右的时间，基本完成全省县乡公路改造任务。

第二，调整水路交通结构。围绕建设以青岛港为龙头，烟台、日照港为两翼，半岛港口群为基础的东北亚国际航运中心，努力调整优化港口结构。合理定位港口功能和发展方向，重点抓好青岛、日照、烟台、威海等港口重点项目实施，大力提升港口综合通过能力。调整优化港口、泊位结构，加大港口资源整合力度，打破行政、地域、所有制对港口资源的垄断和限制，全面提高沿海港口群的集约效应和整体竞争实力。统筹京杭运河发展，加大济宁以南航道及配套设施扩建和整治力度，提高通航标准，加快东平至济宁段项目前期工作，推进洙水河航道工程建设，尽早将通航水域扩展到泰安、菏泽两市。加强政策引导，积极调整水上运力结构，推动船舶向大型化、现代化、年轻化方向发展。

第三，调整道路运输结构。加快运力结构调整，鼓励发展高档、快速客运，大力发展厢式、集装箱运输，提高运力装备水平。加快场站设施建设，尽快启动和完善 14 个国家公路运输枢纽的规划及建设，统筹安排区域中心城市和县级客货站场及农村客运站项目建设。加快运输组织和经营结构调整，推进客运集约化和货运公司化改造，基本形成以骨干运输企业集团为主导、中小企业和零散经营业户为补充的市场格局，提高运输效率，增强运输保障能力。搞好道路运输管理信息系统和智能化物流系统的开发应用，以信息化带动产业结构升级。充分发挥交通优势，整合物流资源，加大基础设施投入，集中培育青岛、烟台、威海、日照四大临港物流中心和济宁、枣庄两大临河区域物流中心。

（三）着力构建立体交通网络

铁路、公路、水路、民航和管道运输方式各有特长，但任何一种运输方式都不可能独立完成繁重繁杂的运输任务，构建相互衔接、互为补充的综合交通运输体系，是现代交通发展的必然趋势，也是经济社会发展的客观要求。我们将从节约资源能源、降低运输成本、发挥组合效率出发，在统筹公路水路交通协调发展的同时，加快与民航、邮政及城市客运的有机融合，主动加强与铁路、管道管理部门沟通、协调和衔接，努力实现统筹规划、信息资源共享，着力构建海陆相连、空地一体的立体化交通网络。

二、更好地服务社会主义新农村建设

农村交通建设是社会主义新农村建设的重要内容，是农村经济发展、农业结构调整、农民持续增收的重要基础条件，对推动社会主义新农村建设具有重大作用和深远意义。围绕服务社会主义新农村建设，今后要把加快农村交通建设放在更加突出的重要位置，充分发挥交通在促进城乡一体化进程中的桥梁和纽带作用。一是继续推进剩余行政村通油路工程建设。到 2011 年底，确保全省行政村通油（水泥）路的比例达到 99.2%，所有具备条件的行政村实现通油路。在建设过程中，优先安排革命老区及偏僻、边远、自然条件差的地区农村公路建设，搞好干线农村公路的辐射线路建设。二是扎实做好老油路改造。5 年改造通乡油路 3 万公里，优先改造严重影响通行的老油路，重点安排连接重点城镇、规模化市场、农副产品基地、矿产资源基地、商品粮基地的项目，突出抓好与国省道连接路、县际间重点路建设，提高农村公路路网整体服务水平。加快大中桥梁建设，优先安排改造危窄桥及因缺桥少涵导致晴通雨阻的公路桥梁建设，5 年改造农村公路桥梁 4000 座，保障农村公路畅通。三是切实抓好农村公路养护管理工作。研究制定《山东省农村公路管理养护办法》实施细则，抓好办法实施。每年筹集一定数量的省级补助资金，专项用于农村公路养护。同时,督促和引导各市县按照“有机构、有队伍、有资金、有制度”的要求,建立完善农村公路管理养护体制和长效机制,巩固农村公路建设成果。四是稳步改善陆岛交通条件。在基本解决千人以上岛屿出行问题的基础上,下一步重点安排500—1000人岛屿的陆岛交通码头建设,完善现有陆岛码头的连接公路等配套基础设施,基本实现500人以上岛屿通航。五是加快渡口、渡改桥改造步伐。到2011年底,改造122个农村公路渡口,完成渡改桥9座,完成全省90%左右的农村公路渡口改造和渡改桥建设。六是认真搞好农村交通运输工作。积极推进农村客运站点建设,到2011年底,建设乡镇客运站1150个,全省行政村通客车比例达到99.6%,全省90.9%的乡镇建成五级以上客运站。以乡镇交管所规范化建设为切入点,整合农村交通管理资源,实行农村公路、客运、货运、规费征收“四位一体”管理模式,推进农村交通向“建、养、管、运”一体化发展。

三、更好地服务人民群众安全便捷出行

服务人民群众安全便捷出行是对交通工作的根本要求。经过几年的持续快速发展,全省交通面貌显著改善,但在具体管理服务中,与人民群众对交通日益提高的要求还有一定差距。我们将主动适应需求变化,切实转变管理与服务理念,努力为人民群众提供安全、便捷、舒适、高效及多样化的运输服务,让群众出行放心、出行满意。一是坚持安全、质量、廉政“三个责任”重于泰山,全力打造平安交通。把安全理念牢牢植根于交通规划、生产建设、管理服务各个环节,加大重点行业、重点领域和重点环节的集中整治力度,强化基层基础工作,健全安全生产长效管理机制,提高事故预防、人命救助和事故处理能力,保障人民群众生命财产安全。强化全员质量意识,树立全寿命周期理念,强化全过程质量监控,努力为社会奉献高质量的交通工程。坚持不懈地抓好廉政建设,抓住工程招标投标、设计变更、设备材料采购、行政审批等关键环节,扎实推进具有山东交通特色的教育、制度、监督并重的惩治和预防腐败体系建设,严格落实党风廉政建设责任制,继续强化与检察机关联合开展交通基础设施廉政建设和预防职务犯罪工作,加大违法案件查处力度,塑造山东交通廉政品牌。二是坚持依法行政,建设服务型政府部门。强化依法行政意识,把法律作为交通行政管理的根本手段,加快交通立法进程,进一步健全完善交通法规体系,通过法律手段处置交通发展中的矛盾和纠纷,做到不越位、不缺位。深化交通行政执法体制改革,在具备条件的地方推进综合执法改革试点,规范行政权力运行。全面推行交通行政执法责任制,完善交通行政监督、执法评议考核、行政赔偿、过错责任追究等有关制度和相应操作办法,拓展监督渠道。大力推行政务公开,将宜于公开的政务全部面向社会予以公开,实行阳光作业。三是大力推进以规范化、标准化、集约化、人本化为内容的“四化”管理,提高管理水平。制定切实可行的标准、规范,并严格实施,提高管理效率和水平,打造交通管理品牌和亮点。积极推行人本管理和人性化服务,着力解决交通建设、运输管理中直接关系到人民群众切身利益的问题,最大限度地服务群众生产生活。四是积极推进文明服务,提升交通形象。以服务人民、奉献社会为宗旨,开展形式多样的文明创建活动,建设众多秩序优良、服务优质的基层文明示范窗口,营造功能完备、整洁美化、舒适便利的交通服务环境,提高社会公众对交通行业的满意度。加强交通系统干部作风建设,大力弘扬八个方面良好风气,加强学风、思想作风、工作作风、领导作风以及生活作风建设,进一步增强忧患意识、公仆意识、节俭意识,以求真务实精神和良好作风,赢得广大民众的赞誉,推动全省交通事业又好又快发展。

（作者:山东省交通厅党组书记、厅长）

加快推进省会城市群经济圈信息一体化

孙志恒

加快省会城市群经济圈发展，是省委、省政府为推动我省区域经济发展作出的一项重大战略举措，对于全面落实科学发展观，加快转变经济增长方式，调整优化经济结构，增强全省经济的总体实力和竞争力，大力推进和谐山东建设，具有十分重要的意义。在构建省会城市群经济圈的进程中，省信息产业厅紧紧围绕省委、省政府的重大战略部署，以全面实现省会城市群经济圈信息一体化为目标，抓住一切有利条件，不断加快省会城市群经济圈信息产业发展和信息化建设的步伐。

一、省会城市群经济圈信息一体化的内涵和加快推进的现实意义

省会城市群经济圈信息一体化是指“一城六市”(济南与周边的淄博、泰安、德州、聊城、滨州、莱芜)间跨行政区域、跨部门管理的全局性、综合性和基础性的信息化社会系统工程，主要包括以信息基础设施建设规划为主要内容的网络层，以重大信息化项目建设实施为主体的应用层和以完善内外部发展环境为重点的支撑层三个部分。加快推进省会城市群经济圈信息一体化，有利于促进中部和全省经济结构的优化升级，形成优势产业集群，提高发展的质量和效益；有利于促进生产要素的合理配置，提高资源利用效率；有利于统筹解决该区域、中部乃至全省经济社会发展中一些综合性的矛盾和问题，促进城乡互动，缩小区域差别，从而更好地实现全省经济协调发展与社会和谐进步。

二、加快推进省会城市群经济圈信息一体化的基本条件

(一)信息产业带动区域经济发展的作用越来越突出

目前信息产业已成为该区域内高新技术的代表和核心，“十五”期间一直保持2—3倍同期GDP增长。特别是2005年济南市信息产业占全市GDP的比重达6.3%，实现销售收入408.22亿元，信息产业已成为济南市重要支柱产业和新的经济增长点；齐鲁软件园建设规模位居全国11个国家级软件产业园之首；山大路科技商务区成为江北仅次于北京中关村的第二大电子信息产品交易市场，规模和交易额居全国15个副省级城市同类商务区之首。区域内其他6市信息产业基础较为薄弱，但近几年也有了突破性进展，日益成为带动地方经济的重要产业。区域内信息产业发展为信息一体化建设提供了有力支撑。

(二)信息网络设施建设越来越健全

该区域内基本形成了以光纤通信为主，卫星通信、移动通信、微波通信为辅的高速宽带多媒体通信网络体系，信息基础设施建设能够满足区域内信息一体化的需要。2005年，“一城六市”固定电话用户893.3万户，移动电话用户926.9万户，互联网用户110.9万户。周边6市与中心城市的信息交流快捷便利，信息化的步伐在不断加快。

(三)信息技术应用越来越普及

该区域内的各市及50%以上的县建有专门的农业网站，全部的乡镇建立了农业信息服务站，所有的行政村建立了农村党员干部远程教育接收站点，农业信息服务体系初步形成；利用信息技术改造传统产业成效显著，超过80%的规模以上企业在生产流程中广泛使用了信息技术；电力、交通、旅游等行业信息化程度普遍

提高，金融、商贸、流通等行业电子商务发展迅速；各市电子政务专网平台基本建成，非涉密公文实现了网上传输，市级政府和67.6%的县(市、区)政府已经建立了门户网站，网上政务公开和网上行政审批日趋完善。

(四)信息化发展环境越来越完善

各市信息化机构不断得到调整充实，领导体系和工作机制进一步加强。信息化政策法规逐步健全，网络与信息安全保障体系逐步形成，信息化支撑机构建设不断健全，相继成立了软件评测、数字认证、标准化研究、信息化培训等方面的支撑机构，促进了信息化建设的规范有序实施。

(五)区域信息一体化依存度越来越高

目前，济南市信息化综合指数已经达到周边6市的两倍，信息集聚度高，信息辐射能力凸现。与之相对应，周边6市信息相对欠缺，对济南市的信息依存度较高，在经济社会发展联系越来越紧密的新形势下，有向济南市集中的客观要求。因此，省会城市群经济圈信息一体化是区域经济发展到一定阶段的必然趋势。

三、加快推进省会城市群经济圈信息一体化的总体要求和主要措施

推进省会城市群经济圈信息一体化的总体要求是：以促进区域经济持续、快速、协调发展为目标，围绕网络层、应用层和支撑层三个层面取得重大突破，初步建成覆盖国民经济和社会各领域的区域信息一体化的电子政务工程、电子商务工程、交通物流信息化工程、制造业信息化工程、社会信用一体化工程、公共信息资源建设工程、“一卡通”工程、旅游信息化工程等“八大工程”，力争到2010年，打造成以济南为中心，辐射周边6市的区域信息一体化大格局，实现信息产业同步发展，信息网络设施基本健全，信息技术普遍适用，信息资源合理配置和利用，信息化带动作用得到更好的发挥，国民经济和社会信息化总体水平进入全省、全国前列的目标。

实现上述目标，当前和今后一个时期要着力采取以下主要措施：

(一)转变思想观念，不断提高对推进区域信息一体化的认识

要从树立和落实科学发展观，贯彻执行省委、省政府的重大战略决策，加快本区域经济发展的高度，认识加快推进区域信息一体化的重大意义。要加强省信息产业厅和各市的联系沟通，尽快建立区域信息一体化合作与协作机制，建立健全当地信息产业和信息化管理机构，进一步理顺关系，整合职能，充实人员，定岗定责，定期召开联席会议，研究确定信息一体化的重要工作事项，真正发挥各市信息产业和信息化主管部门的作用。要完善信息一体化专家顾问机构，组建区域信息一体化建设智囊团，参与信息一体化发展战略制定、重大关键技术攻关、重点工程项目方案评审和建设成果鉴定等工作，推进信息一体化建设的决策民主化和科学化。

(二)健全和完善信息基础网络设施，为推进区域信息一体化提供有效保障

对各市现有网络基础设施进行升级改造，加快优化网络布局，提高网络覆盖率和传输能力，为区域发展提供一个高度可靠、高度灵活、可扩展、可重新利用、能适应新技术发展的一体化信息网络。一是以济南为中心，统筹规划区域内各类基础信息网络。在政策和投入上加大对济南信息基础设施建设的扶持，建成规模容量、技术层次和服务水平居全国省会城市前列的信息通信网络，将其建设成城市群高速互联网交互中心，增强济南信息基础设施对城市群的集聚和辐射能力。二是尽快组建区域内电子政务与公共服务专用信息网络。将济南建设成为区域性电子政务网络交换主节点，并与周边6市电子政务网络共同构成城市群电子政务核心平台，实现区域内各级政府部门及相关单位的横向网和纵向网的互联互通，城市间电子公文流转、视频会议、交互办公等应用。三是建立和加强区域性信息安全基础设施建设。依托省数字认证管理中心，建设和完善城市群区域性

CA认证中心，实现区域内的统一数字认证。建设济南区域性信息安全应急响应中心，并以此作为城市群经济社会重要信息数据的容灾备份中心。

(三)普及和推广信息技术应用，进一步提升区域信息一体化水平

在农业领域，围绕区域内农业生产、农产品流通、农村管理、农民信息服务等重点，抓好节水灌溉、自动施肥、智能监控等先进方式在农业生产中的应用；建立名优农产品网上展厅，促进农产品网上交易；逐步开发村务公开、技术咨询等农村综合服务系统，进一步规范和完善农村公益性信息服务机构。在工业领域，继续加强济南和周边6市的计算机辅助设计与制造、企业资源管理、工业智能控制等重大共性技术在企业的推广应用，重点加大对高能耗、高物耗、高污染行业的改造力度；继续组织实施对济南钢铁和机床、淄博石化、滨州化工、聊城农机、莱芜钢铁等制造业的信息化工程，促进企业产品升级和效益提高；建设和完善区域内中小企业信息化服务平台，解决大多数的中小企业存在的建设资金短缺、复合型人才缺乏等制约信息化发展的瓶颈问题。在服务业领域，依托省电子商务综合服务平台，加快推进和提升电子商务在区域内商业、贸易、金融、交通、旅游、税务、娱乐、现代物流等领域信息化应用水平，尽快形成一批具有地域辐射能力的专业性大型电子商务平台，逐步建成一批有重大影响的数字化管理物流配送中心。在社会领域，优先开发和完善政府公文流转、视频会议、宏观经济运行分析、国有资产管理、政务执行监督、网上行政审批等政务信息系统，提高政府部门的行政效率；尽快建立区域内一体化的社会公共信息网络服务系统，逐步推行涵盖济南和周边6市的消费交易、身份认证、交通旅游、治安管理、医疗卫生等方面的“一卡通”工程；依托800M数字集群通信，在各市统一建立应急指挥网络，实现统一号码接入，有效整合各市公安、消防、交通、通信、卫生防疫、驻军等资源，及时对各种公共突发事件实现应急互动。

(四)开发和利用信息资源，进一步提高区域信息一体化的整体效能

一是对区域内信息资源的标准进行严格规范。重点规范基础数据库的建设标准，逐步建立起区域内公用的以规划、房管、土管等部门为基础的统一的“空间地理基础信息库”，以统计部门为基础的统一的“宏观经济数据库”，以劳动、公安、民政等部门为基础的统一的“人口基础信息数据库”，以质检、工商、税务等部门为基础的统一的“法人单位基础信息库”，以工商、金融、税务、质检等部门为基础的统一的“诚信山东信用信息数据库”。二是对区域内信息资源进行整合。组织建设省会城市信息交换平台，制定信息资源开发利用管理规划，建立信息资源开发协调机制，重点加强对区域内信息资源的深度开发和综合利用。三是加大对信息资源开发利用的投资力度。协调区域内各级财政增加对信息资源开发与共享的投资比例，保证基础性、公益性、综合性信息资源开发利用所需的资金。四是积极拓展区域信息资源市场。组织和鼓励社会各界参与区域内信息资源开发工作，建立产生信息有效需求的滚动机制，收集、加工、处理来自金融、保险、税务、工商、海关等部门的相关信息，为社会、企业、公民提供全方位、宽领域、跨时空、方便快捷的信息服务。

(五)引导和推进信息产业发展，进一步为区域信息一体化提供支撑和动力

要充分重视信息产业在提升优化区域内产业结构、促进增长方式转变中的地位和作用，立足当地产业基础和优势，引导和推进信息产业发展，从以下四个方面形成突破：一是实现区域内软件业协同发展。根据区域内产业基础和优势，加大对科技创新的投入，提高自主研发能力，重点发展中间件软件、信息安全软件、行业应用软件和嵌入式软件四大类优势产品，培育一批具有自主知识产权并在全国拥有较高市场占有率的名牌产品，壮大一批带动力强、规模化生产的“拳头”产品，进一步提升“齐鲁软件”品牌效应，形成具有鲜明特色的软件产业聚集区。二是促进电子信息产业基地和园区建设。加强规划引导和区域协作，进一步整合资源，发挥产业聚集效应，促进7市的特色电子信息产业园区建设。高度重视光电子产业的发展，充分发挥各自优势，注重各市的产业协作和合作配套，实现上下游产业配套，拉长产业链，建立光电子产业聚集带。三是促进电子商贸产业发展。充分利用济南山大路的聚集效应，建成国内有较大影响的电子产品集散地，以此辐射周边，带动7市电子信息产业中小企业的发展。四是推动信息服务业的发展。加快发展各市的信息传输和增值服务业，突出信息共享，建设国家级信息服务产业基地，加快信息内容服务业产业化，大力发展信息咨询服务业，进一步培育信息消费市场，规范市场竞争秩序，形成技术先进、内容丰富、服务便捷、竞争有序的信息服务产业链，扎实推进省会城市群经济圈信息一体化。

（作者：山东省信息产业厅厅长）

构建学创平台　推进科学发展

——思想政治工作与企业文化建设互动的思考

马仲德

建设学习型企业已经成为时代的要求和企业发展的需求。在企业内建设好学创组织，有利于提高员工整体素质，有利于激活生产要素，为企业发展提供动力和保证，为企业创新和发展提供不竭动力，形成思想政治工作与企业文化建设融会贯通的有效载体形式。

一、开展学创活动，有利于企业的发展创新

建设学习型企业，建设学习型团队，是市场经济条件下企业进行管理创新的新模式。

从2002年起，我们连续5年开展学理论、学科技、学业务，创业、创新、创效的“学创”活动，掀起了建设学习型处室、车间、工段、班组的高潮。目前，全厂共有70多个学创团队、项目团队在开展活动，最高时有90多个学创团队在开展活动。2004年，工厂从德国引进的世界上最先进的重型数控龙门铣安装时，组成了以这个项目为核心的安装团队，实施扁平化管理。管理和生产方式的科学化使这台重型设备安装有序、精确，在全国同期引进的三台同型设备中第一个投产，在我们造机生产翻番中发挥了关键作用。我们的一个学创团队通过研讨对主机上的一个部件进行工艺改进，每台机都可降低成本几万元。还有一个团队通过试验开发了钢板切割软件，使板材利用率提高了12%。

通过实践，我们认识到，开展学创活动，进行研究性学习，是对企业传统的接受式学习的改革，重在培养创新精神与实践能力。具有综合程度高、与本职工作紧密联系、收集信息广泛和能够发现问题、解决问题的特点。“小课题研究”、“研究性专题作业”、“开放性问题解决”等是团队经常采用的方式。因此，学习更为灵活、开放，同时也更有效。在更大的时空范围内将个人学习、集体学习合理地穿插结合，可以搭建起创新思路、创新工作、创新业绩的广阔平台，推进企业的快速发展。

二、创新观念，有利于夯实科学发展的思想基础

推进思想政治工作与企业文化建设融会贯通中，首先要建设一个好的领导团队。

我们认为，讲发展首先要讲创新。要创新，就必须在观念上有所突破。通过建设学习型领导班子，统一认识，我们向全厂提出了把思想统一到推进大发展上来，确定了工作思路：适应中国造船快速发展的要求，着眼于做强做大船柴；聚精会神搞建设，紧紧围绕做强做大企业下功夫，加大改革力度，加快发展步伐。工厂领导班子要以加快发展为己任，带领全厂员工克服困难、团结奋斗，通过10至15年的努力奋斗，把大连船用柴油机厂建设成为中国大功率低速柴油机制造业的主导力量，建设成具有较强国际竞争力的一流造机企业。

学习使干部职工开阔了眼界，增强了开拓创新意识。在加快发展造机主业的同时，还大力开发非机产品，加强同美国GE、国内哈汽集团的合作，努力争取把大连船用柴油机厂建设成造机为主、多元经营的一流的国内重大装备制造基地。

我们制定了到2015年迈出三大步、造机能力翻三番的发展目标，即到2005年，造机能力提升到年80万马力的水平；到2010年，造机能力提升到年200万马力水平；到2015年，造机

能力提升到年300万马力以上的水平。届时，大连船用柴油机厂将可以满足为1000多万吨船舶配套主机的需要。

经过思想发动、形势任务教育和科学研讨分析，已经夯实了干部职工想发展、求发展、奔发展的思想基础，调动了全厂员工的干劲。我们未来3年的生产已经排满，截至目前手持主机合同60多亿元。2006年造机近70万马力，与上年相比无论从台数还是总功率都大大迈进了一步。今年的造机产量比2006年还将有较大提高，达到110万马力，创新发展已经有了可喜的起步。

三、建设学习团队，搭建创业、创新、创效平台

近年来开展全员性学创活动，是我们对新形势下建设企业文化的探索。目前中国造船和造机都面临着难得的发展机遇，相对应的也有严峻挑战，这对思想政治工作和企业文化建设提出了更高要求。我们紧紧把握健全完善学创组织，促进创新，体现创效，实现工厂二次创业这条主线，使思想政治工作、企业文化建设与生产经营形成交融和互动，取得了比较好的实效。

从2004年开始，我们把企业文化建设向学创型团队建设和团队学创活动进行重点深化，确定了学创活动的新目标：围绕企业发展主题，通过构建充满创新精神和活力的团队组织，提高全员素质，造就立足本职、立足实践、适合企业发展需要的靠得住、肯干事、能干成事的复合型人才。树立起大船柴的团队精神，以旺盛的干劲、创新的精神去完成各项工作任务和立项任务，推动工厂的科学发展。

主要思路是：健全和完善学创组织，搭好学创平台；以团队学创为核心，有的放矢地开展活动。运用学习的知识、方法，创新工作，群策群力，完成学创项目，争创效益。工作中，主要把握了以下三个方面：

一是整合学创资源，加强平台建设，建成互动式学创团队网络。工厂鼓励以专业和项目为纽带，跨单位组建学创团队。也可以兴趣爱好为媒介，组成积极向上的学创团队，如外语、计算机、软件程序等。鼓励职工不断提高自身素质能力，努力自学成才，立足本职岗位，作出更大贡献。同时注重及时发现和树立先进典型，对公认的作出成绩的先进典型，工厂给予表彰奖励。

二是构建扁平化的学创团队，形成有效开展活动的基础保证。我们对厂领导层学创团队的要求是，以落实发展要求、建设一流造机企业为目标，解放思想、开拓创新，形成企业科学正确的决策基础。团队成员积极参与学创活动，认真准备完成自己担负的学创专题。同时提高自己现代管理知识和领导水平、能力。对厂中层干部的要求是每人至少参与一项厂及本单位的学创项目，并要在其中发挥主要或重要作用。绩效评判标准是看本单位承担的各项工作任务是否完成，看班子是否有新思路、新举措，是否开创本单位的新局面，看上级和绝大多数职工是否认可。基层学创主要推进员工学知识，练技能，变传统体制下工人能干活就行的“体力型”为适应企业发展需要的“智能型”；变过去管理人员、工程技术人员的简单化、普通型为今后的专家化、开拓型。

三是加强领导，互动交流。党委对全厂学创活动负责，本着有组织、有计划、有载体（学创项目）的要求建设学创组织。像数控学习团队、外语学习团队、焊接技术学创团队、新机型新技术学创团队、机加工刀具技术学创团队等等，都产生了很好的效果。以人为本，提高素质，建学习型企业，推进科学发展等这些知识上的创新、理念上的创新，正在带来企业和员工行动上的创新，为企业改革和发展提供了强大动力。

学创活动的蓬勃开展，在生产中发挥了重要作用。2004年，工厂花1.25亿元引进了当时世界上最先进的重型数控龙门铣。设备到厂后，如果由外国专家组安装，时间难以得到保障且要付出数额较大的安装费用。在学创中，工厂组成了由厂领导、工程技术人员、技术工人组

成的数控龙门铣安装项目团队,设备安装高质量高速度完成。设备制造商——德国科堡公司的专家目睹这一事实,多次情不自禁地赞叹:你们的团队是最棒的!工厂的一个主轴承盖工艺改进项目团队,跨部门、跨工种地开展活动,仅去年就为企业降低成本近10万元。在建造世界第一台RT-FLEX58TB智能型主机中,调试项目团队集中大家智慧共同奋战,为中国装备制造业增光添彩。

随着企业的改革与发展特别是企业文化建设的深入进行,越来越多的工作需要通过团队来进行和完成。随着社会和企业分工越来越细化,个人单打独斗的时代已经结束,团队合作走到了企业管理的前台。团队学创将过去班组内的竞争关系改变为组内合作、组际竞争,提高了员工的工作主动性,提高了工作效率,也促进了员工间良好的人际合作关系,促进了员工心理素质、思想品质的提高和技术技能的进步。

四、团队学创活动是强化企业员工素质能力建设的有效途径

我们感到,学创型团队建设的目标应该有四个方面:一是培养企业员工发现问题、解决问题和创新的能力。二是团队学创内容不一定相同,团队应自主制定学习、研究(立项)方案和计划。三是学习(信息)资源运用多途径、多手段(比如互联网)获取。四是学创成果是共同学习研究的成果,各成员学习研究互为依存、成为整体成果的一部分。由于团队学创活动强化了研究性学习的种种优势,所以效果是比较好的。

实践证明,团队学创活动是强化企业员工素质能力建设的有效途径。

1.团队学创活动有利于员工获得从事研究的体验和技能。科学研究及工作研究的主要方式是集体研究。科研工作者开展研究,基本都是组建课题组或项目组,由团队成员按照一定方案分工合作,最终实现目标。而我们在企业中开展学创活动的目的就是运用科学研究的方法,学会研究问题和解决问题。尽管我们的学创活动不能等同于科研工作,但是组织形式和探讨过程是相似的,使员工获得研究的体验,为提高素质提供了基础。

2.团队学创活动有利于员工在认知、情感和技能目标方面实现和谐。团队合作学创是员工之间互教互学、彼此交流知识的过程,也是相互沟通情感的过程。学习的过程不仅直接作用于员工的认知发展,而且促进员工人际交往能力的提高,满足员工对“影响力”和“归属”方面的情感需求。团队合作开展学创活动,不仅使员工“学会”和“会学”,而且使员工“乐学”和“好学”。

3.团队学创活动有利于员工主动参与学创,开发每一位员工的创造潜能,提高工作效率。学创面向的是全体员工,让每个人历经研究性学习的过程,提高自己的创造意识和能力。团队合作学习赋予全体员工参与学习的机会和权利,选择符合自己兴趣的研究性项目,并担当一部分研究任务,随着参与程度提高,自身潜能得到发挥,获得了新知识,提高了研究、创新能力。

4.团队学创活动使员工的主体地位更为突出。学创团队基本由专业相同、兴趣相同的员工自愿组成,项目选择、立项制订、研究与实践,直到取得结果,都由成员去完成。团队成员始终拥有较高的自主性,能对过程自我设计、自我控制。为了达到共同目标,团队成员相互了解、彼此信任,经常进行交流,互相帮助和支持,妥善地解决可能出现的矛盾。

我们认为,团队型学创对于员工的合作精神和人际交往能力提出了更高的要求,也提供了更多的锻炼机会。同时,它也给我们的思想政治工作和企业文化建设提供了更为广阔的施展空间和更新更有效的载体。

(作者:大连船用柴油机厂党委书记)

关于增强基层工会凝聚力的思考

姜春明

加强基层工会工作，是贯彻落实科学发展观在工会工作中的具体体现，是基层工会扩大覆盖面、增强凝聚力的重要举措。基层工会是整个工会重要的组织基础和工作基础，它直接联系和服务职工，是落实工会各项工作最终的组织者、推动者和实践者。"扩大覆盖面、增强凝聚力"，是党中央对工会工作提出的新要求，也是对工会组织寄予的厚望。基层工会工作开展的如何，作用发挥的好不好，对职工吸引力强不强，是检验基层工会凝聚力强弱的重要依据。因此，不断增强基层工会的吸引力和凝聚力，充分发挥基层工会的重要作用是当前基层工会工作的一项十分重要和紧迫的任务。

一、基层工会凝聚力的基本状况

凝聚力是工会工作的生命力，是工会具有创造力和战斗力的前提。吸引力是衡量工会影响力的重要标志。实践告诉我们，基层工会处在协调劳动关系、维护职工合法权益的第一线，在密切联系职工，履行工会各项职能，促进企业发展中，发挥着不可替代的重要作用。基层工会只有增强凝聚力，才能担当起团结、动员职工的重任。

目前，我们企业基层工会凝聚力比较强，各级基层工会组织和广大工会干部面对机遇和挑战，积极调整工作思路，解放思想、实事求是，立足本职、争创一流，发挥自身优势，创造性地开展基层工会工作，桥梁和纽带作用日益显现，促进了企业和谐稳定和改革发展。围绕生产经营中心，服务大局，团结动员广大职工开展各项劳动竞赛、提合理化建议，在实践中建功立业，促进了企业经济效益的不断提高。在企业改革不断深化的过程中，面对困难和矛盾，教育引导广大职工转变观念，认清大局，切实维护职工合法权益，协调劳动关系，保证了企业改革改制的顺利进行。坚持民主协商，落实集体合同制度和职代会制度，保障职工的民主权利；强化职工的知情权和参与权，充分发挥了职工民主参与、民主管理、民主监督的重要作用。加强职工队伍建设，推进职工素质工程；坚持以人为本，深化"创争"活动，通过培训和开展各种形式的岗位练兵、技术比武等活动，提高了职工队伍的整体素质；实施"民心工程"，关心职工疾苦，坚持开展"送温暖"和帮扶困难职工活动，为职工办实事，办好事，维护了企业的和谐稳定。坚持开展健康有益的文体活动，丰富职工的文化生活，营造良好的文化氛围，促进了企业精神文明建设。正是由于基层工会卓有成效的工作，职工信任工会，工会服务职工，工会组织的吸引力和凝聚力得以进一步增强。

二、基层工会凝聚力存在的问题

随着企业改革改制进一步深化，经济关系和劳动关系日趋复杂，企业内部组织形态、经营形式、管理模式、职工队伍内部结构发生了一定的变化，基层工会组织体制和运行机制以及工会工作方式和内容、活动的载体等也出现了许多新情况，这些都给基层工会工作带来了新的挑战。基层工会在工作实践中还存在一些不适应、不符合需要的问题。归纳起来主要是四个方面：一是职工对工会认知度还不够高。有的职工特别是一些年轻职工对工会是一个什么样的组织不清楚，甚至认为工会是一个福利组织，对会员的权利、义务等一些基本问题缺乏了解。

有的职工对工会认识仅停留在发福利、搞文体活动上,这种认识不仅使职工工会意识淡薄,也容易造成工会基础不稳固。二是职工对工会工作参与度还不够高。除涉及职工自身利益的工作外,一些职工对基层工会基础性工作如群众性劳动竞赛、技术革新创造等一些需要花费精力、付出劳动的工作和活动参与热情不高,这样必然使活动开展的广度和效果大打折扣。三是对工会的满意度不够高。有的职工没把工会作为自己的"家",认为工会代表不了他们的意愿。还有的职工认为工会说话办事影响力有限,解决实际问题还得找行政组织。四是基层工会工作方式和工作作风还需进一步改进和提高。表现在工作方式手段单一,缺乏创新;工作针对性不强,了解职工的需求不够;热衷于大型活动热热闹闹,基层一线实效性活动开展少;深入实际,具体指导服务不够,还不能适应新形势对基层工会工作发展的需要。

产生上述问题的原因,从客观上讲,新形势新任务对基层工会工作提出了新的更高的要求,随着改革改制的不断深化,经济关系、劳动关系复杂化,带来基层工会维权工作难度加大;管理体制、经营方式多样化和效益差异,使基层工会工作协调矛盾、维护和谐稳定难度加大,基层工会工作面临新情况新问题还很多。从主观上讲,有些基层工会和工会干部进取精神不足,工作能力和业务素质还不高,大局意识和责任意识不够强,工作作风不够深入,开展工会工作缺乏创新,体现不了工会特点,深入研究少,作用不明显,难以打开工作局面。这些都直接影响到基层工会的凝聚力。

三、增强基层工会凝聚力的几点思考

要不断增强基层工会的吸引力和凝聚力,始终保持旺盛的生机与活力,必须认真学习贯彻党的十七大精神,坚持以科学发展观统领基层工会工作,明确思路,找准定位,开拓创新,有所作为。要充分发挥基层工会自身优势,调动基层工会组织和工会干部的积极性、创造性,进一步增强做好基层工会工作的使命感和责任感,全面把握新形势下基层工会工作的特点和规律,在实践中不断探索,与时俱进。

第一,增强基层工会凝聚力,必须把建设"职工之家"作为重点工作来抓。基层工会要努力建设成为组织健全、维权到位、工作活跃、作用明显、职工信赖的"职工之家"。以此带动基层工会工作,增强对职工的凝聚力。

一是加强宣传,扩大影响。基层工会要始终把提高职工对工会的归属感作为增强工会凝聚力的基础来抓。通过宣传使广大职工对工会有全面正确的认识,认识到工会组织与自身利益相关,从而自觉、主动地融入到工会组织中来。要加大对《工会法》、《企业工会工作条例》、《劳动法》、《劳动合同法》等法律的宣传教育,使广大职工了解工会维权的重要作用,看到维权的成果。

二是面向职工,服务职工。基层工会要始终把广大职工广泛参与工会活动作为增强凝聚力的关键来抓。工会脱离职工就成为无源之水、无本之木。工会工作是群众性工作,职工群众广泛参与是工会工作取得成效的基础。因此,基层工会必须以职工为本,面向职工,服务职工,了解职工群众的意愿和需求,精心设计和组织一些对企业发展有利、对职工需求有效的活动,最广泛地把职工动员、吸引到工会工作中来,使职工成为参与者、实践者和受益者。

三是强化维权,发挥作用。基层工会要始终把广大职工对工会工作是否满意作为增强凝聚力的核心来抓。有的职工对工会不满意原因很多,但是最直接的原因就是难以感受到工会作为自身利益的代表和维护者的作用。因此,基层工会要强化维权意识,真诚为职工依法办事,尽力帮助广大职工解决他们最关心、最直接、最现实的问题,使基层工会真正发挥服务职工、协调问题、化解矛盾的重要作用。

第二,增强工会凝聚力,最重要的是激发工

会组织内部的活力。增强基层工会凝聚力，必须以搞活基层工会工作为目的，以体现服务职工这一宗旨为基础，不断激发工会组织内部积极性和创造性。

一是工会工作要与时俱进，开拓创新。创新是基层工会工作保持活力的源泉。工会工作不断创新才能适应当前不断发展变化的新形势。现在一些职工之所以参加工会组织活动的热情不高，其中一个重要原因就是有的基层工会没有创新工会工作的载体，活动内容没有贴近基层，没有贴近职工实际。因此，基层工会必须立足实际，找准切入点，做到在工作思路上创新，在转变作风上创新，在工作方式、内容上创新，科学谋划基层工会工作，在增强基层工会活力上下功夫。

二是工会工作要以职工为本，主动依法科学维权。维护职工的合法权益是基层工会的基本职能。基层工会组织和工会干部要切实想职工所想，急职工所难，谋职工所求，办职工所盼，真正地把代表和维护职工合法权益落到实处，满腔热情为职工办实事，办好事，这样职工才能把工会视为自己的家，才会把工会干部看成信得过、离不开的知心人。

三是工会干部要勤奋敬业，树立良好形象。基层工会吸引力凝聚力如何，很大程度上取决于基层工会干部精神状态和良好形象。基层工会干部只有深入实际，认真倾听职工的意见和呼声，及时反映职工的意见和要求，热情服务职工，才能赢得职工的信赖、理解和支持。

第三，增强基层工会凝聚力，必须自觉接受党组织的领导和取得行政的大力支持。

一是基层工会要自觉接受党组织的领导。只有坚持党的领导，才能保证基层工会工作的正确方向，这是中国工会特有的政治优势。实践证明，党组织的领导和重视是做好基层工会工作的关键，是工会发挥作用的保证。基层工会的重要工作和活动安排要及时向党组织汇报，听取意见，争取得到支持。基层党组织要从全局和战略高度重视基层工会工作，纳入议事日程，支持工会按照法律和章程创造性地开展工作，坚持“党建带工建，工建促党建”的工作思路，推进基层工会工作顺利开展。

二是基层工会要争取行政的大力支持。实践告诉我们，增强基层工会凝聚力，卓有成效地开展工会工作，行政的大力支持是重要的基础。俗话说，员工的心，企业的根。职工积极性创造性调动和发挥的如何直接关系企业兴衰，企业的利益总是和职工的利益联系在一起。因此，工会工作十分重要，行政应予大力支持，帮助解决基层工会在工作中的具体困难，真正做到工作上重视，政策上支持，经费上保证。

三是基层工会要加强自身建设。要不断健全基层工会各级组织。选配好热心工会工作，有强烈责任心事业感，职工信赖的工会领导班子；要进一步健全完善工会各项制度、工作程序、工作标准，强化考核监督；要努力建设一支高素质的专兼职工会干部队伍。工会干部要进一步增强政治意识、大局意识、责任意识，不断提高政策水平和业务能力，树立爱岗敬业、乐于奉献的精神，提高解决问题和做好工会工作的本领。

增强基层工会的凝聚力是个大课题，需要在基层工会工作的实践中不断探索。我们要在十七大精神的指引下，立足岗位，开拓进取，凝聚职工，服务大局，不断开创基层工会工作的新局面。

（作者：中核建中核燃料元件公司江南分厂党委书记兼工会主席）

弘扬见义勇为精神　积极构建和谐济南

李家政

党的十七大报告提出:“深入开展群众性精神文明创建活动,完善社会志愿服务体系,形成男女平等、尊老爱幼、互爱互助、见义勇为的社会风尚。”弘扬见义勇为精神、做好见义勇为工作,是促进社会和谐的重要举措。在全面建设小康社会的新形势下,必须坚持以人为本,将见义勇为工作放在重要位置,切实抓紧抓好抓出成效,为加快科学发展、构建和谐济南提供重要保证。

一、充分认识见义勇为工作的重要意义

见义勇为、匡扶正义、扶危济困,是中华民族的传统美德,是时代精神的具体体现。在国家、集体利益和人民群众生命财产受到严重威胁和不法侵害时,面对血与火、生与死的严峻考验,一大批见义勇为英雄和先进分子临危不惧,挺身而出,与违法犯罪分子和灾害事故展开英勇搏斗,用汗水、鲜血乃至生命谱写了新时期人民英雄感人至深、催人泪下的奉献壮歌。在他们身上,集中体现了崇高的社会责任感,体现了无私无畏的品德气节,体现了当代中国人的精神风貌。他们是时代的英雄,是全社会的楷模。

胡锦涛总书记在党的十七大报告中指出,积极构建社会主义和谐社会,要培育文明风尚,倡导树立见义勇为精神。和谐社会,是民主法治、公平正义、诚信友爱、充满活力、安定有序、人与自然和谐相处的社会。见义勇为,就是广大人民群众用智慧、鲜血甚至生命维护法律尊严、公平正义和社会秩序,挺身而出保护他人、集体和国家的安全和财产的壮举,它直接体现了人与人之间的互助友爱、乐于奉献。有了见义勇为,将会增进社会各阶层群众的团结和睦,我们的社会将更加安全、更加温暖、更加和谐。有了见义勇为,将会充分调动人民群众参与和谐社会建设的积极性,构建和谐社会的大合唱才有优美的旋律。

济南作为齐鲁文化的交汇地,有着悠久的历史文明和深厚的文化底蕴。济南人素以其刚直不阿、正直善良、乐善好施而闻名,济南市见义勇为先进事迹层出不穷,先后涌现出以“反扒英雄”马绪元、“泉城神捕”石宗仁、“泉城女侠”张业爱、“反扒斗士”朱守营等为代表的一大批见义勇为英雄人物,在全省乃至在全国范围内都产生了较大影响。在省会现代化建设进入关键时期的新形势下,继续弘扬见义勇为精神、倡导见义勇为行为,有助于激发广大人民群众同违法犯罪分子和灾害事故作斗争的勇气,形成专群结合的工作局面,推进平安济南建设;有助于提高公民的思想道德素质,形成互助互爱的良好氛围,推进文明济南建设;有助于凝聚全市人民群众的智慧和力量,调动方方面面的积极性和创造性,推进和谐济南建设。

二、切实发挥见义勇为基金会的激励保障作用

济南市委、市政府对见义勇为工作高度重视,先后设立了见义勇为奖励基金,制定了《济南市见义勇为奖励基金暂行办法》,坚持每年召开见义勇为先进分子表彰大会,积极解决见义勇为先进分子医疗、就业及子女上学等问题,有力促进了全市见义勇为良好风尚的形成。但随着形势的发展,见义勇为专门工作机构不甚健全、见义勇为基金数额较低、见义勇为保障机制不太完善等问题也日渐突出。为促进济南市见

义勇为事业法制化、社会化、规范化，努力构建和谐济南，打造全省的“首善之区”，济南市委、市政府坚持以人为本，决定成立济南市见义勇为基金会，并将其列为创建文明城市的十大主题行动和百件实事之一，以切实保证见义勇为先进分子的切身利益，构建省会城市见义勇为工作的长效机制。

见义勇为基金会筹备工作从去年下半年开始，7月20日，市委办公厅、市政府办公厅正式下文，成立了以市委常委、政法委书记为主任，市委政法委、市综治办、市法院、市检察院、市委办公厅、市政府办公厅、市公安局、市安全局、市司法局和市民政局等单位主要负责同志为副主任，市综治委有关成员部门为成员的筹备委员会，并在政法委设立了办公室。9月7日，筹备委员会召开第一次全体成员会议，对成立基金会的各项事宜进行了认真研究，并陆续制定了筹委会办公室职责，设计了基金会会徽与网站，撰写了成立大会材料，筛选了理事与监事候选人员，草拟了《济南市见义勇为基金会章程》、《济南市见义勇为基金会接受捐赠办法》等文件。9月15日，市委副书记、市长鲍志强专门作出批示，由市财政优先安排400万元资金作为基金会成立的启动基金。12月13日，济南市见义勇为基金会正式成立。山东省委副书记、济南市委书记姜大明向济南市见义勇为基金会发来贺信，提出希望和要求。中华见义勇为基金会、山东省委政法委、综治办、山东省民政厅和山东省见义勇为基金会的领导同志专门到会致贺，并作了重要讲话。

见义勇为基金会的成立，引起了社会各界和广大人民群众的广泛关注，济南舜耕山庄集团、中国重汽集团有限公司、济南钢铁集团总公司、济南供电公司、山东黄台电厂、济南市公交公司、济南市山水集团有限公司、山东佳宝集团有限公司、济南二机床集团有限公司、济南市商业银行、济南炼油厂、玉泉森信集团、清河集团有限公司、中国网通济南分公司和中国联通济南分公司等十几家单位踊跃向基金会捐款，一大批普通市民群众也纷纷慷慨解囊，献上一份爱心。截止到目前，基金会已累计收到社会各界和广大人民群众的捐款近百万元。英雄决不能被遗忘，英雄也不会被遗忘。基金会成立的当天下午，中华见义勇为基金会、山东省见义勇为基金会和济南市见义勇为基金会的领导同志，专程到“泉城神捕”马绪元的遗孀和“泉城女侠”张业爱的家中，嘘寒问暖，解决问题，并分别送上7000元的抚恤金。在今年1月25日举行的2006年平安济南建设表彰大会上，济南市社会治安综合治理委员会和济南市见义勇为基金会首次联合对2006年涌现出的三位见义勇为先进个人进行了表彰，并每人奖励现金3000元。1年来，授予“济南市见义勇为先进分子和先进群体”荣誉称号并奖励见义勇为先进分子31名，先进集体5个，走访慰问9个见义勇为家庭，为5名负伤见义勇为人员垫付医药费。

新成立的济南市见义勇为基金会，是全市见义勇为工作机构的领头羊，必须按照国务院《基金会管理条例》和《济南市见义勇为基金会章程》的规定，不断加强基金会自身建设，切实发挥好在全市见义勇为工作中的职责作用。要建立健全各项规章制度，坚持民主决策、照章办事，把基金会的发展纳入制度化、规范化轨道。要完善经费保障机制，进一步拓宽资金募集渠道，实现基金的保值增值。要完善表彰奖励机制，认真做好见义勇为人员的登记工作，合理安排资金使用，充分发挥基金作用。要及时宣传报道见义勇为先进事迹和基金会的各项活动，激励更多的人关心支持基金会的发展和见义勇为事业。我们完全有理由相信，有市委、市政府的高度重视和大力支持，有社会各界和广大人民群众的广泛参与，济南市的见义勇为事业一定能以基金会成立为起点，不断开创出新的局面。

三、努力形成见义勇为工作的强大合力

见义勇为行为是光荣的，见义勇为精神是不朽的，见义勇为事业是高尚的。弘扬见义勇

为精神、做好见义勇为工作，是全社会的共同责任。各级党委、政府和有关部门要加强领导、提供保障、凝聚力量，进一步推动省会见义勇为事业不断发展。

要健全保护激励机制。不让英雄流血又流泪，既是每一个公民的真心呼唤，又是各级党委、政府和有关部门的职责所在。各级党委、政府和有关部门对见义勇为者要给予政治上、生活上的关心、爱护，建立健全帮扶见义勇为者的长效机制，做好见义勇为者的救治、康复、抚恤、保护工作，帮助见义勇为者解决就医、就业和子女上学等方面的困难。要积极为见义勇为者提供法律援助和保护，依法从重从快严厉打击行凶报复见义勇为者的违法犯罪分子，切实维护见义勇为者的合法权益。要加强监督机制建设，在广泛开展评选和表彰见义勇为先进分子活动的同时，对那些见义不为的党员干部、以及负有法定职责的国家工作人员，要追究其党纪政纪责任以及失职渎职的责任，通过制度的规范和约束，充分调动全社会见义勇为的积极性，使更多的干部、群众敢于在危难面前挺身而出，见义勇为，见义敢为，见善而举，维护正义。

要积极营造舆论氛围。弘扬见义勇为精神，必须大造舆论声势，努力营造扶正祛邪、惩恶扬善的良好社会氛围。全市各新闻媒体要围绕建设社会主义核心价值体系，重视挖掘宣传见义勇为先进人物和先进事迹，大力宣传党和政府以及社会各界对见义勇为者的关心爱护，以此增强见义勇为人员的光荣感和自豪感，使见义勇为的精神深入人心、发扬光大，产生更好的社会效应。要将宣传见义勇为精神经常化、日常化，不搞一时一事，不搞一阵风，力争通过各种形式多样、富有成效的宣传教育活动，激励更多的人民群众投身到见义勇为的实际行动中去，使"见义勇为光荣，见义不为可耻"的观念深入人心，使扶正祛邪、助人为乐蔚然成风，使社会各界都来关心支持见义勇为活动，努力在全社会形成关心人民英雄、爱护人民英雄、争做人民英雄的良好氛围。

要强化政法公安队伍建设。政法公安机关和政法公安队伍是见义勇为者的坚强后盾，弘扬见义勇为精神，政法公安队伍自身建设十分重要。要切实抓好政法公安队伍的思想政治建设，坚持用社会主义法治理念武装头脑、指导实践，提高政法公安队伍贯彻"三个代表"重要思想和科学发展观的自觉性和坚定性。要切实抓好政法公安队伍的业务能力建设，注重从群众反映强烈的问题抓起，从人民不满意的地方抓起，努力促进社会和谐稳定。人民群众说得好，"要让群众勇为，首先政法公安干警要敢为"。政法公安干警要以急难险重时刻冲在前的过硬作风，切实保护人民，惩治犯罪，维护稳定。同时，向社会展示政法公安队伍的良好形象，以此影响和带动群众，形成见义勇为的良好社会氛围，为进一步调动群众参与见义勇为的积极性提供强有力的保证。

（作者：中共山东省济南市委常委、政法委书记、市见义勇为基金会名誉理事长）

坚持四个贴近　发挥工委职能
促进经济社会又好又快发展

徐明梅

党政机关是党政活动的主体，是对国家经济、政治、文化生活进行宏观管理的职能部门，担负着促进经济发展、推进民主法治、建设和谐社会的重要职责。机关担负的职能和任务，决定了机关党的建设对于保证和促进社会发展各项工作任务的完成，具有特殊重要的地位和作用。

2007年，我们在中直工委和省直工委的关心指导下，在市委的正确领导下，以科学发展观为统领，坚持贴近大局、贴近中心、贴近基层、贴近机关，创造性地开展机关党建工作，为维护省城稳定、发展省会经济、建设美丽泉城发挥了重要作用。工委多次承担和直接参与市委部署的重要工作任务，市委领导对工委工作的批示、指示十几次；省直工委将我们上报的党建工作创新和理论学习两项成果评为一等奖；中央党校党建部将我们的两项成果列入“全国基层党建经典案例”；中央和省、市媒体对工委工作的宣传报道30余篇；工委被省文明委命名为省级文明机关。

一、坚持贴近大局抓党建，切实摆正机关党建工作的位置

实践证明，机关党建工作只有紧贴经济社会发展大局，才能与党委、政府的决策部署合节合拍，得到上级领导的关注和认可；才能与机关的业务工作有机融合，得到机关各部门的积极支持和参与；机关工委的职能作用才能充分发挥，真正做到“有作为、有地位”。

一是教育引导机关广大党员深入贯彻落实科学发展观。我们按照《中国共产党党和国家机关基层组织工作条例》规定，切实加强对党员的马克思列宁主义、毛泽东思想、邓小平理论的教育，党的基本路线和党的基本知识教育，重点加强贯彻落实科学发展观的教育，用马克思主义中国化最新成果武装机关党员头脑，指导实践，推动工作。同时，组织、引导党员努力学习和掌握社会主义市场经济知识、科学文化知识、法律知识和各种业务知识。2007年根据形势任务的需要，先后举办了4次由市四套班子主要领导参加的大型报告会，邀请中宣部、中央党校的领导和专家教授作专题辅导讲座，并通过集中学习、理论培训、学习交流、知识竞赛、实地考察等多种形式，组织机关党员认真学习党的十七大报告，深刻领会中国特色社会主义伟大道路、伟大旗帜、理论体系的科学内涵和精神实质，进一步增强科学发展、和谐发展、率先发展的责任感和紧迫感。围绕解决妨碍经济社会发展、影响工作创新的思想问题，按照市委的部署，会同市委组织部、市委宣传部组织开展了“学习实践科学发展观——解放思想大讨论”活动，重点围绕坚持科学理念、树立一流标准、破除陈规陋习、推进提速提效，进一步解放思想、提升境界，切实把广大机关党员的思想认识统一到市委对省会经济社会发展形势的判断上来，统一到市委的重大决策部署上来，以思想的大解放推动省会的大发展。

二是积极推进和谐社会建设。工委作为抓机关党建的职能部门，关注社情民意，促进社会和谐责无旁贷。我们坚持从上级领导关注、基层群众关心的问题入手，从具体事情做起，在推进和谐社会建设中充分发挥作用，做到上为党

委、政府分忧，下为基层和群众解难。组织开展了市直部门与县(市)区有关乡镇之间的“城乡互动”活动。牵头市直部门，联系县(市)区机关工委协调有关乡镇，开展互动，实现城乡间资源共享，人力互助，优势互补，促进了社会主义新农村建设。工委机关组织干部职工捐赠图书15000余册、学习用品40000余件，在10所农村小学建立了“爱心书屋”；每个市直部门与一个村结成共建对子，每个处室包挂一个困难农户，实行长年帮扶。推动军地机关和谐共建，与济南军区装备部机关开展了“军地牵手结对，共建文明机关”活动，探索军地机关双拥共建的新途径，得到济南军区和市委主要领导的高度评价。积极做好困难帮扶工作，组织市直机关开展社区公益服务、“送温暖、献爱心”、“慈心一日捐”等帮扶弱势群体活动，市委书记带头参加捐助活动。2007年工委组织募集捐款700余万元，捐款数额较往年有大幅度提高，救助了更多的困难群众，使他们充分感受到了党和政府的温暖。

三是努力维护社会稳定。加强社会管理，维护社会稳定，是构建社会主义和谐社会的必然要求。我们充分发挥党的政治优势，结合形势任务，针对机关党员的思想实际，做好思想政治工作，为维护社会稳定，促进改革开放和现代化建设服务。去年上半年，市委领导指示由工委牵头处理部分离岗人员集体上访问题，接到任务后，我们立即召开有关部门党组织负责人会议，及时向上访人员做好说服教育工作，在较短时间内稳妥解决了这一问题。济正保健品公司非法传销案件发生后，市委主要领导点名由工委总牵头，协调处理机关部分党员干部涉案问题。我们连夜召开会议，提出处理方案，跟踪掌握情况，与有关部门协同行动，有效控制了事态发展。

二、坚持贴近中心抓党建，始终保持机关党建工作的正确方向

根据时代发展要求和党的中心任务需要开展机关党的建设工作，是我们党在党政机关保持先进性、与时俱进发挥作用的成功经验，也是新形势下做好机关党建工作的基本要求。2007年，我们坚持以“三个代表”重要思想为指导，把服从服务于全市中心工作，作为机关党建工作根本出发点和落脚点，站在全局的高度，大视野、全方位地谋划党建工作的目标和任务，强化参与意识，把握好着力点，找准切入点，富有成效地开展机关党的工作，最大限度地发挥了机关党建工作对经济社会发展的促进和保证作用。

一是积极支持重点工作。不同历史阶段、不同社会时期党的工作重点不同，这就需要根据形势任务，随时调整工作思路，确定工作内容，做到单位党委(党组)工作部署到哪里，机关党组织工作就参与到那里、渗透到那里、服务到那里，为推进各项工作注入强劲动力、提供有力保证、发挥重要作用。2007年是济南市在迎接挑战、经受考验中大力推进发展的一年，重点工作多，工作任务重。为更好地完成济南市“十一运”重点工程建设、棚户区改造等重点工作，我们发动组织广大党员“走出机关，走进重点工程工地，走进棚户区”，开展走访慰问、义务奉献等活动，为加快城市建设献计出力；市委常委、秘书长、工委书记带领工委有关同志，把组织生活会开在棚户区，使党员受到教育，使群众更加了解、拥护市委的决策部署；组织机关党员利用休息日时间，开展捡拾垃圾、清除乱贴乱画等整治“八乱”行动，参加党员达8000余人次。目前，市直机关广大党员干部正在发扬“五加二”、“白加黑”的精神，加班加点，埋头苦干，确保完成奋战两年迎接“十一运”的各项任务。

二是在关键时刻发挥党组织和党员作用。2007年7月18日，济南遭遇特大暴雨灾害，人民群众生命财产受到重大损失。工委迅速行动，发出通知，动员组织机关干部职工全力以赴投入防汛救灾工作。同时，号召机关党员为受灾群众缴纳“特别党费”，短短3天时间内募集救灾款100余万元。工委领导班子成员深入受

灾较为严重的街道、社区，亲自把慰问金交到受灾群众手中，缓解了他们的燃眉之急。各机关党组织和广大党员采取帮助群众复产自救、走访慰问、救济救助等多种形式，做好关心受灾群众生产生活的工作，努力把灾害造成的损失减少到最低限度，在关键时刻充分发挥了党组织的战斗堡垒作用和党员的先锋模范作用。

三是认真完成上级交给的重要工作任务。有为就有位，成绩是最好的说服武器。工委快速反应的作风、处理棘手问题的能力受到市委的认可，部分重要的工作都交由工委完成。我们也本着市委有号召，工委有行动的原则，把市委交办的工作都作为工委分内的事，快速行动、雷厉风行、圆满完成。2007 年 11 月，受市委领导指派，协调组织第五届中国国际农产品交易会。我们针对以往类似的展会前期较为红火、后期较为冷清的情况，作了周密的计划，加强组织协调工作，分期分批组织市直机关 100 多个单位、近 2 万人到会参观，使农展会始终处于气氛热烈的状态，为农展会的成功举办营造了浓厚氛围，组织工作得到了市委领导、参展商和社会各界的一致好评。2007 年 9 月，按照市委主要领导指示，组织以“绿色交通、机关先行”为主题的机关无车日活动，仅一周时间累计停用公、私车近 7000 辆，节油 38000 余升，各单位还进一步健全完善了车辆使用管理制度，得到了社会各界的广泛赞誉，产生了良好的经济和社会效益。

三、坚持贴近基层抓党建，不断增强机关党建工作的生机和活力

党的基层组织是党执政的基础。在推进经济社会全面发展的伟大实践中，无论是发展经济，还是加强民主法制建设、维护社会稳定、构建和谐社会等，都离不开基层党组织领导核心作用和战斗堡垒作用的发挥，都要靠基层党组织团结带领广大群众去奋斗。工作中我们坚持重心下移、夯实基础、加强指导、激活基层的思路，不断增强基层党组织的创造力、凝聚力和战斗力，有力地保证了中心工作和机关各项任务的完成。

一是选好配强基层党组织领导班子。实践证明，凡是基层党组织建设得好，党组织的凝聚力和战斗力就强，工作就富有成效；凡是基层党组织建设薄弱，工作就难以开展，党组织在群众中的威信和形象就会受到影响。针对加强基层组织班子建设，我们制定了《市直机关党群组织换届选举、调整班子成员工作规范》，在任免审批中坚持做到“三不”，即不符合规定要求的不能上报，不进行任前考察的不能上会，不胜任党务工作的不予审批，切实改变了过去有的部门把党务工作岗位当做闲职，安排年龄偏大、不好安排的干部从事党务工作的状况。2007 年有 25 个市直部门调整充实了机关党组织领导班子成员，一批热爱党务工作、能干事、会干事、干成事的优秀干部走上专职书记、副书记岗位，为做好基层党建工作提供了有力保证。

二是建设高素质党员队伍。党政机关地位特殊，机关干部的一言一行、一举一动为人民群众瞩目，而机关干部中党员占多数，这就直接影响着党的形象和威望，影响着党的凝聚力和战斗力。我们注重加强对党员干部的教育、管理、监督和服务，通过组织理论读书班、邀请专家教授辅导等形式，坚持不懈地提高党员素质。注重加强对入党积极分子和重点发展对象的教育和培养，严格执行党员发展“十项制度”，严把新党员发展质量关。此外，我们还指导市直机关党组织建立了党员党性定期分析制度，健全了党员经常受教育、永葆先进性的长效机制，努力构建党员联系和服务群众的工作体系。

三是注重发挥基层的主动性、创造性。党的基层组织是党的全部工作和战斗力的基础，也是党的执政根基。我们坚持灵活多样、小型分散的原则，在运筹工作、部署活动时，多给基层自主权，多考虑基层的实际，既交任务、压担子，又给条件、教方法。如在部署开展庆“七一”活动时，改变过去只注重自己组织活动，上面热烈、下面冷清的做法，发动各基层党组织结合实

际自行组织开展学习教育、主题党日、结对帮扶、义务奉献等“六个一”活动，并加强调度和指导，得到了市直机关基层党组织和广大党员的积极响应。市直机关党员参加形势任务、革命传统教育等活动达 2.2 万余人次，参加义务奉献活动 1.3 万余人次，为基层和群众办实事和好事 9000 余件，活动参与面之广、影响力之大都是前所未有的。《中直党建》2007 年第 7 期对此进行了报道。

四是加强对基层党建工作的督促指导。为了能够随时掌握基层情况，加强分类指导，工委建立了党建工作联系点制度，每个领导班子成员都确定 3—5 个基层单位作为联系点，经常到联系点和基层单位开展调查研究、加强分类指导。成立了检查督导组，多次检查调度市直各部门贯彻落实中央、省、市委各项长效机制文件和工委考评机制的情况，推动市直各部门按考评机制规范党务工作。下半年，工委对市直 104 个单位党建工作进行了集中检查考核。从检查考核的情况看，各单位对党建工作的重视程度明显提高，在检查考核中，除少数因特殊情况不能参加外，绝大多数单位的“一把手”都带头参加党员大会和民主测评；各单位党建工作扎实到位、措施有力、各具特色、各有创新，在服务中心工作中的作用发挥得更加突出。

四、坚持贴近机关实际抓党建，进一步增强机关党建工作的实效性

一切从实际出发是党的思想路线的前提和基础。机关的党员和领导干部多，综合素质较高；各部门工作职能和党员队伍情况又各不相同。机关党建工作要适应新形势新任务的要求，在推动经济发展、提高社会管理水平、提升城市竞争力等方面发挥积极作用，就必须紧贴机关实际，确定工作内容，创新工作方法。实践证明，只有准确把握机关党员干部的思想工作实际，准确把握机关各级党组织的实际状况，才能以卓有成效的党建工作带动和促进机关各项工作。

一是通过制度创新推动工作创新。我们注重加大制度建设和创新力度，及时将实践创新成果转化为制度成果。2007 年，紧密结合市直机关实际，把落实《条例》规定、中央和省、市委长效机制文件精神与加强党建工作、推动我市发展有机结合起来，建立并实行了党建工作考核评价机制，确定了 6 个方面、38 项考核评价内容，逐项量化，实行百分制考核。考核评价机制从提出到形成的整个过程，是先有“责”而后成“制”，即先有各级领导认真负责抓党建的实践，然后在总结经验的基础上提炼归并形成制度。此项工作得到了上级部门的充分肯定，省直工委以文件方式向全省推广，省委组织部检查组称之为“管机制的机制”。工委还指导基层党组织和党员进一步健全完善了“双承诺制度”。党组织着重从加强基层组织建设、转变工作作风、改善服务态度、提高办事效率等方面分别向党员和群众作出承诺；党员结合自身思想和工作实际，着重从履行党员义务、服务人民群众、保持自身廉洁等方面分别向党组织和群众作出承诺。通过“双承诺制度”，约束基层党组织和党员行为，促进各项工作的开展。

二是根据机关实际确定工作重点。作风建设历来是党的建设、机关建设的重要内容，抓机关党建必须抓作风建设。2007 年，按照胡锦涛总书记在中纪委七次全会上提出的树立“八个方面良好风气”的明确要求，为促进机关工作提速提效、更好地服务于发展，我们把加强作风建设作为全年工作的重点，在市直机关广泛开展了“加强机关作风建设、为民务实清廉做表率促发展”主题实践活动。教育引导机关党员切实增强忧患意识、责任意识、公仆意识和服务意识，积极主动地为人民群众、来济投资者和上级领导机关搞好服务，以优质的服务赢得支持、谋求发展。下半年，我们在全市机关部署开展了创建“作风好、形象好、效率高”机关活动，进一步把机关作风建设引向深入。活动的开展促进了机关作风的明显改进，市直各部门普遍建立了首问负责制、限时办结制、责任追究制等制

度，提高了机关效能、优化了发展环境；体察民情、改善民生逐渐成为机关党员干部的自觉行动，进一步密切了党群、干群关系。2008年，我们将结合全市的形势任务，在市直机关开展“迎和谐全运、建美丽泉城、机关当先锋”主题实践活动，为发展省会经济、建设美丽泉城发挥更加重要作用。

三是紧贴机关实际开展各项活动。结合机关工作实际，开展生动活泼、参与性强、丰富多彩的活动，可以有效激发机关广大党员在本职岗位上建功立业的积极性和创造性。2007年，我们先后组织开展了先进模范推荐评选、青年文明号“三优”示范行动、机关“巾帼文明岗”述评、先模代表“话服务，促发展”座谈会等活动，推荐评选出20多个全国、省、市级先进集体和个人；去年我市共评出10个省级文明机关（单位），其中由工委评选推荐的就有7个。下半年，我们举办了市直机关首届知识技能竞赛，市直各单位踊跃参加，并广泛开展了业务培训、技术比武和岗位练兵活动，进一步提高了机关干部职工服务中心、做好本职工作的素质和能力。

回顾过去一年的工作，我们在围绕中心、服务大局、推动经济社会发展方面做了一些积极探索和尝试，取得了一定成绩。在今年的工作中，我们将继续坚持“四个贴近”的工作思路，进一步解放思想、提升境界，改革创新、扎实工作，为推动经济社会的发展作出新贡献。

（作者：中共山东省济南市委市直机关工委常务副书记）

新世纪新阶段党校教育的十大转变

朱成荣

进入新世纪新阶段，特别是党的十六大以来，全国各级党校认真贯彻中央《关于面向二十一世纪加强和改进党校工作的决定》、《干部教育培训工作条例》和中央领导同志关于干部教育培训和党校工作的一系列指示精神，紧紧围绕党和国家工作大局，以增强执政意识、提高执政能力为重点，联系实际创新路，加强培训求实效，在大规模培训干部、大幅度提高干部素质中发挥了主渠道作用，作出了积极贡献，增强了各级领导干部以邓小平理论和“三个代表”重要思想为指导，深入贯彻落实科学发展观的自觉性，促进他们不断提高理论素养和工作能力，为实现经济社会又好又快发展提供了坚强的思想政治保证、人才保证和智力支持。在这一过程中，党校教育事业自身也获得前所未有的发展，创造和积累了丰富的新鲜经验，在教育的目标、功能、内容、方式、方法等诸多方面，发生了一系列重大转变，党校教育正以新的面貌、新的气象进入一个新的发展阶段。

一、培训目标：从素质教育向素质教育和能力培养结合转变

新时期的党校教育，就教育（培养）目标而言，经历了从拨乱反正到知识传授再到素质教育的过程。粉碎“四人帮”后，党校教育得到恢复。1977 年 10 月，中央在《关于办好各级党校的决定》中指出，为了适应我国社会主义革命和社会主义建设进入新的发展时期的需要，为了努力澄清被“四人帮”颠倒的路线是非、思想是非、理论是非，恢复和发扬我们党的优良传统和作风，要来一个全党的学习竞赛，要切实办好党校。这一时期，党校教育的主要目标和任务是拨乱反正。1982 年 9 月，党的十二大提出了全面开创社会主义现代化建设新局面的任务。这次大会的报告强调，各级党校“都要按照社会主义现代化事业的需要和各自的分工，修订教学计划，担负起对干部进行正规化培训的任务”。之后，中央印发《关于实现党校教育正规化的决定》。这一时期党校教育的目标主要是理论和知识传授，以满足干部学历培训的要求。到上世纪的 90 年代，随着带有补课性质的干部学历教育任务的基本完成，党校教育的目标再次发生变化。1990 年 9 月，中央发出《关于加强党校工作的通知》，要求党校通过轮训和培训，“引导和帮助干部从五个方面努力提高本身的素质”；1994 年中央下发的《关于新形势下加强党校工作的意见》和 1995 年颁发的《党校工作暂行条例》都坚持这样的要求。所以，这一时期的党校教育主要是素质教育。跨入新世纪，我国进入了全面建设小康社会，加快推进社会主义现代化的新的发展阶段。适应新的形势和任务的要求，党校教育的目标再次发生重大转变。党的十六大提出加强党的执政能力建设的战略任务，要求各级领导干部努力提高科学判断形势的能力、驾驭市场经济的能力、应对复杂局面的能力、依法执政的能力、总揽全局的能力。十六届四中全会要求“围绕增强执政意识、提高执政能力，创新培训方法，提高培训质量，大规模培训干部”。这样，进入新世纪新阶段，适应加强党的执政能力建设的要求，在素质教育的基础上，突出干部的能力培养，就成为党校教育的基本目标。正如曾庆红同志在中央党校 2004 年春季学期开学典礼上的讲话中所指出的，“干部培训和轮训要从满足学员获得岗位培训学历

要求为主向满足学员能力提高需求为主转变。我们要坚持以能力建设为核心，重点培养党员干部的学习能力、实践能力，着力提高党员干部的创新能力”。2006 年 1 月，中央颁布的《干部教育培训工作条例》指出，要“全面提高干部的思想政治素质、科学文化素质、业务素质和健康素质，将能力培养贯穿于干部教育培训的全过程”。这就充分表明，干部培训包括整个党校教育的目标要求，已从素质教育转向素质教育和能力培养相结合。而随着党校教育目标的转变，党校教育的理念、内容、方式方法等也必将随之发生转变。

二、党校功能：从教育向培训转变

从一般意义上说，教育是包括培训的。凡是增进人们的知识和技能，影响人们的思想品德的活动，都是教育。但从特殊的意义上说，从狭义上说，教育和培训又是有区别的。教育主要是指学校教育，它是一种有目的、有组织、长久性（或持续性）的，以传授、诱导或获取知识、观点、价值或技能的社会活动。教育的基本模式是：学校（院）把年轻人集中在校院里，避开劳动力市场，为使他们将来成为社会各个阶层的成员而加以分类、选择，向他们灌输知识和价值。其主要目的是为儿童和青年的成人生活作好准备。教育的特点在于教授一个领域或一个学科的基本知识和技能，而不是针对某一个特定的工作或职业。教育从时间上，周期更长，其追求的目标也更为深远和广泛。

培训则是指有计划、有组织的学习，其目的在于使工作人员的知识、技能和态度，乃至行为有所改善，使之发挥更大的潜力，以提高工作的绩效。培训关注的是与工作有关的知识、技能、态度和行为。而教育通常是通过系统的、正规的、整体的讲授或实验等活动来提高人的素质，包括知识、能力、品德修养等，以适应未来的情况。培训的目的是促使培训者（受训者、学习者）知识的更新、态度的改变、技能的提高、行为的优化，以更好地适应工作的要求。个人的培训关注工作人员现有的工作绩效水平与所要达到的工作绩效水平的差距。因此，培训被用于传授与实际工作联系密切、能够在特定环境中加以运用的各种知识和技能。

基于以上关于教育与培训区别的分析，可以看到，以党政干部培训轮训为主要任务的党校教育，其本来意义更接近于培训，或者说它实质上就是培训。特别是党校教育的目标转向素质教育和能力培养相结合以后，党校更应该突出其培训的功能。因此，要按照培训的要求、培训的理念和方式方法来设计内容、创新方法、改进管理、评估效果，以充分发挥党校在培养和提高干部素质与能力中的主渠道作用。

三、教育理念：由学校（教师）为中心向学员（问题）为中心转变

过去很长时间，党校教育实际上是以学校（教师）为中心的（尽管从没有这种说法）。用一个固定的教学计划（模式）来对不同的教学对象实施教育培训。事前没有周详的需求调查，实施中也难对计划作出调整，教学方法是以单向讲授为特征“满堂灌”，往往是学校（教师）有什么就安排（讲）什么。这样的教育理念，在以知识传授和学历教育为目标的教育中，自有其存在的理由。但用于素质教育特别是能力培养，则日显弊端和落伍。近些年来，各地党校适应新的形势和任务的要求，更新观念，深化改革，交流经验，学习借鉴，在很大程度上改变了以学校（教师）为中心的理念和做法，正在确立以学员（问题）为中心的理念，并用之于党校教育的实践，取得明显成效，也积累了新的经验。

以学员为中心，就是明确学员是学习的主人（主体），学校和教师是辅助学员学习的。坚持以学员为中心，在教学内容安排上应体现为以学员的学习需求为主，而不是以学校（教师）的主观愿望为主；在教学关系上，应明确学员对自己的学习负责，教师不能代替他们学习，给他们现成的答案和方法，学员也不应有这样的指望；还要体现在应以学员面临

的现实问题为中心，不能以教师事前设立的问题为中心，教师的责任在于引导学员探索解决他们现实问题的方法；在教学过程中，应随时根据学员的需要，灵活地调整教学的方案、内容、方法和程序。

总之，以学员为中心，是以人为本原则在党校教育中的体现和应用。党校教育坚持以学员为中心，就是要坚持以人为本，遵循干部的成长规律，关注干部的学习需求，激发干部的学习能力，促使干部积极主动地参与党校的教育培训活动，以提高党校的教学质量和培训效果。

四、教育形式：从单一性向多样化转变

教育形式就是办学方式。党校的办学方式，过去很长时期，主要是计划调训的脱产培训（学习）形式。因而一些地方党校总感到领导不重视，组织部门不调训，长期苦于无班可办，造成教育培训资源闲置和浪费。进入新世纪新阶段以来，适应大规模培训干部、大幅度提高干部素质的要求和广大干部迫切要求学习的热望，党校的办学方式也日益呈现多样化的发展趋势。在认真办好组织计划调训的脱产的培训班、进修班（这是党校的主班次）外，还千方百计、想方设法，充分利用党校的教育培训资源，广开办学门路，积极举办学制各异、形式多样的各级各类党政干部、企事业管理人员的培训班次。如联合办学方式、菜单选学方式、基于自学和辅导结合的学分制方式、异地办学方式、巡回教学方式、在线学习方式，以及面向社会通过广告招生的方式等。党校教育方式从单一性向多样化转变作为党校教育发展的一种趋势，是党校教育适应党和国家及社会需要的一种选择，它对于更好地发挥干部教育培训主渠道作用，提高党校的社会影响力具有重要意义。需要指出的是，党校的主要任务是根据党委的要求培训和轮训党政领导干部和理论干部，党校办学方式多样化要紧紧围绕这一主要任务，服从和服务于主要任务的完成。同时，办学方式多样化要注重发挥党校优势，坚持党校姓党原则，努力提高教学质量、办学水平和培训效果，维护党校的形象和声誉。

五、教育内容：从供给为主向需求导向转变

党校教学内容以供给为主是一个老问题，突出的表现是“上下一般粗、左右一个样，学过与没学过没区别”。学员入校学习前，已订好了计划，规定了内容，教学过程就是按部就班地执行教学计划。问题的关键并不在于是否事前确定了计划，而在于，确定计划前是否进行了学员需求的调查和分析，是否在计划中比较充分地考虑和体现了学员的需求，以及在计划实施过程中，能否和是否根据学员的意见对计划进行适当的调整。这种以供给为主的内容安排理念和方式削弱了党校教育的针对性和实效性，损害了党校教育的吸引力和生命力。值得可喜的是，这种理念和做法已经和正在失去市场，党校教育的内容安排正在从供给为主向需求导向转变。突出的表现是，分级分类组织教学在党校普遍开展，党校教育越来越重视对干部学习需求状况的调查分析，越来越多的党校教学实行必修课和选修课制度，菜单制、学分制等学员具有自主选学空间的教学方式也越来越普遍地得到重视和应用。当然，坚持以学员需求为导向，并不是学员要求什么，党校就提供什么，学员没有提出要求的，党校就不能安排。关键是要正确理解和把握“需求”的内涵。这里的“需求”，既包括中央对干部队伍建设、干部教育培训和党校工作的要求，也包括地方党委政府及经济社会发展对干部素质的需要，还包括干部履行岗位职责及个人全面发展的需求。坚持以需求为导向，就是要把上述要求、需要、需求结合起来、统一起来，构建分层次、分类别、差别化、可选择的教育课程和内容组合体系，并根据实施过程中的实际作出调整、补充和完善。

六、教育方法：从单向灌输向双向互动转变

近些年来，党校教育中的教学方法改革创新受到广泛重视，最为丰富多彩，已成为各级党校人的共识和自觉行动，取得了明显的成效，积累了丰富的经验。研讨式教学、课题研究式教学、案例式教学、模拟式教学、菜单式教学、体验式教学等等，普遍应用于党校教学中。可以说，党校的教学方法已经实现了从过去那种以“满堂灌”为特征的单向传输向以研究式为代表的双向互动转变。为什么教学方法创新受到如此重视？一是基于对党校教育特点和规律认识的深化。党校的干部教育不同于国民教育和一般的成人教育，有其自身的特点和规律。党校教育培训的对象普遍具有较丰富的实际工作经验或领导工作经历，有明确的培训需求和学习风格，尤其是对学习方式方法有特殊的要求。二是适应了党校教育从素质教育转向素质教育和能力培养相结合的要求。目标和内容的变化，必然地要求方式方法的创新。根据现代干部教育培训理论，干部的学习是以问题为导向、以能力为核心的学习，注重个体参与，讲求方式方法的多样性。因此，《干部教育培训工作条例》总结了党校乃至整个干部教育培训工作的经验，指出，开展干部教育培训应当根据干部的特点，综合运用讲授式、研究式、案例式、模拟式、体验式等教学方法，提高培训质量。这里强调了三个方面，一是“根据干部的特点”，二是“综合运用”，三是“提高培训质量”，还应当强调一点，就是要有利于调动教和学两个方面的积极性，实现双向互动，达到“教学相长、优势互补，学学相长、成果共享”的效果。

七、教育管理：从传统方式向项目管理转变

这里的管理主要是指教学管理和学员管理。传统的管理，往往是教务部门制定教学计划，教研部门执行教学计划（上课），学员管理部门负责学员的组织管理。这样的结果，作用于学员学习过程的部门之间容易脱节，学员的需求、计划实施情况和教学反映等信息在部门之间的传递中常常损耗、失真或丢失，不利于增强教学的针对性和实效性，提高教学质量。为了解决这一问题，近年来，一些党校引入了项目管理的办法，有效地克服了“脱节”的问题，取得较好的效果。所谓项目管理，就是将一个班次作为一个项目，建立由领导、教研和管理人员共同组成的项目组，全面负责该班次在校期间教学、管理、服务等事宜，即从需求调研、计划拟定、内容安排、教学实施、学员管理、教学考核，直到效果评估和信息反馈，实行“一条龙”管理。这样做目标明确，责任清楚，教学针对性强，管理和服务到位。项目管理办法是现代培训中通行的有效办法，很值得党校教育借鉴和应用。而且，这种办法也适应了贯彻落实《干部教育培训工作条例》的要求。因为《条例》中已提出了“实行干部教育培训项目管理制度”的要求。明确干部教育培训管理部门可以采取直接委托、招标投标等方式，确定承担培训项目的教育培训机构，加强项目实施的管理，提高培训绩效。因此，党校的教学管理也应当转变观念，创新方法，顺应现代培训的发展和管理方式变化的要求，实现从传统管理方式向项目管理方式的转变，以适应干部培训工作新的形势和任务的要求。

八、教师职责：从教育者向培训者转变

党校教育的目标转向以培养和提高学员能力为核心，对党校教师的角色定位也提出了新的更高的要求，就是要实现从教育者向培训者的转变。提高理论和知识水平，主要靠教育，主要的方式是传授；而增强能力，则要靠培养、培训和实践锻炼、总结经验。这样，党校教师在知识素质教育中的理论知识优势，在培养和提高学员能力上就很难显现出来。当然这并不是说，教员从此在党校教学中显得无足轻重。需

要的是教师角色和职责的调整和转变，即教师要成为教学活动的组织者、主持人、培训师、催化者，发挥组织、引导、启发、催化作用，实现教学相长，学学相长。这里的关键是要把学员的资源优势充分地激发出来。学员的资源就是学员的经验和能力。要鼓励学员主动参与到培训过程中，促使学员之间的互动和资源共享。要营造一种学员之间资源共享的氛围，特别是在一些岗位培训和专业培训项目中，由于学员大都具有某一领域、某一岗位的丰富工作经验，因此他们往往要比培训者、教师经验丰富。如果在培训中充分考虑和利用这一点，采取使学员资源共享的办法，让知道的告诉不知道的，让不同的经验得到交流，将促使学员发挥各自特长，人人皆有所获。现实中，每个人看问题的角度不同，每个人所具有的经验不同，通过培训，能使所有的学员充分分享来源丰富的各种信息和经验，形成学员的集体智慧，将会大大地促进培训效果的提高。在整个过程中，教师（培训者）所扮演的角色在于激发学员们的思想火花，发挥的是组织、引导、启发和催化作用。这就要求党校教师提高组织、驾驭教学和培训过程的能力。

九、教育资源：从内源为主向内外结合转变

在党校教育以学历教育和素质教育为目标的情况下，依靠校内资源（教学设施设备、师资力量、图书资料等）就能完成教育培训任务。而在以能力培养为目标的现阶段，即使具有很完备的教学条件和数量充足、素质优良的师资力量，仅凭自身资源，也难以很好地完成承担的任务。因此，进入新世纪新阶段以来，各级党校在继续加强自身建设、努力提高办学能力的同时，都十分重视利用校外社会资源，提高办学质量和水平。选聘实践经验丰富、理论水平较高的党政领导干部、企业经营管理人员、国内外专家学者担任兼职教师，充分发挥兼职教师的作用；建立校外教学基地，把改革开放和经济社会发展的前沿作为现场教学的课堂，把广大干部和群众在实践中创造的好经验好做法作为生动教材；利用境内外高校、培训机构，借助于各类干校和兄弟党校的力量实行异地办学；利用现代信息技术，借助于互联网络开展远程教学和在线培训等等，都大大拓展了党校教育的办学空间，提高了教学质量和办学水平。可以预计，随着社会的发展和科技的进步，对地方和基层党校来说，组织、利用和整合社会资源的能力，将在很大程度上影响甚至决定自身干部教育培训的能力和水平。

十、发挥作用：从固守阵地向参与竞争转变

党校教育是全国各级党政领导干部培训轮训的主渠道。这是中央关于党校工作的一系列文件都明确规定，并一再重申的。去年中央颁发的《干部教育培训工作条例》再次明确，要“充分发挥党校、行政学院和干部学院在干部教育培训中的主渠道作用”。问题在于，党校要真正发挥主渠道的作用，仅凭文件规定是不够的，关键在于自身要在干部教育培训中奋发图强、有所作为。进入新世纪新阶段以来，干部教育培训的市场逐步形成，竞争越来越激烈。这应该是不争的事实。这一点，在《条例》中已有明确反映。它强调，要加强干部教育培训机构建设，构建分工明确、优势互补、布局合理、竞争有序的干部教育培训机构体系。同时，《条例》提出建立干部教育培训机构准入制度；要求各级党委和政府应当重点扶持条件较好、优势明显的干部教育培训机构，调整、整顿不具备办学能力和条件的干部教育培训机构；提出实行干部教育培训项目管理制度，明确干部教育培训管理部门可以采取直接委托、招标投标等方式，确定承担培训项目的教育培训机构。所有这些，对于党校来说，既是要求、压力、挑战和考验，也是激励、动力和发展的机遇。党校应当在保持应有的责任感、使命感的同时，进一步增强紧迫感、危机感，充分利用贯彻《条例》的机会，抓住

发展的机遇，主动争取党委领导的重视和相关部门的支持，积极适应干部需求和培训市场的发展变化，整合办学资源，发挥自身优势，改善办学条件，提高办学水平，积极参与干部教育培训市场的竞争，为党的干部教育培训多作贡献，以真正发挥主渠道的作用。

以上从十个方面回顾总结了新世纪新阶段以来，党校教育已经和正在发生的转变。需要说明的是，转变并不仅在这些方面。比如，教学场所从封闭走向开放，教学手段从手工式转向现代化等。而且，这里只是从党校方面提出问题，若从培训对象方面看，则变化更多、更大。提出这些问题，意在引起从事党校教育培训工作的同志们的关注和思考，也是为了促进党校教育培训工作适应形势和任务的变化，进一步深化改革，开拓创新，提高培训质量和办学水平。让我们共同努力，推动党校教育和干部培训工作的进一步发展，使之在服务于全面建设小康社会、加快推进社会主义现代化建设中发挥更大的作用。

领导干部是搞好团结的关键

王　利

团结就是力量，团结出凝聚力、出战斗力、出新的生产力。革命时期是这样，建设时期也是这样，在新阶段、新环境、新变化的发展时期更是这样。我们纵览前朝，细思变故，人心不稳，改朝换代，受欺受辱，其原因之一在于国家不团结、不稳定。可以讲，团结是我们党的生命，是我们事业顺利发展的决定性环节，是我们全面发展的重要保证。因为从一个国家讲，如果不团结，就会人心涣散，如同一盘散沙；从一个企业看，团结搞不好，大家心情不愉快，工作上不去，企业也就不能发展。所以，我们要像爱护眼睛和关注自己生命一样，维护好团结。

一个单位的团结很重要，它是搞好工作促进发展的基础。而一个单位内部有问题、出问题，多数情况与团结有关，与领导有关，因为领导干部在单位是起主导作用的，并且负有主要责任，所以，一个单位的团结好不好领导干部是关键。搞好团结并不难，只要领导干部做任何事情都能按规则办事，处处以身作则，坚持做到“五要五不要”，团结就能搞好，企业就能稳定和谐持久地发展。

一要按民主集中制的原则办事，不要个人说了算。单位的事就是大家的事，就要透明，决策就要讲民主。单位的大事，必须经过集体讨论决定，千万不能一个人说了算。领导之间、干群之间团结方面出问题，往往就在这里，该集体讨论的问题，个人作了决定，其他领导当然有意见。有的是经过讨论，但有的领导意见明明不合适，却固执己见，造成大家心情不愉快。还有一些问题需要事先在下面沟通商量，有的领导却不沟通、不商量，造成互相猜疑，形成隔阂。我们常讲，“三个臭皮匠，顶个诸葛亮”，“众人拾柴火焰高”，都是讲集体的智慧。作为领导，一定要按民主集中制的原则去做，要按照“集体领导，民主集中，个别酝酿，会议决定”去做。要特别注意：一是要善于听取群众意见，也包括不同的意见，要集思广益，择善而从。对一些问题有想法、有看法，意见不一致也很正常，一旦集体作出决定，就要坚决执行，不能当面不说，背后乱说。二是遇事要多商量、多沟通、多通气。有些事情不理解、出误会，就出在不沟通、不通气上。因此沟通、通气非常重要。它是统一思想认识，形成共识，增进彼此感情的有效途径。三是要各负其责，首要的是要把自己的工作做好。要经常进行换位思考，正职要想一想，自己要是副职，希望有一个什么样的正职；当副职的也要想一想，如果自己是正职，希望副职怎样做；同时，面对一般的管理人员，也要想一想，如果自己处在他们的位置上，希望有一个什么样的上司。“己所不欲，勿施于人”。我们作为一名领导干部，即使只管几个人，也要养成一种尊重别人，重视别人意见，从群众中来、到群众中去的好作风。

二要做事一视同仁，不要偏听偏信。一个单位的人员构成往往来自五湖四海，自然存在着乡情、亲情、朋友、同学、战友之情，经过几年或多年的共事，他们之间建立了深厚的感情。面对这样的特点和现状，作为单位的领导，在处理问题和待人做事上都要一视同仁，处处以整体利益为重，不能有近有远、有亲有疏。对有的人一味迁就，对有的人动辄批评；对有的人放手重用，对有的人搁到一边；对“横”的人顺着、哄着、捧着，对守规矩的老实人苛刻要求；对老乡不论能力大小千方百计安排，对顺从自己的、在面前跑前跑后说这说那的人言听计从，对那些默默无闻工作的实在人不理不睬。如果领导干部在做事对人上都这样，几件事处理下来，你在群众心目中就会有不公平的形象，你的威信就会降低，你的人格魅力就会大打折扣。一个单位的风气好不好，在于对人对事，要一把尺子，一个标准，关键是领导干部不能自己想怎么做，就怎么做。现在也确实有个别人乱传消息，没有的事，说得神乎其神，还到处说这说那。领导干部要多作具体分析，多过脑子，不能听一两句传言，就下结论，那样必错无疑，所以，不要听信传言，更不能偏听偏信，人云亦云。要珍惜这个集体，不搞一帮一伙，不能形成这是我的人，那是你的人，要搞五湖四海，只有这样这个集体才能形成合力，有战斗力、内聚力。

三要大度容人，不要心胸狭窄。作为领导，对下要宽厚，要有仁爱之心，要有容人之量。一切要从工作出发，从大局出发，不计较下属对你的态度如何，当下属冒犯你的时候，要冷静，要制怒，不能针锋相对，最好的办法就是一笑了之，而且真心地忘掉，不找后账。要团结与自己意见不同的人，这是对领导干部胸襟和修养的检验。在工作中一定要求大同、存小异。对大事要一丝不苟，该咋办就咋办；对一些小事，非原则问题不斤斤计较，要糊涂一些，"难得糊涂"就是这个道理。同时，还要学会让步，学会忍耐、耐得住委屈。我们常讲退一步海阔天空，让步、忍耐在某种程度上不是软弱，而是一种坚强，是智慧和豁达，是顾全大局。"人非圣贤，孰能无过"，我们都是普普通通的人，不可能做什么事都很完美，这就需要集体成员之间互相补台，就要勇于接受批评与自我批评，别怕别人批评的不对，要有一个有则改之、无则加勉的态度。你想想给你提意见的同志，他不知想了多长时间才敢提的。因此，领导干部要非常珍惜能够听到不同意见和批评的意见。如果听到的都是一致的意见，恐怕就该有问题了。每个人处的位置不同，担负的责任不同，想法能都一样吗？不可能。这就需要我们调整好心态，要有"大肚能容，容世间难容之事"的涵养，要听得进、装得下，既能吃得下"三碗热饭"，又能喝得下"三碗凉水"，切勿小肚鸡肠，心胸狭窄，一定要有"宰相肚里能行船"的肚量。

四要关心职工，不要高高在上。一个单位人气旺不旺，凝聚力强不强，职工服不服，很大程度上取决于领导是不是相信群众，关爱职工，做事是不是走群众路线，是不是为了职工。这也是我们各级领导一切工作的基点，这个基点稳定了，就会有一个稳固的基础，就会产生更大的合力。目前，也确有个别人走上领导岗位后就发生了质的变化，以前往往要求领导多听取职工的意见，处处多考虑职工的利益，一旦自己走上领导岗位，就不是那回事了，职工的正确意见也不愿意听，对整体利益和职工利益也置若罔闻，在我这一亩三分地我就说了算，甭管你有意见没意见，这事就得按我的意见办。个别领导说话口气也变了，架子也大了，尊重职工、相信职工，为了职工也只是停留在口头上。这些现象在我们领导干部中确实存在。现实中哪个单位稳定，业绩突出，这个单位的领导一定是亲民、爱民的，职工也是拥护这个领导集体的。相反，哪个单位不稳定，职工意见多，这个单位的干群关系肯定不会好。问题在哪，我认为多数是出在领导干部身上，多数是在主要领导干部身上。对此，我们每个领导干部都要增强群众观点，牢固树立责任意识，始终把职工的情绪作为第一信号，时刻清醒把握好手中的权力，时刻认知职工最可敬，职工最可爱，职工最可怜，职工最可畏。要经常接受职工对我们的评判，因为谁干事谁没干事，谁办事出力了，谁没出力，职工的眼睛是雪亮的，心里最有数，谁也骗不了他们。事实证明，耍小聪明的人，到最后都没有好的下场；而老老实实地为职工办事的人，即使一时蒙受误解，但终究会得到职工的拥护和支持。所以我们领导干部一定要真心诚意地为职工办实事、办好事，不能三心二意，更不要假心假意。要平易近人，不要高高在上。

五要树立责任感，不要争权争利。责任，是分内应做的事，就是对工作出色的完成，忘我的坚守，人性的升华，而责任感就是自觉地把分内的事做好的意识。在当前激烈竞争的年代，要实现又好又快发展的目标，就必须增添动力和能力，就必须使企业的每个人树立对企业负责的责任感，特别是在各个岗位上的每个领导干部更应该具有强烈的责任心，真正树立以企业为家的思想，操守责任保证一切，责任胜于能力，时时刻刻把企业的事当做自己家中的事去想、去做，就没有办不好的事情。而现实中有多少人能以企业为家，又有多少人能摆正自己的位置呢？事实证明，也确实有个别人不能正确对待手中的权力，存在着"有权不使过期作废"的想法和做法，认为自己的一切都是自己奋斗的结果，没有树立正确的"权源观"、"用权观"、"控权观"；有的不能正确对待自己的得失，埋怨上级和企业对待自己不公平，总认为自己付出的多，得到的少，不比工作而是攀比待遇；有的在工作中不相信同事，不能发挥集体的作用，处处自己说了算，总戴着有色眼镜看人看事，事无巨细，事必躬亲，其结果是有分工不尽责；还有的认为自己干多少都是为主要领导干的，干出的成绩是领导的，出了问题是自己的，干得越多出问题的机会就越多，还不如少干，反正是大错不犯小错有时出现，你也没办法，有时领导安排工作或处理事情没对个人的心思，就牢骚满腹，消极对待，出工不出力，工作不尽责。种种表现都是没有树立正确权力观、利益观，都是把自己的利益看得太重，把应承担的责任看得太轻。每个领导干部都要清楚，凡事都有责任，一定要看到责任，在工作中确实履行职责，牢记"在其位、干其事、谋其责"，坚持从大局出发，为整体利益着想，真正做到以企业为家。一定要看淡权与利，切记不要争权夺利，该是你的自然是你的，那样生活得踏实坦然，如果是争来的权，用不正当手段得到的利，那你永远心里不踏实，永远活在矛盾中，可以讲你睡觉都不踏实，那你该多累呀，所以我们千万不要成为金钱的奴隶。一定要看重事业，俗话讲，"人过留名，雁过留声"，我们每个领导干部每时每刻都要反思自己，活着为什么，将来留下什么，怎样的人生才有意义，这样才能自觉摆正自身的位置，才能成为一个有成就感的人，一个职工信赖的人。

（作者：北京城建国际建设有限公司党委书记）

创新党支部评估机制　促进基层党组织建设

赵玉栋

我院现有党员153名，在职教职工党员86名，学生党员49名，离退休党员14名。设10个党支部，两个学生支部设专职党支部书记（担负着学生教育管理工作），其余8个党支部均为兼职党支部书记。

三年来，学院党委高度重视党支部评估工作，把党支部评估作为年度党委的主要工作，立足抓早、抓实、抓好、抓出成效，开创党支部工作的新局面。

一、提高对党支部评估的认识，是加强基层党组织建设的前提

院党委认为，党的基层支部作用发挥如何，直接关系到学院的各项工作开展。对党支部工作进行评估，是对党支部班子是否过硬，党内生活是否正常，党员是否发挥先锋模范作用的真实验证。要想抓好党支部评估，领导重视提高认识是保证，各党支部书记认识到位是关键，党员积极参与是基础。一个党支部是一座坚强堡垒，一名党员是一面旗帜。基层党支部工作是党支部战斗力、凝聚力和活力的体现，也是在关键时刻冲得上、打得赢，充分发挥战斗堡垒作用的保证。院党委成员认真学习校党委组织部下发的《辽宁工程技术大学党支部工作评估标准》，从思想上提高对这项工作重要性的认识。组织党支部书记集中时间、集中地点坐下来学习评估条目，吃透条目要求，制定完成每个条目所需措施。院党委提出要打破常规做法，立足创新。在此基础上，先抓培训，然后进行模拟评估，以点带面，树立标杆，保证评估顺利开展。

院党委每年制定工作要点有评估内容，年末党支部工作评估前，院党委都召开专题会议，对评估条目标准进行认真研究，合理量化，具体部署。结合校党委要求和学院实际工作，在细化评估条目中立足贴近年度的中心工作，贴近各支部的实际工作，贴近创新要求。把评估作为考核党支部书记业绩的重要方面，作为推动党支部工作的动力，使党支部书记用党的创新理论指导评估工作，从而保证了评估工作的顺利开展和实际效果。

二、细化党支部评估标准，是加强基层党组织建设的重要措施

校党委组织部下发的《辽宁工程技术大学党支部工作评估标准》一级条目12个，二级条目45个，附加分条目2个。这些条目标准较高，但也是高校基层党支部建设必须做到的。因此，在学习条目及要求的基础上要求各党支部认真总结党支部一年的工作，并形成规范的自评报告及相关辅助材料。

院党委根据学院年度中心工作，提出二级条目的具体要求。比如对开好基层党政班子民主生活会提出了“五不开”、“两重开”的要求。“五不开”，即会前没有广泛征求群众意见的不开；批评与自我批评意见空洞，没有联系学习、工作实际的不开；党政班子成员回避矛盾，谈心不够的不开；人员不齐不开；指导民主生活会的院领导不到会不开。“两重开”，就是生活会上不开展批评的重开；民主生活会质量较差的重开。这样一来，各党支部落实民主生活会这个条目就有了明确的目标。每年的基层党政班子民主生活会都是严格按照这个标准进行检查，指导民主生活会的院级领导，必须亲自到会，进行指导，会后要对生活会情况写出评语。几年

来，通过评估促进了基层党政班子民主生活会质量的提高。

政治学习二级条目提出4项要求，按学校党委宣传部的统一要求，我们始终坚持每月一次的理论学习制度，今年重点学习党的创新理论。抓好理论学习是贯彻党的十六届六中全会精神，弘扬党的创新理论的中心环节。兴起学习贯彻党的创新理论新高潮，关键在于发扬理论联系实际的优良学风，把学习好和贯彻好有机地统一起来。学习好是贯彻好的基础。院党委召开学习践行党的创新理论楷模——方永刚座谈会，要求共产党员要学习方永刚，弘扬方永刚精神，即深入学习党的理论，追求真理、刻苦钻研的探索精神；坚定信仰党的理论，忠于理想、矢志不渝的执著精神；积极传播党的理论，爱岗敬业、不辱使命的拼搏精神；模范践行党的理论，求真务实、知行统一的求实精神；具有高度的政治觉悟和高尚师德、忠诚党的事业的献身精神。

在附加分条目中，我们增加了宣传工作一项，从而调动了各党支部重视宣传工作的积极性。院党委重视宣传工作，《经院工作信息》坚持每月一期，在高职教育教学中较好地发挥了喉舌作用。

对党支部作用发挥情况，二级条目标准提出4项。其中第一条兼职党支部书记用于党务工作的时间占整个工作时间的1/3。我们认为1/3是量的要求，但在实际工作中还应该以工作任务和要求为主，科学安排，做好工作，这是做好支部书记工作的前提。院党委对2名专职书记和8名兼职书记提出的要求不降低，明确提出党政工作密不可分的观点。要求工作中勤沟通、多补台，多一分理解，多一分信任，才能有多一分的相互支持。教辅党支部书记田洪志是位老同志，工作有热情，实践经验丰富，在党员中有较高的威信，他和教务科、教学督导室的行政负责人主动沟通，密切配合，互相支持，党支部工作有声有色。他们排练的舞蹈《中国功夫》代表学校参加辽宁省高校图书馆系统比赛荣获一等奖。在保持共产党员先进性教育中，为了整合教育资源学校决定我院千余名三本学生搬迁到本部，职院两个系成建制1500余名师生搬迁到我院。学院非常重视这次搬迁，党政齐抓，基层党支部与行政部门密切配合，为职院提供多方面便利条件，利用双休日圆满完成了搬迁任务。

每次评估中，各党支部都不甘落后，评估自评材料都较为规范，装盒上报，院党委组织专人对上报材料逐一审核，保证了评估不走过场。每次评估后都进行通报，并对每个支部提出评议意见进行反馈。各党支部结合反馈意见认真进行整改，下一次评估重点看整改意见落实如何。这样一来，有力地推动了党支部工作。党支部书记也能做到心服、口服、增劲，形成了比学赶帮的良好局面。

三、发挥党支部评估作用，是加强基层党组织建设的保证

几年来，我们一直坚持党支部工作评估，党支部按时换届，基层党支部由原来的12个调整为10个。新任党支部书记年纪轻，均为大学本科学历，其中硕士学位4名。他(她)们有朝气，热爱党务工作，具有较强的创新意识，为基层党组织建设注入了新的活力，为做好基层党建工作奠定了良好的基础。

在评估中，院党委要求各党支部要建设一个坚强有力的好班子。在选配支部班子时，明确要求各科系行政主要领导是党员的，原则上进支委会，支委中有一名委员兼工会委员，这样使党政工作在组织上保证了统一，在行动上要求统一，在工作上目标一致。信管系、后勤、行政、老干部党支部注重领导班子建设，凡是系(科)里比较大的事情，都要经过系(科)党政联席会议集体研究，充分发表意见，不搞个人说了算，坚持集体领导、民主集中、个别酝酿、会议决定的原则。在工作中坚持“三勤、三互相”，即勤商量、勤沟通、勤研究，互相支持、互相理解、互相补台，形成了团结战斗的领导集体，在学院各

项活动中发挥了积极带头作用。

在党支部评估中，院党委还重点考核学生第一、二党支部（第一党支部负责三本学生；第二党支部负责高职学生）学生党建工作。几年来，在学生党建工作中始终坚持实行三级培训制，即专业系党支部对新入学的学生进行入党启蒙教育；院分党校对要求入党的学生进行入党普及教育；对重点培养的入党积极分子推荐参加学校党校进行提高教育。由于重视学生党建工作，有80％的学生提出入党申请，40％提出入党申请的学生经考察确定为入党积极分子，近几年发展学生党员277名。实践证明，三级培训教育是可行的。

由于坚持了党支部工作评估，调动了各党支部的主观能动性，较好地发挥了党支部的战斗堡垒作用。在"共产党员工程"活动中，各党支部都能围绕"育人总工程"卓有成效地开展活动。学院党委结合学校组织的"学本领、当先锋、创伟业、立新功"活动，创造性地开展"共产党员工程"活动，不断提升"共产党员工程"活动的整体水平，促进各项工作的开展。

各教学党支部结合各部门的工作实际，重点开展了"立师德、铸师魂、正师风"主题系列教育活动。会计系党支部开展了"为师表尽师责育新人"师德师风建设系列教育活动。系党支部对全系党员教师（非党员教师自愿）发出"四个一"倡议活动，即帮一名生活或学习特困生；上一节专业课教学渗透德育教育的优秀课；读一本自己喜欢的书；写一篇师德感悟文章。通过这一活动，进一步在全系教师中形成了诚实守信、敬业爱生、乐于进取的精神风貌。

经济系党支部开展了"立师德、铸师魂、正师风，做致力于专业建设的典范"的党员学习实践活动。先后组织了"辽宁工大技术与经济学院第三期经济论坛"；完成了《财产保险实验》、《市场营销实验》、《期货交易业务实验》、《企业税务会计实验》等四项实验立项、结题工作。2006年全系党员、积极分子共申报国家社会科学基金课题3项，省社会科学基金课题1项，辽宁工程技术大学教改课题立项2项，院基金4项；发表省级论文13篇；编写实验教材3部；完成了会计证、助理会计师、理财规划师的培训工作。有效地促进了经济系的专业建设工作。

基础部党支部以"立足三尺讲台，彰显党员风采"为题目，组织党员教师对照优秀同行，在"立师德、铸师魂、正师风"方面找出差距，从上好每一节课入手，教书育人，为人师表，用实际行动在平凡岗位上彰显共产党员风采。邀请优秀教师和优秀党员作报告、传经验。与佛寺中学党支部建立"师德、师风"互助互学关系，走出去，听示范课和教书育人的经验介绍。对照先进找差距，在师德、师风方面制定切实可行的整改措施。每位党员教师认真备课，在本教研室上一次公开课。

教辅党支部制定了以"立师德、铸师魂、正师风"为主题，以校园内外为载体的师生互动系列教育活动计划。在学院内开展"师魂、师德、师风"师生互动座谈会。全体党员和部分大学生代表利用双休日到阜新县七家子乡毛岭沟村小学开展助学交流活动。阜新日报2006年6月24日综合新闻版面进行了报导，题为《大手拉小手，关爱到山村》。

党支部工作评估，不仅促进了基层党组织建设，而且对营造高职教学软环境，让学生动起来起到积极作用。在职业技术教育中，我们充分认识到，培养高等职业技术应用性人才，应把教学改革的重心放在人才的应用性上，使学院办出高职特色，并进一步确定了"能力本位"的教学模式。学院按照以市场需求为导向的原则，先后聘请了38位长期工作在企业财务、证卷、保险、税务、电子商务等第一线的有一定理论水平并有丰富经验的专家，到学院进行专业能力目标开发。目前，学院实现了课程整合，模式创新。在会计电算化专业创建了"三层融合式"模式；在证卷与期货专业创建了"行情实践式"模式；在金融保险专业创建了"开发双元式"模式；在企业税务会计专业创建了"筹划三程式"模式；在企业理财专业创建了"三元案例式"

模式；在计算机信息管理专业创建了“商情驱动式”模式。这些专业创新模式对我院的教学和人才培养必将起到巨大的推动作用。

三年来，我们坚持党支部工作评估，有力推动了基层党支部工作的开展。通过评估，党支部书记爱岗敬业意识增强了，比学赶帮劲头更足了，唯旗必夺的进取心加大了。三年来评出先进党支部 7 个次，10 个党支部全部达到 A 档。正如一名党支部书记所说的：“我当支部书记十几年了，通过这几年的评估，我真正体会到基层党支部怎样做才算合格，怎样做才能达到人才培养这个目标，尽管做好党支部书记工作责任很重、工作很累，但很值。”党支部工作评估给学院党建工作带来了活力，我们将认真总结经验，查找存在的不足，为争创辽宁省高职教育教学评估优秀学校而继续努力。

（作者：辽宁工程技术大学技术与经济学院党委书记）

做好高校民主党派工作　加强党的执政能力建设

龙清林　史明霞　刘小峰

加强党的执政能力建设，是党的建设的一个核心问题。在国际形势深刻变化、国内改革发展处在关键时期的条件下，我们党要始终做到“三个代表”，实现物质文明、政治文明、精神文明协调发展，完成新世纪三大历史任务，就必须大力加强执政能力建设。而民主党派工作，关系到中国共产党领导的多党合作和政治协商制度的长期延续、巩固和发展，关系到有中国特色社会主义政党制度和民主政治建设的巩固、完善和发展，关系到社会的长治久安，关系到党和国家的前途和命运。做好高校民主党派工作，对于丰富党的执政资源、增强党的执政基础、扩大党的影响具有重要而深远的意义。

一、多党合作、民主协商是增强党的执政能力的重要环节

坚持和完善中国共产党领导的多党合作和政治协商制度，走中国特色政治发展道路，是发展社会主义民主、建设社会主义政治文明、增强党的执政能力的政治保障。中国共产党在同民主党派的长期真诚合作中，坚持贯彻长期共存、互相监督、肝胆相照、荣辱与共的方针。这是指导正确认识和处理党与民主党派关系的基本方针，也是指导我们做好民主党派工作的重要理论基础。中国共产党是执政党，民主党派是参政党，多党合作需要充分发挥和加强民主党派参政和监督的作用。中国共产党和各民主党派在重大问题上进行民主协商，科学决策；中国共产党和各民主党派互相监督，促进中国共产党领导的改善和参政党建设的加强。按照《中共中央关于进一步加强中国共产党领导的多党合作和政治协商制度建设的意见》精神，民主党派参政的领域相当广泛，包括国家政权，参与国家大政方针和国家领导人选的协商，参与国家事务的管理，参与国家方针、政策、法律、法规的制定执行。党的十七大报告提出：“加强同民主党派合作共事，支持民主党派和无党派人士更好履行参政议政、民主监督职能，选拔和推荐更多优秀党外干部担任领导职务。”在中国共产党同民主党派团结合作中，首先要健全有关重大问题决策前协商的制度，把政治协商纳入决策程序，重大问题通过高层次谈心和召开民主党派、无党派人士座谈会等形式征求他们意见，扩大民主党派的知情范围和参与程度，支持民主党派围绕改革开放、经济建设、社会发展的全局性和战略性问题，调查研究，献计献策；要协助民主党派搞好自身建设，切实帮助民主党派改善工作条件。其次要真诚接受民主党派的监督。实践证明，党外的民主人士能够对我们提供一种单靠党内所不容易提供的监督，能够发现我们工作中的一些我们所没有发现的错误和缺点，能对各级党政部门提供有益的帮助，实质上有利于增强党的执政能力。所以，增强党的执政能力，还要看我们能不能接受民主党派的监督，如何接受民主党派的监督，这是衡量党的领导干部政治觉悟高不高、执政本领大不大、统战意识强不强、工作作风实不实的重要尺度。当然发挥民主党派的监督作用，要在坚持四项基本原则的基础上，发扬民主、广开言路，鼓励和支持民主党派和无党派人士对各项工作提出意见、批评、建议，做到知无不言，言无不尽，并且勇于坚持正确意见，这样才有利于改革和完善决策机制，促进决策的科学化、民主化，使党的路线、方针、政策更加完善。我们也只有把民主

党派的意见、批评、建议作为改进工作的动力，作为完善决策的重要依据，才能不断提高我们党的领导水平和执政能力，才能巩固党的执政地位。

加强民主党派工作，是中国共产党的政治责任，是坚持和完善共产党领导的多党合作和政治协商制度长期存在和发展的客观要求。多党合作是以民主党派的存在和发展为前提的，而民主党派自身建设水平又影响和决定着多党合作的水平。因此，要把做好团结民主党派成员的工作放在高校统战工作的首位。当前，高校党外知识分子已占到了学校科教人员的半数以上，其中民主党派成员占很大的比例。就西北农林科技大学来说，现有6个民主党派，成员600多名，他们大都是学校科教人员中有代表性、有影响的人物，是学校教学、科研等方面的骨干，充分调动他们的积极性和创造性，对高校的改革和发展有着不可低估的作用。因此，我们应很好地发挥民主党派肝胆相照、荣辱与共、协调关系、沟通思想、化解矛盾的优势，坚持科学发展观，积极做好思想政治工作，维护学校稳定，促进学校发展，丰富党的执政资源，增强党的执政基础。

二、重视支持、加强建设是党派工作的核心内容

高校民主党派是培养和造就高层次党外代表人物的重要源头，加强民主党派的自身建设，提高其成员的思想政治素质和政党责任意识，使政治交接永续不断，这是多党合作的基础。加强民主党派工作也是其自身不断发展的必然要求。进入新的世纪，多党合作面临的形势和任务，给民主党派自身建设提出许多新的课题，民主党派的自身建设显得日趋重要而紧迫。党委统战部协助民主党派加强自身建设，这对于民主党派在开放性、多样性的社会环境中，坚持正确的政治方向，从政治上、思想上、组织上巩固和发展与党的长期合作，具有重要而深远的意义。民主党派建设，以政治交接为主线，以思想建设为核心，以组织建设为基础，以制度建设为保证。自身建设的根本问题是解决坚定正确的政治方向问题，着力解决领导班子建设、后备干部的选拔培养和党派成员政党责任意识的提高。一是加强领导班子建设。领导班子的状况很大程度上决定党派组织的状况。因此，要注重选拔配备好领导班子，并加强培训和锻炼，帮助建立健全党派工作制度和议事规则。推动领导班子成员学理论、讲政治，不断增进对共产党的基本理论和基本路线的了解，提高对多党合作和工作大局的认识，使他们能够从政治上观察问题、判断形势，在事关大局、事关政治方向和原则问题上，是非分明，保持清醒头脑，坚定不移地走中国特色社会主义道路。比如我们学校坚持民主党派负责人参加学校重要会议及学校的重大活动制度和阅读有关文件等制度，不断扩大他们的政治影响，丰富他们的政治经验，提高其领导水平和决策能力。同时我们认真解决好民主党派领导班子人选考察选配及办公条件、活动经费等问题，设有民主党派办公室，并配备电脑等基本办公设施，民主党派的活动经费纳入党委统战部的经费预算，积极为民主党派开展工作创造条件。二是加强思想建设，这是支持民主党派搞好自身建设的中心环节，重点是巩固和发展民主党派与共产党合作的思想政治基础。我们坚持把学习邓小平理论和“三个代表”重要思想作为根本任务，采取听辅导报告、党派负责人参加培训、召开多党合作理论学习座谈会、考察调研、发放学习材料等形式，增强贯彻党的基本路线的自觉性，深化对参政党地位、性质和历史使命的认识，自觉保持坚定正确的政治方向。三是在加强民主党派的组织建设方面，在与民主党派充分协商的基础上，制定了《西北农林科技大学民主党派组织发展细则》，主要是引导民主党派在组织发展中，坚持政治标准，注重政治素质，规范组织发展程序，严格把好入口关，防止追求年轻化、单纯追求数量的倾向，不断增强民主党派的活力，增强民主党派组织的凝聚力。四是帮助民主党派建立

《西北农林科技大学民主党派工作职责》、《政协委员职责》、《人大代表职责》等有关工作制度，不断规范民主党派工作。

三、凝聚力量、发挥作用是党派工作的基本任务

高校民主党派工作的基本任务是最大限度地调动党派成员的积极性，凝聚他们的意志和力量，充分发挥他们不可替代的作用，展示他们的才智和创造性，为高校的改革发展稳定和社会经济的发展多作贡献，从而丰富党的执政资源，增强党的执政能力。

第一，扩大知情范围、畅通民主渠道，发挥民主党派的重要作用。要在知情环节、沟通环节、反馈环节上建立健全制度，及时通报重要情况和重大问题，畅通民主渠道；对民主党派提出的批评意见要认真研究，及时反馈。校党委主要负责人要定期召开民主党派、无党派代表人士和政协委员座谈会和情况通报会，通报学校的教学、科研、管理等方面的重大问题，并广泛听取党外人士对学校工作和深化改革的意见和建议及对领导班子及其成员的意见；每年就党风廉政建设和反腐败工作向民主党派通报情况，听取意见；进一步完善特约人员工作制度，选用一定数量的民主党派和无党派人士担任监察员、教学督导员、学术委员会委员、职称评审委员会委员等；在拟定工作计划、出台重大改革项目及重大决策之前，要广泛征求党外人士的意见，积极创造条件，鼓励党外人士为学校改革发展建言献策，支持各级政协委员参与社会活动，认真履行政治协商、民主监督、参政议政的职能。要引导民主党派成员和无党派人士紧紧围绕教书育人这个中心，特别是在加强大学生思想政治工作中，发挥他们的特殊作用。同时要牢固树立为人师表的观念，加强思想道德修养，做到言传身教。

第二，坚持多党合作、弘扬先进文化，发挥高校民主党派在构建和谐社会中的独特优势和作用。当前，我国既面临着发达国家在经济、科技等方面占优势的压力，又面临着敌对势力实施西化、分化政治图谋的挑战。而政党制度往往成为敌对势力推行西方民主、实行西化的突破口。在这样的历史条件下，我们高校必须坚持贯彻中央关于多党合作的文件精神，进一步坚持和完善中国共产党领导的多党合作和政治协商制度，坚持中国共产党的领导，从理论和实践上充分认识这一制度的特点和优势，自觉抵御西方多党制、两党制和议会制的影响，坚定不移地走中国特色的政治发展道路。当前，要认真学习贯彻《中共中央关于进一步加强中国共产党领导的多党合作和政治协商制度建设的意见》，按照长期共存、互相监督、肝胆相照、荣辱与共的方针，发挥高校民主党派的优势，从理论和实践上更好地宣传、坚持我国的政党制度，从而为构建社会主义和谐社会奠定坚实的政治基础。要大力弘扬以爱国主义为核心的民族精神和以改革创新为核心的时代精神，宣传集体主义、社会主义和马克思主义思想；传承中华民族崇尚和谐的优秀文化传统，宣传爱国守法、明礼诚信、团结友善、勤俭自强、敬业奉献的基本道德规范，树立社会主义荣辱观，坚持"八荣八耻"，促进诚信友爱、和谐的社会环境的进一步形成，为构建和谐社会构筑强大的精神支柱。当前，要引导民主党派以共同的文化传统为纽带，通过经济合作、学术交流、科技扶贫、文化联谊、亲友往来等各种形式和渠道，大力推进同台湾同胞的联系和沟通，加强海峡两岸的交流与合作，增进两岸人民的理解与共识，为祖国统一作出应有的贡献。

第三，参政议政、建言献策，发挥高校民主党派成员为经济建设服务的作用。发展是执政兴国的第一要务，也是民主党派参政议政的第一要务。要支持民主党派紧扣发展主题，树立和落实科学发展观，紧紧围绕经济建设这个中心，自觉服从和服务于改革发展稳定的大局，把各方面的智慧和力量凝聚到实现全面建设小康社会的奋斗目标上来，促进社会主义物质文明、政治文明、精神文明的协调发展和人的全面发

展。要发挥民主党派成员和无党派人士中的各级人大代表、政协委员、党派负责人联系广泛、智力密集的优势，认真履行参政议政职能，就我国经济社会发展及党和政府决策迫切需要研究的战略性、前瞻性、科学性的重大问题，进行深入调研，积极建言献策，为国民经济持续快速协调健康发展和社会全面进步提供更多的智力支持，全面统筹各种社会资源和政治资源，为构建和谐社会和加强党的执政能力创造雄厚的物质基础。我校现有全国人大代表 3 人、省人大常委 1 人、省政协委员 12 人、省政协常委 4 人、民主党派省委副主委 2 人，省以下人大代表、政协委员 38 人，全国青联委员 1 人，获国家杰出青年科学基金 2 人，他们既是学校改革和发展的骨干，又是参政议政、广泛团结各界人士的一支重要力量。近几年来，我校的人大代表、政协委员及民主党派的提案多、采纳率高。还有 200 多名党外科技人员面向农村经济建设积极开展科技扶贫示范工作，有的科技人员招商引资数百万元，积极探索社会主义新农村建设的新途径，很好地发挥了参政议政的重要作用，为增强党的执政能力作出了积极的贡献。

四、加强领导、完善制度是做好党派工作的根本保证

坚持中国共产党的领导是多党合作的前提和保证。因此，高校的基层党组织要从提高党的执政能力、发展社会主义民主、构建社会主义和谐社会、推进改革开放和现代化建设顺利发展的战略高度，进一步提高认识，加强和改善对多党合作和政治协商的领导，发挥民主党派在学校政治生活中的作用。党委统战部要积极支持民主党派按照各自的章程开展工作，在重大是非、原则问题上，做好政治引导工作，坚持正确的政治方向。要维护民主党派成员的合法利益，照顾民主党派和无党派人士的政治利益和物质利益，做到政治上充分信任、工作上大力支持、生活上关心照顾。要营造“公开、平等、竞争、择优”选拔干部，让优秀人才脱颖而出的良好环境。我校在培养选拔党外干部工作中坚持唯才是举，使 56 名党外优秀干部走上了领导岗位，占到全校中层干部的 20％以上，还先后向地方推荐优秀党外干部 12 名，担任科技县长、处长、厅长、副部长等职务。要建立健全民主党派工作制度，制定贯彻落实有关新文件的实施意见，建立交友联谊制度。校党委的领导要同民主党派的负责人保持联系，交知心朋友，交诤友，在政治上、思想上互相理解和帮助。各学院、各部门的领导也要主动与民主党派、无党派代表人士、党外知识分子保持密切联系，沟通思想、协商工作。我校十分重视党派工作，校党委制定下发了《关于学习贯彻〈中共中央关于进一步加强中国共产党领导的多党合作和政治协商制度建设的意见〉的实施意见》以及《情况通报制度》、《座谈会制度》、《交友联谊制度》、《党外代表人士参加学校有关会议和向党外人士传达文件的制度》、《慰问探望制度》、《培训学习制度》、《统战信息、宣传制度》等有关制度，保障了党派工作的顺利开展，充分发挥参政党的作用，实现了党派工作的制度化、规范化、程序化。

（作者单位：西北农林科技大学）

科学发展观视野下的社会主义法治建设

赵春光

发展是全人类的共同课题，是人类社会进步的必然规律。在发展中国特色社会主义事业的伟大实践，特别是在推进依法治国、建设社会主义法治国家的进程中，以胡锦涛为总书记的党中央立足社会主义初级阶段基本国情，总结我国发展实践，借鉴国外发展经验，适应新的发展要求提出了科学发展观。科学发展观，是对党的三代中央领导集体关于发展的重要思想的继承和发展，是马克思主义关于发展的世界观和方法论的集中体现，是同马克思列宁主义、毛泽东思想、邓小平理论和“三个代表”重要思想既一脉相承又与时俱进的科学理论，是我国经济社会发展的重要指导方针，是发展中国特色社会主义必须坚持和贯彻的重大战略思想。如何正确把握科学发展观与社会主义法治的关系，怎样将科学发展观一以贯之地实践于中国特色社会主义法治建设、构建社会主义和谐社会，既是治国安邦发展的重大理论课题，更是需长期系统实施的法治建设的伟大工程。

一、科学发展观与社会主义法治的关系

科学发展观是当代指导我国发展的科学世界观和方法论，突出表现为一种思想理论体系。社会主义法治作为一种价值理念和制度安排，是我国宪法确定的治国方略。二者在哲学上同属于精神范畴，作为上层建筑，由经济基础所决定，并对经济基础产生反作用。科学发展观与社会主义法治之间有着一种内在的、必然的、根本的联系，有着共同的核心价值和共同的价值取向，两者辩证统一，相辅相成。

(一)科学发展观与社会主义法治的核心价值是同一的

实现人的自由全面发展既是唯物史观的要义所在，也是马克思主义哲学的最高价值追求。科学发展观正是把以人为本作为其本质核心，强调人是发展的本质，人是发展的动力，人是发展的目的，人是发展的标志，其终极目标是促进人的自由全面发展。作为执政党的中国共产党，坚持以人为本，就是要以实现人的全面发展为目标，从人民群众的根本利益出发谋发展、促发展，不断满足人民群众日益增长的物质文化需要，切实保障人民群众的经济、政治和文化权益，让发展的成果惠及全体人民。现代意义的法治是相对于“人治”而言的，是以民主为前提，以制约权力和保障人权为核心内容，依法办事的国家社会活动方式和状态，核心价值在于尊重和保障人权，维护人的自由和尊严。党的十五大提出了依法治国，建设社会主义法治国家的治国方略，九届全国人大二次会议正式将其载入宪法。社会主义法治的本质要求，就是要坚持以人为本、公正执法、一心为民。因此，科学发展观与社会主义法治在核心价值上是同一的，在基本内涵上，科学发展观实际上是对社会主义法治的确认和涵盖。

(二)科学发展观与社会主义法治的价值取向是一致的

科学发展观，第一要义是发展，核心是以人为本，基本要求是全面协调可持续，根本方法是统筹兼顾。它既包括经济、政治、文化、社会建设四位一体的全面发展，又包括城乡、区域、经济社会、人与自然、国内发展和对外开放、中央和地方、个人与集体、局部与整体、当前与长远等各个领域、各个方面和各个环节的统筹协调

发展，是社会和谐发展，其主旨是关注民生，促进社会公平正义，社会全体人民共享改革发展成果，这正是社会主义和谐社会的价值追求。因此，落实科学发展观的过程，也就是构建社会主义和谐社会的过程。科学发展、社会和谐，是发展中国特色社会主义的基本要求，是实现经济社会又好又快发展的内在需要。社会主义和谐社会的首要特征和基石是民主法治，其过程价值在于通过依法治国方略的实施，通过立法、执法、司法和守法等一系列法治过程来营造有利于科学发展、社会和谐的公正、高效、权威的法治环境，促进人与人、人与社会、人与自然的和谐发展。因此，科学发展观与社会主义法治的价值取向是一致的，其过程价值在于维护社会的公平正义，促进社会和谐，构建社会主义和谐社会。

（三）科学发展观与社会主义法治是辩证统一的

科学发展观既是唯物论又是辩证法，既是历史观又是价值观，既是认识论又是实践论，它科学回答了“实现什么样的发展、怎样发展”这一关系党执政兴国和社会主义现代化建设战略全局的重大理论和实践问题，为中国特色社会主义建设提供了新的思想指导和行动指南。法治建设是社会主义现代化建设的重要组成部分。一方面，科学发展观为社会主义法治建设提供思想理论指导，为我国创制健全的法律体系和推动社会主义法治进程指明方向；另一方面，科学发展观所蕴涵的以人为本，全面协调可持续发展，建设社会主义和谐社会等目标和原则，需要通过社会主义法治来实现和提供制度保障。没有社会主义法治就没有中国经济社会的全面协调可持续发展，人的自由全面发展也就不可能实现。正如胡锦涛总书记在2006年会见第22届世界法律大会代表时所指出的：“法治是人类文明进步的重要标志。法治是以和平理性的方式解决社会矛盾的最佳途径。人与人的和谐相处，人与自然的和谐相处，国家与国家的和平相处，都需要法治加以规范和维护。”因此，科学发展观与社会主义法治是辩证统一的，二者相互促进，相辅相成，统一于全面建设小康社会的奋斗目标之中，统一于促进人的自由全面发展的历史进程之中。

二、科学发展观对社会主义法治的要求

科学发展观作为发展中国特色社会主义必须坚持和贯彻的重大战略思想，对我国社会主义法治建设有着指示器的作用。因此，必须以科学发展观的视野重新审视社会主义法治建设，深刻理解和全面把握科学发展观对社会主义法治的要求。

——必须坚持以人为本。从人类社会的发展历程看，政治文明最终从人治走向法治，并不仅仅表现在法律数量的增加和功能的扩展，也不仅仅体现在全社会对法律的普遍尊重，最根本的表现在于法律价值取向的转换和创新，是法律对人的主体性的重视，对人格尊严和自由权利的确认和保障。坚持以人为本的科学发展观，为我国法治建设发展中法的价值取向的转换和创新奠定了法理基础，是社会主义法治必须坚持的最高价值和基本精神。离开了以人为本，法律的价值就失去了存在意义，依法治国必然偏离法治的方向。法治建设坚持以人为本，就是在法的各个领域和各个环节都要坚持权利本位，把维护人的尊严、自由和权利作为法的终极目标，既要保护多数人的权利，又要保护少数人的权利，既要保护政治、经济方面的权利，又要保护文化和社会方面的权利。不论权利主体的多少，不论权利的种类，只要是正当的、法律赋予的权利，都要平等予以保护。2004年十届全国人大二次会议通过的宪法修正案，将“国家尊重和保障人权”明确载入了《宪法》，标志着我国人权事业发展进入了新的历史阶段。党的十七大报告又再次强调“尊重和保障人权，依法保证全体社会成员平等参与、平等发展的权利”。但是必须看到，宪法赋予公民的权利，如知情权、参与权、表达权、监督权、教育权、劳动权等

权利的保障还不完善，公民基本权利得不到有效保护的现象还屡有发生。特别是农民与城市居民之间、发达地区与欠发达地区人们之间，在享有物质、经济和社会权利上还有若干不平等现象，突出表现在农民的选举权、劳动就业权、户籍权、安居权和健康权等长期得不到与城市居民同样的平等地位，欠发达地区居民的同工同酬权、劳动保障权、教育培训权等与发达地区居民也不平等。因此，社会主义法治建设必须以科学发展观为指导，坚持以人为本，真正把公民的各项权利落到实处，以人与人之间的和谐，实现社会和谐的目的。

——必须坚持科学发展。以科学发展观统领经济社会发展全局就是要加快建设资源节约型、环境友好型社会，形成低投入、高产出、低消耗、少排放、能循环、可持续的经济体系和节约资源、健康文明的消费模式，坚持走中国特色新型工业化道路，确保中国经济社会的又好又快发展。科学发展观在汲取中国传统“天人合一”思想的同时，借鉴了当代国际可持续发展研究的思想理论及实践成果。社会主义法治作为治国之策，就是要将科学发展观予以规范化、法制化。自1972年联合国在瑞典斯德哥尔摩召开第一次人类环境会议发表《人类环境宣言》和会议主题报告《只有一个地球》，奠定了可持续发展思想以来，已形成了一系列的国际政治法律文件，如《世界保护战略》(1980)，《世界自然宪章》(1982)，《环境保护和可持续发展的法律原则》(1983)，《里约环境与发展宣言》、《21世纪议程》、《气候变化框架公约》、《生物多样性公约》、《关于森林问题的原则声明》(1992)，《约翰内斯堡可持续发展宣言》(2002)等。这些文件奠定了可持续发展的国际法基础，也为我国推进可持续发展战略的法制化提供了重要指导。1994年通过的《中国21世纪议程》就明确强调，要“逐步建立国家可持续发展的政策体系、法律体系”，“制定可持续发展法律”，“建立可持续发展法律体系，并注意与国际衔接”。虽然我国已经确立了可持续发展的战略思想，但是在法制建设方面还存在诸多不符合科学发展的方面，主要表现在：一是落实科学发展尚缺乏完备的法律体系，一些领域还存在立法空白和盲点；二是对于一些违反科学发展影响破坏生态环境的行为，缺乏严格的法律规范予以制裁，一定程度上造成危害科学发展的行为未受到追究，呈现“合法化”；三是人类合理适度利用环境资源与保护环境资源的矛盾突出，国家尚未建立起适合科学发展的生态环境保护与建设的行政管理机制；四是缺乏符合社会历史发展阶段，适应我国生态环境保护与发展国情的一系列行业规范和标准，等等。因此，法治建设必须坚持科学发展，体现和促进科学发展，不仅要面对当代人之间的利益与价值冲突，还要顾及不同代际人之间的利益与价值冲突，实现从人类中心主义向生态主义的法律思维方式的转变，为我国的可持续发展提供坚实的法制保障。

——必须坚持和谐发展。法制是法治的前提和基础，法治是法制的体现和保障，法治必须通过法制即法律的形式化制度和运行机制予以实现。因此，法治建设的一个重要方面就是体现在法制和谐上。这是落实科学发展观、构建社会主义和谐社会的逻辑起点和制度基础。首先，法制必须与经济社会发展相和谐。社会主义法治的发展不能脱离社会主义初级阶段和经济社会转型期的基本国情，必须从中国特色社会主义事业四位一体的总体布局来思考和把握进程，建立健全符合科学发展观、促进经济社会全面协调可持续发展的法律体系，而绝不能使科学发展观仅仅停留在政策层面，落实在口头上。其次，法律体系内部要和谐。这不仅要求一切法律、法规和规章以及各类规范性方件都必须符合宪法的规定，下位法必须符合上位法的规定，而且要求各个横向的实体法之间、程序法之间及实体法与程序法相互之间也不能相互冲突和抵触，使调整社会秩序的整个法律体系具有系统性、协调性、稳定性和权威性，力求杜绝法律盲区和法制空白。第三，法律与非法律方式之间要和谐。法律不是万能的，在调整社会关系上存在着功能上的局限性，这使得法律的发展不能排斥其他方式调整社会关系的作用，必须使法律与道德、宗教以及政策、社会习俗等其他非法律方式之间相和谐，做到相辅相成，促进社会和谐发展。

三、以科学发展观统领社会主义法治建设

通过对科学发展观与社会主义法治关系的辩证分析，及以科学发展观的视野重新审视社会主义法治建设，本文认为，社会主义法治建设贯彻和落实好科学发展观必须从以下六个方面着手。

（一）树立社会主义法治理念，指导法治实践

理念是行动的先导，社会主义法治的实践过程，就是一个由法治理念上升为法律规范，并在法治理念的指导下转化为实态的法律制度机制的动态转换过程。由此可见，法治理念是指导法治实践的思想基础，直接支配着法治活动，决定着法治行为及法治效果。社会主义法治理念是关于社会主义法治的理想、信念和观念的总和，是社会主义法治的内在要求、精神实质和基本原则的概括和反映，是社会主义法治的精髓和灵魂，是立法、执法、司法、守法和法律监督等法治领域的基本指导思想。以胡锦涛为总书记的党中央提出的“依法治国、执法为民、公平正义、服务大局、党的领导”为主要内容的社会主义法治理念，是社会主义法治建设中全面落实科学发展观的最新理论概括，标志着我们党对建设中国特色社会主义法治国家的规律、中国共产党的执政规律有了更加深刻的认识和把握，为我国建设社会主义法治国家进一步指明了方向。我们在推进依法治国，建设社会主义法治国家的进程中，必须牢固树立和贯彻这一法治理念，使社会主义法治建设实践始终沿着正确的方向前进。

（二）确立科学发展观的宪法地位，统领并推进社会主义法治建设

科学发展观作为我国经济社会发展的重要指导方针，是发展中国特色社会主义必须坚持和贯彻的重大战略思想，属于宪法性规范内容，在具备宪法修改条件情况下，应通过修宪程序将其载入宪法，使之与马克思列宁主义、毛泽东思想、邓小平理论和“三个代表”重要思想一并成为我国宪法的指导思想。而随着科学发展观宪法地位的确立，将使以人为本、全面协调可持续发展成为我国行政法、民法、经济法、刑法、诉讼法、劳动法、环境资源法等有关部门法的宪法依据，便于完善我国法律制度，更好地尊重和保护人权，促进经济社会又好又快发展。

（三）调整立法重点，填补立法盲点，健全符合科学发展观的法律体系

党的十一届三中全会以来，我国的社会主义法制建设取得了举世瞩目的成就，一个以宪法为核心的中国特色社会主义法律体系已经初步形成。当前，要按照科学发展观的要求，坚持科学立法和民主立法的原则，适时调整社会主义法制建设的立法重点，对现行框架下的法律法规，做好废、改、立的工作，真正构建起符合科学发展观的社会主义法律体系，确保法制和谐统一，真正使社会主义法治成为“良法”之治。

首先，加强公民基本权利方面的立法。要坚持以人为本，注重加强保护公民政治权利方面的立法，如制定新闻法、结社法、出版法、信访法等，以保障公民的知情权、参与权、表达权、监督权；尽快批准联合国《公民权利与政治权利国际公约》，并依据该公约调整、制定相关法律，依法保障公民基本政治权利；要抓紧制定社会保险法和社会保险基金管理法，规范医疗、养老、失业、工伤和生育保险等法律制度，特别是要制定依法保障农民合法权利的法律，取消因城乡二元结构对农民各项权利的限制和不合理的义务；要从法律上进一步完善和科学配置国家对生态环境事务的管理权，依法保障公民、法人因生产、生活活动对生态环境合法适度的使用权利，健全对影响生态环境义务主体法定义务的立法，保证环境权的充分实现。

其次，加强促进全面协调发展方面的立法。在经济方面，应当平等保护不同市场主体的利益，妥善协调各种具体的利益关系和内部矛盾，从法律制度上为各类市场主体营造公平自由竞争的市场环境，保障社会主义市场经济的健康发展。同时，要制定《农业现代化促进法》、《就业法》、《小城镇法》，促进城乡经济的统筹发展，制定《国土开发整治法》、《西部开发法》、《财政转移支付法》，统筹区域发展。在社会方面，还要进一步完善社会保障、安全卫生、重大事故控制的法律制度的建设，建立起法治化的社情民意反映渠道、社会舆情汇集与分析机制、社会矛盾表达和调处化解机制、社会预警体系和应急处置机制，保障社会公平正义。

第三，加强促进可持续发展方面的立法。一是完善和发展生态环境可持续发展的法治建设。要进一步修改完善《环境保护法》，制定《流域法》、《生态环境补偿法》等生态环境方面法律，建立起符合国家可持续发展的生态环境法律体系。要加强科技创新及立法，通过颁布行政法规及适应我国国情的生态环境技术规范和标准体系，提高人类合理科学利用和管理生态环境的能力与水平。要健全完善对妨碍侵害生态环境可持续发展的民事、行政违法行为及犯罪的界定，建立适合其特点的便利、高效的诉讼法律制度，依法制裁影响破坏生态环境的违法犯罪行为，为当代和后代人维护良好的生态环境。二是抓紧制定出台符合我国基本国情的《循环经济法》，运用法律促进我国循环经济的发展以及人与自然的和谐发展。三是依据国际上促进可持续发展的政治法律文件，以及《中国21世纪议程》，在条件成熟的时候进行制度创新、法律创新，制定我国的《可持续发展法》，保障我国经济社会的可持续发展。

（四）深化司法体制改革，建设公正高效权威的社会主义司法制度

科学发展观是马克思主义中国化的最新理论成果，是一种科学的理论，也是我国进一步深化司法体制改革的指导思想，对于司法体制改革具有引领作用。这种作用贯穿于这一改革的整个过程，包括改革理念的确立、改革方向的确定、改革方案的设计、改革方案的实施、改革经验和教训的总结等等。司法体制改革不能超越中国社会政治现实，必须坚持在中国共产党的领导下，在全国人大及其常委会的监督下，在宪法和法律的框架内，按照党中央提出的任务、目标和要求，优化司法职权配置，规范司法行为，建设公正高效权威的社会主义司法制度，保证审判机关、检察机关依法独立公正地行使审判权、检察权。对西方国家的司法体制中的某些成功的具体做法和经验可以吸收和借鉴，但决不能照抄照搬它们的司法体制，只能取其适合中国部分的内容，进行科学移植。只有这样，才能做到既能引进先进的现代司法体制，又能适合中国的国情，并逐渐解决现存的一些问题，把司法体制改革提高到一个新的水准。

（五）按照落实科学发展观的要求，积极推进国家生态环境行政执法管理体制改革

我国现行生态环境行政管理职能配置不科学，政出多门、各行其是、条块分割、多元管理，致使生态环境遭受严重破坏不得遏制积重难返。太湖蓝藻事件的发生就是突出例证。因此，应落实科学发展观和环境保护基本国策，按照精简、统一、高效及遵循自然规律，有利区域生态环境保护等原则，加快推进发改委、建设、环保、国土资源、农业、林业、水利、海洋等国家行政管理职能改革，理顺调整有关职能配置，建立健全权威统一的国家及地方生态环境保护与发展管理体制，由政府统一领导，相关职能部门通力合作，强化行政监管职能。鉴于人类应统一保护生态环境资源与不同社会主体基于自身生存和发展争相利用甚至无序破坏生态环境的突出矛盾，还应按生态环境区域或流域，建立有关职能部门参加的联席会议制度，综合协调职能各方履行保护和利用职责，并使之规范化、法制化，确保自然环境资源永续利用，生态良性循环和经济社会可持续发展。

（六）推进培育全民法治意识和科学发展责

任意识的社会系统工程

加快建设社会主义法治国家，构建社会主义和谐社会的重要前提是全民具有良好的法治意识和科学发展的责任意识。实现这一目标，需要在党和国家领导下实施依法治国方略，需要企事业及社会各界共同努力及广大人民群众自觉参与，这是一项必须各尽所能持之以恒的社会系统工程。国家要将此作为重要政策部署实施，既要继续扎实搞好全民普法宣传教育，弘扬法治精神，形成自觉学法守法用法的社会氛围，又要开展全民珍惜与人类共存息息相关的生态环境的责任意识教育工作。通过历史和现实存在的破坏生态环境给地球及人类造成严重危害的惨痛教训及国家承担的保护人类生态环境的国际义务的宣传教育，使全民深刻认识提高法治意识和科学发展责任意识的重要性和紧迫性，进一步增强全民对自己负责，对当代人负责，对后代人负责，维护良好生态环境的历史责任感和使命感，切实履行为人类、社会和经济可持续发展应承担的义务，从而自觉规范自己行为，维护国家法治和可持续发展的正常秩序，建设人类美好的家园。对影响环境的所有主体普遍设定义务，并使他们明白，认真履行义务是实现环境权，同时也是实现对环境有效保护的唯一出路。

（作者：山东省青岛市公安局局长）

充分发挥检验检疫部门职能作用 积极促进经济社会和谐发展

阎　震

在贯彻落实科学发展观、构建社会主义和谐社会的历史进程中，质量效益和国门安全举足轻重，检验检疫工作至关重要。检验检疫机构作为国家行政执法和综合管理部门，担负着保国安民的重要责任。充分发挥检验检疫部门依法行政、严格把关，提高质量、保障安全，服务经济、促进发展的职能作用，对维护国家经济安全，保护人民群众身体健康和生命安全，促进经济又好又快发展，推进社会主义和谐社会建设，具有重要的现实意义和深远的历史意义。

一、用客观的态度和科学的精神审视新情况、新问题，用创新的意识和改革的观点指导新发展、新跨越

科学发展观是指导发展的世界观和方法论的集中体现，是构建社会主义和谐社会的行动指南和理论指导。构建社会主义和谐社会则是落实科学发展观的具体实践和生动体现，是实现科学发展的必然要求。深入贯彻落实科学发展观、积极推进社会主义和谐社会建设的伟大实践，赋予了检验检疫部门更大的责任，也提出了新的更高的要求。检验检疫部门要贯彻落实科学发展观，在推进和谐社会建设中建功立业，肩负起光荣的历史使命，发挥更大的作用，同时实现自身更快的发展，就必须用客观的态度和科学的精神审视检验检疫工作中出现的新情况、新问题，必须用改革的意识和发展的观点推进检验检疫工作机制的创新，必须用素质的提高和机制的完善为职能作用的发挥和自身事业快速发展提供有力保障。

近年来，浙江检验检疫部门为切实维护国家利益和国家经济安全，保护人民群众身体健康和生命安全，提高产品质量，促进开放型经济快速发展，在深化业务改革、实现工作重点转移、创新把关方式、采用现代信息技术提高服务效能和强化源头抓质量机制、提高工作有效性等方面作了一些积极有效的探索，进行了有益的实践，并取得了一定的成效和经验，也为进一步深化检验检疫监管改革奠定了基础。但就检验检疫部门职能的多样性和管理对象的多面性，以及与形势的发展、时代的要求而言，理念的创新、改革的力度、创新的步伐、管理的强度等还远远不够。这些不够和不适应最主要表现在思想观念上的差距和不足。主要有：一是思想观念过于保守，求稳怕变。现行的管理理念仍带有较多的计划经济时代的痕迹，习惯于垂直管理体制下的自我封闭、内部运作，有悖于现代科学管理、人本管理的精神，大局意识不强，创新不够，自我感觉良好。二是管理效能不高。主要表现在办事权限设置不科学，职能交叉，职责不清，关系不顺，办事效率不高，随意性大。三是运行机制严重滞后。缺少规范的运行机制和有效的监督机制。行业管理薄弱，缺乏规范性和统一性。考核评价体系缺少科学性，监督力度不大，落实不够。四是队伍执法素质仍有待提高。干部交流、轮岗力度不大，系统内部缺少活力、缺乏朝气和激情，队伍的管理能力和业务素质尚有差距。

查摆问题，分析存在的差距和不适应，是为了明确努力的方向，破解发展的瓶颈，实现事业的新发展、新跨越。检验检疫部门要充分发挥在促进科学发展、构建和谐社会中的重要作用，

必须立足当前，着眼长远，解放思想，锐意进取，敢破善立，不断创新。首要的是要着力解决好五个方面的思想认识问题，以思想观念的创新来凝聚人心、激励斗志、振奋精神，引领事业快速发展，齐心协力开创新局面。一是要增强大局意识。要深刻认识维护国家经济安全、保护人民群众身体健康和生命安全、促进经济又好又快发展是构建社会主义和谐社会的具体内容和客观要求，也是检验检疫部门依法把关的最高目标和最大任务。检验检疫部门一定要在构建社会主义和谐社会的伟大实践中找准位置，演好角色，作出自己的贡献，实现自身的价值。二是要增强服务意识。检验检疫工作很大程度上是在做服务这篇文章，简化手续、提高效率、帮助企业扩大出口是一种服务，严格把关、维护国家经济安全、保护人民群众身体健康和生命安全也是服务，两者浑然一体，不相矛盾。要正确处理把关与服务、全局与局部、长远与眼前的关系，切实做到在把关中体现服务，在服务中加强把关，努力实现促进经济发展与促进社会和谐的统一。三是要增强创新意识。创新是与时俱进的本质要求，也是检验检疫工作永恒的主题，更是加快浙江检验检疫事业发展的不竭动力。只有在改革创新上领先一步，才能在事业发展上胜人一筹。要以创新引领各项工作，坚持在继承中探索，在探索中创新，在创新中发展，在发展中提高，事事处处强调创新，时时刻刻把创新放在各项工作的首位，不但要在思想观念上不断注入新的活力，而且还要在工作机制、把关方式、科技创新和干部人事制度改革等方面探索新路子、新办法，以全新的观念、全新的思路、全新的举措，开创检验检疫工作新局面。四是要增强责任意识。责任就是使命，使命重于泰山。要认清肩负的责任，抓住当前千载难逢的发展机遇，乘势而上，顺势而为，加快发展。以奋发有为、开拓进取的精神，主动站位，积极作为，促进经济又好又快发展。要不断提高工作质量和执法水平，履行保国安民职责，为"平安浙江"建设作出新贡献。五是要增强法制意识。依法行政是社会主义市场经济体制建设对行政管理执法的必然要求，也是检验检疫部门执法把关的本质要求。特别是在建设社会主义和谐社会的历史进程中，必须牢固树立依法施检、依法治检的观念，不越位、不缺位，更不错位，健全制度，规范管理，增强执法工作的透明度，提高效能，为开放型经济快速健康发展提供机制、制度保障。

二、切实转变职能，提高服务水平，积极促进经济社会又好又快发展

社会要和谐，首先要发展。只有在经济又好又快发展的条件下，和谐社会的目标才有可能实现。检验检疫部门承担着依法行政、严格把关和服务经济、促进发展的重要职责，服务经济、促进发展，是检验检疫部门的第一要务。实现经济又好又快发展，经济结构调整、增长方式转变是主线，质量、效益是主攻方向，作为经济社会又好又快发展的基础性、保障性工作，检验检疫在这方面大有作为，理应充当主力军和排头兵。今年，浙江检验检疫部门将按照党的十六届六中全会"转变职能、强化服务、改进管理、提高效能"的要求，紧扣科学发展、共创和谐这个中心，围绕"一年大突破、两年上台阶、三年大变样"的发展目标和"高效率运转、高质量服务、高要求管理"的综合管理目标，充分发挥检验检疫部门职能作用，不断提高服务水平。抓重点、攻难点、创亮点、扩大结合点，为全面实施"以质取胜"战略，促进企业走质量效益型发展道路，实现外经贸增长方式转变，发挥国门卫士和进出口宏观调控方面不可替代的作用，为实现经济社会和谐发展作出新贡献。

服务经济、促进发展，重点在围绕科学发展提升服务水平。首先要把服务和促进经济又好又快发展作为检验检疫部门的首要任务，按照国家质检总局的工作部署，从浙江开放型经济发展的实际出发，更加自觉地把检验检疫工作融入到地方经济发展的大局中来思考、来谋划、来安排、来落实，找准结合点、切入点和着力点，

在服务大局中发挥更大的作用，同时也求得自身更好更快的发展。

服务大局、促进发展，就必须认真落实国家宏观调控政策，促进经济结构调整和经济增长方式的转变，大力支持发展先进制造业、高新技术产业；毫不动摇地在政策制度和管理措施上鼓励、支持和引导私营经济的发展；积极服务扩大对外开放，提高工作质量和通关效率，改善投资环境，促进提高利用外资水平。今年，浙江检验检疫部门将大力推进出口免验、国家地理标志注册保护、分类管理等工作，扶优扶强，扩大品牌效应，提升竞争力，努力促进增长方式的转变。积极配合重点工程建设，认真做好秦山三期、三门核电、三鑫石化、浙能兰溪电厂等进口设备的检验监管，确保工程安全。认真做好通关模式试点改革，努力推进"长三角"检验检疫行政执法和通关一体化进程，深化关检协作机制，不断提升服务水平和通关效率。适应开放型经济快速发展的需要，加快检验检疫机构和实验室布点和建设。积极开展以口岸大通关为龙头的信息化建设，进一步推进"三电工程"建设，大力扩大"绿色通道"、"快速核放"等，努力减轻企业负担，方便外贸快捷进出。

服务大局、促进发展，就必须为外经贸发展排忧解难。要进一步强化从源头抓质量机制，加快推进出口食品、农产品"公司＋基地＋标准化"管理模式。完善出口食品卫生注册登记，加大对外注册推荐力度，努力争取在对欧、美、日等国家卫生注册方面取得新突破，为新农村建设、农民增收作出贡献。积极做好应对国外技术壁垒工作，促进浙江农产品、食品、机电产品和高新技术产品扩大出口。通过技术措施，保护和促进国内产业有序对外开放。

服务大局、促进发展，还必须摆正主角与配角的关系，扩大结合点。既要勇于当主角，也要善于当好配角，到位不越位，补台不拆台，有为才有位。凡是属于自身职责范围内或国家明确交办负责的工作，一定要当仁不让，当好主角，做到恪尽职守，不负重托，不辱使命。凡是属于其他部门牵头主抓的，需要配合的工作，一定要从大局出发，当好配角，积极支持，发挥作用。通过积极的沟通、交流，互相理解，相互支持、配合，达到扩大结合点，形成合力和良好的工作环境的目标，共同推进经济社会和谐发展。

三、立足本职，以严格把关保安全促和谐

依法行政、严格把关，提高质量、保障安全，既是检验检疫部门的基本职责，也是维护公平正义和促进和谐社会建设的重要任务。检验检疫部门充分履行职责，最重要的责任就是维护国家经济安全，保护人民群众身体健康和生命安全，促进开放型经济又好又快发展，即保一方平安、促一方发展、创一方和谐，为经济社会和谐发展作出贡献。

检验检疫执法把关涉及各行各业，影响千家万户，直接关系到国家利益和人民群众的切身利益，关系到社会主义和谐社会建设。如果检验检疫部门有法不依、执法不严，不仅仅危及一个企业、一个行业，有的甚至直接影响到国家权益和社会稳定，影响动植物和环境资源安全、出入境人员健康、进出口商品质量，影响"以质取胜"和"市场多元化"战略的实施，从而影响国民经济的结构调整和增长方式的转变，进而也影响到整个经济又好又快的发展及和谐社会建设目标的实现。

衡量、检验我们检验检疫一切工作成败好坏的唯一标准，就是有没有依法行政，真正把好关，这是我们最大的政治责任。要正确处理把关与服务的关系，既不能片面地强调严格把关，牺牲企业的效益，从而阻碍生产力的发展和对外贸易的正常开展，也不能片面地强调优质服务，从而放弃检验检疫的职责。正确把握和妥善处理二者的关系，关键是防止一种倾向掩盖另一种倾向，从一个极端走向另一个极端。

在具体的工作实践中，要以深入贯彻落实科学发展观、构建和谐社会和检验检疫执法把关工作现实需要为第一信号，以改革创新的思

路和精神解读检验检疫在新形势下遇到的新情况、新问题，在科学发展观的指导下，进一步调整检验检疫工作重点，创新把关方式，提高执法和把关的有效性。按照监管有效、方便进出的原则，大力深化检验检疫监管模式改革。把涉及安全、卫生、健康、环境、反欺诈项目作为重点，做好以维护国家经济安全为核心的进出口商品的检验检疫监管工作，严防有毒有害物质进出国门；建立健全检验检疫风险机制、快速反应机制，做好以防控疫病疫情和有害生物为重点的口岸联防联控工作，应对突发公共卫生事件和生物恐怖事件的发生，确保人民群众健康安全。强化从源头抓质量机制，提高总体质量水平，使严格把关和优质服务真正做到辩证统一、有机结合，努力为浙江率先实现现代化作出新贡献。

四、从严治检，以高素质的队伍创和谐促发展

加强检验检疫队伍建设，不断提高检验检疫队伍的整体素质，是实现保国安民、促进经济又好又快发展的有力保证，也是构建和谐社会的必然要求。实践表明，要更好地发挥检验检疫工作在促进科学发展、构建和谐社会中的职能作用，队伍建设是根本。经过多年来的努力，浙江检验检疫系统已经初步形成了布局科学、结构合理、功能齐全的执法把关体系，造就了一支得到党、政府和广大外贸企业信赖的行政执法队伍，为确保检验检疫各项工作任务落到实处，取得实效，奠定了坚实的基础。

但应看到，我国经济发展已到了又好又快的新阶段，改革已进入“深水区”，检验检疫部门应对国外技术壁垒的压力日益加大，防止疫病疫情传播和有毒有害物质进出国门的难度日益增加，履行好职责与执法把关力量紧缺的矛盾日益突出，建设一支政治强、业务精、纪律严、作风正、素质高的检验检疫队伍显得尤为重要和迫切。

加强检验检疫队伍建设，关键在领导班子。应建立健全科学的选拔考核任用机制，真正把那些政治上靠得住、工作上有本事、作风上过得硬、干部职工又信得过的干部选拔到全省各级检验检疫部门的领导岗位上来；加强各级检验检疫领导班子的执政能力建设，不断提高各级领导干部科学判断形势、准确把握大局、驾驭复杂局面、严格执法、优质服务的能力，以切实担负起保一方平安、促一方发展、创一方和谐的责任。

以提高依法行政能力和服务水平为重点，着力建设一支高素质的检验检疫执法队伍。狠抓思想、政治建设，不断提高检验检疫人员的政治思想水平和职业道德水平；狠抓教育培训，不断提高检验检疫人员依法行政、保国安民的真本领，切实做到政治过硬、业务过硬、作风过硬。加大交流轮岗力度，实行多岗位锻炼，使检验检疫人员在磨练中成熟，在压力中成长，在实践中提高。

坚持标本兼治、综合治理、惩防并举、注重预防的方针，加快构建具有浙江检验检疫特色的惩治和预防腐败体系。加强对权力运行的制约和监督，拓宽从源头上防治腐败的工作领域，健全防治腐败和治理商业贿赂的长效机制。全面落实党风廉政建设责任制，坚持管行业必须管行风，强化责任追究和内部审计，认真解决干部职工在思想作风、工作作风、领导作风方面的突出问题，坚决治理和纠正损害群众利益的不正之风。

加强国检文化建设，弘扬国检精神。通过各种喜闻乐见的文明建设活动，提高广大干部职工的凝聚力和战斗力，增强职业的荣誉感、自豪感和使命感，确保检验检疫队伍经得起各种风浪的考验，确保干部职工严格文明执法，始终保持忠于职守、勇于负责、严格把关、保国安民的国门卫士的本色。

（作者：浙江出入境检验检疫局局长、党组书记）

建立新形势下检验检疫部门党内监督长效机制的思考

黄　涛

党内监督是党的建设中的一个十分重要的问题，是党的建设和发展的内在动力，是党自我约束、自我完善的基本途径，是保持党的肌体健康的重要手段。面对中国加入世贸组织、建立中国与东盟自由贸易区、中国西部大开发等新的形势，处在国门把关和改革开放前沿的检验检疫部门，如何紧密结合检验检疫部门的工作实际，建立和完善新形势下检验检疫部门党内监督长效机制，有效地促进广西检验检疫事业的快速健康发展，保持共产党员先进性，保证党的队伍永远充满生机活力，是我们认真探索积极实践的重要课题。

一、建立党内监督长效机制，必须把发展党内民主作为加强党内监督的基础，贯彻到党内监督的各个方面

党内民主是党的生命，加强党内监督的基础是发展党内民主，只有建立在发展党内民主的基础上，党内监督才有生命力。只有发展党内民主，充分听取党员和下级党组织的意见，才能集思广益，群策群力，使决策科学化、民主化，保证党所制定的路线、方针和政策的科学性，使党和国家的事业始终沿着正确的方向前进。基于这一认识，几年来，广西检验检疫部门在实践中坚持把发扬民主作为提高科学决策水平的前提和关键，从建立健全领导集体的议事决策机制入手，为党内民主提供了一个严格完备、约束有力的程序制度保障，以制度保障广大党员群众对决策事项的知情权、参与权、选择权和监督权，有效地防止了“一言堂”和个人独断专行造成的决策失误。

一是坚持民主集中制的根本原则。在实践中，我们始终严格坚持民主集中制，做到凡属方针政策性的大事，凡属全局性的问题，凡属重要干部的推荐、任免和奖惩，凡属重大项目的安排和大额度资金的使用，都由集体讨论作出决定。与此同时，逐步建立和完善党内情况通报制度、情况反映制度和重大决策征求意见制度，保证民主集中制不流于形式。在加强广西局党组自身建设的同时，我们还重点抓好分支机构民主集中制的落实，不定期地派出巡视组对所属分支机构党组的民主集中制落实情况进行检查，重点检查是否健全和完善了集体领导下的分工负责制、是否建立健全了党组议事规则，有关改革、人事、财务、业务方面的重大问题是否坚持集体领导、民主集中、个别酝酿和会议决定的原则等。对检查中发现的突出问题，进行专题研究并认真加以解决，做到关口前移，防范在前。

二是坚持集体领导制度。我们始终把集体领导制度作为党的领导的最高原则和党内政治生活的一项基本准则。在工作中，我们注意不断完善集体领导和分工负责相结合的制度，严格执行党组议事规则，保证决策科学、民主。班子成员在根据集体的决定和分工，切实履行好自己职责的同时，又要关心全局工作，积极参与集体领导，切实维护集体领导和个人分工负责相结合制度的严肃性。努力做到互相支持不争权，互相信任不猜疑，互相补台不拆台，互相配合不推诿，互相帮助，互相监督，不利于团结的话不说，不利于团结的事不做，把领导班子建设成“团结、战斗、高效”的整体。

三是健全党的组织生活，开展批评与自我

批评。党的组织生活制度是我们党在长期的革命斗争和建设中创造和总结出来的有效的党内监督形式之一，也是搞好党内监督的组织保证。因此，我们高度重视开好一年一度的民主生活会，把民主生活会作为对各级班子解决自身问题能力的一次最好的检验，运用“三讲”的成功经验，会前，认真组织学习，广泛征求意见，积极开展谈心交心活动。会中，认真开展批评和自我批评，大家讲党性、讲大局、讲原则、讲真理，不讲面子，既摆事实，又讲道理，坦诚相待，知无不言，言无不尽，通过民主生活会增强党组一班人新的团结。会后，在找准了工作中存在突出问题的基础上，及时研究整改措施，结合实际理清下一步发展的思路和努力方向，从而进一步坚定信心，同心同德，团结带领全局干部职工为广西检验检疫事业发展作出积极的贡献。

实践证明，把发展党内民主贯彻到党内监督的各个方面，既增强了党组织决策能力和凝聚力，又促进了民主风气的形成和领导班子的团结，促进了检验检疫事业的快速发展。

二、建立党内监督长效机制，必须创新监督方法，努力实现事前、事中、事后的同步监督，提高监督效果

完善党内监督机制，既要做好事后监督，又要搞好事前监督和事中监督。目前，党内监督工作中存在的一个薄弱环节，就是事前监督和事中监督不够有力，往往是事后出了问题，才进行检查处理。这就使得许多本来可以及时纠正的问题发展蔓延，造成极为不良的后果。因此，我们必须从推动和维护党内监督工作的大局出发，调整工作布局，从单纯的事后监督，转为加强事前、事中监督为主的全方位监督，以预防、引导、检查、督促、帮助为主，把事前、事中、事后监督三者有机地结合起来，保持整个监督过程首尾的有机联系，全面发挥党内监督机制的作用和功能，从整体上提高监督的效果。在实践中，着重抓好以下三个方面。

一是打牢思想基础，强化党内监督意识，提高党内监督的自觉性。强化党内监督意识，是健全党内监督约束机制的前提与基础，为此，我们在思想教育上重点抓好三个环节：其一，加强党性教育。通过教育，使广大党员干部认识到，党的性质决定了建立在自觉、主动基础上的党内监督，是我们党实现自我净化、自我发展，从胜利走向胜利的可靠保证，能否实行强有力的党内监督，关系到党和国家兴衰存亡，从而提高自觉性、主动性，解决“不愿监督”的问题。其二，加强党内监督的理论教育。着重引导广大党员干部自觉运用马列主义的立场、观点、方法去认识党内监督的本质，把握党内监督的规律，指导党内监督的实践，解决“不懂监督”的问题。其三，通过加强党规党法教育，使党员干部懂得监督什么、如何监督，从而解决“不会监督”和“不敢监督”的问题。

二是抓住关键，把对基层“一把手”的监督贯穿于任职全过程。《党内监督条例》明确规定：“党内监督的重点对象是党的各级领导机关和领导干部，特别是各级领导班子中的主要负责人。”领导班子“一把手”在班子中处于核心地位，对决策和决策的执行都起着关键作用，负有全面责任，这种特殊地位和影响，决定了必须把他们作为监督重点对象之中的重点。对此，我们采取了以下措施：第一是通过建立任前谈话制度，经常性地同基层“一把手”交流思想，了解情况，尽可能使“一把手”少犯或不犯错误，并通过新任领导干部试用制，实现了任前监督。第二是通过建立“一把手”廉政档案、实行重大事项报告制，并通过每年对“一把手”贯彻落实党风廉政建设责任制执行情况进行检查和坚持年终述职述廉制，考察“一把手”贯彻落实民主集中制情况，实现了任中监督。第三是建立健全领导干部离任经济责任审计制，实行党风廉政建设责任追究制，在对系统内干部违法违纪行为进行严肃处理的同时组织开展警示教育，不断增强广大党员干部的法纪观念，实现了任后监督。2005 年，我局对所属分支机构纪检组长实行了派驻和统一管理，同时实行每个季度举

行一次全系统纪检组长集中的例会制度，汇报工作情况，分析存在问题的根源，商讨解决问题的措施。既为进一步完善党内监督体制，加强对各级党员领导干部、领导班子及其成员的监督作出了更积极的努力，又锻炼了纪检工作人员的能力。

三是突出重点，加强对重点岗位、重点人员和重要环节的监督。检验检疫部门是国家涉外经济管理的行政执法部门，其工作性质决定了检验检疫人员有判定监管商品质量和监管企业生产过程的权力，特别是在出证放行上，在一线或现场工作的检验员权力往往比处长大，处长权力比局长大。为了解决“权力倒挂”的现象，我们重点加强了对各级领导和检验检疫行政执法人员的教育和管理，并针对检验检疫行政执法和财务、人事管理等敏感环节，制定行之有效的监督制约措施。如在业务管理方面，通过实施定岗定责，明确各岗位的职责权限，初步建立了从报检、取样到检验检疫、出证放行各岗位相互分离、相互制约的监督机制。加强了对外贸部门和社会各界普遍关心的行政审批环节的管理，制定了《进境动植物检疫初审和检疫许可证使用管理规定》，修改完善了《卫生注册登记评审管理规定》。同时，严格执行“八严禁”工作纪律和实行“双卡制度”，要求凡是到企业进行检验检疫工作的人员，必须由企业相关部门（人员）填写《广西检验检疫人员外出工作情况回执卡》。纪检监察部门每年都要向企业组织发放《行风和廉洁自律问卷调查卡》，就检验检疫工作中受理报检业务、检验检疫工作、为企业服务态度、工作人员廉洁自律、综合评价以及执行“八严禁”等情况进行广泛调查，把问题处理在苗头阶段。在基建方面，加强管理和监督，严格把好立项审批、规划设计、预（概）算审核、公开招标、工程进度款拨付、施工质量和进度监督关，确保基建项目按质、按期完成，并建设成为“阳光工程”、“国门形象工程”、“达标工程”。严格执行政府采购制度，严格基建项目的审批和招、投标监督管理，对有关的办公和检测设备的采购和基建工程实行招、投标，有效地防止了违法违纪现象的发生。

三、建立党内监督长效机制，必须拓宽监督渠道，加大政务公开力度，充分发挥社会监督和群众监督的作用

政务公开是从源头上预防和治理腐败的一项重要措施，是贯彻“三个代表”重要思想的具体体现。在加强党内监督的同时，强化社会监督和群众监督的作用，把它作为辅助和促进党内监督的重要手段。近年来，我们在以往已推行政务公开的基础上，进一步拓宽监督渠道，增强检验检疫行政执法工作和人事、财务等内部管理事务的透明度，在给外贸部门提供服务的同时，加强了对检验检疫工作的监督。如，在对社会公开方面，为全系统所有窗口单位购置了触摸屏，公开检验检疫机构的工作职责、工作内容、工作人员姓名职务、执法依据、收费标准、审批程序、工作流程、公开廉政举报电话、局长热线电话、节假日值班人员姓名、24 小时预约工作承诺、检验检疫人员职业道德规范和“十不准”、“八严禁”工作纪律等，极大地方便了客户查询。同时，我们还通过举办各类业务培训班和走访、问卷调查、设立举报箱或召开检验检疫部门和企业“背靠背”式的座谈会，帮助企业了解检验检疫法律法规和政策，广泛征求企业对把关服务的意见和建议，主动接受社会监督。2006 年起，我们还在全区系统和监管的进出口企业，推行签订《检企廉政公约》措施，检验检疫部门承诺做到“八严禁”、企业承诺在社会监督作用上“八做到”，建立起检企互动的监督制约机制。在内部公开方面，我们加强了局内人事、财务、行政后勤管理等事务的对内公开，对一些重大仪器设备的采购、评优评先、干部选拔推荐等重大事项都实行了公示制，主动接受全局干部职工的监督。我局成立了以人事、监审、办公室、政工等部门组成的干部监督工作联席会议制度，加强对领导干部及干部选拔任用工作的监督，2003 年以来，我局提拔任用了处级干部

52名、科级干部70名,均严格按照民主推荐、考核、党组研究、任职公示、试用期、正式任命等程序进行,无违反《党政领导干部选拔任用条例》的行为。在广西检验检疫系统内新建及改造的15个基建工程项目、所有办公和检测仪器设备的采购都实行了招、投标,累计中标金额5051万元,节约资金530多万元,有效地防止了违法违纪现象的发生。

四、建立党内监督长效机制,必须强化自我调节机制,使其贯穿于党内监督的各个环节和整个运行过程

自我调节机制是党内监督机制的重要组成部分,贯穿于党内监督的各个环节和整个运行过程。强化自我调节机制,是党内监督机制的重要方面,也是建立党内监督长效机制的重要保证。在实践中,我们把建立制度、落实制度和反馈制度作为党内监督运行过程中的三个阶段,使之相互有机联系、相互配套,努力在整体上形成一个完善的科学的自我调节机制。首先是规章制度的建立阶段。根据检验检疫工作实际,及时提出和制定、修正新的规章制度。例如,针对党组民主生活会存在的问题,我们出台了《中共广西检验检疫局党组关于改进党组民主生活会的意见》。为了落实党风廉政建设考核制度和强化责任追究,我局制定了《中共广西检验检疫局党组关于进一步加强党风廉政建设责任制的决定》。为了进一步规范纪检工作管理,我们制定了《中共广西检验检疫局党组关于对分支机构派驻纪检组长的管理规定(试行)》、《广西检验检疫局关于实行三项谈话制度的实施意见》等,进一步完善了党内监督机制。其次是规章制度的落实阶段。通过定期和不定期进行检查、提醒、督办等形式,保证各项制度在实施阶段得到有力贯彻执行,努力实现制度所提的要求和所要达到的目的。第三是规章制度的反馈及调节阶段。采取措施,组织检查制度制定的适用情况和执行效果。我们在执行《广西检验检疫系统党风廉政建设责任制考核办法》基础上,每年都要结合实际,修订党风廉政建设责任制目标考核细则,并在检查发现问题的基础上及时调节执行中出现的偏差和问题,保证党内监督协调、科学、高效地运行。

总之,新形势下进一步健全党内监督的长效机制,是一个系统工程,必须坚持以邓小平理论、"三个代表"重要思想和科学发展观为指导,从形势发展和检验检疫工作实际情况出发,积极探索和不断完善,使广西检验检疫系统的党内监督朝着规范化、科学化、法制化的方向发展并取得明显成效,为提高各级党组织的执政能力,为履行党和国家赋予我们保国安民的神圣使命提供坚强有力的保障。

(作者:广西出入境检验检疫局党组书记、局长)

借鉴先进的质量管理体系
建立机关党建工作长效机制的探索

刘式尧

近两年来，我们重庆出入境检验检疫局围绕建立机关党建工作的长效机制，积极借鉴国内外先进的质量管理模式和经验，在重庆市直机关100多家单位中率先把ISO9000质量管理体系引入党建工作中去，建立了具有现代化管理科学含量的党建工作质量管理体系，促进了党建工作的系统化、规范化和科学化。工作思路进一步拓宽，工作内涵不断延伸，先进性教育成果得以巩固和扩大，机关党建工作的长效机制建设取得初步成效，为检验检疫事业的改革、发展和稳定提供了强有力的组织保证。

一、建立标准化的工作内容，党建工作由"虚"变"实"

质量管理体系最先运用于工业生产领域，是对具体的工业产品的生产过程进行管控，而机关党建工作大多是思想领域的工作，比较抽象，看不见，摸不着，性质总体是"虚"的。把质量管理体系标准纳入到党建工作中，必须首先使党建工作的内容具体化、规范化，像产品生产一样，尽量走上标准化的道路，才能对党建工作的整个过程和每个环节实施程序管控，党建工作才能有质量的保证。

一是明确党建工作贯彻质量体系标准的范围。我们以机关党的建设为统揽，把涉及思想政治工作、工会建设、精神文明建设、文化建设和其他群团建设等政治工作的主要内容都纳入质量管理体系的范围，把局党组、机关党委、基层党支部等党团组织、工会组织、政工部门和对应的其他部门作为贯彻质量体系标准的主体，明确各自的党建工作职责和范畴，设立合理的组织结构和搞好职能分配，保证了党建工作标准化运行的组织体系。

二是创新党建工作思路。党建工作是一项比较严肃的工作，政策性强，总的要求不能改变，但其工作方法和实施途径可以多种多样。根据质量管理体系要求，我们对近10年来局各级党组织对党建工作的方针、目标、要求和规章制度进行了普遍梳理，对多年来机关党建工作的实践经验进行了回顾总结，修改和废除了部分不合时宜的文件，并根据新时期党建工作发展变化的特点和重点，建立了一些新的规定和制度。使党建工作在保证基本原则和方向不变的情况下，更符合机关党建的具体实际，更有利于机关党建工作标准化。同时也促进了机关党建工作的实际经验系统化、感性认识理论化、成功做法制度化，推动了党建工作的创新。

三是规范党建工作内容。在前期工作基础上，我们按照体系文件的特点和要求，编写了党建工作程序文件，建立了一套包括组织建设、思想政治工作、工会工作、文明单位创建等机关党建工作的标准和规范。文件规定了党建工作的目标、计划和任务，规范了各项工作的主要职能要素、工作流程及执行标准，有关党建的每一项工作都有程序规定。这样编制的程序文件既可以成为各项党建工作的指南，又可以作为党建业务培训的教材。党建工作有了统一的内容和标准，使抽象的工作具体化，较好地解决了过去党建工作职责不清楚、内容不规范、标准不统一的现实问题，党建工作由"虚"变"实"。

二、建立程序化的操作过程，党建工作由“散”变“刚”

同样的工作不同的人做有不同的方法和效果。为尽量缩短工作差距，在工作中必须遵守相同的规范和程序，以保证工作的连贯性和衔接性。把影响工作质量的各个要素通过科学严密的程序加以控制，尽可能达到同一标准，是质量管理体系的一个主要功能。因此，在党建工作程序中，我们也力求通过规范操作程序、控制工作流程来促使影响党建工作质量的各要素和各环节处于受控状态，克服了党建工作的弹性和随意性，增强了工作的“刚性”。

一是严格工作规程。每项党建工作我们都按照质量管理体系 PDCA 循环（即计划—实施—检查—持续改进）和“5W1H”工作法（即做什么、为什么做、谁来做、何时做、在什么地方做、怎么做）的运行模式来编写，从党组决策层到基层执行层，都有各自严格的工作程序和工作流程，有相应的量、质、期的要求，党建工作的每一个过程、每一项工作都在闭环控制中，一环套一环，环环相扣，步步推进。工作规范增强了党建工作的“刚性”，避免了以往凭个人经验或“惯例”行事的现象发生。

二是提高工作的可操作性。程序文件的实质是把党建工作过程予以流程化，以利于实际操作。在编写程序文件时，我们坚持能量化的尽量量化，不能量化的用确切的文字表述清楚，一目了然，以利于实施、检查和考核。例如，今年开展的以“欢庆直辖十周年、喜迎党的十七大”为主题的“七个一”系列活动，我们按照体系文件运行模式，对局党组、机关党委以及各基层党支部、各部门和每个岗位应该做什么，如何做，以及要达到什么样的标准都进行了具体明确的规定。这样，党建工作的可操作性大大增强，工作任务也更容易落到实处，不会因为人事的变动而影响工作流程和效果，形成了“靠制度管人、按程序办事”的运行机制。

三是增强工作的预控性。在编制体系文件时，我们注重抓好工作接口和工作交叉点的衔接，程序之间互相引用，合理归纳，并用表格传递和记录，采用流程管理的形式进行控制，运作程序清晰，操作过程完善，工作接口严密，党建工作的计划性、可控性大大增强。凡事真正有章可循、有人负责、有据可查、有人监督，变盲目被动为积极有序，有效地预防了落实不到位的现象。

三、建立制度化的考核评价，党建工作由“软”变“硬”

党建工作的考核评价历来是一个难点，以往的考核只能定性不能定量，评价主观多于客观，指标零散不系统，考核机制整体上还很不健全。因而，党建工作常常是“说起来重要，做起来次要”，是名符其实的“软管理”、“软指标”。根据质量管理体系的要求，我们重点在考核指标的科学量化、考核机制的建立健全上下功夫。在程序文件中建立了内容全面、职责清晰、指标细化量化的党建工作考核体系，形成了科学化、制度化的考核评价机制，党建工作由过去的“软指标”变成了“硬指标”。

一是量化考核标准。结合多年来局机关党建工作的实际，我们共编制了包括理论学习、支部建设、党团活动、思想工作、创建活动等 14 项党建工作考核指标，在指标中明确了考核项目、考核要点、评分标准、考核方式和考核频度，把过去只能定性的东西转化成定量指标进行测量，促使党建工作考核从主观意愿向客观指标转变，从零散化评价向规范化评价改进，考评更加科学合理。

二是实施动态考核管理。在实际操作中，按照每年党建工作的重点和活动内容的不同，对考核标准和频度进行适当调整。例如，对理论学习、支部组织生活等一些常规性工作坚持每月或每季度定期进行考核，对当年开展的大项教育活动等重点工作和特色工作适时进行审核，对组织建设、党员的发展和教育管理等常年性工作实施滚动考核，年底对各部门各单位全年党建工作进行一次综合性的全面审核。把上述考核结果按一定的比例综合在一起，作为当年各单位和各部门最终的党建工作考评结果，形成了重点突出、近远结合、统筹兼顾的动态管理的考核模式。

三是建立考评激励机制。只有认真实施奖惩分明的激励机制，科学客观的考核结果才能真正起到激励先进、鞭策后进的作用。我们把考核结果除了作为党建工作评奖评优的主要依据外，还纳入全局综合行政质量管理体系的绩效考核中去，作为评价部门年度绩效的重要指标之一。对业绩显著的单位和个人给予奖励，对工作任务指标没完成的，或工作中出现明显问题的，给予部门和责任人一定的处罚，改变了过去年度考核中重业务、轻党建，业务指标硬、党建指标软的弊端。在去年年度绩效考核时，我们严格按此考核机制进行党建工作考核，党政各部门的工作，各基层党支部的工作、党员个人的工作做得如何，绩效如何，不再是领导说了算，而是系统的标准和机制说了算，用这把标尺一卡，就有了考核结果，结果科学、客观、公正，得到全局干部职工的认可，促进了机关的和谐。同时，还极大地调动了全体人员争做党建工作的积极性和责任感，党建工作由“独角戏”变成“多角色”，保证了党建工作的长效发展。

四、建立经常化的改进手段，党建工作由“静”变“动”

在党建工作实践中，我们体会到，传统的党建工作的规章制度一经发布，改变更新较少，党建工作的方法和模式一旦固定，常常多年维持不变，不能与时俱进。而质量管理体系本身具有持续改进的功能，通过对体系文件运行中出现的错误进行整改，不断吸收新的内容和新的养分，从而对自身加以规范和发展。党建工作质量管理体系同样也体现了这一持续发展、不断完善的特点。

一是保持开放性。对党建工作质量管理体系每年都组织自查、内部审核和第三方认证审核，确定党建工作实施情况符合体系的程度，评定体系的有效性，对体系执行过程中出现的问题进行改进，对一些新的内容、新的载体、新的方法及时进行吸收和融合，所以质量体系不是教条的、封闭的体系，而是一个开放性的体系。

二是注重持续性。对审核中发现的问题，区分为一般不合格项、不符合项和严重不符合项三个类别，分别加以剖析，认真查找原因，并根据实际情况制定纠正措施和预防措施，确保党建工作在发现问题后能及时纠正和整改。由于每年都要进行这样的审核，所以为党建工作质量改进的经常化、长期化开辟了新的途径。

三是坚持发展性。把党建工作纳入质量管理体系是对党建工作实施动态管控，改变了过去党建工作方法和模式多年维持不变的静态面貌，提高了党建工作的创新性和发展性。在今年上半年的运行中，我们通过自查和内部审核，发现了一些不适宜的考核指标，及时进行了调整、修订，增强了体系文件的针对性和有效性，促进了党建工作的常抓常新。党建工作不仅外延得到扩张，内涵也大大发展，真正建立起了机关党建工作的长效机制。经过一段时间的运行，我局基层党组织建设明显加强，党员的先进性意识更加突出，党组织在群众中的威信和地位越来越高，干部职工的综合素质显著提升，带动了检验检疫业务的持续增长，促进了重庆市外向型经济又好又快地发展。

（作者：重庆出入境检验检疫局党组书记、局长）

全力提升政法机关六个能力

李传武

构建社会主义和谐社会给政法工作提出了更高的要求，给政法机关赋予了更大的责任和更重的任务。政法机关必须当好维护稳定的主力军，构建和谐社会的生力军，全面提升化解矛盾纠纷、预防打击犯罪、维护政治安全、管理社会秩序、严格公正执法、服从服务大局六个能力，切实承担起促进和保障和谐社会建设的历史使命和政治责任。

一、提升化解矛盾纠纷的能力，把好社会稳定的第一道防线

妥善化解矛盾纠纷，是构建和谐社会的必然要求，也是政法综治的最基本功能。继续深化信息预警处置机制建设，牢牢把握工作主动权。继续坚持抓源头、抓早、抓小的原则，注重从苗头上发现问题、从源头上解决问题，着力构建人民调解、行政调解和司法调解三种调解手段相互衔接配合的大调解工作格局。进一步健全完善和规范矛盾纠纷排查工作机制、工作制度和工作网络，继续重点抓好县级社会矛盾调处中心建设，进一步完善提高县市区、乡街、村居、社区、村民小组和生产车间五级调解组织。认真组织实施“五五”普法规划，教育引导干部群众把调解作为解决矛盾纠纷的主要选择，善于运用法律手段调节经济社会关系，高度重视司法调解对化解矛盾纠纷的积极作用。坚持和完善党政领导和政法部门负责同志联合接访活动，认真倾听群众的呼声，及时解决各种涉法涉诉信访问题，坚决防止和纠正损害群众利益的行为，积极预防和妥善处置由人民内部矛盾引发的群体性事件，切实维护群众利益和社会稳定。

二、提升预防打击犯罪的能力，切实增强人民群众的安全感

维护社会稳定，推进平安和谐德州建设，必须大力提高打击预防犯罪，驾驭社会治安局势的能力。坚持严打方针不动摇，适时组织开展严打专项斗争，把打击的重点始终对准那些严重影响社会稳定和人民群众安全感的严重暴力犯罪、“两抢一盗”等多发性侵财犯罪、邪恶势力犯罪等，保持对刑事犯罪的高压态势。认真抓好对治安混乱地区、部位和突出治安问题的集中整治，继续抓好对油田、学校和周边治安秩序的整治，限期改变治安面貌。加强同周边县市区的合作，切实解决影响群众安全感的突出问题。大力加强治安防控工作。按照社会化参与、职业化发展、市场化运作、规范化管理的思路，大力加强人防队伍建设，全方位、全天候地控制好社会的治安局势。继续坚持重心下移，抓基层、抓基础、抓队伍，切实解决基层基础工作有人抓、有人管、有人干、干得好的问题。切实加强技防、物防建设，不断提高治安防范的科技含量和工作效率。认真抓好武警执勤目标安全工作，继续强化检所管理，确保重点部位的绝对安全。

三、提升维护政治安全的能力，严厉打击敌对势力的渗透破坏活动

国内外敌对势力的干扰破坏，是对我重要战略机遇期社会稳定的严重威胁。各级各部门必须始终保持高度警惕，自觉增强政治意识和国家安全意识，严密防范和严厉打击境内外敌对势力的渗透破坏活动。继续开展反邪教警示

教育活动，提高人民群众的防范能力。严密防范和严厉打击"法轮功"等邪教组织的违法犯罪活动，深挖打击"法轮功"地下组织团伙。同时全面做好防范处置其他邪教和有害气功组织工作。进一步加强网上宣传斗争，削弱和抵消"法轮功"的负面影响。做好有关重点人员的工作，严防境外"法轮功"邪教组织和境外"法轮功"媒体的渗透活动。加强宗教管理，严厉打击非法宗教活动。

四、提升管理社会秩序的能力，下气力解决当前社会存在的突出问题

随着我市"两大天字号"工程的实施，城市化进程的加快，为强化社会管理提出了新的课题。各级一定高度重视，因情施策，积极应对，务求做到管而不死、放而不乱。加强对流动人口的管理，重点做好城乡结合部、集贸市场、租赁房屋集中区域流动人口的管理工作，坚决打击混迹其中的违法犯罪分子。加强预防青少年违法犯罪工作，认真做好社会闲散青少年、流浪未成年人、外出务工人员留守在家的未成年子女、服刑在教人员的未成年子女的教育管理和救助服务工作，努力预防和减少青少年违法犯罪。加强和改进刑释解散人员帮教安置工作，防止漏管、失控。加强对特殊行业的检查，严格落实日常检查监督措施，严肃查处"黄赌毒"等违法活动。强化道路交通秩序整治和消防安全措施落实，及时整改隐患，防范和杜绝重特大安全事故的发生。进一步加强对互联网的监管，各有关部门积极配合，及时封堵各种有害信息；加强重点敏感时期的安全防范，特别是做好有关方面人员、重点上访老户的工作，逐一落实责任，确保万无一失。

五、提升严格公正执法的能力，努力维护社会公平正义

司法公正是维护社会公平正义的最后一道防线。政法机关为构建和谐社会搞好服务，必须大力提高严格公正执法、保障社会公平正义的能力。坚持法律面前人人平等，无论当事人处于什么阶层、财产多少、地位如何，都要依法秉公办案。通过完善司法救助和法律援助体系，关注和满足各类社会群体对法律的不同需求，使人人平等享用法律资源，人人平等享受法律公正。通过依法打击经济领域的违法犯罪行为，取缔非法收入，逐步消除群众对分配中不法行为的不满情绪。通过依法严惩腐败分子，特别是严厉查办涉及企业改制、征地拆迁、医疗、就学以及商业贿赂等方面的犯罪，让群众从中感受到社会公平。通过依法解决涉法信访问题，严肃查究冤假错案的责任人，使人们感到冤情有处诉，增强对社会的信任和友善。防止和克服地方、部门保护主义，通过维护公平正义促进社会和谐。

六、提升服从服务大局的能力，为改革发展创造良好法治环境

发展是我们党执政兴国的第一要务，也是构建社会主义和谐社会的重要基础。没有经济社会的全面协调可持续发展，维护社会稳定和构建和谐社会都无从谈起。政法机关应进一步增强大局意识、中心意识和服务意识，严格执法，热情服务，当好经济社会发展的坚强卫士和公正裁判，为全市经济社会发展创造良好的政治环境、社会环境、治安环境和法治环境。积极参与整顿和规范市场经济秩序工作，进一步维护国家经济安全和良好的市场经济秩序。严厉打击贪污贿赂等职务犯罪，做好重点行业、部门和重大工程项目的预防犯罪工作。进一步改进执法方式，规范执法行为，维护正常的工作和生产经营秩序。进一步加强和规范律师、公证工作，发挥法律中介组织服务群众、服务经济发展的重要作用，进一步拓宽服务领域，提高服务质量，为经济社会发展提供优质高效的法律服务。

（作者：中共山东省德州市委常委、政法委书记）

推进高速公路市场化进程
服务我省经济社会又好又快发展

马金忠

胡锦涛总书记2007年6月25日在中央党校省部级干部进修班上指出："实现国民经济又好又快发展，关键要在转变经济发展方式，完善社会主义市场经济体制方面取得重大新进展。"认真学习胡锦涛总书记这一重要指示，联系我省高速公路建设的实际，必须坚定不移地推进高速公路市场化进程，为实现我省经济又好又快发展服务。

一、推进高速公路市场化进程对我省经济社会又好又快发展具有重要意义

近年来，我省高速公路建设不断取得新的成绩，截至2006年底，全省高速公路通车里程达到3281公里，在建高速公路1500多公里，为促进经济和社会事业的发展发挥了重要作用。但是我省高速公路的快速发展，很大程度上依赖于政府的投资拉动，投资主体比较单一，高速公路市场化程度相对较低。贯彻落实胡锦涛总书记重要讲话精神，转变经济发展方式，完善社会主义市场经济体制，就必须加快高速公路管理体制改革，推进高速公路市场化进程。

(一)推进高速公路市场化进程，可以调动社会各方面的力量，加快高速公路建设进程

建设高速公路需要投入巨额资金，而资金缺口历来是制约各地高速公路发展的最大难题。高速公路市场化，可以广开筹资渠道，动员社会各方面力量，实现投资主体多元化，解决高速公路建设的资金压力。同时，可以借助投资主体多元化，建立规范的项目投资决策体系和公司治理结构，完善责任机制、监督约束机制和竞争机制，加快高速公路建设。

(二)推进高速公路市场化进程，可以降低管理成本，提高管理质量和服务水平

高速公路市场化，可以改变高速公路行政事业管理模式，形成独立明确的市场投资主体，有利于降低管理成本，提高管理运营效率和服务水平。高速公路市场化后，政府还贷公路转为经营性公路，能够延长收费期限，克服无法实施资本运作的限制，企业可以通过市场多元化融资，以路换钱、用钱建路，盘活优良资产，提高资源利用率。

(三)推进高速公路市场化进程，可以规避投资风险，增加政府财政收入

传统的由政府投资、政府建设、政府收费、政府还贷的"统贷统还"模式，投资风险、还贷压力均由政府承担。随着收费期限界满，政府将面临着沉重的还贷压力。高速公路市场化后，由企业统贷统还，政府的投资风险和还贷压力转移给了企业，而企业可以通过更加灵活的多元化融资方式转移或分散投资风险。高速公路经营企业的资产规模大，经营额度高，政府可以通过向企业征税等方式增加财政收入。随着国有企业资本经营预算制度的逐步实施，高速公路市场化后，政府将直接从企业的经营获益中分取红利，这必然增加政府的财政收入。

(四)推进高速公路市场化进程，政府可以集中精力加强高速公路行业的管理和监督

高速公路市场化，高速公路的投资、建设和运营管理将推向市场，由企业遵循市场经济规律进行运作，政府和主管部门可将主要精力放在高速公路的路网规划、质量监管、经营管理监督，以及行使路政、安全管理职能等上面。同

时，高速公路市场化，政府可以从已建成的高速公路收费权转让中获得收益，可以集中更多的人力、财力和物力投入县乡等非收费公路建设或现有道路的维护中，提高综合交通运输服务水平。

二、山东省高速公路集团的发展为加快高速公路的市场化提供了可行性依据

山东省高速公路集团有限公司（以下简称“山东高速集团”）成立于 2001 年，从 2006 年 1 月开始，管理由原来的收支两条线的事业性收费转为自主经营、自负盈亏、自我管理、自我发展的市场经营主体。高速公路收费性质的转变，为山东高速集团开展市场化运作、加快发展提供了动力。实施市场化运作两年来，山东高速集团规模不断扩大，经济效益和社会效益显著提高，为山东经济社会发展作出了自己的贡献。

（一）在高速公路建设的投资上由政府“统贷统还”转为企业投资，减轻了政府融资压力

山东高速集团先后承担了 10 多个重点建设项目，总里程 864 公里，概算投资 250 多亿元。这些高速公路项目全部由公司筹资建设，政府不用出一分钱，改变了过去单一的政府“统贷统还”模式，减轻了政府融资和还贷压力，使政府可以节余出更多的资金用于其他项目的发展。如，去年集团公司以 BOT 方式中标备受市民关注的青岛海湾大桥项目，总投资 92 亿元，全部由公司筹资建设，且在经营期满后将全部设施无偿交还给政府。目前，集团投资建设、运营管理的经营性高速公路达 1500 公里，其中，省内 1200 公里，占全省通车总里程的 1/3。

（二）积极参与省内高速公路建设，充分发挥了集团公司在高速公路建设中的主力军作用

集团公司先后承担了济南顺河高架路北延线工程、济南国际机场陆侧交通工程、青银高速齐河至夏津段、荷关高速等 10 多个重点建设项目，累计完成投资 141 亿元。山东高速集团发挥企业主体优势和特有的资本运作手段，以资产为依托，发挥集团旗下上市公司和银行的融资作用，通过发行企业债券等多渠道、多方式筹集建设资金，保证了各建设项目的顺利开展。在工程建设管理方面，按照市场经济的规律，执行项目法人责任制、招投标制、工程监理制、合同管理制，做到了公平、公正、公开，工程合格率 100%，全部达到优良级水平和质量、进度、安全、廉政要求。

（三）改变事业管理模式，提高了管理效益和服务水平

两年来，山东高速集团坚持以市场为导向，以高效能管理为中心，以提高社会效益和经济综合效益为根本目的，按照建立现代企业制度的要求，不断完善企业法人治理结构，积极推进组织、人事和分配制度改革，通过扁平化管理改革、整合重组等方式，先后撤并二级单位 20 多个，减少了管理层级，降低了管理成本，提高了管理效益，逐步形成了干部能上能下、员工能进能出、工资能高能低的新局面。同时，通过开展争创高速公路文明大通道活动，推行 ISO9000、OSHAS18000 体系双认证等措施，积极推进标准化管理、规范化服务，管理和服务水平不断提高。集团先后被授予省级文明公路系统、全国交通系统创建文明行业工作先进单位称号，荣获“全国用户满意企业”等奖项。

（四）实现了国有资产保值增值和利税大幅度增长

山东高速集团以国有资产保值增值为目标，通过实施改革重组、资本运作、“走出去”等战略举措，保证了资产规模的不断扩大和利税的逐年增长。2006 年，集团实现经营收入 105 亿元，上交利税 9.9 亿元，列“中国最大 500 家企业”第 314 位，成为资产规模最大的省属国有企业，是全省重点扶持发展的 12 家大型企业之一。经营开发收入 29 亿元，收入过亿元的服务区有 4 个，居全国同行业前列；高速公路好路率达到 100%，安全畅通率达到 96%，未发生一起重大安全生产责任事故。

三、加大改革力度，大力推进高速公路的市场化进程

贯彻落实胡锦涛总书记的重要指示，必须进一步解放思想，更新观念，加大改革力度，努力推进我省高速公路市场化进程，提高交通行业的综合实力和服务水平，为实现我省经济社会又好又快发展服务。

（一）解放思想，更新观念，增强推进高速公路市场化进程的紧迫感

高速公路作为经济发展的助推器，不仅显著提高了运输能力，降低了运输成本，增加了运输安全性，而且在改善投资环境、优化产业布局，促进资源开发利用，增强竞争力等方面发挥着越来越重要的作用。经济越发达的省份，交通就越发达，高速公路市场化程度也越高。我省政府还贷高速公路约占通车总里程的70%，市场化程度较低。因此，要加快构建"五纵四横一环"的高速公路网建设，必须进一步转变思想，更新观念，从全省经济社会发展的大局出发，增强推进高速公路市场化进程的紧迫感和责任感，切实推进我省高速公路市场化进程。

（二）加大改革力度，全力推进高速公路市场化进程

根据我省的高速公路建设管理现状，政府可以通过采取BOT、收费权转让等多种方式，逐步减少政府还贷性高速公路，发展经营性高速公路，推进高速公路行业市场化进程。一是已建成的高速公路转让经营权。经营权转让就是以特许经营的方式转让政府还贷高速公路。政府可以将已建成的高速公路在符合国家政策规定的前提下，进行收费权转让。二是在建或新建高速公路项目尽可能地采取BOT方式。BOT（建设、经营、转让）方式作为项目融资的一种特殊方式，它不仅能够解决资金来源问题，而且投资模式的改变还可使基础设施的经营效率大大提高。因此，政府可以BOT方式尽可能将在建或新建高速公路项目变为经营性收费公路。这样，不用出一分钱，不用花大量的人力、物力、财力，就可以将更多的钱用于其他各项交通基础设施建设和道路维护，从而提高我省的综合交通运输能力。三是将优良高速公路资产上市。充分发挥山东高速股份有限公司上市的作用，将优良高速公路资产注入上市公司。通过公司化，使得政府对公路企业的经营只承担有限责任，高速公路企业贷款修路所导致的还本付息风险，将全部由公司来承担，优良资产上市成为高速公路建设重要的融资方式之一，截至2004年，我省共组建上市公司19家，融资270多亿。山东高速股份作为山东上市的路桥公司，表现出了较好的筹融资能力。因此，政府可以通过反向收购、增资扩股等形式，将政府还贷性高速公路中的优良资产注入到上市公司，将公路的债权债务转移到企业，企业通过股票市场，筹集更多的社会资金，用于高速公路建设。

（作者：山东省高速公路集团有限公司董事长、党委书记）

大力开展社会主义核心价值体系教育活动

——中共陕西省铜川市委宣传部副部长王英选答记者问

2007年初，中共陕西省铜川市委宣传部发出通知，要求在全市广泛深入开展社会主义核心价值体系教育活动。日前，记者就开展这一教育的有关情况采访了中共铜川市委宣传部副部长王英选。以下是王英选答记者问的部分内容。

记者：为什么要开展社会主义核心价值体系教育？

王英选：建设社会主义核心价值体系，形成全民族奋发向上的精神力量和团结和睦的精神纽带，是党的十六届六中全会向全党全国提出的一项重大战略任务。这是我党理论创新的又一重要成果，是加强社会主义和谐文化、和谐社会建设的重大举措，对于推进中国特色社会主义伟大事业，具有重大而深远的意义。建设社会主义核心价值体系，教育要先行。只有通过广泛深入的学习教育，使大家弄明白什么是社会主义核心价值体系等问题，才能抓住和谐文化建设的根本，更好地落实党的十六届六中全会精神。

记者：什么是社会主义核心价值体系，其主要内容是什么？

王英选：社会主义核心价值体系是社会主义制度的内在精神和生命之魂，是社会主义意识形态大厦的基石，是社会主义文化建设的根本。我国社会主义核心价值体系的基本内容包括四个方面，即马克思主义指导思想、中国特色社会主义共同理想、以爱国主义为核心的民族精神和以改革创新为核心的时代精神、社会主义荣辱观。马克思主义指导思想是社会主义核心价值体系的灵魂，中国特色社会主义共同理想是社会主义核心价值体系的主题，以爱国主义为核心的民族精神和以改革创新为核心的时代精神是社会主义核心价值体系的精髓，社会主义荣辱观是社会主义核心价值体系的基础。

记者：请您谈谈开展社会主义核心价值体系教育的重要性和必要性。

王英选：建设社会主义核心价值体系，坚持用社会主义核心价值体系教育和引导群众，形成全党全民族共同的社会主义价值观和精神支柱，具有极强的现实针对性和重大的实践意义。首先，建设社会主义核心价值体系是建设和谐文化的根本。在和谐文化建设中，抓住了社会主义核心价值体系这个根本，才能形成全社会共同的理想信念，增强全社会的凝聚力；才能树立全社会的和谐理念，培育全社会的和谐精神；才能形成全社会的良好道德风尚，构建全社会的和谐人际关系；才能营造全社会的和谐舆论氛围，塑造全社会的和谐心态。其次，建设社会主义核心价值体系是社会主义制度的内在需求。社会主义核心价值体系在所有社会主义价值目标中处于统摄和支配地位。没有社会主义核心价值体系的引领和主导，构建社会主义和谐社会就会迷失方向。只有深刻认识和正确把握社会主义核心价值体系，才能保证建设中国特色社会主义的正确方向。第三，社会主义核心价值体系是中国共产党思想上精神上的旗帜。中国共产党是一个拥有7000多万党员的大党，我们国家是一个拥有13亿人口的发展中大国，我国各族人民正在从事着建设中国特色社会主义的宏伟而壮丽的事业。这样的大党，这样的大国，这样的大事业，需要我们牢固树立社会主义核心价值体系在意识形态领域的指导地位，自觉用社会主义核心价值体系指导工作。

对于执政的中国共产党来说，高举这面旗帜，任何时候都不能动摇。第四，建设社会主义核心价值体系，是巩固全党全国人民团结奋斗的共同思想基础的需要。共同的思想基础，是一个党、一个国家、一个民族赖以存在和发展的根本前提。提出社会主义核心价值体系，就明确揭示了我们共同的思想基础的基本内涵和基本要求，将会推动全党全社会更加自觉地坚持和维护我们共同的思想基础。

记者：开展社会主义核心价值体系教育要解决哪些问题？

王英选：开展社会主义核心价值体系教育要解决的问题主要有四个。一是指导思想问题。就是要把马克思主义作为党和国家长期坚持的指导思想，坚持以科学发展观统领经济社会发展全局，坚持用发展着的马克思主义指导改革开放和现代化建设实践。二是理想信念问题。在中国共产党领导下，走中国特色社会主义道路，实现中华民族的伟大复兴，是现阶段我国各族人民的共同理想。这个共同理想，集中代表了我国工人、农民、知识分子和其他劳动者、建设者、爱国者的利益和愿望，把国家、民族与个人紧紧地联系在一起，既体现了现阶段党的奋斗目标，又体现了党的最终奋斗目标，紧紧把握住这个共同理想，就把握住了社会主义核心价值体系的主题。三是精神支撑问题。在全面建设小康社会、加快推进社会主义现代化的进程中，民族精神和时代精神对于中华民族的凝聚、激励作用越来越突出，坚持以爱国主义为核心的民族精神和以改革创新为核心的时代精神，就牢牢把握住了社会主义核心价值体系的精髓。四是道德规范问题。以“八荣八耻”为主要内容的社会主义荣辱观，明确了当代社会最基本的价值取向和行为准则，涵盖了人生态度、社会风尚的方方面面，体现了中华民族传统美德、优秀革命道德与时代精神的完美结合。只有牢固树立社会主义荣辱观，才能凝聚人心、提升境界、激发活力，形成与社会主义核心价值体系相适应的良好社会风尚与和谐的人际关系。概括而言，进行社会主义核心价值体系教育，就是要使人们树立正确的世界观、人生观和价值观。

记者：社会主义核心价值体系的主要内容只有几句话，念几遍就能记住，为什么还要广泛深入开展教育活动？

王英选：社会主义核心价值体系的主要内容虽然只有四句话，但每句话所包含的内容是十分丰富的。比如，“坚持用马克思主义中国化的最新成果武装全党、教育人民”这项任务，虽然只有一句话，但内容很多。如，十六届五中全会提出的科学发展观，其基本内涵就包括七个主要方面。又如，和谐社会建设的理论，胡锦涛同志 2005 年 2 月 19 日在省部级主要领导干部提高构建社会主义和谐社会能力专题研讨班上的讲话，对和谐社会建设的论述就有 17000 多字；十六届六中全会通过的《关于构建社会主义和谐社会若干重大问题的决定》，也有 17000 多字。

再如，进行以爱国主义为核心的民族精神教育，看起来也是一句话，但起码包括两方面内容。首先，要教育人们树立强烈的爱国主义思想。在当代，爱国主义思想至少应体现在五个方面：一是热爱社会主义祖国，二是热爱中国共产党，三是热爱人民，四是热爱家乡（对于一个生长和工作在铜川的人来说，就是要热爱铜川），五是爱岗敬业（一个不爱岗不敬业的人有什么资格空谈爱国主义）。其次，要言行一致，身体力行爱国主义。这一点更为重要。由此可知，进行社会主义核心价值体系教育，不能只讲四句话，必须教育干部群众在牢记四句话的同时，熟知每句话所包涵的基本内容。这是一项长期的艰巨的任务。只有广泛深入地进行这一教育，才能使社会主义核心价值体系做到家喻户晓，深入人心。

记者：开展社会主义核心价值体系教育活动有无时间要求？

王英选：建设社会主义核心价值体系，既是一个重大的现实课题，又是一项长期的历史任务。作为建设这一体系的宣传教育而言，也是一项永无止境的长期任务。当前我市开展的社会主义核心价值体系教育，是贯彻十六届六中全会《决定》精神进行的一次集中教育活动。其目的就是通过一段时间的集中认真教育，使广大干部群众对社会主义核心价值体系有比较深刻的了解，为今后长期落实建设社会主义核心价值体系的战略任务打下坚实的思想基础。集中教育进行到党的十七大召开，将转为常规教育。

记者：社会主义核心价值体系教育的对象都有哪些？重点是哪些人？

王英选：社会主义核心价值体系教育的对象是全体公民，重点是共产党员、各级领导干部、党政机关和事业单位职工，大中专学校及中小学学生、宣传文化工作者。

记者：当前开展社会主义核心价值体系教育，对于我市有什么意义和作用？

王英选：当前，全市上下正在努力落实党的十六大确定的全面建设小康社会和十六届六中全会提出的构建和谐社会奋斗目标。中共铜川市第十次代表大会和市委十届二次全会号召全市人民，大力实施"5523"工程，建设以现代建材业为主导的新型工业城市，为实现铜川率先发展跨越发展而努力奋斗。实现这些宏伟目标，必须用牢固的思想基础和精神支撑统一人们的认识和步调。开展社会主义核心价值体系教育，必将进一步坚定全市人民的理想和信念，激发全市人民热爱铜川建设铜川的爱国热情，增强全市人民的改革创新意识，提高全市人民的思想道德水平和文明程度。从而成为推动铜川经济大发展、社会更进步的强大动力，对我市的改革、发展、繁荣、稳定产生不可估量的巨大作用。

记者：市委宣传部对开展社会主义核心价值体系教育活动是如何安排部署的？

王英选：我们主要采取六项步骤来推进这项活动。一是认真作出安排。4月初以铜宣发(2007)5号文件发出了《关于在全市开展社会主义核心价值体系教育，推进和谐文化建设活动的通知》，对开展这项教育活动的指导思想、主要内容、目标任务、具体要求都作了明确的规定。二是编发相应的学习资料。市委宣传部最近接连通过《宣传动态》特刊的形式，编发了3期学习教育材料，有必读篇目，有参考资料，有一百题问答等，供各区县、各单位学习教育使用，详细内容可点击中共铜川市委宣传网(http://xcb.tongchuan.gov.cn/)查阅。三是检查督导。对各区县、各部门开展学习教育情况组织若干次检查，表扬先进者，促进后进者。四是拟请专家向机关干部作专场报告，并组织开展知识竞赛活动。五是拟在第三季度对机关干部学习情况进行一次考试，其中副县级以上干部要集中考试，考试成绩作为干部教育年度考核内容之一。六是加强领导，精心指导。成立了以市委常委、宣传部长拓平为组长的铜川市开展社会主义核心价值体系教育活动领导小组，并设立了教育活动指导办公室。同时要求各区县也要加强对教育活动的组织领导。

社会主义核心价值体系教育活动是今年宣传工作的一项重大任务，我们相信，经过大家的共同努力，一定能达到预期目的。

从“洗脚上岸”到“洗脑进城”

——苏州市枫桥街道城市化进程中思想政治工作的调查与思考

江苏省思想政治工作研究会调研组

在枫桥镇数千年田园风光迅速被城市化浪潮所淹没的过程中，在枫桥人数千年田间劳作即将成为历史的剧烈变革中，枫桥街道党工委面对新情况、新问题，创造性地开展城市化进程中的思想政治工作，充分发挥了思想政治工作在引领方向、破旧立新、化解矛盾、凝聚力量、理顺情绪、提升素质、维护稳定、促进发展中的作用，在积极推动建设“富裕、文明、和谐、生态”的新枫桥的同时，探索出一条开展城市化进程中的思想政治工作的新路。近期，我们对枫桥街道如何适应城市化的需要开展思想政治工作的情况进行了调研，现报告如下：

一、正视城市化进程中思想政治工作面临的新情况、新问题

枫桥街道原名枫桥镇，地处苏州高新区中心区域，面积 34 平方公里，原有 24 个行政村、2 个社区居委会。2004 年 6 月撤镇建街道，2006 年 6 月全面完成撤村建社区。目前有 7 个社区居委会，拥有常住人口 5.3 万人，外来人口近 10 万人。

在城市化进程中，面对农业向工业、农村向城市、农民向居民的“三大转变”，思想政治工作出现了一系列新情况、新问题。突出表现为“三个不适应”：一是思想政治工作者的理念、水平和能力与城市化的需要不适应。作为思想政治工作主体的街道和社区干部，都是原来的农村干部，习惯于兜田头、走村头、串家门做农民的思想工作。现在社区居民住房多套、就业多种、生活方式多样、思想观念多元，且人难找、户难寻，感到思想政治工作难入手。

二是思想政治工作的对象对新的生活方式和生产方式不适应。在城市化进程中，农民变市民，必须完成两个方面的转变，即生产方式的转变“洗脚上岸”和生活方式的转变“洗脑进城”。事实上，这两个方面的转变都会引起群众不同程度的抵触，并且两个方面的转变是不同步的。在城市化之前，枫桥镇农民家有楼房、存款和耕地，是一种自给自足的平衡，城市化进程打破了这种平衡。离开田间农作后，一段时间内思想观念、生活习惯转变慢，难以摆脱小农意识。有的彷徨、踟蹰不前，不知道做些什么；有的“女的去烧香，男的搓麻将”；还有的种菜养鸡，影响环境，引发矛盾纠纷。

三是思想政治工作方法机制与现代管理和现代人的思想行为活动规律不适应。城市化之前，农村思想政治工作的对象是生于斯、长于斯、老于斯，日出而作、日落而息的农民。城市化之后，社区居民结构复杂起来，既有动迁农民又有外来务工人员，既有机关干部又有学校教师，既有企业白领又有私营业主等，因而社区的思想政治工作对象具有全新的特点，必须建立与之相适应的思想政治工作机制，以符合生活多样化、价值取向多元化的不同社会群体的思想行为规律。

二、枫桥街道在城市化进程中思想政治工作的具体做法

面对城市化进程中思想政治工作出现的新情况、新问题，枫桥街道党工委不是回避矛盾，而是正视这些问题，在总结以往思想政治工作经验基础上，创造性地开展工作。具体做法是：

（一）抓住关键，注重思想政治工作队伍建设，提升思想政治工作主体的理念、水平和能力

枫桥街道在撤村建社区的调整中，不断加强对思想政治工作的领导，完善思想政治工作组织网络。街道成立了以党工委书记为第一责任人的精神文明建设指导委员会，全面负责街道的思想政治工作，各社区和企事业单位都有一名副书记主管思想政治工作，社区居委会有一名副主任分工负责并有一名专职委员或干事具体做思想政治工作。针对城市化进程中，居民矛盾和纠纷增多的情况，将思想政治工作网络与社会矛盾调处网络结合起来，街道通过社会矛盾调处中心和城管中队、社区通过“五位一体”的综合治理办公室，把各种矛盾和纠纷解决在萌芽状态，比较好地发挥了思想政治工作化解矛盾的功能。针对绝大多数街道和社区干部是由原农村干部转变而来的实际情况，狠抓干部的学习培训，促使其知识更新、观念转变、素质提高。街道党工委每年制定党员干部理论学习和业务学习计划，举办各种形式的理论学习讲座和学习论坛，组织社区干部和后备干部进行轮训，2006 年参训人数达 1500 人，参训率达 95%。在实际工作中，为了使原来的农村干部尽快适应社区工作的要求，还到老城区聘请有经验的社区工作者做社区工作指导员，面对面地进行教与学。通过各种形式的学习培训，提升了思想政治工作队伍的素质，枫桥街道的社区干部正在完成着由过去的管理型干部向服务型干部的转变。

(二)夯实基础，注重思想政治工作与富民工程的紧密结合，为加强思想政治工作提供强有力的物质支撑

城市化进程是一个利益调整的过程，最大的矛盾是如何满足群众正当的利益诉求，其中最大的问题是农民的利益保障问题。近两年来，枫桥街道把富民放在优先位置，采取切实措施，提高居民群众的生活水平。将原来支撑枫桥的“三头”经济(枫桥镇传统的经济是靠挖石头、烧砖头、砍竹头，群众戏称为“三头”经济)发展成为今天的“三金”经济(街道经济靠税金，社区经济靠租金，市民收入有股金)。把发展经济的载体变成了富民的载体，进而也成了思想政治工作的载体。首先，注重壮大集体经济的实力，让经济发展真正惠及全民。街道全面进行了股份制改革，24 个村全部建立股份合作社，农民成为合作社股民，对原有村级资产经营收入实行按股分红，预计 2006 年每个股民实现 500 元红利收入。其次，引导农民走就业、创业、物业“三业致富”之路。街道投资 500 万元，建设了“枫桥劳务职介一条街”和“失地人员自主创业服务中心”，为社区居民就业和创业提供服务。2006 年，采用推荐就业、举办招聘专场、公益岗位援助就业等办法，使 1516 名失地人员实现就业。对自主创业的失地人员，街道给予每年每人 3000 元补贴。2006 年，街道有 6 个社区被评为苏州市充分再就业社区，街道被评为苏州市充分再就业先进集体。此外，街道委托万厦物业为动迁居民代租出租房并实行差额补贴，使居民有稳定的房租收入，据抽样调查，2006 年人均租赁收入已达 1562 元。在城市化进程中，枫桥人已有了薪金、租金、征地补助金、股金、养老金、敬老金等构成的固定经济收入。

(三)虚功实做，注重解决群众关心的实际问题，增强思想政治工作的针对性、吸引力和说服力

针对城市化过程中，转换了农民身份的新居民“彷徨、踟蹰不前、不知道做些什么”的心态，把引导其就业观的改变作为思想政治工作重点，围绕培育“有文化、懂技术、会经营”新市民的目标，制定了 2005—2007 年失地农民三年培训规划，加大失地农民技能培训和就业推荐力度，使失地农民“走出麻将室，走进新课堂”。街道免费开展了引导性培训、职业技能培训、创业培训，两年来共举办各类培训班 40 期，参训人数达 2131 人，经过培训，75%以上实现了就业、阶段性就业及自主创业，使其“失地不失志、失地不失业、失地不失财”。街道还办了一份《培训就业信息》，介绍就业和就业方针政策、先进典型、动态信息，为居民提供服务。针对城市化过程中，新居民沉湎于以前自给自足的小农经营的守旧心态，帮助他们学会算账，调整其价值观和利益观，使其慢慢接受现代市场经济的理念，尽快克服彷徨心态。针对部分群众“仇官仇富”的心态，街道通过结对帮扶，在干部、民营企业家与民众之间架起了一座桥梁，用事实慢慢转变民众的心理，消除误解，促进和谐。一方面，街道通过开设街道网站，增强街道政务的透明度，解答群众关心的热点、难点问题，近两年收集群众网上来访200多条，全部给予答复，群众反响良好，有效地拉近了群众与党委政府的距离。另一方面，街道还抓好扶贫帮困工作，采用安排就业、发放低保金、困难补助、建立“爱心超市”、为贫困户募集教育券、街道100多名机关干部结对帮困等，有效疏解了群众对社会分配不公平现象的不满。针对城市化过程中，大量外来务工人员的涌入，枫桥街道以开放的姿态兼容并蓄，热情关心他们，亲切称他们为“新枫桥人”，与他们一起共同创造美好家园、美好生活。枫桥街道对外来人员寓管理于教育之中，对外来人口一视同仁，免费培训，其子女教育享受同等待遇，减免学杂费，使外地人感受到温暖，为共同构建和谐枫桥营造了和谐的人文环境。

(四)寓教于乐，注重以各种形式的活动为载体，通过“文化枫桥”的建设，搭建了思想政治工作的新平台

在城市化进程中，枫桥的经济得到了长足的进步，人民群众安居乐业、生活富裕。为了满足富裕起来的枫桥人日益增长的文化生活需要，枫桥街道适时推出了“富了口袋”“富脑袋”的双富工程，提出了“文化枫桥”建设的目标。枫桥是一个拥有深厚文化底蕴的江南古镇，唐代诗人张继的《枫桥夜泊》使得枫桥名扬天下。枫桥街道十分注重挖掘和保护优秀文化传统，从2003年起，与中国作家协会枫桥创作基地创办了《白马涧文化》杂志，至今已出版了14期。2005年，先后编辑出版了《枫桥地方文献汇编》、《白马涧民间传说》、《枫桥镇志》、《赵宦光传》等书籍。枫桥街道还开展了丰富多彩的群众性文化活动，用寓教于乐的方法，增强思想政治工作的效果。2006年以来，街道举办了两届文化艺术节，开展了“五月之歌”、“社区群众文艺汇演”、“校园文艺汇演”、“民族音乐会”、“书画摄影展览”、“春季长跑比赛”、“广场文艺演出”等20多项大型文体活动。并针对少数居民在小区种菜、烧香算命、不赡养老人等现象，邀请文艺团体编排小品，在社区巡回演出，使居民受到深刻教育。7个社区都按照市级示范社区的标准，投资建设了市民学校、图书室、舞蹈房、健身房、老年活动室、评弹书场等设施，为社区居民提供活动场所。由30多名音乐爱好者自发组成的枫叶民间乐社，坚持每星期排练，并到苏州、太仓、上海等地演出，他们创作的民乐合奏曲获得了市文化局组织的创作汇演二等奖。万厦物业公司的威风锣鼓队，参加第三次全国体育大会开幕式和闭幕式演出，受到了一致好评。群众性文化活动的发展弘扬了健康向上的主旋律，对于丰富居民的精神文化生活，提高市民的思想素质，发挥了积极的作用。

(五)示范引导，注重建立和完善各种激励约束机制，整合思想政治工作的资源，充分发挥思想政治工作软实力的硬化作用

在城市化进程中，枫桥街道党工委深深认识到，加强思想政治工作是化解和减少各类社会矛盾，提高思想道德素质的锐利武器。要充分发挥思想政治工作的功能，必须通过各种激励约束机制来示范引导。近几年来，枫桥街道制定了《枫桥街道提高市民文明素质实施意见》、《关于加强街道社区党建工作的指导意见》、《枫桥文化未来五年发展规划》、《枫桥街道富民五年规划》等一系列文件，使思想政治工作制度化、规范化。枫桥街道还把思想政治工作贯穿到社区的各项创建活动中，使思想政治工作的示范引导功能在创建活动中得到了充分体现。一是以创建“文明社区”为抓手，激发市民爱岗敬业、建设家园的热情。二是开展以“八荣八耻”为核心内容的社会主义荣辱观教育，开展廉洁文化进社区活动。三是开展法制教育，通过各种管理制度，强化市民的权利义务意识，推动农民向市民转变。四是开展评选和奖励先进活动，2006年评出了20个“文明标兵户”，6个“创业之星”、3个“就业之星”，分别给予重奖，弘扬创先争优的良好社会风气。此外，枫桥街道还通过发放养老金，营造敬老爱老的社会氛围；通过奖学金，倡导崇文尚学的社会风尚。

三、枫桥街道城市化进程中开展思想政治工作取得的主要成效和启示

在城市化进程中，枫桥街道党工委以其扎实细致的思想政治工作，有效地疏解了城市化进程给人民群众带来的不适和阵痛，钝化了这种剧烈的社会变革引起的社会矛盾，促进了社会和谐与稳定，促进了枫桥经济、政治、社会事业的繁荣和全面发展。一是推动了枫桥经济在高水平基础上持续健康发展。2006年实现地区生产总值130亿元，同比增长57%；地方一般预算收入4.11亿元，同比增长51%。二是促进了农民增收。2005年农民人均收入10788元，比上年增长10%，2006年达到12078元，增长12%。三是改善了党群干群关系。农民在城市化进程中出现的利益碰撞、思想观念碰撞、生活方式碰撞等，通过各种形式的思想政治工作，得到有效缓冲，并进而消除了疑虑，转变了观念。近两年来，街道没有出现一起越级上访事件，出现了人人争创事业的祥和景象。四是精神文明建设和文化事业上了新台阶。2006年，枫津社区顺利通过了江苏省示范社区的考核验收，枫津、康佳两个社区被评为苏州市绿色社区，枫津社区荣获苏州高新区先进基层党组织，康佳社区被评为苏州市群众文化十佳社区，马浜社区荣获苏州市卫生服务先进集体，枫桥街道被国家和市、区评为群众文体活动先进单位。一个“富裕、文明、和谐、生态”的现代化新枫桥已呼之欲出。

在城市化进程中，枫桥街道党工委对思想政治工作的实践探索给我们以诸多启示：

第一，基层思想政治工作只有顺应时代发展的潮流，融入所在人群的现实生活与活动，才能有其位。城市化进程在冲击人们已有的生产方式、生活方式的同时，猛烈撞击着人们的思想观念。农村变成城市，使农民“洗脚上岸”；农民变成市民，要求农民“洗脑进城”。以工业文明和商业文明为主体的现代文明与农业文明相比是不同质的文明，社区管理和农村管理有着本质的区别。在这个历史的巨变中，传统思想政治工作的一些方法、渠道和机制已不适应时代的需要。而社区历来都是先进文化与落后文化、科学文明与封建迷信争夺的场所，如何把握社会意识的主流，弘扬主旋律，正确引导居民形成健康向上的思想观念；如何将社区营造成一方健康、文明、祥和和安宁的家园；如何找准社区思想政治工作的切入点，成了新时期思想政治工作义不容辞的责任。枫桥人用其实践探索给了我们答案：既要研究社会转型过程中人们的思想变化、心理心态变化，从中发现人们的思想行为活动规律，通过行之有效的思想政治工作，引导人们找到新的价值追求和心灵的归宿；又要在社区管理服务工作中，创造思想政治工作的新载体、形成思想政治工作的新机制，通过唤醒人民群众的主体意识，在共建美好家园、共创美好生活中，确立思想政治工作的位置。

第二，基层思想政治工作只有贯穿于当地经济社会发展的全过程，着力推动经济社会稳定、健康、快速、全面发展，才会有所为。思想政治工作的目标，始终在于服务于经济、政治、文化和社会的建设，并为其提供强大的思想保证、精神动力、智力支持和文化条件。枫桥街道在城市化进程中开展思想政治工作取得的一条最重要的经验，就是始终把思想政治工作与街道工作的全局联系起来，在推动街道的经济发展、居民的民主参与、街道文化建设以及解决与街道居民生活相关的一系列重大难点、热点、焦点问题上下功夫，在化解矛盾、维护稳定、推动发展、促进和谐上下功夫，又好又快地推动了当地经济社会全面、协调和可持续发展。由此可见，把思想政治工作贯穿于当地经济社会发展的全

过程，是新时期思想政治工作有所作为的必由之路。

第三，基层思想政治工作只有把人民群众的利益诉求放在首位，并努力帮助人民群众解决工作和生活中的实际问题，才会有效力。关注人民群众的利益诉求，解决人民群众工作和生活中的难事、实事，是思想政治工作贯彻以人为本原则的重要体现，也是思想政治工作充满生机和活力的根本所在。枫桥街道在城市化进程中，思群众所想、应群众所求、帮群众所急、解群众所困、做群众所需，从群众最关心、最直接、最现实的利益问题入手，抓思想政治工作队伍建设、抓干部群众思想观念转变、抓文化建设等等，在服务群众、教育引导群众、关心帮助群众上下功夫，努力开展思想政治工作，使新时期思想政治工作焕发出勃勃生机。

城市化进程中，从“洗脚上岸”到“洗脑进城”是一个漫长的转变过程，在这个过程中，思想政治工作任重道远，惟有坚持，才能在潜移默化中赢得一个崭新的世界！

（调研组成员：邱建中　钱学平　尤正义　顾建中　朱益群）

点击社区人和事 评析道德是与非

——东台市新桥街道居民道德点评会机制的调查

江苏省思想政治工作研究会调研组

通过创造和完善城市社区居民道德点评会机制，构筑居民素质教育的崭新平台，打造社区思想政治工作新的绿色通道，从而有效地化解矛盾、凝聚力量，推动社区经济社会的健康发展，为和谐社区与文明社区建设探索新的载体和实践路径，这是近年来东台市新桥街道在推进社区居民思想道德建设和精神文明建设方面的一大亮点。近期，我们对东台市新桥街道居民道德点评活动与道德点评会机制，进行了调研，现报告如下：

一、居民道德点评会机制的由来

新桥街道地处东台市区，历史上是个居民聚居区域，现有居民住宅大楼126幢，居民家庭7600多户，总人口2.3万人。改革开放以来，随着经济社会的发展和城市建设步伐的加快，与居民生活密切相关的各类矛盾纠纷不断出现，小区内各种不文明、不道德的现象时有发生。居民道德点评会正是在这种情况下产生的。

新桥街道金墩社区是东台市第三期城改后的新社区。2000年下半年，不少回迁居民习惯在一口未废除的百年砖砌老水井上淘米、洗菜。日子久了，常常是菜叶碎物充斥井台，污水横流，与挺拔亮丽的高楼、花草掩映的社区大环境很不协调，成为社区中的一块污点。社区居民群众看在眼里，骂在嘴上。几位社区老党员、老干部对此更是急在心里，想在脑中。他们通过合计，借助于一天淘洗用水高峰期，主动上去以招呼谈话形式，就地召集大家对在井台乱丢乱弃、乱泼乱倒行为进行现场点评。大伙儿聚在井边，从只顾个人用水便当讲到向老井边乱丢乱弃，却给小区留下一个不顺眼的斑点；从文明城市创建谈到做人要讲公德……道德话题由此扯开，大家你一言，我一语，相互间掏心窝子的话，说得在场淘洗的男男女女面红耳赤，评得围观众人觉悟大大提高。从此，井台边“脏乱差”的一幕再也觅不到踪迹。事后新桥街道党工委从“一口井问题”的成功化解中得到启迪，一致认为开展群众性道德点评活动能够形成教育人、感染人、引导人的社区管理和思想政治工作的新平台。为此，新桥街道党工委将这种现场评议的做法以“道德点评”的规范性形式逐步确定下来。

之后，街道党工委通过座谈会等形式，广集民意，以“点击社区人和事、评出道德是与非”为出发点和落脚点，组建了道德点评会，制定了《社区居民道德点评章程》和居民道德规范，并相继由试点向面上推开。六年来，党工委立足于社区管理和群众的思想实际，对居民道德点评活动因势利导，进行了改造创新、总结推广、组织实践，不断拓展居民道德点评的范围、丰富居民道德点评活动的内容、完善居民道德点评机制，使居民道德点评活动从群众的自发活动上升为有组织的自觉行为，成了社区群众自我管理、自我教育和精神文明建设的一道亮丽的风景线。

二、居民道德点评会的具体做法

居民道德点评活动扎根于居民的日常生活之中，围绕群众日常生活中产生和关注的热点、难点、焦点问题展开，通过大家点评，从中寻找解决问题的钥匙，使群众易于参与、乐于接受，以达到点击一人一事，教育影响和示范引导一大片的效果。

(一)精心选择点评话题,用身边事教育身边人

居民道德点评活动的话题主要来源于群众日常生产和生活中发生的事件,这些事件纷繁复杂、千头万绪,如何选择点评话题成了街道党工委指导点评活动、提高其自觉程度的前提。在街道党工委的指导下,各社区居委会组建了点评信息员队伍,负责收集发生在群众身边可供道德点评的各种事件,每个社区居委会每周一次对点评话题集中,按个性和共性分类,由街道和居委会确定进行现场点评和集中点评的话题。如:针对台城社区少数居民把花园变菜园、垃圾不入池、占地乱搭建、楼道烧煤炉、家禽散放养、广告乱张贴、广场晒衣被等不卫生、不道德、不文明的行为,街道确定了“投身四城同创,争当文明市民”的点评话题;针对非法营运的三轮车引发交通事故,确定了“整治黑三轮,保护生命线”的点评话题;针对有些学生沉迷于网吧现象,确定了“远离不良网吧,优化育人环境”的点评话题……。六年多来,新桥街道和所属的3个社区已点评了涉及社区管理、城市建设、敬老爱少、计划生育等各类话题900多个。

(二)着力打造点评队伍,提高点评质量和效果

居民道德点评活动的质量和效果依赖于一支在群众中有威望的高素质的点评队伍。新桥街道党工委十分重视对点评队伍建设的指导,从热心社区、乐于奉献、关心公益、爱护家园的人群中挑选出优秀者,担任点评指导员、点评员和点评信息员,实行聘任上岗、学习培训,做到职责明晰。三支队伍中多为老干部、老居民、老党员、老教师和老职工,每个社区居委会不少于10人,街道先后充实调聘了250多名点评指导员和点评员。街道专门建有点评指导员办公室,定期碰头,研究动态,分析工作,部署任务。同时还根据点评话题的需要,邀请与点评内容相关的专家参与并指导。

(三)注重健全点评机制,实现点评的制度化、规范化

居民道德点评活动从群众的自发创造提升为有组织的自觉行为最重要的体现为道德点评机制的不断健全。首先,街道党工委结合民意,瞄准社情,订立了《社区居民道德点评章程》,并围绕社区公民道德范畴,制定了《居民道德规范》,使居民道德点评活动有章可循。其次,确定了现场点评和集中点评的程序,居民道德点评会由主持人、点评员、特邀嘉宾、群众代表组成,其他群众可自愿参加。点评活动由群众代表或主持人点题,点评员分别发表自己的道德评判,在场群众也可以发表自己的看法,特邀嘉宾就与点评话题相关的法律政策规定和专业问题向道德点评会和群众作介绍并发表自己的评判,最后主持人做小结。再次,通过舆论宣传形成一定的道德激励和约束机制。对不道德、不文明的行为进行道德点评形成了强大的社会舆论力量,促使了当事人改过自新;对发生在群众身边的道德典型通过道德点评得到了大力弘扬。新桥街道每月都要从上百件新事中评选出10件优秀事迹,再经过民主推荐和点评会公选出一星,由街道党工委和点评会上门挂牌,命名表彰,并在点评栏中出榜“月星”的照片和事迹。形成教育人、感染人、引导人的道德教育平台。六年多来已评树出“护绿”、“关工”、“公益”等月度群星700多个,有效地发挥了道德点评的激励和约束作用。

(四)努力拓展点评形式,增强点评的吸引力和感染力

居民道德点评形式的多样化是新桥街道居民道德点评会的一大特色。街道设立了道德点评卡、点评台、点评堂、点评栏、点评簿的五位一线点评载体,实行点击到点,评说到线,议论到面。一段时期,社区内乱搭乱建现象有所抬头,街居根据点评卡提供的信息,采取点评台现场点评、点评堂集中议评、点评栏公开点评的办法,使这一现象迅速改变,回归了社区有序的生活环境。点评簿是道德点评的台账,一旦遇有道德或不道德的正反案例及时录入,为社区点评工作提供信号。实践中，新桥街道不满足于对不文明、不道德行为的简单点评，而是在发展中求创新，努力实现双赢效果。他们采取抨击差的与弘扬好的相结合，着力培树道德典型，用示范力和感召力影响和带动社区居民道德素质的提升。新桥小区10号楼居民张芹，为了照料三次中风的公公，毅然辞去了心爱的工作，日夜守护在老人身边，帮公公洗脸刷牙，为公公送食喂药……，成了社区众人夸奖的"打着灯笼也难找的好儿媳"。点评指导员储庆余抓住这一典型，在辖区内迅速掀起"学张芹、做张芹"的主题教育热潮，一股"孝敬老人、甘于助老"的新风扑面而至。邻楼的一家老人很快得到了子女的关爱，他逢人便说，道德点评让我这老头子受了益。张芹也因此捧回了"敬老美德星"。此外，还使道德点评走上荧屏，作为东台电视台的"一周话题"节目，放大了道德点评的社会影响。

三、居民道德点评会机制的社会效果

六年来，新桥街道党工委紧紧抓住社区道德点评这一有形载体，开拓创新，探索求进，在化解矛盾凝心聚力、推动街道经济社会的健康发展、提高居民道德素质、净化社会风气、促进社区和谐与精神文明建设等方面都取得了突出的成就。

一是围绕化解党委政府与群众的矛盾、群众生产生活中产生的矛盾开展道德点评，形成了钝化矛盾、凝心聚力的一片祥和、安宁、稳定的社会局面。连续多年，全街道没有发生一起重大刑事案件；7名失足青少年全部由老年爱心奉献者与其结成帮教对子，实施接茬教育；139名老弱病残、包养对象供给有着落，生活安康幸福。3个社区居委会全部步入盐城市和东台市文明单位行列，新桥街道也被评为"盐城市文明社区"、"东台市文明社区"。

二是围绕提高居民道德素质开展道德点评，为社会主义市场经济条件下做好社区思想政治工作找到了有形的载体。过去，不少社区工作者经常感叹居民道德教育工作难做，素质难提高。追根溯源，难就难在没有一个好的教育引导载体，工作中往往抓了这头，又丢了那头，疲于应付，难见实效。一段时期，街道广场草坪灯常遭人为损坏，多次派人现场监管，还是不能奏效。通过开展道德点评，让大多数群众都加入到点评行列中来，集体一点一评，既明白了是非曲直，更懂得爱护公物要靠大家的监督参与。从此，一支34人自发参加的广场管护队伍诞生了。晨练时留意看一眼，散步时着意多瞧瞧。草坪葱翠了，灯也更亮了。社区群众无不打心眼里信服道德点评就是管用。

三是围绕社区建设和管理开展道德点评，为加快居民自治探索了有效途径。未开展道德点评活动之前，街居干部喊破嗓子，"拉夫式"强拉硬拽，参加社区公益事业的群众仍屈指可数。通过"社区公益活动讲奉献"专题点评活动，请大家说，讲心里话，引来了"我为社区出把力，社区给我以温馨"的评议效果，激发出为社区公益事业人人有义务、个个作奉献的热情。在东台市创建省文明城市中，街道党工委针对乱扔乱丢、乱挂乱晒等不良行为，组织开展了全辖区"治理'八乱'、从我做起"的道德大点评。不久，新桥小区71号住宅楼1单元的10户家庭，自发订立了《单元邻里公约》，张贴到楼道单元，执行到各家各户，共同把楼道管护得整洁干净，无一乱堆物。道德点评活动牵动建立起的道德点评指导员队伍、信息员队伍，以及各种热心奉献社区公益事业的队伍，都具体呈现了居民自治的内涵，成为加速居民自治的重要力量。

四是围绕社区的各种创建活动开展道德点评，使道德点评成为共建社区和谐和精神文明的有声舞台。六年来，新桥街道把社区道德点评与居民评创"三户"、"五星文明家庭"、"文明楼院"以及青少年学生"五星赛"等有机结合起来，把各种创评活动统一交由社区道德点评会和关工指导站组织评议。群众云集点评堂，动真碰硬地评，相互对比着议，评出了创建文明社区的一片新天地。

东台市新桥街道居民道德点评活动与道德点评会机制，是人民群众在构建和谐社区和推进社会主义精神文明建设中的创造，东台市正在全市范围内完善和推广这一做法，努力放大其社会效应。党的十六届六中全会提出了建设社会主义核心价值体系的战略任务，居民道德点评活动与道德点评会机制，作为群众性活动和有效载体必将在推进社会主义核心价值体系的建设中发挥更大作用。对于道德点评活动，老百姓如是赞赏："点评会、威力大，缺德陋习有人抓，文明建设靠大家，'五星'家庭开红花……"

（调研组成员：邱建中 钱学平 尤正义 扬 仪 孙凤志 陈红兵 邹鹏安）

嘉荫县实行积分制考察干部　不断拓宽考核工作新途径

吴松岭

为了提高干部考察工作质量，严把干部考察关，防止干部“带病提拔”现象出现，嘉荫县委在干部考察工作中，积极探索、大胆实践，以干部积分制考察为抓手，建立了体现和保证科学发展观要求的考察评价标准和指标体系，将传统考察工作中忽略的一些能够体现干部道德品质、工作能力等综合素质进行细化，设立了学位学历积分、职称积分、奖励或荣誉积分、调研积分、学术研究积分、优秀专门人才积分、干部培训积分、干部公选积分、群众满意度积分、年度考核积分、社会公德积分、家庭社会关系积分、负积分等考察内容。通过量化打分，以分数积累的形式，形象直观地反映考察对象的素质与业绩，形成了一套切实可行的干部经常性考察的方式方法，为全面、客观、准确地评价干部，提高选人用人水平，推进干部考察工作的科学化、民主化、制度化提供了重要保证。

一、积极探索积分制考察方式，突出评价干部的全面性

为直观反映每个干部的工作实绩和成长轨迹，从中挖掘干部发展的内在潜力，客观、动态、历史地评价干部，嘉荫县委在积分制考察干部的方式上进行了积极探索与实践。

（一）注重干部的现实表现，突出评价干部的业绩

县委在积分制考察形式上注重干部的现实表现，不仅考察其常规性工作完成情况，而且侧重于在急难险重任务面前和事关人民生命财产安危时是否能挺身而出，是否作出突出贡献，是否注重学习积累等。积分制考察办法对干部在扑火、抗洪抢险和急难险重工作或某项重点中心工作中立功受奖或作出重大贡献的，个人获得国家、省级、市级、县级荣誉的，在年度公务员考核中被评定为优秀的，都规定了相应的积分。根据考察内容设计了干部考察积分表，由被考察对象填写并提供相关佐证材料，考察组审核。对工作实绩的认定，采取查阅资料、采集数据、审计核实、实地考察、专项调查等多种方式，结合年度领导班子考核等次，确定党政领导干部个人实绩评价档次并积累相应分数。

（二）注重干部的一贯表现，延伸评价干部的渠道

县委在坚持从“德、能、勤、绩、廉”五个方面考察干部的基础上，将考察指标进行详尽的分类和细化，形成了积分制考察干部机制。考察内容主要包括资历评估、政绩评估、能力评估、民意评估、道德品质评估等五个大方面，并细化分解成13类54项考察指标。同时，扩展延伸各项考察指标的外延，将考核范围由过去单一的单位同事谈话，扩大到了三个圈子，即工作圈、家庭圈、社会圈，保证指标真实全面地反映干部的整体情况。工作圈吸收了与工作有直接联系的上级领导和基层部门的干部，包括村党组织书记，以及被考察干部身边的秘书和司机等，从多方面全方位进行考察。家庭圈指被考察干部的妻子、儿女、亲友等，主要从家庭和睦、教育子女、孝敬父母、邻里和谐等多方面进行考察。社会圈主要了解干部周围的朋友、邻里、所在社区的领导、群众等，考察干部生活作风情况。

（三）注重干部的群众形象，拓宽评价干部的视野

从体现考察的公开、透明的角度出发，县委

通过拓宽监督渠道，发挥关键环节的监督作用，增强监督的合力和实效，增加了考察结果的真实可信度。一方面落实了群众的参与权和选择权，从各个角度全面地对干部进行监控和考核，把监督渠道向下延伸，让普通干部群众参与干部考察工作，通过量化打分，及时发现干部在群众中的分量，有效解决了干部存在的问题。另一方面落实群众的知情权和监督权，在考察中坚持“三公开”，即：考察前张贴考察公告，公开考察组成员和被考察者的姓名；考察中召开职工大会，公开进行民主测评；考察结束后，将考察结果通过“嘉荫党建网”、有线电视等媒体进行公示，增加了考察工作的透明度。

二、通盘把握积分制考察原则，突出考察干部的科学性

县委在运用积分制考察干部过程中，坚持把握“四个结合”的原则，突出干部考察工作的科学性和准确性。

（一）坚持准确考察与科学积分相结合

在积分考察工作中，通过科学组织民主推荐和民主测评，正确引导谈话对象实事求是地介绍情况，认真细致地了解、掌握被考察对象全面、真实、准确的情况。对一些重点事项和问题进行深入调查，分清是非，对考察情况进行综合分析，作出正确判断，客观、公正、准确地评价考察对象，做到科学有效合理积分。

（二）坚持激励鞭策与批评教育相结合

切实把干部积分作为考察干部的一种手段，坚持正面激励与批评教育并重，激发了干部在工作中奋勇争先、埋头苦干的工作热情。一方面，通过积分肯定干部的优点和取得的成绩，指明今后工作努力的方向，激发工作的积极性，进一步挖掘工作潜能，促进了工作上台阶、上水平。另一方面，对被考察对象存在的不足和问题一针见血地指出来，帮助分析原因，找准问题症结，正确引导干部进一步完善自我，提高了素质。

（三）坚持公开透明与保守机密相结合

实行积分制考察干部充分体现了落实群众“四权”，将参与干部考察测评的人员扩大到考察对象的上级、同级、下级和相关单位人员，延长了考察线，扩大了谈话面，做到了公开透明，真实反映了干部在工作圈、家庭圈和生活圈的表现。同时，慎重操作，不借口扩大民主，把不宜公开的机密内容泄露出去，造成不良的社会影响。

（四）坚持发扬民主与引导群众相结合

县委充分体现考察干部的民主化、人性化，坚持相信群众，依靠群众，发动群众，正确引导群众，让群众说实话、真话，采取多种方式广泛征求群众意见，对群众反映的问题认真进行调查核实。采纳群众的合理化建议和意见，将群众打分真正落实到考察结果中，提高了群众积极参与的热情。

三、科学运用积分制考察结果，突出调动干部的积极性

县委在对全县科级和科级后备干部积分制考察的基础上，建立干部积分档案，并注重积分结果的有效运用，切实发挥了激励干部、鞭策干部的作用。

（一）激发干部内在动力，实现了积极有效地引导干部

实行积分制考察干部，充分调动了干部工作热情，打破了干部平常心态，形成了积极向上、构建和谐的热烈氛围，有效促使干部立足本职工作，求真务实，开拓创新；促使干部在家里孝敬父母，处理好夫妻及邻里关系，以美德影响教育子女；促使干部在社会上品行端正，遵守社会公德，更好地服务人民、奉献社会；促使干部之间杜绝不必要的应酬，努力在提高自身素质上下功夫、在真抓实干上下功夫。干部工作时间主动琢磨工作、学习充电的多了，形成了“比、学、赶、帮、超”的争先创优氛围，有效提高了全县党员干部的综合素质。

（二）扩大用人选人渠道，实现了广泛准确地推荐干部

实行干部积分制考察，组织部门推荐干部有了客观依据。以往组织部门提请常委会讨论的干部任用建议，主要是从组织角度出发，以谈话情况和简单测评为依据。干部积分制考察弥补了工作中的一些不足，根据量化测评结果，对长期测评比较优秀的干部和任职评价比较高的干部提出任用建议，使其更具有科学性和准确性。通过量化考察，及时发现平时不被掌握，但群众评价比较高、潜力比较大的优秀年轻干部，为后备干部队伍建设提供了组织保证。

(三)及时发现问题，实现了严肃认真地诫勉干部

县委通过不断丰富干部积分考察的内容，从各个角度客观地反映干部的实际情况，增强了干部动态管理的效果。积分结果的科学运用使县委及时了解和掌握了干部的最新情况，发现干部存在的不足，并通过诫勉谈话，纠正了干部在思想、工作和生活中存在的问题，从而达到了培养和爱护干部的目的。

(作者：中共黑龙江省嘉荫县委常委、组织部长)

建立健全学习制度　提升党员干部教育效果

张祥福

近年来，针对党员干部教育工作流于形式，教育效果不明显的问题，中共嘉荫县委组织部和党校进行了有益探索，在党员干部教育工作中，不断加大制度建设力度，经过几年来的实践，取得了一定的成效。

一是实行闭卷考试制度。县委每次调训干部，都实行统一监考、统一评卷、闭卷考试制度。监考人员由县纪检委、县委组织部、县委党校以及主办单位工作人员共同组成。同时考场设置监控录像，监督整个考场纪律。让每位学员的考试行为都在十分透明的环境里进行，从而使每位学员都以认真听讲和靠真才实学答卷为荣，以抄袭应付为耻。

二是实行参训人员档案记录制度。县委组织部、党校为每位参训学员都建立了个人学习档案。每位参训人员的参加班次、学习内容、出勤情况、考试成绩全部记入档案。因极特殊情况未参加考试的，由主办单位组织进行补考。参训出勤率不足70%的，取消此次培训资格。同时实行考试成绩占培训成绩的80%，出勤成绩占20%的办法，每天上课下课四次点名，为学员集中精力参加学习，努力提高学习效果提供了保障。

三是实行学习成绩通报制度。每次培训结束后，由县委组织部门将学习成绩、出勤情况向学员所在单位通报，同时抄报县委每位常委，将每位学员的参训情况最大公开化，增强认真学习、成绩优异学员的成就感、自豪感，激发参训学员的积极性。

四是实行积分考察制度。对每位在职干部，特别是科级副科级后备干部实行量化积分制考核。除了在政策理论水平、业务能力、工作业绩、家庭社会关系等方面进行考察外，还把每位干部的学习情况和调查研究工作、理论著述发表、学历学位升级情况全部纳入考核范围。对取得不同学习成果的干部分别增加不同的分值，作为今后提拔任用干部的依据，从而在各级党员干部中进一步形成了创建学习型机关，争当学习型干部的氛围。

五是实行专职教师职称评聘分开制度。对党校教师讲课质量，采取教研室组织评议、相关单位领导讲评、参训学员反馈等办法，对专职教师的讲课内容、水平进行综合评定，激发了教师学习理论知识、深入基层调查研究、实行多媒体与远程教学相结合、努力创新教学方法的热情，进一步提高了教学质量。

通过一系列干部教育制度建设，办学单位不用为学员不认真学习发愁了，不用为教师讲课无人听担忧了，学员学习自觉性增强了，学习效果明显了，理论与实践的结合紧密了。为更好地落实科学发展观、构建和谐社会奠定了坚实基础。

（作者：中共黑龙江省嘉荫县委党校副校长）

深入学习贯彻监督法　努力做好地方人大工作

刘朋庆

去年是贯彻执行监督法的第一年，认真学习、深刻领会、严格执行监督法，是各级人大及其常委会的重要职责。我们以贯彻执行监督法为契机，充分发挥人大常委会监督职能和作用，进一步提高人大监督工作水平，更好地坚持和完善人民代表大会制度。

一、监督法的颁布实施，具有重要意义和作用

（一）监督法的颁布实施，是坚持和完善人民代表大会制度的重要举措

全国人大常委会在长期的工作实践和丰富的经验积累的基础上，经过反复调研论证，集中多方面的智慧制定了监督法。为进一步规范人大监督工作，把监督权的行使法制化，监督法明确规定了人大监督工作的指导思想、基本原则和监督的重点、形式、程序等，对各级人大常委会行使监督权进行了统一规范，使各级人大常委会行使监督权有了具体的法律依据；监督法符合现阶段人大工作实际，具有很强的指导性、针对性和可操作性，有利于各级人大常委会健全监督机制，完善监督形式，突出监督重点，增强监督实效，提高监督工作水平；监督法是一部符合我国国情的重要法律，它的实施有利于更好地发挥人民代表大会制度的特点和优势，促进依法行政和公正司法，发展社会主义民主政治，维护人民群众根本利益，构建社会主义和谐社会。总之，监督法的制定和施行具有重大的现实意义和深远的历史意义。

（二）贯彻执行监督法，是做好地方人大工作的保证

贯彻执行监督法、做好人大监督工作，最根本、最重要的就是把坚持党的领导、人民当家作主和依法治国有机统一起来。

首先，坚持党的领导，确保正确的政治方向。要处理好坚持党的领导与依法履职的关系，牢固树立在党的领导下做好人大工作的观念，及时了解区委的重要工作部署，紧紧围绕区委的决策，努力实现党的主张与意图。把区委的部署和决策通过人大法定程序，变为地方国家权力机关的决议决定，形成全区人民的共同意志。要把握好人大各项工作都要有利于加强和改善党的领导、有利于巩固党的执政地位的问题，坚持重大事项、重大问题向区委请示报告制度，人大常委会的重要会议、重要活动、工作制度的制定与完善，都主动及时与区委主要领导汇报、沟通，征得区委的同意、重视和支持。

其次，坚持依法、依程序集体行使职权，确保监督工作的针对性和实效性。坚持依照法律规定的权限和程序行使监督权，是人大监督工作中必须遵循的法制原则。人大常委会开展的对“一府两院”工作的监督，对计划、预算执行情况的监督，对法律法规实施情况的检查，对规范性文件的备案审查以及实行“询问和质询”、“特定问题调查”、“撤职案的审议和决定”等，都要按照监督法及有关法律规定的权限和程序进行。同时，要落实民主集中制，集体行使职权。人大常委会每一个组成人员的地位和权利都是平等的，集体讨论、集体决定、集体承担责任。人大常委会要在充分发扬民主，广泛听取组成人员、人大代表和人民群众意见建议的基础上，集体行使职权，使作出的决议决定符合发展大局、符合法律规定、符合人民利益。

再次，坚持为人民行使权力，实现好、维护

好、发展好人民群众的根本利益。人大不仅是权力机关、工作机关，更是人民群众的代表机关。人民群众的根本利益和共同意志是人大一切工作的出发点和归宿。人大常委会要牢固树立对人民负责、受人民监督的思想，使人大的监督工作顺应民心、反映民意、贴近民生、维护民利。同时，人大常委会行使监督权的情况要向社会公布，进一步增强监督工作的公开性和提高监督工作的透明度，也为人民群众了解人大常委会对“一府两院”开展监督工作的情况创造条件和提供便利，保障人民群众的知情权、参与权、表达权和监督权。

二、深入学习领会监督法的精神实质，贯彻执行从不断完善人大常委会制度着力

(一)学习好、领会好、执行好监督法

人大常委会作为实施监督法的主体，要率先垂范地学习好、领会好、执行好监督法。区人大常委会主要是大力抓好人大常委会组成人员、人大代表以及人大机关工作人员对监督法的学习。一要采取个人自学的形式，学习监督法文本及胡锦涛总书记和吴邦国委员长有关重要讲话精神；二要采取专家解读的形式，深入了解法律的制定背景和实施法律的深远意义；三要采取专题研讨的形式，集中探讨实施法律的重点和具体安排；四要采取区委、区政府理论中心组(扩大)学习的形式，组织作为监督客体的“一府两院”及其部门负责人学习监督法，促使他们树立起监督法与己密切相关，自觉执行监督法的意识。通过多种形式的学习研讨，进一步领会监督法的精神实质，把思想统一到监督法上来，为实施法律打下坚实的思想基础，从而形成人大与“一府两院”共同实施监督法的良好局面。

(二)依据监督法加强人大常委会的制度建设

人大常委会领导在认真学习的基础上，对于监督法只作原则规定的，结合工作实践，对开展监督工作的方法、步骤进行深化和细化；对于监督法没有规定的，继续在实践中稳妥操作并积极创新，为法律的补充完善积累依据、提供参考。召开人大机关副处以上干部专题研讨会，围绕贯彻落实监督法，全面梳理了我区人大常委会38项工作制度，既从宏观上研讨制度建设的重要性及梳理制度应遵循的原则，又结合工作实际提出对现有工作制度具体修改、废止的意见和建议。本着“积极、慎重、有序”的原则，由人大常委会各工作机构按照分工，各负其责进行梳理；各工作机构提出初步意见，对需要废止或修订的，提出完成时间及具体的废止和修改建议，并分清轻重缓急，做出计划，力争在本届内完成。经过研讨，达成如下共识：对于明显与监督法等上位法相悖的工作制度将尽早废止；对于与监督法规定不符的，尽量安排在今年内修改完毕；其他工作制度则结合我区人大常委会五年工作思路的安排，按照有关工作程序逐步推进。

三、贯彻执行监督法努力做好人大工作，不断探讨理论和实践问题

法律的生命力在于贯彻实施。我们在严格执行监督法规定的同时，还要研究探讨在执行法律过程中遇到的理论和实践问题，理清思路，明确方向，全面提升人大监督工作水平。

(一)关于监督法只作原则规定的，如何深化、细化的问题

比如，监督法对视察、审议意见、向社会公布等内容，只作了原则规定。对如何开展代表视察，我区人大常委会在1997年制定了代表视察办法，对视察的具体组织程序和有关要求等作了规定；对如何落实审议意见，我区人大常委会在2006年制定了实行审议意见书办法，对审议意见书的形成、交办、监督等内容作了具体规定；对于向社会公布，我区人大常委会主要是通过区人大网站、人大常委会公报、《今日东城》报和在部分社区设置人大公示栏等方式，向社会公布常委会行使职权情况。诸如此类的问题，

都需要我们根据监督法的要求，结合工作实际，进行进一步的深化、细化，以确保各个环节能够相互衔接、各项规定能够落到实处，取得实效。

（二）关于如何发挥人大常委会街工委在实施监督法中作用的问题

2000年，东城区建立了人大常委会街工委，这是坚持和完善人民代表大会制度的有益创新。几年来的实践证明了在街道设置人大工作的专门工作机构和专职工作人员，有利于充分发挥代表的主体作用。市人大常委会非常关注人大街工委工作的情况，2007年5月，市人大常委会主任杜德印同志到东城区进行了专题调研。为有效发挥人大街工委在贯彻实施监督法中的作用，可以探索人大常委会授权的问题，同时确定人大常委会与街道工作机构之间的关系，使街道人大工作机构在人大常委会统一指导下依法有序开展工作，从而促进为代表履职服务工作的质量进一步提高，人大代表的主体作用进一步发挥。

（三）关于不断提高人大常委会会议审议质量的问题

监督法规定了常委会的监督形式有听取和审议人民政府、人民法院和人民检察院的专项工作报告；审查和批准决算，听取和审议国民经济和社会发展计划、预算的执行情况报告，听取和审议审计工作报告；法律法规实施情况的检查；规范性文件的备案审查；询问和质询；特定问题调查；撤职案的审议和决定等7种，这些监督形式的行使都与常委会会议的审议相关，提高常委会会议的审议质量需从这些监督形式入手。在提高常委会会议审议质量的各个环节中，会前的审议议题确定、开展视察和专题调查研究、对报告提出修改意见，会上的中心发言人审议发言，会后的审议意见的形成、交办、跟踪督办以及有关报告、审议意见书、政府研究处理情况的公布等，都是环环相扣的，必须做到各个环节规范、有序进行，才能最终确保会议的审议质量。比如，我们在加强对计划的监督方面，制定了关于加强经济工作监督的若干意见；组建了具有专业性和广泛性特点的财政经济工作委员会；抓好计划执行的日常监督，常委会有关负责人坚持列席政府召开的经济工作会议和经济社会发展形势分析会，研究分析政府有关部门报送的经济运行情况相关资料；财政经济工作委员会在常委会听取和审议计划报告的20日前，围绕报告进行讨论，开展视察和专题调研，对报告提出修改意见；常委会听取和审议报告时，由财政经济工作委员会主任委员根据财政经济工作委员会的讨论调研情况做审议发言；常委会根据常委会组成人员的审议发言，形成审议意见书，并按照实行审议意见书办法的相关规定送达区政府，并跟踪监督落实情况；常委会将听取和审议计划情况及审议意见书、区政府对审议意见书的研究处理情况，向人大代表通报，并向社会公布。这些做法是和监督法的规定和要求相符合的。但是如何进一步提高常委会会议审议质量，使审议意见书更有分量、更具权威，还是需要不断完善和发展的。

（四）关于充分发挥人大代表主体作用的问题

为了贯彻落实市委23号文件精神，东城区委转发了《中共东城区人大常委会党组关于贯彻落实〈中共北京市人大常委会党组关于进一步加强代表工作的若干意见〉的实施意见》，明确提出加强信息工作，拓宽代表知情知政渠道；加大代表议案、建议的督办力度，促使代表议案、建议办理工作落到实处；完善代表培训系统，提高代表履职能力；健全代表履职机制，增强代表履职效果；完善代表工作格局，健全代表履职服务保障体系。区人大常委会通过坚持集中培训、专题培训和分组培训相结合的方式，开展代表学习培训活动，为代表履职奠定良好基础；通过施行《代表履职登记手册》、推广和建立代表履职档案和代表履职情况公示等，激励代表自觉履职；通过实行市、区代表联系活动，市代表向所联系的区代表联组述职等，不断创新代表活动方式；通过采取市、区代表联合，区、街联合的形式，不断丰富执法检查的方式；通过邀请代表列席常委会、主任会、工委会会议，听取代表发言或汇总代表书面意见建议，集中代表智慧，采取多种形式从多个方面充分发挥代表的主体作用。要实施好监督法，行使好监督权，还需要我们进一步研究提高代表执行职务水平的有效途径和方式，不断激发代表履职的热情，增强代表履职的实效。

（五）关于落实人大常委会行使监督权情况向社会公开原则的问题

我国的宪法和法律规定，国家的一切权力属于人民，人民行使国家权力的机关是全国人民代表大会和地方各级人民代表大会，各级人大对人民负责、受人民监督。在这个意义上，人大常委会应当把行使监督权的情况向人民公开。而且，监督法在法律的层面上，首次明确规定了人大常委会行使监督权的公开原则。因此，我区人大常委会为更好地贯彻落实公开原则，更好地保障人民群众的知情权、参与权、表达权、监督权，制定了《区人大常委会行使监督职权情况向社会公开的试行办法》，通过人大常委会《公报》、《今日东城》报、区人大网站等渠道，向代表通报和向社会公布人大常委会审议的专项工作报告、审议意见书，“一府两院”对审议意见书研究处理情况的报告等材料。同时，不断丰富公开方式、扩展公开渠道，率先在全区 21 个社区设立“东城人大公示栏”，向居民群众公布人大常委会行使职权的相关材料。这是人大工作与居民群众“零距离”接触的新举措，是推进民主政治建设的有益探索。今后，对落实监督法规定的公开原则所涉及的各个环节，特别是对意见建议反馈、处理等环节，我们要不断深化、细化，以保证公开原则在工作中的有效落实。

（六）关于监督与支持的关系的问题

在实施监督法的过程中，我们注重全面监督与重点监督相结合，增强监督的针对性；注重加大监督与强化整改相结合，增强监督的实效性；注重监督与支持相结合，增强监督的目的性。其中一个关键就是要处理好与“一府两院”的关系，坚持监督与支持的有机结合。我们都知道，人大与“一府两院”在法律上是监督与被监督的关系；人大与“一府两院”都是在党委的领导下，依法独立负责地履行职责、协调一致地开展工作的。因此，在工作中，我们做好与“一府两院”的沟通协调，通过召开有人大主任、区长、法院院长、检察院检察长参加的“四长会议”，人大常委会各工作机构到对口联系单位调研等做法，及时了解“一府两院”的工作重点，认真谋划人大常委会工作，使人大工作到位不失职、尽职不越权，形成在区委统一领导下，各司其职，同心协力促发展的良好工作格局，实现“职责分工不同，工作目标一致”的要求。当前，监督法在监督的形式、程序、时间等方面对监督工作提出了新的更高的要求，如何将对“一府两院”的支持寓于监督之中，既履行了监督职责，又不增加“一府两院”的工作负担，同时使人大和“一府两院”各自的职能作用都能得到充分发挥，这些还需要我们在深入学习贯彻监督法、努力做好地方人大工作中，进一步加以探讨和研究改进。

（作者：北京市东城区人大常委会主任）

当前国有企业廉洁文化建设的误区与对策思考

李志华

当前，国有企业党组织按照党中央《建立健全教育制度监督并重的惩治和预防腐败体系实施纲要》要求，努力探索加强党风廉政教育的新途径，大张旗鼓地开展廉洁文化建设，充分运用廉洁文化生动活泼、灵活多样、寓教于乐等诸多特点，努力提高党风廉政教育的针对性、渗透性、实效性，取得了丰硕的成果。但是，从廉洁文化建设的进程和效果看，各企业之间发展并不平衡，有的企业廉洁文化建设尚处于起步阶段，有的虽然做了一些工作，但效果不佳。追根溯源，是这些企业和干部在廉洁文化建设方面还存在这样或那样的误区。

误区之一：廉洁文化建设“无用化”

一些企业的党员干部对廉洁文化建设缺乏正确的认识，看不到廉洁文化建设的重要性、必要性和紧迫性。对完成生产经营任务与廉洁文化建设的关系认识不足，在处理生产经营任务与廉洁文化建设的关系时产生了廉洁文化建设“无用论”观念，存在“两张皮”和“一手硬、一手软”现象。由于生产经营任务繁重，以至于有的单位和领导忽视了廉洁文化建设，讲起来重要，做起来次要，忙起来不要。

误区之二：廉洁文化建设“歧义化”

对“廉洁文化”缺乏科学、准确的界定。一是狭隘地下定义，把“艺术”形式作为廉洁文化的要件，进而片面追求形式。二是随意扩大它的内涵和外延，把党风廉政建设的一些常规性工作都套上“廉洁文化”的帽子，大加炫耀。

误区之三：廉洁文化建设“独立化”

认为廉洁文化只是反腐教育的文化，独立于社会文化和企业文化之外。把廉洁与文化简单相加，形成一种倾向：贴上“廉洁”标签就是廉洁文化。

误区之四：廉洁文化建设“偏狭化”

有的企业领导做工作热衷于标新立异、追赶时髦、装璜作秀，为自己的脸上贴金。带着这样的目的建设廉洁文化，有时也许活动开展得轰轰烈烈，但除了电视上有形、报刊上有文，总结汇报或上级检查过关外，很难说有什么实际效果。

误区之五：廉洁文化建设“空泛化”

一是内容上缺乏针对性。照搬其他企业的做法，与所在企业工作中心、队伍管理缺乏联系，模仿出来的廉洁文化，必然过于抽象，很难有号召力。二是形式上缺乏可操作性。一方面放弃自己的优势，没有结合本企业实际和本行业特点搞廉洁文化建设；另一方面做自己做不了的事，工作机制不健全，缺乏有力的组织和制度作保证，难以全方位、多角度、宽领域有效地开展廉洁文化建设。

误区之六：廉洁文化建设“简单化”

有的企业开展廉洁文化建设的方式方法比较单一，内容呆板，缺乏生动活泼和群众喜闻乐见的素材与活动形式。存在两个偏差，一是主题不鲜明，内容单一，普遍存在亡羊补牢式的警示教育为主，其表现形式往往是开会学习记在簿上、传达宣传停留在口头上、标语口号贴在墙上。二是搞形式主义，被动地应付。上级怎么强调，下面就怎样贯彻，“拨一拨，动一动”，缺乏应有的生机和活力。

误区之七：廉洁文化建设“扩大化”

认为廉洁文化建设，就是党风廉政建设。具体表现是，在领导讲话、媒体宣传、工作总结中往往把廉洁文化的作用任意拔高，好像廉洁文化成了包医百病的灵丹妙药，只要廉洁文化建设好了，党员干部就都廉洁了，腐败现象就销声匿迹了，社会风气就根本好转了，过分夸大了廉洁文化的作用，放松了反腐倡廉的其他重要工作，结果必然会削弱党风廉政建设和反腐败工作。

误区之八：廉洁文化建设“领导化”

认为廉洁文化建设是领导机关和领导干部的事，职工群众参与不参与没有什么关系。只注重强调对党员领导干部的廉洁从政教育，而忽视了对普通职工群众廉洁意识的灌输和廉洁行为的培养；在教育、制度、监督上往往是“头痛医头，脚痛医脚”，从而导致廉政教育、廉政建设与整个大环境和大背景不相适应。

误区之九：廉洁文化建设“阶段化”

把廉洁文化建设寄希望其功于一役，想通过一两次试点或一个阶段教育活动，就解决所有问题，这是不现实的。同时一味求数量，求短期效应，虽一时轰轰烈烈，但最终浮在表面，欲速则不达。

误区之十：廉洁文化建设“公式化”

认为建设廉洁文化有一般性的公式操作程序可以套用，把别人已经搞好的东西或者过去的东西按公式化套用，主动创新的少，被动应付的多。

走出廉洁文化建设的误区，使廉洁文化发挥出应有的效用，必须注意以下三点。

一、抓认识深化，奠定廉洁文化建设群众基础

一是要准确把握廉洁文化的应有之义。研究廉洁文化，我们不难发现，廉洁文化是以廉政制度为基础，以廉政理论为指导，以廉政理念为核心，以廉政教育活动和廉洁文化艺术作品为载体，是人们关于廉政的知识、信仰、规范和与之相适应的行为方式、社会评价等的总和，是廉政建设在文化中的一种折射，寓正直、诚信、廉洁、守法、向上等正确的价值取向于其中，是一种积极进取、健康向上和推进社会进步的先进文化，体现了正确、科学的道德观和价值观，是与时俱进推进反腐倡廉、崇廉敬洁的内在要求，是实践“三个代表”重要思想的具体体现，为两个文明建设提供强大的思想保证、精神动力和智力支持，对此，我们要有全面的认识。

二是要准确把握廉洁文化建设与其他文化的互动关系。廉洁文化与腐败文化格格不入，又与中华民族积淀深厚的优秀传统文化和外来优秀文化相互交融，都是中华民族文明进步的基石。传统优秀文化和外来优秀文化不仅为我们留下了一个弥足珍贵的思想宝库，更为当今廉洁文化建设提供了思想资源支持。但我们在利用这些宝贵文化资源的同时，还应对它认真加以研究分析，认识并克服其历史和阶级的局限性，将其赋予崭新的时代内涵和鲜明的时代特色，使之成为社会主义先进文化的组成部分。

三是要增强搞好廉洁文化建设的历史责任感。在上级推动型或主导型这种体制模式下，要正确引导人们认识廉洁文化建设是一项治本之策。推动廉洁文化建设，要有准备，真正树立长期作战的思想。首先廉洁文化的过程是一个渐进的过程，不可能一蹴而就；其次加强廉洁文化建设，既面临用文化的手段解决反腐败斗争矛盾的问题，又面临诸多消极、腐败文化的挑战，这两种对立的文化始终都在争夺人的思想阵地，而且这种状况将长期并存；再次是要在自身克服负担论、无用论、无关论的同时，引导人们克服无用论和与己无关的思想，把廉洁文化建设，作为反腐倡廉的长期任务和一项基础工程，多管齐下，教育广大干部廉洁奉公、勤政为民，通过各种媒介的传播，不断提高人们对廉政文化的认知水平，引导公众积极参与廉政监督，逐步养成正直、诚信、廉洁、守法的优良品质，在全社会形成崇廉、尚廉的浓厚社会文化氛围。

四是要培育职工群众互动参与的社会责任感。全面推进廉洁文化建设，领导干部是关键，职工群众参与是基础。要有效形成崇廉尚洁的大环境，需要遵循廉洁文化渐进发展的内在规律，要在千方百计调动职工群众自觉互动踊跃

参与的热情和社会责任感的同时，注意防止“大跃进”式的拔苗助长和立竿见影。

二、抓硬件载体，绽放廉洁文化建设灵魂魅力

廉洁文化建设必须要依托一定的对职工群众有吸引力的载体形式加以表现。创设廉洁文化建设的有效载体，使廉洁文化建设有色、有形、有情、有声，贴近实际、贴近生活、贴近群众，真正面向全社会，廉洁文化建设才能有生命力，真正取得实效。

一是要创设载体，物化有形。透视我国传统文化和外来文化的精华部分，我们不难发现，这些文化之所以能够凝聚民众，其关键就在于其教理充分体现在回报个人的同时，回报整个社会，使之落地有声，化空洞说教为人们内心自觉自愿的行为，因而具有强大的精神吸引力。推进廉洁文化建设，应兼收并蓄，借鉴各种文化成功之诀，采取走群众路线，从群众中来到群众中去的办法，在广泛调查，认真听取群众意见建议的基础上，变上级的“一厢情愿”式，为群众的广泛认同参与式，通过创设切实可行的载体，变形式内容单一为形式内容丰富多样，增强廉洁文化建设的吸引力，逐步拉近廉洁文化建设与群众之间的距离，让职工群众零距离接触廉洁文化建设，消除距离感和陌生感。

二是要拓展内容，注重育化。增强教育的有效性，重点要解决好以下三个问题：第一，区分类别教育，增强教育的层次性。对领导干部坚持进行党的基本理论、基本路线、基本纲领和基本经验教育，理想信念和从政道德教育，党的优良传统和作风教育，党纪条规和国家法律法规教育；要充分发挥先进典型的引导作用，深化警示教育，深刻剖析违纪违法案件发生的原因，教育牢记党的宗旨，永葆党的先进性；要把思想教育、纪律教育与法制教育结合起来，积极营造廉洁诚信、依法守法，以廉为荣、以贪为耻的良好社会风尚等等。第二，把握舆论导向，提高教育的针对性。文化主要是通过社会舆论、风俗习惯和内心信念发挥作用。从根本上讲，廉洁文化作为一种社会文化，其终极目标是培养职工群众廉洁从政的信仰和追求，使廉洁成为全社会的共识，成为社会文明、政治文明的重要组成部分。因此，要本着组织引导与社会互动相结合的原则，坚持正面引导为主，把廉洁教育融入思想品德、社会公德、职业道德和家庭美德教育之中，使廉洁文化建设真正融入社会、融入家庭、渗入群众、深入人心，促使大家修身律己，自觉遵纪守法，诚信待人，在单位做个好干部、好职工，在社会上做个好公民，在家庭做个好家长、做对好夫妻，让外在有形、有声的廉洁文化内化为群众内心自觉自愿的要求和行为操守。第三，借鉴先进文化，注重宣传的实效性。汲取古代文化和西方文化的教化方式、表达形式及语言艺术等精华，做到古为今用、洋为中用，具体做到“三让”，即：把空中楼阁文化拿到地上来，让廉洁文化走近群众；把廉洁文化从没有人情味中解放出来，让廉洁文化贴近人心；把廉洁文化从僵化中摆脱出来，让廉洁文化绽放内在的思想光芒和独具的人格魅力。从而变廉洁文化的内在要求、准则，为党员领导干部和职工群众的共同责任与操守。

三是要兼收并蓄，丰富内涵。无论是传统文化，还是外来文化均有不少可以汲取的精华，如发达国家的廉洁教育、诚信教育、守法教育，我国的儒家思想等，无不深含廉政文化的内容。几千年来，中国历史上产生了大量的廉政理论，出台了许多奖廉惩贪的法令，涌现了一大批清官廉吏，创作了丰富的廉诗、廉文、廉戏和廉政格言警句，形成了特定的民族文化心理和精神纽带。加强廉洁文化建设，不仅要古为今用，把廉洁文化内容融入到深厚的历史文化积淀和民族文化的优秀传统中，充分发掘中国历史上为广大群众所熟知的廉吏、清官和廉政故事，而且要结合实际，立足现在，从广阔世界的多彩生活中，从反腐倡廉的生动实践中，及时总结提炼勤政廉政先进典型及身边优秀共产党员的先进事迹，发挥先进典型和榜样群体的示范作

用，倡导尊廉崇廉的社会风尚，营造廉洁文化氛围。廉洁文化建设只有充分吸收养料，丰富内容，使之符合人民群众文化心理和审美习惯，在潜移默化中让人受到教育，受到启迪，达到润物无声的效果，才能成为人们不可或缺的精神财富。

三、抓资源整合，形成廉洁文化建设整体合力

一是形成组织合力。实施廉洁文化建设就要按照《实施纲要》的要求，把廉洁文化建设作为贯彻落实《实施纲要》的载体抓手，努力形成党委统一领导、党政齐抓共管、纪委组织协调、部门各负其责、依靠职工群众支持和参与的工作格局。采取分解任务的办法，做到一级抓一级，一级对一级负责。把廉洁文化建设真正摆到议事日程，纳入党的宣传教育总体部署，完善廉洁文化建设的制度，健全工作机制，改进工作方法。

二是形成舆论宣传合力。一方面要按照创廉洁文化特色品牌的工作思路，着力搞好基层单位廉洁文化阵地建设，进行通盘规范，整体布局，防止“一阵风”和“大呼隆”等盲目跟风。另一方面要坚持正面宣传为主，发挥喉舌作用，充分利用现有的大众传媒，积极宣传廉洁文化，宣传当前党风廉政建设和反腐败斗争的形势、党中央反腐败的坚强决心和方针政策，讨论反腐倡廉工作的热点难点问题；播放具有强烈震撼力和深远教育意义的反腐题材的文艺作品，宣传党纪条规相关知识；充分利用现代传媒的优势，加大网络宣传力度，吸引更多的职工群众关心党风廉政建设和反腐败工作，积极参与相关问题的讨论，并加以正确的引导。把握舆论宣传工作的主动权。

三是全员合心合力。要不断创新廉洁文化建设的方式方法，丰富廉洁文化的深刻内涵，健全廉洁文化建设的工作机制。要面向社会、面向基层、面向群众，夯实群众基础，让廉洁文化进班子、进基层、进厂区、进家庭，渗透到方方面面，在职工群众中产生共振、共鸣，让职工群众所接受。要充分释放廉洁文化本身独具的吸引力和感召力，形成全员合心合力开展廉洁文化建设的浓厚氛围。

（作者单位：中原油田通信管理处）

建设学习型基层党支部应抓住三个重点

冯启臣

先进性教育活动结束后，局党委为进一步深化教育活动的效果，适时组织开展了“建设学习型党组织、建设‘三高型’党员队伍”的活动，收到了良好的效果。回顾近一年来的工作实践，我认为，建设学习型基层党支部，应抓住三个重点。

一、突出班子集体学习，提高领导团队的整体理论水平和素质

建设学习型基层党支部，目的之一就是提高基层班子整体的学习能力、科学决策能力、迎接市场经济挑战的能力和带领单位进行全面建设的能力，保证单位的稳定，为完成以生产经营为中心的各项任务，提供思想保证和精神动力。因此，必须突出班子的集体学习这个重点，以防止流于形式、学用脱节、氛围不浓等问题。在这方面，党中央坚持集体学习的做法，为我们作出了表率。一是突出班子集体学习，必须党政正职共同抓。建设学习型基层党支部，支部书记是第一责任人，但是，由于学习内容的广泛性、学习时间的长期性，要想做到时间、人员、内容和效果的“四落实”，必须由基层单位的党政正职齐抓共管、协调配合，才能切实见到效果。如我处的护线大队党支部，在班子的集体学习时，凡涉及职工思想政治工作方面的内容，由书记负责组织和备课；凡涉及生产经营、行政管理等方面的学习，由大队长负责实施；凡是涉及安全生产、技术革新等方面的内容，由分管的副大队长主抓。这既丰富了学习内容，保证了学习的效果，又发挥了班子成员的作用。二是突出班子集体学习，必须有明确的学习计划和学习目标。建设学习型基层党支部，是一项长期的、复杂的系统工程，必须有切实的计划和明确的目标来保障。班子的学习，主要分为集体学习和个人自学两种形式。制定班子集体学习计划，应以提高理论政策水平为目标。基层班子的主要任务，是对本单位的具体工作进行决策，并组织好实施。而要科学决策，班子的政策和理论水平是保证。制定班子集体学习计划时，应以党的路线方针政策、上级的重要文件等为主要的学习内容，以保证吃透上级精神，拿出自己的贯彻落实办法，保证决策正确和措施得力。制定班子成员个人学习计划，应以提高业务和技术水平为目标。班子成员个人的学习计划，应结合其分管的工作、在工作遇到的具体问题及自身在业务、技术、知识等方面的不足，本着“缺什么补什么，用什么学什么”的原则，制定出切实可行的计划，既要量力而行，又要突出重点，一个时期集中学习一个方面的内容，切忌不分主次、眉毛胡子一把抓。三是突出班子集体学习，必须有一套行之有效的制度作保障。要保证班子集体学习见到实效，必须有一套激励和约束并重的制度作保障。除班子制定一些集体学习制度外，上级党组织应加强对基层班子集体学习的检查和指导，建立健全述学、考试、检查、表彰、使用、惩处等制度，不断激发基层班子集体学习的热情。

二、动员广大党员积极参与学习，打牢建设学习型基层党支部的群众基础

建设学习型基层党支部，党员的广泛参与是基础。一是动员党员广泛参与学习，要有好的机制。几年来，随着知识更新加快和油田的持续发展，尤其是知识和技能在分配、使用等方

面的分量越来越重，广大党员对学习的重要性、紧迫性，有了更加深刻的认识。但动员广大党员参与学习，还需要有一个良好的机制。如制定和实施鼓励党员参与学习的奖励政策，把学习情况与评比优秀党员挂钩，选树和表彰学有所成的先进典型等，都能起到激发广大党员参与学习积极性的作用。二是动员党员广泛参与学习，要有好的载体。好的载体，是保证活动深入持久开展的平台。近年来，输油管理处党委坚持开展了党员学一技、党员与职工群众结学习互助对子等活动，年初有计划，半年有检查，全年有总结表彰，推动了党员的学习，密切了党员与职工群众的联系，收到了一定的效果，先后涌现出刻苦攻关、任劳任怨、勇挑重担、热心助人、一丝不苟、勤奋学习的一批优秀党员，为广大党员树立了学习的榜样。三是动员党员广泛参与学习，要有好的环境。环境可以改变人和塑造人。建设学习型基层党支部，动员党员广泛参与学习，同样需要营造良好的环境。近年来，输油管理处党委，坚持举办自学成才党员的先进事迹报告会，为一线配备流动书箱，建立学习阅览室、图书室和微机室，成立学习兴趣小组，充分利用培训学校进行专题讲座，让爱学习的人讲体会等，在单位营造了“人人讲学习、人人在学习”的浓厚氛围，有力地促进了单位的科技进步、外部市场开拓、优秀人才培养、积蓄人力和智力资本等工作，收到了一举多得的效果。

三、坚持“学以致用”的基本原则，增强建设学习型基层党支部的针对性

“学习的目的，全在于运用”。建设学习型基层党支部，无论是班子的集体学习、班子成员的个人自学，还是党员和职工群众的学习，必须以提高觉悟、开阔视野、丰富知识、解决工作和生活中遇到的具体问题为根本目的，真正做到“学以致用，学用结合”。一是学习要结合本职工作。党员和职工群众的学习，基本都是在职学习，其目的是在提高个人理论水平的同时，促进本职工作。因此，一定要紧密结合自己的本职工作进行学习，力求在学习中有所发现、有所发明、有所创造。如行政干部重点学习管理方面的新知识、新经验，技术干部重点学习专业方面的新理论、新技术，政工干部重点学习做好职工思想政治工作的新方法、新手段，岗位工人重点学习本岗位和相关岗位的新技能、新技巧等，以增强学习的针对性，为干好本职工作打好基础、创造条件。二是学习要致力于解决实际问题。建设学习型基层党支部，就是通过全员、全过程的学习，解决管理、生产经营等工作中遇到的具体问题，促进单位的管理、技术、观念等方面的不断创新，推动单位的科学、持续、稳定、和谐发展。如我处计量技术研究所的党员，针对原油计量工作中摇样不均匀、不安全的问题，进行攻关，研制成功了均化器，实现了自动摇样，既提高了计量工作的精度，又保证了安全，减轻了岗位工人的劳动强度，还获得了国家发明专利。三是学习要符合个人的兴趣爱好。虽然人们常说学习是一件乐事，其实，学习确是一件苦差事，没有个人的兴趣、爱好支撑，很难长期坚持，更难见到实效。基层党支部在组织、引导党员和职工群众学习时，注意考虑到大家的岗位特点、现有文化水平、业务技术状况、工作性质和个人的兴趣爱好，合理地安排学习内容、制定学习计划、确定学习目标，真正做到“想什么，就学什么”，以满足广大党员和职工群众求知、求新、求变的需要，增强学习的热情和动力。如组织喜爱读书的党员和职工群众成立读书小组，组织有书法、绘画、写作爱好的党员和职工群众成立文化创作小组，把业务技术相关、喜爱发明创造的人员，编成科技攻关小组等，集思广益，最大限度地发挥集体的智慧，调动每个人的积极性、主动性，创造出 1+1>2 的效果。

（作者单位：中原油田油气储运管理处）

思想政治工作在处理人民内部矛盾中的作用

李俊伟

《中共中央关于构建社会主义和谐社会若干重大问题的决定》就思想政治工作在协调利益关系、妥善处理社会矛盾的重要作用作出了明确规定。思想政治工作是我党的优良传统，是党组织动员群众、组织群众、教育群众胜利完成各项任务的重要法宝，也是我们党化解人民内部矛盾的主要经验之一。历史经验证明，什么时候我们坚持正确区分两类矛盾，坚持用思想政治工作的方法处理人民内部矛盾，社会就稳定、事业就发展；什么时候我们忽视了思想政治工作，单一依靠行政、经济的办法去处理人民内部矛盾，我们的事业就遭受挫折或倒退。因此，运用思想政治工作的方法处理人民内部矛盾，不仅具有现实的紧迫性，也有历史发展的必要性。

一、人民内部矛盾的处理需要思想政治工作

任何社会制度的运作不仅依赖于具体主体（人）的操作技术和道德品质，而且其运作效果也取决于其约束对象的制度意识或规则意识，甚至取决于其约束对象的内在道德品质。正如著名哲学家罗尔斯所指出的："正义是社会制度的首要价值，正像真理是思想体系的首要价值一样。一种理论，无论它多么精致和简洁，只要它不真实，就必须加以拒绝或修正；同样，某些法律和制度，不管它们如何有效率和有条理，只要它们不正义，就必须加以改造或废除。"而当代著名伦理学家麦金太尔在其《追寻美德》一书所述，对于一个没有正义德性的人来说，即使是再完备合理的正义规则也等于零。中国的儒家思想最重视政治解决社会矛盾和冲突以实现社会和谐的问题，公正政治的实现，更重要的还在于公正的规则的制定和实施。荀子曾说："国无礼则不正。礼之所以正国也，譬之犹衡之于轻重也，犹绳墨之于曲直也，犹规矩之于方圆也，既错之而人莫之能诬也。"所以仅仅依靠比如说社会法制和基本政治制度的约束和规范并不足以确保社会正义秩序的建立和维持，更难以实现"和谐社会"的社会治理目标。

关于这个问题，毛泽东也作过具体分析。他指出，对待人民，要用民主的方法，就是说必须让他们参与政治活动，"不是强迫他们做这样做那样，而是用民主的方法向他们进行教育和说服工作，这种教育工作是人民内部的自我教育工作，批评与自我批评方法就是自我教育的基本方法"。他指出凡属于思想性质的问题，凡属于人民内部争论问题，只能用民主的方法去解决，只能用讨论、批评的方法，说服教育的方法去解决，而不能用强制的方法，压服的方法去解决。企图用行政命令的方法，用强制方法解决思想问题、是非问题，不但没有效力，而且是有害的。

理论上说，国家应先通过社会政治、经济和文化等基本制度的正义安排与正义实践，来实现社会的普遍公平，确立基本的社会良好秩序。然而，社会正义秩序的建立不仅需要社会法制、国家基本政治制度和经济制度等"显形制度"的制度资源，还需要公民道德、社会伦理和其他社会风俗礼仪、精神心理等"隐形制度"或文化价值资源的有效供应。当然，和谐社会的目标也决不仅仅是公平正义社会的建立，和谐社会更需要社会道德伦理的价值资源和心理—精神的维系。人们内心的精神心理和谐最终会成为影

响社会秩序和谐更为复杂和更为长远的内在因素。可以说，和谐社会的良性秩序不简单等同于社会基本秩序的安定和平，还需要人们的精神心理的和平安静，道德伦理基础不仅应该成为创建和谐社会的内在目标之一，而且也是更为艰巨和复杂的社会道德文化工程，而后者更具长远意义。

阿尔蒙德从跨国比较的视野印证了道德教育或者政治教育对于培育国家公民的重要性，他指出："如果个人就某个政治对象获得了一组前后连贯的信息，特别是当这些信息又涉及他们自己的活动时，他们就可能对该政治对象形成一套坚定不移的信念。……如果社会或社会中某一特定的机构想要有意识地来塑造其年轻公民，建立各社会化机构之间的一致性是首要的促进因素。""在美国、英国、西德、意大利和墨西哥，都可以看到受过教育的人能更好地认识到政府对他们生活的影响，他们对政治更为关心，对政治领导人的情况有更多的了解，并表现出更强的政治能力。这些调查结果也在阿根廷、奥地利、智利、东巴基斯坦、印度、以色列、日本、荷兰、尼日利亚和南斯拉夫等各个不同国家里得到了证明"。

在我国，政治教育最为直接的途径是运用马克思主义中国化的最新成果武装广大党员的头脑，教育群众，从而树立中国特色社会主义的共同政治理想和信念。这些认知能否得到公民的认可与内化，不仅关系到国家政局的稳定，而且直接关系到整个政治体系能否成为政治文明建设的过程。思想政治工作的作用，通过教育群众体现出来，即对群众进行党的路线方针政策以及社会发展形势的宣传教育，以调动广大群众的积极性和创造性。在教育的基础上，再通过广开言路，集思广益，充分发扬民主，创造条件，让大家畅所欲言，然后集中群众的智慧，对群众中存在的疑惑和不理解循循善诱，说服教育，把各种不正确的思想引向正确的方向和轨道。因此，我们要大力加强和改进思想政治工作，给群众释疑解惑、理顺情绪，尽可能地通过说服教育的方式来化解矛盾。

二、思想政治工作在化解人民内部矛盾中的作用方式

构建和谐社会需要解决社会矛盾。社会矛盾积聚的过程，实际上是社会不稳定能量的积聚过程。社会矛盾和不稳定能量犹如水，宜疏不宜堵，这就需要建立调控社会矛盾的"安全阀"，化解和舒缓各种社会矛盾，释放和疏导社会不稳定能量。

首先，通过思想政治工作渠道，让各阶层的群众有充分表达自己意见和情绪的机会。古人云，"防民之口，甚于防川"。"是故为川者决之使导，为民者宣之使言"。河水宣泄不畅，必然决堤，言路堵塞不通，社会矛盾和冲突也会尖锐起来。水无定形，关键在于疏导。水导入川海不为害，民自由议政不为乱。因此，治水的人要疏通河道，让水畅流；治民的人应开导他们，让他们畅所欲言。堵塞言路，有过于堵塞奔流的江水。刘少奇早在1957年谈到如何听取群众意见时就十分中肯地指出："大部分闹事，开始只是群众讲闲话。所以劝告同志们要听闲话，群众的闲话不可不听。刚刚有了闲话，你听了，感到有问题，就去处理，这就比较好，解决了问题就可以不闹事。"拓宽社情民意表达渠道，形成科学有效的利益诉求表达机制，这是党的十六届六中全会深刻把握我国社会发展阶段性特征，紧密结合构建社会主义和谐社会的现实要求而作出的重要部署。

其次，通过思想政治工作沟通信息，增进理解，尽量把对抗性矛盾转化为非对抗性矛盾，把矛盾解决在萌芽状态、始发阶段。用民主的、说服教育的方法宣传群众、教育群众，及时把党的路线方针政策、政府的施政决策和有关工作部署等传达给群众，并做好细致的释疑解难工作。这样思想政治工作做好了，就给国家机器增加了一个"安全阀"，确保其正常运转。思想政治教育的"安全阀"作用，不能仅仅理解为消极的宣泄；而更应理解为积极的教育、疏导和控制。

思想政治工作能够通过科学的灌输，耐心细致的说服，理论联系实际的具体分析，榜样的示范，以及积极的思想斗争，引导人们的思想沿着正确的方向发展，从而减少人民内部矛盾的产生。正如江泽民同志所指出的那样，党的思想政治工作的一个重要任务，就是要引导干部和群众分清主流和支流、分清正确与谬误。在改革开放中，新事物层出不穷，人们已经习惯的一些思维模式、行为方式、生活方式等，在新形势下就显得难以完全适应。人们容易对一些社会现象、一些事情存在不同看法，产生一些疑虑，只有通过我们积极的宣传、讨论、解释，才能使人们消除疑虑，达成共识，我们的工作才能取得多数群众的理解、支持与参与，尽可能避免矛盾的产生。

再次，思想政治工作通过利益调整维护社会和谐。改革开放以来逐步形成的利益关系格局特别是重大的利益关系，已经构成了社会矛盾、社会冲突、社会危机的基础，因此对利益关系特别是重大利益关系作出必要调整，是建设和谐社会的一个重要突破口。当不同利益群体的利益要求互不沟通的时候，每个利益群体都会将自己的利益要求强调到无以复加的地步。当利益群体的利益要求缺乏正常的渠道得到表达的时候，便化为牢骚不满弥漫于全社会，有时因政府机构处理不当，还会酿成不良社会政治行动。各级职工代表大会，工、青、妇的组织系统，政府和群众的协商对话，市长电话等等，实际上都应看做是进行思想政治工作的机会。领导社会改革的执政党只有长期地经常将自己对于改革的正确认识，告诉不同的利益群体，才可能使他们认识趋于正确，心理趋于平衡，从而真心实意地维护改革，参与改革。在具体的思想政治工作中通过大量细致的工作，可以形成有利于改革的社会舆论氛围，缓解群众的接受能力；通过做好解释工作，转移人们对利益的集中关注。

最后，思想政治工作通过自身发达的信息反馈系统预防矛盾的激化。处理人民内部矛盾，旨在建立一个稳定和有序的和谐社会。现在，我国人民生活总体上达到了小康，但是，在推动经济社会协调发展和保持社会稳定方面，新的挑战也随之出现了。亨廷顿在谈及作为变革形式之一的经济发展时，通过大量的实证研究提出了一个观点："现代性孕育着稳定，而现代化过程却滋生着动乱。"在这些问题和考验面前，政党如果能够为民众提供利益表达的制度化渠道，就会在很大程度上释放社会不满情绪、缓和社会矛盾。作为党的思想政治工作，更是在整个国家社会预警体系中发挥着特有的"预警器"的作用。思想政治工作部门具有灵敏度高的特点，其成员分布在社会各个阶层、各个领域和部门，触角可及社会各个方面，一旦有情况，都可在宣传和思想政治工作领域得到反映。思想政治工作部门还具有信息分析客观准确和反馈渠道畅通的特点，通过上通下达，反映社会各方面信息，使得信息传递在第一时间达到预警系统的终端。思想政治工作就是这样对信息作出反映，化解矛盾于萌芽，解决纠纷于未然。

（作者：中央党校党建部副教授）

学习十七大报告需要解决的三个认识问题

毕　德

当前和今后一个时期，学习贯彻十七大精神是全党的一项重大政治任务。把思想和认识提高到十七大的高度，把力量和智慧凝聚到十七大的各项重大决策上来，这是各级党组织和全体党员必须高度重视的政治问题。贯彻落实十七大精神的前提和基础是学习好十七大政治报告，只有深刻把握报告的基本精神和亮点突破，才能在实践中更加自觉地加以运用。只有高度重视十七大报告的政治价值、理论价值，才能提高深学真学十七大报告的自觉性和驱动力。因此，我认为，为了深入开展十七大报告的学习活动，必须解决以下三个认识问题，即如何认识十七大报告的重大意义、如何认识十七大报告的基本精神、如何认识十七大报告的亮点和突破。

一、如何认识十七大报告的重大意义

十七大报告是凝聚了全党智慧、富有创造性的纲领性文件，它不仅是统一思想的政治宣言、指导工作的行动纲领，更是丰富我们精神世界的百科全书。

随着工业化、信息化、城市化、市场化和国际化的不断推进，人们思想的多样性、选择性、差异性、独立性也在明显增加。在日益多样化的今天，如何引领和统一全党的思想，弘扬主旋律，这是一个必须高度重视的问题。特别是社会上各种思维相互交锋，新自由主义、新儒家、新左派和民主社会主义的主张在不同程度地影响着人们。心齐才能气顺，气顺才能形成强大的力量。思想的混乱必然引发行动上的盲从，信念的动摇必然导致工作上的摇摆。因此，统一全党思想非常重要，特别是在面临的机遇前所未有、面对的挑战也前所未有的关键时期，更要旗帜鲜明地向全党讲明举什么旗、走什么路、以什么样的精神状态、建设什么样的目标等重大政治理论问题。十七大报告正是关键时期统一全党思想的政治宣言，必须从这样的高度把握十七大报告的政治和理论价值。

凡事预则立，不预则废。只有提高工作的预见性、计划性，才能扎实而富有成效地开展工作。十七大报告在大量调查研究的基础上，为全党谋划了今后十三年工作的重大部署，这是各行各业开展工作的行动纲领、谋划未来的纲领性文件。这些新思路、新举措、新观点，管长远、管全局，只有深入学习，多学一点，学深一点，才能在工作中自如地运用，结合实际来贯彻。因此，对十七大政治报告不仅要看到其政治理论价值，更要看到其对现实工作的指导意义，从而更加自觉地投入到学习报告的热潮中。

在市场竞争日趋激烈的今天，许多人往往埋头工作而忘记对自己精神世界的呵护，有的人由于长期不注意学习和思想修养的提高，以至于价值观念扭曲，甚至于走上不该走的道路。工作越繁忙，竞争越激烈，越要抽出时间学习，充实和丰富自己的精神世界。十七大报告充满着时代气息，是丰富我们精神家园的最佳营养品，它涵盖了政治经济文化、治党治国治军、内政国防外交，学习它不仅仅是完成上级任务的要求，更是我们每一个追求进步的人内在的需求。因此，变“让我学”为“我要学”，分享着报告的营养，沐浴着知识的阳光，真正把报告变成丰富我们精神世界的百科全书，那么，我们对学习报告的重大意义的理解也就会更加完整了。

总之，我认为学习好十七大报告必须首先要提高学习的自觉性和内驱力，充分认识十七大报告的重大意义，认识到它是统一思想的政治宣言，是指导工作的行动纲领，是充满创造精神和时代气息的全党智慧结晶，也是丰富人们精神世界的百科全书。

二、如何认识十七大报告的基本精神

学习十七大报告要学会从整体上把握报告的精神实质，完整准确地运用报告基本精神指导实践。那么什么是报告的基本精神？高举一面旗帜，总结一场革命，坚定一条道路，提出一个体系，阐述一个思想，完善一个目标，谋划一套部署。这“七个一”可以看成是对报告基本精神的一个概括。

高举一面旗帜，这是报告的灵魂、主题和红线。报告开宗明义提出这是全国人民团结奋斗的旗帜、发展进步的旗帜。总结一场革命，这是报告的一个重大特点。回顾29年波澜壮阔的历史进程，提出改革开放的十条宝贵经验，无论是政治分量还是理论价值都是很高的。坚定一条道路和提出一个体系，这是在回顾历史的基础上得出的必然结论。报告在总结历史经验的基础上，指出中国特色社会主义道路和中国特色社会主义理论体系，充满智慧，高屋建瓴。阐述一个思想，那就是科学发展观这个重大战略思想。十七大报告在全面分析现实的基础上，指出八个阶段性特征，论述科学发展观的主要内涵和基本要求。完善一个目标就是十七大报告对十六大报告提出的全面建设小康社会目标进行了充实完善，进一步明确了新的要求。谋划一套部署就是对今后一个时期经济社会发展和党的建设进行全面规划，描绘了新的蓝图。

把握十七大报告基本精神除了“七个一”的概括，还可以从报告的框架结构上切入。通过对报告框架结构的分析，可以帮助我们全面理解报告的基本精神。从时间顺序看，报告12个部分，第1、2部分是在总结过去，第3、4部分是在分析现实，第5至12部分是在规划未来。总结过去，一方面是5年的十项成绩、八个问题，另一方面是29年的十条经验和两个结论。通过对过去的总结，为报告的立论奠定历史基础。分析现实，一方面通过重点对八个阶段性特征的论述，强调科学发展观的重要意义；另一方面对全面小康五个新要求的论述，更加客观全面地分析了时代的新要求、人民的新期待，为报告的立论又奠定了现实基础。第三大块即规划未来，提出了两大新的布局，为未来经济社会发展和党的建设布局谋篇。因此，如果从内在和框架结构看，报告的十二个部分以时间为序，按照总结历史、分析现实、规划未来的思路，环环相扣，徐徐展开，展示了一种内在统一的逻辑美。

从宏观上把握报告是一种重要的学习方法。不谋全局不足谋一城，只有善于从整体上把握报告，才能防止挂一漏万，做到全面完整。“七个一”的归纳和框架结构的分析，可以看做是一种整体学习的方法。整体学习还有一种方法，就是以“新布局”为切入点，把报告中关于经济社会发展和党的建设的新布局突出出来，新旧对比，归纳对照，也可以达到宏观把握报告基本精神的目的。比如，关于经济社会发展新布局，报告从过去的经济、政治、文化的“三位一体”发展为经济、政治、文化、社会的“四位一体”；报告从过去的物质文明、精神文明、政治文明发展为物质文明、精神文明、政治文明和生态文明；报告从过去的富强、民主、文明的三个目标发展为富强、民主、文明、和谐的四个目标；在具体发展道路上，报告从过去的新型工业化道路、中国特色城镇化道路进一步增加为中国特色的政治发展道路、中国特色的农业现代化道路、中国特色的自主创新道路等五条具体道路。再比如，关于党的建设新布局，报告从过去的“四大建设”发展为思想、组织、作风、制度和反腐倡廉“五大建设”，把党的执政能力建设和先进性建设确定为党的建设的主线。总之，宏观学习法是学习十七大报告的一种重要学习方法，这是如何认识报告基本精神的重要途径和武器。

三、如何认识十七大报告的亮点和突破

十七大报告新意叠出，充满了创新精神。学习好十七大报告除了完整准确宏观把握以外，还应抓住亮点和突破，深化对报告的学习。既要全面学习，又要突出重点，特别是突出学习报告的新观点、新思想、新举措，也是研究如何学习十七大报告不能不认真回答的问题。当然，角度不同，归纳的方法不同，得出的结论也有区别。我认为，从五个建设角度来归纳，十七大报告的亮点和突破主要是：

（一）关于经济建设方面的亮点和突破

把提高自主创新能力放在首位，促进国民经济又好又快发展，这是在经济建设上的第一个亮点。长期以来，我国经济自主创新不够，影响着许多深层次问题的解决。十七大报告把自主创新问题放在第一个问题来论述，意义十分重大。把转变经济增长方式改为转变经济发展方式，两字之差，寓意深刻。这个新的提法绝不是文字游戏，它代表着我国经济发展不仅要在投入方式上彻底改变，而且要在经济的发展结构、发展模式等各个方面都要有一个彻底转变。告别只靠投资、出口来拉动经济的旧模式，形成消费、投资、出口三架马车协调拉动的新局面。告别只靠第二产业拉动经济的旧方法，走向一、二、三产业协调拉动的新天地。另外，在经济建设上，报告提出优化国土开发格局，按照主体功能区的要求，形成新的经济圈、经济带、城市群、经济增长极等，都是富有新意的突破和亮点。

（二）关于政治建设方面的亮点和突破

提出“人民民主是社会主义的革命”的新论断，这是认识上的重大飞跃。把推进政治体制改革从“积极稳妥”发展为“不断深化”，这个改变显示着我们党为推进政治体制改革的坚强决心和力度不断加大。十七大报告把基层民主自治制度同人民代表大会制度、共产党领导的多党合作与政治协商制度、民族区域自治制度相并列，成为中国特色民主政治制度的重要组成部分，这在今后的社会主义民主政治建设中将发挥重要的基础作用。

（三）关于文化建设方面的亮点和突破

吹响文化大发展大繁荣的新号角，掀起文化建设的新高潮，这是十七大对文化建设的新论述。兴起文化建设新高潮既是中国共产党人的一贯主张，也是富裕起来的中国人民的迫切愿望，现在也有经济实力做基础和后盾。为此，一方面要唱响主旋律，推动中国特色社会主义理论体系的普及深入，推动马克思主义中国化最新成果的大众化，使社会主义核心价值深入人心；另一方面，也要包容多样，尊重差异，建设和谐文化，使人们的精神文明产品丰富多彩，使中华文化绽放光彩，使文化创新不断推进。

（四）关于社会建设方面的亮点和突破

社会建设单列一章在党代会的报告中尚属首次。十七大报告是一个关注民生的报告。报告提出“用创业带动就业”，为全社会树立了一个新的就业观。报告提出“提高劳动报酬在初次分配中的比重”，“建立企业职工工资正常增长机制和支付保障机制”，为提高低收入者收入奠定了机制保障；报告还提出要“创造条件让更多的群众拥有财产性收入”，更为社会结构的稳定开辟了道路。一个稳定的社会结构必然是一个中间大两头小的橄榄型的社会。如何扩大中等收入者的比重，是防止收入差距过大的重要对策。报告的这一系列新观点、新举措必将为和谐社会的建设打下新的坚实基础。

（五）关于党的建设方面的亮点和突破

报告提出“以改革创新精神”加强党的建设，这个新的提法加入了“创新”二字，表明中央对于党的建设的创新问题更加关注。随着50多年的执政和近30年的改革开放，党的历史方位已经发生了根本变化，随着世情、国情、党情的变化，必须以新的思路加强党的建设，改变思维方式，以执政能力建设和先进性建设为主线，自觉加强党的五个方面的建设。这一部分还有一个大的亮点，就是加强党内民主建设，实行党

代表的任职期、改革党内的选举制度，建立健全巡视制度等。党内民主是党的生命，没有党内民主建设的加强，党的建设的动力和活力将不复存在。报告还把反腐倡廉建设单列为一个部分，使之与传统的思想建设、组织建设、制度建设、作风建设相并列，这种新的党建布局预示着在党的新的伟大工程建设中，反腐败斗争将更加坚决和持久地开展下去。党同各种消极腐败现象水火不容，对任何腐败分子，都必将依法严惩。

（作者：中共广东省委党校党史党建部副主任）

以十七大精神为指导
认真做好城市建设管理服务工作

王育龙

党的十七大报告中多处涉及到城市建设管理服务工作，这充分体现了党中央对城市建设管理服务工作的高度重视，是党中央对新时期城市建设管理服务工作的新要求。我局认真学习党的十七大精神，坚持以邓小平理论和“三个代表”重要思想为指导，贯彻落实科学发展观，解放思想，真抓实干，不断开创了城市建设管理服务工作的新局面。获得了“城市建设管理工作先进单位”、河道“创模杯”先进单位、区先进基层党组织和市12319热线授予的“12319文明单位”等称号。我们的具体做法是：

一、抓班子，强素质，全力打造一流的工作队伍

我们首先从加强领导班子思想建设入手，认真学习十七大精神，积极开展“学习实践科学发展观——解放思想大讨论”活动，制定了详尽的实施方案及活动配档表，向社会各界发放了征求意见函、召开了征求意见座谈会，根据征求上来的意见和建议召开了专题民主生活会，制定了整改措施。班子成员参加区委组织部、宣传部和区委党校联合举办的学习十七大精神培训班，并撰写了学习小结和4000余字的学习心得。为各支部发放了党的十七大报告、中国共产党党章、新党章读本、十七大报告学习辅导百问等学习材料。部分同志参加了建委系统十七大精神解读讲座。局举办了三期学习十七大精神心得展评。通过一系列的培训学习，班子成员进一步解放了思想，明确了奋斗目标，提高了学习实践科学发展观的自觉性和坚定性。在统一思想、提高认识的基础上，我们又通过竞争上岗的形式，提拔任用了12名科级干部，同时报经区建委党委批准，在全局成立了3个党支部，建立了团支部，选举产生了各支部委员、党小组长和团支部书记，为完成繁重的城市建设管理服务工作奠定了坚实的组织基础。

二、抓创建，强措施，全力争创一流的工作业绩

搞好12319天桥工作站工作。紧紧围绕“规范服务、达标服务”标准，以建设新天桥、构建和谐社会为目标，深入开展“亲情服务、贴心服务”活动，进一步完善热线体系三级服务网，做到以群众反映为第一信号，群众需要为第一选择，群众满意为第一标准。全年共接受2689份工单，处理2689份，处结率达到100%，解决了大量市民反映的热点难点问题。在“7·18”特大暴雨中，做到及时准确地传达指挥部下达的各项指令，确保通信畅通，任务落实。

搞好排水管理工作。本着“求真务实、以人为本、服务于民”的宗旨，在排水管理工作中加大对职工专业素质的培训，努力打造一支思想作风过硬、业务能力过硬的城市管理服务队伍。对辖区内损坏、丢失的井盖、雨水箅子做到及时更换，对雨水和污水井做到周期性清挖。到目前为止，共掏挖污水井、雨水斗19996个，疏浚管道14983米，外运淤泥644立方米，维修更换雨污水井盖、雨水箅子878个，消除了因井盖箅子丢失、损坏带来的安全隐患。积极主动的工作受到了市民广泛称赞，我局多次收到市民送来的“心系百姓、为民排忧”锦旗。

搞好户表办工作。天桥区户表改造工作由

天桥区建委转交给我局后，为使天桥区户表改造工作全面展开、顺利完成，我局抽调精干人员，边学习，边交接，边工作。在交接的当月，户表办全体工作人员加班加点，共开工 4000 余户，并全部验收合格，完成量创户表改造以来单月新高，目前已完成户表改造 17701 户，列全市首位。

搞好泵站管理工作。汛期前，对辖区内 7 座泵站、31 台水泵机组、11 台变压器、10 条高压供电线路及低压开关柜进行了全面的检修、保养，做好汛前的准备工作，使各设备完好率达到 95%以上。今年全年泵站开机时间 4517 时/台，排水总量 507 万立方米，疏通排水沟 1800 米，确保各项工作顺利完成。在上级领导的支持和我局的积极努力下，通过竞争性招投标会议，对生产路、陈家楼、成大路泵站的设施设备进行改造。经过多方努力协调对北园路泵站将进行彻底改造，预计投资 570 万元。

搞好河道管理工作。按照河道"双保"的"五无标准"，并结合城乡环境综合整治工作，加大了对"双保"河道的管理和整治沿河"八乱"的力度，认真做好河道保清洁、保畅通工作。坚持全天候巡查河道，及时清理河内漂浮物及河岸垃圾杂物，河道"双保"水平处于全市上游。自 3 月份开始，对生产渠进行综合改造，"7·18"后对河道安全隐患进行排查，对冲毁的河墙及时进行修复并安装上安全护栏。在此基础上，我局结合辖区河道现状，并借鉴外地河道整治的经验，对辖区内主要河道反复进行了实地摸底勘察，制定了《工商河、柳行河、东泺河、西洛河、北太平河、兴济河重点整治项目实施方案》。为确保河道综合整治工作有序、高效、顺利的完成打下了基础。

搞好城市防汛工作。今年以来，我局以确保城区安全度汛为目标，以确保低洼地区群众安全为重点，坚持安全第一、预防为主。在"7·18"特大洪水灾情发生中，我局保证了救灾物资及时、足额到位。按照全市防汛工作调度会"查设施，查漏洞，查隐患"的要求，修订完善防汛预案并及时组织各办事处及有关部门进行了拉网式检查，发现存在的隐患及时解决。协调有关部门对全区 60 余条被暴雨冲毁后的道路进行了及时修复、对危房进行了全部修缮、对存有隐患的电力线路、路灯线路进行了逐个排查和维修。对天桥区低洼地区如北关北路低洼地区、生产路出水渠暗渠等进行了改造，对成大路泵站、陈家楼泵站、凤凰山路、生产路排水设施进行了疏浚。

三、抓制度，订规章，全面实现规范化的管理服务

我局坚持以人为本立制，以健全的制度立局，以遵守制度立人。办公室组织制定了"行管规定"、"医疗规定"、"科室规章制度"、"驾驶员和车辆管理规定"、"科级职位竞争上岗实施方案"等一系列内部制度和规定。通过建立健全制度，营造了和谐的办公秩序和氛围。通过狠抓落实，为单位的正规化建设提供了良好环境。人事管理、档案管理严格按照制度履行职责，为全体人员三次套改、调整工资，及时足额交纳"三金"；认真梳理归并人事、文书、基建、声像等档案。按照有关法律、法规、规章和《山东省事业单位实行人员聘用制度暂行办法》的规定，同全局 115 名同志签订了《聘用合同》。驾驶员严格按照规章办事，严把节能减排关，车辆行驶里程有登记，维修保养、油料消耗有计划，在执行工作任务中，保证了及时到位和安全运行。财务工作全年实现收支 1000 余万元。单位合并后，根据区财政局要求，几个单位的账户进行了合账工作。这项工作业务量较大，各项往来的调整较复杂，同时在合账期间对部分账目进行合理调整，并根据行政事业单位财务规定和各单位性质，合理设置核算科目。全年各项收支都能按照会计法和有关财经法规的要求进行。对于专项工程款的支付，做到了按合同预算情况，以及完工百分比来计算支付各项工程款，工程结束，依据竣工决算书来进行结算。

（作者：山东省济南市天桥区城市建设管理服务局党总支书记）

匡扶正义弘扬正气　用十七大精神统一思想充分发挥社会组织的作用

陈　珂

2006年，济南市委、市政府把成立济南市见义勇为基金会作为构建和谐社会，深入推进平安济南建设，打造山东省的“首善之区”和弘扬济南精神，倡导见义勇为，实现见义勇为规范化法制化社会化，充分发挥社会组织的管理作用，深化社会治安综合治理的一项重要举措，列为“弘扬济南精神，创建文明城市”十大主题行动、百件实事中的重要工作进行了总体部署安排，提出要按照高起点、高标准、高效率的“三高标准”筹备成立。12月13日，济南市见义勇为基金会正式成立，这是山东省17个城市中第一个规范化成立的副省级省会城市的专门从事见义勇为事业的社会法人组织。

一年来，济南市见义勇为基金会充分发挥社会组织的作用，在实践中大胆探索，进一步增强工作的主动性、灵活性，有效地保证了基金会的快速健康发展，促进了见义勇为精神的发扬光大，为“维护省城稳定，发展省会经济，建设美丽泉城”作出了积极贡献。

一、站在深入贯彻十七大精神的高度，充分认识见义勇为基金会的社会管理作用

胡锦涛总书记在十七大报告中提出“支持工会、共青团、妇联等人民团体依照法律和各自章程开展工作，参与社会管理和公共服务，维护群众合法权益”、“发挥社会组织在扩大群众参与、反映群众诉求方面的积极作用，增强社会自治功能”。强调“健全党委领导、政府负责、社会协同、公众参与的社会管理格局”，“重视社会组织建设和管理”，“积极构建社会主义和谐社会，要培育文明风尚，倡导树立见义勇为精神”。十七大报告进一步确认了“社会组织”这一对传统的非政府组织、非营利组织、第三部门或者民间组织等称谓改造的科学定义，强调弘扬见义勇为精神对树立社会新风、匡扶正义的重要作用，这是我党历史上第一次在这样一个马克思主义纲领性文件中，如此全面的论述社会组织。

当前，我国已经进入社会主义现代化建设的关键时期。经济体制深刻变革，社会结构深刻变动，利益格局深刻调整，思想观念深刻变化，对社会组织的功能和作用也提出了更高、更新、更全面的要求。

一是社会组织是承接政府职能、增强社会自治的重要载体。在建立社会主义和谐社会的进程中，我国政府正在由管理型向服务型转变，众多群众性、社会性、公益性、服务性的社会职能将向社会分离和转移，“小政府，大社会”格局日益明显。社会组织植根于公众，是人民群众实行自我管理、自我服务、自我教育、自我监督的重要形式，为人民群众开展社会自治和互助服务，实现政府行政管理与基层群众自治有效衔接和良性互动，提供了有效的组织平台。

二是社会组织是新时期加强党的执政能力建设的重要领域。社会组织贴近于公众，是党和政府联系不同方面、不同利益的人民群众的纽带与桥梁，为党更加紧密地联系群众，更广泛地团结和凝聚各方面积极力量，巩固和扩大执政基础，增强自身活力，提供了新的途径和方式。

三是社会组织是反映群众诉求、扩大群众

有序参与的基本组织形式。随着经济社会不断发展，人民群众的利益诉求日益多样化，权利意识、民主意识、法律意识普遍提高。社会组织是不同群体实现自己意愿、维护自身权益的利益共同体，为人民群众理性表达利益诉求、合理维护自身权益、有序扩大政治参与，提供了重要的组织渠道。

四是社会组织合理调节社会财富的分配。通过建立相关法律，鼓励先富起来的人承担更多的社会责任。充分发挥社会组织在财富分配中的作用，促进民间自愿捐赠活动，吸纳社会资金帮助困难群体，缓解贫困，缩小差距，推动实现共同富裕。

五是社会组织是中华民族传统美德的积极践行者。社会组织秉承自律和诚信，组织志愿服务活动、推动社会公共事业，不仅是满足社会需求的一种工具性手段，更体现一种伦理和文明。长期以来，广大社会组织积极从事减贫济困、救灾防害、安老抚幼、扶弱助孤、助学助医等公益活动，以实际的行为，传承了中华民族互助互爱、扶弱济困的优良传统，倡导了担当社会责任并自助、互助和助他的公民精神，弘扬了尊老爱幼、互爱互助、见义勇为、奉献社会的良好社会风尚，为中华民族精神注入了新的活力。

和谐社会，是民主法治、公平正义、诚信友爱、充满活力、安定有序、人与自然和谐相处的社会。见义勇为，就是广大人民群众用智慧、鲜血甚至生命维护法律尊严、公平正义和社会秩序，挺身而出保护他人、集体和国家的安全和财产的壮举，它直接体现了人与人之间的互助友爱、乐于奉献。有了见义勇为，将会增进社会各阶层群众的团结和睦，我们的社会将更加安全、更加温暖、更加和谐。有了见义勇为，将会充分调动人民群众参与和谐社会建设的积极性，构建和谐社会的大合唱才有优美的旋律。

二、按照促进构建和谐社会的要求，进一步发挥见义勇为基金会的社会功能

2007年是济南市见义勇为基金会社会管理工作的开局之年。在济南市委、市政府的正确领导下，在济南市委政法委的指导协调下，以邓小平理论和十七大精神为指导，全面落实科学发展观，按照周永康同志关于“关心爱护见义勇为人员，建立为见义勇为服务的长效机制”的重要批示要求，基金会坚持以弘扬正气、匡扶正义为己任，以构建见义勇为长效保障机制为抓手，及时表彰奖励见义勇为英雄人物，广泛宣传见义勇为先进事迹，认真搞好基金募集管理及使用工作，有效地保证了基金会的快速健康发展。初步建立了党政领导齐抓共管、政法委指导协调、社会各界支持配合、人民群众积极参与的工作机制，领导重视程度越来越高，工作的力度越来越大，见义勇为的数量越来越多，见义勇为事业呈现出良好的发展势头。

一是及时表彰，帮扶贫困。济南市见义勇为基金会始终坚持以高度的政治责任感和使命感，对见义勇为先进分子及时进行表彰奖励，并力所能及地帮助他们解决家庭生活等方面的困难。先后表彰奖励见义勇为先进分子36名，先进集体6个，发放奖金21万余元。建立见义勇为人员困难家庭帮扶机制，走访慰问致残、牺牲及生活困难的10个见义勇为家庭，为刘彦友、张卫和刘立法等5名见义勇为负伤人员垫付医药费。

二是广泛宣传，发动群众。充分利用报纸、广播、电视和网站等新闻媒体，广泛宣传见义勇为的重大意义和工作动态，做到报纸有字、广播有声、电视有影、网站有留言，调动社会各界和市民群众关心、支持、参与见义勇为工作。一年来宣传全国见义勇为先进张业爱、全国见义勇为司机李慧敏等典型事迹45人，召开见义勇为表彰动员座谈会6场，配合中央电视台、省市电视台采访见义勇为人员56次，《人民日报》、《新华社每日电讯》等中央主流宣传媒体和《大众日报》、《济南日报》等省市宣传媒体采访并刊发有关稿件78篇，编发工作简报17期，《走向世界》、《法制与正义》等省市刊物转发稿件5篇。切实加强对网站的建设和管理工作，及时更新

网站内容，多角度、多层面地宣传见义勇为先进事迹，目前上网点击已经突破21万人(次)。

三是拓宽渠道，广聚财源。在政府一次性拨付400万元启动资金、济南市政法各部门主动捐款支持的基础上，坚持多措并举，多渠道筹集资金。发动企业关心支持见义勇为事业，中国重汽、济南市公交总公司和济南水泥厂等大型骨干企业都给予资金上的大力支持。充分调动社会各界人士的力量，成功举办“弘扬见义勇为精神书画笔会”，省内27位著名书画家、61幅作品义卖，所得款项全部捐赠。目前，已募集基金512万余元。

四是抓住亮点，树立典型。“泉城女侠”张业爱2007年再次荣获全国见义勇为“五十佳”，全国道德模范提名奖，全省十佳见义勇为模范；济南市公交驾驶员李慧敏继被授予省市见义勇为先进分子、道德模范后，11月荣获“全国见义勇为好司机”，成为我市获此荣誉的第一人；济南市公交总公司荣获“全国十大见义勇为好司机单位奖”，是全省唯一获此殊荣的单位；省见义勇为基金会批准授予我市省级见义勇为先进分子5人，见义勇为先进群体2个。通过树亮点、抓特色、求突破，有力地推动了全市社会治安综合治理和平安建设的全面深入发展，为济南市2009年成功举办全国第十一届城市运动会创造一个社会和谐、民风纯朴、弘扬正气、崇尚正义、安定有序的社会环境奠定了基础。

一年来，济南市见义勇为基金会积极弘扬社会正气，充分发挥基金会的整合作用，最大限度地发动一切力量，参与、支持见义勇为事业，大力拓展见义勇为事业的举措得到了上级的充分肯定。基金会连续两年被山东省综治委、省委宣传部、省公安厅、省见义勇为基金会联合授予“山东省见义勇为先进单位”，被省民政厅授予“山东省优秀基金会”，两名同志荣获“山东省见义勇为先进工作者”荣誉称号。

三、以落实科学发展观的态度，持续推动见义勇为事业的深入发展

2008年是济南市见义勇为基金会工作的关键之年。总的要求是坚持紧紧围绕一个目标(构筑有省城特色的见义勇为工作的长效机制)，突出两个重点(募集资金和法制化建设)，抓好三项工作(抓服务，为见义勇为人员排忧解难；抓管理，强化内部管理，管好用好基金；抓宣传，广泛宣传见义勇为人员的先进事迹)的工作思路，开拓进取，扎实工作，努力开创基金会工作的新局面，为实现省会科学发展、和谐发展、率先发展作出应有贡献。广泛宣传，外树形象，提升见义勇为基金会自身魅力，增强社会各界捐赠的信心；建立健全各项规章制度，民主决策、民主办会，打造坚实平台，建立良性运行机制，促进基金会健康发展；加强科学运作，加强交流，合理开辟基金募捐途径，使基金实现保值增值；扩大工作成果，稳步推行全市各市(区)见义勇为基金会分会的成立，实现见义勇为工作在基层有人管、有人负责，发挥好基金会的作用；着眼长远发展，强化见义勇为理论研究和法规建设，建立完善各项保障安全、维护社会平安和谐发展的制度和机制，有效预防和减少各类危及人身和财产安全的事件和行为的发生，依法维护社会和谐、平安的局面。只有这样，才能使见义勇为的英雄不再流血又流泪，才能使见义勇为的时代精神在齐鲁大地唱响。

(作者单位：山东省济南市见义勇为基金会)

优秀企业文化的形成靠员工的自觉追求

常建英

胡锦涛总书记在党的十七大报告中明确提出:“大力发展文化产业,……加快文化产业基地和区域性特色文化产业群建设。”企业文化的构建本身就是一个特色文化的建设,而这个特色的文化群则是由企业的员工组成,员工在企业文化软实力的提升上发挥着重要的作用,如何真正有效地实现员工的作用发挥,则需要将企业文化建设转化成员工的一种自觉追求。

一、优秀的企业文化必须重视员工主体性的发挥

企业生存管理专家、企业未来生存管理理论创始人邓正红认为,没有没有文化的组织,只有不同文化的组织;企业作为特殊的经济组织,企业文化因理念而生,有什么样的企业理念就有什么样的企业文化。但是,企业文化不等同于企业软实力,只有优秀的、先进的企业文化才能提升企业的软实力。

(一)优秀的企业文化是企业的软实力

软实力是软因素对硬实力的整合能力,企业软实力就是包括企业文化、品牌、社会责任等软因素对企业内外资源的整合能力。软实力的整合能力是通过软因素对内的凝聚力、吸引力和对外的渗透力、影响力来实现的。企业文化到底能不能给企业带来实效,衡量的标准就是企业对资源整合的效果。企业文化能否形成文化力,最终化为资源整合力,关键看企业奉行的是什么样的企业文化。优秀的企业文化一是凝聚企业员工的催化剂,它能够凝聚人心,形成企业的核心团结力、向心力;二是企业改革的助推器,企业自身特色的优秀企业文化有利于企业改革的进行,同时企业改革也可以推进企业文化建设的进行;三是企业精神的重要体现,优秀的企业文化体现企业的精神,是企业外在形象的代言。由此可见优秀的企业文化就是企业的软实力的象征。

(二)优秀的企业文化重视员工主体性的发挥

从企业文化到企业软实力,这是一个发挥作用的过程,在此过程中,员工起着主体性的作用。作为世界第四大白色家电制造商、中国最具有价值品牌的海尔集团,形成了有名的海尔文化。其最大的特色是员工的普遍认同、主动参与。它把海尔的发展与海尔员工个人的价值追求完美地结合在一起,每一个海尔员工将在实现海尔世界大品牌的目标中,充分实现个人的价值和追求。中国乳品行业龙头老大——蒙牛集团,在其蒙牛企业文化建设中指出,他们企业文化的实质就是“以人为本”,以文化引导为根本手段,形成以激发员工的自觉性为目的的独特的文化现象和管理思想。同样在我国乳品业中占重要份额的伊利集团,其董事长在谈到企业文化对企业发展的作用时指出:“伊利能成为中国乳业历史上第一个破百亿的企业,因为我们的员工是无敌的。”由此可以看出,优秀的企业文化的建设,需要重视员工主体性的发挥,从而实现企业软实力的提升。

二、员工对企业文化的自觉追求:寻求人的主动性发挥的内在动力

构建优秀的企业文化,提升企业软实力的关键在于实现员工的自觉追求。从人的价值追求出发寻找促进人行为的主动性发挥的内在动

力，从而使人寻找最优的企业文化与自身内在的价值追求结合起来，这样才能实现企业软实力的真正提高。

(一)员工的自觉追求的重要作用

一是企业创新得以实现的源泉。企业要实现发展，最根本的在于创新，而企业创新的实现除了在于企业的激励机制等因素的影响之外，关键在于员工自觉的追求。员工的自觉追求有利于其积极性、智慧和创造力的发挥。著名企业海尔集团把创新当做其发展的不竭动力，而海尔人是其创新的主体，每一个海尔人都坚持“人人都经营，事事都创新”的理念，不断地战胜自我，超越自我，将个人发展和企业的发展紧密地联系在一起，在企业发展的同时，也实现自我的价值。该集团一致认为是海尔人撑起了海尔的一片天。二是企业目标得以实现的关键。企业要生存和发展，不仅仅依靠硬实力发挥基础作用，还要依靠软实力的催化凝集作用的发挥。而员工的自觉追求恰恰是推动软实力发挥作用的内在动力。“红塔山经典100”等产品实现了塔山集团成功转型，而这些产品的研发被认为是其员工对心中“圣山”的追求而产生的。可见员工的自觉追求在企业软实力提高上起着重要作用。

(二)目前我国部分企业文化建设中存在的主要问题

目前我国企业文化建设根植于中国的传统文化，同时借鉴了西方的管理文化，大体上是形成了中国特色的企业文化体系。但是仍有部分企业尚未形成优秀的企业文化，主要问题是缺少员工的自觉追求，出现了重伦理道德建设、追求政治性为主、忽视本土化的企业文化。主要表现在：一是企业文化建设主体的混淆，导致企业文化建设流于形式。片面地将企业文化建设的主体定位高层管理人员，使得企业文化建设失去了动力和源泉。二是导致企业文化建设缺少创新和个性化。缺少员工的自觉追求，企业文化建设的创新和个性化就得不到实现。正因为索尼员工和尼桑员工不同的自觉追求才产生了强调开拓创兴的索尼文化和强调顾客至上的尼桑文化。

三、引导员工自觉追求优秀企业文化的途径

建设优秀的、具有凝聚力和向心力的企业文化，提升企业软实力，需要多途径的实现员工的自觉追求。

(一)社会环境的培育

人是社会人与自然人的统一体，人的活动离不开社会环境的影响。企业员工首先就是一个社会人角色的承担者，其自觉追求的实现根本不可能离开社会大环境的培育。概括的说，目前员工需要的社会环境就是我们一直所倡导的社会主义和谐社会，以及在和谐社会之下的文化的大繁荣局面。一方面政府要发挥积极的引导作用，实现社会环境的优化。这就要求政府服务能力的提升，尤其是基层政府服务能力的提高对于外部环境的优化起着至关重要的作用。另一方面非政府组织作用的有效发挥。目前，随着我国社会与国际社会的接轨，非政府组织无论从数量上还是在功能上都有了进一步的改观，尽管我们国家的非政府组织发展还不是很完善，但是作为社会中的一员，非政府组织有责任发挥自己的作用，承担起辅助者的角色。这其中甚至包括一些基督教名义下的社会团体的有效参与。

(二)企业文化建设中的人文关怀

在党的十七大报告中，人文关怀得到彰显。企业文化建设本身就是员工都要参与的一个系统性的工程，在企业文化建设中，务必加强人文关怀。首先是企业文化建设的出发点要立足于员工的合理需求的最大满足。人文关怀不是一个务虚的工程，而是需要实实在在的落实。只有以人为本，才能实现员工正当利益的最大化。其次是过程中的务实。人文关怀包括看得见的物质关怀和内在的精神激励，企业文化建设过程中要讲求物质关怀和精神鼓励二者相结合的务实。企业文化是一个不断发展和充实的过程

的统一，这就需要我们在阶段性企业文化形成的最后评估中侧重于员工正当利益的实现程度。只有在起点时怀有人文关怀的意识，在过程中注重落实，在评估时关注员工的正当利益的实现程度，才算得上实现了人文关怀，才能促使员工形成自觉追求。

(三)员工的积极主动

内外因的关系告诉我们，无论是社会环境的优化培育，还是企业文化建设中人文关怀的加大，员工的这种自觉追求的形成还是得依靠员工自身积极主动地参与、践行。个人利益的实现与所在集体或者组织利益的实现之间是有着休戚相关的联系的。作为员工，一方面要意识到自身利益和诉求的实现是需要借助所在集体和组织的利益的实现才可以完成的。在现代社会，个人的个体性和具有集体人和组织人的特点是共存的。只有依靠集体和组织，个人的诉求才能得到最大程度上的满足。另一方面，要共享企业文化软实力的提升所带来的效益，员工必须积极地参与企业文化建设。无论是强调公平还是注重效率，前提是必须要参与其中。只有有效地参与才能共享结果。

总之，鉴于员工的自觉追求在企业文化软实力的提升上起着关键的作用，我们要积极地探索更加有效的方式促进员工养成这种自觉追求，实现企业文化软实力的增强和提高，增强企业的凝聚力和向心力，更好地迎接全球化过程中国际大企业的挑战。

（作者：中央党校思想政治教育专业硕士研究生）

站在新的起点　紧贴使命任务
把学习贯彻十七大精神引向深入

赵海军　张晓强　侯　耕

党的十七大是在我国改革发展关键阶段召开的一次十分重要的大会。报告全面分析了国际国内形势的新变化，鲜明提出，国防和军队建设，在中国特色社会主义事业总体布局中占有重要地位。这一论断，是我们党对治国理政规律的深刻揭示，是对当今时代战略态势的正确把握，反映了中国特色社会主义建设新的发展阶段的内在要求，具有重大现实意义和深远历史意义。学习宣传贯彻十七大精神不仅是当前也是今后一个时期的重要任务和头等大事，只有深入抓、持久抓，才能取得新的成效。要推动十七大精神的学习贯彻不断向深层次发展，就必须在抓思想认识、理论学习和实践运用三个环节上狠下功夫。

一、反复思想发动，不断注入动力，激发学习贯彻十七大精神的自觉性

思想是行动的先导。只有认识到位，才能保证行动自觉。要把思想发动贯穿于学习贯彻十七大精神的全过程，抓住解决思想认识问题这个兴起新高潮的前提条件不放松。一要加强教育引导，增强学习自觉性。要积极利用召开党委会、中心组学习、办班轮训、领导下基层检查指导工作、集中教育等时机，反复用上级有关指示精神统一官兵思想，努力做到"三个讲清"、强化"三种意识"，即讲清十七大精神的真理属性和指导意义，强化学习贯彻的自觉意识；讲清十七大精神实践价值和作用发挥的现状，强化学习贯彻的紧迫意识；讲清十七大精神内涵博大精深，是指导我们今后工作的理论，强化学习、宣传、贯彻的持久意识。二要领导带头学，激发学习热情。各级领导干部要自觉把抓创新理论学习作为"第一位的政治责任"来对待，在理论学习中着眼"学之求深、悟之求透、信之求诚、用之求效"，紧密联系个人思想和工作实际，进行理性思考，运用理论学习的成果指导部队和本部门的理论学习。同时要坚持做到"三个带头"，即带头勤学苦钻、完成学习任务；带头讲课辅导、解疑释惑；带头运用科学的立场观点方法改造思想、推动工作实践。努力用自身对十七大精神的坚定信仰强化全体人员"信"的意志；用自身对"三个代表"重要思想和科学发展观深钻细研的刻苦精神激发全体人员"学"的热情；用自身学习收获解决全体人员"知"的难题；用看得见、摸得着的实际成果激励全体人员"用"的信心。三要以制度为保证，保持学习不间断。学习、宣传、贯彻十七大精神是一个更新观念，领悟和改造世界观的过程，学习创新理论一定要体现艰苦性，反复学习、反复领会、反复思考，真正掌握精神实质、真正吃透精神要义。要不断坚持和完善各级党委议学、学习体会交流和检查考核讲评等一系列制度，采取以教促学、以查促学、以考促学的办法，督促大家及时学、深入学、持久学。要在精心组织中促进教育落实，大力营造"人人当教员、处处是课堂、时时受教育"的氛围，增强教育的渗透力和感染力。通过教育引导、领导带头、落实制度，使全体人员进一步明确十七大报告是马克思主义的纲领性文献，十七大精神是做好一切工作的根本指针；必须以更加积极的姿态，把学习、宣传、贯彻十七大精神在新的起点上推向新的高潮。

二、科学统筹，严密组织，加深对十七大精神的理解把握

要使十七大精神真正成为统领我们思想的“魂”，指导我们做好本职工作的“纲”，必须把十七大精神实质学懂弄通、学深悟透。要坚持以学习十七大、把握十七大主题为前提，以党委中心组、机关干部、基层全体人员为重点，着力在“四抓”上下功夫。一是要抓好精读、细读、研读报告全文。要安排专门时间，组织大家原原本本反复研读十七大报告，原汁原味领会精神实质，深化对十七大精神的认识理解。二是要抓好理论灌输。要抓住报告中提出的新观点和新内容，结合本职岗位的具体问题，充分发挥课堂教育主渠道作用，集中时间组织教育，把党的十七大报告基本观点讲细、讲透、讲深，使理论性的东西具体化、直观化。通过全面灌输，使全体官兵加深对十七大精神创新理论的理解和把握。三是要抓好理论研讨。在落实学习计划的同时，确定研究思考的重点课题，组织“一人一题”进行攻关研讨，并搞好学习体会交流，使全体人员带着问题读报告、听课和思考研究，在寻找答案中加深对理论观点的理解，达到学深悟透的效果和向本职工作实践转化的目的。四是要抓好配合活动。在开展学习的过程中还要借助各种宣传媒体以及“走出去、请进来”的多种助学形式，积极组织开展十七大精神知识竞赛、板报展评、演讲比赛以及邀请十七大代表走进军营谈感受、组织全体官兵到驻地先进企业参观学习等活动，使全体官兵亲身感受国家和军队取得的新成就，从而进一步拓宽学习渠道，搞活学习形式，提高学习质量。

三、把十七大精神作为推动工作的出发点和落脚点，促进部队全面建设

一是把学习成果转化为坚定的政治信仰。要把强化军魂意识作为学习贯彻十七大精神的首要任务，始终扭住高举旗帜、坚定信念不放松，始终扭住筑牢军魂、听党指挥不放松；抓好层次的深入学习，抓好问题的研讨攻关，抓好典型的总结推广，抓好资源的综合运用。突出机关干部和基层官兵重点，教育引导全体官兵充分认清党对军队的绝对领导，切实筑牢听党指挥的根基，引导官兵牢记“三个深刻理解”的要求，严守政治纪律，自觉听党指挥，始终保持政治敏锐性和坚定的政治立场。二是紧贴使命任务，提高部队战斗力。要把学习贯彻十七大精神同我军新的使命任务结合起来，按照十七大报告所提出的提高军队应对多种安全威胁、完成多样化军事任务的能力要求，积极推进中国特色军事变革，使全体官兵充分认清新时期新阶段我军肩负的使命职责，紧紧围绕军事斗争准备的各项任务，积极拓展军事训练内容，紧贴军事斗争准备前沿，锻造英勇顽强的战斗精神和敢打必胜的信心，坚决完成党中央、中央军委赋予军队“打得赢、不变质”的历史使命。三是用学习成果促进工作落实。要用学习教育成果指导实践，用工作实践实绩检验学习效果，确保学习教育与工作任务两不误、两促进。要组织官兵反复学习领会十七大精神，更新思想观念，紧紧围绕如何使十七大精神落实在本职工作中深入进行分析讨论，引导大家从本职岗位入手，用十七大精神指导、解决工作中遇到的困难，确立“用前瞻的眼光关注大局，用科学的思维谋划工作，用扎实的作风建设基层，用创新的精神推动发展”的新思路。想想自己的精神境界有多高，看看自己肩负的责任有多重，查查自己的工作差距有多大，进一步增强学习贯彻十七大精神的积极性和主动性，真正使党的十七大精神成为高举旗帜、听党指挥的根本遵循，真正使十七大精神成为我们今后工作的指导方针，真正使十七大精神成为激励广大官兵振奋精神、建功立业的强大精神动力。

（作者单位：北京 93668 部队）

浅议创新思想政治教育的方法

高程海　李玉强

思想政治教育工作始终是我们克敌制胜的法宝，不论是过去还是现在，它在部队建设中发挥着其独特、重要的作用，我们必须把思想政治教育摆在首位。当前面临复杂的国际形势外因、官兵思想日趋活跃的内因，对做好思想政治教育工作的严峻性、迫切性提出了更高的要求。

一、搞好统筹，在摆正教育位置上求深入

转变教育观念是政治教育的前提，找准教育定位是政治教育的关键，合理统筹谋划是政治教育的基础。搞好政治教育统筹，必须在摆正教育位置上做大文章。

一是转变教育观念。搞好思想政治教育的根本，就是增强思想政治教育的针对性、实效性。要克服传统、陈旧思想观念的束缚，校正认识偏差，以党的创新理论为指导，全面贯彻落实《思想政治教育大纲》，树立贴近官兵、依靠官兵、服务官兵、与时俱进的教育观念，使思想政治教育充满生机与活力，打牢官兵思想根基，切实发挥龙头作用。

二是找准教育定位。找准教育定位是抓好思想政治教育工作的关键环节，定位准确与否直接影响着教育效果。思想政治教育的直接受益者是基层官兵。在教育中，必须把教育对象搞清楚。搞清教育对象就是要把官兵的觉悟程度、道德水准、文化基础、兴趣爱好、接受能力和社会经历等基本情况进行梳理，破除“一刀切”、“一锅煮”等简单的教育模式，根据官兵的价值观念、认知能力、知识结构、现实需要，着眼现实，选准最佳的切入点立题，增强教育针对性，从官兵似是而非的矛盾心态、疑惑重重的模糊意识和密切关注的切身利益中找准教育定位。

三是合理统筹谋划。成功的政治教育离不开合理的统筹谋划。调查摸底、分析形势、认真备课各个环节都是谋划思想政治教育的重要内容。调查摸底要结合教育主体的实际情况，采取座谈会、网络谈心、问卷调查等方式，切实摸清官兵在想什么、需要什么，掌握官兵的真实思想动态。分析形势要组织政工干部召开教育专题会议，对教育目的、教育内容、教育方法、教育预期成效进行研究讨论，作出具体的都署。认真备课是搞好政治教育的关键，在备课中既要博览群书，查阅相关资料，又要密切联系官兵实际把大道理讲实、把难道理讲透。

二、抓好实施，在夯实教育落点上找亮点

教育实施的整个过程是教育功效发挥的关键环节，在夯实教育落点上找亮点要求我们不仅要发挥传统政治教育的优势，还要在此基础上有所创新。

一是严密组织教育。成功的政治教育离不开严密的组织实施。在严密组织政治教育上下真功夫、深功夫、实功夫，直接决定着教育的成功度。要在教育的时间、内容、方法、效果上狠抓落实，严格规范教育秩序，为授课者提供良好的授课环境。要引导教育参与者，本着尊重他人劳动成果和对自己成长进步负责的态度，严格遵守课堂纪律，确保教育功效。

二是严格教育制度。政治教育是一项长期的政治任务，为确保政治教育工作落到实处，必须有一套完善的教育机制。要把完成政治教育情况作为一项硬性指标，作为检验单位是否先

进的重要内容，由上而下从思想上予以高度重视。要创建规范的教育制度，对教育的内容、时间、地点、质量进行检查指导、综合评定，用制度保证教育落到实处。教育效果要组织官兵评估，通过民主测评、召开座谈会、个别交谈等形式，广泛征求官兵对教育的意见，看官兵是否满意，看教育效果是否经得起群众的检验、实践的检验。要创建严格的奖惩制度，确实发挥政治教育的重要作用，健全优赏劣罚的机制，形成争先创优的良好氛围。

三是树立人文关怀理念。政治教育必须把官兵的需要作为第一信号，作为教育落点。每一次教育都坚持集中官兵智慧，发动官兵参与，增强官兵主人翁意识，让官兵真正关心教育、融入教育。在教育中，注重牢固树立人文关怀理念，坚持把解决官兵思想问题和实际困难作为政治教育的最终目的，引导官兵运用教育，提高解决问题的能力。坚持带着真情搞教育，带着感情搞教育，既注重提高官兵的思想觉悟，做到以理服人，又关心官兵切身利益，做到以情感人。

三、注重拓展，在挖掘教育资源上谋突破

运用先进的教育手段、教育资源，有助于精心配置的教育内容沿最佳路径切入并渗透到官兵的思想脉络和心灵深处，有利于思想政治教育质量和效益的提升。

一是用好本级资源。在教育中，要充分利用书刊、媒体、网络等现代传播手段，开设思想教育专题讲座。注重用本级教育资源提高教育效能，充分发掘官兵的自我教育潜能，积极创造官兵喜闻乐见的教育形式，广泛开展学习演讲、体会交流、知识竞赛等活动，充分运用军营信息局域网、闭路电视、宣传橱窗等，营造浓厚的学习氛围。注重加强引导，采取讨论、辩论、座谈等方式，教育引导官兵提高解决思想问题的能力。在教育过程中，注重环境陶冶、人文教育、智慧启迪相配合，解决好环境孕育问题，发挥政治环境的育人作用，精心营造体现军队特色、军营特点、军人特质的政治环境。发挥先进文化的熏陶作用，组织官兵讲战斗故事、唱战斗歌曲、看战斗影片，增强教育的感染力和吸引力。

二是用活社会资源。当前，影响官兵思想的渠道多元化，官兵接受信息日趋全方位。必须重视运用社会课堂和红色资源，请地方领导和先进典型作报告、传经验，走出去到驻地企业、社会主义新农村、名胜古迹等参观见学，让官兵在抚今忆昔、实地感受中开阔视野、提高思想觉悟、提升精神境界。要加强与驻地、官兵家乡政府的联系，保持与官兵亲属的沟通，搞好共教共育，形成部队、社会、家庭三位一体的教育模式。

三是用实典型资源。利用爱国志士、革命先烈、英模人物的典型事迹进行示范教育，发挥典型引导作用，使官兵学有榜样、干有标准、超有目标。要注重树立官兵身边典型，大力宣扬官兵身边典型，营造“学先进、赶先进、人人当先进”的浓厚氛围，让官兵感到标兵并不遥远，典型就在眼前，注重多用官兵身边的典型事例说话，多用官兵熟悉的语言讲理，多用身边的典型启迪官兵，引导官兵向标兵看齐，在比、学、赶、帮、超的氛围中潜移默化，不断进步。

（作者单位：北京 93710 部队）

以十七大精神为统领
开展社会主义法治理念教育活动的思考

邢　冰

党的十七大是在我国改革发展关键阶段召开的一次重要会议。大会高举中国特色社会主义伟大旗帜，坚持以邓小平理论和“三个代表”重要思想为指导，深入贯彻落实科学发展观，对全面推进社会主义经济建设、政治建设、文化建设、社会建设和党的建设作出战略部署，对于我们党团结带领全国各族人民全面建设小康社会，开创中国特色社会主义事业新局面，将产生重大而深远的影响。社会主义法治理念的提出，是以胡锦涛同志为总书记的党中央从社会主义现代化建设事业全局出发，坚持以马克思主义法学理论为指导，在总结我国法治建设实践经验、借鉴世界法治文明成果基础上作出的重大决策，标志着我们党对建设中国特色社会主义法治国家的规律、中国共产党执政规律有了更加深刻的认识。充分认识社会主义法治理念教育的重要性，准确把握社会主义法治理念的科学内涵，开展好社会主义法治理念教育，确保教育取得实效，是当前我国政法机关面临的重要课题。

一、社会主义法治理念内涵丰富

2006 年 1 月，中央政法委拟在全国范围内开展一次以教育、规范、提高为主要目的的法治理念教育活动。当中央政法委的报告呈给胡锦涛总书记时，总书记提笔加上了“社会主义”四个字，于是，社会主义法治理念教育活动在全国拉开了序幕。

什么是社会主义法治理念？在讨论这一问题之前，首先要对我国的国体政体加以明确，即我们是共产党领导的社会主义国家，人民代表大会制度是我国的根本政治制度，坚持党的领导，坚持马克思主义的指导地位，坚持社会主义道路，坚持人民当家作主，这是我国社会主义法治理念与西方国家法治理念的根本区别。社会主义法治理念是以胡锦涛同志为总书记的党中央，从依法治国的高度提出的一个新思想、新观点，这是对中国特色社会主义理论的丰富和发展。社会主义法治理念包括依法治国、执法为民、公平正义、服务大局、党的领导五个方面的内容。其中，依法治国是核心内容，执法为民是本质要求，公平正义是价值追求，服务大局是重要使命，党的领导是根本保证，这五个方面相辅相成。社会主义法治理念科学地回答了“建设什么样的法治国家，怎样建设社会主义法治国家”的重大问题，是立法、执法、司法、守法和法律监督的基本指导思想。开展社会主义法治理念教育活动，是坚持马克思主义在意识形态领域指导地位、进一步加强政法队伍建设的重要举措，是规范执法行为，促进执法公正活动的继续和深入，是保持政法队伍永远忠于党、忠于国家、忠于人民、忠于法律的时代要求。

二、实现两个转变

1. 克服单纯业务偏向，实现公正执法、服务大局的转变。近来，有的干警认为，作为一名政法干警只要依法办案就可以，讲不讲大局不太紧要。这种观念是片面的，也是有害的。讲不讲大局，要看能不能在正确的政治方针指导下去理解法律，这就是符合大局的要求。我国的法律是党领导人民制定的，是党集中人民的最高意志和利益的体现。政法各项工作的开展要体现和维护人民的利益，就要牢固树立大局意识，坚持讲政治、讲党性，胸怀大局，把政法各项工作放在全国、全省、全市的大局中去思考去落实，正确处理好服务大局和做好本职工作的关系，克服单纯业务观念和就案办案现象，在执法过程中实现法律效果和社会效果的统一，把个案处理结果与社会正当性评价的一致性作为衡量工作的标准，做到公正执法，服务大局。

2.克服本位主义倾向，实现服从领导、服务人民的转变。在我国，中国共产党是社会主义事业的领导核心，政法工作是党和国家工作的一部分，要置于党的绝对领导之下，这与西方国家的三权分立有本质的区别，只有坚持党的领导，政法工作才能顺利开展并取得成绩。要克服那种认为政法工作特殊，以管人者自居的观念，淡化官本位意识，强化服务意识，强化政治纪律的约束。政法机关作为执法机关，是人民民主专政的重要力量，政法干警要讲政治，自觉服从领导，服务人民，保持忠于党、忠于国家、忠于人民、忠于法律的社会主义政治本色。

三、正确处理三个关系

1.坚持党的领导与依法独立行使职权的关系。在我国，中国共产党是领导核心。政法机关依法独立行使职权是基本法治原则，依法独立行使职权并不等于“司法独立”。党对政法工作的领导主要是思想领导、政治领导和组织领导，只有坚持党的领导，才能确保政法工作的社会主义方向，更好地依法独立行使职权，使政法工作取得更大的成绩。

2.政法干警依法履行职责与保持党员先进性的关系。政法干警在执法中要规范有序，公平正义，服务大局。政法干警中的党员，在意识到自己是执法工作者的同时，更应认识到自己是党员，要遵守党的章程，把贯彻执行党的基本路线和方针政策与执法实践结合起来，在具体执法活动中贯彻落实党的路线方针政策，坚持党和人民的利益高于一切，自觉遵守党的纪律，密切联系群众。要树立党员意识，增强党性观念，始终保持共产党员的先进性，忠于党的事业，服从党的领导，严格执法，热情服务。

3.社会主义法治理念与西方司法理念的关系。法治理念的产生并成为司法实践的指导思想，是与一个国家的国情相适应的。西方现代司法观念是适应资本主义国家的国情产生的，我们只能学习借鉴，不能照搬照抄。社会主义法治理念是在借鉴中外法治文明优秀成果，立足于我国社会主义现代化建设事业的实际和我国现阶段的政治、文化、社会实际产生的，其“依法治国、执法为民、公平正义、服务大局、党的领导”五大理念，是一个完整、先进的科学理论体系。我们要充分认识到社会主义法治理念是先进的、符合我国国情的法治理念，是指导社会主义法治建设的法治理念，以此推进并指导政法各项工作的顺利开展。

四、社会主义法治理念经常性教育应坚持的原则

开展社会主义法治理念经常性教育，既要遵循思想政治教育的一般规律，又要体现政法工作特点，充分考虑到社会主义法治理念的本质属性。一是政治性。社会主义法治理念不是一般性的意识、理念，经常性教育也不是一般性的教育，而是关系到政治信念、政治立场、政治方向的重大政治问题。二是法治性。社会主义法治理念是在建设社会主义法治国家的实践过程中，继承和发扬传统法律文化的优秀成果，吸收借鉴西方法治文明合理因素的基础上逐步形成的，体现着马克思主义关于国家和法的经典学说，蕴涵着对法治建设普遍性规律的认识，是社会主义法律信仰、法律情感、法治观念和法律文化的综合体现。三是思想性。社会主义法治理念是人类历史上最为先进的法治理念，是马克思主义理论创新成果的重要组成部分，具有很强的思想性。必须用社会主义法治理念武装广大干警头脑，改造主观世界，进而改造客观世界。四是实践性。社会主义法治理念来源于实践，又对实践起指导作用。它不仅是个理论问

题，更是一个实践问题。必须坚持面向实践、面向基层、面向群众，引导干警在推进规范化建设和平安和谐建设的实践中加深对法治理念的理解和领会。五是创新性。社会主义法治理念是我们党对法治意识和法治规律的最新概括，具有鲜明的时代性。开展经常性教育，必须与时俱进，不断丰富教育内涵，创新教育方式，搞活教育载体，完善教育体制，使之体现规律性，把握时代性，富于创造性。

从这些属性出发，社会主义法治理念经常性教育应坚持以下五个方面的原则：一是政治建警、着眼使命的原则。不断强化各级政法机关和广大干警的政治立场、宗旨意识、党性观念、群众观点，增强政治敏锐性和政治鉴别力，永葆政治本色。同时，着眼于更好地履行使命，着眼于执法能力的提高，着眼于职业素质的提升，在法治理念教育中加大法律知识培训、业务技能训练的力度，把政治建警与业务强警有机结合起来。二是学思相长、知行统一的原则。通过灌输教育、启发式教育和个人自学等方式，抓好经常性学习教育，大力倡导勤于思考、勇于钻研的风气，深入开展法治理念理论研究，适时对有关重大理论和重大实践问题做出科学的、令人信服的回答。把学习和思考的出发点放在解决问题、促进工作上，加强实践锻炼，规范执法行为，努力将学习成果转化为工作成果。三是统分结合、重在养成的原则。坚持统一领导与分级负责相结合，共性教育与个性教育相结合，集中培训与经常性教育相结合，集中组织与分散组织相结合，在抓好全员教育的同时，强调因材施教，增强教育的针对性。重视养成教育，将法治理念教育与职业道德建设、作风建设和日常行为规范融为一体，使学习、树立和践行社会主义法治理念成为全体干警的自觉行动。四是示范引导、潜移默化的原则。充分发挥领导干部的示范作用、先进典型的导向作用、学习骨干的带动作用，大力加强警营文化、法官文化、检察文化、狱所文化、律师文化等先进政治文化建设，广泛开展干警喜闻乐见的群众性教育活动，寓教于学，寓教于乐，让干警在潜移默化中受到法治理念的熏陶和感染，实现人育环境与环境育人的良性互动。五是教管相谐、求实创新的原则。坚持一手抓教育、一手抓管理，把教育向管理和监督延伸，不断巩固、扩大、深化教育成果。把解决思想问题与解决实际问题结合起来，解决好执法不严格、不公正、不规范、不文明、不廉洁等问题，务求教育管理效益的最大化。强化创新意识，积极研究新情况、解决新问题、总结新经验，把先进经验、科学办法、有效机制引入教育与管理中来，使其更加贴近思想实际、贴近队伍实际、贴近执法实际。

（作者单位：北京师范大学刑事法律科学研究院）

坚持马克思主义　构建和谐社会

李雪铭

构建社会主义和谐社会，是以胡锦涛为总书记的党的新一届领导集体遵循马克思主义的思想路线，坚持解放思想、实事求是、与时俱进的重大理论成果。构建和谐社会必须坚持马克思主义理论的科学指导。马克思主义理论揭示了人类社会发展的规律，是被实践证明科学的理论，具有强大的生命力，是中华民族实现伟大复兴的思想理论基础。马克思恩格斯创立的唯物史观揭示了社会的本质、发展动力和发展规律，使人类的社会和谐思想变成了科学，并且论证了社会主义和谐社会的历史必然性，揭示了社会和谐发展的基本特征，指出了实现社会和谐的基本条件。马克思主义关于和谐社会的理论是中国共产党人的行动指南，构建和谐社会的实践过程既是对马克思主义理论的坚持过程，又是丰富和发展过程，是我们党对什么是社会主义、怎样建设社会主义这一问题的又一理论升华。

一、“构建社会主义和谐社会”思想坚持了马克思主义价值主体的人民性

马克思主义价值观是以人民群众为主体的价值观。马克思主义认为价值创造过程是在实践基础上的主客体之间相互作用的动态过程。人民群众既是价值的创造主体，又是价值的享受主体。这种价值创造主体和价值享受主体的统一，是马克思主义价值观的本质要求。“构建社会主义和谐社会”思想坚持了马克思主义价值观的这一本质要求。

首先，“构建社会主义和谐社会”思想坚持以人民群众为价值创造主体。

历史唯物主义认为，社会存在决定社会意识，生产方式决定社会发展。社会发展的历史首先是物质资料生产发展的历史，是生产方式新陈代谢的历史，而亿万人民群众是物质资料的生产者，是物质资料生产方式的主体。因此，社会历史首先是物质资料生产者即人民群众的历史。人民群众不仅是社会物质财富的创造者，而且是社会精神财富的创造者，同时还是社会变革的决定力量。早在1844年马克思恩格斯就指出：“历史活动是群众的事业，随着历史活动的深入，必将是群众队伍的扩大。”毛泽东更加精辟地指出：“人民，只有人民，才是创造世界历史的动力。”以胡锦涛为总书记的党的新一届领导集体深谙这个道理，一再强调构建社会主义和谐社会“必须尊重人民群众的创造精神，通过深化改革创新体制，调动一切积极因素，激发全社会的创造动力”。

其次，“构建社会主义和谐社会”思想坚持以人民群众为价值享受主体。

所谓价值，是事物对人的需要而言的某种有用性。人的需要是判定价值定义的基本因素，是价值标准确立的根本出发点，而以谁的利益和需要作为价值标准的出发点，这是价值理论中的一个基本问题。马克思主义历来主张从现实的社会关系出发考察价值的主体，并始终将主体定位于人民群众。在1848年发表的《共产党宣言》中，马克思恩格斯深刻指出：“过去一切运动都是少数人谋利益的运动。无产阶级的运动是绝大多数人的、为绝大多数人谋利益的独立的运动。”以马克思主义为指导的中国共产党坚持以人民群众为价值享受主体，毛泽东在《为人民服务》一文中开宗明义地指出：“我们的共产党和共产党所领导的八路军、新四军，是革

命的队伍。我们这个队伍完全是为着解放人民的，是彻底地为人民的利益工作的。”所以，“全心全意为人民服务，一刻也不脱离群众；一切从人民的利益出发，而不是从个人或小集团的利益出发；向人民负责和向党的领导机关负责的一致性，这些就是我们的出发点”。以邓小平为核心的党的第二代领导集体，在领导中国人民进行建设中国特色社会主义事业的过程中，总是时刻关注最广大人民的利益和愿望，提出中国的发展战略“要最终体现在人民生活水平上”，并将“是否有利于提高人民的生活水平”作为判断各方面工作是非得失的标准之一。以胡锦涛为总书记的党的新一届领导集体继承了马克思主义价值理论，坚持以人民群众为价值享受主体，明确指出，我们“要坚持把最广大人民的根本利益作为党和国家一切工作的根本出发点和落脚点……努力使全体人民共享改革发展的成果，朝着共同富裕的方向不断前进”。

二、把构建社会主义和谐社会与科学发展观紧密结合，以科学发展观统领社会主义和谐社会建设

科学发展观是运用马克思主义的立场、观点、方法认识和分析现代化建设的实际，深化对经济社会发展一般规律认识的成果，是马克思主义基本原理同中国特色社会主义现代化建设实际和时代特征相结合的产物。科学发展观是指导发展的世界观和方法论的集中体现，它丰富和发展了马克思主义哲学、政治经济学和科学社会主义的基本理论，是马克思主义中国化的最新成果。

我们党在全面建设小康社会之初，就提出了科学发展观。坚持全面贯彻落实科学发展观和构建社会主义和谐社会，都是要在以人为本、统筹兼顾中协调好改革进程中的各种利益关系，全面推进中国特色社会主义事业的发展。但树立和落实科学发展观，从当前工作来讲，是为了全面建设小康社会，从其理论内涵来讲，则是为了更好地从中国的基本国情出发，把握共产党执政规律、社会主义建设规律和人类社会发展规律，建设好中国特色社会主义，包括构建社会主义和谐社会。正是在这个意义上，我们说，构建社会主义和谐社会必须以科学发展观为指导，以科学发展促进社会和谐。

在科学发展观统领下构建社会主义和谐社会，最重要的是抓发展。社会要和谐，等不来，要不到。立足于发展，用发展的办法解决前进中的问题，才能有效地解决各种矛盾和问题，才能使社会公平正义，才能保障人民在政治、经济、文化、社会等方面的权利和利益。抓发展首先要抓经济发展。历史和现实充分表明，经济快速发展、群众生活富裕，则人民安居乐业，社会和谐稳定；经济停滞不前、老百姓贫困潦倒，则社会必然不和谐、不稳定，乃至出现动荡和混乱。抓经济发展的同时还要注意发展的协调性，更加注意解决发展的不平衡问题，促进城乡、区域、经济社会、人与自然协调发展，促进国内发展与对外开放的协调。

我们强调和注意以经济的快速发展保证和谐社会构建，不等于说物质基础薄弱、经济欠发达就可以忽视构建和谐社会的工作，也不等于说要等到经济上去了再重视社会和谐问题。要从思想上增强构建和谐社会的紧迫感，把构建和谐社会作为落实科学发展观，实现全面建设小康社会目标的一个重要组成部分，摆在经济和社会发展全局的重要位置。这就要求我们要把和谐社会建设的主要任务同做好经济社会发展的各项工作结合起来，在推动党和国家的各项工作中大力促进社会主义和谐社会建设，用构建社会主义和谐社会来推动党和国家的各项工作。

构建社会主义和谐社会，全面推进中国特色社会主义伟大事业，关键在党。科学发展观在“三个代表”重要思想的基础上，进一步回答了“建设什么样的党、怎样建设党”的问题。科学发展观强调，坚持立党为公、执政为民，以改革创新精神推进党的建设新的伟大工程，以党的执政能力建设和先进性建设推动社会主义和

谐社会建设，为构建社会主义和谐社会提供坚强有力的政治保证。提高党的执政能力，首先要提高党领导和统筹经济社会发展的能力，把握经济社会发展的正确方向，创造优良的环境；同时改革和完善党领导经济社会发展的体制、机制和方式，建立科学高效的领导机制和工作机制，真正落实发展这一党执政兴国的第一要务。加强党的先进性建设，必须围绕党的中心任务来进行，把最广大人民群众的根本利益作为出发点和归宿，坚持党要管党，从严治党，严肃党纪，增进团结，以党内和谐促进社会和谐。科学发展观这些治党治国的新方略，充分体现了我们党坚持先进性、坚持与时俱进的品质，集中反映了我们党对执政规律的新认识，对执政理念的新提升，对马克思主义执政党建设理论的丰富与发展。

（作者：武汉科技大学马克思主义理论与思想政治教育专业硕士研究生）

第十三部分

高校建设与思想政治教育

学习贯彻党的十七大精神
推进教育事业科学发展

周 济

党的十七大是在我国改革发展关键阶段召开的一次十分重要的大会，对于党和国家事业的发展具有重大而深远的意义。胡锦涛总书记所作的重要报告，以马克思列宁主义、毛泽东思想、邓小平理论和“三个代表”重要思想为指导，深入贯彻落实科学发展观，科学回答了党在改革发展关键阶段举什么旗、走什么路、以什么样的精神状态、朝着什么样的发展目标继续前进的重大问题，为推动党和国家的事业发展指明了方向。

学习好、领会好、贯彻好、落实好党的十七大精神，是当前和今后一个时期教育战线的首要政治任务。全面准确学习领会党的十七大精神，重点要把握好三个方面。

一、高举中国特色社会主义伟大旗帜

中国特色社会主义伟大旗帜，是当代中国发展进步的旗帜，是全党全国各族人民团结奋斗的旗帜。高举中国特色社会主义伟大旗帜，最根本的就是要坚持中国特色社会主义道路和中国特色社会主义理论体系。改革开放以来，我国经济社会发展的实践已经充分证明，在当代中国，坚持中国特色社会主义道路，就是真正坚持社会主义；坚持中国特色社会主义理论体系，就是真正坚持马克思主义。

在这面旗帜的指引下，经过改革开放以来的艰辛努力和探索，我们已经开辟出一条中国特色社会主义教育发展道路，使我国教育不断焕发出旺盛的生机和活力。在邓小平理论的指引下，我国教育率先冲破“两个凡是”的桎梏，从恢复高考到大规模地派遣留学生，教育作为解放思想、改革开放的重要领域，迎来了发展的春天，教育优先发展的战略地位得到确立，尊重知识、尊重人才成为时代强音。随着我国经济社会的发展，以“三个代表”重要思想为指导，党中央提出了科教兴国战略和人才强国战略，进一步强化了教育优先发展的战略地位。进入新时期新阶段，全面建设小康社会、构建社会主义和谐社会对教育事业提出了新的要求，贯彻落实科学发展观，推动教育事业优先发展、科学发展，教育事业走入了又好又快发展的轨道。改革开放以来的实践证明，只有高举中国特色社会主义伟大旗帜，全面贯彻党的教育方针，全面实施素质教育，才能在教育工作中始终坚持正确的方向，培养德智体美全面发展的社会主义建设者和接班人；只有高举中国特色社会主义伟大旗帜，坚持解放思想、实事求是、与时俱进，推进教育的改革开放，才能不断突破教育发展面临的困难和障碍，推动教育事业的持续健康发展；只有高举中国特色社会主义伟大旗帜，坚持教育为现代化建设服务，为人民服务，才能办好人民满意的教育。我们要用中国特色社会主义伟大旗帜统一思想、凝聚力量，始终不渝地贯彻执行党的基本理论、基本路线、基本纲领、基本经验，加快发展中国特色社会主义教育事业，为实现党的十七大确定的目标和任务而努力奋斗。

二、深入贯彻落实科学发展观

学习贯彻党的十七大精神，最重要的是要进一步深入贯彻落实科学发展观。科学发展观，是立足社会主义初级阶段基本国情，总结我国发展实践，借鉴国外发展经验，适应新的发展要求提出来的。科学发展观，是对党的三代领导集体关于发展的重要思想的继承和发展，是马克思主义关于发展的世界观和方法论的集中体现，是同马克思列宁主义、毛泽东思想、邓小平理论和"三个代表"重要思想既一脉相承又与时俱进的科学理论，是我国经济社会发展的重要指导方针，是发展中国特色社会主义必须坚持和贯彻的重大战略思想。

近年来，我国教育事业之所以取得巨大成就，一条重要的经验，就是坚持以科学发展观统领教育事业的改革发展。在新的历史阶段推进教育发展，关键是要全面把握科学发展观的科学内涵和精神实质，增强贯彻落实科学发展观的自觉性和坚定性，着力改变不适应不符合科学发展观的思想观念，着力解决制约科学发展的突出问题，把科学发展观贯彻落实到教育改革发展的各个方面。党的十七大报告明确指出，科学发展观，第一要义是发展，核心是以人为本，基本要求是全面协调可持续，根本方法是统筹兼顾。从我们教育工作来说，要从这样四个方面来加以落实：一是进一步实施科教兴国战略和人才强国战略，坚持教育优先发展；二是坚持教育为人民服务的宗旨，努力办好人民满意的教育，坚持教育以育人为本、以学生为主体，办学以人才为本、以教师为主体；三是按照"巩固、深化、提高、发展"的方针，巩固成果，深化改革，提高质量，持续发展，进一步促进我国教育事业持续协调健康发展；四是统筹教育的规模、结构、质量和效益协调发展，统筹各级各类教育协调发展，统筹城乡和区域教育协调发展，统筹教育的发展、改革和稳定。

三、贯彻落实党的十七大对教育工作的新要求

党的十七大对我国教育事业的改革发展提出了新的更高要求，进行了全面部署。在党的十七大报告"加快推进以改善民生为重点的社会建设"部分，提出要"努力使全体人民学有所教、劳有所得、病有所医、老有所养、住有所居"，明确提出"优先发展教育、建设人力资源强国"。这是党中央着眼于我国经济社会发展的新要求，进一步实施科教兴国战略和人才强国战略提出的新的重大战略任务。建设人力资源强国和建设创新型国家一起，构成了新世纪新阶段贯彻落实科学发展观，推进科教兴国战略和人才强国战略的两个奋斗目标和两大战略支柱。经过新中国建立58年、改革开放29年、特别是世纪之交10年来的奋斗，我们国家已经全面普及了九年义务教育，职业教育有了很大的发展，高等教育已经进入了大众化发展阶段。现在，我们已经实现了从人口大国到人力资源大国的历史性转变；我国教育已经进入了一个新的发展阶段；从新的历史起点出发，实现我们国家从人力资源大国向人力资源强国的根本性转变，是时代赋予我们的新的伟大使命。

这个战略任务是与党的十七大提出的实现全面建设小康社会奋斗目标的新要求相适应的。教育既是这个更高要求的重要组成部分，又为这个更高要求的实现提供人力资源和智力支持。党的十七大报告提出的"现代国民教育体系更加完善，终身教育体系基本形成，全民受教育程度和创新人才培养水平明显提高"的奋斗目标，集中到一点，就是要优先发展教育，加快建设人力资源强国的步伐。

要在全国教育系统不断把学习贯彻落实党的十七大精神引向深入。各级教育行政部门和各级各类学校都要按照中央的要求和部署进一步抓好学习贯彻工作，用党的十七大精神教育全体干部和师生，把教育系统全体同志的思想统一到党的十七大精神上来。

首要是抓好学习工作。中央已经作出部署，2008年上半年要对处级以上领导干部进行轮训，集中一段学习时间，认真研读党的十七大文件，原原本本地学习党的十七大报告和党章；2008年下半年，要开展学习实践科学发展观的活动。教育部党组将按照中央的要求对这项工

作进行专门部署。教育系统的同志们要增强学习贯彻党的十七大精神的自觉性和坚定性，广大党员干部、党员专家学者要带头学，在改造客观世界的同时，改造主观世界，提高马克思主义的理论修养，用党的十七大精神武装头脑，用中国特色社会主义理论体系武装头脑。

同时，要坚持用党的十七大精神指导实践、推动工作。理论联系实际，是我们党一贯坚持的马克思主义学风，也是学习贯彻好党的十七大精神的保证。要紧紧围绕当前教育改革与发展的重大理论和实际问题，把党的十七大精神贯彻到工作中，继续解放思想，坚持改革开放，坚定不移地走中国特色社会主义教育发展道路。这里要强调三个重点：一是总结过去，二是研究现在，三是谋划未来。

(一)要深刻总结教育改革和发展的历史经验

明年我们将迎来改革开放 30 周年。学习贯彻党的十七大精神，首先要联系改革开放以来教育工作的实际，对 30 年来尤其是世纪之交以来的教育改革和发展进行认真总结。在发展中国特色社会主义教育的实践中，我们已经形成了对今后的工作具有重要指导意义的基本经验。我们的初步体会有这么六条：

第一，坚持把教育摆在优先发展的战略地位，推进教育事业全面协调可持续发展。优先发展教育是我们党提出并长期坚持的一条战略方针。我们必须高举中国特色社会主义伟大旗帜，全面实施科教兴国战略和人才强国战略，继续坚持好、落实好把教育摆在优先发展的战略地位的方针，大力倡导尊师重教，大力发展教育事业，大力提高全民族素质，为全面建设小康社会、加快推进社会主义现代化、实现中华民族伟大复兴提供强大的人才和人力资源保证。要坚持教育科学发展的道路，着力把握教育发展规律、创新教育发展理念、转变教育发展方式、破解教育发展难题，提高教育发展质量，促进教育事业全面协调可持续发展。

第二，坚持全面贯彻教育方针，把培养德智体美全面发展的社会主义事业建设者和接班人作为根本任务。要坚持育人为本、德育为先，全面落实立德树人的要求，加强和改进学生思想政治工作，把社会主义核心价值体系融入国民教育全过程，引导学生树立正确的世界观、人生观、价值观、荣辱观。要全面推进素质教育，坚持面向全体学生，促进学生的全面发展，努力办好每一所学校，不断促进人才培养模式的创新，不断提高各级各类教育的质量，培养数以亿计的高素质劳动者、数以千万计的专门人才和一大批拔尖创新人才。

第三，坚持教育为现代化建设服务、为人民服务的宗旨，办好人民满意的教育。教育事业关系亿万学子，关系人民群众最根本、最长远利益，衡量教育工作是不是贯彻落实科学发展观，最终体现在人民对教育的满意程度上。衡量办好人民满意的教育的标准，一是要看教育为国家和人民的事业作出的贡献，二是要看能不能解决好人民群众最关心、最直接、最现实的教育问题。因此，办好人民满意的教育，一方面要坚持发展这个硬道理，通过科学发展来满足现代化建设和人民群众对教育的需求；另一方面是坚持教育公平，把促进教育公平作为国家的基本教育政策，使广大人民群众都能学有所教，享有良好的教育。

第四，坚持解放思想，深化改革开放。从 1985 年《中共中央关于教育体制改革的决定》到《中国教育改革和发展纲要》，从世纪之交高等教育体制改革的重大突破到进入新世纪以来农村义务教育管理体制和经费保障机制的重大转变；从改革开放之初大规模派遣留学生到全方位的教育国际合作与交流，教育的大改革、大开放促进了教育的大发展。过去取得的成就靠的是改革开放，今后的发展仍然要靠改革开放。我们要以改革开放为强大动力，不断增强教育体系的生机活力，提高教育对社会主义市场经济、民主政治、先进文化和和谐社会建设的适应力、贡献力，拓宽中国特色社会主义教育的发展道路。

第五，坚持加强党对教育工作的领导。教育担负着培养社会主义建设者和接班人的使命，旗帜问题、政治方向问题，永远是第一位的。中国特色社会主义教育的发展，必须始终置于党的坚强领导之下，这是总结改革开放以来教育工作正反两方面经验教训得出来的必然结论。我们要以改革创新的精神推进教育系统党的建设，使教育系统的各级党组织始终站在时代的前列，经得起改革开放的考验，经得起市场经济的考验，经得起在复杂环境下领导和推进教育事业的考验，成为宣传贯彻中国特色社会主义理论体系的坚强阵地，为优先发展教育、建设人力资源强国的新征程提供坚强的政治保证和组织保证。

第六，坚持和发扬忠诚、奉献、艰苦奋斗的优良作风。在我们这样一个发展中人口大国，面对人民群众对良好教育的期盼，面对穷国办大教育的基本国情，优先发展教育事业，要靠各级党委、政府的重视，要靠广大人民群众的支持，还需要教育工作者忠诚于党和人民的教育事业，以高度的责任感、使命感，“下定决心，不怕牺牲，排除万难，去争取胜利”。今年教师节，胡锦涛总书记充分肯定了广大教师“胸怀祖国、热爱人民，学为人师、行为世范，默默耕耘、无私奉献”的高尚精神。这种精神体现在过去几十年的艰苦奋斗之中，体现在基础教育实现“两基”目标的攻坚之中，体现在高等教育的跨越式发展之中，体现在职业教育的历史性进步之中，体现在亿万青少年的健康成长之中。我们要永远弘扬这样的优良作风，为进一步发展教育事业、建设人力资源强国而不懈努力。

（二）要认真研究当前教育工作的阶段性特征以及面临的矛盾和问题

教育发展到一个新阶段，就必然面临新的课题，我们要以党的十七大精神为指导，组织力量进行深入细致的调查研究，积极探索改革发展的新思路。

总的来说，我国教育仍然是处于并将长期处于社会主义初级阶段的教育，但在当前，我国教育呈现出鲜明的阶段性特征。最基本的阶段性特征，就是进入了从人力资源大国向人力资源强国转变的新阶段，进入了全面提高教育质量的新阶段。现在，有学上的问题已经基本解决，上好学的问题成为突出矛盾；数量和规模的问题已经基本解决，质量和结构的问题成为突出矛盾；国民教育体系已经基本形成，中国特色社会主义现代化教育体系还有待进一步发展和完善。从义务教育来看，99%的人口地区已经实现普及九年义务教育，但义务教育的巩固提高和均衡发展的任务极为艰巨；从职业教育来看，规模快速扩展的阶段已经基本结束，但提高技能型人才培养质量的要求日益迫切；从高等教育来看，提高质量尤其是提高拔尖创新人才的培养水平，始终是高等教育的工作重点。因此，尽管教育的规模仍然有一定的发展空间，但从总体上看，今后各级各类教育的发展重点都要放在提高质量上。人民群众不仅要求享有接受教育的机会，更加要求享有接受良好教育的机会。

在新的历史阶段，教育面临的各种矛盾都在转化，教育改革发展的深层次矛盾正在全面显现，如深入实施素质教育的问题、义务教育均衡发展的问题、高素质教师队伍建设的问题、创新型人才培养的问题、进城农民工子女入学和留守儿童的问题，等等。这些问题既有教育内部的体制性障碍，又受到教育外部经济社会文化环境的深刻影响，要求我们以科学发展观为指导，进行系统的、深入的调查研究，提出解决问题的思路和办法，提出在新的历史阶段科学发展的思路和办法。

教育部党组决定大力加强教育改革和发展战略与政策研究，已确定了13个重大课题，包括人力资源强国研究、推进教育优先发展的政策与制度研究、促进教育公平的阶段性目标与政策措施研究、教育投入保障机制研究、中小学教师队伍建设研究、提高高校人才培养质量研究、农民工子女和农村留守儿童教育问题研究、职业教育集团化办学研究、高等学校发展特点与布局结构研究、现代大学制度研究、教育信息化建设与应用研究、学前教育发展研究、继续教育研究，等等。这项工作还要制度化，还要向广度和深度进军。各地也要组织力量，对本地区教育改革和发展中的突出问题进行认真深入的调查研究。

（三）要加强对未来教育事业的宏观思考和战略谋划

贯彻落实党的十七大精神，要进一步谋划推进教育改革发展、实现我国从人力资源大国向人力资源强国转变的战略规划和重大政策举措。

“凡事预则立，不预则废”。我们要以科学发展观为指导，在总结经验、研究问题的基础上谋划发展、规划未来。当前，要切实做好《2008—2012年教育振兴行动计划》研制工作，这是推进人力资源强国建设的一项重要任务。过去这些年的事实表明，教育振兴行动计划作为教育改革和发展的重要行动方案，在推动教育事业发展方面发挥了重要作用。我们要结合落实《国家教育事业发展“十一五”规划纲要》，针对教育改革和发展中的突出问题，提出各类教育发展的主要建设计划，科学地规划、设计若干教育重大工程建设项目。今后一段时间，我们更要集中力量，制定《2020年中国教育发展纲要》，谋划建设人力资源强国的历史伟业。

各级教育行政部门和学校都要在认真学习领会党的十七大精神的基础上制定好本部门、本学校的发展规划。高等学校要紧密结合建设高等教育强国的总要求，进一步思考“建设一所什么样的大学”、“怎样建设这样的大学”这样两个核心问题，进一步完善学校的发展战略规划、学科和师资队伍建设规划、校园建设规划，确定新的发展目标，制定新的发展举措，把科学发展观贯彻落实到学校工作的方方面面。

（作者：教育部部长）

十六大以来我国促进教育公平的重大举措

中共教育部党组

保障人民群众接受良好教育的机会，是十六大确立的全面建设小康社会的重要目标，是建设社会主义和谐社会的重要内容，也是教育全面协调可持续发展的重要着眼点，是教育为社会主义现代化建设服务、为人民服务，办让人民满意教育的核心命题。

十六大以来，在党中央、国务院的领导下，全国教育战线以邓小平理论和“三个代表”重要思想为指导，深入贯彻落实科学发展观，围绕这一重要着眼点和核心命题，坚持“巩固成果、深化改革、提高质量、持续发展”的方针，在注重城乡区域各级各类教育的协调发展、推进教育公平、认真解决人民群众关心的教育热点难点问题方面下大气力，使我国教育事业出现了又好又快发展的局面：各级教育的入学率不断提高，国民平均受教育年限提高到8.5年，新增劳动力平均受教育年限提升到10年以上；在人民群众受教育机会大大增加的同时，教育质量也不断提高。

一、把农村教育摆在“重中之重”的战略地位，全面免除农村义务教育学杂费，建立农村义务教育经费保障新机制，促进义务教育均衡发展

十六大以来，党和国家坚持把农村教育摆在重中之重的战略地位，采取了一系列重大措施，加快农村教育发展，努力缩小城乡、区域教育差距。

全面免除农村义务教育学杂费。2003年全国农村教育工作会议以来，国家坚持将“新增教育经费主要用于农村”。2006年，率先对西部农村义务教育实行了免收学杂费的政策，2007年进一步扩展到全国农村的义务教育学校，惠及1.5亿农村学生。农民的教育负担得到切实减轻，平均每年每个小学生家庭减负140元、初中生家庭减负180元。农民群众高兴地说，“种田不纳税，上学不缴费，农民得实惠，和谐好社会”。此外，免除城市义务教育学杂费已纳入规划，正在逐步推进。

大力实施西部地区“两基”攻坚计划。为了加快西部地区、贫困地区、边疆地区、民族地区义务教育的发展，2003年国家开始实施西部地区“两基”攻坚计划。目前，全国410个西部“两基”攻坚县中，已有317个实现“两基”。“两基”攻坚计划的实施，有力促进了西部地区农村义务教育的发展，使农村学校的办学条件大大改善，质量得到提高。其中“农村寄宿制学校建设工程”，中央财政总计投入100亿元资金，可满足200万新增寄宿生的学习、生活所需，使他们不必再为上学每天翻山越岭、长途跋涉。“农村中小学现代远程教育工程”将在2007年底完成，中央和地方政府投入111亿元资金，建设了遍及全国农村的远程教育网络，使所有中西部农村中小学生可以与城市学生共享优质教育资源。孩子们高兴地说，“大山再也挡不住知识了！”

建立农村义务教育经费保障机制。2005年，国务院决定将农村义务教育全面纳入国家公共财政保障范围，建立了中央和地方分项目、按比例分担的农村义务教育经费保障新机制，提高了农村义务教育阶段学校公用经费的保障水平，建立了农村中小学校舍维修改造长效机制，加强了农村中小学教师工资保障。这项具有重大而深远意义的机制创新，2006年从西部农村地区开始，目前已经在全国农村地区全面

推开。建立义务教育经费保障新机制，是我国教育发展史上的重要里程碑，必将对促进教育公平、全面提高国民素质产生重大而深远的影响。

积极推进区域内义务教育均衡发展。2006年新修订的《中华人民共和国义务教育法》，为义务教育均衡发展提供了法律保障。2005年以来，教育部制定政策措施，并先后组织了现场会和经验交流会，在全国统一部署、大力推进义务教育均衡发展。各地加大了对农村和城镇薄弱学校的改造力度，努力缩小学校间的差距。有些地方逐步推进城乡义务教育生均经费的均衡拨付，促进了办学条件的均衡；有的建立起校际教师交流制度和教师轮换制度等，初步实现了教师资源的均衡配置；很多地区通过加大对薄弱学校的改造力度，缩小了学校间的差距，群众关心的中小学择校问题正在逐步妥善解决之中。

重视农民工子女和农村留守儿童的教育问题。近年来，根据“以流入地政府管理为主，以全日制公办中小学为主”的方针，各地积极采取措施，使进城农民工子女就学保障状况得到很大改善。同时，各地把做好留守儿童教育、管护工作列入本地巩固提高义务教育工作的重要内容，按照教育部的要求建立农村留守儿童档案，健全动态监测机制，制定了有效的教育与管护措施。

以上各项措施有力推动了我国“两基”工作的巩固和提高。2006年底，我国实现“两基”地区的人口覆盖率已提高到98%。小学学龄儿童净入学率提高到99.27%，初中阶段毛入学率达到97%。全国青壮年文盲率下降到4%以下。

二、坚持各级各类教育的协调发展，大力发展面向人人的职业教育，以提高质量为重点稳步发展高等教育，积极推进继续教育和终身学习

以服务为宗旨、以就业为导向，加快职业教育发展。职业教育是面向人人的教育，是促进就业、改善民生的有效途径。党中央、国务院高度重视职业教育的发展，2002年和2005年，两次召开全国职业教育工作会议，作出大力发展职业教育的决定，加快了我国职业教育改革和发展的步伐。一是进一步明确了“以服务为宗旨、以就业为导向”的发展思路，使职业教育办学的路子越走越宽，职业教育服务经济社会的意识和能力显著增强。各级职业学校根据市场和社会需要，转变教育观念和办学模式，大力推进校企合作、订单培养、工学结合、半工半读的培养模式。国家近年组织实施了“国家技能型人才培养培训工程”、“国家农村劳动力转移培训工程”、“农村实用人才培训工程”、“以提高职业技能为重点的成人继续教育和再就业培训工程”等四项工程。目前参加“制造业和现代服务业技能型紧缺人才培养培训工程”的职业院校达1000多所，企业达2000多家。大力推进农村劳动力转移培训和农民工培训，年培训约3500万人次，积极开展农村实用技术培训，年培训约4500万人次。全国企业职工年培训达9100万人次。二是大力加强职业教育基础能力建设，启动实施了“职业教育实训基地建设计划”、“县级职教中心建设计划”、“示范性中等职业学校建设计划”、“中等职业学校教师素质提高计划”和“国家示范性高等职业院校建设计划”。“十一五”期间，中央财政用于职业教育基础能力建设的经费将超过100亿元，使职业院校办学条件和教学质量得到切实改善，办学能力有很大提高。三是中等职业学校招生规模迅速扩大。2005、2006年，中等职业学校连续两年分别扩招100万人。2006年中等职业学校招生748万人，在校生规模达到1810万人，创历史最高纪录。2007年中等职业教育招生规模计划再扩大50万人，从而实现招生800万人的目标。

着力提升高等教育质量。2002年我国高等教育毛入学率达到15%，进入国际公认的大众化发展阶段。2006年，高等教育招生规模达

到540万人，是1998年的整5倍，高等教育在学总规模达到2500万人，高等教育毛入学率达到22%。高等教育就学机会的大幅增加，较好地满足了人民群众接受高等教育的迫切愿望，促进了高等教育的机会公平。据统计，2001年以来，全国高校招生录取新生中农村户口学生所占比例呈现逐步提高的趋势，2005年已提高到53%，农村青年接受高等教育的机会明显增加。2006年以来，根据中央的部署，国家在合理把握高等教育发展节奏、稳定招生规模的同时，把提高质量作为高等教育发展的重点。中央财政投入25亿元，启动实施了新一轮"高等学校本科教学质量与教学改革工程"。高水平大学建设带动了高等教育整体水平的提升。我国高校的科技创新能力和社会服务能力显著增强。

积极推进继续教育和终身学习。以现代国民教育体系为依托，以现代信息技术为重要手段，促进全社会各种学习资源的整合与共享，打造开放、灵活、方便的全民学习、终身学习平台，不断满足人民群众多样化的学习需求。2006年，全国各种非学历高等教育结业者达366万人次，各种非学历中等教育结业者达6508万人次，扫除文盲164.6万人。

三、坚持教育的公益性，着力促进教育公平，建立健全家庭经济困难学生资助体系，从严治教，规范管理，保障每一个孩子上得起学

十六大以来，党和政府把不让一个孩子因家庭经济困难失去学习机会，作为促进教育公平的重大举措，着力推进家庭经济困难学生资助体系建设，使我国家庭经济困难学生资助政策不断完善，覆盖面逐步拓宽。

建立为义务教育阶段家庭经济困难学生免费提供教科书和寄宿生活补助费制度。从2001年开始，国家对贫困地区家庭经济困难的中小学生进行免费提供教科书制度的试点。2006年，在对西部地区和部分中部地区农村义务教育阶段5200万名学生全部免除学杂费的同时，对农村地区3730万名家庭经济困难学生免费提供教科书，对其中的780万名寄宿学生补助生活费。这些资助措施大大减轻了经济困难家庭子女接受义务教育的经济负担，促进了义务教育就学率的提高。

建立健全高校家庭经济困难学生资助政策体系。我国基本形成了以国家奖助学金和助学贷款为主体，勤工助学、特殊困难补助、学费减免有机结合的高校家庭经济困难学生资助政策体系。2004年，建立了以风险补偿金为核心的国家助学贷款新机制，贷款学生在校期间的利息全部由财政补贴，还贷年限延长到学生毕业后6年内。实行了国家助学贷款国家代偿制度，对自愿到西部地区和艰苦边远地区基层单位从事生产第一线工作达到一定年限的中央部门高校毕业生，其在校期间获得的国家助学贷款本金和全部偿还之前产生的利息，由国家代为偿还。为进一步加大对高校家庭经济困难学生资助力度，确保高校家庭经济困难学生都能上得起大学、接受职业教育，国务院决定，从2007年秋季开学起，进一步建立健全普通本科高校、高等职业学校家庭经济困难学生资助政策体系。新资助政策体系加大了资助力度，扩大了资助面，提高了资助标准。其中，"国家奖学金"，每生每年8000元，每年奖励5万名；国家励志奖学金，每生每年5000元，每年奖励资助约51万人，约占在校生总数的3%；国家助学金，资助标准平均为每生每年2000元，每年资助约340万人，约占在校生总数的20%。此外，"绿色通道"制度确保了每一位考入公办高校的学生不因家庭经济困难而失去学习机会。

建立中等职业教育学生资助制度。2006年，国家启动了中等职业教育学生助学金制度。这项具有普惠性的国家助学金政策，资助对象覆盖了所有在校农村学生和城市家庭经济困难学生，对一、二年级学生每生每年资助1500元。此项资助政策落实到位后，受惠学生将达1600万人，占中等职业学校在校生的90%。国家将

采取有力措施，实行中职学生第三年“顶岗实习、半工半读”的政策，实施高质量的职业教育。

规范教育收费，坚决治理教育乱收费。教育乱收费现象一度成为群众关心的热点问题。近年来，各级政府及教育部门共同努力，通过标本兼治、齐抓共管的治理，使教育乱收费现象得到遏制。在义务教育阶段，随着农村义务教育学校免除学杂费和学生公用经费保障水平的提高，农村学校乱收费问题已基本解决；对城市学校实行规范的“一费制”收费办法，实行就近入学和取消实验班、重点班，加强了收费监管力度。在非义务教育阶段，国家也采取了规范收费政策、清理收费项目、实行教育收费公示和听证制度、健全问责机制、加强检查审计等措施。对公办普通高中招收“择校生”实行“限分数、限人数、限钱数”的“三限”政策，对高校学费和住宿费标准采取了稳定在2000年水平上的政策。近年，人民群众对教育行风的评价明显好转。

实施普通高校招生的“阳光工程”。该工程旨在把招生政策、高校招生资格及有关考生资格、招生计划、录取信息、考生咨询及申诉渠道、重大违规事件及处理结果全部公开，将招生录取工作置于群众监督和舆论监督之下，建立并完善招生考试工作责任制和责任追究制。“阳光工程”2005年实施以来，取得明显效果。我国高考考风考纪进一步好转，招生乱收费、违规录取现象大幅减少，考生、社会投诉率大幅度下降，成为教育战线落实公平公正的民心工程。

四、深入实施素质教育，全面提高教育质量，努力让所有孩子都能上好学

办让人民满意的教育，不仅要提供更多的教育机会，而且要提高教育的质量，让所有孩子都能上好学。近年来，教育系统坚持以育人为本，全面推进素质教育，着力提高教育质量，努力培养德智体美全面发展的社会主义建设者和接班人。

大力提高青少年学生的思想道德素质。党中央、国务院非常重视青少年德育工作，根据中央的统一部署，教育系统坚持把立德树人作为学校的根本任务，采取各种积极措施，加强和改进未成年人思想道德建设和大学生思想政治教育。针对市场经济、对外开放、信息化带来的挑战，我们不断完善学校德育体系，注重加强青少年德育工作的有效性和针对性，坚持把学校教育作为青少年学生思想道德建设的主课堂、主阵地、主渠道，把德育融入学校工作的各个环节，在马克思主义中国化最新成果进教材、进课堂、进学生头脑工作，校园文化建设，社会德育环境建设等方面取得重要进展。

全面推进教育教学改革。在基础教育领域，2005年秋季，全国所有小学、初中起始年级已经开始实施新课程，很多省份启动了普通高中课程改革实验。从各地情况看，课程改革在促进学生的全面发展、培养学生的创新精神和实践能力、培育学生的主动精神和求知欲、挖掘学生的潜能与兴趣等方面取得了积极的效果，学校教学工作正在发生深刻的变革。为提升高等教育的整体实力和教育质量，国家扎实推进高等学校教学改革与教学质量工程，建设国家精品课程，积极开展教学水平评估，不断加大学科专业结构的调整力度。积极推进名师、教授讲授本科课程。大学英语教学改革取得突破，实践教学环节不断强化。招生和考试评价制度改革取得进展。小学升初中实行免试就近入学，各地普遍开展了初中升高中的中考改革试点，积极探索对学生进行综合素质评价的方法。差额投档、优秀生面试保送、将优质高中部分招生名额定向分配给各初中等做法初见成效。稳步推进高校招生考试改革，使招生考试内容和形式逐渐趋于多样化。在16个省实施高考分省命题，在已经启动高中课程改革的省份，实施相应的高考改革方案，扩大高校招生自主权。

切实增强青少年体质。2007年5月，中共中央国务院发布了《关于加强青少年体育增强青少年体质的意见》，提出了全面实施《国家学生体质健康标准》，开展“全国亿万学生阳光体育运动”，切实减轻学生过重的课业负担，确保

学生每天锻炼一小时，确保青少年休息睡眠时间，加强学校体育设施建设等重大举措。教育部门认真落实“健康第一”的要求，把加强体育作为推进素质教育的突破口和重要工作。

加强教师队伍建设，努力提高教师素质和水平。教育大计，教师为本。教师队伍建设是提高教育质量的关键。近年来，国家加强了师德建设和教师在职培训，特别是农村教师队伍的建设。中小学教师人事制度改革迈出新的步伐，实施“农村学校教师特设岗位计划”、“农村学校教育硕士师资培养计划”，推动城镇教师支援农村、师范生实习支教，缩小城乡教师质量差距，农村教师素质迅速提高。为了吸引优秀人才报考师范专业、从事教师工作，国家决定试行师范生免费教育制度。从2007年秋季入学的新生起，国家在6所教育部所属师范大学实行师范生免费教育，免除师范生的学费、住宿费，并补助生活费。这一具有示范性的举措，就是要进一步形成尊师重教的浓厚氛围，让教育成为全社会最受尊重的事业；就是要培养大批优秀教师；就是要提倡教育家办学，鼓励更多的优秀青年终身做教育工作者。我国教师的素质不断提高，2006年，全国普通小学、普通初中、普通高中专任教师的学历合格率分别提高到98.87%、96.34%和86.46%，中等职业学校专任教师学历合格率达到74.28%。通过人才强校计划的实施，高校教师的水平有了明显提升。

面向现代化、面向世界、面向未来，中国教育站在一个新的历史起点上。让我们紧密团结在以胡锦涛同志为总书记的党中央周围，以科学发展观统领教育改革与发展的全局，坚持教育优先发展，着力促进教育公平，努力构建中国特色社会主义现代化教育体系，切实保障人民群众接受良好教育的机会，办好让人民满意的教育，为把我国建设成为人力资源强国而奋斗。

大学精神的育人功能

中共北京大学委员会

大学精神是一所大学在长期的办学过程中形成的，体现历史传统、有自身特色、得到师生广泛认同、相对稳定的、具有一定抽象性和符号性的精神文化形态。大学在人才培养过程中既要关注科学知识的传授，更要关注对学生思想品德和高尚精神的培育。积极培育、弘扬大学精神，充分发挥大学精神的育人功能，是当前高校深入落实中央16号文件精神，提升大学生思想政治教育实效性，培养“四个新一代”优秀青年的重要途径。

一、深刻认识大学精神的重要特点和时代意义

大学精神是一所大学最根本的灵魂内核，是大学的立校之基、办学之本。19世纪末20世纪初，中国开始了教育现代化，我国进步的改革家和教育家按照“上法三代、旁采泰西”的原则引进西方现代大学制度。以北京大学为代表的中国高等学府在办学之初就注重大学精神的培育，并且在特殊的历史环境中形成了别具一格的大学精神。中国的大学精神一方面传承了五千年传统文化的精髓，彰显儒家经典“大学之道，在明明德，在亲民，在止于至善”，延续了以人为本、崇德尚学的优良传统；一方面汲取了西方文明的精华，科学理性和人文关怀并重，形成了现代化的教育思想；同时又在救国图存、振兴中华的道路上深化了爱国主义情怀，并且在新民主主义革命的战火中自觉地选择了马克思主义。北京大学蔡元培校长“循思想自由之原则，取‘兼容并包’之主义”的教育理念和“爱国、进步、民主、科学”的五四传统，就是中国大学精神的突出代表。归根结底，追求真理、追求卓越、自强不息、开拓进取，是中国大学精神的最根本特点。

改革开放之后，中国高等教育重新走上了快速发展的轨道，建设中国特色社会主义的宏伟事业和科教兴国、人才强国的伟大战略不仅焕发了大学精神的勃勃生机，而且赋予了大学精神更加开放、更加先进、更加和谐的时代内涵。发挥大学精神的育人功能，不仅要正确把握中国大学精神的优良传统，还要深刻认识培育、弘扬大学精神的重要作用。

从国家建设和社会发展的时代要求来看，大学精神是建设社会主义核心价值体系的重要力量。当前，中国进入了构建社会主义和谐社会的历史新阶段，建设社会主义核心价值体系，形成全民族奋发向上的精神力量和团结和睦的精神纽带，是建设和谐文化的根本。中国的大学精神既承载着中国文化传统的精华，又体现着一百多年来现代化与现代文化发展的先进成果，社会主义核心价值体系的基本内容均在其中有所反映。弘扬大学精神，有利于充分发挥高校“学术重镇”和“文化桥头堡”的作用，推动科学理念和先进文化在社会上的广泛传播，对在社会发展转型时期统领多元思想认识、构建社会主义核心价值体系有着独特的助推作用。

从高等教育发展和高校育人工作的内在要求来看，继承、培育和弘扬大学精神是办好让人民满意大学、创建一批高水平大学的重要使命和促进中国高等教育事业兴旺发达的重要动力。就高校育人工作而言，发挥大学精神的育人功能是加强和改进大学生思想政治教育的关键途径。大学教育，育人为本；德智体美，德育为先。而大学精神正是高校德育工作的“源头

活水”，具有凝聚、导向、规范、激励、调适、辐射的功能。大学精神以其丰富的历史传承、共同的价值认同和独特的精神魅力，容易入耳、入脑、入心；更因其相对独立性和纯洁性，能够对社会思潮在大学校园的传播起到扶正纠偏的作用，从而成为大学生思想政治教育的有力依托。同时，大学精神也是随着实践的丰富与发展而与时俱进的。用新时期加强大学生思想政治教育的要求，对大学精神进行科学的继承、采择与创新，使大学精神传统焕发新的时代活力；用大学精神的内涵充实大学生思想政治教育内容，使大学生思想政治教育更加亲切动人、更富有实效性，是新时期高校思想政治工作的崭新课题。

二、充分发挥大学精神的育人功能

大学精神具有显著的特点和鲜明的引导性，能够在潜移默化中实现有效的精神塑造。发挥大学精神的育人功能，推进大学生思想政治教育，要把握主旋律，挖掘大学精神的积极因素，着力彰显马克思主义优良传统、爱国主义精神和自主创新精神，将大学精神的育人功能内化到学校第一课堂和第二课堂活动的每个环节，以青年学生喜闻乐见的形式和载体予以推广。

1. 发扬学习、研究和传播马克思主义的优良传统，用马克思主义中国化最新成果锻造青年马克思主义者。大学是马克思主义在中国最早的传播基地。在长时间学习、研究和传播马克思主义的过程中，马克思主义也已经内化为中国大学精神重要的有机组成部分。发挥大学精神的育人功能，应当高度重视这个优良传统，积极组织学生学习、研究和传播马克思主义中国化最新成果。尤其要深入学习邓小平理论、“三个代表”重要思想、科学发展观、构建社会主义和谐社会等党的创新理论，将其作为统一认识、团结奋进的理论武器。一是要抓好大学生思想政治理论课，巩固马克思主义传播的主阵地。北大组织多位著名专家学者组成教学工作组，率先把邓小平理论和“三个代表”重要思想引入课堂，并着力提高思想政治理论课的针对性和实效性。二是要抓紧学生党建工作，将党团组织生活、党团日作为学习、实践马克思主义的重要平台，不断强化学生党建在大学生思想政治教育中的龙头地位，使学生党员和团员成为思想政治工作的排头兵。三是要充分发挥学生理论社团的先锋带头作用。近年来，北京大学支持和扶植了青年马克思主义发展研究会、邓小平理论与实践研究会等一批优秀的学生理论社团，以“先锋文化节”、讲座、读书会、研讨会等方式传播马克思主义。四是要主动迎接互联网的挑战，积极开辟网络红色阵地。北京大学建设了学生党建网站“红旗在线”，使马克思主义在校园中的传播紧跟信息化时代步伐，获得了新的更广阔的空间。

2. 把握爱国主义精神的时代内涵，大力弘扬科学报国、坚定不移地走中国特色社会主义道路的主旋律。中国大学自诞生之时起，内忧外患、艰难转型的国运就赋予其教育兴国的神圣使命，爱国主义就成为大学精神的重要内涵。进入改革开放的新时期以来，中国大学的爱国主义精神表现为爱党爱国、投身中国特色社会主义建设事业的时代内涵。发挥大学精神的育人功能，必须始终高举爱国主义大旗，紧扣改革发展关键时期的思想政治教育要求，多方面、多维度加强爱国主义教育，引导学生“读书不忘爱国，爱国就要刻苦读书”。一方面，要加强国情民情教育，引导青年学生自觉地将个人的理想融入广大人民的共同理想之中，将个人的奋斗与国家和社会的发展需要有机结合起来。例如，北大以重大节庆日、纪念日为契机，开展五四精神研讨会、“一二九”师生歌咏比赛、纪念“团结起来、振兴中华”喊响25周年、纪念长征胜利70周年等活动，让学生了解爱国主义精神的历史与时代内涵，激发当代青年学子的爱国报国之情。另一方面，要积极引导青年投身社会实践和志愿服务，向社会学习、向人民学习。北大是我国第一个开展大学生暑期社会实践的高校，北大爱心社是中国大学生志愿服务组织的先驱。多年来，北大坚持通过形势报告会、社会实践、志愿服务等途径，让学生经风雨、见世面，受教育、长才干，自觉树立坚定不移地走中国特色社会主义道路的理想信念。

3. 发扬自主创新的精神传统，培养领导型创新型人才。作为近代高等教育与科学研究体制在中国建立的重要标志，大学与创新始终密不可分，自主创新精神始终是大学精神不竭的活力源泉。在建设创新型国家、推进中国特色社会主义现代化建设事业的时代大潮中，高校应当更加注重对学生创新精神的培养。近年来，北京大学提出了领导型创新型人才培养战略。所谓领导型创新型人才的“领导”并不是专指政治家或政府官员，而是包括学术骨干、实业家等各个领域的精英，他们共同的特征是具备领导能力和创新能力，能够通过自身努力并率领团队和组织，以高度的政治责任感、卓越的个人业务素质、出色的管理协调能力和敏锐的开拓创造意识，为创新型国家建设作出独特贡献。服务于这个育人目标，北京大学在第一课堂积极推行通识教育与宽口径、厚基础的专业教育相结合的教学改革，在第二课堂通过“挑战杯”五四青年科技奖竞赛、研究生“学术十杰”、本科生“学术希望之星”等品牌活动，大力推进学生课外学术科技活动；通过原创文学大赛、“十佳歌手”大赛、剧星风采大赛等品牌活动，使原创文艺成为校园风尚；通过学生创业大赛等品牌活动和成立北大学生创业中心，增强学生自主创业的能力。通过这些工作，一批创新人才脱颖而出，为社会主义现代化建设输送了一支领军队伍。

三、准确把握大学精神教育的关键环节

1. 加强主题教育，发挥大学精神的主导作用。主题教育活动具有覆盖范围广、持续时间长、影响力度大等特点，能够为大学精神教育的开展营造有利环境。上世纪90年代以来，北大的主题教育工作主要以三个大型主题教育工程为标志——文明修身工程、“新世纪修身行动”和“文明生活、健康成才”主题教育活动，三者在育人宗旨上一脉相承，在育人内容和方式上又不断发展和创新。1995年启动的文明修身工程，旨在用传统文化的精华教育学生、用市场经济的行为规范锻炼学生、用共产主义道德准则引导学生，提高大学生基础文明素质、培养适应时代发展的合格的跨世纪人才，被誉为“高校精神文明建设的一个创举”。2001年启动的“北京大学学生新世纪修身行动”以理想信念教育为核心，由提升基础文明修养拓展到提高全面素质，由现实世界扩展到虚拟世界，是大学生迎接新世纪挑战、努力完善自身素质的集中表现。2004年启动并持续至今的“文明生活、健康成才”主题教育活动旨在引导学生形成文明的生活方式、合理的求学计划和昂扬的精神风貌，锻造科学报国的栋梁之材。这些主题教育活动都是北大精神与思想政治工作时代要求相结合的产物，北大精神是内核、是导向，起到了非常明显的育人作用。

2. 加强爱校荣校教育，营造校园文化环境。要使大学精神深入人心，必须大力开展爱校荣校教育，引导青年学生对大学精神形成深刻的认同感。一直以来，北京大学将自身独特的校风校史和优良传统作为学生思想政治教育最有利的天然优势，把思想政治教育的时代要求渗透到对北大传统、北大精神的提炼和继承中。每年开学典礼上校长的讲话中都会回忆校史校情、阐发北大精神，我们还现场向所有学生教唱集中反映北大校史和北大精神的歌曲《燕园情》，这成为学校为新生上的第一课。当然，爱校荣校教育不能靠简单的知识传授或机械的表面活动，而是需要细致入微的养成教育，在确保单个活动教育效果的基础上，努力让学生能够真正触动、长远受益。要把大学精神教育作为“养成教育”的核心内容，融入到学校育人工作的方方面面。为此，我们将大学精神教育与校园文化活动紧密结合，使长期积淀的校园文化

真正集中反映大学精神。而它作为一种文化生态环境，又渗透、体现在学生日常学习、生活的每一个方面，从而能够陶冶学生情操、涵养人文精神，最终使学生成为大学精神的体现者。校园文化活动的主体——学生组织同样成为学生实现自我教育，培养大学精神的生动载体。

3. 加强典型示范教育，充分发挥先进人物和集体的引领作用。榜样就是旗帜，就是力量。一直以来，北大高度重视发挥先进典型在青年群体中的示范作用，从先进典型的事迹中发掘可贵精神，增强思想政治教育的感召力。北大历史上涌现出了一大批革命家、科学家和文化巨匠，他们是校友，也是最好的教育资源。今年，北大编辑出版了集中展示近年来17位杰出校友事迹的《大才精诚》一书并发放给毕业生，作为母校给他们上的“最后一课”，使广大毕业生深受教益。北大着力挖掘教师群体中的先进典型，如王选院士、孟二冬教授，不仅号召学习他们的先进事迹，还注意凸显出他们是北大精神的体现，是北大知识分子群体的写照，注意将学习孟二冬精神与学习胡锦涛总书记给孟二冬女儿回信精神相结合。通过这样的学习安排，学生对北大精神有了进一步的体认，对新时期弘扬北大精神、服务国家建设有了进一步的思考，从而深化了学习的效果。北大也注重宣传学生群体中的榜样，先后通令嘉奖了“中国青年志愿服务金奖”获得者蒙晓燕，身患白血病但在病魔面前顽强拼搏、热心公益的中国第一个民间骨髓库——阳光骨髓库建立者刘正琛，自立自强、奉献社会、设置“刘默涵助学金”资助贫困学生的刘默涵，为国争光、德才兼备的世界上唯一一位同时获得奥赛、世界杯和世锦赛三项冠军的棋手许昱华等先进人物，还通过学生“五四奖章”和班级“五四奖杯”、共青团标兵和“每周一星”等，树立了政治、学术、文体等方面的一批优秀个人和集体，既坚持高标准，又不拘一格，可亲、可敬、可学的榜样发挥了非常好的引领作用。用北大精神要求自己，打上“北大人”的鲜明印记，做“四个新一代”青年，成为北大学生群体共同的成长方向。

主题教育的引导、校园文化氛围的营造和先进典型的激励，是培育、弘扬大学精神，引导青年自我教育的有力举措。当然，发挥大学精神的育人功能，不仅需要无形的“空气养人”，还需要有形的制度保障和组织力量。要把弘扬大学精神、加强大学生思想政治教育作为学校育人工作的重点，实现全员育人、全方位育人、全过程育人。北京大学在学校领导层面成立了以党政一把手为主任的学校素质教育委员会，下设思想政治教育、科学文化教育、体育、心理健康教育、艺术教育等五个分会。在学生工作制度层面提出“科学转型”战略，即要调整重心，工作目标由“保稳定”向“保稳定、促发展”转变；调整方式，思想教育从“单一化”向“立体化”转变；调整结构，工作队伍从“泛兼职化”向“职业化”转变；提高水平，整体工作由“经验事务”层次向“科学规范”层次转变。在学生工作机构层面，形成了“小机关、多中心”的新体制和格局。这些发展战略和体制机制层面的新发展、新举措都为进一步用北大精神加强大学生思想政治工作提供了坚强的组织保障。

把社会主义核心价值体系融入高校思想政治教育全过程

左晓光

党的十六届六中全会通过的中共中央《关于构建社会主义和谐社会若干重大问题的决定》，明确提出了“建设社会主义核心价值体系”这个重大命题和战略任务，这是我们党理论创新的又一重要成果。把社会主义核心价值体系融入高校思想政治教育全过程，是新时期进一步加强高校思想政治工作、培养社会主义合格建设者和可靠接班人的一项重要任务。

社会主义核心价值体系的基本内容

实现把社会主义核心价值体系融入高校思想政治教育全过程的战略任务，必须首先正确认识和把握社会主义核心价值体系的基本内容。根据《关于构建社会主义和谐社会若干重大问题的决定》的概括，社会主义核心价值体系的基本内容包括马克思主义指导思想、中国特色社会主义共同理想、以爱国主义为核心的民族精神和以改革创新为核心的时代精神、社会主义荣辱观四个方面。

马克思主义指导思想是社会主义核心价值体系的灵魂。马克思主义是我们立党立国的根本指导思想，是社会主义意识形态的旗帜和灵魂。在社会主义核心价值体系中，马克思主义提供的是科学的世界观，是认识世界和改造世界的立场、观点、方法，是建设社会主义的理论基础和行动指南。我们党坚持把马克思主义基本原理同中国具体实际紧密结合，从而形成了毛泽东思想、邓小平理论和“三个代表”重要思想，形成了科学发展观和构建社会主义和谐社会等重大战略思想。这些理论成果是中国化的马克思主义。在当代中国，坚持马克思主义的指导地位，就是要把马克思列宁主义、毛泽东思想、邓小平理论和“三个代表”重要思想作为党和国家长期坚持的指导思想，坚持以科学发展观统领经济社会发展全局，坚持用发展着的马克思主义指导改革开放和现代化建设实践。如果动摇了马克思主义的指导地位，就会动摇中国特色社会主义的理论根基，动摇全党全国人民团结统一的思想基础，导致思想混乱乃至社会动荡。

中国特色社会主义共同理想是社会主义核心价值体系的主题。我们党在领导人民建设社会主义的过程中，经过艰辛探索，找到了建设中国特色社会主义的正确道路，赋予民族复兴新的强大生机，中华民族的复兴展现出灿烂前景。在中国共产党领导下，走中国特色社会主义道路，实现中华民族的伟大复兴，这就是现阶段我国各族人民的共同理想。中国特色社会主义共同理想和追求，集中了我国工人、农民、知识分子和其他劳动者、建设者、爱国者的共同利益和愿望，是保证全体人民在政治上、道义上、精神上团结一致，凝聚各党派、各团体、各民族、各阶层、各界人士的智慧和力量，克服任何困难、创造美好未来的强大精神纽带和动力。

以爱国主义为核心的民族精神和以改革创新为核心的时代精神是社会主义核心价值体系的精髓。民族精神是一个民族生生不息、薪火相传的精神血脉，是民族文化最本质、最集中的体现。在五千多年的发展中，中华民族形成了团结统一、爱好和平、勤劳勇敢、自强不息的伟大民族精神，我们党领导人民在长期奋斗中不断丰富着这个民族精神。爱国主义是民族精神的核心。改革开放使我国各族人民焕发出巨大的创造活力，形成了解放思想、求真务实、锐意改革、开拓创新的鲜明时代精神。改革创新是时代精神的核心。与时俱进的改革和创新，已经成为中国特色社会主义最重要的品格。只有坚持改革创新，才能冲破一切不合时宜的观念、做法和体制的束缚，破除教条主义、主观主义和形而上学的桎梏，让一切创造新生活的活力和源泉竞相迸发、充分涌流。民族精神和时代精神是相互交融的，深深熔铸在民族的生命力、创造力和凝聚力之中，深深熔铸在社会主义核心价值体系之中，使中华民族能够以昂扬向上的精神状态自立于世界民族之林。

社会主义荣辱观是社会主义核心价值体系的基础。荣辱观是人们对荣誉和耻辱的根本看法和态度，属于道德的范畴。道德是人们行为规范的总和，是一种通过社会舆论、教育感化、自身修养、传统习惯等起作用，用以调整社会关系、维护公共秩序、保证社会生活安定有序的精神力量。在我们的社会主义社会里，是非、善恶、美丑、荣辱的界限绝对不能混淆，坚持什么、反对什么，倡导什么、抵制什么，都必须旗帜鲜明。以"八荣八耻"为主要内容的社会主义荣辱观，把中华民族的传统美德、党领导人民在长期奋斗中形成的革命道德同社会主义新时代的道德要求紧密结合起来，提炼和概括出八个方面最基本的道德规范，为在当今社会生活中作出正确道德判断提供了基本准则，提供了鲜明的社会价值导向。

社会主义核心价值体系四个方面的基本内容，相互联系、相互贯通、有机统一，共同构成了一个完整的价值体系。这四个方面的内容，都是社会主义意识形态最重要的部分，是从我们党领导人民在长期实践中形成的丰富思想文化成果中提炼和概括出来的精华，是对社会主义核心价值体系深刻内涵的科学揭示。把社会主义核心价值体系融入思想政治教育全过程，既要注意以上四个方面基本内容的整体性，防止教育过程中的顾此失彼；同时又要把马克思主义指导思想作为社会主义核心价值体系的灵魂，以此统帅和引领其他诸方面的教育内容，防止教育内容的主次不分。

把社会主义核心价值体系
融入思想政治教育全过程的重要性

把社会主义核心价值体系融入高校思想政治教育全过程，对于推进社会主义核心价值体系被青年学生所接受、所认同、所遵循，对于进一步规范和优化高校思想政治教育体系的基本内容，具有十分重要的现实意义。

首先，把社会主义核心价值体系融入思想政治教育全过程是我们党进一步加强高校理论武装工作、强化马克思主义指导地位的需要。在当今世界经济全球化、政治多极化和科学技术信息化的大背景下，我国社会正在经历着深刻的社会转型和变革，经济体制深刻变革，社会结构深刻变动，利益格局深刻调整，思想观念深刻变化。这种空前的社会变革对高校师生的思想观念、道德观念、价值观念等也产生了巨大影响，使青年学生在价值观念和价值追求上日益呈现出多样化的趋势。面对人们思想活动的这种新情况和新问题，把社会主义核心价值体系融入高校思想政治教育全过程，是当前和今后一个相当长的时期内进一步加强高校理论武装、巩固马克思主义在高校中的指导地位的一项重要举措。

其次，把社会主义核心价值体系融入思想政治教育全过程是推进社会主义和谐文化建设、构建社会主义和谐校园的根本要求。社会主义核心价值体系，是社会主义制度的内在精神之魂，是社会主义意识形态大厦的基石，也是社会主义先进文化建设的根本。只有努力构建具有广泛感召力的社会主义核心价值体系，用以引领和整合多样化的思想观念和社会思潮，才能在尊重差异、包容多样的基础上保持全社会共同的理想信念和道德规范，形成全民族奋发向上的精神力量和团结和睦的精神纽带。党的十六届六中全会通过的《决定》明确指出，建设和谐文化是构建社会主义和谐社会的重要任务，而社会主义核心价值体系是建设和谐文化的根本。高等学校是建设社会主义先进文化、和谐文化的重要阵地，通过构建和谐校园促进先进文化、和谐文化在高校大学生中的传播和影响，是推进社会主义和谐文化建设的重要途径。为此，我们高等学校必须把社会主义核心价值体系融入学校思想政治教育全过程，使全体师生自觉接受社会主义核心价值体系的核心内容，自觉实践社会主义核心价值体系的基本要求。

再次，把社会主义核心价值体系融入思想政治教育全过程是实现新时期思想政治教育培养目标和任务的关键环节。社会主义教育的根本任务，就是培养德、智、体、美等方面全面发展的社会主义事业的建设者和接班人。育人必先育德，育德必先育魂。当前，高校青年学生的思想政治状况主流是好的，是积极、健康、向上的。但是也有一些青年学生不同程度地存在政治信仰迷茫、理想信念模糊、价值取向扭曲、诚信意识淡薄、社会责任感缺乏、艰苦奋斗精神淡化、团结协作观念较差、心理素质欠佳等问题。一些青年学生呈现出“关心与冷漠相容，希望与困惑并存，进取与彷徨相伴，认同与失落交错”的双重思想特点，他们有强烈的爱国热情，但政治方向模糊；关心拥护改革，但对改革方案和改革进程又存在种种偏颇认识；对民主有高度的参与意识和热情，但又缺乏正确运用民主权利的素质和能力；他们渴望成才，然而在为谁成才、怎样成才的问题上又存在模糊认识。当代青年学生在价值取向上的这种双重性和价值判断上的矛盾性，直接影响着他们的政治立场和思想道德水平。只有用社会主义核心价值体系教育和引导当代青年学生，进一步完善和规范他们的世界观、人生观、价值观和荣辱观，进一步坚定他们的政治方向、政治立场、政治观点和政治信仰，才能不断培养一批又一批社会主义合格建设者和接班人，实现思想政治教育的育人目标和任务。

探索把社会主义核心价值体系融入思想政治教育全过程的有效途径

把社会主义核心价值体系融入高校思想政治教育全过程，是一项系统性工程，需要我们从多方面探索有效“融入”的措施和途径。

第一，切实把社会主义核心价值体系融入高校马克思主义理论课和思想品德课（即“两课”）主渠道。改革后的高校“两课”与社会主义核心价值体系的基本要求是完全一致的。在当前条件下，把社会主义核心价值体系融入高校思想政治教育主渠道，就是要深入进行马克思主义世界观、人生观和价值观教育，使之占领高校思想政治教育主阵地，努力把大学生培养成为中国特色社会主义事业的合格建设者和可靠接班人。具体来说要重点抓好以下四点：一要抓住灵魂，深入进行马克思主义世界观人生观价值观教育，用中国化马克思主义最新理论成果教育武装青年大学生；二要突出主题，深入进行中国特色社会主义理想信念教育，要让大学生明白，只有社会主义才能救中国，只有中国特色社会主义才能发展中国；三要把握精髓，深入进行爱国主义和改革创新教育，通过大力弘扬以爱国主义为核心的民族精神和以改革创新为核心的时代精神，培养大学生的民族自尊心、自信心和自豪感，激发大学生的艰苦创业、开拓进取精神，努力把大学生培养成为实现中华民族伟大复兴的生力军和中国特色社会主义事业的建设者；四要打牢基础，深入进行以“八荣八耻”为主要内容的社会主义荣辱观教育，通过教育使大学生牢固树立爱国、敬业、诚信、友善的基本道德规范，形成知荣辱、讲道德、促和谐的良好氛围，为构建社会主义和谐社会贡献力量。

第二，以系列思想教育活动为载体，促进社会主义核心价值体系教育与学生思想实际相结合。用社会主义核心价值体系教育武装学生头脑，主要目的就是要帮助学生树立正确的世界观、人生观和价值观，自觉培养辨别是非对错的能力。然而，一种理论学说内化为人的思想素质，需要一个过程，需要与学生的思想实际问题相碰撞，需要经过体验机制而消化吸收。要实现社会主义核心价值体系真正“进学生头脑”，必须在加强课程教学改革和建设的同时，配置相应的思想教育活动，如开展中华传统文化系列讲座、形势政策系列专题讲座以及重大纪念日主题活动等思想教育活动，并使之系列化、规范化、制度化，使理论教育与思想教育相互渗透、相互促进、相得益彰，收到良好效果。此外，高校还可以通过大学生学马列小组、学党章小组等实现大学生的自我教育和理论武装。这种学生组织的最大特点是有利于充分发掘青年学生对于社会主义核心价值体系学习的自主性、自觉性和主观能动性，从而更好地提高社会主义核心价值体系教育的效果。

第三，以大学生社会实践活动为路径，不断强化和加深对社会主义核心价值体系的认识和理解。我们知道，社会主义核心价值体系“进学生头脑”，与实际工作部门的同志有一个很大的差别，就是课堂教学尽管也能贯彻理论联系实际原则，但这里的“实际”毕竟是间接经验。因此，学生在学习理论的过程中，到社会实践中去走一走、看一看，搞一些实际活动，亲口尝尝“梨子”的滋味，是有非常重要意义的。为此，有必要经常组织学生利用寒暑假及双休日深入厂矿企业、农村山区进行社会调查，有计划、有步骤、有组织地开展一些社会实践活动，让学生亲身考察和参加改革开放的实践，开阔视野，了解国情，增强对社会主义核心价值体系的深入理解。开展丰富多彩的实践活动，可以为大学生深刻理解和掌握社会主义核心价值体系提供十分重要的感性基础、理解契机和内化为思想素质的体验机制。

第四，以全员育人、全程育人、全方位育人为根基，全面拓展社会主义核心价值体系教育的空间。把社会主义核心价值体系融入思想政治教育全过程，是一个系统性、全面性工程。从教育过程看，要把社会主义核心价值体系贯穿到思想政治教育的全过程。要根据不同年级大学生的特点，针对教育对象的不同心理特征和接受能力，制定相应的教育方案，既要突出社会主义核心价值体系教育的层次性特点，又要注重不同层次的整体性衔接。从教育途径看，既要在各学科中渗透社会主义核心价值体系，发挥课堂主渠道作用；又要重视日常养成，发挥第二课堂潜移默化的熏陶作用。要通过各种途径、方式和手段，让学生了解、熟悉社会主义核心价值体系的基本内容，并将这些内容内化为青少年的思想素质和精神品格。从教育者看，既要强调专职人员在思想品德教育中进行社会主义核心价值体系教育的作用，同时又要以教书育人、管理育人、服务育人的全方位育人格局来贯穿社会主义核心价值体系教育，在校园内形成良好的社会主义核心价值体系教育氛围。

（作者：河北大学党委书记、研究员）

加强以德育为核心的素质教育的几个问题

卓　越

目前，我国普通高校的毛入学率从1998年的不到10%提高到现在的21%，北京、上海等城市已超过50%，高等学校在校生人数居世界第一，这标志着我国高等教育大众化阶段已经到来。高等教育大众化，不仅意味量的扩张，更意味着质的跃迁，意味着新的教育理念、办学模式和管理方式的应生。在目前高等教育大众化背景之下，学生规模的迅速膨胀，加上学生生活的社区化、成长环境社会化以及弹性学分制等变化给高校德育工作带来了巨大挑战，使教育对象及与之相关的工作载体和模式出现许多新的变化。怎样推进高校素质教育，培养全面发展的高素质人才，是全体教育工作者特别是德育工作者应该认真研究和探讨的一个重要的理论和实践问题。

一、高等教育大众化对高校德育工作的新挑战

目前，我国高等教育大众化对高校德育工作的影响是多方面的。随着高考制度改革和报名条件的逐步放宽，大学生群体的社会构成渐趋复杂，素质状况呈现多层次性，加上各种西方思潮和价值观念的冲击和影响，青年大学生思想活动的独立性、选择性、多变性和差异性日益增强。一些学生不同程度地存在政治信仰迷茫、理想信念模糊、价值取向扭曲、诚信意识淡薄、社会责任感缺乏、艰苦奋斗精神淡化、团结协作观念较差、心理素质欠佳等问题。面对新形势新情况，高校德育工作还不够适应，存在不少薄弱环节。一些地方、部门和学校对大学生德育工作重视不够，办法不多；全社会关心支持大学生德育工作的合力尚未形成；学校大学生思想政治理论课实效性不强；哲学社会科学一些学科教材建设滞后；思想政治教育与大学生思想实际结合不紧；少数学校没有把大学生的德育摆在首位、贯穿于教育教学的全过程。学生管理工作与形势发展要求不相适应，德育工作队伍建设有待加强，少数教师不能做到教书育人、为人师表，等等。

高等学校的根本任务是育人，而育人的重点是育魂，德育工作在素质教育中应如何定位、如何发挥育人的效应，这是一个值得德育工作者认真思考和积极探索的问题。一个有远见的民族，总是把关注的目光投向青年，一个有远见的政党，总是把青年看做推动历史发展和社会前进的主要力量。21世纪的高等教育应自觉地承担起双重教育的历史使命，既要承担起把受教育者培养成“某种人”的“专业教育”的使命，又要承担起把受教育者培养成“人”的“人文教育”的使命，二者是相互渗透、相辅相成的，又是相互区别、不可或缺的。

然而，对新世纪的高等教育最大的误解，莫过于仅仅把高等教育当做培养“某种人”的“专业教育”，而模糊或者是弱化高等教育培养“人”的“人文教育”，以至于用传授经验、技能和知识的方式去充当整个高等教育，从而丢掉高等教育培养“人”的崇高的人文理想和深刻的人文内涵。“人”是必须“培养”的，因为人并不是生物学意义上的自然的存在，而是社会学意义上的历史的存在。社会文明的历史发展，构成了人之为人的历史性内涵。由于人对历史文化的占有主要是通过教育来实现的，因此，教育始终承担着“使人作为人能够成为人”的“人文教育”的使命。由于现代化已经和正在使现代社会的文

化内涵发生急剧的、广泛的、深刻的变化，因此，培养现代人的高等教育，就更加凸显了它的培养“人”的“人文教育”的历史使命。

教育是个体向历史、社会和时代认同的基础，又是历史、社会和时代对个体认可的前提。教育的意义在于激发个体的求知欲望，拓宽个体的生活视野，撞击个体的理论思维，催化个体的生命体验，升华个体的人生境界，从而创建人的新的生存状态。前面提到的对教育的误解，正是由于长期以来人们对教育的本质与根本职能在认识上的偏差所造成的。高等学校是培养和造就千百万富有创新精神和实践能力的高级人才的摇篮，是国家、民族、社会可持续发展最重要的知识和人才来源。在知识经济时代，高校的创新使命是创造高新知识和培养高技能人才，引导和促进社会的发展。面对社会对人才的新的要求，高校在实施素质教育时，首先要明确人才培养的目标，认真研究如何提高学生的综合素质，坚持知识、能力、素质的共同发展。

在发展社会主义市场经济的复杂环境下，高等学校教育培养的人更应该富有创新精神和社会责任感，讲社会公德，坚持为人民和社会服务，树立集体主义的道德原则，从而体现教育是崇高的社会公益事业的本质属性。从这个意义上讲，确立德育为本的素质教育理念，就是要在德育工作中广泛而深入持久地对青年学生进行主旋律教育，即抓住素质教育的灵魂，发挥德育的导向、动力和保证作用，使德育工作在人的全面发展中起到重要的作用。

二、高等教育大众化要求把德育、智育、体育、美育融为一体

高等教育大众化的另一个显著特点，是随着对外开放的进一步扩大，青年大学生对各种思想文化的接受和选择有了更为广阔的空间。社会上思想道德和价值观念的多样性，使青年大学生的思想观念和价值取向也呈现多样性。然而，素质教育是人的全面发展的教育，它体现了教育方针的总体要求和学校培养目标的深刻内涵，同时，重视每位学生的个性特长得到充分而正常发挥。《中共中央国务院关于深化教育改革全面推进素质教育的决定》指出：“学校教育不仅要抓好智育，更要重视德育，还要加强体育、美育、劳动技术教育和社会实践。”这就是说，在实施素质教育的过程中要把德、智、体、美诸育有机地统一在教育活动的各个环节之中，努力使各方面教育成为不可分割的整体，相互渗透、协调发展。此外，还需要各级各类学校教育之间纵向衔接、横向贯通、整体推进，不断为青年学生创造宽松的发展环境，促进他们的全面发展和健康成长。

德育与智育、体育、美育是紧密联系的，渗透在诸育的各科教学之中。德育的渗透要有针对性，从各门学科的实际出发，紧密结合教学内容，将德育内容和要求自然和谐地融于各门学科的教学之中，而不是脱离各门学科的具体内容另搞一套。作为德育主渠道、主阵地的“两课”教学，要深入挖掘素质教育的内涵，不仅要加强对青年学生的马克思主义理论知识教育，而且还应开设多门人文素质教育课，全面提高其政治素质、思想素质、品德素质、心理素质和文化素质，从而塑造青年学生的健全人格，使其成为具有现代素质的社会主义建设者和接班人。

德育与智育、体育、美育的结合不能停留在课堂教学的层面上。课堂教学主要是传授理论知识，培养分析、处理问题的能力，解决学生知与不知、会与不会的问题。尽管在传授理论知识中也要理论联系实际，进行德性教育，在渗透中体现教师的教书育人职责，然而，这种德性教育仍然不是全面、系统的，渗透效果也会因教师素质高低而存在差异。高等院校德育的任务不仅是传授理论知识和培养能力，还要解决学生信与不信、行与不行的问题。因此，德育工作不但要晓之以理，还要动之以情，导之以行，行之以恒，由感性上升为理性，由外在约束变为内在的自觉行为。总之，“两课”在构建青年学生的精神支柱中发挥着重要作用。近年来经过“两

课”教师的努力，积累了不少成功的教学经验，但也存在一些问题，如“两课”教学难以满足学生追求事业成功和幸福的需要，未能满足青年学生探索社会问题的需要。把着重育人的“两课”作为应考课程对待，单纯采取灌输方法，要求学生死记硬背“名词”、“定义”，这就使“两课”偏离了“育人”的“本色”，而变成了“考试”的内容和“升学”、“求职”的工具。这种以工具理性为主导的教育偏差严重背离了德育的本质。德育的本质在于它的实践性，实践的观点是唯物论首要的和基本的观点，学校德育的改革必须把课堂教学与实践教育相结合，无论是课内或课外的，缺少实践环节的德育都不是完整的德育。因此，作为德育主渠道和主阵地的“两课”必须由第一课堂向第二课堂拓宽，使其深入到学生社团、宿舍、网络、校园文化、心理咨询、社会实践等学生生活的各个方面，让学生直接参与，亲身体验，感受社会实际，在改革开放的社会环境中，自己教育自己，坚定理想、信念，实现自身价值与服务祖国人民的统一。

三、高等教育大众化对培养学生参与德育的主体精神提出新要求

高等教育大众化的又一个显著特征就是，学生的主体意识和法制观念呈现不断强化的态势。教育成本分担机制的实行和高校毕业生就业制度改革的不断深化，使青年大学生在一定程度上将自己视为高等教育的投资者和消费者，他们在接受学校教育过程中的主体意识进一步增强，他们将自己视为与学校处于平等地位的法律主体，学生与学校的关系正在发生悄然而深刻的变化，他们不再是一个被动的接受者。而现代德育是主体性、发展性的德育，它不仅仅是解决学生德性的认知问题，而且要体现人、社会、自然和谐发展的要求。不仅要培养青年学生学会关心，负有责任感、义务感，具有自信心，而且还要培养他们具有创新思维以及公平、效率、竞争与合作的意识。主体性、发展性德育，是以尊重青年学生的主体地位，促进学生主动发展为突破口，实现全面推进素质教育的目标。马克思主义认为，人是认识世界和改造世界的主体。人的主体性，也就是人在认识世界和改造外部世界和人本身并创造自己历史的活动中表现出来的能动性、创造性和自主性。德育主体性，一般是指青年学生作为主体参与德育过程所发挥的主观能动精神。由于德育主体、客体的特殊性，即主体和客体都是具有主体性的人，不仅教育主体的主体性对德育活动有着十分重大的影响，教育客体的主体性也会在德育活动中发挥重要的作用。青年学生通过“两课”的主渠道与德育的实践环节接受德性教育，在德育工作者的主导作用下，逐步把社会所要求的思想政治道德内化为个体的思想政治品德，其个体思想政治品德社会化是通过社会思想政治道德个体化实现的。因此，德育过程本质上是德育工作者有目的、有计划的社会思想政治道德教育信息的传递和学生个体思想政治品德主观选择与直接体验的过程。在这里，德育过程的组织与实施固然离不开德育工作者的主体作用，但德育价值化实现是完全取决于满足学生成长需求和主体选择的行为。

培育青年学生的主体精神，就要在德育工作中充分尊重学生，发挥学生的参与意识，体现学生的主体行为。德育工作只有全方位体现学生的主体作用，才能提高德育水平，增强实效性，完整地实现德育的价值。

人才市场机制的一个显著特点是按照能力进行自主的选择。在市场竞争中，谁掌握信息、机遇能力强、预测判断市场走向准确，谁就能抢占市场，取得人才录用和发展的优势。尽管市场经济对人们的思想道德也有一定的要求，主要是通过社会公德、职业道德和家庭美德来规范，这些道德要求是人们的外在行为规范，对维护社会公共秩序起基本保证作用。但是，这仅仅是社会的底线伦理要求。主导高校培养的是社会需要的高素质创新人才，必然对学校培养高素质人才提出很高的德性要求，既应成为社会的合格公民，又应成为适应新世纪发展的社

会主义建设者和接班人。这就要求把德性教育放在显著地位，构建知识、能力、素质三位一体的新型人才培养模式，树立与时代潮流相适应的教育目标。

四、高考教育大众化要求德育工作者实现角色的转换

高等教育大众化使学生工作的传统载体和固有模式呈现一定程度的不适应性。高校的选课制、学分制和弹性学制的逐步推行，使原有的以班级为基本单元和主要载体的学生教育管理模式面临着改革与调整。学生公寓社会化的形式，使学生公寓和学生社区建设的重要性凸显出来。由于网络技术的快速发展，为学生提供了交互式的快捷、丰富的信息空间。这就把如何将网络理念和手段有效地引入德育领域这样极富挑战的课题推到了广大教育工作者的面前，要求德育工作者从理论到实践，从内容到形式进行深入地研究和探索。

实施素质教育的关键是德育工作者素质的提高。实践证明，德育工作者强烈的事业心，崇高的责任感，良好的师德修养和完美的人格力量，是高校实施素质教育的前提和保证。现在德育工作者在教育和教学的实践中，要求学生德智体美全面发展，具备良好的思想品德和创新精神与实践能力，但德育工作者自身是否具备这些素质？在学生面前展现怎样的自我形象？这是每一位德育工作者值得深思的问题。在全球化趋势日益明显的今天，知识更新和信息增长的速度越来越快，特别是互联网的出现，学生掌握的信息量往往比德育工作者掌握的信息量更大，涉及面更宽。德育工作者面对众多的青年学生和频繁的信息，只能是信息的分享者，成为解释信息的权威和学生的领路人。与之而来的师生关系也不再是师道尊严的隔阂，而是平等、民主、互教互爱的新型师生关系。这样的新型师生关系不仅不会削弱德育工作者对学生的人格影响，相反，德育工作者思想品德的感染力是永远无法替代的。问题是我们的德育工作者要认识到自己的不足，提高终身学习的自觉性，跟上时代的发展要求，不断更新观念，更新知识和技能，加快角色的转换，以适应学校深入开展素质教育的需求。

德育工作者的角色转换，要从自身做起，由传统教育的“传道、解惑、授业”转换成提高青年学生思想理论修养的引路人、示范人、参与人。德育的重要职能是育德，是教学生做人。面对信息的海洋，德育工作者要成为青年学生的领路人，应帮助青年学生运用马克思主义理论武器辨别信息的真伪、美丑；培养掌握、获取、分析、判断、运用知识信息的能力，使学生既不被信息海洋所淹没，又不被信息垃圾所污染。德育工作者要成为学生的示范人，应以自身的创新精神启发青年学生学会思考，善于发现问题，在联系社会实际分析和解决社会问题的过程中实现自身思想品德的逐步完善；德育工作者要成为青年学生行为的参与人，应指导青年学生学会做人，学会生存；德育工作者要与青年学生共同探讨人生的真谛，宇宙的奥妙，在适应社会竞争与合作的人际关系中引导青年学生自立、自新、自强，求得事业的成功。

（作者：吉林师范大学党委书记、教授）

弘扬大学精神　推进高校德育的创新和发展

冯　刚

大学精神是一个有着丰富内涵的概念。一般而言，它是指大学自身存在和发展过程中长期积淀形成的约束大学行为的价值和规范体系，以及体现这种价值和规范体系的独特气质。大学精神是大学生命力和可持续发展的源泉，是大学文化的精髓和核心之所在，对高校德育也提供了重要的思想导向和精神动力。

一、大学精神的时代特征

今年"五四"青年节，胡锦涛同志致信中国青年群英会，希望全国广大团员和各族青年牢记党和人民的重托，自觉担负起时代的重任，以英雄模范为榜样，努力成为理想远大、信念坚定的新一代，品德高尚、意志顽强的新一代，视野开阔、知识丰富的新一代，开拓进取、艰苦创业的新一代，让青春在建设中国特色社会主义的伟大事业中焕发出更加绚丽的光彩。今年6月，温家宝同志在纪念同济大学100周年校庆时对学校提出了五点希望：要树立为社会服务的办学理念、要把学校办出特色、要培养全面发展的人才、要开放办学、要勤俭办学，并强调指出，这就是大学的精神。中央领导同志的重要讲话，对高校确立办学理念、推进人才培养、加强文化建设、培育学校精神等方面具有重要的指导意义。我们认为，大学精神在新的形势下应该具有五个方面鲜明的时代特征。

一是强烈的民族精神。大学精神在承担自身历史使命的时候，必须清醒地意识到自己的核心价值应是"民族精神"。事实证明，一所伟大的大学必然与伟大的国家、伟大的民族和伟大的文化相联系，大学在传承和塑造民族精神，推动国家和社会发展的进程中扮演着重要的角色。在全球化时代，面对世界潮流的冲击，一个国家没有强大的精神支撑，就等于没有灵魂、丧失了成为一个现代国家的内在根据。大学只有以强大的民族精神作为自己的支撑，才能"为天地立心，为生民立命，为往圣继绝学，为万世开太平"，才会使大学人产生共同的信仰和情感，使我们培养的人才具有承担中华民族伟大复兴的崇高责任感和强烈使命感。

二是厚重的人文特质。大学的人文特质至少包含以下几个方面的内容：追求人自身的完善和理想的实现；重视终极追求，执著探索超越现实的理想世界和理想人格；具有强烈的社会责任感和历史使命感以及永恒的道德精神；坚持理性原则与主体意识；追求个性解放，并建立自由、平等、和谐的人际关系；倡导人与自然的和谐发展。这种人文特质，使大学形成一种有利于个性发展与人格完善的氛围，有利于在最广泛的意义上塑造全面发展的人，从而培养大学生高尚的人格，促使他们健康、全面地成长。

三是坚定的科学理性。大学必须坚定科学理性这一伟大的精神气质，弘扬探索精神、实证精神、创新精神和奉献精神。而追求真理、勇于创新的精神集中体现了科学精神的理性。科学的"精神"之高出具体"科学"的地方就在于"追求真理"。20世纪德国哲学家、教育家雅斯贝多斯在《大学的理念》的前言中开宗明义地指出，"大学是一个由学者和学生共同组成的追求真理的社团"。科学精神的另一重要要素是勇于创新。勇于探索自然科学中人类的未知世界、攀登科学高峰，勇于追求人文社会科学的至真、至善、至美，不只是大学人的神圣职责，更是大学人的精神品质。追求真理、勇于创新的科学精神之价值不仅在于支持大学完成发展科学的使命，也在于培养追求真理、勇于创新的人。

四是广阔的开放胸襟。大学是民族的，但更是世界的。邓小平同志要求“教育要面向现代化、面向世界、面向未来”。随着全球化进程的不断推进，高等教育国际化成为一种普遍趋势和共同追求，国际性的各种学术文化交流，都正在越来越频繁地以大学为媒介和舞台，大学愈加成为当代和未来不同文化之间沟通与融合的桥梁与纽带。这就要求大学和大学人具备开放的理念和广阔的世界眼光，用国际的视野来审视自我、评判自我、要求自我，着眼于世界科技、经济、文化发展的前沿，勤于学习，善于借鉴，勇于超越，追求卓越。

五是勤勉的务实作风。大学是“研究高深学问的场所”、“科学的殿堂”和“人类精神的家园”。这是大学的学术属性决定的，抛开了这一属性，大学就无所谓大学，更谈不上人类社会发展的“知识源”、“人才源”和“思想源”。在当今科技突飞猛进的时代，国际间政治经济文化的竞争日趋激烈，时代赋予大学更艰巨的使命。国家的综合国力和国际竞争力势必越来越取决于教育的发展和水平，取决于核心生产力和高素质人才的数量。中国大学要成为发展中国先进生产力的中坚力量，就必须要按照温家宝同志所要求的“不图虚名，不务虚声”，来不得半点虚假，不追求奢华，不追求张扬，认真做好每一项工作；就必须着力培养师生的实践精神，脚踏实地地把发展的理念、成才的愿望付诸实践，落到实际行动中去。

二、大学精神与高校德育

大学精神具有重要的育人作用，大学精神可以塑造学生高尚的人格和独特的精神气质，使大学生充满朝气和活力，为高校德育提供了强大的精神动力。这种动力主要体现在五个方面：一是坚定信念。积极健康向上的大学精神使置身其中的大学人增强报效祖国、造福人类、关心社会进步和改造社会的崇高使命感与责任感，有利于人们树立和建设中国特色社会主义、实现中华民族伟大复兴的理想信念。二是涵养德性。以积极进取、平等互助、服务奉献为基本价值取向的校园精神文化可以帮助人们养成优良的道德操守。三是开阔胸襟。大学精神中的人文特质、科学理性，可以使大学生感受知识之多、宇宙之大、山外有山、天外有天，从而从封闭的“自我”之中解放出来。四是启发智慧。大学精神文化中涵盖了古今中外多种学科和知识的碰撞、交融，不但使人们茅塞顿开，而且为人们提供了增进智慧、获取新知的大好机会。五是提高情趣。彰显大学精神的校园文化生活有利于培养和提高人们高雅的生活情趣和审美情趣，以充实和完善自己的人生。

大学精神是引导人、鼓舞人、激励人的一种内在动力，是凝聚人心、鼓舞斗志、催人奋进的一面旗帜，它对大学生的思想政治、道德品质、行为规范产生深刻影响。从精神文化的角度思考问题、推进工作，我们的思想政治教育就会增强实效性，增加说服力、感染力，同时也会在长效机制的建立上获得新的视角。

高校德育的建设和发展，又为培育和造就优良的大学精神提供了重要的途径和渠道。大学精神的形成，需要一个长期、渐进的历史过程，必须经过长期坚持不懈努力，一代又一代大学师生在继承中创新、在认识中实践，而逐渐形成的。在这一过程中，高校德育起到了重要的作用。

首先，从大学精神的形成过程来看，高校德育从一开始就渗透其中。大学精神是最精华的校园文化，而文化本身具有嬗变性。传统可能蜕变，精神可能泯灭，最终起决定作用的主要力量是大学在办学过程中有意识地对传统的不断继承与扬弃，对环境的不断适应与改造，从而形成永恒的大学精神。所以，大学精神是在实践中生长形成的，是一个循环往复的认识、实践与再认识、再实践的过程，这是大学精神形成的认同内化阶段。在此阶段，高校德育所涉及的方方面面工作，都会参与和渗透到大学精神的形成中来：认同与内化、批判与扬弃、发展与创新等。

其次，从大学精神的承载主体来看，高校德育担负着重要的教育和推进作用。高校通过德育工作，培养了大学生爱国主义精神和民族认同意识，塑造了学生追求崇高、积极向上的精神风貌，从而将大学精神内化在学生的心灵深处。同时，高校德育在培养"人"的过程中，也直接体现了大学精神。大学必须通过改革和优化课程设置来加强对大学生的通识教育与民族文化传统教育，必须在校园内弘扬科学精神与人文精神，必须营造学术氛围浓厚、充满人文关切的校园文化，惟有如此才能培养出有知识有文化的"人"，也惟有在培养"人"的过程中，才能孕育出大学精神并使之薪火相传、创新发展。

三、以大学精神为动力，推动高校德育的创新与发展

(一)切实树立"以人为本、和谐发展"的工作理念

高校德育要体现出大学精神，促进大学精神的培育，就要把以人为本的理念切实落实到高校德育工作中，切实激发大学生成长成才的内在需求，充分调动大学生的积极性和主动性，以和谐发展、健康成才为中心推进素质教育。

一是在德育的视角上，应更为关注"主体"。要更加关注每个学生的内心需求、个性特征和成长背景，切实关注学生的主体性发展，有针对性地开展教育和指导，启发和调动他们的自主性，充分挖掘他们的内在潜能，使其积极主动地发展自己、完善自我，使思想政治素质成为大学生全面发展的内在需要。高校德育必须贴近大学生生活、学习实际，注意融入其切身相关的新鲜话题，在提高其道德认知的同时更加注重道德实践；要把握住大学生思想成长的规律，创新教育方法和手段，选择恰当的方式，因势利导，因材施教，使教育真正入耳、入脑、入心，不断提高高校德育的针对性、实效性和吸引力、感染力。

二是在德育的过程中，应更为关注"全面"。我们应该更加关注大学生的全面发展，引导广大大学生既要学会做事，又要学会做人；既要打开视野、丰富知识，又要增长创新精神和创新能力；既要发展记忆力、注意力、观察力、思维力等智力因素，又要发展动机、兴趣、情感、意志和性格等人格因素；既要增添学识才干，又要增进身心健康。总之，要按照人的本质属性，实现人的物质与精神、科技与人文、政治与道德、生理与心理、知识与能力等全面发展，真正成为思想政治素质、科学文化素质、身心健康素质协调发展的合格人才。

三是在德育的目标上，应更为关注"和谐"。高校德育要更加注重培养学生的和谐发展意识，一方面，要促使广大学生以远大、理性的目光辩证地看待人与自然的关系，懂得自然界对人类生存的意义；另一方面，要促进学生自身的和谐发展。只有和谐才能实现可持续发展。要引导学生在注重竞争发展的同时，立足长远发展；在关注现实利益的同时，树立远大目标。坚持眼前与长远、现实与理想的和谐统一，防止只顾眼前、不顾长远，只求实利、忽视理想的发展取向。

(二)努力构建"系统规划、整体推进"的工作机制

高校德育工作是一项复杂的系统工程，做好德育工作不仅要靠思想政治教育工作队伍，还要靠全体教职工；不仅要靠课堂，还要靠课外；不仅要靠高校，还要靠全社会、各个家庭的大力支持和参与。这就要求对高校德育工作要系统规划、整体推进，实现全员、全方位、全过程育人。

一是要切实加强领导，建立长效机制。高等学校要把德育纳入学校教育教学的总体规划，加强领导，统筹部署，切实做到制度落实、组织落实、任务落实。要建立健全党委统一领导、党政群齐抓共管、有关部门各负其责、全社会大力支持的领导体制和工作机制，协调各方面力量，形成全党全社会共同关心高校德育工作的

强大合力，保证高校德育工作的实际效果。要建立健全与法律法规相协调、与高等教育全面发展相衔接、与大学生成长成才需要相适应的思想政治教育和管理的制度体系，把大学生德育工作作为对高等学校办学质量和水平评估考核的重要指标，纳入高等学校党的建设和教育教学评估体系。

二是要整合德育资源，形成育人合力。要以科学发展观为基础，完善德育内容体系，反映科学发展观的基本精神和时代特点，体现大学生全面发展的需要，并能被学生接受。要把思想政治理论课的教育教学这一主渠道建设和学生课外学习生活的各个方面的主阵地建设有效结合，实现互动发展，使思想政治理论课传播的先进文化理念渗透到主阵地的各项活动中，同时又通过主阵地的各项活动丰富主渠道建设的成果。要整合校内与校外的德育资源，形成学校、家庭、社会相配合，大中小学相衔接的全方位育人体系。

三是要把解决思想问题与解决实际问题结合起来。高校德育既要做到教育人、引导人、鼓舞人、鞭策人，又要做到尊重人、理解人、关心人、帮助人。既讲道理，又办实事；既以理服人，又以情感人；既教育管理，又做好服务。要做到教育、管理、服务并重且同步实施，把教育、管理、服务的过程统一起来。面对当前高校贫困生问题、就业问题等实际困难，高校德育更应强调以学生健康成长、全面发展为出发点和着眼点，整合学校教育与管理资源，建立起解决学生困难、维护学生权益、帮助学生成长、促进学生发展的服务体系。

(三)着力培育“积极健康、和谐向上”的校园文化

道德需要文化的滋养与烘托。作为大学精神的直接体现，校园文化以其适应性与超越性、传承性与创新性、吸纳性与辐射性、交叉性与综合性，发挥着重要的育人教化、示范引导、推陈布新等功能。

一是要以社会主义核心价值体系为根本，突出校园文化的时代主题。要坚持马克思主义在意识形态领域中的指导地位，用马克思主义中国化的最新成果武装广大学生的头脑，以牢固树立中国特色社会主义共同理想为核心，以大力弘扬伟大的民族精神和时代精神为重点，以积极倡导和践行社会主义荣辱观、切实加强大学生思想道德建设为基础，以努力培育“四有”新人为目标，努力建设体现社会主义特点、时代特征和学校特色的和谐校园文化。

二是要以积极开展主题创建活动为重点，不断丰富校园文化生活。应着眼于满足大学生的精神文化需求，组织开展内容丰富、形式新颖、吸引力强的思想政治、学术科技、文娱体育活动，把德育与智育、体育、美育有机结合起来，寓教育于文化活动之中。要善于把提高学生文化底蕴和综合素质的“知识型”文化活动、提高学生专业技能和身体素质的“竞技型”文化活动，陶冶学生道德情操和提高审美情趣的“艺术型”文化活动有机结合起来，使高品位的文化活动成为拓展学生素质、丰富学生文化生活的重要载体。

三是要以加强阵地和环境建设为重点，营造良好的校园文化氛围。适应环境育人的要求，重视校园景观建设、校园人文环境建设，积极开展学校及周边治安综合治理，努力营造健康优美的校园环境。要切实加强校报、校刊、校内广播电视和学校出版社的建设，加强对课堂、讲坛、研讨会、报告会、讲座等的管理，确保它们成为传播先进文化的重要阵地，决不给错误的观点和言论提供传播渠道。要注意发挥互联网的积极作用，建设一批融思想性、知识性、趣味性、服务性于一体的知名校园网站，强化管理、因势利导，有效引导网上舆论，使校园网成为校园文化建设的新渠道、新平台。

（作者：教育部思想政治工作司副司长）

创新型人才培养的要素探讨

田建国

高校育人的根本任务是培养创新型人才。创新是人的一种内在品质，是人与生俱来的一种天赋。创新型人才一般具有四个基本要素，即知识性要素、实践性要素、创新能力要素、品德要素。创新型人才培养主要靠“知识学习体系”和“人格培养体系”实施。两者各有侧重，互为依存，互为促进，共同构成创新人才培养体系。

一、创新型人才培养的本源是健全人格

人格是人的社会自我的外在表现，是个人在社会化过程中成熟起来的思考方式和行为方式。我们既要提倡我国优秀文化传统中的人格行为，又应该加强现代人格行为的培养，这是青年学生待人处世、安身立命之本。

心理学研究表明，人的创造力发展，与他的整个人格发展是高度相关的，这里包括他所持的世界观、生活方式、伦理推测、思维模式等。人格往往传递一种精神，一种感召，一种力量。人格精神不是表现在惊天伟业之中，而是在非常平和的举动之中，即平凡之中的伟大追求，平静之中的满腔热血，平常之中的强烈责任感。

塑造学生健全人格，应做好以下三点：第一，养成良好的思想道德。经常在思想意识、道德品质等方面进行自我认识、自我磨炼和自我提高，具有改造自我的勇气。第二，构建和谐的人际关系。用宽容的眼光看社会，以真诚、包容、信任等正确态度克服虚伪、嫉妒、猜疑等消极态度。第三，保持乐观向上的生活态度。对自己充满自信，对生活充满希望，对学习抱有兴趣，不羡慕人家，不苛求自己。

塑造学生健全人格的目的，就是引导学生成人。学会淡泊、宽容、执著、自律。淡泊是一种境界，不为名利所累，不为物欲所惑，不为人情所困，能任劳更能任怨。宽容是一种美德。宽容就是心胸豁达，做人厚道，有容人、容言、容事的气度。执著是一种自信，选定目标就要坚定不移，不被困难所击倒，不为失败所沮丧。自律是一种底线，自律使人自知，自知使人自明，明白什么该做，什么不该做。

二、创新型人才培养的保证是创新人格

塑造学生创新人格，是促进学生创造性发展的方向保证和重要动力。创新人格强调自信、问责、敬业、诚信等要素的独立人格，使学生能够独立思考、创新思维、追求真理、追求真知。创新人格主要包括：服务社会的创新责任感，追求科学真理的创新精神，敢为人先的创新勇气，严谨诚实的创新道德，善于合作的创新禀赋，不畏挫折的创新意志。

第一，要确立社会责任感。对社会有无责任感，是检验人生境界高低的尺度。社会责任感不是抽象的，具体体现在对家庭、他人、集体、国家、民族的情感、态度、责任和义务上。积极引导学生从对自己负责做起，养成对自己的信心、对父母的孝心、对他人的关心、对社会的爱心、对祖国的忠心，自信自强，孝敬父母，关爱他人，心系社会，胸怀祖国。在这里，要特别强调的是，当前要对学生进行感恩教育。感恩是人与人之间的和谐因子，它是发自心底的感激，而不是为了迎合他人而表现的虚情假意。以感恩之心回报他人，回报社会，是一种境界，也是健

全人格的表现。感恩的前提是感动。感动是一种深层次的心理活动，是内心的崇高精神体验。感动不能仅停留在情感方面，而要更多地体现在报恩家庭、报效祖国、报答社会的责任感上。

第二，要培养创新毅力。一个人事业要成功，特别是要做出比较大的创新贡献，需要有坚忍不拔的毅力，十年磨一剑的恒心，自强、自立、自信的奋斗精神，甚至还要面对失败的风险。失败是成功之母。那些出类拔萃的伟人之所以会取得成功，正是因为他们能正确对待失败，从失败中获得教益，从而踏上了成功的大道。

第三，要培养创新激情。所谓激情，就是要面对机遇，敢于争先；面对艰险，敢于探索；面对落后，敢于奋起；面对竞争，敢于创新。没有激情就没有创新的灵感和冲动。激情不是一个瞬间的状态，而是一种文化的沉淀。人的情感是丰富多彩的，情感在创新认识中起着重要作用，包括情感对认识活动的激励作用、情感对认识对象的选择作用、情感对信息知识的加工作用、情感对认识成果的评价作用。只有重视情感作用，人的创新能力才有最基本的保证。

第四，要培养团队精神。现在重要的创新活动已经很少靠个人单打独斗，更多的是跨学科"集群"式的创新，没有团队精神，协同攻关，集思广益，就很难产生很大的创新成果。重大科技项目获得者往往是团体冠军。特别是在学科交叉、技术集成、知识融合背景下，个人作用越来越小，成就事业的关键在于群体力量。作为创新人才，不仅要有创新的精神和本领，也要有合作共事的意识和水平。懂团结合作是大智慧，会团结合作是大本事，真团结合作是大境界。

第五，要培养诚信品德。诚信是关系个人与个人、个人与社会之间相互关系的道德品质和行为准则。就个人而言，诚信是高尚的人格力量；就学校而言，诚信是宝贵的无形资产；就社会而言，诚信是正常秩序的运行基础；就国家而言，诚信是良好的国际形象。要引导学生诚信立身，诚信做人，诚信做事，使诚信成为走向社会的"通行证"。

第六，要培养胆量。中国古代有句名言，"才学胆识胆为先"。实践证明，天下不缺有才华的人，但缺少的是有胆量的人。天下真正做大事的人，不一定都是精明的人、聪明的人，但一定是有胆量的人。天下大事一定要有胆量才能做得到，撑得住。美国教育家卡耐基说，失去金钱的人损失极少，失去健康的人损失极多，失去勇气的人损失一切。胆量是一种素质、一种精神。胆量是承受生活中一切艰辛，做一切事情的根基。

塑造创新人格的目的，是保证学生成功。成功不仅是某种结果，更多体现在以下三个层次。其一，成功是一种精神。在成功的道路上，依靠奋斗精神，另辟蹊径，脚踏实地，最终才能体会到成功。其二，成功是一次升华。成功不是失败的简单积累，而是对失败的深刻感悟和不断超越，是智慧和理性的升华。其三，成功是一个过程。今天的成就因为昨天的积累，明天的成功有赖于今天的努力。

三、创新型人才培养的基础是创造个性

我们教育制度的设计，应该为学生创造个性留出足够的发展空间。创新型人才培养要呵护学生个性发展，激发学生创造天性，通过不断改进学生评价体系和评优激励机制，搭建有利于学生个性发展的制度平台。

创新型人才培养需要正确处理共性与个性的关系。共性是前提，体现人才标准；个性是关键，体现不可替代性。创新型人才培养不能简单从众模仿，不能用一种模式来发展，一种标准来评价。没有个性就没有创造性，没有人才。个性是教育的灵魂。何谓个性，简单说是人的天赋，一般表现为兴趣、爱好、特长。天赋并不是少数人具有，而是潜藏在每个人身上的潜能。只要充分发挥这种潜能，人便能成为不平凡的人。但由于教育问题，人们这种潜能大都没有得到充分发挥，这正是今天天才极少的原因

所在。

塑造学生创造个性的目的，是促进学生成才。成才，需要明确方向定位。第一，要适应社会需要。一个人只有具有了较强的社会适应能力，其自身的潜能才能得到充分发挥。第二，要发挥自身优势。对自己要有客观的把握，要有一个准确的定位，找到自己的优势和长处，选择最能发挥自己专长和兴趣的方面作为成才定位。第三，要利用现实条件。全面分析现实条件提供了哪些有利因素、哪些不利因素，在此基础上明确成才定位。

培养创新型人才的关键是营造和谐的环境。建设和谐环境，就是要坚持尊重差异，包容多样，在差异中求和谐，在多样中求统一。培育一个民主自由、宽容开放、公平诚信、充满活力，创新主体与创新环境之间和谐相处的系统。

（作者：中共山东省委高校工委副书记、教授）

积极探索大学生思想政治教育新途径

李　健

中南大学是教育部直属的全国重点大学，目前有在校大学生四万余名。在贯彻落实《中共中央国务院关于进一步加强和改进大学生思想政治教育的意见》的过程中，学校党委始终坚持“学校教育、育人为本，德智体美、德育为先”和“一切为了学生，为了一切学生”的理念，不断探索大学生思想政治教育的新途径，着力构建社会主义核心价值体系，先后涌现出中国十大杰出青年洪战辉、全国见义勇为英雄赵长平等一批在全国有较大影响的大学生先进典型。不久前，李长春同志来校视察，对我校大学生思想政治教育工作给予了充分肯定。

一、发挥思想政治理论课的主渠道作用，推动马克思主义中国化最新成果进教材、进课堂、进大学生头脑

思想政治理论课是对大学生进行思想政治教育的第一课堂。我们结合当代大学生的特点，以高校统一使用思想政治理论课新教材为契机，不断加强思想政治理论课的学科建设、课程建设和教师队伍建设，不断推进教学内容、教学方法和教学手段的改革，切实改变在一些学院曾经一度出现的教师懒得讲、学生懒得听的现象。一是学校领导高度重视。校领导带头讲授思想政治理论课，并到思想政治理论课教学第一线与广大教师一起研究如何开好新课程。在学校财力相对紧张的情况下，校党委决定拨专款100万元支持思想政治理论课学科建设。二是大力加强思想政治理论课教师队伍建设。我们认识到，开好思想政治理论课，关键有两点：一是教材，二是教师。由中央直接组织编写的四本新教材已经完成，这些新教材能不能达到预期效果，主要取决于任课教师。教师对党的创新理论要真信。只有自己信，才能让学生信。同时，教师要有深厚的理论功底，厚积才能薄发，深入才能浅出。根据新教材的特点，我们打破原来的教学体系，成立了四个以教授、副教授为骨干的教学创新团队，并积极开展集体备课和全员培训，使这支队伍的政治素质和业务素质有了明显提高。三是切实改进思想政治理论课教学模式。对于思想政治理论课来说，学生最忌讳的是那种居高临下的说教。只有用大学生喜闻乐见的方式进行讲授，才能真正把党的创新理论送到大学生的心坎上，做到入耳、入脑、入心。现在，我们的教师在课堂上不但不回避学生关心的热点问题，而且主动与大学生一起开展讨论，解疑释惑。这种师生之间平等交流、寓教育于师生互动中的方式，收到了春风化雨、润物无声的效果。通过上述举措，我校思想政治理论课的吸引力和感染力明显增强，越来越多的大学生表示对思想政治理论课感兴趣，部分思想政治理论课教师还被大学生评为学校最受学生欢迎的老师。

二、实施网络德育三大工程，积极开展网络思想政治工作，主动占领网上思想政治教育新阵地

互联网的迅猛发展，一方面给大学生对外交流提供了新的技术手段，另一方面也给高校思想政治教育带来了前所未有的新挑战。面对网络这把双刃剑，我校按照因势利导、趋利避害的原则，提出了“主动占领、充分利用、注重引导、严格管理”的方针。在网站建设上，我们相继实施了网络德育三大工程，即“修路工程”，修

建信息高速公路，完善校园网；“造车工程”，有针对性地建立各种德育网站；“供货工程”，不断及时更新和丰富网页内容。经过几年的不懈努力，我们现已建成了由17个红色网站组成的目前国内规模最大的高校德育网络系统。由于贴近学生、贴近实际、贴近生活，这些网站人气很旺，深受大学生欢迎，页面刷新率最高达到每天24次，总访问量目前已超过10亿人次。在网站管理上，学校坚持大力弘扬“红色的”，即用“红色”信息占领网络阵地，通过经典原著、红色金曲、德育课堂、网上党校等，宣传马克思主义中国化的最新成果及党的路线、方针和政策；全力封堵“黑色的”，即针对海外敌对势力的渗透和网上“黑客”的攻击破坏等问题，通过加强信息检测、及时调整防火墙、关闭有问题的路由器等措施，进行实时技术处理；坚决删除“黄色的”，即通过对网上信息进行全天候的监控和过滤，消除色情、暴力信息的污染和毒害；着力疏导“灰色的”，即通过建立学生网络信息员队伍，对网上信息进行反馈，及时反驳和平衡网上出现的消极言论。如今，网络思想政治工作已经成为我校大学生思想政治教育一道亮丽的风景线，受到教育部多次表扬。2006年，我校创建的中国高校勤工助学在线网站和升华网，同时被评为全国高校百佳网站。

三、发挥研究生导师特别是院士的引领作用，使他们不仅是业务上的指导老师，而且是政治上的引路人

中南大学拥有15名院士。他们不仅是学术上的领航人，而且是大学生思想政治教育的特殊资源。针对我校研究生数量多、思想活跃的特点，我们在配齐专职辅导员的同时，注意发挥研究生导师特别是院士的作用，实行“一岗双责”制度，要求研究生导师除了教好书、在业务上当好研究生的指导老师，还必须育好人、在政治上当好研究生的引路人。一把钥匙开一把锁。由于研究生导师对研究生的影响最大，“一岗双责”取得了明显效果。例如，博士生导师、国家技术发明一等奖获得者黄伯云院士，经常结合自己留学回国后20年磨一剑奋力攻克炭/炭复合材料技术难关的切身经历，教育研究生要以中华民族的伟大复兴为己任，刻苦钻研，报效祖国。博士生导师、生物医学专家夏家辉院士，多次以自己矢志不渝追求入党为例，给研究生作“我为什么要加入中国共产党”的专题报告，讲为什么没有中国共产党就没有社会主义新中国、就没有改革开放的巨大成就，深受学生欢迎。在他的影响和言传身教下，有一大批研究生申请加入了党组织。被媒体称为“中国霍金”和“当代保尔”的博士生导师、材料科学专家金展鹏院士，虽然常年在轮椅上生活，但身残志坚，继续勇攀科技高峰，忘我地为国家培养高水平人才。他对祖国科教事业的忠诚，他的严谨治学精神和高尚师德，深深地打动了研究生的心灵。他的学生在网上留言说，金展鹏院士是一位可敬的老师、优秀的学者、不屈的战士和挚诚的赤子，是金院士教会了我们如何做一个有益于人民的人。在院士群体的带领下，学校涌现出一大批教书育人标兵与师德先进个人，研究生培养质量不断提高，先后有13篇博士学位论文被评选为全国优秀博士学位论文。

四、深入开展大学生社会实践，使大学生在社会实践活动中受教育、长才干、增强社会责任感

社会实践是大学生思想政治教育的重要环节，对于促进大学生了解社会、认识国情、增长才干、锻炼毅力、培养品格、增强社会责任感有着不可替代的作用。我校一直非常重视大学生社会实践活动，并将其作为大学生思想政治教育的第二课堂，纳入学校的德育教学计划。我们积极组织大学生参加社会调查、志愿服务、公益劳动、科技创新等社会实践活动，不断丰富社会实践的内容和形式，努力做到“四个结合”，即将社会实践与课堂教学、服务社会、勤工助学、创业就业相结合，取得了较好的实效。全国加强和改进大学生思想政治教育工作会议召开以

来，我校已经有三篇大学生关于民生问题的社会调查报告，得到了中央领导同志的肯定。例如，我校学生撰写的关于湖南长株潭地区农村五保户养老现状的调查报告，得到了胡锦涛总书记的高度重视。胡锦涛总书记将这份报告批转到国家民政部，并指示要对这个问题好好研究。今年1月，温家宝总理在我校学生撰写的关于长沙市区社会救助管理方式的调研报告上批示："中南大学学生深入基层调查研究，写出了社会救助方式的报告，他们关心社会和群众的精神，努力向实践学习的态度，实属难能可贵。"2005年以来，学校结合建立大学生党员先进性教育长效机制，每年组织"百名党员博士生服务团"，深入边远县城和革命老区，开展企业帮扶、医疗义诊、人才培训、规划研制等服务活动，深受当地政府和群众的欢迎。据不完全统计，我校自2004年以来，先后组织了1000余支校级社会实践团队深入村镇、企业、社区，共举办各类培训班200余个，辅导9万余人次，医疗义诊40余场，赠送药品、医疗器械价值10万余元，撰写社会调查报告5000余篇。2006年，我校连续14年被评为全国大学生社会实践先进单位。

（作者：中南大学党委书记）

用马克思主义中国化最新成果武装人的几个关键问题

——学习方永刚同志事迹启示

石凤妍

用马克思主义中国化的最新成果武装人是党的思想政治工作的首要的和最重要的任务。马克思主义中国化是马克思主义基本原理与中国具体实际相结合的历史性进程，它伴随着中国共产党对马克思主义的认识和实践的深化，伴随着中国共产党对中国社会主义革命和建设特殊规律的把握、对中国共产党建设规律和执政规律的把握，伴随着时代发展和时代特征的变化不断与时俱进。这个过程中中国共产党人勇于和善于进行马克思主义理论和实践创新，走出了一条中国特色社会主义革命和建设的道路，创造出一系列重大的理论成果，不断作出新的理论贡献，形成了马克思主义中国化的重要成果，也形成中国共产党人的鲜明特色和政治优势。在马克思主义中国化的历史进程中，我们党先后形成了毛泽东思想、邓小平理论、"三个代表"重要思想三大理论成果，科学地回答了中国特色社会主义革命和建设的基本问题，开辟了马克思主义发展的新境界，体现了我们党坚持解放思想、实事求是、与时俱进，勇于和善于根据实践的要求进行理论创新。这既是中国革命和建设实践的现实要求，也是马克思主义与时俱进的理论品质的根本要求。

党的十六大以来，以胡锦涛同志为总书记的党中央高举邓小平理论和"三个代表"重要思想伟大旗帜，在团结带领全党全国各族人民全面建设小康社会、开创中国特色社会主义事业新局面的伟大实践中，面对新情况、研究新问题，总结新经验、形成新思路，提出了一系列重大战略思想，如提出贯彻落实科学发展观的重大战略思想，提出建设社会主义新农村的重大战略思想，提出构建社会主义和谐社会的重大战略思想，等等，产生了马克思主义中国化的最新成果，进一步深化了我党对中国特色社会主义建设规律的自觉认识和把握。党的十七大创造性地提出并深刻地阐述了中国特色社会主义理论体系，这是理论上的一大贡献。

我们党勇于和善于用马克思主义中国化的最新成果武装全党和教育人民，指导党的各项事业和工作的实践。马克思主义中国化的最新成果能不能真正被群众所掌握，关系到中国特色社会主义事业健康发展，关系到当前党的建设和中国特色社会主义建设，是一项重要的战略任务。加强马克思主义中国化最新成果的学习、宣传、教育，用马克思主义中国化最新成果武装人，要提高实效，落实行动，必须重点抓好三个关键环节和因素。

一、用马克思主义中国化最新成果武装人，必须大力加强马克思主义中国化最新成果的研究

用马克思主义中国化最新成果武装人，首先要深入研究党的创新理论，不断深化对马克思主义中国化最新成果的认识，这是提高理论武装水平和实效的根本。通过研究进一步认识党的创新理论的科学内涵和基本要求，认识其理论基础、历史依据和现实依据，说明马克思主义中国化最新成果是对马克思列宁主义、毛泽东思想、邓小平理论和"三个代表"重要思想的继承和发展，是进一步拓展了马克思主义理论的新境界。要把党的创新理论纳入中国特色社会主义理论体系进行研究，特别是研究中国特色社会主义理论随着时代、实践和科学的发展而不断的丰富和发展。要在建设和发展中国特

色社会主义的伟大实践中，善于不断总结新鲜经验，以新的重大理论观点和重大战略思想不断充实、丰富和发展中国特色社会主义理论体系。中央从2004年启动马克思主义理论研究和建设工程。这项庞大的工程既加强对马克思主义经典理论研究、经典著作翻译等工作，也包括对马克思主义中国化成果的研究和贯穿到哲学社会科学学科建设、教材建设之中的研究，同时进一步加强马克思主义理论队伍建设。马克思主义理论研究和建设工程是以胡锦涛同志为总书记的党中央在新世纪为加强和巩固马克思主义理论在意识形态领域的指导地位、不断开拓马克思主义理论发展的新境界而作出的一项重要战略决策，是全面建设小康社会、不断开创中国特色社会主义事业新局面的迫切需要，是加强党的理论建设、保持党的先进性、巩固党的执政地位的重要保证。工程实施以来，取得了重大实质性进展，在推动党的思想理论建设和繁荣马克思主义哲学社会科学方面发挥了重要基础作用和带动作用。特别是在对马克思主义中国化最新成果的研究，回答干部群众关心的重大理论和实际问题，推动理论武装工作深入发展方面，做了大量工作。以中宣部理论局组织编写的《科学发展观学习读本》的出版为代表，推出了一批马克思主义中国化最新成果的研究和学习宣传教育材料和成果。

加强用马克思主义中国化最新成果武装青少年，关系中国特色社会主义事业兴衰成败和后继有人，是当前理论武装工作的重要任务。在对青少年学生思想政治教育中，课堂教学是理论武装的主渠道，而教材是理论武装的核心。在对马克思主义中国化最新成果深入研究、深刻认识、总结升华系统化的基础上，要编写好理论学习教材和读本。马克思主义中国化最新成果进教材，必须使教材体系科学地反映理论体系，同时有利于学生学习掌握。

加强马克思主义中国化最新成果的研究是理论工作者的任务，也是理论宣传教育工作者的责任。只有深刻认识和理解党的理论，才能进一步宣传好党的理论，才能做到敢讲、善讲，使群众接受。海军大连舰艇学院政治系教授方永刚为我们诠释了一名党的理论工作者、理论宣传教育工作者对真理的孜孜探索和追求，成为他在传播党的创新理论的事业中取得突出成就的源头活水。他对党的理论高度信仰，二十多年来努力跟进党的理论创新步伐，认真学习研究邓小平理论、“三个代表”重要思想和科学发展观，打牢了科学理论的思想和知识基础，具有深厚的马克思主义理论研究功底。近年中，在马克思主义中国化的理论成果研究方面，他发表40多篇研究论文，出版十余部专著，承担十几项重要课题，有二十多项学术成果获奖。这就是他的讲课和宣传能够受到热烈欢迎，能够宣传传播好党的理论的前提。患病期间，还在《求是》上发表了“坚持以人为本使人民群众共建共享和谐社会”的文章，对十六大以后中央提出的构建社会主义和谐社会的重大战略思想作了深刻阐述，体现了他对党的创新理论研究热情和理解之深刻。在病重住院的最后一年，他两次为解放军总医院医护人员学习胡锦涛总书记在中央党校的重要讲话作辅导，并在《求是》、《光明日报》、《中国军事科学》等报刊上发表11篇论文。我们的理论宣传教育工作者都应当像方永刚同志那样，以刻苦学习和钻研党的理论的拼搏精神，深入准确地把握好党的科学理论。要实事求是地进行研究，真实地进行反映和再创造，要忠实于马克思主义，要理论联系实际。

二、用马克思主义中国化最新成果武装人，必须创新宣传教育的方法和途径

创新宣传教育的方法和途径是提高用马克思主义中国化最新成果武装人的实效和水平的重要因素。用马克思主义中国化最新成果武装人的方法指实现理论武装的目的、任务的手段和工作艺术。党的任何思想理论、观点、方针、政策、社会道德、法律思想、规范等社会精神，都

是通过一定的方式方法灌输、渗透、说服、影响给受教育者。理论要为群众所掌握，必须联系群众的现实生活实际，以理服人，以事实服人，同时讲究科学的、高明的、艺术的方法。

理论武装工作是党的思想政治工作的重要内容。江泽民强调思想政治工作在继承和发扬优良传统的基础上，必须在内容、形式、方法、手段、机制等方面进行创新和改进，特别要在增强时代感，加强针对性、实效性、主动性上下功夫。这既是今后加强和改进思想政治工作的重点，也应当是用马克思主义中国化最新成果武装人需要加强和改进的方面。必须根据马克思主义中国化最新成果的发展和新时期党的理论武装工作的目的、任务、目标、指导思想等，遵循理论宣传教育工作规律，在方法论原则、宣传教育艺术、手段和载体的运用、工作实践具体方式方法和技巧等方面创造性地进行思维和实践活动，以提高思想政治工作效果，提高理论武装工作的水平。

用马克思主义中国化最新成果武装人的工作，在方法上强调一个"新"字。方法创新是适应人们思想新变化和党的理论宣传新任务的必要手段，是加强党的执政能力的必然要求，是建设社会主义和谐社会的必然要求。现代社会经济、科技、文化的发展也为思想政治教育提供了方法创新和提高针对性、实效性的条件及手段。媒体的舆论引导和宣传，具有影响范围广泛、形式生动、权威性强等特点。信息网络化增添了理论宣传教育的生动性、多样性、互动性等，打破课堂教学即时性、空间有限性，跨越时间、空间进行教育，大大提高了理论宣传教育的效果和受益面。

方法的新意，还在于理论武装必须紧密结合当前新的时代特点和中国特色社会主义事业新的发展，理论联系实际地解决广大党员和群众思想上认识上的新问题，开拓理论武装人、打动人心的新途径。党的科学理论需要我们去研读、诠释、传播、践行，要完成好这一使命，就要像方永刚同志那样真心信仰科学理论的魅力，用心去搭建理论与实践的桥梁，党与群众的桥梁。要通过我们的教育教学、宣传传播，把科学理论的这种魅力充分展现出来，使之打动人心，震撼灵魂，融入思想，为广大群众所体会、所掌握，化为群众的实践。党的理论武装工作方法创新的根本要求是要坚持以人为本，以提高人的思想理论水平和思想政治道德素质、培养全面发展的人为目的，尊重人、发展人，遵循人的思想形成、发展规律，提高理论武装工作的实效性。

三、用马克思主义中国化最新成果武装人，必须加强马克思主义理论队伍和宣传教育工作队伍建设

我们需要什么样的马克思主义理论工作者和宣传教育工作者，方永刚同志为我们树立了光辉的典范。他深入学习党的创新理论，坚定信仰党的创新理论，积极传播党的创新理论，模范践行党的创新理论，以新时期共产党员的高度政治觉悟和优秀教师的高尚道德风范，在党的理论宣传教育工作中作出了突出贡献，受到党和人民的高度赞誉。在方永刚同志身上，我们看到了一种坚定不移的信仰，一种真情热烈的忠诚，一种神圣忘我的使命感和敬业精神。他让我们看到了一名共产党员对党的科学理论的真信仰的精神力量，他让我们更加懂得了作为一名党的理论工作者应当和怎样担负好党的创新理论的传播者和践行者的神圣使命。加强马克思主义理论队伍和宣传教育工作队伍建设，就要使我们的理论工作者像方永刚同志那样深入学习、坚定信仰、积极传播、模范践行党的理论，努力提高理论工作者的素质和水平，担负起伟大理论的忠诚传播者的使命，让真理的光辉照亮人们的思想。

首先，党的理论工作者、宣传教育工作者必须要有对党的创新理论的真信仰。方永刚同志之所以能够二十多年全身心投入党的创新理论的学习、研究、传播、践行中去，倾情奉献，播撒真理，源于他对党的理论的真信仰，对党的思想

理论无穷魅力的坚定信念。这种信仰使他乐于向群众传播党的理论。

这种信仰是对党的创新理论科学性、真理性的信仰。方永刚说："二十多年来，我努力跟进党的理论创新步伐，认真学习研究邓小平理论、'三个代表'重要思想和科学发展观，深为党的创新理论的真理性和一脉相承、与时俱进的理论品质所折服，走过了一条从感恩、感悟到确立信仰的心路历程。"党的创新理论是马克思主义中国化的理论成果，是我们党在团结带领全党全国各族人民开创社会主义事业发展新局面的同时，进一步拓展了马克思主义理论的新境界，展现了马克思主义更加灿烂的真理光芒。党不断进行理论创新，表明中国共产党对共产党执政规律、社会主义建设规律、人类社会发展规律的认识不断达到新的高度，也必将指导中国人民在建设富强民主文明和谐的社会主义现代化国家的新的历史实践中不断取得新的胜利。方永刚同志正是真心地、矢志不渝地坚信当代中国的马克思主义的科学性、真理性，才能那样刻苦地学习、有效地传播、模范地践行党的理论。

这种信仰还是对党的科学理论的无穷魅力的信仰。方永刚说："我讲课受群众欢迎，根本原因在于党的理论是为民造福的好理论。我从群众的欢迎中，切实感受到了真理的魅力，感受到了理论工作者的价值和幸福。"科学理论何以打动人？怎样武装人？如何取得学习和教育实效？这是许多理论工作者、思想政治理论教育工作者长期思考和不断探索的问题。要完成好这一使命，就要像方永刚同志那样真心信仰科学理论的魅力，用心传播党的理论。要通过我们的教育教学、宣传传播，把科学理论的这种魅力充分展现出来，使之打动人心，震撼灵魂，融入思想，为广大群众所体会、所掌握，化为群众的实践。

其次，党的理论工作者、宣传教育工作者必须要认真钻研理论，钻研马克思主义中国化的最新成果，打牢思想理论基础。方永刚同志的"什么都敢讲"，不仅基于对党的理论的信仰，还基于他扎实的理论研究功底和丰富的资料储备，有他的切身经历和思考的体会，能够切实做到理论联系实际。他把对党的理论的信仰、体验和思考表达和传播出来，化为感动群众的力量。他有深厚的马克思主义理论功底，坚持与时俱进地对党的理论不断进行理论研究和理性思维，党的理论每前进一步，他的学习和研究就深入一步。他孜孜不倦地追随真理，以优良的学风和严谨的治学态度，忘我的工作精神，把无数的心血和汗水凝聚成大量高质量创新性研究成果。他的理论研究也使他的课堂教学具有理论的深度和现实的针对性。他备课一丝不苟，能够把最新的信息带到课堂，说明他学习的及时和观察思考问题的敏锐。方永刚同志的事迹告诉我们，做好用马克思主义中国化最新成果武装人的工作，就应该像他那样勤奋学习和钻研党的理论。要用马克思主义科学理论武装群众，就要先武装自己，打牢自身思想理论基础。思想深刻了、丰富了，才能在讲课中挥洒自如，摆出事实，讲清道理，才能做到敢讲、善讲，能够解答清楚学生思想中存在的重大理论和现实问题，否则就只能照本宣科，空洞无物，甚至不知所云。

再次，党的理论工作者、宣传教育工作者必须具有高度的使命感、责任感和辛勤传播党的理论的敬业精神，认真地担负起党的创新理论的研究和宣传使命。思想政治理论教师的使命是什么？理论工作者的使命是什么？方永刚同志用言语和行动回答了，是伟大理论的忠诚传播者和模范践行者。他视这一使命无比光荣和神圣，他以对这份事业的执著追求和高度负责，以共产党员的高度政治觉悟和优秀教师的高尚师德，做出了优异的成绩。他忠诚教育，在三尺讲台挥洒汗水；他积极传播，每年为部队和地方讲 70 到 100 场报告。他的讲课深受欢迎，是因为他以对党的科学理论的深刻理解和高超的讲课艺术，展现了理论的真理魅力；是因为他以智慧和勤奋不断研究和及时反映党的理论的创新发展，结合着最现实的问题和最新的理论成果；是因为他对党的科学理论的那种折服、信仰感染大家，笃信而后传道、授业、解惑；是因为他带着真情讲理论，让为民造福的好理论为群众所切身感受，为群众所掌握。所有这些，他做到了，因为他有高度的使命感、责任感，他把传播党的创新理论当做生命中最重要的部分，当做快乐和幸福。他以行动模范地践行了党的创新理论。

党的十七大对全党提出“深入学习贯彻中国特色社会主义理论体系、着力用马克思主义中国化最新成果武装全党”的要求。用马克思主义中国化最新成果武装人，把党的创新理论的光辉撒向广大群众心中，化为全体人民共同建设和谐社会、共同享有社会发展成果的无穷的物质力量和精神力量，这是当前思想政治工作的重大任务。我们要像方永刚同志那样，刻苦钻研理论，研究党的理论宣传教育规律和方法途径，学会用马克思主义立场、观点、方法审视、分析各种问题，善于引导，善于以理服人，善于以事实说明问题，勇于捍卫马克思主义，为中国特色社会主义建设事业的发展提供坚强的思想保证。

（作者单位：天津师范大学党委副书记）

论我国网络文化中的非意识形态倾向与网络文化建设的主题把握

徐仲伟

在当今的网络文化范围内，主要还是以美国为首的西方世界掌握着话语权和主动权。我国近十多年逐步发展而形成的网络文化，无论在内容还是在形式方面，都处于弱势，有时甚至还处在比较被动的境地。今天，我国固定的上网人数已经超过1.6亿。近年，由于西方世界对网络文化所谓非意识形态的鼓吹和我们一些同志对这一问题缺乏清醒的认识，竟使一部分人认为，当今已经是经济全球化的时代，强调网络文化的意识形态属性，特别是意识形态的政治属性问题，已经没有多大的意义。在西方，有人认为"柏林墙的倒塌，拆除了地缘政治的屏障，Windows 系统和 IBM 个人电脑则消除了另一种重要的障碍，使得每个人都可以处理、写作、掌握和传播比以往多得多的信息"。因此美国托马斯·弗里德曼的《世界是平的》一书中称"世界是平的"。而"这种变化对世界变平的影响是意义深远的"。为此，我们有的人也认为，在今天的网络文化领域已经是世界太平。由此，有的人便提出了一些似乎理由充足的观点，使网络文化领域也出现了一些非意识形态的倾向。笔者在此试举几例。

一是信息说。有人认为，网络文化传播的内容，只是一种信息而已。它不具有意识形态功能，起不到意识形态的作用，更没有必要从社会政治的角度去划分什么社会主义、资本主义。当然，在当今的网络文化传递中，有的东西，比如某些科学知识、生活常识，以至个别社会信息，它往往显得比较中性，不一定具有明显的意识形态的特质，不一定就具有意识形态的作用。但是，我们同样也无可否认，现在传播的大量网络文化信息，具有明显的意识形态特性，并具有不同的意识形态作用和相应的意识形态功能。作为我们所创造和坚持的无产阶级和共产党人的网络文化具有意识形态性质，自不必说。同样，如果浏览一下西方的网络媒体，又有多少网络文化不是在传播甚至坚守着西方意识形态，宣扬着西方社会价值理念、社会政治和生活方式的呢？因此，我们说，从网络文化的整体内容和整体形态来说，完全不具有意识形态属性，纯粹只传递所谓信息的网络媒体、网络文化，恐怕今天的网络中还没有出现。纯粹的只起信息作用，不起意识形态作用的网络文化只能是子虚乌有。

二是文化说。有人认为，网络文化仅仅是一种文化。有的人也故意把文化这一概念中性化，或者不注意、不重视其所具有的意识形态功能与作用。的确，文化是一个十分宽泛的概念。但是，我们又要看到，每一种文化又是具体的。它具体到不同的国家、不同的民族、不同的社会制度之下的人们对这一文化表现出的认同、尊崇和另一类人作出的贬斥或反对。比如我们一直弘扬的是马克思主义与时俱进的先进文化，而西方世界的某些人至今却顶礼膜拜着资产阶级的腐朽文化。在阿拉伯世界，不少人崇敬和信奉着伊斯兰的宗教文化。在不同的文化背景下，无论是人们的文化生活价值追求，还是文化生活自身行为，往往都是有很大的差异，并明显、甚至是十分强烈地反映和表现出意识形态的差异性或者差异的某些方面，在网络文化领域莫不如此。

三是审美说。审美，本身就是社会主体（个

人或者社会群体)对客观事物的一种感受、认识和态度。不同的人由于生活经历、知识视野、理想信念、精神追求和生活习俗的不同,对同一客体也会有不同的审美态度和审美评判。这本身就存在意识形态的差异性。而目前,需要引起我们重视的是,有的人总爱把审美这一具有明显意识形态倾向和特征的社会活动、社会认识、社会评判与对美的价值追求引入一种仅仅是生理的愉悦和快感的狭小范围内。有的人虽然也承认审美的本性是一种意识形态,但却认为它仅是人的一种生理意识的自然反映,仅仅具有人类生理的特征。这样一来,我们所倡导和要求的"审美"应该反映和表现的特定的意识形态的功能和作用,实际上就被那些所谓的表现人类共通情感、共同生理反映的功能和作用取代了。我们所要坚持的无产阶级和马克思主义的意识形态,就被网络文化中的这些"审美主义者"们仍到一边去了。

四是技术说。也有人认为,网络文化仅仅是一种科学技术,或者说主要是对信息科学技术的一种掌握。只要掌握了这种技术,就可以建设和发展好网络文化。有的网络文化工作者认为,网络文化的发展,主要是技术层面的发展,是技术领域的革新和创造,是对旧有技术的否定和新兴技术的更替。虽然也有人不完全否认网络文化建设的意识形态倾向,但是觉得意识形态问题只不过是网络文化建设中很小的一部分,对当前网络文化中出现的问题没有必要"大惊小怪",只要我们从技术上加以改进、加强管理就行了,就能控制住网上不好的东西。只要抓好技术层面的工作,就能抓好网络文化建设的一切。有的甚至认为,只要我们的网络技术走在世界前面,我们的网络文化建设就自然能够达到和赶超世界先进水平,就自然能够赢得我们在世界网络文化中的话语权和主动权。其实,这种想法也是比较单纯和幼稚的。

五是休闲说。还有人认为,网络文化,主要是人们在紧张和繁重的学习、工作和生活之余的一种消遣和休闲行为。人们在有空时上上网、聊聊天,阅读和观看一些无关紧要的社会趣事,了解一些社会新闻,收集一些生活奇事,知晓一点科学知识,或者发表一点生活感慨,排解一下心中积郁,抒发一种真实感情,随随便便就过去了,既不能引起多少人的关注,也不会触动多大的社会问题,最多只不过是"平静湖面上微风吹过的涟漪",这与社会问题无关,与意识形态无缘。有人甚至认为,网络就应该是人们自由、独立的空间,是社会个人的私人领地,是个体思想的表现场所。也有人认为,现在的网络世界,反正是一个虚幻的、无人管理、自由发展、自得其乐的空间。加之我们的社会正在努力创造一种自由、宽松的环境和氛围,那么今天这种自由自在的网络世界不是正好吗?这些人的根本问题,就是有意或无意地忽略或忽视了网络文化所固有的社会意识形态功能,看不见网络文化对人们思想意识的冲击和影响。因此,这种观点也是有违社会客观现实的。

当前,如果我们要深入地研究和仔细地分析,在现有的网络文化发展过程中,对网络文化持非意识形态倾向的观点远不止这些。同时我们也需要正确地看到,在当今我国旧有的社会价值体系受到冲击,正进行变革,而新的社会价值体系还没有真正有效地建立起来的情况下,人们对一些社会事物的认识出现分歧,对网络文化的意识形态倾向在认识上出现偏差、出现异议,也是不足为怪的。

但是,我们也要清醒地看到,的确也有少数的人,他们并非是对这些问题处于无知,对这些情况不了解,对这些事物不熟悉,而是有意淡化,有意否认网络文化的意识形态属性和意识形态作用。鼓吹网络文化的所谓的"非意识形态"倾向,以达到他们另外的目的,这倒是需要引起我们注意的了。

事实上,任何文化,它都是有其价值的体现并具有一定的社会意识形态属性的。在当今社会经济全球化、政治多极化、价值多元化、文化多样化、行为网络化的背景下,包括网络文化在内的各种文化都有可能从不同的角度和不同的程度上打上相应的社会价值、社会属性即社会意识形态的"烙印"的。马克思在《政治经济学批判序言》中曾十分明确地指出："人们在自己生活的社会生产中发生一定的、必然的、不以他们的意志为转移的关系，即同他们的物质生产力的一定发展阶段相适合的生产关系。这些生产关系的总和构成社会的经济结构，即有法律的和政治的上层建筑竖立其上，并有一定的社会意识形态形式与之相适应的现实基础。"由此可见，那些对网络文化的非意识形态倾向，特别是反意识形态的做法，则是我们应在网络文化的建设过程中予以高度重视，并明确表示反对，坚决予以抵制的。

当前，我国的网络文化正在突飞猛进地发展，我们在反对网络文化非意识形态倾向的同时，一个十分重要的问题就是要十分注意在其建设中强调其所应具备的国家意识与民族属性，并在这种网络文化建设中，积极拓展视野，不断吸收国内外先进、科学的网络文化内容，发展网络文化的有效形式。要做到这些，固然有许多的工作要做，但其中极为重要的一点，就是必须首先在我国网络文化建设的过程中，抓好网络文化内容的主题把握。

什么是当今我国社会主义网络文化建设的主题呢？笔者认为，无有他议，这仍然应是社会主义文化一贯坚持的"为人民服务，为社会主义服务"，这才是我国网络文化建设的根本主题。为此，要在网络文化的建设领域把握好这一主题，就应该在网络文化建设的过程中重视以下四点。

第一，必须坚持马克思主义对网络文化建设的指导。马克思主义及其不断发展的理论，是当今最为先进、最为科学的人类文化成果。是对人类社会发展规律进行科学揭示，对人类社会发展的状况做到最为关注，对人类社会发展的方向作出科学把握，对人类社会发展的未来作出科学预见并予以科学指导的先进文化。为此，只要我们在网络文化的建设中，始终毫不动摇地坚持这一先进文化对网络文化建设的指导，我们就能获得网络文化发展建设的灵魂与动力，就能结出网络文化发展的丰硕果实。

第二，必须坚持社会主义的方向。世界范围内的社会主义运动虽然经历了波折与变化，但是，在社会主义运动发展的100多年中，正是由于有的时候没有真正科学而坚定地坚持社会主义方向，才使有的国家的社会主义发展出现了坎坷和曲折。今天，中国人民经过改革开放之前的挫折和改革开放实践的认识，真正地找到了一条科学发展社会主义的道路，确定了中国特色社会主义的发展方向。为此，我们的网络文化建设就应该紧紧地沿着这条道路，坚定不移地坚持这个方向，始终如一地按照社会主义的本质要求，围绕有效地推进社会主义生产力的解放和发展，逐步地消灭剥削，消除两极分化，最终实现共同富裕这样一个目标去开展好我们的网络文化建设。

第三，必须有效促进人的全面发展。网络文化建设应该为人民服务，最为根本的就是要为促进人的全面发展服务。这种服务，它需要对社会所有成员的关注，并被社会所有成员所认同。它需要有效地对各个方面、不同层次的人的政治立场、思想道德、科学素养、创新能力、精神境界、生活技能等各个方面的正常发展和健康成长提供信息、寻求方法、开辟途径、增添动力，以致进行引导、作出评价等等。所有这些，归纳到一点，就是必须既符合广大人民群众的根本利益，也有益于每一社会成员各个方面的健康成长和有效发展。

第四，必须有利于和谐社会的构建。网络文化建设要为社会主义服务，就是要让我们的网络文化积极地为构建社会主义和谐社会服务。在今天，我们的社会正处于一个社会大变革、利益大分化、政治大激荡、思想大活跃、观念大碰撞、文化大交流的社会。在这些变革、碰撞与交流等环境中，我们的网络文化建设如果不始终坚持从我国整个社会主义和谐社会建设的角度去思考、去实践，就必然会使网络文化的发展走向歧途。为推进社会主义和谐社会的建设，我们在网络文化建设的内容和形式上，都应坚持不懈地去做好人与人之间、人与社会之间、社会与社会之间和人与自然之间以及个人自身内心的各种关系的协调，并在整个社会形成开拓进取、锐意改革、公平正义的社会环境，相互尊重、相互信任、相互帮助的人际环境，和平共处、互相尊重、求同存异的国际环境，生态平衡、环境优美、人与自然和谐相处的自然环境和心态平和、宽容豁达、健康向上、不畏困难、勇于创造的个人心态环境。

除以上内容之外，网络文化建设主题把握的途径和方式问题也值得我们认真思考。

其一，要处理好网络文化的主题把握与网络文化其他方面的关系，发展网络文化的多样性。在网络文化的建设中，我们既需要毫不动摇地把握好文化内容的主题，积极推进网络主题文化的发展。同时，又要看到，网络文化正处于一个丰富多彩、异彩纷呈的世界环境中。这其中，有许许多多具有科学意义，对社会发展具有积极作用，对丰富人们的社会生活具有补益功能的文化内容和文化形式，真是数不胜数，甚至是美不胜收的。因此，我们在网络文化的建设过程中，就必须既把握好主题，又坚持发展多样。特别是要让广大网络文化的建设者和享有者在主题网络文化的指导下积极地去发展多样性，在异彩纷呈的多样文化中把握好网络文化建设的主题。只有这样才既会使我们在网络文化建设中不走偏方向，又使我们的网络文化阵地发展得更加繁荣。

其二，在保持优秀传统文化的过程中，注重借鉴国外的有益文化，使网络文化建设既富有传统性又体现时代性。应该说，任何一个国家的文化，都是以自己民族的优秀传统文化为根基的。网络文化虽然从技术手段上首先是从西方发达国家发展起来的，但是不管哪个国家的网络文化，无不是以自己民族的优秀传统文化的弘扬为前提的。中华民族有几千年的文明史，创造了辉煌灿烂的古代文化、奋发图强的近代文化、英勇不屈的革命文化和改革开放的现代文化。这些文化形成了内容丰富、形式多样、绚丽多彩的网络文化成果。这些都是我们中华民族在网络文化建设中取之不尽、用之不竭的文化源流。但是我们又要看到，当今世界是一个开放的时代，世界各国人民，特别是西方发达国家在科学技术、管理经验、甚至在思维方式等方面创造了大量的文化内容和文化形式，其中许多的东西对于我们实现具有中国特色的社会主义现代化和建设好我们自己的网络文化是非常有益的。因此，我们在网络文化的建设中，就不仅要积极地去弘扬那些对于保持中华民族的优良传统有益和不断促进社会发展的传统文化，还必须在抵制西方腐朽文化的同时，不断地学习和借鉴国外尤其是西方发达国家所创造的对于我们有益的文化，使我们的网络文化建设既保持优良传统，又赋有时代气息，从而真正建成为具有中国特色的社会主义的网络文化。

其三，在网络文化主题把握的技术问题上既要不断学习别人，又要坚持自主创新。网络文化建设，从技术层面上来讲，我们主要还是学习和借用发达国家的技术，在信息的收集、材料的整合、信息的发布、内容的监管、手段的改进和技巧的提升等方面，我们基本上还没有自己的主动权和话语权。为此，我们在网络文化建设的过程中，首先是要虚心、踏实、不折不扣地向别人学习，学习别人的长处，学习先进的技术，学习有效的方法。与此同时，我们还要高度重视在网络文化建设的许多技术领域不断坚持创新，让我们用创造的新技术、新手段、新方法，更好地为我国网络文化的建设和发展服务，不断地促进对我国网络文化主题的更为有效的把握，推进其文化发展的多样与和谐，真正创造出我国网络文化发展百花争艳的繁荣盛景。

（作者：重庆邮电大学党委书记、教授）

努力增强大学生思想政治教育实效性

程庆会

大学生是十分宝贵的人才资源，是民族的希望，是祖国的未来。切实增强大学生思想政治教育的实效性问题的研究和解决，既是我们对当今大学生思想政治现状审时度势、居安思危的忧患意识的体现，又是我们加强高校党的执政能力建设所提出的现实的要求。这是关系中国社会主义事业兴衰成败、关系中华民族前途命运、关系党的生死存亡和国家长治久安的重大战略课题。本文从大学生思想现状入手，以加强党的执政能力为目的，对增强大学生思想政治教育实效性问题进行分析，提出科学性、可操作性的建议。

一、增强大学生思想政治教育实效性的必要性和紧迫性

1.加强高校党的执政能力建设，是增强新时期新阶段大学生思想政治教育实效性的重要目的。进入新世纪新阶段，国际局势发生了深刻变化，尤其是我国加入世界贸易组织以后，随着国际贸易的不断发展，各种思想文化相互激荡，各种矛盾错综复杂，敌对势力对我国实施西化、分化的战略图谋没有改变，我们仍面临发达国家在经济、科技等方面占优势的压力。同时，我国改革发展正处在关键时期，社会多元化趋势日益增强，社会利益关系更为复杂，新情况新问题层出不穷。在机遇和挑战并存的国内外条件下，加强和改进大学生思想政治教育，提高他们的思想政治素质，把他们培养成中国特色社会主义事业的建设者和接班人，对于提高党的执政能力和带领全国各族人民全面建设小康社会，实现三大历史任务，具有重大而深远的战略意义。

2.牢牢把握舆论导向，占领大学生思想阵地，是增强大学生思想政治教育实效性研究和实施的重要出发点和落脚点。随着社会组织形式和信息传播方式的变化，主流意识形态不再仅仅通过各种组织和行政力量来推行，更多地要通过网络、电视等大众媒体来传播。在现代社会，大众媒体的作用和影响越来越大，已经成为影响国家生活、群众情绪和社会舆论的重要因素，成为意识形态工作的主阵地。例如，手机已经成为大学生生活的重要组成部分，成为他们信息交流的重要途径。因此，运用高超的政治艺术有效调控、引导当今高校中的各种舆论，用主流意识形态来整合日益多样化的大学生思想观念，占领他们的思想阵地，要求我们必须切实增强大学生思想政治教育的实效性。

3.为高素质干部队伍培养和输送大批的后备人才，为我国社会主义和谐社会建设造就良好的建设者和接班人，是增强大学生思想政治教育实效性的重要方向。高校承担着人才培养、知识创新和社会服务的重要任务，不但要向社会输送大量合格的建设者和接班人，而且在加强党的执政能力建设中肩负着重大责任。我们党要成为具有强大执政能力的执政党，关键是以马克思列宁主义、毛泽东思想、邓小平理论和“三个代表”重要思想为指导，建设一支善于治国理政的高素质干部队伍。从实际情况看，这支队伍的源泉主要是当代的高级知识分子群体尤其是大学生群体。因此，着眼于未来的发展，迫切需要增强大学生思想政治教育工作的实效性，并将工作的立足点落实在培养大学生的政治责任感和执政意识上。

4.正确说明我国面临的新情况、新问题，是

增强高校思想政治工作实效性的客观要求。我国正处于深刻的社会变革期和重要的战略机遇期，经济成分和经济利益等的多样化日趋明显，大学生的思想观念和价值取向、活动方式等都已发生了并将继续发生很大变化，许多社会现象都可能对当代大学生诱发各种思想问题，引起思想波动和心理失衡。“基础不牢，地动山摇”。如果党的思想政治教育工作在高校有名无实，势必会导致大学生精神不振，思想混乱，组织涣散，管理松懈，长此以往将会动摇他们建设社会主义现代化的信念和信心，影响高校党建工作的实际效果，削弱党的阶级基础和群众基础。因此，大学生思想政治教育工作必须增强针对性和实效性。

二、增强大学生思想政治教育实效性的有效途径

增强大学生思想政治教育的实效性是一项极为紧迫的重要任务和基础性、战略性的系统工程。当前，面对新世纪新阶段党的执政能力建设的形势和任务，就是迫切要求高校所有教职员工尤其是思想政治教育工作者以其独特的魅力，明确目标、理顺情绪、凝聚人心，切实增强大学生思想政治工作的实效性，以利于实现我们党的宏伟目标和远大理想。

1. 增强大学生思想政治教育工作实效性，要始终坚持正确的指导思想。就是要坚持以马克思列宁主义、毛泽东思想、邓小平理论和“三个代表”重要思想为指导，深入学习贯彻科学发展观，以理想信念教育为核心，以爱国主义教育为重点，以思想道德建设为基础，以大学生全面发展为目标，尤其以大学生的政治责任感和政治意识为突破口，坚持以人为本，坚持大学生培养共性与个性相结合的方针，坚持思想政治教育引导的先进性和广泛性的统一，贴近实际、贴近生活、贴近学生，努力在提高思想政治教育的针对性、实效性和吸引力、感染力上下功夫，培养德智体美全面发展的社会主义合格建设者和可靠接班人。

2. 增强大学生思想政治教育工作实效性，要进一步推进思想政治教育工作的制度化。既要强化思想政治工作力度，又要健全和完善高校教育管理的各项规章制度，“两手抓，两手都要硬”。要建立和完善在党委统一领导下，党政工团齐抓共管的“大政工”格局，实行党政领导“一岗双责”的领导体制，实现良性互动的“一体化”工作机制。要把思想政治工作融入各种制度之中，建立和完善有利于提高大学生思想道德素质以及调动他们的积极性、主动性和创造性的政策、制度、机制。要建立思想政治工作与教学科研工作的联系会议制度、工作效果反馈制度，以便有针对性地采取措施，及时解决工作中的问题。要建立科学的思想政治工作实效性评估体系，使思想政治工作和思想政治工作者的价值真正得到确认。要建立健全思想政治教育实效的检查考核制度，把工作成效当做衡量领导班子、领导干部实绩的重要依据之一。

3. 增强大学生思想政治教育工作实效性，要努力推进思想政治教育工作方法手段的现代化。与时俱进既是党的执政能力建设的重要原则，也是高校思想政治教育工作的主要原则和规律，更是增强大学生思想政治教育实效性的必然要求。思想政治教育工作必须充实新的内容，采用新的手段，吸收新的科研成果，跟上时代发展的步伐。要努力增加思想政治工作的科技含量，充分运用现代化传播手段，切实抓住网络、手机等学生中的通讯工具的特点与规律，不断扩大和丰富大学生思想政治工作的手段。同时，注意吸收和借鉴相关各门学科的成果和现代科学技术，加强调查研究，掌握思想动态，切实将定量分析和定性分析结合起来，改进工作方法，提高工作效率，增强实际效果。

4. 增强大学生思想政治教育工作实效性，要充分发挥思想政治理论课的主渠道作用。思想政治理论课教师在大学生思想政治教育中责任重大，必须先学习、多学习、重研究、强责任、当专家，为进一步增强大学生思想政治教育实

效性打下坚实基础。按照充分体现当代马克思主义最新成果的要求，全面加强思想政治理论课的学科建设、课程建设、教材建设和教师队伍建设，进一步推动邓小平理论和“三个代表”重要思想“三进”工作。为了切实增强大学生思想政治教育的重要性和实效性，广大高校政治理论课教师要真信、真懂、真爱、真干，联系改革开放和社会主义现代化建设的实际，联系当今大学生的思想实际，把传授知识与思想教育结合起来，把系统教学与专题教育结合起来，把理论武装与实践育人结合起来，切实改革教学内容，改进教学方法，改善教学手段，为充分发挥政治理论课教育在大学生思想政治教育中的主渠道作用而努力。

5.增强大学生思想政治教育工作实效性，要进一步提高思想政治教育工作队伍的综合素质。思想政治教育工作是一种复杂的劳动，需要其工作者具有较高的科学文化素质和相关的学科知识，具备多种教育工作能力。在实施增强高校思想政治教育实效性工作中，既要按相关规定配足政工人员，又要真正高标准、严要求，选拔那些政治素质高、业务能力强、热爱思想政治工作的人员到政工岗位上来。还要不断加强培训，与时俱进地更新现有工作人员的知识、能力，特别着力提高他们的政治素质、业务素质和道德素质。

6.增强大学生思想政治教育工作实效性，要进一步推进大学生思想政治教育工作的系统化工程。思想政治工作是一项系统工程，它包括教育内容、方式方法、领导体制、运行机制、主体队伍、阵地载体、客体对象等许多方面。这些要素以一定的组织方式相互联结、相互依存、相互影响、相互制约，形成思想政治工作的整体效果。要真正贯彻“教书育人，育人为本，德智体美，德育为先”的方针，把思想道德教育贯穿到学校工作的各个方面。在实际工作中既要发挥思想政治教育工作主体部门作用，又要依靠学校的各个方面，科学把握大学生思想政治现状的特点和规律，形成具有针对性的思想政治工作的合力；既要更新思想教育内容，又要改进方式方法，增强说服力和感染力，树立高校思想政治教育工作的威信和威严；既要健全领导体制和运行机制，又要完善载体和建设阵地，形成系统的有利于不断增强思想政治教育工作实效性的体制和机制。

（作者：河北农业大学党委书记）

实事求是——高校思想政治教育的生命

王忠谋

党的十七大明确要求：全面贯彻党的教育方针，坚持育人为本、德育为先，培养德智体美全面发展的社会主义建设者和接班人。高校是培养人才的重要阵地，大学生的素质尤其是思想政治素质如何，关系党的事业后继有人和长治久安，关系实现全面建设小康社会的宏伟目标和中华民族伟大复兴。因此，加强和改进大学生思想政治教育是高校贯彻十七大精神的重要任务，是事关国家前途和民族命运的战略工程。

多年来，我们在这方面进行了积极探索，积累了宝贵经验，取得了良好效果。但是，面对各种思想文化相互激荡的大环境、面对大学生思想活动独立性选择性多变性差异性明显增强的现实状况、面对全面建设小康社会的新要求，大学生思想政治教育在内容、方法、手段、形式诸方面都有许多课题值得研究，其中，如何在大学生思想政治教育中坚持实事求是的原则就是重要课题之一。

一、实事求是是思想政治教育的基本原则和生命力所在

实事求是是我们党的优良传统，也是思想政治工作的基本原则和生命力所在。新民主主义革命时期，我们党积极在青年学生中开展工作，把中华民族面临的两种命运两种前途实事求是地告诉他们，激发他们的反帝爱国热情，启发他们的革命觉悟，许多青年知识分子接受马克思列宁主义，走上革命道路，为中华民族的独立和解放作出了重大贡献。建国以后，我们把建设新中国面临的困难和压力实事求是地告诉青年大学生，一代知识分子响应党的号召奔赴农村、奔赴边疆、奔赴祖国最需要的地方，许多人甚至毅然放弃国外优越的生活工作条件回到祖国，参加新中国的建设，“两弹一星”功勋就是他们中的杰出代表。“文革”期间，极左思潮泛滥，高校成为“重灾区”，实事求是的优良传统被抛弃，假大空、绝对化大行其道，甚至黑白混淆、是非颠倒，青年学生上当受骗，少数人甚至参与打、砸、抢，留下沉痛教训。“十年动乱”虽早已结束，但“左”的影响依然存在，反映在高校思想政治教育工作中，就是在有的地方有的时候，实事求是的原则没有得到认真贯彻落实，对有些人和事讲正面的多讲反面的少，讲经验多讲教训少，甚至只讲成绩不讲失误，只报喜不报忧；而对另一些人和事，则攻其一点，不及其余，漆黑一团，全盘否定。结果是学校讲的和学生从课堂之外获得的东西形成较大差距，学生困惑、迷茫，甚至对思想政治教育产生反感和抵触。

正反两方面的经验教训告诉我们，实事求是是高校思想政治教育的生命力所在。什么时候坚持了实事求是的原则，思想政治教育就有生命力和感召力，我们就能赢得青年一代，革命和建设事业就会增加一支生力军；什么时候背离了实事求是的原则，思想政治教育就丧失了生命力和感召力，就会产生消极的后果。

二、坚持实事求是，帮助大学生提高辩证思维能力

大学生处在人生发展的重要阶段。从思维上讲，他们在形式逻辑思维发展的同时辩证逻辑思维能力趋向成熟完善；从人格上讲，他们的

依赖性、服从意识逐步淡化，独立性、自我意识明显增强；从活动范围上讲，他们有机会更多地接触社会、接触生活，对现实问题有更多的体会和认识；从知识获取途径上讲，除课堂教育外，互联网成为他们学习知识、获取信息、认识社会的重要途径。因此，高校思想政治教育坚持实事求是的原则显得尤为重要。不论是思想政治理论教学还是日常思想政治工作，都要力求客观公正、一分为二，不搞片面性、绝对化。既要讲明马克思主义的科学性、先进性和对中国革命的指导意义，又要讲明它对其他理论、学说的批判、继承关系，还要讲明马克思主义是发展的学说需要在新的实践中不断丰富完善；既要讲中华民族的光辉历史和优良传统，也不回避近代中国积贫积弱、倍受凌辱的实际情况；既要讲中国共产党的伟大、光荣、正确，也不回避我们党发展历程中的艰难、曲折和教训；既要讲社会主义制度的优越性和美好发展前景，也不回避实现中华民族伟大复兴所面临的困难和挑战；既要讲明建国以来特别是改革开放以来我国所取得的举世瞩目的伟大成绩，也不回避我们在经济、政治、文化、社会建设等方面存在的弊端以及面临的问题和压力；既要讲资本主义灭亡的客观必然性，又不回避资本主义在人类发展史上的进步意义和对科学技术的重大贡献……。也就是对任何事物，既讲正面也讲反面，既讲成绩也讲不足，既讲优点也讲缺点，既讲功也讲过。不溢美，不遮丑，把客观存在的真实情况如实地告诉大学生，讲明事物发展的基本趋势，提出理性的应对措施，教会学生历史、辩证地认识分析问题的科学方法。只有这样，才能帮助大学生正确地认识社会、人生和现实，增强社会责任感、危机意识和应对各种困难和挑战的心理素质。也只有这样，才能使我们的思想政治教育增强可信度和感召力。

三、坚持实事求是，直面现实问题

存在决定意识。人的思想认识问题往往是由现实问题引起的。坚持“三贴近”原则，从解决现实问题入手，思想政治教育就会在人们内心深处发生作用，产生效果。实践证明，大学生的思想容易受到社会因素和个人具体困难两方面的影响。调查显示，当代大学生普遍关心社会问题，对城乡（地区）发展不平衡、收入分配差距过大、党风和社会风气等问题尤为关切。对此，我们既不能采取消极的“鸵鸟政策”、避而不谈，也不能含糊不清、模棱两可，只讲“正确的空话”。而是要积极应对，敢于“短兵相接”：既承认这些问题的客观现实性，又说明造成这些问题的复杂的社会历史原因；既讲明党和政府对这些问题的态度、所采取的政策措施和已经产生的积极效果，又要坦承解决这些问题需要全党全社会共同努力，不可能一蹴而就；既要重视课堂教育，又要积极开展社会实践活动，帮助大学生深入社会、深入实际，从现实生活中接受教育、寻找正确答案；既对大学生关心社会现实问题给予充分肯定，又引导他们全面、历史、辩证地认识问题，防止一叶蔽目、以偏概全；既要理直气壮地坚持正面教育，坚持真理，批驳谬误，又要讲求方式方法，坚持摆事实、讲道理，以理服人、循循善诱。只有这样，才能使思想政治教育有穿透力、感召力和说服力。

另外，大学生普遍面临学习、生活、交友、择业等具体问题，许多思想问题也由此而来。因此高校思想政治教育工作者要强化服务意识，承担起教育者和服务者双重角色，把实现好维护好发展好学生的切身利益作为一切工作的出发点和落脚点。帮助学生掌握科学有效的学习方法，提高学习能力和效果；加强对学生创业就业的指导，帮助他们树立正确的择业观和就业观，不断提高创业素质和就业技能；加强对困难学生的帮助和扶持，帮助他们解决生活和学习中存在的问题；关注学生的心理健康，通过积极的心理疏导，帮助他们养成和谐开放的心理品格，增强抵抗困难和挫折的能力。只有坚持解决思想问题与解决实际问题相结合，为大学生办实事、做好事、解难题，才能增强思想政治教育的实际效果。

四、坚持实事求是需要解决三个问题

高校思想政治教育工作要做到实事求是，必须解决三个问题。

一是营造敢讲的氛围。之所以在有的时候有的地方难以做到实事求是，一个重要原因是部分思想政治教育工作者心有余悸、顾虑重重。觉得讲正面、讲成绩、讲大好形势保险，讲反面、讲缺点、讲不足危险，怕搞不好会被误解、怀疑甚至处分，坏了名声，毁了前程。因此，高等教育领导机关、高校党委要积极营造讲真话、讲实话的氛围和环境，支持、鼓励思想政治教育工作者坚持真理、实事求是，摆实情、讲实话。特别要鼓励大家敢于接触敏感问题、研究敏感问题、解答敏感问题，即使讲错了，只要及时改正，就不抓辫子、不扣帽子、不打棍子。

二是提高会讲的能力。有了“让讲”的氛围和敢讲的愿望还不够，还必须增强会讲的能力。高校思想政治教育工作者要增强责任感，关注重大理论问题和社会敏感问题，加强调查研究，进行深入思考，对理论问题的阐述要做到条理清晰、逻辑严谨、令人信服，对现实问题的解答要做到论证充分、入情入理，让学生心悦诚服。敢讲不等于乱讲，“让讲”不等于没有纪律。高校思想政治教育工作者要自觉遵守“学术研究无禁区，课堂讲授有纪律”的要求，讲求讲课效果，确保正确导向，不图一时之快，不搞哗众取宠，做到疏导不激化，引导不误导。

三是要以身作则、率先垂范。俗话说，正人先正己，身教重于言教。思想政治教育工作者自身的形象和素质是影响思想政治教育效果的重要因素。当代大学生思维活跃、讲究实际，对教育工作者特别是思想政治教育工作者是“听其言、观其行”的。“理论只要彻底，就能说服人”。实践证明，只有教育者传播真理、相信真理并带头实践真理，言行一致、表里如一，才能产生良好的教育效果。因此，高校党委必须把建设高素质、高质量和高水平的思想政治教育队伍作为加强和改进大学生思想政治教育的重中之重，并把思想作风建设摆在突出位置，常抓不懈。引导教育大家增强光荣感和使命感，牢记组织、社会、家庭和学生对自己的期待，经常意识到自己是大学生心中的“偶像”、关注的焦点，是有“影响力”的人物，从而身体力行，言传身教，靠真理的力量以及自身的形象和人格魅力去影响和感召大学生，以此保证和提升高校思想政治教育的效果。

（作者：山东电力高等专科学校党委副书记）

关于高校院(系)领导体制的几个问题

胡浩民　钟　强

1996年《中国共产党普通高等学校基层组织工作条例》(以下简称《条例》)和1998年《中华人民共和国高等教育法》等文件和法规,都明确规定了高等学校的领导体制,即实行党委领导下的校长负责制,但对高等学校院(系)的领导体制却未作明确的规定。近年来,各地、各高校积极探索高校院(系)党政领导关系和领导体制,取得了显著成效,但仍不同程度地存在着党政关系不明、党政配合不力的问题,影响和制约着院(系)工作整体水平的提高。我们认为,必须尽快明确院(系)领导体制,健全完善高校管理体制。

一、院(系)领导体制的依据:明确与不明确

《条例》第十三条明确了院(系)党组织的地位:"系级单位党的总支部(直属党支部)委员会的主要职责是:①保证监督党和国家的方针、政策和学校各项决定在本单位的贯彻执行。②参与讨论和决定本单位教学、科研、行政管理工作中的重要事项。支持本单位行政负责人在其职责范围内独立负责地开展工作。③加强党组织的思想、组织、作风建设,具体指导党支部的工作。④领导本单位的思想政治工作。⑤做好本单位干部的教育和管理工作。⑥领导本单位工会、共青团、学生会等群众组织。"这里系统提出了党组织的领导指导、保证监督、参与决定的三大功能。在第二十一条,还提出了具体要求:"系级单位党的总支部(直属党支部)委员会同系级单位行政领导一起,做好本单位干部的选拔、培养、考核、监督工作,以及学生政治辅导员、班主任的配备、管理工作。参与讨论决定本单位师生员工在出国、晋升、毕业等方面的工作,并负责政治审查。"

《条例》对院(系)党组织的职能和地位的规定是明确而具体的,对行政负责人的职权范围和作用也作了一些说明。但是,由于在院(系)级实际形成了二元权力结构,即院(系)党组织是"政治核心",而院(系)行政负责人组成了"行政核心",在院(系)工作中,政治和行政并不能完全分开,也不能完全重合,这种既交叉重合又独立分开的结构,不可避免地会产生矛盾甚至冲突,使院(系)的工作效果往往取决于党政两个一把手彼此之间的关系上。党政一把手彼此团结、关系协调,就能促进院(系)各项工作开展。如存在着不协调、不团结、不配合等情况,那么,所关注的就不是工作,而是考虑谁为主、谁为辅、谁搭台、谁唱主角等问题,就会产生职责范围不明确,有的事争着管,有的事没人管,出了差错没人承担责任的局面。

二、院(系)领导体制的运行:政治核心与共同负责

高校的院(系)领导体制经历了不断变革的过程。建国初期实行"系主任负责制",1978年后实行"党总支领导下的系主任分工负责制"。《条例》规定了党组织的"政治核心作用",明确其"参与讨论和决定本单位教学、科研、行政管理工作中的重要事项"。虽然领导体制不断变化,但是有一条主线是明确的,就是坚持和加强党对高校的领导,坚持集体领导分工负责。《条例》颁布后,全国大多数高校的院(系)实行了共同负责制,效果总体上是好的。党政共同负责的优越性主要体现在:①强调了党的领导,决策上强调了共同负责,院(系)党政作为领导集体

共同保证院(系)工作目标的顺利实现。②院(系)党政作为领导集体共同对校党委和校行政负总责。③强调共同负责基础上的分工负责。④保障了院(系)党组织的政治核心地位,是党委领导下的校长负责制的延伸和支撑。⑤有助于高校人才培养目标的实现。实行共同负责,加强党对院(系)工作的领导,是培养"合格建设者"和"可靠接班人"的组织保证。

三、院(系)领导体制的探讨:制度规范与"三会"关系

院(系)党政"共同负责制",有《高教法》和《条例》作依据,在实践中也积累了许多新的经验,是目前条件下院(系)领导体制的必然选择。实现共同负责制,必须明确规范院(系)党组织的"政治核心"地位、行政负责人的"独立自主地开展工作"与教职工的民主管理和监督的关系,当前要特别注意处理好院(系)一级中"三会"的关系。

首先是党委会(总支委员会)。院(系)党组织是高校开展党的活动的基层单位。党的路线、方针、政策和上级党组织的决议,要靠院(系)党组织具体深入地贯彻到师生中去,师生员工在办学中的意见、要求和呼声,也要靠院(系)党组织收集、反映到学校党委。实践证明,通过加强高校党建工作,把院(系)党组织建设成为坚强的政治核心,有利于党的领导的实现,有利于营造良好的办学氛围,有利于凝聚人心,调动各方面的积极因素,促进学校的改革、建设与发展。在具体工作中,要着重把握好以下几个方面:始终保证监督党和国家的方针政策及学校各项决定在本单位的贯彻执行是发挥政治核心作用的根本任务;积极参与讨论决定本单位教学、科研、行政管理工作中的重要事项是发挥政治核心作用的基本途径;切实加强组织建设与干部管理教育是发挥政治核心作用的基础工作;服从服务中心工作,支持行政负责人开展工作是发挥政治核心作用的主要内容;主动掌握思想政治工作与群团组织的领导权是发挥政治核心作用的有力保证。

其次是党政联席会议。院(系)党政联席会议是党政共同负责制的最高决策机构,在院(系)工作中发挥着统领全局工作、决定重大事项、协调党政工团学关系的作用,既是院(系)工作的领导中心,又是院(系)工作的决策中心。因此,为保证党政联席会议能够科学、民主决策,应当建立配套的议事规则。一要明确院(系)党政联席会议的议事范围。院(系)党政联席会议应当讨论和决定本单位教学、科研、行政管理等工作中的重要事项。二要按程序确定院(系)党政联席会议的议题。议题应由书记与院长(系主任)共同确定。三要严格执行院(系)党政联席会议的议事程序。党政联席会议应当定期召开,区别不同议题分别由党组织主要负责人或行政主要负责人主持;会议由全体党政领导班子正副职参加,同时根据会议议题由党政主要负责人商定其他列席人员。会议应严格按照"集体领导、民主集中、个别酝酿、会议决定"的程序进行。四要认真贯彻执行党政联席会议的决议、决定。

第三是教代会。各个学院(系)建立的教代会,是教职工实行民主管理和民主监督的组织形式,院(系)党政领导实行决策和管理时,应该充分听取教代会的意见,并自觉接受监督。这其中要解决好两个方面的问题:一方面,院(系)党组织要加强对教代会的领导,保证教代会充分发挥民主参与和民主监督的作用;另一方面,党政联席会议必要时应该吸收教代会负责人列席,特别是讨论关系教职工切身利益的事项,一定要听取教职工代表的意见,保证民主管理、民主监督真正落到实处。

实行"共同负责制",还要进一步创造良好的外部环境,即学校一级党政关系的有序协调。此外,要选配好院(系)党政一把手。党政两个一把手的团结、合作、优势互补是实行"共同负责制"的重要基础。

(作者:华南农业大学党委副书记;华南农业大学党委组织部副部长)

关于和谐校园机制建设的思考

王昭翮　刘明凯

第十五次全国高等学校党建工作会议明确提出要构建社会主义和谐校园。认真学习贯彻这次会议精神，以科学发展观为统领，建设和谐校园，对于培养中国特色社会主义事业合格建设者和接班人，充分发挥高校师生员工的积极性、主动性和创造性，具有重要意义。

构建和谐校园是一项艰巨复杂的系统工程，是一个需要随着教学、科研和学校发展而不断推进的过程，需要全校广大师生员工全面参与，不懈努力，因此必须建立有效的运行机制。

一、建立健全的思想政治工作机制

加强和改进思想政治工作是推动和谐校园建设的重要保证。目前我国人均 GDP 已经超过 1000 美元，处于国际公认的社会发展高风险期；同时我国高等教育毛入学率已达 21%，在校生超过 2300 万人，已经进入国际公认的高等教育大众化发展阶段，高等教育大众化必然会给学校的教育管理、教学改革和可持续发展带来一系列矛盾和问题。因此，建设和谐校园，要坚持以科学发展观为统领，紧紧抓住发展这个第一要务，聚精会神搞建设，一心一意谋发展，以发展增和谐，以改革促和谐，以公平求和谐，以稳定保和谐，走以质量求生存、以特色求优势、以服务求支持、以贡献求发展的道路，努力构建和谐校园。要适应新的发展形势，解放思想，更新观念，把师生员工的思想认识统一到发展这个主题上来，破除妨碍发展的思想观念、做法和体制机制弊端。要建立和完善思想政治工作责任制，增强思想政治工作的实效性。要紧密结合高校改革发展、教学科研、校务管理实际，深入调查研究，分析思想政治工作中出现的新情况、新问题，探索思想政治工作的新思路、新办法，切实增强思想政治工作的针对性。要健全教工思想动态分析制度，定期召开教工思想动态分析会议，研究基层思想动向，制定有针对性的思想政治工作方案。

二、完善高效运转的领导机制

坚持和完善党的领导是构建和谐校园的关键。构建社会主义和谐社会，关键在党；建设和谐校园，关键也在各级党组织，特别是校级领导班子。推进和谐校园建设，是高校党的建设的重要任务，为进一步加强高校党的建设提供了难得的机遇，搭建了广阔的舞台。因此，高校要紧紧围绕建设和谐校园这一重要任务，扎实推进党的思想、组织、作风和制度建设，充分发挥高校党组织凝聚人心、促进和谐的重要作用，为全面落实党的各项任务提供强有力的保证。要进一步完善党委领导下的校长负责制。要加强执政能力建设，努力建设团结和谐的领导班子。要坚持依法治教，努力营造符合法治精神的育人环境，要坚持依法治校，用制度管权，用制度管事，用制度管人。要改革和完善决策和行政方式，坚持依法决策、民主决策、科学决策，并充分发挥专家学者的作用，集思广益，推进工作。要改革和完善考评方法，制定绩效考评体系，确保各项工作落到实处。要加强党风廉政建设和反腐败工作的领导，落实党风廉政建设责任制，建立健全教育、制度、监督并重的惩治和预防腐败体系，加强对权力运行的制约和监督。要坚持公开、公平、公正的原则，建立健全各方面规章制度，规范办事程序，公开办事结果，加强督促检查，狠抓工作落实，提高工作效率，使学校的各项管理工作规划科学合理，运转规范有序。

三、构建充满活力的动力机制

充满活力是和谐校园的应有之义，也是和谐校园获得进一步发展的基础。充满活力就是要充分调动全校师生员工的积极因素，形成合力，释放动力。首先要加强团结协作。团结是构建社会主义和谐社会的前提，是集中各方智慧、形成伟大力量的源泉。学校在团结中会更快地发展，个人在团结中会取得更大的进步。要通过团结协作，形成尊重人才、重视人才的氛围，做好育才、用才、引才和聚才的工作，为人才的成长、稳定和引进创造良好的条件。其次，要努力营造鼓励广大教职工干事干成事的氛围。要以尊重人、激励人、关爱人、发展人为前提，为每个教职工的智慧和才能的充分发挥创造机会和条件，营造平等友爱、融洽和谐的人际环境，创造民主、积极向上的学术氛围，提供事业发展的空间，以进一步发掘潜能，激发内部动力。要促进学生生活和谐、学习和谐、心理和谐，促进学生全面发展。再次，要重视校园建设，努力为师生创建美好的学习工作环境。要按照花园式绿色校园、文明校园、数字化校园、教职工安居乐业的家园、师生迸发新思想的“畅想园”和塑造青年学子健康人格的大课堂的标准，塑造一个功能优化、布局合理、环境优美、个性鲜明、格调高雅、人文与自然和谐、传统与现代交融的现代化大学校园，为师生员工创造一个心情舒畅、工作与学习便利、生活安逸的和谐人居环境、和谐工作环境与和谐学习环境。最后，要注重大学精神的塑造。大学精神，是一所大学所拥有的相对稳定的群体心理定势和精神状态，是一所大学整体面貌、水平、特色及凝聚力、感召力和生命力的体现，是大学优良传统中最宝贵的部分，是大学历久常新的动力和源泉。要注重校训的确立，发挥校训的凝聚力作用。要通过校史教育、举办校庆、开展校歌校标征集及重要活动唱校歌等形式，增加师生对学校的热爱之情，激发其责任感和使命感。要进一步做好雕塑、橱窗等外显形式对大学精神的阐释作用。要加强校风建设，坚决抵制消极、腐朽思想的渗透和影响，抵制低级文化趣味和非理性文化倾向，形成良好的育人氛围。

四、完善民主顺畅的沟通机制

建立健全规范的沟通和交流机制，加强教工之间的沟通、交流和协调，是和谐校园建设的重要内容。要深刻认识广大教职工在高教事业中的地位，坚持群众路线，积极研究新形势下群众工作的规律和特点，深入到教职工中间，倾听群众的意见和呼声，不断提高工作水平。要努力搭建教工进行情感沟通、利益诉求、意见交换的服务平台，从而在下情上达、上情下传的同时，实现教工之间意见和情感的充分交流。进一步建立和完善谈心制度，要做到人员岗位变动或退休时必谈，教工入党时必谈，工作出现问题时必谈，教工之间发生矛盾和纠纷时必谈，教工家庭发生困难时必谈，遇到重大处罚时必谈，并将谈心活动的实施情况列入考核工作内容。进一步加大校务公开力度，推进民主管理。在有关学校发展重大举措、收入分配制度改革、人事制度改革、干部调整等重大问题决策形成之前要充分发扬民主，通过多种形式广泛征求群众意见，决策形成后应及时向群众通报。重视信访工作在新时期的重要作用，继续实行领导接待制度和信访工作责任制度，畅通信访渠道，确保信访事项的及时受理和办理，并依法处理信访问题，引导群众以理性合法的方式表达利益诉求和维护自身的合法权益，规范信访秩序。

五、健全校园安全稳定的保障机制

稳定是构建和谐校园的基石。随着我国经济和社会的不断发展及改革开放的不断深入，一些矛盾在大学校园中开始显现。这些矛盾有些是由于学校内部改革引起的，有些则是社会矛盾在大学校园的体现。这些矛盾如果得不到及时化解，不仅会影响学校的发展，而且会影响师生的教学、科研和日常生活，甚至会影响师生的人身和财产安全。确保一方安全，营造和谐校园，为全校师生创造成才和发展的良好环境，是新时期学校工作的重要使命。要建立健全有效的工作机制，健全校园安全防控机制，完善应急管理工作体系，确保学校的稳定和校园治安状况良好，确保学校教学科研后勤和生活等各项工作顺利进行，确保校园公共安全防范和处理各类公共突发事件的能力明显增强，有效地遏制和减少各类事故特别是避免重特大事故发生。要加强师生员工的思想道德、公民意识、法制观念和防范意识教育。要通过各种方式积极鼓励师生员工文明礼貌、互相尊重、遵纪守法，从而形成一种尊重人才、尊重知识、尊重创造、尊师重教的良好氛围。要发挥各级党团组织、工会的作用，及时化解各种矛盾，要形成以基层党团组织为基础，以师生员工为依托，以专业队伍为骨干的维护校园稳定基层工作网络，充分发挥基层组织在维护稳定工作中的第一道防线作用。要建立公正、公开、透明的管理机制，健全和落实教代会、校务公开制度，保障师生的知情权、参与权和监督权。要建立基层调解机构，构建基层调解网络，积极做好各种矛盾纠纷的化解工作。要抓住热点、难点问题，立足早发现、抓苗头，把各种矛盾纠纷化解在基层，化解在萌芽状态。要认真负责、面对面地做好工作，防止矛盾激化和事态的蔓延、扩大。要切实抓好高校意识形态工作，巩固和发展马克思主义在高校意识形态领域的指导地位，坚持用马克思主义中国化的最新成果武装师生。要加强防范和抵御渗透工作，深入持久地开展爱国主义、集体主义、社会主义教育，提高广大师生的政治鉴别力和对各种腐朽思想的免疫力。努力发挥思想政治工作的优势，把解决思想问题和实际问题结合起来，善于用民主的方法，依据有关政策和规定，以正确的舆论导向，引导师生通过正当渠道反映和解决问题。

六、构建公平公正的法治环境

民主法治是构建和谐校园根本的指导原则和重要的运作机制。学校事务的治理，学校与社会关系的处理，学校的制度安排、规则程序、合作参与、责任分担、利益共享等都离不开民主法治。只有将民主法治的指导原则和运作机制引入学校事务治理的过程之中，才能有效提高学校结构的协调性和学校发展的合理性。法治教育是素质教育的重要组成部分，在社会主义市场经济体制下，现代法律意识和法治观念，已成为衡量人才素质的重要指标。因此，构建和谐校园，必须把提高青年学生的法律素质作为素质教育的重要内容和人才培养的基本目标，纳入教育的整体规划和学校工作的重要议事日程，切实抓紧抓好。学校要从传播先进文化的职能和要求出发，认真研究学校法治教育的特点与规律，按照依法治校的要求，充分运用各种教育资源，营造一个好的校园环境和教育氛围，使学生在学校日常的学习与生活中，在潜移默化间受到法治的教育与熏陶。广大教师要言传身教，在教育教学活动中自觉贯彻法治精神和法律要求，促进学生法律素质的养成。

（作者：大连海事大学党委书记；大连海事大学党委宣传统战部部长）

关于高等职业教育发展的几对关系

张立今

1998年以来，我国高等职业教育得到了快速发展，招生人数从1998年的43万增长到2005年的268万，到2005年底止，全国独立设置高职高专院校1091所，已占据了高等教育的半壁江山。高职教育在规模快速发展的同时，质量也不断提高，为经济与社会发展提供高技能人才支撑和科技服务的能力不断增强，为我国高等教育向大众化发展，为我国由人口大国向人力资源大国转变作出了重大贡献。

在充分肯定成绩的同时，应清醒地看到，我们的高职教育还面临着许多矛盾与困难，巩固发展高职教育取得的成果，必须以科学发展观为指导，正确处理和解决好当前面临的主要矛盾和问题，把重点转移到以提高质量为中心，深化改革，加强内涵建设，强化管理，办出特色，增强竞争力的轨道上来。

一、关于人才培养模式与市场导向的关系

所谓人才培养模式，是指在一定的教育理念指导下，按照培养目标而设计的人才培养的步骤、方法、环节以及相应的保障机制与质量评价体系等。创建有特色的高职人才培养模式，是提高高职教育办学质量，实现高职教育自身健康发展的客观要求。从当前的实际情况看，一些高职院校由于人才培养目标定位不准确，没有较好地做到以服务为宗旨，以就业为导向，实施实践教学、工学结合、校企合作的有机结合，人才培养模式的结构设置不合理，人才培养质量受到制约，培养出来的人才类型、水平、质量与社会需求规格的匹配差距比较大。因此，提高高职教育质量，完成高职院校人才培养的任务，必须努力解决这个问题。

创新人才培养模式首先必须以市场为导向，确立人才培养准确的目标。人才培养目标是培养模式的先导，培养模式构建必须围绕人才培养目标进行。高职教育培养目标分为总体培养目标和专业培养目标。所谓总体培养目标，就是在国家总的教育目的的指导下，高职院校对受教育者的发展方向、教学内容及应达到的规格提出的要求。而专业培养目标，则一方面体现国家教育的目标和基本规划，一方面直接指导教学计划，组织课程体系，同时给受教育者一个比较明确的目标，引导受教育者朝预定方向努力。高职人才总体培养目标和专业培养目标的构建，都必须体现社会主义高职教育的本质要求，遵循社会主义市场经济条件下高技能人才的培养规律，以市场和就业为导向。具体说，就是要主动适应经济和社会发展需要，结合本院校实际，以就业为导向确定本院校的总体培养目标和各专业培养目标。找准本院校在地方经济和行业发展中的位置，实行总体和专业培养目标的科学定位，这是人才培养模式构建的科学前提。

其次，人才培养模式的创新必须坚持以服务为宗旨、以就业为导向的原则，切实实行产学研紧密结合。根据高职教育类型和目标的内在要求，高职人才培养要突出培养学生适应日新月异的岗位的职业技能，突出培养学生作为不同职业人所特有的职业素质，包括动手能力、实践能力、应用能力、创新创业能力。目前我国高职院校师资队伍和校内实习实训基地的状况，很难充分满足这个要求；即使有经济实力在校内建设能满足这个要求的齐全的设施，也是不

经济、不必要的。进一步说，强化实践教学，仅模拟实训是不够的，必须真刀实枪地在真实环境下进行，而这只有通过产学研合作才能实现。产学合作，实行预就业，也是解决就业问题的重要途径。也只有产学研紧密结合，才能更好跟踪市场、适应市场，使专业设置、课程设置符合社会对人才的需要，使人才培养的规格与市场需要相吻合；才能更好地在人才培养、技术服务、技能培训等方面服务地方经济，取得地方支持，促进自身发展。

二、关于发展规模与提高质量的关系

规模与质量的矛盾是贯穿高职院校发展始终的问题，二者相互对立又相互依存。没有一定的数量、规模就没有一定的质量；而没有质量的规模是没有意义的，最终还会影响规模的扩张。所以高职院校在发展过程中必须追求数量和质量的辩证统一，即要结合经济和社会发展，抓住机遇，适度扩大规模，这对于高职院校充分利用教育教学资源，实现规模、效益的协调发展，增强自我造血、自我积累能力，实现快速发展，更好满足社会对高技能人才培养的需求是必要的；但也不能不切实际地盲目扩大规模，无视办学条件的制约。

规模与质量的矛盾问题在当前高职教育发展中比较突出。一些高职院校伴随着规模的迅速扩大，改善办学条件的资金投入更显不足，致使办学条件改善严重滞后，教学实习、实训、图书、体育设施、学生活动场所及食堂配套设施紧张。同时，由于一些高职院校师资力量薄弱，教师的学历、职称、年龄、素质结构不尽合理，实践教学环节跟不上，课程建设、教学手段相对落后。

在高职教育规模基本适当，高职教育人才结构与人才质量问题比较突出情况下，必须切实坚持“巩固、深化、提高、发展”的方针，把重点放到提高质量上来。通过努力优化人才培养结构，增强人才培养与社会需要的对应性，积极改善办学条件，加强师资队伍和专业课程建设，强化教学管理，确保人才培养质量，走以质量求生存、求发展，质量规模兼顾、质量优先的路子，以保证高职教育持续健康发展。

三、关于全面发展与办出特色的关系

全面发展和办出特色是一对矛盾，也是当前高职院校在改革发展中面临的一个共同问题。高职院校基本上都是近七八年来陆续成立发展起来的，作为新建的高职院校，既存在规模扩张、全面发展、提高质量的任务，又存在办出特色的问题。由于建校时间短、发展任务比较重，近几年来，一些学校基本上把发展重点放在规模扩张方面，加上办学思想、理念存在滞后现象，导致在人才培养、专业建设、科技服务、管理机制、教育风格、校园文化等方面没有形成自己的特色。而办出特色是高职院校发展的关键和创新发展的必然选择。没有特色就没有相对优势，就缺乏竞争能力。因此，必须正确处理扩大规模、全面发展、提高质量和办出特色的关系，做到既着力于全面发展，又高度重视办学特色，使二者统一起来。

全面发展就是要使高职院校在中专、成人院校转型基础上，实现高职院校的准确定位，进一步体现高职院校的基本要求和教育教学规律，坚持统筹兼顾，围绕高职人才培养目标，统筹专业建设、课程建设、产学研合作、教学管理、教学改革、师资队伍建设、教学条件建设等方面的关系，做到兼顾各方，相互协同。

办出特色就是要在高职院校教育教学发展过程中，有意识地逐步形成较稳定的发展方式和被社会公认的具有优良个性的办学环境和办学特征。要在办学理念、办学目标、专业建设、人才培养、教学研究、管理机制、校园文化、社会服务等方面下功夫，在多方面办出特色。高职院校应该从本校实际出发，把办出特色作为发展战略，坚持发挥优势的原则，有所为有所不为，确定本院校的特色建设目标、任务和具体举措，扎扎实实推进特色建设，努力形成自己的品牌。特色形成不是一蹴而就的，要把特色建设作为一项长期任务，通过长期培养、积累和沉淀，实现从量变到质变，形成办学亮点和特色优势，通过差异化竞争，打造学校的优势地位。

四、关于教学资源建设与强化素质的关系

每所学校都是由一定教学资源构成的，它包括校园用地、教室、图书馆、实习实训场所、仪器设备、生活办公设施、资金、学生、师资干部队伍、学科专业、课程体系、体制机制、校园文化等等，它既包括物质资源，也包括文化学术资源，既包括有形资产，又包括无形资产。在教学资源构成方面，院校之间既有共性，也有个性。不同的教学资源要素构成决定了不同学校的素质、特色和效益。要强化学校素质，增强办学实力，提高办学水平和效益，就必须正确处理教学资源建设和强化素质的关系，通过合理优化资源配置，形成与教学质量保证和学校发展相协调的良好结构，使学校素质得到不断强化。

高职院校基本上是由中专升格或成人高校合并组成的，先天性的教学资源构成与高职院校的素质要求差距很大，因此更需要以强化学校素质、提高人才培养质量和办学水平为宗旨，把优化教学资源结构，合理配置教学资源当做当前高职院校改革发展的一件大事。

首先，要坚持教学资源建设以强化素质为根本目标的思想，树立正确的资源建设与配置的导向，使资源配置向薄弱环节、向关键环节倾斜，减少资源的闲置与浪费，发挥资源的最大效能。

其次，要坚持硬件建设与软件建设一齐抓。硬件建设是软件建设的基础和支撑，软件建设是硬件建设的灵魂和动力。离开硬件建设的保障和支持，软件建设难以发挥作用和收到实效。离开软件建设引领和推动，学校得不到健康发展，硬件建设很难持续发展，现有硬件也难以发挥应有的作用。鉴于目前发展现状及国情，高职院校的楼堂馆所不一定要大，仪器设备不一定要高精尖，但必须满足人才培养的基本需求，即硬件基本过关，不盲目攀比。而软件建设必须高标准，在办学思想、教育理念、培养模式、管理体制、校园文化、规章制度建设方面必须追求卓越，创造一流。只有在进行必要的硬件建设的同时，着力加强软件建设，做到硬件资源充分利用，软件优势发挥突出，相得益彰，才能发挥最佳效果。

第三，要着力进行教学资源结构的优化。一是应组织人员对学校领导班子结构、师资队伍结构、学生生源结构、专业学科结构、课程结构、教学实训设施结构、生活办公设施结构、资金渠道结构、制度、体制机制和校园文化信息资源结构等进行调研，在此基础上形成优化配置的方案，并实施好。二是突出重点，区分轻重缓急，抓住主要矛盾和关键环节进行结构优化。要以市场为导向，把着力抓好专业结构、课程结构、师资队伍结构、领导班子结构改革优化和以提高资源利用率为目标的教学物质资源结构优化作为重点。三要重视学校教学制度、管理体制、激励约束机制、自我发展造血机制的改革及优化，增强办学的软实力。四要坚持动态优化，与时俱进。学校教学资源结构是在学校发展中不断变化的，要把教学资源结构优化作为长期任务，与学校发展同步进行。五是建立教学资源结构优化的责任机制，明确领导职责，建立健全制度，建立完善激励约束制度，加强对教学资源优化的管理监督等。

五、关于人的发展与学校发展的关系

实现高职教育健康协调持续发展，必须坚持以人为本，做到教职工、大学生的发展和学校发展和谐统一，这也是当前高职教育必须解决好的问题。培养高技能人才是高职院校三大职能之一，学生的发展和培养目标的实现是高职院校办学职能的最终体现。而满足教职工物质和精神的正当需求，调动教职工积极性，才能更

好地挖掘教职工的聪明才智，推动学校工作的快速发展。

从当前高职院校发展的实际情况来看，以人为本的本质要求体现不到位，不仅表现在教学过程中，也表现在教职工主动性发挥方面。有的高职院校在教学过程中，只重视对学生进行专业知识传授，而忽视思想道德、心理健康教育、创新能力培养等其他有利于促进学生全面发展方面的工作。在师资队伍建设中，影响教师工作积极性、主动性、创造性发挥的一些问题也还未得到很好解决。为此应采取以下对策：

第一，坚持以学生为主体，以教师为主导。强调学生的学习主体作用，从学生个性形成和发展规律出发，创造教学相长的氛围和环境，开展好大学生思想政治教育、就业教育、心理健康教育，关心学生的心理、学习、生活和成长。

第二，关心教职工学习生活和工作，努力为教职工办好事、办实事。要考虑知识分子和青年学生的基本特点，真正做到关心人、尊重人、理解人、爱护人、激励人，营造一种公平、公正、合理、有效的宽松环境和良好氛围，广泛调动人的积极性，充分激发人的学习、创造活力。

第三，要处理好人的发展和学校发展的关系，还要妥善处理好各方面利益关系，注意保护广大师生的合法权益，及时理顺他们的思想情绪。

六、关于加强改进思想政治工作和依法治校、强化管理的关系

高职院校要实现健康协调持续发展，必须把改进学校思想政治工作与严格管理结合起来。二者虽然手段不同，但目标是一致的。

作为高职院校，由于生源素质相对较低，学校多是中专升格、成人高校合并组建起来的，师资队伍来源复杂、新教师多，深化改革的任务重，给思想政治工作提出了更高的要求。相应地，管理中存在的问题也较多。由于近几年高职院校发展普遍较快，规模迅速扩大，学生、教学、资产、后勤管理的任务迅速增加，校区布局上还出现了“一校多区”现象，管理难度增大。在学校外部，社会生活的深刻变化、互联网等现代科技手段的广泛运用、学校对外合作交流的不断扩大、产学就业一体化的实施，带来了学校师生思想观点、行为方式等方面的大变化，给高职院校管理带来了前所未有的挑战。为此，必须把一手抓思想政治工作，一手抓依法治校、严格管理紧密结合起来。

当前要突出强化管理。教育部把2007年定为“高等学校管理年”，符合高校特别是高职院校发展的实际情况，应以此为契机，下大决心、花大力气抓好管理这一环节。

一是要加强高职院校领导的教育和培训。要增强高职院校领导强化管理的自觉性，使他们充分认识到发展要求管理，管理为了发展，管理出质量，管理出效益，通过管理能力的培养修炼，逐步成为高职教育管理的专家，更好地担起管理的重任。

二是坚持从严治教的方针。从严治教，就是要严字当头，坚持严肃的态度、严谨的作风、严格的管理、严明的纪律。

三是要加强制度建设。“没有规矩，不成方圆”。解决高职院校规范管理的问题，当务之急是加快建章立制步伐，使解决问题的方法制度化、法制化，逐步建立起符合我国高职院校发展实际的现代高职院校制度体系。

四是注意把层次管理与过程管理相结合。层次管理包括宏观、中观、微观管理。宏观管理就是重视战略管理，制定科学的发展战略和发展规划。中观管理就是通过学校分管领导、中层干部规范学生教学管理、实习实训管理、科研管理、后勤管理，使各方面管理遵章守制、规范化。微观管理，就是要强化学校各部门、各系部内部的管理，坚持精益求精的精神，推行精细化管理，把简单平凡的事做细做实做好。在坚持层次管理的同时，要严格过程的管理，从招生、教学、实习实训、就业等各个环节严格规范，使过程管理与层次管理紧密结合，相互促进。

五是要突出重点，抓住关键环节。注意解决好学校管理中的薄弱问题，坚持定期不定期排查管理中的漏洞，及时加以整改，同时注意抓住关系学校发展的重大问题，做到纲举目张。尤其要注意处理好发展与稳定的关系，坚持稳定压倒一切，在稳定的前提下，深化改革，强化管理，促进发展。

（作者：安徽淮北职业技术学院党委书记）

完善高校党支部制度建设　保持和巩固党的先进性

罗中枢　王　卓

中共四川大学党委于2005年至2006年结合保持共产党员先进性教育期间的典型调查，组织专题组开展了高校党支部制度建设问卷调查。调查对象为全校600多名党支部书记，包括教职工党支部书记、学生党支部书记和离退休教职工党支部书记。调查问卷包括五个部分：一是党支部书记和支部背景；二是党支部组织生活和日常运行；三是党的发展和支部能力建设；四是党支部和支部书记的岗位职能；五是党支部的作用和影响。调查表明：现阶段我国高校有一支素质较高、结构合理的党支部书记队伍；在高校党的基层组织建设中，要进一步明确高校党支部的地位和作用，提高党支部在一线教学科研工作中的凝聚力；应建立和完善高校党支部书记的激励机制，提高党支部的战斗力；重视和加强高校党支部的支持系统建设，发挥党支部在保持和巩固党员先进性中的基石作用。

一、明确高校党支部的地位和作用，提高党支部凝聚力

调查显示，80％以上的党支部能确保每月开展一次组织生活，绝大多数党员能正常参加支部组织生活。调查还显示，43％的党支部书记高度评价支部书记岗位对他们所具有的吸引力。他们不仅尽心尽力做好党在基层的思想政治工作，而且积极领导和参与基层教学科研管理，充分体现党在高校基层的执政理念和执行力。但是也有近40％的党支部书记对此岗位未置可否，有17％的党支部书记对这个岗位没有认同感，认为高校党支部定位不清、职责不明，与基层教学科研单位关系模糊，缺少参与和讨论基层有关工作的制度保障和工作保障。

革命战争年代党支部“战斗堡垒”作用在社会转型期需要有新的内涵。党章明确规定了党支部的八项基本任务，在这个总纲指导下，中共中央1996年印发的《中国共产党普通高等学校基层党组织工作条例》第14条对高校党支部的主要职责做了进一步界定。这些任务和主要职责为高校党支部开展基层党的相关工作明确了方向，但是结合新时期高校党的先进性建设的具体实际，迫切需要建立和完善普通高校党支部的工作条例。党委领导下的校长负责制的高校管理模式，应明确基层党支部在高校基层教学科研和相关管理工作中的地位和作用，充实和更新“战斗堡垒”的具体内容，发挥党支部组织党员、联系和团结广大师生员工的优势，提高党支部在教学科研一线的凝聚力，巩固和加强党在教育第一线的执政地位和执政能力。

二、建立和完善高校党支部书记的激励机制，提高党支部的战斗力

四川大学校党委在加强党支部对党员的管理、保持党的先进性教育过程中，探索并建立了党支部的党员管理制、民主生活制、民主选举制、组织发展制、集体领导制、公开评议制、教育监督制、创优争先制等基本制度。调查表明，大多数制度在党支部运行正常并受到支部书记的肯定。

但是，基本处于自我管理、自我发展中的高校党支部，在现阶段仍然有四个方面的困难需要克服：一是发展党员难；二是组织工作难；三是党员管理难；四是支部内部协调难。

处于教学科研一线的教职工兼职党支部书记和处于学习与就业压力下的学生兼职党支部书记，在必须完成工作岗位定量考核和学习任务的同时，大多数党支部书记有开展思想政治工作的一些想法和计划。主观上，高校基层党支部书记愿意积极主动配合学校党委和学院党委的各项工作，但因支部活动经费短缺和配套机制不完善而难有更多作为。调查发现，高校绝大多数兼职党支部书记在不计较回报、任劳任怨地为党工作。在市场经济大潮下，有这么一批甘于奉献、吃苦在前的高素质排头兵，这是高校共产党员先进性的具体体现。为了保持和巩固这种先进性并发挥其更大的作用，四川大学校党委积极探索和建立了相应的激励机制，并将其体现在工作支持、经费补贴、业绩评价和培养发展等多方面。

三、重视高校党支部的支持系统建设，发挥党支部在保持和巩固党员先进性中的基石作用

高校保持和巩固共产党员先进性的长效机制建设，需要激发全体党员共同参与的自觉性、主动性和积极性，更需要重视党支部在发动党员、组织党员、管理党员中的桥梁和纽带作用。高校党员的先进性体现在日常的教书育人、自主创新、服务社会和勤奋学习、刻苦钻研等实际工作和生活中；高校党支部的先进性体现在经常教育党员树立对党的坚定理想和信念、有效组织党员努力做好本职工作并模范地带动和影响群众、严格管理党员履行职责和义务上。党支部和党员通过关心和致力于社会经济和谐发展，实现共同进步，实现党的先进性。

为此，四川大学校党委根据先进性教育阶段的经验和巩固先进性成果的实际情况，探索性地开展了对党支部的支持系统建设。

一是党支部工作条件建设。在学院党委办公系统下，为党支部添置基本的办公设施，集中存放和管理有关文件及党支部的资料；有条件的地方建立党员活动室。学校党委积极筹措经费并逐步建立基层党建的专项经费补贴，以缓解高校党支部普遍缺乏经费支持的现状。一些学院专门给每个支部补贴适量经费用于开展支部组织生活。此举引起基层党员积极的回应，党员参加支部活动的积极性得到很大提高，一定程度上增强了党支部的凝聚力。

二是党支部工作能力建设。四川大学校党委根据党员先进性教育期间发现的问题和本问卷调查反映出来的实际情况，发挥高校党校的作用，定期对支部书记进行岗位培训，分批组织党支部书记参观考察和学习，定期组织并促进基层党支部书记交流工作经验，建立并完善支部书记岗位培训制度；学校党委组织并选派党务专家讲解时政、指导支部书记提高党务工作水平，辅导党支部组织形式多样、内容丰富的活动。在先进性教育活动期间，四川大学校党委专门举办全校性的党支部书记培训班，将学校重大事项直接传达到基层党支部，提高了党支部书记的参政议政能力；学校党委和学院党委还通过多种现代传媒方式定期向党支部传递相关的学习资料和有关信息。

三是党支部管理系统建设。学校党委在工作上积极支持支部书记的工作，重视党支部在基层的重要作用，大力开展宣传先进党员、先进党支部和先进党支部书记的活动，为党支部营造良好的工作氛围和工作环境；学校党委明确制定支部书记的岗位职责、工作内容、工作激励等制度；建立和完善高校党支部书记的选拔、使用和培养制度；建立对党支部建设和党支部管理的监测机制和奖惩机制，及时发现和掌握一线党支部的工作运行情况。

（作者：四川大学党委常务副书记；四川大学公共管理学院教授）

利用网络做好高校思想政治工作

翟福生

一、网络为高校思想政治工作提供了新的机遇

网络是一种在现代条件下认识世界、改造世界的新工具和新手段。对思想政治教育来说，网络既带来了教育手段的现代化，又带来了教育观念和内容的现代化，并赋予网上思想政治教育新的特性。

1. 网上思想政治教育的形象性。传统的高校思想政治工作方式，基本上是一块黑板、一支粉笔，面对日益现代化的信息传播手段和新时期的大学生，这样的思想政治工作方式的局限性也是很明显的。而网络信息的传播形式不仅包括文字，而且包括声音、图片、动画甚至影视画面，这种多媒体技术不仅给思想政治工作的手段、方式、方法、条件等带来全新的变化和拓展，而且可使大学生的多种感官同时感知，有助于改进沿袭多年的高等学校思想政治工作内容和方法。

2. 网上思想政治教育的即时性。巨大的速度优势，是信息网络最重要的特征。信息高速公路所架设的方便快捷的网络，使高校师生不必按传统方式在规定时间内到规定的场所接受教育，而可以在任何一个地方获取所需信息。

3. 网上思想政治教育的互动性。网络的交互性沟通，吸引了人们由传统的被动式接受教育变为主动参与思想交流，在思想碰撞中自然而然地接受引导。在这个不论地位、身份、年龄，人人一律平等的网络中，交流的形式也是各种各样，这就有可能使最内向的大学生也毫无顾忌地敞开心扉发表见解。在网络中，教育者与被教育者的引导式的教育方式，可大大提高思想政治教育的有效性。

4. 网上思想政治教育内容的广泛性和跨时空性。网络信息的传播内容非常丰富，它涉及政治、经济、文化、科技、教育等各个领域，覆盖面很广，从而丰富了思想政治工作资源和大学生视野。

总之，网络给高校思想政治教育工作带来了新的机遇，提高了思想政治工作的社会化程度。同时，网络可以使我们更真实了解学生的思想动态，从而加强思想政治工作的针对性。一般说来，大学校园是比较活跃的，思想比较敏感，一些受到普遍关注的校园和社会上的热点问题，学生都会在网络上发表各自的意见，留下各自的想法和认识。

二、网络给高校思想政治教育带来了新的挑战

网络开拓了大学生的思维空间，丰富了他们的知识，开拓了他们的视野。同时，网络的开放性、虚拟性和自由性，也给大学生的思想带来了很大的冲击，给高校思想政治工作带来了新的挑战。

1. 对高校思想政治教育方式的挑战。网络采用图形交互界面、窗口交互以及通讯技术，用户可通过各种输入设备与多媒体系统进行灵活方便的信息交流，可根据自己的需要采用多种交互方式主动选择信息。网络的交互式沟通在思想政治教育中的应用，将彻底改变传统的单向强制性方式。在多渠道的信息传输面前，那种单向的灌输式的教育方式已不能适应现实的需要。因此，高校思想政治教育除了继续发挥

传统的教育方式的优点之外，需要开发新型的网络教育方式。

2. 对高校思想政治教育内容的挑战。过去的思想政治教育是单向式的教学，教育信息控制的主动权掌握在教育者手中。因此，思想政治教育的内容和信息的目的明确，性质健康。进入网络时代，学生对教育信息的获取具有主动权。学生对信息的接受有了极大的自由性和选择性。因此，如何革除陈旧的教育内容，适应网络时代大学生思想和行动发展的新要求，进行有成效的思想政治教育，是高校思想政治教育者面临的一个重要课题。

3. 对高校思想政治教育过程的挑战。传统的思想政治教育主要是通过宣讲、个别谈心以及报纸、广播、电视等大众传媒进行。这些方式的一个重要特点是可控性，教育者可以通过精心筛选，有意识地选择适合的材料向教育对象集中地、持续地传播含有特定内容的信息，促进教育对象的思想、行为发生转变。然而，网络的迅速发展，使信息的传播逐步脱离了国家、政府、学校、教师等权威的控制，网络上的信息非常庞杂，其内容与教育者所灌输的信息可能不同，甚至截然相反，难免造成思想上的疑惑甚至混乱。正是由于网络信息的不可控性，使高校思想政治教育过程趋于复杂化。

网络中的不良信息和有害信息极易腐蚀大学生的思想和意志。以往大学生们大量接触的信息主要来自广播、报纸、电视等传统媒介，其内容经过层层过滤，不正确、不恰当的信息已经被删除。而网络使他们了解信息的渠道更多更广。如果没有健康的思想情操和自觉抵制黄色诱惑的坚强毅力，大学生一旦堕入“黄潮”之中，其后果可想而知。与此同时，除色情信息之外，还有享乐主义和极端个人主义的生活方式。长期接触网络的大学生，很容易受到这种生活方式的腐蚀而渐渐抛弃艰苦奋斗、积极向上的进取精神，转而信奉个人主义、功利主义的价值取向。这些，都对加强和改进高校思想政治教育带来了严峻的挑战。

三、网络时代高校思想政治教育的对策

网络给高校思想政治工作带来了深刻的影响，这也迫使我们重新审视传统思想政治工作。对网络时代给我们带来的机遇和挑战，高校思想政治工作者务必抓住时机，积极寻找对策，充分发挥网络的优势，不断推进思想政治工作走向深入。

1. 建立具有正确政治导向的网站，占领网络阵地。一方面，各高校应加大投入和改进技术，通过校园网把学校各部门连接在一起，实现信息渠道的畅通。另一方面，要根据网络的特点，开展融思想性、知识性、趣味性于一体的网上校园文化活动。同时，要以重大节日、重大事件等为契机，在网上开展富有冲击力的思想教育活动。在网上大力开展爱国主义、集体主义、社会主义和党的基本理论、基本知识的教育，使网络成为对大学生进行思想政治教育的有效渠道。

2. 培养一支既懂思想政治教育艺术又懂网络技术的新型教师队伍。网络文化已对大学生的思想产生着广泛而深刻的影响，培养新型的教师队伍显得非常迫切。这支队伍应具有深厚的政治理论水平，具有马克思主义的价值观、道德观和责任感，并且深入了解网络的特征，能够熟练地使用网络，驾驭网络，及时解决网络传播中的问题，从而使网上的思想政治教育生动形象，具有强烈的感染力和吸引力。

3. 吸收网络文化的积极因素，完善网络思想政治教育模式。学生的自我意识和主体意识大大增强，过去那种单向式的教育方法已不能适应需要。教育者必须尊重学生的主体性地位，运用开放、民主的教育方式，增强亲和力，在平等的气氛中实现教育者和受教育者的互相交流和双向互动。

4. 加强网络法制教育。网络环境下的违规、违法现象仅仅依靠技术上的“防火墙”是远远不够的。网络化是现代社会的一个标志，因

此必须加强大学生的法制观念，完善和健全网络法制建设，使网络得到健康发展，这是高校思想政治教育工作的重要组成部分，也是高校思想政治工作顺利开展的重要保障。

5. 加强学生的网络自律教育与道德教育，提升校园的网络文化品质。网络既是虚拟的，也是现实的，在享受网络带来的便捷生活的同时，我们也看到它的危害性。如同现实需要道德一样，网络社会也离不开网络道德。而由于网络的虚拟性和开放性，传统社会中以服从为主的道德范式在网络社会中已部分失效，只有上升到道德习惯和道德信念的高层次上的自律性道德，才能规范个体的网络行为。为此，思想政治教育应加强培养学生的道德自律能力，提升他们的自我教育能力。

综上，在新的形势下，网络传播给我们带来了巨大的机遇，也带来了不小的挑战。我们要正确把握网络信息传播的特点，扬长避短，因势利导，总结规律，开拓进取，在探索中去开创高校学生思想政治工作的新局面。

（作者：河南工业职业技术学院党委副书记、常务副院长）

增强高校思想政治教育实效性探索

刘纯明　秦　琴

高校思想政治教育是高校思想政治工作的主阵地。目前，我国高校思想政治教育的现状不容乐观，其效果不尽如人意，高校思想政治教育及其改革还不能适应市场经济和知识经济发展的需要，与实现培养社会主义现代化建设和改革开放所需要的合格人才的根本目标仍存在较大的差距。增强高校思想政治教育的实效性，这既是高校思想政治教育研究中的重大理论问题，而且也是高校思想政治教育实践中提出的亟待解决的重大现实问题。

一、当代大学生的政治思想特征

新世纪的大学生所处的社会环境已经并正在发生巨大的变化，他们既面临国际科技竞争和世界高等教育改革发展的挑战，也面临国内实施科教兴国战略和可持续发展战略的挑战。尤其在我国经济政治体制深刻变革时期，伴随着传统文化的撞击，当代大学生的政治思想特征出现了巨大的变化。面对各种学习、经济、择业等压力以及意识、意志、情感、心理、环境等各种障碍，青年人所具有的敏感性、冲动性、反复性、可塑性等一般特征在当代大学生中呈现出更为复杂的表现和趋势。

当代大学生的政治思想特征主要有：

1. 政治观趋向现实化。主要表现为：第一，多数学生能确立坚定的政治信念和正确的政治方向。他们强烈希望祖国早日实现现代化，拥护改革开放，对社会主义能正确对待，关心党风和社会风气，有强烈的责任感、使命感。第二，民主意识增强。青年学生渴望民主，追求民主，希望意见受到尊重、个人意志能实现，对民主选举、管理兴趣浓厚。第三，参与意识强烈。市场经济使学生参与社会的方式更趋多样化，参与目标、参与取向进一步分化、自主化，政治、经济、文化参与并存，由激情参与转为务实参与、由一味反叛对立转变为宽容、由浮躁被动转向成熟主动。然而，部分学生的政治观并不能适应新的时代要求，其政治观是基于事实性的判断，且呈现出相应的政治地位与政治"边际人"、政治热情与政治冷漠、政治思想的前倾趋向与现实社会难以接受等双重性。少数学生的政治思想存在偏差，在政治意识上存在理想化、狂热、困惑、悲观、中立等心理障碍。

2. 个体意识趋向强化。由于经济体制改革、市场经济条件下的利益趋动机制，以及大学生来自不同的家庭环境条件背景，再加上社会选择越来越大的自由度，从而为大学生个性的展示提供了广阔的空间，促使大学生的意识观念越来越个体化。主要表现为：第一，强烈的竞争意识。市场经济使竞争渗透到社会生活的各个角落，而人才竞争是未来竞争的核心，因此，在当代大学生中出现了学习、考研、考证的热潮。第二，强烈的自尊心、独立意识、创造意识，自我表现欲望强烈。第三，独生子女的中心意识强烈。表现为生活方式个性化、多样化，不愿学校、老师、家长干预他们的生活、恋爱、社会观等。然而，当代大学生生理的成熟和心理的动荡，个人意识的独立和经济上的依赖的矛盾使个体意识缺乏准备的基础，导致个体意识出现许多偏差。

3. 价值观趋向多元化。多数大学生能确立努力学习、追求新知、奋发进取、创业成才的理想，追求知识、奋斗、奉献，但也存在追求物质利益、实惠、权力、享受、健康等多种选择。他们既接受社会主义的价值观教育，也受市场经济浪潮的冲击和西方价值观的影响，价值选择存在许多困惑、矛盾、冲突，导致行为消极积极并存。其消极面主要表现为：价值取向错位，个人主义、功利主义抬头，对精神生活、集体利益普遍冷漠；价值目标取向实用化、短期化、直观表面化；价值结构模糊化、交错化，导致思想流于平庸，人生态度肤浅，目标追求歧化，道德观念混乱。

4. 心理问题日渐突出。在急剧变化的社会现实和激烈残酷的社会竞争面前，大学生心理问题明显增多。首先表现为逆反心理加重。当代大学生的逆反心理是大学生自发产生的反控制的一种怀疑、抵触表现，它更多地表现为盲目性、片面性、极端性、排他性。逆反心理产生的原因主要有：自我意识强烈，抵触社会、家庭；思想教育中的理论脱离实际，对社会要求反感；社会的错误思潮对学生的影响而产生的消极认识。其次表现为由各种压力导致的心理问题增多。如知识更新加快和学习内容增多使学生学习困难、压力增大，自信心不足；经济压力使部分学生心理郁闷；毕业分配制度改革和就业压力增大使许多大学生对前途充满惶恐；收入差距的急剧扩大使许多学生对求学之路发生怀疑。

不容置疑，当代大学生表现出来的上述政治思想状况及其特征对新时期的高校思想政治教育提出了许多新的要求，这不仅要求高校思想政治教育者对大学生普遍存在的政治思想倾向及时了解、分析并努力回答学生普遍关心的重大理论和实践问题，而且要正确把握学生的生理、心理、思想特点，注意超越和克服学生的逆反心理，克服社会上淡化高校思想政治教育的消极倾向对学生的影响等。这一系列要求决定了高校思想政治教育，特别是教育方法必须体现出应有的针对性，要针对学生的政治思想特点，并在工作中作出相应的调整和改革，最终达到增强实效性的根本目的。

二、高校思想政治教育改革的基本原则

坚持改革是增强高校思想政治教育实效性的根本途径。总结我国高校思想政治教育改革发展的丰富实践，我们认为，在以增强实效性为主要目的的高校思想政治教育的改革及其实践，乃至整个高校思想政治工作过程中，应遵循以下基本原则：

1. 坚持正确政治方向的原则。高校思想政治教育在高校的特殊的政治功能，决定了高校思想政治教育改革及其实践必须首先遵循的特殊原则是坚持正确的政治方向。思想政治教育工作者在思想政治教育及其改革过程中的一切活动都必须服从有利于坚持马列主义、毛泽东思想、邓小平理论、“三个代表”重要思想为指导，有利于全面落实教育科学发展观，有利于坚持社会主义方向，有利于抵制各种错误思想的根本原则。坚持正确的政治方向，不仅要求思想政治教育工作者必须有坚定的政治信念，真信、真讲马列主义，而且必须做到：第一，必须有利于学生明辨政治是非，提高政治鉴别能力，坚持正确的政治教育改革方向；第二，必须有利于把邓小平理论、“三个代表”重要思想贯彻到思想政治教育的整个过程中；第三，必须有利于学生科学世界观、人生观、价值观的教育；最后，有利于把学生思想政治工作的重大理论问题和党的路线、方针、政策同学生的思想实际结合起来。

2. 坚持理论联系实际的原则。坚持理论联系实际是高校思想政治教育及其改革的基本原则，这不仅是由思想政治教育的本质特征和根本任务决定的，而且也是搞好思想政治教育及其改革的根本途径。为了更好地实现理论联系实际原则的基本要求，必须采用相应的科学方法，在贯彻这一原则的过程中，要熟悉理论和了解实际，注重引导学生对理论和实际的双重把握；要注重学生科学思维方式、思想方法的培养和主观能动性、创造性的发挥；要有目的、有计

划、有重点地联系实际，要坚持把思想政治工作的内容、方法的改革同学生的思想实际有机结合起来，积极引导学生参加社会实践，让事实说话，让实践教育学生；要注意防止和克服教条主义和经验主义的偏向。

3. 坚持平等互动的原则。 在高校思想政治教育过程中，教和学的关系是互动的、平等的，学生不是消极被动地接受思想政治工作者的讲授。思想政治教育工作者只有在尊重学生的人格、平等对话的基础上，才能形成师生思想交流，学生积极参与，才能在思想政治教育工作中发挥教育者和受教育者的两个积极性，建立起民主、平等、互相尊重、互相学习的新型师生关系，从而增强思想政治教育的主动性，达到理想的思想政治教育效果。首先，要求思想政治教育必须变单向式为双向交流式，充分调动学生学习的积极性，让学生以主人翁的姿态参加到思想政治教育工作中来，从而使学生体验到一种自己在亲身参与和掌握知识的感受。其次，要开放学生的思维空间。高校思想政治教育不仅应在实际工作中积极对学生予以引导和鼓励，提倡思维无禁区，提倡学生向老师发难，提倡不同意见的争论；而且也要开放思想政治教育工作的空间，内容要向社会延伸，让社会生活进入思想政治教育工作，让思想政治教育充满时代气息。第三，要优化"双主"关系。不仅思想政治教育工作者要在思想政治教育工作中发挥主导作用，强化对学生思维的启发和思维方式的训练，而且也要发挥学生的主体作用，培养学生主动探索理论知识，增强主体意识。最后，要努力实现思想政治教育民主，打破思想政治教育不平等状态，努力建立平等的师生关系。要充分尊重学生的人格，尊重学生作为一个社会人所应有的权利、尊严、个性特长、思维方式和发展方向；也要在承认学生个体差异的前提下，真正做到面向全体学生，使每一个学生都能在思想政治教育中受到适合于自身条件的教育，都有其个性生动活泼发展的机会。此外，要鼓励学生个体之间的融洽合作和有序竞争。

4. 坚持与素质教育相结合的原则。 由应试教育向素质教育转变，大力培养学生的综合素质，是我国教育改革的一个重要方向。思想政治教育及其改革必须积极面对这一改革方向并努力探索适合自身发展的具体方法。为此，高校思想政治教育及其各项改革都必须在对学生进行知识传授的基础上，注重对学生能力、素质的培养，尤其要注重对学生政治素质、理论思维素质的培养，从而为学生其他素质的培养奠定坚实的基础、提供有力的保障。坚持与素质教育相结合的原则，充分展示思想政治教育在培养学生素质方面不可替代的作用，是高校思想政治教育及其改革过程中必须长期坚持的一个根本要求和主要原则。

三、新时期增强高校思想政治教育实效性的途径和方法

在市场经济逐步成熟、知识经济初现端倪的新的历史条件下，努力探索新形势下增强高校思想政治教育工作实效性的途径、方法，不仅具有必要性，而且十分迫切。高校思想政治教育工作是一个系统工程，其实效性的增强有赖于系统内部各要素功能的协调发挥。优化要素，强调整体，系统功能就能得到更大完善。

1. 理论内容的拓展和创新。 高校思想政治教育实效性的增强首先要在理论内容上下功夫，努力实现理论内容乃至理论体系的大胆改革和创新。高校思想政治教育的内容一定要充分反映自然科学、社会科学发展乃至整个人类认识和实践发展的最新成果。能联系实际的理论一定是具有强烈时代气息、反映沸腾社会生活的理论，只有这样的理论才能为思想政治教育的实效性及其不断增强奠定坚实的基础。

2. 工作方法、手段的创新。 高校思想政治教育方法是高校思想政治教育工作者在思想政治教育过程中所采用的手段、方法以及运用方法、手段的技巧、技能的总和，是思想政治教育改革原则的具体贯彻，它集中体现了思想政治教育工作者的主导作用和工作艺术，对思想政

治教育的实效性产生着直接影响。传统的单一的呆板的高校思想政治教育方法和手段，严重制约了思想政治教育功能的充分发挥和实效性的显著增强，这就需要实现高校思想政治教育方法、手段的大胆改革和创新，充分利用多媒体、网络等现代化的教学手段和各种教育载体去真实地、形象地、淋漓尽致地发挥高校思想政治教育的巨大的潜力，展现高校思想政治教育和社会生活的内在联系以及高校思想政治教育本身旺盛的生命力和时代意义。高校思想政治教育实践以及社会对思想政治教育的评价表明，思想政治教育在方法上的得失，往往成为思想政治教育效果高低的关键所在，因此，高校思想政治教育工作者一定要把研究和改进思想政治工作方法作为改革的重要内容。

3. 积极推进高校思想政治教育社会化，实现教育形式、教育渠道的丰富、扩大。德育教育是一个全社会都应参与的庞大的系统工程，因此，要注重综合因素的整合，形成有利于高校思想政治教育工作的大德育环境，充分发挥社会生活各个领域、各个环节的德育功能。特别是作为德育教育主渠道、主阵地的思想政治理论课教育就必须拓宽教育的领域，开辟新的渠道，把课堂教学和课外实践结合起来，通过建立高校思想政治理论课教育的社会基地，建立因特网、校园网上的马克思主义阵地等形式，努力体现高校思想政治理论课教育的新内容、新形式、新领域、新渠道，从而增强高校思想政治教育的整体实际效果和社会影响力，提高思想政治教育对诸多现实社会问题的解释力和相关性。

4. 加强对新时期高校思想政治教育的理论研究。高校思想政治教育是理论性很强的创新性工作，其实效性的增强绝不仅仅是纯主观努力的结果，而必须遵循自身的特殊规律。因此，要加强对高校思想政治教育的理论研究，注重对思想政治教育的主体、客体、价值、规律、结构、方法、环境、载体等重大问题的研究，努力体现思想政治教育的科学性，使思想政治教育按规律办事。

5. 必要的制度保证和物质条件支持。高校思想政治教育工作的实效性的增强还取决于积极的良好的政策环境和完善的制度保证，以及实现理论内容、工作方法、工作形式等改革创新所必须的物质条件的支持。

（作者：重庆工学院人文社科学院副院长、教授；重庆工学院人文社科学院副教授）

试论网络道德教育体系构建

李炳毅　魏玉梅

随着网络社会的发展，网络道德问题对传统道德造成了巨大冲击，对现实社会也构成较大威胁。如何在网络环境下构建网络道德教育体系，使网络社会可持续地良性发展，是我们建设有中国特色网络文化过程中必须面对的现实问题。我们认为应从以下四个方面构建网络道德体系。

一、加强教育，筑牢网络道德防线

加强网络教育，更新教育观念，重点是拓宽网络道德教育的主要内容。一是科学的网络观，即如何认识网络。提高网络道德的认识水平是网络道德建设的重要基础。在网络道德教育中，应注重从道德角度引导教育对象正确认识计算机和网络，提高他们对网络信息的辨别能力。二是网络道德的心理调适。加强网络道德的心理调适是网络道德建设的关键环节。网络道德心理调适的重点是情感培养和意志磨砺。三是规范网络道德的行为表现。这是网络道德建设的根本目的。四是整合、弘扬中华民族的优秀道德传统。这是网络道德建设的重要内容。我们也应注重开发与时俱进的网络德育新内容，如和谐社会思想教育、节约型社会思想教育、自主创新意义教育和生命关怀教育等等。

二、创新制度，完善网络道德规范

构建网络道德教育体系，必须建立健全网络制度这个根本。加强网络制度建设，完善网络道德规范，形成用制度规范上网行为，按制度办事，靠制度管人的机制，是加强网络道德教育的有力保证。

网络制度建设涉及到方方面面，但目的都是应该完善网络道德规范。网络道德与法律、政治等规范一样是一种特殊规范形式。道德规范涉及人类的全部道德生活，是一种非制度化、非强迫性、内化的规范，它需要人们自觉去实践。

网络道德规范是人们在网络道德生活中应当遵循的行为准则的总和。它是现实社会及网络社会对网络行为提出的道德要求，也是网络道德原则的具体体现，是在网络使用与网络生活中产生和形成的，是健康的网络道德关系及其本质的集中概括。完善网络道德规范就是要建立一种依靠网络公民的舆论和其内心信念来规范、调整的道德规范。网络社会需要新的道德规范体系，我们可以从不同的网络规范中抽取其相同的普遍的东西来，最终上升为网络社会中人们一般普遍的规范和准则。但这并不是简单地抛弃传统既有的道德，而是在扬弃传统既有道德的基础上，进行艰苦地改造与创新。构建网络道德规范体系是现实社会与网络社会的迫切要求，传统道德所受的严峻挑战和冲击，迫切需要构建新型的网络道德规范体系，不良的道德冲突后果也呼唤和谐的网络道德规范体系。

三、强化监控，重视网络控制与管理

构建网络道德教育体系，必须强化监督控制这个关键。重视和加强网络监控，目的是为了约束人们的上网行为，通过监控、管理，使人们规范上网、和谐上网。

网络监控与管理是一个复杂的系统工程。技术控制是网络面临的首要问题；法律控制是网络面临的关键问题。为保证网络道德标准和法律规定能够得到切实执行，必须建立网络行为监控机制，建立用户与行为——对等关系。要加强网上行为的有效监督检查，形成有“德”可依，有“德”必依的良好社会氛围。要坚持德治和法治相结合。在网络领域，仅仅依靠网络道德，或者仅仅依靠法律都不能完全解决问题，道德教育毕竟是一种软性的社会控制手段，它还需要硬性的法律手段来支撑。对于那些缺乏起码道德责任感或良心已经泯灭的人来说，网络立法就显得十分重要。只有网络立法与网络道德形成良性互动，才可能使网络领域、信息社会在有序中实现发展。

网络道德建设和网络法制建设是一项复杂而困难的工作，是一项长期而艰巨的社会系统工程。即使这一系统工程建设完善了，也需要对其加强监控与管理，而且它既有赖于网络社会每一个人的参与，又有赖于全社会的共同努力。只有包括国际与国内的网络组织、管理与执法机构之间协调配合，网络服务机构、网络媒体、用户等各方面积极参与，才能建设一个健康的、新型的、和谐的网络社会。

四、净化环境，形成网络道德教育新格局

随着网络的兴起和发展，德育工作所面对的不再是单一的现实环境，还包括虚拟的网络环境。要充分认识到，网络环境具有育人的重要作用，积极、健康、文明、和谐的网络环境对青少年的健康成长起着至关重要的作用。因此，网络道德教育要从净化网络大环境入手，积极构建心理、社会、家庭、学校多维系统教育模式，形成“四位一体”的网络道德教育格局。

(一)社会支持。社会支持是指通过来自家庭、学校、政府等社会各方面的帮助和支持，共同营造良好的网络社会氛围，从而净化网络环境。社会各界应加强对网吧的监控和管理，公安、文化、工商、信息等部门要按照各自的职能，加强协作，加大人力、物力和财力的投入，切实强化管理，坚决取缔违反规定的“黑网吧”。新闻媒体要对《互联网上网服务营业场所管理办法》等相关法规进行充分的宣传，并将职能部门管理和执法情况及时向社会报道，营造良好的社会舆论氛围。教育部门、群众组织等与未成年人工作密切相关的部门，要大力开展未成年人安全放心网吧的创建活动，促使网吧业走上更加规范的道路。

(二)心理干预。网络社会中存在的网络失范问题，如网络盗窃、网络色情、网络诈骗等等，都与网民的心理问题有很大关系。网民在网络中的道德问题其实也是一种心理问题，是一种心理不健康的表现，是个体长期沉迷于网络不能自拔的一种心理反映。教师和社会心理工作者必须转变传统的心理教育观念和模式，应当给网民提供“影响”、“选择”、“服务”和“引导”，而不是提供“说服”、“说教”或“灌输”，要以网民发展为本，以心理生活为中心，促进“网络人”的人格现代化。要通过具体的事例来说明网络沉迷对青少年心理健康的负面影响，消除沉迷网络的不良习惯，并使其懂得学会控制和有节制；学会寻找社会帮助，转移自己的注意力，做自己感兴趣的事情；学会与人交流自己的成功体验与感受等。网络心理健康教育的落脚点应当立足于培养网民现代化的、真善美和谐统一的“网络人格”。网民沉迷于网络游戏，甚至上瘾，不能自控、自拔，究其原因，大多属于性格因素。具备现代“网络人格”的网民能够正确认识网络世界和现实世界的差距，正确对待虚拟空间和现实空间的区别；能够在发生心理冲突时作出合理的判断与选择，并采取合适的应对策略；能够在网上进行有效的自我管理，学会自我心理调适，并形成健康、健全的网络心理人格。

(三)学校教育。据 2007 年 7 月中国互联网信息中心发布的第二十次中国互联网络发展状况统计，青少年学生网民已经接近 6000 万，学生在网民中占有率达 36.7%，每周平均上网时长为 11.6 小时。这充分说明广大青少年是网络的主要参与者、使用者，因此，网络道德教

育必然不能脱离校园这一现实存在而进行，加强校园网络道德教育势在必行。

首先，要教育学生正确认识网络，进行正确引导和正面教育，提高道德判断力，学会选择。其次，要创设条件，搭建网络时代的德育平台，运用网络技术手段和网络德育资源开展学校德育工作。加强校园网的建设，并开辟学校德育的虚拟阵地。充分利用网络的特点，最大限度地保证网络交流的自由、开放和民主，鼓励学生把自己关心和感兴趣的话题、存在的情绪与困扰，通过网络直接反映、直率表达，这才有利于教育者了解学生的真实思想，把握问题的关键，制定有针对性的教育对策，使学校德育贴近学生、贴近实际、贴近现实，最终达到入脑、入心、入情、入理的德育绩效。第三，要注意发挥教师的示范和表率作用，在教师、网络和学生三者的整合中，重新树立信息时代教师的教育权威。第四，要使网络道德教育进教材和课堂。课堂网络道德教育在系统学习网络道德知识、启发道德自觉上是其他教育形式所不能替代的。第五，网络道德教育必须与学校经常性教育工作紧密结合，把网络道德教育渗透到学校教育的各个环节。要坚持网络道德教育与校风、校纪、教风和学风建设相结合，通过德育课程和多种实践活动对学生进行网络道德教育，增强网络道德教育的针对性和实效性。

（四）家庭环境。良好的家庭环境是预防网络道德问题的一个重要因素。家长要加强对子女上网的引导与教育，使他们树立正确的娱乐观念和娱乐方式，培养他们通过网络学习新知识的良好兴趣，把网络真正作为学习知识、交流信息的学习工具。要主动了解计算机和网络的一般常识，积极适应网络环境，消除疑惑甚至恐惧心理，和子女进行网络冲浪生活的交流，避免孩子在网络世界中迷失。要经常关心子女的网络生活，引导他们合理利用网络资源，帮助他们安排和计划好自己的网络生活，给他们介绍、安排健康有益的网络学习内容。家长还要坚持洁身自好，自觉抵制不良网络信息，把消极有害的网络垃圾拒之门外，净化家庭网络环境，积极发挥表率作用，对孩子起到真正的监护、引导、教育作用。

（作者：兰州大学纪委副书记、教授；兰州大学教育学院讲师）

增强思想政治理论课和哲学社会科学课教育教学的实效性

张再兴　艾四林　吴　倬　苏　峻　王晨光

“如何针对大学生的思想特点提高思想政治理论课和哲学社会科学一些学科的针对性和实效性，增强这些课程和学科的吸引力、感染力、说服力”，是胡锦涛总书记在全国加强和改进大学生思想政治教育工作会议上提出的一个重要的理论与实践课题。高等学校是大学生思想政治教育的主阵地、主渠道，思想政治理论课和哲学社会科学课程是大学生思想政治教育的主课堂，针对大学生的思想特点，增强思想政治理论课和哲学社会科学课程教育教学的实效性，对加强和改进大学生思想政治教育工作具有重要的意义。

一、新时期大学生思想的主要特点

1. 社会主义市场经济建设对大学生思想成长的影响

社会主义市场经济的建立和发展对大学生思想成长产生了深刻的影响。

一是利益意识不断增强。在市场经济活动中，价值规律的作用和市场经营的盈利原则促使人们日益重视自身的利益和对利益的追求。这就促使大学生更加重视从利益角度考虑专业学习、能力培养、社会活动、职业选择等。

二是平等公正意识不断增强。健康的市场经济要求人们在经济活动中必须有平等的主体地位，必须坚持平等交易的原则，因而促使人们日益重视社会生活中的平等公正。这一点对大学生的影响，主要表现在他们更加希望在社会生活中获得平等、公正的对待和平等、通畅地表达自己思想观点的途径。

三是自主自立意识不断增强。大学生不再轻易地、简单地接受社会或他人的某种观点或思想，而是日益具有独立思考的意识和要求，通过自己的思考来决定自己是否赞成或接受。

四是发展意识不断增强。人才是最重要的资源，市场竞争最重要的是人才竞争。市场经济要求人们具备全面的素质和能力，因而促使人们日益重视自身的发展。现在的大学生更加重视自己的综合素质、创新思维和动手技能的培养，这是自我发展意识强化的一个体现。

五是选择意识不断增强。在市场经济条件下，经济主体经营上的选择性很强，这就在社会生活中强化了人们的选择意识。因此，大学生在思想活动等方面的选择性也进一步增强。

总的说来，社会主义市场经济对大学生思想成长的影响，主导方面是积极的。然而，由于市场经济的负面效应，以及我国的社会主义市场经济还不成熟，市场经济的发展也给大学生带来了明显的消极影响。一是由于市场经济中人们对自身利益最大化的追求，容易使人们滋生个人主义、利己主义思想，这会导致一部分大学生的主导价值观扭曲；二是市场经济必然使人们更加重视金钱的作用，“有钱好办事”已成为市场经济条件下多数人的普遍认识，在部分大学生中出现了拜金主义倾向。市场经济对大学生的这些消极影响，使我们对大学生进行以为人民服务为核心、以集体主义为原则的思想道德教育、人生观教育和社会公德教育等面临更大的困难。

2. 社会生活条件、实践方式和生活方式的变化对大学生思想成长的影响

随着我国社会经济、文化的发展，人们的社

会生活条件、实践方式和生活方式发生了很大变化，对大学生思想成长具有不容忽视的影响。实践方式的变化促使大学生形成了以重视能力培养为主要内容的自我发展观，大学生日益重视综合素质、全面能力的培养和提高；生活方式的多样化使大学生更加追求个性的发展与丰富，日益形成了把追求个性发展和展示个性看做是自己的重要权利的意识；网络技术的发展，使大学生不断形成和强化民主意识和社会责任感，他们感到自己的见解和声音日益为社会所关注，参政议政意识大为增强；对外交往的发展和信息技术的进步，使我国与世界的联系更加紧密，这使大学生的全球意识日益强化，他们更加习惯于用世界的眼光观察和思考问题。

新时期生活条件、实践方式和社会生活方式的这些变化对当代大学生思想成长的影响，从总体上看主导方面是积极的、有益的，但是其消极方面也必须给予应有的重视。有的大学生不加分析地崇尚西方社会政治制度和价值观，甚至主张全盘西化，从而对社会主义、共产主义理想信念产生怀疑和动摇；有的错误地把西方政治学、经济学等理论看做解决中国在发展中出现的种种问题的灵丹妙药，甚至主张用它们取代马克思主义理论，对我国坚持以马克思主义为指导思想的必要性产生怀疑和动摇；受西方个人主义价值观的影响，还有一些大学生个人主义意识有所增强，爱国主义、集体主义意识有所淡化。这些都给社会主义、共产主义理想信念教育，爱国主义教育，世界观、人生观、价值观教育带来了不容忽视的挑战和困难。

二、思想政治理论课和哲学社会科学课程教育教学的现状分析

1. 思想政治理论课教育教学现状

多年来，高校思想政治理论课教育教学取得了显著成绩，发挥了思想政治教育主渠道的作用。邓小平理论和“三个代表”重要思想进教材、进课堂、进学生头脑工作不断深入，大多数教师能够紧密联系改革开放的实际和国际形势的新变化，及时在教学中贯彻党的创新理论，赋予思想政治理论课教学以强烈的时代感，受到了学生的欢迎。思想政治理论课学科建设、教材建设取得成效，教学方式方法逐步改进，教师队伍建设得到加强。高校思想政治理论课在引导大学生坚定对马克思主义的信仰、对社会主义的信念，增强对改革开放和现代化建设的信心、对党和政府的信任等方面，发挥了重要的不可替代的作用。但是，面对新的变化和新的情况，高校思想政治理论课教育教学还存在一些亟待解决的问题。

教学内容的时代感和针对性不够强。尽管思想政治理论课教学内容在不断充实、丰富，但在迅速变化的形势面前，仍显得相对滞后，教学内容和学生的需要和期望之间存在较大差距，与学生的思想实际结合不紧。

教学方式方法比较单一。许多高校在教学实践中创造了许多好的教学方法，现代教育技术手段得到初步运用，但一些高校也存在教学方法单一、缺乏创新的问题。

实践教学比较薄弱。思想政治理论课是综合性、实践性很强的课程，虽然一些高校在实践教学方面做了许多有益的探索，但总体上还相当薄弱。这表现在：对实践教学的认识模糊；实践教学环节缺乏制度性规定，没有可依据的学时、学分和考核机制，往往流于形式；缺乏必要的教学保障措施，尤其是经费保障，实践教学难以开展等。

教师队伍数量不足，素质有待提高。近年来，思想政治理论课师资队伍建设得到了明显加强。但是，目前这支队伍的现状与思想政治理论课教师所承担的任务和要求仍然有较大的差距。这表现在：教师数量不足，负担过重；教师整体素质有待提高，部分思想政治理论课教师还没有解决好对马克思主义“真信、真学、真教、真用”的问题，有的教师知识老化，难以做到正确、透彻地分析、回答学生提出的实际问题；有的教师科研能力弱，学术水平不高等。

学科建设基础比较薄弱。多年来，支撑思

想政治理论课教育教学的学科建设取得了新的进展，马克思主义理论一级学科的设立标志着思想政治理论课学科建设进入新的发展阶段，但马克思主义理论是新学科，而且思想政治理论课程新方案也刚刚开始实施，学科建设与课程建设在内容体系的相关性、重点难点问题研究与教学结合等方面还需要进行深入的探索。

2. 哲学社会科学课程教育教学现状

改革开放以来，哲学社会科学在基础理论研究和应用对策研究方面都取得了高质量的具有重要影响的成果，也为社会培养了一大批高水平的富于创新精神的人才，积累了大量宝贵经验。但哲学社会科学各学科的课程教学在充分发挥思想政治教育功能方面也存在着一些问题。例如：一些哲学社会科学忽视或者否定学科的意识形态属性，在课程教学中放松了意识形态教育，对西方政治学术观点缺乏分析批判，甚至出现“去马克思主义化”的倾向；一些哲学社会科学课程与中国改革开放以来的建设实际联系不足，不关注中国特色社会主义的理论与实践，远离现实问题；一些哲学社会科学教材陈旧，对马克思主义中国化的创新理论成果吸收不够，不能站在理论发展的新高度上着眼于阐述新的实际问题，缺乏思想政治教育的说服力、吸引力；一些哲学社会科学课程的教学、考核等环节存在缺陷，比如课时过短、教学班级规模过大、社会实践形同虚设、考核方式单一等。这种做法弱化了培养学生运用马克思主义理论分析、比较、回答现实问题的能力的教育功能。

哲学社会科学课程对大学生树立正确的世界观、人生观、价值观具有至关重要的作用，也直接影响到他们观察、分析社会现实问题的方法，并进而决定其在整个人生进程中不断自主形成个人判断、在各项社会活动中采取相应行动的能力。重视哲学社会科学课程的思想政治教育功能，对于大学生树立坚定正确的政治方向、提高全面素质和健康成长具有极其重要的意义。

三、进一步增强思想政治理论课和哲学社会科学课程教育教学实效性

1. 增强思想政治理论课教育教学实效性

与时俱进，不断增强教学内容的时代感和针对性。加强和改进思想政治理论课教学，提高针对性、吸引力，就是要始终不渝地坚持用发展着的马克思主义充实课堂教学内容，要坚持理论联系实际，紧密结合国际形势的新变化，紧密结合我国改革开放、现代化建设和全面建设小康社会的新实践，努力解答实践中提出的重大理论问题。教学内容还要贴近大学生思想实际，解答他们的思想困惑。

创新思想政治理论课教学方式和手段。在此方面，很多高校进行了有益的探索。其中，思想政治理论课研究型教学的理念和模式，以及“教学组式教学”的理念和方法，具有明显的实践成效。

研究型教学理念要求教学实现五个转变，即由既定的结论灌输向师生共同研究得出科学结论转变；由教师授业解惑向师生共同探讨解惑转变；由单一的课堂讲授向课堂讲授与多样化教学方式相结合转变；由单一的学校课堂教学向与社会大课堂相结合转变；由传统的“千人一卷、千人一面”的考核方式向以理论思维的提升、能力的培养为目标的考核方式转变。

采取教学组式的教师组合方式的好处，一是适应了思想政治理论课多学科交叉综合的课程特点；二是满足了学生希望听到高水平教师授课的强烈愿望；三是提出了教师在教学中增加科研含量的更高要求；四是找到了培训教师队伍特别是青年教师队伍的便捷途径；五是形成了教师之间既相互竞争又相互帮助的良性人际关系。

实践教育应成为高校思想政治理论课教学的重要环节。首先，要进一步加深对思想政治理论课实践教育内涵的理解。思想政治理论课实践教育，主要是指围绕思想政治理论课教育教学目的而开展的、学生亲身体验的实践活动，

既包括教学实践，也包括社会实践。

其次，要认真总结思想政治理论课多年来开展实践教学的经验。近些年来，许多高校开展了内容丰富、形式多样的实践教学活动，受到学生的普遍欢迎。比如，有些高校在“思想道德修养”课的教学活动中，开展了经典案例教学、咨询教学、“课堂新闻发布会”等教学活动。清华大学“邓小平理论与‘三个代表’重要思想概论”课教学组探索出把课堂教学与实践教学相结合的有效模式，即开展课前、课中、课后三段式社会实践模式，极大地提高了教学的针对性和实效性。

最后，积极探索新形势下思想政治理论课实践教育的有效形式。要真正使思想政治理论课实践教育富有实效性，必须把实践教育纳入教学环节，围绕教学目标，制定大纲，规定学时、学分，提供必要经费；要加强组织和管理，把教学实践与社会调查、志愿服务、公益活动、专业课实习等结合起来，探索多层次、多形式的实践教育活动；要有可操作的实践教学的考核方式，建立和发展实践基地，促进社会实践制度化。

建设一支高水平的教师队伍。高校应科学合理地确定思想政治理论课教师编制，保证师资充足；要加强中青年教师的培训；为思想政治理论课教师创造良好的工作条件；按照专兼职结合的原则，不断优化和充实思想政治理论课教师队伍等等。

切实加强马克思主义理论一级学科建设，不断总结学科发展的经验，探索马克思主义理论学科发展规律，努力建设一个研究对象明确、功能定位科学的马克思主义理论学科体系。要根据该学科的整体性要求，凝练好学科方向，汇集好学科队伍，构建好学科基地。这应成为今后一个时期思想政治理论课建设的重要任务。

2. 加强哲学社会科学课程的思想政治教育功能

江泽民同志指出：“大量事实证明，思想文化阵地，马克思主义、无产阶级的思想不去占领，各种非马克思主义、非无产阶级的思想就会去占领。”因此，除思想政治理论课外，当前在其他哲学社会科学的教学内容中强化马克思主义是极其必要的。哲学社会科学课程教学必须立足现实，不断丰富教学内容，充分发挥其思想政治教育功能。

重视课堂教学，加强教学管理。课堂教学是大学生学习哲学社会科学课程的主渠道，教师言传身教的影响是直接而有效的，所以，严格教学纪律对于保证哲学社会科学课程发挥思想政治教育功能就显得尤为重要。高校应加强对教学工作的管理，把“课堂讲授有纪律”的精神落到实处，严格要求哲学社会科学课程不得回避思想政治教育，纠正回避重大理论现实问题、淡化意识形态的不良倾向。

高校在进行哲学社会科学师资队伍建设时要高度重视思想政治素质，在引进、选留教师时充分考虑思想政治素质的权重。对于那些在工作中有错误思想倾向的教师，要及时发现苗头进行教育；对于拒不接受教育的，要坚决予以调整和处理。人事部门要在日常管理工作中落实“聘用合同”中有关思想政治要求的条款，确保其所具有的法律效力真正得到实现，用法律的手段维护高校哲学社会科学的思想政治教育功能。

除了思想政治素质，还应提高教师的业务素质，这既包括职业精神和职业道德，也包括学术态度和专业能力。高校在对教师进行业务培训时应注重其职业精神、职业道德和学术素养的提高，使哲学社会科学教师能怀抱高度负责的态度，以良好的思想、道德、品质和人格，潜移默化地影响大学生。

开展课程改革，发挥学生的主体性。应该继续推进哲学社会科学课程的教材改革和教学改革，在教学中充分体现马克思主义中国化的最新理论成果，努力形成以当代中国马克思主义为指导的具有中国特色、中国风格和中国气派的哲学社会科学学科体系和教材体系。

必须进行课程改革，避免课程的工具化和技术化，全面提升课程的理论品质，增设对学生学习和研究方法具有指导意义的课程。

当前学生获取信息的渠道是十分广泛的，必须保持更加开放的心态，加强哲学社会科学课程的建设，给学生更多的自主选择权，鼓励课程间的竞争，鼓励交叉学科的发展，加强对课程思想政治教育效果的评估。

3. 建立高校思想政治理论课和其他哲学社会科学课程在功能上相互配合、补充和促进的德育机制

在高校教学领域中，思想政治理论课作为学生德育的主渠道，始终发挥着不可替代的重要作用，但是其教育成果常常会被其他哲学社会科学课程教学中某些错误观点所削弱，甚至抵消。建立思想政治理论课和其他哲学社会科学课程在功能上相互配合、补充和促进的德育机制，是提高高校思想政治教育实效性所面临的重要任务。

（1）高校要建立健全思想政治理论教育的领导体制，对思想政治理论课和其他哲学社会科学课程的教学工作进行统一部署。确立教学工作的正确的思想政治方向，加强相关课程的师资队伍建设，协调各门课程在思想政治教育功能上的协作和互补关系，完善教学中贯彻教书育人原则的监督检查机制等。

（2）不仅要要求思想政治理论课教师坚持以马克思主义理论为指导的观念，自觉树立教书育人的意识，而且要强调其他哲学社会科学课程的教师也要树立起这种观念和意识，使全部哲学社会科学的教学课堂成为目标统一、结构合理、功能互补的思想政治教育阵地。

（3）每一门哲学社会科学课程的教学工作都必须根据新时期高校教书育人的要求和规律，确立明确的知识教育、能力教育和思想政治教育三者相统一的教学目标，达到“以知识教育为依托，实现能力教育，落实思想政治教育”的要求。

（4）建立常设的思想政治理论课和其他哲学社会科学课程的教师交流机制，深入研讨思想政治教育和科学文化教育的关系。经常交流、研讨教学中涉及的重大现实思想政治理论问题和大学生思想热点、难点、疑点问题，研究教书育人工作的方法和内容；提高对重大思想政治问题的认识水平和一致性，研究思想政治理论课和其他哲学社会科学课程教学相互配合、促进的方式和途径等。从而保证思想政治教育功能能够在全部哲学社会科学课程教学中得到充分体现，保证全部哲学社会科学课程的有关教师在面对重大的思想政治教育课题时能够做到思想认识统一，各门课程教学相互配合、促进，从而使所有教学环节的思想政治教育功能能够发挥最充分的作用。

（5）在不断提高思想政治理论课教师思想政治和业务水平的同时，还必须不断提高其他哲学社会科学课程教师的思想政治和业务水平，必须在全部哲学社会科学教学工作中贯彻“学术研究无禁区，课堂讲授有纪律”的原则。所有教师应该努力对思想政治的重大理论问题和重要的学生思想实际问题形成基本一致的正确的认识，坚持用马克思主义的立场、观点和方法引导学生去分析、认识和解决这些问题。

（6）高校有关部门应该以政策上的倾斜来鼓励和支持思想政治理论课和其他哲学社会科学课程教师提高思想政治水平和理论水平，逐步形成一支思想政治方向正确、梯队结构合理、业务素质高、热心思想政治教育工作的思想政治理论课师资队伍和其他哲学社会科学课程的师资队伍。

（作者单位：清华大学）

运用启发式教学引导学生确立马克思主义世界观

王雪凌

党的十六届六中全会首次提出建设社会主义核心价值体系的重大任务，明确要求“坚持把社会主义核心价值体系融入国民教育和精神文明建设全过程、贯穿现代化建设各方面”。思想政治理论课作为高校思想政治教育的主阵地、主渠道，是国民教育和精神文明建设的重要组成部分。把社会主义核心价值体系融入思想政治理论课中，就是要增强思想政治理论课自身的创造力、说服力、感召力，引导学生确立马克思主义世界观，以坚持、巩固马克思主义在意识形态领域的指导地位。

毛泽东曾形象地比喻说：“我们的任务是过河，但是没有桥或没有船就不能过。不解决桥或船的问题，过河就是一句空话。不解决方法问题，任务也只是瞎说一顿。”教学方法是实现教与学相统一的桥梁和纽带，选取适当的教学方法，才能实现思想政治理论课教与学的统一，引导学生确立马克思主义世界观。启发式是与注入式相对立的基本的教学方法，运用启发式教学是引导学生确立马克思主义世界观的必然要求。引导学生确立马克思主义世界观必须综合运用多种具体的启发式教学方法，准确把握学生的思想实际，注重激发学生的问题意识，善于运用准确、通俗、生动的教学语言。

一、启发式是与注入式相对立的基本的教学方法

启发式教学源远流长，古往今来一直受到人们的重视，在人类教育史上发挥着重要作用。随着教学实践的发展，启发式教学也得到了新的发展。它是教师根据教学目标和内容及学生的实际来启发、诱导学生积极参与教学活动，以培养学生分析和解决问题的能力，促进学生全面发展的基本的教学方法。相对于注入式教学而言，启发式教学的主要特征如下。

第一，启发式教学从学生实际出发。它按照学生的知识基础、性格特征、思想状况等组织教学活动，具有较强的针对性；而注入式教学则忽视学生的实际，从主观愿望出发，缺乏针对性。

第二，启发式教学尊重学生的主体地位。它注重学生主体性的发挥，鼓励学生积极参与教学活动，引导学生通过自己的学习、思考来接受教学内容；而注入式教学则抹煞了学生的主体性，视学生为储存知识的“容器”，使学生机械地接受教学内容。

第三，启发式教学注重学生能力的培养。它注重引导学生把知识转化为认识世界和改造世界的能力。而注入式教学则把知识硬灌给学生，不注重引导学生把知识转化为能力。

启发式是与注入式相对立的基本的教学方法，但现实中有人把提倡启发式教学当成了反对灌输论。这是把两个不同的问题混为一谈了。灌输是思想政治理论教育的一种原则，坚持灌输论是坚持自觉地把马克思主义理论传播到群众中去。启发式教学是向群众传播马克思主义的有效方法，运用启发式教学才能实现灌输的目的。因此，运用启发式教学不等于反对灌输论，不能把提倡启发式教学与坚持灌输论对立起来。当前国内外形势错综复杂，资本主义和社会主义两种社会意识形态的斗争亦很激烈。坚持灌输论，帮助学生完整准确地了解马克思主义，才能为其树立马克思主义世界观奠定坚实的理论基础。我们在坚持启发式教学的

同时必须坚持灌输论。

启发式教学是以调动学生学习的积极主动性、促使学生参与教学活动为精神实质的基本的教学方法，而不是某一种具体的教学方法，它本身包含各种具体教学方法并通过它们得以体现。凡是从学生实际出发，尊重学生的主体地位，能够实现教与学的统一，促进学生全面发展的各种具体教学方法都是启发式教学方法。各种具体的教学方法可以采取启发式教学，也可以采取注入式教学，关键看其是否贯彻了启发式教学的精神实质。有人把它与讲授法对立起来，与问题法等同起来，就是把启发式教学当做具体的教学方法，没能正确把握启发式教学的精神实质。讲授法和提问法都是一种具体的教学方法，讲授法同样可以激发学生学习的积极性。提问法运用不当，也会压抑学生主体性的发挥，不能笼统地说讲授法不是启发式教学方法，而提问法就是启发式教学方法，关键看对它们的运用是否贯彻启发式教学的精神实质。

启发式教学强调学生积极参与教学活动，并不表明可以忽视教师自身主体性的发挥。相反，它要求教师更加积极主动地发挥自己的主体性，只有如此，才能对学生学习及时加以引导，保证学生主体性的发挥沿着正确方向进行。如果误以为采用让学生积极参与的启发式教学，就是放任自流地让学生自己讨论或者演讲，而不去认真地备课、上课，那就适得其反了。

二、运用启发式教学是引导学生确立马克思主义世界观的内在要求

只有运用启发式教学，才能激发学生学习马克思主义的兴趣，引导学生深刻地理解马克思主义，帮助学生信服马克思主义，引导学生践行马克思主义，从而引导学生确立马克思主义世界观。运用启发式教学是引导学生确立马克思主义世界观的内在要求。

思想政治理论课教学中，学生在教师的引导下，通过各种教学中介，有目的有意识地学习马克思主义，形成对客观世界的本质和规律的看法或观点。学生学习马克思主义本质上是学生认识客观世界的活动，学生是学习的主体。因此，只有有效激发学生学习的兴趣、愿望和动机，使学生自觉地学习并正确掌握马克思主义，才能引导他们确立马克思主义世界观。而启发式是以调动学生学习积极性、引导学生参与教学为目的的教学方法，运用启发式教学是激发学生学习马克思主义的兴趣的内在要求。

马克思主义是“抽象的规定在思维行程中导致具体的再现”的理论体系，是抽象性和具体性的统一。它不是对事物现象的描绘，而是经过思维加工的对事物本质的认识，并以概念、判断和推理的抽象形式而存在，同时它又是以客观世界中各种事物为研究对象，包含着丰富的具体的内容。当前大学生由于受时代社会环境的影响，倾向于感性形象思维，运用启发式教学才能引导学生透过其抽象的形式理解其丰富的内涵，把以抽象的概念、原理的形式表现出来的马克思主义同它所反映的丰富的客观对象联系起来，深刻地理解马克思主义。否则，就会割裂马克思主义的抽象性和具体性，把具有深刻思想内容的理论变成空洞无物的教条，对马克思主义的理解停留在抽象形式的层面上。不能深刻地理解马克思主义，也就难以确立马克思主义世界观。

毛泽东深刻地指出：“用强制的方法解决思想问题，是非问题，不但没有效力，而且是有害的。我们不能用行政命令去消灭宗教，不能强制人们不信教。不能强制人们放弃唯心主义，也不能强制人们相信马克思主义。”引导学生树立马克思主义的世界观是直接影响学生对客观世界本质和规律的认识，深刻地影响学生的主观世界的活动，是促进学生思想变化的活动。注入式是与启发式相对立的教学方法，不注重学生主体性的发挥，从本质上说是一种强制的教学方法。引导学生真正信服马克思主义，不能运用注入式教学，必须运用启发式教学。

毛泽东明确指出：“我们说的马克思主义，是要在群众生活群众斗争里实际发生作用的活

的马克思主义，不是口头上的马克思主义。”列宁说，如果“学习共产主义只限于领会共产主义著作、书本和小册子里的东西，那我们就很容易造就出一些共产主义的书呆子或吹牛家”。学习马克思主义的目的是践行马克思主义。能否自觉践行马克思主义是检验一个人是否真正确立了马克思主义世界观的试金石。启发式教学注重学生能力的培养，只有运用启发式教学，思想政治理论课才能培养学生运用马克思主义的立场、观点和方法分析和解决问题的能力，自觉在实践中拥护党拥护社会主义，坚定走中国特色社会主义道路，服务祖国服务人民，坚持正确的价值选择，最终确立马克思主义世界观。如果运用注入式教学，学生就会缺乏分析和解决问题的能力，一旦遇到社会环境中不良因素的影响，就会对马克思主义产生怀疑，不能践行马克思主义。帮助学生践行马克思主义，确立马克思主义世界观，必须运用启发式教学方法。

三、引导学生确立马克思主义世界观必须综合运用多种具体的启发式教学方法

启发式教学方法是根本的教学方法，包含有多种具体的教学方法。引导学生确立马克思主义世界观，需要运用哪些具体的教学方法？本文认为根据思想政治理论课的特点和要求，可主要综合运用讲授法、课堂讨论法、相互质疑法和比较法。

讲授法是指教师通过语言向学生系统地传授知识，以促进学生全面发展的一种教学方法。有人把讲授法当做注入式教学方法而否定其对学生学习具有启发意义。不能否认，运用讲授法不当的确会压抑学生学习的积极主动性，但这不等于讲授法本身就是注入式教学方法。如果能够对其正确运用，讲授法不但不压抑学生学习的积极主动性，而且能够激发学生学习的主动性。思想政治理论课教学中，我们不应否定讲授法的运用；相反，更应注重运用讲授法。马克思说：“分析经济形式，既不能用显微镜，也不能用化学试剂。二者都必须用抽象力来代替。”马克思主义理论的高度抽象性决定了对其理解不能像对物理、化学的理解那样可以运用实验手段，而只能通过对语言的理解来实现，因此运用讲授法是启发学生能动掌握马克思主义的一种重要方法。正确运用讲授法，教师应注意些什么呢？第一，讲授应有深度。即讲授要彻底。理论彻底才能说服人，讲授理论一定要有深度，才能说服学生相信马克思主义。教师要按照理论内容的内在联系和逻辑体系，层层深入地向学生讲清楚每一原理的“是什么”和“为什么”。第二，讲授应有广度。缺乏广度的讲授是没有丰富内容的讲授，难以引起学生学习的积极性。教师要把理论各组成部分融会贯通地进行讲授，还要根据理论内容的需要，旁征博引，运用其他学科知识增强思想政治理论课的说服力和吸引力。第三，讲授中应注意观察学生的反应并据此及时调整自己的教学活动。

讨论法是指在教师指导下，主要由学生围绕事先确定的主题，发表对问题的看法，从而在相互切磋、相互讨论中探寻真理的教学方法。毛泽东说：“艺术和科学中的是非问题，应当通过艺术界科学界的自由讨论去解决，通过艺术和科学的实践去解决，而不应当采取简单的方法去解决。”他还指出，对待精神世界的问题，“只有采取讨论的方法，批评的方法，说理的方法，才能真正发展正确的意见，克服错误的意见，才能真正解决问题”。思想政治理论课要帮助学生澄清思想上模糊的或错误的认识，接受科学的马克思主义世界观，离不开讨论法的运用。当前在运用讨论法的思想政治理论课中，有些教师对论题的选择不能突出教学的重点、难点，或者难易程度不适而缺乏启发性；有些教师未能给予正确的引导而使讨论远离主题；有些教师不能对学生的讨论加以客观正确的评价和总结而未能达到真正解决问题的目的。有效运用讨论法，教师必须把握好以下几个方面：第一，选择恰当的讨论题目，使论题既围绕教学难点、重点，又符合学生的实际状况，且要难易适

中，具有启发性。这样才能充分发挥学生主体性，实现教学目的。第二，引导讨论围绕论题而进行，教师既要鼓励学生敢于发表自己的见解，又要及时引导学生的讨论围绕论题而展开，避免讨论法的运用走向没有实质意义的形式主义。第三，客观评价和正确总结讨论的结果。教师既要充分肯定讨论中的正确看法或观点，又要指出讨论中错误的意见并加以科学分析，引导学生正确认识，从而达到解决问题的目的。

质疑法是指通过提出质疑促使学生获取新的知识或加深对知识理解的一种教学方法，它可以是师生之间的相互质疑，也可以是学生之间的相互质疑。质疑法可以激发学生在学习中发现、分析和解决问题，使思想政治理论课结合学生思想实际并解决学生思想上的困惑，是引导学生确立科学世界观的重要方法。合理运用质疑法，关键在于教师的正确引导。教师应该做好以下几个方面：第一，创设宽松、民主的教学氛围，鼓励学生独立思考，发表自己的见解或提出问题。没有宽松、民主的教学氛围，学生就不敢或不愿提出问题或发表见解。第二，围绕教学内容适度向学生提出质疑。只有围绕教学内容，结合学生的实际情况，提出具有针对性的、难易适中的质疑，才能激发学生积极思考。否则，如果质疑缺乏针对性，过难过易，教学中就会出现"启而不发"的现象。同时，向学生提出的质疑必须多少适量。有些教师把质疑法简单化为满堂问，质疑过多而走向了形式主义。第三，对于学生的质疑，应给以明确解答，对于学生的见解，应给予客观评价和正确引导。反之，对学生的质疑含糊其辞、对学生的见解不置可否，学生就会因达不到解决问题的目的而失去学习的积极主动性。

比较法是通过把一事物同其他事物相比较或者把一事物的不同发展阶段相比较而获得对事物深刻认识的一种教学方法。马克思主义理论的阶级性决定了"这一学说在其生命的途程中每走一步都得经过战斗"，马克思主义理论是在同各种错误社会思想或思潮的斗争中产生和成长起来的。深刻认识这一理论，离不开对它与其他社会思潮的关系的认识。这就要求把马克思主义理论与其他社会思潮、理论学说相互比较，引导学生分析其间的联系和本质区别。马克思主义认为，"简单地宣布一种哲学是错误的，还制服不了这种哲学"。把马克思主义与各种社会思潮相比较，离不开对错误思潮的具体分析。对错误思潮进行具体分析的同时必须对之进行整体评价，才能使学生深刻认识它与马克思主义的本质区别。任何一种社会思潮，都可能在这样或那样的具体问题上有其合理可取之处，但从整体上来看，却存在正确与错误之分。因此，需要从本质上阐明其是与非，从而引导学生深刻把握错误思潮与马克思主义的本质区别。否则，学生就可能认识不到错误社会思潮的本质，或者反倒认为它是正确的，这样就不能确立马克思主义世界观。

各种具体的启发式教学方法彼此渗透，一种教学方法的有效发挥，离不开其他教学方法的密切配合。不存在适应一切教学内容和教学对象的教学方法。引导学生确立马克思主义世界观，应根据具体教学内容和学生的实际状况，结合每一具体启发式教学方法的特点，正确选择并综合运用各种具体的启发式教学方法。

四、有效运用多种具体的启发式教学方法引导学生确立马克思主义世界观应把握的几个问题

准确把握学生的思想实际是运用启发式教学的基本前提，注重激发学生的问题意识是运用启发式教学的基本要求。运用启发式教学离不开准确、通俗、生动的教学语言。有效运用各种具体的启发式教学方法，引导学生确立马克思主义世界观，应准确把握学生的思想实际，注重激发学生的问题意识，善于运用准确、通俗、生动的教学语言。

（一）准确把握学生的思想实际

毛泽东说："我们是马克思主义者，马克思主义叫我们看问题不要从抽象的定义出发，而

要从客观存在的事实出发，从分析这些事实中找出方针、政策、办法来。”实事求是是马克思主义的精髓，是我们想问题、办事情的出发点。邓小平提出：“解决部队的思想问题，也要实事求是。要针对每个单位、每个人的不同情况去做思想工作。”运用启发式教学引导学生确立马克思主义世界观，必须坚持实事求是，准确把握学生的思想实际。只有准确把握学生的思想实际，思想政治理论课才能自觉遵循学生思想发展的规律，有针对性地丰富教学内容，解答学生关注的热点、难点问题，运用学生易于接受的教学语言，从而有效运用各种具体的启发式教学方法激发学生学习马克思主义的积极情感，引导学生确立学习马克思主义的正确目标，培养学生学习马克思主义的坚强意志，把学生学习马克思主义的积极主动性调动起来，引导学生确立马克思主义世界观。

准确把握学生思想实际，必须深入学生调查研究。毛泽东在《农村调查》的序言和跋中说：“要了解情况，唯一的方法是向社会作调查，调查社会各阶级的生动情况。”“没有调查，没有发言权”，调查是了解实际情况的基本方法。所有对学生思想实际的了解，从根源上看，都离不开向学生所作的调查，深入学生作调查是准确把握学生思想实际的基本方法。深入学生调查研究首先应该相信学生，自觉尊重学生，尊重他们的人格、意愿，以平等的态度对待学生。这样，学生才会积极主动地与教师交流思想，教师才能接近学生，深入地了解学生。其次应该把握正确的调查方法。把握正确的调查方法是成功调查、了解学生思想状况的关键。教师要围绕调查目的向学生提出调查问题。如果教师漫无目的地向学生提出调查问题，就不能正确把握学生思想实际。社会存在决定社会意识，从根源上把握学生的思想实际，教师必须把调查学生的思想实际与了解他们的生活状况结合起来。教师还应向不同类型的学生作调查，只有在具体把握各种类型学生的思想状况的基础上，才能从整体上把握学生的思想实际。思想实际包括思想政治、思想品德等方面，全面了解学生思想实际，教师既要调查、了解学生的思想政治状况，又要调查、了解学生的思想品德状况。

(二)注重激发学生的问题意识

人们对客观事物的认识是一个有规律的发展过程。人们是在发现、分析和解决问题中逐步深化对客观事物本质和规律的认识的，发现问题是认识前进中的一个环节，它在人们的认识从简单到复杂，人们的信念从盲目到自觉的过程中发挥着积极作用。当一个人不加怀疑地接受某一学说时，这种赞同态度的背后常常隐含着许多他并未弄清楚的问题，但是他还没有发现这些问题，因而未经深思便接受了这一学说。只有对某一学说提出疑问，才能经过进一步探索找到问题的答案，最终确立起该学说主张的世界观。在思想政治理论课教学中，学生学习马克思主义是以接受间接经验为主而致力于全面深刻认识客观世界本质和规律的活动。学生具有问题意识，就会在学习马克思主义的过程中围绕教学内容积极主动地发现、提出问题并尝试着去分析和解决这些问题，从而全面深刻地理解马克思主义的丰富内涵，相信马克思主义所揭示的客观世界的本质和规律，确立马克思主义世界观。有效运用多种具体的启发式教学方法引导学生确立马克思主义世界观必须注重激发学生的问题意识。

深入思考才能发现、分析和解决新问题。与他人之间的相互交流、切磋和探讨是解决问题并进一步提出问题的重要途径。不盲目崇拜权威，具有探索创新的勇气，是发现、分析和解决问题的重要条件。因此，注重激发学生的问题意识，思想政治理论课教学应引导学生养成独立思考的习惯，鼓励学生积极参加与他人之间的相互交流、切磋和探讨，培养学生勇于开拓创新的精神。

当代大学生思维非常活跃，在积极参与思想政治理论课教学中，他们会思考各种各样的问题，提出各种不同的甚至对立的思想观点或看法。如果缺乏正确的引导，学生的学习就会脱离教学的根本目标。因此，注重激发学生问题意识，必须对学生的问题加以正确引导。教师在激发学生问题意识的同时，应自觉地按照正确方向对其加以引导，把学生的思维引领到所要教授的理论问题上来，把学生的认识引导到马克思主义轨道上来。正确引导必须有针对性地帮助学生疏通思路，引导学生提高认识，转变错误观念，接受正确思想。

（三）善于运用准确、通俗、生动的教学语言

马克思说："语言是思想的直接现实。"语言是思维的物质外壳。教学语言是师生交流思想、沟通感情的工具，它既不同于一般的口头语言，又不完全是书面语言，直接决定着学生学习马克思主义的积极性及对马克思主义理解的准确性，从而影响着学生世界观的确立。运用多种具体的启发式教学方法引导学生确立马克思主义世界观，必须善于运用准确、通俗、严谨、生动的教学语言。

马克思主义是经过实践检验的科学真理，具有高度的科学性，每个概念都有其确切含义，每个原理都有其确定的条件。科学准确地传授马克思主义，教学语言必须准确无误。这就要求思想政治理论课运用确切的、规范的语言，避免使用模棱两可、含糊其辞的不规范的语言。

毛泽东在《反对党八股》中明确提出，写文章做宣传必须运用通俗易懂的语言。他引用季米特洛夫的话说，"应当学会不用书本上的公式而用为群众事业而奋斗的战士们的语言来和群众讲话"，"如果我们没有学会说群众懂得的话，那末广大群众是不能领会我们的决议的"。马克思主义是对自然、社会、人类思维知识的最一般的抽象、概括。思想政治理论课只有运用通俗的语言，把抽象的理论变为通俗易懂的朴实道理，才能引导学生理解和接受马克思主义。有效运用多种具体的启发式教学方法引导学生确立马克思主义世界观，应避免教学语言艰深晦涩，努力使教学语言通俗易懂。

马克思主义是由概念、原理组成的理论性很强的科学体系。如果教师语言无味，平铺直叙，从概念到概念，学生就会感到枯燥乏味而缺乏学习的积极性。毛泽东批评那些不学语言的做宣传工作的同志说："他们的宣传，乏味得很；他们的文章，就没有多少人喜欢看；他们的演说，也没有多少人喜欢听。"他还形象地指出："我们很多人没有学好语言，所以我们在写文章做演说时没有几句生动活泼切实有力的话，只有死板板的几条筋，像瘪三一样，瘦得难看，不像一个健康的人。"有效运用多种具体的启发式教学方法，就要运用丰富生动的教学语言，这样才能激发学生学习的积极性，成功地引导学生确立马克思主义世界观。

（作者单位：教育部社科中心）

团体心理咨询:高校思想政治工作的重要途径

李　平

胡锦涛总书记在党的十七大报告中提出,要加强和改进思想政治工作,注重人文关怀和心理疏导。“心理疏导”是与“科学发展观”、“以人为本”精神相契合的人文态度,是和谐处理人际关系的正确方式,是以人文关怀提升思想政治工作的改革。大学生心理健康教育是新形势下高校全面贯彻党的教育方针,实施素质教育的重要举措,是深化教育改革推进素质教育的核心,是促进大学生全面发展的重要途径和手段,其中团体心理咨询是实现以人为本和开展心理疏导的重要方式。

团体心理咨询是与个别心理咨询相对应的一种心理咨询方式,它以团体为单位,以活动为载体,以自我体验为途径,具备了教育功能、发展功能、预防功能和治疗功能等。团体心理咨询的指导者同时指导多个小组成员,可以节约大量的时间和人力,提高了咨询效率,扩大了咨询的影响,可以缓解因人力不足带来的矛盾;既可解决已经出现的问题,又可对学生中许多有共性的问题起到预防作用。

首先,开展团体心理咨询要充分发挥辅导员和班主任的作用,将日常德育工作和心理健康教育工作相结合。团体心理咨询是辅导员队伍或者班主任队伍营造良好的集体心理环境,建设高度整合的集体的法宝。学生在轻松愉快的氛围里接受有形或者无形的教育,这比纯粹的说教更能深入人心。通过这种活泼的形式,学生能够在体验中感悟成长,深入地了解自我,接纳自我,从而促进学生的人格成长。团体心理咨询可以使辅导员或者班主任在工作中避免粗暴生硬的家长制作风,避免和学生产生心理冲突,从而拉近师生间的距离,为实现更深入更有效的师生间的沟通打下良好的基础。通过团体心理咨询可以了解到学生心理健康状况,为学校开展心理健康教育工作提供有益的信息,同时也可以在开展德育工作的过程中,增强针对性和实效性。

其次,团体心理咨询的师资力量是辅导效果的关键,辅导老师的素质如何直接影响团体心理咨询的效果。心理咨询的目标并不在于改造成员的价值观,也不干预成员的价值观内容,高校心理健康教育工作的成效很大程度上取决于实施教育的队伍的素质。所以,要保证团体心理咨询的质量和效果,关键在于提高辅导教师的水平。要开展针对性的研究工作,要有计划、有组织、有目的地加强对专职和兼职教师进行各种形式的培训,增强他们的责任感、服务意识和自觉接受掌握新观念、新方法与技巧的意识,提高他们开展心理健康教育工作所需要的专业知识水平、技能、业务水平和科研能力。

最后,根据大学生心理发展规律,有针对性地开展团体心理咨询工作。大学生中常见的心理问题主要有人际关系问题、恋爱问题、学习问题、情绪问题等。这些问题在不同的年级中的表现也呈现出一定的规律,一年级的新生适应问题,二年级的人际交往问题,三年级的恋爱情感问题,四年级的求职择业问题等。开展团体心理咨询就要针对大学生中带有普遍性和规律性的问题,去思考和设计适合学生需要的活动方案,这样才能获得预期的效果。实践证明,在解决大学生心理困扰、挖掘个人潜能、增强自信及人际交往等方面,团体心理咨询比个别心理咨询成效更为明显,是改善大学生心理素质的有效途径。

(作者单位:北京联合大学)

思想政治教育的政治性不容淡化

秦　更

思想政治教育是我们党在新时期团结和引领广大人民群众全面建设小康社会的思想法宝。正是认识到这一重要性，最近几年，党中央不断提出要加强和改进思想政治教育，教育部也先后出台一系列文件，思想政治教育被重新作为一个单独的二级学科置于马克思主义理论一级学科之下，所有这些都为思想政治教育学科的繁荣和发展，提供了有力的政策支撑和理论基础。然而，学科的繁荣并没有带来思想政治教育实际效果的极大提升，反而在有些方面还有所弱化，尤其是在关系社会主义前途命运的政治层面，整个社会陷入了市场经济的迷雾，政府官员法政理念的树立和公民的有序政治参与都没有得到根本改善。出现这种状况不能简单地归结于市场经济和社会转型，而是我们在不断扩大和发展思想政治教育的内涵和外延时，忙于枝叶的繁茂，却忽略了创新和发展思想政治教育最本质的政治性内容。没有人会去否定思想政治教育的政治性，但在实际工作中，思想政治教育的“去政治化”思潮从来就没有停息过。

一、思想政治教育的内容本质决定了它的政治性

我们的思想政治教育是党的教育，是社会主义性质的教育，它直接面向青年学生、人民群众和党团干部，服务于党的事业，是完成党的各项任务的重要保证。思想政治教育的党性原则决定了“坚持马克思主义为指导，是思想政治工作一条不可动摇的基本方针原则”，进而决定了思想政治教育的内容必须是以共产主义的理想信念教育为核心。理想信念教育从来就不是泛泛的道德说教或是未来文明社会行为方式的指导，它是隶属于社会意识层面的教育，是把共产主义价值观“灌输”于人民大众的意识形态教育，而共产主义恰恰是马克思主义最根本的社会政治理想，是政治作用于社会的完美实现。

基于这种共产主义价值观的思想政治教育，其具体教育内容只能是围绕着以理想信念教育为核心的政治教育来开展。目前，国内对于思想政治教育的内容结构比较趋同的看法是，思想政治教育包括思想教育、政治教育、道德教育、心理教育四大内容系统，“思想教育是先导，政治教育是核心，道德教育是重点，心理教育是基础”。“政治教育是核心，是指政治教育在思想政治教育诸内容中居于主导地位，决定着思想教育、道德教育、心理教育的性质、方向、内容和效果”。必须加以明确的是，政治教育核心地位的确定，并不是由某某专家说了算或某某官员定了算，也不是我们国家所独有的特色，而是国家在长期的阶级变迁中，统治阶级为将其政治文化内化于人们并达到其所要求的政治素质，而必须采用的一种观念性政治行为，其目的和内容决定了它的地位。思想政治教育在实行中为有效达到其政治目标而往往采用各种各样的教育形式，所有这些外显形式都应当只是现象而不能代替思想政治教育的政治性本质。

二、当前思想政治教育“去政治化”的几种主要倾向

1. 思想政治教育泛德育化。这是思想政治教育“去政治化”最主要、也是最有争议的话题。党的思想政治教育和德育教育在终极目标取向

上是一致的，都是为培养全面发展的现代化人才服务的。由于传统的伦理政治化和政治伦理化的影响，我们的思想政治教育和德育教育在长时期内一向是你中有我，不分彼此。虽然在改革开放前一度出现用政治教育代替道德教育的极端做法，但在改革后的教育发展中，以政治教育为主的思想政治教育有不断向德育教育趋同的态势，这固然对于缝合文革所造成的“政治泛化”裂缝有着积极的作用，却也不可避免地走向另一个不讲政治、只讲道德操守的极端。发展社会主义市场经济作为一种经济手段，在内容上并无特定的生活信念，但它无形中倡导的趋利原则却对道德文化有吞噬性、非兼容性。由于市场经济不完善所间接导致的道德水准下降和行为规范失调，必然会引起所有教育者对于人们品德行为教育的重视，思想政治教育者不可避免地也要对这些社会现实给予关注，但这不应当是思想政治教育的核心和全部。思想政治教育不能演变为只教人们分清善与恶、诚实与虚伪等道德概念，它的核心在政治和理想信念。

2. 思想政治教育泛心理咨询化。这也是目前一种较为普遍的现象。思想政治教育中的“思想教育是依据一定的哲学思想及其方法论对受教育者施加影响，以帮助受教育者树立一定的世界观、价值观、人生观及其思维方式的教育”。在这个过程中，思想政治教育要运用到心理学的方法，尤其是运用心理形成的知、情、意、行四要素来研究思想政治教育的规律和方法。心理咨询对于促使咨询者形成良好个性和健全人格起着重要作用，健康的个体对于思想政治教育的有效实现也是很有帮助的。然而，有许多思想政治教育者习惯于把思想问题和心理问题混为一谈，热衷于对教育者进行个体心理咨询和群体心理预防，以为只要受教育者心理健康就达到了思想政治教育的目的。这种以心理咨询代替世界观、方法论教育的方法，错误地以为人的正确思想会在健康的心理基础之上自然而生。事实上，思想政治教育者所要做的是要学会借鉴心理咨询的方法来进行思想教育。

3. 思想政治教育泛“多元化”。这里所说的“多元化”并不是说思想政治教育指导思想的多元，而是特指思想政治教育在具体的研究和运用中取向的过杂和方式的混乱。有些业务部门和思想政治教育工作者，借口思想政治教育效果不好，试图以通识教育、博雅教育等来挤占甚至代替思想政治教育，致使一些高校思想政治教育存在边缘化、市场化倾向，缺乏理论性与主导性，存在过分注重个体、眼前、具体问题等现象，如过分注重个体心理层面、教育方式、现实利益，过分注重对国外学科知识、具体做法的借鉴和引进，忽视对普遍问题、全局问题、本质问题、长远问题的研究与解决。这些所谓的“多元研究视角”，有些是有利于思想政治教育学科发展的，有些则完全是打着思想政治学科的幌子来试图冲击思想政治学科应有的政治性。其危害就在于把思想政治教育搞成了一锅“八宝粥”，什么豆子都可以往里放，无原则的视角创新和形式创新，只会淡化并损害思想政治教育的政治权威性，最终影响教育有效性。

三、要坚持和发展思想政治教育的政治性

1. 要强化和改进对领导干部的政治教育。思想政治教育工作能否真正有效开展，做到讲政治，关键是看领导干部对于思想政治教育的认识。事实上“思想政治教育的力量具有真理教育与政治权力的双重力量，它在表面上是一种教育力量，实际上获得政治权力的支撑，政治力量发挥了重要的作用”。要真正有效获得这种政治权力的支持，就必须加强对领导干部的教育，它们的最终结果必然是相得益彰的。对领导干部的思想政治教育工作做得好，他就必然会从根本上重视思想政治教育，重视它的政治性，有力推动它的发展，而不断发展的思想政治教育也必然会在教育效果上有所精进。要加强和改进对领导干部的思想政治教育，巩固这种教育的政治性，还有一个重要的原因在于领

导干部的政治清明度，在总体上影响着群众性思想政治教育的声望和实效。个别领导干部不讲政治，不讲大局，利用手中权力为一己谋私，虽然是少数，对思想政治教育效果的冲击却是巨大的。在一个充斥腐败的社会环境下，是不可能产生什么有效的思想政治教育的。

2. 要端正新时期思想政治教育的指导思想。要在马克思主义指导下开展党的思想政治教育，并根据时代的转换来确定思想政治教育的具体指导思想和服务目标。在新民主主义革命和社会主义建设初期，出于夺取政权和政治斗争的需要，我们的思想政治教育要完全服从服务于政治；在改革开放的初期，我们把党在社会主义初级阶段的基本路线作为主要指导思想，思想政治教育就要为"一个中心和两个基本点"的贯彻和实现服务。进入新世纪，改革开放进入攻坚阶段，转型期社会矛盾不断凸显，我们应以什么作为思想政治教育的指导思想呢？单一的政治灌输显然已不符合时代要求，而单纯地为经济建设服务也出现了不少问题，新的时代呼唤新的理论，科学发展观与和谐社会理论应运而生。科学发展观与和谐社会的内在统一性从根本上超越了"左"与右的困扰，把经济、政治、文化和社会建设统一于社会主义和谐社会建设的伟大工程中，在其指导下的思想政治教育也必然服从服务于全面建设小康社会与社会主义和谐社会这个新时期党和人民的最大的政治。

3. 要坚持有原则地不断开发政治教育的新思维、新手段。思想政治教育是一门原则性很强的学科，任何时候、任何情况下都不能以发展的名义否认或破坏它的政治性原则。"不少同志片面地总结历史教训，认为一讲思想斗争和严肃处理就是'左'，只提'左'不提反右，这就走到软弱涣散的另一个极端"。当前社会是一个异常开放的社会，电子传媒广泛的受众性使信息不再被少数人所独享，多元思想文化的冲击和开放的空间对思想政治教育提出了空前的挑战。思想政治教育必须要突破传统，必须要创新才能获得生命力。虽然我们没有必要回避它的意识形态性，因为既然确认马克思主义基本原理的真理性，它的意识形态性与科学性、学术性就应当在根本上是一致的。但我们一定要强化它的教育性，这是由学科建设的目的目标决定的。所以说，在当前，"左"的生存空间还有，但已不是很大。思想政治教育在内容上面临的主要问题是防右，防范其政治性的失位，而在实现形式上必须要突破"左"与右，就算是不以思想政治教育的名义来进行思想政治教育，也一定要贯彻原则的坚定性和形式的灵活性相统一的方针。

（作者单位：中山大学教育学院）

大学生创业观的调查与加强创业教育的对策研究

王　丽

目前，随着大学生就业日趋激烈，大学生创业开始逐渐为社会各界所关注。创业教育正是顺应改革潮流而诞生的崭新的教育理念，它是大学生掌握创业知识，提高创业能力，树立正确的创业观的重要途径，是高校解决大学生就业问题的有效手段之一。

在查阅大量相关资料的基础上，通过对在校大学生创业教育现状、大学生创业观念、创业能力等方面的调查和分析，发现要培养大学生良好的创业意识和较高的创业能力，关键是创建对大学生进行创业教育的有利环境和条件。高校必须构建完善的创业教育体系，采取行之有效的方法，以培养和造就千百万具有创新精神和创业能力的高素质人才。

一、对当前在校大学生创业情况的调查和分析

（一）调查对象

调查对象共计 1248 名本科生，其中一、二、三、四年级各 312 人。调查内容涉及大学生创业教育现状、大学生创业意向、创业知识掌握情况、对国家创业政策的了解程度、对学校创业教育的满意程度等几个方面。

（二）数据分析

1. 大学生的创业意向较高但创业准备不足。调查数据表明，有 802 名学生想创业，占被调查学生的 64.3%。但在 802 名想创业的学生中只有 45 名学生认真考虑过如何创业，绝大多数大学生对于创业的认知还停留在空白状态，对于创业的流程和内容基本不了解；对于与创业相关的国家法律、工商、税务、金融等规定和国家对大学生创业的优惠政策以及各政府部门的具体职能都不甚了解。

2. 大学生对创业顾虑重重。当问到学生不选择创业的原因时，很多学生是“怕”字当头，有 25.9% 的学生害怕创业失败，24.8% 的学生怕家长或朋友反对，还有 9.6% 的学生怕创业不成耽误自己将来的发展，39.7% 的学生担心筹集不到创业资金。

3. 大学生渴望学校加强创业教育。调查中只有 87 人，占被调查人数的 7% 知道学校曾经开展过创业教育，其余的都不清楚。绝大多数(81.6%)学生渴望学习创业知识，希望学校开设创业系列课程、多邀请一些创业成功的校友进行现身讲座、开展创业的模拟训练、提供必要的实践机会和实习场所，以提高自己的创业能力。

二、高校开展创业教育的对策

（一）营造创业的文化环境

文化环境是一种无形的力量，使人形成内在的动力，改变人的思想和行为。营造良好的创业文化氛围是培养创业精神的重要途径。学校要制定鼓励学生创业的有关政策，并形成一种创业制度，激发学生的创业欲望；设立创业基金，提供资金支持，设立专门机构，为学生创业提供各种配套服务；开展各项活动，如创业设计大赛，培养学生的创业观念、创业精神；通过各种舆论工具，支持、鼓励创业，宣传创业典型，使大学生敢于创业、乐于创业，充分激发广大青年学生的创业热情，构建一个有利于创业意识和能力培养的浓厚氛围。

（二）构建完善的创业教育课程体系

有效的创业教育体系是实现创业教育目的

的支撑。高校必须改革传统的教学模式，增设创业教育课程，将其列为必选科目，系统介绍创业理论、创业知识、创业技能、创业案例等；增加跨专业、跨系科的公共选修课，主要传授与创业相关的经济、管理、法律等方面的知识，为学生构建以专业知识为基础的综合性知识结构，为有志于创业的在校大学生提供一个获取创业知识的平台。

（三）科学设置教学环节

开展创业教育决不能拘泥于课堂知识的灌输，还要注意传授发现问题、分析问题的思路和程序，培养学生灵活运用各类知识解决实际问题的能力。如可以在课堂上考虑采用创业案例进行教学，向学生直观、生动地展示成功创业者的创业精神、创业方法、过程和规律，培养学生良好的自主创业意识，树立全新的就业观念；启发学生的创业思路、拓宽其创业视野；培养学生创业的基本素质、能力和品质；通过在课外开展创业计划大赛、创业交流，开设创业教育课讲座等丰富多彩的形式实施创业教育；还要定期举办对话交流论坛，邀请创业成功人士直接与学生进行面对面地对话，解答其在课堂学习中和实际创业中的疑难问题，帮助学生分析创业成功与失败的原因，为其提供创业借鉴与指导。

（四）加强创业教育师资队伍建设

师资是创业教育课程教学的关键，高校要通过培训或鼓励教师创业实践，从而形成自己的具有实际经验的专职教师。例如：高校可以出资送骨干参加教育部举办的创业培训，使大学老师通过培训知道怎样进行创业，从而能在创业教育教学中懂得如何去传道；另一方面，高校应制定一些新的激励措施，鼓励教师在保证教学科研的情况下到创业一线去兼职，有计划地每一至两年选派有潜力的青年教师开展创业实践，培养他们的市场意识和市场运作经验，从而使他们明白在创业教育教学中如何有针对性地解惑。同时也可以请一些企业、一些经验丰富的成功企业家、创业者、技术专家做创业基地的兼职教师，引进或聘任工程技术和科研类人员、经营类人员、法律类人员、企业类人员、社会学类人员，形成不同类别、不同层次的创业教育师资队伍。高校应将教师的创业培训放在与鼓励教师考研、考博同等的位置上。

（五）建立创业实习基地

创业教育不是用嘴说的，要让学生在实践中感悟体会，学校有责任和社会建立多种联系，创造各种条件，让学生与社会接轨，帮助学生到一些单位去实践体验，有目的、有计划地组织学生参加社会实践，并可将毕业设计或研究课题与实际项目结合起来。同时，还应聘请基地领导和工程技术人员担任社会实践活动指导教师，直接指导学生开展活动。基地建设要具有融教学、科研、生产、育人于一体的综合功能。学校要积极探索把握新形势下高校创业实践的特征、规律，使其在内容、方式上以及深度、广度上不断发展，呈现多层次、多方面、多种模式循序渐进、递次上升的趋势。

（六）建立大学生创业专项基金

大学生启动资金不足的问题，是制约大学生创业的最大问题。因此，学校应理顺融资渠道，建立完善的风险投资机制，积极探索利用技术、专利、知识、信用等担保的融资机制，还要扩宽进入领域，为大学毕业生创业开通“绿色通道”。

（七）建立方便快速的创业信息网络体系

高校应该不断完善创业的信息环境，建设一个覆盖全国的创业信息网络体系，做好大学生创业方面的调查研究和信息收集工作，并通过不同的渠道和方式公布调查结果和信息，让大学生能够准确、快速地了解和掌握相关的信息和资料。

三、对大学生进行创业教育的预期效果

（一）树立正确的创业观

通过各种形式的创业教育，使学生明确只要在平凡的岗位上发挥自己的聪明才智、开拓创新、有所作为、有所贡献就是创业，即开办企

业，自己当老板，发展经济，满足人们物质需求是创业；在平凡的工作岗位上开拓进取，建功立业也是创业；到艰苦地方，到祖国最需要的地方去发挥聪明才智，推动当地经济社会的发展和进步更是创业。

（二）树立坚定的创业意识

创业意识是指在创业实践活动中对人起动力作用的个性倾向，包括需要、动机、意志等心理成分。创业意识支配着创业者对创业活动的态度和行为，规定其态度和行为的方向和力度，具有较强的选择性和能动性。作为新时代的大学毕业生，不仅要树立自我的创业意识，实现自身价值，更要树立为社会服务的创业意识，为国家艰苦创业的伟大理想与坚定信念，以及为人民服务的精神。不能把一切希望都寄托在父母、学校和接收单位上，要有敢为天下先的勇气。

（三）不断提升创业品质

创业品质是对创业者在创业实践过程中的心理和行为起调节作用的个性心理特征。它指的是创业者的独立性、果断性、坚韧性、创新性等心理品质，是创业者个性人格特点的展示。自信心、进取心与事业心和敢于创新、探索的精神是成功创业的基本素质。大学生长期身处校园，对社会不甚了解，思想还未完全成熟，热情有余而吃苦精神不足，缺乏坚强的意志，不懂得对创业进行理性思考，在创业过程中必然会遇到很大的困难与挫折。要通过创业教育使大学生拥有良好的创业心理，养成良好的创业品质。

（作者单位：河北工业大学）

"马克思主义理论学科建设与思想政治理论课"研讨会综述

李玉峰

为了更好地推动马克思主义理论学科建设，更好地实施高校思想政治理论课课程新体系，由高等教育出版社《思想理论教育导刊》主办的"全国高校马克思主义理论学科建设论坛"第三次学术研讨会于9月15—16日在北京举行。来自全国各高校的近70位专家学者，围绕马克思主义整体性、马克思主义理论学科与高校思想政治理论课的关系等问题，进行了深入探讨。

整体性是马克思主义理论学科的重要特征和学科规定性。坚持整体性原则不仅是建设好马克思主义理论学科的需要，更是高校加强马克思主义理论和思想政治教育的需要。为了更加透彻地理解马克思主义整体性，与会学者就马克思主义整体性的内涵、层次、逻辑构成、演进的内在机制，以及马克思主义整体性研究在马克思主义理论学科建设中的地位和作用等问题进行了广泛而深入的探讨和交流。

在对马克思主义整体性内涵的探讨中，有学者认为，从世界观、方法论上理解和把握马克思主义理论的整体性，归根结底是理论与实践的统一。有的学者提出，马克思主义文本呈现的理论内容和逻辑结构体系，正是马克思主义整体性问题的实质。还有学者主张从一级学科整体性、马克思主义基本原理整体性以及研究方式、思维方式整体性出发来理解马克思主义整体性。

在马克思主义整体性的层次问题上，有的学者提出，马克思主义是世界观、方法论，这一点已经说明了它是整体的。它通过三个层次表现出来：第一层次是马克思主义理论的整体性，第二个层次是马克思主义理论学科的整体性，第三个层次是思想政治理论课的整体性。这三个层次的内容是递进关系，马克思主义理论的整体性是马克思主义理论学科整体性的基础，而思想政治理论课的整体性又是以马克思主义理论和马克思主义理论学科的整体性为基础的。有的学者则认为，除了从以上三个层次理解学科建设整体性之外，还必须强调学科理论整体性的基础地位。

在马克思主义整体性的逻辑构成及其演进的内在机制问题上，有的学者提出，实践是马克思主义的总体性范畴，是马克思主义理论内在逻辑的基础。马克思主义就是以实践为逻辑起点和逻辑线索，以若干个中介范畴为纽结联系起来的完整的理论体系。有的学者则从马克思主义整体性的三个层次出发，分别对每一层次通过怎样的逻辑关系构成了马克思主义理论的整体性作了分析，提出了具有整体性的马克思主义理论贯穿于马克思主义三个组成部分，反映三个组成部分之间的内在联系，进而构成了马克思主义理论科学体系等观点。还有的学者认为，理论和实践的统一是马克思主义的基本原理，也是实现马克思主义的价值的唯一途径，因此，理论和实践的统一是马克思主义整体性的内在机理和科学要求。

与会学者认为，马克思主义整体性问题是加强马克思主义理论研究及马克思主义理论学科建设的生命线，是基础性或总体性的规定。有的学者提出，为了回应西方对社会主义发展道路的挑战，必须对马克思主义进行整体性研究，从而提高整体战斗力。也有学者认为，强调马克思主义整体性研究很必要，同时不能忽视对马克思主义具体问题的研究。

对于马克思主义理论学科建设与高校思想政治理论课程关系问题，众多学者从不同角度进行了阐发和讨论，提出了以马克思主义理论学科建设支撑高校思想政治理论教育的思路。与会者学普遍认为，为高校思想政治理论课服务是马克思主义理论学科建设的题中之义，重视并下力气搞好马克思主义理论学科建设，并且把它很好地同思想政治理论课教学有机地结合起来，对于提高马克思主义理论教育和思想政治教育的质量，推动马克思主义理论和思想政治教育不断获得新的发展，具有重要的意义。

在马克思主义理论学科与高校思想政治理论课的关系问题上，有的学者提出，过去高校马克思主义理论学科建设没有跟上，缺乏一个科学的学科体系，设立马克思主义理论一级学科就为学科体系和课程体系更好地相适应奠定了基础。为了更清晰地揭示学科建设与高校思想政治课的关系，有的学者在详细分析高校思想政治理论课演进的基础上，阐发了“05方案”的特点：以全面发展的观点，特别是以育人为本、德育为先的全面育人的观点，展开新一轮思想政治理论课程的改革和建设。对于二者的关系，学者认为，“渗透论”较为正确地阐明了马克思主义理论学科对思想政治理论课程的支撑作用，更接近于马克思主义理论学科和思想政治理论课程建设的内在联系。

还有学者提出，马克思主义理论学科建设与思想政治理论课是交叉关系、双向互动关系。交叉关系论者认为，高校思想政治理论课程建设应是马克思主义理论学科建设的基础，具体体现在为学科建设提供人才基础和实践基础，为此，应当动态地研究、把握二者的关系，关注二者之间的相互渗透与融合。双向互动论者则认为，二者存在相互促进、互为支撑的关系，主要表现在两个方面：马克思主义理论学科建设是思想政治理论课建设的学理基础和学科支撑，而思想政治理论课建设是马克思主义理论学科建设的实践基础和现实支撑。

在从不同角度阐释二者关系的同时，与会学者还就如何更好地实现学科建设同课程建设紧密结合的问题发表了意见。有的学者提出，加强学科建设是提高教学质量的重要基础和条件，要把在教学中遇到的困难和问题及时地列入学科建设的内容，同时也要把学科建设的成果及时地转化到教学中去。有的学者认为，作为基础性理论建设，对马克思主义理论学科建设要进行系统、全面的科学研究。但这种科学研究不是孤立的，而要同课程建设紧紧地联系在一起，为课程建设和教学服务。因此，现在开设的四门思想政治理论课，要求有相应的学科与之对应。

为了实现学科建设更好地为思想政治理论课服务的目的，有的学者提出，学科点要研究思想政治理论课教学与工作中遇到的热点、难点问题，要从理论上研究并予以回答。有的学者认为，必须注意解决高校中存在的科研与教学相脱节的问题，注重马克思主义传播史的研究，学习和借鉴好的经验和做法，推动马克思主义理论教育。还有一些学者从高校思想政治理论课教师队伍建设的角度提出了自己的看法。他们主张，思想政治理论课教师应当首先明确自己的学科归属，他们不仅是思想政治理论课教育教学的主力军，还应当成为马克思主义理论学科建设的中坚力量。同时，必须提高科研自觉性，思想政治理论课教师应当努力走科研与教学并重的路子。有的学者认为，马克思主义理论学科建设队伍必须以从事马克思主义理论研究与教学的人员为主体，马克思主义理论学科建设的队伍必须包括高校思想政治理论课的教学骨干和学术带头人，避免出现学科建设与思想政治理论课教师相脱节现象，学科建设队伍必须与思想政治理论课教师队伍统一起来。

与会学者还就学科建设的宗旨、目的、发展规划、学科建设中存在的一些突出问题，以及高校思想政治理论课的教育教学方法等相关问题进行了探讨。

（作者单位：中国人民大学马克思主义学院）

确保马克思主义经济学在高校教学中的重要地位

——“首都经济学家论坛”2007年度专题研讨会综述

姜　冰　崔　云　董宇坤

近日，首都经济学家论坛组织的“高校马克思主义经济学教学研讨会”在北京召开。北京大学、清华大学、中国人民大学、北京师范大学、中央民族大学等16所首都高等院校和中共中央党校的20多名专家学者及一线教师齐聚一堂，共同探讨高校马克思主义经济学教学问题。

研讨会由“首都经济学家论坛”副主席、中央民族大学刘永佶教授和论坛副主席、中国人民大学张雷声教授主持。论坛主席、北京师范大学白暴力教授代表论坛组委会作主题发言。与会学者一致认为，应加强高校马克思主义经济学的教学与研究，进一步巩固马克思主义经济学的主导地位，使其成为科学分析世界经济、资本主义经济、中国特色社会主义经济的理论基础。对此，高校马克思主义经济学教学工作者责无旁贷。

一、马克思主义经济学在高校教学中的重要地位

马克思主义的科学性决定了它是我们立党立国的根本指导思想。马克思主义是我国哲学社会科学的旗帜和灵魂。作为其重要组成部分，马克思主义经济学为我们认识社会经济问题、发展社会主义经济、建设社会主义和谐社会提供了科学方法和理论指导。因此，马克思主义经济学应成为我国的主流经济学，在高校教学中应确保马克思主义经济学的重要地位。

马克思主义经济学在高校教学中占重要地位有利于青年学子树立科学的世界观、价值观。我国高等院校的职能是为社会主义建设培养高层次人才。因此，高校人才培养必须以马克思主义为指导，而马克思主义经济学教学对于培养大学生科学的世界观、价值观无疑具有重大的促进作用。

从学术上看，马克思主义经济学远远优于、高于西方经济学。对此，白暴力教授进行了系统阐述。

首先，在方法论方面，马克思主义经济学优于西方经济学。第一，历史唯物主义。马克思主义经济学从历史发展过程中考察社会经济形态，而西方经济学是在一个时点上考察社会经济形态，把资本主义经济看成既定的、天生的、自然的，这使得它不能从生产关系入手客观分析经济问题。第二，辩证的方法。辩证法是马克思主义经济学的基本方法，用辩证的眼光认识问题、分析问题是西方经济学所不具备的特点。例如，GDP的度量是西方经济学至今无法解决的难题，而马克思主义经济学以辩证法解决了这一问题：从静态看，GDP是价值的表现，价值可以将GDP统一起来；从动态看，GDP的增长表现为使用价值。第三，系统抽象法。抽象法并非马克思主义经济学独有，但马克思主义经济学的系统抽象法弥补了古典经济学中抽象法的李嘉图恶习，又解决了西方经济学中抽象法不彻底的问题。可以说，系统抽象法是马克思主义经济学具有科学性的重要保证。

其次，在内容方面，马克思主义经济学也远远胜于西方经济学。例如，西方经济学中的投入—产出理论和宏观经济学的分析方法是在马克思再生产理论基础上建立起来的；西方经济学的两大价值理论之一——供求均衡理论，由于不能解决资本度量，从而无法解决供给曲线

问题，由于难以度量效用，需求曲线问题也就无法解决，这样，用供给需求解释价格的西方经济学就成为空中楼阁；它的另一个价值理论——边际生产力理论，是一个虚构的理论，就连严肃的西方经济学家也承认这一点。

二、高校马克思主义经济学教学的现状

为了进一步发展马克思主义，巩固马克思主义在我国的指导思想地位，中央自2004年开始实施马克思主义理论研究和建设工程。马克思主义经济学建设是这项工程的一个重要组成部分，许多高校都以此为契机，充分发挥自身学科优势，积极组织力量推动工程的实施。它们设立了马克思主义经济学教学与科研专项基金，对马克思主义经济学的教学与科研活动提供资金支持，同时还大力开展马克思主义经济学教学与研究的交流与沟通，从而改善了教学效果，提高了科研水平，建设了不少精品课程，发表和出版了不少相关的优秀研究成果。可以说，高校马克思主义经济学教学与科研均取得了很大的成绩。

但高校马克思主义经济学教学中仍存在一些问题。

1.课程设置问题。就专业课而言，部分院校将马克思主义经济学专业课程压缩到公共课课程中，造成马克思主义经济学课时量和课程内容缩减，一些经管类专业甚至不设置马克思主义经济学课程。

2.师资队伍问题。一部分讲授“马克思主义基本原理”的教师为专业所限，对于讲授马克思主义经济学感到力不从心。具有较高素养且愿意从事马克思主义经济学教学与研究的青年教师还比较匮乏。

3.教材建设问题。高校马克思主义经济学教学所使用的教材，由于某些内容与教学实践脱节，缺乏理论与现实问题的结合，尤其是与中国现实问题的结合，空洞、贫乏、无趣，难以引发学生的学习兴趣。

4.课程建设问题。当今，社会经济生活中产生了很多新现象和新事物，如何用马克思主义经济理论解释和说明这些新现象和新事物，是马克思主义经济学课程的重要任务。进一步讲，如何将马克思主义经济学与社会经济现实问题结合起来，用马克思主义经济学理论解释现实问题，如何将马克思主义经济学中国化，都是马克思主义经济学课程建设过程中存在的重要问题。

三、进一步加强高校马克思主义经济学教学的建议

1.改进课程设置。就专业课而言，针对本科、硕士、博士不同层次的需要，经管类等相关专业应设置马克思主义经济学为专业基础课，如马克思主义政治经济学、《资本论》研读等，并保证充足的课时量和内容的系统性；就公共课而言，应保证马克思主义经济学的教学内容，使学生更多地掌握马克思主义经济理论的科学方法，学会运用马克思主义经济学原理认识问题、解决问题。

2.提高教师素养，稳定师资队伍，发挥团队优势。教师自身要坚信马克思主义经济学的科学性，只有自己坚信，才有可能让学生相信。但不可教条式地坚持，要在发展过程中坚持。通过老一辈马克思主义经济学者带引中青年学者的方式等，培养具有较高教学、科研水平的马克思主义经济学教师和研究者，稳定、充实马克思主义经济学教学与研究队伍。积极组织老、中、青学者进行马克思主义经济学问题的集体攻关，形成团队特色，发挥团队优势，积极扩大团队的影响力和渗透力。

3.积极推动教材建设。组织较高水平的马克思主义经济学专家学者与一线教师编著适合不同层次需要的教材。在编著的过程中，要注重理论与现实的结合，特别是与中国社会经济现实问题的结合，同时还应吸收国外相关的优秀研究成果。此外，还可引进、介绍国外优秀的马克思主义经济学教材，积极了解国外马克思

主义经济学的有关动态。

4.大力推动课程建设。这主要体现为加强马克思主义经济学理论创新、体系创新与研究方法创新。结合社会经济现实，促进马克思主义经济学理论创新，扩展马克思主义经济学的研究领域，努力向应用经济学延伸；积极吸收国外马克思主义经济学的优秀研究成果，不断发展马克思主义经济学理论，提高马克思主义经济学的现实解释力。此外，可以通过比较马克思主义经济学与西方经济学的方式等，在研究方法上对马克思主义经济学进行创新。

5.加强交流与沟通。在高校院系之间和国内外高校、科研院所之间定期或不定期进行马克思主义经济学教学与学术研究的交流与沟通，构建多层次的互动平台，可就教学过程中的教材、教学内容、教学手段等交流经验，以提高马克思主义经济学的教学与研究水平。

（作者单位：首都医科大学卫生管理与教育学院；北京师范大学经济与工商管理学院；中央司法警官学院信息管理系）

第十四部分

企业政工与企业文化

致第四届中国企业文化论坛的贺信

刘云山

党的十七大描绘了在新的时代条件下全面建设小康社会、加快推进社会主义现代化的宏伟蓝图。当前，各地区各部门各行业正在深入学习宣传贯彻党的十七大精神，努力把思想统一到党的十七大精神上来，把力量凝聚到实现党的十七大确定的各项任务上来。值此之际，中国政研会以学习宣传贯彻党的十七大精神、大力推进企业文化建设和创新为主题，举办第四届中国企业文化论坛，很有必要，很有意义。我谨对论坛的举办表示热烈的祝贺。

企业文化是企业思想政治工作的重要载体，加强企业文化建设，是加强和改进企业思想政治工作的重要途径。要根据新的形势新的任务新的要求，大力加强和改进企业思想政治工作，不断深化企业文化建设。要进一步提高对企业文化建设重要地位和作用的认识，把企业文化建设作为促进国民经济又好又快发展的重要方面，作为社会主义先进文化建设、和谐文化建设的重要方面，作为推动文化大发展大繁荣的重要方面，努力建设和形成具有鲜明中国特色的企业文化。要坚持正确的政治方向，深入贯彻落实科学发展观，把学习贯彻落实党的十七大精神作为首要的政治任务，把十七大精神贯彻落实到企业生产、经营和管理的全过程，努力推动企业的科学发展、和谐发展和安全发展，推动企业自觉履行所承担的经济责任、政治责任和社会责任。要坚持以人为本，注重人文关怀，注重心理疏导，尊重员工的主体地位，实现员工的全面发展，不断满足员工的物质生活需要和精神文化生活需要，努力实现好、维护好、发展好广大员工的根本利益，调动员工的积极性、主动性和创造性。要认真落实社会主义核心价值体系建设的要求，把培育企业的核心价值观作为重点，努力使体现时代发展潮流、符合社会主义市场经济发展要求、符合企业长远发展的价值观念，成为广大员工的思想共识，内化于员工心中、固化于企业的制度之中，转化为广大员工的自觉行动。要把创新作为永恒的主题，积极创新企业文化建设的理念、思路、内容、方法、途径和机制，充分发挥基层党组织的政治优势，形成企业党政工团建设企业文化的合力，为企业的改革发展提供强大的精神动力和文化支撑。要积极培育企业文化建设的先进典型，总结推广企业文化建设的成功经验，总结推广用正确方式处理人际关系的系列经验，形成更加重视、更加自觉、更加主动地加强企业文化建设的社会氛围，激发企业文化创造活力，努力开创中国特色企业文化建设的新局面。

最后，预祝第四届中国企业文化论坛取得圆满成功！

努力促进中央企业又好又快发展

李荣融

国有经济是国民经济的重要支柱，是全面建设小康社会的重要力量，是党执政的重要基础。中央企业是我国国有经济的主体和国民经济的中坚，肩负着发展壮大国有经济的重任。在经济全球化、市场化的背景下，中央企业要全面贯彻落实科学发展观，不断提高核心竞争力、抗风险能力和可持续发展能力，大力增强国有经济的影响力、带动力和控制力，进而促进国民经济又好又快地发展。

2004—2006年是国资委成立后的中央企业负责人第一个业绩考核任期。三年来，中央企业以科学发展观为指导，认真贯彻落实党中央、国务院关于加强和改善宏观调控的各项政策措施，深化改革，强化管理，加快调整，努力提高核心竞争力，改革发展取得了明显成效。

经济效益和运行质量显著提高。2003—2006年，中央企业主营业务收入由4.47万亿元增加到8.14万亿元，增长81.9%，年均递增22.1%；实现利润由3006亿元增加到7547亿元，增长151.1%，年均递增35.9%；净资产收益率由5%提高到10%，提高了5个百分点；总资产报酬率由5%提高到7.5%，提高了2.5个百分点。截至2006年底，中央企业资产总额为12.27万亿元，比2003年底增长47.4%；净资产总额为5.35万亿元，比2003年底增长48.7%。中央企业第一个任期的三年，资产总额平均每年增加1.3万亿元，主营业务收入平均每年增加1.2万亿元，实现利润平均每年增加1500亿元。初步测算，国有资产保值增值率达到144.4%。

经营机制发生了深刻变化。中央企业及下属子企业的公司制股份制企业户数比重已由2002年的30.4%提高到2006年的64.2%。2003年以来共有33家中央企业首次在境内外公开发行股票并上市。截至2006年底，中央企业控股境内上市公司194家，股本总额、市价总值和流通市值，分别占全部境内上市公司的22%、26%和27%；中央企业控股香港上市公司57家，流通股总股本和流通市值分别占全部香港上市公司的26%和18%。宝钢集团有限公司、神华集团有限责任公司等19家中央企业开展了建立规范董事会的试点。中央企业普遍推进了人事、用工、分配制度改革，157家中央企业在总部机关或二三级公司开展了公开招聘、竞争上岗的工作，建立了一套比较完善有效的全体员工竞争上岗、收入分配与业绩贡献相挂钩的机制。

布局结构进一步优化。在企业自愿的基础上，一些产业关联度高、具有优势互补和战略协同效应的中央企业围绕做强主业进行了联合重组。目前，已有73家中央企业参与了38次重组，中央企业户数已从196家减少至159家，80%以上的中央企业国有资产集中在军工、能源、交通、重大装备制造、重要矿产资源开发领域。通过精干主业、剥离辅业、压缩管理层级、缩短管理链条，大部分中央企业将管理层级初步压缩到三级以内，实现了企业组织结构优化和内部资源的有效配置。

整体素质明显提高，竞争力进一步增强。2006年，中央企业主营业务收入超过千亿元的有19家，利润超过百亿元的有13家，分别比2003年增加10家和7家。有13家中央企业进入2006年公布的世界500强，比2003年增加7家。世界上最主要的金融分析及风险评估服务商标准普尔公司提高了一批中央企业的信用等级。三年来，中央企业积极开展创建资源节约型企业活动，以节能降耗为抓手，带动企业改革、结构调整、技术创新和加强管理，企业管理逐步从粗放型向集约化、精细化转变，风险管理和内控机制逐步完善，抗风险能力进一步加强。

中央企业在自身快速发展的同时，为经济社会发展作出了积极贡献。2003—2006 年，中央企业上缴税金由 3563 亿元增加到 6611 亿元，增长 85.5%，年均递增 22.9%，每年净增加 1000 亿元，三年累计上缴税金 1.7 万亿元。石油石化企业在国内成品油与进口成品油价格倒挂较为严重的情况下，努力加强管理，降低成本，确保国内成品油的稳定供应。电力企业加强电网改造，加快发展农电事业，全面推进“户户通电”工程，保障了电力供应。电信企业在经济社会信息化建设中发挥了重要作用。军工企业深化改革，加快技术创新，按时保质保量完成军品科研和生产任务，为国防现代化建设作出了重要贡献。建筑、建材、商贸等行业的中央企业在承担国家重点建设工程、稳定市场等方面，都作出了重要贡献。

三年来中央企业改革发展的成绩，是在党中央、国务院的正确领导下取得的。实践充分证明，党的十六大关于深化国有资产管理体制改革的重大决定是完全正确的。

从今年开始，中央企业进入了经营业绩考核第二个任期。在新的任期中，中央企业面临新的环境和任务，面临新的挑战和机遇。今后几年，中央企业必须努力实现以下三个方面的目标。一是基本实现建立现代企业制度的目标。股份制改革取得突破性进展，一批企业实现投资主体多元化，具备条件的企业实现整体上市。规范的董事会基本建立，较为完善的公司治理结构基本形成。基本建立起企业决策权与执行权分开和董事会选聘、考核、奖惩经营管理者的机制。企业劳动、人事和分配制度基本与市场接轨。二是基本实现布局结构调整的目标。关系国家安全和国民经济命脉的企业控制力增强，国有资本总量增加，结构优化。中央企业户数调整到 100 家左右。初步形成一批具有自主知识产权和知名品牌、国际竞争力较强的大公司大集团。三是核心竞争力明显增强。主业更加突出，管理更加科学，抗风险能力进一步提高。自主创新能力明显增强，资源节约、环境保护水平进一步提高，基本形成低投入、低消耗、低排放和高效率的增长方式。企业内部形成和谐融洽、充满友爱、精诚团结、蓬勃向上的良好氛围。

第一，加快改革重组步伐，转换经营机制。认真贯彻落实党中央、国务院关于深化国有企业改革的方针政策措施，正确处理国家、企业、个人之间的利益关系，积极推进企业改革与重组。加快股份制改革步伐，有条件的要积极引入战略投资者，实现母公司整体改制、整体上市。不具备整体改制条件的，要加快推进子公司的股份制改革。继续深入推进内部三项制度改革，真正建立起经营者能上能下、人员能进能出、收入能增能减的市场化机制。

第二，立足主业发展，做强做大主营业务。进一步突出和做强主业，优化企业内部资源配置，把资源集中投入到企业主业，严格控制非主业投资，对非持续盈利企业进行清理，通过做强做大主业不断提高企业竞争能力。开展企业投资项目后评价工作，通过对投资活动的事前、事中和事后全过程管理，落实投资决策的责任，提高投资活动的质量和效益，规避投资风险。继续做好主辅分离、辅业改制和分离企业办社会职能工作。要落实政策性关闭破产四年规划，对纳入总体规划的项目，要分类处理，加快推进。要深入细致地做好企业关闭破产后的职工安置和再就业工作，切实搞好社会保险接续工作，维护职工合法权益。

第三，加强企业管理，夯实发展基础。加强战略管理，科学制定企业发展战略，根据国家产业政策和市场变化，及时修订企业 2006—2008 年滚动发展规划，不断提高科学决策水平。要加强产权管理，完善企业产权管理制度，健全产权管理机构和人员。要切实加强营业费用、管理费用和人工成本的控制，不断提高企业财务管理水平和经营运行质量。积极推进财务信息化建设，进一步增强集团公司的财务管理和控制能力。通过向子公司派出总会计师或财务总监，强化对子公司重大财务事项的管控。要加强对担保、应收账款、债务等方面的风险管理，建立健全管理体系，加强对高风险投资业务的监管，规范股票、委托理财、期货、期权等金融衍生品投资行为和操作程序。要继续加强内部审计，建立健全内部审计工作制度，强化内部审计的控制和监督作用，充分发挥内部审计在提高财务决算质量、企业风险水平评估以及内部控制体系建设等方面的作用。继续加快推行以总法律顾问制度为核心的企业法律顾问制度建设，建立健全法律风险防范机制。

第四，强化自主创新和资源节约，推进企业可持续发展。要加大研究开发投入，建立和完善企业技术创新机构，加快高新技术的开发，增加技术创新储备，进一步提高原始创新、集成创新和引进消化吸收再创新能力。要加强知识产权的创造、利用、管理和保护工作，有重点有步骤地构筑知识产权优势，在关键技术和重要产品方面形成一批自主知识产权和知名品牌。要以创建资源节约型企业为主要载体，扎实推进节能降耗工作。通过技术创新、结构调整、科学管理、对标挖潜等措施，不断提高安全生产、环境保护和节能降耗水平。

第五，自觉承担社会责任，在构建社会主义和谐社会中发挥表率作用。中央企业要做依法经营诚实守信的表率，做保护环境节约资源的表率，做以人为本创建和谐企业的表率，努力成为国家的经济栋梁和社会的企业榜样。

随着我国改革的进一步深入和市场的进一步完善，从今年开始，国资委的工作重点，将更多地转向产权管理和资本管理，着眼于培育和发展具有自主知识产权和知名品牌、国际竞争力较强的大公司大集团。

一是要加大中央企业布局结构调整力度。除了中央企业继续自愿重组外，要以出资人为主导，依法推进中央企业联合重组。我们将按照中央企业21个业务板块调整规划，遵循市场规律，认真研究方案和措施，加强组织领导，积极稳妥地推进。出台中央企业国有资本收益收缴管理等相关制度，组织编制中央企业国有资本经营预算规模，在中央企业开展收益收缴试点。组建资产经营公司，以资产经营公司为平台推进中央企业重组和国有资本有进有退、合理流动。

二是要加快推进股份制改革，完善公司法人治理结构。按照新修订的《公司法》要求，建立规范的董事会，完善公司法人治理结构。积极推进中央企业母公司整体改制，引入战略投资者。除了涉及国家安全或国家产业政策禁止外资、民营资本投资的企业外，其他中央企业要逐步改制为多元股权的公司。继续扩大中央企业建立规范董事会试点，并把试点扩大到中央企业中多元投资主体的有限责任公司和股份有限公司。对已建立董事会、外部董事超过半数的试点企业，由董事会决定高级管理人员的选聘、考核、奖惩，并按照有关规定授权董事会行使出资人的部分职权。继续推进企业经营管理者市场化选聘。积极推进中央企业人力资源市场化配置，继续面向社会公开招聘高级经营管理者，指导中央企业加大人才市场化选聘力度。完善激励约束机制，稳步推进国有控股上市公司实施股权激励制度，建立健全规范职务消费的各项制度，深入推进企业分配制度改革。

三是要完善国有资产管理体制，加强国有资产监管。完善业绩考核体系，进一步提高业绩考核水平，紧密结合企业战略规划，完善目标确定机制、分类考核机制、价值创造机制和激励约束机制，加快与董事会评价办法和其他制度的配套衔接，建立健全经营业绩考核谈话制度。继续完善企业国有产权管理制度，加大检查力度。尽快出台股权分置改革后上市公司国有股权转让管理相关办法，完善上市公司国有股权监管体系，继续研究起草股权多元化背景下的产权界定与管理办法、境外企业国有产权管理办法等，形成符合现代产权制度要求、以促进企业国有产权有序流转为重点的企业国有产权管理制度体系。加强财务监督和风险控制，提高企业财务监控力和执行力。逐步深化企业财务预决算管理，积极组织中央企业执行新的企业会计准则，逐步推行中央企业财务信息公开化，提高中央企业财务信息透明度。加强境外国有资产监管，强化重大事项监管力度，规范金融衍生品投资业务，完善内部控制机制，健全风险防范及管理体系。加强总会计师工作职责管理，深化中央企业经济责任审计和内部审计工作，探索建立资产损失责任制度。加快推进企业法律顾问制度建设，进一步建立健全企业法律风险防范机制。坚持和完善外派监事会制度，改进监督工作方式方法。从今年开始，监事会实行当期监督，由检查企业上年情况调整为检查当年情况。

四是要发挥企业党组织政治核心作用，加强和改进企业党建工作。企业党组织的政治核心作用是国有企业的政治优势。我们要继续发扬这一优势，创新党组织发挥政治核心作用的方式和途径，使党组织成为中央企业改革发展的坚强保证。要促进中央企业领导班子理论建设、能力建设、作风建设和制度建设，把中央企业领导班子建设成为团结、和谐、有战斗力的领导集体。进一步理清现代企业制度条件下董事会、党委会、经理层的职责定位，探索企业党组织在决策、执行、监督各个环节发挥政治核心作用的方式方法，探索党管干部原则与董事会选聘经营管理者、经营管理者依法行使用人权相结合的有效途径。

（作者：国务院国有资产监督管理委员会主任）

大力加强企业文化建设和创新 推动企业又好又快发展

高俊良

由中国政研会主办的第四届中国企业文化论坛的主要任务是：全面贯彻党的十七大精神，高举中国特色社会主义伟大旗帜，以邓小平理论和“三个代表”重要思想为指导，深入贯彻落实科学发展观，重点围绕“科学发展、和谐发展与企业文化创新”这一主题，分析形势、交流经验、研究问题，进一步加强和改进企业思想政治工作，推进企业文化建设和创新，进一步增强企业核心竞争力，促进企业又好又快地发展。

一、充分认识加强企业文化建设和创新的重要意义

企业文化是社会主义先进文化的重要组成部分，是企业的灵魂，具有强大的导向功能、凝聚功能、激励功能和教育功能。加强企业文化建设是世界企业管理最重要的发展趋势，有利于全面提高员工素质，增强企业凝聚力和竞争力，夯实全社会科学发展、共建和谐的经济基础和社会基础。我们一定要按照党的十七大精神和中央经济工作会议的要求，从落实科学发展观、建设和谐社会的高度来认识；从促进国民经济又好又快发展的全局来把握；从推动社会主义文化大发展大繁荣，提升国家文化软实力的要求来谋划，站在时代的高起点上，以高度的文化自觉着力加强企业文化建设，推动企业文化创新，促进企业又好又快地发展。

(一)大力加强企业文化建设和创新是贯彻落实科学发展观，努力建设社会主义和谐社会的迫切要求

深入贯彻落实科学发展观、建设和谐社会是全党全社会的一项重大战略任务。企业是国民经济的骨干，是现代社会存在的基础和进步的动力，企业能否做到科学发展、和谐发展，直接关系到国民经济又好又快地发展与建设和谐社会目标的实现。党的十六大以来，广大企业认真落实科学发展观，努力转变增长方式，取得了可喜的成绩。但也应清醒地看到，我国企业普遍缺乏核心技术和关键技术，自主创新不足，劳动生产率和经济效益与国际先进水平还有较大差距；相当多的企业绿色生产的意识淡漠，资源浪费、环境污染严重；不少企业在分配制度的改革中忽视员工的承受能力，甚至出现严重分配不公现象；一些企业无视安全保障，造成重大伤亡事故和生命财产的巨大损失；还有一些企业没有能够处理好深化改革与维护员工切身利益的关系，引起员工的不满。所有这些既阻碍了企业的健康发展，又危及了社会和谐。如何落实中央经济工作会议提出的“把节能减排作为促进科学发展的重要抓手”，把建设资源节约型、环境友好型企业放在企业发展战略的突出位置，进一步引导企业依靠科技进步、提高劳动者素质和管理创新来带动经济增长；如何引导企业真正树立起以人为本的理念，端正经营思想，实现科学发展、和谐发展，迫切需要加强企业文化的建设和创新，为其提供精神动力、思想保障和文化舆论环境的支持。

(二)大力加强企业文化建设和创新是提升企业竞争力、促进企业又好又快发展的迫切要求

当今时代，企业文化越来越成为企业凝聚力、创造力的重要源泉，越来越成为企业特别是大型企业竞争较量的着力点。美国兰德公司认

为，世界500强之所以强，关键在于以文化力致胜，这已成为企业界的共识。随着我国经济发展方式的转轨变型、全面参与经济全球化进程的加快，我国企业面临着前所未有的发展机遇与挑战。企业要抓住机遇、赢得挑战，实现跨越式发展，就迫切需要大力加强企业文化建设，激发企业的创造活力，通过建立企业愿景，形成企业与员工的命运共同体，增强企业的凝聚力和向心力；通过转变企业领导层和员工的思想观念、行为方式，促进企业的管理创新，增强产品和服务的竞争力；通过履行社会责任建立良好的企业形象，增强企业的知名度、美誉度和社会影响力。近年来，中国航天科工、大庆、海尔、蒙牛等一批企业的成功经验和一些企业衰落的教训充分表明，企业要实现又好又快地发展，不仅需要资金、设备、技术、人才等资源的保障，而且需要先进企业文化的支撑。

(三)大力加强企业文化建设和创新是提高员工队伍素质，促进员工全面发展的迫切要求

企业的竞争说到底是人的竞争。员工队伍的整体素质决定着企业的命运。改革开放以来，我国企业不断加强思想政治工作和文化建设，广大员工综合素质有了明显提升。但也应该看到：面对不断深化的企业改革，还有相当多的员工不理解；面对日趋激烈的市场竞争、岗位竞争，还有相当多的员工不习惯；面对日新月异的新知识、新技术，还有相当多的员工不适应；面对“一切向钱看”等不良社会思潮，还有相当多的员工受到严重影响，一些人甚至行为失范、道德滑坡。为此，迫切需要加强企业文化建设和创新，引导广大员工坚定理想信念，树立社会主义荣辱观，把个人的价值追求融入到企业发展、民族振兴的实践；解放思想、与时俱进，正确看待改革发展中出现的矛盾和问题，坚定改革的信心和决心；增强学习意识，提升学习能力，不断提高知识水平和业务技能，把个人的理想抱负化为立志图强、创造崭新业绩的实际行动，形成企业快速发展与员工全面进步的良性互动。

二、当前企业文化建设和创新要突出抓好的工作

党的十七大和刚闭幕的中央经济工作会议强调，要“加快转变经济发展方式，走中国特色新型工业化道路”，“提高自主创新能力”、“稳中求进”、“好字优先”。企业文化建设要紧紧围绕这些要求，谋篇布局，狠下功夫，站在时代的前沿，深刻分析企业改革与发展的趋势，以宽广的视野和与时俱进的精神，把握好当前企业文化建设和创新的主要任务。

(一)树立几个核心理念

企业的核心价值观是企业改革发展的根本理念，是企业文化的核心。建设优秀的企业文化，推动企业文化的创新，必须从企业的实际出发，从创新观念、建立先进的核心价值观入手。

1.要坚持把科学发展观作为企业工作的统领。理论是变革的先导。历史反复证明，我们党每一次重大的理论创新，都会带来经济社会的巨大进步。“发展是硬道理”与“建立市场经济体制”的提出，从根本上改变了我国的经济运行机制和企业生存法则，造就了今天企业万马奔腾的局面，成就了一大批企业领军人物。科学发展观是马克思主义中国化的重大理论创新，是新世纪新阶段我们党提出的重大战略思想，必将再一次对我国的经济社会产生根本性、全局性的影响，使我国的经济生态、企业经营环境、生存和竞争方式发生历史性的变革；必然给那些自觉坚持科学发展的企业带来新的历史机遇，从而实现新的跨越；必将使那些抱残守缺、不求进取、缺乏创造活力的企业难以为继、淘汰出局。因此，企业必须树立科学发展、和谐发展的理念：由主要依靠增加物质资源消耗向主要依靠科技进步、提高劳动者素质、管理方式的创新转变；在强调依靠员工搞好生产的同时，更加强调满足员工的物质和精神需求，注重人文关怀和心理疏导，促进员工的全面发展；更加强调管理的现代化、科学化、人性化，节约发展、清洁发展、安全发展；更加强调发展的速度和质量效

益的统一、经济效益与社会效益的统一。

2.要坚持把和谐发展作为企业的基本价值取向、评价标准和重要思想方法。“社会和谐是中国特色社会主义的本质属性”。“家”和万事兴，只有保持和谐，企业才能实现又好又快地发展。要改变只顾股东和管理层利益而不顾员工利益的错误倾向，真正把“和谐”作为企业的基本目标：努力形成员工内心和谐与友好互助的人际关系；努力形成劳动、资本、技术和管理活力竞相迸发，员工各尽所能又各得其所的生动局面。要扭转以透支资源环境、损害消费者权益牟取利润的错误倾向，摈弃非此即彼形而上学的思想方法，真正做到统筹兼顾，理顺企业与自然、企业与社会、企业改革发展与稳定、员工当前利益与长远利益等重大关系，努力实现效率与公平、经济效益与社会效益的统一。要克服盲目扩张、片面追求利润的倾向，树立正确的政绩观，真正把员工、客户、合作伙伴及社会的满意不满意作为重要评价标准，在各种评选表彰和干部考核中突出反映“和谐”的要求，努力营造崇尚和谐、促进和谐的良好氛围。

3.要坚持把创新作为企业发展最重要的动力源泉。随着经济全球化的深入发展、科技进步的日新月异和市场竞争的日趋激烈，产品的科技含量越来越高，生命周期越来越短，创新越来越成为企业兴衰的决定性因素。谁在创新上占据优势，谁就在发展中赢得先机。统计表明，我国GDP现在已居世界第四，预计2007年底达到24万亿元人民币，相当于3万亿美元；财政收入预计将超过5.1万亿人民币，同比增长31%左右；我国外贸顺差将达2000多亿人民币，外汇储备已突破1.43万亿美元，现在形势是非常好的。但我们拥有自主知识产权的企业仅为万分之三，一半以上的技术需要从国外引进，99%的企业没有专利，90%的出口产品是贴牌产品。《商业周刊》2006年公布的全球100个著名品牌中，美国占了50个，欧洲占了38个，而我国一个也没有。许多行业只能依靠廉价劳动力换取微薄利润，成为国际产业链的末端。我们要摆脱这种状况，使我国从制造大国转变为创造强国，必须坚持走中国特色自主创新的道路，增强企业创新的危机感和紧迫感，“强化企业主体地位”，努力形成“以科技进步和创新为基础的新竞争优势”。为此，要大力培育创新意识、创新观念，激发广大员工的创新活力，点燃他们的创造激情；挖掘他们的创新智慧，大力培育敢为人先、乐于挑战、勇于冒险的创新精神和求真务实的科学精神；大力培育勤于思考、善于创新的思维方式和百折不回的心理素质、宽容失败的良好氛围。大力树立尊重知识、尊重人才、尊重创造的良好风气，大力造就生产一线的创新人才，积极建立鼓励创新、褒奖创新的有效机制，形成人人学习、人人创新的生动局面。

4.要坚持把承担社会责任作为企业的崇高价值追求。中央经济工作会议明确指出，要“强化企业社会责任”。承担应尽的社会责任，是和平发展的时代主题与竞争、双赢的时代特征所决定的，既是对企业的要求，又是新阶段企业自身发展的必然选择。许多著名企业的实践充分证明，强烈的历史使命感和社会责任感是企业基业长青的文化根基。如中国航天科工把“国家利益高于一切”作为核心价值观，同仁堂药业以“同修仁德，济世养生”为精神追求，等等。这些企业在践行社会责任的同时，也使企业的形象和凝聚力不断提升，实现了义利兼修，长远发展。当前，我国企业正处于继技术、管理两次大提升之后的第三次提升阶段，即社会责任、形象提升阶段。争做优秀的企业公民，成为提升企业竞争力的关键。任何只求经济效益、不顾社会效益，只求自己发展、不顾别人发展的企业，很难得到公众的支持、市场的青睐和员工的追随。企业一定要抓住这次机遇，在自身发展的基础上，更加自觉地承担应尽的社会责任，为促进员工的全面发展、现代工商文明的形成、人与自然的和谐以及社会的进步作出贡献。

(二)以社会主义核心价值体系为根本，推进企业价值观体系建设

企业精神、企业使命、企业愿景等核心价值观是对企业宗旨、目标和发展战略等企业基本问题的定位，解决的是企业全局性、方向性、根本性的问题。要使它们落地生根、开花结果，为广大员工思想上理解、感情上认同，成为一种思维方式、行为习惯，发挥对企业各项具体工作的指导、激励和规范作用，就必须将它们延伸、展开，细化为企业管理各个环节的具体理念，转化为企业的市场观、营销观、人才观、质量观、安全观、品牌观等，形成较为完备的理念和价值体系；就必须把这些理念固化为企业的各种规章制度、工作标准、职业道德、岗位规则、礼仪规范，从而将它们融入企业管理的全过程，渗透到相应的管理环节，特别是要在企业奖惩、人才培养与干部任用的制度上充分体现企业的价值取向，在激励约束中强化理念、实现导向、规范行为，使无形的理念转化为有形的力量，做到软硬结合、刚柔并举。

（三）创新企业文化建设的形式与方法，大力推进价值观认同

文化之所以为文化，在于它的大众性、社会性。企业文化的主体是广大员工，只有被广大员工接受、认同并成为他们自身思想、工作、生活的理念，才是真正的企业文化。要克服企业文化建设只重形式不重内容，标语化、口号化的倾向；消除对“企业文化是企业家文化”的误解，确立广大员工在企业文化及其建设中的主体地位，在引导员工广泛参与、理解认同，形成与企业的心理契约上狠下功夫，使企业家的先进管理思想走出办公室，成为全体员工共有的价值观。要创新形式、创新方法、创新载体，不断增强企业文化的传播力、亲和力、渗透力。要通过各种途径，广泛深入宣传企业的价值观，使其进车间、进班组、到员工。要以文化人，采用编寓言、讲故事等具有知识性、趣味性的方式传播先进理念，春风化雨，润物无声。要把企业文化作为企业培训的重要内容列入计划，通过引导式、教练式、实践式的培训，引导员工深化对企业价值观的理解，真正做到入耳、入脑、入心。要与各种创建活动相结合，把企业文化宣传渗透到文明评比、各类竞赛、庆典礼仪、美化环境和其他文体活动中，增强活动的思想文化内涵，使员工在各种生产、学习、文化活动中实践文化、体验文化、感悟文化。要充分发挥榜样的力量，善于寻找和培育员工身边的楷模，以身边人带动身边事，以身边事感染身边人，形成学先进、争先进的良好氛围。要加强企业文化的对外传播，通过公关、品牌推广等形式，树立企业的良好形象，增强企业的凝聚力，增强员工的自豪感、荣誉感，促进员工对企业价值观的认同。

三、当前企业文化建设和创新要把握好的几个问题

企业文化建设和创新是一项长期性、全局性、战略性的工作，直接关乎企业改革发展的全局，涉及企业生产经营管理的各个方面。必须结合深入学习贯彻十七大精神，落实科学发展观，把握方向、理清思路、突出重点，努力增强工作的针对性、实效性。

当前，企业文化建设和创新要着重把握好五个方面的问题。

（一）必须始终坚持先进文化的前进方向

中国特色社会主义理论体系是马克思主义中国化的最新成果，也是我们党和全国各族人民团结奋斗的共同思想基础。企业是社会主义建设的主力军，只有坚持这一共同思想基础，才能使企业的发展与国家的建设相适应，建设好符合先进文化要求的企业文化。要坚持以中国特色社会主义理论体系为指导，以社会主义核心价值体系为根本，在弘扬中华民族传统优秀文化和继承企业优良传统的基础上，积极吸收借鉴国内外现代管理和企业文化的优秀成果，使我们的企业文化更具有鲜明的实践特色、时代特色，丰富的管理内涵和强大的生命力。

（二）必须始终坚持以人为本

以人为本是科学发展观的核心，也是企业文化的本质。坚持以人为本，要特别强调不仅把员工作为生产力要素，更要把满足广大员工

物质和精神方面的需求作为生产、管理的重要目的；不仅把员工作为劳动者，更要把员工作为利益相关者；不仅把员工作为生产的主力军，更要把员工作为企业的主体和国家的主人。调动员工的积极性、主动性，挖掘员工的潜能，不仅是为了企业的发展，同时也是为了实现员工的自身价值，促进员工的全面发展。为此，就是要强调把尊重人、理解人、关心人、帮助人作为企业管理的基本原则，发挥员工在企业文化建设和创新中的主体作用，尊重员工的首创精神，倾听员工呼声、反映员工意愿、激发员工才智、汇聚并依靠员工的力量，让员工分享企业发展的物质成果和精神成果；就是要强调把广大员工的认知度、认同度、满意度作为检验企业和企业文化建设成果的重要标准。

（三）必须始终坚持重在建设

重在建设，是我们党推进文化建设的基本指导方针。任何一种文化形态的生成与发展，都是一个逐步积累的过程。要建设优秀企业文化，培育先进的企业价值观和经营管理理念，并被广大员工认同，形成思维方式和行为习惯，就更应该强调重在建设。要把企业文化建设和创新作为一个持续推进的过程，通过坚持不懈地努力，积少成多，聚沙成塔，形成引领企业发展的文化潮流。要树立新的企业文化建设观，以企业发展为主题，以企业改革为动力，不断释放知识和文化的力量，增强企业文化软实力。要从企业文化的人文基础、发展环境、生成的具体环节抓起，持之以恒、探索实践。要注重用交流、讨论、解决实际问题等民主的方法解决员工的思想认识问题，在为员工解疑释惑、排忧解难的同时，彰显文化魅力、增进文化认同。

（四）必须始终围绕服务于企业改革发展这一主题

胡锦涛总书记在中央经济工作会议上突出强调："改革始终是推动经济社会发展的强大动力。过去取得的成就靠改革，今后的发展仍然要靠改革。"最近，印度总理辛格也号召印度举国上下，学习温家宝总理在新加坡国立大学的演讲，学习中国改革开放的成功经验。促进企业改革发展既是企业文化的价值所在，也是企业文化生命的源泉。企业文化建设只有及时发现、紧紧抓住企业改革发展稳定中的重大问题、突出问题、关键问题，促进其解决，才能避免做表面文章、避免花架子，才能真正管用，形成自己的个性和特色。当前要特别注意把完善企业法人治理结构、提高劳动报酬在初次分配中的比重、提升自主创新能力和基础管理水平等问题作为企业文化创新的突破口和抓手，有重点地推进，使企业文化在促进现代企业制度的建立和集约化、精细化、人性化管理的过程中，不断获得新的生机。

（五）必须始终坚持把企业文化建设与企业思想政治工作紧密结合起来

思想政治工作是党的优良传统和政治优势，深化企业改革、加快企业发展，迫切需要加强和改进企业思想政治工作，增强针对性、实效性和吸引力、感染力。企业文化建设为企业思想政治工作创新提供了有效载体和途径。把企业文化建设与思想政治工作结合起来，既有利于思想政治工作融入企业管理，又能保证企业文化发展的正确方向。二者虽然存在着一些差异，但说到底都是做人的工作，在目标、内容和方式方法上有许多相通之处和共同点，都具有不可替代的重要作用，可以相互补充、相互促进。要坚决反对"替代论"和"无用论"，充分发挥企业思想政治工作和企业文化建设的各自优势，共同为企业改革发展提供强大的精神动力、思想保证和智力支持。

最后，要特别强调，企业文化建设和创新是一个复杂的系统工程，只有高度重视、加强领导、认真规划、不断创新，才能取得实效。企业领导班子特别是"一把手"要切实提高对企业文化的认识，把企业文化建设和创新摆上突出位置，列入重要工作日程。要建立长效机制，特别是领导机制、工作运行机制、教育培训机制、绩效评估和激励机制以及必要的资金保障机制。要深入调研、制定规划，认真梳理整合各项工作任务，分清轻重缓急，扎实推进。要认真研究新形势下企业文化建设的特点和规律，积极开辟新途径、探索新方法，使企业文化的内涵不断丰富、传播形式更具时代特色、方法手段更为群众所喜闻乐见。

加强企业文化建设和创新是时代发展的要求。我们要紧密团结在以胡锦涛同志为总书记的党中央周围，认真学习贯彻落实党的十七大精神和中央经济工作会议精神，坚持以邓小平理论和“三个代表”重要思想为指导，深入贯彻落实科学发展观，锐意进取，开拓创新，扎实工作，推动企业文化的大发展大繁荣，兴起企业文化建设的新高潮，为企业又好又快地发展，为我们国家经济社会的科学发展、和谐发展作出更大的贡献！

（作者：中共中央宣传部副部长）

做好非公有制经济领域的宣传工作

沈建国

胡锦涛同志6月25日在中央党校的重要讲话中指出："要坚持和完善公有制为主体、多种所有制经济共同发展的基本经济制度，毫不动摇地巩固和发展公有制经济，毫不动摇地鼓励、支持、引导非公有制经济发展，形成各种所有制经济平等竞争、相互促进新格局。"

长期以来，党和国家对非公有制经济发展一直很重视，作出了一系列重大决策，为非公有制经济快速发展创造了前所未有的制度环境，也为工商联充分发挥作用开辟了广阔空间。

正由于非公有制经济制度环境空前优化，截至2006年底，我国非公有制经济已超过GDP的1/3，加上外资，已经超过60%。我国登记注册的私营企业达到494.7万户，注册资金总额为7.5万亿元，从业人员为6395.5万人；非公有制企业税收总额为3495.2亿元；在非公有制企业就业的人数已超过1亿2千万。非公有制经济已成为促进经济增长的主要因素、安排社会就业的主要渠道、保持社会稳定的重要基础、增加国家税收的重要来源、实现共同富裕的基本力量、扩大对外贸易新的生力军，对提升综合国力和改善人民生活等发挥了重要作用。

1978年党中央拨乱反正，决心全心全意搞好经济建设，到如今短短三十年我们创造了举世瞩目的经济奇迹。非公有制经济在这一伟大进程中的蓬勃发展，是党中央切实实行改革开放政策，鼓励一切创造社会财富的源泉充分涌流的结果，是马克思主义理论中国化的具体体现，同时也是中国经验马克思主义化的内涵之一。马克思主义中国化，就是将马克思主义同时代特征、中国实际结合起来，使马克思主义的基本原理同中华民族的优秀思想、中国共产党人的实践经验结合起来，使之在其每一表现中都带着中国老百姓喜闻乐见的中国特性和中国气派。同时我国的经验也逐渐马克思主义化，就是按照马克思主义的立场、观点和方法，把中国共产党和中国人民的实践经验上升为科学的理论，从中国的革命、建设和改革的具体实践中，从非公有制经济的快速发展中，揭示人类社会发展规律、社会主义建设规律和共产党执政规律，不断丰富和发展马克思主义，从而为新的实践提供有力的理论指导。

非公有制经济的迅猛发展造就了社会主义新阶层。党的十六大作出的在社会变革中出现的新社会阶层都是中国特色社会主义事业建设者的论断，表明了党对非公有制经济人士地位与作用的充分肯定。在党的政策的鼓舞下，非公有制经济人士队伍不断壮大，队伍结构逐步改善，知识文化层次明显提升，政治素质不断提高，涌现出一批政治上有觉悟、经济上有实力、社会上有影响、对人民有贡献的代表人士，受到社会各界的广泛赞誉。

中共中央2006年11月颁发的《关于巩固和壮大新世纪新阶段统一战线的意见》明确指出："改革开放以来出现的新的社会阶层，主要由非公有制经济人士和自由择业知识分子组成，集中分布在新经济组织、新社会组织中。他们作为中国特色社会主义事业的建设者，在促进共同富裕、构建社会主义和谐社会、全面建设小康社会中发挥着重要作用。""新的社会阶层人士是统一战线工作新的着力点，要最大限度地把他们团结在党的周围，充分发挥他们的作用，不断为实现中华民族的伟大复兴凝聚新力量。”从这些可以看出，中共中央对做好新社会阶层的工作十分重视，把能否做好他们的工作，提到了能否为实现中华民族的伟大复兴凝聚新力量的高度，这是很值得关注的。

但是，我们看到现实的社会舆论环境，与党中央大力发展非公有制经济的精神，与非公有制经济为经济社会作出的巨大贡献，与社会主义新阶层人士对构建和谐社会起到的基础作用还有一定差距。个别媒体有些不负责任的报道还有意无意地唤醒蛰伏于社会潜意识中的“仇富情结”，发出不利于非公有制经济健康发展的噪音。因此，为了做好引导“两个健康”工作，我们应该切实加强非公有制经济领域的宣传工作。做好这一工作，我们要争取上下联动，将宣传非公有制经济提高到一个新的全局性的高度上来；要将党中央、国务院关于推进非公有制经济发展的精神和政策广泛宣传出去；要将非公有制经济为国民经济和社会就业作出的巨大贡献广泛宣传出去；要以正面宣传为主，着力塑造以爱国、敬业、诚信、守法、贡献的中国特色社会主义事业建设者为代表的广大民营企业家的良好形象；要大力宣扬民营企业决不“等、靠、要”的自主创业精神；要使全社会对社会主义新阶层是构建和谐社会的基础力量这一观点形成广泛共识。结合本人实践，做好非公有制经济领域的宣传工作应该注意四点。

一、要向社会广泛宣传非公有制经济尤其是民营经济的重要地位和作用，使社会主义新阶层是构建和谐社会不可忽略的基础力量成为广泛共识

我国民营经济的发展，是改革开放30年来取得的一项重要成果。民营经济就是在党的改革开放政策和一系列富民政策指引下发展起来的。其本质是把蕴藏在广大人民群众中巨大的社会生产力释放出来，发挥出来。而构建和谐社会在很大程度上取决于社会生产力的发展水平，取决于发展的协调性。所以，必须用发展的办法解决发展中的问题，大力发展社会生产力，不断为社会和谐创造雄厚的物质基础。民营经济为国民经济发展作出的贡献是有目共睹的，在解决就业问题上也是世人皆知的，单凭这两点，我们可以肯定，民营经济是构建社会主义和谐社会的基础力量之一。我们要通过做好宣传工作，使全社会对其重要地位和巨大作用形成广泛共识，使全社会都能理解和支持民营经济的发展，都能关心和帮助社会主义新阶层人士的成长。

二、要注重宣传民营企业的重大贡献，宣传优秀中国特色社会主义事业建设者的先进事迹，在社会上进一步树立中国特色社会主义事业建设者的良好形象

优秀中国特色社会主义事业建设者是我国经济社会发展的宝贵财富。我们一定要重视和发挥优秀中国特色社会主义事业建设者的重要作用和力量。各新闻宣传部门应当将其作为报道和宣传的重点，积极跟进，正确引导社会舆论。文艺、文化部门应当组织作家、艺术家以其为素材，塑造出民营企业家艰苦创业、开拓进取、奉献社会的典型形象，引导和影响大众正确认识评价民营经济和民营企业家。通过大张旗鼓地正面宣传优秀中国特色社会主义事业建设者的先进事迹和突出贡献，在全社会进一步形成争做优秀中国特色社会主义事业建设者的良好风尚。

三、要使国内主流新闻媒体在非公有制经济领域报道方面广泛合作，积极影响社会舆论导向

目前在非公有制经济领域宣传报道方面，存在声音弱、声音单一的问题，主要还是工商联系统主办的一些媒体在唱独角戏。因此，加强国内主流新闻媒体在非公有制经济领域报道方面的合作显得尤为重要。尤其是在一些国家级的媒体上，应该有更多的专栏甚至开设专门的

频道，切实加大对党中央、国务院关于促进非公有制经济发展相关精神的宣传力度，使其深入人心。只有媒体联动，一起为非公有制经济鼓与呼，才能真正在社会上形成有利于非公有制经济发展的良好舆论氛围，才能将党中央支持非公有制经济健康快速发展的声音带到千家万户。

四、要把宣传工作与评选表彰等活动结合起来

将宣传工作与评选表彰等活动相结合包含两层意思，首先是宣传好积极的、有良好社会影响的各种评选表彰活动，将其积极意义放大，使其成为引导“两个健康”的风向标；其次是以活动为抓手，策划和组织好一些有较大社会影响力的活动，通过活动促进教育引导工作的深入开展，通过活动检验教育引导工作的成果。只有主动地将宣传与活动相结合，我们才能以广大非公有制经济人士乐于接受的形式，将党和政府的声音带到他们中去，引导他们为全面构建和谐社会而努力奋斗。

（作者：全国工商联副主席）

建设优秀企业文化　促进企业又好又快发展

励小捷

作为社会主义先进文化重要组成部分的企业文化，是一个企业在长期生产经营过程中倡导、积累并经过筛选提炼而形成的一种企业的价值观、行为准则和思想作风。企业文化是企业思想政治工作与现代企业管理相结合的重要成果，是创新企业思想政治工作的有效载体。在社会思想多元、多变、多样的新形势下，准确把握企业文化建设的发展趋势，全面落实企业文化建设的主要任务，对于我们牢固树立科学发展观，促进企业又好又快地发展，具有十分重要的意义。推进企业文化建设的指导思想，应该是以邓小平理论和"三个代表"重要思想为指导，牢固树立科学发展观，坚持继承、借鉴和创新相结合的原则，以爱国奉献为追求，以促进科学发展为宗旨，以诚信经营为基石，以人本管理为核心，以学习创新为动力，努力践行社会主义荣辱观，建设符合社会主义先进文化前进方向、具有鲜明时代特征和丰富内涵的企业文化，为促进企业快速健康发展、加快全面建设小康社会的步伐提供精神动力、思想保证、智力支持和文化条件。

一、深入推进理论武装工作，不断巩固马克思主义在企业文化建设中的指导地位

在社会思想多元、多变、多样的趋势下，党中央始终坚持指导思想不能多元化，马克思列宁主义、毛泽东思想、邓小平理论仍然是我们要长期坚持的指导思想。社会的物质财富和生产力各要素的主要聚集地是企业，而企业不是游离于社会存在的，经济实体也不是游离于政治存在的，所以，马克思主义的指导思想在企业必须要坚持。我们党要巩固自己的执政地位，作为政治社会化的要求，就是要通过各个企业，通过企业文化建设把党执政的基本理念、指导思想、基本政策和基本原理贯彻到每个职工，引导职工形成有利于巩固党执政地位的政治信念，这是企业文化建设的第一位任务。企业文化与企业的生产经营结合得越紧密，政治教育的任务越不能忽视。我们要在广大干部职工中继续组织好邓小平理论和"三个代表"重要思想的学习，努力在真学、真懂、真信、真用上下功夫。要深刻领会邓小平理论和"三个代表"重要思想的时代背景、实践基础、科学内涵和精神实质；深刻领会十六大以来党中央提出的科学发展观、构建和谐社会等一系列重大战略思想，更加坚定自觉地用党的最新理论成果，武装党员干部，教育广大职工，坚持用一元化的指导思想引领和整合多样化的职工思想，用社会主义先进文化占领企业思想阵地，确保企业文化建设沿着正确的方向发展。

二、坚持以科学发展观为统领，促进企业文化与企业建设的进一步融合

牢固树立科学发展观，是促进企业持续快速协调健康发展的必然要求，也是企业文化建设的重要任务。随着科学发展观的深入人心，企业文化建设的视野要进一步开阔，符合走新型工业化道路的要求，更加重视技术进步和技术创新在企业发展中的决定性作用，把节能降耗、保护环境和生产安全这些符合科学发展观的要求，全面贯彻到企业文化建设的各个环节中去，深入到职工的理念中去，变成企业更快更好发展的科学思路，变成干部职工的行为准则。

要自觉树立全面、协调、可持续发展的观念，既追求经济效益的增长，又注重社会效益的提高，努力实现政治上的和谐稳定、经济上的健康发展、文化上的不断进步、职工生活水平的不断提高。要进一步强化企业文化在企业生产、经营、管理中的地位和作用，发挥企业文化的凝聚、导向、激励和转化功能，促进企业文化与管理制度的深度融合，实现制度与文化理念的对接，使职工既有价值观的导向，又有制度化的规范，文化与管理一体，隐性与显性相融，刚性与柔性互补，促进企业更好更快地发展。

三、扎实开展思想道德建设，牢固树立社会主义荣辱观

没有良好的道德规范，是无法实现社会和谐的。必须牢固确立思想道德建设在企业文化建设中的基础地位，坚持以为人民服务为核心、以集体主义为原则、以诚实守信为重点，努力为企业又好又快地发展提供强有力的思想支撑。胡锦涛总书记提出的以“八荣八耻”为主要内容的社会主义荣辱观，是我国现阶段道德规范的最新概括。它既继承了中华民族的传统美德，又体现了新时期的时代精神，是企业文化建设的重要内容。如果说理论武装工作是一个政治社会化的过程，那么，道德建设就是一个道德社会化的过程。道德社会化问题要特别引起宣传思想工作者的高度关注，宣传一个思想，提倡一种观念，必须把它通过一定的渠道和手段，转化成每个职工的自我需要，而且能用这一理念规范自己的行为，这才完成了道德社会化的过程。当前，尤其要把“八荣八耻”的基本要求贯穿到企业生产、经营、管理的全过程，体现到企业的规章制度和职工的日常行为等各个方面。鼓励干部职工从自己做起，从身边事情做起，从一点一滴做起，明荣辱之分、做当荣之事、拒为辱之行。

四、坚持以人为本，着力培养高素质职工队伍

构建企业文化的出发点和落脚点是尊重职工的主人翁地位，挖掘职工的内在潜质，提高职工的思想境界，激发职工的创造活力，实现职工价值升华和企业蓬勃发展的有机统一。因此，在推进企业文化建设中，要牢固树立企业即人、企业为人、企业靠人的人本理念。在企业文化建设中人不但是手段和工具，而且也是目的。任何一个百年企业，它不仅向社会提供一代又一代的产品，而且还造就一批又一批的人才。所以，按照以人为本的要求，提高职工队伍的整体素质，创建学习型团队，营造终身学习的氛围，也是企业文化建设的一个重要任务。要适应企业深化改革的要求，努力培养职工勇于开拓、锐意进取的创新意识；适应科学技术突飞猛进发展的要求，努力提高职工勤奋学习、善于学习的能力；适应生产经营日趋社会化的要求，努力培育职工胸怀集体、协作共进的团队精神；适应企业持续快速协调健康发展的要求，努力培育职工知行统一、脚踏实地的务实精神。要全面贯彻尊重劳动、尊重知识、尊重人才、尊重创造的方针，把促进人才健康成长和充分发挥人才作用放在首要位置，积极营造鼓励人才干事业、支持人才干成事业、帮助人才干好事业的良好环境，努力提高育人的质量水平和实际效果。

企业文化建设是一项重要工作，必须长期坚持、深入思考、周密设计、积极实践。各级企业领导要高度重视企业文化建设，把企业文化建设作为一项关乎企业生存和发展的大事，纳入企业发展战略之中，做到与生产经营同部署、同检查、同考核、同奖惩。只有这样，才能使企业文化建设薪火相传、经久不息。

加强领导，认真规划。在经济全球化和市场竞争白热化的形势下，企业迫切需要用符合社会主义市场经济要求、有本企业特色的企业文化规范企业和职工行为，塑造良好的企业形象。各企业要成立由党政主要领导挂帅的企业文化建设领导机构，形成主管部门负责组织、职能部门分工落实、职工广泛参与的工作体系。要完善企业文化建设的运行机制，建立健全企业文化建设的管理制度和评估办法，坚持检查

指导、考评奖惩，发现问题及时解决。要建立保障机制，设立企业文化建设专项经费并纳入企业预算。要研究制定本单位企业文化建设的总体规划，明确目标、任务、原则、措施和要求，确定具体方案，并认真实施，努力实现企业文化建设制度化、规范化和科学化。

转变观念，提高认识。建立适应社会主义市场经济体制要求、具有本企业特色、职工普遍认可的企业文化，重要前提是广大职工要更新观念，对企业文化建设有正确认识。企业领导干部要站在促进企业长远发展的高度，对企业文化建设进行系统思考，提出正确思路，通过各种有效形式，教育引导广大干部职工树立"文化管理"观念，为加强和改进企业文化建设奠定坚实的思想基础。

遵循规律，务实创新。企业文化建设有其内在规律，必须认真遵循。一要坚持以社会主义先进文化为先导的原则，保证企业文化的正确方向。二要坚持以人为本的原则，促进职工的全面发展。三要坚持与企业愿景相适应的原则，使企业文化更好地为实现企业目标服务。四要坚持突出个性特征的原则，努力形成富有行业特征和经营特色的企业文化。五要坚持重在建设的原则，逐步建立具有时代特征的独具魅力的企业文化体系。同时，企业文化建设还应注重创新和研究，要把创新的意识贯穿到企业文化建设的全过程和各个环节。既要注重研究国有企业的文化建设，又要重视研究股份制企业和非公企业的文化建设；既要注重研究经济效益好的企业的文化建设，又要重视研究经营困难企业的文化建设；既要注重研究传统产业、企业的文化建设，又要重视研究现代物流、网络、文化等新型业态企业的文化建设。

企业文化是综合性的、高层次的管理艺术，需要坚持不懈地探索和实践，才能达到更高的标准。有专家预言，21世纪的企业竞争，实质上是文化的竞争。因此，我们一定要认清肩负的责任，以科学发展观为指导，锐意进取，开拓创新，扎实工作，务求实效，努力开创企业思想政治工作和企业文化建设的新局面，为促进企业的改革发展稳定、推动经济建设和各项社会事业的全面协调可持续发展作出新的更大贡献。

（作者：中共甘肃省委常委、宣传部长、省政研会会长）

关于非公企业文化建设的几个问题

徐惟诚

改革开放以来，我国非公企业得到快速发展。非公企业无论是在促进劳动力就业、新技术的引进、新产品的开发等方面，还是在推动我国经济快速发展，推动我国经济走向世界和推动我国现代化建设等方面都发挥了重要的作用，作出了积极的贡献。所以，今年6月25日，胡锦涛同志在中共中央党校发表的重要讲话中强调，要坚持和完善公有制为主体、多种所有制经济共同发展的基本经济制度，毫不动摇地巩固和发展公有制经济，毫不动摇地鼓励、支持、引导非公有制经济发展，形成各种所有制经济平等竞争、相互促进新格局。长期以来，我们对非公经济企业文化建设的研讨还比较少，加强对非公经济企业文化建设的研讨，加强非公企业与国有及国有控股企业之间的文化交流和文化对话，对于进一步推动我国企业文化建设深入发展具有十分重要的意义。

一、把非公企业文化建设提上日程是历史的必然

改革开放以来，我国的非公企业蓬勃发展，占GDP的比重越来越高。当前，非公企业面临着许多新情况、新条件，已不可能再按过去的发展模式高速增长下去。因为非公企业兴起之初的许多特殊的条件、特殊的发展机遇，正在随着经济社会的发展不断改变。只有积极适应新的变化，才能又好又快发展下去。

一是劳动力供给状况的变化。源源不断的廉价劳动力是改革开放以来我国的企业快速健康稳定发展、我国的产品走向世界的一个根本的条件。因为有廉价的劳动力，我国的产品就有价格优势，从而能够迅速走向世界并占领世界市场。例如以牛皮闻名于世的西班牙，因为其劳动力价格相对高昂，在皮鞋、皮包市场上就竞争不过我国浙江省的商人。但是，这种廉价劳动力不可能永远维持下去。虽然，现在农村剩余劳动力还没有完全转移出来，还有转移出来的可能，但这种可能不是无限的。近年来，珠江三角洲、长江三角洲甚至包括内地一些较大的城市都出现了“民工荒”、招工难的现象，这就是廉价劳动力不可能永远维持下去的一个证明。

二是原料供应缺乏和环境压力加大。随着经济的快速发展，结构性矛盾越来越突出。粗放型经济发展带来了能源紧张和生态环境危机，这必将制约着企业的进一步发展。

三是人民币升值的压力。在对外贸易中，我们顺差大，外汇储备高，汇率不断上涨。大量的外国资金，从正当的或不正当的渠道进入中国。外国资金的进入带来了人民币升值的压力，也带来了金融风险。

四是技术的变化。随着经济社会的发展，技术问题变得越来越重要。虽然我国生产的电视机、DVD机、手机等出口量很大，产值很高，但很多还没有掌握核心技术的产权。出口利润绝大多数被拥有核心技术产权的发达国家获取。更为严重的是，发达国家掌握的核心技术不会轻易转让给我国，即使转让，价格也非常昂贵。

这些新情况摆在中国经济面前，也摆在中国民营经济面前，许多民营企业都感到了这些变化带来的压力。因为民营企业本身，还面临着做大做强以及创业者的地位不断变化的问题。许多民营企业初期蓬勃发展，但这种发展很难持续，不超过十年，有超过半数的企业就垮台了。这种现象值得研究。有的企业的核心经

营层往往能够共患难而不能共安乐。在创业阶段，大家众志成城、齐心协力；当企业发展到一定阶段，最初创业团队的成员因为经济等方面的原因开始分道扬镳。这种现象的出现，不仅仅是文化、价值观念、人的追求的问题，还有企业做大以后，创业者的地位逐渐改变的问题。从开始筹资组建企业，到通过银行贷款、股份合作、上市融资等一系列变化，创业者从既是企业的所有者又是企业的经营者，逐步变成企业的股东和经营者，甚至仅仅成为企业的股东。创业者的地位发生变化，其心态、思维方法、做事方式就会发生一系列变化。他们可能正确地选择自己的行为，也可能走入误区。这就需要企业文化的引导。

除了企业外部条件的变化和企业创业者地位的变化，企业内部也会发生巨大的变化。企业人员的流动，尤其是高级人才的流动成为影响企业发展的一个重要因素。因为企业一旦做大做强，就需要有骨干人才，需要有比较稳定的员工队伍，需要有忠诚度的人。从目前的实际情况看，有的企业员工的忠诚度在下降，有的人不把工作当做自己的事业来看待。这必然会影响到企业的管理水平，影响到企业对新技术的吸收和利用。为解决这个矛盾，就要提高劳动力的工资，这样劳动力成本所占的比重就会加大。成本提高了，产品价格就要上涨。如果加上人民币升值，产品在国际市场上的价格竞争优势就会丧失。因此，企业发展还是要在提高劳动者的素质上寻找出路，使得劳动者的劳动生产力随着工资的提高而提高，而劳动者素质的提高又依赖于文化。

这一系列的问题都决定了非公企业文化建设提上日程是历史的必然，现在越来越多的非公企业正在从不同程度、不同角度更加关注自身的企业文化建设。

二、企业文化建设的内涵需要特别关注的三个问题

对企业文化的界定见仁见智、多种多样。但有一点是非常明确的，即企业文化不是物质的，也不是硬性的规定，它是一种氛围，一种情绪，一种意念，一种追求。经济的发展要依赖文化力的支撑，文化的核心是每个人的价值追求，而不仅仅是老板的价值追求。把握企业文化的内涵需要特别关注三个问题。

一是忠诚度问题，或者叫做企业的凝聚力问题。现在许多企业不缺少吸引力，但吸引力不等于凝聚力。吸引过来的人可以把企业当做跳板，而不是当做事业。对于企业的长期发展来说，倾注心血去工作与带有雇佣思想去工作，其结果是不一样的。那么怎样才能够提高企业的凝聚力，并以此提高员工对企业的忠诚度呢？答案在于使员工在企业工作愉快、有所成长。这要求不仅企业每天要有新的发展，员工每天也要有新的发展。如果一个人在一个地方不断地成长，那么别人想把他拉走就不那么容易。只有在这样的情况下，才能使“过客”变成企业稳定的成员。

二是价值观的渗透问题。这对于企业的核心层来说尤为重要。仅仅依靠分配和占有股份维持企业的发展是远远不够的。企业核心层应树立这样的价值观：人与人之间的交往一定要有包容心，每天注意发现别人的优点，记住别人做的事情；每天记住自己所做的对不起别人的事。只有这样，企业的核心层才能团结，企业才能持续发展。相反，如果总想着别人对不起自己，把别人做的好事，都忘了；自以为自己做得都好，一件也不忘；自己做的坏事错事，都忘了。这样即使兄弟都不可能长期合作共事。

三是和谐企业与和谐社会的问题。和谐企业与和谐社会应是各得其所的企业和各得其所的社会。党的十六届六中全会作出的关于构建社会主义和谐社会的若干重大问题的决定，提出了“各尽所能，各得其所”。其中“各得其所”四个字应该特别地引起重视。“各得其所”不是人人都要争第一。事实上，不可能一万个人，人人都是第一，不可能人人都是爱因斯坦，不可能人人都是首富，也不可能人人都是袁隆平这样

的大科学家。企业文化还要重视发挥对企业发展提供智力支持的作用。如果企业文化没有足够的知识含量,如果各种活动没有足够的知识含量,如果员工在企业里工作生活十几年,他们的知识不能增长,这个企业的文化建设一定是失败的。当然知识增长不一定仅仅围绕员工的本职工作,可以是非常广泛的。

三、企业文化要关注人的价值追求

企业文化是一种意识形态。存在决定意识,人的社会存在决定人的社会意识。每一个人的判断和行为举止,都与他自己亲身参加的社会实践有关。在员工看来,员工通过民主讨论所形成的共识与领导层的决定是不同的。有时尽管员工的共识更严格,但他们更乐意付诸行动。比如企业的社会责任问题,企业出钱让员工参与社会捐赠活动,会增强员工的社会责任感。有了这样的社会实践,员工的观念就会发生变化。这与老板自己花钱捐赠而不让员工参与的效果是不一样的。员工没有参与,这个存在就跟他们没有关系,就决定不了他们的意识。

四、应关注企业文化建设的广度和深度

虽然对于员工来说企业非常重要,但是员工在企业里的时间,不超过他们一年或一生时间的三分之一。员工大部分的时间不是生活在企业里,而是生活在企业之外,但他们在企业之外所形成的观念、所产生的情绪,会影响到他们在企业里的工作。所以,思想工作并不全是做在岗位之上,许多是需要做在岗位之外。员工在工作岗位之外需要保持自己家庭的稳定,困难的家庭有困难的问题,钱多的家庭有钱多的问题,比如子女教育、老人赡养等问题。企业文化建设应把触角延伸到八小时之外,延伸到员工的家庭生活、延伸到员工的内心世界,把解决思想问题与解决实际问题结合起来。

五、企业文化建设要从领导层做起

有人说,企业文化就是老板文化,这种看法是不对的。老板的追求和整个企业员工的追求不完全一致。但企业文化建设从领导层抓起则是对的。企业文化建设不仅是教育员工的问题,而要真正有效必须从领导层做起。没有一个老板愿意企业的员工不忠诚,愿意企业的员工说假话,愿意企业的员工在工作当中弄虚作假。但是老板自己可能会去做假账,偷税漏税。老板这样做,企业的核心层也会这样做,上行下效,在这样的环境中要搞好企业文化建设是不可能的。如果老板要求别人做老实人,那么他自己说话就要算数,自己就要做老实人。开始的时候这样做,可能觉得自己会吃亏,但从长远来看,是不吃亏的。因为诚信的企业文化将会带来整个企业的兴旺发达,会使企业在社会中占有更重要的位置,会使企业在员工的心中占有更重要的位置。

(作者:中宣部原常务副部长、中国政研会顾问)

大力推进民营企业思想政治工作

李　群

6月25日，胡锦涛总书记在中央党校发表重要讲话中强调："毫不动摇地鼓励、支持、引导非公有制经济发展，形成各种所有制经济平等竞争、相互促进的新格局。"目前民营经济已撑起了山东经济的半壁江山，在增强经济活力、拓宽就业空间、增加财政收入、提高城乡人民收入水平等方面发挥着越来越重要的作用。新的形势要求必须加强非公领域党的领导，使民营企业思想政治工作与民营经济的快速发展同步推进。

一、认清形势，增强做好民营企业思想政治工作的使命感和紧迫感

做好民营企业思想政治工作是时代的要求，也是历史的使命。主要表现在三个方面。

（一）巩固党的执政地位，建设中国特色社会主义的需要。党领导中国特色社会主义事业的核心作用，需要通过党在各领域强有力的思想政治工作来实现。党领导人民夺取全面建设小康社会新胜利，必须通过广泛深入的思想政治工作，宣传群众、教育群众、引导群众，争取人民群众对党的方针政策的支持和拥护，把人民群众紧密团结在党的周围。目前民营经济所占的比重和涉及的领域越来越大，如果党的工作存有盲区和断层，就会严重地动摇党的执政基础，危害党的执政地位。

（二）落实科学发展观，构建和谐社会的需要。企业是经济发展的主体，落实科学发展观，实现经济又好又快发展，需要广大企业包括民营企业转变生产方式，节能减排，自主创新，积极履行社会责任。和谐社会要求公平正义，要看财富怎么分配，利益怎么协调，还要看价值观层面的和谐。加强民营企业思想政治工作，切实维护员工利益，保证党的路线方针贯彻执行，有利于化解劳资矛盾，使人们心情舒畅，安居乐业，形成凝聚人心、面向未来的社会主义价值体系。

（三）提升企业竞争力，促进民营企业健康发展的内在需要。目前山东民营企业面临着如何培育核心竞争力，实现持续性发展的挑战。深入开展思想政治工作，很好地贯彻党的路线方针政策，以法律道德规范管理，有助于民营企业确立正确的发展战略，进入新的发展轨道。企业竞争，说到底是人力资本的竞争。发挥党的政治优势，对广大员工进行思想文化道德法制教育，把他们培养成训练有素的产业工人，成为"四有"员工，也是民营企业实现可持续发展，增强竞争力的迫切要求。

应当看到，目前民营企业思想政治工作正面临大好的历史机遇。一是胡锦涛总书记6月25日在中央党校重要讲话，进一步增强了民营企业家的信心，使思想政治工作在民企得到更多的重视和支持。二是我国民营企业正处于二次创业的提升阶段，逐步由私人独资向资本社会化、由家族治理向现代管理转型。广大民营企业迫切需要发挥党群组织作用，加强文化建设，思想政治工作成为民营企业发展提升的现实需要。三是近年来，民营企业思想政治工作呈现不断加强的趋势，在探索中积累了一些宝贵经验，打下了一定的工作基础。

然而目前全面推进民营企业思想政治工作也面临着许多困难和问题。一是民营企业在生产经营、人事安排等方面拥有更多的自主权，难以借用行政力量来推动思想政治工作。二是民

营企业中利益取向、文化需求、思想观念差别很大，雇佣思想和个人价值意识较强，给思想教育带来挑战。三是当前民营企业的规模性质和管理制度千差万别，人员流动性频繁，为思想政治工作的领导管理带来了难度。四是目前民营企业思想政治工作缺认识、缺机制、缺队伍、缺投入的问题比较突出，尚未形成完备的工作体系。

因此，我们必须站在贯彻落实"三个代表"重要思想，落实科学发展观，构建和谐社会的战略高度，以强烈的责任感和使命感，认清形势，抓住机遇，下大力气积极推进民营企业思想政治工作。

二、明确任务，大力推进民营企业思想政治工作

新形势下加强和改进民营企业思想政治工作，应坚持以"三个代表"重要思想为指导，以科学发展观为统领，以理想信念教育为核心，以促进企业和谐发展为目的，以培养"四有"员工为目标，以完善组织体系为重点，坚持以人为本，遵循民营企业思想政治工作的规律，探索建立科学有效的民营企业思想政治工作机制。

（一）加强民营企业政工组织机构和队伍建设。加强民营企业思想政治工作，必须把党组织建设放在首位，增强党组织的凝聚力、影响力，在员工群众中很好地发挥政治核心作用。民营企业思想政治工作要充分发挥工会、共青团等群众组织的作用。具备一定规模的民营企业应设立政工、企业文化部门和思想政治工作研究会或建立起一支由相关人员组成的民营企业思想政治工作专兼职干部队伍，保证思想政治工作在民营企业有组织机构管事，有工作人员办事。

（二）全面落实民营企业思想政治工作的任务。首先要坚持用马克思主义中国化的最新成果统一思想、凝聚力量，确保民营企业的正确发展方向。一要以诚信道德建设为核心，广泛开展社会主义道德和法制教育，引导和监督企业合法经营。二要调动广大员工群众的积极性主动性创造性，支持和促进企业的发展。积极推动民营企业建立厂务公开民主管理制度，让员工群众及时了解企业生产经营形势和重大问题，组织广大员工献策出力，确立"我与企业共成长"的意识。三要加强社会主义核心价值体系建设，培养"四有"员工队伍。结合企业实际，制定完善职业道德规范，开展生动的道德实践活动，推动社会主义核心价值体系成为员工的自觉行动。四要坚持以人为本，切实解决员工关心的实际问题。关心员工的思想生活，在情感上安慰、心理上疏导，帮他们排忧解难。对企业存在的侵犯员工合法权益的现象，应坚持原则，协调关系，化解矛盾，维护员工的利益，保持企业和社会稳定。

（三）积极探索民营企业思想政治工作的有效途径和方法。积极争取企业主对企业党建和思想政治工作的重视和支持，建立起良性互动的关系。把鼓舞人、尊重人、理解人和关心人作为民营企业思想政治工作重要内容，充分尊重员工的主体地位和主动精神，突出人文关怀。依靠党员和党的思想政治工作者自身的模范行为来影响和感召周围的群众，使思想政治工作在潜移默化中发挥作用。积极争取必要的资金投入，推进各种阵地建设，把思想政治工作逐步纳入企业管理体系，形成制度化的工作机制。企业文化作为以人为本的新的管理模式，是企业思想政治工作与生产经营的结合点，应很好地依托企业文化建设这个有效载体，积极推进民营企业思想政治工作。

三、加强领导，开创民营企业思想政治工作新局面

民营企业思想政治工作是新形势下宣传思想工作拓展的新领域，任务艰巨，责任重大，需要各级党组织和社会有关方面高度重视，密切配合，共同努力。

（一）健全领导体制，加强统筹协调。当前把民营企业思想政治工作的各项任务落到实处，关键是理顺关系，建立健全党委统一领导、

有关方面各负其责、齐抓共管的领导体制和工作机制。各级党委应把民营企业思想政治工作纳入民营经济发展规划，统一研究部署、统一检查落实。与民营企业思想政治工作密切相关的组织、宣传、工会等部门各负其责，以此纳入目标管理，加大对民营企业思想政治工作的指导力度，建立起与社会主义市场经济和现代企业制度相适应的民营企业思想政治工作管理体制。

（二）加大宣传力度，营造良好氛围。通过各种新闻媒体，大力宣传民营企业思想政治工作的重大意义和工作要求，宣传各地、各部门采取的重要举措和成功做法。总结树立一批思想政治工作与民营企业相互促进、同步发展的先进典型。通过广泛深入的宣传，推动各级党组织在民营企业理直气壮抓党建，推动民营企业把思想政治工作作为企业发展的重要内容。

（三）抓好教育培训，培养骨干力量。民营企业思想政治工作能否得到企业主和员工的认同，企业党组织负责人和政工人员的素质至关重要。各级党组织应大力加强对民营企业政工人员的培训。通过举办培训班、开展经验交流、组织外出学习考察等形式，帮助他们尽快提高政治、业务水平。

（四）坚持分类指导，全面提升工作水平。目前民营企业涉及的行业面宽，类型千差万别，其工作基础有很大的不同，这决定了思想政治工作要因企而宜。应对当地民营企业进行梳理分类，对不同类型的企业提出不同的目标要求，分层指导。对那些规模较小、企业主政治意识淡薄的，要求企业合法经营，建立工会等群众组织，把工作重点放到关爱员工、维护员工合法权益上。对那些工作基础较好、管理规范的大型企业，要求在组织、制度、阵地建设上下功夫，提升工作水平。

（作者：中共山东省委常委、宣传部长）

着力加强安全文化建设

高建民

加强安全文化建设是贯彻落实科学发展观和构建和谐社会战略思想的具体体现。党的十六大明确要求要“高度重视安全生产,保护国家财产和人民生命安全”,党的十六届三中全会提出“坚持以人为本,树立全面、协调、可持续的发展观,促进经济和人的全面发展”,十六届五中全会又提出了“安全发展”的重要理念,并纳入社会主义现代化建设的总体战略。

一、以人为本,统一部署,全面开展安全文化建设

以人为本首先要以人的生命为本,在确保安全和健康的基础上推动发展,同时要注重生态安全、环境安全、资源安全,推动社会的和谐进步。特别是在目前我国经济快速发展、社会矛盾凸显的情况下,加强安全文化建设事关国家安全、社会稳定、生产发展、人民幸福和安康,事关科学发展观与构建和谐社会战略思想的落实。加强安全文化建设是深入开展群众性文明和谐创建活动,努力提高文明和谐程度的具体体现。

胡锦涛总书记在中央政治局第30次集体学习时强调“要把安全文化建设纳入精神文明建设统一部署”。正确的安全价值观的确立,安全文化素质的提高,安全行为方式的养成,安全运行体制机制的建立等一系列内容是国家经济发展和社会文明程度的反映,是精神文明建设和社会文化的有机组成部分。增强安全意识,提高安全水平,需要全社会的参与,需要广大干部群众积极自觉的行动。把安全文化建设纳入文明和谐创建活动之中,既丰富了创建活动的内容,又使安全文化建设有了切实可行的载体。

加强安全文化建设,我们要努力提高干部群众的安全意识,全面落实安全生产责任制,不断提高煤矿安全生产水平,加强对食品、药品、易燃易爆和消防、交通等方面的安全监管,有效避免重特大事故发生,妥善化解各种社会矛盾,加大对环境的保护力度,切实保障人民群众健康和生命安全。

二、加强理论研究,把握安全文化建设的规律

安全文化建设要先从基础做起,通过坚持不断的深入研究,切实把握规律。要充分认识到安全文化在保护生产力、代表先进文化发展方向、维护广大人民根本利益中的重要作用;认识到安全文化的激励、凝聚、规范功能;认识到建设安全文化要体现全员、全过程和全社会的安全管理。

安全文化建设的理论研究要与实践紧密结合,特别要与全国和本省经济社会全面发展的需要相结合,与本地区、本部门、本单位的实际相结合,与现代科学技术发展和现代生产、生活方式相结合,与国际安全文化研究的前沿成果相结合。只有这样,才能探索安全文化建设和发展的内在规律,更好地指导安全文化建设实践。

三、加强安全教育,提高干部群众的安全文化素质

做好安全文化的宣传教育是提高干部群众安全文化素质的重要方法和重要途径。要通过多种形式开展教育活动,让人们掌握基本的安全知识,建立积极的安全意识;要动员个人、群

体、单位乃至全社会，提高防灾应急能力，建立安全环境与条件，保障人民安全与健康；要教育全民、全社会高度重视生产领域的安全，同时要重视非生产领域的安全，特别是生活与生存领域的安全；要教育人们在工作行为和生活行为方式上力求安全有效，在心理和精神上保持充实与健康；特别要加强对领导干部的安全文化教育，使各级领导干部牢固树立“安全第一”的思想，充分认识到作为社会管理和生产经营的组织者、决策人，对人民安全和生产安全负有重大责任，从而从根本上提高全社会的安全管理水平。要通过积极有效的安全文化教育促进安全文化的发展，促进社会安全风气的形成，促进人的安全素质的提高。

四、加大舆论宣传力度，营造安全文化建设的良好氛围

充分发挥各类新闻媒体的优势，开设宣传安全文化的专刊、专栏、专题节目，大力宣传党和国家的有关方针政策，广泛普及安全知识，提升安全素质，营造安全氛围，用科学理念引领大众，使“以人为本，关爱生命，保护人民”、“安全第一，预防为主”、“发展不能以牺牲精神文明为代价，不能以牺牲生态环境为代价，更不能以牺牲人的生命为代价”等观念深入人心。

充分发挥主流媒体的主导作用，坚持正确舆论导向，客观公正、实事求是、全面准确地开展相关的宣传报道工作，杜绝片面性、猎奇性新闻报道。要强化正面宣传，多用说服疏导的办法，化解偏激情绪，消除和防止错误舆论。要发挥舆论监督的作用，切实维护广大职工和人民群众的安全知情权、参与权和监督权，促使生产经营单位时刻保持危机意识，明确安全生产目标，增强安全责任意识。要积极宣传推广安全文化建设工作的先进典型，总结具有规律性的经验，使先进典型导引、示范、带动、辐射的作用得到发挥。要加强社会宣传，不断增强全社会的安全意识，营造有利于安全生产、安全发展的良好社会氛围。

五、加强组织领导，努力提高安全文化建设水平

要切实加强对安全文化建设工作的领导。各级领导干部要深入学习党和国家关于安全生产和安全管理的各项政策法规，学习胡锦涛总书记以及中央关于安全文化建设的重要指示，树立“为官一任，确保一方平安”的观点，把安全文化建设工作放在重要位置来抓好抓实，坚决防止和纠正忽视安全和安全文化建设工作的错误倾向。要把安全文化建设工作提上重要议事日程，定期进行专题研究，制定实施方案，扎实加以推进。

要互相配合，形成合力。特别是宣传文化部门要深入实际，深入群众，结合各项工作的开展创作生产安全文化产品，举办各种群众喜闻乐见的安全文化系列活动，送安全文化进工厂、农村、社区、学校、机关，形成推进安全文化建设工作的合力。

要突出重点，全力加强企业安全文化建设。企业是社会生产的重要组成部分，是安全文化建设的实践主体。只有大力加强安全文化建设，提升安全管理水平，实现安全运行，才能提高竞争力，带动全社会安全文化的建设。

（作者：中共山西省委常委、宣传部长）

坚持和谐竞争　促进企业发展

蒋建国

像“战争与和平”一样，“竞争与和谐”是一对矛盾的概念。但在社会主义市场经济条件下，构建社会主义和谐社会的战略任务，要求我们广大企业既要积极参与市场竞争，又要努力促进社会和谐。这种“两难”要求引起了国内许多企业家、专家学者和新闻媒体的关注，大家不约而同地从实践和理论层面进行了探讨，提出了“和谐竞争”的理念。我们认为，这个命题是有普遍意义的，它不仅在理论上成立，而且在实践中也是可行的。因为只有以和谐指导竞争，以竞争促进和谐，竞争才能保持正确方向，和谐才能充满活力。

应该说，和谐竞争理念的提出，有着深厚的经济基础和文化背景。一是日益成熟的市场经济奠定了现实基础。我国经济体制改革已进行20多年，特别是“入世”以来，在国内市场国际化和国际市场国内化的双向推动下，我国市场化程度不断提高，市场格局不断完善，市场主体不断壮大，市场秩序不断规范。日益健全和成熟的市场孕育了和谐竞争。二是深入人心的和谐理念提供了文化条件。和谐是人类古往今来的不懈追求，是我们民族文化的优良传统。党中央明确提出构建社会主义和谐社会的任务后，人们对和谐的要求更迫切，追求更自觉。就企业而言，人们希望企业在发展自身的同时，能够认真履行社会责任，积极回报社会，促进社会和谐。和谐理念的深得民心有力地催生着和谐竞争。三是不断更新的竞争观念创造了重要契机。从计划经济时代将竞争视为洪水猛兽，到市场经济时代将商场视为战场，人们的竞争观念发生了很大的变化。同时，面对竞争的负面影响，人们开始反思多年来的经营理念：大家同在一个市场、同吃一块蛋糕，如果把蛋糕弄坏了，对谁都没有好处，只有共同维护好市场秩序，才是最明智的选择。这种反思为竞争理念的再次更新提供了大好契机。

市场的基础、人们的呼唤、观念的更新，为和谐竞争的提出与实践提供了可能性。2006年3月份，素有微波炉行业“价格屠夫”之称的格兰仕主动放下“价格屠刀”，呼吁同行要“和谐经营”、“和谐竞争”，共同促进微波炉市场的协调发展。和谐竞争理念提出后，引起了两种不同的反响。有的认为和谐竞争是反对不正当竞争的有效途径，有利于规范市场秩序、促进社会和谐；有的认为这是一个空洞的口号，没有实际的内涵，好听不好用。我们认为，和谐竞争不仅有现实的基础，还有明确的界定、显著的特点和客观的标准，是一个具有很强现实针对性和可操作性的价值理念。

我们这里所说的和谐竞争，是指企业遵循法律和道德要求，通过正当竞争手段，在努力实现自身利益的同时，充分尊重国家、社会、其他竞争者和消费者合法权益的竞争行为。从中不难看出，和谐竞争由三种基本要素构成：一是和谐的竞争主体，二是和谐的竞争手段，三是和谐的竞争环境。这三种要素指代明确、外延具体、逻辑清楚，是形成和谐竞争态势缺一不可的要素。

和谐竞争的核心是“和谐”，本质在于各种要素的对立统一。具体表现为以下三个特点：一是竞争主体的多元化。就是市场上存在许多不同性质、不同规模、不同发展阶段的企业。二是竞争手段的多样性。就是既可以采用价格、质量、服务、品牌等竞争手段，又可以使用挖掘潜在市场、开发新产品等竞争手段。三是竞争过程的相对性。就是竞争能力的强弱高低、竞争过程的此消彼长、竞争结果的优胜劣汰是相对的、不断转化的，而不是绝对的、一锤定音的。

从理论研究和市场实践来看，判断一个市场的竞争态势是否和谐，有一系列标准，主要有三条：一看机会是否平等。重点看入市的门槛设置得是否科学合理，门槛太高，容易形成垄断；门槛太低，容易造成混乱。也就是说，要看资质和条件差不多的企业是不是能够站在同样的起跑线上，平等进入市场参与竞争。二看分配是否公正。关键看企业参与竞争以后能不能得到与其竞争力相适应的市场回报。平均分配不一定是公正，根据不同的能力合理拉开收益差距才是真正的公平。三看关系是否协调。主要看企业在竞争过程中能不能基于共同维护市场秩序和长远发展的需要，建立一种互惠互利、合作共赢的竞争关系。

实践证明，和谐竞争对于规范市场秩序、提高社会生产效率、保证企业的有效市场份额和实现员工的职业生涯规划等，都具有重要意义和积极作用。

第一，坚持和谐竞争是维护健康市场生态的客观需要。市场是企业的孵化器。很多有识之士都清醒地认识到：没有市场就没有企业，保护市场就是保护自己。因此，企业必须主动维护市场生态。如果破坏了市场，受影响最大的就是企业，轻则“唇亡齿寒”，重则“覆巢之下无完卵”。要维护市场的健康生态，就要求我们既要主动发挥市场竞争的正面作用，增强市场的生机与活力；又要有效控制市场竞争的消极因素，减少和降低竞争的盲目性和残酷性。

第二，坚持和谐竞争是提高资源配置效率的有效途径。提高资源配置效率是建设资源节约型、环境友好型社会的重要工作。企业作为生产经营的具体组织者和实施者，是资源配置过程中的关键环节。如果缺乏科学的竞争理念，就容易走进杀鸡取卵、竭泽而渔的发展误区，发生重复建设、重复劳动等浪费资源的行为。因此，只有建立良好的市场竞争机制，促使企业在竞争中寻求合作、在合作中促进竞争，在发展中既要金山银山、又要绿水青山，提高资源配置效率的工作才能落到实处。

第三，坚持和谐竞争是确保有效市场份额的理想选择。市场份额大小是企业盈利多少的重要标志，是市场竞争结果的直观体现。一个企业的有效市场份额是在充分竞争的过程中形成的。在过度竞争或者竞争不充分的情况下形成的市场份额，很容易被别的竞争对手用相同的手法挤占或者抢占，不是有效市场份额。只有坚持和谐竞争，才能形成有效的市场份额。大汉控股集团在其他钢铁贸易企业拼抢大中城市的市场时，努力挖掘开发中小城市这个潜在市场，在新的竞争对手出现在这个市场的时候，又利用已有的基础，挖掘中小城市开发这个潜在市场，每次都避免了短兵相接，从而保证了有效的市场份额，促进了企业的和谐发展。

第四，坚持和谐竞争是实现员工职业生涯规划的重要基础。对于现代企业的员工而言，能不能实现职业生涯规划，是他们最关心、最根本、最切身的利益所在。从现代职场的实际来看，一个员工不管是第一次择业，还是炒鱿鱼跳槽，都会面临自身能力与职业要求出现矛盾、人生理想与工作现实存在差距等问题，需要作出理性分析、准确判断和明智选择。择业成功以后，又会面临着业务水平的提高、工资和奖金的增加、职务和职称的晋升等问题。解决这些问题，既要赢得上司的青睐和客户的认可，又要面临同事的竞争和下级的挑战，还要战胜内心的困惑。这些都需要以平和的心态去面对。如果片面强调竞争，就容易导致心理的失衡和人与人之间的摩擦。在这样一种心态和人际关系中，不但难以实现自己的职业生涯规划，还会给家庭带来麻烦，给单位制造矛盾。

近年来，湖南省广大企业在和谐竞争的实践中取得了一定的成绩，同时也还存在许多不可忽视的问题。比如，在改革过程中一味甩掉企业负担而忽视员工利益的问题，在竞争中过于注重局部、眼前利益忽视整体、长远利益的问题，不惜浪费资源、污染环境以求得自身发展的问题，只顾企业自身而想方设法逃避社会责任的问题，行业自律的意识差、能力弱、机制不健全的问题等等。这些问题的存在，严重削弱了企业的和谐竞争能力，降低了市场的和谐竞争水平，影响了社会的和谐竞争态势，需要我们在当前和今后一段时间内积极面对和认真解决。

一要继承和而不同、以和为贵的传统，树立和谐竞争的理念。思想是行动的先导。坚持和谐竞争的首要任务是要牢固树立和谐竞争的理念。要树立“和而不同、和衷共济”的理念。市场竞争毕竟不同于自然界的弱肉强食，也不同于战场上的你死我活。因此，我们要坦然面对“不同”，勇于承受“不同”，在竞争中“和衷共济”。要树立“和气生财、以和为贵”的理念。“和气生财”是经过历史检验的行之有效的生财之道。要树立“依法经营、诚信经营”的理念。依靠钻法律空子、打政策的擦边球、欺骗消费者等不正当竞争手段，或许能为企业带来一时的利益，但决不是企业的长久制胜之道。

二要通过改革创新、以文化人等措施，提高和谐竞争的能力。能力是实现愿望的基础。开展和谐竞争的主要任务是要努力提高和谐竞争的能力。要坚持从自己做起、从现在做起、从小事做起的原则，通过健全法人治理结构，发挥新老“三会”作用，努力提高经营管理能力；通过不断加大研发投入，加快科研成果的转化速度和效率，努力提高自主创新能力；通过培育企业核心价值观和企业精神、塑造企业形象、打造品牌等途径，努力提高用文化来凝聚人、激励人的能力；通过建立现代企业制度，改革产权制度、劳动人事制度、分配制度，完善质量、安全、服务等方面的管理制度，努力提高用制度来约束人、鞭策人的能力。

三要坚持以长远利益、整体利益为重的原则，提升和谐竞争的水平。“人无远虑，必有近忧”，“皮之不存，毛将焉附”。这两句话简单明了地揭示了长远利益、整体利益的作用。坚持和谐竞争的终极目标就是要维护好企业的长远利益和社会的整体利益，打造百年老店。因此，要坚持以长远利益为重的原则，处理好眼前利益与长远利益的关系。要坚持走新型工业化道路，大力发展绿色经济、循环经济，不断淘汰那些高投入低产出的生产线，自觉放弃那些能耗高、污染重的项目，坚决抵制那些“发祖宗财、断子孙路”的短期经营行为。要坚持以整体利益为重的原则，处理好局部利益与整体利益的关系。要理性分析每一个部门、项目和每一张订单对于企业整体发展的作用，不能为了某个部门、某个项目或者某张订单的利益损害企业的整体利益。在追求自身利益最大化的同时，要考虑对市场、社会和自然的影响。提升和谐竞争的水平，还要处理好竞争与合作的关系。在现代市场经济条件下，“赢者通吃”、“成王败寇”已经成为历史的背影，企业与企业之间建立良好的竞争与合作关系是企业生存发展的最佳选择。特别要在通用技术、配套资源、物流环境等方面加强合作，集中精力参与高端技术、市场开拓等方面的竞争，在合作和竞争的基础上实现自身的发展，推动行业的进步。

四要发挥行业自律、政府监管的作用，营造和谐竞争的环境。形成和谐的竞争环境，需要企业、行业和政府等多方合作，共同努力。企业的自觉、行业的自律和政府的监管是营造和谐竞争环境的主要力量。除了鼓励和提倡企业自觉以外，还要坚持自律与他律、激励与约束相结合的原则，认真加强行业协会的建设，提高行业自律的能力，把不和谐的因素消除在萌芽阶段和行业内部。要加强政府职能部门的监管力度，运用经济的、法律的、行政的手段协调好各种竞争关系，为和谐竞争保驾护航。要加强对和谐竞争的领导，各级党委和政府要高度重视和谐竞争，及时解决竞争过程中出现的问题，努力构建和谐的经济、政治、法治和文化环境。

以科学发展观为指导
加强和改进中央企业党建工作

王瑞祥

国有企业是国民经济的重要支柱，是党执政的重要基础。中央企业是国有企业的骨干和中坚力量，在促进我国经济发展和社会全面进步、维护和实现最广大人民根本利益方面负有重大责任和重要使命。坚持以科学发展观为指导，切实加强和改进中央企业党的建设工作，对于中央企业始终坚持改革的正确方向、实现又好又快发展，具有重要的保证作用。

一、立足科学发展，中央企业党建工作取得新成就

这些年来，国资委党委和中央企业党组织努力探索遵循企业发展规律、适应现代企业制度要求的国有企业党建工作新路子，不断提高企业党组织的创造力、凝聚力和战斗力。

（一）切实加强思想政治工作，把企业领导班子和广大职工的发展观念统一到科学发展观上来，努力实现企业的全面协调可持续发展。我们以抓好企业党委（党组）中心组理论学习为龙头，全面加强各级干部的理论武装工作，努力把党的理论创新成果转化为各级干部为党的事业不懈奋斗的坚定信念，转化为观察和解决问题的科学方法和科学思路，转化为领导发展的实际能力和正确的方针政策，转化为干部职工的自觉行动。特别是通过保持共产党员先进性教育活动，企业党员队伍素质进一步提高，党的基层组织建设得到加强，一些影响企业改革发展稳定的突出问题和涉及职工群众切身利益的实际问题得到解决，并在建立健全党员“长期受教育、永葆先进性”长效机制上取得新的进展。

（二）积极探索现代企业制度下党组织发挥政治核心作用的有效形式和途径。我们坚持和完善“双向进入、交叉任职”的领导体制，积极探索在完善的公司治理结构条件下党组织参与企业重大问题决策的方法途径。积极推进中央企业干部人事制度改革，探索党管干部原则和市场化选聘经营管理者相结合的途径。进一步加强中央企业领导班子建设，3 年来国资委共任免中央企业领导班子成员 747 人。开展了面向社会公开招聘中央企业高级经营管理人员的试点工作。中央企业通过市场化方式选用的各级经营管理人才约占总数的 30%。

（三）以加强企业文化建设为载体，提高企业宣传思想工作和精神文明建设的针对性实效性。目前，中央企业文化建设工作，从 2004 年之前自发、零散、浅层的各自起步阶段进入到了有统一的目标导向、体现企业特色、与企业改革发展相适应同进步的新的整体深化阶段。宣传思想工作在典型引路上创新，在热点引导上用功，不断加大对国有资产管理体制改革和国有企业改革发展的宣传力度，树立了中央企业良好的社会公众形象，为改革营造了良好氛围。

（四）坚持以人为本，深入做好新形势下的职工群众工作。中央企业坚持完善以职工代表大会为基本形式的企业民主管理制度，深化厂务公开工作，积极推进职工董事工作，不断拓宽现代企业制度下职工民主管理的途径。全面实施人才强企战略，充分发挥企业工青妇等群众组织的作用，大力实施职工素质工程，广泛开展深受广大职工欢迎的技能大赛、团员青年创新创效等各种主题实践活动。积极选树和宣传学习以劳动模范为代表的职工先进典型，在广大

职工中倡导形成了爱岗敬业、致力发展、做强做大、为国奉献的职业追求。

二、总结实践经验，深化对中央企业党建工作的认识

回顾总结这些年来中央企业党建工作的实践，我们深切体会到，加强和改进中央企业党建工作，一定要以科学发展观为根本指针，注意搞好与企业改革发展稳定的统筹协调。同时，我们也清醒地认识到，搞好中央企业党建工作还有大量的艰巨任务，首先要切实解决好对新形势下中央企业党建工作的认识问题。

（一）现代企业制度下搞好国有企业党建工作，根本任务在于切实提高党在经济领域的执政能力，巩固和完善社会主义基本经济制度。国有企业特别是中央企业在国民经济中发挥着重要的骨干作用，是国家可以直接掌控的应对突发事件和重大经济风险的可靠力量，对于我国经济社会的全面协调可持续发展具有重要作用。国有企业改革发展的走向问题，不仅是关系国有经济主导作用的重大经济问题，而且是关系国家性质的重大政治问题。积极探索和充分发挥在现代企业制度下国有企业党组织的政治核心作用，对于提高党的执政能力，保证国有企业改革始终坚持正确方向，巩固和不断完善我国社会主义基本经济制度具有关键性作用。

（二）现代企业制度下搞好国有企业党建工作，根本表现在于解放和发展生产力，切实提高国有企业的可持续发展能力和市场竞争力。通过加强领导班子建设，提高班子的政治素质和综合能力，保证党和国家方针政策在企业的贯彻落实，组织、发动职工解放思想，转变观念，大力推进改革，解决影响生产力发展的束缚性因素和障碍，增强企业核心竞争力；通过加强党员先进性建设，开展思想政治工作，引导企业文化健康发展，培育“四有”职工队伍，倡导先进、理顺情绪、化解矛盾、凝聚力量，使党员和广大职工不断提高素质和创新能力；加强党风廉政建设，加强监督管理，防止决策失误和腐败现象的发生，保护企业的生产力。

（三）现代企业制度下搞好国有企业党建工作，根本途径在于适应现代企业管理的要求，使企业党建工作的运行机制成为企业管理的有机组成部分。现代企业管理的核心问题是如何充分激发人的活力和创造力。企业党的工作主要是做人的组织、管理和协调工作，实质上是调整生产关系，使之更适应生产力发展的需要，这本身就具有企业管理的属性。要深刻把握和主动适应企业这一经济组织运行的内在要求，注重借鉴运用现代企业管理的理念和手段，进一步改进企业党的思想政治工作的运行机制，使之成为企业管理的有机组成部分。要探索目标管理方法，建立健全责任制，规范工作流程，加强过程控制，实行跟踪改进，实现与企业经营管理工作的有机结合。

三、贯彻落实科学发展观，不断开创中央企业党建工作的新局面

新形势新任务对中央企业党建工作提出了更高要求，也赋予了更大责任。在新的实践中，要坚持全面贯彻落实科学发展观，为改革发展稳定提供坚强保证。

（一）以融入中心、进入管理为新的工作思路，促进中央企业党建工作与生产经营工作的有机结合、和谐发展。在现代企业制度下搞好国有企业党建工作，要融入中心、进入管理，把党的工作与生产经营这个中心有机融合在一起。要从体制制度上融入，把企业党组织的机构设置、职责分工、工作任务纳入企业的管理体制、管理制度、工作规范之中。要从工作内容方法上融入，企业党组织研究、部署、开展工作要与企业生产经营工作实现同部署、同推动、同落实，形成同频共振、联动互补的效应。要从评价考核上融入，企业党的工作要讲效率、讲效益，注意借鉴和运用现代企业管理的思想、方法和手段，使党的工作真正成为企业价值链上的重要环节。对企业党的工作的评价考核，要把重

点放在促进企业搞好改革、加快发展、加强管理、提高效益、实现国有资本保值增值上，着重从对企业贯彻执行党和国家路线方针政策的保证监督效果、对企业改革发展稳定的促进效果、对企业完成生产经营任务的支持效果、对企业实现国有资本保值增值的推动效果、对各类人才和职工队伍的建设效果，研究落实好工作要求、衡量标准和考核办法，并与建立健全国有资产保值增值责任体系和企业经营者业绩考核工作有机结合起来，进一步提高评价考核工作的激励作用。

(二)以发挥党组织政治核心作用为主线，进一步建立完善党组织参与重大问题决策的规则与程序。要认真研究、积极探索和逐步完善党组织参与重大问题决策的内容、途径和方式，切实解决好中央企业党建工作中存在的突出问题。企业党组织发挥政治核心作用，一是要保证国有企业的性质和发展方向，重视解决好关系企业改革发展稳定的重大问题；二是在国有企业处于政治核心地位，对思想政治工作发挥领导作用；三是要在五个重点方面发挥作用，也就是在企业贯彻落实党和国家方针政策方面发挥保证监督作用，在公司治理结构依法行使职权、促进企业生产经营任务完成方面发挥支持协助作用，在企业重大问题决策方面发挥沟通参与作用，在企业内部关系和谐方面发挥指导协调作用，在加强党的自身建设和群众工作方面发挥领导组织作用。

(三)以加强能力建设为重点，有效深化企业"四好"领导班子创建活动。进一步探索创建活动的基本规律和方法，建立科学的评比程序和奖惩办法。将创建活动与实施企业发展战略相结合，以"四好"领导班子创建活动促进"人才强企"战略的实施，使"四好"班子创建活动成为实施企业发展战略的有效支撑与保障。

(四)以建设社会主义核心价值体系为引领，切实保证中央企业宣传思想工作的健康发展。一是加强党委(党组)中心组学习，结合实际运用马克思主义最新理论成果，努力解决实际问题；二是坚定中国特色社会主义信念，不断激励党员干部群众为共同理想团结奋斗；三是大力弘扬民族精神和时代精神，用崇高的精神支撑和推动伟大的事业；四是广泛深入宣传社会主义荣辱观，推动精神文明建设。要通过提高宣传工作的说服力和实效性，营造团结稳定鼓劲、积极健康向上的思想舆论氛围。

(五)以增强企业核心竞争力和可持续发展能力为目标，创新发展企业文化建设。要积极探索思想政治工作与企业文化建设相结合的途径和办法，使企业党建和思想政治工作更加贴近实际。要准确把握企业文化建设与企业管理的内在联系，把企业的核心理念融入各项管理制度和经营管理行为之中，使企业文化建设与企业管理相融并进，在企业管理中落地生根。重视加强企业重组和并购中的文化融合工作，把企业文化作为资金、技术和人才之外的"第四种资源"，求同存异、取长补短、优势互补，在融合中发展、在融合中创新。要遵循企业文化建设的内在规律，着力推进以企业精神文化、制度文化和物质文化建设为主要内容的企业文化体系建设，进一步建立和完善企业价值理念系统和行为规范系统，不断优化企业形象识别系统，并与企业生产经营的实际有机结合起来，切实提升企业经营管理水平。

(六)以促进职工与企业的和谐发展为导向，充分发挥广大职工群众支持改革、推动发展的积极性、主动性和创造性。企业发展是职工发展之本，职工发展是企业发展之源。坚持以科学发展观为指导，搞好中央企业改革发展，要把握和处理好企业发展与职工发展的辩证关系，使国家利益、出资人利益、企业利益和职工利益相互协调、共同增进。我们将进一步畅通职工意愿反映渠道，加强维护职工利益长效机制建设，建立健全利益协调机制、诉求表达机制、矛盾调处机制和权益保障机制，发展和谐劳动关系，努力使全体职工共享国有企业改革发展的成果，在企业发展的同时实现职工的全面发展，为建设社会主义和谐社会作出贡献。

实现企业改革发展与企业文化建设的互促互进

杨志明

企业文化通常包括物质文化和精神文化。物质文化对企业来讲主要是设计、制造、产品、包装、商标等。精神文化在企业主要表现为信念、行为、习俗、追求等。建立现代企业制度，一项重要任务就是要加强企业文化建设，引导企业从制造产品、创造效益发展到创造文化，这个文化主要是指企业文化，广义地说，也是现在通常所讲的创意产业。企业文化建设就是要用共同的信念去激励员工，用文化的手段去改善行为，用有效的传媒去树立形象。

新时期企业文化建设和传统企业管理的区别在于：传统的企业管理是产品制造、营销、流通的资金管理，形成企业整体的成本管理。质量管理主要是与国际标准对接的管理。营销管理主要是按国际惯例推行营销员制的管理。现在，进行以人为本管理的新时期企业文化建设，最主要的是要将企业文化理念渗透到企业团队领导的意识中去，树立竞争意识、战略意识，引导企业员工形成在每一个环节中都能为之奋斗的共同信念。在经济全球化的新条件下，要借鉴一切优秀文化成果来提高企业管理水平，推动企业由产品质量管理向人本价值的文化管理发展，把实施国企改革融进企业文化建设之中，探索企业文化建设与企业创新发展互促共进的有效途径。

企业文化建设有一句很普及的话，叫做“大企业做文化、小企业做产品”。因为大企业有团队、有实力、有扩张需求、有文化凝聚的竞争。世界上汽车行业在这方面表现的尤为突出，德国奔驰汽车有一句广告词是“跑遍世界无障碍”，日本丰田车的一句广告词是“有路就有丰田车”。这说明，成功的企业得益于成功的文化，先进的企业之所以能够战胜落后的企业就是因为先进企业的文化比落后企业的文化更能适应竞争的需求，更具生命力。所以，企业文化建设首先是企业生存发展所需要的，企业文化不能独立于企业竞争、创新、发展这样一个主轨道而进行。应该说，企业文化建设要能为多数员工所接受，要具有企业发展所需要的强大生命力，要适应企业竞争所需要的发展战略。

我省现在实施的新一轮国企改革，叫“376”攻坚计划，即用3年时间，70%的国有大型和特大型企业进行产权多元化的改革；下划企业70%转入非公经济发展轨道；66户资不抵债、资源枯竭、扭亏无望的企业实施破产和政策性破产，退出市场。新一轮国企改革“新”在要改革国有大企业国有股“一股独大”的局面，形成产权多元化的股份制企业；“新”在过去是以搞活国有中小企业为主，现在是以搞活国有大型企业为主；“新”在过去企业以向银行贷款的信贷融资为主，现在要从资本市场融资以至企业在市场竞争中进行并购重组。新一轮国企改革最主要的是把企业带到经济全球化中寻求发展。企业破产重组也有文化建设，如“有破产的企业没有破产的党组织”。企业文化建设是现实的、客观的、活跃的，是不断向前发展的，企业发展的不同阶段都渗透着企业文化建设的创新。

企业文化建设不是虚无的，这就需要建设好企业文化的载体。没有重点就没有突破，没有措施也难以落实。企业文化建设不是任其自然发展而成的，也不是一夜之间通过设计出响亮的口号、印出漂亮的手册突击出来的。

在企业文化建设中要抓好四个着力点。

一是要以增强员工的归属感、积极性、创造性为目的，提炼和培育具有鲜明特色的企业精神。我省属于绿洲经济，有水的地方就有城市、有企业，而且有些城市是因企设市，所以员工的归属感很重要，不像沿海城市职工"跳槽"很普遍。当然新的就业观念是不能一企定终身，要一技养一生。美国杜邦公司在安全生产文化观念上，有一句很著名的话，意思就是"纵向到底，横向到边"，纵向到底从董事长、总经理、安全处长、车间主任到班组长、安全员，横向到边从计划、管理、销售、资金等所有人员都要有安全意识。我省的靖远煤业集团要建设成西北千万吨级的大型煤业企业、建设成本质安全型矿井。本质安全型矿井，就是说这个矿井不是后来改造的，一开始建设它本质就是安全的，矿井是安全的、设备是安全的、工艺是安全的，下井的每个员工经过培训行为也是安全的。酒钢集团立足戈壁荒滩艰苦创业的"铁山精神"，金川公司的"镍都精神"，兰州铝业的"唯实、唯一、唯精、唯新"精神，兰石集团的"钻无止境、炼就一流"精神，祁连山水泥集团的"浇铸真诚、凝固永恒"精神，都是要最大限度地把企业员工的归属感、积极性、创造性激发出来。

二是要以实现企业经营发展战略为核心，建立先进的经营理念。企业经营理念在市场竞争中，要从计划经济下的管理企业到市场竞争下的经营企业转变。在同行业竞争中，要么打败它、要么靠拢它，不能简单地闭门奋斗，自我循环、自生自灭，那是一种落后思想。不少企业都渗透着这种广告词，给员工以激励，如"今天工作不努力，明天努力找工作"，使广大职工在这些理念的鼓舞下，自觉地把个人发展与企业发展联系起来，思想观念进一步转变，学习创新意识进一步增强，职业道德和行为规范进一步改进，从而为促进企业加快发展、实现经营战略奠定了更加牢固的思想基础。各企业在企业文化建设中，要围绕企业经营发展战略实施的重点和难点，进一步明晰企业的使命、愿景和核心价值观，提炼和培育各具特色、充满生机而又符合企业实际的经营战略、经营宗旨和经营理念。

三是要以增强市场竞争力为目标，树立和提升企业的品牌形象。品牌是一种质量，也是一种市场份额。品牌是一个企业在市场上的适应能力，是企业的无形资产、文化价值。酒钢建设人文酒钢、特色酒钢、绿色酒钢、和谐酒钢，用愿景鼓舞人，用精神凝聚人，用机制激励人，用环境陶冶人。各企业要结合自身特点、业务范围、规模大小、经营环境、职工状况以及发展战略等实际，提升管理水平和品牌形象，把品牌建设体现在管理制度、工作标准、考评体系之中，贯穿到生产经营管理的实际过程，使企业改革发展为企业品牌文化建设提供基础，使品牌文化建设凝聚员工，激发力量，促进企业的改革发展。

四是要创新企业文化建设的方式，通过信息化提升企业文化建设的时代感。信息化是个浪潮，世界发达国家是工业化基本完成以后进而发展信息化的。我们作为西部内陆省份既有信息化的挑战，又有实现工业化任务的压力。为此，企业文化建设用信息化的眼光来看，就是要改变过去"读报纸、念文件、办专栏、开班会、谈体会、放电影"的传统方式，发展为要上专网、看信息、办论坛、受培训、学管理，走上企业信息化管理的轨道。用现代网络和通信技术开展企业文化建设，学习和利用网络知识来增加企业文化的时代意识。

（作者：甘肃省副省长）

让企业的发展惠及全体职工

——上海市建立和完善企业职工工资正常增长机制调查

中华全国总工会研究室调查组

2007年7月，我们就上海市建立与完善企业职工工资正常增长机制这一专题进行了实地调查，并与当地工会组织和相关部门进行了深入研讨。

一、党委、政府是关键

近年来，上海市各级党委、政府认真贯彻实施党的全心全意依靠工人阶级的方针政策，加大了维护职工劳动经济权益的工作力度，把提高企业职工特别是普通职工的工资收入，使之与企业经济效益同步增长，作为一项重要任务抓实抓好。

努力构建合力机制。为切实保障职工的收入分配权益，上海市建立了市总工会、发改委、国资委、劳动和社会保障局、税务局、外经委、工商联、文明办、企业联合会等单位联合推进的工作制度，共同研究建立企业普通职工工资正常增长机制、推动企业开展工资集体协商的工作计划。市发改委将提高普通职工工资收入水平列入经济社会发展计划，劳动和社会保障局每年公布企业职工工资增长指导线和劳动力市场价位，工会制定维护职工收入分配权益的近期和远期工作目标，分工明确、各负其责，初步形成了党委领导、政府支持、各方协作、合力推进的工作格局。

从法律法规和政策措施上保障。在已制定《上海市工会条例》、《上海市劳动合同条例》的基础上，市人大制定了将于明年1月1日起正式实施的《上海市集体合同条例》，着力打造企业职工工资的共决机制、正常增长机制和监督保障机制。从1993年起，市劳动和社会保障局每年都调整全市最低工资标准，并定期发布，从起点上维护普通职工的工资收入分配权益。2006年最低工资标准(税后)为750元，今年9月已提高到840元，处于全国最高水平。从1996年起，市劳动和社会保障局每年发布工资增长指导线，要求企业根据所属行业特点，结合自身效益情况为职工增加工资。同时，定期在网上发布不同行业、不同群体的全日制工资指导价位、企业人工成本信息。2007年4月，市劳动和社会保障局下发《关于加强对企业内部工资分配工作的指导意见》，要求用人单位建立健全内部工资分配制度，完善工资正常增长机制，合理确定企业内部各类人员的工资分配关系，加强劳动定额标准管理，提高企业工资分配中的职工参与度。《意见》还对规范国有企业经营管理者收入提出明确要求：一线职工未增加工资的，经营者工资也不能增加；经营者工资超过一线职工一定倍数的，一线职工的工资增长不能低于经营者工资增长幅度。同时，上海市国资委召开国有企业工资收入分配会议，要求建立和完善职工收入增长机制、工资总量预算管理机制、经营者业绩考核机制、收入或工资集体协商机制、困难职工帮困托底机制、收入分配监督机制和收入分配重大事项备案制度，并具体指导实施。

支持工会开展工作。各级党委定期听取有关职工利益的专题汇报，指导和支持工会维护职工合法权益的工作。人大、政府将维护职工收入分配权益列入《工会法》、《劳动法》执法检查内容。政府每年通过联席会议、专题调研和协调劳动关系三方会议等，了解普通职工工资收入情况，着力解决普通职工工资收入低的问题。市劳动和社会保障局每年会同市总工会、市企业联合会协商制定最低工资标准。

二、工会发挥了突出作用

大力开展调查研究，及时提出对策建议。 为了提高工会维护职工合法权益的能力，增强工作的针对性，市总工会建立了企业普通职工工资收入月报制度和年报制度、职工家庭生活状况调查制度、以基本生活必需品为主的菜篮子价格信息搜集分析系统，及时获取信息，定期分析普通职工的工资收入水平及变动趋势，长期跟踪研究职工工资收入变化对职工家庭基本生活的影响，为政府制定收入分配政策和工会有效参与提供科学依据。2003 年以来，市总工会先后开展了劳动力成本、全市职工收入分配、行业职工工资收入状况、道路保洁工劳动定额等项专题调研。同时与上海工程技术大学合作组建社会保障课题研究小组，联合复旦大学成立劳动关系研究中心，深入开展与职工收入分配相关的理论研究，及时提出对策建议，有效地提升了工会为职工说话、办事的能力。

推行工资集体协商，签订工资协议。 从 1998 年起，市总工会每年都与市劳动和社会保障局联合下发有关推进工资集体协商的指导性文件，定期召开推进工资集体协商的联席会议。市总工会与司法局和律师协会合作，成立市、区两级工资集体协商顾问团，在街道(乡镇)和开发区成立了工资集体协商指导站，加强对基层的分类指导和专业化服务。由工会牵头，每年举办工资集体协商培训班，对工会(职工)方的协商代表进行全方位培训。在一些职工人数较少、私营企业数量相对集中的工业园区，采取由上级工会与企业代表协商，签订区域(行业)性工资集体协议的办法。在国有(控股)企业，通过工会主要负责人进董事会、参与企业行政办公会等形式，代表职工参与和监督企业工资分配方案的制定，组织职工代表对企业分配方案进行审议和表决，以保障企业职工收入分配的公正。在非公有制企业中，工会坚持参加协商的职工代表必须由职代会民主选举，经过协商形成的工资专项协议(草案)必须提交职代会审议表决，对集体协议履约情况必须由职工代表进行监督检查。据统计，到 2006 年底，全市已签订近 1 万份工资专项集体协议，覆盖企业 4 万多家、职工 130 多万人；19 个区(县)中已有 551 个街道(乡镇)、经济开发区(工业园区)进行了区域性的工资集体协商，签订了 1459 份区域性工资集体协议，涵盖企业 35289 家、职工 43.96 万人；10 多个产业(行业)建立了工资集体协商制度，签订了 76 份行业性工资集体协议，涵盖企业 2301 家、职工 17.87 万人。

建立经营管理者工资收入公开制度，促进国有企业收入分配逐步规范。 针对部分国有企业领导与普通职工收入差距越来越大的问题，工会配合纪委、组织部门制定有关规定，积极推进经营管理者收入公开工作，按照“有人管、有方案、有程序、有挂钩、有考核、有监督”的原则，努力实现经营管理者的收入与企业效益和普通职工收入挂钩，同时明确经营管理者的收入必须在企业职工代表大会上公开。2007 年 5 月，市总工会与市国资委、市劳动和社会保障局建立了三方联席会议议事制度，明确提出将在年内建立与完善国有企业职工工资正常增长机制，生产经营正常、经济效益稳步增长的企业，其在岗一线职工的年收入增长幅度不能低于上海当年工资增长指导线；微利、亏损企业在不出现亏损或不增加亏损的前提下，按工资增长指导线下限或物价涨幅增加一线职工收入；一线职工收入长期未增长的企业，要采取统筹帮扶等办法增加职工工资。

加强组织领导，不断提高维护职工收入分配权益的工作水平。 2007 年 6 月，市总工会制定下发了《关于工会推进企业内部收入分配机制建设的意见》，要求各级工会高度重视企业收入分配机制建设，推进企业收入分配共决机制、职工收入正常增长机制和收入分配保障监督机制建设，加大工会维护职工劳动经济权益的力度。

在上海市委、市政府的领导和支持下，通过

各级工会组织协同各方、合力推进，全市企业普通职工收入水平有了较大幅度提高。例如，黄浦区区属国有、集体的15个企业集团85%的普通职工工资收入连续三年两位数增长，2006年有1.7万余名普通职工工资收入增幅达14.1%。

三、当前存在的问题与建议

尽管上海市职工收入有了一定程度的提高，但仍存在一些问题。如普通职工收入与经营者收入增长不同步，两者之间差距过大；部分一线职工收入过低，只能维持家庭基本生活；部分企业劳务工、农民工与正式职工之间同工不同酬的现象比较严重；一些企业缺乏有序透明的分配秩序，职工收入增长责任机制尚不健全；在一些无主管企业中，工资集体协商工作尚处于空白状态，已签订的一些工资协议文本质量不高，一些基层工会干部在工资集体协商中“不敢谈、不善谈”。对于这些问题，必须高度重视，有针对性地加以解决。

深刻认识维护职工收入分配权益的重要性、紧迫性。由于企业用工形式、分配制度的变化，因收入分配直接或间接引发的劳资矛盾日益复杂、日渐增多，已经成为当前影响企业发展和社会和谐的主要因素之一。因此，必须把维护职工收入分配权益、提高职工收入水平作为共建共享和谐社会的重要切入点和突破口。要大力规范收入分配秩序，努力促进分配公平，完善以按劳分配为主体、多种分配方式并存的分配制度，切实提高劳动收入在初次分配中的比重，并调整社会收入再分配政策。只有这样，才能在企业建立起社会主义新型劳动关系，从而调动广大职工的工作热情和创造活力，促进经济社会全面协调可持续发展。

加快建立科学合理、公平公正的收入分配机制。提高企业普通职工收入水平，要求各级党委、政府依据党的政策和国家的法律、制度制定具体的实施办法。当前迫切需要做好以下工作：一是加快有关工资收入分配的立法步伐，把提高企业普通职工收入纳入各地经济社会发展规划，建立健全政府与工会联席会议制度和劳动关系三方协商制度。二是完善工资增长指导线、劳动力市场工资指导价位和行业人工成本信息指导制度，建立健全地区、行业和工种的最低工资制度，加强劳动定额和工时等劳动标准管理，落实艰苦岗位津贴制度，加强职工工资收入以及工资集体协商的专项执法检查和劳动监察工作。三是加强企业收入分配共决机制、职工收入正常增长机制和收入分配监督保障机制建设，进一步推行工资集体协商制度。四是健全国有企业工资收入分配的激励和约束机制，规范经营者收入分配，把普通职工工资收入增长率、人均收入水平作为经营者绩效考核的重要内容。五是做好非公企业职工工资收入分配工作，探索提高普通职工工资收入水平新途径。

切实加强工会维护职工工资收入分配权益工作。各级工会要把维护职工收入分配权益工作放在更加重要的位置。调查了解职工工资收入分配现状，分析问题的成因，积极反映和表达职工群众的利益诉求，协助党委、政府解决问题。积极参与有关职工工资收入分配权益的法律制定和政策研究，参与最低工资标准的制定，参加有关工资增长指导线、劳动力市场工资指导价位及行业人工成本信息的制定。要强化与政府、企业代表组织的沟通，通过政府(行政)与工会联席会议和三方协商会议，共同研究解决企业收入分配中存在的问题。在全国范围内大力开展工资集体协商，实施工资协商要约行动，推进区域(行业)性工资集体协商工作，提升协商的质量实效。充分发挥职代会、厂务公开等民主管理制度对于维护职工工资收入分配权益的作用，推进国有(控股)企业经营管理者的收入公开，加强对企业收入分配秩序的监督。继续推行和规范职工董事、职工监事制度，推动工会负责人等职工方代表进入董事会、薪酬委员会，在企业决策层面维护职工工资收入分配权益。工会领导机关尤其要积极开展收入分配理论研究和经验总结推广工作。

企业党组织要注重对外来务工人员的素质教育

王增彪

我们党历来重视农民问题。当前,党中央又提出"工业反哺农业,城市支持农村"和建设社会主义新农村的目标。农民是我们党坚实的阶级基础,在城市,广大外来务工人员已成为工人阶级的重要组成部分。因此,加强外来务工人员队伍建设,全面提高他们的素质,是企业党组织的重要工作内容。

多年来,党和国家在关爱来京务工人员、提高务工人员素质方面,采取了很多有力而行之有效的措施。国有大型建筑企业有其自身特点,在这方面,它们也进行了一些符合企业实际的有益探索。作为国有建筑企业的北京城建集团响应号召、贯彻精神,也做了大量工作。

一、加强思想教育,实施理念同化

来京务工人员与城市本地居民在思想观念上有着诸多不同,但表现最突出的,是人们对他们的认同感和他们自身的归属感不同。广大来京务工人员在城市处于边缘化的状态,难以融入城市生活,大部分人的逆反心理和苦闷情绪很强烈。

北京城建集团在这方面进行了有益尝试。首先制定了开展对来京务工人员思想政治工作的目标,即采取日常教育、主题教育、开展活动相结合的方式,培养来京务工人员的"五个意识",即政治意识、团体意识、社会公德意识、团结意识和责任意识,并提出了一系列认同化的理念和管理措施。一是针对他们的隔阂心理,提出"本地青年外地青年都是有为青年,第一故乡第二故乡同为创业之乡"和"今日首都建设者,明天家乡创业人"等人性化的理念,并且制作成标语,长期悬挂在他们工作和生活的地方。二是实行"五个一样"管理,即外来务工人员与自有职工思想上一样教育、施工上一样要求、生活上一样关心、报酬上一样合理、行政上一样管理。三是在来京务工人员中深入开展"五增活动",即为首都增辉、为家乡增光、为企业增荣、为本队增效、为个人增收。四是开展"五爱活动",即爱首都、爱家乡、爱集体、爱企业、爱岗位。这些提法和做法,把同是北京建设者的理念渗透到来京务工人员管理工作中去,很受来京务工人员的欢迎。

二、加强技能培训,提高综合素质

来京务工人员的业余文化生活比较枯燥,工作之余除打打扑克、下下棋外,就是遛弯闲逛。同时,现在的来京务工人员的文化程度结构发生了很大变化,绝大多数农村青年都是初、高中毕业生,他们同老一代务工人员不同,具有一定的文化基础,有一定的文化和艺术的追求,学习的愿望也更为强烈一些。

鉴于这种情况,北京城建集团在来京务工人员中开办了民工学校,对他们进行文明礼仪和业务知识方面的培训。城建集团开办了全国建筑行业第一所民工学校。集团公司党委办学之初就形成了这样的共识,那就是民工学校要正规办学,不走过场,要真正成为来京务工人员成长的沃土和摇篮。经过多年的发展,现在集团已经开办了37所民工学校。来京务工人员刚到企业的时候,大多数人都只会和泥、砌小砖。如今,不少人通过学习,学会了看图纸,每个人都至少有一、两手技术活,有的人还代表集团参加北京技术工人大比武，实现了自身价值的升华。同时，还通过普法教育，使他们尽可能多地掌握法律知识，运用法律武器维护自身权益。

在学习文明礼仪和业务知识的同时，城建集团还利用每年一度的全员脱产轮训，对外来务工人员进行国家和企业的形势任务教育。从1983年兵转工之日起，北京城建集团就形成了这样一个传统，那就是每年利用春节前后的施工淡季，对全体职工进行一次国家和企业的形势任务教育，每次都确定一个主题。绝大多数单位都自觉自愿地把外来务工人员纳入到培训范围中来。

三、举办文体活动，陶冶思想情操

用高尚的文化阵地充实外来务工人员的业余生活，是提高他们素质的有效手段，是关爱他们的具体体现。北京城建集团经过调查分析，决定开展一系列文体活动，以起到陶冶情操、巩固阵地的作用。

一是投入资金7万多元，组建义务电影放映队，晚上轮流到工地放电影。每场电影放映前，还加放反映集团两个文明建设的幻灯片，有先进模范人物介绍、文明安全施工的教学片，还有法律常识、礼仪知识的宣传片。

二是与社会团体合作，举办大型文艺演出。有10000名来京务工人员参加的“同一首歌”，有“和你在一起，相聚奥运工地”和“青春·中国”大型演出等，有来京务工人员专场文艺演出。北京城建集团组织的大型体育运动会，来京务工人员也都按地区组队参加。集团组织书画摄影大赛，也有很多来京务工人员的作品参赛。

三是积极组织他们参加上级开展的系列活动。2005年积极组织职工参加了由北京市国资委、北京市建委发起组织的“与国企发展同行，与首都文明同行”的演讲征文比赛、“北京是我快乐的家——首都建筑工人卡拉OK大奖赛”及大型歌会，并积极参加北京市“读书益民”活动等。

四、创建“文明四区”，培养文明习惯

提高来京务工人员的综合素质，是一项复杂的、长期的综合性工程，不能单靠形式简单的培训来完成。运用各种有形的载体，把他们吸引到各项有益的活动中来，于无形之中、无声之处使他们受到潜移默化的影响，是一种非常有效的手段。

北京城建集团开展了创建“文明四区”活动，即创建文明办公区、文明生活区、文明职工家属区、文明民工生活区。文明施工区、文明民工生活区是来京务工人员全员参与的活动，特别是在创建“文明民工生活区”活动中，从叠被子、挂毛巾抓起，直到整体的宿舍卫生和环境卫生都制定了统一标准，并且坚持检查评比。通过这项活动的开展，来京务工人员养成了文明的习惯。

五、维护劳动权益，减少后顾之忧

来京务工人员有很多顾虑，大到工资能否按时足额领取，小到吃住是否可心。北京城建集团从点滴之处给予他们关爱。

一是全额按时支付工资。北京城建集团把支付来京务工人员工资与企业主要领导人员的绩效考核挂钩，并且要求所属企业为来京务工人员办理工资卡，保证按时发放工资。为维护他们的合法权益，组建了全国建筑业第一家“来京务工人员工会联合会”，现在已经发展到238个基层工会，建会率达到92%，成为维护来京务工人员权益的代言机构。

二是建立工伤保险制度。建筑业是一个高危行业，直接从事施工生产的人死伤率都较高。由于没有工伤保险，伤亡事故发生后很多人都无法得到应得的赔偿，只能与单位私了，个别单位甚至因未办理工伤保险参保手续，在员工受伤后千方百计地逃避赔偿责任。北京城建集团每月为每个进京务工人员缴纳工伤保险费和医疗保险费42元，对逾期不缴的违法企业，最高处以1万元罚款。

三是保证低价医疗服务。来京务工人员由于国家体制原因，都没有医疗保险，城市看病的高昂费用使得他们不敢看病。北京城建集团在这方面也进行了有益的探索。他们充分运用集团所属的门诊部资源，在重点工程工地上都设立了医疗室，向他们供给价格低廉的常用药品，使他们小病不出门，同时每年还为他们体检一次，有效地预防了大病及传染疾病，一定程度上保障了他们的身体健康。

北京城建集团对外来务工人员的素质教育取得了良好的效果。近几年，已有500多名来京务工人员向集团党团组织递交申请书，近百人被发展为党员、团员，涌现出了全国劳动模范。其中很多来京务工人员在参与首都建设的同时，不忘回报家乡，有的给家乡修路打井，有的捐资建设希望小学，有的抚养孤寡老人，有的把致富技能和文明习惯带回家乡，为农村的发展与文明作出自己的努力。同时，提高来京务工人员的综合素质，促进了企业两个文明建设的协调发展，提升了企业品牌形象。北京城建集团先后被评为全国思想政治工作先进企业、全国建设系统思想政治工作先进单位、北京市思想政治工作先进单位，并于2004年被评为首届北京“最具影响力”企业，2005年底被评为“全国十大最具影响力企业”和“全国十大最具影响品牌”，2006年4月被评为“中国企业文化建设十大影响力企业”。

（作者：中国建筑业协会副秘书长）

加强和改进国有企业党建工作

雷　建

党的十七大报告强调，要以改革创新精神全面推进党的建设新的伟大工程。加强和改进国有企业党的建设，要深刻领会党的十七大关于党的建设的新思想、新任务和新要求，认真研究国企党建工作的新情况新问题，明确新的工作思路和举措。

一、以科学发展观为指导，理清国有企业党建工作思路

把发展作为国企党建工作的第一要务。要紧紧围绕促进科学发展、和谐发展，充分发挥国有企业党组织的政治核心作用和党员的先锋模范作用；紧紧围绕企业又好又快发展、确保国有资产保值增值、推进工业跨越式发展和全面建设小康社会，加强和改进党的建设。

把以人为本作为国企党建工作的出发点和落脚点。要发扬党内民主，尊重党员主体地位；以扩大党内民主带动人民民主，以增进党内和谐促进社会和谐、企业和谐。积极探索建立促进人的全面发展的激励、关怀和帮扶机制，切实做好服务群众、服务党员、服务人才、服务企业家等凝聚人心的工作，充分调动广大党员和职工群众参与改革发展的积极性、主动性和创造性，坚决维护职工群众的根本利益，做到发展为了职工群众、发展依靠职工群众、发展成果由职工群众共享。

把统筹兼顾、全面协调可持续发展作为国企党建工作的根本方法和基本要求。党的建设新的伟大工程是一个系统工程，既要坚持重点突破，抓好领导人员的能力建设和先进性建设，又要抓全面推进，做到思想建设、组织建设、作风建设、制度建设和反腐倡廉建设一起抓。既要抓好当前党建工作的难点热点问题，更要着力于建立长效机制，使国有企业党的建设实现可持续发展。

把改革创新作为国企党建工作的不竭动力。要着眼于解决国有企业党的建设面临的新情况、新问题，积极探索新途径，取得新突破，使国有企业党的建设工作体现时代性、把握规律性、富于创造性，为推进国有企业科学发展、和谐发展奠定坚实的组织基础。

二、以促进国有企业又好又快发展为目标，切实抓好国企党建工作

（一）突出抓好思想政治建设，不断推进领导班子和领导人员能力建设

坚持用马克思主义中国化最新成果武装头脑，促进国企领导班子思想理论素养有新提升。思想理论建设是党的根本建设，理论素养是领导干部素质的核心。对国有企业领导班子来说，追求企业发展和经济效益是十分必要的，但决不是唯一的。应该说，有的国企领导班子还不同程度地存在重生产经营、轻理论武装的现象。必须清醒地认识到用马克思主义中国化的最新成果武装国企领导班子和领导人员头脑的重要性和紧迫性，切实把新的理论成果转化为科学的世界观和方法论、转化为领导企业改革发展的能力和素质、转化为国有企业又好又快发展的动力、转化为国企广大干部职工推进改革发展的巨大精神力量。

坚持党管干部原则和有关法律法规的有机统一，探索建立中国特色的企业法人治理结构。要把党委发挥政治核心作用作为中国特色企业法人治理结构有机组成部分，积极探索党管干

部原则和董事会选择经营管理者以及经营管理者依法行使用人权相结合的实现形式，进一步探索在法律法规框架下，坚持党管干部原则的途径。要建立和完善管标准、管程序、用好推荐权的有关制度，积极完善“双向进入、交叉任职”的领导体制，明确董事会、监事会、经理层和党委的职责以及党组织在重大问题决策上的参与权、建议权，建立有效的公司决策机制、党委参与企业重大问题决策机制、经营管理者之间快速高效的工作体制和企业内部的制衡机制。

坚持正确用人导向，建立选拔任用科学机制。要按照民主、公开、竞争、择优，形成干部选拔任用科学机制的要求，按照德才兼备、注重实绩、群众公认原则，把那些既懂企业经营管理，又懂党务的复合型人才选拔进领导班子。要建立有别于党政干部、具有企业特点的选拔任用标准，制定规范的任职资格和选拔程序。要按照不同的企业性质、规模，选择合适的配置方式，采取公开选聘、企业内部竞争上岗、人才专业机构推荐、党政系统与企业、企业与企业之间交流等形式，配置好企业领导班子。要创新选拔任用办法。选用经营管理人员，推行聘任制和任期制，实行契约化管理；选用党群工作负责人，实行依法选举与组织选用，逐步扩大基层党组织负责人公推直选范围。要强化能力提升，针对出资人代表、经营班子、党群工作负责人等领导班子成员不同的岗位和职责，制定能力提升的分类目标。坚持以提高企业经营业绩、提升企业核心竞争力、构建和谐企业、可持续发展为重点，不断提升任期内领导人员和后备干部领导企业科学发展的能力。积极探索建立适应现代企业制度要求的选培用管体系。

（二）努力提升党的基层组织建设水平，不断增强党组织的凝聚力

适应企业改革发展需要，不断优化党组织的设置。针对企业管理体制、经营机制、机构设置模式、运行流程和劳动组织结构等方面发生的新变化，坚持“三同时”原则，即在组建新单位的同时建立党组织，在聘任行政领导的同时明确党组织负责人，在明确行政单位隶属关系的同时明确党组织隶属关系，使党的组织设置适应国有企业公司制股份制改革带来的国有经济新布局和国有资本新结构；积极探索企业在参与国际国内两个市场的激烈竞争中形成的流动党组织双重管理的方式，使党的组织管理方式适应国有企业做强做大做优的需要，真正实现党的组织覆盖、工作覆盖。

改进工作方法和创新活动方式，增强党的基层组织活力。要发挥党组织在决策、执行、监督过程中的政治核心作用，积极参与重大问题决策，确保党和国家方针政策在企业得到不折不扣地贯彻；切实组织党员领导人员和广大党员实施经董事会研究确定的改革发展战略和生产经营目标；严格监督党员领导人员和党员贯彻党和国家方针政策，组织落实企业改革发展战略。深化以“政治素质好、经营业绩好、团结协作好、作风形象好”为主要内容的班子创建活动，发挥一把手表率作用；坚持开门创建，接受职工群众监督；正视矛盾、敢于触及矛盾，切实解决班子建设中存在的突出问题。深化党支部创建活动，在“推动发展、服务群众、凝聚人心、促进和谐”上下功夫，努力把党支部建设成为坚强的战斗堡垒。

落实党建工作责任制，加强对基层组织工作的领导。要努力抓好三个环节和三个机制：把抓好领导带头作为首要环节，建立和完善基层党建工作的管理机制；把履行工作职责作为核心环节，形成基层党建工作责任机制，特别是落实“一岗双责”，确保企业党员领导人员履行党建工作和生产经营双重职责；把严格考核奖惩作为关键环节，实行基层党建工作达标考核，建立党建工作激励约束机制。

构建党内激励、关怀和帮扶机制，增强党的基层组织的凝聚力。要引导党的基层组织充分利用国有企业作为市场经济主体的优势，广开渠道，多方筹集资金，设立党内帮扶基金，建立健全慰问走访困难党员制度，为下岗失业职工中的党员和生活贫困党员解决实际困难，把党

对基层党员的真情重视、真情关怀和真心爱护落到实处。

（三）充分发挥党员先锋模范作用，不断加强党员队伍建设

努力提高党员素质。坚持“双向培养”，发展新党员时，确保生产科研一线生产骨干、科研带头人占主体，同时确保党员成为生产科研一线生产骨干、科研带头人。在培养重点上，注意抓好入党积极分子学习党的理论，提高政治素质、业务素质。在培养措施上，落实培养联系人，拓宽培训、交流、实践锻炼等多种渠道。要改进党员教育管理方式，特别是注意加强对流动党员的教育和管理，切实加强社会用工党员和省外、境外党员教育，建立健全党员动态管理机制。

开展多种形式的主题实践活动。整合党的工作资源，拓宽党的工作领域，在工程建设、服务窗口、科研勘测、工业生产等不同类型企业深入开展主题鲜明、针对性强的主题实践活动，服务企业、服务社会、服务群众。通过主题实践活动，在党员中营造讲党性、重品行、作表率的良好风气，带领和影响广大职工群众立足本职创先争优，为企业改革发展努力奋斗。

抓好先进典型培育。要突出行业特色树立先进典型，使不同行业的党员有各自的学习榜样；突出岗位特点宣传先进典型，使不同岗位的党员有各自的标杆；突出制度作用建立激励表彰机制，使发掘、培养、宣传先进典型活动经常化、制度化。

注重保障党员民主权利。探索企业党代会闭会期间发挥党代表作用的途径和方式，探索发展党员“公示制”、“票决制”，继续扩大国有企业基层支部书记“公推直选”的范围。推进党务公开，将党员民主评议制度纳入长效机制建设，落实党员对党组织的监督。充分发挥国有企业党员先锋模范作用。

（四）努力打造优秀团队，深化人才强企工程

树立科学人才观，建设人才队伍。坚持以人为本的方针和党管人才的原则，以加强能力建设为核心，以创新人才工作机制为动力，优化人才结构，强化人才激励，建设一支综合素质好，具有战略决策能力、经营管理能力、市场应变能力、开拓创新能力、风险防范能力和驾驭复杂局面能力，能够忠实代表和维护国有资产权益，实现国有资产保值增值的出资人代表队伍；建设一批职业素质好、市场拓展能力强、熟悉国际国内经济运行规则，在生产经营、资本运作方面有较高造诣的经营管理人才队伍；建设一支科技水平较高、具有较强创新能力的专业技术人才队伍；建设一支政治素质好，熟悉生产经营，具有丰富的党务工作和群众工作经验的思想政治工作者队伍；建设一支爱岗敬业，技艺精湛，善于解决技术难题的技能人才队伍。

把握培养、吸引、使用三个环节，明确人才工作重点。要着眼于增强国有经济活力、控制力、影响力的要求，制定企业五支人才队伍工作规划。着眼于能力建设，针对人才不同的特点和职责，实行分类培训；坚持以市场为导向，以企业为主体，拓宽招才引资渠道，实施企业高层次急需紧缺人才引进计划，加强人才储备；坚持组织选任和竞争择优相结合，创新人才选拔任用机制；以能力和业绩为导向，以岗位职责为基础，以绩效目标为核心，按照不同的角色定位，建立科学的考核评价指标体系。

监督激励并举，建立有效的人才激励约束机制。按照建立现代企业制度的要求，建立健全以岗位评估和业绩考核为基础，岗位工资标准与企业经济效益相联系，岗位责任、风险和业绩相挂钩，物质激励和精神激励相结合，短期激励与中长期激励相结合的薪酬激励机制。要建立健全企业负责人激励约束制度，加大企业内部分配制度改革。充分发挥出资人监督、法律监督、组织监督、社会监督、群众监督和舆论监督作用，促进人才健康成长。

（作者：四川省国资委党委副书记）

青岛开展和谐企业建设现状与对策

中共山东省青岛市委宣传部

今年以来，青岛在组织指导各区市、行业、企业开展调查研究和总结推荐典型的基础上，采取以走访了解为主的形式，深入到部分区市和30多个行业、企业，系统调查分析了青岛开展和谐企业建设的现状，研究提出了进一步加强和推进青岛和谐企业建设的对策建议。

一、青岛和谐企业建设的基本情况和主要做法

(一)对和谐企业建设的重视程度不断提高。青岛各区市、行业、企业高度重视和谐企业建设工作，将它列入重要议事日程，以坚持以人为本为主线，以营造企业内外部和谐环境为重点，以促进企业自主创新、实现企业全面协调可持续发展为目标，加强组织领导，强化工作措施，加大保障力度，保证了和谐企业建设工作的顺利开展。四方区在广泛开展调查研究的基础上，制定颁发了《关于开展“和谐企业”创建活动的实施意见》，提出了“循环发展、遵章守纪、诚信至上、团结协作、关爱职工”的创建标准，在区属和驻区企业中部署开展了和谐企业创建活动，初步探索形成了富有四方特色的“党组织抓总、行政抓长、工会抓网、共青团妇联抓岗”的工作模式，推出了高校软控、钢木家具和海丽花边等一批先进典型，在全区企业中营造了科学发展、和谐发展的良好氛围。

(二)和谐企业建设工作覆盖面不断扩展。调研中发现，规模以上企业普遍结合各自实际开展了和谐企业建设工作，初步探索形成了富有企业特色的建设思路和目标。中小企业对和谐企业建设的重视程度和进展状况与规模以上企业相比有一定的差距，只有部分企业如银河集团、三元集团、胶南易通热电、东佳纺机等能够在构建和谐劳动关系、安全生产、厂务公开等方面开展一些探索实践，但尚未形成整体性的工作思路和目标。

(三)和谐企业建设方法扎实有效。各行业、企业把握和谐企业建设的特点和规律，探索出了许多行之有效的建设方法，有力地推动了和谐企业的建设进程。

1.抓好生产经营，以科学发展增和谐。广大企业树立落实科学发展观，提升企业发展战略，坚持走可持续发展之路，切实转变增长方式，注重资源节约和环境保护，着力推进科技创新、循环经济、清洁生产和品牌经济，实现又好又快发展。如海尔集团紧紧围绕当前企业正在实施的全球化品牌战略，以观念创新引领和贯穿和谐企业建设全过程，以科技创新、管理创新和企业文化创新为动力，积极探索企业与自然、企业与社会、企业内部和谐的思路和方法，在不断的动态发展中实现企业和谐。

2.坚持不断创新，以改革促和谐。各行业、企业坚持以改革创新来解决发展中遇到的矛盾和问题，健全现代企业制度，建立科学合理的法人治理结构，强化资产经营和监管机制，完善人才开发、绩效考核和薪酬分配体系，逐步消除阻碍企业发展的制约因素，促进企业持续健康发展。海湾集团在由资产经营公司向企业集团化转变过程中，以强化长效的国有资产监督、管理和服务运营机制，确保国有资产保值增值为目标，实现了“坚持一个中心(以建立集团预算管理经营管理机制为中心)、做到两个统一(对集团和各权属企业在制定发展战略和调整规划产

业产品结构上要统一研究、统一实施)、强化两个控制(对权属企业的投融资控制和风险规避控制)",构建了适合集团新的运行模式的有效途径。

3.加强企业文化建设,以文化筑和谐。各行业、企业着力建设以和谐为核心价值的企业文化体系,把和谐理念融入到生产经营和管理制度之中,为构建和谐企业提供了强大的精神文化支撑。青啤集团着眼于提升企业核心竞争力,围绕服务文化和奥运营销激情文化两个重点,通过开展"文化漫画大家评"、"读出你的感动"、企业文化故事演讲、企业文化年会等活动,塑造和谐理念、和谐理想、和谐追求、和谐精神,进一步深化、细化、固化企业文化体系,为实现集团又好又快发展提供精神文化支撑。

4.兼顾各方面利益诉求,以公平稳定求和谐。各行业、企业坚持以人为本,充分尊重职工的主人翁地位和主体作用,推行民主管理,强化民主监督,积极扩大职工有序的政治参与;尊重劳动、尊重知识、尊重人才、尊重创造,从制度上为职工提供平等的竞争机会,充分调动职工的积极性和创造力;建设和谐的劳动关系,目前青岛已命名表彰了117家青岛市劳动关系和谐企业;发挥思想政治工作优势,关心职工生活,帮助解决实际问题,做好企业重点人群不稳定因素排查处理,把矛盾和问题化解在基层和萌芽状态。青岛港坚持"五不唯"(不唯学历、不唯职称、不唯资历、不唯身份、不唯年龄),把"人适其位、位适其人,人尽其才、才尽其用"作为人才工作基本准则,先后出台35条和56条人才强港激励措施,进一步完善以能力和业绩为导向的人才评价机制,使各类人才得到公正评价与合理使用。目前,全港已有1032名优秀农民工被录用为合同制工人,享受与城市工基本相同的待遇。农民工皮进军在港口入了党,担任副队长,带领全队278名农民工,创造了66项绝活,先后3次刷新纸浆作业世界纪录,荣获全国十大"学习型标兵班组"荣誉称号和全国"五一"劳动奖状。

二、目前影响青岛和谐企业建设的主要问题

调研中发现,目前影响青岛和谐企业建设的突出问题有五个。

(一)存在诸多阻碍企业发展的制约因素。有的企业经营方式粗放,节能减排任务依然繁重;有的企业产品结构不尽合理,自主创新能力较弱,新技术、新产品开发周期长,产品更新缓慢;有的企业工艺技术装备现代化水平较低,国内外市场竞争力较弱;有的企业历史包袱沉重,生产经营难以维系,无法为和谐企业建设提供坚实的物质基础。

(二)各种矛盾关系处理难度较大。有的企业拖欠职工工资、加班费以及养老、医疗等社会保险费;有的企业在改制过程中,职工要求享受资产拆抵,反映企业存在国有资产流失、分流安置不合理等问题;有的企业存在违法解除劳动合同,强迫职工加班加点,职工要求支付经济补偿金等问题;有的企业缺乏正常的工资增长机制,同工不同酬、同工不同时的现象时有发生。

(三)部分企业领导素质有待提高。个别企业领导人思想境界不高,工作方法简单,造成干群关系不睦,往往成为企业不和谐的导火索;有的企业领导实施科学管理和依法治企的水平亟须提高,构建和谐企业的能力不强;个别企业领导存在贪污腐败现象,严重败坏了党员领导干部在职工群众中的形象和威望。

(四)部分企业党组织作用发挥不充分。近年来,青岛民营企业、外资企业等新经济组织党建工作力度不断加大,但从整体上看,党建力量相对薄弱,党组织组建率较低,个别党组织存在着开展工作难等问题;部分企业党组织受政工力量日益削弱的影响,工作上处于被动应付状态,尤其是遇到具体问题时,难以说服或安抚职工、平息矛盾。

(五)企业文化建设的引领作用没能得到充分发挥。部分企业尚未形成企业和谐文化建设的整体思路和规划,对和谐文化引领和谐企业

建设缺乏深刻的认识和有效的推进手段，不能为和谐企业建设提供强大的精神文化支撑。以上问题的存在，严重影响和制约了青岛和谐企业建设的进程和成效。

三、进一步推进和谐企业建设的对策和建议

（一）抓住工作重点。要以发展为主题，落实科学发展观，积极调整产业结构，切实转变经济发展方式，着力推进自主创新、循环经济、清洁生产和品牌经济，为和谐企业建设奠定坚实的物质基础。要以改革创新为动力，推进企业组织制度、经营管理制度和体制机制创新，着力做好企业规范改制、国有资产监管和职工分流安置工作，完善劳动用工、人力资源开发管理、分配激励等制度，用改革的办法逐步解决前进中遇到的矛盾和问题。要以企业文化为引领，树立以崇尚和谐、追求和谐为取向的文化精神和核心价值观，建立企业和谐行为规范体系，渗透于企业生产经营和日常管理的各个环节之中，推进和谐行为养成，形成共建共享的良好氛围。要以公平稳定为保障，坚持以人为本，严格落实职代会制度和厂务公开制度，尊重职工民主权利，保障职工合法权益；充分调动职工积极性和创造力，为职工各尽所能创造公平的竞争环境；构建和谐的劳动关系，在最大程度上维护和发展职工群众的切身利益；高度重视和关心基层职工生产生活，主动帮助解决实际困难，关心弱势群体，做好重点人群不稳定因素排查，最大限度地增加和谐因素，减少不和谐因素。

（二）创新工作方式。要科学选择推进和谐企业建设的切入点和突破口。坚持因地制宜、因时制宜、因企制宜，市直大企业包括国有（控股）企业要从提升发展战略的层面来规划、设计和展开；资产经营公司要适应改革调整重组要求，正确认识和处理改革发展稳定的关系，把调整兼顾各方面利益关系，维护企业和职工队伍稳定作为工作着力点；制造业企业是能耗大户和污染大户，要围绕转变增长方式、节能减排、清洁生产、循环经济、自主创新等方面来设计实施；中小企业特别是民营、外资企业，要把维护职工切身利益，创建提升产品品牌等放在优先位置。

要科学把握推进和谐企业建设的路径。坚持以和谐文化建设为先导，组织干部职工广泛参与企业和谐文化建设，对以往形成的发展战略、技术创新、人力薪酬体系、品牌建设、营销服务等涉及企业生产经营管理的各个环节，进行重新审视梳理，形成与和谐社会、和谐企业建设要求相适应的领导机制体制和制度管理体系，把和谐文化建设与和谐企业建设融为一体。采取组织“创建学习型组织、争做创新型员工”活动、宣传推介工业企业十大品牌文化、举办企业文化建设文艺比赛等形式，引导职工群众共识共建企业和谐文化、创新文化体系，切实推进和谐企业建设。

要科学探索推进和谐企业建设的方法。坚持以调查研究和培育推广典型为手段，加强工作指导，带动面上工作的深入开展。建议各区市、行业、系统优先联系选择一些符合国家宏观经济政策和青岛产业发展导向的龙头企业，进行重点培育指导，探索丰富不同行业企业的建设方法，形成符合自身发展需要的建设框架体系。通过组织和谐文化与和谐企业课题研究、组织研讨交流等形式，强化工作指导，为深化和谐企业建设提供理论支持。

（三）加强工作保证。要切实加强组织协调，努力形成党委统一领导，党政工团齐抓共管的良好工作格局。充分发挥党组织的政治核心作用和党员的先锋模范作用，进一步密切党群干群关系，以党内和谐促进企业和谐。及时总结宣传探索推进和谐企业建设的新举措、新经验和新做法，努力营造科学发展、和谐发展、率先发展的浓厚氛围。加强企业家队伍建设，引导企业家特别是党员企业家树立正确的品德价值取向、经营发展理念、权力观和地位观，为扎实推进和谐企业建设提供人才保证。

目前我国企业文化建设的问题与创新

邹广文

目前，创新企业文化、提升管理理念日益成为我国企业深化改革的价值共识。但惟因如此，企业文化如何落地生根，就成为诸多企业管理者绕不开的问题。如果说中国走向成熟市场经济的每一步都充满着挑战的话，那么，这种挑战正在向着所有置身于市场经济的人的内心深处逼近和渗透。

在世界经济一体化的浪潮中，人们需要革新观念、转换思维，不断地作出抉择与调整，以跟上时代的步伐。进一步看，全球经济的一体化发展，给中国企业的经营与管理也带来了一系列严峻的、需要认真思考的问题。面对未来的企业管理，企业家们是否感受到了从未有过的压力和危机？中国加入WTO给企业带来哪些机遇和挑战？如何营造与现代市场经济环境相适应的企业经营管理环境？现代市场经济环境对企业家的素质和能力提出了什么新要求？中国企业家的定位与探索有什么特殊性？企业管理者如何冲出和打破形形色色传统的、人为的、现实的"藩篱"，从而实现向真正企业家的角色转变？

严峻的现实也迫使每一个有责任心的中国企业管理者，在思维的更深层面去反思企业管理的本质，去体味管理文化的真谛。在近30年的理论总结与管理实践中，中国企业文化显示出了勃勃的发展生机。企业管理者们越来越感到，优秀的企业文化可以使企业的价值奋斗目标得到全体员工的理解、认可和支持，使员工个人的理想、追求、目标统一到企业目标上来，并为目标的实现而努力。众所周知，企业文化是在实现企业目标的过程中形成和建立起来的、由企业内部全体成员共同认可和遵循的价值观念、道德标准、企业哲学、行为规范、经营理念、管理方式以及规章制度的总和。它以人的全面发展为最终目标，其核心是企业精神和企业价值观。企业文化把企业精神和企业价值观作为核心和基石，强调对员工普遍认同的价值观的塑造，在企业内部创造一种和谐一致、积极上进的文化氛围，以发挥群体的文化优势、增强企业的凝聚力。企业文化作为现代企业管理发展的一个阶段，是企业建设由技术中心、制度中心、产品中心等向文化中心的战略转移，是当代企业管理理论与实践的灵魂。

时代在发展，企业文化的价值追求也在不断地完善更新。而就20世纪90年代以来世界企业文化发展的特点趋势看，其价值追求呈现出这样一些趋势：(1)尊重作为行为主体的人，重视企业生产经营中人的积极性和能动性，始终坚持把提高人的素质作为企业发展生产的首要条件；(2)重视围绕企业目标和企业发展战略，培养全体员工的企业精神、企业价值观和道德意识；(3)重视企业整体物质环境和精神环境的管理，创造良好的文化氛围，培养职工的群体意识，尊重、爱护、理解、关心和激励职工，培育为企业作贡献的团队精神；(4)重视职工参与管理的作用，鼓励职工为企业献计献策，激励员工以企业为家的归属感、责任感，与企业共命运。

一、目前我国企业文化建设中存在的问题

总体说来，中国的企业文化发展与实践，只能说刚刚起步，可谓任重而道远。从近年来笔者对企业的调查看，"企业文化战略"没有得到应有的重视，企业文化的培养缺乏系统理论的

指导，企业文化大多是传统文化在企业中的缩影。另外，一些人对企业文化也存在着诸多模糊认识，由此导致在企业文化实践方面产生一系列误区。

第一，企业文化实践的"崇洋"现象。表现为在企业文化理念上照搬国外，尤其是美国和日本的企业文化理念。实际上，美国文化与中国文化差距很大，简单照搬势必有削足适履之感，就是同在东方文化圈的日本文化也与我国文化有较大的不同。日本文化是"文化滞后型"与"兼容并蓄性"文化。日本以"人"为本、美国以"科学"为本，因而在企业文化风格上，美、日也不尽相同。"崇洋"的另一表现是追求"新潮"。翻开大小报章杂志，企业文化一词随处可见，可见国人对"企业文化"的偏爱。但很多人误以为企业文化就是CI，建设企业文化就是导入CI。笔者认为，企业文化决不等同于CI。企业文化在于企业精神、企业价值观的塑造，进而形成企业共识。靠"炒作"与"包装"是不能建设好企业文化的。

第二，企业文化实践的"务虚"现象。务虚表现之一：企业文化追求"浪漫"，常见于那些由年轻人作为创业主体力量的新兴企业。这些企业会提出一些浪漫的、不切实际的远大抱负和文化理想，他们所倡导的理念会有一种超出企业范围、改造世界的使命感。"大而空"的口号使人们可望而不可及；宏伟、统一的崇高目标往往缺乏实实在在的客观基础。此类现象产生的原因，多数是因为企业领导人具有过于远大的理想抱负而缺乏较为务实的工作精神，企业员工大多表现得"激昂澎湃"，但却可能忽略了眼前的"险恶形势"和"今天该干什么"。务虚表现之二：在企业文化研究方面，一些人往往停留在哲学的思辨与伦理的规范上，从文化来演绎企业文化，从伦理道德来规范企业文化，从"道德人"的要求来建构企业文化，认为企业文化就是简单地把儒家伦理照搬过来，没有处理好继承和发展的关系。这也导致了学术界与企业界的脱节现象。应该看到，企业文化作为一种现代文化它决不是传统文化的简单复制，而是和现代文化的"基因再造"。企业文化这份"心灵契约"为什么有如此的"魔力"，这就要求我们的视角要更加宽广，要从社会学、心理学、管理学、文化人类学等多学科的视角来关注企业文化。

第三，企业文化实践的"庸俗"现象。"文化是个筐，什么都能往里面装"，由于一些企业领导人本身素质不高，或对企业文化缺乏认识，往往把企业文化理解得简单化，甚至庸俗化。他们认为企业文化就是企业开展的各项业余活动，如唱歌、跳舞、体育比赛等，颠倒了部分和整体的关系；认为企业文化就是编厂歌、厂训等，其结果是流于形式，大同小异，没有个性。这些活动是企业文化的一部分，但决不是全部。开展文体活动对增强企业凝聚力、提高员工参与企业活动的热情是必须的，但是如果缺乏统一的文化理念作指导，就会导致"一窝风"、"一阵热"、"一招鲜"，最终造成企业无谓的资金浪费和人力浪费。还有的将企业文化等同于思想政治工作，须知思想政治工作是我国的一项传统工作载体，二者可能有交叉的部分，但决不能等同。企业文化成为仅具蛊惑力的口号，是不可能使企业获得持续发展的。

第四，企业文化实践的文化"愚民"现象。此类现象常见于那些企业领导独断专权或者经营出现问题的企业。"民可使由之，不可使知之"。企业领导人希望在企业内部实现个人崇拜或者希望掩盖某种事实真相，因而极端强调某种自己所信奉的价值观念，推行手段过激。它产生的原因是，该类企业通常易产生盲目崇拜或者对领导人噤若寒蝉，导致企业的"无文化"：企业并不是通过广泛系统的企业精神和企业价值观教育来唤起员工的主动性、自觉性，而是依靠制度规定员工必须怎样做、不能怎样做。须知在现代企业管理中，疏于对员工的教育与培训，没有明确的文化理念和价值倡导，是非常危险的。企业如果只重视人的"集体性"，抹杀了员工的想象力和创造力，抑制了人的个性，则难以形成企业的凝聚力。这样的企业通常活力不够，死气沉沉，缺乏忧患意识，严重的可能造成企业离心离德，最终破产。

面对日益激烈的市场竞争，如何建构我国现代市场经济条件下的企业文化，这是能否真正实现经济体制转型的重要环节之一。建设中国特色的现代企业文化，总体思路应该是：放眼世界，积极借鉴世界各国企业文化建设的有益经验，并把中华民族优秀的文化传统与现代市场经济规律相结合，在此基础上形成独具特色和风格的中国现代企业文化。同时，我们还应该从社会发展和现代文明的高度来认识企业文化建设的重要性。事实表明，在现代市场经济实践中，企业形象直接折射着社会的文明程度；假冒伪劣、以次充好的短期行为，不但扰乱了人们的正常生活秩序和社会秩序，也可能从根本上断送企业的发展前途。优秀的企业文化对一个企业来说是一笔巨大的无形资产，它作为企业发展的灵魂贯穿于企业行为的方方面面。很难想象一个松松垮垮、不求上进、服务低劣的企业会在激烈的市场竞争中安稳地生存。因此我们认为，企业文化对一个企业来说是其发展的灵魂，而对于我们国家的市场经济发展来说，更是不可或缺的重要因素。

二、企业文化建设的创新

笔者认为，在当前我国的企业文化建设中，要在总结借鉴优秀企业文化成果的基础上，优先抓好五个方面的工作。

第一，树立以人为本的观念。人是生产力中最基本、最活跃的因素，人是文化过程的主体和中心。企业文化是以提高人的全面素质为中心来提升企业管理水平和经济效益的，在企业管理中如果忽略人的积极作用，就不可能从根本上提高企业的经济效益。西方企业管理的实践证明，只有把具有丰富创造性的人作为管理的中心，通过对人的文化导引，使企业的共同价值观渗透到物质和制度层面，才能真正振兴企业。具体说来，这种以人为本的管理内容是：(1)把职工作为企业生产经营活动的主体，通过各种文化教育形式增强职工的责任感，使他们认识到自己的利益，从而调动他们的生产积极性；(2)企业领导者要能够以企业价值观和企业精神为核心，以职工的群体共识为基础，根据企业目标和发展战略来转变观念，使企业价值观和企业精神成为广大职工的共识，成为企业的精神财富和激励职工奋力拼搏、开拓前进的内在动力；(3)以文化为先导，开发企业内部文化资源，创造企业内部良好的文化氛围，努力提高职工的思想素质、文化素质和技术水平；(4)以物质利益机制、民主管理机制为保证，建立相应的工资福利制度和民主管理制度，保证一切关心企业、符合企业价值观和企业精神的职工行为得到尊重和实际的物质利益。

第二，树立市场导向观念。适应市场经济体制转轨，企业应成为自主经营、自负盈亏、自我发展、自我约束的企业，企业要作为完全独立的经济实体面对市场、参与竞争。这就要求企业具有市场竞争意识，最基本的一点就是要形成市场观念，其中包括成本、销售、商品质量、包装、广告和售后服务等多方面、全方位的整体意识，以提高企业产品的市场竞争力。一切想着市场、一切为了市场，离开了市场来谈企业文化，只能是毫无结果的空谈。在现代市场经济条件下，在任何一个企业所形成的文化中，都应当是与特定的市场需求相关联的，市场需求是企业文化的生长点和出发点。所以说，建设具有中国特色的现代企业文化，培育市场观念、提高市场竞争力是不可或缺的因素。

第三，树立用户至上观念。顾客就是上帝，企业面向市场，说到底就是面向顾客。以顾客为中心，培育品牌文化，提高品牌忠诚度。(1)根据顾客要求和意见，开发、设计和制造新产品，提供优质服务。通过不断和顾客进行交流，把顾客潜在的需要转化为现实的商品。(2)建立消费者咨询体系，尽量满足消费者的各种需要。随着消费者对产品需求的不断升级，伴随产品质量需求的各种服务水平也要相应提高。(3)树立服务第一、盈利第二的观念，不把追求企业盈利作为企业生存发展的惟一目的；要对企业的生存环境进行文化开发，树立良好的企业形象。

第四，树立人类整体观念。企业在发展过程中要强化公德意识，树立人类整体观念。自20世纪90年代以来，“环境保护”、“绿色消费”成了全社会共同追求的新价值取向。在这种情况下，塑造企业绿色形象便成为了一种挑战。今后，环保意识将成为企业品位高低的重要标准，企业从产品设计开始，就要适应这一新要求。随着人们环保意识的逐渐增强，环保观念将逐渐内化成一种企业的价值观念和道德标准，甚至是经营理念。在这方面，西方发达国家的众多企业已经走在我们的前面。我国目前企业发展迅速，但也带来了环境污染和资源浪费等方面的问题。人类要想获得持续的生存与发展，就应当致力于环境保护。通过企业文化建设，可以树立长远的发展目标，避免急功近利的“自杀式”发展。要努力把企业发展同社会发展、人类进步有机地结合起来，从而持续、稳步、协调地推进企业发展进程。

第五，树立社会责任感。企业是社会经济的一个分子，企业的发展与社会经济的发展息息相关。作为企业，不但要把自己的产品作为人类财富积累的有机部分，还应当把自身的企业文化建设视为人类文化的一部分，积极参与社会文化事业、以推动文化发展为己任。如积极扶持赞助一些社会文化教育事业、推进科技发展与进步等。在这方面，有些企业起到了很好的示范作用。如李锦记集团自觉弘扬“思利及人”的企业价值观，把回报社会作为企业的重要使命，公司董事局主席李闻达先生教育员工“要务实诚信、换位思考，并设身处地替人着想，只有贡献价值，你才能够收获价值，也才能够持续，而只有持续才能够发展，只有发展才能够做大”。通过强化企业的社会责任感，进一步树立良好的企业形象，提高企业的知名度。总之，企业文化建设的更高境界，就应以建设社会现代精神文明、振兴民族科学和教育文化为己任，进而为人类的文化进步作出贡献。

实践高于理论的认识。企业文化发展的最深厚动力来源于现实的社会生活实践，来源于当代企业人坚持不懈的努力与探索。因此，笔者始终认为，对于企业文化的理解和把握，切不可坐而论道，将其视为某种学术问题，这样就偏离了企业文化的根本价值追求。市场经济实践呼唤企业文化，随着中国市场经济与现代化建设的不断发展，企业文化也将为越来越多的企业和企业家所认同，并成为现代企业管理中不可或缺的有机组成部分，成为未来企业实施可持续发展战略的有力武器。企业文化来源于企业实践，企业实践的深化又需要企业文化的指导。正是在这种双向互动中，企业经营实践才进入了一个良性循环的境界，从而为中国市场经济的健康发展创造一个良好的环境。

（作者：清华大学哲学系教授、博士生导师）

强化共同愿景　培育核心理念　推动企业发展

杨继学

面对经济全球化、信息爆炸、科技飞速进步的挑战，企业要实现健康快速发展，必须最大限度地调动和发挥员工的积极性，增强全体员工在知识、技能方面的自我更新能力，提高企业整体的竞争能力。近年，我们葛洲坝集团公司努力探索创建学习型企业之路，营造崇尚学习、追求创新的文化氛围。通过建立共同愿景，提升员工综合素质，提升整个企业组织的学习能力，在学习中不断实现企业变革，开辟新的资源和市场，获得了全新的生命力和竞争力。在中国建筑市场竞争的风起云涌中，中国葛洲坝集团公司以卓越的品牌、理性的思索、激情的追求、超前的思维、踏实的行动，初步打造了一个具有生机和活力的学习型企业，成为中国水电建设市场的一颗耀眼之星，赢得了业主的满意、员工的信赖和市场的认可。

一、确立“大集团、强集团、富集团”的企业共同愿景

共同愿景是一个组织中各个成员发自内心的共同目标，是蕴含在人们心中的一种深具感召力的价值追求。当共同愿景成为企业员工共有的、发自内心的愿望与信念时，就可以创造出万众一心的强烈感受，鼓舞员工同心协力，倾注热情，形成风雨同舟、和衷共济的坚强集体。一个有效的共同愿景，应该是概括了企业的未来目标、肩负使命和核心价值理念，还应该是对企业成员的一种承诺。

30 多年前，由一批水电精英组建了中国葛洲坝集团公司的前身，开始了对发展壮大企业、实现人生美好愿望的孜孜追求。随着企业发展，共同愿景也在发生演变：“建坝育人”、“建文明葛洲坝城，做文明葛洲坝人”、“管理型、现代化、多元化、国际化”，这些不断提升的共同愿景激励着勤劳、智慧的葛洲坝人为了实现理想而努力奋斗。随着国家经济体制的改革，中国建筑市场的更大开放，企业间市场竞争愈趋激烈，我们集团公司也面临着更大机遇与挑战。经过深刻反思和充分调研，我们提出了集团公司建设“大集团、强集团、富集团”的共同愿景，“大”即资产规模大、市场占有份额大、年产值总量大；“强”即企业核心技术强、各类专业人才强、硬件装备强、融资能力强，职工队伍综合素质高、管理水平高；“富”即企业盈利能力强、净资产总量大、资金储备充足、企业公积丰厚、职工收入高。

“大集团、强集团、富集团”的共同愿景，独特、清晰、持久、富于服务精神，基于全体员工对企业发展前景的共同认识而确立，是凝聚企业人心的基础。首先，即使在市场经济主体日益多元化的今天，国有企业仍然担负着不可推卸的历史使命和社会责任，国有企业的本质要求企业必须做大、做强、做富，发挥在国民经济发展中的控制力、影响力和带动力。其次，纵观国有企业走向，企业的发展与竞争遵循的是“不大则灭”、“不强则败”、“不富则亡”的残酷竞争规则，要生存、发展，唯一出路就是把企业做大、做强、做富。再次，建设大集团、强集团、富集团是广大员工的愿望。在企业发展的历史长河中，葛洲坝人曾经有过辉煌和荣耀，也承受了坎坷和艰辛。现在，员工是把自己的人生价值和理想信念，把对幸福生活的追求和期盼寄托于企业的腾飞发展上。“大集团、强集团、富集团”愿景，符合葛洲坝员工基本利益，具有广泛的群众

基础，因而更能鼓舞人心，调动员工积极性和创造性。

二、经营理念锁定企业的管理目标

共同愿景是建立在企业共同价值目标基础上，并使全体员工一致为之努力的愿望。“大集团、强集团、富集团”共同愿景只是企业基本理念中的一项，愿景若与员工日常信守的价值观不一致，就无法激发其真正的热情。为此，近年我们大力培育企业的经营价值观——“五个一”理念：干一项工程、树一座丰碑、交一批朋友、拓一片市场、育一批人才，把经营理念的培育作为创建学习型企业的重要内容，突出共同愿景与企业价值观的和谐统一，把企业管理引向科学化、人性化，满足员工自尊、自我发展的需求，明晰了企业的管理价值目标，提高了管理效率。

一是培育经营理念同工程建设主业相结合。坚持质量为先，秉承“诚信守约，追求卓越”的质量方针和“质量优良，业主满意”的质量标准，探索项目管理的新办法新途径，促进在建工程广泛开展创“金奖工程”、“优质工程”、“精品工程”活动，将质量理念渗透到施工管理的最细微之处；坚持诚信为本，组织召开“诚信建设研讨会”，在企业报上推出“加强诚信建设，打造信用葛洲坝”专栏，在诚实守信、互惠互利、交友为公三条原则的基础上，制定企业外部交往规范，把在建工程变成企业展示诚信文化的平台；坚持人才为重，确立“第一资源的人才观”，开展做“学习型领导”、“学习型职工”、“学习型企业”活动，实施职工素质教育工程，建立人力资源档案、完善教育培训机制、建立有效的励才留才机制。

二是培育理念同解决实际问题相结合。我们强调集合个体力量、发挥整体优势，建立协作、配合的领导集体，团结、互助的员工团队，谋求合作共赢；尊重员工正当物质需要，重视员工的精神需求和个性张扬、能量的充分释放；为员工提供学习培训方面的信息和机会，建立融洽的人际关系，营造奋发向上的工作氛围；号召葛洲坝人珍惜“葛洲坝”品牌，爱护“葛洲坝”信誉，维护“葛洲坝”形象，做诚信文化的实践者，虚心接受社会监督，把诚实守信的观念渗透到企业经营管理的所有环节。

三、切实可行的经营战略引导企业的经营方向

实现共同愿景的必经之路是企业的经营战略。没有科学的、凝聚企业经营的团队共识、统一员工意志的经营战略，共同愿景只会是空中楼阁。从企业发展趋势看，以知识科技为基础的产业结构逐渐占据主导地位，知识在经济增长中发挥着越来越重要的作用，制定科学的经营战略，对企业传统运作模式进行改造，是实现共同愿景的落脚点。

因独家承建万里长江第一坝——葛洲坝而享誉海内外的集团公司，历经30余年的风风雨雨，逐步形成了以水电施工为主业，拥有建筑施工、工业和投资金融等多种产业的综合型企业集团。面对企业二次创业的需要，集团公司全面整合企业现有经营资源，开发公司具有潜力的新的经济增长点，逐步实现企业整体实力的大提升。经过对集团公司竞争优势的深入分析，我们提出了：在现有产业经营、资本经营规模的基础上，努力构建并发展壮大葛洲坝旗舰下的“八大经营板块”的决策，即在集团公司经营战略中，既要发挥公司本身已经具备竞争优势的建筑等产业，同时也要根据企业整体发展需要，致力于新经济增长点的开发，形成以葛洲坝建筑、葛洲坝股份、葛洲坝国际、葛洲坝金融、葛洲坝旅游、葛洲坝工业、葛洲坝投资、葛洲坝房地产为主导的“八大经营板块”；实现集团公司经营方式的“三个转变”，即由承包商向既是承包商又是投资开发商转变，由单纯劳务型承包施工向管理型转变，由经营粗放型向经营集约型转变。在经营方式转变的同时，逐步完成社会职能的分离和产业结构、产权结构的重大调整，提高资产质量和经济效益，企业积累和职工收入大幅增长，实现集团公司二次创业。经营战略的调整，为实现“大集团、强集团、富集

团”的共同愿景提供了保证。

四、倡导谋求共同愿景与员工实现个人价值的统一

将共同愿景与员工个人价值的实现统一起来，是调动员工积极性的一个重要方面。集团公司近年积极探索将员工个人职业目标与企业整体目标统一管理的方式，努力为员工个人发展提供良好的制度平台。

一是企业给予每个员工学习的机会、展示的舞台和晋升的激励。创建学习型企业，增强企业的竞争能力，要通过学习教育积累知识，更要增强员工自我超越的意识和创造未来的能量。集团公司在企业内部试行员工职业生涯设计，通过对个人兴趣、能力和发展目标的有效管理，让员工对个人发展目标进行定位，将个人职业生涯目标与企业整体人力资源管理进行协调，把员工业绩考核考评与员工职业生涯规划有机结合，在管理和使用过程中既考虑公司的整体规划，同时考虑员工个人的职业愿望，激发了员工活力。我们鼓励员工钻研业务，心向事业，实现个人价值，实现自我超越，营造了人才脱颖而出的良好氛围，提高了人力资源的质量与效率。

二是建立一支数量充足、结构合理、素质优良的员工队伍。建一流企业，靠一流队伍；建一流队伍，要有一流员工素质。人的素质决定工程、工作质量，决定企业发展质量，决定个人的生活质量。近年来，集团公司逐步建立起适应市场竞争需要的组织体系与管理流程，对管理人员实行定期定量考核与定性评价相结合的动态绩效考评制度，择优聘用、竞争上岗；建立健全人才内部流动管理办法，打破壁垒，互通有无，引导人才有序流动，使企业现有人才实现最佳配置状态；推行年薪制，提高关键性管理、技术岗位和高素质稀缺人才的薪酬水平，真正形成重实绩、重贡献的分配激励机制。企业每年拿出百万元开展优秀人才评选奖励活动，体现了尊重知识、尊重人才、尊重创新的政策导向。我们给潜心钻研者以进修深造的机会，给业绩卓越者以提升的机会，使学习成为员工追求的一种待遇。

（作者：中国葛洲坝集团公司总经理、党委书记）

发挥思想政治工作优势 创新国企先进文化建设

刘石泉

企业文化作为企业的核心竞争力及企业管理最重要的内容而备受瞩目。我们国有企业的企业文化建设，应当突出发挥其特有的政治优势，积极总结经验，发扬传统，创新方法，与时俱进地推动企业中心工作和各项工作的进步。

一、国有企业的企业文化，是社会主义先进文化的重要组成部分；抓好国有企业的企业文化建设，是对社会主义先进文化建设的重要贡献

国有企业的企业文化基本定位，必须体现国家意志和国家利益，并以其作为推动事业发展的起点和归依。只有这样的企业文化，才符合作为社会主义先进文化组成部分的必要条件。一般而言，企业文化即企业在一定的社会经济、文化传统中形成的关于企业运行的独特而稳定的价值观念及精神，须代表出资人意志和利益；而国有企业的性质，决定了它所倡导的企业文化一定要突出国家意识，因为国家即是它的出资人，它的使命即是最终代表国家参与市场竞争。如果没有这样一个基本认识，国有企业的企业文化很可能只是一种由庸常的实用主义和事务主义主宰的企业文化。

国有企业的企业文化发展方向，应该由国有企业党组织主导。作为执政党的基层组织，国有企业党组织是党在企业的战斗堡垒，是党在企业的全部工作和战斗力的基础，更是在国有经济领域延伸党的执政思想的保障，促进企业经济发展责无旁贷，加强企业文化建设义不容辞。先进文化是企业发展的旗帜和先导。我们党因为代表了先进文化的前进方向，企业党组织就可以通过发挥思想政治工作的优势，宣传正确的世界观、人生观、价值观，而这些正确的思想理论则是企业先进文化的核心。

国有企业的企业文化建设目标，要始终着眼于促进企业做强、做大、做长久，把企业做成“百年老店”。企业竞争一般经历产品、技术、服务和文化竞争四个阶段，即从竞争产品有无→竞争技术更新→竞争服务高低→竞争文化优劣。国有企业若要在多种经济成分共容共存的市场经济时代给国家作出更大贡献，必须坚持拓展传统党建思想政治工作领域，发挥其固有和独特的政治优势，以企业文化建设为有效载体，提高企业综合素质，加强企业核心竞争能力，推进企业可持续发展，力争在企业间最高层次的文化竞争中树立和保持自己的优势。

二、推进国有企业的企业文化建设，要积极发挥企业党组织的政治优势，重点是发挥“三个作用”，融会创新党的思想政治工作与企业文化建设，不断增强企业的凝聚力、向心力、战斗力、创造力

国有企业党组织是党在经济领域中的基层政治核心，担负着直接联系群众、宣传群众、组织群众并且把党的方针政策落实到企业的重要任务。长期以来，国有企业的生产经营实践证明，企业党组织的政治核心作用、党支部的战斗堡垒作用、党员的先锋模范作用发挥得越充分，“三个文明”建设的成果也就越显著。在一些优秀的国有企业，我们不难发现，这些企业党组织已经确立了这样一些政治优势：正确的导向作用、严密的组织体系、优秀的党员队伍，以及在思想政治工作、宣传工作和群众工作等方面丰

富的实践经验。究其工作形式及内容，都可以为企业文化建设在继承中创新、在创新中前进提供帮助。

国有企业党的思想政治工作，是有别于其他所有制形式企业的一种特殊的企业管理工作。它所积淀的传统及经验，在很大程度上符合以人为本的现代企业管理思想。它的工作对象以人为主，其实质是通过“思想管理”达到“行为管理”的目的。新时期国有企业党的思想政治工作的发展，有赖于企业文化建设，因为后者的制度化、规范化推进，更有利于将“思想管理”和“行为管理”的成果集成为一种文化习惯，从而促进企业管理工作。同时，一个比较完善的企业文化体系包括精神文化、制度文化、行为文化、物质文化四个方面的内容，如同企业其他管理体系的建设一样，需要组织保障、思想统一、宣传发动和全员参与。事实上，它包含的内容更为丰富，工作对象更为广泛。而在国有企业里，党组织所具有的组织工作、思想政治工作、宣传工作以及群众工作优势是显而易见的。更重要的是，由于企业文化构成要素与传统党建、思想政治工作主题内容有颇多近似和融通之处，从而使后者积累的经验能为前者所用。

多年来，我们三江集团坚持党的思想政治工作与企业文化建设结合互动的“三统一”基本思路，即坚持思想政治工作齐抓共管与加强企业文化建设的组织领导相统一；坚持开展思想政治工作、生产经营管理与培养先进的企业文化理念相统一；坚持加强和改进思想政治工作与创新企业文化活动相统一。比如说，集团及所属单位建有完备的思想政治工作保证体系，保证体系责任人同时也是企业文化建设责任人，工作内容涵括企业精神宣传贯彻、形势任务教育、员工思想动态分析、政策理论研究等，对于促进企业文化建设特别是精神文化建设发挥了积极作用。集团还以质量文化、安全文化、生产文化、学习文化、创新文化、廉洁文化等专项企业文化建设作为主要载体，努力服务于企业中心工作。

三、推进国有企业的企业文化建设，要适应时代发展要求，积极探索企业文化与企业管理相结合的路子，为企业实现经营战略目标提供强有力的思想保证和文化支持

三江集团在“把政治资源转化为企业资源，把政治优势转化为文化优势，把政治工作转化为管理要素”的总体工作思路下，经过对党的思想政治工作和企业文化建设实践的总结，形成了自身的一些特点与做法。

第一是把企业文化建设纳入企业管理体系。企业文化是企业长期生产经营活动中自觉形成的，并为广大员工恪守的经营宗旨、价值观念和道德行为准则的综合反应。按照新制度经济学的观点，它属于内在制度的范畴，同样是联系企业内部各种资源的纽带，并且对外在制度是很好的补充。只有把企业文化精神的内涵融入到各项制度和全体员工的行动中，企业文化才能够真正成为企业管理体系的组成部分，发挥出导向作用、激励作用、凝聚作用、约束作用、推动作用和辐射作用。经过企业文化的制度建设，三江集团已初步建立起企业文化工作管理体系以及运行、保障、激励机制，企业文化与其他工作一样，年年有规划，年初有计划、年终有考核，做到了同部署、同推进、同奖惩；集团的核心价值观、发展目标、产业战略、人才战略等也都固化于企业的各种规章制度里，并在企业建立、完善有效的管理运行体系、公平的人员任用和报酬分享体系以及切实的员工发展体系过程中得到体现。

第二是积极搞好系统策划。重点是对构成三江文化体系的各要素深入诠释，逐层推展。为贯彻“国家利益高于一切”的企业核心价值观，三江人结合本单位实际，提出以集体主义、爱国主义、社会主义、共产主义教育为抓手，统领全员思想，形成共同意志。以“团结争气、艰苦创业、求实自强、改革创新”的三江精神作为航天传统精神、“两弹一星”精神、“载人航天”精

神的具体诠释，加大对先进典型人物的发掘及宣传力度，以精神感化人，以榜样带动人。为积极落实“建设学习型、和谐型、进取型、效益型三江，打造中国航天骨干力量、中国一流企业集团”的“三江发展观”，采取多种有效措施。立足于企业员工队伍建设，加强“‘学习型’员工”培养和“‘和谐型’组织”构建，立足于忧患意识、大局意识、责任意识、创新(发展)意识“四种意识”教育推动进取精神培育，立足于“质量效益观”、“安全效益观”、“管理效益观”养成促进质量文化、安全文化以及管理文化等专项企业文化建设。

第三是不断加强“三个建设”，即干部、党员、员工三支队伍建设。抓干部队伍建设，主要以“四好班子”建设即政治素质好、经营业绩好、团结协作好、作风形象好为载体，注重提高干部的预见力、洞察力、战略思维能力、决策能力、沟通协调能力、情绪控制能力、组织执行能力、亲和力、自律力“九种能力”，按照“三个代表”重要思想的要求，把干部培养成完成企业科研生产经营任务的率领者、企业先进文化的倡导者和企业全体员工利益的维护者。抓党员队伍建设，主要以“把骨干培养成党员，把党员培养成楷模”的“双培养”党内主题活动为基础，结合保持共产党员先进性长效教育机制的建立和完善展开，促进党支部建设，保持党组织活力。抓员工队伍建设，主要结合“创建学习型组织、争做知识型员工”活动展开，通过抓员工的技能、业务、素质提高，进而不断增强员工和企业的竞争能力。

第四是重视人本环境营造。以人为本的管理思想和文化内涵，体现在以人为本的环境中。一个企业要想把人留住，就必须提高工作的“附加价值”，使这份工作变得难以替代甚至不可替代，而员工的快乐感就是其中一种“附加价值”。三江集团从“靠事业留人、靠事业造就人、靠政策激励人”的人才战略出发，提倡“健康生活、快乐工作”，通过多种形式、多种渠道让员工感受到企业能为他们提供一个健康生活、快乐工作、全面发展的环境氛围。

（作者：中国三江航天集团党委书记）

建设具有行业特色的企业文化

韩佳君

企业文化作为一种新的管理思想，从重视企业的组织结构、战略、制度等开始转为重视企业的价值观，体现了企业的组织行为的整体性，并受到社会政治、经济、人文及地域、民族传统等多种因素影响。企业文化的内容、形式源于实践，是经营实践中形成的理念、传统、风格、习俗的沉积。在一个国家、民族、区域内具有很多共同特征，但是，企业文化并不是千篇一律的，在不同社会、不同民族、不同地区的不同企业，其文化风格也各有不同；即使两个企业在环境、设施设备、管理组织、制度手段、行业特征上可能十分相近甚至一致，它们也会在文化上呈现出不同的特色和魅力。

近年来，沈阳市烟草专卖局（公司）以"八荣八耻"为标准，结合"四好"领导班子建设，着重培育企业先进文化，努力建设一流职工队伍，推进企业文化建设，使"八荣八耻"成为每一名职工的道德规范和行为准则。

一、牢固树立"两个至上"的企业价值观

当前，随着世界经济的发展、进步和市场需求情况的变化，企业的市场竞争能力主要集中体现在产品的技术含量和文化理念上。对于任何企业（包括高新技术企业）来说，产品竞争力都是企业竞争能力的最直接体现，也是提升企业竞争力的关键。而在现代企业的竞争中，竞争已从表面上的产品竞争转向更深层次的文化理念的竞争。企业的竞争，将会成为企业文化的竞争。也就是说，一个企业要做到最优秀，最具有竞争力，必须在企业文化上下功夫，塑造卓越的企业文化。

企业文化是反映企业的生产、经营过程的价值理念，是人的价值理念在企业制度安排和战略选择上的反映。"十一五"时期，处于第三个发展周期的烟草行业，在思想文化建设上确立了"国家利益至上、消费者利益至上"的行业共同价值观，使其成为行业先进文化建设的精髓。只有自觉地维护国家利益、维护消费者利益，切实在岗位上践行"两个至上"的价值观，才能真正成为一个负责任的企业，才能肩负起党和人民的重托和期待。沈阳市烟草专卖局（公司）精心组织全体员工开展了以学习、交流、演讲、竞赛等多种形式的"两个至上"大讨论。干部职工认识到，维护"两个至上"，是烟草行业学习实践"三个代表"重要思想的本质要求，是落实科学发展观，构建和谐社会、和谐烟草，促进行业改革和发展的迫切需要，是行业保持健康发展的根本保证。在实际工作中，要牢记国家利益高于一切，树立大局意识，正确处理国家、企业、个人三者利益关系，珍惜和科学地使用专卖所创造的效益。把钱真正花在支持国家现代化建设事业上，推进先进生产力的发展。

二、培育"燃烧自我，照亮他人"的企业精神

企业精神是企业文化的集中反映，是企业全体员工现代意识与企业个性相结合而形成的一种群体意识。它既是企业现状的客观反映，也是全体员工共同拥有的理念，具有独创性、创新性、时代性，体现了企业发展中的务实、求实、求精的精神和追求。沈阳市烟草专卖局（公司）在创建企业文化过程中，提出了"燃烧自我，照亮他人"的企业精神。用"燃烧自我，照亮他人"

的蜡烛精神对全体员工进行品格再造，聘请专家从多个层面对蜡烛精神进行诠释，把蜡烛精神上升为民族文化、和谐文化、奉献文化、服务文化、团队文化、执行文化、劳模文化，增强员工的责任意识、荣辱意识和忠诚意识，打造团队精神。在创建企业文化过程中，尊重职工在企业文化建设中的主体地位，在培育和形成企业文化的过程中保证职工群众充分参与，发扬民主，集思广益，使企业文化的内容和细节得到丰富；尊重职工在企业文化实践中的主体地位，通过广泛深入的宣传，使企业文化转化为职工的自觉行动，对模范实践企业文化的职工给予大力宣传和表彰，带动全体职工共同实践企业文化。

同时沈阳市烟草专卖局(公司)还注重把企业文化建设与企业干部、职工队伍建设结合起来。企业的各级干部是培育和落实企业文化的关键和主体。只有各级干部对企业文化在心理上认同，在实践上身体力行，企业文化才能生根开花，才能真正对企业发挥作用。在干部队伍建设的各个环节，从选人、用人到考核、奖惩，都贯彻企业文化的要求，使企业文化发挥作用，而不是停留在口号上。

三、强化"诚信烟草"的企业责任

沈阳市烟草专卖局(公司)把国家利益、消费者利益至上的共同价值观作为企业文化建设最根本、最核心的内容不断加以强化，并且在生产经营中真正体现出来。在管理体制上积极创新，改变原有的多层次、立体化管理格局，实行扁平化管理体制，实现了政令畅通，达到管理、监督到位。

在专卖执法过程中，沈阳市烟草专卖局(公司)自觉规范行业管理和经营行为，努力营造良好的沈阳卷烟市场经营秩序，积极塑造一个对社会负责任的企业，大力加强烟草行业诚信体系建设，努力构建诚信烟草。

在卷烟销售网络建设过程中，坚持"让厂家满意、让业户满意、让消费者满意"的指导思想，努力实现"整体推进、全面提升"的目标，使零售客户对投诉处理结果满意率达到95%以上，零售客户分析维护面达到80%以上，实现了沈阳市烟草专卖局(公司)"电话订货，网上配货，电子结算，现代物流"的发展目标。2007年底前，具有全国领先水平的物流中心就能交付使用，"全国一流、东北样板"的网络体系就将全面建成，这将大大提升沈阳烟草的管理和服务水平。

沈阳市烟草专卖局(公司)通过树立社会主义荣辱观、开展构建企业和谐文化工作，实现了规范化、制度化、科学化管理水平的提升，培训员工力度的提升，企业员工团队精神的提升，运用信息化手段水平的提升，经济总量和质量的提升，诚信服务水平的提升，使沈阳市烟草专卖局(公司)成为诚信、高效、创新、和谐的学习型企业。

(作者：沈阳市烟草专卖局(公司)党组书记、局长、经理)

强化企业责任　积极回报社会

刘绍勇

胡锦涛同志在党的十七大报告中指出，以邓小平理论和“三个代表”重要思想为指导，深入贯彻落实科学发展观，必须坚持以人为本，做到发展为了人民、发展依靠人民、发展成果由人民共享。企业是社会经济的细胞，企业的发展离不开社会，积极回报社会，履行好社会责任，让人民共享企业发展的成果，是企业不可推卸的义务，也是我们贯彻落实十七大精神的必然要求。中央企业在国有经济中占主导地位，是国家经济的重要支柱，是党执政的重要基础，是建设社会主义和谐社会的重要力量。经过20多年的不断改革，中央企业已成为拥有众多核心资源的社会主体，理应承担更多的社会责任，以实际行动为企业履行社会责任作出表率。

作为重要中央企业之一的中国南方航空集团公司，时刻牢记自己的社会责任，不断追求经济效益和社会效益的双赢，在实现经济效益的同时，积极回报社会，通过多种方式，让广大人民共享企业发展成果。

一、科学发展，为推动国家和地区经济社会发展发挥重要作用

目前，我国对主要航空公司实行国家控股、中小股东参股的混合所有制产权结构。国家是南航主要的利益相关方，创造优良业绩，实现国有资产的保值增值是南航经营管理者面临的最直接责任。得益于改革开放和经济发展的大好形势，得益于各级政府和全社会的关心和支持，南航在短短的几年里，从经营利润和企业成长两个角度都获得了高速发展。2001年底，南航只有运输飞机111架，经营航线385条，年客、货运输量分别仅有1912万人次和39.8万吨。2002年，在国务院直接领导下，南航进行了重大的战略重组。经过重组后的发展，目前南航已成为国内拥有飞机数最多、航线网络最密集、旅客运输量最大的航空运输集团，拥有各种运输飞机315架，经营航线近700余条，通航105个国内城市和23个国家和地区的46个国际城市。2006年，南航共运输旅客4920万人次，货邮81.9万吨，主要运营指标都名列中国民航第一，旅客运输量进入国际航空公司排名第9位，成为中国第一家进入世界前十强的航空公司，并成功扭转了资产重组后的连续亏损局面，实现了第一次盈利。2007年前九个月，集团公司实现了31.2亿元的利润，比去年同期扭亏增利25.4亿元，各项经济指标都有好的转变。

航空运输产业是社会经济发展的推进器。根据国际民航组织的估算，世界总产出的4.5%可归功于航空运输产业提供的边际贡献。估计今年南航的旅客运输量将超过5800万人次，货邮运输量将达到90万吨，较大地促进了社会经济发展，方便了人民生活。南航的快速成长还促进了旅游业的发展。以广东为例，2006年全省至少有4亿美元的入境旅游外汇收入都与南航有直接关系。航空运输业能创造大量的就业机会。根据国际航空运输协会的有关测算，平均每位航空公司的员工能够带动外部6.8个就业机会。南航目前有5万多名员工，因此至少为社会带动30多万个就业机会。作为资金和技术密集型产业，航空运输能产生巨大的资金流，为国家贡献可观的税费。仅2006年，南航股份公司就向国家上缴了60多个亿的有关税、费、金，再加上员工上缴的个人所得税、旅客的机场建设费等，南航平均每天给国家的贡献超

过2000万元，很好地支持了国家其他事业的发展。

二、锐意创新，为消费者提供更加舒适、周到、安全的服务

服务是航空公司的生命线，为旅客提供满意的服务，是南航的立足之本、效益之源，也是我们履行社会责任的重要方面。近年来，南航一直秉承"以人为本"、"客户至上"的宗旨，向国际服务标准看齐，将旅客满意作为不懈追求的目标和不断创新的动力，在国内民航服务领域开创了一个又一个先例。南航是国内最早引进波音飞机的航空公司，在三叉戟还是国内民航主力机型的时候，南航自筹资金率先引进了10架当时最先进的波音737飞机，为旅客带来了全新的飞行体验。去年，南航又斥巨资订购了当今世界技术最先进、服务设施最完善的空客A380飞机和波音新一代梦想B787飞机。积极将信息技术引入到客票销售渠道，率先推出国内第一张电子客票，在广州首推电子客票旅客"自助登机"服务。建成了国内民航首个顾客服务呼叫中心，为旅客提供快速高效的"一对一个性化服务"。公开向社会推出"承诺服务"，尽一切办法努力提高航班正常率。今年上半年，公司航班正常率达到84.29%，比去年提高5.34个百分点，有效投诉率下降了40%。优质的服务赢得了旅客和社会的好评，南航多次被中国民航协会授予"'旅客话民航'服务品牌创新奖"和"用户满意优质奖"，2004年还被国外的"优质服务科学协会"授予"五星钻石奖"。

安全是航空运输业永恒的主题，也是航空公司最大的社会责任。对航空公司来说，安全不是空洞的目标和冰冷的数字，它关系旅客生命财产的安全，关乎无数家庭的幸福，社会影响巨大。以一个旅客牵涉到4个家庭计，今年南航预计运送5800万人次，那将有近2.3亿个次家庭的幸福安宁与南航的飞行安全紧密联系在一起。因此，对南航来讲，安全责任重于泰山。南航时时刻刻把这份沉甸甸的责任牢记于心，自始至终视安全为企业第一要务，常抓不懈，精益求精，安全水平不断提高，安全记录不断刷新。目前，公司已经累计安全飞行了445万小时，连续保持了125个月的飞行安全和161个月的空防安全记录，前不久获得了民航总局颁发的最高安全奖——"中国民航安全四星奖"。

三、以人为本，为广大员工和需要帮助的社会群体及时送去温暖

员工是南航价值的创造者，是南航服务的提供者，南航的发展离不开广大员工的辛勤工作，同样，南航也为广大员工的发展创造了很好的条件。南航有5万多名员工，分布在十多个省份，但每个员工都能得到公司的关爱。目前，南航全员劳动合同签订率为100%，集体合同覆盖率也是100%，每位员工的合法权益都以合同的方式受到《劳动法》的保护；南航对高级技术人员，特别是飞行人员、机务维修人员、飞行签派人员等都建立了特殊的职业发展通道，以提高他们的创造能力，为他们提供更好地奉献社会的机会，同时也保证了公司技术骨干队伍的稳定，增强了公司的持续竞争力；南航非常重视员工教育培训工作，新员工接受培训的比例达100%，每年接受培训员工占全部员工的80%以上；南航还积极推行人事、劳动和分配三项制度改革，推行竞争上岗，公开、公正地选拔管理干部，努力为每一个员工拓宽职业上升通道。

借助公益活动等形式，南航积极回馈社会。仅自2004年至2006年的两年里，南航就先后开展了奖励优秀少年的"阳光少年"活动；春节台商包机"亲情行动"；捐资530余万元援建新疆墨玉县"南航明珠幼儿园"、皮山县"南航明珠小学"；出资2000万元注册了南航"十分关爱"基金会，从每张机票收入中捐出10分钱注入该基金，每年约有500万元用于资助贫困学子，目前已有北大、清华等国内十几所大学3000多名特困大学生因此受惠；捐资1000万元支援广东

灾区等。南航还积极参加救援行动。2006年，索罗门群岛发生骚乱，南航派出最好的飞机和最佳机组前往迎救，给广大侨胞及时送去了祖国的温暖。

四、节能降耗，为建设资源节约型、环境友好型社会贡献力量

党的十七大报告将节约资源和保护环境作为一项基本国策，要求我们要贯彻落实到每一个单位和家庭。航空企业在节能减排，建设资源节约型、环境友好型社会方面责无旁贷。目前，航油成本已占航空公司总运营成本的40%以上，航油燃烧的废气对大气环境会产生一定的污染。节省航油，既能提高经营效益，又能减少污染，利在当代，功在千秋。南航对节能工作一直非常重视，2003年以来，更是将提高航油使用效率作为重要课题进行不断研究。特别是近几年，南航通过引进先进飞机，提高了机队燃油使用效率；结合网络转型，优化航路，提高了飞机运行效率，减少了单位座公里燃油消耗。经过多年努力，南航在节能降耗方面取得了较好的成绩，机型小时耗油率连续多年持续下降。与2003年比，2005年的机型平均小时耗油率下降了3.35%；以小时耗油率进行评估，2004年和2005年共节约航油成本2.87亿元，2006年节约航油成本1.61亿元，三年累计节省航油约12万吨。

（作者：中国南方航空集团公司总经理）

论国有企业在构建社会主义和谐社会中的作用

喻宝才

构建和谐企业，是构建社会主义和谐社会的重要组成部分。企业是社会的基本细胞，是社会经济活动的主体，是社会发展的主要推动力量。企业为社会提供产品，为社会创造财富，为社会培养人才，推进科技进步和经济繁荣，在社会物质文明、精神文明和政治文明建设中有着举足轻重的作用。构建和谐企业既是构建和谐社会的一个重要基础和有机组成部分，也是企业持续健康发展的内在需要。

一、建设和谐国有企业对构建社会主义和谐社会的作用

国有企业作为国民经济的主体、党执政的经济基础，担负着发展民族工业、创造财富、扩大就业、维护稳定、保护环境、确保国有资产保值增值的经济责任、政治责任和社会责任。建设好和谐企业，实现好、维护好、发展好最广大员工的根本利益，维护国有企业的和谐稳定，对于巩固党的执政基础，构建和谐社会具有特殊意义。

和谐企业是指构成企业系统中的各个部分和各个要素之间处于平衡、稳定、协调、有序状态的企业。这里的和谐既包括企业的内部和谐，也包括企业与社会、企业与自然环境等的外部和谐。内部和谐关键是协调企业内部各个群体之间的利益关系，充分调动员工的积极性、主动性和创造性，提高员工队伍素质，增强组织凝聚力，提升企业发展力，根本是解决企业发展动力问题；外部和谐主要是协调好与客户、供应商、周边群体和地方政府以及上级主管部门的关系，让更多的人和组织分享企业改革发展的成果，赢得社会对企业更多的理解、关注和支持，根本是为企业创造良好的发展环境。

按照社会主义和谐社会是“民主法治、公平正义、诚信友爱、充满活力、安定有序、人与自然和谐相处的社会”的总体要求，国有企业要构建的和谐应该具有“以人为本、科学发展、服务社会、充满活力、环境友好”的基本特征，其核心是通过促进企业内外和谐，达到企业的经济效益、环境效益与社会效益相统一，最终实现科学持续较快发展。

以人为本，就是坚持为了员工、相信员工、依靠员工，切实实现好、维护好、发展好员工的根本利益，充分尊重人的价值和愿望，不断满足人的物质、文化需要，创造和增强人的发展动力，为人的发展创造良好环境，提高人的生存和发展能力，把企业的发展建立在人的全面发展的基础之上。

科学发展，就是牢固树立科学发展观，把发展作为第一要务，注重资源与环境、规模与速度、质量与效益的统一，依法治企，深化改革，强化管理，着力自主创新，转变增长方式，提高发展质量，增强核心竞争力，推进节约发展、清洁发展、安全发展，走全面协调可持续的科学发展之路。

服务社会，就是为社会提供优质的产品和服务，打造企业品牌，满足社会需求，稳定市场秩序，促进经济繁荣。同时，主动承担社会责任，推进资源节约和环境友好，积极参与社会公益事业，帮助弱势群体，增加就业机会，履行应尽义务，主动接受社会监督，树立诚信、负责任的企业形象。

充满活力，就是树立创新型企业标准，使一切有利于企业发展的创造愿望得到尊重，员工的积极性、主动性和创造性得到充分发挥；创造活动得到支持和鼓励，新的理念、文化、技术不

断涌现、传播和应用；创造才能得到发挥，做到人尽其才、物尽其用；创造成果得到肯定，并惠及企业和全体员工。

环境友好，就是坚持环保优先、节约优先的原则，采取有利于环境保护的生产经营方式，形成资源消耗少、能源资源利用率高、废弃物排放少的生产和消费体系，把能源资源最大限度地变成社会需要、对环境和人们健康友好的产品，实现人与自然、企业发展与环境的和谐。

二、建设和谐国有企业现实中的问题和障碍

当前我国国有企业已经从单纯追求企业自身发展、追求利润最大化，转向注重企业与利益相关者、与社会、与环境的协调发展，全面履行经济责任、政治责任和社会责任。尽管各个企业所处行业、管理风格、生产特点、管理机制不尽一致，但在构建和谐企业方面，有很多共性，表现在：以人为本管理思想得到落实，把科学发展作为和谐企业的第一要务，把安全发展、清洁发展、节约发展作为实现科学发展的关键，把建立内部的和谐关系作为构建和谐企业的重点，处理好与利益相关者的关系，积极营造良好的企业外部环境。

但处于转型期的社会背景下，国有企业一些深层次的矛盾和问题逐渐凸显，并与改革发展进程中出现的新矛盾和问题相互交织，给企业改革发展稳定和构建和谐增加了难度和阻力。这种难度和阻力，主要表现在七个方面。

（一）对构建和谐企业的认识不深

有些企业重物、轻人，重投入、轻管理，重规模、轻效益，重速度、轻质量，重眼前、轻长远，重利益、轻成长，重生产、轻安全环保，重经济责任、轻社会责任，重自身利益、轻社会价值，重物质文明、轻精神文明等现象不同程度地存在。个别企业甚至还根本没有考虑这方面的工作，在人、财、物上也少有投入，这在整体上影响了构建和谐企业的进程。

（二）体制机制方面存在制约

与企业发展密切相关的国有企业产权制度、收入分配制度、社会保障制度及现代市场经济体制等都还不够完善，国有企业的定位以及改革目标还需要进一步明确，所有这些都对企业的改革和发展产生制约。同时，企业在重组分离和改制过程中，涉及到诸多权力、利益调整，打破了原有的利益格局，重新形成了市场化运作的多个利益主体，相互间还难以进行有效协调，无法形成合力，甚至耗费大量的人力、物力、财力，造成企业的基础管理滑坡。

（三）增长方式没有完全改变

企业片面追求发展规模、速度，必然对资源利用、生态环境造成严重影响。一些企业新建项目安全环保“三同时”把关不严、审核不力、措施不够，在规模扩张的同时，形成了新的浪费和污染。一些老国有企业，由于布局不合理、历史欠账多、工艺落后、设备陈旧，高消耗、高污染、低产出现象比较严重，给保护生态环境带来很大压力。企业发展速度与环境保护、节约资源、提高发展质量之间的矛盾没有很好解决。

（四）企业文化建设较为落后

目前，很多国企并没有很好地完成从传统管理、经验管理向现代管理、科学管理的转变。一方面，传统管理中保守的、落后的、非人性化的方式方法仍然存在；另一方面，引入了一些新的管理思想和方法，但又没有做到与传统管理中的精华兼容并蓄。在企业内部，新思想与旧思想、新观念与旧观念、新的价值理念与旧的价值理念、创新思想与保守思想、进步力量与落后力量相互冲突、碰撞、抗衡和较量，导致企业管理思想和方法或者混乱、或者多变，摇摆不定，方向不明，基层无所适从，员工盲从。

（五）承担和履行社会责任不到位

长期以来，由于缺乏有效的道德、舆论、法律和制度监控，缺乏有效的激励与平衡机制，一些企业对社会责任没有引起足够重视。在责任理念方面，认识不够全面和到位，没有明确的责任理念，没有上升到战略决策高度；在责任管理方面，缺乏整体谋划和统一管理，没有形成责任

体系；在责任行动方面，组织和工作力度不够，缺乏总结评价和持续改进的措施。很多企业还面临着生存和发展的巨大压力，对于承担较多的社会责任还有相当大的难度。

（六）员工全面发展相对滞后

国有企业的部分员工缺乏紧迫感和危机感，自主学习的意识不强，造成企业培训的效率和质量较低。与国有企业快速发展的态势相比，员工的思想道德素质、敬业精神、专业知识、专业技能明显不相适应，甚至出现了新的人才断层现象。员工队伍的素质和结构问题已经成为制约企业进一步发展的最大障碍。一方面，由于缺乏员工退出机制，不胜任岗位要求的员工和富余冗员无法辞退；另一方面，由于下岗分流和政策、待遇等方面的限制，人才流失严重，同时大多数企业简单地采取限制"进口"的办法控制员工总量，造成企业需要的各类人才引进数量严重不足，有的企业管理、技术和技能型人才青黄不接。

（七）企业内外部环境日趋复杂

随着改革的不断深入，一些国有企业形成了多个层次不同的利益群体，包括在岗职工、有偿解除劳动合同人员、内部退养人员、离退休人员、家属工、待业子女等。不同的利益群体有不同的利益诉求，不同的利益群体之间相互攀比，一个利益群体的利益变化，会引起其他利益群体的波动。历史与现实的问题交织在一起，牵一发而动全身，维护企业内部稳定的难度和压力非常大。企业外部市场开放程度加大，竞争日益激烈；能源资源供需矛盾继续增大，重要资源供给和生态环境的压力加大，对企业发展的制约性较强；国家对安全、环保等方面的监管力度不断加大，对企业发展提出更高要求；社会上各种思想文化相互激荡，给企业维护和谐稳定增加了新的难度。

三、建设和谐国有企业必须正确处理四种关系

（一）正确处理企业利益与社会效益的关系

国有企业作为经济组织，首要的是达到经济目的，最基本任务是实现利润最大化，以此回报社会、回报股东、回报员工；国有企业又是国民经济支柱，关乎国家经济命脉，必须承担起保护国家经济安全、巩固党的执政基础等方面的政治责任；国有企业还是构建和谐社会的主体，要为社会提供优质产品和服务，要依法纳税、扩大就业、创新服务、参与公共事业，积极创造社会效益。

（二）正确处理企业发展与员工全面发展的关系

以人为本是构建社会主义和谐社会的重要目标。国有企业发展归根到底要依靠广大员工的辛勤劳动和素质的不断提高，必须坚持全心全意依靠工人阶级办企业的方针，一切相信员工、依靠员工、服务员工，把企业的发展建立在员工全面发展的基础之上。

（三）正确处理企业发展速度与结构、质量的关系

国有企业只有在较长时期保持快速发展，才能切实履行好经济责任、政治责任和社会责任，维护好股东和员工利益，保持稳定和谐局面。但发展模式要注重结构、质量，推进优化布局、产业升级，着力增强自主创新能力，提高能源资源利用率，保护生态环境，构建节约型和环境友好型产业结构和消费结构。

（四）正确处理改革、发展、稳定的关系

构建和谐企业，发展是第一要务，改革是主要动力，稳定是重要前提。国有企业改革要把握好时机、节奏和力度，涉及员工切身利益的改革应充分考虑员工的承受能力，避免和减少不必要的矛盾和动荡，建立有效的社会保障机制、矛盾疏导机制，营造和谐的内外部环境。

四、建设和谐企业需要做好六方面工作

（一）要提高思想认识，树立现代企业和谐理念

要树立以人为本理念，做到发展为了员工、

发展依靠员工、发展成果由员工共享，促进人的全面发展；树立利益和谐理念，建立包括公正分配等内容的发展成果共享新机制，形成责任共担、利益共享、融洽相处、共创和谐的良好氛围，增强企业凝聚力和向心力；树立诚信合作理念，在市场竞争中讲究诚信和合作，追求双赢多赢，推进企业与外部环境的和谐；树立绿色环保理念，推行清洁生产和绿色服务，在保护环境中谋求企业的可持续发展；树立社会责任理念，敢于和善于承担相应的企业责任，服务社会、回报社会、贡献社会，树立负责任的企业形象；树立现代公益理念，高度重视和大力支持社会公益事业，为社会和谐多作贡献。

(二)要明确战略思路，形成构建和谐企业的长效机制

在指导思想上，以科学发展观统领全局，把以人为本作为指导思想和灵魂；在战略目标上，突出人的全面发展和资源环境的可持续发展，追求员工价值、企业利益、社会效益的协调一致，努力实现企业与社会之间、企业与环境之间、员工与员工之间、员工与自然之间的和谐；在目标体系上，建立完善和谐企业的内容体系、指标体系、保障体系和评价体系。内容体系包括企业内部和谐、企业与社会和谐、企业与环境和谐等内容；指标体系包括以产品、服务、效益和经济技术指标为主要内容的激励性指标，以成本、消耗、质量、安全、环保、稳定为主要内容的约束性指标，以及反映企业成长性、科技发展、员工发展、承担社会责任等指标；保障体系包括组织保障、制度保障、政策保障等方面的支撑；评价体系包括企业自身评价和社会评价、政府评价等内容。

(三)要坚持以人为本，把企业发展建立在员工全面发展的基础之上

创建和谐企业，不仅是追求利润、创造优秀的产品和服务，而且应该是建设先进企业文化，培育优秀员工，最终实现员工和企业的共同发展。把员工培育成优秀的员工，集中和整合优秀员工的智慧和力量，企业就能够不断提高获取资源能力、有效利用资源能力、开拓市场能力、服务客户和社会能力，实现永续经营、持续发展。这就要求企业把为了人、相信人、依靠人作为工作的出发点和落脚点，千方百计地满足员工的物质需求和精神需求，千方百计地调动员工的积极性、主动性和创造性，千方百计地发挥员工的潜能，千方百计地帮助员工增强生存和发展能力，集中全体员工的智慧和力量，实现企业与员工共同的目标和愿望。

(四)要推进科学发展，夯实构建和谐企业的基础

企业的和谐是在科学发展中实现的和谐。为加快企业快速发展，在管理上，要将现代先进的管理理念和经验与优良传统相结合，不断提高科学管理水平；在技术上，推进原始创新和引进吸收消化再创新，形成具有自主知识产权的技术体系；在增长方式上，不把企业的盈利和竞争能力建立在危害环境、生态、社会和员工健康安全的基础上，使企业生产经营活动与自然生态系统相互协调。在企业内部，用先进文化理念促进员工树立正确价值理念，在为他人、企业、社会创造财富的过程中体现、提升和实现自身价值，得到自身的公平利益；建立和谐的劳动关系，形成有效的利益分配机制，协调好在岗人员利益关系，处理好内部退养、离退休、有偿解除劳动合同人员等群体的利益关系，实现相对公平。在企业外部，按照"诚信、合作、发展、共赢"的原则，处理好与客户及供应商的关系；依靠地方政府共同维护地区稳定，构建和谐社区；处理好地企关系，主动接受地方党委、政府的领导，在产业发展、就业、维护稳定、支持社会公益事业等方面尽企所能、多作贡献。

(五)要建设先进文化，依靠文化引领企业的发展

要加强企业文化建设，以解决国有企业发展"这条腿长"、员工全面发展"这条腿短"的问题。先进的企业文化是支撑企业和员工的灵魂，是维持企业持久生命力的源泉，是企业更深层次、更高境界的核心竞争力。先进的企业文化能够培育员工忠诚、敬业、勤奋、奉献的品质，引导员工追求共同的理想目标，遵循高尚的思想道德规范和行为准则，自觉主动地做好工作。

(六)要加强党的领导，着力提高各级领导班子和领导干部领导和谐企业建设的能力

构建和谐企业，关键在于企业的各级领导班子、领导干部。必须坚持把解决员工最关心、最直接、最现实的利益问题作为工作的出发点和落脚点。建立科学高效的领导机制和工作机制，探索新时期解决人民内部矛盾的新思路、新方法。统筹各方，兼顾内外，建立和完善协商对话机制、利益表达机制和利益协调机制，营造和谐的内外部氛围。坚持从严治党，以优良的党风促政风、带民风，营造和谐的党群干群关系。

（作者：中国石油兰州石化公司总经理、党委副书记）

前行　渗透　务实

——国有企业思想政治工作持续改进之策

金维民

在构建和谐企业、力求又好又快发展的新形势下，思想政治工作要增强其适应能力和服务能力，必须以持续改进来体现不断的创新和加强。思想政治工作的持续改进，是建立在追求思想政治工作的质量、效率、实效性和整体业绩基础上的，其基本目的，就是提升思想政治工作对象的"满意度"。就当前而言，持续改进思想政治工作着重要在"前行、渗透、务实"等方面有所突破。

一、突出前行，杜绝"潜行"

思想政治工作是把握正确导向，坚定人们理想的引领性工作，必须始终突出一个"前"字，要努力在思想政治工作上当好"先行者"，始终保持一种前行的态势。

1.重在思维前瞻。现实中的企业思想政治工作，存在大量的事中"急诊室"、事后"消防队"现象。这种思想政治工作的"滞后性"，不仅反映了工作主动权的丧失，弱化了思想政治工作的效果，而且会导致其工作对象对思想政治工作的作用、地位等产生怀疑或偏见。要成为事前"诸葛亮"，一要前瞻性地搞好员工的思想预测，通过对社会大背景、企业小环境等因素的经常性分析和研究，预见其发展趋势和可能产生的后果，有的放矢地开展经常性思想教育；二要前瞻性地制定思想政治工作预案，力求从决策的源头上参与，避免决策特别是事涉员工切身利益的决策，在实施中引起员工的思想波动甚至情绪反弹；三要前瞻性地培养开放思维、立体思维，充分把握员工在新时期的心态复杂性和敏感性，从"思想工作万能论"或"教育无用论"等单向思维、封闭思维中解放出来，从过去那种教育目标过高、谈心内容过空、思想工作过急的方式中解脱出来。

2.贵在责任前移。随着市场经济主体的多元化，人们的价值观念日益呈现多样化，企业与员工间的各种深层次矛盾逐渐显现，员工思想上的许多困惑和疑虑亟须解答，迫切需要思想政治工作拓展领域、创新手段、责任前移。一是理论武装责任要前移。以科学理论武装人，是思想政治工作的根本任务。思想政治工作者要自觉地用马列主义、毛泽东思想、邓小平理论和"三个代表"重要思想武装自己的头脑，善于通过实践，深入理解和全面落实党为加强和改进思想政治工作而提出的一整套理论和方针原则。二是服务中心责任要前移。要通过反思和总结思想政治工作服务中心任务的经验和教训，使正确的得到坚持，不完善的得到补充，不适应的得到改进，不可行的得到纠正，让思想政治工作始终围绕企业中心任务同频共振。三是凝心聚力责任要前移。积极开发蕴藏于群众之中的丰富教育资源，宣传看得见摸得到的各种好风尚、新典型，坚持用职工的语言、群众的口吻、谈心的方式讲道理、辨是非，以真情实感引发员工心理上的共鸣、追求上的双赢。

3.成在超前行动。党的思想政治工作，本质上是群众工作，不了解群众，不反映群众的利益、愿望和要求，思想政治工作不可能有的放矢，也不可能有群众基础。超前行动首先要求建立一个群众性的思想信息网络，充分发挥党支部、分工会、共青团组织在思想信息网络中的齐抓共管作用，深入群众捕捉思想苗头，及时梳理分析思想信息，形成思想动态档案，为增强预见性、做到防微杜渐打好基础。其次，超前行动就在于和群众交朋友，只有和群众成为“知音”，才能真正做到“知心”，从而准确体察其情绪和意愿，熟悉其思想活动的特点，使思想政治工作更具针对性、更富实效性。再次，超前行动须做到“莫以事小而不为”，坚持把群众所急所求的“第一信号”，作为思想工作的“第一阵地”，彻底改变那种视而不见、“亡羊补牢”式的被动型思想政治工作，努力实现“未雨绸缪”式的主动型思想政治工作。

二、突出渗透，防止“渗漏”

思想政治工作是企业现代化管理不可缺少的重要组成部分，围绕大局开展服务是企业思想政治工作的基本要求。思想政治工作必须树立新观念、建立新机制、注入新内容，通过全方位的渗透，而不是顾此失彼的“渗漏”，实现思想政治工作与生产经营的有机融合。

1. 渗透于中心。所谓渗透于中心，就是要把思想政治工作内容渗透到企业经济建设中，渗透到生产经营管理全过程，形成思想政治工作与经济业务“一体化”的运行方式；就是要通过实行各级班子的“一岗两责”、“双岗双责”，抓住结合点，找准切入点，覆盖各方面；就是要不断创新渗透方式，通过形势任务教育强化危机与发展意识，开展职业道德教育强化责任与奉献意识，实施知识培训教育强化创新与争先意识。检验思想政治工作是否渗透于中心，关键看思想政治工作在服务大局中有没有创造出特色。其“特色”的坐标，必须紧紧锁定在发展这个主题上，突出表现在以队伍素质提高为标准的员工全面发展上，以企业核心竞争力提升为标志的科学发展上。

2. 渗透于网络。网络文化的迅猛发展要求思想政治工作在方式方法、教育内容等方面，要有及时跟进、适时改进之举，从而实现有效渗透。一是要有扩大“网络市场占领份额”的意识。把互联网作为思想政治工作的一个重要阵地，以思想性与知识性、艺术性与趣味性的有机结合，来保持和提升思想政治工作教育、引导、激励广大群众的优势。二是要有接轨网络的语言，当好“斑竹”、做好“楼主”的意识。时下网络语言联想丰富，层出不穷，思想工作假如不首先在语言上“沟通”、“对接”，也就无从下手引导员工运用科学的世界观和方法论，来正确解答各种困惑和影响。三是要有“政工网页”始终“姓党”的意识。坚持和巩固党在意识形态领域的主导地位，努力通过固本培元，析事明理，使网络真正成为党群之间密切联系的桥梁。

3. 渗透于生活。在改革涤荡和开放的时代，员工的思想更加指向现实生活，思想政治工作必须向员工生活渗透，决不能满足或封闭在企业内部的小天地内。第一，渗透生活的着眼点在于贴近生活。要充分认识到员工生活在社会之中，特别是独生子女、“80 后”逐渐成为企业的“新生代”，其接受某一思潮已不再只是出于纯粹的思想认同，而更多的是出于这一思潮能够反映自身利益的诉求。思想政治工作唯有贴近和适应这一新变化，才能用科学的方法引导员工以文明健康的方式享受生活，并在生活中不断内化道德规范，不断修正人生价值方向。第二，渗透生活的着力点在于回归生活。思想政治工作必须时刻关注群众生活中的热点话题，高度重视反映员工的心声，不满足于制作主题教育的“满汉全席”，而应掺入经常性教育的快餐“精神汉堡”，或适合现代人口味的“农家菜”，以增强说服力和亲和力。

三、突出务实，避免“装饰”

思想政治工作的本质特征，是抓好人的精神领域建设，虽属一项“务虚”的工作，但必须以务实的方法、务实的内容、务实的目的去做，做到虚实结合，虚功实做。否则，思想政治工作就会失去应有作用和效能，异化成一种“装饰”。

1. 以务实精神抓牢长效机制建设。机制建设主要抓好“四个突出”：一是在领导机制上，突出把思想政治工作“党政工团齐抓共管”的原则性要求，变为一套行之有效的制度；二是在运作机制上，突出在教育机制和渗透机制上下功夫，着力构建“大教育”工作网络；三是在评估机制上，突出思想政治工作效益的特殊性，进行多形式、多层次、多方面的综合性评估；四是在保障机制上，突出建立规范的、量化的资金投入和保证制度，完善思想政治工作队伍的培训、任用和绩效考核机制等等。

2. 以务实态度抓住和谐文化建设。建设和谐文化，创建和谐企业，服务和谐社会，是企业当前思想政治工作的一项重要任务，应做到“三个想一步”。一是在培育“以和为美”的审美观方面，要“早想一步”。坚持根据企业改革发展和稳定的目标任务，超前引导员工用和谐的思维认识事物，用和谐的态度对待问题，用和谐的方式处理矛盾，促进员工由心理和谐到行为和谐。二是在培育“以和为荣”的荣辱观方面，要“深想一步”。坚持把以“八荣八耻”为主要内容的社会主义荣辱观，作为判断行为得失、确定价值取向、作出道德选择的基本准则，使崇尚和谐、顾全大局成为员工的处事准则。三是在培育“以和为责”的价值观方面，要“多想一步”。坚持把和谐确立为企业发展的一个目标，广泛开展各类和谐创建活动，不断增强员工的职业责任和社会责任。

3. 以务实作风抓好政工队伍建设。打造一支政治强、业务精、纪律严、作风正的思想政治工作者队伍，是做好企业思想政治工作的基础，必须着重抓好三方面的能力建设。一是学习力。思想政治工作者从事着塑造人的灵魂的工作，首先自我要有追求理论修养的激情和强化理论素养的意识。只有持续拓展学习，才能做到理论有新积累，认识有新提升，才能将知识授予人，用学识打动人。二是执行力。通过不断提升自己的政治意识、责任意识和策略意识，来掌握工作主动权；通过对形势常析、对难点常议、对问题常解，来展现执行力。三是影响力。思想政治工作要说服人，思想政治工作者必须率先垂范、从我做起，凡是要求群众做到的，自己必须带头做到，用“无声”的形象催化“有形”的人和事，真正成为受群众信赖的知心人和示范者。

思想政治工作给服务对象提供的决不是一次性服务，服务对象的需求也不可能一次性就终生到位。因此，因地制宜、因人制宜、因事制宜、因时制宜地持续改进思想政治工作，既是不断加强企业思想政治工作的必然选择，也是思想政治工作为员工指明人生方向、解决人生困惑、提升人生境界的有效路径。

（作者：江苏国信盐城发电有限公司党委书记）

企业行政领导的思想政治工作责任

苏栋玉

在现实生活中，党委及工会、共青团等群众团体在思想政治工作中的地位作用较为明确，但行政领导的作用比较含糊。行政领导与思想政治工作是什么样的关系？行政领导在思想政治工作中的地位作用如何，有些什么特点？这是正确处理行政领导与思想政治工作的关系，建立思想政治工作新体制，保持共产党员先进性，创建和谐企业，需要思考的问题。

一、思想政治工作是行政领导的本职工作

思想政治工作对于行政领导来说，决不是可有可无的，更不是额外负担，而是自己的职责本分。

1. 从行政领导所处的地位来看。行政领导处于行政工作的中心地位，群众的许多思想认识问题，往往是在行政或业务活动过程中产生的，如在工作任务、指标定额、相互协作、工作条件、劳动报酬以及评比奖惩、提职晋级、评定职称等问题上，经常出现正确与错误、先进与落后的矛盾，存在着集体主义同个人主义、本位主义的矛盾，存在着处理这些问题时的实际不平衡和当事人心理不平衡。作为行政领导，适时地发现和解决这些问题，才能调动群众的积极性，更好地完成所担负的工作任务。相反，如果行政领导只是单纯地抓业务，抓任务完成情况，而不注意抓业务活动中产生的各种思想问题，不去认真地解决各种思想问题，群众的思想就会越来越涣散，积极性就无法调动起来，到头来就会影响各项生产任务的完成。

2. 从行政领导的领导方式或者活动方式来看。从某种意义上说，领导就是组织指挥。任何行政领导在进行决策、实施组织指挥时，既可以采用强制命令的方式，也可以采取说服教育的方式，或者典型示范的方式。所谓强制命令方式，是指凭借行政职权与权威，通过口头、信物、书面等方式发布命令、指示、决定、公告、通知等。说服教育方式，是指行政领导在行政过程中，运用启发、商讨、建议等方法，使被领导者心悦诚服地接受并贯彻领导意图。典型示范是指行政领导向人们展示具有代表性的人物或事件，使人们从榜样的身上汲取前进的力量，或从反面典型中吸取教训。行政领导在工作中，有时单用某种方式，很多时候则是这三种方式兼用，这里本身就包含有思想政治工作。可见，思想政治工作决不是游离于领导工作之外的活动，而是“领导”题中应有之义。

3. 从行政领导活动内容来看。领导是一个过程和行为，是领导者运用影响力来组织或控制社会行为，而影响力既有来自自身职位所特有的权力强制力，又有来自领导者社会地位、资历、名望等因素所形成的非权力性影响。非权力性影响是通过群众的信服、认同、效仿等一系列心理过程来发生作用的。这一影响过程是思想政治工作的一种常见形式，平常我们所说的身教与言教并重、身教重于言教，就是这样的情况。

4. 从行政领导的职责来看。行政领导者的主要职责是设计目标规划、制定政策制度、加强组织指挥，做到知人善任。领导者是公道正派，选贤任能，知人善任，搞五湖四海，还是作风不正，搞小圈子，亲疏有别，这里面学问很大，包含

着思想工作内容。

二、行政领导做思想政治工作的特殊性

行政领导如何能更快、更好地融合到思想政治工作当中，必须分析和掌握行政领导思想政治工作的特点。

1. 工作侧重点不同。党组织的主要任务是对单位思想政治工作和精神文明建设实行领导，搞好党的思想、组织、作风建设，对单位思想政治工作作出总体规划，抓好系统的思想政治教育，并对工会、共青团等群众组织实行思想政治领导，通过群众组织抓好群众的思想政治工作。行政领导则要侧重结合业务工作做好日常的思想政治工作，努力为精神文明建设创造条件。

2. 工作手段不同。党组织在思想政治工作中，以耐心细致为特征，以说服教育为手段，以达到转变党员或职工群众思想认识为目的。这种手段，我们可以称之为“软手段”。而行政领导则主要采取行政管理手段来规范人们的思想行为，这里包括规章制度、纪律、奖惩、生活保证等，我们可以称之为“硬手段”。这里讲的“软”、“硬”是从弹性大小的意义上讲的。硬手段弹性小，可以量化的程度较大，其基本特征是“硬”的规定性。“软”和“硬”也是相对的，使用“软”手段时也必须坚持原则，是非分明；使用硬手段，也必须晓之以理，导之以行。

3. 艺术手法不同。思想政治工作既是一门科学，又是一门艺术，这已为越来越多的人所认识。思想政治工作艺术是指针对各种不同的人及其思想实际，施以灵活多样的工作方法和工作手段，以提高人们的认识能力。同科学的严密规范性不同，艺术的特征就在于灵活性、选择性。党的组织在思想政治工作中多采用个别谈心、家访、感化等启发诱导性的艺术手法。行政领导更多的则采用带有制约性、规范性的方式方法，如运用政策的、制度的、目标的、用人的方法等。

三、强化行政领导在思想政治工作中的职能

1. 强化行政领导的组织协调职能。行政领导者握有行政权力，可以充分运用组织协调手段调节人们的思想和行为。人们的许多思想问题往往根源于关系不协调。人与人、人与集体、人与家庭、人与周围环境都存在一个协调关系问题。这些关系归结为人与环境的关系。在这方面，影响人的思想的主要因素有以下几种：(1)人事环境。主要指上下级关系是否和谐，同事间是否团结，是否有利于个人成长进步等。一个单位如果上下级关系紧张，同事间互不信任，互相猜疑、拆台等，势必造成许多思想问题。(2)工作环境。主要指工作条件是否优良，是否有利于工作能力、作用的充分发挥。一个脏、乱、差的环境势必影响工作者的情绪，工作者的能力得不到充分发挥，其思想难以稳定。(3)政治环境。主要指政治是否安定，大气候是否有利于人们健康成长。如果政令不一，制度规定互相矛盾，势必造成众多的思想问题。(4)社会环境。主要指社会秩序、社会风气是否良好，如果秩序混乱、风气败坏，人们没有安全感、公正感，就会产生恐惧和不满。(5)文化环境。主要指企业文化需要是否得到满足，文娱活动是否健康、丰富。如果文娱生活单调、精神食粮缺乏，势必使人产生厌倦不满心理。(6)家庭环境。主要指邻里是否和睦，家庭关系是否和谐。一个人如果处在邻里关系紧张、家庭成员矛盾重重、摩擦不断的环境下，势必产生沉重的思想负担。(7)生活环境。主要指报酬是否合理，生活是否安全幸福。如果经济拮据、负担过重，困难问题不能及时得到解决，或者要求过高，不能得到满足，便会忧心忡忡，思想波动不安。(8)领导关系环境。主要指领导者是否严于律己，办事公道，亲切谦和，奖罚分明。如果领导者其身不正，处事不公，原则性不强，势必造成队伍不稳，人心涣散。解决上述人与各种环境的不协调问题，是行政领导者职权范围之内的事，领

导者可以通过组织协调手段，如逐步改善工作条件、生活条件，制定科学合理的制度规定，制裁不良行为，进行适当的组织调整等，使产生思想问题的矛盾得到缓解或根本解决。

2. 强化行政领导的导向职能。所谓导向职能，是指行政领导利用行政权力进行正确决策，运用政策、制度、指令、规定等行政手段将人们的思想和行为导引到一定的方向。经过这种导向，使存在的问题得到解决，使可能产生的新问题减少到最低限度。如前所述，政策、规定、制度以及必要的组织措施等等，对人们的思想有巨大影响，行政领导必须善于运用这些措施。要深入调查研究，进行科学决策，制定出正确的政策和科学的制度规定。在思想教育难以改变某种状态的情况下，采取恰当的组织措施，强制改变某种已形成的环境，从而使某些思想行为得以纠正，也是必要的。

3. 强化行政领导的示范职能。所谓示范职能，这里是指行政领导者以自己的表率作用引导、带领群众走向一定的目标。常言道：榜样的力量是无穷的，喊破嗓子不如做出样子。行政领导手中握有实权，是人们注目的中心，他的一言一行都具有相当大的分量，自身的表率作用影响很大。所以，行政领导必须注意自己的行为及形象。只有自身正，才会有号召力，说话才灵，办事效率才会高。领导的示范功能主要表现在三个方面：一是为人正直。光明正大，堂堂正正，不搞歪门邪道，不整人害人。二是办事公道。不搞亲疏远近、不拉帮结派，对下级一视同仁、公平合理。三是以身作则。不搞特殊化，不以权谋私，不推脱责任、躲避矛盾，而是关心群众，爱护群众，严以责己，要求别人做到的自己首先做到，这也叫领导者的人格魅力。

思想政治工作是行政领导的本分，是行政行为的题中应有之义，任何有时代前瞻性和有成效的行政领导者都应当是做思想政治工作的领导人和行家里手，任何把思想政治工作看成是可有可无，甚至把它当成额外负担的思想都是不正确的，也是对我们创建和谐企业、和谐团队以及和谐生产和生活环境极其有害的。构建社会主义和谐社会对领导干部提出了更高的要求。为此，正确处理好行政领导与思想政治工作的关系，将对党的基层组织建设，建立保持共产党员先进性教育的长效机制，创建和谐企业起到积极的推动作用。

（作者：中国石化管道储运分公司洪荆处党委书记）

基层党委在构建和谐企业中的角色定位

刘　琳

构建和谐企业，是认真落实党的十六届六中全会提出的构建和谐社会的重大任务，是坚持科学发展观，进一步提高执政兴企能力，促进企业持续发展的正确决策，是当前和今后一个时期企业工作的重点。企业基层党委处在经营与发展的最前沿，是构建和谐企业的直接领导者、组织者和推动者，如何界定与企业行政组织的关系，正确把握基层党委在构建和谐企业中的角色定位，更好地履行职责，发挥作用，事关和谐社会构建的大局。

一、在政治上要把关定向，总揽全局，发挥核心堡垒作用

党章规定："国有企业和集体企业中党的基层组织，发挥政治核心作用，围绕企业生产经营开展工作。"国有企业的中心任务是生产安全经营，目标是创造价值，基层党委则应始终坚持把党务工作作为企业全局工作的一个重要组成部分，融入安全、生产、经营的各个层面，充分发挥政治核心作用，始终服从和服务于企业的发展大局，履行服务、监督和保证职责，确保党和国家路线方针政策的贯彻执行，确保企业发展战略、工作思路和工作方针的有效实施，确保物质文明、精神文明、社会文明和政治文明建设上新的台阶。

二、在经营发展上要抓住关键，参与保证，推动企业前进

1. 参与决策抓大事。企业的重大问题决策都与贯彻党的路线、方针、政策有直接关系，与企业的生存发展有着密切联系。只有旗帜鲜明地站在党性立场上，积极主动参与企业重大问题决策并在企业中充分发挥党组织的作用，才能有效地保证党和国家的方针政策在企业中贯彻落实。企业党委尤其在决策那些涉及安全生产和发展的带方向性、全局性、长远性、关键性的问题，关系职工切身利益的原则问题时，要成为决策的主导力量。在思考工作、研究问题和处理事情上，都要立足全局，抓大事，自觉摆正局部与全局、部门与整体的位置。

2. 当好参谋解难题。企业党委不承担直接经营职责，但对企业的改革发展稳定负有重大政治责任。因此，党委要支持行政行使职权，积极主动地围绕企业的中心任务开展工作，对行政在政治上加强指导，在业务上当好参谋，勇于解决工作上的难题，为行政、为部门、为基层排忧解难。对工作中出现的一些难点问题，努力做到积极面对，不推诿，不扯皮。对于涉及工作中遇到的难题，更要发挥组织协调作用，对于基层长期得不到解决而群众普遍关心的问题，要主动组织研究解决办法和措施。

3. 管好干部用好人。知人善任和任人唯贤是党组织用人的基本原则。在工作中，要坚持党管干部的原则，坚持正确的用人导向，力求做到最大限度地调动积极性，最大限度地减少负面影响。要熟悉和了解干部，知人善任。要尊重信任干部，努力做到用人不疑、疑人不用。要正确对待干部，做到用人之长，容人之短。要着眼大局，重实绩，重公论，看主流，最大限度地调动积极性，发挥其优势和长处。

4. 实施监督防腐败。企业党委主要是监督企业重大的安全生产和改革措施上不产生失误、监督本企业领导干部在权力的行使上不出

现腐败行为等等。另外，还要做好思想政治工作。尤其在当前公司“二次创业”发展阶段，一些深层次的矛盾和问题逐渐暴露出来，这就要求企业党委在关键时刻要充分发挥思想政治工作的强大威力，引导员工坚定信念，忠诚企业，激发潜能，增强合力，通过提高员工的整体素质来提升企业的竞争力和创造力。

三、在与行政的关系上要维护协调，做到同频共振，互融互进

企业党组织居于核心地位，行政处于中心地位，要处理好核心和中心的关系，笔者认为党组织要注意三个问题。

1. 工作不越位。党委是核心，行政是中心。党委应该是把握该不该干，而不是直接去指导该怎么干。如果党委直接插手该怎么干，势必造成党政两张皮，工作协调不了，公说公有理，婆说婆有理，作不了决策、拿不定主意，还会在单位内部人为地形成派别，搞不团结，对单位的安全生产经营产生极大的影响。因此，在工作中，党委既要协调多方力量，调动多方积极性，为职工群众多办实事，又要明确自己的职责范围，避免工作越位，做自己该做的事，把该做的事做好，做到指导到位而不越位。

2. 工作不缺位。党委是单位把关定向的关键，既不提倡超越自己的权限管理、办事，同样也不提倡无所作为，做“和事佬”。有时侯“不作为”的危害比越位更严重，出现方向性的错误不及时纠正，出现越轨行为不提醒监督，不仅是对个人不负责任，更是对单位不负责任。

3. 工作不错位。错位是指对本组织的工作职能定位不准确而开展的活动，也就是常言说的“种了别人的田，荒了自己的园”。党组织工作错位，严重的可使职工群众对组织失去信心。首先会造成党组织在本单位凝聚力下降，发挥不了应有的作用；其次是难以与行政沟通，其桥梁和纽带作用就会削弱；其三是给单位的管理造成混乱，工作效率不高，工作互相推诿，“谁都在负责，但谁都不负责”。

四、在领导班子的团结上要凝心聚力，和谐发展

团结是一个班子的生命。在班子中，每个成员都应该自觉维护班子的团结。要搞好和维护班子团结，一个重要的方面就是取决于党政主要领导的民主意识和民主作风，要把贯彻党的民主集中制的组织原则贯彻落实到工作始终。在实际工作中，党委书记要把加强和搞好班子团结作为一项重要职责，讲究团结，珍视团结，增进团结。

1. 处理好民主与集中的关系。抓好班子团结，要求既要扩大民主，又要善于集中，不折不扣地贯彻民主集中制原则。在制度上，要制定完善相关的议事规则，明确决策的程序、内容和范围，坚持定期召开党委会和党政联系会，做到会前定议题，有部署；会上研究问题，统一思想；会后有决议，分头去落实。在决策上，对涉及全局的重大问题，坚持集体研究、集体决定。一般性问题按分工负责的原则，由分管领导自行研究，避免事无巨细都由集体决定。

2. 处理好分工负责与集体领导的关系。班子成员之间既有分工，也有合作，党政主要领导要充分发挥副职的作用。班子每个成员，都各有优势和专长，熟悉一个方面的工作，具有丰富的经验和独挡一面的能力。属于分管领导职责范围内的事情，谁主管谁负责。确属事关全局，需要集体研究决定的事项，也要首先征求分管领导意见，进行集体讨论、集体决定。

3. 处理好个别沟通与集体研究的关系。沟通和协调是形成和集中正确意见必不可少的过程，也是疏导和化解矛盾的重要手段。在工作中，往往由于缺少沟通和协调，产生不必要的误解甚至出现矛盾，而恰恰由于有了沟通和协调，一些误解和矛盾才能得以化解，形成共识。在互相沟通与协调，促进团结的问题上，少一句不如多一句。对重大决策事项，在班子集体研究决策之前，要主动与班子成员及干部职工进行反复沟通、充分协商、达成共识，为班子集体研

究决策打下基础。

五、在党委书记的自身定位上要时时处处带好头，树立良好形象

党委书记亦称班子的“班长”，既是党委班子中的一员，又在班子中处于关键地位，负有特别重大的责任。企业党委是否具有战斗力，能否真正起到政治核心作用，班子的状况如何，同“班长”关系很大。党委书记不仅要有执行党的路线方针政策的坚定性，还应具有统揽全局的决断力并要懂经营、会管理、有胆识和谋略。

1. 谦虚谨慎，平等待人。注意把自己置于广大干部职工之中，以平常心态看待自己，不张扬，不狂傲，平易近人，始终保持谦虚谨慎的作风。多看他人的优点，善于学习他人的长处。尊重班子成员的个性特征，在工作中尽可能求同存异，扬长避短。努力做到公正处事、平等待人，不有远有近，不厚此薄彼，努力建立起相互配合，相互信任，相互尊重，相互支持的工作关系。

2. 团结共事，与人为善。对同志，努力做到宽以待人。工作取得成绩，不独揽其功。工作出现失误，主要领导要主动承担责任，不推卸，要为副职兜底。做到与人为善，最大限度地尊重人、理解人、关心人。对工作中出现的认识上的不统一、方法上的不一致，做到大事讲原则，小事讲风格，努力化解误会和隔阂。对不同意见和呼声，力求做到不轻易否定，认真吸取采纳其中的合理部分，融入到工作和决策中。

3. 沟通思想，建立感情。注意加强与班子成员的交流和沟通，通过交流与沟通，增进了解，增进情感，同时力戒关系庸俗。对待班子成员以及干部职工，不仅表现在有民主意识，而且也应表现有同志式感情。对待同志，注重关心，力所能及地帮助解决工作和生活中的困难，使工作关系与同志间情感有机地结合。

4. 加强学习，严于律己。工作中注意加强自身学习，勤于实践，按照“讲学习、讲政治、讲正气”的要求，严格要求自己。要坚持以诚心和虚心的态度，做到多请教，多询问，向班子成员学，向技术人员学，向一线干部职工学，向书本学。同时，要做到作风正派，严于律己，时时处处起好带头作用，在干部职工中树立起良好的形象。

（作者：重庆南桐矿业公司东林煤矿党委书记）

四位一体是抓好国有企业文化建设的有效途径

栾爱玲

当年发展靠产品，十年发展靠人才，百年发展靠文化。未来竞争不仅是产品的竞争，人才与成本的竞争，更核心的是文化的竞争。谁能够建立起一个与客户共鸣的文化、相融的文化，谁就是市场竞争中的赢家。这是中原油田通信管理处在探讨企业发展战略时所达成的共识。为此，我们把加强企业文化建设作为企业的重要任务去抓，并从精神文化、制度文化、行为文化、物质文化四个层次入手，推动了企业文化建设的健康发展。

一、建设有通信特色的精神文化，铸造高尚的通信人品质

精神文化是深层文化，是用以指导企业开展生产经营活动的各种行为规范、群体意识和价值观念，是以企业精神为核心的价值体系。为了建立起有油田特色和通信行业特点的价值体系，我们在中原石油文化的总体框架下，在继承与创新的基础上，概括、总结、提炼出了油田通信独特的工作理念和核心价值观，并通过不断教育、强化、自律，使之成为了通信人的信念和追求，成为维系企业生存发展的精神支柱。

(一)铸造企业核心理念

确定核心理念，既要体现本企业特点，又要得到职工的认同。为了确定能够体现油田通信特色的工作理念和核心价值观，我们按照油田党委的统一要求，在油田企业文化部门的具体指导下，以中原石油文化为依托，通过广泛征集、反复酝酿、集体讨论、民主决策等环节，确定了“细节风范，追求卓越”的工作理念和“中原通信，心信相印”的核心价值观。“细节风范，追求卓越”，既传承了石油人的深厚文化底蕴，又彰显了中原通信追求卓越、勇担责任的时代精神；既反映了中原通信文化体系的核心内涵，又融合了油田通信人的现代发展理念。强调员工要认真做好每一件事，在每一个环节上精益求精，要求企业本着负责任的态度处理好自身与用户、社会、合作伙伴、同业和员工等各利益相关者的关系。同时强调以客户需求为目标，以企业价值链各环节的持续改善为策略，以人、组织、运营体系的系统结合为基点，从领先的网络质量、精准的计费系统、深入的客户理解、满意的客户服务、创新的业务种类等多方面塑造中原通信服务的卓越品质。“中原通信，心信相印”，既体现了油田通信特色，又是全体员工在长期的工作中形成的共同价值观；既是人企合一的管理理念，也是对社会的承诺。我们通过理念的确立，把全体职工凝聚在一面大旗下，激励全处上下齐心协力，最大限度地发挥职工的主观能动性，实现了企业与员工、员工与员工、企业与企业、企业与地方、企业与社会等方面的和谐共存。在这种理念的指导下，几年来，我们与油田相关业务单位和地方网通、电信、联通、铁通及四川达州电信企业建立起了互信、互惠、互利的良好关系，克服了油田专网通信发展的瓶颈，拓展了生存空间，促进了中原通信的和谐发展。

(二)宣传企业理念

宣传贯彻本企业的理念必须注意文化的继承和发展。我们在实施过程中主要是做好三个结合。一是把弘扬企业理念和培育中华民族精神结合起来。我们始终把培育爱国主义、集体主义和社会主义的当代中华民族精神作为职工

文化教育的必修内容，使爱祖国、爱集体成为全体职工的最高信仰，使职工正确认识和处理国家、集体和个人的利益关系。二是把弘扬企业精神与形势任务宣传结合起来。我们坚持围绕党和国家的路线、方针、政策，开展基本理论、基本路线、基本纲领教育，保证了上级决策在基层的贯彻落实。三是把弘扬企业理念与宣传中原石油文化结合起来。我们坚持在宣传中原通信文化的同时宣传中原石油文化，在中原油田信息港制作了中原石油文化专题，在办公楼、职工活动室及各站队工作场所制作了固定的中原石油文化标志性语言宣传牌，编印了油田通信企业文化建设手册，全面介绍了油田及管理处的企业精神和理念，使职工理解和认同中原通信的价值观和事业发展的方向，逐步形成了具有自身特点的团队文化，从而激发员工始终保持奋发有为、昂扬向上的精神状态。

（三）强化企业理念

重点是抓好理论武装，培养共同理想。一是抓好党委中心组的学习，坚持两周一次的中心组学习制度，不断提高领导干部的政治理论水平，以适应时代进步和通信事业发展的需要。尤其是在企业开展廉洁文化活动和“四好班子”建设中，各级党员干部全面学习了规定读本，认真撰写学习心得，积极参加理论研讨，并按照要求在民主生活会上进行了自我对照检查，制定具体整改措施，进一步提高了廉洁自律的自觉性。二是抓好党员的学习，坚持每周一次的党员学习制度，把党的声音及时传递到全体党员，增强党员的党性观念。三是抓好职工的理论学习，不断提升职工的思想素质，逐步培育共同的理想追求。为了保证学习效果，我们以支部为单位建立了“一表一本一栏”，一表即学习考勤表，每次学习都要考勤登记，并有本人签字；一本即学习记录本，我们统一印制了学习记录本，既方便大家学习，也便于支部检查考核；一栏即学习体会公布栏，对重要的学习内容，要求大家都要撰写学习心得，并张贴公布，以便相互借鉴。通过强化员工的理论学习，进一步统一思想，达成共识，形成合力，使上级的指示、决策得到更好的贯彻执行。

二、建设有通信特色的制度文化，形成规范化的管理机制

制度文化是企业中层文化，是由企业的法律形态、组织形态和管理形态构成的外显文化。我们从完善制度体系、规范管理体系入手逐步形成以制度管人、以制度管事的良好局面。

（一）完善制度体系，坚持依章管理

近年来，根据新的形势任务的需要，我们先后制定、修订、完善了132项规章制度，其中生产管理制度20项，通信设备运行管理制度25项，计划经营管理制度7项，财务资产管理制度6项，干部管理制度5项，员工管理制度6项，营销服务规范7项，党群管理制度22项。通过这些基本制度的建立，进一步理顺了各项工作流程，规范了员工行为，使各个岗位的人员明确了自己的职责，清楚了自己应该干什么、干到什么标准，不该干什么、干了会受到什么处罚等。在完善制度中，我们充分发扬民主，通过开展合理化建议活动，让职工参加有关管理制度的制定，使职工的价值与尊严得到尊重，使职工的主动性和创造性得到充分发挥，也增强了职工遵守制度的自觉性。

（三）规范管理体系，理顺工作关系

制度建设重在落实，要保证各项规章制度落实到工作中，实现文化建设的终极目标——使员工行为按企业文化理念要求去做，就必须建立和完善管理体系。为此，我们一方面参照现代通信企业管理模式，对部分机关部门进行了调整，对部分基层单位的业务经营范围进行了划分，使业务流程和职责更加清晰，避免了推诿扯皮，提高了工作效率。另一方面，建立了两大考核体系。一是建立了日常工作业务考核体系，成立了精神文明建设、安全、设备运行、经营、服务等专业考核小组；二是建立了人事干部考核体系，成立了管理干部、技术干部、操作服务人员考核领导小组。同时，分别制定了相关

考核办法，对考核时间、内容、标准、奖惩兑现等提出了明确要求，并严格考核程序，认真兑现考核结果。在2006年的考核中，因安全问题受到降职处分的有2人，因经营任务未完成和服务、精神文明考核不达标等问题影响业绩工资兑现的有5个单位，同时因各方面工作出色受到表彰和奖励的有12个单位。通过机制保障和严格考核，增强了员工责任感，提高了政策执行力度。

三、建设有通信特色的行为文化，培养员工良好的职业道德风范

行为文化是企业浅层文化，是软性约束机制，是企业经营作风、精神面貌、人际关系的动态体现。为了培养员工良好的行为文化，我们结合单位实际开展了以优质服务为核心的社会公德、职业道德、职业技能教育。

(一)加强社会公德教育

每个企业员工都是社会的一个成员，教育员工自觉遵守社会道德规范是企业义不容辞的责任。为此，我们每年都把贯彻落实“爱国守法、明礼诚信、团结友善、勤俭自强、敬业奉献”的基本道德规范，作为员工思想教育的重要任务，坚持开展“争做社会好公民、单位好职工、家庭好成员”主题实践活动，不断提高员工遵守社会道德规范、文明公约的自觉性，违规、违章等不良习惯逐步减少，文明员工达标率达98%。

(二)加强职业道德教育

作为油田通信服务单位，我们始终把以优质服务为重点的职业道德建设作为首要任务，为油田生产和职工生活提供优质的通信保障。今年我们专门开展了优质服务年活动，重新修订了有关通信话务、机务、线务、营销服务标准，增加了服务承诺内容，使服务工作进一步制度化、程序化和规范化。开展文明服务满意窗口和文明服务示范单位评比活动，不断改善服务态度，树立了文明行风。开展最佳话务员、最佳机务员、最佳线务员、最佳营销员评比活动，提高了员工的内在素质、外在形象和文明程度，实现了“主动服务，全员服务，差异化服务，高效服务，优质服务”的目标，营造了具有行业特色的通信服务文化氛围。

(三)加强职工技能教育

职工的业务素质是企业生存发展的基础。为了不断提高职工的业务素质，我们采取内部培训与外部培训相结合，全员培训与重点培训相结合，现岗培训与兼岗培训相结合，岗位练兵与名师帮带相结合，技术比赛与技能考核相结合等办法，使职工的理论知识和实际操作技能都有不同程度的提高。今年以来，先后举办了实时计费、通信新业务、营销服务、思想教育等8期内部培训班，培训人数450人，外委培训专业技术人员45人，通过多种途径教育培训促进职工的全面发展，提高职工队伍的整体素质。在组织参加油田的技术比赛活动中，有15名同志在局级技术比赛中获得名次，有5名同志获得比赛工种的第一名，有6名同志获得技术能手称号。

(四)加强典型引导教育

我们一贯注重先进典型人物或事件的宣传教育，特别是注重挖掘不同岗位、不同系统、生产发展中的先进人物，用贴近职工、贴近工作、贴近生活的实例，引导广大职工学先进、赶先进、当先进。近年来我们先后组织了优秀党员、优秀文明员工、技术尖子、服务明星、发展用户状元及“十佳”等有行业特色、形势任务需要的评比选树活动，以点带面，激发了干部职工热爱油田通信、发展油田通信、奉献油田通信的热情。今年春节前夕，通信管理处承担了一项重要的通信保障工作任务。按照油田领导的指示，通信管理处的领导干部、技术人员连续24小时奋战在井场，仅用了3天时间就完成了平时需要10天才能完成的设备安装、网络施工、系统调测等任务，并确保了现场实时图像、数据、声音的高质量传输。在8月份油田普光气田视频会议系统项目建设中，油田领导要求我们务必在石化总公司领导到普光视察前全面完成施工项目。为此，我们专门成立了项目组，并

由领导亲自带队组织施工,克服了时间紧、厂家设备供货周期限制、施工现场复杂、气候环境变化等多种困难,按时完成了油田领导交给的任务。顽强的作风、精湛的技术、优良的服务受到油田普光工作组的高度评价。同时,在石化总公司领导视察中,该项目因先进的通信技术、高质量的画面传输受到总公司领导的赞扬。为此,总公司领导决定普光工委驻地使用中原通信的通信服务,这不仅是油田通信的荣耀,更为我们带来了更大的生存发展空间。

四、建设有通信特色的物质文化,塑造油田通信良好形象

物质文化是表层文化,是企业文化赖以生存和发展的物化形态。我们通过强化阵地建设、环境建设和通信新技术开发利用,促进了物质文化水平的大幅度提升。

(一)强化文化阵地建设

近几年来,我们采取上下结合、因地制宜的方式,逐步为各站队建设了图书室,配置资料图书、报刊杂志;完善文化体育设施,建立了乒乓球、篮球等活动场所;配备了电教设备,为宣传文化建设和职工学习文化提供有利条件。今年又专门在管理处院内建立了多功能职工活动室,主要有乒乓球室、台球室、健身房、棋牌室、图书阅览室、荣誉室等,受到职工的欢迎。积极引导和支持工青妇、书画摄影协会、棋牌协会等群众组织,组织开展丰富多彩、健康有益的文体娱乐活动,丰富了职工精神文化生活,营造了健康文明的文化氛围。

(二)加大环境设施建设

在环境建设上我们本着进一步提高品味和档次、增添文化成分的目标,先后在机关、基层制作了80多个标语警示牌,使之既营造了文化氛围,表现了通信特色,又起到了理念宣传和教育作用。同时,我们下大力气对管理处院内、部分通信站进行了硬化、绿化和美化,使11个工作区域达到了花园式标准,为员工创造了良好的工作环境和条件。

(三)加大通信设备改造和新技术推广应用力度

为用户提供满意的通信服务,必须有良好的硬件设备作支撑。为此,我们不断对通信设备进行更新改造,把通信新技术、新业务应用于通信服务之中。近两年,我们先后对计费系统、112集中受理及自动测试系统等进行了升级改造,使用户可以及时地查询发生的话费,无论是哪个区域的电话、网络出现故障,只要拨打112就可及时给用户派修;新建了油田5.8G无线网桥、油田生产现场综合信息采集、传输及处理等系统,为20多个井场和井站提供了这种新技术服务,用户在办公室即可随时监控井场和井站情况,随时掌握了解油井运行情况,并对数据进行采集;完成了油田宽带网络系统的核心交换机、核心路由器的改造,建成了万兆网络平台,比其他电信运营商宽带传输速率高出了一倍,大幅度提高了系统交换能力和管理能力,摆脱了系统核心能力的制约,彻底解决了上网速度慢、掉线等问题。几年来,我们以优质的产品文化凸现了专网优势,打造了油田专网通信品牌。

企业文化建设是复杂的系统工程,决非一日之功,也不可能一蹴而就,必须按照精神、行为、制度、物质四个层次的要求,长期坚持、持之以恒,才能使企业文化生生不息。

(作者:中原油田通信管理处党委书记)

创新基层企业思想政治工作的有效途径

马天才

如何使企业的思想政治工作与时俱进地发挥优势、发挥效力、发挥作用，融入石油企业改革、发展和生产经营的全过程，在积极促进本企业实现持续有效较快协调发展的同时，努力提高基层企业思想政治工作的针对性和实效性，笔者以为，应当紧密结合本企业的实际，着重把握好五个方面。

一、创新思想观念，确立与社会主义市场经济和现代企业管理相适应的思想政治工作新观念

伴随我国社会主义市场经济的高速发展和企业改革的不断深入，无论是理论工作者还是实际工作者都深刻认识到，企业活力的源泉，在于企业内部广大职工的积极性、主动性和创造性的发挥。要充分调动职工的主观能动性，一方面要推行现代企业管理思想，另一方面要有强有力的思想政治工作，只有二者有机结合，才能使企业形成强大的凝聚力。而强有力的思想政治工作首先应源于观念与思路的创新。要从全局上、战略上谋划好企业思想政治工作的长远规划，以适应变化了的形势，符合企业持续有效较快协调发展的需要。

在目前部分职工的价值观念和取向发生位移，缺乏个人理想和抱负的情况下，必须强化基层企业思想政治工作的针对性，切实结合本企业职工队伍的实际，以战略的眼光谋篇部局，持续、深入地组织开展主题教育活动，对职工进行正确价值观的培养和集体主义价值观的教育，增强职工的荣辱意识、风险意识和忧患意识。

二、创新内容载体，突出融合性，由单纯的思想道德教育变为多元教育

以石油企业为例，建立与完善现代企业制度的国有企业，当前正处于一个产权变更、经济转型、体制转轨、技术创新的时期，企业内部环境和外部环境、生产力、生产关系等都发生了巨大的变化。这些变化对基层企业思想政治工作的内涵与外延、形式与载体都提出了新的要求，原本老一套的说教及旧有形式显然落后于时代发展，必须在内容、载体上创新。

近年来，从辽河局强化企业思想政治工作的实际效果上足以体现出，基层企业思想政治工作的内容必须从实际出发，满足职工群众的需求。既要坚持内容的先进性，又要体现形式上多样化的层次性。不断探索和创新基层思想政治工作教育的有效载体。通过大力推进基层队务公开、班务公开，举办各种典型经验交流、知识竞赛、学习心得评比、职业道德评议、形势任务测试、参观学习等，不断增强基层思想政治工作教育的趣味性、融合性和时效性。

三、创新教育方式，不断扩展和强化企业思想政治工作的有效性渠道与手段

新形势下职工思想的复杂化和多层面的状况，无疑对企业的思想政治工作提出了新课题。因此，思想政治教育方式应首先研究、了解工作对象的认知结构，在认识问题、分析问题、解决问题上寻求工作的突破口，从单纯就事论事的说教式、注解式转为符合心理规律的诱导式、解惑式，努力创造丰富多彩和为职工广泛接受的

形式。要充分利用各种宣传工具、新闻媒体、计算机网络和现代信息技术。同时创办一些小型、灵活、多样的企业报刊、简报等宣传教育媒体，使基层思想政治工作寓教于文、寓教于乐，达到先进性、科学性与艺术性的统一，从而增强企业思想政治工作的吸引力、感染力。

四、创新管理方式，确保基层企业思想政治工作贯穿于各项管理的全过程

企业思想政治工作归根结底是企业管理的一个重要组成部分，企业思想政治工作的落脚点在基层。要使思想政治工作真正发挥其作用于企业管理的效能，首先应注重体制创新，依靠企业各方面的力量，调动各层面的积极性，构筑党委统一领导，党政工团齐抓共管及职工群众积极参与的思想政治工作新格局。其次是应注重机制创新，加快完善思想政治工作的运行机制、竞争机制、激励机制、保障机制、反馈机制。将上级党委的党建及思想政治工作考核目标量化分解到各个基层单位，逐步建立操作性强和可量化的考核工作制度，变“虚”为实，“虚”事真抓。以各项活动为依托，激发职工的参与热情，从中提高管理意识和思想政治工作效能，进而使基层思想政治工作涵盖于企业管理的各个层面，渗透于企业生产、经营、管理、服务的各个环节，避免思想政治工作游离于经济工作之外。注重思想教育与行政管理、思想引导与行为规范有机结合，做到教育中有管理，管理中有教育，教育落实到管理中，管理上升为教育。

五、创新教育内涵，突出以人为本的教育，努力追求思想政治工作的实效性

按照现代企业管理的发展要求，增强企业思想政治工作的实效性。现代管理活动首先是人的活动，这种活动的主体是人，人的思想问题解决了，其主观能动性则会得到充分的调动，进而在企业的生产经营活动中发挥作用。由此看来，企业思想政治工作的立足点在基层。首先，应重视人的物质需求。在实际工作中，一方面把满足职工群众的物质利益作为企业思想政治工作的出发点和着力点，另一方面发挥思想政治工作的教育功能，引导职工树立正确的义利观，切忌用办实事完全代替思想政治工作。其次，应重视职工的精神需求。坚持“尊重人、理解人、关心人、引导人、帮助人、培养人”的原则，建立融洽的同志关系与和谐向上的工作氛围。第三，应重视职工的发展需求。让职工群众在思想品德、智力、体力、精神心理等方面都得到健康、充分的发展，设计具有挑战性的工作目标、责任，为职工的思想、业务技术的提高提供有关的信息和培训。

总之，基层企业思想政治工作只有紧紧围绕经济建设这一中心，结合实际，创新运作，认真把握好以上环节，多做实效工作，少做应景文章，不断开辟和探索思想政治工作的新途径，努力增强思想政治工作的生机与活力，才能为企业的持续有效发展提供强有力的精神动力和思想保证。

（作者：辽河石油勘探局沈阳工程技术处党委书记）

培育先进企业文化　引领工厂快速发展

潘建全　李国文　张伟恒

2007年7月21日，我国公布了2007年度中国机械500强名单，华北石油第一机械厂(华北石油钢管厂)名列第135位，比上一年提升了54位，在中国石油石化装备制造企业中名列榜首，被中国石油天然气集团公司领导誉为“石油装备第一厂”。

近些年来，华北石油第一机械厂改革发展步伐不断加快，主要经济指标连创新高。2006年经营收入在2005年突破20亿元的基础上，又突破了30亿元，达31.2亿元，实现利税4.67亿元，分别比上年增长了33.5%和19.5%，呈现出跨越式发展的喜人局面。总结经验，我们认为，企业文化是企业发展的动力之源，必须高度重视抓好企业文化建设。几年来，我们始终坚持把先进文化兴企作为引领工厂持续快速发展的重要战略来抓，积极探索，大胆创新，初步形成了以“追求卓越、真诚回报”的价值观为核心，以坚持科学发展观为统领，以“内化于心灵、固化于制度、转化于行为”为主要途径的企业文化建设实践模式，使之成为引领全厂员工凝心、集智、聚力，同舟共济求发展、务实创新永争先的强大精神动力。工厂先后获得集团公司企业文化建设优秀成果奖、河北省文明单位和全国企业文化建设优秀案例单位等荣誉。

一、抓理念文化建设，大力弘扬核心价值观念，使之内化于心，增强队伍凝聚力

世纪之初，我们抓住西气东输的机遇，通过招商引资、重组改制，先后成立了华油钢管、巨龙钢管等多家合资公司，新建一批先进生产线，收入和利润连年大幅增长。但随着企业的高速成长，我们也面临着一系列重大挑战。一方面，市场竞争日趋激烈，如何进一步增强核心竞争力，推动企业继续做强做大，成为我们面临的严峻课题；另一方面，随着企业投资主体多元化、相关利益方增多和员工成分多样化的发展，如何协调各方和全体员工的思想和行为，成为迫切需要解决的问题。实践使我们认识到，建立以共同价值观为核心的企业发展理念是企业凝心集智聚力、长盛不衰的基础，必须加快培育。为此，我们在全厂管理层开展了以“实现新超越，我们需要什么样的核心价值观”为主题的大讨论活动。经过上下结合、集思广益和反复论证，于2004年初，正式提炼确立了“追求卓越、真诚回报”的核心价值观。其要义在于把企业的发展与各相关方和全员的个体需求结合起来，引导全体员工挑战自我、勇创一流、实现价值，用卓越绩效和真诚行为回报各方，实现发展共赢。在这一核心价值观的指导下，我们又相继提炼了企业使命、愿景、经营管理理念、发展战略和管理文化，形成了一套比较完整的企业发展理念体系。

为使这一理念体系真正内化于人心，成为全厂员工共同的价值追求和行为准则，我们采取了多种措施。

一是建立组织保障。工厂成立了企业文化建设委员会，一把手挂帅，厂党政领导、机关部室长和各合资公司、基层单位党政主要领导参加；在厂机关编制压缩40%的情况下，组建了由党委宣传部、组织部和团委组成的企业文化部，各合资公司和基层单位也都成立了专职部门或明确了专兼职人员。同时，在深入调研的基础上，制定了《加强企业文化建设规划》和不

同阶段的工作计划，使企业文化建设做到规范化。

二是加强宣传教育。编印了《第一机械厂企业文化手册》，印发员工人手一册；先后组织了8场企业文化答题竞赛活动；组织开展了“共创共享企业价值”、“我要追求卓越”等大讨论活动，全厂员工近4000多人次参加；充分利用厂报、广播、电视、OA办公网络等四大平台大力宣传，营造了浓厚的舆论氛围；重新谱曲的厂歌《我们走向辉煌》，把企业发展成就和核心价值观融入其中，在每天早上广播新闻和每周3次的厂电视新闻开始前作序曲播出，每逢工厂重大活动和召开会议都要播放，并先后两次组织全体员工唱厂歌大赛，让雄壮有力的厂歌乐曲在工厂回荡，在广大员工中引起强烈反响和共鸣。

三是强化示范引导。我们坚持建立完善党的先进性教育长效措施，注重从企业文化视角发掘和总结先进典型。几年来，先后选树宣传了以诚信为本、勇拓市场的姚广平为代表的销售模范，以刻苦自学、爱岗敬业的吴建文为代表的技工模范，以大胆创新、攻关克难的杨东为代表的科技人员模范等一大批以党员为先锋的不同类型、不同层面的先进模范人物。通过演讲会、厂区广播及编发《优秀员工事迹选编》等多种形式，对这些典型的先进思想和文化内涵进行深度挖掘和广泛宣传，使广大员工从中受到熏陶和感召。

四是重视对新员工、新成立单位的灌输与推广。对每年新招大学生和聘用的新员工入厂教育的第一堂课，就是企业文化课，使他们学习了解企业优良传统和文化理念。新成立单位或新建项目，无论是国有独资单位还是合资参股公司，都要举办学习班，对其相关领导和负责人强化企业文化的培训和企业经营理念的灌输。同时，采取厂领导宣讲、新老单位干部交流、新成立单位员工到总厂学习、内部报刊宣传等多种形式，尽快地将工厂的核心价值观推广、输送到新成立单位，做到一机厂的事业发展到哪里，企业文化就延伸到哪里，核心价值观就弘扬到哪里。通过持续深入地普及教育，企业发展理念深入人心，员工对企业的认同感、归属感和各利益方对企业的信任度大大增强。现在，员工最关心的是企业的发展问题，议论最多的是企业要上哪些新项目，又中标多少合同任务。许多国内外企业慕名前来商讨合资合作，目前厂内日、美、加、新、英、港等国家和地区合资公司已达到10家，家家公司生意兴隆，全厂呈现出同心同德、争创一流、追求卓越的大好局面。

二、抓制度文化建设，推行卓越绩效管理，使之固化于制，提升企业竞争力

企业文化从本质上讲是管理文化。为了使“追求卓越、真诚回报”的核心价值观在经营管理中得到贯彻落实，切实提升企业竞争力，从2004年8月开始，我们在全厂范围内正式推行了国内刚刚引入、国际通行的卓越绩效管理准则，全力打造与企业理念体系相适应的先进的制度文化。

为了加强这一管理准则的宣传贯彻，同时建立起具有一机厂特色的卓越绩效管理模式，我们邀请中国质量管理协会的专家来厂，对中层以上领导干部和主要管理岗位人员共270多人进行了为期一周的封闭式授课培训。先后3次对照《卓越绩效管理准则》，对工厂全过程管理情况进行现场把脉和诊断，一对一地进行操作辅导，共同查问题、找原因、定措施、抓整改。在此基础上，组织专门力量，对各项管理制度和工作标准进行了全面审核和评价。共修订完善各项管理制度和工作标准121项、1800余条；发布实施了一机厂《卓越绩效管理标准》和《卓越绩效工作标准》，从领导、战略、顾客与市场、资源、过程管理、测量分析与改进、经营结果等七个方面，初步构建起了具有一机厂自身特色的卓越绩效管理体系模式。

卓越绩效管理模式的导入和推行，有力地推进了全厂管理理念和方式的不断创新，促进了各项管理工作水平的提升。以人力资源

管理为例，近几年来，我们以提高员工素质、激发员工潜力为目标，进行了一系列重大创新。

一是创新培训机制。制定实施了《员工订单式培训管理办法》。厂人力资源管理部门不定期开展员工满意度调查，根据个人需求愿望，科学合理地安排技能岗位学习轮训；建立了职业生涯通道，职业生涯规划从新分配大学生扩大到全体员工；通过评先选优、提拔任用等措施，鼓励员工自学成长。2004年以来先后有400多人取得大专以上学历，参加工厂与清华、天大合办的硕士研究生进修班116人，已结业81人，预计又有40人能取得硕士研究生学历学位，全厂大专以上文化程度的员工达到910多人，占全厂人员总数的近40%。

二是改革员工聘任及职务晋升制度。先后制定和实施了《全员竞聘上岗管理办法》和《一般管理岗位、中层领导管理岗位竞聘管理办法》，对出现空缺的所有管理岗位及时面向全厂公开竞聘，促进了人才的公平竞争、合理流动。

三是完善激励机制。建立了基准指标、绩效指标、超绩效指标的“三级递进”薪酬系统和月度绩效考核、年度综合绩效评价、劳动合同期绩效考察“三效合一”的员工绩效评价系统，激发了全员创造卓越绩效的热情。

这些改革措施的推行，极大地调动了全体员工的工作积极性、主动性和创新性。近两年来，我们厂在管理局正确领导和大力扶持下，几乎齐头并进地新上了油井管、套管等6个重点工程项目，投资总额近5亿元。这些项目工期紧、技术含量高、工作量大，其中有的在全国也是零记录。面对重重困难和压力，全厂上下同舟共济，积极献智献力，努力攻坚克难、拼搏奉献。两年中全厂员工共提合理化建议1600多条，组织发明创新、技术攻关230项，取得专利技术23项、专有技术80余项，其中11项填补了国内空白，17项全国第一。企业综合竞争实力不断得到提升。2005年，我厂8项企业绩效评价主要指标综合水平继续位居石油装备制造企业前列，并全部达到国内同行业优秀值，创5项中国企业新纪录，累计创22项。2007年，在“中国机械500强”中的排名，比2006年提升了54位，列135位，在中石油、中石化系统入围的石油机械装备制造企业中名列第一。

三、抓行为文化建设，深化“达三标”实践活动，使之转化于行，提高队伍执行力

企业文化中所形成的理念，最终都要落实在实践上，融合在生产经营活动中，发挥积极的引领和示范作用，也就是我们常说的行为文化建设，强化执行力。

为了使卓越绩效管理进一步落实到基层岗位上，转化为广大员工的自觉行动，我们结合生产经营实际需要，确立了广泛深入地开展“三标”(标准化岗位、标准化现场、标准化班组)主题实践活动，努力引导员工养成良好的执行习惯，树立优质化服务的良好行为，全面提高员工岗位执行力。

我们将不同岗位、现场及班组职责编印成简明扼要、重点突出、通俗易懂、操作便利的《三标标准操作手册》，发放给员工，供大家学习。对重要生产岗位和现场，我们指派技术人员跟班指导，各车间、班组或生产线都建立标准化岗位和现场示范点，抓好典型树立榜样。我们狠抓各项标准的监督检查、考核激励和典型示范，对不同的岗位、班组和现场生产或操作，各合资公司、基层单位都建立了与标准相互衔接的考核办法，责任到人，做到日日有记载、周周有考评、月月有奖惩、年年有总结。把日常考核结果作为发放月度绩效奖金的依据，年度考核与年终单位评先、领导个人奖励相挂钩。今年五月份，我厂华油钢管公司一名员工没按规定的作业程序操作，造成乙炔带裂漏，险些酿成事故。公司对责任人、班组长和分厂厂长分别按规定给予处罚，并将这一事故当成一起典型的违章操作案例，在公司安全大会上讲清危害，深挖原因，总结教训，在员工中产生了强烈震动，收到

了很好的教育效果。

“达三标”主题实践活动的开展，促进了员工照章操作、执行到位习惯的养成，提高了全员安全意识、质量意识、精品意识和品牌意识。近两年来，厂渤海能克钻杆公司在合同生产任务重、设备严重老化的情况下，充分认识到抓好“三标”建设的重要作用，对生产线每一个岗位、每一个班组、每一个场地，都重新修订完善了工作标准和考核办法，扎扎实实地抓落实，收到明显成效，受到日方股东的高度评价。去年，该公司实现销售收入 5.7 亿元，利润 8300 多万元，没发生一起安全、质量事故，产品畅销国内各大油田，并打开了俄罗斯市场。厂巨龙、华油两大专业钢管公司始终注重加强产品质量控制，坚持不懈在员工中开展“用户满意是我们最高、最终追求”的质量理念教育，强化员工质量是生命线的意识。对每一笔合同订单，大到几万吨、十几万吨，小到几吨、十几吨，都坚持按高于国家标准和合同约定标准的自我内控标准组织生产，赢得了广大客户的信任，被评为全国用户满意产品，成为走俏国内市场的高端钢管产品。去年，钢管产品首次列入国家名牌产品评选目录，我厂的“华”牌钢管就被评为中国名牌产品和“2006 年世界市场中国(石油机械)十大年度品牌”。

(作者单位：华北石油第一机械厂)

转型期企业文化建设的探索

江　南

近几年，我国众多国有企业已经或正在进入转型期，并呈现出以下几个较为突出的特点：一是企业经济性质的转型。很多大中型国有企业通过合资、上市、参股等方式，将外资或者民营资本引入到企业中来，形成了多种资本共存、国有资本占主导地位的局面。这一经济基础决定了企业性质既不同于以往的纯粹国有企业，也不同于其他的外资企业或民营企业，从而成为处于转型期的具有中国特色的国有企业。二是企业管理的转型。随着企业性质的转变，国有企业的管理机制也逐步向“产权清晰、权责明确、政企分开、管理科学”的现代企业制度转变。多种较为科学和先进的管理理念不断地被引入到企业的经营管理工作中，由此引发了企业传统管理理念与现代管理理念之间的碰撞。三是企业多种文化的融合转型。对于近些年新组建的大型国有企业而言，这方面存在的问题更为突出。因此，整合与融合多种企业文化理念就成为决定企业整体发展的关键因素。

中国印刷集团公司是一家经国务院批准成立、由国资委管理的大型国有企业。2003 年 2 月挂牌成立，于 2004 年下半年组建完成，是一个集出版传媒、印刷加工、印刷材料制作和物资贸易为一体的，由众多国有老企业和一些合资企业组合而成的集团公司。在集团融合发展过程中，上述三个方面的转型特点同时存在，并且表现得比较突出。经过 3 年多的艰苦努力，中印集团实现了较为快速的发展，企业文化建设工作也初见成效，为促进公司发展发挥了巨大的推动作用。在中印集团的转型过程中，我们深刻认识到建设优秀的企业文化是企业实现持续发展的“软环境”，这个“软环境”直接关系着企业发展战略能否得到顺利执行。因此，中印集团从成立开始，就非常重视企业文化建设工作，并采取多种措施加以落实。

明确工作思路　加强组织领导

中印集团通过广泛讨论和深入研究，结合企业中心工作，于 2005 年 5 月形成并下发了《关于加强中国印刷集团公司企业文化建设的意见》，明确提出，力争用两年的时间，基本建立起符合企业发展战略，反映集团公司特色的企业文化体系，同时，还明确了企业文化建设工作的目标，从制度上保证了企业文化建设工作的落实。通过努力做好转型期的企业文化建设工作，达到了内强素质、外塑形象、增强凝聚力、提高竞争力的目的，实现了企业文化与企业发展战略的和谐统一、企业发展与员工发展的和谐统一、企业文化优势和企业竞争优势的统一，为集团公司的改革发展稳定提供了坚实的文化支撑。我们中印集团建立了强有力的组织机构：集团公司成立了由党委领导成员组成的集团公司企业文化领导小组，直属企业也建立了企业文化领导小组，明确了负责人、工作方案和具体衡量标准，形成了管理闭环。集团公司“一把手”亲自抓企业文化建设，并强调指出，集团公司各级企业的领导班子应是企业文化的倡导者、策划者和推动者，党政主要领导要担纲抓好转型期的企业文化建设工作，确保思想统一、组织落实、工作到位。

为了发挥职工在企业文化建设中的主力军作用，我们注意做好思想发动工作。集团公司先后举办了多次企业文化知识讲座，邀请专家教授给领导班子成员和广大党群干部讲授有关企业文化的基础理论知识。通过板报、网络和简讯等多种形式，对建设企业文化的重要意义、指导思想和基本内容进行广泛的宣传。公司党委以具有50多年历史的老厂——北京新华印刷厂为典型，用简报形式向所属企业介绍该厂企业文化建设的做法和经验。集团公司党群工作部和工厂共同策划，建立了厂史陈列室，展示了几代新华人从建国初期到新世纪“为人民生产更多更好的‘精神食粮”的光荣历史。醒目的企业经营方针和标识展示出了书刊印刷业的“新华”品牌和企业文化。集团公司系统职工、内外宾、客户共计近千人次参观了展室，收到良好的宣传效果。

总结提炼具有自身特色、充满生机、符合企业实际的企业价值观、企业精神和企业经营理念等文化理念，建立企业视觉识别系统，是企业文化建设的前提和基础。2005年下半年，集团公司结合党员先进性教育活动，发动干部职工，针对企业发展愿景、企业核心价值观、企业精神和企业管理理念等提出意见和建议。公司广大党员群众踊跃参加，积极献计献策。最后我们根据企业战略规划，结合转型期的企业性质和管理特点，提出了“艰苦奋斗、求实创新、以人为本、振兴中印”的企业精神，“六个一流”即追求一流品质、一流管理、一流服务的目标，达到一流品牌、一流效率、一流信誉的要求的企业经营理念，“三个创新、三大战略”的企业品牌战略，着力打造书刊印刷的“新华”品牌、印刷版材的“星光”品牌、出版传媒的“科印”品牌，并对集团公司初建时形成的企业标识等增加了富有内涵的文字说明。这些企业文化建设的实践活动是在职工的积极参与中逐步形成的，避免了枯燥的说教，发挥了职工在企业文化建设中的主力军作用，为使企业文化建设深入人心起到了重要的推动作用。

围绕中心工作　塑造企业形象

我们在企业文化建设的实践过程中注意选准切入点，以企业生产经营工作为中心，为企业的生产经营服务，努力塑造良好的企业形象，增强企业的核心竞争力。我们通过积极筹办“数码印刷在中国”技术高峰论坛，着力宣传集团公司运用和发展印刷高科技的良好形象。在此次有400多家企业和传媒机构参与的盛会中，通过与柯达、富士施乐、佳能、方正等大型集团企业交流，举办“科印杯”数码印刷作品大奖赛，集结出版在中国技术高峰论坛数码印刷论文集等活动，使我们中印集团公司的形象和品牌凸显出来，在行业内部引起较大反响。另外，我们还积极抓住第19届北京图书订货会等一系列活动，向中外客商和参观者宣传企业印制的产品，着力打造品牌优势和诚信服务的企业形象。

丰富文化生活　提高员工素质

中印集团把丰富企业职工的文化生活作为创新和加强思想道德教育，建设高素质职工队伍，促进职工全面发展，营造团结向上氛围的重要手段。各级党委和工会组织积极围绕建设“四有”职工队伍，开展创建学习型企业活动，举办了专业技术知识培训和竞赛，组织职工观看宣传教育片等一系列丰富多彩的活动。中国印刷科学技术研究所还围绕改制中职工最关心的事业改企业、股份制改造、机构调整、福利待遇等问题，开展意见建议“直通车”活动，充分掌握职工的思想动态，做好改制工作中的思想工作和防范化解工作，把问题和矛盾解决在萌芽状态，从而形成了健康和谐的干群关系，极大地促进了企业的改革改制工作。

（作者：中国印刷集团公司党委副书记）

当前企业职工思想现状和思想政治工作调查

中华全国总工会宣教部课题组

为深入了解当前企业职工思想状况和职工思想政治工作现状，有针对性地做好新时期职工思想政治工作，团结动员广大职工群众为实现“十一五”规划建功立业，我们对北京、辽宁、黑龙江、江苏、浙江、山东、湖北、河南、广东、四川等10个省市的万名职工进行了深入调研。调研内容包括职工的理想信念、社会政治心态和企业职工思想政治工作现状，主要采取问卷抽样调查的方式，同时辅以召开座谈会、个别访谈等形式，并深入基层实地调查了解职工思想状况。

一、职工思想状况：总体积极，部分消极

（一）职工队伍总体上具有正确的理想信念、积极的政治态度，但部分职工态度消极，表现程度上有所差异

调查表明，当前企业职工思想状况的主流是好的，仍然是积极向上、努力拼搏、不断进取的。调查表明，有66.2%的职工对实现“十一五”规划“很有信心”；有86.5%的职工对国有企业改革重组表示“积极赞成”或“基本赞成”。职工群众虽然表示对党和政府还是信任的，对改革开放还是支持的，但是对收入差距持续拉大、社会分配不公、劳动就业难、看病难、上学难、住房难等社会生活问题忧心忡忡。调查显示，有66.4%的职工认为收入分配“差距很大”，24.8%的职工认为“差距较大”，有84.3%的职工对个人收入水平“很不满意”或“不太满意”，有33.1%的职工认为与5年前比较，收入水平有“很大下降”或“有所下降”；对问及“目前最担心的问题是什么”时，职工回答的依次排序是“生病住院32.1%、收入减少23.5%、下岗失业20.3%”。

（二）职工更加关注个人的切身利益，部分职工理想信念淡漠、信仰发生危机，呈愈演愈烈之势

目前职工对理想信念的认识逐步趋向理性和务实，更加重视比较实际的、与自身工作生活和切身利益相关的理想。在问卷调查中问及“您最大的理想是什么?”时，有20.9%的职工选择“能有较多的收入”，13%的职工选择“安定舒适的生活”。目前职工的价值取向更加务实，关心的是自己的“腰包”鼓不鼓，更加注重个人收入和提高自身生活质量，更加注重把实现自我价值作为人生的重要目标，职工在满足精神文化需求的同时对物质利益有了新的预想和更高的追求。

（三）职工对改革逐步产生消极和失望的情绪，部分职工对主人翁地位感到沮丧，对全面建设小康社会失去信心

在问卷调查中问及“您对改革开放以来职工主人翁地位的评价”中，只有6.5%的职工，选择“大有提高”，选择“没有提高”、“有所下降”和“大有下降”的职工为56%，相当多的职工反映出对自身主人翁地位和实际待遇的巨大反差表示不理解，对“全心全意依靠工人阶级”和“工人阶级是领导阶级”等宣传感到反感。在这种心态的作用下，部分职工对改革的态度，正沿着盼望——支持——怀疑——失望的趋势发展下去。

（四）社会的腐败现象和分配不公，严重影响职工对党和政府的信任度，使党的威信在部分职工中持续下降

社会的分配不公和部分党员领导干部的腐化堕落、贪污受贿现象，特别是国有企业在改制过程中国有资产流失，对职工群众的思想造成了不良影响。由于部分改制企业政策制定欠妥，部分国有企业发展困难，困难职工群体规模在不断增加，部分社会保障措施落实不力，困难程度得不到尽快缓解和有效改善，造成部分职工下岗、待岗，家庭收入水平降低，满足不了基本工作和生活，致使生活贫困，部分地区的部分职工群众酝酿着群体上访和利用过激行为表达自己的意愿，由此导致了部分职工对社会主义现代化建设和实现小康社会缺乏信心，对改革前景的疑虑不断增加，造成社会和职工队伍的不稳定因素。

二、职工思想政治工作的基本情况：在发展中前进，但难度不断加大

(一)职工思想政治工作紧密结合企业改革发展的实际，仍然发挥着不可替代的重要作用

问卷调查显示：有73.5%的职工认为发展市场经济“很有必要”开展职工思想政治工作，当回答“您单位开展思想政治工作的情况”时，有57.7%的职工回答“经常做”。调查发现，一些效益好的大型国有企业，在改革改制过程中如果进展得比较顺利，一个显著的特点就是，职工思想政治工作基本上都能够紧紧围绕经济建设和企业发展这个中心开展工作。

(二)职工思想政治工作已经渗透到企业的生产、经营和管理的各个环节中

调查反映，一些企业把职工思想政治工作的内容与国家大政方针的宣讲活动，与开展形式各异的主题教育活动，与解决职工的热点、难点和疑点问题，与消除职工的不良习惯结合起来，通过寓教于乐、寓教于文，不断增强职工思想政治工作的艺术性、趣味性和吸引力、凝聚力，使职工队伍整体上始终保持在一个可控的、相对平稳的状态中。在问卷抽样调查中，回答企业职工思想政治工作“有必要”和“有作用”的职工达到73.5%以上。

(三)职工思想政治工作在实践中不断创新和发展，工作难度加大

调查发现，随着改革的深化，一些新问题和深层次的矛盾逐渐显现出来，使职工思想政治工作的难度加大。

1.职工思想政治工作出现空档，作用持续下降。调查显示，反映职工思想政治工作针对性不强，效果不明显和形式主义的占43%。

2.职工思想政治工作机构不健全，人员老化流失。随着企业性质的变化，职工思想政治工作的机构设置也是形态各异，有合署办公的、有部门合并的、有人员兼职的、也有“地下”的，有些企业已经将职工思想政治工作划归行政系列或党委系列。

3.职工思想政治工作针对性不强，显得无所作为。在座谈中，一些职工反映，职工思想政治工作滞后，许多问题长期得不到科学的解答，特别是企业在处理遇到的重大问题上，没有注重发挥职工思想政治工作潜移默化、润物无声的积极作用。

三、原因分析：缺乏引导、改进与落实

(一)对职工中多元化的价值取向缺乏积极的引导和教育，导致部分职工辨别无力，盲目追随

随着改革的不断深化，各种文化思潮的相互影响，造成对传统思想意识和道德观念的冲击，特别是对党的一元化指导思想的冲击，使职工的价值观念呈现多元化，进一步导致职工信仰追求的多样性；职工愈加注重个性问题，注重个人发展，一些职工不信仰马克思主义，个别职工滋长了拜金主义、享乐主义、极端个人主义。一些地方和部门又缺乏积极的引导和教育，使职工直接面对各种思想观念、价值取向、道德标准和社会不良风气的影响、非主流文化的冲击，放松了对自己的要求，随波逐流。

(二)解决职工思想问题没有与解决产生职工思想问题的根源结合起来，使职工思想政治

工作愈发显得苍白无力

解决职工的思想问题没有与解决职工的实际问题结合起来，一些企业和单位没有把握好新时期职工的时代特点和要求，对职工思想政治工作缺乏全面、认真和经常性的研究和创新，对来自基层的经验和做法缺乏提炼总结和宣传推广，思想政治工作的方式和手段显得陈旧落后，缺乏改进和提高。调查显示，31.9％的职工认为当前企业职工思想政治工作存在的主要问题是“形式主义”，14.4％的职工认为是“脱离实际”，10.7％的职工认为是“形式单调”，三项合计为57％，职工对企业职工思想政治工作的认可度总体下降。

（三）党的全心全意依靠工人阶级的根本指导方针和职工的民主权利没有得到很好的贯彻落实，职工思想政治工作效果不明显

随着各方面深层次的矛盾和问题不断涌现，社会分配不公，各种利益群体间的收入差距拉大，加上法制不健全，政策得不到落实，职工的生产生活问题得不到解决。在企业改制过程中，侵犯职工权益、激化矛盾的事情时有发生，加剧了职工的思想问题。部分企业忽视民主管理，没有充分发挥职代会的作用，没有注重提高职工群众的民主法律意识，没有意识到提高职工思想道德素质对企业发展的重要作用，教育观念、教育思想、教育形式和手段滞后；部分职工提高自身综合素质的积极性、主动性不高，民主法律意识不强，文化技术素质较低，辨别是非的能力下降，接受外部信息表面化、局部化，直接导致观察、分析、处理问题的方式方法过于粗糙片面，对社会现状的判断过于偏激。

四、对策建议：加强教育、领导与创新

（一）要从巩固党的阶级基础、发挥工人阶级先进性、牢固树立社会主义荣辱观的高度，提高广大职工的思想道德素质

要组织职工深入开展学习马克思列宁主义、毛泽东思想、邓小平理论、“三个代表”重要思想和党的十六大、十六届五中、六中全会精神，宣传讲解国家的大政方针，加强对职工进行理想信念教育、形势政策教育、法制教育和纪律教育，引导职工正确处理国家利益、集体利益和个人利益的关系；帮助职工树立正确的理想信念，自觉抵制腐朽丑恶东西的侵蚀；要充分利用大众媒体，加强正确的舆论引导，加大对工人阶级和劳动模范的宣传力度，选择职工群众喜闻乐见的形式，充分发挥活跃在职工群众中的学习小组、理论骨干的作用，坚定职工群众跟共产党走中国特色社会主义道路、全面建设小康社会的信心。

（二）要加强领导，提高认识，转变作风，深入基层，加强调查研究，借助互联网等手段广泛开展职工思想政治工作

要从政治高度、大局意识上提高对做好职工思想政治工作的认识。要在各级党委的统一领导下，切实加强职工思想政治工作的领导，把职工思想政治工作作为重要工作纳入日程，摆上位置，借助互联网等现代化的信息手段，把握职工的思想动态，建立健全职工思想政治工作责任制；摆正职工思想政治工作和精神文明建设的关系，加大对职工思想政治工作和精神文明建设的投入；不断加强职工思想政治工作的理论研究，突出工作的前瞻性和指导性。要发挥各级主管职工思想政治工作部门的作用，要经常深入职工，解决职工的问题。

（三）要进一步提高职工思想政治工作的针对性，增强职工思想政治工作的实效性，真正把解决职工思想问题与解决职工的实际问题结合起来

各级工会组织要充分发挥组织的优势和特点，运用一切手段，加强对职工思想进行动态了解和把握，密切关注引起职工思想问题的根源，切实解决职工的实际问题、具体问题。各种改革政策措施的力度、出台的时机和推进速度都要充分考虑中国国情，充分考虑企业职工的心理承受能力。思想政治问题并非仅靠思想政治工作就能解决的，如职工生活困难、维护职工权

益等问题都需要从政策、体制方面予以解决，把讲理和办事结合起来，在这个基础上做职工思想政治工作，才能以理服人，取得良好的效果。

（四）要积极组织开展群众性精神文明创建活动，努力满足职工群众日益增长的精神文化需求，大力开展和培育和谐文化

要积极组织开展职业竞赛活动，创建和谐劳动关系企业，开展和培育和谐文化，帮助职工提高文化技术素质，鼓励钻研本职业务，掌握新技能，不断增强岗位竞争能力，在全社会营造劳动光荣、知识崇高、人才宝贵、创造伟大的良好氛围；要充分利用工会的新闻舆论工具和发挥工会的宣传教育阵地的作用，组织职工开展各项健康有益的活动，拓展职工思想政治教育的有效途径。要认真总结近年来工会组织开展精神文明建设的经验，同时要根据新时期职工群众的思想特点和变化，不断创造更加符合对象和形势要求的工作模式，努力使职工成为适应社会主义市场经济发展需要的高素质劳动者。

（五）要总结经验，开拓创新，积极探索新时期职工思想政治工作的规律和方法

要把经常性的职工思想政治工作与职工主题教育、专项教育结合起来，利用职工思想政治工作的平台，开展企业文化建设和企业文明建设，探索职工思想政治工作的新途径、新办法、新载体，使职工思想政治工作更加贴近职工、贴近实际、贴近生活，始终保持旺盛的生机和活力。

适应现代企业制度　创新宣传思想工作

国资委课题组

在现代企业制度条件下，企业的宣传思想工作必须围绕中心、服务大局，明确任务、找准位置，积极探索、把握规律，探索方法、寻求载体，开辟宣传思想工作的正确途径，使宣传思想工作适应形势发展的需要，不断推进企业改革与发展。

一、进行理论创新，增强宣传思想工作的指导性

新的时代、新的实践呼唤新的理论。在现代企业制度下，企业的宣传思想工作面对的实际情况有了很大的变化，因此必须探索出新的理论，才能增强工作的针对性。

在现代企业制度下，宣传思想工作从一定意义上说是企业生产经营的生命线。要主动参与经济建设，融入生产经营的各个环节，成为经营管理的一个重要组成部分。要延伸到企业生产经营管理第一线，要改变仅仅是党群部门、政工干部做宣传思想工作的错误观念，让所有的党员和领导干部都参与，人人都做宣传思想工作。要坚持以人为本，注重人文关怀，重视员工正当利益诉求，重视员工日益增长的精神文化需求，努力解决员工的实际困难和问题，激发员工的积极性和创造力。

企业宣传思想工作决不是“空洞无物”的，更不是可有可无的，而是可以大有作为的。要摒弃宣传思想工作“无用论”、“取消论”、“替代论”等错误思想，反对“淡化、弱化”的错误倾向。要坚持越是深化改革，越要探索和创新宣传思想工作，越要加强和改进宣传思想工作的思想。要摒弃“宣传思想工作不产生经济效益”的错误思想，树立“宣传思想工作促进经济效益、促进生产力”的理念。要摒弃“宣传思想工作要由多少部门、多少编制、多少薪酬决定其地位”的错误思想，摒弃宣传思想工作者是没有专业的“万金油”、没有特长的“吹鼓手”、没有地位的“救火员”的认识，从而强化宣传思想工作者是宝贵的人力资源，是有利于企业长远发展不可替代因素的认识。

二、进行内容创新，增强宣传思想工作的针对性

内容创新，是现代企业制度下宣传思想工作具有活力和作为的关键。进行内容创新，主要应着眼于社会全面进步和人的全面发展去开展工作。

突出铸魂和思想意识转化教育。要引导干部职工在为企业建设与发展付出奉献并取得相应劳动报酬过程中，以社会主义荣辱观为基础，树立坚定的理想信念和正确的人生观、价值观，恪守职业道德和社会公德。引导干部职工从个体意识向团队意识转变、从敏感猜疑向信任合作转变。

强化爱岗敬业教育。企业是干部职工生存和发展的载体，岗位是干部职工施展才华的舞台。要教育干部职工树立“今日工作须尽力，明日开拓少危机”意识，珍爱岗位从我做起，自觉接受新的知识和提高自身技术素质，立足岗位成才。要培养企业干部职工良好的精神状态，使艰苦奋斗、无私奉献、勤俭办企业的思想深入人心，引导干部职工做到敬业、创业、勤业、精业。

大力开展形势教育。要正确引导干部职工从国际国内大环境、改革开放大格局、社会发展

大趋势看待问题和分析问题，正视各种社会矛盾，提高干部职工对社会发展的适应能力和对改革的承受能力，不被局部的、暂时的困难所吓倒；不被一些表面现象所迷惑；不被一些迷信、落后的思潮所左右。

深入开展法制教育。要加强干部职工的法制意识，加强企业规章制度的学习和教育。要教育企业干部职工遵纪守法，大力倡导干部职工以主人翁的姿态，积极有序的行为参与民主管理和民主监督，并善于依法行使权利、履行义务和维护自己的合法权益。

三、进行体制创新，增强宣传思想工作的主动性

体制创新，是建立完善现代企业制度条件下宣传思想工作的重要手段，我们必须在这方面下功夫进行积极探索。一要探索形成新的领导体制。要建立和完善有利于加强对宣传思想工作的领导、有利于落实企业党委、董事会、经理层领导人员各负其责的领导体制。党委书记要主持党委中心组学习会议、宣传思想工作联席会议，提出宣传思想工作和企业文化建设的目标和任务。董事会要把宣传思想工作纳入企业发展规划当中。经理层要执行董事会和党委会的决议，亲自做宣传思想工作，大力推进企业文化建设。二要探索形成新组织架构。要形成由党委统一领导，党政工团齐抓共管，以专职宣传思想工作人员为骨干，以各级领导干部和经营管理人员为主体，党员、团员和广大职工群众共同参与、各负其责的工作格局。本着“精干、务实、高效”的原则设置企业的宣传工作机构，合理安排工作人员，纳入企业管理和编制之中。三要探索形成新的工作体系。要采用“一岗双责”形式，明确行政管理人员在企业宣传思想工作中的职责，把党和国家的大政方针与企业宣传工作的目标任务转化为企业的制度，融入干部职工的工作职责之中，把宣传思想工作与生产经营、行政管理工作同步规划、同步实施、同步考核、同步奖惩。从而把宣传思想工作纳入战略目标管理、生产经营管理，形成横向到边、纵向到底、运转高效的宣传思想工作体系。

四、进行机制创新，增强宣传思想工作的规范性

进行机制创新，是实现宣传思想工作与生产经营的有机结合的正确途径，使宣传思想工作成为现代企业管理不可或缺的重要组成部分。

建立工作保障机制。要加强基层党组织建设，发挥基层党组织在宣传思想工作中的作用。特别是要选配德才兼备，熟悉党务工作，有事业心、责任感，懂生产、会管理，综合素质较高的优秀党员担任支部书记，切实加强基层宣传思想工作。要广泛开展党员先进性教育，加强党员队伍建设。坚持党员责任区、党员联系群众等制度，充分发挥共产党员在企业宣传思想工作中的先锋模范作用。努力建设一支综合素质高、熟悉生产经营、具有丰富党务工作和群众工作经验的宣传思想工作者队伍。

建立信息反馈机制。宣传思想工作部门要对干部职工的思想动态进行定期分析，实行“预警管理”，及时有针对性地提出思想教育的工作措施，做好干部职工的宣传思想工作。在企业重大改革和生产经营活动决策出台前，要对广大干部职工的承受度作科学深入的分析，准确把握干部职工的思想动态和脉搏，有针对性地加强宣传思想工作。

建立选拔培训机制。要贯彻落实党管人才原则，按照建立现代企业制度要求，建设好国有资产出资人代表、经营管理者、科技带头人、思想政治工作者和高技能人才五支人才队伍，努力培养和选拔综合素质好、熟悉生产经营、具有丰富党务工作和群众工作经验的宣传思想工作者。要定期组织企业宣传思想工作者的学习培训和调研考察，不断提高宣传思想工作的本领和水平。要鼓励经营管理人员与宣传思想工作者进行轮岗交流、交叉任职，特别要吸引和选拔有能力、有激情、想干事、愿奉献的人才充实到

宣传思想工作战线，使之成为适应现代企业制度要求的复合型宣传思想工作者。对于长期专职从事宣传思想工作的优秀人才，要根据工作需要和个人意愿，输送选拔到相应的领导岗位。

建立激励机制。要坚持物质激励和精神激励相结合，以精神激励为主的原则。善于发现、培育、选树各类可信、可亲、可敬、可学的先进典型，通过大力宣传各类先进典型，激励干部职工施展才能、奉献力量，提升企业形象和品牌，进一步增强自豪感和荣誉感，并对宣传思想工作先进单位和个人进行表彰。

建立目标考核机制。结合企业经营管理工作，根据企业物质文明和精神文明建设的要求，定期制定宣传思想工作的目标、规划、措施，做到职责清晰，分工明确，协调有力，措施落实，工作有序，奖惩分明。把宣传思想工作纳入企业管理考核体系之中，与评聘专业技术职称挂钩，使宣传思想工作者与行政人员享受同等待遇，以调动宣传思想工作者的积极性，稳定宣传思想工作者队伍。

五、进行方法创新，增强宣传思想工作的适应性

在现代企业制度条件下，宣传思想工作必须创新方式方法，增强宣传思想工作的时代感、针对性和实效性。一是突出经常性。结合企业特点，把准干部职工思想脉搏，深入实际，沉到基层，通过个别谈心，家庭走访，开调查会，民意测验等方法，摸清不同时期、不同层次人员的思想和心理。根据干部职工情绪变化和行为表现，预测可能出现的问题，抓住思想和行为苗头，有针对性地采取相应措施，把问题解决在萌芽状态，增强思想教育的预见性和主动性。二是突出互动性。努力调动宣传思想工作的主体和客体的积极性，促进相互交融，相互贯通。实现说教式向引导式、号召式向激发式的转变。三是突出科学性。宣传思想工作者要善于学习和借鉴管理学、心理学等科学方法，关注兴趣、情感、性格等要素对宣传思想工作的影响和作用，讲究工作的艺术性，进一步增加科技含量，提高宣传思想工作效率。四是突出群众性。企业宣传思想工作要坚持解决思想问题和解决实际困难相结合的原则，要形成“做人人的思想工作，人人做思想工作”的格局，干部职工之间互相关心、互相爱护、互相帮助，做到春风化雨、润物无声。五是突出层次性。宣传思想工作既要有“规定动作”，又要有“自选动作”，对不同行业、不同企业、不同对象，要进行分类指导和管理。

六、进行载体创新，增强宣传思想工作的有效性

载体创新，是提高企业宣传思想工作有效性的重要手段。在加强宣传思想工作的实践中，要积极寻找新的载体，增强工作的成效。

以精神文明创建活动为载体。通过开展文明单位创建、员工之家创建、职业道德教育、科技知识普及、岗位练兵、劳动技能大赛等具有企业自身特色的活动，引导广大干部职工直接参与实践，提高干部职工的科学素质和思想道德水平。

以企业文化建设为载体。要通过征集、讨论等形式提炼企业精神、形成企业理念和共同价值观。通过宣传推广企业标识、打造企业品牌，树立企业形象。通过建立员工手册，培养和规范员工行为。通过开展群众性的文体活动，活跃员工业余生活，在企业内部营造浓厚的文化氛围，有效地凝聚和激励员工。

以企业管理为载体。要把宣传思想工作寓于企业管理之中，通过说服教育、宣传鼓动、行政措施和制度约束，协调、统一和规范员工的行为，形成和谐的企业环境。

以现代新兴传媒为载体。在发展原有广播、电视、报刊等传统载体基础上，善于利用、借助互联网、局域网等现代新兴传媒，发挥其方便快捷、信息量大、互动性强等特点，向干部职工及时提供思想信息，搭建起与员工互动交流的平台。

江苏省非公有制经济组织思想政治工作调研报告

江苏省思想政治工作研究会课题组

围绕当前江苏省非公有制经济组织思想政治工作的状况如何，以及如何切实有效地加强非公有制经济组织思想政治工作，本课题组开展了较为广泛的考察、访谈和问卷调查。

一、江苏省非公有制经济组织思想政治工作特点

调研表明，江苏省非公有制经济组织思想政治工作呈现四个特点。

（一）以“三个代表”重要思想为指导，坚持服务于企业发展不动摇

“三个代表”重要思想是民营企业健康发展的法宝，没有先进的生产力，企业没有竞争力；没有先进的文化，企业没有凝聚力；没有对职工利益的保障，企业没有原动力。非公有制经济组织的思想政治工作都把“人”放在了第一位。江苏远东集团创办之初，就响亮地提出了“一人进远东，全家远东人”的口号，以此凝聚离土不离乡的企业员工。连云港天明机械有限公司，针对地处苏北欠发达地区，企业创建人很难拒绝家族成员进入企业的实际，果断提出了“认六亲”的口号，同时又制定了严格的“家族成员工作守则”，确保“六亲”不搞特殊化。

（二）继承传统与坚持创新并举，非公有制经济组织思想政治工作者普遍视野开阔

江苏非公企业大部分是由国有企业、乡镇企业、街道集体企业转制而来；部分创办较早的非公企业则大部分又经历过改制为乡镇企业或地方国营企业（俗称“戴红帽子”）的过程；部分一直是非公的企业，其创业者则又大部分有过在国有企业、乡镇企业或党政机关工作过的经历。他们普遍视野开阔，对党组织和思想政治工作有着天然的认同，对发挥党组织的政治核心作用和思想政治工作的凝心聚力作用驾轻就熟、得心应手、起点较高。他们继承传统并不拘泥于传统，一切以对企业发展“有用”、“管用”为准则，很少虚的、空的。江苏大娘水饺餐饮有限公司，靠党组织建设加强对思想政治工作的领导，靠教育引导把思想政治工作做得有声有色，靠感情投资使思想政治工作由无形变有形。常州中天钢铁有限公司，把以人为本作为思想政治工作的战略方针，把善待员工作为思想政治工作的永恒主题，把换位思考作为思想政治工作的立脚基石。这些，既很好地继承了优良传统，又对新形势下的思想政治工作有很好的创新。

（三）方式方法灵活多样，建设企业文化、建设学习型企业、创建文明单位已成为非公有制经济组织思想政治工作的主要载体

江苏非公企业，高度重视企业文化建设。红豆集团创始人周耀庭早在 1983 年接手濒临倒闭的原港下针织厂时，借助企业附近一株千年红豆树和历代文人赋予红豆的美好寓意，果断地将原产品的“山花”商标更名为“红豆”，并不断挖掘红豆的文化内涵。在新的世纪，他们与中央电视台联手连续举办了四次全国性的七夕“红豆・相思节”，打造中国的情人节。大部分非公企业都在实施“人才强企”战略，他们正在由原始的以“挖人才”为主向自己培训人才为主转变。江苏阳光集团认定“人才培养的投入是企业收益最大的投入”，坚持“培训是第一工序，造物之前先造人”，员工已普遍认同企业的“培训是福利，学习作奖励”。常州商业大厦则建立了一支学习宣传员队伍，党委书记、总经理

亲自任组长，组织和帮助员工学习。越来越多的民营企业把创建文明单位当做思想政治工作的重要载体来抓。无锡市锡山三建实业有限公司，结合文明单位的创建，“务实事，求实效”，努力创造“一流的建筑、一流的信誉、一流的管理、一流的业绩、一流的环境氛围、一流的企业形象”，公司工程一次合格率已经达到100％，优良率达到83％，95％的工程是业主主动上门邀请，公司被评为“江苏省文明单位标兵”。

(四)各方配合、齐抓共管，工商联、私企协、开发区管委会等成为非公有制经济组织思想政治工作的生力军

南京市私企协早在1996年初就根据私企蓬勃发展的新形势，适时组建了南京市私营企业联合党委，与私企协两块牌子一套机构，以党委为龙头，依托协会网络，根据各自职能开展工作。苏州市工商联坚持“团结、帮助、引导、教育”的方针，把做好非公经济代表人士的思想政治工作当做做好民营企业思想政治工作的突破口，通过抓宣传导向，教育非公经济代表人士在政治上与党中央保持一致；抓队伍建设，促进非公经济代表人士社会地位的提高；推动光彩事业，引导非公经济代表人士为社会多作贡献；构建服务平台，寓思想政治工作于经济服务之中等切实有效的措施，取得了很好的效果。江苏大部分开发区，在实际工作中则普遍采取了“三同步”，即筹建行政领导班子与选配党支部书记同步考虑，招收职工与调配党员骨干同步进行，党支部建设与企业生产经营同步发展。在江苏，有3名以上党员的非公企业普遍建立了党支部，3名以下的则按行业相似、地点相近原则，由2个或2个以上企业建立了联合党支部。规模较大的非公企业则建立了党总支或党委；没有党员的企业，则由属地基层党委派党建工作指导员开展工作。

二、坚持以“三个代表”重要思想为统领

我们认为，非公有制经济组织思想政治工作必须坚持以“三个代表”重要思想为统领，把“三个代表”的要求贯彻到它的各个方面、各个环节和全部过程中。

(一)“三个代表”重要思想是非公有制经济组织思想政治工作的根本指针

非公有制经济组织思想政治工作要切实体现先进生产力的发展要求。要营造有利于非公有制经济组织快速健康发展的思想舆论环境，要调动非公有制经济组织职工在生产经营中的积极性、主动性和创造性，要鼓励和引导非公有制经济组织经营者不断提高经营管理水平，鼓励和引导非公有制经济组织不断推进体制创新、制度创新和科技创新。

非公有制经济组织思想政治工作要切实体现先进文化的前进方向。要坚持用马克思列宁主义、毛泽东思想、邓小平理论和“三个代表”重要思想占领非公有制经济组织思想文化阵地；要积极发展健康向上、丰富多彩、富有特色的企业文化，并把企业文化建设与社会精神文明建设有机结合起来，使其相互推动、相互促进；要从目前我国非公有制经济组织劳动者和经营者的实际出发，不断提高他们的思想道德素质、科学文化素质、身体素质和心理素质。

非公有制经济组织思想政治工作要切实体现最广大人民群众的根本利益。要促进非公有制经济组织依法生产经营，正确调节业主和员工的关系，引导企业正确认识和处理追求经济效益与社会效益、生态效益的关系。

(二)以“三个代表”重要思想为指导，拓展和充实非公有制经济组织思想政治工作的内容

非公有制经济组织思想政治教育的内容设计，既要根据社会的整体要求，担当教育员工、传播先进文化、促进人的全面健康发展的社会责任，又要兼顾企业自身特点和发展目标，起到凝聚人心、提高效益、促进生产力发展的目的。

要深入开展“三主义教育”，即以党的基本理论、基本路线、基本纲领、基本经验为核心内容的社会主义教育，以知我中华、兴我中华为中心内容的爱国主义教育和以热爱集体、奉献社

会为主要内容的集体主义教育；深入开展世界观、人生观、价值观的“三观教育”；社会公德、职业道德、家庭美德的“三德教育”；科学知识、科学思想、科学方法、科学精神的“四科教育”，以及民族精神教育、时代精神教育、形势政策教育、民主法制教育和企业文化教育。

（三）以“三个代表”重要思想为指导，建立和健全非公有制经济组织思想政治工作的运行机制

1. 建立和健全坚强有力的领导机制。一要按照成熟一个建一个的原则，推进党、团、工会等组织的建设，努力扩大覆盖面；二要组建一支兼职的、齐抓共管型的大政工队伍；三要建立非公有制经济组织思想政治工作联席会议制度。

2. 建立和健全方法灵活的操作机制。非公有制经济组织思想政治工作在具体操作中应坚持“一个面向、三个为主、三个不”的原则，即面向生产经营；以分散进行为主，以小型活动为主，以业余时间为主；不影响企业生产经营的正常秩序，不削弱企业内部的组织管理，不搞劳民伤财的形式主义活动。

3. 建立和健全科学合理的考评机制。考评机制的建立应坚持精神成果与物质成果、近期效益与长远效益、定性分析与定量分析相统一的原则。要明确党组织的工作职责和任务，建立目标责任制，把考核结果与干部的升降去留、奖金分配等奖惩制度直接挂钩。

4. 建立和健全规范有效的保障机制。一是政策保障，制定领导、组织、协调、规范非公有制经济组织思想政治工作的相关政策。二是制度保障，要制定出有“法律效力”的，与生产经营等管理制度同等重要的思想政治工作的管理制度。三是经费保障，要设立专项资金，并列入财务核算。

（四）以“三个代表”重要思想为指导，改进和创新非公有制经济组织思想政治工作的方式方法

1. 从“组织领导”的工作方式转为“依法引导”的工作方式。要通过实施“依法治国”方略，从法律上规范非公有制经济组织的各种活动，保证其健康快速发展。

2. 从“单向灌输”型的工作方法转为“互相交流”型的工作方法。政工干部要通过与员工的经常性接触，相互交流思想、联络情感，使思想政治工作在潜移默化中发挥作用。

3. 从“集中”型的工作方法转为“分散”型的工作方法。应根据不同非公有制经济组织的不同特点、不同职工的不同需求和不同时期思想政治工作的不同任务，开展灵活多样、丰富多彩的教育活动，提高思想政治工作的针对性和实效性。

4. 从“显型”的工作方法转为“隐型”的工作方法。利用厂庆、展销会或员工培训、入厂宣誓等形式进行思想政治教育，通过提炼、培育、弘扬具有本企业特色的企业精神开展思想政治工作，利用新闻媒体、社会活动和各种业余文化活动开展思想政治工作。

（五）以“三个代表”重要思想为指导，做好非公经济人士的思想政治工作

1. 坚持“团结、帮助、引导、教育”的基本工作方针。团结他们积极为改革开放、建设四化服务，帮助解决实际困难，维护合法权益，引导、教育他们爱国、敬业、守法，兴利抑弊，发挥积极作用。

2. 把促进非公经济人士健康成长作为工作目标。教育他们一要把自身企业的发展与国家的发展结合起来，二要把个人富裕与全体人民的共同富裕结合起来，三要把遵循市场法则与弘扬社会主义道德结合起来。

3. 充分发挥工商联的作用。引导非公企业搞好决策，帮助企业搜集信息，帮助企业解决资金、人才困难等问题；协助有关部门帮助非公有制企业规范发展，照章纳税，合法经营；帮助政府制定一些有利于非公企业健康发展的规章制度等等。

4. 组织实施光彩事业。光彩事业不仅开创了通过民间渠道和企业行为开展社会扶贫事业的新路子，而且开创了新形势下开展非公经济人士思想政治工作的新路子，对于非公经济人士的健康成长具有重大而深远的意义。

5.开展“信誉宣言”活动。推动广大非公经济人士积极响应和自觉实践《信誉宣言》，大力开展“三信”（信用、信誉、信义）教育，增强非公企业信用自律能力，帮助广大非公经济人士塑造出乐业敬业、守法守信的良好社会形象。

6.重视做好政治安排。要积极发现、培养和选拔一批拥护党的领导，坚持贯彻执行党的路线、方针、政策，并遵纪守法、重信用、讲信誉，又有一定社会影响的非公经济代表人士，举荐为人大代表、政协委员或在各级工商联中安排职务。可以吸收那些承认党的纲领和章程，自觉为党的路线和纲领而奋斗，经过长期考验，符合党员条件的非公有制经济代表人士中的优秀分子入党。

（执笔：邱建中　王集权　尤正义　韩振燕）

第十五部分

新农村建设与思想政治教育

切实加强农业基础建设
进一步促进农业发展农民增收

回良玉

2008年是全面贯彻落实党的十七大作出的战略部署的第一年，是中国改革开放30周年，也是举办北京奥运会之年。保持农业农村发展的良好势头，对推动国民经济平稳较快发展，促进社会和谐稳定意义重大。必须全力促进农业生产不停滞不滑坡，切实保障主要农产品基本供给不脱销不断档，努力实现主要农产品市场价格不大涨不大落，积极争取农民增收势头不回落不放缓，务必做到新农村建设不松懈不走样。2008年和今后一个时期，农业农村工作的总体要求是：全面贯彻党的十七大精神，高举中国特色社会主义伟大旗帜，以邓小平理论和"三个代表"重要思想为指导，深入贯彻落实科学发展观，按照形成城乡经济社会发展一体化新格局的要求，突出加强农业基础建设，积极促进农业稳定发展、农民持续增收，努力保障主要农产品基本供给，切实解决农村民生问题，扎实推进社会主义新农村建设。

一、全面回顾总结"三农"工作，准确把握农业农村发展新形势

2007年，全国上下认真贯彻党中央、国务院关于加强"三农"工作的部署，在自然灾害严重、市场竞争加剧、供求关系趋紧、要求明显提高的情况下，农业农村延续和发展了近几年来的好形势。粮食总产量达到10030亿斤，农民人均纯收入达到4140元，现代农业发展取得初步成效，社会主义新农村建设扎实推进。

党的十六大以来，在党中央、国务院的正确领导下，经过全党全国人民的共同努力，我们成功地抵御和战胜了洪涝、干旱、台风和森林火灾等重大自然灾害，较好地防控了高致病性禽流感、猪蓝耳病和口蹄疫等重大动物疫情，有效地满足了城乡市场对农产品的基本需求，农业农村发展呈现难得的好局面。农业增产增效取得重大成绩，粮食生产首次实现连续4年面积、总产、单产"三增"，农林牧渔各业全面发展；农民持续增收取得重大成效，首次实现连续4年每年增收300元以上，农民增收缓慢的状况明显改观；农村基础设施建设取得重大进展，农村交通、通信、水利、电力、沼气、农机和农田基本建设步伐加快，农民生产生活条件较大改善；农村社会事业取得重大进步，1.5亿农村中小学生的学杂费全部免除，7.3亿农民参加新型农村合作医疗，3400多万困难群众纳入农村最低生活保障，农村扶贫开发取得新的成效；农村改革创新取得重大突破，农村税费改革取得显著成效，农村综合改革正在稳步推进，集体林权制度改革已有成功探索，其他各项改革进展顺利；农村党群干群关系取得重大改善，党和政府的惠农政策深受亿万农民拥护，农村基层组织建设得到加强，农村社会保持和谐稳定。过去的5年，是我国农业发展最好、农村变化最大、农民得到实惠最多、干部群众心气最顺的时期之一，也是多年期盼的统筹城乡发展迈出实质性步伐、农村改革取得阶段性突破、农村各项事业实现历史性进步的时期。农业农村形势持续向好，为实现国民经济又好又快发展、保持社会和谐稳定，奠定了坚实的基础，提供了重要的支撑，作出了重大的贡献。

农业农村发展取得的巨大成就，是多种因素综合作用的结果，是多种推动力量同向合力

的结果，而根本的一条是党和国家的政策好。中央与时俱进地制定了加强“三农”工作的大政方针，连续出台了4个指导农业农村工作的中央1号文件，采取了一系列意义深远的重大举措，办成了一些多年想做而没有条件做的大事。全面取消农业税、牧业税、农业特产税、屠宰税，终结了2600多年农民种地要缴纳“皇粮国税”的历史；实行粮食直补、农资综合直补、良种补贴、农机具购置补贴等制度，开创了直接补贴农民的先河；放开粮食购销市场和价格，迈出了农业市场化改革的关键一步；推行农村义务教育“两免一补”，实现了真正意义上的免费义务教育；建立新型农村合作医疗制度，减轻了农民看病就医的负担；出台农村最低生活保障制度，构筑了农民基本生活的最后一道保障线；加快农村水电路气等基础设施建设，改善了农民的生产生活条件；加强农民工权益保护和服务，推动了城乡平等就业的进程。经过这些年的努力，我们鲜明确立了新时期指导“三农”工作的战略思想，基本构建起强农惠农的政策体系，初步搭建起统筹城乡发展的制度框架，正在形成加快农村经济社会发展的长效机制。

实践证明，中央关于加强“三农”工作的大政方针和决策部署，符合农村实际，深受农民欢迎，是完全正确的。从这几年的工作实践来看，有不少经验值得很好总结，有几条原则必须长期坚持。第一，必须坚持把解决好“三农”问题作为全党工作的重中之重。在加快推进社会主义现代化进程中，必须从战略和全局的高度重视“三农”问题，任何时候都不能忽视；必须在工作部署中真正落实“重中之重”的基本要求，任何时候都不能动摇；必须把稳定发展粮食生产放在“三农”工作的突出位置，任何时候都不能放松。第二，必须坚持统筹城乡经济社会发展。推进工业化必须同步推进农业现代化，推进城镇化必须同时加强社会主义新农村建设，推进市场化必须着力引导资源配置向农村倾斜，努力形成城乡经济社会发展一体化新格局。第三，必须坚持多予少取放活。要随着国力的提高和财力的增强，不断加大对农业的扶持力度、对农村的投入力度、对农民的补贴力度，不断激发农业的增产潜力、激活农村的要素潜能、激励农民的创业热情。第四，必须坚持优先解决农民群众最关心、最直接、最现实的利益问题。要急农民所急、解农民所难、办农民所盼，加快改善农村民生，加强农村公共服务，让农民平等参与现代化进程、共同分享改革发展成果。第五，必须坚持推进体制机制创新。要进一步深化农村改革，特别是加快重要领域和关键环节的改革，着力构建充满活力、富有效率的体制机制，为促进城乡经济社会协调发展提供强大动力和制度保障。

进入新世纪新阶段，在工业化、信息化、城镇化、市场化、国际化深入发展的推动和长期积蓄的内在力量驱动下，农业农村正在发生重大而深刻的变化、经历广泛而复杂的变革，出现了很多新情况、新矛盾、新问题。随着人口增长特别是城镇人口大量增加、居民收入持续增长和加工用途不断拓展，我国农产品需求总量增加较快、消费结构升级加快，但受资源短缺加剧、全球气候变化影响加深、农业比较效益下降等制约，扩大农产品供给的难度增加，保障农产品供求总量平衡、结构平衡和质量安全的压力越来越大。随着农村青壮年劳动力大量外出，农村人口结构加剧变化、社会结构深刻变动，一些地方农业兼业化、农村空心化、农民老龄化的现象日趋明显，农村留守儿童、留守妇女、留守老人的问题逐渐突出，农村劳动力总量过剩与结构性短缺同时并存的特征逐步显现，我们面临着继续推进劳动力转移就业和培育新型农民建设新农村的双重任务。随着统筹城乡力度加大，城乡关系和利益格局正进行重大调整，城市发展对农村的带动作用增强，但农村生产要素外流加剧，城乡居民收入差距继续扩大，促进城乡协调发展的任务十分紧迫而艰巨。随着国内外农产品市场融合不断加快和相互影响日益加深，影响国内农产品市场和价格稳定的因素更加复杂多变，对我们在新形势下利用好国际国内两个市场、两种资源，实现农业生产稳定发展和保障农产品稳定供给，提出了更高的要求。

回顾过去的5年，农业农村发展形势确实很好，成效确实显著；综观当前的变化，农业农村发展机遇确实很多，挑战确实严峻；放眼未来的发展，农业农村工作要求确实很高，任务确实艰巨。总的看，目前农业农村发展仍处在攻坚克难阶段，解决好"三农"问题任重而道远。必须切实增强忧患意识，始终保持清醒头脑，积极顺应变化趋势，及时调整工作思路，加快完善政策举措，努力巩固和发展农业农村的好形势。粮食安全的警钟要始终长鸣，巩固农业基础的弦要始终绷紧，解决好"三农"问题作为全党工作重中之重的要求要始终坚持。

二、深入学习贯彻党的十七大精神，深刻领会"三农"工作的新部署新要求

党的十七大从中国特色社会主义事业总体布局出发，对新时期"三农"工作作出了重大部署，进一步明确了"三农"工作的重要地位、总体要求、目标道路和工作任务，对统筹城乡发展、推进社会主义新农村建设提出了新的更高要求。这充分体现了中央高度重视"三农"工作的一贯思想，集中反映了十六大以来党的"三农"理论创新、实践创新、政策创新的最新成果，是指导我们做好"三农"工作的行动纲领。我们必须认真学习，深刻领会，全面贯彻。

（一）坚定不移地走中国特色农业现代化道路。党的十七大明确提出"走中国特色农业现代化道路"。这是推进社会主义现代化建设的必然要求，也是中国特色社会主义道路的重要内容，为加快现代农业发展指明了方向。走中国特色农业现代化道路，就是要立足我国基本国情和农业发展阶段，遵循农业现代化建设的一般规律，以保障农产品供给、提高农民生活水平、促进可持续发展为目标，以现代科学技术、现代物质装备、现代产业体系为支撑，以稳定完善农村基本经营制度、发展产业化经营、健全社会化服务体系为保障，充分发挥市场在配置资源中的基础作用、农民的主体作用、政府的支持保护作用，加快改造传统农业，逐步实现农业现代化。要从我国人口众多、农产品消费需求巨大的实情出发，把确保国家粮食安全和主要农产品基本供给作为首要任务；从农业劳动力数量多、农民收入对农业依赖强的状况出发，把促进农民持续增收作为工作重点；从我国耕地紧缺、淡水资源短缺的现实出发，把改善农业生产条件和农业促进科技进步作为根本出路；从农户众多、经营规模小的特点出发，把稳定和完善农村基本经营制度作为重要基石；从我国生态脆弱、农业面源污染问题突出的情况出发，把促进农业可持续发展和推进生态文明建设作为努力方向。实现中国特色农业现代化，是一个长期而艰巨的历史任务，是一项复杂而庞大的系统工程，必须坚持因地制宜、分类指导，科学规划、分步实施，扎扎实实向前推进。

（二）促进形成城乡经济社会发展一体化新格局。党的十七大明确提出"形成城乡经济社会发展一体化新格局"。这是对统筹城乡发展方略的丰富和发展，是对构建新型城乡关系提出的方向和目标。这就要求我们着眼于改变农村落后面貌，调整经济社会发展战略，全面推进城乡发展规划、产业布局、基础设施、公共服务、劳动就业、社会管理等方面的一体化，促进城乡市场开放统一、生产要素有序流动、经济社会协调发展。这就要求我们在促进国民经济又好又快发展中统筹产业发展，大力强化农业基础；在推进全面建设小康社会中统筹城乡建设，着力推动农村繁荣；在实现全国人民共同富裕中统筹城乡居民收入，努力促进农民增收。要加大公共财政向"三农"倾斜力度，着力调整国民收入分配结构，切实把国家基础设施建设和社会事业发展的重点转向农村，逐步实现城乡基本公共服务均等化。要加大城市对农村的支持力度，促进城市资金、人才、技术、信息等要素向农村流动，推进城市教育、医疗、文化等公共服务向农村延伸。要协调推进城镇化和新农村建设，形成我国现代化建设双轮

驱动的格局。

(三)坚持以农村为重点改善民生。党的十七大明确提出“加快推进以改善民生为重点的社会建设”。这是我们党牢牢把握中国特色社会主义本质特征的集中体现,是深入贯彻落实科学发展观的重要方面,是构建社会主义和谐社会的重大任务。保障和改善民生,最艰巨的任务在农村,最需要关注的群体是农民。没有农村民生的改善,就谈不上全国民生的改善,就不可能如期全面建成小康社会。党的十七大在教育、就业、收入分配、社会保障和医疗卫生等方面,对加快解决农村民生问题提出了一系列新的要求,充分体现了对广大农民群众的关爱之情。我们要按照这些新目标新要求,切实以农村为重点改善民生,努力使包括农民群众在内的全体人民学有所教、劳有所得、病有所医、老有所养、住有所居。

(四)依法保证农民的平等权利。党的十七大明确提出“依法保证全体社会成员平等参与、平等发展的权利”,并在多处强调公平公正、均等均衡、人人享有、覆盖城乡等思想。切实在各方面落实农民的平等权利、体现农民的平等地位,必须树立公平对待农民的理念,完善保证农民平等参与、平等发展的政策法规。在经济方面,形成鼓励农民自主创业的环境、保障农民平等就业的体制和保证农民公平参与收入分配的制度,进一步明确农民家庭财产的法律地位,创造条件让更多群众拥有财产性收入。在政治方面,从各个层次、各个领域扩大公民有序政治参与,扩大基层群众自治范围,实现政府行政管理与基层群众自治有效衔接和良性互动。在文化方面,逐步建立覆盖全社会的公共文化体系,重视城乡、区域文化协调发展,着力丰富农村、偏远地区和进城务工人员的精神文化生活,加强乡村文化设施建设,切实保障农民的基本文化权益。在社会方面,加快农村社会事业发展,扩大农村公共服务,完善农村社会管理,推进社会体制改革,尽快改变城乡社会发展不协调的局面。

三、大力加强农业基础建设,促进农业稳定发展农民持续增收

稳定经济社会发展大局,当务之急是抓好农业发展、农民增收;走中国特色农业现代化道路,根本之策是大力加强农业基础建设;促进城乡经济社会一体化发展,关键之举是扎实推进社会主义新农村建设。2008 年中央 1 号文件以加强农业基础建设、促进农业发展农民增收为主题,是中央从经济社会发展全局出发,从农村发展迫切需要出发,对“三农”工作作出的重大部署,我们要全面贯彻执行。当前和今后一个时期,要重点做好以下几项工作。

一是巩固完善强化强农惠农政策,大幅度增加农业农村投入。近几年中央制定的一系列强农惠农政策,指向明确、含金量高、操作性强,有力地促进了农业农村发展。必须强调,已经实行的政策不能变,已经给农民的实惠不能减,并且还要不断加大支持力度。对农业补贴是我们必须长期实行的基本政策,要按照适合国情、着眼长远、逐步增加、健全机制的原则,坚持并完善农业支持保护和补贴制度,特别要加大对保护和提高农业综合生产能力的补贴力度。要抓住财政收入较快增长的时机,大幅度增加对农业农村投入,紧紧围绕加强农业基础建设,集中力量办成几件大事。

二是努力保障主要农产品基本供给,积极促进农民增收。这对防止经济增长由偏快转为过热、防止价格由结构性上涨演变为明显通货膨胀,保持国民经济平稳较快发展的好势头,对改善城乡居民生活,切实保持社会稳定,意义十分重大。要把粮食生产摆在更加突出的位置,不折不扣地贯彻落实各项扶持政策,保护和调动农民种粮积极性,千方百计地稳定粮食播种面积,努力提高单产,确保粮食生产稳定发展。要高度重视“菜篮子”产品生产,抓紧落实国家出台的扶持生猪、油料、奶牛等重要“菜篮子”产品生产和稳定市场供应的政策,健全促进“菜篮子”生产健康发展的政策体系和长效机制。着

力改善农产品市场调控，增强调控的预见性、科学性和时效性，努力保证农产品供给和维护价格稳定。要充分挖掘农业内部增收潜力，积极拓展非农就业增收空间，注重在初次分配和再分配中增加农民收入，引导农产品价格保持合理水平，促进农民工工资稳步有序提高，努力让农民从农产品价格和劳动报酬中得到更多收入，努力让农民从政策和补贴中得到更多实惠。

三是突出抓好农业基础设施建设，加快改善农业生产条件。要狠抓农田水利建设和病险水库除险加固，这两件事直接关系农业生产发展和人民生命财产安全，要加大投入、加快推进。要狠抓耕地保护和质量建设，继续加大土地复垦整理力度，加强中低产田改造，加快沃土工程实施步伐，扩大测土配方施肥规模。要狠抓农业机械化发展，积极推进粮食作物生产全程机械化，稳步发展经济作物和养殖业机械化，大力发展农机合作组织，组织好农机跨区作业。要狠抓生态保护和建设，继续实施天然林保护、退耕还林还草等重点生态工程，加强草原保护建设，搞好重点流域和区域水土保持工作，加大农业面源污染防治力度，加强农村节能减排工作。

四是强化农业科技和人才支撑，大力发展社会化服务。根据农业生产需要，针对薄弱环节，进一步明确农业科技进步的主攻方向。加强农业科技创新体系建设，重点支持公益性科研机构和高等院校开展基础性、前沿性研究，大力推广优质高产品种和集成配套栽培技术。积极探索农业科技成果进村入户的有效机制和办法，推进农业科技的转化与推广应用。大力培养农村实用人才，组织实施好农民培训的各项工程，积极发展农村职业教育。要全面贯彻落实农民专业合作社法，抓紧出台税费优惠等配套政策，加快发展步伐。培育壮大一批成长性好、带动力强的龙头企业，引导龙头企业增强社会责任感，与农民结成更紧密的利益共同体。健全农村市场体系和培育农村流通主体，建立健全适应现代农业发展要求的大市场、大流通。大力推进农村信息化，积极探索信息服务进村入户的有效途径和办法。

五是加快农村社会事业发展，强化农村基础设施建设。各级政府要统筹兼顾，更多地将公共资源用于农村，加快缩小城乡社会事业和基础设施差距，逐步提高农村基本公共服务水平。加大农村义务教育“两免一补”实施力度，在全国范围内普遍建立新型农村合作医疗制度，加大农村最低生活保障补助力度、将符合条件的农村贫困家庭全部纳入低保范围，适当提高农村扶贫标准、增加扶贫开发投入，着力增强贫困地区和贫困人口的自我发展能力。加大农村基础设施建设力度，加快农村饮水安全工程实施进度，增加农村沼气投入，继续实施农村电网改造，大力发展农村公共交通，完善农村公路筹资建设和养护机制，加强小城镇基础设施建设，着力改善农村生产生活条件和人居环境。

六是稳定完善农村基本经营制度，不断深化农村改革。切实稳定农村土地承包关系，依法落实和维护农民承包土地的各项权利。坚持依法自愿有偿的原则，健全土地承包经营权流转市场，在有条件的地方培育发展多种形式适度规模经营的市场环境。积极推进乡镇机构和县乡财政管理体制改革，加快转变乡镇政府职能。全面推进集体林权制度改革，在坚持集体林地所有权不变的前提下，将林地使用权和林木所有权落实到户，确立农民的经营主体地位，积极推进配套改革。加快农村金融体制创新，引导和支持各类金融机构到农村发展业务，加快推进扩大农村地区银行业金融机构准入政策试点范围工作，深化农村信用社改革，继续推进农业银行改革，加大农业发展银行支持“三农”的力度，进一步发挥国家开发银行、邮政储蓄银行的支农功能，创新政策性农业保险经营机制和发展模式。妥善处置乡村债务，重点抓好农村义务教育历史债务化解试点工作，主要通过增加中央和省级财政投入，用三年左右时间，基本化解农村义务教育的历史债务。健全农民工就业服务和管理制度，建立农民工工资正常增长和支付保障机制，健全农民工社会保障制度，推进大中城市户籍制度改革，鼓励各地通过多种途径加快解决农民工居住、子女入学等问题。

四、加强和改善党的领导，推动农村经济社会全面发展

当前，我国农业农村的大好形势来之不易，一定要倍加珍惜；面临的发展机遇前所未有，一定要切实抓住；面对的严峻挑战前所未有，一定要有效应对；肩负的繁重任务前所未有，一定要埋头苦干。要以奋发有为、锐意进取的精神状态，以求真务实、扎实有效的工作举措，协调推进农村经济建设、政治建设、文化建设、社会建设和党的建设，推进“三农”工作再上新台阶。一要切实加强对农村工作的领导。各级党委和政府要认真履行对“三农”工作的组织领导责任，在工作安排、财力分配和干部配备等方面切实体现“重中之重”的要求。要深刻把握“三农”工作规律，坚持统筹兼顾的根本方法，注重研究关系全局的重大战略问题，集中力量解决突出问题，着力加强薄弱环节，努力在农业基础设施建设、农业科技进步、改善农村民生、农村基层组织建设等方面取得重大进展和明显成效。二要切实加强农村民主政治建设。以改革创新精神推进农村基层党组织建设，巩固和发展农村保持共产党员先进性教育活动成果。健全村党组织领导的充满活力的村民自治机制，完善“一事一议”制度，保障农民群众依法管理农村基层公共事务和公益事业。三要切实加强农村文化建设。以社会主义荣辱观为引领，推进多种形式的农村精神文明创建活动。促进文化资源向农村倾斜，加强县、乡、村三级文化设施建设。广泛开展内容积极健康、形式丰富多彩的群众文化活动，积极利用农闲季节、传统节庆和集市活动，弘扬优秀传统文化。四要切实加强农村社会管理。探索新形势下农村社会管理的有效途径，健全党和政府主导的维护农民权益机制，发挥农村社会组织在扩大群众参与和反映群众诉求方面的积极作用。创新农村社区管理模式，把农村社区建设为管理有序、服务完善、文明祥和的社会生活共同体。

（此文是国务院副总理回良玉 2007 年 12 月 22 日在中央农村工作会议上的讲话摘要）

走中国特色农业现代化道路

陈锡文

党的十七大报告明确提出，在推进社会主义新农村建设的进程中，要“坚持把发展现代农业、繁荣农村经济作为首要任务”，“走中国特色农业现代化道路”。农业是国民经济的基础。在我们这个有着十几亿人口的国家中，这是已被历史反复证明了的客观规律。进入新世纪新阶段，工业化、信息化、城镇化、市场化、国际化正以前所未有的深度和广度快速推进。加快现代农业建设，对于全面建设小康社会、加快推进社会主义现代化建设，无疑具有极为重要的现实意义。

一、加快推进农业现代化，是全面建设小康社会的必然要求

改革开放以来，我国农业的发展取得了举世瞩目的成就。但粮食等主要农产品在正常情况下仍处于供求紧平衡的状态，还有若干农产品则需进口补充，社会对农产品的需求在日益增长，农业必须实现持续稳定发展，才能满足全面建设小康社会的需要。

我国正处于农产品需求持续较快增长的阶段。近年来，我国经济持续快速发展，城乡居民收入明显增加，社会对农产品的需求处于持续快速增长阶段，这对农业发展提出了新的更高要求。以2006年与1996年相比，我国城乡居民除口粮外，大多数农产品的人均消费量明显增加。

还要看到，我国当前正处于城镇化快速推进阶段。1996—2006年，我国人口城镇化率年均提高1.34个百分点，即平均每年增加2000万以上城镇人口。这意味着以往的农产品生产者将逐步转变为农产品消费者，同时也意味着整个国家的人均农产品消费量将显著增加。从2006年的情况看，我国城镇居民对植物油、肉禽、蛋类和水产品的人均消费量，分别比农民高15.5%、47.7%、133.3%和200%。

我国农业发展的资源约束条件正日益严峻。正如十七大报告所指出的那样，在各种因素的综合作用下，“农业稳定发展和农民持续增收难度加大”。一是耕地面积持续减少。1996年，我国耕地总面积为19.51亿亩，到2006年底，已降为18.27亿亩，10年间净减少1.24亿亩。耕地继续减少的趋势仍难以扭转，每年仅建设用地就至少需要新增占用400万亩土地。二是淡水资源短缺。目前我国人均淡水总资源仅2100立方米左右，是世界人均水平的四分之一左右，且水资源的时空分布极不均衡，北方地区总体上严重缺水。但东南沿海等水资源条件较好的地区粮食生产能力下降多、粮食需求增长多。2005年东部10省市的粮食总产量比1998年减少614亿斤，即减少了17.6%；其在全国粮食总产量中的比重也由34.02%降至29.67%。我国历史上长期形成的“南粮北运”格局已被“北粮南运”所替代。但粮食生产是高耗水产业，将粮食增产的重任交由水资源更为短缺的北方地区来承担，其可持续性值得深思。三是近年来农田水利设施老化失修严重。2006年，我国耕地的有效灌溉面积为8.48亿亩，仅占总面积的46.41%。每年因自然灾害损失的粮食就超过700亿斤。

我国农业的根本出路在于加快科技进步。我国农业受到的自然资源制约日益突出，继续靠增加自然资源投入来增加农产品产出的余地已越来越小。不仅如此，大量使用化肥、农药、

兽药等投入品，还制约了我国农产品质量安全水平的提高，导致农业面源污染日益严重。据统计，目前，我国化肥年使用量达4600多万吨，氮肥当季利用率只有30%左右，造成地表水富营养化和地下水污染。全国农药年使用量近130万吨，不同程度遭受农药污染的农田面积达到1.36亿亩；地膜的大量使用也形成了新的污染源。

要打破日益严峻的资源约束，实现农业的持续稳定增长，根本出路在于加快农业科技创新，加大科技成果的转化和推广力度。目前，我国农业科技贡献率只有48%，科研成果转化率只有30%，分别比发达国家约低30和40个百分点左右。我们要有紧迫感和忧患意识，在加大保护资源环境力度的基础上，走依靠农业科技进步不断提高耕地产出率、资源利用率和劳动生产率的农业现代化道路。

二、从我国实际国情出发，走具有中国特色的农业现代化道路

党的十七大报告指出，我国“农业基础薄弱、农村发展滞后的局面尚未改变”。这是我国推进现代农业建设的现实出发点。同时也决定了我国必须走出一条具有中国特色的农业现代化道路。

坚持统筹城乡经济社会发展的基本方略。综观世界各国农业的发展，有不少国家在推进工业化、城市化的进程中，都曾因一度忽视农业而导致农业衰退、农村凋敝，致使整个国家的发展和稳定为此付出了沉重代价。农业在国内生产总值中的比重逐步下降，这丝毫也改变不了农业仍然是国民经济基础的地位。“解决好农业、农村、农民问题，事关全面建设小康社会大局，必须始终作为全党工作的重中之重”，这是十七大报告提出的明确要求。把全党的思想统一到这个高度，才能为推进我国的农业现代化进程创造适宜的社会氛围。

实施工业反哺农业、城市支持农村的方针。我国农业和农村发展长期滞后，根本原因在于由城乡二元经济结构所派生的经济社会管理体制尚未打破，以及由此所导致的农村生产要素持续流失、对农业的资金技术支持明显不足的局面尚未改变。

任何国家的农业现代化，都不可能仅仅依靠农民自身的力量。建立公共财政体制、完善转移支付制度、形成既符合世界贸易组织规则又具有本国特点的农业支持保护体系，是已经实现了农业现代化国家的普遍做法。随着工业化、城镇化水平的不断提高，我国在这方面也已迈出重要步伐，以工促农、以城带乡的长效机制正在形成。只要坚持这个方向，按照党的十七大提出的“形成城乡经济社会发展一体化新格局”的目标前进，具有中国特色农业现代化道路的体制和政策环境就一定能够日趋完善。

着力增强农业综合生产能力。农业的综合生产能力，是农业现代化水平的基本标志。我国不少农产品的生产总量位居世界前列，但从投入产出和经济效益看，仍明显落后于发达国家。如我国谷物、肉类、禽蛋、水果的产量均居世界第一位，但我国2005年每千公顷化肥的施用量高达366.5吨，是世界平均水平的3.5倍，分别是日本、美国、法国的1.6倍、3.6倍和6倍，不仅生产成本高，而且还污染了环境。党的十七大报告针对我国农业现状中的突出矛盾，对增强农业综合生产能力提出了明确的要求。

一是在注重加强农村基础设施建设的同时，要更加注重农村市场和农业社会化服务体系的建设。当前，农业农村基础设施建设滞后的问题仍很突出。因此，要进一步加大政府投入，切实改善农业生产和农民生活条件。但农业农村的发展，仅靠加强基础设施建设还不够。近年来大豆等行业受到进口产品严重冲击、猪肉等产品的价格大幅波动、肉禽果菜和水产品等出口遭遇技术壁垒限制等现象说明，在农业市场化、国际化水平日益提高的情况下，没有健全的农村市场体系和完善的农业社会化服务体系，农业的效益和国际竞争力将很难提高。对此，十七大报告指出，要“加强农村基础设施建

设，健全农村市场和农业服务体系”。必须大力发展农村现代流通方式和新型流通业态，培育多元化、多层次的市场流通主体；健全适应农业市场化、国际化的社会化服务体系；加强对农产品进出口的调控，维护国内农业生产和农产品市场的基本稳定。要在农业的产前、产中、产后的各个环节，加大对农户的经济和技术服务，帮助农户增强抵御自然和市场风险的能力，促进农业稳定发展、效益稳步提高。

二是在注重农产品产量增长的同时，要更加注重提高农产品的质量安全水平。随着人民生活水平的提高，消费者对食品的需求，已从吃得饱向吃得好、吃得营养、吃得健康转变，农产品的质量安全状况已经成为影响农业效益和消费者健康的关键因素。国内外发生的食品安全事件也表明，质量安全已经成为农业和食品国际竞争力的决定性因素。十七大报告指出，在“增强农业综合生产能力，确保国家粮食安全”的同时，要“加强动植物疫病防控，提高农产品质量安全水平”。必须严格贯彻《农产品质量安全法》，加强动植物疫病防控，积极推行农业标准化，加快完善农产品质量安全标准体系，建立农产品质量可追溯制度，依法保护农产品注册商标、地理标志和知名品牌，严格执行转基因食品、液态奶等标识制度，加强农产品生产环境和产品质量的检验检测，保证上市农产品的质量安全。

三是在注重提高农业农村经济效益的同时，要更加注重确保国家的粮食安全。十六大以来，党中央采取了一系列强有力的支农惠农举措，对调动农民种粮积极性和促进粮食生产回升发挥了明显作用。但2006年全国粮食播种面积仍比1998年减少了1.25亿亩。现代农业是高效农业，不提高农业的效益，农业就没有出路。而保持粮食的供求平衡，是推进农业产业结构战略性调整的必要条件。因此，必须按照十七大报告的要求“严格保护耕地，增加农业投入，促进农业科技进步，增强农业综合生产能力，确保国家粮食安全”。各项支农惠农政策要向粮食主产区倾斜，健全完善的支持和保护粮食生产的政策体系，千方百计稳步提高粮食生产能力。

四是在注重增加对农业设施装备投入的同时，要更加注重对新型农民的培养。发展现代农业固然必须提高农业的设施和装备水平，但归根到底，还必须依靠现代农民。2005年，全国5.04亿农村劳动力中，小学及以下文化程度的占34.10%，其中不识字或识字很少的占6.87%。因此，在加强农业设施装备的同时，必须着力提高农村劳动者的素质。近年来，农业兼业化和农民老龄化的趋势已现端倪，不抓紧培养高素质的新一代农民，农业就将面临后继乏人的危险。因此，必须大力“培育有文化、懂技术、会经营的新型农民”，造就现代化的农业经营主体。

五是在注重提高农业生产能力的同时，要更加注重在坚持农村基本经营体制基础上创新农业经营形式。农业发展规律已经证明，家庭经营是最适合农业特点的生产经营形式，也是保护农民基本权益的有效形式。综观世界各国，凡农业已现代化的国家，无不实行家庭经营。宪法规定的“以家庭承包经营为基础、统分结合的双层经营体制”这个我国农村的基本经营制度必须长期坚持。在此基础上，各地要根据城镇化和农民转移的实际状况，如十七大报告所指出的那样，“按照依法自愿有偿原则，健全土地承包经营权流转市场，有条件的地方可以发展多种形式的适度规模经营”。与此同时，还要“探索集体经济有效实现形式，发展农民专业合作组织，支持农业产业化经营和龙头企业发展”，在稳定和完善家庭承包经营的基础上，不断提高农户发展生产和进入市场的组织化程度。

三、全面深化农村改革，着力促进农民增收减负，为扎实推进现代农业和社会主义新农村建设提供体制保障

近年来，国家支农惠农的政策力度在不断

加大。但由于二元经济结构和发展阶段的影响，城乡发展差距依然明显。1985年到2006年，城乡居民的收入差距从1.86∶1扩大到了3.28∶1。必须全面深化农村改革，加大公共财政向农村的覆盖，加强农村公共服务，扩大农民就业空间，促进农民增收减负，为扎实推进现代农业和社会主义新农村建设提供体制保障。

首先，深化农村综合改革。十七大报告明确了当前和今后一个时期农村改革的重点："深化农村综合改革，推进农村金融体制改革和创新，改革集体林权制度。"

一是积极稳妥推进乡镇机构改革。乡镇机构改革的关键是转变基层政府职能，将更多精力转向加强社会管理和提供公共服务。要改革财政体制，增强基层政府服务能力，精简机构和财政供养人员，建立精干高效的农村行政管理体制，在减轻农民负担前提下为农村发展经济、逐步实现基本公共服务均等化创造条件。

二是加快公共财政覆盖农村的进程，加强农村公共服务。要进一步调整国民收入分配和财政支出结构，建立财政支农支出稳定增长和以工促农、以城带乡的长效机制。国家财政新增教育、卫生、文化等事业经费和固定资产投资增量主要用于农村，逐步加大政府土地出让金用于农村的比重。

三是推进农村金融体制创新。近年来，农村的金融服务有所加强。但长期形成的农村资金外流、金融支持明显不足的局面仍未根本改观。2006年末，全国金融机构农业贷款余额为1.32万亿元，仅占各项贷款余额的5.86%，不及第一产业增加值占国内生产总值比重的一半。要制定切实可行的改革措施，继续推进农村金融体制创新。要强化金融机构支持农业农村发展的社会责任、培育发展新型农村金融组织、规范引导民间金融、强化农业政策性银行功能、加快完善农业保险和再保险体系；要进一步完善农村信用社的管理体制、产权制度和治理结构，提高资产质量。要在提高农村金融机构运行效率、经营效益和加强风险防范的基础上，明显改善对农村的金融支持和服务。

四是改革集体林权制度。集体林权制度改革是继耕地实行家庭承包经营后的农村经营体制又一重大变革。各地试点工作的实践证明，按照农村基本经营制度的要求，在保持集体林地所有权不变的前提下，确立农户的经营主体地位，明晰集体林地的使用权和林木所有权，放活经营权，落实处置权，保障收益权，同时推进相关的配套改革，将有力地促进传统林业向现代林业的转变，更好地实现林业生态效益、经济效益和社会效益的有机统一。

其次，以促进农民增收为核心，多渠道扩大农民就业。农民增收难的基本矛盾在于就业不充分。十七大报告要求："以促进农民增收为核心，发展乡镇企业，壮大县域经济，多渠道转移农民就业。"近10年来，农民非农就业人数快速增加。1996年到2006年，农民的工资性收入占人均纯收入的比重由23.4%提高到了38.2%。2006年，农民新增的332元人均纯收入中，工资性收入占60.3%。要继续多渠道增加就业机会，促进农民增收。

一是充分挖掘农业内部的就业和增收潜力。要努力发挥农业的多种功能，按照国内外市场的多样化需求，提高农业的集约化、精细化水平，加快发展特色农业、生物质产业、旅游农业，推进"一村一品"的发展，不断拓展农业内部的就业空间和增收渠道。

二是发展乡镇企业，壮大县域经济，促进农民就地就近转移就业。继续支持耗能少、污染低、效益高、就业容量大的乡镇企业发展。以产业政策和区域政策为引导，合理调整城乡和区域间的经济布局。要结合西部大开发、振兴东北地区等老工业基地、促进中部崛起等发展战略，按主体功能区规划的要求，积极推进中西部地区发展县域经济和提高城镇化水平，促使资金、人才和项目合理向内地中小城市转移，为形成合理的经济布局和农村人口就地就近转移创造条件。

三是维护农民工合法权益，为农民外出就业提供服务。2006 年，农村外出务工达 13212 万人，人均月工资收入 946 元。外出务工已成为农民转移就业、增加收入的重要渠道。大中城市要全面落实国家关于保障农民工合法权益的各项政策，完善对农民工的就业和社会服务。要提高对农民外出务工经商的职业技能培训水平，加强保障农民工在劳动合同、工资保障、职业安全、社会参与等方面的合法权益；为农民工家庭提供子女义务教育、基本医疗卫生、基本社会保障等方面的服务。

第三，并行不悖地推进城镇化和新农村建设，形成城乡经济社会发展一体化的新格局。人口总量大且农村人口比重高是我国的一大国情。改变这样的国情将是一个艰苦而又漫长的进程。从农村角度看，要富裕农民就必须减少农民，这也是逐步实现我国农业现代化的重要条件。数量巨大的农村人口向城镇转移，既是我国未来几十年在扩大内需基础上实现经济持续快速增长的不竭动力，但也将使城镇在未来相当长时期内承受扩大就业、增加住房和健全社会保障体制等方面的巨大压力。因此，必须从我国的实际国情出发，并行不悖地推进城镇化和新农村建设。要继续促进大中小城市和小城镇协调发展，多层次提高我国城镇化水平，增强城镇对农村人口的吸纳能力，并为陆续离开户籍所在地、在城镇稳定就业和居住的农民逐步转变为市民创造条件。同时还须清醒看到，我国人口比美国多 10 亿，是日本的 10 倍多。在相当长的历史时期内，我国仍将有数亿人口生活在农村。因此，在积极推进城镇化的同时，必须高度重视新农村建设。十七大报告提出的“要加强农业基础地位，走中国特色农业现代化道路，建立以工促农、以城带乡长效机制，形成城乡经济社会发展一体化新格局”的要求，将是我们在全面建设小康社会和实现现代化进程中必须始终坚持的发展方向。

（作者：中央农村工作领导小组办公室主任）

科学发展观在农村党员干部现代远程教育工作中的实践

王松鹤

党的十七大报告明确提出，要在全国农村普遍开展党员干部现代远程教育。吉林省是农业大省，也是中央确定的农村党员干部现代远程教育试点省区之一。在远程教育工作中，吉林省坚持科学发展观，在基础设施建设上，努力做到因地制宜；在教学资源建设上，努力做到因人施教；在教学组织管理上，努力做到统筹兼顾；在站点管理上，努力做到机制长效；在工作进度上，努力做到又好又快。2005 年试点以来，农村党员干部现代远程教育在全省新农村建设中发挥了重要作用。

远近共接

现代远程教育是随着现代信息技术的发展而产生的一种新型教育方式。这种教育相对传统的党员教育而言，具有跨地域性、远距离传播等特征，是农村党员干部教育的新模式。所谓远与近，是相对于距离方位而言的。农村党员干部远程教育的远与近关系，就是中央和省的前端教学播出平台与远程教育村级的终端接收站点的关系。解决好远和近的问题，就是要解决好前端播出平台与终端接收站点的对接问题，最终实现两者的互联互通。

吉林省针对本省实际，利用教育、电信、广电等系统的网络资源，建立了"天网"、"地网"、"人网"三网合一的远程教育网络传输平台。"天网"就是通过建立卫星接收站，定期接收卫星发送来的节目，组织农村党员和村民学习收看。"地网"就是通过互联网和有线电视网将节目传输到村，农村党员和村民通过计算机或电视机接受教育、获取信息。"人网"是在卫星接收、互联网、有线电视网的"触角"未延伸到的偏远农村，建立光盘播放站点，由县乡村干部和义务播放员定期向农村党员干部和村民播放远程教育光盘，让农村党员和村民从中学习农业实用技术，获取致富信息。吉林省建立的三网合一的远程教育传输网络，最大限度地覆盖了全省农村，保证了让更多的农村党员干部和群众在远程教育中受到教育、得到实惠。

内外共助

农村党员干部现代远程教育政治性、专业性、技术性强，工作量和经费投入比较大，是一项覆盖范围广、教育对象多、多方面共同参与的系统工程。吉林省在充分挖掘全省信息化资源优势的基础上，将所有可利用的存量资源和变量资源进行集成，对组织力量、建设资金、教学资源、技术队伍等进行科学整合。

大力整合人力资源，形成内外合力。始终抓住"人"这个关键因素，最大限度地发挥组织部门的组织优势，调动教育、农委、劳动保障、信息产业、文化体育、党校、团委、网通公司、电视台、广播电台等部门的积极性，统筹全省信息化建设部门的优势和资源，共同推进农村党员干部现代远程教育工作。

统筹内外资金，解决基础建设问题。把中央和省政府安排的有关涉农建设项目，与农村党员干部现代远程教育结合起来，资金统筹安排使用，项目统筹设计规划。依托农村中小学远程教育工程，建设农村党员干部远程教育终端接收站点，所需经费纳入农村中小学现代远程教育工程建设规划，共投入资金 2.4 亿多元，建设卫星终端接收站点3904个；长春、吉林、延边三个试点地区的900多个无校村站点建设资金，由省财政投入，不足部分由各级党费适当补充解决；统筹利用村级党组织办公场所建设资金2.4亿多元，同步建设农村党员干部现代远程教育教学场所4906个；依托省网通公司宽带网络作支撑，共同合作建设宽带互联网远程教育模式。在省市县建立三级平台，2007年建成3200个终端接收站点，2008年实现全省覆盖。

多渠道整合教学资源，满足农村多样化需求。对于各级党委组织部门和远程教育领导小组成员单位建设的教学资源和分配的任务，按比例给予一定的补贴；对于重点选题内容，经省远程教育资源建设领导小组审定后，由责任单位负责开发建设，按照电视节目制作核定的资源建设成本拨付建设资金；对于技术指标要求高的部分教学资源，采取出资购买的市场化运作方式解决。这些措施和办法既调动了资源建设单位的积极性，也保证了重点教学资源的开发建设质量。

借助信息网络部门技术力量，建立内外共赢的技术骨干队伍。依托省广播电视大学的技术力量建成省级教学资源库及影音版网站，作为全省远程教育辅助教学平台；依托长春市农业信息中心的技术力量建成长白山先锋网，作为全省远程教育的门户网站；依托省农委信息中心的技术力量建成信息管理系统，作为全省远程教育信息管理工作平台。同时，采取专兼结合的方式，整合全省党员电化教育播放员、农村广播站技术员、农村信息服务站技术员、农村中小学校教师和大学生志愿者队伍，组建了7500多人参加的远程教育操作管理、教学辅导和技术服务队伍，保证了远程教育的顺利开展。

软硬共依

开展好农村党员干部现代远程教育，“建”是“硬”任务，“管”是“软”指标。搞好基础建设，是开展农村党员干部现代远程教育的前提和基础。吉林省在试点期间，组织全省的专业网络技术人员，开发了省级教学资源库，建立了省级教学平台。到目前为止，吉林省已率先在全国实现双网双模的资源库建设与教学平台管理模式，进一步提高了省级前端播出的能力，全面实现了资源管理远程化、存储模式数字化、播出平台立体化、接收资源多样化，提高了终端接收站点的接收水平，方便了农村党员干部的学习。在解决好教学平台建设的基础上，搞好远程教育终端站点建设，建立了卫星传送、有线电视网传送、宽带互联网传送三种站点建设模式。三种模式各自发挥优势和长处，相互促进，取长补短，一站多用，共建共享，满足了农村党员干部群众多样化学习、个性化自学和全方位信息服务的需求。

在抓硬件建设的同时，下大气力抓软件建设。精心制作教学课件，重点选择新农村建设急需的政治理论、政策法规、适用技术、市场信息等方面的内容，力求生动活泼、通俗易懂。加强站点管理员、技术服务员、教学辅导员队伍建设，定期组织骨干人员进行培训。建立站点管理人员责任制，把操作技能、服务水平和工作绩效奖惩挂钩，调动他们的积极性。建立健全专家咨询网络，加强对大学生志愿者的管理，充分发挥他们的工作热情和智力优势。建立长效工作机制，特别是在基础设施建设、教学资源建设、教学组织管理、骨干队伍建设等方面，研究制定了一整套内容详尽、切实可行的工作制度。比如，在试点期间先后制定了《吉林省农村远程教育整合资源长效机制建设的意见》、《远程教育人员岗位职责》、《远程教育领导责任制》、《远程教育整合资源联席会议制度》等，并加大制度执行力度，保证经常性工作正常开展。

点面共进

吉林省在农村党员干部远程教育试点工作中，坚持做到抓点带面，因地制宜，稳步推进。

建立领导干部联系点。在试点工作中，省委领导同志带头深入联系点指导工作。省委书记王珉亲自到榆树市弓棚子镇十三号村终端站点指导远程教育工作，省委其他领导也都多次深入联系点就远程教育工作进行调研指导，研究部署工作任务。各试点所在的市州党委都建立了远程教育联系点，各级领导干部带头抓点示范，推动工作。试点期间，全省共建立县级以上领导干部联系点300多个，开展调查研究近1000人次，有力地推进了远程教育工作的深入开展。

建好基础和样板站点。把示范点创建工作作为提高站点建设工作水平的突破口，确定了“以点带面、分层推进、全面突破”的建设目标。制定下发了《吉林省党员干部现代远程教育工作技术方案》，明确了站点建设硬件标准和技术参数要求。白城市结合省远程办的工作要求，制定了“三好”现代远程教育示范点建设标准，对站点的面积、室内桌椅、站点标识、设备维护、故障排除，以及管理人员职责、学习计划、信息反馈、制度管理等方面提出了明确要求。长春市、吉林市等地开展了示范星级站点评选活动，通过示范点建设，切实发挥了站点建设的引导和带动作用。

抓好“学用”示范站点。制定《农村党员干部现代远程教育终端接收站点教育组织管理和教学效果评估实施办法》，建立了终端接收站点教学组织管理和教学效果评估指标体系，并定期组织对各站点的教学组织管理情况进行考评。根据评估结果，确定“学用”示范点，再通过各种形式推广示范点在教学制度、教学方式、教学服务、教学资源利用、教学成果转化等方面的工作经验，使各示范点的作用得到进一步发挥。

（作者：中共吉林省委常委、组织部长）

围绕新农村建设加强基层党建工作

中共福建省委组织部

近年来，福建省各级党组织按照中央的要求，紧紧围绕“三农”工作和社会主义新农村建设，不断加强和改进农村基层党组织建设，形成了以实现新农村建设目标任务为根本、以深化农村党建“三级联创”活动为总抓手、以创新工作机制为动力、以增强活力取得实效为重点的农村基层党组织建设新格局，为推进社会主义新农村建设提供了有力的组织保证。

一、围绕新农村建设基本要求，确立农村基层党组织建设的目标

中央提出建设社会主义新农村的战略任务后，福建省制定了围绕社会主义新农村建设加强和改进农村基层组织建设的意见，强调要适应“生产发展、生活宽裕”的要求，把农村基层党组织建设成为农村经济建设的组织者，坚持以科学发展观为指导，促进农村经济不断发展和农民生活水平不断提高；适应“管理民主”的要求，把农村基层党组织建设成为农村政治建设的领导者，不断促进农村基层民主管理的规范化和制度化，使农民充分享受民主权利；适应“乡风文明”的要求，把农村基层党组织建设成为农村文化建设的引领者，坚持以先进文化占领农村阵地，促进农村的精神文明建设不断加强；适应“村容整洁”的要求，把农村基层党组织建设成为农村社会建设的推动者，坚持以社会和谐稳定为目标，促进人与自然的和谐，促进农民安居乐业环境的不断改善；适应党的先进性建设的要求，坚持以提高执政能力和保持党的先进性为重点，促进农村党建工作整体水平的不断提升，把农村基层党组织建设成为坚强的战斗堡垒。各级党组织围绕这一目标任务，采取有力措施狠抓落实。

二、巩固先进性教育活动成果，加强农村基层党组织建设

各级党组织按照中央和省委的部署要求，围绕社会主义新农村建设这一主题，扎实开展农村先进性教育活动，有力地推进了农村基层党组织建设。在教育活动中，努力做到“四个下功夫”：一是在增素质上下功夫，充分发挥农村党员的作用，让农民党员成为新农村建设的骨干力量。各级党组织引导广大农村党员认真学习“三个代表”重要思想，学习科学发展观，学习党章，学习中央有关建设社会主义新农村的方针政策，学习社会主义荣辱观，学习胡锦涛同志视察福建时重要讲话精神，切实抓好农村外出流动党员的学习教育。开展“树立新形象、建设新农村”等各具特色的主题实践活动，引导广大党员找准发挥作用的着力点，努力成为农民致富的带头人、执行政策的明白人、社会稳定的维护人、文明新风的倡导人，在建设社会主义新农村的实践中发挥表率作用。二是在打基础上下功夫，努力提高农村基层党组织的战斗力，为建设社会主义新农村提供组织保证。在先进性教育活动中，全省共整顿软弱涣散农村基层党组织581个，调整充实村党组织书记632人；举办培训班967期，培训工作骨干4.5万多人次；努力解决教育活动中查找出来的党组织和党员队伍中存在的突出问题；投入资金3亿多元，解决2800多个村办公场所、党员活动场所和设备等问题。三是在解难事上下功夫，认真解决存在的突出问题，充分调动广大农民群众参与新农村建设的主动性和积极性。省委、省政府安排专项资

金9118.5万元用于补助特困灾民重建住房，下拨3000万元资金用于灾民和困难群众医疗补助，省委省政府还决定投入40亿元为农民群众办好一系列实事。全省各地参与向困难群众送温暖活动的县处级以上党员干部达1.04万人，走访慰问困难群众18.1万户，慰问钱物价值8438万元，结成帮扶对子2.64万对，解决群众生产生活中的实际困难8.06万件，让广大群众从先进性教育活动中得到实实在在的利益。四是在建机制上下功夫，巩固教育活动成果，从制度上保证农村党员在新农村建设过程中保持先进性。根据中央下发的保持共产党先进性"四个长效机制"文件的精神制定了具体的实施办法，保证农村党员始终保持先进性，保证农村基层党组织的创造力、凝聚力和战斗力在不断增强。

三、以深化"三级联创"活动为总抓手，提高农村基层党组织建设的水平

农村党的建设"三级联创"活动，是农村党建工作的总抓手，是实现农村基层组织建设整体推进、常抓不懈的有效机制。中央《关于深入开展农村党的建设"三级联创"活动的意见》下发后，省委高度重视，并及时制定了具体实施意见，保证了"三级联创"活动的健康开展，推进了农村基层党组织建设。中央提出新农村建设战略任务后，各级党组织按照中央和省委的要求，紧扣新农村建设主题，不断深化"三级联创"活动。一是进一步夯实村党组织这个基础。紧紧围绕本地新农村建设任务，把"五个好"的目标要求进一步具体化，使创建活动与经济发展和农民增收致富有机结合起来，充分调动党员干部和广大群众参与创建活动的积极性。二是突出乡镇党委这个重点。乡镇党委认真按照"五个好"的目标要求加强自身建设，结合今年乡镇党委换届转变职能，提高能力，强化管理，理顺关系，搞好服务，增强整体功能。同时，注重抓好村党组织建设和乡镇站所创建活动。三是发挥县(市)委的关键作用。建立健全县(市)委抓基层党建工作责任制，建立县(市)委书记负总责和一把手离任党建责任移交制度。按照农村基层党组织建设先进县(市)的目标和要求，认真抓好自身的创建活动，同时制定农村基层党组织建设的总体规划和年度计划，着力抓好乡村党组织和县(市)涉农部门的创建活动。按照科学发展观和正确政绩观的要求，健全县(市)委及书记抓农村基层党组织党建工作专项述职和实绩考核制度，把检查考评党建工作和创建活动考评与检查考评新农村建设成效紧密结合起来，用新农村建设成效和农民群众的反映来检验"三级联创"活动的成效。四是注重"创"和"联"的有机结合。在"创"方面，按照"三级联创"活动的原则和目标要求，从本地实际出发，制定创建规划，完善推进措施，建立激励机制，营造比学赶帮超的良好氛围。在"联"方面，进一步搞好县(市)、乡镇、村三级联动，形成了上下联动同"三级联创"相互衔接、相互促进、环环紧扣、整体提高的工作格局。从而调动了各级党组织和党员干部抓农村党建促农村发展的积极性、创造性。近年来，省委共评选表彰33个农村基层组织建设先进县、36个党建工作先进县、322个"五个好"乡镇党委、591个"五个好"村党组织以及一大批其他领域的先进基层党组织。

四、创新工作机制，增强农村基层党组织建设的活力

近年来，各级党组织按照省委提出的创新农村工作机制的要求，积极推进农村基层党组织工作机制创新，取得了明显的效果。

建立"三级核心网络"建设运行模式，注重村级党组织建设面上工作的整体推进。针对一些地方农村基层工作难做、村干部难当、党员作用难发挥、民心难聚拢、社会难管理等问题，漳州市吸收整合党员目标管理、党员责任区、党员联系户、民主评议党员等有效做法，围绕农村经济发展，打破原来党组织设置的局限，积极探索并推行村党组织"三级核心网络"工作模式，建立起村党组织工作网区、党小组工作网站、党员工作网点相结合的工作网络。"三级核心网络"的网区以村党组织为单位，通过网站(党小组)、

网点(党员)开展思想教育、分解下达任务、检查指导工作,对全村工作发挥核心领导作用。网站一般以党小组为单位,对分片负责范围里的村级配套组织基层单位和各项工作发挥组织协调作用。它上联系网区,下接网点,接受村党组织下达的任务,督促检查指导网点工作,是村党组织工作的"中转站"和"加速器"。网点一般由一个党员负责,是党组织联系群众的基点。每个网点联系 10 多家农户。党员在网点中要带领网络户完成网区、网站下达的各项任务。村党组织是网站、网点开展工作的坚强后盾,网站是村党组织与网点的桥梁纽带,网点是村党组织工作的基础,村党组织通过这个网络,把工作触角延伸到每家每户,及时掌握村情民意,快速布置工作任务,灵活应对突发情况,形成推动农村工作的强大合力。经过几年来的探索与实践,我们在全省推广了这一做法,取得了发挥党组织整体合力、增强党员责任意识、强化联系群众网络、推进农村经济社会发展的效果。随着新农村建设的推进,我省正在进一步完善这一做法,形成村"两委"为网区、党小组和村民小组为网站,党员和入党积极分子、致富能手为网点,共青团、妇联、民兵等群团组织联网并网的运行模式,进一步健全以村党组织为核心的村级组织配套建设。

建立下派机关党员干部驻村任职制度,注重村级党组织建设点上工作的有效突破。为改变一些村党组织缺乏战斗力、经济社会发展缓慢的现状,近年来我省采取整体推进的办法,从省、市、县(区)三级共下派 4134 名党员干部到相对后进、薄弱村担任村党组织负责人,实行了"上下联动、一体运作"的方式。上下联动,就是省、市、县(区)共同下派干部,对下派干部齐抓共抓;一体运作,就是下派干部所在单位和有关部门捆绑扶持下派干部所在村。下派干部就像一根针管把人才、资金、物质等各种资源源源不断地注入相对后进薄弱村,有力地促进了"三农"工作和新农村建设资源整合,发挥了城市支持农村、工业反哺农业的纽带和桥梁作用。通过下派干部驻村任职,加强了相对后进薄弱村党组织班子建设,改变了不少村班子软弱涣散、村务管理混乱、干群关系紧张的状况,增强了村级组织的创造力、凝聚力和战斗力,促进了村经济社会的发展。我省这种以下派干部为纽带,实施整村推进扶贫开发的成功探索,得到了国务院扶贫办的充分肯定。省委坚持把下派干部驻村任职作为推进新农村建设的一项长期的战略举措来抓,以求在相对后进薄弱村这个难点上取得有效突破,经过多轮下派,由点到面、连成一片,整体提升农村基层党组织的水平,为新农村建设提供有力组织保证。

建立"六大员"制度,夯实基层党组织建设的人才基础。农村实用人才是推进"三农"工作、建设新农村的重要人力资源,也是农村基层党组织建设的人才基础。在创新农村工作机制过程中,我省创造了农村"六大员"的做法,即村级农民技术员、村级文化协管员、村级社会治安综合治理协管员、村级计划生育管理员、村级国土资源和规划建设、环保协管员和乡村医生。"六大员"由村级党组织统一管理,上级主管负责业务技术指导,要经过严格的程序选聘产生,任职届满后,要按规定组织进行考核,称职的可续聘,不称职的予以解聘。各主管部门重视加强对"六大员"的培训,提高他们的业务素质和服务能力,并对他们实行津贴补助,充分调动他们的积极性。实行这一制度,不但解决了农村有人管事的问题,延伸了村"两委"的工作职能,增强了村级组织服务农民、促进发展的活力,同时也锻炼培养了一批农村实用人才和乡土人才,为培养选拔村"两委"成员奠定了基础,保证了我省"三农"工作和新农村建设的推进。近年来,我省农林经济持续发展,全省农林牧渔业总产值平均增长 4.2%,全省城镇化水平达 47%,比 2000 年提高 5.5 个百分点,农民收入持续增长,人均纯收入年均实际增长 5.1%;全省农村教育、卫生、文化、体育等社会事业发展取得新进展,创建"平安乡镇"、"平安村居"活动成效明显,全省农村社会治安良好。

学习华西经验　推进社会主义新农村建设

王国生

华西村是社会主义新农村建设的先进典型，吴仁宝是新时期农村干部的楷模。几十年来，华西村在村党委的带领下，始终坚持率先发展、全面发展、科学发展，走出了一条经济繁荣、农民富裕、社会和谐，具有鲜明特色的社会主义新农村建设之路，为江苏省乃至全国提供了经验、树立了标杆。我省从建设社会主义新农村和“全面达小康，建设新江苏”的大局出发，深入开展以“乡村学华西、农村干部学吴仁宝”为主要内容的“双学”活动，有力地推动了社会主义新农村建设和农村基层党组织建设。

一、扎实开展大规模集中培训，为建设新农村造就优秀带头人

乡村党组织是农村各项工作的领导核心，乡村党组织书记是农村党员干部的带头人，他们的思想认识如何，能力素质怎样，直接关系到党在农村方针政策的贯彻落实。面对新形势新任务，省委把集中培训乡村党组织书记作为开展“双学”活动、推动新农村建设的重要抓手，在华西村举办了42期建设社会主义新农村专题培训班，全省2万多名乡村党组织书记参加了培训。在省委的号召下，全省各地还结合实际，举办培训班2815期，培训农村基层干部16万多人次。

（一）把深化乡村党组织书记对新农村建设战略部署的认识，作为培训的首要任务。在乡村党组织书记培训班示范班上，李源潮同志深刻阐述了党中央关于社会主义新农村建设决策部署对江苏“两个率先”的重大意义，以及推进社会主义新农村建设的战略举措。每期培训班上，都组织学员学习讨论中央领导关于新农村建设的重要讲话，并组织学员把学习华西成功经验与参阅国外有关农村发展资料、省内其他先进村经验做法结合起来，把听取吴仁宝、吴协恩前后两任华西村党委书记的情况介绍与参观考察华西村农工商企业及村容村貌结合起来，把课堂讲授与分组讨论交流及同村党政领导班子成员对话、问策等活动结合起来，帮助乡村党组织书记更加全面地理解和把握中央及省委关于建设社会主义新农村的战略部署，推动他们开阔眼界、开阔思路、开阔胸襟。这次大规模集中培训，适应了建设社会主义新农村的时代要求，符合加强农村基层党组织建设的实际状况，符合提高农村基层干部能力素质的实际需要，为农村基层党组织和党员干部确立了新目标，打开了新思路，注入了新活力。

（二）把提升乡村党组织书记的领导能力和发展本领，作为培训的重要目标。在培训期间，通过专题讲座、实地考察、分组讨论、走进农户、互动交流等多种形式，组织乡村党组织书记深入体验华西村在社会主义新农村建设中的成功经验，深刻感受华西村和吴仁宝的“典型效应”。培训活动中，组织乡村党组织书记结合学习考察和交流讨论，撰写学习心得，进一步深化对新农村建设中热点难点问题的认识。如在稳定和完善农村基本经营体制的前提下，如何调整农业结构，加快发展现代高效农业；在农产品市场竞争日趋激烈的情况下，如何推进“一村一品”，培育竞争力、带动力强的龙头企业，促进农民持续增收致富；在市场化程度不断提高的情况下，如何规范和引导农村合作经济组织健康发展，提高农民参与市场竞争的组织化程度；在以税费改革为主要内容的农村综合改革全面深化的情况下，如何发展和壮大集体经济，保证农村基层组

织正常运转，提高为农民服务的能力；在农民文化素质不断提高，思想日益活跃，法律和民主意识明显增强的情况下，如何有效地教育和引导农民，培育新型农民，构建和谐农村，等等。乡村党组织书记进行了认真思考，提出了自己的见解和办法，明晰和细化了建设新农村的思路和举措，并集中体现到了各自的“双学”目标承诺书中。

（三）把转变乡村党组织书记思想作风，作为培训的重要内容。加快社会主义新农村建设，乡村党组织书记不仅要具备推进率先发展、科学发展、和谐发展的本领，还要有好的思想作风和工作作风，把中央和省委的部署扎扎实实落到实处。深入开展“双学”活动，就是要引导乡村党组织和党员干部把为民谋利、为民造福作为自觉追求，诚诚恳恳听民意，实实在在帮民富，兢兢业业保民安。培训期间，我们安排华西村党组织负责人专门介绍华西党员干部艰苦创业、埋头苦干的优良传统。集中培训结束后，我们要求各乡镇及时召开乡村两级干部会议，学习贯彻中央和省委有关新农村建设的方针政策，介绍华西培训的感受和“双学”的目标承诺及具体措施，共谋发展大计；各村也分别召开村“两委”会和党员、村民代表座谈会，商讨富民强村的思路和具体办法。全省广大农村基层干部围绕发展农村经济、增加农民收入，深入农户、深入群众，广泛听取农民群众的意见，制定新农村建设规划和发展富民计划，集中民智，体现民意，充分发挥广大农民在建设社会主义新农村中的主体作用。

二、认真践行“双学”目标承诺，积极稳妥地推进新农村建设

在“双学”活动中，全省所有的乡村党组织书记结合自身实际，制定了“双学”目标承诺书，明确自己在任期内的工作目标和责任。“双学”目标承诺书在充分征求党员群众意见的基础上，进行公示，接受党员群众监督，并报上级党组织备案，作为考核和民主评议乡村党组织书记的重要内容。“双学”目标承诺书的制定，把建设新农村的总体目标具体化，把乡村党组织书记的任期目标责任项目化，进一步增强了乡村党组织书记加快新农村建设的责任感和使命感。

（一）围绕发展践行承诺，推动经济增长。发展是解决农村一切矛盾和问题的根本办法。抓好发展是农村基层党组织和党员先进性在新农村建设中最具体、最生动的体现。我们在指导乡村党组织书记制定“双学”目标承诺书时，引导他们坚持把发展富民作为新农村建设的中心任务，始终围绕发展富民定目标、定措施、作承诺，并具体到每年新增发展项目多少个、转移农村劳动力多少人、乡镇财政收入或村集体收入增加多少元，促使他们主动把发展富民放在首位。苏南许多乡镇在“双学”活动中，对照华西找差距，谋求跨越发展，在农村社区建设、村级集体经济发展、农民增收等方面制定了实实在在的措施，又好又快地推动了新农村建设。东台市廉贻镇祈古村党总支书记向全村群众郑重承诺，要扩大造船业规模，改造老村庄，确保年内生产钢质船 260 条，全村经济总量达 1.8 亿元，人均纯收入突破 1 万元。

（二）围绕富民践行承诺，促进农民增收。富裕农民、造福农民是农村各项工作的出发点和落脚点，是当前农村各级党组织和党员干部的最大责任。乡村党组织书记在“双学”目标承诺中，坚持把带领群众致富、增加农民收入作为重要目标，围绕发展定规划，组织农民搞建设，帮助农民创业致富。同时，关心群众疾苦，尽力为群众办好事、办实事。全省乡村党组织积极做好 500 万农民大转移工程和百万农民培训工程，努力提高农民增收致富的本领。认真组织农村经营能手和外出务工、经商人员返乡创业，引导群众推进农村社区股份合作、土地股份合作，发展农民专业合作，切实提高农民经营性、资产性、政策性收入，加快农民致富步伐。常州市下达 2000 万元专项资金，扶持 199 个村的河塘疏浚整治、3368 户农民的自来水改造，以及 400 多个农业产业化经营致富项目。

（三）围绕和谐践行承诺，融洽党群干群关系。在“双学”活动中，乡村党组织书记都把促进农村文明和谐作为建设新农村、履行目标承诺的重要内容，身体力行，努力实践。各乡村在结合实际、立足长远、尊重民意的基础上，制定了新农村建设的总体规划、近期目标和阶段性计划，因地制宜，量力而行，积极稳妥地推进新农村建设；大力开展清洁水源、清洁村庄、清洁生产和绿化造林活动，全面推进农村环境综合整治，建设村容整洁、生态优美的新村庄。目前，全省乡村党组织在巩固先进性教育活动成果的同时，正在实施道路通达、环境整治、教育培训、农民健康和文化建设等新5件实事，着力建设富裕农村、和谐农村、幸福农村。全省广大农村基层干部正在以“双学”的实际行动，让农民群众切身感受到新农村建设带来的实惠和希望，进一步融洽了农村党群干群关系。

三、大力实施“双百双千”工程，推动农村基层组织建设再上新水平

为了把“双学”活动不断推向深入，我们以实施“双百双千”工程为载体，即重点培植100个示范乡镇和1000个示范村、重点帮扶100个薄弱乡镇和1000个薄弱村，通过示范乡村建设和薄弱乡村帮扶，不断推动社会主义新农村建设和党的先进性建设。截至目前，全省共选派了2157名大学生到村任职，从各级机关抽调12984名干部到村挂职，为扎实推进我省新农村建设提供了有力的人才支撑和组织保证。

（一）不断壮大先进乡村群体。围绕实施“双百双千”工程，切实加强乡村党组织建设，通过选树典型、培育典型、宣传典型，充分发挥先进典型在新农村建设中的示范带动作用。南京市下发了《关于开展建设社会主义新农村典型示范村工作的意见》，挑选21个市级和100个县级示范村，介绍推广它们的先进经验，引导各地找准方向、找准标杆，学习先进、追赶先进，全市形成了百村示范、千村争创的喜人局面。近年来，泰州市结合实际，组织实施“十强争先、百村示范、千村小康”工程，并制定了目标措施和考核办法，加大示范乡村建设力度，一批先进乡村党组织不断涌现。姜堰市沈高镇河横村被农业部列为全国35个新农村建设示范点之一。

（二）不断加快薄弱乡村的转化步伐。2006年初，省委确定重点帮扶苏北地区1011个经济薄弱村，从省市县选派1011名干部驻村指导，1898个机关部门和单位结对帮扶，并采取培育特色产业、改善村容村貌、帮扶到户等措施，促进了经济薄弱村的面貌改变和发展，到去年底约有20%以上的低收入农户脱贫。徐州市分三批对全市452个后进村和67个贫困村进行集中整顿帮扶，第一轮整顿的221个后进村的落后面貌得到了较大改变，第二轮集中整顿的103个后进村已有99个得到了转化提高。张家港市去年市财政补贴4000多万元，为47个薄弱村建造厂房出租，增强薄弱村经济发展的内在动力和党组织的凝聚力，力争使每个薄弱村今年可用财力超过80万元。

（三）不断深化“三级联创”活动。各地根据新形势新任务的要求，把“三级联创”活动纳入建设社会主义新农村的总体部署之中，赋予“三级联创”新的内涵，丰富“五个好”的目标要求，创新活动载体，不断把活动引向深入。苏州市以实施农村“先锋工程”为抓手，深入推进农村党的建设“三级联创”活动，近年来命名表彰了9个先锋县（市、区）、34个先锋镇、183个先锋村。2006年，该市又出台了《关于全面深化农村“三级联创”活动的意见》，进一步加强了对“三级联创”活动的指导，不断提高“三级联创”活动规范化、制度化水平。镇江市组织实施了“三级联创百村示范、三级联帮百村扶贫”的“双百工程”，并设立1000万元专项资金，加快新农村建设。盐城市以“三级联创”为载体，开展小康示范乡村创建活动，狠抓“双强”型村干部队伍建设，充分发挥农村党员的“双带”作用，以抓好“三级联创”的实际成效，推动了社会主义新农村建设。

（作者：中共江苏省委常委、组织部长）

华西村为什么能够实现共同富裕

张全景

2006年12月22日，素有“华夏第一村”之称的华西村举行建村45周年庆典，我应邀踏上了这片美丽而神奇的土地。上午9时老书记吴仁宝带领各地嘉宾参观华西新貌，看罢民居新村，穿过2005年开通的砂山1000米隧道，参观仿造旅游景点天安门、长城以及世界公园、农业科技园，等等。然后在塔楼广场举行庆典仪式。主持人宣布庆典开始，唱国歌、鸣礼炮之后，在优美的乐曲声中，游行开始。一个高擎红旗的方阵为前导，接着走过来的分别是牛队（上百名农民骑在牛背上）、马队、羊队（羊倌赶着一群羊）、鸡鸭鹅队（汽车上分别装着鸡、鸭、鹅笼）。随后是几个群众方队，分别是穿着草鞋的、蒲鞋的、布鞋的、布胶鞋的、皮鞋的。接着是车队：最先过来的是独轮车（手推车、太平车）、自行车、三轮车，然后是小轿车、大客车、载重卡车、拖拉机、收割机等，这些车队过后则是工业队，有机械、钢铁等队伍，随即出现了文艺表演队伍，有腰鼓、花棍，还有扮演各类人物的戏剧表演。最后是新村车队，每村一辆卡车，敲打着不同的锣鼓点，从主席台前通过。这时天空中出现了两架直升飞机，在600米高空飞翔，先后有20多名跳伞运动员跳伞，赤橙黄绿青蓝紫，恰似天女散花，使庆典仪式达到了高潮。同时，新建的幸福园揭幕，这是刚建成的集居住、休闲、娱乐为一体的园林。一个个游行方阵展示了华西村45年来由穷到富的巨大变化。

华西走过了45年的光辉道路。这是艰苦奋斗的道路，与时俱进的道路，科学发展的道路，开拓创新的道路，不断取得辉煌胜利的道路！在45年的道路上洒满了华西人民的汗水，留下了华西党组织和广大干部的脚印，而且将是永远深烙在华西大地上的脚印！

1961年华西村全村120多户，667人。当年条件艰苦，环境恶劣：“低田塘、低田塘，一场大雨白茫茫；高田岗、高田岗，半日无雨苗枯黄。”1961至1965年农副业总产值53.5万元，人均分配只有53元。现在人均收入1万美元。2006年华西村销售收入突破400亿元，利税实现30亿元，向国家缴税7亿元。现在周边20个村以“一分五统”方式组成大华西，面积达35平方公里，有3.5万人。他们切身感受到，还是社会主义好！华西为什么能够改变“一穷二白”的面貌？为什么能够建成一个欣欣向荣、生机勃勃的社会主义新农村呢？

第一，他们始终坚持共同富裕的社会主义道路。华西村45年来坚持以马克思列宁主义、毛泽东思想、邓小平理论和“三个代表”重要思想为指导，全面贯彻落实科学发展观，思想上坚定共产主义理想和社会主义信念，经济上坚持以公有制为主体。经过长期奋斗，实现了共同富裕的目标。“全村没有贫困户，没有暴发户，家家都是富裕户”，成为名副其实的华夏第一村。华西人并不满足于自己的富裕，“一村富了不算富，还要带动全乡、全县、全国富”。2006年为全国农村培训干部3万多人，在宁夏、黑龙江、江苏等许多地方建立了“华西村”。

第二，他们始终坚持解放思想、实事求是、与时俱进的思想路线。华西的经验证明，这是发展农村经济和各项事业，建设社会主义新农村的思想基础和前提。思想一变天地宽。思想解放了，就有了良好的精神状态和雄心壮志，就可以焕发出巨大的积极性、主动性和创造性。

如果唉声叹气，怨天尤人，这也不可能，那也办不到，什么事情也不可能搞好。45年来华西始终坚持解放思想，一切从实际出发，正确对待领导，正确对待群众，把领导的要求、上级的指示与本村实际、群众愿望结合起来，不唯上、不唯书，只唯实。不图虚名，不搞花架子，一步一个脚印。把坚持党的优良传统与改革创新结合起来，从而避免了许多失误，取得了一个又一个的胜利。

第三，他们始终牢记为人民服务的宗旨，把群众利益摆在至高至上的位置。吴仁宝同志说，为群众服务应是始终如一的，不是做一两件好事，而是一辈子做好事。群众的需要就是我们的工作，应当永不懈怠、一丝不苟地做好。华西党组织始终把人民群众的利益摆在高于一切、大于一切的位置，处处为群众着想，一心一意为群众谋幸福、分忧愁。遇事同群众商量，相信和依靠群众。同时，不断加强群众思想政治工作，物质文明与精神文明建设相结合，坚持两手抓，得到全面发展。

第四，他们始终坚持廉洁奉公、艰苦奋斗的精神。农村干部只有带头做到艰苦奋斗、廉洁奉公，才会有好的形象，有较高威信，群众才会真心实意地拥护，讲话有人听，办事有人应。吴仁宝同志和华西的党员干部几十年如一日，正确处理个人利益与群众利益、集体利益、国家利益的关系，正确对待名位、权力，不谋私利，赢得了群众的信任和支持。吴仁宝同志经常用"家有黄金数吨，一日不过三顿；高楼大厦独占鳌头，晚上睡觉只占一个床头"教育干部遏制私欲。1993年他在谈到大邱庄的经验教训时说，第一，我不养狗，第二，我不要保镖。全村群众都是我的保镖。这就充分说明，干部热爱群众，群众就热爱干部。

第五，他们始终注重加强党的建设，有好的班子、好的队伍、好的路子、好的机制、好的制度。其中最关键的是班子和带头人。这是胜利前进的组织保证。好班子、好队伍、好的带头人，最根本的又是有好的思想、好的作风，有活力，有能力，有凝聚力和战斗力，始终保持了党员的先进性，发挥先锋战士的作用。华西礼堂的那副楹联概括得很好：政通人和领导班子强，国泰民安社会主义好。

华西，一个美丽、响亮、动听的名字，名扬四海，传播五洲；华西，一个富有魅力的村庄，吸引了国内外千千万万的高朋嘉宾；华西，一个社会主义新农村的典范，令人景仰。华西屹立在华夏大地上，是我们党的骄傲和光荣，他向人们展示了社会主义的优越性，以自己的实践再次证明了"只有社会主义才能救中国"这一伟大的真理。正像"华西村村歌"唱出的那样：华西是共产党的天，华西是社会主义的地，只有社会主义才能富华西。历史也必将证明，只有社会主义才能富全国人民。

湖南农村社区建设试点情况的调查

姜　力

2007年9月5日至8日，我到湖南，采取听汇报，进村入户看现场，与市、县、乡、村干部和村民群众座谈及个别访问等形式，重点就长沙市开福区、浏阳市和常德市临澧县3个"全国农村社区建设实验县(市、区)"的农村社区建设试验情况进行了调研。通过调研，使我感受了农民群众对建设农村社区的热情，体会了湖南各级党委、政府对农村社区建设的重视，看到了农村社区建设的广阔前景。同时，也了解了农村社区建设中需要研究和解决的问题。

一、湖南农村社区建设实验的基本情况和做法

湖南对农村社区建设试验十分重视。民政部下发《关于做好农村社区建设试点工作推进社会主义新农村建设的通知》、特别是第十二次全国民政会议提出"着力建设城市和农村社区'两个平台'"的任务后，湖南省委、省政府把"农村社区建设试点"相继写入了省第九次党代会文件和省十届人大五次会议的政府工作报告，列入了省委、省政府的议事日程。省民政厅从全省不同地域、不同经济发展水平的122个县(市、区)中，挑选了长沙市开福区、浏阳市、常德市临澧县、怀化市通道侗族自治县、益阳市南县、岳阳市平江县、邵阳市洞口县、株洲市芦松区等8县(市、区)，作为全省农村社区建设试点县(市、区)，4月底至5月初，全省农村社区建设试点全面启动。总的看，试点工作进展顺利，农村社区雏形已经形成，运行机制基本确立，社区服务已经开展，农民群众开始受益。

(一)农村社区建设的基本模式：一村一社区

湖南3个全国农村社区建设实验县(市、区)，共有19个试验村。这19个试验村的农村社区建设模式，可简要表述为"一会一中心六站"。"一会"，即把农村社区建在村上，实行村委会和农村社区合二而一，参照和仿效城市"居民委员会"改为"社区居民委员会"的做法，将原"村民委员会"改为"社区村民委员会"。"一中心"，即在社区党组织和社区村委会之下设立"社区服务中心"。"六站"，即在社区服务中心之下，设农业科技、扶贫帮困、文化教育、医疗卫生、法律、关心下一代等6个基本服务站。在服务站的设立上，因村而异，其名称和数量不强求统一。在这3个实验县，有的农村社区的服务站多达9个，有的村设了"工业园区管理服务站"、"居家养老服务站"。为了使社区服务中心、各服务站真正服务农民，3个实验县的19个试点村，均制定了一系列规章制度，如开福区3个试点村的规章制度就有：《社区服务中心工作制度》、《社区服务中心工作人员服务规范》、《农业科技服务站工作职责》、《文化教育服务站工作职责》、《扶贫帮困服务站工作职责》、《医疗卫生服务站工作职责》、《法律服务站工作职责》、《关心下一代服务站工作职责》等。

各村社区服务中心、各服务站工作人员的产生办法和待遇是：社区服务中心主任、副主任，在征得村民代表会议同意的基础上，分别由村党组织书记、社区村委会主任兼任，其原待遇不变。各服务站站长，一是由村两委成员兼任，原待遇不变；二是由村民代表会议推举、社区村委会聘请，聘请人员的待遇实行"义务为主，补贴为辅"的办法，其补贴标准视各村具体情况而定，每月100元至800元不等。各服务站一般

工作人员设3—4名，实行村民化、义务化，均由社区群众组织的成员担任。

“一村一社区”是湖南农村社区建设实验的基本模式。此外，还有浏阳市的“一村一社区、社区设小区”模式和通道县的“村寨社区”模式。

（二）湖南农村社区建设实验的主要经验

1.党政推进。3个试点县（市、区）的党委、政府有一个共识，这就是，农村社区建设是一项巨大的社会工程，是造福农民的民心工程、德政工程，是社会主义新农村建设和消除城乡二元结构、实现城乡一体化的重大举措，必须作为政府行为，全力推进。3个县（市、区）被确定为全省、全国的实验县（市、区）后，迅速行动，要人给人，要钱给钱。为了取得经验，普遍建立了县（市、区）领导联点扶建制度，县（市、区）委书记、县（市、区）长直接指导一个村，具体组织开展农村社区建设。同时明确规定，乡（镇）党委书记、乡（镇）长为试点工作第一责任人。

2.部门支持。在各县（市、区）委、政府批准下发的《农村社区建设试点工作方案》中，都明确规定了县（市、区）委组织部、宣传部、民政局、财政局等职能部门和妇联、共青团、工会、老龄委等单位的具体职责和任务，并开会宣布，使其成为一项硬任务。这些直属部门和单位都积极配合。

3.城乡交流。试点中，3个县（市、区）特别重视借鉴城市社区建设的成熟经验。在开福区，区里确定2个先进城市社区和1个农村社区结成对子。全区共安排了6个城市社区以2对1的形式，帮扶3个农村社区。4个月来，每个对子的相互走访、交流平均已达7次以上。在浏阳市和临澧县，均安排了一个城市社区与一个农村社区结对。农村、城市社区之间的交流，不仅帮助了农村社区，也为城市社区建设注入了新的生机和活力。

4.资源整合。得益于各实验县（市、区）委、政府的重视，包括新农村建设的资源、政府公共服务的资源、村委会原有资源、一些学校撤并、企业改组改制闲置资源等在内的所有资源得到了有效整合。在试点过程中，没有增加农民负担，没有搞形象工程，没有铺新摊子，体现了物尽其用、节约建社区的精神。

5.依靠村民。3个实验县始终把相信村民、依靠村民，作为农村社区建设的出发点和落脚点，在深入宣传发动的同时，试点中的重大问题均由村民会议或村民代表会议讨论决定。如农村社区怎么建？建在哪里？是建在村、村民小组、自然村或多村一社区？由村民代表会议反复讨论，最后表决通过——村建社区。社区服务中心的服务站如何设置？也由村民说了算。谁来担任社区服务中心主任一职，谁来当服务站长？同样由村民代表会议讨论决定。

（三）湖南“一村一社区”模式的长处

1.在基层组织的建制上，实现了村委会组织和农村社区组织的有机统一，避免了“村委会”和“社区”两张皮。“村委会”是宪法和法律规定的农村基层群众性自治组织，“农村社区”是党的十六届六中全会决定所要建立的农村基层组织。如果两个组织分开建，就有可能产生工作内容、职责、权限、机构等方面的交叉、重叠、扯皮、推诿等现象，导致“两张皮”的问题。而将“村委会”和“社区”合二而一，就从体制上消除了产生“两张皮”的问题。

2.在村级组织的功能上，体现了管理与服务的有机统一，扩充和强化了村委会的服务功能。服务村民、开展自我服务，是村委会的法定职能之一，但过去村委会应付行政事务多，服务的功能和作用没有很好地发挥。开展农村社区建设后，引入了像城市社区的卫生、文化、娱乐、服务和便民服务，村级组织的功能更加完善了。

3.在社区服务的机制上，体现了政府公共服务和社区服务的有机统一，畅通了政府公共服务的渠道。新农村建设开发后，各级政府相继出台了城市支援农村、工业反哺农业的措施，服务“三农”的公共产品和公共服务越来越多。需要有一个“中转站”或者叫“对接点”。作为政府和社会各界服务新农村的平台，农村社区建设提供了这个“中转站”和“对接点”。如“农村社区服务中心”及其各“服务站”，就可以上承政府部门、下联村民群众，把政府的公共服务具体化了，使农民得到实惠和好处。与此同时，也为建立政府的公共服务、村民之间的自助互助服务、市场化服务，提供了条件。

4. 在农村社区的建设上，实现了稳定农村和建设农村社区的有机统一，发展了来之不易的农村和谐稳定的大好局面。农村社区建在村上，不变更村的区划、不搭新的班子、不影响村里工作，使农村社区在和谐中建立。不诱发矛盾，而且将村委会和农村社区合二而一，使农村基层组织体系更加完整。现在的村民，对各自的村委会已有较强的认同感、依赖感、亲切感。随着农村社区的建立，这种社区意识将会更强烈。将村委会和农村社区合二而一，统称“社区村民委员会”，也有利于与城市“社区居民委员会”在称谓上趋同，可以弱化、淡化城乡二元结构的色彩。

5. 在与新农村建设的关系上，实现了社会主义新农村建设和农村社区建设的有机统一，为新农村建设找到了切入点。新农村建设的“生产发展、生活宽裕、乡风文明、村容整洁、管理民主”的五大目标是远与近、虚与实的辩证统一。农村社区建设从农村基层社会建设、民主政治建设、社区服务入手，这就将新农村建设目标拉到了近处、实处，为资源整合找到了一条有效的途径。党的“三农”政策，必将引导和促进各种社会资源不断流向农村，农村社区作为一个平台，作为各种资源的一个汇聚点，能够有效吸纳和消化这些资源，使农民得到真正的实惠。建设管理有序、服务完善、文明祥和的新型农村社区，目的在于造福农民群众，农民得到实惠了，建设新农村的积极性也就起来了。

6. 在与城镇化的关系上，体现了农村社区建设与推进农村城镇化的统一，为消除城乡二元结构找到了抓手和推动力。“建设农村社区，过城里人生活”，是湖南三个全国农村社区建设实验县(市、区)的农民提出的一个很有吸引力的口号，反映了农民群众渴望享受到和城市人一样的生活环境的愿望。一方面，城镇化为农村社区建设提供了条件；另一方面，农村社区建设又可以为城镇化提供推动力。农村社区建设的发展，能接纳城镇的带动和辐射，进而推动城镇规模的扩大、城镇数量的增多、城镇功能的完善和城镇体系的发展。

二、对农村社区建设实验工作应注意问题的几点建议

(一)关于农村社区建设工作的组织领导问题

农村社区建设是一个新的工作领域，也是一项社会系统工程。湖南的经验证明，农村社区建设试点能否顺利开展，关键在于各级党委、政府对农村社区建设的认识是否到位，工作力度是否到位，是否真正把农村社区建设作为落实社会主义新农村建设的重要工作来引起重视，并切实加以落实。特别是在管理体制上，根据湖南的经验，推进农村社区建设实验工作的运行机制是：党委和政府领导、民政部门牵头、有关部门配合、社区村委会主办、社会力量支持、群众广泛参与。湖南在省和实验县(市、区)中，将基层政权和社区建设领导小组及其办公室，同时作为省和实验县(市、区)农村社区建设领导小组及其办公室。像湖南这样在试点地方已经层层建立农村社区建设协调机构的地方，今后要更好地发挥这些机构在农村社区建设中的指导和协调作用。所有有关部门和单位都要明确自己在农村社区建设工作中的任务和责任，认真组织落实，努力使推进农村社区建设成为全社会的自觉行动。同时，要组织开展农村社区建设的督查落实和绩效评估工作，建立党委政府目标考核、群众评价和社会各界以及舆论评议相结合的绩效评估机制。

(二)关于农村社区建设实验工作的目标问题

推进农村社区建设的实验，制定工作规划十分重要。农村社区建设总的目标，应该是按照党的十六届六中全会的要求，即：管理有序，

服务完善，文明祥和。根据这一总体规划，应在农村社区建设实验工作中制定阶段性目标，分步实施。根据湖南的经验，大致可以分这样几步走：第一阶段的工作目标，改革农村基层社会管理体制，逐步完善村委会的管理、服务功能，探索村委会工作社区化、农村社区工作社会化的有效途径，强化全社会的社区意识，培育和建立与社会主义市场经济体制相适应的农村社区建设管理体制和运行机制。第二阶段的工作目标，以改善和提高农民的生活质量为宗旨，充分发挥社区力量，合理配置社区资源，大力发展社区事业，把农民居住区建设成为自治完善、安居乐业、团结互助、服务健全、管理有序、环境优美的社区。第三阶段的工作目标，逐步完善社区党组织领导的充满活力的村民自治机制，推进农村经济建设、政治建设、文化建设、社会建设和新农村建设的不断进步。当然，这三个层次的目标并不是简单的递进关系，它只是表明了农村社区建设工作的基本层次和总的发展方向。

(三)关于农村社区的基本功能问题

农村社区大致有以下几个基本功能：一是村民自治功能。组织村民开展民主选举、民主决策、民主管理和民主监督，使农村社区内部的政治生活在法制、有序的轨道上进行。当前，要切实做好民主选举的相关工作，大力加强民主决策、民主管理和民主监督等常态民主建设。要充分发动广大村民自发参与农村社区建设，培育农村社区内部的力量，推动村民直接管理、开展社区各项工作。尤其要重视发挥村民小组、志愿者组织、公益性、互助性民间组织的功能，引导广大村民参与社区的活动，推动农民群众的自我管理、自我教育和自我服务。二是发展与建设功能。农村社区需要承担许多经济发展和社会建设功能。农村社区规划后，要实行对现有辖区内资源的重新整合，尤其是对于一些拥有村办企业或经济实体的社区来说，如何结合现代企业制度，推进企业改制，不断实现资产保值增值，推动社区经济发展，这将成为农村社区的重要功能。三是公共管理与服务功能。农村社区应该逐渐承接农村地区公共管理与公共服务的功能，协助政府开展工作，建立起政府行政管理和社区自我管理有效衔接、政府依法行政和村民依法自治良性互动的农村基层社会管理体制。为此，社区应协助政府做好公共服务，如推进为民服务代理制度，探索引导社会救助、社会福利、医疗卫生、计划生育、社会治安、科技教育、文化体育、劳动保障、法律服务、产业服务等多项公共服务来改进农村社区的工作条件，使政府公共服务覆盖到农村社区。尤其要注意强化农村社区的社会福利和保障功能。随着国家在农村地区建立社会福利网络进程的展开，农村社区必然成为社会福利和保障功能的基础平台。农村社区要积极协助国家相关部门开展工作，承担大量具体事务性工作。例如，各种保险、社会救助人员的基本信息、动态状况等档案数据的建立，相关资金、补贴的发放，人员管理等各类工作，必须依托社区进行，得到社区的协助。四是社区服务与产业服务职能。社区服务职能，包括建立社区服务体系，建设社区服务设施，开展社区服务项目，提升社区服务功能。这就需要建设多功能的、综合性的社区服务中心或服务站，能够有效地履行社区照顾、卫生保健、社区环卫、文教体育、计划生育、社会保障、社区治安等多项功能。农村社区还具有为农业产业化服务的功能。随着新农村建设的开展，农业产业不断推进。农村社区应做好产业化服务的后勤保障工作。包括农业生产资料服务、农产品信息服务、农业科技服务、农村剩余劳动力转移服务、经济合作组织管理与协调、经济信息咨询服务等。需要说明的是，农村社区的上述职能，是作为整个区域实体所履行的职能，许多重要任务是需要农村社区村委会、上级政府部门以及社会各界多方力量互动，形成政府与社区、行政与自治两种力量的协调组合，才能完成。

(四)关于农村社区服务设施的建设问题

只有有了服务设施，才能有活动的载体。

有了活动载体，才能凝聚社区中的人心、人气，提升社区共同体意识。农村社区服务设施建设，一是要根据农村社区的实际情况，并考虑到各地经济社会发展程度的差异，农村社区服务设施的设置不应强求一律，而应结合当地条件，遵循简单实用、多功能等原则。一般来说，农村社区的服务设施，主要包括日用消费品和农业生产资料超市、卫生室、养老院、幼儿园、警务室、图书室、综合活动室、室内外文体活动场所等。二是要体现农村社区服务设施的服务效应。农村社区服务设施的设置，要充分考虑农村地区的地理位置、人口聚居、交通状况、历史传统等特点，做到地域相近、规模适度、便于服务、效率优先，进行最优化的设置。要避免形式主义和面子工程，将有限的资金、人员真正投入到需要的地方去，做到物尽其用。三是要加大投入，逐步建立政府购买服务政策，形成以各级公共财政投入为主体，以各级涉农部门相关资金、各帮扶部门投入为辅助，以农村集体积累资金、农民自愿捐助和社会各界捐献援助为基础的多元投入机制，推动各级各地加大公共财政对农村社区服务，尤其是欠发达地区农村社区服务的投入力度。

(五)关于将公共服务向农村社区延伸问题

农村社区不同于城市社区，它既是生活单元，又是生产单元。农村社区服务既要满足农民群众的生活需求，又要满足农民群众的生产需求。要搭建农村社区公共服务平台，为政府公共服务延伸到农村社区和农民群众开展自我服务提供有效的载体，缩小城乡公共服务的差距。在农村社区建设中，有条件的地方要根据实际需要和可能，建立农村社区服务中心、农村合作医疗站、村民学校、图书室等，通过这些载体向农民群众提供多种服务。要适应农村经济社会发展的需要，探索建立覆盖社区全体成员、服务主体多元、服务功能完善、服务质量和管理水平较好的农村社区公共服务，引导教育、卫生、文化、体育、科技、法律、社会治安、社会福利、社会保障等公共服务进入农村。要鼓励和引导驻农村的机关、部队、学校和企事业单位发挥自身优势，积极参与农村社区建设，为农民群众提供力所能及的服务，实行资源共享、共驻共建，共同建设社会主义新农村。

(六)关于推进农村社区建设的实验问题

目前，民政部已确定251个全国农村社区建设实验县(市、区)。农村社区建设是一项全新的工作，我们鼓励各实验县(市、区)从实际出发，不定框子，一手抓实验，一手抓研究，大胆探索农村社区建设的路子。民政部要加强对实验县(市、区)工作的指导和研究，不断总结、提炼带有普遍性、规律性的经验，制定相关政策，以此推动全国的农村社区建设工作。同时，加强宣传和培训。农村社区建设是为农民群众服务的。农民对社区是否认同，是否积极参与，是农村社区建设成败与否的关键之一。因此，要加强对农村社区建设的宣传活动，使农民群众能够了解农村社区建设与自身利益的密切关系，积极支持这一新生事物，热情参与社区的各项活动。同时，要抓好农村社区建设工作指导者和社区干部的培训，使他们尽快掌握农村社区工作的基本理论和方法，以促进农村社区建设向制度化、规范化、科学化的方向发展。

(作者：民政部副部长)

努力构建城乡一体党建工作新格局

骆惠宁

贯彻党的十七大精神，充分发挥党建工作在统筹城乡发展中的思想政治引领和组织保障作用，努力构建城乡一体党建工作新格局，是以改革创新精神加强和改进党的建设的题中应有之义，是当前各级党组织应当重视并解决好的新课题。

一、构建城乡一体党建工作新格局是实践提出的重大课题

首先，这是党建工作贯彻落实科学发展观的必然要求。党的十七大明确提出要建立以工促农、以城带乡长效机制，形成城乡经济社会发展一体化新格局。一体化新格局，既包括经济、政治、文化、社会建设城乡一体发展，也包括党的建设城乡一体发展。城乡经济社会一体化发展，党的建设要及时跟进。构建城乡一体党建工作新格局，就是要使党的工作和党的建设更加符合科学发展观的要求，为推进城乡经济社会一体化发展提供可靠的政治和组织保障。

其次，这是党的建设自身改革发展的迫切需要。进入新时期，我国社会结构深刻变动，城乡联系日趋紧密，“两新”组织大量涌现，党员从业多样化，城乡党建工作要素相互渗透、相互作用、相互影响的情况越来越普遍，工作内容和活动方式的交叉点、共同点越来越多。但从整体上看，目前城乡党建工作还相对分离，农村党建显得比较薄弱，基层党建工作理念、组织设置、党员教育管理、运行机制和工作保障等方面还不完全适应统筹城乡发展的要求。这些新情况新问题日渐凸显，要从根本上解决，迫切需要不断推进党的建设改革创新。构建城乡一体党建工作新格局，应该是其中的一个重要方面。

再次，各地的有益探索为构建城乡一体党建工作新格局奠定了基础。近年来，在中央的指导下，各地就统筹城乡党建工作进行积极探索，着手调整组织设置、创新党员管理模式、改进工作方式、丰富活动内容、建立必要制度，积累了一些新经验，城乡基层党组织的覆盖面不断扩大，凝聚力和战斗力得到增强。从青海看，近些年我们也做了一些工作。比如，加强流动党员管理，开展城乡党组织、党员结对帮扶和“企地共建”活动，全面推行党员公开承诺制，等等。这些探索尽管是初步的，但已经对城乡党建工作统筹发展起到了积极的推动作用。实践证明，构建城乡一体党建工作新格局，是一条应该走、也走得通的路子。

二、构建城乡一体党建工作新格局的基本要求

构建城乡一体党建工作新格局，既是一个实践问题，也是一个理论问题，其基本要求主要体现在“五个一体”上。

——城乡党建工作一体规划。把农村党建和城市党建作为有机整体，在统筹城乡发展大局中加以谋划，既要统筹安排又要有所侧重，既要坚持共性标准又要实行分类指导，正确处理推进一体化与尊重多样性的关系、主体目标一致性与实现方式灵活性的关系，使城乡党建工作相互衔接，进一步增强城乡基层党组织谋发展、促和谐、抓党建的整体合力。

——城乡党建资源一体配置。整合党的组织资源和行政资源、群众资源、社会资源，优化城乡党建资源配置布局，在人财物等方面做到优势互补、城乡共享，改变基层党建资源短缺的

状况。加强城乡基层党建设施建设，把基层党组织活动场所建设纳入城乡建设总体规划，与公共服务设施建设紧密结合起来，通盘安排，同步实施，重点解决农村党建设施落后、配置不齐、功能不全等问题。

——城乡党建事务一体管理。改变城乡党建事务管理相对封闭的状况，积极推动城市与农村基层党组织在党员动态管理、发展新党员、支部目标管理等方面做到双向拓展，在尊重党员主体地位、保障党员民主权利、开展党内关爱等方面做到同向加强，建立有利于统筹城乡党建工作的管理体系，进一步增强基层党组织整体功能。

——城乡党建服务一体开展。把党建工作更好地为党员服务、为发展大局服务作为构建城乡一体党建工作新格局的切入点，增强服务意识，拓展服务内容，创新服务方式，完善服务体系，提高服务水平。在就业创业、教育培训、科技文化、信息咨询等方面做到对城乡党员一体服务，基层党组织活动场所向城乡全体党员开放，党建服务资源向农村和农民党员倾斜，党建服务网络由城市向农村延伸，逐步实现城乡党建基本服务均等化。

——城乡党建考评一体进行。坚持用科学发展观指导和衡量党建工作，完善党建工作考核评价机制，把统筹城乡党建工作作为考核领导班子和领导干部业绩的重要内容，注重考核统筹城乡党建工作的实效，注重考核党员、群众对城乡一体党建工作的公认度和满意度，增强各级党组织抓城乡党建工作的积极性、主动性和创造性，形成各级党组织上下联动、齐抓共管、常抓不懈的工作局面。

三、构建城乡一体党建工作新格局需要着力解决的几个问题

构建城乡一体党建工作新格局，是一项系统工程，也是一个历史过程。在工作的部署和安排上，既要统筹规划，协调推进，又要抓住牵动全局的主要工作，重点突破。当前应着力解决以下六个问题。

（一）进一步明确构建城乡一体党建工作新格局的基本思路。构建城乡一体党建工作新格局，要以邓小平理论和“三个代表”重要思想为指导，深入贯彻落实科学发展观，紧紧围绕党的执政能力建设和先进性建设这条主线，坚持改革创新，树立开放理念，统筹兼顾，以城带乡，着力加强农村党的建设，着力改进党的基层工作，不断完善组织设置，改进党员管理，创新活动方式，优化资源配置，实现城乡互动，使城乡党的建设与统筹城乡发展在指导思想上相一致、工作目标上相协调、工作部署上相呼应、工作成效上相促进，使我们党更好地引领城乡经济社会发展。

（二）进一步健全城乡基层党的组织体系。推进城乡经济社会发展一体化的过程，也是包括党员在内的社会成员重新分工和组合的过程。要顺应党员就业多样化和分布结构变动的趋势，本着地域相邻、行业相近、优势互补、便于教育管理和有利于发挥作用的原则，改进和完善基层党组织设置方式，加大城乡联建力度。青海省海西州是全国循环经济试验区之一，近年来通过村企联建、村居联建和在产业链、协会、流动党员相对集中的地方建立党组织，有效扩大了党组织的覆盖面。我们从实践中感到，只要坚持从不断发展变化的实际出发，调整和优化组织设置，就能够促进形成以城带乡、以企带村、以大带小、以强带弱的基层党组织建设体系和覆盖全社会的党建工作网络，使我们党更好地实现对基层各类组织的领导。

（三）进一步加强党员动态管理。随着改革开放的不断深入，我国社会经济成分、组织形式、就业方式、分配方式和利益关系日趋多样化，给党员教育管理带来了许多新挑战，最突出的问题是流动党员日益增多而又缺乏管理，造成开展活动难、教育管理难、有效监督难、发挥作用难。解决这些问题，必须整合城乡教育管理资源，建立健全城乡一体党员动态管理机制。当前要做好流动党员登记和发放《流动党员活

动证》工作，加强农民工党支部建设，加大流动党员服务中心（站、点）建设力度，建立城乡统一的流动党员信息平台，解决好“档案党员”、“口袋党员”问题，在推进城乡统一的劳动力市场建设进程中同步做好党员管理工作。要建设农村党员干部现代远程教育网络，促进城乡党员教育均衡发展，形成城乡衔接、全面覆盖、协调配合的党员教育管理工作新局面。民族地区在加强党员管理中，还要注意妥善解决部分党员信仰宗教和参与宗教活动问题。

（四）进一步推进城乡人才双向流动。农村基层干部后继乏人、能力不强，实用人才短缺，是制约农村发展的瓶颈之一。统筹城乡党建工作，要打破城乡、行业、地域、身份和所有制界限，促进城乡人才双向流动。加强农村干部队伍建设，选派机关和企事业单位干部到村挂职任职，实施“一村一名大学生”计划。完善农村基层干部选拔任用方式，选好配强乡村领导班子。大规模培训农村基层干部，实行岗位交流、挂职锻炼，深入开展“双培双带”活动，着力提高农村基层党组织领导科学发展的能力。加强农村实用人才培养，引导各类人才到农村创业，为农村发展提供智力支持。

（五）进一步建立城乡基层组织互助机制。经济与社会的深刻变革，要求基层党组织在活动方式上扩大开放性、增强服务性、体现多样性，但目前基层党组织特别是农村党组织还存在着活力不足、活动方式封闭和单一等问题，与城乡一体化发展不相适应。要以“三级联创”为抓手，普遍开展部门包村、干部驻村、“城乡支部一帮一”等活动，实现城乡党组织互帮互助经常化、制度化。搭建党员联系和服务群众平台，全面开展农村无职党员设岗定责、党员先锋岗、党员责任区、党员示范户等活动，增强城乡基层党组织活动的针对性和实效性。加大对农村基层党组织和老党员、生活困难党员的帮扶力度，建立村干部报酬动态增长机制，建立健全农村基层干部养老保险、医疗保险和离任生活补助制度，完善党内激励、关怀、帮扶机制。城乡结合部最有条件统筹，要进一步抓好联建、联管、联创工作，使城市党建工作向城乡结合部延伸，发挥其在推进城乡经济社会发展和党的建设中的辐射带动作用。后进乡村、困难企业的矛盾和问题比较集中，是基层党建工作的薄弱环节，要进一步加强整顿、帮扶和建设力度，充分发挥党组织的战斗堡垒作用。

（六）进一步加大对农村基层党建工作的投入力度。农村基层党建投入不足，集体经济薄弱，村级组织无钱办事，缺乏凝聚群众的物质基础，是制约基层党建工作的重要因素。要进一步建立健全经费保障机制，保障城乡基层党组织基本工作经费。在建设社会主义新农村的过程中，各级财政应进一步加大支持农村基层党组织建设的力度。各地党建资源配置应向贫困地区倾斜，党费支出应向农村基层倾斜。要努力发展新型村级经济，增强基层组织有钱办事的能力。

总之，我们应从贯彻落实科学发展观的高度，总结经验，把握规律，进一步提高认识，进一步加大力度，进一步形成制度，在更高层次上统筹推进城乡党的建设，构建城乡一体党建工作新格局。这是新形势下加强和改善党的领导的重要途径。

（作者：中共青海省委副书记）

系。深入开展科技特派员创业行动，促进科技和产业的紧密结合。改善技术创新的投资环境，鼓励大型涉农企业建立农业科技研发中心，并在财税、金融和技术改造等方面给予扶持。按照建设资源节约型、环境友好型社会的要求，大力发展循环农业，积极发展节地、节水、节肥、节能等节约型农业，鼓励使用节能型农业机械和加工设备，推广立体复合种植模式，努力提高农业投入和资源的综合利用效率。

（五）农业设施条件改造工程。这是事关农业后劲，事关农业长远发展的基础工程。加强以水利为重点的农田基本建设，加快推进贺兰山、六盘山、太阳山"三山"供水工程和"581"土地开发工程、引黄灌区续建配套和节水改造工程、扶贫扬黄灌溉工程、银北百万亩盐碱地改造工程及南部山区坡耕地水土流失整治工程，进一步加大"沃土工程"和"测土配方施肥"的实施力度，开发后备耕地资源，扩大灌溉面积，提高现有耕地质量。要以农机具购置补贴为引导，扩大农机覆盖领域，加快推进农业机械化。认真组织实施好"万村千乡市场工程"，加快发展现代物流业，构建农产品流通市场体系。积极推进农业信息化建设。充分利用和整合涉农信息资源，加快建立农业信息服务平台，健全农业信息收集和发布制度，提供专家咨询（农技110）、技术指导、市场价格等多种服务。建立省级农业数据库以及区、市、县、乡、村五级农业信息网络互联中心。建立"网络平台＋公司＋农户"的新型农村信息站点，实施信息入户工程，让农民在家就能学习先进技术、获取市场信息、推销农产品。

（六）农村人居环境建设工程。要充分发挥公共财政的作用，加大投入力度，实施村庄综合治理，使乡村软硬环境得到明显改善。以规划为先导，以水、电、路、气、厕"五位一体"为基础，以村部、村卫生室、农家店为中心，以砖瓦房为亮点，整合资金，集成政策，统一规划，统一建设，统一配送。加快农村安全饮水重点工程建设，重点解决好中部干旱带饮水困难，让农民喝上干净水；重视农村上下水设施建设，提高农户家庭自来水利用率。加快乡村道路建设，在乡乡通油路、村村通公路的基础上，力争使有条件的行政村通油路和等级公路。加快农村能源建设，积极推广沼气、秸秆气化等清洁能源。实施农民新居工程，引导农民加快住房和居住环境改造。实施"千村整治工程"，绿化美化净化村容村貌，营造整洁、舒适、文明的人居环境。

（七）农村公共服务体系建设工程。要统筹安排城乡公共资源分配，着力解决好农民群众最关心的上学难、看病难、行路难、饮水难等现实问题。要突出抓好教育，继续实行"三免一补"政策，优化教育资源布局，加强农村学校基础设施建设和教师队伍建设，加大城镇教师支援农村教育的力度，促进城乡义务教育均衡发展。大力发展农村职业教育，提高教育直接为农业和农村经济发展服务的水平。重视改善医疗卫生条件，积极防治地方病，全面推行新型农村合作医疗制度，加大对农村特困户的医疗救助，减少因病返贫人口。继续加强以乡镇卫生院为重点的农村卫生基础设施建设，健全农村公共卫生服务体系和三级医疗卫生体系。加强农村公共文化设施建设，建立健全农村广播电视文化服务体系，继续推进广播电视"村村通"和农村电影放映工程。建立和完善农村救助制度、最低收入保障制度和"五保户"供养制度，积极探索农村社会养老保险制度和失地农民社会保险制度，初步实现城乡保障项目基本同有，保障水平逐步接近，社会保障体系逐步接轨。

（八）新型农民培育工程。整合农村各种教育资源，加快发展农村职业教育和成人教育，实施好"百万农民培训工程"、"农民工技能培训工程"、"阳光工程"和"雨露工程"，下大力气培养造就有文化、懂技术、会经营的新型农民，把农村人力资源转化为人力资本。切实改进培训方式，注重培训效果，既要提高农民的文化素质，又要提高农民的职业技能；既要搞好农民转岗转业培训，又要搞好农业技术培训。

（作者：宁夏回族自治区党委副书记、政府主席）

适应建设社会主义新农村要求
加强和改进农村基层党建工作研究报告

中央组织部组织局

建设社会主义新农村是在我国全面建设小康社会和现代化建设进程中的一项重大历史任务。推进社会主义新农村建设，既为农村基层党组织进一步发挥作用、强化功能提供了广阔的历史舞台，同时也对农村基层党组织及其建设提出了新的更高的要求。如何适应这一新的形势和任务，进一步加强和改进农村基层党建工作，切实为建设社会主义新农村提供坚强的组织保证，是当前党的基层组织建设工作面临的一项重大课题。

一、农村基层党组织在推进社会主义新农村建设中承担着重要职责

我国是一个农业大国，农民占人口的大多数。农业兴，则百业兴；农民富，则国家富；农村稳，则天下稳。正确认识和处理农民问题，做好农业和农村工作，始终是决定党的事业胜利发展和国家长治久安的一个根本问题，始终是党和国家工作全局的重中之重。

在新的历史条件下，党的十六届五中全会提出建设社会主义新农村，对做好当前和今后一个时期的“三农”工作进行了全面部署。这是我们党在深刻分析当前国际国内形势、全面把握我国经济社会发展阶段性特征的基础上，从党和国家事业发展全局出发确定的一项重大历史任务，也是在新形势下加强“三农”工作、更好地推进社会主义和谐社会建设和现代化建设的一项战略举措。农村基层党组织要深刻认识建设社会主义新农村的重大现实意义和深远历史意义，切实增强做好工作的责任感和紧迫感，努力担负起团结带领广大党员、群众推进社会主义新农村建设的历史使命和重要职责。要努力促进农村经济发展、提高农民生活水平；要切实加强民主法制建设，保障农民民主权利；要大力加强精神文明建设，培育新型农民；要不断推进和谐社会建设，保持农村稳定。

二、农村基层党建工作的不断加强为社会主义新农村建设奠定了基础

党中央历来高度重视农村基层组织建设。从党的八大到党的十六大，我们党共召开了9次全国代表大会，除“文化大革命”特殊时期的九大、十大外，每次代表大会都对农村基层组织建设提出要求；1950年以来，我们党共召开65次中央全会，有36次全会对农村基层组织建设提出了要求，其中11次作了较为详尽的论述。在党中央的坚强领导和统一部署下，1990年中央有关部门组织召开“莱西会议”，进一步明确了农村基层党组织的领导核心地位，确立了以党支部为核心的村级组织配套建设的工作格局；1994至2000年对后进乡镇党委和村党组织进行集中整顿、建设；2000年12月至2002年6月在全国农村开展了“三个代表”重要思想学习教育活动；2005年1月至2006年6月在全党开展了保持共产党员先进性教育活动，其中乡镇机关和农村基层的先进性教育活动分别在第二批和第三批开展。各级党组织认真贯彻执行党在农村的路线方针政策和中央关于加强党的建设的一系列重大部署，紧密结合农村实际，扎扎实实地抓好各项任务的落实。

总的看，经过多年的不懈努力，农村基层党建工作不断加强，整体水平迈上了一个新台阶，

有力地推动了农村经济发展和社会进步，为建设社会主义新农村注入了强大动力，奠定了坚实的工作基础。一是注重解决群众最关心、最直接、最现实的利益问题，农村党群干群关系进一步密切。二是注重推动农业和农村经济科学发展，农民增收致富的步伐进一步加快。三是注重创新农村基层党组织的设置方式和活动方式，党组织的整体功能进一步增强。四是注重加强能力建设，基层领导班子和干部队伍推动发展、服务群众的本领进一步提高。五是注重发挥党员队伍在先进性建设中的主体作用，党员的党性观念和整体素质进一步增强。六是注重整合运用各方面的资源和力量，抓党建、促发展的整体合力进一步增强。

三、建设社会主义新农村对农村基层党建工作提出了新要求

建国以来，我们党对建设社会主义新农村进行了不懈探索，在不同时期曾多次提出过建设社会主义新农村的任务和要求。这次提出建设社会主义新农村，与我们党改革开放以来农村改革发展的目标，在战略思想上是一脉相承的，都是为了促进农业和农村发展、改善农民生活，促进国家经济社会发展、保待社会稳定。但同时，又有着鲜明的时代特征和丰富的时代内涵，对农村基层党建工作提出了新的更高的要求。

社会主义新农村建设的本质在于为民富民，这对农村基层党建工作的价值取向提出了新要求；社会主义新农村建设的目标在于促进农村全面协调发展，这对农村基层党建工作的职能定位提出了新要求；社会主义新农村建设的方式是实行工业反哺农业、城市支持农村，这对推进农村基层党建工作的思路提出了新要求；社会主义新农村建设的主体是亿万农民群众，这对进一步扩大农村基层民主、调动农民群众的积极性、主动性提出了新要求。

四、农村基层党建工作面临的新情况新问题

当前，特别是随着建设社会主义新农村这一重大战略措施的全面推进，农村基层党建工作还面临许多重大课题，存在一些深层次问题。

1. 在农村市场经济迅速发展和农村经济增长方式发生重大转变的情况下，农村基层党组织还存在许多“不符合”、“不适应”。一是农村按照行政区划设置党组织不适应农业产业化、市场化发展的要求。二是农村基层党组织帮助农民研究市场、熟悉市场、进入市场的办法还不多，组织农民进行规模化、产业化经营的能力还不强，为农民提供社会化服务的内容和形式还比较单一。三是面对农村新经济、新社会组织迅速发展，影响力不断扩大的情况，农村基层党组织如何加强领导和指导，确保其健康发展，也是当前农村基层党建工作面临的一项课题。

2. 在农村基层党组织与农民群众利益关系发生深刻变化的情况下，农村基层党组织如何联系群众、组织群众、凝聚群众。长期以来，农村基层党组织通过直接掌握经济和政治资源，直接动员和组织生产、主持分配，直接负责具体经济发展和社会事务。这种利益连接方式，支持着党组织的核心领导作用，形成了农村基层党组织与农民群众的密切联系。但随着市场经济的发展和农村改革的不断深化，农村基层党组织与农村群众利益连接的链条出现了断裂，党组织原有功能的实现空间逐渐缩小，传统的组织群众、动员群众的手段减弱。

3. 在农村社会阶层不断分化和利益主体日趋多元化的情况下，农村基层党组织如何协调处理利益关系、维护农村社会和谐稳定。改革开放以来，特别是上世纪90年代以来，农村社会出现了不同的职业群体和社会阶层。面对着目前已经和正在发生变化的农民，农村基层党组织如何延伸工作触角，加强对不同阶层和不同职业的农民党员的管理服务；面对不同社会阶层所具有的不同经济基础、生活方式、政治态

度和利益诉求，农村基层党组织如何协调处理利益关系，保持农村和谐稳定等等，都是农村基层党建工作面临的新课题。

4.在全面实行"村民自治"、乡村治理方式发生重大变化的情况下，农村基层党组织如何发挥领导核心作用、保障农民民主权利。随着《村民委员会组织法》的颁布实施和村民自治的全面实行，特别是村委会成员直选的这种根本性改变，在乡村社会已经出现因村党组织书记和村委会主任产生方式的不同和农民参与程度的不同，使村党组织的影响力、号召力受到影响。在这种情况下，村党组织如何有效地领导村委会，理顺与村委会的关系，参与、介入重大村务的决策；如何扩大党的群众基础，有效地组织群众、引导群众，确保农民群众有序的政治参与，尊重和保障他们的民主权利，特别是在民主选举中的各项权利，都给农村基层党组织提出了新的课题。

五、适应建设社会主义新农村要求，加强农村基层党建工作的思路和措施

在当前形势下，进一步加强和改进农村基层党建工作，必须坚持以农村党的建设"三级联创"活动为总抓手，并根据新的形势和任务，不断赋予"三级联创"活动新的内涵，不断提升"三级联创"活动的整体水平，努力把农村基层党组织建设成为贯彻"三个代表"重要思想和落实科学发展观的组织者、推动者和实践者。

1.进一步确立以群众满意为核心的价值取向，切实把推动农村经济发展和农民增收致富作为第一要务来抓。党中央作出建设社会主义新农村的重大战略决策，最核心的是要解决农业发展、农村稳定、农民福祉问题，是要维护和发展亿万农民群众的根本利益。适应建设社会主义新农村要求，加强和改进农村基层党建工作，应该进一步确立以群众满意为核心的价值取向。农村基层党建工作要取得"群众满意"，最基本的一条，就是要始终代表、维护和实现广大农民群众的根本利益。当前，农村基层党组织要把推动农村经济发展和农民增收致富作为第一要务来抓，这是建设社会主义新农村的根本任务和重要基础。同时，要注重解决广大农民群众最直接、最关心、最现实的利益问题，把工作的着力点、切入点放在农民群众一个个具体问题的解决上。

2.建立健全民主开放、广纳群贤的农村基层选人用人机制，选好配强乡、村两级领导班子。加强农村基层党建工作，发挥基层党组织的领导核心作用，关键是要选好配强党组织领导班子，特别是要选配好党组织书记。第一，进一步扩大选任工作中的民主，改革和完善农村基层干部的选拔任用制度。要进一步扩大乡镇领导班子成员的公推范围，积极稳妥地搞好乡镇领导班子成员的直选试点。继续完善村党组织领导班子成员"两推一选"和村委会成员直选的制度和做法，并提倡各地结合实际推行村党组织书记、村委会主任"一人兼"和村"两委"班子成员交叉任职的模式，但不能搞"一刀切"。第二，进一步扩大选人视野，打破城乡、地域、行业、身份和所有制界限选拔人才。第三，进一步加大工作力度，继续做好选派机关干部到乡村挂职、任职、驻村工作。第四，要进一步采取有效措施，鼓励和引导高校毕业生到农村基层干事创业。

3.整合运用各种培训资源以及其他社会资源，大力加强农村党员、基层干部和实用人才"三支队伍"建设。进一步加强和改进农村基层组织建设，必须高度重视和加强"三支队伍"建设，特别是要整合和运用城乡各种资源，着力加强"三支队伍"的能力建设。第一，充分发挥各级党校、干校和城市各种培训机构、高等院校的培训资源，大力加强农村"三支队伍"的教育培训。第二，充分运用各种政策、项目、信息资源，切实为农村"三支队伍"发挥作用提供支持、创造条件。第三，着眼于合理配置城乡人才资源，统筹抓好农村"三支队伍"的培养和管理。各级党委及其组织部门应把农村"三支队伍"建设纳入整个干部人才队伍建设之中，统筹规划，统一

部署。要加强指导和引导，逐步形成注重从优秀乡镇干部中选拔县市领导干部的用人导向，积极疏通优秀村干部进入乡镇公务员队伍的渠道。

4.改革创新党组织的设置方式和活动方式，不断增强农村基层党组织的整体功能。从现实情况和发展趋势看，乡镇以下的基层党组织实际上有两种类型，一种是按行政村设置的农村社区性党组织，一种是围绕农村产业开发建立的党组织。就农村社区党组织来说，它直接支撑着农村基层政权的建设，担负着对村民自治组织和全村经济社会事务的全面领导，其职能定位就是要发挥领导核心作用；在产业链上建立党组织，属于党建工作向新经济组织的延伸，实质是经济实体内部的党建工作，其职能定位应当是发挥政治核心作用。结合乡镇机构改革和一些地方开展的合村并组工作，有条件的地方可以主动适应农村产业发展需要，有序探索调整前一种类型的党组织设置，加快后一种类型的党组织建设。另一方面，在城乡二元体制向城乡一体化迈进的背景下，城乡基层党组织泾渭分明的格局必须打破，农村基层组织的触角必须向城市延伸，既注意履行好对流出党员的教育管理职能，又主动同一切与农村经济有关的城市经济社会实体的党员和组织携手合作，甚至进行组织共建和资源整合，努力形成以工促农、以城带乡的组织格局。同时，要围绕新农村建设的目标任务，探索创新党组织的活动内容、活动形式，创造一些简便易行、行之有效的活动载体。既要防止党建工作与中心工作"两张皮"，也要防止相互代替。要研究农村"两新"组织中党组织的职能定位问题。要在一些符合条件的农村"两新"组织中，及时建立党的组织，开展党的活动。乡村党组织要加强对"两新"组织的领导和指导，积极提供支持和服务，引导他们健康发展。

5.积极推进农村基层民主政治建设，尊重和保障广大农民群众在社会主义新农村建设中的主体地位。从加强农村基层组织建设、推进基层民主政治建设的角度讲，一方面要坚持以基层党内民主推进基层民主，大力发展基层党内民主；另一方面要改进村党组织的领导方式和工作方式，支持和保证村民充分行使民主权利。在推进农村基层民主政治建设中，必须坚持党的统一领导，充分发挥基层党组织的领导核心作用，这是确保基层民主政治甚至整个经济社会协调和谐发展的关键，任何时候都不能动摇。要引导基层党组织主动适应社会主义市场经济和民主政治发展的新形势、新要求，积极改进领导方式和工作方法，努力做到科学执政、民主执政、依法执政。要结合各地在推行村民自治中的一些成功经验，进一步总结完善加强党组织领导和实行村民自治的各项制度，重点完善村"两委"的民主选举制度、村民会议或村民代表会议制度以及村"两委"的议事规则、决策程序等。要通过加强制度建设，逐步实现党组织工作规范化、村民自治法制化、民主监督程序化，切实规范基层党组织和基层干部的施政行为。

6.不断加大对农村基层的投入，逐步完善农村基层党建工作的保障机制。加强农村基层党建工作，必须把夯实物质基础，建立保障机制作为一项重要任务来抓。各级党委、政府都应从财政中列支一定的农村基层组织建设专项经费，各级党委管理的党费也应向农村基层倾斜。中央要进一步加大对偏远贫困地区财政转移支付的力度，积极采取措施化解乡村历史债务，帮助基层解决实际困难，切实为农村基层政权的正常运转创造必要的物质条件。要不断提高农村基层干部的报酬待遇，村"两委"主要干部的报酬待遇应达到高于当地农民人均纯收入的水平。要结合当地实际，建立健全村干部养老保险制度、医疗保险制度、离职补偿制度等。要扎实推进村级组织活动场所建设，注重加强管理和维护，充分发挥活动场所的综合效能。要鼓励和支持发展村级集体经济，根据各个村的不同情况，因地制宜，因村制宜，坚持走农工商并举、种养加结合的路子，按照宜工则工、宜农则农的原则，积极探索在市场经济条件下发展集体经济的多种实现方式。要把发展集体经济同为农民群众提供服务、促进农民增收致富有机结合起来，不断夯实基层党组织凝聚群众、服务群众的物质基础。

7.进一步强化和落实各级党组织和有关部门抓农村基层组织建设的责任，真正形成齐抓共管、常抓不懈的工作格局。当前，应按照中央的精神和要求，进一步强化和落实各级党委及有关部门抓农村基层组织建设的责任。一是落实省委的职责。省委应重点在强化管党意识、加强组织领导、制定工作规划、统筹社会资源、进行宏观指导、搞好激励表彰等方面负起责任。二是落实市（地）委的职责。市（地）一级相对拥有更多的可供统筹的社会资源，也具有更直接、更有效的整合资源和力量的手段。因此，进一步加强农村基层党建工作，必须更加重视发挥市（地）委的作用，特别是统筹协调、整合资源、加大投入、形成合力等方面的作用。三是明确县、乡、村党组织的职责。县、乡、村三级党组织是开展“三级联创”活动、加强农村基层党建工作的主体，是一个紧密联系的整体链条，也是新农村建设的重要组织者和直接推动者。明确各级党组织的责任，必须把县、乡、村三级作为一个整体来考虑，做到联责任、联目标、联奖惩。四是明确有关部门的责任。中央有关部门要重视本系统的基层组织建设工作，加强督促指导，配合地方党委抓好相关工作；省、市主管部门要做好对本系统基层组织建设的具体指导，同时要按照地方党委的统一部署认真做好相关工作；县（市）涉农部门和乡镇站所要按照县（市）委的统一安排和本部门的工作职能，认真落实农村基层组织建设的有关任务。

北京市选聘大学生“村官”的实践与思考

辛铁樑

引导和鼓励高校毕业生面向基层就业，是党中央、国务院从党和国家事业发展全局出发作出的一项重大决策。北京市选聘高校毕业生到京郊担任村党支部书记助理、村委会主任助理（简称大学生“村官”），引导和鼓励高校毕业生面向农村基层就业，为新农村建设提供人才支持，取得了初步成效。

北京市将在今年实现“村村有大学生”目标

2005 年 6 月，中共中央办公厅、国务院办公厅下发《关于引导和鼓励高校毕业生面向基层就业的意见》，北京市委、市政府高度重视，认真研究贯彻落实措施，提出以选聘高校毕业生担任村党支部书记助理、村委会主任助理为主要形式，确保 3 年之内实现“村村有大学生”、力争一村两名大学生的目标。

为保证选聘大学生“村官”的工作顺利开展，市委组织部、市教育工委、市农村工委、市人事局等九部门联合制定《关于引导和鼓励高校毕业生到农村基层就业创业实现村村有大学生目标的实施方案》，在全市建立了引导和鼓励高校毕业生到农村基层就业工作联席会制度，并在市人事局设立联席会办公室，专门负责选聘大学生“村官”的具体工作。

2006 年 2 月，北京市选择平谷、延庆两个区县进行选聘大学生“村官”工作的试点。经过 4 个月的实践，试点工作取得初步成效，选聘的 60 名大学生全部签署留任合同。

在试点取得经验的基础上，北京市随即全面启动 2006 年选聘大学生“村官”的工作，13600 多人报名应聘，经过笔试、面试、体检，层层选拔，择优录取，最终 2016 人入选，奔赴京郊 11 个区县，投身新农村建设。今年，北京市将再选聘 3000 名大学生“村官”，招聘地域扩大为 13 个区县。这批大学生“村官”到任后，京郊 3978 个行政村将基本实现“村村有大学生”的目标。明年，北京市计划再选聘 3000 名大学生“村官”，届时大学生“村官”的总数将达到 8000 人左右，基本实现一村两名大学生的目标。

努力建立选聘大学生“村官”的良性机制

北京市努力建立引导和鼓励高校毕业生到农村基层就业的良性机制。从政策制定到方案实施，从试点先行到分步推进，从岗前培训到后续管理，进行了周密设计，并在实践中不断完善。

政策引导，鼓励高校毕业生到农村基层就业。北京市明确规定：被聘任为村党支部书记助理、村委会主任助理的高校本科毕业生，其薪酬第一年平均每人每月 2000 元，第二年平均每人每月 2500 元，第三年平均每人每月 3000 元，并按照国家和北京市有关政策，为其缴纳各类社会保险；非北京生源的北京高校毕业生，聘用后连续两年考核合格者，经有关部门批准，可转为北京市户口；在校期间已通过北京市国家公务员公共科目笔试的，笔试合格证书有效期可延长至 3 年合同期满后的 6 个月，合同到期如用人单位需要，经面试合格，可优先录用为北京市国家公务员；被国家机关、事业单位录用聘用的，在“村官”岗位上工作的年限记入工龄；工作满两年经考核合格报考研究生的，入学考试总分加 10 分，并在同等条件下优先录取，3 年合同期满并作出突出贡献的，可推荐免试入学，等等。这些规定，充分体现了鼓励高校毕业生到农村基层就业的政策导向，极大调动了北京高校毕业生以及京外院校北京生源毕业生报名投身京郊新农村建设的积极性。

四条通道，拓宽大学生“村官”未来之路。面对各地引导和鼓励高校毕业生到农村基层就业的热潮，有人担忧：几年后，当这些在农村基层就业的大学生合同期满，他们新的就业问题如何解决？如果出现大规模的“返城潮”怎么办？对此，北京市在制度安排上已经有了明确的对策，提前设计了四条通道：可根据工作需要和本人意愿续签合同；可进入人才市场自主择业；可报考研究生给予加分奖励；可应聘国家机关和事业单位，按照有关规定确定相应职务，享受相应待遇，或按同类人员的标准确定工资待遇，表现优秀的，可列为副处级后备干部。

预期调控，保证大学生“村官”常量不变。我们预测，2009 年后，随着大学生“村官”合同陆续到期，将会有人离开“村官”的岗位，寻求新的发展，这是正常现象。应如何妥善应对这种现象？北京市的基本思路是：2009 年后，每年减多少，就补多少，使大学生“村官”总量大体不变，使每村两名大学生的目标在实现后保持动态性稳定。作为北京市引导和鼓励大学生到基层就业的示范工程和社会主义新农村建设的人才支持工程，北京市将把选聘大学生“村官”的工作坚持不懈地抓下去，抓到底，务求实效。

注重培养，建立“四位一体”运行机制。引导和鼓励高校毕业生到农村基层就业，“引得来”是前提，“留得住”是基础，“用得好”是关键。北京市在选聘大学生“村官”工作中，除在政策上增强“引得来”的吸引力外，特别注意在“留得住”上动脑子，在“用得好”上下功夫。我们印发了全市统一的《聘用高校毕业生担任京郊村党支部书记助理、村委会主任助理劳动合同书（示范文本）》，用合同形式明确规定了双方的权利和义务；出台了《北京市到京郊农村担任村党支部书记助理、村委会主任助理的高校毕业生工资发放和社会保险缴纳管理办法》，保证大学生“村官”工资待遇和参加社会保险得到切实落实。与此同时，涉及选聘大学生“村官”工作的各有关区县及一些乡镇，也分别制定了岗前培训、岗位职责、管理办法、考核细则等相关制度，激励大学生“村官”在本职岗位上有所作为，争做贡献。多数村和乡镇买电脑、装电话、配自行车，为大学生“村官”尽可能创造好的工作和生活条件。许多乡镇实行“一带一”制度，为每个大学生“村官”指定一名干部负责专门指导，促使他们更好更快地成长。我们计划制定和发布全市统一的大学生“村官”岗位责任制，规定大学生“村官”能干什么，需干什么，该干什么，进一步规范大学生“村官”的职务行为。目前，北京市选聘大学生“村官”的工作整体上发展健康，运行良好。我们设想，通过建立培养、选拔、使用、管理“四位一体”的人才资源开发机制，促进大学生“村官”成长，使他们在新农村建设中建功立业，在本职岗位上得到锻炼，为今后的事业发展打下良好的基础。

选聘大学生“村官”意义重要而深远

选聘大学生“村官”是推进京郊新农村建设的重大举措，同时也是实现首都经济社会协调发展的需要，是推动社会主义和谐社会首善之区建设的需要。

为新农村建设输送生力军。目前活跃在京郊的 2000 余名大学生“村官”，发挥自身的特长和优势，努力工作，被村民形象地称之为政策宣传员、决策咨询员、科技普及员、信息调研员、档案管理员、村务协管员、文化小教员、活动组织员。他们有的运用所学理论知识，为村里制定发展规划；有的利用自身特长，帮助村里推销产品；有的结合所学专业，在种植、养殖、果树栽培等方面进行试验和探索，帮助村民致富。毕业于法律系的大学生“村官”，还在村里举办普法培训班，创建法律工作室，为村民提供法律服务，担任诉讼代理人，协助村集体通过司法途径解决土地承包等合同纠纷。大学生“村官”已成为京郊新农村建设的生力军。

为大学生就业开辟新通道。今年北京市选聘大学生“村官”应聘者达到19014人，报名人数比去年增加6600余人，录取比例超过6∶1。其中，博士、硕士研究生近1800人，占报名总人数的9.5%。这充分说明，鼓励高校毕业生到农村基层就业的政策是有吸引力的，大学生对担任“村官”这一就业方式是认可的。许多大学生“村官”在本职岗位上干得有声有色，已取得了可喜的成绩。前不久，怀柔区进行了一次民意调查，村民对全区154名大学生“村官”全部投了满意票。大学生“村官”们在农村找到了用武之地，在人生道路上确立了新的坐标。

为农村基层干部队伍增添新鲜血液。大学生“村官”有知识、肯动脑、求上进，他们以村党支部书记助理、村委会主任助理的身份投入工作，对于尽快了解农村，熟悉农村，积累基层经验，增长工作才干，是一个十分有利的条件。经过锻炼，从中选拔一些表现突出者充实村、乡干部队伍，这对于调整村、乡干部队伍结构，推进社会主义新农村建设，都是一个有力的促进。在延庆县，现已有6名大学生“村官”被选入大村党支部或村委会领导班子。

（作者：中共北京市委组织部副部长、市人事局局长）

确保农民在新农村建设中的主体地位

李兆前

日照是新兴沿海港口城市，刚刚步入工业化快速推进时期，80%的人口在农村。在这样的市情基础上推进新农村建设，必须充分相信农民，紧紧依靠农民，广泛发动农民，努力解决好农民群众最关心、最直接、最现实的利益问题，最大限度地激发农民群众的积极性、主动性和创造性。

相信和依靠农民群众
是确保农民主体地位的前提

农民是建设新农村的实践主体，对新农村建设最关心，也最有发言权。相信和依靠农民群众，关键在于尊重农民的首创精神，扩大农村的基层民主，维护农民的民主权利，让农民在事关自身利益的问题上唱主角。

一是畅通渠道问计于民。日照市委市政府全面推行涉农重大决策事项社会公示和听证等制度，组建市行政投诉中心，畅通民意反映渠道。今年初，以开展“作风建设年”活动为契机，组织各级干部开展“千村问计大调查”活动，向社会各阶层征求新农村建设的意见和建议，共发放调查问卷2.2万余份，召开座谈会3800多个，形成1600多条合理化建议。在此基础上，市委及时完善新农村建设规划和涉农政策，确保在农村的各项措施符合群众意愿。

二是保障农民的知情权。我们一方面通过健全完善党委政府信息公开、重大事项新闻发布会、重要会议邀请民意代表列席等制度，畅通农民的信息获取渠道；另一方面规范村务公开的事项、程序和时间，切实解决公开内容不真实、不全面、不及时等问题。

三是保障农民的选举权。我市在村“两委”换届期间，探索实行了“两推直选”，把党员推选村党支部成员候选人的权利延伸到直接选举村党组织成员，使党员和群众的政治意愿表达得更直接、更充分。

四是保障农民的决策权。我们制定了村务大事村民公决制度，把“一事一议”、筹资筹劳等全部纳入公决范围，村“两委”决策前必须普遍征求农民意见，绝大多数村民同意才能拍板定案，确保村务决策建立在广泛的民意基础之上。

五是保障农民的监督权。莒县夏庄镇农村工作一度陷于瘫痪，我们针对该村实际，积极完善基层干部创造的一事一个规程、一村一本台账、一月一次例会的“基础工作法”，力争让“干部清白，群众明白”，有力推动了农村工作的开展。目前，我们在全市推广“基础工作法”，把每一项村务工作的范围、标准、程序、责任等都细化为具体的操作规程，群众对村级事务由结果监督转化为全过程监督，形成了村级权力监督新机制。

六是把评判权交给农民。新农村建设有没有成效，归根到底应由农民来评判。特别是对涉及农民切身利益和长远利益的重大事项，应认真开展群众满意度测评，切实做到过程请农民监督，成效由农民评判。2006年，我们在全市农村推广村“两委”成员向群众述职制度，并根据农村各种事项的不同周期，实行季度测评和年度测评制度。目前，全市农民测评事项已达100多项，农民群众的评价权基本覆盖了农村人、事、财各个方面。

发展农民的经济利益
是确保农民主体地位的根本要求

建设新农村的首要任务是发展生产，核心

是增加农民收入。只有大力繁荣农村经济，让农民群众尽快富裕起来，广大农民的主体地位才能巩固，农村各项工作才有坚实的支撑。

一是保障农民的土地权益。土地是农民最基本的生产资料和生活保障。为发展农民的经济利益，切实保障农民的土地权益，我们在全面清理“两田制”的基础上，严格执行土地承包30年不变政策，在依法、自愿、有偿基础上健全土地承包经营权流转机制，全市土地经营权流转面积已达15万亩。同时，积极探索建立土地增值的农民共享机制，不断提高农民来自土地的经营性收益。

二是挖掘农业内部的增收潜力。近年来，我们大力发展现代农业，引导农民群众加快发展特色农业、品牌农业、绿色农业、有机农业，2006年全市建成农业标准化生产基地39个，培育无公害和绿色食品品牌60多个；大力推进农业产业化经营，加快农业龙头企业和农村流通体系建设，引导和扶持农业专业合作组织、社会中介服务组织发展，目前全市培育农业龙头企业达到938家，农民专业合作组织788个，年交易额过亿元的农产品批发市场6个，连锁店和农家店1030家，极大地提高了农民进入市场的组织化程度和农业综合经济效益；积极推进农业科技进步，已建立科技推广机构300多个，在促进农业科技成果转化中发挥着日益重要的作用。

三是拓宽农民的非农增收渠道。一方面，不断调整农村经济结构，以小城镇建设为载体，积极发展农村二、三产业和特色经济，把城镇建设与优势产业培植、市场建设等有机结合起来，增强城镇吸纳人口、带动农村发展的能力，让农民共享工业化、城镇化带来的成果；另一方面，加快农村劳动力向城镇和非农产业转移，建立城乡一体的人力资源市场，优化农民工培训、维权、信息等服务环境，努力为农民创造更多的发展机会。2006年，全市累计转移农村劳动力36万人，占全市农民的27%，带动农民人均工资性收入增加1600多元，全市农民人均纯收入连续三年以两位数速度增长，生产生活条件得到明显改善。

提高农民综合素质
是确保农民主体地位的基础工作

确保农民在新农村建设中的主体地位，必须把培育新型农民作为一项基础性工程来抓，努力培养和造就懂技术、会经营的新型农民。

一是提高农民的思想道德素质。全面贯彻落实《公民道德建设实施纲要》，努力践行以“八荣八耻”为主要内容的社会主义荣辱观，不断提高农民群众的思想道德水平。深入开展农村政策和法制宣传教育，提高农民的政策水平，引导农民学法用法守法，以合法手段反映合理诉求。坚持把精神文明建设融入农民的日常生活之中，积极开展文明家庭、文明村镇等群众性文明创建活动，促进农民的思想观念和行为方式向科学、文明转变。

二是增强农民的科学文化素质。农村基础教育事关农民的素质提高和农村的长远发展。我们坚持把农村基础教育摆在优先发展的位置，完善县乡村三级教育网络和以县为主的义务教育管理体制。严格落实义务教育“一费制”，对困难家庭学生落实“两免一补”政策，保证每个农民子女都能上得起学。加大政府财政转移支付力度，科学配置城乡教育资源，鼓励优秀教师到农村任教，切实改善农村办学条件。

三是强化农民的职业技能。培养新型农民，增强致富本领，重点在于强化技能培训。我们加快建立政府扶助、面向市场、多元办学的培训机制，对留在农村的农民，重点培训先进农业实用技术，使其成为现代农业的生产经营者；对外出务工农民重点培训职业技能，促其向现代产业工人和新型市民转化。

政府主导和社会参与
是确保农民主体地位的必要条件

发挥农民的主体作用，需要通过政策激励、社会参与、为民办实事等措施，把主要精力放在服务农民群众上，充分调动广大农民建设新农村的积极性和主动性。

一是认真落实各项支农惠农政策。我们严格落实对种粮农民的补贴、对农村基础设施建设的投入、对农村义务教育和医疗卫生的支持、对农民工合法权益的保护等各项支农惠农政策，确保给农民实实在在的利益。近几年全市通过落实取消农业税和强化种粮补贴、良种补贴、农机具购置补贴等政策，累计增加农民政策性收入4.1亿元。

二是积极引导全社会力量支持新农村建设。我们加快建立以政府投入为导向的多元投入机制，运用市场手段调动社会资本参与新农村建设，多渠道筹集建设资金。同时，健全各种社会力量参与新农村建设的激励机制，引导机关、企事业单位、社会团体和知名人士、志愿者对乡村进行结对帮扶支援，营造全社会关心、支持、参与新农村建设的浓厚氛围。

三是扎实解决农民群众的实际困难。解决好农民群众的实际困难，是发挥农民主体作用的重要条件。自2004年以来，我们坚持公共财政向农村倾斜、公共服务向农村辐射、社会保障向农村覆盖，突出解决好农民普遍关心的热点难点问题，两年多来办理了历史性缺水村吃水工程、就业培训工程等32件实事，全市财政支农资金达9亿多元，是建市以来投入最多的时期。由于下大力气解决了不少农民群众的实际困难，从而极大地调动了广大农民发展生产、建设家园的积极性和创造性。

（作者：中共山东省日照市委书记）

统筹发展　协调共进
建设社会主义新农村

许传忠

在当前以工促农、以城带乡的新发展阶段，如何统筹城乡经济社会发展，建设社会主义新农村，是各地面临的共同课题。近年来，德州经济开发区在这方面进行了一些积极探索。

一、建立城乡互动发展机制，探索具有“自身特色”的农村经济发展路子

德州经济开发区是经山东省人民政府批准设立的省级经济开发区，现辖4个乡镇，199个行政村，总面积300平方公里，总人口23万。自1998年启动建设以来，招商引资成效显著，波司登、光明乳业、双汇、皇明等一大批知名企业落户开发区；城市建设日新月异，形成了“城在林中、街在绿中、人在景中”的生态园林化格局；综合经济实力明显增强，2004年实现财政总收入2.1亿元，是建区前的42倍。经过八年的建设，开发区已成为德州对外开放的窗口、招商引资的基地、经济发展的龙头。

建设社会主义新农村，加快农村经济发展是根本，促进农民增收是关键。近年来，在开发建设取得巨大成功的同时，开发区坚持以科学发展观统揽全局，立足开发区实际，以农民增收为目标，积极探索建立城乡互动发展机制，走出了一条“以工促农、以城带乡，城乡互动、共同发展”的农村经济发展路子。

（一）依托园区，借势发展，建立城乡经济发展互动机制。开发区建设，势必要占地，占地必然涉及农民利益。如何保障失地农民利益，是贯穿开发区建设始终的重大问题。为此，建区伊始，我们就提出绝不以牺牲群众利益为代价搞开发区建设。在尊重群众意愿的前提下，鼓励有条件的村庄把土地补偿金作为生产建设资金，高标准规划建设民营工业园区和标准厂房，管委会帮助引进项目租赁经营，走出了一条“把土地补偿金变为不动产，靠不动产出租收益安民、富民”的路子。这条成功路子，使村民、村集体与开发区发展同频共振，相得益障，做到了开发区发展，入区企业降本，集体经济壮大，村民个人永久受益，实现了“四方共赢”，建立起了城市与农村发展的互动机制。目前，建成区所有村庄都建起了工业园或综合写字楼，总建筑面积达50多万平方米，利用率达90%。宋官屯镇艾家坊村利用土地补偿金建设标准厂房5万平方米，先后吸引韩国京信食品有限公司、宁波双林电子有限公司等4家企业入园经营，每年租金收入达320万元，农民人均收益6000余元。2005年，开发区建成区农民年人均纯收入达8000多元，有的村已超过万元。

（二）依托龙头，建设基地，建立产业发展互动机制。农业产业化是农村经济发展的必由之路，农业产业化的关键是龙头企业建设，抓住了龙头企业就抓住了农业产业化的“牛鼻子”。为此，开发区根据区划调整的实际，跳出就农业抓农业的传统做法，反弹琵琶，逆向思维，提出要用工业化的理念推动农业，走出了一条“依靠工业化，加快产业化，带动结构调整，促进农民增收”的路子。一方面，积极发挥德州区位交通优越、农副产品资源丰富等优势，狠抓龙头企业建设。几年来，先后有光明乳业、双汇食品、巨嘴鸟面粉、红都食品等10余家“农”字号龙头企业落户。另一方面，依托龙头企业，把奶牛养殖、

生猪生产和特色种植作为基地建设的重点，加大农业结构调整力度，形成了千家万户“铺天盖地”，养殖小区和养殖大户“顶天立地”的局面。目前，全区千头奶牛养殖小区11处、千头生猪养殖大户100余家。这种龙头——基地——农户的产业化模式，既满足了企业的生产需求，又促进了农民增收，建立起了工业与农业之间的产业发展互动机制，从而使农副产品加工成为开发区的主导产业，使畜牧养殖、特色种植成为农民增收的重要渠道。

（三）制定政策，扶持就业，建立农民增收互动机制。制定出台《关于做好失地农民就业安置工作的意见》，规定入区单位每征用5亩土地，最少安置一名失地农民就业；开发区市政公用事业、环卫、绿化、物业管理等公益性岗位集中用于安排区内失地农民。同时，根据入区企业多、就业机会多的实际，成立开发区人力资源服务中心，加强农民职业技能培训，积极引导和组织农民进城务工经商，既满足了企业用工需求，又拓宽了农民就业渠道，促进了农民增收。目前，开发区共安排就业3.5万人，区内适龄人员基本实现了充分就业。仅波司登公司就安置2000余人，部分企业在开发区甚至出现了“招工难”现象。

二、统筹城乡发展，让广大群众尽享开发区发展成果

保障广大群众利益，提高群众生活水平，是开发区建设的根本出发点和落脚点。建区以来，我们始终坚持把群众关心的难点、热点作为工作的重点，千方百计为群众解难题、办实事，让广大群众充分享受开发区发展成果。

（一）大力实施“旧村改造”工程。小康不小康，关键看住房。为改善广大群众居住条件，开发区大力实施“旧村改造”工程，管委会统一规划建设、统一拆迁安置、统一配套设施，努力用3—5年时间在建成区实现平房楼房化、农村城市化、农民市民化。现在，小申新村、宋官屯新村、十二里庄新村已正式启用，广大村民乔迁新居，原来的“破旧平房”变成了“高楼大厦”，“失地农民”变成了“城市居民”。

（二）大力实施“五大民心工程”。为让广大群众享受开发区发展成果，几年来，管委会先后投资1亿多元，大力实施“五大民心工程”，极大地改善了农村基础设施状况，拉近了农村与城市的距离。一是投资2600万元，新修柏油路180公里，提前两年在全市率先实现了“村村通公路”，解决了广大群众出行难的问题；二是投资1500万元，在全市率先实现了村村通自来水，解决了广大群众饮水难的问题；三是投资600万元，使全区所有村庄都通上了有线电视，解决了广大群众渴求看高质量、高水平电视节目的问题；四是投资4000万元，建设开发区医院和赵虎镇中心卫生院，解决了广大群众就医难的问题；五是投资2000万元，计划三年内实施村村通太阳能工程，彻底解决广大农民洗澡难的问题。

（三）大力实施村容村貌整治工程。我们以建设“秀美农村”为目标，以“四化”、“三清”和“两改”为重点，集中整治村容村貌，切实做到村庄街道绿化、硬化、美化、亮化，清除柴堆、粪堆、土堆，改厕所、猪圈，农村面貌焕然一新。今年全区村庄净化美化率可达60%，明年达到100%，彻底改变农村脏乱差的现象。

三、坚持以人为本，努力建设和谐社会

建设新农村，农民是主体，必须坚持以人为本的方针。

（一）繁荣农村各项社会事业。把教育摆在优先发展的战略地位，大力加强基础教育，积极发展民办教育，初步形成了“幼儿——小学——初中——职业中专、高中——职业学院”的教育体系，努力让更多的人接受更好的教育。全面推行新型农村合作医疗制度，积极开展全民健身运动，不断提高农民医疗和健康水平。

（二）加强基层民主法治建设。严格程序，依法办事，认真开展村“两委”换届选举，减少了

村干部人数，优化了村干部结构。目前，全区村“两委”成员交叉任职比例达90%，党支部书记、村委会主任“一人兼”比例达95%。努力健全村务公开制度，全面落实农民的知情权、决策权、参与权、监督权，促进了农民自主管理和自主发展。扎实开展创建“平安乡镇”活动，加强农村社会治安综合治理，严厉打击各种邪恶势力，认真处理和化解各种矛盾纠纷，促进了农村的长治久安。

（三）提高广大群众综合素质。以“五新一好”（建设新村镇、发展新产业、打造新环境、培育新农民、树立新风尚，创建好班子）为主题，广泛开展“文明乡镇”、“小康村”、“小康户”创建活动，让农民群众在参与中接受教育、得到提高、获得实惠。根据开发区建设实际，多次组织召开万人群众大会，组织宣讲团利用农闲时节到各乡镇、村队开展大规模的群众集中教育活动，大讲特讲开发区建设的好处，激励广大群众热爱开发区、建设开发区、奉献开发区。目前，全区经济快速发展，社会和谐稳定，各项事业全面进步，人民群众安居乐业，呈现出政通人和、蒸蒸日上、欣欣向荣的良好局面。

（作者：中共山东省德州市委常委、德州经济开发区党工委书记、管委会主任）

让村党支部书记在新农村建设中大有作为

刘宝玲

建设社会主义新农村，村党支部是最直接的领导者、组织者和实施者，其作用发挥得如何，直接关系到基层组织强不强，党的形象好不好，农民群众富不富，农村社会稳不稳。怎样发挥好村党支部书记在新农村建设中的作用？抓住以下几点非常重要。

一、创造一个好的工作环境

农村工作涉及千家万户，各种矛盾错综复杂，作为"当家人"的支部书记，工作起来有很多顾虑，主要有"三怕"：一怕完不成任务受批评；二怕退下来后生活无保障；三怕管事多、得罪人。这就需要采取有力的措施，为村党支部书记创造一个良好的工作环境，促其放开手脚，大胆负责，集中精力抓好新农村建设。

1. 政治上给地位。农村工作的特殊性和多样性，决定了对农村支部书记的管理必须根据其特点，因人而宜，对症施策，提高他们的政治地位，使村党支部书记从怕当到争当。比如对任职时间较长、工作能力强的村党支部书记，可以聘为乡镇干部，特别优秀的可以破格提拔到乡镇任领导职务；在党代表、人大代表、政协委员推选中，要适当增加村党支部书记名额，让他们参政议政，在政治上给地位。同时，定期开展"新农村建设优秀书记"评选活动，大张旗鼓地进行宣传表彰，增强他们的政治荣誉感。

2. 经济上给实惠。当前，农村干部收入偏低，在一定程度上影响了他们工作的积极性。解决这一问题，必须按照"多劳多得、绩效挂钩"原则，把责任和贡献作为收入的重要因素，实行"基础工资＋绩效工资"的结构工资制，探索岗位津贴与奖励补贴相结合的办法，做到以岗定酬，以绩定酬，使报酬从不定到固定，增强责任感；从相同到不同，增强紧迫感。

3. 生活上给保障。加快建立农村干部生活保障机制，是加强农村基层组织建设的一项重要内容，也是稳定村党支部书记队伍的重要举措。这就要求地方党委要关心爱护村党支部书记，及时了解他们的思想、工作和生活状况，积极帮助他们解决实际困难和问题，建立健全村党支部书记报酬保障机制和增长机制，实行村党支部书记养老保险或退职补助制度，切实解除他们的后顾之忧，为他们开展工作创造良好的条件。

二、选准一条好的发展路子

新农村建设是一项复杂的系统工程，确定一个什么样的发展思路至关重要。这就要求县乡两级党委，必须立足农村实际，选准突破口，抓住关键点，找出一条符合本地实际的新农村建设发展路子。

1. 坚持产业立村。建设社会主义新农村，发展农村经济、促进农民增收是首要任务。完成这一任务，必须按照科学发展观的要求，引导农村党支部书记大力发展高产、优质、高效、生态、安全的现代农业。一方面，坚持用抓工业的理念抓农业，抓龙头、带基地、兴产业，加快农业结构调整，提高农业科技水平，转变农业增长方式。另一方面，从创新发展模式入手，积极鼓励、扶持农村土地股份合作制和农民合作经济组织类型的产业化经营，积极扶持专业合作组织，提高农民进市场的组织化程度，推动农村经济快速健康发展。

2. 坚持文化兴村。当前，广大农民不仅要

应重视农村小组长队伍建设

林晓克

农村党小组长和村民小组长（以下简称农村小组长）队伍，是党和政府加强基层组织建设的有力依托，是加快社会主义新农村建设的骨干力量，也是社会工作者队伍的重要组成部分。当前，全面加强农村小组长队伍建设，对于进一步夯实农村基层组织建设基础、丰富"三级联创"活动内涵、推进社会主义新农村建设、壮大社会工作者队伍、构建和谐的基层政治环境和社会环境具有重要的现实意义。

一、苏南地区农村小组长队伍建设的现状

近年来，苏南地区农村小组长队伍在落实"富民强村、发展现代农业和维护农村稳定"三大任务中发挥了一定作用，但队伍建设中存在的问题也应引起我们的高度重视。

组织设置模式落后。目前，农村党小组和村民小组仍主要以传统的区域划分来设置，与农业产业化发展和城乡统筹发展的形势要求不相适应。一方面，随着农业产业结构调整的深入推进，按照产业链模式、围绕"地域相邻、行业相近"的特点来优化农村党小组设置变得越来越迫切；另一方面，由于各地加大行政区划调整力度、农民集中居住小区建设加快，农户大幅减少的村民小组越来越多，相当一部分农民变成了居民，少数农村党小组和村民小组对本组党员和村民的管理变得"鞭长莫及"。

队伍结构不够合理。总体来看，苏南地区农村小组长队伍结构呈现出"年龄偏大、学历偏低"的特点。以张家港市为例，队伍成员平均年龄超过50岁。高中及以上学历的仅占10.74%，初中学历的占48%。由于年龄偏大、文化程度偏低，他们在对现行农村政策方针的理解和对新科技新知识的应用上显得力不从心，难以较好地发挥宣传群众、组织群众和教育群众的作用。

岗位职责模糊不清。大部分地区农村小组长的工作职责不够明确，没有具体的工作目标和工作任务。一些农村小组长认为他们的职责主要是"应付"上级交办的工作任务，满足于做"传声筒"，没事乐得清闲，发挥不了应有作用。

进取动力明显不足。报酬偏低是村民小组长进取动力不足的主要原因。以2006年为例，张家港市专职村民小组长年平均工作报酬为1865.2元，最高的15000元，最低的仅456元。此外，部分村民小组长自认政治上"没奔头"，评比先进"轮不上"，村干部队伍"进不了"，一定程度上影响了他们的工作积极性。

二、推进农村小组长队伍建设的思考

农村党小组和村民小组是基层组织建设的"前沿阵地"。全面加强农村小组长队伍建设，有利于进一步巩固党的执政基础，有利于解决农村工作的"断层"问题，有利于农村的改革、发展和稳定。基层党组织应着力在以下四个方面加强探索：

1.创新组织设置，夯实农村小组长队伍根基。优化村民小组和农村党小组的设置，是加强队伍建设的基础。一要"因村而异"设置村民小组。对村级规模大、农户居住分散、工作量大的村，可多设置村民小组，探索在农村动迁小区设立单独村民（居民）小组。对规模小、工作量不大的村，可以中心村为依托联合设置村民小

组。二要按党员规模调整组织设置。在所有符合条件的村民小组单独建立党小组，对党员人数较少的村民小组，本着"就近、相邻、便于活动"的原则，联合建立村民党小组。设党委、党总支的村，根据村民小组党员规模，可在村民小组设立党支部。三要根据农村党员的兴趣爱好、专业特长设立党小组，让党员在科技推广、民主理财、政策宣传、纠纷调解、文明创建等方面发挥作用。

2.加强培养选拔，优化农村小组长队伍结构。坚持培养与选拔并举，是加强农村小组长队伍建设的有效举措。一要拓展渠道，民主选拔。要从年龄较轻、素质较好、群众威信较高的退伍军人、农村致富能手和合并村时分流的村干部中选拔农村小组长，为优化村干部队伍结构"蓄源"。党小组长可在历届的党支部支委成员中选任，经党小组全体党员表决通过后，由村党组织任命；村民小组长每届任期为3年，可连选连任。二要加强培训，提高素质。充分利用基层党校、远程教育网等载体，加强现行农村政策法规和业务知识培训，努力把他们培养成素质较高的社会工作者。三是交叉任职，精干高效。按照"把党员选拔为村民小组长、把村民小组长培养成党员"的思路，拓展和健全必要的工作机制，为改善队伍结构、提供人才支撑打下基础。对村党小组长和村民小组长，积极创造条件进行"交叉任职"。

3.明确角色定位，赋予农村小组长队伍职责。明确工作职责，是加强农村小组长队伍建设的重点。要着眼于社会主义新农村建设、促进社会和谐的需要，在细化具体工作职责的同时，把农村小组长队伍作为最基层的社会工作者队伍来建设，明确队伍应当好五种角色。一要当好农村发展的"领头雁"。带领党员和农民实施科技兴农、勤劳致富工程，组织农民学习新技能，推广新品种、新技术，向现代农业要效益。二要当好民情民意的"代言人"。发挥党和政府与农民群众间的桥梁纽带作用，及时掌握党员和农民所思所想、所怨所盼，为上级组织科学、民主决策提供可靠依据，依法维护群众的切身利益。三要当好促进和谐的"稳压器"。协调邻里关系，主动调解群众矛盾和纠纷，关注各类问题和矛盾的苗头，做好群众的思想政治工作，力求把问题和矛盾化解在萌芽状态，确保农村大局稳定。四要当好富民政策的"宣传员"。积极向党员和农民宣传新时期党和政府在农村的路线方针政策，及时传达上级有关会议精神，并促其贯彻落实到基层群众中去。五要当好弘扬新风的"先行者"。配合开展各项精神文明建设活动，努力提高党员和村民的道德水准和文明素质，带头遵纪守法、革除陋习、弘扬新风，以自身的良好形象促进社会文明程度的不断提高。

4.完善激励机制，激发农村小组长队伍工作动力。一要收入上有保障。要根据实际情况，制定村民小组长考核办法，并将考核结果与报酬直接挂钩，适当拉开收入差距。建立健全村民小组长最低收入保障和待遇稳定增长的机制。同时，根据农村工作需要，让村民小组长兼职从事公益性工作，增加他们的收入来源。二要工作上有干劲。镇和村要关心支持农村小组长开展工作，建立健全党务、村务工作通报制度和农村小组长队伍例会制度，为他们创造宽松的工作环境。给予他们必要的经费支持，解决好"无钱办事"的问题；给予他们必要的精神鼓励，解决好"不愿干事"的问题。在他们遇到挫折时不埋怨，工作顺利时多鼓劲，做到客观公正地评价工作实绩。三要政治上有"奔头"。要注重把年龄较轻、表现优秀的农村小组长作为村级后备干部来培养。条件成熟时，可通过"两推一选"的方式选拔进村级班子中，为其在农村施展才华提供更加广阔的舞台。同时，可通过开展"十佳"党小组长、村民小组长评选等活动，安排一定数量的农村小组长参评市级劳动模范等办法，不断提高他们的政治待遇，增强荣誉感。

（作者：中共江苏省张家港市委常委、组织部长）

村干部经济待遇保障问题调查

黄国雄

村干部是党在农村的工作骨干，处在农村基层第一线，直接面对农民群众和各种复杂矛盾，工作强度、难度都很大，在农村工作中的基础作用是其他人无法替代的。妥善解决村干部经济待遇问题，有利于充分调动村干部的积极性、创造性。为进一步深入了解村干部经济待遇保障情况，最近，我们通过与村干部座谈、发放调查问卷、抽样调查等形式，进行了专门调研。

一、基本情况

十堰市有8个县、市、区，118个乡镇，1881个行政村，人口345万。现有在职村干部6932名，其中村书记、村主任3256名，“一肩挑”的村506个，占行政村总数的26.9%。现有村民小组6959个，组干部4716人，村干部兼组长的2243人，占村民小组总数的32.2%。全市共有离职村干部10580人，其中，离职村书记2766人，离职村主任2435人；任职年限30年以上的1241人，占23.8%；任职年限20年以上的2869人，占55.2%。

1.村干部报酬有了固定来源。2002年农村税费改革后，村干部报酬主要从财政转移支付中列支，由乡镇统筹发放，村组干部报酬有了相对稳定的保障。2006年，全市用于村级办公和人员报酬的转移支付资金总额4419万元，其中用于支付村组干部报酬的资金3253万元，占转移资金总额的73.6%。

2.村干部报酬发放标准相对统一。各地村组干部报酬标准，主要以县为单位自行制定，基本上是同一县域范围内收入大体平衡，但县与县之间存在一定差异。目前全市村干部年报酬人均3300元，其中，村主职干部人均3692元，非主职村干部人均2160元；组干部报酬年均800元。城区村干部报酬水平相对高一些。

3.村干部报酬管理进一步规范。各地对村干部报酬发放和管理，一般采取结构补贴、定额补贴、基本补贴与实绩考核结合的方式。少数地方实行了业绩考核的办法，完成乡镇确定的考核目标，村干部可拿到标准报酬，完不成的相应扣减一定比例的报酬。由于实行了“村财乡管”和村干部报酬乡镇统一发放制度，基本杜绝了拖欠村组干部报酬的现象。

4.部分村主职干部离职后领取了低额生活补助。一般是对任村主职时间在20年以上的，每人每月补助50元，一年大约在600元左右。任村主职不到20年的，或者任满20年但没有担任村主职的村干部，限于经济条件限制，则基本上没有任何生活补助。调查中，一部分离职村干部对此意见较大，现职村干部也感到退职后生活得不到保障，心存忧虑。

5.少数县、市给村干部办理了商业保险。一些地区在村干部本人自愿的前提下，为部分村主职干部办理了商业养老保险，连续缴费10年以上或一次性缴费5000元，退休后每月可以领取88元养老保险金。据统计，全市有207名村主职干部参加了商业养老保险，占村干部总数的2.9%，占村主职干部的6.3%。

二、存在问题及其原因分析

调查中，村干部普遍反映，村干部报酬偏低，收入偏少，付出太多，待遇与工作任务不对等，与经济社会发展水平不相称，当村干部不划算。

第一，村干部待遇低于农村劳动力收入的平均水平。据统计，2006 年我市农村劳动力平均纯收入 4426 元，而我市村干部年报酬多年未变，人均仍为 3300 元，相差近千元。村干部报酬扣除交通费、手机电话费等必要开支后所剩无几，仅够维持个人基本生活开销，有的甚至还要“倒贴”。

第二，村干部收入大大低于外出打工农民收入水平。据统计，2006 年，我市农村有 57.3 万人外出务工、经商，人均年收入 4764 元。多数外出农民打工年收入超过 7000 元，特别是一些曾任村干部的人，由于综合素质较高，有一定组织协调能力，外出打工收入普遍都在万元以上。相比之下，二者形成了很大反差。

第三，村干部待遇大大低于家属家庭经营收入。目前村干部的报酬，是根据税费改革前不脱产状况确定的，实质上是一种误工补贴。而现实情况是，由于合村并组，村级规模扩大，村组干部人员减少，工作量比过去反而增加，村干部忙于公务时间一般都在 280 天左右，无暇顾及家庭生产经营，实际对家庭经济的贡献要比家属少。

第四，村干部离职后生活补助太低。我市离职村干部年生活补助人均仅 500 元，平均每月不足 50 元。如此低额的补助金，也只有部分任职时间长的村干部能享受，其中 23.1%的村干部离职后没有任何补助。大部分村干部离职后生活难保障，只得靠儿女养老，生活比较困难。

造成村干部待遇偏低的原因，归纳起来，主要有以下四个方面：一是村级转移支付数年不变，用于村组干部报酬资金总额偏少。二是村级办公经费缺口较大，挤占了村干部报酬资金。三是薄弱的村级集体经济，难以为村干部报酬提供支持。四是沉重的村级不良债务，成为村干部难以摆脱的隐性负担。

三、对策建议

村干部经济待遇保障问题，不是一个简单的报酬多少问题，而是一个关系村干部社会地位、队伍稳定、基层政权稳固的现实问题，一个涉及农村经济和社会发展及长治久安的重大问题。为此，要从关心、体贴与关爱农村基层干部的政治高度出发，下决心解决好这一问题。

同步提高各级财政对村干部报酬补贴额度。随着经济增长，财力增强，提高村干部报酬有了一定财力保障。为此，建议中央、省及地方财政逐年追加对村级转移支付额度，确保村干部报酬水平与经济发展速度同步增长。应综合考虑现有经济发展水平和财政的可承受能力，在现有村级财政转移支付金额、支付渠道不变的情况下，市、县、乡三级分别按照一定比例逐步增加村干部报酬额度，使村干部平均报酬水平与农村外出务工人员收入水平接近。

增强村级集体经济的自我支付能力。要大力发展村级集体经济，提高村级经济的自我支付能力，从根本上化解村级无钱办事、村干部报酬偏低的问题。事实表明，一般集体经济发展好的村，村干部报酬普遍较高。要积极鼓励各村自力更生，不等不靠，通过招商引资、盘活闲置资产、开发可利用资源等途径，兴办二三产业，发展综合服务中介组织，壮大村集体经济实力。各地应给予村干部带头创业相应的政策扶持，对村级集体经济增长部分，可以确定 15%至 25%的比例，用于发放村干部的误工、交通费用等补贴，对发展村级集体经济贡献较大的村干部给予一定资金奖励。这样既可调动各村发展集体经济的积极性，也能在一定程度上弥补村干部报酬偏低的不足。

支持和鼓励村干部带头创业致富。村干部要敢富、会富、带头富。如果村干部自身穷得丁当响，不仅在村民面前缺乏说服力，在做村民工作时也会非常被动。事实表明，带头致富的村干部，在增加自身合法收入的同时，更有本钱、有能力带领村民共同致富。各地要制定出台相应的鼓励政策，为村干部带头致富提供项目、信贷、信息、技术等方面的扶持，支持村干部带头领办和创办基地，大力发展种、养、加和中介服务业，使他们先行一步富裕起来，以此改善家庭经济状况，更好地安心服务于农村基层工作。

逐步推行村干部养老保险制度。重点解决对象为村主职干部，并对任职时间长、工作实绩突出、正常离职的村干部予以政策倾斜。可采取县、乡、村集体及村干部个人各出一点的办法，按一定比例分别承担保险费。对任职年限长的村干部，个人负担比例适当降低。鉴于商业性保险缴费金额高、回报低的情况，建议参保方式以劳动和社会性养老保险为主。同时，设立特困村干部救济基金，采取“财政拨一点、党费拿一点”的办法，对有严重疾病或生活难以自理的村干部予以补助，切实为离职村干部解决实际困难。

进一步合村并组和精减村组干部人数。“僧多粥少”是造成村干部报酬偏低的一个重要因素。尽管税费改革之初的合村并组工作取得了一定成效，但由于种种原因，此项工作进行得并不彻底，有的合村不并组，有的并组不到位，造成村组干部特别是组干部职数过多，增加了村组干部报酬负担。要通过减交叉、减重叠、减层次等措施，最大限度地减少村组干部人数。村书记、主任原则上应实行“一肩挑”，村干部亦可兼任组长，实行村干部一兼多职、兼职兼酬，不再对村级强调上下对口，使村级事务既有人做，又避免人浮于事。在转移支付基数不变的情况下，通过压缩人员经费开支，使村干部报酬得到相应提高。

妥善化解村级不良债务问题。巨额的村级债务犹如毒瘤，侵蚀着税费改革的成果，如一道锁链紧紧地捆住了农村经济发展的脚步。要对原有债务实行停息保本，促使债务不再恶性膨胀；对于目前有争议的陈年老债，实行暂时冻结、就地封存，待经济状况好转后再逐步解决。同时，要严格控制新增债务，对在任期间债务上升或还债不力的村负责人要追究其责任。建议县（市、区）财政每年拿出一部分资金，对村干部个人贷款用于修路、建校等公益事业形成的债务进行逐年化解。同时，要按照谁办事谁出钱的原则，凡乡镇部门的计生、综治、卫生防疫等工作需由村级组织承担的，应同时下拨相关工作经费，避免出现转嫁负担的情况。

为村干部成长进步提供发展平台。要坚持以人为本，从多方面关心、爱护村干部的成长进步，政治上给他们荣誉，工作上为他们撑腰，学习上加大培训，生活上予以关照，让他们实实在在感受到党组织的关怀与温暖。在保证基本待遇的前提下，对村干部实行绩效管理，把村级工作与村干部的评先评优、经济待遇、升降去留等挂钩，激励村干部想干事、能干事、干成事。可以通过公开招考的形式，将优秀年轻村干部招聘到乡镇任职，或录用为公职人员，以此增强村干部岗位的吸引力，调动村干部队伍的积极性。

（作者：中共湖北省十堰市委常委、组织部长）

建设善于治村理政、真正干事创业的村干部队伍促进社会主义新农村建设

黄志伟

建设社会主义新农村是促进经济社会发展，解决"三农"问题的重大战略决策，意义深远、任务艰巨。各项工作需要各级党组织、农村基层干部去认真贯彻落实。尤其是村屯干部处在农村工作的第一线，是党的路线方针政策在农村的宣传者和执行者，是建设社会主义新农村的直接组织者、推动者和实践者；村屯干部直接面对基层的农民，承担着宣传群众、组织群众、推动建设的重任，建设新农村的任务最终要靠村干部团结和带领广大农民群众去完成。因此，村干部素质高低、能力如何以及积极性的发挥影响到新农村建设的成效，建设一支善于治村理政、真正干事创业的村干部队伍，就成为搞好新农村建设的关键。

一、建立激励保障机制，充分调动村干部干事创业的积极性

建立健全村干部的激励保障机制，做到真正重视、真情关怀、真心爱护，是充分调动村干部干事创业的积极性和创造性的关键。要解决村干部干与不干一个样，干好干坏没制约的问题，激发主观能动性，使其能够坚持不懈地为群众谋利益，真正干事创业，必须建立村党组织书记、村委会主任工作激励机制，建立起与干部政绩大小、贡献高低相一致的奖惩制度，实现功有所奖、责有所罚。坚持每年评选表彰一批优秀村干部，对于被评为优秀村党组织书记、村委会主任的，除享受村干部补贴外，由县财政列支，每月分别发给500元、400元的固定津贴一直到退休。退休后，从任职之日起连续计算工龄，参照副科级干部退休工资标准发放津贴。同时，对考核实行动态管理，每年结合新一轮评选工作，对已经获得表彰奖励的村干部进行跟踪考察。对工作出现滑坡、不符合评选标准的，绝不降格以求，取消荣誉称号和相关待遇。通过开展优秀村干部评选活动，让全县村党组织书记和村委会主任工作上有奔头、有盼头、有劲头，进一步调动他们的积极性，切实形成比干事、比创新、比奉献、比形象的良好工作氛围。

二、建立科学的考核机制，引导村干部树立科学的发展观

在村干部的考核中，坚持把政绩评价与先进生产力、先进文化、人民群众的根本利益和长远利益联系在一起，反对单纯以经济发展指标来衡量政绩的做法，杜绝了为突出政绩而以破坏生态环境、损害群众长远利益为代价等竭泽而渔、杀鸡取卵式的形象工程、政绩工程，从而突出了对全面、协调、可持续发展的考察。制定优秀村党组织书记、村委会主任评选、奖励、管理办法，经过研究和广泛征求基层党组织和干部群众的意见，科学设置考核指标，确定考核分值。考察主要围绕经济和社会发展、政治文明建设、精神文明建设和人民群众满意程度等四个方面进行，实行量化打分，基础分为100分，上不封顶。完成县、乡下达各项指标得基础分，没有完成规定指标的视实际完成情况打分，对工作创新意识强、率先或者超额完成县、乡党委下达工作指标，以及获国家、省、市、县委表彰的都规定了不同分值的加分。在科学制定考核办法的基础上，坚持定性考核与定量考核相结合，集中考核与经常性考核相结合，党组织考核与

群众评价相结合，建立起多渠道、多角度、多方式的村干部政绩考察办法。同时，坚持视村屯地理位置、经济基础和历史原因等客观条件区别对待，对经济基础薄弱、地理和气候等自然条件较差的村，重点考察村干部是否具有开拓创新精神，重点考察其所在村发展速度和效率；对一些资源优势明显、土地肥沃、人均占有耕地较多的村则侧重考察村干部是否具有廉洁奉献精神、“两委”关系是否和谐，侧重考察群众满意度、适龄儿童辍学率和综合治理等方面的指标，力求使考察结果公正客观。

三、建立管理监督机制，有效规范村干部治村理政的行为

根据新农村建设的总体要求，进一步规范村干部的职责、权力、义务，让村干部明确干什么事、怎样干事。建立村干部任期目标责任制，结合各村实际情况制定建设新农村的长期规划和年度目标。对村干部的任期目标和年度目标落实情况进行公示，重点加强对新农村建设方面内容的考核；把村干部的日常表现情况作为民主评议的重要内容，每年村干部都要在全体党员和村民代表会议上述职，接受党员、群众的测评，结果向党员、群众公布。考核结果与村干部的政治经济待遇挂钩，对业绩突出的给予重奖，对完不成任务的进行处罚，形成以工作论成败、凭实绩得实惠的考核机制。同时，在新农村建设中大力推行重大事项公开制度，对建设资金来源、使用情况及兴办的实事以及基础设施建设都要详细公开，真正做到让组织放心、群众满意；建立民主议事决策制度，采取召开党员代表议事会、村民代表会的办法，充分听取和尊重党员群众意愿，民主决策新农村建设中的重大事项，进一步规范村干部的决策和议事行为。

四、建立教育培训机制，切实提高村干部的素质和能力

建设“生产发展、生活宽裕、乡风文明、村容整洁、管理民主”的社会主义新农村，需要村干部不断提高执行政策、加快发展、服务群众、依法办事、解决自身问题等方面的能力。为此，要切实加强对村干部的教育培训，切实提高他们的素质，增强村干部建设新农村的能力。一是合理设置培训内容，让广大村干部对新农村建设的内容能够全面理解和把握。二是创新教育培训形式。包括请专家学者讲解新农村建设的主要内容，组织村干部到新农村建设得好的地方考察学习借鉴经验，实行村干部到县乡涉农部门轮流挂职锻炼制度等，提高村干部在新农村建设中的实际工作能力。三是保障教育培训经费。实行“培训单位培训、组织部门监督、财政部门买单”方式，每年分期分批对村党组织书记、村委会主任集中培训，使村干部不断了解新农村建设的新政策、新要求、新进展。四是加强培训考评管理。加强对教育培训活动的经常性检查，防止学教脱节、学用脱节，以学习的实际效果推进新农村建设。

（作者：中共黑龙江省嘉荫县委书记）

基本公共服务均等化与新农村建设

韩　俊

一、农村公共服务供给现状和问题

长期以来，我国农村公共品供给遵循的基本原则是“自力更生为主，国家支持为辅”，农村公共品的供给主要不是靠公共财政，而是靠农民自己。在教育、医疗卫生、社会保障和公共基础设施等公共服务供给方面，城乡之间基本是“一国两策”，财政投入的城市倾向十分明显，最终带来的是城乡面貌的巨大差异和城乡居民所享受公共服务的巨大差异。近年来，党中央、国务院对“三农”工作更加重视，加大了对农村公共服务的投入，但由于历史欠账多，农村公共服务供给不足的状况仍然没有大的改观。特别是与城市日新月异的变化相比，差距依然很大。

（一）农民生活条件落后。一是农村饮水问题突出。受自然、社会、经济等条件的限制，我国长期存在农村居民饮水困难问题。到1999年底，全国累计解决了2.16亿农村人口的饮水困难问题。特别是近几年，中央和地方加大了解决农村饮水困难的力度。“十五”期间，国家共安排国债资金117亿元，加上地方配套和群众自筹，共投入220多亿元，解决了6700多万农村人口的饮水问题，提前完成了“十五”农村饮水解困规划任务。目前我国农村的供水设施普遍简陋，仍以传统、落后的分散供水为主。农村分散式供水多为户建、户用，这类工程只有水源和管网，无水处理和水质检测设施；联村供水有水处理设施的集中式供水仅占8%。全国还有3亿多农村人口饮水未达到安全标准，其中80%分布在中西部地区。同时还有9000多万人经常受季节性干旱影响，供水困难。二是农民行路难的问题仍未得到完全解决。据有关资料显示，全国104.3万公里的沙石路面、土路面及无路面土路中，农村占88.5%。在全国3.7万个农村乡镇机构、65万个行政村中，有近100个乡镇、近4万个村不通公路，近1万个乡镇、30多万个建制村不通沥青路和水泥路，农村公路中沙石路占70%，缺桥少涵的问题比较普遍。此外，目前广大农村地区尤其是中西部地区的电力设施还比较落后，全国仍有2000万农村人口用不上电，相当一部分农村仍未实现城乡同网同价。

（二）农村义务教育办学条件差。2005年底，全国还有168个县（市、区、旗）未实现“普九”，涉及近亿人口，主要分布在“老少边穷”的贫困地区，其中一部分地区甚至未实现普及小学教育的目标，“两基”攻坚任务依然十分艰巨。即使在大部分中西部地区已实现“普九”的农村地区，依然还存在基础薄弱、危房改造经费难以落实、学校运转经费紧张、“普九”债务沉重、拖欠教师工资、初中辍学率居高不下等问题。虽然政府通过中小学危房改造工程等专项转移支付，改善了农村的办学条件，但目前农村学校的校舍、仪器设备等状况仍远不尽如人意。虽然生均校舍面积、生师比指标的城乡差距并不明显，但与教学质量明显相关的指标城乡差距巨大。

（三）基本医疗服务城乡差距过大。城乡之间初级卫生保健差距较大，部分地区传染病发生率不容忽视。城乡卫生服务可及性差距较大，农村低收入人群、偏远地区居民卫生服务可及性更差，农民医疗保障水平较低。

新型农村合作医疗制度对减轻农民医疗负担起到了一定的作用。2005年，全国基金支出

61.75亿元，补偿住院584.96万人次，补偿门诊9530.09万人次。另外，还有2121.54万人次参加了体检，对及早发现疾病起到了较好的作用。调查表明，在北京、上海、浙江等经济发达地区，不但农民个人收入水平较高，而且政府经济实力较强，筹资额度大，保障水平高，对于缓解大病户的医疗负担的作用更为明显。当然，由于各地合作医疗制度的差异，补偿效果也不同。目前，中央已经明确，2006年以后，对中西部地区参合农民的补助标准提高到20元以上，同时将东部地区中经济发展水平和农民收入水平较低的县(市)也纳入中央补助的范围。与此同时，地方政府对参合农民的补助也提高到20元以上。但如果农民的筹资水平不变，即人均50元/年的水平，新型农村合作医疗制度化解大病风险的能力并不会有太大的提高。合作医疗规定的住院报销有最低起付标准，对上是封顶的。由于医疗费用昂贵，只要住院，动辄就是几千元、上万元，规定的报销比例和数额并不能完全解决住院病人的困难，而且，住院费用中其他费用可能比药费还高，所以住院药费即使报销，也有很大一部分需要病人承担。对收入较高的农户来说，自己负担的部分还是能够承担的。但对于低收入家庭和极端贫困家庭来说，不仅不具备参保能力，即使参保了，也很可能因为不具备自付能力而享受不到新型农村合作医疗制度的好处。

(四)农村社会安全网建设滞后。长期以来，农村实行的是以家庭保障为主，政府、社区适当扶助的制度。我国农村社会养老保险、医疗保险、最低生活保障以及失地农民社保、农民工社保等社会保障体系还很不健全。一是农村养老保险覆盖面较低，2005年参加农村养老保险的人数为5442万人，仅占农村总人口的7.3%。农村最早实行计划生育的农民群众即将陆续进入老年，越来越严重的老龄少子现象改变了养儿防老的传统家庭养老模式。如果他们的养老问题解决不好，就会动摇现行计划生育政策的群众基础。二是新型农村合作医疗在近几年覆盖面不断扩大，已经覆盖我国农村40%多的农业人口，但存在筹资标准低、保障力度小的问题。三是农村中还有2000多万贫困人口没有解决温饱。四是我国进城务工农民约1.2亿多人，收入低、就业不稳定、流动性大。乡镇企业和中小企业职工1.38亿人，他们的就业不稳定，没有完全参与到社会保障体系中。五是被征地农民超过4000多万人，他们失去土地后多数还难以正规就业，面对诸多的社会风险，相当多的人成为弱势群体。

二、城乡基本公共服务差距过大的原因

我国农村公共服务供给严重不足，城乡差距过大，有着其深层次的历史原因和体制背景，与我国长期实行城乡分割的二元经济体制、公共品供给偏向城市、公共财政在农村缺位有直接关系。

(一)国家财政资源配置严重向城市倾斜，农村公共品投入缺乏稳定渠道。近年来，我国财政用于"三农"投入绝对量大幅度增加，"十五"期间，国家财政支农投入绝对量大幅度增加，年均增长17%。但政府财政对农业的支持总量仍是低水平的。中央国家财政用于农业的支出占财政总支出的比重呈下降状态，"六五"时期8.69%，"七五"时期为9.38%，"八五"为9.75%，"九五"为9.29%，而2001—2005年为8%左右。财政支农资金中农民可以直接受益的部分最近几年增长很快，主要得益于农村税费改革、实施退耕还林和粮食直补等。2005年农民可以直接收益的占财政支农资金的38%。这意味着国家财政资源配置中农民可以直接收益的仅占3%多一点。

(二)县乡政府财政困难，财政体制尚未理顺。2000—2004年期间，各级财政用于支持农村税费改革的资金累计达到1600亿元，其中中央财政承担了1171亿元，占73%。中央财政用于支持农村税费改革的转移支付资金占到了同期中央财政用于整个"三农"预算支出的

11.8%。2005年,中央财政农村税费改革转移支付补助总额达到662亿元,省、市、县三级地方财政配套资金为310亿元。但是由于改革前对农民的收费数量本身就不明确,所以这种缺口补偿的办法还是不能完全消除税费改革对乡镇政府和村级组织的影响,特别是对于以农业生产为主的不发达地区。自1994年财税体制改革以来,虽然县乡财政收入规模不断扩大,但财政收支矛盾十分突出。县乡财政是典型的“吃饭财政”,相当一部分县乡政府只能勉强保证工资的发放,无力提供农村最基本的公共服务。造成县乡财政困难的主要原因是体制不顺,各级政府之间的职能划分并没有真正做到明晰,财政资源在各级政府之间的分配明显不合理。

(三)乡镇机构臃肿,基层政府职能转变滞后。乡镇党群组织系统队伍过于庞大,工作职能定位不清。上级党政部门干预机构设置的问题比较突出。现在乡镇承担了大量本应该由上级政府部门承担的任务。目前理论界对农村基层政权组织改革有不同思路,有的主张把县作为基层政权,乡镇作为县的派出机关;有的建议撤销乡镇政权,实行乡镇自治;有的认为在不改变乡镇作为农村基层政权组织的情况下,实行乡镇有限自治等等。未来我国乡镇行政体制的具体方式还需要继续探讨。

(四)村庄集体经济收入微薄,提供公共服务能力很弱。国务院发展研究中心课题组于2006年对17省(市、区)、20个地级市、57个县(市)、166个乡镇、2749个村庄的调查表明,总体上看,村集体经济实力相差悬殊,多数村庄的集体经济收入微薄。集体收入低于5万元的村占到近一半,低于10万元的占到近60%,高于50万元的村占22.6%,高于100万元的村占到16%。村级集体经济收入的平均值为190.8万元,剔除少量超过1亿元收入的特殊样本后,调整后的集体经济总收入平均水平为79.2万元。东、中、西部集体经济实力差距明显。西部、中部各有91.4%、75.9%的村庄收入在10万元以下,而东部有近60%村庄集体收入在10万元以上。西部和中部集体收入高于100万元的村庄分别占比为3.9%和1.2%,而东部这一比值为33%。调查村庄中有32.9%的村庄资不抵债,也即净资产小于零。调查村庄集体平均负债水平为176.23万元,东部村庄平均负债305.61万元,中部平均负债52.48万元,西部平均负债22.77万元。

三、逐步缩小城乡基本公共服务差距的政策选择

(一)明确各级政府的职责,建立投入保障机制。一是切实加大财政对新农村建设的支持力度。近几年国家财政收入幅度较大,财政用于支持“三农”的投入增长也较快,但新增财力用于支持“三农”的比重仍偏低。二是完善国家支农投入法律法规体系。目前,有关法律法规对农业投入的规定比较笼统,对各级政府财权和事权的划分、资金用途没有明确规定。农业预算支出被挤占的现象比较严重。要制定更加具有约束力、可操作的法律条例和细则,保证支持农业的政策措施落到实处。三是合理界定各级政府的责任。农村公共服务是各级政府共同承当的责任。当前,由于政府间财权和事权划分不清楚,投入往往得不到保证。对于政府应当承担的农村公共基础设施职责,应根据基础设施的层次性和受益范围,界定各级政府的责任。属于全国性的农村公共服务,应由中央财政提供,地方性和区域性农村公共服务由地方政府提供,中央或其他地方提供协助(财政转移支付)。当地方政府因为财力限制,难以提供全国基准水平的公共服务时,由中央政府给予一定的转移支付支持。

(二)优先搞好农民最迫切需要的农村公共服务。一是切实加强农村中小型基础设施建设。与农民生产和生活直接相关的农村道路、水利、能源等中小型基础设施过去主要依赖农民的集资和投工投劳。今后要大幅度增加对农村中小型公共基础设施建设投入。二是保证城

乡义务教育均衡发展。保证义务教育均衡发展，既是农村义务教育稳定发展的目标，也是消除城乡二元结构、缩小地区贫富差距的手段。让城市和农村、发达地区和落后地区的儿童都能获得大体均等的义务教育资源，是实现社会正义与公平的重要途径。要完善相关政策，将农村义务教育全面纳入公共财政保障范围。三是加强农村公共卫生服务，提高农民医疗保障水平。在继续加强县(市)级公共卫生机构建设的基础上，重点加强乡(镇)公共卫生机构的建设，并将村级医疗机构纳入到农村公共卫生体系之中。应当以乡镇卫生院(中心卫生院)为主要平台，逐步建立起以镇(乡、街道)卫生院(中心卫生院)为枢纽的农村社区卫生服务体系，逐步完善集预防、保健、健康教育、医疗、康复和计划生育技术为一体的服务功能。同时，要加强中心卫生院建设，协助县(市)级卫生机构开展对一般乡镇卫生院的技术指导等工作。有条件的地方，可以促使乡镇卫生院向社区卫生服务中心转型，提供标准化的综合服务。四是加快建立社会安全网，保护农村弱势群体的利益。目前发展的重点是：建立完善农村最低生活保障制度、新型农村合作医疗和农民基本养老保险制度，加快解决失地农民和农民工社会保障问题，完善农村社会救助制度。

(三)推进乡镇机构改革，建立精干高效的农村行政管理体制。一是界定乡镇职能，确立职责定位。乡镇政府不仅要依法进行职能的定位，而且具体的工作重点也要从直接从事经济活动，逐步转变到政策引导、营造环境上来，把乡镇工作的重心转到促进社会事业发展和建设和谐社会上来。改革的目的是加强公共服务职能，决不能借改革之名，强化对市场的干预，弱化公共服务。二是乡镇事业单位要从行政依附型向社会自主型转变。要实行政事分开，将其原来承担的行政管理职能交给乡镇政府，行政执法职能交给县政府有关部门，彻底改变事业单位行政化、官僚化倾向。将公益性服务和经营性服务分开。在改革中，可以考虑将某些站所转制为农村中介组织或公益性服务机构，同时允许地方打破乡镇区划限制，分区域设立综合服务中心，整合技术力量实现农业技术和农村服务的规模效益。

(四)完善县乡财政管理体制。一是积极推行省以下财政管理体制改革试点。省级财政在体制补助、一般性转移支付、专项转移支付、财政结算、资金调度等方面尽可能直接核算到县，减少财政管理层次，提高行政效率和资金使用效益，赋予县级政府更大更多的经济、行政管理权限。要强化乡镇财政的预算约束，做到乡镇财政资金所有权、使用权、管理权、核算权相分离，由县财政直接监管乡镇财政资金。二是建立规范的转移支付制度，加大对基层财政的转移支付。首先，进一步加大对地方的财力性转移支付力度，清理和整合专项转移支付，提高一般性转移支付的比重，增加基层财政的可支配财力。第二，完善转移支付的方式。通过调整税收返还的方式和力度，简化转移支付形式，将专项上解部分归入税收返还，以此增加对财力薄弱的体制补助地区的税收增量返还。第三，合理分配转移支付支出的使用方向。按照事权归属整顿现行专项拨款的使用方向，优化专项拨款的结构，将节省的资金投入到县及县以下地区的义务教育、基本医疗卫生服务等基本公共服务方面，增加对县及县以下地区的转移支付和财政投入力度，缩小城乡之间在财政投入方面的差距。第四，建立缓解县乡财政困难的激励约束机制。合理划分省、市、县、乡四级财政收入，完善县乡财政收入体系。

(作者单位：国务院发展研究中心)

和谐的社会主义新农村
——江苏省华西村调查

江苏省马克思主义中国化研究中心

华西村是中国社会主义新农村建设的一个典型。多年来，他们坚持从本村实际出发，解放思想、实事求是、与时俱进，走出了一条符合自己情况，富有特色的社会主义新农村发展道路，被誉为“天下第一村”。

围绕共富目标，构筑和谐发展路径

致富农民、共同富裕，不仅是华西村的追求，更是华西村发展的经验。

富是共同富裕的前提。华西村党委始终把经济发展作为第一要务，率先发展、创新发展，为新农村建设奠定了坚实的物质基础。长期以来，华西村积极营造平等的就业环境，加快农村劳动力转移，使村民在充分就业中实现增收；积极调整农业结构，充分挖掘农业内部增收潜力，按照统一规划、规模经营、效率管理的原则，大力发展现代农业。现在，华西村村民大都是“上班族”，人均年收入达6万多元。

华西村富裕的最大特色主要不在于财富总量，而在于共同富裕。而要实现富裕并且共同富裕，就必须根据生产力的发展水平建立与之相适应的、有利于共同富裕的生产关系。华西村在发展经济的探索中体会到，共同富裕离不开集体经济的发展，必须立足自身实际，积极壮大集体经济，在所有制结构上保证共同富裕目标的实现。但是，华西村所搞的绝不是“一大二公”的传统集体经济模式，而是既保留集体经济精华，又吸收现代股份制经济优点，形成了一种以集体经济为主、多种经济成分并存的新型经济形态。

“一村富了不算富，全国富了才算富”。华西人富裕之后，不忘左邻右舍及经济欠发达地区，致力于实现更大范围的共同富裕。华西村对于周边村和欠发达地区的扶助，没有采取简单地给钱给物的办法，而是采取共同发展的办法，走出了一条真正的和谐发展之路。通过派干部、带资金、带技术、带项目，先后在宁夏、黑龙江建设两个“省外华西村”。其中，宁夏华西村在前几年就已成为“亿元村”，村民收入在短短几年的时间里翻了近四番；黑龙江华西村也已成为“北国第一村”。

人与自然、人与社会的和谐是共同富裕、共同发展的题中应有之义。华西村在发展生产的过程中，坚持因地制宜，合理利用各种资源，把产业结构调整与优化环境统一起来，促进经济发展与环境保护的良性互动。他们对村内建设统一规划，着眼绿化、净化、美化。为此，成立专门的环保公司并建成污水处理厂，着力改善水、气环境。由于他们在保护生态环境方面成绩显著，被评为全国十大农业旅游示范点，并且成为全国首家通过ISO14001国际环境质量管理体系认证的村庄。

创新分配机制，营造和谐利益格局

共同富裕的实现过程实质上是处理公共利益与个人利益、公平与效率关系的过程。协调、稳定的利益结构始终是建设和谐华西的基础。

在坚持公有制为主体的基础上，华西村不断加大促进多种经济成分发展的力度，先后扶持了206家个体私营企业，为村民增收开辟了新的渠道。华西村村民的收入主要有三个来源：一是劳动所得，即工资奖金；二是各种公共福利待遇；三是资本分红。华西村在经济上实行公私合作制，集体控股，个人参股，享受分红。华西村民的资产最少的上百万元，最多的上千万元，家家都有小轿车，户户住上别墅楼，却没有一人雇保镖、养狼狗，全村人生活在和谐、融洽、舒畅的环境中。

分配的公平性，不仅体现在货币收入分配上，而且体现在公共物品的占有和使用上。多年来，华西村把完善社会保障体系作为造福村民的实事来抓。目前，华西村凡年满50岁的妇女和55岁以上的男子，均享受各种福利补贴。村民们享有医疗保障、就业保障、养老保障以及教育保障。在华西村，青年人在本村统一安排就业，老年人按月领取保养金，少年儿童享受良好的教育，村民享受口粮补贴，职工可获得送股。现在，华西村面积已由原来的0.96平方公里扩大到30平方公里，人口也由原来的1533人增加到30340人。大华西的村民都生活在无忧无虑之中，真可谓"基本生活包，老残有依靠，优教不忘小，三守促勤劳，生活环境好，小康步步高"。

加强组织建设，拓展和谐管理平台

华西村的组织结构既体现了加强基层党组织建设、加强基层民主政治建设特别是健全完善村民自治的原则要求，又具有鲜明的个性特点。

华西村领导体制的总体构架是：党委领导制＋村民自治制＋现代企业制度。村党委在整个村级组织中处于核心地位，对整个华西的政治、经济、文化、社会发展进行全面领导。村党委正副书记都担任企业集团或下属分公司、大华西各村村委会、村部门的主要负责人。2001年6月起，周边16个村并入华西，实行"一分五统"的管理体制。"一分五统"，即村企分开，经济统一管理、干部统一使用、劳动力在同等条件下统一安排、福利统一发放、村建统一规划。新一届华西村党委由65名委员组成，他们基本上都是熟悉经济、精通业务、擅长管理的骨干。村党委每天晚上都要开书记碰头会，对工作中所遇到的问题及时通气、及时协商、及时解决。这种体制既体现了民主，又提高了工作效率，较好地解决了我国基层农村管理体制中的大权与小权、宏观管住与微观放活的矛盾。

华西村十分注意研究和把握新形势下农村基层组织建设的特点和规律，坚持依法治村、民主建村，善于运用法律手段、民主管理的办法和程序来解决矛盾和问题。坚持民主选举，把干部的选任权交给村民，由村民自己选出"当家人"；实行民主决策，把重大事务的决策权交给村民；强化民主监督，把知情权交给村民，大华西的每个村都设有公开栏，凡涉及村民利益和村民普遍关注的问题都属于公开内容。华西村党委班子有一条不成文的规定，凡是重大项目，必须请专家反复论证，由党委集体讨论决定。这是多年来华西村在经济建设中从未出现重大决策失误的重要原因。

凝聚文化内核，注入和谐精神动力

华西村持续发展的动因何在？那就是华西精神。什么是华西精神？就是与时俱进、率先发展的精神，解放思想、实事求是的精神，求真务实、创新创优的精神，以人为本、共同富裕的精神，协调发展、团结和谐的精神。如果我们再深入提炼，华西精神的实质可以用共同富裕、和谐发展来概括。

率先发展与共同富裕的和谐。发展为民、共同富裕是华西始终不变的永恒主题。多年来，华西领导班子始终紧紧扭住这个主题不放松，一心一意谋发展、促发展。与此同时，华西人始终没有忘记的是，发展不是为了某个人或某些人，是为了所有华西人，是所有华西人的共同发展、共同富裕，是为了建设社会主义的新华西。老书记吴仁宝同志说得好，我们华西人认为，社会主义不是空洞的口号，而是实实在在可触可及可用的东西，是让人民真正幸福。多年来，华西人坚持社会主义、发展社会主义，通过把传统分配方式的公平优势与现代市场经济的效率、激励机制结合起来，实现了公平与效率相统一、集体与个人都富有。

本土特色与“外来文化”的和谐。华西人在创业之初，就以海纳百川、包容宽厚的开放心态，广纳贤才，积极创造条件为外来人才提供施展才华的广阔舞台，并且一视同仁，给予他们优厚的待遇，分享发展的成果。如今，面对经济全球化浪潮，华西人不但积极引进海外归国人才，还把本村优秀人才输送到国外去接受培训锻炼。对于先进的经营理念与管理模式，华西村既不照搬照抄，也不拒之门外，而是将其本土化，让它扎根于华西的大地，并且表现华西的精神风貌和乡村特色。

“富口袋”与“富脑袋”的和谐。建设社会主义新农村，“生产发展”是第一要务，具体表现是让农民的“口袋”富起来、生活好起来。而要“富口袋”必先“富脑袋”。华西村人在“富口袋”的同时，始终没有忘记“富脑袋”，始终没有忘记进行思想道德教育、科学文化知识教育，使村民始终遵守不赚不义之财、不干违法之事，不断提高村民的整体素质。

实践证明，华西村的发展是以人为本的发展，是全面、协调、可持续的发展，因而是和谐的发展。

（执笔：臧乃康　苏萱礼）

加强外出务工经商人员思想政治工作

中共湖北省孝感市委宣传部

云梦县是劳务输出大县，常年外出务工经商人员达到15.22万人，占全县劳动力总数的52.8%。近几年来，云梦县把加强思想政治工作提到发展劳务经济的生命线高度予以重视，从加强领导、兴建基地、搞好服务、开展宣教和实现致富五个方面积极做好外出务工经商人员的思想政治工作，有力地促进了劳务经济的发展。

一、以健全机制、加强领导为前提，大力实施外出务工经商人员思想政治工作的“领导工程”

一是加强领导。成立了由县委、县政府分管领导任组长、县直22个单位负责人为成员的领导小组，明确了各成员单位职责和任务。各乡镇也成立了相应机构，配备了专职工作人员，每个行政村配备了联络员。全县形成了上下联动、部门配合的工作体制。

二是健全工作机制。建立工作联席会议制度，实行“一岗双责”。全县上下在抓劳务开发工作中，坚持做到“四个同时”：布置经济社会发展任务时，同时布置思想政治工作任务；分析经济社会发展形势时，同时分析思想政治工作的形势；贯彻行政工作指示时，同时贯彻思想政治工作指示；检查、考核、总结经济工作时，同时检查、考核、总结思想政治工作。

三是创新工作方法。一方面是走出去。近几年来，县委县政府领导多次专程到外出务工经商人员集中的地区看望慰问。坚持思想上尊重、感情上贴近、行动上深入、工作上依靠的原则，积极主动地到外出人员务工所在地开展思想政治工作，起到了很好的示范带动作用。另一方面是请进来。县各级党组织坚持每年利用外出务工经商人员回乡过春节的时机，邀请其中的代表人士，采取召开座谈会、茶话会、联谊会、恳谈会、新年酒会等多种形式，畅叙乡情，增进友情，互通信息，共谋发展。据不完全统计，该县每年受邀请参加这一活动的外出务工经商人员都在5000人次以上。

二、以组建基地、健全网络为基础，大力实施外出务工经商人员思想政治工作的“基地工程”

一是建立基地。针对初期大多数外出务工经商人员分布分散、缺乏联系，思想政治工作难开展的实际情况，该县在劳务输出集中的东北、广东、宁波、北京、武汉等地设立窗口和办事机构，加强与用工企业的联系和沟通，建立稳固的劳务合作联系。目前，已经形成了东北建筑、北京豆制品加工经销、广东中山燃具家电制造、武汉农产品流通四大劳务输出基地。

二是打造平台。依托基地支撑，创立培育了一批劳务经济特色品牌。其中，东北的“建筑抹灰”、北京的“周田豆腐”、广东的“科技煤气灶”、武汉的“云梦禽蛋、蔬菜”、四建的“仿古建筑”等闻名全省乃至全国。品牌形成集聚效应，在四大劳务创业基地务工经商的人数达11万多人，占全县外出务工人员总数的四分之三，为做好该群体的思想政治工作构建了平台。

三是构建网络。在外出务工经商的2600多名党员中建立了3个党总支，46个党支部和83个党小组。利用党组织开展经常性的思想政治工作，切实解决了外出务工经商人员思想政治工作无抓手的难题。

三、以热情服务、优化环境为主体，大力实施外出务工经商人员思想政治工作的“服务工程”

一是开展培训服务，提升劳务者素质。依托培训示范基地，开展多形式培训。2006年培训农村劳动力8216人，转移安置7812人，完成引导性培训1.3万余人。

二是健全信息服务，畅通就业渠道。加强了劳动力市场、职业介绍中心和信息网络硬件建设，开通了云梦县劳务经济网，初步形成了上下互联、内外沟通、覆盖城乡、高效快捷的劳务经济信息体系。2006年，共发布劳务供求信息1000多条，直接推荐5000多人异地就业。

三是组织专列服务，方便农民工出行。从2002年起，每年4月份，在云梦站开通直达哈尔滨的民工专列，共发专列35趟，输送民工8万人次。

四是搞好政策服务，优化就业环境。对常年外出农户的耕地按政策确权到户，鼓励外出务工农民通过转让、出租、入股等方式流转土地承包权。对农村劳动力外出需办理的计划生育、婚姻、身份证、子女上学等证件、手续，实行“一站式”服务，严禁乱收费、高收费。

五是强化维权服务，保障合法权益。成立农民工维权中心，开通维权热线，在全国11个省市劳务输出基地设立了维权服务处，配合当地有关部门，调查处理劳务纠纷。近年来，共接受和查处侵害外出务工农民合法权益的案件125起，为1237名务工农民追回拖欠工资和就业押金406.04万元。

六是做好后方服务，解决后顾之忧。县移动公司积极开展“移动送温暖”活动，向留守家庭赠送手机130部、手机卡24150张，话费333.5万元，为全县2.8万余名“留守孩子”和1000多名“空巢老人”架起了“连心桥”。同时，采取多种形式帮助他们解决生活、生产中的困难，使外出农民在外安心创业。

四、以开展活动、广泛宣教为载体，大力实施外出务工经商人员思想政治工作的“宣教工程”

一是送理论。依托基地党组织，以流动党员为重点对象，每年组织理论政策宣传小组到四大基地巡回宣讲20多场次，赠送学习资料、宣传画册、电教片1000余本(套)，组织学习研讨活动10余场，取得了武装党员、教育民工的良好效果。

二是送文艺。适时组织开展送文艺到工地活动。坚持每年送戏不少于10场，既有传统楚剧节目，又有现代歌舞表演，乡情乡音、楚调楚韵，使在外的云梦民工倍感亲切。每年送电影30多场(次)、送各类图书2000余本(册)，丰富了他们的精神文化生活。

三是送知名度。在县电视台常年开设了“走南闯北云梦人”和“创业之星”专栏，每年抽调精兵强将，组成新闻报道组，到四大劳务基地广泛深入采访，在省、市、县新闻媒体和互联网上广泛宣传外出务工经商人员中的先进人物和事迹，提高了他们的知名度，扩大了他们的社会影响，有力地促进了广大民工创业致富的积极性。

四是送文明。以四大劳务基地为依托，在外出务工经商人员中开展以“文明务工、诚信经商”为主题的文明创建活动，评选“十佳文明务工标兵”、“十大诚信经商企业”、“十大回报家乡、建设云梦先进典型”等，用先进模范人物教育、引导广大外出务工经商人员文明守法务工、和谐诚信经商。

五、以促进农民致富、经济发展为目标，大力实施外出务工经商人员思想政治工作的“致富工程”

云梦县始终坚持经济建设与思想政治工作“两手抓、两手硬，两促进、两不误”，切实加强外出务工经商人员这一群体的思想政治工作，充分发挥了“生命线”作用，有力地促进了农民群众致富奔小康和县域经济社会的又好又快发展。

一是有力地促进了外出务工人员的发展致富，涌现出了一批致富能人、创业老板。广大外出务工人员的收入也都较在家务农有大幅提高。劳务经济已成为云梦县促进县域经济发展、增加农民收入的重要支撑。

二是引导激励回归创业，促进县域经济发展和新农村建设。截至2006年底，云梦县共有回乡创业人员50多名，创办各类企业和实体37家，总投资6.08亿元，年销售收入9.4亿元，利润9083万元，税收2716万元，吸纳转移本县劳动力6525人，成为县域经济发展的一支主力军。今年，全县回归在建的项目5个，总投资1.32亿元，有意向回归投资的老板18个，总投资3.3亿元。

新时期农村党组织带头人成长规律调查

中央组织部党建研究所、全国党建研究会农村专业委员会联合课题组

党的十六届五中全会提出了建设社会主义新农村的重大历史任务，描绘了新农村建设的宏伟蓝图。要把这一宏伟蓝图变为现实，需要各级党委和政府按照全面贯彻落实科学发展观的要求，认真贯彻落实党中央关于农村工作的一系列方针政策。但归根结底，要靠农村基层党组织团结带领广大党员和农民群众共同奋斗。全国60多万个行政村党组织能不能担当起这个重任，关键要看党组织是否有一个好的带头人。把握和遵循新时期农村党组织书记的成长规律，又好又快地培养一支事业心强、有本事、能干事、群众满意的农村党组织带头人队伍，对于推进社会主义新农村建设具有十分重要的意义。

一、新时期党的农村政策为农村党组织带头人健康成长创造了良好政治环境

党的十一届三中全会以后，我们党确立了"一个中心、两个基本点"的基本路线。经济体制改革首先在农村拉开帷幕，从家庭联产承包经营责任制的普遍实行到实施农村税费改革，农村生产方式和分配方式不断发生深刻变革，农民群众的自主意识、发展意识日益增强。农村经济社会的发展变化，对农村党的基层组织提出了新的要求，也为农村党组织带头人施展才能提供了新的舞台。

1.农村经济从计划体制向社会主义市场体制的转变，为农村党组织带头人解放思想、转变观念、带领群众致富创造了难得的机遇。据各地调查，适应农村经济体制改革的要求，一大批思想解放、眼界开阔的村党组织书记抛掉了等靠要的思维方式，树立敢闯敢试的新观念。他们改变传统的农业生产模式，积极开拓发展乡镇集体企业、个体工商业的新路子，大力调整产业结构，在带领农民群众推动农村改革发展的过程中成长起来。

2.党中央坚持把发展壮大集体经济作为农村改革发展的重要任务，为农村党组织带头人充分发挥作用提供了重要条件。改革初期，针对一些地方一度出现的将原有集体财产一律分光的倾向，党中央明确提出一切从实际出发，宜统则统、宜分则分，统分结合的指导方针；并多次强调，要不断发展壮大农村集体经济。各地认真贯彻落实中央精神，坚持以公有制为主体，因地制宜发展农村经济。一批优秀农村党组织带头人通过改革创新，发展壮大村级集体经济，并在带领群众发展集体经济的奋斗中不断成长提高。

3.农村基层民主的发展，为农村党组织带头人能力素质的提高增加了推动力。改革开放以来，我们党大力加强社会主义民主法制建设，不断推动农村基层民主的发展。各地积极探索将民主选举、民主决策、民主管理和民主监督等机制引入农村管理，促使农村党组织带头人既注意增强竞争意识、不断提高领导水平，又注意树立群众观念和民主作风，自觉接受监督，农村党组织带头人的能力素质得到全面提升。

实践表明，只有正确认识和把握农村改革发展方向的人，才能抓住发展机遇；只有重视发展集体经济的人，才能更好地解决有钱办事的问题，保持党组织的凝聚力和战斗力；只有坚持发展基层民主、具有为群众服务意识和能力的人，才能得到群众的信任和支持。在改革开放

的大潮中成长起来的优秀农村党组织带头人，就是这样一批具有时代精神、保持先进性品格的优秀分子。

二、党组织的精心培育为农村党组织带头人健康成长提供了重要保证

改革开放以来，党中央根据农村各个发展阶段形势任务的变化，不仅对农村基层党组织和领导班子建设及时提出明确要求，而且通过统一部署开展集中整顿、集中学习教育活动等重大举措，切实加强农村基层党组织和领导班子建设。各级党组织特别是市县党委认真贯彻落实党中央的有关方针政策和重大部署，把农村党组织书记队伍建设作为农村党建工作的重要任务来抓，精心组织，扎实推进。这些，都为农村党组织带头人的健康成长奠定了坚实基础。事实证明，凡是市县党委认真贯彻落实中央政策、高度重视农村党组织建设工作的地方，党的基层组织建设的科学化、制度化水平就相对较高，农村党组织带头人队伍就比较稳定，带头人综合素质就比较好。

综合各地的经验，市县党委精心培育农村党组织带头人的工作，主要体现在“备、选、育、管、激”五个环节上。

1. 加强后备人才培养，为农村党组织带头人的健康成长打好基础。一是制定明确规划，努力实现可持续性培养。许多地方着力从源头上解决村级班子后继乏人的问题，使农村后备干部的培养工作走上制度化、规范化的轨道。二是放宽视野，及早发现、培养有发展潜力的好苗子。在后备人才的遴选上，各地注意不拘一格，广纳贤良，特别注重物色年轻有为的人才。在后备人才培养上，普遍推行“双培养”工程，即把群众中的致富能手培养成党员、把党员培养成致富能手。三是严格标准，把好入口质量关。有的地方从发展党员工作入手，实行“双推双评”制度，发扬党内民主，扩大群众参与，加强对党员的党性锻炼。

2. 创新选拔方式，确保优秀人才脱颖而出。一是完善选人标准。各地坚持把德才兼备的原则与农村经济社会发展的要求相结合，完善带头人选拔标准。着重把握带头人不但要能带好班子和党员队伍，而且要有带领群众共同致富的思想和能力，善于做好新形势下的群众工作，善于把各类群体包括先富人群团结在党组织的周围。二是拓宽选人视野。很多地方在立足本村挑选人才的同时，积极从乡镇机关干部、外出经商务工人员以及致富能人中物色人选。三是创新选拔机制。扩大选拔工作中的民主，引入竞争机制，变“伯乐相马”为“赛场选马”，已经成为公认的好方法。主要做法是实行“公推直选”，即先由全体村民推荐人选，再由党员大会直接选举。实践证明，“公推直选”产生的带头人一般素质比较好，群众的公认度比较高。

3. 健全和完善教育培训机制，为农村党组织带头人健康成长不断加油充电。新形势下的农村工作涉及到政策法律、经营管理、科技文化等方方面面，对党组织书记的素质能力要求越来越高。有计划地对村党组织书记不断进行教育培训，是地方党组织的重要责任，也是村级党组织书记的迫切愿望。长期以来，各地党组织把强化教育培训作为提高农村党组织带头人能力素质的基础工程来抓，不断加大投入力度，创新培训方法，收到了明显效果。

4. 不断完善监督制度，为农村党组织带头人的健康成长划定安全线。各地按照中央充分发扬基层民主的要求，在强化党组织监督的同时，积极探索群众民主监督的方法，取得了较好的效果。比如，上任之初，要求党组织带头人在党员大会或村民代表大会上作出廉洁自律承诺，自觉接受各级组织、广大党员和群众的监督。每年定期向党员大会和村民代表大会报告工作，接受党员和群众评议。有的地方还建立了村级监督员制度，聘请本村老党员、老干部担任监督员，对农村党组织带头人廉洁情况进行经常性监督。

5. 建立激励保障机制，为农村党组织带头人的健康成长提供精神和物质支持。农村党组

织带头人工作在最基层，任务繁忙，条件艰苦，普遍具有十分可贵的自觉奉献精神。各级党组织大力表彰他们中的优秀分子，对这支队伍起了非常重要的精神激励作用。与此同时，各地党组织还通过不断加大财力物力的投入，改善办公条件，增加生活补贴，帮助他们解决工作和生活上遇到的困难和问题。有的地方还建立了村干部养老、医疗保险制度，给退下来的村干部每月发放一定的生活补助金。还有一些地方落实中央关于从优秀村干部中选拔乡镇领导干部的精神，为优秀党组织书记的进一步发展开辟了通道。这些保障激励措施是农村党组织带头人健康成长的重要推动力。

三、农村党组织带头人的自觉努力是其健康成长的内在动力

纵观改革开放以来优秀农村党组织带头人的成长历程，历史的机遇、组织的培养对于他们的成长发挥了十分重要的作用，但能够抓住历史机遇、不负组织培养，根本在于他们自身的自觉努力。在这一点上，优秀农村党组织带头人有许多共同的特征。

1.坚定地走共同富裕的道路。调查发现，坚持社会主义方向，坚定地走共同富裕道路，是优秀农村党组织书记共有的政治品质。无论是“常青树”型的老先进典型，还是在新时期成长起来的新先进典型，他们都把带领农民群众走共同富裕的社会主义道路，作为自己神圣的职责和最高的追求。总结不同类型农村党组织书记成长经历，要做到这一条，需要过好“两关”，一要过好“立志关”，二要过好“守志关”，即上任之始，充分认识到自己肩头的责任，树立带领群众走共同富裕道路的信念和决心，正确处理自己带头致富和带领大家共同致富的关系，做好吃亏、吃苦的思想准备；在带领群众向共同富裕目标迈进的过程中，面对现实利益的诱惑、家庭和社会的压力，必须能够排除各种干扰，始终不渝地带领群众走共同致富的道路。

2.不断提高带头致富和带领群众致富的本领。调查发现，坚持不懈地学习新知识、新技能，努力增强带领群众致富的能力，积极开拓新的事业，是优秀农村党组织书记共有的显著特征。他们或者一面自己带头科学致富、勤劳致富，发挥示范引导作用，一面向群众推广先进生产技术、提供市场信息和销售服务，带领大家共同致富；或者带领群众集体创业、艰苦奋斗，不断发展壮大集体经济，让村民共享发展成果。总结他们能够不断带领群众谋发展的经验，关键在于保持“三股劲”：在学习上有一股钻劲，在事业上有一股闯劲，在困难面前有一股韧劲。他们善于学习，勤于思考，坚持边干边学，努力在思想观念、知识结构和能力水平上不断提高自己，成为懂政策、懂技术、懂市场的明白人。他们思想解放、思路开阔，愿意接受新的思想、新的理念，具有超前眼光，敢闯敢试，不断开拓新的事业。他们面对困难，不悲观，不退缩，而是积极从困境中寻找出路，善于从恶劣环境中挖掘有利因素，充分发挥主观能动性，百折不挠，顽强拼搏，有一股找不到致富路誓不罢休的决心。这“三股劲”是农村党组织书记成就事业的法宝，在经济条件相对落后、自然条件恶劣的地方尤其重要。

3.始终心系群众、甘于奉献。调研中，大家普遍认为，农村党组织带头人作为党的基层领导干部，只有扎根群众、问计于民，时刻把群众的冷暖放在心上，才能得到群众的真心拥护和信任，才能成为真正的带头人。对1721名县乡干部的问卷调查显示，在选择“农村党组织书记要得到群众拥护的最主要的原因”时，选择“一心为群众”的人数最多，占91.69%，选择“致富能力强”的人次之，占82.39%。这说明，农村党组织书记要得到群众的拥护，“致富能力强”很重要，但“一心为群众”更重要。

对先进典型的调查发现，心中始终装着群众是他们的又一共同特征。具体说，就是始终坚持“四讲”。一是讲党性。牢固树立宗旨意识和群众观点，摆正自己与群众的关系，始终把群众的利益放在第一位；坚持公道正派，廉洁自

律，不搞亲亲疏疏。二是讲民主。自觉提高民主意识，办事同群众商量，充分征求群众意见，遇事注意听取群众意见，吸收群众的智慧。三是讲法制。带头学法、带头守法、带头依法办事，努力运用法律手段处理复杂的利益矛盾和问题。四是讲方法。从农村社会的特点出发，做到既解决问题，又不伤和气，通过民主协商化解社会矛盾。

四、促进农村党组织带头人健康成长的总体思路和建议

改革开放以来，农村党组织书记队伍的结构在逐步优化，整体素质在不断提高。同时，调研中我们也看到，一些农村党组织书记的思想、能力、作风与全面落实科学发展观、构建社会主义和谐社会、建设社会主义新农村的要求还存在一定差距；一些地方对农村党组织书记的激励保障措施还很不够；一些地方村级干部后备人才不足的问题仍较严重。

进一步加强农村党组织带头人建设，必须不断探索和遵循农村党组织带头人成长规律。市、县（市、区）党委要高度重视，切实加强组织领导。应坚持以马克思列宁主义、毛泽东思想、邓小平理论和“三个代表”重要思想为指导，全面贯彻落实科学发展观，紧紧围绕建设社会主义新农村的目标任务，以提高素质、增强能力、改变作风为重点，坚持统筹规划、分类指导、权责统一、动态管理的原则，着力做好以下几个方面的工作。

1. 更新用人观念，拓宽选人视野。要坚持德才兼备、群众公认、注重实绩原则，把那些靠得住、文化高、有本事、党员和群众公认的优秀人才选拔进村级领导班子，特别是要选准配强村党组织带头人。打破身份、职业、地域界限，不拘一格选用人才。立足本地本村，从致富能手、回乡知识青年、复员退伍军人、务工经商人员中选拔人才；同时对本地一时没有合适人选的村，可按程序选派县、乡干部担任村党组织书记。

2. 加大后备人才培养力度，完善选拔机制。要从建设社会主义新农村的战略高度，高度重视并切实加强农村党组织带头人后备人才队伍建设。从制定后备人才培养规划、建立后备人才库、健全和完善培养制度等方面，加大工作力度。着力建立一支素质较高、相对稳定的村级后备干部队伍。尤其要选好村党组织书记的后备人选。积极探索完善以公开、公平、公正、竞争、择优为原则的选拔程序。

3. 创新教育培训机制，提高培训效果。认真落实中央《关于加强农村基层组织建设的通知》的有关要求，建立农村党组织带头人教育培训的长效机制。坚持和完善党委领导，组织部门分管，有关部门分工负责、分级管理的农村干部教育培训管理体制。采取政策引导、市场调节等手段，整合培训资源，形成布局合理、分工明确、优势互补的农村干部教育培训网络。充分发挥农村党员干部现代远程教育在提升农村党员干部素质中的作用。科学设计培训内容，根据农村党组织带头人的不同需求，分层、分班培训，增强培训的针对性和实效性。积极探索建立以财政投入为主、社会投入和个人出资相结合的多元化农村干部教育培训资金投入机制，切实解决培训资金不足的问题。

4. 加强规范化管理，建立健全权力运行的监督机制。乡镇党委对农村党组织带头人要实行规范化管理，明确岗位职责和权力范围，制定科学合理的考核办法，使管理、监督更具有科学性和超前性。既要考核他们工作目标完成情况，还要考察他们完成工作目标的手段和过程，真正实现全程监管。要建立健全以党务公开、村务公开为主要内容的村级民主管理制度，充分发挥党员大会、村民代表大会、村民议事会的作用。县（市、区）党委纪检部门，要把对农村党组织带头人的监督工作纳入党风廉政建设体系，建立与有关部门和司法机关密切配合的监督体制。

5. 健全激励保障机制，激发农村党组织带头人的工作积极性。对农村党组织带头人要真

正重视、真情关怀、真心爱护。认真贯彻落实中央精神，逐步提高农村党组织带头人的待遇和保障水平。有条件的地方，对农村党组织带头人工资可探索实行年薪制，逐步建立农村党组织带头人社会养老保险、医疗保险制度，解除他们的后顾之忧。积极为优秀农村党组织带头人开辟发展空间。认真总结各地在优秀村干部中选拔乡镇领导干部的经验，积极探索从优秀村干部中考录公务员的途径和办法，研究制定相关政策，使这项工作制度化、规范化。及时总结、宣传优秀农村党组织带头人的典型事迹，树立正确的导向，营造良好舆论氛围。

6.完善工作机制，优化工作环境。一是进一步健全完善制度规则，理顺"两委"关系。现行的《村民委员会组织法》和《中国共产党农村基层组织工作条例》没有明确规定领导权与自治权有机结合的具体制度。要彻底解决这个问题，除推行村党组织书记与村委会主任"一肩挑"的领导机制外，还应在有关规定的基础上，对村党组织和村委会的工作职责进一步补充细化，科学界定各自的职责范围，减少村级领导班子中的"内耗"，增强领导合力。二是松绑减压，营造扎扎实实干事创业的工作环境。县（市、区）、乡（镇）党委和政府应按照科学发展观的要求，全面贯彻社会主义新农村建设的方针，严格控制"一票否决"式的检查项目，为农村党组织带头人营造干实事的宽松环境，让他们脚踏实地闯新路、谋发展。三是加大财力物力投入，进一步改善农村党组织带头人的工作条件。要结合落实中央"多予、少取、放活"和"工业反哺农业、城市支持农村"的方针，由省、市政府统筹协调，综合利用各项支农资金。可探索实行县（市、区）直部门挂点联系村党组织制度，借助外部力量，改善村级党组织的工作条件。四是依靠政策法律积极为农村党组织带头人大胆工作创造良好环境。对由政策问题引发的农村党组织带头人与农民群众间的矛盾冲突，上级党组织要敢于承担责任；对坚持原则大胆开展工作的农村党组织带头人，上级党组织要主动为他们撑腰壮胆；对利用黑恶势力威胁、报复农村党组织带头人的人和事，要果断制止，严厉查处，为农村党组织带头人开展工作创造安全、安定、安心的环境。

建设社会主义新农村的成功探索

——杭州市萧山区航民村调查

肖万钧

从杭州东行50里，就到了远近闻名的航民村。这里到处呈现出富裕、文明、和谐的社会主义新农村景象。所见所闻令人耳目一新、精神一振。社会主义新农村是什么样子，建设社会主义新农村应该走什么路子，从这里可以得到明确的答案。

生产发展——沿村街漫步，只见两旁坐落着一座座与纺织印染相配套的现代化工厂。这里每天印染布匹180万米，长1800公里，人称“航民印染，一日千里”，成为全国规模最大的印染基地。去年工业产值36.3亿元，实现利润1.5亿元，净缴国家税金1.5亿元。村里还有现代化的农场、猪场、鸡场，年产上百万斤粮食和大量的副食品。这个仅有一平方公里的村庄，拥有26亿元资产，去年人均上交税金15万元。

生活宽裕——全村341户居民，去年人均收入2.6万元，其中工资收入1.6万元，股金分红1万元。户均拥有集体净资产200万元。家家住着造型别致的楼房，户均住房面积300多平方米。新建的欧式别墅，大多是马赛克墙面，茶色玻璃落地，每家有两台大屏幕彩电，70%的农户装上了电脑宽带。家庭设施之精美，装饰之富丽，使不少城里人羡慕不已。联合国官员来这里考察，赞叹地说：“这里一幢幢华丽的新住宅以及主人的生活水准，也许可以和世界上任何一个发达的村庄相媲美。”

乡风文明——村民既富有体现时代特征的竞争意识、信息意识、创新意识，又保持着中国农民勤劳朴实、吃苦耐劳、勤俭节约、礼义待人的优良传统。这里没有偷盗，没有赌博，没有刑事案件，没有越级上访，没有大的邻里纠纷，一千名村民与一万名外来职工共享发展成果，和睦相处，互相关爱，其乐融融，真是“家和万事兴，人和百事顺，村和百业旺”啊！

村容整洁——工业区、商贸区、居住区、文化教育区布局合理，影剧院、游泳馆、星级宾馆等公用设施配置齐全。走进航民村，映入眼帘的是宽阔平坦的水泥路，散发清香的绿化带，白玉兰花式的水银路灯，清澈见底的小河，古朴典雅的石桥，郁郁葱葱的青山，公园、花圃、草坪错落有致，路旁枝叶扶疏，河旁柳枝低垂，到处呈现出天蓝水碧、地绿山青的江南美景。

管理民主——村级领导班子实行民主选举、民主决策、民主管理。凡是村里的重大事项，如股权量化、股金分红、住房分配、福利保障，都由村民讨论决定。凡是村民关心的事情，如财务开支、干部报酬，都向村民公开。干部的工作经常由村民评议，接受村民的监督，没有一人以权谋私。干部对村民一片深情，村民对干部真心拥戴。近30年来，没有一个干部因村民不满而下台。村民真正成为村里的主人，干部真正成为村民的公仆，干群关系水乳交融。

来到航民村，处处感受到社会主义新农村的勃勃生机。久已向往的农业现代化、城乡一体化，在这里已成为活生生的现实。这个村先后赢得了“全国村镇建设文明村”、“全国先进基层党组织”、“浙江省新农村建设示范村”、“浙江首届魅力新农村”等光荣称号。

改革开放前，航民村是一个贫困村。全村人均年收入只有148元，村里缺粮户多，欠款户多，光棍汉多。不到30年，怎样把一个贫困村建成了富裕、文明、和谐的新农村？带着这个问题，我们进行了深入的调查与思考。

坚持以市场为导向，调整农村经济结构，从单纯经营农业转向农工商综合经营，以村办工业为依托，以高效农业为基础，以商贸服务业为纽带，形成一、二、三产业协调发展的经济格局，是建设社会主义新农村的基础工程，也是航民村由穷变富的根本途径。

航民村致富是从兴办工业起步的。过去，这个村人均不到半亩地，祖祖辈辈辛勤耕种，仍然吃不饱饭。改革开放后，干部群众开始思索出路在哪里，想来想去，大家一致认为，一定要在搞好农业的同时办工业。办什么工业呢？当地有染布的传统工艺。附近的织布厂已开始发展，需要提供漂染加工服务。经过反复讨论，他们决定办漂染厂。农民办厂谈何容易！为了筹集资金，村民拿出 20 多年的全部积累 6 万元，又壮着胆子借款 6 万元，共筹措 12 万元。但用这笔钱购置设备远远不够。于是，他们到上海国营印染厂购买淘汰的旧设备。没有厂房，就自己打石料建造。经过 200 多个日夜的紧张筹建，印染厂终于在 1979 年底竣工投产。1980 年盈利 14 万元，拿出 2 万元用于分配，其余 12 万元用于扩大再生产。循此不断滚动发展，到 1982 年盈利达 100 万元，成了当时萧山县第一个“百万富翁”村。

“百万富翁”并没有使航民村的干部群众陶醉。他们采取母鸡下蛋的办法，把税后利润的 85%用于扩大再生产，大厂带小厂，老厂带新厂，成功地办起了一个又一个印染厂。随着印染规模的扩大，染料供应日趋紧张，他们又建起了染料厂。染料问题解决了，纺织化纤原料又异常紧缺，他们又建起了纺丝厂。随着工厂规模的扩大，用电越来越紧张，他们又建起了热电厂。近些年来，他们的眼界放得更开，又向新的产业领域拓展，陆续兴建了冶炼厂、无纺布厂和黄金饰品加工厂。现在，航民村已成为全国知名的以印染为主，纺织、染料、热电相配套的印染基地。今年预计实现产值 45 亿元，利润 2.4 亿元，税收 2 亿元。

随着村办工业的蓬勃发展，以商贸业为主的第三产业迅速崛起。全村形成 300 多人的销售队伍，活跃在全国城乡之间。二、三产业的迅速发展，有力地促进了农业经营体制的改革和农业现代化建设。20 世纪 80 年代初，航民村同大多数农村一样实行了家庭联产承包责任制。这种经营体制极大地调动了农民的积极性，有效地促进了农业生产力的发展。随着进厂务工农民大量增加，人人务工，家家种田，上班做工，下班种田的经营方式逐渐暴露出新的矛盾。尤其是农忙季节，做工与种田的矛盾更为突出。许多农户提出农田统一耕种的要求。随着居住条件的改善，农民也不愿在家里养鸡养猪。为了适应这些要求，村里成立了农场和猪、禽、鱼养殖场，实行专业承包，收益合理分配。同时，投入上千万元，购置了 500 多亩沿江围垦的土地，改造山坡地、低洼地，建成田成方、渠成行、树成荫，田、渠、林、路配套的标准农田，从耕地、插秧到收割、加工全部实行机械操作。农业规模化、集约化经营大大提高了劳动生产率，农业工人人均生产粮食 3 万斤，人均农业产值 4 万元，不仅保证了村民的口粮，还供应优质低价的肉、菜、果。

概括地说，自改革开放以来，航民村坚持以市场为导向，以产品为龙头，以资本为纽带，不断向高起点、多元化、外向型拓展。目前，已形成以纺织印染为主，热电、冶炼、无纺布、黄金饰品加工为辅的多门类工业体系，以宾馆、商场和商业一条街为主的第三产业网络，以机械化、集约化经营为特征的现代农业。航民村的实践证明，农工商综合经营，一、二、三产业协调发展，逐步实现农业现代化、农村工业化、城乡一体化，是建设社会主义新农村的基础性工程。

增强集体经济实力，促进农民共同富裕，不断提高农民的生活质量和文化素质，造就一代有理想、有道德、有文化的新型农民，是航民村建设社会主义新农村的基本方针和根本目的。

航民村村级经济一直快速发展，集体经济实力成倍增长。1998 年村集体资产已由 6 万元增加到 4 亿元。当时，附近农村乡镇企业都在改革产权制度，转换经营机制。航民村有些村民要求把集体资产进行量化。他们说，集体资产这么多，好像天上的月亮，天天看得见，就是摸不着。如何进行产权改革，航民村面临重大的历史抉择。村党委经过一年多的调研讨论，反复征求全体村民的意见，确定了产权制度改革的原则：既让集体资产保值增值，不断增强企业发展的后劲，又使村民、职工、经营者与企业形成利益共同体，建立富有活力的共同创造、共同享有、共同发展的机制。按此原则，他们提出了集体控股、量化股权的方案。全村32518万股股权，集体控股56%，量化到村民、职工和管理技术人员44%。集体股权分红所得，主要用于扩大再生产和村庄基础设施建设以及社会福利保障。经过产权制度改革，把看似“天上月亮”的集体资产，转化成被视为“温暖阳光”的股权资本，农民从单纯的劳动者转变为既是劳动者又是资产所有者，每户村民每年分红3万至4万元。

随着集体经济实力的壮大，航民村坚持以人为本，创造优美的环境。过去，村民住着低矮、破旧、潮湿的平房，房前屋后是猪圈、鸡棚、粪坑、垃圾。为了改变脏、乱、差的居住环境，从1985年开始，他们对村庄进行总体规划，营造“蓝天、碧水、绿地”的自然环境。不仅致力于改善村民物质生活，更着力提高文化素质。为使下一代从小受到良好教育，他们投资500多万元，建起了设施优良的幼儿园、小学校。全村普及义务教育，村民子女从幼儿园到大学免交学杂费。目前，村里青年都达到了高中文化水平。为提高农民素质，他们办起了职工业余学校。同时与浙江大学成人教育学院联合开办染化大专进修班，与东华大学一起成立纺织品技术开发中心，依托高校培养人才。

航民村党组织始终坚持“两手抓”方针，使物质文明与精神文明建设相辅相成、互相促进。村里先后投资1800万元，建设了6000平方米的文化中心，影剧院、图书馆、阅览室、游泳馆、歌舞厅、篮球场、老年活动室等一应俱全。每当夜幕降临，村民和外来职工便三五成群地涌向这里，或汲取知识，或观赏演出。随着物质生活的改善，文化素质的提高，村民的思想观念、行为举止、生活习惯都发生了深刻的变化，全村形成了健康向上的社会氛围。值得一提的是，航民村无论村民、职工还是经营管理人员，在对外交往中全都诚实守信。20多年来，航民村所有企业和客户签订的合同，没有一次违约，没有拖欠过客户一分钱。有一次印染的布匹因配错染料，影响了质量，他们主动赔偿对方的损失，并把这批次布做成工作服，规定每个职工都必须穿戴，以不忘教训。

村级领导班子真心实意地履行共产党人为最广大人民谋利益的神圣职责，是航民村发生历史性变化的根本保证。

“全心全意为人民服务”，“事业成败，关键在党，关键在人，关键在领导班子”，“我们党要始终代表最广大人民的根本利益”，“权为民所用，情为民所系，利为民所谋”，由朱重庆领头的村级班子，忠实实践党的三代领导人的上述谆谆告诫，全心全意为村民谋利益，带领村民和职工创造性地执行党的路线、方针、政策，引导航民村始终沿着正确的方向阔步迈进。现年54岁的朱重庆，从16岁起就在本村采石场干活，还未成年就饱尝劳动的艰辛和饥肠辘辘的滋味，一直盼望父老乡亲能够过上好日子。这种朴素的感情在他加入党组织后得到升华。他带领村党组织一班人，战胜一个又一个困难，创出一个又一个佳绩，被推举为航民实业集团党委书记、董事长、总经理，获得全国新长征突击手、中国十大杰出青年、全国劳动模范光荣称号，被选为第八届全国人大代表。朱重庆对航民村的发展付出最多，贡献最大，可他一直不拿高工资、高奖金。干部群众都说：“重庆把整个身心都投在航民村的事业上”，“我们航民村有今天，靠的是重庆的带领”。

航民村领导班子为群众谋利益体现在对事业的永不满足和不懈追求，把事业搞大再搞大，把企业做强再做强，日日夜夜地拼命工作。许多群众说："我们村的干部没有星期天，没有节假日，全身心交给了村里的事业。"一年 365 天中，朱重庆几乎没有一天在晚上 12 点以前睡觉。有一次厂里安装重要设备，他一直守在那里，工人劝他回家，他坚持不走，到凌晨 4 点，工人搬来一把椅子，让他坐一会儿，他一坐就睡过去了。人们提起此事，至今仍非常动情。

航民村领导班子既有远大眼光和进取精神，又保持艰苦奋斗、勤劳节俭的本色。创业初期，党支部书记徐才法、厂长朱重庆等人到上海去买设备、请师傅，住的是 5 角钱一夜的浴室，吃的是不超过 1 元的饭菜。他们在创业初期坚持勤俭办事，在企业办大后仍坚持这种精神。对集体的钱，一分钱掰成两半用，从来不讲排场、不摆阔气。如今朱重庆到外地出差，依然是早餐一碗稀饭、一个馒头。多年来，他们以自己的实际行动，赢得了全村群众的信任和拥戴。朱重庆外出坐飞机，村里有的老太太为他烧香祈求平安。她们以自己特有的方式，表达对朱重庆的爱戴。

写到这里，不由得想起航民村村名的由来。相传很久以前，钱塘江流经航坞山归入大海，江边设有船坞，"航民"的先民聚居在这里，故得名航民村。当时，航坞山上有一盏日夜闪光的航标灯，指引着在翻腾的江潮上航行的船只。如今的航民村多像一盏社会主义新农村的航标，在改革开放的大潮中，闪烁着璀璨的光彩。

（此文载《求是》2007 年第 20 期）

西部贫困地区新农村建设的难点与对策

——甘肃省庆阳市新农村建设百村调查

潘耀国

庆阳市处于陕甘宁三省、区交汇处，属于革命老区，总面积27119平方公里，人口258.58万。2005年，全市国民生产总值143.82亿元，粮食总产量99.76万吨，财政收入6.7亿元。全市8个县（区）有5个是国家扶持的重点贫困县，2005年人均GDP仅为680美元，相当于10年前的全国平均水平，绝对贫困人口占农村总人口的10%，低收入人口占20%以上。庆阳市有12%的乡不通油路，24.5%的行政村不通农机路，7%的村不通电，34%的村不通电话，15%的村不通广播电视，农村居民享受医疗卫生、教育等资源的比例更低。截至2005年底，全市县级财政累计赤字63615万元，8个县（区）有7个收不抵支，赤字上亿的县有两个。县、乡两级政府负债余额是当年财政收入的4.55倍。

一、新农村建设工作的部署与面临的主要问题

为了探索新农村建设的做法，庆阳市按照"先行试点、逐步推进"的原则，在大量调查分析、研究论证的基础上，确定了正宁县、西峰区为首批试点示范县，正宁县榆林子镇等20个乡镇为首批试点示范镇，正宁县山河镇西关村等100个村为首批试点示范村，形成全市1县1区20个乡镇100个村的新农村建设"1121"示范试点。市委、市政府要求各级党委、政府和市直有关部门要集中所有支农财力，加大示范地新农村建设步伐，以达到示范目的。按照庆阳市新农村建设总体规划，第一阶段，用5年时间试点示范，打好基础；第二阶段，用10年时间扩大规模，整体推进；第三阶段，用15年时间全面建设，加快发展。计划用30年时间初步完成新农村建设的各项任务。

（一）新农村建设的政策部署

1.加大农业基础设施建设。庆阳市以提高农业综合生产能力为重点，坚持每年计划新修梯田25万亩，至2010年人均基本农田达到3亩，按照建设环境友好型社会要求，重点建设绿色生态和谐家园，森林覆盖率达到28%以上，水土流失治理面积达到11800平方公里；加大乡村道路建设，每年新建和改扩建乡村道路2000公里。

2.强化农村产业支撑。重点开发牛肉、苹果、蔬菜三大产业，加快耕地紫花首蓿、肉牛、肉（绒）羊、苹果、黄花菜、白瓜籽和油葵"六个百万"工程建设，打造特色产业基地，形成原区果品、川区蔬菜、山区草畜三大特色经济片带；培育龙头企业，使农产品加工转化率每年提高5个百分点；实施科技特派员制度和农业科技进万家工程，使农业科技贡献率达到50%以上。

3.大力发展劳务经济。组织实施"阳光工程"、"青年农民科技培训工程"等农业劳动力转移培训项目。每年培训农民40万人（次），在5年内，使全市青壮年劳动力普遍接受一次培训；坚持每年输转农村劳务人员50万人（次），农村富余劳动力就业率达到80%以上。

4.搞好新农村建设规划。负责建设的行政主管部门为新农村建设提供村庄建设指导性目录和小康农宅设计图样，在全市范围内，开展村容村貌整治，下大力气解决农村"脏、乱、差"的问题。

5.加快扶贫开发进程。继续实施党政机关定点扶贫工程，帮助解决贫困地区群众生产生活中的困难和问题。

6. 大力发展农村公共事业。农村教育事业实行城乡教师对口交流；农村卫生事业坚持每年从市直医疗机构选派100名医生对口援助农村；农村文化事业实施广播电视“村村通”。

(二)新农村建设面临的难题

1. 农村基础设施建设资金严重匮乏。庆阳市山、川、原兼有，70%的农户居住在山区，地理条件差，自然环境艰苦，道路、农田、水利、农电等公共设施建设严重滞后。目前，全市还有37个乡镇不通油路，占乡镇总数的31.8%，需新铺通乡油路1281公里；有647个村不通沙砾路，占行政村总数的51%，需新修通村等级公路4632公里；人均基本农田2.5亩；有效灌溉面积61.49万亩，保证灌溉面积41.43万亩，占总耕地的6%；全市都未达到国家安全饮用水标准，仍有45个乡镇、38万人吃水困难，在问卷调查中，只有5.71%的村回答饮水状况安全，74.29%的村认为村内饮水存在困难；仍有36个村不通电。这些“硬件”条件是新农村建设的严重障碍，需要国家和地方投入大量资金解决这一“瓶颈”的严重制约。

2. 农村社会事业欠账较大。由于国家投资有限，各级财政又十分困难无力扶持，造成农村社会事业基础差、底子薄、水平低、发展慢、保障支持能力弱。突出表现在：一是农村劳动力普遍受教育程度低。目前全市农村劳动力中，高中及高中以上文化程度占15%，初中文化程度占37%，小学程度占42%，文盲半文盲占6%，平均受教育年限不足7年。拥有技术职称的约占0.8%。由于受教育程度低，农民的科技文化素质、民主法制意识和思想道德水平与新农村建设的要求还有很大差距。特别是在适应市场环境、发展生产增收致富方面，技能低、门路窄、竞争力不强，外出务工多选择苦力型劳务，劳动强度大，收人低。农村学校师资力量弱、教学设施落后、教学质量不高。接受学前教育的儿童不到20%，农村学生高中升学率仅为40%左右，普九任务依然艰巨。二是农民培训服务体系不健全，农村劳动力接受职业教育、继续教育和技能培训的比例低。农业科技推广工作受投入制约，机构作用发挥不充分，队伍逐渐萎缩，每万人拥有科技人员109人，农业科技贡献率仅为45%。三是农村卫生服务体系不健全。农村医务人员短缺，每万人仅拥有19.4人。执业水平普遍较低，药品价格和医疗费用虚高，农民看病难、看病贵，因病致贫返贫的问题还相当突出。四是农村社会保障体系尚未建立。调查数据表明，没有村设有养老院(福利院)，五保户集中供养占所调查村的8.57%。

3. 农村文化设施建设严重滞后。庆阳目前尚有6.1%的农户生活在“煤油灯”时代，有9%的农户看不上电视，有79%的农户不通电话，95%以上的村无文化室或娱乐活动室，拥有宽带网的农户几乎没有。只有19.05%的村有公共文化活动，大部分村庄的文化娱乐活动仍然非常缺乏。由于现代文明和健康生活方式传播途径少，一部分群众长期生活在封闭落后的环境中，居住条件和生活质量低，全市实现“三改”(改厨、改厕、改圈)的农户不足2%，农民生活环境脏、乱、差问题普遍存在。

4. 乡村债务负担沉重。目前全市乡、村两级共负债6.29亿元。其中正宁县乡、村两级债务达1.2亿元，人均247元，户均1119元。乡、村债务主要来源于银行贷款、单位借贷、个人借款的本金和利息，也有原合作基金会借款及其他应付未付款。形成的主要原因是乡村举债兴办乡镇企业、借贷举办乡村公益事业和非生产性支出、举债应付各种达标升级、借款完税等方面。乡村两级不良债务已成为制约新农村经济建设、影响农村社会稳定的严重问题。

5. 基层组织建设亟待进一步加强。村级干部政策水平和领导发展能力低，缺乏凝聚力和号召力，少数村组干部作风不正、私心重，民主选举、村务公开等民主管理制度不能落实。农村党员年龄老化、知识老化，不能很好地发挥模范带头作用。特别是村组干部报酬普遍较低，全市村干部年均报酬仅为1500元、组干部300元，由于薪少事多，很多村干部无心干事。

二、若干建议

(一)完善向西部贫困地区倾斜的投入机制,加大对项目扶持力度

庆阳的县(区)工业基础薄弱、城镇化水平低,基本上不具有工业反哺农业、城市带动农村的能力和条件,多数县乡财政困难,财政自给率不足20%,80%以上靠上级转移支付来解决,而且只能保证工资发放,培育特色产业、发展社会事业等支出难以解决。西部地区大多数市县基本上是以农为主的经济结构,工业化、城镇化水平低,工业反哺农业“无米”,城市支持农村无力。要使“工业反哺农业”落到实处,就西部地区而言,目前主要依靠中央政府、加大支持西部农村的力度,通过公共财政覆盖农村并向西部农村倾斜来实现工业反哺农业。从庆阳市的调查来看,由于自然环境艰苦,道路、农田、水利、农电等公共设施建设严重滞后,建议加大对农村道路、水利、农电和能源等方面的投入,从根本上改变农村的生产生活条件。各级项目需要县级投入配套过多,具体数额已超过县级财力的30%以上,地方财政难以承受。一般情况下,贫困落后地区都是投资效益较低、配套投入困难的地区,越是贫困落后的地区,所能争取到的国家投入就越有限。因此,应减免贫困地区国家扶持项目的地方配套资金,使贫困地区能够更多地享受国家财政投资。

从庆阳市的调查发现,多数县(区)缺少具有经济发展带动作用的大项目、龙头项目,严重制约着县域经济快速发展。新农村建设涉及方方面面,但最终都要落实到具体项目。建议在新农村建设中,紧紧围绕国家“十一五”规划中确定的粮棉油生产基地工程、沃土工程、植保工程、大型灌区续建配套、种养加良种工程、农村饮水安全、农村公路、农村沼气、农村医疗卫生服务体系等重点工程,进一步加大对贫困地区基础设施建设资金投入力度,解决农民生产生活中最关心、最直接、最迫切的实际问题,切实让农民得到更多的实惠。

(二)增加对农村社会事业投入,切实减轻农民负担

农业税取消后,一些农村行政事业性收费、经营服务性收费和村级组织收费等涉农收费项目仍然存在;“两免一补”政策虽在贫困地区实行,但教育投入不足,仍可能为增加农民负担埋下隐忧;农村医疗卫生事业进一步加强,但近年来医疗药品价格的猛涨造成群众看病难、看病贵的问题仍很突出;农村照明用电费、电话费、有线电视收视费等收费环节中加码或搭车收费的现象还没有彻底禁绝。据统计,近5年庆阳市农民人均纯收入年均增长6.4%,而子女教育和医疗费用年均增长分别达到8.4%和14.6%,农民增收部分满足不了收费增长需要。加大对农村教育的投资力度,鼓励有志青年投身西部教育事业,提高农村学校教师待遇,配合中央“两免一补”政策的实施,强制实行九年制义务教育,从根本上提高农民文化素质,提高农民的自我发展能力。加快乡村卫生机构建设,更新配备必须的医疗设备,建立城市支援农村卫生工作的长效机制,推动农村医疗卫生事业发展。

(三)调整农村经济结构,进一步拓宽农民增收的空间

从庆阳市的调查数据看,农民养一只肉羊年均收益100元,与种一亩小麦的收益相当;养一头肉牛年均收益1200元,相当于种10亩小麦,养一头奶牛年均收益3000到4000元,是农民人均年收入的2倍。这说明,在草食畜牧业领域,农民增收的空间更大。西部地区农业发展受自然条件制约严重,重点应发挥比较优势,发展特色农业,大力发展瓜果、蔬菜、油料等优势产业,重点要提高草食畜牧业的比重,进一步加快畜牧产业化步伐,精心培育区域名优产品。2005年,庆阳市劳务收入达到12.3亿元,占全市GDP的8.6%,占农民工资性收入的77.6%,劳务经济对庆阳农民增收的带动作用日益明显。庆阳市农村青壮年劳动力仍有较多剩余,应强化农村劳动力培训,健全农民就业服务体系，促进农民向非农产业和城镇转移。

(四)完善扶贫开发机制，提高困难群众的收入水平

近年来实施的扶贫开发整村推进项目深受贫困地区群众的欢迎，但每年的项目数量有限。庆阳市符合扶贫开发整村推进项目条件的村共有611个，2006年省里确定实施的只有58个，以此为基数推算，要使贫困村全部脱贫，还需10年左右时间，这与建设新农村规划及贫困地区群众的愿望和要求差距很大。加快推进扶贫整村开发，应根据今后的目标和任务，确定逐年增加整村推进项目的比例，加快贫困地区脱贫奔小康步伐。对尚未解决温饱的贫困人口，要集中力量攻坚，切实做到扶贫到村到户。建立贫困人口救助制度，实施更加特殊的优惠政策，帮助贫困人口稳定脱贫，实现小康。

(作者单位：国务院发展研究中心)

经济发达地区如何以工哺农、建设社会主义新农村

芮黎明

曾经以乡镇企业发源地之一而著称的无锡，如今又以大部分企业植根于农村，大部分企业家来自于农村，与“三农”有着天然联系的优势，开始了以现代工业的理念谋划农业，以现代工业的生产方式组织农业，以现代工业的成果武装农业，并以此开展发展现代农业，培育新型农民为核心的以工哺农、支持农村、回报农民的新农村建设途径探寻。

一、以现代工业的理念谋划农业

一是以办企业的思路办农业，突破了传统农业的框框，现代化农业企业应运而生。2003年，无锡江阴一位长期分管农业的领导，建议某集团投资1000亩地搞生态农业，一个星期后，该集团董事长说：“1000亩太少，我投资7000亩，向规模要效益。”接下来的几年里，该集团先后在新桥、霞客、云亭等镇建起了大规模现代化农业园林，并远赴江西办起两家林业企业和1个苗圃基地，经营面积达到50万亩，总投资已超6亿元。其中的阳光生态园2006年完成销售收入2.2亿元，实现利润7000万元，平均每亩利润1.5万多元，效益是普通农业的几十倍。2007年，该企业在全国投资的高效农业面积将达到300万亩。企业家们投资农业，绝不是一个简单的种养殖概念，是工业思维，企业模式，市场化经营。

二是以高新技术武装农业。工商资本投资农业，改善了农业基础设施，优化了农业经营机制和管理模式，促进了农业新品种、新技术、新装备的广泛应用，提高了资本收益率、土地回报率、科技贡献率以及劳动生产率。以工促农，加快了农业增长方式的转变，促进了农业科技成果转化与推广，提高了农民的知识技能、组织管理和规避风险的能力。全市科技进步对农业增长的贡献率超过60%，连续多年位居全省前列，形成了“太湖鸡”、“太湖翠竹”茶叶、申港“长江三鲜”等一批拥有核心技术和自主知识产权的农业品牌产品。全市蔬菜、园艺的设施化栽培面积比例达23.5%；水稻优质化率达75%，“双低”油菜比重达95%，家禽优质化率达82%，名优水产品养殖比重达77%；创建国家、省、市级名牌农产品102个。

二、以现代工业的生产方式组织农业

一是村企挂钩，以工投农，解决长久以来制约农村经济发展的资本、技术、机制、人才等瓶颈问题，为工农互动、城乡并进搭建有效载体；同时培植壮大一批采用工业化理念、现代化手段、企业化经营提升传统农业的市场竞争主体，为高效农业的发展注入强大活力。无锡市已有785个行政村与企业挂钩，累计吸引工商资本48亿元，兴办农业企业和园区300多家，其中投资1000万元以上项目近60个，仅2006年就吸引工商企业投资各类农业项目203个，投资总额达24.1亿元。

二是农企合作，既促进农村剩余劳动力的转移，又通过培育现代农民，提高生产技能，促进农民增收。发展现代高效农业，根本上就是要“钱进人出”。工商资本投资农业，在解决“钱从哪里来”问题的同时，也加快了“人往哪里去”问题的解决。农业企业普遍采取“公司＋基地

十农户”的产业化运作模式，加强农业规模化经营，实际产生的效果是：一方面把一部分农民转变为城市人口、工业人口，顺利推动了农村剩余劳动力转移就业；另一方面，通过获取土地流转收入、农业企业务工收入，带动农民增收致富。创办于2003年的江苏某农业科技有限公司，借鉴工业园区建设理念，建立了“一金三保障”制度：“一金”，即土地租金。凡进入园区的农民，每年可得保底预付土地租金200元/亩，5年一次付清；“三保障”分别是园区农民口粮保障、园区农民生活补贴保障、园区农民用工保障。每个农民每年劳均收入因此超过10000元。2006年，江阴市10家重点龙头企业共带动农民1.35万余户，户均获益7000元；8558个农业工人人均工资收入5400元。华西村的老书记吴仁宝则说：“工业反哺农业，农业反哺旅游业，旅游业安排就业，农民才能城市化。”现在，每天1000多人在华西的农业观光园参观，解决了村里1000多不宜进工厂的农民就业。事实表明，工业企业有成熟的管理经验、市场意识和品牌、创新理念，工业企业涉足农业，以现代工业的生产方式组织农业，可以转变农民对农业的传统看法，提升农业发展水平，增加农民的收益，使企业与农民双赢。

三、以现代工业的成果武装农业

一是利用工业经济的力量，进一步拓宽农民就业、创业、置业的渠道，以工富农。2006年，全市新增本地就业人口1.88万人，其中农村劳动力1.37万人；新增个私企业1.17万户，累计达4.62万户，注册资本突破300亿元；新组建村组股份经济合作社和土地合作社82家，新增受益农民超过10万人。同时，利用工业发展积累的财富，加快农村“三集中”步伐，推动农村城镇化进程和土地规模经营，带动农民生活条件改善和生活质量提高。江阴市新增投入和新增产出主要来自工业集中区，农业规模经营比例接近50%，农民集中居住人口达到63.99万，集中居住率达54.69%。

二是引导企业家担任村书记，探索“能人治村”，加快新农村建设步伐。无锡市积极发挥华西村、三房巷村、长江村等一批经济强村负责人村企“一肩挑”的示范作用，选拔一些土生土长、对本村群众怀有深厚感情、热心公益事业、在村里有威信、老百姓认可的企业家担任村书记，通过企业家对村级事务的支持，促进村级发展和村民增收。

三是利用来自于工业经济发展而增加的财政收入，不断加大支持农村、反哺农业、回报农民的力度。通过财政反哺“三农”，大力促进城市优势生产要素向农村扩散，城市基础设施向农村延伸，城市公共服务向农村覆盖，城市现代文明向农村辐射。“十五”期间，江阴市财政直接投入“三农”近20亿元。2006年，江阴市直接投入“三农”建设的财政资金高达4.3亿元，其中2.1亿元用于已经实现全覆盖的农民社会保障，1.2亿元用于生态绿化，6000万元用于基础设施建设，1000万元用于产业化经营。同时予以工哺农以政策支持：2006年8月，无锡市下发了《关于加快发展新型乡镇企业的意见》，对新型乡镇企业发展实行了税收支持、收费优惠、信贷支持、用地优惠、资本经营和财政扶持等六大方面23条配套政策，这些新型乡镇企业涵盖了各种农产品加工企业、农业产业化龙头企业、村级集体股份合作社、土地股份合作社、各类农民专业合作经济组织、农业产业园，以及以企投农项目等。再就是典型引路。2006年3月，无锡市在江阴召开全市百家工商企业投资农业观摩会，江苏阳光、红豆集团等一些投资农业的企业典型作了经验介绍。这些企业所取得的良好的经济效益和社会效益激发了全市企业投资农业的热情，掀起了全市工商资本投资农业的热潮。

（作者单位：江苏省无锡市行政学院）

企业、事业单位风采

U. C. C. D.
城建地产
青岛城建地产，
鼎力支持家园重建
U. C. C. D.
城建地产
青岛城市建设集团股份有限公司
Qingdao Urban Construction Group Co., Ltd
集团地址：中国青岛市南海路23号 电话：0532-82881
传真：0532-82868000 网址：www.uccd.com.

U. C. C. D.
城建地产
青岛城建地产
——品质引领生活
中国房地产企业500强
全国房地产诚信企业
中国房地产领先企业
中国城市运营商50强
山东省富民兴鲁劳动奖状获得企业
集团办公楼
2008 城建精品楼盘展示
U.C.C.D Boutique properties display
城建·TOPTOWN鼎都
位置：市北区福州北路133/135号（福州北路与辽阳西路交会处）
简介：总建筑面积15.4万平方米，4座高层组成高尚人文社区，灵动户型约50-130平米。精品写字楼69-160平方米，中小企业创业家园，投资智选，创富源地。
TEL：0532—85981266 85981277
城建·竹韵山色
竹韵山色
Bamboo Garden
位置：崂山区海尔路与长沙路交会处（高科园一中西侧）
简介：城建·竹韵山色是城建地产继湖光山色、阳光山色、春光山色之后，“山色系列”的又一创新力作。项目占地约13万平方米，总建筑面积近18万平方米，以多层和小高层为主。户型面积约70-120平米，中小户型主打。
TEL：0532—89689827 89689837
城建·亚丁海岸
ADEN
亚丁海岸
梦想，由来已久
位置：青岛开发区凤凰岛金沙滩路（金沙滩对面）
简介：项目总占地近24万平方米，总建筑面积约26万平方米。欧式经典建筑风格，物业形态包括五星级酒店、低密度建筑和公寓式酒店等。项目面对金沙滩，美丽海景和黄金海岸线尽收眼底。
TEL：0532—83208856 83208857
开发企业：青岛城市建设集团股份有限公司 集团地址：中国青岛市南海路23号 公司网址：www.uccd.com.cn

建设景观河道

为天津

景观河道办公室志愿者文艺演出活动

保洁作业人员正在作业

迎新春景观河道培训总结联欢会

市民护河志愿者

天津素有"北方水城
二级河道进行了彻底的改
级河道水面环境进行保洁

景观河道保洁作业
体作业公司必须严格按
以突破保洁作业一般化的
最大化,让百姓受益。

为了适应新形势,加
办公室,组建了相应的管
创造天津优良居住环境、
卫生城市作为城市建设
起,即以高效实干的工作
工作。他们采取"一线、连
建沿河护河小分队,动
"市场运作与区域行政管
热线电话,架起政府与百
境问题,把景观河道的环
的主题活动中,建立起和
的作业融入社会各层面,

创建和谐环境

姓造福

津市景观河道办公室

几年来，天津市政府斥巨资对市区
并从2005年元月1日开始对市区二

事业管理的一项重要内容，要求全
保洁作业细则》统一进行治理工作，
府专项资金的投入实现社会效益的

道的管理，天津市设置了景观河道
了《景观河道办公室管理细则》，把
态环境，创建模范城市、园林城市、
重。景观河道办公室自创建之日
不延误的工作作风，进入角色开展
”的工作方法，聘请社会志愿者，组
同做好景观河道环境建设工作；以
运作模式，建立十大工作网络，开通
通道，及时解决落实市民反映的环
津“同在一方热土、共建美好家园”
、社会环境、人文环境，使景观河道
抓共管的态势。

景观河道办公室与仁爱小区社区志愿者的共建活动

职工培训

天津市景观河道巡察队

保洁作业正在进行中

利和大厦

利和集团
LIHO GROUP
天津泰来进出口贸易有限
279
利和大厦

网管大厦

中国移动天津公司

中国移动通信集团天津有限公司（简称“中国移动天津公司”）是中国移动有限公司的全资子公司，中国移动有限公司是目前中国在境外上市的公司中市值最大的公司之一，中国移动已连续7年入选美国《财富》杂志全球企业500强，最新排名第180位。在“2007中国企业500强”评选中，列中国企业500强综合榜第五位，列服务企业500强第三位。中国移动通信品牌价值显著提升，在《金融时报》“全球最强势100品牌”排名榜中，中国移动以品牌价值412亿美元高居第五。中国移动有限公司在《福布斯》“全球2000家最大上市公司”排名第112位，在《金融时报》“全球500大企业”排名第38位。

中国移动通信集团天津有限公司于2000年改制重组，并同时在香港和美国上市，成功进入国际资本市场。同时确立了向世界一流移动通信企业迈进的奋斗目标。

中国移动天津公司拥有雄厚的移动通信建设和维护技术力量，目前有在职员工1000多名。经过十几年的探索和努力，中国移动天津公司以惊人的建设速度成就了天津地区最大的移动通信网络，覆盖已通达全市各个角落，而移动通信的网络容量超过1050万户，同时网络质量位居全国前列。

移动通信技术层次的不断提升，设备和技术能力的飞速增长为用户发展积蓄了后劲，而新业务的繁荣派生也为市场源源不断地注入活力。“全球通”、“动感地带”、“神州行”三大客户品牌家喻户晓，丰富的业务给客户带来更多的选择。随着互联网技术与移动通信技术的融合，移动通信的发展进入了一个新阶段。目前中国移动天津公司正逐步从传统的语音业务服务商向信息服务提供商转变。

中国移动天津公司努力向客户呈现高品质的网络环境，客户可从中享受多种便捷的服务；10086客户服务中心实施全业务受理，使中国移动天津公司的客户无论是咨询、投诉，或是查询话费、办理业务都易如反掌；VIP客户更可享受一对一的贴心服务；而对于行业集团客户，中国移动天津公司为其量身定做独享的集团解决方案；区域化的管理使服务更贴心，客户积分、异业联盟使中国移动天津公司的客户服务不断增值，并赢得了更多客户的信赖。

中国移动通信既是一个财务稳健、能够产生稳定现金流的赢利性公司，又是一个充满发展潜力、具有发展前景的持续成长性公司。面向未来，中国移动通信确立了“做世界一流企业，实现从优秀到卓越的新跨越”的发展战略目标。围绕这一目标，中国移动天津公司将秉承“正德厚生，臻于至善”的企业核心价值观，深入贯彻科学发展观，努力提

郁美净

扬民族之帆 启梦想之航

——走向世界的天津郁美净集团

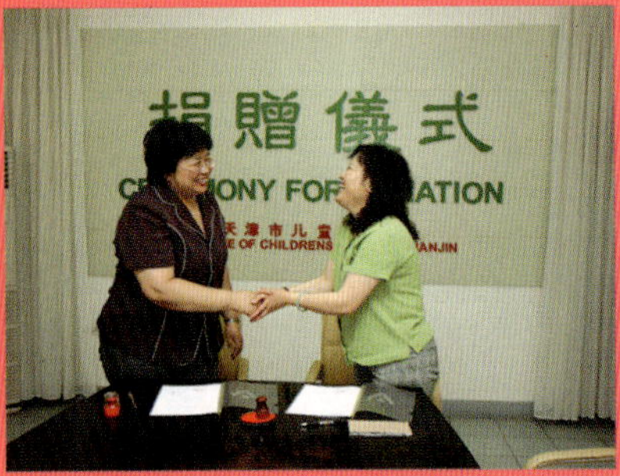

慰问福利院

郁美净之夜

在千帆竞发的年代，在改革创新的天津，郁美净集团依靠改革与创新，以百倍的努力，千倍的拼搏，走出一条自主创新之路；以民族的魂魄，品牌的力量，扬起振兴中华民族工业之帆，带着打造中国民族品牌的梦想，一步步驶向成功的彼岸。

今天的郁美净集团，已经成为以生产郁美净品牌系列化妆品、艾贝丽特美容化妆品为主业，集化妆品科学理论研究、生产加工制造、市场经营销售为一体的现代专业化企业集团，拥有先进的工艺设备、雄厚的技术力量、健全的营销网络和良好的社会信誉。集团下属 7 个子公司、3 个生产基地。多年来，郁美净集团始终坚持以科学发展观为指导，弘扬“做精品、创名牌、为民族工业争光”的企业精神，瞄准国际国内同行业先进水平，坚持高标准的发展理念，在不断创新中谋发展。日前，集团公司销售网络遍布全国各大中城市，销售收入持续 12 年保持两位数增长，创造了小商品走向大市场的辉煌。郁美净系列化妆品赢得的荣誉称号有：国家护肤品最高奖——国优银牌；法国巴黎国际“金桂奖”；“中国名牌产品”、“中国驰名商标”；连续 3 年获得中国轻工业联合会颁发的“全国轻工业卓越绩效先进企业特别奖”，“全国轻工业质量效益型先进企业”称号。集团现拥有调香技术、鲜奶护肤技术等多项自主知识产权，拥有国家专利 210 项，并在国内同行业率先通过了 ISO9000 国际质量管理体系和 ISO14001 国际环境管理体系双认证。

30 年的历史，30 年的积累，使郁美净品牌更加成熟，品质更加优秀。有着 30 年丰厚积淀的郁美净集团以企业更强、产品更好、品质更优、百姓更省为宗旨，以优秀的科研成果回馈社会，不断向世界奉献郁美净精品系列化妆品，给中外消费者带来惊喜，扮靓郁美净每一位忠实的朋友。

美体系列

艾贝丽特-精粹系列

儿童家族

防波堤工程

天津港集团公司办公大楼

天津港散货物流中心
煤炭焦炭长廊工程

，成立于1985年
格试点单位。公
质、水运设计(乙
]通过ISO9001-
5亿元。
经验丰富，一贯
房屋建筑工程、
过程、多方位的

监理现场

天津港25万吨级航道工程

天津港东疆保税港区
(一期)联检商贸服务中心

天津港南疆石化码头

五洲国际进港大门工程

天津港太平洋国际集装箱码头

天津市公路处

职工文化艺术节

天津市公路处隶属于天津市市政公路管理局，为自收自支的正处级事业单位。下辖东丽、北辰、西青、津南、塘沽、汉沽、大港、直属处、设计院、国腾咨询监理公司等12个直属单位，并对蓟县、武清、宝坻、静海、宁河公路建养工作进行行业管理。全处现有职工1396人，其中具有中、高级以上专业职称的技术人员312人。

天津市公路处的主要职责是：负责本市公路的行业管理；起草本市公路路网规划和建设、养护中长期发展规划和年度公路建设、养护投资建议计划；负责本市公路新建、改建项目的前期管理；负责本市公路建设、养护工程管理及组织实施；负责本市公路的路政执法管理；负责公路养护市场的管理；负责本市公路设施养护和运行服务质量的考核、监管；负责本市公路设施量统计和路网运行技术基础数据管理等。

随着天津公路事业的发展，天津公路处职工顽强拼搏，开拓进取，狠抓公路的养、管、建工作，全面提升行业管理水平。截至2007年底，全市公路总里程达11531公里，其中，高速公路682公里，国市干线2786公里，一、二级公路里程达到2821公里；公路桥梁2410座，总长度228052延米。全市公路网密度达到96.74公里/每百平方公里，公路好路率多年保持在80%以上，全市公路基本上形成了一个干支结合、四通八达的公路网。

天津公路处始终注重“内强素质、外树形象”的群众性精神文明建设，提升了天津公路的“窗口”形象，1997年获得国家建设部“精神文明先进单位”称号，2001年获得国家交通部“文明行业”称号，连续保持天津市文明行业、规划建设工委窗口建设先进集体称号，2005年荣获“全国文明单位”称号。

天津滨江购物中心

天津滨江购物中心地处天津传统商业黄金地段——驰名中外的小白楼高档商业商务中心区，北倚大沽路、南靠建设路、东临徐州道、西至开封道，与和平、河西、河东三区交界，与天津音乐厅、起士林餐厅隔街相望，与凯旋门咫尺相邻，地理位置优越，交通网络通畅。

天津滨江购物中心外观新颖独特、豪华现代，像一颗璀璨的明珠镶嵌在小白楼商业区。购物中心建筑面积5万平方米，营业面积达3万平方米，其突出特色、突出品位、突出名牌的商品定位处处彰显着人本理念和人文关怀：一层主要经营男女鞋、钟表、黄金珠宝、箱包、进口食品、化妆品等；二层主要经营品牌休闲服装、家居服装、少淑休闲装、内衣、毛衫等；三层主要经营男正装、商务休闲装、女品牌时装、淑女装等；四层主要经营办公用品、儿童服装、床上用品、小型家电、健身器材、防寒服、运动服等，实现了经营商品的品牌化、系列化、层次化和个性化，商品优良、服务优质、环境优美的天津滨江购物中心赢得了广大消费者的信赖与厚爱。

天津滨江购物中心自1998年9月开业以来，先后荣获“全国百城万店无假货示范店”、“全国质量管理先进单位”、“中国商业信用企业”、“达标百货店”、“天津市重合同、守信用单位”、“社会公认满意单位”、“天津市价格、计量信得过最佳单位”、“天津市商贸流通百强企业”、“和平区功臣企业、功勋企业”等一系列荣誉称号，顺利通过了《中国商业服务名牌》复验，并在天津乃至全国率先推出了《服务质量标准》，首开大型零售商业服务质量标准化之先河，荣获“天津市商业科技进步三等奖”，跻身于天津商界前列。

地址：中国·天津市和平区开封道29号
邮政编码：300042
网址：www.tjbgo.com
电话：022-23131618

天津滨江购物中心欢迎您光临

果仁张(天津)食品有限公司

公司董事长兼总经理　陈敬　女士

果仁张传统宫廷食品，始源于1830年，被中华人民共和国原内贸部和国家商务部连续认证为《中华老字号》，它凝结了果仁张四代人的艰辛和智慧。张氏祖上两代是清宫御膳房名厨师，第三代张惠山曾为国家高级宴会制作各种食品，受到国内、外宾客的好评。第四代传人张翼峰和夫人陈敬发展了果仁张传统技艺，并首创了挂霜系列产品，填补了同行业空白，受到了国内、外顾客的青睐。

如今果仁张(天津)食品有限公司已发展成为11000多平方米的花园式生产基地，产、供、销一条龙服务，产品销往全国各省市，并有部分产品出口到新加坡、马来西亚、美国、英国、加拿大、印尼、台湾等国家和地区。

经营范围：主要生产、销售各种宫廷风味的果仁张产品，并加工销售土特产品、酒、预包装食品等。

经营地址：天津市和平区南市食品街一区一楼15号、四区二楼21号

邮编：300021　　联系电话：(022)27270198　　(022)23124823

公司总结表彰大会

向四川地震灾区踊跃捐款

天津华一有限责任公司

公司党委书记、董事长、总经理张国维

天津华一有限责任公司在全国劳动模范、全国优秀企业家、全国五一劳动奖章获得者、国家级技术专家张国维总经理的领导下，以享誉全国的和谐管理创造了企业又好又快的发展。公司研发的卷烟硬盒包装机2支到25支装和在外型上抽屉式、五角式、八角式、圆角式、侧推式、侧翻式等30多个产品系列，以及饮料塑封机、鲜奶灌装设备、高温杀菌设备、袋装箱机、膏装物灌装设备、电池生产线、文化用品包装等20多种轻工包装设备出口到31个国家和地区。

花园式厂区

现代化机加工车间

通过QES认证

张国维总经理（左一）和社会各界知名人士探讨青少年教育工作

恒温装配车间

公司参加国际展览会

华一公司夜景

天津市汉沽区

汉沽区位于天津市东部，是天津滨海新区重要组成部分，也是天津重要的海滨休闲旅游区。竟域面积442平方公里，常住人口.8万人。汉沽地处天津滨海开发带和京津冀经济圈的连接点，距天津国际机场50公里，与冀东正在开发的曹妃甸钢铁基地和南堡渤海大油田濒海相望，与天津经济技术开发区、保税区、天津港仅一河之隔，是天津通往东北的重要门户。这里环河抱海，海岸线长达28公里，蓟运河由北向南流经区内，素以盐渔之利、舟揖之便著称天下；这里有中国最古老的盐场，有历史悠久且保留原始自然风貌的漕运古道，可谓人杰地灵，物华天宝；这里文化底蕴丰厚，特色风光浓郁，海、河、湖、港自然资源、农渔资源、地热资源优势明显，享有中国制盐工业摇篮、中国玫瑰香葡萄之乡、中国东方对虾之乡、刻字版画艺术之乡和盐文化之乡、鱼米之乡的美誉。

2003年9月29日，前苏联“基辅”号航空母舰顺利落位汉沽八卦滩，成为海滨休闲旅游区的标志性景观。

盐业风情区

渔业资源丰富

刻字版画作品

华梦酒文化博物馆

葡萄采摘

2007天津汉沽葡萄文化旅游节——吃葡萄大赛现场

蔡家堡特色海鲜

“渤海明珠、欢乐港湾、活力汉沽”。围绕建设天津海滨休闲旅游区，汉沽区旅游业现已形成以海岸线为轴心、以蓟运河为纽带，东西南北中镶嵌航母军事主题游、亲海观光游、盐业风情游、农业生态游、海鲜美食文化游等多项主料并存、品味齐全的旅游格局，年接待游客逾百万，旅游从业人员达3000余人。前来观光的八方游客乐此不疲，赞不绝口。

天津市武清供电有限公司

团结、奋进的领导班子，(左四)为党委书记、总经理　王学印

半军事化管理活动训练场景

武清供电有限公司自1999年4月成立以来，在公司党委班子带领下，时刻不忘肩上的责任，努力秉承国家电网公司“四个服务”的企业宗旨，牢固树立正确的价值观，狠抓队伍建设、人员素质养成，铸造了一支具有严格的执行力、顽强的战斗力、卓越的服务能力的电力铁军。面对当前农电改革的大潮，他们时刻铭记“人民电业为人民”的服务宗旨，坚持“以人为本”的管理理念，创造性地开展“半军事化管理”等特色活动，实现了“院区像营区、宿舍像营房、上班像军人、管理像军队”的目标要求，并形成常态化的运行机制，努力打造一支“政治合格、技术过硬、作风优良、纪律严明、服务优质”的电力职工队伍。

齐心协力立杆塔

企业文化为实际工作服务

率先尝试实施带电作业，提高服务水平

优质服务到每一用户

修整后的奥匈领事馆

修整后的冯氏故居

修整后的袁氏宅邸

天津住宅集团

天津住宅建设发展集团有限公司是以住宅产业化为发展方向，集房地产开发、建筑施工、新型建材制造、与住宅产业相关的服务业“四大产业板块”为一体的天津市国有大型骨干企业。具有房地产开发、建筑施工总承包、装饰施工、物业管理等国家一级资质和设计甲级资质。住宅集团凭着良好的业绩，连续三年被评为“天津市房地产开发二十强企业”，被授予“天津市房地产开发信誉度AAA企业”、“天津市优秀诚信施工企业”和“‘十五’全国建筑业技术创新先进企业”等荣誉称号，并跨入全国房地产企业200强和中国服务业企业500强行列。

几年来，天津住宅集团以“奉献社会、造福百姓”为宗旨，坚持诚信经营，质量第一，成功开发建设了多个成片住宅小区、公共建设项目及全市重点工程，先后打造了金街，重建了鼓楼；开发建成了鼓楼商业步行街；攻克南头窑危改难点拆迁片，建成了怡华园小区和康华大厦；组织建设梅江生态居住区，建成了芳水园、畅水园、华厦津典小区；积极参与海河综合开发改造，重建了古文化街，整修了沿河古建筑和风貌建筑。集团荣获了数十项部级、市级优质工程奖和科技进步奖。

进入“十一五”后，天津住宅集团全力发展壮大“四大产业板块”，形成了合理配置的产业链。抓住加快滨海新区开发建设的机遇，坚持高标准，追求高水平，进一步把集团做大、做优、做强，努力实现又好又快发展，为天津科学发展、和谐发展、率先发展作出新的贡献。

◀ 天津市建委墙改办与天津住宅集团共同投资组建的天筑建材有限公司，引进德国先进的技术工艺设备，建成了年产70万立方米蒸压轻质砂加气混凝土生产线。它是目前国内生产规模最大、工艺设备最先进、自动化程度最高、产品质量最稳定、生产检测手段最完善的加气生产线。

修整后的静园

梅江芳水园

华厦津典住宅小区

天津长芦海晶集团有限公司

制盐场

制盐场是天津长芦海晶集团有限公司（塘沽盐场）直属唯一的制盐生产单位，是驰名中外的长芦盐主要产地。原盐生产总占地面积203km^2，有效生产面积161km^2，原盐生产能力为年产110万吨以上。

制盐场下设14个管理科室、部门，10个生产作业工区，100个行政班组，全场现有职工2228人。

制盐场生产工业盐、日晒盐、泡菜盐等盐产品。工业盐年产量达130万吨以上，产品质量一直名列同行业前茅，"海晶牌"工业盐连续多年获国家轻工业部、天津市优质奖，1996年首批获得天津市名牌产品称号，并连续多年获全国用户满意产品称号。由于质量上乘、信誉度高，产品除国内经销外，还远销韩国、日本、美国、香港等国家和地区。

天津市劳动模范、高级政工师、党委书记、院长 李润华

天津市静海县医院

天津市静海县医院是一所集医疗、教学、科研、急救、预防保健、康复、社区服务为一体的综合性三级乙等医院，是天津医科大学教学医院，卫生部500家国际紧急救援中心网络医院，中华医院协会理事单位，全国百姓放心示范医院。

医院占地面积4.2万平方米，建筑面积4.8万平方米。现有职工802人，其中具有高级职称技术人员66人，博士、硕士研究生17人。开放床位686张，设有行政科室20个，临床科室35个，医技科室13个，专家、专科门诊18个。年门诊人数达到39万人次，出院病人2.5万人次，手术完成7500人次，病床使用率达到111%，固定资产达2亿元。拥有美国GE产深蓝版十六排CT、核磁共振、大型C臂、双螺旋CT、ECT、数字化影像处理系统（DR、CR）、东芝800MA X光机、美国GE产Vi ViD7新型彩超、罗氏全自动生化分析系统等现代化大、中型医疗设备310台（件）。能开展心脏瓣膜置换术、冠脉搭桥术、先天性心脏病矫治术、外伤性心脏破裂修补术、心血管冠造、支架、二尖瓣球囊扩张、急诊PCI、弹簧圈释放、关节置换、脾破裂保脾手术、显微镜下经鼻蝶入路垂体腺瘤切除术、胃底贲门癌伴广泛转移介入治疗、肿瘤介入治疗和放射性粒子植入等全身各器官的高难度手术。抢救成功率达96%。

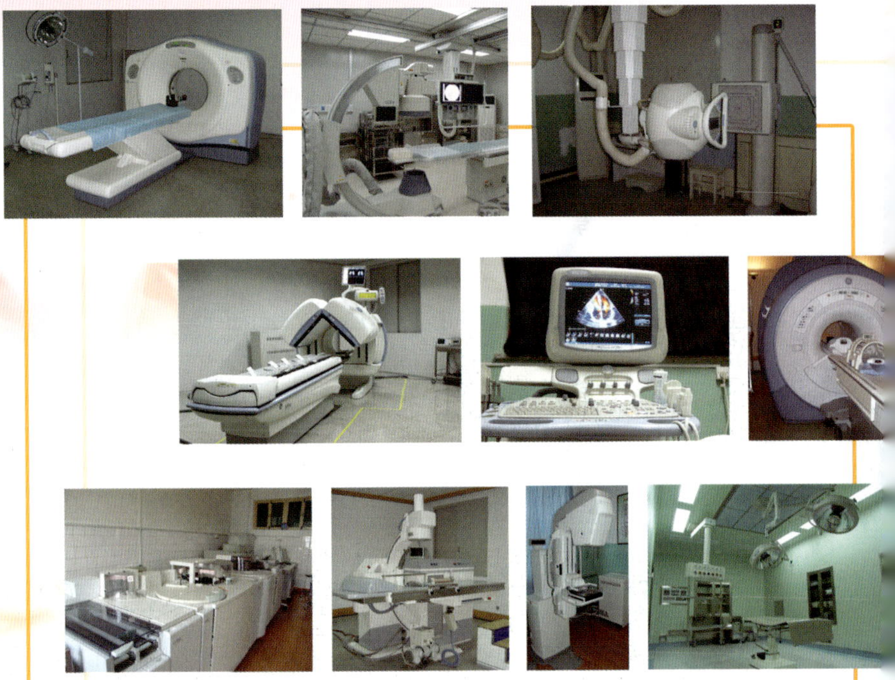

上述图片为医院部分先进的诊断、治疗设备

医院领导班子

新综合楼

天津交通职业学院

天津交通职业学院是国家"汽车运用工程"专业领域技能型紧缺人才培养培训基地、全国高校首个条码实验室示范基地。学院于2005年通过了高职高专院校人才培养工作水平评估，2007年被确定为首批"天津市示范性职业院校建设项目"立项建设院校。近年来，学院先后荣获天津市"职业教育先进单位"、"'十五'立功先进单位"和"精神文明学校"等称号。

学院占地面积702亩，建筑面积17.4万平方米，教学仪器设备总值达4000多万元。学院建有48个校内实验实训室和128个校外实训基地；设有天津市国家职业技能鉴定第一所和天津市人事局机关事业单位工人技术等级培训考核第一工作站等培训鉴定机构14个，开设包括汽车驾驶员、汽车维修工等15个工种的职业资格鉴定，年培训量近20000人次。

学院设有五系两部一学院，开设22个专业，其中有2个天津市教学改革试点示范专业，3门国家级精品课程，10门市级精品课程。

学院取得的专业成果丰硕：发表有影响的论文151篇，主编、参编、主审、参审教材138本，其中主编普通高等教育"十一五"国家级规划教材7本，与企业共同开发实训教材7本，取得省（部）级以上科研项目立项25项，其中实用新型专利2项，天津市级优秀教学成果2项。学院还多次承办了天津市汽车维修工技能竞赛和职业院校汽车维修、物流技能竞赛，2008年被教育部列为全国职业院校技能竞赛赛点。

运动场

学院现有全日制高职在校生7605人，来自于全国30个省、市、自治区；现有专业教师256人，兼职教师190人，70%以上的教师达到双师素质要求。学院拥有国家高职高专人才培养工作水平评估入库专家2人、交通部专业带头人3人、天津市教学名师1人、天津市级优秀教学团队1个。

学院始终坚持以就业为导向，以专业建设为龙头，以校企合作、工学结合为平台，创新了"市场驱动、四业交融"的人才培养模式。紧密依托交通集团，积极探索校企的深度融合，并先后与天津交通集团滨海有限公司、苏宁电器股份有限公司、一汽丰田汽车销售有限公司、博世贸易（上海）有限公司等多家企业开展校企合作。双方共建实训基地，实行订单式人才培养，实现了毕业生"零距离"上岗，2007届毕业生就业率达93.8%。同时，学院还积极开展国际间的交流与合作，先后与加拿大汤姆逊大学、日本大阪产业大学建立了合作关系。

中冶天工建设有限公司

鲁班奖杯

海河杯

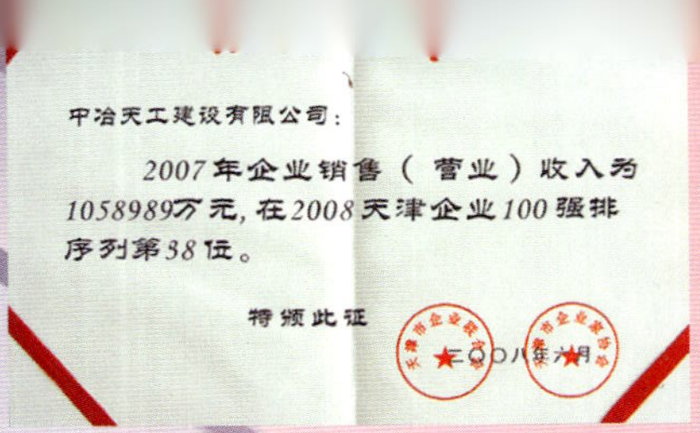

中冶天工建设有限公司：

2007年企业销售（营业）收入为1058989万元，在2008天津企业100强排序列第38位。

特颁此证

二〇〇八年六月

2008年获天津市100强企业称号

天津市文明工地奖杯

中冶公司承建的兴神黄河大桥工程

中冶天工建设有限公司是中国冶金科工集团公司投资控股的、以国有股为主多元投资的、按现代企业制度要求构建的全新公司制企业。中冶天工建设有限公司承继了中国第十三冶金建设公司的无形资产，是以从事工业与民用建筑为主的综合性大型施工企业。

中冶天工建设有限公司主营业务资质为冶炼工程施工总承包特级；公路、矿山、房屋、市政公用工程施工总承包一级；地基与基础、建筑装修装饰、钢结构、炉窑、管道工程专业承包一级；压力容器制作与安装；压力管道安装；承包境外工程及境内国际招标工程（包括境外工程所需的设备、材料出口）；对外派遣实施上述境外工程所需的劳务人员。公司有职工9536人，其中各类专业技术人员4857人，正高级专业技术人员20人，高级专业技术人员488人，中级专业技术人员1694人，享受政府特殊津贴的专家19人。有项目经理资质的620人，其中一级项目经理资质的197人。拥有资产总额46.87亿元，固定资产10.11亿元，公司总股本3.6亿元。有各类施工机械设备3644台（套），具有较强的施工能力。具备从事工程的勘察设计、地基处理、土建施工、金属结构制作与安装、管道、压力容器制作与安装、机电设备安装、自动化控制、机械化施工到系统调试、装饰装潢、新技术开发、工程咨询直至交付生产全项目、全过程、全方位的综合能力，还可为用户提供材料、机械、设备采购、供应等服务。公司具有完整的质量保证体系和严密的管理制度，为AAA级信用等级企业，并已通过了ISO9001:2000质量管理体系、ISO14001:2004环境管理体系和GB/T28001:2001职业健康安全管理体系认证。

公司先后荣获部优、省优工程奖498项，荣获国家级全优工程奖5项，并且荣获"全国五一劳动奖状"、"全国冶金优秀施工企业"、"全国守合同重信用企业"和"全国优秀施工企业"等称号。

中冶公司承建的太钢150万吨不锈钢连铸工程

中冶公司承建的上海一钢不锈钢板坯连铸工程获鲁班奖

中冶公司承建的石油、化工、轻工、建材、能源——宝钢球罐群

中冶公司承建的天津无缝钢管工程获鲁班奖

中冶公司承建的天津钢铁公司双棒材工程获冶金工业优质奖

中冶公司承建的天津保税区大无缝不锈钢冷轧薄板工程获冶金工业优质奖